PONS

Kompaktwörterbuch

Italienisch - Deutsch
Italiano - Tedesco

von
a cura di
Birgit Klausmann-Molter

Patrizia de Bernardo Stempel
Waldemar Eistermeier
Siegfried Glas
Jeannette Neumann
Claudia Poglayen Zweig
Lucio Sacher
Reinhard Stempel
Margherita Zander

D1858871

Ernst Klett Verlag für Wissen und Bildung
Stuttgart · Dresden

PONS-Kompaktwörterbuch Italienisch-Deutsch/Italiano-Tedesco

von/a cura di
Birgit Klausmann-Molter

und/e
Claudia Poglayen Zweig

basierend auf/sulla base del:
PONS-Globalwörterbuch Italienisch-Deutsch/Italiano-Tedesco
von/a cura di Birgit Klausmann-Molter
Mitarbeiter/Hanno collaborato: Patrizia de Bernardo Stempel, Waldemar Eistermeier
Siegfried Glas, Jeannette Neumann, Claudia Poglayen, Lucio Sacher,
Reinhard Stempel, Margherita Zander
Phonetik/fonetica: Arthur Wagner
Grammatischer Anhang/appendici grammaticali: Wolfgang Rettig

Neuwörter/neologismi: Chiara de Manzini Himmrich
Koordination/coordinamento: Kornelia Kuhle

Unter Mitwirkung und Leitung der Verlagsredaktion Wörterbücher/
Con la collaborazione e la direzione della redazione lessicografica

Warenzeichen
Eingetragene Warenzeichen sind in der Regel als solche gekennzeichnet.
Allerdings berührt weder das Vorhandensein noch das Fehlen solcher Kennzeichen die Rechtslage hinsichtlich eingetragener Warenzeichen.

Marchi registrati
I marchi registrati vengono accolti nel dizionario come tali.
La loro presenza o omissione non incide comunque sulla situazione giuridica riguardante i marchi registrati.

Gedruckt auf Papier, das aus chlorfrei
gebleichtem Zellstoff hergestellt wurde.

Die Deutsche Bibliothek – CIP-Einheitsaufnahme

Pons-Kompaktwörterbuch. – Stuttgart ; Dresden :
Klett, Verlag für Wissen und Bildung.
NE: Kompaktwörterbuch
Italienisch-Deutsch / von Birgit Klausmann-Molter ...
– 1. Aufl., Nachdr. – 1994
ISBN 3-12-517300-0
NE: Klausmann-Molter, Birgit

1. Auflage 1988 – Nachdruck 1994
© Ernst Klett Verlag für Wissen und Bildung GmbH, Stuttgart 1988.
Alle Rechte vorbehalten.
Einbandgestaltung: Erwin Poell, Heidelberg.
Fotosatz: Klett Druck H. S. GmbH, Korb.
Druck: C. H. Beck'sche Buchdruckerei, Nördlingen.
Printed in Germany.
ISBN 3-12-517300-0

Contenuto e strutturazione Tedesco – Italiano

(per informazioni più dettagliate si veda a pagina IV)

W, w [veː] ⟨-, -(s)⟩ *n* W, w *f;* **W wie Wilhelm** vu doppia.
W *ab von* **West(en)** O. (*ab von* ovest).
Waadt [vaːt] *n* Vaud *m.*
Waage [ˈvaːgə] ⟨-, -n⟩ *f* **1.** *tec* bilancia *f;* ...

Tutti i **lemmi** sono ordinati alfabeticamente e messi in evidenza in carattere nero.

Symphonie [zʏmfoˈniː] *s.* **Sinfonie.**

Vengono riportate le **diverse grafie** di una parola.

Anhalter(in) *m(f)* autostoppista *mf;* **per ~ fahren** fare l'autostop.

La **tilde** ~ sostituisce, negli esempi e nelle espressioni idiomatiche, la voce precedente senza la desinenza in parentesi.

schön [ʃøːn] **I.** *a* bello; ... **II.** *adv* bene; *fam (ziemlich)* abbastanza; ... **III.** *interj* bene, bravo; *(einverstanden)* d'accordo.

Le **cifre romane** contrassegnano le diverse categorie grammaticali.

Lösung ⟨-, -en⟩ *f* **1.** *(Los~)* distacco *m;* **2.** *chem, mat, fig* soluzione *f;* **3.** *(von Beziehungen)* scioglimento *m.*

Le **cifre arabe** contrassegnano significati diversi.

Kiefer[1] [ˈkiːfɐ] ⟨-s, -⟩ *m anat* mascella *f.*
Kiefer[2] [ˈkiːfɐ] ⟨-, -n⟩ *f bot* pino *m.*

Un **esponente in cifre arabe** distingue diversi omografi (parole diverse con la stessa grafia).

Radar [raˈdaːɐ̯ *o* ˈraːdaːɐ̯] ⟨-s, ø⟩ *m o n* radar *m.*

La pronuncia e l'accentazione vengono riportate dopo il lemma in parentesi quadre, secondo **l'alfabeto fonetico internazionale**.

Friseur [friˈzøːɐ̯] ⟨-s, -e⟩ *m,* **Friseuse** [... øːzə] ⟨-, -n⟩ *f* parrucchiere, -a *m, f,* barbiere *m.*

Vengono registrate le **forme femminili** dei sostantivi.

Labor [laˈboːɐ̯] ⟨-s, -s *o* -e⟩ *n* laboratorio *m.*

Nei sostantivi tedeschi le **desinenze della flessione** e cioè il genitivo singolare ed il nominativo plurale, vengono date in parentesi uncinate, dopo il lemma o la sua trascrizione fonetica.

Epos [ˈeːpɔs, ˈeːpən] ⟨-, Epen⟩ *n* poema *m* epico.
Epen *pl von* **Epos.**
wiegen[1] [ˈviːgən] ⟨wiegt, wog, gewogen⟩ *tr, itr* ...
wog [voːk] *imp von* **wiegen**[1].

Le **forme irregolari** vengono registrate sia al lemma originario sia come lemma nella posizione corrispondente dell'ordine alfabetico, con un rimando alla forma originaria.

Vengono date numerose indicazioni per l'uso, p.es.

her·stellen *tr* **1.** *(an einen Platz)* mettere qua; **2.** *(produzieren)* produrre, fabbricare; **3.** *(schaffen)* creare; **4.** *(Verbindung, Beziehung)* stabilire; **5.** *fig (wieder~)* ristabilire.

aggiunte per definizioni e sinonimi, soggetti ed oggetti tipici e per altre spiegazioni integrative,

Kapitän [kapiˈtɛːn] ⟨-s, -e⟩ *m* **1.** *naut, sport* capitano *m;* **2.** *aero* comandante *m;* ~ **zur See** capitano di vascello.

indicazioni sui **linguaggi specialistici**,

Marille [maˈrɪlə] ⟨-, -n⟩ *f A (Aprikose)* albicocca *f.*

indicazioni sulla **diffusione regionale**,

klauen [ˈklaʊ̯ən] *tr fam* sgraffignare *fam.*

indicazioni di **stile** nei casi in cui non si tratti di un livello di stile neutro.

INHALT

Anhang 503

SOMMARIO

Appendice 503

Hinweise zur Benutzung des Wörterbuchs Italienisch – Deutsch

Guida all'uso del dizionario italiano – tedesco

1. Schriftarten

Fettdruck
für Stichwörter und direkte Verweise auf ein anderes Stichwort

Halbfettdruck
für italienische Anwendungsbeispiele und Redewendungen und für Ziffern

Grundschrift
für die deutschen Übersetzungen

Kursivschrift
für grammatische Angaben wie Wortart, Genus, etc.
für Erklärungen und Definitionen, Markierungen, Synonyme und andere Zusätze
für indirekte Verweise am Ende eines Eintrags

1. Caratteri usati

nero
per il lemma e per rimandi diretti ad un altro lemma

neretto
per gli esempi e modi di dire in italiano e per le cifre

tondo
per le traduzioni in tedesco

corsivo
per le categorie grammaticali, i generi ecc.
per spiegazioni e definizioni, marcature, sinonimi ed altre aggiunte
per rimandi indiretti alla fine della voce

Beispiele: *Esempi:*

due ['du:e] **I.** *a numerale* zwei; *fig fam* ein paar; **non poter dividersi in** ~ *fig* sich nicht zweiteilen können; **scambiare ~ chiacchiere** *fam* einen (kleinen) Schwatz halten; **a ~ a** ~ zu zweien (nebeneinander), paarweise; **II.** ⟨-⟩ *m* **1.** *(numero)* Zwei *f;* **2.** *(nelle date)* Zweite(r) *m;* **3.** *(voto scolastico)* ≃ Mangelhaft *n*, Ungenügend *n*; ~ **alberi** Zweimaster *m;* ~ **pezzi** *v.* **duepezzi; lavorare/mangiare per** ~ für zwei arbeiten/essen; **III.** *f pl* zwei Uhr; *v. a. cinque.*

risoluto, -a [-so'lu:to] **I.** *pp di* **risolvere; II.** *a* resolut.

2. Satzzeichen und Symbole

, trennt gleichwertige, alphabetisch aufeinanderfolgende Stichwortvarianten
trennt maskuline und feminine Form eines Wortes
trennt gleichwertige Übersetzungen

; zwischen Übersetzungen zeigt einen Bedeutungsunterschied an, der in der Regel durch einen erklärenden Zusatz erläutert ist

2. Interpunzione e simboli

, divide diverse varianti di ugual valore, ordinate alfabeticamente
divide la forma maschile di una parola da quella femminile
divide diverse traduzioni di ugual valore

; tra diverse traduzioni, evidenzia una differenza di significato, che, di regola, viene ulteriormente commentata da un'aggiunta esplicativa

. steht am Ende eines Artikels

: vor einer Wendung zeigt an, daß das Stichwort in der Regel nur in dieser Wendung gebraucht wird

/ zeigt analoge Strukturen an

~ ersetzt in Anwendungsbeispielen und Redewendungen das vorhergehende Stichwort. Beim Wechsel von Groß- und Kleinschreibung wird zusätzlich der Anfangsbuchstabe wiederholt.

- ersetzt einen Teil des Stichworts

– unterscheidet in Anwendungsbeispielen zwischen zwei Sprechern

≃ steht bei einer ungefähren Entsprechung aufgrund kultureller Unterschiede

( ) in runden Klammern stehen
- Elemente, durch deren Weglassen sich die Bedeutung nicht ändert. Dabei sind

(Fahr)rad *n*: Fahrrad *n*, Rad *n*
Wirsing(kohl) *m*: Wirsingkohl *m*, Wirsing *m*
Abend(stunde *f*) *m*: Abendstunde *f*, Abend *m*
(ab-, ver)kürzen: abkürzen, verkürzen, kürzen

zu lesen.
In Verbindung mit *o* zeigen runde Klammern den Ersatz eines oder mehrerer Elemente durch andere an.
- kursive Zusätze und Erklärungen

⟨ ⟩ in spitzen Klammern stehen grammatische und morphologische Angaben

[ ] in eckigen Klammern stehen phonetische Angaben

. sta alla fine di un articolo

: quando precede una locuzione, segnala che la voce, di regola, viene usata solo in quella locuzione

/ indica strutture analoghe

~ sostituisce, negli esempi per l'uso ed in espressioni idiomatiche, la voce che precede. Nel caso che ci siano dei cambiamenti dalla grafia maiuscola a quella minuscola, la lettera iniziale viene ulteriormente ripetuta.

- sostituisce una parte del lemma

– negli esempi per l'uso, distingue tra due parlanti

≃ segnala una traduzione approssimativa nel caso di mancanza di una perfetta equivalenza culturale

( ) in parentesi tonde vengono posti
- elementi la cui omissione non cambia il significato. In questi casi si legga

In concomitanza con *o* le parentesi tonde indicano la sostituzione di uno o più elementi mediante altri.
- aggiunte e chiarificazioni in corsivo

⟨ ⟩ le parentesi uncinate racchiudono indicazioni grammaticali e morfologiche

[ ] le parentesi quadre vengono usate per le indicazioni fonetiche

3. Stichwortanordnung – Makrostruktur

Alle Stichwörter sind **alphabetisch angeordnet.** Wortzwischenräume bei mehrgliedrigen Stichwörtern bleiben dabei unberücksichtigt.

Stichwörter, bei denen nach dem Komma eine zweite Endung angegeben ist, folgen denen mit nur einer Endung:

vano *m* vor/prima di
vano, -a *a*

3. Ordine dei lemmi – Macrostruttura

Tutti i lemmi sono **ordinati alfabeticamente.** Nell'ordine alfabetico, per i lemmi a più elementi, non si è tenuto conto degli spazi tra gli elementi stessi.

Lemmi nei quali alla virgola segue una seconda desinenza vengono ordinati dopo quelli con una desinenza sola:

Wo zwei **orthographische Varianten** eines Wortes alphabetisch nicht unmittelbar aufeinanderfolgen, wird jede als eigenes Stichwort behandelt. Es erfolgt in der Regel ein **Verweis** zu der ausführlich dargestellten Variante.

Se due **varianti ortografiche** di una stessa parola non si susseguono in ordine alfabetico, ciascuna viene presentata come lemma a sé. Di regola segue un **rimando** alla variante trattata con maggiore ampiezza.

Komposita und **mehrgliedrige Stichwörter** wie *personal computer* und *mass media* stehen an ihrer Stelle im Alphabet. **Feste Syntagmen** und **mehrgliedrige Ausdrücke** wie *cavallo vapore, divano letto, bambino in provetta* oder *crema da scarpe* sind im allgemeinen unter dem ersten wichtigen bedeutungstragenden Element in der Phraseologie des entsprechenden Stichworts eingeordnet.

I **sostantivi composti** ed i **lemmi a più elementi,** come *personal computer* e *mass media* mantengono la loro posizione in ordine alfabetico. **Sintagmi fissi** e **locuzioni,** come *cavallo vapore, divano letto, bambino in provetta* o *crema da scarpe* vengono in genere registrati alla voce del primo elemento fraseologico più significativo.

Bei Personenbezeichnungen ist die **feminine Form** in der Regel bei der maskulinen abgehandelt und an alphabetischer Stelle dann noch einmal als eigenes Stichwort mit **Verweis** aufgenommen, wenn sie alphabetisch mehr als zwei Einträge von der maskulinen Form entfernt stehen würde:

Nelle indicazioni di persona **la forma femminile** viene trattata di regola sotto quella maschile e viene poi ripresa nuovamente, seguendo l'ordine alfabetico, come lemma a sé e con un **rimando,** nel caso in cui essa disti più di due voci da quella maschile:

autore, -trice *m, f* ...
autorete *f* ...
:
autorità *f* ...
:
autovettura *f* ...
autrice *f v.* **autore.**

Unregelmäßige Formen (unregelmäßige Plurale der Substantive, Steigerungsformen der Adjektive und Adverbien, unregelmäßige Verbformen, Zusammenziehungen von Präposition und Artikel und andere Unregelmäßigkeiten), die in voller Form in der spitzen Klammer angegeben sind, werden in der Regel dann noch einmal an entsprechender Stelle als Stichwort mit einem **Verweis** auf ihre Grundform aufgenommen, wenn sie alphabetisch nicht unmittelbar neben dieser Form stehen würden:

Le **forme irregolari** (forme irregolari del plurale del sostantivo, forme di comparazione dell'aggettivo e dell'avverbio, forme irregolari del verbo, contrazioni di preposizione più articolo ed altre irregolarità) che vengono riportate per esteso nelle parentesi uncinate, vengono riprese di regola ancora una volta, secondo l'ordine alfabetico, come lemma a sé, con un **rimando** alla forma di base, nel caso in cui non si trovino in posizione immediatamente vicina alla forma di base stessa:

buoi ['bu̯ɔ:i] *pl di* **bue.**
esco ['ɛsko] *pr di* **uscire.**
del [del] *prp* **di** *con articolo il.*

Kurzwörter, Abkürzungen, Eigennamen und **geographische Bezeichnungen** sind an alphabetischer Stelle als Stichwörter im Wörterverzeichnis zu finden. Hier werden Vornamen und geographische Bezeichnungen, die unübersetzbar (z.B. *Italo, Marcella, Palermo*) bzw. in beiden Sprachen gleich sind (z.B. *Maria*), nicht berücksichtigt. Eine Liste geläufiger Vornamen befindet sich im Anhang.

Le **forme abbreviate,** le **abbreviazioni,** i **nomi propri** e le **denominazioni geografiche** vengono riportati come lemmi nel corpo del dizionario in ordine alfabetico. Nomi propri e denominazioni geografiche che sono intraducibili (p.es. *Italo, Marcella, Palermo*) o uguali in entrambe le lingue (p.es. *Maria*), non vengono qui riportati. Un elenco dei nomi propri più frequenti si trova nell'appendice.

Bei den **geographischen Bezeichnungen** sind Städtebewohner nicht gesondert aufgeführt, es sei denn, es handelt sich um bestimmte Besonderheiten, wie z. B. bei *veneziana, napoletana* oder *bolognese*.

Nelle **denominazioni geografiche** non vengono esplicitamente riportate le indicazioni degli abitanti delle singole città, a meno che non si tratti di certe particolarità, come p.es. nel caso di *veneziana, napoletana* o *bolognese*.

Sprachen sind in der Regel nicht gesondert aufgeführt, da sie sich vom entsprechenden Adjektiv ableiten lassen. Ausnahmen sind bestimmte Besonderheiten wie z. B. *arabo*. Sprachen sind mit ausführlicheren Anwendungsbeispielen exemplarisch bei **italiano** und **tedesco** dargestellt.

Le **lingue** di regola non vengono registrate separatamente, poiché esse sono derivabili dall'aggettivo corrispondente. Fanno eccezione certe particolarità come p.es. *arabo*. Alla voci **italiano** e **tedesco** vengono riportati esempi per l'uso generale dei nomi delle lingue.

Ausführlichere Anwendungsbeispiele von **Monaten, Wochentagen** und **Zahlen** sind exemplarisch bei **settembre, lunedì** und **cinque, cinquanta, quinto** dargestellt, worauf in den entsprechenden analogen Einträgen verwiesen wird.

Alle voci **settembre, lunedì** e **cinque, cinquanta, quinto** vengono riportati esempi per l'uso generale di determinazioni di **mesi, giorni della settimana** e **numeri.** Nelle altre voci analoghe è poi introdotto un rinvio.

Substantivierte Adjektive und Verben, sowie Adjektive, die sich leicht aus einer Partizipform des Verbs oder mit einem Suffix wie *-bile* ableiten lassen, und leicht abzuleitende Adverbien auf *-mente* sind oft nicht als eigenes Stichwort aufgeführt. Wo der Wörterbuchbenutzer ein solches Wort nicht als selbständigen Eintrag findet, sollte er auf die beim jeweiligen Adjektiv- oder Verbeintrag angegebene Übersetzung zurückgreifen.

Aggettivi e verbi sostantivati ed aggettivi facilmente derivabili da una forma del participio del verbo o per mezzo di un suffisso come *-bile* spesso non vengono riportati come voci a sé stanti. Lo stesso avviene in genere per gli avverbi in *-mente*. In questi casi è possibile risalire alla traduzione per mezzo dell'aggettivo o verbo corrispondenti.

Homographen (verschiedene Wörter gleicher Schreibung) werden durch hochgestellte arabische Ziffern unterschieden:

Gli **omografi** (parole diverse con la stessa grafia) vengono contrassegnati da un esponente in cifre arabe:

merlo^1 ['mɛrlo] *m arch* Zinne *f*.
merlo^2 ['mɛrlo] *m zoo* Amsel *f*, Schwarzdrossel *f*.

ancora^1 [aŋ'ko:ra] *adv* ... noch ...
ancora^2 ['aŋkora] *f* Anker *m* ...

4. Aufbau der Wörterbuchartikel – Mikrostruktur

Die einzelnen Artikel können durch Zahlen weiter untergliedert sein.
Dabei kennzeichnen **römische Ziffern** verschiedene Wortarten, verschiedene grammatische Kategorien und verschiedene Konstruktionsmöglichkeiten eines Verbs (*tr, itr, rfl*):

4. Sviluppo delle voci – Microstruttura

Le singole voci possono esser ulteriormente suddivise in capitoli, contrassegnati da numeri.
Le **cifre romane** contrassegnano diverse parti del discorso, diverse categorie grammaticali e diverse possibilità di costruzione di un verbo (*tr, itr, rfl*):

radicale [radi'ka:le] **I.** *a* **1.** *fig* radikal, tiefgreifend; **2.** *pol* radikal; **3.** *ling* Wurzel-, Stamm-; **II.** *mf* Radikale(r) *mf;* **III.** *m* **1.** *ling* Wurzel *f,* Stamm *m;* **2.** *mat* Wurzel *f;* **3.** *chem* Radikal *n.*

schermire [sker'mi:re] ⟨schermisco⟩ **I.** *tr* schützen; **II.** *itr* fechten; **III.** *rfl:* **-irsi 1.** *fig* abwehren (*da qc* etw.); **2.** *(ripararsi)* sich schützen (*da* vor).

Arabische Ziffern kennzeichnen verschiedene Bedeutungen des Stichworts:

Le **cifre arabe** contrassegnano significati diversi del lemma:

creazione [...t'tsio:ne] *f* **1.** *gener.* (Er)schaffung *f; rel* Schöpfung *f;* **2.** *(fondazione)* Gründung *f;* **3.** *(nella moda)* Kreation *f;* **4.** *tec* Konstruktion *f;* **5.** *(invenzione)* Erfindung *f.*

Der grammatischen und semantischen Beschreibung jeder durch römische Ziffern gegliederten grammatischen Kategorie folgt ihre phraseologische Beschreibung. Hier sind die für die Kategorie relevanten **festen Syntagmen** und **mehrgliedrigen Ausdrücke, Anwendungsbeispiele, Redewendungen** und **Sprichwörter** aufgeführt.
In der Regel sind sie unter dem als erstes wichtiges bedeutungstragendes Element fungierenden Stichwort eingeordnet, im Zweifelsfall sollte der Benutzer aber auch unter den anderen möglichen Suchwörtern nachschlagen.

Alla descrizione grammaticale e semantica di ogni categoria grammaticale, suddivisa in parti contrassegnate da cifre romane, segue la rispettiva descrizione fraseologica. Qui vengono riportati i **sintagmi fissi,** le **locuzioni,** gli **esempi,** i **modi di dire** ed i **proverbi** rilevanti per la categoria.

Di regola essi vengono registrati alla voce del primo elemento fraseologico più significativo. In casi dubbi si dovrebbe comunque cercare sotto le altre voci in questione.

5. Erklärende Zusätze – Kommentierungen

Sowohl in Ausgangs- als auch in Zielsprache können erklärende Zusätze Bedeutung und Anwendung eines Wortes näher bestimmen:

in Klammern stehende Zusätze für Synonyme und Definitionen, für typische Subjekte und Objekte und andere Erklärungen

Fachgebietsangaben, wenn verschiedene Bedeutungen unterschieden werden

Angaben zur regionalen Verbreitung zur Markierung aller Wörter, Bedeutungen und Wendungen, die einem regionalen Gebrauch unterliegen. Läßt sich dieser nicht genau abgrenzen (z. B. *mer, tosc, A, CH,* etc.), steht die allgemeine Markierung *dial.* Die Angaben stehen in Ausgangs- und Zielsprache.

5. Aggiunte esplicative – Commenti

Sia nella lingua di partenza che in quella d'arrivo, il significato e l'uso di una parola possono venir chiariti ulteriormente da aggiunte esplicative:

aggiunte in parentesi per sinonimi e definizioni, per soggetti ed oggetti tipici e per altre spiegazioni integrative

indicazioni sui linguaggi specialistici quando si voglia distinguere tra diversi significati

indicazioni sulla diffusione regionale per evidenziare tutte le parole, significati e locuzioni di uso regionale. Se tale uso non può essere esattamente circoscritto (p.es. *mer, tosc, A, CH* ecc.) viene riportata l'indicazione più generale *dial.* Tali indicazioni sono presenti sia nella lingua di partenza che in quella d'arrivo.

Stilangaben zur Markierung aller Wörter, Bedeutungen und Wendungen, die keiner neutralen Stilebene angehören: *fam, sl, vulg, adm, geh, lett, poet, obs*. Die Angaben stehen in Ausgangs- und Zielsprache. Stilangaben zu Beginn eines Eintrags oder einer Kategorie beziehen sich auf alle Bedeutungen und Wendungen innerhalb dieses Eintrags oder dieser Kategorie.

indicazioni di stile per evidenziare tutte le parole, tutti i significati e le locuzioni che non appartengono ad un livello di stile neutro: *fam, sl, vulg, adm, geh, lett, poet, obs*. Le indicazioni sono presenti sia nella lingua di partenza che in quella d'arrivo. Le indicazioni di stile all'inizio di ogni registrazione o categoria si riferiscono a tutti i significati e locuzioni all'interno di esse.

rhetorische Angaben, wenn eine besondere Sprechhaltung markiert wird: *iron, pej, scherz*. Die Angaben stehen nur auf der Ausgangssprachenseite, beziehen sich aber auch auf die Übersetzung.

indicazioni retoriche se viene marcato un particolare atteggiamento linguistico: *iron, pej, scherz*. Le indicazioni sono riportate solamente per la lingua di partenza, ma si riferiscono anche alla traduzione.

Die vollständige Liste der Markierungen ist dem Abkürzungsverzeichnis zu entnehmen.

Nella lista delle abbreviazioni sono ampiamente riportate tutte le marcature.

6. Morphologische Angaben

6. Indicazioni morfologiche

Substantive

Alle Substantive sind mit einer **Genusangabe** versehen. Die Bezeichnung des grammatischen Geschlechts als *m* (Maskulinum), *f* (Femininum) oder *n* (Neutrum) bzw. deren Kombination kennzeichnet ein Wort als Substantiv.

Nach dem Stichwort bzw. der Phonetikangabe wird in spitzen Klammern die **Pluralendung** angegeben, wenn sie nicht diesem Schema folgt:

Sostantivi

Per tutti i sostantivi viene fornita un'**indicazione di genere.** L'attribuzione del genere grammaticale con *m* (maschile), *f* (femminile) o *n* (neutro) e mediante la loro combinazione indica che si tratta di un sostantivo.

Dopo il lemma o la sua trascrizione fonetica, in parentesi uncinate vengono riportate le **desinenze del plurale,** nel caso che non rientrino nello schema:

	sing	*pl*
m	tren**o**	tren**i**
f	strad**a**	strad**e**
m/f	padr**e**/madr**e**	padr**i**/madr**i**

Auch bei den Substantiven auf *-co, -ca, -go, -ga, -io, -ia* steht die Pluralangabe.
Fehlen bei zusammengesetzten und präfigierten Substantiven diese Angaben, so gelten auch hier die des Grundworts:

Anche per i sostantivi in *-co, -ca, -go, -ga, -io, -ia* si riportano indicazioni sul plurale.
Nel caso che per i sostantivi composti e quelli con prefisso tali indicazioni manchino, valgono anche qui le indicazioni grammaticali della voce semplice:

bue ⟨buoi⟩ *m*
cassaforte ⟨casseforti⟩ *f*
programma ⟨-i⟩ *m*
banco ⟨-chi⟩ *m*
denuncia ⟨-ce *o* -cie⟩ *f*
gioco ⟨-chi⟩ *m*
videogioco *m*

Ein ⟨-⟩ bedeutet, daß das Substantiv einen unveränderlichen, mit der Grundform identischen Plural hat:

Un ⟨-⟩ significa che il sostantivo ha una forma plurale invariata, identica alla forma singolare:

film ⟨-⟩ *m*
città ⟨-⟩ *f*
specie ⟨-⟩ *f*

Substantive oder einzelne Bedeutungen eines Substantivs mit der Angabe ⟨*sing*⟩ werden nur im Singular gebraucht:

Sostantivi o singoli significati di un sostantivo con l'indicazione ⟨*sing*⟩ vengono usati solo al singolare:

frutta *f* ⟨*sing*⟩

Einzelne Bedeutungen eines Substantivs mit der Angabe ⟨*pl*⟩ werden nur im Plural gebraucht:

Singoli significati di un sostantivo con l'indicazione ⟨*pl*⟩ vengono usati solo al plurale:

faccenda [fat'tʃɛnda] *f* **1.** *(questione, cosa da fare)* Angelegenheit *f,* Sache *f;* **2.** ⟨*pl*⟩ *(lavori domestici)* Hausarbeit *f.*

Für alle italienischen Substantive, die ein natürliches Geschlecht haben und Personen bezeichnen, wird die **feminine** neben der **maskulinen Form** angegeben:

Per tutti i sostantivi italiani che abbiano un genere naturale e che designino persone, la **forma femminile** viene registrata accanto a quella **maschile:**

amico, -a ⟨-ci, -che⟩ *m, f*
autore, -trice *m, f*
conte, -essa *m, f*
agente *mf*
artista ⟨-i *m*, -e *f*⟩ *mf*

In der Regel sind beide Formen unter der maskulinen Form abgehandelt. Wo die feminine Form in der alphabetischen Reihenfolge mehr als zwei Einträge von der maskulinen entfernt stehen würde, wird sie zusätzlich als eigenes Stichwort mit einem Verweis auf die maskuline Form angegeben.

Di regola ambedue le forme vengono trattate sotto quella maschile. Nel caso in cui la forma femminile disti più di due voci da quella maschile nell'ordine alfabetico, essa viene registrata come lemma a sé con un rimando alla forma maschile.

Bei italienischen Substantiven, die in der maskulinen Form auch das natürliche feminine Geschlecht bezeichnen, wird in der Übersetzung auch die feminine Form berücksichtigt:

Per i sostantivi italiani di genere grammaticale maschile che designano anche il genere naturale femminile, nella traduzione viene considerata anche la forma femminile:

ministro [mi'nistro] *m* **1.** *pol* Minister(in) *m(f);* **2.** *rel* Obere(r) *m(f);* **primo ~** Premierminister(in) *m(f).*

Deutsche Substantive in der Übersetzung, die wie Adjektive dekliniert werden, werden so dargestellt:

Sostantivi tedeschi che appaiono come traduzione di un lemma e vengono declinati come aggettivi, sono registrati come segue:

Gute(s) *n* (das Gute, ein Gutes)
Beamte(r) *m* (der Beamte, ein Beamter)
Angestellte(r) *mf* (der Angestellte, ein Angestellter, die/eine Angestellte)

Bei Substantiven, die mit bestimmten **Präpositionen** verbunden werden, sind die zugehörige präpositionale Ergänzung und ihre Entsprechung nach der deutschen Übersetzung angegeben:

Per i sostantivi che reggono determinate **preposizioni,** la preposizione in questione ed il suo corrispondente vengono riportati dopo la traduzione tedesca:

odore ... Geruch *m* (*di* nach, von) ...

Adjektive und Adverbien

Bei den italienischen Adjektiven auf *-o* werden **maskuline und feminine Form** angegeben und alphabetisch unter der maskulinen Form eingeordnet und abgehandelt.

Die **Pluralangabe** in spitzen Klammern erfolgt nach denselben Regeln wie die der Substantive:

Aggettivi ed avverbi

Per gli aggettivi italiani in *-o* vengono date la **forma maschile e femminile,** ambedue alfabeticamente ordinate sotto la forma maschile.

Le indicazioni del **plurale** vengono date in parentesi uncinate, secondo le stesse regole usate per i sostantivi:

ricco, -a 〈-cchi, -cche〉
lungo, -a 〈-ghi, -ghe〉
proprio, -a 〈-i, -ie〉
logico, -a 〈-ci, -che〉
biologico, -a

Unveränderliche Adjektive werden mit 〈*inv*〉 gekennzeichnet:

Gli aggettivi invariati vengono registrati con 〈*inv*〉:

chic 〈*inv*〉

Unregelmäßige Steigerungsformen werden in spitzen Klammern angegeben, wobei die erste der Formen den Komparativ, die zweite den Superlativ bezeichnet:

Le **forme irregolari del comparativo e del superlativo** sono riportate in parentesi uncinate. La forma del comparativo precede quella del superlativo:

cattivo 〈più cattivo *o* peggiore, cattivissimo *o* pessimo〉

bene 〈meglio, benissimo *o* ottimamente〉

Deutsche Adjektive in der Übersetzung werden in ihrer unflektierten Form angegeben. Adjektive, die keine unflektierte Form haben, werden nach dem Muster *erste(r,s)* aufgeführt.

Bei Adjektiven, die mit bestimmten **Präpositionen** verbunden werden, sind die zugehörige präpositionale Ergänzung und ihre Entsprechung nach der deutschen Übersetzung angegeben:

Aggettivi tedeschi che appaiono come traduzione di un lemma vengono dati nella forma indeclinata. Quelli che non presentano una forma indeclinata, vengono registrati secondo il modello *erste(r,s)*.

Per gli aggettivi che reggono determinate **preposizioni,** la preposizione in questione ed il suo corrispondente vengono riportati dopo la traduzione tedesca:

addetto, -a [ad'detto] **I.** *a* zuständig (*a* für); *(occupato)* tätig (*o* beschäftigt) (*a* bei); ...

Verben

Die grammatische Angabe *tr, itr* oder *rfl* kennzeichnet ein Stichwort als Verb. Wird ein Verb in mehreren dieser Konstruktionsmöglichkeiten gebraucht, ist der Eintrag entsprechend gegliedert:

Verbi

L'indicazione grammaticale *tr, itr* o *rfl* è caratteristica per il verbo. Se un verbo presenta diverse possibilità di costruzione, la voce risulta articolata in modo corrispondente:

rompere ... **I.** *tr* **1.** *(vetro, etc.)* brechen; ... **II.** *itr* **1.** *(scoppiare)* ausbrechen (*in* in); **2.** *(troncare)* brechen (*con* mit); **III.** *rfl:* **-ersi** (zer)brechen, kaputtgehen; ...

Auf das Stichwort bzw. die Phonetikangabe folgen in spitzen Klammern die Angaben zu **unregelmäßigen Verbformen** und zu solchen mit morphologischen Besonderheiten.

Dopo il lemma o la sua trascrizione fonetica seguono in parentesi uncinate le indicazioni sulle **forme irregolari del verbo** e su quelle con particolarità morfologiche.

Bei den unregelmäßigen Verben werden die 1. Person Singular Präsens und Passato Remoto und das Partizip Perfekt angegeben:

Per le forme irregolari vengono date la prima persona singolare del presente e del passato remoto e la forma del participio passato:

andare ⟨vado, andai, andato⟩
chiedere ⟨chiedo, chiesi, chiesto⟩
essere ⟨sono, fui, stato⟩
fare ⟨faccio, feci, fatto⟩

In der Regel werden diese Formen noch einmal an alphabetischer Stelle als **Verweis** auf den Infinitiv aufgenommen, wenn sie alphabetisch nicht unmittelbar neben dieser Form stehen würden. Das gilt auch für andere, nicht ohne weiteres aus diesen zu erschließende unregelmäßige Formen wie *sarà, muoio, possa,* etc.
Semantische Informationen zu diesen Formen sind beim verwiesenen Stichwort, grammatische in der italienischen Formenlehre bzw. der Liste unregelmäßiger Verben im Anhang zu finden.

Di regola queste forme vengono nuovamente riportate nell'ordine alfabetico, come **rimando** alla forma dell'infinito, nel caso in cui non si trovino immediatamente vicine alla forma stessa dell'infinito. Alla stessa stregua vengono trattate altre forme irregolari, non automaticamente deducibili, come p.es. *sarà, muoio, possa* ecc.
Informazioni semantiche su queste forme vengono date nel lemma di rimando. Quelle grammaticali si trovano invece nella morfologia italiana e nella lista dei verbi irregolari, tutte e due in appendice al vocabolario.

Bei den Verben auf *-iare, -care, -cere, -gare, -gere,* die morphologische Besonderheiten in der Bildung der Stammformen aufweisen, werden 1. und 2. Person Singular Präsens angegeben; bei den Verben auf *-ire* wird die 1. Person Singular Präsens angegeben. Sind diese Verben auch unregelmäßig, so werden zusätzlich Passato Remoto und Partizip Perfekt angegeben:

Per i verbi in *-iare, -care, -cere, -gare, -gere* che presentano particolarità morfologiche nella formazione delle forme fondamentali, vengono date la prima e la seconda persona singolare del presente. Per i verbi in *-ire* viene data la prima persona singolare del presente. Se questi verbi poi sono anche irregolari, vengono aggiunte anche le forme del passato remoto e del participio passato:

inviare ⟨invio, invii⟩
cercare ⟨cerco, cerchi⟩
finire ⟨finisco⟩
uscire ⟨esco, esci, uscii, uscito⟩
fingere ⟨fingo, fingi, finsi, finto⟩

Wenn es sich um unpersönlich gebrauchte Verben handelt, ersetzt die Angabe der 3. die der 1. und 2. Person:

Se si tratta di verbi usati impersonalmente è la terza persona singolare che sostituisce la prima e la seconda:

albeggiare ⟨albeggia⟩
piovere ⟨piove, piovve, piovuto⟩

Die Angabe der Stammformen fehlt bei zusammengesetzten und präfigierten Verben, die in ihrer einfachen Form als selbständiger Eintrag erscheinen. Unregelmäßige Verben werden dann mit ⟨*irr*⟩ gekennzeichnet:

L'indicazione delle forme fondamentali manca nei verbi composti e in quelli con prefisso che già compaiano nel dizionario nella loro forma semplice. I verbi irregolari vengono segnalati con ⟨*irr*⟩:

rinviare ...
ricercare ...
riuscire ⟨*irr*⟩ ...
richiedere ⟨*irr*⟩ ...
soddisfare ⟨soddisfo *o* soddisfaccio, *irr*⟩

Eine Liste der häufigsten unregelmäßigen italienischen Verben befindet sich im Anhang, Konjugationstabellen zu Verben ebenfalls dort in der italienischen Formenlehre.

Nell'appendice si trova una lista dei verbi irregolari italiani più frequenti. Le tabelle di coniugazione dei verbi possono esser consultate, sempre in appendice, nella parte dedicata alla morfologia italiana.

Alle italienischen Verben, die die **zusammengesetzten Zeiten** nicht ausschließlich mit *avere* bilden, haben nach der Wortartangabe den Zusatz ⟨*essere*⟩ oder ⟨*essere o avere*⟩. Gelegentlich ist die Bildung mit *essere* oder *avere* mit einem Unterschied in der Konstruktionsweise oder der Bedeutung verbunden. In diesem Fall steht die Angabe jeweils nach der entsprechenden Einteilung im Eintrag. Fehlt die Angabe, so erfolgt die Bildung mit *avere.* Reflexive Verben bilden die zusammengesetzten Zeiten regelmäßig mit *essere;* deshalb wird hier auf die Angabe verzichtet:

Tutti i verbi italiani che non formino tutti i **tempi composti** esclusivamente con *avere* presentano, dopo l'indicazione della voce, l'aggiunta ⟨*essere*⟩ o ⟨*essere o avere*⟩. Talvolta la scelta tra *essere* o *avere* è legata a una differenza nella costruzione o nel significato. In questo caso l'indicazione viene di volta in volta riportata nella voce, secondo la suddivisione corrispondente. Se tale indicazione manca, la formazione dei tempi composti avviene con *avere.* I verbi riflessivi formano di regola i tempi composti con *essere.* Per questa ragione nel lemma tale informazione non compare:

scolorare [skolo'ra:re] **I.** *tr* ⟨*avere*⟩ entfärben; **II.** *itr* ⟨*essere*⟩ abfärben; **III.** *rfl:* **-arsi** die Farbe verlieren, verbleichen.

appartenere [...'ne:re] ⟨*irr*⟩ *itr* ⟨*essere o avere*⟩ **1.** *(essere di proprietà)* gehören; **2.** *(far parte)* angehören, zugehören; **3.** *(spettare)* zustehen.

In der Übersetzung steht das deutsche **Reflexivpronomen** «sich» ohne Bezeichnung im Akkusativ, im Dativ wird es als *(dat)* gekennzeichnet.

Il **pronome riflessivo** tedesco «sich» che appaia come traduzione si intende in accusativo quando non venga ulteriormente caratterizzato; nel dativo esso viene segnalato con *(dat).*

Die **Präpositionen,** mit denen Verben verbunden sein können, und ihre **Rektion** sind mit ihrer deutschen Entsprechung nach der Übersetzung dann angegeben, wenn der Gebrauch beider Sprachen voneinander abweicht:

Le **preposizioni** rette da verbi e la loro **reggenza** vengono registrate con i corrispondenti tedeschi dopo la traduzione, nel caso che l'uso nelle due lingue sia divergente:

tifare [ti'fa:re] *itr* schwärmen (*per* für), Fan sein (*per* von).

applaudire ... *tr, itr* applaudieren (*qu* jdm), Beifall spenden (*qu* jdm).

Präpositionen

Die Formen der Präpositionen, die mit dem bestimmten Artikel zu einem Wort verschmelzen, werden in spitzen Klammern angegeben:

Preposizioni

Le forme delle prepositioni articolate vengono date in parentesi uncinate:

in [in] ⟨nel, nello, nell', nella, nei, negli, nelle⟩ *prp* ...

Ist eine italienische Präposition Stichwort, wird bei der Übersetzung der von der deutschen Präposition regierte Kasus angegeben:

Se una preposizione italiana viene trattata come lemma a sé, nella traduzione viene anche registrato il caso retto dalla prepositione tedesca corrispondente:

sopra ['so:pra] **I.** *prp* **1.** *(con contatto: stato)* auf *dat; (moto)* auf *acc;* **2.** *(senza contatto: stato)* über *dat; (moto)* über *acc;* **3.** *(oltre)* über *dat,* oberhalb *gen;* **4.** *(dopo)* über *dat,* nach *dat;* **5.** *(addosso)* auf *acc;* **6.** *(intorno a, più di)* über *acc;* ...

Rechtschreibung Ortografia

Grundlage für die italienische Rechtschreibung in diesem Wörterbuch ist die Schreibweise der gebräuchlichsten italienischen Wörterbücher, für die deutsche Rechtschreibung die Schreibweise des *Duden*.

Per l'ortografia italiana in questo dizionario ci si è attenuti ai principi seguiti dai dizionari italiani più usati; per l'ortografia tedesca, si è seguito il *Duden*.

Italienische Silbentrennung

1. Einfache Konsonanten gehören zur Silbe des folgenden Vokals: *re-go-la, a-to-mo, ca-ri-tà*
2. Doppelkonsonanten werden dem vorhergehenden und dem folgenden Vokal zugeordnet: *pez-zet-tino, ot-timo*
   Die Verbindung *-cqu-* wird gleichfalls aufgeteilt: *ac-qua*
3. Gruppen von zwei oder drei Konsonanten gehören zur Silbe des nachfolgenden Vokals, wenn sie am Anfang eines Wortes stehen können. Dabei handelt es sich vor allem um Verbindungen von *s + Konsonant, Konsonant + l / + r, s + Konsonant + l / + r: po-stulato, mi-cro-scopio, arterio-sclerosi, na-stro*
4. Bei Gruppen von Konsonanten, die nicht am Wortanfang stehen können, wird ein Konsonant dem vorhergehenden Vokal zugeordnet: *dol-ce, con-tratto, raf-frescare, ag-glomerare*
5. Gelegentlich ist eine Trennung nach dem Kriterium der Wortbildung anzutreffen: *dis-u-gua-le* neben *di-su-gua-le, mal-a-ge-vo-le* neben *ma-la-ge-vo-le*
6. Zwei (als Diphthong) zusammen gesprochene Vokale werden nicht getrennt: *pau-sa* ['pa:uza]
   Zwei (als Hiat) getrennt gesprochene Vokale können getrennt werden: *pa-u-ra* [pa'u:ra]
7. Der Apostroph kann am Zeilenende stehen: *sull'/albero;* es kann aber auch Trennung erfolgen: *sul-l'albero*

Anmerkungen zur italienischen Aussprache

Grundlage für die Umschrift ist die Norm der italienischen Aussprache, wie sie in folgenden Wörterbüchern angegeben wird: *Bruno Migliorini, Carlo Tagliavini, Piero Fiorelli. Dizionario d'ortografia e di pronunzia. Torino 1981* und *Il nuovo Zingarelli. Vocabolario della lingua italiana di Nicola Zingarelli. 11. Aufl. Bologna 1983.* Bei Fremdwörtern, für die keine italienische Aussprache belegt ist, wird die phonetische Umschrift der Sprache angegeben, aus der das Wort übernommen wurde. Es werden die Zeichen der Internationalen Lautschrift *(API)* verwendet (s. **Liste der Lautschriftzeichen**).

Alle Stichwörter, mit Ausnahme der mit Verweis versehenen Feminin- und Pluralformen, sind mit Lautschrift versehen. Abkürzungen werden nur dann umschrieben, wenn sie als Wörter gesprochen werden.
Stichwörter, die in Gruppen zusammengefaßt sind und deren Lautung teilweise übereinstimmt, können auch partielle Umschrift erhalten: wenn das ganze Wort zu ergänzen ist, wird es durch [-] ersetzt, z. B. **mille** ['mille], **millecento** [-'tʃɛnto]; ist nur ein Teil des vorausgehenden voll umschriebenen Wortes zu ergänzen, wird er durch [...] ersetzt, z. B. **pittore** [pit'to:re], **pittoresco** [...to'resko].
In der Regel wird bei der partiellen Umschrift die betonte Silbe angegeben. Eine Ausnahme bilden die Wörter, bei denen sich lediglich der Vokal im Auslaut verändert, z. B. **pirotecnica** [piro'tɛknika], **pirotecnico** [...ko].
Bei Wörtern mit häufigen Vorsilben oder bei Wortzusammensetzungen, von denen für das erste Element bereits die Umschrift gegeben wurde, wird dieses erste Element in den nachfolgenden Wörtern durch [-] ersetzt, z. B. **policlinico** [-'kli:niko], **lanciafiamme** [-'fi̯amme].

Feminin- und Pluralformen werden nur dann umschrieben, wenn sich eine wichtige Laut- oder Betonungsänderung ergibt, z. B. **oste, -essa** ['ɔste, os'tessa]. Auf die Umschrift der Femininendung **-trice, -drice** [-'tri:tʃe, -'dri:tʃe] und der mit einem Lautwechsel verbundenen Pluralendungen, z. B. **monaco** ⟨-ci⟩ ['mɔ:nako, 'mɔ:natʃi], wurde verzichtet, da sie keine Betonungsverschiebung und keine anderen phonetischen Veränderungen im Stamm bedingen.

Bei **Varianten,** die beim Stichwort durch runde Klammern gekennzeichnet sind, wird auch in der Umschrift eine runde Klammer verwendet, z. B. **petro(l)chimica** [petro(l)'ki:mika], **pur(e)** [pur ('pu:re)].
Aussprachevarianten werden mit *o* gekennzeichnet, z. B. **ananas** ['a:nanas *o* ana'nas].

Für die Angabe der **Betonung** wird das Zeichen ['] verwendet. Es steht unmittelbar vor der betonten Silbe.

Die **Akzente in der Orthographie,** der Gravis (accento grave : *à, è, ì, ò, ù*) und der Akut (accento acuto: *é*), stehen bei mehrsilbigen Wörtern, wenn diese auf betonten Vokal enden. Bei *è* und *é* wird auch die Vokalqualität (offen – geschlossen) durch den Akzent unterschieden. *Beispiele:* **università** [universi'ta], **caffè** [kaf'fɛ], **perché** [per'ke], **tassì** [tas'si], **però** [pe'rɔ], **virtù** [vir'tu].
Einsilbige Wörter werden mit Akzent geschrieben, wenn *i* und *u* Halbvokale sind, z. B. **più** [pi̯u], **può** [pu̯ɔ]. Außerdem wird auch eine Reihe anderer einsilbiger Wörter mit Akzent geschrieben: **là, tè, dì, sì, ciò** u. a. Dadurch unterscheiden sie sich zum Teil von anderen gleichlautenden Wörtern. Der Akzent ist gleichzeitig ein Hinweis dafür, daß bei dem im Satz unmittelbar nachfolgenden Wort die syntaktische Verdopplung (raddoppiamento sintattico) eintritt.

Liste der Lautschriftzeichen

Segni usati per la trascrizione fonetica

Vokale/Vocali

[a]	f**a**tto
[a:]	s**a**no
[e]	st**e**sso
[e:]	v**e**ro
[ɛ]	**e**cco
[ɛ:]	g**e**lo
[i]	z**i**tto
[i:]	l**i**bro
[i̯]	p**i**atto
[o]	m**o**nd**o**
[o:]	**o**ra
[ɔ]	**o**tto
[ɔ:]	p**o**co
[u]	b**u**rro
[u:]	n**u**do
[u̯]	q**u**esto

In Fremdwörtern vorkommende nicht-italienische Vokale und Diphtonge/Vocali e dittonghi non italiani presenti nelle parole di origine straniera

[ã]	h**an**gar
[ã:]	nu**an**ce
[ɑ:]	p**ar**t time
[æ]	m**a**tch
[ʌ]	pick-**u**p
[aɪ]	n**igh**t-club
[aʊ]	know h**ow**
[ɛ̃]	sat**in**
[ə]	partn**er**
[ə:]	winds**ur**f
[eɪ]	pl**ay**-back
[ɪ]	t**i**lt
[õ]	p**om**p**on**
[œ:]	chauff**eu**r
[oʊ]	m**o**torscooter
[ɔɪ]	playb**oy**
[ɔʏ]	Bair**eu**t
[y]	men**u**
[y:]	ouvert**u**re
[ʏ]	k**ü**mmel

Konsonanten/Consonanti

[b]	**b**ello
[bb]	la**bb**ro
[d]	**d**are
[dd]	a**dd**io
[dz]	**z**ero
[ddz]	a**zz**urro, o**z**ono
[dʒ]	**g**ente, **gi**oco
[ddʒ]	le**gg**e, ma**ggi**o
[f]	**f**ermo
[ff]	ca**ff**è
[g]	**g**atto, lun**gh**ezza
[gg]	mu**ggh**iare
[k]	fuo**c**o, **ch**iaro
[kk]	sa**cc**o, o**cch**iali
[l]	**l**ana
[ll]	pa**ll**a
[ʎ]	**gl**i
[ʎʎ]	fo**gli**a
[m]	**m**agro
[mm]	ne**mm**eno
[n]	ca**n**e
[nn]	ca**nn**a
[ŋ]	ra**n**go
[ɲ]	**gn**occhi
[ɲɲ]	o**gn**i
[p]	**p**oco
[pp]	ca**pp**ello
[r]	to**r**o
[rr]	to**rr**e
[s]	ca**s**a
[ss]	ca**ss**a
[ʃ]	**sc**endere, **sci**enza
[ʃʃ]	pe**sc**e, la**sci**are
[t]	fo**t**o
[tt]	re**tt**o
[ts]	ter**z**o
[tts]	pe**zz**o, a**z**ione
[tʃ]	pa**c**e, **ci**elo
[ttʃ]	fa**cc**etta, fa**cci**a
[v]	**v**ia
[vv]	a**vv**iare
[z]	vi**s**o

In Fremdwörtern vorkommende nicht-italienische Konsonanten/Consonanti non italiane presenti nelle parole di origine straniera

[h]	**h**obby
[j]	maqui**ll**age
[θ]	**th**rilling
[w]	**w**eek-end
[x]	kol**ch**oz
[ʒ]	**j**acquard
[ɥ]	n**u**ance

Sonstige Zeichen/Altri segni

[:]	Längezeichen/segno della lunghezza vocale
[']	Betonungszeichen/accento tonico

Abkürzungen — Abbreviazioni

a	aggettivo	*Adjektiv*
a.	anche	*auch*
A	Austria, austriaco	*Österreich, österreichisch*
ab	abbreviazione	*Abkürzung*
acc	accusativo	*Akkusativ*
adm	amministrazione, linguaggio burocratico	*Verwaltung, bürokratisch*
adv	avverbio	*Adverb*
aero	aeronautica	*Luftfahrt*
agr	agricoltura	*Landwirtschaft*
anat	anatomia	*Anatomie*
arch	architettura	*Architektur*
astr	astrologia, astronomia	*Astrologie, Astronomie*
attr	attributivo, attributivamente	*attributiv*
bes.	specialmente	*besonders*
biol	biologia	*Biologie*
bot	botanica	*Botanik*
CH	Svizzera, svizzero	*Schweiz, schweizerisch*
chem	chimica	*Chemie*
com	commercio	*Handel*
con	congiunzione	*Konjunktion*
conj	congiuntivo	*Konjunktiv*
dat	dativo	*Dativ*
dial	dialettale	*mundartlich*
el	elettronica	*Elektronik*
etc., etc.	ecc., eccetera	*et cetera, usw.*
etw., etw.	qualcosa	*etwas*
f	femminile	*Femininum*
fam	familiare, familiarmente	*umgangssprachlich, familiär*
ferr	ferrovia	*Eisenbahn*
fig	figurato, figurativamente	*figurativ, übertragen*
film	film, cinematografia	*Film, Kino*
fin	finanza	*Finanzwesen*
fior	fiorentino	*florentinisch*
fot	fotografia	*Fotografie*
gastr	gastronomia	*Gastronomie*
geh	linguaggio elevato	*gehobene Ausdrucksweise*
gen	genitivo	*Genitiv*
gener.	generalmente	*allgemein*
genov	genovese	*genuesisch*
geog	geografia	*Geographie*
geol	geologia	*Geologie*
gram	grammatica	*Grammatik*
hist	storia, storico	*Geschichte, historisch*

imp	imperfetto	*Imperfekt*
ind	indicativo	*Indikativ*
inf	infinito	*Infinitiv*
inform	elaborazione (elettronica) dei dati, informatica	*(elektronische) Datenverarbeitung, Informatik*
interj	interiezione	*Interjektion*
inv	invariabile	*unveränderlich*
iron	ironico, ironicamente	*ironisch*
irr	irregolare	*unregelmäßig*
itr	intransitivo	*intransitiv*
jd, jd	qualcuno	*jemand*
jdm, jdm	a qualcuno	*jemandem*
jdn, jdn	qualcuno	*jemanden*
jds, jds	di qualcuno	*jemandes*
jur	giurisprudenza	*Recht(swissenschaft)*
lett	letterario, letterariamente	*literarische, gehobene Ausdrucksweise*
ling	linguistica	*Linguistik*
lit	letteratura	*Literatur*
lomb	lombardo	*lombardisch*
m	maschile	*Maskulinum*
mat	matematica	*Mathematik*
med	medicina	*Medizin*
mer	meridionale	*süditalienisch*
meteo	meteorologia	*Meteorologie*
mil	militare (scienza e tecnica)	*Militär(wesen)*
min	mineralogia	*Mineralogie*
mot	motori, traffico	*Motor-, Kraftfahrwesen*
mus	musica	*Musik*
n	neutro	*Neutrum*
napol	napoletano	*neapolitanisch*
naut	navigazione, nautica	*Schiffahrt, Nautik*
nom	nominativo	*Nominativ*
o	o	*oder*
obs	obsoleto, poco usato	*obsolet, veraltet*
opt	ottica	*Optik*
parl	parlamento	*Parlament*
pej	peggiorativo, peggiorativamente	*pejorativ*
pers	persona, personale	*Person, Personal-*
philos	filosofia	*Philosophie*
phys	fisica	*Physik*
piem	piemontese	*piemontesisch*
pl	plurale	*Plural*
poet	poetico, letterario	*poetisch, dichterisch, literarisch*
pol	politica	*Politik*
pp	participio passato	*Partizip Perfekt*
pr	presente	*Präsens*
p rem	passato remoto	*historisches Perfekt*
pron	pronome	*Pronomen*
prov	proverbio, proverbiale	*Sprichwort, sprichwörtlich*

prp	preposizione	*Präposition*
psych	psicologia	*Psychologie*
qc, qc	qualcosa	*etwas*
qu, qu	qualcuno	*jemand*
radio	radiofonia	*Rundfunk*
rar	raro, raramente	*selten*
reg	regolare	*regelmäßig*
rel	religione	*Religion*
rfl	riflessivo	*reflexiv*
S., S.	cosa	*Sache*
scherz	scherzoso, scherzosamente	*scherzhaft*
scient	scienza, scientifico	*Wissenschaft, wissenschaftlich*
sett	settentrionale	*norditalienisch*
sicil	siciliano	*sizilianisch*
sing	singolare	*Singular*
sl	slang, gergo	*Slang, Jargon*
soc	sociologia	*Soziologie*
sport	sport	*Sport*
tec	tecnica	*Technik*
tel	telefonia, telegrafia	*Telefon, Nachrichtentechnik*
theat	teatro	*Theater*
tosc	toscano	*toskanisch*
tr	transitivo	*transitiv*
TV	televisione	*Fernsehen, Bildschirmtechnik*
typ	stampa, tipografia	*Druckwesen*
u., u.	e	*und*
v.	vedi	*siehe*
venez	veneziano	*venezianisch*
vulg	volgare, volgarmente	*vulgär*
z. B.	per esempio	*zum Beispiel*
zoo	zoologia	*Zoologie*
®	marchio registrato	*eingetragenes Warenzeichen*

A

A, a [a] ‹-› *f* A, a *n;* **a come Ancona** A wie Anton.

a [a] ‹al, allo, all', alla, ai, agli, alle› *prp* **1.** *(stato in luogo)* in *dat,* auf *dat; (vicino a)* an *dat,* bei *dat,* zu *dat;* **2.** *(moto a luogo)* in *acc,* auf *acc,* an *acc,* nach *dat,* zu *dat;* **3.** *(tempo)* in *dat,* zu *dat; (con riferimento all'ora)* um *acc;* **4.** *(con prezzo)* zu *dat;* **5.** *(complemento di termine) si traduce col dativo;* **sono ~ casa** ich bin zu Hause; **al mercato** auf dem/den Markt; **al mare** am/ans Meer; **~ Trieste** in/nach Triest; **~ 20 chilometri da Torino** 20 Kilometer von Turin entfernt; **~ domani** bis morgen; **dall'oggi al domani** von heute auf morgen; **~ marzo** im März; **~ mezzogiorno** am Mittag; **alle 7** um 7 (Uhr); **al venerdì** freitags; **~ vent'anni** mit zwanzig Jahren; **esco ~ mangiare** ich gehe zum Essen aus; **cotoletta alla milanese** Schnitzel nach Mailänder Art; **lavorare ~ macchina** mit der Maschine arbeiten; **correre ~ 120 chilometri l'ora** (mit) 120 Stundenkilometer(n) fahren; **~ cavallo/piedi** zu Pferd/zu Fuß; **2 al quadrato** 2 im (*o* zum) Quadrat, 2 hoch 2; **lo regalo ~ Giuseppe** ich schenke es Giuseppe *(dat);* **~ pagina 5** auf Seite 5; **automobile ~ due posti** zweisitziges Auto; **~ uno ~ uno** einzeln; **~ due ~ due** paarweise, zu zweit.

abate [a'ba:te] *m* Abt *m.*

abbagliante [abbaʎ'ʎante] **I.** *a (luce)* blendend; **II.** *m pl* Fernlicht *n.* **abbagliare** [...'ʎa:re] ‹abbaglio, abbagli› *tr* ‹*avere*›, *itr* ‹*essere*› **1.** *(luce)* blenden; **2.** *fig* verwirren, täuschen. **abbaglio** [ab'baʎʎo] ‹-gli› *m* Versehen *n,* Fehler *m;* **prendere un ~** einen Fehler machen.

abbaiare [abba'ja:re] ‹abbaio, abbai› *itr* bellen; **~ alla luna** den Mond anbellen.

abbaino [abba'i:no] *m* Dachfenster *n; (soffitta)* Mansarde *f.*

abbandonare [abbando'na:re] **I.** *tr* **1.** *(lasciare)* verlassen; *(non aiutare)* im Stich lassen; **2.** *(per trascuratezza)* vernachlässigen; **3.** *(rinunciare a)* aufgeben; **4.** *(reclinare)* sinken lassen; **5.** *(allentare)* lockern, loslassen; **II.** *rfl:* **-arsi** *(a. fig)* sich hingeben; *(a un vizio)* sich ergeben (*a qc* einer S. *dat*). **abbandonato, -a** [...'na:to] **I.** *a* verlassen; *(trascurato)* vernachlässigt; **~ a se stesso** sich *(dat)* selbst überlassen; **II.** *m, f* Findel-, Waisenkind *n.*

abbandono [abban'do:no] *m* **1.** *(l'abbandonare)* Verlassen *n;* **2.** *(trascuratezza)* Vernachlässigung *f;* **3.** *(rinuncia)* Aufgabe *f;* **4.** *(rilassamento)* Hingabe *f;* **in un momento di ~** in einem schwachen Augenblick.

abbassamento [abbassa'mento] *m (di prezzi)* Senkung *f; (di temperatura)* Sinken *n; (di voce)* Senken *n; (d'intensità)* Abschwächen *n.*

abbassare [abbas'sa:re] **I.** *tr* **1.** senken, herunterlassen; *(muro, etc.)* niedriger machen; *(quadro, etc.)* tiefer hängen; **2.** *(prezzo, voce, temperatura)* senken; *(radio)* leiser stellen; *(tasto)* drücken; **~ la cresta** *fig fam* sich beugen; **~ i fari** abblenden; **II.** *rfl:* **-arsi 1.** *(chinarsi)* sich bücken; **2.** *fig (umiliarsi)* sich erniedrigen, sich demütigen; **3.** *(calare)* sinken; *(barometro, temperatura)* fallen; *(sole)* sich neigen. **abbasso** [ab'basso] *adv (stato)* unten; *(moto)* herunter, hinunter; **~ ...!** nieder mit ...!

abbastanza [abbas'tantsa] *adv* genug; *(alquanto)* ziemlich; **averne ~ di qu/qc** von jdm/etw. genug haben.

abbattere [ab'battere] **I.** *tr* **1.** *(far cadere)* niederschlagen; *(alberi)* fällen; *(muri)* einreißen; **2.** *(uccidere)* töten; *(bestie al macello)* schlachten; *(selvaggina)* erlegen; **3.** *(aerei)* abschießen; **4.** *fig (malattia)* niederwerfen, schwächen; **5.** *fig (rovesciare)* stürzen; **II.** *rfl:* **-ersi 1.** *(cadere di schianto)* (auf)prallen; **2.** *(piombare addosso)* prallen, prasseln; **3.** *fig (accasciarsi)* niedergeschlagen sein. **abbattimento** [...ti'mento] *m* **1.** *(l'abbattere)* Niederschlagen *n; (di alberi)* Fällen *n; (di case)* Einreißen *n;* **2.** *(di bestie al macello)* Schlachten *n; (di selvaggina)* Erlegen *n;* **3.** *(di aerei)* Abschuß *m;* **4.** *fig (da malattia)* Schwächung *f;* **5.** *fig (rovesciamento)* Umsturz *m.*

abbazia [abbat'tsi:a] ‹-ie› *f* Abtei *f.*

abbecedario [abbetʃe'da:ri̯o] ‹-i› *m* Fibel *f,* Abc-Buch *n.*

abbellimento [abbelli'mento] *m* Verschönerung *f; (ornamento)* Verzierung *f.* **abbellire** [...'li:re] ‹abbellisco› **I.** *tr* **1.** *(rendere più bello)* verschönern; **2.** *(ornare)* verzieren, schmücken; **3.** *fig (persona)* aufwerten; **4.** *fig (racconto, etc.)* ausschmücken; **II.** *rfl:* **-irsi** sich verschönern, sich schön machen.

abbeverare [abbeve'ra:re] **I.** *tr* tränken; **II.** *rfl:* **-arsi** seinen Durst stillen, trinken.

abbeveratoio [...ra'to:i̯o] ⟨-oi⟩ *m* Tränke *f.*
abbi, abbia ['abbi, 'abbi̯a] *etc. v.* **avere.**
abbiccì [abbit'tʃi] ⟨-⟩ *m* **1.** *(alfabeto, a. fig)* Abc *n;* **2.** *(sillabario)* Fibel *f.*
abbiente [ab'bi̯ɛnte] **I.** *a* wohlhabend, begütert; **II.** *mf* Begüterte(r) *mf;* **i non -i** die Mittellosen.
abbigliamento [abbiʎʎa'mento] *m* (Be)kleidung *f; (indumenti)* Kleidungsstücke *n pl.* **abbigliare** [...'ʎa:re] ⟨abbiglio, abbigli⟩ **I.** *tr* kleiden; **II.** *rfl:* **-arsi** sich kleiden.
abbinamento [abbina'mento] *m* Kopp(e)lung *f,* Verbindung *f.* **abbinare** [...'na:re] *tr* koppeln, verbinden.
abbindolare [abbindo'la:re] *tr* umgarnen, einwickeln, betrügen.
abboccamento [abbokka'mento] *m* Unterredung *f.* **abboccare** [...'ka:re] ⟨abbocco, abbocchi⟩ **I.** *tr ⟨avere⟩ tec* zusammenstecken, -fügen; **II.** *itr ⟨essere⟩* **1.** *(pesce, a. fig)* anbeißen; **2.** *tec* zusammengesteckt sein, ineinanderpassen. **abboccato, -a** [...'ka:to] *a (vino)* vollmundig.
abbonamento [abbona'mento] *m* **1.** *(a un giornale, theat, etc.)* Abonnement *n;* **2.** *(ferroviario, tranviario)* Dauerkarte *f,* Zeitkarte *f;* **3.** *(prezzo)* Bezugspreis *m;* **fare l'~ a qc** etw. abonnieren.
abbonare[1] [abbo'na:re] *tr* **1.** *(defalcare)* nachlassen, erlassen; **2.** *fig (perdonare)* vergeben *(qu* jdm).
abbonare[2] [abbo'na:re] **I.** *tr* abonnieren; **~ qu a una rivista** für jdn eine Zeitschrift abonnieren; **II.** *rfl:* **-arsi** abonnieren; **-arsi a un giornale** eine Zeitung abonnieren; **-arsi al tram** eine Dauerkarte kaufen; **-arsi al teatro** ein Theaterabonnement abschließen. **abbonato, -a** [...'na:to] **I.** *a* abonniert; **essere ~ a un giornale** eine Zeitung abonniert haben; **II.** *m, f* Abonnent(in) *m(f);* **~ al teatro** Theaterabonnent *m;* **~ al telefono/alla TV** Fernsprech-/Fernsehteilnehmer *m.*
abbondante [abbon'dante] *a* reichlich, üppig; *(vestito)* weit; **tre metri -i** gut drei Meter.
abbondanza [abbon'dantsa] *f* Überfluß *m,* Fülle *f;* **in ~** im Überfluß.
abbondare [abbon'da:re] *itr ⟨essere⟩* **1.** *(essere in grande quantità)* im Überfluß (*o* reichlich) vorhanden sein; **2.** *(eccedere)* übertreiben (*in* mit); **~ di** reichlich enthalten (*o* aufweisen).
abbordabile [abbor'da:bile] *a* **1.** *(spesa)* tragbar, möglich; **2.** *(persona)* zugänglich.
abbordare [abbor'da:re] *tr* **1.** *naut* entern; **2.** *(persona)* ansprechen, anmachen *sl;* **3.** *fig* angehen, in Angriff nehmen.
abborracciare [abborrat'tʃa:re] ⟨abborraccio, abborracci⟩ *tr* pfuschen, schludern.
abbottonare [abbotto'na:re] *tr* zuknöpfen.
abbozzare [abbot'tsa:re] *tr* **1.** *(disegno, romanzo, etc.)* skizzieren, entwerfen; **2.** *fig (accennare)* andeuten. **abbozzo** [ab'bɔttso] *m* Skizze *f,* Entwurf *m.*
abbracciare [abbrat'tʃa:re] ⟨abbraccio, abbracci⟩ **I.** *tr* **1.** *(persona)* umarmen; **2.** *fig (contenere)* umfassen; **3.** *fig (causa)* vertreten; *(professione)* ergreifen; *(fede)* sich bekennen zu; *(opinione, partito)* sich anschließen (*qc* einer S. *dat*); **II.** *rfl:* **-arsi** sich umarmen.
abbraccio [ab'brattʃo] ⟨-cci⟩ *m* Umarmung *f.*
abbreviare [abbre'vi̯a:re] ⟨abbrevio, abbrevi⟩ *tr* (ab-, ver)kürzen. **abbreviazione** [...vi̯at'tsi̯o:ne] *f* (Ab)kürzung *f.*
abbronzante [abbron'dzante] **I.** *a* bräunend; **II.** *m* Bräunungsmittel *n.* **abbronzare** [...'dza:re] **I.** *tr* **1.** *(metalli)* bronzieren; **2.** *(pelle)* bräunen; **II.** *rfl:* **-arsi** braun werden. **abbronzatura** [...dza'tu:ra] *f* **1.** *(atto)* Bräunen *n;* **2.** *(effetto)* Bräune *f,* Bräunung *f.*
abbrustolire [abbrusto'li:re] ⟨abbrustolisco⟩ **I.** *tr* rösten; **II.** *rfl:* **-irsi** *scherz (al sole)* sich rösten.
abbrutire [abbru'ti:re] ⟨abbrutisco⟩ *tr, rfl:* **-irsi** verrohen.
abbruttire [abbrut'ti:re] ⟨abbruttisco⟩ **I.** *tr ⟨avere⟩* häßlich machen; **II.** *itr ⟨essere⟩* häßlich werden.
abbuffarsi [abbuf'farsi] *rfl fam* reinhauen *fam.*
abbuiare [abbu'i̯a:re] ⟨abbuio, abbui⟩ **I.** *tr ⟨avere⟩* ab-, verdunkeln; **II.** *itr ⟨essere⟩* dunkel werden; **III.** *rfl:* **-arsi** **1.** *(oscurarsi)* sich verdunkeln; **2.** *fig (incupirsi)* sich verdüstern.
abbuono [ab'bu̯ɔ:no] *m* **1.** *(di prezzo)* Nachlaß *m,* Rabatt *m;* **2.** *sport (vantaggio)* Vorgabe *f; (nell'ippica)* Handikap *n.*
abdicare [abdi'ka:re] ⟨abdico, abdichi⟩ *itr* abdanken, zurücktreten. **abdicazione** [...kat'tsi̯o:ne] *f* Abdankung *f,* Rücktritt *m* (*a* von); **~ al trono** Thronverzicht *m.*
aberrazione [abberrat'tsi̯o:ne] *f* **1.** *gener.* Abweichung *f;* **2.** *(~ morale)* Fehltritt *m.*
abete [a'be:te] *m* Tanne *f.*
abietto, -a [a'bi̯ɛtto] *a* gemein, niederträchtig. **abiezione** [abi̯et'tsi̯o:ne] *f* Gemeinheit *f,* Niederträchtigkeit *f.*
abile ['a:bile] *a (idoneo, a. mil)* tauglich (*a* für, zu); *(esperto)* fähig, tüchtig; *(accorto)* gewandt, geschickt, fähig; **~ negli affari** geschäftstüchtig. **abilità** [abili'ta] ⟨-⟩ *f* Geschicklichkeit *f,* Gewandtheit *f,* Fähigkeit *f.*

abilitare [abili'ta:re] **I.** *tr* befähigen; **II.** *rfl:* **-arsi** sich qualifizieren. **abilitato, -a** [...'ta:to] **I.** *a* geprüft, zugelassen; **II.** *m, f* (Lehr)berechtigte(r) *mf.* **abilitazione** [...tat'tsi̯o:ne] *f* Befähigung *f,* Befugnis *f;* ~ **all'insegnamento** Lehrbefähigung *f.*

abisso [a'bisso] *m* **1.** *(baratro)* Abgrund *m;* **2.** *fig (inferno)* Abgrund *m,* Unterwelt *f;* **3.** *fig (grande differenza)* Abgrund *m.*

abitabile [abi'ta:bile] *a* bewohnbar.

abitacolo [abi'ta:kolo] *m mot* Kabine *f; aero* Kanzel *f.*

abitante [abi'tante] *mf* Einwohner(in) *m(f); (di casa, appartamento)* Bewohner(in) *m(f).*

abitare [abi'ta:re] **I.** *tr* bewohnen, wohnen in; **II.** *itr* wohnen; ~ **in campagna/a Firenze** auf dem Land/in Florenz wohnen. **abitato, -a** [...'ta:to] **I.** *a* bewohnt; *(popolato)* bevölkert; **II.** *m* bewohntes Gebiet; *(villaggio)* Ortschaft *f.* **abitazione** [...tat'tsi̯o:ne] *f* Wohnung *f; (casa)* Wohnhaus *n.*

abito ['a:bito] *m* **1.** *(vestito)* Kleidung *f; (da cerimonia)* Gewand *n; (da donna)* Kleid *n; (da uomo)* Anzug *m;* **2.** *med, biol* Habitus *m;* **3.** *rel* Habit *m o n,* Ordenstracht *f;* ~ **borghese** Zivil *n;* **l'~ non fa il monaco** *prov* der (äußere) Schein trügt oft.

abituale [abitu'a:le] *a* gewohnt, üblich; **cliente** ~ Stammkunde *m.* **abitualmente** [...ual'mente] *adv* gewöhnlich.

abituare [abitu'a:re] **I.** *tr* gewöhnen (*a* an); **II.** *rfl:* **-arsi** sich gewöhnen (*a* an).

abitudinario, -a [abitudi'na:ri̯o] ‹-i, -ie› **I.** *a* Gewohnheits-; **II.** *m, f* Gewohnheitsmensch *m; (cliente)* Stammkunde *m,* -kundin *f.*

abitudine [abi'tu:dine] *f* **1.** *(consuetudine)* Gewohnheit *f;* **2.** *(assuefazione)* Gewöhnung *f;* **d'~** gewöhnlich.

abiurare [abi̯u'ra:re] *tr* abschwören (*qc* einer S. *dat*).

ablativo [abla'ti:vo] *m* Ablativ *m.*

abnegazione [abnegat'tsi̯o:ne] *f* Entsagung *f,* Verzicht *m.*

abnorme [ab'nɔrme] *a* abnorm.

abolire [abo'li:re] ‹abolisco› *tr* abschaffen, beseitigen. **abolizione** [...lit'tsi̯o:ne] *f* Abschaffung *f,* Beseitigung *f,* Aufhebung *f.*

abominevole [abomi'ne:vole] *a* verabscheuenswert, abscheulich.

aborigeno, -a [abo'ri:dʒeno] **I.** *a* eingeboren; **II.** *m* Ureinwohner(in) *m(f).*

aborrire [abor'ri:re] ‹aborrisco *o* aborro› *tr* verabscheuen, hassen.

abortire [abor'ti:re] ‹abortisco› *itr* **1.** ‹*avere*› *med* abtreiben; **2.** ‹*essere*› *fig* scheitern.

aborto [a'bɔrto] *m* **1.** *(spontaneo)* Fehlgeburt *f;* **2.** *(procurato)* Abtreibung *f;* **3.** *fig (persona)* Mißgeburt *f.*

Abramo [a'bra:mo] *(nome proprio maschile)* Abraham.

abrasione [abra'zi̯o:ne] *f* **1.** Abschaben *n,* Abkratzen *n; tec* Schmirgeln *n,* Abschleifen *n;* **2.** *(cancellatura)* Radieren *n; (traccia)* Radierspur *f;* **3.** *geol* Abrasion *f;* **4.** *(lesione)* Schürfwunde *f,* Hautabschürfung *f.* **abrasivo, -a** [...'zi:vo] **I.** *a* Schleif-; **II.** *m* Schleifmittel *n.*

abrogare [abro'ga:re] ‹abrogo, abroghi› *tr* aufheben, abschaffen. **abrogazione** [...gat'tsi̯o:ne] *f* Aufhebung *f,* Abschaffung *f.*

Abruzzo [a'bruttso] *m,* **Abruzzi** [...tsi] *m pl* Abruzzen *pl.*

abside ['abside] *f* Apsis *f.*

abusare [abu'za:re] *itr:* ~ **di** mißbrauchen; *(approfittare)* ausnützen. **abusivo, -a** [...'zi:vo] **I.** *a* rechtswidrig, illegal; **II.** *m, f* ohne Genehmigung handelnde Person.

abuso [a'bu:zo] *m* Mißbrauch *m;* ~ **di autorità** Machtmißbrauch *m;* **fare ~ di un cibo** von etw. zuviel essen.

a.C. *ab di* **avanti Cristo** v. Chr. (*ab di* vor Christus).

acacia [a'ka:tʃa] ‹-cie› *f* Akazie *f.*

acca ['akka] ‹-› *f* **1.** *(lettera)* H, h *n;* **2.** *fig fam:* **non capire un'~** überhaupt nichts (*o* nur Bahnhof *fam*) verstehen.

accademia [akka'dɛ:mi̯a] ‹-ie› *f* Akademie *f;* ~ **di Belle Arti/musicale** Kunst-/Musikakademie *f.* **accademico, -a** [...'dɛ:miko] ‹-ci, -che› **I.** *a (a. fig)* akademisch; **II.** *m, f* Akademiker(in) *m(f).*

accadere [akka'de:re] ‹*irr*› *itr* ‹*essere*› geschehen, passieren; **che accade?** was ist los? **accaduto** [akka'du:to] *m* Ereignis *n,* Vorfall *m.*

accalappiacani [akkalappi̯a'ka:ni] ‹-› *m* Hundefänger(in) *m(f).*

accalappiare [akkalap'pi̯a:re] ‹accalappio, accalappi› *tr* **1.** *(catturare)* einfangen; **2.** *fig (circuire)* umgarnen; *(ingannare)* hereinlegen.

accalcarsi [akkal'karsi] *rfl* sich (eng) zusammendrängen.

accaldarsi [akkal'darsi] *rfl* **1.** *(riscaldarsi)* sich erhitzen; **2.** *fig (eccitarsi)* sich erhitzen, sich ereifern.

accalorarsi [akkalo'rarsi] *rfl* sich erhitzen, sich ereifern.

accampamento [akkampa'mento] *m* Lager *n; mil* Feldlager *n.* **accampare** [...'pa:re] **I.** *tr* **1.** *(sotto tende)* lagern; **2.** *fig (scuse, ragioni, etc.)* anführen, vorbringen; *(diritti)* erheben (*su* auf); **II.** *rfl:* **-arsi** (sich) lagern.

accanimento [akkani'mento] *m* Verbissenheit *f; (odio)* Erbitterung *f.* **accanirsi** [...'nirsi] ‹mi accanisco› *rfl* **1.** *(infierire)* sich erbittern (*contro* gegen), sich erbosen (*contro* über); **2.** *(osti-*

narsi) sich verbohren (*in* in), sich verbeißen (*in* in). **accanito, -a** [...ˈniːto] *a* **1.** *(discussione)* verbissen; **2.** *(fumatore)* stark; *(lavoratore)* eifrig.

accanto [akˈkanto] **I.** *adv* daneben; *(casa, etc.)* nebenan; **II.** *prp:* ~ **a** neben *dat;* **III.** ⟨*inv*⟩ *a* (von) nebenan.

accantonare [akkantoˈnaːre] *tr* **1.** *(merci)* einlagern; **2.** *com (utili)* zurücklegen; **3.** *mil (truppe)* einquartieren; **4.** *fig (rimandare)* zurückstellen, aufschieben.

accaparramento [akkaparraˈmento] *m* Aufkaufen *n; (di generi razionati)* Hamstern *n.* **accaparrare** [...ˈraːre] **I.** *tr* aufkaufen; *(generi razionati)* hamstern; **II.** *rfl:* **-arsi** sich *(dat)* sichern, einheimsen. **accaparratore, -trice** [...raˈtoːre] *m, f* Aufkäufer(in) *m(f); (di generi razionati)* Hamsterer *m,* Hamsterin *f.*

accapigliarsi [akkapiʎˈʎarsi] *rfl* sich *(dat)* in die Haare geraten.

accappatoio [akkappaˈtoːi̯o] ⟨-oi⟩ *m* Bademantel *m.*

accapponare [akkappoˈnaːre] *tr* schaudern lassen; **mi si accappona la pelle** ich bekomme eine Gänsehaut.

accarezzare [akkaretˈtsaːre] *tr* **1.** *(con la mano)* streicheln; *(vezzeggiare)* liebkosen; **2.** *fig (lusingare)* schmeicheln (*qc/qu* einer S. *dat*/jdm); **3.** *fig (vagheggiare)* liebäugeln mit; *(speranza)* hegen; ~ **qu con lo sguardo** jdn zärtlich ansehen.

accartocciare [akkartotˈtʃaːre] ⟨accartoccio, accartocci⟩ **I.** *tr* zusammenrollen; **II.** *rfl:* **-arsi** sich zusammenrollen, schrumpeln.

accasarsi [akkaˈsarsi] *rfl* heiraten, einen Hausstand gründen.

accasciare [akkaʃˈʃaːre] ⟨accascio, accasci⟩ **I.** *tr* bedrücken, niederschlagen; **II.** *rfl:* **-arsi 1.** *(lasciarsi cadere)* zusammensinken, zusammenbrechen; **2.** *fig (avvilirsi)* verzagen, den Mut verlieren. **accasciato, -a** [...ˈʃaːto] *a* **1.** *(spossato)* entkräftet; **2.** *fig (demoralizzato)* entmutigt, niedergeschlagen.

accatastare [akkatasˈtaːre] *tr* stapeln, aufschichten.

accattonaggio [akkattoˈnaddʒo] ⟨-ggi⟩ *m* Schnorrerei *f fam,* Bettelei *f.* **accattone, -a** [...ˈtoːne] *m, f* Schnorrer(in) *m(f) fam,* Bettler(in) *m(f).*

accavallare [akkavalˈlaːre] **I.** *tr (gambe)* übereinanderschlagen, kreuzen; *(maglie)* verschränken; **II.** *rfl:* **-arsi** sich aufhäufen, sich auftürmen; *fig* sich überstürzen.

accecare [attʃeˈkaːre] ⟨acceco, accechi⟩ **I.** *tr* ⟨*avere*⟩ **1.** *(persone)* blenden, blind machen; **2.** *(abbagliare)* blenden; **3.** *fig (offuscare)* verblenden; **II.** *itr* ⟨*essere*⟩ erblinden, blind werden.

accedere [atˈtʃɛːdere] *itr* **1.** ⟨*essere*⟩ *(entrare)* eintreten (*a* in), betreten (*a qc* etw.), kommen (*a* in); **2.** ⟨*avere*⟩ *fig (entrare a far parte)* beitreten, eintreten (*a* in); *(aderire)* zustimmen, einwilligen (*a* in).

accelerare [attʃeleˈraːre] *tr, itr* beschleunigen. **accelerata** [...ˈraːta] *f* Gasgeben *n.* **accelerato, -a** [...ˈraːto] **I.** *a* beschleunigt; **II.** *m* Personenzug *m.* **acceleratore** [...raˈtoːre] *m mot* Gaspedal *n.* **accelerazione** [...ratˈtsi̯oːne] *f* Beschleunigung *f.*

accendere [atˈtʃɛndere] ⟨accendo, accesi, acceso⟩ **I.** *tr* **1.** *(fuoco, sigaretta)* anzünden; **2.** *(conto)* eröffnen, einrichten; *(ipoteca)* aufnehmen; **3.** *(mettere in funzione)* einschalten, anmachen *fam; (motore a.)* anlassen; **4.** *fig (animo, cuore)* entflammen; *(sentimenti)* entfachen; **II.** *rfl:* **-ersi 1.** *(prender fuoco)* Feuer fangen, sich entzünden; **2.** *(luce, stufa, etc.)* angehen; **3.** *fig (passione)* entbrennen, entflammen.

accendino, accendisigaro [attʃɛnˈdiːno, ...diˈsiːgaro] ⟨-⟩ *m* Feuerzeug *n.*

accennare [attʃenˈnaːre] **I.** *tr* andeuten, skizzieren; **II.** *itr* **1.** *(fare un cenno)* ein Zeichen geben; **2.** *(far atto di)* ankündigen (*a qc* etw.); *(minacciare)* drohen (*a* mit), androhen (*a qc* etw.); **3.** *(alludere)* anspielen (*a* auf); ~ **di sì** ein zustimmendes Zeichen geben.

accenno [atˈtʃenno] *m* **1.** *(cenno)* Wink *m;* **2.** *(indizio)* Hinweis *m* (*a* auf), Anzeichen *n* (*a* für); **3.** *(allusione)* Anspielung *f* (*a* auf).

accensione [attʃenˈsi̯oːne] *f* **1.** *(atto dell'accendere)* Anzünden *n; tec* Einschalten *n;* **2.** *(di motore)* Zündung *f;* **3.** *(di conto)* Eröffnung *f; (di ipoteca)* Aufnahme *f.*

accentare [attʃenˈtaːre] *tr* akzentuieren; *(a. mus)* betonen; *(a. fig)* hervorheben. **accento** [atˈtʃɛnto] *m* **1.** *ling, mus* Akzent *m,* Betonung *f;* **2.** *(intonazione)* Tonfall *m; (tono)* Ton *m;* **3.** *(enfasi)* Nachdruck *m,* Gewicht *n;* **4.** *fig* Note *f,* Spur *f;* ~ **acuto/circonflesso/grave** Akut *m*/Zirkumflex *m*/Gravis *m;* **porre l'~ su qc** etw. hervorheben.

accentramento [attʃentraˈmento] *m* Zentralisierung *f,* Konzentration *f.* **accentrare** [...ˈtraːre] *tr* **1.** *(riunire)* konzentrieren, zusammenziehen; *pol* zentralisieren; **2.** *fig (accumulare)* konzentrieren, vereinen; **3.** *fig (attirare)* auf sich ziehen (*o* lenken), anziehen.

accentuare [attʃentuˈaːre] **I.** *tr* **1.** *(pronunciare con enfasi)* akzentuieren, betonen; **2.** *fig (rendere evidente)* hervorheben, deutlich machen; **II.** *rfl:* **-arsi** sich verstärken, sich ausweiten; *pej* sich verschlimmern.

accerchiare [attʃerˈki̯aːre] *tr* umzingeln; *(a. fig)* einkreisen.

accertamento [attʃertaˈmento] *m* Er-

mittlung *f,* Feststellung *f;* ~ **fiscale** Steuerermittlung *f.* **accertare** [...'ta:re] **I.** *tr* feststellen, ermitteln; **II.** *rfl:* **-arsi** sich vergewissern.
accesi [at'tʃe:si] *p rem di* **accendere.**
acceso, -a [at'tʃe:so] **I.** *pp di* **accendere; II.** *a* **1.** *(che brucia)* brennend; **2.** *(in funzione)* eingeschaltet; *(motore a.)* laufend; **3.** *(colore)* lebhaft; **4.** *fig* erhitzt; *(d'ira, d'amore)* entbrannt; **rosso** ~ feuerrot.
accessibile [attʃes'si:bile] *a* **1.** *(luogo)* erreichbar, zugänglich; **2.** *(concetto)* (leicht)verständlich; **3.** *(prezzo)* annehmbar; **4.** *(persona)* zugänglich. **accessibilità** [...sibili'ta] ‹-› *f* **1.** *(di luogo)* Erreichbarkeit *f,* Zugänglichkeit *f;* **2.** *(di concetto)* Verständlichkeit *f;* **3.** *fig (di persona)* Zugänglichkeit *f.*
accesso [at'tʃɛsso] *m* **1.** *(a un luogo)* Zugang *m,* Zutritt *m; (di veicoli)* Zufahrt *f;* **2.** *(a una professione)* Zugang *m,* Beitritt *m;* **3.** *med* Anfall *m;* **4.** *inform* Zugriff *m;* **5.** *fig (impulso improvviso)* Anfall *m,* Ausbruch *m;* ~ **di tosse/d'ira** Husten-/Wutanfall *m.*
accessorio, -a [attʃes'sɔ:ri̯o] ‹-i, -ie› **I.** *a* **1.** *(complementare)* zusätzlich; Begleit-, Neben-; **2.** *fig (secondario)* nebensächlich; **II.** *m pl* Zubehör *n; (dell'abbigliamento a.)* Accessoires *n pl.*
accetta [at'tʃetta] *f* Beil *n;* **tagliato con l'~** grobschlächtig.
accettabile [attʃet'ta:bile] *a* akzeptabel, annehmbar.
accettare [attʃet'ta:re] *tr* annehmen; *(persona)* aufnehmen; *fig, com* akzeptieren. **accettazione** [...tat'tsi̯o:ne] *f* **1.** *(in consegna)* Annahme *f;* **2.** *(in una comunità)* Aufnahme *f;* **3.** *jur, com* Akzept *n;* **4.** *(ufficio)* Empfang *m,* Rezeption *f;* ~ **bagagli/merci** Gepäck-/Warenannahme *f.* **accetto, -a** [at'tʃɛtto] *a* willkommen; *(persona a.)* gerngesehen.
accezione [attʃet'tsi̯o:ne] *f* Bedeutung *f,* Sinn *m.*
acchiappare [akki̯ap'pa:re] *tr* fangen, erwischen.
acciaccato, -a [attʃa'ka:to] *a* **1.** *(ammaccato)* verbeult; **2.** *fam (indebolito)* zerschlagen, kaputt *fam.*
acciacco [at'tʃakko] ‹-cchi› *m* Beschwerden *pl,* Gebrechen *n pl.*
acciaieria [attʃai̯e'ri:a] ‹-ie› *f* Stahlwerk *n.*
acciaio [at'tʃa:i̯o] ‹-ai› *m* Stahl *m;* **avere nervi d'~** Nerven wie Drahtseile haben; **una tempra d'~** *fig* eine eiserne Konstitution.
accidentale [attʃiden'ta:le] *a* zufällig.
accidentato, -a [attʃiden'ta:to] *a (terreno)* uneben.
accidente [attʃi'dɛnte] *m* **1.** *(evento fortuito)* Zufall *m;* **2.** *(disgrazia)* Unglücksfall *m;* **3.** *med* Schlag(anfall) *m;* **non valere un** ~ *fam* völlig wertlos sein; **non m'importa un** ~ *fam* ich scher' mich einen Teufel drum *fam;* **mandare un ~ a qu** *fam* jdm die Pest an den Hals wünschen; **gli venisse un ~!** *fam* der Schlag soll ihn treffen!; **-i!** *fam* Donnerwetter! *fam,* zum Teufel! *fam.*
accidia [at'tʃi:di̯a] ‹-ie› *f* Trägheit *f,* Unlust *f.*
accigliato, -a [attʃiʎ'ʎa:to] *a* finster.
accingersi [at'tʃindʒersi] ‹*irr*› *rfl* sich anschicken (*a fare qc* etw. zu tun).
acciottolato [attʃotto'la:to] *m* Steinpflaster *n.*
acciuffare [attʃuf'fa:re] *tr* erwischen.
acciuga [at'tʃu:ga] ‹-ghe› *f* **1.** *(alice)* Sardelle *f;* **2.** *fig (persona magra)* Hering *m;* **stare pigiati come -ghe** zusammengedrängt sein wie die Sardinen.
acclamare [akkla'ma:re] **I.** *tr* **1.** *(applaudire)* applaudieren (*qu* jdm), Beifall spenden (*qu* jdm); **2.** *(eleggere)* durch Zuruf (*o* Akklamation) wählen; **II.** *itr* (zu)jubeln. **acclamazione** [...mat'tsi̯o:ne] *f* Zuruf *m;* **per** ~ durch Zuruf.
acclimatare [akklima'ta:re] **I.** *tr* akklimatisieren; **II.** *rfl:* **-arsi** sich akklimatisieren. **acclimatazione** [...tat'tsi̯o:ne] *f* Akklimatisierung *f.*
accludere [ak'klu:dere] ‹accludo, acclusi, accluso› *tr* beifügen, beilegen. **accluso, -a** [ak'klu:zo] *a* beigefügt, beiliegend, anbei; ~ **alla lettera invio ...** anbei (*o* als Anlage) übersende ich ...
accoccolarsi [akkokko'larsi] *rfl* sich zusammenkauern.
accogliente [akkoʎ'ʎɛnte] *a (casa, gesto)* einladend; *(persona)* gastfreundlich. **accoglienza** [...'ʎɛntsa] *f* Empfang *m,* Aufnahme *f.*
accogliere [ak'kɔʎʎere] ‹*irr*› *tr* **1.** *(persone)* aufnehmen, empfangen; **2.** *(proposta)* annehmen; **3.** *(contenere)* fassen.
accollare [akkol'la:re] **I.** *tr (caricare di impegni)* aufhalsen, aufbürden; **II.** *rfl:* **-arsi** auf sich nehmen. **accollato, -a** [...'la:to] *a* hochgeschlossen.
accoltellare [akkoltel'la:re] *tr* erstechen; *(ferire)* niederstechen, mit Messerstichen verletzen.
accomandita [akko'mandita] *f* Kommanditgesellschaft *f.*
accomiatare [akkomi̯a'ta:re] **I.** *tr* verabschieden; **II.** *rfl:* **-arsi** sich verabschieden.
accomodamento [akkomoda'mento] *m jur* Vergleich *m.*
accomodante [akkomo'dante] *a* anpassungswillig; *(accondiscente)* entgegenkommend.
accomodare [akkomo'da:re] **I.** *tr* **1.** *(aggiustare)* reparieren, ausbessern;

(guasto) beheben; **2.** *(riordinare)* (her)richten, in Ordnung bringen, aufräumen; **3.** *fig (sistemare)* in Ordnung bringen, erledigen; *(lite)* beilegen; **II.** *rfl:* **-arsi 1.** *(adattarsi)* sich behelfen; **2.** *(mettersi a proprio agio)* es sich *(dat)* bequem machen; *(sedersi)* Platz nehmen; **3.** *(accordarsi)* sich einigen.

accompagnamento [akkompaɲɲa'mento] *m* Begleitung *f;* **lettera di ~** Begleitbrief *m.*

accompagnare [akkompaɲ'ɲa:re] **I.** *tr* **1.** *(andare insieme)* begleiten; **2.** *(unire)* beifügen; **II.** *rfl:* **-arsi** *mus* sich begleiten. **accompagnatore, -trice** [...ɲa'to:re] *m, f* Begleiter(in) *m(f).*

accomunare [akkomu'na:re] *tr* vereinen, verbinden.

acconciatura [akkontʃa'tu:ra] *f* **1.** *(pettinatura)* Frisur *f;* **2.** *(ornamento)* Haarschmuck *m.*

acconcio, -a [ak'kontʃo] *a (idoneo)* geeignet; *(opportuno)* angebracht.

accondiscendere [akkondiʃ'ʃendere] ⟨*irr*⟩ *itr* eingehen (*a* auf), einwilligen (*a* in).

acconsentire [akkonsen'ti:re] *itr* zustimmen, einwilligen (*a* in); *(a richiesta, etc.)* eingehen (*a* auf); **acconsento che lui parta** ich erlaube ihm zu gehen. **acconsenziente** [...sen'tsi̯ɛnte] *a* zustimmend.

accontentare [akkonten'ta:re] **I.** *tr* zufriedenstellen; **II.** *rfl:* **-arsi** sich begnügen (*di* mit), sich zufriedengeben (*di* mit).

acconto [ak'konto] *m* Anzahlung *f;* **in ~** als Anzahlung.

accoppare [akkop'pa:re] *tr* erschlagen; *fig* übel zurichten.

accoppiamento [akkoppi̯a'mento] *m* **1.** *(accostamento)* Zusammenstellung *f,* Verbindung *f;* **2.** *tec* Kopp(e)lung *f;* **3.** *(tra animali)* Paarung *f.* **accoppiare** [...'pi̯a:re] ⟨accoppio, accoppi⟩ **I.** *tr* **1.** *(accostare)* zusammenstellen; *(a. fig)* verbinden; **2.** *tec, fig* koppeln; **3.** *(animali)* paaren; **II.** *rfl:* **-arsi** *(animali)* sich paaren. **accoppiato, -a** [...'pi̯a:to] *a* verbunden; *tec* gekoppelt; **quei due sono bene -i** die beiden passen gut zusammen.

accorato, -a [akko'ra:to] *a* betrübt.

accorciare [akkor'tʃa:re] ⟨accorcio, accorci⟩ **I.** *tr* **1.** *(abbreviare)* ab-, verkürzen; *(percorso)* abkürzen; *(distanza)* verringern; **2.** *(abito)* kürzen, kürzer machen; **II.** *rfl:* **-arsi** kürzer werden; *(distanza)* sich verringern.

accordare [akkor'da:re] **I.** *tr* **1.** *(concedere)* gewähren, zugestehen; *adm* bewilligen; **2.** *(conciliare)* versöhnen; **3.** *fig* (miteinander) in Einklang bringen; *(colori)* (aufeinander) abstimmen; **4.** *mus* stimmen; **5.** *gram* übereinstimmen lassen, in Übereinstimmung bringen; **II.** *rfl:* **-arsi 1.** *(persone)* sich einigen; **2.** *fig (colori, etc.)* zusammenpassen.

accordo [ak'kɔrdo] *m* **1.** *(concordia)* Einigkeit *f; (in vertenze)* Übereinkunft *f,* Einigung *f;* **2.** *fig* Einklang *m,* Einverständnis *n;* **3.** *(patto)* Abkommen *n; jur* Vertrag *m;* **4.** *(di colori)* Abstimmung *f;* **5.** *mus* Akkord *m;* **6.** *gram* Übereinstimmung *f;* **trovarsi d'~** sich *(dat)* einig sein; **d'~!** einverstanden!; **come d'~** wie vereinbart; **di comune ~** im Einvernehmen.

accorgersi [ak'kɔrdʒersi] ⟨mi accorgo, ti accorgi, mi accorsi, mi sono accorto⟩ *rfl:* **~ di** merken, bemerken, wahrnehmen. **accorgimento** [akkordʒi'mento] *m* **1.** *(avvedutezza)* Umsicht *f,* Aufmerksamkeit *f;* **2.** *(espediente)* Trick *m,* Kniff *m.*

accorrere [ak'korrere] ⟨*irr*⟩ *itr* ⟨*essere*⟩ herbeieilen.

accorsi *p rem di* **accorgersi.**

accortezza [akkor'tettsa] *f* Umsicht *f,* Sorgfalt *f.*

accorto, -a [ak'kɔrto] **I.** *pp di* **accorgersi; II.** *a* aufmerksam, vorsichtig, umsichtig; *(astuto)* klug, schlau.

accostare [akkos'ta:re] **I.** *tr* näher stellen (*o* legen, *etc.*); *(porta, imposte)* anlehnen; *(avvicinare)* nähern; **~ qu** jdm näher kommen; **~ la sedia alla parete** den Stuhl an die Wand rücken; **II.** *itr* den Kurs wechseln; **III.** *rfl:* **-arsi 1.** *(avvicinarsi)* sich nähern *(a dat);* **2.** *fig* sich annähern (*a* an).

accovacciarsi [akkovat'tʃarsi] ⟨mi accovaccio, ti accovacci⟩ *rfl* sich kauern.

accozzaglia [akkot'tsaʎʎa] ⟨-glie⟩ *f* Haufen *m; (di cose a.)* Mischmasch *m fam.* **accozzamento** [...tsa'mento] *m* bunte Mischung.

accreditare [akkredi'ta:re] *tr* **1.** *(avvalorare)* glaubhaft machen; **2.** *com* gutschreiben; **3.** *(diplomatico)* akkreditieren. **accredito** [ak'kre:dito] *m* Gutschrift *f.*

accrescere [ak'kreʃʃere] ⟨*irr*⟩ **I.** *tr* ⟨*avere*⟩ vermehren, anwachsen lassen; **II.** *itr* ⟨*essere*⟩, *rfl:* **-ersi** zunehmen, (an)wachsen; **la sua famiglia si accresce** seine Familie bekommt Zuwachs. **accrescimento** [...ʃi'mento] *m* **1.** *(aumento)* Anwachsen *n,* Zunahme *f,* Erhöhung *f;* **2.** *biol* Wachstum *n.* **accrescitivo, -a** [...ʃi'ti:vo] **I.** *a* steigernd, wachstumsfördernd; **II.** *m gram* Vergrößerungsform *f.*

accucciarsi [akkut'tʃarsi] ⟨mi accuccio, ti accucci⟩ *rfl* sich hinlegen, kuschen.

accudire [akku'di:re] ⟨accudisco⟩ **I.** *tr* pflegen, versorgen; *(bambino a.)* beaufsichtigen; **II.** *itr* sich widmen, besorgen (*a qc* etw.).

accumulare [akkumu'la:re] **I.** *tr* anhäufen; **II.** *rfl:* **-arsi** sich häufen. **accumulatore** [...la'to:re] Akkumulator *m.* **accumulazione** [...lat'tsi̯o:ne] *f* Anhäufung *f,* Akkumulation *f geh.* **accumulo** [ak'ku:mulo] *m* **1.** *(accumulazione)* Anhäufung *f;* **2.** *geol* Akkumulation *f.*

accuratezza [akkura'tettsa] *f* Sorgfalt *f.*

accurato, -a [...'ra:to] *a* akkurat, genau, sorgfältig.

accusa [ak'ku:za] *f* **1.** *(attribuzione di colpa)* Be-, Anschuldigung *f;* **2.** *jur* Anklage *f;* **pubblica ~** Staatsanwaltschaft *f.* **accusare** [...'za:re] *tr* **1.** *(incolpare)* beschuldigen; **2.** *jur* anklagen; **3.** *(palesare)* äußern, vorbringen; *(lasciar scorgere)* erkennen lassen, zeigen; **4.** *adm* bestätigen; **~ qu di qc** jdm etw. vorwerfen, jdn einer S. *(gen)* beschuldigen; **~ il colpo** seine Betroffenheit nicht verbergen können.

accusativo [akkuza'ti:vo] *m* Akkusativ *m,* Wenfall *m.*

accusato, -a [akku'za:to] **I.** *a* angeklagt; **II.** *m, f* Angeklagte(r) *mf.* **accusatore, -trice** [...za'to:re] *m, f* **1.** *gener.* Ankläger(in) *m(f);* **2.** *jur* Kläger(in) *m(f); (magistrato)* Staatsanwalt *m,* -anwältin *f.*

acerbo, -a [a'tʃɛrbo] *a* **1.** *(immaturo)* unreif; **2.** *(aspro)* sauer; **3.** *fig (dolore)* bitter, herb.

acero ['a:tʃero] *m* Ahorn *m.*

acetato [atʃe'ta:to] *m* Acetat *n.*

acetilene [atʃeti'lɛ:ne] *m* Acetylen *n.*

aceto [a'tʃe:to] *m* Essig *m;* **cetriolini sott'~** Essiggurken *f pl;* **mettere sott'~** in Essig einlegen.

acetone [atʃe'to:ne] *m* Aceton *n.*

A.C.I. ['a:tʃi] *m* **1.** *ab di* **Automobile Club d'Italia** ≃ ADAC *m* (*ab di* Allgemeiner Deutscher Automobil-Club); **2.** *ab di* **Azione Cattolica Italiana** *italienischer Katholikenverband.*

acidità [atʃidi'ta] ‹-› *f* **1.** *(asprezza)* Säure *f;* **2.** *fig (mordacità)* Bissigkeit *f;* **3.** *chem* Säuregrad *m,* Acidität *f;* **~ di stomaco** Sodbrennen *n.*

acido, -a ['a:tʃido] **I.** *a* **1.** *(aspro)* sauer; **2.** *fig* bissig; *(critica a.)* beißend; **II.** *m* **1.** *chem* Säure *f;* **2.** *sl (stupefacente)* Stoff *m sl;* **resistente agli -i** säurebeständig. **acidulo, -a** [a'tʃi:dulo] *a* säuerlich.

acino ['a:tʃino] *m* (Wein)beere *f.*

acme ['akme] *f* Höhepunkt *m.*

acne ['akne] *f* Akne *f.*

acqua ['akku̯a] *f* **1.** *gener.* Wasser *n;* **2.** ‹*pl*› Gewässer *n pl; med* Thermalquellen *f pl,* (Thermal)bad *n;* **~ da bere** Trinkwasser *n;* **~ di Colonia** Kölnischwasser *n;* **~ dolce/salata** Süß-/Salzwasser *n;* **~ alta** Hochwasser *n;* **~ benedetta** Weihwasser *n;* **~ corrente/morta** fließendes Wasser/stehendes Gewässer; **~ potabile/minerale** Trink-/Mineralwasser *n;* **~ ossigenata** Wasserstoffsuperoxyd *n;* **~ ragia** Terpentin *n;* **~ tonica** Tonic(wasser) *n;* **-e bianche/nere** Regenwasser *n*/Abwässer *n pl;* **-e territoriali** Hoheitsgewässer *n pl;* **un buco nell'~** *fig* ein Schlag *m* ins Wasser; **cura delle -e** Trinkkur *f* (mit Heilwasser); **fare ~ da tutte le parti** *fig* überall undicht sein; *(argomento, etc.)* hinken; **lavorare sott'~** im trüben fischen; **navigare in cattive -e** in der Klemme (*o* auf dem trockenen) sitzen *fam;* **sentirsi come un pesce fuor d'~** sich wie ein Fisch auf dem Trockenen fühlen; **tirare l'~ al proprio mulino** nur an den eigenen Vorteil denken; **~ in bocca!** still!, kein Wort darüber!; **è ormai ~ passata** das ist Schnee von gestern; **~ cheta rovina i ponti** *prov* stille Wasser sind tief *prov.*

acquaforte [-'fɔrte] ‹acqueforti› *f* Radierung *f.*

acquaio [ak'ku̯a:i̯o] ‹-quai› *m* Ausguß *m,* Spülstein *m.*

acquamarina [-ma'ri:na] ‹acquemarine› *f* Aquamarin *m.*

acquaplano [-'pla:no] *m* Surfbrett *n.*

acquaragia [-'ra:dʒa] ‹-ge› *f* Terpentin *n.*

acquario [ak'ku̯a:ri̯o] ‹-i› *m* **1.** *(vasca, edificio)* Aquarium *n;* **2.** *astr:* **A~** Wassermann *m;* **sono (dell'** *o* **un) A~** ich bin (ein) Wassermann.

acquasanta [-'santa] *f* Weihwasser *n;* **essere come il diavolo e l'~** wie Hund und Katze sein. **acquasantiera** [...'ti̯ɛ:ra] *f* Weihwasserbecken *n.*

acquatico, -a [ak'ku̯a:tiko] ‹-ci, -che› *a* Wasser-.

acquattarsi [akku̯at'tarsi] *rfl* sich verbergen, sich ducken.

acquavite [akku̯a'vi:te] *f* Schnaps *m,* Branntwein *m;* **~ di vino** ≃ Weinbrand *m;* **~ di lamponi** Himbeergeist *m.*

acquazzone [akku̯at'tso:ne] *m* Wolkenbruch *m.*

acquedotto [akku̯e'dotto] *m* Wasserleitung *f; hist* Aquädukt *n.*

acqueforti *pl di* **acquaforte.**

acquemarine *pl di* **acquamarina.**

acqueo, -a ['akku̯eo] *a* Wasser-; **vapore ~** Wasserdampf *m.*

acquerello [akku̯e'rɛllo] *m* **1.** *(tecnica)* Aquarellmalerei *f,* Aquarelltechnik *f;* **2.** *(quadro)* Aquarell *n.*

acquerugiola [akku̯e'ru:dʒola] *f* Nieselregen *m,* Sprühregen *m.*

acquietare [akku̯i̯e'ta:re] **I.** *tr* beruhigen; *(desiderio)* befriedigen; *(ira)* besänftigen; **II.** *rfl:* **-arsi** sich beruhigen.

acquifero, -a [ak'ku̯i:fero] *a* wasserführend; **falda -a** Wasserader *f.*

acquirente [akkui'rɛnte] *mf* Käufer(in) *m(f)*.
acquisire [akkui'zi:re] ⟨acquisisco⟩ *tr* erwerben. **acquisito, -a** [...'zi:to] *a* erworben, angenommen; *(parente)* angeheiratet. **acquisizione** [...zit'tsio:ne] *f* Erwerb *m*, Erwerbung *f*.
acquistare [akkuis'ta:re] **I.** *tr* **1.** *com* erwerben, kaufen; **2.** *fig (meriti)* erwerben; *(tempo)* gewinnen; ~ **terreno** *fig* an Boden gewinnen; **II.** *itr* zunehmen (*in, di* an), gewinnen (*in, di* an).
acquisto [ak'kuisto] *m* **1.** *com* Erwerb *m*, Kauf *m;* **2.** *fig (persona)* Neuzugang *m;* **potere d'~** Kaufkraft *f;* **bell'~ hai fatto!** *iron* da hast du dir ja was (Schönes) eingehandelt!
acquitrino [akkui'tri:no] *m* Sumpf *m*. **acquitrinoso, -a** [...tri'no:so] *a* sumpfig.
acquolina [akkuo'li:na] *f:* **far venire a qu l'~ in bocca** jdm den Mund wäßrig machen; **mi viene l'~ in bocca** mir läuft das Wasser im Mund zusammen.
acquoso, -a [ak'kuo:so] *a* wäßrig.
acre ['a:kre] *a* **1.** *(sapore, odore)* herb, beißend, scharf; **2.** *fig* bissig; *(critica a.)* scharf. **acredine** [a'krɛ:dine] *f* **1.** *(asprezza)* Schärfe *f;* **2.** *fig (mordacità)* Bissigkeit *f*.
acrilico, -a [a'kri:liko] ⟨-ci, -che⟩ *a* Acryl-.
acritico, -a [a'kri:tiko] *a* unkritisch.
acrobata [a'krɔ:bata] ⟨-i *m*, -e *f*⟩ *mf* (Luft)akrobat(in) *m(f); (funambolo)* Seiltänzer(in) *m(f)*. **acrobazia** [...bat'tsi:a] ⟨-ie⟩ *f* akrobatische Übung, Kunststück *n*.
acuire [aku'i:re] ⟨acuisco⟩ **I.** *tr* zuspitzen; *(a. fig: ingegno)* schärfen; **II.** *rfl:* **-irsi** sich verschärfen; *(situazione a.)* sich zuspitzen.
aculeo [a'ku:leo] *m* **1.** *zoo* Stachel *m;* **2.** *bot* Dorn *m*, Stachel *m*.
acume [a'ku:me] *m* Scharfsinn *m; (dell'intelletto)* Schärfe *f*.
acustica [a'kustika] ⟨-che⟩ *f* Akustik *f*. **acustico, -a** [...ko] ⟨-ci, -che⟩ *a* **1.** *phys* akustisch; **2.** *anat* Gehör-, Hör-.
acuto, -a [a'ku:to] *a* **1.** *(aguzzo, a. mat)* spitz; **2.** *(vista)* scharf; *(suono)* schrill; **3.** *med, ling, fig* akut; **4.** *(penetrante)* heftig, stark; *(freddo)* beißend; *(odore a.)* scharf; **5.** *(vivo, struggente)* brennend, heftig.
ad [ad] *prp* **a** *davanti a vocale.*
adagiare [ada'dʒa:re] ⟨adagio, adagi⟩ **I.** *tr* betten, legen; **II.** *rfl:* **-arsi 1.** *(distendersi)* sich betten, sich (hin)legen; **2.** *fig* sich hingeben, sich überlassen.
adagio [a'da:dʒo] **I.** *adv* **1.** *(lentamente)* langsam; **2.** *(con cautela)* behutsam; **3.** *mus* adagio; **II.** ⟨-gi⟩ *m mus* Adagio *n*.
Adamo [a'da:mo] *(nome proprio maschile)* Adam; **figli d'~** Menschenkinder *n pl*.
adattamento [adatta'mento] *m* **1.** *(accomodamento, a. biol)* Anpassung *f* (*a* an); *tec* Anpassen *n; (di un immobile)* Umbau *m* (*a* zu); **2.** *(di un'opera)* Bearbeitung *f;* **3.** *fig (adeguamento)* Nachgiebigkeit *f*. **adattare** [...'ta:re] **I.** *tr* **1.** *(conformare)* anpassen; **2.** *(cambiare)* umwandeln, herrichten; *(edificio)* umbauen; **3.** *(opera)* bearbeiten; **II.** *rfl:* **-arsi** passen (*a* zu); *(adeguarsi)* sich anpassen (*a* an), sich richten (*a* nach). **adatto, -a** [a'datto] *a* geeignet; *(momento a.)* passend.
addebitare [addebi'ta:re] *tr* **1.** *com* belasten (*qc a qu* jdn mit etw.); **2.** *fig (incolpare)* zuschreiben, zur Last legen. **addebito** [ad'de:bito] *m* **1.** *com* Belastung *f;* **2.** *fig (accusa)* Beschuldigung *f* (*a* gegen).
addensamento [addensa'mento] *m* Verdichtung *f*. **addensare** [...'sa:re] **I.** *tr* **1.** *(rendere denso)* verdichten; *(liquido)* eindicken (lassen); **2.** *(accumulare)* häufen; **II.** *rfl:* **-arsi** sich verdichten; *(folla)* zusammenströmen, dichter werden; *(nubi)* sich zusammenballen.
addentare [adden'ta:re] *tr* mit den Zähnen packen.
addentellato [addentel'la:to] *m* Anknüpfungspunkt *m*.
addentrarsi [adden'trarsi] *rfl* **1.** *(inoltrarsi)* eindringen; **2.** *fig* sich vertiefen, sich hineinknien *fam*.
addentro [ad'dentro] *adv* im Inneren; **essere ~ in qc** *fig* sich in etw. gut auskennen.
addestramento [addestra'mento] *m* **1.** *(di persone)* Ausbildung *f;* **2.** *(di animali)* Dressur *f; (di cani)* Abrichtung *f*. **addestrare** [...'tra:re] **I.** *tr* **1.** *(persone)* ausbilden; **2.** *(animali)* dressieren; *(cani)* abrichten; **II.** *rfl:* **-arsi** sich üben, sich schulen.
addetto, -a [ad'detto] **I.** *a* zuständig (*a* für); *(occupato)* tätig (*o* beschäftigt) (*a* bei); **II.** *m, f* Zuständige(r) *mf; (impiegato)* Angehörige(r) *mf*, Angestellte(r) *mf; pol* Attaché *m;* ~ **stampa** Pressesprecher *m;* **vietato l'ingresso ai non -i ai lavori** Zutritt für Unbefugte verboten.
addì [ad'di] *adv adm* den, am; **Torino, ~ 31 ottobre 1983** Turin, den 31. Oktober 1983.
addietro [ad'diɛ:tro] *adv* **1.** *(luogo)* zurück; **2.** *(tempo)* früher; **anni ~** vor Jahren; **tempo ~** früher.
addio [ad'di:o] **I.** *interj* ade, adieu, leb wohl; *fig* aus (mit), dahin; **sono stato bocciato e ~ regalo!** ich habe nicht bestanden, und jetzt kann ich das Geschenk vergessen; **II.** ⟨-ii⟩ *m* Abschied *m*.

addirittura [addirit'tu:ra] *adv* 1. *(perfino)* sogar; 2. *(veramente)* geradezu.
addirsi [ad'dirsi] ‹*irr*› *rfl (impersonale)* geeignet sein (*a* für), passen (*a* zu).
additare [addi'ta:re] *tr* (mit dem Finger) zeigen (auf).
additivo, -a [addi'ti:vo] I. *a* additiv, Zusatz-; II. *m* Additiv *n*, Zusatz *m*.
addizionare [addittsi̯o'na:re] *tr* addieren, zusammenzählen. **addizione** [...'tsi̯o:ne] *f* Addition *f*.
addobbare [addob'ba:re] *tr* dekorieren, schmücken. **addobbo** [ad'dɔbo] *m* 1. *(atto)* Dekorieren *n*, Schmücken *n*; 2. *(ornamenti)* Dekoration *f*, Schmuck *m*.
addolcire [addol'tʃi:re] ‹addolcisco› I. *tr* 1. *(caffè)* süßen; 2. *(acciaio, acqua)* enthärten; 3. *fig* verfeinern; *(mitigare)* mildern; II. *rfl:* **-irsi** 1. *(carattere, etc.)* sanfter werden; 2. *(tempo)* milder werden.
addolorare [addolo'ra:re] I. *tr* betrüben, Schmerz zufügen (*qu* jdm); II. *rfl:* **-arsi** sich grämen (*per* über).
addome [ad'dɔ:me] *m* 1. *(ventre)* Unterleib *m*; 2. *zoo* Hinterleib *m*, Abdomen *n*.
addomesticare [addomesti'ka:re] ‹addomestico, addomestichi› *tr* zähmen. **addomesticato, -a** [...'ka:to] *a* domestiziert, gezähmt.
addominale [addomi'na:le] *a* Unterleib(s)-, Bauch-.
addormentare [addormen'ta:re] I. *tr* 1. *(far dormire)* zum Schlafen bringen; *(medicina, musica, etc.)* einschläfern; 2. *med (con narcotico)* betäuben, narkotisieren; 3. *fig (intorpidire)* einschläfern; II. *rfl:* **-arsi** einschlafen. **addormentato, -a** [...'ta:to] *a* 1. *(immerso nel sonno)* schlafend; 2. *med (con narcotico)* narkotisiert, betäubt; 3. *fig (sonnacchioso)* schläfrig, verschlafen; 4. *fig (fiacco)* lahm, schlaff.
addossare [addos'sa:re] I. *tr* 1. *(porre addosso)* aufbürden, auflasten; 2. *(accostare)* anrücken, heranschieben; *(appoggiare)* anlehnen; 3. *fig (imputare)* aufbürden; *(colpa)* anlasten; II. *rfl:* **-arsi** 1. *(appoggiarsi)* sich anlehnen; *(accalcarsi)* sich drängen; 2. *fig (accollarsi)* sich *(dat)* aufbürden, auf sich nehmen.
addosso [ad'dɔsso] I. *adv* am Leib; *fig* bei sich *(dat)*; **avere ~** *(vestito)* anhaben; *(denaro, libro, etc.)* bei sich *(dat)* haben; **mettere ~** anziehen; **avere il diavolo ~** den Teufel im Leib haben; **avere la rabbia ~** eine Wut im Bauch haben; **farsela ~** *vulg* sich *(dat)* ins Hemd machen *fam*; II. *prp:* **~ a** *(stato)* neben *dat*; *(moto)* neben *acc*; **andare ~ a due pedoni** zwei Fußgänger anfahren; **dare ~ a qu** *fig* jdm widersprechen, gegen jdn sein; **mettere le mani ~ a qu** Hand an jdn legen; **stare ~ a qu** jdm keine Ruhe lassen.
addurre [ad'durre] ‹adduco, addussi, addotto› *tr* anführen, vorbringen.
adeguare [ade'gu̯a:re] I. *tr* angleichen (*a* an); II. *rfl:* **-arsi** sich anpassen (*a* an). **adeguato, -a** [...'gu̯a:to] *a* angemessen, passend.
adempiere [a'dempi̯ere] ‹adempio *o* adempisco, adempii, adempiuto *o* adempito› I. *tr (dovere, desiderio)* erfüllen; II. *rfl:* **-ersi** sich erfüllen, in Erfüllung gehen. **adempimento** [...pi'mento] *m* Erfüllung *f*.
adempire [adem'pi:re] ‹*forme come adempiere*› *v.* **adempiere.**
adepto, -a [a'dɛpto] *m, f* Anhänger(in) *m(f)*, Mitglied *n*.
aderente [ade'rɛnte] I. *a* haftend, klebend; *(vestito)* enganliegend; II. *mf* Mitglied *n* (*a* bei, in), Anhänger(in) *m(f)* (*a gen*). **aderenza** [...'rɛntsa] *f* 1. *(qualità di ciò che è aderente)* Haftung *f*, Haftfähigkeit *f*; 2. *phys* Reibung *f*; 3. ‹*di solito al pl*› *fig (conoscenza)* Beziehungen *f pl*.
aderire [ade'ri:re] ‹aderisco› *itr* 1. *(rimanere a contatto)* haften, kleben; *(vestito, scarpa)* anliegen; 2. *fig (a una proposta)* zustimmen; *(a una richiesta)* nachkommen; 3. *fig (entrare a far parte)* beitreten.
adescare [ades'ka:re] ‹adesco, adeschi› *tr (a. fig)* ködern.
adesione [ade'zi̯o:ne] *f* 1. *(aderenza)* Haftung *f*; *phys* Adhäsion *f*; 2. *fig (consenso)* Zustimmung *f*, Einwilligung *f*; *(a una richiesta)* Nachkommen *n*; 3. *(a un partito, etc.)* Beitritt *m*.
adesivo, -a [ade'zi:vo] I. *a* klebend, Kleb(e)-; **nastro ~** Klebeband *n*; II. *m* Klebstoff *m*.
adesso [a'dɛsso] *adv* 1. *(in questo momento)* jetzt, nun; 2. *(poco fa)* gerade (eben); 3. *(tra poco)* (jetzt) gleich.
adiacente [adi̯a'tʃɛnte] *a* anliegend, angrenzend.
adibire [adi'bi:re] ‹adibisco› *tr* 1. *(usare)* benutzen (*a* als); 2. *(destinare)* vorsehen (*a* für), bestimmen (*a* für, zu).
Adige ['a:didʒe] *m* Etsch *f*.
adiposo, -a [adi'po:so] *a* Fett-, fetthaltig.
adirarsi [adi'rarsi] *rfl* zürnen (*con qu* jdm). **adirato, -a** [...'ra:to] *a* erzürnt.
adire [a'di:re] ‹adisco› *tr* anrufen; **~ le vie legali** den Rechtsweg beschreiten.
adito ['a:dito] *m* 1. *(accesso)* Eingang *m*, Zugang *m*, Zutritt *m*; 2. *fig* Veranlassung *f*, Anlaß *m*; **dare ~ a qc** Anlaß zu (*o* für) etw. geben.
adocchiare [addok'ki̯a:re] ‹adocchio, adocchi› *tr* erblicken; *(con compiacenza, desiderio)* liebäugeln mit.
adolescente [adoleʃ'ʃɛnte] I. *a* jung,

jugendlich, halbwüchsig; **II.** *mf* Jugendliche(r) *mf*, junger Mann, junges Mädchen. **adolescenza** [...'ʃɛntsa] *f* Jugend(alter *n*) *f*.
adombrarsi [adom'brarsi] *rfl* **1.** *(cavalli)* scheuen; **2.** *fig (persone)* gekränkt sein; *(insospettirsi)* argwöhnisch (*o* stutzig) werden.
adontarsi [adon'tarsi] *rfl* beleidigt sein.
adop(e)rare [ado'pra:re (...pe'ra:re)] **I.** *tr* benutzen, (ge)brauchen; **II.** *rfl:* **-arsi** sich einsetzen (*per* für).
adorabile [ado'ra:bile] *a* anbetungswürdig, bezaubernd.
adorare [ado'ra:re] *tr* **1.** *(divinità, persona)* anbeten, verehren; **2.** *(arte, cibo)* lieben, mögen. **adorazione** [...rat'tsi̯o:ne] *f* Anbetung *f*, Verehrung *f*.
adornare [ador'na:re] **I.** *tr* schmücken, verzieren; **II.** *rfl:* **-arsi** sich schmücken. **adorno, -a** [a'dorno] *a* geschmückt.
adottare [adot'ta:re] *tr* **1.** *(figlio)* adoptieren; **2.** *(metodo)* anwenden; *(provvedimenti)* ergreifen, treffen. **adottivo, -a** [...'ti:vo] *a* Adoptiv-. **adozione** [...t'tsi̯o:ne] *f* **1.** *jur* Adoption *f*; **2.** *fig (scelta)* Wahl *f*; *(di provvedimento, etc.)* Ergreifen *n*; *(di metodo)* Anwendung *f*; **patria di** ~ Wahlheimat *f*.
Adriana [adri'a:na] *(nome proprio femminile)* Adriane.
Adriano [adri'a:no] *(nome proprio maschile)* Adrian.
adriatico, -a [adri'a:tiko] ‹-ci, -che› **I.** *a* adriatisch, Adria-; **il Mare A~** das Adriatische Meer, die Adria; **II.** *m* Adria *f*.
adulare [adu'la:re] *tr* schmeicheln (*qu* jdm). **adulatore, -trice** [...la'to:re] *m, f* Schmeichler(in) *m(f)*. **adulazione** [...lat'tsi̯o:ne] *f* Schmeichelei *f*.
adulta *f v.* **adulto.**
adulterare [adulte'ra:re] *tr* **1.** *(sofisticare)* verfälschen; *(vino)* panschen; **2.** *fig (corrompere)* verderben.
adulterio [adul'tɛ:ri̯o] ‹-i› *m* Ehebruch *m*. **adultero, -a** [a'dultero] **I.** *a* ehebrecherisch; **II.** *m, f* Ehebrecher(in) *m(f)*.
adulto, -a [a'dulto] **I.** *a* **1.** *(persona)* erwachsen; **2.** *(animale)* ausgewachsen; **3.** *fig (maturo)* ausgereift, reif; **II.** *m, f* Erwachsene(r) *mf*.
adunanza [adu'nantsa] *f* Versammlung *f*. **adunare** [...'na:re] **I.** *tr* versammeln, zusammenfassen; **II.** *rfl:* **-arsi** sich versammeln. **adunata** [...'na:ta] *f* **1.** *mil* Appell *m*; **2.** *(persone riunite)* Versammlung *f*, Zusammenkunft *f*.
adunco, -a [a'duŋko] ‹-chi, -che› *a* gekrümmt, krumm; *(naso)* Haken-.
aerare [ae'ra:re] *tr* lüften. **aerazione** [aerat'tsi̯o:ne] *f* Lüftung *f*.
aereo [a'ɛ:reo] *m* Flugzeug *n*.
aereo, -a [a'ɛ:reo] *a* **1.** *(relativo all'aria)* Luft-; **2.** *fig (leggero)* luftig, duftig; **linea -a** *aero* Luftverkehrslinie *f*; *(compagnia)* Fluggesellschaft *f*; *el, tel* Freileitung *f*.
aerobico [ae'rɔ:biko] ‹-ci, -che› *a* Aerobic-; **ginnastica -a** Aerobic *n*.
aerobus ['a:erobus] ‹-› *m* Airbus *m*.
aerodinamico, -a [aerodi'na:miko] *a* aerodynamisch; *(carrozzeria)* stromlinienförmig; **linea -a** Stromlinienform *f*; **resistenza -a** Luftwiderstand *m*.
aeromodello [-mo'dɛllo] *m* Modellflugzeug *n*.
aeronautica [-'na:utika] *f* Luftfahrt *f*; ~ **militare** Luftwaffe *f*. **aeronautico, -a** [...ko] *a* Luftfahrt-.
aeroplano [-'pla:no] *m* Flugzeug *n*; ~ **da caccia/ricognizione/turismo** Jagd-/Aufklärungs-/Charterflugzeug *n*.
aeroporto [-'pɔrto] *m* Flughafen *m*.
aerosol [-'sɔl] ‹-› *m* **1.** *(dispersione)* Aerosol *n*; **2.** *(contenitore)* Sprühdose *f*.
aerospaziale [-spat'tsi̯ale] *a* Raumfahrt-.
aerostatica [-s'ta:tika] *f* Aerostatik *f*. **aerostatico, -a** [...ko] *a* aerostatisch; **pallone** ~ Fessel-, Heißluftballon *m*. **aerostato** [ae'rɔstato] *m* Heißluftballon *m*; *(dirigibile)* Luftschiff *n*.
aerostazione [-stat'tsi̯o:ne] *f* Terminal *n o m*.
aerotrasporto [-tras'pɔrto] *m* Lufttransport *m*.
afa ['a:fa] *f* Schwüle *f*.
affabile [af'fa:bile] *a* liebenswürdig, freundlich. **affabilità** [affabili'ta] ‹-› *f* Liebenswürdigkeit *f*.
affaccendarsi [affattʃen'darsi] *rfl* sich *(dat)* zu schaffen machen (*intorno a* an), hantieren (*intorno a* mit, an). **affaccendato, -a** [...'da:to] *a* sehr beschäftigt.
affacciarsi [affat'tʃarsi] ‹mi affaccio, ti affacci› *rfl* sich (in der Tür *o* am Fenster) zeigen.
affamare [affa'ma:re] *tr* hungern lassen, aushungern. **affamato, -a** [...'ma:to] **I.** *a* **1.** *(chi ha fame)* hungrig, ausgehungert; **2.** *fig (avido)* gierig (*di* nach); **II.** *m, f* Hungernde(r) *mf*.
affannare [affan'na:re] **I.** *tr* **1.** *(dare affanno)* keuchen lassen, Atemnot bereiten (*qu* jdm); **2.** *fig* beunruhigen, ängstigen; **II.** *rfl:* **-arsi** **1.** *(provare affanno)* keuchen; **2.** *fig* sich abmühen. **affannato, -a** [...'na:to] *a* atemlos. **affanno** [af'fanno] *m* **1.** *(difficoltà di respiro)* Atemnot *f*, Keuchen *n*; **2.** *fig (preoccupazione)* Sorge *f*, Angst *f*. **affannoso, -a** [...'no:so] *a* **1.** *(oppresso da affanno)* keuchend; **2.** *fig* mühselig.
affare [af'fa:re] *m* **1.** *(faccenda)* Angelegenheit *f*, Sache *f*; **2.** *com* Geschäft *n*; **3.** *jur* Prozeß *m*, Sache *f*; **4.** *fam (cosa, utensile)* Ding *n*, Dings(da) *n fam*; **5.** ‹*pl*› Angelegenheiten *f pl*; **-i di stato**

Staatsangelegenheiten *f pl;* ~ **giudiziario** Rechtsangelegenheit *f,* Rechtssache *f;* **casa/donna di mal** ~ Freudenhaus *n*/-mädchen *n;* **uomo d'-i** Geschäftsmann *m;* **non è** ~ **tuo!** das geht dich nichts an!; **bell'**~ **hai combinato!** da hast du was Schönes angerichtet!; **fare un** ~ **d'oro** ein Bombengeschäft machen. **affarismo** [affa'rizmo] *m* Geschäftstüchtigkeit *f.* **affarista** [...'rista] ‹-i *m,* -e *f*› *mf pej* Geschäftemacher(in) *m(f).*

affascinante [affaʃʃi'nante] *a* faszinierend, bezaubernd.

affascinare [affaʃʃi'na:re] *tr* faszinieren, bezaubern.

affaticare [affati'ka:re] **I.** *tr* anstrengen, ermüden; **II.** *rfl:* **-arsi** sich anstrengen, sich ab-, bemühen.

affatto [af'fatto] *adv* ganz und gar, gänzlich, durchaus; **niente** (*o* **non** . . .) ~ (ganz und) gar nicht, überhaupt nicht.

affatturare [affattu'ra:re] *tr* **1.** *(stregare)* verhexen; **2.** *(vino)* panschen; *(alimenti)* verfälschen.

affermare [affer'ma:re] **I.** *tr* **1.** *(dire di sì)* bejahen; **2.** *(confermare)* bestätigen; **3.** *(attestare)* bezeugen, bekräftigen; **4.** *(sostenere)* behaupten; **5.** *jur (innocenza)* beteuern; *(verità)* behaupten; **II.** *rfl:* **-arsi** sich behaupten, sich durchsetzen. **affermativo, -a** [...ma'ti:vo] *a* zustimmend, bejahend; *(risposta a.)* positiv. **affermazione** [...mat'tsi̯o:ne] *f* **1.** *(asserzione)* Bejahung *f; (confermazione)* Bestätigung *f;* **2.** *(successo)* Bestätigung *f,* Erfolg *m.*

afferrare [affer'ra:re] **I.** *tr* **1.** *(prendere)* (er)greifen, fassen; **2.** *fig (occasione)* ergreifen; *(senso, idea)* begreifen, erfassen; **II.** *rfl:* **-arsi** *(a. fig)* sich klammern (*a* an).

affettare[1] [affet'ta:re] *tr (tagliare a fette)* in Scheiben schneiden.

affettare[2] [affet'ta:re] *tr (ostentare)* demonstrativ zeigen, zur Schau stellen.

affettato [affet'ta:to] *m* Aufschnitt *m.*

affettato, -a [affet'ta:to] *a* affektiert, gekünstelt.

affettatrice [affetta'tri:tʃe] *f* Wurstschneidemaschine *f.*

affettazione [affettat'tsi̯o:ne] *f* Affektiertheit *f.*

affettivo, -a [affet'ti:vo] *a* **1.** *(affettuoso)* warmherzig, gefühlsbetont; **2.** *psych* emotional, affektiv, Gefühls-.

affetto [af'fɛtto] *m* Zuneigung *f,* Liebe *f;* **avere** ~ **per qu** jdn gern haben; **ti saluto con** ~ ich grüße dich herzlich.

affetto, -a [af'fɛtto] *a* betroffen, befallen.

affettuoso, -a [affettu'o:so] *a* liebevoll; *(cordiale)* herzlich; *(tenero)* zärtlich.

affezionarsi [affettsi̯o'narsi] *rfl* Zuneigung fassen (*a* zu), liebgewinnen (*a qc/qu* etw./jdn). **affezionato, -a** [...'na:to] *a (fedele)* anhänglich; *(legato)* zugetan; *(appassionato)* ergeben. **affezione** [...'tsi̯o:ne] *f* **1.** *(sentimento)* Zuneigung *f,* Wohlwollen *n;* **2.** *med* Leiden *n.*

affiancare [affi̯aŋ'ka:re] ‹affianco, affianchi› **I.** *tr* **1.** *(mettere a lato)* zur Seite stellen; **2.** *mil* flankieren; **3.** *fig (sostenere)* (unter)stützen; ~ **qc a qc** etw. neben etw. stellen; **II.** *rfl:* **-arsi a qu** sich an jds Seite begeben.

affiatamento [affi̯ata'mento] *m* Einvernehmen *n,* Übereinstimmung *f; mus, sport* Einklang *m,* Harmonie *f.* **affiatarsi** [...'tarsi] *rfl* sich vertraut machen; *mus, sport* sich aufeinander einspielen.

affibbiare [affib'bi̯a:re] ‹affibbio, affibbi› *tr* **1.** *(cintura)* zuschnallen, schnüren; **2.** *fig* anhängen, andrehen *fam,* unterjubeln *fam; (colpa)* in die Schuhe schieben; *(multa, nomignolo)* geben, verpassen *fam; (colpo)* versetzen.

affidamento [affida'mento] *m* **1.** *(l'affidare)* Anvertrauen *n;* **2.** *(assicurazione)* Versicherung *f;* **3.** *(fiducia)* Vertrauen *n,* Zuversicht *f;* **4.** *(garanzia)* Gewähr *f,* Sicherheit *f;* **dare** ~ Vertrauen erwecken; **fare** ~ **su qu** sich auf jdn verlassen. **affidare** [...'da:re] **I.** *tr* anvertrauen (*qc a qu* jdm etw.); *(incarico)* betrauen (*qc a qu* jdn mit etw.); **II.** *rfl:* **-arsi** sich anvertrauen; *(fidarsi)* sich verlassen (*a* auf); *(abbandonarsi)* sich überlassen.

affievolirsi [affi̯evo'lirsi] ‹mi affievolisco› *rfl* schwächer werden.

affiggere [af'fiddʒere] ‹affiggo, affiggi, affissi, affisso› *tr* anschlagen, anheften.

affilare [affi'la:re] **I.** *tr* **1.** *(coltello)* schleifen, schärfen, wetzen; **2.** *(matita)* (an)spitzen; **3.** *fig (malattia)* auszehren, schmal (*o* dünn) werden lassen; **II.** *rfl:* **-arsi** *(dimagrire)* schmal werden. **affilato, -a** [...'la:to] *a* **1.** *(lama)* geschärft; **2.** *(matita)* gespitzt; **3.** *fig (lingua)* spitz; *(naso, volto)* schmal.

affiliare [affi'li̯a:re] ‹affilio, affili› **I.** *tr* aufnehmen (*a* in); **II.** *rfl:* **-arsi** beitreten. **affiliazione** [...i̯at'tsi̯o:ne] *f* Aufnahme *f.*

affinare [affi'na:re] **I.** *tr* **1.** *(render sottile)* dünn machen, verdünnen; *(punta)* (an)spitzen; **2.** *fig* verfeinern; *(vista, etc.)* schärfen; **II.** *rfl:* **-arsi** **1.** *(assottigliarsi)* dünn(er) werden, sich verdünnen; **2.** *fig (perfezionarsi)* sich verbessern, sich verfeinern.

affinché [affiŋ'ke] *con conj* damit.

affine [af'fi:ne] **I.** *a* ähnlich, verwandt; **II.** *mf* angeheiratete(r) Verwandte(r) *mf;* **III.** *m pl* ähnliche Produkte *n pl;* **vendita di corde e -i** Verkauf *m* von Seilen und Seilwaren.

affinità [affini'ta] ‹-› *f* **1.** *(parentela)* Verschwägerung *f,* Verwandtschaft *f;*

2. *(somiglianza)* Ähnlichkeit *f,* (Wesens)verwandtschaft *f,* Affinität *f geh;* 3. *chem* Affinität *f;* ~ **elettiva** Wahlverwandtschaft *f.*

affiorare [affio'ra:re] *itr* ‹*essere*› 1. *(emergere)* auftauchen, an die Oberfläche kommen; 2. *geol* zutage treten (*o* kommen); 3. *fig* sich zeigen, auftauchen.

affissi [af'fissi] *p rem di* **affiggere.**

affissione [affis'sio:ne] *f* Anschlag *m.*

affisso, -a [af'fisso] I. *pp di* **affiggere;** II. *m* 1. *(manifesto)* Aushang *m,* Anschlag *m,* Plakat *n;* 2. *arch* Trennwand *f;* 3. *ling* Affix *n.*

affittacamere [affitta'ka:mere] ‹-› *mf* Zimmervermieter(in) *m(f).*

affittare [affit'ta:re] *tr* 1. *(dare in affitto)* vermieten; *(terreno)* verpachten; 2. *(prendere in affitto)* mieten; *(terreno)* pachten; **affittasi alloggio ammobiliato** möblierte Wohnung zu vermieten.

affitto [af'fitto] *m (di immobile)* Miete *f; (di terreno)* Pacht *f;* **dare/prendere in** ~ vermieten/mieten; *(terreno)* verpachten/pachten.

affliggere [af'fliddʒere] ‹affliggo, affliggi, afflissi, afflitto› I. *tr* quälen, belasten; II. *rfl:* **-ersi** sich quälen, betrübt sein. **afflizione** [...it'tsio:ne] *f* Betrübnis *f,* Kummer *m.*

afflosciarsi [afflo∫'∫arsi] ‹mi affloscio, ti affloscì› *rfl* 1. *(sgonfiarsi)* erschlaffen, zusammensinken; 2. *fig (svenire)* zusammensinken.

affluente [afflu'ɛnte] *m* Nebenfluß *m.*

affluenza [...'ɛntsa] *f* 1. *(di liquidi)* Zufluß *m,* Zustrom *m; (a. di sangue, etc.)* Andrang *m;* 2. *(di merci)* Schwemme *f;* 3. *(di persone)* Andrang *m,* Zulauf *m;* ~ **alle urne** Wahlbeteiligung *f.*

affluire [afflu'i:re] *itr* ‹*essere*› 1. *(liquidi)* zufließen, zuströmen; 2. *com (merci)* den Markt überschwemmen; 3. *(persone)* zuströmen (*a* auf), zusammenströmen. **afflusso** [af'flusso] *m* 1. *(di liquidi)* Zufluß *m,* Zustrom *m; med (di sangue, etc.)* Andrang *m;* 2. *(di persone)* Zustrom *m;* **l'**~ **di capitali all'estero** Devisenabfluß *m.*

affogare [affo'ga:re] ‹affogo, affoghi› I. *tr* ‹*avere*› ertränken; II. *itr* ‹*essere*› ertrinken; ~ **in un bicchier d'acqua** über einen Strohhalm stolpern; ~ **nei debiti** bis zum Hals in Schulden stekken; III. *rfl:* **-arsi** ertrinken; *(deliberatamente)* sich ertränken. **affogato, -a** [...'ga:to] I. *a* ertrunken; **morire** ~ ertrinken; II. *m, f* Ertrunkene(r) *mf.*

affollamento [affolla'mento] *m* Gedränge *n,* Andrang *m.* **affollare** [...'la:re] I. *tr* 1. *(gremire)* (mit Menschen) füllen, bevölkern; 2. *fig (opprimere)* bedrängen; II. *rfl:* **-arsi** 1. *(accalcarsi)* zusammenströmen; 2. *fig* einstürzen (*in* auf), einstürmen (*in* auf). **affollato, -a** [...'la:to] *a* überfüllt.

affondare [affon'da:re] I. *tr* ‹*avere*› ver-, einsenken; *(nella terra a.)* ver-, eingraben; *(nave)* versenken; II. *itr* ‹*essere*› ver-, einsinken; *(nave)* untergehen.

affossamento [affossa'mento] *m* Vertiefung *f.*

affrancare [affraŋ'ka:re] ‹affranco, affranchi› I. *tr* 1. *(liberare)* befreien; 2. *(posta)* frankieren, freimachen; II. *rfl:* **-arsi** sich frei machen, sich befreien; *(fig a.)* sich lösen. **affrancatrice** [...ka'tri:t∫e] *f* Frankiermaschine *f.* **affrancatura** [...ka'tu:ra] *f* Frankierung *f; (tassa a.)* Porto *n.*

affranto, -a [af'franto] *a* 1. *(spossato)* abgekämpft, erschöpft; 2. *(prostrato dal dolore)* gebrochen.

affrescare [affres'ka:re] ‹affresco, affreschi› *tr* mit Fresken bemalen.

affresco [af'fresko] ‹-schi› *m* Fresko *n.*

affrettare [affret'ta:re] I. *tr* beschleunigen; II. *rfl:* **-arsi** sich beeilen. **affrettato, -a** [...'ta:to] *a* hastig, eilig; *pej* flüchtig; *(decisione)* voreilig.

affrontare [affron'ta:re] I. *tr* entgegentreten (*qu/qc* jdm/einer S. *dat*), gegenübertreten (*qu/qc* jdm/einer S. *dat*); ~ **un pericolo** der Gefahr ins Auge blicken; ~ **un problema** ein Problem in Angriff nehmen ~ **il pubblico** sich der Öffentlichkeit stellen; ~ **le spese** die Kosten auf sich nehmen; II. *rfl:* **-arsi** aneinandergeraten, zusammenstoßen.

affronto [af'fronto] *m* Affront *m geh.*

affumicare [affumi'ka:re] ‹affumico, affumichi› *tr* 1. *(riempire di fumo)* verräuchern; 2. *(alimenti)* räuchern. **affumicato, -a** [...'ka:to] *a* 1. *(pieno di fumo)* verräuchert; 2. *(alimenti)* geräuchert; 3. *(colorato di bruno)* nachgedunkelt; *(occhiali)* getönt.

affusolato, -a [affuso'la:to *o* affuzo...] *a* schmal, schlank; *(a forma di fuso)* spindelförmig.

Afganistan [afganis'tan] *m:* **l'**~ Afghanistan *n.* **afgano, -a** [af'ga:no] I. *a* afghanisch; II. *m, f* Afghane *m,* Afghanin *f.*

afoso, -a [a'fo:so] *a* schwül, drückend.

Africa ['a:frika] *f* Afrika *n.* **africano, -a** [afri'ka:no] I. *a* afrikanisch; II. *m, f* Afrikaner(in) *m(f).*

afrodisiaco, -a [afrodi'zi:ako] ‹-ci, -che› I. *a* aphrodisisch; II. *m* Aphrodisiakum *n.*

agata ['a:gata] *f* Achat *m.*

agave ['a:gave] *f* Agave *f.*

agenda [a'dʒɛnda] *f* 1. *(libretto)* Notizbuch *n;* 2. *(elenco di argomenti)* Agenda *f.*

agente [a'dʒɛnte] I. *a* wirkend, wirksam; II. *mf* 1. *gener.* Agent(in) *m(f);* 2. *(guardia)* Polizist(in) *m(f),* Polizeibeamte(r) *m*, -beamtin *f;* **3.** *com* Agent(in) *m(f)*, Vertreter(in) *m(f)*, Makler(in) *m(f);* ~ **di pubblica sicurezza** Polizeibeamte(r) *m*, -beamtin *f;* ~ **di assicurazione** Versicherungsagent(in) *m(f);* ~ **di cambio** Börsenmakler(in) *m(f);* ~ **di commercio** Handelsvertreter(in) *m(f);* ~ **immobiliare** Immobilienmakler(in) *m(f);* ~ **investigativo** Detektiv *m*, Geheimpolizist *m;* ~ **provocatore** Agent provocateur *m*, Lockspitzel *m;* ~ **segreto** Geheimagent *m;* **III.** *m* **1.** *med, gram, chem* Agens *n;* **2.** ‹*pl*› *meteo* Einflüsse *m pl; chem* Wirkstoffe *m pl;* **-i chimici** Chemikalien *f pl;* **-i fisici** Naturkräfte *f pl.*

agenzia [adʒen'tsi:a] ‹-ie› *f* Agentur *f; (filiale)* Vertretung *f*, Filiale *f;* ~ **di cambio** Wechselstube *f;* ~ **teatrale** Theateragentur *f;* ~ **d'investigazione** Detektei *f*, Detektivbüro *n;* ~ **stampa/viaggi** Presseagentur *f*/Reisebüro *n.*

agevolare [adʒevo'la:re] *tr* **1.** *(render facile)* erleichtern; **2.** *(aiutare)* unterstützen. **agevolazione** [...lat'tsi̯o:ne] *f* Erleichterung *f.*

agevole [a'dʒe:vole] *a* **1.** *(strada)* gut; **2.** *(compito)* leicht; **3.** *(prezzo)* angemessen.

agganciare [aggan'tʃa:re] ‹aggancio, agganci› *tr* **1.** *(vagoni)* anhängen, ankuppeln; **2.** *(vestiti)* zuhaken; *(cintura)* zuschnallen; *(appendere)* aufhängen; **3.** *fig (per parlare)* abfangen. **aggancio** [ag'gantʃo] ‹-ci› *m* **1.** *(collegamento)* Kopp(e)lung *f;* **2.** *fig (appiglio)* Ansatzpunkt *m.*

aggeggio [ad'dʒeddʒo] ‹-ggi› *m* Ding *n*, Gerät *n.*

aggettivo [addʒet'ti:vo] *m* Adjektiv *n*, Eigenschaftswort *n.*

agghiacciare [aggi̯at'tʃa:re] **I.** *tr* ‹*avere*› **1.** *(far diventare ghiacciato)* gefrieren (lassen); **2.** *fig* erstarren lassen; **II.** *itr* ‹*essere*›, *rfl:* **-arsi 1.** vereisen; *(divenir ghiaccio)* gefrieren; **2.** *fig (inorridire)* erstarren.

agghindare [aggin'da:re] **I.** *tr* herausputzen, zurechtmachen; **II.** *rfl:* **-arsi** sich herausputzen, sich zurechtmachen.

aggiogare [addʒo'ga:re] ‹aggiogo, aggioghi› *tr* **1.** *(tori)* ins Joch spannen; **2.** *fig* einspannen; *(soggiogare)* unterjochen.

aggiornamento [addʒorna'mento] *m* **1.** *(perfezionamento)* Fortbildung *f;* **2.** *(rinvio)* Vertagung *f*, Aufschub *m.* **aggiornare** [...'na:re] **I.** *tr* **1.** *(mettere a giorno)* auf den neuesten Stand bringen, (neu) bearbeiten; **2.** *(rinviare)* vertagen; **II.** *rfl:* **-arsi** auf dem laufenden bleiben, sich fortbilden.

aggirare [addʒi'ra:re] **I.** *tr* **1.** *(circondare)* einkreisen; *mil* umzingeln; **2.** *fig (evitare)* umgehen; **3.** *fig (ingannare)* betrügen, hintergehen; **II.** *rfl:* **-arsi 1.** *(andare attorno)* sich herumtreiben; *fig* kreisen (*intorno a* um); **2.** *(approssimarsi)* in etwa betragen (*su qc* etw.), sich bewegen (*su* um).

aggiudicare [addʒudi'ka:re] **I.** *tr* vergeben (*a* an); *jur* zuerkennen (*a qu* jdm); *(all'asta)* zuschlagen; **II.** *rfl:* **-arsi** erlangen.

aggiungere [ad'dʒundʒere] ‹*irr*› **I.** *tr* hinzufügen, beifügen; **II.** *rfl:* **-ersi** hinzukommen. **aggiunta** [ad'dʒunta] *f* Zusatz *m*, Zugabe *f; (in libri)* Ergänzung *f.*

aggiunto, -a [...to] **I.** *a* Hilfs-, beigeordnet; *(medico)* Assistenz-; **II.** *m, f* Assistent(in) *m(f)*, Stellvertreter(in) *m(f).*

aggiustare [addʒus'ta:re] **I.** *tr* **1.** *(riparare)* reparieren; *(vestito, etc.)* ausbessern; *(mettere in ordine)* in Ordnung bringen; **2.** *mil (tiro, mira)* richten; **3.** *(diverbio, etc.)* beilegen; **4.** *fin* be-, ausgleichen; **II.** *rfl:* **-arsi 1.** *(venire ad un accomodamento)* sich einigen; **2.** *fam (adattarsi)* sich einrichten, sich behelfen.

agglomerato [agglome'ra:to] *m* **1.** *(centro abitato)* Siedlung *f;* **2.** *geol* Agglomerat *n;* ~ **urbano** Ballungszentrum *n.*

aggomitolare [aggomito'la:re] **I.** *tr* aufwickeln; **II.** *rfl:* **-arsi** sich zusammenrollen.

aggrapparsi [aggrap'parsi] *rfl (a. fig)* sich klammern (*a* an).

aggravamento [aggrava'mento] *m* Verschärfung *f*, Verschlimmerung *f.* **aggravante** [...'vante] **I.** *a* erschwerend; **II.** *f* erschwerender Umstand. **aggravare** [...'va:re] **I.** *tr* verschärfen, verschlimmern; **II.** *rfl:* **-arsi** sich verschlimmern.

aggraziato, -a [aggrat'tsi̯a:to] *a* graziös, anmutig.

aggredire [aggre'di:re] ‹aggredisco› *tr* **1.** *(assalire)* angreifen, überfallen; **2.** *fig (persona)* anherrschen, anfahren.

aggreditrice *f v.* **aggressore.**

aggregare [aggre'ga:re] ‹aggrego, aggreghi› **I.** *tr* angliedern; **II.** *rfl:* **-arsi** sich angliedern, sich anschließen. **aggregato, -a** [...'ga:to] **I.** *a* **1.** *(aggiunto)* zusätzlich; **2.** *(distaccato provvisoriamente)* abgestellt, abgeordnet; **II.** *m* **1.** *(complesso di persone)* Ansammlung *f; (di cose)* Komplex *m;* **2.** *mat, el, chem, geol, biol* Aggregat *n.* **aggregazione** [...gat'tsi̯o:ne] *f* Aggregation *f.*

aggressione [aggres'si̯o:ne] *f* Überfall *m.*

aggressività [aggressivi'ta] ‹-› *f* Aggressivität *f.* **aggressivo, -a** [...'si:vo] *a* aggressiv.

aggressore, aggreditrice [aggres'so:re, ...edi'tri:tʃe] **I.** *a* angreifend;

stato ~ Aggressor *m;* **II.** *m, f* Angreifer(in) *m(f).*
aggrottare [aggrot'ta:re] *tr* runzeln.
aggrovigliare [aggroviʎ'ʎa:re] ‹aggroviglio, aggrovigli› **I.** *tr* verwickeln, verwirren; **II.** *rfl:* **-arsi** sich verwickeln, sich verwirren; **la situazione si è aggrovigliata** die Situation ist verworren.
aggrumarsi [aggru'marsi] *rfl* gerinnen.
agguantare [agguan'ta:re] *tr* fassen, festhalten, ergreifen.
agguato [ag'gua:to] *m* Hinterhalt *m,* Falle *f;* **tendere un ~ a qu** jdm eine Falle stellen.
agguerrito, -a [agguer'ri:to] *a* kampfeslustig, kämpferisch.
aghiforme [agi'forme] *a* nadelförmig.
agiatezza [adʒa'tettsa] *f* Wohlstand *m.* **agiato, -a** [a'dʒa:to] *a* **1.** *(benestante)* wohlhabend; **2.** *(comodo)* bequem.
agibile [a'dʒi:bile] *a* benutzbar.
agile ['a:dʒile] *a* **1.** *(di movimento)* gewandt, behende, flink; **2.** *fig* wendig; *(ingegno a.)* wach. **agilità** [adʒili'ta] ‹-› *f* **1.** *(facilità di movimento)* Gelenkigkeit *f,* Gewandtheit *f,* Flinkheit *f;* **2.** *fig* Wendigkeit *f; (di ingegno a.)* Wachheit *f.*
agio ['a:dʒo] ‹-gi› *m* **1.** *(comodo)* Behaglichkeit *f,* Bequemlichkeit *f;* **2.** *(opportunità)* Möglichkeit *f,* Spielraum *m;* **3.** ‹*pl*› *(comodità del vivere)* Annehmlichkeiten *f pl;* **trovarsi a proprio ~** sich wohl fühlen; **mettiti a tuo ~!** mach es dir bequem!
A.G.I.P. ['a:dʒip] *f ab di* **Azienda Generale Italiana Petroli** *italienische Mineralölverwaltung.*
agire [a'dʒi:re] ‹agisco› *itr* **1.** *(operare)* handeln, tun; **2.** *(veleno)* wirken; *tec* funktionieren; **3.** *(di comportamento)* sich verhalten; **4.** *jur* gerichtlich vorgehen (*contro* gegen).
agitare [adʒi'ta:re] **I.** *tr* **1.** *(scuotere)* schütteln; *(fazzoletto)* schwenken; **2.** *fig* erregen, in Aufruhr versetzen; ~ **prima dell'uso** vor Gebrauch schütteln; **II.** *rfl:* **-arsi 1.** *(rigirarsi)* sich hin- und herwerfen, sich wälzen; **2.** *fig* unruhig werden; *(mare)* aufgewühlt sein; *pol* sich erheben. **agitato, -a** [...'ta:to] **I.** *a* **1.** *(mosso)* unruhig; *(a. mare, discussione)* bewegt; **2.** *fig (eccitato, turbato)* aufgeregt; **II.** *m mus* Agitato *n;* **III.** *m, f* Tobsüchtige(r) *mf.* **agitazione** [...tat'tsio:ne] *f* **1.** *(turbamento)* Unruhe *f,* Aufregung *f;* **2.** *(di stomaco)* Verstimmung *f;* **3.** *pol* Unruhe *f,* Aufruhr *m.*
agli ['aʎʎi] *prp* **a** *con articolo gli.*
aglio ['aʎʎo] ‹-gli› *m* Knoblauch *m.*
agnello [aɲ'ɲɛllo] *m* Lamm *n;* ~ **arrosto** Lammbraten *m.*
Agnese [aɲ'ɲɛ:ze] *(nome proprio femminile)* Agnes.
ago ['a:go] ‹-ghi› *m* Nadel *f; (di bilancia, etc.)* Zeiger *m.*
agonia [ago'ni:a] ‹-ie› *f* **1.** *med* Todeskampf *m,* Agonie *f;* **2.** *fig (angoscia)* Todesängste *f pl.*
agonismo [ago'nizmo] *m* Wetteifer *m.* **agonistico, -a** [...'nistiko] ‹-ci, -che› *a* kämpferisch; **spirito ~** Kampfgeist *m.*
agonizzare [agonid'dza:re] *itr* **1.** *(malato)* im Sterben liegen; **2.** *fig (civiltà)* (aus)sterben; *(commerci)* sich schleppen.
agopuntura [agopun'tu:ra] *f* Akupunktur *f.*
Agostino [agos'ti:no] *(nome proprio maschile)* Augustin.
agosto [a'gosto] *m* August *m; v. a. settembre.*
agraria [a'gra:ria] ‹-ie› *f* Agrarwissenschaft *f.* **agrario, -a** [...io] ‹-i, -ie› **I.** *a* landwirtschaftlich, Agrar-; **II.** *m* Gutsbesitzer *m.*
agricolo, -a [a'gri:kolo] *a* landwirtschaftlich, Land-.
agricoltore [agrikol'to:re] *m* **1.** *(coltivatore)* Bauer *m;* **2.** *(imprenditore)* Landwirt *m.* **agricoltura** [...'tu:ra] *f* Landwirtschaft *f.*
agrifoglio [agri'fɔʎʎo] *m* Stechpalme *f.*
agro, -a ['a:gro] **I.** *a* **1.** *(sapore)* sauer; **2.** *fig (pungente)* herb; **II.** *m:* **all'~** sauer eingelegt. **agrodolce** [agro'doltʃe] *a* süß-sauer.
agronomia [agrono'mi:a] ‹-ie› *f* Agronomie *f.* **agronomo, -a** [a'grɔ:nomo] *m, f* Agronom(in) *m(f),* Diplomlandwirt(in) *m(f).*
agrume [a'gru:me] *m* **1.** *(frutto)* Zitrusfrucht *f;* **2.** *(pianta)* Zitruspflanze *f.*
aguzzare [agut'tsa:re] *tr* **1.** *(rendere appuntito)* (zu)spitzen; **2.** *fig* wecken, anregen; *(ingegno, vista, etc.)* schärfen; *(orecchie)* spitzen.
aguzzino [agud'dzi:no] *m* Folterknecht *m.*
aguzzo, -a [a'guttso] *a* **1.** *(acuminato)* spitz; **2.** *fig (intenso, penetrante)* scharf, stechend.
ah [a] *interj* ah, ach.
ahi ['a:i] *interj* au(a).
ahimè [ai'mɛ] *interj* oje, ojemine.
ai ['a:i] *prp* **a** *con articolo i.*
aia ['a:ia] ‹aie› *f* Tenne *f.*
aiola [a'iɔ:la] *f* Beet *n.*
airone [ai'ro:ne] *m* Reiher *m.*
aitante [ai'tante] *a* mannhaft, stattlich.
aiuola [a'iuɔ:la] *v.* **aiola.**
aiutante [aiu'tante] *mf* **1.** *(collaboratore)* Gehilfe *m,* Gehilfin *f,* Helfer(in) *m(f);* **2.** *mil* Adjutant *m,* Stabsoffizier *m.*
aiutare [aiu'ta:re] **I.** *tr* helfen (*qu* jdm); **II.** *rfl:* **-arsi** sich helfen; **aiutati che Dio** (*o* **il ciel**) **t'aiuta** *prov* hilf dir selbst, so hilft dir Gott *prov.*

aiuto [a'iu:to] *m* **1.** *(assistenza, soccorso)* Hilfe *f,* Beistand *m;* **2.** *(collaboratore)* Assistent *m,* Helfer *m;* **3.** ‹*pl*› Hilfsgüter *n pl;* ~ **medico** Assistenzarzt *m;* ~ **regista** Regieassistent *m;* ~ **allo sviluppo** Entwicklungshilfe *f;* **correre in** ~ zu Hilfe eilen (*o* kommen); **invocare** ~ um Hilfe rufen.

aizzare [ait'tsa:re] *tr* aufhetzen, aufwiegeln.

al [al] *prp* **a** *con articolo il.*

ala ['a:la] ‹-i› *f* Flügel *m; aero* Tragfläche *f; (di cappello)* Krempe *f;* **fare** ~ Spalier stehen (*a* für); **mettere le -i ai piedi** die Beine in die Hand nehmen; **tarpare le -i a qu** jdm die Flügel stutzen; ~ **destra/sinistra** *sport* rechter/linker Flügel; *(persona)* Rechts-/Linksaußen *m.*

alabastro [ala'bastro] *m* Alabaster *m.*

à la coque [a la 'kɔk] ‹*inv*› *a:* **uovo** ~ weich(gekocht)es Ei.

alacre ['a:lakre] *a* **1.** *(persona)* eifrig; **2.** *fig (ingegno)* lebhaft, wach. **alacrità** [alakri'ta] ‹-› *f* **1.** *(di persona)* Eifer *m;* **2.** *fig* Lebhaftigkeit *f,* Wachheit *f.*

alano [a'la:no] *m* Dogge *f.*

alare[1] [a'la:re] *a (relativo alle ali)* Flügel-; **apertura** ~ Spannweite *f.*

alare[2] [a'la:re] *m (arnese per il focolare)* Feuerbock *m.*

Alasca [a'laska] *f* Alaska *n.*

alato, -a [a'la:to] *a* **1.** *(fornito di ali)* geflügelt, beflügelt; **2.** *fig (sublime, elevato)* gehoben, erhaben.

alba ['alba] *f* Morgengrauen *n,* Morgendämmerung *f.*

albanese [alba'ne:se] **I.** *a* albanisch, Albaner; **II.** *mf* Albaner(in) *m(f).* **Albania** [...'ni:a] *f* Albanien *n.*

albatro ['albatro] *m* Albatros *m.*

albeggiare [albed'dʒa:re] ‹albeggia› *itr* ‹*essere*› dämmern, tagen.

alberato, -a [albe'ra:to] *a* baumbestanden.

alberatura [albera'tu:ra] *f* Takellage *f.*

albergare [alber'ga:re] ‹albergo, alberghi› **I.** *tr* **1.** *(alloggiare)* beherbergen, aufnehmen; **2.** *fig (sentimenti)* hegen; **II.** *itr* wohnen, unterkommen. **albergatore, -trice** [...ga'to:re] *m, f* Hotelier *m,* Hotelbesitzer(in) *m(f).* **alberghiero, -a** [...'giɛ:ro] *a* Hotel-. **albergo** [al'bɛrgo] ‹-ghi› *m* Hotel *n,* Gasthof *m;* ~ **per la gioventù** Jugendherberge *f;* ~ **diurno** Tageshotel *n.*

albero ['albero] *m* **1.** *bot* Baum *m;* **2.** *naut* Mast *m;* **3.** *tec* Welle *f,* Baum *m;* ~ **motore** Antriebswelle *f;* ~ **di Natale** Weihnachtsbaum *m;* ~ **della cuccagna** Maibaum *m;* ~ **genealogico** Stammbaum *m.*

Alberto [al'bɛrto] *(nome proprio maschile)* Albert.

albicocca [albi'kɔkka] ‹-cche› *f* Aprikose *f.* **albicocco** [...ko] ‹-cchi› *m* Aprikosenbaum *m.*

albino, -a [al'bi:no] **I.** *a* albinotisch, Albino-; **II.** *m, f* Albino *m.*

albo ['albo] *m* **1.** *(tavola)* Anschlagbrett *n,* Schwarzes Brett; **2.** *(registro)* Register *n;* **3.** *(album)* Album *n;* **4.** *(libro illustrato)* Bilderbuch *n;* ~ **dei medici** Ärzteregister *n;* **l'~ d'oro** das Goldene Buch.

album ['album] ‹-› *m* Album *n.*

albume [al'bu:me] *m* Albumen *n,* Eiweiß *n.*

alcalino, -a [alka'li:no] *a* alkalisch.

alce ['altʃe] *f* Elch *m.*

alchimia [al'ki:mia *o* alki'mi:a] ‹-ie› *f* Alchimie *f.* **alchimista** [alki'mista] ‹-i *m,* -e *f*› *mf* Alchimist(in) *m(f).*

alcol(e) ['alkol(e)] *v.* **alcool.**

alcolico, -a [al'kɔ:liko] ‹-ci, -che› **I.** *a* alkoholisch; **II.** *m* Spirituose *f,* alkoholisches Getränk. **alcolismo** [alko'lizmo] *m* Alkoholismus *m.* **alcolizzare** [...lid'dza:re] **I.** *tr* alkoholisieren; **II.** *rfl:* **-arsi** sich betrinken. **alcolizzato, -a** [...lid'dza:to] **I.** *a* alkoholisiert; **II.** *m, f* Alkoholiker(in) *m(f).* **alcool** ['alkool] ‹-› *m* Alkohol *m.*

alcova [al'kɔ:va] *f* Alkoven *m;* **segreti d'~** Bettgeheimnisse *n pl.*

alcun, alcun', alcuno, -a [al'kun, al'ku:no] **I.** *a* einige, etwas; **non ... alcuno** kein; **senza alcun riguardo** ohne jede Rücksicht; **II.** *pron* (manch) eine(r, s); **non ... alcuno** niemand, keiner; **senza che alcuno mi udisse** ohne daß mich jemand gehört hätte.

aldilà [aldi'la] ‹-› *m* Jenseits *n.*

alé [a'le] *interj* vorwärts, los.

Alessandra [ales'sandra] *(nome proprio femminile)* Alexandra.

Alessandro [ales'sandro] *(nome proprio maschile)* Alexander.

aletta [a'letta] *f* Flügel *m,* Klappe *f.*

alfa ['alfa] ‹-› *f* Alpha *n;* **dall'~ all'omega** von A bis Z.

alfabetico, -a [alfa'bɛ:tiko] ‹-ci, -che› *a* alphabetisch.

alfabeto [alfa'bɛ:to] *m* Alphabet *n.*

alfiere [al'fiɛ:re] *m* **1.** *(portabandiera)* Fahnen-, Bannerträger *m;* **2.** *mil* Fähnrich *m;* **3.** *(negli scacchi)* Läufer *m.*

alfine [al'fi:ne] *adv* schließlich, endlich.

Alfonso [al'fɔnso] *(nome proprio maschile)* Alfons, Alphons.

alga ['alga] ‹-ghe› *f* Alge *f.*

algebra ['aldʒebra] *f* Algebra *f;* **per me questo è** ~ *fam* für mich ist das Chinesisch.

Algerìa [aldʒe'ri:a] *f* Algerien *n.* **algerino, -a** [...'ri:no] **I.** *a* algerisch; **II.** *m, f* Algerier(in) *m(f).*

Algovia [al'gɔ:via] *f* Allgäu *n.*

aliante [a'liante] *m* Segelflugzeug *n.*

alibi ['a:libi] ‹-› *m* Alibi *n.*
alice [a'li:tʃe] *f* Sardelle *f.*
alienare [ali̯e'na:re] **I.** *tr* **1.** *jur (vendere)* veräußern; **2.** *(rendere ostile)* entfremden; **II.** *rfl:* **-arsi** sich entfremden; **-arsi qu** sich jdm entfremden; **-arsi qc** sich *(dat)* etw. verscherzen. **alienato, -a** [...'na:to] **I.** *a* **1.** *jur* veräußert; **2.** *med* geistesgestört; **II.** *m, f* Geistesgestörte(r) *mf.* **alienazione** [...nat'tsi̯o:ne] *f* **1.** *jur* Veräußerung *f;* **2.** *psych:* ~ **mentale** Geistesgestörtheit *f.* **alieno, -a** [a'li̯ɛ:no] *a* abgeneigt (*da qc* einer S. *dat*).
alimentare¹ [alimen'ta:re] **I.** *a* Lebensmittel-, Nahrungs(mittel)-; **generi -i** Lebensmittel *n pl,* Nahrungsmittel *n pl;* **II.** *m pl* Lebensmittel *n pl,* Nahrungsmittel *n pl.*
alimentare² [alimen'ta:re] **I.** *tr* **1.** *(persone)* ernähren; *(animali)* füttern; **2.** *(rifornire di viveri)* versorgen; **3.** *(caldaia, fuoco)* speisen; **4.** *fig (mantenere vivo)* nähren; **II.** *rfl:* **-arsi** sich ernähren. **alimentazione** [...tat'tsi̯o:ne] *f* **1.** *(con cibo)* Ernährung *f;* **2.** *tec* Beschickung *f.*
alimento [ali'mento] *m* **1.** *(cibo)* Ernährung *f,* Nahrung *f;* **2.** *tec* Speisung *f,* Zufuhr *f;* **3.** ‹*pl*› *jur* Alimente *pl,* Unterhalt *m.*
aliquota [a'li:ku̯ota] *f* **1.** *(quota)* Anteil *m;* **2.** *(d'imposta)* Steuersatz *m.*
aliscafo [alis'ka:fo] *m* Tragflächenboot *n.*
alito ['a:lito] *m* **1.** *(fiato)* Atem *m;* **2.** *fig (lieve soffio)* Hauch *m;* **aver l'~ cattivo** Mundgeruch haben.
all. *ab di* **allegato, -i** Anl. (*ab di* Anlage).
all', alla [all, 'alla] *prp* **a** *con articolo l', la.*
allacciamento [allattʃa'mento] *m* **1.** *tec* Anschluß *m;* **2.** *ferr* Anschluß *m,* Verbindung *f;* **3.** *fig* (An)knüpfen *n.* **allacciare** [...'tʃa:re] ‹allaccio, allacci› *tr* **1.** *gener.* zuschnüren, zubinden; *(cintura)* zuschnallen; **2.** *(collegare)* verknüpfen; *(località)* verbinden; *(amicizia)* (an)knüpfen; **3.** *tec* anschließen.
allagamento [allaga'mento] *m* Überschwemmung *f.* **allagare** [...'ga:re] ‹allago, allaghi› *tr* überschwemmen.
allampanato, -a [allampa'na:to] *a* hager.
allargare [allar'ga:re] ‹allargo, allarghi› **I.** *tr* **1.** *(rendere più largo)* erweitern; *(strade)* verbreitern; *(vestiti)* weiten, weiter machen; **2.** *(braccia)* ausbreiten; *(dita)* spreizen; **3.** *fig (estendere)* ausdehnen, erweitern; ~ **il cuore** *fig* das Herz erleichtern; **II.** *itr sport:* ~ **in curva** in der Kurve ausbrechen; **III.** *rfl:* **-arsi** sich erweitern.
allarmare [allar'ma:re] **I.** *tr* **1.** *(dare l'allarme)* alarmieren; **2.** *fig* beunruhigen; **II.** *rfl:* **-arsi** sich beunruhigen. **allarme** [al'larme] *m* Alarm *m,* Warnung *f;* **mettersi in** ~ in Besorgnis geraten; **dare l'~** Alarm schlagen. **allarmistico, -a** [...'mistiko] ‹-ci, -che› *a* alarmierend, beunruhigend.
allattamento [allatta'mento] *m (di bambini)* Stillen *n; (di animali)* Säugen *n.* **allattare** [...'ta:re] *tr (bambini)* stillen; *(animali)* säugen.
alle ['alle] *prp* **a** *con articolo le.*
alleanza [alle'antsa] *f* Allianz *f,* Bündnis *n.* **allearsi** [...'arsi] *rfl:* ~ **a** (*o* **con**) **qu** sich mit jdm verbünden. **alleato, -a** [...'a:to] **I.** *a* verbündet; *hist* alliiert, Alliierten-; **II.** *m, f* Verbündete(r) *mf;* **-i** *hist* Alliierte(n) *pl.*
allegare [alle'ga:re] *tr* **1.** *(accludere)* beifügen, beilegen; **2.** *(addurre)* anführen, beibringen; **3.** *(denti)* stumpf machen. **allegato, -a** [...'ga:to] **I.** *a* beigefügt; **qui** ~ anbei, in der (*o* als) Anlage; **II.** *m* (*ab* **all.**) Anlage *f;* **in** ~ anbei, beiliegend.
alleggerire [alleddʒe'ri:re] ‹alleggerisco› **I.** *tr* **1.** *(di peso)* leichter machen; **2.** *fig* erleichtern; *(pena)* mildern; *(dolore)* lindern; **II.** *rfl:* **-irsi** ablegen; *(indossare indumenti più leggeri)* sich leichter kleiden.
allegoria [allego'ri:a] ‹-ie› *f* Allegorie *f.*
allegria [alle'gri:a] *f* Fröhlichkeit *f.*
allegro, -a [al'le:gro] **I.** *a* fröhlich, lustig, ausgelassen; *(colore)* lebhaft; **c'è poco da stare -i** da gibt es nichts zu spaßen; **gente -a il ciel l'aiuta** *prov* dem Fröhlichen hilft Gott *prov;* **II.** *m* Allegro *n.*
alleluia [alle'lu:i̯a] ‹-› *m* Halleluja *n.*
allenamento [allena'mento] *m* Übung *f,* Training *n;* **esser fuori** ~ aus der Übung sein; **tenersi in** ~ im Training bleiben. **allenare** [...'na:re] **I.** *tr* trainieren; **II.** *rfl:* **-arsi** trainieren (*per, a* auf). **allenatore, -trice** [...na'to:re] *m, f* Trainer(in) *m(f).*
allentare [allen'ta:re] **I.** *tr* lockern, lösen; **II.** *rfl:* **-arsi** *(a. tec)* locker werden, sich lockern, sich lösen.
allergia [aller'dʒi:a] ‹-gie› *f* Allergie *f* (*a* gegen). **allergico, -a** [al'lɛrdʒiko] ‹-ci, -che› *a* allergisch (*a* gegen).
allestimento [allesti'mento] *m* **1.** *gener.* Herrichten *n,* Ausstatten *n;* **2.** *naut* Ausrüstung *f;* **3.** *theat* Bühnenausstattung *f; film* Szenerie *f.* **allestire** [...'ti:re] ‹allestisco› **1.** *gener* herrichten, ausstatten; **2.** *(vetrina)* dekorieren; **3.** *(festa)* organisieren; **4.** *theat* inszenieren; **5.** *mil, naut* ausrüsten.
allettamento [alletta'mento] *m* Verlokkung *f,* Verführung *f.* **allettare** [...'ta:re] *tr* (ver)locken, verführen, anziehen.
allevamento [alleva'mento] *m* **1.** *(di animali, piante)* Zucht *f,* Züchtung *f;*

2. *(luogo)* Farm *f,* Zucht(stätte) *f;* 3. *(di bambini)* Aufziehen *n.* **allevare** [...'va:re] *tr* 1. *(animali)* züchten; *(piante)* ziehen; 2. *(bambini)* aufziehen, großziehen; ~ **una serpe in seno** eine Schlange am Busen nähren. **allevatore, -trice** [...va'to:re] *m, f* Züchter(in) *m(f).*

alleviare [alle'vi̯a:re] ‹allevio, allevii› *tr* erleichtern; *(dolore)* lindern.

allibire [alli'bi:re] ‹allibisco› *itr* ‹*essere*› (vor Schreck) erstarren.

allibratore [allibra'to:re] *m* Buchmacher *m.*

allietare [alli̯e'ta:re] *tr* erfreuen, erheitern.

allievo, -a [al'li̯ɛ:vo] *m, f* Schüler(in) *m(f);* ~ **ufficiale** Offiziersanwärter *m.*

alligatore [alliga'to:re] *m* Alligator *m.*

allineamento [allinea'mento] *m* 1. *(disposizione in linea)* Aufreihen *n;* 2. *naut* (Flotten)verband *m;* 3. *(in economia)* Angleichung *f;* 4. *fig* Anpassung *f,* Angleichung *f.* **allineare** [...'a:re] I. *tr* aufreihen, in einer Reihe aufstellen; *mil* formieren; II. *rfl:* **-arsi** 1. *(mettersi in linea)* sich in einer Reihe aufstellen; 2. *fig (conformarsi)* sich anpassen, sich angleichen.

allo ['allo] *prp* **a** *con articolo lo.*

allocco [al'lɔkko] ‹-cchi› *m* 1. *zoo* Waldkauz *m;* 2. *fig* Tölpel *m.*

allocuzione [allokut'tsi̯o:ne] *f* Ansprache *f.*

allodola [al'lɔ:dola] *f* Lerche *f.*

alloggiare [allod'dʒa:re] ‹alloggio, alloggi› I. *tr* ‹*avere*› 1. *(dare ospitalità)* beherbergen, unterbringen; 2. *mil* einquartieren; II. *itr* ‹*essere*› 1. *(dimorare)* wohnen, untergebracht sein; 2. *mil* einquartiert sein.

alloggio [al'lɔddʒo] ‹-ggi› *m* 1. *(dimora)* Unterkunft *f;* 2. *(appartamento)* Wohnung *f;* 3. *mil* Quartier *n;* **vitto e** ~ Kost und Logis.

allontanamento [allontana'mento] *m* 1. *(distacco, espulsione)* Entfernung *f;* 2. *fig* Entfremdung *f.* **allontanare** [...'na:re] I. *tr* 1. *(collocare lontano)* entfernen; 2. *(licenziare)* entfernen; 3. *(suscitare avversione)* abstoßen; 4. *fig (pericolo)* abwenden; *(sospetto)* von sich *(dat)* weisen; II. *rfl:* **-arsi** sich entfernen; **-arsi dalla retta via** *fig* vom rechten Wege abkommen.

allora [al'lo:ra] I. *adv* da, damals; **da ~ in poi** von da an; **fino** ~ bis dahin; II. *con* 1. *(in questo caso)* (al)so, dann; 2. *(ebbene)* nun.

allorché [allor'ke] *con* als.

alloro [al'lɔ:ro] *m* Lorbeer *m;* **cogliere -i** Lorbeeren ernten.

alluce ['allutʃe] *m* großer Zeh.

allucinante [allutʃi'nante] *a* blendend, betörend. **allucinazione** [...nat'tsi̯o:ne] *f* Halluzination *f.*

alludere [al'lu:dere] ‹alludo, allusi, alluso› *itr* anspielen (*a* auf).

alluminio [allu'mi:ni̯o] *m* Aluminium *n.*

allunaggio [allu'naddʒo] ‹-ggi› *m* Mondlandung *f.* **allunare** [...'na:re] *itr* auf dem Mond landen.

allungamento [allunga'mento] *m* 1. *gener.* Verlängerung *f;* *(di abito)* Verlängern *n;* *(di vino, brodo)* Verdünnen *n,* Verwässern *n;* 2. *ling, tec* Dehnung *f.*

allungare [...'ga:re] ‹allungo, allunghi› I. *tr* 1. *(accrescere di lunghezza)* verlängern, länger machen; *(distendere)* (aus)strecken; *(tavolo)* ausziehen; 2. *(accrescere di durata)* verlängern, ausdehnen; 3. *(diluire)* verdünnen; *(brodo a.)* verlängern; *(vino a.)* verwässern; 4. *ling, tec* dehnen; ~ **un ceffone** *fam* eine Ohrfeige verpassen *fam;* ~ **le mani** *fig* lange Finger machen; ~ **le orecchie** *fig* die Ohren spitzen; ~ **la strada** *fig* einen Umweg machen; II. *rfl:* **-arsi** 1. *(farsi più lungo)* länger werden; 2. *(sdraiarsi)* sich ausstrecken; 3. *(crescere)* in die Länge wachsen.

allusi [al'lu:zi] *p rem di* **alludere.**

allusione [allu'zi̯o:ne] *f* Anspielung *f,* Andeutung *f.* **allusivo, -a** [...'zi:vo] *a* anspielend, zweideutig.

alluso [al'lu:zo] *pp di* **alludere.**

alluvionato, -a [alluvi̯o'na:to] I. *a* überschwemmt; II. *m, f* Überschwemmungsopfer *n.* **alluvione** [...'vi̯o:ne] *f* Überschwemmung *f.*

almanacco [alma'nakko] ‹-cchi› *m* Almanach *m.*

almeno [al'me:no] I. *adv* wenigstens, zumindest; II. *con conj* wenn nur (*o* wenigstens).

aloe ['a:loe] ‹-› *f o m* Aloe *f.*

alone [a'lo:ne] *m* 1. *astr* Aureole *f,* Hof *m;* *fot* Lichthof *m;* 2. *fig (aureola)* Nimbus *m.*

alpacca [al'pakka] *f* Alpaka *n,* Neusilber *n.*

alpeggio [al'peddʒo] ‹-ggi› *m* Weiden *n* auf der Alm.

alpestre [al'pɛstre] *a* Gebirgs-.

Alpi ['alpi] *f pl* Alpen *pl.*

alpinismo [alpi'nizmo] *m* Bergsteigen *n,* Alpinismus *m.* **alpinista** [...'nista] ‹-i *m,* -e *f*› *mf* Bergsteiger(in) *m(f),* Alpinist(in) *m(f).* **alpinistico, -a** [...'nistiko] ‹-ci, -che› *a* alpinistisch.

alpino, -a [al'pi:no] I. *a* alpin, Hochgebirgs-; II. *m* Gebirgsjäger *m.*

alquanto [al'ku̯anto] I. *a* einige(r, s); II. *pron* einiges, manches; III. *adv* ziemlich, beträchtlich.

Alsazia [al'sattsi̯a] *f* Elsaß *n;* **~-Lorena** Elsaß-Lothringen *n.*

alt [alt] I. *interj* halt; II. ‹-› *m* Halt *m,*

Unterbrechung *f;* **dare l'~** Halt gebieten.

altalena [alta'le:na] *f* **1.** *(in bilico)* Wippe *f;* **2.** *(a funi)* Schaukel *f;* **3.** *fig* Hin und Her *n,* Schwanken *n.*

altamente [alta'mente] *adv* äußerst, erheblich.

altare [al'ta:re] *m* Altar *m.*

alterare [alte'ra:re] **I.** *tr* **1.** *(modificare)* (ver)ändern; *(verità)* verdrehen; **2.** *(adulterare)* verfälschen; *(falsificare)* fälschen; **3.** *(irritare)* reizen; **II.** *rfl:* **-arsi 1.** *(modificarsi)* sich verändern; **2.** *fig (turbarsi)* sich erregen, reizbar sein; **3.** *(guastarsi)* schlecht werden, verderben. **alterazione** [...rat'tsi̯o:ne] *f* **1.** *(modificazione)* Veränderung *f;* **2.** *(falsificazione)* Fälschung *f;* **3.** *med, mus* Alteration *f;* **4.** *(turbamento)* Erregung *f.*

alterco [al'tɛrko] ‹-chi› *m* Auseinandersetzung *f,* Wortwechsel *m.*

alternanza [alter'nantsa] *f* Wechsel *m; ling* Alternation *f.* **alternare** [...'na:re] **I.** *tr* alternieren, wechseln; **II.** *rfl:* **-arsi** sich abwechseln. **alternativa** [...na'ti:va] *f* Wechsel *m; (scelta)* Alternative *f.* **alternativo, -a** [...na'ti:vo] *a* alternativ. **alternato, -a** [...'na:to] *a* alternierend, wechselnd. **alternatore** [...na'to:re] *m* (Wechselstrom)generator *m.* **alterno, -a** [al'tɛrno] *a* abwechselnd; **a giorni -i** jeden zweiten Tag.

altero, -a [al'tɛ:ro] *a* würdevoll, selbstbewußt; *(fiero)* stolz; *(superbo)* hochmütig.

altezza [al'tettsa] *f* **1.** *gener., mus* Höhe *f;* **2.** *(statura)* Größe *f;* **3.** *(livello)* Stand *m;* **4.** *(profondità)* Tiefe *f;* **5.** *(larghezza di tessuti)* Breite *f;* **6.** *(titolo nobiliare)* Hoheit *f;* **all'~ di Trieste** auf der Höhe von Triest; **essere all'~ di fare qc** in der Lage sein, etw. zu tun.

altezzosità [altettsosi'ta] ‹-› *f* Hochmut *m.* **altezzoso, -a** [...'tso:so] *a* hochmütig.

alticcio, -a [al'tittʃo] ‹-cci, -cce› *a* angeheitert.

altiforni *pl di* **altoforno.**

altisonante [altiso'nante] *a* **1.** *(sonoro)* wohlklingend; **2.** *(tronfio)* hochtrabend.

altitudine [alti'tu:dine] *f* Höhe *f.*

alto, -a ['alto] ‹più alto *o* superiore, altissimo *o* supremo *o* sommo› **I.** *a* **1.** *(sviluppato in altezza)* hoch; **2.** *(statura)* groß; **3.** *(in luogo elevato)* hoch(gelegen); *geog* Ober-; **4.** *(acqua, mare)* hoch; **5.** *(tessuti)* breit; **6.** *(suono)* hoch; *(voce)* laut; **7.** *fig (eminente, eccellente)* hervorragend; *(nobile)* edel; **notte -a** tiefe Nacht; **-a società** High Society *f;* **II.** *m* **1.** *(altezza)* Höhe *f;* **2.** *(parte più elevata)* oberer Teil; **in ~ i cuori!** nur Mut!; **mani in ~!** Hände hoch!

Alto Adige ['alto 'a:didʒe] *m* Südtirol *n.*

altoforno [-'forno] ‹altiforni› *m* Hochofen *m.*

altolocato, -a [-lo'ka:to] *a* hochgestellt.

altoparlante [-par'lante] *m* Lautsprecher *m.*

altopiano [-'pi̯a:no] *m* Hochebene *f.*

altrettanto, -a [altret'tanto] **I.** *a* ebensoviel; **II.** *pron* dasselbe; **III.** *adv* genauso, gleich.

altri ['altri] ‹*inv, solo al sing*› *pron* **1.** *(qualcuno)* ein anderer, man; **2.** *(altra persona)* andere(r, s).

altrimenti [altri'menti] *adv* **1.** *(in caso contrario)* anderenfalls, sonst; **2.** *(in modo diverso)* anders.

altro, -a ['altro] **I.** *a* andere(r, s); *(nuovo, aggiunto a.)* weitere(r, s), noch ein(e); **quest'~ mese** kommenden Monat; **l'~ giorno** neulich, kürzlich; **l'-a settimana** letzte Woche; **l'~ ieri** vorgestern; **domani l'~** übermorgen; **II.** *pron* andere(r, s); **un giorno o l'~** eines Tages; **non avere ~ da fare** nichts anderes zu tun haben; **non far ~ che studiare** nichts (anderes) tun als lernen; **noi -i/voi -i** wir (unsererseits)/ihr (eurerseits); **III.** *m* (etwas) anderes; **non aggiungere ~** nichts hinzufügen; **ci mancherebbe ~!** das würde noch fehlen!; **che ~ vuoi?** was willst du noch?; **ci vuol ben ~!** es gehört viel mehr dazu; **dell'~** noch etwas; **per ~** im übrigen; **più che ~** vor allem; **se non ~** zumindest; **senz'~** ohne weiteres, ganz sicher; **tra l'~** unter anderem; **tutt'~** ganz im Gegenteil, durchaus nicht; **l'un l'~** einander, gegenseitig. **altroché** [altro'ke] *interj* und wie, und ob. **altronde** [al'tronde] *adv:* **d'~** im übrigen. **altrove** [al'tro:ve] *adv* anderswo, woanders.

altrui [al'tru:i] **I.** *a* von anderen, anderer; **II.** *pron* andere, die anderen; **III.** ‹-› *m* fremdes Eigentum.

altruismo [altru'izmo] *m* Altruismus *m.* **altruista** [...'ista] ‹-i *m,* -e *f*› *mf* Altruist *m.* **altruistico, -a** [...'istiko] ‹-ci, -che› *a* altruistisch.

altura [al'tu:ra] *f* Anhöhe *f.*

alunno, -a [a'lunno] *m, f* Schüler(in) *m(f).*

alveare [alve'a:re] *m* **1.** *(arnia)* Bienenstock *m;* **2.** *fig* Wohnsilo *m o n.*

alzabandiera [altsaban'di̯ɛ:ra] ‹-› *m* Fahnenappell *m.*

alzare [al'tsa:re] **I.** *tr* heben, aufrichten; *(bandiera)* hissen; *(carte)* abheben; *(prezzi)* anheben; *(spalle)* zucken mit; *(voce)* (er)heben; **non ~ un dito** *fig* keinen Finger rühren; **~ le mani (***o* **le braccia)** *fig* die Hände hoch nehmen; **stare alzato fino a tarda notte** noch bis spät in die Nacht (hinein) aufsein; **II.** *rfl:* **-arsi 1.** *(levarsi)* aufstehen; **2.** *(sorgere)* aufkommen; *(sole, luna)* aufgehen; **-arsi in volo** auffliegen, aufsteigen. **alzata**

[al'tsa:ta] *f* Hebung *f*, Anhebung *f*; ~ **di spalle** Achselzucken *n*; ~ **di testa** Laune *f*.

amabile [a'ma:bile] *a* **1.** *(persona)* liebenswert; **2.** *(vino)* lieblich; **3.** *mus* amabile. **amabilità** [amabili'ta] ⟨-⟩ *f* Liebenswürdigkeit *f*.

amaca [a'ma:ka] ⟨-che⟩ *f* Hängematte *f*.

amalgama [a'malgama] ⟨-i⟩ *m* Amalgam *n*. **amalgamare** [...'ma:re] **I.** *tr* **1.** *(unire in lega)* amalgamieren; **2.** *(per impasto)* vermengen; **II.** *rfl*: **-arsi** sich verbinden.

amante [a'mante] **I.** *a* liebend; **II.** *mf* Liebhaber *m*, Geliebte *f*; *fig* Liebhaber(in) *m(f)*; ~ **della buona tavola** Feinschmecker(in) *m(f)*.

amare [a'ma:re] **I.** *tr* lieben, mögen, gern haben; *(a. persone)* liebhaben; **farsi ~ da qu** jds Liebe gewinnen; **II.** *rfl*: **-arsi** sich lieben.

amareggiare [amared'dʒa:re] ⟨amareggio, amareggi⟩ **I.** *tr* verbittern; **II.** *rfl*: **-arsi** sich erbittern.

amarena [ama'rɛ:na] *f* Sauerkirsche *f*.

amaretto [ama'retto] *m* **1.** *(biscottino)* Mandelmakrone *f*; **2.** *(liquore)* Mandellikör *m*.

amarezza [ama'rettsa] *f* **1.** *(sapore)* Bitterkeit *f*; **2.** *fig* Verbitterung *f*. **amaro, -a** [a'ma:ro] **I.** *a* *(a. fig)* bitter; **II.** *m* **1.** *(sapore)* Bitterkeit *f*; **2.** *(liquore)* Bitter *m*; **3.** *fig* *(rancore)* Verbitterung *f*.

amatore, -trice [ama'to:re] *m, f* Liebhaber(in) *m(f)*.

amazzone [a'maddzone] *f* Amazone *f*.

ambasceria [ambaʃʃe'ri:a] ⟨-ie⟩ *f* **1.** *(delegazione)* Abordnung *f*, Gesandtschaft *f*; **2.** *(incarico)* Botschaft *f*.

ambasciata [ambaʃ'ʃa:ta] *f* Botschaft *f*; **fare un'~** etw. ausrichten. **ambasciatore** [...ʃa'to:re] *m* **1.** *(diplomatico)* Botschafter(in) *m(f)*; **2.** *(messaggero)* Bote *m*, Botin *f*; **ambasciator non porta pena** *prov* den Boten trifft keine Schuld.

ambedue [ambe'du:e] **I.** ⟨*inv*⟩ *a* beide; ~ **gli amici** beide Freunde, alle beiden Freunde; **II.** *pron* (alle) beide.

ambidestro, -a [ambi'dɛstro] *a* beidhändig.

ambientale [ambi̯en'ta:le] *a* umweltbedingt.

ambientamento [ambi̯enta'mento] *m* Eingewöhnung *f*, Akklimatisierung *f*. **ambientare** [...'ta:re] **I.** *tr* **1.** *(adattare)* eingewöhnen, akklimatisieren; **2.** *lit, film, theat* spielen lassen; **II.** *rfl*: **-arsi** sich eingewöhnen, sich akklimatisieren.

ambiente [am'bi̯ɛnte] *m* **1.** *(spazio)* Raum *m*, Umgebung *f*; **2.** *biol* Lebensraum *m*, Umwelt *f*; **3.** *soc, fig* Milieu *n*; **4.** *(stanza)* Zimmer *n*; **temperatura ~** Raumtemperatur *f*; **tutela dell'~** Umweltschutz *m*.

ambiguità [ambigui'ta] ⟨-⟩ *f* **1.** *(equivocità)* Zweideutigkeit *f*, Doppeldeutigkeit *f*; **2.** *pej* *(falsità)* Scheinheiligkeit *f*. **ambiguo, -a** [am'bi:guo] *a* **1.** *(equivoco)* zweideutig, doppeldeutig; **2.** *pej* *(falso)* scheinheilig.

ambire [am'bi:re] ⟨ambisco⟩ **I.** *tr* an-, erstreben, streben nach; **II.** *itr* streben (*a* nach).

ambito ['ambito] *m* Bereich *m*.

ambivalente [ambiva'lɛnte] *a* ambivalent. **ambivalenza** [...'lɛntsa] *f* Ambivalenz *f*.

ambizione [ambit'tsi̯o:ne] *f* Ehrgeiz *m*; *(aspirazione)* Ambition *f*, Bestreben *n*. **ambizioso, -a** [...'tsi̯o:so] *a* ehrgeizig.

ambo, -a ['ambo] **I.** *a* ⟨*inv o* -i, -e⟩ beide; ~ **i lati** beide Seiten *f pl*; **II.** *m* Ambo *m A*, Doppeltreffer *m*.

ambosessi [ambo'sɛssi] ⟨*inv*⟩ *a* beiderlei Geschlechts.

ambra ['ambra] *f* **1.** *(pietra)* Bernstein *m*; **2.** *(profumo)* Amber *m*, Ambra *f*.

ambrosia [am'brɔ:zi̯a] ⟨-ie⟩ *f* Ambrosia *f*.

ambrosiano, -a [ambro'zi̯a:no] *a* mailändisch, Mailänder *attr*.

ambulante [ambu'lante] **I.** *a* fahrend, wandernd, Wander-; **II.** *mf* Straßenhändler(in) *m(f)*.

ambulanza [ambu'lantsa] *f* Ambulanz *f*.

ambulatorio, -a [ambula'tɔ:ri̯o] ⟨-i, -ie⟩ **I.** *a* ambulant; **II.** *m* **1.** *(per consultazione)* Sprechzimmer *n*; **2.** *(per cura)* Ambulanz *f*.

Amburgo [am'burgo] *f* Hamburg *n*.

amenità [ameni'ta] ⟨-⟩ *f* **1.** *(dolcezza)* Lieblichkeit *f*, Anmut *f*; **2.** *(facezia)* Bonmot *n*, witzige Bemerkung. **ameno, -a** [a'mɛ:no] *a* lieblich, anmutig; *(piacevole)* angenehm, wohltuend; *(spiritoso)* witzig; **letteratura -a** Belletristik *f*, Unterhaltungsliteratur *f*; **un tipo ~** ein angenehmer Typ.

America [a'mɛ:rika] *f* Amerika *n*; ~ **Latina** Lateinamerika *n*; ~ **Centrale** Mittelamerika *n*; ~ **del Nord/Sud** Nord-/Südamerika *n*. **americano, -a** [ameri'ka:no] **I.** *a* amerikanisch; **II.** *m, f* Amerikaner(in) *m(f)*.

ametista [ame'tista] *f* Amethyst *m*.

amianto [a'mi̯anto] *m* Asbest *m*.

amichevole [ami'ke:vole] *a* freundschaftlich; **incontro ~** *sport* Freundschaftsspiel *n*.

amicizia [ami'tʃittsi̯a] ⟨-ie⟩ *f* **1.** *(affetto)* Freundschaft *f*; **2.** *(relazione amorosa)* Verhältnis *n*; **3.** ⟨*pl*⟩ *fig* Beziehungen *f pl*.

amico, -a [a'mi:ko] ⟨-ci, -che⟩ **I.** *m, f* **1.** *(legato da sentimenti di amicizia)* Freund(in) *m(f)*; **2.** *(amante)* Freund(in) *m(f)*, Geliebte(r) *mf*; ~ **intimo** (*o* **del cuore**) Busenfreund *m*; ~ **di famiglia** Freund *m* des Hauses; **essere -ci per la**

pelle miteinander durch dick und dünn gehen; **II.** *a* freundschaftlich; *(benevolo)* freundlich, gut.

amido ['a:mido] *m* (Wäsche)stärke *f.*

ammaccare [ammak'ka:re] ‹ammacco, ammacchi› *tr* verbeulen; *(parti del corpo)* quetschen. **ammaccatura** [...ka'tu:ra] *f (deformazione)* Beule *f; (contusione)* Quetschung *f; (di frutta)* Druckstelle *f.*

ammaestramento [ammaestra'mento] *m* Belehrung *f,* Unterweisung *f; (di animali)* Dressur *f.* **ammaestrare** [...'tra:re] *tr* belehren, unterweisen; *(animali)* dressieren, abrichten.

ammainare [ammai'na:re] *tr* einholen, einziehen; ~ **la vela** *(a. fig)* die Segel streichen.

ammalarsi [amma'larsi] *rfl* krank werden, erkranken (*di* an). **ammalato, -a** [...'la:to] **I.** *a* krank; **II.** *m, f* Kranke(r) *mf.*

ammaliare [amma'li̯a:re] ‹ammalio, ammalii› *tr* be-, verzaubern.

ammanco [am'maŋko] ‹-chi› *m* Fehlbetrag *m.*

ammanettare [ammanet'ta:re] *tr* Handschellen anlegen (*qu* jdm).

ammansire [amman'si:re] ‹ammansisco› *tr* beschwichtigen, besänftigen.

ammarare [amma'ra:re] *itr* ‹*essere*› wassern.

ammassare [ammas'sa:re] **I.** *tr* aufhäufen, -schichten; *(raccogliere)* anhäufen, sammeln; **II.** *rfl:* **-arsi** sich häufen.

ammasso [am'masso] *m* **1.** *(mucchio)* Haufen *m; (congerie)* Anhäufung *f;* **2.** *(di prodotti agricoli)* Ablieferung *f; (deposito)* Sammelstelle *f;* **3.** *geol* Ablagerung *f.*

ammattire [ammat'ti:re] ‹ammattisco› *itr* ‹*essere*› verrückt (*o* wahnsinnig) werden.

ammazzare [ammat'tsa:re] **I.** *tr* **1.** *(uccidere)* töten, umbringen; *(a colpi)* erschlagen; *(macellare)* schlachten; **2.** *fig* umbringen; *(tempo)* totschlagen; *(noia)* vertreiben; **II.** *rfl:* **-arsi** **1.** *(darsi la morte)* sich umbringen; **2.** *(morire)* umkommen; **3.** *fig (affaticarsi)* sich umbringen, sich kaputtmachen *fam.*

ammenda [am'mɛnda] *f* **1.** *(risarcimento)* Entschädigung *f;* **2.** *(multa)* Geldstrafe *f.*

ammesso, -a [am'messo] *a* vorausgesetzt.

ammettere [am'mettere] ‹*irr*› *tr* **1.** *(accettare, ricevere)* zulassen, annehmen; **2.** *(supporre)* voraussetzen, annehmen; **3.** *(riconoscere)* zugeben; **4.** *(accogliere)* zulassen, dulden; **ammettiamo che io fugga** vorausgesetzt, ich fliehe.

ammiccare [ammik'ka:re] ‹ammicco, ammicchi› *itr* zwinkern, blinzeln; ~ **a qu** jdm zuzwinkern (*o* zublinzeln).

amministrare [amminis'tra:re] *tr* **1.** *adm* verwalten; **2.** *rel (sacramenti)* spenden; ~ **la giustizia** Recht sprechen. **amministrativo, -a** [...tra'ti:vo] *a* administrativ, Verwaltungs-. **amministratore, -trice** [...tra'to:re] *m, f* Verwalter(in) *m(f);* ~ **delegato** Geschäftsführer *m.*

amministrazione [amministrat'tsi̯o:ne] *f* Verwaltung *f;* **cose di ordinaria** ~ *fig* alltägliche Angelegenheiten *f pl.*

ammiraglia [ammi'raʎʎa] ‹-glie› *f* **1.** *naut* Flaggschiff *n;* **2.** *mot* Begleitwagen *m.* **ammiraglio** [...ʎo] ‹-gli› *m* Admiral *m.*

ammirare [ammi'ra:re] *tr* bewundern. **ammiratore, -trice** [...ra'to:re] *m, f* Bewunderer *m,* Bewund(r)erin *f.* **ammirazione** [...rat'tsi̯o:ne] *f* Bewunderung *f.*

ammissibile [ammis'si:bile] *a* annehmbar, akzeptabel.

ammissione [ammis'si̯o:ne] *f* Annahme *f,* Zulassung *f; (approvazione)* Zustimmung *f.*

ammobiliare [ammobi'li̯a:re] ‹ammobilio, ammobili› *tr* möblieren, einrichten.

ammodo [am'mɔ:do] ‹*inv*› *a, adv* anständig.

ammogliare [ammoʎ'ʎa:re] ‹ammoglio, ammogli› **I.** *tr* (mit einer Frau) verheiraten; **II.** *rfl:* **-arsi** sich (mit einer Frau) verheiraten.

ammollare [amol'la:re] **I.** *tr* einweichen; **II.** *rfl:* **-arsi** weich (*o a. fig* durchweicht) werden.

ammoniaca [ammo'ni:aka] *f* Ammoniak *n.*

ammonimento [ammoni'mento] *m* **1.** *(rimprovero)* Vorwurf *m;* **2.** *(lezione)* Belehrung *f,* Lehre *f.*

ammonire [ammo'ni:re] ‹ammonisco› *tr (per avvertimento)* ermahnen; *(per rimprovero)* verweisen, rügen; *(per ammaestramento, a. jur)* belehren; *jur, adm (polizia)* verwarnen. **ammonizione** [...nit'tsi̯o:ne] *f* **1.** *(avvertimento)* Mahnung *f;* **2.** *(rimprovero)* Verweis *m,* Rüge *f;* **3.** *jur* Belehrung *f;* **4.** *(di polizia)* Verwarnung *f;* **5.** *sport* Verweis *m.*

ammontare [ammon'ta:re] **I.** *tr* ‹*avere*› aufhäufen; **II.** *itr* ‹*essere*› betragen (*a qc* etw.), sich belaufen (*a* auf); **III.** *m* (Gesamt)betrag *m,* Summe *f.*

ammonticchiare [ammontik'ki̯a:re] ‹ammonticchio, ammonticchi› *tr* (auf)stapeln.

ammorbare [ammor'ba:re] *tr* verpesten.

ammorbidire [ammorbi'di:re] ‹ammorbidisco› **I.** *tr* ‹*avere*› **1.** *(render morbido)* weich(er) machen, erweichen; **2.** *fig (sfumare)* abtönen; **II.** *itr* ‹*essere*› weich(er) werden; **III.** *rfl:* **-irsi** weich (*o fig* sanft) werden.

ammortamento [ammorta'mento] *m*

1. *com* Amortisierung *f;* 2. *jur (estinzione)* Abschreibung *f,* Tilgung *f.* **ammortare** [...'ta:re] *tr* amortisieren; *(debito)* tilgen.
ammortizzare [ammortid'dza:re] *tr* 1. *com* amortisieren; *(debito)* tilgen; 2. *tec* abschwächen, dämpfen.
ammortizzatore [ammortiddza'to:re] *m* Stoßdämpfer *m.*
ammucchiare [ammuk'ki̯a:re] ‹ammucchio, ammucchi› I. *tr* anhäufen; II. *rfl:* **-arsi** sich anhäufen.
ammuffire [ammuf'fi:re] ‹ammuffisco› *itr* 1. *(prender la muffa)* (ver)schimmeln; 2. *fig* versauern, verkümmern.
ammutinamento [ammutina'mento] *m* Meuterei *f.* **ammutinarsi** [...'narsi] *rfl* meutern.
ammutolire [ammuto'li:re] ‹ammutolisco› *itr* ‹*essere*› verstummen.
amnesia [amne'zi:a] ‹-ie› *f* Amnesie *f,* Gedächtnisschwund *m.*
amnistia [amnis'ti:a] ‹-ie› *f* Amnestie *f,* Straferlaß *m.*
amo ['a:mo] *m* Angelhaken *m.*
amorale [amo'ra:le] *a* unmoralisch.
amore [a'mo:re] *m* Liebe *f; (persona a.)* Liebste(r) *mf; fig* Schatz *m,* Engel *m;* ~ **del prossimo** Nächstenliebe *f;* ~ **materno** Mutterliebe *f;* **amor proprio** Eigenliebe *f;* ~ **per lo studio** Freude *f* am Lernen; **quella ragazza è un** ~ dieses Mädchen ist ein Schatz; **far l'**~ *(o* **all'**~) **con qu** jdn lieben, mit jdm schlafen; **lavorare con** ~ mit Hingabe arbeiten; **vivere d'**~ **e d'accordo** ein Herz und eine Seele sein; **per** ~ **di qu** aus Liebe zu jdm; *(favore)* jdm zuliebe; **per amor tuo** dir zuliebe; **per** ~ **o per forza** im Guten oder im Bösen; **per amor di Dio!** um Gottes willen!; **l'**~ **è cieco** *prov* Liebe macht blind *prov;* **il primo** ~ **non si scorda mai** *prov* alte Liebe rostet nicht *prov.* **amoreggiare** [amored'dʒa:re] ‹amoreggio, amoreggi› *itr* flirten. **amorevole** [...'re:vole] *a* liebevoll.
amorfo, -a [a'mɔrfo] *a* amorph, form-, gestaltlos.
amorino [amo'ri:no] *m* Putte *f.*
amoroso, -a [amo'ro:so] I. *a* Liebes-; *(persona)* liebevoll; II. *m, f* Geliebte(r) *mf.*
ampere [ã'pɛ:r] ‹-› *m* (*ab* A) Ampere *n.*
ampiezza [am'pi̯ettsa] *f* 1. *(larghezza)* Weite *f;* 2. *(estensione)* Ausdehnung *f; (spaziosità)* Geräumigkeit *f;* 3. *fig (abbondanza)* Fülle *f,* Reichtum *m; (di spiegazione, etc.)* Ausführlichkeit *f;* ~ **di vedute** Sichtweite *f.*
ampio, -a ['ampi̯o] ‹-i, -ie› *a* weit; *(spazioso)* geräumig; *(spiegazione, etc.)* ausführlich; *(garanzia, etc.)* weitreichend.
amplesso [am'plɛsso] *m* 1. *(abbraccio)* Umarmung *f;* 2. *(coito)* Beischlaf *m.*
ampliare [ampli'a:re] ‹amplio, amplii› I. *tr* erweitern, ausdehnen; II. *rfl:* **-arsi** sich ausdehnen.
amplificare [amplifi'ka:re] ‹amplifico, amplifichi› *tr* erweitern; *tec (suono)* verstärken. **amplificatore, -trice** [...ka'to:re] I. *a* verstärkend, Verstärker-; II. *m* Verstärker *m.*
ampolla [am'polla] *f* Fläschchen *n; med* Ampulle *f.*
ampolloso, -a [ampol'lo:so] *a* geschwollen, schwülstig.
amputare [ampu'ta:re] *tr* amputieren. **amputazione** [...tat'tsi̯o:ne] *f* Amputation *f.*
amuleto [amu'lɛ:to *o* ...'le:to] *m* Amulett *n.*
anabbagliante [anabbaʎ'ʎante] I. *a* blendfrei; II. *m pl* Abblendlicht *n.*
anacronistico, -a [anakro'nistiko] ‹-ci, -che› *a* anachronistisch.
anagrafe [a'na:grafe] *f* 1. *(registro)* Einwohnerverzeichnis *n; (di stato civile)* Personenstandsregister *n;* 2. *(ufficio)* Einwohnermeldeamt *n; (di stato civile)* Standesamt *n.*
analcolico, -a [anal'kɔ:liko] I. *a* alkoholfrei, antialkoholisch; II. *m* alkoholfreies Getränk.
anale [a'na:le] *a* anal.
analfabeta [analfa'bɛ:ta] ‹-i *m,* -e *f*› I. *mf* Analphabet(in) *m(f);* II. *a* analphabetisch **analfabetismo** [...be'tizmo] *m* Analphabetismus *m.*
analgesico [anal'dʒɛ:ziko] ‹-ci› *m* schmerzstillendes Mittel, Analgetikum *n.*
analisi [a'na:lizi] ‹-› *f* Analyse *f,* Untersuchung *f;* **fare l'**~ **della situazione** die Situation analysieren; **in ultima** ~ letztendlich. **analista** [ana'lista] ‹-i *m,* -e *f*› *mf* Analytiker(in) *m(f).*
analizzare [analid'dza:re] *tr* analysieren.
analogia [analo'dʒi:a] ‹-gie› *f* Analogie *f.* **analogo, -a** [a'na:logo] ‹-ghi, -ghe› *a* analog.
ananas ['a:nanas *o* ana'nas] ‹-› *m* Ananas *f.*
anarchia [anar'ki:a] ‹-chie› *f* Anarchie *f.* **anarchico, -a** [a'narkiko] ‹-ci, -che› I. *a* anarchisch, anarchistisch; II. *m, f* Anarchist(in) *m(f).* **anarchismo** [...'kizmo] *m* Anarchismus *m.*
A.N.A.S. ['a:nas] *f ab di* **Azienda Nazionale Autonoma delle Strade** *italienische Straßenaufsichtsbehörde.*
anatema [ana'tɛ:ma] ‹-i› *m* 1. *(maledizione)* Fluch *m;* 2. *(scomunica)* Kirchenbann *m,* Anathema *n.*
anatomia [anato'mi:a] ‹-ie› *f (a. fig)* Anatomie *f.* **anatomico, -a** [...'tɔ:miko] ‹-ci, -che› *a* anatomisch.
anatra ['a:natra] *f* Ente *f.*

anca ['aŋka] ‹-che› *f* Hüfte *f.*
anche ['aŋke] *con* **1.** *(pure)* auch; **2.** *(inoltre)* dazu, außerdem; **3.** *(perfino)* noch, sogar; **quand'~ ...** *conj,* **~ se ...** *conj* auch (*o* selbst) wenn ... *conj;* **~ a pregarlo non accetterebbe** selbst wenn man ihn bäte, würde er nicht einwilligen.
ancheggiare [aŋked'dʒa:re] ‹ancheggio, ancheggi› *itr* sich in den Hüften wiegen.
ancora[1] [aŋ'ko:ra] *adv* **1.** *(continuità di un'azione)* noch; **2.** *(fino ad ora)* bisher, noch; **3.** *(un'altra volta)* noch einmal; **4.** *(aggiunta)* noch; **non ~** noch nicht.
ancora[2] ['aŋkora] *f* Anker *m;* **essere all'~** vor Anker liegen; **gettare/levare l'~** den Anker auswerfen/lichten. **ancoraggio** [...'raddʒo] ‹-ggi› *m* **1.** *(azione)* Ankern *n;* **2.** *(luogo)* Ankerplatz *m;* **tassa d'~** Ankergeld *n.* **ancorare** [...'ra:re] **I.** *tr (a. fig)* verankern; **II.** *rfl:* **-arsi** ankern.
andamento [anda'mento] *m* **1.** *(svolgimento)* (Fort)gang *m; (a. di malattia)* Verlauf *m;* **2.** *mus* Tempo *n.*
andante [an'dante] **I.** *a* **1.** *(ordinario)* gängig; *(di poco pregio)* von geringem Wert; **2.** *(corrente)* laufend; **3.** *mus* andante; **II.** *m* Andante *n.*
andare [an'da:re] ‹vado, andai, andato› **I.** *itr ‹essere›* **1.** *(a piedi)* gehen, laufen; **2.** *(in macchina, tram, treno, etc.)* fahren; *(in aereo)* fliegen; **3.** *(strade)* führen; **4.** *(vestiario)* passen; **5.** *(essere di moda)* getragen werden; **6.** *(di comportamento)* vorgehen; **7.** *(funzionare)* gehen, laufen; **8.** *fig (svolgersi)* ablaufen, entwickeln; **9.** *(di gradimento)* passen, gefallen; **~ a cavallo** reiten; **~ all'aria** ins Wasser fallen, nicht stattfinden; **~ a male** verderben; **~ a mangiare** essen gehen; **~ su e giù** auf und ab gehen; **non ~ né su né giù** *(a. fig)* schwer im Magen liegen; **un giovane che andrà lontano** ein junger Mann, der es weit bringen wird; **questo libro andrà molto** dieses Buch wird sich gut verkaufen; **andiamo!** los!; **come va? — bene grazie!** wie geht es? — danke, gut!; **II.** *rfl:* **andarsene** weggehen, (fort)gehen; *(sparire)* verschwinden; **andarsene all'altro mondo** das Zeitliche segnen; **se ne sono andati tre milioni di lire** drei Millionen Lire sind dabei draufgegangen *fam;* **me ne vado subito** ich gehe sofort; **III.** *m* Gang *m;* **a lungo ~** auf die Dauer.
andata [an'da:ta] *f* **1.** *(atto dell'andare)* Gehen *n;* **2.** *(con mezzo di locomozione)* Hinreise *f,* -fahrt *f;* **3.** *(partenza)* Abfahrt *f;* **biglietto di (sola) andata/ di ~ e ritorno** einfache Fahrkarte/Rückfahrkarte *f;* **viaggio di ~ e ritorno** Hin- und Rückreise *f;* **girone di ~** Hinrunde *f.* **andatura** [anda'tu:ra] *f* **1.** *(modo di andare)* Gang *m,* Gangart *f;* **2.** *(portamento)* Haltung *f;* **3.** *sport* Lauf *m,* Gangart *f.*
andazzo [an'dattso] *m* Unsitte *f.*
Ande ['ande] *f pl* Anden *pl.*
andirivieni [andiri'vi̯ɛ:ni] ‹-› *m* Hin und Her *n,* Kommen und Gehen *n.*
andito ['andito] *m* Flur *m,* Korridor *m,* Gang *m.*
Andrea [an'drɛ:a] *(nome proprio maschile)* Andreas.
Andreina [andre'i:na] *(nome proprio femminile)* Andrea.
androne [an'dro:ne] *m* Hausflur *m,* Eingangshalle *f.*
aneddoto [a'nɛddoto] *m* Anekdote *f.*
anelare [ane'la:re] *itr poet fig:* **~ a qc** etw. herbeisehnen, sich nach etw. sehnen. **anelito** [a'nɛ:lito] *m* Sehnsucht *f.*
anello [a'nɛllo] *m* Ring *m; (di catena)* Glied *n;* **~ matrimoniale** Ehering *m;* **~ stradale** Ring(straße *f*) *m,* Umgehungsstraße *f.*
anemia [ane'mi:a] ‹-ie› *f* Blutarmut *f,* Anämie *f.* **anemico, -a** [a'nɛ:miko] ‹-ci, -che› **I.** *a* blutarm, anämisch; **II.** *m, f* anämischer Mensch.
anemone [a'nɛ:mone] *m* Anemone *f.*
anestesia [aneste'zi:a] ‹-ie› *f* Narkose *f,* Anästhesie *f;* **~ generale/locale** Vollnarkose *f*/örtliche Betäubung. **anestesista** [...'zista] ‹-i *m,* -e *f*› *mf* Anästhesist(in) *m(f),* Narkosearzt *m,* -ärztin *f.* **anestetico, -a** [...'tɛ:tiko] ‹-ci, -che› **I.** *a* anästhetisch, betäubend; **II.** *m* Betäubungsmittel *n,* Anästhetikum *n.* **anestetizzare** [...tetid'dza:re] *tr* betäuben, anästhetisieren.
aneto [a'nɛ:to *o* a'ne:to] *m* Dill *m.*
anfibio, -a [an'fi:bi̯o] ‹-i, -ie› **I.** *a* amphibisch, Amphibien-; **II.** *m* **1.** *mot* Amphibienfahrzeug *n;* **2.** *aero* Amphibienflugzeug *n;* **III.** ‹*pl*› Amphibien *f pl.*
anfiteatro [anfite'a:tro] *m* **1.** *(edificio)* Amphitheater *n;* **2.** *(aula)* Hörsaal *m.*
anfora ['anfora] *f* Amphore *f.*
anfratto [an'fratto] *m* Kluft *f,* Schlucht *f.*
angariare [aŋga'ri̯a:re] ‹angario, angarii› *tr* unterdrücken, schinden.
angelico, -a [an'dʒɛ:liko] ‹-ci, -che› *a* engelsgleich, Engels-.
angelo ['andʒelo] *m* Engel *m;* **~ custode** Schutzengel *m.*
angheria [aŋge'ri:a] ‹-ie› *f* Unterdrükkung *f,* Schikane *f.*
anglicano, -a [aŋgli'ka:no] **I.** *a* anglikanisch; **II.** *m, f* Anglikaner(in) *m(f).*
angli(ci)smo [aŋ'glizmo (...i'tʃizmo)] *m* Anglizismus *m.* **anglista** [aŋ'glista] ‹-i *m,* -e *f*› *mf* Anglist(in) *m(f).* **anglistica** [aŋ'glistika] ‹-che› *f* Anglistik *f.*
anglosassone [aŋglo'sassone] **I.** *a* an-

gelsächsisch; **II.** *mf* Angelsachse *m*, -sächsin *f*.
angolare [aŋgo'la:re] *a* Eck-, eckig; **pietra** ~ *arch* Eckstein *m*; *fig* Grundstein *m*. **angolazione** [...lat'tsi̯o:ne] *f* **1.** *film*, *fig* Blickwinkel *m*; **2.** *sport* Eckschuß *m*.
angolo ['aŋgolo] *m* **1.** *gener.*, *sport* Ecke *f*; **2.** *(in geometria)* Winkel *m*; **3.** *(di mobile, etc.)* Kante *f*; *(di fazzoletto)* Zipfel *m*; **4.** *(della bocca)* Winkel *m*; **d'~** Eck-; **calcio d'~** Eckball *m*; **-i della bocca** Mundwinkel *m pl*. **angoloso, -a** [...'lo:so] *a (a. fig)* eckig.
angora ['aŋgora] *f*: **d'~** Angora-.
angoscia [aŋ'gɔʃʃa] ‹-sce› *f* **1.** *(stato di ansia)* Angst *f*, Beklemmung *f*; **2.** *med* Angstzustand *m*; **passare ore d'~** bange Stunden verbringen. **angosciare** [aŋgoʃ'ʃa:re] ‹angoscio, angosci› **I.** *tr* ängstigen, Angst machen (*qu* jdm); **II.** *rfl*: **-arsi** sich fürchten, sich bekümmern. **angoscioso, -a** [...'ʃo:so] *a* beklemmend; *(attesa a.)* quälend; *(grido, etc.)* angstvoll, angsterfüllt.
anguilla [aŋ'gu̯illa] *f* Aal *m*.
anguria [aŋ'gu:ri̯a] ‹-ie› *f sett* Wassermelone *f*.
angustia [aŋ'gusti̯a] ‹-ie› *f* **1.** *(penuria)* Knappheit *f*, Enge *f*; **2.** *(preoccupazione)* Beklemmung *f*, Sorge *f*; **3.** *fig (grettezza)* Beschränktheit *f*. **angustiare** [...'ti̯a:re] ‹angustio, angusti› **I.** *tr* ängstigen; **II.** *rfl*: **-arsi** sich ängstigen (*per* um), bangen (*per* um).
angusto, -a [aŋ'gusto] *a* **1.** *(stretto)* knapp, eng; **2.** *fig (meschino)* beschränkt.
anice ['a:nitʃe] *m* Anis *m*.
anima ['a:nima] *f (a. fig)* Seele *f*; *(nucleo centrale a.)* Innere(s) *n*; *tec* Kern *m*; **non c'era ~ viva** es war keine Menschenseele da; **render l'~ a Dio** seinen Geist aushauchen; **romper l'~ a qu** jdm auf die Nerven gehen; **la buon'~ di mia madre** (*o* **mia madre, buon'~**) meine selige Mutter, meine Mutter selig.
animale [ani'ma:le] **I.** *m* **1.** *(essere animato)* Lebewesen *n*; **2.** *(bestia)* Tier *n*, Vieh *n*; **3.** *fig* Bestie *f*; *(a. persona stupida)* Vieh *n*; ~ **domestico** Haustier *n*; **II.** *a* **1.** *(relativo a corpo animato)* Tier-, Lebend-; **2.** *fig (corporeo)* tierisch, tierhaft. **animalesco, -a** [...ma'lesko] ‹-schi, -sche› *a* animalisch.
animare [ani'ma:re] **I.** *tr* **1.** *(dare vita)* beleben; **2.** *fig (render più vivo)* beleben, in Schwung bringen; **3.** *fig (incoraggiare)* bewegen, animieren; **II.** *rfl*: **-arsi 1.** *(acquistare vita)* sich beleben; **2.** *fig (accalorarsi)* sich erhitzen. **animato, -a** [...'ma:to] *a* belebt; *fig* lebhaft; **cartoni -i** Zeichentrickfilm *m*. **animatore, -trice** [...ma'to:re] **I.** *a* belebend; **II.** *m, f* **1.** *gener.* Initiator(in) *m(f)*; **2.** *(di gruppo)* Animateur(in) *m(f)*. **animazione** [...mat'tsi̯o:ne] *f* **1.** *(vivacità)* Lebhaftigkeit *f*, Leben *n*; **2.** *(folla)* Betrieb *m*.
animo ['a:nimo] *m* **1.** *(sede dei sentimenti)* Gemüt *n*; **2.** *(spirito)* Geist *m*; **3.** *(anima)* Seele *f*; **4.** *(pensieri)* Gedanken *m pl*, Sinn *m*; **5.** *(coraggio)* Mut *m*; **6.** *(disposizione)* Wesen *n*; **7.** *(intendimento)* Absicht *f*, Wille *m*; **di buon/mal ~** gern/ungern; **farsi ~** sich *(dat)* Mut machen, Mut fassen; **mettersi l'~ in pace** der lieben Seele Ruhe gönnen; **star con l'~ in sospeso** bangen.
animoso, -a [ani'mo:so] *a* **1.** *(ostile)* feindselig; **2.** *(coraggioso)* beherzt, mutig.
anisetta [ani'zetta] *f* Anislikör *m*.
annacquare [annak'ku̯a:re] *tr* **1.** *(diluire)* verwässern; **2.** *fig (mitigare)* (ab)mildern.
annaffiare [annaf'fi̯a:re] ‹annaffio, annaffi› *tr* (be)wässern, (be)gießen. **annaffiatoio** [...i̯a'to:i̯o] ‹-oi› *m* Gießkanne *f*.
annali [an'na:li] *m pl* Annalen *pl*, Jahrbuch *n*.
annaspare [annas'pa:re] *itr* wanken, torkeln; ~ **nel buio** *fig* im dunkeln tappen.
annata [an'na:ta] *f* **1.** *(durata)* Jahr *n*, Jahrgang *m*; **2.** *(produzione)* Jahrgang *m*; **3.** *(importo)* Jahresbeitrag *m*; **4.** *(di giornale)* Jahrgang *m*.
annebbiare [anneb'bi̯a:re] ‹annebbio, annebbi› **I.** *tr* trüben; **II.** *rfl*: **-arsi 1.** *(riempirsi di nebbia)* neb(e)lig werden; **2.** *fig (offuscarsi)* sich trüben, unklar werden.
annegare [anne'ga:re] ‹annego, anneghi› **I.** *tr* ‹*avere*› ertränken, ersäufen; **II.** *itr* ‹*essere*› ertrinken; **III.** *rfl*: **-arsi** ertrinken; *(uccidersi)* sich ertränken.
annerire [anne'ri:re] ‹annerisco› **I.** *tr* ‹*avere*› schwärzen, schwarz machen; **II.** *itr* ‹*essere*› sich schwärzen, schwarz werden.
annessi [an'nɛssi] *p rem di* **annettere.**
annessione [annes'si̯o:ne] *f* Annexion *f*. **annesso, -a** [an'nɛsso] **I.** *a* **1.** *(adiacente)* anliegend, verbunden; **2.** *(allegato)* beigefügt, beiliegend; **3.** *pol* annektiert; **II.** *m pl* Anbauten *m pl*, Nebengebäude *n pl*; **gli -i e connessi** alles Drum und Dran *fam*, alles, was dazugehört.
annettere [an'nɛttere] ‹annetto, annettei *o* annessi, annesso› *tr* **1.** *(unire)* anbauen, anfügen; **2.** *pol* annektieren.
Annibale [an'ni:bale] *(nome proprio maschile)* Hannibal.
annichilare, annichilire [anniki'la:re, ...'li:re] ‹annichilisco› *tr* **1.** *(nullificare)*

vernichten; **2.** *fig* niederschlagen; *(persona a.)* am Boden zerstören.

annidarsi [anni'darsi] *rfl* **1.** *(fare il nido)* nisten; **2.** *fig (nascondersi)* sich verbergen; **3.** *fig (albergare)* sich einnisten.

annientamento [anni̯enta'mento] *m (a. fig)* (völlige) Vernichtung *f*, Zerstörung *f*. **annientare** [...'ta:re] *tr (a. fig)* (völlig) vernichten, zerstören.

anniversario [anniver'sa:ri̯o] ‹-i› *m* Jahrestag *m; (compleanno)* Geburtstag *m*.

anno ['anno] *m* Jahr *n;* ~ **accademico/bisestile/civile/commerciale/fiscale/scolastico** Studien-/Schalt-/Kalender-/Geschäfts-/Steuer-/Schuljahr *n;* **frequentare il terzo ~ di liceo** in der dritten Klasse des Gymnasiums sein; **nel fior degli -i** in der Blüte des Lebens; **quanti -i hai? — ho vent'-i** wie alt bist du? — ich bin zwanzig Jahre (alt).

annodare [anno'da:re] *tr* **1.** *(stringere)* verknoten; *(cravatta)* binden; **2.** *fig* (an)knüpfen.

annoiare [anno'i̯a:re] ‹annoio, annoi› **I.** *tr* langweilen; **II.** *rfl:* **-arsi** sich langweilen.

annoso, -a [an'no:so] *a* alt; *(questione, etc. a.)* langjährig.

annotare [anno'ta:re] *tr* **1.** *(data, etc.)* notieren, aufschreiben; **2.** *(testo, etc.)* mit Anmerkungen versehen. **annotazione** [...tat'tsi̯o:ne] *f* **1.** *(registrazione)* Notiz *f*, Vermerk *m;* **2.** *(postilla)* Anmerkung *f*.

annottare [annot'ta:re] *itr* ‹*essere*› Nacht werden.

Annover [an'no:ver] *f* Hannover *n*.

annoverare [annove'ra:re] *tr* zählen (*tra* zu).

annuale [annu'a:le] **I.** *a* **1.** *(di un anno)* Jahres-; *(che dura un anno)* (Ein)jahres-, einjährig; **2.** *(di ogni anno)* jährlich; **II.** *m* Jahresfeier *f*.

annuario [annu'a:ri̯o] ‹-i› *m* Jahrbuch *n;* ~ **commerciale** Handelsadreßbuch *n*.

annuire [annu'i:re] ‹annuisco› *itr* (zustimmend) nicken, zustimmen.

annullamento [annulla'mento] *m* **1.** *(l'annullare)* Annullierung *f*, Aufhebung *f;* **2.** *adm* Entwertung *f;* **3.** *(revoca)* Zurücknahme *f*, Widerrufung *f;* **4.** *(disdetta)* Aufhebung *f;* **5.** *(distruzione)* Vernichtung *f;* ~ **di un'ordinazione** Abbestellung *f*. **annullare** [...'la:re] **I.** *tr* annullieren, für nichtig erklären; *(francobolli, etc.)* entwerten; *(revocare)* widerrufen, zurücknehmen; *(disdire)* aufheben; *(distruggere)* zerstören; **II.** *rfl:* **-arsi** sich verflüchtigen.

annunciare [annun'tʃa:re] ‹annuncio, annunci› **I.** *tr* **1.** *(notizia)* bekanntgeben; **2.** *(persona in visita)* melden; **3.** *radio, TV* ansagen; **4.** *(predire)* voraussagen; **5.** *(far prevedere)* ankündigen; **II.** *rfl:* **-arsi** sich ankündigen. **annunciatore, -trice** [...tʃa'to:re] *m, f* Sprecher(in) *m(f)*, Ansager(in) *m(f)*. **Annunciazione** [...tʃat'tsi̯o:ne] *f* Mariä Verkündigung.

annuncio [an'nuntʃo] ‹-ci› *m* Mitteilung *f*, Meldung *f; (nel giornale)* Anzeige *f;* **mettere un ~ sul giornale** eine Anzeige in die Zeitung setzen; **-ci economici/mortuari** Klein-/Todesanzeigen *f pl*.

annunziare [annun'tsi̯a:re] *etc. v.* **annunciare** *etc.*

annuo, -a ['annuo] *a* Jahres-; *(pianta)* einjährig; *(che ricorre una volta all'anno)* jährlich.

annusare [annu'sa:re] *tr* **1.** *(fiutare)* schnuppern (an); *(a. animali)* beschnuppern; **2.** *fig* wittern.

annuvolarsi [annuvo'larsi] *rfl* **1.** *(coprirsi di nuvole)* sich bewölken; **2.** *fig (in volto)* sich verdüstern.

ano ['a:no] *m* After *m*, Anus *m scient*.

anodino, -a [ano'di:no] *a* **1.** *(calmante)* schmerzstillend; **2.** *fig* harmlos, unwirksam, unbedeutend.

anodo ['a:nodo] *m* Anode *f*.

anomalia [anoma'li:a] ‹-ie› *f* **1.** *med* Anomalie *f;* **2.** *(irregolarità)* Abweichung *f*, Unregelmäßigkeit *f*. **anomalo, -a** [a'nɔ:malo] *a* **1.** *med* anomal; **2.** *(irregolare)* unregelmäßig, abweichend.

anonimo, -a [a'nɔ:nimo] **I.** *a* anonym; **II.** *m* Anonymus *m*, Unbekannte(r) *m*.

anormale [anor'ma:le] **I.** *a* **1.** *(irregolare)* abnorm, anormal, unnormal; **2.** *med* anomal, krankhaft; **II.** *mf* **1.** *med* Anormale(r) *mf;* **2.** *fig (omosessuale)* Homosexuelle(r) *mf*. **anormalità** [...mali'ta] *f* Normabweichung *f*, Abnormität *f*.

ansa ['ansa] *f* **1.** *(di vaso)* Henkel *m*, Griff *m;* **2.** *(di fiume)* Flußschleife *f*.

A.N.S.A. ['ansa] *f ab di* **Agenzia Nazionale Stampa Associata** *italienische Presseagentur*.

ansia ['ansi̯a] ‹-ie›, **ansietà** [ansi̯e'ta] ‹-› *f* Beklemmung *f*, Furcht *f*.

ansimare [ansi'ma:re] *itr* keuchen, ächzen.

ansioso, -a [an'si̯o:so] *a* begierig, ungeduldig.

anta ['anta] *f* Tür *f*.

antagonismo [antago'nizmo] *m* Antagonismus *m*. **antagonista** [...'nista] ‹-i *m*, -e *f*› *mf* Antagonist(in) *m(f)*, Gegner(in) *m(f)*.

antalgico, -a [an'taldʒiko] ‹-ci, -che› **I.** *a* schmerzstillend, analgetisch; **II.** *m* schmerzstillendes Mittel, Analgetikum *n*.

antartico, -a [an'tartiko] **I.** *a* antarktisch; **II.** *m* Antarktis *f*. **Antartide** [an'tartide] *f* Antarktis *f*.

antecedente [antetʃe'dɛnte] **I.** *a* vorig, vorhergehend; **II.** *m* Vorhergehende(s) *n;* **-i** *fig* Vorleben *n.*
antefatto [ante'fatto] *m* Vorgeschichte *f.*
anteguerra [-'gu̯ɛrra] **I.** ‹*inv*› *a* Vorkriegs-; **II.** *m* Vorkriegszeit *f.*
antenato, -a [-'na:to] *m, f* Vorfahr(in) *m(f),* Ahn *m,* Ahne *mf.*
antenna [an'tenna] *f* **1.** *radio* Antenne *f;* **2.** *zoo* Fühler *m;* **3.** *naut* Rahe *f.*
anteporre [-'porre] ‹*irr*› *tr* **1.** *gener.* vor(aus)stellen; *(fig a.)* voranstellen; **2.** *(preferire)* vorziehen.
anteprima [-'pri:ma] *f* Voraufführung *f.*
anteriore [ante'ri̯o:re] *a* **1.** *(davanti)* vordere(r, s), Vorder-; **2.** *(precedente)* vorhergehend.
anti- [anti-] *(in parole composte)* anti-, Anti-, gegen-, Gegen-; *(non ...)* nicht(-), Nicht-. **antiaereo, -a** [-a'ɛ:reo] *a* Flugabwehr-. **antiatomico, -a** [-a'tɔ:miko] *a* atombombensicher. **antibiotico, -a** [-bi'ɔ:tiko] ‹-ci, -che› **I.** *a* antibiotisch; **II.** *m* Antibiotikum *n.* **anticamera** [-'ka:mera] *f* Vorzimmer *n;* **fare ~** (im Vorzimmer) warten; **non mi passa neppure per l'~ del cervello** *fam* daran denke ich nicht mal im Traum.
antichità [antiki'ta] ‹-› *f* **1.** *(qualità)* Altertümlichkeit *f;* **2.** *(età)* Altertum *n,* Antike *f;* **3.** *(oggetto)* Antiquität *f.*
anticiclone [-tʃi'klo:ne] *m* Antizyklone *f,* Hochdruckgebiet *n.*
anticipare [antitʃi'pa:re] *tr* **1.** *(azione)* vorziehen, vorverlegen; **2.** *(notizia)* im voraus bekanntgeben, vorwegnehmen; **3.** *(somma)* vorstrecken; **4.** *(fare in anticipo)* vorwegnehmen. **anticipazione** [...pat'tsi̯o:ne] *f* Vorwegnahme *f; (di azione)* Vorverlegung *f; fin* Voraus(be)zahlung *f.*
anticipo [an'ti:tʃipo] *m* **1.** *(somma)* Vorschuß *m;* **2.** *(caparra)* Vorauszahlung *f,* Anzahlung *f;* **in ~** im voraus; *(troppo presto)* zu früh.
antico, -a [an'ti:ko] ‹-chi, -che› **I.** *a* alt; *hist* antik; **storia -a** Geschichte *f* des Altertums; **II.** *m* Alte(s) *n,* Antike(s) *n;* **III.** *m pl:* **gli -chi** die Alten *pl,* die Vorfahren *m pl.*
anticoncezionale [-kontʃettsi̯o'na:le] **I.** *a* empfängnisverhütend, antikonzeptionell *scient;* **II.** *m* empfängnisverhütendes Mittel. **anticonformismo** [-konfor'mizmo] *m* Nonkonformismus *m.* **anticonformista** [...'mista] **I.** *a* nonkonformistisch; **II.** *mf* Nonkonformist(in) *m(f).* **anticongelante** [-kondʒe'lante] **I.** *a* Gefrierschutz-; **II.** *m* Gefrierschutzmittel *n.* **anticorpo** [-'kɔrpo] *m* Antikörper *m,* Abwehrstoff *m.* **anticostituzionale** [-kostitutts̯io'na:le] *a* verfassungswidrig. **anticristo** [-'kristo] *m* Antichrist *m.* **anticrittogamico, -a** [-kritto'ga:miko] ‹-ci, -che› **I.** *a* Pflanzenschutz-; **II.** *m* Pflanzenschutzmittel *n.*
antidiluviano, -a [-dilu'vi̯a:no] *a* vorsintflutlich.
antidoto [an'ti:doto] *m* Gegengift *n; (a. fig)* Gegenmittel *n.*
antifona [an'ti:fona] *f* Wechselgesang *m,* Antiphon *f;* **capir l'~** den Hinweis verstehen.
antifurto [-'furto] **I.** ‹*inv*› *a* diebstahlsicher; **II.** ‹-› *m* Diebstahlsicherung *f.* **antigas** [-'gas] ‹*inv*› *a* gegen Gas (schützend), Gas-. **antigelo** [-'dʒɛ:lo] **I.** ‹*inv*› *a* Frostschutz-; **II.** ‹-› *m* Frostschutzmittel *n.*
Antille [an'tille] *f pl* Antillen *pl.*
antilope [an'ti:lope] *f* Antilope *f.*
antincendio [antin'tʃɛndi̯o] **I.** ‹*inv*› *a* Feuerschutz-; **II.** ‹-› *m* Löschschaum *m.* **antinebbia** [-'nebbi̯a] **I.** ‹*inv*› *a* gegen den Nebel, Nebel-; **II.** ‹-› *m* Nebelscheinwerfer *m.* **antiorario, -a** [-o'ra:ri̯o] *a* gegen den Uhrzeigersinn. **antipapa** [-'pa:pa] *m* Gegenpapst *m.*
antipasto [-'pasto] *m* Vorspeise *f.*
antipatia [-pa'ti:a] ‹-ie› *f* Antipathie *f,* Abneigung *f.* **antipatico, -a** [-'pa:tiko] ‹-ci, -che› **I.** *a* unsympathisch; **II.** *m, f* unsympathischer Mensch.
antipodi [an'ti:podi] *m pl* Antipoden *m pl.*
antiquariato [antiku̯a'ri̯a:to] *m* **1.** *(commercio)* Antiquitätenhandel *m;* **2.** *(raccolta)* Antiquitätensammlung *f.* **antiquario, -a** [...'ku̯a:ri̯o] ‹-i, -ie› **I.** *a* antiquarisch, Antiquitäten-; *(libreria, etc.)* Antiquariats-; **II.** *m, f* Antiquitätenhändler(in) *m(f).*
antiquato, -a [anti'ku̯a:to] *a* antiquiert, veraltet.
antiruggine [-'ruddʒine] **I.** ‹*inv*› *a* Rostschutz-; **II.** ‹-› *m* Rostschutzmittel *n.*
antisettico, -a [-'sɛttiko] **I.** *a* antiseptisch; **II.** *m* Antiseptikum *n.*
antitesi [an'ti:tezi] *f* **1.** *philos* Antithese *f;* **2.** *(contrasto)* Gegensatz *m.*
antiurto [-'urto] ‹*inv*› *a* stoßfest.
antologia [antolo'dʒi:a] ‹-gie› *f* Anthologie *f.*
Antonino, Antonio [anto'ni:no, an'tɔ:ni̯o] *(nome proprio maschile)* Anton, Antonius.
antracite [antra'tʃi:te] **I.** ‹*inv*› *a* anthrazit(farben); **II.** *f* Anthrazit *m.*
antro ['antro] *m* **1.** *(caverna)* Höhle *f;* **2.** *fig pej* Loch *n.*
antropofago, -a [antro'pɔ:fago] ‹-gi, -ghe› **I.** *a* menschenfressend; **II.** *m, f* Menschenfresser(in) *m(f).* **antropologia** [...polo'dʒi:a] ‹-gie› *f* Anthropologie *f.* **antropologo, -a** [...'pɔ:logo] ‹-gi, -ghe› *m, f* Anthropologe *m,* -login *f.*
anulare [anu'la:re] **I.** *a* ringförmig, Ring-; **II.** *m* Ringfinger *m.*

Anversa [an'vɛrsa] *f* Antwerpen *n.*
anzi ['antsi] *adv* **1.** *(invece)* im Gegenteil, sogar; **2.** *(ancor di più)* sogar, ja; **3.** *(o meglio)* besser noch.
anzianità [antsi̯ani'ta] ‹-› *f* Alter *n; adm* Dienstalter *n.* **anziano, -a** [an'tsi̯a:no] **I.** *a* alt; *adm* dienstalt; **II.** *m, f* Älte(r) *mf.*
anziché, anzi che [antsi'ke] *con* **1.** *(invece di)* statt zu; **2.** *(piuttosto che)* eher als, besser als, lieber als.
anzitempo [-'tɛmpo] *adv* vorzeitig.
anzitutto [-'tutto] *adv* vor allem, zunächst.
aorta [a'ɔrta] *f* Aorta *f,* Hauptschlagader *f.*
apartheid [a'parthɛit] ‹-› *f* Apartheid *f,* Rassentrennung *f.*
apatia [apa'ti:a] ‹-ie› *f* Apathie *f.* **apatico, -a** [a'pa:tiko] ‹-ci, -che› *a* apathisch.
ape ['a:pe] *f* Biene *f.*
aperitivo [aperi'ti:vo] *m* Aperitif *m.*
apersi [a'pɛrsi] *p rem di* **aprire.**
aperto, -a [a'pɛrto] **I.** *pp di* **aprire; II.** *a* *(a. fig)* offen; *(mentalità)* aufgeschlossen; **in -a campagna** auf freiem Feld; **in mare ~** auf offenem Meer; **III.** *m* Freie(s) *n;* **all'~** im Freien.
apertura [aper'tu:ra] *f* **1.** *(azione)* Öffnen *n,* Öffnung *f; fig (di un conto, etc.)* Eröffnung *f;* **2.** *(inizio)* Eröffnung *f,* Beginn *m;* **3.** *fig* Offenheit *f,* Aufgeschlossenheit *f;* **~ delle scuole** Schulbeginn *m;* **~ d'ali** (*o* **alare)** Flügelspannweite *f.*
A.P.I. ['a:pi] *f ab di* **Anonima Petroli Italiana** *italienische Mineralölverwaltung.*
apice ['a:pitʃe] *m* **1.** *(culmine)* Gipfel *m;* **2.** *anat, bot* Spitze *f.*
apicoltore, -trice [apikol'to:re] *m, f* Imker(in) *m(f).*
apocalisse [apoka'lisse] *f* Apokalypse *f.* **apocalittico, -a** [...'littiko] ‹-ci, -che› *a* apokalyptisch.
apogeo, -a [apo'dʒɛ:o] **I.** *a* erdfern; **II.** *m* **1.** *astr* Erdferne *f,* Apogäum *n;* **2.** *fig* Gipfel *m.*
apolide [a'pɔ:lide] **I.** *a* staatenlos; **II.** *mf* Staatenlose(r) *mf.*
apolitico, -a [apo'li:tiko] *a* unpolitisch.
Apollo [a'pɔllo] *m* Apoll *m.*
apoplettico, -a [apo'plɛttiko] ‹-ci, -che› **I.** *a* apoplektisch; **colpo ~** Schlaganfall *m;* **II.** *m, f* Apoplektiker(in) *m(f).*
apostolico, -a [apos'tɔ:liko] ‹-ci, -che› *a* apostolisch.
apostolo [a'pɔstolo] *m* Apostel *m.*
apostrofare[1] [apostro'fa:re] **I.** *tr* anreden; *(con rigore)* anfahren, anherrschen; **II.** *itr* wettern.
apostrofare[2] [apostro'fa:re] *tr gram* apostrophieren.
apostrofo [a'pɔstrofo] *m* Apostroph *m.*
appagamento [appaga'mento] *m* Befriedigung *f.* **appagare** [...'ga:re] **I.** *tr* befriedigen; **II.** *rfl:* **-arsi** sich begnügen (*di* mit), sich zufriedengeben (*di* mit).
appaiare [appa'i̯a:re] ‹appaio, appai› **I.** *tr* paaren; **II.** *rfl:* **-arsi** sich paaren.
appaio [ap'pa:i̯o] *pr di* **apparire, appaiare.**
appallottolare [appallotto'la:re] **I.** *tr* zusammenballen; **II.** *rfl:* **-arsi** sich zusammenballen.
appaltare [appal'ta:re] *tr* **1.** *(dare in appalto)* als Auftrag vergeben, eine Konzession geben für; **2.** *(prendere in appalto)* als Auftrag annehmen. **appalto** [ap'palto] *m* Auftragserteilung *f,* Konzession *f;* **dare/prendere in ~** als Auftrag vergeben/annehmen.
appannaggio [appan'naddʒo] ‹-ggi› *m* **1.** *pol* Apanage *f;* **2.** *fig (prerogativa)* Vorzug *m,* Vergünstigung *f.*
appannare [appan'na:re] **I.** *tr* **1.** *(offuscare)* trüben, beschlagen lassen; **2.** *fig* trüben; **II.** *rfl:* **-arsi** sich trüben, beschlagen.
apparato [appa'ra:to] *m* **1.** *(per manifestazioni)* Aufmachung *f,* Ausstattung *f;* **2.** *fig, mil* Aufwand *m;* **3.** *tec, anat, lit, adm* Apparat *m;* **~ circolatorio** Gefäßsystem *n;* **~ scenico** Inszenierung *f.*
apparecchiare [apparek'ki̯a:re] ‹apparecchio, apparecchi› *tr* (vor)bereiten, herrichten; *(tavola)* decken. **apparecchiatura** [...i̯a'tu:ra] *f* Apparatur *f,* Vorrichtung *f; (strumento)* Einrichtung *f.*
apparecchio [appa'rekki̯o] ‹-cchi› *m* **1.** *tec* Apparat *m,* Gerät *n;* **2.** *aero* Flugzeug *n.*
apparente [appa'rɛnte] *a* scheinbar, anscheinend. **apparenza** [...'rɛntsa] *f* (An)schein *m; (aspetto)* Äußere(s) *n,* Aussehen *n,* Erscheinung *f;* **salvare le -e** den Schein wahren; **l'~ inganna** der Schein trügt; **in ~** dem Anschein nach.
apparire [appa'ri:re] ‹appaio *o* apparisco, apparvi *o* apparii *o* apparsi, apparso› *itr* ‹*essere*› **1.** *(presentarsi)* erscheinen; **2.** *(risultare)* offenbar werden; **3.** *(sembrare)* scheinen. **appariscente** [appariʃ'ʃɛnte] *a* auffallend, auffällig.
apparizione [apparit'tsi̯o:ne] *f* Erscheinen *n; (visione)* Erscheinung *f.*
apparsi [ap'parsi] *p rem di* **apparire.**
apparso [ap'parso] *pp di* **apparire.**
appartamento [apparta'mento] *m* (*ab* **app.**) Wohnung *f.*
appartarsi [appar'tarsi] *rfl* sich zurückziehen, sich absondern.
appartenenza [apparte'nɛntsa] *f* Zugehörigkeit *f.* **appartenere** [...'ne:re] ‹*irr*› *itr* ‹*essere o avere*› **1.** *(essere di proprietà)* gehören; **2.** *(far parte)* angehören, zugehören; **3.** *(spettare)* zustehen.

apparvi [ap'parvi] *p rem di* **apparire.**
appassionare [appassio'na:re] **I.** *tr* begeistern; *(commuovere)* rühren; **II.** *rfl:* **-arsi** sich begeistern (*a* für); *(commuoversi)* gerührt sein (*a* von). **appassionato, -a** [...'na:to] **I.** *a* leidenschaftlich, begeistert; **II.** *m, f* Fan *m*, Begeisterte(r) *mf.*
appassire [appas'si:re] ‹appassisco› *itr* ‹*essere*› (ver)welken.
appellare [appel'la:re] **I.** *tr* anreden; *jur* anfechten, Berufung einlegen gegen; **II.** *rfl:* **-arsi** appellieren (*a* an); *jur* in (die) Berufung gehen, Berufung einlegen (*contro* gegen). **appellativo** [...la'ti:vo] *m* Name *m*, Anrede *f.* **appello** [ap'pɛllo] *m* **1.** *(chiamata)* Appell *m; (per nome)* Aufruf *m;* **2.** *(invocazione)* Appell *m*, Aufruf *m;* **3.** *(di esami universitari)* Examenstermin *m;* **4.** *jur* Appellation *f*, Berufung *f;* **ricorrere in ~** in (die) Berufung gehen; **fare ~ a qc** an etw. appellieren.
appena [ap'pe:na] **I.** *adv* **1.** *(a stento)* gerade noch, kaum; **2.** *(soltanto, da poco)* gerade erst, kaum; **sono ~ le dieci** es ist gerade erst zehn Uhr; **II.** *con* sobald, sowie.
appendere [ap'pɛndere] ‹appendo, appesi, appeso› **I.** *tr* aufhängen; **II.** *rfl:* **-ersi** sich festhalten; *(al braccio)* sich einhängen.
appendice [appen'di:tʃe] *f* **1.** *(aggiunta, ab* **app.**) Anhang *m*, Zusatz *m;* **2.** *(nei giornali)* Feuilleton *n;* **3.** *anat* Blinddarm *m.* **appendicite** [...di'tʃi:te] *f* Blinddarmentzündung *f.*
Appennino [appen'ni:no] *m* Appennin *m;* **gli -i** die Appenninen.
appesantire [appesan'ti:re] ‹appesantisco› **I.** *tr* beschweren, schwer machen; *fig* belasten; **II.** *rfl:* **-irsi** sich schwer machen, schwer werden.
appesi [ap'pe:si] *p rem di* **appendere.**
appeso [ap'pe:so] *pp di* **appendere.**
appetito [appe'ti:to] *m* **1.** *(di cibo)* Appetit *m;* **2.** *fig* Verlangen *n*, Durst *m*, Hunger *m;* **buon ~!** guten Appetit!; **l'~ vien mangiando** *prov* der Appetit kommt beim Essen *prov.* **appetitoso, -a** [...ti'to:so] *a* appetitanregend; *(a. fig)* appetitlich.
appezzamento [appettsa'mento] *m* Grundstück *n.*
appianamento [appiana'mento] *m* Ausgleich *m; (di lite)* Beilegung *f.* **appianare** [...'na:re] *tr* **1.** *(terreno)* (ein)ebnen; **2.** *fig* ausgleichen; *(lite)* beilegen.
appiattarsi [appiat'tarsi] *rfl* sich verstecken.
appiattire [appiat'ti:re] ‹appiattisco› **I.** *tr* abflachen; **II.** *rfl:* **-irsi 1.** *(divenire piatto)* flach werden; **2.** *(farsi piatto)* sich ducken, sich flach machen.
appiccicare [appittʃi'ka:re] ‹appiccico, appiccichi› **I.** *tr* **1.** *(attaccare)* anheften, ankleben; **2.** *(attribuire)* anhängen; **II.** *rfl:* **-arsi** kleben; *(fig a.)* sich (an)hängen. **appiccicaticcio, -a** [...ka'tittʃo] ‹-cci, -cce›, **appiccicoso, -a** [...'ko:so] *a* **1.** *(cosa)* klebrig; **2.** *fig (persona)* lästig, aufdringlich.
appiedato, -a [appie'da:to] *a* zu Fuß.
appieno [ap'piɛ:no] *adv* völlig, vollkommen.
appigliarsi [appiʎ'ʎarsi] *rfl* **1.** *(afferrarsi)* sich festhalten; **2.** *fig* sich halten (*a* an), sich klammern (*a* an). **appiglio** [ap'piʎʎo] ‹-gli› *m* **1.** Halt *m*, Stützpunkt *m;* **2.** *fig (pretesto)* Vorwand *m*, Aufhänger *m.*
appiombo [ap'piombo] **I.** *m* Lot *n*, lotrechter Fall; **II.** *adv* lotrecht.
appioppare [appiop'pa:re] *tr* anhängen, andrehen *fam; (schiaffo)* versetzen, verpassen *fam;* **~ una multa a qu** jdn zu einer Geldstrafe verdonnern *fam.*
appisolarsi [appizo'larsi] *rfl* einnicken.
applaudire [applau'di:re] ‹applaudo *o* applaudisco› *tr, itr* applaudieren (*qu* jdm), Beifall spenden (*qu* jdm).
applauso [ap'pla:uzo] *m* Applaus *m*, Beifall *m.*
applicare [appli'ka:re] ‹applico, applichi› **I.** *tr* **1.** *(attaccare)* applizieren, anbringen; *(con colla)* aufkleben; **2.** *(far pagare)* auferlegen; **3.** *(mettere in atto)* anwenden; **II.** *rfl:* **-arsi** sich widmen. **applicazione** [...kat'tsio:ne] *f* **1.** *(l'applicare)* Anbringung *f; (l'utilizzare)* Anwendung *f;* **2.** *(cura)* Eifer *m;* **-i tecniche** Werkunterricht *m.*
appoggiare [appod'dʒa:re] ‹appoggio, appoggi› **I.** *tr* **1.** *(posare)* (ab)stellen, (ab)legen; **2.** *(accostare)* anlehnen; **3.** *fig (sostenere)* unterstützen; **II.** *rfl:* **-arsi 1.** *(sostenersi)* sich anlehnen (*a* an), sich stützen (*a* auf); **2.** *fig (ricorrere)* sich stützen (*a* auf). **appoggiatesta** [...dʒa'tɛsta] ‹-› *m* Kopfstütze *f.*
appoggio [ap'pɔddʒo] ‹-ggi› *m* **1.** *(sostegno)* Stütze *f*, Halt *m;* **2.** *fig (aiuto)* Stütze *f*, Unterstützung *f.*
appollaiarsi [appolla'iarsi] ‹mi appollaio, ti appollai› *rfl* (nieder)kauern, hocken.
apporre [ap'porre] ‹*irr*› *tr* anbringen, hinzufügen.
apportare [appor'ta:re] *tr* **1.** *(portare)* beitragen, hinzufügen, bringen; **2.** *fig (causare)* mit sich *(dat)* bringen, verursachen. **apporto** [ap'pɔrto] *m* **1.** *(conferimento)* Zufuhr *f; (di persona)* Einführung *f;* **2.** *(contributo)* Beitrag *m.*
appositamente [appozita'mente] *adv* eigens. **apposito, -a** [ap'pɔ:zito] *a* eigen, geeignet, besonders bestimmt.
apposizione [appozit'tsio:ne] *f* Apposition *f.*

apposta [ap'pɔsta] **I.** *adv* mit Absicht, absichtlich; **II.** ‹*inv*› *a* extra, eigen.
appostare [appos'ta:re] **I.** *tr* auflauern (*qu/qc* jdm/einer S. *dat*); **II.** *rfl:* **-arsi** Stellung beziehen, sich auf die Lauer legen.
apprendere [ap'prɛndere] ‹*irr*› *tr* **1.** *(imparare)* (er)lernen; **2.** *(venire a sapere)* erfahren.
apprendista [appren'dista] ‹-i *m*, -e *f*› *mf* Lehrling *m*, Auszubildende(r) *mf*. **apprendistato** [...'ta:to] *m* **1.** *(condizione)* Lehre *f*; **2.** *(periodo)* Lehrzeit *f*.
apprensione [appren'si̯o:ne] *f* Furcht *f*, Besorgnis *f*. **apprensivo, -a** [...'si:vo] *a* ängstlich, furchtsam.
appresso [ap'prɛsso] **I.** *adv* **1.** *(vicino)* daneben, nahe bei; **2.** *(più tardi)* nachfolgend; **II.** *prp (stato)* neben *dat*, bei *dat*; *(moto)* neben *acc*; **III.** ‹*inv*› *a* folgend.
appretto [ap'prɛtto] *m* Appretur *f*; **dare l'~ a qc** etw. appretieren.
apprezzabile [appret'tsa:bile] *a* bemerkenswert; *(somma, etc. a.)* nennenswert, beträchtlich.
apprezzamento [apprettsa'mento] *m* Wertschätzung *f*, Ansehen *n*. **apprezzare** [...'tsa:re] *tr* würdigen, zu schätzen wissen.
approccio [ap'prɔttʃo] ‹-cci› *m* **1.** *(avvicinamento)* Annäherung(sversuch *m*) *f*; **2.** *(metodo)* Ansatz *m*.
approdare [appro'da:re] *itr* ‹*essere o avere*› anlegen, landen. **approdo** [ap'prɔ:do] *m* **1.** *(manovra)* Landung *f*; **2.** *(luogo)* Landungsplatz *m*.
approfittare [approfit'ta:re] *itr*, *rfl:* **-arsi** (aus)nutzen (*di qc* etw.).
approfondimento [approfondi'mento] *m* Vertiefung *f*. **approfondire** [...'di:re] ‹approfondisco› **I.** *tr* **1.** vertiefen, tiefer machen; **2.** *fig* genau prüfen, eingehend untersuchen; **II.** *rfl:* **-irsi** sich vertiefen.
approntare [appron'ta:re] *tr* bereitstellen; *mil* rüsten.
appropriarsi [appro'pri̯arsi] ‹mi approprio, ti appropri› *rfl:* ~ **(di) qc** sich *(dat)* etw. aneignen.
appropriato, -a [appro'pri̯a:to] *a* geeignet; *(termine a.)* treffend.
appropriazione [approprì̯at'tsi̯o:ne] *f* Aneignung *f*.
approssimarsi [approssi'marsi] *rfl* sich (an)nähern (*a* an). **approssimativo, -a** [...ma'ti:vo] *a* annähernd, ungefähr.
approvare [appro'va:re] *tr* **1.** *(giudicare buono)* billigen, gutheißen; **2.** *(candidato, etc.)* bestehen lassen, annehmen; **3.** *(ratificare)* annehmen. **approvazione** [...vat'tsi̯o:ne] *f* Billigung *f*, Anerkennung *f*.
approvvigionamento [approvvidʒona'mento] *m* Versorgung *f*, Verpflegung *f*, Proviant *m*; *(provvista)* Vorrat *m*; **-i** *mil* Verproviantierung *f*. **approvvigionare** [...'na:re] *tr* versorgen; *mil* verproviantieren.
appuntamento [appunta'mento] *m* Verabredung *f*, Treffen *n*; *(d'affari, dal medico)* Termin *m*; **darsi un ~** sich verabreden.
appuntare [appun'ta:re] *tr* **1.** *(lapis)* (an)spitzen; **2.** *(decorazione)* anheften; **3.** *(appunti)* notieren; **4.** *fig (sguardo)* richten.
appuntito, -a [appun'ti:to] *a* spitz.
appunto[1] [ap'punto] *adv* **1.** *(esattamente)* genau; **2.** *(proprio)* gerade, genau; **per l'~** ganz genau.
appunto[2] [ap'punto] *m* **1.** *(nota)* Notiz *f*; **2.** *(rimprovero)* Vorwurf *m*, Verweis *m*.
appurare [appu'ra:re] *tr* nachprüfen, überprüfen.
apribottiglie [apribot'tiʎʎe] ‹-› *m* Flaschenöffner *m*.
aprile [a'pri:le] *m* April *m*; *v. a. settembre.*
apripista [apri'pista] ‹-› *m* **1.** *(trattore)* Planierraupe *f*; **2.** *(sciatore)* erster Läufer auf einer Skipiste.
aprire [a'pri:re] ‹apro, apersi *o* aprii, aperto› **I.** *tr* **1.** *(finestre, porte)* öffnen, aufmachen; *(ombrello)* aufspannen; *(libri)* aufschlagen; *(con chiave)* aufschließen; **2.** *fig (iniziare)* einleiten; *(essere in prima fila)* anführen; *(fuoco, trattative, conto)* eröffnen; *(negozio)* aufmachen, eröffnen; **3.** *fam (luce)* anmachen; *fam (radio, etc.)* anstellen, anmachen; *(rubinetto)* aufdrehen, anmachen; **non ~ bocca** den Mund nicht aufmachen; *(mantenere un segreto)* den Mund halten; **~ il cuore a qu** jdm sein Herz ausschütten; **II.** *itr* öffnen; **III.** *rfl:* **-irsi** sich öffnen; *(fiori)* aufbrechen; *(mostra, etc.)* eröffnet werden; **-irsi con qu** *fig* sich jdm anvertrauen. **apriscatole** [apris'ka:tole] ‹-› *m* Dosenöffner *m*, Büchsenöffner *m*.
aquila ['a:ku̯ila] *f* Adler *m*; **~ selvaggia** *fig* wilder Streik der Piloten; **essere un'~** *fig* ein Genie sein. **aquilino, -a** [aku̯i'li:no] *a* Adler-. **aquilone** [...'lo:ne] *m* Drachen *m*.
Aquisgrana [aku̯iz'gra:na] *f* Aachen *n*.
arabesco, -a [ara'besko] ‹-schi, -sche› **I.** *a* arabesk; *(arabo)* arabisch; **II.** *m* Arabeske *f*.
Arabia [a'ra:bi̯a] *f* Arabien *n*; **~ Saudita** Saudiarabien *n*. **arabo, -a** ['a:rabo] **I.** *a* arabisch *m*; **II.** *m* Arabisch(e) *n*; **questo è ~ per me** *fig* das ist Chinesisch für mich, das sind für mich böhmische Dörfer; **III.** *m*, *f* Araber(in) *m(f)*.
arachide [a'ra:kide] *f* Erdnuß *f*.
aragosta [ara'gosta] *f* Languste *f*.
araldica [a'raldika] ‹-che› *f* Heraldik *f*, Wappenkunde *f*.

aranceto [aran'tʃe:to] *m* Orangenhain *m.*
arancia [a'rantʃa] ‹-ce› *f* Orange *f,* Apfelsine *f.* **aranciata** [...'tʃa:ta] *f* Orangenlimonade *f,* Orangeade *f.* **arancio** [a'rantʃo] **I.** ‹*inv*› *a* orange(farben); **II.** ‹-ci› *m* **1.** *(albero)* Apfelsinen-, Orangenbaum *m;* **2.** *(frutto)* Orange *f,* Apfelsine *f;* **3.** *(colore)* Orange *n.* **arancione** [...'tʃo:ne] **I.** ‹*inv*› *a* dunkelorange; **II.** *m* Dunkelorange *n.*
arancone [araŋ'ko:ne] *mf* Bhagwananhänger(in) *m(f).*
arare [a'ra:re] *tr, itr* pflügen. **aratore, -trice** [ara'to:re] *m, f* Pflüger(in) *m(f).* **aratro** [a'ra:tro] *m* Pflug *m.*
arazzo [a'rattso] *m* Gobelin *m,* Wandteppich *m.*
arbitraggio [arbi'traddʒo] ‹-ggi› *m* **1.** *jur, com* Arbitrage *f;* **2.** *sport* Schiedsspruch *m.* **arbitrare** [...'tra:re] *tr* Schiedsrichter sein bei, schiedsrichterlich entscheiden.
arbitrario, -a [arbi'tra:rio] ‹-i, -ie› *a* willkürlich.
arbitrio [ar'bi:trio] ‹-i› *m* **1.** *(facoltà di scelta)* Gutdünken *n,* Ermessen *n;* **2.** *(abuso)* Willkür *f;* **prendersi l'~ di fare qc** sich *(dat)* die Freiheit nehmen, etw. zu tun.
arbitro ['arbitro] *m* **1.** *(chi dispone a sua discrezione)* Herr *m;* **2.** *sport* Schiedsrichter *m; (nel pugilato)* Ringrichter *m;* **3.** *jur* Schiedsmann *m;* ~ **della moda** Modemacher *m.*
arbusto [ar'busto] *m* Strauch *m,* Staude *f.*
arca ['arka] ‹-che› *f* **1.** *(mobile)* Truhe *f;* **2.** *(sepolcro)* Sarkophag *m;* **3.** *(nella Bibbia)* Arche *f.*
arcaico, -a [ar'ka:iko] ‹-ci, -che› *a* archaisch, altertümlich.
arcangelo [ar'kandʒelo] *m* Erzengel *m.*
arcano, -a [ar'ka:no] *a* geheimnisvoll, mysteriös, unerklärlich.
arcata [ar'ka:ta] *f* **1.** *arch* Arkade *f,* Bogen *m;* **2.** *anat* Bogen *m;* **3.** *mus* Bogenstrich *m.*
archeologia [arkeolo'dʒi:a] ‹-ie› *f* Archäologie *f.* **archeologo, -a** [...'ɔ:logo] ‹-gi, -ghe› *m, f* Archäologe *m,* -login *f.*
archetto [ar'ketto] *m* Bogen *m.*
architettare [arkitet'ta:re] *tr* ausdenken, aushecken *fam.* **architetto, -a** [arki'tetto] *m, f* Architekt(in) *m(f).* **architettura** [...'tu:ra] *f* Architektur *f.*
architrave [arki'tra:ve] *m* Stützbalken *m,* Träger *m.*
archiviare [arki'via:re] ‹archivio, archivi› *tr* **1.** *adm* archivieren, ablegen; **2.** *fig* ad acta legen. **archivio** [ar'ki:vio] ‹-i› *m* Archiv *n.* **archivista** [arki'vista] ‹-i *m,* -e *f*› *mf* Archivar(in) *m(f).*
arci- [artʃi-] *(in parole composte)* Erz-.
arciere [ar'tʃɛ:re] *m* Bogenschütze *m.*
arcigno, -a [ar'tʃiɲɲo] *a* mürrisch, finster.
arcipelago [artʃi'pɛ:lago] ‹-ghi› *m* Archipel *m.*
arciprete [-'prɛ:te] *m* Erzpriester *m.* **arcivescovo** [-'veskovo] *m* Erzbischof *m.*
arco ['arko] ‹-chi› *m* Bogen *m;* ~ **a sesto acuto** Spitzbogen *m;* ~ **di tempo** Zeitspanne *f.*
arcobaleno [arkoba'le:no] *m* Regenbogen *m.*
arcuare [arku'a:re] *tr* krümmen, biegen.
ardente [ar'dɛnte] *a* glühend, brennend; *(colore)* leuchtend; **camera** ~ Totenzimmer *n.*
ardere ['ardere] ‹ardo, arsi, arso› **I.** *tr* ‹*avere*› verbrennen; **II.** *itr* ‹*essere o avere*› brennen, glühen; ~ **dal desiderio di fare qc** den brennenden Wunsch haben, etw. zu tun; darauf brennen, etw. zu tun.
ardesia [ar'dɛ:zia] **I.** ‹*inv*› *a* schiefergrau; **II.** ‹-ie› *f* Schiefer *m.*
ardimento [ardi'mento] *m* Kühnheit *f,* Wagemut *m.* **ardire** [ar'di:re] **I.** *itr* ‹ardisco› wagen; **II.** *m* **1.** *(audacia)* Kühnheit *f,* Verwegenheit *f;* **2.** *(impudenza)* Dreistigkeit *f.* **ardito, -a** [ar'di:to] **I.** *a* kühn, mutig; *(insolente)* dreist; *(complimento, idea, etc.)* gewagt; **farsi** ~ sich erkühnen; **II.** *m* Einzelkämpfer *m.*
ardore [ar'do:re] *m* Hitze *f,* Glut *f;* **nell'~ della discussione** im Eifer des Gefechts.
arduo, -a ['arduo] *a* steil; *fig (difficile)* schwierig.
area ['a:rea] *f* **1.** *(superficie)* Fläche *f;* **2.** *(zona)* Raum *m,* Zone *f;* **3.** *fig pol* Gruppierung *f;* ~ **fabbricabile** Bauland *n;* ~ **di porta/rigore** *sport* Tor-/Strafraum *m;* ~ **di servizio** Raststätte *f.*
arena[1] [a're:na] *f (sabbia)* Sand *m.*
arena[2] [a'rɛ:na] *f (stadio)* Arena *f.*
arenarsi [are'narsi] *rfl* **1.** *naut* stranden; **2.** *fig* versanden, im Sande verlaufen.
areo- [areo-] *etc. v.* **aereo-** *etc.*
argano ['argano] *m* Winde *f.*
argentare [ardʒen'ta:re] *tr* versilbern. **argenteo, -a** [ar'dʒɛnteo] *a* silbrig, silbern. **argenteria** [ardʒente'ri:a] ‹-ie› *f* Silber(geschirr) *n;* ~ **da tavola** Tafelsilber *n.* **argentiere** [...'tiɛ:re] *m* **1.** *(lavorante)* Silberschmied(in) *m(f);* **2.** *(venditore)* Silberhändler(in) *m(f).*
Argentina [ardʒen'ti:na] *f* Argentinien *n.*
argentino, -a[1] [ardʒen'ti:no] *a (suono)* silberhell.
argentino, -a[2] [ardʒen'ti:no] *geog* **I.** *a* argentinisch; **II.** *m, f* Argentinier(in) *m(f).*
argento [ar'dʒɛnto] *m* Silber *n;* ~ **vivo** Quecksilber *n;* **-i** Silberwaren *f pl;* **carta d'~** *ferr* Seniorenpaß *m;* **nozze d'~** Silberhochzeit *f.*

argilla [ar'dʒilla] *f* Ton *m.* **argilloso, -a** [...'lo:so] *a* tonhaltig.

arginare [ardʒi'na:re] *tr* eindämmen; *(fig a.)* Einhalt gebieten (*qc* einer S. *dat*).

argine ['ardʒine] *m* Damm *m,* Wall *m.*

argomentare [argomen'ta:re] *itr* argumentieren. **argomento** [...'mento] *m* **1.** *(tema)* Thema *n,* Gegenstand *m;* **2.** *(pretesto)* Vorwand *m,* Anlaß *m;* **3.** *(prova)* Argument *n,* Beweisgrund *m.*

arguire [argu'i:re] ⟨arguisco⟩ *tr* entnehmen, schließen. **arguto, -a** [ar'gu:to] *a* scharfsinnig; *(spiritoso)* geistvoll, witzig.

arguzia [ar'guttsi̯a] ⟨-ie⟩ *f* Geist *m,* Scharfsinn *m; (facezia)* Witz *m,* Findigkeit *f.*

aria ['a:ri̯a] ⟨-ie⟩ *f* **1.** *(atmosfera, clima)* Luft *f;* **2.** *(aspetto)* (An)schein *m; (espressione)* Ausdruck *m,* Miene *f;* **3.** *mus* Arie *f; (canzone)* Weise *f,* Lied *n;* ~ **condizionata** Klimaanlage *f;* **filo d'~** Luftzug *m;* **all'~ aperta** im Freien, an der frischen Luft; **cambiare** ~ lüften; *fig* für Luftveränderung sorgen; **darsi delle -ie** sich aufspielen; **prendere un colpo d'~** sich erkälten; **c'è qc nell'~** es liegt etw. in der Luft; **non tira ~ buona qui** *fig* hier ist dicke Luft; **~!** Platz da!, weg (da)!

ariano, -a [a'ri̯a:no] **I.** *a* arisch; **II.** *m, f* Arier(in) *m(f).*

aridità [aridi'ta] ⟨-⟩ *f* **1.** *(siccità)* Dürre *f,* Trockenheit *f;* **2.** *fig* Leere *f,* Gefühllosigkeit *f.* **arido, -a** ['a:rido] *a* **1.** *(secco)* dürr, trocken; **2.** *fig* gefühllos; *(sterile)* karg, trocken.

arieggiare [ari̯ed'dʒa:re] ⟨arieggio, arieggi⟩ *tr* **1.** *(cambiare aria)* lüften; **2.** *(imitare)* nachahmen.

ariete [a'ri̯ɛ:te] *m* **1.** *zoo* Widder *m;* **2.** *mil* Sturmbock *m;* **3.** *astr:* **A~** Widder *m;* **sono (dell'** *o* **un) A~** ich bin (ein) Widder.

aringa [a'riŋga] ⟨-ghe⟩ *f* Hering *m.*

arioso, -a [a'ri̯o:so] *a* **1.** *(ampio)* luftig, weit; **2.** *fig* großzügig, weitläufig; **3.** *mus* arioso, liedhaft.

arista ['a:rista] *f* Schweinerücken *m.*

aristocratico, -a [aristo'kra:tiko] ⟨-ci, -che⟩ **I.** *a* **1.** *(nobile)* aristokratisch, ad(e)lig; **2.** *fig* vornehm, edel, fein; **II.** *m, f* Aristokrat(in) *m(f).* **aristocrazia** [...rat'tsi:a] ⟨-ie⟩ *f* **1.** *(nobiltà)* Aristokratie *f,* Adel *m;* **2.** *fig* Vornehmheit *f,* Feinheit *f.*

aritmetica [arit'mɛ:tika] ⟨-che⟩ *f* Arithmetik *f,* Rechnen *n.* **aritmetico, -a** [...ko] ⟨-ci, -che⟩ *a* arithmetisch.

arlecchino [arle'ki:no] **I.** *m* Harlekin *m,* Hanswurst *m;* **II.** ⟨*inv*⟩ *a* (bunt)gefleckt.

arma ['arma] ⟨-i⟩ *f* Waffe *f;* **-i a corto/medio raggio** Kurz-/Mittelstreckenwaffen *f pl;* ~ **da fuoco** Feuerwaffe *f;* **fatto d'-i** Gefecht *n;* **andare sotto le -i** einberufen werden; **chiamare alle -i** einberufen; **deporre le -i** die Waffen strecken; **all'-i!** zu den Waffen!; ~ **a doppio taglio** *fig* zweischneidiges Schwert; **essere alle prime -i** *fig* ein (blutiger) Anfänger sein.

armadio [ar'ma:di̯o] ⟨-i⟩ *m* Schrank *m;* ~ **guardaroba** Kleiderschrank *m;* ~ **a muro** Wandschrank *m.*

armamentario [armamen'ta:ri̯o] ⟨-i⟩ *m* Handwerkszeug *n.*

armamento [arma'mento] *m* **1.** *mil* Bewaffnung *f;* **2.** *naut* Ausrüstung *f;* **3.** *ferr* Oberbau *m;* **4.** ⟨*pl*⟩ Rüsten *n;* **corsa agli -i** Wettrüsten *n.* **armare** [ar'ma:re] **I.** *tr* **1.** *arch* armieren, stützen; *ferr* befestigen; **2.** *mil* bewaffnen; **3.** *naut* armieren, ausrüsten; **II.** *rfl:* **-arsi 1.** *(munirsi di armi)* sich bewaffnen (*di* mit); **2.** *fig* sich wappnen (*di* mit). **armata** [ar'ma:ta] *f* Armee *f,* Heer *n.* **armatore, -trice** [...'to:re] **I.** *a* Reederei-; **II.** *m, f* Reeder(in) *m(f).* **armatura** [...'tu:ra] *f* **1.** *hist* Rüstung *f;* **2.** *(struttura)* Gerüst *n;* **3.** *(nel cemento armato)* Armierung *f.*

armeggiare [armed'dʒa:re] ⟨armeggio, armeggi⟩ *itr* (herum)fuchteln; ~ **intorno a qc** sich an etw. zu schaffen machen.

armento [ar'mento] *m* Herde *f.*

armeria [arme'ri:a] ⟨-ie⟩ *f* **1.** *(magazzino)* Waffenkammer *f,* Zeughaus *n;* **2.** *(negozio)* Waffengeschäft *n;* **3.** *(collezione)* Waffensammlung *f.*

armistizio [armis'tittsi̯o] ⟨-i⟩ *m* Waffenstillstand *m.*

armonia [armo'ni:a] ⟨-ie⟩ *f (a. fig)* Harmonie *f;* **agire in ~ con le leggi** im Einklang mit dem Gesetz handeln; **essere in buona ~ con qu** mit jdm in gutem Einvernehmen sein.

armonica [ar'mɔ:nika] ⟨-che⟩ *f* Harmonika *f;* ~ **a bocca/a mantice** Mund-/Ziehharmonika *f.*

armonico, -a [ar'mɔ:niko] ⟨-ci, -che⟩, **armonioso, -a** [armo'ni̯o:so] *a* harmonisch.

armonium [ar'mɔ:nium] ⟨-⟩ *m* Harmonium *n.*

armonizzare [armonid'dza:re] **I.** *tr* harmonisieren, harmonieren lassen, in Einklang bringen; **II.** *itr* harmonieren.

arnese [ar'ne:se] *m* **1.** *(attrezzo)* Werkzeug *n,* Gerät *n;* **2.** *(oggetto)* Ding *n,* Gerät *n;* **-i del mestiere** Handwerkszeug *n;* **essere male in ~** *fig* in einem schlechten Zustand sein, heruntergekommen sein.

arnia ['arni̯a] ⟨-ie⟩ *f* Bienenstock *m.*

aroma [a'rɔ:ma] ⟨-i⟩ *m* Aroma *n.* **aromatico, -a** [aro'ma:tiko] ⟨-ci, -che⟩ *a* aromatisch, würzig; **piante -che** Gewürzpflanzen *f pl.* **aromatizzare** [...matid'dza:re] *tr* aromatisieren, würzen.

arpa ['arpa] *f* Harfe *f.*

arpeggio [ar'peddʒo] ‹-ggi› *m* Arpeggio *n.*

arpia [ar'pi:a] ‹-ie› *f* **1.** *(in mitologia)* Harpyie *f;* **2.** *fig pej* Krähe *f.*

arpione [ar'pi̯o:ne] *m* **1.** *(cardine)* (Tür-, Fenster)angel *f,* Zapfen *m;* **2.** *(gancio)* Haken *m;* **3.** *(da pesca)* Harpune *f.*

arrabattarsi [arrabat'tarsi] *rfl* sich abrackern, sich abmühen.

arrabbiare [arrab'bi̯a:re] ‹arrabbio, arrabbi› **I.** *itr* ‹*essere*› tollwütig werden; **II.** *rfl:* **-arsi** wütend werden (*con* auf). **arrabbiato, -a** [...'bi̯a:to] *a* **1.** *(idrofobo)* tollwütig; **2.** *fig* wütend, zornig; **all'-a** *gastr* sehr pikant. **arrabbiatura** [...i̯a'tu:ra] *f* Wutanfall *m.*

arraffare [arraf'fa:re] *tr* **1.** *(afferrare)* ergreifen; *(oggetto)* an sich reißen; **2.** *(rubare)* klauen *fam.*

arrampicarsi [arrampi'karsi] ‹mi arrampico, ti arrampichi› *rfl* klettern. **arrampicatore, -trice** [...ka'to:re] *m, f* **1.** *(alpinista)* Kletterer *m,* Klett(r)erin *f;* **2.** *fig* Aufsteiger(in) *m(f).*

arrancare [arraŋ'ka:re] ‹arranco, arranchi› *itr* sich hinschleppen.

arrangiarsi [arran'dʒarsi] ‹mi arrangio, ti arrangi› *rfl* **1.** *(togliersi d'impaccio)* zurechtkommen; **2.** *(industriarsi)* sich *(dat)* zu helfen wissen, sich behelfen; **3.** *(mettersi d'accordo)* sich einigen.

arrecare [arre'ka:re] *tr* bringen; *(causare)* verursachen; *(dolore, etc.)* bereiten; ~ **disturbo** stören.

arredamento [arreda'mento] *m* Einrichtung *f.* **arredare** [...'da:re] *tr* einrichten. **arredatore, -trice** [...da'to:re] *m, f* Innenarchitekt(in) *m(f).* **arredo** [ar'rɛ:do] *m* Einrichtungsgegenstand *m;* ‹*pl*› Ausstattung *f;* **-i sacri** Kirchengerät *n.*

arrendersi [ar'rɛndersi] ‹*irr*› *rfl* **1.** *(darsi vinto)* sich ergeben; **2.** *fig (desistere)* sich fügen (*a* in), sich beugen, nachgeben. **arrendevole** [arren'de:vole] *a* nachgiebig; *(cosa a.)* geschmeidig.

arrestare [arres'ta:re] **I.** *tr* **1.** *(catturare)* verhaften, festnehmen; **2.** *(fermare)* zum Stillstand bringen, anhalten; **II.** *rfl:* **-arsi** stehenbleiben. **arresto** [ar'rɛsto] *m* **1.** *(cattura)* Verhaftung *f,* Festnahme *f;* **2.** *(interruzione)* Stillstand *m;* **3.** *tec* Sperrung *f;* **4.** ‹*pl*› *mil* Arrest *m.*

arretrare [arre'tra:re] **I.** *itr* ‹*essere*› sich zurückziehen; **II.** *tr* ‹*avere*› zurückziehen. **arretratezza** [...tra'tettsa] *f* Rückständigkeit *f,* Unterentwicklung *f.* **arretrato, -a** [...'tra:to] **I.** *a* alt, veraltet; *(paese)* rückständig; *(lavoro)* überfällig; *(pagamento)* nachträglich; **essere in ~ con il lavoro** mit der Arbeit im Rückstand sein; **II.** *m pl* Rückstände *m pl.*

arricchimento [arrikki'mento] *m* Bereicherung *f; tec, fig* Anreicherung *f.*

arricchire [...'ki:re] ‹arricchisco› **I.** *tr* ‹*avere*› **1.** *(rendere ricco)* bereichern; *tec, fig* anreichern; **2.** *fig (incrementare)* aufstocken, erweitern; **II.** *itr* ‹*essere*›, *rfl:* **-irsi** sich bereichern, reich werden. **arricchito, -a** [...'ki:to] *m, f pej* Neureiche(r) *mf.*

arricciacapelli [arrittʃaka'pelli] ‹-› *m* Lockenstab *m,* -schere *f.*

arricciare [arrit'tʃa:re] ‹arriccio, arricci› *tr* kräuseln; *(capelli a.)* locken; ~ **il naso** die Nase rümpfen.

arridere [ar'ri:dere] ‹*irr*› *itr* zulächeln; **la fortuna arride agli audaci** wer wagt, gewinnt *prov.*

arringa [ar'riŋga] ‹-ghe› *f* **1.** *jur* Plädoyer *n;* **2.** *(discorso)* Rede *f,* Ansprache *f.* **arringare** [...'ga:re] ‹arringo, arringhi› *tr* eine Ansprache halten an.

arrischiare [arris'ki̯a:re] **I.** *tr* riskieren, wagen; **II.** *rfl:* **-arsi** sich (ge)trauen, wagen. **arrischiato, -a** [...'ki̯a:to] *a* wagemutig.

arrivare [arri'va:re] *itr* ‹essere› **1.** *(giungere)* ankommen; **2.** *fig* gelangen, kommen; *(raggiungere un limite)* erreichen (*a qc* etw.); *(somme)* sich belaufen (*a* auf); **3.** *(riuscire)* (es) schaffen; **non ci arrivo** ich komme nicht dahin; *(non riesco)* ich schaffe es nicht; *(non capisco)* ich komme nicht dahinter; **l'acqua gli arriva al ginocchio** das Wasser reicht ihm bis zum Knie; ~ **secondo** *sport* Zweiter sein. **arrivato, -a** [...'va:to] **I.** *a* arriviert; **II.** *m, f* Arrivierte(r) *mf.*

arrivederci, arrivederLa [arrive'dertʃi, ...'derla] *interj* auf Wiedersehen; ~ **(a) presto** bis bald.

arrivismo [arri'vizmo] *m* Ehrgeiz *m,* Strebertum *n.* **arrivista** [...'vista] ‹-i *m,* -e *f*› *mf* Streber(in) *m(f).*

arrivo [ar'ri:vo] *m* **1.** *(l'arrivare)* Ankunft *f,* Eintreffen *n; (di merce)* Eingang *m;* **2.** *(persona)* Ankömmling *m;* **3.** *(punto d'~)* Ziel *n;* **punto d'~** Ziel(punkt *m*) *n;* **lettere in ~** eingehende Post; ~ **in volata** *sport* Endspurt *m;* **il treno è in ~ sul quarto binario** der Zug fährt auf Gleis vier ein.

arrogante [arro'gante] *a* arrogant. **arroganza** [...'gantsa] *f* Arroganz *f.* **arrogarsi** [...'garsi] *rfl* sich *(dat)* anmaßen.

arrossamento [arrossa'mento] *m* Rötung *f.* **arrossare** [...'sa:re] **I.** *tr* ‹*avere*› röten; **II.** *itr* ‹*essere*› sich röten, rot werden. **arrossire** [...'si:re] ‹arrossisco› *itr* ‹*essere*› erröten, rot werden.

arrostire [arros'ti:re] ‹arrostisco› **I.** *tr* braten; *(pane, castagne)* rösten; *(ai ferri)* grillen; **II.** *itr, rfl:* **-irsi** *fig (al sole)* braten, rösten.

arrosto [ar'rɔsto] *m* Braten *m.*

arrotare [arro'ta:re] *tr* **1.** *(affilare)*

schleifen, wetzen; **2.** *(levigare)* abschleifen; **3.** *(investire)* an-, überfahren; ~ **i denti** *fig* mit den Zähnen knirschen; ~ **la lingua** *fig* mit spitzer Zunge reden. **arrotino** [...'ti:no] *m* Scherenschleifer(in) *m(f).*

arrotolare [arroto'la:re] *tr* aufrollen, zusammenrollen.

arrotondare [arroton'da:re] *tr (numero)* aufrunden; *(stipendio)* aufbessern.

arrovellarsi [arrovel'larsi] *rfl* **1.** *(affannarsi)* sich abmühen; **2.** *(arrabbiarsi)* sich ärgern (*per* wegen, über).

arroventato, -a [arroven'ta:to] *a* glühend.

arruffare [arruf'fa:re] *tr* verwirren; *(capelli)* zerzausen; ~ **la matassa** *fig* für Wirrwarr sorgen.

arruffianarsi [arruffi̯a'narsi] *rfl fam* einen Klüngel aushandeln *fam* (*con* mit).

arrugginire [arruddʒi'ni:re] ‹arrugginisco› **I.** *tr ‹avere›* **1.** *(rendere rugginoso)* rosten lassen, rostig machen; **2.** *fig (indebolire)* einrosten lassen; **II.** *itr ‹essere›, rfl:* **-irsi 1.** *(ricoprirsi di ruggine)* (ver)rosten; **2.** *fig* einrosten.

arruolamento [arru̯ola'mento] *m* Einberufung *f.* **arruolare** [...'la:re] **I.** *tr* einberufen, einziehen; **II.** *rfl:* **-arsi** sich freiwillig melden.

arsenale [arse'na:le] *m* **1.** *naut* Werft *f;* **2.** *mil (fabbrica)* Waffenschmiede *f; (deposito)* Arsenal *n.*

arsenico [ar'sɛ:niko] *m* Arsen *n,* Arsenik *n.*

arsi ['arsi] *p rem di* **ardere.**

arso, -a ['arso] **I.** *pp di* **ardere; II.** *a* **1.** *(bruciato)* verbrannt; **2.** *(inaridito)* ausgedorrt, verdörrt. **arsura** [ar'su:ra] *f* **1.** *(calore)* (Glut)hitze *f;* **2.** *(aridità)* Dürre *f,* Trockenheit *f;* **3.** *(per sete)* Brand *m fam; (per febbre)* Hitze *f,* Glut *f.*

art. *ab di* **articolo** Art. (*ab di* Artikel).

arte ['arte] *f* **1.** *gener.* Kunst *f;* **2.** *(mestiere)* Handwerk *n;* **3.** *(abilità)* Kunstfertigkeit *f,* Geschicklichkeit *f;* **4.** *(artificio)* Kunstgriff *m,* Kniff *m;* **nome d'~** Künstlername *m;* ~ **poetica** Dichtkunst *f;* ~ **del cuoco** Kochkunst *f;* **le belle -i** die schönen Künste *f pl;* **le -i figurative** die darstellenden Künste *f pl;* **-i grafiche/meccaniche** Graphik *f*/Mechanik *f;* **ad** ~ absichtlich; *(con artificio)* mit List (und Tücke); **non avere né ~ né parte** *fig* nichts gelernt haben; **impara l'~ e mettila da parte** *prov* gelernt ist gelernt. **artefatto, -a** [-'fatto] *a* gefälscht, künstlich. **artefice** [ar'te:fitʃe] *m* **1.** *(artista)* Künstler(in) *m(f);* **2.** *(autore)* Urheber(in) *m(f).*

arteria [ar'tɛ:ri̯a] ‹-ie› *f* **1.** *anat* Arterie *f,* Schlagader *f;* **2.** *fig* Verkehrsader *f.* **arteriosclerosi** [arteri̯oskle'rɔ:zi] ‹-› *f* Arterienverkalkung *f,* Arteriosklerose *f.* **arterioso, -a** [...'ri̯o:so] *a* Arterien-.

artico, -a ['artiko] ‹-ci, -che› *a* arktisch.

articolare [artiko'la:re] **I.** *a* Gelenk-, Glieder-; **II.** *tr* **1.** *(pronunciare)* artikulieren, aussprechen; **2.** *(suddividere)* gliedern, unterteilen. **articolazione** [...lat'tsi̯o:ne] *f* **1.** *anat, tec* Gelenk *n;* **2.** *ling* Artikulation *f;* **3.** *(suddivisione)* Gliederung *f.*

articolo [ar'ti:kolo] *m* (*ab* **art.**) Artikel *m;* ~ **di fondo** Leitartikel *m.*

Artide ['artide] *f* Arktis *f.*

artificiale [artifi'tʃa:le] *a* künstlich, Kunst-. **artificio** [...'fi:tʃo] ‹-ci› *m (espediente)* Kniff *m; (stratagemma)* Kunstgriff *m; (ricercatezza)* Finesse *f,* Feinheit *f;* ~ **scenico** Trick *m.* **artificioso, -a** [...fi'tʃo:so] *a* künstlich, gesucht; *(non spontaneo)* gekünstelt.

artigianale [artidʒa'na:le] *a* handwerklich. **artigianato** [...'na:to] *m* Handwerk *n;* ~ **artistico** Kunsthandwerk *n.* **artigiano, -a** [...'dʒa:no] **I.** *m, f* Handwerker(in) *m(f);* **II.** *a* handwerklich.

artigliere [artiʎ'ʎɛ:re] *m* Artillerist *m.* **artiglieria** [...ʎe'ri:a] ‹-ie› *f* Artillerie *f.*

artiglio [ar'tiʎʎo] ‹-gli› *m* Kralle *f; (a. fig)* Klaue *f.*

artista [ar'tista] ‹-i *m,* -e *f*› *mf* **1.** *(gener., a. fig)* Künstler(in) *m(f);* **2.** *(di circo, etc.)* Artist(in) *m(f);* ~ **cinematografico** Filmschauspieler *m.* **artistico, -a** [ar'tistiko] ‹-ci, -che› *a* künstlerisch; *(da artista di circo)* artistisch.

arto ['arto] *m* Glied *n.*

artrite [ar'tri:te] *f* Arthritis *f.*

artrosi [ar'trɔ:zi] ‹-› *f* Arthrose *f.*

arzillo, -a [ar'dzillo] *a* lebhaft, munter; *(vecchio)* rüstig.

asce ['aʃʃe] *pl di* **ascia.**

ascella [aʃ'ʃɛlla] *f* Achselhöhle *f.*

ascendente [aʃʃen'dɛnte] **I.** *a* aufstrebend, aufsteigend; *mus* ansteigend; **in linea** ~ *(parente)* in aufsteigender Linie; **II.** *m* **1.** *(parente)* direkter Vorfahr; **2.** *fig* Einfluß *m.*

ascensione [aʃʃen'si̯o:ne] *f* Aufstieg *m;* **l'A~** (Christi) Himmelfahrt.

ascensore [aʃʃen'so:re] *m* Aufzug *m,* Fahrstuhl *m.*

ascesa [aʃ'ʃe:sa] *f* Aufstieg *m.*

ascesso [aʃ'ʃɛsso] *m* Abszeß *m.*

asceta [aʃ'ʃɛ:ta] ‹-i *m,* -e *f*› *mf* Asket(in) *m(f).*

ascia ['aʃʃa] ‹asce› *f* Axt *f.*

asciugacapelli [aʃʃugaka'pelli] ‹-› *m* Haartrockner *m.*

asciugamano [-'ma:no] *m* Handtuch *n;* ~ **di spugna** Frottiertuch *n.*

asciugare [aʃʃu'ga:re] ‹asciugo, asciughi› **I.** *tr* **1.** *(rendere asciutto)* trocknen; *(stoviglie, mani)* abtrocknen; **2.** *(seccare)* austrocknen; **II.** *rfl:* **-arsi** trocknen.

asciugatrice [...ga'tri:tʃe] *f* (Wäsche)trockner *m.*
asciutto, -a [aʃ'ʃutto] **I.** *a* **1.** *(secco)* trocken; *(asciugato)* getrocknet; *(arido)* ausgedorrt; **2.** *fig (magro)* hager, mager; **3.** *fig (brusco)* brüsk, kurz angebunden, trocken; **II.** *m* Trockene(s) *n;* **rimanere** (*o* **restare**) **all'~** *fig* abgebrannt (*o* blank) sein *fam.*
ascoltare [askol'ta:re] **I.** *tr* **1.** *(udire)* hören; **2.** *(esaudire)* erhören; **3.** *(dar retta)* folgen (*qu/qc* jdm/einer S. *dat*), hören auf; **4.** *med* abhorchen; **II.** *itr* zuhören; *(origliare)* horchen, lauschen. **ascoltatore, -trice** [...ta'to:re] *m, f* (Zu)hörer(in) *m(f).* **ascolto** [as'kolto] *m* Zuhören *n; (attenzione)* Gehör *n;* **indice di ~** Einschaltquote *f;* **dare** (*o* **prestare**) **~ a qu** auf jdn hören; **stare in ~** *(ascoltare)* zuhören; *(origliare)* lauschen.
ascrivere [as'kri:vere] ‹*irr*› *tr* zuschreiben, anrechnen (*a* als).
asessuato, -a [asessu'a:to] *a* geschlechtslos.
asettico, -a [as'ɛttiko] *a* keimfrei, aseptisch.
asfaltare [asfal'ta:re] *tr* asphaltieren.
asfalto [as'falto] *m* Asphalt *m.*
asfissia [asfis'si:a] ‹-ie› *f* Erstickung *f.* **asfissiare** [...'si̯a:re] ‹asfissio, asfissi› **I.** *tr* ‹*avere*› **1.** *med* ersticken; **2.** *fig fam* anöden *fam;* **II.** *itr* ‹*essere*› ersticken.
Asia ['a:zi̯a] *f* Asien *n;* **~ Minore** Kleinasien *n.* **asiatico, -a** [a'zi̯a:tiko] ‹-ci, -che› **I.** *a* asiatisch; **II.** *f med* asiatische Grippe; **III.** *m, f* Asiat(in) *m(f).*
asilo [a'zi:lo] *m* **1.** *(rifugio)* Asyl *n,* Zuflucht *f;* **2.** *pol* Asyl *n;* **3.** *(ospizio)* Asyl *n,* Heim *n;* **~ infantile** (*o* **d'infanzia**) Kindergarten *m.*
asimmetrico, -a [asim'mɛ:triko] *a* asymmetrisch.
asinino, -a [asi'ni:no] *a:* **tosse -a** Keuchhusten *m.*
asino ['a:sino] *m* Esel *m;* **a schiena d'~** *fig* gekrümmt; **qui casca l'~!** *fig* da liegt der Hund begraben!
asma ['azma] *f* Asthma *n.*
asociale [aso'tʃa:le] *a* unsozial.
asola ['a:zola] *f* Knopfloch *n; (occhiello)* Öse *f.*
asparago [as'pa:rago] ‹-gi› *m* Spargel *m.*
aspettare [aspet'ta:re] **I.** *tr* warten auf, erwarten; *(bambino)* erwarten; **II.** *rfl:* **-arsi** rechnen mit, erwarten; **c'era da aspettarselo!** das war zu erwarten!
aspettativa [aspetta'ti:va] *f* **1.** *(attesa)* Erwartung *f;* **2.** *adm* Wartestand *m,* Sonderurlaub *m.*
aspetto[1] [as'pɛtto] *m:* **sala d'~** Wartesaal *m.*
aspetto[2] [as'pɛtto] *m* **1.** *(vista)* Sicht *f,* Betrachtungsweise *f;* **2.** *(apparenza)* Aussehen *n;* **3.** *(punto di vista)* Aspekt *m,* Blickwinkel *m;* **avere un bell'~** gut aussehen; **all'~** dem Aussehen nach.
aspirante [aspi'rante] *mf* Anwärter(in) *m(f)* (*a* auf), Aspirant(in) *m(f).*
aspirapolvere [aspira'polvere] ‹-› *m* Staubsauger *m.*
aspirare [aspi'ra:re] **I.** *tr* **1.** *(respirare)* einatmen; **2.** *tec* (auf-, ein)saugen; **II.** *itr* streben (*a* nach), trachten (*a* nach). **aspiratore** [...ra'to:re] *m* Sauggerät *n.* **aspirazione** [...rat'tsi̯o:ne] *f* **1.** *(inspirazione)* Einatmen *n;* **2.** *fig (desiderio)* Streben *n,* Bestrebung *f;* **3.** *tec* (An-, Ab)saugen *n.*
aspirina® [aspi'ri:na] *f* Aspirin® *n.*
asportare [aspor'ta:re] *tr* forttragen, entfernen. **asportazione** [...tat'tsi̯o:ne] *f* Entfernung *f,* Entfernen *n.*
asprezza [as'prettsa] *f* **1.** *(al gusto)* Herbheit *f; (al tatto)* Rauheit *f; (all'udito)* Schrillheit *f;* **2.** *(di terreno)* Schroffheit *f;* **3.** *(rigore)* Rauheit *f;* **4.** *fig* Herbheit *f,* Härte *f; (severità)* Strenge *f.*
asprigno, -a [as'priɲɲo] *a* leicht herb.
aspro, -a ['aspro] *a* **1.** *(sapore, odore)* herb, scharf; *(suono)* schrill; *(vino)* herb; **2.** *(ruvido)* rauh; **3.** *(paesaggio)* schroff, rauh; *(clima)* rauh; **4.** *ling* scharf; **5.** *fig* rauh; *(duro)* hart; *(severo)* streng.
assaggiare [assad'dʒa:re] ‹assaggio, assaggi› *tr* **1.** *(provare)* kosten, versuchen, probieren; **2.** *(mangiare pochissimo)* knabbern; *(bere)* nippen; **3.** *fig* prüfen. **assaggio** [as'saddʒo] ‹-ggi› *m* Probe *f,* Kostprobe *f.*
assai [as'sa:i] **I.** *adv* **1.** *(abbastanza)* genug; **2.** *(molto)* sehr, viel, reichlich; **II.** ‹*inv*› *a* viel.
assalire [assa'li:re] ‹assalgo *o* assalisco, assalii *o* assalsi, assalito› *tr* **1.** *(aggredire)* angreifen, anfallen; **2.** *fig* befallen, überfallen, überkommen; **~ qu alle spalle** jdn von hinten anfallen.
assaltare [assal'ta:re] *tr* überfallen. **assalto** [as'salto] *m* **1.** *mil* Angriff *m,* Überfall *m;* **2.** *sport* Gang *m;* **d'~** *fig* streitbar, engagiert; **prendere d'~ qc** sich auf etw. stürzen.
assaporare [assapo'ra:re] *tr* genießen, auskosten.
assassinare [assassi'na:re] *tr* **1.** *(uccidere)* ermorden; **2.** *fig (rovinare)* ruinieren; **3.** *fig (sciupare)* verschandeln, verhunzen. **assassinio** [...'si:ni̯o] ‹-ii› *m* **1.** *(omicidio)* Mord *m;* **2.** *fig* Verschandelung *f.* **assassino, -a** [...'si:no] **I.** *a* mordend; *(a. fig)* mörderisch; **II.** *m, f* Mörder(in) *m(f).*
asse[1] ['asse] *f (tavola di legno)* Brett *n;* **~ di equilibrio** Schwebebalken *m;* **~ da stiro** Bügelbrett *n.*

asse² ['asse] *m tec* Achse *f;* ~ **stradale** Verkehrsachse *f.*

assecondare [assekon'da:re] *tr* **1.** *(favorire)* unterstützen; **2.** *(soddisfare)* nachkommen (*qc* einer S. *dat*).

assediare [asse'di̯a:re] ‹assedio, assedi› *tr mil, fig* belagern; *(persona)* bedrängen, bestürmen. **assedio** [as'sɛ:di̯o] ‹-i› *m* Belagerung *f.*

assegnamento [asseɲɲa'mento] *m* Vertrauen *n,* Zuversicht *f;* **fare ~ su qu** auf jdn zählen (*o* bauen). **assegnare** [...'ɲa:re] *tr* **1.** *(dare)* zuweisen, zuteilen; **2.** *(compiti a scuola)* aufgeben; *(incarico)* erteilen; *(ufficio)* zuweisen; **3.** *(premio, rendita)* zuerkennen; **4.** *(termine)* festsetzen. **assegnazione** [...ɲat'tsi̯o:ne] *f* Zuweisung *f,* Vergabe *f.*

assegno [as'seɲɲo] *m* (*ab* **Ass.**) Scheck *m;* ~ **in bianco/postale/sbarrato** Blanko-/Post-/Verrechnungsscheck *m;* ~ **scoperto** (*o* **a vuoto**) ungedeckter Scheck; **pagamento contro** ~ Zahlung *f* per Nachnahme.

assemblaggio [assem'bladdʒo] ‹-ggi› *m* Zusammensetzen *n,* Montage *f.*

assemblea [assem'blɛ:a] *f* Versammlung *f;* ~ **plenaria** Plenum *n.*

assembramento [assembra'mento] *m* Zusammenkunft *f,* Ansammlung *f.*

assennato, -a [assen'na:to] *a* besonnen, vernünftig.

assenso [as'sɛnso] *m* Zustimmung *f.*

assentarsi [assen'tarsi] *rfl* sich entfernen. **assente** [as'sɛnte] **I.** *a (a. fig)* abwesend; **II.** *mf* Abwesende(r) *mf.* **assenteismo** [assente'izmo] *m* Fehlen *n,* Fernbleiben *n.* **assenteista** [...'ista] ‹-i *m,* -e *f*› *mf* Drückeberger(in) *m(f) fam.*

assentire [assen'ti:re] *itr* zustimmen.

assenza [as'sɛntsa] *f* **1.** *(da un luogo)* Abwesenheit *f,* Fehlen *n;* **2.** *(mancanza)* Mangel *m* (*di* an).

assenzio [as'sɛntsi̯o] ‹-i› *m* Absinth *m.*

asserire [asse'ri:re] ‹asserisco› *tr* behaupten, beteuern, versichern. **asserzione** [asser'tsi̯o:ne] *f* Behauptung *f,* Beteuerung *f.*

assessore [asses'so:re] *m* Assessor *m,* Beisitzer *m.*

assestamento [assesta'mento] *m* **1.** *arch* Setzung *f;* **2.** *(sistemazione)* Konsolidierung *f,* Regelung *f,* Ordnung *f.* **assestare** [...'ta:re] **I.** *tr* **1.** *(mettere in ordine)* in Ordnung bringen, regeln; **2.** *(regolare)* einstellen; **3.** *(ceffone, etc.)* versetzen; **II.** *rfl:* **-arsi** sich einrichten, sich konsolidieren.

assetato, -a [asse'ta:to] **I.** *a (a. fig)* durstig; *(terreno a.)* ausgetrocknet; **II.** *m, f* Durstige(r) *mf,* Dürstende(r) *mf geh.*

assetto [as'sɛtto] *m* **1.** *(sistemazione)* Ordnung *f;* **2.** *(equipaggiamento)* Ausrüstung *f;* *(tenuta)* Ausstattung *f;* **3.** *naut* Trimm *m.*

Assia ['assi̯a] *f* Hessen *n.*

assicurare [assiku'ra:re] **I.** *tr* **1.** *(garantire)* sicherstellen; **2.** *(affermare)* versichern; **3.** *(fissare)* befestigen, sichern; **4.** *jur (con contratto di assicurazione)* versichern (*contro* gegen); **5.** *(lettera)* als Wertsendung schicken; **II.** *rfl:* **-arsi** **1.** *(accertarsi)* sich versichern, sich überzeugen; **2.** *jur (con contratto)* sich versichern (*contro* gegen). **assicurato, -a** [...'ra:to] *m, f* Versicherte(r) *mf,* Versicherungsnehmer(in) *m(f).* **assicuratore, -trice** [...ra'to:re] **I.** *a* versichernd, Versicherungs-; **II.** *m, f* Versicherer *m,* Versicherin *f.* **assicurazione** [...rat'tsi̯o:ne] *f* (*ab* **Ass.**) Versicherung *f;* ~ **contro i danni** Schadensversicherung *f;* ~ **contro la responsabilità civile** Haftpflichtversicherung *f;* ~ **sulla vita** Lebensversicherung *f.*

assideramento [assidera'mento] *m* Erfrierung *f.* **assiderare** [...'ra:re] **I.** *tr* ‹*avere*› erfrieren lassen; **II.** *itr* ‹*essere*›, *rfl:* **-arsi** erfrieren.

assiduità [assidui'ta] ‹-› *f* **1.** *(perseveranza)* Ausdauer *f,* Beharrlichkeit *f;* **2.** *(frequenza abituale)* regelmäßiger Besuch. **assiduo, -a** [as'si:duo] *a* **1.** *(costante)* ausdauernd, beharrlich; **2.** *(regolare)* ständig, dauernd; *(cliente)* Stamm-.

assieme [as'si̯ɛ:me] **I.** *adv* zusammen; **II.** *prp:* ~ **a** (zusammen) mit *dat;* **III.** ‹-› *m* Gesamtheit *f; mus, theat* Ensemble *n.*

assieparsi [assi̯e'parsi] *rfl* sich drängen; ~ **intorno a qu** jdn umzingeln.

assillare [assil'la:re] *tr* bedrängen, quälen. **assillo** [as'sillo] *m* Druck *m,* Last *f,* Sorge *f.*

assimilare [assimi'la:re] *tr* **1.** *biol, ling* assimilieren; **2.** *fig* annehmen, sich *(dat)* aneignen. **assimilazione** [...lat'tsi̯o:ne] *f* **1.** *biol, ling* Assimilierung *f;* **2.** *fig* Gleichstellung *f;* *(apprendimento)* Annahme *f,* Aneignung *f.*

assise [as'si:ze] *f pl* **1.** *jur (Corte d'A~)* Schwurgericht *n;* **2.** *fig* (Voll)versammlung *f.*

assistente [assis'tɛnte] **I.** *a* Assistenz-; **II.** *mf* Assistent(in) *m(f);* ~ **alla regia** Regieassistent(in) *m(f);* ~ **sociale** Sozialarbeiter(in) *m(f);* ~ **universitario** Universitätsassistent(in) *m(f).* **assistenza** [...'tɛntsa] *f* **1.** *(presenza)* Anwesenheit *f;* **2.** *(aiuto, soccorso)* Hilfe *f,* Beistand *m;* **3.** *(beneficenza, a. fig, med)* Fürsorge *f,* Pflege *f,* Betreuung *f;* **4.** *(sorveglianza)* Aufsicht *f;* ~ **legale** Rechtsbeistand *m;* ~ **sociale** Sozialhilfe *f;* ~ **tecnica** Kundendienst *m;* ~ **alla clientela** Dienst *m* am Kunden.

assistere [as'sistere] ‹assisto, assistei *o* assistetti, assistito› **I.** *itr* teilnehmen

(*a* an), anwesend sein (*a* bei); **II.** *tr* **1.** *(soccorrere)* beistehen (*qu* jdm), helfen (*qu* jdm); **2.** *(curare)* pflegen, betreuen; **3.** *com (clientela)* betreuen; **4.** *(coadiuvare)* assistieren (*qu* jdm); **che Dio t'assista!** Gott steh dir bei!
asso ['asso] *m (a. fig)* As *n; (di dado)* Eins *f;* **un ~ dello sport/del volante** ein Sportas *n*/ein Könner *m* am Lenkrad; **avere l'~ nella manica** *fig* einen Trumpf im Ärmel haben; **piantare qu in ~** jdn im Stich lassen.
associare [asso'tʃa:re] ‹associo, associ› **I.** *tr* **1.** *(rendere partecipe)* als Mitglied (*o* Teilhaber) aufnehmen; **2.** *(mettere insieme)* vereinigen; **3.** *fig (idee, etc.)* assoziieren; **II.** *rfl:* **-arsi 1.** *(unirsi)* sich vereinigen, sich verbinden; **2.** *(farsi socio)* Mitglied werden (*a* in, bei).
associazione [assotʃat'tsi̯o:ne] *f* **1.** *(unione)* Assoziation *f,* Bund *m,* Vereinigung *f; com* Gesellschaft *f;* **2.** *psych, bot, mat* Assoziation *f;* **~ a delinquere** kriminelle Vereinigung.
assoggettare [assoddʒet'ta:re] **I.** *tr* **1.** *(sottomettere)* unterwerfen; **2.** *(domare)* bezwingen; **II.** *rfl:* **-arsi 1.** *(sottomettersi)* sich unterwerfen; **2.** *(sottoporsi)* sich unterziehen; **3.** *(adattarsi)* sich fügen (*a* in).
assolato, -a [asso'la:to] *a* sonnig.
assoldare [assol'da:re] *tr* anwerben.
assolo [as'so:lo] ‹-› *m* Solo *n.*
assolsi [as'sɔlsi] *p rem di* **assolvere.**
assolto [as'sɔlto] *pp di* **assolvere.**
assolutamente [assoluta'mente] *adv* **1.** *(senz'altro)* unbedingt; **2.** *(del tutto)* absolut, völlig.
assoluto, -a [asso'lu:to] *a* absolut.
assoluzione [assolut'tsi̯o:ne] *f* **1.** *jur* Freispruch *m;* **2.** *rel* Absolution *f.*
assolvere [as'sɔlvere] ‹assolvo, assolsi, assolto› *tr* **1.** *jur* freisprechen; **2.** *rel* die Absolution erteilen (*qu* jdm); **3.** *(compiere)* erfüllen; **4.** *(da un obbligo)* entbinden (*da* von); **5.** *(pagare)* begleichen.
assomigliare [assomiʎ'ʎa:re] **I.** *itr* ähneln, gleichen; **II.** *rfl:* **-arsi** sich *(dat)* ähneln (*o* gleichen).
assonanza [asso'nantsa] *f* Assonanz *f,* Gleichklang *m.*
assonnato, -a [asso'na:to] *a (a. fig)* verschlafen, schläfrig.
assopirsi [asso'pirsi] *rfl* einnicken.
assorbente [assor'bɛnte] **I.** *a* absorbierend, (auf)saugend; **II.** *m:* **~ igienico** Monatsbinde *f;* **~ interno** Tampon *m.*
assorbire [assor'bi:re] ‹assorbo› *tr* **1.** *(impregnare)* aufsaugen; *phys* absorbieren; **2.** *fig (incorporare)* vereinnahmen; *(assimilare)* aufnehmen; *(impegnare)* beanspruchen, in Anspruch nehmen.
assordante [assor'dante] *a* ohrenbetäubend. **assordare** [...'da:re] *tr* **1.** *(render sordo)* taub machen; **2.** *(stordire)* betäuben.
assortimento [assorti'mento] *m* Sortiment *n,* Auswahl *f.* **assortire** [...'ti:re] ‹assortisco› *tr* **1.** *(disporre)* sortieren, zusammenstellen; **2.** *com (rifornire)* mit einem Sortiment versehen. **assortito, -a** [...'ti:to] *a* sortiert, zusammengestellt; *(misto)* gemischt; *(adatto)* passend.
assorto, -a [as'sɔrto] *a* versunken, vertieft.
assottigliare [assotiʎ'ʎa:re] ‹assottiglio, assottigli› **I.** *tr* **1.** *(render sottile)* dünner (*o* feiner) machen; **2.** *(ridurre)* verringern, mindern; **3.** *fig (mente)* schärfen; **II.** *rfl:* **-arsi 1.** *(diventar sottile)* dünner (*o* feiner) werden; **2.** *(ridursi)* sich verringern; **3.** *(dimagrire)* abnehmen, abmagern.
assuefare [assue'fa:re] ‹*irr*› **I.** *tr* gewöhnen (*a* an); **II.** *rfl:* **-arsi** sich gewöhnen (*a* an). **assuefazione** [...fat'tsi̯o:ne] *f* Gewöhnung *f* (*a* an).
assumere [as'su:mere] ‹assumo, assunsi, assunto› **I.** *tr* **1.** *(contegno, espressione)* annehmen; *(responsibilità)* übernehmen; **2.** *(procurarsi)* einholen; **3.** *(impiegato, etc.)* an-, einstellen; **4.** *(elevare)* erheben, ernennen; **II.** *rfl:* **-ersi 1.** *(attribuirsi)* übernehmen, sich *(dat)* zuschreiben; **2.** *(addossarsi)* auf sich nehmen.
Assunta [as'sunta] *f* **1.** *(Maria Vergine)* Heilige Jungfrau; **2.** *(festa)* Mariä Himmelfahrt.
assunto [as'sunto] **I.** *pp di* **assumere; II.** *m* Annahme *f,* These *f.* **assunzione** [...n'tsi̯o:ne] *f* **1.** *(l'assumere)* An-, Übernahme *f; (di impiegato)* Einstellung *f;* **2.** *(elevazione)* Erhebung *f;* **l'A~ della Vergine** Mariä Himmelfahrt.
assurdità [assurdi'ta] ‹-› *f* Absurdität *f.* **assurdo, -a** [as'surdo] **I.** *a* absurd; **II.** *m* Absurde(s) *n.*
asta ['asta] *f* **1.** *(bastone)* Stab *m,* Stange *f; (degli occhiali)* Bügel *m;* **2.** *sport* Stab *m;* **3.** *(lancia)* Speer *m,* Lanze *f;* **4.** *(nella scrittura)* Grundstrich *m;* **5.** *com* Versteigerung *f,* Auktion *f;* **a mezz'~** auf halbmast; **mettere all'~** versteigern.
astemio, -a [as'tɛ:mi̯o] ‹-i, -ie› **I.** *a* abstinent; **II.** *m, f* Abstinenzler(in) *m(f).*
astenersi [aste'nersi] ‹*irr*› *rfl* sich enthalten (*da qc* einer S. *gen*). **astensione** [...n'si̯o:ne] *f* Enthaltung *f,* Verzicht *m.*
asterisco [aste'risko] ‹-schi› *m* Sternchen *n,* Asteriskus *m.*
astigmatico, -a [astig'ma:tiko] ‹-ci, -che› **I.** *a* astigmatisch; **II.** *m, f* Astigmatiker(in) *m(f).*
astinente [asti'nɛnte] *a* abstinent, enthaltsam. **astinenza** [...'nɛntsa] *f* Abstinenz *f,* Enthaltsamkeit *f.*

astio ['astio] ‹-i› *m* Groll *m*.

astrale [as'tra:le] *a* astral, die Gestirne betreffend.

astrattezza [astrat'tettsa] *f* Abstraktheit *f*. **astrattismo** [...'tizmo] *m* abstrakte Kunst.

astratto, -a [as'tratto] **I.** *a* abstrakt; **II.** *m* Abstrakte(s) *n*.

astringente [astrin'dʒɛnte] **I.** *a* adstringierend; **II.** *m* Adstringens *n*.

astro ['astro] *m* **1.** *astr* Stern *m*, Gestirn *n*; **2.** *fig* Star *m*, Stern *m*. **astrologia** [-lo'dʒi:a] ‹-gie› *f* Astrologie *f*. **astrologo, -a** [as'trɔ:logo] ‹-gi, -ghe› *m*, *f* Astrologe *m*, -login *f*. **astronauta** [-'na:uta] ‹-i *m*, -e *f*› *mf* Astronaut(in) *m(f)*. **astronautica** [-'na:utika] *f* Raumfahrt *f*. **astronave** [-'na:ve] *f* Raumschiff *n*. **astronomia** [-no'mi:a] ‹-ie› *f* Astronomie *f*. **astronomico, -a** [-'nɔ:miko] ‹-ci, -che› *a (a. fig)* astronomisch. **astronomo, -a** [as'trɔ:nomo] *m*, *f* Astronom(in) *m(f)*.

astruso, -a [as'tru:zo] *a* abstrus, verworren.

astuccio [as'tuttʃo] ‹-cci› *m* Etui *n*.

astuto, -a [as'tu:to] *a* schlau, listig. **astuzia** [as'tuttsia] ‹-ie› *f* Schlauheit *f*, List *f*.

A.T. *ab di* **Antico Testamento** A.T. (*ab di* Altes Testament).

ateismo [ate'izmo] *m* Atheismus *m*.

Atene [a'tɛ:ne] *f* Athen *n*.

ateo, -a ['a:teo] **I.** *a* atheistisch; **II.** *m*, *f* Atheist(in) *m(f)*.

atlante [a'tlante] *m* Atlas *m*.

atlantico, -a [a'tlantiko] ‹-ci, -che› *a* atlantisch, Atlantik-; **l'A~** der Atlantik; **l'Oceano A~** der Atlantische Ozean.

atleta [a'tlɛ:ta] ‹-i *m*, -e *f*› *mf* Athlet(in) *m(f)*. **atletica** [a'tlɛ:tika] ‹-che› *f* Athletik *f*; **~ leggera/pesante** Leicht-/Schwerathletik *f*.

atmosfera [atmos'fɛ:ra] *f (a. fig)* Atmosphäre *f*. **atmosferico, -a** [...'fɛ:riko] ‹-ci, -che› *a* atmosphärisch; **condizioni -che** Wetterlage *f*.

atomico, -a [a'tɔ:miko] ‹-ci, -che› *a* Atom-, atomar.

atomizzatore [atomiddza'to:re] *m* Zerstäuber *m*, Atomiseur *m*.

atomo ['a:tomo] *m (a. fig)* Atom *n*.

atrio ['a:trio] ‹-ii› *m* (Vor)halle *f*, Vorraum *m*.

atroce [a'tro:tʃe] *a* grausam; *(raccapricciante)* grauenhaft; *(angoscioso)* furchtbar, entsetzlich. **atrocità** [atrotʃi'ta] ‹-› *f* Grausamkeit *f*.

attaccabrighe [attakka'bri:ge] ‹-› *mf fam* Streithammel *m fam*.

attaccamento [attakka'mento] *m* Anhänglichkeit *f*.

attaccapanni [-'panni] ‹-› *m* Kleiderhaken *m*; *(a stelo)* Kleiderständer *m*.

attaccare [attak'ka:re] ‹attacco, attacchi› **I.** *tr* **1.** *(fissare)* befestigen; *(manifesto)* anschlagen; *(con colla)* ankleben; *(cucendo)* annähen; *(saldare)* zusammenheften; *(appendere)* aufhängen; *(animali ad un veicolo)* anspannen; **2.** *(iniziare)* anfangen, beginnen; *(discorso a.)* anknüpfen; **3.** *(assalire)* angreifen; **4.** *chem* angreifen; **5.** *med (contagiare)* anstecken (*qc a qu* jdn mit etw.); **6.** *fig (osteggiare)* angreifen, bekämpfen; **II.** *itr* **1.** *(avere azione adesiva)* kleben, haften; **2.** *(muovere all'assalto)* angreifen; **3.** *fig (attecchire)* Wurzeln schlagen; **4.** *(impersonale)* anfangen; **attacca a piovere** es fängt an zu regnen; **con me non attacca!** *fam* bei mir läuft da nichts! *fam*; **III.** *rfl*: **-arsi 1.** *(restare aderente)* haften, kleben; **2.** *gastr* ansetzen, anbrennen; **3.** *med* übertragen werden; **4.** *fig (afferrarsi)* sich anklammern; **-arsi a qu** *fig (affezionarsi)* an jdm hängen, Zuneigung zu jdm fassen. **attaccato, -a** [...'ka:to] *a* anhänglich; **essere ~ ai soldi/alla famiglia** am Geld/an der Familie hängen. **attaccatutto** [...ka'tutto] *m* Alleskleber *m*. **attaccatura** [...ka'tu:ra] *f* Ansatz *m*.

attacco [at'takko] ‹-cchi› *m* **1.** *(giunzione)* Ansatz *m*, Verbindungsstelle *f*; *(per sci)* Bindung *f*; **2.** *el, tel* Anschluß *m*; **3.** *(di bestie)* Gespann *n*; **4.** *mil, fig* Angriff *m*; **5.** *sport* Sturmspitze *f*; **6.** *med* Anfall *m*; **7.** *(inizio)* Einsatz *m*, Anfang *m*.

attardarsi [attar'darsi] *rfl* sich aufhalten.

attecchire [attek'ki:re] ‹attecchisco› *itr (a. fig)* Wurzeln schlagen.

atteggiamento [atteddʒa'mento] *m* Auftreten *n*, Verhalten *n*. **atteggiarsi** [...'dʒarsi] ‹mi atteggio, ti atteggi› *rfl* sich gebärden (*a* als), sich verhalten (*a* als).

attempato, -a [attem'pa:to] *a* bejahrt, alt.

attendarsi [atten'darsi] *rfl* die Zelte aufschlagen.

attendente [atten'dɛnte] *m* Offiziersbursche *m*.

attendere [at'tɛndere] ‹*irr*› **I.** *tr* erwarten, warten auf; **II.** *itr* ver-, besorgen (*a qc* etw.), sich kümmern (*a* um).

attendibile [atten'di:bile] *a* zuverlässig; *(notizia)* glaubwürdig.

attenersi [atte'nersi] ‹*irr*› *rfl* sich halten (*a* an).

attentare [atten'ta:re] *itr* einen Anschlag (*o* ein Attentat) verüben (*a* auf).

attentato [atten'ta:to] *m* Attentat *n*, Anschlag *m*. **attentatore, -trice** [...ta'to:re] *m*, *f* Attentäter(in) *m(f)*.

attenti [at'tɛnti] **I.** *interj* **1.** *(attenzione)* Achtung; **2.** *mil* habt acht, stillgestanden; **~ al cane!** Vorsicht, bissiger

Hund!; **II.** ‹-› *m* Stillgestanden *n*, Grundstellung *f*.

attento, -a [at'tɛnto] **I.** *a* aufmerksam; *(diligente a.)* gewissenhaft; *(accurato a.)* sorgfältig; **II.** *interj* paß(t) auf, Achtung.

attenuante [attenu'ante] **I.** *a* abschwächend, mildernd; **II.** *f* mildernder Umstand. **attenuare** [...u'a:re] **I.** *tr* abschwächen; *(rumore)* dämpfen; *(colpa)* mildern; **II.** *rfl:* **-arsi** schwächer werden.

attenzione [atten'tsio:ne] *f* **1.** *(concentrazione)* Aufmerksamkeit *f;* **2.** *com* Beachtung *f;* **3.** ‹*pl*› Aufmerksamkeiten *f pl*, Liebenswürdigkeiten *f pl;* **4.** *interj* Achtung; **alla cortese ~ di ...** zu Händen von ...; **~!** Achtung!

atterraggio [atter'raddʒo] ‹-ggi› *m* Landung *f; (sport a.)* Aufsprung *m;* **campo d'~** Landeplatz *m*.

atterrare [atter'ra:re] **I.** *tr* niederwerfen, zu Boden gehen lassen; **II.** *itr* landen; *(sport a.)* aufspringen.

atterrire [atter'ri:re] ‹atterrisco› **I.** *tr* erschrecken, Angst einjagen (*qu* jdm); **II.** *rfl:* **-irsi** sich erschrecken.

attesa [at'te:sa] *f* **1.** *(atto)* Warten *n;* **2.** *(periodo)* Wartezeit *f;* **3.** *(stato d'animo)* Erwartung *f;* **sala d'~** Wartesaal *m;* **essere in ~ di qu/qc** auf jdn/etw. warten; **in ~ della Sua risposta** in Erwartung Ihrer Antwort. **atteso, -a** [...so] *a (aspettato)* erwartet; *(desiderato)* erwünscht.

attestare [attes'ta:re] *tr* **1.** *(asserire)* behaupten; **2.** *(testimoniare)* bezeugen; **3.** *(certificare)* bescheinigen, bestätigen; **4.** *fig (dimostrare)* beweisen, zeugen von.

attestato [attes'ta:to] *m* Attest *n*, Bescheinigung *f;* **rilasciare un ~** ein Attest ausstellen.

attico ['attiko] ‹-ci› *m* **1.** *arch* Attika *f;* **2.** *(appartamento)* Mansarde *f*, Dachwohnung *f*.

attiguo, -a [at'ti:guo] *a* benachbart, angrenzend; *(stanza)* Neben-.

attillato, -a [attil'la:to] *a* enganliegend.

attimo ['attimo] *m* Augenblick *m;* **in un ~** im Nu.

attinente [atti'nɛnte] *a:* **~ a qc** zu etw. gehörend, etw. betreffend.

attingere [at'tindʒere] ‹*irr*› *tr* **1.** *(acqua)* schöpfen; **2.** *fig (ricavare)* entnehmen, (be)ziehen; *fin* abschöpfen.

attirare [atti'ra:re] *tr* **1.** *(attrarre)* anziehen; *(attenzione)* auf sich ziehen (*o* lenken); **2.** *fig* (ver)locken.

attitudinale [attitudi'na:le] *a* Eignungs-, Begabungs-, Befähigungs-. **attitudine** [...'tu:dine] *f* **1.** *(capacità)* Eignung *f* (*a* zu), Begabung *f* (*per* für); **2.** *(atteggiamento)* Haltung *f*, Stellung *f*.

attivare [atti'va:re] *tr* **1.** *(mettere in azione)* betätigen, in Gang setzen; **2.** *(riportare in efficienza, a. chem, phys)* aktivieren. **attivista** [...'vista] ‹-i *m*, -e *f*› *mf* Aktivist(in) *m(f)*.

attività [attivi'ta] ‹-› *f* **1.** *(operosità)* Aktivität *f; fig (di vulcano)* Tätigkeit *f;* **2.** *(lavoro, occupazione)* Beschäftigung *f*, Tätigkeit *f;* **3.** ‹*pl*› *com* Aktiva *pl;* **4.** *(funzionamento, azione)* Betrieb *m;* **5.** *(med, chem, etc.)* Wirkung *f;* **~ primaria/secondaria/terziaria** landwirtschaftlicher Bereich/Industrie-/Dienstleistungsbereich *m*.

attivo, -a [at'ti:vo] **I.** *a* **1.** *(operoso)* aktiv, tätig, geschäftig; *(lavoratore, etc.)* arbeitend, werktätig; **2.** *(determinante)* entscheidend; **3.** *(in funzione)* tätig; *tec* in Betrieb; **4.** *gram, chem, phys, com* aktiv; **le partite -e di un bilancio** die Aktivposten *m pl* einer Bilanz; **II.** *m* **1.** *com* Aktivum *n*, Aktivposten *m;* **2.** *gram* Aktiv *n;* **3.** *pol* Aktivisten *m pl;* **portare all'~ un'azienda** ein Unternehmen sanieren; **segnare una partita all'~** einen Posten als Aktivum verbuchen.

attizzare [attit'tsa:re] *tr* schüren, anfachen.

atto ['atto] *m* **1.** *(gesto, moto)* Geste *f*, Gebärde *f; (azione)* Handlung *f;* **2.** *(atteggiamento)* Haltung *f;* **3.** *(manifestazione, philos, theat)* Akt *m;* **4.** *(documento)* Urkunde *f*, Dokument *n;* **5.** ‹*pl*› *(documentazione)* Akten *f pl;* **6.** ‹*pl*› *(resoconti collegiali)* Berichte *m pl;* **~ di dolore/fede** Sünden-/Glaubensbekenntnis *n;* **~ di morte/nascita** Sterbe-/Geburtsurkunde *f;* **~ unico** Einakter *m;* **Atti degli Apostoli** Apostelgeschichte *f;* **fare ~ di presenza** seine Aufwartung machen; **essere in ~** stattfinden; **prendere ~ di qc** etw. zur Kenntnis nehmen; **mettere in ~ qc** etw. in Gang setzen; **passare agli -i** zu den Akten legen; *fig* ad acta legen; **all'~ pratico** in der Praxis; **nell'~ di ...** *inf* gerade bei(m) ...

atto, -a ['atto] *a* **1.** *(idoneo)* fähig (*a* zu), tauglich (*a* für), geeignet (*a* für); **2.** *(adatto)* geeignet (*a* zu), passend (*a* zu, für).

attonito, -a [at'tɔ:nito] *a* erstaunt.

attorcigliare [attortʃiʎ'ʎa:re] ‹attorciglio, attorcigli› **I.** *tr* (auf)wickeln; **II.** *rfl:* **-arsi** sich (auf)wickeln.

attore, attrice [at'to:re] *m, f* **1.** *(in spettacoli)* Schauspieler(in) *m(f);* **2.** *jur* Kläger(in) *m(f);* **~ cinematografico** Filmschauspieler *m;* **~ comico** Komiker *m*.

attorniare [attor'nia:re] ‹attornio, attorni› **I.** *tr* umgeben; **II.** *rfl:* **-arsi** sich umgeben (*di* mit), um sich scharen (*di qu* jdn).

attorno [at'torno] **I.** *adv* (rund)herum; **II.** *prp:* **~ a** um *acc* (herum); **stare ~ a**

qu *fig* hinter jdm her sein, jdm auf der Pelle liegen.
attraente [attra'ɛnte] *a* anziehend; *(persona a.)* attraktiv; *(proposta a.)* verlokkend.
attrarre [at'trarre] ‹*irr*› **1.** *(tirare a sé)* anziehen; **2.** *fig (allettare)* verlocken.
attrattiva [attrat'ti:va] *f* **1.** *(fascino)* Reiz *m,* Anziehungskraft *f;* **2.** ‹*pl*› Attraktionen *f pl.*
attraversamento [attraversa'mento] *m* Übergang *m;* ~ **pedonale** Fußgängerüberweg *m.* **attraversare** [...'sa:re] *tr* **1.** *(mare, strada)* überqueren; *(confine)* überschreiten; **2.** *fig (trascorrere)* durchmachen.
attraverso [attra'vɛrso] **I.** *adv* **1.** *(trasversalmente)* quer über (*o* durch); **2.** *fig (di traverso)* schief, schlecht; **II.** *prp* durch *acc* (hindurch); *(mediante)* mittels *gen,* durch *acc.*
attrazione [attrat'tsi̯o:ne] *f* **1.** *phys, fig* Anziehung *f,* Anziehungskraft *f;* **2.** *(numero sensazionale)* Attraktion *f;* **provare ~ per qu** von jdm angezogen sein.
attrezzare [attret'tsa:re] **I.** *tr* einrichten, ausstatten (*di* mit); *tec* ausrüsten (*di* mit); **II.** *rfl:* **-arsi** sich ausrüsten. **attrezzatura** [...tsa'tu:ra] *f* Ausstattung *f,* Einrichtung *f; tec* Ausrüstung *f.* **attrezzista** [...'tsista] ‹-i *m,* -e *f*› *mf* **1.** *sport* Geräteturner(in) *m(f);* **2.** *theat, film* Requisiteur(in) *m(f).* **attrezzo** [at'trettso] *m* Gerät *n,* Werkzeug *n;* **-i da ginnastica** Turngeräte *n pl.*
attribuire [attribu'i:re] ‹attribuisco› **I.** *tr* **1.** *(assegnare)* zuerkennen; **2.** *(rilevare)* zuschreiben; *(importanza)* beimessen; **3.** *(ascrivere)* zuschreiben, zurückführen (*a* auf); **II.** *rfl:* **-irsi** sich *(dat)* zuerkennen, für sich in Anspruch nehmen. **attributo** [...'bu:to] *m* **1.** *gram* Attribut *n;* **2.** *(caratteristica)* Merkmal *n,* Attribut *n.* **attribuzione** [...but'tsi̯o:ne] *f* **1.** *(assegnazione)* Zuerkennung *f;* **2.** ‹*pl*› *(mansioni, funzioni)* Kompetenz-, Aufgabenbereich *m.*
attrice *f v.* **attore.**
attrito [at'tri:to] *m* **1.** *phys* Reibung *f;* **2.** *fig (contrasto)* Reiberei *f.*
attuale [attu'a:le] *a* aktuell, zeitgemäß; *(presente)* derzeitig, jetzig, gegenwärtig.
attualità [attuali'ta] ‹-› *f* Aktualität *f;* **film di ~** Wochenschau *f;* **tornare di ~** wieder aktuell werden.
attuare [attu'a:re] **I.** *tr* verwirklichen; **II.** *rfl:* **-arsi** sich verwirklichen. **attuazione** [...uat'tsi̯o:ne] *f* Verwirklichung *f.*
attutire [attu'ti:re] ‹attutisco› *tr* abmildern, abschwächen; *(suono, urto)* dämpfen.
audace [au'da:tʃe] *a* **1.** *(coraggioso)* mutig; **2.** *(arrischiato)* riskant; **3.** *(provocante)* gewagt; **4.** *(insolente)* unverschämt. **audacia** [au'da:tʃa] ‹-cie› *f* **1.** *(coraggio)* Mut *m;* **2.** *(atto arrischiato)* Kühnheit *f;* **3.** *(provocazione)* Provokation *f;* **4.** *(insolenza)* Unverschämtheit *f.*
audio ['a:udi̯o] ‹-› *m* Audion *n.* **audiovisivo, -a** [-vi'zi:vo] *a* audiovisuell.
auditivo, -a [audi'ti:vo] *a* auditiv. **auditorio** [...'tɔ:ri̯o] ‹-i› *m* Auditorium *n.*
audizione [...t'tsi̯o:ne] *f* **1.** *gener.* Hören *n;* **2.** *radio* Empfang *m.*
auge ['a:udʒe] *f* Gipfel *m,* Höhepunkt *m;* **essere in ~** *fig* Erfolg haben.
augurale [augu'ra:le] *a* Glück(wunsch)-.
augurare [augu'ra:re] **I.** *tr* wünschen; **~ buon viaggio** eine gute Reise wünschen; **II.** *rfl:* **-arsi** (sich *dat)* wünschen, (sich *dat*) erhoffen.
augurio [au'gu:ri̯o] ‹-i› *m* **1.** *(voto di felicità, benessere)* Glückwunsch *m;* **2.** *(desiderio)* Wunsch *m;* **fare** (*o* **porgere) gli -i a qu** jdm Glück wünschen; **tanti -i!** herzlichen Glückwunsch!
Augusta[1] [au'gusta] *(nome proprio femminile)* Auguste.
Augusta[2] [au'gusta] *f* Augsburg *n.*
Augusto [au'gusto] *(nome proprio maschile)* August.
aula ['a:ula] *f* Saal *n; (di scuola)* Klasse *f,* Klassenzimmer *n; (di università)* Hörsaal *m;* **~ magna** Auditorium maximum *n.*
aumentare [aumen'ta:re] **I.** *tr* ‹*avere*› **1.** *gener.* vermehren, steigern; *(punti di maglia)* zunehmen; *(prezzo, salario)* erhöhen; **2.** *fig* verstärken; **II.** *itr* ‹*essere*› zunehmen; *(prezzi, salari)* steigen.
aumento [au'mento] *m* Erhöhung *f; (a. fig)* Zunahme *f;* **~ di peso** Gewichtszunahme *f;* **~ salariale** Gehaltserhöhung *f;* **essere in ~** zunehmen.
aureo, -a ['a:ureo] *a (a. fig)* golden, Gold-; **periodo ~** Goldenes Zeitalter.
aureola [au'rɛ:ola] *f* Aureole *f,* Heiligenschein *m.*
aurora [au'rɔ:ra] *f* Morgenrot *n,* Morgenröte *f;* **~ australe/boreale/polare** Süd-/Nord-/Polarlicht *n.*
auscultare [auskul'ta:re] *tr* auskultieren, abhorchen.
ausiliare [auzi'li̯a:re] **I.** *a* Hilfs-; **II.** *m gram* Hilfsverb *n;* **III.** *mf* Aushilfe *f,* Helfer(in) *m(f).* **ausiliario, -a** [...'li̯a:ri̯o] ‹-i, -ie› **I.** *a* (Aus)hilfs-; *mil* Reserve-; **spese -ie** Nebenkosten *pl;* **II.** *m, f* Helfer(in) *m(f).*
auspicare [auspi'ka:re] ‹auspico, auspichi› *tr* wünschen, erhoffen. **auspicio** [...'pi:tʃo] ‹-ci› *m* **1.** *(pronostico)* Vorzeichen *n;* **2.** *(desiderio)* Wunsch *m.*
austerità [austeri'ta] ‹-› *f* Strenge *f,* Härte *f;* **misure di ~** *com* Sparmaßnahmen *f pl.* **austero, -a** [...'tɛ:ro] *a* streng, hart.

australe [aus'tra:le] *a* Süd-, südlich.
Australia [aus'tra:lia] *f* Australien *n.*
australiano, -a [...ra'lia:no] **I.** *a* australisch; **II.** *m, f* Australier(in) *m(f).*
Austria ['a:ustria] *f* Österreich *n;* ~ **Alta/Bassa** Ober-/Niederösterreich *n.*
austriaco, -a [aus'tri:ako] ‹-ci, -che› **I.** *a* österreichisch; **II.** *m, f* Österreicher(in) *m(f).*
autarchia [autar'ki:a] ‹-chie› *f* Autarkie *f.*
autenticare [autenti'ka:re] ‹autentico, autentichi› *tr* beglaubigen. **autenticazione** [...kat'tsio:ne] *f* Beglaubigung *f.*
autenticità [autentitʃi'ta] ‹-› *f* Echtheit *f; (veridicità)* Glaubwürdigkeit *f.*
autentico, -a [au'tɛntiko] ‹-ci, -che› *a (vero)* wahr; *(regolare)* authentisch; *(non falsificato)* echt; *(reale)* wirklich; *(originale)* original; *(genuino)* rein.
autista [au'tista] ‹-i *m*, -e *f*› *mf* Fahrer(in) *m(f),* Chauffeur(in) *m(f).*
auto ['a:uto] ‹-› *f* Auto *n;* ~ **civetta** Zivilstreifenwagen *m;* ~ **pubblica** Taxi *n.*
autoadesivo, -a [autoade'zi:vo] **I.** *a* selbsthaftend, -klebend; **II.** *m* Aufkleber *m.*
autoambulanza [-ambu'lantsa] *f* Unfall-, Krankenwagen *m.*
autobiografia [-biogra'fi:a] *f* Autobiographie *f.* **autobiografico, -a** [...'gra:fiko] *a* autobiographisch.
autoblinda, autoblindata [-'blinda, ...'da:ta] *f* Panzerwagen *m.* **autobotte** [-'botte] *f* Tank-, Kesselwagen *m.*
autobus ['a:utobus] ‹-› *m* Autobus *m,* Omnibus *m.* **autocarro** [auto'karro] *m* Last(kraft)wagen *m.* **autocisterna** [-tʃis'tɛrna] *f* Tank-, Kesselwagen *m.*
autoclave [-'kla:ve] *f* Druckkessel *m.*
autocolonna [-ko'lonna] *f* Autokolonne *f.*
autocontrollo [-kon'trɔllo] *m* Selbstbeherrschung *f.*
autocritica [-'kri:tika] *f* Selbstkritik *f.*
autoctono, -a [au'tɔktono] **I.** *a* autochthon; **II.** *m, f* Alteingesessene(r) *mf.*
autodidatta [-di'datta] ‹-i *m*, -e *f*› *mf* Autodidakt(in) *m(f).*
autodromo [au'tɔ:dromo] *m* Autorennbahn *f.* **autoferrotranviario, -a** [autoferrotran'via:rio] *a* die öffentlichen Verkehrsbetriebe betreffend. **autofficina** [-offi'tʃi:na] *f* Auto(reparatur)werkstatt *f.*
autogeno, -a [au'tɔ:dʒeno] *a* autogen.
autogol [-'gɔl] *m* Eigentor *n.*
autografo, -a [au'tɔ:grafo] **I.** *a* eigenhändig geschrieben; **II.** *m* **1.** *(manoscritto)* Autograph *n;* **2.** *(firma)* Autogramm *n.*
autogrill® [auto'gril] *m* Autobahnrestaurant *n,* Raststätte *f.*
autolinea [-'li:nea] *f* Buslinie *f.*
automa [au'tɔ:ma] ‹-i› *m* Roboter *m.*
automatico, -a [auto'ma:tiko] ‹-ci, -che› **I.** *a* automatisch; **II.** *m* **1.** *(bottone)* Druckknopf *m;* **2.** *(fucile)* Repetiergewehr *n.* **automatizzare** [...matid'dza:re] *tr* automatisieren.
automezzo [-'mɛddzo] *m* Kraftfahrzeug *n.*
automobile [-'mɔ:bile] *f* Auto *n,* Automobil *n;* ~ **da corsa** Rennauto *n;* ~ **decappottabile** Kabriolett *n;* ~ **utilitaria** Kleinwagen *m.* **automobilismo** [-mobi'lizmo] *m* Kraftfahrwesen *n; sport* Motorsport *m.* **automobilista** [...'lista] ‹-i *m*, -e *f*› *mf* Autofahrer(in) *m(f).* **automobilistico, -a** [...'listiko] ‹-ci, -che› *a* Auto(mobil)-; **patente -a** Führerschein *m.*
autonoleggio [-no'leddʒo] *m* Autovermietung *f,* -verleih *m.*
autonomia [autono'mi:a] ‹-ie› *f* **1.** *gener., pol* Autonomie *f,* Unabhängigkeit *f;* **2.** *tec* Reichweite *f,* Aktionsradius *m.*
autonomo, -a [au'tɔ:nomo] *a* autonom, unabhängig; *(lavoro)* selbständig.
autoparco [-'parko] *m* Fahrzeugpark *m.*
autopsia [autop'si:a] ‹-ie› *f* Autopsie *f.*
autopubblica [-'pubblika] ‹-che› *f* Taxi *n.* **autoradio** [-'ra:dio] *f* **1.** *(radio)* Autoradio *n;* **2.** *(auto)* Funk(streifen)wagen *m.* **autoraduno** [-ra'du:no] *m* Autofahrertreffen *n.*
autore, -trice [au'to:re] *m, f* **1.** *(esecutore)* Urheber(in) *m(f); (di crimine)* Täter(in) *m(f);* **2.** *lit* Autor(in) *m(f),* Verfasser(in) *m(f); (compositore)* Komponist(in) *m(f);* **3.** *(artista)* Künstler(in) *m(f),* Meister(in) *m(f).*
autorete [-'re:te] *f* Eigentor *n.*
autorevole [auto're:vole] *a* gebieterisch, einflußreich; *(a. consiglio, etc.)* maßgebend.
autorimessa [-ri'messa] *f* Garage *f,* Autowerkstatt *f.*
autorità [autori'ta] ‹-› *f* **1.** *jur* (Macht)befugnis *f,* Recht *n;* **2.** *(persona, potere)* Autorität *f;* **3.** *adm* Behörde *f;* **4.** ‹*pl*› *(titolari)* Würdenträger *m pl;* **5.** *(stima, credito)* Einfluß *m,* Ansehen *n;* **l'~ dello Stato** die Staatsgewalt. **autoritario, -a** [...'ta:rio] ‹-i, -ie› *a* autoritär.
autoritratto [-ri'tratto] *m* Selbstbildnis *n.*
autorizzare [autorid'dza:re] *tr* **1.** *(permettere)* genehmigen, bewilligen; *(persona)* ermächtigen, autorisieren; **2.** *(giustificare)* rechtfertigen, berechtigen. **autorizzazione** [...dzat'tsio:ne] *f* Genehmigung *f,* Bewilligung *f; (di persona)* Ermächtigung *f.*
autoscuola [-s'kuɔ:la] *f* Fahrschule *f.*
autosilo [-'si:lo] *m* Parkhaus *n.* **autosnodato** [-zno'da:to] *m* Gelenkfahrzeug *n.* **autostazione** [-stat'tsio:ne] *f*

1. *(stazione di servizio)* Tankstelle *f;* 2. *(di autolinee)* Busbahnhof *m.*
autostop [-s'tɔp] *m* Trampen *n,* Autostop(p) *m;* **fare l'~** (*o* **~**), **viaggiare in ~** per Anhalter fahren, trampen. **autostoppista** [-stop'pista] ⟨-i *m,* -e *f*⟩ *mf* Anhalter(in) *m(f).*
autostrada [-s'tra:da] *f* (*ab* **A**) Autobahn *f;* **~ a pedaggio** gebührenpflichtige Autobahn. **autostradale** [-stra'da:le] *a* Autobahn-; **raccordo/svincolo ~** Autobahnzubringer *m*/-dreieck *n;* **casello ~** Autobahnposten *m,* Mautstelle *f A.*
autosufficiente [-suffi'tʃɛnte] *a* selbstgenügsam.
autosuggestione [-suddʒes'ti̯o:ne] *f* Autosuggestion *f.*
autotreno [-'trɛ:no] *m* Lastzug *m.* **autovettura** [-vet'tu:ra] *f* Personenkraftwagen *m.*
autrice *f v.* **autore.**
autunnale [autun'na:le] *a* herbstlich.
autunno [au'tunno] *m* Herbst *m;* **d'~** im Herbst.
ava *f v.* **avo.**
avallare [avalʼla:re] *tr* 1. *com* avalieren; 2. *fig (confermare)* bestätigen. **avallo** [a'vallo] *m* 1. *com* Aval *m,* Bürgschaft *f;* 2. *fig (conferma, garanzia)* Bestätigung *f;* **per ~** als Wechselbürge.
avambraccio [avam'brattʃo] ⟨-cci⟩ *m* Unterarm *m.* **avamposto** [...m'posto] *m* Vorposten *m.*
avanguardia [avaŋ'gu̯ardi̯a] *f* 1. *mil* Vorhut *f;* 2. *fig* Avantgarde *f;* **essere all'~** zur Avantgarde gehören.
avanti [a'vanti] I. *adv* 1. *(stato in luogo)* vorn; 2. *(avvicinamento)* näher, nach vorn; 3. *(allontanamento)* voraus; 4. *(tempo)* künftig; *(prima)* vorher; **l'orologio va ~** die Uhr geht vor; **essere ~ negli anni** betagt sein; **essere ~ negli studi** im Studium fortgeschritten sein; **mettere le mani ~** sich absichern; II. *prp* 1. *(di luogo: stato)* vor *dat; (moto)* vor *acc;* 2. *(di tempo)* vor *dat;* III. ⟨*inv*⟩ *a* 1. *(di luogo)* Vorder-; 2. *(di tempo)* vorhergehend, vorige(r, s); **il giorno ~** am Vortag, tags zuvor; IV. ⟨-⟩ *m sport* Stürmer *m;* V. *interj* 1. *(avvicinamento)* bitte; *(entrate)* herein; 2. *(allontanamento)* los; *mil* vorwärts; 3. *(esortazione)* los; **~ il primo!** der Erste, bitte! **avantieri, avant'ieri** [avan'ti̯ɛ:ri] *adv* vorgestern.
avantreno [avan'trɛ:no] *m* Vorderachse *f,* -gestell *n.*
avanzamento [avantsa'mento] *m* 1. *(promozione)* Beförderung *f;* 2. *(progresso)* Fortschritt *m; (dei lavori, etc.)* Fortschreiten *n.*
avanzare[1] [avan'tsa:re] I. *itr* ⟨*essere*⟩ 1. *(andare)* vorausgehen, sich fortbewegen; 2. *fig (progredire)* vorwärts-, vorankommen, Fortschritte machen; *(lavoro, etc.)* fortschreiten; 3. *(essere promosso)* befördert werden; 4. *(sporgere in fuori)* vorspringen, herausragen; 5. ⟨*avere*⟩ *mil* vorrücken; **~ negli anni** in den Jahren fortschreiten; II. *tr* ⟨*avere*⟩ 1. *(spostare in avanti)* vorrükken; 2. *(promuovere)* befördern; 3. *(domanda)* einreichen; *(proposta)* unterbreiten; 4. *(superare)* übertreffen (*in* an).
avanzare[2] [avan'tsa:re] I. *itr* ⟨*essere*⟩ 1. *(rimanere come resto)* übrigbleiben; 2. *(essere sovrabbondante)* reichlich vorhanden sein; II. *tr* ⟨*avere*⟩ 1. *(essere creditore)* guthaben (*qc da qu* etw. bei jdm); 2. *fig (guadagnare)* (ein)sparen.
avanzata [avan'tsa:ta] *f* Vorrücken *n;* *(a. fig, mil)* Vormarsch *m.*
avanzato, -a[1] [avan'tsa:to] *a* 1. *(spostato in avanti)* vorgeschoben; 2. *(inoltrato)* vorgeschritten, fortgeschritten; 3. *(innovatore, audace)* fortschrittlich.
avanzato, -a[2] [avan'tsa:to] *a (residuo)* übriggeblieben; *(ancora disponibile)* verblieben.
avanzo [a'vantso] *m* 1. *(resto, a. mat)* Rest *m;* 2. *(eccedenza, a. com)* Überschuß *m;* 3. ⟨*pl*⟩ Überreste *m pl;* **il 4 nel 9 sta 2 volte con l'~ di 1** neun durch vier ist zwei, Rest eins.
avara *f v.* **avaro.**
avaria [ava'ri:a] ⟨-ie⟩ *f* Schaden *m.* **avariare** [...'ri̯a:re] I. *tr* beschädigen; II. *rfl:* **-arsi** verderben.
avarizia [ava'rittsi̯a] ⟨-ie⟩ *f* Geiz *m.*
avaro, -a [a'va:ro] I. *a* 1. *(persona)* geizig; 2. *fig (terreno, etc.)* karg; **~ di parole** wortkarg; II. *m, f* Geizige(r) *mf.*
avem(m)aria [avem(m)a'ri:a] ⟨-ie⟩ *f* Ave-Maria *n;* **sapere qc come l'~** etw. auswendig kennen.
avena [a've:na] *f* Hafer *m.*
avere [a've:re] ⟨ho, ebbi, avuto⟩ I. *tr* haben; **~ vent'anni** zwanzig Jahre alt sein; **~ da lavorare** zu arbeiten haben; **~ a che dire con qu** jdm etw. zu sagen haben; **~ a che fare con qu** mit jdm zu tun haben; **avercela con qu** sich mit jdm überworfen haben; *(prenderlo di mira)* jdn auf dem Kieker haben *fam;* **~ molto di qu** *fig (assomigliargli)* viel von jdm haben; **chi ha avuto, ha avuto** wer hat, der hat; II. *itr (impersonale)* vorhanden sein, geben; III. *m* 1. *(patrimonio)* Vermögen *n;* 2. *(credito)* Guthaben *n;* 3. *com* Haben *n;* **il dare e l'~** Soll und Haben *n.*
aviatore, -trice [avi̯a'to:re] *m, f* Flieger(in) *m(f).* **aviazione** [...t'tsi̯o:ne] *f* Luftfahrt *f,* Fliegerei *f; mil* Luftwaffe *f.*
avidità [avidi'ta] ⟨-⟩ *f* Gier *f;* **~ di sapere** Wissensdurst *m.*
avido, -a ['a:vido] *a* gierig; **~ di conoscere** wissensdurstig; **~ di guadagno/**

vendetta profit-/rachsüchtig; ~ **di denaro** habgierig.
aviere [a'vjɛ:re] *m* Flieger *m.*
aviogetto [avio'dʒɛtto] *m* Düsenflugzeug *n.*
avo, -a ['a:vo] *m, f* **1.** *lett (nonno, nonna)* Ahn(frau) *m(f) obs;* **2.** ‹*pl*› *(antenati)* Ahnen *pl,* Vorfahren *pl.*
avocado [avo'ka:do] *m* Avocado *f.*
avorio [a'vɔ:rio] ‹-i› *m* **1.** *(sostanza)* Elfenbein *n;* **2.** *(lavoro)* Elfenbeinarbeit *f;* **3.** *(colore)* Elfenbeinfarbe *f;* **Costa d'A~** Elfenbeinküste *f.*
avvalersi [avva'lersi] ‹*irr*› *rfl* sich bedienen *(di gen),* Gebrauch machen (*di* von).
avvallamento [avvalla'mento] *m* Senkung *f,* Niederung *f.*
avvampare [avvam'pa:re] *itr* ‹*essere*› **1.** *(ardere divampando)* lodern; **2.** *(arrossire)* erröten; **3.** *fig (di rabbia)* aufbrausen.
avvantaggiare [avvantad'dʒa:re] ‹avvantaggio, avvantaggi› **I.** *tr* **1.** *(favorire)* bevorteilen, begünstigen; **2.** *(far progredire)* fördern; **II.** *rfl:* **-arsi 1.** *(avvalersi con profitto)* nutzen; **2.** *(guadagnar tempo)* einen Vorsprung gewinnen; **3.** *(prevalere)* voraus sein (*su qu* jdm), im Vorteil sein (*su qu* jdm gegenüber).
avvedersi [avve'dersi] ‹*irr*› *rfl* bemerken (*di qc* etw.).
avvedutezza [avvedu'tettsa] *f* Umsicht *f,* Schlauheit *f.* **avveduto, -a** [...'du:to] *a* umsichtig, schlau.
avvelenamento [avvelena'mento] *m* Vergiftung *f.* **avvelenare** [...'na:re] **I.** *tr* **1.** *(con veleno)* vergiften; **2.** *(ammorbare)* verpesten; **3.** *fig (amareggiare)* vergällen; **II.** *rfl:* **-arsi** sich vergiften.
avvenente [avve'nɛnte] *a* anmutig, gefällig. **avvenenza** [...'nɛntsa] *f* Anmut *f.*
avvenimento [avveni'mento] *m* Ereignis *n.*
avvenire[1] [avve'ni:re] ‹-› *m* Zukunft *f.*
avvenire[2] [avve'ni:re] ‹*irr*› *itr* ‹*essere*› geschehen, passieren, sich ereignen; **che è avvenuto di lui?** was ist aus ihm geworden?
avventarsi [avven'tarsi] *rfl* sich stürzen (*su, contro* auf). **avventatezza** [...ta'tettsa] *f* Unbesonnenheit *f.* **avventato, -a** [...'ta:to] *a (giudizio, atto)* überstürzt, voreilig; *(persona)* unbesonnen, leichtsinnig.
avventizio, -a [avven'tittsio] ‹-i, -ie› **I.** *a* **1.** *(provvisorio)* (Aus)hilfs-; **2.** *(occasionale)* Gelegenheits-; **II.** *m, f* Aushilfe *f.*
avvento [av'vɛnto] *m* Advent *m;* ~ **al potere/trono** Machtergreifung *f*/ Thronbesteigung *f.*
avventore, -a [avven'to:re] *m, f (di negozio)* Stammkunde *m,* -kundin *f; (di locale pubblico)* Stammgast *m.*
avventura [avven'tu:ra] *f* Abenteuer *n.* **avventurarsi** [...tu'rarsi] *rfl* sich wagen, sich trauen. **avventuriero, -a** [...tu'rjɛ:ro] *m, f* Abenteurer *m,* Abenteu(r)erin *f.* **avventuroso, -a** [...tu'ro:so] *a (a. fig)* abenteuerlich.
avverarsi [avve'rarsi] *rfl* eintreffen, sich bewahrheiten.
avverbio [av'vɛrbio] ‹-i› *m* Adverb *n,* Umstandswort *n.*
avversare [avver'sa:re] *tr* anfechten, bekämpfen. **avversario, -a** [...'sa:rio] ‹-i, -ie› **I.** *a* gegnerisch; **II.** *m, f* Gegner(in) *m(f); mil (nemico)* Feind *m.*
avversione [avver'sio:ne] *f* **1.** *(ostilità, antipatia)* Aversion *f* (*per* gegen), Abneigung *f* (*per* gegen); **2.** *(ripugnanza)* Aversion *f* (*a* gegen), Widerwille *m* (*a* gegen).
avversità [avversi'ta] ‹-› *f* Unglücksfall *m,* Widrigkeiten *f pl.* **avverso, -a** [av'vɛrso] *a* widrig, feindlich; *(fig, jur a.)* gegnerisch.
avvertenza [avver'tɛntsa] *f* **1.** *(cautela)* Umsicht *f,* Besonnenheit *f;* **2.** *(avviso)* Hinweis *m; (ammonimento)* Ermahnung *f;* **3.** *lit* Vorwort *n;* **4.** ‹*pl*› *(istruzioni per l'uso)* (Gebrauchs)anweisung *f.*
avvertimento [avverti'mento] *m* Benachrichtigung *f,* Hinweis *m; (diffida)* Warnung *f.* **avvertire** [...'ti:re] ‹avverto› *tr* **1.** *(avvisare)* aufmerksam machen (*di* auf), hinweisen (*di* auf); **2.** *(ammonire, minacciare)* warnen; **3.** *(percepire)* empfinden, wahrnehmen.
avvezzo, -a [av'vettso] *a* gewöhnt (*a* an), gewohnt (*a acc*).
avviamento [avvia'mento] *m* **1.** *(inizio)* Einführung *f* (*a* in), Einleitung *f;* **2.** *com* Eingeführtsein *n;* **3.** *tec (messa in moto)* Anlassen *n; (il mettersi in moto)* Anspringen *n;* **scuola d'~** berufsvorbereitende Schule. **avviare** [...i'a:re] ‹avvio, avvii› **I.** *tr* **1.** *fig (indirizzare)* hinführen (*a* auf, zu); **2.** *tec (mettere in moto)* anlassen; **3.** *(dare inizio)* einleiten, in Gang bringen; **II.** *rfl:* **-arsi 1.** *(incamminarsi)* sich auf den Weg machen (*o* begeben); **2.** *fig (stare per)* im Begriff sein (*a* zu).
avvicendare [avvitʃen'da:re] **I.** *tr* abwechseln; **II.** *rfl:* **-arsi** sich abwechseln.
avvicinamento [avvitʃina'mento] *m* Annäherung *f.* **avvicinare** [...'na:re] **I.** *tr* **1.** *(mettere vicino)* nähern, heranrücken; **2.** *(trattare con qu)* nahekommen (*qu* jdm), herantreten (*qu* an jdn); **II.** *rfl:* **-arsi 1.** *(farsi vicino)* sich nähern, herankommen, nahen; **2.** *fig (essere simile)* nahekommen, gleichen; **-arsi ai sacramenti** die Sakramente empfangen.
avvilente [avvi'lɛnte] *a (degradante)*

demütigend, erniedrigend; *(disprezzabile)* schmählich; *(scoraggiante)* entmutigend.

avvilimento [avvili'mento] *m (degradazione morale)* Erniedrigung *f*, Demütigung *f*; *(abbattimento)* Entmutigung *f*. **avvilire** [...'li:re] ‹avvilisco› **I.** *tr (degradare)* erniedrigen; *(umiliare)* demütigen; *(scoraggiare)* entmutigen; **II.** *rfl:* **-irsi** verzagen, den Mut verlieren.

avviluppare [avvilup'pa:re] *tr* **1.** *(avvolgere)* einwickeln; **2.** *(aggrovigliare)* aufwickeln.

avvinazzato, -a [avvinat'tsa:to] **I.** *a* beschwipst, angeheitert; **II.** *m, f* Angetrunkene(r) *mf*.

avvincente [avvin'tʃɛnte] *a* fesselnd, anziehend. **avvincere** [av'vintʃere] ‹*irr*› *tr (a. fig)* fesseln.

avvinghiare [avviŋ'gi̯a:re] ‹avvinghio, avvinghi› **I.** *tr* umschlingen, umklammern; **II.** *rfl:* **-arsi** sich klammern (*a* an).

avvio [av'vi:o] ‹-ii› *m* Beginn *m*, Einleitung *f*; **dare l'~ a qc** etw. in Gang bringen.

avvisaglie [avvi'zaʎʎe] *f pl* Vorzeichen *n pl*.

avvisare [avvi'za:re] *tr* **1.** *(informare)* benachrichtigen; **2.** *(ammonire, mettere in guardia)* warnen. **avvisatore** [...za'to:re] *m* Warnanlage *f*; **~ d'incendio** Feuermelder *m*; **~ acustico** Hupe *f*. **avviso** [av'vi:zo] *m* **1.** *(informazione, notizia)* Meldung *f*, Nachricht *f*; *(comunicato)* Bekanntmachung *f*; **2.** *(sul giornale)* Anzeige *f*; **3.** *(consiglio, ammonimento)* Warnung *f*, Hinweis *m*; **4.** *jur (notificazione)* Mitteilung *f*, Anzeige *f*; **5.** *(parere, opinione)* Meinung *f*; **~ di sfratto** Räumungsbefehl *m*; **dare ~** Nachricht geben; **metter qu sull'~** jdn warnen; **a mio ~** meiner Meinung nach.

avvistare [avvis'ta:re] *tr* sichten.

avvitare [avvi'ta:re] **I.** *tr* (an-, ein)schrauben; **II.** *rfl:* **-arsi** *aero* eine Rolle machen.

avvizzire [avvit'tsi:re] ‹avvizzisco› **I.** *itr* ‹*essere*› (ver)welken; **II.** *tr* ‹*avere*› welken lassen.

avvocato, -essa [avvo'ka:to, ...ka'tessa] *m, f* **1.** *(professionista)* Anwalt *m*, Anwältin *f*; **2.** *fig* Fürsprecher(in) *m(f)*; **~ difensore** Verteidiger *m*; **~ penale** Strafverteidiger *m*.

avvolgere [av'vɔldʒere] ‹*irr*› **I.** *tr* **1.** *gener.* wickeln; *(volgere intorno)* umwickeln; *(arrotolare)* aufwickeln; **2.** *(avviluppare)* (ein)wickeln; **3.** *fig* einhüllen; **II.** *rfl:* **-ersi** sich wickeln.

avvolgibile [avvol'dʒi:bile] **I.** *m* Rollladen *m*; **II.** *a* Roll-. **avvolgimento** [...dʒi'mento] *m* **1.** *(arrotolamento)* Um-, Aufwicklung *f*; **2.** *mil* Aufrollen *n*; **3.** *el* Wicklung *f*.

avvoltoio [avvol'to:i̯o] ‹-oi› *m* **1.** *zoo* Geier *m*; **2.** *fig* Halsabschneider *m*.

azalea [addza'lɛ:a] *f* Azalee *f*.

azienda [ad'dzi̯ɛnda] *f* Betrieb *m*, Firma *f*, Unternehmen *n*. **aziendale** [...i̯en'da:le] *a* Betriebs-.

azionamento [attsi̯ona'mento] *m* Betätigung *f*. **azionare** [...'na:re] *tr* betätigen, in Gang setzen.

azionario, -a [attsi̯o'na:ri̯o] ‹-i, -ie› *a* Aktien-.

azione [at'tsi̯o:ne] *f* **1.** *(l'agire)* Tat *f*, Aktion *f*; **2.** *(attività)* Tätigkeit *f*; *(tec a.)* Betrieb *m*; **3.** *(funzionamento)* Wirkung *f*; **4.** *(insieme di iniziative)* Unternehmung *f*; **5.** *(intreccio)* Handlung *f*; **6.** *jur* Klage *f*, Verfahren *n*; **7.** *mil* Kampfhandlung *f*, Gefecht *n*; **8.** *com* Aktie *f*; **uomo d'~** Mann *m* der Tat; **essere in ~** in Betrieb sein; **entrare in ~** in Aktion treten; **passare all'~** zur Tat schreiten; **~!** *film* Aufnahme!

azionista [attsi̯o'nista] ‹-i *m*, -e *f*› *mf* Aktionär(in) *m(f)*.

azoto [ad'dzɔ:to] *m* Stickstoff *m*.

azzannare [attsan'na:re] *tr* mit den Zähnen packen.

azzardare [addzar'da:re] **I.** *tr* wagen; *(arrischiare a.)* riskieren; **II.** *rfl:* **-arsi** sich erkühnen, wagen. **azzardo** [ad'dzardo] *m* **1.** *(rischio)* Risiko *n*; **2.** *(atto temerario)* Wagnis *n*.

azzeccare [attsek'ka:re] ‹azzecco, azzecchi› *tr* **1.** *(colpire nel segno)* treffen; **2.** *fig (indovinare)* erraten. **azzeccato, -a** [...'ka:to] *a* gut getroffen; *(risposta, etc.)* passend.

azzeramento [addzera'mento] *m* Nulleinstellung *f*.

azzoppare, azzoppire [attsop'pa:re, ...'pi:re] ‹azzoppisco› **I.** *tr* ‹*avere*› lahm machen; **II.** *itr* ‹*essere*›, *rfl:* **-arsi, -irsi** lahm werden.

Azzorre [ad'dzɔrre] *f pl* Azoren *pl*.

azzuffarsi [attsuf'farsi] *rfl* sich raufen, aneinandergeraten.

azzurro [ad'dzurro] **I.** *a* (himmel)blau, azurblau; **squadra -a** *italienische Nationalmannschaft*; **II.** *m* **1.** *(colore)* (Himmel)blau *n*, Azurblau *n*; **2.** *sport italienischer Nationalspieler*. **azzurrognolo, -a** [...'roɲɲolo] *a* bläulich.

B

B, b [bi] ‹-› *f* B, b *n;* **b come Bologna** B wie Berta.

babbeo, -a [bab'bɛ:o] **I.** *a* dumm, dusselig *fam;* **II.** *m, f* Dussel *m fam,* Pfeife *f fam.*

babbo ['babbo] *m fam* Papa *m,* Papi *m;* **~ Natale** Weihnachtsmann *m.*

babbuccia [bab'buttʃa] ‹-cce› *f* Pantoffel *m.*

babbuino, -a [babbu'i:no] *m, f* Pavian *m.*

babele [ba'bɛ:le] *f* Durcheinander *n,* Trubel *m,* Chaos *n.*

babordo [ba'bordo] *m* Backbord *n;* **a ~** backbord(s).

baby-sitter ['beɪbɪsɪtə] ‹-› *mf* Babysitter *m.*

bacato, -a [ba'ka:to] *a* wurmstichig.

bacca ['bakka] ‹-cche› *f* Beere *f.*

baccalà [bakka'la] ‹-› *m* **1.** *gastr* Klipp-, Stockfisch *m;* **2.** *fig pej (persona stupida)* Stockfisch *m,* Trottel *m; (persona allampanata)* Hering *m,* Streichholz *n.*

baccano [bak'ka:no] *m* Heidenlärm *m fam.*

baccello [bat'tʃɛllo] *m* Hülse *f.*

bacchetta [bak'ketta] *f* **1.** *gener.* Stab *m; (per battere)* Stock *m;* **2.** *(del direttore d'orchestra)* Taktstock *m; (per il tamburo)* Trommelschlegel *m;* **~ magica** Zauberstab *m;* **~ da rabdomante** Wünschelrute *f;* **comandare qu a ~** jdn herumkommandieren.

bacheca [ba'kɛ:ka] ‹-che› *f* **1.** *(per affissione)* Schwarzes Brett; **2.** *(di negozio, museo)* Schaukasten *m,* Vitrine *f.*

bachelite [bake'li:te] *f* Bakelit® *n.*

bachicoltura [bakikol'tu:ra] *f* Seidenraupenzucht *f.*

baciamano [batʃa'ma:no] *m* Handkuß *m;* **fare il ~ a qu** jdm einen Handkuß geben.

baciare [ba'tʃa:re] ‹bacio, baci› **I.** *tr* küssen; **II.** *rfl:* **-arsi** sich küssen.

bacillo [ba'tʃillo] *m* Bazillus *m.*

bacinella [batʃi'nɛlla] *f* Becken *n,* Schüssel *f.*

bacino [ba'tʃi:no] *m gener., anat, geog, min, geol, naut* Becken *n; (min a.)* Revier *n; (recipiente a.)* Bottich *m,* Kübel *m;* **~ idrografico/idroelettrico** Wassereinzugsgebiet *n*/Staubecken *n;* **~ di carenaggio** Dock *n,* Dockbecken *n.*

bacio ['ba:tʃo] ‹-ci› *m* Kuß *m.*

baco ['ba:ko] ‹-chi› *m* Raupe *f; (verme)* Wurm *m; (di generi alimentari)* Made *f;* **~ da seta** Seidenraupe *f.*

bada ['ba:da] *f:* **tenere a ~ qu** jdn hinhalten; *(bambino)* jdn hüten. **badare** [ba'da:re] *itr* **1.** *(accudire)* aufpassen (*a* auf), sich kümmern (*a* um); **2.** *(stare attento)* aufpassen (*a* auf), achtgeben (*a* auf); **~ alla casa/ai bambini** das Haus/die Kinder hüten; **non ~ a spese** keine Kosten scheuen; **bada a come parli!** paß auf (*o* überleg dir), was du sagst!; **bada ai fatti tuoi!** kümm(e)re dich um deine eigenen Angelegenheiten!

badessa [ba'dessa] *f* Äbtissin *f.*

badia [ba'di:a] ‹-ie› *f* Abtei *f.*

badile [ba'di:le] *m* Schaufel *f.*

baffo ['baffo] *m* Schnurr-, Schnauzbart *m;* **mi fa un ~** *fam* das juckt mich nicht *fam.* **baffuto, -a** [...'fu:to] *a* schnurrbärtig, mit Schnurrbart.

bagagliaio [bagaʎ'ʎa:jo] ‹-ai› *m* **1.** *mot* Kofferraum *m;* **2.** *ferr* Gepäckwagen *m.*

bagaglio [ba'gaʎʎo] ‹-gli› *m* **1.** *gener.* Gepäck *n;* **2.** *fig* Ausrüstung *f,* Ausstattung *f;* **~ culturale** Bildungsgut *n;* **assicurazione (dei) -gli** Reisegepäckversicherung *f;* **fare/disfare i -gli** ein-/auspacken; **spedire come ~ appresso** als Reisegepäck aufgeben; **con armi e -gli** mit Sack und Pack.

bagarre [ba'garre] ‹-› *f* Tumult *m,* Aufruhr *m.*

bagattella [bagat'tɛlla] *f (a. mus)* Bagatelle *f.*

bagliore [baʎ'ʎo:re] *m (a. fig)* Schimmer *m.*

bagnante [baɲ'ɲante] *mf* Badende(r) *mf,* Badegast *m.*

bagnare [baɲ'ɲa:re] **I.** *tr* **1.** *gener.* naß machen, an-, befeuchten; **2.** *(fiume)* fließen durch; **II.** *rfl:* **-arsi 1.** *(fare il bagno)* baden; **2.** *(di pioggia, acqua)* naß werden. **bagnato, -a** [...'ɲa:to] **I.** *a* naß, durchnäßt; **~ fradicio** klatschnaß; **II.** *m* nasser (*o* feuchter) Boden. **bagnino, -a** [...'ɲi:no] *m, f* Bademeister(in) *m(f).*

bagno ['baɲɲo] *m* **1.** *gener., fot, chem* Bad *n;* **2.** *(stanza)* Bad(ezimmer) *n;* **3.** ‹*pl*› *(stabilimento balneare e termale)* Heil-, Thermalbad *n; (stazione balneare)* Badeort *m;* **~ penale** *obs* Zuchthaus *n;* **-i pubblici** öffentliche Badeanstalten *f pl;* **fare il ~** baden; **fare la cura dei -i** eine (Bade)kur machen; **essere in un ~ di sudore** schweißgebadet (*o* in Schweiß gebadet) sein; **andare**

in ~ auf die Toilette gehen; **mettere qc a** ~ etw. einweichen. **bagnomaria** [-ma'ri:a] ‹-› *m:* **a** ~ im Wasserbad, im Bain-marie.

baia ['ba:i̯a] ‹-aie› *f* Bucht *f,* Golf *m,* Meerbusen *m.*

baio, -a ['ba:i̯o] ‹-ai, -aie› *a:* **cavallo** ~ (Rot)fuchs *m,* Braune(r) *m.*

baionetta [bai̯o'netta] *f* Bajonett *n.*

baita ['ba:ita] *f* Berg-, Almhütte *f.*

balaustra, balaustrata [bala'ustra, ...'tra:ta] *f* Balustrade *f,* Brüstung *f.*

balbettare [balbet'ta:re] **I.** *itr* stottern, stammeln; *(bambino)* lallen; **II.** *tr (scusa)* stammeln; *(lingua straniera)* radebrechen. **balbettio** [...'ti:o] ‹-ii› *m* Gestotter *n,* Gestammel *n.*

balbuzie [bal'buttsi̯e] ‹-› *f* Stottern *n.* **balbuziente** [...'tsi̯ɛnte] **I.** *a* stotternd; **II.** *mf* Stotterer *m,* Stott(r)erin *f.*

Balcani [bal'ka:ni] *m pl* Balkan *m.* **balcanico, -a** [...'ka:niko] ‹-ci, -che› *a* balkanisch, Balkan-; **la penisola -a** die Balkanhalbinsel.

balcone [bal'ko:ne] *m* Balkon *m.*

baldacchino [baldak'ki:no] *m* Baldachin *m.*

baldanzoso, -a [baldan'tso:so] *a* unverfroren, keck, übertrieben selbstsicher.

baldo, -a ['baldo] *a* kühn, selbstsicher.

baldoria [bal'dɔ:ri̯a] ‹-ie› *f* Rummel *m,* Remmidemmi *m fam;* **fare** ~ Remmidemmi machen *fam.*

balena [ba'le:na] *f* Wal(fisch) *m.*

balenare [bale'na:re] *itr* ‹*essere*› **1.** *meteo* blitzen; **2.** *(splendere improvvisamente)* aufblitzen; **mi è balenata un'eccellente idea** mir ist eine glänzende Idee gekommen. **baleno** [ba'le:no] *m* Blitz *m;* **in un** ~ *fig* blitzschnell, im Nu.

balestra [ba'lɛstra] *f* **1.** *mot* Blattfeder *f;* **2.** *mil* Armbrust *f.*

balia[1] ['ba:li̯a] ‹-ie› *f (donna)* Amme *f;* ~ **asciutta** *fam* Kinderfrau *f.*

balia[2] [ba'li:a] *f (potere)* Gewalt *f,* Macht *f;* **in** ~ **di** in der Gewalt *gen,* ausgeliefert *dat,* preisgegeben *dat;* **essere in** ~ **della sorte** ein Spielball des Schicksals sein.

balla ['balla] *f* **1.** *com* Ballen *m;* **2.** *fig fam* (Lügen)märchen *n,* Stuß *m fam;* **non raccontare -e!** erzähl keine Märchen! *fam.*

ballabile [bal'la:bile] **I.** *a* tanzbar; **II.** *m* Tanzstück *n.*

ballare [bal'la:re] **I.** *tr* tanzen; **II.** *itr* **1.** *mus* tanzen; **2.** *naut* schlingern; **3.** *(abiti)* schlottern; *(oggetti)* wackeln; **il cappotto mi balla addosso** der Mantel schlottert mir am Leib. **ballata** [...'la:ta] *f* Ballade *f.* **ballerina** [...le'ri:na] *f* **1.** *(scarpa)* Ballerina(schuh *m) f;* **2.** *zoo* Bachstelze *f.* **ballerino, -a** [...le'ri:no] **I.** *m, f* Ballettänzer(in) *m(f); (donna a.)* Ballerina *f; (danzatore)* Tänzer(in) *m(f);* **II.** *a* tanzend; **terre -e** *scherz* Erdbebengebiete *n pl.* **balletto** [...'letto] *m* Ballett *n.*

ballo ['ballo] *m* **1.** *(atto, arte di ballare)* Tanzen *n;* **2.** *(danza)* Tanz *m;* **3.** *(festa da* ~*)* Ball *m,* Tanzfest *n;* **corpo di** ~ Ballett(gruppe *f*) *n,* Corps de ballet *n;* **essere in** ~ *fig* auf dem Spiel stehen; **tirare in** ~ **qu/qc** jdn/etw. ins Spiel bringen; **avere il** ~ **di San Vito** *fig scherz* Quecksilber im Leib haben; **mi permette questo** ~**?** darf ich um diesen Tanz bitten?; **quando si è in** ~**, bisogna ballare** *prov* wer A sagt, muß auch B sagen *prov.*

ballottaggio [ballot'taddʒo] ‹-ggi› *m* Stichwahl *f; sport* Titelentscheidungskampf *m.*

balneare [balne'a:re] *a* Bade-; **stagione** ~ Badesaison *f.*

baloccarsi [balok'karsi] ‹mi balocco, ti balocchi› *rfl* (herum)spielen; *(gingillarsi)* herumtrödeln. **balocco** [ba'lɔkko] ‹-cchi› *m* Spielzeug *n.*

balordo, -a [ba'lordo] **I.** *a* blöde, blöd(sinnig), dämlich; **II.** *m, f* Dumm-, Schafskopf *m.*

balsamico, -a [bal'sa:miko] ‹-ci, -che› *a* balsamisch, Balsam-. **balsamo** ['balsamo] *m (a. fig)* Balsam *m.*

baltico, -a ['baltiko] ‹-ci, -che› *a* baltisch; **il (Mar) B**~ die Ostsee.

baluardo [balu'ardo] *m* Schutzwall *m; (a. fig)* Bollwerk *n.*

balza ['baltsa] *f* **1.** *(di vestito, etc.)* Volant *m;* **2.** *geog* Steilhang *m.*

balzano, -a [bal'tsa:no] *a* eigentümlich.

balzare [bal'tsa:re] *itr* ‹*essere*› **1.** *(saltare di scatto)* (hoch)springen, hüpfen, (empor)schnellen; **2.** *fig* springen; ~ **in piedi** aufspringen, auf die Beine springen; **le balzò il cuore in gola** das Herz klopfte ihr bis zum Hals. **balzo** ['baltso] *m* Sprung *m,* Satz *m fam;* **fare un** ~ **in avanti (nella carriera)** (in der beruflichen Laufbahn) einen (großen) Sprung nach vorn machen.

bambagia [bam'ba:dʒa] ‹-gie› *f* Watte *f;* **tenere qu nella** ~ jdn in Watte packen.

bambinaia [bambi'na:i̯a] ‹-aie› *f* Kindermädchen *n.*

bambino, -a [bam'bi:no] **I.** *m, f* Kind *n;* Junge *m,* Mädchen *n;* **non fare il** ~**!** sei nicht kindisch!; **II.** *a* **1.** *(persona)* naiv, kindlich; **2.** *fig (disciplina, etc.)* jung.

bamboccio [bam'bɔttʃo] ‹-cci› *m fam* **1.** *(bambino)* Pummelchen *n,* Dickerchen *n;* **2.** *(fantoccio)* Puppe *f;* **3.** *fig* Tolpatsch *m.*

bambola ['bambola] *f (a. fig)* Puppe *f.* **bambolotto** [...'lɔtto] *m* Püppchen *n,* Puppe *f.*

bambù [bam'bu] ‹-› *m* Bambus *m; (canna)* Bambusrohr *n.*
banale [ba'na:le] *a* banal. **banalità** [banali'ta] ‹-› *f* Banalität *f.*
banana [ba'na:na] *f* Banane *f.* **banano** [ba'na:no] *m* Bananenstaude *f.*
banca ['baŋka] ‹-che› *f* Bank *f;* ~ **dei dati** *inform* Datenbank *f;* **andare in** (*o* **alla**) ~ auf die (*o* zur) Bank gehen.
bancarella [baŋka'rɛlla] *f* Markt-, Verkaufsstand *m.*
bancario, -a [baŋ'ka:ri̯o] ‹-i, -ie› **I.** *a* Bank-; **II.** *m, f* Bankangestellte(r) *mf.*
bancarotta [baŋka'rotta] *f* Bankrott *m.*
banchetto [baŋ'ketto] *m* **1.** *(piccolo banco)* Bänkchen *n;* **2.** *(pranzo)* Bankett *n,* Festmahl *n.*
banchiere [baŋ'ki̯ɛ:re] *m* **1.** *fin* Bankier *m;* **2.** *(nei giochi d'azzardo)* Bankhalter *m.*
banchina [baŋ'ki:na] *f* **1.** *naut* Kai *m,* Mole *f;* **2.** *ferr* Bahnsteig *m;* **3.** *(per ciclisti)* Radweg *m; (per pedoni)* Fußgängerweg *m;* ~ **spartitraffico** Mittelstreifen *m.*
banchisa [baŋ'ki:za] *f* Packeis *n.*
banco ['baŋko] ‹-chi› *m* **1.** *(sedile)* (Sitz)bank *f;* **2.** *(di bar)* Theke *f; (di negozio)* Ladentisch *m,* Theke *f;* **3.** *com* Stand *m;* **4.** *fin* Bank *f,* Geldinstitut *n;* **5.** *geol* Schicht *f;* **6.** *(ammasso di nebbia)* Nebelbank *f; (di corallo)* Riff *n; (di pesci)* Schwarm *m;* **7.** *tec* Werkbank *f;* ~ **degli imputati** (*o* **accusati**)**/della giuria** Anklage-/Geschworenenbank *f;* ~ **del lotto** Lottoannahmestelle *f;* ~ **di prova** *tec* Prüfstand *m; fig* Bewährungsprobe *f;* **scaldare i -chi** *fig* die Schulbank drücken; **passare/vendere qc sotto** ~ etw. unterderhand weitergeben/verkaufen.
bancogiro [-'dʒi:ro] *m* Giroverkehr *m.*
banconota [-'nɔ:ta] *f* Banknote *f.*
banda ['banda] *f* **1.** *mus* (Musik)kapelle *f;* **2.** *(striscia, inform)* Band *n;* **3.** *fam* Clique *f; (di malviventi)* Bande *f;* **4.** *phys* Band(breite *f*) *n;* ~ **perforata** Lochstreifen *m.*
banderuola [bande'ru̯ɔ:la] *f* Wetterfahne *f; (piccola bandiera)* Wimpel *m,* Fähnchen *n.*
bandiera [ban'di̯ɛ:ra] *f* Fahne *f,* Flagge *f;* **voltare/cambiare** (*o* **mutare**) ~ *fig* in ein anderes Lager/ins andere Lager überwechseln.
bandire [ban'di:re] ‹bandisco› *tr* **1.** *(concorso)* ausschreiben; **2.** *(esiliare)* verbannen, verstoßen.
bandita [ban'di:ta] *f (di caccia)* Schongehege *n; (di pesca)* Schongewässer *n.*
bandito [ban'di:to] *m* Kriminelle(r) *m,* Bandit *m.*
banditore, -trice [bandi'to:re] *m, f (all'asta)* Versteigerer *m,* Versteig(r)erin *f,* Auktionator *m.*
bando ['bando] *m* **1.** *adm* (öffentliche) Bekanntmachung *f; (di concorso, etc.)* Ausschreibung *f; mil* Verordnung *f;* **2.** *(esilio)* Verbannung *f,* Exil *n;* **mettere al** ~ *(a. fig)* verbannen; ~ **a ...** Schluß (*o* fort *o* weg) mit ..., ... beiseite.
baobab [bao'bab] ‹-› *m* Affenbrotbaum *m.*
bar [bar] ‹-› *m* **1.** *(locale)* (Steh)café *n,* Lokal *n;* **2.** *(mobile)* (Haus)bar *f.*
bara ['ba:ra] *f* Bahre *f,* Sarg *m.*
baracca [ba'rakka] ‹-cche› *f* **1.** *(catapecchia)* Baracke *f,* Schuppen *m;* **2.** *(nelle fiere)* Bude *f,* Stand *m;* **3.** *fig fam* Laden *m,* Schuppen *m fam;* **mandare avanti la** ~ *fam* den Laden schmeißen *fam;* **piantare** ~ **e burattini** den Bettel hinwerfen. **baraccone** [...'ko:ne] *m* große Baracke; *(nelle fiere)* Jahrmarkt-, Kirmesbude *f.*
baraonda [bara'onda] *f* (großes) Durcheinander *n,* Zirkus *m fam.*
barare [ba'ra:re] *itr* **1.** *(al gioco)* falschspielen; **2.** *(imbrogliare)* betrügen.
baratro ['ba:ratro] *m* Abgrund *m.*
barattare [barat'ta:re] *tr* (ein)tauschen (*con* gegen), umtauschen (*con* gegen). **baratto** [ba'ratto] *m* Tausch(handel) *m.*
barattolo [ba'rattolo] *m* Büchse *f,* Dose *f,* Glas *n.*
barba ['barba] *f* **1.** *anat* Bart *m;* **2.** *fig* Langeweile *f;* **farsi la** ~ sich rasieren; **farla in** ~ **a qu** jdn hinters Licht führen; **far venire la** ~ langweilig sein; **in** ~ **a qu/qc** jdm/einer S. *(dat)* zum Trotz; **che** ~**!** so etwas Langweiliges!
barbabietola [-'bi̯ɛ:tola] *f* rote Rübe, rote Bete; ~ **da zucchero** Zuckerrübe *f.*
barbarico, -a [bar'ba:riko] ‹-ci, -che› *a* barbarisch. **barbarie** [...'ba:ri̯e] ‹-› *f* Barbarei *f.* **barbaro, -a** ['barbaro] **I.** *a (a. fig)* barbarisch; **II.** *m (a. fig)* Barbar *m.*
barbecue ['ba:bɪkju:] ‹-› *f* (Garten)grill *m.*
barbiere [bar'bi̯ɛ:re] *m* (Herren)friseur *m.*
barbiturico [barbi'tu:riko] ‹-ci› *m* Barbiturat *n.*
barbone [bar'bo:ne] *m* **1.** *(lunga barba)* langer Bart, Vollbart *m;* **2.** *(persona con barba)* Bärtige(r) *m;* **3.** *pej (vagabondo)* Landstreicher *m,* Penner *m fam;* **4.** *zoo* Pudel *m.*
barboso, -a [bar'bo:so] *a* langweilig.
barbuto, -a [bar'bu:to] *a* bärtig.
barca[1] ['barka] ‹-che› *f* **1.** *naut* Boot *n,* Kahn *m;* **2.** *fam* Laden *m fam;* ~ **a vela/a remi** Segel-/Ruderboot *n;* **andare in** ~ mit dem Boot fahren; **la** ~ **fa acqua da tutte le parti** *fig* da ist überall der Wurm drin *fam.*
barca[2] ['barka] *f fig* Masse *f,* Menge *f.*
barcaiolo [barka'i̯ɔ:lo] *m* Bootsführer *m; (noleggiatore)* Bootsverleiher *m.*

barcamenarsi [barkame'narsi] *rfl* sich durchschlängeln.
barcarola [barka'rɔ:la] *f* Barkarole *f.*
barcata [bar'ka:ta] *f v.* **barca²**.
barcollare [barkol'la:re] *itr* **1.** *(vacillare)* wanken, taumeln; **2.** *fig* schwanken, hin- und hergerissen sein. **barcollio** [...'li:o] ‹-ii› *m* fortgesetztes Schwanken.
bardatura [barda'tu:ra] *f* **1.** *(del cavallo)* Geschirr *n,* Sattelzeug *n;* **2.** *scherz* Takelage *f,* Putz *m.*
bardo ['bardo] *m* Barde *m.*
barella [ba'rɛlla] *f* Tragbahre *f.*
baricentro [bari'tʃɛntro] *m* Baryzentrum *n,* Schwerpunkt *m.*
barile [ba'ri:le] *m* Faß *n.*
barista [ba'rista] ‹-i *m,* -e *f*› *mf* **1.** *(chi lavora in un bar)* Barkeeper *m,* Barfrau *f;* **2.** *(proprietario)* Wirt(in) *m(f),* Lokalbesitzer(in) *m(f).*
baritonale [barito'na:le] *a* Bariton-. **baritono, -a** [ba'ri:tono] **I.** *a ling* baryton; **II.** *m mus* Bariton *m.*
barlume [bar'lu:me] *m* fahler Lichtschein; *(a. fig)* Schimmer *m.*
barocco, -a [ba'rɔkko] ‹-cchi, -cche› **I.** *a* barock, Barock-; **II.** *m* Barock *n o m.*
barometro [ba'rɔ:metro] *m* Barometer *n.*
barone, -essa [ba'ro:ne, baro'nessa] *m, f* **1.** *(titolo)* Baron(in) *m(f);* **2.** *fig* Boß *m,* Magnat *m;* **i -i dell'industria/della finanza** die Industrie-/Finanzbosse *m pl.*
barra ['barra] *f* **1.** *gener.* Stab *m; (tec, mot a.)* Stange *f;* **2.** *naut* (Ruder)pinne *f;* **3.** *jur* Schranke *f* (im Gerichtssaal); **4.** *zoo* Kandare *f,* Gebißstange *f;* **5.** *(segno grafico)* (Schräg)strich *m;* **6.** *(di metalli)* Barren *m.*
barricare [barri'ka:re] ‹barrico, barrichi› **I.** *tr* verbarrikadieren; **II.** *rfl:* **-arsi** sich verbarrikadieren, sich einschließen; **-arsi in casa** *fig* sich zu Hause verkriechen. **barricata** [...'ka:ta] *f (a. fig)* Barrikade *f;* **andare sulle -e** auf die Barrikaden gehen.
barriera [bar'riɛ:ra] *f* **1.** *(sbarramento)* Barriere *f,* Schranke *f,* Sperre *f; ferr* (Bahn)schranke *f;* **2.** *fig* Hindernis *n,* Barriere *f;* **3.** *geog* Riff *n,* Bank *f;* **4.** *sport (nel calcio)* Mauer *f;* ~ **corallina** Korallenriff *n;* ~ **doganale** Zollschranke *f;* ~ **del suono** Schallmauer *f.*
barrire [bar'ri:re] ‹barrisco› *itr (elefante)* trompeten.
Bartolomeo [bartolo'mɛ:o] *(nome proprio maschile)* Bartholomäus.
baruffa [ba'ruffa] *f* (heftiger) Streit *m,* Zank *m; (zuffa)* Rauferei *f;* **far** ~ (heftig) streiten, zanken; *(in modo violento)* raufen.
barzelletta [bardzel'letta] *f* Witz *m;* **raccontare -e** *fig* schwindeln, Märchen erzählen; **pigliare in** ~ ins Lächerliche ziehen.
basalto [ba'zalto] *m* Basalt *m.*
basamento [baza'mento] *m* **1.** *arch* Fundament *n,* Grundmauern *f pl;* **2.** *mot* Motorlagerung *f;* **3.** *(di monumento, mobile, etc.)* Sockel *m.*
basare [ba'za:re] **I.** *tr* **1.** *fig* (be)gründen (*su* auf), stützen (*su* auf); **2.** *(statua)* stellen (*su* auf); *(edificio)* bauen (*su* auf); **II.** *rfl:* **-arsi** *(a. fig)* sich stützen (*su* auf).
basco, -a ['basko] ‹-schi, -sche› **I.** *a* baskisch; **II.** *m, f* Baske *m,* Baskin *f;* **III.** *m* Baskenmütze *f.*
base ['ba:ze] *f* **1.** *gener., fig* Fundament *n,* Basis *f,* Grundlage *f;* **2.** *mil* Basis *f,* Stützpunkt *m;* **3.** *astr* Station *f;* **4.** *mat* Basis *f,* Grundzahl *f;* **5.** *chem* Base *f;* **6.** *sport (baseball)* Base *n;* **7.** *pol* Basis *f;* ~ **navale/aerea** Flotten-/Luftwaffenstützpunkt *m;* ~ **spaziale** Raumstation *f;* **stipendio** ~ Grundgehalt *n;* **a** ~ **di** auf der Grundlage von; **in** ~ **a** auf Grund (*o* aufgrund) *gen (o* von *dat),* nach *dat,* gemäß *dat;* **mancare di -i** jeder Grundlage entbehren; **non far ritorno alla** ~ *(a. fig scherz)* verschollen sein.
basetta [ba'zetta] *f* Koteletten *n pl.*
basico, -a ['ba:ziko] ‹-ci, -che› *a* basisch.
basilare [bazi'la:re] *a* grundlegend.
Basilea [bazi'lɛ:a] *f* Basel *n.*
basilica [ba'zi:lika] ‹-che› *f* Basilika *f.*
basilico [ba'zi:liko] ‹-chi› *m* Basilikum *n.*
basista [ba'zista] ‹-i *m,* -e *f*› *mf* Basispolitiker(in) *m(f).*
bassa ['bassa] *f* Tiefebene *f;* **la** ~ **padana** die Poebene.
bassezza [bas'settsa] *f* **1.** *fig (viltà)* Niederträchtigkeit *f,* Niedrigkeit *f; (pochezza)* Armseligkeit *f; (azione vile)* Gemeinheit *f;* **2.** *(di statura)* Kleinwuchs *m;* ~ **d'animo** Verworfenheit *f.*
bassifondi [bassi'fondi] *m pl* Elendsviertel *n pl.*
bassipiani *pl di* **bassopiano.**
basso, -a ['basso] ‹più basso *o* inferiore, bassissimo *o* infimo› **I.** *a* **1.** *gener.* niedrig; **2.** *(di statura)* klein(gewachsen); *(muro, etc.)* tief(gelegen), tief(liegend); *(tacco)* flach; *(acqua)* seicht, nicht tief; **3.** *(voce)* leise; *mus* tief; **4.** *hist* spät, Spät-; **5.** *(ricorrenza)* früh; **6.** *soc (ceti, classi)* untere(r, s); **7.** *fig* niederträchtig; **B-a Italia** Unteritalien *n;* **i Paesi B-i** die Niederlande; **il** ~ **Medioevo** das späte Mittelalter; **avere il morale** ~ ein seelisches Tief haben; **tenere gli occhi -i** die Augen niederschlagen; **quest'anno la Pasqua è -a** dieses Jahr ist Ostern früh; **II.** *adv* **1.** *(in basso)* (nach) unten, zu Boden, tief; **2.** *(a bassa voce)* leise; **III.** *m* **1.** *(parte inferiore)* unterer Teil, tief

gelegener Teil; **2.** *mus* Baß *m;* **cadere in ~** *fig* tief sinken. **bassopiano** [-'pia:no] ‹-i *o* bassipiani› *m* Tiefebene *f.* **bassorilievo** [-ri'liɛ:vo] *m* Basrelief *n.*

bassotto, -a [bas'sɔtto] *m* Dackel *m.*

basta ['basta] *interj* Schluß, genug, es reicht; *v. a. bastare.*

bastardo, -a [bas'tardo] **I.** *a* **1.** *zoo* nicht reinrassig; **2.** *bot* gekreuzt, hybrid; **3.** *(persona)* unehelich; **4.** *fig* falsch, unecht; *(corrotto)* schlecht, gemein; **II.** *m, f fam pej* Bastard *m.*

bastare [bas'ta:re] *itr* ‹*essere*› genügen, (aus)reichen; **~ a se stesso** sich *(dat)* selbst genügen; **basta poco per essere felici** man braucht wenig, um glücklich zu sein; **come se non bastasse** als reichte das nicht; **basta che ...** *conj* wenn nur ..., es reicht, wenn (*o* daß) ...; **basta con ...** Schluß mit *dat,* genug *gen;* **basta così** das reicht, so ist es gut; **punto e basta!** Punktum!, Schluß, aus!

bastimento [basti'mento] *m* Schiff *n.*

bastione [bas'tio:ne] *m* Bastion *f,* Bollwerk *n.*

bastonare [basto'na:re] **I.** *tr* (ver)prügeln, mit dem Stock schlagen; **II.** *rfl:* **-arsi** sich (ver)prügeln, sich (ver)hauen. **bastonata** [...'na:ta] *f* Stockschlag *m,* -hieb *m;* **gli dette un fracco di -e** *fam* er (*o* sie) hat ihm die Hucke vollgehauen *fam,* er (*o* sie) hat ihn windelweich geschlagen *fam.*

bastone [bas'to:ne] *m* **1.** *gener.* Stock *m;* **2.** *fig, mil* (Befehls)gewalt *f,* Kommando *n;* **3.** *sport* Schläger *m;* **4.** *fig* Stütze *f;* **~ da passeggio/montagna** Spazier-/Bergstock *m;* **avere il ~ del comando** das Kommando führen; **essere il ~ della vecchiaia di qu** jds Stütze im Alter sein; **mettere il ~ tra le ruote a qu** jdm (einen) Knüppel zwischen die Beine werfen.

batacchio [ba'takkio] ‹-cchi› *m* Glokkenschwengel *m.*

batista [ba'tista] ‹-› *f* Batist *m.*

batosta [ba'tɔsta] *f* Schlappe *f,* (schwerer) Schlag *m.*

battaglia [ba'taʎʎa] ‹-glie› *f* **1.** *mil* Schlacht *f,* Feldzug *m;* **2.** *fig* Kampf *m,* Schlacht *f; (campagna)* Kampagne *f* (*per* für); **~ campale** Feldschlacht *f;* **dare ~ a qc/qu** einer S. *(dat)* /jdm eine Schlacht liefern. **battagliero, -a** [...'ʎɛ:ro] *a* kämpferisch. **battaglione** [...'ʎo:ne] *m* Bataillon *n.*

battello [bat'tɛllo] *m* Boot *n,* Kahn *m.*

battente [bat'tɛnte] *m* **1.** *(di porta e finestra)* Flügel *m; (di mobile)* Tür *f;* **2.** *(battaglio)* Schwengel *m; (di porta)* (Tür)klopfer *m; (di orologio)* Uhrhammer *m,* Gong *m.*

battere ['battere] **I.** *tr* **1.** *gener.* schlagen, (aus)klopfen; **2.** *(grano)* dreschen; **3.** *mus (tempo)* (an)geben; **4.** *sport* schlagen; *(primato)* brechen; **5.** *fin (moneta)* prägen; **6.** *(metallo, ferro)* hämmern, treiben; **~ le ali** mit den Flügeln schlagen; **~ un colpo** einen Schlag geben (*o* tun); **~ i denti** mit den Zähnen klappern (*da* vor); **~ le mani** (in die Hände) klatschen; **~ (il marciapiede)** *fam* auf den Strich gehen; **~ i piedi** mit den Füßen stampfen; *fig* (vor Wut) aufstampfen; **~ una lettera a macchina** einen Brief auf der Maschine tippen; **~ la testa nel muro** *fig* mit dem Kopf durch die Wand wollen; **far ~ il cuore a qu** jds Herz höher schlagen lassen; **in un ~ d'occhio** im Nu, in Null Komma nichts *fam;* **~ il ferro finchè e caldo** *fig* das Eisen schmieden, solange es heiß ist; **II.** *itr* **1.** *(pioggia)* prasseln; *(orologio, cuore)* schlagen; *(sole)* knallen; **2.** *(bussare)* klopfen, pochen; **3.** *mot, tec* klopfen; **~ alla porta** an die Tür klopfen; **~ sempre sullo stesso tasto** *fig* darauf herumhacken; **all'orologio della torre battono le tre** die Turmuhr schlägt drei; **il motore batte in testa** der Motor klopft; **III.** *rfl:* **-ersi** *(a. fig)* sich schlagen, kämpfen (*per* um, für); **-ersi il petto** *fig* sich *(dat)* an die Brust schlagen; **battersela** *fam* sich verdrücken *fam.*

batteria [batte'ri:a] ‹-ie› *f* **1.** *(insieme di cose)* Satz *m,* Serie *f; (di rubinetti)* Armaturen *f pl;* **2.** *mot, el, mil* Batterie *f; (di orologio)* Schlagwerk *n;* **3.** *mus* Schlagzeug *n;* **4.** *sport* Qualifikationsrunde *f;* **5.** *(per l'allevamento di polli)* (Lege)batterie *f;* **~ da cucina** Küchengerät(e *pl*) *n.*

battericida [batteri'tʃi:da] ‹-i› *m* Bakterizid *n,* keimtötendes Mittel.

batterio [bat'tɛ:rio] ‹-i› *m* Bakterie *f.*

batteriologia [batteriolo'dʒi:a] ‹-gie› *f* Bakteriologie *f.* **batteriologo, -a** [...'riɔ:logo] ‹-gi, -ghe› *m, f* Bakteriologe *m,* -login *f.*

batterista [batte'rista] ‹-i *m,* -e *f*› *mf* Schlagzeuger(in) *m(f).*

battesimale [battezi'ma:le] *a* Tauf-; **fonte ~** Taufbecken *n.*

battesimo [bat'te:zimo] *m* Taufe *f;* **~ del fuoco/dell'aria** Feuertaufe *f*/Jungfernflug *m;* **tenere a ~ qu** jds Pate (*o* Patin) sein.

battezzare [batted'dza:re] *tr* taufen; **l'hanno battezzata Silvia** sie wurde auf den Namen Silvia getauft.

battibaleno [battiba'le:no] *m:* **in un ~** im Nu.

battibeccarsi [-bek'karsi] *rfl* sich zanken. **battibecco** [-'bekko] *m* Gezänk *n.*

batticuore [-'kuɔ:re] *m* Herzklopfen *n.*

battigia [bat'ti:dʒa] ‹-gie› *f* Strandlinie *f.*

battimano [batti'ma:no] *m,* **battimani**

[-'ma:ni] *m pl* Beifall *m*. **battipanni** [-'panni] ‹-› *m* Klopfer *m*. **battipista** [-'pista] ‹-› *m* **1.** *sport* Vorläufer *m*; **2.** *tec* Planierraupe *f*; *(per la neve)* Schneeraupe *f*. **battiscopa** [-s'ko:pa] ‹-› *m* Fuß(boden)leiste *f*.
battista [bat'tista] ‹-i *m*, -e *f*› **I.** *mf* Baptist(in) *m(f)*; **San Giovanni B~** Johannes der Täufer; **II.** *a* Tauf-; **chiesa ~** Baptistenkirche *f*.
battistero [battis'tɛ:ro] *m* Taufkapelle *f*, Baptisterium *n*.
battistrada [battis'tra:da] ‹-› *m* **1.** *mot* (Reifen)profil *n*; **2.** *sport* Schrittmacher *m*.
battito ['battito] *m* Schlag *m*, Schlagen *n*.
battitore, -trice [batti'to:re] *m, f* Schläger(in) *m(f)*; *(tennis)* Aufschläger(in) *m(f)*. **battitura** [...'tu:ra] *f* Dreschen *n*.
battuta [bat'tu:ta] *f* **1.** *gener.* Schlag *m*, Stoß *m*; **2.** *scherz* Witz *m*; **3.** *mus* Takt *m*; **4.** *(di macchina da scrivere)* Anschlag *m*; **5.** *theat* Einsatz *m*; **6.** *sport* Abspiel *n*; **7.** *(caccia)* Treibjagd *f*; **8.** *(di polizia)* Razzia *f*, Einsatz *m*; **~ d'arresto** Unterbrechung *f*; *mus* Taktpause *f*; **~ di spirito** geistreiche Bemerkung; **avere la ~ pronta** schlagfertig sein; **non perdere una ~** keine Nuance überhören; **alle prime -e** am Anfang.
battuto, -a [bat'tu:to] *a* **1.** *(rame, ferro)* gehämmert, geschmiedet; **2.** *(strada)* begangen; *(con veicolo)* befahren; **3.** *gastr (carne)* geklopft; **4.** *(sconfitto)* geschlagen; **a spron ~** Hals über Kopf, in Windeseile.
batuffolo [ba'tuffolo] *m* (Watte)bausch *m*.
bau bau ['ba:u 'ba:u] *interj* wauwau.
baule [ba'u:le] *m* **1.** *(da viaggio)* Überseekoffer *m*; **2.** *mot* Kofferraum *m*. **bauletto** [bau'letto] *m* **1.** *(per oggetti femminili)* Schmuck-, Kosmetikköfferchen *n*; **2.** *(borsetta)* Handköfferchen *n*.
bava ['ba:va] *f* Schaum *m*, Schleim *m*; **~ di vento** Windhauch *m*; **avere la ~ alla bocca** Schaum vor dem Mund haben; *fig* (vor Wut) schäumen.
bavaglio [ba'vaʎʎo] ‹-gli› *m* Knebel *m*; **mettere il ~ a qu** *fig* jdn nicht frei reden lassen, jdn knebeln.
bavagliolo [bavaʎ'ʎɔ:lo] *m* Lätzchen *n*.
bavero ['ba:vero] *m* Kragen *m*.
Baviera [ba'viɛ:ra] *f* Bayern *n*.
bazar [bad'dzar] ‹-› *m* Bazar *m*; *fig com* Warenhaus *n*.
bazzecola [bad'dzɛ:kola] *f* Lappalie *f*, Kleinigkeit *f*.
bazzicare [battsi'ka:re] ‹bazzico, bazzichi› **I.** *itr* verkehren, ein und aus gehen; **II.** *tr* regelmäßig besuchen, verkehren in (*o* bei).
bazzotto, -a [bad'dzɔtto] *a*: **uovo ~** weichgekochtes Ei.
be' [bɛ] *v.* **beh.**
beat [bi:t] **I.** ‹-› *mf* Beatnik *n*; *(lit a.)* Angehörige(r) *mf* der Beatgeneration; **II.** ‹*inv*› *a* Beat-.
beatificare [beatifi'ka:re] ‹beatifico, beatifichi› *tr* seligsprechen.
beatitudine [beati'tu:dine] (Glück)seligkeit *f*.
beato, -a [be'a:to] **I.** *a* **1.** *fig* glücklich, glückselig; **2.** *rel* selig; **il Beatissimo Padre** der Heilige Vater; **~ te!** du Glücklicher!; **II.** *m, f* Selige(r) *mf*.
Beatrice [bea'tri:tʃe] *(nome proprio femminile)* Beatrix.
beauty-case ['bju:tɪkeɪs] ‹-› *m* Kosmetikkoffer *m*.
bebè [be'bɛ] ‹-› *m* Baby *n*.
beccaccia [bek'kattʃa] ‹-cce› *f* Waldschnepfe *f*.
beccare [bek'ka:re] ‹becco, becchi› **I.** *tr* **1.** *zoo* (auf)picken; *(colpire con il becco)* picken (nach); **2.** *scherz (mangiare)* picken; **3.** *fig fam* kriegen *fam*, schnappen *fam*, erwischen; **~ qu sul fatto** jdn auf frischer Tat ertappen; **-arsi un raffreddore** *fam* sich *(dat)* einen Schnupfen holen; **beccati questa!** *fam* da hast (*o* siehst) du's! *fam*; **II.** *rfl*: **-arsi** *fam* sich zanken.
beccheggiare [bekked'dʒa:re] ‹beccheggio, beccheggi› *itr naut, aero* (heftig) schaukeln. **beccheggio** [...'keddʒo] ‹-ggi› *m naut, aero* (heftiges) Schaukeln *n*.
becchettare [bekket'ta:re] *tr* picken.
becchime [bek'ki:me] *m* (Hühner-, Vogel)futter *n*.
becchino [bek'ki:no] *m* Totengräber *m*.
becco[1] ['bekko] ‹-cchi› *m* **1.** *zoo, fig fam* Schnabel *m*; **2.** *(di bricchi)* Tülle *f*, Schnabel *m*; **3.** *chem* Brenner *m*; **~ di Bunsen** Bunsenbrenner *m*; **non avere il ~ d'un quattrino** *fam* keine müde Mark haben *fam*; **mettere il ~ dappertutto** *fam* zu allem seinen Senf dazugeben *fam*; **restare a ~ asciutto** *fam* in die Röhre gucken *fam*; **chiudi il ~!** *fam* halt den Schnabel (*o* die Klappe)! *fam*.
becco[2] ['bekko] ‹-cchi› *m* **1.** *zoo* (Ziegen)bock *m*; **2.** *vulg* Hirsch *m scherz*, betrogener Ehemann.
befana [be'fa:na] *f* **1.** *(festa)* Dreikönig(sfest *n*); **2.** *(vecchia)* Befana *f (Sagengestalt, die in der Dreikönigsnacht den braven Kindern Geschenke und den bösen Kohle bringt)*; **3.** *fig fam* Schreckschraube *f fam*, Vettel *f*.
beffa ['bɛffa] *f* Spott *m*; **farsi -e di qu** über jdn spotten, jdn verspotten. **beffardo, -a** [bef'fardo] *a* spöttisch, höhnisch. **beffare** [...'fa:re] **I.** *tr* verspotten, verhöhnen; **II.** *rfl*: **-arsi di qu/qc** sich über jdn/etw. lustig machen, über jdn/etw. spotten.

bega ['bɛ:ga] ‹-ghe› *f* Scherereien *f pl*, Ärger *m*.
begli ['bɛʎʎi] *v.* **bello.**
begonia [be'gɔ:nja] ‹-ie› *f* Begonie *f*.
beh [bɛ] *interj* nun, also, (also) gut.
bei ['bɛ:i] *v.* **bello.**
beige [bɛ:ʒ] **I.** ‹*inv*› *a* beige(farben); **II.** ‹-› *m* Beige *n*.
bel [bɛl] *v.* **bello.**
belare [be'la:re] *itr* blöken, meckern. **belato** [be'la:to] *m* Blöken *n*, Meckern *n*.
belga ['bɛlga] ‹-gi *m*, -ghe *f*› **I.** *a* belgisch; **II.** *mf* Belgier(in) *m(f)*. **Belgio** ['bɛldʒo] *m*: **il** ~ Belgien *n*.
Belgrado [bel'gra:do] *f* Belgrad *n*.
bell' [bɛll] *v.* **bello.**
bella ['bɛlla] *f* **1.** *(donna bella)* Schöne *f*, Schönheit *f*; **2.** *(innamorata)* Freundin *f*; **3.** *(copia)* Reinschrift *f*; **4.** *sport* Entscheidungsspiel *n*; **la** ~ **addormentata nel bosco** Dornröschen *n*; **ricopiare in** ~ ins reine schreiben; *v. a.* *bello*.
bellett(e)ristica [bellet'tristika (bellette'ristica)] ‹-che› *f* Trivialliteratur *f*.
bellezza [bel'lettsa] *f* **1.** *(qualità)* Schönheit *f*; *(splendore)* Pracht *f*; **2.** *(persona)* Schönheit *f*; *(cosa)* Prachtstück *n*; **prodotti di** ~ Kosmetika *n pl*; **la** ~ **di tre millioni** die Kleinigkeit von drei Millionen; **per** ~ zur Verzierung; **che** ~**!** wie (wunder)schön!, klasse! *fam*; **che** ~ **di bambino!** was für ein Prachtkind!
bellico, -a ['bɛlliko] ‹-ci, -che› *a* kriegerisch, Kriegs-; **industria -a** Rüstungsindustrie *f*. **bellicoso, -a** [belli'ko:so] *a* *(popolo)* kriegerisch; *(carattere)* kampflustig.
belligerante [bellidʒe'rante] **I.** *a* kriegführend; **II.** *mf* Kriegführende(r) *mf*. **belligeranza** [...'rantsa] *f* Kriegszustand *m*.
bello, -a ['bɛllo] **I.** *a* schön; *(carino)* hübsch; *(persona a.)* gutaussehend; *(buono)* gut; *(occasione)* günstig; **il bel mondo** die elegante (*o* mondäne) Welt; **darsi alla -a vita** das süße Leben genießen; **non valere un bel niente** keinen Pfifferling wert sein; **l'ho fatta/detta -a!** da habe ich was angestellt/gesagt!; **sei un bel cretino!** du bist vielleicht ein Idiot! *fam*; **una -a somma** ein hübsches Sümmchen; **nel bel mezzo** mitten, mittendrin; **bell'e fatto** schon erledigt (*o* fertig); **bell'e buono** echt, durch und durch; **ne hai fatte delle -e** du hast dir allerhand geleistet; **dirne delle -e** Schauermärchen erzählen; **sentirne delle -e sul conto di qu** tolle Geschichten über jdn hören; **questa è -a!** *fam* das ist ein Ding! *fam*, das gibt's ja nicht! *fam*; **II.** *m* **1.** *gener.* Schöne(s) *n*, Schönheit *f*; **2.** *meteo* schönes Wetter; **il tempo s'è rimesso al** ~ das Wetter ist wieder schön geworden; **il** ~ **è che ...** *iron* komisch daran ist, daß ...; **questo è il** ~ das ist es ja gerade!; **sul più** ~ im schönsten Augenblick, als es gerade am schönsten war; **III.** *m, f* Schöne(r) *mf*.
belva ['belva] *f* **1.** *(animale)* wildes Tier; **2.** *fig (persona)* Bestie *f*.
belvedere [belve'de:re] ‹-› *m* Aussichtspunkt *m*.
benarrivato, -a [benarri'va:to] **I.** *a* willkommen; **II.** *m* Willkommensgruß *m*; **dare il** ~ **a qu** jdn (bei seiner Ankunft) willkommen heißen.
benché [beŋ'ke] *con conj* obwohl.
benda ['bɛnda] *f* Binde *f*, Verband *m*; **avere la** ~ **agli occhi** *fig* mit Blindheit geschlagen sein. **bendaggio** [ben'daddʒo] ‹-ggi› *m* Verband *m*; *(sport a.)* Bandage *f*. **bendare** [...'da:re] *tr* **1.** *(gli occhi)* zubinden; **2.** *med* verbinden.
bendisposto, -a [bendis'posto] *a* wohlgesinnt, wohlwollend.
bene ['bɛ:ne] **I.** ‹meglio, benissimo *o* ottimamente› *adv* gut, wohl; *(giusto, esatto)* genau, richtig; **essere vestito (per)** ~ gut (*o* ordentlich) gekleidet sein; **andare di** ~ **in meglio** *(a. iron)* immer besser werden; ~ **o male** gut oder schlecht; *(comunque sia)* wohl oder übel; **ben** ~ *fam* richtig, (ganz) genau; *(a fondo)* gründlich, ordentlich; **non mi sento** ~ **oggi** ich fühle mich heute nicht wohl; **ben tre milioni m'è costato!** *fam* das hat mich gut drei Millionen gekostet; **ben gli sta!, gli sta** ~**!** das geschieht ihm recht!; **ben detto!** richtig!, gut gesagt!; **va** ~**!** gut!, in Ordnung!, einverstanden!; **tutto è** ~ **quel che finisce** ~ *prov* Ende gut, alles gut *prov*; **II.** ‹*inv*› *a* wohlhabend, reich; **III.** *interj* gut; ~**, basta così** gut, das reicht; ~**! bravo! bis!** wunderbar!, bravo!, Zugabe!; **IV.** *m* **1.** *(buono)* Gute(s) *n*; *(benessere)* Wohl *n*; **2.** ‹*pl*› *com, jur* Güter *n pl*, Vermögen *n*; **3.** *(persona amata)* Schatz *m*; **-i di consumo** Konsumgüter *n pl*, Verbrauchsgüter *n pl*; **-i mobili/immobili** bewegliche/unbewegliche Güter *n pl*, Mobilien *pl*/Immobilien *f pl*; **gente per** ~ anständige (*o* ehrbare) Leute; **fare qc a fin di** ~ etw. für einen guten Zweck tun; **lo dico per il tuo** ~ ich sage es zu deinem Wohl (*o* Besten); **ti auguro ogni** ~ ich wünsche dir alles Gute.
benedettino, -a [benedet'ti:no] **I.** *a* benediktinisch, Benediktiner-; **II.** *m, f* Benediktiner(in) *m(f)*.
Benedetto [bene'detto] *(nome proprio maschile)* Benedikt.
benedetto, -a [bene'detto] *a* **1.** *rel* gesegnet; *(terra, oggetto)* geweiht; **2.** *fig (persona)* begnadet; **3.** *(fausto)* glücklich; **questa terra è -a** *fig (fertilissima)*

auf dem Boden ruht (*o* liegt) der Segen; **Dio sia** ~ gelobt sei der Herr.

benedire [bene'di:re] ‹benedico, benedici *o* benedii, benedetto› *tr* segnen; **Dio ti benedica!** Gott segne dich!; **mandare qu a farsi** ~ *fam* jdn zum Teufel schicken *fam;* **la gita è andata a farsi** ~ *fam* der Ausflug ist ins Wasser gefallen. **benedizione** [...dit'tsi̯o:ne] *f* **1.** *rel (atto)* Segnung *f; (effetto)* Segen *m;* **2.** *fig* Segen *m,* Wohltat *f.*

beneducato, -a, ben educato, -a [benedu'ka:to] *a* wohlerzogen.

benefattore, -trice [benefat'to:re] *m, f* Wohltäter(in) *m(f).* **beneficare** [...fi'ka:re] ‹benefico, benefichi› *tr* beschenken; *(dare aiuti finanziari)* unterstützen. **beneficenza** [...fi'tʃɛntsa] *f* Wohltätigkeit *f.*

beneficiare [benefi'tʃa:re] ‹beneficio, benefici› *itr:* ~ **di qc** in den Genuß einer S. *(gen)* kommen; *(trarre vantaggi)* Vorteil aus etw. ziehen.

beneficio [bene'fi:tʃo] ‹-ci› *m* **1.** *(bene)* Wohltat *f;* **2.** *(giovamento)* Nutzen *m,* Gewinn *m;* **3.** *jur* Rechtswohltat *f,* Vorteil *m;* **con** ~ **d'inventario** *fig* unter Vorbehalt(en).

benefico, -a [be'nɛ:fiko] ‹-ci, -che› *a* wohltuend, heilsam; *(persona)* wohltätig.

benemerito, -a [bene'mɛ:rito] *a* verdienstvoll, verdient.

benessere [be'nɛssere] *m* Wohlbefinden *n,* Wohlsein *n; com* Wohlstand *m.*

benestante [benes'tante] **I.** *a* wohlhabend; **II.** *mf* wohlhabender Mensch.

benestare [benes'ta:re] ‹-› *m adm* Zustimmung *f,* Genehmigung *f.*

benevolenza [benevo'lɛntsa] *f* Wohlwollen *n.* **benevolo, -a** [be'nɛ:volo] *a* wohlwollend (*con, verso* gegenüber), gütig (*con, verso* zu), nachsichtig (*con, verso* mit).

benfatto, -a, ben fatto, -a [ben'fatto] *a* **1.** *(persona)* gut gewachsen (*o* gebaut); **2.** *(lavoro, cosa)* gut (gemacht), ordentlich, sauber.

bengodi [beŋ'gɔ:di] ‹-› *m* Schlaraffenland *n;* **il paese di** ~ das Schlaraffenland.

beniamino, -a [beni̯a'mi:no] *m, f* Liebling *m.*

benigno, -a [be'niɲɲo] *a* **1.** *(benevolo)* wohlwollend; *(giudice, critico)* gütig, mild; *(cortese)* liebenswürdig; **2.** *fig (sorte, etc.)* gütig; **3.** *meteo (clima)* mild; **4.** *med (tumore)* gutartig.

benintenzionato, -a [benintentsi̯o'na:to] *a* wohlmeinend, wohlgesonnen (*verso qu* jdm), mit guten Absichten.

beninteso [benin'te:so] *adv* natürlich, selbstverständlich; ~ **sei invitato anche tu** natürlich bist auch du eingeladen; ~ **che t'aspetto** natürlich warte ich auf dich.

benissimo [be'nissimo] *superlativo di* **bene.**

benpensante, ben pensante [bempen'sante] **I.** *mf* rechtschaffener Mensch; *pej, iron* Biedermann *m,* Spießer(in) *m(f) fam;* **II.** *a* rechtschaffen; *pej* bieder, spießig *fam.*

benservito [benser'vi:to] *m* (Dienst)führungszeugnis *n,* Abgangszeugnis *n;* **dare il** ~ **a qu** *iron* jdm den Laufpaß geben.

bensì [ben'si] *con* sondern.

bentornato, -a, ben tornato, -a [bentor'na:to] **I.** *a, interj* willkommen (zu Hause); **II.** *m* Willkommensgruß *m,* Willkommen *n.* **benvenuto, -a, ben venuto, -a** [benve'nu:to] **I.** *a, interj* willkommen; **II.** *m, f* Willkommene(r) *mf;* **essere il** ~ **in un luogo** an einem Ort willkommen sein; **III.** *m* Willkommen *n,* Willkommensgruß *m;* **dare** (*o* **porgere**) **il** ~ **a qu** jdn willkommen heißen. **benvisto, -a, ben visto, -a** [ben'visto] *a* gern gesehen, geschätzt.

benvolere, ben volere [benvo'le:re] **I.** ‹*irr, solo inf e pp*› *tr* schätzen, gern(e) mögen; **farsi** ~ **da qu** jds Zuneigung gewinnen; **prendere a** ~ **qu** jdm zugeneigt sein, jdn liebgewinnen; **II.** *m* Zuneigung *f.* **benvoluto, -a, ben voluto, -a** [benvo'lu:to] *a* geschätzt, beliebt.

benzina [ben'dzi:na] *f* Benzin *n;* **serbatoio della** ~ Benzintank *m;* **fare** ~ tanken. **benzinaio, -a** [...dzi'na:i̯o] ‹-ai, -aie›, **benzinaro, -a** [...'na:ro] *m, f dial* Tankwart(in) *m(f).*

berciare [ber'tʃa:re] ‹bercio, berci› *itr tosc* schreien, brüllen, grölen.

bere ['be:re] ‹bevo, bevvi *o* bevei *o* bevetti, bevuto› **I.** *tr, itr* trinken; ~ **alla bottiglia** aus der Flasche trinken; ~ **alla salute di qu** auf jds Gesundheit (*o* Wohl) trinken; **darla a** ~ **a qu** *fam* jdm etw. weismachen; **la mia macchina beve benzina/olio** mein Auto schluckt viel Benzin/frißt viel Öl; **II.** *m* Trinken *n; (vizio a.)* Trunksucht *f;* **darsi al** ~ sich dem Trunk ergeben, (gewohnheitsmäßig) trinken.

bergamotto [berga'mɔtto] *m* Bergamotte *f.*

berlina [ber'li:na] *f mot* Limousine *f.*

Berlino [ber'li:no] *f* Berlin *n.*

bermuda [ber'mu:da] *m pl* Bermudas *pl,* Bermudashorts *pl.*

Berna ['bɛrna] *f* Bern *n.*

bernoccolo [ber'nɔkkolo] *m* **1.** *(in testa)* Beule *f;* **2.** *fig* Veranlagung *f* (*di* für), Neigung *f* (*di* zu).

berretta [ber'retta] *f* Mütze *f,* Kappe *f;* ~ **da notte** *(per uomo)* Schlafmütze *f;*

(per donna) Nachthaube *f.* **berretto** [...to] *m* Mütze *f,* Barett *f.*
berrò [bɛr'rɔ] *v.* **bere.**
bersagliare [bersaʎ'ʎa:re] ⟨bersaglio, bersagli⟩ *tr* **1.** *fig* überhäufen (*di* mit), bombardieren (*di* mit); *(perseguitare)* verfolgen, plagen; **2.** *mil* beschießen, unter Beschuß nehmen; **è bersagliato dalla sfortuna** er ist vom Unglück (*o* Pech) verfolgt.
bersagliere, -a [bersaʎ'ʎɛ:re] *m* Bersagliere *m (Scharfschütze der italienischen Infanterie).*
bersaglio [ber'saʎʎo] ⟨-gli⟩ *m* Ziel *n; (a. fig)* Zielscheibe *f;* **tiro al ~** Scheibenschießen *n;* **colpire il ~ in pieno** *(a. fig)* ins Schwarze treffen.
bertuccia [ber'tuttʃa] ⟨-cce⟩ *f* **1.** *zoo* Magot *m,* Berberaffe *m;* **2.** *fam pej* (alte) Schachtel *f fam.*
besciamella [beʃʃa'mɛlla] *f* Béchamelsoße *f.*
bestemmia [bes'temmi̯a] ⟨-ie⟩ *f* Fluch *m,* Gotteslästerung *f.* **bestemmiare** [...'mi̯a:re] ⟨bestemmio, bestemmi⟩ **I.** *itr* fluchen; *(ingiuriare)* schimpfen; **II.** *tr* lästern; *(maledire)* verfluchen. **bestemmiatore, -trice** [...mi̯a'to:re] *m, f* Lästermaul *n fam,* Flucher(in) *m(f).*
bestia ['besti̯a] ⟨-ie⟩ *f* Tier *n;* **una ~ rara** *fig* ein seltenes Exemplar; **brutta ~** *fig* schlimme Sache; *(persona)* schrecklicher Mensch; **andare in ~** *fam* wütend werden, aus der Haut fahren; **lavorare come una ~** *fam* arbeiten wie ein Tier; **sudare come una ~** *fam* schwitzen wie ein Bär. **bestiale** [...'ti̯a:le] *a* **1.** *fig* bestialisch; *fam (molto intenso)* tierisch *fam;* **2.** *zoo* tierisch. **bestialità** [...i̯ali'ta] ⟨-⟩ *f* **1.** *fig* grober Schnitzer; **2.** *(brutalità)* Bestialität *f;* **ha detto una ~** *fam* er (*o* sie) hat etwas ganz Dummes gesagt. **bestiame** [...'ti̯a:me] *m* Vieh(bestand *m*) *n.*
betabloccante [betablok'kante] *m* Betablocker *m.*
Betlemme [be'tlɛmme] *f* Bethlehem *n.*
bettola ['bettola] *f* Kaschemme *f.*
betulla [be'tulla] *f* Birke *f.*
bevanda [be'vanda] *f* Getränk *n.*
bevei [be've:i] *p rem di* **bere.**
beveraggio [beve'raddʒo] ⟨-ggi⟩ *m* **1.** *scherz* Trinkbare(s) *n;* **2.** *(per le bestie)* Viehtrank *m;* **3.** *(pozione)* Gebräu *n.*
bevetti [be'vɛtti] *p rem di* **bere.**
bevibile [be'vi:bile] *a* trinkbar.
bevitore, -trice [bevi'to:re] *m, f* Trinker(in) *m(f).*
bevo ['be:vo] *pr di* **bere.**
bevuta [be'vu:ta] *f* Trinken *n,* Umtrunk *m.*
bevuto [be'vu:to] *pp di* **bere.**
bevvi ['bevvi] *p rem di* **bere.**
biada ['bi̯a:da] *f* Futtergetreide *n.*
bianca *f v.* **bianco.**
biancastro, -a [bi̯aŋ'kastro] *a* weißlich.
biancheria [bi̯aŋke'ri:a] ⟨-ie⟩ *f* Wäsche *f;* **~ intima** Unterwäsche *f;* **~ da tavola/da letto** Tisch-/Bettwäsche *f.*
bianchezza [bi̯aŋ'kettsa] *f* Weiß *n.*
bianco, -a ['bi̯aŋko] ⟨-chi, -che⟩ **I.** *a* weiß; **voce -a** Knabenstimme *f; (falsetto)* Falsett *n,* Fistelstimme *f;* **essere ~ come un cencio lavato** kreidebleich sein; **essere ~ e rosso** kerngesund aussehen; **II.** *m* **1.** *(colore)* Weiß *n;* **2.** *(parte bianca)* Weiße(s) *n;* **3.** *com:* **in ~** blanko, Blanko-; **~ dell'uovo** Eiweiß *n;* **foglio in ~** unbeschriebenes Blatt; **vestirsi di ~** sich weiß kleiden, Weiß tragen; **in ~** *gastr nur in Öl oder Butter zubereitet;* **film in ~ e nero** Schwarzweißfilm *m;* **dare il ~ a** weißen, tünchen; **III.** *m, f* Weiße(r) *mf.* **biancospino** [-s'pi:no] *m* Weißdorn *m.*
biascicare [bi̯aʃʃi'ka:re] ⟨biascico, biascichi⟩ **I.** *itr* schmatzen, schmatzend kauen; **II.** *tr* nuscheln; *(lingua)* gebrochen sprechen.
biasimare [bi̯azi'ma:re] *tr* tadeln, rügen. **biasimevole** [...'me:vole] *a* tadelnswert. **biasimo** ['bi̯a:zimo] *m* Tadel *m,* Rüge *f;* **incorrere nel ~ di qu** von jdm getadelt (*o* gerügt) werden.
Bibbia ['bibbi̯a] ⟨-ie⟩ *f* Bibel *f.*
biberon [bibe'rɔn] ⟨-⟩ *m* (Milch-) fläschchen *n.*
bibita ['bi:bita] *f* Getränk *n.*
biblico, -a ['bi:bliko] ⟨-ci, -che⟩ *a* biblisch, Bibel-.
bibliografia [bibli̯ogra'fi:a] *f* Bibliographie *f.* **bibliografico, -a** [...'gra:fiko] *a* bibliographisch. **bibliografo, -a** [bi'bli̯ɔ:grafo] *m, f* Bibliograph(in) *m(f).*
biblioteca [bibli̯o'tɛ:ka] *f* **1.** *(luogo)* Bibliothek *f;* **2.** *(mobile)* Bücherregal *n; (armadio)* Bücherschrank *m.* **bibliotecario, -a** [...te'ka:ri̯o] ⟨-i, -ie⟩ *m, f* Bibliothekar(in) *m(f).*
bicamerale [bikame'ra:le] *a pol* Zweikammer-.
bicarbonato [bikarbo'na:to] *m* Bikarbonat *n;* **~ di sodio** doppeltkohlensaures Natrium, Natron *n.*
bicchierata [bikki̯e'ra:ta] *f* Umtrunk *m.*
bicchiere [bik'ki̯ɛ:re] *m* (Trink)glas *n;* **~ da vino/acqua** Wein-/Wasserglas *n;* **un ~ di vino/d'acqua** ein Glas Wein/Wasser; **fondo di ~** *scherz* falscher Schmuckstein; **alzare il ~ (a)** das Glas erheben (auf), prosten (auf). **bicchierino** [...ki̯e'ri:no] *m* Gläschen *n.*
bicentenario [bitʃente'na:ri̯o] *m* zweihundertster Jahrestag.
bichini [bi'ki:ni] ⟨-⟩ *m* Bikini *m.*
bici ['bi:tʃi] ⟨-⟩ *f fam,* **bicicletta** [bitʃi'kletta] *f* (Fahr)rad *n,* Velo *n CH;* **~ da corsa** Rennrad *n;* **andare in ~** radfahren, mit dem Fahrrad fahren.

bicipite [bi'tʃi:pite] *m* Bizeps *m.*
bicolore [biko'lo:re] *a* **1.** *gener.* zweifarbig; **2.** *fig pol* Zweiparteien-.
bidè [bi'dɛ] ‹-› *m* Bidet *n.*
bidello, -a [bi'dɛllo] *m, f* Schuldiener(in) *m(f).*
bidonare [bido'na:re] *tr fam* beschummeln *fam,* anschmieren *fam.* **bidonata** [...'na:ta] *f fam* Beschiß *m fam,* Schwindel *m fam;* **questo film è una ~** der Film ist ein Reinfall *fam.*
bidone [bi'do:ne] *m* **1.** *(recipiente)* Kanister *m;* **2.** *sl* Beschiß *m fam,* Verarschung *f vulg;* **3.** *fam pej (veicolo)* Rostlaube *f sl;* **~ della spazzatura** (*o* **dei rifiuti**) Mülleimer *m;* **mi ha fatto il ~** *sl* er (*o* sie) hat mich beschissen (*o* verarscht) *vulg.*
bieco, -a ['bi̯ɛ:ko] ‹-chi, -che› *a* **1.** *(sguardo)* scheel, schräg, schief; **2.** *(proposito)* hinterlistig, faul.
biella ['bi̯ɛlla] *f* Pleuelstange *f.*
biennale [bien'na:le] **I.** *a* zweijährig, Zweijahres-; **II.** *f* Biennale *f.*
Bienne [bjɛn] *f* Biel *n.*
biennio [bi'ɛnni̯o] ‹-i› *m* **1.** *(periodo)* Zeitraum *m* von zwei Jahren, zwei Jahre *n pl,* Biennium *n;* **2.** *(corso universitario)* Zweijahreskurs *m.*
bierre [bi'ɛrre] ‹-› *mf* Mitglied *n* der B(rigate) R(osse).
bietola ['bi̯ɛ:tola] *f* Mangold *m.*
bifolco, -a [bi'folko] ‹-chi, -che› *m, f pej* Prolet(in) *m(f) fam.*
biforcarsi [bifor'karsi] ‹mi biforco, ti biforchi› *rfl* sich gabeln. **biforcazione** [...kat'tsi̯o:ne] *f* Gabelung *f,* Abzweigung *f.* **biforcuto, -a** [...'ku:to] *a* zweispitzig; *(lingua)* gespalten; **avere una lingua -a** *fig* eine spitze (*o* böse) Zunge haben.
bigamia [biga'mi:a] ‹-ie› *f* Bigamie *f.* **bigamo, -a** ['bi:gamo] **I.** *a* bigamisch; **II.** *m, f* Bigamist(in) *m(f).*
bighellonare [bigello'na:re] *itr* bummeln, umherschlendern.
bigio, -a ['bi:dʒo] ‹-gi, -ge *o* -gie› *a* (asch)grau.
bigiotteria [bidʒotte'ri:a] ‹-ie› *f* **1.** *(articoli)* Modeschmuck *m;* **2.** *(negozio)* Geschäft *n* für Modeschmuck.
bigiù [bi'dʒu] ‹-› *m* **1.** *(gioiello)* Schmuck *m;* **2.** *fig (persona)* Juwel *n,* Perle *f;* **3.** *fam (oggetto)* Schmuckstück *n.*
biglia ['biʎʎa] *v.* **bilia.**
bigliardino [biʎʎar'di:no] *etc. v.* **biliardino** *etc.*
bigliettaio, -a [biʎʎet'ta:i̯o] ‹-ai, -aie› *m, f* (Fahr)kartenverkäufer(in) *m(f).*
biglietteria [biʎʎette'ri:a] ‹-ie› *f ferr* Fahrkartenschalter *m; theat, film* Kasse *f.*
biglietto [biʎ'ʎetto] *m* **1.** *gener.* Karte *f;* **2.** *(di treno, tram, autobus)* Fahrkarte *f;* **3.** *theat, film* (Eintritts)karte *f;* **4.** *fin* Schein *m,* Note *f;* **5.** *(foglietto)* Zettel *m,* (schriftliche) Mitteilung *f;* **~ da visita/d'auguri** Visiten-/Glückwunschkarte *f;* **~ di banca** Banknote *f;* **~ della lotteria** Lotterielos *n;* **un ~ da diecimila** ein Zehntausendlireschein *m;* **lasciare/trovare un ~** eine Nachricht hinterlassen/vorfinden.
bignè [biɲ'ɲɛ] ‹-› *m* Windbeutel *m.*
bigodino [bigo'di:no] *m* Lockenwickler *m.*
bigotto, -a [bi'gɔtto] **I.** *a* bigott, frömmelnd; *(ipocrita)* scheinheilig; **II.** *m, f* Frömmler(in) *m(f),* bigotte Person.
bijou [bi'ʒu] *v.* **bigiù.**
bikini [bi'ki:ni] *v.* **bichini.**
bilancia [bi'lantʃa] ‹-ce› *f* **1.** *tec, fig* Waage *f;* **2.** *astr:* **B~** Waage *f;* **3.** *com* Bilanz *f;* **~ automatica** Schnellwaage *f;* **~ commerciale/dei pagamenti** Handels-/Zahlungsbilanz *f;* **sono (della** *o* **una) B~** ich bin (eine) Waage; **porre sul piatto della ~** *fig* in die Waagschale werfen; *(parole)* auf die Goldwaage legen.
bilanciare [bilan'tʃa:re] ‹bilancio, bilanci› **I.** *tr* **1.** *(tenere in equilibrio)* balancieren mit; *(carico, fig)* ausgleichen, im Gleichgewicht halten; **2.** *fig* abwägen; **3.** *com* bilanzieren; **II.** *rfl:* **-arsi 1.** *(equilibrarsi)* sich im Gleichgewicht halten; **2.** *fig* sich ausgleichen, sich *(dat)* die Waage halten. **bilanciere** [...'tʃɛ:re] *m* Unruh *f.*
bilancio [bi'lantʃo] ‹-ci› *m com, fig* Bilanz *f; (budget)* Haushalt *m,* Etat *m;* **~ preventivo/consuntivo** Haushaltsplan *m*/Schlußrechnung *f;* **fare il ~ della propria vita/delle vittime** die Bilanz seines Lebens/der Opfer ziehen.
bilaterale [bilate'ra:le] *a* bilateral, beiderseitig.
bile ['bi:le] *f* **1.** *anat* Galle *f;* **2.** *fig* Wut *f,* Ärger *f;* **essere verde di ~** sich schwarz ärgern; **crepare dalla ~** *fam* vor Wut platzen *fam,* eine Wut im Bauch haben *fam.*
bilia ['bi:li̯a] ‹-ie› *f* Murmel *f,* Kugel *f; (del biliardo)* Billardkugel *f.*
biliardino [bili̯ar'di:no] *m* kleines Billardspiel; **~ elettrico** Flipper *m.* **biliardo** [bi'li̯ardo] *m* **1.** *(gioco)* Billard(spiel) *n;* **2.** *(tavolo)* Billardtisch *m;* **liscio come una palla da ~** *fig* spiegelglatt.
biliare [bi'li̯a:re] *a* gallig, Gallen-.
bilico ['bi:liko] *m:* **essere** (*o* **stare**) **in ~** sich im labilen Gleichgewicht befinden; *fig* auf der Kippe stehen.
bilingue [bi'liŋgu̯e] **I.** *a* zweisprachig; **II.** *mf* zweisprachige Person.
bilione [bi'li̯o:ne] *m* Billion *f; (secondo l'uso italiano)* Milliarde *f.*
bimbo, -a ['bimbo] *m, f* (kleines) Kind *n.*

bimensile [bimen'si:le] *a* zweimal monatlich, halbmonatlich, Halbmonats-. **bimestrale** [bimes'tra:le] *a* zweimonatlich, Zweimonats-. **bimestre** [bi'mɛstre] *m* **1.** *(periodo)* Zeitraum *m* von zwei Monaten, zwei Monate *m pl;* **2.** *com* Zweimonatsrate *f.*

bimotore [bimo'to:re] **I.** *a* zweimotorig, Zweimotoren-; **II.** *m* zweimotoriges Flugzeug.

binario, -a [bi'na:ri̯o] ‹-i, -ie› **I.** *a* zweiteilig; *mat* binär, Binär-; **II.** *m* Gleis *n,* Schiene *f;* ~ **morto** Abstellgleis *n;* **essere su un ~ morto** *fig* in einer Sackgasse stecken; **il treno per Monaco parte dal ~ 16** der Zug nach München fährt auf Bahnsteig 16 ab.

binocolo [bi'nɔ:kolo] *m* Fernglas *n,* Feldstecher *m.*

binomio [bi'nɔ:mi̯o] ‹-i› *m* **1.** *mat* Binom *n;* **2.** *fig* Paar *n.*

biochimica [bio'ki:mika] *f* Biochemie *f.*

biodegradabile [-degra'da:bile] *a* Bio-, umweltfreundlich, biologisch abbaubar.

biodinamico, -a [-di'na:miko] *a* biodynamisch.

biografia [-gra'fi:a] *f* Biographie *f.* **biografico, -a** [-'gra:fiko] *a* biographisch. **biografo, -a** [bi'ɔ:grafo] *m, f* Biograph(in) *m(f).*

biologia [-lo'dʒi:a] ‹-ie› *f* Biologie *f.* **biologico, -a** [-'lɔ:dʒiko] *a* biologisch. **biologo, -a** [bi'ɔ:logo] ‹-gi, -ghe› *m, f* Biologe *m,* Biologin *f.*

biondeggiare [bi̯onded'dʒa:re] ‹biondeggio, biondeggi› *itr* gelb werden.

biondo, -a ['bi̯ondo] **I.** *a* blond; ~ **cenere** aschblond; ~ **come l'oro** goldblond; **II.** *m, f* Blonde(r) *mf,* Blondine *f; (bambino)* Blondschopf *m;* **III.** *m (colore)* Blond *n.*

bioritmo [-'ritmo] *m* Biorhythmus *m.*

biossido [bi'ɔssido] *m* Dioxyd *n,* Dioxid *n.*

bipartitico, -a [bipar'ti:tiko] *a* Zweiparteien-. **bipartitismo** [...ti'tizmo] *m* Zweiparteiensystem *n.* **bipartito, -a** [...'ti:to] **I.** *a* Zweiparteien-; **governo ~** Zweiparteienregierung *f;* **II.** *m* Zweiparteienkoalition *f.*

bipede ['bi:pede] **I.** *m* Zweifüßer *m;* **II.** *a* zweifüßig.

biplano [bi'pla:no] *m* Doppeldecker *m.*

biposto [bi'posto] ‹*inv*› *a* zweisitzig; **automobile/aereo ~** Zweisitzer *m.*

birbante [bir'bante] *mf fam scherz* Schlingel *m,* Gauner *m.* **birbone, -a** [...'bo:ne] **I.** *m, f scherz* Schelm *m; (uomo a.)* Spitzbube *m; (donna a.)* (kleines) Luder *n fam;* **II.** *a scherz (persona)* spitzbübisch; *(fame, sete, etc.)* schrecklich, entsetzlich; **avere una fame/sete -a** *fam scherz* einen Bärenhunger/Riesendurst haben; **fare un tiro ~ a qu** *pej* jdm einen bösen Streich spielen; **fa un freddo ~** *fam scherz* es ist lausig kalt *fam.*

birichinata [biriki'na:ta] *f* Schelmen-, Jungenstreich *m.* **birichino, -a** [...'ki:no] **I.** *a* schelmisch, spitzbübisch; **II.** *m, f* Schelm *m,* Schlingel *m.*

birillo [bi'rillo] *m* Kegel *m.*

biro® ['bi:ro] ‹-› *f* Kuli *m fam,* Kugelschreiber *m.*

birra ['birra] *f* Bier *n;* **a tutta ~** *fam* volle Pulle *fam.* **birraio** [...'ra:i̯o] ‹-ai› *m (fabbricante)* Bierbrauer *m; (venditore)* Bierhändler *m.* **birreria** [...re'ri:a] ‹-ie› *f* **1.** *(locale)* Bierstube *f,* Bierkeller *m;* **2.** *(fabbrica)* Brauerei *f.*

bis [bis] **I.** *interj* Wiederholung, Zugabe, nochmal; **II.** ‹-› *m* Zugabe *f;* **concedere il ~** eine Zugabe geben; **fare il ~ di qc** etw. wiederholen; *(nel mangiare)* von etw. noch einmal nehmen.

bisavolo, -a [bi'za:volo] *m, f* Urgroßvater *m,* -mutter *f.*

bisbetico, -a [biz'bɛ:tiko] ‹-ci, -che› **I.** *a* launisch, launenhaft; **II.** *m, f pej* launischer Mensch; **"La Bisbetica domata"** „Der Widerspenstigen Zähmung".

bisbigliare [bizbiʎ'ʎa:re] ‹bisbiglio, bisbigli› **I.** *tr* (zu)flüstern, wispern; ~ **qc nell'orecchio a qu** jdm etw. ins Ohr flüstern; **II.** *itr* flüstern, tuscheln.

bisbiglio[1] [biz'biʎʎo] ‹-gli› *m* **1.** *(parlottare)* Tuscheln *n,* Getuschel *n;* **2.** *(sussurare)* Flüstern *n.*

bisbiglio[2] [bizbiʎ'ʎi:o] ‹-glii› *m* Flüstern *n,* Geflüster *n.*

bisboccia [biz'bɔttʃa] *f* Fest *n;* **fare ~** *fam* eine Mordsfete machen *fam.*

bisca ['biska] ‹-sche› *f* Spielkasino *n.*

biscia ['biʃʃa] ‹-sce› *f* Natter *f.*

biscottato, -a [biskot'ta:to] *a* zweimal gebacken; **fette -e** Zwieback *m.*

biscottiera [biskot'ti̯ɛ:ra] *f* Keksdose *f; (da presentazione)* Gebäckschale *f.* **biscottificio** [...ti'fi:tʃo] ‹-ci› *m* Keksfabrik *f.* **biscotto** [...'kɔtto] *m* Keks *m,* Plätzchen *n.*

biscugino, -a [bisku'dʒi:no] *m, f* Cousin *m,* Cousine *f* zweiten Grades.

bisessuale [bisessu'a:le] *a* bisexuell; *(pianta, animale)* doppelgeschlechtig.

bisestile [bizes'ti:le] *a:* **anno ~** Schaltjahr *n.*

bisettimanale [bisettima'na:le] **I.** *a* zweimal wöchentlich; **II.** *m* zweimal wöchentlich erscheinende Zeitschrift.

bislacco, -a [bi'zlakko] ‹-cchi, -cche› *a* sonderbar; *(persona a.)* verschroben.

bislungo, -a [bi'zluŋgo] *a* länglich, lang.

bisnipote [bizni'po:te] *mf (di nonno)* Urenkel(in) *m(f); (di zio)* Großneffe *m,* -nichte *f.* **bisnonno, -a** [-'nɔnno] *m, f* Urgroßvater *m,* -mutter *f.*

bisognare [bizoɲ'ɲa:re] ‹*solo 3ª pers sing e pl*› *itr* ‹*essere*› *(avere bisogno di)* brauchen, benötigen; *(dovere)* müssen;

(essere necessario) nötig sein; **bisogna che ...** *conj*, **bisogna ...** *inf* man muß (*o* braucht *o* benötigt) ...; **bisogna che tu lo faccia** du mußt es tun; **non bisogna crederci** das muß man nicht glauben.

bisogno [biˈzoɲɲo] *m* **1.** *(necessità)* Bedarf *m*, Notwendigkeit *f*; **2.** *(mancanza di mezzi)* Not *f*, Bedürftigkeit *f*; **3.** *(desiderio)* Bedürfnis *n*; **4.** ‹*pl*› *fam (corporali)* Notdurft *f*, Bedürfnis *n*; **avere ~ di qc/qu** etw./jdn brauchen; **sentire il ~ di fare qc** das Bedürfnis (*o* Verlangen) haben (*o* verspüren), etw. zu tun; **essere nel ~** in Not sein, Not leiden; **fare i propri -i** *fam* aufs Klo gehen *fam*; **in caso di ~** im Bedarfsfall, nötigenfalls; **secondo il ~** (je) nach Bedarf; **al ~** wenn nötig, nötigenfalls; **nel ~** in der Not; **non c'è ~ di ...** *inf* es ist nicht notwendig, zu ..., man braucht (*o* muß) nicht ... **bisognoso, -a** [...ˈɲoːso] **I.** *a* bedürftig; **~ di aiuto/cura** hilfe-/pflegebedürftig; **II.** *m, f* Bedürftige(r) *mf*.

bisonte [biˈzonte] *m (europeo)* Wisent *m*; *(americano)* Bison *m*.

bisso [ˈbisso] *m* (feines) Leinengewebe *n*.

bistecca [bisˈtekka] ‹-cche› *f* Steak *n*, Kotelett *n*; **~ alla fiorentina** ≃ T-Bone-Steak *n* (vom Holzkohlenfeuer).

bisticciare [bistitˈtʃaːre] ‹bisticcio, bisticci› **I.** *itr* zanken, streiten; **II.** *rfl*: **-arsi** sich zanken, sich streiten. **bisticcio** [...ˈtittʃo] ‹-cci› *m* Zank *m*, Gezänk *n*, Streit *m*.

bistrattare [bistratˈtaːre] *tr* mißhandeln, schlecht behandeln.

bisturi [ˈbisturi] ‹-› *m* Skalpell *n*.

bisunto, -a [biˈzunto] *a fam* schmierig; *(sporco di grasso)* fettig; **unto e ~** völlig verschmutzt.

bit [bɪt] ‹-› *m* Bit *n*.

bitorzolo [biˈtortsolo] *m* Pickel *m*; *(prominenza)* Beule *f*.

bitter [ˈbitter] ‹-› *m* Bitter *m*.

bitume [biˈtuːme] *m* Bitumen *n*.

bivaccare [bivakˈkaːre] ‹bivacco, bivacchi› *itr* im Freien übernachten; *(spesso mil)* biwakieren. **bivacco** [biˈvakko] ‹-cchi› *m* Biwak *n*.

bivio [ˈbiːvi̯o] ‹-i› *m* Gabelung *f*, Abzweigung *f*; **essere (giunto) a un ~** *fig* an einem (*o* am) Scheideweg angelangt sein.

bizantino, -a [biddzanˈtiːno] *a* byzantinisch.

bizza [ˈbiddza] *f (di bambini)* Eigensinn *m*; *(stizza)* Koller *m fam*; **fare le -e** ungezogen (*o* bockig) sein.

bizzarria [biddzarˈriːa] ‹-ie› *f* Absonderlichkeit *f*, Wunderlichkeit *f*. **bizzarro, -a** [...ˈdzarro] *a* **1.** *(persona, idea)* absonderlich, wunderlich; **2.** *(cavallo)* temperamentvoll, eigenwillig.

bizzeffe [bidˈdzɛffe] : **a ~** *adv* in Hülle und Fülle, haufenweise *fam*; **avere denaro a ~** Geld wie Heu haben.

bizzoso, -a [bidˈdzoːso] *a* launenhaft, eigensinnig.

blando, -a [ˈblando] *a* **1.** *(parole)* sanft; **2.** *(medicinale)* leicht.

blasfemo, -a [blasˈfɛːmo] *a* blasphemisch, gotteslästerlich.

blaterare [blateˈraːre] **I.** *itr* schwatzen; **II.** *tr* ausposaunen, lautstark verkünden.

blazer [ˈbleɪzə] ‹-› *m* Blazer *m*.

blindato, -a [blinˈdaːto] *a* Panzer-, gepanzert; **carro ~** Panzer *m*; **auto ~** Panzerwagen *m*.

blitz [blɪts] ‹-› *m* Blitzaktion *f*.

bloccaggio [blokˈkaddʒo] ‹-ggi› *m* **1.** *tec* Blockierung *f*, Verriegelung *f*; **2.** *sport* Abfangen *n*, Halten *n*; **3.** *com* Sperren *n*, Stopp *m*.

bloccare [blokˈkaːre] ‹blocco, blocchi› **I.** *tr* **1.** *tec* (ab)sperren, verriegeln; *(sterzo)* sperren, blockieren; **2.** *(comunicazione)* unterbrechen; *(città)* abschneiden; *(strada, passo)* blockieren; *(polizia)* (ab)sperren; **3.** *(fissare)* festsetzen; *(fermare)* anhalten; **4.** *sport* abfangen, halten; **5.** *(prezzi, salari)* einfrieren; *(licenziamento)* stoppen, aufhalten; *jur* abbrechen, stoppen; **6.** *fin (assegno, conto, etc.)* sperren; **II.** *rfl*: **-arsi** blockieren; *fig* sich sperren.

blocca-ruota [blokkaˈru̯ɔːta] ‹-› *m* Parkkralle *f*. **bloccasterzo** [...sˈtɛrtso] *m* Lenkradschloß *n*.

blocco[1] [ˈblɔkko] ‹-cchi› *m min, com, pol* Block *m*; **vendere/comprare in ~** en bloc (*o* im ganzen) verkaufen/kaufen.

blocco[2] [ˈblɔkko] ‹-cchi› *m* **1.** *tec* (Ab)sperrung *f*, Verriegelung *f*; *(di sterzo)* Sperrung *f*, Blockierung *f*; **2.** *naut, mil* Blockade *f*; *(a. di strada)* Sperre *f*; **3.** *jur (dei fitti, etc.)* Stopp *m*; *fin* Sperrung *f*; **4.** *(arresto)* Unterbrechung *f*; *(di congegno)* Stockung *f*; **5.** *med* Versagen *n*; **6.** *psych (di personalità, coscienza)* Hemmung *f*, Störung *f*; *(di memoria)* Gedächtnislücke *f*; **~ renale/cardiaco** Nieren-/Herzversagen *n*; **posto di ~** Absperrung *f*.

bloc-notes [blɔkˈnɔt] ‹-› *m* Notizblock *m*.

blu [blu] **I.** ‹*inv*› *a* blau; **fare a qu un occhio ~** jdm ein blaues Auge schlagen; **II.** ‹-› *m* Blau *n*.

blue-jeans [ˈbluːˈdʒiːnz] *m pl* Blue jeans *pl*.

bluffare [blufˈfaːre] *tr* bluffen. **bluffatore, -trice** [...faˈtoːre] *m, f* Bluffer(in) *m(f)*.

blusa [ˈbluːza] *f* Bluse *f*. **blusotto** [bluˈzɔtto] *m* Kittel *m*.

boa[1] [ˈbɔːa] ‹-› *m* **1.** *zoo* Boa *f*; **2.** *(sciarpa)* (Feder)boa *f*.

boa[2] [ˈbɔːa] *f naut* Boje *f*.

boato [bo'a:to] *m* Dröhnen *n*, Donnern *n*, Getöse *n*.
bob [bɔb] ‹-› *m* Bob *m*; *(sport)* Bobsport *m*. **bobbista** [bob'bista] ‹-i *m*, -e *f*› *mf* Bobfahrer(in) *m(f)*.
bobina [bo'bi:na] *f* Spule *f*.
bocca ['bokka] ‹-cche› *f* **1.** *anat* Mund *m*; *(di animale)* Maul *n*; **2.** *fig (apertura)* Öffnung *f*, Mund *m*, Loch *n*; *(di cannone)* Mündung *f*; *(di forno)* Tür *f*; **3.** *geog (di fiume)* Mündung *f*; *(di mare)* Straße *f*; ~ **di leone** *bot* Löwenmaul *n*, Löwenmäulchen *n*; **a** ~ mündlich; **a** ~ **piena** mit vollem Mund; **restare a** ~ **aperta** *(a. fig)* mit offenem Mund dastehen; **restare a** ~ **asciutta** leer ausgehen, das Nachsehen haben; **essere di** ~ **buona** nicht wählerisch sein; **essere sulla** ~ **di tutti** in aller Munde sein; **passare di** ~ **in** ~ von Mund zu Mund gehen, die Runde machen; **avere tre -cche da sfamare** drei Mäuler zu stopfen haben; **in** ~ **al lupo!** Hals- und Beinbruch!, toi, toi, toi! **boccaccia** [...'kattʃa] ‹-cce› *f* **1.** *(smorfia)* Grimasse *f*, Schnute *f*; **2.** *fig pej* Lästermaul *n*; **3.** *pej* Schnauze *f*, häßlicher Mund; **fare le -cce** Grimassen schneiden (*o* ziehen). **boccaglio** [...'kaʎʎo] ‹-gli› *m tec* Düse *f*; *(di maschera)* Mundstück *n*.
boccale [bok'ka:le] *m* Krug *m*.
boccata [bok'ka:ta] *f* Mundvoll *m*; *(di sigaretta)* Zug *m*; **andare a prendere una** ~ **d'aria** frische Luft schnappen (gehen).
boccetta [bot'tʃetta] *f* Fläschchen *n*.
boccheggiante [bokked'dʒante] *a* nach Luft ringend.
boccheggiare [bokked'dʒa:re] ‹boccheggio, boccheggi› *itr* nach Luft ringen.
bocchino [bok'ki:no] *m* **1.** *(per sigaretta)* Zigarettenspitze *f*; **2.** *mus* Mundstück *n*.
boccia ['bɔttʃa] ‹-cce› *f* Bocciakugel *f*; **gioco delle -cce** Boccia(spiel) *n*; **giocare alle -cce** Boccia spielen.
bocciare [bot'tʃa:re] ‹boccio, bocci› *tr* **1.** *(scolaro)* durchfallen lassen; **2.** *(proposta, idea)* ablehnen; **3.** *(alle bocce)* treffen. **bocciatura** [...tʃa'tu:ra] *f* Durchfallen *n*; *(a scuola a.)* Sitzenbleiben *n*.
boccio ['bɔttʃo] ‹-cci› *m* Knospe *f*; **in** ~ noch nicht erblüht; *fig* noch nicht reif.
bocciodromo [bot'tʃɔ:dromo] *m* Bocciaanlage *f*.
bocciolo [bot'tʃɔ:lo] *m* Knospe *f*.
boccola ['bokkola] *f* **1.** *tec* Büchse *f*, Hülse *f*; **2.** *el* Buchse *f*.
boccolo ['bokkolo] *m* Locke *f*.
bocconcino [bokkon'tʃi:no] *m* Häppchen *n*, Leckerbissen *m*.
boccone [bok'ko:ne] *m* Bissen *m*, Happen *m*; *(cibo prelibato, fig)* Leckerbissen *m*; **inghiottire un** ~ **amaro** *fig* eine bittere Pille schlucken; **fra un** ~ **e l'altro** *fam* während des Essens, zwischendurch; **col** ~ **in gola** vom Essen weg. **bocconi** [...'ko:ni] *adv* auf dem Bauch, bäuchlings.
bofonchiare [bofoŋ'ki̯a:re] ‹bofonchio, bofonchi› *itr* brumme(l)n, murmeln.
boia ['bɔ:i̯a] ‹-› *m* Henker *m*, Scharfrichter *m*; ~ **d'un mondo!** *vulg* beschissene (*o* verfluchte) Welt! *vulg*. **boiata** [bo'i̯a:ta] *f vulg* Scheiße *f vulg*; *(spettacoli, libri, etc.)* Schund *m*.
boicottaggio [boikot'taddʒo] ‹-ggi› *m* Boykott *m*, Boykottieren *n*. **boicottare** [...'ta:re] *tr* **1.** *com* boykottieren; **2.** *(ostacolare)* behindern.
boiler ['bɔɪlə] ‹-› *m* Boiler *m*.
bolide ['bɔ:lide] *m* **1.** *astr* Bolid *m*; **2.** *mot* schneller Flitzer *fam*, Rennwagen *m*; **è passato come un** ~ er ist wie der Blitz vorbeigeschossen.
bolla[1] ['bolla] *f* Blase *f*; **finire in una** ~ **di sapone** *fig* wie eine Seifenblase zerplatzen.
bolla[2] ['bolla] *f* **1.** *rel* Bulle *f*; **2.** *com* Schein *m*; *(sigillo)* Siegel *n*; ~ **di accompagnamento** Warenbegleitschein *m*; ~ **di consegna** Lieferschein *m*.
bollare [bol'la:re] *tr* **1.** *adm* (ab)stempeln; **2.** *fig* brandmarken; *(d'infamia, etc.)* überhäufen. **bollato, -a** [...'la:to] *a* **1.** *adm* (ab)gestempelt; **2.** *fig* gebrandmarkt.
bollente [bol'lɛnte] *a* kochend, siedend, heiß; **calmare i -i spiriti** *poet* die erhitzten Gemüter besänftigen.
bolletta [bol'letta] *f* (Ab)rechnung *f*; *(polizza)* Schein *m*; **essere in** ~ *fam* blank (*o* abgebrannt) sein *fam*.
bollettino [bollet'ti:no] *m* **1.** *gener.* Bericht *m*, Bulletin *n*; **2.** *meteo* (Wetter)bericht *m*; **3.** *(modulo)* Schein *m*, Formular *n*; **B~ Ufficiale** Amtsbericht *m*; ~ **dei prezzi** Preisliste *f*.
bollino [bol'li:no] *m* Marke *f*; *(tagliando)* Abschnitt *m*.
bollire [bol'li:re] ‹bollo› **I.** *itr phys, gastr, fig* kochen, sieden; **in questa macchina si bolle** *fam* in diesem Auto brät man ja; **chissà cosa bolle in pentola!** *fig* wer weiß, was da dahintersteckt!; **II.** *tr* (auf)kochen (lassen); *(per sterilizzare)* (ab)kochen. **bollito, -a** [...'li:to] **I.** *a* (ab)gekocht; **II.** *m (da bollire)* Suppenfleisch *n*; *(pronto)* gekochtes Rind- *o* Kalbfleisch. **bollitore** [...li'to:re] *m* Kochtopf *m*. **bollitura** [...li'tu:ra] *f* Kochen *n*, Sieden *n*.
bollo ['bollo] *m* **1.** *(strumento, marchio)* Stempel *m*, Siegel *n*; **2.** *fam (francobollo)* Briefmarke *f*; ~ **di circolazione** Kraftfahrzeugsteuermarke *f*.
bollore [bol'lo:re] *m* **1.** *gastr, phys* Sie-

den *n*, Aufkochen *n*, Aufwallen *n;* **2.** *fig* Hitze *f*, Ungestüm *n;* **a ~** kochend(heiß); **far passare i -i a qu** *fig* jdn beschwichtigen.

bolognese [boloɲ'ɲe:se] **I.** *a* aus Bologna, bolognesisch, Bologneser-; **alla ~** mit Fleischsoße; **II.** *mf* Bologneser(in) *m(f).*

bolso, -a ['bolso] *a* schlaff, träge.

Bolzano [bol'tsa:no] *f* Bozen *n.*

bomba ['bomba] *f* Bombe *f;* **~ a idrogeno/orologeria** Wasserstoff-/Zeitbombe *f;* **~ a mano** Handgranate *f;* **~ atomica** Atombombe *f;* **~ Molotov** Molotowcocktail *m;* **una notizia ~** *fig* eine Bombennachricht *fam;* **fare scoppiare la ~** *fig* die Bombe platzen lassen; **tornare a ~** wieder zum Kern (des Themas) zurückkommen; **a prova di ~** bombensicher; *(amicizia)* felsenfest. **bombardamento** [bombarda'mento] *m* **1.** *mil (di bombe aeree)* Bombardierung *f; (di artiglieria pesante)* schwerer Beschuß, schweres Feuer; **2.** *fig (di domande, etc.)* Bombardierung *f;* **3.** *phys* Beschuß *m;* **~ a tappeto** Flächenbombardierung *f*, Bombenteppich *m.* **bombardare** [...'da:re] *tr* **1.** *mil* bombardieren, beschießen; **2.** *fig (di domande, etc.)* bombardieren (*di* mit); **3.** *phys* beschießen. **bombardiere** [...'di̯ɛ:re] *m* **1.** *(aereo)* Bomber *m;* **2.** *(di artiglieria pesante)* Artillerist m.

bombetta [bom'betta] *f (cappello)* Melone *f.*

bombola ['bombola] *f* Gasflasche *f.*

bomboniera [bombo'ni̯ɛ:ra] *f* Bonbonniere *f.*

bonaccia [bo'nattʃa] ‹-cce› *f* **1.** *naut* Flaute *f*, Windstille *f; (mare)* ruhige (*o* glatte) See; **2.** *fig* Stille *f*, Ruhe *f.*

bonaccione, -a [bonat'tʃo:ne] *m, f* gutmütiger Mensch.

bonario, -a [bo'na:ri̯o] ‹-i, -ie› *a* gutmütig.

bonifica [bo'ni:fika] ‹-che› *f (di terreno)* Urbarmachung *f; (di palude)* Trockenlegung *f.* **bonificare** [bonifi'ka:re] ‹bonifico, bonifichi› *tr* **1.** *(terreno)* urbar machen; *(palude)* trockenlegen; **2.** *fin* gutschreiben.

bonifico [bo'ni:fiko] ‹-ci› *m* **1.** *fin* Gutschrift *f;* **2.** *com* Preisnachlaß *m.*

bonomia [bono'mi:a] ‹-ie› *f* Gutmütigkeit *f.*

bontà [bon'ta] ‹-› *f* Güte *f;* **che ~ questa torta!** diese Torte ist ein Gedicht!

boom [bu:m] ‹-› *m* Aufschwung *m*, Boom *m.*

boomerang ['bu:məræŋ] ‹-› *m* Bumerang *m.*

bora ['bɔ:ra] *f* Bora *f.*

borbottare [borbot'ta:re] *tr, itr (parlare in modo indistinto)* murmeln; *(brontolare)* brummen; **ma che stai borbottando?** was brummst du da in deinen Bart (hinein)? **borbottio** [...'ti:o] ‹-ii› *m fam* Gemurmel *n*, Gestammel *n.*

borchia ['bɔrki̯a] ‹-chie› *f* Metallverzierung *f*, Beschlag *m.*

bordare [bor'da:re] *tr* (ein)säumen, (um)säumen; *(per ornamento)* mit einer Borte verzieren. **bordatura** [...da'tu:ra] *f* Einfassung *f*, Bordüre *f*, Borte *f.*

bordello [bor'dɛllo] *m* Bordell *n*, Freudenhaus *n;* **smettetela di far ~!** *fam* hört mal auf mit dem Radau! *fam.*

bordo ['bordo] *m* **1.** *(di vestito, etc.)* Saum *m; (per ornamento)* Borte *f;* **2.** *naut, aero, mot* Bord *m;* **3.** *(di strada)* Rand *m;* **4.** *(di tavolo, sedia, etc.)* Kante *f;* **salire a ~** an Bord gehen, einsteigen; **a ~** an Bord; **a ~ della macchina** im Wagen; **sul ~ della strada** am Straßenrand. **bordura** [...'du:ra] *f* **1.** *(di aiuola)* Einfassung *f*, Rand(streifen) *m;* **2.** *(di abito)* Bordüre *f.*

borgata [bor'ga:ta] *f* **1.** *(in campagna)* Ortschaft *f;* **2.** *(a Roma)* Vorort *m.*

borghese [bor'ge:se] **I.** *a* **1.** *soc* bürgerlich, Bürger-; **2.** *adm* zivil, Zivil-; **3.** *fig pej* (klein)bürgerlich; **in ~** in Zivil; **II.** *mf* Bürger(in) *m(f)*, Bourgeois *m;* **piccolo ~** Kleinbürger *m; pej* Spießbürger *m*, Spießer *m;* **III.** *m* Zivilist *m.* **borghesia** [...ge'zi:a] ‹-ie› *f* Bürgertum *n*, Bourgeoisie *f;* **alta/piccola ~** Groß-/Kleinbürgertum *n;* **media ~** Mittelstand *m.*

borgo ['borgo] ‹-ghi› *m* **1.** *(centro abitato)* Ortschaft *f*, Dorf *n;* **2.** *(quartiere cittadino)* (Vorstadt)viertel *n.*

borgomastro [borgo'mastro] *m* Bürgermeister *m.*

boria ['bɔ:ri̯a] ‹-ie› *f* Aufgeblasenheit *f*, Hochmut *m.*

borioso, -a [bo'ri̯o:so] *a* aufgeblasen, hochmütig.

borotalco® [boro'talko] *m* Körperpuder *m.*

borraccia [bor'rattʃa] ‹-cce› *f* Wasserflasche *f; mil* Feldflasche *f.*

borsa[1] ['borsa] *f* **1.** *gener.* Tasche *f*, Beutel *m; (di donna)* Handtasche *f; (per denaro)* Geldbeutel *m;* **2.** *fig (denaro)* Geld *n;* **3.** *anat* Beutel *m; (a. sotto gli occhi)* Sack *m;* **~ da viaggio** Reisetasche *f;* **~ dell'acqua calda** Wärmflasche *f;* **~ della spesa/del tabacco** Einkaufstasche *f*/Tabakbeutel *m;* **~ del ghiaccio** Eisbeutel *m;* **~ di studio** Stipendium *n;* **pagare di ~ propria** aus eigener Tasche bezahlen; **o la ~ o la vita!** Geld oder Leben!

borsa[2] ['borsa] *f fin* Börse *f;* **~ valori** Effekten-, Wertpapierbörse *f;* **~ dei calciatori** Transfermarkt *m;* **giocare in ~** an der Börse spekulieren.

borsaiolo, -a [borsa'i̯ɔ:lo] *m, f* Taschendieb(in) *m(f).*
borsanera [borsa'ne:ra] ‹borsenere› *f* Schwarzmarkt *m.*
borseggiare [borsed'dʒa:re] ‹borseggio, borseggi› *tr* bestehlen. **borseggiatore, -trice** [...dʒa'to:re] *m, f* Taschendieb(in) *m(f).* **borseggio** [...'seddʒo] ‹-ggi› *m* Taschendiebstahl *m.*
borsellino [borsel'li:no] *m* Geldbeutel *m,* Portemonnaie *n.*
borsello [bor'sɛllo] *m (da uomo)* Tasche *f,* Täschchen *n.*
borsenere *pl di* **borsanera.**
borsetta [bor'setta] *f (da donna)* (Hand)tasche *f,* Täschchen *n.*
borsista [bor'sista] ‹-i *m,* -e *f*› *mf* **1.** *(chi ha una borsa di studio)* Stipendiat(in) *m(f);* **2.** *fin* Börsenspekulant(in) *m(f).*
boscaglia [bos'kaʎʎa] ‹-glie› *f* Gehölz *n.*
boscaiolo [boska'i̯ɔ:lo] *m* Holzfäller *m,* -hacker *m.*
bosco ['bɔsko] ‹-schi› *m (a. fig)* Wald *m.* **boscoso, -a** [...'ko:so] *a* waldig.
Bosforo ['bɔsforo] *m* Bosporus *m.*
bosso ['bɔsso] *m* **1.** *bot* Buchsbaum *m;* **2.** *(legno)* Buchsbaumholz *n.*
bossolo ['bɔssolo] *m* Patronenhülse *f.*
botanica [bo'ta:nika] ‹-che› *f* Botanik *f.* **botanico, -a** [...ko] ‹-ci, -che› **I.** *a* botanisch; **II.** *m, f* Botaniker(in) *m(f).*
botola ['bo:tola] *f* Falltür *f.*
botta ['bɔtta] *f* **1.** *(colpo)* Schlag *m,* Hieb *m; (percossa)* Stoß *m;* **2.** *(rumore)* Knall *m;* **un sacco di -e** eine Tracht Prügel; **fare a -e** raufen, sich prügeln; **fare a ~ e risposta** sich *(dat)* ein Wortgefecht (*o* einen Schlagabtausch) liefern; **dar -e da orbi** blindlings drauflosschlagen; **è stata una bella ~ per lui** das war ein schwerer Schlag für ihn.
botte ['botte] *f* **1.** *(di vino, etc.)* Faß *n;* **2.** *fig fam* Tonne *f,* Faß *n;* **volta a ~** Tonnengewölbe *n;* **essere in una ~ di ferro** ganz sicher sein, von allen Seiten abgesichert sein.
bottega [bot'te:ga] ‹-ghe› *f* Geschäft *n,* Laden *m;* **fondi di ~** Restbestände *m pl;* **andare/stare a ~ da qu** bei jdm in die Lehre gehen/in der Lehre sein; **lavorare a ~ da qu** bei jdm im Laden arbeiten; **avere la ~ aperta** *fig fam* den Hosenladen offen haben *fam.* **bottegaio, -a** [...te'ga:i̯o] ‹-ai, -aie› *m, f* Händler(in) *m(f),* Kaufmann *m.* **botteghino** [...te'gi:no] *m* Kartenschalter *m; theat* Theaterkasse *f; film* Kinokasse *f; (sport a.)* Wettbüro *n; (del lotto)* Lottoannahmestelle *f.*
bottiglia [bot'tiʎʎa] ‹-glie› *f* Flasche *f.*
bottino [bot'ti:no] *m mil* Kriegsbeute *f; (di furto)* (Diebes)beute *f.*
botto ['bɔtto] *m* **1.** *(colpo)* Schlag *m; (dello sparo)* Knall *m;* **2.** *(fuochi d'artificio)* Feuerwerk *n;* **di ~** schlagartig, mit einem Schlag; **in un ~** mit einem Schlag, im Handumdrehen.
bottone [bot'to:ne] *m* **1.** *gener.* Knopf *m;* **2.** *tec* (Druck)knopf *m,* Taste *f;* **~ automatico** Druckknopf *m;* **stanza dei -i** *fig* Schalt-, Kommandostelle *f;* **attaccare un ~ (a qu)** (jdm) einen Knopf annähen; *fig fam* jdn in ein endloses Gespräch verwickeln.
bove ['bɔ:ve] *m* Ochse *m.* **bovino, -a** [bo'vi:no] **I.** *a* Ochsen-, Rind(er)-; **occhi -i** *pej* Kuh-, Glotzaugen *n pl;* **II.** *m* Rind *n.*
box [bɔks] ‹-› *m* **1.** *(per bambini)* Laufstall *m;* **2.** *mot, zoo* Box *f.*
boxare [bok'sa:re] *itr* boxen. **boxe** [bɔks] ‹-› *f* Boxen *n,* Boxsport *m.* **boxeur** [bɔk'sœ:r] ‹-› *m* Boxer *m.*
boy-scout ['bɔɪskaʊt] *m* Pfadfinder *m.*
bozza ['bɔttsa] *f* **1.** *typ* Fahne *f,* (Korrektur)abzug *m;* **2.** *lit* Entwurf *m;* **correzione di -e** Fahnenkorrektur *f;* **-e di stampa** Druckfahnen *f pl.*
bozzetto [bot'tsetto] *m* Skizze *f.*
bozzolo ['bɔttsolo] *m* **1.** *zoo* Kokon *m;* **2.** *(protuberanza)* Beule *f,* Höcker *m;* **uscire dal ~** *zoo* ausschlüpfen; *fig* wieder unter die Menschen gehen.
BR, Br *f pl ab di* **Brigate Rosse** Rote Brigaden *(italienische Terroristenorganisation).*
braccare [brak'ka:re] ‹bracco, bracchi› *tr* hetzen, aufspüren; *(fig a.)* verfolgen.
braccetto [brat'tʃetto] *m:* **a ~** Arm in Arm, eingehakt; **prendere qu a ~** sich bei jdm einhaken.
braccia *f pl di* **braccio.**
bracciale [brat'tʃa:le] *m,* **braccialetto** [...tʃa'letto] *m* Armband *n; (cerchio)* Armreif *m.*
bracciante [brat'tʃante] *mf* Tagelöhner(in) *m(f);* **~ agricolo** landwirtschaftlicher Hilfsarbeiter.
bracciata [brat'tʃa:ta] *f* **1.** *sport* (Arm)stoß *m* (beim Schwimmen); **2.** *(quantità)* Armvoll *m.*
braccio ['brattʃo] *m* **1.** ‹*pl:* braccia *f*› *anat* Arm *m;* **2.** ‹*pl:* braccia *f*› *fig* Arbeitskräfte *f pl;* **3.** ‹*pl:* -cci *m*› *geog:* **~ di mare/terra/fiume** Meerenge *f*/Landzunge *f*/Flußarm *m;* **4.** ‹*pl:* -cci *m*› *(tec, di lampada)* Arm *m; (di gru)* Ausleger *m; (di bilancia)* Balken *m;* **accogliere qu a braccia aperte** jdn mit offenen Armen empfangen (*o* aufnehmen); **agitare le braccia** mit den Armen fuchteln; *(per fare segni)* gestikulieren; **stare a braccia conserte** mit verschränkten Armen dastehen; *fig* Däumchen drehen *fam;* **portare un bambino in ~** ein Kind auf dem Arm tragen; **prendere qu per un ~** jdn am (*o* beim) Arm nehmen; **offrire il ~ a qu**

jdm den Arm anbieten; **mi sono cascate le braccia** *fig* ich hätte heulen können *fam.* **bracciolo** [...'tʃɔ:lo] *m* Armlehne *f.*

bracco ['brakko] ‹-cchi› *m* Bracke *m,* Spürhund *m.*

bracconiere [brakko'ni̯ɛ:re] *m* Wilderer *m,* Wilddieb *m.*

brace ['bra:tʃe] *f* Glut *f,* Feuer *n; (carbone)* Holzkohle *f;* **una bistecca alla ~** ein Steak *n* vom (Holzkohlen)grill.

braciere [bra'tʃɛ:re] *m* Kohlenbecken *n,* -pfanne *f.*

braciola [bra'tʃɔ:la] *f* Schnitzel *n;* **~ di maiale** Schweinekotelett *n.*

brama ['bra:ma] *f lett* Begierde *f,* Sehnsucht *f;* **~ di sapere** Wißbegierde *f.*

bramare [bra'ma:re] *tr lett* heiß begehren, schmachten nach *geh.*

brambilla [bram'billa] ‹-› *m* Kleinunternehmer *m,* Selfmademan *m.*

bramosia [bramo'si:a] ‹-ie› *f* Begierde *f,* Sehnsucht *f.* **bramoso, -a** [...'mo:so] *a* sehnsüchtig (*di* nach), (be)gierig (*di* auf).

branca ['braŋka] ‹-che› *f* **1.** *zoo* Klaue *f; (di uccelli, etc.)* Kralle *f;* **2.** *fig* Gebiet *n,* Zweig *m.*

branchie ['braŋki̯e] *f pl* Kiemen *f pl.*

branco ['braŋko] ‹-chi› *m* **1.** *zoo* Rudel *n; (gregge)* Herde *f; (di uccelli)* Schwarm *m;* **2.** *fig pej* Meute *f,* Haufen *m.*

brancolare [braŋko'la:re] *itr* herumirren; **~ nel buio** *(a. fig)* im dunkeln tappen.

branda ['branda] *f* Feldbett *n.*

brandello [bran'dɛllo] *m* Fetzen *m,* Stück *n;* **fare a -i** zerfetzen, in Stücke reißen.

brandire [bran'di:re] ‹brandisco› *tr* schwingen.

brano ['bra:no] *m* **1.** *mus* (Musik)stück *n;* **2.** *lit* Stelle *f,* Ausschnitt *m;* **3.** *(pezzo)* Stück *n,* Fetzen *m.*

branzino [bran'tsi:no] *m* Seebarsch *m.*

brasato, -a [bra'za:to] **I.** *a* geschmort; **II.** *m* (Rinder)schmorbraten *m.*

Brasile [bra'zi:le] *m:* **il ~** Brasilien *n.* **brasiliano, -a** [...zi'li̯a:no] **I.** *a* brasilianisch; **II.** *m, f* Brasilianer(in) *m(f).*

bravata [bra'va:ta] *f* Bravourstück *n; (a. iron)* Glanzleistung *f,* Glanznummer *f.*

bravo, -a ['bra:vo] **I.** *a* **1.** *(abile)* tüchtig, fähig; **2.** *(onesto)* ehrlich, anständig, rechtschaffen; **3.** *(buono)* gut; *(bambino)* brav, artig; **essere ~ in qc** (*o* **a fare qc**) etw. gut (machen) können; **fare il ~** lieb (*o* artig) sein; **II.** *interj* bravo, gut, toll. **bravura** [bra'vu:ra] *f* Geschicklichkeit *f,* Können *n; (virtuosismo)* Bravour *f;* **pezzo di ~** Bravourstück *n.*

breccia ['brettʃa] ‹-cce› *f mil* Bresche *f;* **essere sulla ~** in vorderster Linie stehen.

brefotrofio [brefo'trɔ:fi̯o] ‹-i› *m* (Kinder)heim *n.*

Brema ['brɛ:ma] *f* Bremen *n.*

Brennero ['brɛnnero] *m* Brenner *m;* **Passo del ~** Brennerpaß *m.*

Breslavia [bre'zla:vi̯a] *f* Breslau *n.*

Bressanone [bressa'no:ne] *f* Brixen *n.*

bretella [bre'tɛlla] *f* ‹*di solito al pl*› Hosenträger *m.*

breve ['brɛ:ve] **I.** *a* kurz; **essere ~** *fig* sich kurz fassen; **per farla ~** um es kurz zu machen, kurzum; **a ~ termine** kurzfristig; **in ~** kurz und gut; **fra ~** in Kürze, demnächst; **II.** *f mus* Doppelganze *f.*

brevettare [brevet'ta:re] *tr* patentieren. **brevetto** [...'vetto] *m (ab* **brev.**) Patent *n;* **~ di pilota** (*o* **pilotaggio**) Flug-, Pilotenschein *m.*

breviario [bre'vi̯a:ri̯o] ‹-i› *m* Brevier *n.*

brevità [brevi'ta] ‹-› *f* Kürze *f.*

brezza ['breddza] *f* Brise *f,* Wind *m.*

bricco ['brikko] ‹-cchi› *m* Kanne *f.*

briccone, -a [brik'ko:ne] *m, f* Schelm *m,* Gauner(in) *m(f).*

briciola ['bri:tʃola] *f* **1.** *(di pane, etc.)* Krümel *m;* **2.** *fig* Spur *f,* Funke *m;* **andare in -e** *fig* zerbröckeln, zusammenbrechen. **briciolo** [...lo] *m* Funke *m,* Spur *f;* **non avere un ~ di cervello** keinen Funken Verstand haben.

briga ['bri:ga] ‹-ghe› *f* **1.** *(fastidio)* Mühe *f,* Unannehmlichkeit *f;* **2.** *(lite)* Streit *m,* Händel *m pl;* **attaccar ~ con qu** mit jdm Streit anfangen; **darsi** (*o* **prendersi**) **la ~ di fare qc** sich *(dat)* Mühe geben, etw. zu tun.

brigadiere [briga'di̯ɛ:re] *m* Unteroffizier *m (der Karabinieri).*

brigantaggio [brigan'taddʒo] ‹-ggi› *m* Räuberwesen *n.* **brigante** [...'gante] *mf* **1.** *pej* (Straßen)räuber(in) *m(f),* Bandit(in) *m(f);* **2.** *scherz* Gauner *m,* Schurke *m.*

brigata [bri'ga:ta] *f* Schar *f; mil* Brigade *f;* **~ aerea** Geschwader *n.*

briglia ['briʎʎa] ‹-glie› *f* Zügel *m,* Zaum *m;* **a ~ sciolta** *fig* zügellos.

brillante [bril'lante] **I.** *a* **1.** *fig* brillant, glänzend, hervorragend; **2.** *(che brilla)* glänzend, strahlend; **II.** *m* Brillant *m.*

brillantina [brillan'ti:na] *f* Pomade *f,* Brillantine *f.*

brillare [bril'la:re] **I.** *itr* **1.** *(stella, sole, occhi, etc.)* glänzen, leuchten, strahlen; **2.** *fig* glänzen (*per* mit, durch), sich auszeichnen (*per* durch); **3.** *(mina)* explodieren; **~ per la propria assenza** *scherz* durch Abwesenheit glänzen; **II.** *tr* **1.** *(mina)* sprengen; **2.** *(riso)* schälen, polieren.

brillio [bril'li:o] ‹-ii› *m* Schimmern *n.*

brillo, -a ['brillo] *a* beschwipst.

brina, brinata ['bri:na, bri'na:ta] *f* (Rauh)reif *m.*

brindare [brin'da:re] *itr* anstoßen (*a* auf), prosten (*a* auf).

brindello [brin'dɛllo] *m (di stoffa)* Stück *n,* Fetzen *m.*
brindisi ['brindizi] ⟨-⟩ *m* Trinkspruch *m,* Toast *m;* **fare un ~ a qu** auf jdn einen Trinkspruch ausbringen.
brio ['bri:o] *m* Schwung *m,* Lebhaftigkeit *f.* **brioso, -a** [...'o:so] *a* schwungvoll, lebhaft; *(ingegnoso)* spritzig, geistvoll.
Brisgovia [briz'gɔ:vi̯a] *f* Breisgau *m.*
brivido ['bri:vido] *m* **1.** *(di freddo)* Frösteln *n; (di febbre, fig)* Schüttelfrost *m;* **2.** *fig (gradevole)* Schau(d)er *m,* Prikkeln *n; (di spavento)* Schau(d)er *m,* Grau(s)en *n;* **~ della velocità** Geschwindigkeitsrausch *m;* **avere i -i (di freddo)** frösteln; *(di febbre)* Schüttelfrost haben; **mi vengono i -i** es überläuft mich eiskalt.
brizzolato, -a [brittso'la:to] *a* **1.** *(cavallo)* gescheckt; **2.** *(barba, capelli)* graumeliert.
brocca ['brɔkka] ⟨-cche⟩ *f* Kanne *f,* Krug *m.*
broccato [brok'ka:to] *m* Brokat *m.*
broccoli ['brɔkkoli] *m pl* Brokkoli *pl,* Spargelkohl *m.*
broche [brɔʃ] ⟨-⟩ *f* Brosche *f.*
broda, brodaglia ['brɔ:da, bro'daʎʎa] ⟨-glie⟩ *f pej* (dünne) Brühe *f; fig* Abwaschwasser *n.*
brodo ['brɔ:do] *m* (klare) Brühe *f;* **~ ristretto** Kraftbrühe *f;* **lasciar cuocere** (*o* **bollire) qu nel suo ~** jdn im eigenen Saft schmoren lassen; **andare in ~ di giuggiole** überglücklich sein; **tutto fa ~** Kleinvieh macht auch Mist *prov.* **brodoso, -a** [...'do:so] *a* dünn(flüssig).
brogliaccio [broʎ'ʎattʃo] ⟨-cci⟩ *m* Schmierkladde *f.*
bronchiale [broŋ'ki̯a:le] *a* bronchial, Bronchial-.
bronchite [broŋ'ki:te] *f* Bronchitis *f.*
broncio ['brontʃo] ⟨-ci⟩ *m* Schmollmund *m;* **fare** (*o* **tenere) il ~** schmollen, eingeschnappt sein *fam.*
bronco ['broŋko] ⟨-chi⟩ *m* Bronchie *f.*
brontolare [bronto'la:re] **I.** *itr (persona)* murren, brummen; *(tuono)* grollen, rollen; *(stomaco)* knurren; **II.** *tr* brummen. **brontolio** [....'li:o] ⟨-ii⟩ *m (di persona)* Murren *n,* Brummen *n; (di tuono)* Grollen *n,* Rollen *n; (di stomaco)* Knurren *n.* **brontolone, -a** [...'lo:ne] **I.** *a* brummig, knurrig, mürrisch; **II.** *m, f* Brummbär *m.*
bronzeo, -a ['brondzeo] *a* bronzen, bronzefarben; *(pelle)* gebräunt. **bronzetto** [...'dzetto] *m* Bronzefigur *f.*
bronzo ['brondzo] *m* Bronze *f;* **età del ~** Bronzezeit *f.*
brucare [bru'ka:re] ⟨bruco, bruchi⟩ *tr* abweiden, abfressen.
bruciacchiare [brutʃak'ki̯a:re] ⟨bruciacchio, bruciacchi⟩ *tr* abbrennen; *(capelli)* versengen.
bruciapelo [brutʃa'pe:lo]: **a ~** *adv* **1.** *(vicino)* aus nächster Nähe; **2.** *fig* unvermittelt, plötzlich.
bruciare [bru'tʃa:re] ⟨brucio, bruci⟩ **I.** *tr* ⟨*avere*⟩ *gener.* verbrennen; *gastr* anbrennen lassen, verbrennen (lassen); *med* ausbrennen; *(stirando a.)* ver-, ansengen; *(sole)* versengen; *(gelo)* erfrieren lassen; **~ gli avversari** *sport* die Gegner abhängen; **II.** *itr* ⟨*essere*⟩ **1.** *gener.* brennen; **2.** *(sole)* glühen; **3.** *(cibi)* heiß sein; **4.** *fig (della febbre, etc.)* glühen; **III.** *rfl:* **-arsi** sich verbrennen. **bruciato, -a** [...'tʃa:to] **I.** *a* **1.** *(dal fuoco)* verbrannt; **2.** *(dal sole)* versengt; *(persona)* tiefbraun, sonnenverbrannt; **gioventù -a** Halbstarke(n) *pl;* **II.** *m* **1.** *gastr* Angebrannte(s) *n;* **2.** *(odore)* Brandgeruch *m.* **bruciatore** [...tʃa'to:re] *m* Brenner *m.* **bruciatura** [...tʃa'tu:ra] *f* Verbrennung *f; (scottatura)* Brandwunde *f.* **bruciore** [...'tʃo:re] *m (a. fig)* Brennen *n;* **~ di stomaco** Sodbrennen *n.*
bruco ['bru:ko] ⟨-chi⟩ *m* Raupe *f.*
bruf(f)olo ['bru:folo ('bruffolo)] *m* Pikkel *m.*
brughiera [bru'gi̯ɛ:ra] *f* Heide(land *n*) *f.*
brulicare [bruli'ka:re] ⟨brulico, brulichi⟩ *itr* wimmeln (*di* von, vor). **brulichio** [...'ki:o] ⟨-chii⟩ *m* Gewimmel *n.*
brullo, -a ['brullo] *a* kahl, öde.
bruma ['bru:ma] *f* Nebel *m.*
Brunico [bru'ni:ko] *f* Bruneck *n.*
bruno, -a ['bru:no] **I.** *a* braun; *(di capelli a.)* brünett, braunhaarig; **II.** *m, f (persona)* Braunhaarige(r) *mf,* Brünette *f;* **III.** *m (colore)* Braun *n.*
brusco, -a ['brusko] ⟨-schi, -sche⟩ *a* schroff, brüsk.
bruscolo ['bruskolo] *m* Körnchen *n,* Stäubchen *n;* **essere un ~ in un occhio a qu** jdm ein Dorn im Auge sein.
brusio [bru'zi:o] ⟨-ii⟩ *m* Geräusch *n; (di voci)* Stimmengewirr *n.*
brutale [bru'ta:le] *a* brutal. **brutalità** [...tali'ta] ⟨-⟩ *f* Brutalität *f; (fig a.)* Härte *f,* Erbarmungslosigkeit *f.*
bruto, -a ['bru:to] **I.** *a* roh, tierisch; **II.** *m, f* Unmensch *m,* Bestie *f.*
bruttezza [brut'tettsa] *f* Häßlichkeit *f.*
brutto, -a ['brutto] **I.** *a* **1.** *(non bello)* häßlich; **2.** *fig* schlecht, schlimm, unerfreulich; *meteo* schlecht; **-a abitudine** schlechte Angewohnheit; **giungere in un ~ momento** in einem unpassenden Augenblick kommen; **essere ~ come il peccato** häßlich wie die Nacht sein; **vedersela -a** schlimm dran sein *fam;* **con le -e** im bösen, mit Gewalt; **alle -e, alla -a** schlimmstenfalls; **~ ignorante!** *fam pej* blöder Heini! *fam;* **II.** *m* **1.** *(cosa)* Häßliche(s) *n,* Schlechte(s) *n;* **2.** *meteo* schlechtes Wetter; **il ~ è che . . .** das Schlimme (daran) ist, daß . . .; **ha di ~**

che ... *(di una persona)* sein (*o* ihr) Fehler (*o* Nachteil) ist, daß ...; *(di una cosa)* der Nachteil daran ist, daß ...; **il tempo si mette al ~** das Wetter wird schlechter (*o* verschlechtert sich); **III.** *m, f* häßlicher Mensch; **IV.** *f* Konzept *n;* **scrivere qc in -a** etw. ins unreine schreiben; **V.** *adv* böse, feindlich. **bruttura** [...'tu:ra] *f* **1.** *(cosa)* Häßlichkeit *f,* Scheußlichkeit *f;* **2.** *(azione)* Schandtat *f.*

Bruxelles [bry'sɛl] *f* Brüssel *n.*

bua ['bu:a] *f (linguaggio infantile)* Aua *n,* Wehweh *n;* **farsi la ~** sich *(dat)* weh tun.

bubbone [bub'bo:ne] *m* Schwellung *f,* Beule *f.*

buca ['bu:ka] ‹-che› *f* **1.** *gener.* Loch *n,* Grube *f;* **2.** *geog* Talsenke *f,* Talniederung *f;* **3.** *(ristorante)* Kellerlokal *n;* **~ delle lettere** Briefkasten *m.*

bucaneve [buka'ne:ve] ‹-› *m* Schneeglöckchen *n.*

bucare [bu'ka:re] ‹buco, buchi› **I.** *tr* **1.** *(forare)* durchlöchern, ein Loch machen in; *(biglietto)* lochen; *(lamiera)* lochen, anbohren, durchschlagen; **2.** *(pungere)* zer-, durchstechen; **~ una gomma** eine Reifenpanne (*o* einen Platten *fam*) haben; **II.** *rfl:* **-arsi 1.** *(pungersi)* sich stechen; **2.** *(pneumatico)* ein Loch bekommen; **3.** *sl (drogati)* fixen *sl.*

Bucarest [buka'rɛst *o* 'bu:karest] *f* Bukarest *n.*

bucato [bu'ka:to] *m* Wäsche *f;* **fare il ~** (die Wäsche) waschen; **mettere in ~** in die Wäsche geben; **fresco di ~** frisch gewaschen.

bucato, -a [bu'ka:to] *a* durchlöchert.

buccia ['buttʃa] ‹-cce› *f* **1.** *(di frutta)* Schale *f; (baccello)* Hülse *f;* **2.** *(di salume)* Pelle *f,* Haut *f,* Darm *m.*

bucherellare [bukerel'la:re] *tr* durchlöchern.

buco ['bu:ko] ‹-chi› *m* **1.** *(gener., fam pej)* Loch *n; (apertura)* Öffnung *f;* **2.** *(intervallo)* Leerlauf *m;* **3.** *sl (di eroina)* Schuß *m sl;* **tappare un ~** *(a. fig)* ein Loch stopfen.

buddismo [bud'dizmo] *m* Buddhismus *m.* **buddista** [...'dista] ‹-i *m,* -e *f*› **I.** *a* buddhistisch; **II.** *mf* Buddhist(in) *m(f).*

budello [bu'dɛllo] *m* **1.** ‹*pl:* -a *f*› *anat* Darm *m;* ‹*pl*› Gedärm *n,* Eingeweide *n pl;* **2.** ‹*pl:* -i *m*› *fig (tubo)* Schlauch *m.*

budget ['bʌdʒɪt *o* byd'ʒɛ] ‹-› *m* Budget *n.* **budgetario, -a** [budʒe'ta:ri̯o] ‹-i, -ie› *a* Budget-, Haushalts-.

budino [bu'di:no] *m* Pudding *m.*

bue ['bu:e] ‹buoi› *m* Ochse *m;* **~ muschiato** Moschusochse *m.*

bufalo ['bu:falo] *m* Büffel *m.*

bufera [bu'fɛ:ra] *f* Unwetter *n; (a. fig)* Sturm *m.*

buffet [by'fɛ] ‹-› *m* Büfett *n; (mobile a.)* Anrichte *f.*

buffetto [buf'fetto] *m* Klaps *m* (auf die Wange).

buffo, -a ['buffo] **I.** *a* **1.** *(cosa, persona)* witzig, drollig, komisch; **2.** *theat* Buffo-; **II.** *m* **1.** *theat* Buffo *m;* **2.** *(cosa)* Komische(s) *n,* Witzige(s) *n.* **buffonata** [-'na:ta] *f* Narretei *f,* Posse *f.* **buffone, -a** [...'fo:ne] *m, f* **1.** *fam* Clown *m,* Hanswurst *m;* **2.** *hist (di corte)* (Hof)narr *m.* **buffoneria** [...fone'ri:a] ‹-ie› *f* Narretei *f,* Clownerie *f.*

bugia[1] [bu'dʒi:a] ‹-gie› *f (menzogna)* Lüge *f;* **~ pietosa** Notlüge *f;* **dire le -gie** lügen; **le -gie hanno le gambe corte** *prov* Lügen haben kurze Beine *prov.*

bugia[2] [bu'dʒi:a] ‹-gie› *f (candeliere)* Handleuchter *m.*

bugiardaggine, bugiarderia [budʒar'daddʒine, ...de'ri:a] ‹-ie› *f* Verlogenheit *f.*

bugiardo, -a [bu'dʒardo] **I.** *a (persona)* verlogen; *(promessa)* falsch, trügerisch; **II.** *m, f* Lügner(in) *m(f).*

bugigattolo [budʒi'gattolo] *m* **1.** *(locale piccolo)* Loch *n;* **2.** *(ripostiglio)* Rumpelkammer *f.*

bugnato, -a [buɲ'ɲa:to] *a* mit Kragsteinen versehen.

buio, -a ['bu:i̯o] ‹bui, buie› **I.** *a* dunkel, finster; *(fig a.)* ungewiß; **~ pesto** stockdunkel; **II.** *m* Dunkel *n,* Dunkelheit *f,* Finsternis *f;* **farsi ~** dunkel werden; **tenere al ~ qu** jdn über etw. im ungewissen (*o* im dunklen) lassen.

bulbo ['bulbo] *m* **1.** *bot* (Pflanzen)knolle *f,* Zwiebel *f;* **2.** *(di lampada)* Kolben *m; (di termometro)* Kugel *f;* **~ oculare** (*o* **dell'occhio**) Augapfel *m.*

Bulgaria [bulga'ri:a] *f* Bulgarien *n.*

bulgaro, -a ['bulgaro] **I.** *a* bulgarisch; **II.** *m, f* Bulgare *m,* Bulgarin *f.*

bulino [bu'li:no] *m* (Gravier)nadel *f.*

bulldog ['buldɔg] ‹-› *m* Bulldogge *f.*

bulldozer ['buldouzə] ‹-› *m* Bulldozer *m.*

bulletta [bul'letta] *f* (Reiß)zwecke *f; (per tapezzeria)* Polsternagel *m.*

bullonare [bullo'na:re] *tr* verbolzen.

bullone [bul'lo:ne] *m* Bolzen *m.*

bunker ['buŋker] ‹-› *m* Bunker *m.*

buoi ['bu̯ɔ:i] *pl di* **bue.**

buon, buon' [bu̯ɔn] *v.* **buono, -a.**

buona *f v.* **buono, -a.**

buonafede, buona fede [bu̯ona'fe:de] *f:* **in ~** in gutem Glauben.

buonanima, buon'anima [bu̯o'na:nima] **I.** ‹*inv*› *a lett, scherz* selig; **mia zia ~** meine Tante selig, meine selige Tante; **II.** *f* Selige(r) *mf;* **la ~ del nonno** der Großvater selig.

buonanotte, buona notte [-'nɔtte] **I.** *interj* gute Nacht; **... e ~!** *fam* ... na, das wär's dann ja wohl! *fam;* **II.** ‹-› *f*

gute Nacht; **dare** (*o* **augurare) la ~ a qu** jdm gute Nacht sagen.
buonasera, buona sera [-'se:ra] **I.** *interj* guten Abend; **II.** ‹-› *f* guter Abend; **dare** (*o* **augurare) la ~ a qu** jdm guten Abend sagen, jdm einen guten Abend wünschen.
buoncostume, buon costume [buoŋkos'tu:me] ‹-› *m* gute Sitte, Sittlichkeit *f;* **squadra del ~** Sittenpolizei *f,* Sitte *f fam.*
buongiorno, buon giorno [-'dʒorno] **I.** *interj* guten Tag, guten Morgen; **II.** ‹-› *m* guter Tag, guter Morgen; **dare** (*o* **augurare) il ~ a qu** jdm guten Tag (*o* guten Morgen) sagen, jdm einen guten Tag wünschen.
buongoverno, buon governo [buoŋgo'vɛrno] ‹-› *m* gute (*o* ideale) Regierung.
buongrado [-'gra:do]: **di ~** *adv* gern(e), mit Freude.
buongustaio, -a [-gus'ta:io] ‹-ai, -aie› *m, f* Feinschmecker(in) *m(f),* Gourmet *m.* **buongusto, buon gusto** [-'gusto] *m* (guter) Geschmack *m; (tatto)* Takt *m,* Feingefühl *n;* **con ~** geschmackvoll.
buono ['buɔ:no] *m* Abschnitt *m,* Schein *m;* **~ di consegna** Lieferabschnitt *m;* **~ di cassa** Kassenanweisung *f; (in negozio)* Kassenzettel *m,* -bon *m;* **~ del Tesoro** Staatsanleihe *f.*
buono, -a ['buɔ:no] **I.** ‹più buono *o* migliore, buonissimo *o* ottimo› *a* **1.** *gener.* gut; *(persona a.)* anständig; *(indulgente)* gütig; *(bambino)* brav, artig, lieb; *(ragione a.)* triftig; *(tempo a.)* schön; *(gastr a.)* genießbar, eßbar; **2.** *(adatto a.)* tauglich, passend, geeignet; **3.** *com (moneta)* gültig; *(oro, etc.)* echt; **un'anima -a** eine Seele von Mensch *fam;* **è -a gente** das sind gute (*o* anständige) Leute; **essere ~ con qu** gut zu jdm sein; **essere ~ come il pane** herzensgut sein; **essere in -a** *fam* gut aufgelegt sein; **usare le -e maniere** sich manierlich betragen; *fig* es im guten versuchen; **~ a nulla** zu nichts nütze, zu nichts zu gebrauchen; **alla -a** schlicht, einfach; **con le -e** auf gütlichem Wege; **con le -e o con le cattive** wenn nicht im guten, dann im bösen; **questa moneta è ancora -a** diese Münze ist noch im Kurs; **ti ho aspettato un'ora -a** ich habe eine volle (*o* geschlagene) Stunde auf dich gewartet; **-a fortuna!** viel Glück!; **II.** *m, f (persona)* Gute(r) *mf;* **un ~ a nulla** ein Nichtsnutz *m;* **essere un poco di ~** nicht viel taugen, ein Taugenichts (*o* Tunichtgut) sein; **fare il ~** *(a. zoo)* brav (*o* artig *o* lieb) sein; **III.** *m (cosa)* Gute(s) *n;* **ha questo di ~ che ...** das Gute an ihm (*o* ihr) ist, daß ...; **c'è questo di ~** das ist das Gute daran.
buonomini *pl di* **buonuomo.**
buonora, buon'ora [buo'no:ra] *f:* **di ~** früh(zeitig), zeitig; **alla ~!** endlich (einmal)!
buonsenso, buon senso [-'sɛnso] *m* gesunder Menschenverstand.
buontempone, -a [-tem'po:ne] *m, f* stets gutgelaunter Mensch, sonniger Charakter.
buonumore, buon umore [-u'mo:re] *m* gute Laune; **essere di ~** in Laune sein, gut aufgelegt sein.
buonuomo, buon uomo [buo'nuɔ:mo] ‹buon(u)omini› *m* guter Mann.
buonuscita, buona uscita [-uʃ'ʃi:ta] *f (per un appartamento)* Mietablösung *f,* Ablösesumme *f; (per un impiego)* Abfindung *f.*
burattino [burat'ti:no] *m* **1.** *theat* Handpuppe *f; (a fili)* Marionette *f;* **2.** *fig* Marionette *f,* Kasperlefigur *f;* **teatro dei -i** Puppentheater *n.*
burbero, -a ['burbero] **I.** *a* mürrisch, barsch; **II.** *m, f* Brummbär *m,* Griesgram *m.*
burla ['burla] *f* Spaß *m,* Scherz *m;* **per ~** zum Spaß, spaßeshalber. **burlare** [...'la:re] **I.** *tr* verspotten, aufziehen; **II.** *rfl:* **-arsi** spotten (*di* über), sich lustig machen (*di* über). **burlesco, -a** [...'lesko] ‹-schi, -sche› **I.** *a (tono, modi)* scherzhaft, spaßhaft; **II.** *m* Spaßige(s) *n.* **burletta** [...'letta] *f* Spaß *m,* Witz *m,* Scherz *m;* **mettere qc in ~** etw. ins Lächerliche ziehen. **burlone, -a** [...'lo:ne] *m, f* Witzbold *m,* Spaßvogel *m.*
burocrate [bu'rɔ:krate] *mf* **1.** *adm* Bürokrat(in) *m(f);* **2.** *fig pej* Paragraphenreiter(in) *m(f);* Kleinigkeitskrämer(in) *m(f).* **burocratico, -a** [buro'kra:tiko] ‹-ci, -che› *a* Beamten-; *(a. pej)* bürokratisch; **linguaggio ~** Beamtensprache *f;* **riforma -a** Verwaltungsreform *f.* **burocratizzazione** [...tiddzat'tsio:ne] *f* Bürokratisierung *f.* **burocrazia** [...t'tsi:a] ‹-ie› *f* Bürokratie *f.*
burrasca [bur'raska] ‹-sche› *f (a. fig)* Sturm *m;* **il mare è in ~** die See ist stürmisch (*o* aufgewühlt). **burrascoso, -a** [...'ko:so] *a (a. fig)* stürmisch.
burrificare [burrifi'ka:re] ‹burrifico, burrifichi› *tr* zu Butter machen (*o* schlagen).
burro ['burro] *m* Butter *f;* **al ~** mit Butter zubereitet (*o* angerichtet).
burrone [bur'ro:ne] *m* Schlucht *f; fig* Abgrund *m.*
bus [bus] ‹-› *m* Bus *m.*
buscare [bus'ka:re] ‹busco, buschi› *fam tr, rfl:* **-arsi** kriegen *fam;* **~** (*o* **-arsi) l'influenza** (die) Grippe kriegen; **buscarne, buscarle** Prügel kriegen *fam.*
bussare [bus'sa:re] *itr* klopfen, pochen; **~ alla porta** an die Tür klopfen.
bussola ['bussola] *f* **1.** *naut* Kompaß *m;*

2. *tec* Buchse *f,* Hülse *f;* **perdere la ~** *fig* die Fassung verlieren.

busta ['busta] *f* **1.** *(per lettera)* Briefumschlag *m,* Kuvert *n;* **2.** *(custodia)* Tasche *f; (per documenti)* Mappe *f; (per occhiali, etc.)* Etui *n;* **~ paga** Lohntüte *f.*

bustaia [bus'taːi̯a] ‹-aie› *f* Korsettmacherin *f.*

bustarella [busta'rɛlla] *f* Schmiergeld *n.*

bustina [bus'tiːna] *f* **1.** *(berretto)* Schiffchen *n;* **2.** *(per farmaci, erbe aromatiche)* Tütchen *n.*

bustino [bus'tiːno] *m* Mieder *n,* Leibchen *n.*

busto ['busto] *m* **1.** *anat* Oberkörper *m;* **2.** *(nell'arte)* Büste *f; (nella pittura)* Brustbild *n;* **3.** *med* Stützkorsett *n;* **4.** *(da donna)* Korsett *n,* Mieder *n.*

buttare [but'taːre] **I.** *tr (gettare)* werfen; *(con forza, rabbia)* schmeißen; *(palla, etc.)* zuwerfen (*a qu* jdm); **~ tutto all'aria** alles durcheinanderschmeißen, alles auf den Kopf stellen; *(piano, progetto)* alles zunichte machen; **~ via** wegwerfen; *fig* vergeuden; **~ giù** *(edificio)* abbrechen, abreißen; *(lettera)* hinschmieren *fam; (persona)* fertigmachen *fam; (pasta, etc.)* ins kochende Wasser werfen; *(boccone)* hinunterschlingen; *(bevanda)* hinunterschütten *fam;* **II.** *itr bot* ausschlagen, sprießen; *(semi)* keimen; **III.** *rfl:* **-arsi** sich werfen, sich stürzen; **-arsi nelle braccia di qu** sich in jds Arme werfen; **-arsi in mare/dalla finestra** sich ins Meer/aus dem Fenster stürzen; **-arsi nel fuoco per qu** *fig* für jdn durchs Feuer gehen; **-arsi giù** *fig* den Kopf hängen lassen, den Mut verlieren.

byte [baɪt] ‹-› *m* Byte *n.*

C

C, c [tʃi] ‹-› *f* C, c *n;* **c come Catania** C wie Cäsar.

ca' [ka] ‹-› *f venez (casa)* Haus *n.*

cabala ['ka:bala] *f* Kabbala *f,* Zahlenmystik *f.*

cabaret [kaba'rɛ] ‹-› *m* Varieté *n.*

cabina [ka'bi:na] *f* **1.** *gener.* Kabine *f,* Zelle *f,* Raum *m;* **2.** *(al mare)* Bade-, Umkleidekabine *f;* ~ **di guida** Führerhaus *n;* ~ **di pilotaggio** Pilotenkanzel *f;* ~ **telefonica** Telefonzelle *f.* **cabinato** [kabi'na:to] *m* Kabinenboot *n.*

cablaggio [ka'bladdʒo] ‹-ggi› *m* Kabelverbindung *f.* **cablo, cablogramma** ['ka:blo, kablo'gramma] ‹-i› *m* Kabel *n,* Überseetelegramm *n.*

cabotaggio [kabo'taddʒo] ‹-ggi› *m* Küstenschiffahrt *f.*

cabriolé, cabriolet [kabrio'lɛ] ‹-› *m* Kabrio(lett) *n,* Cabrio(let) *n.*

cacao [ka'ka:o] *m* Kakao *m.*

cacare [ka'ka:re] ‹caco, cachi› *tr, itr vulg* kacken *vulg,* scheißen *vulg.*

cacca ['kakka] ‹-cche› *f fam* Kacke *f vulg; (dei bambini)* Aa *n fam;* **fare la** ~ *fam* kacken *vulg,* Aa machen *fam.*

caccia[1] ['kattʃa] ‹-cce› *f* Jagd *f; gastr* Wild *n;* ~ **grossa** Großwildjagd *f;* **andare a** ~ auf die Jagd gehen; **andare a** ~ **di qc** auf etw. Jagd machen; *fig* auf der Suche nach etw. sein; **dare la** ~ **a qu** jdn jagen (*o* verfolgen).

caccia[2] ['kattʃa] ‹-› *m aero* Jagdflugzeug *n.* **cacciabombardiere** [-bombar'djɛ:re] *m* Jagdbomber *m.*

cacciagione [kattʃa'dʒo:ne] *f* **1.** *zoo* Wild *n;* **2.** *gastr* Wild(bret) *n;* **3.** *(bottino)* Jagdbeute *f,* Strecke *f.*

cacciare [kat'tʃa:re] ‹caccio, cacci› **I.** *tr* **1.** *sport* jagen; *(fig a.)* verjagen, vertreiben; **2.** *fig (in prigione, etc.)* werfen, stecken; **3.** *(con violenza)* stoßen; **4.** *(urlo)* ausstoßen; ~ **fuori i soldi/il coltello/la lingua** das Geld herausrükken/das Messer ziehen/die Zunge herausstrecken; **dove ho cacciato l'orologio?** *fam* wo habe ich nur die Uhr hingesteckt?; **-arsi in testa qc** sich *(dat)* etw. in den Kopf setzen; **II.** *itr sport* jagen; **III.** *rfl:* **-arsi 1.** *fam (andare a finire)* stecken *fam; (nascondersi)* sich verstecken; **2.** *(introdursi)* sich hineindrängen, -zwängen; **dove si è cacciato?** *fam* wo hat er gesteckt? *fam;* **-arsi in un mare di guai** sich in die Nesseln setzen. **cacciatora** [kattʃa'to:ra] *f gastr:* **alla** ~ nach Jägerart.

cacciatore, -trice [...'to:re] *m, f* Jäger(in) *m(f);* ~ **di dote** Mitgiftjäger *m;* ~ **di frodo** Wilderer *m.* **cacciatorpediniere** [...torpedi'njɛ:re] *m naut* Zerstörer *m.*

cacciavite [kattʃa'vi:te] ‹-› *m* Schraubenzieher *m.*

cachemire [kaʃ'mi:r] ‹-› *m* **1.** *(lana)* Kaschmirwolle *f;* **2.** *(tessuto)* Kaschmir *m.*

cachet [ka'ʃɛ] ‹-› *m* **1.** *med* Kapsel *f;* **2.** *(per capelli)* Haarfärbemittel *n;* **3.** *theat, film (compenso)* Gage *f.*

cachi[1] ['ka:ki] *(colore)* **I.** ‹*inv*› *a* khakifarben; **II.** ‹-› *m* Khaki *n.*

cachi[2] ['ka:ki] ‹-› *m bot* **1.** *(albero)* Kakibaum *m;* **2.** *(frutto)* Kakifrucht *f,* -pflaume *f.*

cacio ['ka:tʃo] ‹-ci› *m* Käse *m;* **come il** ~ **sui maccheroni** wie gerufen, gerade recht.

cacofonia [kakofo'ni:a] ‹-ie› *f* Mißklang *m,* Kakophonie *f geh.*

cactus ['kaktus] ‹-› *m* Kaktus *m.*

cadavere [ka'da:vere] *m* Leiche *f,* Leichnam *m.*

caddi ['kaddi] *p rem di* **cadere.**

cadente [ka'dɛnte] *a* **1.** *(edificio)* baufällig; **2.** *fig (persona)* gebrechlich, hinfällig; **stella** ~ Sternschnuppe *f.*

cadenza [ka'dɛntsa] *f* **1.** *ling* Tonfall *m,* Akzent *m;* **2.** *mus* Kadenz *f; (andamento ritmico)* Takt *m,* Rhythmus *m.* **cadenzare** [kaden'tsa:re] *tr (voce)* modulieren; ~ **il passo** Schritt halten. **cadenzato, -a** [...'tsa:to] *a* kadenziert, rhythmisch.

cadere [ka'de:re] ‹cado, caddi, caduto› *itr* ‹*essere*› **1.** *gener.* (hin-, um)fallen, (hin-, um)stürzen; *(dall'alto)* herab-, hinunterfallen, herab-, hinunterstürzen; *(aereo, alpinista)* abstürzen; *(foglie)* fallen; *(frutta)* abfallen; *(capelli)* ausfallen; **2.** *fig* geraten, (ver)fallen; **3.** *pol (governo, etc.)* stürzen; **4.** *(accento, etc.)* liegen (*su* auf); **5.** *(crollare)* ein-, zusammenstürzen; ~ **ammalato** krank werden; ~ **lungo e disteso** der Länge nach hinfallen; ~ **in piedi** *(a. fig)* auf die Füße fallen; ~ **in miseria** ins Elend kommen; ~ **in disgrazia** in Ungnade fallen; **far** ~ **qc dall'alto** *fig* etw. nach langem Hinhalten gewähren; **il discorso cadde su ...** man kam auf ... zu sprechen; **quest'abito cade bene** dieses Kleid fällt (*o* sitzt) gut.

cadetto, -a [ka'detto] **I.** *a* jüngere(r, s);

sport Nachwuchs-, B-; **II.** *m* jüngerer Sohn; *mil* Kadett *m; sport* Nachwuchssportler *m,* Mitglied *n* einer B-Mannschaft.

cadmio ['kadmi̯o] *m* Kadmium *n.*

caduco, -a [ka'du:ko] ‹-chi, -che› *a* von kurzer Lebensdauer; *fig* flüchtig, vergänglich.

caduta [ka'du:ta] *f* **1.** *gener.* Fall *m,* Sturz *m; (dall'alto a.)* Absturz *m;* **2.** *fig* Untergang *m;* **3.** *pol (del governo)* Sturz *m;* **4.** *com, fin (dei prezzi, corsi)* Verfall *m;* ~ **della temperatura** Temperatursturz *m;* ~ **di tensione** Spannungsabfall *m;* ~ **massi** Steinschlag *m.* **caduto, -a** [...to] **I.** *a* gefallen, gestürzt; *(albero)* umgestürzt; *(sasso)* herabgefallen; **II.** *m mil* Gefallene(r) *m.*

caffè [kaf'fɛ] ‹-› *m* **1.** *gastr* Kaffee *m;* **2.** *(locale)* Café *n;* **3.** *bot* Kaffee(pflanze *f*) *m;* ~ **concerto** Tanzcafé *n;* ~ **macchiato/corretto** Kaffee *m* mit etwas Milch/mit Schuß; ~ **in chicchi/polvere** Bohnen-/Pulverkaffee *m;* **macchina del** ~ Kaffeemaschine *f.* **caffeina** [...fe'i:na] *f* Koffein *n;* **caffè senza** ~ koffeinfreier Kaffee. **caffel(l)atte** [...fe'latte (...fel'latte)] ‹-› *m* Milchkaffee *m.* **caffettiera** [...fe'ti̯ɛ:ra] *f (bricco)* Kaffeekanne *f; (macchina)* Kaffeemaschine *f.*

cafone, -a [ka'fo:ne] **I.** *a* ungehobelt, rüde; **II.** *m, f* Rüpel *m.*

cagionare [kadʒo'na:re] *tr* verursachen, bewirken. **cagione** [ka'dʒo:ne] *f (causa)* Ursache *f; (motivo)* Grund *m,* Anlaß *m.*

cagionevole [kadʒo'ne:vole] *a* kränklich, anfällig; **essere di salute** ~ sehr anfällig sein.

caglio ['kaʎʎo] ‹-gli› *m* **1.** *(per il latte)* Lab *n;* **2.** *bot* Labkraut *n.*

cagna ['kaɲɲa] *f* Hündin *f.*

cagnesco, -a [kaɲ'ɲesko] ‹-schi, -sche› *a* hündisch.

cal *ab di* **(piccola) caloria** cal. (*ab di* Kalorie).

cala ['ka:la] *f* Bucht *f.*

Calabria [ka'la:bri̯a] *f* Kalabrien *n.*

calabrone [kala'bro:ne] *f* Hornisse *f.*

calamaio [kala'ma:i̯o] ‹-ai› *m* Tintenfaß *n.*

calamaro [kala'ma:ro] *m* Tintenfisch *m.*

calamita [kala'mi:ta] *f* Magnet *m.*

calamità [kalami'ta] ‹-› *f* Unheil *n,* Plage *f.*

calamitare [kalami'ta:re] *tr* **1.** *(ferro, acciaio)* magnetisieren; **2.** *fig* magnetisch anziehen, anlocken. **calamitato, -a** [...'ta:to] *a* magnetisiert, Magnet-.

calandra [ka'landra] *f* Kühlergrill *m.*

calante [ka'lante] *a* **1.** *(luna)* abnehmend; *(temperatura)* sinkend; **2.** *(moneta, peso)* fehlgewichtig.

calare [ka'la:re] **I.** *tr* ‹*avere*› senken, her-ab-, herunterlassen; *(reti)* auswerfen; *(vele)* einholen, streichen; *(maglie)* abnehmen; *(prezzo, sipario)* senken; *(nei giochi a carte)* ausspielen, herauskommen mit; **II.** *itr* ‹*essere*› **1.** *(scendere)* hinabgehen, -steigen, hinuntergehen, (hin)absteigen; *fig (notte)* hereinbrechen; *(sipario)* fallen; **2.** *(invadere)* einfallen, einbrechen; **3.** *(vento)* abflauen, nachlassen, sich legen; *(acqua)* sinken, zurückgehen; *(prezzo)* sinken; *mus* tiefer werden; *(di peso)* abnehmen; ~ **di tono** leiser werden; **III.** *rfl:* **-arsi** sich herab-, hinab-, hinunterlassen; *sport* sich abseilen. **calata** [ka'la:ta] *f mil* Einfall *m.*

calca ['kalka] ‹-che› *f* Gedränge *n.*

calcagno [kal'kaɲɲo] ‹*pl:* -i *m o fig* -a *f*› *m* Ferse *f.*

calcare[1] [kal'ka:re] ‹calco, calchi› *tr* **1.** *(coi piedi)* treten, stampfen; **2.** *(con la voce)* betonen; **3.** *(disegno)* durchpausen; **4.** *(premere)* drücken, zwängen; ~ **le scene** auf der Bühne stehen; ~ **la mano** *fig* übertreiben; *(essere severo)* zu streng bestrafen.

calcare[2] [kal'ka:re] *m min* Kalkstein *m.*

calcareo, -a [kal'ka:reo] *a* kalkhaltig.

calce[1] ['kaltʃe] *f* Kalk *m.*

calce[2] ['kaltʃe] *m:* **in** ~ *adm* unten, am unteren Ende eines Schriftstücks.

calcestruzzo [kaltʃes'truttso] *m* Beton *m.*

calciare [kal'tʃa:re] ‹calcio, calci› **I.** *itr* **1.** *(tirar calci)* Fußtritte austeilen, treten; *(animale)* ausschlagen; **2.** *sport* schießen, treten; **II.** *tr* schießen, treten.

calciatore, -trice [kaltʃa'to:re] *m, f* Fußballspieler(in) *m(f).*

calcina [kal'tʃi:na] *f* Mörtel *m.* **calcinaccio** [...tʃi'nattʃo] ‹-cci› *m* Putz-, Mörtelstück *n;* ‹*pl*› Schutt *m.*

calcio[1] ['kaltʃo] ‹-ci› *m* **1.** *gener.* (Fuß)tritt *m; (di animale)* Huftritt *m;* **2.** *sport* Fußball *m;* ~ **di punizione/di rigore/d'angolo** Strafstoß *m*/Elfmeter *m*/Eckstoß *m;* **giocare al** ~ Fußball spielen; **prendere qu a -ci** jdn treten; **tirare -ci** treten, Fußtritte austeilen; *(animale)* ausschlagen.

calcio[2] ['kaltʃo] *m chem* Kalzium *n.*

calco ['kalko] ‹-chi› *m* Abdruck *m; typ* Abzug *m.*

calcolare [kalko'la:re] *tr* **1.** *mat* berechnen, ermitteln; **2.** *fig* abwägen, abschätzen; *(tenere conto)* berücksichtigen.

calcolatore, -trice [kalkola'to:re] **I.** *a* **1.** *(regolo, macchina)* Rechen-; **2.** *(persona, mente)* berechnend; **II.** *m, f (persona)* Rechner(in) *m(f); (mente fredda)* kühler Kopf; **III.** *m:* ~ **elettronico** *inform* Elektronenrechner *m,* Computer *m;* **IV.** *f tec* Rechenmaschine *f,* Rechner *m; (regolo)* Rechenschieber *m;* ~ **tascabile** Taschenrechner *m.*

calcolo[1] ['kalkolo] *m mat* Rechnung *f*, Berechnung *f*; ~ **preventivo** Vorausberechnung *f*, Kostenvoranschlag *m*; ~ **delle probabilità** Wahrscheinlichkeitsrechnung *f*; **agire per** ~ berechnend sein; **fare i -i** rechnen.
calcolo[2] ['kalkolo] *m med* Stein *m*; ~ **renale** Nierenstein *m*.
caldaia [kal'da:i̯a] ‹-aie› *f* Kessel *m*; *tec (per riscaldamento)* Heizkessel *m*.
caldamente [kalda'mente] *adv* warm, wärmstens *fam*; *(cordialmente)* herzlich.
caldeggiare [kalded'dʒa:re] ‹caldeggio, caldeggi› *tr* befürworten.
caldo, -a ['kaldo] **I.** *a* warm; *(molto* ~*)* heiß; *(colore, voce)* warm; *(amicizia, etc.)* innig, herzlich; *(notizia, etc.)* neueste(r, s); **avere il sangue** ~ *fig* heißblütig sein; **II.** *m* Wärme *f*; *(*~ *intenso)* Hitze *f*; *(fervore)* Eifer *m*; **tenersi in** ~ **qu/qc** sich *(dat)* jdn/etw. warmhalten; **mettere** (*o* **tenere**) **le vivande in** ~ die Speisen warm halten; **ho** (*o* **sento**) ~ mir ist heiß (*o* warm).
caleidoscopio [kaleidos'kɔ:pi̯o] ‹-i› *m* Kaleidoskop *n*.
calendario [kalen'da:ri̯o] ‹-i› *m* Kalender *m*; ~ **di lavoro** Arbeitsplan *m*.
calendola, calendula [ka'lɛndola, ...dula] *f* Ringelblume *f*.
calibro ['ka:libro] *m (a. fig)* Kaliber *n*.
calice ['ka:litʃe] *m* Kelch *m*.
califfo [ka'liffo] *m* Kalif *m*.
caligine [ka'li:dʒine] *f* Dunst *m*, Nebel *m*; *(in zone industriali)* Smog *m*.
calle ['kalle] **I.** *f (a Venezia)* Gasse *f*, Straße *f*; **II.** *m poet* Pfad *m poet*.
callifugo [kal'li:fugo] ‹-ghi› *m* hornhauterweichendes Mittel.
calligrafia [kalligra'fi:a] *f* Handschrift *f*.
callista [kal'lista] ‹-i *m*, -e *f*› *mf* Fußpfleger(in) *m(f)*.
callo ['kallo] *m* Hornhaut *f*; *(dei piedi)* Hühnerauge *n*; *(della mano)* Schwiele *f*; ~ **osseo** Kallus *m*; **fare il** ~ **a qc** *fig* sich an etw. gewöhnen, gegen etw. unempfindlich werden; **pestare i -i a qu** *fig fam* jdm auf die Füße treten *fam*.
calma ['kalma] *f* Ruhe *f*; *(silenzio)* Stille *f*; *(tranquillità)* Gelassenheit *f*; *meteo (vento)* Windstille *f*; *(mare)* Flaute *f*, Meeresstille *f*; **periodo di** ~ ruhige Zeit; *com* Flaute *f*; **prendersela con** ~ es in aller Ruhe angehen.
calmante [kal'mante] *m* Beruhigungsmittel *n*.
calmare [kal'ma:re] **I.** *tr* **1.** *(persona)* beruhigen; *(placare)* besänftigen; **2.** *(dolore)* lindern; **II.** *rfl*: **-arsi 1.** *(persona)* sich beruhigen; **2.** *(vento)* abflauen, sich legen; *(dolore)* nachlassen.
calmierare [kalmi̯e'ra:re] *tr* den Höchstpreis amtlich festsetzen (*qc* einer S. *gen*). **calmiere** [...'mi̯ɛ:re] *m* obere Preisgrenze, Preisbindung *f*; **prezzo di** ~ Höchstpreis *m*.
calmo, -a ['kalmo] *a* ruhig; *(tranquillo)* gelassen; *(equilibrato)* ausgeglichen.
calo ['ka:lo] *m* Verminderung *f*, Rückgang *m*; *(di volume, peso)* Abnahme *f*, Sinken *n*; *(di qualità)* Verschlechterung *f*; *(di prezzo)* (Preis)senkung *f*.
calore [ka'lo:re] *m* Wärme *f*; *(*~ *intenso)* Hitze *f*; ~ **animale** Körperwärme *f*; **essere/andare in** ~ läufig sein/werden; **nel** ~ **della discussione** im Eifer des Gefechts.
caloria [kalo'ri:a] ‹-ie› *f* (*ab* **cal**) Kalorie *f*; **grande** ~ Kilokalorie *f*. **calorico, -a** [ka'lɔ:riko] ‹-ci, -che› *a* **1.** *phys* Wärme-, kalorisch; **2.** *biol* Kalorien-.
calorifero [kalo'ri:fero] *m* Heizkörper *m*.
caloroso, -a [kalo'ro:so] *a* **1.** *(persona)* kälteunempfindlich; **2.** *fig* herzlich; *(discussione, etc.)* angeregt.
caloscia [ka'lɔʃʃa] ‹-sce› *f* Überschuh *m*.
calotta [ka'lɔtta] *f* **1.** *geog* (Eis)kappe *f*; **2.** *mat, arch, rel* Kalotte *f*; ~ **artica/antartica** arktische/antarktische Polkappe.
calpestare [kalpes'ta:re] *tr* **1.** *(coi piedi)* (zer)treten; **2.** *fig* mißachten, mit Füßen treten; **(è) vietato** ~ **l'erba** (das) Betreten des Rasens (ist) verboten.
calunnia [ka'lunni̯a] ‹-ie› *f* Verleumdung *f*. **calunniare** [...'ni̯a:re] ‹calunnio, calunni› *tr* verleumden.
calva *f v.* **calvo.**
calvario [kal'va:ri̯o] ‹-i› *m* Kreuz-, Leidensweg *m*; *fig* unsagbares Leid.
calvinista [kalvi'nista] ‹-i *m*, -e *f*› *mf* Kalvinist(in) *m(f)*.
calvizie [kal'vittsi̯e] ‹-› *f* Kahlköpfigkeit *f*.
calvo, -a ['kalvo] **I.** *a* kahl-, glatzköpfig; **II.** *m, f* Kahlkopf *m*, Glatzkopf *m fam*.
calza ['kaltsa] *f* Strumpf *m*; ~ **elastica** Gummistrumpf *m*; **ferri da** ~ Stricknadeln *f pl*; **fare la** ~ stricken. **calzamaglia** [-'maʎʎa] *f* Strumpfhose *f*.
calzante [kal'tsante] *a* passend.
calzare [kal'tsa:re] ‹*avere*› **I.** *tr* anziehen; *(portare)* tragen; **II.** *itr* **1.** ‹*avere*› *(scarpe)* passen; **2.** ‹*essere*› *fig* passen, passend sein. **calzascarpe** [...as'karpe] ‹-›, **calzatoio** [...a'to:i̯o] ‹-oi› *m* Schuhanzieher *m*, -löffel *m*.
calzatura [kaltsa'tu:ra] *f* Schuhe *m pl*; **industria delle -e** Schuhindustrie *f*. **calzaturificio** [...turi'fi:tʃo] ‹-ci› *m* Schuhfabrik *f*.
calzettone [kaltset'to:ne] *m* Kniestrumpf *m*. **calzino** [...'tsi:no] *m* Söckchen *n*.
calzolaio, -a [kaltso'la:i̯o] ‹-ai, -aie› *m, f* Schuster *m*, Schuhmacher(in) *m(f)*. **calzoleria** [...le'ri:a] ‹-ie› *f* Schuhgeschäft *n*.

calzoncini [kaltson'tʃi:ni] *m pl* Höschen *n; (da spiaggia, bagno)* Strand-, Badehöschen *n.*
calzone [kal'tso:ne] *m* **1.** ‹*pl*› *(indumento)* Hose *f;* **2.** *(parte)* Hosenbein *n.*
camaleonte [kamale'onte] *m (a. fig)* Chamäleon *n.*
cambiale [kam'bi̯a:le] *f* Wechsel *m;* ~ **a vista** Sichtwechsel *m.*
cambiamento [kambi̯a'mento] *m* Wechsel *m,* Veränderung *f;* ~ **d'aria/di stagione** Luftveränderung *f*/Wechsel *m* der Jahreszeit; **ha fatto un grande** ~ er (*o* sie) hat sich sehr verändert.
cambiare [kam'bi̯a:re] ‹cambio, cambi› **I.** *tr* ‹*avere*› **1.** (ver)tauschen; *(vestito)* wechseln; **2.** *(trasformare)* (ver)ändern, umändern; *(pezzi di ricambio)* auswechseln; **3.** *fin* wechseln, tauschen; ~ **casa** umziehen; ~ **idea** seine Meinung ändern, es sich *(dat)* anders überlegen; ~ **marcia** in einen anderen Gang schalten; ~ **treno** umsteigen; ~ **lire in marchi** Lire in DM tauschen; **mi cambia centomila lire?** können Sie mir hunderttausend Lire wechseln?; **II.** *itr* ‹*essere*› sich (ver)ändern; **III.** *rfl:* **-arsi 1.** *(d'indumento)* sich umziehen; **2.** *(diventare diverso)* sich (ver)ändern; *(trasformarsi)* sich verwandeln.
cambiavalute [kambi̯ava'lu:te] ‹-› *mf* Geldwechsler(in) *m(f).*
cambio ['kambi̯o] ‹-i› *m* **1.** *(sostituzione)* Tausch *m,* Wechsel *m; (modifica)* Änderung *f;* **2.** *(soldi)* (Geld)wechsel *m; fin* (Wechsel)kurs *m;* **3.** *mot* Getriebe *n; (azione)* Schaltung *f;* ~ **a cloche** Knüppelschaltung *f;* ~ **di velocità** Gangschaltung *f;* ~ **automatico** Automatikgetriebe *n;* **agente di** ~ Börsenmakler(in) *m(f);* **fare a** ~ tauschen; **dare il** ~ **a qu** jdn ablösen; **in** ~ **di** anstelle *gen,* anstatt *gen.*
camelia [ka'mɛ:li̯a] ‹-ie› *f* Kamelie *f.*
camera ['ka:mera] *f* **1.** *gener.* Zimmer *n,* Raum *m;* **2.** *(da letto)* (Schlaf)zimmer *n;* **3.** *(mobilia)* Zimmereinrichtung *f,* Möbel *n pl;* **4.** *pol, adm* Kammer *f; (pol a.)* Haus *n;* ~ **d'aria** *mot* Luftschlauch *m;* ~ **da letto/pranzo/degli ospiti** Schlaf-/Eß-/Gästezimmer *n;* ~ **singola/matrimoniale** Einzel-/Doppelzimmer *n;* ~ **ad un letto/a due letti** Einbett-/Zweibettzimmer *n;* **appartamento di quattro -e** Vierzimmerwohnung *f;* **musica da** ~ Kammermusik *f.*
cameraman ['kæmərəmæn] ‹-› *m* Kameramann *m.*
camerata[1] [kame'ra:ta] *f (di collegio, caserma)* Schlafsaal *m.*
camerata[2] [kame'ra:ta] ‹-i *m,* -e *f*› *mf (persona)* Kamerad(in) *m(f).* **cameratismo** [...ra'tizmo] *m* Kameradschaft(lichkeit) *f.*
cameriera [kame'ri̯ɛ:ra] *f (di casa privata)* Dienstmädchen *n; (di locale)* Kellnerin *f; (di albergo)* Zimmermädchen *n.* **cameriere** [...re] *m (di casa privata)* Hausdiener *m; (di locale)* Kellner *m,* Ober *m; (di albergo)* Hoteldiener *m;* ~, **mi porti il conto, per favore!** Herr Ober, bitte zahlen!
camerino [kame'ri:no] *m* Garderobe *f,* Umkleideraum *m.*
camice ['ka:mitʃe] *m* **1.** *med* Kittel *m;* **2.** *rel* Meß-, Chorhemd *n.*
camiceria [kamitʃe'ri:a] ‹-ie› *f* Wäschegeschäft *n.*
camicetta [kami'tʃetta] *f* Bluse *f.*
camicia [ka'mi:tʃa] ‹-cie *o* -ce› *f* **1.** *gener.* Hemd *n;* **2.** *mot, tec* Mantel *m;* ~ **da donna/uomo** Bluse *f*/(Herren)hemd *n;* ~ **da notte** Nachthemd *n;* ~ **di forza** Zwangsjacke *f;* **le -cie rosse** die Rothemden (*o* Garibaldianer); **essere nato con la** ~ ein Glückskind sein; **sudare sette -cie** Herkulesarbeit verrichten; **si leverebbe (*o* caverebbe) anche la** ~ er (*o* sie) würde sein (*o* ihr) letztes Hemd hergeben. **camiciaio, -a** [kami'tʃa:i̯o] ‹-ai, -aie› *m, f (fabbricante)* Hemdenfabrikant(in) *m(f); (chi fa camicie)* Hemdennäher(in) *m(f); (chi vende camicie)* Hemdenverkäufer(in) *m(f).* **camiciola** [...'tʃɔ:la] *f* **1.** *(sulla pelle)* Unterhemd *n;* **2.** *(per l'estate)* Sommerhemd *n.* **camiciotto** [...'tʃɔtto] *m* Arbeitskittel *m.*
caminetto [kami'netto] *m* (offener) Kamin *m.*
camino [ka'mi:no] *m* **1.** *(per riscaldamento)* Kamin *m;* **2.** *(comignolo)* Kamin *m,* Schornstein *m.*
camion ['ka:mi̯on] ‹-› *m* Last(kraft)wagen *m.* **camionabile, camionale** [kami̯o'na:bile, ...'na:le] **I.** *a* für Lastkraftwagen befahrbar; **II.** *f* für Lastkraftwagen befahrbare Straße. **camioncino** [...n'tʃi:no] *m* Lieferwagen *m.* **camionista** [...'nista] ‹-i *m,* -e *f*› *mf* Lastwagenfahrer(in) *m(f).*
camma ['kamma] *f* Nocken *m;* **albero a -e** Nockenwelle *f.*
cammello [kam'mɛllo] *m* **1.** *zoo* Kamel *n;* **2.** *(tessuto)* Kamelhaar *n.*
camminare [kammi'na:re] *itr* gehen; *(velocemente)* laufen; *(veicoli)* fahren; *tec* laufen, gehen; *(fig a.)* fortschreiten; ~ **a quattro zampe** auf allen vieren gehen; **cammina!** *(affrettati)* beeil dich!; *(vattene)* hau ab! *fam.* **camminata** [...'na:ta] *f* **1.** *(passeggiata)* Spaziergang *m;* **2.** *(modo di camminare)* Gang(art *f*) *m.* **camminatore, -trice** [...na'to:re] *m, f* Läufer(in) *m(f),* Geher(in) *m(f);* **è un buon** ~ er ist gut zu Fuß. **cammino** [...'mi:no] *m* **1.** *(viaggio)* Weg *m,* Reise *f;* **2.** *(strada)* Weg *m,* Wegstrecke *f;* **mettersi in** ~ sich auf den Weg machen; **ci sono tre ore di** ~ es ist eine Strecke von drei Stunden; *(a*

piedi) zu Fuß sind es drei Stunden; ~ **facendo** unterwegs.

camomilla [kamo'milla] *f* **1.** *(pianta)* Kamille *f;* **2.** *(infuso)* Kamillentee *m.*

camorra [ka'mɔrra] *f* **1.** *(società)* Kamorra *f; fig* Verbrecherring *m,* Syndikat *n;* **2.** *fig (azione)* Betrug *m,* Schiebung *f.*

camoscio [ka'mɔʃʃo] ‹-sci› *m* **1.** *zoo* Gemse *f;* **2.** *(pelle)* Wildleder *n.*

campagna [kam'paɲɲa] *f* **1.** *agr, geog* Land *n;* **2.** *(podere)* Landgut *n,* Ländereien *f pl;* **3.** *mil* Feldzug *m;* **4.** *fig* Kampagne *f;* ~ **elettorale/pubblicitaria** Wahlkampf *m*/Werbefeldzug *m,* -kampagne *f.* **campagnola** [...'ɲɔ:la] *f* Geländewagen *m.*

campale [kam'pa:le] *a* Feld-; **battaglia** ~ Feldschlacht *f;* **giornata** ~ *(a. fig)* Großkampftag *m.*

campana [kam'pa:na] *f* Glocke *f;* ~ **pneumatica** Luftkammer *f;* **a** ~ glokkenförmig; **pantaloni a** ~ Hose *f* mit weitem Schlag; **sentire tutte e due le -e** beide Meinungen (*o* Parteien) hören; **tenere qu sotto una** ~ **di vetro** jdn unter einer Glasglocke halten; **sordo come una** ~ stocktaub. **campanaccio** [kampa'nattʃo] ‹-cci› *m* Kuhglocke *f.* **campanaro** [...'na:ro] *m* Glöckner *m.* **campanella** [...'nɛlla] Klingel *f.* **campanello** [...'nɛllo] *m* Klingel *f; (piccola campana)* Glöckchen *n;* ~ **d'allarme** Alarmglocke *f; (a. fig)* Alarmsignal *n.*

Campania [kam'pa:ni̯a] *f* Kampanien *n.*

campanile [kampa'ni:le] *m* Kirch-, Glockenturm *m.* **campanilismo** [kampani'lizmo] *m* Lokalpatriotismus *m,* Kirchturmpolitik *f.* **campanilista** [...'lista] ‹-i *m,* -e *f*› *mf* Lokalpatriot(in) *m(f).*

campanula [kam'pa:nula] *f* Glockenblume *f.*

campare [kam'pa:re] *fam* **I.** *itr* ‹*essere*› leben (*di* von), sich durchbringen (*di* mit), sich durchschlagen (*di* mit) *fam;* ~ **alla giornata** von der Hand in den Mund leben; **tirare a** ~ sich durchschlagen; **II.** *tr* ‹*avere*› *(figli)* großziehen, durchbringen *fam.*

campato, -a [kam'pa:to] *a:* ~ **in aria** aus der Luft gegriffen.

campeggiare [kamped'dʒa:re] ‹campeggio, campeggi› *itr* **1.** *(far campeggio)* campen, zelten; **2.** *(spiccare)* hervorstechen, sich abheben. **campeggiatore, -trice** [...dʒa'to:re] *m, f* Camper(in) *m(f),* Zelter(in) *m(f).* **campeggio** [...'peddʒo] ‹-ggi› *m* **1.** *(terreno)* Zelt-, Campingplatz *m;* **2.** *(turismo)* Camping *n,* Zelten *n;* **fare** ~ campen, zelten.

camper ['kæmpə] ‹-› *m* Wohnmobil *n.*

campestre [kam'pɛstre] *a* Feld-; **corsa** ~ Querfeldeinlauf *m.*

campionario, -a [kampi̯o'na:ri̯o] ‹-i, -ie› **I.** *a* Muster-; **fiera -a** Mustermesse *f;* **II.** *m* Musterkollektion *f.*

campionato [kampi̯o'na:to] *m* Meisterschaft *f.*

campione, -essa [kam'pi̯o:ne, ...i̯o'nessa] **I.** *m, f* **1.** *sport* Meister(in) *m(f),* Champion *m;* **2.** *fig* Muster *n* (*di* an), Weltmeister *m* (*di* im) *fam;* **II.** *m* Muster *n,* Probe *f;* ~ **senza valore** Muster *n* ohne Wert, Warensendung *f.*

campisanti *pl di* **camposanto.**

campo ['kampo] *m* **1.** *gener.* Feld *n; (agr a.)* Acker *m;* **2.** *sport* Platz *m;* **3.** *(nell'arte)* Hintergrund *m;* **4.** *fig* Bereich *m,* Gebiet *n;* ~ **visivo** Gesichtsfeld *n;* ~ **sportivo** Sportplatz *m;* ~ **da tennis/golf/gioco** Tennis-/Golfplatz *m*/Spielfeld *n;* ~ **di concentramento/sterminio** Konzentrations-/Vernichtungslager *n;* ~ **d'azione** Aktionsradius *m,* Wirkungsbereich *m;* ~ **d'aviazione** Flugplatz *m;* **scendere in** ~ **contro qu** gegen jdn zu Felde ziehen.

camposanto [-'santo] ‹campisanti› *m* Friedhof *m.*

camuffare [kamuf'fa:re] **I.** *tr* **1.** *mil* tarnen; *(travestire)* verkleiden (*da* als); **2.** *fig* verbergen, tarnen; **II.** *rfl:* **-arsi** sich vermummen; *(travestirsi)* sich verkleiden (*da* als).

Canada ['ka:nada] *m:* **il** ~ Kanada *n.* **canadese** [kana'de:se] **I.** *a* kanadisch; **II.** *mf* Kanadier(in) *m(f).*

canaglia [ka'naʎʎa] ‹-glie› *f* Kanaille *f.*

canale [ka'na:le] *m* **1.** *gener.* Kanal *m;* **2.** *geog* Meerenge *f;* **3.** *anat* Gang *m; (condotto)* Kanal *m,* Leiter *m;* **4.** *el, tel* Leitung *f;* **5.** *TV, radio* Kanal *m,* Programm *n;* **6.** *fig* Kanal *m,* Weg *m.* **canalizzazione** [...dzat'tsi̯o:ne] *f* **1.** *(per acque)* Kanalisation *f; (per gas, elettricità, etc.)* Leitungssystem *n;* **2.** *(operazione)* Kanalisierung *f.*

canapa ['ka:napa] *f* Hanf *m.*

canapo ['ka:napo] *m* Hanfseil *n; naut* Tau *n.*

Canarie [ka'na:ri̯e] *f pl:* **le** ~ die Kanarischen Inseln *f pl.*

canarino [kana'ri:no] **I.** *m* Kanarienvogel *m;* **II.** ‹*inv*› *a* kanariengelb.

cancellare [kantʃel'la:re] *tr* **1.** *gener.* auslöschen, (aus)streichen; *(con la gomma)* ausradieren; *(con la penna)* durchstreichen; *(sulla lavagna)* auswischen; **2.** *fig (debito)* tilgen; *(appuntamento)* absagen; *(volo, prenotazione)* stornieren; ~ **qc della memoria** etw. aus dem Gedächtnis streichen.

cancellata [kantʃel'la:ta] *f* Gitter(werk) *n.*

cancellatura [kantʃella'tu:ra] *f* Streichung *f,* Löschung *f.*

cancelleria [kantʃelle'ri:a] ‹-ie› *f* **1.** *pol, jur, adm* Kanzlei *f; (del tribunale)*

Geschäftsstelle *f;* **2.** *(materiale)* Bürobedarf *m.*

cancelliere [kantʃel'li̯ɛ:re] *m* **1.** *pol* Kanzler *m;* **2.** *jur* Urkundsbeamte(r) *m* (der Geschäftsstelle).

cancello [kan'tʃɛllo] *m* Gittertor *n.*

cancerogeno, -a [kantʃe'rɔ:dʒeno] **I.** *a* krebserregend, karzinogen; **II.** *m* Krebserreger *m.*

cancrena [kaŋ'krɛ:na] *f* Brand *m,* Gangräne *f scient;* **andare in ~** brandig werden.

cancro ['kaŋkro] *m* **1.** *med* Krebs *m;* **2.** *astr:* **C~** Krebs *m;* **sono (del** *o* **un) C~** ich bin (ein) Krebs.

candeggiante [kanded'dʒante] **I.** *a* bleichend; **II.** *m* Weißmacher *m,* Aufheller *m.* **candeggio** [...'deddʒo] ‹-ggi› *m* Bleichen *n.*

candela [kan'de:la] *f* **1.** *gener.* Kerze *f;* **2.** *mot* (Zünd)kerze *f;* **3.** *el (potenza)* Kerzenstärke *f,* Wattangabe *f;* **a ~** kerzengerade; **una lampadina da 60 -e** eine 60-Watt-Birne; **tenere (***o* **reggere) la ~ a qu** *fig* bei jdm die Anstandsdame (*o* den Anstandswauwau *fam*) spielen; **a lume di ~** bei Kerzenschein. **candelabro** [kande'la:bro] *m* Kandelaber *m,* (mehrarmiger) Kerzenleuchter *m.* **candeliere** [...'li̯ɛ:re] *m* Kerzenhalter *m.*

candidamente [kandida'mente] *adv (con schiettezza)* treuherzig; *(ingenuamente)* leichtgläubig, naiv.

candidato, -a [kandi'da:to] *m, f* Kandidat(in) *m(f); (a esame)* Prüfungskandidat(in) *m(f),* Prüfling *m.* **candidatura** [...da'tu:ra] *f* Kandidatur *f;* **presentare la propria ~** sich bewerben; *pol, adm* kandidieren.

candido, -a ['kandido] *a* **1.** *(pulito)* rein; *(colore)* schneeweiß; **2.** *fig* naiv; *(schietto)* arglos, treuherzig.

candito, -a [kan'di:to] **I.** *a* kandiert; *(zucchero)* Kandis-; **II.** *m* ‹*di solito al pl*› kandierte Früchte *f pl.*

candore [kan'do:re] *m* **1.** Reinheit *f;* **2.** *fig* Naivität *f,* Arglosigkeit *f; (innocenza)* Unschuld *f.*

cane ['ka:ne] *m* **1.** *zoo, fig, astr* Hund *m;* **2.** *(nelle armi da fuoco)* Hahn *m;* **~ da caccia/guardia** Jagd-/Wachhund *m;* **figlio d'un ~** *vulg* Hundesohn *m;* **vita da -i** Hundeleben *n;* **tempo da -i** Hundewetter *n;* **lavoro fatto da -i** hundsmiserable Arbeit; **essere solo come un ~** einsam und verlassen sein; **menare il can per l'aia** *fig* nicht zur Sache kommen; **fa un freddo ~** *fam* es ist hundekalt *fam;* **ho una fame ~** *fam* ich habe einen Bärenhunger; **non c'era un ~** *fig fam* es war kein Schwein da *vulg;* **mondo ~!** *fam* Scheißwelt! *fam.*

canestro [ka'nɛstro] *m* Korb *m.*

canfora ['kanfora] *f* Kampfer *m.*

cangiante [kan'dʒante] *a* changierend.

canguro [kaŋ'gu:ro] *m* Känguruh *n.*

canile [ka'ni:le] *m* **1.** *(cuccia)* Hundehütte *f;* **2.** *(allevamento)* Hundezucht *f.*

canino, -a [ka'ni:no] **I.** *a* Hunde-, Hunds-; **rosa -a** Hecken-, Hundsrose *f;* **II.** *m* Eckzahn *m.*

canna ['kanna] *f* **1.** *bot* Rohr *n;* **2.** *(bastone)* (Rohr)stock *m; (da pesca)* Angelrute *f;* **3.** *(dell'organo)* Pfeife *f;* **4.** *(del fucile)* Lauf *m; (della bicicletta)* Stange *f;* **~ fumaria** Rauchfang *m;* **~ da zucchero** Zuckerrohr *n;* **essere povero in ~** bettelarm sein, arm wie eine Kirchenmaus sein.

cannella [kan'nɛlla] *f* Zimt *m.*

cannello [kan'nɛllo] *m* **1.** *bot, tec* Röhrchen *n;* **2.** *chem, med* Kanüle *f.*

cannibale [kan'ni:bale] *mf* Kannibale *m,* Kannibalin *f.*

cannocchiale [kannok'ki̯a:le] *m* Fernrohr *n.*

cannonata [kanno'na:ta] *f* **1.** *mil* Kanonenschuß *m,* -schlag *m;* **2.** *fig fam* Wucht *f,* Bombensache *f fam.* **cannone** [...'no:ne] *m* **1.** *mil* Kanone *f;* **2.** *fig fam* As *n,* Kanone *f fam;* **3.** *(piega)* Quetschfalte *f;* **donna ~** *(alla fiera)* Riesendame *f.*

cannuccia [kan'nuttʃa] ‹-cce› *f* Strohhalm *m.*

canoa [ka'nɔ:a] *f* Kanu *n; sport* Kajak *m o n.*

canone [ka'no:ne] *m* **1.** *(norma)* Regel *f; (schema di riferimento)* Maßstab *m,* Kanon *m;* **2.** *com, fin* Abgabe *f; (radio, TV, abbonamento)* Gebühr *f;* **3.** *rel, mus* Kanon *m;* **~ d'affitto** Miete *f,* Mietzins *m;* **i -i della morale** die moralischen Grundsätze *m pl.*

canonica [ka'nɔ:nika] ‹-che› *f* Pfarrhaus *n.* **canonico, -a** [...ko] ‹-ci, -che› **I.** *a* kanonisch; *(valido)* vorschriftsmäßig; **II.** *m* Kanoniker *m,* Kanonikus *m.*

canonizzare [kanonid'dza:re] *tr* heiligsprechen.

canoro, -a [ka'nɔ:ro] *a* Sing-; **uccelli -i** Singvögel *m pl.*

canottaggio [kanot'taddʒo] ‹-ggi› *m* Rudersport *m.*

canottiera [kanot'ti̯ɛ:ra] *f* Unterhemd *n.*

canottiere [kanot'ti̯ɛ:re] *m* Ruderer *m.*

canotto [ka'nɔtto] *m* kleines Boot *n; (di gomma)* Schlauchboot *n.*

canovaccio [kano'vattʃo] ‹-cci› *m* **1.** *(tessuto)* Kanevas *m;* **2.** *(da cucina)* Putztuch *n; (per stoviglie)* Geschirrtuch *n;* **3.** *(per ricamo)* Stramin *m;* **4.** *theat* Kanevas *m;* **5.** *lit* Handlung(sablauf *m*) *f.*

cantabile [kan'ta:bile] **I.** *a* singbar; **II.** *m* Kantabile *n.*

cantante [kan'tante] *mf* Sänger(in) *m(f);* **~ lirico** Opernsänger *m;* **~ di musica leggera** Schlagersänger(in) *m(f).*

cantare [kan'ta:re] **I.** *itr* **1.** *mus* singen; **2.** *zoo (gallina)* gackern; *(gallo)* krähen; *(uccello)* zwitschern; *(grilli)* zirpen; **3.** *fig (fare la spia)* reden, plaudern; *sl (davanti alla polizia)* singen *sl;* ~ **da tenore** Tenor singen; **II.** *tr* **1.** *(canzoni)* singen; **2.** *(persone, fatti, etc.)* besingen; **3.** *rel (messa)* lesen; ~ **le lodi di qu** ein Loblied auf jdn singen; ~ **vittoria** frohlocken, triumphieren; **cantarla chiara** *fig* kein Blatt vor den Mund nehmen. **cantastorie** [...tas'tɔ:ri̯e] ‹-› *mf* Bänkelsänger(in) *m(f).* **cantata** [...'ta:ta] *f* **1.** *mus* Kantate *f;* **2.** *fam* Singen *n,* Gesang *m.* **cantautore, -trice** [...tau'to:re] *m, f* Liedermacher(in) *m(f).* **canterellare** [...terel'la:re] *tr* trällern. **canterino, -a** [...te'ri:no] *a (uccello)* sing-, sangesfreudig; *(grillo)* zirpend. **canticchiare** [...k'ki̯a:re] ‹canticchio, canticchi› *tr, itr fam* trällern. **cantico** ['kantiko] ‹-ci› *m* Lobgesang *m,* Hymne *f;* **il ~ dei -ci** das Hohelied (Salomos).

cantiere [kan'ti̯ɛ:re] *m naut, aero* Werft *f;* (~ *edile)* Baustelle *f.*

cantilena [kanti'lɛ:na] *f* **1.** *(il cantare)* Singsang *m;* **2.** *(ninnananna)* Wiegenlied *n;* **3.** *fig (lamentela)* Gejammer *n;* **4.** *mus* Kantilene *f.*

cantina [kan'ti:na] *f* **1.** *arch* Keller *m; (per il vino)* Weinkeller *m;* **2.** *fig* (Keller)loch *n;* **3.** *(bottega)* Weinschenke *f;* **4.** *(produzione e vendita di vino)* Kellerei *f;* ~ **sociale** Genossenschaftskellerei *f,* Winzergenossenschaft *f.*

canto[1] ['kanto] *m* **1.** *gener., mus* Gesang *m; (canzone)* Lied *n;* **2.** *zoo (del gallo)* Schrei *m; (dell'usignolo)* Schlag *m;* **3.** *poet* Gedicht *n,* Gesang *m;* ~ **popolare** Volkslied *n.*

canto[2] ['kanto] *m* **1.** *(angolo)* Winkel *m,* Ecke *f;* **2.** *(parte)* Seite *f;* **3.** *(spigolo)* Kante *f;* **d'altro** ~ andererseits, auf der anderen Seite.

cantonale [kanto'na:le] *a* kantonal, Kantonal-.

cantonata [kanto'na:ta] *f* (Straßen)ecke *f;* **prendere una** ~ einen Reinfall erleben.

cantone[1] [kan'to:ne] *m (angolo)* Ecke *f;* **il gioco dei quattro -i** ~ ≃ Bäumchen, wechsle dich.

cantone[2] [kan'to:ne] *m (della Svizzera)* Kanton *m;* **Lago dei Quattro Cantoni** Vierwaldstättersee *m.*

cantoniera [kanto'ni̯ɛ:ra] *f* Eckschrank *m.*

cantoniere [kanto'ni̯ɛ:re] *m* Bahn-, Straßenwärter *m.*

cantore [kan'to:re] *m* **1.** *rel* Kantor *m;* **2.** *lit* Sänger *m,* Dichter *m;* **i maestri -i** die Meistersinger *m pl.*

cantuccio [kan'tuttʃo] ‹-cci› *m fam* Winkel *m;* **stare in un** ~ abseits stehen.

canuto, -a [ka'nu:to] *a* **1.** *(capelli)* weiß; **2.** *(persona)* weißhaarig.

canzonare [kantso'na:re] *tr* verspotten, hänseln; **farsi** ~ zum Gespött werden. **canzonatorio, -a** [...na'tɔ:ri̯o] ‹-i, -ie› *a* spöttisch.

canzone [kan'tso:ne] *f* **1.** *mus* Lied *n;* **2.** *lit* Kanzone *f;* **festival della** ~ Schlagerfestival *n;* ~ **popolare** Volkslied *n; (molto nota)* (bekannter) Schlager *m.* **canzonetta** [kantso'netta] *f* Liedchen *n,* Schlager *m.* **canzoniere** [...'ni̯ɛ:re] *m* Liedersammlung *f.*

caos ['ka:os] ‹-› *m* Chaos *n.* **caotico, -a** [ka'ɔ:tiko] ‹-ci, -che› *a* chaotisch.

C.A.P. [kap] ‹-› *m ab di* **Codice di Avviamento Postale** PLZ (*ab di* Postleitzahl).

capace [ka'pa:tʃe] **1.** *(atto)* fähig; *(abile)* geschickt; **2.** *jur* rechtsfähig; **3.** *(spazioso)* weit, geräumig; *(borsa, etc.)* groß; **essere ~ di fare qc** fähig (*o* imstande) sein, etw. zu tun.

capacità [kapatʃi'ta] ‹-› *f* **1.** *(di contenere)* Fassungsvermögen *n,* Kapazität *f;* **2.** *(abilità)* Fähigkeit *f,* Tüchtigkeit *f;* **il teatro ha una ~ di 2000 persone** das Theater faßt 2000 Personen; ~ **di agire** Handlungsfähigkeit *f.*

capacitarsi [kapatʃi'tarsi] *rfl* begreifen; *(persuadersi)* sich überzeugen; **non poter ~ di qc** sich *(dat)* etw. nicht erklären können.

capanna [ka'panna] *f* Hütte *f.*

capannello [kapan'nɛllo] *m* kleine Menschenansammlung.

capanno [ka'panno] *m* Unterstand *m,* Laube *f; (cabina)* Umkleide-, Badekabine *f.*

capannone [kapan'no:ne] *m* **1.** *agr* Scheune *f,* Schuppen *m;* **2.** *(di fabbrica)* Werkshalle *f.*

caparbio, -a [ka'parbi̯o] ‹-i, -ie› *a* dickköpfig, hartnäckig.

caparra [ka'parra] *f (parte del pagamento)* Anzahlung *f; (pegno)* Pfand *n; (cauzione)* Kaution *f;* **dare una ~ a qu** jdm eine Anzahlung leisten, jdm eine Kaution zahlen.

capatina [kapa'ti:na] *f* Stippvisite *f;* **fare una** ~ auf einen Sprung vorbeikommen.

capeggiare [kaped'dʒa:re] ‹capeggio, capeggi› *tr* anführen.

capello [ka'pello] *m* Haar *n;* **cose da far rizzare i -i** haarsträubende Dinge *n pl;* **averne fin sopra i -i** die Nase gestrichen voll haben *fam;* **mettersi le mani nei -i** *fig* sich *(dat)* die Haare raufen; **mi fai venire i -i bianchi** deinetwegen bekomme ich noch graue Haare; **portare i -i lunghi/corti** lange/kurze Haare haben; **prendersi per i -i** sich *(dat)* in die Haare geraten; **non torcere neppure un ~ a qu** jdm kein Haar krümmen. **capellone, -a** [...'lo:ne] *fam* **I.** *m, f* Langhaarige(r) *mf; fig pej* Gammler(in) *m(f);* **II.** *a* langhaarig; *fig pej* Gammel-, gammelig *fam.* **capelluto, -a** [...'lu:to] *a* behaart.

capezzale [kapet'tsa:le] *m* **1.** *fig* Kopfende *n* (vom Bett); **2.** *(di letto)* Kopfkeil *m.*

capezzolo [ka'pettsolo] *m* Brustwarze *f.*

capi- [kapi-] *(in parole composte) v. a.* **capo-.**

capibanda *pl di* **capobanda.**

capiclasse *pl di* **capoclasse.**

capicronisti *pl di* **capocronista.**

capiente [ka'piɛnte] *a* geräumig; *(recipiente)* groß. **capienza** [ka'piɛntsa] *f* Fassungsvermögen *n.*

capifamiglia *pl di* **capofamiglia.**

capigliatura [kapiʎʎa'tu:ra] *f* Haare *n pl; (~ folta)* (Haar)schopf *m,* Mähne *f fam.*

capigruppo *pl di* **capogruppo.**

capilinea *pl di* **capolinea.**

capillare [kapil'la:re] **I.** *a* **1.** *anat* kapillar, haarförmig; **2.** *fig* detailliert; *(organizzazione, etc.)* engmaschig; **vasi -i** Kapillargefäße *n pl;* **II.** *m* Kapillargefäß *n.*

capimastri *pl di* **capomastro.**

capinera [kapi'ne:ra] *f* Mönchsgrasmücke *f.*

capire [ka'pi:re] ‹capisco› **I.** *tr* ‹*avere*› verstehen, begreifen, erfassen; *fam* hören; **far ~ qc a qu** jdm etw. zu verstehen geben; *(far comprendere)* jdm etw. begreiflich machen; **~ fischi per fiaschi** falsch verstehen; **chi ti capisce è bravo!** dich soll einer verstehen! *fam;* **II.** *itr* ‹*essere*› klar (*o* selbstverständlich) sein; **farsi ~** sich verständlich machen; **si capisce** das versteht sich von selbst, das ist selbstverständlich; **III.** *rfl:* **-irsi** sich verstehen; **ci siamo capiti?** haben wir uns verstanden?

capiredattori *pl di* **caporedattore.**

capireparto *pl di* **caporeparto.**

capirosso [kapi'rosso] *m* Stieglitz *m.*

capisala *pl di* **caposala.**

capisaldi *pl di* **caposaldo.**

capiservizio *pl di* **caposervizio.**

capisezione *pl di* **caposezione.**

capisquadra *pl di* **caposquadra.**

capistazione *pl di* **capostazione.**

capitale [kapi'ta:le] **I.** *a (principale)* wesentlich, Haupt-; kapital; *(jur, rel a.)* Tod(es)-; **II.** *f* Hauptstadt *f;* **III.** *m* Kapital *n; (patrimonio a.)* Vermögen *n;* **~ sociale** Stammkapital *n;* **fare ~ di qc** *(a. fig)* Kapital aus etw. schlagen.

capitalismo [kapita'lizmo] *m* Kapitalismus *m.* **capitalista** [...'lista] ‹-i *m,* -e *f*› **I.** *mf* Kapitalist(in) *m(f);* **II.** *a* kapitalistisch, Kapitalisten-. **capitalistico, -a** [...'listiko] ‹-ci, -che› *a* kapitalistisch.

capitanare [kapita'na:re] *tr* anführen, leiten; **~ una squadra di calcio** *sport* Kapitän einer Fußballmannschaft sein, Mannschaftskapitän sein. **capitaneria** [...ne'ri:a] ‹-ie› *f (di porto)* Hafenbehörde *f.*

capitano [kapi'ta:no] *m* **1.** *mil* Hauptmann *m;* **2.** *naut* Kapitän *m; aero* (Flug)kapitän *m;* **3.** *sport* (Mannschafts)kapitän *m;* **4.** *fig* Anführer *m;* **~ d'industria** Industriekapitän *m.*

capitare [kapi'ta:re] *itr* ‹essere› *(giungere)* (zufällig) kommen, geraten; *(occasione)* sich bieten; *(succedere)* passieren, vorkommen; **~ bene/male** gelegen/ungelegen kommen; *(avere fortuna/sfortuna)* Glück/Pech haben; **~ nelle mani di qu** jdm in die Hände fallen; **capita anche nelle migliori famiglie** das kommt in den besten Familien vor; **capiti proprio a proposito!** du kommst gerade recht!

capitavola *pl di* **capotavola.**

capitello [kapi'tɛllo] *m* Kapitell *n.*

capitolare [kapito'la:re] *itr (a. fig)* kapitulieren. **capitolazione** [...at'tsio:ne] *f (a. fig)* Kapitulation *f.*

capitolo [ka'pi:tolo] *m* **1.** *(di libro, ab* **cap.***)* Kapitel *n;* **2.** *com* Posten *m.*

capitombolo [kapi'tombolo] *m* **1.** *(caduta)* Purzelbaum *m;* **2.** *fig* Umsturz *m,* Zusammenbruch *m.*

capitone [kapi'to:ne] *m* fetter weiblicher Aal.

capitribù *pl di* **capotribù.**

capi ufficio *pl di* **capo ufficio.**

capo ['ka:po] *m* **1.** *anat* Kopf *m,* Haupt *n geh;* **2.** *fig* Haupt *n,* Kopf *m,* Führer *m; pol* Oberhaupt *n; (in ufficio, etc.)* Chef *m; (in tribù)* Häuptling *m;* **3.** *geog* Kap *n;* **4.** *(di biancheria, vestiario)* Stück *n;* **5.** *(estremità)* Ende *n; (di spillo)* (Stecknadel)kopf *m; (parte alta)* oberes Ende, oberer Teil; **ispettore/segretario ~** Hauptinspektor *m*/Hauptsekretär *m;* **comandante in ~** Oberbefehlshaber *m;* **~ d'accusa** Anklagepunkt *m;* **per sommi -i** in groben Zügen; **chinare** (*o* **abbassare** *o* **piegare) il ~** *fig* sich beugen; **andare a ~** eine neue Zeile beginnen; **andare in ~ al mondo** bis ans Ende der Welt gehen; **cominciare da ~** von vorne anfangen; **in ~ ad un mese/una settimana** nach Ablauf eines Monats/einer Woche; **essere a ~ di qu/qc** jdn/etw. anführen; **non avere né ~ né coda** weder Hand noch Fuß haben; **cosa ti frulla** (*o* **passa) per il ~?** *fam* was geht dir durch den Kopf?; **arrivare** (*o* **capitare) fra ~ e collo** *fam* aus heiterem Himmel kommen; *(inopportuno)* ungelegen kommen; **punto e a ~**

Punkt und neue Zeile; *fig* nochmal von vorn(e).
capobanda [kapo'banda] ‹capibanda› *m* **1.** *mus* Kapellmeister *m;* **2.** *pej* Bandenführer *m.*
capocchia [ka'pɔkkia] ‹-cchie› *f (di spillo, fiammifero, chiodo, etc.)* Kopf *m.*
capoccia [ka'pɔttʃa] ‹-› *m sett (in famiglia)* Familienoberhaupt *n; scherz* Boß *m fam,* Chef *m; pej* Anführer *m.*
capoclasse [kapo'klasse] ‹capiclasse *m,* - *f*› *mf* Klassensprecher(in) *m(f).* **capocomico, -a** [-'kɔ:miko] *m, f* Leiter(in) *m(f)* einer Schauspieltruppe. **capocronista** [-kro'nista] ‹capicronisti *m,* -e *f*› *mf* leitende(r) Nachrichtenredakteur(in) *m(f).* **capocuoco, -a** [-'kuɔ:ko] *m, f* Chefkoch *m,* -köchin *f.*
capodanno, capo d'anno [-'danno] *m* Neujahr *n.*
capodoglio [-'dɔʎʎo] ‹-gli› *m* Pottwal *m.*
capofamiglia [-fa'miʎʎa] ‹capifamiglia *m,* - *f*› *mf* Familienoberhaupt *n.*
capofitto [-'fitto]: **a ~** *adv* kopfüber; **buttarsi a ~ in qc** *fig* sich in etw. stürzen.
capogiro [-'dʒi:ro] *m* Schwindel *m;* **cifre/prezzi da ~** schwindelerregende (*o* sehr hohe) Zahlen *f pl*/Preise *m pl.*
capogruppo [-'gruppo] ‹capigruppo *m,* - *f*› *mf* Gruppenleiter(in) *m(f);* **~ parlamentare** Fraktionsvorsitzende(r) *mf.*
capolavoro [-la'vo:ro] *m* Meisterwerk *n.*
capolinea [-'li:nea] ‹capilinea› *m* Endstation *f.*
capolino [kapo'li:no] *m:* **far ~** hervorkommen, -vorgucken.
capoluogo [-'luɔ:go] *m adm* Hauptstadt *f.*
capomacchinista [-makki'nista] *m* Maschinenmeister *m; naut* Obermaschinist *m.* **capomastro** [-'mastro] ‹-i *o* capimastri› *m (capocantiere)* Polier *m,* Bauführer *m; (imprenditore)* Bauunternehmer *m.*
caporale [kapo'ra:le] *m* **1.** *mil* Korporal *m,* Gefreite(r) *m;* **2.** *sl* Vermittler *m* von Schwarzarbeitern.
caporedattore, -trice [-redat'to:re] ‹capiredattori *m*› *m, f* Chefredakteur(in) *m(f).* **caporeparto** [-re'parto] ‹capireparto *m,* - *f*› *mf* Abteilungsleiter(in) *m(f).* **caporione** [-'rio:ne] *m* Rädelsführer *m,* Anführer *m.* **caposala** [-'sa:la] ‹capisala *m,* - *f*› *mf* Saalaufsicht *f; (in ospedale)* Stationsschwester *f.*
caposaldo [-'saldo] ‹capisaldi› *m* **1.** *fig* Kern-, Angelpunkt *m;* **2.** *mil* Bollwerk *n.*
caposervizio [-ser'vittsio] ‹capiservizio *m,* - *f*› *mf* Ressortleiter(in) *m(f).* **caposezione** [-set'tsio:ne] ‹capisezione *m,* - *f*› *mf* Abteilungsleiter(in) *m(f).* **caposquadra** [-s'kua:dra] ‹capisquadra *m,* - *f*› **I.** *mf sport* Mannschaftsführer(in) *m(f);* **II.** *m (mil, di operai)* Kolonnen-, Gruppenführer *m.* **capostazione** [-stat'tsio:ne] ‹capistazione *m,* - *f*› *mf* Bahnhofs-, Stationsvorsteher(in) *m(f).* **capostipite** [-s'ti:pite] *m* Stammvater *m.* **capotavola** [-'ta:vola] ‹capitavola *m,* - *f*› **I.** *mf* am Tischende Sitzende(r) *mf;* **essere il ~** am Kopf der Tafel sitzen; **II.** *m* Tischende *n;* **sedere a ~** am Kopf der Tafel sitzen.
capote [ka'pɔt] ‹-› *f* Verdeck *n.*
capotribù [-tri'bu] ‹capitribù *m,* - *f*› *mf* Stammeshäuptling *m.* **cap(o)ufficio, capo ufficio** [-uf'fi:tʃo] ‹capi ufficio *m,* - *f*› *mf* Bürovorsteher(in) *m(f).*
capoverso [-'vɛrso] *m* Absatz *m.*
capovolgere [-'vɔldʒere] ‹*irr*› **I.** *tr* **1.** *(voltare)* umdrehen, auf den Kopf stellen, umstülpen; **2.** *fig* umkehren; **II.** *rfl:* **-ersi 1.** *(barca)* kentern; *(macchina)* sich überschlagen; **2.** *fig* sich wenden. **capovolgimento** [-voldʒi'mento] *m* **1.** *(ribaltamento)* Umkehr *f;* **2.** *fig* Umwälzung *f; pol* Umsturz *m.*
cappa[1] ['kappa] *f* **1.** *(indumento)* Umhang *m,* Mantel *m;* **2.** *tec* Abzugshaube *f; (del camino)* Rauchfang *m;* **~ di piombo** *fig* bleierne Schwere.
cappa[2] ['kappa] ‹-› *m o f v.* **K, k.**
cappella[1] [kap'pɛlla] *f rel, mus* Kapelle *f.*
cappella[2] [kap'pɛlla] *f (del fungo)* Hut *m,* Kopf *m.*
cappellano [kappel'la:no] *m* Kaplan *m.*
cappelliera [kappel'liɛ:ra] *f* Hutschachtel *f.* **cappellino** [...'li:no] *m* (Damen)hütchen *n.*
cappello [kap'pɛllo] *m* **1.** *gener.* Hut *m; (copertura, protezione)* (Schutz)haube *f;* **2.** *(di scritto, discorso)* Vorspann *m;* **levarsi** (*o* **togliersi**) **il ~** den Hut ziehen; **tanto di ~!** Hut ab!
cappero ['kappero] *m* **1.** *gastr* Kaper *f;* **2.** *bot* Kapernstrauch *m.*
cappio ['kappio] ‹-i› *m* Schlinge *f.*
cappone [kap'po:ne] *m* Kapaun *m.*
cappotto [kap'pɔtto] *m* Mantel *m.*
cappuccino [kapput'tʃi:no] *m* **1.** *gastr* Cappuccino *m;* **2.** *rel* Kapuziner *m.*
cappuccio [kap'puttʃo] ‹-cci› *m* **1.** *(copricapo)* Kapuze *f;* **2.** *(di penna, biro)* Kappe *f; (copertura)* Haube *f.*
capra ['ka:pra] *f* **1.** *zoo* Ziege *f;* **2.** *tec* Bock *m,* Winde *f.* **capretto** [ka'pretto] *m* **1.** *zoo, gastr* Zicklein *n;* **2.** *(pelle)* Ziegenleder *n.*
capriccio [ka'prittʃo] ‹-cci› *m* **1.** *gener.* Laune *f; (di artista, donna)* Kaprice *f geh;* **2.** *mus* Capriccio *n;* **fare i -cci** bockig sein. **capriccioso, -a** [...'tʃo:so] *a (bambino)* bockig; *(ragazza)* launisch, zickig *fam,* kapriziös *geh.*
capricorno [kapri'kɔrno] *m* **1.** *zoo* Stein-

bock *m;* **2.** *astr:* **C~** Steinbock *m;* **sono (del** *o* **un) C~** ich bin (ein) Steinbock.
caprifoglio [-'fɔʎʎo] *m* Geißblatt *n.*
capriola [kapri'ɔ:la] *f* **1.** *(salto)* Purzelbaum *m; (nella danza)* Luftsprung *m; sport* Kapriole *f;* **2.** *zoo* Ricke *f;* **fare le -e** Purzelbäume schlagen.
capriolo [kapri'ɔ:lo] *m* Reh *n.*
capro ['ka:pro] *m* Ziegenbock *m;* **~ espiatorio** Sündenbock *m.* **caprone** [ka'pro:ne] *m* Ziegenbock *m.*
capsula ['kapsula] *f* **1.** *med, aero* Kapsel *f;* **2.** *chem* Tiegel *m,* Schale *f.*
captare [kap'ta:re] *tr* empfangen.
capufficio [kapuf'fi:tʃo] *v.* **cap(o)ufficio.**
capzioso, -a [kap'tsi̯o:so] *a* spitzfindig.
cara *f v.* **caro.**
carabina [kara'bi:na] *f* Karabiner *m.*
carabiniere [karabi'ni̯ɛ:re] *m* Karabiniere *m.*
caraffa [ka'raffa] *f* Karaffe *f.*
caramella [kara'mɛlla] *f* **1.** *gastr* Bonbon *n o m;* **2.** *fig fam* Monokel *n.* **caramellato, -a** [...mel'la:to] *a:* **zucchero ~** Karamelzucker *m.* **caramello** [...'mɛllo] *m* Karamel *m.*
carato [ka'ra:to] *m* Karat *n.*
carattere [ka'rattere] *m* **1.** *(indole)* Charakter *m; (natura)* Natur *f,* Wesen(sart *f*) *n; (caratteristica)* Merkmal *n,* Kennzeichen *n,* Eigenheit *f;* **2.** *typ* Type *f,* Letter *f;* **3.** *(di scrittura)* Schriftzeichen *n,* Buchstabe *m;* **4.** *biol* (Erb)faktor *m;* **un uomo di ~** ein Mann *m* mit Charakter; **essere in ~ con qc** mit etw. im Einklang sein, zu etw. passen; **mancare di ~** charakterlos sein. **caratterino** [...'ri:no] *m iron* schwieriger Charakter.
caratteristica [karatte'ristika] ‹-che› *f* Eigenheit *f,* Eigenart *f.* **caratteristico, -a** [...ko] ‹-ci, -che› *a* charakteristisch.
caratterizzare [karatterid'dza:re] *tr* charakterisieren.
caratura [kara'tu:ra] *f* Karatmessung *f.*
caravan ['kærəvæn] ‹-› *m* Wohnwagen *m,* Caravan *m.*
caravella [kara'vɛlla] *f* Karavelle *f.*
carboidrato [karboi'dra:to] *m* Kohle(n)hydrat *n.*
carbonaio, -a [karbo'na:i̯o] ‹-ai, -aie› *m, f* **1.** *(lavoratore)* Köhler(in) *m(f);* **2.** *com* Kohlenhändler(in) *m(f).*
carbonaro, -a [karbo'na:ro] *a:* **alla -a** mit Speck und Eiern.
carboncino [karbon'tʃi:no] *m* **1.** *(per disegnare)* Zeichenkohle *f,* Kohlestift *m;* **2.** *(disegno)* Kohlezeichnung *f.*
carbone [kar'bo:ne] *m* Kohle *f;* **~ bianco** Wasserkraft *f;* **essere (***o* **stare) sui -i accesi** *fig* (wie) auf glühenden Kohlen sitzen. **carbonella** [...bo'nɛlla] *f* Holzkohle *f.*
carbonico, -a [kar'bɔ:niko] ‹-ci, -che› **I.** *a* kohlensauer; **acido ~** Kohlensäure *f;* **anidride -a** Kohlendioxyd *n;* **II.** *m* Karbon *n.* **carbonifero, -a** [...bo'ni:fero] *a* Kohlen-; **bacino ~** Kohlenbecken *n.* **carbonio** [...'bɔ:ni̯o] *m* Kohlenstoff *m;* **ossido di ~** Kohlenmonoxyd *n,* Kohlenoxyd *n.* **carbonizzare** [karbonid'dza:re] **I.** *tr* ankohlen, verschmoren (lassen); **II.** *rfl:* **-arsi** verkohlen; *(automobile, etc.)* völlig ausbrennen.
carburante [karbu'rante] *m* Treibstoff *m.* **carburatore** [...a'to:re] *m* Vergaser *m.* **carburazione** [...rat'tsi̯o:ne] *f* Vergasung *f.*
carcassa [kar'kassa] *f* **1.** *zoo* Gerippe *n;* **2.** *tec* Gerüst *n; (di turbine, etc.)* Gehäuse *n; naut* Wrack *n; (ossatura)* (Schiffs)gerippe *n;* **3.** *fig pej (macchina)* Klapperkiste *f fam.*
carcerato, -a [kartʃe'ra:to] *m, f* Häftling *m.* **carcerazione** [...rat'tsi̯o:ne] *f* **1.** *(provvedimento)* Inhaftierung *f;* **2.** *(periodo)* Haft *f.* **carcere** ['kartʃere] ‹*pl:* -i *f*› *m* **1.** *(luogo)* Gefängnis *n;* **2.** *(pena)* Gefängnis(strafe *f*) *n;* **~ giudiziario/preventivo** Untersuchungsgefängnis *n*/Untersuchungshaft *f.* **carceriere, -a** [...'ri̯ɛ:re] *m, f* **1.** *(secondino)* Gefängniswärter(in) *m(f);* **2.** *fig pej* Kerkermeister *m.*
carcinoma [kartʃi'nɔ:ma] ‹-i› *m* Karzinom *n.*
carciofino [kartʃo'fi:no] *m* Artischokkenherz *n.* **carciofo** [...'tʃɔ:fo] *m* Artischocke *f.*
cardanico, -a [kar'da:niko] ‹-ci, -che› *a* Kardan-; **albero ~** Kardanwelle *f.*
cardellino [kardel'li:no] *m* Stieglitz *m.*
cardiaco, -a [kar'di:ako] ‹-ci, -che› *a* Herz-.
cardinale [kardi'na:le] **I.** *a (fondamentale)* Grund-, hauptsächlich; *(a. geog)* Haupt-; *(virtù, numero)* Kardinal-; **punti -i** (Haupt)himmelsrichtungen *f pl;* **II.** *m* Kardinal *m.*
cardine ['kardine] *m* Angel *f.*
cardiologia [kardi̯olo'dʒi:a] ‹-gie› *f* Kardiologie *f.* **cardiologo, -a** [...'di̯ɔ:logo] ‹-gi, -ghe› *m, f* Kardiologe *m,* -login *f.*
cardo ['kardo] *m* Distel *f.*
carena [ka'rɛ:na] *f naut* Kiel *m; aero* Rumpf *m.* **carenaggio** [kare'naddʒo] ‹-ggi› *m* Kielholung *f.*
carenza [ka'rɛntsa] *f* Mangel *m* (*di* an); **per ~ di prove** *jur* mangels Beweisen.
carestia [kares'ti:a] ‹-ie› *f* (Hungers)not *f.*
carezza [ka'rettsa] *f* Streicheln *n,* Liebkosung *f;* **fare una ~ a qu** jdn streicheln (*o* liebkosen). **carezzare** [...'tsa:re] *tr* streicheln.
cariare [ka'ri̯a:re] ‹cario, cari› **I.** *tr (intaccare)* angreifen; *(corrodere)* zerfressen; *(provocare carie)* Karies verursa-

chen bei (*o* an); **la cioccolata caria i denti** Schokolade greift die Zähne an; **II.** *rfl:* **-arsi** von Karies befallen werden, kariös werden.
caribico, -a [ka'ri:biko] ⟨-ci, -che⟩ *a* karibisch.
carica ['ka:rika] ⟨-che⟩ *f* **1.** *adm* Amt *n;* **2.** *phys, el* Ladung *f;* **3.** *mil* Attacke *f; (a. sport)* Angriff *m;* **4.** *fig* Ausstrahlung *f; (slancio)* Elan *m,* Schwung *m;* **essere in ~** ein Amt innehaben (*o* ausüben); **tornare alla ~** erneut angreifen; *fig* es noch einmal versuchen.
caricare [kari'ka:re] ⟨carico, carichi⟩ **I.** *tr* **1.** *(macchina, camion, bastimento)* (be)laden; *(riempire)* aufladen; **2.** *(fucile, pistola)* laden; **3.** *(orologio)* aufziehen; **4.** *fot* einen Film einlegen in; **5.** *sport* behindern; **6.** *fig* belasten (*di* mit), aufbürden, -lasten (*qu di qc* jdm etw.); **~ la dose** das Maß steigern; **II.** *rfl:* **-arsi** sich belasten (*di* mit). **caricatore** [...ka'to:re] *m* **1.** *mil, fot, film* Magazin *n;* **2.** *(operaio)* Ladearbeiter *m,* Auf-, Verlader *m.*
caricatura [karika'tu:ra] *f* Karikatur *f.* **caricaturista** [...tu'rista] ⟨-i *m,* -e *f*⟩ *mf* Karikaturist(in) *m(f).*
carico, -a ['ka:riko] ⟨-chi, -che⟩ **I.** *a* **1.** *(carro, camion, nave)* beladen (*di* mit); **2.** *(persona)* bepackt (*di* mit); **3.** *fig* überhäuft (*di* mit, von); *pej* belastet (*di* mit); **4.** *(colore)* kräftig, intensiv; *pej* grell; **5.** *(tè, caffè)* stark; **6.** *(pistola, batteria)* geladen; *(orologio, sveglia)* aufgezogen; **II.** *m* **1.** *(di merce)* Verladung *f;* **2.** *(quantità)* Ladung *f;* **3.** *naut* Fracht *f;* **4.** *(peso)* Last *f;* **5.** *el* Leistung *f,* Ladung *f;* **6.** *fig* Verantwortung *f,* Belastung *f;* **persone a ~** unterhaltsberechtigte Personen *f pl;* **avere la famiglia a ~** die Familie ernähren müssen; **farsi ~ di qc** sich *(dat)* über etw. Gedanken (*o* Sorgen) machen; **vivere a ~ di qu** auf jds Kosten leben; **a ~ di** zu Lasten von.
carie ['ka:ri̯e] ⟨-⟩ *f* Karies *f.*
carillon [kari'jɔ̃] ⟨-⟩ *m* Glockenspiel *n; (scatola armonica)* Spieldose *f.*
carino, -a [ka'ri:no] *a* lieb; *(grazioso)* hübsch, nett.
Carinzia [ka'rintsi̯a] *f* Kärnten *n.*
carità [kari'ta] ⟨-⟩ *f* **1.** *(compassione)* Erbarmen *n,* Mitleid *n,* Mitgefühl *n; (misericordia)* Barmherzigkeit *f; (rel a.)* Nächstenliebe *f;* **2.** *(elemosina)* Almosen *n;* **3.** *fam* Gefallen *m;* **chiedere/fare la ~** um Almosen bitten/Almosen gewähren; **fammi la ~ di spegnere la radio** *fam* tu mir den Gefallen und mach das Radio aus; **per ~!** um Himmels willen! **caritatevole** [-'te:vole] *a* barmherzig; *(benefico)* mild-, wohltätig.
Carla ['karla] *(nome proprio femminile)* Karla.
Carlo ['karlo] *(nome proprio maschile)* Karl.
carlona [kar'lo:na] *f:* **alla ~** schlampig *fam,* auf die Schnelle *fam.*
carminio [kar'mi:ni̯o] ⟨-i⟩ *m* Karmesin *n,* Karmin(rot) *n.*
carnagione [karna'dʒo:ne] *f* Teint *m,* Hautfarbe *f.*
carnale [kar'na:le] *a* **1.** *(sensuale)* sinnlich; *(piaceri, peccato)* Fleisches-, fleischlich; **2.** *(fratello, cugino)* blutsverwandt; **violenza ~** Notzucht *f.*
carne ['karne] *f* Fleisch *n;* **~ in scatola** Dosenfleisch *n;* **~ bianca/rossa** helles/dunkles Fleisch; **~ tritata/salata** Hack-/Pökelfleisch *n;* **~ viva** rohes Fleisch; **peccati della ~** Fleischessünden *f pl obs;* **essere (bene) in ~** gut im Fleisch (*o* im Futter) stehen *fam;* **non essere né ~ né pesce** weder Fisch noch Fleisch sein; **mettere troppa ~ al fuoco** zuviel auf einmal unternehmen; **in ~ ed ossa** leibhaftig.
carnefice [kar'ne:fitʃe] *m* **1.** *(boia)* Henker *m;* **2.** *fig* Tyrann *m.* **carneficina** [...nefi'tʃi:na] *f* Blutbad *n.*
carnevale [karne'va:le] *m* Karneval *m,* Fastnacht *f,* Fasching *m;* **veglione di ~** Faschingsball *m.*
carniere [kar'ni̯ɛ:re] *m* Jagdtasche *f.*
carnivoro, -a [kar'ni:voro] **I.** *a* fleischfressend; **II.** *m pl* Fleischfresser *m pl.*
carnoso, -a [kar'no:so] *a* fleischig.
caro, -a ['ka:ro] **I.** *a* **1.** *gener.* lieb, nett, teuer *obs, geh; (amabile)* liebenswert; **2.** *(costoso)* teuer; **(tanti) -i saluti** (viele) liebe Grüße; **tenere ~ qc** etw. in Ehren halten; **sono stati molto -i con me** sie waren sehr nett zu mir; **questo quadro mi è molto ~** ich hänge sehr an diesem Bild; **II.** *adv* teuer; **devi pagarla -a** *fig* das wird dich teuer zu stehen kommen; **III.** *m, f* Liebe(r) *mf,* Liebste(r) *mf.*
carogna [ka'roɲɲa] *f (a. fig)* Aas *n.* **carognata** [...'ɲa:ta] *f fam* Niederträchtigkeit *f,* Gemeinheit *f.*
carota [ka'rɔ:ta] *f* Karotte *f,* Möhre *f,* Mohrrübe *f;* **pel di ~** Rotschopf *m.*
carotide [ka'rɔ:tide] *f* Halsschlagader *f.*
carovana [karo'va:na] *f* Karawane *f.*
carovita [karo'vi:ta] ⟨-⟩ *m* Teuerung *f;* **indennità di ~** Teuerungszulage *f.*
carpa ['karpa] *f* Karpfen *m.*
carpentiere [karpen'ti̯ɛ:re] *m* Zimmermann *m.*
carpire [kar'pi:re] ⟨carpisco⟩ *tr* entlokken.
carpo ['karpo] *m* Handwurzel *f.*
carrabile [kar'ra:bile] *a* befahrbar; **passo ~** Auf-/Einfahrt *f.* **carraio, -a** [...'ra:i̯o] ⟨-ai, -aie⟩ *a* Fahr-.
carreggiata [karred'dʒa:ta] *f* **1.** *mot* (Fahr)bahn *f;* **2.** *mot (di veicolo)* Spurweite *f;* **3.** *fig* Bahn *f;* **uscir di ~** *fig* aus

der Bahn kommen; **rimettersi in ~** auf den richtigen Weg zurückfinden.
carrello [kar'rɛllo] *m* **1.** *(per trasporto)* Wagen *m;* **2.** *tec* Schlitten *m,* Rollgestell *n,* Gleitvorrichtung *f; aero* Fahrwerk *n; (della macchina da scrivere)* Schlitten *m,* Wagen *m; film* Kamerawagen *m;* **3.** *(per cibi e bevande)* Tee-, Servierwagen *m.*
carretta [kar'retta] *f (a. fig pej)* Karre *f,* Karren *m;* **tirare la ~** *fig* sich abplagen, sich abrackern *fam.* **carrettiere** [...'ti̯ɛ:re] *m* Fuhrmann *m.* **carretto** [...'retto] *m* Karren *m; (a mano)* Handwagen *m,* -karren *m.*
carriera [kar'ri̯ɛ:ra] *f* **1.** *gener.* Karriere *f,* Laufbahn *f;* **2.** *(corsa)* Lauf *m; (del cavallo)* gestreckter Galopp, Karriere *f;* **di** (*o* **a) gran ~** sehr schnell; **sbagliare ~** den falschen Beruf ergreifen.
carriola [karri'ɔ:la] *f* Schubkarren *m; (carretto a mano)* Handwagen *m.*
carro ['karro] *m* Wagen *m; (ferr a.)* Waggon *m;* **~ armato** Panzer *m;* **~ attrezzi** Abschleppwagen *m;* **~ merci/ bestiame** Güterwagen *m*/Viehwaggon *m;* **~ funebre** Leichenwagen *m.*
carrozza [kar'rɔttsa] *f* **1.** *(vettura)* Kutsche *f;* **2.** *ferr* Eisenbahnwagen *m;* **~ ristorante** Speisewagen *m;* **signori, in ~!** alles einsteigen! **carrozzabile** [...rot'tsa:bile] **I.** *a* befahrbar; **II.** *f* befahrbare Straße. **carrozzella** [...rot'tsɛlla] *f* **1.** *(per bambini)* Kinderwagen *m;* **2.** *(per invalidi)* Rollstuhl *m.*
carrozzeria [karrottse'ri:a] ‹-ie› *f* **1.** *mot* Karosserie *f;* **2.** *(officina)* (Karosserie)werkstatt *f.* **carrozziere** [...'tsi̯ɛ:re] *m* Autoschlosser *m.*
carrozzina [karrot'tsi:na] *f* Kinderwagen *m.* **carrozzone** [karrot'tso:ne] *m* Zirkuswagen *m.*
carrucola [kar'ru:kola] *f* Flaschenzug *m.*
carta ['karta] *f* **1.** *gener.* Papier *n;* **2.** ‹*pl*› *jur, adm* Papiere *n pl;* **3.** *geog* (Land)karte *f; (pianta)* Plan *m; gastr* (Speise)karte *f;* **4.** *(da gioco)* Spielkarte *f;* **~ assorbente** (*o* **asciugante**) Löschpapier *n;* **~ vetrata/oleata/igienica** Schmirgel-/Butterbrot-/Toilettenpapier *n;* **~ bollata** (*o* **da bollo**) Stempelpapier *n;* **~ moneta** Papiergeld *n;* **~ costituzionale** Verfassung(surkunde) *f;* **~ da parati** Tapete *f;* **~ d'identità** Personalausweis *m;* **la ~ delle Nazioni Unite** die Charta der Vereinten Nationen; **avere le -e in regola** seine Papiere in Ordnung haben; *fig* qualifiziert sein; **cambiare le -e in tavola** *fig* die Situation zu seinen Gunsten verdrehen; **dare ~ bianca a qu** jdm freie Hand lassen; **farsi fare le -e** sich *(dat)* die Karten legen lassen; **leggere le -e** aus den Karten lesen, (die) Karten legen; **mangiare alla ~** à la carte essen. **cartacarbone** [-kar'bo:ne] ‹cartecarbone› *f* Kohlepapier *n* **cartamodello** [-mo'dɛllo] *m* Schnittmusterbogen *m.* **cartamoneta** [-mo'ne:ta] *f* Papiergeld *n.* **cartapecora** [-'pɛ:kora] *f* Pergament *n.* **cartapesta** [-'pesta] *f* Pappmaché *n.* **cartastraccia** [kartas'trattʃa] ‹cartestracce› *f* Altpapier *n.* **cartecarbone** *pl di* **cartacarbone.**
carteggio [kar'teddʒo] ‹-ggi› *m* Briefsammlung *f; (corrispondenza)* Briefwechsel *m.*
cartella [kar'tɛlla] *f* **1.** *(foglio)* Blatt *n; (scheda)* Schein *m; typ* Manuskriptseite *f; fin* Schatzanweisung *f;* **2.** *(custodia)* Mappe *f; (per la scuola)* Schultasche *f;* **~ delle tasse** Steuerbescheid *m;* **~ clinica** Krankenblatt *n.*
cartellino [kartel'li:no] *m com* Schild(chen) *n,* Etikett *n; (targhetta)* Namensschild *n;* **~ dei prezzi** Preisschild *n;* **~ orologio** Stechkarte *f.*
cartello[1] [kar'tɛllo] *m (~ pubblicitario, etc.)* Plakat *n; (avviso)* Anschlag *m; (~ stradale, di negozio, etc.)* Schild *n;* **~ stradale** (Straßen)verkehrsschild *n;* **~ pubblicitario** Werbeplakat *n.*
cartello[2] [kar'tɛllo] *m com* Kartell *n.*
cartellone [kartel'lo:ne] *m* **1.** *(per pubblicità)* Plakat *n;* **2.** *(della tombola)* Lottotafel *f;* **3.** *(programma)* Programm *n; theat* Spielplan *m;* **tenere il ~** lange auf dem Spielplan bleiben. **cartellonista** [...lo'nista] ‹-i *m,* -e *f*› *mf* Plakatmaler(in) *m(f).*
cartestracce *pl di* **cartastraccia.**
cartevalori, carte valori [karteva'lo:ri] *f pl* Wertpapiere *n pl.*
cartiera [kar'ti̯ɛ:ra] *f* Papierfabrik *f.*
cartilagine [karti'la:dʒine] *f* Knorpel *m.*
cartina [kar'ti:na] *f* **1.** *(per sigarette)* Zigarettenpapier *n;* **2.** *(chem, di aghi, etc.)* Briefchen *n;* **3.** *geog* (Land)karte *f; (della città)* Stadtplan *m.*
cartoccio [kar'tɔttʃo] ‹-cci› *m* **1.** *(involucro di carta)* Tüte *f;* **2.** *(contenuto)* Tüte(voll) *f;* **3.** *gastr* Folie *f;* **pesce/ pollo al ~** Fisch/Hähnchen in Folie (gebacken).
cartografia [kartogra'fi:a] *f* Kartographie *f.*
cartolaio, -a [karto'la:i̯o] ‹-ai, -aie› *m, f* Schreibwarenhändler(in) *m(f).* **cartoleria** [...le'ri:a] ‹-ie› *f* Schreibwarenhandlung *f.*
cartolina [karto'li:na] *f* Karte *f;* **~ postale/illustrata** Post-/Ansichtskarte *f;* **~ precetto** (*o* **rosa** *fam*) Einberufungsbefehl *m.*
cartomante [karto'mante] *mf* Kartenleger(in) *m(f).* **cartomanzia** [...n'tsi:a] ‹-ie› *f* Kartenlegen *n.*
cartoncino [karton'tʃi:no] *m* **1.** *(cartone leggero)* leichter Karton, Steifpapier *n;*

2. *(biglietto)* Kärtchen *n;* ~ **d'auguri** Glückwunschkarte *f.*

cartone [kar'to:ne] *m* **1.** *(carta consistente)* Pappe *f,* Karton *m;* **2.** *(disegno)* Karton *m;* **-i animati** (Zeichen)trickfilm *m.* **cartonista** [...to'nista] ‹-i *m,* -e *f*› *mf* Trickfilmzeichner(in) *m(f).*

cartuccia [kar'tuttʃa] ‹-cce› *f* **1.** *mil* Patrone *f; (artiglieria pesante)* Kartusche *f;* **2.** *(di penna)* Patrone *f.*

casa ['ka:sa] *f* **1.** *gener.* Haus *n;* **2.** *(istituto)* Heim *n,* Anstalt *f;* **3.** *com* Firma *f; (di vendita a.)* Handelshaus *n;* **4.** *pol* (Herrscher)haus *n;* ~ **di cura** Privatkrankenhaus *n,* -klinik *f;* ~ **di correzione/pena** Besserungs-/Strafanstalt *f;* ~ **dello studente** Studentenwohnheim *n;* ~ **chiusa** (*o* **di tolleranza**) Freudenhaus *n;* ~ **da gioco** Spielkasino *n;* ~ **editrice** Verlag(shaus *n*) *m;* ~ **popolare** Siedlungshaus *n; (abitazione sociale)* Sozialwohnung *f;* **essere in** ~ zu Hause sein; **essere fuori (di)** ~ außer Haus sein; **andare a** ~ nach Hause gehen; **mandare avanti la** ~ den Haushalt führen; **metter su** ~ *fam* einen eigenen Hausstand gründen; **giocare in/fuori** ~ *sport* zu Hause/auswärts spielen; **fatto in** ~ *gastr* hausgemacht; **a** ~ **mia** bei mir zu Hause.

casacca [ka'zakka] ‹-cche› *f* Kasack *m.*

casaccio [ka'zattʃo] *m:* **a** ~ unüberlegt, aufs Geratewohl.

casalingo, -a [kasa'liŋgo] ‹-ghi, -ghe› **I.** *a* **1.** *(vita, persona)* häuslich; **2.** *gastr* hausgemacht; **3.** *sport* Heim-; **pane** ~ selbstgebackenes Brot; **incontro** ~ Heimspiel *n;* **alla -a** nach Hausfrauenart; **II.** *m pl* Haushaltswaren *f pl;* **III.** *m, f* Hausmann *m,* -frau *f.*

casamento [kasa'mento] *m* **1.** *(edificio)* (Wohn)block *m;* **2.** *(persone)* Hausgemeinschaft *f.*

casato [ka'sa:to] *m* **1.** *(cognome)* Familienname *m;* **2.** *(stirpe)* Familie *f,* Geschlecht *n.*

cascamorto [kaska'mɔrto] *m fam* Schmachtlappen *m fam;* **fare il** ~ **a qu** *fam* jdn anschmachten *fam.*

cascante [kas'kante] *a* schlaff; *(debole)* schwach, kraftlos; *(guance, seno)* Hänge-.

cascare [kas'ka:re] ‹casco, caschi› *itr* ‹*essere*› *fam* fallen; ~ **dal sonno** vor Müdigkeit umfallen; ~ **bene/male** *(di persona)* an den Richtigen/Falschen geraten; *(di cosa)* das Richtige/Falsche treffen; **far** ~ **qc dall'alto a qu** *fig* jdm etw. nach langem Hinhalten gewähren; **cascarci** darauf hereinfallen.

cascata [kas'ka:ta] *f* Wasserfall *m.*

cascina [kaʃ'ʃi:na] *f* Bauernhof *m.*

cascinale [kaʃʃi'na:le] *m* Ansiedlung *f,* Weiler *m; (casolare)* Landhaus *n.*

casco ['kasko] ‹-schi› *m* **1.** *mil, sport* Helm *m;* **2.** *(dal parrucchiere)* (Trokken)haube *f;* **-schi blu** *mil* Blauhelme *m pl;* ~ **di banane** Bananenbüschel *n.*

caseario, -a [kaze'a:ri̯o] ‹-i, -ie› *a* Käse-, Molkerei-.

caseggiato [kased'dʒa:to] *m (gruppo di case)* Siedlung *f; (singolo edificio)* Wohn-, Mietshaus *n.*

caseificio [kasei'fi:tʃo] ‹-ci› *m* Käserei *f,* Molkerei *f.*

casella [ka'sɛlla] *f* Fach *n;* ~ **postale** (*ab* **C.P.**) Postfach *n.*

casellario [kasel'la:ri̯o] ‹-i› *m* **1.** *(per documenti)* Aktenschrank *m;* **2.** *jur:* ~ **giudiziale** Strafregister *n.*

casello [ka'sɛllo] *m* Autobahnzahlstelle *f,* -häuschen *n,* Mautstelle *f A.*

caserma [ka'sɛrma *o* ka'zɛ...] *f* Kaserne *f.*

casinista [kazi'nista] ‹-i *m,* -e *f*› *mf fam* **1.** *(confusionario)* Chaot(in) *m(f) fam;* **2.** *(tipo di compagnia)* Stimmungskanone *f fam.*

casino [ka'zi:no] *m fam* **1.** *(disordine)* Durcheinander *n,* Tohuwabohu *n;* **2.** *(chiasso)* Radau *m fam;* **3.** *(bordello)* Puff *m fam.*

casinò [kazi'nɔ] ‹-› *m* (Spiel)kasino *n.*

caso ['ka:zo] *m* **1.** *(imprevisto)* Zufall *m,* Fügung *f;* **2.** *(ipotesi)* Fall *m,* Annahme *f;* **3.** *(fatto)* Fall *m,* Ereignis *n;* **4.** *gram* Fall *m,* Kasus *m;* ~ **fortuito** Zufall *m;* ~ **limite** Grenzfall *m;* ~ **di coscienza** Gewissensfrage *f;* **un** ~ **disperato** ein aussichtsloser Fall; **in** ~ **di morte/malattia** im Todes-/Krankheitsfall; **per (puro)** ~ (rein) zufällig; **a** ~ auf gut Glück, aufs Geratewohl; **in** ~ **affermativo** im positiven Fall; **in** (*o* **nel**) ~ **contrario** ander(e)nfalls; **in qualunque** ~ in jedem Fall; **in tal** ~ in diesem Fall; **in tutti i -i, in ogni** ~ *(comunque)* auf jeden Fall, jedenfalls; *(sempre)* in jedem Fall; **in nessun** ~ keinesfalls; **nel peggiore dei -i** schlimmstenfalls; **nel** ~ **che** (*o* **in cui**) **. . .** *conj* für den Fall, daß . . .; **mettiamo** (*o* **poniamo**) **il** ~ **che . . .** *conj* gesetzt den Fall, daß . . .; **si dà (il)** ~ **che . . .** *conj* Tatsache ist, daß . . .; **i -i sono due** es gibt zwei Möglichkeiten; **questo non fa al** ~ **nostro** das ist nichts für uns; **non mi sembra che sia il** ~ **di prendersela** *fam* ich glaube nicht, daß man sich darüber aufregen sollte; **non è il** ~ es lohnt (sich) nicht.

casolare [kaso'la:re] *m* abgelegenes Haus.

casomai, caso mai [kazo'ma:i, 'ka:zo 'ma:i] *con conj* für den Fall, falls.

caspita ['kaspita] *interj fam* Donnerwetter; **ma che** ~ **vuoi!** *fam* zum Donnerwetter, was willst du (denn)?

cassa ['kassa] *f* **1.** *gener.* Kiste *f,* Kasten *m;* **2.** *tec (dell'orologio)* Gehäuse *n;* **3.** *com, fin* Kasse *f;* ~ **da morto** Sarg *m;*

~ **di risparmio** Sparkasse *f;* ~ **integrazione** Lohnergänzungskasse *f,* ≃ Kurzarbeitergeld *n;* **andare** (*o* **essere**) **in** ~ **integrazione** kurzarbeiten; ~ **malattia** Krankenkasse *f;* ~ **toracica** Brustkasten *m;* **la gran** ~ die große Trommel; **batter** ~ *fam* Geld verlangen; **pagare (a) pronta** ~ bar zahlen.
cassaforte [-ˈfɔrte] ‹casseforti› *f* Safe *m o n,* Geldschrank *m.* **cassapanca** [-ˈpaŋka] ‹-che *o* cassepanche› *f* Sitztruhe *f,* Truhenbank *f.*
cassazione [kassatˈtsi̯oːne] *f:* **Corte di C~** ≃ (Bundes)gerichtshof *m.*
casseforti *pl di* **cassaforte.**
cassepanche *pl di* **cassapanca.**
casseruola [kasseˈru̯ɔːla] *f* Kasserolle *f.*
cassetta [kasˈsetta] *f* **1.** *gener., tec* Kasten *m;* **2.** *(di registratore, video)* Kassette *f;* **3.** *(di carrozza)* (Kutsch)bock *m;* ~ **delle lettere** Briefkasten *m;* ~ **di sicurezza** Schließfach *n;* **film di** ~ kommerzieller Film; **pane a** ~ Kastenbrot *n.*
cassetto [kasˈsetto] *m* Schublade *f.*
cassettone [kassetˈtoːne] *m* **1.** *(mobile)* Kommode *f;* **2.** *arch* Kassette *f;* **soffitto a -i** Kassettendecke *f.*
cassiere, -a [kasˈsi̯ɛːre] *m, f* Kassierer(in) *m(f).*
cassone [kasˈsoːne] *m* **1.** *(grande cassa)* große Kiste; **2.** *(mobile)* große Truhe.
cast [kɑːst] ‹-› *m* Besetzung *f.*
casta [ˈkasta] *f* Kaste *f.*
castagna [kasˈtaɲɲa] *f* Kastanie *f;* **prendere qu in** ~ jdn auf frischer Tat ertappen. **castagno** [...ɲo] *m* Kastanie *f,* Kastanienbaum *m.*
castano, -a [kasˈtaːno] *a* kastanienbraun.
castello [kasˈtɛllo] *m* **1.** *gener.* Burg *f,* Schloß *n;* **2.** *(impalcatura)* Gerüst *n;* **fare -i in aria** Luftschlösser bauen.
castigare [kastiˈgaːre] ‹castigo, castighi› *tr* bestrafen. **castigo** [...ˈtiːgo] ‹-ghi› *m* Strafe *f;* **mettere/essere in** ~ *fam* in die Ecke stellen/in der Ecke stehen.
castità [kastiˈta] ‹-› *f* Keuschheit *f;* **cintura di** ~ Keuschheitsgürtel *m.*
casto, -a [ˈkasto] *a* keusch.
castorino [kastoˈriːno] *m* **1.** *(pelliccia)* Nutria(fell *n*) *m;* **2.** *zoo* Nutria *f,* Biberratte *f.*
castoro [kasˈtɔːro] *m* **1.** *zoo* Biber *m;* **2.** *(pelliccia)* Biberpelz *m.*
castrare [kasˈtraːre] *tr* kastrieren. **castrato, -a** [...ˈtraːto] **I.** *a* kastriert; **II.** *m* **1.** *zoo* kastriertes Tier; **2.** *gastr* Hammelfleisch *n.*
casuale [kazuˈaːle] *a* zufällig. **casualità** [...ualiˈta] ‹-› *f* Zufälligkeit *f.*
casupola [kaˈsuːpola] *f* Hütte *f,* bescheidenes Häuschen.
cataclisma [kataˈklizma] ‹-i› *m* Naturkatastrophe *f.*
catacomba [kataˈkomba] *f* Katakombe *f.*
catafascio [kataˈfaʃʃo] *m:* **a** ~ durcheinander; **andare/mandare a** ~ durcheinandergeraten/-bringen.
catalizzatore [kataliddzaˈtoːre] *m* Katalysator *m.*
catalogare [kataloˈgaːre] ‹catalogo, cataloghi› *tr* katalogisieren.
catalogo [kaˈtaːlogo] ‹-ghi› *m* Katalog *m,* Verzeichnis *n.*
catapecchia [kataˈpekki̯a] ‹-cchie› *f* Bruchbude *f fam.*
catapulta [kataˈpulta] *f* Katapult *n o m.*
catarifrangente [katarifranˈdʒɛnte] *m* Rückstrahler *m,* Katzenauge *n fam.*
catarro [kaˈtarro] *m* Katarrh *m.*
catasta [kaˈtasta] *f* Stapel *m,* Stoß *m.*
catasto [kaˈtasto] *m* **1.** *(registro)* Kataster *m o n;* **2.** *(ufficio)* Katasteramt *n.*
catastrofe [kaˈtastrofe] *f* Katastrophe *f.* **catastrofico, -a** [...ˈtrɔːfiko] ‹-ci, -che› *a* katastrophal.
catechismo [kateˈkizmo] *m* Katechismus *m.*
categoria [kategoˈriːa] ‹-ie› *f* Kategorie *f.*
categorico, -a [kateˈgɔːriko] ‹-ci, -che› *a* kategorisch.
catena [kaˈteːna] *f* Kette *f;* ~ **di montaggio** (*o* **di lavorazione**) Fließband *n;* ~ **di trasmissione** Antriebskette *f;* **-e da neve** Schneeketten *f pl.* **catenaccio** [kateˈnattʃo] ‹-cci› *m* Riegel *m.*
cateratta [kateˈratta] *f* **1.** *med* grauer Star; **2.** *geog* Stromschnelle *f,* Katarakt *m;* **3.** *(chiusa)* Schleuse *f.*
Caterina [kateˈriːna] *(nome proprio femminile)* Katharina, Käthe.
caterva [kaˈtɛrva] *f* Menge *f,* Haufen *m,* Herde *f.*
catetere [kateˈtɛːre] *m* Katheter *m.*
cateto [kaˈtɛːto] *m* Kathete *f.*
catinella [katiˈnɛlla] *f* Waschschüssel *f;* **piove a -e** es schüttet, es gießt.
catino [kaˈtiːno] *m* Schüssel *f.*
catodo [ˈkaːtodo] *m* Kathode *f.*
catorcio [kaˈtɔrtʃo] ‹-ci› *m fam pej (oggetto)* Schrott *m fam; (veicolo)* Schrottkiste *f fam; (persona)* Wrack *n fam.*
catramare [katraˈmaːre] *tr* teeren.
catrame [kaˈtraːme] *m* Teer *m.*
cattedra [ˈkattedra] *f* **1.** *(di scuola)* Katheder *n,* Pult *n;* **2.** *(all'università)* Lehrstuhl *m;* **stare in** ~ *fig scherz* dozieren.
cattedrale [katteˈdraːle] *f* Kathedrale *f.*
cattedratico, -a [katteˈdraːtiko] ‹-ci, -che› **I.** *a* professoral; **II.** *m, f* Lehrstuhlinhaber(in) *m(f).*
cattiva *f v.* **cattivo.**

cattivarsi [katti'varsi] *rfl* sich *(dat)* sichern, gewinnen.
cattiveria [katti'vɛ:ri̯a] ‹-ie› *f* Bosheit *f*, Boshaftigkeit *f*.
cattività [kattivi'ta] ‹-› *f lett* Gefangenschaft *f*.
cattivo, -a [kat'ti:vo] **I.** ‹più cattivo *o* peggiore, cattivissimo *o* pessimo› *a* **1.** *(persona)* böse, schlecht; **2.** *(cosa, tempo, aria, etc.)* schlecht; **essere in ~ stato** in einem schlechten Zustand sein; **II.** *m, f* Böse(r) *mf*, Bösewicht *m*, böser Mensch; **III.** *m (parte cattiva)* Schlechte(s) *n*; *(immangiabile, imbevibile)* Ungenießbare(s) *n*.
cattolicesimo [kattoli'tʃe:zimo] *m* Katholizismus *m*. **cattolico, -a** [...'tɔ:liko] ‹-ci, -che› **I.** *a* katholisch; **II.** *m, f* Katholik(in) *m(f)*.
cattura [kat'tu:ra] *f* **1.** *jur* Festnahme *f*, Ergreifung *f*; **2.** *(di animale)* Fang *m*; **mandato** (*o* **ordine) di ~** Haftbefehl *m*.
catturare [...tu'ra:re] *tr* fangen, ergreifen; *(fare prigioniero)* gefangennehmen.
caucciù [kaut'tʃu] ‹-› *m* Kautschuk *n*.
causa ['ka:uza] *f* **1.** *(origine)* Ursache *f*, Grund *m*; **2.** *jur* Klage *f*; *(processo)* Prozeß *m*; **3.** *fig, pol, com, soc, rel* Sache *f*; **4.** *(motivo)* Anlaß *m*, Veranlassung *f*; **~ civile/penale** Zivilklage *f*/Strafverfahren *n*; **essere ~ di qc** die Ursache für etw. sein; **far ~ a qu** jdn gerichtlich belangen, gegen jdn einen Prozeß anstrengen; **fare** (*o* **muovere) ~** klagen; **fare ~ comune** gemeinsame Sache machen; **a** (*o* **per) ~ di** auf Grund von; **per ~ tua** deinetwegen. **causale** [kau'za:le] **I.** *a* kausal; **II.** *f* **1.** *gram* Kausalsatz *m*; **2.** *jur (di un delitto)* (Beweg)grund *m*, Ursache *f*; **3.** *com (di un pagamento, etc.)* Verwendungszweck *m*. **causare** [...'za:re] *tr* verursachen.
caustico, -a ['ka:ustiko] ‹-ci, -che› *a* **1.** *chem* ätzend, kaustisch; **2.** *fig* beißend, scharf.
cautela [kau'tɛ:la] *f* Vorsicht *f*, Umsicht *f*. **cautelare** [...te'la:re] **I.** *tr* (ab)sichern, sicherstellen; **II.** *rfl*: **-arsi** sich absichern (*contro, da* gegen); *(proteggersi)* sich schützen (*da* vor).
cauterizzazione [kauteriddzat'tsi̯o:ne] *f* Ätzung *f*, Kauterisation *f*.
cauto, -a ['ka:uto] *a* vorsichtig, umsichtig.
cauzione [kaut'tsi̯o:ne] *f* Kaution *f*.
Cav. *ab di* **Cavaliere** *Träger eines Verdienstordens*.
cava ['ka:va] *f* Grube *f*; *(di pietre)* Steinbruch *m*.
cavalcare [kaval'ka:re] ‹cavalco, cavalchi› **I.** *tr* **1.** *(cavallo, asino)* reiten (auf); *(montare)* aufsteigen auf; **2.** *(muretto, etc.)* besteigen; **II.** *itr* reiten. **cavalcata** [...'ka:ta] *f* Ritt *m*. **cavalcatore, -trice** [...ka'to:re] *m, f* Reiter(in) *m(f)*.
cavalcavia [kavalka'vi:a] ‹-› *m* Überführung *f*.
cavalcioni [kaval'tʃo:ni] *adv*: **a ~** rittlings.
cavaliere [kava'li̯ɛ:re] *m* **1.** *hist (feudale)* Ritter *m*; **2.** *sport* Reiter *m*; **3.** *hist (soldato)* Kavallerist *m*, Soldat *m* der Kavallerie; **4.** *(gentiluomo)* Kavalier *m*; **5.** *(accompagnatore)* Begleiter *m*, Kavalier *m*; *(al ballo)* Tanzpartner *m*, Herr *m*; **6.** *(onorificenza, ab* **Cav.***)* Ordensträger *m*; **i -i della tavola rotonda** König Artus' Tafelrunde *f*; **~ del lavoro** Ritter *m* des Ordens der Arbeit *(Art Verdienstkreuz)*; **~ di Malta** Malteserritter *m*.
cavalla [ka'valla] *f* Stute *f*.
cavalleresco, -a [kavalle'resko] ‹-schi, -sche› *a* **1.** *lit* höfisch; **2.** *hist* Ritter-, ritterlich; **3.** *fig* vornehm, edel; **letteratura -a** höfische Literatur. **cavalleria** [...'ri:a] ‹-ie› *f* **1.** *mil* Kavallerie *f*; **2.** *hist* Rittertum *n*; **3.** *fig* Ritterlichkeit *f*.
cavallerizzo, -a [kavalle'rittso] *m, f* Reiter(in) *m(f)*; *(acrobata)* Kunstreiter(in) *m(f)*.
cavalletta [kaval'letta] *f* Heuschrecke *f*.
cavalletto [kaval'letto] *m tec* Bock *m*, Gestell *n*; *(da pittore)* Staffelei *f*; *fot, film* Stativ *n*; *mil* Dreifuß *m*.
cavallina [kaval'li:na] *f* **1.** *zoo* junge Stute; **2.** *sport* Bock *m*; **correre la ~** über die Stränge schlagen.
cavallo [ka'vallo] *m* **1.** *zoo, sport* Pferd *n*; **2.** *(di scacchi a.)* Springer *m*; **3.** *(di calzoni, mutande)* Schritt *m*; **~ da corsa/sella/tiro** Renn-/Reit-/Zugpferd *n*; **~ bianco/baio/sauro** Schimmel *m*/Brauner *m*/Fuchs *m*; **~ a dondolo** Schaukelpferd *n*; **~ di battaglia** *fig* Stärke *f*; *(di artista, etc.)* Glanznummer *f*; **~ vapore** (*ab* **C.V.**) Pferdestärke *f*; **dose/febbre da ~** *fam* starke Dosis/hohes Fieber; **montare** (*o* **salire) a ~** aufsitzen; **scendere da ~** absitzen; **essere a ~** *fig* über den Berg sein. **cavallone** [...'lo:ne] *m* Brecher *m*, große Welle. **cavalluccio** [...'luttʃo] ‹-cci› *m*: **~ marino** Seepferdchen *n*; **a ~** auf den Schultern (sitzend).
cavare [ka'va:re] *tr* **1.** *(estrarre, tirare fuori)* herausholen; *(dente)* ziehen; *(marmo, etc.)* (heraus)brechen; *(liquidi)* ablassen, abzapfen; **2.** *(levare)* weg-, ab-, fortnehmen; *(macchia)* entfernen; *(vestiti)* ausziehen, ablegen; **-arsi gli occhi** *(litigare)* sich *(dat)* die Augen auskratzen; *(rovinarsi la vista)* sich *(dat)* die Augen verderben; **-arsi la voglia di far qc** das Bedürfnis befriedigen, etw. zu tun; **cavarsela** *fam* davonkommen; **come te la cavi?** *fam* wie

kommst du klar? *fam;* **cavati di torno!** *fam* mach, daß du fortkommst!

cavatappi [kava'tappi] ⟨-⟩ *m,* **cavaturaccioli** [-tu'rattʃoli] ⟨-⟩ *m* Korkenzieher *m.*

caverna [ka'vɛrna] *f* Höhle *f,* Grotte *f.* **cavernoso, -a** [...'no:so] *a (voce)* tief.

cavezza [ka'vettsa] *f* Halfter *m o n.*

cavia ['ka:vi̯a] ⟨-ie⟩ *f* **1.** *zoo* Meerschweinchen *n;* **2.** *fig* Versuchskaninchen *n;* **uomo ~** Versuchsperson *f.*

caviale [ka'vi̯a:le] *m* Kaviar *m.*

caviglia [ka'viʎʎa] ⟨-glie⟩ *f* Fußgelenk *n,* Fessel *f; (malleolo)* Fußknöchel *m.*

cavillare [kavil'la:re] *itr* Haarspaltereien treiben, Haare spalten *fam.* **cavillo** [ka'villo] *m* Haarspalterei *f,* Spitzfindigkeit *f.* **cavilloso, -a** [...'lo:so] *a* spitzfindig.

cavità [kavi'ta] ⟨-⟩ *f* Höhle *f.*

cavo ['ka:vo] *m* **1.** *(cavità)* Höhle *f,* Höhlung *f;* **2.** *el* Kabel *n;* **3.** *(corda)* Tau *n,* Seil *n;* **trasmissione via ~** Kabelfernsehen *n;* **nel ~ della mano** in der hohlen Hand.

cavo, -a ['ka:vo] *a* hohl.

cavolata [kavo'la:ta] *f fig fam* Dummheit *f,* Blödsinn *m fam.*

cavolfiore [kavol'fi̯o:re] *m* Blumenkohl *m.*

cavolo ['ka:volo] *m* Kohl *m;* **~ cappuccio/rapa/verzotto/di Bruxelles** Weißkohl *m*/Kohlrabi *m*/Wirsing(kohl) *m*/Rosenkohl *m;* **testa di ~** *fig fam* Hohlkopf *m fam;* **non capire/fare un ~** *fam* nicht die Bohne verstehen/keinen Strich tun *fam;* **non me ne importa un ~** *fam* das kümmert mich einen Dreck *vulg;* **col ~** *fam* von wegen! *fam,* erst recht nicht!; **sono -i tuoi** *fam* das ist dein Bier *fam;* **entrarci** (*o* **starci**) **come il ~ a merenda** passen wie die Faust aufs Auge; **che ~ vuoi?** *fam* was zum Kuckuck willst du? *fam.*

cazzo ['kattso] *m vulg* Schwanz *m vulg;* **testa di ~** *vulg* Arschloch *n vulg;* **non me ne importa un ~** *vulg* das kümmert mich einen Scheißdreck *vulg;* **non capisce un ~** *vulg* er (*o* sie) versteht nur Bahnhof *fam.*

cazzottare [kattsot'ta:re] *fam* **I.** *tr* boxen, mit Fäusten schlagen; **II.** *rfl:* **-arsi (con qu)** sich (mit jdm) schlagen. **cazzotto** [...'tsɔtto] *m fam* Faustschlag *m,* Boxhieb *m;* **fare a -i (con qu)** sich (mit jdm) schlagen.

cazzuola [kat'tsu̯ɔ:la] *f* (Maurer)kelle *f.*

c/c *ab di* **conto corrente** Girokonto.

ce [tʃe] *pron davanti a lo, la, li, le, ne v.* **ci.**

ceca *f v.* **ceco.**

cece ['tʃe:tʃe] *m* Kichererbse *f.*

Cecilia [tʃe'tʃi:li̯a] *(nome proprio femminile)* Cäcilie.

cecità [tʃetʃi'ta] ⟨-⟩ *f* Blindheit *f.*

ceco, -a ['tʃɛ:ko] ⟨-chi, -che⟩ **I.** *a* tschechisch; **II.** *m, f* Tscheche *m,* Tschechin *f.*

Cecoslovacchia [tʃekozlo'vakki̯a] *f:* **(la) ~** die Tschechoslowakei. **cecoslovacco, -a** [...'vakko] ⟨-chi, -che⟩ **I.** *a* tschechoslowakisch; **II.** *m, f* Tschechoslowake *m,* -slowakin *f.*

cedere ['tʃɛ:dere] **I.** *itr* **1.** *mil, fig (ritirarsi)* zurückweichen (*a* vor); *(arrendersi)* sich ergeben; *(darsi per vinto)* sich beugen, nachgeben; **2.** *(pilastri, fondazioni)* nachgeben, einstürzen; *(abbassarsi)* absacken; **~ alle preghiere di qu** jds Bitten nachgeben; **II.** *tr* überlassen; *(com, jur a.)* abtreten; **~ il passo a qu** jdm den Vortritt lassen. **cedevole** [tʃe'de:vole] *a* **1.** nachgiebig, weich; **2.** *fig* gefügig. **cedibile** [...'di:bile] *a* übertragbar.

cedola ['tʃɛ:dola] *f* Schein *m; com* Coupon *m; fin* Coupon *m,* Dividendenschein *m; (di interessi)* Zinsschein *m;* **~ di consegna** Lieferschein *m.* **cedolare** [tʃedo'la:re] *a* Dividenden-.

cedro ['tʃe:dro] *m* **1.** *(conifera)* Zeder *f; (albero da frutto)* Zedratbaum *m;* **2.** *(frutto)* Zedratzitrone *f;* **3.** *(legno)* Zedernholz *n;* **4.** *(candito)* Zitronat *n.*

ceduo, -a ['tʃɛ:duo] *a* fällbar, schlagbar; **bosco ~** Nutzwald *m,* Forst *m.*

C.E.E. ['tʃɛ:e] *f ab di* **Comunità Economica Europea** EWG *f* (*ab di* Europäische Wirtschaftsgemeinschaft).

cefalea [tʃefa'lɛ:a] *f* Kopfschmerz *m.*

cefalo ['tʃɛ:falo] *m* Meeräsche *f.*

ceffo ['tʃɛffo] *m* **1.** *(muso)* Schnauze *f,* Maul *n;* **2.** *fig pej (faccia)* Visage *f fam; (persona)* Halunke *m.*

ceffone [tʃef'fo:ne] *m* Ohrfeige *f;* **ti tiro un ~** *fam* ich verpaß' dir eine Ohrfeige *fam.*

celare [tʃe'la:re] *lett* **I.** *tr* verbergen; *(verità)* verheimlichen; **II.** *rfl:* **-arsi** sich verbergen (*a* vor).

celeberrimo, -a [tʃele'bɛrrimo] ⟨*superlativo di* celebre⟩ *a* hochberühmt, hochgefeiert.

celebrare [tʃele'bra:re] *tr* feiern; *(messa)* lesen, zelebrieren; *(nozze)* vollziehen; *(processo)* (durch)führen. **celebrazione** [...rat'tsi̯o:ne] *f* Feier *f; (di messa)* Zelebrieren *n; (di matrimonio)* Vollziehung *f; (di processo)* (Durch)führung *f.*

celebre ['tʃɛ:lebre] ⟨più celebre, celeberrimo⟩ *a* berühmt. **celebrità** [tʃelebri'ta] ⟨-⟩ *f* **1.** *(fama)* Ruhm *m,* Berühmtheit *f;* **2.** *(persona)* Berühmtheit *f,* Größe *f.*

celere ['tʃɛ:lere] **I.** *a* **1.** *(nave, servizio, spedizione)* Eil-; **2.** *(corso)* schnell, rasch; **II.** *f* Überfallkommando *n.* **celerità** [tʃeleri'ta] ⟨-⟩ *f* Geschwindigkeit *f.*

celeste [tʃe'lɛste] **I.** *a* **1.** *astr* Himmels-;

2. *rel, fig* himmlisch; 3. *(colore)* himmelblau; **II.** *m* Himmelblau *n.*
celibato [tʃeli'ba:to] *m* Ledigsein *n; rel* Zölibat *n o m.* **celibe** ['tʃɛ:libe] **I.** *a* unverheiratet, ledig; **II.** *m* Junggeselle *m.*
cella ['tʃɛlla] *f* **1.** *gener.* Zelle *f;* **2.** *arch (vano)* Kammer *f,* Raum *m;* **3.** *(delle api)* (Honig)wabe *f;* **4.** *inform* Speicher *m;* ~ **frigorifera** Kühlraum *m.*
cellula ['tʃɛllula] *f* Zelle *f;* ~ **fotoelettrica** Photozelle *f.* **cellulare** [tʃellu'la:re] **I.** *a* **1.** *biol* zellular, zellulär, Zell-; **2.** *(carcere, furgone)* Zellen-; **divisione** ~ Zellteilung *f;* **II.** *m* **1.** *(furgone)* grüne Minna *fam;* **2.** *(carcere)* Zellengefängnis *n.*
cellulite [tʃellu'li:te] *f* Zellulitis *f.*
celluloide [tʃellu'lɔ:ide] *f* Zelluloid *n;* **mondo/divi della** ~ Welt *f* des Films/Leinwandhelden *m pl.*
cellulosa [tʃellu'lo:sa] *f* Zellulose *f.*
cembalista [tʃemba'lista] ‹-i *m,* -e *f*› *mf* Cembalist(in) *m(f).* **cembalo** ['tʃembalo] *m* Cembalo *n.*
cementare [tʃemen'ta:re] *tr* **1.** *(edilizia)* zementieren; *(strada)* betonieren; **2.** *fig (amicizia)* festigen. **cemento** [...'mento] *m* Zement *m; (calcestruzzo)* Beton *m;* ~ **armato** Stahlbeton *m.*
cena ['tʃe:na] *f* Abendessen *n;* **l'ultima** ~ das (Letzte) Abendmahl.
cenacolo [tʃe'na:kolo] *m* **1.** *(nell'arte)* Abendmahl *n;* **2.** *fig* Zirkel *m,* Künstlertreff *m.*
cenare [tʃe'na:re] *itr* zu Abend essen.
cenciaio, -a [tʃen'tʃa:i̯o] ‹-ai, -aie›, **cenciaiolo, -a** [...tʃa'i̯ɔ:lo] *m, f* Lumpenhändler(in) *m(f),* -sammler(in) *m(f).*
cencio ['tʃentʃo] ‹-ci› *m* **1.** *(brandello)* Lumpen *m;* **2.** *(per pulire)* (Putz)lappen *m,* -lumpen *m;* **3.** *pej (di abiti)* Fetzen *m,* Lumpen *m;* **4.** *fig* geschwächter Mensch, Schatten *m* seiner/ihrer selbst; ~ **da dare in terra** *fam* Scheuerlappen *m,* Aufnehmer *m;* ~ **della polvere** Staubtuch *n.* **cencioso, -a** [...'tʃo:so] *a* zerlumpt.
cenere ['tʃe:nere] **I.** *f* Asche *f;* **(mercoledì del)le -i** Aschermittwoch *m;* **ridursi in** ~ ausbrennen; *fig* sich ruinieren, sich zugrunde richten; **covare sotto la** ~ *(a. fig)* schwelen; **II.** ‹*inv*› *a* aschgrau.
cenerentola [tʃene'rɛntola] *f* **1.** *(persona)* Aschenbrödel *n,* -puttel *n;* **2.** *(scarpa)* Ballerina(schuh *m) f.*
cenno ['tʃenno] *m* **1.** *(gesto)* Wink *m,* Zeichen *n;* **2.** *(indizio)* Anzeichen *n;* **3.** *(spiegazione)* Andeutung *f,* Hinweis *m;* ~ **di riscontro** kurze Empfangsbestätigung; **salutare qu con un** ~ **della mano** jdm zuwinken; **fare** ~ **di sì/no** durch ein Zeichen bejahen/verneinen.
cenone [tʃe'no:ne] *m* großes Abendessen.
censimento [tʃensi'mento] *m* Bestandsaufnahme *f;* ~ **della popolazione** Volkszählung *f.* **censire** [...'si:re] ‹censisco› *tr* zählen; *(registrare)* registrieren.
censore [tʃen'so:re] *m* Zensor *m.*
censura [tʃen'su:ra] *f* **1.** *(controllo)* Zensur *f;* **2.** *(ufficio)* Zensurbehörde *f/*-stelle *f;* **3.** *fig* Rüge *f,* Verweis *m.* **censurare** [...su'ra:re] *tr* **1.** *(film, opera, libro)* zensieren; **2.** *fig* beanstanden.
centellinare [tʃentelli'na:re] *tr* **1.** *(bevanda)* genußvoll trinken; **2.** *fig* auskosten.
centenario, -a [tʃente'na:ri̯o] ‹-i, -ie› **I.** *a* **1.** *(che ha cent'anni)* hundertjährig; **2.** *(che ricorre ogni cento anni)* Hundertjahr(es)-; **II.** *m, f* Hundertjährige(r) *mf;* **III.** *m* Hundertjahrfeier *f.*
centesimale [tʃentezi'ma:le] *a* zentesimal.
centesimo, -a [tʃen'tɛ:zimo] **I.** *a* hundertste(r, s); **II.** *m, f* Hundertste(r, s) *mfn;* **III.** *m* **1.** *(frazione)* Hundertstel *n,* hundertster Teil; **2.** *fin* Centesimo *m;* **3.** *fig fam* Heller *m,* Pfennig *m;* **non avere un** ~ **in tasca** keinen Pfennig in der Tasche haben.
centigrado, -a [tʃen'ti:grado] *a* hundertgradig, Celsius-; **grado** ~ Grad Celsius. **centilitro** [...'ti:litro] *m* Zentiliter *m o n,* Hundertstel Liter *m.* **centimetro** [...'ti:metro] *m* (*ab* **cm**) Zentimeter *m o n.*
centinaio [tʃenti'na:i̯o] ‹*pl:* -aia*f*› *m* Hundert *n;* **un** ~ **(di . . .)** etwa hundert (. . .); **-aia** hundert, Hunderte *pl;* **a -aia** zu Hunderten.
cento ['tʃɛnto] **I.** *a numerale* (ein)hundert; *(fig a.)* viel; ~ **di questi giorni!** noch viele solche Tage!; **II.** ‹-› *m* Hundert *f;* **per** ~ Prozent, vom Hundert *obs; v. a. cinque.* **centometrista** [tʃentome'trista] ‹-i *m,* -e *f*› *mf* Hundertmeterläufer(in) *m(f).* **centomila** [-'mi:la] **I.** *a numerale* hunderttausend; **II.** ‹-› *m* Hunderttausend *f.*
centrale [tʃen'tra:le] **I.** *a* **1.** *gener.* zentral, Zentral-, Haupt-; **2.** *adm* Haupt-; **3.** *geog* Zentral-, Mittel-; **II.** *f* Zentrale *f;* ~ **elettrica** Elektrizitätswerk *n;* ~ **telefonica** Telefonzentrale *f;* ~ **nucleare** (*o* **atomica)** Kern-, Atomkraftwerk *n.* **centralinista** [...rali'nista] ‹-i *m,* -e *f*› *mf* Telefonist(in) *m(f).* **centralino** [...ra'li:no] *m* Telefonvermittlung *f.*
centralizzare [tʃentralid'dza:re] *tr* zentralisieren. **centralizzazione** [...dzat'tsi̯o:ne] *f* Zentralisierung *f.*
centrare [tʃen'tra:re] *tr* **1.** *(bersaglio)* treffen; *(inquadrare)* visieren; *(mirare)* zielen auf; **2.** *fig* den Kern erfassen (*qc* einer S. *gen*); **3.** *tec* zentrieren; *mot*

auswuchten; *(nel calcio)* einwerfen, in die Feldmitte werfen. **centrattacco** [...rat'takko] ‹-cchi› *mf,* **centravanti** [...ra'vanti] ‹-› *mf* Mittelstürmer(in) *m(f).*

centrifuga [tʃen'tri:fuga] *f* Schleuder *f,* Zentrifuge *f; (per frutta)* Entsafter *m.* **centrifugare** [...rifu'ga:re] ‹centrifugo, centrifughi› *tr* schleudern, zentrifugieren.

centrino [tʃen'tri:no] *m* (Häkel-, Spitzen)deckchen *n.*

centritavola *pl di* **centrotavola.**

centro ['tʃɛntro] *m* **1.** *gener., mat, geog* Mittelpunkt *m; pol, anat* Zentrum *n;* **2.** *(di città)* (Stadt)zentrum *n,* Stadtmitte *f;* **3.** *(sede di attività, istituto)* Zentrum *n; (di studi, ricerca)* Institut *n;* **4.** *fig* Kern-, Mittelpunkt *m;* ~ **abitato** (geschlossene) Ortschaft *f;* ~ **balneare** Badeort *m;* ~ **meccanografico** (*o* **elettronico**) *inform* Rechenzentrum *n;* **far** ~ *(a. fig)* treffen; ~ **di gravità/d'attrazione** Schwer-/Anziehungspunkt *m.* **centrocampo** [-'kampo] *m* Mittelfeld *n.* **centrodestra** [-'dɛstra] ‹-› *m* Mitte-Rechts-Koalition *f.* **centromediano, -a** [-me'di̯a:no] *m, f* Mittelläufer(in) *m(f).* **centrosinistra** [-si'nistra] ‹-› *m* Mitte-Links-Koalition *f.* **centrotavola** [-'ta:vola] ‹centritavola› *m* Tafelaufsatz *m.*

centuplicare [tʃentupli'ka:re] ‹centuplico, centuplichi› *tr* **1.** *com* verhundertfachen; *mat* mit hundert multiplizieren; **2.** *fig* vervielfachen, stark vermehren. **centuplo, -a** ['tʃɛntuplo] **I.** *a* hundertfach; **II.** *m* Hundertfache(s) *n.*

ceppo ['tʃeppo] *m* **1.** *bot* Wurzelstock *m; (di albero tagliato)* (Baum)stumpf *m;* **2.** *(da ardere)* Holzklotz *m;* **3.** *(stirpe)* Stamm *m;* **4.** ‹*pl*› Fesseln *f pl; (catene)* Ketten *f pl;* **-i dei freni** Bremsklötze *m pl.*

cera¹ ['tʃe:ra] *f* **1.** *(sostanza)* Wachs *n; (per lucidare a.)* Wichse *f;* **2.** *(modello)* Wachsfigur *f;* ~ **da pavimenti** Bohnerwachs *n;* ~ **per mobili** Möbelpolitur *f;* **museo delle -e** Wachsfigurenkabinett *n;* **dare la** ~ wachsen, bohnern.

cera² ['tʃe:ra *o* 'tʃɛ:ra] *f (del viso)* Gesichtsfarbe *f;* **avere una bella/brutta** ~ gut/schlecht aussehen.

ceralacca [tʃera'lakka] *f* Siegellack *m.*

ceramica [tʃe'ra:mika] ‹-che› *f* **1.** *(oggetto)* Keramik *f,* Töpferware *f;* **2.** *(arte)* Keramik(kunst) *f;* **3.** *(impasto)* Steingut *n,* Ton *m.* **ceramista** [...ra'mista] ‹-i *m,* -e *f*› *mf* Keramiker(in) *m(f),* Töpfer(in) *m(f).*

cerato, -a [tʃe'ra:to] *a* gewachst, Wachs-; **tela -a** Wachstuch *n.*

cerbiatto, -a [tʃer'bi̯atto] *m, f* Hirschkalb *n.*

cerbottana [tʃerbot'ta:na] *f* Blasrohr *n.*

cerca ['tʃerka] ‹-che› *f:* **in** ~ **di** auf der Suche nach.

cercare [tʃer'ka:re] ‹cerco, cerchi› **I.** *tr* suchen; *(in un libro)* nachschlagen; *(desiderare)* wünschen; *(aspirare)* streben nach; ~ **marito/moglie** sich *(dat)* einen Mann/eine Frau (zum Heiraten) suchen; ~ **guai** Streit suchen; **cercasi** ... ... gesucht; **II.** *itr* versuchen, sich bemühen; **chi cerca trova** *prov* wer sucht, der findet *prov.* **cercatore, -trice** [...ka'to:re] **I.** *a* Such-; **II.** *m, f* Sucher(in) *m(f);* ~ **d'oro** Goldsucher *m.*

cerchia ['tʃerki̯a] ‹-chie› *f* **1.** *geog* Ring *m; (di mura)* Ringmauer *f;* **2.** *fig* Kreis *m,* Runde *f.* **cerchiare** [...'ki̯a:re] ‹cerchio, cerchi› *tr* **1.** *(ruota, botte)* bereifen; **2.** *(circondare)* umgeben. **cerchiato, -a** [...'ki̯a:to] *a* **1.** *(ruota, botte)* bereift; **2.** *(occhi)* umschattet, gerändert.

cerchietto [tʃer'ki̯etto] *m* **1.** *(piccolo cerchio)* kleiner Kreis; **2.** *(anello)* Ring *m; (braccialetto)* Reif *m.*

cerchio ['tʃerki̯o] ‹-chi› *m* **1.** *mat* Kreis *m;* **2.** *(di botte)* Reifen *m;* **3.** *(di ruota)* Felge *f;* **4.** *(di persone)* Ring *m,* Kreis *m;* **5.** *(anello)* Ring *m; (bracciale)* Armreif *m; (per capelli)* Stirnreif *m;* **disporsi in** ~ sich im Kreis aufstellen. **cerchione** [...'ki̯o:ne] *m* Felge *f.*

cereale [tʃere'a:le] **I.** *a* Getreide-; **II.** *m* ‹*di solito al pl*› Getreide *n.*

cerebrale [tʃere'bra:le] *a* **1.** *anat* Gehirn-, zerebral; **2.** *fig* kopflastig, intellektualistisch.

cereo, -a ['tʃɛ:reo] *a* **1.** *(di cera)* wächsern; **2.** *(aspetto, volto)* wachs-, kreidebleich.

ceretta [tʃe'retta] *f* Enthaarungswachs *n.*

cerimonia [tʃeri'mɔ:ni̯a] ‹-ie› *f* **1.** *(rito)* Zeremonie *f; (festeggiamento)* Feier *f;* **2.** ‹*pl*› *(complimenti)* Förmlichkeiten *f pl;* **abito da** ~ *(da donna)* Abendkleid *n; (da uomo)* Abendanzug *m.* **cerimoniale** [...mo'ni̯a:le] *m* **1.** *(regole)* Zeremoniell *n;* **2.** *(libro)* Zeremonienbuch *n.* **cerimonioso, -a** [...mo'ni̯o:so] *a* förmlich.

cerino [tʃe'ri:no] *m* Wachsstreichholz *n.*

cerniera [tʃer'ni̯ɛ:ra] *f* **1.** *(di borsa)* Verschluß *m,* Schloß *n;* **2.** *(a cardine)* Scharnier *n;* ~ **lampo** Reißverschluß *m.*

cernita [tʃer'ni:ta] *f* Auslese *f,* Auswahl *f.*

cero ['tʃe:ro] *m* große Kerze.

cerone [tʃe'ro:ne] *m* Schminke *f.*

cerotto [tʃe'rɔtto] *m* **1.** *med* Pflaster *n;* **2.** *fam scherz* Nervensäge *f fam* Jammerlappen *m fam; (di salute cagionevole)* kränklicher Mensch.

certamente [tʃerta'mente] *adv* sicherlich, gewiß.

certezza [tʃer'tettsa] *f* Sicherheit *f,* Gewißheit *f.*
certificare [tʃertifi'ka:re] ‹certifico, certifichi› *tr* bescheinigen, bestätigen. **certificato** [...'ka:to] *m* Zeugnis *n; adm* Bescheinigung *f,* Nachweis *m; (documento)* Urkunde *f; (attesto)* Attest *n;* ~ **di nascita/morte** Geburts-/Sterbeurkunde *f;* ~ **di garanzia** Garantieschein *m;* ~ **di residenza** Anmeldebestätigung *f.*
certo, -a ['tʃɛrto] **I.** *a* **1.** *(sicuro)* sicher, gewiß; *(indubbio)* zweifellos; *(vero)* wahr; *(convinto)* überzeugt; **2.** *(qualche)* manche(r, s); **3.** *(alquanto)* einige(r, s); **4.** *(tale)* gewiß; **dare qc per** ~ etw. als Tatsache hinstellen; **in -i giorni** an manchen Tagen; **quel** ~ **non so che** das gewisse Etwas; **ha telefonato una -a Gianna** eine gewisse Gianna hat angerufen; **II.** *adv* sicher(lich), natürlich, gewiß; **di** ~ sicher(lich); **sì/no** ~**!**, ~ **che sì/no!** ja sicher/sicher (*o* bestimmt) nicht!; **III.** ‹-› *m (sicuro)* Sichere(s) *n; (certezza)* Gewißheit *f; com* Sicherheit *f.*
certosa [tʃer'tɔ:za] Kartause *f.* **certosino** [...to'zi:no] *m* **1.** *rel* Kartäuser *m;* **2.** *gastr* Kräuterlikör *m,* Chartreuse® *m;* **pazienza da** (*o* **di un**) ~ Engelsgeduld *f.*
certuno [tʃer'tu:no] *pron* manch eine(r, s), manche(r, s).
cerume [tʃe'ru:me] *m* Ohrenschmalz *n.*
cervello [tʃer'vɛllo] *m* **1.** ‹*pl a.:* -a *f*› *anat* Gehirn *n;* **2.** *inform* Rechner *m;* **3.** *fig* Verstand *m; (senno)* Vernunft *f; (intelligenza)* Intelligenz *f; (spirito)* Geist *m; (testa)* Kopf *m;* ~ **elettronico** Elektronenhirn *n,* -rechner *m;* **è il** ~ **dell'organizzazione** er (*o* sie) ist der Kopf der Organisation; **agire senza** ~ kopflos handeln; **avere un** ~ **di gallina** ein Spatzenhirn haben *fam;* **dare di volta il** ~ durchdrehen *fam.* **cervellone, -a** [...vel'lo:ne] *m, f* kluger Kopf, kluges Köpfchen *fam.* **cervellotico, -a** [...'lɔ:tiko] ‹-ci, -che› *a* wunderlich, (ab)sonderlich.
Cervino [tʃer'vi:no] *m* Matterhorn *n.*
cervo ['tʃɛrvo] *m* Hirsch *m;* ~ **volante** *zoo* Hirschkäfer *m; (giocattolo)* (Papier)drachen *m.*
Cesare ['tʃe:zare] *(nome proprio maschile)* Cäsar.
cesellare [tʃezel'la:re] *tr* ziselieren. **cesellatore, -trice** [...la'to:re] *m, f* Ziseleur *m,* Ziselierer(in) *m(f).* **cesello** [...'zɛllo] *m* **1.** *(arte)* Ziselierkunst *f;* **2.** *(utensile)* Grabstichel *m; (a più punte)* Punze *f.*
cesoia [tʃe'zo:i̯a] ‹-oie› *f (per lamiere)* Draht-, Blechschere *f;* ‹*pl*› *(da giardino)* Gartenschere *f.*
cespite ['tʃɛspite] *m* Einnahmequelle *f;* ~ **di reddito** Ertragsquelle *f; (di guadagno)* Verdienstquelle *f.*
cespo ['tʃespo] *m* (Salat)kopf *m;* ~ **d'insalata** Salatkopf *m.*
cespuglio [tʃes'puʎʎo] ‹-gli› *m* Busch *m,* Strauch *m;* ‹*pl*› Gebüsch *n.*
cessare [tʃes'sa:re] **I.** *itr* ‹*essere o avere*› aufhören (*di* zu); **II.** *tr* ‹*avere*› einstellen, beenden, aufhören mit.
cessione [tʃes'si̯o:ne] *f* Abtretung *f,* Übertragung *f.*
cesso ['tʃɛsso] *m fam* Klo *n fam,* Lokus *m fam.*
cesta ['tʃesta] *f* Korb *m.* **cestello** [...'tɛllo] *m* **1.** *(piccola cesta)* Körbchen *n; (per bottiglie)* Flaschenkorb *m;* **2.** *(di lavatrice)* Trommel *f; (di lavastoviglie)* (Geschirr)korb *m.*
cestinare [tʃesti'na:re] *tr* in den Papierkorb werfen.
cestino [tʃes'ti:no] *m* Körbchen *n;* ~ **da lavoro** Nähkästchen *n;* ~ **da viaggio** Lunchpaket *n;* ~ **della carta** Papierkorb *m.*
cesto ['tʃesto] *m* Korb *m.*
cesura [tʃe'zu:ra] *f* Zäsur *f.*
ceto ['tʃɛ:to] *m* Stand *m; (strato)* Schicht *f.*
cetra ['tʃe:tra *o* 'tʃɛ:tra] *f* Zither *f,* Lyra *f.*
cetriolo [tʃetri'ɔ:lo] *m* Gurke *f.*
cf., cfr. *ab di* **confronta** vgl. (*ab di* vergleiche).
C.G.I.L. *f ab di* **Confederazione Generale Italiana del Lavoro** *Allgemeiner italienischer Gewerkschaftsbund.*
CH *ab di* **Confoederatio Helvetica** CH.
châssis [ʃa'si] ‹-› *m* Chassis *n,* Fahrgestell *n.*
chauffeur [ʃo'fœ:r] ‹-› *m* Chauffeur *m.*
che¹ [ke] **I.** *pron relativo* **1.** *(soggetto)* der *m,* die *f,* das *n,* die *pl;* welche(r, s) *geh,* welche *pl geh;* **2.** *(complemento)* den *m,* die *f,* das *n,* die *pl;* welche(n, s) *geh,* welche *pl geh;* **3.** *(la qual cosa)* was; **4.** *(temporale)* als, an dem; *(luogo a.)* wo; **II.** *pron interrogativo* was; ~ **(cosa) pensi?** was denkst du?; ~ **ne dici?** was sagst du dazu?; **di** ~ **(cosa) ti lamenti?** (worüber) beklagst du dich?; **III.** *pron esclamativo* was; ~ **vedo!** was sehe ich!; **IV.** *pron indefinito* etwas; **ha un certo non so** ~ **di curioso** er (*o* sie) hat etwas Sonderbares an sich *(dat);* **V.** *a interrogativo* welche(r, s), was für ein(e); **a** ~ **pagina siamo arrivati?** auf welcher Seite sind wir?; **con** ~ **diritto?** mit welchem Recht?; ~ **uomo sei?** was bist du für ein Mann?; **VI.** *a esclamativo* welch (*o* was für) ein(e); ~ **stupido sono stato!** wie dumm ich doch gewesen bin!
che² [ke] *con conj* **1.** *(con proposizioni subordinate)* daß; *(affinché a.)* damit; **2.** *(temporale, eccettuativo, in comparazioni)* als; **3.** *(limitativo)* soweit; ~

vada! möge er (*o* sie) nur gehen!; ~ **io sappia, non è ancora arrivato** soviel ich weiß, ist er noch nicht angekommen; **non fa altro ~ brontolare** er (*o* sie) meckert andauernd; ~ **tu lo voglia o no** ob du es willst oder nicht; **sia ~ ..., sia ~ ...** ob ... oder ...; sei es, daß ... oder ...; ~ **mi sia sbagliato?** sollte ich mich getäuscht haben?

checché [kek'ke] *pron conj* was auch immer.

check-up ['tʃekʌp] ‹-› *m med* gründliche Untersuchung, Generalkontrolle *f.*

chef [ʃɛf] ‹-› *m* Chefkoch *m.*

chela ['kɛ:la] *f* Schere *f* (von Schalentieren).

chemisier [ʃəmi'zje] ‹-› *m* Hemdblusenkleid *n.*

chèque [ʃɛk] ‹-› *m* Scheck *m.*

cherosene [kero'zɛ:ne] *m* Kerosin *n.*

cherubino [keru'bi:no] *m* Cherub *m.*

chetare [ke'ta:re] **I.** *tr* beruhigen; **II.** *rfl:* **-arsi** sich beruhigen.

chetichella [keti'kɛlla] *f:* **alla ~** heimlich, in aller Stille. **cheto, -a** ['ke:to] *a* still, ruhig.

chewing gum ['tʃu:ɪŋgʌm] ‹-› *m* Kaugummi *n o m.*

chi [ki] **I.** *pron relativo* **1.** *(soggetto)* wer; der-/die-/dasjenige, welche(r, s); **2.** *(oggetto)* den-/die-/dasjenige(n), welche(n, s); **parlane a ~ vuoi** sag es, wem du willst; **si salvi ~ può** rette sich, wer kann; **II.** *pron indefinito* jemand, einer; **III.** *pron interrogativo* **1.** *(soggetto)* wer; **2.** *(oggetto)* wen; *(complemento)* wem; ~ **c'è?** wer ist da?; **di ~ hai paura?** vor wem hast du Angst?; **di ~ è questo giornale?** wem gehört diese Zeitung?; **a ~ telefoni?** wen rufst du an?; **con ~ esci?** mit wem gehst du aus?; **IV.** *pron esclamativo* **1.** *(soggetto)* wer; **2.** *(oggetto)* wen; ~ **si vede!** wen sieht man da!

chiacchiera ['ki̯akki̯era] *f* **1.** ‹*pl*› *(conversazione)* Plauderei *f*, Schwätzchen *n; pej* Geschwätz *n;* **2.** *(loquacità)* Geschwätzigkeit *f;* **3.** *(notizia infondata)* Gerede *n*, Klatsch *m;* **fare due** (*o* **quattro**) **-e** *fam* ein Schwätzchen halten; **tutte -e!** alles Geschwätz! **chiacchierare** [...'ra:re] *tr* **1.** *(parlare)* plaudern, schwatzen; **2.** *pej* klatschen, tratschen *fam.* **chiacchierata** [...'ra:ta] *f* Plausch *m*, Plauderei *f.* **chiacchierone, -a** [...'ro:ne] **I.** *a* geschwätzig; **II.** *m, f* Schwätzer(in) *m(f)*, Klatschmaul *n fam.*

chiama ['ki̯a:ma] *f* (Namens)aufruf *m.*

chiamare [ki̯a'ma:re] **I.** *tr* **1.** *gener.* rufen; **2.** *tel* anrufen; **3.** *(dare nome)* (be)nennen, einen Namen geben (*qc* einer S. *dat*); **4.** *(a una carica)* ernennen, berufen; **mandare a ~ qu** jdn rufen lassen; ~ **in giudizio** vor Gericht laden; ~ **in causa** in etw. hineinziehen; ~ **alle armi** zu den Waffen rufen; *(servizio di leva)* einberufen; **II.** *rfl:* **-arsi 1.** *(aver nome)* heißen, sich nennen; **2.** *(considerarsi)* sich nennen, sich halten für.

chiamata [...'ma:ta] *f* **1.** *tel* Anruf *m*, Telefongespräch *n;* **2.** *mil* Einberufung *f;* **3.** *jur* Vorladung *f;* ~ **interurbana** Ferngespräch *n.*

chiara ['ki̯a:ra] *f fam* Eiweiß *n.*

Chiara ['ki̯a:ra] *(nome proprio femminile)* Klara.

chiarezza [ki̯a'rettsa] *f (a. fig)* Klarheit *f.*

chiarificare [ki̯arifi'ka:re] ‹chiarifico, chiarifichi› *tr* **1.** *(liquido)* klären; **2.** *fig* klarstellen; *(spiegare)* erläutern, erklären.

chiarimento [ki̯ari'mento] *m* Erklärung *f*, Erläuterung *f.* **chiarire** [...'ri:re] ‹chiarisco› **I.** *tr* klären, klarstellen; *(dubbio)* aus der Welt schaffen; *(faccenda a.)* bereinigen; **II.** *rfl:* **-irsi 1.** *(diventare chiaro, a. fig)* sich aufklären; **2.** *(procurarsi chiarezza)* sich *(dat)* Klarheit verschaffen (*di* über).

chiaro, -a ['ki̯a:ro] **I.** *a* **1.** *(giorno, cielo, acqua)* klar; *(colore, suoni, voce)* hell; **2.** *fig* klar; **blu/verde ~** hellblau/-grün; **II.** *m* Helle(s) *n; (luce)* Licht *n*, Helligkeit *f;* **al ~ di luna** bei Mondschein; **mettere in ~ una questione** eine Angelegenheit klarstellen; **III.** *adv* offen; **parlar ~** offen reden; **vedere ~ in qc** etw. durchschauen; ~ **e tondo** *fam* klipp und klar *fam.* **chiarore** [ki̯a'ro:re] *m* Schein *m.* **chiaroscuro** [...ros'ku:ro] *m* **1.** *(tecnica)* Helldunkelmalerei *f;* **2.** *fig (della vita)* Wechselfälle *m pl.*

chiaroveggente [ki̯aroved'dʒɛnte] **I.** *a* hellseherisch; **II.** *mf* Hellseher(in) *m(f).*

chiasso ['ki̯asso] *m* Krach *m*, Lärm *m.* **chiassoso, -a** [...'so:so] *a* laut.

chiatta ['ki̯atta] *f (traghetto)* Fähre *f; (per trasporto merci)* Lastkahn *m.*

chiave ['ki̯a:ve] **I.** *f (a. fig)* Schlüssel *m; (punto strategico)* Schlüsselpunkt *m;* ~ **inglese** *tec* Engländer *m;* ~ **di volta** Schluß-, Scheitelstein *m;* **chiudere a ~** abschließen; **mettere sotto ~** unter Verschluß halten; **-i in mano** bei Schlüsselübergabe; *(casa)* schlüsselfertig; **II.** ‹*inv*› *a* Schlüssel-. **chiavetta** [kia'vetta] *f (di giocattolo)* (Auf-zieh)schlüssel *m; (per condutture)* (Gas-, Wasser)hahn *m;* ~ **d'accensione** Zündschlüssel *m.*

chiavistello [ki̯avis'tɛllo] *m* Riegel *m.*

chiazza ['ki̯attsa] *f* Fleck *m; (di liquidi a.)* Klecks *m.* **chiazzare** [...'tsa:re] *tr* beflecken; *(con liquidi a.)* beklecksen.

chic [ʃik] ‹*inv*› *a* schick, elegant.

chicchessia [kikkes'si:a] ‹*inv*› *pron* wer auch immer.

chicco ['kikko] ‹-cchi› *m* **1.** *bot (di gra-*

no, riso) Korn *n; (di caffè)* Bohne *f;* **2.** *(di grandine, etc.)* Korn *n; (di un vezzo, etc.)* Perle *f;* ~ **d'uva** Weintraube *f,* -beere *f.*

chiedere ['ki̯ɛ:dere] ‹chiedo, chiesi, chiesto› **I.** *tr* **1.** *(per sapere)* fragen nach; **2.** *(per avere)* bitten um, erbitten; ~ **qc a qu** jdn etw. fragen; ~ **il prezzo di qc** nach dem Preis von etw. fragen; ~ **un favore a qu** jdn um einen Gefallen bitten; ~ **notizie di qu** sich nach jdm erkundigen; ~ **la mano di una ragazza** um die Hand eines Mädchens anhalten; **II.** *itr* fragen (*a qu di qc* jdn nach etw.), sich erkundigen (*a qu di qc* bei jdm nach etw.).

chierica ['ki̯e:rika] ‹-che› *f* Tonsur *f.*

chierichetto [ki̯eri'ketto] *m* Meßdiener *m,* Ministrant *m.*

chiesa ['ki̯ɛ:za] *f* Kirche *f.*

chiesi ['kiɛ:si *o* 'ki̯ɛ:zi] *p rem di* **chiedere.**

chiesto ['ki̯ɛsto] *pp di* **chiedere.**

chiglia ['kiʎʎa] ‹-glie› *f* Kiel *m.*

chignon [ʃi'njɔ̃] ‹-› *m* (Haar)knoten *m.*

chilo ['ki:lo] *m* (*ab di* **chilogrammo**) Kilo *n.*

chilocaloria [kilokalo'ri:a] *f* (*ab* **kcal**) Kilokalorie *f.*

chilogrammo [-'grammo] *m* (*ab* **kg**) Kilogramm *n.*

chilometraggio [-me'traddʒo] *m* zurückgelegte Kilometerzahl; *(tasso di rimborso)* Kilometergeld *n.*

chilometro [ki'lɔ:metro] *m* (*ab* **km**) Kilometer *m.*

chilowatt [kilo'vat *o* 'ki:lovat] *m* (*ab* **kW**) Kilowatt *n.* **chilowattora** [-vat'to:ra] *m* (*ab* **kWh**) Kilowattstunde *f.*

chimera [ki'mɛ:ra] *f* **1.** *fig* Hirngespinst *n,* Schimäre *f geh;* **2.** *(in mitologia)* Chimäre *f.*

chimica ['ki:mika] ‹-che› *f* Chemie *f.* **chimico, -a** [...ko] ‹-ci, -che› **I.** *a* chemisch; **II.** *m, f* Chemiker(in) *m(f).*

chimono [ki'mɔ:no] ‹-› *m* Kimono *m.*

china[1] ['ki:na] ‹-› *f (inchiostro)* Tusche *f.*

china[2] ['ki:na] *f (pendio)* Abhang *m.*

chinare [ki'na:re] **I.** *tr (capo, volto)* neigen, beugen; *(sguardo, occhi)* senken; ~ **il capo** *fig* sich beugen; **II.** *rfl:* **-arsi** sich bücken.

chincaglierie [kiŋkaʎʎe'ri:e] *f pl* Trödel *m,* Kleinkram *m; (soprammobile)* Zierat *m.*

chinino [ki'ni:no] *m* Chinin *n.*

chino, -a ['ki:no] *a* gebeugt.

chioccia ['ki̯ɔttʃa] ‹-cce› *f* Glucke *f.* **chiocciare** [ki̯ot'tʃa:re] ‹chioccio, chiocci› *itr* glucken.

chioccio, -a ['ki̯ɔttʃo] ‹-cci, -cce› *a (voce)* rauh, knarrend.

chiocciola ['ki̯ɔttʃola] *f* Schnecke *f.*

chiodato, -a [ki̯o'da:to] *a* ge-, vernagelt; *(scarpe)* Nagel-.

chiodo ['ki̯ɔ:do] *m* **1.** *tec* Nagel *m;* **2.** *fig* Tick *m,* fixe Idee; ~ **fisso** fixe Idee; **-i di garofano** Gewürznelken *f pl;* **roba da -i** Unsinn *m.*

chioma ['ki̯ɔ:ma] *f* **1.** *(capigliatura)* Haar *n; fam* Mähne *f;* **2.** *bot* (Baum)krone *f,* Wipfel *m;* ~ **folta** dichtes Haar; **fluenti -e** wallendes Haar.

chiosco ['ki̯ɔsko] ‹-schi› *m* Kiosk *m.*

chiostro ['ki̯ɔstro] *m* Kreuzgang *m.*

chip [tʃɪp] ‹-› *m* Chip *m.*

chiromante [kiro'mante] *mf* Handliniendeuter(in) *m(f),* Chiromant(in) *m(f).*

chirurgia [kirur'dʒi:a] ‹-gie› *f* Chirurgie *f;* ~ **plastica** plastische Chirurgie. **chirurgico, -a** [ki'rurdʒiko] ‹-ci, -che› *a* chirurgisch; **intervento** ~ operativer Eingriff. **chirurgo, -a** [ki'rurgo] ‹-gi *o* -ghi, -ghe› *m, f* Chirurg(in) *m(f).*

chissà [kis'sa] *adv* wer weiß; ~ **chi verrà** wer weiß, wer kommen wird.

chitarra [ki'tarra] *f* Gitarre *f;* **suonare la** ~ Gitarre spielen. **chitarrista** [...'rista] ‹-i *m,* -e *f*› *mf* Gitarrist(in) *m(f).*

chiudere ['ki̯u:dere] ‹chiudo, chiusi, chiuso› **I.** *tr* **1.** *(finestra, porta, valigia)* schließen, zumachen; *(libro, ombrello)* zuklappen, -machen; *(acqua, gas)* abdrehen; *(mano)* ballen; *(strada, passaggio)* (ver)sperren; *(radio, etc.)* abstellen; *(buco, falla)* zumachen; **2.** *fig (lettera, scuole, etc.)* schließen, beenden; *(fabbrica)* stillegen; **3.** *(rinchiudere)* einsperren, -schließen; ~ **qc sotto chiave** etw. unter Verschluß nehmen; ~ **le scuole** den Unterricht beenden; ~ **la bocca** den Mund zumachen; *fig* den Mund halten; ~ **la bocca a qu** *fig* jdm den Mund stopfen; ~ **un occhio** *fig* ein Auge zudrücken; **non** ~ **occhio tutta la notte** die ganze Nacht kein Auge zutun (können); **II.** *itr* **1.** *gener.* schließen; **2.** *com* abschließen; ~ **in avanzo/perdita** mit Gewinn/Verlust abschließen; **III.** *rfl:* **-ersi 1.** *(porta, finestra)* (sich) schließen, zugehen; **2.** *(scuole, locale)* schließen; **3.** *fig* sich verschließen; **-ersi nel silenzio** sich in Schweigen hüllen; **-ersi in se stesso** sich in sich selbst zurückziehen.

chiunque [ki'uŋku̯e] ‹*inv, solo al sing*› *pron* **1.** *(relativo)* wer auch immer; **2.** *(indefinito)* jede(r, s); ~ **sia** egal wer, wer auch immer.

chiusa ['ki̯u:sa] *f* **1.** *(di fiume, canale)* Schleuse *f;* **2.** *(di lettera, discorso)* Schluß *m;* **3.** *geog* Talenge *f.*

chiusi ['ki̯u:si] *p rem di* **chiudere.**

chiuso, -a ['ki̯u:so] **I.** *pp di* **chiudere; II.** *a gener., fig* verschlossen; *ling* geschlossen; *(naso)* zu, verstopft; **circolo** ~ geschlossene Gesellschaft; **persona -a** verschlossene Person; **tenere la**

bocca -a *fig* den Mund halten; **III.** *m* geschlossener Raum; **puzzo di ~** stickige (*o* schlechte) Luft. **chiusura** [kiu'su:ra] *f* **1.** *(fine)* Schluß *m*, Ende *n; (di attività)* Beendigung *f*, (Ab)schluß *m;* **2.** *(serratura)* Verschluß *m;* **l'ora di ~ dei negozi** die Ladenschlußzeit; **~ automatica** (*o* **a scatto**) Schnappverschluß *m;* **~ a strappo** Klett(en)-verschluß *m;* **~ centralizzata** Zentralverriegelung *f.*

ci [tʃi] **I.** *pron pers 1ª pers pl* uns; **II.** *pron rfl 1ª pers pl* uns; **III.** *pron dimostrativo* davon, daran; **IV.** *pron impersonale* man; **~ si diverte** man amüsiert sich; **V.** *adv* **1.** *(qui)* hier; *(moto)* hierhin; **2.** *(lì)* dort; *(moto)* dorthin; **3.** *(per quel luogo)* hier durch; **c'è/ci sono ...** es gibt ...

C.ia *ab di* **compagnia** Co. (*ab di* Kompanie).

ciabatta [tʃa'batta] *f* **1.** *(pantofola)* Pantoffel *m*, Hausschuh *m; (scarpa malandata)* Latsche *f fam;* **2.** *fig pej (cosa)* Lumpen *m; (persona)* heruntergekommene Person; **trattare qu come una ~** jdn wie den letzten Dreck behandeln *fam.* **ciabattino, -a** [...'ti:no] *m, f* Flickschuster(in) *m(f).*

cialda ['tʃalda] *f* Waffel *f.*

cialtrone, -a [tʃal'tro:ne] *m, f (persona incapace)* Stümper(in) *m(f); (persona trasandata)* ungepflegter, schlampiger Mensch, Schlampe *f.*

ciambella [tʃam'bɛlla] *f* **1.** *gastr* Kringel *m;* **2.** *(salvagente)* Rettungsring *m.*

ciancicare [tʃantʃi'ka:re] ‹ciancico, ciancichi› **I.** *tr* zerknittern, verknautschen; **II.** *itr fam* stammeln.

cianfrusaglia [tʃanfru'zaʎʎa] ‹-glie› *f* Firlefanz *m*, Krimskrams *m.*

cianuro [tʃa'nu:ro] *m* Zyanid *n.*

ciao ['tʃa:o] *interj* **1.** *(nell'incontrarsi)* hallo, grüß' dich; **2.** *(nel lasciarsi)* tschüs, ade *dial.*

ciarla ['tʃarla] *f (notizia falsa)* Gerücht *n; (chiacchiere)* Geschwätz *n.* **ciarlare** [...'la:re] *itr fam* tratschen *fam.*

ciarlatano [tʃarla'ta:no] *m* Scharlatan *m.*

ciarliero, -a [tʃar'liɛ:ro] *a* geschwätzig, redselig.

ciarpame [tʃar'pa:me] *m* Kram *m fam*, Gerümpel *n.*

ciascuno, -a [tʃas'ku:no] *a, pron* jede(r, s); **a ~ il suo** jedem das Seine.

cibarsi [tʃi'barsi] *rfl* sich ernähren (*di* von).

cibo ['tʃi:bo] *m* Nahrung *f*, Speise *f; (per animali)* Futter *n.*

ciborio [tʃi'bɔ:rio] ‹-i› *m* Ziborium *n.*

cicala [tʃi'ka:la] *f* Zikade *f.*

cicaleccio [tʃika'lettʃo] ‹-cci› *m* Palaver *n fam.*

cicatrice [tʃika'tri:tʃe] *f* Narbe *f.* **cicatrizzarsi** [tʃikatrid'dzarsi] *rfl* vernarben, verheilen.

cicca ['tʃikka] ‹-cche› *f* **1.** *(di sigaretta)* Kippe *f;* **2.** *(da masticare)* Priem *m;* **non valere una ~** keinen Pfifferling wert sein.

cicchetto [tʃik'ketto] *m* **1.** *(di vino, liquore)* Gläschen *n;* **2.** *(ramanzina)* Anpfiff *m*, Rüge *f;* **farsi un ~** einen kippen *fam.*

ciccia ['tʃittʃa] ‹-cce› *f fam* Fleisch *n; (fig a.)* Speck *m scherz.* **ciccione, -a** [...'tʃo:ne] *m, f fam* Fettkloß *m.*

cicerone [tʃitʃe'ro:ne] *m* Fremdenführer *m.*

ciclabile [tʃi'kla:bile] *a:* **pista ~** Rad(fahr)weg *m.*

ciclamino [tʃikla'mi:no] **I.** *m* Alpenveilchen *n;* **II.** ‹*inv*› *a* zyklamfarben.

ciclico, -a ['tʃi:kliko] ‹-ci, -che› *a* zyklisch; *(lit a.)* Zyklus-, Zyklen-.

ciclismo [tʃi'klizmo] *m* Radsport *m.*

ciclista [...'klista] ‹-i *m*, -e *f*› *mf* (Fahr)radfahrer(in) *m(f); sport* Radrennfahrer(in) *m(f)*, Radsportler(in) *m(f).* **ciclistico, -a** [...'klistiko] ‹-ci, -che› *a* Rad-.

ciclo ['tʃi:klo] *m* **1.** *gener., lit, phys* Zyklus *m; (decorso)* Verlauf *m;* **2.** *(serie)* Reihe *f;* **~ biologico** biologischer Kreislauf; **~ storico** Epoche *f;* **~ di trasmissioni/conferenze** Sende-/Vortragsreihe *f.*

ciclomotore [tʃiklomo'to:re] *m* Kleinkraftrad *n.*

ciclone [tʃi'klo:ne] *m* **1.** *meteo* Zyklon *m; (tempesta)* Wirbelsturm *m;* **2.** *fig* Wirbelwind *m.* **ciclonico, -a** [...'klɔ:niko] ‹-ci, -che› *a* Tiefdruck-.

ciclopico, -a [tʃi'klɔ:piko] ‹-ci, -che› *a* riesig, gewaltig.

ciclostilare [tʃiklosti'la:re] *tr* hektographieren. **ciclostile** [...'ti:le] *m* Hektograph *m.*

cicogna [tʃi'koɲɲa] *f* Storch *m.*

cicoria [tʃi'kɔ:ria] ‹-ie› *f* **1.** *bot* Wegwarte *f;* **2.** *gastr (insalata)* Chicorée *f o m; (surrogato del caffè)* Zichorie(nkaffee *m*) *f.*

cicuta [tʃi'ku:ta] *f* **1.** *(veleno)* Schierlingsgift *n;* **2.** *bot* Schierling *m.*

cieco, -a ['tʃɛ:ko] ‹-chi, -che› **I.** *a (a. fig)* blind; **ubbidienza/passione -a** blinder Gehorsam/blinde Leidenschaft; **diventare ~** erblinden; **alla -a** blindlings; **II.** *m, f* Blinde(r) *mf;* **III.** *m* Blinddarm *m.*

cielo ['tʃɛ:lo] **I.** *m* **1.** *meteo, fig, rel* Himmel *m; (mil, adm a.)* Luftraum *m;* **2.** *astr* Sphäre *f;* **3.** *arch* Decke *f*, Himmel *m;* **toccare il ~ con un dito** überglücklich sein, den Himmel offen sehen *geh;* **non sta né in ~ né in terra** das hat die Welt noch nicht gesehen *fam;* **sotto altri -i** unter anderen Sternen; **per l'amore del ~!** um Himmels

willen!; **II.** *interj fam* (du lieber) Himmel.
cifra ['tʃi:fra] *f* **1.** *mat* Ziffer *f*, Zahl *f*; **2.** *com* Summe *f*; **3.** *(monogramma)* Monogramm *n*; **4.** *(scrittura segreta)* Chiffre *f*, Geheimschrift *f*; ~ **d'affari** Umsatz *m*; **numero di tre -e** dreistellige Zahl. **cifrare** [tʃi'fra:re] *tr* **1.** *(fazzoletti, etc.)* mit einem Monogramm versehen, ein Monogramm sticken in; **2.** *(messaggio, etc.)* chiffrieren, kodieren. **cifrario** [...'fra:rio] ‹-i› *m* Kode *m*, Code *m*.
ciglio ['tʃiʎʎo] *m* **1.** ‹*pl*: -glia *f*› *anat, zoo* Wimper *f*; *(sopracciglio)* (Augen)braue *f*; **2.** ‹*pl*: -gli *m*› *(orlo)* Rand *m*; **aggrottare/alzare le -glia** die Brauen zusammenziehen/heben; **non batter** ~ nicht mit der Wimper zucken.
cigno ['tʃiɲɲo] *m* Schwan *m*.
cigolare [tʃigo'la:re] *itr* quietschen. **cigolio** [...'li:o] ‹-ii› *m* Quietschen *n*.
Cile ['tʃi:le] *m*: **il** ~ Chile *n*.
cilecca [tʃi'lekka] *f*: **far** ~ *fam* vorbeischießen, danebentreffen; *fig* versagen.
cileno, -a [tʃi'lɛ:no] **I.** *a* chilenisch, **II.** *mf* Chilene *m*, Chilenin *f*.
cilicio [tʃi'li:tʃo] ‹-ci› *m* Bußgürtel *m*.
ciliegia [tʃi'liɛ:dʒa] ‹-gie› *f* Kirsche *f*. **ciliegio** [...dʒo] ‹-gi› *m* Kirschbaum *m*; *(legno)* Kirschbaum(holz *n*) *m*.
cilindrata [tʃilin'dra:ta] *f* Hubraum *m*; **macchina di piccola/media/grossa** ~ Kleinwagen *m*/Wagen *m* der Mittelklasse/Wagen *m* der gehobenen Klasse.
cilindrico, -a [tʃi'lindriko] ‹-ci, -che› *a* zylindrisch.
cilindro [tʃi'lindro] *m* **1.** *mat, mot* Zylinder *m*; **2.** *tec* Walze *f*; **3.** *(cappello)* Zylinder(hut) *m*.
cima ['tʃi:ma] *f* **1.** *gener.* Spitze *f*; *(di montagna a.)* Gipfel *m*; *(di albero)* Wipfel *m*, Krone *f*; **2.** *fam* As *n fam*; **-e di rapa** Rübengrün *n*; **da** ~ **a fondo** von Anfang bis Ende, von oben bis unten; *fig* durch und durch; **raggiungere la** ~ *(a. fig)* den Gipfel erreichen.
cimentare [tʃimen'ta:re] **I.** *tr (rischiare)* aufs Spiel setzen; *(mettere alla prova)* auf die Probe stellen; **II.** *rfl*: **-arsi** es versuchen, ein Wagnis eingehen; **-arsi con qu** jdn herausfordern; **-arsi in qc** etw. wagen.
cimice ['tʃi:mitʃe] *f* **1.** *zoo* Wanze *f*; **2.** *(puntina da disegno)* Reißzwecke *f*.
ciminiera [tʃimi'niɛ:ra] *f* Schornstein *m*.
cimitero [tʃimi'tɛ:ro] *m* Friedhof *m*.
cimosa [tʃi'mo:sa] *f* **1.** *(per lavagna)* Tafellappen *m*; **2.** *(di stoffa)* Webkante *f*.
cimurro [tʃi'murro] *m* Staupe *f*.
Cina ['tʃi:na] *f* China *n*.
cinciallegra [tʃintʃal'le:gra] *f* Kohlmeise *f*.
cincilla, cincillà [tʃin'tʃilla, ...'la] ‹-› *m* **1.** *zoo* Chinchilla *f o n*; **2.** *(pelliccia)* Chinchilla *m*.
cincin, cin cin [tʃin'tʃin] *interj fam* prost.
cine ['tʃi:ne] ‹-› *m fam* Kino *n*. **cineamatore, -trice** [tʃineama'to:re] *m, f* Amateurfilmer(in) *m(f)*. **cineasta** [tʃine'asta] ‹-i *m*, -e *f*› *mf* Filmemacher(in) *m(f)*. **cinecittà** [-tʃit'ta] *f* Filmstadt *f*, Filmstudios *n pl*. **cineclub** [-'klub] *m* Filmklub *m*. **cineforum** [-'fɔ:rum] ‹-› *m* Filmforum *n*. **cinegiornale** [-dʒor'na:le] *m* Wochenschau *f*.
cinema ['tʃi:nema] ‹-› *m* Kino *n*; ~ **d'essai** Experimentalfilm *m*; *(cineforum)* Programmkino *n*.
cinematografare [tʃinematogra'fa:re] *tr* filmen. **cinematografo** [...'tɔ:grafo] *m* **1.** *(locale)* Kino *n*, Lichtspielhaus *n*; **2.** *(arte)* Film(kunst *f*) *m*, Kino *n*.
cinepresa [tʃine'pre:sa] *f* Filmkamera *f*.
cineromanzo [-ro'mandzo] *m* Fotoroman *m*.
cinese [tʃi'ne:ze] **I.** *a* chinesisch; **II.** *mf* Chinese *m*, Chinesin *f*.
cinetica [tʃi'nɛ:tika] ‹-che› *f* Kinetik *f*.
cingere ['tʃindʒere] ‹cingo, cingi, cinsi, cinto› **I.** *tr* **1.** *(circondare)* umschließen, umgeben; **2.** *(avvolgere)* umhüllen; **3.** *(con le braccia)* umarmen; ~ **d'assedio** *mil* belagern; **II.** *rfl*: **-ersi** sich umgürten mit.
cinghia ['tʃiŋgia] ‹-ghie› *f* Riemen *m*; *(cintura)* Gürtel *m*, Gurt *m*; ~ **trapezoidale** Keilriemen *m*; **tirare** (*o* **stringere**) **la** ~ *fig* den Gürtel enger schnallen.
cinghiale [tʃiŋ'gia:le] *m* **1.** *zoo* Wildschwein *n*; **2.** *(pelle)* Schweinsleder *n*.
cingolato, -a [tʃiŋgo'la:to] *a* Raupen-, Ketten-. **cingolo** ['tʃiŋgolo] *m* Raupenkette *f*.
cinguettare [tʃiŋguet'ta:re] *itr* zwitschern. **cinguettio** [...'ti:o] ‹-ii› *m* Gezwitscher *n*.
cinico, -a ['tʃi:niko] ‹-ci, -che› **I.** *a* zynisch; **II.** *m, f* Zyniker(in) *m(f)*.
cinismo [tʃi'nizmo] *m* Zynismus *m*.
cinquanta [tʃiŋ'kuanta] **I.** *a numerale* fünfzig; **II.** ‹-› *m* Fünfzig *f*; **gli anni** ~ die fünfziger Jahre; **essere sui** ~ um die Fünfzig sein; **avere passato i** ~ die Fünfzig überschritten haben, über fünfzig sein. **cinquantenario** [...te'na:rio] ‹-i› *m* Fünfzigjahrfeier *f*, fünfzigjähriges Jubiläum. **cinquantenne** [...'tɛnne] **I.** *a* fünfzigjährig; **II.** *mf* Fünfzigjährige(r) *mf*. **cinquantennio** [...'tɛnnio] ‹-i› *m* Zeitraum *m* von fünfzig Jahren, fünfzig Jahre *n pl*. **cinquantesimo, -a** [...'tɛ:zimo] **I.** *a* fünfzigste(r, s); **II.** *m, f* Fünfzigste(r, s) *mfn*; **III.** *m (frazione)* Fünfzigstel *n*, fünfzigster Teil; *v. a.* *quinto*. **cinquantina** [...'ti:na] *f*: **una** ~ **(di . . .)** (etwa) fünfzig (. . .); **essere sulla** ~ an (*o* um) die Fünfzig sein.
cinque ['tʃiŋkue] **I.** *a numerale* fünf; **capitolo/pagina** ~ Kapitel/Seite fünf;

siamo in ~ wir sind zu fünft; **a** ~ **a** ~ in Fünferreihen, zu (jeweils) fünfen; **ho** ~ **anni** ich bin fünf Jahre (alt); **di** ~ **anni** fünfjährig; **ogni** ~ **anni** alle fünf Jahre; **oggi è il** ~ **agosto** heute ist der fünfte August; **arriverò il** ~ ich komme am Fünften; **arriverò il** ~ **maggio** ich komme am fünften Mai; **Roma, (il)** ~ **dicembre 1987** Rom, den fünften Dezember 1987; ~ **volte** fünfmal; **II.** ‹-› *m* **1.** *(numero)* Fünf *f;* **2.** *(nelle date)* Fünfte(r) *m;* **3.** *(voto scolastico)* ≃ Mangelhaft *n,* Fünf *f;* **abita al** ~ er (*o* sie) wohnt in Nummer fünf; **il (tram numero)** ~ die (Straßenbahnlinie) Fünf; **prendere un** ~ eine Fünf bekommen; **il** ~ **di cuori** die Herzfünf; **tre più due fa** ~ drei plus zwei macht (*o* ist) fünf; **oggi è il** ~ heute ist der Fünfte; **III.** *f pl* fünf Uhr; **alle** ~ um fünf (Uhr); **sono le** ~ **(del mattino/pomeriggio)** es ist fünf Uhr (morgens/nachmittags); **sono le** ~ **in punto** es ist genau (*o* Punkt) fünf Uhr; **sono le quattro meno** ~ es ist fünf (Minuten) vor vier (Uhr); **sono le** ~ **e mezzo** es ist halb sechs.

cinquecentesco, -a [-tʃenˈtesko] ‹-schi, -sche› *a* das sechzehnte Jahrhundert betreffend. **cinquecento** [-ˈtʃɛnto] **I.** *a numerale* fünfhundert; **II.** ‹-› *m* Fünfhundert *f;* **il C~** das sechzehnte Jahrhundert.

cinquemila [-ˈmi:la] **I.** *a numerale* fünftausend; **II.** ‹-› *m* Fünftausend *f.*

cinquina [tʃiŋˈkui:na] *f* Quinterne *f.*

cinsi [ˈtʃinsi] *p rem di* **cingere.**

cinta [ˈtʃinta] *f* Umgrenzung *f; (recinto)* Einfriedung *f;* ~ **di mura** Mauerring *m.* **cintare** [...ˈta:re] *tr* einfrieden.

cinto [ˈtʃinto] *pp di* **cingere.**

cintola [ˈtʃintola] *f* Taille *f.*

cintura [tʃinˈtu:ra] *f* Gürtel *m;* ~ **di salvataggio** Rettungsring *m;* ~ **di sicurezza** Sicherheitsgurt *m;* ~ **verde** *(di una città)* Grüngürtel *m.* **cinturato, -a** [tʃintuˈra:to] **I.** *a* Gürtel-; **II.** *m* Gürtelreifen *m.* **cinturino** [...ˈri:no] *m (dell'orologio)* Band *n.* **cinturone** [...ˈro:ne] *m* Koppel *n.*

ciò [tʃɔ] *pron* das, dies; ~ **che** ... (das) was ...; ~ **non di meno** trotz alledem; **con tutto** ~ bei all dem.

ciocca [ˈtʃɔkka] ‹-cche› *f* Strähne *f; (ciuffo)* Büschel *n.*

cioccolata [tʃokkoˈla:ta] *f* **1.** *(liquida)* Kakao *m,* Schokolade *f;* **2.** *(solida)* Schokolade *f.* **cioccolatino** [...laˈti:no] *m* Praline *f.* **cioccolato** [...ˈla:to] *m* Schokolade *f.*

cioè [tʃoˈɛ] *adv* das heißt, nämlich.

ciondolare [tʃondoˈla:re] **I.** *itr* **1.** *(dondolare)* baumeln; *(pendere)* hängen; **2.** *fig fam* herumhängen *sl,* -lungern *fam;* **II.** *tr* hängen (*o* baumeln) lassen.

ciondolo [ˈtʃondolo] *m* Anhänger *m.*

ciondoloni [tʃondoˈlo:ni] *adv* baumelnd; **avere i calzini** ~ heruntergerutschte Strümpfe haben.

ciononostante, ciò nonostante [tʃonnonosˈtante, ˈtʃɔ nnonosˈtante] *adv* dessenungeachtet, dennoch.

ciotola [ˈtʃɔ:tola] *f* Schälchen *n,* Napf *m.*

ciottolo [ˈtʃɔttolo] *m* Kieselstein *m.*

cipolla [tʃiˈpolla] *f* Zwiebel *f.*

cipresseto [tʃipresˈse:to] *m* Zypressenhain *m.*

cipresso [tʃiˈprɛsso] *m* **1.** *bot* Zypresse *f;* **2.** *(legno)* Zypressenholz *n.*

cipria [ˈtʃi:pria] ‹-ie› *f* Puder *m.*

Cipro [ˈtʃi:pro] *f* Zypern *n.*

circa [ˈtʃirka] **I.** *adv* (*ab* **c.**) etwa, circa; *(temporale)* gegen; **II.** *prp* bezüglich *gen,* in bezug auf *acc,* über *acc.*

circo [ˈtʃirko] ‹-chi› *m* Zirkus *m.*

circolare[1] [tʃirkoˈla:re] *itr ‹essere o avere›* **1.** *(veicoli)* fahren; *(traffico)* fließen; *(muoversi)* sich bewegen; *(proseguire)* weitergehen; **2.** *(sangue)* zirkulieren, kreisen; **3.** *fin* kursieren, zirkulieren; **4.** *(voce, etc.)* kursieren, umgehen; ~**!** weitergehen!

circolare[2] [tʃirkoˈla:re] **I.** *a* **1.** *gener., mat* Kreis-; **2.** *(stadio, tracciato)* kreisförmig, Kreis-, Rund-; **assegno** ~ Orderscheck *m;* **II.** *f* **1.** *adm* (*ab* **circ.**) Rundschreiben *n;* **2.** *(linea di autobus)* Ringlinie *f.*

circolatorio, -a [tʃirkolaˈtɔ:rio] ‹-i, -ie› *a* Kreislauf-; **disturbi -i** Kreislaufstörungen *f pl.*

circolazione [tʃirkolatˈtsio:ne] *f* **1.** *gener.* Umlauf *m;* **2.** *anat* Blutzirkulation *f,* -kreislauf *m;* **3.** *mot* Verkehr *m;* **4.** *fin* Umlauf *m;* **carta/libretto di** ~ (Kraft)fahrzeugschein *m*/-brief *m;* **mettere in** ~ *(a. fig)* in Umlauf bringen; **togliere dalla** ~ *(a. fig)* aus dem Verkehr ziehen.

circolo [ˈtʃirkolo] *m* **1.** *mat* Kreis *m;* **2.** *geog* (Breiten)kreis *m;* **3.** *(associazione)* Klub *m,* Zirkel *m,* Verein *m;* **4.** *adm* Kollegium *n;* ~ **equatoriale** Äquator *m;* ~ **vizioso** Teufelskreis *m,* Circulus vitiosus *m geh.*

circoncisione [tʃirkontʃiˈzio:ne] *f* Beschneidung *f.*

circondare [tʃirkonˈda:re] **I.** *tr* **1.** *mil* umzingeln, umstellen; *(attorniare)* umringen; *(accerchiare)* einkreisen; **2.** *fig* umgeben (*di* mit); **II.** *rfl:* **-arsi** sich umgeben (*di* mit).

circondario [tʃirkonˈda:rio] ‹-i› *m* **1.** *jur, adm* Bezirk *m;* **2.** *(dintorni)* Umkreis *m,* Umgebung *f.*

circonferenza [tʃirkonfeˈrɛntsa] *f* (Kreis)umfang *m;* ~ **vita** Taillenweite *f.*

circonflesso, -a [tʃirkonˈflɛsso] *a:* **accento** ~ Zirkumflex *m.*

circonvallazione [tʃirkonvallatˈtsio:ne] *f* Umgehungsstraße *f.*

circoscrivere [tʃirkos'kri:vere] ‹*irr*› *tr* 1. *mat* umschreiben; 2. *fig* ein-, begrenzen.
circoscrizione [tʃirkoskrit'tsi̯o:ne] *f adm* Bezirk *m;* ~ **elettorale** Wahlbezirk *m.*
circospetto, -a [tʃirkos'pɛtto] *a* vorsichtig, behutsam. **circospezione** [...pet'tsi̯o:ne] *f* Umsicht *f,* Vorsicht *f.*
circostante [tʃirkos'tante] **I.** *a* umgebend, umliegend; *(persone)* umstehend; **II.** *m pl* Umstehende(n) *pl.*
circostanza [tʃirkos'tantsa] *f* Umstand *m,* Gegebenheit *f; (occasione)* Gelegenheit *f;* **atteggiamento di** ~ angemessenes Verhalten; **-e attenuanti/aggravanti** *jur* mildernde/erschwerende Umstände *m pl.*
circuire [tʃirku'i:re] ‹circuisco› *tr* umgarnen.
circuito [tʃir'ku:ito] *m* **1.** *sport* Rennstrecke *f; (chiuso)* Ring *m; (gara)* Rundrennen *n;* **2.** *(~ elettrico)* Stromkreis *m;* ~ **base** Grundschaltung *f.*
circumnavigare [tʃirkumnavi'ga:re] *tr* umschiffen; *(a vela)* umsegeln. **circumnavigazione** [...gat'tsi̯o:ne] *f* Umschiffung *f; (a vela)* Umseg(e)lung *f.*
cirillico, -a [tʃi'rilliko] ‹-ci, -che› *a* kyrillisch.
C.I.S.L. [tʃizl] *f ab di* **Confederazione Italiana Sindacati Lavoratori** *italienischer Arbeitergewerkschaftsbund.*
ciste ['tʃiste] *v.* **cisti.**
cisterna [tʃis'tɛrna] **I.** *f* Zisterne *f; (serbatoio)* Tank *m;* **II.** ‹*inv*› *a* Tank-.
cisti ['tʃisti] ‹-› *f* Zyste *f.*
cistifellea [tʃisti'fɛllea] *f* Gallenblase *f.*
cistite [tʃis'ti:te] *f* Blasenentzündung *f.*
C.I.T. [tʃit] *f ab di* **Compagnia Italiana Turismo** *italienische Reiseverkehrsgesellschaft.*
citare [tʃi'ta:re] *tr* **1.** *(riferire)* zitieren, anführen; *(nominare)* erwähnen; **2.** *(testo, discorso)* zitieren; ~ **qu in tribunale/giudizio** jdn (bei Gericht) vorladen; ~ **ad esempio** als Beispiel anführen. **citazione** [...tat'tsi̯o:ne] *f* **1.** *jur* Vorladung *f;* **2.** *lit* Zitat *n;* **3.** *(menzione)* Erwähnung *f,* Nennung *f;* **una** ~ **al merito** eine lobende Erwähnung.
citofono [tʃi'tɔ:fono] *m* (Haus)sprechanlage *f.*
citrico, -a ['tʃi:triko] ‹-ci, -che› *a* zitronensauer; **acido** ~ Zitronensäure *f.*
città [tʃit'ta] ‹-› *f* Stadt *f;* ~ **nuova** Neubaugebiet *n;* ~ **vecchia** Altstadt *f;* ~ **universitaria** (*o* **degli studi**) Universitätsgelände *n,* Campus *m;* ~ **dei ragazzi** Kinderdorf *n;* **C~ del Vaticano** Vatikanstadt *f;* **C~ del Capo** Kapstadt *n;* **abitare in** ~ in der Stadt wohnen.
cittadella [-'dɛlla] *f* **1.** *mil* Zitadelle *f;* **2.** *fig* Hochburg *f.*
cittadinanza [tʃittadi'nantsa] *f* **1.** *jur* Staatsbürgerschaft *f;* **2.** *(insieme di cittadini)* Bürgerschaft *f,* Einwohnerschaft *f;* ~ **onoraria** Ehrenbürgerschaft *f.*
cittadino, -a [tʃitta'di:no] **I.** *a* städtisch, Stadt-; **II.** *m, f* **1.** *jur* Staatsangehörige(r) *mf;* **2.** *(di città)* Bürger(in) *m(f);* **il primo** ~ *adm* der Bürgermeister; *pol* der italienische Staatspräsident.
ciucciare [tʃut'tʃa:re] ‹ciuccio, ciucci› *tr fam* saugen; *(poppare)* trinken; ~ **il dito** (am) Daumen lutschen. **ciuccio** ['tʃuttʃo] ‹-cci› *m fam* Schnuller *m fam; (per biberon a.)* Sauger *m.*
ciuco, -a ['tʃu:ko] ‹-chi, -che› *m, f fam* **1.** *zoo* Esel(in) *m(f);* **2.** *fig pej* Esel *m.*
ciuffo ['tʃuffo] *m* Büschel *n.*
ciurma ['tʃurma] *f* Mannschaft *f,* Besatzung *f.*
civaie [tʃi'va:i̯e] *f pl* Hülsenfrüchte *f pl.*
civetta [tʃi'vetta] *f* **1.** *zoo* Kauz *m;* **2.** *fig pej* kokette Frau; **3.** *film* Kinoprogramm *n.* **civettare** [...'ta:re] *itr* kokettieren. **civetteria** [...te'ri:a] ‹-ie› *f* Koketterie *f.* **civettuolo, -a** [...'tu̯ɔ:lo] *a* kokett.
civico, -a ['tʃi:viko] ‹-ci, -che› *a* **1.** *(di città)* städtisch, Stadt-; **2.** *jur* staatsbürgerlich; **3.** *(dovere, etc.)* Bürger-; **senso** ~ Gemeinschaftssinn *m.*
civile [tʃi'vi:le] **I.** *a* **1.** *(del cittadino)* bürgerlich, Bürger-; **2.** *(non militare, ecclesiastico)* zivil; **3.** *(nazione, popolo)* zivilisiert; *(persona, maniere)* gesittet; *(colto)* kultiviert; *(letteratura, poesia)* gepflegt, stilvoll; *(abito)* anständig, gepflegt; **guerra** ~ Bürgerkrieg *m;* **matrimonio** ~ standesamtliche Trauung; **II.** *m* Zivil *n;* **essere vestito in** ~ Zivil tragen.
civilizzare [tʃivilid'dza:re] **I.** *tr* zivilisieren; **II.** *rfl:* **-arsi 1.** *(popolo)* zivilisiert werden; **2.** *(persona)* kultiviert werden. **civilizzatore, -trice** [...dza'to:re] **I.** *a* zivilisierend; **II.** *m, f* Überbringer(in) *m(f)* der Zivilisation. **civilizzazione** [...dzat'tsi̯o:ne] *f* Zivilisierung *f.*
civilmente [tʃivil'mente] *adv* **1.** *(educatamente)* anständig, höflich, gesittet; **2.** *adm* zivilrechtlich; **sposarsi** ~ standesamtlich heiraten.
civiltà [tʃivil'ta] ‹-› *f* **1.** *(cultura)* Kultur *f;* **2.** *(progresso)* Zivilisation *f;* **3.** *(cortesia)* Anstand *m,* Höflichkeit *f.*
civismo [tʃi'vizmo] *m* Gemeinschaftssinn *m.*
clacson ['klakson] ‹-› *m* Hupe *f;* **suonare il** ~ hupen.
clamore [kla'mo:re] *m* Aufsehen *n,* Wirbel *m.* **clamoroso, -a** [...mo'ro:so] *a* aufsehenerregend.
clandestinità [klandestini'ta] ‹-› *f* Verborgenheit *f,* Heimlichkeit *f; (illegalità)* Illegalität *f; pol* Untergrund *m.* **clandestino, -a** [...'ti:no] **I.** *a* heimlich; *(illega-*

le) illegal, gesetzwidrig; *(lavoro, vendita, viaggio)* schwarz; **II.** *m, f* blinder Passagier.
Clara ['kla:ra] *(nome proprio femminile)* Klara.
clarinettista [klarinet'tista] ‹-i *m*, -e *f*› *mf* Klarinettist(in) *m(f)*. **clarinetto** [...'netto] *m* Klarinette *f*. **clarino** [kla'ri:no] *m* Clarino *n*, Bach-Trompete *f*.
classe ['klasse] *f* **1.** *(soc, pol, ferr, aero, naut, biol, a scuola)* Klasse *f*; **2.** *(aula)* Klassenzimmer *n*; **3.** *mil* Jahrgang *m*; **4.** *fig* Klasse *f*, Rang *m*; **un uomo di ~** ein Mann *m* von Welt; **~ di leva** Einberufungsjahrgang *m*; **viaggiare in prima ~** erster Klasse reisen; **fuori ~** Spitzenklasse *f*.
classicismo [klassi'tʃizmo] *m (epoca)* Klassik *f*; *(stile)* Klassizismus *m*; *(qualità)* Klassische(s) *n*.
classico, -a ['klassiko] ‹-ci, -che› **I.** *a* klassisch; *(liceo, studi)* altsprachlich, humanistisch; **II.** *m* Klassiker *m*.
classifica [klas'si:fika] ‹-che› *f* **1.** *sport* Tabelle *f*, Rangliste *f*; **2.** *adm* Wertung *f*, Einstufung *f*; **arrivare ultimo in ~** am Tabellenende stehen; **essere in testa alla ~** Tabellenführer sein. **classificare** [klassifi'ka:re] ‹classifico, classifichi› **I.** *tr* **1.** *(scolaro, compito)* bewerten; **2.** *(materiale, libri)* klassifizieren, einordnen; **II.** *rfl*: **-arsi** sich plazieren; **-arsi bene** gut abschneiden; **-arsi terzo** Dritter werden. **classificatore** [...ka'to:re] *m* **1.** *(raccoglitore)* (Akten)ordner *m*; *(cartella)* Schnellhefter *m*; **2.** *(mobile)* Büroschrank *m*. **classificazione** [...kat'tsi̯o:ne] *f* Klassifizierung *f*, Klassifikation *f*; *(ripartizione)* Einteilung *f*; *(voto)* Bewertung *f*; *sport* Wertung *f*; *(a scuola)* Zensur *f*, Note *f*.
classismo [klas'sizmo] *m* Klassenkampftheorie *f*.
Claudio ['kla:udi̯o] *(nome proprio maschile)* Claudius.
clausola ['kla:uzola] *f* Klausel *f*.
claustrofobia [klaustrofo'bi:a] ‹-ie› *f* Klaustrophobie *f*, Platzangst *f fam*.
clausura [klau'zu:ra] *f* Klausur *f*.
clava ['kla:va] *f* Keule *f*.
clavicembalo [klavi'tʃembalo] *m* (Clavi)cembalo *n*.
clavicola [kla'vi:kola] *f* Schlüsselbein *n*.
clemente [kle'mɛnte] *a (clima)* mild; *(persona a.)* gütig; *(tollerante)* nachsichtig. **clemenza** [...'mɛntsa] *f* Milde *f*.
cleptomane [klep'tɔ:mane] **I.** *a* kleptomanisch; **II.** *mf* Kleptomane *m*, -manin *f*.
clericale [kleri'ka:le] **I.** *a* klerikal; **II.** *mf* Klerikale(r) *mf*.
clero ['klɛ:ro] *m* Klerus *m*, Geistlichkeit *f*; **~ regolare/secolare** Ordens-/Weltgeistlichkeit *f*.
clessidra [kles'si:dra] *f (a sabbia)* Sanduhr *f*; *(ad acqua)* Wasseruhr *f*.
cliché [kli'ʃe] ‹-› *m* Klischee *n*.
cliente [kli'ɛnte] *mf (di un negozio)* Kunde *m*, Kundin *f*; *(di un albergo, ristorante, etc.)* Gast *m*; *med* Patient(in) *m(f)*; *(di un avvocato)* Klient(in) *m(f)*. **clientela** [klien'tɛ:la] *f (di un negozio)* Kundschaft *f*; *(di un albergo, ristorante, etc.)* Gäste *m pl*; *med* Patienten *m pl*; *(di un avvocato)* Klienten *m pl*, Klientel *f*.
clima ['kli:ma] ‹-i› *m (a. fig)* Klima *n*.
climaterio [klima'tɛ:ri̯o] ‹-i› *m* Wechseljahre *n pl*, Klimakterium *n scient*.
climatico, -a [kli'ma:tiko] ‹-ci, -che› *a* klimatisch, Klima-. **climatizzazione** [...dzat'tsi̯o:ne] *f* Klimatisierung *f*; **impianto di ~** Klimaanlage *f*.
clinica ['kli:nika] ‹-che› *f* Klinik *f*. **clinico, -a** [...ko] ‹-ci, -che› **I.** *a* klinisch; **avere l'occhio ~** *fig* einen scharfen Blick haben; **II.** *m* Krankenhausarzt *m*; *(docente)* Kliniker *m*.
clip [klɪp] ‹-› *f* (Ohr)clip *m*.
clistere [klis'tɛ:re] *m* Klistier *n*.
clitoride [kli'tɔ:ride] *m o f* Klitoris *f*.
cloaca [klo'a:ka] ‹-che› *f* Kloake *f*.
cloro ['klɔ:ro] *m* Chlor *n*.
clorofilla [kloro'filla] *f* Chlorophyll *n*. **clorofilliano, -a** [...'li̯a:no] *a* Chlorophyll-; **sintesi -a** Photosynthese *f*.
cloroformio [kloro'fɔrmi̯o] ‹-i› *m* Chloroform *n*.
club [klub] ‹-› *m* Klub *m*.
cm *ab di* **centimetro** cm (*ab di* Zentimeter).
c.m. *ab di* **corrente mese** d. M. (*ab di* dieses Monats).
c/o *ab di* **care of** *(presso)* c/o, bei.
coadiuvante [koadi̯u'vante] **I.** *a* Hilfs-; **II.** *m* Hilfsmedikament *n*.
coadiuvare [koadi̯u'va:re] *tr* mitwirken; *(collaborare a.)* mitarbeiten.
coagulante [koagu'lante] **I.** *a* gerinnungsfördernd; **II.** *m* Gerinnungsmittel *n*, Koagulans *n scient*.
coagulare [koagu'la:re] **I.** *tr* gerinnen lassen, zur Gerinnung bringen; *(med a.)* koagulieren *scient*; **II.** *rfl*: **-arsi** gerinnen; *(med a.)* koagulieren *scient*. **coagulazione** [...lat'tsi̯o:ne] *f* Gerinnen *n*; *(med a.)* Gerinnung *f*, Koagulation *f scient*; **~ del sangue** Blutgerinnung *f*.
coalizione [koalit'tsi̯o:ne] *f* Koalition *f*; *(di enti)* Zusammenschluß *m*. **coalizzare** [...lid'dza:re] **I.** *tr* koalisieren; *(unire)* verbinden; **II.** *rfl*: **-arsi** koalieren, koalisieren, sich verbünden.
coatto, -a [ko'atto] *a* Zwangs-, gezwungen.
cobalto [ko'balto] *m* **1.** *chem* Kobalt *n*; **2.** *(colore)* Kobaltblau *n*.
cobra ['kɔ:bra] ‹-› *m* Kobra *f*.
coca ['kɔ:ka] ‹-che› *f* Kokastrauch *m*.

cocaina [koka'i:na] *f* Kokain *n.*
cocca[1] ['kɔkka] ‹-cche› *f* **1.** *(di fazzoletto, grembiule)* Zipfel *m;* **2.** *(di freccia)* (Pfeil)kerbe *f.*
cocca[2] *f v.* **cocco, -a.**
coccarda [kok'karda] *f* Rosette *f,* Kokarde *f.*
cocchio ['kɔkki̯o] ‹-cchi› *m* Kutsche *f.*
coccige [kot'tʃi:ge] *m* Steißbein *n.*
coccinella [kottʃi'nɛlla] *f* Marienkäfer *m.*
coccio ['kɔttʃo] ‹-cci› *m* **1.** *(terracotta)* Steingut *n;* **2.** ‹*pl*› *fam* Geschirr *n;* **3.** *(frammento)* Scherbe *f.*
cocciutaggine [kottʃu'taddʒine] *f* Dickköpfigkeit *f.* **cocciuto, -a** [...'tʃu:to] **I.** *a* dickköpfig; **II.** *m, f* Dickkopf *m.*
cocco[1] ['kɔkko] ‹-cchi› *m bot* Kokospalme *f;* **noce di ~** Kokosnuß *f.*
cocco[2] ['kɔkko] ‹-cchi› *m biol* Kokkus *m,* Kokke *f.*
cocco, -a ['kɔkko] ‹-cchi, -cche› *m, f fam* Liebling *m,* Schätzchen *n fam;* **essere il ~ di mamma** Mamas Liebling sein; **povero ~!** armes Häschen (*o* Herzchen)!
coccodrillo [kokko'drillo] *m* **1.** *zoo* Krokodil *n;* **2.** *(pelle)* Kroko(dil)leder *n.*
coccolare [kokko'la:re] *tr fam* liebkosen, schmusen mit *fam; (vezzeggiare)* (ver)hätscheln. **coccolone, -a** [...'lo:ne] *m, f fam* Schmusekatze *f fam.*
cocente [ko'tʃɛnte] *a* **1.** *(ardente)* glühendheiß; **2.** *fig (dolore)* heftig, brennend, stechend; *(offesa)* schmerzend, verletzend.
cocker ['kɔkə] ‹-› *m* Cockerspaniel *m.*
cocktail ['kɔkteɪl] ‹-› *m* **1.** *gastr* Cocktail *m;* **2.** *(trattenimento)* Cocktailparty *f;* **abito da ~** Cocktailkleid *n.*
cocomero [ko'ko:mero] *m* Wassermelone *f.*
cocuzzolo [ko'kuttsolo] *m* **1.** *(di montagna)* Gipfel *m,* Kuppe *f;* **2.** *(di testa, cappello)* Spitze *f.*
cod. *ab di* **codice** Gesetzbuch.
coda ['ko:da] *f* **1.** *zoo* Schwanz *m;* **2.** *astr* Schweif *m;* **3.** *(di un abito femminile)* Schleppe *f; (di un abito maschile)* Rockschoß *m;* **4.** *(di un aereo)* Heck *n;* **5.** *(fila)* Reihe *f,* Schlange *f;* **6.** *lit, mus* Koda *f;* **7.** *(appendice)* Anhang *m;* **~ in umido/lessa** geschmorter/gekochter Ochsenschwanz; **~ di cavallo** *(acconciatura)* Pferdeschwanz *m;* **~ di rospo** *fam* Seeteufel *m;* **vettura di ~** *ferr* Schlußwagen *m;* **andarsene con la ~ fra le gambe** *fig* mit eingezogenem Schwanz (*o* wie ein begossener Pudel) abziehen *fam;* **avere la ~ di paglia** *(non avere la coscienza tranquilla)* ein schlechtes Gewissen haben; *(offendersi)* schnell beleidigt sein, eine Mimose sein; **fare la ~** Schlange stehen; **mettersi in ~** sich anstellen.
codardo, -a [ko'dardo] **I.** *a* feige; **II.** *m, f* Feigling *m.*
codazzo [ko'dattso] *m* Schwarm *m,* Gefolgschaft *f.*
codesto, -a [ko'desto] *pron tosc* diese(r, s).
codice ['kɔ:ditʃe] *m* **1.** *jur, lit* Kodex *m; (jur a., ab* **cod.***)* Gesetzbuch *n;* **2.** *(cifrario, inform)* Kode *m,* Code *m; (sistema a.)* Schlüssel *m;* **~ civile/penale** (*ab* **C.C./C.P.**) Bürgerliches Gesetzbuch/ Strafgesetzbuch *n;* **~ di procedura civile/penale** (*ab* **C.P.C./C.P.P.**) Zivil-/ Strafprozeßordnung *f;* **~ della strada** (*ab* **C.d.S.**) Straßenverkehrsordnung *f;* **~ di avviamento postale** (*ab* **C.A.P.**) Postleitzahl *f.*
codificare [kodifi'ka:re] ‹codifico, codifichi› *tr* **1.** *inform* codieren, kodieren; *(tradurre)* verschlüsseln; **2.** *jur* kodifizieren. **codificatore** [...ka'to:re] *inform* Codierer *m,* Encoder *m.* **codificazione** [...kat'tsi̯o:ne] *f* **1.** *(atto)* Kodifizierung *f;* **2.** *(effetto)* Kodifikation *f.*
coeditore, -trice [koedi'to:re] *m, f* Mitherausgeber(in) *m(f).*
coefficiente [koeffi'tʃɛnte] *m* Koeffizient *m.*
coercizione [koertʃit'tsi̯o:ne] *f* Druck *m,* Zwang *m.*
coerente [koe'rɛnte] *a* folgerichtig, schlüssig, logisch; *(persona)* zielstrebig, konsequent. **coerenza** [...'rɛntsa] *f* Folgerichtigkeit *f,* Schlüssigkeit *f; (di persona)* Zielstrebigkeit *f.*
coesione [koe'zi̯o:ne] *f* **1.** *fig* Zusammenhang *m;* **2.** *phys* Kohäsion *f.*
coesistere [koe'zistere] ‹*irr*› *itr* ‹*essere*› nebeneinander bestehen, koexistieren.
coetaneo, -a [koe'ta:neo] **I.** *a* gleichaltrig; **II.** *m, f* Gleichaltrige(r) *mf,* Altersgenosse *m,* -genossin *f.*
cofanetto [kofa'netto] *m* **1.** *gener.* Kästchen *n; (per gioielli)* Schmuckkästchen *n;* **2.** *(per libri)* Schuber *m,* Kassette *f.*
cofano ['kɔ:fano] *m* **1.** *mot* Motorhaube *f;* **2.** *(cassa)* Truhe *f,* Kasten *m.*
cogerente [kodʒe'rɛnte] *mf* Mitverwalter(in) *m(f).*
cogestione [kodʒes'ti̯o:ne] *f* Mitverwaltung *f.*
cogli ['koʎʎi] *prp* **con** *con articolo gli.*
cogliere ['kɔʎʎere] ‹colgo, cogli, colsi, colto› *tr* **1.** *(fiore, frutto)* pflücken; *(frutto a.)* ernten; *(bacche)* lesen; **2.** *fig (occasione)* ergreifen; *(colpo)* treffen; *(significato, etc.)* erfassen; **3.** *(sorprendere)* erwischen, ertappen; **~ nel segno** genau treffen; **~ qu in fallo/in flagrante** jdn auf frischer Tat ertappen/in flagranti erwischen.
coglione, -a [koʎ'ʎo:ne] **I.** *m, f vulg*

Eierarsch *m vulg*, dumme Sau *vulg;* **II.** *m pl vulg* Eier *n pl vulg.*
cognato, -a [koɲ'ɲa:to] *m, f* Schwager *m,* Schwägerin *f.*
cognizione [koɲɲit'tsi̯o:ne] *f* **1.** *(nozione)* Kenntnis *f;* **2.** *jur* Zuständigkeit *f,* Kompetenz *f;* **con ~ di causa** kompetent, mit Sachverstand.
cognome [koɲ'ɲo:me] *m* Nach-, Familienname *m;* **~ da nubile** Mädchenname *m.*
coi ['ko:i] *prp* **con** *con articolo i.*
coincidenza [kointʃi'dɛntsa] *f* **1.** *(avvenimento simultaneo)* Zusammentreffen *n; (avvenimento casuale)* Zufall *m;* **2.** *(ferr, etc.)* Anschluß *m,* Verbindung *f;* **3.** *fig* Übereinstimmung *f.* **coincidere** [...'tʃi:dere] ‹*irr*› *itr (accadere insieme)* zusammenfallen; *(corrispondere)* sich *(dat)* entsprechen, übereinstimmen; *(essere la stessa cosa)* sich decken.
coinquilino, -a [koiŋku̯i'li:no] *m, f* Mitbewohner(in) *m(f).*
coinvolgere [koin'vɔldʒere] ‹*irr*› *tr* hineinziehen (*in* in), verwickeln (*in* in).
coiote [ko'i̯ɔ:te] ‹-› *m* Kojote *m.*
Coira ['kɔ:ira] *f* Chur *n.*
coito ['kɔ:ito] *m* Koitus *m,* Beischlaf *m.*
coke [koʊk] ‹-› *m* Koks *m.*
col [kol] *prp* **con** *con articolo il.*
colabrodo [kola'brɔ:do] ‹-› *m* Durchschlag *m,* Sieb *n.* **colapasta** [-'pasta] ‹-› *m* Nudelsieb *n,* Seiher *m.*
colare [ko'la:re] **I.** *tr* ‹*avere*› **1.** *(liquido)* abgießen, filtern; *(brodo)* durchseihen, durch ein Sieb schütten; *(pasta)* abgießen, -schütten; **2.** *(metallo)* gießen; **~ a picco** (*o* **a fondo)** *(nave)* versenken; **II.** *itr* ‹*essere o avere*› *(gocciolare)* tropfen, rinnen; *(recipiente)* lecken; **mi cola il naso** mir läuft die Nase.
colazione [kolat'tsi̯o:ne] *f* **1.** *(prima ~)* Frühstück *n;* **2.** *(seconda ~)* Mittagessen *n;* **~ di lavoro** Arbeitsessen *n;* **fare ~** frühstücken.
colei *f v.* **colui.**
coleottero [kole'ɔttero] *m* Käfer *m.*
colera [ko'lɛ:ra] ‹-› *m* Cholera *f.*
colesterina [koleste'ri:na] *f,* **colesterolo** [...'rɔ:lo] *m* Cholesterin *n.*
colf [kɔlf] ‹-› *mf* Haushaltshilfe *f.*
colgo ['kɔlgo] *pr di* **cogliere.**
colibrì [koli'bri] ‹-› *m* Kolibri *m.*
colica ['kɔ:lika] ‹-che› *f* Kolik *f.*
colino [ko'li:no] *m* kleines Sieb; *(per tè)* Teesieb *n.*
colla[1] ['kɔlla] *f* Leim *m,* Klebstoff *m.*
colla[2] ['kolla] *prp* **con** *con articolo la.*
collaborare [kollabo'ra:re] *itr* mitarbeiten (*a* an), zusammenarbeiten (*con* mit); *(pej a.)* kollaborieren (*con* mit). **collaboratore, -trice** [...ra'to:re] *m, f* Mitarbeiter(in) *m(f).* **collaborazione** [...rat'tsi̯o:ne] *f* Mitarbeit *f* (*a* an).
collana [kol'la:na] *f* **1.** *(di perle, etc.)* (Hals)kette *f;* **2.** *(di libri)* Reihe *f.*
collant [kɔ'lã] ‹-› *m* Strumpfhose *f.*
collare [kol'la:re] *m* **1.** *(per cani)* Halsband *n;* **2.** *(ornamento)* Halskrause *f;* **3.** *rel* Beffchen *n,* Kollar *n.*
collasso [kol'lasso] *m* Kollaps *m.*
collaterale [kollate'ra:le] *a (a lato)* seitlich, Seiten; *(vicino)* Neben-.
collaudare [kollau'da:re] *tr* prüfen, testen. **collaudatore, -trice** [...da'to:re] *m, f* Prüfer(in) *m(f).* **collaudo** [...'la:udo] *m* Kontrolle *f,* Prüfung *f; (di macchina, etc. a.)* Probelauf *m;* **volo di ~** Probeflug *m.*
colle[1] ['kɔlle] *m (rilievo)* Hügel *m.*
colle[2] ['kolle] *prp* **con** *con articolo le.*
collega [kol'lɛ:ga] ‹-ghi *m,* -ghe *f*› *mf* Kollege *m,* Kollegin *f.*
collegamento [kollega'mento] *m* **1.** *gener.* Verbindung *f;* **2.** *el* Schaltung *f;* **3.** *mil, TV, radio* Verbindung *f;* **~ ferroviario/telefonico/radiofonico** Eisenbahn-/Telefon-/Funkverbindung *f;* **in ~ con Madrid, vi trasmettiamo . . .** *TV, radio* wir sind mit Madrid verbunden und senden . . . **collegare** [...'ga:re] **I.** *tr* verbinden; *(fig a.)* in Verbindung setzen; **II.** *rfl:* **-arsi** sich in Verbindung setzen (*con* mit); *(unirsi)* sich vereinen.
collegiale [kolle'dʒa:le] **I.** *a* **1.** *(collettivo)* kollegial, Kollegial-; **2.** *(da collegio)* Internats-; **II.** *mf* Internatsschüler(in) *m(f).* **collegialità** [...dʒali'ta] ‹-› *f* Kollegialität *f.* **collegialmente** [...dʒal'mente] *adv* **1.** *(da collega)* kollegial; **2.** *(collettivamente)* kollektiv, gemeinschaftlich.
collegio [kol'lɛ:dʒo] ‹-gi› *m* **1.** *(istituto)* Internat *n,* Internatsschule *f;* **2.** *(professionale)* Kollegium *n;* **~ elettorale** Wahlbezirk *m.*
collera ['kɔllera] *f* Wut *f;* **andare in ~** wütend werden; **essere in ~ con qu** auf jdn wütend sein. **collerico, -a** [kol'lɛ:riko] ‹-ci, -che› *a* cholerisch, jähzornig.
colletta [kol'lɛtta] *f* (Geld)sammlung *f.*
collettività [kollettivi'ta] ‹-› *f* Kollektivität *f,* Gemeinschaftlichkeit *f.* **collettivo, -a** [...'ti:vo] **I.** *a* kollektiv, gemeinschaftlich, Gemeinschafts-; **II.** *m* Kollektiv *n.*
colletto [kol'letto] *m* Kragen *m.*
collettore, -trice [kollet'to:re] **I.** *a* Sammel-; **II.** *m* **1.** *tec* Sammelleitung *f;* **2.** *el* Kollektor *m.*
collezionare [kollettsi̯o'na:re] *tr* sammeln. **collezione** [...'tsi̯o:ne] *f* **1.** *(raccolta)* Sammlung *f;* **2.** *(di moda)* Kollektion *f;* **3.** *(di libri)* Reihe *f.* **collezionista** [...i̯o'nista] ‹-i *m,* -e *f*› *mf* Sammler(in) *m(f).*
collimare [kolli'ma:re] *itr* übereinstimmen, sich *(dat)* entsprechen.

collina [kol'li:na] *f* Hügel *m*, Anhöhe *f*. **collinoso, -a** [...li'no:so] *a* hüg(e)lig.
collirio [kol'li:ri̯o] ‹-i› *m* Augentropfen *m pl*.
collisione [kolli'zi̯o:ne] *f* Zusammenstoß *m*, Kollision *f*; **entrare in ~** zusammenstoßen, kollidieren.
collo[1] ['kɔllo] *m* **1.** *anat* Hals *m*; *(del piede)* Spann *m*, Rist *m*; **2.** *(di bottiglia, etc.)* Hals *m*; **3.** *(di abito)* Kragen *m*; **avere/portare al ~** um den Hals haben/tragen; **avere/tenere in ~** im (*o* auf dem) Arm haben/halten; **prendere qu per il ~** jdn am Kragen packen; **tirare il ~ ad un pollo** einem Huhn den Hals umdrehen; **essere nei debiti fino al ~** bis zum Hals in Schulden stecken.
collo[2] ['kɔllo] *m com* Frachtstück *n*, Kollo *n*.
collo[3] ['kollo] *prp* **con** *con articolo lo*.
collocamento [kolloka'mento] *m* **1.** *(impiego)* Stellung *f*; **2.** *(disposizione)* Anordnung *f*, Stellung *f*; **3.** *tec* Einbau *m*; **agenzia/ufficio di ~** Stellenvermittlung *f*/Arbeitsamt *n*.
collocare [kollo'ka:re] *tr* **1.** *(mettere)* setzen, stellen, legen; **2.** *(trovare un lavoro per)* unterbringen; **3.** *com* absetzen, verkaufen; **~ qu a riposo/in aspettativa** jdn in den Ruhe-/Wartestand versetzen. **collocazione** [...kat'tsi̯o:ne] *f* Stellung *f*; *(di libro, fig)* Standort *m*; *(sistemazione)* Anordnung *f*.
colloquio [kol'lɔ:kui̯o] ‹-qui› *m* **1.** *(conversazione)* Gespräch *n*, Unterredung *f*; **2.** *(esame)* Kolloquium *n*.
colloso, -a [kol'lo:so] *a* klebrig, schleimig.
colmare [kol'ma:re] *tr* **1.** *(recipiente)* füllen (*di* mit); *(lacuna)* schließen, ausfüllen; **2.** *fig* überschütten (*di* mit), überhäufen (*di* mit); *(riempire l'animo)* erfüllen (*di* mit).
colmo ['kolmo] *m* Gipfel *m*, Höhe *f*; **è il ~!** *fam* das ist die Höhe!
colmo, -a ['kolmo] *a* **1.** *(bicchiere)* voll, (voll)gefüllt; *(cucchiaio)* gehäuft; *(fino all'orlo)* randvoll; **2.** *fig* voll (*di* von), erfüllt (*di* von, mit).
colomba [ko'lomba] *f* Taube *f*; **la ~ pasquale** *typischer Osterkuchen in Form einer Taube*. **colombo** [...bo] *m* Täuberich *m*, Taube *f*.
colon ['kɔ:lon] ‹-› *m* Grimmdarm *m*, Kolon *n*.
colonia[1] [ko'lɔ:ni̯a] ‹-ie› *f* **1.** *pol, biol* Kolonie *f*; **2.** *(per le vacanze)* Ferienlager *n*, -kolonie *f*; **3.** *(gruppo di stranieri)* (Ausländer)kolonie *f*.
colonia[2] [ko'lɔ:ni̯a] ‹-ie› *f* *(acqua di Colonia)* Kölnischwasser *n*.
Colonia [ko'lɔ:ni̯a] *f* Köln *n*; **acqua di ~** Kölnischwasser *n*.
coloniale [kolo'ni̯a:le] **I.** *a* **1.** *gener., pol, com* kolonial, Kolonial-; **2.** *biol* Kolonien bildend; **II.** *m pl* Kolonialwaren *f pl*.
colonialismo [koloni̯a'lizmo] *m* Kolonialismus *m*. **colonialista** [...'lista] ‹-i *m*, -e *f*› **I.** *mf* Kolonialist(in) *m(f)*; **II.** *a* Kolonial-.
colonico, -a [ko'lɔ:niko] ‹-ci, -che› *a*: **casa -a** Bauernhaus *n*.
colonizzare [kolonid'dza:re] *tr* **1.** *hist, pol* kolonisieren; **2.** *agr* besiedeln. **colonizzatore, -trice** [...dza'to:re] **I.** *a* kolonisatorisch; **II.** *m* Kolonisator *m*. **colonizzazione** [...dzat'tsi̯o:ne] *f* **1.** *pol* Kolonisierung *f*; **2.** *agr* Besied(e)lung *f*.
colonna [ko'lonna] *f* **1.** *arch* Säule *f*; **2.** *(di automobili, mil)* Kolonne *f*; *(di numeri)* Reihe *f*, Kolonne *f*; **3.** *typ* Spalte *f*, Kolumne *f*; **4.** *film, mus* Spur *f*; **5.** *fig* Stütze *f*; **6.** *(d'acqua, di fuoco)* (Wasser-, Feuer)wand *f*; **~ vertebrale** Wirbelsäule *f*. **colonnato** [...'na:to] *m* Säulenreihe *f*; *(portico)* Arkade *f*.
colonnello [kolon'nɛllo] *m* Oberst *m*.
colorante [kolo'rante] **I.** *a* färbend, Färbe-, Farb-; **II.** *m* Farbstoff *m*; **-i alimentari** Lebensmittelfarben *f pl*.
colorare [kolo'ra:re] **I.** *tr (a. fig)* färben; *(disegno)* kolorieren, bemalen; **II.** *rfl*: **-arsi** sich färben. **colorazione** [...'rat'tsi̯o:ne] *f* Färbung *f*.
colore [ko'lo:re] *m* Farbe *f*; *(pol a.)* Couleur *f*; **~ locale** Lokalkolorit *n*; **scatola di -i** Farbkasten *m*; **uomo di ~** Farbige(r) *m*; **-i a olio/tempera** Öl-/Temperafarben *f pl*; **dirne di tutti i -i** kein Blatt vor den Mund nehmen; **farne di tutti i -i** alles mögliche anstellen, es bunt treiben; **diventare di mille** (*o* **di tutti i**) **-i** abwechselnd blaß und rot werden; **dare una mano di ~ a qc** etw. anstreichen; **a -i** farbig, Farb-, bunt, Bunt-; **senza -i** farblos. **colorire** [...'ri:re] ‹colorisco› *tr* **1.** *(colorare)* kolorieren; **2.** *fig (racconto)* ausschmükken. **colorito, -a** [...'ri:to] **I.** *a* **1.** *(viso)* rosig; *(abito, etc.)* farbig; **2.** *fig* lebhaft, farbig; *(linguaggio a.)* ausdrucksvoll; **II.** *m* Farbe *f*, Färbung *f*; *(della pelle)* Gesichtsfarbe *f*, Teint *m*.
coloro [ko'lo:ro] *v.* **colui.**
colossale [kolos'sa:le] *a* **1.** *(impresa, opera)* gewaltig, riesig; **2.** *fig* enorm, großartig, kolossal. **colosso** [ko'lɔsso] *m* **1.** *(statua)* Koloß *m*; **2.** *fig* Größe *f*; **un ~ dello schermo** eine Bildschirmgröße.
colpa ['kolpa] *f* Schuld *f*; **essere/sentirsi in ~** schuldig sein/sich schuldig fühlen; **per ~ di qu/qc** durch jds Schuld/wegen etw.; **non è ~ mia** das ist nicht meine Schuld, ich kann nichts dafür; **la ~ è tua** es ist deine Schuld, du bist schuld. **colpevole** [...'pe:vole] **I.** *a* **1.** *(persona)* schuldig; **2.** *(azione)* schuldhaft; **II.** *mf* Schuldige(r) *mf*.
colpire [kol'pi:re] ‹colpisco› *tr* **1.** *gener.*

treffen; *(ferire a.)* schlagen; **2.** *fig* beeindrucken, treffen; ~ **qu con un pugno** jdm einen Faustschlag versetzen.

colpo ['kolpo] *m* **1.** *gener.* Schlag *m; (urto a.)* Stoß *m;* **2.** *fig pej* Coup *m,* Streich *m;* **3.** *(sparo)* Schuß *m; (detonazione)* Knall *m;* ~ **di vento/d'aria** Windstoß *m*/Luftzug *m;* ~ **di sole** Sonnenstich *m;* ~ **di testa** *fig* Kurzschlußhandlung *f;* ~ **di fortuna** Glücksfall *m;* ~ **di Stato** Staatsstreich *m;* ~ **apoplettico** Schlaganfall *m,* Gehirnschlag *m;* ~ **basso** *(a. fig)* Schlag *m* unter die Gürtellinie; **a** ~ **d'occhio** auf den ersten Blick; **ti do un** ~ **di telefono** *fam* ich rufe dich kurz an; **andare a** ~ **sicuro** sichergehen; **fare** ~ beeindrukken; **fare un** ~ einen Coup landen; **gli è venuto un** ~ ihn hat der Schlag getroffen; **di** ~ plötzlich; **sul** ~ auf der Stelle.

colposo, -a [kol'po:so] *a jur* vorsätzlich.

colsi ['kɔlsi] *p rem di* **cogliere.**

coltellata [koltel'la:ta] *f* Messerstich *m.*

coltello [kol'tɛllo] *m* Messer *n;* **avere il** ~ **dalla parte del manico** *fig* das Heft in der Hand haben.

coltivare [kolti'va:re] *tr* **1.** *(campo, terreno)* bestellen, bebauen; **2.** *(patate, rape, etc.)* anbauen; **3.** *min* abbauen; **4.** *fig (amicizia, etc.)* pflegen; *(mente)* kultivieren, bilden; *(scienze, arti)* pflegen, betreiben. **coltivatore, -trice** [...va'to:re] *m, f* Erzeuger(in) *m(f),* Produzent(in) *m(f);* ~ **diretto** Direkterzeuger *m.* **coltivazione** [...vat'tsi̯o:ne] *f (di un prodotto)* Anbau *m; (di un campo)* Bestellen *n.*

colto ['kɔlto] *pp di* **cogliere.**

colto, -a ['kolto] *a* gebildet.

coltre ['koltre] *f* **1.** *(coperta)* Decke *f;* **2.** *fig (di neve)* Decke *f.*

coltura [kol'tu:ra] *f* **1.** *agr* Anbau *m,* Kultur *f;* **2.** *biol* Kultur *f;* **3.** *zoo* Zucht *f.*

colui, colei [ko'lu:i, ko'lɛ:i] ⟨coloro⟩ *pron* diese(r, s) (dort), jene(r, s); ~ **che ...** der(jenige), der ... *etc.*

coma ['kɔ:ma] ⟨-⟩ *m* Koma *n;* **essere in** ~ im Koma liegen.

comandamento [komanda'mento] *m* Gebot *n.*

comandante [koman'dante] *m* Kommandant *m; naut* Kapitän *m.*

comandare [koman'da:re] **I.** *tr* **1.** *mil (reggimento, nave, etc.)* kommandieren, befehligen, (an)führen; **2.** *tec* bedienen; **3.** *adm* versetzen; **4.** *(ordinare)* befehlen, anordnen; **comandi!** zu Befehl!; **II.** *itr* kommandieren, befehlen (*a qu di fare qc* jdm, etw. zu tun).

comando [ko'mando] *m* **1.** *mil* Kommando *n,* Führung *f; adm, gener.* Leitung *f;* **2.** *(ordine)* Befehl *m;* **3.** *tec* Schaltung *f;* **4.** *sport* Führung *f;* **leva di** ~ Schalthebel *m.*

comare [ko'ma:re] *f* (Tauf)patin *f.*

combaciare [komba'tʃa:re] *itr* **1.** *(aderire)* (zusammen)passen; **2.** *fig* übereinstimmen.

combattente [kombat'tɛnte] **I.** *a* kämpfend, Kampf-; **II.** *mf* Kämpfer(in) *m(f).*

combattere [kom'battere] **I.** *itr* **1.** *mil* kämpfen (*contro* gegen); **2.** *fig* sich einsetzen, kämpfen (*contro* gegen, *per* für); **II.** *tr mil, fig* bekämpfen, kämpfen gegen; **III.** *rfl:* **-ersi** sich bekämpfen, miteinander (*o* gegeneinander) kämpfen.

combattimento [...ti'mento] *m* **1.** *mil* Kampf *m,* Gefecht *n;* **2.** *sport* (Wett-, Ring)kampf *m;* **mettere fuori** ~ *(a. fig)* außer Gefecht setzen. **combattuto, -a** [...'tu:to] *a* unschlüssig; *(da dubbi, etc.)* gequält, geplagt.

combinare [kombi'na:re] **I.** *tr* **1.** *(colori, etc.)* kombinieren, zusammenstellen; *(gita, cena, riunione)* arrangieren, in die Wege leiten; *(affare)* zustande bringen; **2.** *chem, tec* verbinden; **3.** *(unire)* vereinen; ~ **un guaio** etwas anstellen (*o* anrichten); **II.** *itr* (zusammen)passen, passen (*con* zu); **III.** *rfl:* **-arsi 1.** *chem* sich verbinden; **2.** *fam* sich herrichten, sich zurechtmachen; **3.** *(mettersi d'accordo)* sich einigen (*su* über).

combinazione [kombinat'tsi̯o:ne] *f* **1.** *(caso fortuito)* Zufall *m;* **2.** *(di colori, etc.)* Zusammenstellung *f; (di cassaforte)* Kombination *f;* **3.** *chem* Verbindung *f;* **per (pura)** ~ (rein) zufällig.

combustibile [kombus'ti:bile] **I.** *a* brennbar, Brenn-; **II.** *m* Brennstoff *m.*

combustione [kombus'ti̯o:ne] *f* Verbrennung *f.*

combutta [kom'butta] *f* Bande *f;* **essere in** ~ **con qu** mit jdm unter einer Decke stecken.

come ['ko:me] **I.** *adv* **1.** *(interrogativo, esclamativo, nei paragoni)* wie; **2.** *(correlativo)* so wie; **3.** *(in qualità di)* als; ~ **me/te,** *etc.* wie ich/du, *etc.;* **ora** ~ **ora** hier und jetzt; ~ **viene, viene** *fam* wie es kommt, so kommt es; ~ **dire** will sagen; **ma** ~! wie bitte?; ~ **stai?** wie geht's (dir)?; ~ **mai?** wieso?; **II.** *con* **1.** *(dichiarativo)* wie; **2.** *(condizionale) conj* als *conj;* **3.** *(temporale)* als; **4.** *(comparativo)* wie; ~ **se** *conj* als ob *conj;* **III.** ⟨-⟩ *m* Wie *n.*

comedone [kome'do:ne] *m* Mitesser *m.*

cometa [ko'me:ta] *f* Komet *m.*

comfort ['kʌmfət] ⟨-⟩ *m* Komfort *m.*

comica ['kɔ:mika] ⟨-che⟩ *f film* Stummfilmsketch *m.*

comicità [komitʃi'ta] ⟨-⟩ *f* Komik *f.*

comico, -a ['kɔ:miko] ⟨-ci, -che⟩ **I.** *a* **1.** *(della commedia)* Lustspiel-; **2.** *(buffo)* komisch; **II.** *m, f (attore, a. fig)* Komiker(in) *m(f); (scrittore)* Komödienautor(in) *m(f);* **III.** *m* Komik *f,* Komische(s) *n.*

comignolo [ko'miɲɲolo] *m* Schornstein *m.*

cominciare [komin'tʃa:re] ‹comincio, cominci› *tr* ‹*avere*›, *itr* ‹*essere o avere*› anfangen (mit), beginnen (mit); **comincia a piovere** es beginnt (*o* fängt an) zu regnen; ~ **col dire ...** damit anfangen, daß man sagt ...; **a ~ da oggi** ab heute; **si comincia bene!** *iron* das fängt ja gut an!; **chi ben comincia è a metà dell'opera** *prov* guter Anfang ist halbe Arbeit.

comitato [komi'ta:to] *m* Komitee *n.*

comitiva [komi'ti:va] *f* (Reise)gruppe *f,* -gesellschaft *f.*

comizio [ko'mittsi̯o] ‹-i› *m* Kundgebung *f.*

comma ['komma] ‹-i› *m* **1.** *jur* Absatz *m,* Paragraph *m;* **2.** *mus* Komma *n.*

commedia [kom'mɛ:di̯a] ‹-ie› *f* Komödie *f;* ~ **musicale** Musical *n;* ~ **a soggetto** Stegreifkomödie *f;* ~ **d'intreccio/di carattere** Verwicklungs-/Charakterkomödie *f;* **personaggio da ~** Hanswurst *m;* **fare la ~** *fig* Komödie spielen. **commediante** [...me'di̯ante] *mf* (*a. fig pej*) Komödiant(in) *m(f).* **commediografo, -a** [...me'diɔ:grafo] *m, f* Lustspiel-, Komödienautor(in) *m(f).*

commemorare [kommemo'ra:re] *tr* gedenken (*qu* jds); *(celebrare)* feiern. **commemorazione** [...rat'tsi̯o:ne] *f* Gedenken *n* (*di* an); *(cerimonia)* Gedächtnisfeier *f.*

commendatore [kommenda'to:re] *m* (*ab* **Comm.**) Komtur *m.*

commensale [kommen'sa:le] *mf* Tischgenosse *m,* -genossin *f.*

commentare [kommen'ta:re] *tr* **1.** *(passo, poesia)* interpretieren, erläutern; **2.** *(spiegare con commento)* kommentieren; **3.** *(esprimere giudizi)* seine Meinung äußern über.

commento [kom'mento] *m* **1.** *(nota illustrativa)* Kommentar *m,* Erläuterung *f; lit, radio, TV* Besprechung *f;* **2.** *(giudizio)* Kommentar *m,* Beurteilung *f; (opinione)* Meinung *f; (osservazione)* Bemerkung *f;* ~ **musicale** *film* (Film)musik *f.*

commerciale [kommer'tʃa:le] *a* **1.** *(lettera, valore, scuola)* Handels-; **2.** *(prodotto, film, etc.)* kommerziell. **commercialista** [...tʃa'lista] ‹-i *m,* -e *f*› *mf* Handelsrechtsexperte *m,* -expertin *f.*

commerciante [kommer'tʃante] *mf* Händler(in) *m(f);* ~ **in pellami** Lederwarenhändler(in) *m(f).*

commerciare [kommer'tʃa:re] ‹commercio, commerci› *itr* handeln (*in* in, mit).

commercio [kom'mɛrtʃo] ‹-ci› *m* Handel *m;* ~ **all'ingrosso/al minuto** Groß-/Einzelhandel *m;* **essere in ~** im Handel sein; **essere nel ~** im Handel tätig sein.

commessa[1] [kom'messa] *f (in un negozio)* Verkäuferin *f.*

commessa[2] [kom'messa] *f (ordinazione)* Auftrag *m,* Bestellung *f.*

commesso [kom'messo] *m* **1.** *(in un negozio)* Verkäufer *m;* **2.** *(impiegato subalterno)* Bote *m;* ~ **viaggiatore** Handlungsreisende(r) *m,* Handelsvertreter *m.*

commestibile [kommes'ti:bile] *a* eßbar, genießbar.

commettere [kom'mettere] ‹*irr*› *tr* begehen; *(errore a.)* machen.

commiato [kom'mi̯a:to] *m* Abschied *m.*

commilitone [kommili'to:ne] *m* Kamerad *m.*

commiserare [kommize'ra:re] *tr* bemitleiden, bedauern. **commiserazione** [...rat'tsi̯o:ne] *f* Mitleid *n,* Bemitleidung *f.*

commissariato [kommissa'ri̯a:to] *m* Kommissariat *n.*

commissario, -a [kommis'sa:ri̯o] ‹-i, -ie› *m, f* **1.** *adm* Kommissar(in) *m(f),* Beauftragte(r) *mf;* **2.** *(membro di commissione)* Mitglied *n* einer Kommission; **3.** *sport* Funktionär(in) *m(f);* ~ **di pubblica sicurezza** Polizeikommissar *m;* ~ **d'esame** Mitglied *n* einer Prüfungskommission; ~ **tecnico** (*ab* **C.T.**) (Fußball)nationaltrainer *m.*

commissionare [kommissi̯o'na:re] *tr* bestellen, ordern.

commissione [kommis'si̯o:ne] *f* **1.** *(incarico)* Auftrag *m;* **2.** *com (ordinazione)* Bestellung *f,* Auftrag *m; (somma)* Kommission *f;* **3.** *(comitato)* Kommission *f,* Ausschuß *m;* ~ **esaminatrice** Prüfungskommission *f;* ~ **d'esami/inchiesta** Prüfungs-/Untersuchungsausschuß *m;* ~ **interna** Betriebsrat *m;* **mandare qu a fare una ~** jdn (weg)schicken, um eine Besorgung zu machen; **su ~** auf Bestellung.

committente [kommit'tɛnte] *mf* Auftraggeber(in) *m(f).*

commovente [kommo'vɛnte] *a* rührend, ergreifend. **commozione** [...mot'tsi̯o:ne] *f* Rührung *f,* Bewegung *f;* ~ **cerebrale** Gehirnerschütterung *f.*

commuovere [kom'mu̯ɔ:vere] ‹*irr*› **I.** *tr* rühren, ergreifen, bewegen; **II.** *rfl:* **-ersi** gerührt sein.

commutare [kommu'ta:re] *tr* **1.** *(scambiare)* austauschen; *(pena)* umwandeln; **2.** *el* umschalten. **commutatore** [...ta'to:re] *m* **1.** *el* Kollektor *m,* Stromwender *m;* **2.** *tel* (Um)schaltung *f.* **commutazione** [...tat'tsi̯o:ne] *f el, tel* Schaltung *f.*

Como ['kɔ:mo] *f* Como *n;* **Lago di ~** Comer See *m.*

comò [ko'mɔ] ‹-› *m* Kommode *f.* **comodino** [komo'di:no] *m* Nachttisch *m,* -schränkchen *n.*

comodità [komodi'ta] ⟨-⟩ *f* Bequemlichkeit *f.* **comodo** ['kɔ:modo] *m* Bequemlichkeit *f;* **con ~** in Ruhe, ohne Eile (*o* Hast); **fare** (*o* **tornare**) **~ a qu** jdm gelegen kommen; **fare il proprio ~** nur das tun, wozu man Lust hat. **comodo, -a** ['kɔ:modo] *a* bequem; **state -i!** bleibt sitzen!

compaesano, -a [kompae'za:no] *m, f* Landsmann *m,* -männin *f.*

compagine [kom'pa:dʒine] *f* **1.** *gener.* Gefüge *n;* **2.** *sport* Mannschaft *f.*

compagnia [kompaɲ'ɲi:a] ⟨-ie⟩ *f* **1.** *(lo stare insieme)* Gesellschaft *f;* **2.** *(gruppo)* Gesellschaft *f,* Gruppe *f;* **3.** *theat* (Schauspiel)truppe *f;* **4.** *rel* Orden *m;* **5.** *mil* Kompanie *f;* **6.** *com* (*ab* **C.ia**) Gesellschaft *f;* **~ di assicurazione** Versicherungsgesellschaft *f;* **essere di buona ~** gesellig sein; **fare** (*o* **tenere**) **~ a qu** jdm Gesellschaft leisten; **e ~ bella** *fam* et cetera pp. *fam;* **in ~ di** in Begleitung *gen.*

compagno, -a [kom'paɲɲo] *m, f* Gefährte *m,* Gefährtin *f; (di classe, gioco, sport)* Kamerad(in) *m(f); pol* Genosse *m,* Genossin *f; com* Teilhaber(in) *m(f),* Partner(in) *m(f); (persona con cui si vive)* Lebensgefährte *m,* -gefährtin *f,* Partner(in) *m(f);* **~ di banco/di scuola** Banknachbar *m*/Klassenkamerad *m.*

compaio [kom'pa:i̯o] *pr di* **comparire.**

companatico [kompa'na:tiko] ⟨-ci⟩ *m* Beilage *f* zum Brot, Brotbelag *m.*

comparare [kompa'ra:re] *tr* vergleichen. **comparativo** [...ra'ti:vo] *m* Komparativ *m.* **comparazione** [...rat'tsi̯o:ne] *f* **1.** *(paragone)* Vergleich *m;* **2.** *gram* Steigerung *f,* Komparation *f.*

compare [kom'pa:re] *m* **1.** *(di battesimo)* (Tauf)pate *m;* **2.** *(amico)* Genosse *m;* **3.** *pej* Kumpan *m,* Helfershelfer *m.*

comparire [kompa'ri:re] ⟨comparisco *o* compaio, comparvi *o* comparii, comparso⟩ *itr* ⟨*essere*⟩ **1.** *(presentarsi)* erscheinen; **2.** *(risultare)* auftreten, in Erscheinung treten; **3.** *(far mostra)* sich in Szene setzen.

comparsa [kom'parsa] *f* **1.** *theat, film* Statist(in) *m(f),* Komparse *m,* Komparsin *f;* **2.** *(il comparire)* Erscheinen *n,* Auftreten *n; theat* Auftritt *m;* **fare la ~** als Komparse auftreten.

comparso [kom'parso] *pp di* **comparire.**

compartecipare [kompartetʃi'pa:re] *itr* sich beteiligen (*a* an), teilhaben (*a* an).

compartimento [komparti'mento] *m* **1.** *(suddivisione)* Abteilung *f; (di scaffale)* Fach *n;* **2.** *ferr* Abteil *n;* **3.** *adm* Bezirk *m.*

comparvi [kom'parvi] *p rem di* **comparire.**

compassione [kompas'si̯o:ne] *f* Mitleid *n* (*di, per, verso* mit); *(pietà)* Erbarmen *n;* **far ~ a qu** jdm leid tun; **muovere a ~ qu** bei jdm Mitleid erwecken.

compasso [kom'passo] *m* Zirkel *m; naut (bussola)* Kompaß *m.*

compatibile [kompa'ti:bile] *a* **1.** *(conciliabile)* vereinbar (*con* mit); *inform* kompatibel; **2.** *(scusabile)* verzeihlich. **compatibilmente** [...tibil'mente] *adv:* **~ con ...** soweit es mit ... vereinbar ist.

compatimento [kompati'mento] *m* Mitleid *n,* Mitgefühl *n.* **compatire** [...'ti:re] ⟨compatisco⟩ *tr* **1.** *(avere compassione di)* Mitleid haben mit; **2.** *(commiserare)* bedauern, bemitleiden; **3.** *(scusare)* verzeihen.

compatriota [kompatri'ɔ:ta] ⟨-i *m,* -e *f*⟩ *mf* Landsmann *m,* -männin *f.*

compattezza [kompat'tettsa] *f* **1.** *(solidità)* Kompaktheit *f,* Dichte *f;* **2.** *fig* Geschlossenheit *f.* **compatto, -a** [...'patto] *a* **1.** *(solido, denso)* kompakt, dicht; **2.** *fig* geschlossen; *(idee, etc.)* übereinstimmend.

compendiare [kompen'di̯a:re] ⟨compendio, compendi⟩ *tr* zusammenfassen. **compendio** [...'pɛndi̯o] ⟨-i⟩ *m* Kompendium *n,* Abriß *m;* **in ~** zusammengefaßt.

compenetrarsi [kompene'trarsi] *rfl* sich (gegenseitig) durchdringen.

compensare [kompen'sa:re] *tr* **1.** *(somma)* begleichen, bezahlen; *(persona)* bezahlen (*in* mit); *(risarcire)* entschädigen (*di* für); **2.** *(differenza)* ausgleichen, wettmachen, kompensieren.

compensato [kompen'sa:to] *m* Sperrholz *n.*

compensazione [kompensat'tsi̯o:ne] *f* Ausgleich *m.*

compenso [kom'pɛnso] *m* **1.** *com (retribuzione)* Vergütung *f; (risarcimento)* Entschädigung *f;* **2.** *fig* Ausgleich *m;* **in ~** als (*o* zum) Ausgleich, dafür.

compera ['kompera] *etc. v.* **compra** *etc.*

competente [kompe'tɛnte] **I.** *a* **1.** *(esperto)* kompetent, sachkundig; **2.** *adm* zuständig; **II.** *mf* Sachverständige(r) *mf,* Fachmann *m.* **competenza** [...'tɛntsa] *f* **1.** *(perizia)* Kompetenz *f,* Sachverstand *m;* **2.** *adm* Zuständigkeit *f;* **3.** ⟨*pl*⟩ *com* Honorar *n;* **ciò non è di sua ~** das liegt nicht in seiner (*o* ihrer) Kompetenz.

competere [kom'pɛ:tere] ⟨*manca il pp*⟩ *itr* **1.** *(gareggiare)* konkurrieren (*con* mit, *per* um), wetteifern (*con* mit, *per* um); **2.** *adm* zustehen, zukommen; **3.** *(riguardare)* betreffen (*a qu* jdn).

competitività [kompetitivi'ta] ⟨-⟩ *f* Konkurrenz-, Wettbewerbsfähigkeit *f.* **competitivo, -a** [...'ti:vo] *a* konkurrenzfähig, wettbewerbsfähig. **competizione** [...tit'tsi̯o:ne] *f* Wettkampf *m.*

compiacente [kompi̯a'tʃɛnte] *a* gefällig; *(cortese)* entgegenkommend. **compiacenza** [...ˈtʃɛntsa] *f* **1.** *(cortesia)* Gefälligkeit *f,* Entgegenkommen *n;* **2.** *(soddisfazione)* Befriedigung *f,* Zufriedenheit *f;* **avere la ~ di fare qc** so liebenswürdig sein, etw. zu tun.

compiacere [kompi̯aˈtʃe:re] ‹*irr*› **I.** *itr* gefällig sein, entgegenkommen; *(assecondare)* zufriedenstellen (*a qu* jdn); **II.** *rfl:* **-ersi** sich freuen (*di, per* über). **compiacimento** [...tʃiˈmento] *m* Befriedigung *f,* Genugtuung *f.*

compiangere [komˈpi̯andʒere] ‹*irr*› *tr* bedauern. **compianto, -a** [...ˈpi̯anto] **I.** *a fig* verstorben; **II.** *m* Trauer *f.*

compiere [ˈkompi̯ere] **I.** *tr* **1.** *(concludere)* beenden; *(età)* vollenden; **2.** *(adempiere)* ausführen, tun; *(dovere)* erfüllen; **~ gli anni** Geburtstag haben; **ha compiuto 10 anni** er (*o* sie) ist zehn Jahre (alt) geworden; **II.** *rfl:* **-ersi 1.** *(concludere)* zu Ende gehen, zum Abschluß kommen; **2.** *(avverarsi)* eintreffen, sich erfüllen.

compilare [kompiˈla:re] *tr* verfassen, zusammenstellen; *(modulo)* ausfüllen. **compilazione** [...latˈtsi̯o:ne] *f* Zusammenstellung *f,* Verfassung *f;* *(di modulo)* Ausfüllen *n.*

compimento [kompiˈmento] *m* Abschluß *m;* **portare a ~ qc** etw. zum Abschluß bringen.

compitare [kompiˈta:re] *tr* buchstabieren.

compito [ˈkompito] *m* **1.** *(scolastico fatto a casa)* (Haus)aufgabe *f;* *(a scuola)* Klassenarbeit *f;* **2.** *(incarico)* Aufgabe *f,* Pflicht *f;* **~ in classe** Klassenarbeit *f.*

compito, -a [komˈpi:to] *a* korrekt, höflich.

compiutamente [kompi̯utaˈmente] *adv* vollständig.

compleanno [kompleˈanno] *m* Geburtstag *m;* **auguri di buon ~** Glückwünsche *m pl* zum Geburtstag.

complementare [komplemenˈta:re] **I.** *a* komplementär, (sich) ergänzend; *(accessorio)* zusätzlich, Zusatz-; *(secondario)* Neben-; **II.** *f* Ergänzungsabgabe *f.* **complemento** [...ˈmento] *m* **1.** *gram* Ergänzung *f,* Angabe *f;* **2.** *mil* Reserve *f;* **~ di causa/tempo** (adverbiale) Bestimmung des Grundes/der Zeit; **~ di specificazione/termine** Genitiv-/Dativobjekt *n.*

complessato, -a [komplesˈsa:to] **I.** *a* komplexbeladen, voller Komplexe; **II.** *m, f* Mensch, der Komplexe hat.

complessità [komplessiˈta] ‹-› *f* Komplexität *f;* *(fig a.)* Vielschichtigkeit *f;* *(difficoltà)* Schwierigkeit *f.*

complessivo, -a [komplesˈsi:vo] *a* umfassend, gesamt, Gesamt-.

complesso [komˈplɛsso] *m* **1.** *psych* Komplex *m;* **2.** *(industriale)* (Gebäude)komplex *m;* **3.** *mus* Gruppe *f,* Band *f;* **4.** *(insieme)* Komplex *m,* Gesamtheit *f;* **~ d'inferiorità** Minderwertigkeitskomplex *m;* **in (*o* nel) ~** insgesamt, im großen und ganzen.

complesso, -a [komˈplɛsso] *a* komplex; *(fig a.)* vielschichtig; *(difficile)* kompliziert, schwierig.

completamente [kompletaˈmente] *adv* völlig.

completare [kompleˈta:re] *tr* vervollständigen, ergänzen. **completezza** [...ˈtettsa] *f* Vollständigkeit *f.*

completo, -a [komˈplɛ:to] **I.** *a* **1.** *(assortimento, elenco)* vollständig; **2.** *(autobus, albergo, etc.)* besetzt, voll(besetzt); *(teatro)* ausverkauft; **3.** *fig (fiducia, etc.)* völlig, voll; **II.** *m* **1.** *(da uomo)* Anzug *m;* *(da donna)* Komplet *n;* **2.** *(accessori)* Satz *m,* Set *n;* **al ~** *(riunione)* vollzählig.

complicare [kompliˈka:re] ‹complico, complichi› **I.** *tr* komplizieren, schwierig(er) machen; **II.** *rfl:* **-arsi 1.** *(situazione, trama)* sich komplizieren, sich verwickeln; **2.** *med* Komplikationen ergeben. **complicato, -a** [...ˈka:to] *a* kompliziert. **complicazione** [...katˈtsi̯o:ne] *f* **1.** *med* Komplikation *f;* **2.** *(difficoltà)* Schwierigkeit *f.*

complice [ˈkɔmplitʃe *o* ˈkom...] *mf* Komplize *m,* Komplizin *f;* *jur* Mittäter(in) *m(f).* **complicità** [komplitʃiˈta] ‹-› *f* Mittäterschaft *f.*

complimentarsi [komplimenˈtarsi] *rfl* beglückwünschen (*con qu* jdn), gratulieren (*con qu* jdm).

complimento [kompliˈmento] *m* Kompliment *n;* **-i** Empfehlungen *f pl;* **-i!** (mein) Kompliment!; *(per la laurea, etc.)* (ich) gratuliere!; **senza -i** ohne Umstände. **complimentoso, -a** [...ˈto:so] *a* umständlich.

complottare [komplotˈta:re] *itr* ein Komplott schmieden, sich verschwören. **complotto** [...ˈplɔtto] *m* Komplott *n;* **fare un ~ contro qu** ein Komplott gegen jdn anzetteln.

componente [kompoˈnɛnte] **I.** *a* formend, bildend; **II.** *mf* Mitglied *n;* **III.** *m* Bestandteil *m,* Komponente *f.*

componibile [kompoˈni:bile] *a* Anbau-; *(cucina a.)* Einbau-.

componimento [komponiˈmento] *m* **1.** *(scolastico)* Aufsatz *m;* **2.** *lit* Werk *n;* **3.** *mus* Komposition *f;* **4.** *jur (di una lite)* Schlichtung *f,* Beilegung *f;* *(accordo)* Einigung *f.*

comporre [komˈporre] ‹*irr*› *tr* **1.** *(formare)* bilden; *tel (numero)* wählen; **2.** *lit* verfassen, schreiben; *(a scuola)* schreiben; **3.** *mus* komponieren; **4.** *typ* setzen; **5.** *jur (lite)* beilegen, schlichten.

comportamento [komportaˈmento] *m*

Verhalten *n; (di persona a.)* Benehmen *n.*

comportare [kompor'tare] **I.** *tr* bedingen, voraussetzen; *(implicare)* mit sich *(dat)* bringen; **II.** *rfl:* **-arsi** sich verhalten; *(persone a.)* sich benehmen.

compositore, -trice [kompozi'to:re] *m, f* Komponist(in) *m(f).*

composizione [kompozit'tsjo:ne] *f* **1.** *(il comporre)* Zusammensetzung *f,* Zusammenstellung *f; (formazione)* Bildung *f;* **2.** *(mus, testo)* Komposition *f;* **3.** *(a scuola)* Aufsatz *m;* **4.** *typ* Satz *m;* **5.** *jur (di una lite)* Schlichtung *f,* Beilegung *f; (di persone)* Einigung *f.*

compostezza [kompos'tettsa] *f* Anstand *m.* **composto, -a** [...'posto] **I.** *a* **1.** *(formato da più elementi)* zusammengesetzt; **2.** *(posizione)* gesittet; **II.** *m* **1.** *gener.* Zusammensetzung *f;* **2.** *chem* Verbindung *f;* **3.** *(misto)* Mischung *f.*

compra ['kompra] *f* Kauf *m.* **comprare** [...'pra:re] *tr* kaufen. **compratore, -trice** [...pra'to:re] *m, f* Käufer(in) *m(f).* **compravendita** [-'vendita] *f* Kaufvertrag *m.*

comprendere [kom'prɛndere] ‹*irr*› **I.** *tr* **1.** *(capire)* verstehen, begreifen; **2.** *(contenere)* umfassen, enthalten; **II.** *rfl:* **-ersi** sich verstehen. **comprendonio** [...ren'dɔ:njo] ‹-i› *m fam scherz* Grips *m fam;* **essere duro di** ~ schwer von Begriff (*o* Kapee *fam*) sein. **comprensibile** [kompren'si:bile] *a* verständlich. **comprensione** [...'sjo:ne] *f* Verständnis *n.* **comprensivo, -a** [...'si:vo] *a* **1.** *(indulgente)* verständnisvoll; **2.** *com* einschließlich (*di gen*), inbegriffen (*di qc* etw.); **prezzo** ~ **di I.V.A.** Preis einschließlich Mehrwertsteuer. **compreso, -a** [...'pre:so] *a* **1.** *(persona)* aufgenommen, eingeschlossen; **2.** *(incluso)* einschließlich, inbegriffen; **tutto** ~ alles in allem; *com* alles inklusive; **I.V.A. -a** einschließlich Mehrwertsteuer.

compressa [kom'prɛssa] *f* **1.** *(pastiglia)* Tablette *f;* **2.** *(garza)* Kompresse *f.*

compressi [kom'prɛssi] *p rem di* **comprimere.**

compressione [kompres'sjo:ne] *f* **1.** *(il comprimere)* Zusammendrücken *n,* -pressen *n;* **2.** *mot* Verdichtung *f,* Kompression *f.* **compresso, -a** [...'prɛsso] **I.** *pp di* **comprimere; II.** *a* **1.** *gener.* zusammengedrückt, -gepreßt; **2.** *mot* verdichtet, komprimiert; **3.** *fig (ira, etc.)* unterdrückt. **compressore** [...pres'so:re] **I.** *a* komprimierend, Druck-; **II.** *m* Kompressor *m;* ~ **stradale** *(rullo)* Straßenwalze *f.*

comprimere [kom'pri:mere] ‹comprimo, compressi, compresso› *tr* zusammendrücken; *phys* komprimieren, verdichten.

compromesso, -a [kompro'messo] **I.** *a pej (persona)* kompromittiert; *(reputazione)* geschädigt; **II.** *m* **1.** *fig* Kompromiß *m;* **2.** *jur (di contratto)* Vorvertrag *m; (accordo)* Vergleich *m.* **compromettente** [...met'tɛnte] *a* kompromittierend. **compromettere** [...'mettere] ‹*irr*› **I.** *tr* **1.** *(impresa, reputazione)* gefährden; *(persona)* kompromittieren; **2.** *jur* einem Schiedsgericht übergeben; **II.** *rfl:* **-ersi 1.** *(mettersi in cattiva luce)* sich kompromittieren; **2.** *(impegnarsi)* sich einlassen (*con* mit).

comprovare [kompro'va:re] *tr* nachweisen, beweisen.

compunto, -a [kom'punto] *a* reumütig, reuig, zerknirscht.

computare [kompu'ta:re] *tr* berechnen; *(calcolare)* ausrechnen.

computer [kəm'pju:tə] ‹-› *m* Computer *m.* **computerizzare** [komputerid'dza:re] *tr* computerisieren.

computisteria [komputiste'ri:a] ‹-ie› *f* Buchhaltung *f,* Buchführung *f.* **computo** ['kɔmputo] *m* (Be)rechnung *f.*

comunale [komu'na:le] *a* kommunal, Gemeinde-; **palazzo** ~ *hist* Rathaus *n.*

comunanza [komu'nantsa] *f* Gemeinschaft *f,* Gemeinsamkeit *f.*

comune[1] [ko'mu:ne] **I.** *a* **1.** *(di tutti)* gemeinsam, Gemeinschafts-; **2.** *(opinione, uso)* allgemein, üblich; **3.** *(medio, normale)* durchschnittlich, mittelmäßig; *(ordinario)* gewöhnlich; **4.** *pej* gewöhnlich; **bene** ~ Gemeinwohl *n;* **luogo** ~ Gemeinplatz *m;* **II.** *m* Übliche(s) *n,* Gewohnte(s) *n,* Gewöhnliche(s) *n;* **essere fuori del** ~ ungewöhnlich sein; **in** ~ zusammen, gemeinsam; **mettere qc in** ~ etw. gemeinsam benutzen; **avere qc in** ~ etw. gemeinsam haben.

comune[2] [ko'mu:ne] *m* **1.** *adm* Gemeinde *f; (sede)* Gemeindeverwaltung *f;* **2.** *hist* Stadtstaat *m;* **Camera dei -i** Unterhaus *n;* **sposarsi in** ~ standesamtlich heiraten.

comunemente [komune'mente] *adv* allgemein, gewöhnlich.

comunicare [komuni'ka:re] ‹comunico, comunichi› **I.** *tr* **1.** *(notizia)* mitteilen; *(pubblicamente)* bekanntgeben; **2.** *med, phys* übertragen; **3.** *rel* die Kommunion spenden (*qu* jdm), das Abendmahl erteilen (*qu* jdm); **II.** *itr* **1.** *(luoghi)* verbunden sein (*con* mit); **2.** *(persone)* sich verständigen; *fig* sich verstehen; **III.** *rfl:* **-arsi 1.** *rel* kommunizieren; **2.** *(diffondersi)* sich verbreiten, bekanntwerden; **3.** *med, phys* übertragen werden. **comunicativa** [...ka'ti:va] *f* Mitteilsamkeit *f,* Extrovertiertheit *f.* **comunicativo, -a** [...ka'ti:vo] *a* **1.** *(persona)* mitteilsam, extrovertiert; **2.** *(sentimento, allegria, risata)* ansteckend. **comunicato, -a** [...'ka:to] **I.** *a*

bekanntgegeben, mitgeteilt; **II.** *m* Meldung *f,* Bericht *m;* ~ **stampa** Pressemeldung *f;* ~ **di guerra** Kriegsbericht *m.*
comunicazione [komunikat'tsi̯o:ne] *f* Kommunikation *f; (collegamento)* Verbindung *f; (notizia)* Mitteilung *f;* **-i ferroviarie/marittime/stradali** Eisenbahn-/Schiffs-/Straßenverbindungen *f pl;* ~ **telefonica/interurbana** Telefon-/ Fernverbindung *f;* **essere in** ~ verbunden sein.
comunione [komu'ni̯o:ne] *f* **1.** *rel* Kommunion *f,* Abendmahl *n;* **2.** *jur* Gemeinschaft *f;* **3.** *fig* Gemeinsamkeit *f;* **prima** ~ Erstkommunion *f.*
comunismo [komu'nizmo] *m* Kommunismus *m.* **comunista** [...'nista] ‹-i *m,* -e *f*› **I.** *mf* Kommunist(in) *m(f);* **II.** *a* kommunistisch.
comunità [komuni'ta] ‹-› *f* Gemeinschaft *f;* **la C~ Economica Europea** (*ab* **C.E.E.**) die Europäische Wirtschaftsgemeinschaft. **comunitario, -a** [...'ta:ri̯o] ‹-i, -ie› *a* gemeinschaftlich, Gemeinschafts-.
comunque [ko'muŋku̯e] **I.** *adv (in ogni modo)* jedenfalls; *(tuttavia)* immerhin; **II.** *con conj* wie auch immer.
con [kon] ‹col, collo, colla, coi, cogli, colle› *prp* **1.** *(compagnia, unione)* mit *dat;* **2.** *(mezzo, strumento, modo, maniera)* mit *dat;* **3.** *(tempo, causa)* mit *dat,* bei *dat;* **4.** *(verso)* zu *dat;* **5.** *(avversativo)* trotz *dat o gen;* **caffè col latte** Kaffee mit Milch; **un uomo coi capelli bianchi** ein Mann mit weißen Haaren; **viaggiare col treno/colla macchina** mit dem Zug/Auto reisen; **essere gentile** ~ **qu** nett zu jdm sein; ~ **tutto il cuore** mit (*o* von) ganzem Herzen; ~ **la tua venuta** bei deiner Ankunft; ~ **mio sommo stupore** zu meinem größten Erstaunen; ~ **questo** damit; ~ **questo caldo non si può uscire** bei dieser Hitze kann man nicht aus dem Haus gehen; ~ **tutto che ...** obwohl ...
conato [ko'na:to] *m:* **-i di vomito** Brechreiz *m.*
conca ['koŋka] ‹-che› *f* **1.** *(recipiente)* (Wasch)schüssel *f;* **2.** *geog* Becken *n,* Mulde *f.*
concavo, -a ['kɔŋkavo] *a* konkav.
concedere [kon'tʃɛ:dere] ‹concedo, concessi *o* concedei *o* concedetti, concesso› **I.** *tr* gewähren, zugestehen; *(a. prestito)* einräumen; **II.** *rfl:* **-ersi 1.** *(donna)* sich hingeben; **2.** *(permettersi)* sich *(dat)* gönnen, sich *(dat)* erlauben.
concentramento [kontʃentra'mento] *m* Konzentration *f.* **concentrare** [...'tra:re] **I.** *tr* **1.** *mil* konzentrieren, zusammenziehen; **2.** *fig* konzentrieren (*su* auf), richten (*su* auf); **3.** *chem* konzentrieren; **II.** *rfl:* **-arsi** sich konzentrieren (*su* auf), sich vertiefen (*in* in).
concentrato [...'tra:to] *m* Konzentrat *n,* Extrakt *m;* ~ **di pomodoro** Tomatenmark *n.* **concentrazione** [...trat'tsi̯o:ne] *f* Konzentration *f.*
concepimento [kontʃepi'mento] *m* **1.** *biol* Empfängnis *f;* **2.** *fig* Erfassen *n.*
concepire [...'pi:re] ‹concepisco› *tr* **1.** *biol* empfangen; **2.** *fig (comprendere)* begreifen; **3.** *(ideare)* ausdenken, ersinnen.
concernere [kon'tʃɛrnere] ‹*mancano il p rem ed il pp*› *tr* betreffen, angehen.
concertare [kontʃer'ta:re] *tr* **1.** *pej (truffa, rapina, etc.)* planen, aushecken; **2.** *mus* (ein)stimmen.
concertista [kontʃer'tista] ‹-i *m,* -e *f*› *mf* Solist(in) *m(f).*
concerto [kon'tʃɛrto] *m* **1.** *mus* Konzert *n;* **2.** *fig* Einvernehmen *n.*
concessi [kon'tʃɛssi] *p rem di* **concedere.**
concessionaria [kontʃessi̯o'na:ri̯a] ‹-ie› *f* Vertretung *f.* **concessionario** [...i̯o] ‹-i› *m* Konzessionär *m; (ditta)* Vertretung *f.*
concessione [kontʃes'si̯o:ne] *f* Zugeständnis *n; com* Konzession *f; fin* Bewilligung *f; (permesso)* Genehmigung *f.* **concessivo, -a** [...'si:vo] *a* konzessiv. **concesso** [...'tʃɛsso] *pp di* **concedere.**
concetto [kon'tʃɛtto] *m* Vorstellung *f,* Begriff *m;* **impiegato di** ~ Beamte(r) *m* (*o* Angestellte(r) *m*) des gehobenen Dienstes; **lavoro di** ~ Schreibtischarbeit *f,* -tätigkeit *f;* **avere un alto** ~ **di sé** eine hohe Meinung von sich (*dat*) haben.
concezione [kontʃet'tsi̯o:ne] *f* Konzeption *f,* Auffassung *f; (di piano)* Entwurf *m;* **l'Immacolata C~** die Unbefleckte Empfängnis.
conchiglia [koŋ'kiʎʎa] ‹-glie› *f* Muschel *f.*
concia ['kontʃa] ‹-ce› *f* **1.** *(delle pelli)* Gerbung *f;* **2.** *(sostanza)* Gerbmittel *n.*
conciare [kon'tʃa:re] ‹concio, conci› **I.** *tr* **1.** *(pelli)* gerben; **2.** *(tabacco, olive)* fermentieren; **3.** *fig fam* (übel) zurichten; *(cose a.)* versauen *sl;* ~ **qu per le feste** *fam* jdn übel zurichten; **II.** *rfl:* **-arsi** *pej* **1.** *(vestirsi male)* sich geschmacklos anziehen; **2.** *(sporcarsi, etc.)* sich zurichten; **guarda come ti sei conciato!** wie siehst du denn aus! **conciatore, -trice** [...tʃa'to:re] *m, f* Gerber(in) *m(f).* **conciatura** [...tʃa'tu:ra] *f* Gerbung *f.*
conciliante [kontʃi'li̯ante] *a* versöhnlich, konziliant *geh.*
conciliare [kontʃi'li̯a:re] ‹concilio, concili› **I.** *tr* **1.** *adm (multa)* sofort (*o* freiwillig) bezahlen; **2.** *(sonno)* fördern, herbeiführen; **3.** *(litiganti, avversari)* versöhnen; **4.** *fig (tesi, etc.)* vereinbaren; **questo film concilia il sonno** dieser

Film ist zum Einschlafen; **II.** *rfl:* **-arsi** **1.** *(mettersi d'accordo)* sich einigen (*con* mit); **2.** *(trovarsi d'accordo)* übereinstimmen; **3.** *(conquistarsi)* gewinnen, sich *(dat)* verschaffen.

conciliazione [kontʃiliat'tsi̯o:ne] *f* **1.** *(di due avversari)* Versöhnung *f;* **2.** *jur* Vergleich *m;* **la C~** die Lateranverträge *m pl.*

concilio [kon'tʃi:li̯o] ‹-i› *m* Konzil *n.*

concimare [kontʃi'ma:re] *tr* düngen.

concime [kon'tʃi:me] *m* Dünger *m,* Düngemittel *n;* **~ chimico** Kunstdünger *m.*

conciso, -a [kon'tʃi:zo] *a* bündig, kurz.

concitato, -a [kontʃi'ta:to] *a* erregt, aufgeregt.

concittadino, -a [kontʃitta'di:no] *m, f* Mitbürger(in) *m(f).*

conclave [koŋ'kla:ve] *m* Konklave *n.*

concludere [koŋ'klu:dere] ‹concludo, conclusi, concluso› **I.** *tr* **1.** *(condurre a termine)* beenden, abschließen; **2.** *(trattato, vertenza)* (ab)schließen; *(patto, pace)* schließen; *(affare)* abschließen; **3.** *(di conseguenza)* schließen, folgern; **4.** *(fare)* zustande bringen; **da ciò si conclude che ...** daraus ist zu schließen, daß ...; **II.** *rfl:* **-ersi** ausgehen, enden, schließen.

conclusione [koŋklu'zi̯o:ne] *f* **1.** *(fine)* (Ab)schluß *m,* Ende *n; (di partita)* Ausgang *m;* **2.** *(deduzione)* Folgerung *f,* Schluß *m; (di accordo)* Ergebnis *n;* **giungere alla ~ che ...** zu dem Ergebnis kommen, daß ...; **in ~** abschließend. **conclusivo, -a** [...'zi:vo] *a* abschließend, End-, Schluß-. **concluso, -a** [...'klu:zo] *pp di* **concludere.**

concomitante [koŋkomi'tante] *a* begleitend, Begleit-.

concordanza [koŋkor'dantsa] *f* **1.** *gram* Kongruenz *f;* **2.** *(di opinioni, idee, fatti)* Übereinstimmung *f,* Einklang *m.* **concordare** [...'da:re] **I.** *tr* **1.** *gram* in Kongruenz bringen; **2.** *(prezzo, tregua)* vereinbaren, abmachen; **3.** *adm* durch einen Vergleich beilegen; **II.** *itr* **1.** *(essere d'accordo)* übereinstimmen (*con* mit); *(con persone)* einig sein (*con* mit); **2.** *gram* kongruent sein; **tutti concordano nel lodarlo** alle loben ihn übereinstimmend.

concordato [koŋkor'da:to] *m* **1.** *jur* Vergleich *m;* **2.** *rel* Konkordat *n.*

concorde [koŋ'kɔrde] *a* einvernehmlich. **concordia** [...'kɔrdi̯a] ‹-ie› *f* Einvernehmen *n; (armonia)* Eintracht *f.*

concorrente [koŋkor'rɛnte] **I.** *a* **1.** *com* konkurrierend, Konkurrenz-; **2.** *mat* konvergent; **II.** *mf* **1.** *sport, com* Konkurrent(in) *m(f);* **2.** *(di concorso)* (Mit)bewerber(in) *m(f),* Kandidat(in) *m(f).*

concorrenza [koŋkor'rɛntsa] *f* Konkurrenz *f; (com a.)* Wettbewerb *m;* **i nostri prezzi non temono la ~** unsere Preise sind konkurrenzlos. **concorrenziale** [...ren'tsi̯a:le] *a* Konkurrenz-, Wettbewerbs-; *(prezzo a.)* konkurrenzfähig.

concorrere [koŋ'korrere] ‹*irr*› *itr* **1.** *(partecipare)* teilnehmen (*a* an); **2.** *(competere)* sich bewerben (*a* um); *(in un concorso)* mitmachen (*a* an, bei), teilnehmen (*a* an, bei), mitspielen (*a* bei); **3.** *(contribuire)* sich beteiligen (*a* an), beitragen (*a* zu), mitwirken (*a* an).

concorso [koŋ'korso] *m* **1.** *gener.* Wettbewerb *m;* **2.** *sport* Wettkampf *m;* **3.** *(partecipazione)* Beitrag *m; (collaborazione)* Mitwirkung *f; (in un reato)* Beteiligung *f;* **4.** *fig (di cause, etc.)* Zusammentreffen *n; (di persone)* Auflauf *m,* Zusammenströmen *n;* **~ ippico** Reitturnier *n;* **~ a premi** Preisausschreiben *n;* **fuori ~** außer Konkurrenz.

concretare [koŋkre'ta:re] **I.** *tr* konkretisieren; *(realizzare)* realisieren, verwirklichen; **II.** *rfl:* **-arsi** sich verwirklichen, Gestalt annehmen. **concretezza** [...'tettsa] *f* Konkretheit *f.* **concretizzare** [...tid'dza:re] *v.* **concretare.**

concreto, -a [koŋ'krɛ:to] **I.** *a* konkret; **II.** *m* Konkrete(s) *n;* **in ~** konkret (betrachtet).

concubinato [koŋkubi'na:to] *m* wilde Ehe, Konkubinat *n jur, obs.*

concubino, -a [koŋku'bi:no] *m, f* in wilder Ehe lebender Mann/lebende Frau.

concussione [koŋkus'si̯o:ne] *f* Amtsmißbrauch *m.*

condanna [kon'danna] *f* **1.** *jur* Verurteilung *f,* Urteil *n;* **2.** *fig* Mißbilligung *f.*

condannare [kondan'na:re] *tr (a. fig)* verurteilen (*a* zu, *per* wegen). **condannato, -a** [...'na:to] *m, f* Verurteilte(r) *mf.*

condensa [kon'dɛnsa] *f* Kondenswasser *n.*

condensare [konden'sa:re] **I.** *tr* **1.** *phys* kondensieren, verdichten; **2.** *fig* zusammenfassen, resümieren; **II.** *rfl:* **-arsi** kondensieren, sich verdichten. **condensato, -a** [...'sa:to] **I.** *a* **1.** *(latte)* Kondens-; **2.** *phys* kondensiert; **3.** *(libro)* zusammengefaßt; **II.** *m* **1.** *phys* Kondensat *n;* **2.** *(di libro)* Zusammenfassung *f.* **condensatore** [...sa'to:re] *m* Kondensator *m.* **condensazione** [...sat'tsi̯o:ne] *f* Kondensation *f.*

condimento [kondi'mento] *m (a. fig)* Würze *f.* **condire** [...'di:re] ‹condisco› *tr* **1.** *gastr* würzen, abschmecken; *(insalata)* anmachen; **2.** *fig* würzen, bereichern.

condiscendente [kondiʃʃen'dɛnte] *a* entgegenkommend; *(cedevole)* nachgiebig. **condiscendere** [...diʃ'ʃendere] *v.* **accondiscendere.**

condividere [kondi'vi:dere] ‹*irr*› *tr (opinioni, idee, etc.)* teilen.
condizionale [kondittsi̯o'na:le] **I.** *a* **1.** *gram* Konditional-, konditional; **2.** *jur* zur (*o* mit) Bewährung; **II.** *m gram* Konditional *m;* **III.** *f jur* Bewährung *f.*
condizionare [kondittsi̯o'na:re] *tr* **1.** *(aria)* klimatisieren; **2.** *psych* konditionieren; **3.** *(subordinare)* abhängig machen (*a* von). **condizionatore** [...na'to:re] *m* Klimaanlage *f.*
condizione [kondit'tsi̯o:ne] *f* **1.** *(presupposto)* Bedingung *f,* Voraussetzung *f; jur* Kondition *f;* **2.** ‹*pl*› *com* Konditionen *f pl,* Modalitäten *f pl;* **3.** ‹*pl*› *(stato)* Zustand *m; (finanziarie)* Lage *f;* **-i di salute** Gesundheitszustand *m;* **a ~ che ...** *conj* unter der Bedingung, daß ...
condoglianze [kondoʎ'ʎantse] *f pl* Beileid *n;* **fare le ~ a qu** jdm sein Beileid aussprechen, jdm kondolieren *geh.*
condom ['kɔndom] ‹-› *m* Kondom *n.*
condominio [kondo'mi:ni̯o] ‹-i› *m* **1.** *jur* Miteigentum *n;* **2.** *(casa)* Haus *n* mit Eigentumswohnungen. **condomino** [...'dɔ:mino] *m* Miteigentümer *m.*
condonare [kondo'na:re] *tr* erlassen. **condono** [...'do:no] *m* Erlaß *m,* Erlassung *f.*
condotta [kon'dotta] *f* **1.** *(comportamento)* Betragen *n,* Verhalten *n;* **2.** *med* Bezirksarztstelle *f; (zona)* Arztbezirk *m;* **3.** *(di gioco, impresa)* Führung *f,* Leitung *f;* **4.** *tec (tubazione)* Rohrleitung *f;* **linea di ~** Richtschnur *f,* Linie *f;* **medico di ~** Bezirksarzt *m,* -ärztin *f.*
condottiero, -a [kondot'ti̯ɛ:ro] *m, f* Führer(in) *m(f).*
condotto, -a [kon'dotto] **I.** *pp di* **condurre; II.** *a (medico)* Bezirks-; **III.** *m* **1.** *anat (~ uditivo, ~ epatico)* Gang *m; (~ lacrimale)* Kanal *m;* **2.** *tec* Rohr *n,* Leitung *f.*
conducente [kondu'tʃɛnte] *mf (di veicolo)* Fahrer(in) *m(f),* Chauffeur(in) *m(f).*
condurre [kon'durre] ‹conduco, condussi, condotto› **I.** *tr* **1.** *mot, ferr, naut* fahren, führen; **2.** *(accompagnare)* führen, begleiten; **3.** *(azienda)* leiten; **4.** *fig (trattative, vita, etc.)* führen; **5.** *sport* anführen; **6.** *fig (portare a)* treiben (*a* zu); **~ qu al suicidio/alla rovina** jdn zum Selbstmord/in den Ruin treiben; **~ a termine** (*o* **compimento) qc** etw. zum Abschluß bringen; **II.** *itr* **1.** *sport* führen (*per* mit), in Führung liegen (*per* mit); **2.** *(strada, etc.)* führen (*a* nach); **III.** *rfl:* **-ursi** sich verhalten (*da* wie), sich benehmen (*da* wie). **conduttore, -trice** [...'to:re] **I.** *a* führend, Führungs-; **filo ~** *fig* roter Faden; **II.** *m* **1.** *ferr* Zugführer *m,* -schaffner *m; mot* (Renn)fahrer *m;* **2.** *phys* Leiter *m; el* Leitung *f.* **conduttura** [...'tu:ra] *f* Leitungsnetz *n.*

confabulare [konfabu'la:re] *itr scherz* flüstern.
confacente [konfa'tʃɛnte] *a* geeignet, passend.
confarsi [kon'farsi] ‹*irr, usato solo nella 3ª pers sing e pl; rari il pp ed i tempi composti*› *rfl* **1.** *(addirsi)* entsprechen (*a dat),* passen (*a* zu); **2.** *(giovare)* sich eignen (*a* für, zu), (gut) bekommen (*a dat).*
confederale [konfede'ra:le] *a* Bündnis-, Bundes-.
confederare [konfede'ra:re] **I.** *tr* zusammenschließen, vereinigen; **II.** *rfl:* **-arsi** sich zusammenschließen, sich vereinigen.
confederativo, -a [konfedera'ti:vo] *a* Bündnis-. **confederato, -a** [...'ra:to] **I.** *a* verbündet; **II.** *m, f* Verbündete(r) *mf.*
confederazione [konfederat'tsi̯o:ne] *f* **1.** *pol* Konföderation *f;* **2.** *gener.* Verband *m,* Bund *m;* **la C~ Elvetica** die Schweizerische Eidgenossenschaft.
conferenza [konfe'rɛntsa] *f* **1.** *(discorso)* Vortrag *m;* **2.** *(riunione)* Konferenz *f;* **~ stampa** Pressekonferenz *f;* **~ al vertice** Spitzentreffen *n; (pol a.)* Gipfeltreffen *n,* -konferenz *f.* **conferenziere, -a** [...ren'tsi̯ɛ:re] *m, f* Sprecher(in) *m(f),* Redner(in) *m(f).*
conferire [konfe'ri:re] ‹conferisco› **I.** *tr* **1.** *(incarico)* vergeben; *(ricompensa, etc.)* geben; *(titolo)* verleihen; **2.** *fig (aggiungere)* geben, verleihen; **II.** *itr* **1.** *(colloquiare)* eine Besprechung haben; **2.** *(giovare)* guttun, gut bekommen.
conferma [kon'ferma] *f* Bestätigung *f;* **trovare** (*o* **avere) ~** bestätigt werden. **confermare** [...'ma:re] **I.** *tr* bestätigen; *(rafforzare)* bekräftigen; **II.** *rfl:* **-arsi** **1.** *(rafforzarsi)* sich festigen; **2.** *(acquistare credito)* sich bestätigen.
confessare [konfes'sa:re] **I.** *tr* **1.** *rel* beichten; *fig (a persona amica)* anvertrauen, beichten *fam;* **2.** *(colpa, errori)* gestehen; **II.** *rfl:* **-arsi** **1.** *rel* zur Beichte gehen, beichten; **2.** *(rivelarsi)* sich bekennen; **-arsi colpevole** sich schuldig bekennen. **confessionale** [...si̯o'na:le] **I.** *m* Beichtstuhl *m;* **II.** *a (del sacramento)* Beicht-; *(scuola, etc.)* konfessionell. **confessione** [...'si̯o:ne] *f* **1.** *rel* Bekenntnis *n,* Konfession *f; (sacramento)* Beichte *f;* **2.** *jur* Geständnis *n.* **confessore** [...fes'so:re] *m* Beichtvater *m.*
confetto [kon'fɛtto] *m* **1.** *gastr* Pariser Mandel *f;* ‹*pl*› *lett* Konfekt *n;* **2.** *med* Dragée *n.*
confezionare [konfettsi̯o'na:re] *tr* **1.** *(vestito)* anfertigen; **2.** *(merci)* ein-, verpacken; *(pacco)* machen.
confezione [konfet'tsi̯o:ne] *f* **1.** *(imballaggio)* (Ver)packung *f; (presentazione)*

Aufmachung *f;* **2.** ‹*pl*› *(vestiti)* Konfektion *f;* ~ **di cioccolatini** Pralinenschachtel *f;* ~ **regalo** Geschenkpackung *f;* **negozio di -i** Konfektionsgeschäft *n.*

conficcare [konfik'ka:re] **I.** *tr* **1.** *(ficcare)* einschlagen; **2.** *fig (nella mente)* einprägen; **II.** *rfl:* **-arsi 1.** *(penetrare)* eindringen; **2.** *fig (nella mente)* sich einprägen, sich festsetzen.

confidare [konfi'da:re] **I.** *tr* anvertrauen; **II.** *itr* **1.** *(aver fiducia)* vertrauen (*in* auf), bauen (*in* auf); **2.** *(sperare)* zuversichtlich sein; **III.** *rfl:* **-arsi** sich anvertrauen (*con qu* jdm).

confidente [konfi'dɛnte] *mf* **1.** *(persona amica)* Vertraute(r) *mf,* Vertrauensperson *f;* **2.** *(della polizia)* Spitzel *m.* **confidenza** [...'dɛntsa] *f (fiducia)* Vertrauen *n; (familiarità)* Vertrautheit *f; (segreto)* Vertraulichkeit *f;* **in** ~ im Vertrauen; **essere in** ~ **con qu** mit jdm vertraut sein; **fare una** ~ **a qu** jdm etw. anvertrauen. **confidenziale** [...den'tsi̯a:le] *a* vertraulich.

configurarsi [konfigu'rarsi] *rfl* sich gestalten. **configurazione** [...rat'tsi̯o:ne] *f* Erscheinungsbild *n.*

confinare [konfi'na:re] **I.** *itr* (an)grenzen (*con* an); **II.** *tr (a. fig)* verbannen; **III.** *rfl:* **-arsi** sich zurückziehen.

confine [kon'fi:ne] *m* Grenze *f.*

confino [kon'fi:no] *m* Verbannung *f* (an einen Zwangswohnort), Wohnortbeschränkung *f.*

confisca [kon'fiska] ‹-sche› *f* Beschlagnahmung *f.* **confiscare** [...'ka:re] ‹confisco, confischi› *tr* konfiszieren, beschlagnahmen.

conflagrazione [konflagrat'tsi̯o:ne] *f lett* Aufflammen *n.*

conflitto [kon'flitto] *m (contrasto)* Zusammenstoß *m,* Streit *m; psych, fig, jur, mil* Konflikt *m;* ~ **di competenza** Kompetenzstreit *m;* ~ **di interessi** Interessenkonflikt *m;* ~ **mondiale** Weltkrieg *m;* **essere in** ~ in einem Konflikt sein. **conflittuale** [...tu'a:le] *a* Konflikt-.

confluenza [konflu'ɛntsa] *f* Zusammenfluß *m.* **confluire** [...u'i:re] *itr* **1.** *geog* zusammenfließen; **2.** *fig* zusammentreffen.

confondere [kon'fondere] ‹*irr*› **I.** *tr* **1.** *(scambiare)* verwechseln, durcheinanderbringen; **2.** *(turbare, imbarazzare)* verwirren, durcheinanderbringen; **3.** *(mescolare)* vermischen, vermengen; **II.** *rfl:* **-ersi 1.** *(mescolarsi)* sich mischen (*tra* unter); **2.** *fig (smarrirsi)* sich verwischen, sich verlieren; *(colori)* verschwimmen; **3.** *(turbarsi)* in Verwirrung geraten, durcheinandergeraten.

conformare [konfor'ma:re] **I.** *tr* anpassen (*a* an); **II.** *rfl:* **-arsi** sich anpassen (*a* an).

conforme [kon'forme] **I.** *a* konform, übereinstimmend, entsprechend; **essere** ~ **alle norme** normgerecht sein, den Normen entsprechen; **II.** *adv* gemäß, entsprechend. **conformismo** [...'mizmo] *m* Konformismus *m.* **conformista** [...'mista] ‹-i *m,* -e *f*› *mf* Konformist(in) *m(f).* **conformità** [...mi'ta] ‹-› *f* Übereinstimmung *f;* **in** ~ **a** (*o* **con**) in Übereinstimmung mit.

confortante [konfor'tante] *a* tröstend.

confortare [konfor'ta:re] **I.** *tr* **1.** *(consolare)* trösten; **2.** *fig* stärken, bekräftigen; **II.** *rfl:* **-arsi** sich trösten. **confortevole** [...'te:vole] *a* komfortabel. **conforto** [...'fɔrto] *m* **1.** *(consolazione)* Trost *m;* **2.** *(agio)* Komfort *m.*

confraternita [konfra'ternita] *f* Bruderschaft *f.*

confrontare [konfron'ta:re] *tr* vergleichen.

confronto [kon'fronto] *m* Vergleich *m; (a. jur)* Gegenüberstellung *f;* **fare un** ~ **(fra)** einen Vergleich anstellen (zwischen); **in** ~ **a, a** ~ **di** verglichen mit, im Vergleich zu; **nei -i di** gegen, gegenüber; **non c'è** ~**!** das ist unvergleichlich!

confusionario, -a [konfuzi̯o'na:ri̯o] ‹-i, -ie› **I.** *a* wirr, durcheinander, verwirrt; **II.** *m, f* Wirrkopf *m,* Chaot(in) *m(f) fam.*

confusione [konfu'zi̯o:ne] *f* **1.** *(disordine)* Durcheinander *n;* **2.** *(agitazione, imbarazzo)* Verwirrung *f.* **confuso, -a** [...'fu:zo] *a* **1.** *(discorso, situazione)* unklar, verworren; **2.** *(persona)* verwirrt.

confutare [konfu'ta:re] *tr* widerlegen.

congedare [kondʒe'da:re] **I.** *tr* verabschieden; *mil* entlassen; **II.** *rfl:* **-arsi** sich verabschieden. **congedo** [...'dʒɛ:do] *m* **1.** *gener.* Abschied *m; (mil a.)* Entlassung *f;* **2.** *(di impiegato)* Beurlaubung *f.*

congegnare [kondʒeɲ'ɲa:re] *tr* **1.** *tec* konstruieren; **2.** *fig* austüfteln, ausdenken.

congegno [kon'dʒeɲɲo] *m* Mechanismus *m,* Werk *n.*

congelamento [kondʒela'mento] *m* **1.** *phys, fin, com, pol* Einfrieren *n;* **2.** *med* Erfrierung *f;* **morire di** ~ erfrieren. **congelare** [...'la:re] **I.** *tr* **1.** *(agghiacciare)* gefrieren lassen; **2.** *fin, com, pol* einfrieren; **3.** *(alimenti)* einfrieren, tiefkühlen; **II.** *rfl:* **-arsi 1.** *phys* (ge)frieren; **2.** *med* erfrieren; **3.** *fig fam* (ab)frieren. **congelatore** [...la'to:re] *m* Tiefkühltruhe *f; (nel frigorifero)* Gefrier-, Tiefkühlfach *n.*

congeniale [kondʒe'ni̯a:le] *a* wesensgleich.

congenito, -a [kon'dʒɛ:nito] *a* angeboren.

congerie [kon'dʒɛ:ri̯e] ‹-› *f* Aufhäufung *f.*

congestionare [kondʒesti̯o'na:re] *tr* **1.** *med* einen Blutandrang bewirken in;

2. *fig* stauen, verstopfen. **congestione** [...'tio:ne] *f* 1. *med* Blutandrang *m;* 2. *fig (del traffico)* Stau *m.*
congettura [kondʒet'tu:ra] *f* Vermutung *f,* Annahme *f.* **congetturare** [...tu'ra:re] *tr* vermuten.
congiungere [kon'dʒundʒere] ‹*irr*› **I.** *tr* verbinden; *(mani)* falten; **II.** *rfl:* **-ersi** sich verbinden; **-ersi in matrimonio** sich vermählen.
congiuntivite [kondʒunti'vi:te] *f* Bindehautentzündung *f,* Konjunktivitis *f.*
congiuntivo [kondʒun'ti:vo] *m* Konjunktiv *m.*
congiunto, -a [kon'dʒunto] **I.** *a* vereint, verbunden; **II.** *m, f* Verwandte(r) *mf.*
congiuntura [kondʒun'tu:ra] *f* 1. *com* Konjunktur *f;* 2. *(circostanza)* Gelegenheit *f;* 3. *(di travi, pezzi)* Verbindungsstelle *f.* **congiunturale** [...tu'ra:le] *a* konjunkturell.
congiunzione [kondʒun'tsio:ne] *f* Konjunktion *f.*
congiura [kon'dʒu:ra] *f* Verschwörung *f.*
congiurare [...dʒu'ra:re] *itr* sich verschwören (*contro* gegen). **congiurato, -a** [...dʒu'ra:to] *m, f* Verschwörer(in) *m(f).*
conglomerato [koŋglome'ra:to] *m* Konglomerat *n,* Gemisch *n.*
congratularsi [koŋgratu'larsi] *rfl* gratulieren; ~ **con qu per qc** jdm zu etw. gratulieren. **congratulazione** [...lat'tsio:ne] *f* Glückwunsch *m,* Gratulation *f;* **fare le -i a qu per qc** jdm zu etw. seinen Glückwunsch aussprechen; **-i!** herzlichen Glückwunsch!
congrega [koŋ'grɛ:ga] ‹-ghe› *f* 1. *pej* Bande *f,* Clique *f;* 2. *rel* Bruderschaft *f.*
congressista [koŋgres'sista] ‹-i *m,* -e *f*› *mf* Kongreßteilnehmer(in) *m(f).*
congresso [koŋ'grɛsso] *m* Kongreß *m,* Tagung *f.*
congruo, -a ['kɔŋgruo] *a* passend, angemessen; *mat* kongruent.
conguagliare [koŋguaʎ'ʎa:re] ‹conguaglio, conguagli› *tr* ausgleichen. **conguaglio** [...'guaʎʎo] ‹-gli› *m* Ausgleich *m.*
C.O.N.I. ['kɔ:ni] *m ab di* **Comitato Olimpico Nazionale Italiano** *Italienisches Nationales Olympisches Komitee.*
coniare [ko'nia:re] ‹conio, coni› 1. *fin, ling* prägen; 2. *fig* schöpfen, kreieren.
conico, -a ['kɔ:niko] ‹-ci, -che› *a* konisch, kegelförmig.
conifera [ko'ni:fera] *f* Nadelgewächs *n,* Konifere *f.*
coniglio [ko'niʎʎo] ‹-gli› *m* 1. *zoo* Kaninchen *n;* 2. *fig* Angsthase *m,* Hasenfuß *m.*
conio ['kɔ:nio] ‹-i› *m* 1. *tec (arnese)* Prägeisen *n;* 2. *(il coniare)* Prägen *n;* 3. *(effetto)* Prägung *f;* 4. *fig* Art *f,* Schlag *m.*
coniugale [koniu'ga:le] *a* ehelich, Ehe-.
coniugare [koniu'ga:re] ‹coniugo, coniughi› *tr* konjugieren. **coniugazione** [...gat'tsio:ne] *f* Konjugation *f.*
coniuge ['kɔniudʒe] *mf* Ehemann *m,* -frau *f,* Gatte *m,* Gattin *f geh.*
connazionale [konnattsio'na:le] **I.** *a* aus dem gleichen Land; **II.** *mf* Landsmann *m,* -männin *f.*
connessione [konnes'sio:ne] *f* 1. *(fra due fatti, tec)* Verbindung *f;* 2. *el* Anschluß *m.* **connesso, -a** [...'nɛsso] *a* 1. *el* angeschlossen; 2. *tec, fig* verbunden.
connettere [kon'nɛttere] ‹connetto, connettei, connesso› *tr* 1. *(fili, pezzi)* verbinden, zusammenfügen; 2. *fig* in Zusammenhang bringen; **non riesco a ~** ich bin ganz außer mir. **connettivo, -a** [...'ti:vo] *a:* **tessuto ~** Bindegewebe *n.*
connivente [konni'vɛnte] **I.** *a* stillschweigend einverstanden; **II.** *mf* Mitwisser(in) *m(f).* **connivenza** [...'vɛntsa] *f* stilles Einverständnis; *jur* Mitwisserschaft *f.*
connotato [konno'ta:to] *m* Kennzeichen *n,* Merkmal *n.*
connubio [kon'nu:bio] ‹-i› *m* 1. *(matrimonio)* Heirat *f;* 2. *fig* Verbindung *f,* Zusammenschluß *m.*
cono ['kɔ:no] *m* Kegel *m; (mat a.)* Konus *m;* **a ~** kegelförmig.
conobbi [ko'nobbi] *p rem di* **conoscere.**
conoscente [konoʃ'ʃɛnte] *mf* Bekannte(r) *mf.*
conoscenza [konoʃ'ʃɛntsa] *f* 1. *(apprendimento)* Kenntnis *f* (*di* von), Wissen *n* (*di* von); 2. *med* Bewußtsein *n;* 3. *(persona)* Bekannte(r) *mf,* Bekanntschaft *f;* **fare la ~ di qu/qc** jds/mit etw. Bekanntschaft machen, jdn/etw. kennenlernen; **essere a ~ di qc** über etw. Bescheid wissen (*o* unterrichtet sein); **per ~** (*ab* **p.c.**) zur Kenntnisnahme; **avere molte -e** viele Bekannte haben; **lieto di fare la Sua ~** (sehr) angenehm; ich freue mich, Ihre Bekanntschaft zu machen.
conoscere [ko'noʃʃere] ‹conosco, conobbi, conosciuto› *tr* 1. *(persona)* kennen; 2. *(cosa)* sich auskennen in (*o* bei), kennen; *(lingue)* beherrschen, können; **~ qu di vista** jdn vom Sehen kennen; **ti faccio ~ mio fratello** ich mache dich mit meinem Bruder bekannt. **conoscitore, -trice** [...ʃi'to:re] *m, f* Kenner(in) *m(f).*
conosciuto, -a [kono'ʃu:to] **I.** *pp di* **conoscere; II.** *a* bekannt.
conquista [koŋ'kuista] *f* 1. *gener.* Erreichen *n,* Erwerbung *f; (a. della libertà,*

etc.) Erringung *f*, Erlangung *f*; *(del potere)* Ergreifung *f*; **2.** *(mil, a. fig fam)* Eroberung *f*; **3.** *(progresso)* Errungenschaft *f*. **conquistare** [...'ta:re] *tr* erreichen, erwerben; *(a. libertà)* erlangen, erringen; *(potere)* ergreifen; *mil, fig* erobern. **conquistatore, -trice** [...ta'to:re] *m, f* **1.** *mil* Eroberer(in) *m(f)*; **2.** *fig fam* Herzensbrecher(in) *m(f)*.

consacrare [konsa'kra:re] **I.** *tr* **1.** *rel* weihen; **2.** *(re, imperatore)* salben; **3.** *(dedicare)* widmen; **II.** *rfl:* **-arsi** sich widmen; *rel* sich weihen. **consacrazione** [...rat'tsi̯o:ne] *f* Weihe *f*; *(durante la messa)* Wandlung *f*.

consanguineo, -a [konsaŋ'gu̯i:neo] **I.** *a* blutsverwandt; **II.** *m, f* Blutsverwandte(r) *mf*.

consapevole [konsa'pe:vole] *a* bewußt. **consapevolezza** [...pevo'lettsa] *f* Bewußtsein *n*.

conscio, -a ['kɔnʃo] ‹-sci, -sce› *a* bewußt.

consecutivo, -a [konseku'ti:vo] *a* **1.** *(giorno, ora)* aufeinanderfolgend, hintereinander; **2.** *gram* Konsekutiv-, konsekutiv; **ha diluviato (per) tre ore -e** es hat drei Stunden an einem Stück geregnet.

consegna [kon'seɲɲa] *f* **1.** *(di merci)* (Aus)lieferung *f*, Zustellung *f*; **2.** *adm* (Amts)übergabe *f*; **3.** *(custodia)* Aufbewahrung *f*; **4.** *mil* Dienstvorschrift *f*; *(punizione)* Ausgangssperre *f*; ~ **a domicilio** Lieferung *f* frei Haus; **ricevere in** ~ zur Aufbewahrung erhalten. **consegnare** [...'ɲa:re] *tr* **1.** *gener.* übergeben, abliefern; *com* (aus)liefern; *(affidare)* anvertrauen; **2.** *mil* Ausgangssperre verhängen (*qu* über jdn).

conseguente [konse'gu̯ɛnte] *a* **1.** *(danno, disturbi)* Folge-; **2.** *(persona)* konsequent; **3.** *(ragionamento, deduzione)* konsequent, folgerichtig.

conseguenza [konse'gu̯ɛntsa] *f* Konsequenz *f*, Folge *f*; *(conclusione logica)* (Schluß)folgerung *f*; **in** ~ **di** als Folge von, infolge *gen*.

conseguimento [konsegu̯i'mento] *m* Erlangung *f*. **conseguire** [...'gu̯i:re] **I.** *tr* ‹*avere*› erreichen, erlangen; **II.** *itr* ‹*essere*› folgen, hervorgehen.

consenso [kon'sɛnso] *m* Zustimmung *f* (*a* zu), Einverständnis *n* (*a* mit); **tacito** ~ stillschweigendes Einverständnis.

consentire [konsen'ti:re] **I.** *itr* zustimmen; ~ **a qc** einer S. *(dat)* zustimmen; **II.** *tr* zulassen. **consenziente** [...n'tsi̯ɛnte] *a* zustimmend.

conserva [kon'sɛrva] *f* Konserve *f*; ~ **di pomodoro** Tomatenmark *n*; **mettere in** ~ einmachen.

conservare [konser'va:re] **I.** *tr* **1.** *gastr* konservieren, haltbar machen; *(in vasi)* einmachen; **2.** *(custodire)* aufbewahren; **3.** *fig* erhalten, bewahren; **II.** *rfl:* **-arsi** **1.** *gastr* sich halten; **2.** *(mantenersi)* sich erhalten; *(in salute)* gesund bleiben.

conservatore, -trice [...va'to:re] **I.** *a* konservativ; **II.** *m, f* Konservative(r) *mf*.

conservatorio [konserva'tɔ:ri̯o] ‹-i› *m* Konservatorium *n*.

conservazione [konservat'tsi̯o:ne] *f* **1.** *gener.* Erhaltung *f*; **2.** *gastr* Konservierung *f*, Haltbarmachung *f*; **3.** *biol* Selbsterhaltung *f*.

considerare [konside'ra:re] *tr* **1.** *(tenere conto)* berücksichtigen, bedenken; **2.** *(soppesare)* abwägen, abschätzen; *(esaminare)* erwägen; **3.** *(ritenere)* betrachten (*come* als); **4.** *(stimare)* achten, schätzen; **tutto considerato** alles in allem; **considerata la sua età** für sein (*o* ihr) Alter.

considerazione [konsiderat'tsi̯o:ne] *f* **1.** *(osservazione)* Betrachtung *f*; *(riflessione)* Überlegung *f*; **2.** *(esame)* Erwägung *f*; **3.** *(stima)* Ansehen *n*, Wertschätzung *f*; **agire senza** ~ unüberlegt handeln; **essere tenuto in gran** ~ hoch angesehen sein; **prendere in** ~ beachten; **in** ~ **di** in Anbetracht *gen*, unter Berücksichtigung *gen*. **considerevole** [...'re:vole] *a* beachtlich.

consigliabile [konsiʎ'ʎa:bile] *a* ratsam.

consigliare [konsiʎ'ʎa:re] ‹consiglio, consigli› **I.** *tr* raten, empfehlen; *(persone a.)* beraten; ~ **a qu di fare qc** jdm raten, etw. zu tun; **II.** *rfl:* **-arsi** sich beraten. **consigliere, -a** [...'ʎɛ:re] *m, f* **1.** *gener.* Ratgeber(in) *m(f)*, Berater(in) *m(f)*; **2.** *adm* Rat *m*, Rätin *f*; ~ **di stato/d'amministrazione** Staatsrat *m*/Aufsichtsrat *m*; ~ **delegato** Geschäftsführer *m*.

consiglio [kon'siʎʎo] ‹-gli› *m* **1.** *(suggerimento)* Rat(schlag) *m*, Empfehlung *f*; **2.** *adm* Rat *m*; **3.** *(riunione)* Beratung *f*; ~ **d'amministrazione** Vorstand *m*; ~ **dei ministri** Ministerrat *m*; ~ **di fabbrica** Betriebsrat *m*; **venire a più miti -gli** leisere Töne anschlagen; **la notte porta** ~ *prov* man soll die Sache überschlafen.

consiliare [konsi'li̯a:re] *a* Rats-.

consistente [konsis'tɛnte] *a* **1.** *(materiale)* fest, solide; **2.** *fig (notevole)* beträchtlich, beachtlich. **consistenza** [...'tɛntsa] *f* **1.** *(di materiale)* Festigkeit *f*; **2.** *com* Bestand *m*; **3.** *fig* Gehalt *m*; ~ **patrimoniale** Vermögensbestand *m*; **prendere** ~ Form (*o* Gestalt) annehmen.

consistere [kon'sistere] ‹consisto, consistei *o* consistetti, consistito› *itr* ‹*essere*› bestehen (*in* aus, in).

consociato, -a [konso'tʃa:to] **I.** *a* angeschlossen; **II.** *m, f* Schwesterfirma *f*.

consocio, -a [kon'sɔ:tʃo] *m, f* Teilha-

ber(in) *m(f)*; ~ **in affari** Geschäftspartner *m*.
consolante [konso'lante] *a* tröstlich, tröstend.
consolare[1] [konso'la:re] **I.** *tr* trösten; **II.** *rfl*: **-arsi** sich trösten (*di* über, *con* mit).
consolare[2] [konso'la:re] *a* konsularisch, Konsulats-.
consolato [konso'la:to] *m* Konsulat *n*.
consolazione [konsolat'tsio:ne] *f* Trost *m*.
console ['kɔnsole] *m* Konsul *m*.
consolidare [konsoli'da:re] **I.** *tr* **1.** *(rendere solido)* festigen; **2.** *fig* konsolidieren; *(posizione)* ausbauen; *(migliorare)* verbessern; *(amicizia, conoscenza)* vertiefen, festigen; **II.** *rfl*: **-arsi 1.** *(diventare solido)* fest werden; **2.** *fig* sich konsolidieren; *(amicizia, etc.)* sich festigen, sich vertiefen.
consolle [kon'sɔlle] ‹-› *f* Konsole *f*.
consommé [kõsɔ'me] ‹-› *m* Kraftbrühe *f*, Consommé *f o n*.
consonante [konso'nante] *f* Konsonant *m*, Mitlaut *m*.
consonanza [konso'nantsa] *f* Konsonanz *f*, Gleichklang *m*.
consono, -a ['kɔnsono] *a* entsprechend, angemessen.
consorte [kon'sɔrte] *mf* Gemahl(in) *m(f)*, Gatte *m*, Gattin *f*.
consorzio [kon'sɔrtsio] ‹-i› *m jur, fin* Konsortium *n*; *agr* Genossenschaft *f*.
constare [kons'ta:re] *itr* ‹*essere*› **1.** *(essere costituito)* bestehen (*di* aus); **2.** *(risultare)* sich ergeben; **mi consta che ...** *conj* es ist mir bekannt, daß ...
constatare [konsta'ta:re] *tr* feststellen. **constatazione** [...tat'tsio:ne] *f* Feststellung *f*.
consueto, -a [konsu'ɛ:to] **I.** *a* gewohnt, üblich; **II.** *m* Übliche(s) *n*; **di** ~ üblicherweise. **consuetudine** [...ue'tu:dine] *f* **1.** *(abitudine)* Gewohnheit *f*; **2.** *(costume)* Brauch *m*; **avere la** ~ **di fare qc** gewöhnt sein, etw. zu tun; **per** ~ aus Gewohnheit.
consulente [konsu'lɛnte] *mf* Berater(in) *m(f)*; ~ **legale/tributario** Rechts-/Steuerberater(in) *m(f)*. **consulenza** [...'lɛntsa] *f* Beratung *f*.
consulta [kon'sulta] *f* **1.** *(riunione)* Beratung *f*, Besprechung *f*; **2.** *adm, pol* beratende Versammlung. **consultare** [...'ta:re] **I.** *tr (medico, avvocato)* zu Rate ziehen, konsultieren; *(libro)* nachschlagen in; **II.** *rfl*: **-arsi** sich beraten. **consultazione** [...tat'tsio:ne] *f* **1.** *gener.* Beratung *f*; **2.** *(ricerca)* Konsultation *f*; **3.** ‹*pl*› *pol* Beratungen *f pl* zum Zwecke einer Regierungsneubildung; **4.** *med* Untersuchung *f*; ~ **popolare** Volksbefragung *f*; **opere di** ~ Nachschlagewerke *n pl*. **consultorio** [...'tɔ:rio] ‹-i› *m* Beratungsstelle *f*; ~ **familiare** Familienberatung(sstelle) *f*.
consumare [konsu'ma:re] **I.** *tr* **1.** *(usare)* verbrauchen; *(scarpe, etc.)* abnutzen; **2.** *(pasti)* verzehren, zu sich *(dat)* nehmen; **3.** *(matrimonio)* vollziehen; **II.** *rfl*: **-arsi 1.** *(logorarsi)* sich abnutzen; **2.** *fig* sich verzehren (*da* vor). **consumatore, -trice** [...ma'to:re] *m, f* Verbraucher(in) *m(f)*. **consumazione** [...mat'tsio:ne] *f* **1.** *(il consumare)* Verbrauch *m*; **2.** *gastr* Verzehr *m*; **3.** *jur* Vollzug *m*. **consumismo** [...'mizmo] *m* Konsumdenken *n*. **consumistico, -a** [...'mistiko] ‹-ci, -che› *a* konsumorientiert.
consumo [kon'su:mo] *m* Konsum *m*; *(uso, a. di luce, benzina, gas, etc.)* Verbrauch *m*; **civiltà dei -i** Konsumgesellschaft *f*.
consuntivo, -a [konsun'ti:vo] **I.** *a* Schluß-; **II.** *m* Bilanz *f*; *(a. fig)* Abrechnung *f*; **fare il** ~ *(a. fig)* (die) Bilanz ziehen.
consunto, -a [kon'sunto] *a* **1.** *(scarpe, indumenti)* abgenutzt; **2.** *(persona)* verbraucht; *(volto)* ausgezehrt.
consuocero, -a [kon'suɔ:tʃero] *m, f* Vater *m*, Mutter *f* des Schwiegersohns (*o* der Schwiegertochter).
conta ['konta] *f*: **fare la** ~ *(nei giochi)* abzählen.
contabile [kon'ta:bile] **I.** *a* Rechnungs-, Buchungs-; **II.** *mf* Buchhalter(in) *m(f)*. **contabilità** [kontabili'ta] ‹-› *f* Buchführung *f*, -haltung *f*; **tenere la** ~ die Bücher führen.
contachilometri [kontaki'lɔ:metri] ‹-› *m* Kilometerzähler *m*.
contadino, -a [konta'di:no] **I.** *m, f (a. pej)* Bauer *m*, Bäu(e)rin *f*; **II.** *a* bäuerlich.
contagiare [konta'dʒa:re] ‹contagio, contagi› *tr* anstecken, infizieren.
contagio [kon'ta:dʒo] ‹-gi› *m* Ansteckung *f*, Infizierung *f*. **contagioso, -a** [...ta'dʒo:so] *a* ansteckend.
contagiri [konta'dʒi:ri] ‹-› *m* Drehzahlmesser *m*, Tourenzähler *m*.
contagocce [-'gottʃe] ‹-› *m* Pipette *f*; **bottiglietta a** ~ Tropfflasche *f*; **col** ~ *scherz* tröpfchenweise.
contaminare [kontami'na:re] **I.** *tr* **1.** *(acque, aria)* verunreinigen, verseuchen; **2.** *fig* verderben, beeinträchtigen. **contaminazione** [...nat'tsio:ne] *f* **1.** *(dell'acqua, aria)* Verunreinigung *f*, Verseuchung *f*, Kontamination *f scient*; **2.** *fig* Beeinträchtigung *f*, Schädigung *f*.
contante [kon'tante] **I.** *a* bar; **denaro** ~ Bargeld *n*; **II.** *m* Bargeld *n*; **pagare in -i** bar bezahlen.
contare [kon'ta:re] **I.** *tr (numerare)* zählen; *(calcolare)* zusammenzählen; *(limitare)* abzählen; *(mettere in conto)* mit-

zählen; **II.** *itr* **1.** *(numeri)* zählen; **2.** *(valere)* zählen, gelten; **3.** *(fare assegnamento)* zählen (*su* auf); **4.** *(proporsi)* rechnen (*di inf* damit, daß ...), ausgehen (*di inf* davon, daß ...).

contasecondi [-se'kondi] ⟨-⟩ *m* Sekundenzähler *m.*

contatore [konta'to:re] *m* Zähler *m.*

contattare [kontat'ta:re] *tr* sich in Verbindung setzen mit, kontaktieren *geh.*

contatto [kon'tatto] *m* **1.** *gener., fig, el* Kontakt *m;* **2.** *mot* Zündung *f;* **3.** *tel, radio* Verbindung *f;* ~ **difettoso** Wakkelkontakt *m;* **essere/porre** (*o* **mettere**) **a** ~ Kontakt haben/herstellen; **prendere** ~ **con qu** mit jdm Kontakt aufnehmen; **venire a** ~ **con** in Kontakt kommen mit.

conte, -essa ['konte, ...'tessa] *m, f* Graf *m,* Gräfin *f.*

conteggiare [konted'dʒa:re] ⟨conteggio, conteggi⟩ *tr* ausrechnen. **conteggio** [...'teddʒo] ⟨-ggi⟩ *m* (Be)rechnung *f;* ~ **alla rovescia** Countdown *m o n.*

contegno [kon'teɲɲo] *m* Haltung *f;* **darsi un** ~ Haltung annehmen. **contegnoso, -a** [...'ɲo:so] *a* zurückhaltend; *(altero)* hochmütig.

contemplare [kontem'pla:re] *tr* **1.** *gener.* betrachten; *(ammirare)* bewundern; **2.** *jur* berücksichtigen, vorsehen; **3.** *(meditare)* sich vertiefen in. **contemplazione** [...lat'tsi̯o:ne] *f* Betrachtung *f;* *(a. rel)* Kontemplation *f.*

contempo [kon'tɛmpo] *m:* **nel** ~ gleichzeitig.

contemporaneo, -a [kontempo'ra:neo] **I.** *a* gleichzeitig; *hist* zeitgenössisch; **storia -a** Zeitgeschichte *f;* **II.** *m, f* Zeitgenosse *m,* -genossin *f.*

contendente [konten'dɛnte] *mf* Rivale *m,* Rivalin *f.*

contendere [kon'tɛndere] ⟨*irr*⟩ **I.** *tr* streitig machen (wollen), rivalisieren um; **II.** *itr* streiten (*per* um), kämpfen (*per* um); **III.** *rfl:* **-ersi** streitig machen (wollen).

contenere [konte'ne:re] ⟨*irr*⟩ **I.** *tr* **1.** *(persone, cose)* enthalten, fassen; **2.** *fig (lacrime, sdegno, etc.)* zurückhalten; **II.** *rfl:* **-ersi** sich beherrschen. **contenitore** [...ni'to:re] *m* Behälter *m.*

contentare [konten'ta:re] **I.** *tr* zufriedenstellen; **II.** *rfl:* **-arsi** sich zufriedengeben (*di* mit), sich begnügen (*di* mit); **chi si contenta gode** *prov* Zufriedenheit macht glücklich. **contentezza** [...'tettsa] *f* Zufriedenheit *f;* *(letizia)* Freude *f;* *(felicità)* Glück *n.*

contento, -a [kon'tɛnto] *a (soddisfatto)* zufrieden (*di* mit); *(lieto)* froh (*di* über), fröhlich; *(felice)* glücklich (*di* mit, über); **fare** ~ **qu** jdn zufriedenstellen.

contenuto, -a [konte'nu:to] *m* Inhalt *m.*

conterraneo, -a [konter'ra:neo] *m, f* Landsmann *m,* -männin *f.*

contesa [kon'te:sa] *f* Streit *m,* Auseinandersetzung *f.*

contessa *f v.* **conte.**

contestabile [kontes'ta:bile] *a* anfechtbar.

contestare [kontes'ta:re] *tr* protestieren gegen; *(negare)* bestreiten, abstreiten; *(a. jur)* anfechten. **contestatore, -trice** [...ta'to:re] *m, f* Anfechter(in) *m(f); pol, soc* Protestler(in) *m(f) fam.* **contestazione** [...tat'tsi̯o:ne] *f* **1.** *pol, soc* Protest *m;* **2.** *jur* Anfechtung *f.*

contesto [kon'tɛsto] *m* **1.** *(di scritto, discorso)* Zusammenhang *m,* Kontext *m;* **2.** *fig (ambiente)* Umfeld *n,* Hintergrund *m.*

contiguo, -a [kon'ti:guo] *a* angrenzend.

continentale [kontinen'ta:le] **I.** *a* kontinental, Festland(s)-; **II.** *mf* Festland(s)bewohner(in) *m(f).*

continente[1] [konti'nɛnte] *m* Kontinent *m,* Erdteil *m;* *(terraferma)* Festland *n;* ~ **antico/nuovo** Alte/Neue Welt.

continente[2] [konti'nɛnte] *a* enthaltsam, zurückhaltend (*in* bei). **continenza** [...'nɛntsa] *f* Enthaltsamkeit *f,* Zurückhaltung *f.*

contingente [kontin'dʒɛnte] **I.** *a* zufällig; **II.** *m* Kontingent *n* (*di* an). **contingenza** [...'dʒɛntsa] *f* Umstand *m,* Zufälligkeit *f.*

continuare [kontinu'a:re] **I.** *tr* fortsetzen; **II.** *itr* fortfahren (*a* mit), weitermachen (*a* mit); *(durare)* weitergehen, andauern, anhalten; ~ **a vivere/dormire** weiterleben/weiterschlafen. **continuazione** [...uat'tsi̯o:ne] *f* Fortsetzung *f;* **in** ~ dauernd, ununterbrochen. **continuità** [...ui'ta] ⟨-⟩ *f* Kontinuität *f,* Fortdauer *f;* *(fig a.)* Zusammenhang *m.* **continuo, -a** [...'ti:nuo] *a* dauernd, ständig; **di** ~ dauernd, fortwährend.

conto ['konto] *m* **1.** *mat, com* Rechnung *f;* **2.** *fin* Konto *n;* **3.** *(stima)* Ansehen *n;* ~ **corrente** (*ab* **c/c**) Girokonto *n;* **far** ~ **di fare qc** planen, etw. zu tun; **non fare alcun** ~ **di qc/qu** etw./jdn nicht beachten; **far** ~ **su qu/qc** auf jdn/etw. bauen; **fare i -i con qu** mit jdm abrechnen; **chiedere** ~ **a qu di qc** von jdm Rechenschaft über etw. verlangen; **dar** (*o* **render**) ~ **a qu di qc** jdm über etw. Rechenschaft ablegen; **dire qc sul** ~ **di qu** etw. über jdn sagen; **liquidare i -i** abrechnen; **mettere in** ~ **qc a qu** jdm etw. in Rechnung stellen; **rendersi** ~ **di qc** sich *(dat)* einer S. *(gen)* bewußt werden, sich *(dat)* über etw. klar sein; **tenere** ~ **di qc/qu** etw./jdn berücksichtigen (*o* in Betracht ziehen); **tenere da** ~ **qc** etw. in Ehren halten; **tenere in gran** ~ **qc/qu** eine hohe Meinung von etw./jdm haben; **per** ~ **di qu** in jds

Auftrag (*o* Namen); **per ~ mio/tuo/suo** was mich/dich/ihn (*o* sie) betrifft; **a -i fatti** alles in allem; **in fin dei -i** letztendlich; **a(d ogni) buon ~** jedenfalls, immerhin; **per un ~ o per l'altro** so oder so; **è un altro ~** das ist ein anderes Kapitel; **fare i -i senza l'oste** die Rechnung ohne den Wirt machen.

contorcere [kon'tɔrtʃere] ‹*irr*› **I.** *tr* verdrehen; **II.** *rfl:* **-ersi** sich krümmen, sich winden; *(divincolarsi)* sich entwinden. **contorcimento** [...tortʃi'mento] *m* Winden *n,* Krümmen *n.*

contornare [kontor'na:re] **I.** *tr* umranden; **II.** *rfl:* **-arsi** sich umgeben (*di* mit).

contorno [kon'torno] *m* **1.** *gastr* Beilage *f;* **2.** *(di disegno, volto)* Kontur *f,* Umriß *m.*

contorsione [kontor'sio:ne] *f* (Ver)drehung *f,* Verrenkung *f.* **contorsionista** [...io'nista] ‹-i *m,* -e *f*› *mf* Schlangenmensch *m,* Kontorsionist(in) *m(f).* **contorto, -a** [...'tɔrto] *a* **1.** *(storto)* gewunden; **2.** *fig* verdreht, verschlungen.

contrabbandare [kontrabban'da:re] *tr* schmuggeln. **contrabbandiere, -a** [...'diɛ:re] *m, f* Schmuggler(in) *m(f).* **contrabbando** [...'bando] *m* Schmuggel *m;* **esportare/importare qc di ~** etw. illegal aus-/einführen; **di ~** heimlich.

contrabbasso [-b'basso] *m* Kontrabaß *m.*

contraccambiare [-kkam'bia:re] *tr* erwidern.

contraccettivo, -a [-ttʃet'ti:vo] **I.** *a* empfängnisverhütend, Verhütungs-; **II.** *m* Verhütungsmittel *n.* **contraccezione** [-ttʃet'tsio:ne] *f* Empfängnisverhütung *f.*

contraccolpo [-k'kolpo] *m* **1.** *(urto)* Gegen-, Rückschlag *m;* **2.** *fig* Rückwirkung *f;* **di ~** prompt.

contrada [kon'tra:da] *f* Straße *f,* Gasse *f.*

contraddire [kontrad'di:re] ‹*irr*› **I.** *tr* widersprechen (*qu* jdm); **II.** *rfl:* **-irsi** sich widersprechen. **contraddittorio, -a** [-ddit'tɔ:rio] ‹-i, -ie› **I.** *a* widersprüchlich; **II.** *m* Streitgespräch *n,* Disput *m.* **contraddizione** [-ddit'tsio:ne] *f* Widerspruch *m.*

contraffare [-f'fa:re] ‹*irr*› *tr* nachmachen, imitieren; *(falsificare)* fälschen. **contraffazione** [...t'tsio:ne] *f* Nachahmung *f;* *(falsificazione)* Fälschung *f.*

contralto [kon'tralto] **I.** *m* **1.** *(voce)* Alt *m,* Altstimme *f;* **2.** *(persona)* Alt *m,* Altistin *f;* **II.** ‹*inv*› *a* Alt-.

contrappeso [-p'pe:so] *m* **1.** *tec* Gegengewicht *n;* **2.** *fig* Ausgleich *m.*

contrapporre [-p'porre] ‹*irr*› **I.** *tr* **1.** *(ostacolo, sbarramento)* entgegensetzen; **2.** *fig* gegenüberstellen, entgegenstellen; **II.** *rfl:* **-orsi 1.** *(opporsi)* sich widersetzen; **2.** *fig* gegensätzlich sein. **contrapposizione** [-ppozit'tsio:ne] *f* Gegenüberstellung *f.* **contrapposto, -a** [-p'posto] *m* Gegensatz *m* (*di* zu), Gegenteil *n* (*di* von).

contrappunto [-p'punto] *m* Kontrapunkt *m.*

contrariamente [kontraria'mente] *adv* im Gegensatz (*a* zu).

contrariare [kontra'ria:re] ‹contrario, contrari› *tr* **1.** *(infastidire)* verärgern; **2.** *(contrastare)* durchkreuzen, behindern; **3.** *(contraddire)* widersprechen (*qu/qc* jdm/einer S. *dat*). **contrarietà** [...ie'ta] ‹-› *f* Widerwärtigkeit *f,* Ärgernis *n;* *(fastidio)* Verärgerung *f.* **contrario, -a** [...'tra:rio] ‹-i, -ie› **I.** *a* gegenteilig, entgegengesetzt; *fig* widrig; **II.** *m* Gegenteil *n;* **al ~** im Gegenteil; **non avere nulla in ~** nichts dagegen haben.

contrarre [kon'trarre] ‹*irr*› **I.** *tr* **1.** *(patto)* (ab)schließen; *(matrimonio)* schließen; *(obbligo)* übernehmen; **2.** *(malattia)* bekommen, sich *(dat)* zuziehen; *(abitudine)* sich *(dat)* zulegen; *(debito)* machen; **3.** *(labbra, muscolo, sopracciglia)* zusammenziehen; **II.** *rfl:* **-arsi** sich zusammenziehen.

contrassegnare [-ssep'ɲa:re] *tr* kennzeichnen.

contrastare [kontras'ta:re] **I.** *tr* behindern, entgegenwirken (*qc* einer S. *dat*); **II.** *itr* **1.** *(essere in disaccordo)* im Widerspruch stehen (*con* zu), einen Gegensatz bilden (*con* zu); **2.** *(discutere)* streiten.

contrasto [kon'trasto] *m* **1.** *gener.* Gegensatz *m;* *(diverbio)* Streit *m;* *(conflitto)* Auseinandersetzung *f;* **2.** *fot, TV* Kontrast *m.*

contrattacco [kontrat'takko] *m* Gegenangriff *m.*

contrattare [kontrat'ta:re] *tr* handeln (um *o* über), feilschen um.

contrattempo [-t'tɛmpo] *m* **1.** *gener.* Verzögerung *f,* Zwischenfall *m;* **2.** *mus* Zwischentakt *m.*

contratto [kon'tratto] *m* Vertrag *m;* **~ (collettivo) di lavoro** Tarifvertrag *m;* **~ a termine** Zeitvertrag *m.* **contrattuale** [...tu'a:le] *a* Vertrags-, vertraglich.

contravvenire [-vve'ni:re] ‹*irr*› *itr* zuwiderhandeln *(a qc* einer S. *dat),* verstoßen (*a* gegen). **contravvenzione** [-vven'tsio:ne] *f* **1.** *(violazione)* (Gesetzes)übertretung *f;* **2.** *(contestazione)* Strafmandat *n,* gebührenpflichtige Verwarnung *adm.*

contrazione [kontrat'tsio:ne] *f* **1.** *gener.* Zusammenziehung *f;* **2.** *anat, ling* Kontraktion *f;* **3.** *com* Verringerung *f,* Rückgang *m.*

contribuente [kontribu'ɛnte] *mf* Steuerzahler(in) *m(f).*

contribuire [kontribu'i:re] ‹contribuisco› *itr* beitragen (*a* zu), sich beteiligen (*a* an). **contributo** [...'bu:to] *m* **1.** *com* Beitrag *m*, Anteil *m;* **2.** *jur, adm* Gebühr *f;* **3.** *fig* Beitrag *m* (*a* zu); **-i sociali** Sozialabgaben *f pl;* **dare un ~ a qc** einen Beitrag zu etw. leisten.

contrito, -a [kon'tri:to] *a* zerknirscht; *(a. rel)* reuig.

contro ['kontro] **I.** *prp* gegen *acc,* entgegen *dat;* **~ di me/te/lei** gegen mich/ dich/sie; **navigare ~ vento** gegen den Wind segeln; **sparare ~ qu** auf jdn schießen; **~ assegno/ricevuta/pagamento** gegen Scheck/Quittung/Zahlung; **II.** *adv* dagegen; **votare/essere ~** dagegen stimmen/sein; **dare ~** Kontra geben; **III.** ‹-› *m:* **il pro ed il ~** das Pro und das Kontra.

contro- [kontro-] *(in parole composte)* Gegen-, Wider-. **controbattere** [-'battere] *tr* erwidern, zurückgeben. **controbilanciare** [-bilan'tʃa:re] *tr* **1.** *(carico, pesi)* ausbalancieren; **2.** *fig* ausgleichen, aufwiegen. **controcorrente** [-kor'rɛnte] **I.** *f* Gegenstrom *m,* Gegenströmung *f;* **II.** *adv* gegen den Strom; **andare ~** *fig* gegen den Strom schwimmen. **controffensiva** [kontroffen'si:va] *f* Gegenangriff *m; (fig a.)* Gegenoffensive *f;* **passare alla ~** *(a. fig)* zum Gegenangriff übergehen. **controfigura** [-fi'gu:ra] *f* Double *n.* **controfiletto** [-fi'letto] *m* Lendenstück *n.* **controfirma** [-'firma] *f* Gegenzeichnung *f.* **controindicazione** [-indikat'tsio:ne] *f* Gegenanzeige *f,* Kontraindikation *f.*

controllare [kontrol'la:re] **I.** *tr* **1.** *gener.* kontrollieren, überprüfen; *(attività, etc.)* beaufsichtigen; *(sorvegliare)* überwachen; **2.** *(situazione, mercato, avversario)* beherrschen, unter Kontrolle haben; **3.** *fig (gesti, emozioni, etc.)* beherrschen, kontrollieren; **II.** *rfl:* **-arsi** sich beherrschen; **-arsi nelle spese/nel fumo/nel bere** sich bei den Ausgaben/ im Rauchen/im Trinken einschränken.

controllo [kon'trɔllo] *m* **1.** *(verifica)* Kontrolle *f,* Überprüfung *f; (sorveglianza)* Aufsicht *f,* Überwachung *f;* **2.** *fig* Beherrschung *f,* Kontrolle *f;* **3.** *tec* Steuerung *f,* Regulierung *f;* **~ dei bagagli/biglietti** Gepäck-/Fahrkartenkontrolle *f;* **~ delle nascite** Geburtenkontrolle *f.* **controllore** [...trol'lo:re] *m* Kontrolleur *m.*

controluce [-'lu:tʃe] **I.** ‹-› *f* Gegenlicht *n;* **II.** *adv* Gegenlicht-. **contromano** [-'ma:no] *adv* in Gegenrichtung. **controparte** [-'parte] *f* Gegenpartei *f.* **contropelo** [-'pe:lo] **I.** *adv* gegen den Strich; **prendere qu ~** *fam scherz* jdn auf dem falschen Fuß erwischen; **II.** *m:* **fare il ~ a qu** *fig* jdn zerpflücken. **contropiede** [-'piɛ:de] *m* Überraschungsangriff *m;* **prendere** (*o* **cogliere**) **qu in ~** jdn auf dem falschen Fuß erwischen, jdn überrumpeln. **controproducente** [-produ'tʃɛnte] *a* kontraproduktiv. **contrordine** [kon'trordine] *m* Gegenbefehl *m; com* Rückrufaktion *f.* **controriforma** [-ri'forma] *f* Gegenreformation *f.* **controsenso** [-'sɛnso] *m* Widersinn *m.* **controspionaggio** [-spio'naddʒo] *m* Gegenspionage *f.*

controversia [kontro'vɛrsia] ‹-ie› *f* **1.** *jur* Streitpunkt *m,* Streitgegenstand *m;* **2.** *(polemica)* Kontroverse *f,* Meinungsverschiedenheit *f.* **controverso, -a** [...'vɛrso] *a* kontrovers, strittig.

controvoglia [-'vɔʎʎa] *adv* ungern, widerwillig.

contumace [kontu'ma:tʃe] *adm* **I.** *a* abwesend; **II.** *mf* Abwesende(r) *mf.* **contumacia** [...tʃa] ‹-cie› *f* Abwesenheit *f.*

conturbante [kontur'bante] *a* verwirrend.

contusione [kontu'zio:ne] *f* Prellung *f,* Quetschung *f.* **contuso, -a** [...'tu:zo] *a* geprellt.

contuttoché [kontutto'ke] *con conj* obwohl; trotz der Tatsache, daß ...

contuttociò, con tutto ciò [kontutto'tʃɔ] *con* dennoch, trotzdem.

conurbazione [konurbat'tsio:ne] *f* Ballungsgebiet *n.*

convalescente [konvaleʃ'ʃɛnte] *a* genesend, rekonvaleszent. **convalescenza** [...'ʃɛntsa] *f* Erholung *f,* Rekonvaleszenz *f.*

convalidare [konvali'da:re] *tr (a. fig)* bestätigen.

convegno [kon'veɲɲo] *m* **1.** *(incontro)* Treffen *n; (di studi, etc. a.)* Tagung *f;* **2.** *(luogo)* Treffpunkt *m.*

convenevoli [konve'ne:voli] *m pl* Förmlichkeiten *f pl.*

conveniente [konve'niɛnte] *a* angemessen; *(vantaggioso)* lohnend, günstig. **convenienza** [...'niɛntsa] *f* **1.** ‹*pl*› *(regole)* Form *f,* (Anstands)regeln *f pl;* **2.** *(vantaggio)* Form *f;* **prezzi di ~** Sonderpreise *m pl;* **rispettare le -e** die Form wahren.

convenire [konve'ni:re] ‹*irr*› **I.** *itr* ‹*essere o avere*› **1.** *(riunirsi)* zusammenkommen, sich versammeln; **2.** *(concordare)* sich einigen (*su* über, *con* mit), übereinkommen (*con* mit); **3.** *(adattarsi)* sich schicken (*a* für), sich gehören (*a* für); *(a cose)* angemessen sein (*a qc* einer S. *dat*), passen (*a* zu); **4.** *(tornare utile)* sich lohnen; **5.** *(impersonale: essere opportuno)* besser sein; *(essere necessario)* nötig sein; **II.** *tr* ‹*avere*› **1.** *(stabilire)* übereinkommen (*qc* über etw.), sich einigen (*qc* über etw.); **2.** *jur (in giudizio)* vorladen; **III.** *rfl:* **-irsi** sich gehören (*a* für), sich schicken (*a* für).

convento [kon'vɛnto] *m* Kloster *n.*

convenuto, -a [konve'nu:to] **I.** *a* ver-

einbart; **come** ~ wie vereinbart; **II.** *m* Übereinkunft *f;* **III.** *m, f jur* Angeklagte(r) *mf;* ‹*pl*› *(a riunioni)* Anwesende *pl.*
convenzionale [konventsi̯o'na:le] *a* **1.** *(per accordo)* Konventional-; **2.** *(comune)* konventionell; **3.** *pej* banal.
convenzionare [konventsi̯o'na:re] **I.** *tr* absprechen, abmachen; **II.** *rfl:* **-arsi** übereinkommen, Abmachungen treffen.
convenzione [konven'tsi̯o:ne] *f* **1.** *jur, adm* Abkommen *n;* **2.** *pol* Konvent *m,* Versammlung *f;* **3.** *(intesa)* Konvention *f;* **4.** ‹*pl*› *pej* Formeln *f pl,* Konventionen *f pl;* ~ **mutualistica/commerciale/doganale** Versicherungs-/Handels-/Zollabkommen *n.*
convergente [konver'dʒɛnte] *a* konvergierend, zusammenlaufend; *mat, phys* konvergent. **convergenza** [...'dʒɛntsa] *f* **1.** *gener., mat* Konvergenz *f;* **2.** *mot* (Achs)sturz *m.*
convergere [kon'vɛrdʒere] ‹convergo, convergi, conversi, converso› *itr* ‹*essere*› **1.** *(strade)* zusammenlaufen; **2.** *fig* übereinstimmen; **3.** *mat* konvergieren.
conversare [konver'sa:re] *itr* sich unterhalten. **conversatore, -trice** [...sa'to:re] *m, f* Gesellschafter(in) *m(f).* **conversazione** [...sat'tsi̯o:ne] *f* Unterhaltung *f,* Konversation *f,* Gespräch *n.*
conversi [kon'vɛrsi] *p rem di* **convergere, convertire.**
conversione [konver'si̯o:ne] *f* **1.** *(trasformazione)* Umwandlung *f,* Umformung *f; el, tec* Konversion *f,* Umformung *f;* **2.** *rel* Bekehrung *f;* **3.** *(movimento)* (Kehrt)wendung *f;* **4.** *naut* Kursberechnung *f.*
converso [kon'vɛrso] *pp di* **convergere.**
convertire [konver'ti:re] ‹converto, convertii *o* conversi, convertito› **I.** *tr* **1.** *(trasformare)* umwandeln; **2.** *rel, pol* bekehren (*a* zu); **3.** *fin* konvertieren; **4.** *fig* verwandeln (*in* in); **II.** *rfl:* **-irsi** **1.** *rel* konvertieren (*a* zu); **2.** *fig* sich (ver)wandeln (*in* in). **convertito, -a** [...'ti:to] **I.** *a* bekehrt; **II.** *m, f* Bekehrte(r) *mf.*
convesso, -a [kon'vɛsso] *a* konvex; *(angolo)* stumpf.
convincere [kon'vintʃere] ‹*irr*› **I.** *tr* überzeugen (*qu di qc* jdn von etw.); **II.** *rfl:* **-ersi** sich überzeugen (*di* von). **convinto, -a** [...'vinto] *a* überführt. **convinzione** [...n'tsi̯o:ne] *f* Überzeugung *f,* Meinung *f.*
convitato, -a [konvi'ta:to] *m, f* Gast *m.*
convitto [kon'vitto] *m* Internat *n.* **convittore, -trice** [...'to:re] *m, f* Internatsschüler(in) *m(f),* Internatszögling *m.*
convivenza [konvi'vɛntsa] *f* Zusammenleben *n.* **convivere** [...'vi:vere] ‹*irr*› *itr* ‹*essere o avere*› zusammenleben.
convocare [konvo'ka:re] ‹convoco, convochi› *tr* zusammenrufen; *(pol, adm a.)* einberufen. **convocazione** [...kat'tsi̯o:ne] *f* Einberufung *f.*
convogliare [konvoʎ'ʎa:re] ‹convoglio, convogli› *tr* **1.** *(traffico, soccorsi)* leiten, führen; **2.** *(acqua, fiumi: trasportare)* mitführen. **convoglio** [...'vɔʎʎo] ‹-gli› *m* Konvoi *m,* Kolonne *f; ferr* Zug *m.*
convulsione [konvul'si̯o:ne] *f* Krampf(anfall) *m,* Konvulsion *f.* **convulso, -a** [...'vulso] **I.** *a* krampfhaft; *fig* hektisch, fieberhaft; **II.** *m* Krampf(anfall) *m.*
cooperare [koope'ra:re] *itr* zusammenarbeiten (*a* mit), kooperieren (*a* mit); *(contribuire)* mitwirken (*a, in* an), beitragen (*a* zu). **cooperativa** [...ra'ti:va] *f* Genossenschaft *f.* **cooperatore, -trice** [...ra'to:re] *m, f* **1.** *(di impresa)* Mitarbeiter(in) *m(f);* **2.** *com* Genossenschaftler(in) *m(f).* **cooperazione** [...rat'tsi̯o:ne] *f* **1.** *(ad un'impresa)* Mitarbeit *f;* **2.** *com* Genossenschaftswesen *n.*
coordinare [koordi'na:re] *tr* koordinieren; *gram* nebenordnen, beiordnen. **coordinata** [...'na:ta] *f* Koordinate *f.* **coordinatore, -trice** [...na'to:re] *m, f* Koordinator(in) *m(f).* **coordinazione** [...nat'tsi̯o:ne] *f* Koordination *f,* Abstimmung *f; gram* Nebenordnung *f,* Beiordnung *f.*
Copenaghen [kope'na:gen] *f* Kopenhagen *n.*
coperchio [ko'pɛrki̯o] ‹-chi› *m* Deckel *m.*
copersi [ko'pɛrsi] *p rem di* **coprire.**
coperta [ko'pɛrta] *f* **1.** *(panno)* Decke *f;* **2.** *naut* Deck *n;* **in** ~ an Deck.
copertina [koper'ti:na] *f* Einband *m,* Umschlag *m;* **ragazza-**~ Covergirl *n.*
coperto [ko'pɛrto] *m* Gedeck *n.*
coperto, -a [ko'pɛrto] **I.** *pp di* **coprire;** **II.** *a* **1.** *(palestra, piscina)* überdacht; **2.** *(persona)* bekleidet, angezogen; **3.** *fin fig (rischio)* gedeckt; **4.** *meteo (cielo, tempo)* bedeckt; **5.** *fig* verborgen; **6.** *(cosparso)* bedeckt (*di* mit), übersät (*di* mit); **essere ben** ~ dick angezogen sein; **III.** *m* überdachter Ort; **stare/mettersi al** ~ sich unterstellen.
copertone [koper'to:ne] *m* (Reifen)mantel *m,* Reifen *m.*
copertura [koper'tu:ra] *f* **1.** *(del tetto, etc.)* Bedeckung *f; arch* Abdeckung *f;* **2.** *com, fin, sport* Deckung *f.*
copia ['kɔ:pi̯a] ‹-ie› *f* **1.** *gener.* Kopie *f; (trascrizione a.)* Abschrift *f;* **2.** *typ* Exemplar *n,* Stück *n;* **3.** *fot* Abzug *m;* **bella/brutta** ~ Reinschrift *f*/Konzept *n;* **per** ~ **conforme** (*ab* **p.c.c.**) *adm* für die Richtigkeit der Abschrift. **copiare** [ko'pi̯a:re] ‹copio, copi› *tr* **1.** *(trascrivere, a scuola)* abschreiben; **2.** *(imitare, film)* kopieren. **copiativo, -a** [...i̯a'ti:vo] *a* Kopier-; **carta -a** Kohlepa-

pier *n.* **copiatrice** [...i̯a'tri:tʃe] *f* Kopiergerät *n,* Kopierer *m.*
copione [ko'pi̯o:ne] *m theat* Regiebuch *n; film* Drehbuch *n.*
coppa ['kɔppa *o* 'koppa] *f* **1.** *(recipiente, contenuto)* Becher *m,* Kelch *m;* **2.** *sport* Pokal *m;* **~ da spumante/gelato** Sektschale *f*/Eisbecher *m;* **~ dell'olio** *mot* Ölwanne *f.*
coppia ['kɔppi̯a] ‹-ie› *f* **1.** *(di persone)* Paar *n;* **2.** *(coniugi)* (Ehe)paar *n;* **3.** *sport* Doppel *n;* **a -ie, in ~** paarweise; **gara a -ie** Paarlauf *m.*
copricapo [kopri'ka:po] *m* Kopfbedeckung *f.* **copricostume** [-kos'tu:me] ‹-› *m* Strandkleid *n.* **coprifuoco** [-'fu̯ɔ:ko] *m* Ausgangssperre *f.*
coprire [ko'pri:re] ‹copro, coprii *o* copersi, coperto› **I.** *tr* **1.** *gener.* bedecken, zudecken; **2.** *(persona)* bedecken, einhüllen; **3.** *fig (impiego)* bekleiden; **4.** *(distanza)* zurücklegen; **5.** *fin, com (debito, rischio)* (ab)decken; **6.** *sport, mil* decken; **7.** *(casa)* decken; **~ qu di baci/onori** jdn mit Küssen bedecken/mit Ehrungen überhäufen; **copri bene il bambino!** pack das Kind gut ein! *fam;* **II.** *rfl:* **-irsi 1.** *(il corpo)* sich bedecken, sich einhüllen; **2.** *fig* sich bedecken, sich überziehen (*di* mit); **3.** *fin* sich absichern; **-irsi bene** sich warm einpacken *fam.*
coproduzione [koprodut'tsi̯o:ne] *f* Koproduktion *f.*
copyright ['kɔpıraıt] ‹-› *m* Copyright *n.*
coque [kɔk] *f:* **uovo alla ~** weichgekochtes Ei.
coraggio [ko'raddʒo] *m* Mut *m;* **mancare/perdersi di ~** keinen Mut haben/den Mut verlieren; **avere il ~ delle proprie azioni** zu seinen Handlungen stehen; **~!** nur Mut! **coraggioso, -a** [...'dʒo:so] *a* mutig.
corale [ko'ra:le] **I.** *a* **1.** *mus* Chor-; **2.** *(approvazione)* einhellig; **II.** *m* Choral *m.*
corallo [ko'rallo] *m* Koralle *f.*
corano [ko'ra:no] *m* Koran *m.*
corazza [ko'rattsa] *f* **1.** *mil* Rüstung *f,* Harnisch *m;* **2.** *zoo* Panzer *m.* **corazzare** [...'tsa:re] **I.** *tr* **1.** *mil* panzern; **2.** *fig* abschirmen; **II.** *rfl:* **-arsi** *(a. fig)* sich panzern. **corazzata** [...'tsa:ta] *f* Panzerkreuzer *m.*
corbelleria [korbelle'ri:a] ‹-ie› *f* Unsinn *m.*
corbezzolo [kor'bettsolo] *m* Erdbeerbaum *m.*
corda ['kɔrda] *f* **1.** *gener* Seil *n,* Schnur *f; sport* Seil *n;* **2.** *mus* Saite *f;* **-e vocali** *anat* Stimmbänder *n pl;* **salto della ~** Seilspringen *n;* **ballare** (*o* **camminare**) **sulla ~** seiltanzen; **essere con la ~ al collo** *fig* den Kopf in der Schlinge haben; **essere teso come le -e di un violino** gespannt sein wie ein Flitzebogen *fam;* **dare ~ a qu** *fig* jdn an der langen Leine führen; **tagliare la ~** *fig* Reißaus nehmen, sich aus dem Staub machen; **tenere qu sulla ~** jdn auf die Folter spannen; **tirar troppo la ~** *fig* den Bogen überspannen.
cordati [kor'da:ti] *m pl* Chordaten *pl.*
cordiale [kor'di̯a:le] **I.** *a* herzlich; **II.** *m* Stärkung(strunk *m*) *f.* **cordialità** [...i̯ali'ta] ‹-› *f* Herzlichkeit *f;* ‹*pl*› *(saluti)* herzliche Grüße *m pl;* **accogliere qu con ~** jdn herzlich empfangen; **tante ~ alla Sua famiglia** viele herzliche Grüße an Ihre Familie.
cordoglio [kor'dɔʎʎo] ‹-gli› *m* Schmerz *m,* (tiefe) Trauer *f.*
cordone [kor'do:ne] *m* **1.** *gener.* Schnur *f,* Kordel *f;* **2.** *el* Kabel *n;* **3.** *mil* Sperrgürtel *m,* Kordon *m;* **~ ombelicale** Nabelschnur *f;* **~ sanitario** Cordon sanitaire *m.*
coreografia [koreogra'fi:a] *f* Choreographie *f.* **coreografo, -a** [...e'ɔ:grafo] *m, f* Choreograph(in) *m(f).*
coriandolo [ko'ri̯andolo] *m* **1.** *bot* Koriander *m;* **2.** ‹*pl*› Konfetti *n.*
coricare [kori'ka:re] ‹corico, corichi› **I.** *tr* (hin)legen; **II.** *rfl:* **-arsi** sich hinlegen.
corista [ko'rista] ‹-i *m,* -e *f*› *mf* Chorsänger(in) *m(f).*
cornacchia [kor'nakki̯a] ‹-cchie› *f* Krähe *f.*
cornamusa [korna'mu:za] *f* Dudelsack *m.*
cornata [kor'na:ta] *f* Stoß *m* mit den Hörnern.
cornea ['kɔrnea] *f* Hornhaut *f.* **corneo, -a** [...eo] *a* Horn-; **sostanza -a** Keratin *n.*
corner ['kɔrner] ‹-› *m* Eckball *m;* **salvarsi in ~** *fig* sich im letzten Augenblick retten.
cornetto [kor'netto] *m* **1.** *(amuleto)* hornförmiges Amulett; **2.** *gastr* Hörnchen *n,* Croissant *n;* **~ acustico** Hörrohr *n.*
cornice [kor'ni:tʃe] *f* **1.** *(di quadro, specchio)* Rahmen *m;* **2.** *arch* Gesims *n;* **legge ~** Rahmengesetz *n.* **corniciaio** [...ni'tʃa:i̯o] ‹-ai› *m* Rahmenhersteller *m.* **cornicione** [...ni'tʃo:ne] *m* Kranzgesims *n.*
corno ['kɔrno] *m* **1.** ‹*pl:* -a *f*› *zoo* Horn *n; (del cervo, etc.)* Geweih *n;* **2.** ‹*pl:* -i *m*› *(sostanza)* Horn *n;* **3.** ‹*pl:* -i *m*› *(da scarpe)* Schuhlöffel *m;* **4.** ‹*pl:* -i *m*› *mus* Horn *n;* **5.** ‹*pl:* -i *m*› *(di oggetto)* Horn *n,* Spitze *f;* **avere qu/qc sulle -a** *fam* jdn/etw. bis oben (satt) haben *fam;* **fare le -a alla moglie/al marito** *fam* seine Frau betrügen/seinem Mann Hörner aufsetzen; **rompersi** (*o* **spezzarsi**) **le -a** *fig* sich *(dat)* den Kopf einrennen; **non**

me ne importa un ~ *vulg* es kümmert mich einen Dreck *fam* (*o* Scheiß *vulg*)!

cornuto, -a [...'nu:to] **I.** *a* **1.** *zoo* Horn-, hörnertragend; **2.** *fig fam* gehörnt, betrogen; **II.** *m, f* **1.** *fig fam* Gehörnte(r) *m,* Hahnrei *m obs;* **2.** *vulg (insulto)* Hornochse *m fam.*

coro ['kɔ:ro] *m* Chor *m.*

corografia [korogra'fi:a] *f* Chorographie *f.*

corolla [ko'rɔlla] *f* Korolla *f.*

corona [ko'ro:na] *f* **1.** *gener., fin., fig* Krone *f;* **2.** *(di fiori)* Kranz *m;* **3.** *(di dente)* Krone *f;* **4.** *(cerchio)* Kreis *m,* Ring *m;* **~ di alloro** Lorbeerkranz *m;* **usurpare la ~** die Macht an sich reißen; **~ del rosario** Rosenkranz *m;* **~ dentata** Zahnkranz *m;* **~ mortuaria** (*o* **funebre**) (Grab)kranz *m;* **far ~ intorno a qu** jdn umringen.

coronamento [korona'mento] *m* Krönung *f.* **coronare** [...'na:re] *tr* **1.** *fig* krönen; **2.** *(cingere)* kränzen; *fig* umkränzen, umgeben.

coronaria [koro'na:ri̯a] ‹-ie› *f* Kranzgefäß *n.*

corpetto [kor'petto] *m* Leibchen *n; (panciotto)* Weste *f; (corpino)* Mieder *n.*

corpo ['kɔrpo] *m* **1.** *gener., biol, anat* Körper *m;* **2.** *(parte sostanziale)* Hauptteil *m;* **3.** *(insieme di persone)* Körper(schaft *f*) *m; mil, pol* Korps *n;* **4.** *lit* Korpus *n,* Sammlung *f;* **5.** *(salma)* Leiche *f;* **-i celesti** Himmelskörper *m pl;* **~ insegnante** *adm* Lehrkörper *m adm;* **~ di ballo** Corps de ballet *n,* Ballett(gruppe *f*) *n;* **~ del reato** *jur* Corpus delicti *n;* **andare di ~** *fam* Stuhlgang haben; **dar/prendere ~** Form geben/annehmen; **mettere qc in ~** etw. zu sich *(dat)* nehmen; **a ~ morto** *fig* mit vollem Einsatz; **combattere ~ a ~** Mann gegen Mann kämpfen; **~ di Bacco!** *fam* Donnerwetter! *fam.*

corporale [korpo'ra:le] *a* körperlich, Körper-.

corporatura [korpora'tu:ra] *f* Körperbau *m.*

corporazione [korporat'tsi̯o:ne] *f* **1.** *com, adm* Körperschaft *f;* **2.** *hist* Zunft *f,* Innung *f.*

corporeo, -a [kor'pɔ:reo] *a* **1.** körperlich; *(a. peso)* Körper-; **2.** *(sostanza)* materiell.

corpulento, -a [korpu'lɛnto] *a* korpulent, beleibt.

corpuscolo [kor'puskolo] *m* **1.** *scient, phys* Korpuskel *n;* **2.** *anat* (Blut)körperchen *n.*

Corpus Domini ['kɔrpus 'dɔ:mini] ‹-› *m* Fronleichnam *m.*

Corrado [kor'ra:do] *(nome proprio maschile)* Konrad.

corredare [korre'da:re] *tr* ausstatten (*di* mit), versehen (*di* mit).

corredo [kor'rɛ:do] *m* **1.** *(da sposa)* Aussteuer *f;* **2.** *(di laboratorio, casa, etc.)* Ausstattung *f;* **3.** *fig* Fundus *m* (*di* an), Grundstock *m* (*di* von).

correggere [kor'rɛddʒere] ‹*irr*› **I.** *tr* **1.** *(compito, scritto, traduzione)* korrigieren, verbessern; **2.** *med* beheben, bessern; **3.** *(persona)* zurechtweisen; **4.** *gastr (bevande)* beimischen (*qc con qc* etw. einer S. *dat*); **~ le bozze di stampa** Korrektur lesen; **II.** *rfl:* **-ersi** sich *(dat)* abgewöhnen (*di qc* etw.).

correlazione [korrelat'tsi̯o:ne] *f* Wechselbeziehung *f; (a. ling)* Korrelation *f.*

corrente[1] [kor'rɛnte] **I.** *a* **1.** *(acqua)* fließend; **2.** *(mese, anno)* laufend; **3.** *(stile, linguaggio, uso)* geläufig, gängig; **~ anno** (*ab* **c.a.**) dieses Jahres; **~ mese** (*ab* **c.m.**) dieses Monats; **II.** *m:* **essere/ mettere al ~** auf dem laufenden sein/ halten.

corrente[2] [kor'rɛnte] *f* **1.** *(di fiume, etc.)* Strömung *f,* Strom *m;* **2.** *(di lava)* (Lava)strom *m;* **3.** *el* Strom *m;* **4.** *pol, fig* Strömung *f,* Richtung *f; (movimento)* Bewegung *f;* **~ alternata** (*ab* **c.a.**) Wechselstrom *m;* **~ continua** (*ab* **c.c.**) Gleichstrom *m;* **~ d'aria** Durchzug *m;* **andare contro (la) ~** *fig* gegen den Strom schwimmen.

correntemente [korrente'mente] *adv* **1.** *(speditamente)* fließend; **2.** *(comunemente)* üblicherweise.

correntista [korren'tista] ‹-i *m,* -e *f*› *mf* Girokontoinhaber(in) *m(f).*

correre ['korrere] ‹corro, corsi, corso› **I.** *itr* ‹*essere o avere*› **1.** *(persone)* laufen, rennen; *(mot, sport a.)* fahren; *(acqua)* fließen; **2.** *fig (strade, etc.)* verlaufen; **3.** *(voci)* in Umlauf sein; **4.** *(tempo)* schnell vergehen; **5.** *com (interessi, etc.)* laufen; **~ a gambe levate** die Beine in die Hand (*o* unter die Arme) nehmen *fam;* **~ dietro a qu** hinter jdm herlaufen; **~ dietro alle donne** *fig* hinter den Frauen her sein; **lasciar ~** nicht eingreifen; **II.** *tr* ‹*avere*› **1.** *sport (distanza)* laufen (über); *(gara)* teilnehmen an; **2.** *(rischio)* eingehen; *(pericolo)* laufen.

corresponsabile [korrespon'sa:bile] *a* mitverantwortlich.

correttezza [korret'tettsa] *f* Korrektheit *f.*

corretto, -a [kor'rɛtto] *a* **1.** *(esatto)* korrekt; *(giusto)* richtig; *(dopo correzione)* verbessert, korrigiert; **2.** *(persona, comportamento)* korrekt, tadellos; **3.** *(caffè)* mit Schuß.

correttore, -trice [korret'to:re] *m, f* Korrektor(in) *m(f).*

correzione [korret'tsi̯o:ne] *f* **1.** *(miglioramento)* Verbesserung *f;* **2.** *(di compiti, bozze)* Korrektur *f; (da parte di*

uno scolaro) Verbesserung *f;* **3.** *(di rotta)* (Kurs)korrektur *f;* **4.** *(di indumento)* Änderung *f.*
corrida [kor'ri:da] *f* Stierkampf *m.*
corridoio [korri'do:io] ‹-oi› *m* **1.** *(di casa)* Korridor *m,* Flur *m;* **2.** *ferr* Gang *m;* **3.** *pol, sport* Korridor *m; (nel tennis)* Doppelfeld *n;* **voci di ~** Flüsterpropaganda *f.*
corridore, -trice [korri'do:re] *m, f* Läufer(in) *m(f); mot* Rennfahrer(in) *m(f).*
corriera [kor'riɛ:ra] *f* Überlandbus *m.*
corriere [kor'riɛ:re] *m* (Eil)bote *m; mil, pol* Kurier *m.*
corrigendo, -a [korri'dʒɛndo] *m, f* Zögling *m* (einer Besserungsanstalt).
corrispettivo, -a [korrispet'ti:vo] **I.** *a* entsprechend; **II.** *m* Gegenleistung *f.*
corrispondente [korrispon'dɛnte] **I.** *a* entsprechend, angemessen; **II.** *mf* **1.** *(epistolare)* Briefpartner(in) *m(f);* **2.** *(di giornale)* Korrespondent(in) *m(f),* Berichterstatter(in) *m(f);* **~ dall'estero** Auslandskorrespondent(in) *m(f).*
corrispondenza [korrispon'dɛntsa] *f* **1.** *(di lettere)* Korrespondenz *f,* Schriftverkehr *m adm;* **2.** *(di affetti)* Gegenseitigkeit *f,* Erwiderung *f;* **3.** *(di giornale)* Korrespondentenbericht *m;* **~ commerciale** Handelskorrespondenz *f;* **~ in arrivo/partenza** ankommende/ausgehende Post; **corso per ~** Fernkurs(us) *m;* **essere in ~ con qu** mit jdm korrespondieren, mit jdm in Korrespondenz stehen.
corrispondere [korris'pondere] ‹*irr*› **I.** *itr* **1.** *(equivalere)* entsprechen, übereinstimmen (*a* mit); **2.** *(per lettera)* korrespondieren, sich *(dat)* schreiben; **II.** *tr* bezahlen.
corroborante [korrobo'rante] *a* stärkend.
corrodere [kor'ro:dere] ‹*irr*› **I.** *tr* **1.** *(metalli, etc.)* zersetzen, zerfressen; *(acidi, etc.)* ätzen; *(denti)* angreifen; **2.** *fig* nagen an, zehren an; **II.** *rfl:* **-ersi** sich zersetzen.
corrompere [kor'rompere] ‹*irr*› **I.** *tr* korrumpieren; *(con denaro)* bestechen; *(moralmente)* verderben; **II.** *rfl:* **-ersi** verderben.
corrosione [korro'zio:ne] *f* Korrosion *f; tec, chem* Ätzung *f.* **corrosivo, -a** [...'zi:vo] **I.** *a* **1.** *chem* korrosiv; **2.** *(azione, fenomeno)* Korrosions-, Zersetzungs-; **3.** *fig (critica, etc.)* scharf, beißend; **II.** *m* Ätzmittel *n.*
corrucciarsi [korrut'tʃarsi] ‹mi corruccio, ti corrucci› *rfl* sich ärgern.
corrugare [korru'ga:re] ‹corrugo, corrughi› *tr (fronte)* runzeln; *(sopracciglia)* zusammenziehen.
corruttibile [korrut'ti:bile] *a* **1.** *(persona)* korrupt, bestechlich; **2.** *(cibi)* verderblich.
corruttore, -trice [korrut'to:re] **I.** *a* verderblich, verderbenbringend; **II.** *m, f* Verderber(in) *m(f); (seduttore)* Verführer(in) *m(f).*
corruzione [korrut'tsio:ne] *f* Korruption *f; (con denaro)* Bestechung *f; (seduzione)* Verführung *f.*
corsa[1] *f v.* **corso, -a.**
corsa[2] ['korsa] *f* **1.** *gener.* Lauf *m,* Laufen *n;* **2.** *sport* Lauf *m,* Rennen *n;* **3.** *(di automezzo)* Fahrt *f,* Tour *f;* **4.** *tec* Hub *m;* **~ a ostacoli** Hindernisrennen *n;* **andare alle -e** zum Pferderennen gehen; **fare una ~ in qualche luogo** auf einen Sprung irgendwo hingehen; **a che ora c'è l'ultima ~?** wann fährt der letzte Bus (*o* Zug)?; **di ~** eilends, schnell; **è proibito scendere dal veicolo in ~** es ist verboten, während der Fahrt abzuspringen.
corsaro, -a [kor'sa:ro] **I.** *m* Korsar *m,* Freibeuter *m;* **II.** *a* Kaper-.
corsetteria [korsette'ri:a] ‹-ie› *f* **1.** *(assortimento)* Miederwaren *f pl;* **2.** *(negozio)* Miederwarengeschäft *n.*
corsi ['korsi] *p rem di* **correre.**
corsia [kor'si:a] ‹-ie› *f* **1.** *med* Krankensaal *m;* **2.** *(di strada)* (Fahr)spur *f;* **3.** *sport* Bahn *f;* **~ di marcia/sorpasso/emergenza** Fahr-/Überhol-/Standspur *f;* **~ preferenziale** Bus-, Taxispur *f.*
Corsica ['kɔrsika] *f* Korsika *n.*
corsivo, -a [kor'si:vo] **I.** *a* (*ab* **c.vo**) kursiv; **II.** *m* Kursive *f,* Kursivschrift *f.*
corso[1] ['korso] *pp di* **correre.**
corso[2] ['korso] *m* **1.** *(andamento)* (Ver)lauf *m; (d'acqua, etc.)* Lauf *m;* **2.** *(insegnamento)* Kurs(us) *m;* **3.** *fin* Umlauf *m; (prezzo)* Kurs *m;* **4.** *com* (Ab)lauf *m,* Gang *m;* **5.** *(strada)* Prachtstraße *f,* Korso *m;* **6.** *(sfilata)* (Um)zug *m,* Korso *m;* **7.** *astr* Lauf *m,* Bahn *f;* **moneta fuori ~** nicht mehr im Umlauf befindliche Münze; **gli affari in ~** die laufenden Geschäfte *n pl;* **seguire** (*o* **fare) il suo ~** seinen Lauf nehmen; **in ~ di stampa** im Druck (befindlich); **andare/essere fuori ~** die Regelstudienzeit überschreiten/überschritten haben; **fare** (*o* **frequentare) il secondo ~ di lettere** im zweiten Jahr Philologie studieren.
corso, -a ['kɔrso] **I.** *a* korsisch; **II.** *m, f* Korse *m,* Korsin *f.*
corte ['korte] *f* **1.** *(reggia)* Hof *m;* **2.** *arch* Hof *m;* **3.** *jur* Gericht *n,* (Gerichts)hof *m;* **~ d'appello** Berufungsgericht *n;* **C~ di Cassazione/dei Conti/Costituzionale** (*ab* **C.C.**) ≃ (Bundes)gerichtshof *m*/(Bundes)rechnungshof *m*/(Bundes)verfassungsgericht *n;* **~ marziale** Kriegsgericht *n;* **fare la ~ a qu** jdm den Hof machen.
corteccia [kor'tettʃa] ‹-cce› *f* Rinde *f.*
corteggiare [korted'dʒa:re] ‹corteggio,

corteggi› *tr* den Hof machen (*qu* jdm), umwerben. **corteggiatore, -trice** [...dʒa'to:re] *m, f* Verehrer(in) *m(f)*.

corteo [kor'tɛ:o] *m* (Um)zug *m*.

cortese [kor'te:ze] *a* **1.** *(garbato)* höflich; *(gentile)* freundlich; **2.** *hist* höfisch. **cortesia** [...te'zi:a] ‹-ie› *f* Höflichkeit *f; (gentilezza)* Freundlichkeit *f;* **per ~** bitte; **fammi la ~ di uscire** geh bitte hinaus.

cortigiano, -a [korti'dʒa:no] *m, f* Höfling *m,* Hofdame *f*.

cortile [kor'ti:le] *m* Hof *m;* **animali da ~** Kleintiere *n pl*.

cortina [kor'ti:na] *f* **1.** *(tenda)* Vorhang *m;* **2.** *fig (di nebbia, fumo)* Wand *f;* **~ di ferro** Eiserner Vorhang.

cortisone [korti'zo:ne] *m* Kortison *n*.

corto, -a ['korto] **I.** *a* kurz; **essere a ~ di soldi/argomenti** knapp bei Kasse sein/ wenig Argumente haben; **II.** *adv:* **tagliar ~** es kurz machen. **cortocircuito** [-tʃir'ku:ito] *m* Kurzschluß *m*. **cortometraggio** [-me'traddʒo] *m* Kurzfilm *m*.

corvino, -a [kor'vi:no] *a* raben-, pechschwarz.

corvo ['kɔrvo] *m* Rabe *m;* **nero come un ~** rabenschwarz.

cosa ['kɔ:sa] *f* Sache *f,* Ding *n; fam* Dings(da) *n fam;* **la ~ pubblica** der Staat; **arrivare a -e fatte** vor vollendeten Tatsachen stehen; **è ~ fatta** es ist erledigt; **non è una gran ~** das ist nichts Besonderes; **è la stessa ~** das ist das gleiche; **è tutt'altra ~** das ist etwas völlig anderes; **le -e si mettono male** die Lage verschlimmert sich; **una ~ tira l'altra, da ~ nasce ~** eins zieht das andere nach (sich *dat*); **raccontami come sono andate le -e** erzähl mir, wie die Sache (*o* wie's) gelaufen ist; **dimmi una ~** sag mal; **sai una ~, ...** weißt du was? ...; **~ vuoi, sono bambini!** was willst du, so sind Kinder eben!; **per prima ~** als erstes, vor allem; **tante belle -e!** alles Gute!; **qualche ~** etwas; **qualsiasi ~ succeda** was auch immer geschieht; **(che) ~** was?; **a/di che ~?** wozu/wovon?; **a (che) ~ pensi?** woran denkst du?

cosca ['kɔska] ‹-sche› *f* Mafia-Klan *m*.

coscia ['kɔʃʃa] ‹-sce› *f* **1.** *anat* Schenkel *m;* **2.** *gastr* Keule *f,* Schlegel *m*.

cosciente [koʃ'ʃɛnte] *a* bewußt.

coscienza [koʃ'ʃɛntsa] *f* Gewissen *n; (consapevolezza)* Bewußtsein *n; (impegno, senso del dovere)* Gewissenhaftigkeit *f; (onestà)* Ehrlichkeit *f;* **avere la ~ pulita/sporca** ein gutes/schlechtes Gewissen haben; **avere la ~ dei propri limiti** sich *(dat)* seiner Grenzen bewußt sein; **agire con ~** gewissenhaft handeln; **mettersi una mano sulla ~** mit sich *(dat)* ins Gericht gehen; **in ~!** Hand aufs Herz!

coscienziosità [koʃʃentsi̯osi'ta] ‹-› *f* Gewissenhaftigkeit *f*. **coscienzioso, -a** [...'tsi̯o:so] *a* gewissenhaft.

coscio ['kɔʃʃo] ‹-sci› *m* Keule *f*. **cosciotto** [koʃ'ʃɔtto] *m* Schlegel *m,* kleine Keule.

coscritto [kos'kritto] *m* Rekrut *m*. **coscrizione** [...krit'tsi̯o:ne] *f* Einberufung *f*.

coseno [ko'se:no] *m* Kosinus *m*.

così [ko'si] **I.** *adv* **1.** *(in questo modo)* so; **2.** *(tanto)* so; **3.** *(correlativo di come)* (so) wie; **per ~ dire** sozusagen; **e ~ via** und so weiter; **come va? — ~ ~** wie geht es? — so lala; **II.** ‹*inv*› *a* solche(r, s), so ein(e, r, s); **III.** *con* so; **~ sia** amen. **cosicché** [-k'ke] *con* so daß. **cosiddetto, -a** [-d'detto] *a* sogenannt.

cosmesi [koz'mɛ:zi] ‹-› *f* Kosmetik *f*. **cosmetico, -a** [...'mɛ:tiko] ‹-ci, -che› **I.** *a* kosmetisch; **II.** *m* Kosmetikprodukt *n*.

cosmico, -a ['kɔzmiko] ‹-ci, -che› *a* **1.** *astr* kosmisch; **2.** *fig* universal.

cosmo ['kɔzmo] *m* Kosmos *m,* Weltall *n*. **cosmonauta** [-'na:uta] ‹-i *m,* -e *f*› *mf* Kosmonaut(in) *m(f)*. **cosmonave** [-'na:ve] *f* Raumschiff *n*.

cosmopolita [kozmopo'li:ta] ‹-i *m,* -e *f*› **I.** *mf* Kosmopolit(in) *m(f);* **II.** *a* kosmopolitisch.

cospargere [kos'pardʒere] ‹*irr*› *tr* bestreuen (*di* mit); *(disseminare)* übersäen (*di* mit); *(coprire)* bedecken (*di* mit).

cospetto [kos'pɛtto] *m:* **al ~ di** in Gegenwart *gen,* gegenüber *dat*.

cospicuo, -a [kos'pi:kuo] *a* ansehnlich, beträchtlich; *(evidente)* augenfällig.

cospirare [kospi'ra:re] *itr* sich verschwören, konspirieren *geh;* **tutto sembra ~ contro di me** alles scheint sich gegen mich verschworen zu haben. **cospiratore, -trice** [...ra'to:re] *m, f* Verschwörer(in) *m(f)*. **cospirazione** [...rat'tsi̯o:ne] *f* Verschwörung *f,* Konspiration *f geh*.

cossi ['kɔssi] *p rem di* **cuocere.**

costa ['kɔsta] *f* **1.** *geog* Küste *f;* **2.** *anat, bot* Rippe *f;* **3.** *(di libro, coltello)* Rükken *m*.

costà [kos'ta] *adv (stato)* dort; *(moto)* dorthin.

costante [kos'tante] **I.** *a* **1.** *(persona)* beharrlich, ausdauernd; *(fermo)* beständig; **2.** *(desiderio, etc.)* anhaltend; *(tempo)* beständig; **3.** *mat, phys* konstant; **II.** *f* Konstante *f*. **costanza** [...'tantsa] *f* **1.** *(di persona)* Beharrlichkeit *f,* Ausdauer *f; (fermezza)* Beständigkeit *f;* **2.** *tec, scient* Stetigkeit *f,* Konstanz *f*.

Costanza [kos'tantsa] *f* Konstanz *n*.

costare [kos'ta:re] *itr* ‹*essere*›, *tr* ‹*avere*› kosten; **~ caro/poco** viel kosten, teuer sein/wenig kosten, nicht teuer sein; **quanto costa?** wieviel (*o* was) kostet das?; **costi quel che costi** koste es, was es wolle; **la vita oggi costa** heutzutage ist das Leben teuer.

costata [kos'ta:ta] *f* Rumpsteak *n.*

costeggiare [kosted'dʒa:re] ‹costeggio, costeggi› *tr* **1.** *naut* entlangfahren an; **2.** *(strada, sentiero)* vorbeiführen an, entlanglaufen an.

costei *v.* **costui.**

costellazione [kostellat'tsi̯o:ne] *f* Konstellation *f; (dello zodiaco)* Sternbild *n.*

costernazione [kosternat'tsi̯o:ne] *f* Bestürzung *f.*

costì [kos'ti] *adv (stato)* dort; *(moto)* dorthin.

costiero, -a [kos'ti̯ɛ:ro] *a* Küsten-.

costipato [kosti'pa:to] *a (stitico)* verstopft; *(raffreddato)* stark erkältet.

costituente [kostitu'ɛnte] **I.** *a* konstituierend; **II.** *f* konstituierende (*o* verfassunggebende) Versammlung; **III.** *m* Bestandteil *m.*

costituire [kostitu'i:re] ‹costituisco› **I.** *tr* **1.** *(fondare, creare)* gründen; **2.** *(rappresentare)* darstellen, sein; **3.** *(formare)* bilden; **4.** *(eleggere)* ernennen (*a* zu), erklären (*a* zu); *(nominare)* einsetzen; **essere costituito da** bestehen aus, zusammengesetzt sein aus; **II.** *rfl:* **-irsi 1.** *jur* sich stellen; **2.** *(formarsi)* sich bilden; **-irsi parte civile** Nebenklage erheben; **-irsi in giudizio** vor Gericht erscheinen. **costituito, -a** [...'i:to] *a* gesetzlich, gesetzmäßig.

costituzionale [kostitutts̯io'na:le] *a* **1.** *pol* konstitutionell, verfassungsmäßig; **2.** *jur* Verfassungs-; **3.** *med* konstitutionell.

costituzione [kostitut'tsi̯o:ne] *f* **1.** *jur* (*ab* **Cost.**) Verfassung *f;* **2.** *(di società, giuria)* Bildung *f,* Gründung *f;* **3.** *geol* Formation *f;* **4.** *med* Konstitution *f;* **5.** *(struttura)* Struktur *f,* Gefüge *n.*

costo ['kɔsto] *m* **1.** *(somma)* Preis *m; (sacrificio)* Kosten *pl,* Unkosten *pl;* **2.** *fig* Preis *m,* Einsatz *m;* **indice del ~ della vita** Lebenshaltungsindex *m;* **sotto ~** unter Preis; **a prezzo di ~** zum Selbstkostenpreis; **a qualunque** (*o* **ad ogni) ~, a tutti i -i** um jeden Preis; **a nessun ~** um keinen Preis.

costola ['kɔstola] *f* **1.** *anat, bot* Rippe *f;* **2.** *gastr* Rippchen *n;* **3.** *(di libro, lama)* Rücken *m;* **stare alle -e di qu** jdm auf der Pelle liegen *fam.* **costoletta** [kosto'letta] *f* Kotelett *n.*

costoro [kos'to:ro] *v.* **costui.**

costoso, -a [kos'to:so] *a* teuer; *(dispendioso)* kostspielig.

costringere [kos'trindʒere] ‹*irr*› *tr* zwingen; **~ qu a fare qc** jdn zwingen, etw. zu tun; **la febbre lo costringe a letto** das Fieber fesselt ihn ans Bett. **costrizione** [...t'tsi̯o:ne] *f* Zwang *m.*

costruire [kostru'i:re] ‹costruisco› *tr* **1.** *arch* (er-, auf)bauen; *tec* (zusammen)bauen; **2.** *tec, ling (periodo)* konstruieren; **3.** *fig* bilden, errichten, aufbauen. **costruttivo, -a** [...ut'ti:vo] *a* **1.** *(tecnica, processo)* baulich, Bau-; **2.** *fig* konstruktiv. **costruttore, -trice** [...'to:re] *m, f* (Er)bauer(in) *m(f).* **costruzione** [...t'tsi̯o:ne] *f* **1.** *arch* Bau *m; (fabbricazione)* (Auf)bau *m,* Konstruktion *f;* **2.** *tec* Bauart *f,* Bauweise *f;* **3.** *ling* Konstruktion *f,* (Satz)bau *m; lit* Aufbau *m;* **essere in ~** im Bau (befindlich) sein.

costui, costei [kos'tu:i, ...'tɛ:i] ‹costoro› *pron* diese(r, s), der/die/das da.

costume [kos'tu:me] *m* **1.** *theat* Kostüm *n; (foggia di vestire)* Tracht *f;* **2.** *(usanze)* Sitte *f,* Brauch *m; (abitudine)* Gewohnheit *f;* **3.** *(condotta morale)* Sitte *f,* Anstand *m;* **~ da bagno** *(da donna)* Badeanzug *m; (da uomo)* Badehose *f;* **squadra del buon ~** Sittenpolizei *f;* **una donna di facili -i** eine Frau mit lockerem Lebenswandel; **è un fatto di ~** das liegt im Trend (der Zeit).

costura [kos'tu:ra] *f* Naht *f.*

cotogna [ko'toɲɲa] *f* Quitte *f.* **cotognata** [...'ɲa:ta] *f* Quittenmarmelade *f.* **cotogno** [ko'toɲɲo] *m* Quitte(nbaum *m*) *f.*

cotoletta [koto'letta] *f* Kotelett *n; (senza osso)* Schnitzel *n.*

cotonare [koto'na:re] *tr* toupieren.

cotone [ko'to:ne] *m* **1.** *(tessuto)* Baumwollstoff *m,* Baumwolle *f;* **2.** *bot* Baumwolle *f;* **~ da ricamo** Stickgarn *n;* **~ (idrofilo)** Watte *f.* **cotoniero, -a** [koto'ni̯ɛ:ro] *a* Baumwoll-.

cotta[1] ['kɔtta] *f fam* Vernarrtheit *f;* **prendersi una ~ per qu** sich in jdn verknallen *fam;* **avere una ~ per qu** in jdn verknallt sein *fam;* **un furfante di tre -e** ein ausgekochter (*o* durchtriebener) Schurke.

cotta[2] ['kɔtta] *f rel* Chorhemd *n.*

cottage ['kɔtidʒ] ‹-› *m* Landhaus *n.*

cottimista [kotti'mista] ‹-i *m,* -e *f*› *mf* Akkordarbeiter(in) *m(f).* **cottimo** ['kɔttimo] *m* Akkord *m;* **lavorare a ~** im Akkord arbeiten.

cotto, -a ['kɔtto] **I.** *pp di* **cuocere; II.** *a* **1.** *gastr (pronto)* gar; *(carne, verdura, etc.)* gekocht; *(in forno)* gebacken; *(in padella)* gebraten; *(in umido)* gedünstet, geschmort; **2.** *fam* verknallt (*di* in) *fam;* **ben ~** durch(gebraten); **~ e stracotto** zerkocht; **farne di -e e di crude** allerlei anstellen; **III.** *m* Tonfliese *f.* **cottura** [kot'tu:ra] *f* **1.** *gastr, gener.* Garen *n; (nell'acqua)* Kochen *n; (in padella)* Braten *n; (in umido)* Dünsten *n,* Schmoren *n; (in forno)* Backen *n;*

2. *(di mattoni, etc.)* Brennen *n;* **punto di ~** Garpunkt *m.*
coupon [ku'pɔ̃] ‹-› *m* Coupon *m,* Abschnitt *m;* **~ per la benzina** Benzingutschein *m.*
cova ['ko:va] *f* Brut *f; (tempo)* Brutzeit *f.* **covare** [ko'va:re] **I.** *tr* **1.** *zoo* ausbrüten; **2.** *fig (malattia)* ausbrüten *fam; (odio, sospetto, speranza)* hegen; **II.** *itr* **1.** *zoo* brüten; **2.** *fig* verborgen sein. **covata** [ko'va:ta] *f* Brut *f.*
covo ['ko:vo] *m* **1.** *zoo* Höhle *f,* Bau *m;* **2.** *fig* Schlupfwinkel *m,* Versteck *n;* **~ di ladri** Diebesnest *n.*
covone [ko'vo:ne] *m* Garbe *f.*
cozza ['kɔttsa] *f mer* Miesmuschel *f.*
cozzare [kot'tsa:re] **I.** *itr* **1.** *(sbattere)* anstoßen (*contro* an), stoßen (*contro* gegen), anrennen (*contro* gegen); **2.** *zoo* mit den Hörnern stoßen; **3.** *fig* stoßen (*contro* auf); **II.** *tr* rammen; **~ la macchina contro un albero** das Auto gegen einen Baum fahren, mit dem Auto einen Baum rammen. **cozzo** ['kɔttso] *m* **1.** *(urto)* Stoß *m;* **2.** *fig* Kollision *f.*
C.P. *ab di* **Casella Postale** Postf. (*ab di* Postfach).
crac [krak] ‹-› *m* **1.** *(rumore)* Knacken *n,* Krachen *n;* **2.** *fig com* Zusammenbruch *m.*
crampo ['krampo] *m* Krampf *m.*
cranio ['kra:ni̯o] ‹-i› *m* Schädel *m.*
cratere [kra'tɛ:re] *m* Krater *m;* **~ lunare** Mondkrater *m.*
crauti ['kra:uti] *m pl* Sauerkraut *n.*
cravatta [kra'vatta] *f* Krawatte *f.* **cravattino** [...'ti:no] *m* Fliege *f.*
crawl [krɔ:l] ‹-› *m* Kraul(schwimmen) *n,* Kraulen *n;* **battere il ~** kraulen.
creanza [kre'antsa] *f* **1.** *(educazione)* Erziehung *f;* **2.** *(buone maniere)* Anstand *m,* Benehmen *n.*
creare [kre'a:re] *tr* **1.** *(produrre)* (er)schaffen; *com (società, etc.)* gründen; *(nella moda)* kreieren; *tec* konstruieren; *(teoria)* aufstellen; **2.** *fig (scandalo, etc.)* verursachen; *(difficoltà)* machen, bereiten; **3.** *(nominare)* ernennen.
creatività [kreativi'ta] ‹-› *f* Kreativität *f.* **creativo, -a** [...'ti:vo] *a* kreativ, schöpferisch.
creato, -a [kre'a:to] **I.** *a* geschaffen; **II.** *m* Schöpfung *f.* **creatore, -trice** [krea'to:re] **I.** *a* schöpferisch; **II.** *m, f* Schöpfer(in) *m(f);* **il C~** *rel* (Gott) der Herr. **creatura** [...'tu:ra] *f* **1.** *rel* Kreatur *f,* Geschöpf *n;* **2.** *(bambino)* kleines Wesen, Kind *n;* **3.** *(essere umano)* Geschöpf *n,* Wesen *n;* **4.** *(protetto)* Schützling *m.* **creazione** [...t'tsi̯o:ne] *f* **1.** *gener.* (Er)schaffung *f; rel* Schöpfung *f;* **2.** *(fondazione)* Gründung *f;* **3.** *(nella moda)* Kreation *f;* **4.** *tec* Konstruktion *f;* **5.** *(invenzione)* Erfindung *f.*
crebbi ['krebbi] *p rem di* **crescere.**
credente [kre'dɛnte] **I.** *a* gläubig; **II.** *mf* Gläubige(r) *mf.*
credenza[1] [kre'dɛntsa] *f (mobile)* Anrichte *f.*
credenza[2] [kre'dɛntsa] *f (fede, opinione)* Glaube *m;* **-e popolari** Volksglaube *m.*
credenziale [kreden'tsi̯a:le] **I.** *a (lettera)* Beglaubigungs-; **II.** *f* Akkreditiv *n.*
credere ['kre:dere] **I.** *tr* glauben; *(ritenere)* halten für; **lo credo bene!** das glaube ich gern! *fam;* **lo credo capace di tutto** ich glaube, er ist zu allem fähig; **~ qu onesto** jdn für ehrlich halten; **II.** *itr* glauben (*in* an, *a qu* jdm); **non potevo ~ ai miei occhi** ich glaubte meinen Augen nicht zu trauen; **fa come credi** mach so, wie du es für richtig hältst; **III.** *rfl:* **-ersi** sich halten für; **-ersi furbo/intelligente** sich für schlau/intelligent halten; **ma chi ti credi di essere?** für wen hältst du dich eigentlich?
credibile [kre'di:bile] *a* glaubhaft, glaubwürdig.
creditizio, -a [kredi'tittsi̯o] ‹-i, -ie› *a* Kredit-.
credito ['kre:dito] *m* **1.** *com, fin* Kredit *m;* **2.** *fig (stima)* Ansehen *n; (attendibilità)* Glauben *m,* Beachtung *f;* **comprare/vendere a ~** auf Kredit kaufen/verkaufen; **godere di molto ~** sehr angesehen sein. **creditore, -trice** [kredi'to:re] *m, f* Gläubiger(in) *m(f).*
credo ['krɛ:do] *m* Kredo *n; (a. fig)* Glaubensbekenntnis *n.*
credulità [kreduli'ta] ‹-› *f* Leichtgläubigkeit *f.* **credulone, -a** [kredu'lo:ne] *fam m, f* Einfaltspinsel *m,* Naivling *m fam.*
crema ['krɛ:ma] **I.** *f* Creme *f;* **~ di pomodoro/piselli** Tomaten-/Erbsencremesuppe *f;* **~ da giorno/notte** Tages-/Nachtcreme *f;* **~ per il sole** Sonnencreme *f;* **~ da scarpe** Schuhcreme *f;* **II.** ‹*inv*› *a:* **(color) ~** cremefarben.
cremagliera [kremaʎ'ʎɛ:ra] *f* Zahnstange *f;* **ferrovia a ~** Zahnradbahn *f.*
cremare [kre'ma:re] *tr* einäschern. **crematorio, -a** [...ma'tɔ:ri̯o] ‹-i, -ie› *m* Krematorium *n.* **cremazione** [...mat'tsi̯o:ne] *f* Einäscherung *f.*
Cremlino [krem'li:no] *m* Kreml *m.*
cren [krɛn] ‹-› *m* Meerrettich *m,* Kren *m A.*
crepa ['krɛ:pa] *f* Riß *m,* Sprung *m.* **crepaccio** [kre'pattʃo] ‹-cci› *m* Spalte *f.*
crepacuore [krepa'ku̯ɔ:re] *m* Herzeleid *n obs;* **morire di ~** an gebrochenem Herzen sterben. **crepapelle** [-'pɛlle] *adv:* **ridere a ~** *fam* sich kaputtlachen *fam.*
crepare [kre'pa:re] **I.** *itr* ‹*essere*› **1.** *(muro, terra)* bersten, aufbrechen; **2.** *(pelle)* aufspringen, aufplatzen; **3.** *fig*

fam (di salute) strotzen (*di* vor, von); *pej (di rabbia, invidia)* platzen (*da* vor); **4.** *vulg* krepieren *vulg,* verrecken *vulg,* eingehen *fam;* ~ **dal caldo/dalla sete/fame** *fam* vor Hitze/Durst/Hunger eingehen *fam;* ~ **dalle risa** *fam* vor Lachen platzen; **crepi l'astrologo!** *fam pej* scheiß auf die Vorhersagen! *vulg;* **II.** *rfl:* **-arsi** aufbrechen, rissig werden.

crepitare [krepi'ta:re] *itr (fuoco)* knistern; *(pioggia)* prasseln.

crepuscolo [kre'puskolo] *m* **1.** *(ora)* Dämmerung *f; (luce a.)* Dämmerlicht *n;* **2.** *fig* Untergang *m;* ~ **degli dei** Götterdämmerung *f;* ~ **della vita** Lebensabend *m.*

crescendo [kreʃ'ʃɛndo] *m* **1.** *mus* Crescendo *n;* **2.** *fig* Anschwellen *n.*

crescere ['kreʃʃere] ⟨cresco, crebbi, cresciuto⟩ **I.** *itr* ⟨*essere*⟩ **1.** *(piante, bambini, etc.)* wachsen; **2.** *(aumentare)* wachsen, zunehmen; ~ **di peso/volume** an Gewicht/Volumen zunehmen; ~ **in bellezza** an Schönheit zunehmen; ~ **nella stima di qu** in jds Achtung steigen; **farsi** ~ **i capelli** sich *(dat)* die Haare wachsen lassen; **come sei cresciuto!** du bist aber groß geworden!; **II.** *tr* ⟨*avere*⟩ **1.** *(figli)* aufziehen, großziehen; **2.** *bot* ziehen, züchten; **3.** *com (prezzi)* erhöhen; **4.** *(a maglia)* zunehmen.

crescione [kreʃ'ʃo:ne] *m* (Brunnen)kresse *f.*

crescita ['kreʃʃita] *f* Wachstum *n.*

cresciuto [kre'ʃu:to] *pp di* **crescere.**

cresima ['krɛ:zima] *f* Firmung *f; (nella chiesa luterana)* Konfirmation *f.* **cresimando, -a** [krezi'mando] *m, f* Firmling *m; (nella chiesa luterana)* Konfirmand(in) *m(f).* **cresimare** [...'ma:re] *tr* firmen; *(nella chiesa luterana)* konfirmieren.

crespo, -a ['krespo] **I.** *a (capelli)* kraus; *(tessuto)* gekräuselt; **II.** *m* Krepp *m.*

cresta ['kresta] *f* **1.** *zoo* (Hahnen)kamm *m;* **2.** *geog* (Gebirgs)kamm *m,* Grat *m;* **3.** *(dell'onda)* (Wellen)kamm *m;* **4.** *(di cameriera)* Häubchen *n;* **alzare/abbassare la** ~ *fig* hochmütig/demütig sein; **essere sulla** ~ **dell'onda** *fig* auf dem Gipfel des Erfolgs sein.

creta ['kre:ta] *f* **1.** *min* Ton *m;* **2.** *geol* Kreide *f;* **3.** *(oggetto)* Tongefäß *n; (statuetta)* Tonfigur *f.*

cretinata [kreti'na:ta] *f fam* Blödsinn *m fam.* **cretino, -a** [...'ti:no] *fam* **I.** *a* blöd(e), blödsinnig; **II.** *m, f* Idiot(in) *m(f).*

C.R.I. *f ab di* **Croce Rossa Italiana** ≃ DRK *n* (*ab di* Deutsches Rotes Kreuz).

cric [krik] ⟨-⟩ *m,* **cricco** ['krikko] ⟨-cchi⟩ *m* Wagenheber *m.*

criceto [kri'tʃɛ:to] *m* Hamster *m.*

cricket ['krɪkɪt] ⟨-⟩ *m* Kricket *n.*

criminale [krimi'na:le] **I.** *a* Kriminal-; *(fatto)* kriminell; **II.** *mf* Kriminelle(r) *mf,* Verbrecher(in) *m(f).* **criminalità** [...nali'ta] ⟨-⟩ *f* Kriminalität *f.* **Criminalpol** ['kri:minalpol] ⟨-⟩ *f* Kriminalpolizei *f.*

crimine ['kri:mine] *m* Verbrechen *n.*

criminologia [kriminolo'dʒi:a] ⟨-gie⟩ *f* Kriminologie *f.* **criminologo, -a** [...'nɔ:logo] ⟨-gi, -ghe⟩ *m, f* Kriminologe *m,* -login *f.*

crinale [kri'na:le] *m* (Gebirgs)kamm *m,* Grat *m.*

crine ['kri:ne] *m* (Roß)haar *n;* **materasso di** ~ Roßhaar-, Seegrasmatratze *f.*

criniera [kri'ni̯ɛ:ra] *f (a. scherz)* Mähne *f.*

cripta ['kripta] *f* Krypta *f.*

crisalide [kri'za:lide] *f zoo* Puppe *f.*

crisantemo [krizan'tɛ:mo] *m* Chrysantheme *f.*

crisi ['kri:zi] ⟨-⟩ *f* Krise *f; med* Anfall *m;* **essere in** ~ sich in einer Krise befinden; ~ **economica** Wirtschaftskrise *f;* ~ **epilettica** epileptischer Anfall; ~ **di nervi** Nervenzusammenbruch *m;* ~ **di pianto** Weinkrampf *m.*

crisma ['krizma] ⟨-i⟩ *m* Chrisma *n,* Salböl *n;* **con tutti i -i** *fig* ganz ordnungsgemäß.

cristalleria [kristalle'ri:a] ⟨-ie⟩ *f* **1.** *(da tavola)* Tafelkristall *n;* **2.** *(fabbrica)* Kristallwarenfabrik *f.*

cristallino, -a [kristal'li:no] **I.** *a* **1.** *fig (voce, acqua)* kristallklar; **2.** *min* kristallin; **II.** *m anat* Linse *f.*

cristallizzazione [kristalliddzat'tsi̯o:ne] *f* **1.** *chem* Kristallisierung *f,* Kristallisation *f;* **2.** *fig* Erstarrung *f.*

cristallo [kris'tallo] *m* Kristall *m;* ~ **di rocca** Bergkristall *m.*

cristiana *f v.* **cristiano, -a.**

cristianesimo [kristi̯a'ne:zimo] *m* Christentum *n.* **cristianità** [...ni'ta] ⟨-⟩ *f* **1.** *(qualità)* Christlichkeit *f;* **2.** *(tutti i cristiani)* Christenheit *f.*

Cristiano [kris'ti̯a:no] *(nome proprio maschile)* Christian.

cristiano, -a [kris'ti̯a:no] **I.** *a* christlich, Christen-; **II.** *m, f* **1.** *rel* Christ(in) *m(f);* **2.** *fig fam* Mensch *m;* **da** ~ *fam* anständig, vernünftig; **essere un buon** ~ *fam* ein guter Mensch sein.

Cristina [kris'ti:na] *(nome proprio femminile)* Christine.

cristo ['kristo] *m* **1.** *rel:* **C~** Christus; **2.** *fam* Mensch *m,* Kerl *m fam;* **avanti/dopo C~** (*ab* **a.C./d.C.**) vor/nach Christus; **un povero** ~ ein armer Teufel *fam.*

criterio [kri'tɛ:ri̯o] ⟨-i⟩ *m* **1.** *(norma)* Kriterium *n;* **2.** *(senno)* Vernunft *f,* Verstand *m;* **fare qc con** ~ etw. mit Vernunft tun.

critica ['kri:tika] ⟨-che⟩ *f* Kritik *f.* **criticare** [...'ka:re] ⟨critico, critichi⟩ *tr* kritisieren; *(lit, film, theat, mus, etc.)* besprechen. **critico, -a** ['kri:tiko] ‹-ci, -che› **I.** *a* kritisch; *(difficile a.)* schwierig; *(pej a.)* nörglerisch; **II.** *m, f* Kritiker(in) *m(f)*; ~ **letterario/teatrale/musicale** Literatur-/Theater-/Musikkritiker *m*. **criticone, -a** [kriti'ko:ne] *m, f fam* Nörgler(in) *m(f)*.

crivellare [krivel'la:re] *tr* durchsieben; ~ **qu di pallottole** jdn mit Kugeln durchlöchern.

croccante [krok'kante] **I.** *a* knusp(e)rig; **II.** *m* Krokant *m*.

crocchetta [krok'ketta] *f* Krokette *f*.

crocchia ['krɔkki̯a] ‹-cchie› *f (di capelli)* Knoten *m*.

crocchio ['krɔkki̯o] ‹-cchi› *m* Grüppchen *n*.

croce ['kro:tʃe] *f* Kreuz *n*; ~ **al merito** Verdienstkreuz *n*; ~ **di Malta** Malteserkreuz *n*; **fare una ~ su qc** *fig* etw. abhaken; **in ~** gekreuzt; *(braccia)* verschränkt; **testa o ~?** Kopf oder Zahl? **crocerossina** [krotʃeros'si:na] *f* Rotkreuzschwester *f*. **crocevia** [krotʃe'vi:a] ‹-› *m* (Weg)kreuzung *f*.

crociata [kro'tʃa:ta] *f (a. fig)* Kreuzzug *m*. **crocicchio** [...'tʃikki̯o] ‹-cchi› *m* (Weg)kreuzung *f*.

crociera[1] [kro'tʃɛ:ra] *f* **1.** *naut* Kreuzfahrt *f*; **2.** *aero* Reiseflug *m*.

crociera[2] [kro'tʃɛ:ra] *f arch* (Gewölbe)kreuz *n*.

crocifiggere [krotʃi'fiddʒere] ‹crocifiggo, crocifiggi, crocifissi, crocifisso› *tr* **1.** *rel* kreuzigen; **2.** *fig* quälen. **crocifissione** [...fis'si̯o:ne] *f* Kreuzigung *f*. **crocifisso** [...'fisso] **I.** *pp di* **crocifiggere; II.** *m* **1.** *(persona)* Gekreuzigte(r) *m*; **2.** *rel (immagine di Gesù)* Kruzifix *n*.

croco ['krɔ:ko] ‹-chi› *m* Krokus *m*.

crogiolarsi [krodʒo'larsi] *rfl* sich aalen (*a* in), sich sonnen.

crogiolo [kro'dʒɔ:lo] *m (a. fig)* Schmelztiegel *m*.

crollare [krol'la:re] *itr* ‹*essere*› **1.** *(costruzione)* einstürzen, zusammenbrechen; **2.** *(persone)* zusammenbrechen; *(prezzi)* fallen. **crollo** ['krɔllo] *m* **1.** *(di casa, ponte)* Einsturz *m*, Zusammenbruch *m*; **2.** *com* Zusammenbruch *m*; *(dei prezzi)* Sturz *m*; **3.** *fig* Zusammenbruch *m*, Ende *n*.

croma ['krɔ:ma] *f* Achtelnote *f*.

cromare [kro'ma:re] *tr* verchromen.

cromatico, -a [kro'ma:tiko] ‹-ci, -che› *a* chromatisch.

cromatura [kroma'tu:ra] *f* Verchromung *f*.

cromo ['krɔ:mo] *m* Chrom *n*.

cromosoma [kromo'sɔ:ma] ‹-i› *m* Chromosom *n*.

cronaca ['krɔ:naka] ‹-che› *f* Chronik *f*, Reportage *f*; **fatti di ~** Tagesereignisse *n pl*; ~ **politica** politische Meldungen *f pl*; ~ **bianca/nera/rosa** (*o* **mondana**) allgemeiner Nachrichtenteil/Verbrechens- und Unfallmeldungen *f pl*/ Klatschspalte *f*.

cronico, -a ['krɔ:niko] ‹-ci, -che› *a* chronisch.

cronista [kro'nista] ‹-i *m*, -e *f*› *mf* Berichterstatter(in) *m(f)*, Reporter(in) *m(f)*; ~ **mondano** Klatschreporter *m*.

cronologia [kronolo'dʒi:a] ‹-gie› *f* Chronologie *f*, zeitliche Abfolge. **cronologico, -a** [...'lɔ:dʒiko] *a* chronologisch.

cronometrare [kronome'tra:re] *tr* (ab)stoppen. **cronometro** [...'nɔ:metro] *m* Chronometer *m*.

crosta ['krɔsta] *f* **1.** *(del pane)* Kruste *f*; *(del formaggio a.)* Rinde *f*; **2.** *med* Schorf *m*, Kruste *f*; **3.** *geog* Kruste *f*; **4.** *fig pej (dipinto)* Schinken *m*; ~ **lattea** Milchschorf *m*; ~ **terrestre** Erdkruste *f*.

crostacei [kros'ta:tʃei] *m pl* Krustentiere *n pl*.

crucciare [krut'tʃa:re] ‹cruccio, crucci› **I.** *tr* betrüben; **II.** *rfl*: **-arsi** sich grämen. **cruccio** ['kruttʃo] ‹-cci› *m* Kummer *m*, Gram *m*.

cruciale [kru'tʃa:le] *a* entscheidend, kritisch.

cruciverba [krutʃi'vɛrba] ‹-› *m* Kreuzworträtsel *n*.

crudele [kru'de:le] *a* grausam. **crudeltà** [...del'ta] ‹-› *f* Grausamkeit *f*.

crudo, -a ['kru:do] *a* **1.** *(carne, verdura)* roh; **2.** *(inverno, clima)* rauh; **3.** *(seta)* roh, unbearbeitet; **4.** *fig (realtà)* grausam.

cruento, -a [kru'ɛnto] *a* blutig.

crumiraggio [krumi'raddʒo] ‹-ggi› *m* Streikbruch *m*. **crumiro, -a** [...'mi:ro] *m, f* Streikbrecher(in) *m(f)*.

cruna ['kru:na] *f* Nadelöhr *n*.

crusca ['kruska] ‹-sche› *f* Kleie *f*; **l'Accademia della C~** *Gesellschaft zur Pflege der italienischen Sprache.*

cruscotto [krus'kɔtto] *m* Armaturenbrett *n*.

c.s. *ab di* **come sopra** w. o. (*ab di* wie oben).

cubatura [kuba'tu:ra] *f* Kubatur *f*.

cubetto [ku'betto] *m* Würfel *m*.

cubico, -a ['ku:biko] ‹-ci, -che› *a* **1.** *(forma)* kubisch, würfelförmig; **2.** *mat* kubisch, Kubik-; **radice -a** Kubikwurzel *f*.

cubismo [ku'bizmo] *m* Kubismus *m*.

cubo ['ku:bo] **I.** *m* **1.** *mat* Kubus *m*, Würfel *m*; *(terza potenza)* dritte Potenz; **2.** *(oggetto)* Würfel *m*; **II.** *a* kubisch, Kubik-.

cuccagna [kuk'kaɲɲa] *f* Schlaraffenland *n*; **il paese della ~** das Schlaraffenland.

cuccetta [kut'tʃetta] *f naut* Koje *f*; *ferr* Liegewagenplatz *m*.

cucchiaino [kukki̯a'i:no] *m* kleiner Löffel, Teelöffel *m*; **sono da raccattare col**

~ *fam* ich gehe auf dem Zahnfleisch *fam.* **cucchiaio** [...'kia:io] ‹-ai› *m* (Eß)löffel *m.*
cuccia ['kuttʃa] ‹-cce› *f* Hundehütte *f; (giaciglio)* Körbchen *n;* **~!** Platz!; *fig fam* kusch! *fam.* **cucciolata** [kuttʃo'la:ta] *f* Wurf *m.* **cucciolo, -a** ['kuttʃolo] *m, f* (Hunde)junge(s) *n,* Welpe *m.*
cucina [ku'tʃi:na] *f* **1.** *(luogo)* Küche *f;* **2.** *(arte, modo)* Küche *f,* Kochkunst *f;* **3.** *(fornelli)* Herd *m;* **~ all'americana** Einbauküche *f;* **~ a gas** Gasherd *m;* **~ elettrica** Elektroherd *m;* **essere appassionato di ~** leidenschaftlich gerne kochen; **fare la ~** kochen. **cucinare** [kutʃi'na:re] **I.** *tr* kochen, zubereiten; **II.** *itr* kochen. **cucinino, cucinotto** [...'ni:no, ...'nɔtto] *m* Kochnische *f.*
cucire [ku'tʃi:re] ‹cucio, cuci› *tr* nähen; **~ la bocca a qu** jdm den Mund stopfen; **cucirsi la bocca** seinen Mund halten. **cucito** [ku'tʃi:to] *m* Näherei *f,* Näharbeit *f.* **cucitrice** [kutʃi'tri:tʃe] *f* **1.** *tec* Nähmaschine *f;* **2.** *typ* Heftmaschine *f; (per carta)* Hefter *m.* **cucitura** [...'tu:ra] *f* **1.** *(di tessuto)* Naht *f;* **2.** *typ* Heftung *f.*
cucù [ku'ku] ‹-› *m* **1.** *zoo* Kuckuck *m;* **2.** *(orologio)* Kuckucksuhr *f.* **cuculo** [ku'ku:lo] *m* Kuckuck *m.*
cuffia ['kuffia] ‹-ie› *f* **1.** *(per la testa)* Haube *f;* **2.** *tel, radio* Kopfhörer *m;* **3.** *mot* Haube *f;* **~ da bagno** Badehaube *f,* -kappe *f.*
cugino, -a [ku'dʒi:no] *m, f* Cousin *m,* Cousine *f;* Vetter *m,* Base *f obs.*
cui ['ku:i] *pron* **1.** *(con preposizioni):* **con ~** mit dem, der; **di ~** von dem, der; **in ~** in (*o* an) dem, der; **per ~** für den, die, das; **2.** *(a cui)* dem, der, denen *pl;* **3.** *(di cui)* dessen, deren.
culinaria [kuli'na:ria] ‹-ie› *f* Kochkunst *f.*
culla ['kulla] *f* Wiege *f;* **fin dalla ~** von Geburt an. **cullare** [...'la:re] **I.** *tr* wiegen; **II.** *rfl:* **-arsi** sich wiegen.
culminante [kulmi'nante] *a* Haupt-, Gipfel-.
culminare [kulmi'na:re] *itr ‹essere›* gipfeln, kulminieren (*in, con* in). **culmine** ['kulmine] *m* **1.** *fig* Gipfel *m,* Höhepunkt *m;* **2.** *(di monte)* Gipfel *m,* Spitze *f.*
culo ['ku:lo] *m vulg* Arsch *m vulg;* **prendere qu per il ~** *vulg* jdn verarschen *fam;* **va a fare un ~!** *vulg* leck mich am Arsch! *vulg.*
culto ['kulto] *m* **1.** *rel* Kult(us) *m; (religione)* Religion *f;* **2.** *fig* Kult *m;* **libertà di ~** Religionsfreiheit *f.*
cultura [kul'tu:ra] *f* **1.** *gener.* Kultur *f,* Bildung *f;* **2.** *agr* Kultur *f,* Pflanzung *f,* Anbau *m;* **un uomo di ~** ein kultivierter Mann; **farsi una ~** sich bilden. **culturale** [...tu'ra:le] *a* **1.** *(preparazione, prova)* kulturell; **2.** *(associazione, scambi)* Kultur-.
culturismo [kultu'rizmo] *m* Bodybuilding *n.* **culturista** [...'rista] ‹-i *m,* -e *f*› *mf* Bodybuilder(in) *m(f).*
cumino [ku'mi:no] *m* Kümmel *m.*
cumulare [kumu'la:re] *tr* anhäufen, kumulieren. **cumulativo, -a** [...la'ti:vo] *a* Sammel-; *(prezzo)* Gesamt-. **cumulo** ['ku:mulo] *m* **1.** *(di cose)* Haufen *m;* **2.** *meteo* Kumulus *m,* Haufenwolke *f;* **3.** *fig* Anhäufung *f.*
cuneo ['ku:neo] *m* Keil *m.*
cunetta [ku'netta] *f* Querrinne *f.*
cunicolo [ku'ni:kolo] *m* Stollen *m,* unterirdischer Gang.
cuocere ['kuɔ:tʃere] ‹cuocio, cuoci, cossi, cotto› **I.** *tr ‹avere›* **1.** *gastr* garen; *(nell'acqua)* kochen; *(in padella)* braten; *(in forno)* backen; *(in umido)* dünsten, schmoren; **2.** *(ceramiche, mattoni, calcina)* brennen; **3.** *(sole)* verbrennen, austrocknen; **II.** *itr ‹essere›* **1.** *gastr* kochen; **2.** *fig (offesa, etc.)* weh tun, brennen; **III.** *rfl:* **-ersi 1.** *gastr* kochen; **2.** *(scottarsi)* sich verbrennen.
cuoco, -a ['kuɔ:ko] ‹-chi, -che› *m, f* Koch *m,* Köchin *f.*
cuoio ['kuɔ:io] *m* **1.** ‹*pl:* -oi *m*› *anat, zoo* Leder *n;* **2.** ‹*pl:* -oia *f*› *fig* Fell *n;* **~ capelluto** Kopfhaut *f;* **tirare le -a** *fam* sterben, abkratzen *sl.*
cuore ['kuɔ:re] *m (a. fig)* Herz *n;* **affari di ~** Herzensangelegenheiten *f pl;* **gente di ~** herzliche Leute *pl;* **cuor contento** *fam* Sonnenkind *n;* **avere il ~ sulle labbra** das Herz auf der Zunge haben; **essere (***o* **stare) a ~** am Herzen liegen; **prendersi a ~ qc** sich *(dat)* etw. zu Herzen nehmen; **ragionare col ~** nach dem Herzen handeln; **ridere di ~** herzlich lachen; **nel ~ della notte** mitten in der Nacht; **senza ~** herzlos; **con tutto il ~** von ganzem Herzen; **a (forma di) ~** herzförmig; **mi si stringe il ~** mir blutet das Herz; **un ~ ed una capanna** Raum ist in der kleinsten Hütte.
cupidigia [kupi'di:dʒa] ‹-gie› *f* Gier *f* (*di* nach).
cupo, -a ['ku:po] *a* **1.** *(colore)* dunkel; **2.** *(notte, foresta)* finster; **3.** *(voce)* tief; *(brontolio)* dumpf; **4.** *fig (volto, etc.)* düster, finster.
cupola ['ku:pola] *f* Kuppel *f,* Wölbung *f.*
cura ['ku:ra] *f* **1.** *(premura)* Aufmerksamkeit *f; (impegno)* Pflege *f,* Sorge *f; (oggetto di interessamento)* Sorge *f;* **2.** *(accuratezza)* Sorgfalt *f;* **3.** *med* Kur *f; (terapia)* Behandlung *f;* **avere ~ della propria salute** auf seine Gesundheit achten; **a ~ di ...** *lit* besorgt von ... **curabile** [ku'ra:bile] *a* heilbar. **curante** [ku'rante] *a* behandelnd.
curare [ku'ra:re] **I.** *tr* **1.** *(malato, malat-*

tia) behandeln; **2.** *(badare)* achten auf, pflegen; *(interessi)* wahrnehmen; *(affari)* verfolgen, nachgehen (*qc* einer S. *dat*); **3.** *rel* sorgen für, betreuen; **4.** *(edizione)* betreuen; *(traduzione)* besorgen; ~ **le anime** Seelsorge betreiben; **II.** *rfl:* **-arsi 1.** *(prendersi cura)* sich pflegen; *med* sich behandeln lassen; **2.** *(preoccuparsi)* sich kümmern (*di* um).

curato [ku'ra:to] *m* Pfarrer *m.*

curatore, -trice [kura'to:re] *m, f* **1.** *(di antologia, edizione)* Herausgeber(in) *m(f);* **2.** *jur* Verwalter(in) *m(f).*

curia ['ku:ri̯a] ‹-ie› *f* Kurie *f.*

curiosare [kuri̯o'sa:re] *itr* herumschnüffeln.

curiosità [kuri̯osi'ta] ‹-› *f* **1.** *(desiderio)* Neugier *f;* **2.** *(rarità)* Kuriosität *f;* **mostrare ~ per qc** neugierig auf etw. sein. **curioso, -a** [ku'ri̯o:so] **I.** *a* **1.** *(indiscreto)* neugierig; **2.** *(bizzarro)* kurios, sonderbar; **essere ~ di sapere qc** etw. gern wissen wollen; **II.** *m, f* Neugierige(r) *mf.*

curriculum (vitae) [kur'ri:kulum ('vi:te)] ‹-› *m* Lebenslauf *m.*

curva ['kurva] *f* Kurve *f;* **doppia ~** S-Kurve *f.* **curvare** [...'va:re] **I.** *tr* **1.** *(sbarra, ramo)* biegen; **2.** *(capo, fronte)* beugen; *(schiena a.)* krümmen; **II.** *rfl:* **-arsi** sich krümmen; *(persona a.)* sich beugen; **III.** *itr* abbiegen. **curvatura** [...va'tu:ra] *f* Rundung *f;* *(piegatura)* Krümmung, Biegung *f.* **curvo, -a** ['kurvo] *a* gebogen, gekrümmt; *(spalle, persona)* gebeugt.

cuscinetto [kuʃʃi'netto] *m* **1.** *tec* Lager *n;* **2.** *(per spilli, timbri)* Kissen *n;* **~ a sfere** Kugellager *n;* **stato ~** Pufferstaat *m.*

cuscino [kuʃ'ʃi:no] *m* Kissen *n.*

cuspide ['kuspide] *f* Spitze *f;* *arch* Giebel *m.*

custode [kus'tɔ:de] *mf* Aufseher(in) *m(f);* *(di museo, etc. a.)* Wärter(in) *m(f).* **custodia** [...'tɔ:di̯a] ‹-ie› *f* **1.** *(cura)* Bewachung *f,* Beaufsichtigung *f;* *(conservazione)* Aufbewahrung *f;* **2.** *(astuccio)* Kasten *m;* *(degli occhiali, etc.)* Etui *n.* **custodire** [...to'di:re] ‹custodisco› *tr* bewachen; *(casa, bambini, mandria, etc.)* hüten.

cutaneo, -a [ku'ta:neo] *a* Haut-. **cute** ['ku:te] *f* Haut *f.* **cuticola** [ku'ti:kola] *f* **1.** *anat* Häutchen *n;* **2.** *bot, zoo* Kutikula *f;* ~ **delle unghie** Nagelhaut *f.*

C.V. *ab di* **Cavallo Vapore** PS (*ab di* Pferdestärke).

D

D, d [di] ⟨-⟩ *f* D, d *n;* **d come Domodossola** D wie Dora.

d' *prp v.* **di.**

D 1. *ab di* **Diretto** ≃ E (*ab di* Eilzug); **2.** *ab di* **Deutschland** D.

da [da] ⟨dal, dallo, dall', dalla, dai, dagli, dalle⟩ *prp* **1.** *(stato in luogo)* bei *dat; (moto da luogo)* von *dat,* aus *dat; (moto a luogo: con persone)* zu *dat; (attraverso)* durch *acc,* über *acc; (distanza)* von *dat; (fuori di)* aus *dat;* **2.** *(agente)* von *dat,* durch *acc;* **3.** *(causa)* vor *dat/acc;* **4.** *(tempo)* seit *dat,* von *dat* ... an; **5.** *(fine, scopo)* als, zu; **6.** *(origine, provenienza)* von *dat,* aus *dat;* **7.** *(modo)* wie; *(età)* als; **8.** *(qualità)* mit *dat;* **9.** *(valore)* zu *dat,* im Wert von *dat;* **10.** *(con inf)* zu(m); **abito ~ mio zio** ich wohne bei meinem Onkel; **andare ~ Torino a Stoccarda** von Turin nach Stuttgart fahren; **vado ~ un amico** ich gehe zu einem Freund; **vengo ~ casa** ich komme von daheim; **verrò ~ Firenze** ich werde aus (*o* von) Florenz kommen; **tremare dal freddo** vor Kälte zittern; **~ cinque anni** seit fünf Jahren; **~ oggi in poi** von heute an, seit heute; **~ solo** (von) selbst, allein; **comportarsi ~ vero amico** sich wie ein wahrer Freund verhalten; **riconoscere qu dal passo** jdn am Schritt erkennen; **una ragazza dai capelli rossi** ein Mädchen mit roten Haaren; **(fin) ~ bambino** (schon) als Kind; **trattoria "~ Giovanni"** Gasthof „Bei Giovanni"; **cieco ~ un occhio** auf einem Auge blind; **qc ~ bere** etw. zum Trinken, etw. zu trinken; **~ allora** seither, seit damals; **~ molto/poco** seit langer/kurzer Zeit, seit langem/kurzem.

dabbene [dab'bɛ:ne] ⟨*inv*⟩ *a* rechtschaffen, redlich.

daccapo [dak'ka:po] *adv* noch einmal (von Anfang an), von vorn.

dacché [dak'ke] *con* seit(dem).

dadaismo [dada'izmo] *m* Dadaismus *m.*

dado ['da:do] *m* **1.** *(cubetto)* Würfel *m;* **2.** *gastr* Brüh-, Suppenwürfel *m;* **3.** *(per bulloni)* (Schrauben)mutter *f;* **giocare ai -i** Würfel spielen, würfeln; **il ~ è tratto** die Würfel sind gefallen.

daffare [daf'fa:re] ⟨-⟩ *m* viel(e) Arbeit *f,* viel(e) Mühe *f,* dringende Aufgabe; **avere un gran ~** sehr viel Arbeit (*o* sehr viel zu tun) haben.

dagli, dai ['daʎʎi, 'da:i] *prp* **da** *con articolo gli, i.*

daino ['da:ino] *m* Damhirsch *m.*

dal [dal] *prp* **da** *con articolo il.*

dalia ['da:li̯a] ⟨-ie⟩ *f* Dahlie *f.*

dall', dalla, dallo, dalle [dall, 'dalla, ...lo, ...le] *prp* **da** *con articolo l', la, lo, le.*

daltonico, -a [dal'tɔ:niko] ⟨-ci, -che⟩ *a* farbenblind.

dama ['da:ma] *f* **1.** *(persona)* Dame *f;* **2.** *(gioco)* Dame(spiel *n*) *f; (scacchiera)* Damebrett *n;* **~ di compagnia** Gesellschafterin *f,* Gesellschaftsdame *f;* **giocare a ~** Dame spielen.

damasco [da'masko] ⟨-schi⟩ *m* Damast *m.*

damigiana [dami'dʒa:na] *f* große Korbflasche.

danaro [da'na:ro] *v.* **denaro. danaroso, -a** [dana'ro:so] *a* vermögend, wohlhabend, zahlungskräftig *fam.*

dancing ['dɑ:nsɪŋ] ⟨-⟩ *m* Tanzlokal *n.*

danese [da'ne:se] **I.** *a* dänisch; **II.** *mf* Däne *m,* Dänin *f.*

Daniele [da'ni̯ɛ:le] *(nome proprio maschile)* Daniel.

Danimarca [dani'marka] *f* Dänemark *n.*

dannare [dan'na:re] **I.** *tr* verdammen, verfluchen; **far ~ qu** jdn zur Verzweiflung treiben; **II.** *rfl:* **-arsi 1.** *rel* verdammt werden; **2.** *fig* sich abplagen, sich abquälen. **dannato, -a** [...'na:to] **I.** *a* verdammt; **II.** *m, f,* Verdammte(r) *mf.* **dannazione** [...nat'tsi̯o:ne] *f* **1.** *(perdizione)* Verdammnis *f,* Verdammung *f;* **2.** *fig (tormento)* Plage *f,* Strafe *f;* **~!** verdammt (noch mal)! *fam.*

danneggiare [daned'dʒa:re] ⟨danneggio, danneggi⟩ *tr* **1.** *(rovinare)* beschädigen; **2.** *(nuocere)* schädigen, schaden (*qc/qu* einer S. *dat*/jdm).

danno ['danno] *m* Schaden *m;* **far -i** Schaden anrichten; **recare ~** Schaden zufügen; **pagare i -i** für den Schaden aufkommen, den Schaden ersetzen; **a ~ (o ai -i) di qu** zu jds Schaden. **dannoso, -a** [...'no:so] *a* schädlich (*per, a* für).

dantesco, -a [dan'tesko] ⟨-schi, -sche⟩ *a* dantisch, von Dante.

Danubio [da'nu:bi̯o] *m* Donau *f.*

danza ['dantsa] *f* Tanz *m;* **~ classica** Ballett *n;* **~ macabra/popolare** Toten-/Volkstanz *m.* **danzante** [...'tsante] *a* tanzend, Tanz-. **danzare** [...'tsa:re] *itr, tr* tanzen.

Danzica ['dantsika] *f* Danzig *n.*

dappertutto [dapper'tutto] *adv* **1.** *(stato)* überall; **2.** *(moto)* überallhin.
dappoco [dap'pɔ:ko] ‹*inv*› *a* **1.** *(inetto)* unfähig, beschränkt, einfältig; **2.** *(di poca importanza)* unbedeutend, bedeutungslos.
dapprima [dap'pri:ma] *adv* im ersten Moment, anfangs.
dardo ['dardo] *m* Pfeil *m.*
dare ['da:re] ‹do, diedi *o* detti, dato› **I.** *tr* **1.** *gener.* geben, mitgeben; *(porgere)* überreichen; *(rinunciare)* hergeben, hingeben; *(medicina)* eingeben, einflößen; *(disposizioni, etc.)* treffen, geben; *(esame)* ablegen; *(coraggio)* machen; *(fuoco)* legen; *(sguardo)* werfen; **2.** *(affidare)* übertragen, anvertrauen; **3.** *(assegnare)* verleihen, zuteilen, geben; **4.** *(procurare)* besorgen, verschaffen; **5.** *(infliggere)* verurteilen (*qc a qu* jdn zu etw.), auferlegen (*qc a qu* jdm etw.); **6.** *(produrre)* hervorbringen, erzeugen; **7.** *(causare)* verursachen; *(dispiacere, preoccupazioni, etc.)* machen; **8.** *(offrire)* anbieten; **9.** *(festa)* veranstalten; *(ricevimento a.)* geben; **10.** *(augurare)* wünschen; **11.** *mat* ergeben, geben; **~ una multa a qu** jdm ein Bußgeld auferlegen; **~ peso a qc** Wert auf etw. legen; **~ una notizia** Nachricht geben; **~ un tema in classe** der Klasse ein Thema aufgeben; **II.** *itr* **1.** *(guardare)* gehen (*su* auf, nach); **2.** *(prorompere)* ausbrechen (*in* in); **3.** *(battere)* schlagen (*con* mit); **~ sul rosso** ins Rot gehen; **III.** *rfl:* **darsi 1.** *(dedicarsi)* sich widmen, sich hingeben; **2.** *(sottomettersi)* sich ergeben; **3.** *(incominciare)* anfangen, beginnen; **può darsi che ...** *conj* es mag (*o* kann) sein, daß ...; **darsela a gambe** sich aus dem Staub machen *fam;* **darsi per ...** sich ausgeben für ...; **darsi alla pittura** sich der Malerei widmen; **IV.** ‹-› *m* Soll *n;* **il ~ e l'avere** Soll und Haben.
darsena ['darsena] *f* Dock *n.*
darvinismo [darvi'nizmo] *m* Darwinismus *m.*
data ['da:ta] *f* Datum *n,* Zeitpunkt *m.*
datare [da'ta:re] *tr* ‹*avere*›, *itr* ‹*essere*› datieren; **a ~ da domani** vom morgigen Datum an. **datazione** [datat'tsi̯o:ne] *f* Datierung *f.*
dativo [da'ti:vo] *m* Dativ *m,* Wemfall *m.*
dato, -a ['da:to] **I.** *a* **1.** *(determinato)* gewiß, bestimmt; **2.** *(dedito)* ergeben; **3.** *(supposto)* gegeben; **~ che** angenommen, daß; **-e le circostanze** unter diesen Umständen; **in -i casi** in bestimmten Fällen; **II.** *m* Anhaltspunkt *m; (a. mat)* (bekannte) Größe *f;* ‹*pl*› Daten *pl;* **~ di fatto** Tatsache *f,* Gegebenheit *f.*
datore, -trice [da'to:re] *m, f:* **~ di lavoro** Arbeitgeber *m.*
dattero ['dattero] *m* **1.** *(frutto)* Dattel *f;* **2.** *(pianta)* Dattelpalme *f;* **3.** *zoo:* **~ di mare** Stein-, Meerdattel *f.*
dattilografare [dattilogra'fa:re] *tr* maschineschreiben, mit der (Schreib)maschine schreiben. **dattilografia** [...'fi:a] *f* Maschinenschreiben *n.* **dattilografo, -a** [...'lɔ:grafo] *m, f* Maschinenschreiber(in) *m(f),* Stenotypist(in) *m(f).*
dattiloscritto [-s'kritto] *m* maschine(n)geschriebener Text.
dattorno [dat'torno] **I.** *adv* **1.** *(intorno)* umher, herum; **2.** *(vicino)* in der Nähe; **II.** *prp:* **~ a 1.** *(intorno a)* um ... *acc* herum; **2.** *(vicino a)* in der Nähe von ... *dat.*
davanti [da'vanti] **I.** *adv* davor; *(di fronte)* gegenüber; *(nella parte anteriore)* vorn(e); **II.** *prp:* **~ a** *(stato)* vor *dat; (moto)* vor *acc;* **III.** ‹*inv*› *a* Vorder-, vordere(r, s); **IV.** *m* Vorderteil *n,* Vorderseite *f.*
davanzale [davan'tsa:le] *m* Fensterbank *f.*
davanzo, d'avanzo [da'vantso] *adv* mehr als genug, im Überfluß.
Davide ['da:vide] *(nome proprio maschile)* David.
davvero [dav've:ro] *adv* wirklich, tatsächlich; **per ~** tatsächlich, im Ernst.
daziario, -a [dat'tsi̯a:ri̯o] ‹-i, -ie› *a* Zoll-.
dazio ['dattsi̯o] ‹-i› *m* Zoll *m.*
d.C. *ab di* **dopo Cristo** n. Chr. (*ab di* nach Christus).
D.C. *f ab di* **Democrazia Cristiana** *christdemokratische Partei Italiens.*
dea ['dɛ:a] *f* Göttin *f.*
debbo ['dɛbbo] *pr di* **dovere.**
debellare [debel'la:re] *tr* bezwingen, besiegen; *(male, etc.)* ausrotten.
debilitare [debili'ta:re] *tr* schwächen, entkräften.
debitamente [debita'mente] *adv* in der vorschriftsgemäßen Form, ordnungsgemäß.
debito, -a ['de:bito] **I.** *a* **1.** *(doveroso)* schuldig, gebührend; **2.** *(imposto)* notwendig, geboten; **3.** *(opportuno)* passend; **a tempo ~** im passenden Augenblick, zur rechten Zeit; **II.** *m* **1.** *com* Schuld *f,* Verbindlichkeit *f;* **2.** *(obbligo morale)* Pflicht *f,* Schuldigkeit *f;* **avere un ~ con qu** jdm etw. schulden; **sentirsi in ~ verso qu** in jds Schuld stehen *geh;* **segnare un importo a ~** einen Betrag anschreiben. **debitore, -trice** [debi'to:re] *m, f* **1.** *(a. fig)* Schuldner(in) *m(f);* **2.** *com* Debitor *m.*
debole ['de:bole] **I.** *a* schwach, kraftlos; **II.** *m* Schwäche *f,* schwache Seite; **avere il ~ del gioco** eine Schwäche für das Glücksspiel haben. **debolezza** [debo'lettsa] *f* Schwäche *f.*
debosciato, -a [deboʃ'ʃa:to] *m, f* Wüstling *m,* zügelloser Mensch.
debuttante [debut'tante] *mf* Debü-

tant(in) *m(f)*. **debuttare** [...'ta:re] *itr* debütieren, erstmals (öffentlich) auftreten. **debutto** [de'butto] *m* Debüt *n*, erstes (öffentliches) Auftreten.

decade ['dɛ:kade] *f* Dekade *f*.

decadente [deka'dɛnte] *a* dekadent. **decadenza** [...'dɛntsa] *f* **1.** *(declino)* Niedergang *m*, Verfall *m*; **2.** *lit*, *fig* Dekadenz *f*.

decadere [deka'de:re] ‹*irr*› *itr* ‹*essere*› **1.** *gener.* verfallen; **2.** *fin* verarmen; **3.** *(usanza)* überholt werden.

decaedro [deka'ɛ:dro] *m* Dekaeder *n*, Zehnflächner *m*.

decaffeinato, -a [dekaffei'na:to] **I.** *a* koffeinfrei; **II.** *m* koffeinfreier Kaffee.

decagono [de'ka:gono] *m* Dekagon *n*, Zehneck *n*.

decalcomania [dekalkoma'ni:a] ‹-ie› *f* Abziehbild *n*.

decalogo [de'ka:logo] ‹-ghi› *m* **1.** *rel (di Mosè)* die Zehn Gebote *n pl*, Dekalog *m scient*; **2.** *(norme)* Verhaltensregeln *f pl*, Gebote *n pl*, Vorschriften *f pl*.

decano [de'ka:no] *m* Älteste(r) *m*, Doyen *m*; *(titolo)* Dekan *m*.

decantare [dekan'ta:re] *tr* preisen *geh*, lobpreisen *poet*.

decapitare [dekapi'ta:re] *tr* enthaupten.

decappotabile [dekappo'ta:bile] **I.** *a*: **auto ~** Kabrio(lett) *n*; **II.** *f* Kabrio(lett) *n*.

decat(h)lon ['dɛ:katlon] ‹-› *m* Zehnkampf *m*.

decedere [de'tʃɛ:dere] ‹decedo, decessi *o* decedetti, deceduto› *itr* ‹*essere*› entschlafen, sterben.

decelerare [detʃele'ra:re] *tr* die Geschwindigkeit vermindern von (*o* bei), das Tempo drosseln von (*o* bei). **decelerazione** [...rat'tsi̯o:ne] *f* Verminderung *f* der Geschwindigkeit, Drosselung *f* des Tempos.

decennale [detʃen'na:le] **I.** *a* **1.** *(che dura 10 anni)* zehnjährig; **2.** *(ogni 10 anni)* zehnjährlich; **celebrazione ~** Zehnjahrfeier *f*; **piano ~** Zehnjahresplan *m*; **II.** *m* zehnter Jahrestag; *(celebrazione)* Zehnjahresfeier *f*.

decenne [de'tʃɛnne] *a* zehnjährig. **decennio** [de'tʃɛnni̯o] ‹-i› *m* Jahrzehnt *n*, Dezennium *n*.

decente [de'tʃɛnte] *a* **1.** *(abito)* schicklich, anständig; **2.** *fig (adeguato)* annehmbar, angemessen, anständig *fam*.

decentramento [detʃentra'mento] *m* Dezentralisierung *f*, Dezentralisation *f*. **decentrare** [...'tra:re] *tr* dezentralisieren.

decenza [de'tʃɛntsa] *f* **1.** *(pudore, dignità)* Schicklichkeit *f*, Anstand *m*; **2.** *(convenienza)* Angemessenheit *f*.

decessi [de'tʃɛssi] *p rem di* **decedere.**

decesso [de'tʃɛsso] *m adm* Todes-, Sterbefall *m adm*.

decidere [de'tʃi:dere] ‹decido, decisi, deciso› **I.** *tr* **1.** *(di giudizio definitivo)* beschließen (*qc* etw., über etw.), entscheiden (*qc* etw., über etw.); **2.** *jur* befinden (*qc* über etw.), entscheiden (*qc* über etw.); **3.** *(fissare)* festlegen, festsetzen, bestimmen; **II.** *itr* entscheiden; **III.** *rfl*: **-ersi** sich entscheiden, sich entschließen; **-ersi a fare qc** sich entscheiden, etw. zu tun.

decifrare [detʃi'fra:re] *tr (scrittura)* entziffern; *(codice, etc.)* entschlüsseln; *(enigma)* (auf)lösen.

decilitro [de'tʃi:litro] *m* (*ab* **dl**) Deziliter *m o n*.

decima[1] *f v.* **decimo.**

decima[2] ['dɛ:tʃima] *f* **1.** *mus* Dezime *f*; **2.** *mat* zehnte Potenz; **7 alla ~** sieben hoch zehn.

decimale [detʃi'ma:le] *a* dezimal, Dezimal-.

decimare [detʃi'ma:re] *tr* dezimieren.

decimetro [de'tʃi:metro] *m* (*ab* **dm**) Dezimeter *m o n*.

decimo, -a ['dɛ:tʃimo] **I.** *a* zehnte(r, s); **II.** *m*, *f* Zehnte(r, s) *mfn*; **III.** *m (frazione)* Zehntel *n*, zehnter Teil; *v. a. quinto.*

decina [de'tʃi:na] *v.* **diecina.**

decisamente [detʃiza'mente] *adv* **1.** *(con risolutezza)* mit Entschiedenheit, (fest) entschlossen; **2.** *(veramente)* ausgesprochen, unzweifelhaft.

decisi [de'tʃi:zi] *p rem di* **decidere.**

decisionale [detʃizi̯o'na:le] *a* Entscheidungs-.

decisione [detʃi'zi̯o:ne] *f* **1.** *(risolutezza)* Entschlossenheit *f*; **2.** *(deliberazione)* Entscheidung *f*, Beschluß *m*, Entschluß *m*; **3.** *jur (sentenza)* Entscheid *m*, Beschluß *m*; **prendere una ~** eine Entscheidung treffen, einen Entschluß fassen. **decisivo, -a** [...'zi:vo] *a* ausschlaggebend, entscheidend; *(sport, etc.)* Entscheidungs-. **deciso, -a** [de'tʃi:zo] **I.** *pp di* **decidere; II.** *a (risoluto)* entschlossen, entschieden, energisch.

declamare [dekla'ma:re] *tr*, *itr* deklamieren. **declamazione** [...mat'tsi̯o:ne] *f* Deklamation *f*.

declassare [deklas'sa:re] *tr* deklassieren, herabsetzen, herunterstufen.

declinare [dekli'na:re] **I.** *tr* **1.** *gram* deklinieren, beugen; **2.** *(porre un rifiuto)* zurückweisen, ablehnen; **II.** *itr* **1.** *(diminuire)* sinken, nachlassen, abnehmen; **2.** *(volgere alla fine)* zu Ende gehen, zur Neige gehen *geh*; **3.** *(sole, astro)* untergehen. **declinazione** [...nat'tsi̯o:ne] *f* Deklination *f*.

declino [de'kli:no] *m* **1.** *(decadenza)* Niedergang *m*, Untergang *m*, Verfall *m*; **2.** *fig (di bellezza, etc.)* Schwinden *n*, Verblühen *n*.

declivio [de'kli:vi̯o] ‹-i› *m* (Berg)hang *m*.

decodificare [dekodifi'ka:re] *tr* entschlüsseln; *(a. inform)* dekodieren.
decollare [dekol'la:re] *itr* abheben.
décolleté [dekɔl'te] **I.** ⟨*inv*⟩ *a* ausgeschnitten, dekolletiert; **II.** ⟨-⟩ *m* Ausschnitt *m,* Dekolleté *n.*
decollo [de'kɔllo] *m* **1.** *aero* Start *m,* Abheben *n;* **2.** *fig* Aufschwung *m.*
decolorante [dekolo'rante] **I.** *a* bleichend, Bleich-; **II.** *m* Bleichmittel *n,* Entfärbungsmittel *n.* **decolorare** [...'ra:re] *tr* bleichen, entfärben.
decomponibile [dekompo'ni:bile] *a* zerlegbar, auflösbar.
decomporre [dekom'porre] ⟨*irr*⟩ **I.** *tr* zerlegen, (in seine Einzelteile) auflösen; **II.** *rfl:* **-orsi** sich zersetzen, verwesen. **decomposizione** [...pozit'tsi̯o:ne] *f* **1.** *(scomposizione)* Zerlegung *f,* Auflösung *f;* **2.** *(putrefazione)* Zersetzung *f,* Verwesung *f.*
decompressione [dekompres'si̯o:ne] *f* Druckentlastung *f,* Dekompression *f.*
decongestionare [dekondʒesti̯o'na:re] *tr* **1.** *med* eine innere Blutung stillen in, eine Blutstauung auflösen in; **2.** *(traffico)* entlasten.
decorare [deko'ra:re] *tr* **1.** *(con ornamenti)* (aus)schmücken, verzieren, dekorieren; **2.** *(con decorazioni)* auszeichnen, einen Orden verleihen (*qu* jdm), dekorieren *geh.* **decorativo, -a** [...ra'ti:vo] *a* schmückend, dekorativ; *(arte)* Dekorations-. **decoratore, -trice** [...ra'to:re] *m, f* Dekorateur(in) *m(f).* **decorazione** [...rat'tsi̯o:ne] *f* **1.** *(ornamento)* Dekoration *f,* Ausschmückung *f,* Ausstattung *f;* **2.** *(onorificenza)* Dekoration *f,* Ehrenzeichen *n.*
decoro [de'kɔ:ro] *m* **1.** *(dignità)* Anstand *m;* **2.** *(onore, prestigio)* Ansehen *n,* Prestige *n.* **decoroso, -a** [deko'ro:so] *a* **1.** *(dignitoso)* anständig; *(comportamento a.)* schicklich; **2.** *(di prestigio)* angesehen, geachtet.
decorrenza [dekor'rɛntsa] *f* **1.** *(data)* Fristbeginn *m,* Beginn *m* einer Laufzeit; **2.** *(periodo)* Laufzeit *f;* **con ~ dal 10 maggio** (mit Wirkung) vom 10. Mai an.
decorrere [de'korrere] ⟨*irr*⟩ *itr* ⟨*essere*⟩ laufen (*da* von ... an); **a ~ da domani** von morgen an. **decorso** [de'korso] *m* Verlauf *m.*
decotto [de'kɔtto] *m* Aufguß *m.*
decrepito, -a [de'krɛ:pito] *a* **1.** *(di estrema vecchiaia)* hinfällig, altersschwach, gebrechlich; **2.** *fig* überaltert, überholt.
decrescere [de'kreʃʃere] ⟨*irr*⟩ *itr* ⟨*essere*⟩ abnehmen, zurückgehen; *(prezzi)* fallen.
decretare [dekre'ta:re] *tr* anordnen, verordnen.
decreto [de'krɛ:to] *m* Verordnung *f,* Verfügung *f,* Dekret *n;* **~ legge** (*ab* **D. L.**) Ermächtigungsgesetz *n.*
decubito [de'ku:bito] *m med:* **piaghe da ~** Wundliegen *n.*
decuplo, -a ['dɛ:kuplo] **I.** *a* zehnfach; **II.** *m* Zehnfache(s) *n.*
decurtare [dekur'ta:re] *tr* abziehen, (ver)kürzen, dekortieren.
dedica ['dɛ:dika] ⟨-che⟩ *f* Widmung *f.* **dedicare** [dedi'ka:re] ⟨dedico, dedichi⟩ **I.** *tr* widmen; *rel* weihen; **II.** *rfl:* **-arsi** sich widmen.
dedito, -a ['dɛ:dito] *a* gewidmet; *(ai vizi)* ergeben.
dedizione [dedit'tsi̯o:ne] *f* Hingabe *f* (*a* an).
dedurre [de'durre] ⟨deduco, dedussi, dedotto⟩ *tr* **1.** *(conclusioni)* folgern (*da* aus), schließen (*da* aus), den Schluß ziehen (*da* aus); **2.** *com (spese)* abziehen (*da* von), absetzen (*da* von). **deduzione** [...ut'tsi̯o:ne] *f* (Schluß)folgerung *f,* Schluß *m.*
defalcare [defal'ka:re] ⟨defalco, defalchi⟩ *tr* absetzen (*da* von), abziehen (*da* von).
defenestrare [defenes'tra:re] *tr* **1.** *(buttare dalla finestra)* aus dem Fenster werfen (*o* stürzen); **2.** *fig* hinauswerfen; *pol* stürzen.
deferente [defe'rɛnte] *a* **1.** *(rispettoso)* ehrerbietig; **2.** *anat:* **canale ~** Samenleiter *m.*
deferire [defe'ri:re] *tr* **1.** *(denunciare)* anzeigen, belangen; **2.** *(sottoporre)* überweisen, unterbreiten; **3.** *(giuramento)* auferlegen; **~ qu all'autorità giudiziaria** jdn gerichtlich (*o* vor Gericht) belangen.
defezione [defet'tsi̯o:ne] *f* Wortbruch *m,* Treulosigkeit *f; pol* Abfall *m,* Abtrünnigkeit *f; mil* Desertion *f.*
deficiente [defi'tʃɛnte] **I.** *a* **1.** *(scarso)* schwach, nicht ausreichend, mangelhaft; **2.** *(persona)* geistesschwach, schwachsinnig; *(scolaro)* lernbehindert; **II.** *mf* Geistesgestörte(r) *mf,* Schwachsinnige(r) *mf; fam pej* Schwachsinnige(r) *mf,* Idiot *m.* **deficienza** [...'tʃɛntsa] *f* **1.** *(scarsità)* Mangel *m,* Unzulänglichkeit *f;* **2.** *pej, med* Schwachsinn *m,* Idiotie *f.*
deficit ['dɛ:fitʃit] ⟨-⟩ *m* Verlust *m,* Fehlbetrag *m,* Defizit *n.* **deficitario, -a** [defitʃi'ta:ri̯o] ⟨-i, -ie⟩ *a gener., med* mangelhaft, Mangel-; *fin* defizitär.
défilé [defi'le] ⟨-⟩ *m* Modenschau *f.*
definire [defi'ni:re] *tr* **1.** *(descrivere)* beschreiben; *(spiegare)* definieren, erklären; **2.** *(limiti)* bestimmen, festlegen, definieren; **3.** *(risolvere)* (auf)lösen, beenden. **definitivo, -a** [...ni'ti:vo] *a* endgültig, definitiv; **in -a** *(in conclusione)* zum Schluß, schließlich; *(tutto sommato)* alles in allem. **definito, -a** [...'ni:to] *a* **1.** *(determinato)* bestimmt, festgelegt, definit; **2.** *(nitido, chiaro)*

klar, scharf; **limiti ben -i** genau festgelegte Grenzen *f pl.* **definizione** [...nit'tsi̯o:ne] *f* **1.** *(determinazione)* Definition *f,* (genaue) Bestimmung *f,* Erklärung *f;* **2.** *(di lite)* Entscheidung *f,* Beendigung *f;* **per ~** zwangsläufig, notwendigerweise.

deflagrazione [deflagrat'tsi̯o:ne] *f* **1.** *chem* Verpuffung *f; geol* Deflagration *f;* **2.** *fig* Explosion *f,* Ausbruch *m.*

deflazione [deflat'tsi̯o:ne] *f* Deflation *f.* **deflazionistico, -a** [...i̯o'nistiko] ‹-ci, -che› *a* deflationistisch, deflationär.

deflettore [deflet'to:re] *m* Deflektor *m,* Klappe *f; mot* Ausstellfenster *n.*

defluire [deflu'i:re] *itr* ‹*essere*› **1.** *(liquidi)* (her)abfließen, herunterfließen; **2.** *(gas)* entweichen, ausströmen; **3.** *fig (capitale, etc.)* abfließen. **deflusso** [de'flusso] *m* **1.** *(di liquidi)* Abfluß *m,* Ablaufen *n,* Ablauf *m;* **2.** *(di gas)* Abzug *m,* Entweichen *n;* **3.** *fig* Auszug *m; (di capitale, etc.)* Abfluß *m.*

deformare [defor'ma:re] *tr* **1.** *gener., tec* verformen; *pej* verunstalten, entstellen, deformieren; **2.** *fig (verità, etc.)* verzerren, entstellen. **deformazione** [...mat'tsi̯o:ne] *f* **1.** *gener., tec* Verformung *f; pej* Verunstaltung *f,* Entstellung *f,* Deformation *f;* **2.** *fig* Verzerrung *f,* Entstellung *f;* **~ professionale** Berufskrankheit *f.* **deforme** [de'forme] *a* entstellt; *(troppo grosso)* unförmig. **deformità** [...mi'ta] ‹-› *f* Verunstaltung *f; (eccessiva grossezza)* Unförmigkeit *f; med* Mißbildung *f.*

defraudare [defrau'da:re] *tr* betrügen (*qu di qc* jdn um etw.); *fig* vorenthalten (*qu di qc* jdm etw.).

defunto, -a [de'funto] **I.** *a* verstorben, tot; **II.** *m, f* Verstorbene(r) *mf,* Tote(r) *mf.*

degenerare [dedʒene'ra:re] *itr* **1.** *(deviare)* entarten, degenerieren; *med, biol* verkümmern, degenerieren; **2.** *fig (cambiare in peggio)* ausarten (*in* in). **degenerato, -a** [...'ra:to] **I.** *a* **1.** *(deviato)* entartet, degeneriert; *med, biol* verkümmert, degeneriert; **2.** *fig (di morale)* verkommen, heruntergekommen; **II.** *m, f* verkommene Person. **degenerazione** [...rat'tsi̯o:ne] *f* Entartung *f,* Degeneration *f; med, biol* Rückbildung *f,* Degeneration *f.* **degenere** [de'dʒɛ:nere] *a* mißraten, ungeraten.

degente [de'dʒɛnte] **I.** *a* bettlägerig; **II.** *mf* Krankenhauspatient(in) *m(f).* **degenza** [de'dʒɛntsa] *f* Bettlägerigkeit *f;* **~ ospedaliera** Krankenhausaufenthalt *m.*

degli ['deʎʎi] *prp* **di** *con articolo gli.*

deglutire [deglu'ti:re] ‹deglutisco› *tr* schlucken, aufnehmen.

degnare [deɲ'ɲa:re] **I.** *tr* würdigen, für würdig halten; **non ~ qu di uno sguardo** jdn keines Blickes würdigen; **II.** *rfl:* **-arsi** sich herablassen, sich bequemen.

degno, -a ['deɲɲo] *a* würdig, wert; **~ di nota** beachtenswert, bemerkenswert; **una -a ricompensa** eine angemessene Belohnung.

degradare [degra'da:re] **I.** *tr* degradieren; **II.** *rfl:* **-arsi** sich erniedrigen, sich entwürdigen. **degradazione** [...dat'tsi̯o:ne] *f* **1.** *mil* Degradierung *f;* **2.** *rel, phys* Degradation *f;* **3.** *chem* Abbau *m,* Zerlegung *f;* **4.** *fig* Abbau *m,* Niedergang *m; (avvilimento morale)* Herabwürdigung *f,* Erniedrigung *f.*

degustare [degus'ta:re] *tr* probieren, kosten. **degustazione** [...tat'tsi̯o:ne] *f* Probieren *n,* Kosten *n;* **~ del vino** Weinprobe *f.*

dei[1] ['dɛ:i] *pl di* **dio.**

dei[2] ['de:i] *prp* **di** *con articolo i.*

del [del] *prp* **di** *con articolo il.*

delatore, -trice [dela'to:re] *m, f* Denunziant(in) *m(f),* Spitzel *m.* **delazione** [...t'tsi̯o:ne] *f* Denunziation *f,* denunzierende Anzeige.

delega ['dɛ:lega] ‹-ghe› *f* Vollmacht *f,* Ermächtigung *f.* **delegare** [dele'ga:re] ‹delego, deleghi› *tr* beauftragen (*qc a qu* jdn mit etw.), delegieren (*qc a qu* etw. an jdn); *jur* ermächtigen (*qc a qu* jdn zu etw.), bevollmächtigen (*qc a qu* jdn zu etw.). **delegato, -a** [...'ga:to] **I.** *a* beauftragt (*a* mit), bevollmächtigt (*a* zu), delegiert (*a* zu); **II.** *m, f* Delegierte(r) *mf,* Beauftragte(r) *mf,* Bevollmächtigte(r) *mf.* **delegazione** [...gat'tsi̯o:ne] *f* **1.** *pol* Delegation *f,* Ermächtigung *f,* Bevollmächtigung *f;* **2.** *(rappresentanza)* Delegation *f,* Abordnung *f;* **3.** *(sede, circoscrizione territoriale)* Amtsbereich *m; rel* Delegatur *f.*

deleterio, -a [dele'tɛ:ri̯o] ‹-i, -ie› *a* verderblich, schädlich.

delfino [del'fi:no] *m* Delphin *m;* **nuotare a ~** delphinschwimmen.

delibera [de'li:bera] *f* Beschluß *m,* Entscheidung *f.* **deliberare** [delibe'ra:re] **I.** *tr* entscheiden, beschließen; **II.** *itr* beraten (*su* über), beratschlagen (*su* über). **deliberatamente** [...rata'mente] *adv* mit (voller) Absicht, mit Vorbedacht. **deliberato, -a** [...'ra:to] *a* entschieden, beschlossen. **deliberazione** [...rat'tsi̯o:ne] *f* **1.** *(decisione)* Entscheidung *f,* Beschluß *m;* **2.** *(discussione preliminare)* Beratung *f* (*di* über), Beratschlagung *f* (*di* über).

delicatezza [delika'tettsa] *f* **1.** *(finezza)* Zartheit *f;* **2.** *(di sentimenti)* Zartgefühl *n,* Feingefühl *n;* **3.** *(tatto)* Takt(gefühl *n*) *m;* **4.** *(cibo, bevanda)* Leckerbissen *m,* Delikatesse *f.*

delicato, -a [deli'ka:to] *a* **1.** *(per finezza)* fein, zart; **2.** *(sentimento)* zart; *(gusto)* delikat; **3.** *(facile a guastarsi)* empfindlich, anfällig; *(debole)* empfindlich; *(salute)* zart; **4.** *(che richiede attenzione, tatto)* heikel, delikat, schwierig; **5.** *(cibo, bevanda)* delikat, köstlich.

delimitare [delimi'ta:re] *tr* **1.** *(circoscrivere)* abgrenzen, begrenzen; **2.** *fig* abstecken, abgrenzen; *(definire)* definieren, festlegen. **delimitazione** [...tat'tsi̯o:ne] *f* **1.** *(di confini)* Abgrenzung *f*, Begrenzung *f;* **2.** *fig (di attribuzioni)* Abgrenzung *f*, Definition *f*, Festlegung *f.*

delineare [deline'a:re] **I.** *tr (a. fig)* umreißen, skizzieren; **II.** *rfl:* **-arsi** sich abzeichnen, sichtbar werden.

delinquente [deliŋ'ku̯ɛnte] *mf* **1.** *jur* Verbrecher(in) *m(f)*, Straftäter(in) *m(f) adm;* **2.** *fig scherz* Gauner *m.* **delinquenza** [...'ku̯ɛntsa] *f* Kriminalität *f*, Straffälligkeit *f adm;* ~ **minorile** Jugendkriminalität *f.*

delirante [deli'rante] *a* **1.** *(irragionevole)* irrsinnig, absurd; **2.** *(frenetico)* irrsinnig; *(applauso)* rasend.

delirare [deli'ra:re] *itr* **1.** *med* irrereden, delirieren; **2.** *fig* phantasieren.

delirio [de'li:ri̯o] ‹-i› *m* **1.** *med* Wahn(vorstellung *f*) *m*, Delirium *n;* **2.** *fig (esaltazione)* Rausch *m*, Taumel *m;* **andare/mandare in** ~ vor Begeisterung toben/zu Begeisterungsstürmen hinreißen.

delitto [de'litto] *m* **1.** *jur* Verbrechen *n*, Delikt *n adm*, Straftat *f adm*, strafbare Handlung; **2.** *(errore)* Unrecht *n;* ~ **colposo/doloso** fahrlässig/vorsätzlich begangene Straftat; **corpo del** ~ Beweisstück *n.* **delittuoso, -a** [...tu'o:so] *a* ungesetzlich, verbrecherisch.

delizia [de'littsi̯a] ‹-ie› *f* **1.** *(piacere)* Genuß *m*, Vergnügen *n* (*di* an), Wonne *f;* **2.** *(predilezione)* Genuß *m*, Freude *f.* **delizioso, -a** [...'tsi̯o:so] *a* **1.** *(cibo, bevanda)* köstlich; **2.** *(persona, cosa)* entzückend, reizend.

dell', della, delle, dello [dell, 'della, ...le, ...lo] *prp* **di** *con articolo l', la, le, lo.*

delta[1] ['dɛlta] ‹-› *f (lettera greca)* Delta *n.*

delta[2] ['dɛlta] ‹-› *m (di fiume)* Delta *n.*

delucidare [delutʃi'da:re] *tr* erklären, verständlich machen. **delucidazione** [...dat'tsi̯o:ne] *f* Erklärung *f*, Aufklärung *f.*

deludere [de'lu:dere] ‹deludo, delusi, deluso› *tr* enttäuschen. **delusione** [delu'zi̯o:ne] *f* Enttäuschung *f.* **deluso** [de'lu:zo] *pp di* **deludere.**

demagogia [demago'dʒi:a] ‹-gie› *f* Demagogie *f.* **demagogico, -a** [...'gɔ:dʒiko] ‹-ci, -che› *a* demagogisch.

demanio [de'ma:ni̯o] ‹-i› *m* Staatsgut *n*, Domäne *f.*

demarcazione [demarkat'tsi̯o:ne] *f* Abgrenzung *f*, Demarkation *f geh;* **linea di** ~ Demarkationslinie *f.*

demente [de'mɛnte] **I.** *a* **1.** *med* schwachsinnig; **2.** *fam (stolto)* blöd(e); **II.** *mf* **1.** *med* Schwachsinnige(r) *mf;* **2.** *fam (stolto)* Blödian *m fam*, Dummkopf *m.* **demenza** [de'mɛntsa] *f* **1.** *med* Schwachsinn *m;* **2.** *fam (stoltezza)* Blödheit *f*, Dummheit *f.*

demerito [de'mɛ:rito] *m* Vergehen *n*, Schuld *f.*

demilitarizzazione [demilitariddzat'tsi̯o:ne] *f* Entmilitarisierung *f.*

demmo ['demmo] *v.* **dare.**

democraticità [demokratitʃi'ta] ‹-› *f* demokratische Art, demokratisches Wesen. **democratico, -a** [...'kra:tiko] ‹-ci, -che› **I.** *a* **1.** *pol* demokratisch; **2.** *(alla mano)* leutselig; **II.** *m, f* Demokrat(in) *m(f).* **democrazia** [...rat'tsi:a] ‹-ie› *f* Demokratie *f;* **D~ Cristiana** (*ab* **D.C.**) *christdemokratische Partei Italiens.*

democristiano, -a [demokris'ti̯a:no] **I.** *a* christdemokratisch; **II.** *m, f* Christdemokrat(in) *m(f).*

demografia [demogra'fi:a] *f* Demographie *f*, Bevölkerungswissenschaft *f.* **demografico, -a** [...'gra:fiko] *a* demographisch, Bevölkerungs-; *(eccedenza, etc. a.)* Geburten-.

demolire [demo'li:re] ‹demolisco› *tr* **1.** *(distruggere)* zerstören; *(appartamento)* demolieren; *(muri)* abreißen, niederreißen; *(auto)* verschrotten; *(navi)* abwracken; **2.** *fig* vernichten; *(reputazione)* ruinieren; *(scritto, film, etc.)* verreißen. **demolizione** [...lit'tsi̯o:ne] *f* **1.** *(distruzione)* Zerstörung *f;* *(di muri, etc.)* Abriß *m*, Abbruch *m;* *(di appartamento)* Verwüstung *f;* *(di macchinari)* Verschrottung *f;* **2.** *fig* Vernichtung *f;* *(della critica)* Verriß *m.*

demone ['dɛ:mone] *m* Dämon *m.* **demoniaco, -a** [demo'ni:ako] ‹-ci, -che› *a* teuflisch, dämonisch. **demonio** [de'mɔ:ni̯o] ‹-i› *m* Teufel *m;* *(fig a.)* Teufelskerl *m;* **fare il** ~ den Teufel im Leib haben *fam.*

demoralizzare [demoralid'dza:re] **I.** *tr* entmutigen, demoralisieren; **II.** *rfl:* **-arsi** den Mut verlieren.

demoscopia [demosko'pi:a] ‹-ie› *f* Demoskopie *f*, Meinungsforschung *f.*

denaro [de'na:ro] *m* Geld *n;* ~ **liquido** Bargeld *n.*

denaturato [denatu'ra:to] *a:* **alcool** ~ denaturierter Alkohol.

denigrare [deni'gra:re] *tr* verleumden, diffamieren. **denigrazione** [...rat'tsi̯o:ne] *f* Verleumdung *f*, Diffamierung *f.*

denominare [denomi'na:re] **I.** *tr* (be)nennen (*qc* etw.), bezeichnen (*qc* als etw.); **II.** *rfl:* **-arsi** sich nennen, genannt werden, heißen. **denominatore**

[...na'to:re] *m mat* Nenner *m.* **denominazione** [...nat'tsio:ne] *f* Bezeichnung *f,* Benennung *f; (nome)* Name *m.*
denotare [deno'ta:re] *tr* bedeuten, ausdrücken.
densità [densi'ta] ‹-› *f* **1.** *(fittezza)* Dichte *f,* Dichtigkeit *f;* **2.** *(fluidità ridotta)* Dicke *f,* Dickflüssigkeit *f;* **3.** *fig* Dichte *f;* ~ **della popolazione** Bevölkerungsdichte *f.* **denso, -a** ['dɛnso] *a* **1.** *(fluido)* dick(flüssig); **2.** *(fitto)* dicht; **3.** *fig* dicht, reich; **una settimana -a di avvenimenti** eine ereignisreiche Woche.
dentale [den'ta:le] **I.** *a* dental, Zahn-; **II.** *f* Zahnlaut *m,* Dental(laut) *m.* **dentario, -a** [den'ta:rio] ‹-i, -ie› *a* Zahn-; **carie -a** Karies *f.*
dentato, -a [den'ta:to] *a* gezahnt, gezackt; *(tec a.)* Zahn-. **dentatura** [...ta'tu:ra] *f* **1.** *anat* Gebiß *n;* **2.** *tec* Zahnung *f.*
dente ['dɛnte] *m* **1.** *anat* Zahn *m;* **2.** *tec* Zacke *f,* Zahn *m; (del pettine, della sega)* Zahn *m;* ~ **canino/incisivo/molare** Eck-/Schneide-/Backenzahn *m;* ~ **del giudizio** Weisheitszahn *m;* ~ **di latte** Milchzahn *m;* ~ **di leone** *bot* Löwenzahn *m;* **avere il** ~ **avvelenato contro qu** jdn gefressen haben *fam;* **battere i -i** mit den Zähnen klappern; **essere armato fino ai -i** bis an die Zähne bewaffnet sein; **mettere qc sotto i -i** *fig* etw. zwischen die Zähne schieben; **mostrare i -i a qu** *fig* jdm die Zähne zeigen; **stringere i -i** *fig* die Zähne zusammenbeißen; **al** ~ *gastr* mit Biß, beißfest; *(riso a.)* körnig.
dentellato, -a [dentel'la:to] *a* gezahnt, gezackt. **dentellatura** [...la'tu:ra] *f* Zahnung *f,* Auszackung *f; arch* Zackenornament *n.*
dentice ['dɛntitʃe] *m* Zahnbrasse *f.*
dentiera [den'tiɛ:ra] *f* Zahnersatz *m,* Gebiß *n.*
dentifricio, -a [denti'fri:tʃo] ‹-ci, -cie› **I.** *a:* **pasta -a** Zahnpasta *f;* **II.** *m* Zahnputzmittel *n; (pasta)* Zahnpasta *f.*
dentista [den'tista] ‹-i *m,* -e *f*› *mf* Zahnarzt *m,* -ärztin *f.* **dentistico, -a** [...'tistiko] ‹-ci, -che› *a* zahnärztlich, Zahnarzt-.
dentizione [dentit'tsio:ne] *f* Zahndurchbruch *m,* Zahnen *n.*
dentro ['dentro] **I.** *adv* **1.** *(stato)* darin, drinnen; *(moto)* hinein, herein; **2.** *fig* im Inner(e)n; **essere** ~ *fam* drin sein; *(in carcere)* sitzen *sl;* **mettere** ~ *fam* einlochen *sl,* einbuchten *sl;* **II.** *prp (stato)* in *dat; (moto)* in *acc;* ~ **casa** im Haus; ~ **di me** in meinem Inner(e)n, bei mir; **darci** ~ *fam* sich in etw. hineinknien *fam;* **esserci** ~ *fam* in etw. drinstecken *fam;* **III.** *m* Innere(s) *n.*
denuclearizzato, -a [denuklearid'dza:to] *a* atomwaffenfrei.
denudare [denu'da:re] **I.** *tr* entblößen; *(a. fig)* entkleiden; **II.** *rfl:* **-arsi** sich entblößen, sich entkleiden.
denuncia [de'nuntʃa] ‹-ce *o* -cie›, **denunzia** [de'nuntsia] ‹-ie› *f* **1.** *jur* Anzeige *f;* **2.** *adm* (An)meldung *f;* **3.** *(dichiarazione)* Erklärung *f;* ~ **dei redditi** Steuererklärung *f;* **sporgere** ~ Anzeige erstatten. **denunciare** [...'tʃa:re] ‹denuncio, denunci›, **denunziare** [...'tsia:re] ‹denunzio, denunzi› *tr* **1.** *jur* anzeigen; *fig (accusare)* brandmarken; **2.** *adm* (an)melden; **3.** *fig (dimostrare)* zeigen; **4.** *(dichiarare)* erklären.
denutrito, -a [denu'tri:to] *a* unterernährt. **denutrizione** [...rit'tsio:ne] *f* Unterernährung *f.*
deodorante [deodo'rante] **I.** *a* de(s)odorierend; **II.** *m* De(s)odorant *n.* **deodorare** [...'ra:re] *tr* de(s)odorieren.
depauperare [depaupe'ra:re] *tr* erschöpfen, auslaugen.
deperimento [deperi'mento] *m* **1.** *med* Kräfteverfall *m,* Auszehrung *f;* **2.** *(deterioramento)* Verfall *m; (danno)* Schaden *m,* Schädigung *f; (di alimenti)* Verderben *n.* **deperire** [...'ri:re] ‹deperisco› *itr* ‹*essere*› **1.** *(di salute)* verkümmern, dahinsiechen *geh;* **2.** *(deteriorarsi)* verderben, verkommen; *(consumarsi)* verfallen.
depilare [depi'la:re] *tr* **1.** *(gambe, etc.)* enthaaren; **2.** *(sopracciglia)* zupfen. **depilatorio, -a** [...la'tɔ:rio] ‹-i, -ie› **I.** *a* enthaarend, Enthaarungs-; **II.** *m* Enthaarungsmittel *n.* **depilazione** [...lat'tsio:ne] *f* Enthaarung *f.*
dépliant [depli'jã] ‹-› *m* Faltblatt *n,* Prospekt *m.*
deplorabile [deplo'ra:bile] *a* tadelnswert.
deplorare [deplo'ra:re] *tr* **1.** *(biasimare)* mißbilligen, tadeln; **2.** *(compiangere)* beklagen, bedauern. **deplorevole** [...'re:vole] *a* **1.** *(da biasimare)* tadelnswert; **2.** *(miserevole)* beklagenswert, bedauernswert; *(fatto, etc.)* bedauerlich.
deporre [de'porre] ‹*irr*› **I.** *tr* **1.** *(oggetto)* absetzen, ablegen; *(uova)* legen; *fig (armi)* niederlegen; **2.** *(in giudizio)* ablegen; *(da testimone)* aussagen; **3.** *(da una carica)* absetzen, entheben (*qu da qc* jdn einer S. *gen*); **4.** *fig (odio, etc.)* ablassen (*qc* von etw.); **II.** *itr jur* aussagen; **ciò depone a suo favore** das spricht für ihn (*o* sie).
deportare [depor'ta:re] *tr* deportieren. **deportato, -a** [...'ta:to] *m, f* Deportierte(r) *mf.* **deportazione** [...tat'tsio:ne] *f* Deportation *f.*
depositare [depozi'ta:re] *tr* **1.** *(porre giù)* absetzen, -stellen, -legen; **2.** *(in banca)* deponieren, hinterlegen; **3.** *(in*

custodia) zur Aufbewahrung geben; *(documenti)* deponieren, hinterlegen; **4.** *(in magazzino)* (ein)lagern; **5.** *(liquidi, etc.)* ablagern, absetzen. **depositario, -a** [...'ta:rio] ‹-i, -ie› *m, f* **1.** *gener.* Verwahrer(in) *m(f),* Aufbewahrer(in) *m(f);* **2.** *fin* Depositar *m;* **3.** *fig* Bewahrer(in) *m(f),* Wächter(in) *m(f),* Hüter(in) *m(f).*

deposito [de'pɔ:zito] *m* **1.** *(in banca)* Hinterlegung *f; (somma)* Depot *n,* Einlage *f;* **2.** *(di valigie, etc.)* Aufbewahrung *f; (di documenti)* Hinterlegung *f;* **3.** *(in magazzino)* (Ein)lagerung *f; (luogo)* Depot *n,* (Sammel)lager *n;* **4.** *(di liquidi)* (Boden)satz *m,* Depot *n; geol* Ablagerung *f;* **5.** *(cauzione)* Kaution *f;* ~ **bagagli** Gepäckaufbewahrung *f.*

deposizione [depozit'tsio:ne] *f* **1.** *(sedimento)* Ablagerung *f;* **2.** *(da una carica)* Absetzung *f;* **3.** *(in tribunale)* Zeugenaussage *f;* **4.** *rel* Kreuzabnahme *f.*

depravazione [depravat'tsio:ne] *f* Verderbtheit *f,* Verkommenheit *f.*

deprecabile [depre'ka:bile] *a* unwillkommen, unliebsam.

deprecare [depre'ka:re] ‹depreco, deprechi› *tr* mißbilligen.

depredare [depre'da:re] *tr* **1.** *(saccheggiare)* plündern; **2.** *(derubare)* aus-, berauben; ~ **qu di qc** jdm etw. rauben, jdn einer S. *(gen)* berauben.

depressa *f v.* **depresso.**

depressi [de'prɛssi] *p rem di* **deprimere.**

depressione [depres'sio:ne] *f* **1.** *(avvallamento)* (Ab)senkung *f,* Vertiefung *f; geog* Landsenke *f;* **2.** *meteo* Tief(druckgebiet) *n;* **3.** *med* Depression *f.* **depressivo, -a** [...'si:vo] *a* depressiv.

depresso, -a [de'prɛsso] **I.** *pp di* **deprimere; II.** *a* **1.** *(abbassato)* abgesenkt, vertieft; **2.** *(avvilito)* deprimiert, niedergeschlagen; **III.** *m, f* deprimierte Person; *med* Depressive(r) *mf.*

deprezzamento [deprettsa'mento] *m* Wertminderung *f; (della moneta)* Entwertung *f.* **deprezzare** [...'tsa:re] *tr* **1.** *fin* den Preis senken (*qc* einer S. *gen*); *(svalutare)* den Wert (ver)mindern (*qc* einer S. *gen*); *(moneta)* entwerten; **2.** *fig* abwerten, herabsetzen.

deprimente [depri'mɛnte] *a* deprimierend, bedrückend.

deprimere [de'pri:mere] ‹deprimo, depressi, depresso› *tr* deprimieren, bedrücken.

depurare [depu'ra:re] **I.** *tr* reinigen; *chem* klären; *(a. fig)* läutern *geh;* **II.** *rfl:* **-arsi** sich reinigen; *fig* sich läutern *geh.* **depurativo** [...ra'ti:vo] *m* Entschlakkungsmittel *n;* ≃ Blutreinigungstee *m.* **depuratore, -trice** [...ra'to:re] **I.** *a* Klär-, Reinigungs-, Filter-; **II.** *m* **1.** *(apparecchio)* Reinigungsapparat *m,* Aufbereitungsgerät *n,* Filtrierapparat *m;* **2.** *(impianto)* Kläranlage *f,* Klärwerk *n.*

depurazione [...rat'tsio:ne] *f* Reinigung *f,* Klärung *f.*

deputato, -a [depu'ta:to] *m, f* **1.** *(delegato)* Beauftragte(r) *mf;* **2.** *pol* Abgeordnete(r) *mf.*

deragliare [deraʎ'ʎa:re] ‹deraglio, deragli› *itr* ‹*essere*› entgleisen.

dérapage [dera'pa:ʒ] ‹-› *m mot* Schleudern *n,* Ausbrechen *n; aero* Abrutschen *n,* Abkippen *n.*

derelitto, -a [dere'litto] **I.** *a* vereinsamt, verlassen; **II.** *m, f* vereinsamter (*o* verlassener) Mensch.

deretano [dere'ta:no] *m* Gesäß *n.*

deridere [de'ri:dere] ‹*irr*› *tr* auslachen (*per* wegen), verspotten (*per* wegen).

derisione [deri'zio:ne] *f* Verspottung *f,* Spott *m.* **derisorio, -a** [...'zɔ:rio] ‹-i, -ie› *a* **1.** *(che deride)* Spott-, spöttisch; **2.** *(di derisione)* lächerlich.

deriva [de'ri:va] *f* **1.** *naut (trascinamento)* Abtrift *f,* Drift *f;* **2.** *(di aereo)* Seitenruder *n;* **3.** *geol:* ~ **dei continenti** Kontinentaldrift *f,* Kontinentalverschiebung *f;* **andare alla** ~ abgetrieben werden; *fig* sich treiben lassen.

derivare [deri'va:re] **I.** *itr* ‹*essere*› **1.** *(aver origine)* herkommen (*da* von), herrühren (*da* von), seinen Ursprung haben (*da* in), beruhen (*da* auf); *(a. ling)* abstammen (*da* von); **2.** *fig (discendere)* (ab)stammen (*da* aus, von); **3.** *(essere prodotto)* gewonnen werden (*da* aus); **II.** *tr* ‹*avere*› **1.** *(canale, etc.)* ableiten; **2.** *fig (per deduzione)* ableiten, herleiten. **derivato** [...'va:to] *m* Derivat *n; ling* Derivativ(um) *n,* Ableitung *f.* **derivazione** [...vat'tsio:ne] *f* **1.** *tec* Abzweigung *f,* Ableitung *f; el* Abzweig(ung *f*) *m; tel* Nebenanschluß *m;* **2.** *mat* Differentialrechnung *f;* **3.** *ling* Derivation *f,* Ableitung *f.*

dermatologia [dermatolo'dʒi:a] ‹-gie› *f* Dermatologie *f.* **dermatologo, -a** [...'tɔ:logo] ‹-gi, -ghe› *m, f* Hautarzt *m,* -ärztin *f,* Dermatologe *m,* -login *f.* **dermatosi** [...'tɔ:zi] ‹-› *f* Hautkrankheit *f,* Dermatose *f.*

deroga ['dɛ:roga] ‹-ghe› *f* Abweichung *f,* (teilweise) Außerkraftsetzung *f;* **in** ~ **a** abweichend von, in Abweichung von. **derogare** [...'ga:re] ‹derogo, deroghi› *itr* teilweise außer Kraft setzen (*a qc* etw.), derogieren (*a qc* etw.).

derrata [der'ra:ta] *f* (Eß)ware *f;* **-e alimentari** Lebens-, Nahrungsmittel *n pl.*

derubare [deru'ba:re] *tr* bestehlen, berauben.

desalinizzazione [desaliniddzat'tsio:ne] *f* Entsalzung *f.*

descrittivo, -a [deskrit'ti:vo] *a* beschreibend, deskriptiv.

descrivere [des'kri:vere] ‹*irr*› *tr* **1.** *(rappresentare)* beschreiben; *(avvenimento a.)* schildern; **2.** *(lasciare una traccia)* beschreiben. **descrivibile** [...ri'vi:bile] *a* beschreibbar. **descrizione** [...rit'tsi̯o:ne] *f* Schilderung *f*, Beschreibung *f*.

desertico, -a [de'zɛrtiko] ‹-ci, -che› *a* Wüsten-.

deserto, -a [de'zɛrto] **I.** *a* unbewohnt, menschenleer; *fig* ausgestorben; **II.** *m* **1.** *geog* Wüste *f*; **2.** *fig* Einöde *f*.

desiderabile [deside'ra:bile] *a* wünschenswert; *(sessualmente)* begehrenswert.

desiderare [deside'ra:re] *tr* wünschen; *(sessualmente)* begehren; ~ **un figlio** sich *(dat)* ein Kind wünschen; ~ **di rivedere qu** den Wunsch haben, jdn wiederzusehen; **desidererei mangiare** ich möchte essen; **farsi** ~ sich rar machen, sich selten blicken lassen; **lasciare a** ~ zu wünschen übriglassen; **ti desiderano al telefono** du wirst am Telefon verlangt.

desiderio [desi'dɛ:ri̯o] ‹-i› *m* **1.** *(aspirazione)* Wunsch *m* (*di* nach); *pej* Begierde *f* (*di* nach); **2.** *(brama sensuale)* Begierde *f* (*di* nach), Verlangen *n* (*di* nach); **3.** *(bisogno)* Bedürfnis *n* (*di* nach), Verlangen *n* (*di* nach). **desideroso, -a** [...de'ro:so] *a* verlangend, sehnsüchtig.

designare [desiɲ'ɲa:re] *tr* **1.** *(persona)* bestimmen, bestellen, ernennen; **2.** *(fissare)* bestimmen, bezeichnen.

designer [dɪ'zaɪnə] ‹-› *mf* Designer(in) *m(f)*.

desinare [dezi'na:re] **I.** *itr* (zu) Mittag essen; **II.** *m* Mittagessen *n*; **dopo** ~ nachmittags.

desinenza [dezi'nɛntsa] *f* Endung *f*.

desistere [de'sistere] ‹desisto, desistei *o* desistetti, desistito› *itr* zurücknehmen (*da qc* etw.), absehen (*da* von).

desolante [dezo'lante] *a* trostlos, desolat.

desolato, -a [dezo'la:to] *a* **1.** *(luogo)* verlassen, ausgestorben; *(per squallore)* öd(e), trostlos; **2.** *(persona)* tiefbetrübt, bekümmert; **sono veramente ~ di non poterti favorire** *lett* ich bin untröstlich, daß ich dir nicht helfen kann *geh*. **desolazione** [...lat'tsi̯o:ne] *f* **1.** *(rovina)* Verheerung *f*, Verwüstung *f*; **2.** *(squallore)* Öde *f*, Trostlosigkeit *f*; **3.** *(dolore)* (tiefe) Betrübnis *f*.

despota ['dɛspota] ‹-i *m*, -e *f*› *mf* Despot(in) *m(f)*.

dessert [de'sɛ:r] ‹-› *m* Nachspeise *f*, Dessert *n*.

dessi ['dessi] *v.* **dare.**

destare [des'ta:re] **I.** *tr* **1.** *(svegliare)* (auf)wecken; **2.** *fig* wachrufen, erwecken; *(meraviglia, sospetti)* erregen; **II.** *rfl:* **-arsi** aufwachen, erwachen *geh*.

deste, desti ['deste, ...ti] *v.* **dare.**

destinare [desti'na:re] *tr* **1.** *(irrevocabilmente)* weihen, verurteilen; **2.** *(a una sede)* bestimmen (*a* für), zuteilen; **3.** *(a un'attività)* bestimmen (*a* für), vorsehen (*a* für); **4.** *(somma)* widmen, zueignen; **5.** *(ad uso particolare)* bestimmen (*a* zu); **6.** *(lettere, pacchi)* adressieren (*a* an); **destinato a morire** dem Tod geweiht. **destinatario, -a** [...na'ta:ri̯o] ‹-i, -ie› *m, f* Adressat(in) *m(f)*, Empfänger(in) *m(f)*. **destinazione** [...nat'tsi̯o:ne] *f* **1.** *gener.* Bestimmung *f*, (End)zweck *m*, Ziel *n*; **2.** *(luogo)* Bestimmungsort *m*, Ziel(ort *m*) *n*; **partire per ~ ignota** mit unbekanntem Ziel abreisen; **giungere a** ~ am Ziel ankommen.

destino [des'ti:no] *m* Schicksal *n*.

destituire [destitu'i:re] ‹destituisco› *tr* absetzen (*qu da qc* jdn von etw.), entheben (*qu da qc* jdn einer S. *gen*). **destituzione** [...ut'tsi̯o:ne] *f* Absetzung *f*, (Amts)enthebung *f*.

desto, -a ['desto] *a* wach.

destra ['dɛstra] *f* **1.** *(mano)* Rechte *f*, rechte Hand; **2.** *(lato)* rechte Seite; **3.** *pol* Rechte *f*; **a** ~ rechts, rechter Hand.

destreggiarsi [destred'dʒarsi] ‹mi destreggio, ti destreggi› *rfl* zurechtkommen (*con* mit), sich zurechtfinden (*in* in).

destrezza [des'trettsa] *f* Geschick *n*, Geschicklichkeit *f*, Gewandtheit *f*; ~ **di mano** Fingerfertigkeit *f*.

destro, -a ['dɛstro] **I.** *a* **1.** rechte(r, s); **2.** *fig* tüchtig, geschickt; **II.** *m* Gelegenheit *f*, rechter Zeitpunkt.

destrorso, -a [des'trɔrso] *a* rechtsdrehend.

desumere [de'su:mere] ‹desumo, desunsi, desunto› *tr* folgern (*da* aus), schließen (*da* aus).

detective [dɪ'tektɪv] ‹-› *m* **1.** *(agente di polizia)* Geheimpolizist *m*; **2.** *(investigatore privato)* (Privat)detektiv *m*.

detenere [dete'ne:re] ‹*irr*› *tr* **1.** *(possedere)* besitzen, bei sich *(dat)* führen; *(primato)* halten; *(incarico)* innehaben; **2.** *(in prigione)* gefangenhalten, in Haft (be)halten.

detentore, -trice [deten'to:re] *m, f*: ~ **di un titolo** *sport* Titelverteidiger(in) *m(f)*.

detenuto, -a [dete'nu:to] *m, f* Häftling *m*, Inhaftierte(r) *mf*. **detenzione** [...n'tsi̯o:ne] *f* **1.** *(possesso)* Besitz *m*; *fig* Innehaben *n*; *jur* Verfügungsgewalt *f*; **2.** *(pena)* Haft *f*, Gewahrsam *m*; ~ **di armi e munizioni** unerlaubter Waffenbesitz; ~ **preventiva** Untersuchungshaft *f*.

detergente [deter'dʒɛnte] **I.** *a* reini-

gend, Reinigungs-; **latte** ~ Reinigungsmilch *f;* **II.** *m* Reinigungsmittel *n.*
deteriorabile [deterio'ra:bile] *a* verderblich.
deteriorarsi [deterio'rarsi] *rfl* **1.** *(cibi)* verderben, schlecht werden; *(oggetti)* beschädigt werden; **2.** *(logorarsi)* verschleißen.
determinante [determi'nante] *a* bestimmend, ausschlaggebend, entscheidend; **elemento** ~ entscheidender Faktor.
determinare [determi'na:re] **I.** *tr* **1.** *(precisare)* festlegen, bestimmen; **2.** *(stabilire)* festsetzen, festlegen, bestimmen; **3.** *(causare)* verursachen, bewirken, herbeiführen. **determinativo, -a** [...na'ti:vo] *a* bestimmt. **determinato, -a** [...'na:to] *a* **1.** *(stabilito, fissato)* bestimmt, festgelegt; **2.** *(risoluto)* entschlossen, entschieden, bestimmt; **in -i casi** in bestimmten Fällen. **determinazione** [...nat'tsio:ne] *f* **1.** *(stabilizzazione)* Festsetzung *f,* Festlegung *f,* Bestimmung *f;* **2.** *(decisione)* Beschluß *m* (*di* über), Entscheidung *f* (*di* über); **3.** *(risoluzione)* Entschiedenheit *f,* Entschlossenheit *f,* Bestimmtheit *f.*
deterrente [deter'rɛnte] *m* Abschreckungswaffe *f,* Abschreckungsmittel *n.*
detersivo [deter'si:vo] *m gener.* Reinigungsmittel *n; (per biancheria)* Waschmittel *n; (per stoviglie)* Spülmittel *n; (per pavimenti, etc.)* Putzmittel *n.*
detestare [detes'ta:re] *tr* verabscheuen, hassen.
detonante [deto'nante] **I.** *a* explosiv, Spreng-, Zünd-; **II.** *m* Sprengstoff *m.*
detonare [deto'na:re] *itr* detonieren. **detonatore** [...na'to:re] *m* Zünd-, Sprengkapsel *f,* Detonator *m.* **detonazione** [...nat'tsio:ne] *f* **1.** *(scoppio)* Explosion *f,* Detonation *f;* **2.** *(in motori)* Klopfen *n,* Klingeln *n.*
detrarre [de'trarre] ‹*irr*› *tr* abziehen (*da* von), abrechnen (*da* von); **detraendo le spese** unter Abzug (*o* abzüglich) der Spesen. **detrazione** [...at'tsio:ne] *f* Abzug *m,* Abrechnung *f.*
detrimento [detri'mento] *m:* **a** ~ **di qu** zu jds Nachteil, zum Nachteil für jdn.
detrito [de'tri:to] *m* **1.** *(rifiuto)* Schutt *m,* Abfall *m;* **2.** *geol* Geröll *n,* (Gesteins)schutt *m.*
detronizzare [detronid'dza:re] *tr* **1.** *pol* entthronen, stürzen; **2.** *fig* entmachten, absetzen.
detta ['detta] *f:* **a** ~ **di ...** nach Aussage von ..., wie von ... gesagt wird; **a** ~ **mia/tua/sua** *etc.* meiner/deiner/seiner (*o* ihrer) *etc.* Aussage nach.
dettagliante [dettaʎ'ʎante] *mf* Einzelhändler(in) *m(f).*
dettagliato, -a [dettaʎ'ʎa:to] *a* eingehend, detailliert.
dettaglio [det'taʎʎo] ‹-gli› *m* Detail *n,* Einzelheit *f;* **vendita al** ~ Einzelhandel *m,* Einzelverkauf *m.*
dettame [det'ta:me] *m* ‹*di solito al pl*› **1.** *(principio)* Gebot *n,* Grundsatz *m;* **2.** *(suggerimento)* Impuls *m,* Anregung *f.*
dettare [det'ta:re] *tr* **1.** *(lettera, etc.)* diktieren; **2.** *(condizioni)* auferlegen, aufzwingen, diktieren; *(legge)* vorschreiben; **3.** *(suggerire)* bestimmen, diktieren; ~ **legge** *fig* das Regiment führen; ~ **sentenze** *fig* befehlen, kommandieren. **dettato** [...'ta:to] *m* **1.** *(testo)* Diktat *n;* **2.** *(norma)* Vorschrift *f,* Bestimmungen *f pl.* **dettatura** [...ta'tu:ra] *f* Diktat *n,* Diktieren *n;* **scrivere sotto** ~ nach Diktat schreiben.
detti ['dɛtti] *p rem di* **dare.**
detto, -a ['detto] **I.** *pp di* **dire; II.** *a* **1.** *(con soprannome)* genannt; **2.** *(suddetto)* obengenannt, obenerwähnt, vorgenannt *adm;* **è presto** ~ das ist leichter gesagt als getan; **III.** *m* **1.** *(discorso)* Worte *n pl,* Rede *f;* **2.** *(motto)* (Aus)spruch *m,* Wort *n; (sentenza)* Lebensregel *f,* Sinnspruch *m;* ~ **popolare** Volksweisheit *f.*
deturpare [detur'pa:re] *tr* entstellen, verunstalten.
devastare [devas'ta:re] *tr* **1.** *(guastare, rovinare)* verwüsten, verheeren; **2.** *(distruggere)* vernichten, zerstören; **3.** *(deturpare)* entstellen. **devastazione** [...tat'tsio:ne] *f* Verwüstung *f,* Verheerung *f; (distruzione)* Vernichtung *f,* Zerstörung *f.*
deviare [devi'a:re] ‹devio, devii› **I.** *itr* **1.** *(di direzione)* abkommen; *(strada)* abzweigen; **2.** *fig* abweichen, abkommen; **II.** *tr* **1.** *(traffico, etc.)* umleiten; **2.** *fig* lenken. **deviazione** [deviat'tsio:ne] *f* **1.** *gener.* Abweichung *f; (spostamento)* Verschiebung *f;* **2.** *(via diversa)* Umweg *m; (stradale)* Umleitung *f;* **3.** *fig* Abweichung *f.*
devitalizzare [devitalid'dza:re] *tr* abtöten.
devo ['dɛ:vo] *pr di* **dovere.**
devolvere [de'vɔlvere] ‹devolvo, devolvei *o* devolvetti, devoluto› *tr* **1.** *jur* übergeben; *(diritto)* übertragen; **2.** *fin* zuweisen, zuwenden.
devoto, -a [de'vɔ:to] **I.** *a* **1.** *(religioso)* gläubig, fromm; **2.** *lett (affezionato)* ergeben, treu; **3.** *(a un ideale)* ergeben; **II.** *m, f* **1.** *rel* Gläubige(r) *mf,* Fromme(r) *mf,* frommer Mensch; **2.** *fig* Ergebene(r) *mf,* Getreue(r) *mf.* **devozione** [devot'tsio:ne] *f* **1.** *(spirituale)* Andacht *f; (religiosità)* Frömmigkeit *f,* Gläubigkeit *f;* **2.** *(deferenza)* Ergebenheit *f,* Hochachtung *f;* **3.** *(affetto)* Ergebenheit *f,* Treue *f;* **4.** *(dedizione)* Hingabe *f* (*a* an); **-i** Gebete *n pl.*

di [di] ‹d', del, dello, dell', della, dei, degli, delle› *prp* **1.** *(specificazione)* von *dat,* für *acc,* zu *dat; (riferito a materia)* aus *dat; (possessivo)* von *dat;* **2.** *(causa)* vor *dat;* **3.** *(modo, mezzo)* mit *dat;* **4.** *(fine, scopo)* zu *dat,* für *acc;* **5.** *(origine)* aus *dat,* von *dat;* **6.** *(moto da luogo)* von *dat,* aus *dat; (moto per luogo)* durch *acc;* **7.** *(tempo)* bei *dat,* in *dat,* an *dat;* **8.** *(paragone)* als; **amor ~ patria** Vaterlandsliebe *f;* **cittadino ~ Torino** Einwohner *m* von Turin; **essere ~ Trieste** aus Triest sein; **una donna ~ trent'anni** eine Frau von dreißig Jahren, eine dreißigjährige Frau; **un litro ~ latte** ein Liter *m* Milch; **vorrei del pane** ich möchte (etwas) Brot; **la città ~ Torino** (die Stadt) Turin; **il mese ~ gennaio** der Monat Januar; **non c'è ~ meglio** es gibt nichts Besseres; **mi sembra ~ capire** mir scheint, (daß) ich verstehe; **gridare ~ gioia** schreien vor Freude; **alzarsi ~ mattina** morgens aufstehen; **venire ~ corsa** schnell (*o* angerannt) kommen; **tentare ~ fuggire** versuchen zu fliehen, zu fliehen versuchen; **d'estate** im Sommer; **~ giorno** tagsüber, bei Tag(e); **~ sera** abends, am Abend; **dopo/prima ~ me** nach/vor mir; **invece ~ lui** an seiner Stelle; **~ qua/là** (von) hier/dort.

dì [di] ‹-› *m rar* Tag *m.*

dia ['di:a] *etc. v.* **dare.**

diabete [dia'bɛ:te] *m* Zuckerkrankheit *f,* Diabetes *m.* **diabetico, -a** [...'bɛ:tiko] ‹-ci, -che› **I.** *a* diabetisch, zuckerkrank; **II.** *m, f* Diabetiker(in) *m(f).*

diabolico, -a [di̯a'bɔ:liko] ‹-ci, -che› *a* teuflisch, diabolisch.

diacono [di'a:kono] *m* Diakon *m.*

diadema [dia'dɛ:ma] ‹-i› *m* Diadem *n.*

diafano, -a [di'a:fano] *a* **1.** *(trasparente)* durchscheinend, durchsichtig; **2.** *fig (delicato)* durchscheinend.

diaframma [dia'framma] ‹-i› *m* **1.** *(elemento divisorio)* (Trenn)wand *f,* Barriere *f;* **2.** *anat* Zwerchfell *n;* **3.** *fot, opt* Blende *f;* **4.** *tel* Membran(e) *f;* **5.** *(anticoncezionale)* Diaphragma *n,* (Intrauterin)pessar *n.*

diagnosi [di'aɲɲozi] ‹-› *f* Diagnose *f;* **fare la ~** eine Diagnose stellen.

diagnosticare [diaɲɲosti'ka:re] ‹diagnostico, diagnostichi› *tr* diagnostizieren.

diagonale [diago'na:le] **I.** *a* diagonal; **II.** *m* **1.** *(stoffa)* Diagonal *m;* **2.** *sport (calcio)* Diagonalpaß *m; (tennis)* Cross *m;* **III.** *f* Diagonale *f.*

diagramma [dia'gramma] ‹-i› *m* Diagramm *n.*

dialettale [dialet'ta:le] *a* Dialekt-, dialektal.

dialettica [dia'lɛttika] ‹-che› *f* Dialektik *f.* **dialettico, -a** [...ko] ‹-ci, -che› **I.** *a* dialektisch; **II.** *m* Dialektiker *m.*

dialetto [dia'lɛtto] *m* Mundart *f,* Dialekt *m.*

dialisi [di'a:lizi] ‹-› *f* Dialyse *f.*

dialogare [dialo'ga:re] ‹dialogo, dialoghi› **I.** *itr* einen Dialog führen; **II.** *tr* dialogisieren, in Dialogform setzen.

dialogo [di'a:logo] ‹-ghi› *m* Dialog *m.*

diamante [dia'mante] *m* Diamant *m;* **di ~** diamanten.

diametralmente [diametral'mente] *adv* in gegensätzlicher Art, diametral; **~ opposto** diametral entgegengesetzt.

diametro [di'a:metro] *m* Durchmesser *m.*

diamine ['di̯a:mine] *interj fam* (zum) Teufel *fam;* **~ se lo voglio!** Teufel auch (*o* freilich) will ich!

diapason [di'a:pazon] ‹-› *m* **1.** *(strumento)* Stimmgabel *f;* **2.** *(registro di strumento)* Register *n.*

diapositiva [diapozi'ti:va] *f* Dia *n.*

diaria [di'a:ri̯a] ‹-ie› *f* Tagegeld *n,* Aufwandsentschädigung *f;* **~ parlamentare** Diäten *pl.*

diario [di'a:ri̯o] ‹-i› *m* Tagebuch *n;* **~ di bordo** Schiffstagebuch *n,* Logbuch *n;* **~ di classe** Klassenbuch *n;* **~ scolastico** Aufgabenheft *n.*

diarrea [diar'rɛ:a] *f* Durchfall *m,* Diarrhö(e) *f.*

diaspora [di'aspora] *f* Diaspora *f.*

diaspro [di'aspro] *m* Jaspis *m.*

diavoletto, -a [diavo'letto] *m, f scherz* kleiner Teufel *fam.*

diavolo ['di̯a:volo] *m* Teufel *m; (persona vivace)* Teufel(skerl) *m;* **avere il ~ addosso** den Teufel im Leib haben; **quel ragazzo è un ~ scatenato** dieser Junge hat den Teufel im Leib; **avere un ~ per capello** fuchsteufelswild sein; **il ~ ci ha messo la coda** der Teufel hat seine Hand im Spiel gehabt; **mandare qu al ~** (*o* **a casa del ~**) jdn zum Teufel schicken; **mandare tutto al ~** alles zur Hölle wünschen; **saperne una più del ~** mit allen Wassern gewaschen sein; **stare a casa del ~** am Ende der Welt wohnen; **per mille -i!** Teufel nochmal!; **che ~ vuoi adesso?** was zum Teufel willst du jetzt?; **come/dove** *etc.* **~?** wie/wo *etc.* zum Teufel?; **il ~ non è così brutto come si dipinge** *prov* es wird nichts so heiß gegessen, wie es gekocht wird *prov.*

dibattere [di'battere] **I.** *tr* **1.** *(agitare)* (schnell) bewegen; **2.** *fig (discutere)* erörtern, debattieren; **II.** *rfl:* **-ersi 1.** *(agitarsi)* um sich schlagen; *(divincolarsi)* sich winden; **2.** *fig* mit sich *(dat)* ringen (*in* wegen), mit sich *(dat)* kämpfen (*in* wegen). **dibattito** [di'battito] *m* (lebhafte) Diskussion *f* (*su* über), Debatte *f* (*su* über). **dibattuto, -a** [...'tu:to] *a* umstritten.

dica ['di:ka] *v.* **dire.**

dicastero [dikas'tε:ro] *m* Ministerium *n.*

dicembre [di'tʃεmbre] *m* Dezember *m; v. a. settembre.*

diceria [ditʃe'ri:a] ‹-ie› *f* Gerede *n,* Klatsch *m.*

dichiarare [dikia'ra:re] **I.** *tr* **1.** *(manifestare)* kundtun, erklären; *adm (generalità, etc.)* angeben; **2.** *(affermare)* behaupten, erklären; **3.** *fin, com (notificare)* deklarieren, angeben; **4.** *(annunziare, proclamare)* erklären (*qc* etw. für, *qu* jdn für, zu); *(decisione)* erklären, (offiziell) mitteilen; ~ **guerra** den Krieg erklären; ~ **aperta la seduta** die Sitzung für eröffnet erklären; ~ **qu in arresto** jdn für verhaftet erklären; ~ **colpevole qu** jdn für schuldig erklären; ~ **marito e moglie** zu Mann und Frau erklären; **II.** *rfl:* **-arsi 1.** *(confessare il proprio amore)* seine Liebe gestehen, sich erklären *obs;* **2.** *(proclamarsi)* sich erklären, sich aussprechen; **-arsi favorevole** sich dafür aussprechen; **-arsi innocente** sich für unschuldig erklären.

dichiarazione [dikiarat'tsio:ne] *f* Erklärung *f,* Deklaration *f;* ~ **dei redditi** Einkommensteuererklärung *f.*

diciannove [ditʃan'nɔ:ve] **I.** *a numerale* neunzehn; **II.** ‹-› *m* **1.** *(numero)* Neunzehn *f;* **2.** *(nelle date)* Neunzehnte(r) *m;* **III.** *f pl* neunzehn Uhr; *v. a. cinque.* **diciannovenne** [...no'vεnne] **I.** *a* neunzehnjährig; **II.** *mf* Neunzehnjährige(r) *mf.* **diciannovesimo, -a** [...no'vε:zimo] **I.** *a* neunzehnte(r, s); **II.** *m, f* Neunzehnte(r) *mfn;* **III.** *m (frazione)* Neunzehntel *n,* neunzehnter Teil; *v. a. quinto.*

diciassette [ditʃas'sεtte] **I.** *a numerale* siebzehn; **II.** ‹-› *m* **1.** *(numero)* Siebzehn *f;* **2.** *(nelle date)* Siebzehnte(r) *m;* **III.** *f pl* siebzehn Uhr; *v. a. cinque.* **diciassettenne** [...set'tεnne] **I.** *a* siebzehnjährig; **II.** *mf* Siebzehnjährige(r) *mf.* **diciassettesimo, -a** [...set'tε:zimo] **I.** *a* siebzehnte(r, s); **II.** *m, f* Siebzehnte(r) *mfn;* **III.** *m (frazione)* Siebzehntel *n,* siebzehnter Teil; *v. a. quinto.*

diciottenne [ditʃot'tεnne] **I.** *a* achtzehnjährig; **II.** *mf* Achtzehnjährige(r) *mf.* **diciottesimo, -a** [...'tε:zimo] **I.** *a* achtzehnte(r, s); **II.** *m, f* Achtzehnte(r) *mfn;* **III.** *m (frazione)* Achtzehntel *n,* achtzehnter Teil; *v. a. quinto.*

diciotto [di'tʃɔtto] **I.** *a numerale* achtzehn; **II.** ‹-› *m* **1.** *(numero)* Achtzehn *f;* **2.** *(nelle date)* Achtzehnte(r) *m;* **III.** *f pl* achtzehn Uhr; *v. a. cinque.*

dicitore, -trice [ditʃi'to:re] *m, f* Vortragskünstler(in) *m(f),* Diseur *m,* Diseuse *f.*

dicitura [ditʃi'tu:ra] *f* Ausdruck *m,* Redeweise *f; (didascalia)* Aufschrift *f,* Beschriftung *f.*

dico ['di:ko] *pr di* **dire.**

didascalia [didaska'li:a] ‹-ie› *f* **1.** *lit* Bildunterschrift *f,* Legende *f;* **2.** *film* Untertitel *m;* **3.** *theat* Regieanweisung *f.*

didattica [di'dattika] ‹-che› *f* Didaktik *f.*

didentro [di'dentro] ‹-› *m fam* Innere(s) *n.*

didietro [di'diε:tro] **I.** ‹*inv*› *a* hintere(r, s), Hinter-; **II.** ‹-› *m* **1.** *fam* Hinterseite *f;* **2.** *scherz (deretano)* Hinterteil *n.*

dieci ['diε:tʃi] **I.** *a numerale* zehn; **II.** ‹-› *m* **1.** *(numero)* Zehn *f; (nelle date)* Zehnte(r) *m;* **2.** *(voto scolastico)* Hervorragend *n;* **III.** *f pl* zehn Uhr; *v. a. cinque.* **diecimila** [dietʃi'mi:la] **I.** *a numerale* zehntausend; **II.** ‹-› *m* Zehntausend *f.* **diecina** [...'tʃi:na] *f mat* Zehner *m pl;* **una ~ (di ...)** (etwa) zehn (...); **a -e** zu (*o* in) Dutzenden.

diedi ['diε:di] *p rem di* **dare.**

dieresi [di'ε:rezi] ‹-› *f* Diärese *f,* Diäresis *f; (segno diacritico)* Trema *n.*

diesel ['di:zəl] ‹-› *m* Diesel *m.*

diesis [di'ε:zis] ‹-› *m* Diesis *f.*

dieta ['diε:ta] *f* Diät *f;* **stare a** ~ Diät halten. **dietetica** [die'tε:tika] ‹-che› *f* Diätetik *f.* **dietetico, -a** [...ko] ‹-ci, -che› *a* diätetisch, Diät-. **dietista** [...'tista] ‹-i *m,* -e *f*› *mf* Diätassistent(in) *m(f).*

dietro ['diε:tro] **I.** *prp* **1.** *(locale: stato)* hinter *dat; (moto)* hinter *acc;* **2.** *(temporale)* nach *dat;* **3.** *(dopo, mediante)* gegen *acc;* ~ **di me** hinter mir; **un guaio** ~ **l'altro** ein Unglück nach dem andern; ~ **ricevuta** gegen Quittung; **portarsi** ~ **qu** jdn mitnehmen; **II.** *adv (stato)* hinten; *(moto)* nach hinten. **dietrofront, dietro front** ['diε:tro'front] **I.** ‹-› *m (a. fig)* Kehrtwendung *f;* **II.** *interj* kehrt.

difatti [di'fatti] *con* in der Tat, tatsächlich.

difendere [di'fεndere] ‹difendo, difesi, difeso› **I.** *tr* **1.** *gener., mil, sport, jur, fig* verteidigen; **2.** *(diritto, interessi)* vertreten; **3.** *(dare riparo)* schützen; **II.** *rfl:* **-ersi** sich verteidigen (*da* gegen); *(proteggersi)* sich schützen (*da* vor).

difensiva [difen'si:va] *f* Defensive *f,* Verteidigung *f;* **stare sulla** ~ in der Defensive sein. **difensivo, -a** [...vo] *a* Verteidigungs-, Defensiv-, defensiv, Abwehr-. **difensore, difenditrice** [...so:re, ...ndi'tri:tʃe] *m, f* Verteidiger(in) *m(f).*

difesa [di'fe:sa] *f* **1.** *gener., mil, jur, fig, sport* Verteidigung *f* (*da, contro* gegen); *(mil a.)* Abwehr *f;* **2.** *(riparo)* Schutz *m* (*di* vor); **legittima** ~ Notwehr *f;* ~ **antiaerea** Flugabwehr *f.*

difesi [di'fe:si] *p rem di* **difendere.**

difeso [dife:so] *pp di* **difendere.**

difettare [difet'ta:re] *itr* **1.** *(mancare, scarseggiare)* mangeln (*di* an), fehlen (*di* an); **2.** *(essere difettoso)* Mängel haben, mangelhaft sein.
difetto [di'fɛtto] *m* **1.** *(mancanza)* Mangel *m* (*di* an), Fehlen *n* (*di* von); **2.** *(imperfezione)* Fehler *m*, Defekt *m;* **3.** *(vizio)* Fehler *m*, schlechte Angewohnheit; **4.** *(colpa)* Fehler *m*, Schuld *f*. **difettoso, -a** [difet'to:so] *a* fehlerhaft, mangelhaft; *(meccanismo, etc.)* defekt.
diffamare [diffa'ma:re] *tr* verleumden, diffamieren. **diffamatore, -trice** [...ma'to:re] *m, f* Verleumder(in) *m(f)*. **diffamatorio, -a** [...ma'tɔ:ri̯o] ‹-i, -ie› *a* verleumderisch; **campagna -a** Hetzkampagne *f*. **diffamazione** [...mat'tsi̯o:ne] *f* Verleumdung *f; (jur a.)* üble Nachrede.
differente [diffe'rɛnte] *a* unterschiedlich; **è una cosa ~** das ist etwas anderes.
differenza [diffe'rɛntsa] *f* **1.** *(diversità)* Verschiedenheit *f; (divario)* Unterschied *m*, Differenz *f geh;* **2.** *mat* Differenz *f;* **~ di opinioni** Meinungsunterschiede *m pl;* **~ di prezzo** Preisdifferenz *f;* **a ~ di** im Unterschied zu; **per me non fa ~** das ist für mich dasselbe. **differenziale** [...'tsi̯a:le] **I.** *a* Differential-; **II.** *m* Differential(getriebe) *n*. **differenziare** [...'tsi̯a:re] ‹differenzio, differenzi› **I.** *tr* unterscheiden, differenzieren *geh;* **II.** *rfl:* **-arsi** sich unterscheiden (*da* von).
differire [diffe'ri:re] ‹differisco› **I.** *tr* ‹*avere*› verschieben (*di* um, *a* auf), aufschieben; **II.** *itr* ‹*essere o avere*› unterschiedlich sein, differieren *geh* (*da* von), sich unterscheiden (*da* von).
difficile [dif'fi:tʃile] **I.** *a* **1.** *(complicato)* schwer, schwierig, diffizil *geh;* **2.** *(faticoso)* mühsam; **3.** *(persona)* schwierig; **4.** *(improbabile):* **è ~ che venga** er (*o* sie) wird kaum (*o* schwerlich) kommen (können); **essere di gusti -i** wählerisch sein; **II.** *m* Schwierigkeit *f*. **difficilmente** [...fitʃil'mente] *adv* kaum, schwerlich.
difficoltà [diffikol'ta] ‹-› *f* Schwierigkeit *f;* **incontrare ~** auf Schwierigkeiten stoßen; **con ~** unter Schwierigkeiten. **difficoltoso, -a** [...'to:so] *a* schwer, schwierig.
diffida [dif'fi:da] *f* Warnung *f*, Verwarnung *f*. **diffidare** [diffi'da:re] **I.** *itr* mißtrauen *(di qc* einer S. *dat);* **II.** *tr* warnen (*da* vor), verwarnen; **~ qu dal fare qc** jdn warnen, etw. zu tun. **diffidente** [...'dɛnte] *a* mißtrauisch. **diffidenza** [...'dɛntsa] *f* Mißtrauen *n*.
diffondere [dif'fondere] ‹*irr*› **I.** *tr* aus-, verbreiten; *(notizia)* verbreiten; **II.** *rfl:* **-ersi** sich verbreiten, sich ausbreiten.
diffusione [diffu'zi̯o:ne] *f* Verbreitung *f*, Ausbreitung *f; (di notizia)* Verbreitung *f*. **diffuso, -a** [...'fu:zo] *a* **1.** *(sparso largamente)* verbreitet; **2.** *(scritto, discorso)* weitschweifig, ausführlich. **diffusore, diffonditrice** [diffu'zo:re, ...fondi'tri:tʃe] *m, f* Aus-, Verbreiter(in) *m(f)*.
difilato, -a [difi'la:to] *a, adv* geradewegs, direkt.
difronte [di'fronte] ‹*inv*› **I.** *a* gegenüberliegend; **II.** *adv* gegenüber.
difterite [difte'ri:te] *f* Diphtherie *f*.
diga ['di:ga] ‹-ghe› *f* **1.** *(sbarramento)* (Stau)damm *m*, -wehr *n;* **2.** *(argine)* Deich *m*.
digerente [didʒe'rɛnte] *a* Verdauungs-.
digeribile [didʒe'ri:bile] *a* verdaulich.
digerire [didʒe'ri:re] ‹digerisco› *tr* **1.** *med* verdauen; **2.** *fig (capire bene)* fressen *fam*, bewältigen; **3.** *fig (sopportare)* ertragen. **digestione** [didʒes'ti̯o:ne] *f* Verdauung *f*. **digestivo, -a** [...'ti:vo] **I.** *a* Verdauungs-; **II.** *m* **1.** *(farmaco)* verdauungsförderndes Mittel; **2.** *(bevanda)* Digestif *m*.
digitale [didʒi'ta:le] *a* **1.** *anat* Finger-; **2.** *inform* digital, Digital-.
digiunare [didʒu'na:re] *itr* fasten, hungern.
digiuno, -a [di'dʒu:no] **I.** *a* **1.** *(senza cibo)* nüchtern; **2.** *fig:* **essere (a) ~ di qc** von etw. nichts verstehen (*o* keine Ahnung haben); **II.** *m* Fasten *n*, Hungern *n;* **a ~** auf nüchternen Magen.
dignità [diɲɲi'ta] ‹-› *f* **1.** *(rispetto)* Würde *f*, Dignität *f geh;* **2.** *(decoro)* Anstand *m*, Schicklichkeit *f;* **3.** *(alta carica)* (Amts)würde *f*. **dignitoso, -a** [...'to:so] *a* würdevoll, würdig.
digradare [digra'da:re] *itr* abfallen, sich senken.
digressione [digres'si̯o:ne] *f* Abschweifung *f*, Exkurs *m*. **digressivo, -a** [...es'si:vo] *a* abschweifend.
digrignare [digriɲ'ɲa:re] *tr* blecken, fletschen.
dilagare [dila'ga:re] ‹dilago, dilaghi› *itr* ‹*essere*› **1.** *(espandersi)* über die Ufer steigen, überfluten (*per qc* etw.); **2.** *fig* um sich greifen, sich ausbreiten.
dilaniare [dila'ni̯a:re] ‹dilanio, dilani› *tr* **1.** *(lacerare)* zerreißen, zerfetzen; **2.** *fig* zerfleischen.
dilapidare [dilapi'da:re] *tr* verschwenden.
dilatare [dila'ta:re] **I.** *tr* (aus)dehnen, erweitern; **II.** *rfl:* **-arsi 1.** *(ampliarsi)* sich (aus)dehnen, sich erweitern; **2.** *fig* sich ausbreiten. **dilatazione** [...tat'tsi̯o:ne] *f* Ausdehnung *f*, Erweiterung *f*.
dilazionare [dilattsi̯o'na:re] *tr* hinaus-, aufschieben; *fin* stunden. **dilazione** [...'tsi̯o:ne] *f* Aufschub *m; fin* Stundung *f; jur* Dilation *f*.
dileggiare [diled'dʒa:re] ‹dileggio, di-

leggi› *tr* verspotten, verhöhnen, spotten über.

dileguare [dile'gu̯a:re] **I.** *tr* ‹*avere*› zerstreuen, vertreiben; **II.** *itr* ‹*essere*› schwinden *geh*, verschwinden; *fig* verfliegen; **III.** *rfl:* **-arsi** schwinden *geh*, verschwinden.

dilemma [di'lɛmma] ‹-i› *m* Dilemma *n*.

diletta *f v.* **diletto.**

dilettante [dilet'tante] **I.** *a* Amateur-, Laien-; *pej* dilettantisch; **fotografo** ~ Amateurfotograf *m;* **pittore** ~ Sonntagsmaler *m;* **II.** *mf* **1.** *(non professionista)* Nichtfachmann *m*, Laie *m;* **2.** *pej* Nichtskönner(in) *m(f)*, Dilettant(in) *m(f)*. **dilettantismo** [...'tismo] *m* Dilettantismus *m; pej* Stümperhaftigkeit *f; sport* Amateursport *m*.

dilettare [dilet'ta:re] **I.** *tr* erfreuen, ergötzen; **II.** *rfl:* **-arsi** sich (er)freuen (*a, di* an), Gefallen finden (*a, di* an), Freude haben (*a, di* an); *(per diletto)* zu seinem Vergnügen (*o* aus Liebhaberei) tun (*di qc* etw.). **dilettevole** [...'te:vole] **I.** *a* erfreulich, angenehm; **II.** *m* Erfreuliche(s) *n*, Angenehme(s) *n*. **diletto** [di'lɛtto] *m* Vergnügen *n*, Ergötzen *n;* **far qc per** ~ etw. zum Vergnügen tun. **diletto, -a** [di'lɛtto] **I.** *a* teuer *geh*, (zärtlich) geliebt; **II.** *m, f* Liebste(r) *mf geh*, Geliebte(r) *mf*.

diligente [dili'dʒɛnte] *a* fleißig; *(accurato)* sorgfältig.

diligenza [dili'dʒɛntsa] *f (cura)* Fleiß *m; (accuratezza)* Sorgfalt *f*.

diluire [dilu'i:re] ‹diluisco› *tr* **1.** *(sostanze)* verdünnen; *(sciogliere)* auflösen; **2.** *fig* verwässern.

dilungarsi [diluŋ'garsi] ‹mi dilungo, ti dilunghi› *rfl* sich verlieren (*in* in), sich verbreiten (*in* über).

diluviare [dilu'vi̯a:re] ‹diluvio, diluvi› *itr* ‹*essere o avere*› **1.** *meteo* in Strömen regnen, gießen *fam;* **2.** *fig* herabregnen (*su* auf), (nieder)hageln (*su* auf), niedergehen (*su* auf). **diluvio** [di'lu:vi̯o] ‹-i› *m* **1.** *meteo* Wolkenbruch *m*, sintflutartiger Regen; **2.** *fig* Flut *f*, Regen *m*, Hagel *m;* ~ **universale** Sintflut *f*.

dimagrante [dima'grante] *a:* **cura** ~ Schlankheits-, Abmagerungskur *f*. **dimagrimento** [...gri'mento] *m* Abmagerung *f*. **dimagrire** [...'gri:re] ‹dimagrisco› *itr* ‹*essere*› abmagern, mager werden.

dimenare [dime'na:re] **I.** *tr* schütteln (*qc* (mit) etw.), schlenkern (*qc* (mit) etw.); *(la coda)* wedeln (*qc* mit etw.); **II.** *rfl:* **-arsi** zappeln, sich schütteln; *(nel letto)* sich wälzen.

dimensione [dimen'si̯o:ne] *f* Dimension *f*.

dimenticanza [dimenti'kantsa] *f* Vergessenheit *f*. **dimenticare** [...'ka:re] ‹dimentico, dimentichi› **I.** *tr* vergessen; *(trascurare)* vernachlässigen; **II.** *rfl:* **-arsi (di)** vergessen.

dimesso, -a [di'messo] *a* bescheiden, schlicht.

dimestichezza [dimesti'kettsa] *f* Vertraulichkeit *f*, Vertrautheit *f;* **aver** ~ **con qc** mit etw. vertraut sein.

dimettere [di'mettere] ‹*irr*› **I.** *tr* entlassen; **II.** *rfl:* **-ersi** zurücktreten.

dimezzare [dimed'dza:re] *tr* **1.** *(in due)* halbieren, teilen; **2.** *(ridurre)* drosseln, herabdrücken.

diminuire [diminu'i:re] ‹diminuisco› **I.** *tr* ‹*avere*› vermindern, verringern; **II.** *itr* ‹*essere*› geringer werden (*di* um), abnehmen (*di* an); ~ **di prezzo** billiger werden. **diminutivo** [...u'ti:vo] *m* Diminutiv(um) *n*, Verkleinerungsform *f*. **diminuzione** [...ut'tsi̯o:ne] *f* (Ver)minderung *f*, Verringerung *f*, Abnahme *f*, Rückgang *m;* ~ **dei costi** Kostensenkung *f;* ~ **delle esportazioni** Exportrückgang *m;* ~ **di pena** Strafmilderung *f;* ~ **del personale** Personalkürzung *f*, Personalabbau *m;* ~ **di peso** Gewichtsabnahme *f;* ~ **di temperatura** Temperaturrückgang *m*.

dimissione [dimis'si̯o:ne] *f* ‹*di solito al pl*› Rücktritt *m*, Demission *f;* **lettera di -i** Rücktrittsgesuch *n*.

dimora [di'mɔ:ra] *f* **1.** *jur (permanenza)* Wohnsitz *m*, Aufenthalt *m geh*, Aufenthaltsort *m;* **2.** *(abitazione)* Wohnung *f*, Heim *n;* **senza fissa** ~ ohne festen Wohnsitz.

dimostrante [dimos'trante] *mf* Demonstrant(in) *m(f)*.

dimostrare [dimos'tra:re] **I.** *tr* **1.** *(palesare)* zeigen, demonstrieren, erkennen lassen, bekunden *geh;* **2.** *(provare)* beweisen; **non dimostra affatto i suoi sessant'anni** man sieht ihm (*o* ihr) seine (*o* ihre) 60 Jahre überhaupt nicht an; **II.** *itr* demonstrieren; **III.** *rfl:* **-arsi** sich erweisen (*qc* als etw.), sich herausstellen (*qc* als etw.). **dimostrativo, -a** [...ra'ti:vo] *a* **1.** *(che serve a provare)* beweisend, Beweis-; **2.** *(che serve a manifestare)* demonstrativ; **3.** *gram* hinweisend, Demonstrativ-. **dimostrazione** [...rat'tsi̯o:ne] *f* **1.** *(manifestazione)* Beweis *m*, Bekundung *f geh;* **2.** *(argomentazione)* Beweis(führung *f*) *m;* **3.** *(protesta)* Demonstration *f*, (Protest)kundgebung *f;* **4.** *(illustrazione)* Vorführung *f*, Demonstration *f*.

dinamica [di'na:mika] ‹-che› *f (a. fig)* Dynamik *f*. **dinamico, -a** [...ko] ‹-ci, -che› *a* dynamisch.

dinamitardo, -a [dinami'tardo] **I.** *a* Sprengstoff-, Dynamit-; **II.** *m, f* Sprengstoffattentäter(in) *m(f)*. **dinamite** [dina'mi:te] *f* Dynamit *n*.

dinamo ['di:namo] ‹-› *f* Dynamo *m*, Generator *m*.

dinanzi [di'nantsi] **I.** *adv (stato)* vorn(e); *(moto)* voraus, nach vorne; **II.** *prp:* ~ **a** *(stato)* vor *dat; (moto)* vor *acc;* **III.** ‹*inv*› *a* **1.** *(anteriore)* gegenüberliegend; **2.** *(precedente)* vorhergehend, vorige(r, s).

dinastia [dinas'ti:a] ‹-ie› *f* Dynastie *f.*

diniego [di'niɛ:go] ‹-ghi› *m* Verneinung *f; (rifiuto)* Weigerung *f.*

dinoccolato, -a [dinokko'la:to] *a* schlenkernd, gelockert, schlaksig *fam.*

dinosauro [dino'sa:uro] *m* Dinosaurier *m,* Dinosaurus *m.*

dintorno [din'torno] **I.** *adv* herum, ringsherum, im Umkreis; **II.** *m pl* Umgebung *f.*

dio ['di:o] ‹dei› *m* Gott *m.*

Dio ['di:o] *m* Gott *m;* **viene giù che ~ la manda** der Himmel öffnet seine Schleusen; **come ~ vuole** *(alla meglio)* wie es Gott gefällt; **grazie a ~** Gott sei Dank; **senza ~** gottlos; **~ l'abbia in gloria!** Gott hab ihn (*o* sie) selig!; **~ m'assista!** der Himmel steh mir bei!; **~ me ne guardi!** Gott behüte!; **~ ce la mandi buona!** Gott sei uns gnädig!; **~ sa quando** Gott weiß, wann; **~ sia lodato** Gott sei gelobt; **~ ci scampi e liberi!** Gott bewahre!; **per l'amor di ~!** um Gottes willen!

diocesi [di'ɔ:tʃezi] ‹-› *f* Diözese *f,* Bistum *n.*

diodo ['di:odo] *m* Diode *f.*

diossina [dios'si:na] *f* Dioxin *n.*

dipanare [dipa'na:re] *tr* **1.** *(lana, etc.)* aufwickeln, aufspulen; **2.** *fig* entwirren, auflösen.

dipartimento [diparti'mento] *m* **1.** *(circoscrizione territoriale)* Verwaltungsbezirk *m; CH* Departement *n;* **2.** *(ministero)* Ministerium *n; CH* Departement *n;* **3.** *(di università)* Fachbereich *m.*

dipendente [dipen'dɛnte] **I.** *a* abhängig; *(a. gram)* untergeordnet; *(operaio)* (abhängig) beschäftigt; **II.** *mf* Beschäftigte(r) *mf,* Angestellte(r) *mf.* **dipendenza** [...'dɛntsa] *f* Abhängigkeit *f.*

dipendere [di'pɛndere] ‹dipendo, dipesi, dipeso› *itr* ‹*essere*› **1.** *(derivare)* abhängen (*da* von), bedingt sein (*da* durch), beruhen (*da* auf); **2.** *(da volontà, autorità di altri)* abhängen (*da* von), abhängig sein (*da* von); **3.** *gram* abhängig sein (*da* von); **vieni anche tu? — dipende** kommst du auch? — das kommt (ganz) darauf an.

dipingere [di'pindʒere] ‹dipingo, dipingi, dipinsi, dipinto› **I.** *tr* **1.** *(con colori)* malen (*a* mit, in, *su* auf); *(per adornare)* aus-, bemalen; **2.** *fig (descrivere)* ausmalen, zeichnen, beschreiben; **~ ad acquerello/ad olio** mit Wasserfarben/in Öl malen; **II.** *rfl:* **-ersi** sich schminken. **dipinto, -a** [di'pinto] **I.** *a* gemalt; *(ornato)* bemalt; *(truccato)* geschminkt; **II.** *m* Gemälde *n.*

diploma [di'plɔ:ma] ‹-i› *m* (*ab* **dipl.**) Diplom *n,* (Abschluß)zeugnis *n.* **diplomare** [...lo'ma:re] **I.** *tr* ein (Abschluß)zeugnis (*o* Diplom) ausstellen (*qu* jdm), diplomieren *geh;* **II.** *rfl:* **-arsi** ein (Abschluß)zeugnis erhalten, ein Diplom erwerben.

diplomatico, -a [diplo'ma:tiko] ‹-ci, -che› **I.** *a (a. fig)* diplomatisch; **II.** *m* Diplomat(in) *m(f).*

diplomato, -a [diplo'ma:to] **I.** *a* diplomiert, (staatlich) geprüft, Diplom-; **II.** *m, f* Diplominhaber(in) *m(f);* **~ in agraria** Diplomlandwirt *m.*

diplomazia [diplomat'tsi:a] ‹-ie› *f (a. fig)* Diplomatie *f.*

diporto [di'pɔrto] *m* **1.** *(divertimento)* Vergnügen *n,* Zerstreuung *f;* **2.** *sport:* **imbarcazione da ~** Sportboot *n.*

diradare [dira'da:re] **I.** *tr* **1.** dünner (*o* weniger) werden lassen; *(piante, capelli)* lichten, ausdünnen; **2.** *fig (visite, etc.)* einschränken, verringern; **II.** *rfl:* **-arsi** seltener werden; *(piante, capelli)* sich lichten; *(nebbia, folla)* sich auflösen.

diramare [dira'ma:re] **I.** *tr* in Umlauf bringen, verbreiten; **II.** *rfl:* **-arsi** sich verzweigen; *(strada a.)* abzweigen, sich gabeln. **diramazione** [...mat'tsio:ne] *f* **1.** *(ramificazione)* Verzweigung *f;* **2.** *(diffusione)* Verbreitung *f;* **~ di un fiume** Flußarm *m,* Seitenarm *m.*

dire ['di:re] ‹dico, dissi, detto› **I.** *tr* **1.** *gener.* sagen; *(raccontare)* erzählen; *(parlare)* sprechen, reden; **2.** *(recitare)* vortragen; *(poesia)* aufsagen; *(preghiera)* sprechen; *(messa)* lesen; **3.** *(significare)* heißen, bedeuten; **4.** *(pensare)* meinen; **5.** *(chiamare)* nennen; **~ la sua** seine Meinung sagen; **dirle grosse** den Mund voll nehmen; **dir male di qu** jdm Übles nachsagen; **avere da ~ su qu** über jdn etw. zu sagen haben; **far ~ qc a qu** jdm etw. in den Mund legen; **lasciar ~** sprechen lassen; **a ~ il vero** um die Wahrheit zu sagen; **lo dicevo io!** das habe ich ja (gleich) gesagt!; **dico bene?** nicht wahr?; **dico sul serio** im Ernst; **vale a ~** will sagen, das heißt; **come sarebbe a ~?** was soll das?, wie ist das gemeint?; **voler ~** bedeuten; **che ne dici del mio abito nuovo?** was sagst du zu meinem neuen Kleid?; **così dicendo** mit diesen Worten; **diciamo ...** sagen wir mal ...; **da non dirsi** unsagbar; **si dice che sia molto ricco** man sagt, er sei sehr reich; **come si dice in tedesco?** wie heißt das auf deutsch?; **si direbbe che ...** man könnte (*o* sollte) meinen, daß ...; **~ di sì/no** ja/nein sagen; **dica, signora?** Sie wünschen (, gnädige Frau)?, was darf es sein?; *v. a. detto;*

II. *m* Sagen *n*, Reden *n*, Worte *n pl;* **hai un bel** ~ du hast gut reden.

diressi [di'rɛssi] *p rem di* **dirigere.**

direttamente [diretta'mente] *adv* 1. *(per via diretta)* geradewegs; 2. *(senza interposizione)* unmittelbar.

direttissima [diret'tissima] *f* Schnellverbindung *f;* **per** ~ *jur* im Schnellverfahren.

direttiva [diret'ti:va] *f* Direktive *f*, Verhaltensregel *f.* **direttivo, -a** [...vo] I. *a* leitend, Leitungs-, Führungs-; **norme -e** Direktiven *f pl;* II. *m* Leitung *f*, Führung *f*, Vorstand *m.*

diretto, -a [di'rɛtto] I. *pp di* **dirigere;** II. *a* 1. *gener.* direkt, unmittelbar; 2. *(indirizzato)* (direkt) auf dem Weg (*a* in), gerichtet (*a* an); 3. *(guidato)* geleitet, geführt; III. *m* 1. (*ab* **D**) *(treno)* Eilzug *m;* 2. *sport (pugilato)* Gerade *f.*

direttore, -trice [diret'to:re] *m, f* Direktor(in) *m(f)*, Leiter(in) *m(f);* ~ **d'orchestra** Orchesterleiter *m*, Dirigent *m;* ~ **didattico** Rektor *m (an Grund- u. Hauptschulen);* ~ **responsabile** Herausgeber *m.* **direttoriale** [...to'ri̯a:le] *a* direktorial, Direktor-.

direttrice [diret'tri:tʃe] *f* Leitlinie *f*, Richtung *f.*

direzionale [direttsi̯o'na:le] *a* 1. *(relativo alla direzione)* Direktoren-, Direktions-; 2. *(di direzione)* Richt-, Richtungs-; **centro** ~ Geschäftszentrum *n*, City *f.*

direzione [diret'tsi̯o:ne] *f* 1. *(organo dirigente)* Leitung *f*, Direktion *f;* 2. *(senso)* Richtung *f;* ~ **amministrativa** Geschäftsleitung *f;* ~ **vietata** verbotene Fahrtrichtung; **in** ~ **di** in Richtung auf (*o* zu).

dirigente [diri'dʒɛnte] I. *a* führend, Führungs-, leitend; **classe** ~ Führungsschicht *f;* II. *mf* leitende(r) Angestellte(r) *mf;* ~ **sindacale** Gewerkschaftsführer(in) *m(f).*

dirigere [di'ri:dʒere] ⟨dirigo, dirigi, diressi, diretto⟩ I. *tr* 1. *(essere a capo)* leiten, führen; *mot, naut, fig* lenken; *mus* dirigieren; 2. *(indirizzare)* richten (*verso* auf), lenken (*verso* auf); II. *rfl:* **-ersi** zugehen (*a, verso* auf), die Richtung einschlagen (*verso* zu); *(a. fig)* sich wenden (*a, verso* nach, zu).

dirigibile [diri'dʒi:bile] *m* Luftschiff *n.*

dirigismo [diri'dʒizmo] *m* Dirigismus *m.*

dirimpetto [dirim'pɛtto] I. *adv* gegenüber, vis-à-vis; II. *prp:* ~ **a** gegenüber (von) *dat*, vis-à-vis (von) *dat.*

diritto [di'ritto] *m* 1. *(complesso di norme)* Recht *n;* 2. *(scienza)* Jura *f*, Rechtswissenschaft *f;* 3. *(facoltà, pretesa)* Recht *n* (*di* auf), (Rechts)anspruch *m* (*di* auf), Berechtigung *f* (*di* zu); 4. ⟨*pl*⟩ Gebühren *f pl*, Abgaben *f pl;* ~ **civile** Zivilrecht *n*, bürgerliches Recht; ~ **penale/privato** Straf-/Privatrecht *n;* **-i d'autore** Urheberrechte *n pl;* **-i dell'uomo** Menschenrechte *n pl;* ~ **alla pensione** Rentenanspruch *m;* **rivendicare un** ~ einen Anspruch geltend machen; **a (buon)** ~ mit gutem Recht; **di** ~ von Rechts wegen.

diritto, -a [di'ritto] *f* I. *a* 1. *gener.* gerade, aufrecht; 2. *fig* geradlinig; *(onesto)* rechtschaffen, redlich; **rigar** ~ spuren *fam;* **tirar** ~ ohne Halt durchfahren; II. *m* 1. *(parte principale)* Vorderseite *f;* 2. *sport* Vorhand *f.* **dirittura** [...'tu:ra] *f* 1. *sport:* ~ **d'arrivo** Zielgerade *f;* 2. *fig (rettitudine)* Geradlinigkeit *f; (onestà)* Rechtschaffenheit *f*, Redlichkeit *f.*

diroccato, -a [dirok'ka:to] *a* baufällig.

dirottamento [dirotta'mento] *m* Kursänderung *f*, -abweichung *f; (di un dirottatore)* Flugzeugentführung *f.* **dirottare** [...'ta:re] I. *tr* 1. *(far deviare)* zur Kursänderung zwingen; 2. *(deviare)* umleiten; II. *itr* vom Kurs abweichen, den Kurs ändern. **dirottatore, -trice** [...ta'to:re] *m, f* Luftpirat(in) *m(f)*, Flugzeugentführer(in) *m(f).*

dirotto, -a [di'rotto] *a* heftig, stark; **a** ~ in hohem Maß(e), heftig.

dirozzare [dirod'dza:re] *tr* formen; *(costumi, etc.)* verfeinern; *(popolo)* zivilisieren.

dirupo [di'ru:po] *m* abschüssiges Gelände.

disabitato, -a [dizabi'ta:to] *a* unbewohnt.

disabituare [dizabitu'a:re] I. *tr* abgewöhnen (*qu a qc* jdm etw.), entwöhnen (*qu a qc* jdn einer S. *gen*); II. *rfl:* **-arsi** sich *(dat)* abgewöhnen (*a qc* etw.), aufgeben (*a qc* etw.).

disaccordo [dizak'kɔrdo] *m* 1. *mus* Mißklang *m*, Dissonanz *f;* 2. *(contrasto)* Uneinigkeit *f.*

disadattato, -a [dizadat'ta:to] I. *a* unangepaßt, nicht anpassungsfähig; II. *m, f* unangepaßte (*o* nicht anpassungsfähige) Person. **disadatto, -a** [...a'datto] *a* ungeeignet (*per* für); *(persona a.)* unfähig (*a* zu).

disadorno, -a [diza'dorno] *a* schmucklos, schlicht.

disagevole [diza'dʒe:vole] *a* beschwerlich, mühselig; *(strada)* schlecht.

disagiato, -a [diza'dʒa:to] *a* mittellos, ärmlich. **disagio** [di'za:dʒo] *m* Unbehagen *n; (mancanza di comodità)* Unbequemlichkeit *f; (imbarazzo)* Verlegenheit *f;* **sentirsi a** ~ sich unbehaglich fühlen.

disambientato, -a [dizambi̯en'ta:to] *a* unvertraut, fremd.

disamorarsi [dizamo'rarsi] *rfl* die Lust (*o* Freude *o* Liebe) verlieren (*di* an).

disappetenza [dizappe'tɛntsa] *f* Appetitlosigkeit *f.*

disapprovare [dizappro'va:re] *tr* mißbilligen, ablehnen. **disapprovazione** [...vat'tsi̯o:ne] *f* Mißbilligung *f,* Ablehnung *f.*

disappunto [dizap'punto] *m* Mißmut *m,* Unmut *m.*

disarmare [dizar'ma:re] **I.** *tr* **1.** *(persone)* entwaffnen; *(fortezze)* wehrlos machen; **2.** *(edifici)* abrüsten; **3.** *fig* entwaffnen; **II.** *itr* **1.** *pol* abrüsten; **2.** *fig (cedere)* nachgeben, aufgeben, die Waffen strecken *geh.* **disarmato, -a** [...'ma:to] *a* **1.** *(senza armi)* waffenlos, entwaffnet; **2.** *fig* wehrlos (*contro* gegen, gegenüber).

disarmo [di'zarmo] *m* **1.** *(di forze militari)* Abrüstung *f;* **2.** *(di persone)* Entwaffnung *f.*

disarmonia [dizarmo'ni:a] *f* Disharmonie *f,* Dissonanz *f.* **disarmonico, -a** [...'mɔ:niko] *a* disharmonisch, unharmonisch.

disarticolato, -a [dizartiko'la:to] *a* **1.** *med* abgetrennt; **2.** *fig* unartikuliert.

disastrato, -a [dizas'tra:to] **I.** *a (zona)* verwüstet, zerstört, Katastrophen-; *(persona)* geschädigt; **II.** *mf* Geschädigte(r) *mf,* Opfer *n.*

disastro [di'zastro] *m* (schweres) Unglück *n; (a. fig)* Katastrophe *f.* **disastroso, -a** [...'tro:so] *a* katastrophal, fürchterlich.

disattento, -a [dizat'tɛnto] *a* unaufmerksam. **disattenzione** [...ten'tsi̯o:ne] *f* **1.** *(mancanza d'impegno, di riguardo)* Unaufmerksamkeit *f;* **2.** *(svista)* Unachtsamkeit *f,* Versehen *n.*

disavanzo [diza'vantso] *m* Verlust *m,* Fehlbetrag *m,* Defizit *n.*

disavventura [dizavven'tu:ra] *f* Unglück *n,* Mißgeschick *n.*

disbrigo [diz'bri:go] ‹-ghi› *m* (rasche) Erledigung *f.*

discapito [dis'ka:pito] *m lett* Nachteil *m,* Schaden *m.*

discendente [diʃʃen'dɛnte] **I.** *a* absteigend, fallend, Abwärts-; **II.** *mf* Nachkomme *m.* **discendenza** [...'dɛntsa] *f* **1.** *(origine)* Abstammung *f;* **2.** *(discendenti)* Nachkommenschaft *f.*

discendere [diʃ'ʃendere] ‹*irr*› **I.** *itr* **1.** *(provenire)* abstammen (*da* von); **2.** *(venire giù, scendere)* hinunter-, hinabsteigen (*in* in); herunter-, herabsteigen (*da* von); *(da veicolo)* aussteigen; *(da cavallo, bicicletta)* absteigen; **3.** *fig (abbassarsi)* abfallen, sich senken; *(prezzi, temperatura)* sinken, fallen; **II.** *tr* hinabsteigen, hinuntergehen.

discepolo, -a [diʃ'ʃe:polo] *m, f* **1.** *(alunno)* Schüler(in) *m(f);* **2.** *(seguace)* Anhänger(in) *m(f),* Jünger *m geh;* **3.** *rel* Jünger *m.*

discernere [diʃ'ʃɛrnere] ‹discerno, discernei, *manca il pp*› *tr* auseinanderhalten, unterscheiden. **discernimento** [...ʃerni'mento] *m* Urteilsvermögen *n,* Vernunft *f.*

discesa [diʃ'ʃe:sa] *f* **1.** *(il venire giù)* Absteigen *n,* Abstieg *m; (da cavallo)* Absitzen *n; (da veicolo)* Aussteigen *n;* **2.** *(pendenza)* Gefälle *n,* Abhang *m;* **3.** *(invasione)* Einfall *m;* **4.** *sport* Abfahrt *f;* ~ **libera** Abfahrtslauf *m;* **in** ~ abwärts, bergab. **discesista** [...ʃe'sista] ‹-i *m,* -e *f*› *mf* Abfahrtsläufer(in) *m(f).*

dischetto [dis'ketto] *m* Diskette *f.*

discinto, -a [diʃ'ʃinto] *a lett* nachlässig gekleidet.

disciogliere [diʃ'ʃɔʎʎere] ‹*irr*› **I.** *tr* **1.** *(liquefare, stemperare)* auflösen; **2.** *(liberare)* befreien; **II.** *rfl:* **-ersi** sich auflösen.

disciplina [diʃʃi'pli:na] *f* Disziplin *f.*

disciplinare[1] [diʃʃipli'na:re] *a* disziplinarisch, Disziplinar-.

disciplinare[2] [diʃʃipli'na:re] *tr* **1.** *(regolare)* regeln, ordnen; **2.** *fig* disziplinieren *geh,* bezwingen. **disciplinato, -a** [...'na:to] *a* diszipliniert.

disco ['disko] ‹-schi› *m* **1.** *gener.* Scheibe *f;* **2.** *mus* (Schall)platte *f;* **3.** *sport* Diskus *m;* **4.** *ferr* Signalscheibe *f;* **5.** *tel:* ~ **combinatore** Wählscheibe *f,* Nummernscheibe *f;* ~ **magnetico** *inform* Magnetplatte *f;* ~ **orario** Parkscheibe *f;* ~ **volante** fliegende Untertasse; **zona** ~ blaue Zone *(in der mit Parkscheibe geparkt werden darf);* **lancio del** ~ Diskuswurf *m,* Diskuswerfen *n;* **ernia del** ~ Bandscheibenvorfall *m;* **cambiare** ~ *fig* eine neue (*o* andere) Platte auflegen *fam.* **discobolo** [...'kɔ:bolo] *m* Diskuswerfer(in) *m(f).*

discolo ['diskolo] *m* Bengel *m,* Lausejunge *m.*

discolpa [dis'kolpa] *f* Entlastung *f,* Rechtfertigung *f;* **a mia** ~ zu meiner Entlastung (*o* Rechtfertigung). **discolpare** [...'pa:re] **I.** *tr* entschuldigen; *jur* entlasten; *(dall'accusa)* befreien; **II.** *rfl:* **-arsi** sich rechtfertigen, sich entschuldigen.

disconoscere [disko'noʃʃere] ‹*irr*› *tr* nicht anerkennen.

discontinuità [diskontinui'ta] *f* Diskontinuität *f; (interruzione)* Unterbrechung *f.* **discontinuo, -a** [...'ti:nuo] *a* unterbrochen, mit Unterbrechungen, diskontinuierlich *geh.*

discordare [diskor'da:re] *itr* disharmonieren, nicht zusammenstimmen; *(persone, opinioni)* nicht übereinstimmen (*su qc da qu* mit jdm in etw.). **discorde** [...'kɔrde] *a* gegensätzlich, widersprüchlich. **discordia** [...'kɔrdi̯a] ‹-ie› *f* Zwietracht *f,* Uneinigkeit *f.*

discorrere [dis'korrere] ‹*irr*› *itr* sich unterhalten (*di* über), reden (*di* über).

discorsivo, -a [diskor'si:vo] *a* Rede-, Gesprächs-.

discorso [dis'korso] *m* Unterhaltung *f*, Gespräch *n; (a. gram)* Rede *f; (esposizione orale)* Ansprache *f*, Rede *f; (conferenza)* Diskussion *f;* ~ **inaugurale** Eröffnungsansprache *f;* **attaccar** ~ eine Unterhaltung anfangen; **pronunciare un** ~ eine Rede halten; **il** ~ **cadde su di te** dann war die Rede von dir; **questo è un altro** ~ das ist etwas (ganz) anderes.
discosto, -a [dis'kɔsto] **I.** *a* abgelegen (*da* von), entfernt liegend; **II.** *adv* weit, abseits.
discoteca [disko'tɛ:ka] *f* **1.** *(locale)* Diskothek *f;* **2.** *(collezione)* Schallplattensammlung *f.*
discreditare [diskredi'ta:re] **I.** *tr* in Verruf bringen, diskreditieren; **II.** *rfl:* **-arsi** in Verruf kommen, sich diskreditieren.
discredito [...'kre:dito] *m* Mißkredit *m.*
discrepanza [diskre'pantsa] *f* Widersprüchlichkeit *f*, Diskrepanz *f.*
discretamente [diskreta'mente] *adv* ziemlich.
discreto, -a [dis'kre:to] *a* **1.** *(sufficiente)* ausreichend, genügend; **2.** *(moderato)* mäßig, bescheiden; **3.** *(abbastanza buono)* ziemlich gut, ganz gut; **4.** *(riservato)* taktvoll, diskret.
discrezione [diskret'tsi̯o:ne] *f* **1.** *(fatto)* Diskretion *f; (senso della misura)* Maß *n;* **2.** *(libertà di agire)* Ermessen *n*, Gutdünken *n;* **3.** *(facoltà di discernere)* Urteilsfähigkeit *f;* **a** ~ nach Belieben.
discriminare [diskrimi'na:re] *tr* unterschiedlich behandeln, unterscheiden. **discriminatorio, -a** [...na'tɔ:ri̯o] ‹-i, -ie› *a* unterscheidend; *pol* diskriminierend.
discriminazione [...nat'tsi̯o:ne] *f* Unterscheidung *f; pol, pej* Diskriminierung *f;* ~ **razziale** Rassendiskriminierung *f.*
discussi [dis'kussi] *p rem di* **discutere.**
discussione [diskus'si̯o:ne] *f* Diskussion *f*, Erörterung *f*, Aussprache *f; pol* Debatte *f; (litigio)* Auseinandersetzung *f*, Streit *m*, Streiterei *f.*
discusso, -a [dis'kusso] *a* umstritten.
discutere [dis'ku:tere] ‹discuto, discussi, discusso› **I.** *tr* **1.** *(per prendere una decisione)* diskutieren, besprechen, erörtern; **2.** *(contestare)* bestreiten, bezweifeln; **II.** *itr* **1.** *(conversare)* diskutieren (*di, su* über), debattieren (*su* über); **2.** *(litigare)* heftig diskutieren (*di* über), (sich) streiten (*di* über). **discutibile** [...ku'ti:bile] *a* **1.** *(da discutere)* diskutabel, strittig; **2.** *(incerto)* umstritten, zweifelhaft, fragwürdig.
disdegnare [dizdeɲ'ɲa:re] *tr* verschmähen. **disdegno** [...'deɲɲo] *m* Geringschätzung *f*, Verachtung *f.*
disdetta [diz'detta] *f* **1.** *(sfortuna)* Pech *n*, Mißgeschick *n;* **2.** *(di contratto)* Kündigung *f.*
disdire [diz'di:re] ‹*irr*› *tr* **1.** *jur* kündigen; **2.** *(annullare)* rückgängig machen, stornieren.
diseducativo, -a [dizeduka'ti:vo] *a* unpädagogisch.
disegnare [diseɲ'ɲa:re] *tr* **1.** *(tracciando linee)* zeichnen; **2.** *(descrivere)* beschreiben, skizzieren; **3.** *(progettare)* konzipieren, planen; *(col disegno)* entwerfen. **disegnatore, -trice** [...ɲa'to:re] *m, f* Zeichner(in) *m(f).*
disegno [di'seɲɲo] *m* **1.** *(rappresentazione grafica)* Zeichnung *f*, Bild *n;* **2.** *fig (abbozzo)* Entwurf *m*, Skizze *f;* **3.** *(motivo ornamentale)* Muster *n;* **4.** *(arte)* Zeichnen *n*, Zeichenkunst *f;* ~ **di legge** (*ab* **D.D.L.**) Gesetzesvorlage *f*, Gesetzentwurf *m;* **tessuto a -i** gemusterter Stoff.
diserbante [dizer'bante] *m* Unkrautbekämpfungsmittel *n.*
diseredare [dizere'da:re] *tr* enterben.
disertare [dizer'ta:re] **I.** *itr* **1.** *mil* Fahnenflucht begehen, desertieren; **2.** *fig* abfallen (*da* von), abtrünnig werden; **II.** *tr* verlassen. **disertore** [...'to:re] *m* **1.** *mil* Fahnenflüchtige(r) *m*, Deserteur *m;* **2.** *fig* Abtrünnige(r) *m.* **diserzione** [...r'tsi̯o:ne] *f* **1.** *mil* Fahnenflucht *f*, Desertion *f;* **2.** *fig* Abtrünnigkeit *f*, Abfall *m.*
disfacimento [disfatʃi'mento] *m* **1.** *(decomposizione)* Auflösung *f;* **2.** *fig (sfacelo)* Auflösung *f*, Zerrüttung *f.* **disfare** [...'fa:re] ‹*irr*› **I.** *tr* **1.** *(scomporre)* auflösen; *(distruggere)* zerstören; *(letto)* auf-, abdecken; *(smontare)* auseinandernehmen, zerlegen; **2.** *(sciogliere)* zergehen lassen, schmelzen; **3.** *fig (casa)* auflösen; **II.** *rfl:* **-arsi 1.** *(andare in pezzi)* zerstört werden, kaputtgehen; *fig* aufgelöst werden; *(sciogliersi)* schmelzen; **2.** *(liberarsi)* sich entledigen.
disfatta [dis'fatta] *f* Niederlage *f.* **disfattismo** [...'tizmo] *m* Defätismus *m.* **disfattista** [...'tista] ‹-i *m*, -e *f*› *mf* Defätist(in) *m(f).*
disfunzione [disfun'tsi̯o:ne] *f* Funktionsstörung *f.*
disgelo [diz'dʒɛ:lo] *m* **1.** *meteo* (Auf)tauen *n;* **2.** *fig pol* Tauwetter *n.*
disgrazia [diz'grattsi̯a] *f* **1.** *(sventura)* Unglück *n*, Pech *n;* **2.** *(sfavore)* Ungnade *f;* **3.** *(incidente)* Unglücksfall *m*, Unglück *n;* **per** ~ unglücklicherweise. **disgraziato, -a** [...'tsi̯a:to] **I.** *a* unglücklich, unglückselig; **II.** *m, f* **1.** *(persona sfortunata)* Pechvogel *m*, Unglücksrabe *m; (persona deplorevole)* Unglückselige(r) *mf;* **2.** *fam (persona minorata)* Unglückliche(r) *mf.*
disgregamento [dizgrega'mento] *m* Zerfall *m*, Auflösung *f.* **disgregare** [...'ga:re] ‹disgrego, disgreghi› **I.** *tr* **1.** *(frantumare)* auseinanderbrechen (lassen), zersplittern; **2.** *fig* auflösen,

zersetzen; **II.** *rfl:* **-arsi 1.** *(andare in pezzi)* auseinandergehen, zersplittern; **2.** *fig* sich auflösen, zerbröckeln, sich zersetzen. **disgregazione** [...gat'tsi̯o:ne] *f* Zersetzung *f*, Auflösung *f*.

disguido [diz'gui̯:do] *m* **1.** *(postale)* Fehlleitung *f*, Fehlzustellung *f*; **2.** *(svista)* Versehen *n*.

disgustare [dizgus'ta:re] **I.** *tr* **1.** *(dare disgusto)* anwidern, zuwider sein (*qu* jdm); **2.** *fig* abstoßen; **II.** *rfl:* **-arsi** Widerwillen empfinden (*di* bei), angeekelt (*o* angewidert) sein (*di* von).

disgusto [diz'gusto] *m* Widerwille *m* (*per* gegen), Abscheu *m* (*per* vor), Ekel *m* (*per* vor). **disgustoso, -a** [...'to:so] *a* **1.** *(nauseante)* ekelerregend; *(cibo a.)* unappetitlich; **2.** *fig* abstoßend, ekelhaft, widerlich.

disidratato, -a [dizidra'ta:to] *a* **1.** *(alimenti)* getrocknet, Trocken-, Dörr-; **2.** *(organismo)* ausgetrocknet. **disidratazione** [...tat'tsi̯o:ne] *f* **1.** *gener.* Wasserentzug *m*, Dehydratation *f scient*; **2.** *(alimentare)* Trocknen *n*, Dörren *n*.

disilludere [dizil'lu:dere] ⟨*irr*⟩ **I.** *tr* ernüchtern, enttäuschen; **II.** *rfl:* **-ersi** ernüchtert (*o* enttäuscht) werden. **disillusione** [...lu'zi̯o:ne] *f* Ernüchterung *f*, Enttäuschung *f*.

disimparare [dizimpa'ra:re] *tr* verlernen.

disimpegnare [dizimpeɲ'ɲa:re] **I.** *tr* **1.** *(liberare)* befreien; *fig (da impegno, promessa)* entbinden; **2.** *(pegno)* ein-, auslösen; **II.** *rfl:* **-arsi 1.** *(liberarsi)* sich befreien, sich losmachen; **2.** *(cavarsela)* fertig werden (*in* mit).

disincagliare [diziŋkaʎ'ʎa:re] **I.** *tr* flottschleppen, flottmachen; **II.** *rfl:* **-arsi** flottkommen.

disincantato, -a [diziŋkan'ta:to] *a* **1.** *(disilluso)* nicht mehr verzaubert; **2.** *fig (smaliziato)* ernüchtert.

disinfestare [dizinfes'ta:re] *tr* entwesen, von Ungeziefer befreien. **disinfestazione** [...tat'tsi̯o:ne] *f* Entwesung *f*.

disinfettante [dizinfet'tante] **I.** *a* desinfizierend; **II.** *m* Desinfektionsmittel *n*. **disinfettare** [...'ta:re] *tr* desinfizieren. **disinfezione** [...t'tsi̯o:ne] *f* Desinfektion *f*.

disingannare [diziŋgan'na:re] **I.** *tr* die Augen öffnen (*qu* jdm); *(deludere)* enttäuschen, ernüchtern; **II.** *rfl:* **-arsi** seine Illusionen aufgeben.

disinibito, -a [dizini'bi:to] **I.** *a* unbefangen, ungehemmt; **II.** *m, f* unbefangener Mensch.

disinnescare [dizinnes'ka:re] *tr* entschärfen.

disinnestare [dizinnes'ta:re] *tr* **1.** *tec (frizione)* auskuppeln; *(marcia)* herausnehmen; **2.** *el (spina)* herausziehen.

disinserire [dizinse'ri:re] *tr* ab-, ausschalten.

disintegrare [dizinte'gra:re] **I.** *tr* **1.** *(ridurre in frammenti)* zertrümmern, zerkleinern; **2.** *phys* spalten; **II.** *rfl:* **-arsi 1.** *(ridursi in frammenti)* zertrümmert (*o* zerkleinert) werden; **2.** *phys* sich spalten, zerfallen. **disintegrazione** [...rat'tsi̯o:ne] *f* **1.** *gener.* Zertrümmerung *f*, Zerkleinerung *f*; **2.** *phys* Spaltung *f*, Zerfall *m*.

disinteressare [dizinteres'sa:re] **I.** *tr* das Interesse nehmen (*qu a qc* jdm an etw.); **II.** *rfl:* **-arsi** kein Interesse haben (*di* an), sich nicht interessieren (*di* für); *(smettere di interessarsi)* das Interesse verlieren (*di* an). **disinteressato, -a** [...'sa:to] *a* **1.** *(senza interesse)* uninteressiert, desinteressiert; **2.** *(senza interesse personale)* uneigennützig. **disinteresse** [...'rɛsse] *m* **1.** *(noncuranza)* Desinteresse *n* (*per* an), Gleichgültigkeit *f* *(per* gegenüber), Interesselosigkeit *f*; **2.** *(generosità)* Uneigennützigkeit *f*.

disintossicare [dizintossi'ka:re] **I.** *tr* entgiften; **II.** *rfl:* **-arsi** den Körper entschlacken. **disintossicazione** [...kat'tsi̯o:ne] *f* Entgiftung *f*.

disinvolto, -a [dizin'vɔlto] *a* unbefangen, ungezwungen. **disinvoltura** [...vol'tu:ra] *f* Unbefangenheit *f*, Ungezwungenheit *f*.

dislivello [dizli'vɛllo] *m* **1.** *(differenza di livello)* Höhenunterschied *m*; **2.** *fig* Unterschied *m*; ~ **tra classi sociali** Klassenunterschied *m*.

dislocare [dizlo'ka:re] *tr* **1.** *mil* dislozieren; **2.** *naut* verdrängen.

dismisura [dizmi'zu:ra] *f*: **a** ~ maßlos, übermäßig.

disobbediente [dizobbe'di̯ɛnte] *etc. v.* **disubbidiente** *etc.*

disobbligare [dizobbli'ga:re] **I.** *tr* entbinden; **II.** *rfl:* **-arsi** sich revanchieren (*con* bei, *per* für), sich erkenntlich zeigen (*con* bei, *per* für).

disoccupato, -a [dizokku'pa:to] **I.** *a* arbeitslos; **II.** *m, f* Arbeitslose(r) *mf*. **disoccupazione** [...pat'tsi̯o:ne] *f* Arbeitslosigkeit *f*.

disonestà [dizones'ta] *f* Unehrlichkeit *f*, Unredlichkeit *f*. **disonesto, -a** [...'nɛsto] *a* unehrlich, unredlich.

disonorare [dizono'ra:re] **I.** *tr* entehren; **II.** *rfl:* **-arsi** seine Ehre verlieren. **disonore** [...'no:re] *m* **1.** *(perdita dell'onore)* Verlust *m* der Ehre; **2.** *(vergogna)* Schande *f*; *(fig a.)* Schandfleck *m*. **disonorevole** [...no're:vole] *a* unehrenhaft, entehrend.

disopra, di sopra [di'so:pra] **I.** *adv* oben, darauf; *(moto)* nach oben; *(nella parte superiore)* darüber; **II.** ⟨*inv*⟩ *a* obere(r, s), darüberliegend; **III.** ⟨-⟩ *m*

Oberseite *f*, Außenseite *f*; *(parte)* oberer Teil.

disordinare [dizordi'na:re] *tr* in Unordnung bringen; *(fig a.)* durcheinanderbringen. **disordinato, -a** [...'na:to] **I.** *a* **1.** *(scompigliato)* ungeordnet; **2.** *(vita)* unordentlich, ungeregelt; **3.** *(mangiatore)* unmäßig; **II.** *m, f* unordentliche Person.

disordine [di'zordine] *m* **1.** *(scompiglio)* Unordnung *f*, Durcheinander *n*; **2.** *(situazione confusa)* Durcheinander *n*; **3.** *(sregolatezza)* Unmäßigkeit *f*; **4.** ‹*pl*› *(tumulti)* Unruhen *f pl*.

disorganico, -a [dizor'ga:niko] *a* unorganisch.

disorganizzare [dizorganid'dza:re] *tr* desorganisieren, zerrütten. **disorganizzazione** [...dzat'tsi̯o:ne] *f* Organisationsmangel *m*.

disorientamento [dizori̯enta'mento] *m* Verwirrung *f*, Desorientierung *f*. **disorientare** [...'ta:re] **I.** *tr* **1.** *(nella direzione)* in die Irre führen; **2.** *fig* verwirren; **II.** *rfl:* **-arsi** **1.** *(nella direzione)* sich verirren, die Orientierung verlieren; **2.** *fig* die Orientierung verlieren, in Verwirrung geraten.

disotto, di sotto [di'sotto] **I.** *adv* unten; *(moto)* nach unten; *(nella parte inferiore)* darunter; **II.** ‹*inv*› *a* untere(r, s), darunterliegend; **III.** ‹-› *m* Unterseite *f*, Innenseite *f*.

dispaccio [dis'pattʃo] ‹-cci› *m* Botschaft *f*, Bericht *m*.

disparato, -a [dispa'ra:to] *a* ungleichartig, verschieden.

dispari ['dispari] ‹*inv*› *a* ungleich; *mat* ungerade. **disparità** [-'ta] *f* Ungleichheit *f*, Verschiedenheit *f*.

disparte [dis'parte] *adv:* **in ~** beiseite, abseits.

dispendio [dis'pɛndi̯o] ‹-i› *m* großer Aufwand; *pej* Verschwendung *f*. **dispendioso, -a** [...pen'di̯o:so] *a* aufwendig, kostspielig.

dispensa [dis'pɛnsa] *f* **1.** *(fascicolo)* (Einzel)ausgabe *f*, Lieferung *f*; **2.** *(esonero)* Freistellung *f*, Befreiung *f*; **3.** *(mobile)* Anrichte *f*; **4.** *(stanzino)* Vorrats-, Speisekammer *f*. **dispensare** [dispen'sa:re] *tr* **1.** *(distribuire)* aus-, verteilen; **2.** *(esonerare)* befreien, freistellen; *adm* suspendieren.

disperare [dispe'ra:re] **I.** *itr* verzweifeln (*di* an), die Hoffnung verlieren (*o* aufgeben) (*di* auf); **far ~ qu** jdn zur Verzweiflung bringen; **II.** *rfl:* **-arsi** verzweifeln (*per* an), in Verzweiflung geraten (*per* über). **disperato, -a** [...'ra:to] **I.** *a* **1.** *(senza speranza)* verzweifelt, hoffnungslos; **2.** *(rischioso)* verzweifelt, Verzweiflungs-; **II.** *m, f* Verzweifelte(r) *mf*, Hoffnungslose(r) *mf*. **disperazione** [...rat'tsi̯o:ne] *f* **1.** *(mancanza di speranza)* Verzweiflung *f*, Hoffnungslosigkeit *f*; **2.** *(che fa disperare)* Elend *n*, Unglück *n*.

disperdere [dis'pɛrdere] ‹*irr*› **I.** *tr* **1.** *(dissipare)* ver-, zerstreuen; **2.** *(consumare)* ver-, aufbrauchen, aufzehren; **II.** *rfl:* **-ersi** **1.** *(dissiparsi)* sich zerstreuen, sich verlaufen; **2.** *fig* sich verlieren (*in* in). **dispersione** [...per'si̯o:ne] *f* **1.** *phys* Dispersion *f*; **2.** *fig* Zersplitterung *f*; **~ di calore** Wärmeverlust *m*. **dispersivo, -a** [...per'si:vo] **I.** *a* zerstreut, zerfahren; **II.** *m, f* zerstreute Person. **disperso, -a** [...'pɛrso] **I.** *a* **1.** *gener.* zerstreut, versprengt; **2.** *(perso)* verloren(gegangen); **3.** *(irreperibile)* vermißt; **4.** *fig* zersplittert; **II.** *m, f* Vermißte(r) *mf*.

dispetto [dis'petto] *m* **1.** *(atto spiacevole)* Bosheit *f*; **2.** *(irritazione)* Ärger *m* (*per* über). **dispettoso, -a** [...'to:so] *a* boshaft; *(fastidioso)* lästig, ärgerlich.

dispiacere[1] [dispi̯a'tʃe:re] *m* **1.** *(afflizione)* Kummer *m*, Gram *m geh*; **2.** *(rammarico)* Bedauern *n*.

dispiacere[2] [dispi̯a'tʃe:re] ‹*irr*› *itr* ‹*essere*› mißfallen, nicht gefallen, nicht zusagen; **mi dispiace (che ...)** es tut mir leid (, daß ...).

dispiaciuto, -a [dispi̯a'tʃu:to] *a* bekümmert (*di* über), traurig (*di* über).

disponibile [dispo'ni:bile] *a* verfügbar; *(merce, libro)* vorrätig; *(persone)* disponibel, frei. **disponibilità** [...nibili'ta] ‹-› *f* **1.** *gener.* Verfügbarkeit *f*; *(di merce, libro)* Vorrätigkeit *f*; **2.** ‹*pl*› *(elementi patrimoniali)* flüssiges Kapital.

disporre [dis'porre] ‹*irr*› **I.** *tr* **1.** *(collocare)* aufstellen, anordnen; **2.** *(sistemare)* (an)ordnen; **3.** *(preparare)* vorbereiten, einstimmen; **4.** *(prescrivere)* veranlassen, anordnen; **II.** *itr* **1.** *(avere a disposizione)* verfügen (*di* über); **2.** *(stabilire)* bestimmen, verfügen; **3.** *(decidere)* entscheiden; **III.** *rfl:* **-orsi** **1.** *(sistemarsi)* sich aufstellen; **2.** *(prepararsi)* sich vorbereiten (*a* auf), sich einstimmen (*a* auf).

dispositivo [dispozi'ti:vo] *m* Vorrichtung *f*; *fig (di sicurezza, etc.)* Vorkehrung *f*. **disposizione** [...pozit'tsi̯o:ne] *f* **1.** *(collocazione)* Aufstellung *f*, Anordnung *f*; **2.** *(sistemazione)* (An)ordnung *f*; **3.** *(inclinazione)* Veranlagung *f* (*a, per* zu), Begabung *f* (*a, per* für); **4.** *(condizione di spirito)* Verfassung *f*; **5.** *(ordine)* Bestimmung *f*; *(decisione)* Verfügung *f*, Anordnung *f*; **6.** *(facoltà di servirsi)* Verfügung *f*, Disposition *f*.

disposto, -a [...'posto] *a* **1.** *(collocato)* aufgestellt, angeordnet; **2.** *(pronto)* bereit; **3.** *(condizione d'animo)* bereit, geneigt.

dispotico, -a [dis'pɔ:tiko] ‹-ci, -che› *a* *(a. fig)* despotisch.

dispregiativo, -a [dispredʒa'ti:vo] *a* verächtlich.
disprezzabile [dispret'tsa:bile] *a* verachtenswert, zu verachten(d).
disprezzare [dispret'tsa:re] *tr* **1.** *(ritenere indegno)* verachten; *(disdegnare)* verschmähen; **2.** *(non osservare)* mißachten, unterschätzen. **disprezzo** [...'prɛttso] *m* **1.** *(sdegnoso rifiuto)* Verachtung *f; (di cose, etc.)* Verschmähung *f;* **2.** *(noncuranza)* Mißachtung *f,* Unterschätzung *f.*
disputa ['disputa] *f* **1.** *(discussione)* Disput *m,* Streitgespräch *n;* **2.** *(alterco)* Auseinandersetzung *f.* **disputare** [...'ta:re] **I.** *itr* **1.** *(discutere)* disputieren *geh* (*di, su* über), diskutieren (*di, su* über); **2.** *(litigare)* heftig diskutieren (*di* über), (sich) streiten (*di* über); **II.** *tr* **1.** *(contendere)* streitig machen; **2.** *sport (partita)* austragen; **III.** *rfl:* **-arsi** kämpfen (*qc* um etw.), wetteifern (*qc* um etw.).
dissacrare [dissa'kra:re] *tr* **1.** *rel* entweihen; **2.** *fig (demitizzare)* entmythisieren, nicht gelten lassen.
dissanguamento [dissaŋgu̯a'mento] *m* Verbluten *n.* **dissanguare** [...'gu̯a:re] **I.** *tr* **1.** *med* verbluten lassen; *(animali)* ausbluten lassen; **2.** *fig* schröpfen, ausnehmen, (bis aufs Blut) aussaugen; **II.** *rfl:* **-arsi 1.** *med* verbluten (*per* an); **2.** *fig* sich aufopfern.
dissapore [dissa'po:re] *m* Unstimmigkeit *f.*
disseccare [disse'ka:re] *tr, rfl:* **-arsi** austrocknen.
disseminare [dissemi'na:re] *tr* **1.** *(spargere)* ver-, ausstreuen; **2.** *fig* kolportieren *geh,* verbreiten.
dissennato, -a [dissen'na:to] *a* unvernünftig, töricht.
dissenso [dis'sɛnso] *m* **1.** *(divergenza di opinioni)* Meinungsverschiedenheit *f;* **2.** *(disapprovazione)* Mißbilligung *f,* Ablehnung *f;* **3.** *pol, rel* Abweichlertum *n,* Dissidententum *n.*
dissenteria [dissente'ri:a] ‹-ie› *f* Ruhr *f.*
dissentire [dissen'ti:re] *itr* nicht übereinstimmen (*da* mit), anderer Meinung sein (*da* als). **dissenziente** [...n'tsi̯ɛnte] *a* andersdenkend.
disseppellire [disseppel'li:re] *tr* ausgraben, freilegen.
dissertazione [dissertat'tsi̯o:ne] *f* (wissenschaftliche) Abhandlung *f;* ~ **di laurea** Dissertation *f,* Doktorarbeit *f.*
disservizio [disser'vittsi̯o] *m* schlechtes Funktionieren.
dissestare [disses'ta:re] *tr* **1.** *(mettere in disordine)* aus den Fugen gehen lassen; **2.** *fig* das Gefüge zerstören *(qc* einer S. *gen); (famiglia, etc.)* zerrütten. **dissesto** [...'sɛsto] *m* Zerrüttung *f.*
dissetante [disse'tante] *a* durstlöschend, durststillend. **dissetare** [...'ta:re] **I.** *tr* den Durst löschen (*o* stillen) (*qu* jds); **II.** *rfl:* **-arsi** seinen Durst löschen (*o* stillen).
dissi ['dissi] *p rem di* **dire.**
dissidente [dissi'dɛnte] *mf* Dissident(in) *m(f),* Abtrünnige(r) *mf.*
dissidio [dis'si:di̯o] ‹-i› *m* Zwist *m,* Meinungsverschiedenheit *f.*
dissimulare [dissimu'la:re] *tr* **1.** *(nascondere)* verheimlichen, verbergen; *(sentimento)* verhehlen; **2.** *(fingere)* vorspiegeln, vortäuschen, (vor)heucheln. **dissimulatore, -trice** [...la'to:re] *m, f* Heuchler(in) *m(f).* **dissimulazione** [...lat'tsi̯o:ne] *f* Verstellung *f,* Vortäuschung *f,* Heuchelei *f.*
dissipare [dissi'pa:re] **I.** *tr* **1.** *(dissolvere)* auflösen, zerstreuen; **2.** *fig (dubbi, etc.)* zerstreuen; **3.** *(sperperare)* vergeuden, verschwenden; **II.** *rfl:* **-arsi** *(a. fig)* sich auflösen.
dissipato, -a [dissi'pa:to] *a* **1.** *(di sperpero)* verschwenderisch; **2.** *(sfrenato)* ausschweifend, liederlich. **dissipazione** [...pat'tsi̯o:ne] *f* **1.** *(condotta sregolata)* Hemmungslosigkeit *f,* Maßlosigkeit *f;* **2.** *(sperpero)* Verschwendung *f,* Vergeudung *f.*
dissociare [disso'tʃa:re] ‹dissocio, dissoci› *tr* **1.** *(separare)* trennen, dissoziieren *geh;* **2.** *chem* dissoziieren. **dissociazione** [...tʃat'tsi̯o:ne] *f* **1.** *(disgiunzione)* Trennung *f;* **2.** *chem, psych* Dissoziation *f.*
dissodare [disso'da:re] *tr* urbar machen.
dissolsi [dis'sɔlsi] *p rem di* **dissolvere.**
dissolto [dis'sɔlto] *pp di* **dissolvere.**
dissolutezza [dissolu'tettsa] *f* Ausschweifung *f,* Zügellosigkeit *f,* Sittenlosigkeit *f.* **dissoluto, -a** [...'lu:to] *a* ausschweifend, zügellos, sittenlos.
dissolvere [dis'sɔlvere] ‹dissolvo, dissolsi, dissolto› **I.** *tr* **1.** *(sciogliere)* auflösen; **2.** *(disperdere)* zerstreuen; **3.** *(dissipare)* vertreiben; **II.** *rfl:* **-ersi** sich auflösen, (ent)schwinden.
dissonante [disso'nante] *a* **1.** *mus* dissonant, mißtönend; **2.** *fig* nicht übereinstimmend, verschieden. **dissonanza** [...'nantsa] *f* **1.** *mus* Dissonanz *f;* **2.** *fig* Unstimmigkeit *f,* Disharmonie *f.*
dissotterrare [dissotter'ra:re] *tr* ausgraben, exhumieren.
dissuadere [dissua'de:re] ‹dissuado, dissuasi, dissuaso› *tr* abbringen (*qu da qc* jdn von etw.), ausreden (*qu da qc* jdm etw.). **dissuasione** [...a'zi̯o:ne] *f* Abraten *n.* **dissuaso** [...u'a:zo] *pp di* **dissuadere.**
distaccare [distak'ka:re] **I.** *tr* **1.** *(separare)* abnehmen, ablösen, trennen; **2.** *(allontanare)* wegbringen, entfernen; **3.** *mil* abkommandieren; *adm* abord-

nen; **4.** *sport* zurücklassen, abhängen, mit Abstand besiegen; **II.** *rfl:* **-arsi 1.** *fig (allontanarsi)* sich abkehren, sich abwenden; **2.** *(distinguersi)* sich abheben. **distaccato, -a** [...'ka:to] *a* distanziert.

distacco [dis'takko] *m* **1.** *gener.* Abnahme *f,* Ablösung *f;* **2.** *fig (allontanamento)* Abkehr *f,* Abwendung *f;* **3.** *sport, fig* Abstand *m,* Distanz *f;* **vincere con ~** mit Abstand gewinnen.

distante [dis'tante] **I.** *a* **1.** *(lontano)* fern, weit; **2.** *fig (di riserbo)* unnahbar; **II.** *adv* (weit) entfernt. **distanza** [...'tantsa] *f* **1.** *(spazio)* Abstand *m,* Entfernung *f; (a. sport: percorso)* Distanz *f;* **2.** *(tempo)* Abstand *m;* **3.** *fig (differenza)* Unterschied *m;* **comando a ~** Fernsteuerung *f.*

distanziare [distan'tsi̯a:re] ⟨distanzio, distanzi⟩ *tr* **1.** *(disporre a distanza)* in einem bestimmten Abstand aufstellen; **2.** *sport, fig* abhängen, hinter sich *(dat)* lassen.

distare [dis'ta:re] ⟨*mancano i tempi composti*⟩ *itr* entfernt sein (*o* liegen).

distendere [dis'tɛndere] ⟨*irr*⟩ **I.** *tr* **1.** *(estendere)* ausbreiten; *(braccia, gambe)* ausstrecken; **2.** *(mettere a giacere)* (hin)legen; **3.** *(nervi, muscoli)* entspannen; **II.** *rfl:* **-ersi 1.** *(rilassarsi)* sich entspannen; **2.** *(sdraiarsi)* sich hinlegen, sich ausstrecken; **3.** *(stirarsi)* sich strekken, sich dehnen. **distensione** [...ten'si̯o:ne] *f* **1.** *(allungamento, estensione)* Dehnung *f,* Streckung *f;* **2.** *(rilassamento)* Entspannung *f;* **3.** *sport* Drükken *n;* **4.** *pol* Entspannung *f.* **distensivo, -a** [...ten'si:vo] *a* entspannend; *(a. pol)* Entspannungs-; **politica -a** Entspannungspolitik *f.* **distesa** [...'te:sa] *f* **1.** *(quantità)* (ganze) Reihe *f;* **2.** *(estensione)* Ausdehnung *f,* Weite *f.* **disteso, -a** [...'te:so] **I.** *a* **1.** *(sdraiato, allungato)* ausgestreckt; **2.** *(pacato)* gedämpft; **3.** *(rilassato)* entspannt; **II.** *adv:* **a -a** ohne Unterbrechung.

distillare [distil'la:re] *tr* **1.** *chem* destillieren; *(acquavite)* brennen; **2.** *(mandar fuori)* (tropfenweise) absondern (*o* ausscheiden). **distillatore** [...la'to:re] *m* Destillator *m.* **distillazione** [...lat'tsi̯o:ne] *f* Destillation *f.*

distinguere [dis'tiŋgu̯ere] ⟨distinguo, distinsi, distinto⟩ **I.** *tr* **1.** *(discernere)* auseinanderhalten, unterscheiden; **2.** *(percepire)* unterscheiden, wahrnehmen; **3.** *(vedere)* erkennen; **4.** *(contrassegnare)* kennzeichnen, unterscheiden; **II.** *rfl:* **-ersi** sich unterscheiden (*per* in, *da* von).

distinta [dis'tinta] *f* Aufstellung *f,* Liste *f,* Verzeichnis *n.*

distintivo, -a [distin'ti:vo] **I.** *a* Unterscheidungs-, unterscheidend, distinktiv *geh, scient;* **II.** *m* Erkennungsmarke *f,* Abzeichen *n.*

distinto, -a [dis'tinto] **I.** *pp di* **distinguere; II.** *a* **1.** *(differente)* verschieden(artig), getrennt; **2.** *(chiaro)* deutlich; **3.** *(fine)* vornehm, distinguiert *geh;* **-i saluti** hochachtungsvoll. **distinzione** [...n'tsi̯o:ne] *f* **1.** *(discriminazione)* Unterscheidung *f,* Unterschied *m;* **2.** *(riguardo)* Hochachtung *f;* **3.** *(segnalazione)* Auszeichnung *f;* **4.** *(signorilità)* Vornehmheit *f,* Distinguiertheit *f geh.*

distogliere [dis'tɔʎʎere] ⟨*irr*⟩ *tr* abbringen; *(attenzione)* ablenken; *(sguardo)* abwenden.

distorcere [dis'tɔrtʃere] ⟨*irr*⟩ **I.** *tr* **1.** *(torcere)* verziehen, verzerren; **2.** *fig (verità, etc.)* entstellen, verzerren; **II.** *rfl:* **-ersi** sich winden. **distorsione** [...tor'si̯o:ne] *f* **1.** *med* Verstauchung *f;* **2.** *fig* Entstellung *f,* Verzerrung *f.*

distrarre [dis'trarre] ⟨*irr*⟩ **I.** *tr* ablenken; *(divertire)* zerstreuen; **II.** *rfl:* **-arsi 1.** *(volgere la mente)* sich ablenken (lassen); **2.** *(divertirsi)* sich zerstreuen. **distratto, -a** [...'tratto] *a* unaufmerksam, zerstreut. **distrazione** [...t'tsi̯o:ne] *f* **1.** *(disattenzione)* Unaufmerksamkeit *f,* Zerstreutheit *f;* **2.** *(diversivo)* Zerstreuung *f,* Ablenkung *f.*

distretto [dis'tretto] *m* Bezirk *m,* Distrikt *m.*

distribuire [distribu'i:re] ⟨distribuisco⟩ *tr* verteilen, austeilen; *(fornire)* versorgen mit; *(posta)* austragen, zustellen. **distributore** [...u'to:re] *m el* Verteiler *m;* **~ di benzina** Tankstelle *f;* **~ di sigarette** Zigarettenautomat *m;* **~ automatico** Automat *m.* **distribuzione** [...ut'tsi̯o:ne] *f* **1.** *(assegnazione)* Zuteilung *f,* Verteilung *f;* **2.** *(consegna)* Austeilung *f,* Zustellung *f;* **3.** *(fornitura)* Versorgung *f* (*di* mit); **4.** *(meccanismo)* Steuerung *f;* **5.** *com* Vertrieb *m,* Distribution *f;* **6.** *(posizione)* Verteilung *f,* Distribution *f.*

districare [distri'ka:re] ⟨districo, districhi⟩ **I.** *tr* entwirren; **II.** *rfl:* **-arsi 1.** *(capelli, etc.)* entwirren; **2.** *fig (trarsi d'impaccio)* sich herauswinden.

distruggere [dis'truddʒere] ⟨*irr*⟩ *tr* **1.** *(annientare)* zerstören, vernichten; *(specie)* ausrotten; **2.** *(vanificare)* zunichte machen, vereiteln; **3.** *fig* zerstören, zugrunde richten. **distruttore, -trice** [...'to:re] **I.** *a* Zerstörungs-; **II.** *m, f* Zerstörer(in) *m(f).* **distruzione** [...t'tsi̯o:ne] *f* Zerstörung *f,* Vernichtung *f; (di specie)* Ausrottung *f.*

disturbare [distur'ba:re] **I.** *tr* **1.** *(ostacolare)* stören; **2.** *(infastidire)* belästigen, stören; **3.** *(far male)* weh tun (*qu* jdm); **II.** *rfl:* **-arsi** sich stören lassen, sich bemühen, (sich *dat*) Umstände machen; **non si disturbi** machen Sie sich *(dat)* keine Umstände, lassen Sie sich nicht stören. **disturbatore, -trice** [...ba'to:re] *m, f* Störer(in) *m(f),* Störenfried *m.* **disturbo** [...'turbo] *m* **1.** *gener., tec* Störung *f;* **2.** *med* Verstimmung *f,* Beschwerden *pl;* **3.** *(incomodo)* Bemühung *f,* Mühe *f;* **togliere il ~** sich empfehlen *geh,* nicht länger stören wollen.

disubbidiente [dizubbi'di̯ɛnte] *a* ungehorsam (*a* gegenüber). **disubbidienza** [...'di̯ɛntsa] *f* Ungehorsam *m.*

disubbidire [dizubbi'di:re] *itr* nicht gehorchen (*a qu* jdm); *(a un ordine, etc.)* nicht befolgen (*a qc* etw.).

disuguaglianza [dizugu̯aʎ'ʎantsa] *f* **1.** *(divario)* Unterschied *m;* **2.** *mat* Ungleichung *f.* **disuguale** [...'gu̯a:le] *a* **1.** *(diverso)* ungleich, unterschiedlich; **2.** *(irregolare)* ungleichmäßig, unregelmäßig; *(terreno)* uneben.

disumano, -a [dizu'ma:no] *a* unmenschlich, inhuman *geh.*

disunire [dizu'ni:re] *tr* **1.** *(separare)* scheiden, trennen; **2.** *fig* entzweien.

disusato, -a [dizu'za:to] *a* ungebräuchlich; *(antiquato)* veraltet. **disuso** [di'zu:zo] *m:* **in ~** veraltet; **cadere in ~** außer Gebrauch kommen, veralten.

ditale [di'ta:le] *m* Fingerhut *m.*

ditata [di'ta:ta] *f* **1.** *(colpo)* Stoß *m* mit dem Finger; **2.** *(impronta)* Fingerabdruck *m.*

dito ['di:to] ⟨*pl nel loro insieme:* -a *f, specificando ciascuno:* -i *m*⟩ *m* **1.** *anat (della mano)* Finger *m; (del piede)* Zeh *m,* Zehe *f;* **2.** *(del guanto)* Fingerling *m,* Finger *m;* **3.** *(misura)* Fingerbreit *m; (di liquidi a.)* Schluck *m;* **si contano sulle** (*o* **sulla punta delle**) **-a** man kann sie an zehn Fingern abzählen; **mettere il ~ sulla piaga** *fig* den wunden Punkt treffen.

ditta ['ditta] *f* Firma *f.*

dittafono [dit'ta:fono] *m* **1.** *(per la dettatura)* Diktiergerät *n,* Diktaphon *n;* **2.** *(per la conversazione)* Sprechanlage *f.*

dittatore [ditta'to:re] *m* Diktator *m.* **dittatoriale** [...to'ri̯a:le] *a* diktatorisch. **dittatura** [...'tu:ra] *f* Diktatur *f.*

dittongo [dit'tɔŋgo] ⟨-ghi⟩ *m* Doppelvokal *m,* Diphthong *m.*

diuretico, -a [diu'rɛ:tiko] ⟨-ci, -che⟩ *a* harntreibend, diuretisch.

diurno, -a [di'urno] *a* Tag(es)-; **servizio ~ e notturno** Tag und Nacht geöffnet.

diva ['di:va] *f* Diva *f.*

divagare [diva'ga:re] *itr* abschweifen (*da* von), abkommen (*da* von). **divagazione** [...gat'tsi̯o:ne] *f* Abschweifung *f,* Exkurs *m.*

divampare [divam'pa:re] *itr* ⟨*essere*⟩ **1.** *(incendio)* auflodern; **2.** *fig (emozione, guerra, etc.)* entbrennen; *(persone)* glühen (*di* vor).

divano [di'va:no] *m* Diwan *m obs,* Sofa *n,* Couch *f;* **~ letto** Bettcouch *f.*

divaricare [divari'ka:re] ⟨divarico, divarichi⟩ *tr* **1.** *(in ginnastica)* (auseinander)spreizen; **2.** *(allargare)* verbreitern, öffnen. **divaricatore** [...ka'to:re] *m* Wundhaken *m.*

divario [di'va:ri̯o] ⟨-i⟩ *m* Unterschied *m.*

divenire [dive'ni:re] ⟨*irr*⟩, **diventare** [diven'ta:re] *itr* ⟨*essere*⟩ werden (*qc* (zu) etw.).

diverbio [di'vɛrbi̯o] ⟨-i⟩ *m* Wortgefecht *n,* Wortwechsel *m.*

divergente [diver'dʒɛnte] *a* **1.** *mat* divergent; **2.** *fig* divergierend *geh.* **divergenza** [...'dʒɛntsa] *f* **1.** *mat* Divergenz *f;* **2.** *fig* (Meinungs)verschiedenheit *f,* Divergenz *f.* **divergere** [di'vɛrdʒere] ⟨divergo, divergi, *mancano il p rem ed il pp*⟩ *itr* divergieren; *(a. fig)* abweichen.

diversamente [diversa'mente] *adv* **1.** *(in maniera diversa)* anders, auf andere Weise; **2.** *(altrimenti)* sonst, andernfalls. **diversificare** [diversifi'ka:re] **I.** *tr* unterscheiden; **II.** *rfl:* **-arsi** sich unterscheiden.

diversione [diver'si̯o:ne] *f* **1.** *(deviazione)* Um-, Ableitung *f;* **2.** *mil* Ablenkungsmanöver *n.*

diversità [diversi'ta] ⟨-⟩ *f* **1.** *(differenza)* Verschiedenheit *f; (divario)* Unterschied *m; (di prezzo a.)* Differenz *f;* **2.** *(varietà)* Vielfalt *f.* **diversivo** [...'si:vo] *m* Abwechslung *f,* Ablenkung *f.* **diverso, -a** [di'vɛrso] **I.** *a* **1.** *(differente)* verschieden, andere(r, s), anders; **2.** ⟨*pl*⟩ *(vari)* mehrere, diverse, einige; **II.** ⟨*pl*⟩ *pron* etliche, mehrere.

divertente [diver'tɛnte] *a* unterhaltsam, vergnüglich, amüsant.

divertimento [diverti'mento] *m* **1.** *(passatempo)* Unterhaltung *f,* Vergnügen *n;* **2.** *(godimento)* Vergnügen *n;* **3.** *(persona)* Unterhalter(in) *m(f);* **4.** *mus* Divertimento *n,* Divertissement *n.* **divertire** [...'ti:re] ⟨diverto⟩ **I.** *tr* unterhalten, amüsieren, vergnügen; **II.** *rfl:* **-irsi** sich vergnügen (*con* mit), sich amüsieren (*con* mit), seinen Spaß haben (*a* an, *con* bei, mit); **-irsi alle spalle di qu** sich über jdn lustig machen. **divertito, -a** [...'ti:to] *a* vergnügt, belustigt, amüsiert.

dividendo [divi'dɛndo] *m* **1.** *mat* Dividend *m;* **2.** *fin* Dividende *f.*

dividere [di'vi:dere] ⟨divido, divisi, diviso⟩ **I.** *tr* **1.** *(separare)* (auf)teilen, (in Stücke) teilen; **2.** *(suddividere)* ein-, aufteilen; **3.** *(distribuire)* (ver-, auf)teilen; **4.** *fig (condividere)* teilen; **5.** *fig (separare)* trennen, entzweien; **6.** *mat* teilen (*per* durch), dividieren (*per* durch); **~ in quattro** vierteln, in vier (Stücke, *etc.*) teilen; **~ 9 per 3** 9 durch 3

teilen; **II.** *rfl:* **-ersi** sich teilen; *(separarsi)* sich trennen.
divieto [di'viɛ:to] *m* Verbot *n;* ~ **d'accesso/d'affissione** Betreten/Plakatankleben verboten.
divinazione [divinat'tsio:ne] *f* Wahrsagung *f.*
divincolarsi [diviŋko'larsi] *rfl* sich krümmen, sich winden.
divinità [divini'ta] ‹-› *f* **1.** *(natura)* Göttlichkeit *f;* **2.** *(dio)* Gottheit *f.*
divino, -a [di'vi:no] *a* **1.** *(di divinità)* göttlich, Gottes-; **2.** *fig* himmlisch, göttlich.
divisa[1] [di'vi:za] *f (uniforme)* Uniform *f;* ~ **sportiva** Sportdreß *m.*
divisa[2] [di'vi:za] *f fin* Devisen *pl.*
divisi [di'vi:zi] *p rem di* **dividere.**
divisibile [divi'zi:bile] *a* teilbar.
divisione [divi'zio:ne] *f* **1.** *(ripartizione)* (Auf)teilung *f;* **2.** *(separazione)* Teilung *f,* Trennung *f; (scomposizione)* Trennung *f;* **3.** *(suddivisione)* Auf-, Einteilung *f;* **4.** *mat* Teilung *f,* Division *f;* **5.** *fig* Kluft *f,* Gegensatz *m;* **6.** *(reparto)* Abteilung *f;* **7.** *mil* Division *f;* **8.** *sport* Spielklasse *f,* Division *f;* ~ **in sillabe** Silbentrennung *f;* ~ **massima** ≃ Bundesliga *f.*
diviso, -a [di'vi:zo] **I.** *pp di* **dividere; II.** *a* **1.** *(separato)* getrennt, abgesondert; **2.** *fig* uneinig, getrennt.
divisore [divi'zo:re] *m* **1.** *mat* Divisor *m,* Teiler *m;* **2.** *tec* Trennscheibe *f;* ~ **comune** gemeinsamer Teiler. **divisorio, -a** [...'zɔ:rio] ‹-i, -ie› **I.** *a* Trenn-; **II.** *m* Trennwand *f.*
divo, -a ['di:vo] *m, f* Star *m.*
divorare [divo'ra:re] *tr* **1.** *(mangiare avidamente, a. fig: libro, etc.)* verschlingen; **2.** *fig (distruggere)* fressen, verzehren.
divorziare [divor'tsia:re] ‹divorzio, divorzi› *itr* sich scheiden lassen (*da* von). **divorzio** [di'vɔrtsio] ‹-i› *m* (Ehe)scheidung *f;* **chiedere il** ~ die Scheidung einreichen.
divulgare [divul'ga:re] ‹divulgo, divulghi› **I.** *tr* **1.** *(diffondere)* verbreiten, bekanntmachen; **2.** *(rendere comprensibile)* (allgemein)verständlich darstellen; **II.** *rfl:* **-arsi** sich verbreiten, bekanntwerden. **divulgativo, -a** [...ga'ti:vo] *a* allgemeinverständlich, populär(wissenschaftlich). **divulgazione** [...gat'tsio:ne] *f* **1.** *gener.* Verbreitung *f,* Bekanntmachung *f;* **2.** *(di teoria)* Popularisierung *f;* **opera di** ~ **scientifica** populärwissenschaftliches Werk.
dizionario [dittsio'na:rio] ‹-i› *m* Wörterbuch *n;* ~ **monolingue/bilingue** einsprachiges/zweisprachiges Wörterbuch; **consultare il** ~ im Wörterbuch nachschlagen.
dizione [dit'tsio:ne] *f* **1.** *(modo di parlare)* Ausdrucksweise *f,* Diktion *f geh;* **2.** *(recitazione)* Vortrag *m,* Deklamation *f.*
D.N.A. *m ab di* **acido deossiribonucleico** DNS *f* (*ab di* Desoxyribonukleinsäure).
do[1] [dɔ] ‹-› *m mus* c, C *n.*
do[2] [dɔ] *pr di* **dare.**
dobbiamo [dob'bia:mo] *v.* **dovere.**
D.O.C. [dɔk] *ab di* **Denominazione di Origine Controllata** QbA (*ab di* Qualitätswein aus bestimmten Anbaugebieten).
doccia ['dottʃa] ‹-cce› *f* **1.** *(nel bagno)* Dusche *f;* **2.** *(grondaia)* Dachrinne *f;* **fare la** ~ (sich) duschen.
docente [do'tʃɛnte] **I.** *a* Lehr(er)-; **personale** ~ Lehrkörper *m adm;* **II.** *mf* Lehrkraft *f adm,* Lehrer(in) *m(f);* ~ **universitario** Dozent *m,* Hochschullehrer *m.* **docenza** [do'tʃɛntsa] *f* Dozentur *f;* **libera** ~ Privatdozentur *f.*
docile ['dɔ:tʃile] *a* **1.** *(persona)* gefügig, fügsam; **2.** *(animale)* zahm; **3.** *(materiale)* geschmeidig, weich. **docilità** [dotʃili'ta] ‹-› *f* **1.** *(sottomissione)* Gefügigkeit *f,* Fügsamkeit *f;* **2.** *(di animali)* Zahmheit *f;* **3.** *(di materiali)* Geschmeidigkeit *f.*
documentare [dokumen'ta:re] **I.** *tr* dokumentieren; *(comprovare)* beweisen; *(con documenti)* belegen, nachweisen; **II.** *rfl:* **-arsi** sich informieren (*su* über). **documentario, -a** [...'ta:rio] ‹-i, -ie› **I.** *a* dokumentarisch, Dokumentar-; **II.** *m* Dokumentarfilm *m.* **documentazione** [...tat'tsio:ne] *f* **1.** *(raccolta di materiale)* Dokumentation *f;* **2.** *(insieme di documenti)* Unterlagen *f pl,* Akte *f.*
documento [doku'mento] *m* **1.** *adm* Dokument *n,* Beleg *m,* Papiere *n pl;* **2.** ‹*pl*› *(di identità)* Papiere *n pl,* (Personal)ausweis *m;* **3.** *fig (testimonianza storica)* Dokument *n,* Zeugnis *n.*
dodicenne [dodi'tʃɛnne] **I.** *a* zwölfjährig; **II.** *mf* Zwölfjährige(r) *mf.* **dodicesimo, -a** [...'tʃɛ:zimo] **I.** *a* zwölfte(r, s); **II.** *m, f* Zwölfte(r, s) *mfn;* **III.** *(frazionario)* Zwölftel *n,* zwölfter Teil; *v. a. quinto.*
dodici ['do:ditʃi] **I.** *a numerale* zwölf; **II.** ‹-› *m* **1.** *(numero)* Zwölf *f;* **2.** *(nelle date)* Zwölfte(r) *m;* **III.** *f pl* zwölf Uhr; *v. a. cinque.*
dogana [do'ga:na] *f* **1.** *(imposta)* Zoll *m;* **2.** *(ufficio)* Zoll *m,* Zollbehörde *f,* Zollamt *n;* **3.** *(impiegati)* Zollbeamte(n) *m pl;* **operazioni di** ~ Zollabfertigung *f.* **doganale** [doga'na:le] *a* Zoll-. **doganiere** [...'niɛ:re] *m* Zollbeamte(r) *m,* -beamtin *f.*
doge ['dɔ:dʒe] *m* Doge *m.*
doglie ['dɔʎʎe] *f pl* (Geburts)wehen *f pl.*
dogma ['dɔgma] ‹-i› *m* Dogma *n.* **do-**

gmatico, -a [...ko] ‹-ci, -che› **I.** *a* dogmatisch; **II.** *m* Dogmatiker *m.*
dolce ['doltʃe] **I.** *a* **1.** *(sapore, fig)* süß; **2.** *(lieve, tenero)* leicht, sanft; **3.** *(delicato, mite)* mild; **II.** *m* Süßspeise *f,* Süßigkeit *f,* Kuchen *m.* **dolcezza** [...'tʃettsa] *f* **1.** *(sapore dolce, a. fig)* Süße *f;* **2.** *(mitezza)* Milde *f;* **3.** *(bontà)* Sanftheit *f,* Güte *f.* **dolciario, -a** [...'tʃa:rio] ‹-i, -ie› *a:* **industria -a** Süßwarenindustrie *f.* **dolciastro, -a** [...'tʃastro] *a* **1.** *(sapore)* widerlich süß; **2.** *fig pej (maniera)* honigsüß, süßlich.
dolcificante [doltʃifi'kante] **I.** *a* süßend, Süß-; **II.** *m* Süßstoff *m.*
dolciumi [dol'tʃu:mi] *m pl* Süßwaren *f pl.*
dolente [do'lɛnte] *a* schmerzend, schmerzhaft; *fig* schmerzlich; **sono ~ per quanto è successo** was geschehen ist, schmerzt mich.
dolere [do'le:re] ‹dolgo, dolsi, doluto› **I.** *itr ‹essere o avere›* schmerzen, weh tun; **mi dolgono i denti** die Zähne tun mir weh; **II.** *rfl:* **-ersi** Schmerz empfinden (*di* über), betrübt sein (*di* über).
dollaro ['dɔllaro] *m* Dollar *m.*
dolo ['dɔ:lo] *m (nel diritto penale)* Vorsatz *m,* Dolus *m; (nel diritto privato)* arglistige Täuschung.
dolomite [dolo'mi:te] *f* Dolomit *m;* **le Dolomiti** die Dolomiten.
dolorante [dolo'rante] *a* schmerzend, schmerzhaft.
dolore [do'lo:re] *m* **1.** *med* Schmerz *m;* **2.** *fig (afflizione)* Kummer *m,* Leid *n,* Schmerz *m;* **~ di testa** Kopfschmerz *m.* **doloroso, -a** [...'ro:so] *a* **1.** *med* schmerzhaft; **2.** *(afflitto)* schmerzlich, traurig.
doloso, -a [do'lo:so] *a* vorsätzlich.
dolsi ['dɔlsi] *p rem di* **dolere.**
doluto [do'lu:to] *pp di* **dolere.**
domanda [do'manda] *f* **1.** *(interrogazione, quesito)* Frage *f;* **2.** *(richiesta)* Anfrage *f; (a. adm)* Antrag *m,* Gesuch *n;* **3.** *com* Nachfrage *f;* **~ di matrimonio** Heiratsantrag *m;* **fare una ~** eine Frage stellen. **domandare** [...'da:re] **I.** *tr* **1.** *(per sapere qc)* fragen (*qc a qu* jdn etw.), erfragen (*qc* etw.), fragen nach; **2.** *(per ottenere qc)* bitten (*qc a qu* jdn um etw.); **~ notizie di qu** um Auskunft über jdn bitten; **~ la parola** um das Wort bitten; **~ il prezzo** nach dem Preis fragen; **~ scusa** um Entschuldigung bitten; **II.** *rfl:* **-arsi** sich fragen.
domani [do'ma:ni] **I.** *adv* morgen; **II.** ‹-› *m* **1.** *(il giorno successivo)* darauffolgender Tag, nächster Tag; **2.** *fig* Morgen *n,* Zukunft *f.*
domare [do'ma:re] *tr* **1.** *(animali)* zähmen, bändigen; **2.** *fig* bändigen; *(passioni, etc.)* bezähmen; *(popolo)* unterwerfen; *(rivolta)* niederwerfen. **domatore, -trice** [doma'to:re] *m, f* **1.** *(di cavalli)* Zureiter(in) *m(f);* **2.** *(di belve)* Tierbändiger(in) *m(f),* Dompteur *m,* Dompteuse *f.*
domattina [domat'ti:na] *adv* morgen früh.
domenica [do'me:nika] ‹-che› *f* Sonntag *m; v. a. lunedì.* **domenicale** [domeni'ka:le] *a* Sonntags-, sonntäglich.
domestico, -a [do'mɛstiko] ‹-ci, -che› **I.** *a* Haus-, häuslich; *(animale)* Haus-; **lavori -ci** Hausarbeit *f;* **vita -a** Privatleben *n;* **per uso ~** für den Hausgebrauch; **II.** *m, f* Hausangestellte(r) *mf;* Hausdiener *m,* Dienstmädchen *n.*
domiciliato, -a [domitʃi'lia:to] *a* **1.** *adm* wohnhaft; **2.** *com:* **cambiale -a** Domizilwechsel *m.* **domicilio** [...'tʃi:lio] ‹-i› *m* Wohnung *f,* Haus *n,* Wohnsitz *m adm.*
dominante [domi'nante] *a* vorherrschend, dominierend.
dominare [domi'na:re] **I.** *itr* **1.** *(essere padrone assoluto)* herrschen; **2.** *fig (primeggiare)* überlegen sein (*su qu* jdm); **3.** *fig (prevalere)* (vor)herrschen, dominieren; **II.** *tr (a. fig)* beherrschen; **III.** *rfl:* **-arsi** sich beherrschen. **dominatore, -trice** [...na'to:re] *m, f* (Be)herrscher(in) *m(f).* **dominazione** [...nat'tsio:ne] *f* Herrschaft *f.*
dominio [do'mi:nio] ‹-i› *m* **1.** *(padronanza)* Herrschaft *f* (*di* über); **2.** *(controllo)* Beherrschung *f;* **3.** *jur (proprietà)* Eigentum *n,* Besitz *m;* **4.** *(territorio)* Herrschaftsgebiet *n;* **5.** *fig (campo)* (Spezial)gebiet *n,* Domäne *f;* **~ di sé** Selbstbeherrschung *f;* **beni di ~ pubblico** Allgemeingut *n.*
donare [do'na:re] **I.** *tr* **1.** *(regalare)* verschenken, geben; **2.** *fig* hingeben; **3.** *(sangue, organi)* spenden; **II.** *itr fig* stehen, schmeicheln; **III.** *rfl:* **-arsi** sich hingeben, sich (ganz) widmen. **donatore, -trice** [...'to:re] *m, f* Spender(in) *m(f).* **donazione** [...t'tsio:ne] *f* Spende *f,* Geschenk *n; jur* Schenkung *f.*
donde ['donde] *adv lett* **1.** *(da dove)* woher, von wo; **2.** *(per quale motivo)* warum, weshalb.
dondolare [dondo'la:re] **I.** *tr* schaukeln; **II.** *itr, rfl:* **-arsi 1.** *(muoversi oscillando)* schaukeln; **2.** *fig (oziare)* herumtrödeln *fam,* nichts tun. **dondolio** [...'li:o] ‹-ii› *m* Schaukeln *n.* **dondolo** ['dondolo] *m* Hollywoodschaukel *f;* **cavallo/sedia a ~** Schaukelpferd *n*/-stuhl *m.*
dongiovanni [dondʒo'vanni] ‹-› *m* Don Juan *m,* Frauenheld *m.*
donna ['dɔnna] *f* **1.** *gener.* Frau *f;* **2.** *(titolo)* Donna *f;* **3.** *(in carte da gioco)* Dame *f;* **4.** *(domestica)* (Haus)mädchen *n;* **~ di casa** Hausfrau *f;* **~ di strada** Strichmädchen *n fam;* **~ di servizio** Dienstmädchen *n;* **~ a ore** Haushaltshilfe *f;* **~ fissa** Hausangestellte *f;* **bici-**

cletta da ~ Damen(fahr)rad *n.* **donnaccia** [don'nattʃa] ‹-cce› *f pej* (liederliches) Weibsstück *n.* **donnaiolo** [...a'i̯ɔ:lo] *m* Schürzenjäger *m fam,* Frauenheld *m.* **donnicciola** [...nit'tʃɔ:la] *f* **1.** *(donna pettegola)* Waschweib *n fam,* Klatschbase *f fam;* **2.** *pej (uomo pauroso)* Weichling *m,* Waschlappen *m fam.*

donnola ['dɔnnola] *f* Wiesel *n.*

dono ['do:no] *m* **1.** *(regalo)* Geschenk *n;* **2.** *fig (dote)* Gabe *f,* Begabung *f.*

doping ['doupɪŋ] ‹-› *m* Doping *n.*

dopo ['do:po] **I.** *adv* **1.** *(tempo)* nachher, danach, später, dann; **2.** *(luogo)* danach; **poco ~** kurz danach; **a ~** bis später, bis dann *fam;* **~ di che** darauf, schließlich; **II.** *prp* **1.** *(tempo)* nach *dat;* **2.** *(luogo)* hinter *dat;* **due anni ~** nach zwei Jahren, zwei Jahre danach; **III.** *con* nachdem; **IV.** ‹*inv*› *a* (darauf)folgend, nächste(r, s); **il giorno ~** am nächsten Tag. **dopobarba** [dopo'barba] ‹-› *m* Rasierwasser *n,* After-shave-Lotion *f.* **dopodiché, dopo di che** [-di'ke, 'do:po di 'ke] *adv* darauf, schließlich. **dopodomani** [-do'ma:ni] *adv* übermorgen. **dopoguerra** [-'gu̯ɛrra] ‹-› *m* Nachkriegszeit *f,* Nachkriegsjahre *n pl.* **dopolavoro** [-la'vo:ro] ‹-› *m öffentliche Einrichtung für die Freizeitgestaltung der Arbeitnehmer.* **dopopranzo** [-'prandzo] ‹-› **I.** *m* (früher) Nachmittag *m;* **II.** *adv* am (frühen) Nachmittag, nachmittag(s). **doposci** [-ʃ'ʃi] *m* Après-Ski(-Kleidung *f*) *n.* **doposcuola** [-s'ku̯ɔ:la] ‹-› *m* Kinderhort *m.* **dopotutto, dopo tutto** [-'tutto, 'do:po 'tutto] *adv* schließlich, letzten Endes, alles in allem.

doppiaggio [dop'pi̯addʒo] ‹-ggi› *m* Synchronisation *f.* **doppiare** [...'pi̯a:re] ‹doppio, doppi› *tr* **1.** *naut* umschiffen; **2.** *sport* überrunden; **3.** *film* synchronisieren.

doppietta [dop'pi̯etta] *f.* **1.** *(fucile)* Doppelflinte *f,* -büchse *f;* **2.** *sport (nel pugilato)* Dublette *f; (nel calcio)* doppelter Treffer; *(due vittorie)* Doppelerfolg *m;* **3.** *mot:* **fare la ~** mit Zwischengas schalten.

doppiezza [dop'pi̯ettsa] *f* Doppelzüngigkeit *f.*

doppio, -a ['doppi̯o] ‹-i, -ie› **I.** *a* **1.** *gener.* doppelt, doppel-, Doppel-; **2.** *fig* zweideutig; *(ipocrita)* doppelzüngig; **II.** *adv* doppelt, zweifach; **vederci ~** doppelt sehen *fam;* **in ~** in doppelter Ausfertigung; **III.** *m* **1.** *(di quantità, numero, misura)* Doppelte(s) *n;* **2.** *sport* Doppel *n.* **doppione** [...'pi̯o:ne] *m* Duplikat *n.* **doppiopetto** [...pi̯o'pɛtto] ‹-› *m* Zweireiher *m,* Doppelreiher *m.*

dorare [do'ra:re] *tr* **1.** *(con oro)* vergolden; **2.** *gastr* goldbraun backen; **~ la pillola** *fig* die (*o* eine) bittere Pille versüßen. **dorato, -a** [do'ra:to] *a* **1.** *(rivestito d'oro)* vergoldet, Gold-; **2.** *fig* golden; **3.** *gastr* goldbraun gebacken. **doratura** [...'tu:ra] *f* **1.** *(rivestimento)* Vergoldung *f;* **2.** *(ornamento)* goldene Verzierung.

dormicchiare [dormik'ki̯a:re] ‹dormicchio, dormicchi› *itr* nicken, dösen *fam.*

dormiglione, -a [dormiʎ'ʎo:ne] *m, f* Langschläfer(in) *m(f),* Schlafmütze *f fam.*

dormire [dor'mi:re] ‹dormo› **I.** *itr* **1.** *gener.* schlafen; **2.** *fig (pratica, domanda, etc.)* ruhen; **dormirci sopra** es überschlafen; **~ come un ghiro** schlafen wie ein Murmeltier; **II.** *tr* schlafen. **dormita** [...'mi:ta] *f* langer, tiefer Schlaf. **dormitina** [...mi'ti:na] *f* Schläfchen *n.* **dormitorio** [...mi'tɔ:ri̯o] ‹-i› *m* **1.** *(stanzone)* Schlafsaal *m;* **2.** *(città)* Schlafstadt *f;* **~ pubblico** Nachtasyl *n.* **dormiveglia** [...mi'veʎʎa] ‹-› *m* Dämmerzustand *m,* Halbschlaf *m.*

dorrò [dɔr'rɔ] *v.* **dolere.**

dorsale [dor'sa:le] **I.** *a* Rücken-, dorsal *scient;* **II.** *f* (Berg)rücken *m; (catena)* Bergkette *f.*

dorso ['dɔrso] *m* Rücken *m;* **a ~ nudo** mit nacktem Oberkörper.

dosaggio [do'zaddʒo] ‹-ggi› *m* Dosierung *f.* **dosare** [do'za:re] *tr (a. fig)* dosieren.

dose ['dɔ:ze] *f* **1.** *gener.* Menge *f,* Ration *f,* Quantum *n;* **2.** *med* Dosis *f;* **3.** *fig scherz* Portion *f fam.*

dosso ['dɔsso] *m* **1.** *(dorso)* Rücken *m;* **2.** *(~ stradale)* Unebenheit *f,* Kuppe *f;* **levarsi di ~** sich *(dat)* ausziehen, ablegen; *fig* sich *(dat)* vom Halse schaffen.

dotare [do'ta:re] *tr* **1.** *(dare la dote)* als Mitgift geben (*qu di qc* jdm etw.); **2.** *(corredare)* ausstatten (*di* mit). **dotato, -a** [do'ta:to] *a* **1.** *(di talento)* begabt (*per* für), talentiert (*per* für); **2.** *(di fisico)* kraftvoll, kräftig. **dotazione** [dotat'tsi̯o:ne] *f* **1.** *(rendita)* Zuwendung *f,* Dotation *f geh;* **2.** *(mezzi e materiali)* Ausstattung *f,* Ausrüstung *f.*

dote ['dɔ:te] *f* **1.** *(della sposa)* Mitgift *f,* Aussteuer *f;* **2.** *fig (pregio)* Mitgift *f,* Gabe *f.*

Dott. *ab di* **Dottore** Dr. (*ab di* Doktor).

dotto, -a ['dɔtto] **I.** *a* (sehr) gebildet, gelehrt; **II.** *m, f* Gelehrte(r) *mf,* Wissenschaftler(in) *m(f).*

dottorale [dotto'ra:le] *a* **1.** *gener.* Doktor-; **2.** *iron, pej* besserwisserisch, neunmalklug.

dottore, -essa [dot'to:re, ...to'ressa] *m, f* (*ab* **Dr., Dott., Dott.ssa**) **1.** *(laureato)* Doktor *m;* **2.** *fam (medico)* Doktor(in) *m(f) fam,* Herr *m* (Frau *f*) Doktor; **~ in legge/lettere** Doktor der Rechte/der Philologie.

dottrina [dot'tri:na] *f* **1.** *(cognizioni)*

Wissen *n*, Bildung *f;* **2.** *(principi teorici)* Lehre *f,* Doktrin *f,* Theorie *f;* **3.** *rel (principi di fede cristiana)* Glaubenslehre *f; (catechismo)* Katechismus *m.* **dottrinario** [...ri'na:ri̯o] ‹-i› *m* Doktrinär *m.*

Dott.ssa *ab di* **Dottoressa** Dr. (*ab di* Doktor).

dove ['do:ve] **I.** *adv* **1.** *(stato)* wo; **2.** *(moto)* wohin; **da** (*o* **di**) ~ woher; ~ **vai?** wohin gehst du?; **II.** *con* **1.** *conj (nel caso che)* falls, wenn; **2.** *(mentre)* während; **III.** *m* Wo *n.*

dovere [do've:re] ‹devo *o* debbo, dovei *o* dovetti, dovuto› **I.** *itr* **1.** *(avere l'obbligo, la necessità)* müssen, sollen; **2.** *(essere possibile)* müssen; **3.** *(stare per)* müssen; **come si deve** wie es sich gehört; **deve essere successo qc** es muß etw. passiert sein; **strano, dovrebbe già nevicare** seltsam, es müßte (eigentlich) schon schneien; **II.** *tr (essere debitore)* schulden; *(fig a.)* verdanken; **come dovevasi dimostrare** was zu beweisen war; **III.** *m* Pflicht *f;* **sentirsi in ~ di ...** es als seine Pflicht empfinden zu ..., sich verpflichtet fühlen zu ...; **a ~** pflichtgemäß; *(come si deve)* wie es sich gehört. **doveroso, -a** [dove'ro:so] *a* geboten, gebührend.

dovunque [do'vuŋkue̯] *adv conj* **1.** *(stato)* wo (auch) immer; *(moto)* wohin (auch) immer; **2.** *(dappertutto: stato)* überall; *(moto)* überallhin.

dovuto [do'vu:to] **I.** *m* Schuld *f,* Verpflichtungen *f pl;* **II.** *a* gebührend, geboten; ~ **a** verursacht durch (*o* von).

dozzina [dod'dzi:na] *f* Dutzend *n;* **una ~ (di ...)** (etwa) zwölf (...), ein Dutzend (...); **a -e** in (*o* zu) Dutzenden, dutzendweise; **roba di** (*o* **da**) ~ *pej* Dutzendware *f.* **dozzinale** [...dzi'na:le] *a pej* gewöhnlich, alltäglich; **gusto ~** Allerweltsgeschmack *m;* **merce ~** Dutzendware *f;* **persona ~** Allerweltstyp *m fam.*

Dr. *ab di* **Dottore, Dottoressa** Dr. (*ab di* Doktor).

dracma ['drakma] *f* Drachme *f.*

dragaggio [dra'gaddʒo] ‹-ggi› *m* Ausbaggerung *f.* **dragare** [...'ga:re] ‹drago, draghi› *tr* **1.** *(scavare sottacqua)* ausbaggern; **2.** *(mine)* räumen.

drago ['dra:go] ‹-ghi› *m* Drache *m.*

dramma ['dramma] ‹-i› *m* **1.** *theat* Drama *n,* Schauspiel *n;* **2.** *fig* Drama *n; (esagerazione a.)* Theater *n.*

drammaticità [dramatitʃi'ta] ‹-› *f* Dramatik *f.* **drammatico, -a** [...'ma:tiko] ‹-ci, -che› *a* dramatisch.

drammatizzare [drammatid'dza:re] *tr* **1.** *theat* für die Bühne bearbeiten; **2.** *fig (esagerare)* dramatisieren.

drammaturgia [drammatur'dʒi:a] ‹-gie› *f* Dramaturgie *f.* **drammaturgo, -a** [...'turgo] ‹-ghi, -ghe› *m, f* Dramatiker(in) *m(f),* Bühnendichter(in) *m(f).*

drappeggiare [drapped'dʒa:re] ‹drappeggio, drappeggi› **I.** *tr* drapieren; *(avvolgere)* einhüllen; **II.** *rfl:* **-arsi** sich (ein)hüllen (*in* in). **drappeggio** [...'peddʒo] ‹-ggi› *m* Drapierung *f.*

drappello [drap'pɛllo] *m* Schar *f,* Trupp *m.*

drappo ['drappo] *m* Tuch *n.*

drastico, -a ['drastiko] ‹-ci, -che› *a* drastisch.

drenaggio [dre'naddʒo] ‹-ggi› *m* **1.** *(sistema per lo scolo delle acque)* Bewässerungsanlage *f,* Drainage *f;* **2.** *(bonifica)* Dränung *f,* Dränierung *f;* **3.** *med* Drainage *f.* **drenare** [dre'na:re] *tr* drainieren.

Dresda ['drɛzda] *f* Dresden *n.*

dribblare [drib'bla:re] *itr* dribbeln.

dritto, -a ['dritto] *m, f fam* Schlauberger *m fam,* Schlaukopf *m fam.*

drizzare [drit'tsa:re] **I.** *tr* **1.** *(raddrizzare)* gerademachen, geraderichten, geradebiegen; **2.** *(innalzare)* aufrichten; **3.** *(dirigere)* richten (*verso* auf); ~ **le orecchie** die Ohren spitzen; **II.** *rfl:* **-arsi** sich aufrichten.

droga ['drɔ:ga] ‹-ghe› *f* **1.** *(sostanza aromatica)* Gewürz *n;* **2.** *med* Arzneimittel *n,* Droge *f obs;* **3.** *(stupefacente)* Rauschgift *n,* Droge *f.* **drogare** [dro'ga:re] ‹drogo, droghi› **I.** *tr* **1.** *gastr* würzen; **2.** *(persona)* unter Drogen setzen, Rauschgift geben (*qu* jdm); *sport* dopen; **II.** *rfl:* **-arsi** Rauschgift nehmen; *sport* sich dopen. **drogato, -a** [...'ga:to] *m, f* Drogenabhängige(r) *mf,* Rauschgiftsüchtige(r) *mf.*

drogheria [droge'ri:a] ‹-ie› *f* Kolonialwarengeschäft *n.* **droghiere, -a** [...'gi̯ɛ:re] *m, f* Kolonialwarenhändler(in) *m(f).*

dromedario [drome'da:ri̯o] ‹-i› *m* Dromedar *n.*

dualismo [dua'lizmo] *m* Dualismus *m.*

dubbio, -a ['dubbi̯o] ‹-i, -ie› **I.** *a* zweifelhaft, fragwürdig; **II.** *m* Zweifel *m* (*su* an); **avere dei -i su qu** an jdm zweifeln; **essere in ~ su qc** über etw. im Zweifel sein; **senza ~** zweifellos, ohne Zweifel. **dubbioso, -a** [...'bi̯o:so] *a* **1.** *(che è in dubbio)* zweifelnd, unsicher; **2.** *(che dà motivo di dubbio)* zweifelhaft, dubios.

dubitare [dubi'ta:re] *itr* **1.** *(esitare)* zweifeln (*di* an), im Zweifel sein (*di* über); **2.** *(ritenere poco probabile)* bezweifeln (*di qc* etw.); **3.** *(sospettare)* anzweifeln (*di qc* etw.); **4.** *(diffidare)* mißtrauen (*di qc* einer S. *dat*); **dubito assai che tu venga** ich bezweifle sehr, daß du kommst. **dubitativo, -a** [...ta'ti:vo] *a* unbestimmt, zweifelnd.

Dublino [du'bli:no] *f* Dublin *n.*

duca ['du:ka] ‹-chi› *m* Herzog *m.* **ducale** [du'ka:le] *a* herzoglich, Herzogs-.

ducato[1] [du'ka:to] *m pol* Herzogtum *n.*

ducato[2] [du'ka:to] *m fin* Dukaten *m.*

duce ['du:tʃe] ‹-ci› *m* Führer *m;* **il D~** *(Benito Mussolini)* der Duce.

duchessa [du'kessa] *f* Herzogin *f.*

due ['du:e] **I.** *a numerale* zwei; *fig fam* ein paar; **non poter dividersi in ~** *fig* sich nicht zweiteilen können; **scambiare ~ chiacchiere** *fam* einen (kleinen) Schwatz halten; **a ~ a ~** zu zweien (nebeneinander), paarweise; **II.** ‹-› *m* **1.** *(numero)* Zwei *f;* **2.** *(nelle date)* Zweite(r) *m;* **3.** *(voto scolastico)* ≃ Mangelhaft *n,* Ungenügend *n;* **~ alberi** Zweimaster *m;* **~ pezzi** *v.* **duepezzi; lavorare/mangiare per ~** für zwei arbeiten/essen; **III.** *f pl* zwei Uhr; *v. a. cinque.*

duecentesco, -a [duetʃen'tesko] ‹-schi, -sche› *a* das dreizehnte Jahrhundert betreffend. **duecento** [...'tʃɛnto] **I.** *a numerale* zweihundert; **II.** ‹-› *m* Zweihundert *f;* **il D~** das dreizehnte Jahrhundert.

duellare [duel'la:re] *itr* sich duellieren (*con* mit). **duello** [du'ɛllo] *m* **1.** *hist, fig* Duell *n;* **2.** *sport* Zweikampf *m,* Duell *n.*

duemila [due'mi:la] **I.** *a numerale* zweitausend; **II.** ‹-› *m* Zweitausend *f;* **il ~** das Jahr 2000.

duepezzi, due pezzi [due'pɛttsi, 'du:e 'pɛttsi] ‹-› *m (giacca e gonna)* Kostüm *n,* Zweiteiler *m; (costume da bagno)* Zweiteiler *m fam,* Bikini *m.*

duetto [du'etto] *m* **1.** *mus* Duett *n;* **2.** *scherz* Duo *n.*

duna ['du:na] *f* Düne *f.*

dunque ['duŋkue] **I.** *con* **1.** *(perciò)* folglich, also; **2.** *(allora)* also; **3.** *(esortativo)* nun, also; **II.** *m:* **veniamo al ~** kommen wir zum entscheidenden Punkt.

duo ['du:o] ‹-› *m* Duo *n.*

duodeno [duo'dɛ:no] *m* Zwölffingerdarm *m.*

duole ['duɔ:le] *etc. v.* **dolere.**

duomo ['duɔ:mo] *m* Dom *m.*

duplicato [dupli'ka:to] *m* Duplikat *n,* Zweitschrift *f,* Kopie *f.*

duplice ['du:plitʃe] *a* zweifach, doppelt.

dura *f v.* **duro.**

durante [du'rante] *prp* während *gen;* **vita natural ~** zeitlebens.

durare [du'ra:re] **I.** *itr* ‹*essere o avere*› **1.** *(continuare)* (an)dauern, weitergehen; **2.** *(mantenersi)* halten, sich halten; **così non può ~** so kann das nicht weitergehen; **II.** *tr* ‹*avere*›: **~ fatica** sich abmühen, Mühe haben. **durata** [du'ra:ta] *f* Dauer *f; (di oggetti)* Lebensdauer *f,* Haltbarkeit *f;* **di lunga ~** von langer Lebensdauer. **duraturo, -a** [dura'tu:ro] *a* bleibend, dauerhaft. **durevole** [du're:vole] *a* dauerhaft, langlebig.

durezza [du'rettsa] *f* **1.** Härte *f;* **2.** *fig (severità)* Härte *f; (a. del clima)* Strenge *f; (ostinazione)* Hartnäckigkeit *f.*

duro, -a ['du:ro] **I.** *a* **1.** *gener., fig* hart; **2.** *(tiglioso, a. fig)* zäh; **3.** *(severo)* hart, streng; *(ostinato)* hartnäckig; **4.** *(difficile)* schwer, schwierig; **~ di comprendonio** schwer von Begriff; **~ d'orecchi** schwerhörig; **grano ~** Hartweizen *m;* **tempi -i** harte Zeiten *f pl;* **II.** *adv* hart; **III.** *m* **1.** Harte(s) *n;* **2.** *fig* Schwierigkeit *f;* **IV.** *m, f* harter (*o* strenger) Mensch.

duttile ['duttile] *a* **1.** *(sostanza)* dehnbar, geschmeidig; *(metallo)* duktil; **2.** *fig (carattere)* flexibel.

E

E, e [e] ‹-› *f* E, e *n;* **e come Empoli** E wie Emil.
e [e] *con* **1.** *(correlativa)* und, sowie; **2.** *(ma, invece)* aber, doch; **3.** *(ebbene)* gut, nun; **4.** *mat* und, plus; ~ ... ~ ... sowohl ... als auch ...; **tutti ~ tre** alle drei.
E. *ab di* **est** O (*ab di* Ost).
è [ɛ] *v.* **essere.**
ebano ['ɛ:bano] *m* **1.** *bot* Ebenholzbaum *m;* **2.** *(legno)* Ebenholz *n.*
ebbe ['ɛbbe] *etc. v.* **avere.**
ebbene [eb'bɛ:ne] *con* **1.** *(dunque)* also, nun, (nun *o* also) gut; **2.** *(interrogativo)* nun, also, na *fam.*
ebbi ['ɛbbi] *p rem di* **avere.**
ebbrezza [eb'brettsa] *f (a. fig)* Rausch *m,* Trunkenheit *f.* **ebbro, -a** ['ɛbbro] *a* betrunken; *fig* trunken, berauscht.
ebete ['ɛ:bete] **I.** *a* schwachsinnig; *(viso, sguardo a.)* stumpfsinnig, blöd(e); **II.** *mf* Schwachsinnige(r) *mf; fig pej* Schwachkopf *m.*
ebollizione [ebollit'tsi̯o:ne] *f* **1.** *phys* Sieden *n,* Kochen *n;* **2.** *fig* Aufruhr *m.*
ebraico, -a [e'bra:iko] ‹-ci, -che› *a* hebräisch.
ebreo, -a [e'brɛ:o] **I.** *a* jüdisch; **II.** *m, f* Jude *m,* Jüdin *f.*
ecatombe [eka'tombe] *f* Gemetzel *n,* Blutbad *n.*
ecc. *ab di* **eccetera** etc. (*ab di* et cetera).
eccedente [ettʃe'dɛnte] **I.** *a* überschüssig, darüber hinausgehend; **II.** *m* Überschuß *m.* **eccedenza** [...'dɛntsa] *f* Überschuß *m (di* an).
eccedere [et'tʃɛ:dere] **I.** *tr* **1.** *(superare)* übersteigen, übertreffen; **2.** *fig (limiti, etc.)* überschreiten; **II.** *itr* übertreiben, sich übernehmen (*in* in, bei).
eccellente [ettʃel'lɛnte] *a* ausgezeichnet, hervorragend, Spitzen-. **eccellenza** [...'lɛntsa] *f* **1.** *(titolo)* Exzellenz *f;* **2.** *(qualità)* Unübertrefflichkeit *f,* Vorzüglichkeit *f; (perfezione)* Vollkommenheit *f;* **per ~** par excellence *geh,* schlechthin.
eccellere [et'tʃɛllere] ‹eccello, eccelsi, eccelso› *itr* ‹*essere o avere*› sich auszeichnen (*in* durch), sich hervortun (*in* mit, durch); *(essere superiore)* überlegen sein (*su qu* jdm).
eccelso, -a [et'tʃɛlso] *a* **1.** *fig* erhaben, glänzend, vortrefflich; **2.** *(altissimo)* höchste(r, s).
eccentricità [ettʃentritʃi'ta] ‹-› *f* **1.** *fig* Überspanntheit *f,* Exzentrizität *f;* **2.** *mat* Exzentrizität *f.* **eccentrico, -a** [et'tʃɛntriko] ‹-ci, -che› **I.** *a* **1.** *fig* exzentrisch, bizarr, überspannt; **2.** *mat* exzentrisch, abweichend; **II.** *m* Exzenter *m.*
eccepire [ettʃe'pi:re] ‹eccepisco› *tr* einwenden.
eccessivo, -a [ettʃes'si:vo] *a* übertrieben; *(prezzo, temperatura, etc.)* übermäßig hoch, zu hoch. **eccesso** [et'tʃɛsso] *m* **1.** *(esagerazione)* Übermaß *n* (*di* an); *pej* Exzeß *m;* **2.** ‹*pl*› Ausschreitungen *f pl;* **~ nel bere** Sauferei *f fam;* **~ di zelo** Übereifer *m.*
eccetera [et'tʃɛ:tera] *adv* (*ab* **ecc., etc.**) etcetera, und so weiter.
eccetto [et'tʃɛtto] **I.** *prp* außer *dat,* bis auf *acc;* **II.** *con:* **~ che ...** es sei denn, ...; außer (wenn) ... **eccettuare** [ettʃettu'a:re] *tr* ausnehmen, ausschließen, absehen von; **eccettuati i presenti** Anwesende ausgenommen.
eccezionale [ettʃettsi̯o'na:le] *a* außergewöhnlich, Sonder-; *(singolare)* einmalig, ungewöhnlich; **in via (del tutto) ~** (ganz) ausnahmsweise. **eccezione** [...'tsi̯o:ne] *f* Ausnahme *f;* **fare ~** eine Ausnahme darstellen; **senza ~** ausnahmslos; **ad ~ di** mit Ausnahme von; **l'~ conferma la regola** *prov* Ausnahmen bestätigen die Regel *prov.*
eccidio [et'tʃi:di̯o] ‹-i› *m* Massaker *n,* Gemetzel *n.*
eccitante [ettʃi'tante] **I.** *a* aufregend; **II.** *m* Aufputschmittel *n.*
eccitare [ettʃi'ta:re] **I.** *tr* **1.** *gener.* erregen, aufregen; *(masse, etc.)* aufheizen, aufhetzen; **2.** *fig (curiosità)* erwecken; *(fantasia)* anregen; **II.** *rfl:* **-arsi** sich aufregen, sich erregen. **eccitazione** [...tat'tsi̯o:ne] *f* **1.** *(fisica)* Erregung *f,* Aufregung *f;* **2.** *(psichica)* Erregtheit *f;* **3.** *el, phys* Erregung *f.*
ecclesiastico, -a [ekkle'zi̯astiko] ‹-ci, -che› **I.** *a* kirchlich, Kirchen-, geistlich; **II.** *m* Geistliche(r) *m.*
ecco ['ɛkko] **I.** *adv* da (ist *o* sind), hier (ist *o* sind), da kommt (*o* kommen) *etc.;* **~mi** da bin ich; **~ti il libro** da hast du das Buch; **~ il libro** da ist das Buch; **~ perché ...** deswegen; das ist der Grund, warum ...; **~ tutto** das ist alles; **~ come sono andate le cose** so hat es sich abgespielt, so war es; **~ fatto** fertig, das wär's, das hätten wir; **II.** *interj* (ja) eben, genau.
eccome [ek'ko:me] *adv* und wie, und ob.
echeggiare [eked'dʒa:re] ‹echeggio,

echeggi› *itr* ‹*essere o avere*› widerhallen, (er)tönen.
echi *pl di* **eco.**
eclettico, -a [e'klɛttiko] ‹-ci, -che› **I.** *a* vielseitig; **II.** *m, f* vielseitig beschäftigter Mensch.
eclissare [eklis'sa:re] **I.** *tr* **1.** *astr* verdunkeln, verfinstern; **2.** *fig* in den Schatten stellen; **II.** *rfl:* **-arsi 1.** *astr* sich verdunkeln, sich verfinstern; **2.** *fig* untertauchen, verschwinden. **eclisse** [e'klisse] *f,* **eclissi** [...si] ‹-› *f* Finsternis *f,* Eklipse *f.*
eco ['ɛ:ko] ‹echi *m*› *m o f (a. fig)* Echo *n.*
ecologa *f v.* **ecologo.**
ecologia [ekolo'dʒi:a] ‹-gie› *f* Ökologie *f; (protezione dell'ambiente)* Umweltschutz *m.* **ecologico, -a** [...'lɔdʒiko] *a* ökologisch, Umwelt-. **ecologista** [...lo'dʒista] ‹-i *m,* -e *f*› *mf* Umweltschützer(in) *m(f).* **ecologo, -a** [e'kɔ:logo] ‹-gi, -ghe› *m, f* Ökologe *m,* -login *f.*
economa *f v.* **economo.**
economia [ekono'mi:a] ‹-ie› *f* **1.** *gener.* Wirtschaft *f; (scienza)* Wirtschaftswissenschaft *f; (sistema)* Wirtschaftssystem *n; (situazione)* Wirtschaftslage *f;* **2.** *(risparmio)* Sparsamkeit *f,* Wirtschaftlichkeit *f;* **3.** ‹*pl*› *(somma)* Ersparnisse *f pl,* Ersparte(s) *n;* **4.** *(attività)* Sparen *n;* ~ **domestica** Hauswirtschafts-, Haushaltungslehre *f;* ~ **politica** Volkswirtschaftslehre *f;* **fare** ~ (*o* **-ie**) sparen. **economico, -a** [...'nɔ:miko] ‹-ci, -che› *a* **1.** *(condizioni, criterio)* wirtschaftlich; **2.** *(poco costoso)* preiswert, billig. **economista** [ekono'mista] ‹-i *m,* -e *f*› *mf* Wirtschaftswissenschaftler(in) *m(f).* **economizzare** [...mid'dza:re] **I.** *tr* sparen, einsparen; **II.** *itr* haushalten, sparen. **economizzatore** [...middza'to:re] *m tec* Ekonomiser *m; (per lavatrici, etc.)* Spartaste *f,* Sparvorrichtung *f.* **economo, -a** [e'kɔ:nomo] **I.** *m, f* Verwalter(in) *m(f);* **II.** *a* sparsam.
ecosistema [ekosis'tɛ:ma] *m* Ökosystem *n.*
ecumenico, -a [eku'mɛ:niko] ‹-ci, -che› *a* ökumenisch.
eczema [ek'dzɛ:ma] ‹-i› *m* Ekzem *n.*
ed *con* **e** *davanti a vocale.*
eden ['ɛ:den] ‹-› *m* Eden *n; fig* Paradies *n;* **il giardino dell'**~ der Garten Eden.
edera ['e:dera] *f* Efeu *m.*
edicola [e'di:kola] *f* Zeitungsstand *m,* -kiosk *m.*
edificante [edifi'kante] *a* erbaulich, erhebend.
edificare [edifi'ka:re] ‹edifico, edifichi› *tr* **1.** *arch* (er)bauen, errichten; **2.** *fig* bauen; *(moralmente)* erbauen.
edificio [edi'fi:tʃo] ‹-ci› *m* **1.** *arch* Gebäude *n,* Bau *m;* **2.** *fig* Aufbau *m,* Gefüge *n.*
edile [e'di:le] **I.** *a* baulich, bautechnisch, Bau-; **II.** *m* Bauarbeiter *m.* **edilizia** [edi'littsi̯a] ‹-ie› *f* Bauwesen *n,* Baugewerbe *n.* **edilizio, -a** [...i̯o] ‹-i, -ie› *a* baulich, Bau-.
edito, -a ['ɛ:dito] *a* verlegt, veröffentlicht, aufgelegt; *(a cura di)* herausgegeben.
editore, -trice [edi'to:re] **I.** *a* Verlags-; *(dell'editore)* Verleger-, verlegerisch; **II.** *m, f* (*ab* **Ed.**) Verleger(in) *m(f); (curatore)* Herausgeber(in) *m(f).* **editoria** [...to'ri:a] ‹-ie› *f* Verlagswesen *n.* **editoriale** [edito'ri̯a:le] *a* Verlags-; *(dell'editore)* Verleger-, verlegerisch.
editto [e'ditto] *m* Edikt *n,* Erlaß *m.*
edizione [edit'tsi̯o:ne] *f* **1.** *(ab* **ed.***) typ* Auflage *f; (a. esemplare)* Ausgabe *f;* **2.** *TV, radio* Ausgabe *f;* ~ **economica** Taschenbuch-, Billigausgabe *f;* ~ **straordinaria** Sonderausgabe *f.*
Edoardo [edo'ardo] *(nome proprio maschile)* Eduard.
educanda [edu'kanda] *f* Internats-, Pensionatsschülerin *f.*
educare [edu'ka:re] ‹educo, educhi› *tr* **1.** *(giovani)* erziehen; **2.** *fig* gewöhnen (*a* an). **educativo, -a** [...ka'ti:vo] *a* Erziehungs-; *(metodo)* erzieherisch; *(romanzo)* Erziehungs-, Bildungs-. **educato, -a** [...'ka:to] *a* (wohl)erzogen, höflich, artig. **educatore, -trice** [...ka'to:re] *m, f* Erzieher(in) *m(f).* **educazione** [...kat'tsi̯o:ne] *f* **1.** *(dei giovani)* Erziehung *f;* **2.** *(buone maniere)* (gutes) Benehmen *n,* Erziehung *f;* ~ **fisica** Leibeserziehung *f adm,* Turnen *n.*
E.E.D. *f ab di* **Elaborazione Elettronica dei Dati** EDV *f* (*ab di* Elektronische Datenverarbeitung).
efelide [e'fɛ:lide] *f* Sommersprosse *f.*
effem(m)inato, -a [effem(m)i'na:to] **I.** *a pej* verweichlicht, weibisch; **II.** *m pej* Weichling *m.*
effervescente [effervеʃ'ʃɛnte] *a* **1.** *(bibita)* sprudelnd, (auf)brausend; *(pasticca)* Brause-; **2.** *fig* lebhaft, sprudelnd. **effervescenza** [...'ʃɛntsa] *f* **1.** *(di pasticca, acqua)* Sprudeln *n;* **2.** *fig (agitazione)* Erregung *f,* Aufregung *f.*
effettivamente [effettiva'mente] *adv* tatsächlich, wirklich, in Wirklichkeit.
effettivo, -a [effet'ti:vo] *a* **1.** *(reale)* wirklich; *(valore, danno)* effektiv, tatsächlich; **2.** *(socio, membro, professore)* ordentlich.
effetto [ef'fɛtto] *m* **1.** *gener., jur, phys* Wirkung *f,* Auswirkung *f,* Effekt *m; fig* Ergebnis *n; (scopo)* Zweck *m;* **2.** *sport* Effet *m;* **3.** ‹*pl*› persönliche Sachen *f pl* (*o* Gegenstände *m pl*); **4.** *fin* Schuldverschreibung *f,* Wechsel *m;* **-i personali**

persönliche Habe; **fare ~** Eindruck machen; **in -i** wirklich, in der Tat, tatsächlich; **d'~** effektvoll.
effettuare [effettu'a:re] *tr* aus-, durchführen.
efficace [effi'ka:tʃe] *a* wirksam, wirkungsvoll. **efficacia** [...'ka:tʃa] ‹-cie› *f* Wirksamkeit *f*, Wirkung *f*.
efficiente [effi'tʃɛnte] *a (organizzazione, persona)* leistungsfähig, effizient; *(che funziona)* wirksam, wirkungsvoll. **efficienza** [...'tʃɛntsa] *f* Wirksamkeit *f*, Effizienz *f*; *(di persona)* Leistungsfähigkeit *f*; *(di motore, etc.)* Leistung *f*.
effigie [ef'fi:dʒe] ‹- *o* -gi› *f* Bildnis *n*, Bild *n*.
effimero, -a [ef'fi:mero] *a* **1.** *(fugace)* flüchtig, vergänglich; *(di breve durata)* kurzlebig; **2.** *zoo* eintägig, Eintags-.
effusione [effu'zi̯o:ne] *f* **1.** *(versamento)* Ver-, Ausgießen *n*; *(di gas)* Ausströmen *n*; **2.** *fig* Überschwenglichkeit *f*; *(cordialità)* Herzlichkeit *f*.
egalitario [egali'ta:ri̯o] *v.* **egualitario.**
egemonia [edʒemo'ni:a] ‹-ie› *f* Hegemonie *f*; *(a. fig)* (Vor)herrschaft *f*.
Egeo [e'dʒɛ:o] *m* Ägäis *f*.
Egitto [e'dʒitto] *m*: **l'~** Ägypten *n*.
egiziano, -a [edʒit'tsi̯a:no] **I.** *a* ägyptisch; **II.** *m, f* Ägypter(in) *m(f)*.
egli ['eʎʎi] *pron pers m sing* er.
ego ['ɛ:go] ‹-› *m* Ego *n*, Ich *n*.
egocentrico, -a [ego'tʃɛntriko] ‹-ci, -che› **I.** *a* egozentrisch; **II.** *m, f* Egozentriker(in) *m(f)*.
egoismo [ego'izmo] *m* Egoismus *m*, Selbstsucht *f*. **egoista** [...'ista] ‹-i *m*, -e *f*› **I.** *mf* Egoist(in) *m(f)*; **II.** *a* egoistisch, selbstsüchtig. **egoistico, -a** [...'istiko] ‹-ci, -che› *a* egoistisch, selbstsüchtig.
Egr. *ab di* **egregio** sehr geehrter ...
egregio, -a [e'grɛ:dʒo] ‹-gi, -gie› *a* ausgezeichnet, vortrefflich; *(nelle lettere, ab* **Egr.***)* sehr geehrte(r) ...
eguaglianza [egu̯aʎ'ʎantsa] *etc. v.* **uguaglianza** *etc.*
egualitario, -a [egu̯ali'ta:ri̯o] ‹-i, -ie› **I.** *a* egalitär, gleichmacherisch; **II.** *m, f* Gleichmacher(in) *m(f)*.
eh [ɛ *o* e] *interj fam* he *fam*; *(sorpresa, compatimento)* oh; *(con domanda)* was? *fam*; **niente male, ~?** nicht übel, was?; **~! dove corri?** *fam* he, wo läufst du hin?
eiaculazione [ei̯akulat'tsi̯o:ne] *f* Ejakulation *f*, Samenerguß *m*.
elaborare [elabo'ra:re] *tr* **1.** *(tesi, piano)* ausarbeiten, erarbeiten; **2.** *inform (dati)* verarbeiten. **elaborato, -a** [...'ra:to] **I.** *a* ausgefeilt, geschliffen; **II.** *m* **1.** *(a scuola)* Arbeit *f*, Aufgabe *f*; **2.** *inform* Ausdruck *m*. **elaboratore** [...ra'to:re] *m* Datenverarbeitungsanlage *f*, -system *n*; **~ elettronico** EDV-Anlage *f*. **elaborazione** [...rat'tsi̯o:ne] *f* **1.** *inform* Verarbeitung *f*; **2.** *(di progetto, piano, teoria)* Erstellung *f*, Ausarbeitung *f*; **~ (elettronica) dei dati** (*ab* **E.E.D.**) (elektronische) Datenverarbeitung *f*.
elargire [elar'dʒi:re] ‹elargisco› *tr* spenden. **elargizione** [...dʒit'tsi̯o:ne] *f* Spende *f*.
elasticità [elastitʃi'ta] ‹-› *f* **1.** *(di molle, gomma)* Elastizität *f*, Dehnbarkeit *f*; **2.** *(agilità)* Beweglichkeit *f*, Gelenkigkeit *f*; **3.** *fig* Flexibilität *f*, Beweglichkeit *f*; **~ mentale** geistige Beweglichkeit. **elasticizzato, -a** [...tʃid'dza:to] *a* Stretch-. **elastico, -a** [e'lastiko] ‹-ci, -che› **I.** *a* **1.** *(molla, tessuto)* elastisch, dehnbar; **2.** *(persona)* gelenkig, beweglich; *(carattere)* beweglich, flexibel; *(cedevole)* nachgiebig; **morale -a** dehnbare Prinzipien *n pl*; **II.** *m* **1.** *(tessuto)* elastisches Gewebe; **2.** *(per fissare)* Gummi(band) *n*.
Elba¹ ['elba] *f (isola)* Elba *n*.
Elba² ['ɛlba] *m (fiume)* Elbe *f*.
elefante, -essa [ele'fante, ...fan'tessa] *m, f* Elefant *m*, Elefantenkuh *f*.
elegante [ele'gante] *a* elegant. **eleganza** [...'gantsa] *f* Eleganz *f*.
eleggere [e'lɛddʒere] ‹*irr*› *tr* wählen.
elementare [elemen'ta:re] **I.** *a (semplice)* elementar, einfach; *(di base)* elementar, Grund-, grundlegend; *(scuola)* Grund-; **II.** ‹*pl*› *f* Grundschule *f*.
elemento [ele'mento] *m* **1.** *gener., chem, philos, fig* Element *n*; **2.** *fig (parte costitutiva)* Bestandteil *m*, Element *n*; *(di studio, arte)* Grundlage *f*; **3.** *fig pej (individuo)* Person *f*, Subjekt *n*, Element *n*.
elemosina [ele'mɔ:zina] *f* Almosen *n*, Spende *f*. **elemosinare** [...mozi'na:re] **I.** *tr* erbetteln, betteln um; **II.** *itr* betteln.
Elena ['ɛ:lena] *(nome proprio femminile)* Helene.
elencare [eleŋ'ka:re] ‹elenco, elenchi› *tr* verzeichnen, auflisten; *(enumerare)* aufzählen, aufführen.
elenco [e'lɛŋko] ‹-chi› *m* Verzeichnis *n*, Liste *f*; **~ telefonico** Telefonbuch *n*.
Eleonora [eleo'nɔ:ra] *(nome proprio femminile)* Eleonore.
elettivo, -a [elet'ti:vo] *a* Wahl-.
eletto, -a [e'lɛtto] **I.** *a* **1.** *gener., pol* gewählt; **2.** *rel* auserwählt; **3.** *fig* erlesen; **II.** *m, f* Gewählte(r) *mf*.
elettorale [eletto'ra:le] *a* Wahl-.
elettorato [eletto'ra:to] *m* Wählerschaft *f*, Wähler *m pl*. **elettore, -trice** [...'to:re] *m, f* Wähler(in) *m(f)*.
elettrauto [elet'tra:uto] ‹-› *m* **1.** *(officina)* Auto-, Kraftfahrzeugelektrodienst *m*; **2.** *(operaio)* Auto-, Kraftfahrzeugelektriker *m*.
elettricista [elettri'tʃista] ‹-i *m*, -e *f*› *mf* Elektriker(in) *m(f)*. **elettricità** [...tʃi'ta]

⟨-⟩ *f* Elektrizität *f.* **elettrico, -a** [eˈlɛttriko] ⟨-ci, -che⟩ *a* **1.** *phys* elektrisch, Elektrizitäts-; **2.** *fig* gereizt, gespannt.
elettrificare [elettrifiˈka:re] ⟨elettrifico, elettrifichi⟩ *tr* elektrifizieren, auf Elektrobetrieb umstellen. **elettrificazione** [...katˈtsi̯o:ne] *f* Elektrifizierung *f,* Umstellung *f* auf Elektrobetrieb.
elettrizzare [elettridˈdza:re] **I.** *tr* **1.** *phys* elektrisieren; **2.** *fig* aufrütteln, unter die Haut gehen (*qu* jdm); *(entusiasmare)* begeistern; **II.** *rfl:* **-arsi 1.** *phys* elektrisiert werden; **2.** *fig* in Aufregung geraten.
elettro- [elettro-] *(in parole composte)* Elektro-, elektrisch. **elettrocalamita** [-kalaˈmi:ta] *f* Elektromagnet *m.* **elettrocardiogramma** [-kardi̯oˈgramma] ⟨-i⟩ *m* Elektrokardiogramm *n.*
elettrodo [eˈlɛttrodo] *m* Elektrode *f.*
elettrodomestico [-doˈmɛstiko] *m* Elektrogerät *n;* **negozio di -ci** Elektrogeschäft *n.* **elettroencefalogramma** [-entʃefaloˈgramma] ⟨-i⟩ *m* Elektroenzephalogramm *n.*
elettrolisi [eletˈtrɔ:lizi] ⟨-⟩ *f* Elektrolyse *f.*
elettromagnete [-maɲˈɲɛ:te] *m* Elektromagnet *m.* **elettromagnetico, -a** [...ˈɲɛ:tiko] *a* elektromagnetisch.
elettromotrice [-moˈtri:tʃe] *f* E-Lok *f.*
elettrone [eletˈtro:ne] *m* Elektron *n.*
elettronica [eletˈtrɔ:nika] ⟨-che⟩ *f* Elektronik *f.* **elettronico, -a** [...ˈtrɔ:niko] ⟨-ci, -che⟩ *a* elektronisch, Elektronik-.
elettroshock [-ʃˈʃɔk] ⟨-⟩ *m* Elektroschock *m.* **elettrotecnica** [-ˈtɛknika] *f* Elektrotechnik *f.* **elettrotecnico, -a** [...ko] **I.** *a* elektrotechnisch; **II.** *m, f* Elektrotechniker(in) *m(f).*
elevare [eleˈva:re] **I.** *tr* **1.** *(edificio)* aufstocken (*di* um); **2.** *fig* anheben, erhöhen; **3.** *(alzare)* er-, anheben; *(carica, dignità)* erheben (*a* zu); **4.** *adm (multa, etc.)* auferlegen; ~ **un numero al quadrato** eine Zahl zum Quadrat erheben; **II.** *rfl:* **-arsi** sich erheben, emporragen.
elevato, -a [eleˈva:to] *a* **1.** *(monte, prezzo)* hoch; **2.** *fig* erhaben.
elevatore, -trice [elevaˈto:re] **I.** *a* Hebe-; *(a. tec)* Hub-; **carrello** ~ Gabelstapler *m;* **II.** *m* **1.** *tec* Hebewerk *n,* Elevator *m;* **2.** *(nelle armi)* Zubringer *m.* **elevazione** [...vatˈtsi̯o:ne] *f* Erhebung *f,* Erhöhung *f;* ~ **a potenza** Erhebung *f* zur (*o* in die) Potenz.
elezione [eletˈtsi̯o:ne] *f* Wahl *f.*
Elia [eˈli:a] *(nome proprio maschile)* Elias.
elica [ˈɛ:lika] ⟨-che⟩ *f* **1.** *naut* Schiffsschraube *f;* **2.** *aero* Propeller *m.*
elicottero [eliˈkɔttero] *m* Hubschrauber *m,* Helikopter *m.*
elidere [eˈli:dere] ⟨elido, elisi, eliso⟩ **I.** *tr* elidieren; **II.** *rfl:* **-ersi** sich aufheben.
eliminare [elimiˈna:re] *tr* **1.** *gener.* beseitigen, entfernen; **2.** *sport* ausschalten; **3.** *fig (ipotesi, etc.)* ausschließen; *(espellere)* ausscheiden; **4.** *sl* aus dem Weg räumen, umlegen *fam.* **eliminatoria** [...naˈtɔ:ri̯a] ⟨-ie⟩ *f* Vorrunde *f,* Ausscheidungskämpfe *m pl.* **eliminazione** [...natˈtsi̯o:ne] *f* **1.** *sport* Ausscheiden *n;* *(squalifica)* (Platz)verweis *m;* **2.** *gener.* Entfernen *n,* Beseitigung *f.*
elio [ˈɛ:li̯o] *m* Helium *n.*
Elio [ˈɛ:li̯o] *(nome proprio maschile)* Elias.
Elisabetta [elizaˈbɛtta] *(nome proprio femminile)* Elisabeth.
elisi [eˈli:zi] *p rem di* **elidere.**
elisione [eliˈzi̯o:ne] *f* Elision *f.*
elisir [eliˈzir] ⟨-⟩ *m* Elixier *n;* ~ **di lunga vita** Lebenselixier *n.*
eliso [eˈli:zo] *pp di* **elidere.**
elitario, -a [eliˈta:ri̯o] ⟨-i, -ie⟩ *a* elitär.
ella [ˈella] *pron pers f sing* sie.
ellepì [ɛlleˈpi] ⟨-⟩ *m* (*ab* **LP**) Langspielplatte *f,* LP *f.*
ellisse [elˈlisse] *f mat* Ellipse *f.*
ellissi [elˈlissi] ⟨-⟩ *f ling* Ellipse *f.*
ellittico, -a [elˈlittiko] ⟨-ci, -che⟩ *a* elliptisch.
elmetto [elˈmetto], **elmo** [ˈelmo] *m* Helm *m.*
elogiare [eloˈdʒa:re] ⟨elogio, elogi⟩ *tr* loben. **elogio** [eˈlɔ:dʒo] ⟨-gi⟩ *m* Lob *n,* Lobrede *f.*
eloquente [eloˈku̯ɛnte] *a* **1.** *(oratore, discorso)* redegewandt, wortgewandt, eloquent *geh;* **2.** *(sguardo, silenzio)* vielsagend, sprechend, beredt. **eloquenza** [...ˈku̯ɛntsa] *f* **1.** *(di oratore)* Redegewandtheit *f,* Wortgewandtheit *f,* Eloquenz *f geh;* **2.** *fig (di gesto, sguardo)* Beredtheit *f.*
elucubrazione [elukubratˈtsi̯o:ne] *f* Tüftelei *f.*
eludere [eˈlu:dere] ⟨eludo, elusi, eluso⟩ *tr* ausweichen (*qc* einer S. *dat*), umgehen.
elvetico, -a [elˈvɛ:tiko] ⟨-ci, -che⟩ *a* helvetisch, schweizerisch.
elzeviro [eldzeˈvi:ro] *m* **1.** *(di giornale)* Feuilletonartikel *m;* **2.** *typ* Elzevir *f.*
emaciato, -a [emaˈtʃa:to] *a* stark abgemagert, ausgemergelt.
emanare [emaˈna:re] **I.** *tr* ⟨*avere*⟩ **1.** *(luce, calore)* ausstrahlen, -strömen; **2.** *jur (leggi)* erlassen; **3.** *fig (fascino)* ausstrahlen; **II.** *itr* ⟨*essere*⟩ (her)kommen (*da* von), ausgehen (*da* von). **emanazione** [...natˈtsi̯o:ne] *f* **1.** *(di luce, calore)* Ausstrahlung *f,* Ausströmen *n;* **2.** *jur* Verkündung *f,* Erlaß *m.*
emancipare [emantʃiˈpa:re] **I.** *tr* emanzipieren, befreien; *jur* mündigsprechen; **II.** *rfl:* **-arsi** sich emanzipieren. **eman-**

cipato, -a [...ˈpa:to] *a* emanzipiert. **emancipazione** [...patˈtsi̯o:ne] *f* Emanzipation *f.*
emarginato, -a [emardʒiˈna:to] **I.** *a* **1.** *adm* angemerkt, am Rande vermerkt; **2.** *(persona)* abseits stehend; **II.** *m, f* Außenseiter(in) *m(f); m pl* Randgruppen *f pl,* Minderheiten *f pl.*
ematoma [emaˈtɔ:ma] ⟨-i⟩ *m* Hämatom *n; (livido a.)* Bluterguß *m.*
embargo [emˈbargo] ⟨-ghi⟩ *m* Embargo *n.*
emblema [emˈblɛ:ma] ⟨-i⟩ *m* Emblem *n,* Sinnbild *n,* Symbol *n.*
embrione [embriˈo:ne] *m* **1.** *biol* Embryo *m; bot* Keimling *m;* **2.** *fig* Keim *m,* Ansatz *m;* **essere in ~** im Keim (*o* im Ansatz) vorhanden sein.
emendamento [emendaˈmento] *m* **1.** *(correzione)* Verbesserung *f,* Berichtigung *f;* **2.** *jur* Abänderung *f.* **emendare** [...ˈda:re] *tr* **1.** *(testo)* emendieren; **2.** *jur* (ab)ändern.
emergente [emerˈdʒɛnte] *a* aufstrebend, emporkommend; **paesi -i** Schwellenländer *n pl.*
emergenza [emerˈdʒɛntsa] *f* unvorhergesehener Umstand; *(situazione critica)* Notfall *m;* **in caso di ~** im Notfall.
emergere [eˈmɛrdʒere] ⟨emergo, emergi, emersi, emerso⟩ *itr ⟨essere⟩* **1.** *(apparire in alto)* emporragen; **2.** *(venir fuori)* auftauchen; **3.** *fig (eccellere)* hervorragen, sich hervortun; *(risultare)* deutlich werden, herauskommen.
emerito, -a [eˈmɛ:rito] *a* **1.** *(insigne)* hervorragend, bedeutend; **2.** *(fig, a. scherz)* notorisch, bekannt; **sei un ~ stupido** du bist ein ausgesprochener (*o* ausgemachter) Dummkopf.
emersi [eˈmɛrsi] *p rem di* **emergere.**
emersione [emerˈsi̯o:ne] *f geog, naut* Auftauchen *n; geog, astr* Emersion *f.*
emerso [eˈmɛrso] *pp di* **emergere.**
emettere [eˈmettere] ⟨*irr*⟩ *tr* **1.** *gener.* hervor-, herausbringen; *(calore)* ausströmen, ausstrahlen; **2.** *(grido, sibilo)* ausstoßen, von sich *(dat)* geben; **3.** *fin* emittieren; *(assegno)* ausstellen; **4.** *jur (sentenza)* aussprechen; *(mandato)* erlassen.
emicrania [emiˈkra:ni̯a] ⟨-ie⟩ *f* Migräne *f.*
emigrante [emiˈgrante] **I.** *a* auswandernd, emigrierend; **II.** *mf* Auswanderer *m,* Auswand(r)erin *f,* Emigrant(in) *m(f).*
emigrare [emiˈgra:re] *itr ⟨essere o avere⟩* **1.** *gener.* auswandern, emigrieren; **2.** *zoo* ziehen. **emigrato, -a** [...ˈgra:to] **I.** *a* ausgewandert, emigriert; **II.** *m, f* Auswanderer *m,* Auswand(r)erin *f,* Emigrant(in) *m(f).* **emigrazione** [...ratˈtsi̯o:ne] *f* **1.** *(spostamento)* Auswanderung *f,* Emigration *f;* **2.** *zoo* Wanderung *f,* Zug *m,* Migration *f;* **3.** *fin* Abwanderung *f,* Flucht *f;* **~ di capitali** Kapitalflucht *f.*
Emilio [eˈmi:li̯o] *(nome proprio maschile)* Emil.
eminente [emiˈnɛnte] *a* **1.** *(alzato)* erhöht; **2.** *fig* hervor-, herausragend, vortrefflich. **eminenza** [...ˈnɛntsa] *f* **1.** *rel* Eminenz *f;* **2.** *fig* Vorzüglichkeit *f,* Vortrefflichkeit *f.*
emirato [emiˈra:to] *m* Emirat *n.* **emiro** [eˈmi:ro] *m* Emir *m.*
emisferico, -a [emisˈfɛ:riko] ⟨-ci, -che⟩ *a* hemisphärisch. **emisfero** [...ˈfɛ:ro] *m* Hemisphäre *f;* **~ australe/boreale** südliche/nördliche Hemisphäre.
emissario [emisˈsa:ri̯o] ⟨-i⟩ *m* **1.** *geog* Abfluß *m;* **2.** *(agente segreto)* geheimer Abgesandter, (Geheim)agent *m.*
emissione [emisˈsi̯o:ne] *f* **1.** *gener.* Aussenden *n,* -stoßen *n;* **2.** *com, fin* Emission *f,* Ausgabe *f;* **3.** *phys* Emission *f; (a. radio)* Ausstrahlung *f.*
emittente [emitˈtɛnte] **I.** *a* **1.** *radio* sendend, Sende-; **2.** *fin* Emissions-; **II.** *f* Sender *m;* **~ clandestina** Piratensender *m.*
emofilia [emofiˈli:a] ⟨-ie⟩ *f* Bluterkrankheit *f,* Hämophilie *f.* **emofiliaco** [...ˈli:ako] ⟨-ci⟩ *m* Bluter *m.*
emoglobina [emogloˈbi:na] *f* Hämoglobin *n.*
emorragia [emorraˈdʒi:a] ⟨-gie⟩ *f* Blutung *f,* Hämorrhagie *f scient.*
emorroidi [emorˈrɔ:idi] *f pl* Hämorrhoiden *f pl.*
emotività [emotiviˈta] ⟨-⟩ *f* Gefühlsbetontheit *f.* **emotivo, -a** [...ˈti:vo] **I.** *a* Gefühls-, emotional, gefühlsmäßig; *(persona)* gefühlsbetont, emotional; **II.** *m, f* Gefühlsmensch *m.*
emozionale [emottsi̯oˈna:le] *a* emotional, emotionell, Gefühls-.
emozionante [emottsi̯oˈnante] *a* aufregend, mitreißend, spannend.
emozionare [emottsi̯oˈna:re] **I.** *tr* bewegen, erschüttern, aufregen; **II.** *rfl:* **-arsi** sich aufregen, sich erregen. **emozione** [...ˈtsi̯o:ne] *f* Gefühl *n; (agitazione)* Aufregung *f,* Erregung *f;* **provare una forte ~** stark bewegt (*o* erschüttert) sein.
empietà [empi̯eˈta] ⟨-⟩ *f* Schändlichkeit *f; rel* Gottlosigkeit *f.*
empio, -a [ˈempi̯o] ⟨-i, -ie⟩ *a* schändlich, ruchlos; *rel* gottlos.
empirico, -a [emˈpi:riko] ⟨-ci, -che⟩ **I.** *a* **1.** *(rimedi, metodo)* empirisch; **2.** *pej* unwissenschaftlich, laienhaft; **II.** *m, f* **1.** *philos* Empiriker(in) *m(f);* **2.** *med* Heilpraktiker(in) *m(f).* **empirismo** [empiˈrizmo] *m* **1.** *philos* Empirismus *m;* **2.** *med* Naturheilverfahren *n.*
emporio [emˈpɔ:ri̯o] ⟨-i⟩ *m* Handelszentrum *n; (negozio)* Kaufhaus *n.*

emulare [emu'la:re] *tr* nacheifern (*qu* jdm). **emulazione** [...lat'tsio:ne] *f* Nacheifern *n*.

emulsionare [emulsio'na:re] *tr* emulgieren. **emulsione** [...'sio:ne] *f* Emulsion *f*.

encefalo [en'tʃɛ:falo] *m* (Groß)hirn *n*.

enciclica [en'tʃi:klika] ‹-che› *f* Enzyklika *f*.

enciclopedia [entʃiklope'di:a] ‹-ie› *f* Enzyklopädie *f*, (Konversations)lexikon *n*. **enciclopedico, -a** [...'pɛ:diko] ‹-ci, -che› *a* enzyklopädisch; *(fig a.)* umfassend; **una cultura -a** eine umfassende Bildung.

encomiabile [eŋko'mia:bile] *a lett* lobens-, rühmenswert.

encomio [eŋ'kɔ:mio] ‹-i› *m* Lob *n*, Lobrede *f*.

endemico, -a [en'dɛ:miko] ‹-ci, -che› *a* endemisch.

endovenoso, -a [endove'no:so] *a* intravenös.

E.N.E.L. ['ɛ:nel] *m ab di* **Ente Nazionale per l'Energia Elettrica** *Nationale Elektrizitätsgesellschaft.*

energetico, -a [ener'dʒɛ:tiko] ‹-ci, -che› *a* **1.** *phys* energetisch, energieerzeugend, Energie-; **2.** *med* kräftigend, aufbauend; **fonti -che** Energiequellen *f pl*.

energia [ener'dʒi:a] ‹-gie› *f* Energie *f*; *(fig a.)* Tatkraft *f*; ~ **elettrica/cinetica** elektrische/kinetische Energie; ~ **atomica** (*o* **nucleare)/solare** Atom-, Kern-/Sonnenenergie *f*; **con** ~ kraftvoll.

energico, -a [e'nɛrdʒiko] ‹-ci, -che› *a* kraftvoll.

energumeno, -a [ener'gu:meno] *m, f* Besessene(r) *mf*, Rasende(r) *mf*.

enfasi ['ɛnfazi] ‹-› *f* Nachdruck *m*, Emphase *f geh*. **enfatico, -a** [en'fa:tiko] ‹-ci, -che› *a* nachdrücklich, emphatisch *geh*.

Engadina [eŋga'di:na] *f* Engadin *n*.

E.N.I.T. ['ɛ:nit] *m ab di* **Ente Nazionale Italiano per il Turismo** *staatliches italienisches Fremdenverkehrsamt.*

enigma [e'nigma] ‹-i› *m* Rätsel *n*. **enigmatico, -a** [...'ma:tiko] ‹-ci, -che› *a* rätselhaft. **enigmistico, -a** [...'mistiko] ‹-ci, -che› *a* Rätsel-.

ennesimo, -a [en'nɛ:zimo] *a* **1.** *fam* x-te(r, s) *fam*, hundertste(r, s); **2.** *mat* n-te(r, s).

enologico, -a [eno'lɔ:dʒiko] *a* weinkundlich, Weinkunde-, önologisch. **enologo, -a** [e'nɔ:logo] ‹-gi, -ghe› *m, f* Weinkundler(in) *m(f)*, Önologe *m*, -login *f*.

enorme [e'norme] *a* enorm, riesig, ungeheuer. **enormità** [...mi'ta] ‹-› *f* **1.** *(grandezza)* Riesengröße *f*; *(quantità)* ungeheures Ausmaß; **2.** *fig* Ungeheuerlichkeit *f*; *pej* Abscheulichkeit *f*; **costa un'~!** das kostet ein Heidengeld!

enoteca [eno'tɛ:ka] *f* **1.** *(raccolta)* Weinsammlung *f*, Weinlager *n*; **2.** *(locale)* Weinhandlung *f*.

Enrico [en'ri:ko] *(nome proprio maschile)* Heinrich.

ente ['ɛnte] *m* Anstalt *f*, Einrichtung *f*, Institut *n*, Gesellschaft *f*.

entità [enti'ta] ‹-› *f* Wert *m*; *(importanza)* Bedeutung *f*.

entomologia [entomolo'dʒi:a] ‹-gie› *f* Insektenkunde *f*, Entomologie *f*.

entrambi, -e [en'trambi] *a, pron pl* (alle) beide.

entrante [en'trante] *a* kommend, nächste(r, s).

entrare [en'tra:re] *itr* ‹*essere*› **1.** *gener.* eintreten, hineingehen; **2.** *fig, mil* eintreten, aufgenommen werden; *(essere ammesso)* beitreten (*in qc* einer S. *dat*); **3.** *(vestito)* passen; **4.** *fig* enthalten sein; ~ **in casa** ins Haus gehen; ~ **dalla porta/finestra** zur Tür/zum Fenster hereinkommen; ~ **in area** *sport* in den Strafraum eindringen; ~ **in società** in die Gesellschaft aufgenommen werden; ~ **in ballo** (*o* **gioco** *o* **campo)** *fig* eingreifen; ~ **in contatto con qu** mit jdm Verbindung (*o* Kontakt) aufnehmen; ~ **in carica** ein Amt antreten; ~ **in vigore** in Kraft treten; ~ **in possesso di qc** in den Besitz einer S. *(gen)* kommen; **questo non c'entra** das hat damit nichts zu tun, das gehört nicht hierher.

entrata [en'tra:ta] *f* **1.** *(ingresso)* Eingang *m*; *(per veicoli)* Einfahrt *f*; **2.** *(l'entrare)* Eintritt *m*; **3.** *theat* Auftritt *m*; **4.** *mus* Einsatz *m*; **5.** *inform* Eingabe *f*; **6.** *sport* Eingreifen *n*; **7.** ‹*pl*› *com* Einnahmen *f pl*; **8.** *(in guerra)* Eintritt *m*; *(in carica)* Antritt *m*; ~ **principale** Haupteingang *m*; ~ **di servizio** Dienstboten-, Lieferanteneingang *m*.

entro ['entro] *prp* innerhalb *gen o dat*, binnen *gen o dat*; ~ **e non oltre il 30 ottobre** *adm* bis spätestens (zum) 30. Oktober; **si sposa** ~ **l'anno** er (*o* sie) heiratet noch in diesem Jahr.

entroterra [entro'tɛrra] ‹-› *m* Hinterland *n*.

entusiasmare [entuziaz'ma:re] **I.** *tr* begeistern, mitreißen; **II.** *rfl*: **-arsi** sich begeistern (*per* für). **entusiasmo** [...'ziazmo] *m* Begeisterung *f*, Enthusiasmus *m geh*; **essere pieno di** ~ **per qc/qu** von etw./jdm hell(auf) begeistert sein. **entusiasta** [...'ziasta] ‹-i *m*, -e *f*› **I.** *a* begeistert (*di* von), enthusiastisch *geh* (*di* über); **II.** *mf* Enthusiast(in) *m(f)* *geh*, Begeisterte(r) *mf*. **entusiastico, -a** [...'ziastiko] ‹-ci, -che› *a* begeistert; *(applauso)* stürmisch.

enumerare [enume'ra:re] *tr* aufzählen. **enumerazione** [...rat'tsio:ne] *f* Aufzählung *f*.

enunciare [enun'tʃa:re] ‹enuncio, enunci› *tr* darlegen, formulieren. **enun-**

ciato [...'tʃa:to] *m* Formulierung *f*, Wortlaut *m*. **enunciazione** [...tʃat'tsi̯o:ne] *f* Formulierung *f*, Darlegung *f*.
enzima [en'dzi:ma] ⟨-i⟩ *m* Enzym *n*.
Enzo ['ɛntso] *(nome proprio maschile)* Heinz.
eolico, -a [e'ɔ:liko] ⟨-ci, -che⟩ *a* Wind-; **energia -a** Windenergie *f*.
epatico, -a [e'pa:tiko] ⟨-ci, -che⟩ *a* Leber-; **cirrosi -a** Leberzirrhose *f*. **epatite** [epa'ti:te] *f* Hepatitis *f*.
epico, -a ['ɛ:piko] ⟨-ci, -che⟩ *a* episch, erzählend.
epidemia [epide'mi:a] ⟨-ie⟩ *f* **1.** *med* Epidemie *f*, Seuche *f*; **2.** *fig* Plage *f*; **~ di insetti** Insektenplage *f*. **epidemico, -a** [...'dɛ:miko] ⟨-ci, -che⟩ *a* epidemisch, seuchenartig.
epidermico, -a [epi'dɛrmiko] ⟨-ci, -che⟩ *a* **1.** *anat* Oberhaut-; **2.** *fig* oberflächlich. **epidermide** [...'dɛrmide] *f* Oberhaut *f*, Epidermis *f scient*.
epifania [epifa'ni:a] ⟨-ie⟩ *f* Epiphanie *f*; **E~** *(festa)* Dreikönigsfest *n*, Epiphanie *f*.
epigrafe [e'pi:grafe] *f* Aufschrift *f*, Inschrift *f*. **epigrafico, -a** [...'gra:fiko] *a* **1.** *(di epigrafe)* epigraphisch, Epigraphik-; **2.** *fig* gedrängt, bündig.
epigramma [epi'gramma] ⟨-i⟩ *m* Epigramm *n*.
epilessia [epiles'si:a] ⟨-ie⟩ *f* Epilepsie *f*. **epilettico, -a** [...'lɛttiko] ⟨-ci, -che⟩ **I.** *a* epileptisch; **II.** *m, f* Epileptiker(in) *m(f)*.
epilogo [e'pi:logo] ⟨-ghi⟩ *m* **1.** *lit* Epilog *m*, Nachwort *n*; **2.** *fig* Nachspiel *n*.
episcopato [episko'pa:to] *m* Episkopat *n*, Bischofswürde *f*, -amt *n*.
episodico, -a [epi'zɔ:diko] ⟨-ci, -che⟩ *a* **1.** *lit* episodisch, episodenartig; **2.** *fig (di importanza secondaria)* beiläufig, nebensächlich. **episodio** [...'zɔ:di̯o] ⟨-i⟩ *m* Episode *f*.
epistola [e'pistola] *f rel* Epistel *f*, Brief *m*; *(alla messa)* Lesung *f*. **epistolare** [...'la:re] *a* brieflich, Brief-; **stile/romanzo ~** Briefstil *m*/-roman *m*. **epistolario** [...'la:ri̯o] ⟨-i⟩ *m lit* Briefsammlung *f*.
epitaffio [epi'taffi̯o] ⟨-i⟩ *m* Epitaph *n*, Grabinschrift *f*.
epiteto [e'pi:teto] *m pej* Schimpfname *m*.
epoca ['ɛ:poka] ⟨-che⟩ *f* Zeit *f*; *(a. hist)* Epoche *f*; **~ glaciale** Eiszeit *f*; **auto d'~** Oldtimer *m*; **a quell'~** zu jener Zeit, damals.
epopea [epo'pɛ:a] *f* **1.** *lit* (Helden)epos *n*; *(genere letterario)* Epik *f*; **2.** *hist* Heldentaten *f pl*.
eppure [ep'pu:re] *con* und doch, dennoch, trotzdem.
epurare [epu'ra:re] *tr pol* säubern.
epurazione [...rat'tsi̯o:ne] *f pol* Säuberung *f*.
equalizzare [eku̯alid'dza:re] *tr* nivellieren, gleichmachen.
equanime [e'ku̯a:nime] *a (giudizio)* sachlich, gerecht; *(giudice)* unparteiisch, unvoreingenommen.
equatore [eku̯a'to:re] *m* Äquator *m*. **equatoriale** [...to'ri̯a:le] *a* äquatorial, Äquator-.
equazione [eku̯at'tsi̯o:ne] *f* Gleichung *f*.
equestre [e'ku̯ɛstre] *a* Reiter-; **circo ~** Zirkus *m*.
equidistante [eku̯idis'tante] *a* gleichweit entfernt, äquidistant *scient*.
equilatero, -a [eku̯i'la:tero] *a* gleichseitig.
equilibrare [eku̯ili'bra:re] **I.** *tr* ausgleichen; *(pesi)* ins Gleichgewicht bringen; *(spese)* im Gleichgewicht halten; **II.** *rfl:* **-arsi** sich ausgleichen. **equilibrato, -a** [...'bra:to] *a fig* ausgeglichen.
equilibrio [eku̯i'li:bri̯o] ⟨-i⟩ *m* Gleichgewicht *n*; *(di persona)* Ausgeglichenheit *f*; **mantenere/perdere l'~** das Gleichgewicht halten/verlieren; **stare** (*o* **essere) in ~** *fig* ausgeglichen sein. **equilibrismo** [...li'brizmo] *m* **1.** *(arte)* Äquilibristik *f*, Gleichgewichtskunst *f*; **2.** *fig* Schaukelpolitik *f*.
equino, -a [e'ku̯i:no] **I.** *a* Pferde-; **II.** *m* Pferd *n*.
equinozio [eku̯i'nɔttsi̯o] ⟨-i⟩ *m* Tagundnachtgleiche *f*, Äquinoktium *n scient*.
equipaggiamento [eku̯ipaddʒa'mento] *m* Ausrüstung *f*. **equipaggiare** [...'dʒa:re] ⟨equipaggio, equipaggi⟩ **I.** *tr* **1.** *(di mezzi)* ausrüsten; **2.** *naut, aero (di persone)* bemannen; **II.** *rfl:* **-arsi** sich ausrüsten.
equipaggio [eku̯i'paddʒo] ⟨-ggi⟩ *m* Besatzung *f*, Crew *f*.
equiparare [eku̯ipa'ra:re] *tr* **1.** *(uguagliare)* gleichstellen, aus-, angleichen; **2.** *(comparare)* vergleichen.
équipe [e'kip] ⟨-⟩ *f tec* Team *n*; *(sport a.)* Mannschaft *f*; *(ippica)* Equipe *f*.
equipollente [eku̯ipol'lɛnte] *a* gleichwertig.
equità [eku̯i'ta] ⟨-⟩ *f* Unparteilichkeit *f*, Unvoreingenommenheit *f*.
equitazione [eku̯itat'tsi̯o:ne] *f* Reiten *n*, Reitsport *m*.
equivalente [eku̯iva'lɛnte] **I.** *a* gleichwertig; *(dello stesso significato)* gleichbedeutend; *mat* äquivalent; **II.** *m* Gegenwert *m*. **equivalenza** [...'lɛntsa] *f* **1.** *mat* Äquivalenz *f*; **2.** *fig* Gleichwertigkeit *f*.
equivalere [eku̯iva'le:re] ⟨*irr*⟩ **I.** *itr* ⟨*essere o avere*⟩ entsprechen, gleichkommen; **II.** *rfl:* **-ersi** gleichwertig sein, sich decken.
equivocare [eku̯ivo'ka:re] ⟨equivoco, equivochi⟩ *itr* sich täuschen, sich irren.

equivoco, -a [e'kui:voko] ‹-ci, -che› **I.** *a* **1.** *(risposta, modo)* zweideutig; **2.** *fig (persona, comportamento)* zwielichtig, undurchsichtig; **II.** *m* Zweideutigkeit *f; (malinteso)* Mißverständnis *n;* **a scanso di -ci** um Mißverständnisse zu vermeiden.

equo, -a ['ɛ:kuo] *a* **1.** *(persona)* gerecht, unvoreingenommen; **2.** *com* angemessen.

era[1] ['ɛ:ra] *f gener., geol* Ära *f,* Zeitalter *n; hist* Zeitrechnung *f;* **l'~ atomica** das Atomzeitalter; **l'~ cristiana** die christliche Zeitrechnung.

era[2] ['ɛ:ra] *etc. v.* **essere.**

erariale [era'ria:le] *a* Staatsfinanz-, Staatskassen-. **erario** [e'ra:rio] ‹-i› *m* Staatskasse *f,* Staatsfinanzen *f pl.*

erba ['ɛrba] **1.** *bot* Gras *n;* **2.** *gastr* Gewürz(kraut) *n;* **3.** *sl (marijuana)* Gras *n sl;* **un filo d'~** ein Grashalm *m;* **in ~** *fig* unerfahren; **fare d'ogni ~ un fascio** alles in einen Topf werfen, alles über einen Kamm scheren. **erbario** [er'ba:rio] ‹-i› *m* **1.** *(libro)* Kräuterbuch *n;* **2.** *(collezione)* Herbarium *n,* Kräutersammlung *f.* **erbicida** [erbi'tʃi:da] ‹-i› *m* Unkrautvernichtungsmittel *n,* Herbizid *n.* **erbivendolo, -a** [erbi'vendolo] *m, f* Gemüsehändler(in) *m(f).* **erbivoro, -a** [er'bi:voro] **I.** *a* pflanzenfressend; **II.** *m* Pflanzenfresser *m.* **erborista** [erbo'rista] ‹-i *m,* -e *f*› *mf (esperto)* Kräuterspezialist(in) *m(f),* -sammler(in) *m(f); com* Heilpflanzenverkäufer(in) *m(f).* **erboso, -a** [er'bo:so] *a* grasbewachsen, Gras-.

Ercolano [erko'la:no] *f* Herculaneum *n.*

ercole ['ɛrkole] *m fig scherz* Muskelprotz *m,* Herkules *m.*

erede [e'rɛ:de] *mf* **1.** *jur* Erbe *m,* Erbin *f;* **2.** *fig* Stammhalter *m.* **eredità** [eredi'ta] ‹-› *f* **1.** *jur* Erbschaft *f,* Erbe *n;* **2.** *biol* Vererbung *f;* **3.** *fig* Erbe *n;* **lasciare/ricevere in ~** vererben/erben. **ereditare** [...'ta:re] *tr* erben. **ereditario, -a** [...'ta:rio] ‹-i, -ie› *a* **1.** *(principe)* Erb-, Kron-; **2.** *biol* (ver)erblich, Erb-; **3.** *jur* Erb-, Erbschafts-, Nachlaß-. **ereditiera** [...'tiɛ:ra] *f* (reiche) Erbin *f.*

eremita [ere'mi:ta] ‹-i› *m* Eremit *m,* Einsiedler *m.* **eremitaggio** [...mi'taddʒo] ‹-ggi› *m* Einsiedelei *f.* **eremo** ['ɛ:remo] *m* Einsiedelei *f; fig* Stille *f,* Abgeschiedenheit *f.*

eresia [ere'zi:a] ‹-ie› *f* Ketzerei *f,* Häresie *f; (dottrina)* Irrlehre *f.*

eressi [e'rɛssi] *p rem di* **erigere.**

eretico, -a [e'rɛ:tiko] ‹-ci, -che› **I.** *a* ketzerisch, Ketzer-; **II.** *m, f* **1.** *rel* Ketzer(in) *m(f);* **2.** *fam* Gottlose(r) *mf.*

eretto, -a [e'rɛtto] **I.** *pp di* **erigere; II.** *a* gerade, aufrecht.

erezione [eret'tsio:ne] *f* **1.** *arch* Errichtung *f,* Bau *m;* **2.** *biol* Erektion *f.*

ergastolano, -a [ergasto'la:no] *m, f* zu „lebenslänglich" Verurteilte(r) *mf,* Lebenslängliche(r) *mf fam.* **ergastolo** [er'gastolo] *m* **1.** *(pena)* lebenslängliche Freiheitsstrafe; **2.** *(luogo)* Zuchthaus *n.*

ergere ['ɛrdʒere] ‹ergo, ergi, ersi, erto› **I.** *tr* erheben, emporrichten; **II.** *rfl:* **-ersi** aufragen.

eri ['ɛ:ri] *v.* **essere.**

erica ['ɛ:rika] ‹-che› *f bot* Erika *f,* Heidekraut *n.*

erigere [e'ri:dʒere] ‹erigo, erigi, eressi, eretto› **I.** *tr* **1.** *arch* errichten, erbauen; **2.** *fig* gründen; **II.** *rfl:* **-ersi** sich aufwerfen (*a* zu), sich aufspielen (*a* als).

ermafrodito, -a [ermafro'di:to] **I.** *a* Zwitter-, hermaphroditisch; **II.** *m* Zwitter *m,* Hermaphrodit *m.*

ermellino [ermel'li:no] *m* **1.** *zoo* Hermelin *n;* **2.** *(pelliccia)* Hermelin *m.*

ermetico, -a [er'mɛ:tiko] ‹-ci, -che› *a* **1.** *tec, lit* hermetisch; **2.** *fig* unverständlich, dunkel.

ernia ['ɛrnia] ‹-ie› *f* (Eingeweide)bruch *m.*

ero ['ɛ:ro] *v.* **essere.**

erodere [e'ro:dere] ‹*irr*› *tr* erodieren *scient,* auswaschen.

eroe, eroina [e'rɔ:e, ero'i:na] *m, f (nella mitologia)* Heros *m,* Heroin *f; lit, fig* Held(in) *m(f).*

erogare [ero'ga:re] ‹erogo, eroghi› *tr* **1.** *(gas, luce, acqua)* liefern; **2.** *(denaro, etc.)* spenden. **erogazione** [...ga'tsio:ne] *f* **1.** *(di gas, luce, acqua)* Lieferung *f,* Versorgung *f;* **2.** *(di denaro, etc.)* Spende *f.*

eroico, -a [e'rɔ:iko] ‹-ci, -che› *a* heldenhaft, Helden-, heroisch.

eroina[1] *f v.* **eroe.**

eroina[2] [ero'i:na] *f (droga)* Heroin *n.*

eroismo [ero'izmo] *m* Heldenhaftigkeit *f.*

erompere [e'rompere] ‹*irr*› *itr* hervorbrechen, ausbrechen (*in* in, *da* aus); **~ in un grido** einen Schrei ausstoßen.

erosione [ero'zio:ne] *f* Erosion *f.* **erosivo, -a** [...'zi:vo] *a* erosiv.

erotico, -a [e'rɔ:tiko] ‹-ci, -che› *a* erotisch.

erpete ['ɛrpete] *m* Herpes *m;* **~ zoster** Gürtelrose *f.*

errare [er'ra:re] *itr* **1.** *(vagare)* umherirren; *(fig a.)* umherschweifen; **2.** *(sbagliare)* (sich) irren.

errata corrige [er'ra:ta 'kɔrridʒe] ‹-› *m* Errata *n pl,* Korrigenda *pl.*

errato, -a [er'ra:to] *a* irrig, verfehlt; **se non vado ~** wenn ich nicht irre.

erroneo, -a [er'rɔ:neo] *a* irrig, falsch, abwegig.

errore [er'ro:re] *m* Irrtum *m,* Fehler *m;* **~ d'ortografia/di battitura/di calcolo/di stampa** Rechtschreib-/Tipp-/Rechen-/Druckfehler *m;* **per ~** irrtümlich, versehentlich, aus Versehen.

ersi ['ɛrsi] *p rem di* **ergere.**

erta ['erta] *f* Steigung *f;* **stare all'~** auf der Hut sein.

erto ['erto] *pp di* **ergere.**

erudito, -a [eru'di:to] **I.** *a* gelehrt; **II.** *m, f* Gelehrte(r) *mf.* **erudizione** [...dit'tsi̯o:ne] *f* Gelehrtheit *f,* Wissen *n.*

eruttare [erut'ta:re] *tr* ausstoßen, ausspeien. **eruzione** [erut'tsi̯o:ne] *f* **1.** *geol* Ausbruch *m,* Eruption *f;* **2.** *med* (Haut)ausschlag *m.*

esacerbare [ezatʃer'ba:re] *tr lett* verschärfen, verschlimmern.

esaedro [eza'ɛ:dro] *m* Hexaeder *m,* Sechsflächner *m.*

esagerare [ezadʒe'ra:re] *tr, itr* übertreiben; **senza ~** ohne Übertreibung. **esagerato, -a** [...'ra:to] *a* übertrieben, überzogen; *(persona)* überspannt. **esagerazione** [...rat'tsi̯o:ne] *f* Übertreibung *f;* **costa un'~** das kostet wahnsinnig *fam* (*o* viel zu) viel.

esagonale [ezago'na:le] *a* sechseckig, hexagonal. **esagono** [e'za:gono] *m* Sechseck *n,* Hexagon *n.*

esalare [eza'la:re] **I.** *tr ⟨avere⟩ (respiro, etc.)* aushauchen; *(profumo)* ausströmen; **~ l'ultimo respiro** *lett* sein Leben aushauchen *geh;* **II.** *itr ⟨essere⟩ (odore, profumo)* aufsteigen.

esaltare [ezal'ta:re] **I.** *tr* **1.** *(virtù, bellezza)* (lob)preisen, rühmen; **2.** *(entusiasmare)* begeistern; **3.** *(elevare)* erheben; **II.** *rfl:* **-arsi** sich rühmen; *(entusiasmarsi)* sich begeistern. **esaltato, -a** [...'ta:to] **I.** *a* überschwenglich, überspannt, exaltiert; **II.** *m, f* überspannte (*o* exaltierte) Person. **esaltazione** [...tat'tsi̯o:ne] *f* **1.** *(lode)* Verherrlichung *f,* Lobpreisung *f;* **2.** *fig* Enthusiasmus *m,* Überschwang *m,* Begeisterung *f.*

esame [e'za:me] *m* **1.** *(nell'insegnamento)* Prüfung *f,* Examen *n;* **2.** *med* Untersuchung *f;* **3.** *(considerazione)* Erwägung *f,* Prüfung *f;* **dare/passare un ~** eine Prüfung ablegen/bestehen; **-i di maturità** Reifeprüfung *f;* **prendere in ~** überprüfen, genau prüfen; **fare l'~ di coscienza** sein Gewissen prüfen.

esaminare [ezami'na:re] *tr* prüfen; *med* untersuchen; *jur (testimoni)* vernehmen, verhören. **esaminatore, -trice** [...na'to:re] *m, f* Prüfer(in) *m(f).*

esangue [e'zaŋgu̯e] *a* **1.** *(volto)* bleich; *(stile, etc.)* blutleer; **2.** *med* blutarm, anämisch.

esanime [e'za:nime] *a* leblos.

esasperante [ezaspe'rante] *a* (nerven)aufreibend.

esasperare [ezaspe'ra:re] **I.** *tr* **1.** *(persona)* empören, aufbringen; **2.** *(pena, sofferenza)* verschärfen, verschlimmern; **II.** *rfl:* **-arsi** wütend werden, in Zorn geraten. **esasperazione** [...rat'tsi̯o:ne] *f* Gereiztheit *f,* Verbitterung *f,* Zorn *m;* **portare qu all'~** jdn zur Weißglut bringen.

esattezza [ezat'tettsa] *f* Genauigkeit *f,* Exaktheit *f; (correttezza)* Richtigkeit *f;* **con ~** genau, exakt.

esatto [e'zatto] *pp di* **esigere.**

esatto, -a [e'zatto] *a* genau, exakt; *(corretto)* richtig.

esattore, -trice [ezat'to:re] *m, f* Geldeinnehmer(in) *m(f);* **~ del gas** Gasmann *m fam;* **~ delle imposte** Steuereinzieher *m,* Erhebungsbeamte(r) *m.* **esattoria** [...to'ri:a] ⟨-ie⟩ *f* Zahlstelle *f.*

esaudire [ezau'di:re] ⟨esaudisco⟩ *tr (persona)* erhören; *(desiderio)* erfüllen (*qc* etw.), nachkommen (*qc* einer S. *dat*).

esauriente [ezau'ri̯ɛnte] *a* erschöpfend, befriedigend.

esaurimento [ezauri'mento] *m* Erschöpfung *f; (delle risorse, scorte)* Versiegen *n;* **~ nervoso** Nervenzusammenbruch *m;* **fino ad ~ della merce** solange der Vorrat reicht. **esaurire** [...'ri:re] ⟨esaurisco⟩ **I.** *tr* **1.** *(provviste, scorte)* aufbrauchen, verbrauchen; **2.** *(questione)* erschöpfend behandeln; **II.** *rfl:* **-irsi 1.** *(sorgente, vena, fig)* versiegen; *(forze)* zu Ende gehen; **2.** *com* ausverkauft werden, ausgehen; *(libri)* vergriffen sein; **3.** *med* sich schwächen, sich verbrauchen, geschwächt werden. **esaurito, -a** [...'ri:to] *a* **1.** *(miniera)* ausgebeutet; *(sorgente)* versiegt; **2.** *(posti)* ausverkauft; *(edizione)* vergriffen; **3.** *med* erschöpft, einem Zusammenbruch nahe.

esausto, -a [e'za:usto] *a* erschöpft.

esautorare [ezauto'ra:re] *tr* absetzen, entmachten.

esca ['eska] ⟨esche⟩ *f* **1.** *(a. fig)* Köder *m;* **2.** *(sostanza infiammabile)* Zunder *m.*

escandescenza [eskandeʃ'ʃɛntsa] *f:* **dare in -e** Tobsuchtsanfälle bekommen.

escavatore, -trice [eskava'to:re] *m o f* Bagger *m.*

esche *pl di* **esca.**

eschimese [eski'me:se] **I.** *a* Eskimo-; **II.** *mf* Eskimo *m,* Eskimofrau *f.*

esci *pr di* **uscire.**

esclamare [eskla'ma:re] *tr* ausrufen. **esclamazione** [...mat'tsi̯o:ne] *f* Ausruf *m.*

escludere [es'klu:dere] ⟨escludo, esclusi, escluso⟩ *tr* ausschließen.

esclusa *f v.* **escluso.**

esclusi [es'klu:zi] *p rem di* **escludere.**

esclusione [esklu'zi̯o:ne] *f* Ausschluß *m;* **a ~ di** mit Ausnahme von; **andare per ~** ausschlußweise vorgehen, ausschließen.

esclusiva [esklu'zi:va] *f* Alleinverkaufsrecht *n,* Monopol *n.* **esclusivamente**

[...ziva'mente] *adv* ausschließlich, allein.
esclusivo, -a [...'zi:vo] *a* exklusiv, Exklusiv-.
escluso, -a [es'klu:zo] **I.** *pp di* **escludere; II.** *a* ausgeschlossen; *(eccetto)* außer; **non è ~ che ...** *conj* es ist nicht ausgeschlossen, daß ...; **fino al 3 novembre ~** bis ausschließlich 3. November; **III.** *m, f* Ausgeschlossene(r) *mf.*
esco ['ɛsko] *pr di* **uscire.**
escogitare [eskodʒi'ta:re] *tr* ausdenken, austüfteln.
escoriazione [eskoriat'tsio:ne] *f* (Haut)abschürfung *f.*
escremento [eskre'mento] *m* Exkrement *n.*
escursione [eskur'sio:ne] *f* **1.** *(gita)* Ausflug *m; (per studi)* Exkursion *f;* **2.** *meteo* Schwankung *f;* **3.** *tec* Ausschlag *m;* **~ termica** Temperaturschwankung *f;* **andare in ~ a ...** einen Ausflug nach ... machen.
escussione [eskus'sio:ne] *f* Vernehmung *f,* Anhörung *f.*
esecutivo, -a [ezeku'ti:vo] **I.** *a* **1.** *jur* exekutiv, Exekutiv-, vollstreckend; **2.** *(progetto, fase)* ausführend, Ausführungs-; **II.** *m* Exekutive *f.* **esecuzione** [...t'tsio:ne] *f* **1.** *jur* Vollstreckung *f,* Vollzug *m;* **2.** *mus* Vortrag *m,* Spiel *n;* **3.** *(attuazione)* Aus-, Durchführung *f.*
eseguire [eze'gui:re] ⟨eseguo, esegui⟩ *tr* **1.** *gener.* aus-, durchführen; **2.** *mus* vortragen, spielen.
esempio [e'zɛmpio] ⟨-i⟩ *m* (*ab* **es.**) Beispiel *n;* **essere un ~ di bontà** ein Musterbeispiel an Güte sein; **dare il buon/cattivo ~** mit gutem/schlechtem Beispiel vorangehen; **fare un ~** ein Beispiel anführen; **seguire l'~ di qu** jds Beispiel folgen, sich *(dat)* an jdm ein Beispiel nehmen; **per ~** (*ab* **p. es.**) zum Beispiel; **che ti serva d'~!** das soll dir eine Lehre sein! **esemplare** [ezem'pla:re] **I.** *a* beispielhaft, exemplarisch, mustergültig; **II.** *m* **1.** *(unità)* Exemplar *n,* Stück *n; (~ tipico)* Musterstück *n;* **2.** *fig (modello)* Musterbeispiel *n.* **esemplificare** [...lifi'ka:re] ⟨esemplifico, esemplifichi⟩ *tr* durch Beispiele erläutern, am Beispiel erklären.
esentare [ezen'ta:re] *tr* befreien (*da* von), entbinden (*da* von). **esentasse** [...'tasse] ⟨*inv*⟩ *a* steuerfrei. **esente** [e'zɛnte] *a* befreit, (-)frei (*da* von), ohne (*da qc* etw.); **~ da tasse/difetti** steuer-/fehlerfrei.
esequie [e'zɛ:kuie] *f pl* Begräbnisfeier *f,* Exequien *pl.*
esercente [ezer'tʃɛnte] *mf* Gewerbetreibende(r) *mf.*
esercitare [ezertʃi'ta:re] **I.** *tr* **1.** *(professione)* ausüben; **2.** *(corpo, memoria)* üben, trainieren; **3.** *(potere, diritto)* ausüben, wahrnehmen; *(influenza, pressione)* ausüben; **~ la medicina/l'insegnamento** den Arzt-/Lehrerberuf ausüben; **II.** *rfl:* **-arsi** sich üben (*in, a* in).
esercitazione [...tat'tsio:ne] *f* **1.** *(allenamento)* Übung *f,* Training *n;* **2.** *(lezione)* Übungskurs *m.*
esercito [e'zɛrtʃito] *m* **1.** *mil* Armee *f,* Militär *n; (forze terrestri)* Heer *n;* **2.** *fig* Heer *n.*
esercizio [ezer'tʃittsio] ⟨-i⟩ *m* **1.** *gener., sport* Übung *f;* **2.** *com (gestione)* Betrieb *m; (anno)* Geschäfts-, Rechnungsjahr *n;* **3.** *(pratica)* Ausübung *f;* **4.** *fig* Übung *f.*
esibire [ezi'bi:re] ⟨esibisco⟩ **I.** *tr* **1.** *(passaporto, documento)* vorzeigen, vorlegen; **2.** *(bravura, nudità)* zeigen, zur Schau stellen; **II.** *rfl:* **-irsi 1.** *(offrirsi)* sich an-, erbieten; **2.** *(in pubblico, etc.)* auftreten. **esibizione** [...bit'tsio:ne] *f* **1.** *theat* Auftritt *m,* Darbietung *f,* Vorführung *f; sport* Darbietung *f;* **2.** *(di documenti)* Vorlage *f,* Vorzeigen *n;* **3.** *(mostra)* Vorführung *f,* Schau *f.*
esigente [ezi'dʒɛnte] *a* anspruchsvoll, fordernd. **esigenza** [...'dʒɛntsa] *f* Anspruch *m; (bisogno)* Bedürfnis *n.*
esigere [e'zi:dʒere] ⟨esigo, esigi, esigei *o* esigetti, esatto⟩ *tr* **1.** *(richiedere)* verlangen, fordern; **2.** *(riscuotere)* einziehen; **3.** *fig* erfordern, verlangen.
esiguo, -a [e'zi:guo] *a* gering, geringfügig.
esile ['ɛ:zile] *a* **1.** *(persona)* schmächtig, dünn; *(tenue, gracile)* zart; **2.** *fig* spärlich, dünn.
esiliare [ezi'lia:re] ⟨esilio, esili⟩ **I.** *tr* verbannen, ins Exil schicken; **II.** *rfl:* **-arsi 1.** *pol* in die Verbannung (*o* ins Exil) gehen; **2.** *fig* sich zurückziehen (*da* von). **esiliato, -a** [...'lia:to] **I.** *a* verbannt, im Exil; **II.** *m, f* Verbannte(r) *mf.* **esilio** [e'zi:lio] ⟨-i⟩ *m* **1.** *pol* Exil *n,* Verbannung *f;* **2.** *fig* Abkehr *f.*
esimere [e'zi:mere] ⟨esimo, *p rem e pp come esentare*⟩ *tr* befreien (*qu da qc* jdn von etw.).
esimio, -a [e'zi:mio] ⟨-i, -ie⟩ *a* hochverehrt.
esistente [ezis'tɛnte] *a* vorhanden, bestehend, existent. **esistenza** [...'tɛntsa] *f* Existenz *f; (di cose)* Vorhandensein *n; (vita)* Leben *n,* Existenz *f,* Dasein *n.* **esistenziale** [...ten'tsia:le] *a* daseinsmäßig, existentiell, Existenz-.
esistere [e'zistere] ⟨esisto, esistei *o* esistetti, esistito⟩ *itr* ⟨*essere*⟩ existieren, bestehen; *(esserci)* dasein, vorhanden sein; *(vivere)* leben, existieren.
esitare [ezi'ta:re] *itr* zögern, zaudern. **esitazione** [...tat'tsio:ne] *f* Zögern *n,* Zaudern *n.*
esito ['ɛ:zito] *m* Ergebnis *n,* Resultat *n,* Ausgang *m.*

esodo [ˈɛ:zodo] *m* Auswanderung *f; rel, lit* Exodus *m.*
esofago [eˈzɔ:fago] ‹-gi› *m* Speiseröhre *f.*
esonerare [ezoneˈra:re] *tr* freistellen, befreien, entbinden. **esonero** [eˈzɔ:nero] *m* Freistellung *f,* Befreiung *f.*
esorbitante [ezorbiˈtante] *a* übertrieben, gewaltig.
esorcismo [ezorˈtʃizmo] *m* Exorzismus *m.* **esorcista** [...ˈtʃista] ‹-i *m,* -e *f*› *mf* Exorzist(in) *m(f).*
esordio [eˈzɔrdi̯o] ‹-i› *m* Anfang *m,* Beginn *m; theat* Debüt *n.* **esordire** [ezorˈdi:re] ‹esordisco› *itr* anfangen, beginnen; *theat* debütieren.
esortare [ezorˈta:re] *tr* ermahnen (*a* zu). **esortazione** [...tatˈtsi̯o:ne] *f* Ermahnung *f.*
esoterico, -a [ezoˈtɛ:riko] ‹-ci, -che› *a* esoterisch.
esotico, -a [eˈzɔ:tiko] ‹-ci, -che› *a* exotisch.
espandere [esˈpandere] ‹espando, espansi *o* espandetti, espanso› **I.** *tr* ausdehnen, erweitern; **II.** *rfl:* **-ersi** sich ausdehnen, sich ausbreiten; *com* expandieren. **espansione** [...nˈsi̯o:ne] *f* **1.** *gener., phys* Ausdehnung *f,* Erweiterung *f; com* Expansion *f;* **2.** *fig* Überschwenglichkeit *f,* Herzlichkeit *f.* **espansivo, -a** [...nˈsi:vo] *a* überschwenglich, offenherzig. **espanso, -a** [esˈpanso] **I.** *pp di* **espandere; II.** *a* Schaumstoff-; **polistirolo** ~ Styropor® *n.*
espatriare [espaˈtri̯a:re] ‹espatrio, espatri› *itr* ‹*essere*› auswandern. **espatrio** [esˈpa:tri̯o] ‹-i› *m* Auswanderung *f.*
espediente [espeˈdi̯ɛnte] *m* Notbehelf *m,* Ausweg *m.*
espellere [esˈpɛllere] ‹espello, espulsi, espulso› *tr* **1.** *(allievo, giocatore)* aus-, verweisen; *(persona)* ausstoßen, ausschließen; **2.** *med* ausscheiden.
esperienza [espeˈri̯ɛntsa] *f* Erfahrung *f.*
esperimento [esperiˈmento] *m* Experiment *n,* Versuch *m.*
esperto, -a [esˈpɛrto] **I.** *a* sachkundig, erfahren; *(abile)* gewandt, geschickt; **II.** *m, f* Fachmann *m,* Experte *m,* Expertin *f.*
espiare [espiˈa:re] ‹espio, espii› *tr* (ab-, ver)büßen; *rel* sühnen.
espirare [espiˈra:re] *tr* ausatmen.
espletare [espleˈta:re] *tr adm* bearbeiten, erledigen.
esplicare [espliˈka:re] ‹esplico, esplichi› *tr* ausüben; *(attività)* entfalten.
esplicito, -a [esˈpli:tʃito] *a* explizit; *(ordine)* ausdrücklich; *(risposta)* deutlich, klar.
esplodere [esˈplɔ:dere] ‹esplodo, esplosi, esploso› **I.** *itr* ‹*essere o avere*› **1.** *(bomba, dinamite)* explodieren; **2.** *fig* ausbrechen; **II.** *tr* ‹*avere*› abfeuern.
esplorare [esploˈra:re] *tr* **1.** *gener.* erforschen; **2.** *fig* auskundschaften. **esploratore, -trice** [...raˈto:re] *m, f* **1.** *gener.* Forscher(in) *m(f),* Entdecker(in) *m(f);* **2.** *mil* Aufklärer *m;* **3.** *(scout):* **giovane** ~ Pfadfinder *m.* **esplorazione** [...ratˈtsi̯o:ne] *f* Erforschung *f.*
esplosi [esˈplɔ:zi] *p rem di* **esplodere.**
esplosione [esploˈzi̯o:ne] *f* **1.** *(di mina, bomba)* Explosion *f;* **2.** *fig* Ausbruch *m;* ~ **nucleare** Kernexplosion *f.* **esplosivo, -a** [...ˈzi:vo] **I.** *a* **1.** *(sostanza)* Spreng-, explosiv, Explosiv-; **2.** *fig* explosiv, heftig; **II.** *m* Sprengstoff *m.*
esploso [esˈplɔ:zo] *pp di* **esplodere.**
esponente [espoˈnɛnte] **I.** *mf* **1.** *(rappresentante)* Vertreter(in) *m(f);* **2.** *(persona autorevole)* Wortführer(in) *m(f);* **II.** *m* Exponent *m,* Hochzahl *f.*
esporre [esˈporre] ‹*irr*› **I.** *tr* **1.** *(porre fuori)* aussetzen, ausstellen; *(merce, arte)* ausstellen; **2.** *fot* belichten; **3.** *(narrare)* darlegen; *(spiegare)* erläutern; **II.** *rfl:* **-orsi** sich aussetzen.
esportare [esporˈta:re] *tr* **1.** *com* exportieren, ausführen; **2.** *(fig a.)* herausbringen. **esportatore, -trice** [...taˈto:re] **I.** *m, f* Exporteur(in) *m(f);* **II.** *a* Export-, Ausfuhr-, exportierend. **esportazione** [...tatˈtsi̯o:ne] *f* Export *m,* Ausfuhr *f.*
esposizione [espozitˈtsi̯o:ne] *f* **1.** *(di merci, opere d'arte)* Ausstellung *f;* **2.** *fot* Belichtung *f;* **3.** *(di fatto, brano)* Darstellung *f,* Ausführung *f.*
esposto, -a [esˈposto] **I.** *a* **1.** *(mostra)* ausgestellt; *geog* liegend, gelegen; *meteo* ausgesetzt; **2.** *(motivo, ragione)* dargelegt, vorgetragen; **3.** *com* verschuldet; **II.** *m* Denkschrift *f; (petizione)* Bittschrift *f,* Petition *f.*
espressi [esˈprɛssi] *p rem di* **esprimere.**
espressione [espresˈsi̯o:ne] *f* Ausdruck *m;* **con** ~ ausdrucksvoll. **espressivo, -a** [...ˈsi:vo] *a* ausdrucksvoll.
espresso, -a [esˈprɛsso] **I.** *a* **1.** *(ordine, dovere, etc.)* ausdrücklich; **2.** *(lettera, raccomandata, ferrovia)* Expreß-, Eil-; **treno** ~ Eilzug *m,* Expreß(zug) *m;* **caffè** ~ Espresso *m;* **II.** *m* **1.** *(caffè ~)* Espresso *m;* **2.** *ferr* Eilzug *m,* Expreß(zug) *m;* **3.** *(lettera)* Eil-, Expreßbrief *m.*
esprimere [esˈpri:mere] ‹esprimo, espressi, espresso› **I.** *tr* ausdrücken, zum Ausdruck bringen; **II.** *rfl:* **-ersi** sich ausdrücken, sprechen.
espropriare [esproˈpri̯a:re] ‹esproprio, espropri› *tr* enteignen. **espropriazione** [...i̯atˈtsi̯o:ne] *f,* **esproprio** [esˈprɔ:pri̯o] ‹-i› *m* Enteignung *f.*
espugnare [espuɲˈɲa:re] *tr* erstürmen, einnehmen.
espulsi [esˈpulsi] *p rem di* **espellere.**
espulsione [espulˈsi̯o:ne] *f* Ausschluß *m; (di allievo)* Verweis *m.*

espulso [es'pulso] *pp di* **espellere.**
esquimese [eskui'me:se] *v.* **eschimese.**
essa ['essa] *pron pers f sing* sie; *(riferito a cose, animali a.)* es.
esse ['esse] *pron pers f pl* sie.
essenza [es'sɛntsa] *f* **1.** *(di discorso, problema)* Wesen *n,* Wesentliche(s) *n,* Essenz *f;* **2.** *chem* Essenz *f;* ~ **di rose** Rosenöl *n.* **essenziale** [essen'tsia:le] **I.** *a* **1.** *(sostanziale)* wesentlich, essentiell; *(principale)* Haupt-; **2.** *chem* ätherisch; **II.** *m* Wesentliche(s) *n,* Hauptsache *f.*
essere ['ɛssere] ‹sono, fui, stato› **I.** *itr* ‹*essere*› **1.** *gener.* sein; *(esistere)* (da)sein, existieren; **2.** *(trovarsi)* sich befinden; **3.** *(succedere)* geschehen; **4.** *fam (costare)* kosten; **5.** *(provenire)* stammen (*di* aus), sein (*di* aus, von); ~ **per qu** für jdn sein, für jdn Partei ergreifen; ~ **di** *(appartenere)* gehören *dat;* **è di mio padre** das gehört (*o* ist von) meinem Vater; **c'è ..., ci sono ...** es gibt ...; **c'era una volta ...** es war einmal ...; **c'è da piangere** es ist zum Weinen; **ci siamo!** *(luogo)* da wären wir!, wir sind gleich da!; *fig* das hätten wir!; *(momento)* jetzt ist es soweit!; **è freddo/bello/Natale** es ist kalt/schön/Weihnachten; **è come diceva lui** es ist so, wie er sagte; **sono loro** sie sind es; **sono ore che t'aspetto** ich warte (schon) seit Stunden auf dich; **Silvia Rossi fu Giovanni** Silvia Rossi, Tochter des verstorbenen Giovanni; **cosa c'è?** was gibt es?, was ist los?; **chi è?** wer ist es?; *(alla porta)* wer ist da?; **che ora è?, che ore sono?** wie spät ist es?; **quant'è?** *fam* was kostet das?, wie teuer kommt das? *fam;* **che sarà di noi?** was wird aus uns (werden)?; **come sarebbe a dire?** was soll das heißen?, wie soll ich das verstehen?; **II.** *m* **1.** *(esistenza)* Sein *n,* Dasein *n;* **2.** *(essenza)* Wesen *n;* **3.** *fam (persona)* Mensch *m,* (Lebe)wesen *n;* **l'E~ supremo** das höchste Wesen, Gott *m;* **gli -i viventi** die Lebewesen *n pl.*
essi ['essi] *pron pers m pl* sie.
essiccare [essik'ka:re] ‹essicco, essicchi› **I.** *tr (palude)* trockenlegen, austrocknen; *(frutta)* dörren; **II.** *rfl:* **-arsi** dörren, trocknen.
esso ['esso] *pron pers m sing* er; *(riferito a cose, animali a.)* es.
est [ɛst] ‹-› *m* (*ab* **E.**) Ost(en) *m.*
estasi ['ɛstazi] ‹-› *f* Verzückung *f,* Ekstase *f.* **estasiare** [esta'zia:re] ‹estasio, estasi› **I.** *tr* hinreißen, in Ekstase bringen; **II.** *rfl:* **-arsi** in Ekstase geraten.
estate [es'ta:te] *f* Sommer *m;* **in ~, d'~** im Sommer; ~ **di San Martino** Spätsommer *m,* Altweibersommer *m.*
estendere [es'tɛndere] ‹*irr*› **I.** *tr* erweitern, vergrößern; *(a. fig)* ausdehnen; **II.** *rfl:* **-ersi** sich erstrecken, sich ausdehnen; *(a. fig)* sich ausbreiten. **estensione** [esten'sio:ne] *f* Ausdehnung *f,* Weite *f,* Größe *f.* **estensivo, -a** [...'si:vo] *a* großflächig, extensiv.
estenuante [estenu'ante] *a (caldo)* ermüdend, ermattend; *(attesa)* ermüdend, zermürbend.
estenuare [estenu'a:re] *tr* ermatten, erschöpfen, schwächen.
estere ['ɛstere] *m* Ester *m.*
esteriore [este'rio:re] **I.** *a* äußere(r, s), äußerlich, Außen-; **II.** *m* Äußere(s) *n,* Äußerliche(s) *n.*
esternare [ester'na:re] *tr* äußern.
esterno, -a [es'tɛrno] **I.** *a* äußere(r, s), extern, Außen-; **alunni -i** Externe *pl;* **II.** *m, f (di collegio)* Externe(r) *mf;* **III.** *m* **1.** *gener.* Äußere(s) *n; (di edificio)* Außenseite *f;* **2.** ‹*pl*› *film* Außenaufnahmen *f pl;* **all'~** außen.
estero, -a ['ɛstero] **I.** *a* ausländisch, Auslands-; **II.** *m* Ausland *n.*
esterrefatto, -a [esterre'fatto] *a* bestürzt, entsetzt.
esteso, -a [es'te:so] *a* ausgedehnt; *fig* umfassend, umfangreich.
estetica [es'tɛ:tika] ‹-che› *f* Ästhetik *f; (bellezza)* Schönheit *f.* **estetico, -a** [...ko] ‹-ci, -che› *a* ästhetisch.
estetista [este'tista] ‹-i *m,* -e *f*› *mf* Kosmetiker(in) *m(f).*
estimo ['ɛstimo] *m* (Ab)schätzung *f.*
estinguere [es'tiŋguere] ‹estinguo, estinsi, estinto› **I.** *tr* **1.** *(incendio)* löschen; **2.** *com* tilgen, löschen; **II.** *rfl:* **-ersi 1.** *(incendio)* erlöschen; **2.** *fig* aussterben, erlöschen *geh.* **estinto, -a** [es'tinto] *m, f* Verstorbene(r) *mf.* **estintore** [...'to:re] *m* Feuerlöscher *m.* **estinzione** [...n'tsio:ne] *f* **1.** *(di stirpe, famiglia)* Aussterben *n,* Erlöschen *n geh; biol (di specie)* Aussterben *n;* **2.** *(di incendio)* Löschen *n,* Löschung *f;* **3.** *(di vulcano)* Erlöschen *n;* **4.** *com (di debito)* Tilgung *f.*
estirpare [estir'pa:re] *tr* **1.** *(sradicare)* (her)ausreißen; *med (dente)* ziehen; *(tumore)* entfernen, herausoperieren, -schneiden; **2.** *agr (erbacce)* ausrotten, vertilgen; **3.** *fig* ausmerzen, ausrotten.
estivo, -a [es'ti:vo] *a* sommerlich, Sommer-.
estorcere [es'tɔrtʃere] ‹*irr*› *tr* abpressen (*qc a qu* jdm etw.), erpressen (*qc a qu* etw. von jdm). **estorsione** [estor'sio:ne] *f* Erpressung *f.*
estradizione [estradit'tsio:ne] *f* Auslieferung *f.*
estraneo, -a [es'tra:neo] **I.** *a* fremd, außenstehend; *adm* unbefugt; **corpo ~** Fremdkörper *m;* **II.** *m, f* Fremde(r) *mf,* Außenstehende(r) *mf; adm* Unbefugte(r) *mf.*
estrarre [es'trarre] ‹*irr*› *tr* **1.** *(tirare*

fuori) aus-, herausziehen; *(dente)* ziehen; **2.** *(numeri)* ziehen; **3.** *min* fördern, abbauen, gewinnen; **4.** *mat (radice)* ziehen; ~ **a sorte** auslosen. **estratto, -a** [es'tratto] *m* **1.** *gastr (di carne, pomodoro, etc.)* Extrakt *m;* **2.** *com, adm* Auszug *m;* **3.** *(opuscolo)* Auszug *m;* ~ **di nascita** Auszug *m* aus dem Geburtsregister. **estrazione** [...t'tsio:ne] *f* **1.** *gener.* (Aus-, Heraus)ziehen *n; (di dente)* Ziehen *n,* Extraktion *f scient;* **2.** *min* Förderung *f,* Gewinnung *f;* **3.** *chem* Extraktion *f;* **4.** *mat (di radice)* Ziehen *n;* **5.** *(di numeri)* Ziehung *f;* **6.** *fig* Abstammung *f,* Herkunft *f.*

estremista [estre'mista] ‹-i *m,* -e *f*› *mf* Extremist(in) *m(f).*

estremità [estremi'ta] ‹-› *f* **1.** *(parte)* Ende *n;* **2.** *fig* Extrem *n;* **3.** ‹*pl*› *(mani e piedi)* Extremitäten *f pl.* **estremo, -a** [es'trɛ:mo] **I.** *a* **1.** *gener.* äußerste(r, s), höchste(r, s), letzte(r, s); **2.** *pol* extrem; **3.** *fig* äußerste(r, s), höchste(r, s); **II.** *m* **1.** *(punto estremo)* Ende *n,* äußerster Punkt; **2.** *fig* Extrem *n;* **3.** ‹*pl*› *adm* Hauptdaten *pl;* **essere ridotto agli -i** *fig* völlig heruntergekommen sein; **passare da un ~ all'altro** von einem Extrem ins andere fallen.

estrinsecare [estrinse'ka:re] ‹estrinseco, estrinsechi› **I.** *tr* äußern; **II.** *rfl:* **-arsi** sich äußern.

estro ['ɛstro] *m* Eingebung *f; (capriccio)* Anwandlung *f,* Laune *f.*

estrogeno [es'trɔ:dʒeno] *m* Östrogen *n.*

estroso, -a [es'tro:so] *a* **1.** *(fantasioso)* phantasievoll, originell; **2.** *(capriccioso)* launisch, extravagant.

estroverso, -a [estro'vɛrso] **I.** *a* extrovertiert, extravertiert; **II.** *m, f* Extrovertierte(r) *mf,* Extravertierte(r) *mf.*

estuario [estu'a:rio] ‹-i› *m* Trichtermündung *f.*

esuberante [ezube'rante] *a* **1.** *(persona)* temperamentvoll; *(temperamento)* überschäumend; **2.** *(vegetazione)* üppig. **esuberanza** [...'rantsa] *f* **1.** *(di persona)* Temperament *n; (di temperamento)* Überschäumen *n;* **2.** *(di vegetazione)* Üppigkeit *f.*

esulare [ezu'la:re] *itr* hinausgehen (*da* über), fernstehen *(da qc* einer S. *dat).*

esule ['ɛ:zule] **I.** *a* verbannt, im Exil (lebend); **II.** *mf* Verbannte(r) *mf,* im Exil Lebende(r) *mf.*

esultare [ezul'ta:re] *itr* überglücklich sein, sich sehr freuen (*per* über).

età [e'ta] ‹-› *f* Alter *n; geol* Zeitalter *f,* Zeit *f; hist* Ära, Zeitalter *f;* **l'~ del bronzo/ferro** die Bronze-/Eisenzeit; **maggiore/minore ~** Voll-/Minderjährigkeit *f;* **raggiungere la maggiore ~** volljährig werden.

etc. *ab di* **eccetera** etc. (*ab di* et cetera).

etere ['ɛ:tere] *m poet, chem* Äther *m.*

eternità [eterni'ta] ‹-› *f* Ewigkeit *f.*

eterno, -a [e'tɛrno] **I.** *a* ewig; **II.** *m* Ewigkeit *f;* **l'E~** der Ewige, Gott *m;* **in ~** in Ewigkeit.

etica ['ɛ:tika] ‹-che› *f* Ethik *f.*

etichetta [eti'ketta] *f* **1.** *com* Etikett *n; (del prezzo)* (Preis)etikett *n,* Preisschild *n;* **2.** *(cerimoniale)* Etikette *f.*

etico, -a ['ɛ:tiko] ‹-ci, -che› *a* ethisch.

etimologia [etimolo'dʒi:a] ‹-gie› *f* Etymologie *f.* **etimologico, -a** [...'lɔ:dʒiko] *a* etymologisch.

Etna ['ɛtna] *m* Ätna *m.*

etnico, -a ['ɛtniko] ‹-ci, -che› *a* ethnisch, Volks-. **etnologia** [etnolo'dʒi:a] ‹-gie› *f* Ethnologie *f,* Völkerkunde *f.*

etrusco, -a [e'trusko] ‹-schi, -sche› **I.** *a* etruskisch; **II.** *m, f* Etrusker(in) *m(f).*

ettaro ['ɛttaro] *m* (*ab* **ha**) Hektar *m o n.*

etto ['ɛtto] *m* (*ab* **h**), **ettogrammo** [etto'grammo] *m* (*ab* **hg**) hundert Gramm, Hektogramm *n.*

ettolitro [et'tɔ:litro] *m* (*ab* **hl**) Hektoliter *m o n.*

Ettore ['ɛttore] *(nome proprio maschile)* Hektor.

eucalipto [euka'lipto] *m* Eukalyptus *m.*

eucaristia, eucarestia [eukaris'ti:a, ...res'ti:a] ‹-ie› *f* Eucharistie *f.*

euforia [eufo'ri:a] ‹-ie› *f* Euphorie *f,* Hochgefühl *n.* **euforico, -a** [eu'fɔ:riko] ‹-ci, -che› *a* euphorisch.

Eugenio [eu'dʒɛ:nio] *(nome proprio maschile)* Eugen.

eurocheque [eurɔʃ'ʃɛk] ‹-› *m* Euroscheck *m.* **eurocomunismo** *m* Eurokommunismus *m.* **eurodollaro** [-'dɔllaro] *m* Eurodollar *m.* **euromissile** [-'missile] *m* Mittelstreckenrakete *f.*

Europa [eu'rɔ:pa] *f* Europa *n.*

europeismo [europe'izmo] *m* Europagedanke *m.* **europeo, -a** [...'pɛ:o] **I.** *a* europäisch; **II.** *m, f* Europäer(in) *m(f).*

eurovisione [eurovi'zio:ne] *f* Eurovision *f.*

eutanasia [eutana'zi:a] ‹-ie› *f* Sterbehilfe *f,* Euthanasie *f.*

evacuare [evaku'a:re] **I.** *tr* **1.** *(città, territorio)* evakuieren, räumen; **2.** *(feci)* ausscheiden; **II.** *itr* **1.** *(da città, etc.)* verlassen (*da qc* etw.); **2.** *(defecare)* Stuhlgang haben. **evacuazione** [...uat'tsio:ne] *f* **1.** *(di territorio, piazza)* Evakuierung *f,* Räumung *f;* **2.** *(di feci)* Ausscheidung *f.*

evadere [e'va:dere] ‹evado, evasi, evaso› **I.** *itr* ‹*essere*› **1.** *(da prigione)* ausbrechen (*da* aus); **2.** *fig* sich befreien (*da* von), fliehen (*da* vor); **II.** *tr* ‹*avere*› **1.** *adm (pratica, corrispondenza)* bearbeiten, erledigen; **2.** *jur (tasse)* sich entziehen *(qc* einer S. *dat);* **~ il fisco** steuerflüchtig sein.

evanescente [evaneʃ'ʃɛnte] *a* verschwommen. **evanescenza** [...'ʃɛntsa] *f* **1.** *(di immagine)* Verschwommenheit *f;* **2.** *radio, TV* Schwund(effekt) *m,* Fading(effekt *m*) *n.*

evangelico, -a [evan'dʒɛ:liko] ‹-ci, -che› **I.** *a* evangelisch; **II.** *m, f* Evangelische(r) *mf.*

evangelista [evandʒe'lista] ‹-i› *m* Evangelist *m.*

evangelizzare [evandʒelid'dza:re] *tr* **1.** *(Vangelo)* verkünden; **2.** *(convertire)* bekehren, evangelisieren.

evaporare [evapo'ra:re] **I.** *itr* ‹*essere o avere*› verdunsten; **II.** *tr* ‹*avere*› verdunsten (lassen), verdampfen. **evaporazione** [...rat'tsi̯o:ne] *f* Verdunstung *f,* Evaporation *f.*

evasa *f v.* **evaso.**

evasi [e'va:zi] *p rem di* **evadere.**

evasione [eva'zi̯o:ne] *f* **1.** *(fuga)* Flucht *f;* *(da carcere)* Ausbruch *m;* **2.** *adm* Erledigung *f,* Bearbeitung *f;* ~ **fiscale** Steuerflucht *f.*

evasivo, -a [eva'zi:vo] *a* ausweichend.

evaso, -a [e'va:zo] **I.** *pp di* **evadere; II.** *m, f* Flüchtling *m.*

evasore [eva'zo:re] *m* Steuerflüchtige(r) *m.*

evenienza [eve'ni̯ɛntsa] *f* Fall *m,* Gelegenheit *f;* **per** *(o* **in) ogni** ~ für alle Fälle.

evento [e'vɛnto] *m* Ereignis *n,* Vorfall *m;* **lieto** ~ freudiges Ereignis.

eventuale [eventu'a:le] *a* eventuell, möglich. **eventualità** [...uali'ta] ‹-› *f* Möglichkeit *f,* Eventualität *f,* Fall *m;* **nell'~ che . . .** *conj* für den Fall, daß . . .; falls . . . **eventualmente** [...ual'mente] *adv* möglicherweise, eventuell, unter Umständen.

eversivo, -a [ever'si:vo] *a* (gesellschafts)zersetzend.

evidente [evi'dɛnte] *a* evident *geh; (visibile)* augenfällig, sichtlich; *(manifesto)* offensichtlich; *(chiaro)* klar, deutlich. **evidenza** [...'dɛntsa] *f* Evidenz *f geh,* Augenfälligkeit *f,* Offensichtlichkeit *f,* Deutlichkeit *f;* **mettere qc/mettersi in** ~ etw. hervorheben/sich hervortun.

evitare [evi'ta:re] *tr* vermeiden; *(scansare)* meiden; *(pericolo a.)* umgehen, ausweichen (*qc* einer S. *dat*).

evo ['ɛ:vo] *m* Zeit(alter *n*) *f;* ~ **antico** Altertum *n,* Antike *f;* ~ **moderno** Neuzeit *f.*

evocare [evo'ka:re] ‹evoco, evochi› *tr* **1.** *(spiriti)* beschwören; **2.** *fig (richiamare)* heraufbeschwören.

evolutivo, -a [evolu'ti:vo] *a* Entwicklungs-, Evolutions-.

evoluto, -a [evo'lu:to] **I.** *pp di* **evolversi; II.** *a* entwickelt, reif.

evoluzione [evolut'tsi̯o:ne] *f* **1.** *gener.* Entwicklung *f; biol, soc* Evolution *f;* **2.** *sport* Übung *f,* Bewegung *f.*

evolversi [e'vɔlversi] ‹mi evolvo, mi evolvei *o* evolvetti, evoluto› *rfl* sich entwickeln.

evviva [ev'vi:va] **I.** *interj* es lebe . . ., hoch lebe . . ., hurra; ~ **gli sposi!** hoch lebe das Brautpaar!, sie leben hoch!; **II.** ‹-› *m* Hochruf *m,* Hurra *n.*

ex [ɛks] *prp* ehemalig, Ex-, ex-; *(presidente, etc.)* Alt-.

extra ['ɛkstra] **I.** ‹*inv*› *a* **1.** *gener.* besondere(r, s), extra, Extra-; **2.** *com (spese)* Sonder-; **II.** ‹-› *m* Extra *n,* Sonderausgabe *f;* **III.** *prp* außerhalb *gen.* **extraconiugale** [ekstrakoni̯u'ga:le] *a* außerehelich. **extraparlamentare** [-parlamen'ta:re] **I.** *a* außerparlamentarisch; **II.** *mf* Mitglied *n* einer außerparlamentarischen Organisation. **extrasensoriale** [-senso'ri̯a:le] *a* außersinnlich, übersinnlich. **extraterrestre** [-ter'rɛstre] **I.** *a* außerirdisch; **II.** *mf* Außerirdische(r) *mf.* **extraurbano, -a** [-ur'ba:no] *a* außerhalb der Stadt, außerstädtisch.

eye-liner ['aɪlaɪnə] ‹-› *m* Lidstrich *m,* Eyeliner *m.*

F

F, f ['ɛffe] ‹-› *f* F, f *n;* **f come Firenze** F wie Friedrich.
fa[1] [fa] ‹-› *m mus* f, F *n.*
fa[2] [fa] *adv (addietro)* vor; **tre anni ~** vor drei Jahren.
fabbisogno [fabbi'zoɲɲo] *m* Bedarf *m* (*di* an).
fabbrica ['fabbrika] ‹-che› *f* **1.** *(stabilimento)* Fabrik *f,* Werk *n;* **2.** *(costruzione)* Bau *m,* Bauwerk *n.* **fabbricante** [...'kante] *mf* Fabrikant(in) *m(f).* **fabbricare** [...'ka:re] ‹fabbrico, fabbrichi› *tr* **1.** *(costruire)* (er-, auf)bauen; **2.** *(produrre)* herstellen, fertigen; **3.** *fig (inventare)* erfinden, ersinnen. **fabbricato** [...'ka:to] *m* Bau *m,* Gebäude *n.* **fabbricazione** [...kat'tsi̯o:ne] *f* Herstellung *f,* Fabrikation *f,* Produktion *f;* **~ in serie** Serienproduktion *f.*
fabbro ['fabbro] *m* **1.** *(~ ferraio)* Schmied *m;* **2.** *(di serrature)* Schlosser *m.*
faccenda [fat'tʃɛnda] *f* **1.** *(questione, cosa da fare)* Angelegenheit *f,* Sache *f;* **2.** ‹*pl*› *(lavori domestici)* Hausarbeit *f.*
facchino [fak'ki:no] *m* **1.** *(portabagagli)* Träger *m,* Gepäckträger *m;* **2.** *(d'albergo)* Hoteldiener *m;* **3.** *(scaricatore)* Verladearbeiter *m.*
faccia ['fattʃa] ‹-cce› *f* **1.** *(volto)* Gesicht *n;* **2.** *(espressione)* Miene *f,* Ausdruck *m;* **3.** *(aspetto)* Aussehen *n;* **4.** *(parte)* Seite *f;* *(di case)* Fassade *f;* **5.** *(superficie)* Oberfläche *f;* **~ tosta** (*o* **di bronzo)** *fig* dreiste (*o* unverfrorene) Art; *(persona)* unverschämte (*o* dreiste) Person; **(a) ~ a ~** Auge in Auge, von Angesicht zu Angesicht. **facciale** [...'tʃa:le] *a* Gesichts-.
facciata [fat'tʃa:ta] *f* **1.** *arch* Fassade *f;* **2.** *(di pagina)* Seite *f.*
faccio ['fattʃo] *pr di* **fare.**
faceto, -a [fa'tʃɛ:to] *a* witzig, lustig.
fachiro [fa'ki:ro] *m* Fakir *m.*
facile ['fa:tʃile] *a* **1.** *(agevole)* leicht; *(testo)* verständlich; **2.** *(affabile)* umgänglich, nett; **3.** *(probabile)* wahrscheinlich; **4.** *(poco serio)* leichtfertig.
facilità [fatʃili'ta] ‹-› *f* **1.** *(agevolezza)* Leichtigkeit *f,* Mühelosigkeit *f;* **2.** *(comprensibilità)* Verständlichkeit *f;* **3.** *(predisposizione)* Gewandtheit *f;* **4.** *(leggerezza)* Leichtfertigkeit *f.* **facilitare** [...'ta:re] *tr* **1.** *(agevolare)* erleichtern; **2.** *(nei crediti)* entgegenkommen (*qu* jdm); **3.** *(essere utile)* helfen (*qu* jdm), nützen (*qu* jdm). **facilitazione** [...tat'tsi̯o:ne] *f* Erleichterung *f;* *fin* Vergünstigung *f.*
facilone, -a [fatʃi'lo:ne] *m, f* leichtsinniger Mensch, Leichtfuß *m.* **faciloneria** [...lone'ri:a] ‹-ie› *f* Leichtfertigkeit *f.*
facoltà [fakol'ta] ‹-› *f* **1.** *(capacità)* Fähigkeit *f,* Gabe *f;* **2.** *(potere)* Befugnis *f,* Macht *f;* **3.** *(permesso)* Erlaubnis *f;* **4.** *(~ universitaria)* Fakultät *f.*
facoltativo, -a [fakolta'ti:vo] *a* **1.** *(a discrezione)* beliebig; **2.** *(di libera scelta)* wahlfrei, fakultativ; **3.** *(non obbligatorio)* unverbindlich; **fermata -a** Bedarfshaltestelle *f.*
facoltoso, -a [fakol'to:so] *a* vermögend, wohlhabend.
faggio ['faddʒo] ‹-ggi› *m* Buche *f.*
fagiano [fa'dʒa:no] *m* Fasan *m.*
fagiolino [fadʒo'li:no] *m* Brechbohne *f,* grüne Bohne.
fagiolo [fa'dʒɔ:lo] *m* (weiße) Bohne *f;* **capitare a ~** *fam* wie gerufen kommen.
fagotto[1] [fa'gɔtto] *m (involto)* Bündel *n;* **far ~** *fig* sein Bündel schnüren.
fagotto[2] [fa'gɔtto] *m mus* Fagott *n.*
fai da te [fai da 'te] ‹-› *m* Heimwerken *n.*
faina [fa'i:na] *f* Steinmarder *m.*
falce ['faltʃe] *f* Sichel *f;* *(~ fienaia)* Sense *f.* **falciare** [...'tʃa:re] ‹falcio, falci› *tr* **1.** *(erba, grano)* mähen; **2.** *fig (mietere vittime)* dahinraffen; *mil* niedermähen. **falciatrice** [...tʃa'tri:tʃe] *f (per fieno)* Mähmaschine *f;* *(per erba)* Rasenmäher *m.*
falco ['falko] ‹-chi› *m* Falke *m.*
falda ['falda] *f* **1.** *geol* Schicht *f;* **2.** *(di monte)* Hang *m;* **3.** *(di abito)* Schoß *m;* *(di cappello)* Krempe *f.*
falegname [faleɲ'ɲa:me] *m* Tischler *m.* **falegnameria** [...ɲame'ri:a] ‹-ie› *f* Tischlerei *f.*
falena [fa'lɛ:na] *f* Nachtfalter *m.*
falla ['falla] *f* **1.** *naut* Leck *n;* **2.** *mil (nello schieramento)* Lücke *f.*
fallace [fal'la:tʃe] *a* trügerisch.
fallimentare [fallimen'ta:re] *a* **1.** *jur* Konkurs-; **2.** *fig (situazione)* katastrophal.
fallimento [falli'mento] *m* **1.** *com* Konkurs *m;* **2.** *fig (insuccesso)* Scheitern *n,* Schiffbruch *m.*
fallire [fal'li:re] ‹fallisco› **I.** *itr* ‹*essere*› **1.** *jur* Konkurs machen; **2.** *fig* mißlingen, scheitern; *(tentativo a.)* fehlschlagen; **II.** *tr* ‹*avere*› verfehlen. **fallito, -a** [...'li:to] **I.** *a* **1.** *com* bankrott; **2.** *fig* ge-

scheitert, fehlgeschlagen; **II.** *m, f* **1.** *com* Bankrotteur(in) *m(f);* **2.** *fig* Gescheiterte(r) *m(f).*
fallo ['fallo] *m* **1.** *(errore)* Fehler *m,* Irrtum *m;* **2.** *(difetto)* Mangel *m;* **3.** *sport (~ intenzionale)* Foul *n;* **cogliere qu in ~** jdn auf frischer Tat ertappen; **essere in ~** Schuld haben; **mettere un piede in ~** ausrutschen; **senza ~** ohne Zweifel, gewiß.
falò [fa'lɔ] ‹-› *m* (Freuden)feuer *n.*
falsare [fal'sa:re] *tr* verdrehen, falsch auslegen; *(riportare alterando)* entstellen, verfälschen.
falsariga [falsa'ri:ga] *f:* **sulla ~ di qu** nach jds Beispiel.
falsario [fal'sa:rio] ‹-i› *m* Fälscher *m; (di monete a.)* Falschmünzer *m.*
falsetto [fal'setto] *m* Falsett *n.*
falsificare [falsifi'ka:re] ‹falsifico, falsifichi› *tr* fälschen. **falsificazione** [...kat'tsio:ne] *f* Fälschung *f.*
falsità [falsi'ta] ‹-› *f* Unwahrheit *f; (a. ipocrisia)* Falschheit *f.* **falso, -a** ['falso] **I.** *a* falsch; *(falsificato a.)* gefälscht; **II.** *m* Falsche(s) *n; jur* Fälschung *f.*
fama ['fa:ma] *f* **1.** *(reputazione)* (guter) Ruf *m;* **2.** *(celebrità)* Ruhm *m;* **avere ~ di ...** im Ruf ... *gen* stehen.
fame ['fa:me] *f* **1.** Hunger *m;* **2.** *fig (bramosia)* Gier *f,* Sucht *f; (di sapere)* Durst *m;* **~ da lupi** Bärenhunger *m fam.* **famelico, -a** [fa'mɛ:liko] ‹-ci, -che› *a* **1.** *(affamato)* ausgehungert; **2.** *fig poet* gierig.
famigerato, -a [famidʒe'ra:to] *a* berüchtigt.
famiglia [fa'miʎʎa] ‹-glie› *f* Familie *f; (gruppo a.)* Gruppe *f;* **~ umana** Menschengeschlecht *n;* **~ reale** Königshaus *n;* **essere di buona ~** aus gutem Hause sein; **metter su ~** eine Familie gründen.
familiare [fami'lia:re] **I.** *a* **1.** *(della famiglia)* familiär, Familien-; **2.** *(consueto, noto)* vertraut; **3.** *(semplice)* einfach; *(cucina)* gutbürgerlich; **4.** *ling* umgangssprachlich, familiär; **linguaggio ~** Umgangssprache *f;* **II.** *mf* (Familien)angehörige(r) *mf;* **III.** *f* Familienwagen *m.* **familiarità** [...iari'ta] ‹-› *f* **1.** *(confidenza)* Vertraulichkeit *f;* **2.** *(pratica)* Vertrautheit *f.* **familiarizzarsi** [...iarid'dzarsi] *rfl* vertraut werden; *(impratichirsi)* sich vertraut machen.
famoso, -a [fa'mo:so] *a* berühmt.
fanale [fa'na:le] *m* Licht *n,* Lampe *f.* **fanalino** [fana'li:no] *m* kleine Lampe, Leuchte *f;* **~ di coda** *mot* Rücklicht *n; fig* Schlußlicht *n.*
fanatico, -a [fa'na:tiko] ‹-ci, -che› **I.** *a* fanatisch; **essere ~ di qc** von etw. begeistert sein; **II.** *m, f* Fanatiker(in) *m(f).* **fanatismo** [fana'tizmo] *m* Fanatismus *m.*
fanciulla [fan'tʃulla] *f* (junges) Mädchen *n.* **fanciullezza** [...'lettsa] *f* Kindheit *f,* Kindesalter *n.* **fanciullo** [...'tʃullo] *m* Knabe *m,* Kind *n.*
fandonia [fan'dɔ:nia] ‹-ie› *f* Lüge *f.*
fanfaluca [fanfa'lu:ka] ‹-che› *f* Geschwätz *n.*
fanfara [fan'fa:ra] *f* **1.** *(banda)* Blechmusikkapelle *f;* **2.** *(musica)* Fanfare *f.*
fanfarone, -a [fanfa'ro:ne] *m, f* Prahler(in) *m(f),* Prahlhans *m.*
fango ['faŋgo] ‹-ghi› *m* **1.** *(limo)* Schlamm *m;* **2.** *geol* Schlick *m;* **3.** *med* Fango *m;* **4.** ‹*pl*› *(termali)* Moorbäder *n pl.* **fangoso, -a** [...'go:so] *a* **1.** *(pieno di fango)* schlammig; **2.** *(coperto di fango)* dreckig, schmutzig.
fannullone, -a [fannul'lo:ne] *m, f* Nichtstuer(in) *m(f),* Faulenzer(in) *m(f).*
fantascienza [fantaʃ'ʃɛntsa] *f* Sciencefiction *f.*
fantasia [fanta'zi:a] ‹-ie› *f* **1.** *(immaginazione)* Phantasie *f,* Vorstellungsvermögen *n;* **2.** *(capriccio)* Laune *f;* **3.** *(tessuto)* bunt gemusterter Stoff; **4.** *mus* Fantasie *f.* **fantasioso, -a** [...'zio:so] *a* phantasievoll.
fantasma [fan'tazma] **I.** ‹-i› *m* **1.** *(spettro)* Gespenst *n,* Geist *m;* **2.** *(illusione)* Gespenst *n geh,* Illusion *f;* **II.** ‹*inv*› *a (governo)* Schein-; *(nave)* Geister-.
fantasticare [fantasti'ka:re] ‹fantastico, fantastichi› **I.** *tr* träumen von, phantasieren von; **II.** *itr* träumen, phantasieren. **fantasticheria** [...ke'ri:a] ‹-ie› *f* Phantasterei *f,* Träumerei *f.*
fantastico, -a [fan'tastiko] ‹-ci, -che› *a* phantastisch; *(della fantasia)* Einbildungs-.
fante ['fante] *m* **1.** *mil* Infanterist *m;* **2.** *(nelle carte francesi)* Bube *m; (nelle carte tedesche)* Unter *m.* **fanteria** [-'ri:a] ‹-ie› *f* Infanterie *f.*
fantino [fan'ti:no] *m* Jockey *m,* Jockei *m.*
fantoccio [fan'tɔttʃo] ‹-cci› *m* **1.** *(pupazzo)* Puppe *f;* **2.** *fig* Hampelmann *m,* Marionette *f.*
farabutto, -a [fara'butto] *m, f* Schurke *m,* Schurkin *f.*
faraona [fara'o:na] *f* Perlhuhn *n.*
faraone [fara'o:ne] *m* Pharao *m.*
farcire [far'tʃi:re] ‹farcisco› *tr* füllen, farcieren.
fardello [far'dɛllo] *m* **1.** *(involto)* Bündel *n;* **2.** *fig (peso)* Bürde *f,* Last *f.*
fare ['fa:re] ‹faccio, feci, fatto› **I.** *tr* **1.** *gener.* machen; *(opera, etc.)* verfassen; **2.** *(attività)* tun; *(mestiere)* ausüben; **3.** *(sport)* treiben; *(tennis, calcio, etc.)* spielen; **4.** *(comportamento)* spie-

len; **5.** *(rappresentazione)* spielen; *(al teatro, cinema)* geben; **6.** *fig (amicizia)* schließen; **~ il medico** Arzt sein; **non ~ la sciocca** spiel nicht die Dumme; **~ sapere qc a qu** jdn etw. wissen lassen; **~ tacere qu** jdn zum Schweigen bringen; **~ vedere** zeigen; **fammi vedere** zeig mal, laß mich (mal) sehen; **~ a meno di qc** ohne etw. auskommen; **farla a qu** *fam* jdn hereinlegen, jdn übers Ohr hauen; **~ tardi** zu spät kommen; **non fa niente** das macht nichts; **5 più 3 fa 8** 5 und 3 macht (*o* ist) 8; **farcela** es schaffen; **farla finita con qu** mit jdm Schluß machen; **II.** *itr* **1.** *(lavorare)* tun; *(agire)* handeln; **2.** *(essere efficace)* wirken; **3.** *(essere adatto)* geeignet sein; **~ da** sein wie, wirken als; *(persone)* ersetzen; *(lavorare come)* arbeiten als; **far piangere/ridere qu** jdn zum Weinen/Lachen bringen; **fa bello/caldo/freddo** es ist schön/warm/kalt; **faccia pure!** bitte sehr!; **non mi fa né caldo né freddo** das läßt mich kalt; **questo lavoro non fa per me** diese Arbeit ist nichts für mich; **III.** *rfl:* **farsi** *(rendersi)* werden; **farsi pregare** sich bitten lassen; **farsi fare una copia** sich *(dat)* eine Kopie machen lassen; **farsi notare** sich bemerkbar machen; **farsi avanti/da parte** vortreten/zur Seite treten; **farsela addosso** *fam* (sich *dat*) in die Hosen (*o* ins Hemd) machen *fam;* **farsi in quattro** *fig* sich zerreißen; **farsi strada** *fig* seinen Weg machen; **si è fatto tardi** es ist spät geworden; **IV.** *m* **1.** *(comportamento)* Benehmen *n; (portamento)* Art *f;* **2.** *(modo di fare)* Tun *n,* Handlungsweise *f.*

farfalla [far'falla] *f* Schmetterling *m.*

farfugliare [farfuʎ'ʎa:re] ‹farfuglio, farfugli› *itr* murmeln.

farina [fa'ri:na] *f* Mehl *n;* **non è ~ del tuo sacco** *fig* das ist nicht auf deinem Mist gewachsen.

faringe [fa'rindʒe] *f* Rachen *m.*

farmaceutico, -a [farma'tʃɛ:utiko] ‹-ci, -che› *a* pharmazeutisch; *(industria)* Pharma-, Arzneimittel-.

farmacia [farma'tʃi:a] ‹-cie› *f* **1.** *(arte)* Pharmazie *f,* Arznei(mittel)kunde *f;* **2.** *(locale)* Apotheke *f.* **farmacista** [...'tʃista] ‹-i *m,* -e *f*› *mf* Apotheker(in) *m(f).*

farmaco ['farmako] ‹-ci *o* -chi› *m* Arznei *f,* Heilmittel *n.*

farneticare [farneti'ka:re] ‹farnetico, farnetichi› *itr* **1.** *(delirare)* phantasieren; **2.** *(dire assurdità)* faseln, wirr reden.

faro ['fa:ro] *m* **1.** *(torre)* Leuchtturm *m;* **2.** *(di veicolo)* Scheinwerfer *m;* **3.** *fig lett* Leuchte *f geh;* **-i abbaglianti/anabbaglianti** Fern-/Abblendlicht *n.*

farsa ['farsa] *f* **1.** *lit* Farce *f,* Posse *f;* **2.** *fig (buffonata)* Posse *f geh,* (Narren)streich *m.*

fascetta [faʃ'ʃetta] *f* Banderole *f,* Streifband *n.*

fascia ['faʃʃa] ‹-sce› *f* **1.** *(striscia di tessuto)* Band *n; (a. med)* Binde *f;* **2.** ‹*pl*› *(per bambini)* Windel *f;* **3.** *(di territorio)* Strich *m,* Streifen *m,* Gürtel *m;* **4.** *(di carta)* Banderole *f,* Streifband *n;* **5.** *fig (settore)* Ausschnitt *m,* Teil *m;* **~ elastica** *med* elastische Binde; *(ventriera)* elastisches Mieder; *(nei motori)* Kolbenring *m;* **bambino in -sce** Wickelkind *n.*

fasciare [faʃ'ʃa:re] ‹fascio, fasci› *tr* **1.** *(ferita)* verbinden; **2.** *(bambino)* wikkeln; **3.** *(aderire)* (eng) anliegen an, umschließen. **fasciatoio** [...ʃa'to:i̯o] ‹-oi› *m* Wickelkommode *f.* **fasciatura** [...ʃa'tu:ra] *f* Verband *m.*

fascicolo [faʃ'ʃi:kolo] *m* (*ab* **fasc.**) **1.** *(di riviste, dispensa)* Heft *n,* Lieferung *f,* Faszikel *m;* **2.** *(di documenti)* Aktenbündel *n.*

fascino ['faʃʃino] *m* **1.** *(attrattiva)* Charme *m,* Zauber *m;* **2.** *(allettamento)* Reiz *m,* Faszination *f.*

fascio ['faʃʃo] ‹-sci› *m* **1.** *(di legna)* Bund *m,* Stoß *m;* **2.** *(di fiori)* Strauß *m;* **3.** *(di nervi, raggi, erba)* Bündel *n;* **4.** *pol* Verband *m,* Bund *m; hist (partito fascista)* faschistische Partei; **5.** *hist (emblema)* Liktoren-, Rutenbündel *n.*

fascismo [faʃ'ʃizmo] *m* Faschismus *m.* **fascista** [...'ʃista] ‹-i *m,* -e *f*› **I.** *a* faschistisch; **II.** *mf* Faschist(in) *m(f).*

fase ['fa:ze] *f* **1.** *gener., astr, phys, el, tec* Phase *f; (stadio a.)* Stadium *n,* Stufe *f,* Abschnitt *m;* **2.** *mot* Takt *m.*

fastidio [fas'ti:di̯o] ‹-i› *m* **1.** *(molestia)* Belästigung *f,* Störung *f;* **2.** *(noia)* Überdruß *m,* Verdruß *m;* **3.** *(disgusto)* Ekel *m;* **4.** *(dispiacere)* Unannehmlichkeit *f;* **dare ~ a qu** jdn belästigen. **fastidioso, -a** [...ti'di̯o:so] *a* **1.** *(seccante)* lästig, unangenehm; *(noioso)* langweilig; **2.** *(irritabile)* reizbar.

fasto ['fasto] *m* Prunk *m.*

fasullo, -a [fa'zullo] *a* **1.** *(moneta, oro)* falsch; **2.** *fig (persona)* unfähig, schlecht.

fata ['fa:ta] *f* Fee *f.*

fatale [fa'ta:le] *a* fatal; *(ferita)* tödlich; *(disastro)* verhängnisvoll, unselig; *(fascino)* unwiderstehlich. **fatalità** [fatali'ta] ‹-› *f* **1.** *(destino)* Schicksalhaftigkeit *f,* Fatalität *f;* **2.** *(disgrazia)* Unglück *n.*

fatica [fa'ti:ka] ‹-che› *f* **1.** *(sforzo, difficoltà)* Mühe *f,* Anstrengung *f;* **2.** *(stanchezza)* Müdigkeit *f;* **3.** *(lavori pesanti)* Schwerarbeit *f.* **faticare** [fati'ka:re] ‹fatico, fatichi› *itr* **1.** *(sottoporsi a sforzo)* hart arbeiten; **2.** *(incontrare difficoltà)* sich abmühen, Mühe haben. **faticoso,**

-a [...'ko:so] *a* mühsam, anstrengend; *(stile)* bemüht.

fato ['fa:to] *m* Schicksal *n.*

fattezze [fat'tettse] *f pl* (Gesichts)züge *m pl.*

fatto, -a ['fatto] **I.** *pp di* **fare; II.** *a* **1.** *(compiuto)* gemacht, getan; *(abito)* fertig, von der Stange; *tec* gefertigt, hergestellt; **2.** *(maturo, a. fig)* reif; **3.** *(conformato fisicamente)* gebaut; **4.** *(inoltrato)* voll(endet); ~ **a macchina/mano** maschinell gefertigt/handgemacht; **III.** *m* **1.** *(azione)* Tat *f;* **2.** *(avvenimento)* Ereignis *n;* **3.** *(affare)* Angelegenheit *f,* Sache *f;* **a ~ compiuto** vor vollendeter Tatsache; **in ~ di** mit Bezug auf, in bezug auf; **~ sta che ...** Tatsache ist, daß ...

fattore [fat'to:re] *m* Faktor *m.*

fattore, -essa (*o fam* **-a**) [fat'to:re, ...to'ressa] *m, f* Gutsverwalter(in) *m(f).*

fattoria [fatto'ri:a] ‹-ie› *f* Gutshof *m,* (Land)gut *n.*

fattorino, -a [fatto'ri:no] *m, f* **1.** *(commesso)* Bote *m,* Botin *f; (di negozio)* Laufbursche *m,* -mädchen *n;* **2.** *(bigliettaio)* Schaffner(in) *m(f).*

fattura [fat'tu:ra] *f* **1.** *(lavorazione)* Anfertigung *f,* Herstellung *f;* **2.** *(confezione)* Fasson *f;* **3.** (*ab* **Fatt.**) *com* Rechnung *f;* **4.** *(maleficio)* Zauberei *f,* Hexerei *f.* **fatturare** [fattu'ra:re] *tr* **1.** *com* fakturieren; **2.** *(vino)* panschen. **fatturato** [...'ra:to] *m* Umsatz *m.*

fatuo, -a ['fa:tuo] *a* oberflächlich.

fauna ['fa:una] *f* Tierreich *n,* Fauna *f.*

fausto, -a ['fa:usto] *a* glücklich.

fautore, -trice [fau'to:re] *m, f* Förderer *m,* Förderin *f; (sostenitore)* Befürworter(in) *m(f).*

fava ['fa:va] *f* dicke Bohne, Saubohne *f.*

favilla [fa'villa] *f* Funke(n) *m.*

favola ['fa:vola] *f* Fabel *f; (fandonia)* Märchen *n.* **favoloso, -a** [...'lo:so] *a* fabelhaft; *(enorme)* großartig, außergewöhnlich.

favore [fa'vo:re] *m* **1.** *(benevolenza)* Wohlwollen *n;* **2.** *(servizio)* Gefallen *m,* Gefälligkeit *f;* **3.** *(protezione)* Gunst *f,* Schutz *m;* **per ~** bitte; **fare un ~ a qu** jdm einen Gefallen tun; **parlare in ~ di qu** zu jds Gunsten sprechen. **favoreggiare** [favored'dʒa:re] ‹favoreggio, favoreggi› *tr* begünstigen.

favorevole [favo're:vole] *a* **1.** *(vantaggioso)* günstig; **2.** *(benevolo)* wohlwollend; **3.** *(consenziente)* zustimmend; **essere ~** dafür sein; **essere ~ a qc/qu** für etw./jdn sein.

favorire [favo'ri:re] ‹favorisco› *tr* **1.** *(assecondare)* begünstigen; **2.** *(agevolare)* unterstützen, fördern; **favorisca il biglietto** die Fahrkarte, bitte; **favorisca alla cassa** bemühen Sie sich bitte an die Kasse *geh;* **favorisca in salotto** nehmen Sie bitte im Wohnzimmer Platz; **vuole ~?** darf ich Ihnen das anbieten? **favorito, -a** [...'ri:to] **I.** *a* **1.** *(prediletto)* Lieblings-, bevorzugt; **2.** *(probabile vincitore)* favorisiert; **II.** *m, f* **1.** *(beniamino)* Liebling *m;* **2.** *(in gare, elezioni)* Favorit(in) *m(f).*

fazione [fat'tsi̯o:ne] *f* Faktion *f.*

fazzoletto [fattso'letto] *m* Tuch *n; (da naso)* Taschentuch *n.*

febbraio [feb'bra:i̯o] *m* Februar *m; v. a. settembre.*

febbre ['fɛbbre] *f (a. fig)* Fieber *n;* **~ da fieno** Heuschnupfen *m.* **febbricitante** [febbritʃi'tante] *a* fiebernd; **essere ~** Fieber haben. **febbrile** [...'bri:le] *a* **1.** *med* fiebrig, Fieber-; **2.** *fig* fieberhaft.

feccia ['fɛttʃa] ‹-cce› *f* **1.** *(di vino)* (Boden)satz *m;* **2.** *fig pej* Abschaum *m.*

feci[1] ['fɛ:tʃi] *f pl* Fäkalien *pl.*

feci[2] ['fe:tʃi] *p rem di* **fare.**

fecola ['fɛ:kola] *f* Stärkemehl *n.*

fecondare [fekon'da:re] *tr* **1.** *biol* befruchten; **2.** *(rendere fertile)* fruchtbar machen. **fecondazione** [...dat'tsi̯o:ne] *f* Befruchtung *f.*

fecondità [fekondi'ta] ‹-› *f* Fruchtbarkeit *f.* **fecondo, -a** [fe'kondo] *a* fruchtbar; *(nozze)* kinderreich.

fede ['fe:de] *f* **1.** *(credo)* Glaube(n) *m;* **2.** *(fiducia)* Vertrauen *n;* **3.** *(onestà, fedeltà)* Treue *f;* **4.** *(anello)* Trau-, Ehering *m;* **5.** *(attestato)* Schein *m,* Bescheinigung *f;* **in ~** *adm* für die Richtigkeit; **in buona/mala ~** in gutem Glauben/in böser Absicht.

fedele [fe'de:le] **I.** *a* **1.** *(devoto)* treu; **2.** *(esatto)* genau; *(traduzione, riproduzione)* (original)getreu; **II.** *mf* **1.** *(credente)* Gläubige(r) *mf;* **2.** *(seguace)* Anhänger(in) *m(f),* Getreue(r) *mf.*

fedeltà [fedel'ta] ‹-› *f* **1.** *(devozione)* Treue *f;* **2.** *(esattezza)* Zuverlässigkeit *f,* Treue *f;* **ad alta ~** Hi(gh)-Fi(delity)-.

federa ['fɛ:dera] *f* (Kopf)kissenbezug *m.*

federale [fede'ra:le] *a* **1.** *pol* föderativ, Bundes-; **2.** *(di società)* Verbands-, Vereins-.

federazione [federat'tsi̯o:ne] *f* **1.** *(di stati)* Föderation *f;* **2.** *(di società)* Verband *m.*

Federica [fede'ri:ka] *(nome proprio femminile)* Friederike.

Federico [fede'ri:ko] *(nome proprio maschile)* Friedrich.

fedina [fe'di:na] *f* Strafregisterauszug *m.*

fegato ['fe:gato] *m* **1.** *anat* Leber *f;* **2.** *fig (audacia)* Mut *m.*

felce ['feltʃe] *f* Farn *m.*

felice [fe'li:tʃe] *a* glücklich. **felicità** [felitʃi'ta] ‹-› *f* Glück *n.*

felicitarsi [felitʃi'tarsi] *rfl* sich freuen (*di* über); **~ con qu per qc** jdn zu etw. beglückwünschen. **felicitazione** [...tat'tsi̯o:ne] *f* Glückwunsch *m.*

felino, -a [fe'li:no] **I.** *a* katzenartig, Katzen-; **II.** *m* Katze *f.*
felpa ['felpa] *f* **1.** *(stoffa)* Plüsch *m;* **2.** *(pull)* Sweatshirt *n.*
feltro ['feltro] *m* **1.** *(tessuto)* Filz *m;* **2.** *(cappello)* Filzhut *m.*
femmina ['femmina] *f* **1.** *(spesso pej: donna)* Weib *n;* **2.** *zoo* Weibchen *n;* **3.** *tec* Mutter *f.* **femminile** [...'ni:le] **I.** *a* weiblich; *(abito, sport)* Damen-; *(lavoro)* Frauen-; *(scuola)* Mädchen-; **genere** ~ *gram* Femininum *n;* **II.** *m* **1.** *gram* Femininum *n;* **2.** *sport* Damenwettbewerb *m.*
femminismo [femmi'nizmo] *m* Feminismus *m.* **femminista** [...'nista] ‹-i *m,* -e *f*› *mf* Feminist(in) *m(f).*
femore ['fɛ:more] *m* Oberschenkel *m.*
fendere ['fɛndere] *tr* **1.** *(tagliare)* spalten; **2.** *(onde)* durchpflügen.
fendinebbia [fendi'nebbi̯a] *m pl* Nebelscheinwerfer *m pl.*
fenditura [fendi'tu:ra] *f* **1.** *(taglio)* Spaltung *f;* **2.** *(apertura)* Spalt *m,* Riß *m.*
fenicottero [feni'kɔttero] *m* Flamingo *m.*
fenomenale [fenome'na:le] *a* phänomenal, außergewöhnlich, unglaublich.
fenomeno [fe'nɔ:meno] *m* Phänomen *n.*
Ferdinando [ferdi'nando] *(nome proprio maschile)* Ferdinand.
feretro ['fɛ:retro] *m* Bahre *f.*
feriale [fe'ri̯a:le] *a* Wochen-, Werk-.
ferie ['fɛ:ri̯e] *f pl* Ferien *pl,* Urlaub *m.*
ferimento [feri'mento] *m* Verletzung *f,* Verwundung *f.*
ferire [fe'ri:re] ‹ferisco› *tr (a. fig)* verletzen; *(colpendo)* verwunden; *(occhi)* blenden; **senza colpo** ~ ohne Blutvergießen.
ferita [fe'ri:ta] *f* Verletzung *f,* Wunde *f;* **riaprire una** ~ *fig* alte Wunden wieder aufreißen.
ferito, -a [fe'ri:to] **I.** *a* verletzt, verwundet; **II.** *m, f* Verletzte(r) *mf,* Verwundete(r) *mf.*
feritoia [feri'to:i̯a] ‹-oie› *f* **1.** *mil* Schießscharte *f;* **2.** *(in ambienti)* Schlitz *m.*
ferma ['ferma] *f* **1.** *mil* Militärzeit *f,* Wehrdienstzeit *f;* **2.** *(nella caccia)* Vorstehen *n.*
fermacarte [ferma'karte] ‹-› *m* Briefbeschwerer *m.*
fermaglio [fer'maʎʎo] ‹-gli› *m* **1.** *(borchia, fibbia)* Schnalle *f,* Spange *f;* **2.** *(per fogli)* Heftklammer *f.*
fermare [fer'ma:re] **I.** *tr* **1.** *(arrestare il movimento)* anhalten; *(emorragia, etc.)* stillen, stoppen; *(motore)* abstellen; *(lavoro)* aufhören mit; **2.** *(persone)* aufhalten, zurückhalten; *(di polizia)* festnehmen; **3.** *(fissare)* befestigen; **II.** *itr* (an)halten, stehenbleiben; **III.** *rfl:* **-arsi** **1.** *(arrestarsi)* (an)halten; *(a. orologio)* stehenbleiben; **2.** *(trattenersi)* sich aufhalten; **senza -arsi** ununterbrochen.
fermata [fer'ma:ta] *f* **1.** *(sosta)* Halt *m,* Aufenthalt *m;* **2.** *(luogo)* Haltestelle *f;* **3.** *mus* Fermate *f;* ~ **facoltativa** (*o* **a richiesta)/obbligatoria** Bedarfshaltestelle *f*/planmäßige Haltestelle.
fermentare [fermen'ta:re] **I.** *itr (a. fig)* gären; **II.** *tr* fermentieren. **fermentazione** [...tat'tsi̯o:ne] *f* Gärung *f.* **fermento** [...'mento] *m* **1.** *(enzima)* Ferment *n;* **2.** *(lievito)* Hefe *f;* **3.** *fig (agitazione)* Gärung *f geh,* Unruhe *f.*
fermezza [fer'mettsa] *f* Entschlossenheit *f,* Bestimmtheit *f; (costanza)* Beständigkeit *f;* ~ **di propositi** Standhaftigkeit *f.*
fermo, -a ['fermo] **I.** *a* **1.** *(non in moto)* still, unbeweglich; *(sguardo)* starr; *(veicolo)* (an)haltend; **2.** *(non in funzione)* stillstehend; *(orologio)* stehengeblieben; *com* stilliegend, stockend; **3.** *fig (risoluto)* entschlossen, bestimmt; *(costante)* beständig; **star** ~ **con le mani** die Hände stillhalten; **è** ~ **nel suo rifiuto** er beharrt auf seiner Weigerung; **da** ~ *sport* aus dem Stand; **II.** *interj* halt; **III.** *m* **1.** *(chiusura)* Haltevorrichtung *f;* **2.** *jur* Festnahme *f.*
fermoposta [fermo'pɔsta] **I.** ‹*inv*› *a, adv* postlagernd; **II.** ‹-› *m* Schalter *m* für postlagernde Sendungen.
Fernando [fer'nando] *(nome proprio maschile)* Ferdinand.
feroce [fe'ro:tʃe] *a* **1.** *(bestia)* wild; **2.** *(persona)* grausam; **3.** *fig* furchtbar, schrecklich.
ferocia [fe'rɔ:tʃa] ‹-cie› *f* **1.** *(di bestie)* Wildheit *f;* **2.** *(di persone)* Grausamkeit *f.*
ferodo [fe'rɔ:do] *m:* ~ **per freni** Bremsbelag *m.*
ferraglia [fer'raʎʎa] ‹-glie› *f* Schrott *m,* Alteisen *n.*
ferragosto [ferra'gosto] *m* **1.** *(festa)* Mariä Himmelfahrt; **2.** *(periodo)* Mitte *f* August; **le vacanze di** ~ die Augustferien.
ferramenta [ferra'menta] *f pl* Eisenwaren *f pl.*
ferrare [fer'ra:re] *tr* beschlagen. **ferrato, -a** [...'ra:to] *a (a. fig)* beschlagen; **strada -a** Schienenstrang *m.*
ferravecchio [ferra'vɛkki̯o] *m* Schrotthändler *m.*
ferreo, -a ['fɛrreo] *a* eisern.
ferro ['fɛrro] *m* **1.** *(metallo, oggetto)* Eisen *n;* **2.** *(da calza)* Stricknadel *f;* **3.** ‹*pl*› *(strumenti di lavoro)* Handwerkszeug *n,* Werkzeug *n;* **4.** ‹*pl*› *gastr* Rost *m,* Grill *m;* ~ **di cavallo** Hufeisen *n;* ~ **da stiro** Bügeleisen *n;* ~ **battuto** Schmiedeeisen *n;* **ai -i** gegrillt, vom Grill; **di** ~ *(a. fig)* eisern; **essere ai -i corti con qu** zu jdm ein gespanntes Verhältnis haben;

toccare ~ *fig* auf Holz klopfen. **ferroso, -a** [fer'ro:so] *a* eisenhaltig.
ferrotranvieri [ferrotran'viɛ:ri] *m pl* Eisen- und Straßenbahner *m pl.*
ferrovia [ferro'vi:a] *f* (*ab* **Ferr.**) Eisenbahn *f.* **ferroviario, -a** [...'via:rio] ‹-i, -ie› *a* Eisenbahn-. **ferroviere** [...'viɛ:re] *m* Eisenbahner *m.*
fertile ['fɛrtile] *a* fruchtbar.
fertilizzante [fertilid'dzante] *m* Dünger *m.* **fertilizzare** [...'dza:re] *tr* düngen.
fervente [fer'vɛnte] *a (passione, amore, zelo)* glühend; *(odio)* blind.
fervido, -a ['fɛrvido] *a (preghiera)* inbrünstig; *(auguri)* herzlich; *(fantasia)* blühend; *(attività)* eifrig.
fervore [fer'vo:re] *m* **1.** *(passione)* Leidenschaft *f;* **2.** *(zelo)* Inbrunst *f,* (Feuer)eifer *m;* **3.** *fig (momento culminante)* Höhepunkt *m;* **nel ~ della mischia** in der Hitze des Gefechts.
fesseria [fesse'ri:a] ‹-ie› *f fam* Dummheit *f,* Blödsinn *m.*
fesso, -a ['fesso] *a* **1.** *(incrinato)* gesprungen, rissig; **2.** *(stridulo)* schrill; **3.** *vulg (tonto)* bescheuert *sl,* beknackt *sl;* **fare ~ qu** *vulg* jdn bescheißen *vulg.*
fessura [fes'su:ra] *f* Spalt *m.*
festa ['fɛsta] *f* **1.** *(solennità)* Feiertag *m; (cerimonia)* Fest *n,* Feier *f; rel* Fest *n;* **2.** *(dimostrazione gioiosa)* Fest(tag *m*) *n;* **3.** *(vacanza)* freier Tag; **far ~ a qu** jdn herzlich begrüßen (*o* empfangen); **far la ~ a qu** mit jdm kurzen Prozeß machen.
festeggiare [fested'dʒa:re] ‹festeggio, festeggi› *tr* **1.** *(anniversario, etc.)* feiern; **2.** *(persona)* festlich empfangen.
festino [fes'ti:no] *m* Fest *n; (serata a.)* Party *f,* Fete *f.*
festival [festi'val *o* 'fɛs...] ‹-› *m* **1.** *(festa popolare)* Fest *n;* **2.** *(rassegna artistica)* Festival *n;* **~ musicale** Musikfestspiele *n pl.*
festività [festivi'ta] ‹-› *f* Feiertag *m.* **festivo, -a** [...'ti:vo] *a* **1.** *(giorno)* Feier-, Fest-; *(orario)* Feiertags-, Festtags-; **2.** *(abito)* festlich; **riposo ~** Sonntagsruhe *f.*
festone [fes'to:ne] *m* Girlande *f; (di fiori)* Gewinde *n.*
festoso, -a [fes'to:so] *a* freudig.
feticcio [fe'tittʃo] ‹-cci› *m* Fetisch *m.*
feto ['fɛ:to] *m* Fötus *m.*
fetta ['fetta] *f* **1.** *(di cibo)* Scheibe *f;* **2.** *fig (di luna)* Sichel *f; (di terra)* Streifen *m;* **tagliare a -e** in Scheiben schneiden. **fettina** [...'ti:na] *f* (kleines) Kalbs- oder Rinderschnitzel *n.*
fettuccine [fettut'tʃi:ne] *f pl* Bandnudeln *f pl.*
feudale [feu'da:le] *a* feudal, Feudal-.
FF.SS. *f pl ab di* **Ferrovie dello Stato** ≃ DB *f* (*ab di* Deutsche Bundesbahn).
fiaba ['fia:ba] *f* Märchen *n.*
fiacca ['fiakka] ‹-cche› *f* **1.** *(stanchezza)* Müdigkeit *f;* **2.** *(svogliatezza)* Trägheit *f;* **battere la ~** trödeln. **fiaccare** [...'ka:re] ‹fiacco, fiacchi› *tr* schwächen. **fiacco, -a** ['fiakko] ‹-cchi, -cche› *a* **1.** *(persona)* müde, matt; **2.** *fig* schwach; *com* flau.
fiaccola ['fiakkola] *f* Fackel *f.*
fiala ['fia:la] *f* Ampulle *f,* Phiole *f.*
fiamma ['fiamma] *f* **1.** *(lingua di fuoco)* Flamme *f;* **2.** *fig (ardore)* Feuer *n,* Flamme *f;* **3.** *scherz (donna del cuore)* Flamme *f scherz.* **fiammante** [...'mante] *a* leuchtend, knall- *fam;* **rosso ~** feuerrot, knallrot *fam;* **nuovo ~** nagelneu. **fiammata** [...'ma:ta] *f* Stichflamme *f; fig* Strohfeuer *n.*
fiammifero [fiam'mi:fero] *m* Streichholz *n.*
fiancata [fiaŋ'ka:ta] *f* **1.** *(parte laterale)* Seitenteil *n,* Seitenwand *f;* **2.** *(urto)* Seitenstoß *m.*
fiancheggiare [fiaŋked'dʒa:re] ‹fiancheggio, fiancheggi› *tr* **1.** *(stare a lato)* säumen; **2.** *mil* flankieren; **3.** *fig (sostenere)* unterstützen, zur Seite stehen (*qu* jdm).
fianco ['fiaŋko] ‹-chi› *m* **1.** *anat* Hüfte *f;* **2.** *(lato)* Seite *f; (di monte)* Abhang *m;* **3.** *fig* schwache (*o* verwundbare) Seite; **~ a ~** Seite an Seite; **di ~** *(laterale)* seitlich; *(accanto)* nebenan; **di ~ a** neben, bei.
fiasco ['fiasko] ‹-schi› *m* **1.** *(recipiente)* Korbflasche *f,* (strohumflochtene) Flasche *f;* **2.** *fig (insuccesso)* Fiasko *n;* **fare ~** Schiffbruch erleiden.
fiatare [fia'ta:re] *itr fig* den Mund aufmachen, sprechen; **non ~!** halt den Mund!
fiato ['fia:to] *m* **1.** *(aria espirata)* Atem *m;* **2.** *sport, fig (energia)* Ausdauer *f;* **strumenti a ~** Blasinstrumente *n pl;* **avere il ~ grosso/corto** außer Atem/kurzatmig sein; **prendere ~** Luft holen; **trattenere il ~** den Atem anhalten; **non tira un ~ di vento** es weht kein Lüftchen; **in un (*o* d'un) ~** in einem Zug; **rimanere senza ~** *fig* sprachlos sein.
fibbia ['fibbia] ‹-ie› *f* Schnalle *f.*
fibra ['fi:bra] *f* **1.** *bot, biol* Faser *f;* **2.** *fig (costituzione fisica)* Konstitution *f.*
ficcanaso [fikka'na:so] ‹-i *o* - *m,* - *f*› *mf fam* Topfgucker *m scherz.*
ficcare [fik'ka:re] ‹ficco, ficchi› **I.** *tr* stecken; **II.** *rfl:* **-arsi** *fam* sich legen (*o* stecken); *(cacciarsi)* sich verstecken; **-arsi nei guai** sich in die Nesseln setzen; **-arsi qc in testa** sich *(dat)* etw. in den Kopf setzen.
fico ['fi:ko] ‹-chi› *m* Feige *f;* **~ d'India** *(pianta)* Feigenkaktus *m; (frutto)* Kaktusfeige *f;* **non me n'importa un ~** *fam* das ist mir Wurscht *fam,* ich schere

mich den Teufel darum; **non valere un ~ secco** keinen Pfifferling (*o* Schuß Pulver) wert sein *fam.*

fidanzamento [fidantsa'mento] *m* Verlobung *f.* **fidanzarsi** [...'tsarsi] *rfl* sich verloben. **fidanzato, -a** [...'tsa:to] *m, f* Verlobte(r) *mf,* Braut *f,* Bräutigam *m.*

fidarsi [fi'darsi] *rfl* vertrauen (*di* auf), sich verlassen (*di* auf); **~ è bene, non ~ è meglio** *prov* Vertrauen ist gut, Kontrolle ist besser *prov.* **fidato, -a** [fi'da:to] *a* zuverlässig.

fido ['fi:do] *m* Kredit *m.*

fiducia [fi'du:tʃa] ‹-cie› *f* Vertrauen *n* (*in* zu); **di ~** Vertrauens-. **fiducioso, -a** [...du'tʃo:so] *a* vertrauensvoll, vertrauend (*in* auf).

fiele ['fiɛ:le] *m* **1.** *(bile)* Galle *f;* **2.** *fig (astio)* Bitterkeit *f,* Groll *m.*

fienile [fie'ni:le] *m* Heuschober *m.*

fieno ['fiɛ:no] *m* Heu *n;* **febbre** (*o* **raffreddore) da ~** Heuschnupfen *m.*

fiera ['fiɛ:ra] *f* **1.** *(di paese)* Jahrmarkt *m;* **2.** *(del bestiame)* (Vieh)markt *m;* **3.** *com (esposizione)* Messe *f,* Ausstellung *f;* **~ di beneficenza** Wohltätigkeitsbasar *m.*

fierezza [fie'rettsa] *f* Stolz *m.*

fiero, -a ['fiɛ:ro] *a* **1.** *(orgoglioso)* stolz; **2.** *(feroce, crudele)* grausam; **3.** *(violento)* heftig; **4.** *(energico)* hart.

fievole ['fie:vole] *a* schwach.

fifa ['fi:fa] *f fam* Bammel *m fam,* Schiß *m fam.* **fifone, -a** [fi'fo:ne] *m, f fam* Angsthase *m fam.*

figlia ['fiʎʎa] ‹-glie› *f* **1.** *(prole)* Tochter *f;* **2.** *(ragazza)* Mädchen *n.*

figliastro, -a [fiʎ'ʎastro] *m, f* Stiefsohn *m,* -tochter *f.*

figlio ['fiʎʎo] ‹-gli› *m* **1.** *(prole)* Kind *n; (di sesso maschile)* Sohn *m;* **2.** *(ragazzo)* Junge *m;* **3.** *zoo* Junge(s) *n;* **4.** ‹*pl*› *(prole)* Kinder *n pl;* **~ unico** Einzelkind *n;* **~ di mamma/papà** *fam* Mutter-/Vatersöhnchen *n fam;* **senza -gli** kinderlos. **figlioccio, -a** [...'ʎɔttʃo] ‹-cci, -cce› *m, f* Patenkind *n.*

figura [fi'gu:ra] *f* **1.** *gener.* Figur *f;* **2.** *(aspetto esteriore)* Form *f,* Gestalt *f; (apparenza)* Aussehen *n,* Erscheinung *f;* **3.** *(illustrazione, ab* **fig.**) Abbildung *f,* Bild *n;* **far ~** gut aussehen; *(abiti)* gut stehen, kleiden; **fare (una) bella/brutta ~** einen guten/schlechten Eindruck machen; **che ~!** *iron* so eine Blamage! **figurare** [figu'ra:re] **I.** *tr* **1.** *(ritrarre)* darstellen; **2.** *(simboleggiare)* symbolisieren, versinnbildlichen; **3.** *(plasmare)* bearbeiten; **II.** *itr (apparire)* (dabei) sein, sich befinden, erscheinen; *(in registri)* verzeichnet sein; **III.** *rfl:* **-arsi** sich *(dat)* vorstellen; **figurati!** stell dir vor!, denk nur! **figurativo, -a** [...ra'ti:vo] *a* bildlich, darstellend; *(arti)* bildend. **figurina** [...'ri:na] *f* **1.** *(statuetta)* Figurine *f;* **2.** *(su cartoncino)* Bildchen *n.* **figurino** [...'ri:no] *m* Modeskizze *f,* -zeichnung *f.* **figuro** [fi'gu:ro] *m* (verdächtiges) Individuum *n.*

fila ['fi:la] *f* **1.** *(serie)* Reihe *f;* **2.** *(successione nel tempo)* Serie *f,* Folge *f;* **3.** *fig* Reihe *f,* Serie *f;* **4.** *(coda)* Schlange *f;* **far la ~** Schlange stehen; **in ~** in Reih und Glied; **in ~ indiana** im Gänsemarsch; **di ~** hintereinander.

filamento [fila'mento] *m* **1.** *bot* Staubfaden *m;* **2.** *(di lampadina)* Glühfaden *m;* **3.** *anat* Faser *f.*

filanca® [fi'laŋka] *f* Helanca® *n.*

filantropia [filantro'pi:a] *f* Menschenliebe *f,* Philantropie *m.*

filare¹ [fi'la:re] *m (di piante)* Reihe *f.*

filare² [fi'la:re] **I.** *tr* ‹*avere*› **1.** *(fibre tessili)* spinnen; **2.** *(ridurre in fili)* Fäden ziehen lassen; **3.** *naut* (ab)fieren; **II.** *itr* ‹*essere o avere*› **1.** *(fare la tela)* spinnen; **2.** *(assumere forma di filo)* Fäden ziehen; **3.** *fig (discorso)* fließen; **4.** *(avere un filo logico)* schlüssig (*o* logisch) sein; **5.** *(procedere velocemente)* rasen, brausen; **6.** *fam (andarsene)* verschwinden *fam; (svignarsela)* sich verdrücken, sich aus dem Staub machen *fam;* **7.** *scherz (amoreggiare)* etw. miteinander haben; **~ diritto** *fam* spuren *fam.*

filarmonico, -a [filar'mɔ:niko] *a* philharmonisch.

filastrocca [filas'trɔkka] ‹-cche› *f* Kinderreim *m.*

filatelia [filate'li:a] *f* Philatelie *f,* Briefmarkenkunde *f.*

filato, -a [fi'la:to] **I.** *a* **1.** *(ridotto in filo)* gesponnen; **2.** *fig (ininterrotto)* schlüssig; **II.** *m* Garn *n.* **filatura** [...'tu:ra] *f* **1.** *(lavorazione)* Spinnen *n;* **2.** *(opificio)* Spinnerei *f.*

filettatura [filetta'tu:ra] *f tec* Gewinde *n.* **filetto** [fi'letto] *m* **1.** *(nastrino)* Band *n;* **2.** *(gallone)* Tresse *f,* Litze *f; (su uniforme)* Vorstoß *m,* Besatz *m;* **3.** *gastr* Filet *n;* **4.** *(di vite)* Gewinde *n.*

filiale [fi'lia:le] **I.** *a* kindlich, Kinder-, Kindes-; **II.** *f* Filiale *f,* Zweigstelle *f.*

filiforme [fili'forme] *a* fadenförmig.

filigrana [fili'gra:na] *f* **1.** *(in oreficeria)* Filigran *n;* **2.** *(sulla carta)* Wasserzeichen *n.*

Filippo [fi'lippo] *(nome proprio maschile)* Philipp.

film [film] ‹-› *m* **1.** *fot, film* Film *m;* **2.** *(per alimenti)* Folie *f.* **filmare** [...'ma:re] *tr* **1.** *(girare)* aufnehmen, filmen; **2.** *(romanzo, etc.)* verfilmen.

filo ['fi:lo] *m* Faden *m; (prodotto)* Garn *n; (a. di perle, etc.)* Schnur *f; (metallico)* Draht *m;* **~ a piombo** Lot *n;* **~ spinato** Stacheldraht *m;* **~ d'erba** Grashalm *m;* **un ~ di speranza** ein Hoffnungsschimmer *m;* **un ~ di voce** eine dünne Stimme; **non c'è un ~ d'acqua** es ist kein Tropfen Wasser da; **dar del ~ da torcere a qu** eine harte Nuß für jdn sein; *(a. persona)* jdm zu schaffen machen; **essere attaccato a un ~** *fig* an einem seidenen Faden hängen; **fare il ~ a qu** hinter jdm her sein; **perdere il ~ del discorso** den Faden verlieren; **per ~ e per segno** des langen und des breiten, haarklein.

filobus ['fi:lobus] *m* O(berleitungs)bus *m.*

filodiffusione [filodiffu'zi̯o:ne] *f* Drahtfunk *m.*

filologia [filolo'dʒi:a] ‹-gie› *f* Philologie *f.* **filologo, -a** [fi'lɔ:logo] ‹-gi, -ghe› *m, f* Philologe *m,* -login *f.*

filone [fi'lo:ne] *m* **1.** *(di giacimento)* Ader *f;* **2.** *(pane)* längliches Brot; **3.** *fig (di cultura)* Bewegung *f,* Strömung *f.*

filosofia [filozo'fi:a] ‹-ie› *f* **1.** *(dottrina)* Philosophie *f;* **2.** *fig (serenità)* Gelassenheit *f,* Gleichmut *m.* **filosofo, -a** [fi'lɔ:zofo] *m, f* Philosoph(in) *m(f).*

filovia [filo'vi:a] *f* Autobuslinie *f* mit Oberleitung.

filtrare [fil'tra:re] **I.** *tr* ‹*avere*› filtern; **II.** *itr* ‹*essere*› **1.** *(liquidi)* durchsickern; **2.** *(luce)* durchdringen, -scheinen; **3.** *fig (notizie)* durchsickern.

filtro ['filtro] *m* Filter *m.*

filza ['filtsa] *f* **1.** *(serie di elementi)* Kette *f;* **2.** *fig (sequela)* Reihe *f.*

fin [fin] *v.* **fine²**, **fino.**

finale [fi'na:le] **I.** *a* **1.** *(conclusivo)* letzte(r, s), End-, Schluß-; **2.** *(definitivo)* endgültig; *gram* final, Final-; **II.** *m* **1.** *(conclusione)* Schluß *m,* Ende *n;* **2.** *mus* Finale *n;* **III.** *f* **1.** *gram* Finalsatz *m;* **2.** *sport* Endrunde *f; (calcio, tennis, etc.)* Finale *n,* Endspiel *n; (pugilato, etc.)* Endkampf *m.* **finalissima** [fina'lissima] *f* Endausscheidung *f.* **finalista** [...'lista] ‹-i *m,* -e *f*› *mf* Endspielteilnehmer(in) *m(f).*

finalità [finali'ta] ‹-› *f* Zweck *m.*

finalmente [final'mente] *adv* endlich, schließlich.

finanza [fi'nantsa] *f* **1.** *gener.* Finanz *f,* Geldwesen *n;* **2.** ‹*pl*› *(mezzi di enti pubblici)* Gelder *n pl,* Finanzen *f pl;* **3.** ‹*pl*› *(disponibilità private)* Finanzen *f pl;* **4.** *(banche)* Bankwelt *f,* Finanz *f.* **finanziare** [...'tsi̯a:re] ‹finanzio, finanzi› *tr* finanzieren. **finanziario, -a** [...'tsi̯a:ri̯o] ‹-i, -ie› **I.** *a* finanziell, Finanz-; **II.** *f* Finanzgesellschaft *f.* **finanziere** [...'tsi̯ɛ:re] *m* **1.** *(banchiere)* Finanz(fach)mann *m;* **2.** *(della guardia di finanza doganale)* Zollbeamte(r) *m; (... tributario)* Steuerfahnder *m.*

finché [fiŋ'ke] *con* **1.** *(per tutto il tempo che)* solange; **2.** *(fino al momento in cui)* (solange,) bis.

fine¹ ['fi:ne] *a* **1.** *gener.* fein; *(sottile a.)* dünn; **2.** *(puro)* rein; **3.** *fig (vista, etc.)* scharf.

fine² ['fi:ne] **I.** *f (conclusione)* Ende *n,* Schluß *m;* **alla ~** schließlich, endlich; **alla fin ~** alles in allem, im Endeffekt; **in ~** zum Schluß; **II.** *m* **1.** *(scopo)* Ziel *n,* Zweck *m;* **2.** *(esito)* Ende *n,* Ausgang *m;* **secondo ~** Hintergedanke *m;* **lieto ~** Happy-End *n;* **a fin di bene** in bester Absicht.

fine(-)settimana ['fi:ne setti'ma:na] ‹-› *m o f* Wochenende *n.*

finestra [fi'nɛstra] *f* Fenster *n.* **finestrino** [fines'tri:no] *m (di veicolo)* Fenster *n.*

finezza [fi'nettsa] *f* Feinheit *f; (acutezza)* Schärfe *f.*

fingere ['findʒere] ‹fingo, fingi, finsi, finto› **I.** *tr* vortäuschen; **II.** *itr* sich verstellen, so tun *(di inf* als ob); **III.** *rfl:* **-ersi** sich stellen.

finimondo [fini'mondo] *m fam* Heidenlärm *m fam,* Mordskrach *m fam.*

finire [fi'ni:re] ‹finisco› **I.** *tr* ‹*avere*› **1.** *(portare a compimento)* beenden; *(lavoro a.)* abschließen, fertigmachen; **2.** *(smettere)* aufhören; **3.** *(estinguere)* auf-, verbrauchen; **~ di mangiare/bere/parlare** fertigessen/austrinken/ausreden; **II.** *itr* ‹*essere*› **1.** *(giungere alla fine)* zu Ende gehen; **2.** *(per consumo)* zur Neige gehen, ausgehen; **3.** *(morire)* sterben; **~ male** böse enden; **dov'è andato a ~ il giornale?** wo ist die Zeitung hingekommen?

finito, -a [fi'ni:to] *a* **1.** *(compiuto)* beendet; *(lavoro a.)* abgeschlossen; **2.** *fig (rovinato)* gebrochen, erledigt *fam;* **3.** *(prodotto)* fertig, Fertig-; **farla -a con qu** mit jdm Schluß machen; **(tutto) è ~** es ist (alles) aus.

finlandese [finlan'de:se] **I.** *a* finnisch; **II.** *mf* Finne *m,* Finnin *f.* **Finlandia** [...'landi̯a] *f* Finnland *n.*

fino ['fi:no] ‹*davanti a consonante:* fin› **I.** *prp* bis; **~ a** bis; *(luogo)* bis (zu *o* nach); **~ a casa** bis nach Hause; **~ a domani** bis morgen; **~ a nuovo ordine** bis auf weiteres; **~ da ...** schon seit ..., von ... an; **fin da bambino** von Kind an; **fin da ieri/domani** seit gestern/von morgen an, ab morgen; **fin dove/quando** bis wo/wann; **II.** *adv (perfino)* sogar, selbst.

fino, -a ['fi:no] *a* fein.

finocchio [fi'nɔkki̯o] ‹-cchi› *m* **1.** *bot* Fenchel *m;* **2.** *vulg (pederasta)* Schwule(r) *m fam.*

finora [fi'no:ra] *adv* bis jetzt.

finsi ['finsi] *p rem di* **fingere.**

finta ['finta] *f* **1.** *(simulazione)* Verstellung *f;* **2.** *sport* Finte *f;* **far ~ di niente** tun, als ob nichts geschehen sei.

fintantoché [fintanto'ke] *v.* **finché.**

finto, -a ['finto] **I.** *pp di* **fingere; II.** *a*

1. *(non vero)* falsch; 2. *(artificiale)* künstlich, Kunst-; 3. *(simulato)* vorgetäuscht, Schein-; **fare il ~ tonto** sich dumm stellen.
finzione [fin'tsi̯o:ne] *f* 1. *(simulazione)* (Vor)täuschung *f;* 2. *(doppiezza)* Heuchelei *f,* Verstellung *f.*
fioccare [fi̯ok'ka:re] ‹fiocco, fiocchi› *itr* ‹*essere*› 1. *(cadere a fiocchi)* (in Flokken) schneien; 2. *fig* regnen, hageln.
fiocco ['fi̯ɔkko] ‹-cchi› *m* 1. *(di lana, neve)* Flocke *f; (di stoffa)* Bausch *m;* 2. *(di nastro)* Schleife *f;* 3. *naut* Klüver *m;* **-cchi d'avena** Haferflocken *f pl;* **coi -cchi** *fig* ausgezeichnet, vorzüglich.
fiocina ['fi̯ɔ:tʃina] *f* Harpune *f.*
fioco, -a ['fi̯ɔ:ko] ‹-chi, -che› *a* schwach.
fionda ['fi̯onda] *f* Schleuder *f.*
fioraio, -a [fi̯o'ra:i̯o] ‹-ai, -aie› *m, f* Blumenhändler(in) *m(f).*
fiorami [fi̯o'ra:mi] *m pl:* **a ~** geblümt.
fiordaliso [fi̯orda'li:zo] *m* Kornblume *f.*
fiordo ['fi̯ɔrdo] *m* Fjord *m.*
fiore ['fi̯o:re] *m* 1. *bot* Blume *f;* 2. *(di albero, etc.)* Blüte *f;* 3. *fig* Blüte *f;* 4. *(parte eletta)* Auslese *f; (della società)* Elite *f;* 5. ‹*pl*› *(di carte da gioco)* Kreuz *n,* Eichel *f;* **essere in ~** blühen; **fior di farina/latte** Auszugsmehl *n*/Rahm *m;* **ho i nervi a fior di pelle** meine Nerven sind zum Zerreißen gespannt; **a fior d'acqua** an der Wasseroberfläche.
fioretto [fi̯o'retto] *m sport* Florett *n.*
fiorino [fi̯o'ri:no] *m* Gulden *m,* Florin *m.*
fiorire [fi̯o'ri:re] ‹fiorisco› I. *itr* ‹*essere*› *(a. fig)* blühen; 1. *fig (prosperare)* blühen; II. *tr* ‹*avere*› verzieren, schmücken.
fiorista [...'rista] ‹-i *m,* -e *f*› *mf* Florist(in) *m(f).* **fiorito, -a** [...'ri:to] *a* 1. *(coperto di fiori)* blumenbedeckt; *(adorno di fiori)* blumengeschmückt; 2. *fig (stile)* blumig. **fioritura** [...ri'tu:ra] *f* 1. *(processo, a. fig)* Blüte *f;* 2. *(epoca)* Blüte(zeit) *f.*
Firenze [fi'rɛntse] *f* Florenz *n.*
firma ['firma] *f* 1. *(sottoscrizione)* Unterschrift *f;* 2. *fig (persona rinomata)* Name *m;* **avere la ~** *com* zeichnungsbefugt sein, Prokura haben.
firmamento [firma'mento] *m* Firmament *n.*
firmare [fir'ma:re] *tr* unterschreiben.
fisarmonica [fizar'mɔ:nika] *f* Ziehharmonika *f,* Akkordeon *n.*
fiscale [fis'ka:le] *a* 1. *(di tributi)* fiskalisch, steuerlich, Steuer-; 2. *(per controllo)* Kontroll-; 3. *(medico)* Amts-.
fischiare [fis'ki̯a:re] ‹fischio, fischi› I. *itr* pfeifen; *(serpente)* zischen; **mi fischiano le orecchie** *fig scherz* mir klingen die Ohren; II. *tr* pfeifen; *(per disapprovare)* auspfeifen. **fischietto** [...'ki̯etto] *m* Trillerpfeife *f.*
fischio ['fiski̯o] ‹-schi› *m* 1. *(suono)* Pfiff *m; (a. fig)* Pfeifen *n; (di serpenti)* Zischen *n;* 2. *(strumento)* Pfeife *f;* **prendere -schi per fiaschi** *fig* sich schwer irren.
fisco ['fisko] *m* 1. *(erario)* Staatskasse *f;* 2. *(ufficio)* Steuerbehörde *f.*
fisica ['fi:zika] ‹-che› *f* Physik *f;* **~ nucleare** Kernphysik *f.* **fisico, -a** [...ko] ‹-ci, -che› I. *a* 1. *scient, phys* physikalisch; 2. *(della natura)* physisch; *(del corpo umano)* physisch, körperlich, Körper-; **educazione -a** Leibeserziehung *f;* II. *m* Körperbau *m;* III. *m, f* Physiker(in) *m(f).*
fisiologia [fizi̯olo'dʒi:a] *f* Physiologie *f.*
fisionomia [fizi̯ono'mi:a] ‹-ie› *f* 1. *(di persona)* Physiognomie *f,* Gestalt *f; (del viso)* Gesicht *n,* Gesichtszüge *m pl;* 2. *fig* Aussehen *n,* Charakter *m.*
fisioterapia [fizi̯otera'pi:a] *f* Krankengymnastik *f.*
fissare [fis'sa:re] I. *tr* 1. *(applicare)* befestigen, festmachen; *(chiodo)* einschlagen; 2. *fig (sguardo, attenzione)* richten auf; 3. *(guardare)* den Blick richten auf, fixieren; 4. *(stabilire)* festsetzen; *(prezzo, etc.)* vereinbaren; *(domicilio)* legen, aufschlagen; 5. *(prenotare)* reservieren; *(viaggio, etc.)* buchen; II. *rfl:* **-arsi** 1. *(tenersi fermo)* sich richten (*su* auf); 2. *(stabilirsi in un luogo)* sich niederlassen; 3. *fig (intestarsi)* sich *(dat)* in den Kopf setzen (*su qc* etw.), sich versteifen (*di* auf). **fissato, -a** [...'sa:to] *m, f* Besessene(r) *mf.* **fissazione** [...sat'tsi̯o:ne] *f* fixe Idee; *psych* Zwangsvorstellung *f.*
fissione [fis'si̯o:ne] *f* Kernspaltung *f.*
fisso, -a ['fisso] *a* 1. *gener.* fest; 2. *(sguardo)* starr; 3. *(idea)* fix.
fitta ['fitta] *f* stechender Schmerz.
fittizio, -a [fit'tittsi̯o] ‹-i, -ie› *a* falsch, Schein-.
fitto[1] ['fitto] *m:* **nel ~ del bosco** im Dickicht des Waldes.
fitto[2] ['fitto] *m (pigione)* Miete *f.*
fitto, -a ['fitto] *a* 1. *(bosco)* dicht; *(tessuto)* engmaschig; 2. *(chiodo)* eingeschlagen.
fiumana [fi̯u'ma:na] *f* 1. *(corrente)* Flut *f;* 2. *fig (massa)* Strom *m,* Menge *f.*
fiume ['fi̯u:me] I. *m* 1. *(corso d'acqua)* Fluß *m; (~ grande)* Strom *m;* 2. *fig (grande quantità)* Strom *m; (di parole)* Schwall *m;* **a -i** in Strömen; II. ‹*inv*› *a fig* endlos; **romanzo ~** Romanzyklus *m.*
fiutare [fi̯u'ta:re] *tr* 1. *(annusare)* beschnuppern; 2. *(aspirare col naso)* schnupfen; 3. *fig (intuire)* wittern. **fiuto** ['fi̯u:to] *m* 1. *(il fiutare)* Schnuppern *n;* *(odorato)* Witterung *f;* 2. *(aspirazione)* Schnupfen *n;* 3. *fig (intuizione)* Spürsinn *m,* Riecher *m fam.*
flacone [fla'ko:ne] *m* Flakon *n o m,* Fläschchen *n.*

flagello [fla'dʒɛllo] *m (a. fig)* Geißel *f.*
flagrante [fla'grante] *a* offensichtlich, offenkundig.
flanella [fla'nɛlla] *f* Flanell *m.*
flash [flæʃ] ⟨-⟩ *m* **1.** *fot* Blitzlicht *n;* **2.** *(notizia)* Kurznachricht *f.*
flauto ['fla:uto] *m* Flöte *f.*
flebile ['flɛ:bile] *a* weinerlich.
flemma ['flɛmma] *f* Phlegma *n,* Trägheit *f.* **flemmatico, -a** [flem'ma:tiko] ⟨-ci, -che⟩ *a* phlegmatisch, träge, schwerfällig.
flessibile [fles'si:bile] *a* biegsam; *(a. fig)* flexibel; *(carattere)* nachgiebig.
flessione [fles'si̯o:ne] *f* **1.** *(azione)* Krümmen *n,* Biegen *n;* **2.** *(piegatura, curvatura)* Krümmung *f,* Biegung *f;* **3.** *(in ginnastica)* Beuge *f;* **4.** *gram* Flexion *f,* Beugung *f;* **5.** *com (calo)* Rückgang *m.*
flesso ['flɛsso] *pp di* **flettere.**
flessuoso, -a [flessu'o:so] *a* geschmeidig.
flettere ['flɛttere] ⟨fletto, flettei, flesso⟩ **I.** *tr* biegen; *(membra)* beugen; **II.** *rfl:* **-ersi** sich biegen, sich beugen.
flirtare [flir'ta:re] *itr* flirten.
F.lli *ab di* **fratelli** Gebr. (*ab di* Gebrüder).
F.L.M. *f ab di* **Federazione Lavoratori Metalmeccanici** *Verband der Arbeitnehmer in der metallverarbeitenden Industrie.*
flora ['flɔ:ra] *f* Pflanzenwelt *n,* Flora *f.*
floreale [flore'a:le] *a* Blumen-.
florido, -a ['flɔ:rido] *a* blühend.
floscio, -a ['flɔʃʃo] ⟨-sci, -sce⟩ *a* **1.** *(non rigido)* weich; **2.** *(moscio)* schlaff; **3.** *fig (molle)* weichlich.
flotta ['flɔtta] *f* Flotte *f.*
fluido, -a ['flu:ido] **I.** *a* **1.** *phys, fig (stile)* flüssig; **2.** *fig (mutevole)* wandelbar, unbeständig; **II.** *m* **1.** *phys* Flüssigkeit *f;* **2.** *fig* Fluidum *n.*
fluire [flu'i:re] ⟨fluisco⟩ *itr* ⟨*essere*⟩ **1.** *(liquidi)* fließen; *(a. gas)* strömen; **2.** *fig (discorso)* fließen.
fluorescente [fluoreʃ'ʃɛnte] *a* fluoreszierend; **lampada ~** Neonlampe *f.*
fluoro [flu'ɔ:ro] *m* Fluor *n.*
flusso ['flusso] *m* **1.** *(scorrimento, a. phys)* Strom *m,* Fluß *m; (a. del gas)* Strömen *n; (dell'acqua)* Fließen *n;* **2.** *fig (della storia)* Lauf *m,* Gang *m;* **3.** *fig (di persone)* Strom *m; (di cose)* Fluß *m;* **4.** *(alta marea)* Flut *f.*
fluttuare [fluttu'a:re] *itr* **1.** *(ondeggiare)* wogen, schaukeln; *fig (abito)* wallen, fließen; **2.** *(variare)* schwanken. **fluttuazione** [...uat'tsi̯o:ne] *f* Schwankung *f;* **~ dei cambi** Kursschwankung *f.*
fluviale [flu'vi̯a:le] *a* Fluß-.
foca ['fɔ:ka] ⟨-che⟩ *f* Seehund *m.*
focaccia [fo'kattʃa] ⟨-cce⟩ *f* **1.** *(pane)* Fladen *m;* **2.** *(dolce)* runder Hefekuchen.
foce ['fo:tʃe] *f* Mündung *f.*
focolaio [foko'la:i̯o] ⟨-ai⟩ *m,* **focolare** [...'la:re] *m* Herd *m.*
fodera ['fɔ:dera] *f* Hülle *f,* Bezug *m; (di vestito, etc.)* Futter *n; (di libro)* Schutzhülle *f;* **~ del cuscino** Kissenbezug *m.* **foderare** [fode'ra:re] *tr (vestiti)* füttern; *(libri)* einbinden; *(cassetti)* ausschlagen.
fodero ['fɔ:dero] *m* Scheide *f.*
foga ['fo:ga] *f* Hitze *f,* Eifer *m;* **nella ~ del discorso** im Eifer des Gesprächs.
foggia ['fɔddʒa] ⟨-gge⟩ *f* **1.** *(forma)* Form *f; (di abito)* Schnitt *m;* **2.** *(modo di abbigliarsi)* Tracht *f,* Mode *f.*
foglia ['fɔʎʎa] ⟨-glie⟩ *f* Blatt *n;* **tremare come una ~** wie Espenlaub zittern. **fogliame** [foʎ'ʎa:me] *m* Laub *n.*
foglio ['fɔʎʎo] ⟨-gli⟩ *m* **1.** *(pezzo di carta)* Bogen *m,* Blatt *n;* **2.** *(documento, banconota)* Schein *m;* **~ rosa** *mot* provisorische Fahrerlaubnis.
fogna ['foɲɲa] *f* **1.** *(canale)* Abwasserkanal *m;* **2.** *fig pej* Sumpf *m.* **fognatura** [-'tu:ra] *f* Kanalisation *f,* Entwässerung *f.*
folata [fo'la:ta] *f* Windstoß *m.*
folclore [folk'lo:re] *m* Folklore *f.*
folgorare [folgo'ra:re] **I.** *tr* **1.** *(fulmine)* treffen, erschlagen; **2.** *(scarica elettrica)* mit einem elektrischen Schlag treffen; **3.** *(con arma da fuoco)* niederschießen; **II.** *itr* blitzen.
folla ['folla *o* 'fɔlla] *f* Menge *f.*
folle ['fɔlle] **I.** *a* verrückt, närrisch; *(progetto, spesa a.)* sinnlos, unsinnig; **in ~** *mot* im Leerlauf; **II.** *mf* Narr *m,* Närrin *f.* **folleggiare** [folled'dʒa:re] ⟨folleggio, folleggi⟩ *itr* es toll treiben.
follia [fol'li:a] ⟨-ie⟩ *f* Wahnsinn *m,* Torheit *f.*
folto, -a ['folto] **I.** *a* dicht; **II.** *m* **1.** *(del bosco)* Dickicht *n;* **2.** *fig (della mischia)* Getümmel *n,* Gewühl *n.*
fomentare [fomen'ta:re] *tr* schüren.
fondamentale [fondamen'ta:le] *a* wesentlich, Grund-.
fondamento [fonda'mento] *m* **1.** ⟨*pl:* -a *f*⟩ *arch* Fundament *n;* **2.** ⟨*pl:* -i *m*⟩ *fig* Fundament *n,* Grundlage *f.*
fondare [fon'da:re] **I.** *tr* **1.** *(costruire)* das Fundament legen für; **2.** *fig (istituire)* gründen; *(teoria)* aufstellen; *(accusa)* stützen; **II.** *rfl:* **-arsi** sich stützen (*su* auf); *(su persone)* sich verlassen (*su* auf). **fondatezza** [...da'tettsa] *f* Stichhaltigkeit *f,* Glaubwürdigkeit *f.* **fondazione** [...dat'tsi̯o:ne] *f* **1.** *(istituzione)* Gründung *f;* **2.** *jur* Stiftung *f.*
fondello [fon'dɛllo] *m:* **prendere qu per i -i** *fam* sich über jdn lustig machen.
fondere ['fondere] ⟨fondo, fusi, fuso⟩ **I.** *tr* **1.** *(neve, ghiaccio, etc.)* schmelzen;

2. *(statua)* gießen; 3. *fig (colori, società, etc.)* verschmelzen; II. *itr* schmelzen; III. *rfl:* **-ersi** 1. *(sciogliersi)* schmelzen; 2. *el (valvola)* durchbrennen; 3. *fig* sich zusammenschließen (*con* mit).
fonderia [fonde'ri:a] ‹-ie› *f* Gießerei *f.*
fondiario, -a [fon'dia:rio] ‹-i, -ie› *a* Boden-, Grund-.
fondista [fon'dista] ‹-i *m,* -e *f*› *mf* Langstreckenläufer(in) *m(f).*
fondivalle *pl di* **fondovalle.**
fondo[1] ['fondo] *m* 1. *(di recipiente)* Boden *m; (di pozzo)* Grund *m; (di valle)* Sohle *f;* 2. *(limite estremo)* Ende *n; (parte inferiore)* unterer Rand; 3. *(sfondo)* Hintergrund *m;* 4. *(parte più interna, a. fig)* Innerste(s) *n;* 5. *sport* Langstreckenlauf *m;* 6. *(deposito)* Bodensatz *m;* 7. *(di liquido)* Rest *m;* **-i di caffè** Kaffeesatz *m;* **-i di magazzino** Restbestände *m pl;* **in ~ alla stanza** hinten im Zimmer; **andare a ~** *(nave)* untergehen; **andare fino in ~ a qc** *fig* einer S. *(dat)* auf den Grund gehen; **conoscere/esaminare a ~** gründlich kennen/untersuchen; **in ~** *fig* im Grunde (genommen).
fondo[2] ['fondo] *m* 1. *(bene immobile)* Grundstück *n; (terreno)* (Land)gut *n;* 2. *com (voce di bilancio)* Fonds *m;* 3. *(mezzi monetari)* Kapital *n,* Geld(bestand *m*) *n;* **~ di cassa** Kassenbestand *m;* **~ d'esercizio** Betriebskapital *n;* **-i** Geldmittel *n pl,* Gelder *n pl;* **a ~ perduto** nicht rückzahlbar.
fondo, -a ['fondo] *a* 1. *(profondo)* tief; 2. *(folto, fitto)* dicht; *(notte, foresta)* tief.
fondovalle [fondo'valle] ‹fondivalle› *m* Talsohle *f.*
fonduta [fon'du:ta] *f* Fondue *n.*
fonetica [fo'nɛ:tika] ‹-che› *f* Phonetik *f.*
fontana [fon'ta:na] *f* Brunnen *m;* **~ a getto** Springbrunnen *m.* **fontanella** [...ta'nɛlla] *f* Fontanelle *f.* **fontaniere** [...ta'niɛ:re] *m* Installateur *m.*
fonte ['fonte] I. *f (a. fig)* Quelle *f;* II. *m:* **~ battesimale** Taufbecken *n.*
footing ['futıŋ] ‹-› *m* Jogging *n.*
foraggio [fo'raddʒo] ‹-ggi› *m* (Vieh)futter *n.*
forare [fo'ra:re] I. *tr* 1. *(parete, lamiera)* durchlöchern, durchbohren; 2. *(biglietti)* lochen; **~ una gomma** eine Reifenpanne haben; II. *itr (pneumatico)* platzen.
forbici ['fɔrbitʃi] *f pl* Schere *f;* **un paio di ~** eine Schere.
forca ['forka] ‹-che› *f* 1. *agr* Gabel *f;* 2. *(patibolo)* Galgen *m;* 3. *(valico)* enger Bergpaß; **far ~** *fig fam* die Schule schwänzen.
forcella [for'tʃɛlla] *f* 1. *tec, bot* Gabel *f;* 2. *(per capelli)* Haarnadel *f.*
forchetta [for'ketta] *f* Gabel *f;* **essere una buona ~** *fig* ein guter Esser sein.
forcina [for'tʃi:na] *f* Haarnadel *f.*
foresta [fo'rɛsta] *f* Wald *m;* **~ vergine** Urwald *m.*
forestiero, -a [fores'tiɛ:ro] I. *a* fremd; II. *m, f* Fremde(r) *mf,* Ausländer(in) *m(f).*
forfait [fɔr'fɛ] ‹-› *m* Pauschalbetrag *m,* Pauschale *f.*
forfora ['forfora] *f* Schuppen *f pl.*
forgia ['fɔrdʒa] ‹-ge› *f* Schmiede *f.* **forgiare** [for'dʒa:re] ‹forgio, forgi› *tr* 1. *(modellare)* schmieden; 2. *fig (plasmare)* formen.
forma ['forma] *f* 1. *gener.* Form *f; (del corpo)* Gestalt *f;* 2. *(per calzature)* Leisten *m; (per dolci)* Form *f; (del sarto)* Schneiderpuppe *f;* 3. *fig (struttura)* Form *f; pol* Regierungsform *f; (stile, modo)* Form *f;* **badare alla ~, rispettare (***o* **salvare) le -e** die Form wahren; **essere in ~** in Form sein; **essere giù di ~** nicht in Form sein; **prendere ~** Gestalt annehmen; **a ~ di ...** ...förmig.
formaggino [formad'dʒi:no] *m* Käseekke *f.*
formaggio [for'maddʒo] ‹-ggi› *m* Käse *m;* **~ da spalmare** Schmier-, Streichkäse *m.*
formale [for'ma:le] *a* 1. *(attinente alla forma)* formal, Form-; 2. *(osservante la forma)* förmlich, formal; 3. *(esplicito, ufficiale)* formell.
formalità [formali'ta] ‹-› *f* Formalität *f.*
formalizzare [formalid'dza:re] I. *tr* formalisieren; II. *rfl:* **-arsi** Anstoß nehmen (*per* an).
formare [for'ma:re] I. *tr* 1. *(modellare)* formen; 2. *(creare, costituire)* bilden; 3. *(disporsi)* sich formieren zu; 4. *tel (numero)* wählen; 5. *(idea, proposizione, etc.)* machen; 6. *(addestrare, educare)* aus-, heranbilden, heranziehen; II. *rfl:* **-arsi** 1. *(prodursi)* sich bilden; 2. *(svilupparsi)* sich entwickeln.
formato [for'ma:to] *m* Format *n.*
formazione [format'tsio:ne] *f* 1. *(creazione)* Entstehung *f,* Bildung *f; (sviluppo)* Entwicklung *f;* 2. *(cognizioni)* Bildung *f;* 3. *(addestramento)* Ausbildung *f;* 4. *geol* Formation *f;* 5. *mil* Formation *f; (a. sport)* Aufstellung *f.*
formica [for'mi:ka] ‹-che› *f* Ameise *f.* **formicaio** [...mi'ka:io] ‹-ai› *m* 1. *zoo* Ameisenhaufen *m;* 2. *fig* Gewimmel *n.* **formichiere** [...mi'kiɛ:re] *m* Ameisenbär *m.*
formicolare [formiko'la:re] *itr* 1. ‹*avere*› *(brulicare)* wimmeln (*di* vor, von); 2. ‹*essere*› *(essere intorpidito)* kribbeln. **formicolio** [...'li:o] ‹-ii› *m* 1. *(brulichio)* Gewimmel *n;* 2. *(di arti)* Kribbeln *n.*
formidabile [formi'da:bile] *a* 1. *(fantastico)* toll, super *sl;* 2. *(tremendo)* furchtbar, schrecklich.
formula ['fɔrmula] *f* Formel *f.*
formulare [formu'la:re] *tr* formulieren.

formulario [formu'la:rio] ‹-i› *m* Formular *n*, Vordruck *m*.
fornace [for'na:tʃe] *f* **1.** *tec* Brennofen *m;* **2.** *(stabilimento)* Ziegelei *f.*
fornaio, -a [for'na:io] ‹-ai, -aie› *m, f* Bäcker(in) *m(f).*
fornello [for'nɛllo] *m* **1.** *(per cucinare)* Herd *m*, Kocher *m;* **2.** *(di caldaia)* Feuerung *f;* **3.** *(di miniera)* Blindschacht *m;* ~ **elettrico/a gas** Elektro-/Gasherd *m* (*o* -kocher *m*).
fornire [for'ni:re] ‹fornisco› **I.** *tr* **1.** *(somministrare, provvedere)* versorgen (*qc a qu* jdn mit etw.), beliefern (*qc a qu, qu di qc* jdn mit etw.), liefern (*qc a qu* jdm etw.); **2.** *(informazioni)* geben, erteilen; *(prova)* erbringen; **II.** *rfl:* **-irsi** sich versorgen (*di* mit).
fornitore, -trice [forni'to:re] *m, f* Lieferant(in) *m(f).* **fornitura** [...ni'tu:ra] *f* **1.** *(azione)* (Be)lieferung *f;* **2.** *(merce)* Lieferung *f.*
forno ['forno] *m* **1.** *(costruzione)* Ofen *m; (per pane, etc.)* Backofen *m;* **2.** *tec* Schmelzofen *m;* **3.** *(panetteria)* Bäckerei *f;* **pasta al** ~ überbackenes Nudelgericht.
foro[1] ['fo:ro] *m (buco)* Loch *n.*
foro[2] ['fɔ:ro] *m* **1.** *hist* Forum *n;* **2.** *jur* Gerichtsstand *m.*
forse ['forse] **I.** *adv* vielleicht; **II.** *m* Zweifel *m;* **essere in** ~ im Zweifel sein.
forsennato, -a [forsen'na:to] **I.** *a* rasend, wahnsinnig; **II.** *m, f* Rasende(r) *mf*, Wahnsinnige(r) *mf.*
forte[1] ['fɔrte] **I.** *a* **1.** *gener.* stark; *(robusto a.)* kräftig; *(carattere)* fest; **2.** *(somma)* groß, hoch; **3.** *(intenso)* stark; *(colore)* kräftig; *(che non sbiadisce)* waschecht; *(sapore, odore)* scharf; **4.** *(abile)* gut; **dare man** ~ **a qu** jdm zur Hand gehen; **farsi** ~ **di qc** sich auf etw. stützen; **II.** *adv* **1.** *(a voce alta)* laut; **2.** *(velocemente)* schnell; **3.** *(assai)* stark; *(mangiare)* gut, tüchtig; **III.** *m* **1.** *(persona)* Starke(r) *m; fig* Mächtige(r) *m;* **2.** *(specialità)* Stärke *f.*
forte[2] ['fɔrte] *m mil* Fort *n.*
fortezza [for'tettsa] *f* **1.** *mil* Festung *f;* **2.** *(morale)* Stärke *f.*
fortificare [fortifi'ka:re] ‹fortifico, fortifichi› *tr* **1.** *mil* befestigen; **2.** *(corpo)* kräftigen, stärken. **fortificazione** [...kat'tsio:ne] *f* Befestigung *f.*
fortuito, -a [for'tu:ito] *a* zufällig; **per un caso** ~ per (*o* durch) Zufall.
fortuna [for'tu:na] *f* **1.** *(destino)* Schicksal *n;* **2.** *(buona sorte)* Glück *n;* **3.** *(patrimonio)* Vermögen *n;* **fare** ~ sein Glück machen; **per** ~ zum Glück; **di** ~ Not-, Behelfs-, provisorisch; **atterraggio di** ~ Notlandung *f.* **fortunato, -a** [...tu'na:to] *a* glücklich; **essere** ~ Glück haben.
foruncolo [fo'ruŋkolo] *m* Furunkel *m o n.*
forviare [forvi'a:re] ‹forvio, forvii› **I.** *tr* **1.** *(sviare)* irreleiten; **2.** *fig (traviare)* auf Abwege führen, verführen; **II.** *itr* auf Abwege geraten; *(bes. fig)* vom rechten Weg abkommen.
forza ['fɔrtsa] *f* **1.** *(robustezza)* Kraft *f*, Stärke *f;* **2.** *fig (intensità, potenza)* Kräftigkeit *f*,*; (di sentimenti)* Heftigkeit *f;* **3.** *(efficacia)* Macht *f*, Stärke *f;* **4.** *phys* Kraft *f;* **5.** *(violenza)* Gewalt *f;* **6.** ‹*pl*› *mil:* **-e (armate)** Streitkräfte *f pl;* ~ **bruta/maggiore** rohe/höhere Gewalt; ~ **pubblica** Staatsgewalt *f;* **essere in -e** bei Kräften sein; **farsi** ~ *fig* sich Mut machen; **in** ~ **di** kraft *gen;* **a** ~ **di ...** vom vielen ..., nach langem ...; **con la** ~ mit Gewalt; **con tutte le -e** mit aller Kraft; **per** ~ *(controvoglia)* notgedrungen; *(naturalmente)* natürlich; **per amore o per** ~ wohl oder übel; ~**!** vorwärts!, Tempo!, los!
forzare [for'tsa:re] **I.** *tr* **1.** *(scassinare)* aufbrechen; *(penetrare)* durchbrechen; **2.** *(accelerare)* beschleunigen; **3.** *(sottoporre a sforzo)* beanspruchen; **4.** *(costringere)* zwingen; **II.** *itr* drücken; *(porta, cassetto, etc.)* klemmen. **forzato, -a** [...'tsa:to] **I.** *a* **1.** *(privo di naturalezza)* gezwungen; **2.** *jur* Zwangs-; **3.** *tec* Druck-; **II.** *m, f* Zuchthäusler(in) *m(f).*
forziere [for'tsiɛ:re] *m* Geldschrank *m.*
foschia [fos'ki:a] ‹-schie› *f* Dunst *m.*
fosco, -a ['fosko] ‹-schi, -sche› *a* **1.** *(colore)* dunkel; **2.** *fig (sguardo)* finster, düster.
fosfato [fos'fa:to] *m* Phosphat *n.*
fosforescente [fosforeʃ'ʃɛnte] *a* phosphoreszierend; *fig (occhi)* leuchtend.
fosforo ['fɔsforo] *m* Phosphor *m.*
fossa ['fɔssa] *f* **1.** *(scavo, a. geol)* Graben *m;* **2.** *(buca)* Grube *f*, Loch *n;* **3.** *(tomba)* Grab *n;* **4.** *anat* Höhle *f.*
fossato [fos'sa:to] *m* Wassergraben *m.*
fosse ['fosse] *etc. v.* **essere.**
fossetta [fos'setta] *f* Grübchen *n.*
fossi ['fossi] *etc. v.* **essere.**
fossile ['fɔssile] **I.** *a* **1.** *(di epoca remota)* versteinert, fossil; **2.** *fig* vorsintflutlich *scherz;* **II.** *m* Fossil *n.*
fosso ['fɔsso] *m* **1.** *mil* Festungsgraben *m;* **2.** *(per acqua)* Bewässerungsgraben *m.*
foste, fosti ['foste, ...ti] *v.* **essere.**
foto ['fɔ:to] ‹-› *f* Foto *n.*
foto- [foto-] *(in parole composte)* Foto-, Photo-. **fotocopia** [-'kɔ:pia] *f* Fotokopie *f.* **fotocopiare** [-ko'pia:re] *tr* fotokopieren. **fotogenico, -a** [-'dʒɛ:niko] ‹-ci, -che› *a* fotogen.
fotografa *f v.* **fotografo.**
fotografare [fotogra'fa:re] *tr* fotografieren, aufnehmen.
fotografia [fotogra'fi:a] *f* Foto(grafie *f*)

n, Aufnahme *f*; ~ **a colori** Farbfoto *n*, Farbbild *n*; ~ **in bianco e nero** Schwarzweißaufnahme *f*; ~ **formato tessera** Paßbild *n*; ~ **aerea** Luftbild *n*; ~ **istantanea** Momentaufnahme *f*, Schnappschuß *m fam*. **fotografico, -a** [...ˈgraːfiko] *a* Foto-, fotografisch; **macchina -a** Kamera *f*, Fotoapparat *m*; **studio** ~ Fotostudio *n*, Fotoatelier *n*.

fotografo, -a [foˈtɔːgrafo] *m, f* Fotograf(in) *m(f)*.

fotomodella [-moˈdɛlla] *f* Fotomodell *n*.

fotomontaggio [-monˈtaddʒo] *m* Fotomontage *f*. **fotoromanzo** [-roˈmandzo] *m* Bildroman *m*, Fotostory *f*.

fottere [ˈfottere] **I.** *tr* **1.** *vulg* ficken *vulg*, bumsen *vulg*; **2.** *fam (imbrogliare)* leimen *sl*, linken *sl*; **va a farti** ~! *vulg* leck mich am Arsch! *vulg*; **II.** *rfl*: **-ersi** *vulg* scheißen (*di* auf) *vulg*.

fra [fra] *prp v.* **tra.**

fracassare [frakasˈsaːre] **I.** *tr* zerschlagen, zertrümmern; **II.** *rfl*: **-arsi** zerbrechen; *(su scogli, etc.)* zerschellen; *(legno)* zersplittern.

fracasso [fraˈkasso] *m* Krach *m*, Lärm *m*; *(di vetri)* Geklirr *n*, Klirren *n*; *(di acqua)* Getöse *n*.

fradicio, -a [ˈfraːditʃo] ‹-ci, -ce› *a* **1.** *(marcio)* verdorben; *(uova)* faul; *(legno)* morsch; **2.** *(bagnato)* durchnäßt; *(di sudore)* schweißgebadet.

fragile [ˈfraːdʒile] *a* **1.** *(facile a rompersi)* zerbrechlich; *(capelli)* spröde; **2.** *fig (gracile)* zart, schwach; *(salute, speranza)* schwach; ~! *(su pacchi)* Vorsicht, Glas! **fragilità** [fradʒiliˈta] ‹-› *f* **1.** *(di vetro, etc.)* Zerbrechlichkeit *f*; **2.** *(gracilità)* Zartheit *f*, Schwäche *f*, Schwachheit *f*.

fragola [ˈfraːgola] *f* Erdbeere *f*.

fragore [fraˈgoːre] *m* Getöse *n*; *(del tuono)* Grollen *n*; *(di motori)* Dröhnen *n*. **fragoroso, -a** [...goˈroːso] *a* tosend, dröhnend; *(applauso)* brausend; *(risata)* schallend.

fragrante [fraˈgrante] *a* duftend, wohlriechend. **fragranza** [...ˈgrantsa] *f* Duft *m*, Wohlgeruch *m*.

fraintendere [frainˈtɛndere] ‹*irr*› *tr* mißverstehen.

frammentario, -a [frammenˈtaːri̯o] ‹-i, -ie› *a* fragmentarisch; *(fig a.)* bruchstückhaft.

frammento [framˈmento] *m* **1.** Bruchstück *n*; *(coccio)* Scherbe *f*; *(di osso)* Splitter *m*; **2.** *fig, lit* Fragment *n*.

frana [ˈfraːna] *f* **1.** *(di terreno)* Erdrutsch *m*, Steinlawine *f*; **2.** *fig (rovina)* Mißerfolg *m*; **3.** *fam scherz* Trampel(tier *n*) *m o n fam scherz*. **franare** [fraˈnaːre] *itr* ‹*essere*› **1.** *(terreno)* abrutschen; **2.** *fig* zusammenbrechen, scheitern.

francamente [fraŋkaˈmente] *adv* ehrlich, offen (heraus).

Francesca [franˈtʃeska] *(nome proprio femminile)* Franziska.

Francesco [franˈtʃesko] *(nome proprio maschile)* Franz, Franziskus.

francese [franˈtʃeːze] **I.** *a* französisch; **II.** *mf* Franzose *m*, Französin *f*. **francesismo** [...tʃeˈzizmo] *m* Gallizismus *m*.

franchezza [fraŋˈkettsa] *f* Aufrichtigkeit *f*, Freimut *m*.

franchigia [fraŋˈkiːdʒa] ‹-gie› *f* **1.** *fin* (Gebühren)freiheit *f*; *(nelle assicurazioni)* (teilweiser) Risikoausschluß *m*; **in** ~ (abgaben-, gebühren)frei; **in** ~ **doganale/postale** zoll-/portofrei.

Francia [ˈfrantʃa] *f* Frankreich *n*.

franco [ˈfraŋko] ‹-chi› *m (~ belga, francese)* Franc *m*; *(~ svizzero)* Franken *m*.

Franco [ˈfraŋko] *(nome proprio maschile)* Frank.

franco, -a [ˈfraŋko] ‹-chi, -che› *a* **1.** *com* franko, frei; **2.** *(sincero)* offen, aufrichtig; ~ **domicilio/magazzino** frei Haus/Lager; ~ **fabbrica** ab Fabrik; ~ **tiratore** Freischärler *m*; **farla -a** *fig* ungeschoren (*o* mit heiler Haut) davonkommen.

francobollo [fraŋkoˈbollo] *m* Briefmarke *f*.

Francoforte [fraŋkoˈfɔrte] *f* Frankfurt *n*.

frangente [franˈdʒɛnte] *m* **1.** *(onda)* Sturzwelle *f*, Brecher *m*; **2.** *fig (momento grave)* Not *f*.

frangetta [franˈdʒetta] *f* Pony(fransen *f pl*) *m*.

frangia [ˈfrandʒa] ‹-ge› *f* **1.** *(di stoffa)* Franse *f*; **2.** *(fascia costiera)* Küstenstreifen *m*, -saum *m*; **3.** *fig pol* Flügel *m*; **4.** *fig (aggiunta)* Schnörkel *m*, Ausschmückung *f*.

frantoio [franˈtoːi̯o] ‹-oi› *m (per olive)* Ölmühle *f*; *(per pietre)* Steinmühle *f*.

frantumare [frantuˈmaːre] **I.** *tr* zertrümmern; **II.** *rfl*: **-arsi** zerbrechen, in Stücke gehen. **frantumi** [...ˈtuːmi] *m pl*: **andare in** ~ in die Brüche gehen.

frapporre [frapˈporre] ‹*irr*› **I.** *tr* **1.** *(cose)* dazwischenlegen, -stellen, -setzen; **2.** *fig (ostacoli)* in den Weg legen; **II.** *rfl*: **-orsi** sich dazwischenlegen, -stellen, -setzen.

frasca [ˈfraska] ‹-sche› *f* Zweig *m*.

frase [ˈfraːze] *f* **1.** *ling* Satz *m*; **2.** *(espressione)* Ausdruck *m*; *(locuzione)* Redewendung *f*; **3.** *pej (modo di dire convenzionale)* Phrase *f*; ~ **fatta** Gemeinplatz *m*.

frassino [ˈfrassino] *m* Esche *f*.

frastagliato, -a [frastaʎˈʎaːto] *a (terreno, costa, etc.)* zerklüftet.

frastornato, -a [frastorˈnaːto] *a (per rumore)* benommen; *(nelle idee)* verwirrt.

frastuono [frasˈtu̯ɔːno] *m* Getöse *n*, Lärm *m*.

frate [ˈfraːte] *m rel* Bruder *m*; **farsi** ~

Mönch werden. **fratellanza** [fratel'lantsa] *f* **1.** *(tra fratelli)* Brüderlichkeit *f,* Brüderschaft *f;* **2.** *(comunanza)* Bruderschaft *f.* **fratellastro** [...'lastro] *m* Stiefbruder *m.*

fratello [fra'tεllo] *m* **1.** *(parente)* Bruder *m;* **2.** *fig, rel (di confraternita)* Bruder *m;* **3.** ‹*pl*› *(solo maschi)* Brüder *m pl; (-i e sorelle)* Geschwister *pl; com* (*ab* **F.lli**) Gebrüder *pl.*

fraternità [fraterni'ta] ‹-› *f* **1.** *(vincolo fraterno)* Brüderlichkeit *f;* **2.** *fig (amicizia, comunanza)* Bruderschaft *f.* **fraternizzare** [...id'dza:re] *itr* sich verbrüdern. **fraterno, -a** [...'tεrno] *a* **1.** *(relativo a fratelli)* brüderlich, Bruder-; **2.** *fig (amorevole)* brüderlich.

fratricida [fratri'tʃi:da] ‹-i *m,* -e *f*› *mf (di fratello)* Brudermörder(in) *m(f); (di sorella)* Schwestermörder(in) *m(f).*

frattaglie [frat'taʎʎe] *f pl* Innereien *pl.*

frattanto [frat'tanto] *adv* inzwischen, unterdessen, währenddessen.

frattempo [frat'tεmpo] *m:* **nel ~** inzwischen, unterdessen, währenddessen.

frattura [frat'tu:ra] *f (a. fig)* Bruch *m.*

frazione [frat'tsi̯o:ne] *f* **1.** *(porzione)* Teil *m,* Bruchteil *m;* **2.** *pol* Fraktion *f;* **3.** *mat* Bruch *m;* **4.** *(borgata)* Teilgemeinde *f.*

freccia ['frettʃa] ‹-cce› *f* Pfeil *m.* **frecciata** [...'tʃa:ta] *f* Spitze *f,* Stichelei *f.*

freddare [fred'da:re] *tr* **1.** *(entusiasmo)* abkühlen, dämpfen; **2.** *(uccidere)* erledigen.

freddezza [fred'dettsa] *f* Kälte *f; (indifferenza)* Gleichgültigkeit *f.*

freddo, -a ['freddo] **I.** *a* kalt; *(a. fig)* kühl; *(colore)* kalt; **animali a sangue ~** Kaltblüter *m pl;* **mostrarsi ~ con qu** jdm die kalte Schulter zeigen; **II.** *m* Kälte *f;* **a ~** *fig* kaltblütig; **avere ~** frieren; **far venir ~** *fig* erschau(d)ern lassen. **freddoloso, -a** [-'lo:so] *a* empfindlich gegen (die) Kälte. **freddura** [...'du:ra] *f* Kalauer *m.*

freezer ['fri:zə] ‹-› *m* Kühlbox *f.*

fregare [fre'ga:re] ‹frego, freghi› **I.** *tr* **1.** *(pavimento, etc.)* scheuern; **2.** *fig fam (imbrogliare)* anschmieren *fam; (rubare)* abstauben *fam,* klauen *fam;* **II.** *rfl:* **-arsi 1.** *(strisciare)* sich reiben; **2.** *fam:* **fregarsene di qc** auf etw. pfeifen *fam.*

fregata [fre'ga:ta] *f* **1.** *naut* Fregatte *f;* **2.** *fig fam* Schwindel *m,* Betrug *m.*

fregatura [frega'tu:ra] *f fam* Betrug *m,* Schwindel *m;* **dare una ~ a qu** jdn übers Ohr hauen; **prendere una ~** hereingelegt werden.

fregio ['fre:dʒo] ‹-gi› *m* **1.** *arch* Fries *m;* **2.** *(su copricapo)* Tresse *f.*

frego ['fre:go] ‹-ghi› *m* Strich *m.*

fremere ['frε:mere] *itr* zittern, beben; *(di orrore)* schaudern.

fremito ['frε:mito] *m* Zittern *n,* Beben *n; (di orrore)* Schauder *m.*

frenare [fre'na:re] **I.** *tr* **1.** *(veicolo)* (ab)bremsen; **2.** *(cavallo)* zügeln; **3.** *fig (trattenere)* zügeln, bremsen; *(lacrime)* zurückhalten; **II.** *rfl:* **-arsi** sich beherrschen. **frenata** [...'na:ta] *f* Bremsung *f,* Bremsen *n.*

frenesia [frene'zi:a] ‹-ie› *f* **1.** *(pazzia)* Tobsucht *f,* Raserei *f;* **2.** *fig (smania)* Sucht *f.* **frenetico, -a** [...'nε:tiko] ‹-ci, -che› *a (a. fig)* rasend; *(applauso a.)* frenetisch.

freno ['fre:no *o* 'frε:no] *m* Bremse *f;* **~ a disco/mano/tamburo** Scheiben-/Hand-/Trommelbremse *f;* **senza ~** zügellos.

frequentare [freku̯en'ta:re] *tr* **1.** *(persone)* verkehren mit; **2.** *(luoghi)* verkehren in; *(scuola, etc.)* gehen in, besuchen; **~ cattive compagnie** schlechten Umgang haben. **frequentato, -a** [...'ta:to] *a (locale)* gutbesucht; *(strada)* belebt. **frequente** [...'ku̯εnte] *a* häufig. **frequenza** [...'ku̯εntsa] *f* **1.** *(di incidenti, fatti)* Häufung *f,* Häufigkeit *f;* **2.** *(di persone)* Menge *f,* Zahl *f;* **3.** *(di scuola, etc.)* Besuch *m.*

freschezza [fres'kettsa] *f* Frische *f.*

fresco, -a ['fresko] ‹-schi, -sche› **I.** *a (a. fig)* frisch; **un dottore ~ di studi** ein frischgebackener Doktor; **stare ~** *fig fam* schön in der Patsche sitzen *fam;* **II.** *m* Frische *f;* **stare al ~** *fig fam* hinter Gittern sitzen. **frescura** [...'ku:ra] *f* Kühle *f,* Frische *f.*

fretta ['fretta] *f* Eile *f;* **aver ~** es eilig haben; **non c'è ~** das hat keine Eile; **in ~** in Eile; **in ~ e furia** in aller (*o* größter) Eile. **frettoloso, -a** [...to'lo:so] *a* eilig, hastig.

friabile [fri'a:bile] *a (terreno)* locker, bröck(e)lig; *(pasta)* mürbe.

Fribourg [fri'bu:r] *f* Freiburg *n (in der Schweiz).*

Friburgo [fri'burgo] *f* Freiburg *n (in Deutschland).*

fricassea [frikas'sε:a] *f* Frikassee *n.*

frichettone, -a [frikket'to:ne] *scherz* **I.** *m, f* Freak *m sl;* **II.** *a* ausgeflippt *sl.*

friggere ['friddʒere] ‹friggo, friggi, frissi, fritto› **I.** *tr* backen, braten; *(con molto olio)* fritieren; **andare a farsi ~** *fam* zum Teufel gehen *fam;* **mandare qu a farsi ~** *fam* jdn zum Teufel jagen *fam;* **II.** *itr* **1.** *(crepitare)* brutzeln; **2.** *fig (fremere)* kochen. **friggitoria** [...dʒito'ri:a] ‹-ie› *f* Bratstube *f.*

frigido, -a ['fri:dʒido] *a* **1.** *med* frigid(e); **2.** *fig (freddo)* kalt(herzig).

frignare [friɲ'ɲa:re] *itr* wimmern.

frigo ['fri:go] ‹-› *m fam* Eisschrank *m.*

frigorifero, -a [frigo'ri:fero] **I.** *a* Kühl-; **II.** *m* Kühlschrank *m.*

fringuello [friŋ'gu̯εllo] *m* Buchfink *m.*

frinire [fri'ni:re] ‹frinisco› *itr* zirpen.
Frisia ['fri:zia] *f* Friesland *n.*
frissi ['frissi] *p rem di* **friggere.**
frittata [frit'ta:ta] *f* Eierkuchen *m,* Omelett *n,* Omelette *f;* **fare una ~** *fig fam* Mist bauen *fam* (*o* machen *fam*).
frittella [frit'tɛlla] *f* **1.** *gastr* Krapfen *m;* **2.** *(macchia d'unto)* Fettfleck *m.*
fritto, -a ['fritto] **I.** *pp di* **friggere; II.** *a* **1.** *gastr* gebraten, gebacken; *(con molto olio)* fritiert; **2.** *fig fam (bell'e ~)* geliefert *fam,* gelackmeiert *fam;* **~ e rifritto** *fig* zum tausendsten Mal aufgewärmt *fam;* **III.** *m* Gebratene(s) *n,* Gebackene(s) *n;* **~ misto** *gemischtes Ausgebackenes.* **frittura** [...'tu:ra] *f* (Aus)gebackene(s) *n,* Fritüre *f.*
Friuli [fri'u:li] *m* Friaul *n.*
frivolo, -a ['fri:volo] *a* leichtfertig, oberflächlich.
frizionare [frittsio'na:re] *tr* einreiben. **frizione** [...'tsio:ne] *f* **1.** *(attrito)* Einreibung *f;* **2.** *(massaggio)* Massage *f;* **3.** *mot* Kupplung *f.*
frizzante [frid'dzante] *a* **1.** *(bibita)* prikkelnd; **2.** *fig (motto)* beißend.
frizzo ['friddzo] *m* bissige Bemerkung.
frodare [fro'da:re] *tr* betrügen; **~ il fisco** Steuern hinterziehen.
frode ['frɔ:de] *f* Betrug *m;* **~ fiscale** Steuerhinterziehung *f.*
frodo ['frɔ:do] *m* Schmuggel *m;* **cacciare di ~** wildern.
frollare [frol'la:re] **I.** *tr ‹avere›* abhängen lassen, mürbe werden lassen; **II.** *itr ‹essere›* abhängen, mürbe werden. **frollatura** [...la'tu:ra] *f* Abhängen(lassen) *n,* Abhängezeit *f.*
frollo, -a ['frɔllo] *a* abgehangen.
fronda[1] ['fronda] *f* **1.** *(frasca)* Zweig *m;* **2.** *‹pl› (fogliame)* Laub *n;* **3.** *‹pl› fig (ornamenti)* Schnörkel *m pl,* Verzierungen *f pl.*
fronda[2] ['fronda] *f* **1.** *hist* Fronde *f;* **2.** *fig (opposizione)* Opposition *f; (rivolta)* Aufruhr *m.*
frondoso, -a [fron'do:so] *a* (dicht)belaubt.
frontale [fron'ta:le] *a* **1.** *anat* Stirn-; **2.** *(attacco, etc.)* frontal, Frontal-.
frontaliero, -a [fronta'liɛ:ro] *m, f* Grenzgänger(in) *m(f).*
fronte ['fronte] **I.** *f* **1.** *anat* Stirn *f;* **2.** *fig (volto)* Gesicht *n;* **3.** *(facciata)* Vorderseite *f;* **testo a ~** nebenstehender Text; **a ~ alta/bassa** erhobenen/gesenkten Hauptes; **di ~** gegenüber; **la casa di ~** das gegenüberliegende Haus; **di ~ a questa situazione** angesichts dieser Situation; **II.** *m mil, pol* Front *f;* **far ~ agli impegni** den Verpflichtungen nachkommen; **far ~ alle spese** für die Kosten aufkommen; **tener ~ a qu** jdm die Stirn bieten.
fronteggiare [fronted'dʒa:re] ‹fronteggio, fronteggi› *tr* widerstehen (*qu* jdm); *fig (difficoltà)* entgegentreten (*qc* einer S. *dat*), bewältigen.
frontespizio [frontes'pittsio] ‹-i› *m* Frontispiz *n.*
frontiera [fron'tiɛ:ra] *f* (Staats)grenze *f.*
frontone [fron'to:ne] *m* Giebel *m.*
fronzolo ['frondzolo] *m* Flitter *m,* Tand *m.*
frotta ['frɔtta] *f* Schar *f,* Schwarm *m;* **in ~, a -e** in Scharen, scharenweise.
frottola ['frɔttola] *f* Lüge *f,* Märchen *n.*
frugale [fru'ga:le] *a* einfach, bescheiden.
frugare [fru'ga:re] ‹frugo, frughi› **I.** *itr* (herum)kramen, (herum)stöbern; **II.** *tr* durchsuchen.
fruire [fru'i:re] ‹fruisco› *itr* genießen (*di qc* etw.).
frullare [frul'la:re] **I.** *tr ‹avere›* rühren, quirlen; *(panna)* schlagen; **II.** *itr ‹essere o avere›* schwirren. **frullato** [...'la:to] *m* (Milch)mixgetränk *n.* **frullatore** [...la'to:re] *m* Mixer *m.* **frullino** [...'li:no] *m* Quirl *m.*
frumento [fru'mento] *m* Weizen *m,* Korn *n.*
fruscio [fruʃ'ʃi:o] ‹-scii› *m* Rauschen *n,* Knistern *n.*
frusta ['frusta] *f* **1.** *(sferza)* Peitsche *f;* **2.** *(da cucina)* Schneebesen *m.* **frustare** [...'ta:re] *tr* **1.** *(con la sferza)* (aus)peitschen; **2.** *fig (censurare)* geißeln. **frustata** [...'ta:ta] *f* Peitschenhieb *m.* **frustino** [...'ti:no] *m* Reitpeitsche *f.*
frustrare [frus'tra:re] *tr (tentativi)* vereiteln; *(speranze)* zunichte machen, enttäuschen; *psych* frustrieren. **frustrazione** [...rat'tsio:ne] *f* **1.** Enttäuschung *f; psych* Frustration *f;* **2.** *(di tentativi)* Vereit(e)lung *f.*
frutta ['frutta] *f ‹sing›* Obst *n;* **~ candita/secca** kandierte Früchte *f pl*/ Dörrobst *n;* **~ da tavola** Tafelobst *n;* **essere alla ~** beim Dessert sein.
fruttare [frut'ta:re] *itr* **1.** *(capitale)* einbringen, abwerfen; **2.** *fig (esempio)* Früchte tragen, fruchten.
frutteto [frut'te:to] *m* Obstgarten *m.*
frutticolo, -a [frut'ti:kolo] *a* Obst-.
fruttiera [frut'tiɛ:ra] *f* Obstschale *f.*
fruttifero, -a [frut'ti:fero] *a* **1.** *bot* Obst-, fruchttragend; **2.** *fig* einträglich; *(conto)* zinsbringend, -tragend.
fruttivendolo, -a [frutti'vendolo] *m, f* Obsthändler(in) *m(f).*
frutto ['frutto] *m* **1.** *bot* Frucht *f;* **2.** *‹pl› fig (prodotti di attività umana)* Früchte *f pl;* **3.** *fig (conseguenza)* Frucht *f;* **4.** *com (profitto)* Ertrag *m,* Gewinn *m;* *fin (interesse)* Zins *m;* **-i di mare** Meeresfrüchte *f pl;* **mettere a ~ un capitale** ein Kapital ertragbringend anlegen. **fruttuoso, -a** [fruttu'o:so] *a* fruchtbar, ertragreich.
fu [fu] **I.** *p rem di* **essere; II.** *a* verstor-

ben, selig *geh;* **il ~ Giuseppe Bianchi** der selige Giuseppe Bianchi.

fucilare [futʃi'la:re] *tr* erschießen. **fucilata** [...'la:ta] *f* Gewehrschuß *m.* **fucilazione** [...lat'tsi̯o:ne] *f* Erschießung *f.*

fucile [fu'tʃi:le] *m* Gewehr *n.* **fuciliere** [futʃi'li̯ɛ:re] *m* Schütze *m,* Füsilier *m CH.*

fucina [fu'tʃi:na] *f* **1.** *(focolare)* Schmiedeofen *m;* **2.** *(locale)* Schmiede *f.*

fuco ['fu:ko] ‹-chi› *m* Drohne *f.*

fuga ['fu:ga] ‹-ghe› *f* **1.** *(atto del fuggire)* Flucht *f;* **2.** *(fuoriuscita)* Entweichen *n; (a. di liquidi)* Ausströmen *n; fig (di notizie)* Durchsickern *n;* **3.** *fig (espatrio)* Abwanderung *f;* **4.** *mus* Fuge *f;* **5.** *sport* Ausreißen *n;* **~ di capitali** Kapitalflucht *f;* **~ dei cervelli** Abwanderung *f* der Intelligenz; **darsi alla ~** die Flucht ergreifen.

fugace [fu'ga:tʃe] *a* vergänglich, flüchtig.

fuggiasco, -a [fud'dʒasko] ‹-schi, -sche› **I.** *a* flüchtig; **II.** *m, f* Flüchtige(r) *mf.*

fuggifuggi [fuddʒi'fuddʒi] ‹-› *m* (wilde) Flucht *f.*

fuggire [fud'dʒi:re] ‹fuggo, fuggi› **I.** *itr ‹essere›* **1.** *(scappare)* fliehen, flüchten; **2.** *sport* ausreißen; **3.** *fig (scorrere via rapidamente)* davoneilen; *(tempo)* verfliegen; **~ via** fortlaufen; **II.** *tr ‹avere›* meiden, fliehen *geh.* **fuggitivo, -a** [...dʒi'ti:vo] **I.** *a* flüchtend; **II.** *m, f* Flüchtling *m.*

fui *p rem di* **essere.**

fulcro ['fulkro] *m* **1.** *tec* Drehpunkt *m;* **2.** *fig* Angelpunkt *m.*

fulgore [ful'go:re] *m* Glanz *m.*

fuliggine [fu'liddʒine] *f* Ruß *m.* **fuligginoso, -a** [...'no:so] *a* rußig.

fulminare [fulmi'na:re] **I.** *tr* **1.** *(fulmine)* treffen, erschlagen; **2.** *(scarica elettrica)* mit einem elektrischen Schlag treffen; **3.** *(con arma da fuoco)* niederschießen; **4.** *fig (con lo sguardo)* durchbohren; **II.** *itr* blitzen; **III.** *rfl:* **-arsi** durchbrennen.

fulmine ['fulmine] *m* Blitz *m;* **un colpo di ~** *fig* Liebe *f* auf den ersten Blick; **come un ~** wie der Blitz.

fulvo, -a ['fulvo] *a* rotblond.

fumaiolo [fuma'i̯ɔ:lo] *m* Schornstein *m.*

fumare [fu'ma:re] **I.** *tr* rauchen; **II.** *itr* rauchen; *(emettere vapore)* dampfen. **fumata** [fu'ma:ta] *f* **1.** *(colonna di fumo)* Rauchsäule *f;* **2.** *(per segnalazione)* Rauchzeichen *n;* **3.** *(di tabacco)* Rauchen *n.* **fumatore, -trice** [fuma'to:re] *m, f* Raucher(in) *m(f).*

fumetto [fu'metto] *m* **1.** *(nuvoletta)* Sprechblase *f;* **2.** *‹pl›* Comics *m pl.*

fummo ['fummo] *v.* **essere.**

fumo ['fu:mo] *m* **1.** *(prodotto di combustione)* Rauch *m,* Qualm *m; (vapore)* Dampf *m;* **2.** *(del tabacco)* Rauchen *n;* **~ di Londra** Rauchgrau *n;* **-i dell'alcol** Alkoholdünste *m pl;* **molto ~ e poco arrosto** *fig* mehr Schein als Sein. **fumoso, -a** [fu'mo:so] *a* **1.** *(pieno di fumo)* verraucht, rauchig; **2.** *(che fa fumo)* rauchend; **3.** *fig (oscuro)* nebelhaft, dunkel.

funambolo, -a [fu'nambolo] *m, f* Seiltänzer(in) *m(f).*

fune ['fu:ne] *f (corda)* Seil *n; (cavo)* Tau *n.*

funebre ['fu:nebre] *a* **1.** *(rito)* Trauer-, Toten-; **2.** *fig (mesto, lugubre)* düster.

funerale [fune'ra:le] *m* Beerdigung *f;* **faccia da ~** Leichenbittermiene *f.*

funesto, -a [fu'nɛsto] *a* verderbenbringend, verhängnisvoll.

fungere ['fundʒere] ‹fungo, fungi, funsi, funto› *itr* fungieren (*da* als); *adm* amtieren (*da* als); *(essere)* sein; **~ da padrino** Pate sein.

fungo ['fuŋgo] ‹-ghi› *m* Pilz *m;* **~ edule/velenoso** Speise-/Giftpilz *m;* **~ porcino** Steinpilz *m;* **~ prataiolo** Champignon *m;* **crescere come i -ghi** wie Pilze aus dem Boden schießen.

funicolare [funiko'la:re] *f* (Stand)seilbahn *f.*

funivia [funi'vi:a] *f* (Draht)seilbahn *f,* Seilschwebebahn *f.*

funsi ['funsi] *p rem di* **fungere.**

funto ['funto] *pp di* **fungere.**

funzionale [funtsi̯o'na:le] *a* zweckmäßig, funktionell.

funzionamento [funtsi̯ona'mento] *m* Arbeitsweise *f,* Funktionieren *n.* **funzionare** [...'na:re] *itr* **1.** funktionieren, gehen; *(tec a.)* arbeiten; *(macchina in movimento)* laufen; **2.** *(persone)* fungieren, amtieren; **far ~** in Betrieb setzen.

funzionario, -a [funtsi̯o'na:ri̯o] ‹-i, -ie› *m, f* Amtsperson *f,* Funktionär(in) *m(f); (impiegato)* Beamte(r) *m,* Beamtin *f; (incaricato)* Beauftragte(r) *mf.*

funzione [fun'tsi̯o:ne] *f* **1.** *gener., mat, med, tec* Funktion *f; (di persona a.)* Tätigkeit *f,* Aufgabe *f,* Rolle *f; (ufficio)* Stellung *f; (carica)* Amt *n; (mansione)* Befugnis *f;* **2.** *(cerimonia, rito)* Feier *f; (~ religiosa)* Gottesdienst *m;* **nell'esercizio delle proprie -i** in Ausübung seines (*o* ihres) Amtes; **entrare in ~** in Betrieb gehen; *(persone)* die Arbeit aufnehmen.

fuoco ['fu̯ɔ:ko] ‹-chi› *m* **1.** *gener.* Feuer *n;* **2.** *(fornello)* (Herd)platte *f,* Feuer *n,* Flamme *f;* **3.** *fot, phys* Brennpunkt *m,* Fokus *m;* **4.** *mil* Feuer *n;* **-chi d'artificio** Feuerwerk *n;* **dar ~ a qc** etw. in Brand setzen (*o* stecken), etw. anzünden; **pigliar ~** Feuer fangen; **aprire/cessare il ~** das Feuer eröffnen/einstellen; **al ~!** Feuer!, es brennt!

fuorché [fu̯or'ke] **I.** *con* außer; **II.** *prp*

ausgenommen *nom o acc,* außer *dat,* mit Ausnahme *gen.*
fuori ['fu̯ɔ:ri] **I.** *adv* **1.** *(stato)* draußen; *(sulla superficie)* außen; *(fuori di casa: persone)* außer Haus; *(all'estero)* im Ausland; **2.** *(moto)* heraus, hinaus; ~ **(di qui)!** hinaus!; ~ **i soldi!** her mit dem Geld!; **far** ~ *fam (uccidere)* abmurksen *fam; (patrimonio)* durchbringen; **in** ~ nach außen; **sporgersi in** ~ sich hinauslehnen; **tagliar** ~ **qu** jdn (von etw.) abschneiden; **essere di** ~ fremd sein; **II.** *prp:* ~ **(di) 1.** *(stato)* außerhalb *gen; fig* außer *dat;* **2.** *(moto)* aus *dat;* ~ **concorso/pericolo/uso** außer Konkurrenz/Gefahr/Gebrauch; **essere** ~ **di sé** außer sich *(dat)* sein; **fuor di dubbio** außer Zweifel; ~ **luogo** unangebracht, fehl am Platz(e); ~ **mano** abgelegen, entlegen; ~ **orario** außerplanmäßig, außerhalb der (festgesetzten) Zeit.
fuoribordo [fu̯ori'bordo] ⟨-⟩ *m* **1.** *(motore)* Außenbordmotor *m;* **2.** *(imbarcazione)* Außenborder *m.* **fuoriclasse** [-'klasse] **I.** ⟨*inv*⟩ *a* erstklassig; *(speciale)* Spezial-, Sonder-; **II.** ⟨-⟩ *mf* Sonderklasse *f fam,* Klassemann, -frau *m, f fam.* **fuoricorso** [-'korso] ⟨-⟩ *mf* Student(in), der (die) die Studienzeit überschritten hat. **fuorigioco** [-'dʒɔ:ko] ⟨-⟩ *m* Abseits *n,* Aus *n.* **fuorilegge** [-'leddʒe] ⟨-⟩ *mf* Gesetzlose(r) *mf.* **fuoriserie** [-'sɛ:ri̯e] **I.** ⟨*inv*⟩ *a* Sonder-, Spezial-; **II.** ⟨-⟩ *f* Sonderausführung *f,* Sondermodell *n.* **fuor(i)uscita** [fu̯or(i)uʃ'ʃi:ta] *f* **1.** *phys* Ausströmen *n,* Entweichen *n;* **2.** *fig (rinuncia)* Ausstieg *m; (dal partito)* Austritt *m.* **fuor(i)uscito, -a** [...'ʃi:to] *m, f* Emigrant(in) *m(f).*
furba *f v.* **furbo.**
furbacchione, -a [furbak'ki̯o:ne] *m, f* Schlaumeier *m fam.*
furberia [furbe'ri:a] ⟨-ie⟩ *f* Listigkeit *f,* List *f.*
furbizia [fur'bittsi̯a] ⟨-ie⟩ *f* Schlauheit *f,* Schläue *f.*
furbo, -a ['furbo] **I.** *a* schlau, listig; **II.** *m, f* Schlaumeier *m fam.*
furente [fu'rɛnte] *a* wütend.
furfante [fur'fante] *m* Gauner *m.*
furgone [fur'go:ne] *m* Lieferwagen *m.*
furia ['fu:ri̯a] ⟨-ie⟩ *f* **1.** *(accesso di collera)* Wut *f;* **2.** *(fig, a. del vento)* Wüten *n;* **3.** *(fretta)* (große) Eile *f;* **4.** *(persona)* Furie *f fam;* **andare su tutte le -ie** auf die Palme gehen *fam;* **a** ~ **di ...** durch viel(es) ...
furibondo, -a [furi'bondo] *a* wütend.
furioso, -a [fu'ri̯o:so] *a* **1.** *(persona)* wütend; **2.** *fig (passione, tempesta)* heftig.
furono ['fu:rono] *v.* **essere.**
furore [fu'ro:re] *m* **1.** *(agitazione violenta)* Wut *f,* Raserei *f;* **2.** *(veemenza)* Heftigkeit *f.* **furoreggiare** [furored'dʒa:re] ⟨furoreggio, furoreggi⟩ *itr* Furore machen.
furtivo, -a [fur'ti:vo] *a* **1.** *(sguardo, etc.)* verstohlen, heimlich; **2.** *(merce)* gestohlen.
furto ['furto] *m* **1.** *(azione)* Diebstahl *m;* **2.** *(cosa rubata)* Diebesgut *n;* ~ **con scasso** Einbruchdiebstahl *m;* **è un** ~**!** *fig* das kostet ja ein Vermögen!
fusa ['fu:sa] *f pl:* **far le** ~ schnurren.
fuscello [fuʃ'ʃɛllo] *m* (dürrer) Zweig *m; (di paglia)* Halm *m.*
fusi ['fu:zi] *p rem di* **fondere.**
fusibile [fu'zi:bile] *m* Schmelzsicherung *f.*
fusione [fu'zi̯o:ne] *f* **1.** *(di metalli)* Schmelzen *n; (di campane)* Gießen *n;* **2.** *(di colori)* Mischung *f;* **3.** *(di suoni)* Einklang *m;* **4.** *com* Fusion *f; (a. pol)* Zusammenschluß *m; sport* Zusammenspiel *n.*
fuso¹ ['fu:zo] *pp di* **fondere.**
fuso² ['fu:so] *m (in filatura)* Spindel *f;* ~ **orario** Zeitzone *f.*
fustagno [fus'taɲɲo] *m* Baumwollflanell *m.*
fusto ['fusto] *m* **1.** *bot* Stamm *m;* **2.** *(di colonna)* Schaft *m;* **3.** *(recipiente)* Faß *n;* **4.** *fam (giovane aitante)* Prachtkerl *m fam.*
futile ['fu:tile] *a* unbedeutend, nichtig. **futilità** [futili'ta] ⟨-⟩ *f* Nichtigkeit *f.*
futurismo [futu'rizmo] *m* Futurismus *m.*
futuro, -a [fu'tu:ro] **I.** *a* zukünftig; **II.** *m* **1.** *(avvenire)* Zukunft *f;* **2.** *gram* Futur *n.*

G

G, g [dʒi] ‹-› *f* G, g *n;* **g come Genova** G wie Gustav.
g *ab di* **grammo** g (*ab di* Gramm).
gabardina, gabardine [gabarˈdiːna, ...ˈdin] ‹-› *f* Gabardine *m o f.*
gabbare [gabˈbaːre] *tr* **1.** *(ingannare)* betrügen, hintergehen; **2.** *(deridere)* verulken, verschaukeln.
gabbia [ˈgabbi̯a] ‹-ie› *f* **1.** *zoo* Käfig *m; (per uccelli)* Vogelbauer *n o m;* **2.** *fig fam* Kittchen *n fam,* Loch *n fam;* **3.** *(involucro)* Korb *m; (per trasporto)* (Latten)verschlag *m;* ~ **toracica** Brustkorb *m;* ~ **di matti** *fam* Irrenhaus *n.*
gabbiano [gabˈbi̯aːno] *m* Möwe *f.*
gabinetto [gabiˈnetto] *m* **1.** *(toilette)* Toilette *f;* **2.** *(studio)* Arbeitszimmer *n; (a scuola)* Raum *m; med* Praxis *f; adm* Amtszimmer *n;* **3.** *(pol, di museo)* Kabinett *n;* ~ **medico/dentistico** Arzt-/Zahnarztpraxis *f;* ~ **di chimica** Chemieraum *m;* **andare al** ~ auf die Toilette gehen, austreten.
Gabriele [gabriˈɛːle] *(nome proprio maschile)* Gabriel.
Gabriella [gabriˈɛlla] *(nome proprio femminile)* Gabriele, Gabriela.
gagliardo, -a [gaʎˈʎardo] *a* kräftig; *(vino a.)* feurig.
gaiezza [gaˈi̯ettsa] *f* Fröhlichkeit *f,* Ausgelassenheit *f.*
gaio, -a [ˈgaːi̯o] ‹-ai, -aie› *a* fröhlich, ausgelassen.
gala [ˈgaːla] *f* **1.** *(lusso)* Pracht *f,* Festlichkeit *f,* Gala *f;* **2.** *(ricevimento)* Empfang *m,* Fest *n;* **3.** *(di tessuto)* Rüsche *f;* **di** ~ Gala-.
galante [gaˈlante] **I.** *a* galant; **II.** *m* Kavalier *m.* **galanteria** [-ˈriːa] ‹-ie› *f* Galanterie *f,* Ritterlichkeit *f.*
galantina [galanˈtiːna] *f* Sülze *f,* Aspik *m o n.*
galantuomo [galanˈtu̯ɔːmo] ‹galantuomini› *m* Ehrenmann *m,* Gentleman *m.*
galassia [gaˈlassi̯a] ‹-ie› *f* Milchstraße *f,* Galaxis *f.*
galateo [galaˈtɛːo] *m* gute Umgangsformen *f pl,* gutes Benehmen.
galattico, -a [gaˈlattiko] ‹-ci, -che› *a* galaktisch, Milchstraßen-.
galeotto [galeˈɔtto] *m* Sträfling *m,* Zuchthäusler *m.*
galera [gaˈlɛːra] *f* Gefängnis *n,* Zuchthaus *n,* Strafvollzugsanstalt *f adm;* **avanzo di** ~ Galgenvogel *m;* **tipo da** ~ Knastbruder *m fam.*
galla [ˈgalla] *f* **1.** *(vescica, bolla)* Blase *f;* **2.** *bot* Galle *f,* Wucherung *f;* **a** ~ an (*o* auf) der Oberfläche; **stare** (*o* **tenersi**) **a** ~ oben schwimmen; *fig* sich über Wasser halten; **venire a** ~ auftauchen; *fig* an den Tag kommen.
galleggiante [galledˈdʒante] **I.** *a* schwimmend, Schwimm-; **II.** *m* **1.** *naut* Wasserfahrzeug *n;* **2.** *(per la pesca, tec)* Schwimmer *m.* **galleggiare** [...ˈdʒaːre] ‹galleggio, galleggi› *itr* (obenauf) schwimmen, treiben.
galleria [galleˈriːa] ‹-ie› *f* **1.** *(traforo)* Tunnel *m; (di talpa)* Gang *m; min* Stollen *m;* **2.** *(arch, di quadri, etc.)* Galerie *f;* **3.** *theat, film* Rang *m,* Galerie *f;* **4.** *mot, aero* Kanal *m;* ~ **del vento** Windkanal *m.* **gallerista** [...ˈrista] ‹-i *m,* -e *f*› *mf* Galerist(in) *m(f).*
galletta [galˈletta] *f* (Schiffs)zwieback *m.*
gallicismo [galliˈtʃizmo] *m* Gallizismus *m.*
gallina [galˈliːna] *f* Henne *f,* (Haus)huhn *n;* **andare a letto con le -e** mit den Hühnern zu Bett (*o* schlafen) gehen; ~ **vecchia fa buon brodo** *prov* auch ein altes Huhn gibt noch eine gute Suppe. **gallinacei** [...liˈnaːtʃei] *m pl* Hühnervögel *m pl.* **gallinella** [...liˈnɛlla] *f* Wasserhuhn *n.*
gallismo [galˈlizmo] *m* Männlichkeitswahn *m.*
gallo [ˈgallo] **I.** *m zoo* Hahn *m; (a. fig)* Gockel *m fam;* **fare il** ~ sich wie ein Gockel aufführen; **II.** ‹*inv*› *a sport* Bantam-; **peso** ~ Bantamgewicht *n.*
gallone[1] [galˈloːne] *m* **1.** *mil* Tresse *f;* **2.** *(guarnizione)* Besatz *m.*
gallone[2] [galˈloːne] *m (misura di capacità)* Gallone *f.*
galoche [gaˈlɔʃ] ‹-› *v.* **caloscia.**
galoppare [galopˈpaːre] *itr zoo, fig* galoppieren; *(persona)* hasten, sich abhetzen. **galoppata** [...ˈpaːta] *f* Galopp *m; fig* Hetzerei *f.* **galoppino** [...ˈpiːno] *m* Lakai *m,* Laufbursche *m.*
galoppo [gaˈlɔppo] *m* Galopp *m;* **andare al** ~ galoppieren.
galoscia [gaˈlɔʃʃa] *v.* **caloscia.**
galvanico, -a [galˈvaːniko] ‹-ci, -che› *a* galvanisch. **galvanizzare** [galvanidˈdzaːre] *tr* **1.** *el* galvanisieren; **2.** *fig* aufrütteln.
gamba [ˈgamba] *f* **1.** *anat* Bein *n; (di animali a.)* Lauf *m;* **2.** *(di pantalone)* (Hosen)bein *n; (di tavolo, etc.)* Bein *n,* Fuß *m;* **3.** *(di lettera)* (Grund)strich *m;*

essere in ~ auf Draht sein, fit sein *fam; (di salute)* auf der Höhe sein; *sport* gut in Form sein. **gambale** [...'ba:le] *m* (Stiefel)schaft *m.*

gamberetto [gambe'retto] *m* Garnele *f.*

gambero ['gambero] *m* Krebs *m;* **fare come i -i** im Krebsgang gehen.

gambo ['gambo] *m* **1.** *bot* Stiel *m,* Stengel *m;* **2.** *fig* Stiel *m,* Schaft *m.*

gamella [ga'mɛlla] *f* Eßnapf *m,* Blechnapf *m.*

gamma[1] ['gamma] **I.** ‹-› *m ling* Gamma *n;* **II.** ‹*inv*› *a phys* Gamma-.

gamma[2] ['gamma] *f* **1.** *(di varie gradazioni)* Skala *f;* **2.** *(serie)* Reihe *f,* Serie *f; (di prodotti, etc. a.)* Palette *f;* **3.** *mus* Tonleiter *f;* **4.** *radio* Bereich *m,* Band *n.*

ganascia [ga'naʃʃa] ‹-sce› *f* **1.** *anat* Kinnlade *f;* **2.** *zoo* Ganasche *f;* **3.** *mot (del freno)* (Brems)backe *f.*

gancio ['gantʃo] ‹-ci› *m* Haken *m;* ~ **di traino** Anhängerkupplung *f.*

ganghero ['gaŋgero] *m* **1.** *(di porte, finestre, etc.)* Angel *f;* **2.** *(di vestito)* Häkchen *n,* Öse *f;* **uscire dai -i** aus der Haut fahren; **essere fuori dai -i** (vor Wut) außer sich *(dat)* sein.

ganglio ['gaŋglio] ‹-gli› *m* **1.** *anat* Ganglion *n,* Nervenknoten *m;* **2.** *fig* Lebensnerv *m.*

gangrena [gaŋ'grɛ:na] *v.* **cancrena.**

gara ['ga:ra] *f* Wettkampf *m,* Wettstreit *m,* Wettbewerb *m; (lotta concorrenziale)* Konkurrenzkampf *m;* **fare una** ~ einen Wettkampf veranstalten (*o* austragen); **fare a** ~ wetteifern (*con* mit); **essere fuori** ~ ausgeschieden (*o* aus dem Rennen) sein.

garage [ga'ra:ʒ] ‹-› *m* Garage *f; (per servizio)* (Autoreparatur)werkstatt *f.* **garagista** [gara'dʒista] ‹-i *m,* -e *f*› *mf* **1.** *(operaio)* Automechaniker(in) *m(f);* **2.** *(proprietario)* (Auto)werkstattbesitzer(in) *m(f).*

garante [ga'rante] *mf* Bürge *m,* Garant *m.*

garantire [garan'ti:re] ‹garantisco› **I.** *tr* **1.** *(assicurare)* bürgen für; **2.** *jur* haften für; **3.** *com* Garantie leisten für; **4.** *fig* garantieren, versichern; **II.** *itr* bürgen; **III.** *rfl:* **-irsi** sich *(dat)* eine Bürgschaft besorgen. **garantito, -a** [...'ti:to] **I.** *a* garantiert; **l'automobile è -a per un anno** das Auto hat ein Jahr Garantie; **impermeabile** ~ garantiert wasserfest; **II.** *adv (certamente)* garantiert, bestimmt.

garanzia [garan'tsi:a] ‹-ie› *f* **1.** *jur* Garantie *f,* Sicherheit *f;* **2.** *fig* Zusicherung *f,* Gewähr(leistung) *f,* Sicherheit *f;* **dare** ~ **di serietà** Seriosität zusichern (*o* gewährleisten).

garbato, -a [gar'ba:to] *a* angenehm, höflich.

garbo ['garbo] *m* **1.** *(grazia)* Charme *m,* Anmut *f; (buone maniere)* Höflichkeit *f,* Anstand *m;* **2.** *(forma)* schöne Form; *(di vestito)* Schick *m,* guter Schnitt; **con (bel)** ~ höflich; **senza** ~ ungehobelt, plump.

garbuglio [gar'buʎʎo] ‹-gli› *m* Wirrwarr *m,* Gewirr *n.*

Gardena [gar'de:na] *f:* **Val** ~ Grödner Tal *n,* Gröden *n.*

gardenia [gar'dɛ:nia] ‹-ie› *f* Gardenie *f.*

gareggiare [gared'dʒa:re] ‹gareggio, gareggi› *itr* wetteifern (*in o a qc con qu* mit jdm um *o* in etw.); *sport* kämpfen, antreten.

garganella [garga'nɛlla] *f:* **bere a** ~ *aus der Flasche trinken, ohne sie am Mund anzusetzen.*

gargarismo [garga'rizmo] *m* **1.** *(azione)* Gurgeln *n;* **2.** *(liquido)* Gurgelmittel *n;* **fare i -i** gurgeln. **gargarizzare** [...id'dza:re] *itr* gurgeln.

garibaldino, -a [garibal'di:no] **I.** *a* Garibaldi-, von (*o* wie) Garibaldi; **II.** *m, f* Garibaldianer(in) *m(f).*

garofano [ga'rɔ:fano] *m* Nelke *f.*

garrire [gar'ri:re] ‹garrisco› *itr (uccelli)* lärmen, laut zwitschern; *(persona)* keifen, zetern; **le bandiere garrivano al vento** *lett* die Fahnen knatterten im Wind. **garrulo, -a** ['garrulo] *a (uccelli)* zwitschernd; *(persona)* kreischend; *(loquace)* geschwätzig.

garza ['gardza] *f* Gaze *f; (a. med)* Verbandmull *m.*

garzone [gar'dzo:ne] *m* (Lauf)bursche *m.*

gas [gas] ‹-› *m* Gas *n;* ~ **asfissiante/ esilarante / illuminante / lacrimogeno / nobile** Gift-/Lach-/Leucht-/Tränen-/ Edelgas *n;* **dare** ~ Gas geben; **a tutto** ~ *fig fam* mit Volldampf.

gasare [ga'za:re] *v.* **gassare.**

gasato [ga'za:to] *a sl* aufgeblasen; *(euforico)* übergeschnappt *fam.*

gasdotto [gaz'dotto] *m* Gasleitung *f.*

gasista [ga'zista] *v.* **gassista.**

gasolio [ga'zɔ:lio] *m* Dieselkraftstoff *m.*

gasometro [ga'zɔ:metro] *m* Gasbehälter *m.*

gassare [gas'sa:re] *tr* mit Kohlensäure versetzen. **gassato, -a** [...'sa:to] *a* mit Kohlensäure(zusatz), kohlensäurehaltig. **gassificare** [gassifi'ka:re] ‹gassifico, gassifichi› *tr* gasifizieren. **gassista** [...'sista] ‹-i *m,* -e *f*› *mf* Gasarbeiter(in) *m(f).* **gassosa** [gas'so:sa] *f* Brause(getränk *n*) *f.* **gassoso, -a** [...so] *a* gasartig, gasförmig, Gas-.

gastrico, -a ['gastriko] ‹-ci, -che› *a* Magen-, gastrisch *scient.* **gastrite** [...'tri:te] *f* Gastritis *f.*

gastroenterite [gastroente'ri:te] *f* Magen-Darm-Entzündung *f.*

gastronomia [gastrono'mi:a] ‹-ie› *f* Gastronomie *f.* **gastronomico, -a** [...'nɔːmiko] ‹-ci, -che› *a* gastronomisch. **gastronomo, -a** [...'trɔːnomo] *m, f* Gastronom(in) *m(f).*

gatta ['gatta] *f* Katze *f;* **una ~ da pelare** eine Heidenarbeit *fam; (difficile)* eine harte Nuß; **~ ci cova!** da ist was faul!; **tanto va la ~ al lardo che ci lascia lo zampino** *prov* der Krug geht so lange zum Brunnen, bis er bricht *prov.*

gattabuia [gatta'buːia] ‹-ie› *f fam* Kittchen *n fam.*

gatto ['gatto] *m* Katze *f; (maschio)* Kater *m;* **il ~ con gli stivali** der Gestiefelte Kater; **c'erano quattro -i** *fig* es war kaum jemand da; **al buio tutti i -i sono neri** (*o* **bigi**) *prov* bei Nacht sind alle Katzen grau *prov;* **quando il ~ non c'è i topi ballano** *prov* wenn die Katze aus dem Haus ist, tanzen die Mäuse (auf dem Tisch) *prov.*

gattoni [gat'toːni] **I.** *adv* auf allen vieren; **II.** *m pl fam* Ziegenpeter *m fam.*

gattopardo [gatto'pardo] *m* große Raubkatze; *(~ africano)* Serval *m;* **~ americano** Ozelot *m.*

gaudente [gau'dɛnte] **I.** *a* genießerisch, Genießer-; **II.** *mf* Genießer(in) *m(f).*

gavetta [ga'vetta] *f* Blechnapf *m;* **venire dalla ~** von der Pike auf dienen, sich von unten emporarbeiten.

gazza ['gaddza] *f* Elster *f;* **~ ladra** diebische Elster.

gazzarra [gad'dzarra] *f fam* Spektakel *n,* Zirkus *m fam.*

gazzella [gad'dzɛlla] *f* **1.** *zoo* Gazelle *f;* **2.** *sl (dei carabinieri) schnellster Einsatzwagen der Karabinieri;* **occhi da ~** Rehaugen *n pl.*

gazzetta [gad'dzetta] *f* Zeitung *f,* Gazette *f;* **la G~ Ufficiale** (*ab* **G.U., Gazz. Uff.**) *regelmäßige Mitteilungen der italienischen Regierung.* **gazzettino** [...'tiːno] *m* **1.** *(piccolo giornale)* (kleine) Zeitung *f;* **2.** *(parte del giornale)* Sparte *f,* Spalte *f.*

gazzosa [gad'dzoːsa] *v.* **gassosa.**

Gazz. Uff. *ab di* **Gazzetta Ufficiale.**

gelare [dʒe'laːre] **I.** *itr* **1.** ‹*essere*› *(diventare di ghiaccio)* frieren, gefrieren; *(stagno)* zufrieren; **2.** ‹*essere o avere*› *(impersonale) meteo* frieren; **II.** *tr* ‹*avere*› erfrieren (lassen), gefrieren (lassen); *fig (sangue)* erstarren; **III.** *rfl:* **-arsi** erfrieren, (ab)frieren, gefrieren. **gelata** [...'laːta] *f* Frost *m.*

gelataio, -a [dʒela'taːio] ‹-ai, -aie› *m, f* Eishersteller(in) *m(f); (venditore)* Eisverkäufer(in) *m(f).* **gelateria** [...te'riːa] ‹-ie› *f* Eiscafé *n,* Eisdiele *f.* **gelatiera** [...'tiɛːra] *f* Eismaschine *f.*

gelatina [dʒela'tiːna] *f* Gelatine *f; (salato)* Aspik *m o n.* **gelatinoso, -a** [...ti'noːso] *a* gallertartig.

gelato, -a [dʒe'laːto] **I.** *a* (zu)gefroren, eisig; **II.** *m* Eis *n,* Speiseeis *n;* **cono ~** Eistüte *f.*

gelido, -a ['dʒɛːlido] *a* **1.** *(acqua, stanza)* eisig, eiskalt; **2.** *fig (uomo, accoglienza, etc.)* eisig, kühl, frostig.

gelo ['dʒɛːlo] *m* **1.** *meteo* Frost *m,* eisige Kälte; **2.** *fig* Frostigkeit *f,* Kühle *f,* Kälte *f.* **gelone** [dʒe'loːne] *m* Frostbeule *f.*

gelosia¹ [dʒelo'siːa] ‹-ie› *f* **1.** *(stato d'animo)* Eifersucht *f;* **2.** *(cura attenta)* (peinliche) Sorgfalt *f.*

gelosia² [dʒelo'siːa] ‹-ie› *f (di finestra)* Jalousie *f,* Rolladen *m.*

geloso, -a [dʒe'loːso] *a* eifersüchtig (*di* auf).

gelso ['dʒɛlso] *m* Maulbeerbaum *m.*

gelsomino [dʒelso'miːno] *m* Jasmin *m.*

gemella *f v.* **gemello.**

gemellaggio [dʒemel'laddʒo] ‹-ggi› *m* Städtepartnerschaft *f.*

gemellare¹ [dʒemel'laːre] *a med* Zwillings-; **parto ~** Zwillingsgeburt *f.*

gemellare² [dʒemel'laːre] *tr (due città)* durch eine Städtepartnerschaft verbinden.

gemello, -a [dʒe'mɛllo] **I.** *a* **1.** *(fratelli)* Zwillings-; **2.** *fig* ähnlich, verwandt; **II.** *m, f* Zwilling *m;* **III.** *m* **1.** *astr:* **Gemelli** Zwillinge *m pl;* **2.** ‹*pl*› *(golfini)* Twinset *n;* **3.** ‹*pl*› *(bottoni)* Manschettenknöpfe *m pl;* **sono (dei) Gemelli** ich bin (ein) Zwilling.

gemere ['dʒɛːmere] *itr* **1.** *(piangere)* stöhnen, ächzen; *(cane)* winseln; **2.** *fig (soffrire)* stöhnen. **gemito** ['dʒɛːmito] *m (lamento)* Stöhnen *n,* Ächzen *n; (del cane)* Winseln *n; (del vento)* Heulen *n.*

gemma ['dʒɛmma] *f* **1.** *bot* Knospe *f;* **2.** *min* Edelstein *m;* **3.** *fig* Perle *f,* Juwel *n.*

gendarme [dʒen'darme] *m* **1.** *mil* Gendarm *m;* **2.** *fig (donna)* Feldwebel *m fam,* Dragoner *m fam.* **gendarmeria** [-'riːa] ‹-ie› *f* Gendarmerie *f.*

gene ['dʒɛːne] *m* Gen *n.*

genealogia [dʒenealo'dʒiːa] ‹-gie› *f* Genealogie *f.* **genealogico, -a** [...'lɔːdʒiko] *a* genealogisch.

generale¹ [dʒene'raːle] **I.** *a* **1.** *(fatti, principi, norma)* allgemein, generell; *(comune a tutti)* umfassend, gesamt; **2.** *(direttore)* General-; *(ispettore)* Ober-; *(segretario)* Haupt-; **in ~** hauptsächlich; *(generalmente)* im allgemeinen; **II.** *f pl* Allgemeinheiten *f pl,* Allgemeine(s) *n;* **stare** (*o* **tenersi** *o* **restare**) **sulle -i** sich in Allgemeinheiten ergehen.

generale² [dʒene'raːle] *m mil* General *m.*

generalesco, -a [dʒenera'lesko] ‹-schi, -sche› *a pej* feldwebelhaft, kommandiersüchtig.

generalità [dʒenerali'ta] ‹-› *f* **1.** ‹*pl*› *adm* Personalien *pl,* Angaben *f pl* zur Person; **2.** *(maggioranza)* Allgemeinheit *f*, Mehrheit *f;* **3.** *(discorso, concetto generico)* Allgemeinheit *f;* **declinare le proprie ~** seine Personalien angeben.

generalizzare [dʒeneralid'dza:re] *tr, itr* verallgemeinern.

generalmente [dʒeneral'mente] *adv* im allgemeinen, gewöhnlich.

generare [dʒene'ra:re] *tr* **1.** *(figlio)* zeugen; **2.** *fig (causare)* erzeugen; *(sospetto, dubbio)* erregen; *(provocare)* bewirken; **3.** *phys* erzeugen. **generatore, -trice** [...ra'to:re] **I.** *a* erzeugend, Erzeugungs-; **II.** *m phys* Generator *m.* **generatrice** [...ra'tri:tʃe] *f* **1.** *mat* Erzeugende *f;* **2.** *el* Lademaschine *f.*

generazionale [dʒenerattsio'na:le] *a* Generations-, Generationen-.

generazione [dʒenerat'tsio:ne] *f* **1.** *(di coetanei)* Generation *f;* **2.** *biol* Zeugung *f.*

genere ['dʒɛ:nere] *m* **1.** *gram* Genus *n*, Geschlecht *n;* **2.** ‹*pl*› *com* Mittel *n pl*, Güter *n pl;* **3.** *(lit, arte)* Gattung *f*, Genre *n;* **4.** *bot, zoo* Gattung *f;* **5.** *(insieme di persone)* Geschlecht *n*, Rasse *f; (insieme di cose a.)* Art *f;* **6.** *(tipo)* Art (und Weise) *f*, Weise *f;* **-i di prima necessità** Grundnahrungsmittel *n pl; (in casi di emergenza)* nötigste Bedarfsgüter *n pl;* **il ~ umano** das Menschengeschlecht; **in ~** im allgemeinen, gewöhnlich, meist(ens).

genericità [dʒeneritʃi'ta] ‹-› *f* Allgemeinheit *f*, Unverbindlichkeit *f.* **generico, -a** [...'nɛ:riko] ‹-ci, -che› *a* **1.** *med* allgemein, praktisch; **2.** *(discorso, risposta)* allgemein, unverbindlich; **3.** *(nozione, significato)* allgemein; **medico ~** praktischer Arzt, Arzt *m* für Allgemeinmedizin.

genero ['dʒɛ:nero] *m* Schwiegersohn *m.*

generosità [dʒenerosi'ta] ‹-› *f* **1.** *(munificenza)* Großzügigkeit *f*, Freigebigkeit *f;* **2.** *(magnanimità)* Großmut *f*, Hochherzigkeit *f.*

generoso, -a [dʒene'ro:so] **I.** *a* **1.** *(munifico)* großzügig, freigebig; **2.** *(magnanimo)* großherzig, großmütig; **3.** *(mancia)* großzügig; *(vino)* edel; *(scollo)* tief, offenherzig; **II.** *m, f* großmütiger Mensch.

genesi ['dʒɛ:nezi] ‹-› **I.** *f gener.* Entstehung *f*, Genese *f;* **II.** *f o m rel* Genesis *f*, Schöpfung *f.*

genetico, -a [dʒe'nɛ:tiko] ‹-ci, -che› *a* genetisch.

gengiva [dʒen'dʒi:va] *f* Zahnfleisch *n.*

geniale [dʒe'nia:le] *a* genial. **genialità** [...iali'ta] ‹-› *f* Genialität *f.*

genio[1] ['dʒɛ:nio] ‹-i› *m* **1.** *(capacità eccezionale)* Genius *m*, Genie *n*, Schöpfergeist *m;* **2.** *(persona)* Genie *n;* **3.** *(in mitologia)* Schutzgeist *m;* **4.** *(entità astratta)* Geist *m;* **5.** *(talento)* Begabung *f* (*per* für), Talent *n* (*per* für, zu); **un uomo di ~** ein erfindungsreicher (*o* schöpferischer) Mensch; **mi va a ~** das sagt mir zu.

genio[2] ['dʒɛ:nio] ‹-i› *m:* **~ civile** *staatliches o städtisches Bauamt;* **~ militare** *militärische Behörde für technische Planung u. Durchführung.*

genitale [dʒeni'ta:le] **I.** *a* genital, Genital-, Geschlechts-; **II.** *m pl* Genitalien *pl*, Geschlechtsorgane *n pl.*

genitivo [dʒeni'ti:vo] **I.** *m* Genitiv *m*, Wesfall *m;* **II.** *a* genitivisch, Genitiv-; **caso ~** Genitiv *m*, Wesfall *m.*

genitore [dʒeni'to:re] *m* **1.** *(padre)* Vater *m*, Erzeuger *m; (madre)* Mutter *f;* **2.** ‹*pl*› Eltern *pl*, Vater und Mutter.

gennaio [dʒen'na:io] *m* Januar *m; v. a. settembre.*

genocidio [dʒeno'tʃi:dio] ‹-i› *m* Völkermord *m.*

Genova ['dʒɛ:nova] *f* Genua *n.*

gentaglia [dʒen'taʎʎa] ‹-glie› *f* Pack *n*, Gesindel *n.*

gente ['dʒɛnte] *f* **1.** ‹*sing*› *gener.* Leute *pl*, Menschen *m pl;* **2.** *hist* Familie *f*, Stamm *m*, Sippe *f;* **~ di campagna** Landleute *pl*, Landvolk *n;* **diritto delle -i** *jur* Völkerrecht *n;* **abbiamo ~ a cena** wir haben Gäste zum Abendessen.

gentile [dʒen'ti:le] *a* **1.** *(persona, maniere)* freundlich, nett, liebenswürdig; **2.** *(lineamenti)* weich, lieblich; **3.** *(sentimenti, animo)* edel; **~ signora** gnädige Frau; *(nelle lettere)* sehr geehrte Frau ... **gentilezza** [...ti'lettsa] *f* **1.** *(di persona)* Freundlichkeit *f*, Höflichkeit *f*, Liebenswürdigkeit *f;* **2.** *(piacere)* Gefälligkeit *f*, Freundlichkeit *f*, Entgegenkommen *n;* **~ di modi/aspetto/sentimenti** freundliche Art/nettes Äußeres/edle Gesinnung; **per ~** wären Sie bitte so freundlich; **fammi la ~ di ...** *inf* tu mir den Gefallen, und ...

gentiluomo [dʒenti'luɔ:mo] ‹gentiluomini› *m* Adlige(r) *m*, Edelmann *m;* **comportarsi da ~** sich wie ein Ehrenmann benehmen.

genuflessione [dʒenufles'sio:ne] *f* Kniefall *m*, Niederknien *n.* **genuflettersi** [...'flɛttersi] ‹*irr*› *rfl* niederknien, auf die Knie fallen.

genuinità [dʒenuini'ta] ‹-› *f* Echtheit *f*, Unverfälschtheit *f.*

genuino, -a [dʒenu'i:no] *a* echt, natürlich, unverfälscht.

genziana [dʒen'tsia:na] *f* Enzian *m.*

geografia [dʒeogra'fi:a] *f* Geographie *f*, Erdkunde *f.* **geografico, -a** [...'gra:fiko] *a* geographisch; **carta -a** Landkarte *f.* **geografo, -a** [dʒe'ɔ:grafo] *m, f* Geograph(in) *m(f).*

geologia [dʒeolo'dʒi:a] ‹-gie› *f* Geologie *f.* **geologico, -a** [...'lɔ:dʒiko] *a* geolo-

gisch. **geologo, -a** [dʒe'ɔ:logo] ‹-gi, -ghe› *m, f* Geologe *m,* -login *f.*
geometra [dʒe'ɔ:metra] ‹-i *m,* -e *f*› *mf* Geometer *m,* Vermessungstechniker(in) *m(f).*
geometria [dʒeome'tri:a] ‹-ie› *f* Geometrie *f.* **geometrico, -a** [...'mɛ:triko] *a* **1.** *mat* geometrisch; **2.** *fig (esattezza, etc.)* mathematisch.
geopolitica [dʒeopo'li:tika] *f* Geopolitik *f.* **geopolitico, -a** [...ko] *a* geopolitisch.
geranio [dʒe'ra:nio] ‹-i› *m* Geranie *f.*
gerarca [dʒe'rarka] ‹-chi› *m* **1.** *rel* Hierarch *m;* **2.** *hist pol* hohes Parteimitglied.
gerarchia [dʒerar'ki:a] ‹-chie› *f* Hierarchie *f,* Rangordnung *f.* **gerarchico, -a** [...'rarkiko] ‹-ci, -che› *a* hierarchisch.
gerbera [dʒer'bɛ:ra] *f* Gerbera *f.*
Geremia [dʒere'mi:a] *(nome proprio maschile)* Jeremias.
gerente [dʒe'rɛnte] *mf* (Geschäfts)führer(in) *m(f),* -leiter(in) *m(f).* **gerenza** [...'rɛntsa] *f* (Geschäfts)führung *f,* -leitung *f.*
gergale [dʒer'ga:le] *a* Jargon-, Slang-; **espressione ~** Slangwort *n.*
gergo ['dʒɛrgo] ‹-ghi› *m* Jargon *m,* Slang *m;* **~ giornalistico/studentesco** Journalisten-/Studentenjargon *m.*
geriatria [dʒeria'tri:a] ‹-ie› *f* Geriatrie *f.*
gerla ['dʒɛrla] *f* Tragkorb *m,* Hucke *f.*
Germania [dʒer'ma:nia] *f* Deutschland *n;* **vado in ~** ich fahre nach Deutschland; **la ~ è un paese molto bello** Deutschland ist ein sehr schönes Land. **germanico, -a** [...'ma:niko] ‹-ci, -che› *a* germanisch.
germanismo [dʒerma'nizmo] *m* Germanismus *m.* **germanista** [...'nista] ‹-i *m,* -e *f*› *mf* Germanist(in) *m(f).* **germanistica** [...'nistika] ‹-che› *f* Germanistik *f.*
germe ['dʒɛrme] *m* **1.** *biol* Keim *m,* Keimling *m;* **2.** *med* Keim *m,* Erreger *m;* **3.** *bot* Keimling *m,* Sämling *m;* **4.** *fig* Keim *m,* Ursprung *m;* **-i patogeni** Krankheitserreger *m pl;* **in ~** im Keim, keimend. **germinare** [...mi'na:re] *itr* ‹*essere o avere*› keimen.
germogliare [dʒermoʎ'ʎa:re] ‹germoglio, germogli› *itr* ‹*essere o avere*› **1.** *bot* sprießen, treiben; **2.** *fig (idee, etc.)* keimen. **germoglio** [...'moʎʎo] ‹-gli› *m* **1.** *bot* Sproß *m,* Trieb *m;* **2.** *fig* Keim *m.*
geroglifico, -a [dʒero'gli:fiko] ‹-ci, -che› **I.** *a ling* hieroglyphisch, Hieroglyphen-; **II.** *m* **1.** *ling* Hieroglyphe *f;* **2.** ‹*di solito al pl*› *fig* Krähenfüße *m pl fam,* Hieroglyphen *f pl fam.*
gerundio [dʒe'rundio] ‹-i› *m* Gerundium *n.*
Gerusalemme [dʒeruza'lɛmme] *f* Jerusalem *n.*
gessare [dʒes'sa:re] *tr* **1.** *(carta, bende)* (ein)gipsen; **2.** *agr* kalken, mit Kalkdünger anreichern.
gessato [dʒes'sa:to] *m* Nadelstreifenanzug *m.*
gessetto [dʒes'setto] *m* Kreide *f.*
gesso ['dʒɛsso] *m* **1.** *(per lavagna)* Kreide *f;* **2.** *min* Gips *m;* **3.** *med* Gips(verband) *m;* **4.** *(scultura)* Gipsfigur *f.* **gessoso, -a** [dʒes'so:so] *a* gipshaltig, Gips-.
gesta ['dʒɛsta] *f pl lit* Heldentaten *f pl.*
gestante [dʒes'tante] *f* Schwangere *f,* werdende Mutter. **gestazione** [...tat'tsio:ne] *f* **1.** *med* Schwangerschaft *f;* **2.** *fig* Bearbeitung *f,* Vorbereitung *f;* **in ~** in Bearbeitung, in Vorbereitung.
gesticolare [dʒestiko'la:re] *itr* gestikulieren.
gestionale [dʒestio'na:le] *a* (Geschäfts)führungs-, (Geschäfts)leitungs-.
gestione [dʒes'tio:ne] *f* (Geschäfts)führung *f,* -leitung *f.*
gestire [dʒes'ti:re] ‹gestisco› *tr* leiten, führen, abwickeln.
gesto ['dʒɛsto] *m* Geste *f,* Gebärde *f.*
gestore [dʒes'to:re] *m* (Geschäfts)führer *m,* -leiter *m.*
Gesù [dʒe'zu] *m* Jesus *m.*
gesuita [dʒezu'i:ta] ‹-i› *m* **1.** *rel* Jesuit *m;* **2.** *pej* Heuchler *m.*
gettare [dʒet'ta:re] **I.** *tr* **1.** *gener.* (weg)werfen, (weg)schmeißen; **2.** *naut (ancora, reti)* auswerfen; **3.** *agr (seme, etc.)* (aus)säen; **4.** *arch (fondamenta)* legen; **5.** *(statua, etc.)* gießen; **6.** *(radici, ponte)* schlagen; **7.** *(grido)* ausstoßen; **~ via qc** etw. wegwerfen; **~ le braccia al collo a qu** jdm die Arme um den Hals werfen; **~ le basi per** (*o* **di**) **qc** den Grundstein zu etw. legen; **II.** *itr* **1.** *bot* keimen, treiben; **2.** *(rubinetto, fontana)* fließen, laufen; **III.** *rfl:* **-arsi 1.** *gener.* sich werfen, sich schmeißen, sich stürzen (*su* auf); **2.** *(fiume)* münden, sich ergießen; **-arsi a terra/sul divano/in ginocchio** sich auf den Boden/auf das Sofa/auf die Knie werfen; **-arsi ai piedi di qu** jdm zu Füßen fallen.
gettito ['dʒɛttito] *m* Ertrag *m.*
getto ['dʒɛtto] *m* **1.** *bot* Sproß *m,* Trieb *m;* **2.** *(di liquido)* Strahl *m;* **3.** *(di metallo)* Guß *m;* **4.** *(di calcestruzzo)* (Beton)schüttung *f;* **a ~ continuo** *fig* ununterbrochen; **di ~** *fig* flüssig, zügig.
gettonare [dʒetto'na:re] *tr fam* **1.** *(disco)* spielen lassen; **2.** *scherz tel* anrufen. **gettonato, -a** [...'na:to] *a fam* gespielt, gedrückt; **la canzone più -a dell'anno** das meistgespielte Lied des Jahres.
gettone [dʒet'to:ne] *m* **1.** *gener.* (Einwurf)münze *f,* -marke *f;* **2.** *(al gioco)* Spielmarke *f,* Jeton *m;* **~ del telefono** (*o* **telefonico**) Telefonmünze *f.*
ghepardo [ge'pardo] *m* Gepard *m.*

gheriglio [ge'riʎʎo] ‹-gli› *m* (Nuß)kern *m.*
ghermire [ger'mi:re] ‹ghermisco› *tr* **1.** *zoo* (mit den Krallen) packen (*o* greifen); **2.** *fig* entreißen, fortnehmen.
ghetta ['getta] *f* Gamasche *f.*
ghetto ['getto] *m* G(h)etto *n.*
ghiacciaia [gi̯at'tʃa:i̯a] ‹-aie› *f* Eis-, Kühlschrank *m.*
ghiacciaio [gi̯at'tʃa:i̯o] ‹-ai› *m* Gletscher *m.*
ghiacciare [gi̯at'tʃa:re] ‹ghiaccio, ghiacci› **I.** *itr ‹essere›* (zu)frieren, gefrieren; **II.** *tr ‹avere›* **1.** *(gelare)* gefrieren, vereisen, zu Eis werden (lassen); **2.** *fig* erstarren lassen; **III.** *rfl:* **-arsi** (zu)frieren, gefrieren. **ghiacciata** [...'tʃa:ta] *f* Eisgetränk *n.* **ghiacciato, -a** [...'tʃa:to] *a* **1.** *(strada, terreno)* vereist, gefroren; **2.** *(aria, vento)* eiskalt, eisig; **3.** *(piedi, mani, faccia)* eiskalt, eisig.
ghiaccio ['gi̯attʃo] ‹-cci› *m* Eis *n;* **essere un pezzo di ~** *fig* ein Eisklumpen sein, durchgefroren sein; **avere le mani/i piedi di ~** eiskalte Hände/Füße haben.
ghiacciolo [gi̯at'tʃɔ:lo] *m* **1.** *(pezzo di ghiaccio)* Eiszapfen *m;* **2.** *gastr* Wassereis *n.*
ghiaia ['gi̯a:i̯a] ‹-aie› *f* Kies *m.* **ghiaioso, -a** [gi̯a'i̯o:so] *a* kiesig, Kies-.
ghianda ['gi̯anda] *f* Eichel *f.*
ghiandola ['gi̯andola] *f* Drüse *f.*
ghigliottina [giʎʎot'ti:na] *f* Guillotine *f,* Fallbeil *n.*
ghignare [giɲ'ɲa:re] *itr* grinsen. **ghigno** [giɲɲo] *m* Grinsen *n.*
ghingheri ['giŋgeri]: **in ~** *adv fam scherz* herausgeputzt, aufgetakelt.
ghiotto, -a ['gi̯otto] *a* **1.** *(persona)* naschhaft; **2.** *(cibo)* schmackhaft, lecker *fam;* **è ~ di dolci** er mag gern Süßigkeiten. **ghiottone, -a** [...'to:ne] *m, f* Schlemmer *m,* Leckermaul *n.* **ghiottoneria** [...tone'ri:a] ‹-ie› *f* **1.** *(avidità)* Naschhaftigkeit *f;* **2.** *gastr* Leckerbissen *m;* **3.** *fig* Leckerbissen *m,* Rarität *f.*
ghiribizzo [giri'biddzo] *m* Schnapsidee *f fam.*
ghirigoro [giri'gɔ:ro] *m* Schnörkel *m.*
ghirlanda [gir'landa] *f* **1.** *(di fiori, foglie)* Girlande *f,* Kranz *m;* **2.** *arch* Feston *n.*
ghiro ['gi:ro] *m* Siebenschläfer *m.*
ghisa ['gi:za] *f* Gußeisen *n.*
già [dʒa] *adv* **1.** *(prima d'ora)* schon, bereits; **2.** *(sin d'ora)* jetzt schon; **3.** *(ormai)* nun(mehr), schon; **4.** *(ex)* früher, ehemalig, Ex-; **5.** *(assenso)* gewiß, freilich, schon; **6.** *(rafforzativo)* gewiß; **~ ~** schon gut; ja, ja.
giacca ['dʒakka] ‹-cche› *f* Jacke *f; (indumento maschile)* Jackett *n,* Sakko *m;* **~ a vento** Anorak *m,* Windjacke *f;* **~ ad un petto/a doppio petto** Einreiher *m*/Zweireiher *m.*
giacché [dʒak'ke] *con* da ... (schon), weil ... (schon).
giacchetta [dzak'ketta] *f* Jacke *f.* **giacchetto** [...to] *m* Jackett *n.*
giaccio ['dʒattʃo] *pr di* **giacere.**
giacente [dʒa'tʃɛnte] *a (posta)* (post)lagernd; *(pratica)* unerledigt. **giacenza** [...'tʃɛntsa] *f* Lagerbestand *m,* Lager *n.*
giacere [dʒa'tʃe:re] ‹giaccio, giaci, giacqui, giaciuto› *itr ‹essere›* liegen; *(fig a.)* ruhen; **~ supino/bocconi/sul fianco** auf dem Rücken/Bauch/der Seite liegen; **qui giace ...** *(sulle tombe)* hier ruht (in Frieden) ...
giacimento [dʒatʃi'mento] *m* Vorkommen *n,* Lager *n.*
giacinto [dʒa'tʃinto] *m bot* Hyazinthe *f.*
giaciuto [dʒa'tʃu:to] *pp di* **giacere.**
Giacobbe [dʒa'kɔbbe], **Giacomo** ['dʒa:komo] *(nome proprio maschile)* Jakob.
giacqui ['dʒakku̯i] *p rem di* **giacere.**
giada ['dʒa:da] *f* Jade *m o f.*
giaggiolo [dʒad'dʒɔ:lo] *m* Schwertlilie *f,* Iris *f.*
giaguaro [dʒa'gu̯a:ro] *m* Jaguar *m.*
giallastro, -a [dʒal'lastro] *a* gelblich, schmutziggelb.
giallista [dʒal'lista] ‹-i *m,* -e *f*› *mf* Kriminalschriftsteller(in) *m(f).*
giallo, -a ['dʒallo] **I.** *a* **1.** *(colore)* gelb; **2.** *lit, film, theat, TV* Kriminal-, Krimi- *fam;* **farina -a** Maismehl *n;* **febbre -a** Gelbfieber *n;* **pagine -e** gelbe Seiten *f pl;* **romanzo ~** Kriminalroman *m,* Krimi *m fam;* **film ~** Kriminalfilm *m,* Krimi *m fam;* **II.** *m* **1.** *(colore)* Gelb *n;* **2.** *lit* Kriminalroman *m,* Krimi *m fam; film* Kriminalfilm *m,* Krimi *m fam;* **passare col ~** bei Gelb über die Ampel fahren. **giallognolo, -a** [...'loɲɲolo] *a* blaßgelb, gelblich. **giallorosa** [-'rɔ:za] ‹*inv*› *a* kitschig, Kitsch-; *(stampa, etc.)* Boulevard-.
giammai [dʒam'ma:i] *adv lett, obs* nie, niemals.
gianduia [dʒan'du:i̯a] ‹-ie› *m* N(o)ugat *m o n.*
Gianna ['dʒanna] *(nome proprio femminile)* Hanna(h), Hanne.
Gianni ['dʒanni] *(nome proprio maschile)* Hans.
Giappone [dʒap'po:ne] *m:* **il ~** Japan *n.* **giapponese** [...po'ne:se] **I.** *a* japanisch; **II.** *mf* Japaner(in) *m(f).*
giara ['dʒa:ra] *f* Krug *m.*
giardinaggio [dʒardi'naddʒo] ‹-ggi› *m* Gartenbau *m.*
giardinetta [dʒardi'netta] *f* Kombiwagen *m,* Kombi *m fam.*
giardiniera [dʒardi'ni̯ɛ:ra] *f* **1.** *mot* Kombiwagen *m,* Kombi *m fam;* **2.** *gastr* Mischgemüse *n; (sottaceti)* Mixpickles *pl;* **3.** *(mobile)* Blumenständer *m.*

giardiniere, -a [dʒardiˈni̯ɛ:re] *m, f* Gärtner(in) *m(f).*
giardino [dʒarˈdi:no] *m* Garten *m;* ~ **pubblico** (öffentlicher) Park *m;* ~ **zoologico** Zoo *m,* Tiergarten *m;* ~ **d'infanzia** Kindergarten *m.*
giarrettiera [dʒarretˈti̯ɛ:ra] *f* **1.** *(per donna)* Strumpfband *n; (di reggicalza)* Strumpfhalter *m;* **2.** *(per uomo)* Sokkenhalter *m;* **ordine della** ~ Hosenbandorden *m.*
giavellotto [dʒavelˈlɔtto] *m* **1.** *mil* Wurfspieß *m,* Lanze *f;* **2.** *sport* Speer *m.*
gibboso, -a [dʒibˈbo:so] *a* buck(e)lig; *(terreno a.)* uneben.
gigante [dʒiˈgante] **I.** *a* riesig, riesengroß, Riesen-; **II.** *m* **1.** *poet* Gigant *m,* Riese *m;* **2.** *(persona imponente)* Riese *m,* Hüne *m;* **3.** *fig* Titan *m,* Größe *f;* **fare passi da** ~ Riesenschritte machen. **giganteggiare** [-dˈdʒa:re] ‹giganteggio, giganteggi› *itr* **1.** *(edificio, albero, etc.)* (riesenhaft) hervor-, herausragen; **2.** *fig* hervorragen, hervorstechen. **gigantesco, -a** [...ˈtesko] ‹-schi, -sche› *a* riesenhaft, riesig, Riesen-.
giglio [ˈdʒiʎʎo] ‹-gli› *m* Lilie *f.*
gilè [dʒiˈlɛ] ‹-› *m* Weste *f.*
gimcana [dʒimˈka:na] *v.* **gincana.**
gin [dʒin] ‹-› *m* Gin *m.*
gincana [dʒiŋˈka:na] *f* Gymkhana *n.*
ginecologia [dʒinekoloˈdʒi:a] ‹-gie› *f* Gynäkologie *f,* Frauenheilkunde *f.* **ginecologo, -a** [...ˈkɔ:logo] ‹-gi, -ghe› *m, f* Gynäkologe *m,* -login *f.*
ginepro [dʒiˈne:pro] *m* Wacholder *m.*
ginestra [dʒiˈnɛstra] *f* Ginster *m.*
Ginevra [dʒiˈne:vra] *f* Genf *n.*
gingillarsi [dʒindʒilˈlarsi] *rfl* **1.** *(giocherellare)* herumspielen (*con* mit, an); **2.** *fig* herumtrödeln. **gingillo** [...ˈdʒillo] *m* **1.** *(ninnolo)* Krimskrams *m,* Nippes *pl;* **2.** *(occupazione vana)* Tändelei *f,* (Herum)spielerei *f.*
ginnasiale [dʒinnaˈzi̯a:le] **I.** *a* Gymnasial-, Gymnasium(s)-; **II.** *mf* Gymnasialschüler(in) *m(f).*
ginnasio [dʒinˈna:zi̯o] ‹-i› *m* Gymnasium *n.*
ginnasta [dʒinˈnasta] ‹-i *m,* -e *f*› *mf* Turner(in) *m(f).*
ginnastica [dʒinˈnastika] ‹-che› *f* **1.** *sport* Gymnastik *f;* **2.** *fig* Übung *f;* ~ **correttiva** (*o* **medica**) Krankengymnastik *f.* **ginnico, -a** [ˈdʒinniko] ‹-ci, -che› *a* gymnastisch, Gymnastik-.
Gino [ˈdʒi:no] *v.* **Luigi.**
ginocchiera [dʒinokˈki̯ɛ:ra] *f* Knieschützer *m.*
ginocchio [dʒiˈnɔkki̯o] ‹-cchi *m o* -cchia *f*› *m* Knie *n;* **piegare il** ~ einen Knicks machen; **stare in** ~ knien; **far venire il latte alle -cchia** auf die Nerven gehen. **ginocchioni** [...nokˈki̯o:ni] *adv* auf den Knien.
Gioacchino [dʒoakˈki:no] *(nome proprio maschile)* Joachim.
giocare [dʒoˈka:re] ‹gioco, giochi› **I.** *itr* **1.** *gener.* spielen (*con* mit, *a qc* etw.); **2.** *sport* spielen (*a qc* etw.); **3.** *fin* spekulieren; **4.** *tec* Spiel haben; ~ **a palla/bocce/carte/scacchi** Ball/Boccia/Karten/Schach spielen; ~ **al lotto** im Lotto spielen; ~ **con la propria vita/salute** sein Leben/seine Gesundheit aufs Spiel setzen; **è uno che gioca** er ist ein Spieler; **a che gioco giochiamo?** *fig* was wird hier gespielt?, was ist hier los?; **chi è fortunato in amore non giochi a carte** *prov* Pech im Spiel, Glück in der Liebe *prov;* **II.** *tr* **1.** *(al gioco)* spielen; *(carta)* (aus)spielen; *(somma)* setzen, spielen um; **2.** *fig* betrügen, täuschen; **III.** *rfl:* **-arsi 1.** *(stima, carriera, etc.)* verspielen, riskieren; **2.** *(al gioco)* verspielen; **-arsi anche la camicia** sein letztes Hemd verspielen. **giocata** [...ˈka:ta] *f* **1.** *(mossa)* Zug *m,* Spiel *n;* **2.** *(puntata)* Einsatz *m,* Spiel *n;* **3.** *(partita)* Spiel *n,* Partie *f;* **4.** *(al lotto)* Tip *m.*
giocatore, -trice [dʒokaˈto:re] *m, f* Spieler(in) *m(f);* ~ **d'azzardo** Glücksspieler(in) *m(f).*
giocattolo [dzoˈkattolo] *m* Spielzeug *n.*
giocherellare [dʒokerelˈla:re] *itr* (herum)spielen. **giocherellone, -a** [...ˈlo:ne] *m, f* verspielter Mensch.
giochetto [dʒoˈketto] *m* **1.** *(divertimento)* Spielchen *n;* **2.** *fig* leichtes Spiel, Kinderspiel *n.*
gioco [ˈdʒɔ:ko] ‹-chi› *m* **1.** *gener., sport, fig* Spiel *n;* **2.** *(giocattolo)* Spiel *n,* Spielzeug *n;* **3.** *tec* Spiel *n,* Toleranz *f;* ~ **d'azzardo** Glücksspiel *n;* ~ **da ragazzi** *fig* Kinderspiel *n,* leichtes Spiel; **fare il** ~ **di qu** jdm in die Hände spielen; **fare il doppio** ~ ein falsches (*o* doppeltes) Spiel treiben; **essere/entrare in** ~ im Spiel sein/ins Spiel kommen; **mettere in** ~ **qc** etw. aufs Spiel setzen; **prendersi** ~ **di qu** sich über jdn lustig machen; **avere buon** ~ leichtes Spiel haben. **gioco-forza** [dʒokoˈfɔrtsa] ‹-› *m:* **essere** ~ . . . *inf* nötig (*o* unvermeidlich) sein zu . . .; **è** ~ **andarci** da muß man hingehen.
giocoliere, -a [dʒokoˈli̯ɛ:re] *m, f* Jongleur(in) *m(f).*
giocondo, -a [dʒoˈkondo] *a* heiter; **la Gioconda** die Mona Lisa.
giocoso, -a [dʒoˈko:so] *a* heiter.
giogo [ˈdʒo:go] ‹-ghi› *m* Joch *n.*
gioia[1] [ˈdʒɔ:i̯a] ‹-ie› *f (emozione)* Freude *f;* **darsi alla pazza** ~ sich ins Vergnügen stürzen.
gioia[2] [ˈdʒɔ:i̯a] ‹-ie› *f* **1.** *min* Edelstein *m;* **2.** *(gioiello)* Juwel *m o n.*
gioielleria [dʒoi̯elleˈri:a] ‹-ie› *f* **1.** *(negozio)* Juweliergeschäft *n;* **2.** *(arte)* Gold-

schmiedekunst *f.* **gioielliere, -a** [...'li̯ɛ:re] *m, f* Juwelier(in) *m(f).*
gioiello [dʒo'i̯ɛllo] *m* **1.** Schmuck *m;* **2.** *fig* Juwel *n,* Perle *f.*
gioioso, -a [dʒo'i̯o:so] *a* fröhlich, freudig.
gioire [dʒo'i:re] ‹gioisco› *itr* jubeln; ~ **di qc** über etw. hoch erfreut sein.
Giorgio ['dʒordʒo] *(nome proprio maschile)* Georg.
giornalaio, -a [dʒorna'la:i̯o] ‹-ai, -aie› *m, f* Zeitungsverkäufer(in) *m(f),* -händler(in) *m(f).*
giornale [dʒor'na:le] *m* **1.** *gener.* Zeitung *f,* Tageszeitung *f;* **2.** *(periodico)* Zeitschrift *f;* **3.** *radio, film, TV* Nachrichten *f pl;* **4.** *(registro)* Journal *n,* Buch *n; (diario)* Tagebuch *n;* ~ **di bordo** Schiffstagebuch *n,* Logbuch *n;* ~ **di classe** Klassenbuch *n;* ~ **radio** (*ab* **GR**) Rundfunknachrichten *f pl.* **giornaletto, giornalino** [...na'letto, ...na'li:no] *m fam* Comic-Heft *n.*
giornaliero, -a [dʒorna'li̯ɛ:ro] **I.** *a* (all)täglich, Tage(s)-; **II.** *m, f* Tagelöhner(in) *m(f).*
giornalismo [dʒorna'lizmo] *m* Journalismus *m,* Zeitungswesen *n.* **giornalista** [...'lista] ‹-i *m,* -e *f*› *mf* Journalist(in) *m(f).* **giornalistico, -a** [...'listiko] ‹-ci, -che› *a* journalistisch, Zeitungs-.
giornalmente [dʒornal'mente] *adv* täglich, jeden Tag.
giornata [dʒor'na:ta] *f* **1.** *gener.* Tag *m,* Tagesablauf *m;* **2.** *com* Tagelohn *m;* **3.** *sport* Spieltag *m,* Runde *f;* **in** ~ im Lauf(e) des Tages; **a -e** tageweise; **lavorare a** ~ im Tagelohn arbeiten (*o* stehen); **vivere alla** ~ in den Tag hinein leben.
giorno ['dʒorno] *m* Tag *m; (ricorrenza)* Tag *m,* Jahrestag *m;* ~ **feriale/festivo/lavorativo** Werk-/Feier-/Arbeitstag *m;* **piatto del** ~ Tagesgericht *n;* **i fatti del** ~ die Tagesereignisse *n pl;* **buon** ~ *v.* **buongiorno; al** (*o* **il**) ~ am Tag, täglich; **di** ~ tags(über), bei Tag; **di** ~ **in** ~ von Tag zu Tag; **di tutti i -i** alltäglich, Alltags-; **da un** ~ **all'altro** von einem Tag zum anderen, von heute auf morgen; **un** ~ **o l'altro** irgendwann, eines Tages; ~ **per** ~ Tag für Tag; **in pieno** ~ am hellichten Tag; **sul far del** ~ bei Tagesanbruch; **al** ~ **d'oggi** heutzutage; **a** ~ **fatto** zu fortgeschrittener Tageszeit, am hellen Tag; **ai nostri -i** zu unserer Zeit; **a -i alterni** jeden zweiten Tag; **uno di questi -i** in diesen Tagen, demnächst; **tutto il santo** ~ *fam* den lieben langen Tag *fam.*
giostra ['dʒɔstra] *f* Karussell *n.* **giostrare** [dʒos'tra:re] *itr* sich durchlavieren.
giovamento [dʒova'mento] *m* Nutzen *m,* Vorteil *m.*
giovane ['dʒo:vane] **I.** *a* jung; **II.** *mf* **1.** *gener.* Jugendliche(r) *mf;* junger Mann, (junges) Mädchen *n;* **2.** *(aiutante)* Gehilfe *m,* Gehilfin *f;* **da** ~ in der Jugend(zeit), als Jugendliche(r); **III.** *adv* jugendlich. **giovanetto, -a** [dʒova'netto] *m, f* Jüngling *m,* Knabe *m;* (junges) Mädchen *n.* **giovanile** [...'ni:le] *a* jugendlich.
Giovanna [dʒo'vanna] *(nome proprio femminile)* Johanna.
Giovanni [dʒo'vanni] *(nome proprio maschile)* Johann(es).
giovanotto [dʒova'nɔtto] *m* **1.** *(uomo giovane)* junger Mann, Bursche *m;* **2.** *fam (scapolo)* Junggeselle *m.*
giovare [dʒo'va:re] **I.** *itr* ‹*essere o avere*› nützen, nützlich sein; **II.** *rfl:* **-arsi di qu/qc** sich *(dat)* jdn/etw. zunutze machen, jdn/etw. in Anspruch nehmen.
Giove ['dʒɔ:ve] *m* Jupiter *m;* **per ~!** *fam* beim Zeus!
giovedì [dʒove'di] ‹-› *m* Donnerstag *m;* ~ **grasso** Karnevalsdonnerstag m; ~ **santo** Gründonnerstag *m; v. a. lunedì.*
gioventù [dʒoven'tu] ‹-› *f* Jugend *f;* **amori/errori di** ~ Jugendlieben *f pl/* Jugendsünden *f pl;* **in** ~ in der Jugend.
gioviale [dʒo'vi̯a:le] *a* heiter. **giovialità** [...i̯ali'ta] ‹-› *f* Heiterkeit *f.*
giovinastro [dʒovi'nastro] *m* (junger) Flegel *m.*
giovinezza [dʒovi'nettsa] *f* Jugendlichkeit *f,* Jugendalter *n;* **la seconda** ~ die zweite Jugend.
giradischi [dʒira'diski] ‹-› *m* Plattenspieler *m.*
giraffa [dʒi'raffa] *f* **1.** *zoo* Giraffe *f;* **2.** *film, TV, radio* Galgen *m sl.*
giramento [dʒira'mento] *m fam* Schwindel(gefühl *n*) *m;* ~ **di testa** *fam* Drehwurm *m fam;* **questo lavoro è un** ~ **di scatole** *vulg* diese Arbeit geht mir auf den Keks *fam* (*o* auf die Eier *vulg*).
giramondo [dʒira'mondo] ‹-› *mf* Weltenbummler(in) *m(f).*
girandola [dʒi'randola] *f* **1.** *(fuoco d'artificio)* Feuerrad *n;* **2.** *fig (persona)* Flattergeist *m,* Wetterfahne *f;* **3.** *(giocattolo)* Windrädchen *n;* **4.** *(del vento)* Wetterfahne *f.* **girandolone, -a** [...'lo:ne] *m, f fam* Herumtreiber(in) *m(f) fam.*
girare [dʒi'ra:re] **I.** *tr* **1.** *(chiave)* (herum)drehen, (um)drehen; *(testa, occhi)* drehen; *fig (domanda)* weitergeben; **2.** *film* drehen; **3.** *fin* girieren, übertragen; **4.** *(città, isola)* durchfahren, durchlaufen; *(ostacolo)* umgehen; **5.** *fig* verdrehen; ~ **il mondo** in der Welt herumkommen; **II.** *itr* **1.** *gener.* sich drehen; **2.** *med* schwindlig werden; **3.** *fam* passen *fam;* **4.** *(camminare)* herumlaufen; **5.** *(volgersi)* eine Kurve machen, abbiegen; **6.** *fin* zirkulieren, in Umlauf sein/

kommen; **7.** *(notizie, dicerie)* umgehen, im Umlauf sein; **8.** *(correre in giro)* herumgehen; **far ~ la testa a qu** jdn schwindlig machen; *(fare innamorare)* jdm den Kopf verdrehen; **mi gira la testa** mir wird schwindlig; **mi girano le scatole** *vulg* ich bin auf hundertachtzig *fam;* **dipende da come mi gira** *fam* kommt drauf an, wie es mir gerade paßt *fam;* **~ alla larga** Abstand halten; **gira e rigira** wie man es auch dreht und wendet; **III.** *rfl:* **-arsi** sich (um)wenden, sich (um)drehen; **in questa casa non ci si gira** *fam* in diesem Haus kann man sich nicht bewegen.

girarrosto [dʒirarˈrɔsto] *m* Grill *m,* (Braten)spieß *m.*

girasole [dʒiraˈsoːle] *m* Sonnenblume *f.*

girata [dʒiˈraːta] *f* **1.** *(passeggiata)* Runde *f,* Spaziergang *m;* **2.** *fin* Giro *n,* Indossament *n;* **3.** *(il girare)* (Um)drehen *n,* Drehung *f.*

giravolta [dʒiraˈvɔlta] *f* **1.** *(di strada)* Kurve *f;* **2.** *(del corpo)* Purzelbaum *m;* **3.** *fig* Meinungsänderung *f.*

girellare [dʒirelˈlaːre] *itr* umherschlendern, bummeln.

girello [dʒiˈrɛllo] *m* **1.** *(per bambini)* Lauflerngerät *n;* **2.** *gastr* Kugel *f,* Nuß *f.*

girellone, -a [dʒirelˈloːne] *m, f fam* Bummler(in) *m(f).*

giretto [dʒiˈretto] *m fam* kleiner Rund-, Spaziergang, Runde *f fam.*

girevole [dʒiˈreːvole] *a* drehbar, Dreh-.

girino [dʒiˈriːno] *m* Kaulquappe *f.*

giro [ˈdʒiːro] *m* **1.** *(cerchia)* Kreis *m;* **2.** *(rotazione)* Drehung *f,* Drehen *n; tec* Rotation *f; astr* Umdrehung *f,* Umkreisung *f; mot* Umdrehung *f,* Drehzahl *f,* Tour *f fam;* **3.** *sport* Rundstreckenrennen *n;* **4.** *(passeggiata)* Spaziergang *m,* Runde *f fam; (in macchina)* Rundfahrt *f; (viaggio)* Fahrt *f,* Reise *f;* **5.** *(di vestito)* Ausschnitt *m;* **6.** *(di carte)* Runde *f; (partita)* Partie *f,* Spiel *n;* **~ d'affari** Umsatz *m;* **~ di boa** *fig* Wendepunkt *m;* **~ di parole** Wortspiel *n;* **~ di valzer** Walzerrunde *f;* **~ di vite** Schraubendrehung *f;* **il ~ di Francia** die Tour de France; **a (stretto) ~ di posta** postwendend; **~ turistico** Rundfahrt *f,* Tour *f;* **45 -i** Single(platte) *f;* **essere su di -i** auf hundertachtzig sein *fam;* **essere nel/fuori dal ~** *fig* dazugehören/nicht dazugehören; **essere in ~ per lavoro/affari** beruflich/geschäftlich unterwegs sein; **andare in ~** umherlaufen, umherbummeln; **prendere in ~ qu** *fig* jdn auf den Arm nehmen; **nel ~ di un mese/anno** im Laufe eines Monats/Jahres.

girocollo [dʒiroˈkɔllo] *m* Rundausschnitt *m.*

girone [dʒiˈroːne] *m* **1.** *sport* Runde *f;* **2.** *lit (nella Divina Commedia)* Kreis *m;* **~ d'andata/di ritorno** Vor-/Rückrunde *f.*

gironzolare [dʒirondzoˈlaːre] *itr* **1.** *fam (stare intorno a)* herumscharwenzeln (*intorno a* um); **2.** *(girare senza meta)* herumbummeln.

girotondo [dʒiroˈtondo] *m* Ringelreihen *m.*

girovagare [dʒirovaˈgaːre] *itr* umherschweifen, umherziehen. **girovago, -a** [...ˈrɔːvago] ‹-ghi, -ghe› *a (gente)* herum-, umherziehend; *(attori, etc.)* fahrend, Wander-.

gita [ˈdʒiːta] *f* Ausflug *m;* **andare in ~ a ...** einen Ausflug nach ... machen.

gitano, -a [dʒiˈtaːno] **I.** *a* Zigeuner-; **II.** *m, f* Zigeuner(in) *m(f).*

gitante [dʒiˈtante] *mf* Ausflügler(in) *m(f).*

gittata [dʒitˈtaːta] *f* Reichweite *f.*

giù [dʒu] *adv* **1.** *(stato)* unten; **2.** *(moto)* herunter, hinunter; **essere ~ (di morale)** niedergeschlagen (*o* down *sl*) sein; **~ di lì** dort herum; *(temporale)* so um ... herum; **in ~** *(verso il basso)* hinunter, abwärts, nach unten; *(in basso)* unten; **~ le mani!** Hände weg!

giubba [ˈdʒubba] *f* Jacke *f.* **giubbetto** [...ˈbetto] *m* leichte Jacke. **giubbone** [...ˈboːne] *m* weite Jacke; *(per motociclista)* Motorradjacke *f.* **giubbotto** [...ˈbɔtto] *m* Blouson *m,* Sportjacke *f;* **~ salvagente** Schwimmweste *f;* **~ antiproiettile** kugelsichere Weste.

giubilare [dʒubiˈlaːre] *itr lett, obs* frohlocken *geh,* jubilieren *geh.*

giubileo [dʒubiˈlɛːo] *m* **1.** *rel* Jubeljahr *n;* **2.** *(cinquantenario)* Jubiläum *n.*

giubilo [ˈdʒuːbilo] *m lett* Jubel *m,* Frohlocken *n geh,* Jauchzen *n.*

giuda [ˈdʒuːda] ‹-› *m pej* Judas *m.*

giudicare [dʒudiˈkaːre] ‹giudico, giudichi› *tr* **1.** *jur* entscheiden, erkennen auf; *(persona)* verurteilen; **2.** *(valutare)* urteilen über, beurteilen, halten für; **fu giudicato colpevole** er wurde (für) schuldig erklärt; **giudicò opportuno tacere** er (*o* sie) hielt es für gut zu schweigen. **giudicato, -a** [...ˈkaːto] **I.** *a* beurteilt; **II.** *m* rechtskräftiges Urteil; **passare in ~** rechtskräftig werden. **giudicatore, -trice** [...kaˈtoːre] *a* (be)urteilend, Urteils-.

giudice [ˈdʒuːditʃe] *mf* **1.** *jur* Richter(in) *m(f);* **2.** *sport* Schiedsrichter(in) *m(f);* **~ popolare** Geschworene(r) *mf,* Schöffe *m,* Schöffin *f;* **~ conciliatore** Friedensrichter(in) *m(f).*

giudiziario, -a [dʒuditˈtsi̯aːri̯o] ‹-i, -ie› *a* gerichtlich, Gerichts-, richterlich.

giudizio [dʒuˈdittsi̯o] ‹-i› *m* **1.** *(ragione)* Vernunft *f,* Verstand *m;* **2.** *(opinione)* Urteil *n,* Beurteilung *f; (facoltà)* Urteilsvermögen *n;* **3.** *jur* Prozeß *m,* Verfahren *n; (sentenza)* Urteil *n;* **4.** *rel*

Gericht *n;* ~ **civile/penale** Zivil-/Strafprozeß *m;* ~ **di assoluzione/condanna** Freispruch *m*/Verurteilung *f;* **il** ~ **universale** (*o* **finale**) das Jüngste (*o* Letzte) Gericht; **mettere** ~ Vernunft annehmen; **farsi un** ~ **su qc/qu** sich *(dat)* über etw./jdn ein Urteil bilden; **a mio/tuo/suo** ~ meiner/deiner/seiner (*o* ihrer) Meinung nach. **giudizioso, -a** [...'tsi̯o:so] *a* vernünftig, überlegt.

giugno ['dʒuɲɲo] *m* Juni *m; v. a. settembre.*

Giulia ['dʒu:li̯a] *(nome proprio femminile)* Julia, Julie.

Giuliana [dʒu'li̯a:na] *(nome proprio femminile)* Juliane.

Giuliano [dʒu'li̯a:no] *(nome proprio maschile)* Julian.

Giulio ['dʒu:li̯o] *(nome proprio maschile)* Julius.

giulivo, -a [dʒu'li:vo] *a* fidel, vergnügt; **era tutto** ~ er war kreuzfidel.

giullare [dʒul'la:re] *m* Spielmann *m.*

giumenta [dʒu'menta] *f* (Reit)stute *f,* Reitpferd *n.*

giunco ['dʒuŋko] ‹-chi› *m* Schilf *n,* Binse *f.*

giungere ['dʒundʒere] ‹giungo, giungi, giunsi, giunto› *itr* ‹*essere*› (an)kommen, eintreffen; *(nave)* einlaufen; **mi giunge nuovo** das ist mir neu; ~ **all'orecchio di qu** jdm zu Ohren kommen.

giungla ['dʒuŋgla] *f* Dschungel *m,* Urwald *m.*

giunsi ['dʒunsi] *p rem di* **giungere.**

giunta[1] ['dʒunta] *f adm* Ausschuß *m,* Kommission *f.*

giunta[2] ['dʒunta] *f* **1.** *(aggiunta)* Zu-, Beigabe *f;* **2.** *(per indumenti)* Ansatz *m,* Einsatz *m;* **per** ~ außerdem, überdies.

giunto ['dʒunto] **I.** *pp di* **giungere; II.** *m* Gelenk *n; mot* Kupplung *f;* ~ **cardanico** Gelenkkupplung *f,* Kardangelenk *n.*

giuntura [dʒun'tu:ra] *f* **1.** *(di pezzi)* Verbindung *f,* Naht *f;* **2.** *anat* Gelenk *n.*

Giura ['dʒu:ra] *m* Jura *m.*

giuramento [dʒura'mento] *m* Schwur *m,* Eid *m;* **fare** ~ schwören; **prestar** ~ einen Eid leisten. **giurare** [...'ra:re] **I.** *tr* schwören, beschwören; ~ **il falso** einen Meineid leisten; **II.** *itr* schwören (*su* bei, auf). **giurato, -a** [...'ra:to] **I.** *a (nemico)* (ein)geschworen; *(interprete, guardia, etc.)* vereidigt, beeidigt; **II.** *m, f* Geschworene(r) *mf.*

giuria [dʒu'ri:a] ‹-ie› *f* Jury *f,* Preisgericht *n.*

giuridico, -a [dʒu'ri:diko] ‹-ci, -che› *a* juristisch, rechtlich, Rechts-; **persona -a** juristische Person.

giurisdizione [dʒurizdit'tsi̯o:ne] *f* **1.** *jur* Gerichtsbarkeit *f,* Rechtsprechung *f;* **2.** *(competenza)* Zuständigkeit *f.*

giurisprudenza [dʒurispru'dɛntsa] *f* Rechtswissenschaft *f,* Jura *n pl,* Jurisprudenz *f.*

giurista [dʒu'rista] ‹-i *m,* -e *f*› *mf* Jurist(in) *m(f).*

Giuseppe [dʒu'zɛppe] *(nome proprio maschile)* Josef, Joseph.

Giuseppina [dʒuzep'pi:na] *(nome proprio femminile)* Josefine, Josephine.

giusta *f v.* **giusto.**

giustezza [dʒus'tettsa] *f* Richtigkeit *f.*

giustificare [dʒustifi'ka:re] ‹giustifico, giustifichi› **I.** *tr* **1.** *(condotta, errore)* rechtfertigen, entschuldigen; **2.** *(spese)* belegen; **II.** *rfl:* **-arsi** sich rechtfertigen, sich entschuldigen. **giustificativo, -a** [...ka'ti:vo] **I.** *a* belegend, Beleg-; **II.** *m* Beleg(stück *n*) *m.* **giustificazione** [...kat'tsi̯o:ne] *f* **1.** *gener.* Rechtfertigung *f;* **2.** *(a scuola)* Entschuldigung *f;* **3.** *(riconoscimento)* Unterlage *f,* Beleg *m.*

giustizia [dʒus'tittsi̯a] ‹-ie› *f* **1.** *gener.* Gerechtigkeit *f;* **2.** *jur* Justiz *f;* ~ **sommaria** *(a. fig)* kurzer Prozeß; **fare** ~ **da sé** Selbstjustiz üben; **rendere** ~ **a qu** jdm Gerechtigkeit widerfahren lassen; **ricorrere alla** ~ vor Gericht gehen; **con** ~ gerecht; **secondo** ~ rechtmäßig.

giustiziare [dʒustit'tsi̯a:re] ‹giustizio, giustizi› *tr* hinrichten. **giustiziato, -a** [...'tsi̯a:to] *m, f* Hingerichtete(r) *mf.* **giustiziere** [...'tsi̯ɛ:re] *m* Scharfrichter *m,* Henker *m.*

giusto, -a ['dʒusto] **I.** *a (persona, pena, causa, etc.)* gerecht; *(osservazione, parola)* richtig, passend, genau; *(salario)* gerecht; *(prezzo)* angemessen; *(preciso)* genau; *(vero)* richtig; **hai l'ora -a?** hast du die genaue (Uhr)zeit?; **II.** *m, f* Gerechte(r) *mf;* **III.** *m* Rechte(s) *n,* Richtige(s) *n;* **IV.** *adv* **1.** *(esattamente)* genau, richtig; **2.** *(proprio)* gerade, eben, genau; **colpire** ~ *fig* ins Schwarze treffen; **è arrivato** ~ **(in tempo)** er ist gerade zur rechten Zeit gekommen; **V.** *interj (in risposta)* richtig, stimmt, genau.

glaciale [gla'tʃa:le] *a* eiskalt, Eis-; *(a. fig)* eisig; **il Mar G~ Artico** das Nördliche Eismeer.

glaciazione [glatʃat'tsi̯o:ne] *f* Vereisung *f.*

gladiolo [gla'di:olo] *m* Gladiole *f.*

Glarona [gla'ro:na] *f* Glarus *n.*

glassa ['glassa] *f* Glasur *f,* Zuckerguß *m; (per torta a.)* Tortenguß *m.* **glassare** [...'sa:re] *tr* glasieren, glacieren.

glaucoma [glau'kɔ:ma] ‹-i› *m* grüner Star, Glaukom *n.*

gli [ʎi] **I.** *(articolo determinativo m pl davanti a s impura, gn, pn, ps, x, z)* die; **II.** *pron pers* **1.** 3[a] *pers m sing* ihm; **2.** *fam* 3[a] *pers f sing* ihr; **3.** 3[a] *pers m e f pl* ihnen.

glicerina [glitʃe'ri:na] *f* Glyzerin *n.*

glicine ['gli:tʃine] *m* Glyzinie *f.*

gliela, gliele, glieli, glielo, gliene ['ʎe:la, 'ʎe:le, 'ʎe:li, 'ʎe:lo, 'ʎe:ne] *pron* **gli** *o* **le** *con la, le, li, lo, ne.*
globale [glo'ba:le] *a* global, umfassend, gesamt, Gesamt-.
globo ['glɔ:bo] *m* **1.** *gener.* Kugel *f;* **2.** *astr* Kugel *f,* Globus *m;* **3.** *anat* Apfel *m;* **4.** *el* Lampenglocke *f;* ~ **terrestre** Erdball *m,* -kugel *f;* ~ **oculare** Augapfel *m.*
globulo ['glɔ:bulo] *m* Blutkörperchen *n.*
gloria ['glɔ:ri̯a] ⟨-ie⟩ *f* Ruhm *m,* Ehre *f; (rel a.)* Herrlichkeit *f; (vanto)* Stolz *m,* Glanz *m,* Ruhm *m;* **lavorare per la** ~ *scherz* für Gottes Lohn (*o* umsonst) arbeiten.
gloriarsi [glo'ri̯arsi] ⟨mi glorio, ti glori⟩ *rfl* sich rühmen (*di qc* einer S. *gen); (vantarsi)* prahlen (*di* mit).
glorificare [glorifi'ka:re] ⟨glorifico, glorifichi⟩ *tr (Dio)* preisen, rühmen, verherrlichen; *(martire, eroe)* ehren. **glorificazione** [...kat'tsi̯o:ne] *f (di Dio)* Verherrlichung *f; (di poeta, martire, eroe)* Verehrung *f.*
glorioso, -a [glo'ri̯o:so] *a* glorreich, ruhmreich.
glossa ['glɔssa] *f* Glosse *f,* Anmerkung *f.* **glossario** [...'sa:ri̯o] ⟨-i⟩ *m* Glossar *n.*
glottologia [glottolo'dʒi:a] ⟨-gie⟩ *f* Sprachwissenschaft *f,* Sprachforschung *f.*
glucosio [glu'kɔ:zi̯o] ⟨-i⟩ *m* Glykose *f,* Glucose *f.*
gluteo ['glu:teo] *m* Gesäßbacke *f,* -muskel *m.*
gnocco ['ɲɔkko] ⟨-cchi⟩ *m* **1.** *gastr* Klößchen *n;* **2.** *fam pej* Tölpel *m.*
gnomo ['ɲɔ:mo] *m* Gnom *m,* Kobold *m.*
gnorri ['ɲɔrri] *m:* **fare lo** ~ *fam* sich dumm stellen, den Ahnungslosen spielen.
goal [goul] ⟨-⟩ *m* Tor *n,* Treffer *m;* **fare** (*o* **segnare) un** ~ ein Tor schießen.
gobba ['gɔbba] *f* **1.** *med* Buckel *m; anat (del naso)* Höcker *m;* **2.** *zoo* Höcker *m;* **3.** *(del terreno)* Buckel *m,* Hügel *m;* ~ **a ponente luna crescente,** ~ **a levante luna calante** z wie zunehmender Mond, a wie abnehmender Mond.
gobbo, -a ['gɔbbo] **I.** *a* buck(e)lig; *(naso)* krumm; **II.** *m, f* Bucklige(r) *mf.*
goccia ['gottʃa] ⟨-cce⟩ *f* Tropfen *m;* **somigliarsi come due -cce d'acqua** sich *(dat)* gleichen wie ein Ei dem anderen; **la** ~ **che fa traboccare il vaso** *fig* der Tropfen, der das Faß zum Überlaufen bringt; **fino all'ultima** ~ bis zum letzten Tropfen; **a** ~ tropfenförmig; **a** ~ **a** ~ tropfenweise, tröpfchenweise; **a** ~ **a** ~ **si** (*o* **l'acqua) scava la pietra** *prov* steter Tropfen höhlt den Stein *prov.*
goccio ['gottʃo] ⟨-cci⟩ *m* Tropfen *m,* Schluck *m.*
gocciola ['gottʃola] *f* Tröpfchen *n,* Tropfen *m;* **ho la** ~ **al naso** mir läuft die Nase. **gocciolamento** [-'mento] *m* Tropfen *n,* Tröpfeln *n.*
gocciolare [gottʃo'la:re] **I.** *tr* ⟨*avere*⟩ tropfen, tröpfeln; **II.** *itr* ⟨*essere o avere*⟩ **1.** *(naso, etc.)* tropfen, laufen; **2.** *(liquido)* tropfen. **gocciolatoio** [...la'to:i̯o] ⟨-oi⟩ *m* Dachtraufe *f.* **gocciolio** [...'li:o] ⟨-ii⟩ *m* Tröpfeln *n,* Tropfen *n.*
godere [go'de:re] **I.** *itr* Genuß empfinden, genießen (*di qc* etw.); *(compiacersi)* sich freuen (*di* über); *(far vita di piaceri)* das Leben genießen; ~ **di ...** *inf,* ~ **che ...** *conj* sich freuen, daß ...; ~ **della fiducia di qu** jds Vertrauen genießen; **II.** *tr (bene, salute)* genießen (*qc* etw.), sich erfreuen (*qc* einer S. *gen*); ~ **ottima salute** sich bester Gesundheit erfreuen, bei bester Gesundheit sein; **-ersi la vita/le vacanze** das Leben/den Urlaub genießen; **godersela** *fam* sich vergnügen, sich amüsieren. **godereccio, -a** [gode'rettʃo] ⟨-cci, -cce⟩ *a (gente)* locker, lebenslustig; *(vita)* lokker.
godibile [go'di:bile] *a* nutzbar; *(alimenti)* genießbar.
godimento [godi'mento] *m* Genuß *m,* Freude *f,* Vergnügen *n; (vantaggio)* Nutzen *m; jur* Genuß *m,* Nutznießung *f.*
goffaggine [gof'faddʒine] *f* Plumpheit *f.*
goffo, -a ['gɔffo] *a* **1.** *(persona)* plump, unbeholfen, ungehobelt; **2.** *(vestito)* plump, schlecht sitzend.
gol [gɔl] *v.* **goal.**
gola ['go:la] *f* **1.** *anat* Kehle *f; (collo)* Hals *m;* **2.** *(vizio)* Gefräßigkeit *f;* **3.** *geog* Schlucht *f;* **4.** *tec (del camino, etc.)* Schlot *m; (scanalatura)* Rille *f,* Nut *f;* **mal di** ~ Halsweh *n,* Halsschmerzen *m pl;* **peccati di** ~ Völlerei *f;* **far** ~ Appetit machen, verlockend sein (*o* aussehen); *fig* reizen, verlockend sein; **prendere qu per la** ~ *(a. fig)* jdn an (*o* bei) der Gurgel packen; **ho l'acqua alla** ~ *(a. fig)* das Wasser steht mir bis zum Hals.
goldoniano, -a [goldo'ni̯a:no] *a* goldonianisch.
golf[1] [gɔlf] ⟨-⟩ *m sport* Golf *n,* Golfspiel *n.*
golf[2] [gɔlf] ⟨-⟩ *m (maglia)* (kragenlose) Strickjacke *f.*
golfista [gol'fista] ⟨-i *m,* -e *f*⟩ *mf* Golfspieler(in) *m(f).*
golfo ['golfo] *m* Golf *m,* Bucht *f.*
golosità [golosi'ta] ⟨-⟩ *f* **1.** Naschhaftigkeit *f;* **2.** *fig* Gier *f;* **3.** *(leccornia)* Lekkerbissen *m,* Schleckerei *f.*
goloso, -a [go'lo:so] **I.** *a* naschhaft; *fig* gierig; **essere** ~ **di qc** etw. gern haben (*o* mögen), auf etw. scharf sein *sl;* **II.** *m, f* Schlemmer(in) *m(f),* Leckermaul *n.*

golpe ['gɔlpe] ⟨-⟩ *m* Putsch *m*, Staatsstreich *m*. **golpista** [gol'pista] ⟨-i *m*, -e *f*⟩ *mf* Putschist(in) *m(f)*.

gomitata [gomi'ta:ta] *f* Stoß *m* (*o* Schlag *m*) mit dem Ellenbogen, Rempler *m*.

gomito ['go:mito] *m* **1.** *anat* Ell(en)bogen *m;* **2.** *tec (di tubo)* Knick *m*, Winkel *m;* **3.** *(di fiume, tubazioni)* Knie *n;* **curva a ~** Haarnadelkurve *f;* **alzare il ~** *fig* zu tief ins Glas schauen.

gomitolo [go'mi:tolo] *m* Knäuel *m o n*.

gomma ['gomma] *f* **1.** *gener.* Gummi *m o n;* **2.** *fam mot* (Auto)reifen *m;* **3.** *(da cancellare)* Radiergummi *m;* **~ naturale/sintetica** Kautschuk *m*/Kunstkautschuk *m;* **~ americana** (*o* **da masticare**) Kaugummi *m o n;* **cambiare una ~** *fam* einen Reifen wechseln; **forare una ~** *fam* einen Plattfuß (*o* Platten) fahren *fam*.

gommapiuma® [-'pi̯u:ma] *f* Schaumgummi *m*.

gommifero, -a [gom'mi:fero] *a* gummiartig, gummihaltig, Gummi-. **gommino** [...'mi:no] *m* Gummidichtung *f*. **gommista** [...'mista] ⟨-i *m*, -e *f*⟩ *mf* Reifenhändler(in) *m(f)*. **gommone** [...'mo:ne] *m fam* Schlauchboot *n*. **gommoso, -a** [...'mo:so] *a* gummihaltig, Gummi-, gummiartig.

gondola ['gondola] *f* Gondel *f*. **gondoliere** [...'li̯ɛ:re] *m* Gondoliere *m*, Gondelführer *m*.

gonfalone [gonfa'lo:ne] *m* Banner *n*.

gonfiare [gon'fi̯a:re] ⟨gonfio, gonfi⟩ **I.** *tr* **1.** *(pallone, materassino)* aufblasen, aufpumpen; *(vele, guance, stomaco, etc.)* (auf)blähen; **2.** *fig (notizia, etc.)* aufbauschen; *(persona)* übertrieben (*o* über den grünen Klee *fam*) loben; **II.** *rfl:* **-arsi 1.** *(diventare gonfio)* sich (auf)blähen, anschwellen; **2.** *fig (inorgoglire)* sich (vor Stolz) aufblasen (*o* aufplustern). **gonfiato, -a** [...'fi̯a:to] *a (pallone, materassino)* aufgepumpt; *(vele)* (auf)gebläht. **gonfiezza** [...'fi̯ettsa] *f* Schwellung *f*.

gonfio, -a ['gonfi̯o] ⟨-i, -ie⟩ *a* **1.** *med* (an)geschwollen; *(occhi)* verquollen, geschwollen; **2.** *(fiume, torrente)* angeschwollen; **3.** *(persona)* aufgeblasen; **4.** *(stile)* geschwollen, schwülstig. **gonfiore** [...'fi̯o:re] *m* (An)schwellung *f*.

gong [gɔŋg] ⟨-⟩ *m* Gong *m*.

gongolare [goŋgo'la:re] *itr* jauchzen *geh*, frohlocken *geh*.

gonna ['gonna *o* 'gɔnna] *f* (Damen)rock *m;* **~ svasata/a pieghe/pantalone** Glocken-/Falten-/Hosenrock *m*. **gonnella** [gon'nɛlla] *f* Rock *m*, Röckchen *n;* **correre dietro alle -e** *fam* ein Schürzenjäger sein.

gonorrea [gonor'rɛ:a] *f* Gonorrhö(e) *f*, Tripper *m*.

gonzo, -a ['gondzo] *fam pej* **I.** *a* dämlich *fam*, dußlig *fam;* **II.** *m, f* Schwachkopf *m fam*, Einfaltspinsel *m*.

gorgheggiare [gorged'dʒa:re] ⟨gorgheggio, gorgheggi⟩ **I.** *itr* **1.** *zoo* trillern; *(usignoli)* schlagen *n;* **2.** *mus* trillern; **II.** *tr (melodia)* trällern. **gorgheggio** [...'geddʒo] ⟨-ggi⟩ *m* **1.** *zoo* Getriller *n*, Trillern *n;* *(di usignoli)* Schlagen *n;* **2.** *mus* Triller *m*.

gorgo ['gorgo] ⟨-ghi⟩ *m* **1.** *(d'acqua)* Strudel *m;* **2.** *fig* Wirbel *m*, Strudel *m*.

gorgogliare [gorgoʎ'ʎa:re] ⟨gorgoglio, gorgogli⟩ *itr (liquido)* blubbern, gurgeln; *(intestino)* rumoren, kollern.

gorgoglio[1] [gor'goʎʎo] ⟨-gli⟩ *m (di liquido)* Blubbern *n*, Gurgeln *n*.

gorgoglio[2] [gorgoʎ'ʎi:o] ⟨-glii⟩ *m (gorgogliare continuato)* fortwährendes Gurgeln.

gorilla [go'rilla] ⟨-⟩ *m* Gorilla *m*.

gotico, -a ['gɔ:tiko] ⟨-ci, -che⟩ **I.** *a* gotisch; **II.** *m* Gotik *f;* **~ fiorito** Flamboyantstil *m*.

gotta ['gotta] *f* Gicht *f*.

Gottinga [got'tiŋga] *f* Göttingen *n*.

governante [gover'nante] **I.** *mf pol* Regierende(r) *mf;* **II.** *f* **1.** *(istitutrice)* Gouvernante *f;* **2.** *(di casa)* Haushälterin *f*.

governare [gover'na:re] **I.** *tr* **1.** *(paese, stato)* regieren; *(comune, regione)* verwalten; **2.** *(casa, famiglia, azienda)* führen, leiten; *(bestie)* versorgen; **3.** *naut, aero* steuern; **II.** *rfl:* **-arsi** sich regieren, sich verwalten. **governativo, -a** [...na'ti:vo] *a* Regierungs-. **governatorato** [...nato'ra:to] *m* Gouvernement *n*. **governatore, -trice** [...na'to:re] *m, f pol, adm* Gouverneur(in) *m(f);* *(di una banca)* Präsident(in) *m(f)*.

governo [go'vɛrno] *m* **1.** *pol* Regierung *f;* **2.** *(della casa)* Haushalt *m*, Hauswirtschaft *f;* *(delle bestie)* Versorgung *f;* **3.** *(direzione)* Direktion *f*, Leitung *f;* *adm* Verwaltung *f;* **4.** *naut* Steuerung *f;* **~ fantoccio/fantasma/ponte** Marionetten-/Schein-/Übergangsregierung *f;* **~ federale** Bundesregierung *f;* **~ monocolore** Einparteienregierung *f*.

gozzo ['gottso] *m* Kropf *m;* **avere/restare sul ~** *fig fam* im Hals haben/steckenbleiben.

gozzoviglia [gottso'viʎʎa] ⟨-glie⟩ *f* Prasserei *f*. **gozzovigliare** [...'ʎa:re] ⟨gozzoviglio, gozzovigli⟩ *itr* prassen.

gozzuto, -a [got'tsu:to] *a* kropfig, Kropf-.

GR *m ab di* **Giornale Radio** Hörfunknachrichten.

gracchiare [grak'ki̯a:re] ⟨gracchio, gracchi⟩ *itr* **1.** *(cornacchia)* krächzen; **2.** *fig (persona, radio)* quäken. **gracchio** ['grakki̯o] ⟨-cchi⟩ *m* Krächzen *n*.

gracidare [gratʃi'da:re] *itr* quaken. **gra-**

cidio [...ˈdi:o] ‹-ii› *m* Quaken *n*, Gequake *n*.

gracile [ˈgra:tʃile] *a* **1.** *(persona, aspetto)* zart, grazil; **2.** *fig* schwach, dünn. **gracilità** [gratʃiliˈta] ‹-› *f* **1.** *(di persona, aspetto)* Zartheit *f*, Grazilität *f*; **2.** *fig* Schwäche *f*.

gradasso [graˈdasso] *m pej* Aufschneider *m*; **fare il ~** prahlen, aufschneiden.

gradatamente [gradataˈmente] *adv* stufenweise, nach und nach, allmählich.

gradazione [gradatˈtsi̯o:ne] *f (di vino, liquore)* Grad *m*, Gehalt *m*; *(di luci, suoni)* Abstufung *f*, Nuance *f*; **~ alcolica** Alkoholgehalt *m*; **in ~** abgestuft.

gradevole [graˈde:vole] *a* angenehm, gefällig.

gradimento [gradiˈmento] *m* Wohlgefallen *m*; *(accoglimento)* Billigung *f*; **questo è di mio ~** das gefällt mir, das sagt mir zu.

gradinata [gradiˈna:ta] *f* Stufenreihe *f*; *(di stadi, teatri)* Sitzreihe *f*, Rang *m*.

gradino [graˈdi:no] *m* Stufe *f*.

gradire [graˈdi:re] ‹gradisco› *tr* (gern) mögen, (gern) annehmen; *(desiderare)* wünschen, mögen; **voglia ~ i più sentiti auguri** mit den besten Wünschen; **gradisci un caffè?** möchtest du (gern) einen Kaffee? **gradito, -a** [...ˈdi:to] *a* willkommen, angenehm, gerngesehen.

grado[1] [ˈgra:do] *m* **1.** *meteo, mat, gram, phys, med* Grad *m*; **2.** *(di parentela)* (Verwandtschafts)grad *m*; **3.** *(stadio)* Schritt *m*, Stufe *f*, Stadium *n*; *mus* Stufe *f*; *sport* Schwierigkeit *f*, Schwierigkeitsgrad *m*; **4.** *(condizione sociale)* Stellung *f*, Stufe *f*; *mil* Rang *m*, Grad *m*; **5.** *fig* Grad *m*, Maß *n*; **essere in ~ di fare qc** in der Lage sein, etw. zu tun; **andare per -i** schrittweise (*o* stufenweise) vorgehen; **salire di ~** (beruflich) eine Stufe weiterkommen.

grado[2] [ˈgra:do] *m*: **di buon ~** gern(e).

graduabile [graduˈa:bile] *a* abstufbar.

graduale [graduˈa:le] *a* graduell, stufen-, schrittweise. **gradualmente** [...ualˈmente] *adv* stufen-, schrittweise.

graduare [graduˈa:re] *tr* **1.** *tec* in Grade einteilen, graduieren; **2.** *fig (difficoltà, etc.)* abstufen, staffeln. **graduato, -a** [...ˈa:to] **I.** *a* in Grade eingeteilt, graduiert, abgestuft; **II.** *m mil* Unterführer *m*.

graduatoria [graduaˈtɔ:ri̯a] ‹-ie› *f* Rangfolge *f*.

graduazione [graduatˈtsi̯o:ne] *f* Gradeinteilung *f*, Graduation *f*.

graffa [ˈgraffa] *f* **1.** *(grappetta)* Schelle *f*, Krampe *f*; **2.** *typ* Akkolade *f*, geschweifte Klammer.

graffiare [grafˈfi̯a:re] ‹graffio, graffi› **I.** *tr* (ver-, zer)kratzen; **II.** *rfl*: **-arsi** sich kratzen. **graffiatura** [...i̯aˈtu:ra] *f* Kratzer *m*, Schramme *f*; *(di pelle a.)* Kratzwunde *f*. **graffio** [ˈgraffi̯o] ‹-i› *m* Kratzer *m*, Schramme *f*; *(di pelle a.)* Kratzwunde *f*.

graffito, -a [grafˈfi:to] **I.** *a* (ein)geritzt, Sgraffito-; **II.** *m* Sgraffito *n*.

grafia [graˈfi:a] ‹-ie› *f* Schreibung *f*, Schreibweise *f*.

grafica [ˈgra:fika] ‹-che› *f (arte)* Graphik *f*. **grafico, -a** [...ko] ‹-ci, -che› **I.** *a* graphisch; **II.** *m (rappresentazione)* Graphik *f*; **III.** *m, f (tecnico)* Graphiker(in) *m(f)*.

grafite [graˈfi:te] *f* Graphit *m*.

grafologia [grafoloˈdʒi:a] ‹-gie› *f* Graphologie *f*.

gramaglie [graˈmaʎʎe] *f pl*: **in ~** in Trauer.

gramigna [graˈmiɲɲa] *f* **1.** *bot* Quecke *f*, Queckengras *n*; **2.** *gastr Nudelsorte, die meist als Suppeneinlage verwendet wird*; **crescere (*o* moltiplicarsi) come la ~** sich wie Unkraut vermehren.

graminacee [gramiˈna:tʃee] *f pl* Gräser *n pl*.

grammatica [gramˈma:tika] ‹-che› *f* Grammatik *f*, Sprachlehre *f*. **grammaticale** [...matiˈka:le] *a* grammatisch, grammatikalisch, Grammatik-.

grammo [ˈgrammo] *m* **1.** *(unità di misura, ab* g*)* Gramm *n*; **2.** *fig* Funke *m*, Fünkchen *n*, Gran *n*.

grammofono [gramˈmɔ:fono] *m* Grammophon *n*.

gramo, -a [ˈgra:mo] *a* armselig, elend.

gran [gran] *v.* **grande.**

grana [ˈgra:na] *f* **1.** *sl (denaro)* Kies *m sl*, Moos *n sl*; **2.** *fig fam* Stunk *m fam*, Ärger *m*, Schererei *f*; **3.** *fot, min* Korn *n*, Körnung *f*; **piantare una ~** *fam* Stunk machen *fam*; **avere un sacco di -e** *fam* eine Menge Ärger (*o* Scherereien) am Hals haben.

granaglie [graˈnaʎʎe] *f pl* Getreide *n*.

granaio [...ˈna:i̯o] ‹-ai› *m* **1.** *agr* Getreidespeicher *m*; **2.** *fig* Kornkammer *f*.

granata[1] [graˈna:ta] *f (per scopare)* Stroh-, Reisigbesen *m*.

granata[2] [graˈna:ta] *f mil* Granate *f*.

granata[3] [graˈna:ta] *f bot* Granatapfel *m*.

granatiere [granaˈti̯ɛ:re] *m* **1.** *mil* Grenadier *m*; **2.** *fig* Koloß *m*, Brocken *m*.

granato [graˈna:to] *m* Granat *m*.

Gran Bretagna [ˈgram breˈtaɲɲa] *f* Großbritannien *n*.

grancassa [graŋˈkassa] *f* große Trommel.

granchio [ˈgraŋki̯o] ‹-chi› *m* **1.** *zoo* Krabbe *f*, Taschenkrebs *m*; **2.** *fig* Schnitzer *m*; **prendere un ~** *fig* hereinfallen.

grand' [grand] *v.* **grande.**

grande [ˈgrande] **I.** *a* ‹più grande *o* maggiore, grandissimo *o* massimo *o* sommo› **1.** *gener.* groß; *(largo a.)* breit; *(esteso a.)* weit; **2.** *fig* groß, bedeutend, wichtig; **Federico il G~** Friedrich der Große; **un gran bevitore/fumatore** ein starker Trinker/Raucher; **avere una gran fame** einen Bärenhunger haben; **(una) gran cosa** *fam* super *fam*, toll *fam*, Spitze *fam;* **non è un gran che** *fam* das ist nichts Besonderes; **è un gran tempo che non lo vedo** *fam* ich habe ihn schon eine ganze Weile nicht gesehen; **fare le cose in ~** etw. groß (*o* in großem Stil) aufziehen; **come ti sei fatto ~!** wie du gewachsen bist!; **II.** *mf* **1.** *(adulto)* Erwachsene(r) *mf;* **2.** *(chi eccelle)* Große(r) *mf*, Mächtige(r) *mf;* **III.** *m* Größe *f; fig* Großartigkeit *f*, Großartige(s) *n.* **grandeggiare** [-d'dʒa:re] ‹grandeggio, grandeggi› *itr* **1.** *(di costruzione)* hinausragen (*su, sopra* über), sich erheben (*su, sopra* über); **2.** *fig* hervorragen (*su* unter), herausragen (*su* unter).

grandezza [gran'dettsa] *f* **1.** *gener., phys, mat* Größe *f; (dimensione a.)* Ausmaß *n;* **2.** *fig (nobiltà)* Größe *f;* **~ d'animo** Edelmut *m;* **in ~ naturale** in Originalgröße; *(persone)* in Lebensgröße.

grandinare [grandi'na:re] *itr ‹essere o avere›* **1.** *meteo* hageln; **2.** *fig* hageln; **grandina** es hagelt. **grandinata** [...'na:ta] *f* Hagel(schlag) *m.*

grandine ['grandine] *f* **1.** *meteo* Hagel *m;* **2.** *fig* Regen *m*, Hagel *m.*

grandiosità [grandi̯osi'ta] ‹-› *f* **1.** *gener.* Großartigkeit *f*, Größe *f;* **2.** *(ostentazione)* Großtuerei *f.* **grandioso, -a** [...'di̯o:so] *a* großartig, grandios, überwältigend.

grandissimo [gran'dissimo] *superlativo di* **grande.**

granduca, -duchessa [gran'du:ka, ...du'kessa] *m, f* Großherzog(in) *m(f).* **granducato** [...du'ka:to] *m* **1.** *(titolo)* Großherzogwürde *f;* **2.** *(territorio)* Großherzogtum *n.*

granello [gra'nɛllo] *m* **1.** *(di pepe, sabbia, riso, etc.)* Korn *n*, Körnchen *n;* **2.** *fig* Gran *n*, Korn *n*, Funke *m.*

granita [gra'ni:ta] *f* Granita *f (Sorbet aus feingestoßenem Eis u. Fruchtsäften oder Kaffee).*

granitico, -a [gra'ni:tiko] ‹-ci, -che› *a* **1.** *min* granitisch, Granit-; **2.** *fig (fede, etc.)* unerschütterlich. **granito** [...'ni:to] *m* Granit *m.*

grano ['gra:no] *m* **1.** *bot* Korn *n*, Getreide *n; (frumento)* Weizen *m;* **2.** *(di pepe)* Korn *n;* **3.** *(di rosario, collana)* Perle *f*, Kugel *f;* **4.** *fig* Fünkchen *n*, Gran *n*, Korn *n;* **~ saraceno** Buchweizen *m;* **con un ~ di sale** *fig* einsichtig und vernünftig.

gran(o)turco [gran(o)'turko] ‹-chi› *m* Mais *m.*

granulare [granu'la:re] **I.** *a* körnig, gekörnt, Korn-; **II.** *tr* granulieren, körnen.

granulo ['gra:nulo] *m* Granulum *n.*

granuloso, -a [...'lo:so] *a* gekörnt, körnig.

grappa[1] ['grappa] *f gastr* Grappa *m (italienischer Tresterbranntwein).*

grappa[2] ['grappa] *f (in edilizia)* Bauklammer *f.*

grappetta [grap'petta] *f* **1.** *(per fogli)* Büroklammer *f*, Heftklammer *f;* **2.** *sport* Steigeisen *n.*

grappino [grap'pi:no] *m fam* Gläschen *n* Grappa.

grappolo ['grappolo] *m* **1.** *bot* (Wein)traube *f;* **2.** *fig* Traube *f;* **un ~ d'uva** eine (Wein)traube; **fiori a ~** Traubenblütler *m pl.*

grassetto, -a [gras'setto] **I.** *a* halbfett; **II.** *m* halbfette Schrift.

grassezza [gras'settsa] *f* **1.** *(di persona, animale)* Fettleibigkeit *f;* **2.** *(di cibo)* Fettgehalt *m*, Fettigkeit *f;* **3.** *agr* Fruchtbarkeit *f*, Fettheit *f.*

grasso, -a ['grasso] **I.** *a* **1.** *(persona)* dick(leibig), fett; **2.** *bot, agr* fett; **3.** *(pelle)* fettig; **4.** *gastr (carne, formaggio, brodo)* fett; *(cucina, cibo)* fetthaltig, fettig; **5.** *fig (ricco)* fett; *(persone)* reich, wohlhabend; *(viscido, osceno)* schmierig, schlüpfrig; **piante -e** Fettpflanzen *f pl;* **far -e risate** sich vor Lachen biegen; **II.** *m* Fett *n; (gastr a.)* Schmalz *n;* **~ vegetale** Pflanzenfett *n;* **~ per lubrificare** Schmierfett *n.* **grassoccio, -a** [...'sɔttʃo] ‹-cci, -cce› *a* pummelig, rundlich. **grassone, -a** [...'so:ne] *m, f* Dickwanst *m.*

grata ['gra:ta] *f* Gitter *n.*

gratella, graticola [gra'tɛlla, ...'ti:kola] *f* Grill *m*, Rost *m;* **pesce in ~** gegrillter Fisch.

graticcio [gra'tittʃo] ‹-cci› *m* **1.** *(stuoia)* Darre *f;* **2.** *(di chiusura)* Gitter *n.*

gratifica [gra'ti:fika] ‹-che› *f com* Gratifikation *f*, (Sonder)zuwendung *f;* **~ natalizia** Weihnachtsgratifikation *f*, Weihnachtsgeld *n.* **gratificante** [gratifi'kante] *a* befriedigend. **gratificare** [...'ka:re] ‹gratifico, gratifichi› *tr* eine (Sonder)zuwendung gewähren für.

gratinare [grati'na:re] *tr* gratinieren, überbacken.

gratis ['gra:tis] *adv* gratis, kostenlos, umsonst.

gratitudine [grati'tu:dine] *f* Dankbarkeit *f*, Dank *m.*

grato, -a ['gra:to] *a* **1.** *(persona)* dankbar (*di, per* für); **2.** *(odore, sapore)* angenehm, erfreulich; *(gradito)* willkommen.

grattacapo [gratta'ka:po] *m fam* Scherei *f*, Unannehmlichkeit *f.*

grattacielo [gratta'tʃɛ:lo] *m* Wolkenkratzer *m.*

grattare [grat'ta:re] **I.** *tr* **1.** *(pelle)* kratzen; **2.** *(pane, formaggio)* reiben; **3.** *(con temperino, carta vetrata)* (weg)kratzen, -schleifen, -schmirgeln; **4.** *sl* klauen *fam;* **II.** *itr* **1.** *(produrre rumore metallico)* kratzen; **2.** *fam mot (marcia)* krachen, knirschen; **III.** *rfl:* **-arsi** sich kratzen. **grattata** [...'ta:ta] *f* **1.** *fam mot* Krachen *n,* Knirschen *n;* **2.** *(di testa, naso, etc.)* Kratzen *n.*

grattugia [grat'tu:dʒa] ‹-gie› *f* Reibe *f.* **grattugiare** [...tu'dʒa:re] ‹grattugio, grattugi› *tr* reiben.

gratuità [gratui'ta] ‹-› *f fig* Unhaltbarkeit *f,* Grundlosigkeit *f.*

gratuito, -a [gra'tu:ito *o* ...tu'i:to] **I.** *a* **1.** *com* gratis, umsonst; *(ingresso a.)* frei; **2.** *fig* grundlos, unhaltbar; **biglietto ~** Freikarte *f.*

gravare [gra'va:re] **I.** *tr* **1.** *(caricare)* beladen (*di* mit), belasten (*di* mit); **2.** *fig* belasten *(di* mit); **II.** *itr* lasten (*su* auf).

grave ['gra:ve] *a* **1.** *(importante, serio)* schwerwiegend; *(errore, peccato, malattia, etc.)* schwer; *(situazione, caso)* ernst; *(atteggiamento)* ernsthaft; **2.** *mus* grave, getragen, schwer; *(nota)* tief, dunkel; **3.** *(pesante)* schwer, voll.

gravidanza [gravi'dantsa] *f* Schwangerschaft *f.* **gravido, -a** ['gra:vido] *a* **1.** *(donna)* schwanger; *(animale)* trächtig; **2.** *fig* voll (*di* mit), -schwer *geh.*

gravità [gravi'ta] ‹-› *f* **1.** *phys* Schwerkraft *f,* Anziehungskraft *f;* **2.** *fig* Schwere *f,* Würde *f; (di situazione a.)* Ernst *m; (di perdita)* Härte *f;* **3.** *mus* Gravität *f.* **gravitare** [...'ta:re] *itr* **1.** *astr* kreisen, gravitieren; **2.** *fig* sich bewegen, herumsein; **~ intorno a** *fig* angezogen werden von. **gravitazione** [...tat'tsi̯o:ne] *f* Gravitation *f,* Anziehungskraft *f.*

gravoso, -a [gra'vo:so] *a* drückend, beschwerlich.

grazia ['grattsi̯a] ‹-ie› *f* **1.** *(armonia, delicatezza)* Anmut *f,* Liebreiz *m,* Grazie *f;* **2.** *(gentilezza)* Liebenswürdigkeit *f,* Freundlichkeit *f;* **3.** *rel* Gnade *f;* **4.** *jur* Begnadigung *f;* **5.** *(benevolenza)* Gunst *f,* Wohlwollen *n;* **colpo di ~** Gnadenstoß *m;* **~ di Dio** *fam* Gottesgabe *f,* Gabe *f* des Himmels; **concedere la ~** *jur* Begnadigung gewähren; *rel* erhören; **essere nelle -ie di qu** in jds Gunst stehen; **con ~** freundlich, liebenswürdig; **con mala ~** unwirsch, ruppig; **per ~ ricevuta** für erwiesene Gnade *(Spruch bei einer Votivgabe);* **in** (*o* **per**) **~ di** dank *dat o gen;* **alla ~!** *fam* meine Güte! *fam;* **troppa ~ Sant'Antonio!** *fam* zuviel des Guten!

graziare [grat'tsi̯a:re] ‹grazio, grazi› *tr* **1.** *jur* begnadigen; **2.** *fig (concedere)* gewähren (*qu di qc* jdm etw.), schenken (*qu di qc* jdm etw.). **graziato, -a** [...'tsi̯a:to] *m, f* **1.** *jur* Begnadigte(r) *mf;* **2.** *rel* Begnadete(r) *mf.*

grazie ['grattsi̯e] *interj* danke; **tante/mille ~!** vielen Dank!, danke schön!/tausend Dank!; **~ a** dank *dat o gen,* durch *acc;* **~ a Dio/al cielo** Gott/dem Himmel sei Dank!

grazioso, -a [grat'tsi̯o:so] *a* graziös, lieblich, anmutig; *(piacevole a.)* reizend; *(gentile)* liebenswürdig, freundlich.

Grecia ['grɛ:tʃa] *f* Griechenland *n.* **grecismo** [gre'tʃizmo] *m* Gräzismus *m.* **greco, -a** ['grɛ:ko] ‹-ci, -che› **I.** *a* griechisch; **II.** *m, f* Grieche *m,* Griechin *f.*

gregario, -a [gre'ga:ri̯o] ‹-i, -ie› **I.** *a* Herden-; **II.** *m (di società, organizzazione)* Mitglied *n; pej* Mitläufer(in) *m(f).*

gregge ['greddʒe] ‹*pl:* -i *f*› *m* **1.** *zoo* Herde *f;* **2.** *fig* Herde *f,* Masse *f.*

greggio, -a ['greddʒo] ‹-ggi, -gge› **I.** *a* **1.** roh, Roh-, Ur-; **2.** *fig (rozzo)* ungehobelt, grob; **II.** *m* Rohöl *n,* Erdöl *n.*

grembiale, grembiule [grem'bi̯a:le, ...'bi̯u:le] *m* Schürze *f; (per bambini)* Kittel *m.*

grembo ['grɛmbo *o* 'grembo] *m* Schoß *m.*

gremire [gre'mi:re] ‹gremisco› **I.** *tr* füllen, bevölkern; **II.** *rfl:* **-irsi** sich füllen (*di* mit), sich bevölkern (*di* mit).

greppia ['greppi̯a] ‹-ie› *f* Futtertrog *m,* (Futter)krippe *f.*

greto ['gre:to] *m* Kiesbank *f.*

grettezza [gret'tettsa] *f* Kleinlichkeit *f,* Engstirnigkeit *f.* **gretto, -a** ['gretto] *a* **1.** *(avaro)* geizig; **2.** *fig (meschino)* kleinkariert, engstirnig; **animo ~** Krämerseele *f.*

grezzo ['greddzo] *v.* **greggio.**

gridare [gri'da:re] **I.** *itr* schreien; *(per chiamare)* rufen; **~ a squarciagola** aus vollem Halse schreien; **II.** *tr* **1.** schreien; *(per chiamare)* rufen; **2.** *fam dial* ausschimpfen; **~ aiuto** um Hilfe rufen.

grido ['gri:do] *m* **1.** ‹*pl:* -a *f*› *(di persone)* Schrei *m,* Ruf *m; (invocazione)* Aufschrei *m;* **2.** ‹*pl:* -a *f*› *fig (fama)* Ruf *m;* **3.** ‹*pl:* -i *m*› *(di animali)* Schrei *m,* Ruf *m;* **di ~** von Ruf, berühmt; **essere all'ultimo ~** der letzte Schrei (*o* in *fam*) sein.

grigiastro, -a [gri'dʒastro] *a* gräulich.

grigio, -a ['gri:dʒo] ‹-gi, -gie› **I.** *a* **1.** *(colore)* grau; **2.** *fig* grau, eintönig, trostlos; **vedere tutto ~** *fig* alles grau in grau sehen; **II.** *m* Grau *n.*

Grigioni [gri'dʒo:ni] *m pl* Graubünden *n.*

grigiore [gri'dʒo:re] *m* **1.** *(di paesaggio)* Grau *n;* **2.** *fig* Eintönigkeit *f.*

griglia ['griʎʎa] ‹-glie› *f* **1.** *gastr* Grill *m,* (Brat)rost *m;* **2.** *(inferriata, mot, phys)* Gitter *n;* **pollo/bistecca alla ~** Hähnchen *n*/Steak *n* vom Grill, gegrilltes Hähnchen/Steak.

grilletto [gril'letto] *m* Abzug *m.*

grillo ['grillo] *m* **1.** *zoo* Grille *f;* **2.** *fig*

Grille *f*, Laune *f;* **3.** ® *tel kleines Telefon mit leisem Ton;* **avere molti -i per il capo** *fam* eine Menge Flausen im Kopf haben *fam;* **indovinala ~!** *fam* weiß der Geier! *sl*, das wissen die Götter! *fam*.

grinfia ['grinfi̯a] ‹-ie› *f fam* Klaue *f;* **cadere** (*o* **finire) nelle -ie di qu** *fig fam* in jds Klauen geraten.

grinta ['grinta] *f* **1.** *(faccia dura)* grimmiges (*o* finsteres) Gesicht; **2.** *sport* (verbissener) Kampfgeist *m;* **mostrare la ~** grimmig dreinschauen.

grinza ['grintsa] *f* **1.** *(della pelle)* Falte *f*, Runzel *f;* **2.** *(di vestito)* Falte *f*, Knitter *m;* **non fare una ~** *fig* einwandfrei sein. **grinzoso, -a** [..'tso:so] *a (pelle)* faltig, runz(e)lig; *(vestito)* zer-, verknittert.

grippare [grip'pa:re] **I.** *itr* fressen; **II.** *rfl:* **-arsi** *mot* sich festfressen.

grissino [gris'si:no] *m* **1.** ‹*di solito al pl*› *gastr* Grissini *n pl (Knabberstangen aus Weißbrotteig);* **2.** *fig* Hering *m*.

Groenlandia [groen'landi̯a] *f* Grönland *n*.

grondaia [gron'da:i̯a] ‹-aie› *f* Dach-, Regenrinne *f*.

grondare [gron'da:re] **I.** *itr* triefen (*di* vor); **II.** *tr* vergießen, verlieren.

groppa ['grɔppa] *f* **1.** *zoo* Kruppe *f;* **2.** *fig scherz* Buckel *m*, Kreuz *n;* **avere molti anni sulla ~** *fam* schon viele Jahre auf dem Buckel haben. **groppone** [grop'po:ne] *m fam scherz* Buckel *m*.

grossa ['grɔssa] *f* Gros *n;* **dormire della ~** *fam* schlafen wie ein Murmeltier.

grossezza [gros'settsa] *f* Dicke *f*, Umfang *m*.

grossista [gros'sista] ‹-i *m*, -e *f*› *mf* Grossist(in) *m(f)*, Großhändler(in) *m(f)*.

grosso, -a ['grɔsso] **I.** *a* **1.** *(dimensione)* dick, groß, breit; *(robusto)* kräftig; **2.** *fig (persona)* groß, wichtig, hoch(gestellt); *com (somma, guadagno, etc.)* hoch; *(affare, etc.)* groß, wichtig; **3.** *(rozzo)* grob, roh; *gastr (sale)* grob(körnig); **mare ~** bewegte See; **parole -e** schlimme Worte *n pl;* **dirle** (*o* **spararle) -e** *fam* dick auftragen, Lügenmärchen erzählen; **l'ha fatta -a** *fam* er (*o* sie) hat eine große Dummheit gemacht; **sbagliarsi di ~** *fam* sich gewaltig (*o* gehörig) irren; **questa sì che è -a** *fam* das ist wohl ein starkes Stück; **II.** *m* **1.** *(parte grossa)* Hauptteil *m*, Großteil *m;* **2.** *(parte numerosa)* Mehrzahl *f*, größter Teil; **3.** *(parte rilevante)* Hauptteil *m*, wichtigster Teil, Wichtigste(s) *n*.

grossolanità [grossolani'ta] ‹-› *f (modi)* Grobschlächtigkeit *f*, Ungeschliffenheit *f; (parole)* Grobheit *f*. **grossolano, -a** [...'la:no] *a (persona)* grob(schlächtig), roh, plump; *(modi)* grob, ungeschliffen; *(scherzi)* schlecht; *(errore)* schwer; *(lavoro, panni, ornamenti)* grob.

grossomodo [grosso'mɔ:do] *adv* ungefähr, etwa, zirka.

grotta ['grɔtta] *f* Grotte *f*.

grottesco, -a [grot'tesko] ‹-schi, -sche› *a* grotesk, absonderlich.

groviera [gro'vi̯ɛ:ra] ‹-› *m o f* Gruyère(käse) *m*, Greyerzer *m*.

groviglio [gro'viʎʎo] ‹-gli› *m* Verwirrung *f*, Durcheinander *n*.

gru [gru] ‹-› *f* **1.** *zoo* Kranich *m;* **2.** *tec* Kran *m;* **3.** *film* Krankamera *f*.

gruccia ['gruttʃa] ‹-cce› *f* **1.** *med* Krücke *f;* **2.** *(per abiti)* (Kleider)bügel *m;* **camminare con le -cce** auf Krücken gehen.

grufolare [grufo'la:re] *itr* (mit der Schnauze) (herum)wühlen.

grugnire [gruɲ'ɲi:re] ‹grugnisco› *itr* **1.** *zoo* grunzen; **2.** *fig pej* knurren, maulen. **grugnito** [...'ɲi:to] *m* **1.** *zoo* Grunzen *n;* **2.** *fig pej* Grunzen *n*, Gebrumm(e) *n*.

grugno ['gruɲɲo] *m* **1.** *zoo* Schnauze *f;* **2.** *pej* Schnauze *f vulg*, Fresse *f vulg; (broncio)* Schnute *f fam*, Schmollmund *m;* **rompere il ~ a qu** *sl* jdm die Fresse polieren *sl vulg*.

grullo, -a ['grullo] *pej* **I.** *a* doof, dämlich, dußlig; **II.** *m*, *f* Blödian *m*, Schwachkopf *m*.

grumo ['gru:mo] *m* Klumpen *m*.

gruppo ['gruppo] *m* **1.** *gener.* Gruppe *f; pol* Fraktion *f; sport* Verein *m;* **2.** *com, fin* Verband *m*, Konzern *m*, Kette *f;* **3.** *mot* Satz *m*, Aggregat *n;* **~ economico/finanziario** Wirtschaftsverband *m*/Finanzgruppe *f;* **~ sanguigno** Blutgruppe *f;* **lavoro di ~** Teamarbeit *f*.

gruzzolo ['gruttsolo] *m fam* Stange *f* (Geld) *fam*.

guadagnare [gu̯adaɲ'ɲa:re] **I.** *tr* **1.** *(denaro)* verdienen; **2.** *fig (tempo, spazio, velocità, etc.)* gewinnen (an); **3.** *(cima, vetta)* erreichen; **4.** *(vincere)* gewinnen; **tanto di guadagnato** um so besser; **II.** *itr* **1.** *com* verdienen; **2.** *fig* gewinnen (*in* an), zur Geltung kommen; **~ per vivere** den Lebensunterhalt verdienen.

guadagno [gu̯a'daɲɲo] *m* Verdienst *m; (utile, vantaggio)* Gewinn *m;* **~ lordo/netto** Brutto-/Nettoverdienst *m*.

guadare [gu̯a'da:re] *tr* durchwaten.

guado ['gu̯a:do] *m* Furt *f;* **passare a ~** durchwaten.

guai ['gu̯a:i] *interj* wehe; **~ a te!** wehe (dir)!

guaina [gu̯a'i:na] *f* **1.** *(di spada)* Scheide *f;* **2.** *(indumento)* Korsett *n*, Mieder *n*.

guaio ['gu̯a:i̯o] ‹-ai› *m* Unglück *n*, Ärger *m;* **ficcarsi nei -ai** *fam* Ärger (*o* Scherereien) kriegen.

guaire [gu̯a'i:re] ‹guaisco› *itr* winseln, jaulen. **guaito** [...'i:to] *m* Gewinsel *n*, Gejaule *n*.

guancia ['gu̯antʃa] ‹-ce› *f* **1.** *anat* Wange *f*, Backe *f;* **2.** *gastr* (Schweins-, Kalbs)kopf *m.*

guanciale [gu̯an'tʃa:le] *m* Kissen *n,* Polster *n.*

guantiera [gu̯an'ti̯ɛ:ra] *f* Tablett *n.*

guanto ['gu̯anto] *m* Handschuh *m;* **trattare qu coi -i** jdn mit Glacéhandschuhen anfassen. **guantone** [...'to:ne] *m* Boxhandschuh *m.*

guardaboschi [gu̯arda'bɔski] ‹-› *m* Waldhüter(in) *m(f),* Förster(in) *m(f).* **guardacaccia** [-'kattʃa] ‹-› *m* Jagdaufseher(in) *m(f).* **guardacoste** [-'kɔste] ‹-› *m* Küstenwache *f.* **guardalinee** [-'li:nee] ‹-› *m* **1.** *ferr* Streckenwärter(in) *m(f);* **2.** *sport* Linienrichter(in) *m(f).*

guardare [gu̯ar'da:re] **I.** *tr* **1.** *(vedere)* (an)sehen, (an)blicken, anschauen; *(osservare)* zusehen (*qc* einer S. *dat*), beobachten; *(museo)* besichtigen; **2.** *(custodire: animali)* hüten; ~ **qu/qc colla coda dell'occhio** jdn/etw. aus den Augenwinkeln heraus (*o* verstohlen) ansehen; ~ **con tanto d'occhi** große Augen machen; ~ **qu di buon occhio** jdn wohlwollend betrachten; ~ **qu di sbieco/traverso/in cagnesco** jdn schief/schräg/feindselig anschauen; ~ **qu dall'alto in basso** jdn von oben herab ansehen; ~ **la televisione/un film** fernsehen/einen Film ansehen; **II.** *itr* **1.** *(vedere)* sehen (*da* aus, *verso* auf), schauen (*da* aus, *verso* auf), blicken (*da* aus, *verso* auf); **2.** *(badare)* sich kümmern (*a* um), aufpassen (*a* auf); **stare a** ~ zuschauen, dastehen; **Dio ce ne guardi!** Gott behüte uns!, Gott bewahre!; **III.** *rfl:* **-arsi 1.** sich ansehen, sich anschauen; **2.** *(stare in guardia)* sich hüten (*da* vor); **non si guardano più in faccia** sie reden nicht mehr miteinander.

guardamacchine [gu̯arda'makkine] ‹-› *mf* Parkwächter(in) *m(f).*

guardaroba [gu̯arda'rɔ:ba] ‹-› *m* **1.** *(armadio)* Kleiderschrank *m;* **2.** *(stanza)* Garderobe *f,* Ankleideraum *m;* **3.** *(indumenti)* Kleidung *f,* Garderobe *f.* **guardarobiere, -a** [...ro'bi̯ɛ:re] *m, f* Garderobier *m,* Garderobiere *f,* Garderobenfrau *f.*

guardata [gu̯ar'da:ta] *f* Blick *m;* **dammi una ~ ai bambini!** schau mal nach den Kindern!

guardia ['gu̯ardi̯a] ‹-ie› *f* **1.** *(custodia)* Wache *f,* Bewachung *f;* *(persona)* Wächter *m,* Wache *f;* *mil* Wache *f;* *med* Dienst *m,* Wachdienst *m;* *sport* Deckung *f;* **2.** *(limite)* Anzeiger *m;* ~ **del corpo** Leibwache *f;* ~ **di finanza** Zollbehörde *f;* *(persona)* Zollbeamte(r) *m;* ~ **forestale/giurata** Förster *m*/vereidigter Beschützer; **cambio della** ~ *(a. fig)* Wachablösung *f;* **medico di** ~ diensthabender Arzt; **mettersi/stare in** ~ *(a. fig)* in Deckung gehen/sein; **montare la/essere di** ~ auf Wache ziehen/sein; **fare la** ~ Wache halten, wachen; **in** ~! Achtung!, aufgepaßt! **guardiamarina** [-ma'ri:na] ‹-› *m* Leutnant *m* zur See.

guardiano, -a [gu̯ar'di̯a:no] *m, f* Wächter(in) *m(f),* Aufseher(in) *m(f).*

guardina [gu̯ar'di:na] *f* Arrestzelle *f.*

guardingo, -a [gu̯ar'diŋgo] ‹-ghi, -ghe› *a* behutsam, umsichtig.

guardone [gu̯ar'do:ne] *m* Voyeur *m.*

guardrail ['gɑ:dreɪl] ‹-› *m* Leitplanke *f.*

guarigione [gu̯ari'dʒo:ne] *f* Heilung *f,* Genesung *f;* **buona** ~! gute Besserung!

guarire [gu̯a'ri:re] ‹guarisco› **I.** *tr* ‹*avere*› **1.** *med* heilen; *(persona a.)* gesund machen; **2.** *fig (noia, tristezza, etc.)* besiegen; *(persona)* heilen, befreien; **II.** *itr* ‹*essere*› **1.** *med* gesund werden, genesen; **2.** *fig (dal vizio, etc.)* geheilt werden. **guaritore, -trice** [...ri'to:re] *m, f* Heilpraktiker(in) *m(f).*

guarnigione [gu̯arni'dʒo:ne] *f* Garnison *f.*

guarnire [gu̯ar'ni:re] ‹guarnisco› *tr* **1.** *(indumento, tovaglia)* verzieren, schmücken; *(a. gastr)* garnieren; **2.** *mil (di mura)* umziehen, umgeben; *(di soldati)* bemannen. **guarnizione** [...nit'tsi̯o:ne] *f* **1.** *(di indumento, tenda)* Garnitur *f,* Verzierung *f;* *(a. gastr)* Garnierung *f;* **2.** *gastr (contorni)* Beilage *f;* **3.** *tec, mot* Dichtung *f.*

guastafeste [gu̯asta'fɛste] ‹-› *mf* Spielverderber(in) *m(f),* Miesmacher(in) *m(f) fam.*

guastare [gu̯as'ta:re] **I.** *tr* **1.** *(raccolto, stomaco, cibi, etc.)* verderben; **2.** *(meccanismi, etc.)* beschädigen, kaputtmachen; **3.** *fig (sonno, appetito, etc.)* verderben; *(gioia)* trüben; **II.** *rfl:* **-arsi 1.** *(tempo)* sich verschlechtern; **2.** *(cosa, meccanismo)* kaputtgehen; **3.** *(cibi)* verderben, schlecht werden; *(frutta)* verfaulen; *(uova)* faul werden.

guasto, -a ['gu̯asto] **I.** *a* **1.** *(macchina, televisione, lavatrice)* kaputt, defekt; **2.** *(cibo)* verdorben, schlecht; *(frutta)* verfault; *(uova)* faul; **3.** *med (dente, etc.)* krank, schlecht; **4.** *fig* verderbt, korrupt; **II.** *m* **1.** *tec* Schaden *m,* Defekt *m;* *mot* Panne *f;* **2.** *fig* Differenz *f,* Mißstimmung *f;* ~ **al motore** Motorschaden *m.*

guazza ['gu̯attsa] *f* Tau(nässe *f*) *m.*

guazzabuglio [gu̯attsa'buʎʎo] ‹-gli› *m* Durcheinander *n,* Kunterbunt *n;* *(a. fig)* Wust *m.*

guercio, -a ['gu̯ɛrtʃo] ‹-ci, -ce› **I.** *a* schielend, schieläugig; **II.** *m, f* Schielende(r) *mf;* **essere** ~ schielen.

guerra ['gu̯ɛrra] *f* **1.** *mil* Krieg *m;* **2.** *pol, com, fig* Krieg *m,* Kampf *m,* Konflikt *m;* ~ **atomica/batteriologica/chimica**

Atomkrieg *m*/Krieg *m* mit biologischen Waffen/Krieg *m* mit chemischen Waffen; **la prima/seconda ~ mondiale** der erste/zweite Weltkrieg; **entrare/essere in ~** in den Krieg eintreten/Krieg führen (*con* mit); **essere sul piede** (*o* **in assetto**) **di ~** kriegsbereit sein. **guerreggiare** [...red'dʒa:re] ⟨guerreggio, guerreggi⟩ *itr* Krieg führen; **~ con/contro qu** mit jdm/gegen jdn Krieg führen. **guerresco, -a** [...'resko] ⟨-schi, -sche⟩ *a* **1.** *mil* kriegerisch, Kriegs-; **2.** *fig (incline alla guerra)* kriegerisch, kriegslustig. **guerriero, -a** [...'ri̯ɛ:ro] **I.** *a* **1.** *(popolo, gioventù)* kriegerisch, Krieger-, Kriegs-; **2.** *fig (aspetto, animo)* streitbar; *(combattivo)* angriffslustig; **II.** *m, f* Krieger(in) *m(f),* Kriegsmann *m.*

guerriglia [gu̯ɛr'riʎʎa] ⟨-glie⟩ *f* Guerilla(krieg *m*) *f.* **guerrigliero, -a** [...riʎ'ʎɛ:ro] *m, f* Guerillero *m,* Guerillakämpfer(in) *m(f).*

gufo ['gu:fo] *m* Eule *f.*

guglia ['guʎʎa] ⟨-glie⟩ *f* **1.** *arch* Fiale *f;* **2.** *geog* Felsnadel *f;* **3.** *(per l'albero di Natale)* Christbaumspitze *f.*

gugliata [guʎ'ʎa:ta] *f* Faden(länge *f*) *m.*

Guglielmina [guʎʎel'mi:na] *(nome proprio femminile)* Wilhelmine.

Guglielmo [guʎ'ʎɛlmo] *(nome proprio maschile)* Wilhelm.

guida ['gu̯i:da] **I.** *f* **1.** *mot* Fahren *n,* Führen *n,* Lenken *n;* **2.** *(libro)* Reiseführer *m; gener.* Leitfaden *m,* Einführung *f; tel* (Telefon)buch *n;* Adreßbuch *n;* **3.** *(persona)* (Reise)führer(in) *m(f),* Leiter(in) *m(f);* **4.** *(tappeto)* Läufer *m;* **5.** *tec* Führung *f,* Schiene *f; mot* Lenkung *f;* **patente di ~** Führerschein *m;* **fare da ~ a qu** jdn führen, jdm den Weg weisen; **II.** ⟨*inv*⟩ *a* Führungs-.

guidare [gu̯i'da:re] *tr* **1.** *gener.* führen, leiten; **2.** *mot* fahren, führen, lenken; **3.** *sport* anführen, führen (in); **non sa ~** er (*o* sie) kann nicht Auto fahren. **guidatore, -trice** [...da'to:re] *m, f* Fahrer(in) *m(f),* Lenker(in) *m(f).*

guinzaglio [gu̯in'tsaʎʎo] ⟨-gli⟩ *m* **1.** *zoo* (Hunde)leine *f;* **2.** *fig* Leine *f;* **tenere qu al ~** jdn an der (kurzen) Leine haben (*o* halten).

guisa ['gu̯i:za] *f* Art *f,* Weise *f,* Art und Weise; **a ~ di** wie.

guizzare [gu̯it'tsa:re] *itr* ⟨*essere*⟩ **1.** *(pesce)* (in die Höhe) schnellen; *(fiamme)* züngeln; *(lampi)* zucken; **2.** *fig* entschlüpfen, (ent)gleiten. **guizzo** ['gu̯ittso] *m* **1.** *(di pesce)* Zucken *n,* Schnellen *n; (di fiamme)* Züngeln *n;* **2.** *fig* Ruck *m.*

guscio ['guʃʃo] ⟨-sci⟩ *m* **1.** *zoo* Schale *f; (della tartaruga)* Panzer *m; (di chiocciola)* Haus *n;* **2.** *bot* Schale *f; (di piselli, etc.)* Hülse *f,* Schote *f; (dell'uovo)* Schale *f;* **chiudersi nel proprio ~** *fig* sich in sein Schneckenhaus zurückziehen; **uscire dal proprio ~** *fig* aus seinem Schneckenhaus herauskommen.

gustare [gus'ta:re] **I.** *tr* **1.** *gastr* probieren, kosten; **2.** *fig* genießen; **II.** *itr* **1.** *gastr* schmecken; **2.** *fig* gefallen, behagen; **III.** *rfl:* **-arsi 1.** *gastr* genießen, sich *(dat)* schmecken lassen; **2.** *fig* genießen.

gusto ['gusto] *m* **1.** *(senso, sensazione, sapore)* Geschmack *m;* **2.** *(piacere)* Gefallen *n,* Freude *f; (godimento)* Genuß *m;* **3.** *(opinione, estetica)* Geschmack *m;* **4.** *(preferenza)* Vorliebe *f; (inclinazione)* Lust *f,* Neigung *f;* **lavorare di ~** gern arbeiten; **mangiare di ~** mit Appetit essen; **ridere di ~** vergnügt lachen; **avere buon ~** einen guten Geschmack haben; **vestire con ~** sich geschmackvoll kleiden; **prenderci ~** Gefallen daran finden; **al ~ di lampone** mit Himbeergeschmack; **è questione di -i** es ist eine Geschmacksfrage; **non c'è ~** es macht keinen Spaß; **tutti i -i son -i** *prov* über Geschmack läßt sich (nicht) streiten *prov.* **gustoso, -a** [...'to:so] *a* **1.** *gastr* schmackhaft, wohlschmeckend; **2.** *fig* köstlich, amüsant.

gutturale [guttu'ra:le] *a* guttural, Guttural-, Kehl-.

H

H, h ['akka] ‹-› *f* H, h *n;* **h come hotel** H wie Heinrich; **bomba H** Wasserstoffbombe *f.*
h *ab di* **ora** h, Std. (*ab di* hora, Stunde).
ha *ab di* **ettaro** ha (*ab di* Hektar).
ha [a] *v.* **avere.**
habitat ['a:bitat] ‹-› *m* **1.** *biol* Habitat *n;* **2.** *fig* geeignetes Milieu.
habitué [abi'tɥe] ‹-› *mf* Stammgast *m.*
habitus ['a:bitus] ‹-› *m* **1.** *med* Habitus *m,* körperliches Erscheinungsbild; **2.** *biol* Habitus *m,* Körperbeschaffenheit *f.*
hai ['a:i] *v.* **avere.**
hall [hɔ:l] ‹-› *f* (Eingangs)halle *f.*
hamburger [am'burger] ‹-› *m* Hamburger *m.*
handicap ['hændɪkæp] ‹-› *m* Handikap *n.* **handicappare** [andikap'pa:re] *tr* benachteiligen, handikapen. **handicappato, -a** [...'pa:to] **I.** *a* **1.** *med* behindert; **2.** *fig* benachteiligt; **II.** *m, f* **1.** *med* Behinderte(r) *mf;* **2.** *fig* Benachteiligte(r) *mf.*
hangar [ã'ga:r] ‹-› *m* Hangar *m,* Flugzeughalle *f.*
hanno ['anno] *v.* **avere.**
hardware ['ha:dwɛə] ‹-› *m* Hardware *f.*
harem [a'rɛm] ‹-› *m* Harem *m.*
hascisc [aʃ'ʃiʃ] ‹-› *m* Haschisch *n o m.*
henna ['ɛnna] *f* **1.** *(tintura)* Henna *f o n;* **2.** *bot* Hennastrauch *m.*
hertz [hɛrts] ‹-› *m* (*ab* **Hz**) Hertz *n.*
hg *ab di* **ettogrammo** hg (*ab di* Hektogramm).
high society ['haɪ sə'saɪətɪ] ‹-› *f* High-Society *f,* gesellschaftliche Oberschicht.
hippy ['hɪpɪ] **I.** ‹-› *mf* Hippie *m;* **II.** ‹*inv*› *a* Hippie-.
hit [hɪt] ‹-› *m* Hit *m.*
ho [ɔ] *pr di* **avere.**
hobby ['hɔbɪ] ‹-› *m* Hobby *n,* Steckenpferd *n.*
hockey ['hɔki] ‹-› *m* Hockey *n.*
holding ['hoʊldɪŋ] ‹-› *f* Holdinggesellschaft *f.*
hostess ['hoʊstɪs] ‹-› *f* **1.** *aero* Stewardeß *f;* **2.** *(guida turistica)* Reiseführerin *f,* Hostess *f.*
hotel [o'tɛl] ‹-› *m* Hotel *n.*
humour ['hju:mə] ‹-› *m* Humor *m;* **avere senso dell'~** Sinn für Humor haben.
humus ['u:mus] ‹-› *m* **1.** *bot* Humus *m;* **2.** *fig* Nährboden *m.*
Hz *ab di* **hertz** Hz.

I

I, i [i] ‹-› *f* I, i *n;* **i come Imola** I wie Ida; **i lunga** J, j *n.*
i *(articolo determinativo m pl)* die.
I *ab di* **Italia** I.
iato [iˈa:to] *m* **1.** *ling* Hiat(us) *m;* **2.** *fig* Bruch *m,* Unterbrechung *f.*
ibrido, -a [ˈi:brido] **I.** *a* **1.** *zoo, bot* hybrid, Hybrid-; **2.** *fig (stile, etc.)* hybrid, Misch-; **animale ~** Mischling *m,* Bastard *m;* **II.** *m* **1.** *zoo, bot* Hybridzüchtung *f,* Hybride *f o m;* **2.** *fig (mescolanza)* Mischung *f,* Gemisch *n.*
icona [iˈkɔ:na *o* iˈko:na] *f* Ikone *f.*
ics [iks] ‹-› *f v.* **X, x.**
Iddio [idˈdi:o] *m* (Herr)gott *m;* **Signore ~!** mein Gott!, Herrgott!; **benedetto ~!** allmächtiger Gott!
idea [iˈdɛ:a] *f* **1.** *philos* Idee *f,* Begriff *m;* **2.** *(conoscenza elementare)* Vorstellung *f; (immagine)* Bild *n;* **3.** *(pensiero)* Idee *f,* Gedanke *m;* **4.** *(impressione)* Eindruck *m; (opinione)* Meinung *f,* Ansicht *f;* **5.** *(trovata)* Idee *f,* Einfall *m;* **6.** *(proposito)* Gedanke *m; (piano, progetto)* Plan *m,* Vorhaben *n;* **7.** *(sapere)* Ahnung *f; (sensazione)* Gefühl *n;* **8.** *(apparenza)* Anschein *m;* **avere ~ di qc** eine Ahnung von etw. haben; **non averne la più pallida ~** keine blasse Ahnung davon haben; **dare l'~ di qc** den Anschein von etw. erwecken; **farsi un'~ di qc** sich *(dat)* eine Vorstellung von etw. machen.
ideale [ideˈa:le] **I.** *a* **1.** *(che concerne l'idea)* ideell, geistig; **2.** *(perfetto)* ideal, vollkommen; **II.** *m* Ideal *n; (modello)* Vorbild *n.* **idealista** [ideaˈlista] ‹-i *m,* -e *f*› *mf* Idealist(in) *m(f).* **idealizzare** [...lidˈdza:re] *tr* idealisieren. **idealmente** [...lˈmente] *adv* **1.** *(teoricamente, di pensiero)* ideell, geistig; **2.** *(in modo ideale)* ideal.
ideare [ideˈa:re] *tr* **1.** *(concepire)* (sich *dat*) ausdenken; *(inventare)* erfinden; **2.** *(progettare)* planen. **ideatore, -trice** [ideaˈto:re] *m, f* Schöpfer(in) *m(f); (inventore)* Erfinder(in) *m(f).*
identico, -a [iˈdɛntiko] ‹-ci, -che› *a* identisch (*a* mit), völlig gleich (*a* mit).
identificare [identifiˈka:re] ‹identifico, identifichi› **I.** *tr* **1.** *(riconoscere)* identifizieren; *(persona a.)* die Identität feststellen (*qu* jds); **2.** *(considerare identico)* gleichsetzen; **II.** *rfl:* **-arsi** sich identifizieren (*con* mit). **identificazione** [...katˈtsi̯o:ne] *f* Identifikation *f,* Identifizierung *f.*
identikit [identiˈkit *o* iˈdɛn...] ‹-› *m* Phantombild *n.*
identità [identiˈta] ‹-› *f* Identität *f; (l'essere identico)* Gleichheit *f;* **carta d'~** Personalausweis *m.*
ideologia [ideoloˈdʒi:a] ‹-gie› *f* Ideologie *f.* **ideologico, -a** [...ˈlɔ:dʒiko] *a* ideologisch.
idillico, -a [iˈdilliko] ‹-ci, -che› *a* idyllisch. **idillio** [iˈdilli̯o] ‹-i› *m* **1.** *lit* Idylle *f;* **2.** *fig* Idyll *n;* **intrecciare un ~** zarte Bande knüpfen.
idioma [iˈdi̯ɔ:ma] ‹-i› *m* Idiom *n.* **idiomatico, -a** [idi̯oˈma:tiko] ‹-ci, -che› *a* idiomatisch; **frasi -che** idiomatische Redewendungen *f pl.*
idiota [iˈdi̯ɔ:ta] ‹-i *m,* -e *f*› **I.** *a* idiotisch; *(a. med)* schwachsinnig; **II.** *mf* Idiot(in) *m(f); (a. med)* Schwachsinnige(r) *mf.* **idiozia** [idi̯otˈtsi:a] ‹-ie› *f* **1.** *med* Idiotie *f,* Schwachsinn *m;* **2.** *(stupidità)* Idiotie *f,* Dummheit *f.*
idolatrare [idolaˈtra:re] *tr* **1.** *rel* (als Götzen) anbeten; **2.** *fig (ammirare)* abgöttisch verehren; *(amare)* vergöttern, anbeten. **idolatria** [...laˈtri:a] ‹-ie› *f* **1.** *rel* Götzendienst *m;* **2.** *fig* abgöttische Verehrung; *(amore)* Vergötterung *f.*
idolo [ˈi:dolo] *m* **1.** *(divinità, pej)* Götze *m; (oggetto)* Götzenbild *n;* **2.** *fig* Idol *n; (persona amata follemente)* Abgott *m.*
idoneità [idoneiˈta] ‹-› *f* Eignung *f,* Tauglichkeit *f; adm* Eignung *f,* Befähigung *f;* **~ all'insegnamento** Lehrbefähigung *f;* **~ al lavoro** Arbeitsfähigkeit *f;* **esami di ~** Eignungsprüfungen *f pl.* **idoneo, -a** [iˈdɔ:neo] *a (adatto)* geeignet, befähigt; *adm* fähig, tauglich; *(cosa)* passend; **~ al servizio militare** wehrdiensttauglich.
idrante [iˈdrante] *m* **1.** *(dispositivo)* Hydrant *m;* **2.** *(autobotte)* Löschfahrzeug *n.*
idratante [idraˈtante] *a* Feuchtigkeits-, feuchtigkeitsspendend.
idratare [idraˈta:re] *tr* Feuchtigkeit zuführen (*qc* einer S. *dat*); *chem* hydratisieren.
idrato [iˈdra:to] *m* Hydrat *n;* **-i di carbonio** Kohlenhydrate *n pl.*
idraulica [iˈdra:ulika] ‹-che› *f* Hydraulik *f.* **idraulico, -a** [...ko] ‹-ci, -che› *m, f* Installateur(in) *m(f).*
idrico, -a [ˈi:driko] ‹-ci, -che› *a* Wasser-, Hydro-.
idrocultura [idrokulˈtu:ra] *f* Hydrokultur *f.* **idroelettrico, -a** [-eˈlɛttriko] *a*

hydroelektrisch; **centrale -a** Wasserkraftwerk *n.*
idrofilo, -a [i'drɔ:filo] *a* hydrophil, Wasser (*o* Feuchtigkeit) aufnehmend.
idrofobia [idrofo'bi:a] ‹-ie› *f* Hydrophobie *f; (malattia)* Tollwut *f.* **idrofobo, -a** [i'drɔ:fobo] *a* **1.** *med* tollwütig; **2.** *fig fam* fuchsteufelswild *fam.*
idrogeno [i'drɔ:dʒeno] *m* Wasserstoff *m.*
idrografia [idrogra'fi:a] *f* Hydrographie *f,* Gewässerkunde *f.* **idrometro** [i'drɔ:metro] *m* Wasserstandsmesser *m,* Hydrometer *n.* **idroscalo** [-s'ka:lo] *m* Wasserflughafen *m.* **idrovolante** [-vo'lante] *m* Wasserflugzeug *n.*
iella ['i̯ɛlla] *f fam* Pech *n,* Unglück *n;* **portare ~** Unglück bringen. **iellato, -a** [i̯el'la:to] *a dial* vom Pech verfolgt.
iena ['i̯ɛ:na] *f* Hyäne *f.*
ieri ['i̯ɛ:ri] **I.** *adv* gestern; **~ l'altro** vorgestern; **~ mattina** gestern morgen; **~ sera** gestern abend; **sembra nato ~** *fig* er ist naiv; **da ~ ad oggi** von gestern auf heute; **II.** ‹-› *m* Gestern *n.*
iettatore, -trice [i̯etta'to:re] *m, f* Unglücks-, Unheilbringer(in) *m(f).* **iettatura** [...'tu:ra] *f* **1.** *(malocchio)* böser Blick; **2.** *(disdetta)* Unglück *n,* Unheil *n.*
I.G.E. ['i:dʒe] *f ab di* **Imposta Generale sull'Entrata** USt (*ab di* Umsatzsteuer).
igiene [i'dʒɛ:ne] *f* Hygiene *f,* Gesundheitspflege *f;* **ufficio d'~** Gesundheitsamt *n;* **~ della bocca** Mundpflege *f;* **~ personale** Körperpflege *f.* **igienico, -a** [i'dʒɛ:niko] ‹-ci, -che› *a* hygienisch; *(salutare)* gesund; **impianti ~-sanitari** sanitäre Anlagen *f pl.* **igienista** [idʒe'nista] ‹-i *m,* -e *f*› *mf* Hygieniker(in) *m(f).*
ignaro, -a [iɲ'ɲa:ro] *a* unwissend; *(inesperto)* unerfahren; **~ degli avvenimenti** über die Ereignisse nicht unterrichtet.
ignobile [iɲ'ɲɔ:bile] *a* niederträchtig, gemein.
ignominia [iɲɲo'mi:ni̯a] ‹-ie› *f* Schande *f.*
ignorante [iɲɲo'rante] **I.** *a* **1.** *(incompetente)* unfähig; *(inesperto)* unerfahren; **2.** *(senza cultura)* ungebildet; *(che non sa)* unwissend; **3.** *(maleducato)* ungezogen; **II.** *mf* **1.** *(senza istruzione)* Unwissende(r) *mf,* Ignorant(in) *m(f);* **2.** *(maleducato)* ungezogener Mensch, Flegel *m.* **ignoranza** [...'rantsa] *f* Unwissenheit *f* (*in, di* in), Unkenntnis *f (in, di gen),* Ignoranz *f pej;* **non è ammessa l'~ della legge** Unwissenheit schützt vor Strafe nicht.
ignorare [iɲɲo'ra:re] *tr* **1.** *(non conoscere)* nicht kennen; *(non sapere)* nicht wissen; **2.** *(trascurare)* übersehen, ignorieren. **ignorato, -a** [...'ra:to] *a* **1.** *(non conosciuto)* unbekannt; **2.** *(trascurato)* unbeachtet.
ignoto, -a [iɲ'ɲɔ:to] **I.** *a* unbekannt, nicht bekannt; **monumento al Milite I~** Denkmal *n* des Unbekannten Soldaten; **II.** *m* Unbekannte(s) *n.*
igrometro [i'grɔ:metro] *m* Feuchtigkeitsmesser *m,* Hygrometer *n.*
il [il] *(articolo determinativo m sing)* der *m,* die *f,* das *n.*
ilare [i'la:re] *a* heiter, fröhlich. **ilarità** [ilari'ta] ‹-› *f* Heiterkeit *f,* Fröhlichkeit *f; (risata)* allgemeine Heiterkeit, Gelächter *n.*
illecito, -a [il'le:tʃito] **I.** *a* unerlaubt, unzulässig; *(illegale)* gesetzwidrig, widerrechtlich; **II.** *m* Vergehen *n,* gesetzwidrige Handlung; **~ penale** strafrechtliches Vergehen.
illegale [ille'ga:le] *a* illegal, gesetzwidrig. **illegalità** [...gali'ta] *f* Illegalität *f; (atto)* Gesetzwidrigkeit *f.*
illeggibile [illed'dʒi:bile] *a* **1.** *(difficile a leggersi)* unleserlich, schwer entzifferbar; **2.** *fig* schwerverständlich.
illegittimità [illedʒittimi'ta] *f* Unrechtmäßigkeit *f,* Gesetzwidrigkeit *f; (di figli)* Unehelichkeit *f.* **illegittimo, -a** [...'dʒittimo] **I.** *a* gesetzwidrig, unrechtmäßig; *(figli)* unehelich; **II.** *m, f* uneheliches Kind.
illeso, -a [il'le:zo] *a* **1.** *(incolume)* heil, unversehrt; **2.** *(indenne: cosa)* unbeschädigt; *(persona)* unbeschadet.
illetterato, -a [illette'ra:to] *a* ungebildet; *(analfabeta)* analphabetisch.
illimitato, -a [illimi'ta:to] *a* unbegrenzt, unbeschränkt.
illividire [illivi'di:re] ‹illividisco› **I.** *tr* ‹*avere*› **1.** *(rendere livido)* blau anlaufen lassen; **2.** *(coprire di lividi)* mit dunklen Striemen überziehen; **II.** *itr* ‹*essere*›, *rfl:* **-irsi** dunkle Striemen aufweisen; *(per infarto, etc.)* blau anlaufen.
illogico, -a [il'lɔ:dʒiko] *a* unlogisch.
illudere [il'lu:dere] ‹illudo, illusi, illuso› **I.** *tr* falsche Hoffnungen machen (*qu* jdm); **II.** *rfl:* **-ersi** sich *(dat)* etwas vormachen, sich trügerischen Hoffnungen hingeben.
illuminare [illumi'na:re] **I.** *tr* **1.** *(diffondere luce)* be-, erleuchten, erhellen; **2.** *fig (svelare il vero)* aufklären (*su* über); *rel* erleuchten; **3.** *fig (ravvivare)* aufheitern; *(colore, etc.)* erhellen; **II.** *rfl:* **-arsi 1.** *(apparire in luce)* hell werden, aufleuchten; **2.** *fig* strahlen (*di* vor). **illuminato, -a** [...'na:to] *a* **1.** *(rischiarato)* er-, beleuchtet; **2.** *fig* erleuchtet, eingeweiht. **illuminazione** [...nat'tsi̯o:ne] *f* **1.** *(atto, effetto)* Beleuchtung *f,* Beleuchten *n;* **2.** *(apparato)* Beleuchtung(sanlage) *f;* **3.** *fig* Erleuchtung *f.*
illuminismo [illumi'nizmo] *m* Aufklärung *f.*

illusi [il'lu:zi] *p rem di* **illudere.**

illusione [illu'zio:ne] *f* **1.** *(di sensi)* Täuschung *f,* Illusion *f;* **2.** *(delusione)* Illusion *f;* **dare l'~** die Illusion vermitteln, scheinen; **farsi delle -i** sich *(dat)* Illusionen machen.

illuso, -a [il'lu:zo] **I.** *pp di* **illudere; II.** *m, f* Träumer(in) *m(f),* Schwärmer(in) *m(f).*

illustrare [illus'tra:re] *tr* **1.** *(con figure)* illustrieren, bebildern; **2.** *(con spiegazioni)* erklären, erläutern, veranschaulichen. **illustrativo, -a** [...ra'ti:vo] *a* veranschaulichend, illustrierend. **illustrato, -a** [...'tra:to] *a* illustriert, bebildert. **illustrazione** [...rat'tsio:ne] *f (ab* **ill.) 1.** *(figura)* Illustration *f,* Abbildung *f;* **2.** *(commento)* Illustration *f,* Erläuterung *f,* Veranschaulichung *f.*

illustre [il'lustre] *a* **1.** *(famoso)* berühmt, bekannt; **2.** *(nobile)* vornehm.

imbacuccare [imbakuk'ka:re] ‹imbacucco, imbacucchi› **I.** *tr* einhüllen, einmummen; **II.** *rfl:* **-arsi** sich einhüllen, sich einmummen.

imballaggio [imbal'laddʒo] ‹-ggi› *m* **1.** *(involucro)* Verpackung *f;* **2.** *(operazione)* (Ver)packen *n;* **carta da ~** Packpapier *n.*

imballare[1] [imbal'la:re] *tr (merce)* ver-, einpacken.

imballare[2] [imbal'la:re] *tr (motore)* hochjagen, überdrehen.

imballatore, -trice [imballa'to:re] *m, f* Packer(in) *m(f).*

imbalsamare [imbalsa'ma:re] *tr* **1.** *(persone)* einbalsamieren; **2.** *(animali)* ausstopfen, präparieren. **imbalsamazione** [...mat'tsio:ne] *f* **1.** *(di persone)* Einbalsamierung *f;* **2.** *(di animali)* Ausstopfen *n.*

imbambolato, -a [imbambo'la:to] *a* verträumt, träumerisch.

imbandierare [imbandie'ra:re] *tr* beflaggen, mit Fahnen schmücken.

imbandire [imban'di:re] *tr* (festlich) herrichten.

imbarazzante [imbarat'tsante] *a* heikel; *(increscioso)* peinlich.

imbarazzare [imbarat'tsa:re] **I.** *tr* **1.** *(ostacolare)* behindern; *(disturbare)* stören; **2.** *(ingombrare)* verstellen, versperren; **3.** *fig* in Verlegenheit bringen, verlegen machen; *(confondere)* verwirren; **~ lo stomaco** den Magen belasten; **II.** *rfl:* **-arsi** verlegen werden. **imbarazzato, -a** [...'tsa:to] *a* **1.** *(persona)* verlegen; *(confuso)* verwirrt; **2.** *(stomaco)* verdorben, verstimmt.

imbarazzo [imba'rattso] *m* **1.** *(disagio)* Verlegenheit *f;* *(confusione)* Verwirrung *f;* **2.** *(impedimento)* Hindernis *n;* **~ di stomaco** Magenverstimmung *f;* **mettere qu in ~** jdn in Verlegenheit bringen.

imbarcadero [imbarka'dɛ:ro] *m* Landungssteg *m,* -brücke *f.*

imbarcare [imbar'ka:re] ‹imbarco, imbarchi› **I.** *tr* einschiffen, an Bord nehmen; *(merce)* verladen; **II.** *rfl:* **-arsi 1.** *(salire a bordo)* sich einschiffen, an Bord gehen; **2.** *fig* sich einlassen (*in* auf); **3.** *(incurvarsi)* sich krümmen, sich verziehen **imbarcazione** [...kat'tsio:ne] *f* Boot *n;* **~ a remi** Ruderboot *n;* **~ a vela** Segelboot *n.* **imbarco** [im'barko] ‹-chi› *m* **1.** *(atto dell'imbarcare)* Einschiffung *f;* *(di merci)* Verladung *f;* **2.** *(banchina)* Verladeplatz *m,* Kai *m;* **3.** *(arruolamento)* Anmusterung *f.*

imbastire [imbas'ti:re] ‹imbastisco› *tr* **1.** *(tessuti)* heften, (an)reihen; **2.** *fig* (in groben Zügen) entwerfen, skizzieren; *(mettere in opera)* einfädeln. **imbastitura** [...ti'tu:ra] *f (cucitura)* Heften *n;* *(risultato)* Heftnaht *f.*

imbattersi [im'battersi] *rfl* stoßen (*in* auf); *(incontrare)* treffen (*in* auf).

imbattibile [imbat'ti:bile] *a* unschlagbar, unbesiegbar.

imbavagliare [imbavaʎ'ʎa:re] ‹imbavaglio, imbavagli› *tr* **1.** *(mettere un bavaglio)* knebeln; **2.** *fig* zum Schweigen bringen.

imbeccare [imbek'ka:re] *tr* **1.** *(volatili)* füttern; **2.** *fig (suggerire)* einflüstern; *(attore)* soufflieren (*qu* jdm). **imbeccata** [...'ka:ta] *f* **1.** *(quantità di cibo)* (Schnabelvoll *m*) Futter *n;* **2.** *fig (suggerimento)* Vorsagen *n,* Zuflüstern *n.*

imbecille [imbe'tʃille] **I.** *a* dumm, blöd; *med* schwachsinnig; **II.** *mf* Schwach-, Dummkopf *m;* *med* Schwachsinnige(r) *mf.* **imbecillità** [...li'ta] ‹-› *f* Dummheit *f,* Torheit *f;* *med* Imbezillität *f,* Schwachsinn *m.*

imbellire [imbel'li:re] ‹imbellisco› **I.** *tr* ‹*avere*› verschönern, schöner (*o* attraktiver) machen; **II.** *itr* ‹*essere*›, *rfl:* **-irsi** schöner werden.

imbestialire [imbestia'li:re] ‹imbestialisco› *itr* ‹*essere*›, *rfl:* **-irsi** wütend (*o* rasend) werden.

imbevere [im'be:vere] **I.** *tr* eintunken; *(fare assorbire)* durchtränken; **II.** *rfl:* **-ersi** *(di liquido)* sich vollsaugen (*di* mit).

imbiancare [imbiaŋ'ka:re] ‹imbianco, imbianchi› **I.** *tr* ‹*avere*› weiß färben (*o* machen); *(panni)* weiß-, reinwaschen; *(tessuto)* bleichen; *(pareti)* weißen, (weiß) anstreichen; **II.** *itr* ‹*essere*›, *rfl:* **-arsi 1.** *(diventar bianco)* weiß werden; *(incanutire)* ergrauen; **2.** *fig* erblassen, blaß werden. **imbiancato, -a** [...'ka:to] *a (tessuto)* gebleicht; *(pareti)* (weiß) getüncht. **imbiancatura** [...ka'tu:ra] *f (di biancheria)* Bleichen *n;* *(di pareti)* (weißer) Anstrich *m.* **imbianchino**

[...'ki:no] *m* **1.** *(operaio)* Anstreicher *m*, Maler *m;* **2.** *pej (pittore)* Farbenkleckser *m.*
imbiondire [imbi̯on'di:re] ‹imbiondisco› **I.** *tr* ‹*avere*› blondieren, blond färben; **II.** *itr* ‹*essere*› blond werden.
imbizzarrire [imbiddzar'ri:re] ‹imbizzarrisco› *itr* ‹*essere*›, *rfl:* **-irsi** *(cavallo)* scheuen; *(persona)* sich erregen.
imboccare [imbok'ka:re] ‹imbocco, imbocchi› **I.** *tr* **1.** *(introdurre cibo)* füttern; **2.** *fig (imbeccare)* einflüstern; **3.** *(strada)* einbiegen in; *(direzione)* einschlagen; **II.** *itr* (hinein)passen. **imboccatura** [...ka'tu:ra] *f* Einfahrt *f; (apertura)* Öffnung *f; (sbocco)* Mündung *f.*
imbocco [im'bokko] ‹-cchi› *m* Eingang *m; (apertura)* Öffnung *f; (sbocco)* (Ein)mündung *f.*
imborghesire [imborge'zi:re] ‹imborghesisco› **I.** *itr* ‹*essere*› verbürgerlichen; *pej* sich zum Spießbürger entwickeln; **II.** *rfl:* **-irsi** sich zum Spießbürger entwickeln.
imboscarsi [imbos'karsi] ‹m'imbosco, t'imboschi› *rfl* **1.** *(nascondersi)* sich im Wald verstecken; **2.** *mil* sich dem Militärdienst entziehen; **3.** *scherz* sich drükken. **imboscata** [...'ka:ta] *f* Hinterhalt *m;* **cadere in un'~** in einen Hinterhalt geraten. **imboscato, -a** [...'ka:to] **I.** *a* untergetaucht; **II.** *m* **1.** *mil* Deserteur *m*, Fahnenflüchtige(r) *m;* **2.** *fig* Drückeberger *m fam.*
imbottigliamento [imbottiʎʎa'mento] *m* **1.** *(di liquidi)* (Flaschen)abfüllung *f;* **2.** *(del traffico)* (Verkehrs)stau *m.* **imbottigliare** [...'ʎa:re] ‹imbottiglio, imbottigli› **I.** *tr* (in Flaschen) abfüllen; **essere imbottigliati** *(veicoli)* im Stau steckenbleiben; **II.** *rfl:* **-arsi** sich stauen.
imbottire [imbot'ti:re] ‹imbottisco› *tr* **1.** *(riempire)* füllen; *(vestiti)* wattieren; *(poltrona)* polstern; **2.** *(panini)* belegen; **3.** *fig (riempire)* vollstopfen, vollpfropfen. **imbottita** [...'ti:ta] *f* Steppdecke *f.* **imbottito, -a** [...'ti:to] *a (poltrona)* gepolstert; *(abito)* wattiert; *(panino)* belegt. **imbottitura** [...ti'tu:ra] *f (di poltrone)* Polsterung *f; (di abiti)* Wattierung *f.*
imbracciare [imbrat'tʃa:re] ‹imbraccio, imbracci› *tr* in den Arm nehmen; *(fucile)* schultern.
imbranato, -a [imbra'na:to] **I.** *a* ungeschickt, tolpatschig; **II.** *m, f* Tolpatsch *m.*
imbrattare [imbrat'ta:re] **I.** *tr* beschmieren; *(di fango, etc. a.)* beschmutzen; **II.** *rfl:* **-arsi 1.** *(sporcarsi)* sich beschmutzen, sich besudeln; **2.** *fig* sich beflecken. **imbrattatele** [...ta'te:le] ‹-› *mf pej* Farbenkleckser(in) *m(f)*, Sonntagsmaler(in) *m(f).*
imbrigliare [imbriʎ'ʎa:re] ‹imbriglio, imbrigli› **I.** *tr* **1.** *(mettere le redini)* (auf)zäumen; **2.** *fig* zügeln, bändigen; **II.** *rfl:* **-arsi** sich mit den Beinen im Zaumzeug verfangen.
imbroccare [imbrok'ka:re] ‹imbrocco, imbrocchi› *tr* treffen; *(indovinare)* erraten; **non imbroccarne una** immer danebentreffen.
imbrogliare [imbroʎ'ʎa:re] ‹imbroglio, imbrogli› **I.** *tr* **1.** *(confondere)* durcheinanderbringen; **2.** *(truffare)* in die Irre führen; *(frodare)* betrügen; **~ le idee a qu** jdn verwirren; **~ la matassa** Verwirrung stiften; **II.** *rfl:* **-arsi 1.** *(ingarbugliarsi)* sich verwickeln; **2.** *(nel parlare)* sich verhaspeln; **3.** *fig* kompliziert werden.
imbroglio [im'brɔʎʎo] ‹-gli› *m* **1.** *(ingarbugliamento)* Verwicklung *f;* **2.** *fig* Verwirrung *f*, Konfusion *f; (faccenda)* verwickelte Angelegenheit; **3.** *(truffa)* Betrug *m;* **4.** *(intoppo)* Hindernis *n.* **imbroglione, -a** [...roʎ'ʎo:ne] *m, f* Betrüger(in) *m(f)*, Schwindler(in) *m(f).*
imbronciarsi [imbron'tʃarsi] ‹m'imbroncio, t'imbronci› *rfl* schmollen, verärgert sein.
imbrunire [imbru'ni:re] ‹imbrunisco› **I.** *itr* ‹*essere o avere*› dunkel werden; *(dopo il tramonto)* dämmern; **il cielo imbrunisce** der Himmel verdunkelt sich; **II.** *m* (Abend)dämmerung *f;* **sull'~** in der (Abend)dämmerung.
imbruttire [imbrut'ti:re] ‹imbruttisco› **I.** *tr* ‹*avere*› häßlich(er) machen; **II.** *itr* ‹*essere*› häßlich(er) werden.
imbucare [imbu'ka:re] *tr* **1.** *(lettera)* einwerfen; **2.** *obs (riporre)* ver-, ablegen.
imburrare [imbur'ra:re] *tr* mit Butter bestreichen, buttern.
imbuto [im'bu:to] *m* Trichter *m;* **a ~** trichterförmig.
imitare [imi'ta:re] *tr* imitieren, nachahmen, nachmachen; *(firma a.)* fälschen.
imitazione [imitat'tsi̯o:ne] *f* Imitation *f*, Nachahmung *f; (contraffazione a.)* Fälschung *f; (pelle, etc.)* Imitation *f;* **~ (della) pelle** Lederimitation *f*, Kunstleder *n;* **fare l'~ di qu** jdn nachahmen.
immacolato, -a [immako'la:to] *a* **1.** *(biancheria)* schneeweiß, blendend weiß; **2.** *fig* rein, makellos; **l'Immacolata Concezione** die Unbefleckte Empfängnis.
immagazzinare [immagaddzi'na:re] *tr* **1.** *(in magazzino)* (ein)lagern; **2.** *inform* speichern; **3.** *fig* speichern; *(raccogliere)* ansammeln.
immaginare [immadʒi'na:re] *tr* **1.** *(figurarsi)* sich *(dat)* vorstellen; **2.** *(ideare)* sich *(dat)* ausdenken; *(inventare)* erfinden; **3.** *(supporre)* annehmen, vermuten; *(intuire)* ahnen; *(indovinare)* erraten; **4.** *(illudersi)* sich *(dat)* einbilden; *(sperare)* hoffen; **immaginati se non lo**

voglio! natürlich will ich das!; **La disturbo? — s'immagini!** störe ich (Sie)? — aber keineswegs, (aber) ich bitte Sie! **immaginario, -a** [...'na:rio] ‹-i, -ie› *a* imaginär; *(non reale)* unwirklich, phantastisch, Phantasie-. **immaginativa** [...na'ti:va] *f* Vorstellungskraft *f*, -vermögen *n*; **mancare di ~** keine Phantasie haben.

immaginazione [immadʒinat'tsio:ne] *f* Vorstellung(skraft) *f*, Einbildung(skraft) *f*; *(fantasia)* Phantasie *f*; *(invenzione)* Einbildung *f*; **una fervida ~** eine blühende Phantasie.

immagine [im'ma:dʒine] *f* **1.** *gener.* (Ab)bild *n*; *(figura)* Gestalt *f*, Figur *f*; **2.** *(nell'arte)* Bildnis *n*, Bild *n*; **3.** *(riproduzione)* Abbild *n*, Ebenbild *n*; **4.** *(evocazione di una realtà)* Verkörperung *f*; **5.** *(rappresentazione simbolica)* Sinnbild *n*, Symbol *n*; **6.** *fig (descrizione)* Bild *n*; *(rappresentazione)* Darstellung *f*; **7.** *(visione interiore)* Vorstellung *f*; *(ricordo)* Erinnerung *f*; **8.** *(fantasia)* Phantasie *f*; *(visione)* Vision *f*; **è l'~ della salute** er (*o* sie) ist die Gesundheit in Person.

immancabile [immaŋ'ka:bile] *a* unausbleiblich; *(inevitabile)* unvermeidlich; *(sicuro)* gewiß, sicher.

immane [im'ma:ne] *a* riesig, ungeheuer; *(terribile)* schrecklich, entsetzlich.

immangiabile [imman'dʒa:bile] *a* nicht eßbar, ungenießbar.

immatricolare [immatriko'la:re] **I.** *tr* eintragen, registrieren; *(automobili)* zulassen; *(all'università)* immatrikulieren, einschreiben; **II.** *rfl*: **-arsi** sich immatrikulieren (*o* einschreiben) (lassen). **immatricolazione** [...lat'tsio:ne] *f* Immatrikulation *f*, Einschreibung *f*; *(di un'automobile)* Zulassung *f*.

immaturità [immaturi'ta] *f* Unreife *f*, Unreifsein *n*. **immaturo, -a** [...'tu:ro] *a* **1.** *(acerbo, a. fig)* unreif; **2.** *(prematuro)* vorzeitig, verfrüht; *(decisione, etc.)* voreilig.

immedesimarsi [immedezi'marsi] *rfl* verwachsen (*in* mit), eins werden (*in* mit); **~ nella situazione di qu** sich in jdn hineinversetzen (können).

immediatamente [immediata'mente] *adv* sofort, unverzüglich, unmittelbar.

immediatezza [immedia'tettsa] *f* Unmittelbarkeit *f*; *(simultaneità)* Unverzüglichkeit *f*.

immediato, -a [imme'dia:to] *a* **1.** *(diretto)* unmittelbar, direkt; **2.** *(pronto)* sofortig, unverzüglich; *(reazione, risposta, etc.)* prompt; **3.** *(evidente)* offenkundig; **nelle -e vicinanze** in unmittelbarer Nähe.

immemorabile [immemo'ra:bile] *a* undenklich.

immensità [immensi'ta] ‹-› *f* **1.** *(qualità)* Unermeßlichkeit *f*, Unendlichkeit *f*; **2.** *(quantità)* Unmenge *f*. **immenso, -a** [im'mɛnso] *a* **1.** *(enorme)* unermeßlich, immens; *(sconfinato)* grenzenlos, unendlich (groß); *(numeroso)* unzählig; **2.** *fig (intenso)* ungeheuer, außerordentlich stark.

immergere [im'mɛrdʒere] ‹immergo, immergi, immersi, immerso› **I.** *tr* **1.** *(tuffare)* (ein)tauchen; **2.** *(affondare)* hineinstoßen; **3.** *fig* versenken; **II.** *rfl*: **-ersi 1.** *(penetrare)* eindringen; *(in acqua, tra la folla)* untertauchen; **2.** *fig* sich vertiefen, sich versenken; *(affondare)* versinken; *(sparire)* verschwinden; **-ersi nello studio** sich ins Studium vertiefen.

immeritato, -a [immeri'ta:to] *a* unverdient.

immeritevole [immeri'te:vole] *a* unwürdig.

immersi [im'mɛrsi] *p rem di* **immergere.**

immersione [immer'sio:ne] *f* **1.** *(introduzione in liquido)* (Ein-, Unter)tauchen *n*; **2.** *naut* Tiefgang *m*.

immerso [im'mɛrso] *pp di* **immergere.**

immettere [im'mettere] ‹*irr*› **I.** *tr* einführen; *(acqua)* einlaufen lassen, einlassen; **II.** *itr* hineinführen.

immigrante [immi'grante] *mf* Einwanderer *m*, Einwand(r)erin *f*, Immigrant(in) *m(f)*. **immigrare** [...'gra:re] *itr* ‹*essere*› immigrieren, ein-, zuwandern. **immigrato, -a** [...'gra:to] **I.** *a* immigriert, ein-, zugewandert; **II.** *m, f* Immigrant(in) *m(f)*, Einwanderer *m*, Einwand(r)erin *f*. **immigrazione** [...rat'tsio:ne] *f* Immigration *f*, Einwanderung *f*.

imminente [immi'nɛnte] *a* (unmittelbar) bevorstehend.

immischiare [immis'kia:re] **I.** *tr* hineinziehen, verwickeln; **II.** *rfl*: **-arsi** sich einmischen (*in* in); **-arsi in qc** in etw. verwickelt sein.

immiserimento [immizeri'mento] *m (a. fig)* Verarmung *f*. **immiserire** [...'ri:re] ‹immiserisco› **I.** *tr* ‹*avere*› verarmen lassen, arm machen; **II.** *itr* ‹*essere*›, *rfl*: **-irsi** verarmen.

immissione [immis'sio:ne] *f* Einführen *n*; *(sbocco)* Einströmen *n*; *(afflusso)* Zufuhr *f*, Zufluß *m*.

immobile [im'mɔ:bile] **I.** *a* unbeweglich, regungslos; **II.** *m* Immobilie *f*, unbewegliches Gut. **immobiliare** [immobi'lia:re] *a* Immobilien-, Immobiliar-. **immobilità** [...li'ta] *f* Unbeweglichkeit *f*; *(inerzia)* Regungslosigkeit *f*. **immobilizzare** [...lid'dza:re] *tr (rendere immobile)* bewegungsunfähig machen; *(tenere fermo)* festhalten, hemmen; *(nemico)* außer Gefecht setzen; *(capitale)* festlegen, langfristig anlegen; *med* ruhigstellen. **immobilizzazione** [...liddzat'tsi̯o:ne] *f* Unbeweglichmachen *n; med* Ruhigstellung *f.*

immodestia [immo'dɛsti̯a] *f* Unbescheidenheit *f.* **immodesto, -a** [...'dɛsto] *a* unbescheiden.

immolare [immo'la:re] **I.** *tr* (auf)opfern; **II.** *rfl:* **-arsi** sich (auf)opfern.

immondezza [immon'dettsa] *f* **1.** *(immondizie)* Unrat *m,* Müll *m,* Abfall *m;* **2.** *fig* Schmutzigkeit *f.* **immondezzaio** [...'tsa:i̯o] ‹-ai› *m* **1.** *(per immondizie)* Müll-, Schuttabladeplatz *m;* **2.** *fig* Saustall *m fam.*

immondizia [immon'dittsi̯a] ‹-ie› *f* Abfall *m,* Müll *m;* **bidone delle -e** Mülltonne *f.*

immondo, -a [im'mondo] *a* **1.** *(sporco)* schmutzig, dreckig; **2.** *fig* sündhaft; **3.** *rel (impuro)* unrein.

immorale [immo'ra:le] *a* unmoralisch. **immoralità** [...rali'ta] *f* Unmoral *f; (scostumatezza)* Unsittlichkeit *f; (corruzione)* Verderbtheit *f.*

immortalare [immorta'la:re] *tr* verewigen. **immortale** [...'ta:le] *a* unsterblich; *(fig a.)* ewig. **immortalità** [...tali'ta] *f* Unsterblichkeit *f.*

immotivato, -a [immoti'va:to] *a* unmotiviert; *(senza ragione)* unbegründet.

immoto, -a [im'mɔ:to] *a* unbeweglich, regungslos.

immune [im'mu:ne] *a* **1.** *med, fig* immun (*a* gegen), unempfänglich (*a* für); **2.** *(esente)* frei (*da* von), -frei, -los; **rimanere ~ da qc** von etw. verschont bleiben. **immunità** [immuni'ta] ‹-› *f* **1.** *med, pol* Immunität *f;* **2.** *fig, adm (esenzione)* Befreiung *f* (*da* von). **immunizzare** [...id'dza:re] *tr* immunisieren.

immusonirsi [immuzo'nirsi] ‹m'immusonisco› *rfl* schmollen.

immutabile [immu'ta:bile] *a* unveränderlich.

immutato, -a [immu'ta:to] *a* unverändert.

impaccare [impak'ka:re] ‹impacco, impacchi› *tr* ver-, einpacken. **impaccatore, -trice** [...ka'to:re] *m, f* (Ver)packer(in) *m(f).*

impacchettare [impakket'ta:re] *tr* ab-, ein-, verpacken.

impacciare [impat'tʃa:re] ‹impaccio, impacci› *tr* behindern; *(disturbare)* stören. **impacciato, -a** [...'tʃa:to] *a* **1.** *(intralciato)* behindert, gehindert; **2.** *(maldestro)* unbeholfen, plump; **3.** *(imbarazzato)* verlegen, befangen. **impaccio** [im'pattʃo] ‹-cci› *m* **1.** *(imbarazzo)* Verlegenheit *f;* **2.** *(disturbo)* Störung *f;* **3.** *(intralcio)* Hindernis *n;* **cavarsi d'~** sich aus der Verlegenheit ziehen; **essere d'~ a qu** jdm im Wege sein.

impacco [im'pakko] *m* Umschlag *m,* Kompresse *f.*

impadronirsi [impadro'nirsi] ‹m'impadronisco› *rfl* **1.** *(impossessarsi)* sich bemächtigen; *(appropriarsi indebitamente)* sich *(dat)* aneignen (*di qc* etw.); **2.** *fig (acquisire a fondo)* sich *(dat)* aneignen (*di qc* etw.); *(afferrare)* an sich reißen.

impagabile [impa'ga:bile] *a (a. fig)* unbezahlbar.

impaginare [impadʒi'na:re] *tr typ* umbrechen. **impaginazione** [...nat'tsi̯o:ne] *f typ* Umbruch *m.*

impagliare [impaʎ'ʎa:re] ‹impaglio, impagli› *tr* **1.** *(rivestire)* mit Stroh umwikkeln; *(sedie)* mit einem Korbgeflecht versehen; **2.** *(imbalsamare)* ausstopfen. **impagliatore, -trice** [...ʎa'to:re] *m, f* **1.** *(di oggetti)* Korbflechter(in) *m(f),* Strohflechter(in) *m(f);* **2.** *(di animali)* (Tier)präparator(in) *m(f).* **impagliatura** [...ʎa'tu:ra] *f* **1.** *(rivestimento)* Strohgeflecht *n,* Korbgeflecht *n;* **2.** *(di animali)* Ausstopfung *f.*

impalcatura [impalka'tu:ra] *f* (Bau)gerüst *n; fig* Aufbau *m.*

impallidire [impalli'di:re] ‹impallidisco› *itr* ‹essere› **1.** *(sbiancare)* erblassen, blaß werden; **2.** *fig (attenuarsi)* verblassen.

impalpabile [impal'pa:bile] *a* kaum (*o* nicht) wahrnehmbar; *(finissimo)* hauchdünn.

impanare [impa'na:re] *tr* panieren.

impantanarsi [impanta'narsi] *rfl* **1.** *(affondare nel pantano, a. fig)* im Morast versinken; **2.** *fig* sich verwickeln (*o* hineinziehen) lassen.

impaperarsi [impape'rarsi], **impappinarsi** [impappi'narsi] *rfl* sich verhaspeln, sich verheddern.

imparare [impa'ra:re] *tr* (er)lernen; **~ a leggere/scrivere** lesen/schreiben lernen.

imparaticcio [impara'tittʃo] ‹-cci› *m* **1.** *(nozioni mal assimilate)* oberflächliches Wissen; **2.** *(lavoro da principiante)* Anfängerarbeit *f.*

impareggiabile [impared'dʒa:bile] *a* unvergleichlich.

imparentarsi [imparen'tarsi] *rfl* sich verschwägern; *(per mezzo del matrimonio)* einheiraten (*con* in).

impari ['impari] ‹inv› *a* **1.** *(disuguale)* ungleich; **2.** *mat (dispari)* ungerade.

impartire [impar'ti:re] ‹impartisco› *tr* erteilen, geben.

imparziale [impar'tsi̯a:le] *a* unparteiisch; *(non prevenuto)* unvoreingenommen; *(giusto)* gerecht. **imparzialità** [...i̯ali'ta] *f* Unparteilichkeit *f; (mancanza di prevenzione)* Unvoreingenommenheit *f;* **giudicare con ~** unparteiisch urteilen.

impassibile [impas'si:bile] *a* unerschütterlich; *(indifferente)* gleichmütig; **restare ~** keine Miene verziehen. **impassibilità** [...sibili'ta] ⟨-⟩ *f* Unerschütterlichkeit *f; (indifferenza)* Gleichmut *m.*

impastare [impas'ta:re] *tr* **1.** *(pasta)* kneten; **2.** *(colori)* mischen. **impastatrice** [...ta'tri:tʃe] *f* **1.** *(per farina)* Knetmaschine *f;* **2.** *(per malta)* Betonmischmaschine *f.* **impasto** [im'pasto] *m* Mischung *f,* Gemisch *n.*

impatto [im'patto] *m* **1.** *(urto)* Aufprall *m; (scontro)* Zusammenstoß *m;* **2.** *fig (contatto)* Berührung *f; (incontro)* Begegnung *f.*

impaurire [impau'ri:re] ⟨impaurisco⟩ **I.** *tr* ⟨*avere*⟩ ängstigen, Furcht einjagen (*qu* jdm); **II.** *itr* ⟨*essere*⟩, *rfl:* **-irsi** erschrecken.

impavido, -a [im'pa:vido] *a* unerschrocken, furchtlos, mutig.

impaziente [impat'tsi̯ɛnte] *a* **1.** *(insofferente)* unduldsam (*con* gegenüber); **2.** *(senza pazienza)* ungeduldig; **3.** *(ansioso)* aufgeregt. **impazienza** [...'tsi̯ɛntsa] *f* Ungeduld *f.*

impazzata [impat'tsa:ta] *f:* **all'~** wie verrückt, wie wahnsinnig; **fuggire all'~** Hals über Kopf davonlaufen.

impazzire [impat'tsi:re] ⟨impazzisco⟩ *itr* ⟨*essere*⟩ **1.** *(ammattire)* verrückt (*o* wahnsinnig) werden (*per* vor); **2.** *fig (languire)* verrückt sein (*per* nach, auf, *di* vor); **3.** *fig (stillarsi il cervello)* sich *(dat)* den Kopf zerbrechen, sich verrückt machen *fam;* **~ d'amore** vor Liebe vergehen; **~ per una donna** nach einer Frau verrückt sein; *(perdere la testa)* wegen einer Frau den Verstand verlieren.

impeccabile [impek'ka:bile] *a* einwandfrei, tadellos.

impedimento [impedi'mento] *m* Hindernis *n;* **essere d'~** ein Hindernis sein, im Wege sein.

impedire [impe'di:re] ⟨impedisco⟩ *tr* **1.** *(intralciare)* behindern; *(vista, transito)* versperren; **2.** *(ostacolare)* hindern (*qc a qu* jdn an etw.); *(trattenere)* abhalten (*qc a qu* jdn von etw.); **3.** *(impacciare)* (be)hindern (*qc a qu* jdn bei etw.).

impegnare [impeɲ'ɲa:re] **I.** *tr* **1.** *(per garanzia)* verpfänden, versetzen *fam;* **2.** *(prenotare)* vormerken, reservieren; **3.** *(tenere occupato)* beschäftigen; *(impiegare)* einsetzen; **4.** *(a un comportamento)* verpflichten (*a* zu); **II.** *rfl:* **-arsi** **1.** *(obbligarsi)* sich verpflichten (*a* zu); **2.** *(impiegare energie)* sich einsetzen, sich engagieren; **-arsi nello studio** sich dem Studium widmen. **impegnativo, -a** [...ɲa'ti:vo] *a* **1.** *(vincolante)* verbindlich; *(che obbliga)* verpflichtend; **2.** *(che richiede impegno)* stark beanspruchend, anspruchsvoll. **impegnato, -a** [...'ɲa:to] *a* **1.** *(occupato)* beschäftigt; **2.** *(dedito)* engagiert; **3.** *(riservato)* belegt, besetzt; *(prenotato)* (vor)bestellt.

impegno [im'peɲɲo] *m* **1.** *(obbligo)* Verpflichtung *f; fin, com* Verbindlichkeit *f;* **2.** *fig* Engagement *n,* Einsatz *m; (zelo)* Eifer *m;* **lavorare con ~** mit vollem Einsatz arbeiten; **senza ~** unverbindlich.

impegolarsi [impego'larsi] *rfl* sich verstricken (*in* in); **~ nei guai** sich in Schwierigkeiten verstricken.

impelagarsi [impela'garsi] ⟨m'impelago, t'impelaghi⟩ *rfl* sich verstrikken (*in* in).

impellente [impel'lɛnte] *a* dringend, dringlich; *(motivo)* zwingend.

impenetrabile [impene'tra:bile] *a* **1.** *(non trapassabile)* undurchlässig; *(inaccessibile)* undurchdringlich; **2.** *fig (indecifrabile)* unergründlich, undurchschaubar; *(persona)* unzugänglich; *(volto)* verschlossen.

impenitente [impeni'tɛnte] *a* unverbesserlich; *(bevitore, etc.)* notorisch; *(scapolo)* eingefleischt; *(peccatore)* verstockt.

impennarsi [impen'narsi] *rfl* **1.** *(cavallo)* sich aufbäumen; **2.** *aero (cabrare)* steil aufsteigen; **3.** *fig* hochfahren, aufbrausen. **impennata** [...'na:ta] *f* **1.** *(di cavallo)* (Sich)aufbäumen *n;* **2.** *(di aereo)* überzogener Flug; **3.** *fig (scatto d'ira)* Aufbrausen *n,* Hochfahren *n.*

impensabile [impen'sa:bile] *a* **1.** *(inconcepibile)* undenkbar, unvorstellbar; *(assurdo)* unmöglich, absurd; **2.** *(imprevedibile)* unvorhersehbar.

impensato, -a [impen'sa:to] *a* unvermutet, ungeahnt; *(inaspettato)* unerwartet, überraschend.

impensierire [impensi̯e'ri:re] ⟨impensierisco⟩ **I.** *tr* Sorgen machen (*qu* jdm), beunruhigen; **II.** *rfl:* **-irsi** sich *(dat)* Sorgen machen, sich beunruhigen.

imperare [impe'ra:re] *itr* **1.** *(dominare)* beherrschen (*su qu/qc* jdn/etw.), herrschen (*su* über); **2.** *fig* herrschen. **imperativo, -a** [...ra'ti:vo] **I.** *a* **1.** *gener.* befehlend, Befehls-; **2.** *jur* zwingend; *pol* imperativ; **3.** *gram* Imperativ-, Befehls-; **tono ~** Befehlston *m;* **II.** *m* Imperativ *m,* Befehlsform *f.* **imperatore, -trice** [...ra'to:re] *m, f* Kaiser(in) *m(f).*

impercettibile [impertʃet'ti:bile] *a* kaum wahrnehmbar, unmerklich.

imperdonabile [imperdo'na:bile] *a* unverzeihlich.

imperfetto, -a [imper'fɛtto] **I.** *a* **1.** *(difettoso)* mangelhaft, unvollkommen, fehlerhaft; **2.** *(incompleto)* unvollständig; *(non finito)* unvollendet; **II.** *m* Imperfekt *n.* **imperfezione** [...fet'tsi̯o:ne] *f* Unvollkommenheit *f,* Fehlerhaftigkeit

f; (mancanza) Mangel *m; (difetto)* Fehler *m;* ~ **della vista** Sehfehler *m.*
imperiale [impe'ri̯a:le] *a* kaiserlich, Kaiser-. **imperialismo** [...ri̯a'lizmo] *m* Imperialismus *m.* **imperialista** [...'lista] ‹-i *m,* -e *f*› **I.** *a* imperialistisch; **II.** *mf* Imperialist(in) *m(f).* **imperialistico, -a** [...'listiko] ‹-ci, -che› *a* imperialistisch.
imperioso, -a [impe'ri̯o:so] *a* **1.** *(autoritario)* herrisch, gebieterisch; **2.** *fig (impellente)* zwingend; *(urgente)* dringend.
imperizia [impe'rittsi̯a] *f* Unerfahrenheit *f; (poca formazione)* mangelhafte Ausbildung.
imperlare [imper'la:re] *tr* **1.** *(adornare con perle)* mit Perlen besetzen; **2.** *(cospargere di gocce)* (ab)perlen (*qc* von etw.); *(rugiada)* benetzen.
impermalirsi [imperma'lirsi] ‹m'impermalisco› *rfl* gekränkt sein; ~ **con qu per qc** jdm etw. übelnehmen.
impermeabile [imperme'a:bile] **I.** *a (riferito a liquidi)* undurchlässig; *(riferito all'acqua)* wasserdicht; **II.** *m* Regenmantel *m.*
imperniare [imper'ni̯a:re] ‹impernio, imperni› *tr* **1.** *(collegare con perni)* verzapfen; *(con bulloni)* verbolzen; **2.** *fig (basare)* stützen (*su* auf).
impero [im'pɛ:ro] **I.** *m* **1.** *(governo)* kaiserliche Gewalt; **2.** *(territorio)* (Kaiser)reich *n,* Imperium *n;* **3.** *(stile)* Empire *n;* **4.** *fig* Macht *f,* Herrschaft *f;* **l'~ britannico** das britische Empire; **gli -i centrali** die Mittelmächte *f pl;* **II.** ‹*inv*› *a* Empire-.
imperscrutabile [imperskru'ta:bile] *a* unergründlich, unerforschlich.
impersonale [imperso'na:le] *a* unpersönlich.
impersonare [imperso'na:re] *tr* **1.** *(simbolo, tipo)* verkörpern, personifizieren; **2.** *(da attore)* darstellen, spielen.
imperterrito, -a [imper'tɛrrito] *a* unerschrocken; *(imperturbabile)* unerschütterlich.
impertinente [imperti'nɛnte] **I.** *a* frech; *(sfrontato)* unverschämt; **II.** *mf* unverschämter Mensch, unverschämte Person. **impertinenza** [...'nɛntsa] *f* Frechheit *f; (sfrontatezza)* Unverschämtheit *f.*
imperturbabile [impertur'ba:bile] *a* unerschütterlich; *(sereno)* gleichmütig; *(tranquillo)* gelassen. **imperturbabilità** [...babili'ta] ‹-› *f* Gelassenheit *f,* Gemütsruhe *f; (serenità)* Gleichmut *m.*
imperversare [imperver'sa:re] *itr* **1.** *(infuriare)* toben, wüten; **2.** *scherz (diffondersi)* sich breitmachen.
impervio, -a [im'pɛrvi̯o] ‹-i, -ie› *a* unwegsam; *(inaccessibile)* unzugänglich.
impeto ['impeto] *m* **1.** *(moto violento)* Heftigkeit *f; (violenza)* Wucht *f; (assalto)* Ansturm *m;* **2.** *fig (di collera, etc.)* Ausbruch *m; (slancio)* Schwung *m;* **nell'~ del discorso** in der Hitze der Diskussion; **agire d'~** ungestüm handeln.
impettito, -a [impet'ti:to] *a* kerzengerade.
impetuoso, -a [impetu'o:so] *a* ungestüm, heftig.
impiantare [impi̯an'ta:re] *tr* **1.** *(costruire)* errichten, aufbauen; *tec* installieren; **2.** *(fondare)* gründen; **3.** *fig (discussione, etc.)* in Gang bringen.
impiantito [impi̯an'ti:to] *m* Fußboden *m.*
impianto [im'pi̯anto] *m* **1.** *(installazione)* Einrichtung *f; (a. tec)* Installierung *f;* **2.** *(complesso di attrezzature)* Anlage *f;* ~ **sportivo** Sportanlage *f;* ~ **telefonico** Fernsprechanlage *f.*
impiastrare [impi̯as'tra:re] **I.** *tr* **1.** *(spalmare)* beschmieren; **2.** *(insudiciare)* beschmieren; **II.** *rfl:* **-arsi** *pej* sich anmalen, sich übertrieben schminken.
impiastro [im'pi̯astro] *m* **1.** *med* (Brei)umschlag *m;* **2.** *fig fam* Nervensäge *f fam,* Quälgeist *m fam.*
impiccare [impik'ka:re] ‹impicco, impicchi› **I.** *tr* (er)hängen, aufhängen *fam;* **II.** *rfl:* **-arsi** sich erhängen, sich aufhängen *fam;* **impiccati!** geh zum Teufel (*o* zum Henker)! **impiccato, -a** [...'ka:to] **I.** *a* erhängt; **II.** *m, f* Erhängte(r) *mf,* Gehängte(r) *mf.*
impicciare [impit'tʃa:re] ‹impiccio, impicci› **I.** *tr* **1.** *(impedire)* behindern; *(disturbare)* stören, im Weg(e) sein (*qu* jdm); **2.** *(ostacolare)* versperren; **II.** *rfl:* **-arsi** sich einmischen. **impiccio** [im'pittʃo] ‹-cci› *m* **1.** *(ostacolo)* Hindernis *n; (intralcio)* störender Gegenstand; **2.** *fig* Plage *f; (faccenda sgradevole)* lästige Angelegenheit; **3.** *fig (guaio)* Klemme *f fam,* Patsche *f fam;* **essere d'~** im Weg sein. **impiccione, -a** [...'tʃo:ne] *m, f* Störenfried *m; (curioso)* Naseweis *m,* Topfgucker(in) *m(f) scherz.*
impiccolire [impikko'li:re] ‹impiccolisco› **I.** *tr* ‹*avere*› verkleinern, kleiner machen; **II.** *itr* ‹*essere*›, *rfl:* **-irsi** kleiner werden, sich verkleinern.
impiegare [impi̯e'ga:re] **I.** *tr* **1.** *(applicare)* anwenden; *(usare)* verwenden; **2.** *(tempo)* brauchen; *(trascorrere)* verbringen; **3.** *(spendere)* ausgeben; *(investire)* anlegen, investieren; **4.** *(assumere)* einstellen; ~ **il tempo libero a suonare** die Freizeit mit Musizieren verbringen; **II.** *rfl:* **-arsi** eine Stelle bekommen.
impiegato, -a [impi̯e'ga:to] *m, f* Angestellte(r) *mf; (funzionario pubblico)* Beamte(r) *m,* Beamtin *f;* ~ **statale** (Staats)beamter *m.*
impiego [im'pi̯ɛ:go] ‹-ghi› *m* **1.** *(occupazione)* Beschäftigung *f; (posto di la-*

voro) Stelle *f;* **2.** *(utilizzazione)* Gebrauch *m,* Verwendung *f; (applicazione)* Anwendung *f;* ~ **fisso** feste Stelle; ~ **pubblico** Stelle *f* im öffentlichen Dienst; ~ **del tempo libero** Freizeitgestaltung *f.*

impietosire [impi̯eto'si:re] ⟨impietosisco⟩ **I.** *tr* Mitleid erregen (*qu* jds); *(commuovere)* rühren; **II.** *rfl:* **-irsi** Mitleid haben, sich erbarmen.

impigliare [impiʎ'ʎa:re] **I.** *tr* gefangenhalten, festhalten; **II.** *rfl:* **-arsi 1.** *(rimanere avviluppato)* sich verfangen, hängenbleiben.

impigrire [impi'gri:re] ⟨impigrisco⟩ **I.** *tr* ⟨*avere*⟩ träge machen, träge werden lassen; **II.** *itr* ⟨*essere*⟩, *rfl:* **-irsi** träge werden.

impinguare [impiŋ'gu̯a:re] **I.** *tr* **1.** *(ingrassare)* mästen; **2.** *fig (arricchire)* bereichern (*di* mit); **II.** *rfl:* **-arsi** *fig* sich bereichern.

impiombare [impi̯om'ba:re] *tr* plombieren, mit einer Plombe versehen; *(dente)* plombieren, mit einer Füllung versehen.

implacabile [impla'ka:bile] *a* unversöhnlich, unerbittlich.

implicare [impli'ka:re] ⟨implico, implichi⟩ **I.** *tr* **1.** *(coinvolgere)* verwickeln; **2.** *(sottintendere)* implizieren; *(come conseguenza)* mit sich *(dat)* bringen; *(comprendere)* beinhalten; **II.** *rfl:* **-arsi** sich verwickeln. **implicazione** [...kat'tsi̯o:ne] *f* Einbeziehen *n,* Einbeziehung *f.*

implicito, -a [im'pli:tʃito] *a* unausgesprochen, implizit; **è** ~ **che dobbiamo operare in questo modo** das impliziert, daß wir so vorgehen müssen.

implorare [implo'ra:re] *tr* erflehen, erbitten. **implorazione** [...rat'tsi̯o:ne] *f* Flehen *n,* flehentliche Bitte.

impollinazione [impollinat'tsi̯o:ne] *f* Bestäubung *f.*

impoltronire [impoltro'ni:re] ⟨impoltronisco⟩ **I.** *tr* ⟨*avere*⟩ träge machen; **II.** *itr* ⟨*essere*⟩, *rfl:* **-irsi** träge werden.

impolverare [impolve'ra:re] **I.** *tr* staubig machen; **II.** *rfl:* **-arsi** staubig werden, verstauben.

imponderabile [imponde'ra:bile] **I.** *a* nicht abzuwägen(d); *(incalcolabile)* unberechenbar; **II.** *m pl* Unwägbarkeiten *f pl,* Imponderabilien *pl geh.*

imponente [impo'nɛnte] *a* **1.** *(grandioso)* imposant, großartig; **2.** *(che incute rispetto)* imponierend, beeindruckend. **imponenza** [...'nɛntsa] *f* Großartigkeit *f.*

imponibile [impo'ni:bile] **I.** *a* besteuerbar, steuerpflichtig; **II.** *m* Bemessungsgrundlage *f; (reddito)* steuerpflichtiges Einkommen.

impopolare [impopo'la:re] *a* unpopulär.

impopolarità [...lari'ta] *f* Unpopularität *f.*

imporre [im'porre] ⟨*irr*⟩ **I.** *tr* **1.** *(prescrivere)* vorschreiben; **2.** *(legge, tassa, silenzio)* auferlegen; *(nome)* geben; *(volontà)* aufzwingen; **3.** *(mani)* auflegen; **II.** *rfl:* **-orsi 1.** *(persone)* sich durchsetzen; *(affermarsi)* sich behaupten; **2.** *(moda, etc.)* sich durchsetzen; **3.** *(rendersi necessario)* sich aufdrängen; *(apparire necessario)* nötig erscheinen.

importante [impor'tante] **I.** *a* bedeutend, wichtig; **II.** *m* Wichtige(s) *n; (cosa essenziale)* Hauptsache *f.*

importanza [impor'tantsa] *f* Wichtigkeit *f,* Bedeutung *f;* **dare** ~ **a qc** einer S. *(dat)* Bedeutung beimessen; **di nessuna** (*o* **senza)** ~ bedeutungslos; *(senza rilievo)* belanglos; **di poca** ~ von geringer Bedeutung, unwichtig.

importare [impor'ta:re] **I.** *tr* ⟨*avere*⟩ importieren; *(a. fig)* einführen; **II.** *itr* ⟨*essere*⟩ **1.** *(essere importante)* am Herzen liegen; **2.** *(interessare)* interessieren (*a qu* jdn); **3.** *(impersonale)* gelegen sein; *(essere necessario)* nötig sein; *(interessare)* angehen (*a qu* jdn); **non me ne importa niente** daran ist mir nichts gelegen; *(non mi riguarda)* das geht mich nichts an; *(non m'interessa)* das interessiert mich nicht; **non importa** das macht nichts.

importatore, -trice [importa'to:re] **I.** *a* Einfuhr-, Import-; **II.** *m, f* Importeur(in) *m(f),* Einfuhrhändler(in) *m(f).* **importazione** [...tat'tsi̯o:ne] *f* **1.** *(operazione)* Import *m,* Einfuhr *f;* **2.** *(prodotto)* Einfuhrgut *n,* Importware *f.*

importo [im'pɔrto] *m* Betrag *m; (somma)* Summe *f.*

importunare [importu'na:re] *tr* belästigen; *(disturbare)* stören. **importunità** [...ni'ta] ⟨-⟩ *f* Lästigkeit *f; (invadenza)* Aufdringlichkeit *f.* **importuno, -a** [...'tu:no] **I.** *a* lästig; *(invadente)* aufdringlich; *(visitatore a.)* ungelegen; **II.** *m, f* lästige (*o* aufdringliche) Person.

imposizione [impozit'tsi̯o:ne] *f* **1.** *(ingiunzione)* Befehl *m; (costrizione)* Zwang *m;* **2.** *fin* Abgabe *f,* Steuer *f;* **3.** *(di nome)* Namensgebung *f;* **4.** *rel* (Hand)auflegen *n.*

impossessarsi [imposses'sarsi] *rfl* **1.** *(appropriarsi)* Besitz ergreifen (*di* von); **2.** *fig (apprendere)* sich *(dat)* aneignen (*di qc* etw.).

impossibile [impos'si:bile] **I.** *a* **1.** *(inattuabile)* unmöglich; **2.** *(incredibile)* unglaublich; **3.** *(insopportabile)* unmöglich, unerträglich; **II.** *m* Unmögliche(s) *n.* **impossibilità** [impossibili'ta] *f* Unmöglichkeit *f.*

imposta[1] [im'pɔsta] *f (battente)* (Fenster)laden *m.*

imposta[2] [im'pɔsta] *f fin* Steuer *f,*

Abgabe *f;* ~ **di ricchezza mobile** Einkommen(s)steuer *f;* ~ **sul valore aggiunto** (*ab* **I.V.A.**) Mehrwertsteuer *f;* **ufficio delle -e** Finanzamt *n;* **esente da** ~ steuerfrei; **soggetto a** ~ steuerpflichtig.

impostare[1] [impos'ta:re] *tr* **1.** *(lavoro)* anlegen; **2.** *(servizio, etc.)* organisieren, aufbauen; **3.** *(problemi)* genau formulieren.

impostare[2] [impos'ta:re] *tr (nella cassetta)* einwerfen; *(alla posta)* aufgeben.

impostazione [impostat'tsi̯o:ne] *f* Anlegen *n;* ~ **di un problema** Aufgabenstellung *f.*

imposto, -a [im'posto] *a* auferlegt; **prezzo** ~ vorgeschriebener Preis.

impostore, -a [impos'to:re] *m, f* Schwindler(in) *m(f),* Betrüger(in) *m(f).*

impotente [impo'tɛnte] **I.** *a* **1.** *(senza potenza)* machtlos; **2.** *(incapace)* unfähig; **3.** *med* impotent; **4.** *(debole)* schwach, kraftlos; **5.** *(inefficace)* wirkungslos; **II.** *m* impotenter Mann.

impotenza [impo'tɛntsa] *f* **1.** *(mancanza di potenza)* Machtlosigkeit *f;* **2.** *(incapacità)* Unfähigkeit *f,* Unvermögen *n;* **3.** *med* Impotenz *f;* **4.** *(debolezza)* Schwäche *f.*

impoverire [impove'ri:re] ⟨impoverisco⟩ **I.** *tr* ⟨*avere*⟩ **1.** *(rendere povero)* verarmen lassen, arm machen; **2.** *fig* erschöpfen; **II.** *itr* ⟨*essere*⟩, *rfl:* **-irsi** arm werden, verarmen.

impraticabile [imprati'ka:bile] *a* **1.** *(non percorribile)* unwegsam; *(strada a.)* unbefahrbar; **2.** *(campo da gioco)* unbespielbar. **impraticabilità** [...kabili'ta] ⟨-⟩ *f (di terreno)* Unwegsamkeit *f; (di strada a.)* Unbefahrbarkeit *f; (di campo da gioco)* Unbespielbarkeit *f.*

impratichirsi [imprati'kirsi] ⟨m'impratichisco⟩ *rfl* sich (ein)üben; *(in un lavoro)* sich einarbeiten; ~ **a cucinare** sich im Kochen üben.

imprecare [impre'ka:re] ⟨impreco, imprechi⟩ *itr* fluchen (*contro* auf, über). **imprecazione** [...kat'tsi̯o:ne] *f* Fluch *m;* **lanciare -i** Flüche ausstoßen, fluchen.

imprecisato, -a [impretʃi'za:to] *a* ungenau; *(indeterminato)* unbestimmt.

imprecisione [impretʃi'zi̯o:ne] *f* Ungenauigkeit *f; (senza accuratezza)* Nachlässigkeit *f; (indeterminatezza)* Unbestimmtheit *f.* **impreciso, -a** [...'tʃi:zo] *a* **1.** *(inesatto)* ungenau; **2.** *(indeterminato)* unbestimmt.

impregnare [impreɲ'ɲa:re] **I.** *tr* **1.** *(imbevere)* (durch)tränken; **2.** *fig (riempire)* erfüllen; *(permeare)* durchsetzen; **3.** *tec* imprägnieren; **II.** *rfl:* **-arsi** durchtränkt werden.

imprenditore, -trice [imprendi'to:re] *m, f* Unternehmer(in) *m(f).* **imprenditoriale** [...to'ri̯a:le] *a* Unternehmer-.

impreparato, -a [imprepa'ra:to] *a* unvorbereitet; *(senza formazione o istruzione)* unausgebildet.

impreparazione [impreparat'tsi̯o:ne] *f* mangelnde Vorbereitung.

impresa [im'pre:sa] *f* **1.** *(azione)* Unternehmen *n,* Unterfangen *n;* **2.** *(ditta)* Unternehmen *n,* Betrieb *m;* ~ **eroica** Heldentat *f,* heroische Tat; ~ **industriale** Industrieunternehmen *n,* -betrieb *m.*

impresario, -a [impre'sa:ri̯o] ⟨-i, -ie⟩ *m, f* Theater-, Konzertagent(in) *m(f),* Impresario *m.*

impressi [im'prɛssi] *p rem di* **imprimere.**

impressionabile [impressi̯o'na:bile] *a* (leicht) zu beeindrucken(d); *(eccitabile)* erregbar; *fot* belichtbar. **impressionante** [...'nante] *a* beeindruckend, eindrucksvoll.

impressionare [impressi̯o'na:re] **I.** *tr* **1.** *(turbare)* beeindrucken; *(commuovere)* tief bewegen; *(disgrazia, etc. a.)* erschüttern; **2.** *(colpire, fare effetto)* Eindruck machen auf; **3.** *fot* belichten; **II.** *rfl:* **-arsi 1.** *(turbarsi)* sich beeindrukken lassen; *(essere scosso)* erschüttert sein; **2.** *fot* belichtet werden.

impressione [impres'si̯o:ne] *f* **1.** *(sensazione)* (Sinnes)eindruck *m,* Empfindung *f; (presentimento)* Gefühl *n;* **2.** *(opinione)* Eindruck *m;* **3.** *(turbamento)* (starker) Eindruck *m; (scossa)* Erschütterung *f;* **4.** *(impronta)* Abdruck *m;* **5.** *(stampa)* Druck *m,* Auflage *f.*

impressionismo [impressi̯o'nizmo] *m* Impressionismus *m.*

impresso [im'prɛsso] *pp di* **imprimere.**

imprevedibile [impreve'di:bile] *a* unvorhersehbar; *(persona)* unberechenbar.

imprevidente [imprevi'dɛnte] *a* nicht vorausschauend; *(non prudente)* leichtsinnig.

imprevisto, -a [impre'visto] **I.** *a* unvorhergesehen; *(inatteso)* unvermutet; **II.** *m* Unvorhergesehene(s) *n;* **salvo -i** wenn nichts (Unvorhergesehenes) dazwischenkommt.

impreziosire [imprettsi̯o'si:re] ⟨impreziosisco⟩ *(a. fig)* bereichern; *(ornare)* verzieren, ausschmücken.

imprigionare [impridʒo'na:re] *tr* **1.** *(incarcerare)* einsperren, inhaftieren *adm;* **2.** *fig (bloccare)* einklemmen; *(rinchiudere)* einschließen.

imprimere [im'pri:mere] ⟨imprimo, impressi, impresso⟩ *tr* **1.** *(con impronta)* auf-, einprägen; *(sigillo, timbro, etc.)* aufdrücken; **2.** *fig (carattere distintivo)* verleihen; **3.** *fig (ricordo, etc.)* einprägen; **4.** *(dare)* übertragen; ~ **un movimento a qc** etw. in Bewegung setzen.

improbabile [impro'ba:bile] *a* unwahrscheinlich.

improbo, -a ['improbo] *a lett fig* hart; *(faticoso)* mühsam, anstrengend; **fatica -a** große und nicht lohnende Mühe.

improduttività [improduttivi'ta] *f* Unproduktivität *f; (mancanza di rendimento)* Unergiebigkeit *f.* **improduttivo, -a** [...'ti:vo] *a* unproduktiv; *(che non rende)* unergiebig.

impronta[1] [im'pronta] *f* **1.** *(segno)* Abdruck *m; (traccia)* Spur *f;* **2.** *fig (carattere distintivo)* Stempel *m;* **-e digitali** Fingerabdrücke *m pl.*

impronta[2] [im'pronta] *f:* **all'~** improvisiert, aus dem Stegreif; **tradurre all'~** aus dem Stegreif übersetzen.

improntare [impron'ta:re] *tr* eine (gewisse) Note verleihen (*qc* einer S. *dat*).

improperio [impro'pɛ:ri̯o] ‹-i› *m* Beleidigung *f; (espressione irriverente)* Schimpfwort *n.*

improprietà [impropri̯e'ta] *f* **1.** *(del linguaggio)* Ungenauigkeit *f; (errore)* Unkorrektheit *f;* **2.** *(singolo vocabolo)* ungenauer (*o* unkorrekter) Ausdruck. **improprio, -a** [im'prɔ:pri̯o] *a* unangebracht, unpassend; *(parole, etc.)* nicht korrekt.

improrogabile [improro'ga:bile] *a* unaufschiebbar.

improvvisare [improvvi'za:re] **I.** *tr* **1.** *(discorso, musica)* improvisieren; **2.** *fig* improvisieren; *(preparare in fretta)* rasch vorbereiten; ~ **un discorso** aus dem Stegreif reden; **II.** *rfl:* **-arsi** spielen; **-arsi cuoco** als Koch einspringen.

improvvisata [improvvi'za:ta] *f* **1.** *(avvenimento piacevole)* Überraschung *f;* **2.** *(visita)* überraschender Besuch; **fare una bella ~ a qu** jdm eine angenehme Überraschung bereiten.

improvvisazione [improvvizat'tsi̯o:ne] *f* Improvisation *f.*

improvviso, -a [improv'vi:zo] **I.** *a* **1.** *(inatteso)* unerwartet; *(cosa positiva)* unverhofft; **2.** *(repentino)* überraschend, plötzlich; **II.** *m:* **all'~, d'~** plötzlich, unversehens.

imprudente [impru'dɛnte] **I.** *a* **1.** *(sventato)* unbesonnen, leichtsinnig; **2.** *(incauto)* unvorsichtig; *(senza riflettere)* unüberlegt; **II.** *mf* unvorsichtiger Mensch. **imprudenza** [...'dɛntsa] *f* Unvorsichtigkeit *f; (sventatezza)* Leichtsinn *m.*

impudente [impu'dɛnte] **I.** *a* unverschämt, frech; **II.** *mf* unverschämter Mensch. **impudenza** [...'dɛntsa] *f* Unverschämtheit *f,* Frechheit *f.*

impudico, -a [im'pu:diko] *a* schamlos; *(indecente)* unanständig.

impugnabile [impuɲ'ɲa:bile] *a* anfechtbar.

impugnare[1] [impuɲ'ɲa:re] *tr (afferrare)* ergreifen; *(tenere in mano)* in der Hand halten.

impugnare[2] [impuɲ'ɲa:re] *tr (contestare)* beanstanden; *jur (sentenza)* anfechten.

impugnatura [impuɲɲa'tu:ra] *f* Griff *m.*

impulsività [impulsivi'ta] ‹-› *f* Impulsivität *f.* **impulsivo, -a** [...'si:vo] **I.** *a* impulsiv; **II.** *m, f* impulsiver Mensch.

impulso [im'pulso] *m* **1.** *fig (incremento)* Anreiz *m,* Antrieb *m; (moto istintivo)* Impuls *m,* innere Regung; *(tendenza)* Neigung *f;* **2.** *phys* Impuls *m.*

impunemente [impune'mente] *adv* ungestraft, straflos.

impunibile [impu'ni:bile] *a* **1.** *(azione)* nicht strafbar; **2.** *(persona)* nicht der Strafe unterliegend, nicht bestrafbar.

impunito, -a [impu'ni:to] *a* ungestraft, unbestraft, straflos.

impuntarsi [impun'tarsi] *rfl* **1.** *(cavallo, asino)* bocken; **2.** *fig (ostinarsi)* beharren (*a* auf), sich versteifen (*a* auf); **s'impunta a dire di no** er (*o* sie) beharrt auf seinem (*o* ihrem) Nein.

impuntura [impun'tu:ra] *f* Steppnaht *f; (punto)* Steppstich *m.*

impurità [impuri'ta] *f (a. fig: morale)* Unreinheit *f; (imbrattamento)* Verunreinigung *f; (inquinamento)* Verseuchung *f.* **impuro, -a** [im'pu:ro] *a* **1.** *(sporco)* unrein, unsauber; **2.** *(immorale)* unanständig; *(impudico)* unzüchtig; **esse -a** vorkonsonantisches s, s impurum.

imputabile [impu'ta:bile] *a* zuschreibbar, zuzuschreiben(d); **una svista ~ a negligenza** ein Versehen *n* aus Nachlässigkeit.

imputare [impu'ta:re] *tr (considerare responsabile)* verantwortlich machen (*qu di qc* jdn für etw.); *(attribuire la colpa)* die Schuld geben (*qu di qc* jdm für etw.); *(accusare)* beschuldigen; *jur* anklagen (*di* wegen). **imputato, -a** [...'ta:to] *m, f* Angeklagte(r) *mf.* **imputazione** [...tat'tsi̯o:ne] *f* Anklage *f.*

imputridire [imputri'di:re] ‹imputridisco› *itr* verwesen; *(marcire)* verfaulen.

in [in] ‹nel, nello, nell', nella, nei, negli, nelle› *prp* **1.** *(stato in luogo)* in *dat,* auf *dat; (moto a luogo)* nach *acc,* in *acc; (moto attraverso luogo)* durch *acc;* **2.** *(tempo determinato)* in *dat; (tempo continuato)* innerhalb *gen,* im Laufe *gen;* **3.** *(modo, maniera)* in *dat,* mit *dat;* **4.** *(mezzo, strumento)* mit *dat,* in *dat;* **5.** *(materia)* aus *dat,* von *dat;* **6.** *(scopo, fine)* zu *dat,* für *acc;* **7.** *(causa)* vor *dat,* wegen *gen;* **8.** *(stato coniugale femmi-*

nile) verheiratete; **andare ~ Austria** nach Österreich fahren; **andare ~ tram** mit der Straßenbahn fahren; **vivere ~ campagna** auf dem Lande leben; **accorrere ~ aiuto di qu** jdm zu Hilfe eilen; **essere ~ due** zu zweit sein; **Filomena Rossi ~ Neri** Filomena Neri, geborene Rossi; **~ tedesco** auf deutsch; **~ pace** in Frieden.

I.N.A. ['i:na] *f ab di* **Istituto Nazionale delle Assicurazioni** *nationales italienisches Versicherungsinstitut.*

inabile [i'na:bile] *a* unfähig, untauglich; **~ al lavoro** arbeitsunfähig; **~ al servizio militare** (wehrdienst)untauglich. **inabilità** [inabili'ta] *f* Unfähigkeit *f*, Untauglichkeit *f.*

inabissarsi [inabis'sarsi] *rfl* versinken.

inabitabile [inabi'ta:bile] *a* unbewohnbar. **inabitato, -a** [...'ta:to] *a* unbewohnt.

inaccessibile [inattʃes'si:bile] *a* **1.** *(difficile da raggiungere)* unerreichbar; **2.** *(difficile da percorrere)* unzugänglich; **3.** *fig (mistero)* unerklärlich; *(teoria)* unverständlich; *(persona)* unzugänglich, verschlossen; *(montagna)* unbezwingbar; *(prezzo)* unerschwinglich.

inaccettabile [inattʃet'ta:bile] *a* unannehmbar, inakzeptabel.

inacerbire [inatʃer'bi:re] ⟨inacerbisco⟩ **I.** *tr* verschärfen; **II.** *rfl:* **-irsi** sich verschärfen.

inacidire [inatʃi'di:re] ⟨inacidisco⟩ **I.** *tr* ⟨*avere*⟩ **1.** *(render acido)* sauer machen; **2.** *fig (inasprire)* verbittern; **II.** *itr* ⟨*essere*⟩, *rfl:* **-irsi 1.** *(diventar acido)* sauer (*o* schlecht) werden; **2.** *fig (diventare scostante)* verbittert werden.

inadatto, -a [ina'datto] *a* unpassend (*a* zu), ungeeignet (*a* für).

inadeguatezza [inadegu̯a'tettsa] *f* Unangemessenheit *f; (insufficienza)* Unzulänglichkeit *f.* **inadeguato, -a** [...'gu̯a:to] *a* unangemessen; *(insufficiente)* unzulänglich; *(inadatto)* ungeeignet (*a* für); **mezzi -i** unzureichende Mittel *n pl;* **essere ~ a un compito** einer Aufgabe nicht gewachsen sein.

inadempiente [inadem'pi̯ɛnte] **I.** *a jur* vertragsbrüchig; **II.** *mf* **1.** *jur* Vertragsbrüchige(r) *mf;* **2.** *(debitore)* Schuldner(in) *m(f).* **inadempienza** [...'pi̯ɛntsa] *f* Nichterfüllung *f*, Nichteinhaltung *f.*

inafferrabile [inaffer'ra:bile] *a* **1.** *(ladro)* nicht zu fassen(d); **2.** *fig (concetto)* unverständlich.

inagibile [ina'dʒi:bile] *a (apparecchio)* außer Betrieb; *(luogo)* nicht betretbar (*o* benutzbar).

inalare [ina'la:re] *tr* inhalieren, einatmen. **inalatore** [...la'to:re] *m* Inhalator *m.* **inalazione** [...lat'tsi̯o:ne] *f* Inhalation *f.*

inalberare [inalbe'ra:re] **I.** *tr naut* hissen; **II.** *rfl:* **-arsi 1.** *(cavallo)* sich aufbäumen; **2.** *fig* sich aufbäumen; *(adirarsi)* zornig werden.

inalienabile [inali̯e'na:bile] *a jur* unveräußerlich.

inalterabile [inalte'ra:bile] *a* **1.** *(non alterabile)* unveränderlich; *(tinta, etc.)* (wasch)echt; *(cibo)* unverderblich; **2.** *(amicizia)* unerschütterlich. **inalterabilità** [...rabili'ta] ⟨-⟩ *f* Unveränderlichkeit *f; (imperturbabilità)* Unerschütterlichkeit *f.* **inalterato, -a** [...'ra:to] *a* unverändert; *(cibo)* unverdorben.

I.N.A.M. ['i:nam] *f ab di* **Istituto Nazionale per l'Assicurazione contro le Malattie** *nationale italienische Krankenversicherungsanstalt.*

inamidare [inami'da:re] *tr* stärken.

inammissibile [inammis'si:bile] *a* unannehmbar; *(a. jur)* unzulässig.

inamovibile [inamo'vi:bile] *a adm* unabsetzbar.

inanimato, -a [inani'ma:to] *a* **1.** *(che non ha vita)* unbeseelt; **2.** *(privo di sensi)* leblos.

inappagabile [inappa'ga:bile] *a* unerfüllbar. **inappagato, -a** [...'ga:to] *a* unerfüllt; *(insoddisfatto)* unbefriedigt.

inappellabile [inappel'la:bile] *a jur* unanfechtbar; *fig* unwiderruflich; *(definitivo)* endgültig.

inappetente [inappe'tɛnte] *a* appetitlos.

inapprensibile [inappren'si:bile] *a* unverständlich.

inappuntabile [inappun'ta:bile] *a* **1.** *(irreprensibile)* untad(e)lig; **2.** *(privo di difetti)* einwandfrei, tadellos.

inarcare [inar'ka:re] ⟨inarco, inarchi⟩ **I.** *tr* krümmen; **~ le sopracciglia** die Augenbrauen hochziehen; **II.** *rfl:* **-arsi** sich krümmen.

inaridimento [inaridi'mento] *m* Austrocknen *n.* **inaridire** [...'di:re] ⟨inaridisco⟩ **I.** *tr* ⟨*avere*⟩ **1.** *(rendere secco)* austrocknen, ausdörren; **2.** *fig* hart (*o* gefühllos) werden lassen; **II.** *itr* ⟨*essere*⟩, *rfl:* **-irsi 1.** *(diventare secco)* aus-, vertrocknen; **2.** *fig* versiegen.

inarrestabile [inarres'ta:bile] *a* unaufhaltsam.

inarticolato, -a [inartiko'la:to] *a* unartikuliert.

inascoltato, -a [inaskol'ta:to] *a* **1.** *(non ascoltato)* nicht befolgt; **2.** *(inesaudito)* nicht erhört, unerhört.

inaspettato, -a [inaspet'ta:to] *a* unerwartet; *(insperato)* unverhofft.

inasprimento [inaspri'mento] *m* Verschärfung *f; (peggioramento)* Verschlimmerung *f.* **inasprire** [...'pri:re] ⟨inasprisco⟩ **I.** *tr* **1.** *(rendere più aspro)* verschärfen; *(peggiorare)* verschlimmern; **2.** *(esasperare)* verbittern; **3.** *(acuire)* verschärfen; *(aumentare)* erhöhen; **II.** *rfl:* **-irsi** **1.** *(diventare aspro)* sauer werden; **2.** *fig* bitter werden, verbittern; *(situazioni, etc.)* sich verschärfen; *(diventare più intenso)* an Intensität zunehmen; *(aggravarsi)* sich verschlimmern.

inattaccabile [inattak'ka:bile] *a* **1.** *(immune da attacchi)* unangreifbar; **2.** *(resistente)* beständig, -fest; **3.** *fig* untad(e)lig; **un tessuto ~ dagli acidi** ein säurebeständiger Stoff.

inattendibile [inatten'di:bile] *a* unglaubwürdig; *(che non merita fiducia)* unzuverlässig.

inatteso, -a [inat'te:so] *a* unerwartet; *(imprevisto)* unvorhergesehen.

inattitudine [inatti'tu:dine] *f* Ungeeignetsein *n* (*a* für); *(mancanza delle doti)* mangelhafte Begabung (*a* für).

inattivo, -a [inat'ti:vo] *a* untätig, tatenlos; *(vulcano)* untätig; *(spento)* erloschen; *(fermo)* stillgelegt; *chem* inaktiv.

inattuabile [inattu'a:bile] *a* undurchführbar; *(irrealizzabile)* nicht zu verwirklichen(d).

inaudito, -a [inau'di:to] *a* unerhört, unglaublich.

inaugurale [inaugu'ra:le] *a* Einweihungs-; *(di apertura)* Eröffnungs-.

inaugurare [inaugu'ra:re] *tr* **1.** *(iniziare con solennità)* feierlich eröffnen; **2.** *(aprire al pubblico)* eröffnen; *(scuola, etc.)* einweihen; *(monumento)* enthüllen; *(chiesa)* weihen; **3.** *fig (avviare)* beginnen, einleiten; **4.** *scherz (usare per la prima volta)* einweihen. **inaugurazione** [...rat'tsjo:ne] *f (di mostre, opere pubbliche)* Eröffnung *f; (di edificio)* Einweihung *f; (di monumenti)* Enthüllung *f; (di chiese)* (Ein)weihung *f.*

inavveduto, -a [inavve'du:to] *a* unachtsam.

inavvertenza [inavver'tɛntsa] *f* Unachtsamkeit *f; (imprudenza)* Unvorsichtigkeit *f.*

inavvertitamente [inavvertita'mente] *adv* unabsichtlich, versehentlich.

incagliarsi [iŋkaʎ'ʎarsi] ⟨m'incaglio, t'incagli⟩ *rfl* **1.** *naut* auflaufen, stranden; **2.** *fig (trattative, etc.)* ins Stocken geraten.

incalcolabile [iŋkalko'la:bile] *a* nicht berechenbar; *(non valutabile)* unschätzbar; *(fig a.)* unermeßlich.

incallito, -a [inkal'li:to] *a* **1.** *(reso calloso)* schwielig; **2.** *fig (accanito)* hartnäckig; *(insensibile)* hart; *(fumatore, etc.)* eingeschworen; *pej* hartgesotten.

incalzante [iŋkal'tsante] *a* bedrängend; *(urgente)* dringend.

incalzare [iŋkal'tsa:re] *tr* **1.** *(inseguire)* verfolgen, sich an die Fersen heften (*qu* jdm); **2.** *fig* drängen.

incamerare [iŋkame'ra:re] *tr* einziehen.

incamminare [iŋkammi'na:re] **I.** *tr* in die Wege leiten; **II.** *rfl:* **-arsi** **1.** *(andare)* sich auf den Weg begeben; **2.** *fig* zusteuern (*verso* auf).

incanalare [iŋkana'la:re] **I.** *tr* **1.** *(acqua, etc.)* kanalisieren; *(convogliare)* (in einem Kanal) auffangen; **2.** *(gente)* durchschleusen; **3.** *fig* einleiten; **II.** *rfl:* **-arsi** **1.** *(acqua)* sich (in einem Kanal) sammeln; **2.** *(folla)* zuströmen (*verso* auf).

incancrenire [iŋkaŋkre'ni:re] ⟨incancrenisco⟩ *itr* ⟨*essere*⟩ brandig werden.

incandescente [iŋkandeʃ'ʃɛnte] *a* glühend. **incandescenza** [...'ʃɛntsa] *f* Glühen *n.*

incantare [iŋkan'ta:re] **I.** *tr* **1.** *(per magia)* verzaubern; **2.** *(serpenti, etc.)* beschwören; **3.** *fig (estasiare)* bezaubern, entzücken; **II.** *rfl:* **-arsi** **1.** *(restare ammaliato)* entzückt (*o* wie verzaubert) sein; **2.** *(restare intontito)* benommen sein; *(essere stordito)* betäubt sein; **3.** *(arrestarsi)* stehenbleiben; *(bloccarsi)* steckenbleiben, stocken. **incantato, -a** [...'ta:to] *a* **1.** *(fatato)* verzaubert, Zauber-; **2.** *fig (suggestivo)* bezaubernd; *(incantevole)* zauberhaft; **3.** *(estasiato)* verzaubert, entzückt; **4.** *(intontito)* benommen, wie betäubt; **castello ~** verwunschenes Schloß. **incantatore, -trice** [...ta'to:re] *m, f* Zauberer *m,* Zaub(r)erin *f;* **~ di serpenti** Schlangenbeschwörer *m.* **incantesimo** [...'te:zimo] *m* **1.** *(sortilegio)* Zauber *m; (atto, arte)* Zauberei *f; (formula magica)* Zauberformel *f,* -spruch *m;* **2.** *fig (per estasiare)* Zauber *m,* Reiz *m.* **incantevole** [...'te:vole] *a* zauberhaft, bezaubernd.

incanto¹ [iŋ'kanto] *m* **1.** *(magia)* Zauberei *f;* **2.** *fig (fascino)* Zauber *m;* **come per ~** wie von Zauberhand; **d'~** wunderbar; **quella ragazza è un ~** dieses Mädchen ist bezaubernd.

incanto² [iŋ'kanto] *m jur* Versteigerung *f,* Auktion *f;* **mettere all'~** versteigern.

incapace [iŋka'pa:tʃe] **I.** *a* unfähig (*di* zu); *(inetto)* untüchtig; **~ di intendere e di volere** *jur* unzurechnungsfähig; **II.** *mf* **1.** *(inetto)* Versager(in) *m(f);* **2.** *jur* rechtsunfähige Person. **incapacità** [...patʃi'ta] *f* **1.** *(inabilità)* Unfähigkeit *f;* **2.** *(~ giuridica)* Rechtsunfähigkeit *f.*

incappare [iŋkap'pa:re] *itr* ⟨*essere*⟩ stoßen (*in* auf); *(capitare)* geraten (*in* unter).

incappucciare [iŋkapput'tʃa:re] ⟨incappuccio, incappucci⟩ *tr* **1.** *(coprire con un cappuccio)* eine Kopfbedeckung aufsetzen (*qu* jdm); **2.** *fig* (mit Schnee) bedecken.

incapricciarsi [iŋkaprit'tʃarsi] ⟨m'incapriccio, t'incapricci⟩ *rfl* sich verlieben (*di* in), sich vernarren (*di* in).

incapsulare [iŋkapsu'la:re] *tr* **1.** *med* einkapseln; *(denti)* verkronen; **2.** *tec (bottiglie)* verkapseln.

incarcerare [iŋkartʃe'ra:re] *tr* **1.** *(imprigionare)* einsperren, inhaftieren *adm; hist* einkerkern; **2.** *fig (rinchiudere)* einschließen.

incaricare [iŋkari'ka:re] **I.** *tr* beauftragen (*di* mit); **II.** *rfl:* **-arsi** übernehmen (*di qc* etw.). **incaricato, -a** [...'ka:to] **I.** *a* beauftragt (*di* mit); **professore ~** außerordentlicher Professor; **II.** *m, f* **1.** *(funzionario)* Beauftragte(r) *mf;* **2.** *(professore)* Lehrbeauftragte(r) *mf;* **3.** *(diplomatico)* Geschäftsträger(in) *m(f);* **~ d'affari** Geschäftsträger *m,* Chargé d'affaires *m.*

incarico [iŋ'ka:riko] *m* Auftrag *m; (di insegnante)* Lehrauftrag *m;* **per ~ di** im Auftrag von.

incarnare [iŋkar'na:re] **I.** *tr* verkörpern; *(rappresentare)* darstellen; **II.** *rfl:* **-arsi 1.** *rel (Cristo)* Fleisch (*o* Mensch) werden; **2.** *(unghia)* (ins Fleisch) einwachsen. **incarnazione** [...nat'tsi̯o:ne] *f* **1.** *rel (di Cristo)* Menschwerdung *f;* **2.** *fig (concretizzazione)* Verkörperung *f;* **è l'~ della malvagità** er (*o* sie) ist die Bosheit in Person.

incarnire [iŋkar'ni:re] ‹incarnisco› *itr* ‹*essere*›, *rfl:* **-irsi** (ins Fleisch) einwachsen.

incartamento [iŋkarta'mento] *m* Akte *f,* Aktenbündel *n.*

incartapecorire [iŋkartapeko'ri:re] ‹incartapecorisco› *itr* ‹*essere*›, *rfl:* **-irsi** *(insecchire)* vertrocknen; *(pelle, etc.)* runzlig werden.

incartare [iŋkar'ta:re] *tr* (in Papier) einwickeln, einpacken. **incarto** [iŋ'karto] *m* **1.** *(materiale per incartare)* Verpackung *f;* **2.** *(incartamento)* Aktenheft *n.*

incartocciare [iŋkartot'tʃa:re] ‹incartoccio, incartocci› *tr* in Tüten abpacken.

incasellare [iŋkasel'la:re] *tr* **1.** *(posta)* auf Fächer verteilen; **2.** *fig (cognizioni)* systematisieren.

incassare [iŋkas'sa:re] *tr* **1.** *(merce)* in Kisten verpacken; **2.** *(tubatura)* legen; **3.** *(pietra, etc.)* einfassen; *(fiume)* eindämmen; **4.** *com* (ein)kassieren; **5.** *(colpi)* hinnehmen, einstecken. **incassatore, -trice** [...sa'to:re] *m, f sport* Nehmer *m.* **incasso** [iŋ'kasso] *m* Einnahme *f; com* Inkasso *n;* **realizzare un forte ~** hohe Einnahmen verbuchen können.

incastonare [iŋkasto'na:re] *tr* (ein)fassen. **incastonatura** [...na'tu:ra] *f* (Ein)fassung *f.*

incastrare [iŋkas'tra:re] **I.** *tr* **1.** *tec* verbinden; **2.** *fam (coinvolgere)* hineinziehen; *(intrappolare)* verwickeln; **II.** *itr* ineinanderpassen, ineinandergreifen; **III.** *rfl:* **-arsi** sich verklemmen; *(incunearsi)* sich verkeilen; *(conficcarsi)* eindringen; *(bloccarsi)* klemmen. **incastro** [iŋ'kastro] *m tec* Verbindung *f; (cavità)* Einschnitt *m.*

incatenare [iŋkate'na:re] *tr* **1.** *(legare con catene)* anketten; *(persona)* in Ketten legen; **2.** *(chiudere con catene)* mit einer Kette absperren; **3.** *fig (soggiogare)* fesseln; *(legare strettamente)* festbinden; **4.** *fig (limitare)* einengen.

incatramare [iŋkatra'ma:re] *tr* (ein)teeren.

incattivire [iŋkatti'vi:re] ‹incattivisco› **I.** *tr* ‹*avere*› böse machen; **II.** *itr* ‹*essere*›, *rfl:* **-irsi** sich erbosen.

incauto, -a [iŋ'ka:uto] *a* unvorsichtig; *(avventato)* unüberlegt.

incavare [iŋka'va:re] *tr* aushöhlen. **incavato, -a** [...'va:to] *a* **1.** ausgehöhlt; **2.** *fig (occhi)* tiefliegend; *(guance)* hohl, eingefallen. **incavatura** [...va'tu:ra] *f* Aushöhlung *f.* **incavo** [iŋ'ka:vo] *m* Aushöhlung *f; (di abiti)* Ausschnitt *m;* **~ della manica** Ärmelausschnitt *m.*

incavolarsi [iŋkavo'larsi] *rfl fam* fuchsteufelswild werden *fam;* **mi fai incavolare!** du bringst mich auf die Palme! *fam.*

incazzarsi [iŋkat'tsarsi] *rfl vulg* an die Decke gehen *fam.*

incedere [in'tʃɛ:dere] ‹incedo, incessi *o* incedei *o* incedetti, incesso› *itr lett* (einher)schreiten *geh.*

incendiare [intʃen'di̯a:re] ‹incendio, incendi› **I.** *tr* **1.** *(bruciare)* anzünden, in Brand setzen (*o* stecken); **2.** *fig (infiammare)* entflammen; **II.** *rfl:* **-arsi** sich entzünden, in Brand geraten; *(prendere fuoco)* Feuer fangen. **incendiario, -a** [...'di̯a:ri̯o] ‹-i, -ie› **I.** *a* Brand-; **bombe -ie** Brandbomben *f pl;* **II.** *m, f* Brandstifter(in) *m(f).*

incendio [in'tʃɛndi̯o] ‹-i› *m* Brand *m,* Feuer *n;* **~ doloso** Brandstiftung *f.*

incenerimento [intʃeneri'mento] *m* Einäscherung *f;* **~ delle immondizie** Müllverbrennung *f.* **incenerire** [...'ri:re] ‹incenerisco› **I.** *tr* **1.** *(ridurre in cenere)* einäschern; **2.** *chem* veraschen; **II.** *rfl:* **-irsi** zu Asche werden. **inceneritore** [...ri'to:re] *m* Müllverbrennungsanlage *f.*

incensare [intʃen'sa:re] *tr* **1.** *rel* beweihräuchern, mit Weihrauch erfüllen; **2.** *fig (adulare)* beweihräuchern. **incensata** [...'sa:ta] *f (a. fig)* Beweihräucherung *f.* **incensatore, -trice** [...sa'to:re] *m, f* Schmeichler(in) *m(f),* Schöntuer(in) *m(f).* **incensiere** [...'si̯ɛ:re] *m* Weihrauchfaß *n.* **incenso** [in'tʃɛnso] *m* Weihrauch *m.*

incensurabile [intʃensu'ra:bile] *a (comportamento)* tadellos; *(persona)* untadelig. **incensurato, -a** [...'ra:to] *a jur* nicht vorbestraft.

incentivare [intʃenti'va:re] *tr* anregen; *(incrementare)* ankurbeln. **incentivazione** [...vat'tsi̯o:ne] *f* Anregung *f;*

(incremento) Ankurb(e)lung *f.* **incentivo** [...ˈti:vo] *m* Anreiz *m; (stimolo)* Anregung *f.*

incentrarsi [intʃenˈtrarsi] *rfl lett* sich in den Mittelpunkt stellen.

inceppare [intʃepˈpa:re] **I.** *tr* (be)hindern; **II.** *rfl:* **-arsi** *tec* blockieren.

incerata [intʃeˈra:ta] *f* Wachstuch *n.*

incertezza [intʃerˈtettsa] *f* **1.** *(mancanza di certezza)* Ungewißheit *f;* **2.** *(esitazione)* Unsicherheit *f; (indecisione)* Unentschlossenheit *f;* **avere un momento d'~** einen Augenblick unsicher sein.

incerto, -a [inˈtʃɛrto] **I.** *a* **1.** *(non sicuro)* ungewiß; *(a. persona)* unsicher; *(non chiaro)* unklar; *(data)* nicht feststehend; *(tempo)* unbeständig; **2.** *(esitante)* unsicher, unschlüssig; **3.** *(vago)* undeutlich; *(indistinto)* unscharf; *(colore)* verschwommen; *(luce)* schumm(e)rig; **II.** *m* **1.** *(incidente)* unvorhersehbarer Fall; **2.** ‹*pl*› *fin* Nebeneinkünfte *f pl.*

incespicare [intʃespiˈka:re] ‹incespico, incespichi› *itr* **1.** *(inciampare)* stolpern (*in* über); **2.** *fig* stocken (*in* bei); **~ nel leggere/parlare** stockend lesen/sprechen.

incessante [intʃesˈsante] *a* unaufhörlich, ununterbrochen; *(pioggia)* anhaltend.

incessi [inˈtʃɛssi] *p rem di* **incedere.**

incesso [inˈtʃɛsso] *pp di* **incedere.**

incesto [inˈtʃɛsto] *m* Inzest *m,* Blutschande *f.* **incestuoso, -a** [intʃestuˈo:so] *a* inzestuös.

incetta [inˈtʃɛtta] *f* Vorrats-, Großein-, Hamsterkauf *m;* **fare ~ di zucchero** einen großen Zuckervorrat kaufen. **incettare** [intʃetˈta:re] *tr* auf Vorrat kaufen, hamstern *fam.* **incettatore, -trice** [...taˈto:re] *m, f* Großeinkäufer(in) *m(f),* Hamsterer *m fam,* Hamsterin *f fam.*

inchiesta [iŋˈkiɛsta] *f* **1.** *jur* Ermittlung *f,* Untersuchung *f;* **2.** *(giornalistica)* Bericht *m; (indagine)* Nachforschung *f;* **3.** *soc* Umfrage *f; (rilevamento)* Erhebung *f;* **svolgere un'~** Nachforschungen anstellen.

inchinare [iŋkiˈna:re] **I.** *tr* neigen; *(corpo)* beugen; *(abbassare)* senken; **~ la fronte** den Kopf senken; **II.** *rfl:* **-arsi** **1.** *(per riverenza)* sich verneigen (*a* vor), sich verbeugen (*a* vor); **2.** *fig (cedere)* sich beugen (*a qc* einer S. *dat*); *(sottomettersi)* sich fügen (*a* in). **inchino** [iŋˈki:no] *m* Verneigung *f,* Verbeugung *f.*

inchiodare [iŋkioˈda:re] **I.** *tr* **1.** *(fissare con chiodi)* an-, festnageln; **2.** *fig (immobilizzare)* festhalten; *(incatenare)* fesseln; **~ una cassa** eine Kiste zunageln; **~ alla croce** ans Kreuz nageln; **II.** *rfl:* **-arsi** stehenbleiben; *(bloccarsi)* blockieren.

inchiostro [iŋˈkiɔstro] *m* Tinte *f;* **~ di china** (Auszieh)tusche *f;* **~ da stampa** Druckerfarbe *f,* Druckerschwärze *f;* **~ simpatico** Geheimtinte *f.*

inciampare [intʃamˈpa:re] *itr* ‹*essere o avere*› anstoßen (*in* an); *(incespicare)* stolpern (*in* über). **inciampo** [inˈtʃampo] *m* Hindernis *n,* Hemmnis *n.*

incidentale [intʃidenˈta:le] *a* **1.** *(casuale)* zufällig; **2.** *(secondario)* nebensächlich, Neben-; **3.** *jur* Inzidenz-; **un fatto ~** eine Nebensächlichkeit.

incidente[1] [intʃiˈdɛnte] *a mat, opt* Einfalls-, Inzidenz-.

incidente[2] [intʃiˈdɛnte] *m (infortunio)* Unfall *m,* Unglück *n; (contrattempo)* Zwischenfall *m; (episodio)* Vorfall *m.*

incidenza [intʃiˈdɛntsa] *f mat, opt* Einfall *m;* **angolo d'~** Einfallswinkel *m.*

incidere[1] [inˈtʃi:dere] ‹incido, incisi, inciso› *itr (gravare)* belasten (*su qc* etw.); *(ripercuotersi)* sich auswirken (*su* auf).

incidere[2] [inˈtʃi:dere] ‹incido, incisi, inciso› *tr* **1.** *(tagliare)* ein-, aufschneiden; **2.** *(intagliare)* (ein)ritzen; *(scolpire)* (ein)gravieren; **3.** *(registrare)* aufzeichnen, aufnehmen; *(canzone, disco)* aufnehmen; **4.** *fig (imprimere)* einprägen (*in* in); **~ il legno** (in Holz) schnitzen; **~ la pietra** (in Stein) hauen; **~ su nastro magnetico** auf Tonband aufzeichnen.

incinta [inˈtʃinta] *a* schwanger; **è ~ di quattro mesi** sie ist im vierten Monat schwanger; **rimanere ~** schwanger werden.

incipiente [intʃiˈpiɛnte] *a* beginnend; **calvizie ~** erste Anzeichen einer Glatze.

incipriare [intʃiˈpria:re] ‹incipri‍o, incipri› **I.** *tr* (ein)pudern; **II.** *rfl:* **-arsi** sich (ein)pudern.

incirca [inˈtʃirka] *adv:* **all'~** ungefähr, etwa.

incisi [inˈtʃi:zi] *p rem di* **incidere.**

incisione [intʃiˈzio:ne] *f* **1.** *(taglio)* (Ein)schnitt *m;* **2.** *(arte)* Gravierung *f;* **3.** *(disegno)* Gravur *f,* Stich *m;* **4.** *(registrazione)* Aufnahme *f;* **~ all'acquaforte** Radierung *f;* **~ in legno** Holzschnitt *m;* **~ su rame** Kupferstich *m;* **~ su disco/nastro magnetico** Schallplatten-/Tonbandaufnahme *f.*

incisività [intʃiziviˈta] ‹-› *f (efficacia)* Einprägsamkeit *f.* **incisivo, -a** [...ˈzi:vo] **I.** *a* **1.** *(dente)* Schneide-; **2.** *fot* scharf, klar; **3.** *fig (stile, parole)* einprägsam, wirkungsvoll; **II.** *m* Schneidezahn *m.*

inciso, -a [inˈtʃi:zo] **I.** *pp di* **incidere;** **II.** *m* Einschiebsel *n,* eingeschobener Satz(teil); **per ~** nebenbei.

incisore [intʃiˈzo:re] *m* Graveur(in) *m(f);* **~ in legno** Holzschneider(in) *m(f);* **~ in pietra** Bildhauer(in) *m(f).*

incitamento [intʃitaˈmento] *m* Anreiz *m* (*per, a* zu); *(stimolo)* Anregung *f* (*per,*

a zu). **incitare** [...'ta:re] *tr* anregen; *(spronare)* anspornen.
incivile [intʃi'vi:le] *a* **1.** *(barbaro, selvaggio)* unkultiviert, unzivilisiert; **2.** *(maleducato)* unhöflich; *(sgarbato)* unfreundlich; *(villano)* ungezogen; *(rozzo)* ungehobelt; *(grossolano)* grob. **incivilire** [...vi'li:re] ‹incivilisco› **I.** *tr* zivilisieren; **II.** *rfl:* **-irsi** zivilisierter werden. **inciviltà** [...vil'ta] *f* Ungezogenheit *f; (maleducazione)* ungehobeltes Benehmen.
inclassificabile [iŋklassifi'ka:bile] *a* **1.** *(a scuola)* unzensierbar; **2.** *fig (scorretto)* unter aller Kritik; *(pessimo)* denkbar (*o* äußerst) schlecht.
inclemente [iŋkle'mɛnte] *a* **1.** *(inflessibile)* erbarmungslos, unerbittlich; **2.** *fig (avverso)* widrig, ungünstig; *(clima)* rauh. **inclemenza** [...'mɛntsa] *f* **1.** *(di giudice, sentenza)* Erbarmungslosigkeit *f,* Unerbittlichkeit *f;* **2.** *(di clima)* Rauheit *f.*
inclinabile [iŋkli'na:bile] *a* (schräg) verstellbar; *(ribaltabile)* kippbar.
inclinare [iŋkli'na:re] **I.** *tr* neigen, schräg stellen; **II.** *rfl:* **-arsi** sich neigen, sich beugen. **inclinazione** [...nat'tsi̯o:ne] *f* **1.** *(pendenza)* Neigung *f; (piano obliquo)* Schräge *f; (di strada, etc.)* Gefälle *n; mat* Neigung *f; phys* Inklination *f; tec* Schrägstellung *f;* **2.** *fig (propensione)* Neigung *f* (*a* zu), Hang *m* (*a* zu); *(capacità naturale)* Veranlagung *f* (*a* zu). **incline** [iŋ'kli:ne] *a* neigend (*a* zu), geneigt (*a* zu).
includere [iŋ'klu:dere] ‹includo, inclusi, incluso› *tr* **1.** *(inserire)* einfügen; **2.** *(comprendere)* einschließen, einbeziehen; **3.** *(implicare, racchiudere)* (mit) einbegreifen; **4.** *(accludere)* beifügen, -legen.
inclusivo, -a [...'zi:vo] *a* einschließlich, inbegriffen.
incluso [iŋ'klu:zo] *pp di* **includere.**
incoerente [iŋkoe'rɛnte] *a* **1.** *(contraddittorio)* widersprüchlich; *(discorso, etc.)* unzusammenhängend, zusammenhang(s)los, inkohärent; *(persona)* inkonsequent; **2.** *phys* inkohärent. **incoerenza** [...'rɛntsa] *f* **1.** *(contraddizione)* Widersprüchlichkeit *f; (incongruenza)* Zusammenhang(s)losigkeit *f,* Inkohärenz *f geh; (illogicità)* Inkonsequenz *f;* **2.** *phys* Inkohärenz *f.*
incognita [iŋ'kɔɲɲita] *f* **1.** *mat* Unbekannte *f,* unbekannte Größe; **2.** *fig* unvorhersehbare (*o* ungewisse) Angelegenheit; **quel viaggio è un'~** das ist eine Reise ins Ungewisse. **incognito, -a** [...to] **I.** *a* unbekannt; **II.** *m* Inkognito *n;* **viaggiare in ~** inkognito reisen.
incollare [iŋkol'la:re] **I.** *tr* **1.** *(attaccare)* auf-, ankleben; *(~ parti insieme)* zusammenkleben; **2.** *fig* (fest)kleben; **II.** *rfl:* **-arsi 1.** *(attaccarsi)* festkleben (*a* an); **2.** *fig (appiccicarsi)* sich anklammern (*a* an). **incollatura** [...la'tu:ra] *f* **1.** *(operazione dell'incollare)* Ankleben *n,* Anleimen *n;* **2.** *(punto incollato)* Klebestelle *f.*
incollerire [iŋkolle'ri:re] ‹incollerisco› *itr* ‹*essere*›, *rfl:* **-irsi** sich erzürnen, in Zorn geraten.
incolmabile [iŋkol'ma:bile] *a* unausfüllbar.
incolonnare [iŋkollo'na:re] **I.** *tr* **1.** *(cifre, etc.)* in Spalten (untereinander) schreiben; **2.** *(persone)* in Reih und Glied aufstellen; **II.** *rfl:* **-arsi** sich in Reih und Glied aufstellen.
incolore [iŋko'lo:re] *a* **1.** *(senza colore)* farblos; **2.** *fig (scialbo)* farblos; *(noioso)* langweilig.
incolpare [iŋkol'pa:re] *tr* beschuldigen (*qu di qc* jdn einer S. *gen*); *(rendere responsabile)* verantwortlich machen (*qu di qc* jdn für etw.).
incolto, -a [iŋ'kolto] *a* **1.** *(terreno)* unbestellt, brach; **2.** *fig (non curato)* ungepflegt; *(trascurato)* vernachlässigt; **3.** *fig (ignorante)* ungebildet; *(senza cultura)* unkultiviert.
incolume [iŋ'kɔ:lume] *a* unversehrt; *(cosa)* unbeschädigt.
incombente [iŋkom'bɛnte] *a* bevorstehend; *(pericolo a.)* drohend.
incombenza [iŋkom'bɛntsa] *f* Auftrag *m.*
incombere [iŋ'kombere] ‹incombo, incombei *o* incombetti, *manca il pp*› *itr* bevorstehen; *(sovrastare minaccioso)* drohend hängen (*su* über).
incombustibile [iŋkombus'ti:bile] *a* nicht brennbar; *(resistente al fuoco)* feuerfest.
incominciare [iŋkomin'tʃa:re] **I.** *tr* ‹*avere*› beginnen, anfangen; **II.** *itr* ‹*essere o avere*› beginnen, anfangen.
incomodare [iŋkomo'da:re] **I.** *tr (disturbare)* stören; *(dare incomodo)* Umstände bereiten (*o* machen) (*qu* jdm); **II.** *rfl:* **-arsi** sich bemühen, sich *(dat)* Umstände machen; **non s'incomodi!** machen Sie sich *(dat)* keine Umstände! **incomodo** [iŋ'kɔ:modo] *m* Störung *f; (disagio)* Beschwerlichkeit *f;* **essere d'~ per qu** jdm unbequem sein; **levare l'~** nicht länger stören wollen; **scusi l'~** entschuldigen Sie die Störung.
incomparabile [iŋkompa'ra:bile] *a* unvergleichlich.
incompatibile [iŋkompa'ti:bile] *a (a. chem)* unverträglich; *inform* nicht kompatibel; *(inconciliabile)* unvereinbar (*con* mit). **incompatibilità** [...tibili'ta] ‹-› *f* Unvereinbarkeit *f* (*con* mit); *chem, med, bot* Unverträglichkeit *f;* **~ di carattere** unüberwindliche Abneigung.
incompetente [iŋkompe'tɛnte] **I.** *a* **1.** *(inesperto)* nicht kompetent, inkompetent; **2.** *jur* nicht zuständig, nicht

kompetent; **3.** *pej* untüchtig; *(incapace)* unfähig; **II.** *mf* Laie *m*, Nichtfachmann *m*. **incompetenza** [...'tɛntsa] *f* **1.** *(ignoranza)* Unkenntnis *f*; *(mancanza di competenza)* Inkompetenz *f*; **2.** *jur* Unzuständigkeit *f*.

incompiuto, -a [iŋkom'pi̯u:to] *a* unvollendet.

incompleto, -a [iŋkom'plɛ:to] *a* unvollständig.

incomprensibile [iŋkompren'si:bile] *a* unverständlich. **incomprensione** [...'si̯o:ne] *f* Unverständnis *n*; *(mancanza di comprensione)* Verständnislosigkeit *f*. **incompreso, -a** [...'pre:so] *a* unverstanden; *(genio a.)* verkannt.

incomunicabile [iŋkomuni'ka:bile] *a* nicht mitteilbar.

inconcepibile [iŋkontʃe'pi:bile] *a* undenkbar; *(inimmaginabile)* unvorstellbar; *(incomprensibile)* unfaßbar, unbegreiflich.

inconciliabile [iŋkontʃi'li̯a:bile] *a* unversöhnlich; *fig* unvereinbar.

inconcludente [iŋkoŋklu'dɛnte] *a* *(discorso)* zusammenhang(s)los; *(vano)* unnütz, furchtlos; *(persona)* unbeständig.

incondizionato, -a [iŋkondittsi̯o'na:to] *a* bedingungslos.

inconfondibile [iŋkonfon'di:bile] *a* unverwechselbar; *fig* unverkennbar.

inconfutabile [iŋkonfu'ta:bile] *a* unwiderlegbar; *(incontestabile)* unanfechtbar.

incongruente [iŋkoŋgru'ɛnte] *a* nicht übereinstimmend; *(contraddittorio)* widersprüchlich. **incongruenza** [...'ɛntsa] *f* Nichtübereinstimmung *f*; *(contraddizione)* Widerspruch *m*.

inconsapevole [iŋkonsa'pe:vole] *a* unbewußt; *(ignaro)* ahnungslos.

inconscio, -a [iŋ'kɔnʃo] ‹-sci, -scie *o* -sce› **I.** *a* unbewußt; **II.** *m* Unbewußte(s) *n*.

inconseguente [iŋkonse'gu̯ɛnte] *a* inkonsequent. **inconseguenza** [...'gu̯ɛntsa] *f* Inkonsequenz *f*.

inconsistente [iŋkonsis'tɛnte] *a* **1.** *(senza fondamento)* unhaltbar; *(persona)* haltlos; **2.** *fig* nicht existent. **inconsistenza** [...'tɛntsa] *f* **1.** *(infondatezza)* Unhaltbarkeit *f*; *(di persona)* Haltlosigkeit *f*; **2.** *fig* Nichtvorhandensein *n*.

inconsolabile [iŋkonso'la:bile] *a* untröstlich.

inconsueto, -a [iŋkonsu'ɛ:to] *a* ungewohnt; *(insolito)* ungewöhnlich.

inconsulto, -a [iŋkon'sulto] *a* unbesonnen.

incontaminato, -a [iŋkontami'na:to] *a* unbefleckt; *(non infestato)* unverseucht.

incontentabile [iŋkonten'ta:bile] *a* ungenügsam; *(insaziabile)* unstillbar; *(esigente)* anspruchsvoll; *(persona mai contenta)* immer unzufrieden.

incontestabile [iŋkontes'ta:bile] *a* unbestreitbar. **incontestato, -a** [...'ta:to] *a* unbestritten.

incontinenza [iŋkonti'nɛntsa] *f* **1.** *(smodatezza)* Zügellosigkeit *f*; **2.** *med* Inkontinenz *f*.

incontrare [iŋkon'tra:re] **I.** *tr* **1.** *gener.* treffen (*qu* jdn), begegnen (*qu* jdm); **2.** *(trovarsi di fronte a)* gegenüberstehen (*qc* einer S. *dat*); **3.** *(trovare)* finden; *(imbattersi)* stoßen auf; *(successo)* haben; **4.** *sport* treffen auf; **II.** *itr (avere successo)* Erfolg haben; *(piacere)* gefallen; *(essere gradito)* ansprechen (*a qu* jdn); **III.** *rfl:* **-arsi 1.** *gener.* sich treffen, sich begegnen; *(vedersi con qu a.)* sich sehen; **2.** *(incappare)* geraten (*in* an); **3.** *fig (conoscersi)* sich kennenlernen; **4.** *sport* antreten (*con* gegen).

incontrario [iŋkon'tra:ri̯o] *adv:* **all'~** *fam* verkehrt (*o* falsch) herum.

incontrastato, -a [iŋkontras'ta:to] *a* unangefochten; *(indiscusso)* unbestritten.

incontro[1] [iŋ'kontro] **I.** *adv* entgegen; **mi corse ~** er (*o* sie) lief mir entgegen; **II.** *prp:* **~ a** auf *acc* ... zu; **farsi ~ a qu** auf jdn zugehen; **venire ~ a qu** *fig* jdm entgegenkommen.

incontro[2] [iŋ'kontro] *m* **1.** *(di persone)* Begegnung *f*; *(convegno)* Zusammenkunft *f*, Treffen *n*; **2.** *sport* Begegnung *f*; *(partita)* Spiel *n*; *(box, etc.)* Kampf *m*; **fissare un ~** einen Termin (für ein Treffen) ausmachen.

inconveniente [iŋkonve'ni̯ɛnte] *m* Unannehmlichkeit *f*; *(difficoltà)* Schwierigkeit *f*.

incoraggiamento [iŋkoraddʒa'mento] *m* Ermutigung *f*. **incoraggiare** [...'dʒa:re] ‹incoraggio, incoraggi› *tr* ermutigen (*a* zu); *(fig a.)* unterstützen; *(favorire)* fördern.

incorniciare [iŋkorni'tʃa:re] ‹incornicio, incornici› *tr* **1.** *(quadro)* (ein)rahmen; **2.** *fig* umrahmen.

incoronare [iŋkoro'na:re] *tr* krönen; *(inghirlandare)* bekränzen. **incoronazione** [...nat'tsi̯o:ne] *f* Krönung *f*.

incorporare [iŋkorpo'ra:re] *tr* **1.** *(più elementi)* vermengen; **2.** *fig (annettere)* einverleiben; *(inserire)* eingliedern.

incorporeo, -a [iŋkor'pɔ:reo] *a* körperlos; *fig* zart, durchscheinend.

incorreggibile [iŋkorred'dʒi:bile] *a* unkorrigierbar; *fig* unverbesserlich.

incorrere [iŋ'korrere] ‹*irr*› *itr* ‹*essere*› verfallen (*in qc* einer S. *dat*); **è incorso in un errore** ihm ist ein Irrtum unterlaufen; **~ in un pericolo** ein Risiko eingehen.

incorruttibile [iŋkorrut'ti:bile] *a*

1. *(inalterabile)* unverderblich; 2. *fig (persona)* unbestechlich.

incosciente [iŋkoʃ'ʃɛnte] I. *a* 1. *(senza coscienza)* gewissenlos; *(irresponsabile)* verantwortungslos; 2. *med* bewußtlos; II. *mf* verantwortungslose (*o* gewissenlose) Person. **incoscienza** [...'ʃɛntsa] *f* 1. *(sventatezza)* Gewissenlosigkeit *f; (irresponsabilità)* Verantwortungslosigkeit *f;* 2. *med* Bewußtlosigkeit *f.*

incostante [iŋkos'tante] *a* unbeständig; *(volubile)* wankelmütig. **incostanza** [...'tantsa] *f* Unbeständigkeit *f; (volubilità)* Wankelmut *m.*

incostituzionale [iŋkostituttsi̯o'na:le] *a* verfassungswidrig.

incredibile [iŋkre'di:bile] *a* unglaublich.

incredulo, -a [iŋ'krɛ:dulo] I. *a* ungläubig; II. *m, f* Ungläubige(r) *mf.*

incrementare [iŋkremen'ta:re] *tr* steigern; *(fare prosperare)* fördern. **incremento** [...'mento] *m* Steigerung *f; (sviluppo)* Zunahme *f,* Zuwachs *m.*

increscioso, -a [iŋkreʃ'ʃo:so] *a* bedauerlich; *(sgradito)* lästig.

increspare [iŋkres'pa:re] *tr* 1. *(stoffa)* kräuseln; *(carta)* kreppen; 2. *(mare)* kräuseln.

incriminare [iŋkrimi'na:re] *tr jur* anklagen; *(incolpare)* beschuldigen.

incrinare [iŋkri'na:re] I. *tr* einen Sprung (*o* Sprünge) verursachen in (*o* an); *fig* schädigen; II. *rfl:* **-arsi** einen Riß (*o* Risse) bekommen. **incrinatura** [...na'tu:ra] *f* Sprung *m; (crepa)* Riß *m.*

incrociare [iŋkro'tʃa:re] ⟨incrocio, incroci⟩ I. *tr* 1. *gener., biol, zoo* kreuzen; *(gambe a.)* übereinanderschlagen; *(braccia)* verschränken; 2. *(incontrare)* treffen, begegnen (*qu* jdm); ~ **le armi** *fig* die Waffen kreuzen; ~ **le braccia** *fig* die Arbeit niederlegen, streiken; II. *itr* 1. *naut* kreuzen; 2. *aero* kreisen; III. *rfl:* **-arsi** sich kreuzen; *(incontrarsi)* sich treffen, sich begegnen. **incrociatore** [...tʃa'to:re] *m* Kreuzer *m.*

incrocio [iŋ'kro:tʃo] ⟨-ci⟩ *m* Kreuzung *f.*

incrollabile [iŋkrol'la:bile] *a* unerschütterlich; *(stabile)* fest.

incrostazione [iŋkrostat'tsi̯o:ne] *f* 1. *(formazione di crosta)* Verkrustung *f; (effetto)* Kruste *f;* 2. *(sedimento)* Belag *m;* 3. *(per ornamento)* Inkrustation *f.*

incrudelire [iŋkrude'li:re] ⟨incrudelisco⟩ *itr* 1. ⟨*avere*⟩ *(infierire)* wüten; *(essere crudele)* grausam sein (*su* gegen); 2. ⟨*essere*⟩ *(diventare malvagio)* grausam werden.

incubatrice [iŋkuba'tri:tʃe] *f* 1. *(per uova)* Brutapparat *m;* 2. *(per neonati)* Brutkasten *m.* **incubazione** [...bat'tsi̯o:ne] *f* 1. *(cova)* Brüten *n; (periodo)* Brutzeit *f;* 2. *med* Inkubation *f.*

incubo ['iŋkubo] *m* 1. *(da sogni, a. fig)* Alptraum *m;* 2. *fig (paura)* Angst *f,* Alpdruck *m; (persona)* Schreckgespenst *n;* **l'~ degli esami** die Prüfungsangst.

incudine [iŋ'ku:dine] *f* Amboß *m.*

inculcare [iŋkul'ka:re] ⟨inculco, inculchi⟩ *tr* einschärfen.

incunearsi [iŋkune'arsi] *rfl* sich einkeilen; *(inserirsi a forza)* eindringen.

incurabile [iŋku'ra:bile] *a* unheilbar; *fig* unverbesserlich.

incurante [iŋku'rante] *a* unbekümmert (*di* gegenüber, um); *(indifferente)* gleichgültig (*di* gegenüber).

incuriosire [iŋkuri̯o'si:re] ⟨incuriosisco⟩ I. *tr* neugierig machen; II. *rfl:* **-irsi** neugierig werden.

incursione [iŋkur'si̯o:ne] *f* Einfall *m; (attacco)* Angriff *m; (per rapina)* Überfall *m.*

incurvare [iŋkur'va:re] I. *tr* (durch)biegen; *(curvare)* krümmen; ~ **la schiena** *fig* dienern; II. *rfl:* **-arsi** sich beugen; *(piegarsi)* sich biegen.

incussi [iŋ'kussi] *p rem di* **incutere.**

incusso [iŋ'kusso] *pp di* **incutere.**

incustodito, -a [iŋkusto'di:to] *a* unbeaufsichtigt; *(parcheggio)* unbewacht; **passaggio a livello ~** unbeschrankter Bahnübergang.

incutere [iŋ'ku:tere] ⟨incuto, incussi, incusso⟩ *tr* einflößen (*qc a qu* jdm etw.); *(spavento a.)* einjagen (*qc a qu* jdm etw.).

indaco ['indako] I. ⟨*inv*⟩ *a* indigoblau, Indigo-; II. ⟨-chi⟩ *m* Indigo *m o n.*

indaffarato, -a [indaffa'ra:to] *a* vielbeschäftigt.

indagare [inda'ga:re] ⟨indago, indaghi⟩ I. *tr* erforschen; II. *itr* ermitteln (*su* in), eine Untersuchung durchführen (*su* über). **indagatore, -trice** [...ga'to:re] I. *a* forschend; II. *m, f* (Er)forscher(in) *m(f).* **indagine** [in'da:dʒine] *f* Untersuchung *f; jur* Ermittlung *f; (ricerca)* Erforschung *f.*

indebitarsi [indebi'tarsi] *rfl* sich verschulden.

indebito, -a [in'de:bito] *a (onori)* unverdient; *(accusa)* unbegründet; *(appropriazione)* widerrechtlich.

indebolimento [indeboli'mento] *m* Schwächung *f.* **indebolire** [...'li:re] ⟨indebolisco⟩ I. *tr* schwächen; II. *rfl:* **-irsi** schwach werden.

indecente [inde'tʃɛnte] *a* unanständig; *(disdicevole)* unschicklich. **indecenza** [...'tʃɛntsa] *f* Unanständigkeit *f; (vergogna)* Schande *f.*

indecifrabile [indetʃi'fra:bile] *a* 1. *(scrittura)* unentzifferbar; *(codice, etc.)* undechiffrierbar; **2.** *fig (oscuro)* unerforschlich.

indecisione [indetʃi'zi̯o:ne] *f* Unentschlossenheit *f.* **indeciso, -a** [...'tʃi:zo] *a* **1.** *(irresoluto)* unentschlossen, unschlüssig; **2.** *fig (incerto)* verschwommen; *(tempo)* unbeständig; *(situazione, etc.)* unsicher.

indecoroso, -a [indeko'ro:so] *a* ungehörig; *(disdicevole)* unschicklich.

indefesso, -a [inde'fɛsso] *a* unermüdlich.

indefinibile [indefi'ni:bile] *a* undefinierbar; *(inspiegabile)* unerklärlich; *(inesprimibile)* unsagbar. **indefinito, -a** [...'ni:to] *a* **1.** *(indeterminato)* unbestimmt; *(spazio)* unbegrenzt; **2.** *gram* unbestimmt, indefinit; **3.** *(non risolto)* ungelöst.

indegnità [indeɲɲi'ta] ‹-› *f* Unwürdigkeit *f.* **indegno, -a** [in'deɲɲo] *a* unwürdig.

indelebile [inde'lɛ:bile] *a* **1.** *(non cancellabile)* unauslöschbar; *(colore)* echt; *(inchiostro)* dokumentenecht; **2.** *fig (indimenticabile)* unauslöschlich.

indelicato, -a [indeli'ka:to] *a* taktlos.

indemoniato, -a [indemo'ni̯a:to] **I.** *a* **1.** *(ossesso)* (vom Teufel) besessen; **2.** *fig (furioso)* rasend; **un ragazzino ~** *scherz* ein Wildfang *m;* **II.** *m, f* **1.** *(ossesso)* Besessene(r) *mf;* **2.** *fig (energumeno)* Besessene(r) *mf,* Rasende(r) *mf.*

indenne [in'dɛnne] *a* **1.** *(incolume)* unverletzt, unversehrt; **2.** *(senza danni)* schadensfrei.

indennità [indenni'ta] ‹-› *f* **1.** *(attribuzione patrimoniale)* Vergütung *f;* **2.** *(risarcimento)* Schadensersatz *m,* Entschädigung *f;* **~ di buonuscita** Abfindung *f;* **~ di contingenza** Teuerungszulage *f;* **~ di trasferta** Reisekostenvergütung *f.* **indennizzare** [...d'dza:re] *tr* entschädigen (*di* für). **indennizzo** [...'niddzo] *m* Entschädigung *f* (*di* für).

inderogabile *a* unabdingbar.

indescrivibile [indeskri'vi:bile] *a* unbeschreiblich.

indesiderabile, indesiderato, -a [indeside'ra:bile, ...'ra:to] *a* unerwünscht.

indeterminatezza [indetermina'tettsa] *f* Unbestimmtheit *f; (irrisolutezza)* Unentschiedenheit *f.* **indeterminativo** [...a'ti:vo] *a (a. gram)* unbestimmt. **indeterminato, -a** [...'na:to] *a* unbestimmt; *(vago)* vage; **articolo ~** unbestimmter Artikel.

indeuropeo [indeuro'pɛ:o] *v.* **indoeuropeo.**

India ['indi̯a] *f* Indien *n.* **indiano, -a** [in'di̯a:no] **I.** *a* **1.** *(dell'India)* indisch; **2.** *(d'America)* indianisch, Indianer-; **II.** *m, f* **1.** *(dell'India)* Inder(in) *m(f);* **2.** *(pellerossa)* Indianer(in) *m(f).*

indiavolato, -a [indi̯avo'la:to] *a* besessen, vom Teufel geritten; **rumore ~** Höllenlärm *m.*

indicare [indi'ka:re] ‹indico, indichi› *tr* **1.** *(mostrare, additare)* zeigen auf; **2.** *tec* (an)zeigen, angeben; **3.** *(consigliare)* empfehlen; *(nomi, dati, etc.)* nennen, angeben; **4.** *(denotare, rivelare)* zeugen von, zeigen. **indicativo, -a** [...ka'ti:vo] **I.** *a* hinweisend; *(sintomatico)* bezeichnend; **modo ~** Indikativ *m;* **prezzo ~** Preisempfehlung *f;* **II.** *m* Indikativ *m.* **indicato, -a** [...'ka:to] *a* angezeigt; *(adatto)* geeignet. **indicatore, -trice** [...ka'to:re] **I.** *a* Hinweis-, Anzeige-; **cartello ~** Verkehrsschild *n,* -zeichen *n;* **II.** *m* Anzeiger *m,* Indikator *m.* **indicazione** [...kat'tsi̯o:ne] *f* **1.** *(atto)* (An)zeigen *n;* **2.** *(dato, notizia)* Angabe *f;* **3.** *(informazione, cenno)* Hinweis *m; (direttiva)* Weisung *f; (istruzione)* Anleitung *f.*

indice ['inditʃe] *m* **1.** *anat* Zeigefinger *m;* **2.** *tec* Zeiger *m;* **3.** *fig (indizio)* (An)zeichen *n;* **4.** *(elenco)* Verzeichnis *n; rel* Index *m;* **5.** *mat* Index *m;* **6.** *(in statistica)* Index *m; phys, com* Kennzahl *f;* **~ analitico** Sachregister *n;* **~ di gradimento** Einschaltquote *f;* **mettere all'~** auf den Index setzen.

indicibile [indi'tʃi:bile] *a* unsagbar.

indietreggiare [indi̯etred'dʒa:re] ‹indietreggio, indietreggi› *itr* ‹*essere o avere*› zurückweichen.

indietro [in'di̯ɛ:tro] *adv* zurück; **tornare ~** zurückkehren; **voltarsi ~** sich umdrehen; **essere ~ con il lavoro** mit der Arbeit im Rückstand sein; **l'orologio è ~** die Uhr geht nach; **all' ~** rückwärts.

indifeso, -a [indi'fe:so] *a* wehrlos; *(non protetto)* ungeschützt.

indifferente [indiffe'rɛnte] *a* **1.** *gener.* gleichgültig (*a* gegenüber); **2.** *(irrilevante)* einerlei, gleich. **indifferenza** [...'rɛntsa] *f* Gleichgültigkeit *f; (non partecipazione)* Teilnahmslosigkeit *f.*

indigeno, -a [in'di:dʒeno] **I.** *a (popolazione, cucina, etc.)* einheimisch; *(di colonia, etc. a.)* eingeboren; *(flora, fauna)* heimisch; **II.** *m, f* Einheimische(r) *mf; (di colonia, etc. a.)* Eingeborene(r) *mf.*

indigente [indi'dʒɛnte] **I.** *a* notleidend; *(povero)* bedürftig; **II.** *mf* Notleidende(r) *mf; (povero)* Bedürftige(r) *mf.* **indigenza** [...'dʒɛntsa] *f* Not *f,* Elend *n.*

indigestione [indidʒes'ti̯o:ne] *f* Verdauungsstörung *f.*

indigesto, -a [indi'dʒɛsto] *a* unverdaulich.

indignare [indiɲ'ɲa:re] **I.** *tr* entrüsten, empören; **II.** *rfl:* **-arsi** sich entrüsten (*per* wegen, über), sich empören (*per* wegen, über). **indignazione** [...ɲat'tsi̯o:ne] *f* Entrüstung *f,* Empörung *f.*

indimenticabile [indimenti'ka:bile] *a* unvergeßlich.
indipendente [indipen'dɛnte] **I.** *a* unabhängig; *(autonomo)* selbständig; **II.** *mf* Unabhängige(r) *mf.* **indipendenza** [...'dɛntsa] *f* Unabhängigkeit *f; (autonomia)* Selbständigkeit *f.*
indire [in'di:re] ‹*irr*› *tr* ansagen; *(concorso)* ausschreiben; *(assemblea)* einberufen; *(elezioni, conferenza)* anberaumen.
indiretto, -a [indi'rɛtto] *a* indirekt.
indirizzare [indirit'tsa:re] **I.** *tr* **1.** *(dirigere)* lenken; **2.** *fig (instradare)* lenken (*a* auf); *(mandare)* schicken; **3.** *(rivolgere)* richten (*a* an); **4.** *(corredare dell'indirizzo)* adressieren; **II.** *rfl:* **-arsi** **1.** *(rivolgersi)* sich wenden; *(dirigersi)* sich richten; **2.** *(per consiglio, aiuto)* sich wenden (*a* an, *per* wegen). **indirizzo** [...'rittso] *m* **1.** *(sulla corrispondenza)* Anschrift *f,* Adresse *f;* **2.** *fig (direzione, condotta)* Richtung *f.*
indisciplinato, -a [indiʃʃipli'na:to] *a* disziplinlos, undiszipliniert.
indiscreto, -a [indis'kre:to] *a* indiskret; *(senza tatto)* taktlos; *(importuno)* zudringlich, aufdringlich. **indiscrezione** [...ret'tsio:ne] *f* Indiskretion *f; (indelicatezza)* Taktlosigkeit *f; (importunità)* Auf-, Zudringlichkeit *f; (rivelazione)* Indiskretion *f.*
indiscusso, -a [indis'kusso] *a* unbestritten.
indispensabile [indispen'sa:bile] **I.** *a* unentbehrlich; *(necessario)* unerläßlich; **II.** *m* Allernötigste(s) *n.*
indispettire [indispet'ti:re] ‹indispettisco› **I.** *tr* ‹*avere*› (ver)ärgern; **II.** *itr* ‹*essere*›, *rfl:* **-irsi** sich ärgern.
indisponente [indispo'nɛnte] *a* ärgerlich.
indisporre [indis'porre] ‹*irr*› *tr* ärgern, verstimmen.
indisposizione [indispozit'tsio:ne] *f* Unwohlsein *n,* Unpäßlichkeit *f.* **indisposto, -a** [...'posto] *a* unpäßlich, unwohl.
indissolubile [indisso'lu:bile] *a* unauflösbar.
indistintamente [indistinta'mente] *adv* **1.** *(senza discriminazione)* unterschiedslos; **2.** *(vagamente)* unklar, vage.
indistinto, -a [...'tinto] *a* verschwommen; *(non chiaro)* undeutlich; *(vago)* vage.
indistruttibile [indistrut'ti:bile] *a* **1.** *gener.* unzerstörbar; *(materiale, stoffa a.)* unverwüstlich; **2.** *fig (fede)* unerschütterlich.
indisturbato, -a [indistur'ba:to] *a* ungestört; *(non ostacolato)* ungehindert.
indivia [in'di:via] ‹-ie› *f* Endivie *f.*
individuale [individu'a:le] **I.** *a* individuell, persönlich; **II.** *f sport* Einzelkampf *m.* **individualità** [...uali'ta] ‹-› *f* Individualität *f; (personalità)* Persönlichkeit *f.*
individuare [individu'a:re] *tr* **1.** *(riconoscere)* erkennen; *jur* identifizieren; **2.** *(determinare)* bestimmen; *(scoprire)* herausfinden.
individuo [indi'vi:duo] *m* **1.** *biol* (Einzel)wesen *n;* **2.** *(singolo)* Individuum *n,* Person *f; (uomo)* Mensch *m;* **3.** *pej (figuro)* Individuum *n,* Subjekt *n.*
indiviso, -a [indi'vi:zo] *a* ungeteilt.
indiziare [indit'tsia:re] ‹indizio, indizi› *tr* verdächtigen. **indizio** [in'dittsio] ‹-i› *m* Zeichen *n* (*di* für); *(a. jur)* Indiz *n* (*di* für).
indocile [in'dɔ:tʃile] *a* unfügsam.
indoeuropeo, -a [indoeuro'pɛ:o] **I.** *a* indoeuropäisch; **II.** *m* Indoeuropäisch(e) *n;* **III.** *m, f* Indoeuropäer(in) *m(f).*
indole ['indole] *f* Wesen *n,* Natur *f; (carattere)* Charakter *m.*
indolente [indo'lɛnte] *a* nachlässig; *(apatico)* träge. **indolenza** [...'lɛntsa] *f* Nachlässigkeit *f; (pigrizia)* Trägheit *f.*
indolenzito, -a [indolen'tsi:to] *a* eingeschlafen.
indolore [indo'lo:re] *a* schmerzlos.
indomani [indo'ma:ni] *m:* **l'**~ der darauffolgende Tag.
indoor ['indɔ:] ‹*inv*› *a sport* Hallen-.
indorare [indo'ra:re] *tr* **1.** *(rivestire d'oro)* mit Gold überziehen; *(a. fig)* vergolden; **2.** *gastr* vor dem Braten in geschlagenem Ei wälzen; **3.** *fig* versüßen.
indossare [indos'sa:re] *tr* **1.** *(avere indosso)* tragen, anhaben; **2.** *(mettersi indosso)* anziehen. **indossatore, -trice** [...sa'to:re] *m, f (uomo)* Dressman *m; (donna)* Mannequin *n.*
indosso [in'dɔsso] *adv* an, auf; **avere, mettersi** ~ *v.* **indossare.**
indotto, -a [in'dotto] **I.** *pp di* **indurre; II.** *a* induziert; **corrente -a** Neben-, Induktionsstrom *m.*
indottrinare [indottri'na:re] *tr* unterweisen.
indovina *f v.* **indovino.**
indovinare [indovi'na:re] **I.** *tr* **1.** *gener.* (er)raten; *(per intuito)* ahnen; **2.** *(azzeccare)* sich *(dat)* denken; **3.** *(pronosticare)* voraussehen; *(sentire)* (voraus)ahnen; **II.** *itr* raten; **tirare a** ~ *fam* auf gut Glück raten; **indovina un po' chi ha vinto?** rate mal, wer gewonnen hat? **indovinato, -a** [...'na:to] *a* geglückt, gelungen, gut. **indovinello** [...'nɛllo] *m* Rätsel *n.* **indovino, -a** [...'vi:no] *m, f* Wahrsager(in) *m(f).*
indubbio, -a [in'dubbio] *a* zweifelsfrei, unzweifelhaft.
induco [in'du:ko] *pr di* **indurre.**
indugiare [indu'dʒa:re] ‹indugio, indugi› **I.** *tr* verzögern, hinausschieben; **II.** *itr*

zögern, zaudern; **III.** *rfl:* **-arsi** verweilen *geh*, sich aufhalten. **indugio** [in'du:dʒo] ‹-gi› *m* Zögern *n*, Zaudern *n*; *(ritardo)* Verzug *m*, Verzögerung *f*; **senza ~** unverzüglich.

indulgente [indul'dʒɛnte] *a* nachsichtig. **indulgenza** [...'dʒɛntsa] *f* Nachsicht *f*.

indumento [indu'mento] *m* Kleidungsstück *n*.

indurire [indu'ri:re] ‹indurisco› **I.** *tr* ‹*avere*› (ver)härten, hart machen; **II.** *itr* ‹*essere*›, *rfl:* **-irsi 1.** *(diventar duro)* (sich) verhärten, hart werden; **2.** *fig* sich versteifen (*in* auf).

indurre [in'durre] ‹induco, indussi, indotto› *tr* bewegen (*a* zu), veranlassen (*a* zu); *pej* verleiten (*a* zu), verführen (*a* zu); **~ qu in errore** jdn irreführen; **~ qu in tentazione** jdn in Versuchung führen.

industria [in'dustri̯a] ‹-ie› *f* *(attività)* Gewerbe *n*, Handel *m*; *(impresa commerciale)* Industrie *f*; **~ turistica** Fremdenverkehrsgewerbe *n*; **~ leggera/pesante** Konsumgüter-/Schwerindustrie *f*; **cavaliere d'~** Hochstapler *m*, Glücksritter *m*. **industriale** [...'tri̯a:le] **I.** *a* industriell, gewerblich, Industrie-, Gewerbe-; **corrente ~** Industriestrom *m*; **scuola ~** Gewerbeschule *f*; **zona ~** Industriegebiet *n*; **II.** *mf* Industrielle(r) *mf*. **industrializzare** [...i̯alid'dza:re] *tr* industrialisieren. **industrializzazione** [...i̯aliddʒat'tsi̯o:ne] *f* Industrialisierung *f*.

industriarsi [indus'tri̯arsi] ‹m'industrio, t'industri› *rfl* sich be-, abmühen. **industrioso, -a** [...'tri̯o:so] *a* betriebsam, rührig.

induttivo, -a [indut'ti:vo] *a* induktiv, Induktiv-, Induktions-. **induzione** [...t'tsi̯o:ne] *f* **1.** *phys* Induktion *f*; **2.** *fig* Vermutung *f*.

inebriare [inebri'a:re] ‹inebrio, inebri› **I.** *tr* **1.** *(ubriacare)* berauschen, betrunken machen; **2.** *fig* berauschen, trunken machen; **II.** *rfl:* **-arsi 1.** *(ubriacarsi)* sich betrinken; **2.** *fig* sich berauschen (*a* an).

ineccepibile [inettʃe'pi:bile] *a* einwandfrei.

inedia [i'nɛ:di̯a] ‹-ie› *f* (langes) Fasten *n*.

inedito, -a [i'nɛ:dito] *a* unveröffentlicht.

ineffabile [inef'fa:bile] *a* unaussprechlich, unsagbar.

inefficace [ineffi'ka:tʃe] *a* unwirksam.

inefficiente [ineffi'tʃɛnte] *a* nicht leistungsfähig. **inefficienza** [...'tʃɛntsa] *f* Leistungsunfähigkeit *f*.

ineguagliabile [inegu̯aʎ'ʎa:bile] *a* unvergleichbar **ineguaglianza** [...'ʎantsa] *f* Ungleichheit *f*. **ineguale** [ine'gu̯a:le] *a* ungleich.

ineluttabile [inelut'ta:bile] *a* unabwendbar.

inerente [ine'rɛnte] *a:* **~ a** in Zusammenhang mit, betreffend *acc*.

inerme [i'nɛrme] *a* **1.** *(disarmato)* unbewaffnet; **2.** *(indifeso)* wehrlos.

inerte [i'nɛrte] *a* **1.** *(inoperoso, ozioso, phys)* träge; *(inattivo)* untätig; **2.** *(immobile)* unbeweglich, bewegungslos; **3.** *chem* untätig, reaktionsträge; *(gas)* Edel-. **inerzia** [i'nɛrtsi̯a] ‹-ie› *f* **1.** *(oziosità, phys)* Trägheit *f*; *(inoperosità)* Untätigkeit *f*; **2.** *(immobilità)* Unbeweglichkeit *f*, Bewegungslosigkeit *f*; **3.** *chem* Reaktionsträgheit *f*, Untätigkeit *f*; **forza d'~** Trägheit *f* der Masse; *fig* Macht *f* der Gewohnheit.

inesattezza [inezat'tettsa] *f* Ungenauigkeit *f*. **inesatto, -a** [...'zatto] *a* ungenau.

inesauribile [inezau'ri:bile] *a* unerschöpflich.

inesistente [inezis'tɛnte] *a* nicht vorhanden, nicht existent.

inesorabile [inezo'ra:bile] *a* **1.** *(implacabile)* unerbittlich, hart; **2.** *(inevitabile)* unabwendbar.

inesperienza [inespe'ri̯ɛntsa] *f* Unerfahrenheit *f*. **inesperto, -a** [...'pɛrto] *a* unerfahren.

inesplicabile [inespli'ka:bile] *a* unerklärlich, unerklärbar.

inesplorato, -a [inesplo'ra:to] *a* unerforscht.

inespressivo, -a [inespres'si:vo] *a* ausdruckslos. **inespresso, -a** [...'prɛsso] *a* unausgedrückt, unterschwellig. **inesprimibile** [...pri'mi:bile] *a* unaussprechlich, unausdrückbar.

inespugnabile [inespuɲ'ɲa:bile] *a* uneinnehmbar.

inestimabile [inesti'ma:bile] *a* unschätzbar.

inettitudine [inetti'tu:dine] *f* Untauglichkeit *f*, Ungeeignetsein *n*. **inetto, -a** [i'nɛtto] **I.** *a* untauglich; *(incapace)* unfähig; **II.** *m*, *f* untauglicher Mensch, Versager(in) *m(f)*.

inevaso, -a [ine'va:zo] *a* unbearbeitet, unerledigt.

inevitabile [inevi'ta:bile] *a* unvermeidbar, unvermeidlich.

inezia [i'nɛttsi̯a] ‹-ie› *f* Kleinigkeit *f*, Lappalie *f*.

infagottare [infagot'ta:re] *fam* **I.** *tr* **1.** *(persona)* einmumme(l)n *fam*, dick (*o* warm) anziehen; **2.** *(vestito)* dick (*o* plump) machen; **II.** *rfl:* **-arsi** sich einmumme(l)n *fam*; *pej* sich unvorteilhaft kleiden.

infallibile [infal'li:bile] *a* **1.** *(non soggetto a sbagliare)* unfehlbar; *(verità)* unumstößlich; **2.** *(sicuro, certo)* sicher. **infallibilità** [...libili'ta] ‹-› *f* **1.** *(di metodo, del Papa, etc.)* Unfehlbarkeit *f*; **2.** *(sicurezza)* Sicherheit *f*.

infamare [infa'ma:re] **I.** *tr* entehren, mit Schmach (*o* Schande) bedecken; **II.** *rfl:* **-arsi** sich entehren, sich mit Schmach (*o*

Schande) bedecken. **infame** [in'fa:me] *a* **1.** *(ignobile, turpe)* schändlich, infam; **2.** *fig scherz (tempo, etc.)* widerlich, scheußlich. **infamia** [in'fa:mia] ‹-ie› *f* **1.** *(ignominia)* Schande *f,* Schmach *f;* **2.** *(scelleratezza)* Schändlichkeit *f,* Infamie *f geh;* **3.** *fig scherz (cosa pessima)* Schande *f fam;* **senza ~ e senza lode** *fam* mittelmäßig.

infangare [infaŋ'ga:re] ‹infango, infanghi› *tr* **1.** *(sporcare)* (mit Schlamm) beschmutzen; **2.** *fig (infamare)* durch den Schmutz ziehen; **~ il proprio nome** seinen Namen mit Schimpf und Schande bedecken.

infanticida [infanti'tʃi:da] ‹-i *m,* -e *f*› *mf* Kindesmörder(in) *m(f).* **infanticidio** [...ti'tʃi:dio] ‹-i› *m* Kindermord *m,* Kindesmord *m.*

infantile [infan'ti:le] *a* **1.** *(dell'infanzia)* kindlich, Kinder-; **2.** *pej (immaturo)* kindisch, infantil; **asilo ~** Kindergarten *m.* **infantilismo** [...ti'lizmo] *m* mangelnde Reife, Infantilität *f geh.* **infantilità** [...tili'ta] ‹-› *f* Infantilität *f geh,* kindische Art und Weise.

infanzia [in'fantsia] ‹-ie› *f* **1.** *(periodo)* Kindheit *f;* **2.** *(bambini in generale)* Kinder *n pl;* **prima/seconda ~** Kleinkindalter *n* /Kindheit *f* vom zweiten bis zum zwölften Lebensjahr.

infarinare [infari'na:re] **I.** *tr* **1.** *(stampo)* mit Mehl bestäuben; *(pesce, carne, etc.)* in Mehl wenden; **2.** *fig* bestreuen (*di* mit); **II.** *rfl:* **-arsi** sich voll Mehl (*o* mehlig) machen. **infarinatura** [...na'tu:ra] *f fig* oberflächliche Kenntnis.

infarto [in'farto] *m* Infarkt *m;* **~ cardiaco/cerebrale** Herzinfarkt *m*/Gehirnschlag *m.*

infastidire [infasti'di:re] ‹infastidisco› **I.** *tr* belästigen, ärgern; **II.** *rfl:* **-irsi** sich ärgern (*di* über).

infaticabile [infati'ka:bile] *a* unermüdlich.

infatti [in'fatti] *con* in der Tat, tatsächlich.

infatuarsi [infatu'arsi] *rfl* sich vernarren (*di* in). **infatuazione** [...uat'tsio:ne] *f* Schwärmerei *f* (*per* für).

infausto, -a [in'fa:usto] *a* unheilvoll, unglückselig.

infecondo, -a [infe'kondo] *a (terreno)* unfruchtbar; *(persona a.)* steril; *(matrimonio)* kinderlos.

infedele [infe'de:le] **I.** *a* **1.** *(sleale)* untreu, treulos; **2.** *fig (alterato)* ungetreu, ungenau; **3.** *rel* ungläubig; **II.** *mf* Ungläubige(r) *mf.* **infedeltà** [...del'ta] *f* **1.** Untreue *f,* Treulosigkeit *f;* **2.** *fig (inesattezza)* Ungenauigkeit *f.*

infelice [infe'li:tʃe] **I.** *a* **1.** *(sventurato)* unglücklich; **2.** *(mal riuscito)* mißlungen, mißglückt; **3.** *(negativo, sfavorevole)* ungünstig, unglücklich; *(persona)* unglückselig; **4.** *(inopportuno)* ungeeignet, ungünstig, unglücklich; **II.** *mf* Unglückliche(r) *mf; (deficiente)* Geisteskranke(r) *mf.* **infelicità** [...litʃi'ta] *f* **1.** *(sventura)* Unglück *n;* **2.** *(inopportunità)* Unangebrachtheit *f.*

inferiore [infe'rio:re] ‹*comparativo di* basso› **I.** *a* niedrig; *(minore)* niedriger; *(più basso)* untere(r, s), Unter-; *(fig a.)* minderwertig; **essere ~ a qu** jdm unterlegen sein (*per* an), jdm nachstehen (*per* in); **II.** *mf* Untergebene(r) *mf.* **inferiorità** [...iori'ta] ‹-› *f* Minderwertigkeit *f,* geringer Wert; *(di persona)* Unterlegenheit *f.*

inferma *f v.* **infermo.**

infermeria [inferme'ri:a] ‹-ie› *f* Krankenstation *f.* **infermiere, -a** [...'miε:re] *m, f* Krankenpfleger(in) *m(f),* Krankenschwester *f.*

infermità [infermi'ta] ‹-› *f* Krankheit *f.* **infermo, -a** [in'fermo] **I.** *a* krank; **II.** *m, f* Kranke(r) *mf.*

infernale [infer'na:le] *a* **1.** *(dell'inferno)* höllisch, Höllen-; **2.** *fig (persona, azione, etc.)* teuflisch, diabolisch; *(musica, chiasso, etc.)* Höllen-. **inferno** [in'fεrno] *m* Hölle *f;* **baccano d'~** Höllenlärm *m;* **vita d'~** Hundeleben *n;* **mandare qu all'~** jdn zum Teufel jagen (*o* schicken).

inferocirsi [infero'tʃirsi] ‹m'inferocisco› *rfl* wild (*o* wütend) werden.

inferriata [infer'ria:ta] *f* (Eisen)gitter *n.*

infervorare [infervo'ra:re] **I.** *tr* anspornen, anfeuern; **II.** *rfl:* **-arsi** sich erhitzen, sich ereifern.

infestare [infes'ta:re] *tr (fattori nocivi, med)* verseuchen; *(parassiti)* befallen. **infestazione** [...tat'tsio:ne] *f* Verseuchung *f; (di parassiti)* Befall *m.*

infettare [infet'ta:re] **I.** *tr* anstecken, infizieren *scient;* **II.** *rfl:* **-arsi** sich anstekken, sich infizieren *scient.* **infettivo, -a** [...'ti:vo] *a* infektiös, Infektions-. **infetto, -a** [in'fεtto] *a* verseucht; *med* infiziert.

infezione [infet'tsio:ne] *f* Infektion *f.*

infiacchire [infiak'ki:re] ‹infiacchisco› **I.** *tr* ‹*avere*› schwächen, entkräften; **II.** *itr* ‹*essere*›, *rfl:* **-irsi** matt werden, ermatten.

infiammabile [infiam'ma:bile] **I.** *a* entflammbar, entzündbar; *(con pericolo d'incendio)* feuergefährlich; **II.** *m* feuergefährliches Material. **infiammabilità** [...mabili'ta] ‹-› *f* Entflammbarkeit *f,* Entzündbarkeit *f; (con pericolo d'incendio)* Feuergefährlichkeit *f.* **infiammare** [...'ma:re] **I.** *tr* **1.** *(bruciare)* anzünden; **2.** *fig (cuore, animo)* entflammen lassen; *(viso)* erröten lassen; **3.** *med* entzünden; **II.** *rfl:* **-arsi 1.** *(incendiarsi)* sich entzünden; *(bruciare)* brennen; **2.** *fig* entbrennen; **3.** *med* sich entzünden. **infiammatorio, -a** [...maˈtɔːrio] ‹-i, -ie› *a* Entzündungs-, entzündend. **infiammazione** [...matˈtsioːne] *f* Entzündung *f*.

infiascare [infiasˈkaːre] ‹infiasco, infiaschi› *tr* in (Korb)flaschen füllen.

infido, -a [inˈfiːdo] *a* treulos, untreu; *(fig a.)* tückisch.

infierire [infieˈriːre] ‹infierisco› *itr* wüten (*contro* gegen).

infiggere [inˈfiddʒere] ‹infiggo, infiggi, infissi, infitto› *tr (chiodo)* (hin)einschlagen; *(palo)* (hin)einrammen, (hin)eintreiben.

infilare [infiˈlaːre] **I.** *tr* **1.** *(chiave, anello, etc.)* stecken; *(ago)* einfädeln; *(perle, etc.)* auffädeln, aufreihen; **2.** *(trapassare)* aufspießen (*in* auf), stecken (*in* auf); **3.** *(vestito, etc.)* schlüpfen in, überstreifen; **4.** *(strada)* einschlagen, nehmen; **II.** *rfl:* **-arsi** schlüpfen; **-arsi tra la folla** sich unter die Menge mischen.

infiltrarsi [infilˈtrarsi] *rfl* durchsickern, eindringen. **infiltrazione** [...atˈtsioːne] *f* **1.** *(di gas, liquido)* Eindringen *n*, Durchsickern *n;* **2.** *(di persona, med)* Infiltration *f*.

infilzare [infilˈtsaːre] *tr* **1.** *(trafiggere)* durchbohren; *(con spada, gastr)* aufspießen; **2.** *(bottoni, castagne)* aufreihen.

infimo, -a [ˈinfimo] ‹*superlativo di* basso› *a* niedrigste(r, s), mindere(r, s).

infine [inˈfiːne] *adv* **1.** *(finalmente)* schließlich, am Ende; **2.** *(insomma)* endlich, vielleicht einmal.

infingardo, -a [infiŋˈgardo] **I.** *a* drückebergerisch, unwillig; **II.** *m, f* Drückeberger(in) *m(f)*.

infinità [infiniˈta] ‹-› *f* **1.** *(illimitatezza)* Unendlichkeit *f;* **2.** *fig (quantità immensa)* Unmenge *f*.

infinitamente [-ˈmente] *adv* unendlich.

infinitesimale [infiniteziˈmaːle] *a* **1.** *mat* infinitesimal, Infinitesimal-; **2.** *fig (minimo)* kleinste(r, s), mindeste(r, s). **infinitesimo, -a** [...ˈtɛːzimo] **I.** *a* **1.** *mat* infinitesimal; **2.** *(minimo)* allerkleinste(r, s), winzig; **II.** *m* **1.** *gener.* winziger Teil; **2.** *mat* Grenzwert *m*.

infinitivo, -a [infiniˈtiːvo] **I.** *a* Infinitiv-; **II.** *m* Infinitiv *m*, Nennform *f*.

infinito, -a [infiˈniːto] **I.** *a* unendlich; *gram* infinit; **II.** *m* **1.** *(ciò che non ha fine)* Unendliche(s) *n*, Endlose(s) *n;* **2.** *gram* Infinitiv *m;* **3.** *mat, fot* Unendlich *n;* **all'~** endlos, ewig.

infinocchiare [infinokˈkiaːre] ‹infinocchio, infinocchi› *tr fam* übers Ohr hauen *fam*, beschummeln *fam*.

infiocchettare [infiokketˈtaːre] *tr* mit Schleifen verzieren.

infiorare [infioˈraːre] *tr* **1.** *(con fiori)* mit Blumen schmücken; **2.** *fig* ausschmükken.

infischiarsi [infisˈkiarsi] ‹m'infischio, t'infischi› *rfl fam* pfeifen (*di* auf) *fam*.

infissi [inˈfissi] *p rem di* **infiggere.**

infisso [inˈfisso] *m* **1.** *arch* Einfassung *f*, Rahmenwerk *n;* **2.** *(serramento)* Blendrahmen *m*, Einfassung *f*.

infittire [infitˈtiːre] ‹infittisco› **I.** *tr* ‹*avere*› dichter machen; **II.** *itr* ‹*essere*›, *rfl:* **-irsi** sich verdichten, dichter werden.

infitto [inˈfitto] *pp di* **infiggere.**

inflazione [inflatˈtsioːne] *f* **1.** *(in economia)* Inflation *f;* **2.** *fig (rapido accrescimento)* Schwemme *f;* ~ **galoppante/strisciante** galoppierende/schleichende Inflation. **inflazionistico, -a** [...ioˈnistiko] ‹-ci, -che› *a* inflationistisch, inflatorisch.

inflessibile [inflesˈsiːbile] *a* unbiegsam; *fig* unbeugsam.

inflessione [inflesˈsioːne] *f* **1.** *ling* Ablaut *m;* *(cadenza)* Tonfall *m;* **2.** *mus* Modulation *f*.

infliggere [inˈfliddʒere] ‹infliggo, infliggi, inflissi, inflitto› *tr* auferlegen, verhängen.

influente [influˈɛnte] *a* einflußreich. **influenza** [...ˈɛntsa] *f* **1.** *(azione determinante)* Einfluß *m* (*su* auf), Beeinflussung *f* (*su gen);* **2.** *(ascendente)* Einfluß *m;* **3.** *med* Grippe *f*. **influenzabile** [...uenˈtsaːbile] *a* beeinflußbar, leicht zu beeinflussen(d).

influenzale [influenˈtsaːle] *a* grippal, Grippe-.

influenzare [influenˈtsaːre] *tr* beeinflussen.

influire [influˈiːre] *itr* **1.** *(avere azione determinante)* einwirken (*su* auf), beeinflussen (*su qc/qu* etw./jdn); **2.** *(avere ascendente)* Einfluß haben (*su* auf). **influsso** [inˈflusso] *m* Einfluß *m*.

infocato, -a [infoˈkaːto] *a* **1.** *(rovente)* glühend(heiß); **2.** *fig* glühend, heiß; *(discorso, occhi)* feurig.

infognarsi [infoɲˈɲarsi] *rfl fam (nei debiti)* sich stürzen; *(con persone)* sich einlassen.

infoltire [infolˈtiːre] ‹infoltisco› **I.** *tr* ‹*avere*› verdichten; **II.** *itr* ‹*essere*› dichter werden, sich verdichten.

infondatezza [infondaˈtettsa] *f* Unbegründetheit *f*. **infondato, -a** [...ˈdaːto] *a* unbegründet.

infondere [inˈfondere] ‹*irr*› *tr (coraggio)* einflößen; *(fiducia a.)* erwecken.

inforcare [inforˈkaːre] ‹inforco, inforchi› *tr* **1.** *(fieno)* aufgabeln; **2.** *(occhiali)* aufsetzen; **3.** *(bicicletta)* sich setzen auf.

informare [inforˈmaːre] **I.** *tr* informieren (*di, su* über), benachrichtigen (*di, su* von), unterrichten (*di, su* über, von); **II.** *rfl:* **-arsi** sich erkundigen (*su* nach), sich informieren (*su* über).

informatica [infor'ma:tika] ⟨-che⟩ *f* Informatik *f.* **informatico** [...ko] ⟨-ci⟩ *m* Informatiker(in) *m(f).*

informativo, -a [informa'ti:vo] *a* informativ; **a titolo ~** informativ, zur Information. **informato, -a** [...'ma:to] *a* unterrichtet, informiert. **informatore, -trice** [...ma'to:re] **I.** *a* auskunftgebend, Informations-; **II.** *m, f* Informant(in) *m(f),* Auskunftgeber(in) *m(f).*

informazione [informat'tsi̯o:ne] *f* Auskunft *f,* Information *f.*

informe [in'forme] *a* unförmig; *fig* gestaltlos, schwammig.

informicolarsi, informicolirsi [informiko'larsi, ...'lirsi] *rfl* einschlafen.

infornare [infor'na:re] *tr* **1.** *(mettere nel forno)* in den Backofen (*o* die Backröhre) schieben; **2.** *(pane)* (Brot) backen. **infornata** [...'na:ta] *f* Einschieben *n; (quantità)* Schub *m.*

infortunato, -a [infortu'na:to] **I.** *a* verunglückt; **II.** *m, f* Verunglückte(r) *mf.*

infortunio [infor'tu:ni̯o] ⟨-i⟩ *m* Unfall *m.*

infossare [infos'sa:re] **I.** *tr* versenken, in eine Grube legen; **II.** *rfl:* **-arsi** **1.** *(guance)* einfallen; **2.** *(avvallarsi, sprofondare)* einsinken. **infossato, -a** [...'sa:to] *a (guance)* hohl, eingefallen; *(occhi)* tiefliegend.

inframmettere [infram'mettere] ⟨*irr*⟩ **I.** *tr* dazwischensetzen, -legen, -stellen; **II.** *rfl:* **-ersi** sich einmischen (*in* in).

infrangere [in'frandʒere] ⟨infrango, infrangi, infransi, infranto⟩ **I.** *tr* **1.** *(rompere)* zerbrechen; **2.** *fig (divieto)* brechen, übertreten; *(legge a.)* brechen; *(contratto)* verletzen; **II.** *rfl:* **-ersi** **1.** *(frantumarsi)* zerbrechen, in Scherben gehen; *(nave, etc.)* zerschellen; *(onde)* sich brechen; **2.** *fig (speranza)* zerbrechen. **infrangibile** [...'dʒi:bile] *a* unzerbrechlich; *(vetro a.)* bruchfest.

infransi *p rem di* **infrangere.**

infranto, -a [in'franto] *a* **I.** *pp di* **infrangere; II. 1.** *(frantumato)* zerbrochen; **2.** *fig (cuore)* gebrochen.

infrarosso, -a [infra'rosso] *a* infrarot, Infrarot-.

infrasettimanale [-settima'na:le] *a* während der Woche.

infrastruttura [-strut'tu:ra] *f* Infrastruktur *f.*

infrazione [infrat'tsi̯o:ne] *f* Übertretung *f* (*a qc* einer S. *gen*), Verletzung *f* (*a qc* einer S. *gen*), Verstoß *m* (*a* gegen).

infreddatura [infredda'tu:ra] *f* Schnupfen *m,* Erkältung *f.*

infreddolito, -a [infreddo'li:to] *a:* **essere tutto ~** ganz durchgefroren sein.

infrollire [infrol'li:re] ⟨infrollisco⟩ *itr* ⟨*essere*⟩ *(carne)* mürbe werden, abhängen.

infruttifero, -a [infrut'ti:fero] *a* **1.** *bot* keine Früchte tragend, fruchtlos; **2.** *fin (capitale)* tot.

infruttuoso, -a [infruttu'o:so] *a* **1.** *(infruttifero)* fruchtlos, unfruchtbar; **2.** *fig (vano)* vergeblich, erfolglos; *(fatica)* fruchtlos.

infuori [in'fu̯ɔ:ri] **I.** *adv:* **all'~** nach außen, hinaus; **II.** *prp:* **all'~ di** mit Ausnahme von *dat,* außer *dat.*

infuriare [infu'ri̯a:re] ⟨infurio, infuri⟩ **I.** *itr* wüten, toben; **II.** *rfl:* **-arsi** wütend (*o* zornig) werden.

infusione [infu'zi̯o:ne] *f* Aufguß *m; (bevanda)* (Kräuter)tee *m.* **infuso, -a** [in'fu:zo] **I.** *a* übergossen; **avere la scienza -a** *scherz* die Weisheit mit Löffeln gefressen haben *fam;* **II.** *m* Aufguß *m; (bevanda)* (Kräuter)tee *m.*

ingaggiare [iŋgad'dʒa:re] ⟨ingaggio, ingaggi⟩ *tr* **1.** *(assumere con contratto)* verpflichten; *(sport, mus, film a.)* unter Vertrag nehmen; *theat, film, mus* engagieren; *(impiegati)* einstellen; **2.** *(combattimento)* eröffnen, beginnen. **ingaggio** [iŋ'gaddʒo] ⟨-ggi⟩ *m* **1.** *(assunzione con contratto)* Anwerbung *f,* Verpflichtung *f; sport* Einkauf *m;* **2.** *(somma)* Gage *f.*

ingannare [iŋgan'na:re] **I.** *tr* **1.** *(indurre in errore)* täuschen; **2.** *(imbrogliare)* betrügen, hintergehen; *(tradire)* betrügen; *(deludere)* hintergehen; **3.** *(sedurre)* verführen; **~ il tempo** die Zeit totschlagen; **II.** *rfl:* **-arsi** (sich) irren, sich täuschen; **se non m'inganno ...** wenn ich nicht irre ... **ingannatore, -trice** [...na'to:re] **I.** *a* trügerisch; **II.** *m, f* Betrüger(in) *m(f).* **ingannevole** [...'ne:vole] *a* trügerisch, irreführend. **inganno** [iŋ'ganno] *m* **1.** *(frode, raggiro)* Betrug *m;* **2.** *(illusione, abbaglio)* Täuschung *f;* **trarre in ~** täuschen, hinters Licht führen.

ingarbugliare [iŋgarbuʎ'ʎa:re] ⟨ingarbuglio, ingarbugli⟩ **I.** *tr (a. fig)* verwirren, durcheinanderbringen; **II.** *rfl:* **-arsi** *(a. fig)* sich verheddern.

ingegnarsi [indʒeɲ'ɲarsi] *rfl* **1.** *(adoperarsi)* sich ereifern; **2.** *(industriarsi)* sich bemühen, alles daransetzen (*a, di inf* um zu ...).

ingegnere [indʒeɲ'ɲɛ:re] *m* Ingenieur *m;* **~ civile** Bauingenieur *m;* **~ meccanico/navale** Maschinenbau-/Schiffbauingenieur *m.* **ingegneria** [...ɲe'ri:a] ⟨-ie⟩ *f* Ingenieurwesen *n;* **facoltà d'~** Technische Hochschule; **~ nucleare** Kerntechnik *f.*

ingegno [in'dʒeɲɲo] *m* **1.** *(intelligenza)* Geist *m,* Verstand *m;* **2.** *(inclinazione)* Talent *n,* Begabung *f;* **3.** *(genio)* Genie *n.* **ingegnosità** [-si'ta] ⟨-⟩ *f* Einfallsreichtum *m.* **ingegnoso, -a** [...'ɲo:so] *a* findig, einfallsreich.

ingelosire [indʒelo'si:re] ⟨ingelosisco⟩

I. *tr* ⟨*avere*⟩ eifersüchtig machen; **II.** *itr* ⟨*essere*⟩, *rfl:* **-irsi** eifersüchtig werden (*o* sein).

ingente [in'dʒɛnte] *a* riesig, ungeheuer.

ingenuità [indʒenui'ta] ⟨-⟩ *f* Naivität *f; (l'essere fiducioso)* Arglosigkeit *f; (candore)* Unschuld *f.* **ingenuo, -a** [in'dʒɛ:nuo] **I.** *a* naiv; *(fiducioso)* arglos; *(candido)* unschuldig; **II.** *m, f* naiver Mensch.

ingerenza [indʒe'rɛntsa] *f* Einmischung *f.*

ingerire [indʒe'ri:re] ⟨ingerisco⟩ **I.** *tr* einnehmen, (hinunter)schlucken; **II.** *rfl:* **-irsi** sich einmischen (*in* in).

ingessare [indʒes'sa:re] *tr* vergipsen; *(a. med)* eingipsen. **ingessatura** [...sa'tu:ra] *f* Gips(verband) *m.*

Inghilterra [iŋgil'tɛrra] *f* England *n.*

inghiottire [iŋgi̯ot'ti:re] ⟨inghiottisco *o* inghiotto⟩ *tr* **1.** *(deglutire, a. fig: umiliazioni, etc.)* (hinunter)schlucken; **2.** *fig (risucchiare)* (ver)schlucken, verschlingen.

inghippo [iŋ'gippo] *m dial* **1.** *(imbroglio)* Betrug *m;* **2.** *(difficoltà)* Problem *n.*

ingiallire [indʒal'li:re] ⟨ingiallisco⟩ **I.** *tr* ⟨*avere*⟩ gelb färben; **II.** *itr* ⟨*essere*⟩ gelb werden; *(carta)* vergilben.

ingigantire [indʒigan'ti:re] ⟨ingigantisco⟩ **I.** *tr* ⟨*avere*⟩ *fot* vergrößern; *fig (pericolo, etc.)* aufbauschen; **II.** *itr* ⟨*essere*⟩, *rfl:* **-irsi** riesengroß werden, sich enorm vergrößern.

inginocchiarsi [indʒinok'ki̯arsi] ⟨m'inginocchio, t'inginocchi⟩ *rfl* sich (nieder-, hin)knien. **inginocchiatoio** [...a'to:i̯o] ⟨-oi⟩ *m* Kniebank *f.*

ingioiellare [indʒoi̯el'la:re] **I.** *tr* mit Schmuck versehen; *(cosa a.)* schmücken; **II.** *rfl:* **-arsi** Schmuck anlegen.

ingiù [in'dʒu] *adv* (nach) unten, hinunter; **all'~** nach unten.

ingiungere [in'dʒundʒere] ⟨*irr*⟩ *tr* auferlegen. **ingiunzione** [...n'tsi̯o:ne] *f* Anordnung *f; (richiesta perentoria)* Aufforderung *f.*

ingiuria [in'dʒu:ri̯a] *f* Beleidigung *f,* Schmähung *f.* **ingiuriare** [indʒu'ri̯a:re] ⟨ingiurio, ingiuri⟩ *tr* beleidigen, beschimpfen. **ingiurioso, -a** [...'ri̯o:so] *a* Schmäh-, beleidigend.

ingiustificato, -a [indʒustifi'ka:to] *a* ungerechtfertigt, unbegründet.

ingiustizia [indʒus'tittsi̯a] *f* Ungerechtigkeit *f.* **ingiusto, -a** [in'dʒusto] *a* **1.** *(persona)* ungerecht; **2.** *(cosa)* ungerechtfertigt.

inglese [iŋ'gle:se] **I.** *a* englisch, britisch; **II.** *mf* Engländer(in) *m(f),* Brite *m,* Britin *f;* **giardino all'~** englischer Garten. **inglesismo** [...le'sizmo] *m* Anglizismus *m.*

inglorioso, -a [iŋglo'ri̯o:so] *a* ruhmlos, unrühmlich.

ingoiare [iŋgo'i̯a:re] ⟨ingoio, ingoi⟩ *tr* **1.** *(cibo)* verschlingen, in sich hineinstopfen; **2.** *fig (subire)* erleiden, erdulden.

ingolfarsi [iŋgol'farsi] *rfl* **1.** *mot* zuviel Benzin bekommen, absaufen *fam;* **2.** *fig (impegnarsi)* sich stürzen (*in* in).

ingolosire [iŋgolo'si:re] ⟨ingolosisco⟩ *tr* ⟨*avere*⟩ **1.** *(rendere goloso)* Appetit machen (*qu* jdm); **2.** *fig (allettare)* verlokken.

ingombrante [iŋgom'brante] *a* sperrig. **ingombrare** [...'bra:re] *tr* versperren. **ingombro, -a** [iŋ'gombro] **I.** *a* versperrt; **II.** *m* Hindernis *n;* **essere d'~** im Weg sein, Platz wegnehmen.

ingommare [iŋgom'ma:re] *tr* kleben, aufkleben.

ingordigia [iŋgor'di:dʒa] ⟨-gie⟩ *f* Gefräßigkeit *f.* **ingordo, -a** [iŋ'gordo] *a* **1.** *(vorace)* gefräßig; **2.** *fig* gierig (*di* nach).

ingorgarsi [iŋgor'garsi] ⟨m'ingorgo, t'ingorghi⟩ *rfl* sich verstopfen; *(traffico)* sich stauen. **ingorgo** [iŋ'gorgo] *m* Verstopfung *f;* **~ (di traffico)** (Verkehrs)stau *m,* -stauung *f.*

ingozzare [iŋgot'tsa:re] *tr* **1.** *(animali)* fressen, verschlingen; *fig (persona)* verschlingen; **2.** *(costringere a mangiare)* mästen.

ingranaggio [iŋgra'naddʒo] ⟨-ggi⟩ *m* **1.** *tec* Getriebe *n;* **2.** *fig* Getriebe *n,* Räderwerk *n;* **essere preso nell'~ degli affari** von den Geschäften voll in Anspruch genommen sein. **ingranare** [...'na:re] **I.** *tr* einkuppeln; *(marcia)* einlegen; **II.** *itr* **1.** *tec* (ineinander)greifen; **2.** *fam (render bene, funzionare)* klappen; *(persone)* mitmachen, mitziehen.

ingrandimento [ingrandi'mento] *m gener., fot* Vergrößerung *f; (di città, etc. a.)* Ausbau *m.* **ingrandire** [...'di:re] ⟨ingrandisco⟩ **I.** *tr* ⟨*avere*⟩ **1.** *gener., fot* vergrößern; **2.** *com* steigern; *(casa, negozio, etc.)* ausbauen; **3.** *fig (esagerare)* aufbauschen; **II.** *itr* ⟨*essere*⟩ groß (*o* größer) werden, wachsen; **III.** *rfl:* **-irsi** **1.** *(crescere)* sich vergrößern, wachsen; **2.** *fig (espandersi)* sich erweitern, wachsen.

ingrassare [iŋgras'sa:re] **I.** *tr* ⟨*avere*⟩ **1.** *(persone)* dick machen; **2.** *zoo* mästen; **3.** *agr* düngen; **4.** *(ungere con grasso)* einfetten, einölen; *(lubrificare)* schmieren; *(automobili)* abschmieren; **II.** *itr* ⟨*essere*⟩, *rfl:* **-arsi** **1.** *(aumentare di peso)* dick (*o* fett) werden; **2.** *fig (arricchire)* reich werden. **ingrasso** [iŋ'grasso] *m* **1.** *zoo* Mast *f;* **2.** *agr* Düngung *f; (concime)* Dünger *m.*

ingratitudine [iŋgrati'tu:dine] *f* Undankbarkeit *f,* Undank *m.* **ingrato, -a**

[iŋ'gra:to] **I.** *a* **1.** *(non riconoscente)* undankbar; **2.** *fig* undankbar; *(ricordo, etc.)* unangenehm; **II.** *m, f* Undankbare(r) *mf,* undankbarer Mensch.
ingraziarsi [iŋgrat'tsi̯arsi] *rfl* sich beliebt machen (*con* mit, *a* bei).
ingrediente [iŋgre'di̯ɛnte] *m* Zutat *f.*
ingresso [iŋ'grɛsso] *m* **1.** *(entrata, accesso)* Eingang *m;* **2.** *(anticamera)* Vorzimmer *n;* **3.** *(atto dell'entrare)* Eintritt *m; theat* Auftritt *m; (in una carica)* Antritt *m;* **4.** *(facoltà di entrare)* Zutritt *m;* **5.** *(prezzo)* Eintritt(spreis) *m;* **6.** *(biglietto)* (Eintritts)karte *f;* ~ **libero** Eintritt frei.
ingrossare [iŋgros'sa:re] **I.** *tr* ‹*avere*› **1.** *(rendere grosso)* dick machen; **2.** *(accrescere)* verstärken, vergrößern; **3.** *(gonfiare)* anschwellen lassen; *(mare a.)* aufwühlen; **II.** *itr* ‹*essere*›, *rfl:* **-arsi** anschwellen.
ingrosso [iŋ'grɔsso]: **all'~** *adv* en gros, im großen, Groß-.
inguaiare [iŋgu̯a'i̯a:re] ‹inguaio, inguai› *fam, mer* **I.** *tr* Scherereien einbringen (*qu* jdm), in Schwierigkeiten bringen (*qu* jdn); ~ **una ragazza** einem Mädchen ein Kind machen *fam;* **II.** *rfl:* **-arsi** Scherereien haben (*o* bekommen), in Schwierigkeiten geraten; **si è inguaiato fino al collo** er steckt bis zum Hals im Schlamassel *fam.*
ingualcibile [iŋgu̯al'tʃi:bile] *a* knitterfrei.
inguaribile [iŋgu̯a'ri:bile] *a* unheilbar; *fig* unverbesserlich.
inguine ['iŋgu̯ine] *m* Leiste *f.*
ingurgitare [iŋgurdʒi'ta:re] *tr* hinunterschlucken, hinunterwürgen.
inibire [ini'bi:re] ‹inibisco› *tr* **1.** *(proibire)* untersagen, verbieten; **2.** *(impedire)* hindern (*qc a qu* jdn an etw.); **3.** *psych* hemmen. **inibito, -a** [...'bi:to] **I.** *a* gehemmt; **II.** *m, f* gehemmter Mensch. **inibizione** [...bit'tsi̯o:ne] *f* Hemmung *f.*
iniettare [ini̯et'ta:re] **I.** *tr* (ein)spritzen, injizieren; **II.** *rfl:* **-arsi** anlaufen. **iniettore** [...'to:re] *m* Injektor *m;* ~ **del carburante** Einspritzventil *n.*
iniezione [ini̯et'tsi̯o:ne] *f* **1.** *tec* Einspritzung *f;* **2.** *med* Injektion *f,* Spritze *f;* **motore ad** ~ Einspritzmotor *m.*
inimicarsi [inimi'karsi] ‹m'inimico, t'inimichi› *rfl* sich verfeinden, sich überwerfen. **inimicizia** [...i'tʃittsi̯a] ‹-ie› *f* Feindschaft *f.*
inimitabile [inimi'ta:bile] *a* unnachahmlich.
inimmaginabile [inimmadʒi'na:bile] *a* unvorstellbar.
ininterrotto, -a [ininter'rotto] *a* ununterbrochen.
iniquità [iniku̯i'ta] ‹-› *f* **1.** *(ingiustizia)* Ungerechtigkeit *f;* **2.** *(malvagità)* Niederträchtigkeit *f,* Bosheit *f.* **iniquo, -a** [i'ni:ku̯o] *a* **1.** *(ingiusto)* ungerecht, unbillig; **2.** *(malvagio)* niederträchtig, boshaft, bösartig.
iniziale [init'tsi̯a:le] **I.** *a* anfänglich, Anfangs-; **II.** *f* **1.** *(lettera)* Anfangsbuchstabe *m;* **2.** ‹*pl*› *(del nome)* Initialen *f pl.* **inizialmente** [...i̯al'mente] *adv* am Anfang, zu Beginn.
iniziare [init'tsi̯a:re] ‹inizio, inizi› *tr* **1.** *(intraprendere)* beginnen, anfangen; **2.** *(avviare)* einführen (*a* in), einweisen (*a* in); *(ai riti, etc.)* einweihen (*a* in).
iniziativa [inittsi̯a'ti:va] *f* **1.** *(azione decisa e volontaria)* Initiative *f,* Anregung *f;* **2.** *(attitudine, intraprendenza)* Unternehmung *f;* **spirito d'~** Unternehmungsgeist *m;* **agire di propria ~** etw. auf eigene Faust (*o* von sich *(dat)* aus) tun.
iniziato, -a [init'tsi̯a:to] **I.** *a* eingeführt (*a* in); *(a un rito, etc.)* eingeweiht (*a* in); **II.** *m, f* Eingeweihte(r) *mf.* **iniziazione** [...i̯at'tsi̯o:ne] *f* Einweihung *f* (*a* in).
inizio [i'nittsi̯o] ‹-i› *m* Beginn *m,* Anfang *m;* **-i** Anfänge *m pl;* **all'~** anfangs, am Anfang, zu Beginn.
innalzare [innal'tsa:re] **I.** *tr* **1.** *(levare in alto)* hochheben; *(tenere)* hochhalten; **2.** *(aumentare il livello)* ansteigen lassen, erhöhen; **3.** *(erigere)* errichten; **4.** *(rizzare)* aufrichten; **5.** *fig (d'importanza, etc.)* erheben (*a* zu), machen (*a* zu); ~ **una preghiera** ein Gebet zum Himmel erheben; **II.** *rfl:* **-arsi 1.** *(levarsi verso l'alto)* sich erheben, emporragen; **2.** *fig (socialmente)* aufsteigen.
innamoramento [innamora'mento] *m* Verliebtheit *f.* **innamorare** [...'ra:re] **I.** *tr* verliebt machen; **II.** *rfl:* **-arsi** sich verlieben (*di* in). **innamorato, -a** [...'ra:to] **I.** *a* verliebt; ~ **cotto** bis über beide Ohren verliebt; **II.** *m, f* Verliebte(r) *mf.*
innanzi [in'nantsi] **I.** *adv* **1.** *(avanti)* vorn(e); **2.** *(prima)* vorher, vorhin; **tirare ~** *fig* durchkommen; **II.** *prp* vor *dat;* ~ **tempo** vorzeitig; ~ **tutto** vor allem, insbesondere.
innato, -a [in'na:to] *a (per natura)* angeboren; *(spontaneo)* natürlich.
innaturale [innatu'ra:le] *a* unnatürlich.
innegabile [inne'ga:bile] *a* unleugbar, unbestreitbar.
innervosire [innervo'si:re] ‹innervosisco› **I.** *tr* nervös machen; **II.** *rfl:* **-irsi** nervös werden.
innescare [innes'ka:re] ‹innesco, inneschi› *tr* **1.** *(ami)* einen Köder festmachen an; **2.** *(cariche esplosive)* scharf machen. **innesco** [in'nesko] ‹-schi› *m* Auslösung *f; (di carica esplosiva)* Zündvorrichtung *f.*
innestare [innes'ta:re] *tr* **1.** *agr* veredeln, pfropfen; **2.** *med* transplantieren,

verpflanzen; 3. *tec* kuppeln; *(marcia)* einlegen; 4. *(inserire)* einschieben; *el (spina, etc.)* einstecken. **innesto** [in'nɛsto] *m* 1. *agr* Vered(e)lung *f,* Pfropfung *f; (parte da innestare)* Pfropfreis *n;* 2. *med* Transplantation *f,* Verpflanzung *f;* 3. *tec* Kupplung *f.*

innevato, -a [inne'va:to] *a* verschneit.

inno ['inno] *m* Hymne *f.*

innocente [inno'tʃɛnte] **I.** *a* unschuldig; *(ingenuo)* naiv, harmlos; **II.** *mf* 1. *(non colpevole)* Unschuldige(r) *mf;* 2. *(bambino)* unschuldiges Kind. **innocenza** [...'tʃɛntsa] *f* 1. *(mancanza di colpa)* Unschuld *f,* Schuldlosigkeit *f;* 2. *(purezza d'animo)* Unschuld *f; (ingenuità)* Naivität *f.*

Innocenzo [inno'tʃɛntso] *(nome proprio maschile)* Innozenz.

innocuità [innokui'ta] ⟨-⟩ *f* Unschädlichkeit *f.* **innocuo, -a** [in'nɔ:kuo] *a* unschädlich; *(animale, persona)* harmlos.

innovare [inno'va:re] *tr* erneuern. **innovatore, -trice** [...va'to:re] *m, f* Erneuerer *m,* Erneuerin *f.* **innovazione** [...vat'tsi̯o:ne] *f* Erneuerung *f; (novità)* Neuerung *f.*

innumerevole [innume're:vole] *a* unzählig.

inoculare [inoku'la:re] *tr* (ein)impfen.

inodore, inodoro, -a [ino'do:re, ...ro] *a* geruchlos, geruchfrei; *(fiore)* nicht riechend.

inoffensivo, -a [inoffen'si:vo] *a (parole, etc.)* nicht beleidigend, harmlos; *(animale)* ungefährlich, harmlos.

inoltrare [inol'tra:re] **I.** *tr* 1. *adm* einreichen; 2. *(far proseguire)* übermitteln, weiterleiten; **II.** *rfl:* **-arsi** 1. *(addentrarsi)* (weiter) hineingehen, vor-, eindringen; 2. *fig (progredire)* sich hineinarbeiten, vordringen. **inoltrato, -a** [...'tra:to] *a* spät (abends); **fino a notte -a** bis spät in die Nacht (hinein).

inoltre [i'noltre] *adv* 1. *(oltre a ciò)* ferner, außerdem; 2. *(per di più)* darüber hinaus, überdies.

inoltro [i'noltro] *m* Weiterleiten *n,* Weiterbeförderung *f.*

inondare [inon'da:re] *tr* 1. *(allagare)* überschwemmen; 2. *fig (gioia, etc.)* erfüllen; *(lacrime)* überströmen, fließen über. **inondazione** [...dat'tsi̯o:ne] *f* 1. *(allagamento)* Überschwemmung *f;* 2. *fig* Schwemme *f.*

inoperoso, -a [inope'ro:so] *a (persona)* untätig; *(capitale)* tot; *(macchina, etc.)* stillgelegt.

inopportunità [inopportuni'ta] *f* Ungelegenheit *f.* **inopportuno, -a** [...'tu:no] *a* unangebracht; *(visita)* ungelegen.

inorganico, -a [inor'ga:niko] *a* 1. *chem* anorganisch; 2. *(privo di organicità)* zusammenhang(s)los, nicht organisch.

inorgoglire [inorgoʎ'ʎi:re] ⟨inorgoglisco⟩ **I.** *tr* ⟨*avere*⟩ stolz machen (*di* auf); **II.** *itr* ⟨*essere*⟩, *rfl:* **-irsi** stolz werden (*per* auf).

inorridire [inorri'di:re] ⟨inorridisco⟩ **I.** *tr* ⟨*avere*⟩ erschrecken, entsetzen; **II.** *itr* ⟨*essere*⟩ (er)schaudern.

inospitale [inospi'ta:le] *a* 1. *(persona, casa)* ungastlich, unfreundlich; 2. *(regione)* unwirtlich.

inosservato, -a [inosser'va:to] *a* unbemerkt; *(a. non rispettato)* unbeachtet.

inossidabile [inossi'da:bile] *a* rostfrei.

I.N.P.S. [imps] *m ab di* **Istituto Nazionale Previdenza Sociale** *nationale italienische Sozialversicherungsanstalt.*

inquadrare [iŋku̯a'dra:re] *tr* 1. *(incorniciare)* einrahmen; 2. *fig (dare rilievo)* einordnen; 3. *fot, film* aufnehmen. **inquadratura** [...ra'tu:ra] *f fot* Bildausschnitt *m; film* Einstellung *f.*

inqualificabile [iŋku̯alifi'ka:bile] *a* unter aller Kritik.

inquietante [iŋku̯i̯e'tante] *a* beunruhigend, besorgniserregend. **inquietare** [...'ta:re] **I.** *tr* beunruhigen, beängstigen; **II.** *rfl:* **-arsi** sich beunruhigen, unruhig werden. **inquieto, -a** [iŋ'ku̯i̯ɛ:to] *a* 1. *(turbato)* unruhig; 2. *(irritato)* verärgert; 3. *(preoccupato)* besorgt. **inquietudine** [...i̯e'tu:dine] *f* Unruhe *f; (preoccupazione)* Beunruhigung *f,* Sorge *f.*

inquilino, -a [iŋku̯i'li:no] *m, f* Mieter(in) *m(f).*

inquinamento [iŋku̯ina'mento] *m* Verschmutzung *f;* ~ **dell'ambiente** Umweltverschmutzung *f;* ~ **da petrolio** Ölpest *f.* **inquinante** [iŋku̯i'nante] *a* umweltgefährdend. **inquinare** [iŋku̯i'na:re] *tr* 1. *(infettare)* verschmutzen, verseuchen; 2. *fig (corrompere)* verderben.

inquirente [iŋku̯i'rɛnte] **I.** *a* untersuchend, ermittelnd, Untersuchungs-; **II.** *f* Untersuchungsausschuß *m.*

inquisitore, -trice [iŋku̯izi'to:re] **I.** *a* forschend; *jur* Ermittlungs-, Untersuchungs-; **II.** *m hist* Inquisitor *m;* **III.** *m, f* Ermittler(in) *m(f).* **inquisizione** [...zit'tsi̯o:ne] *f* 1. *(inchiesta)* Untersuchung *f;* 2. *hist:* **(Santa) I~** Inquisition *f.*

insabbiare [insab'bi̯a:re] ⟨insabbio, insabbi⟩ **I.** *tr* 1. *(coprire di sabbia)* mit Sand bedecken; 2. *fig (non far procedere)* im Sand(e) verlaufen lassen; **II.** *rfl:* **-arsi** 1. *(coprirsi di sabbia)* versanden; 2. *(arenarsi)* auf Sand laufen, auflaufen; 3. *fig (non procedere)* im Sand(e) verlaufen.

insaccare [insak'ka:re] ⟨insacco, insacchi⟩ *tr* 1. *(mettere in sacchi)* einsakken, in Säcke füllen; *(in budelli)* in Häute (*o* Därme) füllen; 2. *fig* hineinstopfen, zwängen.

insaccati [insak'ka:ti] *m pl* Wurst *f,* Wurstwaren *f pl.*

insalata [insa'la:ta] *f* Salat *m.* **insalatiera** [...la'tie:ra] *f* Salatschüssel *f.*
insalubre [insa'lu:bre] *a* ungesund, gesundheitsschädlich.
insanabile [insa'na:bile] *a* unheilbar.
insanguinare [insaŋgui'na:re] **I.** *tr* blutig machen; *(a. fig)* mit Blut beflecken; **II.** *rfl:* **-arsi** sich blutig machen; *(a. fig)* sich mit Blut beflecken.
insaponare [insapo'na:re] *tr* einseifen.
insaporire [insapo'ri:re] ‹insaporisco› **I.** *tr* abschmecken; **II.** *itr* schmackhaft werden.
insaputa [insa'pu:ta] *f:* **all'~ di** ohne Wissen *gen.*
insaziabile [insat'tsia:bile] *a* unersättlich.
inscenare [inʃe'na:re] *tr* **1.** *theat* inszenieren; **2.** *fig* veranstalten, machen.
insecchire [insek'ki:re] ‹insecchisco› *itr* ‹*essere*› **1.** *(diventare secco)* austrocknen; **2.** *fig (persona)* abmagern.
insediamento [insedia'mento] *m* **1.** *(in una carica)* Amtseinsetzung *f,* Amtsantritt *m;* **2.** *(presa di possesso)* Einnahme *f;* **3.** *geog* Ansied(e)lung *f;* **4.** *pej* Einnistung *f.* **insediare** [...'dia:re] ‹insedio, insedi› **I.** *tr* (in das Amt) einsetzen; **II.** *rfl:* **-arsi 1.** *adm* sein Amt antreten; **2.** *fig* sich niederlassen, sich ansiedeln; **3.** *pej* sich einnisten.
insegna [in'seɲɲa] *f* **1.** *(di grado, dignità)* Abzeichen *n,* Zeichen *n; (bandiera)* Fahne *f; (stemma)* Wappen *n;* **2.** *(di negozio, etc.)* Schild *n.*
insegnamento [inseɲɲa'mento] *m* **1.** *(di una disciplina, di un'arte)* Unterricht *m;* **2.** *(precetto)* Lehre *f.* **insegnante** [...'ɲante] **I.** *a* lehrend, Lehr-; **II.** *mf* Lehrer(in) *m(f),* Lehrkraft *f adm.* **insegnare** [...'ɲa:re] **I.** *tr* lehren (*qc a qu* jdn etw.), unterrichten (*qc a qu* jdn in etw.); *(comportamento, etc.)* beibringen (*qc a qu* jdm etw.); **II.** *itr* unterrichten, lehren.
inseguire [inse'gui:re] *tr* verfolgen (*qu* jdn), nachlaufen (*qu* jdm). **inseguitore, -trice** [...ui'to:re] *m, f* Verfolger(in) *m(f).*
inseminazione [inseminat'tsio:ne] *f* Befruchtung *f.*
insenatura [insena'tu:ra] *f* Einbuchtung *f,* Bucht *f.*
insensato, -a [insen'sa:to] *a (persona)* unvernünftig; *(azione)* unsinnig.
insensibile [insen'si:bile] *a* **1.** *(impercettibile)* unmerklich, unauffällig; **2.** *(nervo, etc.)* unempfindlich; **3.** *(persona)* unempfindlich (*a* gegen); *pej* gefühllos. **insensibilità** [...sibili'ta] *f* Unempfindlichkeit *f* (*a* gegen); *pej* Gefühllosigkeit *f.*
inseparabile [insepa'ra:bile] *a* **1.** *(cose)* untrennbar; **2.** *(persone)* unzertrennlich.
inserimento [inseri'mento] *m* Einfügung *f.* **inserire** [...'ri:re] ‹inserisco› **I.** *tr* **1.** *(introdurre)* einfügen, -stecken, -legen; *(spina, etc.)* einstecken; **2.** *fig (includere)* einfügen; **3.** *(in un giornale)* aufgeben; **II.** *rfl:* **-irsi 1.** *(essere attaccato)* sich einfügen, einrasten; **2.** *fig (integrarsi)* beitreten (*in qc* einer S. *dat*), eintreten (*in* in); **3.** *fig (intromettersi)* sich einmischen, sich einschalten.
inserto [in'serto] *m* **1.** *(incartamento)* Aktenheft *n;* **2.** *(in giornale, rivista)* Beilage *f;* **3.** *film* Insert *n;* **~ pubblicitario** Werbebeilage *f.*
inservibile [inser'vi:bile] *a* unbrauchbar, nutzlos.
inserviente [inser'viente] *mf* Hilfskraft *f.*
inserzione [inser'tsio:ne] *f* **1.** *(atto dell'inserire)* Einfügung *f,* Einschiebung *f;* **2.** *(annuncio pubblicitario)* Anzeige *f,* Inserat *n;* **fare un'~** eine Anzeige aufgeben.
insetticida [insetti'tʃi:da] ‹-i, -e› **I.** *a* insektizid, insektentötend; **II.** *m* Insektenvernichtungsmittel *n,* Insektizid *n scient.*
insetto [in'setto] *m* Insekt *n;* **~ nocivo** Schädling *m.*
insicurezza [insiku'rettsa] *f* Unsicherheit *f.* **insicuro, -a** [...'ku:ro] *a* unsicher.
insidia [in'si:dia] ‹-ie› *f* **1.** *(tranello)* Hinterhalt *m,* Falle *f;* **2.** *(pericolo)* Falle *f,* Tücke *f.* **insidiare** [insi'dia:re] ‹insidio, insidi› *tr* in einen Hinterhalt locken (*qu* jdn), auflauern (*qu* jdm). **insidioso, -a** [...'dio:so] *a (persone, domande)* hinterhältig; *(cose)* (heim)tückisch.
insieme [in'sie:me] **I.** *adv* **1.** *(in compagnia, complessivamente)* zusammen; **2.** *(contemporaneamente)* zugleich, gleichzeitig; **II.** *prp:* **~ con 1.** *(in compagnia, in unione)* zusammen (*o* gemeinsam) mit *dat;* **2.** *(contemporaneamente)* gleichzeitig mit *dat;* **III.** *m* **1.** *(totalità)* Gesamtheit *f,* Ganze(s) *n;* **2.** *mat* Menge *f.*
insigne [in'siɲɲe] *a* bedeutend, hervorragend.
insignificante [insiɲɲifi'kante] *a* unbedeutend; *(trascurabile)* unwesentlich.
insincero, -a [insin'tʃe:ro] *a* unaufrichtig, unehrlich.
insindacabile [insinda'ka:bile] *a* unkontrollierbar; *(definitivo)* unanfechtbar, endgültig.
insinuante [insinu'ante] *a* einschmeichelnd. **insinuare** [...'a:re] **I.** *tr* unterstellen; *(sospetti)* erwecken, erregen; **II.** *rfl:* **-arsi 1.** *(infiltrarsi)* eindringen; **2.** *fig* sich einschleichen (*in* in), erschleichen (*in qc* etw.). **insinuazione** [...uat'tsio:ne] *f* Unterstellung *f.*
insipido, -a [in'si:pido] *a* **1.** *gastr* fade, geschmacklos; **2.** *fig (banale)* fade.

insistente [insis'tɛnte] *a* nachdrücklich, eindringlich; *(ostinato)* beharrlich; *(continuo)* anhaltend. **insistenza** [...'tɛntsa] *f* Beharrlichkeit *f; (continuità)* Anhalten *n.* **insistere** [in'sistere] ‹insisto, insistei *o* insistetti, insistito› *itr* bestehen (*a, in* auf), beharren (*a, in* auf).
insito, -a ['insito] *a* verwurzelt, innewohnend; *(qualità)* angeboren.
insoddisfatto, -a [insoddis'fatto] *a* 1. *(persona)* unbefriedigt, unzufrieden (*di* mit); 2. *(desiderio)* unerfüllt. **insoddisfazione** [...t'tsi̯o:ne] *f* Unzufriedenheit *f,* Unbefriedigtsein *n.*
insofferente [insoffe'rɛnte] *a* unduldsam. **insofferenza** [...'rɛntsa] *f* Unduldsamkeit *f.*
insolazione [insolat'tsi̯o:ne] *f* Sonnenstich *m.*
insolente [inso'lɛnte] *a* frech. **insolentire** [...len'ti:re] ‹insolentisco› **I.** *tr* ‹*avere*› beleidigen, beschimpfen; **II.** *itr* **1.** ‹*avere*› schimpfen; **2.** ‹*essere*› frech werden. **insolenza** [...'lɛntsa] *f* **1.** *(arroganza)* Frechheit *f;* **2.** *(villania)* Beleidigung *f.*
insolito, -a [in'sɔ:lito] *a* ungewöhnlich.
insolubile [inso'lu:bile] *a* **1.** *(problema, etc.)* unlösbar; *(dubbio)* nicht zu zerstreuen(d); **2.** *chem* unlöslich. **insoluto, -a** [...'lu:to] *a* **1.** *(problema, etc.)* ungelöst, nicht gelöst; **2.** *chem* nicht gelöst; **3.** *(debito, etc.)* nicht eingelöst, unbezahlt.
insolvente [insol'vɛnte] *a* zahlungsunfähig, insolvent. **insolvenza** [...'vɛntsa] *f* Zahlungsunfähigkeit *f,* Insolvenz *f.*
insomma [in'somma] **I.** *adv (dunque)* also, somit; *(in breve)* kurz; *(in conclusione)* schließlich; **II.** *interj* (was) nun, also (was).
insonne [in'sɔnne] *a* **1.** *(notte)* schlaflos; **2.** *fig (instancabile)* unermüdlich. **insonnia** [in'sɔnni̯a] ‹-ie› *f* Schlaflosigkeit *f.* **insonnolito, -a** [insonno'li:to] *a* schläfrig, verschlafen.
insopportabile [insoppor'ta:bile] *a* unerträglich.
insorgere [in'sordʒere] ‹*irr*› *itr* ‹*essere*› **1.** *(ribellarsi)* aufstehen (*contro* gegen), sich erheben (*contro* gegen); **2.** *(manifestarsi)* auftreten, erscheinen.
insormontabile [insormon'ta:bile] *a* unüberwindlich.
insorto, -a [in'sorto] *m, f* Aufständische(r) *mf.*
insospettabile [insospet'ta:bile] *a* **1.** *(superiore a qualsiasi sospetto)* unverdächtig, über jeden Verdacht erhaben; **2.** *(impreveduto)* unvermutet, ungeahnt.
insospettire [insospet'ti:re] ‹insospettisco› **I.** *tr* ‹*avere*› argwöhnisch machen, Verdacht erregen bei; **II.** *itr* ‹*essere*›, *rfl:* **-irsi** argwöhnisch werden, Verdacht schöpfen.
insostenibile [insoste'ni:bile] *a (pena, etc.)* unerträglich; *(spese, etc.)* untragbar; *(mil, tesi, etc.)* unhaltbar.
insostituibile [insostitu'i:bile] *a* unersetzlich.
insperato, -a [inspe'ra:to] *a* unverhofft.
inspiegabile [inspi̯e'ga:bile] *a* unerklärlich.
instabile [ins'ta:bile] *a* nicht stabil, instabil; *(tempo)* unbeständig; *(carattere a.)* wankelmütig. **instabilità** [...tabili'ta] *f* Unbeständigkeit *f,* Instabilität *f.*
installare [instal'la:re] *tr* **1.** *(persone)* unterbringen; *(in una carica, etc.)* einsetzen; **2.** *tec* anschließen, installieren. **installatore** [...la'to:re] *m* Installateur *m.* **installazione** [...lat'tsi̯o:ne] *f* Installation *f.*
instancabile [instaŋ'ka:bile] *a* unermüdlich.
instaurare [instau'ra:re] *tr* schaffen; *(repubblica, etc.)* gründen; *(processo)* einleiten.
instradare [instra'da:re] *tr* leiten, einweisen.
insù [in'su] *adv:* **all'~** nach oben, hinauf.
insubordinazione [insubordinat'tsi̯o:ne] *f* **1.** *(indisciplina)* Undiszipliniertheit *f;* **2.** *mil* Gehorsamsverweigerung *f,* Insubordination *f.*
insuccesso [insut'tʃɛsso] *m* Mißerfolg *m.*
insudiciare [insudi'tʃa:re] ‹insudicio, insudici› **I.** *tr* **1.** *(sporcare)* beschmutzen; **2.** *fig (disonorare)* entehren; **II.** *rfl:* **-arsi 1.** *(sporcarsi)* sich schmutzig machen; **2.** *fig (compromettersi)* sich in Verruf bringen.
insufficiente [insuffi'tʃɛnte] *a* **1.** *(non bastevole)* ungenügend, unzureichend; *(a scuola)* ungenügend; **2.** *(non idoneo)* ungeeignet, unfähig. **insufficienza** [...'tʃɛntsa] *f* **1.** *(inadeguatezza)* Unzulänglichkeit *f;* **2.** *(incapacità)* Ungeeignetheit *f,* Unfähigkeit *f;* **3.** *(votazione scolastica)* Ungenügend *n;* **4.** *med* Insuffizienz *f.*
insulare [insu'la:re] *a* Insel-, insular.
insulso, -a [in'sulso] *a* **1.** *(cosa)* banal; **2.** *(persona)* geistlos.
insultare [insul'ta:re] *tr* beleidigen, beschimpfen. **insulto** [in'sulto] *m* Beleidigung *f,* Beschimpfung *f.*
insuperabile [insupe'ra:bile] *a* **1.** *(insormontabile)* unüberwindlich; **2.** *(eccellente, imbattibile)* unübertrefflich, ausgezeichnet. **insuperato, -a** [...'ra:to] *a* unübertroffen.
insuperbire [insuper'bi:re] ‹insuperbisco› **I.** *tr* ‹*avere*› stolz machen; **II.** *itr* ‹*essere*›, *rfl:* **-irsi** stolz werden.

insurrezione [insurret'tsi̯o:ne] *f* Aufstand *m.*

insussistente [insussis'tɛnte] *a* inexistent, nicht bestehend.

intaccare [intak'ka:re] ‹intacco, intacchi› *tr* **1.** *(incidere)* (ein)kerben; **2.** *(corrodere, a. fig, med)* angreifen; **3.** *fig (ledere)* schaden (*qc* einer S. *dat*). **intaccatura** [...ka'tu:ra] *f* **1.** *(atto dell'intaccare)* (Ein)kerben *n;* **2.** *(tacca, incavatura)* Kerbe *f.*

intagliare [intaʎ'ʎa:re] *tr (legno)* schnitzen; *(pietra)* hauen. **intaglio** [in'taʎʎo] *m* Schnitzerei *f.*

intanto [in'tanto] **I.** *adv* **1.** *(nel frattempo)* inzwischen, unterdessen; **2.** *(invece)* dagegen; **per ~** einstweilen; **II.** *conj:* **~ che** während.

intarsiare [intar'si̯a:re] ‹intarsio, intarsi› *tr* intarsieren. **intarsio** [in'tarsi̯o] ‹-i› *m* Intarsie *f,* Einlegearbeit *f.*

intasare [inta'sa:re *o* ...'za:re] **I.** *tr* verstopfen; **II.** *rfl:* **-arsi** sich verstopfen.

intascare [intas'ka:re] ‹intasco, intaschi› *tr* einstecken, in die Tasche stecken.

intatto, -a [in'tatto] *a* **1.** *(mai toccato)* unberührt; **2.** *(puro)* unbefleckt; **3.** *(integro)* unversehrt.

intavolare [intavo'la:re] *tr* einleiten; *(discussione)* eröffnen.

integerrimo [inte'dʒɛrrimo] *superlativo di* **integro.**

integrale [inte'gra:le] **I.** *a* **1.** *(completo, intero)* vollständig, gesamt, Voll-; **2.** *mat* Integral-; **edizione ~** Gesamtausgabe *f;* **II.** *m* Integral *n.*

integrare [inte'gra:re] **I.** *tr* **1.** *(completare)* ergänzen; **2.** *soc* integrieren, eingliedern; **II.** *rfl:* **-arsi 1.** *(completarsi)* sich ergänzen; **2.** *soc* sich integrieren, sich einfügen. **integrazione** [...rat'tsi̯o:ne] *f* **1.** *(completamento)* Vervollständigung *f,* Ergänzung *f;* **2.** *mat* Integration *f;* **3.** *soc (~ razziale, etc.)* Integration *f,* Eingliederung *f;* **4.** *(collaborazione)* Zusammenarbeit *f.*

integrità [integri'ta] ‹-› *f* **1.** *(qualità di intatto)* Unversehrtheit *f,* Intaktheit *f; (completezza)* Vollständigkeit *f;* **2.** *fig* Rechtschaffenheit *f,* Integrität *f.* **integro, -a** ['integro] ‹più integro, integerrimo› *a* **1.** *(intatto)* intakt, unversehrt; *(completo)* vollständig; **2.** *fig* integer, rechtschaffen.

intelaiatura [intelai̯a'tu:ra] *f arch* Gerüst *n; (di finestra, etc.)* Rahmen *m; (di nave)* Spanten *n pl; (di ponte)* Tragwerk *n.*

intelletto [intel'lɛtto] *m* Geist *m,* Intellekt *m,* Verstand *m.* **intellettuale** [intellettu'a:le] **I.** *a* geistig, intellektuell, Denk-; **facoltà ~** Denkvermögen *n;* **lavoro ~** geistige Arbeit; **II.** *mf* Intellektuelle(r) *mf.*

intelligente [intelli'dʒɛnte] *a* intelligent, klug, gescheit. **intelligenza** [...'dʒɛntsa] *f* **1.** *(capacità di intendere, pensare)* Verstand *m,* Intelligenz *f;* **2.** *(persona)* großer Kopf.

intelligibile [intelli'dʒi:bile] *a* verständlich.

intemperante [intempe'rante] *a* unmäßig, maßlos, zügellos.

intemperie [intem'pɛ:ri̯e] *f pl* schlechtes Wetter.

intempestivo, -a [intempes'ti:vo] *a* ungelegen.

intendente [inten'dɛnte] *m* Verwalter *m,* Direktor *m.* **intendenza** [...'dɛntsa] *f* Direktion *f,* Verwaltungsstelle *f.*

intendere [in'tɛndere] ‹*irr*› **I.** *tr* **1.** *(interpretare)* auslegen, deuten; **2.** *(comprendere)* verstehen; **3.** *(udire)* vernehmen, hören; **4.** *(avere intenzione)* beabsichtigen, vorhaben; **darla ad ~ a qu** jdm etw. weismachen (*o* vormachen); **non ~ ragione** keine Vernunft annehmen; **II.** *rfl:* **-ersi 1.** *(andare d'accordo)* sich verstehen; **2.** *(esser competente)* sich auskennen (*di* in), sich verstehen (*di* auf); **intendersela con qu** mit jdm etw. haben *fam; (illecitamente)* mit jdm unter einer Decke stecken. **intendimento** [intendi'mento] *m* Verstand *m; (intenzione, scopo)* Absicht *f,* Sinn *m.* **intenditore, -trice** [...di'to:re] *m, f* Kenner(in) *m(f).*

intenerire [intene'ri:re] ‹intenerisco› **I.** *tr* **1.** *(render tenero)* weich machen; **2.** *fig (commuovere)* erweichen, rühren; **II.** *rfl:* **-irsi 1.** *(divenire tenero)* weich werden; **2.** *fig (commuoversi)* gerührt sein, sich erweichen lassen.

intensificare [intensifi'ka:re] ‹intensifico, intensifichi› **I.** *tr* verstärken, intensivieren; **II.** *rfl:* **-arsi** sich verstärken, stärker werden.

intensità [intensi'ta] ‹-› *f* Stärke *f,* Intensität *f.* **intenso, -a** [in'tɛnso] *a* intensiv; *(colore, luce a.)* kräftig, satt; *(sguardo, etc.)* eindringlich; *(freddo)* groß; *(affetto)* heftig.

intentare [inten'ta:re] *tr jur* anstrengen; **~ causa contro qu** gegen jdn einen Prozeß anstrengen.

intentato, -a [inten'ta:to] *a* unversucht; **non lasciar nulla d'~** nichts unversucht lassen.

intento [in'tɛnto] *m (proposito)* Absicht *f; (fine)* Zweck *m.*

intento, -a [in'tɛnto] *a* aufmerksam; **essere ~ a fare qc** dabei sein, etw. zu tun.

intenzionale [intentsi̯o'na:le] *a* absichtlich, vorsätzlich. **intenzionato, -a** [...'na:to] *a* gesinnt; **essere bene/male ~** gute/böse Absichten haben.

intenzione [inten'tsi̯o:ne] *f* **1.** *(proposito)* Absicht *f;* **2.** *(desiderio)* Wille *m;*

avere l'~ di fare qc die Absicht haben, etw zu tun.
interamente [intera'mente] *adv* ganz, vollständig.
interaziendale [interaddzien'da:le] *a* zwischenbetrieblich.
intercalare [interka'la:re] *m* Füllwort *n.*
intercapedine [-ka'pɛ:dine] *f* Zwischenraum *m.*
intercedere [-'tʃɛ:dere] *itr* vermitteln, sich einsetzen. **intercessione** [-tʃes'sio:ne] *f* Fürsprache *f.* **intercessore, -ceditrice** [...'so:re, -tʃedi'tri:tʃe] *m, f* Fürsprecher(in) *m(f).*
intercettare [-tʃet'ta:re] *tr (lettera)* abfangen; *(telefonata)* abhören; ~ **la rotta di una nave** den Kurs eines Schiffes kreuzen.
intercomunicante [-komuni'kante] *a* Verbindungs-.
intercontinentale [-kontinen'ta:le] *a* interkontinental.
intercorrere [-'korrere] ‹*irr*› *itr* ‹*essere*› dazwischenliegen; *fig* bestehen.
interdetto, -a [-'detto] *a (sorpreso, turbato)* sprachlos.
interdipendente [-dipen'dɛnte] *a* voneinander abhängig.
interdire [-'di:re] ‹*irr*› *tr* untersagen, verbieten. **interdizione** [-dit'tsio:ne] *f* Verbot *n.*
interessamento [interessa'mento] *m* Interesse *n; (partecipazione)* Anteilnahme *f.* **interessante** [...'sante] *a* interessant. **interessare** [...'sa:re] **I.** *tr* ‹*avere*› **1.** *(riguardare)* betreffen, angehen; **2.** *(destare attenzione)* interessieren, interessant sein für; **II.** *itr* ‹*essere*› interessieren (*a qu* jdn), angehen (*a qu* jdn); **III.** *rfl:* **-arsi 1.** *(occuparsi)* sich kümmern (*di* um), sich bemühen (*di* um); **2.** *(mostrare interesse)* sich interessieren (*a, di* für). **interessato, -a** [...'sa:to] **I.** *a* **1.** interessiert (*a* an, für); **2.** *fig pej* eigennützig; *(persona)* materiell eingestellt; **II.** *m, f* Interessent(in) *m(f); (la persona in causa)* Betreffende(r) *mf.*
interesse [inte'rɛsse] *m* **1.** *fin* Zins *m,* Zinsen *m pl;* **2.** *(tornaconto, utilità)* Interesse *n;* **3.** *(interessamento)* Interesse *n; (partecipazione)* (An)teilnahme *f;* **4.** *(importanza)* Wichtigkeit *f,* Interesse *n;* **5.** ‹*pl*› *(affari)* Angelegenheiten *f pl,* Interessen *n pl;* **agire nell'~ di qu** jds Interessen wahrnehmen; **mostrare vivo ~ per qc** für etw. lebhaftes Interesse zeigen.
interferenza [interfe'rɛntsa] *f* **1.** *phys* Interferenz *f;* **2.** *fig (intromissione)* Einmischung *f.* **interferire** [...'ri:re] *itr* **1.** *phys* interferieren; **2.** *fig (intromettersi)* sich einmischen (*in* in).
interiezione [-iet'tsio:ne] *f* Interjektion *f.*
interiora [inte'rio:ra] *f pl* Innereien *f pl.*
interiore [inte'rio:re] *a* innere(r, s), Innen-.
interlocutore, -trice [-loku'to:re] *m, f* Gesprächspartner(in) *m(f).*
interludio [-'lu:dio] ‹-i› *m* Zwischenspiel *n,* Interludium *n.*
intermediario, -a [-me'dia:rio] ‹-i, -ie› **I.** *a* dazwischenliegend, Zwischen-; **II.** *m, f* Vermittler(in) *m(f),* Mittelsperson *f.*
intermedio, -a [-'mɛ:dio] *a* Zwischen-, Mittel-, mittlere(r, s).
intermezzo [-'mɛddzo] *m* **1.** *mus, lit* Intermezzo *n;* **2.** *(intervallo)* Pause *f.*
interminabile [intermi'na:bile] *a* endlos, unaufhörlich.
intermittente [-mit'tɛnte] *a* wechselnd, Wechsel-; *tec* intermittierend.
interna *f v.* **interno.**
internamente [interna'mente] *adv* **1.** *(dentro)* innen, im Inner(e)n; **2.** *fig (nell'anima)* innerlich, im Inner(e)n.
internamento [interna'mento] *m* Internierung *f; med* Einweisung *f.* **internare** [...'na:re] **I.** *tr* internieren; *med* einweisen; **II.** *rfl:* **-arsi** eindringen.
internato [inter'na:to] *m* **1.** *(periodo)* Praktikum *n;* **2.** *(convitto)* Internat *n.*
internazionale [-nattsio'na:le] **I.** *a* international; **II.** *f:* **l'I~** die Internationale. **internazionalizzare** [...nalid'dza:re] *tr* internationalisieren.
internista [inter'nista] ‹-i *m,* -e *f*› *mf* Internist(in) *m(f).*
interno, -a [in'tɛrno] **I.** *a* innere(r, s), Innen-; *(mare)* Binnen-; *(adm, alunno)* intern; *(politica)* Innen-; *fig* innerlich; **II.** *m* **1.** *(parte interna)* Innere(s) *n;* **2.** *film* Innenaufnahme *f;* **3.** *(numero interno)* Wohnungsnummer *f; tel* Durchwahlnummer *f,* Apparat *m;* **4.** *(territorio nazionale)* Inland *n;* **III.** *m, f* Interne(r) *mf; sport* Mittelstürmer(in) *m(f).*
intero, -a [in'te:ro] **I.** *a* ganz, vollständig; **un anno ~** ein ganzes Jahr; **II.** *m* Ganze(s) *n;* **per ~** ganz, im ganzen.
interpellare [interpel'la:re] *tr* befragen, anfragen bei; *pol* interpellieren an.
interplanetario, -a [-plane'ta:rio] *a* interplanetar(isch), Weltraum-.
interporre [-'porre] ‹*irr*› **I.** *tr* dazwischenlegen; **per interposta persona** durch Mittelsperson; **II.** *rfl:* **-orsi** dazwischentreten; *fig* sich einschalten.
interpretare [interpre'ta:re] *tr* **1.** *(parole, azione, etc.)* deuten, auslegen; *(testi, leggi)* interpretieren, auslegen; *(spiegare)* erklären; **2.** *(attribuire un significato)* deuten; **3.** *(sentimento, volontà)* Ausdruck geben (*qc* einer S. *dat*), zum Ausdruck bringen; **4.** *mus* interpretieren; *film, theat (parte, personaggio)* interpretieren; *(rappresentare)* spielen,

darstellen. **interpretazione** [...tat'tsi̯o:ne] *f* **1.** *(spiegazione)* Erklärung *f; (di testi, leggi)* Interpretation *f*, Auslegung; *(di parole, azione, etc.)* Deutung *f*, Auslegung *f;* **2.** *(attribuzione di un significato)* Deutung *f;* **3.** *(di sentimento, volontà)* Ausdruck *m;* **4.** *mus* Interpretation *f; film, theat* Darstellung *f.* **interprete** [in'tɛrprete] *mf* **1.** *(traduttore)* Dolmetscher(in) *m(f);* **2.** *film, TV, theat* Darsteller(in) *m(f); (a. mus)* Interpret(in) *m(f);* **3.** *(espositore di volontà altrui)* Vermittler(in) *m(f);* ~ **simultaneo** Simultandolmetscher *m.*

interpunzione [-pun'tsi̯o:ne] *f* Interpunktion *f*, Zeichensetzung *f.*

interregionale [-redʒo'na:le] *a* überregional.

interrogare [-ro'ga:re] ‹interrogo, interroghi› *tr* (be)fragen, anfragen bei; *(a scuola)* abhören, -fragen; *jur* verhören, vernehmen; *fig (coscienza, etc.)* befragen. **interrogativo, -a** [...ga'ti:vo] **I.** *a* fragend; *(punto, frase)* Frage-; *(gram a.)* interrogativ; **II.** *m* **1.** *gram (punto ~)* Fragezeichen *n;* **2.** *(quesito, dubbio)* Frage *f;* **3.** *fig* Rätsel *n.* **interrogatorio** [...ga'tɔ:ri̯o] ‹-i› *m* Verhör *n*, Vernehmung *f.* **interrogazione** [...gat'tsi̯o:ne] *f* Befragung *f; jur* Vernehmung *f; pol* Anfrage *f.*

interrompere [-'rompere] ‹*irr*› **I.** *tr* **1.** *(troncare)* unterbrechen, abbrechen; **2.** *(sospendere)* unterbrechen, einstellen; **II.** *rfl:* **-ersi** einhalten; *(nel parlare)* sich unterbrechen.

interruttore [-rut'to:re] *m* Schalter *m.*

interruzione [-rut'tsi̯o:ne] *f* Unterbrechung *f;* **senza** ~ ununterbrochen.

intersecare [-se'ka:re] ‹interseco, intersechi› **I.** *tr* (durch)kreuzen; **II.** *rfl:* **-arsi** sich schneiden, sich kreuzen.

interstizio [inters'tittsi̯o] ‹-i› *m* Zwischenraum *m.*

interurbano, -a [-ur'ba:no] **I.** *a* Fern(sprech)-; **II.** *f* Ferngespräch *n.*

intervallare [-val'la:re] *tr* unterbrechen, dazwischenschieben. **intervallo** [-'vallo] *m* **1.** *(di tempo)* (Zwischen)zeit *f;* **2.** *(di spazio)* Zwischenraum *m*, Abstand *m;* **3.** *mus* Intervall *n;* **4.** *(ricreazione)* Pause *f.*

intervenire [-ve'ni:re] ‹*irr*› *itr* ‹*essere*› **1.** *(prendere parte)* sich beteiligen; *(in un conflitto)* intervenieren; **2.** *(intromettersi)* eingreifen, sich einmischen; *(di autorità)* einschreiten; **3.** *(trovarsi presente)* teilnehmen (*a* an); **4.** *(adoperarsi)* sich einsetzen; **5.** *med* einen Eingriff vornehmen. **intervento** [-'vɛnto] *m* **1.** *(intromissione)* Eingreifen *n*, Dazwischentreten *n; (della polizia)* Einschreiten *n; (ingerenza)* Einmischung *f; pol, com* Intervention *f;* **2.** *(partecipazione)* Teilnahme *f* (*a* an); **3.** *(discorso)* Ansprache *f*, Rede *f;* **4.** *med* Eingriff *m.*

intervista [-'vista] *f* Interview *n; (statistica)* Befragung *f.* **intervistare** [...'ta:re] *tr* interviewen; *(statisticamente)* befragen. **intervistatore, -trice** [...ta'to:re] *m, f* Interviewer(in) *m(f).*

intesa [in'te:sa] *f* **1.** *(accordo)* Einverständnis *n*, Absprache *f;* **2.** *pol* Bündnis *n*, Entente *f.* **inteso, -a** [...so] *a* vereinbart, verstanden; **resta ~ che ...** es ist (*o* wird) vereinbart, daß ...

intessere [in'tɛssere] *tr* **1.** *(intrecciare)* flechten; **2.** *fig (comporre)* ersinnen, komponieren.

intestardirsi [intestar'dirsi] ‹m'intestardisco› *rfl* sich versteifen (*su, in* auf).

intestare [intes'ta:re] *tr* **1.** *(lettera, busta)* mit Namen versehen; **2.** *(conto)* eintragen (*a qu* auf jds Namen); *(casa)* überschreiben (*a qu* auf jds Namen). **intestatario, -a** [...ta'ta:ri̯o] ‹-i, -ie› *m, f* Inhaber(in) *m(f).* **intestato, -a** [...'ta:to] *a* mit Namen (*o* Briefkopf) versehen; ~ **a** lautend auf. **intestazione** [...tat'tsi̯o:ne] *f* **1.** *(registrazione)* Eintragung *f;* **2.** *(dicitura)* Überschrift *f.*

intestinale [intesti'na:le] *a* Darm-. **intestino** [...'ti:no] *m* Darm *m.*

intiepidire [inti̯epi'di:re] ‹intiepidisco› **I.** *tr* ‹*avere*› lau(warm) machen; **II.** *itr* ‹*essere*›, *rfl:* **-irsi** **1.** *(diventare tiepido)* lau(warm) werden; **2.** *fig (attenuarsi)* sich abschwächen, nachlassen; *(sentimenti)* abkühlen.

intimare [inti'ma:re] *tr* anordnen, befehlen; ~ **l'alt** Halt gebieten. **intimazione** [...mat'tsi̯o:ne] *f* Aufforderung *f*, Befehl *m.*

intimidazione [intimidat'tsi̯o:ne] *f* Einschüchterung *f.* **intimidire** [...'di:re] ‹intimidisco› **I.** *tr* ‹*avere*› **1.** *(rendere timido)* schüchtern (*o* ängstlich) machen; **2.** *(incutere timore)* einschüchtern; **II.** *itr* ‹*essere*›, *rfl:* **-irsi** schüchtern (*o* ängstlich) werden.

intimità [intimi'ta] ‹-› *f* **1.** *(di sentimenti)* Intimität *f*, Vertraulichkeit *f;* **2.** *(di ambienti)* Gemütlichkeit *f.* **intimo, -a** ['intimo] **I.** *a* innerste(r, s); *(persona)* intim, vertraut; *(ambiente)* gemütlich; **II.** *m* **1.** *(dell'animo)* Innerste(s) *n;* **2.** ‹*pl*› engste Verwandte (*o* Vertraute) *pl.*

intimorire [intimo'ri:re] ‹intimorisco› **I.** *tr* (ver)ängstigen, verschüchtern; **II.** *rfl:* **-irsi** sich fürchten.

intingere [in'tindʒere] ‹*irr*› *tr* eintauchen, -tunken. **intingolo** [in'tiŋgolo] *m* Tunke *f*, Soße *f.*

intirizzire [intirid'dzi:re] ‹intirizzisco› **I.** *tr* ‹*avere*› erstarren lassen; **II.** *itr* ‹*essere*›, *rfl:* **-irsi** erstarren.

intitolare [intito'la:re] *tr* **1.** *(fornire del*

titolo) betiteln, überschreiben; **2.** *(dedicare)* widmen.

intollerabile [intolle'ra:bile] *a* unerträglich. **intollerante** [...'rante] *a* intolerant, unduldsam. **intolleranza** [...'rantsa] *f* Intoleranz *f*, Unduldsamkeit *f*.

intonacare [intona'ka:re] ⟨intonaco, intonachi⟩ *tr* verputzen. **intonaco** [in'tɔ:nako] ⟨-ci *o* -chi⟩ *m* Verputz *m*.

intonare [into'na:re] **I.** *tr* **1.** *mus* anstimmen, intonieren; *(strumento)* stimmen; **2.** *fig (accordare)* abstimmen (*a* mit); **II.** *rfl:* **-arsi** übereinstimmen (*a* mit), passen (*a* zu). **intonazione** [...nat'tsi̯o:ne] *f* **1.** *mus* Anstimmen *n; (di strumento)* Stimmen *n;* **2.** *ling* Intonation *f*, Tongebung *f*.

intontimento [intonti'mento] *m* Benommenheit *f*. **intontire** [...'ti:re] ⟨intontisco⟩ **I.** *tr* ⟨*avere*⟩ benommen machen; **II.** *itr* ⟨*essere*⟩ benommen werden.

intoppo [in'tɔppo] *m* Hindernis *n*.

intorbidare [intorbi'da:re] **I.** *tr* ⟨*avere*⟩ trüben, trübe machen; **II.** *itr* ⟨*essere*⟩, *rfl:* **-arsi** trübe werden.

intorno [in'torno] **I.** *adv* umher, herum; **tutt'~** ringsherum, ringsumher; **II.** *prp:* **~ a** an *dat; (locale, temporale)* um *acc* ... herum; **III.** ⟨*inv*⟩ *a* umliegend.

intorpidire [intorpi'di:re] ⟨intorpidisco⟩ **I.** *tr* ⟨*avere*⟩ **1.** *(membra)* gefühllos machen; **2.** *fig* stumpf machen; **II.** *itr* ⟨*essere*⟩, *rfl:* **-irsi** **1.** *(membra)* gefühllos werden; **2.** *fig* stumpf werden.

intossicare [intossi'ka:re] ⟨intossico, intossichi⟩ **I.** *tr* vergiften; **II.** *rfl:* **-arsi** sich vergiften. **intossicazione** [...kat'tsi̯o:ne] *f* Vergiftung *f*.

intraducibile [intradu'tʃi:bile] *a* **1.** *(lingua)* unübersetzbar; **2.** *fig (sentimento, etc.)* unausdrückbar.

intralciare [intral'tʃa:re] ⟨intralcio, intralci⟩ *tr* behindern, hemmen. **intralcio** [in'traltʃo] ⟨-ci⟩ *m* Hindernis *n*.

intransigente [intransi'dʒɛnte] *a* unnachgiebig, unversöhnlich.

intransitabile [intransi'ta:bile] *a* unbefahrbar.

intransitivo, -a [intransi'ti:vo] **I.** *a* intransitiv; **II.** *m* Intransitiv *n*, intransitives Verb.

intrappolare [intrappo'la:re] *tr* **1.** *(animali)* in einer Falle fangen; **2.** *fig (truffare)* hereinlegen.

intraprendente [intrapren'dɛnte] *a* unternehmungslustig; *(con le donne)* draufgängerisch. **intraprendenza** [...'dɛntsa] *f* Unternehmungslust *f; (con le donne)* Draufgängertum *n*. **intraprendere** [-'prɛndere] ⟨*irr*⟩ *tr* unternehmen; *(carriera)* einschlagen.

intrattabile [intrat'ta:bile] *a (problema)* heikel, schwierig; *(persona, carattere)* schwierig, unzugänglich.

intrattenere [intratte'ne:re] ⟨*irr*⟩ **I.** *tr* unterhalten; **II.** *rfl:* **-ersi** verweilen (*su* bei), sich aufhalten (*su* bei).

intrav(v)edere [intrav(v)e'de:re] ⟨*irr*⟩ *tr* (flüchtig) erblicken.

intrecciare [intret'tʃa:re] ⟨intreccio, intrecci⟩ **I.** *tr* **1.** *(capelli, vimini)* flechten; *(dita)* verschlingen, (ver)kreuzen; **2.** *fig* knüpfen, spinnen; **II.** *rfl:* **-arsi** sich verschlingen, sich verknüpfen. **intreccio** [in'trettʃo] ⟨-cci⟩ *m* **1.** *(lavoro)* Flechtwerk *n*, Geflecht *n;* **2.** *fig (trama)* Verwicklung *f*, Handlung *f*.

intrepido, -a [in'trɛ:pido] *a* unerschrokken, draufgängerisch.

intricare [intri'ka:re] ⟨intrico, intrichi⟩ **I.** *tr* verwickeln, verwirren; **II.** *rfl:* **-arsi** sich verwickeln, sich verwirren.

intrigante [intri'gante] **I.** *a* intrigant; **II.** *mf* Intrigant(in) *m(f)*. **intrigare** [...'ga:re] ⟨intrigo, intrighi⟩ *itr* Ränke schmieden, intrigieren. **intrigo** [in'tri:go] ⟨-ghi⟩ *m* **1.** *(briga)* Intrige *f*, Machenschaften *f pl;* **2.** *(situazione imbarazzante)* Schlamassel *m fam;* **ordire un ~** Ränke schmieden.

intrinseco, -a [in'trinseko] ⟨-ci, -che⟩ *a* innere(r, s); *fig* vertraut.

intriso, -a [in'tri:zo] *a* triefend (*di* von, vor); *(di sudore a.)* gebadet (*di* in).

introdurre [intro'durre] ⟨introduco, introdussi, introdotto⟩ **I.** *tr* **1.** *(inserire)* (hinein)stecken, einführen; **2.** *(mettere in uso, com)* einführen; **3.** *(far entrare)* eintreten lassen; *(presentare)* vorstellen; **II.** *rfl:* **-ursi** sich einschleichen, eindringen. **introduttivo, -a** [-dut'ti:vo] *a* einleitend, einführend. **introduzione** [-dut'tsi̯o:ne] *f* **1.** *(immissione)* Einführung *f;* **2.** *com* Einfuhr *f;* **3.** *(prefazione)* Einleitung *f;* **4.** *(di persona)* Vorstellung *f;* **5.** *mus* Vorspiel *n; (di opera)* Ouvertüre *f*.

introito [in'trɔ:ito] *m* Einnahme *f*, Einkünfte *f pl*.

intromettersi [-'mettersi] ⟨*irr*⟩ *rfl* **1.** *(interporsi)* dazwischentreten; **2.** *(immischiarsi)* sich einmischen. **intromissione** [-mis'si̯o:ne] *f* Dazwischentreten *n*, Eingreifen *n; (mediazione)* Vermittlung *f*.

introvabile [intro'va:bile] *a* unauffindbar.

introverso, -a [-'vɛrso], **introvertito, -a** [-ver'ti:to] **I.** *a* introvertiert; **II.** *m, f* Introvertierte(r) *mf*.

intrufolarsi [intrufo'larsi] *rfl* sich einschmuggeln.

intruglio [in'truʎʎo] ⟨-gli⟩ *m pej (mistura)* Gemisch *n; (bevanda)* Gebräu *n*.

intrusione [intru'zi̯o:ne] *f* **1.** *(intervento)* Eindringen *n;* **2.** *(ingerenza)* Einmischung *f*. **intruso, -a** [in'tru:zo] *m, f* Eindringling *m*.

intuire [intu'i:re] ⟨intuisco⟩ *tr* **1.** *(rendersi*

conto) sich *(dat)* bewußt sein (*o* werden) (*qc* einer S. *gen*); **2.** *(sentire)* fühlen, ahnen; **3.** *(presentire)* (voraus)ahnen.

intuito [in'tu:ito] *m* **1.** *(conoscenza immediata)* Gefühl *n*, Intuition *f;* **2.** *(perspicacia)* Scharfsinn *m*. **intuizione** [intuit'tsi̯o:ne] *f* Intuition *f; (presentimento)* Vorgefühl *n*, Vorahnung *f*.

inumano, -a [inu'ma:no] *a* unmenschlich, inhuman.

inumidire [inumi'di:re] ‹inumidisco› **I.** *tr* be-, anfeuchten; *(bucato)* be-, einsprengen; **II.** *rfl:* **-irsi** feucht werden.

inurbamento [inurba'mento] *m* Landflucht *f*.

inusitato, -a [inuzi'ta:to] *a* ungewöhnlich.

inutile [i'nu:tile] *a* **1.** *(senza utilità)* unnütz, nutzlos; **2.** *(inefficace)* unwirksam; **3.** *(vano, superfluo)* zwecklos, sinnlos. **inutilità** [inutili'ta] *f* **1.** *(mancanza di utilità)* Nutzlosigkeit *f*, Zwecklosigkeit *f;* **2.** *(inefficacia)* Unwirksamkeit *f;* **3.** *(l'essere vano, superfluo)* Sinnlosigkeit *f*.

invadente [inva'dɛnte] **I.** *a* aufdringlich; **II.** *mf* aufdringlicher Mensch. **invadenza** [...'dɛntsa] *f* Aufdringlichkeit *f*. **invadere** [in'va:dere] ‹invado, invasi, invaso› *tr* **1.** *(con forza)* überfallen; *(città)* einnehmen; *(fortezza)* stürmen; *(paese)* einfallen in; **2.** *fig (mercato, etc.)* überschwemmen.

invaditrice *f v.* **invasore.**

invaghirsi [inva'girsi] ‹m'invaghisco› *rfl* sich verlieben (*di* in); *(fig a.)* liebäugeln (*di* mit).

invalidare [invali'da:re] *tr* für ungültig erklären; *jur* anfechten. **invalidità** [...di'ta] *f* **1.** *jur* Rechtsungültigkeit *f; gener.* Ungültigkeit *f;* **2.** *(per menomazione)* Invalidität *f*. **invalido, -a** [in'va:lido] **I.** *a* **1.** *jur* rechtsungültig; *gener.* ungültig, nichtig; **2.** *(per menomazione)* invalide; ~ **al lavoro** erwerbsunfähig; **II.** *mf* Invalide *m;* ~ **di guerra** Kriegsversehrte(r) *m*.

invalso, -a [in'valso] *a* üblich, verbreitet.

invano [in'va:no] *adv* umsonst, vergebens.

invariabile [inva'ri̯a:bile] *a* unveränderlich. **invariato, -a** [...'ri̯a:to] *a* unverändert.

invasi [in'va:zi] *p rem di* **invadere.**

invasione [inva'zi̯o:ne] *f* **1.** *mil* Invasion *f*, Einfall *m;* **2.** *(di spettatori)* Sturm *m;* **3.** *fig (diffusione)* Verbreitung *f*.

invaso [in'va:zo] *pp di* **invadere.**

invasore, invaditrice [inva'zo:re, ...adi'tri:tʃe] **I.** *a* eindringend, einfallend; **II.** *m, f* Invasor(in) *m(f)*, Eindringling *m*.

invecchiamento [invekki̯a'mento] *m* **1.** *biol* Altern *n*, Alterung *f;* **2.** *(del vino)* Alterung *f*, Lagerung *f;* **3.** *tec* Aushärtung *f*, Aushärten *n;* **4.** *fig* Veralten *n*.

invecchiare [...'ki̯a:re] ‹invecchio, invecchi› **I.** *itr* ‹*essere*› **1.** *biol* altern, alt werden; **2.** *(vino)* reifen, altern; **3.** *tec* aushärten; **4.** *fig* veralten; **II.** *tr* ‹*avere*› **1.** *(far diventare vecchio)* alt werden lassen, alt machen; **2.** *(far sembrare vecchio)* alt machen, älter erscheinen lassen; **3.** *(vino)* reifen (*o* altern) lassen; **4.** *tec* aushärten (lassen).

invece [in've:tʃe] **I.** *adv* dagegen, jedoch, indes(sen); **II.** *prp:* ~ **di** (an)statt *gen;* ~ **di lei** an ihrer Stelle.

inveire [inve'i:re] ‹inveisco› *itr* schimpfen (*contro* gegen, auf), wettern (*contro* gegen).

invelenire [invele'ni:re] ‹invelenisco› **I.** *tr* ‹*avere*› angiften; **II.** *itr* ‹*essere*›, *rfl:* **-irsi** aufgebracht sein (*contro, con* gegen), böse sein (*contro, con* auf).

invendibile [inven'di:bile] *a* unverkäuflich.

inventare [inven'ta:re] *tr* **1.** *(scoprire, trovare)* erfinden; **2.** *(escogitare)* ersinnen, ausdenken; **3.** *(ideare, immaginare)* erfinden; **inventarne di tutti i colori** die unglaublichsten Dinge erfinden.

inventariare [inventa'ri̯a:re] ‹inventario, inventari› *tr* Bestandsaufnahme machen von. **inventario** [...'ta:ri̯o] ‹-i› *m* **1.** *(elencazione di beni)* Inventur *f*, Bestandsaufnahme *f;* **2.** *(registro)* Aufnahmeverzeichnis *n*.

inventiva [inven'ti:va] *f* Erfindungsgabe *f;* **ricco d'~** erfindungsreich. **inventore, -trice** [...'to:re] *m, f* Erfinder(in) *m(f)*. **invenzione** [...'tsi̯o:ne] *f* **1.** *(ideazione)* Erfindung *f; (scoperta)* Entdekkung *f;* **2.** *(prodotto della fantasia)* Erfindung *f; (bugia)* Lüge *f*.

invernale [inver'na:le] *a* winterlich, Winter-; **sport** ~ Wintersport *m*.

inverno [in'vɛrno] *m* Winter *m;* **d'~** im Winter; **nel cuore dell'~** im tiefsten Winter.

invero [in've:ro] *adv lett* wahrlich *geh*, wirklich.

inverosimile [invero'si:mile] *a* unwahrscheinlich.

inversione [inver'si̯o:ne] *f* **1.** *(atto dell'invertire)* Umkehrung *f;* **2.** *ling, chem* Inversion *f;* ~ **di marcia** *mot* Wenden *n;* ~ **di rotta** Kurswechsel *m*.

inverso, -a [in'vɛrso] **I.** *a* umgekehrt, entgegengesetzt; **II.** *m* Gegenteil *n*.

invertebrato, -a [inverte'bra:to] **I.** *a* wirbellos; **II.** *m pl* wirbellose Tiere *n pl*.

invertire [inver'ti:re] ‹inverto› *tr* **1.** *(nel senso contrario)* umkehren; *(direzione)* ändern; **2.** *(scambiare)* (aus)tauschen, (aus)wechseln; **3.** *ling, chem* invertieren; **4.** *fig (capovolgere)* auf den Kopf stellen, umkehren; ~ **la marcia** wenden; ~ **la rotta** den Kurs wechseln; ~ **le parti**

die Rollen tauschen. **invertito, -a** [...'ti:to] *m, f* Invertierte(r) *mf.*

investigare [investi'ga:re] ⟨investigo, investighi⟩ **I.** *tr* erforschen, untersuchen; **II.** *itr* Nachforschungen anstellen. **investigatore, -trice** [...ga'to:re] *m, f* (Er)forscher(in) *m(f).* **investigazione** [...gat'tsi̯o:ne] *f* Untersuchung *f,* Nachforschung *f.*

investimento [investi'mento] *m* **1.** *fin* Investition *f,* Anlage *f;* **2.** *(urto)* Zusammenstoß *m; (di persone, animali)* Anfahren *n; (a morte)* Überfahren *n.*

investire [...'ti:re] **I.** *tr* **1.** *(di una carica)* betrauen (*di* mit); *(di potere, titolo, dignità)* verleihen (*qu di qc* jdm etw.); **2.** *fin* investieren, anlegen; **3.** *(urtare)* zusammenstoßen mit, auffahren auf; *(persone, animali)* anfahren; *(a morte)* überfahren; **4.** *fig (sgridare)* anfahren; **II.** *rfl:* **-irsi 1.** *(di un titolo)* erreichen, bekleiden; **2.** *(di persona, parte)* sich hineinversetzen (*di* in). **investitore, -trice** [...ti'to:re] *m, f* **1.** *(stradale)* Unfallfahrer(in) *m(f);* **2.** *fin* Anleger(in) *m(f),* Investor(in) *m(f).*

inveterato, -a [invete'ra:to] *a* eingewurzelt.

invettiva [invet'ti:va] *f* Schmährede *f,* Schmähung *f.*

inviare [invi'a:re] ⟨invio, invii⟩ *tr* **1.** *(cose)* (ver)schicken, (über-, ver)senden; **2.** *(persone)* schicken, entsenden. **inviato, -a** [...'a:to] *m, f* **1.** *(di giornale)* Berichterstatter(in) *m(f);* **2.** *(in diplomazia)* (Ab)gesandte(r) *mf;* ~ **speciale** Sonderberichterstatter *m.*

invidia [in'vi:di̯a] ⟨-ie⟩ *f* Neid *m.* **invidiabile** [invi'di̯a:bile] *a* beneidenswert. **invidiare** [...'di̯a:re] ⟨invidio, invidi⟩ *tr* **1.** *(persone)* beneiden (*per* um), neidisch sein auf; **2.** *(cose)* mißgönnen, neiden. **invidioso, -a** [...'di̯o:so] **I.** *a* neidisch (*di* auf); **II.** *m, f* neidischer Mensch.

invincibile [invin'tʃi:bile] *a* unbesiegbar.

invio [in'vi:o] ⟨-ii⟩ *m* Sendung *f; (di persone)* Entsendung *f.*

inviolabile [invio'la:bile] *a* unverletzlich, unverletzbar; *(diritto)* unantastbar; *(luoghi)* heilig. **inviolato, -a** [...'la:to] *a* unverletzt; *(foresta, verginità)* unberührt.

inviperirsi [invipe'rirsi] ⟨m'inviperisco⟩ *rfl* wütend werden.

invisibile [invi'zi:bile] *a* unsichtbar.

inviso, -a [in'vi:zo] *a (malvisto)* unbeliebt; *(odiato)* verhaßt.

invitante [invi'tante] *a* einladend, verlockend. **invitare** [...'ta:re] *tr* **1.** *(chiamare a partecipare)* einladen; **2.** *(esortare)* auffordern, mahnen; *(convocare)* bitten, ersuchen; *(ordinare)* auffordern; ~ **qu a cena** jdn zum Abendessen einladen. **invitato, -a** [...'ta:to] *m, f* Gast *m,* Eingeladene(r) *mf.*

invito [in'vi:to] *m* **1.** *(chiamata, biglietto)* Einladung *f;* **2.** *(esortazione)* Aufforderung *f,* (Er)mahnung *f;* **3.** *fig (allettamento, stimolo)* Verlockung *f,* Reiz *m;* **fare un** ~ eine Einladung geben.

invocare [invo'ka:re] ⟨invoco, invochi⟩ *tr* **1.** *(chiamare con fervore)* anflehen, anrufen; **2.** *(implorare)* erbitten, bitten um; **3.** *(ambire)* beschwören.

invogliare [invoʎ'ʎa:re] ⟨invoglio, invogli⟩ **I.** *tr* anregen (*a* zu); **II.** *rfl:* **-arsi** Lust bekommen (*di* auf).

involgarire [involga'ri:re] ⟨involgarisco⟩ **I.** *tr* ⟨*avere*⟩ vulgär (*o* ordinär) machen; **II.** *itr* ⟨*essere*⟩, *rfl:* **-irsi** vulgär (*o* ordinär) werden.

involontario, -a [involon'ta:ri̯o] *a* **1.** *(contro la propria volontà)* unfreiwillig; **2.** *(senza intenzione)* unabsichtlich, ungewollt; **3.** *(gesto)* unwillkürlich.

involtare [invol'ta:re] *tr* einwickeln.

involtino [invol'ti:no] *m* Roulade *f.*

involto [in'vɔlto] *m* **1.** *(pacco)* Paket *n;* **2.** *(fagotto)* Bündel *n.*

involucro [in'vɔ:lukro] *m* Hülle *f.*

involuto, -a [invo'lu:to] *a* verworren.

involuzione [involut'tsi̯o:ne] *f* **1.** *(declino, degenerazione)* Rückentwicklung *f;* **2.** *med* Rückbildung *f;* **3.** *(l'essere contorto)* Gewundenheit *f.*

invulnerabile [invulne'ra:bile] *a* unverwundbar; *fig* unangreifbar.

inzaccherare [intsakke'ra:re] *tr* mit Schlamm beschmutzen.

inzuppare [intsup'pa:re] **I.** *tr* **1.** *(impregnare)* durchnässen; **2.** *(intingere)* eintauchen; *(imbevere)* einweichen; **II.** *rfl:* **-arsi 1.** *(imbeversi)* sich vollsaugen; **2.** *(sotto la pioggia)* durchnäßt werden.

io ['i:o] **I.** *pron pers 1ª pers sing* ich; **II.** ⟨-⟩ *m* Ich *n;* **nel proprio** ~ im Inneren, innerlich.

iodio ['i̯ɔ:di̯o] *m* Jod *n.*

iogurt ['i̯ɔ:gurt] ⟨-⟩ *m* Joghurt *m o n.*

ione ['io:ne] *m* Ion *n.*

iosa ['i̯ɔ:za]: **a** ~ *adv* in Hülle und Fülle.

iper- [iper-] *(in parole composte)* über-, Über-, hyper-, Hyper-.

iperbole [i'pɛrbole] *f* Hyperbel *f.* **iperbolico, -a** [iper'bɔ:liko] ⟨-ci, -che⟩ *a* **1.** *mat, ling* hyperbolisch; **2.** *fig (smisurato)* übertrieben.

ipercalorico, -a [-ka'lɔ:riko] *a* kalorienreich. **ipercritico, -a** [-'kri:tiko] *a* überkritisch. **ipersensibile** [-sen'si:bile] *a* übersensibel, überempfindlich. **ipertensione** [-ten'si̯o:ne] *f* Bluthochdruck *m,* Hypertonie *f scient.* **iperteso, -a** [-'te:so] **I.** *a* Bluthochdruck-, hypertonisch *scient;* **II.** *m, f* Bluthochdruckpatient(in) *m(f),* Hypertoniker(in) *m(f) scient.*

ipnosi [ip'nɔ:zi] ⟨-⟩ *f* Hypnose *f.* **ipnotico, -a** [ip'nɔ:tiko] ⟨-ci, -che⟩ *a* hypnotisch. **ipnotizzare** [ipnotid'dza:re] *tr* hypnotisieren. **ipnotizzatore, -trice** [...dza'to:re] *m, f* Hypnotiseur(in) *m(f).*

ipocalorico, -a [ipoka'lɔ:riko] *a* kalorienarm.

ipocrisia [ipokri'zi:a] ‹-ie› *f* Scheinheiligkeit *f,* Heuchelei *f.* **ipocrita** [i'pɔ:krita] ‹-i *m,* -e *f*› **I.** *a* scheinheilig, heuchlerisch; **II.** *mf* Scheinheilige(r) *mf,* Heuchler(in) *m(f).*

ipofisi [i'pɔ:fizi] ‹-› *f* Hirnanhangdrüse *f,* Hypophyse *f.*

ipoteca [ipo'tɛ:ka] *f* Hypothek *f.* **ipotecare** [...te'ka:re] ‹ipoteco, ipotechi› *tr* **1.** *jur* mit einer Hypothek belasten; **2.** *fig* vorausplanen.

ipotenusa [ipote'nu:za] *f* Hypotenuse *f.*

ipotesi [i'pɔ:tezi] *f* **1.** *(congettura, supposizione)* Annahme *f,* Hypothese *f;* **2.** *mat, philos* Hypothese *f;* **3.** *(caso, eventualità)* Fall *m,* Eventualität *f;* **nella migliore delle ~** im günstigsten Fall. **ipotetico, -a** [ipo'tɛ:tiko] ‹-ci, -che› *a* **1.** *(considerato per ipotesi)* angenommen, hypothetisch; **2.** *(dubbio, incerto)* unsicher, zweifelhaft; **periodo ~** Bedingungssatz *m.*

ippica ['ippika] ‹-che› *f* Reitsport *m,* Reiten *n;* **ma datti all'~!** *iron* such dir einen anderen Beruf! **ippico, -a** [...ko] ‹-ci, -che› *a* Reit-, Pferde-.

ippocampo [ippo'kampo] *m* Seepferdchen *n.*

ippocastano [ippokas'ta:no] *m* Roßkastanie *f.*

ippodromo [ip'pɔ:dromo] *m* Pferderennbahn *f,* Hippodrom *m o n.*

ippopotamo [ippo'pɔ:tamo] *m* Nilpferd *n,* Flußpferd *n.*

ipsilon ['ipsilon] ‹-› *f* Ypsilon *n.*

ira ['i:ra] *f* Zorn *m;* **avere uno scatto d'~** einen Zornesausbruch haben; **successe l'~ di Dio** *fam* es war der Teufel los *fam.*

iracheno, -a [ira'kɛ:no] **I.** *a* irakisch; **II.** *m, f* Iraker(in) *m(f).*

Iran [i'ran] *m:* **l'~** der Iran. **iraniano, -a** [ira'nia:no] **I.** *a* iranisch; **II.** *m, f* Iraner(in) *m(f).*

Iraq [i'rak] *m:* **l'~** der Irak.

irascibile [iraʃ'ʃi:bile] *a* jähzornig. **irascibilità** [...ʃibili'ta] ‹-› *f* Jähzorn *m.*

irato, -a [i'ra:to] *a* zornig, erzürnt.

ireos ['i:reos] ‹-› *m* Iris *f,* Schwertlilie *f.*

iride ['i:ride] *f* **1.** *(arcobaleno)* Regenbogen *m;* **2.** *anat* Iris *f,* Regenbogenhaut *f;* **3.** *opt* Irisblende *f.* **iridescente** [irideʃ'ʃɛnte] *a* irisierend, in Regenbogenfarben schillernd.

Irlanda [ir'landa] *f* Irland *n.* **irlandese** [...'de:se] **I.** *a* irisch; **II.** *mf* Ire *m,* Irin *f.*

ironia [iro'ni:a] ‹-ie› *f* Ironie *f.* **ironico, -a** [i'rɔ:niko] ‹-ci, -che› *a* ironisch. **ironizzare** [ironid'dza:re] *tr, itr* ironisieren.

iroso, -a [i'ro:so] *a* zornig.

irradiare [irra'dia:re] **I.** *tr* ‹*avere*› **1.** *(rischiarare)* bestrahlen (*con, di* mit); *(illuminare)* anstrahlen, strahlen auf; **2.** *(diffondere)* ausstrahlen; **3.** *med, phys* bestrahlen; *(colpire con raggi radioattivi)* verstrahlen; **II.** *itr* ‹*essere*› **1.** (aus)strahlen; **2.** *fig (sprigionarsi)* (er)strahlen (*da* vor); **III.** *rfl:* **-arsi** ausstrahlen; *(strade)* abzweigen. **irradiazione** [...diat'tsio:ne] *f* **1.** *(emissione di raggi)* Strahlung *f; (propagazione)* Ausstrahlung *f;* **2.** *med* Bestrahlung *f.*

irraggiungibile [irraddʒun'dʒi:bile] *a* unerreichbar.

irragionevole [irradʒo'ne:vole] *a* **1.** *(irrazionale)* irrational, ohne Vernunft; **2.** *(senza raziocinio)* unvernünftig; **3.** *fig (sospetto)* unbegründet; *(prezzo)* ungerechtfertigt.

irrancidire [irrantʃi'di:re] ‹irrancidisco› *itr* ‹*essere*› ranzig werden.

irrazionale [irrattsio'na:le] *a* **1.** *(irragionevole)* irrational, vernunftlos; **2.** *(illogico)* unsinnig, unlogisch; **3.** *(insensato)* vernunftwidrig; *(persone)* unvernünftig; **4.** *mat, philos* irrational, irrationell. **irrazionalità** [...nali'ta] *f* Irrationalität *f.*

irreale [irre'a:le] *a* unwirklich, irreal.

irrealizzabile [irrealid'dza:bile] *a* undurchführbar, unrealisierbar.

irrecuperabile [irrekupe'ra:bile] *a* unwiederbringlich.

irrecusabile [irreku'za:bile] *a* unabweisbar; *(prova)* unwiderlegbar.

irrefrenabile [irrefre'na:bile] *a* unaufhaltsam; *(fig a.)* ununterdrückbar.

irrefutabile [irrefu'ta:bile] *a* unwiderlegbar.

irregolare [irrego'la:re] *a* **1.** *gener.* unregelmäßig; *(non conforme alla regola)* regelwidrig; *(condotta)* unordentlich; *mil* irregulär; *jur* rechtswidrig, gesetzwidrig; *(non consueto, non uniforme)* ungleichmäßig; *(polso, etc.)* unregelmäßig; **2.** *gram* unregelmäßig, irregulär. **irregolarità** [...lari'ta] *f* **1.** *gener.* Unregelmäßigkeit *f;* **2.** *jur* Rechts-, Gesetzwidrigkeit *f.*

irremovibile [irremo'vi:bile] *a* unbeugsam, unerschütterlich.

irreparabile [irrepa'ra:bile] *a* nicht wiedergutzumachen(d); *(perdita)* unersetzlich.

irreperibile [irrepe'ri:bile] *a* unauffindbar.

irreprensibile [irrepren'si:bile] *a* tadellos, einwandfrei.

irrequietezza [irrekuie'tettsa] *f* Unruhe *f,* Ruhelosigkeit *f.* **irrequieto, -a** [...'kuiɛ:to] *a* unruhig, ruhelos.

irresistibile [irresis'ti:bile] *a* unwiderstehlich.

irresoluto, -a [irreso'lu:to] *a* unentschlossen, unschlüssig.

irrespirabile [irrespi'ra:bile] *a (aria)* stickig, unerträglich; *(tossico)* schädlich.
irresponsabile [irrespon'sa:bile] *a* unverantwortlich; *(a. persone)* verantwortungslos. **irresponsabilità** [...sabili'ta] *f* Unverantwortlichkeit *f; (a. di persone)* Verantwortungslosigkeit *f.*
irrestringibile [irrestrin'dʒi:bile] *a* nicht einlaufend.
irretire [irre'ti:re] ‹irretisco› *tr* einwickeln, umgarnen.
irrevocabile [irrevo'ka:bile] *a* unwiderruflich.
irriconoscibile [irrikonoʃ'ʃi:bile] *a* nicht wiederzuerkennen(d).
irriducibile [irridu'tʃi:bile] *a* **1.** *(prezzo, somma)* nicht herabsetzbar, fest; **2.** *(volontà)* unbeugsam; **3.** *mat (frazione)* echt.
irriflessivo, -a [irrefles'si:vo] *a* unüberlegt.
irrigare [irri'ga:re] ‹irrigo, irrighi› *tr* bewässern. **irrigazione** [...gat'tsi̯o:ne] *f* Bewässerung *f.*
irrigidire [irridʒi'di:re] ‹irrigidisco› **I.** *tr* **1.** *(rendere rigido)* versteifen, steif machen; **2.** *fig (inasprire)* verschärfen; **II.** *rfl:* **-irsi 1.** *(farsi rigido)* sich versteifen, steif werden; *(aria)* rauh werden; **2.** *fig* sich versteifen.
irriguo, -a [ir'ri:guo] *a tec* Bewässerungs-; *geog* wasserreich.
irrilevante [irrile'vante] *a* irrelevant; *(trascurabile)* unbedeutend, unerheblich.
irrimediabile [irrime'di̯a:bile] *a* irreparabel; *(danno a.)* nicht wiedergutzumachen(d).
irripetibile [irripe'ti:bile] *a* unwiederholbar.
irrisorio, -a [irri'zɔ:ri̯o] ‹-i, -ie› *a* spöttisch, Spott-; **prezzo ~** Spottpreis *m.*
irrispettoso, -a [irrispet'to:so] *a* respektlos.
irritabile [irri'ta:bile] *a* reizbar, erregbar. **irritabilità** [...tabili'ta] ‹-› *f* Reizbarkeit *f,* Erregbarkeit *f.*
irritare [irri'ta:re] **I.** *tr (provocare fastidio)* reizen; *(far arrabbiare)* ärgern, erzürnen; **II.** *rfl:* **-arsi** sich ärgern, sich erzürnen. **irritazione** [...tat'tsi̯o:ne] *f* **1.** *(per stizza)* Gereiztheit *f,* Ärger *m;* **2.** *med* Entzündung *f.*
irriverente [irrive'rɛnte] *a* respektlos.
irrobustire [irrobus'ti:re] ‹irrobustisco› **I.** *tr* stärken, kräftigen; **II.** *rfl:* **-irsi** sich kräftigen, stark werden.
irrompere [ir'rompere] ‹*irr*› *itr* ‹*essere*› einbrechen, eindringen.
irrorare [irro'ra:re] *tr* **1.** *(bagnare)* benetzen; **2.** *agr* spritzen.
irruente [irru'ɛnte] *a* ungestüm, heftig.
irruvidire [irruvi'di:re] ‹irruvidisco› **I.** *tr* ‹*avere*› rauh machen; **II.** *itr* ‹*essere*›, *rfl:* **-irsi** rauh werden.
irruzione [irrut'tsi̯o:ne] *f* Einbruch *m.*
irsuto, -a [ir'su:to], **irto, -a** ['irto] *a* struppig.
iscritto, -a [is'kritto] *m, f* Mitglied *n,* Eingetragene(r) *mf;* **in** (*o* **per**) **~** schriftlich.
iscrivere [is'kri:vere] ‹*irr*› **I.** *tr* **1.** *(includere, registrare)* eintragen; **2.** *(far ammettere)* anmelden; *(all'università)* einschreiben; **II.** *rfl:* **-ersi** sich anmelden (*a* für, bei, in); *(a un partito)* sich eintragen; *(all'università)* sich einschreiben. **iscrizione** [...rit'tsi̯o:ne] *f* **1.** *(atto dell'iscrivere)* Anmeldung *f,* Einschreibung *f;* **2.** *(registrazione)* Eintragung *f;* **3.** *(frase incisa)* Inschrift *f.*
islamico, -a [iz'la:miko] ‹-ci, -che› **I.** *a* islamisch; **II.** *m, f* Mohammedaner(in) *m(f).*
Islanda [iz'landa] *f* Island *n.* **islandese** [...'de:se] **I.** *a* isländisch; **II.** *mf* Isländer(in) *m(f).*
isola ['i:zola] *f* Insel *f;* **~ pedonale** Verkehrsinsel*f; (nel centro storico)* Fußgängerzone *f;* **~ spartitraffico** Mittelstreifen *m.*
isolamento [izola'mento] *m* **1.** *(esclusione da contatti)* Absonderung *f,* Isolierung *f; (solitudine)* Isolation *f,* Einsamkeit *f;* **2.** *jur, med, tec, phys* Isolierung *f;* **reparto di ~** Isolierstation *f;* **~ acustico/termico** Schall-/Wärmedämmung *f.*
isolano, -a [izo'la:no] **I.** *a* insular, Insel-; **II.** *m, f* Inselbewohner(in) *m(f).*
isolante [izo'lante] **I.** *a* isolierend, Isolier-; **II.** *m* Isolierstoff *m.*
isolare [izo'la:re] **I.** *tr* **1.** *(separare)* isolieren, (ab)trennen; **2.** *(ammalato, detenuto, chem, phys)* isolieren; **II.** *rfl:* **-arsi** sich absondern. **isolato, -a** [...'la:to] **I.** *a* isoliert; *(persona)* abgesondert, zurückgezogen; *(luogo)* abgeschieden, entlegen; **un caso ~** ein Einzelfall *m;* **II.** *m* Häuserblock *m.*
isoscele [i'zɔʃʃele] *a* gleichschenk(e)lig.
Isotta [i'zɔtta] *(nome proprio femminile)* Isolde.
ispettorato [ispetto'ra:to] *m* **1.** *(organo, edificio)* Aufsichtsamt *n,* -behörde *f;* **2.** *(ufficio e grado di ispettore)* Inspektorat *n;* **~ del lavoro** Gewerbeaufsichtsamt *n.* **ispettore, -trice** [...'to:re] *m, f* Inspektor(in) *m(f).*
ispezionare [ispet'tsi̯o'na:re] *tr* inspizieren, prüfen. **ispezione** [...'tsi̯o:ne] *f* **1.** *(di vigilanza)* Überwachung *f,* Aufsicht *f;* **2.** *(di controllo)* Revision *f,* Inspektion *f.*
ispido, -a ['ispido] *a* **1.** *(irto)* borstig, struppig; **2.** *fig (carattere)* rüde, kratzbürstig.
ispirare [ispi'ra:re] **I.** *tr* **1.** *(suscitare)* erwecken, erregen; *(paura)* einflößen; **2.** *(suggerire)* empfehlen, anregen;

3. *(estro creativo)* inspirieren; **II.** *rfl:* **-arsi** sich inspirieren lassen (*a* von); *(prendere a modello)* sich orientieren (*a* an), folgen. **ispirato, -a** [...'ra:to] *a* beseelt. **ispiratore, -trice** [...ra'to:re] *m, f* Anreger(in) *m(f).* **ispirazione** [...rat'tsi̯o:ne] *f* **1.** *(estro creativo)* Inspiration *f,* Eingebung *f;* **2.** *(suggerimento)* Inspiration *f,* Anregung *f; (consiglio)* Rat(schlag) *m;* **3.** *(trovata della mente, impulso)* Einfall *m,* Eingebung *f.*

Israele [izra'ɛ:le] *m* Israel *n.* **israeliano, -a** [izrae'li̯a:no] **I.** *a* israelisch; **II.** *m, f* Israeli *mf.* **israelita** [...'li:ta] ‹-i *m,* -e *f*› *mf* Israelit(in) *m(f).*

issare [is'sa:re] *tr* stemmen, hochheben; *(vele)* hissen.

istantanea [istan'ta:nea] *f* Momentaufnahme *f,* Schnappschuß *m.* **istantaneo, -a** [...eo] *a* augenblicklich, sofortig.

istante [is'tante] *m* Augenblick *m,* Moment *m;* **all'~** augenblicklich, unverzüglich.

istanza [is'tantsa] *f* **1.** *(richiesta)* Antrag *m,* Gesuch *n;* **2.** *jur, adm* Instanz *f.*

isteria [iste'ri:a] ‹-ie› *f* Hysterie *f.* **isterico, -a** [is'tɛ:riko] ‹-ci, -che› **I.** *a* hysterisch; **II.** *m, f* Hysteriker(in) *m(f).*

istigare [isti'ga:re] ‹istigo, istighi› *tr* anstiften (*a* zu). **istigazione** [...gat'tsi̯o:ne] *f* Anstiftung *f,* Aufwieg(e)lung *f.*

istintivo, -a [istin'ti:vo] *a* instinktiv.

istinto [is'tinto] *m* Instinkt *m; (impulso)* Trieb *m; (sentimento)* Gefühl *n;* **~ di conservazione** Selbsterhaltungstrieb *m;* **~ sessuale** Geschlechtstrieb *m.*

istituire [istitu'i:re] ‹istituisco› *tr* **1.** *(fondare)* gründen; **2.** *(stabilire)* stiften; **3.** *(nominare)* einsetzen, ernennen; **4.** *(impostare)* auf-, anstellen. **istituto** [...'tu:to] *m* **1.** *(ente)* Institut *n,* Anstalt *f;* **2.** *(banca)* Institut *n,* Bank *f;* **3.** *(di facoltà universitaria)* Institut *n;* **4.** *(scuola)* Schule *f,* Institut *n;* **~ di bellezza** Schönheitssalon *m,* Kosmetikinstitut *n;* **~ di pena** Strafanstalt *f;* **~ superiore** Oberschule *f.* **istitutore, -trice** [...tu'to:re] *m, f* Hauslehrer(in) *m(f),* Privatlehrer(in) *m(f); (nei collegi)* Heimlehrer(in) *m(f).* **istituzione** [...tut'tsi̯o:ne] *f* **1.** *(fondazione)* Stiftung *f,* Gründung *f; (ente)* Institution *f; (a. ordinamento)* Einrichtung *f;* **2.** *(nomina)* Einsetzung *f,* Ernennung *f;* **3.** *(fondato su leggi, usi)* Institution *f;* **4.** ‹*pl*› *(nozioni fondamentali)* Grundbegriffe *m pl,* Grundlagen *f pl;* **-i sociali** soziale Einrichtungen *f pl.*

istmo ['istmo] *m* Landenge *f.*

istoriare [isto'ri̯a:re] ‹istorio, istori› *tr* bebildern.

istrice ['istritʃe] *m* **1.** *zoo* Stachelschwein *n;* **2.** *fig* ruppiger Mensch.

istrione [istri'o:ne] *m hist* Histrione *m; pej* Schmierenkomödiant *m; fig* Komödiant *m.*

istruire [istru'i:re] ‹istruisco› **I.** *tr* **1.** *(insegnare)* unterrichten, lehren; **2.** *(educare)* erziehen, bilden; *(ammaestrare)* dressieren; **3.** *(dare istruzioni, suggerimenti)* unterrichten, anleiten, instruieren; **4.** *jur (processo)* einleiten; **II.** *rfl:* **-irsi 1.** *(darsi un'istruzione)* sich bilden; **2.** *(informarsi)* sich informieren (*su* über). **istruttivo, -a** [istrut'ti:vo] *a* lehrreich, Lehr-, instruktiv *geh.* **istruttore, -trice** [...'to:re] **I.** *a* ausbildend, Ausbildungs-; **II.** *m, f* Lehrer(in) *m(f).* **istruttoria** [...'tɔ:ri̯a] ‹-ie› *f* (Vor)untersuchung *f.* **istruttorio, -a** [...'tɔ:ri̯o] ‹-i, -ie› *a* ermittelnd, untersuchend. **istruzione** [...trut'tsi̯o:ne] *f* **1.** *(insegnamento)* Unterricht *m;* **2.** *(cognizioni acquisite)* (Aus)bildung *f;* **3.** *(direttiva)* Anweisung *f,* Instruktion *f;* **4.** ‹*pl*› *(prescrizioni, norme per l'uso)* Gebrauchsanweisung *f;* **5.** *jur* (Vor)untersuchung *f;* **impartire -i** Anweisungen erteilen.

istupidire [istupi'di:re] ‹istupidisco› **I.** *tr* ‹*avere*› verdummen, dumm machen; **II.** *itr* ‹*essere*› verdummen, dumm werden.

Italia [i'ta:li̯a] *f* Italien *n;* **vado in ~** ich fahre nach Italien; **l'~ è un paese molto bello** Italien ist ein sehr schönes Land. **italiana** *f v.* **italiano. italianismo** [itali̯a'nizmo] *m* Italianismus *m.* **italianista** [...'nista] ‹-i *m,* -e *f*› *mf* Italianist(in) *m(f).* **italianizzare** [...nid'dza:re] *tr* italianisieren. **italiano, -a** [...'li̯a:no] **I.** *a* italienisch; **II.** *m, f* Italiener(in) *m(f);* **è -a** sie ist Italienerin; **all'-a** auf italienische Art; **III.** *m* Italienisch(e) *n;* **l'~ è una bella lingua** Italienisch (*o* das Italienische) ist eine schöne Sprache; **come si dice in ~?** was (*o* wie) heißt das auf italienisch?; **parla ~?** sprechen Sie Italienisch?

italo- [italo-] *(in parole composte)* italo-, Italo-.

iter ['i:ter] ‹-› *m (trafila burocratica)* Weg *m,* Gang *m;* **~ burocratico** Dienstweg *m.*

itinerario [itine'ra:ri̯o] ‹-i› *m* (Reise)weg *m,* Route *f;* **~ europeo** (*ab* **E**) Europastraße *f.*

itterizia [itter'rittsi̯a] ‹-ie› *f* Gelbsucht *f.*

ittico, -a ['ittiko] ‹-ci, -che› *a* Fisch-.

Iugoslavia [i̯ugoz'la:vi̯a] *f* Jugoslawien *n.* **iugoslavo, -a** [...vo] **I.** *a* jugoslawisch; **II.** *m, f* Jugoslawe *m,* -slawin *f.*

iuta ['i̯u:ta] *f* Jute *f.*

I.V.A. ['i:va] *f ab di* **Imposta sul Valore Aggiunto** MwSt., MWSt. (*ab di* Mehrwertsteuer).

J

J, j [i l'lungа] ‹-› *f* J, j *n;* **j come jersey** J wie Julius.
J *ab di* **Joule** J.
jacquard [ʒa'ka:r] ‹*inv*› *a* Jacquard-.
jazz [dʒæz] ‹-› *m* Jazz *m.* **jazzista** [dʒad'dzista] ‹-i *m,* -e *f*› *mf* Jazzer(in) *m(f),* Jazzmusiker(in) *m(f).* **jazzistico, -a** [...'dzistiko] ‹-ci, -che› *a* Jazz-.
jeans [dʒi:nz] *m pl* Jeans *pl.*
jersey ['dʒə:zɪ] ‹-› *m* Jersey *m.*
jodler ['jo:dlər] ‹-› *m* Jodeln *n.*
jogging ['dʒɔgɪŋ] ‹-› *m* Jogging *n.*
jolly ['dʒɔlɪ] ‹-› *m* Joker *m.*
joule [dʒu:l *o* dʒaʊl] ‹-› *m* (*ab* **J**) Joule *n.*
judo ['dʒu:do] ‹-› *m* Judo *n.* **judoista** [dʒudo'ista] ‹-i *m,* -e *f*› *mf* Judosportler(in) *m(f).*
Jugoslavia [jugoz'la:vja] *etc. v.* **Iugoslavia** *etc.*
juke-box ['dʒu:kbɔks] ‹-› *m* Musikbox *f.*
junior ['junjor, ju'njɔ:res] **I.** ‹*inv*› *a* (*ab* **jr.**) junior; **II.** ‹juniores› *mf sport* Junior(in) *m(f).*

K

K, k ['kappa] ‹-› *m o f* K, k *n;* **k come kursaal** K wie Kaufmann.
karatè [kara'tɛ] ‹-› *m* Karate *n.*
kashmir [kaʃ'mi:r] ‹-› *m* **1.** *(lana)* Kaschmirwolle *f;* **2.** *(tessuto)* Kaschmir *m.*
kayak [ka'jak *o* 'kaɪæk] ‹-› *m* Kajak *m.*
kepi [ke'pi] ‹-› *m* Käppi *n.*
kermesse [ker'mɛs] ‹-› *f* **1.** *(festa)* Kirmes *f,* Kirchweih *f;* **2.** *sport* Ehrenrunde *f;* **3.** *fig (allegria)* Jubel, Trubel, Heiterkeit *scherz.*
kerosene [kero'zɛ:ne] *v.* **cherosene.**
kg *ab di* **chilogrammo** kg (*ab di* Kilogramm).
kidnapping ['kɪdnæpɪŋ] ‹-› *m* Kidnapping *n,* (Kindes)entführung *f.*
killer ['kɪlə] ‹-› *m* Killer *m fam,* Mörder *m.*
kirsch [kɪrʃ] ‹-› *m* Kirsch *m,* Kirschwasser *n.*
kiwi[1] ['ki:vi] ‹-› *m (frutta)* Kiwi *f.*
kiwi[2] ['ki:vi] ‹-› *m (uccello)* Kiwi *m.*
km *ab di* **chilometro** km (*ab di* Kilometer).
knock out ['nɔkaʊt] **I.** ‹-› *m* Knockout *m,* K.o.-Schlag *m;* **II.** ‹*inv*› *a, adv* knockout, k.o.; **essere ~** *(a. fig)* k.o. sein; **mettere qu ~** *sport* jdn k.o. schlagen; *fig* jdn erledigen, jdn fertigmachen.
know how ['noʊhaʊ] ‹-› *m* Know-how *n.*
koala [ko'a:la] ‹-› *m* Koala(bär) *m,* Beutelbär *m.*
kolchoz [kal'xɔs] ‹-› *m* Kolchose *f,* Kolchos *m.*
kriss [kris] ‹-› *m* Kris *m.*
kümmel ['kʏməl] ‹-› *m* Kümmel(branntwein) *m.*
kW *ab di* **chilowatt** kW (*ab di* Kilowatt).
kWh *ab di* **chilowattora** kWh.

L

L, l ['ɛlle] ‹-› *f* L, l *n;* **l come Livorno** L wie Ludwig.

l' **I.** *(articolo determinativo m e f sing davanti a vocale)* der *m,* die *f,* das *n;* **II.** *pron pers* **1.** *3ª pers m sing* ihn; **2.** *3ª pers f sing* sie; **3.** *(forma di cortesia a.:* **L'***)* Sie.

L *ab di* **lira** L, Lit.

la¹ [la] **I.** *(articolo determinativo f sing)* der *m,* die *f,* das *n;* **II.** *pron pers* **1.** *3ª pers f sing* sie; **2.** *(forma di cortesia a.:* **La***)* Sie.

la² [la] ‹-› *m mus* a, A *n.*

là [la] *adv (stato)* dort, da; *(moto)* dorthin, dahin; **tirarsi in ~** zur Seite gehen; **chi va ~?** *mil* wer da?; **di ~** *(stato in luogo)* drüben; *(da quel luogo)* von dort, von dorther; *(verso quel luogo)* hinüber; **al di ~** *(moto)* auf die andere Seite; *(stato)* auf der anderen Seite; **al di ~ del fiume** jenseits des Flusses.

labbro ['labbro] *m* **1.** ‹*pl:* -a *f*› *anat* Lippe *f;* **2.** ‹*pl:* -i *m*› *fig* Rand *m;* **~ leporino** Hasenscharte *f;* **pendere dalle -a di qu** an jds Lippen hängen.

labiale [la'bi̯a:le] **I.** *a* labial, Lippen-; **II.** *f* Labial-, Lippenlaut *m.*

labile ['la:bile] *a* flüchtig, vergänglich.

labirinto [labi'rinto] *m* Labyrinth *n.*

laboratorio [labora'tɔ:ri̯o] ‹-i› *m* **1.** *scient* Labor(atorium) *n;* **2.** *(officina)* Werkstatt *f.*

laboriosità [labori̯osi'ta] ‹-› *f* Arbeitsamkeit *f,* Fleiß *m.* **laborioso, -a** [...'ri̯o:so] *a* arbeitsam, eifrig, fleißig.

lacca ['lakka] ‹-cche› *f* **1.** *(sostanza)* Lack *m; (per capelli)* Haarspray *n;* **2.** *(oggetto)* Lackarbeit *f.* **laccare** [...'ka:re] ‹lacco, lacchi› *tr* lackieren, lacken.

laccio ['lattʃo] ‹-cci› *m (nodo)* Schlinge *f; (nastro)* Schnur *f; (delle scarpe)* Schnürsenkel *m,* Schuhriemen *m.*

lacerante [latʃe'rante] *a fig* quälend, qualvoll; *(urlo)* markerschütternd.

lacerare [latʃe'ra:re] *tr* **1.** *(stracciare)* zerreißen, zerfetzen; **2.** *fig* zerreißen, quälen. **lacerazione** [...rat'tsi̯o:ne] *f* Riß *m; med* Rißwunde *f.* **lacero, -a** ['la:tʃero] *a* zerrissen, zerlumpt.

laconico, -a [la'kɔ:niko] ‹-ci, -che› *a* **1.** *(risposta)* lakonisch, kurz und bündig; **2.** *(persona)* wortkarg, einsilbig.

lacrima ['la:krima] *f* Träne *f;* **-e di coccodrillo** Krokodilstränen *f pl;* **avere le -e agli occhi** Tränen in den Augen haben; **avere le -e in tasca** nahe am Wasser gebaut haben; **ridere fino alle -e** Tränen lachen. **lacrimogeno, -a** [...'mɔ:dʒeno] *a* tränenerregend, Tränen-; **gas ~** Tränengas *n.* **lacrimoso, -a** [...'mo:so] *a* **1.** *(viso)* tränenüberströmt; *(viso, occhi)* verweint; **2.** *(commovente)* traurig, rührend.

lacuna [la'ku:na] *f* Lücke *f; (fig a.)* Mangel *m;* **~ della memoria** Gedächtnislücke *f.* **lacunoso, -a** [...'no:so] *a* lückenhaft, unvollständig.

ladro, -a ['la:dro] **I.** *a* diebisch; **II.** *m, f* Dieb(in) *m(f); fig* Gauner(in) *m(f),* Halsabschneider(in) *m(f);* **~ di cuori** Herzensbrecher *m.* **ladrocinio** [ladro'tʃi:ni̯o] ‹-i› *m* betrügerischer Diebstahl; *fig* Wucher *m.* **ladrone** [la'dro:ne] *m* (Straßen)räuber *m;* **i due -i** *(sul Calvario)* die beiden Schächer *m pl.*

ladruncolo, -a [la'druŋkolo] *m, f* kleiner Dieb, kleine Diebin.

lager ['la:gər] ‹-› *m* Internierungslager *n; (campo di sterminio)* Konzentrationslager *n.*

laggiù [lad'dʒu] *adv (stato)* dort unten, da drüben; *(moto)* dort hinunter, dort hinüber.

lagna ['laɲɲa] *f fam* **1.** *(lamento)* Gejammer *n;* **2.** *(persona)* Nervensäge *f fam;* **3.** *(discorso)* Litanei *f fam,* Salbaderei *f fam.* **lagnanza** [...'ɲantsa] *f* Beschwerde *f,* Klage *f.* **lagnarsi** [...'ɲarsi] *rfl* sich beschweren (*per, di* über), sich beklagen (*per, di* über); *(lamentarsi)* klagen (*per, di* über).

lago ['la:go] ‹-ghi› *m* **1.** *geog* See *m;* **2.** *fig (di sangue, etc.)* Lache *f;* **~ artificiale** Stausee *m;* **L~ di Costanza** Bodensee *m.*

laguna [la'gu:na] *f* Lagune *f.* **lagunare** [lagu'na:re] *a* Lagunen-.

L'Aia ['la:i̯a] *f* Den Haag *n.*

laicale [lai'ka:le] *a* weltlich, Laien-.

laico, -a ['la:iko] ‹-ci, -che› **I.** *a* **1.** *(non ecclesiastico)* weltlich, Laien-; **2.** *(non confessionale)* konfessionslos; **II.** *m, f* Laie *m.*

lama¹ ['la:ma] *f* **1.** *(del coltello)* (Messer)klinge *f;* **2.** *(spada)* Schwert *n,* Degen *m;* **~ a doppio taglio** *fig* zweischneidiges Schwert.

lama² ['la:ma] ‹-› *m rel* Lama *m.*

lama³ ['la:ma] ‹-› *m zoo* Lama *n.*

lambiccarsi [lambik'karsi] ‹mi lambicco, ti lambicchi› *rfl:* **~ il cervello**

sich *(dat)* den Kopf zerbrechen (*su* über).

lambire [lam'bi:re] ‹lambisco› *tr* **1.** *(con la lingua)* (ab)lecken; **2.** *fig* leicht berühren, streifen; *(fiamme)* umzüngeln; *(mare)* umspülen.

lamella [la'mɛlla] *f* Lamelle *f.* **lamellare** [...'la:re] *a* lamellenförmig, lamellar.

lamentare [lamen'ta:re] **I.** *tr* klagen über, beklagen; **II.** *rfl:* **-arsi** (sich be)klagen (*di* über), sich beschweren (*di* über). **lamentela** [...'tɛ:la] *f* Beschwerde *f,* Klage *f.*

lamento [la'mento] *m* **1.** *(gemito)* Klage *f,* Wehklagen *n;* **2.** *(di animali)* Heulen *n; (di cane)* Winseln *n;* **3.** *(del vento)* Heulen *n;* **4.** *mus* Klagelied *n.* **lamentoso, -a** [...'to:so] *a* klagend, jammernd, weinerlich.

lametta [la'metta] *f* (Rasier)klinge *f.*

lamiera [la'mi̯ɛ:ra] *f* Blech *n.*

lamina ['la:mina] *f* Blättchen *n,* Folie *f;* ~ **d'oro** Goldfolie *f.*

laminare[1] [lami'na:re] *a* blättchenförmig.

laminare[2] [lami'na:re] *tr* **1.** *(ridurre in lamine)* (aus)walzen; **2.** *(coprire con lamine)* mit einem Metallbelag versehen; *(sci)* mit Stahlkanten versehen. **laminato, -a** [...'na:to] **I.** *a* (aus)gewalzt; **II.** *m* Walzstück *n,* Walzgut *n.* **laminatoio** [...na'to:i̯o] ‹-oi› *m* Walzmaschine *f,* Walzwerk *n.*

lampada ['lampada] *f* Lampe *f,* Leuchte *f;* ~ **al neon** Neonröhre *f,* Neonlampe *f;* ~ **a raggi infrarossi/ultravioletti** Infrarotstrahler *m*/Höhensonne *f.* **lampadario** [...'da:ri̯o] ‹-i› *m* Lüster *m,* (Kron)leuchter *m.* **lampadina** [...'di:na] *f* **1.** *(piccola lampada)* kleine Lampe, Lämpchen *n;* **2.** *el* (Glüh)birne *f;* ~ **tascabile** Taschenlampe *f.*

lampante [lam'pante] *a (evidente)* einleuchtend, klar, offenkundig.

lampeggiamento [lampeddʒa'mento] *m* **1.** *meteo* Blitzen *n,* Wetterleuchten *n;* **2.** *(di auto)* Blinken *n.*

lampeggiare [lamped'dʒa:re] ‹lampeggio, lampeggi› **I.** *itr* **1.** ‹*avere*› *meteo* blitzen, wetterleuchten; **2.** ‹*avere*› *fig (occhi, etc.)* funkeln, leuchten; **3.** ‹*avere*› *mot, tec* blinken; **4.** ‹*essere o avere*› *(impersonale)* blitzen, wetterleuchten. **lampeggiatore** [...dʒa'to:re] *m* Blinker *m.*

lampioncino [lampi̯on'tʃi:no] *m* Lampion *m o n,* Papierlaterne *f.*

lampione [lam'pi̯o:ne] *m* (Straßen)laterne *f.*

lampo ['lampo] *m* Blitz *m; (fig a.)* Aufleuchten *n;* ~ **di genio** Geistesblitz *m;* **chiusura-~** Reißverschluß *m;* **in un** ~ im Nu; **(veloce) come un** ~ blitzschnell.

lampone [lam'po:ne] *m* **1.** *(pianta)* Himbeerstrauch *m;* **2.** *(frutto)* Himbeere *f.*

lana ['la:na] *f* Wolle *f;* ~ **d'acciaio/di vetro/di legno** Stahl-/Glas-/Holzwolle *f.*

lancetta [lan'tʃetta] *f (di orologio)* Zeiger *m.*

lancia ['lantʃa] ‹-ce› *f* Lanze *f;* **spezzare una ~ in favore di qu** für jdn eine Lanze brechen.

lanciabombe [lantʃa'bombe] ‹-› *m* Granatwerfer *m.* **lanciafiamme** [-'fi̯amme] ‹-› *m* Flammenwerfer *m.* **lanciamissili** [-'missili] **I.** ‹*inv*› *a* Raketen-, Raketenabschuß-; **II.** ‹-› *m* Raketenabschußrampe *f.* **lanciarazzi** [-'raddzi] ‹-› *m* Raketenwerfer *m.*

lanciare [lan'tʃa:re] ‹lancio, lanci› **I.** *tr* **1.** *(gettare)* werfen, schleudern; *(razzo)* abschießen; *(bombe)* abwerfen; **2.** *com* einführen, lancieren; **3.** *fig (grido)* ausstoßen; *(occhiata)* zuwerfen; **4.** *fig (idea, etc.)* verbreiten; **II.** *rfl:* **-arsi** **1.** sich stürzen (*su* auf, *contro* gegen), sich werfen (*su* auf, *contro* gegen); *(dall'alto)* abspringen, sich fallen lassen; **2.** *fig* sich stürzen (*in* auf, in).

lanciasiluri [-si'lu:ri] ‹-› *m* Torpedo(ausstoß)rohr *n; (nave)* Torpedoschiff *n.*

lanciatore, -trice [lantʃa'to:re] *m, f* Werfer(in) *m(f);* ~ **del disco/giavellotto** Diskus-/Speerwerfer *m;* ~ **del peso** Kugelstoßer *m.*

lancinante [lantʃi'nante] *a* stechend.

lancio ['lantʃo] ‹-ci› *m* **1.** *gener.* Wurf *m; (salto)* Sprung *m; (dall'alto)* Absprung *m; (di bombe)* Abwurf *m;* **2.** *com, fig* Lancieren *n.*

lanerie [lane'ri:e] *f pl* Wollwaren *f pl.*

lanetta [la'netta] *f* leichter Wollstoff.

languido, -a ['languido] *a* **1.** *(fiacco)* kraftlos, matt; **2.** *fig* schmachtend, sehnsüchtig.

languire [laŋ'gui:re] ‹languo *o* languisco, languii, languito› *itr* **1.** *(struggersi)* sich verzehren, schmachten, vergehen (*da* vor); **2.** *(indebolirsi)* ermatten, dahinsiechen; *(attività)* stocken; **3.** *(venir meno)* vergehen; **la conversazione langue** die Konversation stockt; ~ **dalla fame** vor Hunger vergehen. **languore** [...'guo:re] *m* **1.** *(fiacchezza)* Schlaffheit *f,* Mattigkeit *f;* **2.** *fig* Sehnsucht *f,* Schmachten *n;* ~ **di stomaco** Leeregefühl *n* (im Magen).

laniero, -a [la'ni̯ɛ:ro] *a* Woll-. **lanificio** [lani'fi:tʃo] ‹-ci› *m* Wollspinnerei *f,* -weberei *f.*

lanolina [lano'li:na] *f* Lanolin *n.*

lanoso, -a [la'no:so] *a* wollig.

lanterna [lan'tɛrna] *f* **1.** *gener.* Laterne *f;* **2.** *naut* Blinklicht *n; (faro)* Leuchtturm *m.* **lanternino** [...ter'ni:no] *m* kleine Laterne, Laternchen *n;* **cercare qc col** ~ etw. verzweifelt suchen.

lanugine [lanu'dʒi:ne] *f* Flaum *m.*
lapalissiano, -a [lapalis'sja:no] *a* altbekannt; **verità -a** Binsenwahrheit *f.*
lapidare [lapi'da:re] *tr* steinigen. **lapidario, -a** [...'da:rjo] ‹-i, -ie› *a* **1.** *(arte)* Stein-, Steinmetz-; **2.** *fig* kurz und bündig, lapidar.
lapide ['la:pide] *f (su sepolcri)* Grabstein *m; (su muri)* Gedenktafel *f,* Gedenkstein *m.*
lapis ['la:pis] ‹-› *m* Bleistift *m; (matita colorata)* Buntstift *m.*
lapislazzuli [lapiz'laddzuli] ‹-› *m* Lapislazuli *m.*
lapsus ['lapsus] ‹-› *m* Lapsus *m,* Flüchtigkeitsfehler *m;* ~ **linguae** Versprecher *m,* Lapsus linguae *m geh.*
lardellare [lardel'la:re] *tr* spicken, füllen.
lardo ['lardo] *m* Speck *m.*
largheggiare [larged'dza:re] ‹largheggio, largheggi› *itr* freigebig sein *(di, in* mit), großzügig sein *(di, in* mit); ~ **in cortesie** betont (*o* übertrieben) höflich sein; ~ **in mance** ein großzügiges Trinkgeld geben.
larghezza [lar'gettsa] *f* **1.** *(di strada, fiume)* Breite *f; (ampiezza)* Weite *f,* Geräumigkeit *f;* **2.** *fig (liberalità)* Großzügigkeit *f,* Freigebigkeit *f;* **3.** *fig (abbondanza)* Fülle *f;* ~ **d'idee** Weitblick *m;* ~ **di torace** Brustweite *f.*
largo, -a ['largo] ‹-ghi, -ghe› **I.** *a* **1.** *(strada, fiume)* breit; *(ampio)* weit; *(spazioso)* geräumig; *(vestito)* bequem; **2.** *(generoso)* großzügig; *(quantità)* reichlich; *(d'idee)* großzügig, aufgeschlossen; ~ **di fianchi/spalle** mit breiten Hüften/breitschult(e)rig; ~ **tre metri** drei Meter breit; **curva -a** flache Kurve; **stare alla -a da qu** jdn meiden, sich *(dat)* jdn vom Halse halten; **su -a scala** in großem Umfang; **II.** *m* **1.** *(larghezza)* Breite *f,* Weite *f; (spazio)* Platz *m;* **2.** *(mare)* offene See, offenes Meer; **3.** *mus* Largo *n;* **farsi ~ tra la folla** sich *(dat)* einen Weg durch die Menge bahnen; **girare al ~ da qu** um jdn einen (großen) Bogen machen; **prendere il ~** *naut* in See stechen (*o* gehen); *fig* sich aus dem Staube machen; **fate ~!** Platz da!
larice ['la:ritʃe] *m* Lärche *f.*
laringe [la'rindʒe] *f o m* Kehlkopf *m.* **laringite** [...'dʒi:te] *f* Kehlkopfentzündung *f,* Laryngitis *f scient.*
larva ['larva] *f* **1.** *zoo* Larve *f;* **2.** *fig (ombra)* Gespenst *n,* Schatten *m.*
lasciapassare [laʃʃapas'sa:re] ‹-› *m* Passierschein *m.*
lasciare [laʃ'ʃa:re] ‹lascio, lasci› **I.** *tr* **1.** *(non portare con sé)* lassen, zurücklassen; **2.** *(abbandonare)* verlassen; *(posto)* aufgeben; *(separarsi da)* sich trennen von; **3.** *(dimenticare)* (liegen-, stehen-, hängen)lassen; **4.** *(in eredità)* hinterlassen, vermachen; **5.** *(mollare)* loslassen; *(liberare)* freilassen; **6.** *(far rimanere dopo di sé)* zurück-, hinterlassen; **7.** *(affidare, consegnare)* lassen, abgeben, überlassen; **8.** *(consentire)* lassen, zulassen; **9.** *(smettere, cessare)* aufhören *(di* zu); ~ **le cose come stanno** die Dinge auf sich *(dat)* beruhen lassen; ~ **il discorso a mezzo** das Gespräch (*o* die Rede) nicht zu Ende führen; **o prendere o ~** entweder oder, ja oder nein; ~ **andare** fortlassen; *(non curarsi)* sich nicht kümmern um; ~ **andare** (*o* **perdere** *o* **stare**) seinlassen; ~ **correre** es geschehen lassen, ein Auge zudrücken; ~ **a desiderare** zu wünschen übriglassen; ~ **detto** ausrichten (*o* bestellen) lassen; ~ **fare** in Ruhe lassen, gewähren lassen; ~ **scritto** schriftlich festlegen; ~ **stare qu** jdn in Ruhe lassen; **lasciamo stare!** reden wir nicht mehr darüber!; **II.** *rfl:* **-arsi 1.** *(accomiatarsi)* auseinandergehen, sich trennen; **2.** *(troncare i rapporti)* sich trennen; **3.** *(indursi)* sich überlassen, sich hingeben; **-arsi andare** *fig* sich gehenlassen.
lascito ['laʃʃito] *m* Vermächtnis *n,* Hinterlassenschaft *f.*
laser ['la:zer] ‹-› *m* Laser *m.*
lassativo, -a [lassa'ti:vo] **I.** *a* abführend, Abführ-; **II.** *m* Abführmittel *n,* Laxativum *n scient.*
lasso ['lasso] *m:* ~ **di tempo** Zeitraum *m,* Zeitspanne *f.*
lassù [las'su] *adv (stato)* dort (*o* da) oben; *(moto)* da (*o* dort) hinauf.
lastra ['lastra] *f* **1.** *(piastra)* Platte *f,* Tafel *f; (di vetro)* Scheibe *f;* **2.** *fot* Fotoplatte *f; (radiografia)* Röntgenaufnahme *f;* **3.** *typ* Druckplatte *f;* ~ **di ghiaccio** Eisscholle *f;* **farsi le -e** *fam* sich röntgen lassen.
lastricare [lastri'ka:re] ‹lastrico, lastrichi› *tr* pflastern *(di* mit). **lastricato** [...'ka:to] *m* (Straßen)pflaster *n.*
lastrico ['lastriko] ‹-chi *o* -ci› *m* **1.** *(di strada)* Pflaster *n,* Pflasterung *f;* **2.** *fig* Armut *f,* Elend *n;* **buttare** (*o* **ridurre**) **qu sul ~** jdn an den Bettelstab bringen; **ridursi sul ~** auf den Hund kommen.
lastrone [las'tro:ne] *m* Felsplatte *f,* Felswand *f.*
latente [la'tɛnte] *a* latent, versteckt, verborgen.
laterale [late'ra:le] **I.** *a* seitlich, Seiten-, Neben-; **II.** *m sport* Außenläufer *m.*
laterizio, -a [late'rittsjo] ‹-i, -ie› **I.** *a* aus (gebrannter) Tonerde, Ziegel-, Backstein-; **materiale ~** Ziegelsteine *m pl;* **II.** *m pl* Ziegel(steine) *m pl,* Backsteine *m pl;* **fabbrica di -i** Ziegelbrennerei *f,* Ziegelei *f.*
latifondista [latifon'dista] ‹-i *m,* -e *f*› *mf* Großgrundbesitzer(in) *m(f).* **latifondo**

[...'fondo] *m* Großgrundbesitz *m*, Latifundium *n*.
latino, -a [la'ti:no] **I.** *a* lateinisch; *(neolatino)* romanisch; *rel* römisch(-katholisch); **America -a** Lateinamerika *n*; **~-americano** lateinamerikanisch; **II.** *m* Latein(isch) *n*; **III.** *m*, *f* **1.** *(abitante del Lazio antico)* Latiner(in) *m(f)*; **2.** *(romano)* Römer(in) *m(f)*.
latitante [lati'tante] **I.** *a* flüchtig (vor dem Gesetz); **II.** *mf* Flüchtige(r) *mf*. **latitanza** [...'tantsa] *f* Flüchtigsein *n*.
latitudinale [latitudi'na:le] *a* Breiten-; **coordinata ~** Breitengrad *m*. **latitudine** [...'tu:dine] *f* (geographische) Breite *f*.
lato[1] ['la:to] *a*: **in senso ~** im weiteren Sinne.
lato[2] ['la:to] *m* **1.** *(parte)* Seite *f*; **2.** *fig (aspetto)* Seite *f*, Aspekt *m*; *(punto di vista)* Gesichtspunkt *m*, Standpunkt *m*; **a ~ di qu** neben jdm, an jds Seite; **da un ~ ..., dall'altro ...** einerseits ..., and(e)rerseits ...
latrare [la'tra:re] *itr* kläffen. **latrato** [la'tra:to] *m* Gekläff(e) *n*.
latrina [la'tri:na] *f* Abort *m*.
latrocinio [latro'tʃi:ni̯o] *v.* **ladrocinio.**
latta ['latta] *f* **1.** *(lamiera)* Blech *n*; **2.** *(recipiente)* Kanne *f*, Kanister *m*.
lattaio, -a [lat'ta:i̯o] ‹-ai, -aie› *m*, *f* Milchmann *m*, -frau *f*, Milchhändler(in) *m(f)*.
lattante [lat'tante] *mf* Säugling *m*.
latte ['latte] *m* Milch *f*; **~ di bellezza** Gesichtsmilch *f*; **~ in polvere** Milchpulver *n*; **~ in scatola** Dosenmilch *f*, Büchsenmilch *f*; **~ cagliato/condensato** Dick-/Kondensmilch *f*; **~ materno** Muttermilch *f*; **~ intero/scremato** Voll-/Magermilch *f*; **denti da ~** Milchzähne *m pl*; **vitello di ~** Milchkalb *n*; **fior di ~** Rahm *m*; **bianco come il ~** schneeweiß. **latteo, -a** [...o] *a* **1.** *(del latte)* Milch-; *(simile al latte)* milchig; **2.** *(colore)* milchweiß; **crosta -a** Milchschorf *m*; **farina -a** Milchbrei(pulver *n*) *m*; **via -a** Milchstraße *f*. **latteria** [latte'ri:a] ‹-ie› *f* **1.** *(stabilimento)* Molkerei *f*; **2.** *(negozio)* Milchhandlung *f*, Milchgeschäft *n*. **latticini** [...i'tʃi:ni] *m pl* Milchprodukte *n pl*, Milcherzeugnisse *n pl*.
lattiera [lat'ti̯ɛ:ra] *f* Milchkanne *f*. **lattiero, -a** [...ro] *a* Milch-.
lattifero, -a [lat'ti:fero] *a* milchführend, milcherzeugend; **vacca -a** Milchkuh *f*. **lattiginoso, -a** [lattidʒi'no:so] *a* **1.** *(simile al latte)* milchig, milchartig; **2.** *bot* Milchsaft absondernd.
lattina [lat'ti:na] *f* Büchse *f*, Dose *f*.
lattosio [lat'tɔ:zi̯o] ‹-i› *m* Laktose *f*, Milchzucker *m*.
lattuga [lat'tu:ga] ‹-ghe› *f* Lattich *m*; *gastr* grüner Salat; **~ cappuccio** Kopfsalat *m*; **~ ricciolina** (*o* **crespa**) (krause) Winterendivie *f*; **~ romana** Sommerendivie *f*.
laurea ['la:urea] *f* Doktortitel *m*, Doktorwürde *f (italienischer Hochschulabschluß)*; **~ ad honorem** (*o* **honoris causa**) Ehrendoktor *m*; **conseguire la ~** promovieren, den Doktortitel erwerben; **prendere la ~ in economia e commercio** in Wirtschafts- und Handelswissenschaften promovieren.
laureando, -a [laure'ando] *m*, *f* Doktorand(in) *m(f)*.
laureare [laure'a:re] **I.** *tr* **1.** *(studente)* promovieren, den akademischen Grad „dottore" verleihen (*qu* jdm); **2.** *sport* den Meistertitel verleihen (*qu* jdm); **II.** *rfl*: **-arsi 1.** *(studente)* promovieren, den Titel „dottore" erwerben; **2.** *sport* den Meistertitel erwerben; **-arsi campione** *sport* Meister werden. **laureato, -a** [...'a:to] **I.** *a* **1.** *(studente)* promoviert, mit Hochschulabschluß; **2.** *(poeta, etc.)* lorbeergekrönt; **poeta ~** mit einem Preis ausgezeichneter Dichter, Laureat *m*; **II.** *m*, *f* Hochschulabsolvent(in) *m(f)*, Akademiker(in) *m(f)*; **~ in legge/lettere** Doktor *m* der Rechte/Philologie.
lauto, -a ['la:uto] *a* auserlesen; *(abbondante)* üppig.
lava ['la:va] *f* Lava *f*.
lavabiancheria [lavabi̯aŋke'ri:a] ‹-› *f* Waschmaschine *f*.
lavabile [la'va:bile] *a* waschbar, waschecht.
lavabo [la'va:bo] *m (ambiente)* Waschraum *m*; *(lavandino)* Waschbecken *n*, Waschtisch *m*.
lavaggio [la'vaddʒo] ‹-ggi› *m* **1.** *gener.* Reinigung *f*, Wäsche *f*, Waschen *n*; **2.** *med* Spülung *f*; **3.** *min* Schlämmen *n*; **~ del cervello** Gehirnwäsche *f*.
lavagna [la'vaɲɲa] *f* **1.** *geol* Schiefer *m*; **2.** *(nelle scuole)* (Schiefer)tafel *f*; **~ luminosa** Tageslichtprojektor *m*.
lavanda[1] [la'vanda] *f* Waschung *f*; *med* Spülung *f*; **~ gastrica** Magenspülung *f*.
lavanda[2] [la'vanda] *f bot* Lavendel *m*; *(profumo a.)* Lavendelwasser *n*.
lavandaio, -a [lavan'da:i̯o] ‹-ai, -aie› *m*, *f* **1.** Wäscher(in) *m(f)*, Waschfrau *f*; **2.** *fig pej* Waschweib *n*. **lavanderia** [...de'ri:a] ‹-ie› *f* Wäscherei *f*; *(stanza)* Waschküche *f*. **lavandino** [...'di:no] *m* Waschbecken *n*, Spülbecken *n*.
lavapiatti [lava'pi̯atti] ‹-› *mf* Tellerwäscher(in) *m(f)*.
lavare [la'va:re] **I.** *tr* (ab)waschen; *(stoviglie)* spülen, abwaschen; *(denti, vetri)* putzen; **~ a secco** chemisch reinigen; **II.** *rfl*: **-arsi** sich waschen; **-arsi come i gatti** Katzenwäsche machen; **lavarsene le mani** seine Hände in Unschuld waschen.
lavasecco [lava'sekko] ‹-› *m o f* chemische Reinigung.

lavastoviglie [lavasto'viʎʎe] ‹-› *m o f* (Geschirr)spülmaschine *f.*
lavata [la'va:ta] *f* (flüchtiges) (Ab)waschen *n;* **dare a qu una ~ di capo** *fig* jdm den Kopf waschen.
lavativo, -a [lava'ti:vo] *m, f* Drückeberger *m,* Taugenichts *m.*
lavatoio [lava'to:i̯o] ‹-oi› *m* **1.** *(stanza)* Waschküche *f;* **2.** *(vasca)* Waschtrog *m;* **3.** *(lastra)* Waschbrett *n.* **lavatore, -trice** [...'to:re] **I.** *m, f (persona)* Wäscher(in) *m(f);* **II.** *f tec* Waschmaschine *f.* **lavatura** [...'tu:ra] *f* **1.** *(il lavare)* Waschen *n,* Wäsche *f;* **2.** *(acqua)* Spül-, Waschwasser *n.*
lavello [la'vɛllo] *m* Spülbecken *n,* Waschbecken *n.*
lavina [la'vi:na] *f* Lawine *f.*
lavorante [lavo'rante] *mf* Geselle *m,* Gesellin *f.*
lavorare [lavo'ra:re] **I.** *tr* **1.** *(agire su)* bearbeiten; *(pasta)* kneten; *(terreno)* bestellen; **2.** *(trasformare)* verarbeiten; **3.** *(tec, confezionare)* fertigen; **II.** *itr* **1.** *gener.* arbeiten; **2.** *(funzionare)* laufen; **3.** *(fare affari)* sein Handwerk verstehen; *(negozio, etc.)* (gut) gehen; **4.** *(aver effetto)* wirksam sein, wirken; **III.** *rfl:* **-arsi qu** *fam* jdn herumbekommen (wollen) *fam,* jdn umgarnen. **lavorativo, -a** [...ra'ti:vo] *a* Arbeits-, Werk-; **settimana -a** Arbeitswoche *f.* **lavoratore, -trice** [...ra'to:re] **I.** *a* arbeitend, Arbeiter-, erwerbstätig; **II.** *m, f* Arbeiter(in) *m(f),* Erwerbstätige(r) *mf;* **~ agricolo** Landarbeiter *m;* **~ autonomo** Selbständige(r) *m;* **~ dipendente** Arbeitnehmer *m;* **~ qualificato** gelernter Arbeiter; **~ specializzato** Facharbeiter *m;* **-trice domestica** Haushaltshilfe *f.* **lavorazione** [...rat'tsi̯o:ne] *f* Bearbeitung *f; (di materie prime)* Verarbeitung *f; (di film)* Herstellung *f; (di terreno)* Bestellung *f; (di pasta)* Kneten *n;* **~ in serie** Serienfertigung *f;* **essere in ~** in Arbeit sein.
lavorio [lavo'ri:o] ‹-ii› *m* **1.** *(attività)* Geschäftigkeit *f,* Betriebsamkeit *f;* **2.** *(di agenti naturali)* Einwirkung *f.*
lavoro [la'vo:ro] *m* **1.** *(attività di produzione)* Arbeit *f,* Tätigkeit *f; (remunerato a.)* Beschäftigung *f;* **2.** *(di agenti naturali)* (Ein)wirkung *f;* **3.** *(opera)* Arbeit *f,* Werk *n;* **~ abusivo** Schwarzarbeit *f;* **-i domestici** Hausarbeit *f;* **-i a domicilio** Heimarbeit *f;* **~ straordinario** Überstunden *f pl;* **~ teatrale** Theaterstück *n,* Bühnenwerk *n;* **-i in corso** *(su strade)* Baustelle *f;* **senza ~** arbeitslos; **andare al ~** zur Arbeit gehen; **hai fatto proprio un bel ~!** *iron* da hast du aber etwas Schönes angerichtet!
Lazio ['lattsio] *m* Latium *n.*
lazzarone [laddza'ro:ne] *m* Schurke *m,* Lump *m; (fannullone)* Nichtsnutz *m.*
lazzo ['laddzo *o* 'lattso] *m* **1.** *(atto buffonesco)* Posse *f;* **2.** *(motto scurrile)* skurriler Einfall, Schnurre *f.*
le [le] **I.** *(articolo determinativo f pl)* die; **II.** *pron pers* **1.** *3ª pers f pl (complemento di termine)* ihr; *(complemento oggetto)* sie; **2.** *(forma di cortesia a.:* **Le***) (complemento di termine)* Ihnen; *(complemento oggetto)* Sie.
leader ['li:də] ‹-› *m* Führer *m.* **leadership** [-ʃɪp] ‹-› *f* Führung *f,* Führerschaft *f.*
leale [le'a:le] *a* **1.** *(onesto, sincero)* aufrichtig; *(comportamento)* fair; **2.** *(fedele)* treu, loyal. **lealtà** [leal'ta] ‹-› *f* **1.** *(onestà, sincerità)* Aufrichtigkeit *f,* Rechtschaffenheit *f; (comportamento)* Fairneß *f;* **2.** *(fedeltà)* Treue *f,* Loyalität *f.*
lebbra ['lebbra] *f* **1.** *med* Lepra *f,* Aussatz *m;* **2.** *bot* Schorf *m;* **3.** *fig* Aussatz *m,* Übel *n.* **lebbroso, -a** [...'bro:so] **I.** *a* aussätzig, leprakrank; **II.** *m, f* Aussätzige(r) *mf.*
lecca(-)lecca [lekka'lekka] ‹-› *m* Lutscher *m.*
leccapiedi [lekka'pi̯ɛ:di] ‹-› *m* Speichellecker *m.*
leccare [lek'ka:re] ‹lecco, lecchi› **I.** *tr* lecken, ablecken, schlecken; **~ i piedi a qu** *fig* vor jdm kriechen; **II.** *rfl:* **-arsi** sich schniegeln, sich schönmachen; **mi lecco le dita** (*o* **i baffi**) mir läuft das Wasser im Mund zusammen. **leccata** [...'ka:ta] *f* Lecken *n,* Ablecken *n.* **leccato, -a** [...'ka:to] *a* **1.** (ab)geleckt; **2.** *fig* gepflegt; *pej* geziert, affektiert.
leccio ['lettʃo] ‹-cci› *m* Steineiche *f.*
leccornia [lekkor'ni:a] ‹-ie› *f* Delikatesse *f,* Leckerbissen *m.*
lecitina [letʃi'ti:na] *f* Lezithin *n.*
lecito, -a ['le:tʃito] *a* erlaubt, zulässig.
lega[1] ['le:ga] ‹-ghe› *f* **1.** *(federazione)* Bund *m,* Liga *f; (associazione)* Verband *m,* Vereinigung *f;* **2.** *(accordo)* Vereinbarung *f;* **3.** *(di metalli)* Legierung *f;* **gente di bassa ~** Pöbel *m;* **far ~ con qu** sich mit jdm zusammentun.
lega[2] ['le:ga] ‹-ghe› *f (misura)* Meile *f.*
legaccio [le'gattʃo] ‹-cci› *m* (Schnür)band *n;* **-cci delle scarpe** Schuhriemen *m pl,* Schnürsenkel *m pl.*
legale [le'ga:le] **I.** *a* legal, gesetzlich, Gesetzes-; *(secondo legge)* gesetzmäßig, rechtsgültig; *(a. fig)* rechtmäßig; *(per vie legali)* gerichtlich; **studio ~** Anwaltsbüro *n,* (Rechts)anwaltskanzlei *f;* **II.** *m* (Rechts)anwalt *m.* **legalità** [legali'ta] ‹-› *f* Gesetzlichkeit *f,* Legalität *f; (a. fig)* Rechtmäßigkeit *f.*
legalizzare [legalid'dza:re] *tr jur* legalisieren; *adm* amtlich beglaubigen. **lega-**

lizzazione [...dzat'tsio:ne] *f jur* Legalisierung *f; adm* amtliche Beglaubigung.
legame [le'ga:me] *m* **1.** *(vincolo)* Bindung *f,* Band *n geh; (rapporto)* Verhältnis *n;* **2.** *(nesso logico)* Zusammenhang *m.*
legamento [lega'mento] *m* **1.** *gener.* Verbindung *f,* Bindung *f;* **2.** *anat* Band *n;* **3.** *ling* Bindung *f.*
legare [le'ga:re] ‹lego, leghi› **I.** *tr* **1.** *gener.* binden, an-, festbinden; *(con spago)* zu-, verschnüren; *(con funi)* vertäuen; *(alla catena)* fesseln; *(cane)* anketten; *(capelli)* zusammenbinden; **2.** *med (arteria)* abbinden; **3.** *(libri)* (ein)binden; **4.** *fig* verpflichten, (ver)binden; **legarsela al dito** *fam* es sich *(dat)* hinter die Ohren schreiben; **ho le mani legate** *fig* mir sind die Hände gebunden; **II.** *itr* **1.** *(far lega)* eine (Ver)bindung eingehen; *chem* eine Legierung bilden; *fig* zusammenpassen; **2.** *(andar d'accordo)* sich verstehen, sich vertragen; **III.** *rfl:* **-arsi** sich binden (*a* an).
legato[1] [le'ga:to] *m mus* Legato *n.*
legato[2] [le'ga:to] *m pol* Gesandte(r) *m,* Legat *m.*
legato[3] [le'ga:to] *m jur* Vermächtnis *n.*
legatore, -trice [lega'to:re] *m, f* Buchbinder(in) *m(f).* **legatoria** [...to'ri:a] ‹-ie› *f* Buchbinderei *f.*
legatura [lega'tu:ra] *f* **1.** *(il legare)* Bindung *f; (azione)* Binden *n; (con spago)* Verschnürung *f; (con funi)* Vertäuen *n;* **2.** *med* Abbinden *n;* **3.** *mus* Ligatur *f;* **4.** *(rilegatura)* Einband *m.*
legazione [legat'tsio:ne] *f* Gesandtschaft *f,* Legation *f.*
legge ['leddʒe] *f* **1.** *(norma)* Gesetz *n,* Norm *f,* Regel *f; jur (precetto giuridico)* Gesetz *n;* **2.** *(principio, regola)* Regel *f,* Gesetz *n;* **3.** *(diritto)* Recht *n;* **4.** *(giurisprudenza)* Jura *(ohne Artikel),* Rechtswissenschaft *f,* Recht *n;* **5.** *(ordine)* Vorschrift *f;* **dottore in ~** Doktor *m* der Rechte; **~ fisica** physikalisches Gesetz; **per ~** gesetzlich, nach dem Gesetz.
leggenda [led'dʒɛnda] *f* **1.** *lit* Sage *f,* Legende *f;* **2.** *fig* Märchen *n;* **3.** *(didascalia)* Legende *f,* Zeichenerklärung *f.* **leggendario, -a** [...'da:rio] ‹-i, -ie› *a* sagenhaft, Sagen-.
leggere ['lɛddʒere] ‹leggo, lessi, letto› **I.** *tr* lesen; *(ad altri)* vorlesen; *(adm, jur, etc.)* verlesen; **~ il futuro** die Zukunft voraussagen; **~ la mano** aus der Hand lesen; **~ la musica** Noten lesen; **II.** *itr* lesen; *(ad altri)* vorlesen.
leggerezza [leddʒe'rettsa] *f* **1.** *gener.* Leichtheit *f,* Leichtigkeit *f;* **2.** *(l'essere agile)* Gewandtheit *f;* **3.** *fig (frivolezza)* Leichtfertigkeit *f,* Frivolität *f; (sconsideratezza)* Leichtsinn *m,* Gedankenlosigkeit *f.*
leggero, -a [led'dʒɛ:ro] *a* **1.** *(di poco peso)* leicht; **2.** *(cibo, vestito, vino)* leicht; **3.** *(piccolo)* leicht, geringfügig; *(delicato)* leise, sanft; **4.** *fig (frivolo)* leicht, flatterhaft; **5.** *(agile)* gewandt, flink; **atletica -a** Leichtathletik *f;* **musica -a** leichte Musik, Unterhaltungsmusik *f;* **una ragazza -a** ein leichtes Mädchen; **prendere le cose alla -a** die Dinge auf die leichte Schulter nehmen.
leggiadria [leddʒa'dri:a] ‹-ie› *f* Anmut *f,* Grazie *f.* **leggiadro, -a** [...'dʒa:dro] *a* anmutig, reizend; *(forma)* zierlich.
leggibile [led'dʒi:bile] *a (scrittura)* leserlich; *(libro)* lesbar; *(raccomandabile)* lesenswert.
leggio [led'dʒi:o] ‹-ii› *m* **1.** *(per libri)* Lesepult *n;* **2.** *mus* Notenständer *m.*
legiferare [ledʒife'ra:re] *itr* **1.** *jur* Gesetze erlassen; **2.** *fig scherz* Vorschriften machen, befehlen.
legione [le'dʒo:ne] *f* **1.** *mil* Legion *f,* Korps *n;* **2.** *fig* Legion *f,* Unzahl *f;* **L~ d'onore** Ehrenlegion *f;* **L~ straniera** Fremdenlegion *f.*
legislativo, -a [ledʒizla'ti:vo] *a* gesetzgebend, legislativ; **potere ~** Legislative *f.* **legislatore, -trice** [...'to:re] *m, f* Gesetzgeber(in) *m(f).* **legislatura** [...la'tu:ra] *f* **1.** *(attività, assemblea)* Legislative *f,* Legislatur *f;* **2.** *(periodo)* Legislaturperiode *f.* **legislazione** [...lat'tsio:ne] *f* **1.** *(attività)* Gesetzgebung *f;* **2.** *(le leggi)* Gesetze *n pl,* Recht *n.*
legittimare [ledʒitti'ma:re] *tr* **1.** *jur* legitimieren, als rechtsgültig anerkennen; *(figlio)* für ehelich erklären; **2.** *fig (giustificare)* rechtfertigen, entschuldigen. **legittimazione** [...mat'tsio:ne] *f* Legitimation *f,* Legitimierung *f.* **legittimità** [...mi'ta] ‹-› *f* **1.** *jur* Rechtsgültigkeit *f,* Gesetzlichkeit *f; fig* Legitimität *f,* Rechtmäßigkeit *f;* **2.** *(di prole)* Ehelichkeit *f;* **3.** *fig (fondatezza)* Berechtigung *f.* **legittimo, -a** [le'dʒittimo] *a* **1.** *(conforme alla legge)* gesetzlich, rechtsgültig; *(per disposizione di legge)* berechtigt; *fig* legitim, rechtmäßig; **2.** *(prole)* ehelich; **3.** *fig (fondato)* berechtigt, gerechtfertigt; *(dubbio a.)* begründet; **-a difesa** Notwehr *f.*
legna ['leɲɲa] ‹- *o* -e› *f* (Brenn)holz *n;* **far ~** Holz machen; **mettere ~ al fuoco** *fig* Öl ins Feuer gießen. **legname** [...'ɲa:me] *m* Holz *n,* Nutzholz *n;* **~ da costruzione** Bauholz *n.*
legno ['leɲɲo] *m* Holz *n; (pezzo)* Holzscheit *n;* **~ compensato** Sperrholz *n.* **legnoso, -a** [...'ɲo:so] *a* **1.** *(di legno)* hölzern, aus Holz; **2.** *fig (frutta)* holzig; *(carne)* zäh; **3.** *(carattere, comportamento)* hölzern, steif.
legume [le'gu:me] *m* **1.** *(baccello)* Hülse *f,* Schote *f;* **2.** ‹*pl*› Hülsenfrüchte *f pl.*

lei ['lɛ:i] *pron pers* **1.** *3ª pers f sing* sie; *(con preposizione)* sie, ihr, ihrer; **2.** *(forma di cortesia a.:* **L~***)* Sie; *(con preposizione)* Sie, Ihnen, Ihrer; **beata ~!** die Glückliche; **dare del L~ a qu** jdn siezen, jdn mit Sie anreden.
lembo ['lembo] *m* Rand *m; (di indumento)* Saum *m; (fig a.)* Zipfel *m; (striscia)* (dünner) Streifen *m.*
lemme lemme ['lɛmme 'lɛmme] *adv fam* gemächlich, in aller Gemütsruhe.
lena ['le:na] *f:* **di buona ~** kräftig, tüchtig.
lente ['lɛnte] *f* Linse *f;* **-i** Brille *f;* **~ d'ingrandimento** Lupe *f,* Vergrößerungsglas *n;* **-i a contatto** Kontaktlinsen *f pl.*
lentezza [len'tettsa] *f (di persona)* Langsamkeit *f; (di cosa)* Langwierigkeit *f.*
lenticchia [len'tikkia] ‹-cchie› *f bot* Linse *f.*
lentiggine [len'tiddʒine] *f* Sommersprosse *f.* **lentigginoso, -a** [...'no:so] *a* voll(er) Sommersprossen, sommersprossig.
lento, -a ['lɛnto] **I.** *a* **1.** *(non veloce)* langsam; *(veleno, etc.)* langsam wirkend; **2.** *(lungo, interminabile)* lang, langwierig; **3.** *fig (lungo, monotono)* langsam, träge; **4.** *(molle, allentato)* locker, lose; *(abito)* locker sitzend (*o* fallend); **5.** *(dolce)* sanft; **cuocere a fuoco ~** bei kleiner (*o* niedriger) Flamme kochen; **II.** *m* Lento *n.*
lenza ['lɛntsa] *f* Angelschnur *f.*
lenzuolo [lɛn'tsuɔ:lo] *m* **1.** ‹*pl:* -i *m*› *gener.* Laken *n;* **2.** ‹*pl:* -a *f*› *(nel letto)* Bettuch *n,* (Bett)laken *n.*
Leonardo [leo'nardo] *(nome proprio maschile)* Leon(h)ard.
leone [le'o:ne] *m* **1.** *zoo* Löwe *m;* **2.** *astr:* **L~** Löwe *m;* **farsi la parte del ~** sich *(dat)* den Löwenanteil nehmen; **sono (del** *o* **un) L~** ich bin (ein) Löwe. **leonessa** [leo'nessa] *f* Löwin *f.*
leopardo [leo'pardo] *m* Leopard *m.*
lepre ['lɛ:pre] *f* Hase *m;* **~ in salmì** Hasenpfeffer *m.*
lercio, -a ['lɛrtʃo *o* 'lertʃo] ‹-ci, -ce› *a* **1.** *(sozzo)* schmutzig, dreckig; **2.** *fig* widerlich, ekelhaft. **lerciume** [ler'tʃu:me] *m* Schmutz *m,* Unrat *m.*
lesbica ['lɛzbika] ‹-che› *f* Lesbierin *f.* **lesbico, -a** [...ko] ‹-ci, -che› *a* lesbisch.
lesina ['le:zina] *f* Ahle *f.*
lesinare [lezi'na:re] **I.** *tr* sparen (*qc* an *o* mit etw.); **~ il centesimo** mit dem Pfennig rechnen, jeden Pfennig umdrehen; **II.** *itr* sparen (*su* an, mit).
lesionare [lezio'na:re] *tr* beschädigen.
lesione [le'zio:ne] *f* Beschädigung *f,* Schaden *m; med, jur* Verletzung *f; (offesa)* Beleidigung *f,* Kränkung *f.*
lessare [les'sa:re] *tr* kochen, sieden.
lessi ['lɛssi] *p rem di* **leggere.**
lessico ['lɛssiko] ‹-ci› *m* **1.** *lit* Wörterbuch *n;* **2.** *ling* Wortschatz *m.* **lessicografia** [lessikogra'fi:a] *f* Lexikographie *f.*
lesso, -a ['lesso] **I.** *a* gekocht, gesotten; **II.** *m* Sied-, Suppenfleisch *n; (carne lessata)* Gesottene(s) *n.*
lesto, -a ['lɛsto] *a* flink, gewandt, behende; **essere ~ di mano** *fig* lange Finger machen; **~ di mente** scharfsinnig.
letale [le'ta:le] *a* tödlich, todbringend, Todes-.
letamaio [leta'ma:io] ‹-ai› *m* **1.** Misthaufen *m,* Mistgrube *f;* **2.** *fig* Schweinestall *m fam.*
letame [le'ta:me] *m* Mist *m.*
letargia [letar'dʒi:a] ‹-gie› *f* Lethargie *f.*
letargico, -a [le'tardʒiko] ‹-ci, -che› *a* lethargisch.
letargo [le'targo] ‹-ghi› *m* **1.** *med* Lethargie *f,* Schlafkrankheit *f,* Schlafsucht *f;* **2.** *zoo (invernale)* Winterschlaf *m; (estivo)* Sommerschlaf *m;* **3.** *fig* Lethargie *f,* Teilnahmslosigkeit *f;* **essere in ~** Winterschlaf halten.
letizia [le'tittsia] ‹-ie› *f* Freude *f,* Fröhlichkeit *f,* Frohsinn *m.*
letta ['lɛtta] *f* rasches Durchlesen, Überfliegen *n.*
lettera ['lɛttera *o* 'let...] *f* **1.** *(dell' alfabeto)* Buchstabe *m; typ* Type *f,* Letter *f;* **2.** *(comunicazione scritta)* Brief *m,* Schreiben *n;* **3.** ‹*pl*› *(letteratura)* Literatur *f; (materie letterarie)* Geisteswissenschaften *f pl; (filologia)* Philologie *f;* **4.** ‹*pl*› *(epistolario)* Briefwechsel *m;* **~ aperta** offener Brief; **~ assicurata/espresso/raccomandata** Wert-/Eil-/Einschreib(e)brief *m;* **~ circolare** Rundschreiben *n;* **per ~** brieflich; **alla ~** buchstabengetreu; *(traduzione, etc.)* wörtlich; **restare ~ morta** ohne Wirkung (*o* unbeachtet) bleiben. **letterale** [lette'ra:le] *a* wörtlich, wortgetreu; *mat* Buchstaben-. **letteralmente** [...ral'mente] *adv* **1.** *(alla lettera)* wörtlich; **2.** *fig (completamente)* buchstäblich, gänzlich.
letterario, -a [lette'ra:rio] ‹-i, -ie› *a* literarisch, Literatur-; *(ling a.)* gehoben; **lingua -a** Schriftsprache *f;* **materie -ie** geisteswissenschaftliche Fächer *n pl.*
letterato, -a [lette'ra:to] *m, f* Literat(in) *m(f),* literarisch gebildeter Mensch.
letteratura [lettera'tu:ra] *f* Literatur *f.*
lettiga [let'ti:ga] ‹-ghe› *f* **1.** *(portantina)* Sänfte *f;* **2.** *(barella)* (Trag)bahre *f,* Krankentrage *f.*
letto[1] ['lɛtto] *m* **1.** *(mobile)* Bett *n;* **2.** *geol* Lager *n,* Bank *f; (di fiume)* Flußbett *n; (di valle)* Talsohle *f;* **3.** *fig (matrimonio)* Ehe *f;* **~ matrimoniale** (*o* **a due piazze)** Ehe-, Doppelbett *n;* **~ a castello** Etagenbett *n;* **andare a ~** ins (*o*

zu) Bett gehen, schlafen gehen; **andare a ~ con qu** *fam* mit jdm ins Bett gehen *fam;* **fare il ~** das Bett machen; **mettersi a ~** *(per dormire)* ins (*o* zu) Bett gehen; *(per malattia)* das Bett hüten (müssen).

letto² [ˈlɛtto] *pp di* **leggere.**

lettorato [lettoˈraːto] *m* Lektorat *n.*

lettore, -trice [letˈtoːre] *m, f* **1.** *gener.* Leser(in) *m(f);* **2.** *(all'università)* Lektor(in) *m(f);* **~ di bozze** Korrektor *m.*

lettura [letˈtuːra] *f* **1.** *(atto del leggere)* Lesen *n,* Lektüre *f; (ad alta voce)* Vorlesen *n; tec (del contatore, etc.)* Ablesen *n; (di poesia)* Vortrag *m;* **2.** *(scritto)* Lektüre *f,* Lesestoff *m;* **-e amene** Unterhaltungslektüre *f.*

leucemia [leutʃeˈmiːa] ‹-ie› *f* Leukämie *f.*

leucocita [leukoˈtʃiːta] ‹-i› *m,* **leucocito** [...to] *m* Leukozyt *m,* weißes Blutkörperchen.

leva¹ [ˈlɛːva] *f* **1.** *tec* Hebel *m;* **2.** *(sbarra)* Brechstange *f,* -eisen *n;* **3.** *fig* Hebel *m; (stimolo)* Antrieb *m;* **~ del cambio** Schalthebel *m,* -knüppel *m.*

leva² [ˈlɛːva] *f* **1.** *(arruolamento)* Einberufung *f* (zum Wehrdienst); **2.** *(coscrizione obbligatoria)* Wehrpflicht *f;* **di ~** wehrpflichtig; **classe di ~** (Rekruten)jahrgang *m;* **le nuove -e** *fig* die jungen Kader.

levante [leˈvante] *m* **1.** *(est)* Osten *m;* **2.** *(vento)* Ostwind *m;* **3.** *(Paesi del Mediterraneo orientale)* Küstenländer *n pl* des östlichen Mittelmeers, Levante *f.*

levare [leˈvaːre] **I.** *tr* **1.** *(alzare)* heben, aufheben, hochheben; *(ancora)* lichten; **2.** *(togliere)* fort-, wegnehmen; *(ostacolo)* beseitigen; **3.** *(estrarre: dente)* ziehen; *(chiodo)* herausziehen; **4.** *(seduta)* schließen, auflösen; **5.** *(fame)* stillen; *(sete)* stillen, löschen; **6.** *(tenda)* abbrechen; **7.** *(tassa, divieto)* aufheben; **8.** *(vizio)* abgewöhnen; **~ gli occhi al cielo** die Augen zum Himmel erheben; **levati dai piedi!** bleib mir vom Leibe!; **II.** *rfl:* **-arsi 1.** *(alzarsi)* aufstehen; **2.** *(sollevarsi)* sich erheben; *(vento)* aufkommen; **3.** *(andarsene)* weggehen; **4.** *(indumenti)* (sich *dat*) ausziehen, ablegen; **5.** *(voglia)* befriedigen; *(fame)* stillen; *(sete)* stillen, löschen; *(vizio)* sich *(dat)* abgewöhnen; **-arsi il pane di bocca** sich *(dat)* den Bissen vom Munde absparen; **-arsi qu/qc dalla testa** sich *(dat)* jdn/etw. aus dem Kopf schlagen; **-arsi in volo** (zum Flug) starten, abfliegen; **III.** *m* Aufgang *m,* Aufgehen *n.*

levata [leˈvaːta] *f* **1.** *(di sole, astro)* Aufgang *m,* Aufgehen *n;* **2.** *(dal letto)* Aufstehen *n;* **3.** *(della posta)* Leerung *f.* **levataccia** [levaˈtattʃa] ‹-cce› *f* frühes Aufstehen; **fare una ~** sehr früh aufstehen (müssen).

levatoio, -a [levaˈtoːi̯o] ‹-oi, -oie› *a:* **ponte ~** Zug-, Fallbrücke *f.*

levatrice [levaˈtriːtʃe] *f* Hebamme *f.*

levatura [levaˈtuːra] *f* Format *n,* Niveau *n.*

levigare [leviˈgaːre] ‹levigo, levighi› *tr (limare, lisciare)* glätten, polieren; *(con abrasivo)* schleifen, schmirgeln. **levigatezza** [...gaˈtettsa] *f* Glätte *f,* Schliff *m.*

levriere, levriero [leˈvri̯ɛːre, ...ro] *m* Windhund *m.*

lezione [letˈtsi̯oːne] *f* **1.** *(~ scolastica)* Unterrichtsstunde *f; (in un libro)* Lektion *f;* **2.** *(di università)* Vorlesung *f;* **3.** *(compito a casa)* Hausaufgabe *f,* Lektion *f;* **4.** *fig (ammaestramento)* Belehrung *f,* Lehre *f;* **~ di ballo** Tanzstunde *f;* **~ di storia** Geschichtsunterricht *m;* **fare ~** unterrichten; *(all'università)* Vorlesungen halten; **prendere/dare -i** Privatunterricht (*o* -stunden) nehmen/geben; **dare a qu una ~** *fig* jdm eine Lektion erteilen (*di* in).

leziosità [lettsi̯osiˈta] ‹-› *f* Affektiertheit *f,* Geziertheit *f.* **lezioso, -a** [...ˈtsi̯oːso] *a* affektiert, geziert; *(smorfioso)* zimperlich.

li [li] *pron pers* **1.** 3^a *pers m pl* sie; **2.** *(forma di cortesia a.:* **Li***)* Sie.

lì [li] *adv (stato)* dort, da; *(moto)* dorthin, dahin; **essere ~ ~ per fare qc** nahe daran sein, etw. zu tun; **di ~ a pochi giorni** wenige Tage später; **giù di ~** mehr oder weniger, ungefähr; **~ per ~** im ersten Augenblick.

liana [liˈaːna] *f* Liane *f.*

libbra [ˈlibbra] *f* Pfund *n.*

libeccio [liˈbettʃo] ‹-cci› *m* Südwestwind *m.*

libellula [liˈbɛllula] *f* Libelle *f.*

liberale [libeˈraːle] **I.** *a* **1.** *(che rispetta la libertà)* freisinnig, freiheitlich gesinnt; *(generoso)* freigebig, großzügig; *(magnanimo)* großmütig; **2.** *pol* liberal; **le arti -i** die freien Künste *f pl;* **II.** *m* **1.** *gener.* freisinniger (*o* freiheitlich gesinnter) Mensch; **2.** *pol* Liberale(r) *mf.* **liberalismo** [...raˈlizmo] *m* Liberalismus *m.* **liberalità** [...raliˈta] ‹-› *f* Großzügigkeit *f.*

liberalizzazione [liberaliddzatˈtsi̯oːne] *f* Liberalisierung *f.*

liberamente [liberaˈmente] *adv* **1.** *(con franchezza)* freimütig, frei, offen; **2.** *(senza formalità)* anstandslos, ohne weiteres.

liberare [libeˈraːre] **I.** *tr* **1.** *(restituire alla libertà)* befreien, freilassen; *fig (da impiego, etc.)* entbinden; **2.** *(salvare da pericolo)* retten, bewahren; **3.** *(sgombrare)* abräumen, (aus)räumen; **II.** *rfl:* **-arsi** sich befreien (*da* von), sich entledigen (*da qu/qc* jds/einer S. *gen*). **liberatore, -trice** [...raˈtoːre] **I.** *a* befreiend, Befreiungs-; **II.** *m, f* Befreier(in) *m(f).*

liberazione [...rat'tsio:ne] *f* **1.** *(il liberare)* Befreiung *f*, Freilassung *f*; **2.** *fig* Erleichterung *f*.

libero, -a ['li:bero] *a* frei; ~ **arbitrio** Willensfreiheit *f*; **carta -a** stempelfreies Papier; **mercato** ~ freier Markt; **sei** ~ **di** ... *inf* es steht dir frei zu ...

libertà [liber'ta] ⟨-⟩ *f* Freiheit *f*; ~ **di parola** Redefreiheit *f*; ~ **di scelta** freie Wahl; ~ **vigilata** Entlassung *f* auf Bewährung; **giorno di** ~ freier Tag; **mettere in** ~ freilassen; **prendersi la** ~ **di fare qc** sich *(dat)* die Freiheit (heraus)nehmen, etw. zu tun; **prendersi delle** ~ **con qu** sich *(dat)* jdm gegenüber (manche) Freiheiten herausnehmen.

libertino, -a [liber'ti:no] **I.** *a* freidenkend; *(sessualmente)* zügellos, ausschweifend; **II.** *m* Libertin *m*, Freigeist *m*; *(sessualmente)* Wüstling *m*.

liberty ['li:berti] *m* Jugendstil *m*.

libraio, -a [li'bra:io] ⟨-ai, -aie⟩ *m, f* Buchhändler(in) *m(f)*.

librario, -a [li'bra:rio] ⟨-i, -ie⟩ *a* Buch-, Bücher-.

libreria [libre'ri:a] ⟨-ie⟩ *f* **1.** *(negozio)* Buchhandlung *f*, Buchladen *m*; **2.** *(mobile)* Bücherschrank *m*, Bücherregal *n*; *gener.* Schrankwand *f*.

libretto [li'bretto] *m* **1.** *(piccolo libro)* Büchlein *n*, kleines Buch; *(per appunti)* Notizbuch *n*, Notizblock *m*; **2.** *mus* Libretto *n*, Textbuch *n*; **3.** *(documento)* Ausweis *m*, Papier *n*, Paß *m*; ~ **degli assegni** Scheckheft *n*, Scheckbuch *n*; ~ **di risparmio** Sparbuch *n*; ~ **ferroviario** Ermäßigungsausweis *m* (für Bahnfahrten); ~ **universitario** Studienbuch *n*.

libro ['li:bro] *m* Buch *n*; ~ **di cucina/di preghiere** Koch-/Gebetbuch *n*; ~ **di testo** Schulbuch *n*, Lehrbuch *n*; ~ **illustrato** Bilderbuch *n*; ~ **mastro** *com* Hauptbuch *n*; ~ **nero** schwarze Liste.

liceale [litʃe'a:le] **I.** *a* gymnasial, Gymnasial-; **II.** *mf* Gymnasiast(in) *m(f)*.

licenza [li'tʃɛntsa] *f* **1.** *(autorizzazione)* Erlaubnis *f*, Genehmigung *f*; **2.** *mil* Urlaub *m*, Urlaubsschein *m*; **3.** *(abuso)* Freiheit *f*; **4.** *(dissolutezza)* Ausschweifung *f*, Zügellosigkeit *f*; **5.** *(attestato)* Abgangszeugnis *n*; **6.** *(patente)* Lizenz *f*, Patent *n*; *sport, com, adm* Lizenz *f*; ~ **di caccia/di porto d'armi/di esercizio** Jagd-/Waffen-/Gewerbeschein *m*; ~ **elementare** Grundschulabgangszeugnis *n*; ~ **poetica** dichterische Freiheit; **andare in** ~ in Urlaub gehen; **su** ~ **tedesca** in deutscher Lizenz; **prendersi troppe -e** sich *(dat)* zu viele Freiheiten herausnehmen.

licenziamento [litʃentsia'mento] *m* Entlassung *f*, Kündigung *f*; ~ **in tronco** fristlose Entlassung. **licenziare** [...'tsia:re] ⟨licenzio, licenzi⟩ **I.** *tr* **1.** *(impiegato)* entlassen (*qu* jdn), kündigen (*qu* jdm); **2.** *(studenti)* (von der Schule) entlassen; **II.** *rfl:* **-arsi 1.** *(da un impiego)* kündigen; **2.** *(a scuola)* einen Schulabschluß machen, abschließen.

licenziosità [litʃentsiosi'ta] ⟨-⟩ *f* Zügellosigkeit *f*, Liederlichkeit *f*. **licenzioso, -a** [...'tsio:so] *a* zügellos, liederlich.

liceo [li'tʃɛ:o] *m* Gymnasium *n*; ~ **artistico/classico/scientifico** musisches/humanistisches/mathematisch-naturwissenschaftliches Gymnasium.

lichene [li'kɛ:ne] *m* Flechte *f*.

lido ['li:do] *m* Lido *m*, Strand *m*.

lieto, -a ['liɛ:to] **1.** *(persone)* froh, fröhlich, glücklich; **2.** *(eventi)* freudig, erfreulich, froh; **sono** ~ **di conoscerLa** (ich bin) sehr erfreut (, Sie kennenzulernen)!

lieve ['liɛ:ve] *a* **1.** *(poco pesante)* leicht; **2.** *(debole)* geringfügig, leicht; *(delicato)* leise, sanft.

lievitare [lievi'ta:re] *itr* ⟨*essere*⟩ **1.** *(pasta)* aufgehen; **2.** *fig (prezzi)* ansteigen, in die Höhe klettern. **lievitazione** [...tat'tsio:ne] *f* **1.** *(di pasta)* Aufgehen *n*; *(processo chimico)* Säuerung *f*, Gärung *f*; **2.** *fig (dei prezzi)* Ansteigen *n*.

lievito ['liɛ:vito] *m* **1.** *biol* Hefe *f*; **2.** *fig* Antrieb *m*, Auslöser *m*, Ursache *f*; ~ **di birra** Bierhefe *f*; ~ **in polvere** Backpulver *n*; ~ **naturale** Sauerteig *m*.

ligio, -a ['li:dʒo] ⟨-gi, -gie⟩ *a* treu, ergeben, untertan; ~ **al dovere** pflichteifrig, pflichttreu.

ligneo, -a ['liɲɲeo] *a* hölzern, aus Holz.

lignite [liɲ'ɲi:te] *f* Lignit *m*, Braunkohle *f*.

Liguria [li'gu:ria] *f* Ligurien *n*.

lilla, lillà ['lilla, ...'la] **I.** ⟨*inv*⟩ *a* lila, fliederfarben; **II.** ⟨-⟩ *m* **1.** *(colore)* Lila *n*, Fliederfarbe *f*; **2.** *bot* Flieder *m*.

lillipuziano, -a [lilliput'tsia:no] **I.** *a* liliputanisch, Liliputaner-; **II.** *m, f* Liliputaner(in) *m(f)*.

lima ['li:ma] *f* Feile *f*.

limaccioso, -a [limat'tʃo:so] *a* schlammig, trüb.

limare [li'ma:re] *tr* **1.** *(sbarre)* feilen; **2.** *fig (romanzo, etc.)* (stilistisch) überarbeiten, ausfeilen. **limatura** [lima'tu:ra] *f* **1.** *(lavorazione)* Feilen *n*; **2.** *(particelle)* Feilstaub *m*, Feilspäne *m pl*.

limbo ['limbo] *m* Vorhölle *f*, Limbus *m*.

limetta [li'metta] *f* Nagelfeile *f*.

limitare [limi'ta:re] **I.** *tr* **1.** *(confinare)* ein-, begrenzen; **2.** *(restringere)* ein-, beschränken; **II.** *rfl:* **-arsi** sich beschränken (*a* auf), sich einschränken (*in* in). **limitato, -a** [...'ta:to] *a* **1.** *(scarso)* beschränkt, begrenzt; **2.** *(modesto)* bescheiden, mäßig; **società a responsabilità -a** (*ab* **S.r.l.**) Gesellschaft *f* mit beschränkter Haftung. **limitazione** [...tat'tsio:ne] *f* Beschränkung *f*, Be-

grenzung *f;* ~ **delle nascite** Geburtenregelung *f,* Geburtenkontrolle *f.*
limite ['li:mite] *m (a. fig)* Grenze *f;* **caso** ~ Grenzfall *m;* **-i di età** Altersgrenze *f;* ~ **di velocità** Geschwindigkeitsbegrenzung *f;* **ciò passa ogni** ~ das macht das Maß voll; **al** ~ letzten Endes, im Endeffekt; **fuori** ~ *sport* aus; **nei -i del possibile** im Rahmen des Möglichen.
limitrofo, -a [li'mi:trofo] *a* angrenzend, Grenz-.
limonare [limo'na:re] *itr fam* schmusen, rummachen *sl.*
limonata [limo'na:ta] *f* (Zitronen)limonade *f.*
limone [li'mo:ne] *m* **1.** *(frutto)* Zitrone *f;* **2.** *(pianta)* Zitronenbaum *m;* **3.** *(colore)* Zitronengelb *n;* **spremere qu come un** ~ jdn wie eine Zitrone auspressen.
limpidezza [limpi'dettsa] *f* Klarheit *f,* Durchsichtigkeit *f.* **limpido, -a** ['limpido] *a* **1.** *(trasparente)* klar, durchsichtig; **2.** *fig* klar, rein.
lince ['lintʃe] *f* Luchs *m.*
linciaggio [lin'tʃaddʒo] ‹-ggi› *m* Lynchjustiz *f,* Lynchen *n.* **linciare** [...'tʃa:re] ‹lincio, linci› *tr* lynchen.
lindo, -a ['lindo] *a (pulito)* reinlich, sauber; *(accurato)* ordentlich.
linea ['li:nea] *f* **1.** *(segno)* Linie *f,* Strich *m; typ* Zeile *f;* **2.** *(di abito)* Schnitt *m,* Modell *n;* **3.** *(su strumenti di misura)* Teilstrich *m;* **4.** *tel, el* Leitung *f;* **5.** *aero, ferr, naut, mot* Linie *f;* **6.** *(di persona)* Linie *f;* ~ **di condotta** Verhaltensweise *f;* **combattere in prima** ~ in vorderster Linie kämpfen; **restare in** ~ *tel* am Apparat bleiben; **a grandi -e** in groben Zügen. **lineamenti** [linea'menti] *m pl* **1.** *(fisionomia)* (Gesichts)züge *m pl;* **2.** *fig* Grundzüge *m pl.* **lineare** [...e'a:re] *a* **1.** linienartig, linear, Linear-; **2.** *fig* geradlinig, klar. **linearità** [...eari'ta] ‹-› *f (di condotta)* Geradheit *f,* Aufrichtigkeit *f; (di discorso)* Geradlinigkeit *f,* Klarheit *f.* **lineetta** [...e'etta] *f* Bindestrich *m,* Gedankenstrich *m; typ* (kleiner) Strich *m.*
linfa ['linfa] *f* **1.** *anat* Lymphe *f; bot* Pflanzensaft *m;* **2.** *fig* Inspiration *f,* Eingebung *f;* ~ **vitale** Lebenselixier *n,* Energiequelle *f.*
lingotto [liŋ'gɔtto] *m* Barren *m.*
lingua ['liŋgu̯a] *f* **1.** *anat* Zunge *f;* **2.** *(linguaggio)* Sprache *f;* **3.** *(striscia)* länglicher Streifen, Zunge *f;* ~ **d'arrivo/di partenza** Ziel-/Ausgangssprache *f;* ~ **parlata** gesprochene Sprache, Umgangssprache *f;* **mala** ~ böse Zunge; **di** ~ **tedesca** deutschsprachig; **avere la** ~ **lunga/sciolta** ein loses/flinkes Mundwerk haben; **avere qc sulla punta della** ~ *fig* etw. auf der Zunge (liegen) haben; **mordersi la** ~ *fig* sich *(dat)* auf die Zunge (*o* Lippen) beißen; **la** ~ **batte dove il dente duole** *prov* wes das Herz voll ist, des geht der Mund über *prov.*
linguaccia [...'gu̯attʃa] ‹-cce› *f* böse Zunge, Lästermaul *n.* **linguacciuto, -a** [...gu̯at'tʃu:to] *a* klatschsüchtig, klatschhaft.
linguaggio [liŋ'gu̯addʒo] ‹-ggi› *m* **1.** *(facoltà)* Sprache *f,* Sprechen *n;* **2.** *(modo)* Sprache *f,* Sprechweise *f;* ~ **tecnico** Fachsprache *f.*
linguetta [liŋ'gu̯etta] *f* **1.** *(piccola lingua)* kleine Zunge, Zünglein *n;* **2.** *(delle buste)* Klappe *f; (delle scarpe)* Zunge *f,* Lasche *f.*
linguista [liŋ'gu̯ista] ‹-i *m,* -e *f*› *mf* Linguist(in) *m(f),* Sprachwissenschaftler(in) *m(f).* **linguistica** [...'gu̯istika] ‹-che› *f* Linguistik *f,* Sprachwissenschaft *f.* **linguistico, -a** [...'gu̯istiko] ‹-ci, -che› *a* **1.** *(della lingua)* sprachlich, Sprach(en)-; **2.** *(della linguistica)* linguistisch, sprachwissenschaftlich.
lino ['li:no] *m* **1.** *(pianta)* Flachs *m,* Lein *m;* **2.** *(tessuto)* Leinen *n.*
liofilizzare [liofilid'dza:re] *tr* gefriertrocknen.
Lipsia ['lipsi̯a] *f* Leipzig *n.*
liquefare [liku̯e'fa:re] ‹irr› **I.** *tr* **1.** *(gas)* verflüssigen, flüssig machen; **2.** *(metalli)* zum Schmelzen bringen, schmelzen; **3.** *(neve)* zergehen lassen, schmelzen; **II.** *rfl:* **-arsi 1.** *(gas)* sich verflüssigen, flüssig werden; **2.** *(metalli, ghiaccio)* schmelzen. **liquefazione** [...fat'tsi̯o:ne] *f* Verflüssigung *f.*
liquidare [liku̯i'da:re] *tr* **1.** *(conto)* bezahlen, begleichen; *(somma)* auszahlen; **2.** *(persone)* auszahlen; **3.** *(svendere)* ausverkaufen; *(azienda, etc.)* auflösen; **4.** *(affare)* abwickeln, erledigen; **5.** *fig (impiegato)* entlassen; *(avversario)* beseitigen; *(uccidere)* liquidieren. **liquidazione** [...dat'tsi̯o:ne] *f* **1.** *com* Liquidation *f; (di azienda)* Geschäftsauflösung *f;* **2.** *(somma liquidata)* Abfindung *f;* **3.** *(della pensione)* Auszahlung *f;* **4.** *(svendita)* Ausverkauf *m;* ~ **di fine stagione** (Saison)ausverkauf *m,* (Saison)schlußverkauf *m.*
liquidità [liku̯idi'ta] ‹-› *f* **1.** *phys* Flüssigkeit *f;* **2.** *fin* Liquidität *f.* **liquido, -a** ['li:ku̯ido] **I.** *a* **1.** *phys* flüssig; **2.** *fin* liquid(e), zahlungsfähig; **denaro** ~ Bargeld *n;* **II.** *m* **1.** *phys* Flüssigkeit *f;* **2.** *fin* Bargeld *n;* ~ **per freni** Bremsflüssigkeit *f.*
liquirizia [liku̯i'rittsi̯a] ‹-ie› *f* **1.** *bot* Süßholz *n;* **2.** *gastr* Lakritze *f.*
liquore [li'ku̯o:re] *m* Likör *m;* **-i** Spirituosen *f pl.*
lira[1] ['li:ra] *f* (*ab* L) *(moneta)* Lira *f;* **non avere una** ~ *fig* keinen Pfennig haben.
lira[2] ['li:ra] *f* **1.** *mus* Leier *f,* Lyra *f;* **2.** *(uccello* ~*)* Leierschwanz *m.*
lirica ['li:rika] ‹-che› *f* **1.** *lit* Lyrik *f,*

Poesie *f;* **2.** *mus* Opernmusik *f,* Komposition *f* für Gesang. **lirico, -a** ['li:riko] ‹-ci, -che› **I.** *a* **1.** *lit* lyrisch; **2.** *fig* lyrisch, gefühlvoll; **3.** *mus* Opern-; **cantante ~** Opernsänger *m;* **stagione -a** (Theater)spielzeit *f;* **II.** *m* Lyriker *m.*
Lisbona [liz'bo:na] *f* Lissabon *n.*
lisca ['liska] ‹-sche› *f* (Fisch)gräte *f.*
lisciare [liʃ'ʃa:re] ‹liscio, lisci› **I.** *tr* **1.** *gener.* glätten; *(marmo, etc.)* polieren; **2.** *(capelli, barba)* (glatt)streichen; **3.** *(animali)* streicheln; **4.** *fig (adulare)* schmeicheln (*qu* jdm); **5.** *(opera)* verschönern, ausschmücken; **II.** *rfl:* **-arsi** **1.** *(persone)* sich herausputzen, sich schniegeln; **2.** *(animali)* sich putzen, sich lecken.
liscio, -a ['liʃʃo] ‹-sci, -sce› **I.** *a* **1.** *gener.* glatt; **2.** *fig* glatt, einfach, ohne Komplikationen; **3.** *gastr (caffè)* ohne Milch, ohne Schnaps; *(bevanda alcolica)* ohne Wasser, pur; **va tutto ~** es läuft alles glatt; **passarla -a** mit heiler Haut davonkommen; **II.** *m* **1.** *(ballo)* Gesellschaftstanz *m;* **2.** *sport* Fehlschuß *m,* Fehlstoß *m.*
liscivia [liʃ'ʃi:vi̯a] ‹-ie›, **lisciva** [...va] *f* (Aschen)lauge *f.*
liso, -a ['li:zo] *a* abgenutzt, abgetragen.
lista ['lista] *f* **1.** *(striscia)* Streifen *m;* **2.** *(elenco)* Liste *f,* Verzeichnis *n;* **3.** *(menu)* Speisekarte *f;* **~ dei vini** Weinkarte *f.* **listello** [...'tɛllo] *m* (Zier)leiste *f.* **listino** [...'ti:no] *m* Liste *f,* Verzeichnis *n;* **~ di borsa** Kursblatt *n;* **~ dei cambi** Kurszettel *m,* Kursbericht *m;* **~ dei prezzi** Preisliste *f.*
litania [lita'ni:a] ‹-ie› *f (a. fig)* Litanei *f.*
lite ['li:te] *f* **1.** *gener.* Streit *m,* Zank *m;* **2.** *jur* Rechtsstreit *m,* Prozeß *m.*
litigante [liti'gante] *mf* Streitende(r) *mf; jur* Prozeßführende(r) *mf;* **fra i due -i il terzo gode** *prov* wenn zwei sich streiten, freut sich der Dritte *prov.*
litigare [liti'ga:re] ‹litigo, litighi› *itr* **1.** *gener.* (sich) streiten (*con* mit); **2.** *jur* einen Prozeß führen, prozessieren.
litigio [li'ti:dʒo] ‹-gi› *m* Streit *m,* Zank *m.* **litigiosità** [litidʒosi'ta] ‹-› *f* Streitsucht *f,* Zanksucht *f.* **litigioso, -a** [...'dʒo:so] *a* **1.** *gener.* streitsüchtig, zanksüchtig; **2.** *jur* streitig, strittig.
litografia [litogra'fi:a] *f* Lithographie *f.*
litorale [lito'ra:le] **I.** *a* Küsten-, Strand-, Ufer-; **II.** *m* Küste *f,* Küstenstreifen *m.* **litoraneo, -a** [...'ra:neo] **I.** *a* Küsten-; **II.** *f* Küstenstraße *f.*
litro ['li:tro] *m* (*ab* **l**) Liter *m o n.*
littorio, -a [lit'tɔ:ri̯o] ‹-i, -ie› *a* **1.** *hist* Liktoren-; **2.** *(fascista)* Faschisten-, faschistisch; **fascio ~** Liktorenbündel *n.*
liturgia [litur'dʒi:a] ‹-gie› *f* Liturgie *f.*
liuto [li'u:to] *m* Laute *f.*
livella [li'vɛlla] *f* Wasserwaage *f.*
livellamento [livella'mento] *m* **1.** *tec* Einebnung *f,* Planierung *f;* **2.** *fig* Angleichen *n,* Ausgleichen *n.* **livellare** [...'la:re] **I.** *tr* **1.** *tec* (ein)ebnen, planieren; **2.** *fig* ausgleichen, angleichen; *(persone a.)* gleichmachen, gleichstellen; *(differenze)* nivellieren; **II.** *rfl:* **-arsi** **1.** sich glätten, eben werden; **2.** *fig* sich ausgleichen, sich angleichen. **livellatrice** [...la'tri:tʃe] *f* Planierraupe *f.*
livello [li'vɛllo] *m* **1.** Höhe *f,* Niveau *n; (del mare, etc.)* Spiegel *m,* Stand *m;* **2.** *fig* Niveau *n,* Stand *m; (condizione sociale)* Rang *m,* Stand *m;* **~ dei prezzi** Preisniveau *n;* **~ di vita** Lebensstandard *m;* **ad alto ~** auf höherer Ebene; **sul ~ del mare** (*ab* **s.l.m.**) über dem Meeresspiegel.
livido, -a ['li:vido] **I.** *a* **1.** bläulich, blaßblau; **2.** *fig* totenbleich; **~ per il freddo** blau vor Kälte; **~ per la rabbia** blaß vor Wut; **II.** *m* blauer Fleck.
livrea [li'vrɛ:a] *f* Livree *f.*
lizza ['littsa] *f* Wettkampf *m,* Streit *m;* **scendere in ~** in die Schranken treten.
lo [lo] **I.** *(articolo determinativo m sing davanti a s impura, gn, pn, ps, x, z)* der *m,* die *f,* das *n;* **II.** *pron pers 3ª pers m sing* ihn.
lobo ['lɔ:bo] *m* Lappen *m* (eines Organs), Lobus *m scient;* **~ dell'orecchio** Ohrläppchen *n.*
locale [lo'ka:le] **I.** *a* **1.** *(di luogo)* örtlich, Lokal-, Orts-; *(di un determinato luogo)* einheimisch; *(persone)* ortsansässig; **2.** *(caratteristico del luogo)* ortsüblich, örtlich; **3.** *med* örtlich, Lokal-; **II.** *m* **1.** *(stanza)* Raum *m,* Räumlichkeit *f;* **2.** *(luogo pubblico)* Lokal *n;* **~ notturno** Nachtlokal *n.* **località** [lokali'ta] ‹-› *f* Ort *m,* Ortschaft *f,* Örtlichkeit *f.*
localizzare [lokalid'dza:re] **I.** *tr* lokalisieren, örtlich festlegen; *naut, aero* orten; *(circoscrivere)* eingrenzen, eindämmen; **II.** *rfl:* **-arsi** sich beschränken, beschränkt bleiben. **localizzazione** [...dzat'tsi̯o:ne] *f* Lokalisierung *f; naut, aero* Ortung *f.*
locanda [lo'kanda] *f* Gasthaus *n,* Gastwirtschaft *f.* **locandiere, -a** [...'di̯ɛ:re] *m, f* (Gast)wirt(in) *m(f).*
locandina [lokan'di:na] *f* Reklamezettel *m.*
locare [lo'ka:re] ‹loco, lochi› *tr (fabbricati, etc.)* vermieten; *(terreni, etc.)* verpachten. **locatario, -a** [loka'ta:ri̯o] ‹-i, -ie› *m, f (di casa, etc.)* Mieter(in) *m(f); (di terreno, etc.)* Pächter(in) *m(f).* **locatore, -trice** [...'to:re] *m, f* Vermieter(in) *m(f); (di terreno, etc.)* Verpächter(in) *m(f).* **locazione** [...t'tsi̯o:ne] *f* **1.** *(da parte del locatore)* Vermietung *f; (di terreni)* Verpachtung *f;* **2.** *(da parte del locatario)* Miete *f; (di terreni)*

Pacht *f;* **dare in ~** vermieten; *(terreni)* verpachten.

locomotiva [lokomo'ti:va] *f* Lokomotive *f.* **locomotrice** [...'tri:tʃe] *f* (Elektro)triebwagen *m.* **locomozione** [...mot'tsi̯o:ne] *f* **1.** *(facoltà propria)* Fortbewegung *f,* Sichfortbewegen *n;* **2.** *(mediante veicolo)* Transport *m,* Beförderung *f.*

locusta [lo'ku:sta] *f* (Wander)heuschrecke *f.*

locuzione [lokut'tsi̯o:ne] *f* Redewendung *f,* Redensart *f.*

lodare [lo'da:re] **I.** *tr* **1.** *(dar lodi)* loben, anerkennen; **2.** *(dichiararsi soddisfatto)* billigen, gutheißen; **3.** *(celebrare)* preisen, rühmen; **sia lodato il cielo!** dem Himmel sei Dank!, Gott sei Dank!; **II.** *rfl:* **-arsi** sich (selbst) loben.

lode ['lɔ:de] *f* **1.** *(elogio)* Lob *n,* Anerkennung *f;* **2.** *(voto)* Auszeichnung *f;* **3.** *(contemplazione, rel)* Lobpreisung *f.*

loden ['lo:dən] ‹-› *m* **1.** *(panno)* Loden *m;* **2.** *(cappotto)* Lodenmantel *m.*

lodevole [lo'de:vole] *a* **1.** *gener.* löblich, lobenswert; **2.** *(voto scolastico)* ausgezeichnet, sehr gut.

Lodovico [lodo'vi:ko] *(nome proprio maschile)* Ludwig.

logaritmo [loga'ritmo] *m* Logarithmus *m.*

loggia ['lɔddʒa] ‹-gge› *f* **1.** *arch* Loggia *f,* Säulen(vor)halle *f;* **2.** *(di massoneria)* Loge *f.* **loggiato** [...'dʒa:to] *m* Loggia *f,* Bogengang *m,* Arkade *f.* **loggione** [...'dʒo:ne] *m* Galerie *f.*

logica ['lɔ:dʒika] ‹-che› *f* Logik *f;* **a rigor di ~** strenggenommen. **logicità** [lodʒitʃi'ta] ‹-› *f* Logizität *f,* Folgerichtigkeit *f.* **logico, -a** ['lɔ:dʒiko] ‹-ci, -che› *a* **1.** *(conforme alla logica)* logisch, folgerichtig; **2.** *(naturale)* natürlich, selbstverständlich.

logoramento [logora'mento] *m* Abnutzung *f,* Verschleiß *m.* **logorante** [...'rante] *a* aufreibend, zermürbend. **logorare** [...'ra:re] **I.** *tr* abnutzen, verschleißen; *(vestiti a.)* abtragen; *(salute)* ruinieren; **II.** *rfl:* **-arsi 1.** sich abnutzen, schadhaft werden; **2.** *fig* sich aufreiben, sich zugrunde richten. **logorio** [...'ri:o] ‹-ii› *m* **1.** (kontinuierliche) Abnutzung *f;* **2.** *fig* Zermürbung *f,* Zerrüttung *f.* **logoro, -a** ['lo:goro] *a* **1.** *(vestito)* abgetragen; *(moneta)* abgegriffen; **2.** *fig (superato)* überholt.

lombaggine [lom'baddʒine] *f* Hexenschuß *m.*

Lombardia [lombar'di:a] *f* Lombardei *f.*

lombare [lom'ba:re] *a* Lenden-.

lombata [lom'ba:ta] *f* **1.** *(taglio di carne)* Lende *f,* Lendenstück *n;* **2.** *(arrosto)* Lendenbraten *m.*

lombo ['lombo] *m* Lende *f;* ‹*pl*› Hüften *f pl.*

lombrico [lom'bri:ko] ‹-chi› *m* Regenwurm *m.*

Londra ['londra] *f* London *n.*

longevità [londʒevi'ta] ‹-› *f* Langlebigkeit *f.* **longevo, -a** [...'dʒɛ:vo] *a* langlebig.

longilineo, -a [londʒi'li:neo] *a* hochgewachsen, schlank und groß.

longitudinale [londʒitudi'na:le] *a* längsgerichtet, längs-. **longitudine** [...'tu:dine] *f* (geographische) Länge *f,* Längengrad *m.*

long play ['lɔŋpleɪ] ‹-› *m* (*ab* **LP**) Langspielplatte *f.*

lontanamente [lontana'mente] *adv* **1.** *(spaziale)* weit, entfernt; **2.** *(con negazione)* im geringsten, im entferntesten, kaum.

lontananza [lonta'nantsa] *f* Ferne *f,* Entfernung *f; fig* Fernsein *n.*

lontano, -a [lon'ta:no] **I.** *a* **1.** *(spaziale)* fern, entfernt, weit weg; **2.** *(temporale)* lange her; **3.** *(assente, estraneo)* abwesend, fern; **4.** *(vago)* entfernt, unklar; *(somiglianza)* entfernt; **II.** *adv* weit entfernt, weitab; **andare ~** sich entfernen; *fig* abweichen; **alla -a** vage, flüchtig; **~ dagli occhi, ~ dal cuore** *prov* aus den Augen, aus dem Sinn *prov.*

lontra ['lontra] *f* Fischotter *m.*

lonza ['lontsa] *f* Lendenstück *n.*

loquace [lo'ku̯a:tʃe] *a* **1.** *(persona)* gesprächig; **2.** *fig (gesto, silenzio)* beredt. **loquacità** [loku̯atʃi'ta] ‹-› *f* Gesprächigkeit *f.*

lordare [lor'dare] *tr* **1.** *(imbrattare)* beschmutzen, beschmieren; **2.** *fig* mit Schmach bedecken, besudeln.

lordo, -a ['lordo] *a* **1.** *(sudicio)* schmutzig, beschmutzt; **2.** *com* Brutto-, brutto; **3.** *fig* besudelt, befleckt.

loro ['lɔ:ro] **I.** *pron pers* **1.** *3ª pers pl* sie; *(con preposizione)* sie, ihnen, ihrer; *(complemento di termine)* ihnen; **2.** *(forma di cortesia a.:* **L~***)* Sie; *(con preposizione)* Sie, Ihnen, Ihrer; *(complemento di termine)* Ihnen; **beati ~!** die Glücklichen!; **II.** ‹*inv*› *a* ihr; *(forma di cortesia a.:* **L~***)* Ihr; **le ~ speranze** ihre Hoffnungen; **il ~ padre/zio** ihr Vater/Onkel; **un ~ amico** ein Freund von ihnen; **III.** *pron possessivo:* **il/la ~** ihre(r, s); *(forma di cortesia a.:* **L~***)* Ihre(r, s); **IV.** *m:* **il ~** das Ihr(ig)e; **i ~** die Ihren *geh;* **anche tu sei dei ~?** auch du bist einer von ihnen?; **~ due** sie beide, die beiden.

losanga [lo'zaŋga] ‹-ghe› *f* Rhombus *m,* Raute *f.*

Losanna [lo'zanna] *f* Lausanne *n.*

losco, -a ['losko] ‹-schi, -sche› *a* **1.** *(strabico)* schielend; **2.** *(miope)* kurzsichtig; **3.** *fig* finster, suspekt; *(a. affare)* unsauber, anrüchig.

loto ['lɔ:to] *m* Lotos *m,* Lotosblume *f.*

lotta ['lɔtta] *f* **1.** *(combattimento)* Kampf *m;* **2.** *sport* Ringen *n,* Ringkampf *m;* **3.** *fig (dissidio)* Streit *m,* Auseinandersetzung *f;* ~ **di classe** Klassenkampf *m;* ~ **corpo a corpo** Nahkampf *m;* ~ **per l'esistenza** Existenzkampf *m;* ~ **libera** Freistilringen *n;* **fare la** ~ ringen. **lottare** [lot'ta:re] *itr* kämpfen (*contro* gegen), ringen (*per* um); ~ **con il sonno** mit dem Schlaf kämpfen. **lottatore, -trice** [...ta'to:re] *m, f* **1.** *gener.* Kämpfer(in) *m(f);* **2.** *sport* Ringer(in) *m(f),* Ringkämpfer(in) *m(f).*

lotteria [lotte'ri:a] ‹-ie› *f* Lotterie *f.*

lottizzare [lottid'dza:re] *tr* in Parzellen aufteilen, parzellieren. **lottizzazione** [...dzat'tsi̯o:ne] *f* Aufteilung *f* in Parzellen, Parzellierung *f; pol* (Parteien)proporz *m.*

lotto ['lɔtto] *m* **1.** *(gioco)* Lotto(spiel) *n;* **2.** *(di terreno)* Parzelle *f; (di merce)* (Waren)posten *m,* Partie *f;* **giocare al** ~ (im) Lotto spielen; **a -i** partieweise, parzellenweise.

lozione [lot'tsi̯o:ne] *f* Lotion *f,* Wasser *n;* ~ **per capelli** Haarwasser *n.*

Lubecca [lu'bɛkka] *f* Lübeck *n.*

lubrificante [lubrifi'kante] **I.** *a* Schmier-; **II.** *m* Schmiere *f,* Schmiermittel *n.* **lubrificare** [...'ka:re] ‹lubrifico, lubrifichi› *tr* (ab)schmieren. **lubrificazione** [...kat'tsi̯o:ne] *f* (Ab)schmieren *n.*

Luca ['lu:ka] *(nome proprio maschile)* Lukas.

lucchetto [luk'ketto] *m* Vorhängeschloß *n.*

luccicare [luttʃi'ka:re] ‹luccico, luccichi› *itr* leuchten, funkeln, glitzern. **luccichio** [...'ki:o] ‹-chii› *m* Gefunkel *n,* Glitzern *n.*

luccio ['luttʃo] ‹-cci› *m* Hecht *m.*

lucciola ['luttʃola] *f* Glühwürmchen *n,* Leuchtkäfer *m;* **prender -e per lanterne** etw. falsch verstehen, etw. verwechseln.

luce ['lu:tʃe] *f* **1.** *gener., phys, tec* Licht *n; (illuminazione)* Licht *n,* Beleuchtung *f;* **2.** *(sole)* Helligkeit *f,* Tages-, Sonnenlicht *n;* **3.** *fig* Licht *n,* Erleuchtung *f,* Inspiration *f; (splendore)* Glanz *m; (di brillante)* Feuer *n;* ~ **intermittente** Blinklicht *n;* **-i di posizione** Standlicht *n;* **dare alla** ~ zur Welt bringen; **mettere qu in cattiva** ~ jdn ins schiefe Licht rücken; **mettersi in** ~ sich hervortun; **riportare qc alla** ~ etw. wieder ans Licht bringen; **a~ rossa** Porno-; **alle prime -i** bei Tagesanbruch, im Morgengrauen; **alla** ~ **dei fatti** in Anbetracht der Tatsachen; **contro** ~ bei Gegenlicht. **lucente** [lu'tʃɛnte] *a* leuchtend, funkelnd, glänzend. **lucentezza** [lutʃen'tettsa] *f* Leuchten *n,* Glanz *m; (di seta, perle, etc.)* Schimmer *m.*

lucerna [lu'tʃɛrna] *f* Lampe *f,* Öllampe *f.*

Lucerna [lu'tʃɛrna] *f* Luzern *n.*

lucertola [lu'tʃɛrtola] *f* Eidechse *f.*

lucherino [luke'ri:no] *m* Zeisig *m,* Erlenfink *m.*

lucidare [lutʃi'da:re] *tr* glänzend machen; *(scarpe)* putzen, wichsen; *(mobili)* polieren; *(pavimenti)* bohnern. **lucidatore, -trice** [...da'to:re] **I.** *m, f* Polierer(in) *m (f);* **II.** *f* Bohnermaschine *f.* **lucidatura** [...da'tu:ra] *f (atto)* Polieren *n; (di scarpe)* Putzen *n,* Wichsen *n; (di pavimenti)* Bohnern *n.* **lucidità** [...di'ta] ‹-› *f* Klarheit *f.* **lucido, -a** ['lu:tʃido] **I.** *a* **1.** glänzend, blank; **2.** *fig* klar, durchsichtig; ~ **come uno specchio** spiegelblank; **II.** *m* **1.** *(lucentezza)* Glanz *m;* **2.** *(per mobili)* Politur *f,* Poliermittel *n; (per scarpe)* Schuhcreme *f; (per pavimenti)* Bohnerwachs *n.*

lucrativo, -a [lukra'ti:vo] *a* gewinnbringend, einträglich, lukrativ. **lucro** ['lu:kro] *m* Gewinn *m,* Nutzen *m,* Vorteil *m.*

luglio ['luʎʎo] *m* Juli *m; v. a. settembre.*

lugubre ['lu:gubre] *a* schaurig, düster, unheilvoll.

lui ['lu:i] *pron pers 3ª pers m sing* **1.** *(soggetto)* er; **2.** *(oggetto)* ihn; *(con preposizione)* ihn, ihm, seiner; **beato ~!** der Glückliche!

Luigi [lu'i:dʒi] *(nome proprio maschile)* Ludwig.

Luisa [lu'i:za] *(nome proprio femminile)* Luise.

lumaca [lu'ma:ka] ‹-che› *f* Schnecke *f.* **lumacone, -a** [luma'ko:ne] *m, f fam* Tranfunzel *f fam,* Schlafmütze *f fam.*

lume ['lu:me] *m* Lampe *f; (a. fig)* Leuchte *f; (luce)* Licht *n;* **perdere il** ~ **della ragione** außer sich *(dat)* sein; **reggere il** ~ **a qu** bei jdm die Anstandsdame (*o* den Anstandswauwau *fam*) spielen. **lumicino** [lumi'tʃi:no] *m* Lämpchen *n,* kleine Lampe; *(luce)* schwaches (*o* kleines) Licht; **cercare qc col** ~ *fig* etw. wie eine Stecknadel im Heuhaufen suchen. **lumiera** [lu'mi̯ɛ:ra] *f* Kronleuchter *m,* Lüster *m.*

luminare [lumi'na:re] *m* Leuchte *f;* **un** ~ **della medicina** eine Kapazität (*o* Leuchte *fam*) auf dem Gebiet der Medizin. **luminaria** [...'na:ri̯a] ‹-ie› *f* **1.** *(illuminazione)* (Fest)beleuchtung *f;* **2.** *(quantità di lumi accesi)* Lichtermeer *n.* **lumino** [lu'mi:no] *m* Lämpchen *n;* ~ **da notte** Nachttischlampe *f.* **luminosità** [luminosi'ta] ‹-› *f* Helligkeit *f; phys* Lichtstärke *f.* **luminoso, -a** [...'no:so] *a* **1.** *(che emette luce)* strahlend, leuchtend; **2.** *(limpido)* klar, hell; **3.** *fig* hervorragend, glänzend; *(sorriso)* strahlend.

luna ['lu:na] *f* **1.** *astr* Mond *m;* **2.** *(lunazione)* Mondwechsel *m;* **3.** *fig (capriccio)* Laune *f;* ~ **calante/crescente/piena** abnehmender/zunehmender

Mond/Vollmond *m;* **a mezza ~** halbmondförmig; **~ di miele** Flitterwochen *f pl;* **abbaiare alla ~** den Mond anbellen; **avere la ~ (di traverso)** *fam* schlechte Laune haben; **con questi chiari di ~** *fig* in diesen schlechten Zeiten. **luna park** ['lu:na 'park] ‹-› *m* Vergnügungspark *m.* **lunare** [lu'na:re] *a* Mond-. **lunario** [lu'na:rio] ‹-i› *m:* **sbarcare il ~** *fam* in ärmlichen Verhältnissen leben. **lunatico, -a** [lu'na:tiko] ‹-ci, -che› *a* launenhaft, unbeständig; *(strano)* wunderlich.

lunedì [lune'di] ‹-› *m* Montag *m;* **il (*o* di) ~** montags; **l'ho visto ~** ich habe ihn Montag (*o* am Montag) gesehen; **~ scorso/prossimo** (am) letzten/(am) nächsten Montag; **tutto il ~** den ganzen Montag (über); **ogni ~, tutti i ~** jeden Montag; **un ~ sì, un ~ no** jeden zweiten Montag; **un ~** eines Montags, an einem Montag; **~ a otto** Montag in acht Tagen; **~ mattina/sera/pomeriggio** Montag morgen (*o* früh)/abend/nachmittag; **di ~ mattina/sera** Montag (*o* montags) morgens/abends; **oggi è ~ (il) due maggio** heute ist Montag, der zweite Mai.

lunetta [lu'netta] *f* **1.** *arch* Lünette *f,* Bogenfeld *n;* **2.** *(mezzaluna)* Wiegemesser *n.*

lungaggine [luŋ'gaddʒine] *f* Langatmigkeit *f,* Schwerfälligkeit *f.*

lungarno [luŋ'garno] *m* Straße *f* am Arno (entlang).

lunghezza [luŋ'gettsa] *f* **1.** *(estensione)* Länge *f,* Längsseite *f; (di tempo)* Länge *f,* Dauer *f;* **2.** *(lentezza)* Langsamkeit *f.*

lungo ['luŋgo] *prp* **1.** *(di luogo)* längs *gen o dat,* entlang ... *dat o gen,* ... entlang *acc;* **2.** *(di tempo)* während *gen o dat.*

lungo, -a ['luŋgo] ‹-ghi, -ghe› **I.** *a* **1.** *(estensione)* lang; *(tempo)* lange dauernd, langwierig; *(affare, etc.)* langfristig; *(lontananza)* weit, lang; **2.** *(persona)* hochgewachsen; *(lento)* langsam; **3.** *(bevanda, brodo, etc.)* dünn, verdünnt; **tirare in ~ (*o* per le -ghe)** in die Länge ziehen; **saperla -a** mit allen Wassern gewaschen sein; **alla -a** auf die Dauer; **di gran -a** weitaus, bei weitem; **in ~ e in largo** kreuz und quer; *fig* des langen und (des) breiten; **II.** *m* Länge *f;* **per il ~** der Länge nach. **lungofiume** [-'fiu:me] *m* Uferstraße *f,* Uferpromenade *f.* **lungolago** [-'la:go] *m* Promenade *f* am Seeufer. **lungomare** [-'ma:re] *m* Strandpromenade *f,* Straße *f* am Meer. **lungometraggio** [-me'traddʒo] *m* Spielfilm *m.* **lungotevere** [-'te:vere] *m* Straße *f* am Tiber (entlang).

lunotto [lu'nɔtto] *m* Heckscheibe *f;* **~ termico** heizbare Heckscheibe.

luogo ['luɔ:go] ‹-ghi› *m* Ort *m,* Stelle *f; (località)* Ortschaft *f,* Örtlichkeit *f; (posto)* Platz *m,* Raum *m; (locale)* Lokal *n,* Raum *m; (punto)* Stelle *f;* **le autorità del ~** die örtliche Behörde, die Lokalbehörde; **in ~ aperto** im Freien; **in nessun ~** nirgends; **in primo/ultimo ~** zuallererst, an erster Stelle/zuallerletzt, an letzter Stelle; **sul ~** an Ort und Stelle; **fuori ~** unangebracht, fehl am Platz(e); **aver ~** stattfinden.

lupetto [lu'petto] *m* **1.** *zoo* kleiner Wolf; *(cane)* junger Wolfshund; **2.** *(scout)* junger Pfadfinder, Wölfling *m.*

lupino [lu'pi:no] *m* Lupine *f.*

lupo ['lu:po] *m* Wolf *m;* **cane ~** Wolfshund *m,* deutscher Schäferhund; **~ mannaro** Werwolf *m,* Wolfsmensch *m;* **fame da -i** Bärenhunger *m fam;* **~ di mare** Seebär *m;* **al ~!** fangt den Wolf!; **il ~ perde il pelo ma non il vizio** *prov* die Katze läßt das Mausen nicht *prov.*

luppolo ['luppolo] *m* Hopfen *m.*

lurido, -a ['lu:rido] *a* **1.** schmutzig, drekkig; **2.** *fig* verkommen, unmoralisch; **acque -e** Abwässer *n pl.* **luridume** [luri'du:me] *m* **1.** Schmutz *m,* Unrat *m;* **2.** *fig* Sündenpfuhl *m.*

lusinga [lu'ziŋga] ‹-ghe› *f* Schmeichelei *f.* **lusingare** [...'ga:re] ‹lusingo, lusinghi› **I.** *tr* schmeicheln (*qu* jdm); **II.** *rfl:* **-arsi** hoffen, zu glauben wagen. **lusinghiero, -a** [...'giɛ:ro] *a* schmeichlerisch, schmeichelhaft.

lussazione [lussat'tsio:ne] *f* Luxation *f,* Verrenkung *f.*

lussemburghese [lussembur'ge:se] **I.** *a* luxemburgisch, Luxemburger; **II.** *mf* Luxemburger(in) *m(f).* **Lussemburgo** [...'burgo] *m:* **il ~** Luxemburg *n.*

lusso ['lusso] *m* Luxus *m;* **automobile di ~** Luxuswagen *m,* Luxuslimousine *f;* **permettersi certi -i** sich *(dat)* einen gewissen Luxus erlauben. **lussuoso, -a** [lussu'o:so] *a* luxuriös, Luxus-.

lussureggiante [lussured'dʒante] *a* üppig, prächtig.

lussuria [lus'su:ria] ‹-ie› *f* Fleischeslust *f,* Unzucht *f.* **lussurioso, -a** [...su'rio:so] **I.** *a* geil, unzüchtig; **II.** *m, f* unzüchtiger (*o* wollüstiger) Mensch.

lustrare [lus'tra:re] **I.** *tr* reinigen; *(mobili, metallo)* polieren; *(pavimenti)* bohnern; *(scarpe)* putzen, wichsen; **II.** *itr* blank sein, glänzen. **lustrascarpe** [...tras'karpe] ‹-› *mf* Schuhputzer(in) *m(f).* **lustrata** [...'tra:ta] *f* rasches Putzen (*o* Polieren).

lustrino [lus'tri:no] *m* Flitter *m; (paillette)* Paillette *f.*

lustro ['lustro] **I.** *a* glänzend, blank; **II.** *m* **1.** *(lucentezza)* Glanz *m;* **2.** *fig (gloria)* Ruhm *m,* Ehre *f; (decoro)* Zierde *f;* **essere il ~ della famiglia** der Stolz der Familie sein.

luterano, -a [lute'ra:no] **I.** *a* lutherisch; **II.** *m, f* Lutheraner(in) *m(f).*
lutto ['lutto] *m* Trauer *f; (abito a.)* Trauerkleidung *f; (periodo a.)* Trauerzeit *f;* **essere in** ~ in Trauer sein; **prendere il** ~ Trauer tragen; **chiuso per** ~ wegen Trauerfall geschlossen.
luttuoso, -a [...tu'o:so] *a* **1.** *(sventuroso)* unheilvoll, verhängnisvoll; **2.** *(funesto)* tödlich.

M

M, m ['ɛmme] ‹-› *f* M, m *n;* **m come Milano** M wie Martha.
m *ab di* **metro** m (*ab di* Meter).
ma[1] [ma] *con* **1.** *(però)* (je)doch, aber; **2.** *(bensì)* sondern; **3.** *(rafforzativo)* sogar, doch; **non ci sono ~ che tengano** da gibt es kein Wenn und Aber, da hilft alles nichts.
ma[2] [ma] *interj* wer weiß; **~ (insomma)!** na ja! *fam;* **sarà vero? — ~!** ob es (wohl) wahr ist? — was weiß ich!
macabro, -a ['ma:kabro] *a* makaber.
macché [mak'ke] *interj* im Gegenteil, ach was *fam,* ach wo(her) *fam.*
maccheroni [makke'ro:ni] *m pl* Makkaroni *pl.*
macchia[1] ['makki̯a] ‹-cchie› *f* **1.** *(sporco)* Fleck(en) *m;* **2.** *(chiazza)* Sprenkel *m; (in pittura)* Farbtupfer *m;* **3.** *fig (colpa)* Makel *m,* Schandfleck *m.*
macchia[2] ['makki̯a] ‹-cchie› *f bot* Macchia *f,* Macchie *f;* **darsi/vivere alla ~** untertauchen/im Untergrund leben; *pol* Partisan werden/sein.
macchiare [mak'ki̯a:re] ‹macchio, macchi› **I.** *tr* **1.** *(vestito, tovaglia)* beflecken (*di* mit), Flecken machen auf; **2.** *fig (onore, innocenza)* besudeln *geh,* beflecken; **II.** *rfl:* **-arsi 1.** *(sporcarsi)* sich beflecken (*di* mit); *(cose)* Flecken bekommen; **2.** *fig* sich besudeln. **macchietta** [...'ki̯etta] *f* **1.** *(schizzo, bozzetto)* Farbskizze *f;* **2.** *(persona)* Original *n;* **3.** *theat* Karikatur *f.*
macchina ['makkina] *f* **1.** *(congegno)* Maschine *f,* Apparat *m; (apparecchiatura)* Apparatur *f;* **2.** *(automobile)* Auto *n,* Wagen *m;* **3.** *fig (struttura)* Apparat *m;* **4.** *fig (meccanismo)* Maschinerie *f,* Getriebe *n;* **~ da scrivere/da cucire** Schreib-/Nähmaschine *f;* **~ fotografica** Fotoapparat *m;* **andare in ~** *mot* mit dem Auto fahren; *typ* in Druck gehen; **fatto a ~** maschinell hergestellt. **macchinare** [...'na:re] *tr* anzetteln. **macchinario** [...'na:ri̯o] ‹-i› *m* Maschinen *f pl,* Maschinenpark *m.* **macchinazione** [...nat'tsi̯o:ne] *f* Machenschaften *f pl,* Intrige *f.* **macchinista** [...'nista] ‹-i *m,* -e *f*› *mf* **1.** *ferr* Lokomotivführer(in) *m(f);* **2.** *naut* Maschinist(in) *m(f);* **3.** *theat* Maschinenmeister(in) *m(f).*
macedonia [matʃe'dɔ:ni̯a] ‹-ie› *f* Obstsalat *m.*
macellaio, -a [matʃel'la:i̯o] ‹-ai, -aie› *m, f* **1.** *(chi macella)* Schlachter(in) *m(f),* Fleischer(in) *m(f);* **2.** *(negoziante)* Metzger(in) *m(f),* Fleischer(in) *m(f);* **3.** *fig pej* Schlächter *m.* **macellare** [...'la:re] *tr* **1.** *(animali)* schlachten; **2.** *fig* abschlachten, hinmetzeln. **macelleria** [...le'ri:a] ‹-ie› *f* Metzgerei *f,* Fleischerei *f.* **macello** [ma'tʃɛllo] *m* **1.** *(mattatoio)* Schlachthof *m;* **2.** *(strage)* Blutbad *n,* Gemetzel *n;* **3.** *fam scherz* Fiasko *n,* Reinfall *m fam.*
macerare [matʃe'ra:re] **I.** *tr* auflösen, aufweichen; **II.** *rfl:* **-arsi 1.** *(consumarsi)* sich verschleißen, sich verbrauchen; **2.** *fig (tormentarsi)* sich peinigen, sich kasteien. **macerazione** [...rat'tsi̯o:ne] *f* Auflösung *f,* Aufweichen *n.* **macerie** [ma'tʃɛ:ri̯e] *f pl* Trümmer *pl,* Trümmerfeld *n,* Schutt *m.* **macero** ['ma:tʃero] *m* Auflösung *f,* Einstampfen *n.*
macigno [ma'tʃiɲɲo] *m* Fels(block) *m.*
macilento, -a [matʃi'lɛnto] *a* aus-, abgezehrt, mager.
macina ['ma:tʃina] *f* Mühlstein *m.* **macinacaffè** [matʃinakaf'fɛ] ‹-› *m* Kaffeemühle *f.* **macinapepe** [...na'pe:pe] ‹-› *m* Pfeffermühle *f.* **macinare** [...'na:re] *tr* **1.** *(grano, caffè)* mahlen; **2.** *fig (strada, chilometri)* fressen *fam.* **macinato** [...'na:to] *m* **1.** *(prodotto di macinazione)* Mehl *n,* Gemahlene(s) *n;* **2.** *(carne tritata)* Hackfleisch *n.* **macinino** [...'ni:no] *m* **1.** *(per caffè)* Kaffeemühle *f; (per pepe)* Pfeffermühle *f;* **2.** *fig scherz (vecchia auto)* Mühle *f fam,* (Klapper)kiste *f fam.*
maciste [ma'tʃiste] *m scherz* Herkules *m.*
maciullare [matʃul'la:re] *tr* **1.** *(canapa, tessuti)* brechen; **2.** *(stritolare)* zermalmen, zerquetschen.
macrobiotico, -a [makrobi'ɔ:tiko] ‹-ci, -che› *a* makrobiotisch; **negozio ~** Bioladen *m.* **macroscopico, -a** [...ros'kɔ:piko] ‹-ci, -che› *a* riesig, gewaltig.
maculato, -a [maku'la:to] *a* gefleckt, gesprenkelt.
Maddalena [madda'le:na] *(nome proprio femminile)* Magdalena, Magdalene.
madia ['ma:di̯a] ‹-ie› *f* Backtrog *m.*
madido, -a ['ma:dido] *a* naß, feucht; **~ di sudore** schweißgebadet.
Madonna [ma'dɔnna] *f* **1.** *rel* Jungfrau Maria *f,* Muttergottes *f;* **2.** *(nell'arte)* Madonna *f,* Madonnenbild *n.* **madonnaro** [madon'na:ro] *m* Pflastermaler *m.*

madornale [mador'na:le] *a* gewaltig, enorm.

madre ['ma:dre] **I.** *f* **1.** *gener.* Mutter *f;* **2.** *rel* Schwester *f;* ~ **superiora** (Schwester) Oberin *f;* **II.** ‹*inv*› *a* **1.** *(che ha figli)* Mutter-; **2.** *(principale)* Leit-, Haupt-; **ragazza** ~ unverheiratete Mutter; **questa è la scena** ~ **del film** das ist die zentrale Szene des Films. **madrelingua** [madre'lingua] *f* Muttersprache *f;* **essere di** ~ **italiana** Italienisch als Muttersprache haben. **madrepatria** [-'pa:tria] *f* Vaterland *n.* **madreperla** [-'pɛrla] *f* Perlmutter *f o n,* Perlmutt *n.*

madrigale [madri'ga:le] *m* Madrigal *n.*

madrina [ma'dri:na] *f* **1.** *(di bambino)* Patin *f,* Patentante *f;* **2.** *(di nave, etc.)* Patin *f.*

maestà [maes'ta] ‹-› *f* **1.** *(imponenza)* Erhabenheit *f,* Würde *f,* Majestät *f;* **2.** *(di sovrani)* Majestät *f;* **Sua** ~ Seine (*o* Ihre) Majestät. **maestosità** [...tosi'ta] ‹-› *f* Erhabenheit *f,* Großartigkeit *f.* **maestoso, -a** [...'to:so] *a* **1.** *(aspetto, gesto)* hoheitsvoll, majestätisch; **2.** *mus* feierlich, maestoso.

maestra [ma'ɛstra *o* ma'es...] *f* **1.** *(insegnante)* Lehrerin *f;* **2.** *(esperta)* Meisterin *f;* ~ **giardiniera** Kindergärtnerin *f.* **maestrale** [maes'tra:le] *m* Mistral *m.* **maestranze** [...'trantse] *f pl* Arbeiterschaft *f,* Belegschaft *f.* **maestria** [...'tri:a] ‹-ie› *f* Meisterschaft *f,* Geschicklichkeit *f.* **maestro** [ma'ɛstro *o* ma'es...] **I.** *m* **1.** *(di scuola primaria)* (Grundschul)lehrer *m;* **2.** *(istruttore)* Lehrer *m;* **3.** *(esperto)* Meister *m,* Experte *m;* **II.** *a* **1.** *(principale)* Haupt-; **2.** *(abile)* meisterhaft, meisterlich, Meister-.

mafia ['ma:fia] *f* Mafia *f.* **mafioso, -a** [ma'fio:so] **I.** *a* Mafia-; **II.** *m, f* Mafioso *m,* Mafiosa *f.*

maga ['ma:ga] ‹-ghe› *f* **1.** *(che fa magie)* Zaub(r)erin *f;* **2.** *fig (donna affascinante)* Circe *f.*

magagna [ma'gaɲɲa] *f* **1.** *(difetto)* Mangel *m,* Defekt *m;* **2.** *(acciacco)* Gebrechen *n.*

magari [ma'ga:ri] **I.** *interj* und wie, und ob, schön wär's (ja) *fam;* **II.** *con conj* wenn nur ... *conj,* wenn doch ... *conj;* ~ **fosse vero!** wenn es doch wahr wäre!; **III.** *adv (forse)* möglicherweise, vielleicht.

magazziniere, -a [magaddzi'niɛ:re] *m, f* Lagerverwalter(in) *m(f),* Lagerhalter(in) *m(f).*

magazzino [magad'dzi:no] *m* (Waren)lager *n;* **grande** ~ Kaufhaus *n,* Warenhaus *n.*

maggio ['maddʒo] *m* Mai *m; v. a. settembre.* **maggiolino** [-'li:no] *m* Maikäfer *m.*

maggiorana [maddʒo'ra:na] *f* Majoran *m.*

maggioranza [maddʒo'rantsa] *f* **1.** *(maggior parte)* Mehrzahl *f;* **2.** *(in assemblea)* Mehrheit *f,* Majorität *f.* **maggiorare** [...'ra:re] *tr (prezzi)* anheben, erhöhen.

maggiore [mad'dʒo:re] ‹*comparativo di* grande› **I.** *a* **1.** *(comparativo: più grande)* größer; *(più alto)* höher; *(più vecchio)* älter; *(sorella, fratello a.)* größer; *(più importante)* größer, bedeutender; *mat* größer; *mil* Ober-; *mus* Dur-, -Dur; **2.** *(superlativo relativo: il più grande)* größte(r, s); *(il più vecchio)* älteste(r, s); *(per importanza)* bedeutendste(r, s), größte(r, s), Haupt-; **andare per la** ~ einen hervorragenden Ruf haben, großen Erfolg haben; **II.** *mf* **1.** *mil* Major *m;* **2.** *(primogenito)* Erstgeborene(r) *mf,* Älteste(r) *mf.* **maggiorenne** [maddʒo'rɛnne] **I.** *a* volljährig, mündig; **II.** *mf* Volljährige(r) *mf.* **maggiorenti** [...'rɛnti] *m pl* Oberschicht *f.*

magi ['ma:dʒi] *m pl:* **i re** ~ die Heiligen Drei Könige *m pl,* die drei Weisen *m pl* aus dem Morgenland.

magia [ma'dʒi:a] ‹-gie› *f* **1.** *(arte occulta)* Magie *f,* Zauberei *f;* **2.** *fig* Zauber *m.* **magico, -a** ['ma:dʒiko] ‹-ci, -che› *a* **1.** *(di magia)* Zauber-, magisch; **2.** *(incantevole)* zauberhaft, bezaubernd.

magistero [madʒis'tɛ:ro] *m* **1.** *(insegnamento)* Lehrtätigkeit *f,* Lehramt *n;* **2.** *(facoltà)* pädagogische Hochschule. **magistrale** [...'tra:le] *a* **1.** *(per maestri)* Lehrer-, Lehr-; **2.** *(da maestro)* meisterhaft, vorbildlich; **istituto** ~ *Lehrerbildungsanstalt für Grundschullehrer.*

magistrato [madʒis'tra:to] *m* **1.** *adm (carica pubblica)* öffentliches Amt; *(persona)* Amtsperson *f;* **2.** *jur (giudice)* Richter *m.* **magistratura** [...tra'tu:ra] *f* **1.** *(organi giudiziari)* Justiz *f,* Justizbehörde *f;* **2.** *(funzione)* Richteramt *n;* **3.** *(magistrati)* Richterstand *m.*

maglia ['maʎʎa] ‹-glie› **1.** *(intrecciatura)* Masche *f;* **2.** *(tessuto)* Nadelarbeit *f,* Strick-, Häkelarbeit *f;* **3.** *(indumento)* Unterhemd *n; (maglione)* Pullover *m; sport* Trikot *n;* **4.** ‹*pl*› *fig (trame)* Netz *n;* ~ **diritta/rovescia** rechte/linke Masche; **lavorare a** ~ stricken. **maglieria** [...ʎe'ri:a] ‹-ie› *f* **1.** *(genere di merci)* Trikotagen *f pl,* Strickwaren *f pl;* **2.** *(fabbrica)* Strickerei *f,* Wirkerei *f;* **3.** *(bottega)* Strickwarengeschäft *n.* **maglietta** [...'ʎetta] *f* **1.** *(indumento)* T-Shirt *n,* Strickhemd *n;* **2.** *(gancio)* Haken *m,* Öse *f.*

maglio ['maʎʎo] ‹-gli› *m* **1.** *(martello)* (schwerer) Hammer *m;* **2.** *sport (hockey)* Schläger *m.*

maglione [maʎ'ʎo:ne] *m* (dicker) Pullover *m*.
magnanimo, -a [maɲ'ɲa:nimo] *a* großmütig, edel.
magnate [maɲ'ɲa:te] *m* Magnat *m*.
magnesio [maɲ'ɲɛ:zi̯o] *m* Magnesium *n*.
magnete [maɲ'ɲɛ:te] *m* Magnet *m*. **magnetico, -a** [...'ɲɛ:tiko] ⟨-ci, -che⟩ *a* **1.** *el* magnetisch, Magnet-; **2.** *fig (sguardo)* magnetisierend. **magnetofono®** [...'tɔ:fono] *m* Tonbandgerät *n*, Magnetophon® *n*.
magnificare [maɲɲifi'ka:re] ⟨magnifico, magnifichi⟩ *tr* verherrlichen, preisen, rühmen. **magnificenza** [...fi'tʃɛntsa] *f* **1.** *(di festa, etc.)* Pracht *f*, Prunk *m*; **2.** *fig* Großartigkeit *f*, Herrlichkeit *f*.
magnifico, -a [maɲ'ɲi:fiko] ⟨-ci, -che⟩ *a* herrlich, prächtig.
magniloquente [maɲɲilo'ku̯ɛnte] *a* salbungsvoll, pathetisch.
magno, -a ['maɲɲo] *a lett* groß; **Carlo M~** Karl der Große.
magnolia [maɲ'ɲɔ:li̯a] ⟨-ie⟩ *f* Magnolie *f*.
mago ['ma:go] ⟨-ghi⟩ *m* **1.** *(che esercita magia)* Magier *m*, Zauberer *m*; **2.** *(guaritore)* Wunderheiler *m*; **3.** *(illusionista)* Zauberkünstler *m*.
Magonza [ma'gontsa] *f* Mainz *n*.
magra ['ma:gra] *f* Niedrigwasser *n*; **tempi di ~** *fig* magere Zeiten *f pl*; **essere in ~** wenig Wasser führen.
magrezza [ma'grettsa] *f* Magerkeit *f*.
magro, -a ['ma:gro] **I.** *a* **1.** *(persona)* mager; **2.** *fig (scarso)* dürftig, mager; **~ come un chiodo** spindeldürr; **II.** *m* magerer Teil, Magere(s) *n*.
mai ['ma:i] *adv* **1.** *(nessuna volta)* nie(mals); **2.** *(qualche volta)* jemals, je; **nessuno ... ~** niemand ... je; **non ... ~** nie; **~ più** nie mehr, nie wieder; **ora più che ~** jetzt erst recht, jetzt mehr denn je; **~ e poi ~** nie und nimmer; **ciò è quanto ~ spiacevole** das ist äußerst bedauerlich; **chi l'avrebbe ~ detto?** wer hätte das jemals gedacht?; **come ~ non vieni?** wieso kommst du denn nicht?
maiale [ma'i̯a:le] *m* **1.** *zoo* Schwein *n*; **2.** *(carne)* Schweinefleisch *n*, Schwein *n*; **3.** *vulg* Sau *f vulg*.
maionese [mai̯o'ne:se] *f* Mayonnaise *f*.
maiuscola [ma'i̯uskola] *f* Großbuchstabe *m*. **maiuscolo, -a** [...lo] *a* Groß-, groß (geschrieben).
mal [mal] *v.* **male.**
mala ['ma:la] *f sl* Unterwelt *f*.
malaccorto, -a [malak'kɔrto] *a* unachtsam, unvorsichtig.
malachite [mala'ki:te] *f* Malachit *m*.
malafede [mala'fe:de] ⟨*rar* malefedi⟩ *f* böse Absicht, Bösgläubigkeit *f*.
malaffare [malaf'fa:re] *m*: **di ~** verrufen, übel beleumdet.
malagevole [mala'dʒe:vole] *a* beschwerlich, anstrengend.
malagrazia [mala'grattsi̯a] ⟨malegrazie⟩ *f* Grobheit *f*, Ungeschliffenheit *f*. **malalingua** [mala'liŋgu̯a] ⟨malelingue⟩ *f* Lästerzunge *f*, Lästermaul *n fam*.
malamente [mala'mente] *adv* in übler Weise, schlecht.
malandato, -a [malan'da:to] *a* **1.** *(ridotto male)* heruntergekommen; *(negozio, bar, etc. a.)* abgewirtschaftet; **2.** *(sciatto)* verwahrlost.
malanimo [ma'la:nimo] *m* Abneigung *f*; *(ostilità)* Feindseligkeit *f*; **di/con ~** widerwillig/feindselig.
malanno [ma'lanno] *m* **1.** *(disgrazia)* Unglück *n*, Unheil *n*; **2.** *(malattia)* Leiden *n*, Übel *n*.
malapena [mala'pe:na] *f*: **a ~** mit Müh und Not, kaum.
malaria [ma'la:ri̯a] ⟨-ie⟩ *f* Malaria *f*.
malasorte [mala'sɔrte] ⟨malesorti⟩ *f* Mißgeschick *n*, Unglück *n*.
malaticcio, -a [mala'tittʃo] ⟨-cci, -cce⟩ *a* kränklich.
malato, -a [ma'la:to] **I.** *a* krank (*di* an), -krank; **II.** *m, f* Kranke(r) *mf*. **malattia** [malat'ti:a] ⟨-ie⟩ *f* Krankheit *f*.
malaugurio [malau'gu:ri̯o] *m* böses Omen.
malavita [mala'vi:ta] *f* Unterwelt *f*. **malavoglia** [mala'vɔʎʎa] ⟨malevoglie⟩ *f*: **di ~** ungern, widerwillig.
malcapitato, -a [malkapi'ta:to] **I.** *a* unglücklich; **II.** *m, f* Unglückliche(r) *mf*, Pechvogel *m*. **malconcio, -a** [mal'kontʃo] ⟨-ci, -ce⟩ *a* **1.** *(vestito)* abgetragen, abgenutzt; **2.** *(persona)* übel zugerichtet. **malcontento** [malkon'tɛnto] *m* Unzufriedenheit *f*. **malcostume** [malkos'tu:me] *m* Sittenlosigkeit *f*, Verdorbenheit *f*. **maldestro, -a** [mal'dɛstro] *a* ungeschickt, unbeholfen. **maldicente** [maldi'tʃɛnte] **I.** *a* läster-, klatschsüchtig; **II.** *mf* Lästerzunge *f*, Lästermaul *n fam*. **maldicenza** [...'tʃɛntsa] *f* **1.** *(sparlare)* Lästern *n*; **2.** *(calunnie)* üble Nachrede, Verleumdung *f*. **maldisposto, -a** [maldis'posto] *a* übelgesinnt (*verso qu* jdm), abgeneigt (*verso qu/qc* jdm/einer S. *dat*).
male¹ ['ma:le] ⟨peggio, malissimo⟩ *adv* **1.** *(non bene)* schlecht; **2.** *(erroneamente)* fälschlicherweise; **star ~** sich unwohl fühlen; **finir ~** ein böses (*o* kein gutes) Ende nehmen; **andar di ~ in peggio** immer schlechter gehen.
male² ['ma:le] *m* **1.** *(non bene)* Schlechte(s) *n*, Üble(s) *n*, Böse(s) *n*; **2.** *(danno)* Schaden *m*; **3.** *(sventura)* Unglück *n*, Unheil *n*; **4.** *(dolore)* Schmerz *m*; **5.** *(malattia)* Krankheit *f*, Leiden *n*; **mal di denti/d'auto** Zahnschmerzen *m pl*/Reisekrankheit *f*; **far ~** weh tun; **fare il ~** Böses tun; **non c'è ~** nicht (so) schlecht, nicht übel, es geht.

maledetto, -a [male'detto] *a (a. fam pej)* verdammt, verflucht.
maledire [male'di:re] ‹*irr*› *tr* verdammen, verfluchen. **maledizione** [...dit'tsio:ne] *f* 1. *(condanna)* Fluch *m*, Verwünschung *f;* 2. *fig (rovina)* Fluch *m;* ~! *fam* verflixt (*o* verflucht *o* verdammt) (nochmal)! *fam.*
maleducato, -a [maledu'ka:to] I. *a* ungezogen, flegelhaft; II. *m, f* Flegel *m,* Lümmel *m.* **maleducazione** [...kat'tsio:ne] *f* Ungezogenheit *f,* Flegelhaftigkeit *f.*
malefatta [male'fatta] *f* Verfehlung *f,* Missetat *f.*
malefedi *rar pl di* **malafede.**
malefico, -a [ma'lɛ:fiko] ‹-ci, -che› *a* schädlich, giftig.
malegrazie *pl di* **malagrazia.**
malelingue *pl di* **malalingua.**
maleodorante [maleodo'rante] *a* übelriechend.
malesorti *pl di* **malasorte.**
malessere [ma'lɛssere] *m* Unwohlsein *n,* Unpäßlichkeit *f.*
malestro [ma'lɛstro] *m* Schaden *m.*
malevoglie *pl di* **malavoglia.**
malevolo, -a [ma'lɛ:volo] *a* mißgünstig, böswillig.
malfamato, -a [malfa'ma:to] *a* verrufen, übel beleumdet. **malfatto, -a** [mal'fatto] *a* 1. *(lavoro, azione)* mißraten, mißlungen; 2. *(corpo, persona)* mißgestaltet. **malfattore, -trice** [...'to:re] *m, f* Übeltäter(in) *m(f),* Missetäter(in) *m(f).* **malfermo, -a** [mal'fermo] *a (passo, persona)* unsicher; *(struttura)* instabil. **malformato, -a** [malfor'ma:to] *a* mißgebildet. **malformazione** [...mat'tsio:ne] *f* Mißbildung *f.* **malgoverno, mal governo** [malgo'vɛrno] *m* Mißwirtschaft *f.*
malgrado [mal'gra:do] I. *prp* trotz *gen o dat;* II. *con conj* obwohl, wenn ... auch; III. *adv:* **mio/tuo** ~ gegen meinen/deinen Willen.
malia [ma'li:a] ‹-ie› *f* 1. *(fascino)* Zauber *m,* Faszination *f;* 2. *(incantesimo)* Zauberei *f,* Hexerei *f.* **maliardo, -a** [ma'liardo] *a* bezaubernd, faszinierend.
malignare [maliɲ'ɲa:re] *itr* klatschen (*su* über). **malignità** [...ɲi'ta] ‹-› *f* Boshaftigkeit *f,* Bosheit *f.* **maligno, -a** [ma'liɲɲo] *a* 1. *(malvagio)* boshaft, böswillig; 2. *med* bösartig.
malinconia [maliŋko'ni:a] ‹-ie› *f* Melancholie *f.* **malinconico, -a** [...'kɔ:niko] ‹-ci, -che› *a* melancholisch.
malincuore [maliŋ'kuɔ:re] *m:* **a** ~ schweren Herzens, notgedrungen.
malintenzionato, -a [malintentsio'na:to] *a* übelgesinnt, böswillig. **malinteso, -a** [...'te:so] *m* Mißverständnis *n.*
malissimo [ma'lissimo] *superlativo di* **male**[1].
malizia [ma'littsia] ‹-ie› *f* 1. *(cattiveria)* Arglist *f,* Bosheit *f;* 2. *(furbizia allusiva)* Pfiffigkeit *f,* Gewitztheit *f;* 3. *(astuzia)* Trick *m,* Finesse *f.* **malizioso, -a** [...'tsio:so] *a* 1. *(maligno)* boshaft, arglistig; 2. *(birichino)* pfiffig, gewitzt.
malleabile [malle'a:bile] *a* 1. *(metallo)* hämmerbar, formbar; *phys* dehnbar; 2. *fig (carattere)* gefügig.
malleolo [mal'lɛ:olo] *m* (Fuß)knöchel *m.*
malloppo [mal'lɔppo] *m sl (refurtiva)* Sore *f sl,* (Diebes)beute *f.*
malmenare [malme'na:re] *tr* verprügeln. **malmesso, -a** [mal'messo] *a* verwahrlost; *(negli abiti)* nachlässig, ungepflegt. **malnutrito, -a** [malnu'tri:to] *a* unterernährt.
malocchio [ma'lɔkkio] *m* böser Blick.
malora [ma'lo:ra] *f fam:* **mandare qu in** ~ jdn zugrunde richten; **andare in** ~ zugrunde gehen; **(va) in** ~! (geh) zum Teufel! *fam.*
malore [ma'lo:re] *m* plötzliche Übelkeit.
malpensante [malpen'sante] *a* übelgesinnt, schlecht denkend. **malridotto, -a** [malri'dotto] *a* 1. *(oggetto)* verschlissen, abgenutzt; 2. *(persona)* übel zugerichtet. **malsano, -a** [mal'sa:no] *a* ungesund. **malsicuro, -a** [malsi'ku:ro] *a* 1. *(instabile)* instabil, schwankend; 2. *fig (incerto)* ungewiß, zweifelhaft, unsicher.
malta ['malta] *f* Mörtel *m.*
maltempo [mal'tɛmpo] *m* Unwetter *n.*
malto ['malto] *m* Malz *n.*
maltrattare [maltrat'ta:re] *tr* 1. *(persone, animali)* mißhandeln, quälen; 2. *fig (lingua, musica)* verstümmeln, verschandeln. **malumore** [malu'mo:re] *m* schlechte Laune, Mißstimmung *f.*
malva ['malva] *f* Malve *f.*
malvagio, -a [mal'va:dʒo] ‹-gi, -gie› I. *a* niederträchtig, gemein, böse; II. *m, f* Bösewicht *m.* **malvagità** [...vadʒi'ta] ‹-› *f* Niedertracht *f,* Bosheit *f.*
malversazione [malversat'tsio:ne] *f* Veruntreuung *f,* Unterschlagung *f.* **malvisto, -a** [mal'visto] *a* unbeliebt. **malvivente** [malvi'vɛnte] *mf* Übeltäter(in) *m(f),* Verbrecher(in) *m(f).* **malvolentieri** [malvolen'tiɛ:ri] *adv* ungern, widerwillig. **malvolere** [...'le:re] ‹*irr*› *tr:* **farsi** ~ **da qu** sich bei jdm unbeliebt machen.
mamma ['mamma] *f* Mama *f,* Mami *f; (fig a.)* Mutter *f;* ~ **mia!** (ach) du lieber Himmel!
mammella [mam'mɛlla] *f* 1. *anat* (weibliche) Brust *f;* 2. *(di animali)* Zitze *f.* **mammifero** [...'mi:fero] *m* Säugetier *n.*

mammola ['mammola] *f* (März)veilchen *n.*

manata [ma'na:ta] *f* **1.** *(colpo)* Schlag *m* mit der Hand; **2.** *(quantità)* Handvoll *f.*

mancanza [maŋ'kantsa] *f* **1.** *(assenza)* Abwesenheit *f,* Ausbleiben *n;* **2.** *(scarsità)* Mangel *m* (*di* an); **3.** *(fallo)* Fehler *m,* Verfehlung *f;* **per ~ di** aus Mangel an; **in ~ di meglio** in Ermangelung eines Besseren *geh.*

mancare [maŋ'ka:re] ⟨manco, manchi⟩ **I.** *itr* ⟨*essere*⟩ **1.** *(essere assente, insufficiente)* fehlen; *(persone a.)* abwesend sein; **2.** *(venir meno)* wegbleiben; *(luce a.)* ausfallen; **3.** *(spazio, tempo)* fehlen, (noch) sein; **4.** ⟨*avere*⟩ *(sottrarsi)* versäumen (*a qc* etw.), unterlassen (*a qc* etw.); *(non mantenere)* nicht (ein)halten (*a qc* etw.); **5.** *(trascurare)* vernachlässigen (*a qc* etw.); **6.** *(essere in colpa)* einen Fehler begehen, fehlen *geh;* **II.** *tr* ⟨*avere*⟩ **1.** *(fallire)* verfehlen; **2.** *(perdere)* verpassen; **non farsi ~ niente** sich *(dat)* nichts abgehen lassen; **ci mancherebbe altro!** das fehlte gerade noch! **mancato, -a** [...'ka:to] *a (tentativo)* fehlgeschlagen, erfolglos; *(scrittore, artista, etc.)* verhindert.

manche ['mã:ʃ] ⟨-⟩ *f* Durchgang *m,* Runde *f.*

mancia ['mantʃa] ⟨-ce⟩ *f* Trinkgeld *n.*

manciata [man'tʃa:ta] *f* Handvoll *f.*

mancino, -a [man'tʃi:no] **I.** *a* **1.** *(persona)* linkshändig; **2.** *(lato)* linke(r, s); **3.** *fig* link *fam,* hinterhältig, (heim)tückisch; **II.** *m, f* Linkshänder(in) *m(f).*

manco ['maŋko] *adv* nicht einmal, auch nicht; **~ per sogno** nicht mal im Traum.

mandante [man'dante] *mf* Auftraggeber(in) *m(f); jur* Mandant(in) *m(f).*

mandare [man'da:re] *tr* **1.** *(inviare)* schicken, (über)senden; **2.** *(raggi, profumo)* ausstrahlen; *(grido)* ausstoßen; **~ all'aria qc** etw. platzen (*o* ins Wasser fallen) lassen; **non ~ giù qc** *fig* etw. nicht schlucken *fam,* an etw. schlucken *fam.*

mandarino [manda'ri:no] *m bot* Mandarine *f.*

mandata [man'da:ta] *f* **1.** *(spedizione)* Sendung *f;* **2.** *(di serrature)* (Schlüssel)umdrehung *f.* **mandatario, -a** [...da'ta:ri̯o] ⟨-i, -ie⟩ *m, f* Mandatar *m,* Beauftragte(r) *mf.* **mandato** [...'da:to] *m* **1.** *(incarico)* Auftrag *m;* **2.** *pol (delega)* Mandat *n;* **3.** *com* (Zahlungs)anweisung *f;* **~ di cattura** Haftbefehl *m.*

mandibola [man'di:bola] *f* Unterkiefer *m.*

mandolino [mando'li:no] *m* Mandoline *f.*

mandorla ['mandorla] *f* Mandel *f.* **mandorlo** [...lo] *m* Mandelbaum *m.*

mandra, mandria ['mandra, ...ri̯a] ⟨-ie⟩ *f (a. fig pej)* Herde *f.* **mandriano** [...ri'a:no] *m* Viehhüter *m.*

mandrino [man'dri:no] *m* Spindel *f.*

maneggevole [maned'dʒe:vole] *a* handlich. **maneggiare** [...'dʒa:re] ⟨maneggio, maneggi⟩ *tr* **1.** *(materiali)* bearbeiten; **2.** *(arnesi)* handhaben, umgehen mit. **maneggio** [ma'neddʒo] ⟨-ggi⟩ *m* **1.** *(uso)* Verwendung *f,* Handhabung *f,* Umgang *m;* **2.** *(manovra)* Manipulation *f,* Manöver *n;* **3.** *(esercizi per cavalli)* Zureiten *n; (luogo)* Manege *f.*

manesco, -a [ma'nesko] ⟨-schi, -sche⟩ *a* handgreiflich, tätlich.

manette [ma'nette] *f pl* Handschellen *f pl.*

manganello [maŋga'nɛllo] *m* Knüppel *m.*

manganese [maŋga'ne:se] *m* Mangan *n.*

mangereccio, -a [mandʒe'rettʃo] ⟨-cci, -cce⟩ *a* eßbar, Speise-.

mangiadischi [mandʒa'diski] ⟨-⟩ *m automatischer tragbarer Plattenspieler mit Schlitzöffnung.* **mangianastri** [-'nastri] ⟨-⟩ *m* Kassettenabhörgerät *n.*

mangiare [man'dʒa:re] ⟨mangio, mangi⟩ **I.** *tr* **1.** *(cibi)* essen; *(detto di animali)* fressen; **2.** *(consumare)* verbrauchen; *(patrimonio, risparmi)* verschlingen, aufzehren; **3.** *(parole)* verschlucken; **4.** *(pedina)* schlagen; *(carta)* stechen; **5.** *fig (intaccare)* zerfressen; **-arsi il fegato/le mani** sich krank/schwarz ärgern; **dare da ~ a qu** jdn füttern; **II.** *m* Essen *n,* Speise *f; (di animali)* Fressen *n.* **mangiata** [...'dʒa:ta] *f fam* Schmaus *m fam.* **mangiatoia** [...dʒa'to:i̯a] ⟨-oie⟩ *f* (Futter)krippe *f.* **mangiatore, -trice** [...dʒa'to:re] *m, f* Esser(in) *m(f).* **mangime** [...'dʒi:me] *m* Futter *n.* **mangione, -a** [...'dʒo:ne] *m, f scherz* Vielfraß *m fam.* **mangiucchiare** [...dʒuk'ki̯a:re] ⟨mangiucchio, mangiucchi⟩ *tr* picken, essen wie ein Spatz.

mania [ma'ni:a] ⟨-ie⟩ *f* **1.** *psych* Wahn *m,* Manie *f;* **2.** *fig (fissazione)* Leidenschaft *f* (*per* für), Sucht *f* (*di* nach); **~ di grandezza/di persecuzione** Größen-/Verfolgungswahn *m.* **maniaco, -a** [ma'ni:ako] ⟨-ci, -che⟩ **I.** *a* **1.** *psych* manisch, Wahn-; **2.** *fig (fanatico)* fanatisch, verrückt *fam* (*di* auf, nach); **II.** *m, f* **1.** *psych* Wahnsinnige(r) *mf;* **2.** *fig* Fanatiker(in) *m(f),* Verrückte(r) *mf fam.*

manica ['ma:nika] ⟨-che⟩ *f* Ärmel *m;* **in -che di camicia** *(a. fig)* hemdsärm(e)lig; **senza -che** ärmellos; **è un altro paio di -che!** *fam* das steht auf einem anderen Blatt, das ist ein anderes Paar Schuhe.

Manica ['ma:nika] *f* Ärmelkanal *m.*

manicaretto [manika'retto] *m* Leckerbissen *m.*

manichino [mani'ki:no] *m (per artisti)*

Gliederpuppe *f; (per sarti)* Schneiderpuppe *f,* Kleiderpuppe *f; (da vetrina)* Schaufensterpuppe *f.*

manico ['ma:niko] ‹-chi *o* -ci› *m* Griff *m; (di coltello)* Heft *n; (di pentola)* Henkel *m; (di scopa)* Stiel *m; (di borsa)* Bügel *m.*

manicomio [mani'kɔ:mi̯o] ‹-i› *m* Irrenanstalt *f,* psychiatrische Klinik.

manicotto [mani'kɔtto] *m* **1.** *(di pelliccia)* Muff *m;* **2.** *tec* Muffe *f,* Manschette *f.*

manicure [mani'ku:re] ‹-› *f* Maniküre *f.*

maniera [ma'ni̯ɛ:ra] *f* **1.** *(modo)* Art *f,* Weise *f,* Art und Weise *f; (stile)* Stil *m;* **2.** ‹*pl*› *(galateo)* Manieren *f pl;* **alla ~ di ...** nach Art *gen,* auf ...-art; **in tutte le -e** unbedingt. **manierato, -a** [mani̯e'ra:to] *a* gekünstelt, manieriert *geh.*

manifattura [manifat'tu:ra] *f* **1.** *(lavorazione)* Verarbeitung *f;* **2.** *(stabilimento)* Manufaktur(betrieb *m*) *f.*

manifestante [manifes'tante] *mf* Demonstrant(in) *m(f),* Teilnehmer(in) *m(f)* einer Kundgebung. **manifestare** [...'ta:re] **I.** *tr* kundtun *geh,* äußern, offenbaren; **II.** *itr* demonstrieren, an einer Kundgebung teilnehmen; **III.** *rfl:* **-arsi** sich zeigen, sich erweisen. **manifestazione** [...tat'tsi̯o:ne] *f* **1.** *(di coraggio, gioia)* Zeichen *n,* Bezeigung *f geh,* Äußerung *f;* **2.** *(spettacolo)* Veranstaltung *f;* **3.** *(dimostrazione pubblica)* Demonstration *f,* Kundgebung *f.* **manifestino** [...'ti:no] *m* Flugblatt *n.* **manifesto, -a** [...'fɛsto] **I.** *a* deutlich, klar, offenkundig; *(noto)* bekannt; **II.** *m* **1.** *(avviso)* Plakat *n,* Bekanntmachung *f;* **2.** *(programma)* Manifest *n.*

maniglia [ma'niʎʎa] ‹-glie› *f* Griff *m; (di sostegno)* Handgriff *m; (di porta)* Klinke *f.*

manipolare [manipo'la:re] *tr* manipulieren. **manipolazione** [...lat'tsi̯o:ne] *f* Manipulation *f.* **manipolo** [ma'ni:polo] *m* **1.** *(fascio)* Bündel *n;* **2.** *(gruppetto)* Schar *f.*

maniscalco [manis'kalko] ‹-chi› *m* Hufschmied *m.*

manna ['manna] *f* **1.** *rel* Manna *n o f;* **2.** *fig (bene inatteso)* Geschenk *n* des Himmels, Segen *m.*

mannaia [man'na:i̯a] ‹-aie› *f* Henkersbeil *n.*

mannaro [man'na:ro] *a:* **lupo ~** Werwolf *m; (delle favole)* böser Wolf.

mano ['ma:no] *f* **1.** *(arto)* Hand *f;* **2.** *(di colore, vernice)* Anstrich *m; (strato)* Schicht *f;* **3.** *(potere)* Gewalt *f,* Macht *f;* **4.** *(lato)* Seite *f;* **a portata di ~** bei der Hand, (griff)bereit; **alla ~** *(persona)* umgänglich; **fuori ~** abgelegen, entlegen; **man ~ che ...** während ...; **a ~ a ~, man ~** nach und nach; **andare contro ~** die falsche Fahrspur benutzen; **dare una ~ a qu** *fig* jdm zur Hand gehen; **essere in ~ a qu** in jds Gewalt (*o* Hand) sein; **di prima/seconda ~** aus erster/zweiter Hand; **avere le mani bucate** sein Geld mit vollen Händen ausgeben; **avere sotto ~** bei der Hand haben; **tenere per ~** an der Hand halten; **venire alle -i** handgreiflich werden; **far man bassa di qc** etw. einsakken, etw. an sich raffen; *(mangiare)* etw. aufessen; **ho le -i legate** mir sind die Hände gebunden; **-i in alto!** Hände hoch!

manodopera, mano d'opera [mano'dɔ:pera] *f* **1.** *(lavoratori)* Arbeitskräfte *f pl;* **2.** *(costo)* Arbeitslohn *m.*

manomettere [mano'mettere] ‹*irr*› *tr* **1.** *(lettera)* (unerlaubt) öffnen; *(cassetto)* aufbrechen, erbrechen; **2.** *(documenti)* fälschen.

manopola [ma'nɔ:pola] *f* **1.** *(impugnatura)* Halteriemen *m,* (Halte)griff *m;* **2.** *tec* (Dreh)knopf *m,* Regler *m.*

manoscritto, -a [manos'kritto] **I.** *m* (*ab* **ms**) Manuskript *n;* **II.** *a* handschriftlich, handgeschrieben.

manovalanza [manova'lantsa] *f* Hilfsarbeit *f,* Handlangerdienst *m.* **manovale** [...'va:le] *m* Handlanger *m,* Hilfsarbeiter *m.*

manovella [mano'vɛlla] *f* Kurbel *f.*

manovra [ma'nɔ:vra] *f* **1.** *gener., tec* Bedienung *f; fig* Maßnahmen *f pl,* Vorkehrungen *f pl;* **2.** *(guida, timone)* Steuerung *f;* **3.** *ferr* Rangieren *n; mot* Manöver *n;* **4.** *mil* Manöver *n,* Übung *f;* **5.** *fig (intrighi)* (Täuschungs)manöver *n.* **manovrare** [...'vra:re] **I.** *tr* **1.** *(azionare)* betätigen, bedienen; **2.** *ferr* rangieren; **3.** *fig (persona)* lenken, handhaben; **II.** *itr* **1.** *mil* manövrieren; **2.** *mot* rangieren; **3.** *fig (tramare)* manövrieren.

manrovescio [manro'vɛʃʃo] *m* Ohrfeige *f* (mit dem Handrücken).

mansarda [man'sarda] *f* Mansarde *f.*

mansione [man'si̯o:ne] *f* Aufgabe *f,* Obliegenheit *f geh, adm.*

mansueto, -a [mansu'ɛ:to] *a* sanft; *(animale)* zahm. **mansuetudine** [...ue'tu:dine] *f* Sanftheit *f; (di animale)* Zahmheit *f.*

mantello [man'tɛllo] *m* **1.** *(cappotto)* Mantel *m,* Umhang *m;* **2.** *zoo* Fell *n.*

mantenere [mante'ne:re] ‹*irr*› **I.** *tr* **1.** *(far continuare)* (er)halten; **2.** *(persone, famiglia)* unterhalten, ernähren; *(amante)* aushalten; **3.** *(parola, promessa)* einhalten, halten; *(segreto)* bewahren; *(posto)* behaupten, halten; **II.** *rfl:* **-ersi 1.** *(giovani, in forze)* sich (er)halten, bleiben; **2.** *(provvedere ai bisogni)* für seinen Unterhalt sorgen.

mantenimento [...ni'mento] *m* **1.** *(conservazione)* Erhaltung *f;* **2.** *(di famiglia)* Unterhalt *m,* Ernährung *f.*
mantice ['mantitʃe] *m* **1.** *gener., mus* (Blase)balg *m;* **2.** *(di auto, carrozza)* Verdeck *n.*
manto ['manto] *m* **1.** *(indumento)* Mantel *m;* **2.** *(di asfalto)* Decke *f; (di vernice)* Überzug *m;* **3.** *(di neve)* Decke *f;* **4.** *fig (finzione, pretesto)* Deckmantel *m.*
Mantova ['mantova] *f* Mantua *n.*
manuale [manu'a:le] **I.** *a* handgemacht, Hand-; **II.** *m* Handbuch *n.*
manubrio [ma'nu:brio] ‹-i› *m* **1.** *(di bicicletta)* Lenkstange *f;* **2.** *sport* Hantel *f;* **3.** *tec* (Hand)griff *m.*
manufatto [manu'fatto] *m* **1.** *(prodotto)* Manufaktur(ware) *f;* **2.** *(piccola costruzione)* Arbeit *f,* Arbeiten *f pl.*
manutenzione [manuten'tsio:ne] *f* Wartung *f,* Instandhaltung *f.*
manzo ['mandzo] *m* Rind *n.*
maoismo [mao'izmo] *m* Maoismus *m.*
maomettano, -a [maomet'ta:no] **I.** *m, f* Mohammedaner(in) *m(f);* **II.** *a* mohammedanisch.
mappa ['mappa] *f* Flurkarte *f,* Katasterkarte *f.* **mappamondo** [-'mondo] *m* Weltkarte *f; (globo)* Globus *m.*
maquillage [maki'ja:ʒ] ‹-› *m* Make-up *n.*
marasma [ma'razma] ‹-i› *m* Durcheinander *n,* Chaos *n.*
maratona [mara'to:na] *f* Marathon *m.*
marca ['marka] ‹-che› *f* **1.** *(segno)* Zeichen *n;* **2.** *com* Marke *f;* **3.** *(scontrino)* (Aufbewahrungs)schein *m,* (Quittungs)zettel *m; (bollo)* (Steuer-, Wert-, Gebühren)marke *f;* ~ **depositata** (*o* **registrata**) eingetragenes Warenzeichen.
marcare [mar'ka:re] ‹marco, marchi› *tr* **1.** *(oggetti)* kennzeichnen, markieren; **2.** *sport (punti)* machen; *(gol)* schießen. **marcato, -a** [...'ka:to] *a* **1.** *(con marchio)* gekennzeichnet, markiert; **2.** *fig* ausgeprägt, betont, markant.
Marche ['marke] *f pl* Marken *pl.*
marchese, -a [mar'ke:ze] *m, f* Marchese *m,* Marchesa *f; (in Francia)* Marquis(e) *m(f).*
marchiare [mar'kia:re] ‹marchio, marchi› *tr* (kenn)zeichnen, markieren; *(con timbro)* stempeln.
marchio ['markio] ‹-chi› *m* **1.** *(del bestiame)* (Brand)zeichen *n,* (Brand)mal *n;* **2.** *fig* Brandmal *n,* Schandmal *n;* **3.** *com* Warenzeichen *n,* Markenzeichen *n;* ~ **depositato** (*o* **registrato**) eingetragenes Warenzeichen; ~ **di qualità** Gütezeichen *n,* -siegel *n.*
marcia ['martʃa] ‹-ce› *f* **1.** *(cammino)* Marsch *m;* **2.** *mus* Marsch *m;* **3.** *tec, mot* Gang *m;* **4.** *sport* Gehen *n;* ~ **indietro** Rückwärtsgang *m;* **far** ~ **indietro** *fig* einen Rückzieher machen; **mettersi in** ~ sich in Bewegung setzen.
marciapiede [martʃa'piɛ:de] *m* **1.** *(di strada)* Gehweg *m,* Bürgersteig *m;* **2.** *(di stazione)* Bahnsteig *m.*
marciare [mar'tʃa:re] ‹marcio, marci› *itr* **1.** *(camminare, a. mil)* marschieren; **2.** *fam (funzionare)* laufen, gehen; **3.** *sport* gehen.
marcio, -a ['martʃo] ‹-ci, -ce› **I.** *a* **1.** *(frutto)* faul, verdorben; *(legno)* morsch; **2.** *med* eitrig; **3.** *fig (società, costume)* verderbt, verkommen; **aver torto** ~ völlig im Unrecht sein; **II.** *m* **1.** *med* Eiter *m;* **2.** *(parte marcia)* Faulstelle *f,* verdorbene Stelle; **3.** *fig (corruzione)* Verderbtheit *f.* **marcire** [...'tʃi:re] ‹marcisco› *itr* ‹*essere*› **1.** *(frutta, carne)* (ver)faulen, verderben; **2.** *med (ferita)* eitern; **3.** *fig (nell'ozio)* verkommen. **marciume** [...'tʃu:me] *m* **1.** *(cose marce)* faules Zeug, Moder *m;* **2.** *fig (corruzione)* Verderbtheit *f,* Verkommenheit *f.*
marco ['marko] ‹-chi› *m* Mark *f.*
Marco ['marko] *(nome proprio maschile)* Markus.
mare ['ma:re] *m* See *f; (a. fig)* Meer *n;* **Mar Ligure/Tirreno** Ligurisches/Tyrrhenisches Meer; **M~ del Sud/Nord** Süd-/Nordsee *f;* **uomo in** ~**!** Mann über Bord! **marea** [ma'rɛ:a] *f* **1.** *naut* Gezeiten *pl;* **2.** *fig* Flut *f;* **alta/bassa** ~ Flut *f*/Ebbe *f.* **mareggiata** [mared'dʒa:ta] *f* Sturmflut *f.*
maremma [ma'remma] *f* Maremmen *pl.*
maremoto [mare'mɔ:to] *m* Seebeben *n.*
maresciallo [mareʃ'ʃallo] *m* **1.** *(ufficiale supremo)* Marschall *m;* **2.** *(sottufficiale)* Feldwebel *m.*
marezzato, -a [mared'dza:to] *a* gemasert.
margarina [marga'ri:na] *f* Margarine *f.*
margherita [marge'ri:ta] *f* Margerite *f;* **(pizza)** ~ *Pizza mit Käse und Tomaten;* **torta** ~ Sandkuchen *m.*
Margherita [marge'ri:ta] *(nome proprio femminile)* Margarete, Margret.
marginale [mardʒi'na:le] *a* nebensächlich, Neben-; *com* Marge-; *(nota, appunto)* Rand-, marginal; **nota** ~ Randbemerkung *f.*
margine ['mardʒine] *m* **1.** *gener.* Rand *m;* **2.** *typ* Steg *m;* **3.** *com (quantità)* Spanne *f,* Marge *f;* **4.** *fig (di tempo)* Spanne *f; (eccedenza)* Spielraum *m.*
marijuana [mærɪ'hwɑ:nə *o* mari'xuana] *f* Marihuana *n.*
marina [ma'ri:na] *f* **1.** *(riva)* Küste *f; (città)* Küstensiedlung *f,* Küstenstadt *f;* **2.** *(quadro)* Seestück *n;* **3.** *naut, mil* Marine *f.* **marinaio** [mari'na:io] ‹-ai› *m* Seemann *m; (a. mil)* Matrose *m.* **marinara** [...'na:ra] *f* Matrosenanzug *m.* **marinare** [...'na:re] *tr* **1.** *gastr* einlegen,

marinieren; **2.** *fig fam (scuola)* schwänzen. **marinata** [...'na:ta] *f* Marinade *f.*
marino, -a [ma'ri:no] *a* Meer(es)-, See-.
Mario ['ma:ri̯o] *(nome proprio maschile)* Marius.
marionetta [mari̯o'netta] *f* **1.** *(fantoccio)* Marionette *f;* **2.** *fig* Hampelmann *m; (senza carattere)* Marionette *f.*
maritale [mari'ta:le] *a* des (Ehe)mannes. **maritare** [...'ta:re] **I.** *tr* verheiraten (*con* mit); **II.** *rfl:* **-arsi** heiraten (*a, con qu* jdn), sich verheiraten (*a, con* mit).
marito [ma'ri:to] *m* (Ehe)mann *m,* Gatte *m geh;* **prender ~** heiraten; **ragazza (in età) da ~** Mädchen *n* im heiratsfähigen Alter.
marittimo, -a [ma'rittimo] **I.** *a* See-, Hafen-; *(clima, etc.)* maritim; **II.** *m* Hafenarbeiter *m; (marinaio)* Seemann *m.*
marmaglia [mar'maʎʎa] ‹-glie› *f* (Lumpen)pack *n,* Gesindel *n.*
marmellata [marmel'la:ta] *f* Marmelade *f.*
marmitta [mar'mitta] *f* **1.** *(pentolone)* (Koch)kessel *m,* Topf *m;* **2.** *mot* Auspufftopf *m;* **~ catalitica** (Auspuff *m* mit) Katalysator *m.*
marmo ['marmo] *m* Marmor *m.*
marmocchio, -a [mar'mɔkki̯o] ‹-cchi, -cchie› *m, f scherz* Knirps *m fam.*
marmoreo, -a [mar'mɔ:reo] *a* Marmor-, marmorn *geh.*
marmotta [mar'mɔtta] *f* Murmeltier *n.*
marocchino, -a [marok'ki:no] **I.** *a* marokkanisch; **II.** *m, f* Marokkaner(in) *m(f);* **III.** *m* Maroquin(leder *n*) *m o n.*
Marocco [ma'rɔkko] *m:* **il ~** Marokko *n.*
maroso [ma'ro:so] *m* Sturzwelle *f.*
marrone [mar'ro:ne] **I.** *m* **1.** *bot* (Edel)kastanie *f;* **2.** *gastr* (Eß)kastanie *f;* *(~ candito)* Marone *f;* **3.** *(colore)* (Kastanien)braun *n;* **II.** ‹*inv*› *a* (kastanien)braun.
marsupiali [marsu'pi̯a:li] *m pl* Beuteltiere *n pl.* **marsupio** [...'su:pi̯o] ‹-i› *m* Bauchtasche *f,* Beutel *m.*
Marta ['marta] *(nome proprio femminile)* Martha.
Marte ['marte] ‹-› *m* Mars *m.*
martedì [marte'di] ‹-› *m* Dienstag *m;* **~ grasso** Faschingsdienstag *m; v. a. lunedì.*
martellare [martel'la:re] **I.** *tr* **1.** *(il ferro)* hämmern; **2.** *(percuotere)* schlagen, hämmern; **3.** *fig (di domande)* überschütten; **II.** *itr* klopfen, pochen. **martellata** [...'la:ta] *f* Hammerschlag *m.* **martelletto** [...'letto] *m med* Perkussionshammer *m; (del pianoforte)* Hämmerchen *n,* Hammer *m; (della macchina da scrivere)* Typenhebel *m.*
martello [mar'tɛllo] *m* Hammer *m; (di campana)* Klöppel *m;* **pesce ~** Hammerhai *m.*
martinetto [marti'netto] *m* Winde *f.*
martingala [martiŋ'ga:la] *f* Rückengurt *m.*
martin pescatore [mar'tin peska'to:re] ‹- -i› *m* Eisvogel *m.*
martire ['martire] *mf* Märtyrer(in) *m(f).* **martirio** [...'ti:ri̯o] ‹-i› *m (a. fig)* Martyrium *n.*
martora ['martora] *f* Marder *m.*
martoriare [marto'ri̯a:re] ‹martorio, martori› *tr* **1.** *(torturare)* martern; **2.** *fig (tormentare)* quälen, peinigen.
marxismo [mark'sizmo] *m* Marxismus *m.* **marxista** [...'sista] ‹-i *m,* -e *f*› **I.** *mf* Marxist(in) *m(f);* **II.** *a* marxistisch.
marzapane [martsa'pa:ne] *m* Marzipan *n.*
marziale [mar'tsi̯a:le] *a* **1.** *(della guerra)* Kriegs-; **2.** *fig (aspetto, passo)* martialisch *geh,* kriegerisch.
marziano, -a [mar'tsi̯a:no] **I.** *a* Mars-; **II.** *m, f* **1.** *astr* Marsmensch *m;* **2.** *fig* Sonderling *m.*
marzo ['martso] *m* März *m;* **tempo di ~** Aprilwetter *n; v. a. settembre.*
mas [mas] ‹-› *m* Schnellboot *n.*
mascalzone [maskal'tso:ne] *m* Lump *m,* Schuft *m.*
mascara [mas'ka:ra] ‹-› *m* Wimperntusche *f,* Mascara *n.*
mascella [maʃ'ʃɛlla] *f* Kiefer *m.*
maschera ['maskera] *f* **1.** *(finto volto, persona, a. fig)* Maske *f;* **2.** *(travestimento)* Kostümierung *f,* Maskerade *f;* **3.** *theat* Kostüm *n,* Maske *f;* **4.** *(nella cosmesi)* (Schönheits)maske *f;* **5.** *theat, film* Platzanweiser(in) *m(f);* **6.** *tec (schermatura)* (Schutz)schirm *m,* (Schutz)schild *m;* **~ antigas** Gasmaske *f;* **~ subacquea** Tauchermaske *f,* Taucherbrille *f;* **ballo in ~** Maskenball *m.* **mascherare** [...'ra:re] **I.** *tr* **1.** *(travestire)* kostümieren, verkleiden; **2.** *(mimetizzare, a. mil)* tarnen; **3.** *fig (nascondere)* verdecken, tarnen; **II.** *rfl:* **-arsi 1.** *(travestirsi)* sich kostümieren, sich verkleiden; **2.** *fig* sich ausgeben. **mascherata** [...'ra:ta] *f* **1.** *(gruppo)* Maskenzug *m;* **2.** *(festa)* Maskerade *f.*
maschile [mas'ki:le] **I.** *a* **1.** *gener.* männlich; *(di uomo)* Herren-, Männer-; *(di ragazzo)* Knaben-, Jungen-; **2.** *gram* männlich, maskulin; **II.** *m* Maskulinum *n.* **maschilismo** [...ki'lizmo] *m* Männlichkeitswahn *m,* Machismo *m.* **maschilista** [...ki'lista] ‹-i› **I.** *m* Macho *m;* **II.** *a* Macho-, machohaft.
maschio, -a ['maski̯o] ‹-schi, -schie› **I.** *m* **1.** *biol* Männchen *n;* **2.** *(uomo)* Mann *m; (ragazzo)* Junge *m,* Knabe *m;* **3.** *tec* Zapfen *m; (utensile)* Gewindebohrer *m;* **II.** *a (carattere, comportamento a.)* viril; *(moda, voce a.)* maskulin.
mascolino, -a [masko'li:no] *a* männlich.

mascotte [mas'kɔt] ‹-› *f* Maskottchen *n.*
masochismo [mazo'kizmo] *m* Masochismus *m.* **masochista** [...'kista] ‹-i *m,* -e *f*› *mf* Masochist(in) *m(f).*
massa ['massa] *f* **1.** *gener., phys* Masse *f;* **2.** *(mucchio)* Menge *f,* Haufen *m; (moltitudine)* (Un)menge *f,* große Menge; **3.** *soc* (breite) Masse *f,* Volk *n;* **4.** *el* Erde *f,* Masse *f;* **uomo ~** Durchschnittsbürger *m;* **in ~** massenweise, massenhaft; *(in blocco)* im ganzen, en bloc; **collegare (***o* **mettere) a ~** erden.
massacrante [massa'krante] *a* aufreibend, mörderisch. **massacrare** [...'kra:re] *tr* **1.** *(trucidare)* niedermetzeln, hinschlachten; **2.** *(malmenare)* mißhandeln, massakrieren; **3.** *fig (logorare)* aufreiben, zermürben. **massacro** [mas'sa:kro] *m* Massaker *n,* Gemetzel *n.*
massaggiare [massad'dʒa:re] ‹massaggio, massaggi› *tr* massieren. **massaggiatore, -trice** [...dʒa'to:re] **I.** *m, f* Masseur(in) *m(f);* **II.** *m* Massagegerät *n.*
massaggio [mas'saddʒo] ‹-ggi› *m* Massage *f.*
massaia [mas'sa:i̯a] ‹-aie› *f* Hausfrau *f.*
masseria [masse'ri:a] ‹-ie› *f* Bauernhof *m,* Gutshof *m.* **masserizie** [...'rittsi̯e] *f pl* Hausrat *m.*
massicciata [massit'tʃa:ta] *f* Tragschicht *f;* **~ ferroviaria** Schotterung *f,* Schotterbettung *f.*
massiccio, -a [mas'sittʃo] ‹-cci, -cce› **I.** *a* **1.** *(solido)* massiv; *(sodo)* fest, solide; *(voluminoso)* massiv, wuchtig; *(tarchiato)* kompakt *fam,* kräftig; **2.** *fig (violento)* massiv; *(pesante)* erdrükkend; **II.** *m* (Gebirgs)massiv *n.*
massima[1] ['massima] *f (sentenza, motto)* Maxime *f; (principio a.)* Grundsatz *m;* **in linea di ~** im Prinzip, grundsätzlich.
massima[2] ['massima] *f (temperatura)* Höchsttemperatur *f.*
Massimiliano [massimi'li̯a:no] *(nome proprio maschile)* Maximilian.
Massimo ['massimo] *(nome proprio maschile)* Max.
massimo, -a ['massimo] ‹*superlativo di* grande› **I.** *a* **1.** *(estremamente grande)* maximal, sehr groß; **2.** *(il più grande)* größte(r, s); **3.** *(il più alto)* höchste(r, s); **temperatura -a** Höchsttemperatur *f;* **peso ~** *sport* Schwergewicht *n;* **~ comune divisore** (*ab* **M.C.D.**) größter gemeinsamer Teiler; **al ~** höchstens; **in -a parte** größtenteils; **II.** *m* **1.** *(il grado più elevato)* Maximum *n,* Höchstmaß *n;* **2.** *sport* Schwergewicht(ler *m*) *n.*
massivo, -a [mas'si:vo] *a* **1.** *(in massa)* Massen-; **2.** *(massiccio)* stark, massiv.
mass media [mæs'mi:dɪə] *m pl* Massenmedien *n pl.*
masso ['masso] *m* Felsblock *m.*
massone [mas'so:ne] *m* Freimaurer *m.* **massoneria** [...sone'ri:a] ‹-ie› *f* Freimaurerei *f.*
mastello [mas'tɛllo] *m* Bottich *m,* Bütte *f.*
masticare [masti'ka:re] ‹mastico, mastichi› *tr* **1.** *(cibo, tabacco, etc.)* kauen; **2.** *fig (biascicare)* murmeln; *(lingua)* radebrechen. **masticazione** [...kat'tsi̯o:ne] *f* Kauen *n.*
mastice ['mastitʃe] *m* **1.** *(miscuglio adesivo)* Kitt *m;* **2.** *(resina)* Mastix *m.*
mastino [mas'ti:no] *m* Bluthund *m.*
mastro ['mastro] *m* **1.** *(artigiano)* Meister *m;* **2.** *(libro mastro)* Hauptbuch *n.*
masturbare [mastur'ba:re] *tr, rfl:* **-arsi** masturbieren. **masturbazione** [...bat'tsi̯o:ne] *f* Masturbation *f.*
matassa [ma'tassa] *f* **1.** *(di filo)* Docke *f,* Strähne *f;* **2.** *el* Wicklung *f;* **3.** *fig* verwickelte Situation, Verwicklung *f.*
match [mætʃ] ‹-› *m* Match *n o m; (di pugilato)* Fight *m,* Boxkampf *m.*
matematica [mate'ma:tika] ‹-che› *f* Mathematik *f.* **matematico, -a** [...ko] ‹-ci, -che› **I.** *a* **1.** *mat* mathematisch; **2.** *(di assoluta precisione)* exakt, präzis(e); **II.** *m, f* Mathematiker(in) *m(f).*
materassino [materas'si:no] *m (~ gonfiabile)* Luftmatratze *f.*
materasso [mate'rasso] *m* Matratze *f;* **~ a molle** Federkernmatratze *f.*
materia [ma'tɛ:ri̯a] ‹-ie› *f* **1.** *(sostanza)* Stoff *m,* Substanz *f;* **2.** *(contrapposta a spirito)* Materie *f;* **3.** *(argomento)* Thema *n,* Stoff *m;* **4.** *(disciplina)* (Lehr)fach *n;* **~ grigia** graue Substanz; **-ie prime/plastiche** Roh-/Kunststoffe *m pl;* **indice per -ie** Sachregister *n;* **entrare in ~** zum Thema kommen; **in ~ di** auf dem Gebiet *gen,* was ... betrifft. **materiale** [mate'ri̯a:le] **I.** *a* **1.** *(di, della materia)* stofflich, materiell; **2.** *(concreto)* real, konkret; **3.** *(economico)* materiell; **4.** *(fisico)* körperlich, Körper-; **5.** *(effettivo)* (effektiv) notwendig; **6.** *(grossolano)* plump; **II.** *m* **1.** *(prodotto necessario)* Material *n,* Stoff *m,* Mittel *n;* **2.** *(strumenti)* Mittel *n pl,* Bedarf *m;* **3.** *(appunti e documenti)* Unterlagen *f pl.* **materialismo** [materi̯a'lizmo] *m* Materialismus *m.* **materialista** [...'lista] ‹-i *m,* -e *f*› **I.** *mf* Materialist(in) *m(f);* **II.** *a* materialistisch. **materialistico, -a** [...'listiko] ‹-ci, -che› *a* materialistisch. **materializzazione** [...liddzat'tsi̯o:ne] *f* Materialisation *f.* **materialmente** [...al'mente] *adv* konkret, tatsächlich; *(in sostanza)* faktisch.
maternità [materni'ta] ‹-› *f* **1.** *(condizione di madre)* Mutterschaft *f;* **2.** *jur* Mutterschutz *m;* **3.** *(reparto ospedaliero)* Entbindungsstation *f;* **essere in ~** im Mutterschutz sein. **materno, -a** [ma'tɛrno] *a* **1.** *(di, da madre)* mütter-

lich, Mutter-; **2.** *(da parte di madre)* mütterlicherseits.
matita [ma'ti:ta] *f* Stift *m; (lapis)* Bleistift *m.*
matrice [ma'tri:tʃe] *f* **1.** *mat, biol* Matrix *f;* **2.** *typ* Matrize *f,* Mater *f;* **3.** *tec* Gesenk *n;* **4.** *com* Stammregister *n.*
matricola [ma'tri:kola] *f* **1.** *(registro)* Matrikel *f,* Register *n;* **2.** *(numero)* Matrikelnummer *f;* **3.** *(studente)* Studienanfänger(in) *m(f);* **4.** *sport, fig* Anfänger(in) *m(f),* Neuling *m;* **5.** *mil* Stammrolle *f.*
matrigna [ma'triɲɲa] *f* Stiefmutter *f.*
matrimoniale [matrimo'ni̯a:le] *a* ehelich, Ehe-. **matrimonio** [...'mɔ:ni̯o] ‹-i› *m* **1.** *(rapporto)* Ehe *f;* **2.** *(cerimonia)* Hochzeit *f,* Trauung *f;* **unire in ~** trauen.
matta *f v.* **matto.**
mattacchione, -a [mattak'ki̯o:ne] *m, f scherz* Spaßvogel *m,* Witzbold *m fam.*
mattatoio [matta'to:i̯o] ‹-oi› *m* Schlachthof *m.*
Matteo [mat'tɛ:o] *(nome proprio maschile)* Matthäus.
matterello [matte'rɛllo] *m* Nudelholz *n.*
Mattia [mat'ti:a] *(nome proprio maschile)* Matthias.
mattina [mat'ti:na] *f* Morgen *m;* **questa ~** heute morgen (*o* früh); **domani ~** morgen früh; **di ~** morgens; **di prima ~** am frühen Morgen. **mattinata** [matti'na:ta] *f* **1.** *(durata della mattina)* Vormittag *m;* **2.** *mus* Morgenständchen *n;* **3.** *(spettacolo)* Matinee *f.* **mattiniero, -a** [...'ni̯ɛ:ro] *a:* **essere ~** (ein) Frühaufsteher sein. **mattino** [...'ti:no] *m* Morgen *m;* **di buon ~** frühmorgens.
matto, -a ['matto] **I.** *a* **1.** *(pazzo)* wahnsinnig, verrückt; **2.** *fam (stravagante)* verrückt, verdreht; **andar ~ per qc** *fam* nach etw. verrückt sein; **II.** *m, f* **1.** *(pazzo)* Wahnsinnige(r) *mf,* Verrückte(r) *mf;* **2.** *(persona stravagante)* verrückte Person.
mattone [mat'to:ne] *m* **1.** *(laterizio)* Ziegel(stein) *m,* Backstein *m;* **2.** *fig (libro, film)* Schinken *m.* **mattonella** [...to'nɛlla] *f* **1.** *(piastrella)* Fliese *f,* (Stein)platte *f;* **2.** *(nel biliardo)* Bande *f;* **3.** *(combustibile)* Brikett *n.*
mattutino, -a [mattu'ti:no] *a* Morgen-, morgendlich.
matura *f v.* **maturo.**
maturando, -a [matu'rando] *m, f* Abiturient(in) *m(f),* Maturant(in) *m(f) A.*
maturare [matu'ra:re] **I.** *itr* ‹*essere*› **1.** *(frutti)* reifen, reif werden; *(diventar stagionato)* ausreifen; **2.** *(persona)* heranreifen, reifen *geh;* **3.** *com (interessi)* fällig werden; **4.** *(giungere a compimento)* reif werden; **II.** *tr* ‹*avere*› **1.** *(frutti)* reifen lassen, reifen, reif werden lassen; *(formaggio, vino)* (aus)reifen lassen; **2.** *(idea, piano)* reifen lassen; **3.** *fig (promuovere)* das Zeugnis der Reife erteilen (*qu* jdm); **III.** *rfl:* **-arsi** reif werden. **maturazione** [...rat'tsi̯o:ne] *f* **1.** *gener.* Reifen *n,* Reifung *f,* Reifeprozeß *m;* **2.** *com* Fälligkeit *f.* **maturità** [...ri'ta] ‹-› *f* **1.** *(età)* bestes (*o* reifes) Alter; *(a. fig)* Reife *f;* **2.** *biol* (Geschlechts)reife *f;* **3.** *(diploma)* Abiturzeugnis *n,* Reifezeugnis *n.* **maturo, -a** [ma'tu:ro] *a* **1.** *(frutto)* reif; *(vino, etc.)* ausgereift; **2.** *(adulto)* erwachsen, reif; **3.** *(studente)* mit Abitur; **4.** *fig (equilibrato, idoneo, compiuto)* reif; **5.** *fig (approfondito)* reiflich, gründlich; **6.** *com* fällig.
matusa [ma'tu:za] **I.** ‹-› *mf sl* verknöcherter (*o* verkalkter) Mensch; **II.** ‹*inv*› *a* überlebt, überholt, veraltet.
Maurizio [mau'rittsi̯o] *(nome proprio maschile)* Moritz.
mazza ['mattsa] *f* **1.** *(bastone)* Knüppel *m,* Schlagstock *m;* **2.** *mil* Keule *f;* **3.** *sport* Schlagholz *n; (a. fig: persona)* Schläger *m;* **4.** *(grosso martello)* Vorschlaghammer *m,* Fäustel *m;* **5.** *mus* Schlegel *m.*
mazzo ['mattso] *m* **1.** *(di fiori)* Strauß *m; (di erbe)* Bündel *n; (di oggetti)* Bund *m;* **2.** *(di carte)* (Karten)spiel *n.*
me [me] *pron pers 1ª pers sing* **1.** *(oggetto)* mich; *(con preposizione)* mich, mir, meiner; **2.** *(soggetto in forme comparative ed esclamative)* ich; **3.** *(complemento di termine davanti a lo, la, li, le, ne)* mir; *(complemento oggetto davanti a la, lo, li, le, ne)* mich; **da ~** selbst, selber; **fra** (*o* **tra**) **~ e ~** in meinem Innern; **secondo ~** meiner Meinung nach.
meandro [me'andro] *m* Mäander *m.*
M.E.C. [mɛk] *m ab di* **Mercato Comune Europeo** Gemeinsamer (europäischer) Markt.
meccanica [mek'ka:nika] ‹-che› *f* **1.** *phys, tec* Mechanik *f;* **2.** *(attività tecnologica)* Maschinenbau *m,* Technik *f;* **3.** *(comportamento)* Ablauf *m,* Vorgang *m,* Prozeß *m.*
meccanico, -a [mek'ka:niko] ‹-ci, -che› **I.** *a* mechanisch; *(fig a.)* automatisch; **II.** *m, f* Mechaniker(in) *m(f).* **meccanismo** [mekka'nizmo] *m* Mechanismus *m.* **meccanizzazione** [...niddzat'tsi̯o:ne] *f* Mechanisierung *f.*
meccanografia [mekkanogra'fi:a] *f* (automatisierte) Datenverarbeitung *f.* **meccanografico, -a** [...'gra:fiko] *a* Datenverarbeitungs-, Rechen-.
medaglia [me'daʎʎa] ‹-glie› *f* Medaille *f; (riconoscimento a.)* Orden *m,* Auszeichnung *f;* **~ al valor civile/militare** Verdienstorden *m* /Tapferkeitsmedaille *f.*

medesimo, -a [me'de:zimo] **I.** *a* **1.** *(stesso):* **il ~, la -a** der-, die-, dasselbe; **2.** *(uguale)* gleich; **3.** *(in persona)* selbst; **II.** *pron:* **il (la) ~ (-a)** der-, die-, dasselbe.

media ['mɛ:dia] ⟨-ie⟩ *f* **1.** *gener.* Durchschnitt(swert) *m;* **2.** *mat* Mittel *n,* Mittelwert *m;* **~ oraria** Durchschnittsgeschwindigkeit *f;* **in ~** im Durchschnitt, durchschnittlich.

medianico, -a [me'dia:niko] ⟨-ci, -che⟩ *a* medial, das Medium betreffend.

mediano, -a [me'dia:no] **I.** *a* Mittel-, mittlere(r, s); **II.** *m* Läufer *m.*

mediante [me'diante] *prp* mit *dat,* durch *acc,* mittels *gen.*

mediare [me'dia:re] ⟨medio, medi⟩ *tr* **1.** *(da mediatore)* vermitteln; **2.** *mat* den Mittelwert bilden aus. **mediatore, -trice** [media'to:re] *m, f* **1.** *(intermediario)* Mittelsmann *m,* Mittelsperson *f,* Vermittler(in) *m(f);* **2.** *com* Makler(in) *m(f).* **mediazione** [...t'tsio:ne] *f* Vermittlung *f.*

medicamento [medika'mento] *m* Medikament *n,* Arznei *f.* **medicare** [medi'ka:re] ⟨medico, medichi⟩ *tr* behandeln. **medicazione** [...kat'tsio:ne] *f* Behandlung *f.*

medicina [medi'tʃi:na] *f* **1.** *(scienza)* Medizin *f;* **2.** *(farmaco)* Medizin *f,* Arznei *f;* **~ legale** Gerichtsmedizin *f.* **medicinale** [...tʃi'na:le] **I.** *m* Arzneimittel *n;* **II.** *a* Heil-, Arznei-.

medico, -a ['mɛ:diko] ⟨-ci, -che⟩ **I.** *m* Arzt *m,* Ärztin *f;* **~ dell'anima** Seelsorger *m;* **II.** *a* **1.** *(della medicina)* medizinisch; **2.** *(del medico)* ärztlich, Arzt-.

medievale [medie'va:le] *a* mittelalterlich.

medio, -a ['mɛ:dio] ⟨-i, -ie⟩ **I.** *a* **1.** *(di mezzo)* Mittel-, mittlere(r, s); **2.** *(di valore intermedio)* Durchschnitts-, durchschnittlich; **3.** *(mediocre)* mittelmäßig; **ceto ~** Mittelstand *m;* **peso ~** *sport* Mittelgewicht(ler *m*) *n;* **licenza -a** Mittelschulabschluß *m;* **II.** *m* Mittelfinger *m.*

mediocre [me'diɔ:kre] *a* mittelmäßig, mäßig; *(ordinario)* gewöhnlich.

mediocredito [medio'kre:dito] *m* mittelfristiger Kredit.

mediocrità [mediokri'ta] ⟨-⟩ *f* Mittelmäßigkeit *f.*

medioevo [medio'ɛ:vo] *m* Mittelalter *n.*

medioleggero [medioled'dʒɛ:ro] *m* Weltergewicht(ler *m*) *n.* **mediomassimo** [...o'massimo] *m* Halbschwergewicht(ler *m*) *n.*

meditabondo, -a [medita'bondo] *a* gedankenversunken.

meditare [medi'ta:re] **I.** *itr* meditieren; **II.** *tr* **1.** *(considerare)* nachdenken über, bedenken; **2.** *(preparare)* planen, ausdenken. **meditazione** [...tat'tsio:ne] *f* **1.** *(riflessione)* Meditation *f;* **2.** *(considerazione)* Überlegung *f,* Erwägung *f;* **3.** *(preparazione)* Ausdenken *n,* Planen *n.*

mediterraneo, -a [mediter'ra:neo] **I.** *a* **1.** *gener.* mittelländisch; **2.** *(del Mediterraneo)* mediterran, Mittelmeer-; **il Mar M~** das Mittelmeer; **II.** *m* Mittelmeer *n.*

medusa [me'du:za] *f* Qualle *f.*

megafono [me'ga:fono] *m* Megaphon *n,* Sprachrohr *n.* **megalomane** [mega'lɔ:mane] *a* größenwahnsinnig. **megalomania** [...loma'ni:a] *f* Größenwahn *m.*

meglio ['mɛʎʎo] **I.** ⟨*comparativo di* bene⟩ *adv* **1.** *(in modo migliore)* besser; **2.** *(piuttosto)* lieber, eher, besser; **3.** *(più)* mehr, besser; **4.** *(ovvero)* (oder) besser; **5.** *(più facilmente)* leichter, besser; **6.** *(con valore di superlativo)* am besten; **tanto ~!, ~ così!** um so besser!; **per ~ dire** (oder) besser gesagt; **alla (bell'e) ~** so gut es (eben) geht; **II.** ⟨*comparativo di* buono⟩ *a* **1.** *(migliore)* besser; **2.** *(preferibile)* besser; **3.** *fam (con valore di superlativo)* beste(r, s), allerbeste(r, s); **III.** ⟨-⟩ *m o f* Beste(s) *n;* **il ~ possibile** das Bestmögliche; **avere la ~** die Oberhand gewinnen (*o* haben); **fare del proprio ~** sein Bestes (*o* möglichstes) tun; **per il ~** zum Besten, auf die beste Weise.

mela ['me:la] *f* Apfel *m.* **melagrana** [mela'gra:na] *f* Granatapfel *m.*

melanzana [melan'dza:na *o* ...n'tsa:na] *f* Aubergine *f.*

melenso, -a [me'lɛnso] *a* **1.** *(persona)* einfältig, dämlich; **2.** *(cosa)* albern, geistlos.

melissa [me'lissa] *f* Melisse *f.*

mellifluo, -a [mel'li:fluo] *a pej* honigsüß, süßlich.

melma ['melma] *f* **1.** *(fango)* Schlamm *m;* **2.** *fig* Schmutz *m.* **melmoso, -a** [...'mo:so] *a* schlammig.

melo ['me:lo] *m* Apfelbaum *m.*

melodia [melo'di:a] ⟨-ie⟩ *f* Melodie *f.* **melodioso, -a** [melo'dio:so] *a* melodiös; *(armonico)* melodisch.

melodramma [melo'dramma] *m* Melodram(a) *n.* **melodrammatico, -a** [...'ma:tiko] *a* **1.** *theat* melodramatisch; **2.** *(teatrale)* theatralisch.

melograno [melo'gra:no] *m* Granat(apfel)baum *m.*

melone [me'lo:ne] *m* (Netz)melone *f,* (Honig)melone *f.*

membrana [mem'bra:na] *f* Membran(e) *f.*

membro ['mɛmbro] *m* **1.** ⟨*pl:* -i *m*⟩ *(persona)* Mitglied *n;* **2.** ⟨*pl:* -i *m*⟩ *(parte costitutiva)* Teil *n,* Glied *n;* **3.** ⟨*pl:* -i *m*⟩ *anat (pene)* (männliches) Glied *n;* **4.** ⟨*pl:* -a *f*⟩ *anat* Gliedmaßen *pl,* Glieder *n pl.*

memorabile [memo'ra:bile] *a* denkwürdig.
memorandum [memo'randum] ‹-› *m* **1.** *(promemoria)* Merkzettel *m;* **2.** *(documento espositivo)* Denkschrift *f,* Memorandum *n.*
memoria [me'mɔ:ri̯a] ‹-ie› *f* **1.** *(capacità, processo)* Gedächtnis *n,* Erinnerungsvermögen *n;* **2.** *(ricordo)* Erinnerung *f* (*di* an), Gedenken *n (di* an); **3.** *(annotazione)* Notiz *f,* Gedächtnisstütze *f;* **4.** *(menzione)* Erwähnung *f;* **5.** *(cimelio, documento)* Erinnerungsstück *n;* **6.** ‹*pl*› *(opera)* Memoiren *pl;* **7.** *inform* Speicher *m;* **8.** *tec* Steuerung *f;* **a ~** auswendig; **degno di ~** denkwürdig. **memoriale** [memo'ri̯a:le] *m* **1.** *(scritto)* Denkschrift *f,* Verteidigungsschrift *f;* **2.** *(monumento)* Gedenkstätte *f.* **memorizzare** [...rid'dza:re] *tr* **1.** *inform* speichern; **2.** *(nella memoria)* ins Gedächtnis einprägen.
menadito [mena'di:to] : **a ~** *adv (conoscere, sapere, etc.)* im Schlaf.
menare [me'na:re] *tr* **1.** *(condurre)* führen; **2.** *(battere, picchiare)* schlagen; *(colpi)* austeilen; **~ le mani** handgreiflich werden. **menata** [...'na:ta] *f fam* Litanei *f.*
mendicante [mendi'kante] *mf* Bettler(in) *m(f).* **mendicare** [...'ka:re] ‹mendico, mendichi› **I.** *tr* **1.** *(elemosinare)* betteln um; **2.** *fig* erflehen *geh,* flehen um; **II.** *itr* betteln (gehen).
menefreghismo [menefre'gizmo] *m* (zynische) Gleichgültigkeit *f,* Ungerührtheit *f.* **menefreghista** [...'gista] ‹-i *m,* -e *f*› *mf* gleichgültige (*o* ungerührte) Person.
menisco [me'nisko] ‹-schi› *m* Meniskus *m.*
meno ['me:no] ‹*comparativo di* poco› **I.** *adv* **1.** *(in minor quantità, misura, grado)* weniger, nicht so viel; **2.** *(in frasi comparative)* nicht so (*di* wie), weniger (*di* als); **3.** *(in frasi superlative)* am wenigsten; **4.** *(mat, di temperatura, nelle votazioni scolastiche)* minus; **5.** *(di ora)* vor; **6.** *(no)* nicht; **di** (*o* **in**) **~** weniger; **poco ~** so gut wie, fast; **quanto ~** wenigstens; **tanto ~** um so weniger; **niente ~!** wirklich!; **niente ~ che ...** kein Geringerer als ...; **~ male!** Gott sei Dank!; **essere da ~ di qu** jdm unterlegen sein; **sono le 3 ~ 5** es ist fünf Minuten vor drei (Uhr); **dobbiamo decidere se andarci o ~** wir müssen entscheiden, ob wir hingehen oder nicht; **II.** ‹*inv*› *a* **1.** *(minore in quantità)* geringer, weniger; **2.** *(in minor numero)* weniger, nicht so viel; **III.** *prp* außer *dat;* **a ~ di** (*o* **che** *conj*) es sei denn, daß ..., außer wenn ...; **IV.** ‹-› *m* **1.** *(la minor cosa)* Geringste(s) *n,* Mindeste(s) *n;* **2.** *(la parte minore)* geringerer Teil; **3.** *mat* Minus(zeichen) *n;* **4.** ‹*pl*› *(minoranza)* Minderheit *f;* **in men che non si dica** im Handumdrehen.
Meno ['mɛ:no] *m* Main *m.*
menomato, -a [meno'ma:to] *m, f* Behinderte(r) *mf.* **menomazione** [...mat'tsi̯o:ne] *f* Behinderung *f.*
menopausa [meno'pa:uza] *f* Menopause *f.*
mensa ['mɛnsa] *f* **1.** *(locale)* Kantine *f;* (*~ universitaria)* Mensa *f;* **2.** *(tavola)* Tafel *f geh,* Tisch *m.*
mensile [men'si:le] **I.** *a* **1.** *(di ogni mese)* monatlich, Monats-; **2.** *(che dura un mese)* einmonatig; **II.** *m* **1.** *(stipendio)* Monatsgehalt *n;* **2.** *(periodico)* Monatsheft *n,* -schrift *f.* **mensilità** [...sili'ta] ‹-› *f* **1.** *(retribuzione)* Monatsgehalt *n,* Monatslohn *m;* **2.** *(periodicità mensile)* monatliche Leistung, monatlicher Vorgang.
mensola ['mɛnsola] *f* Konsole *f.*
menta ['menta] *f* **1.** *bot* Minze *f;* **2.** *gastr (liquore)* Pfefferminzlikör *m; (caramella)* Pfefferminzbonbon *n.*
mentale [men'ta:le] *a* **1.** *(della mente)* Geistes-, geistig; **2.** *(senza parlare)* still; *(calcolo, lavoro)* Kopf-. **mentalità** [...tali'ta] ‹-› *f* Mentalität *f.*
mente ['mente] *f* **1.** *(intelligenza, intelletto)* Geist *m,* Verstand *m;* **2.** *(attenzione)* Gedanken *m pl,* Kopf *m; (intenzione a.)* Sinn *m;* **3.** *(memoria)* Gedächtnis *n;* **4.** *fig (persona)* Kopf *m,* Geist *m;* **a ~** auswendig; **a ~ lucida** bei klarem Verstand; **avere in ~ di fare qc** im Sinn haben (*o* vorhaben), etw. zu tun; **tenere a ~ qc** sich *(dat)* etw. merken. **mentecatto, -a** [-'katto] *a* schwachsinnig.
mentire [men'ti:re] ‹mento› *itr* lügen. **mentitore, -trice** [...ti'to:re] *m, f* Lügner(in) *m(f).*
mento ['mento] *m* Kinn *n.*
mentolo [men'tɔ:lo] *m* Menthol *n.*
mentre ['mentre] **I.** *con* **1.** *(temporale)* während; **2.** *(avversativo)* während, wohingegen, indessen *geh;* **II.** *m:* **in quel ~** gerade in diesem Moment.
menu [me'ny] ‹-› *m* **1.** *(lista)* Speise(n)karte *f; (insieme di vivande)* Speisenfolge *f,* Menü *n;* **2.** *inform* Menü *n.*
menzionare [mentsi̯o'na:re] *tr* nennen, erwähnen. **menzione** [...'tsi̯o:ne] *f* Erwähnung *f;* **degno di ~** nennenswert, erwähnenswert.
menzogna [men'tsoɲɲa] *f* Lüge *f.*
Merano [me'ra:no] *f* Meran *n.*
meraviglia [mera'viʎʎa] ‹-glie› *f* **1.** *(sorpresa)* Überraschung *f;* **2.** *(stupore)* Erstaunen *n,* Verwunderung *f;* **3.** *(cosa, persona meravigliosa)* Wunder *n;* **a ~** wunderbar, ausgezeichnet; **dire** (*o* **raccontare**) **-glie di qc** von etw. Wunderdinge erzählen. **meravigliare** [...'ʎa:re]

‹meraviglio, meravigli› **I.** *tr* verwundern, erstaunen; **II.** *rfl:* **-arsi** sich wundern; **mi meraviglio di te!** ich muß mich doch sehr über dich wundern!; **non mi meraviglierei affatto se ...** es würde mich (gar) nicht wundern, wenn ... **meraviglioso, -a** [...ˈʎo:so] *a* wunderbar.

mercante, -essa [merˈkante, ...ˈtessa] *m, f* **1.** *(commerciante)* Händler(in) *m(f);* **2.** *fig pej* Krämer *m.* **mercanteggiare** [...tedˈdʒa:re] ‹mercanteggio, mercanteggi› **I.** *itr* handeln (*su* um), feilschen (*su* um); **II.** *tr pej* verschachern. **mercantile** [...ˈti:le] **I.** *a* Handels-, kaufmännisch; *(del mercante)* Händler-; **II.** *m* Handels-, Frachtschiff *n.* **mercanzia** [...ˈtsi:a] ‹-ie› *f* (Handels)ware *f;* **saper vendere la propria ~** *(a. fig)* seine Ware gut verkaufen können.

mercatino [merkaˈti:no] *m* (Wochen)markt *m.*

mercato [merˈka:to] *m* Markt *m;* **~ nero** schwarzer Markt, Schwarzmarkt *m;* **il M~ Comune (Europeo)** (*ab* **M.E.C.**) der Gemeinsame Markt; **~ dei titoli** Rentenmarkt *m;* **a buon ~** preiswert, günstig.

merce [ˈmɛrtʃe] *f* **1.** *com* Ware *f;* ‹*pl*› Güter *n pl;* **2.** *fig* Gut *n;* **scalo/treno -i** Güterbahnhof/-zug *m.*

mercenario, -a [mertʃeˈna:ri̯o] ‹-i, -ie› **I.** *a* Söldner-; **II.** *m* Söldner *m.*

merceologia [mertʃeoloˈdʒi:a] ‹-ie› *f* Warenkunde *f.*

merceria [mertʃeˈri:a] ‹-ie› *f* **1.** *(assortimento)* Kurzwaren *f pl;* **2.** *(negozio)* Kurzwarenhandlung *f.* **merciaio, -a** [merˈtʃa:i̯o] ‹-ciai, -ciaie› *m, f* Kurzwarenhändler(in) *m(f).*

mercoledì [merkoleˈdi] ‹-› *m* Mittwoch *m; v. a. lunedì.*

mercurio [merˈku:ri̯o] *m chem* Quecksilber *n.*

Mercurio [merˈku:ri̯o] *m astr* Merkur *m.*

merda [ˈmɛrda] *f vulg* Scheiße *f vulg;* **essere nella ~** in der Scheiße stecken, beschissen dran sein. **merdoso, -a** [...ˈdo:so] *a vulg* beschissen *vulg; (fig a.)* dreckig.

merenda [meˈrɛnda] *f* Vesper(brot) *n,* Nachmittagsimbiß *m;* **fare (la) ~** Vesper machen, vespern.

meridiana [meriˈdi̯a:na] *f* **1.** *(orologio)* Sonnenuhr *f;* **2.** *astr* Mittagslinie *f.* **meridiano, -a** [...no] **I.** *a* Mittags-; **II.** *m* Meridian *m.*

meridionale [meridi̯oˈna:le] **I.** *a* **1.** *(del sud)* südlich, Süd-; **2.** *(del Mezzogiorno italiano)* süditalienisch; **l'Italia ~** Süditalien *n;* **II.** *mf* **1.** *(del sud)* Südländer(in) *m(f); (del Mezzogiorno italiano)* Süditaliener(in) *m(f).* **meridione** [...ˈdi̯o:ne] *m* Süden *m.*

meringa [meˈriŋga] ‹-ghe› *f* Meringe *f,* Baiser *n.*

merino [meˈri:no] **I.** ‹*inv*› *a* Merino-; **II.** ‹-› *m* **1.** *zoo* Merino(schaf *n*) *m;* **2.** *(lana)* Merinowolle *f.*

meritare [meriˈta:re] **I.** *tr* **1.** *(conseguire)* verdienen; **2.** *(procurare)* eintragen, einbringen; **II.** *itr* **1.** *fam (valere)* sich lohnen; **2.** *(impersonale: valere la pena)* sich lohnen, der Mühe wert sein; **non merita che se ne parli** es ist nicht wert, daß man darüber spricht; **III.** *rfl:* **-arsi** (sich *dat*) verdienen; **questa te la sei proprio meritata!** das geschieht dir gerade recht!

meritevole [meriˈte:vole] *a* wert, würdig.

merito [ˈmɛ:rito] *m* **1.** *(qualità)* Verdienst *n;* **2.** *(valore)* Wert *m,* Vorzug *m;* **3.** *(sostanza)* Kern *m,* Hauptsache *f;* **dare a qu ~ di qc** jdm etw. als Verdienst anrechnen; **in ~ a ...** was ... betrifft, in bezug auf ...; **a pari ~** bei Gleichwertigkeit. **meritorio, -a** [meriˈtɔ:ri̯o] ‹-i, -ie› *a* verdienstvoll.

merletto [merˈletto] *m* Spitze *f.*

merlo[1] [ˈmɛrlo] *m arch* Zinne *f.*

merlo[2] [ˈmɛrlo] *m zoo* Amsel *f,* Schwarzdrossel *f.*

merluzzo [merˈluttso] *m* Kabeljau *m.*

mescere [ˈmeʃʃere] ‹mesco, mesci› *tr* einschenken, eingießen.

meschinità [meskiniˈta] ‹-› *f* **1.** *(ristrettezza mentale)* Kleinlichkeit *f,* Engherzigkeit *f,* Engstirnigkeit *f;* **2.** *(inadeguatezza)* Dürftigkeit *f,* Unzulänglichkeit *f.* **meschino, -a** [...ˈki:no] *a* **1.** *(misero)* armselig; *fig* kläglich; **2.** *(insufficiente)* dürftig, spärlich; **3.** *(gretto)* kleinlich, engherzig, engstirnig.

mescolanza [meskoˈlantsa] *f* **1.** *(il mescolare)* Mischung *f,* Mischen *n;* **2.** *(insieme di cose mescolate)* Mischung *f,* Gemisch *n;* **3.** *fig pej (confusione)* Mischmasch *m fam.*

mescolare [meskoˈla:re] **I.** *tr* **1.** *(mischiare)* (ver)mischen; *(carte)* mischen; **2.** *fig (confondere)* durcheinanderbringen, -werfen; **II.** *rfl:* **-arsi 1.** *(unirsi in una massa)* sich vermischen; **2.** *(confondersi)* sich mischen.

mese [ˈme:se] *m* **1.** *(periodo di tempo)* Monat *m;* **2.** *(stipendio)* Monatslohn *m,* -gehalt *n;* **3.** *(canone d'affitto)* Monatsmiete *f;* **essere al terzo ~** im dritten Monat (schwanger) sein.

messa[1] [ˈmessa] *f rel, mus* Messe *f;* **dire la ~** die Messe lesen.

messa[2] [ˈmessa] *f (azione del mettere):* **~ a fuoco** Scharfeinstellung *f;* **~ a massa** (*o* **a terra**) *el* Erdung *f;* **~ a punto** *tec* Einstellung *f,* Regulierung *f;* **~ in marcia** *tec* Ingangsetzen *n;* **~ in moto** *tec* Anlassen *n;* **~ in opera** *tec* Installation *f,* Verlegung *f;* **~ in piega**

Legen *n*, (Wasser)welle *f*; ~ **in scena** *v.* **messinscena.**

messaggero, -a [messad'dʒɛ:ro] *m, f* Bote *m*, Botin *f.*

messaggio [mes'saddʒo] ‹-ggi› *m* **1.** *(notizia)* Nachricht *f*; *(fig a.)* Botschaft *f*; **2.** *(discorso solenne)* Botschaft *f*; **3.** *inform* Message *f.*

messale [mes'sa:le] *m* Meßbuch *n*, Missale *n.*

messe ['mɛsse] *f* **1.** *(mietitura)* (Getreide)ernte *f*; **2.** *(quantità di cereali)* Getreide *n*, Korn *n*; **3.** *(epoca)* Erntezeit *f*; **4.** *fig* Ernte *f*, Ausbeute *f.*

messia [mes'si:a] ‹-› *m*: **il M~** der Messias.

messicano, -a [messi'ka:no] **I.** *a* mexikanisch; **II.** *m, f* Mexikaner(in) *m(f).*

Messico ['mɛssiko] *m*: **il** ~ Mexiko *n.*

messinscena [messin'ʃɛ:na], **messa in scena** ‹messe in scena› *f* Inszenierung *f.*

messo ['messo] *pp di* **mettere.**

mestiere [mes'ti̯ɛ:re] *m* **1.** *(lavoro)* Beruf *m*, Handwerk *n*; **2.** *(competenza)* Fach *n*, Metier *n*, Handwerk *n*; **di** ~ von Beruf; **essere del** ~ vom Fach sein.

mesto, -a ['mɛsto] *a* wehmütig, traurig.

mestola ['mestola] *f* **1.** *(da cucina)* Schöpflöffel *m*, (Schöpf)kelle *f*; **2.** *(del muratore)* (Maurer)kelle *f.* **mestolo** [...lo] *m* Kochlöffel *m.*

mestruale [mestru'a:le] *a* menstrual, menstruell, Menstruations-. **mestruazione** *f*, **mestruo** [...ua'tsi̯o:ne, 'mɛstruo] *m* Monatsblutung *f*, Menstruation *f.*

meta ['mɛ:ta] *f* **1.** *(destinazione)* Ziel *n*; **2.** *(scopo)* Zweck *m.*

metà [me'ta] ‹-› *f* **1.** *(parte)* Hälfte *f*; **2.** *(punto di mezzo)* Mitte *f*; **3.** *fig scherz (coniuge)* bessere Hälfte *scherz*; **a** ~ halb, zur Hälfte; **a** ~ **strada** auf halbem Wege; **dire le cose a** ~ sich vage ausdrücken; **dividere a** ~ halbieren; **fare a** ~ halbe-halbe machen.

metabolismo [metabo'lizmo] *m* Stoffwechsel *m*, Metabolismus *m.*

metafisica [meta'fi:zika] *f* Metaphysik *f.*

metafora [me'ta:fora] *f* Metapher *f*; **fuor di** ~ unverblümt; **parlar sotto** ~ etw. durch die Blume sagen.

metalinguaggio [metaliŋ'gu̯addʒo] *m* Metasprache *f.*

metallico, -a [me'talliko] ‹-ci, -che› *a* Metall-, metallen; *(a. fig)* metallisch.

metallizzato, -a [...lid'dza:to] *a* metallic.

metallo [me'tallo] *m* Metall *n.* **metallurgia** [...lur'dʒi:a] ‹-gie› *f* Metallurgie *f*, Hüttenkunde *f.* **metallurgico, -a** [...'lurdʒiko] ‹-ci, -che› **I.** *a* metallurgisch, Metall-, Hütten-; **II.** *m* Hütten-, Metallarbeiter *m.* **metalmeccanico, -a** [metalmek'ka:niko] **I.** *a* Metall- (und Maschinenbau-); **II.** *m* Metallarbeiter *m.*

metamorfosi [meta'mɔrfozi] ‹-› *f* Metamorphose *f.*

metano [me'ta:no] *m* Methan(gas) *n.*

metastasi [me'tastazi] ‹-› *f* Metastase *f*, Tochtergeschwulst *f.*

meteora [me'tɛ:ora] *f* Meteor *m.* **meteorite** [meteo'ri:te] *m o f* Meteorit *m.*

meteorologia [meteorolo'dʒi:a] ‹-gie› *f* Meteorologie *f*, Wetterkunde *f.* **meteorologico, -a** [...'lɔ:dʒiko] *a* meteorologisch; *(bollettino, satellite, stazione, etc.)* Wetter-. **meteorologo, -a** [...'rɔ:logo] ‹-gi, -ghe› *m, f* Meteorologe *m*, -login *f.*

meticcio, -a [me'tittʃo] ‹-cci, -cce› *m, f* **1.** *biol* Hybride *f o m*; **2.** *(persona)* Mestize *m*, Mischling *m.*

meticolosità [metikolosi'ta] ‹-› *f* Gewissenhaftigkeit *f*, peinliche Sorgfalt.

meticoloso, -a [...'lo:so] *a* gewissenhaft, peinlich genau, minuziös.

metile [me'ti:le] *m* Methyl *n.*

metodico, -a [me'tɔ:diko] ‹-ci, -che› *a* **1.** *(sistematico)* methodisch; **2.** *(abitudinario)* gewohnheitsmäßig; **un uomo** ~ ein Gewohnheitsmensch *m.*

metodismo [meto'dizmo] *m* Methodismus *m.* **metodista** [...'dista] ‹-i *m*, -e *f*› **I.** *a* methodistisch, Methodisten-; **II.** *mf* Methodist(in) *m(f).*

metodo ['mɛ:todo] *m* **1.** *(procedimento)* Methode *f*, Verfahren(sweise *f*) *n*; **2.** *(ordine)* System *n*, Methode *f*; **3.** *(manuale)* Leitfaden *m*, Lehrbuch *n.*

metraggio [me'traddʒo] ‹-ggi› *m* **1.** *(misurazione)* Messen *n* (nach Metern); **2.** *(quantità)* Meterlänge *f.* **metratura** [...a'tu:ra] *f* Länge *f* in Metern.

metrica ['mɛ:trika] ‹-che› *f* Verslehre *f*, Metrik *f.* **metrico, -a** [...ko] ‹-ci, -che› *a* metrisch.

metro ['mɛ:tro] *m* **1.** *(unità di lunghezza, ab* **m***)* Meter *m o n*; **2.** *(strumento)* Metermaß *n*, Meterband *n*; **3.** *fig (criterio di giudizio)* Maßstab *m*; **4.** *lit* Metrum *n*, Versmaß *n*; ~ **cubo/quadrato** Kubik-/Quadratmeter *m o n.*

metronotte [metro'nɔtte] ‹-› *m* Nachtwächter *m.*

metropoli [me'trɔ:poli] ‹-› *f* **1.** *(grande città)* Großstadt *f*, Metropole *f*; **2.** *(capitale)* Hauptstadt *f.*

metropolitana [metropoli'ta:na] *f* Untergrundbahn *f*, U-Bahn *f.* **metropolitano** [...no] *m* Polizist *m*, Schutzmann *m.*

mettere ['mettere] ‹metto, misi, messo› **I.** *tr* **1.** *(collocare, apporre)* setzen; *(in piedi)* stellen; *(orizzontalmente)* legen; **2.** *(ficcare)* (hinein)stekken; **3.** *(applicare)* (auf)kleben; *(appen-*

dere) (auf)hängen; **4.** *fam (installare)* installieren; *el* legen; **5.** *(infondere)* erfüllen *(qc a qu* jdn mit etw.); *(paura)* einflößen (*qc a qu* jdm etw.); *(discordia)* säen; *(provocare)* verursachen, auslösen; **6.** *(indossare)* anziehen, tragen; *(cappello a.)* aufsetzen; **7.** *(imporre)* auferlegen; **8.** *(ridurre)* umsetzen, umwandeln, machen zu; **9.** *(sviluppare)* bekommen; *(radici)* ansetzen; **10.** *(alloggiare)* unterbringen; **11.** *(depositare)* deponieren; **12.** *(puntare)* (ein)setzen; **13.** *fam (far pagare)* zahlen lassen; ~ **ai voti** zur Abstimmung bringen; ~ **alla porta** vor die Tür setzen; ~ **a tacere** zum Schweigen bringen; ~ **giù** ab-, hin-, weglegen; ~ **in atto** (*o* **in pratica)** in die Tat umsetzen; ~ **in chiaro** klarstellen; ~ **in fuga** in die Flucht schlagen; ~ **in funzione** in Betrieb setzen; ~ **in giro** in Umlauf bringen; ~ **in guardia qu** jdn warnen; ~ **in pericolo** in Gefahr bringen; ~ **qu in libertà** jdm die Freiheit geben; ~ **dentro** *(infilare)* hineinstecken; *fig fam (imprigionare)* einlochen *fam;* ~ **sotto** *fig* überwältigen, besiegen; ~ **su** *(fondare)* gründen; *(organizzare)* einrichten, aufbauen; *(aprire)* eröffnen; *fig (istigare)* anstiften; *fam (mettere a cuocere)* aufsetzen; *(indossare)* anziehen; **mettercisi** *fig (mettersi d'impegno)* sich daranmachen *fam; (impiegare)* (dafür) brauchen; **mettercela tutta** alles daransetzen; ~ **bocca in qc** bei etw. dreinreden, sich in etw. einmischen; ~ **i denti** Zähne bekommen; ~ **le radici** Wurzeln ansetzen; *fig* Wurzeln schlagen; **II.** *itr* **1.** *(sboccare)* münden; **2.** *(germogliare)* keimen, treiben; **3.** *(supporre)* annehmen; **mettiamo che ...** *conj* nehmen wir an (*o* angenommen), daß ...; **III.** *rfl:* **-ersi 1.** *(collocarsi)* sich stellen; *(sdraiarsi)* sich legen; **2.** *(cacciarsi)* sich bringen, sich stürzen; **3.** *(indossare)* (sich *dat*) anziehen; *(cappello a.)* (sich *dat*) aufsetzen; **4.** *(unirsi)* sich vereinigen, sich zusammentun; **5.** *(assumere un andamento)* sich anlassen; **-ersi a ...** anfangen zu ..., beginnen zu ...; **-ersi a sedere** sich (hin)setzen; **-ersi a proprio agio** es sich *(dat)* bequem machen; **-ersi al bello** *(tempo)* schön(er) werden; **-ersi al lavoro** sich an die Arbeit machen; **-ersi con qu** *(associarsi)* sich mit jdm vereinigen; *(avere una relazione amorosa)* mit jdm gehen; *(gareggiare)* sich mit jdm messen; **-ersi in contatto con qu** sich mit jdm in Verbindung setzen; **-ersi in vista** sich zur Schau stellen.

mezzadria [meddza'dri:a] ⟨-ie⟩ *f* Halbpacht *f.* **mezzadro** [...'dza:dro] *m* Halbpächter *m.*

mezzanino [meddza'ni:no] *m* Zwischengeschoß *n,* Mezzanin *n.*

mezzanotte [meddza'nɔtte] ⟨mezzenotti⟩ *f* Mitternacht *f.* **mezz'asta** [med'dzasta] *f:* **a** ~ auf halbmast.

mezzeria [meddze'ri:a] ⟨-ie⟩ *f* mittlere Linie; **linea di** ~ *(di strada)* Mittellinie *f.*

mezzisoprani *pl di* **mezzosoprano.**

mezzo, -a ['mɛddzo] **I.** *a* **1.** *(metà di un intero)* halb, Halb-; **2.** *(medio, intermedio)* mittlere(r, s); **3.** *fig (quasi)* halb; **vestito di -a stagione** Übergangskleid *n;* **le tre e** ~ drei Uhr dreißig, halb vier; **II.** *m* **1.** *(metà)* Hälfte *f;* **2.** *(parte centrale)* Mitte *f;* **3.** *(espediente)* Mittel *n;* **4.** *(veicolo)* Verkehrsmittel *n,* Fahrzeug *n;* **5.** ⟨*pl*⟩ *(denari, averi)* (Geld)mittel *n pl;* **6.** *phys* Medium *n;* **7.** *fig (misura)* Maß *n;* **8.** *fig (dote, capacità)* Fähigkeit *f;* ~ **legale** Rechtsmittel *n;* **via di** ~ *fig* Mittelweg *m;* **per** ~ **di** *(persona)* durch; *(cosa)* mit, mit Hilfe von; **privo di -i** mittellos; **andarci di** ~ etw. abbekommen *fam;* **esserci di** ~ beteiligt sein, mit von der Partie sein *fam;* **levar** (*o* **togliere) di** ~ aus dem Weg räumen, ausschalten; **levarsi** (*o* **togliersi) di** ~ von der Bildfläche verschwinden *fam;* **III.** *adv* zur Hälfte, halb-, halb. **mezzofondista** [-fon'dista] ⟨-i *m,* -e *f*⟩ *mf* Mittelstreckenläufer(in) *m(f),* -schwimmer(in) *m(f).* **mezzofondo** [-'fondo] *m* Mittelstreckenlauf *m,* -schwimmen *n.*

mezzogiorno [-'dʒorno] *m* **1.** *(le 12)* Mittag *m,* zwölf Uhr (mittags); **2.** *(sud)* Süden *m;* **3.** *(l'Italia meridionale)* Süditalien *n.* **mezz'ora** [med'dzo:ra] ⟨mezze ore⟩ *f* halbe Stunde. **mezzosoprano** [-so'pra:no] ⟨mezzisoprani⟩, **mezzo soprano** *m* Mezzosopran *m.*

mi^1 [mi] **I.** *pron pers 1^a pers sing* **1.** *(complemento di termine)* mir; **2.** *(complemento oggetto)* mich; **II.** *pron rfl 1^a pers sing* mich.

mi^2 [mi] ⟨-⟩ *m mus* e, E *n.*

miagolare [mi̯ago'la:re] *itr* miauen. **miagolio** [...'li:o] ⟨-ii⟩ *m* Miauen *n.*

mica^1 ['mi:ka] *adv* **1.** *(affatto, per niente):* **non ...** ~ doch nicht, ja nicht, gar nicht; *(per caso)* doch (wohl) nicht; **2.** *fam (non)* nicht; ~ **male quel tipo!** *fam* nicht übel, dieser Typ! *fam.*

mica^2 ['mi:ka] ⟨-che⟩ *f min* Glimmer *m.*

miccia ['mittʃa] ⟨-cce⟩ *f* Zündschnur *f.*

Michela [mi'kɛ:la] *(nome proprio femminile)* Michaela.

Michele [mi'kɛ:le] *(nome proprio maschile)* Michael.

micidiale [mitʃi'di̯a:le] *a* **1.** *(mortale)* tödlich; **2.** *fig (molto dannoso)* schädlich.

micio, -a ['mi:tʃo] ⟨-ci, -ce⟩ *m, f fam* Mieze *f fam.*

micosi [mi'kɔ:zi] ‹-› *f* Pilzkrankheit *f*, Mykose *f*.
microbiologia [mikrobiolo'dʒi:a] *f* Mikrobiologie *f*.
microbo ['mi:krobo] *m* Mikrobe *f*.
microfilm [mikro'film] *m* Mikrofilm *m*. **microfilmare** [...'ma:re] *tr* mikroverfilmen.
microfono [mi'krɔ:fono] *m* Mikrophon *n*; *tel* Telefonhörer *m*.
microonda [mikro'onda] *f* Mikrowelle *f*.
microscopico, -a [mikros'kɔ:piko] ‹-ci, -che› *a* **1.** *tec* mikroskopisch; **2.** *fig (estremamente piccolo)* verschwindend klein, winzig.
microscopio [-s'kɔ:pi̯o] ‹-i› *m* Mikroskop *n*; ~ **elettronico** Elektronenmikroskop *n*.
microsolco [mikro'solko] *m* **1.** *(solco)* Mikrorille *f*; **2.** *(disco)* Langspielplatte *f*.
midollo [mi'dollo] ‹*pl:* -a *f o rar* -i *m*› *m* **1.** *anat, bot* Mark *n*; **2.** *fig* Mark *n*, Knochen *m*; **bagnarsi** (*o* **infradiciarsi**) **fino al** ~ (*o* **alle -a**) *fam* bis auf die Knochen naß werden; **un uomo senza** ~ ein Mann *m* ohne Rückgrat.
mie, miei ['mi:e, 'mi̯ɛ:i] *v.* **mio.**
miele ['mi̯ɛ:le] *m* Honig *m*.
mietere ['mi̯ɛ:tere] *tr* **1.** *agr* mähen; **2.** *fig (raccogliere)* einheimsen *fam*, ernten; **3.** *fig (uccidere)* dahinraffen *geh*. **mietitore, -trice** [mi̯eti'to:re] *m, f* Mäher(in) *m(f)*, Schnitter(in) *m(f)*. **mietitrice** [...'tri:tʃe] *f* Mähmaschine *f*. **mietitura** [...'tu:ra] *f* **1.** *(lavoro)* Mähen *n*; **2.** *(periodo)* Erntezeit *f*; **3.** *(messe)* Getreideernte *f*.
migliaio [miʎ'ʎa:i̯o] ‹*pl:* -aia *f*› *m* Tausend *n*; **un** ~ (**di** . . .) etwa tausend (. . .); **a -aia** zu Tausenden.
miglio[1] ['miʎʎo] ‹*pl:* -glia *f*› *m* **1.** *(unità di misura)* Meile *f*; **2.** *fig (distanza notevole)* meilenweite Entfernung; **3.** *(pietra)* Meilenstein *m*; **essere lontano un** ~ meilenweit entfernt sein.
miglio[2] ['miʎʎo] ‹-gli› *m bot* Hirse *f*.
miglioramento [miʎʎora'mento] *m* (Ver)besserung *f*.
migliorare [miʎʎo'ra:re] **I.** *tr* ‹*avere*› (ver)bessern; **II.** *itr* ‹*essere*› besser werden, sich bessern; **il malato migliora di giorno in giorno** dem Kranken geht es von Tag zu Tag besser; **III.** *rfl:* **-arsi** sich bessern.
migliore [miʎ'ʎo:re] ‹*comparativo di* buono› **I.** *a* **1.** *(comparativo)* besser; **2.** *(superlativo relativo)* beste(r, s); **II.** *mf* Beste(r) *mf*. **miglioria** [...ʎo'ri:a] ‹-ie› *f* Ausbau *m*, Umbau *m*.
mignolo ['miɲɲolo] *m* **1.** *(della mano)* kleiner Finger; **2.** *(del piede)* kleiner Zeh.
migrare [mi'gra:re] *itr* ‹*essere*› wandern; *(uccelli a.)* ziehen. **migratore, -trice** [migra'to:re] **I.** *a* Wander-; *(uccelli)* Zug-; **II.** *m, f* (Aus)wanderer *m*, -wand(r)erin *f*. **migrazione** [...t'tsi̯o:ne] *f* Wanderung *f*, Migration *f*.
milanese [mila'ne:se] **I.** *a* mailändisch; **cotoletta alla** ~ Wiener Schnitzel; **II.** *mf* Mailänder(in) *m(f)*.
Milano [mi'la:no] *f* Mailand *n*.
miliardario, -a [mili̯ar'da:ri̯o] ‹-i, -ie› **I.** *m, f* Milliardär(in) *m(f)*; **II.** *a* Milliardär(s)-; *(somma)* Milliarden-; *(persona)* milliardenschwer *fam*.
miliardo [mi'li̯ardo] *m* Milliarde *f*.
miliare [mi'li̯a:re] *a*: **pietra** ~ *(a. fig)* Meilenstein *m*.
milionario, -a [mili̯o'na:ri̯o] ‹-i, -ie› **I.** *m, f* Millionär(in) *m(f)*; **II.** *a* Millionär(s)-; *(somma)* Millionen-; *(persona)* millionenschwer *fam*.
milione [mi'li̯o:ne] *m* Million *f*.
militante [mili'tante] **I.** *a* militant, streitbar *geh*; **II.** *mf* Militant(in) *m(f)*.
militare [mili'ta:re] **I.** *a* militärisch, Militär-, Soldaten-; **servizio** ~ Wehrdienst *m*; **II.** *m* Soldat *m*; **III.** *itr* **1.** *(fare il soldato)* Soldat sein, dienen, Wehrdienst leisten; **2.** *fig (partecipare attivamente)* aktiv (tätig) sein; ~ **a favore di qu/qc** *fig* für jdn/etw. eine Bresche schlagen.
milite ['mi:lite] *m* **1.** *(soldato)* Soldat *m*; **2.** *(membro)* Milizsoldat *m*; **il M~ Ignoto** der Unbekannte Soldat. **milizia** [mi'littsi̯a] ‹-ie› *f* **1.** *mil (esercito)* Armee *f*, Heer *n*; **2.** *(speciale corpo armato)* Miliz *f*.
millantatore, -trice [millanta'to:re] *m, f* Angeber(in) *m(f)*, Prahler(in) *m(f)*.
mille ['mille] **I.** *a numerale* (ein)tausend; **II.** ‹-› *m* (Ein)tausend *f o n*; **le** ~ **ed una notte** Tausendundeine Nacht; **per** ~ pro mille, vom Tausend; **uno su** (*o* **fra**) ~ einer von tausend. **millecento** [-'tʃɛnto] ‹-› **I.** *m* zwölftes Jahrhundert; **II.** *f mot* Elfhunderter *m fam*. **millefoglie** [-'fɔʎʎe] ‹-› **I.** *m* (Blätterteig)cremeschnitte *f*; **II.** *f* Schafgarbe *f*. **millenario, -a** [-'na:ri̯o] ‹-i, -ie› **I.** *a* **1.** *(che dura mille anni)* tausendjährig; **2.** *(che ricorre ogni mille anni)* alle tausend Jahre, Tausendjahr(es)-; **II.** *m* tausendster Jahrestag. **millennio** [mil'lɛnni̯o] ‹-i› *m* Jahrtausend *n*. **millepiedi** [mille'pi̯ɛ:di] ‹-› *m* Tausendfüß(l)er *m*. **millesimo, -a** [mil'lɛ:zimo] **I.** *a* tausendste(r, s); **II.** *m, f* Tausendste(r, s) *mfn*; **III.** *m (frazione)* Tausendstel *n*.
milligrammo [milli'grammo] *m* Milligramm *n*. **millimetro** [mil'li:metro] *m* (*ab* **mm**) Millimeter *m o n*.
milza ['miltsa] *f* Milz *f*.
mimare [mi'ma:re] **I.** *tr* mimen, mimisch darstellen; **II.** *itr* schauspielern.
mimetico, -a [mi'mɛ:tiko] ‹-ci, -che› *a*

1. *gener., philos., lit., zoo* mimetisch; 2. *(imitativo)* imitativ; 3. *(mimetizzante)* Tarn-, tarnend. **mimetismo** [mime'tizmo] *m* Mimese *f.* **mimetizzare** [...tid'dza:re] **I.** *tr mil* tarnen; **II.** *rfl:* **-arsi** 1. *mil* sich tarnen; 2. *zoo* sich der Umgebung anpassen; 3. *fig (adeguarsi)* sich anpassen.

mimica ['mi:mika] ‹-che› *f* Mimik *f.* **mimico, -a** [...ko] ‹-ci, -che› *a* mimisch; **linguaggio ~** Gebärdensprache *f.*

mimo ['mi:mo] *m* Pantomime *m,* -mimin *f.*

mimosa [mi'mo:sa] *f* Mimose *f.*

mina ['mi:na] *f* 1. *(mil, della matita)* Mine *f;* 2. *(carica esplosiva)* (Spreng)ladung *f;* 3. *(cunicolo sotterraneo)* Sprenggang *m.*

minaccia [mi'nattʃa] ‹-cce› *f* 1. *(intimidazione)* Drohung *f;* 2. *(pericolo)* Bedrohung *f,* Gefahr *f.* **minacciare** [...'tʃa:re] ‹minaccio, minacci› *tr* 1. *(spaventare)* bedrohen (*qu di qc* jdn mit etw.), drohen (*qu di qc* jdm mit etw.); 2. *fig* drohen, befürchten lassen. **minaccioso, -a** [...'tʃo:so] *a* drohend; *(pericoloso)* bedrohlich, gefährlich.

minare [mi'na:re] *tr* 1. *(collocare mine)* verminen, Minen legen in (*o* auf); 2. *fig (logorare)* untergraben, zerstören.

minareto [mina're:to] *m* Minarett *n.*

minatore [mina'to:re] *m* Bergmann *m.*

minatorio, a [mina'tɔ:rio] ‹-i, -ie› *a (lettera)* Droh-.

minerale [mine'ra:le] **I.** *a* mineralisch, Mineral-; **II.** *m* Mineral *n,* Erz *n.* **mineralogia** [...lo'dʒi:a] ‹-gie› *f* Mineralogie *f.* **minerario, -a** [...'ra:rio] ‹-i, -ie› *a* 1. *(dei minerali)* Erz-; 2. *(delle miniere)* Bergbau-, Berg-, Montan-.

minerva [mi'nɛrva] **I.** ‹-› *m* Zündhölzer *n pl,* Zündholzbriefchen *n;* **II.** ‹-e› *f (per il collo)* Stützkorsett *n.*

minestra [mi'nɛstra] *f* 1. *gastr* Suppe *f;* 2. *fig* Geschichte *f,* Sache *f;* **è sempre la solita ~** *fig* es ist immer die alte Geschichte. **minestrone** [...'tro:ne] *m* 1. *gastr* (dicke) Gemüsesuppe *f;* 2. *fig (miscuglio)* Mischmasch *m fam,* Sammelsurium *n fam.*

mingherlino, -a [miŋger'li:no] *a* schmächtig; *(uomo a.)* schmalbrüstig.

mini ['mi:ni] **I.** ‹-› *f* Mini(rock) *m;* **II.** ‹*inv*› *a* Mini-, mini.

miniatura [minia'tu:ra] *f* 1. *(arte)* Miniaturmalerei *f;* 2. *(opera)* Miniatur *f;* 3. *fig (lavoro di precisione)* Präzisionsarbeit *f;* **in ~** en miniature, im kleinen.

miniera [mi'niɛ:ra] *f* 1. *min* Bergwerk *n,* Grube *f;* 2. *fig (fonte)* Fundgrube *f.*

minigolf [mini'gɔlf] *m* Minigolf *n.*

minigonna [mini'gonna *o* ...'gɔnna] *f* Minirock *m.*

minima ['mi:nima] *f* 1. *meteo* Tiefsttemperatur *f;* 2. *mus* halbe Note.

minimizzare [minimid'dza:re] *tr* bagatellisieren, verniedlichen.

minimo, -a ['mi:nimo] ‹*superlativo di* piccolo› **I.** *a* 1. *(estremamente piccolo)* minimal, sehr klein; 2. *(il più piccolo)* kleinste(r, s); *(a. fig)* geringste(r, s); 3. *(il più basso)* tiefste(r, s), niedrigste(r, s); 4. *(ultimo)* Mindest-, äußerste(r, s); 5. *(nessuno)* geringste(r, s), mindeste(r, s); **II.** *m* 1. *(la parte più piccola)* Geringste(s) *n,* Mindeste(s) *n;* 2. *(misura, quantità minima)* Mindestmaß *n,* Minimum *n;* 3. *mot* Leerlauf *m;* **al ~** mindestens.

minio ['mi:nio] *m* Mennige *f.*

minipillola [mini'pillola] *f* Minipille *f.*

ministeriale [ministe'ria:le] *a* Minister-, ministeriell, ministerial; **crisi ~** Regierungskrise *f.*

ministero [minis'tɛ:ro] *m* 1. *(dicastero)* Ministerium *n;* 2. *(governo)* Kabinett *n,* Regierung *f;* 3. *fig (ufficio)* Mission *f,* hoher Auftrag; **~ della difesa/degli (affari) esteri/delle finanze/di grazia e giustizia** Verteidigungs-/Außen-/Finanz-/Justizministerium *n;* **pubblico ~** Staatsanwalt *m; (organo)* Staatsanwaltschaft *f.*

ministro [mi'nistro] *m* 1. *pol* Minister(in) *m(f);* 2. *rel* Obere(r) *m(f);* **primo ~** Premierminister(in) *m(f).*

minoranza [mino'rantsa] *f* Minderheit *f,* Minorität *f.*

minorato, -a [mino'ra:to] **I.** *a* behindert; **II.** *m, f* Behinderte(r) *mf.* **minorazione** [...rat'tsio:ne] *f* Behinderung *f.*

minore [mi'no:re] ‹*comparativo di* piccolo› **I.** *a* 1. *(comparativo: più piccolo)* kleiner; *fig* geringer; *(più breve)* kürzer; *(più giovane)* jünger; *(meno importante)* unbedeutender; *mus* Moll-, -Moll; 2. *(superlativo relativo)* kleinste(r, s); **II.** *mf* 1. *(persona più giovane)* Jüngste(r) *mf;* 2. *(minorenne)* Minderjährige(r) *mf,* Jugendliche(r) *mf.* **minorenne** [mino'rɛnne] **I.** *mf* Minderjährige(r) *mf,* Jugendliche(r) *mf;* **tribunale dei -i** Jugendgericht *n;* **II.** *a* minderjährig. **minorile** [...'ri:le] *a* Jugend-, jugendlich; **delinquenza/lavoro ~** Jugendkriminalität *f*/Kinderarbeit *f.* **minoritario, -a** [...ri'ta:rio] ‹-i, -ie› *a* Minderheiten-, Minderheits-.

minuetto [minu'etto] *m* Menuett *n.*

minuscolo, -a [mi'nuskolo] **I.** *a* 1. *(scrittura)* klein-, klein (geschrieben); 2. *(piccolissimo)* winzig; **II.** *m o f* Kleinbuchstabe *m,* Minuskel *f.*

minuta [mi'nu:ta] *f* Konzept *n,* Entwurf *m.*

minuto [mi'nu:to] *m* (*ab* **min.**) Minute *f;* **~ primo/secondo** Minute *f*/Sekunde *f;* **in un ~** *fig (rapidamente)* in einer

Sekunde *fam;* **spaccare il ~** *fig* auf die Minute genau sein; **non avere un ~ di pace** keine ruhige Minute haben; **ho i -i contati** meine Zeit ist knapp (bemessen).

minuto, -a [mi'nu:to] *a* **1.** *(piccolo)* klein, Klein-; **2.** *(di poca importanza)* klein; **3.** *(gracile)* zierlich; *(delicato, sottile)* fein; **4.** *(particolareggiato)* genau, eingehend; **al ~** *com* en détail.

minuziosità [minuttsiosi'ta] ‹-› *f* peinliche Genauigkeit. **minuzioso, -a** [...'tsio:so] *a (lavoro)* minuziös; *(persona)* peinlich genau.

mio, -a ['mi:o] ‹miei, mie› **I.** *a* mein; **la -a anima/voce** meine Seele/Stimme; **~ padre/zio** mein Vater/Onkel; **un ~ amico** ein Freund von mir; **II.** *pron:* **il ~, la -a** meiner, meine, mein(e)s; **III.** *m:* **il ~** das Mein(ig)e; **i miei** die Meinen *geh;* **dire la -a** meine Meinung sagen; **essere** (*o* **stare) dalla -a** auf meiner Seite sein; **la -a del ...** mein Brief vom ...; **ne ho fatta una delle -e** ich habe einen meiner Streiche gespielt.

miope ['mi:ope] **I.** *a* kurzsichtig; **II.** *mf* Kurzsichtige(r) *mf.*

mira ['mi:ra] *f* **1.** *(il mirare)* Zielen *n,* (An)visieren *n;* **2.** *rar (bersaglio)* Ziel *n;* **3.** *fig (intenzione, scopo)* Ziel *n,* Zielsetzung *f,* Absicht *f;* **prendere di ~ qu** *fig* jdn aufs Korn nehmen *fam.*

mirabile [mi'ra:bile] *a* bewundernswert; *(meraviglioso)* wunderbar. **mirabilie** [mira'bi:lie] *f pl scherz* Wunderdinge *n pl.*

mirabolante [mirabo'lante] *a* märchenhaft, unglaublich.

miracolo [mi'ra:kolo] *m* Wunder *n;* **~ economico** Wirtschaftswunder *n;* **far -i** *fig* Wunder vollbringen; *(cose)* Wunder wirken; **per ~** wie durch ein Wunder. **miracoloso, -a** [mirako'lo:so] *a* **1.** *(che fa miracoli)* wundertätig; **2.** *(cosa)* wunderbar; *(persona a.)* phänomenal, fabelhaft.

miraggio [mi'raddʒo] ‹-ggi› *m* **1.** *phys* Luftspiegelung *f;* **2.** *fig (promessa seducente)* Trugbild *n.*

mirare [mi'ra:re] *itr* **1.** *(puntare)* zielen (*a* auf), anvisieren (*a qc* etw.); **2.** *fig (tendere)* abzielen (*a* auf), trachten (*a* nach), streben (*a* nach); **~ in alto** ein hohes Ziel anstreben.

miriade [mi'ri:ade] *f* Myriade *f.*

mirino [mi'ri:no] *m* **1.** *mil* Korn *n; (a. fig)* Visier *n,* Fadenkreuz *n;* **2.** *fot* Sucher *m.*

mirra ['mirra] *f* Myrrhe *f.*

mirtillo [mir'tillo] *m* Heidelbeere *f,* Blaubeere *f.*

mirto ['mirto] *m* Myrte *f.*

misantropo, -a [mi'zantropo] *m, f* Menschenfeind(in) *m(f),* Misanthrop *m geh.*

miscela [miʃ'ʃɛ:la] *f* Mischung *f; mot* Gemisch *n.* **miscelare** [miʃʃe'la:re] *tr* (ver)mischen. **miscelatore, -trice** [...la'to:re] **I.** *m* **1.** *(apparecchio)* Mixer *m;* **2.** *(recipiente graduato)* Mischbecher *m,* Mixbecher *m;* **II.** *a* Misch-, Mix-.

mischia ['miskia] ‹-schie› *f* **1.** *(bes. sport)* Gewühl *n,* Gedränge *n;* **2.** *(rissa)* Handgemenge *n,* Getümmel *n.* **mischiare** [...'kia:re] ‹mischio, mischi› **I.** *tr* (ver)mischen; **II.** *rfl:* **-arsi** sich mischen (*tra* unter).

miscredente [miskre'dɛnte] **I.** *mf* Ungläubige(r) *mf;* **II.** *a* ungläubig.

miscuglio [mis'kuʎʎo] ‹-gli› *m* Mischung *f,* Gemisch *n.*

miserabile [mize'ra:bile] **I.** *a* **1.** *(compassionevole)* erbärmlich, jämmerlich; **2.** *(povero)* armselig, miserabel; **3.** *pej* erbärmlich, elend, miserabel; **II.** *mf* Elende(r) *mf.*

miseria [mi'zɛ:ria] ‹-ie› *f* **1.** *(povertà)* Armut *f,* Elend *n;* **2.** *(scarsità)* Mangel *m* (*di* an), Not *f* (*di* an); **3.** *(meschinità)* Armseligkeit *f,* Armut *f;* **4.** ‹*pl*› *(infelicità)* Misere *f,* Nöte *f pl,* Leiden *n pl;* **costare una ~** spottbillig sein; **porca ~!, ~ ladra!** *fam* elende (*o* verdammte) Schweinerei! *vulg.*

misericordia [mizeri'kɔrdia] ‹-ie› *f* Barmherzigkeit *f; (pietà)* Mitleid *n* (*di* mit), Erbarmen *n* (*di* mit); **senza ~** erbarmungslos; **~, che hai combinato!** barmherziger Himmel, was hast du denn angestellt! **misericordioso, -a** [...kor'dio:so] *a* barmherzig; *(compassionevole)* mitleidsvoll, mitleidig.

misero, -a ['mi:zero] *a* **1.** *(povero)* arm, elend; **2.** *(insufficiente)* kümmerlich, jämmerlich; *(meschino)* kläglich, jämmerlich.

misfatto [mis'fatto] *m* Untat *f,* Missetat *f.*

misi ['mi:zi] *p rem di* **mettere.**

misogino, -a [mi'zɔ:dʒino] *a* frauenfeindlich, misogyn.

missaggio [mis'saddʒo] ‹-ggi› *m film* Mischen *n.*

missile ['missile] *m* Flugkörper *m,* Rakete *f;* **~ a gittata intermedia** Mittelstreckenrakete *f;* **~ Cruise** Marschflugkörper *m.*

missino, -a [mis'si:no] *m, f Mitglied o Anhänger der Partei M(ovimento) S(ociale) I(taliano).*

missionario, -a [missio'na:rio] ‹-i, -ie› **I.** *m, f* **1.** *rel* Missionar(in) *m(f);* **2.** *fig (apostolo)* Apostel *m;* **II.** *a* **1.** *rel* missionarisch, Missions-; **2.** *fig (zelante)* missionarisch; **padre ~** Missionar *m.*

missione [mis'sio:ne] *f* Mission *f; (funzione)* Auftrag *m.*

missiva [mis'si:va] *f* Epistel *f.*

misterioso, -a [miste'rio:so] *a (incom-*

prensibile) geheimnisvoll, mysteriös; *(enigmatico)* rätselhaft; *(segreto)* geheim, heimlich.

mistero [mis'tɛ:ro] *m* **1.** *(fenomeno inspiegabile)* Geheimnis *n;* **2.** *(enigma, fatto oscuro a.)* Rätsel *n.*

misticismo [misti'tʃizmo] *m* Mystizismus *m.* **mistico, -a** ['mistiko] ‹-ci, -che› **I.** *a* mystisch; **II.** *m* Mystiker *m.*

mistificare [mistifi'ka:re] ‹mistifico, mistifichi› *tr* **1.** *(ingannare)* täuschen, irreführen; **2.** *(falsificare)* fälschen. **mistificazione** [...kat'tsi̯o:ne] *f* Täuschung *f,* Irreführung *f.*

misto, -a ['misto] **I.** *a* Misch-, gemischt; **II.** *m* Mischung *f,* Gemisch *n.* **mistura** [...'tu:ra] *f* Gemisch *n,* Mischung *f.*

misura [mi'zu:ra] *f* **1.** *mat* Maß *n,* Maßeinheit *f;* **2.** *(dimensione)* Maß *n;* **3.** *(taglia)* Größe *f;* **4.** *(provvedimento)* Maßnahme *f;* **5.** *(grado, proporzione)* Grad *m,* (Aus)maß *n,* Umfang *m,* Rahmen *m;* **6.** *fig (criterio di valutazione)* Maß *n,* Maßstab *m;* **7.** *mus* Takt *m;* **prendere le -e a qu/di qc** bei jdm Maß nehmen/ etw. (ab)messen; **non avere il senso della ~** kein Gefühl für das rechte Maß haben; **senza ~** ohne Maß und Ziel (*o* Sinn und Verstand *fam*); **oltre ~** über die (*o* alle) Maßen; **su ~** nach Maß, Maß-. **misurare** [mizu'ra:re] **I.** *tr* **1.** *(valutare)* (aus-, ab)messen; *(terreni)* vermessen; **2.** *(provare)* anprobieren; **3.** *(percorrere)* durchmessen *geh;* **4.** *(giudicare)* beurteilen; *(ponderare)* abwägen; **5.** *(limitare)* begrenzen; **6.** *(ridurre eccessivamente)* einschränken; **7.** *(mettere alla prova)* messen *geh;* **II.** *itr* messen; **III.** *rfl:* **-arsi 1.** *fig (cimentarsi)* sich messen *geh;* **2.** *(contenersi)* sich mäßigen, maßvoller werden. **misurato, -a** [...'ra:to] *a* **1.** *(moderato)* mäßig, maßvoll; **2.** *(equilibrato)* ausgeglichen, gemäßigt; **3.** *(ponderato)* abgewogen; **4.** *(limitato)* begrenzt. **misurazione** [...rat'tsi̯o:ne] *f* Messen *n,* Messung *f; (di terreni)* Vermessung *f.* **misurino** [...'ri:no] *m* Meßbecher *m.*

mite ['mi:te] *a* **1.** *(benevolo)* mild(e), sanftmütig; *(tono)* mild; *(indulgente a.)* nachsichtig; **2.** *(clima)* mild; **3.** *(mansueto)* zahm; **4.** *(moderato)* mäßig. **mitezza** [mi'tettsa] *f* **1.** *(benevolenza)* Milde *f,* Sanftmut *f; (indulgenza a.)* Nachsicht *f;* **2.** *(di clima)* Milde *f;* **3.** *(mansuetudine)* Zahmheit *f.*

mitico, -a ['mi:tiko] ‹-ci, -che› *a* **1.** *(del mito)* mythisch; **2.** *(leggendario)* legendär, sagenhaft.

mitigare [miti'ga:re] ‹mitigo, mitighi› **I.** *tr* **1.** *(addolcire)* mildern; *(dolore a.)* lindern; **2.** *(attenuare)* (ab)mildern, mindern, dämpfen; **II.** *rfl:* **-arsi** sich mildern, sich abschwächen.

mitizzare [mitid'dza:re] **I.** *tr* zum Mythos erheben; **II.** *itr* Mythen schaffen.

mito ['mi:to] *m* Mythos *m.* **mitologia** [mitolo'dʒi:a] ‹-gie› *f* Mythologie *f.* **mitologico, -a** [...'lɔ:dʒiko] *a* **1.** *(di mito)* mythologisch; **2.** *fig (favoloso)* sagenhaft.

mitra[1] ['mi:tra] ‹-› *m mil* Maschinengewehr *n,* -pistole *f.*

mitra[2] ['mi:tra] *f rel* Mitra *f,* Bischofsmütze *f.*

mitraglia [mi'traʎʎa] ‹-glie› *f* **1.** *(insieme di colpi)* Feuerstoß *m,* Feuersalve *f;* **2.** *(mitragliatrice)* Maschinengewehr *n.* **mitragliare** [...'ʎa:re] ‹mitraglio, mitragli› *tr* **1.** *mil* unter Maschinengewehrfeuer nehmen; **2.** *fig (bersagliare)* bombardieren. **mitragliatrice** [...ʎa'tri:tʃe] *f* Maschinengewehr *n.*

mitt. *ab di* **mittente** Abs. (*ab di* Absender).

mittente [mit'tɛnte] *mf* (*ab* **mitt.**) Absender(in) *m(f).*

mixer ['mɪksə] ‹-› **I.** *m* **1.** *(recipiente)* Misch-, Mixbecher *m;* **2.** *(del frullatore)* Mixer *m;* **II.** *mf TV* Bildmischer(in) *m(f).*

mm *ab di* **millimetro** mm (*ab di* Millimeter).

mnemonico, -a [mne'mɔ:niko] ‹-ci, -che› *a* Erinnerungs-, Gedächtnis-, mnemotechnisch *scient;* **facoltà -a** Erinnerungsvermögen *n.*

mobile ['mɔ:bile] **I.** *m* **1.** *(oggetto d'arredamento)* Möbel(stück) *n;* **2.** *phys* beweglicher Körper; **II.** *f* Überfallkommando *n;* **III.** *a* **1.** *(che si può muovere, a. fin, com)* beweglich; **2.** *mil* mobil; **3.** *(in movimento)* bewegt; **4.** *(vivace)* lebhaft, lebendig. **mobilia** [mo'bi:li̯a] ‹-ie› *f* Mobiliar *n,* Hausrat *m.* **mobiliare** [mobi'li̯a:re] *a com* beweglich; **mercato ~** Effektenmarkt *m.* **mobilio** [mo'bi:li̯o] ‹-i› *m* Mobiliar *n,* Hausrat *m.* **mobilità** [mobili'ta] ‹-› *f* **1.** *(capacità di spostamento)* Beweglichkeit *f; (professionale, sociale, etc.)* Mobilität *f;* **2.** *(vivacità)* Lebhaftigkeit *f,* Lebendigkeit *f.* **mobilitare** [...'ta:re] **I.** *tr* mobilisieren; **II.** *rfl:* **-arsi** sich in Bewegung setzen. **mobilitazione** [...tat'tsi̯o:ne] *f* **1.** *(appello generale)* Mobilisierung *f;* **2.** *mil* Mobilmachung *f.*

moca ['mɔ:ka] ‹-› **I.** *m* Mokka(kaffee) *m;* **II.** *f* Kaffeemaschine *f.*

mocassino [mokas'si:no] *m* Mokassin *m.*

moccio ['mottʃo] ‹-cci› *m fam* Rotz *m fam.* **moccioso, -a** [...'tʃo:so] **I.** *a* verschleimt; *fam* rotzig *fam;* **II.** *m, f (a. fig)* Rotznase *f fam.*

moccolo ['mɔkkolo *o* 'mok...] *m* **1.** *(di candela)* Kerzenstummel *m;* **2.** *fam (bestemmia)* Fluch *m;* **reggere il ~** *fig* Anstandswauwau sein *fam;* **mandare** (*o* tirare) -i *fam* Gift und Galle spucken *fam.*

moda ['mɔ:da] *f* Mode *f;* **alla ~** nach der Mode, modisch; **l'alta ~** die Haute Couture; **~ pronta** Konfektion *f;* **fuori ~** altmodisch; **di ~** modern; **andare** (*o* **essere) di ~** (in) Mode (*o* modern) sein; **passare di ~** aus der Mode kommen; **seguire la ~** mit der Mode gehen.

modalità [modali'ta] ‹-› *f* Bedingung *f;* **~ di pagamento/d'uso** Zahlungsbedingungen *f pl*/Gebrauchsanweisung *f.*

modella [mo'dɛlla] *f* Modell *n; (indossatrice a.)* Mannequin *n.*

modellare [model'la:re] **I.** *tr* **1.** *(plasmare)* formen, modellieren; **2.** *(disegnare)* umreißen, skizzieren; **3.** *fig (conformare ad un modello)* ausrichten (*su* an); **II.** *rfl:* **-arsi** sich richten (*su* nach), sich orientieren (*su* an). **modellatore** [...la'to:re] *m* Korsett *n.* **modellismo** [...'lizmo] *m* Modellbau *m.* **modellista** [...'lista] ‹-i *m,* -e *f*› *mf* **1.** *(ideatore)* Modelleur(in) *m(f),* Modellist(in) *m(f); (di abiti)* Modelldesigner(in) *m(f);* **2.** *(esecutore)* Modelleur(in) *m(f),* Modellbauer(in) *m(f).*

modello [mo'dɛllo] *m* **1.** *gener.* Modell *n; (oggetto di riferimento)* Muster *n;* **2.** *(abito)* Modell(kleid) *n;* **3.** *(figurino)* (Schnitt)muster *n;* **4.** *fig (esempio)* Modell *n geh,* Muster *n* (*di* an), Vorbild *n;* **5.** *(forma, stampo)* Form *f.*

moderare [mode'ra:re] **I.** *tr* **1.** *(ridurre)* vermindern, mäßigen; *(spese, etc.)* einschränken; **2.** *(misurare)* zügeln, mäßigen; **II.** *rfl:* **-arsi** sich mäßigen, Maß halten. **moderatezza** [...ra'tettsa] *f* maßvolles Verhalten. **moderato, -a** [...'ra:to] *a* **1.** *(non eccessivo)* maßvoll, mäßig; *(nel mangiare, fumare, etc.)* maßvoll; *(equilibrato)* ausgeglichen; **2.** *pol* gemäßigt; **3.** *mus* moderato, mäßig schnell. **moderatore, -trice** [...ra'to:re] **I.** *m, f* Moderator(in) *m(f);* **II.** *m phys* Moderator *m.* **moderazione** [...rat'tsi̯o:ne] *f* Mäßigkeit *f; (nel bere, mangiare, etc.)* Maßhalten *n.*

modernamente [moderna'mente] *adv* in jüngster (*o* letzter) Zeit. **modernità** [...ni'ta] ‹-› *f* Modernität *f.* **modernizzare** [...nid'dza:re] **I.** *tr* modernisieren; **II.** *rfl:* **-arsi** mit der Zeit gehen, sich der Zeit anpassen.

moderno, -a [mo'dɛrno] **I.** *a* modern; *(lingua)* neuere(r, s); *(storia)* neuzeitlich; **II.** *m* Moderne(s) *n.*

modestia [mo'dɛsti̯a] ‹-ie› *f* **1.** *(virtù)* Bescheidenheit *f;* **2.** *(sobrietà)* Genügsamkeit *f,* Anspruchslosigkeit *f;* **3.** *(pudore)* Sittsamkeit *f;* **4.** *(limitatezza)* Mäßigkeit *f; (mediocrità)* Mittelmäßigkeit *f;* **~ a parte** *scherz* bei aller Bescheidenheit. **modesto, -a** [...to] *a* **1.** *(umile)* bescheiden; *(parsimonioso)* anspruchslos, genügsam; **2.** *(privo di sfarzo)* bescheiden, einfach; *(limitato)* mäßig, gering; *(prezzo)* niedrig, reell; **3.** *(pudico, serio)* sittsam, anständig; **4.** *pej (mediocre)* mittelmäßig.

modico, -a ['mɔ:diko] ‹-ci, -che› *a* gering; *(prezzi)* niedrig, mäßig.

modifica [mo'di:fika] ‹-che› *f* (Ab-, Um-, Ver)änderung *f,* Modifikation *f.* **modificare** [modifi'ka:re] ‹modifico, modifichi› **I.** *tr* (ab-, um-, ver)ändern, modifizieren; **II.** *rfl:* **-arsi** sich (ver)ändern. **modificazione** [...kat'tsi̯o:ne] *f* (Ab)änderung *f,* Modifizierung *f; (a. biol)* Modifikation *f.*

modista [mo'dista] *f* Modistin *f.*

modo ['mɔ:do] *m* **1.** *(maniera)* Art *f,* Weise *f,* Art und Weise *f;* **2.** *(comportamento)* Benehmen *n,* Art *f,* Manieren *pl;* **3.** *(abitudine, usanza)* Art *f;* **4.** *(occasione)* Gelegenheit *f,* Möglichkeit *f;* **5.** *(limite, regola)* Maß *n;* **6.** *gram* Modus *m,* Aussageweise *f;* **7.** *(locuzione)* Redewendung *f;* **8.** *mus* Tonart *f;* **~ condizionale/congiuntivo/indicativo** Konditional *m*/Konjunktiv *m*/Indikativ *m;* **~ maggiore/minore** Dur(tonart *f*) *n*/Moll(tonart *f*) *n;* **una persona a ~** eine anständige Person; **~ di dire** Redensart *f;* **ad** (*o* **in) ogni ~** auf jeden Fall, jedenfalls; **a quel** (*o* **questo) ~** auf diese Art, so; **di** (*o* **in) ~ che ...** *conj* so, daß ...; **in che ~?** wie?; **in nessun ~** auf keinen Fall; **in qualche ~** irgendwie; **in qualunque ~** unter allen Umständen, mit allen Mitteln; *(in ogni caso)* auf jeden Fall; **c'è ~ e ~ di dire qc** man kann etwas so oder so sagen.

modulare [modu'la:re] *tr* **1.** *mus, phys* modulieren; **2.** *radio, tec* regeln. **modulatore** [...la'to:re] *m* Modulator *m.* **modulazione** [...lat'tsi̯o:ne] *f* **1.** *phys, radio* Modulation *f;* **2.** *mus* Übergang *m,* Modulieren *n.*

modulo ['mɔ:dulo] *m* **1.** *(formulario)* Formblatt *n,* Formular *n,* Vordruck *m;* **2.** *tec, arch, mat* Modul *m;* **~ lunare** Mond(lande)fähre *f.*

moffetta [mo'fetta] *f* Stinktier *n,* Skunk *m.*

mogano ['mɔ:gano] *m* Mahagoni *n.*

mogio, -a ['mɔ:dʒo] ‹-gi, -ge› *a* **1.** *(avvilito)* niedergeschlagen, bedrückt; **2.** *(privo di vivacità)* schlapp, lustlos.

moglie ['moʎʎe] ‹-gli› *f* (Ehe)frau *f,* Gattin *f geh;* **dare in ~** zur Frau geben; **prender ~** heiraten.

moina [mo'i:na] *f* Schmeichelei *f;* **fare le -e a qu** *fam* jdm um den Bart gehen.

mola ['mɔ:la] *f* Schleifstein *m,* Schleifscheibe *f; (da mulino)* Mühlstein *m.*

molare¹ [mo'la:re] **I.** *m* Backenzahn *m;* **II.** *a* **1.** *anat:* **dente ~** Backenzahn *m;* **2.** *(della mola):* **pietra ~** Mühlstein *m.*

molare² [mo'la:re] *tr* schleifen.

mole ['mɔ:le] *f* **1.** *(dimensione)* Ausmaß *n,* Umfang *m;* **2.** *arch* (imponierendes) Bauwerk *n,* Burg *f;* **3.** *(volume)* (wuchtige) Masse *f;* **4.** *fig (quantità)* Menge *f,* Masse *f fam.*

molecola [mo'lɛ:kola] *f* Molekül *n.* **molecolare** [moleko'la:re] *a* molekular, Molekular-.

molestare [moles'ta:re] *tr* belästigen. **molestia** [mo'lɛstia] ‹-ie› *f* **1.** *(fastidio)* Plage *f,* Lästigkeit *f;* **2.** *(azione molesta)* Belästigung *f;* **3.** *jur* Störung *f,* Unfug *m.*

molesto, -a [mo'lɛsto] *a* lästig.

molla ['mɔlla] *f* **1.** *tec* Feder *f;* **2.** ‹*pl*› Zange *f;* **3.** *fig (impulso)* Triebfeder *f fig;* ~ **a balestra** Blattfeder *f;* **prendere qu con le -e** *fig fam* jdn mit Vorsicht genießen, jdn mit Glacéhandschuhen anfassen.

mollare [mol'la:re] **I.** *tr* **1.** *(lasciar andare)* loslassen; *naut (ormeggi)* losmachen; *(vele)* klarmachen; **2.** *(allentare)* locker machen; *(presa)* lockern; **3.** *fig fam (dare)* austeilen, verpassen *fam;* **II.** *itr* **1.** *(cedere)* nachgeben; **2.** *fig fam (smetterla)* lockerlassen *fam;* **tira e molla** nach langem Hin und Her.

molle ['mɔlle] **I.** *a* **1.** *(morbido)* weich; *(flessibile)* biegsam, geschmeidig; **2.** *(bagnato)* naß, durchnäßt; *(umido)* feucht; **3.** *ling (palatalizzato)* palatal; **4.** *fig (debole)* schwach, weichlich; **5.** *fig (rilassato)* locker *fam,* entspannt; *pej* nachlässig; *(dolce, mite)* sanft; *(sciolto)* gelöst, gelockert; **II.** *m* Weiche(s) *n.*

molleggiare [molled'dʒa:re] ‹molleggio, molleggi› **I.** *itr* federn; **II.** *tr* elastisch machen, eine Federung anbringen in (*o* an); **III.** *rfl:* **-arsi** sich federnd bewegen. **molleggio** [...'leddʒo] ‹-ggi› *m* Federung *f.*

molletta [mol'letta] *f* **1.** *(per capelli)* (Haar)klammer *f,* -klemme *f;* **2.** *(per panni)* (Wäsche)klammer *f;* **3.** ‹*pl*› *(per zucchero)* Zuckerzange *f;* *(per ghiaccio)* Eiszange *f.*

mollezza [mol'lettsa] *f* **1.** *(l'essere molle)* Weichheit *f;* **2.** *fig (fiacchezza)* Weichlichkeit *f,* Schwäche *f;* **3.** ‹*pl*› *(agio)* Bequemlichkeit *f.*

mollica [mol'li:ka] ‹-che› *f* (Brot)krume *f.*

mollusco [mol'lusko] ‹-schi› *m* Weichtier *n,* Molluske *f.*

molo ['mɔ:lo] *m* (Hafen)mole *f.*

molotov ['mɔ:lotov] ‹-› *f* Molotowcocktail *m.*

molteplice [mol'te:plitʃe] *a* vielfältig. **molteplicità** [...teplitʃi'ta] ‹-› *f* Vielfältigkeit *f;* *(varietà)* Vielfalt *f.*

moltiplica [mol'ti:plika] ‹-che› *f tec* Übersetzung *f.*

moltiplicare [moltipli'ka:re] ‹moltiplico, moltiplichi› **I.** *tr* **1.** *mat* multiplizieren; **2.** *(accrescere)* vervielfachen, vermehren; *fig* steigern; ~ **3 per 7** 3 mit 7 multiplizieren; **II.** *rfl:* **-arsi** **1.** *(riprodursi)* sich vermehren, sich fortpflanzen; **2.** *(aumentare)* sich (ver)mehren, mehr werden. **moltiplicatore** [...ka'to:re] *m* **1.** *mat, fig* Multiplikator *m;* **2.** *tec* Verstärker *m,* Vervielfacher *m;* *(di velocità)* Übersetzungsgetriebe *n.* **moltiplicazione** [...kat'tsio:ne] *f* **1.** *mat* Multiplikation *f;* **2.** *(accrescimento numerico)* Vermehrung *f,* Zuwachs *m.*

moltissimo [mol'tissimo] *superlativo di* **molto.**

moltitudine [molti'tu:dine] *f* Menge *f;* *(folla a.)* Masse *f.*

molto, -a ['molto] ‹più, moltissimo› **I.** *a* **1.** *(in gran numero)* viel; **2.** *(intenso, grande)* groß; **3.** *(lungo)* lange; **II.** *adv* **1.** *(quantità)* viel; **2.** *(intensità)* sehr; **3.** *(a lungo)* lange; **4.** *(spesso)* oft, viel; **5.** *(caro)* viel; **6.** *(con comparativi)* viel; **7.** *fam iron (affatto, per nulla)* viel *fam;* **III.** *m* Viele(s) *n;* **IV.** *pron* viel(e, s); **a dir** ~ höchstens; **esserci** ~ weit sein; **fra non** ~ in Kürze; **per** ~ auf lange (Zeit hinaus); ~ **dopo/prima** viel später/früher; **né** ~ **né poco** überhaupt nicht(s).

momentaneo, -a [momen'ta:neo] *a* augenblicklich, momentan.

momento [mo'mento] *m* **1.** *(istante)* Augenblick *m,* Moment *m;* *(periodo)* Zeit(raum *m*) *f;* **2.** *(circostanza)* Zeitpunkt *m,* Moment *m;* *(situazione)* Situation *f;* **3.** *(occasione)* Gelegenheit *f;* **4.** *phys, fig* Moment *n;* **a -i** jeden Moment; *(quasi)* um ein Haar; **dal** ~ **che ...** da ...; **da un** ~ **all'altro** von einem Augenblick zum andern; **del** ~ momentan; **in qualunque** ~ jederzeit; **in un** ~ in einem Augenblick, im Nu; **tutti i -i** alle Augenblicke; **ogni** ~ andauernd, ununterbrochen; **per il** ~ einstweilen, vorläufig; **sul** ~ sofort, auf der Stelle; **non vedere il** ~ **di ...** *inf* den Augenblick nicht erwarten können, da ...; **un** ~**!** einen Augenblick!

monaca ['mɔ:naka] ‹-che› *f* Nonne *f.*

monaco ['mɔ:nako] ‹-ci› *m* Mönch *m.*

Monaco ['mɔ:nako] *f* **1.** *(principato)* Monaco *n;* **2.** *(~ di Baviera)* München *n.*

monarca [mo'narka] ‹-chi› *m* Monarch *m.* **monarchia** [...'ki:a] ‹-chie› *f* Monarchie *f.* **monarchico, -a** [mo'narkiko] ‹-ci, -che› **I.** *a* monarchistisch; **II.** *m, f* Monarchist(in) *m(f).*

monastero [monas'tɛ:ro] *m* Kloster *n.*

moncherino [moŋke'ri:no] *m* Armstumpf *m.*

monco, -a ['moŋko] ‹-chi, -che› **I.** *a (a. fig)* verstümmelt; **II.** *m, f* Krüppel *m.*

mondano, -a [mon'da:no] *a* **1.** *(ricer-*

cato) mondän; *(frivolo)* Halbwelt-; **2.** *(del mondo)* weltlich.

mondare [mon'da:re] *tr* **1.** *(pulire)* säubern; *(verdura)* putzen; *(insalata)* verlesen; **2.** *(sbucciare)* schälen.

mondiale [mon'dia:le] **I.** *a* **1.** *(del mondo)* Welt-; **2.** *fig fam (ottimo)* fabelhaft, spitzenmäßig *sl;* **II.** ‹*m pl*› *sport* Weltmeisterschaften *f pl.*

mondo ['mondo] *m* **1.** *gener.* Welt *f; (universo a.)* Weltall *n; (terra a.)* Erde *f;* **2.** *fig (regno)* Reich *n; (ambiente sociale, civiltà)* Welt *f;* **3.** *fig (gran quantità)* Unmenge *f,* Fülle *f;* **il ~ animale/minerale/vegetale** das Tier-/Mineral-/Pflanzenreich; **il bel ~** die vornehme Welt; **l'altro ~** das Jenseits; **cose dell'altro ~** *fam* haarsträubende (*o* unglaubliche) Dinge; **divertirsi un ~** *fam* sich köstlich amüsieren; **fare il giro del ~** eine Weltreise machen; **essere la fine del ~** *fam* umwerfend (*o* super *fam*) sein; **non sarà la fine del ~** davon geht die Welt nicht unter *fam;* **mettere/venire al ~** zur Welt bringen/auf die Welt kommen; **fuori del ~** *fig* weltfremd; **da che ~ è ~** seit die Welt besteht; **per nessuna cosa** (*o* **per niente**) **al ~** nicht um alles in der Welt; **tutto il ~ è paese** *prov* die Menschen sind doch überall gleich.

mondovisione [mondovi'zio:ne] *f* Satellitenübertragung *f.*

monello, -a [mo'nɛllo] *m, f* **1.** *pej (ragazzo di strada)* Straßenjunge *m,* -mädchen *n;* **2.** *(ragazzo vivace)* Lausbub *m,* Lausejunge *m fam.*

moneta [mo'ne:ta] *f* **1.** *fin* Münze *f,* Geldstück *n; (denaro)* Geld *n; (valuta)* Währung *f; (spicciolo)* Kleingeld *n;* **2.** *(nell'ippica)* (Wett)einsatz *m;* **~ cartacea/metallica** Papier-/Hartgeld *n;* **~ debole/forte** weiche/harte Währung; **(ri)pagare qu con la stessa ~** es jdm mit gleicher Münze heimzahlen. **monetario, -a** [mone'ta:rio] ‹-i, -ie› *a* Münz-, Geld-, Währungs-.

mongolfiera [moŋgol'fiɛ:ra] *f* (Warmluft)ballon *m.*

mongoloide [moŋgo'lɔ:ide] **I.** *a* mongoloid; **II.** *mf* Mongoloide(r) *mf.*

monile [mo'ni:le] *m* Schmuckstück *n.*

monito ['mɔ:nito] *m* Mahnung *f.*

monitor ['mɔnɪtə] ‹-›, **monitore** [moni'to:re] *m* Monitor *m.*

monoblocco [mono'blɔkko] *m* Zylinderblock *m.*

monocolo [mo'nɔ:kolo] *m* **1.** *(lente)* Monokel *n;* **2.** *(canocchiale)* Fernrohr *n.*

monocolore [monoko'lo:re] **I.** ‹*inv*› *a* **1.** *pol* Einparteien-; **2.** *(di un solo colore)* einfarbig; **II.** ‹-› *m* Einparteienregierung *f.* **monogamia** [-ga'mi:a] ‹-ie› *f* Einehe *f,* Monogamie *f.* **monogramma** [-'gramma] ‹-i› *m* Monogramm *n.* **monolingue** [-'liŋgue] ‹*inv*› *a* einsprachig.

monolito [mo'nɔ:lito] *m* Monolith *m.*

monolocale [monolo'ka:le] *m* Einzimmerwohnung *f.*

monologo [mo'nɔ:logo] ‹-ghi› *m* Monolog *m,* Selbstgespräch *n.*

monopattino [mono'pattino] *m* Roller *m.* **monoplano** [-'pla:no] *m* Eindecker *m.*

monopoli® [mo'nɔ:poli] ‹-› *m* Monopoly® *n.*

monopolio [mono'pɔ:lio] ‹-i› *m (a. fig)* Monopol *n.* **monopolizzare** [...lid'dza:re] *tr* **1.** *com* monopolisieren; **2.** *fig (accentrare su di sé)* (auf sich) konzentrieren; **3.** *fig (riservare a pochi)* reservieren, (für sich) in Anspruch nehmen.

monosillabico, -a [-sil'la:biko] **I.** *a* einsilbig; **II.** *m* einsilbiges Wort.

monoteismo [-te'izmo] *m* Monotheismus *m.* **monoteista** [...'ista] ‹-i *m,* -e *f*› **I.** *mf* Monotheist(in) *m(f);* **II.** *a* monotheistisch.

monotonia [-to'ni:a] ‹-ie› *f* Eintönigkeit *f,* Monotonie *f.* **monotono, -a** [mo'nɔ:tono] *a (uniforme)* gleichförmig, monoton; *(privo di varietà a.)* eintönig; *fig (noioso a.)* langweilig.

monsignore [monsiɲ'ɲo:re] *m* Monsignore *m.*

monsone [mon'so:ne] *m* Monsun *m.*

monta ['monta] *f* **1.** *(accoppiamento)* Decken *n,* Beschälung *f;* **2.** *(luogo)* Deckstation *f;* **3.** *sport* Reiten *n.*

montacarichi [monta'ka:riki] ‹-› *m* Lastenaufzug *m.*

montaggio [mon'taddʒo] ‹-ggi› *m* **1.** *tec* Montage *f;* **2.** *film* Montage *f,* Schnitt *m;* **3.** *(incorniciatura)* Rahmung *f.*

montagna [mon'taɲɲa] *f* **1.** *(monte)* Berg *m;* **2.** *(regione montuosa)* Gebirge *n,* Berge *m pl;* **3.** *fig (grande quantità)* Berg *m;* **-e russe** Achterbahn *f;* **mal di ~** Höhenkrankheit *f.* **montagnoso, -a** [...'ɲo:so] *a* bergig, gebirgig.

montanaro, -a [monta'na:ro] **I.** *m, f* Gebirgsbewohner(in) *m(f),* Bergbewohner(in) *m(f);* **II.** *a* Gebirgs-, Berg-. **montano, -a** [...'ta:no] *a* Gebirgs-, Berg-.

montante [mon'tante] *m* **1.** *(asta)* Pfeiler *m; (a. sport: calcio)* Pfosten *m; (intelaiatura)* Rahmen *m;* **2.** *(nel pugilato)* Aufwärtshaken *m;* **3.** *fin* aufgelaufene Summe.

montare [mon'ta:re] **I.** *itr* ‹*essere*› **1.** *(salire)* (auf)steigen; *(in macchina, etc.)* einsteigen; **2.** *(aumentare di livello)* (an)steigen; **3.** *(andare a cavallo)* reiten; **4.** *gastr (panna)* steif werden; **II.** *tr* ‹*avere*› **1.** *(salire)* hinaufsteigen; **2.** *(cavalcare)* besteigen; **3.** *zoo (accoppiarsi)* bespringen, besteigen; **4.** *(comporre)* auf-, zusammenbauen, aufstellen; *(mobili a.)* einbauen; *tec* montieren; **5.** *gastr* schlagen; **6.** *(incastonare)* (ein)fassen; *(incorniciare)* (ein)rahmen; **7.** *film* montieren; **8.** *fig (esagerare)* aufbauschen, übertreiben; ~ **la guardia** auf Wache ziehen; ~ **la testa a qu** *fam* jdm den Kopf verdrehen; **III.** *rfl:* **-arsi la testa** *fam* sich *(dat)* wunder was einbilden *fam.* **montatura** [...ta'tu:ra] *f* **1.** *(incastonatura)* Fassung *f; (supporto)* Gestell *n; (incorniciatura)* Rahmung *f,* Rahmen *m;* **2.** *fig (esagerazione)* Aufbauschen *n,* Übertreibung *f.*

monte ['monte] *m* **1.** *(rilievo)* Berg *m;* **2.** *fig (grande quantità)* Berg *m,* Haufen *m fam;* **3.** *fin (somma)* Geldsumme *f; (banca)* Geldinstitut *n;* ~ **di pietà** Leihhaus *n;* **M~ Bianco** Montblanc *m;* **andare a** ~ *fig* ins Wasser fallen, scheitern; **mandare a** ~ über den Haufen werfen *fam.*

montone [mon'to:ne] *m* Schafbock *m; (castrato)* Hammel *m.*

montuosità [montuosi'ta] ‹-› *f* Gebirgigkeit *f.* **montuoso, -a** [...u'o:so] *a* gebirgig, bergig.

monumentale [monumen'ta:le] *a* **1.** *(di monumento)* Denkmal(s)-, Monumental-; **2.** *(città, regione, etc.)* reich an Denkmälern; **3.** *fig (enorme)* monumental.

monumento [monu'mento] *m* Monument *n; (a. fig)* Denkmal *n.*

moquette [mo'kɛt] ‹-› *f* Teppichboden *m.*

mora[1] ['mɔ:ra] *f bot (del rovo)* Brombeere *f; (del gelso)* Maulbeere *f.*

mora[2] ['mɔ:ra] *f jur* **1.** *(ritardo)* Verzug *m;* **2.** *(somma)* Verzugszinsen *m pl.*

mora[3] *f v.* **moro, -a.**

morale [mo'ra:le] **I.** *a* moralisch, Moral-; **II.** *f* **1.** *(moralità)* Moral *f;* **2.** *(insegnamento)* Lehre *f; (della favola)* Moral *f;* **III.** *m (spirito)* Stimmung *f,* Moral *f;* **essere giù/su di** ~ seinen Moralischen *fam*/gute Laune haben. **moralista** [...'lista] ‹-i *m,* -e *f*› *mf pej* Moralprediger(in) *m(f).* **moralità** [...li'ta] ‹-› *f* Sittlichkeit *f; (morale)* Moral *f.*

moratoria [mora'tɔ:ri̯a] ‹-ie› *f* **1.** *(sospensione)* Moratorium *n,* (Zahlungs)aufschub *m;* **2.** *(dilazione)* Stundung *f,* Aussetzung *f.*

morbidezza [morbi'dettsa] *f* Weichheit *f,* Zartheit *f.* **morbido, -a** ['mɔrbido] *a* *(a. fig)* weich.

morbillo [mor'billo] *m* Masern *pl.*

morbo ['mɔrbo] *m* **1.** *med* Krankheit *f;* **2.** *fig (piaga)* Plage *f,* Übel *n.* **morboso, -a** [...'bo:so] *a* krankhaft, morbid(e).

morchia ['mɔrki̯a] ‹-chie› *f* (Boden)satz *m.*

mordace [mor'da:tʃe] *a* **1.** *(cane)* bissig; **2.** *fig (caustico)* bissig, scharf; *(lingua)* spitz.

mordente [mor'dɛnte] *m* Biß *m sl,* Wirkungskraft *f.*

mordere ['mɔrdere] ‹mordo, morsi, morso› *tr* **1.** *(morsicare)* beißen; *(insetti)* stechen; *(mela, cibi, etc.)* beißen in; **2.** *(far presa)* fassen, packen; **3.** *(corrodere)* ätzen; **4.** *fig (irritare)* beißen, stechen; ~ **il freno** *fig* die Zähne zusammenbeißen; ~ **il terreno** (*o* **la polvere**) besiegt zu Boden gehen; ~ **la strada** *(pneumatici)* (auf der Straße) haften; **-ersi le dita** (*o* **le mani**) *fig* (vor Wut) mit den Zähnen knirschen. **mordicchiare** [mordik'ki̯a:re] ‹mordicchio, mordicchi› *tr* knabbern, nagen.

morena [mo'rɛ:na] *f* Moräne *f.*

morente [mo'rɛnte] **I.** *mf* Sterbende(r) *mf;* **II.** *a* sterbend, im Sterben liegend.

morfina [mor'fi:na] *f* Morphium *n,* Morphin *n.*

morfologia [morfolo'dʒi:a] ‹-gie› *f* Morphologie *f.* **morfologico, -a** [...'lɔ:dʒiko] *a* morphologisch.

moria [mo'ri:a] ‹-ie› *f* Massensterben *n.*

moribondo, -a [mori'bondo] **I.** *a* sterbend, im Sterben liegend; **essere** ~ im Sterben liegen; **II.** *m, f* Sterbende(r) *mf.*

morigerato, -a [moridʒe'ra:to] *a* sittsam; *(sobrio)* gemäßigt, mäßig, maßvoll.

morire [mo'ri:re] ‹muoio, morii, morto› *itr* ‹*essere*› **1.** *(cessare di vivere)* sterben (*di* an); *(piante)* eingehen; *(animali)* eingehen, sterben; **2.** *fig (soffrire intensamente)* sterben *fam* (*di* vor), umkommen *fam* (*di* vor), vergehen (*di* vor); **3.** *fig (cessare di esistere)* sterben; *(estinguersi)* aussterben; *(terminare)* enden; ~ **ammazzato** umgebracht werden; ~ **di crepacuore/vecchiaia** an Kummer/an Altersschwäche sterben; ~ **dal sonno** zum Sterben müde sein; **fame/sete da** ~ *fam* Mordshunger *m fam*/Mordsdurst *m fam;* **più brutto di così si muore** abgrundtief häßlich.

mormone [mor'mo:ne] *m* Mormone *m.*

mormorare [mormo'ra:re] **I.** *itr* **1.** *(bisbigliare)* murmeln, flüstern; **2.** *(sparlare)* munkeln (*di* über); **3.** *fig (acque, fronde)* murmeln, rauschen; **II.** *tr* murmeln. **mormorazione** [...rat'tsi̯o:ne] *f pej* Gerede *n,* Gemunkel *n.* **mormorio** [...'ri:o] ‹-ii› *m* **1.** *(sussurro)* Gemurmel *n,* Geraune *n,* Flüstern *n;* **2.** *(di acque, fronde)* Murmeln *n poet,* Rauschen *n;* **3.** *(commento maligno)* Gerede *n,* Gemunkel *n.*

moro ['mɔ:ro] *m* Maulbeerbaum *m.*

moro, -a ['mɔ:ro] **I.** *a* **1.** *(di capelli scuri)* dunkelhaarig, brünett; *(di carnagione scura)* dunkelhäutig; **2.** *hist* maurisch; **II.** *m, f* **1.** *hist* Maure *m,* Maurin *f;* **2.** *(di capelli scuri)* dunkelhaarige (*o* brünette) Person; *(di carnagione scura)* dunkelhäutige Person.

moroso, -a [mo'ro:so] *a jur* säumig.

morsa ['mɔrsa] *f* Schraubstock *m;* **essere preso in una ~** *fig* in die Zange genommen werden *fam.* **morsetto** [mor'setto] *m* Zwinge *f,* Klammer *f; el* Klemme *f.*

morsi ['mɔrsi] *p rem di* **mordere.**

morsicare [morsi'ka:re] ⟨morsico, morsichi⟩ *tr* **1.** *(mordere)* beißen (in); **2.** *(pungere)* beißen, stechen. **morsicatura** [...ka'tu:ra] *f (segno di morso)* Biß(wunde *f*) *m; (segno di puntura d'insetto)* Stich *m.* **morso, -a** ['mɔrso] **I.** *pp di* **mordere; II.** *m* **1.** *(il mordere)* Biß *m,* (Zu)beißen *n;* **2.** *(segno)* Biß(wunde *f*) *m; (puntura d'insetto)* Stich *m; (di serpente)* Biß *m;* **3.** *(boccone)* Bissen *m;* **4.** *(di cavallo)* Gebiß *n;* **5.** *(forte stretta)* Greifen *n,* Zupacken *n;* **6.** *fig (sensazione acuta)* Stich *m;* **mangiare qc a ~** etw. in kleinen Bissen essen; **mettere il ~ a qu** *fig* jdn an die Kandare nehmen.

morta *f v.* **morto.**

mortaio [mor'ta:i̯o] ⟨-ai⟩ *m* Mörser *m.*

mortale [mor'ta:le] *a* **1.** *(soggetto a morte)* sterblich; **2.** *(che causa la morte, a. fig)* tödlich; **3.** *(di morte)* Tod(es)-, tödlich; *(di morto)* Toten-. **mortalità** [mortali'ta] ⟨-⟩ *f* Sterblichkeit *f.* **mortalmente** [...l'mente] *adv* **1.** *(in modo mortale)* tödlich; **2.** *fig (profondamente)* tödlich; *(odiare)* auf den Tod.

mortaretto [morta'retto] *m* Böller *m.*

morte ['mɔrte] *f* **1.** *(cessazione della vita)* Tod *m; (di piante, animali a.)* Eingehen *n;* **2.** *jur (pena capitale)* Todesstrafe *f;* **3.** *fig (fine)* Tod *m,* Ende *n;* **~ civile** Verlust *m* der bürgerlichen Ehrenrechte; **fare una brutta ~** einen schlimmen Tod haben; **condannare a ~ qu** jdn zum Tode verurteilen; **avere la ~ nel cuore** todunglücklich sein; **non sapere di che ~ morire** *fam* seinem Schicksal ausgeliefert sein; **annoiarsi a ~** sich zu Tode langweilen; **avercela a ~ con qu** *fam* jdn wie die Pest hassen *fam.*

mortificare [mortifi'ka:re] ⟨mortifico, mortifichi⟩ **I.** *tr* **1.** *(rattristare)* kränken; **2.** *(umiliare)* beschämen, demütigen; **II.** *rfl:* **-arsi 1.** *(avvilirsi)* sich beschämt (*o* gekränkt) fühlen; **2.** *(punirsi)* sich kasteien. **mortificazione** [...kat'tsi̯o:ne] *f* **1.** *(umiliazione)* Demütigung *f,* Kränkung *f;* **2.** *rel* Kasteiung *f.*

morto, -a ['mɔrto] **I.** *pp di* **morire; II.** *m, f* Tote(r) *mf; (defunto)* Verstorbene(r) *mf;* **giorno dei -i** Allerseelen *n;* **fare il ~** sich tot stellen; **suonare a ~** die Totenglocke läuten; **III.** *a* tot; **lettera -a** bedeutungslose Vorschrift; **stanco ~** todmüde; **cascar ~** tot umfallen; **essere ~ di paura** halb tot vor Angst sein *fam;* **fare la mano -a** zudringlich werden. **mortorio** [mor'tɔ:ri̯o] ⟨-i⟩ *m fam* sterbenslangweilige Angelegenheit *fam.* **mortuario, -a** [mortu'a:ri̯o] ⟨-i,-ie⟩ *a* Toten-, Leichen-.

mosaico [mo'za:iko] ⟨-ci⟩ *m* Mosaik *n.*

mosca ['moska] ⟨-sche⟩ **I.** *f* **1.** *zoo* Fliege *f;* **2.** *fig (persona noiosa)* Quälgeist *m fam;* **-sche volanti** *fig* Augenflimmern *n;* **giocare a ~ cieca** Blindekuh spielen; **essere raro come le -sche bianche** selten sein wie ein weißer Rabe; **fare d'una ~ un elefante** aus einer Mücke einen Elefanten machen; **non far male ad una ~** keiner Fliege etw. zuleide tun; **non si sente volare una ~** *fig* es ist totenstill; **restare (***o* **rimanere) con un pugno di -sche in mano** das Nachsehen haben, leer ausgehen; **gli salta la ~ al naso** *fig* ihm reißt der Geduldsfaden *fam;* **II.** ⟨*inv*⟩ *a:* **peso ~** Fliegengewicht *n;* **III.** ⟨-⟩ *m* Fliegengewicht(ler *m*) *n.*

Mosca ['moska] *f* Moskau *n.*

moscato [mos'ka:to] **I.** *m* Muskateller *m;* **II.** *a* **1.** *(uva)* Muskateller-; **2.** *(noce)* Muskat-.

moscerino [moʃʃe'ri:no] *m* Taufliege *f,* kleine Fliege.

moschea [mos'kɛ:a] *f* Moschee *f.*

moschettiere [mosket'ti̯ɛ:re] *m* Musketier *m.* **moschettone** [...'to:ne] *m* Karabiner(haken) *m.*

moschicida [moski'tʃi:da] ⟨-i⟩ *a* Fliegen(gift)-; **carta ~** Fliegenfänger *m.*

moscio, -a ['moʃʃo] ⟨-sci, -sce⟩ *a* **1.** *(floscio)* schlapp; **2.** *(appassito, vizzo)* welk; *(carni)* schlaff; **3.** *fig* schlapp *fam,* schlaff; **cappello ~** Schlapphut *m.*

moscone [mos'ko:ne] *m* **1.** *zoo* große Fliege, Brummer *m fam;* **2.** *fig fam (corteggiatore)* Verehrer *m;* **3.** *(pattino)* Ruderboot *n;* **~ d'oro** Goldkäfer *m.*

Mosella [mo'zɛlla] *f* Mosel *f.*

mossa ['mɔssa] *f* **1.** *(movimento)* Bewegung *f;* **2.** *(movenza)* Geste *f,* Gebärde *f;* **3.** *mil* Manöver *n;* **4.** *(nel gioco, a. fig)* Zug *m;* **fare la ~** *fig fam* mit den Hüften wackeln; **avere la ~ di corpo** *fam* Durchfall haben; **prendere le -e da qc** etw. in Schwung bringen.

mossi ['mɔssi] *p rem di* **muovere.**

mosso, -a ['mɔsso] **I.** *pp di* **muovere; II.** *a* **1.** *(agitato)* bewegt; **2.** *(ondulato)* gewellt; **3.** *mus* lebhaft, mosso.

mostarda [mos'tarda] *f* Senfsoße *f.*

mosto ['mosto] *m* (Trauben)most *m.*

mostra ['mostra] *f* **1.** *(d'arte)* Ausstellung *f;* **2.** *com* Messe *f;* **3.** *fig (sfoggio)* Schau *f,* Zurschaustellung *f;* **4.** *fig (finta)* (äußerer) Schein *m,* Anschein *m;* **5.** *(vetrina)* Auslage *f;* **mettere in (bella) ~ qc** *fig* etw. zur Schau stellen. **mostrare** [mos'tra:re] **I.** *tr* **1.** *(far ve-*

dere, indicare, dimostrare) zeigen; *(per controllo)* (vor)zeigen; **2.** *(fingere)* vortäuschen, heucheln; **II.** *rfl:* **-arsi 1.** *(farsi vedere)* sich zeigen, sich sehen lassen; **2.** *(dimostrarsi)* sich zeigen, sich erweisen; **3.** *(apparire)* sich zeigen, zum Vorschein kommen. **mostrina** [...'tri:na] *f* Kragenspiegel *m.*

mostro ['mostro] *m* **1.** *(creatura fantastica)* Monstrum *n,* Ungeheuer *n; (fig a.)* Scheusal *n;* **2.** *scherz (portento)* Ausbund *m* (*di* an). **mostruosità** [...ruosi'ta] ‹-› *f* Monstrosität *f.* **mostruoso, -a** [...ru'o:so] *a* **1.** *(orrendo)* scheußlich, monströs *geh;* **2.** *(crudele)* scheußlich; **3.** *(eccezionale)* ungeheuer(lich).

motivare [moti'va:re] *tr* **1.** *(causare)* verursachen; **2.** *(precisare il motivo)* begründen; **3.** *psych* motivieren. **motivazione** [...vat'tsi̯o:ne] *f* **1.** *(esposizione delle ragioni)* Begründung *f;* **2.** *psych* Motivation *f.*

motivo [mo'ti:vo] *m* **1.** *(ragione)* Motiv *n,* (Beweg)grund *m,* Ursache *f;* **2.** *mus, lit* Thema *n,* Motiv *n;* **3.** *(canzone)* Melodie *f,* (Musik)stück *n;* **4.** *(decorazione)* Muster *n;* ~ **conduttore** Leitmotiv *n;* **aver ~ di (*o* per) ...** *inf* Grund haben zu ... *inf;* **dar ~ di** Anlaß geben zu; **per -i di famiglia/salute** aus familiären/gesundheitlichen Gründen.

moto[1] ['mɔ:to] *m* **1.** *gener., hist, pol* Bewegung *f;* **2.** *astr* Umlauf *m;* **3.** *(impulso)* Bewegung *f,* (innere) Bewegtheit *f;* **con** ~ *mus* mit Bewegung, etwas beschleunigt; **fare del** ~ sich *(dat)* Bewegung machen; **essere in** ~ in Bewegung sein; *mot* in Gang (*o* in Betrieb) sein; **mettere in** ~ in Gang setzen; **mettersi in** ~ sich in Bewegung setzen; *fig* in Gang kommen.

moto[2] ['mɔ:to] ‹-› *f (motocicletta)* Motorrad *n.*

motocarro [moto'karro] *m* dreirädriger Kastenwagen, Dreirad *n.*

motocicletta [-tʃi'kletta] *f* Motorrad *n.* **motociclismo** [...'klizmo] *m* Motorradsport *m.* **motociclista** [...'klista] *mf* Motorradfahrer(in) *m(f).* **motociclo** [-'tʃi:klo] *m* Motorrad *n.*

motocross [-'krɔs] ‹-› *m* Moto-Cross *n.*

motonave [-'na:ve] *f* Motorschiff *n.*

motore, -trice [mo'to:re] **I.** *m* **1.** *tec* Motor *m,* Antrieb *m;* **2.** *(veicolo)* Motorfahrzeug *n;* **3.** *fig (movente)* Motor *m,* Triebfeder *f;* ~ **a benzina/a scoppio** Benzin-/Verbrennungsmotor *m;* **II.** *a* **1.** *tec* Antriebs-, Trieb-; **2.** *(nervi)* Bewegungs-. **motorino** [...'ri:no] *m fam (ciclomotore)* Mofa *n fam,* Moped *n,* Mokick *n;* ~ **d'avviamento** *tec* Anlasser *m,* Starter *m.* **motorizzare** [...rid'dza:re] **I.** *tr* motorisieren; **II.** *rfl:* **-arsi** *fam* sich motorisieren *fam.* **motorizzazione** [...riddzat'tsi̯o:ne] *f* Motorisierung *f;* **Ispettorato della ~** Straßenverkehrsamt *n.*

motorscooter ['moʊtəsku:tə] *m* (Motor)roller *m.*

motoscafo [motos'ka:fo] *m* Motorboot *n.* **motovedetta** [-ve'detta] *f* Patrouillenboot *n,* Wachboot *n.*

motrice [mo'tri:tʃe] *f* **1.** *(di autotreno)* Sattelschlepper *m;* **2.** *tec (macchina)* Zugmaschine *f;* **3.** *ferr* Triebwagen *m.*

motteggio [mot'teddʒo] ‹-ggi› *m* Spott *m,* Spöttelei *f.*

motto ['mɔtto] *m (detto arguto)* Witz *m; (detto sentenzioso)* Wahlspruch *m,* Motto *n; (massima)* Wahlspruch *m,* Devise *f; lit* Wort *n; (slogan pubblicitario)* Werbeslogan *m,* Werbespruch *m.*

movente [mo'vɛnte] *m* Beweggrund *m (di* für), Motiv *n* (*di* für).

movenza [mo'vɛntsa] *f* **1.** *(atteggiamento)* Bewegung *f;* **2.** *fig (andamento)* Tendenzen *f pl.*

movimentare [movimen'ta:re] *tr* beleben, in Schwung bringen.

movimento [movi'mento] *m* **1.** *(mossa, moto)* Bewegung *f;* **2.** *mil* Bewegung *f,* Verschiebung *f;* **3.** *ferr, fin, com* Verkehr *m;* **4.** *(animazione)* Verkehr *m,* Betrieb *m;* **5.** *(vita)* Leben *n;* **6.** *mus* Tempo *n;* **7.** *(corrente, a. pol)* Bewegung *f;* **8.** *tec* Antrieb *m; (meccanismo)* Werk *n,* Mechanik *f;* ~ **dei prezzi** Preisbewegung *f;* ~ **dei turisti/viaggiatori** Touristen-/Personenverkehr *m;* **mettersi in ~** sich in Bewegung setzen.

moviola [mo'vi̯ɔ:la] *f* Schneidetisch *m.*

mozione [mot'tsi̯o:ne] *f* Antrag *m,* Motion *f CH;* ~ **di fiducia/sfiducia** Vertrauens-/Mißtrauensantrag *m.*

mozzare [mot'tsa:re] *tr* **1.** *(recidere)* abschneiden, abschlagen; **2.** *fig (interrompere)* abbrechen; *(fiato, respiro)* nehmen, verschlagen.

mozzicone [mottsi'ko:ne] *m* Stumpf *m; (a. di sigaretta)* Stummel *m.*

mozzo[1] ['mottso] *m (marinaio)* Schiffsjunge *m.*

mozzo[2] ['mɔddzo] *m mot* Nabe *f.*

mozzo, -a ['mottso] *a* **1.** *(reciso)* abgeschnitten, abgeschlagen; **2.** *fig (mutilo)* verstümmelt, verkürzt.

mucca ['mukka] ‹-cche› *f* Kuh *f.*

mucchio ['mukki̯o] ‹-cchi› *m* Haufen *m,* Menge *f;* **a -cchi** haufenweise *fam.*

muco ['mu:ko] ‹-chi› *m* Schleim *m.* **mucosa** [mu'ko:sa] *f* Schleimhaut *f.*

muffa ['muffa] *f* Schimmel *m.*

mugghiare [mug'gi̯a:re] ‹mugghio, mugghi› *itr* **1.** *(bue)* muhen, brüllen; **2.** *fig (mare, vento)* heulen. **mugghio** ['muggi̯o] ‹-gghi› *m* **1.** *(di bue)* Muhen *n,* Brüllen *n;* **2.** *fig (di mare, vento)* Heulen *n.*

muggire [mud'dʒi:re] ‹muggisco› *itr*

muhen, brüllen. **muggito** [...ˈdʒi:to] *m* Muhen *n*, Brüllen *n*.

mughetto [muˈgetto] *m* **1.** *bot* Maiglöckchen *n;* **2.** *med* Soor *m*.

mugnaio, -a [muɲˈɲa:i̯o] ‹-ai, -aie› *m, f* Müller(in) *m(f)*.

mugolare [mugoˈla:re] **I.** *itr* **1.** *(cane)* winseln; **2.** *fig (vento)* heulen; **3.** *(persona)* stöhnen; **II.** *tr* brumme(l)n, murmeln. **mugolio** [...ˈli:o] ‹-ii› *m* Gewinsel *n*, Winseln *n*.

mugugnare [muguɲˈɲa:re] *itr* brummen, knurren. **mugugno** [muˈguɲɲo] *m* Gebrumme(l) *n*.

mulattiera [mulatˈti̯ɛ:ra] *f* Saumpfad *m*, Maultierpfad *m*.

mulatto, -a [muˈlatto] **I.** *m, f* Mulatte *m*, Mulattin *f;* **II.** *a* Mulatten-.

muliebre [muˈli:ebre] *a* weiblich, Frauen-.

mulinare [muliˈna:re] **I.** *tr* ‹*avere*› sich *(dat)* ausdenken, aushecken *fam;* **II.** *itr* ‹*essere*› wirbeln. **mulinello** [...ˈnɛllo] *m* **1.** *(moto vorticoso)* Wirbel *m;* **2.** *(di canna da pesca)* Rolle *f;* **3.** *naut* Ankerwinde *f*.

mulino [muˈli:no] *m* Mühle *f;* ~ **ad acqua/a vento** Wasser-/Windmühle *f;* **tirare** (*o* **portare**) **acqua al proprio** ~ *fig* immer zuerst an sich selbst denken.

mulo [ˈmu:lo] *m* Maultier *n*, Maulesel *m;* **ostinato come un** ~ störrisch wie ein Esel.

multa [ˈmulta] *f* **1.** *(pena)* Geldstrafe *f;* **2.** *(ammenda)* Verwarnungs-, Bußgeld *n*. **multare** [...ˈta:re] *tr* mit einer Geldstrafe belegen, zu einer Geldstrafe verurteilen.

multicolore [multikoˈlo:re] *a* bunt, mehr-, vielfarbig. **multiforme** [-ˈforme] *a* **1.** *(vario, molteplice)* vielfältig, vielgestaltig; **2.** *(versatile)* vielseitig. **multilaterale** [-lateˈra:le] *a* mehrseitig; *(a. fig)* multilateral. **multimilionario, -a** [-mili̯oˈna:ri̯o] **I.** *m, f* Multimillionär(in) *m(f);* **II.** *a* millionenschwer *fam*. **multinazionale** [-nattsi̯oˈna:le] **I.** *f* multinationales Unternehmen; **II.** *a* multinational.

multiplo [ˈmultiplo] **I.** *m* Vielfache(s) *n;* **il minimo comune** ~ (*ab* **m.c.m.**) das kleinste gemeinsame Vielfache; **II.** *a* mehrfach, Mehrfach-, vielfach; **presa -a** Mehrfachsteckdose *f*.

multipolare [multipoˈla:re] *a* mehrpolig. **multiproprietà** [-propri̯eˈta] *f* Ferienwohnrecht *n*.

mummia [ˈmummi̯a] ‹-ie› *f* **1.** *(cadavere imbalsamato)* Mumie *f;* **2.** *fig sl (persona vecchia)* Scheintote(r) *mf sl*.

mungere [ˈmundʒere] ‹mungo, munsi, munto› *tr* melken. **mungitore, -trice** [mundʒiˈto:re] *m, f* Melker(in) *m(f)*. **mungitrice** [...ˈtri:tʃe] *f* Melkmaschine *f*, Melkanlage *f*. **mungitura** [...ˈtu:ra] *f* Melken *n*.

municipale [munitʃiˈpa:le] *a* städtisch, Stadt-, Gemeinde-; **consiglio/palazzo** ~ Gemeinderat *m*/Rathaus *n*.

municipio [muniˈtʃi:pi̯o] ‹-i› *m* **1.** *(amministrazione)* Stadt(verwaltung) *f*, Gemeinde(verwaltung) *f;* **2.** *(sede)* Rathaus *n;* **sposarsi in** ~ standesamtlich heiraten.

munifico, -a [muˈni:fiko] ‹-ci, -che› *a lett* generös *geh*, hochherzig *geh*.

munire [muˈni:re] ‹munisco› **I.** *tr* versehen (*di* mit), ausrüsten (*di* mit), ausstatten (*di* mit); **II.** *rfl:* **-irsi 1.** *(procurarsi)* sich ausrüsten (*di* mit), sich ausstatten (*di* mit); **2.** *(premunirsi, a. fig)* sich wappnen (*contro* gegen, *di* mit).

munizioni [munitˈtsi̯o:ni] *f pl* Munition *f*.

munsi [ˈmunsi] *p rem di* **mungere.**

munto [ˈmunto] *pp di* **mungere.**

muoio, muore, muori [ˈmu̯ɔ:i̯o, ˈmu̯ɔ:re, ...ri] *pr di* **morire.**

muovere [ˈmu̯ɔ:vere] ‹muovo, mossi, mosso› **I.** *tr* ‹*avere*› **1.** *(spostare)* bewegen; *(coda)* wedeln mit; *(pedina)* vorrücken, ziehen; **2.** *(mettere in moto)* in Bewegung setzen; **3.** *(suscitare)* erregen, hervorrufen; **4.** *(sollevare)* vorbringen, erheben; **5.** *(spingere)* bringen, treiben; ~ **i primi passi** die ersten Schritte machen; **non** ~ **un dito** *fig fam* keinen Finger rühren *fam;* **II.** *itr* ‹*essere*› **1.** *(partire)* abgehen (*da* von), abfahren (*da* von); **2.** *(andare)* gehen, entgegengehen (*incontro a qu* jdm); **3.** *fig* ausgehen (*da* von); **III.** *rfl:* **-ersi 1.** *(essere in movimento)* sich bewegen; **2.** *(mettersi in movimento)* sich in Bewegung setzen; **3.** *(darsi da fare)* sich rühren, sich regen *geh;* **4.** *fig (commuoversi)* gerührt werden; **5.** *fig (sollevarsi)* sich erheben; **e dai, muoviti!** *fam* los, beweg dich mal! *fam*.

muraglia [muˈraʎʎa] ‹-glie› *f (a. fig)* Mauer *f*.

murale [muˈra:le] *a* Mauer-; *(carta, giornale, pittura)* Wand-.

murare [muˈra:re] *tr* mauern; *(chiudere)* zumauern; *(conficcare)* einmauern. **murario, -a** [muˈra:ri̯o] ‹-i, -ie› *a* **1.** *(di muratura)* Mauer-, gemauert; **2.** *(di muratore)* Maurer-. **muratore** [muraˈto:re] *m* **1.** *(operaio)* Maurer *m;* **2.** *fig (massone)* (Frei)maurer *m*. **muratura** [...ˈtu:ra] *f* **1.** *(costruzione)* Mauerwerk *n*, Mauer *f;* **2.** *(il murare)* Mauern *n*, Mauerung *f*.

murena [muˈrɛ:na] *f* Muräne *f*.

muriatico, -a [muˈri̯a:tiko] ‹-ci, -che› *a:* **acido** ~ Salzsäure *f*.

muricciolo [muritˈtʃɔ:lo] *m* Einfassungsmauer *f*, Grenzmauer *f;* *(del giardino)* Gartenmauer *f*.

muro ['mu:ro] *m* **1.** ‹*pl:* -a *f*› *(cinta difensiva)* Mauer *f;* **2.** ‹*pl:* -i *m*› *(parete)* Mauer *f;* ~ **divisorio/maestro** Trenn-, Zwischenwand *f*/tragende Wand; ~ **del suono** Schallmauer *f;* ~ **del pianto** Klagemauer *f;* ~ **di cinta** Ringmauer *f;* **parlare al** ~ *fig fam* gegen eine Wand reden.

musa ['mu:za] *f* Muse *f.*

muschiato, -a [mus'ki̯a:to] *a* Moschus-, moschus-; **topo** ~ Bisamratte *f.*

muschio[1] ['muski̯o] ‹-schi› *m bot* Moos *n.*

muschio[2] ['muski̯o] ‹-schi› *m (secrezione)* Moschus *m.*

muscolare [musko'la:re] *a* muskulär, Muskel-. **muscolatura** [...la'tu:ra] *f* Muskulatur *f.*

muscolo ['muskolo] *m* Muskel *m.* **muscoloso, -a** [...'lo:so] *a* muskulös.

museo [mu'zɛ:o] *m* Museum *n.*

museruola [muze'ru̯ɔ:la] *f* Maulkorb *m.*

musica ['mu:zika] ‹-che› *f* Musik *f;* ~ **da camera** Kammermusik *f;* ~ **di fondo** Hintergrundmusik *f;* **carta da** ~ Notenpapier *n;* **dire qc in** ~ *fam* jdm etw. verdolmetschen *fam;* **leggere la** ~ Noten lesen; **mettere in** ~ vertonen; **è sempre la solita** ~ *iron* es ist immer dasselbe Lied (*o* dieselbe Leier) *fam.* **musicale** [muzi'ka:le] *a* **1.** *(di musica)* Musik-, musikalisch; **2.** *(portato per la musica)* musikalisch; **3.** *(armonioso)* musikalisch, klangvoll. **musicassetta** [...kas'setta] *f* Musikkassette *f.* **musicista** [muzi'tʃista] ‹-i *m,* -e *f*› *mf* **1.** *(compositore)* Komponist(in) *m(f);* **2.** *(esecutore)* Musiker(in) *m(f).*

muso ['mu:zo] *m* **1.** *(di animale)* Schnauze *f,* Maul *n;* **2.** *fig pej (di persona)* Schnauze *f vulg,* Maul *n vulg; (broncio)* Schnute *f fam,* Flappe *f fam; (faccia)* Visage *f fam;* **3.** *fig (di auto)* Schnauze *f fam;* **avere** (*o* **tenere**) **il** ~ *fam* eine Schnute ziehen *fam,* schmollen; **rompere** (*o* **spaccare**) **il** ~ **a qu** *sl* jdm eins auf die Schnauze hauen *fam,* jdm die Fresse polieren *vulg.* **musone, -a** [mu'zo:ne] *m, f* Miesepeter *m fam,* Sauertopf *m fam.*

mussola ['mussola] *f* Musselin *m.*

mustacchi [mus'takki] *m pl* Schnauzbart *m,* (großer) Schnurrbart *m.*

musulmano, -a [musul'ma:no] **I.** *a* muselmanisch; *(islamico)* moslemisch; **II.** *m, f* Moslem *m,* Moslime *f.*

muta[1] ['mu:ta] *f* **1.** *(di uccelli)* Mauser *f; (di rettili, insetti)* Häutung *f;* **2.** *sport* Taucheranzug *m;* **3.** *mil* Ablösung *f.*

muta[2] ['mu:ta] *f (di cani)* (Hunde)meute *f.*

muta[3] *f v.* **muto.**

mutabile [mu'ta:bile] *a* veränderlich.

mutamento [muta'mento] *m* **1.** *(cambiamento)* (Ver)änderung *f;* **2.** *(trasformazione)* Wandel *m,* Wechsel *m.*

mutande [mu'tande] *f pl* Unterhose *f.* **mutandine** [...'di:ne] *f pl* **1.** *(indumento femminile)* Schlüpfer *m,* Slip *m;* **2.** *(calzoncini da bagno)* Badehose *f.*

mutare [mu'ta:re] **I.** *tr* ‹*avere*› (ver)ändern, wechseln; **II.** *itr* ‹*essere*› sich (ver)ändern; **III.** *rfl:* **-arsi 1.** *(cambiarsi)* sich umziehen; **2.** *(trasformarsi)* sich verwandeln, sich umwandeln. **mutazione** [mutat'tsi̯o:ne] *f* **1.** *gener.* Wechsel *m,* Veränderung *f;* **2.** *biol* Mutation *f.* **mutevole** [mu'te:vole] *a* veränderlich, wechselhaft; *(pej a.)* unbeständig.

mutilare [muti'la:re] *tr* verstümmeln; *(fig a.)* entstellen. **mutilato, -a** [...'la:to] **I.** *m, f* Versehrte(r) *mf,* Körperbeschädigte(r) *mf;* ~ **di guerra** Kriegsversehrte(r) *m;* **II.** *a* versehrt; *(fig a.)* verstümmelt. **mutilazione** [...lat'tsi̯o:ne] *f* Verstümmelung *f; (fig a.)* Entstellung *f.*

mutismo [mu'tizmo] *m* **1.** *med* Stummheit *f;* **2.** *(silenzio)* Schweigen *n,* Schweigsamkeit *f.*

muto, -a ['mu:to] **I.** *a* stumm; *(per lo stupore)* sprachlos; **cinema** ~ Stummfilm *m;* **II.** *m, f* Stumme(r) *mf;* **III.** *m* Stummfilm *m.*

mutua ['mu:tua] *f adm* Versicherungsträger *m adm;* **cassa** ~ Krankenkasse *f.* **mutuatario, -a** [mutua'ta:ri̯o] ‹-i, -ie› *m, f* Darlehens-, Kreditnehmer(in) *m(f).* **mutuato, -a** [mutu'a:to] *m, f* Versicherte(r) *mf; med* Kassenpatient(in) *m(f).*

mutuo ['mu:tuo] *m* Darlehen *n,* Kredit *m.*

mutuo, -a ['mu:tuo] *a* gegenseitig.

N

N, n ['ɛnne] ‹-› *f* N, n *n;* **n come Napoli** N wie Nordpol.
n *ab di* **numero** Nr. (*ab di* Nummer).
N. *ab di* **nord** N (*ab di* Nord).
nacchere ['nakkere] *f pl* Kastagnetten *f pl.*
nacqui ['nakku̯i] *p rem di* **nascere.**
nafta ['nafta] *f* **1.** *(petrolio greggio)* Rohöl *n;* **2.** *(per motori Diesel)* Dieselöl *n.* **naftalina** [...ta'li:na] *f* Naphthalin *n.*
naia[1] ['na:i̯a] ‹-aie› *f zoo* Kobra *f,* Brillenschlange *f.*
naia[2] ['na:i̯a] ‹-aie› *f sl mil* Barras *m sl,* Kommiß *m fam.*
nanna ['nanna] *f (linguaggio infantile)* Heia *f fam.*
nano, -a ['na:no] **I.** *a* zwergenhaft, Zwerg(en)-; **II.** *m, f* Zwerg(in) *m(f).*
napoletano, -a [napole'ta:no] **I.** *a* neapolitanisch; **II.** *m, f* Neapolitaner(in) *m(f);* **III.** *f* neapolitanische Kaffeemaschine *f.* **Napoli** ['na:poli] *f* Neapel *n.*
nappa ['nappa] *f* **1.** *(ornamento)* Quaste *f,* Troddel *f;* **2.** *(pelle)* Nappa(leder) *n.*
narcisista [nartʃi'zista] ‹-i *m,* -e *f*› *mf* Narzißt(in) *m(f).*
narciso [nar'tʃi:zo] *m* **1.** *bot* Narzisse *f;* **2.** *fig* Narziß *m.*
narcosi [nar'kɔ:zi] ‹-› *f* Narkose *f,* Betäubung *f.* **narcotico -a** [...'kɔ:tiko] ‹-ci, -che› **I.** *a* betäubend, narkotisch; **II.** *m* Narkotikum *n,* Betäubungsmittel *n.*
narice [na'ri:tʃe] *f* Nasenloch *n; zoo* Nüster *f.*
narrare [nar'ra:re] **I.** *tr* erzählen; **II.** *itr* erzählen (*di* von), berichten (*di* von, über). **narrativa** [narra'ti:va] *f* erzählende Literatur. **narrativo, -a** [...vo] *a* erzählend, Erzähl-. **narratore, -trice** [...'to:re] *m, f* Erzähler(in) *m(f).* **narrazione** [...at'tsi̯o:ne] *f* Erzählung *f.*
nasale [na'sa:le] **I.** *a* **1.** *anat* Nasen-; **2.** *ling* nasal, Nasal-; **3.** *(voce)* näselnd; **II.** *f* Nasal(laut) *m.*
nascere ['naʃʃere] ‹nasco, nasci, nacqui, nato› *itr* ‹*essere*› **1.** *(persone)* geboren werden, zur Welt kommen; **2.** *zoo (mammiferi)* auf die Welt kommen, geworfen werden; **3.** *bot* keimen, sprießen; **4.** *(fiumi)* entspringen; **5.** *(sole, astro)* aufgehen; *(giorno)* anbrechen; **6.** *fig (avere origine)* entstehen; **7.** *fig (venire alla mente)* einfallen, kommen; **non sono nato ieri** ich bin nicht von gestern. **nascita** ['naʃʃita] *f* Geburt *f.* **nascituro, -a** [...'tu:ro] *m, f* ungeborenes Kind.
nascondere [nas'kondere] ‹nascondo, nascosi, nascosto› **I.** *tr* **1.** *(celare)* verstecken (*qc a qu* etw. vor jdm), verbergen (*qc a qu* etw. vor jdm); **2.** *(sentimento)* verhehlen, verheimlichen; **II.** *rfl:* **-ersi** sich verstecken (*a* vor), sich verbergen (*a* vor). **nascondiglio** [...'diʎʎo] ‹-gli› *m* Versteck *n; (a. pej)* Schlupfwinkel *m.* **nascondino** [...'di:no] *m:* **giocare a ~** Verstecken spielen. **nascosi** [...'ko:si] *p rem di* **nascondere. nascosto, -a** [...'kosto] **I.** *pp di* **nascondere; II.** *a* **1.** *(celato, occultato)* versteckt, verborgen; *(luogo)* abgelegen; **2.** *fig* heimlich; **di ~** heimlich.
nasello [na'sɛllo] *m* Seehecht *m.*
naso ['na:so] *m* Nase *f; (zoo a.)* Schnauze *f;* **~ all'insù** Stupsnase *f;* **ficcare il ~ negli affari altrui** die Nase in anderer Leute Angelegenheiten stecken; **menare qu per il ~** jdn an der Nase herumführen; **restare con tanto di ~** ein langes Gesicht machen; **arricciare il ~** *(a. fig)* die Nase rümpfen; **non vedere più in là del proprio ~** nicht über die eigene Nasenspitze hinaussehen.
nastro ['nastro] *m* **1.** *gener.* Band *n;* **2.** *(per decorazione)* Ordensband *n,* Orden *m;* **~ adesivo** Klebestreifen *m.*
nasturzio [nas'turtsi̯o] ‹-i› *m* Kresse *f.*
natale [na'ta:le] *a* Geburts-, Heimat-.
Natale [na'ta:le] *m* Weihnacht *f,* Weihnachten *n.*
natalità [natali'ta] ‹-› *f* Geburtenziffer *f.*
natalizio, -a [nata'littsi̯o] ‹-i, -ie› *a* Weihnachts-, weihnachtlich.
natante [na'tante] *m* Wasserfahrzeug *n.*
natica ['na:tika] ‹-che› *f* Gesäß-, Hinterbacke *f.*
nativo, -a [na'ti:vo] **I.** *a (paese)* Geburts-, Heimat-; *(persona)* gebürtig (*di* von, aus), stammend (*di* aus); **II.** *m, f* Eingeborene(r) *mf.*
N.A.T.O. ['na:to] *f* NATO *f,* Nato *f.*
nato, -a ['na:to] **I.** *pp di* **nascere; II.** *a* geboren; **cieco/sordo ~** von Geburt an blind/taub.
natura [na'tu:ra] *f* Natur *f; (indole a.)* Wesen *n,* Anlage *f;* **~ morta** Stilleben *n;* **contro ~** naturwidrig. **naturale** [natu'ra:le] **I.** *a* natürlich; **scienze -i** Naturwissenschaften *f pl;* **II.** *adv* gewiß, sicherlich. **naturalezza** [natura'lettsa] *f* Natürlichkeit *f.* **naturalizzare** [...lid'dza:re] **I.** *tr* naturalisieren, einbürgern; **II.** *rfl:* **-arsi** die Staatsangehörig-

keit erhalten, eingebürgert werden. **naturalmente** [...ral'mente] *adv* **1.** *(di, per natura)* von Natur (aus), natürlich; **2.** *fig (certamente)* selbstverständlich, natürlich. **naturismo** [...'rizmo] *m* Naturismus *m*, Freikörperkultur *f; med* Naturheilverfahren *n.* **naturista** [...'rista] ‹-i *m*, -e *f*› *mf* Anhänger(in) *m(f)* des Naturismus.

naufragare [naufra'ga:re] ‹naufrago, naufraghi› *itr* **1.** ‹*avere*› *(persone)* Schiffbruch erleiden; **2.** ‹*essere*› *(nave)* auflaufen; **3.** ‹*essere o avere*› *fig* Schiffbruch erleiden, scheitern. **naufragio** [...'fra:dʒo] ‹-gi› *m* **1.** *naut* Schiffbruch *m; aero* Flugzeugabsturz *m;* **2.** *fig* Scheitern *n*, Schiffbruch *m.* **naufrago, -a** ['na:ufrago] ‹-ghi, -ghe› *m, f* Schiffbrüchige(r) *mf.*

nausea ['na:uzea] *f* **1.** *med* Übelkeit *f*, Brechreiz *m;* **2.** *fig* Ekel *m*, Abscheu *m.* **nauseabondo, -a** [nauzea'bondo], **nauseante** [...e'ante] *a* ekelerregend, widerwärtig. **nauseare** [...e'a:re] *tr* (an)ekeln.

nautica ['na:utika] ‹-che› *f* Nautik *f*, Schiffahrtskunde *f.* **nautico, -a** [...ko] ‹-ci, -che› *a* Schiffahrts-; *(di mare)* See-; **sport ~** Wassersport *m.*

navale [na'va:le] *a* Schiff(s)-, Schiffahrts-; *(di mare)* See-.

navalmeccanica [navalmek'ka:nika] *f* Schiffbau *m.*

navata [na'va:ta] *f* (Kirchen)schiff *n.*

nave ['na:ve] *f* Schiff *n;* **~ da carico/da guerra** Fracht-/Kriegsschiff *n;* **~ cisterna** Tanker *m;* **~ spaziale** Raumschiff *n.* **navetta** [na'vetta] *f* **1.** *(spola)* (Weber)schiffchen *n;* **2.** *(treno)* Pendelzug *m.* **navicella** [navi'tʃɛlla] *f* **1.** *(piccola nave)* Schiffchen *n;* **2.** *(di dirigibile)* Gondel *f; (di aerostato)* Korb *m;* **~ spaziale** Raumfähre *f.*

navigabile [navi'ga:bile] *a* schiffbar, befahrbar. **navigante** [...'gante] *mf* Seefahrer(in) *m(f).* **navigare** [...'ga:re] ‹navigo, navighi› *itr* **1.** *naut* (zur See) fahren; **2.** *aero* fliegen. **navigato, -a** [...'ga:to] *a fig* (welt)erfahren, lebenserfahren. **navigatore, -trice** [...ga'to:re] *m, f* Seefahrer(in) *m(f)*, Schiffer(in) *m(f).* **navigazione** [...gat'tsi̯o:ne] *f* **1.** *naut* Schiffahrt *f;* **2.** *aero* Navigation *f;* **~ marittima/interna/aerea** See-/Binnen-/Luftschiffahrt *f.*

nazionale [nattsi̯o'na:le] **I.** *a (di nazione)* National-, national; *(di paese)* Landes-, einheimisch; *(di Stato)* Staats-, staatlich; **II.** *f* Nationalmannschaft *f.* **nazionalismo** [...na'lizmo] *m* Nationalismus *m.* **nazionalista** [...na'lista] ‹-i *m*, -e *f*› *mf* Nationalist(in) *m(f).* **nazionalità** [...nali'ta] ‹-› *f* Nationalität *f*, Staatsangehörigkeit *f.* **nazionalizzare** [...nalid'dza:re] *tr* nationalisieren, verstaatlichen. **nazionalsocialismo** [nattsi̯onalsotʃa'lizmo] *m* Nationalsozialismus *m.* **nazionalsocialista** [...'lista] **I.** *a* nationalsozialistisch; **II.** *mf* Nationalsozialist(in) *m(f).*

nazione [nat'tsi̯o:ne] *f* Nation *f; (Stato)* Staat *m;* **Nazioni Unite** (*ab* **N.U.**) Vereinte Nationen *f pl*, UNO *f.*

nazismo [nat'tsizmo] *m* Nazismus *m.* **nazista** [...'tsista] ‹-i *m*, -e *f*› **I.** *a* nazistisch; **II.** *mf* Nazi *m.*

N.B. *ab di* **nota bene** NB (*ab di* notabene).

ne [ne] **I.** *pron* **1.** *(persona: di lui)* von ihm, über ihn, seiner; *(di lei)* von ihr, über sie, ihrer; *(di loro)* von ihnen, über sie, ihrer; **2.** *(cosa)* damit, darüber, davon, daraus; **3.** *(con valore partitivo)* davon, einige, welche; **~ parlano molto** *(persona)* man spricht viel von ihm (*o* ihr *o* ihnen); *(cosa)* man spricht viel davon; **non ~ vedo proprio la ragione** ich sehe wirklich keinen Grund dafür; **damme~ ancora** gib mir mehr davon; **quanti anni hai? — ~ ho 29** wie alt bist du? — ich bin 29 (Jahre alt); **hai dei giornali? — sì, ~ ho** hast du Zeitungen? — ja, ich habe welche; **hai del sale? — no, non ~ ho** hast du Salz? — nein, ich habe kein(e)s; **II.** *adv (spesso non si traduce)* von hier (*o* da *o* dort); **andarsene** fort-, weggehen.

né [ne] *con* und nicht, auch nicht; **~ ... ~ ...** weder ... noch ...; **~ più ~ meno** nicht mehr und nicht weniger.

N.E. *ab di* **nordest** NO (*ab di* Nordost).

neanche [ne'aŋke] *v.* **nemmeno.**

nebbia ['nebbi̯a] ‹-ie› *f (a. fig)* Nebel *m.* **nebbioso, -a** [...'bi̯o:so] *a* neb(e)lig.

nebulizzare [nebulid'dza:re] *tr* zerstäuben, sprühen. **nebulizzatore** [...dza'to:re] *m* Zerstäuber *m*, Sprühgerät *n.* **nebulosa** [...'lo:sa] *f* Nebelfleck *m*, Nebel *m.* **nebulosità** [...losi'ta] ‹-› *f* **1.** *meteo* Nebligkeit *f;* **2.** *fig* Unklarheit *f*, Verworrenheit *f.* **nebuloso, -a** [...'lo:so] *a* **1.** *meteo* neb(e)lig; **2.** *fig (sfumato)* unklar, verschwommen, nebelhaft.

necessariamente [netʃessari̯a'mente] *adv* notgedrungen.

necessario, -a [netʃes'sa:ri̯o] ‹-i, -ie› **I.** *a* nötig, notwendig; **II.** *m* Nötige(s) *n*, Notwendige(s) *n.* **necessità** [...si'ta] ‹-› *f* Notwendigkeit *f; (bisogno, povertà)* Not *f;* **avere ~ di qc** etw. notwendig brauchen; **essere nella ~ di fare qc** gezwungen sein, etw. zu tun; **in caso di ~** im Notfall, im Bedarfsfall; **per ~** gezwungenermaßen. **necessitare** [...si'ta:re] **I.** *tr* ‹*avere*› erfordern, erforderlich machen; **II.** *itr* ‹*essere*› **1.** *(avere bisogno)* benötigen (*di qc* etw.), brauchen (*di qc* etw.); **2.** *(impersonale)* nötig (*o* erforderlich) sein.

necrologio [nekro'lɔ:dʒo] ‹-gi› *m* **1.** Nachruf *m; (annunzio)* Todesanzeige *f;* **2.** *(registro)* Totenbuch *n,* Nekrologium *n.*

nefando, -a [ne'fando] *a* ruchlos, frevelhaft, schändlich.

nefasto, -a [ne'fasto] *a* Unglücks-, unselig, unheilvoll.

negare [ne'ga:re] ‹nego, neghi› *tr* **1.** *(contestare)* verneinen, (ab)leugnen, abstreiten; **2.** *(rifiutare)* verweigern, versagen; **3.** *(non riconoscere)* absprechen.

negativa [nega'ti:va] *f* Negativ *n.* **negativo, -a** [...'ti:vo] *a* **1.** *(non affermativo)* negativ, verneinend; *adm* abschlägig; *(risposta)* ablehnend; **2.** *(sfavorevole)* ungünstig, nachteilig.

negato, -a [ne'ga:to] *a fig* unbegabt (*per* für), untalentiert (*per* für). **negazione** [...at'tsi̯o:ne] *f* **1.** *gener.* Verneinung *f; (contestazione)* Leugnung *f;* **2.** *(rifiuto)* Verweigerung *f;* **3.** *(contrario)* Gegenteil *n;* **4.** *gram* Verneinung *f,* Negation *f.*

negletto, -a [neg'lɛtto] *a* vernachlässigt.

negli ['neʎʎi] *prp* **in** *con articolo gli.*

négligé [negli'ʒe] ‹-› *m* Morgenrock *m,* Hauskleid *n.*

negligente [negli'dʒɛnte] *a* **1.** *(trasandato)* nachlässig, schlampig; **2.** *(pigro)* träge, faul. **negligenza** [...'dʒɛntsa] *f* Nachlässigkeit *f; (pigrizia)* Trägheit *f,* Faulheit *f.*

negoziante [negot'tsi̯ante] *mf* Kaufmann *m,* Händler(in) *m(f).*

negoziare [negot'tsi̯a:re] ‹negozio, negozi› **I.** *tr* **1.** *(contrattare)* verhandeln über, aushandeln; **2.** *fin (titoli)* handeln mit; *(cambiali)* begeben; **II.** *itr* Handel treiben (*in* mit), handeln (*in* mit). **negoziato** [...'tsi̯a:to] *m* Verhandlung *f,* Unterhandlung *f.* **negoziazione** [...tsi̯at'tsi̯o:ne] *f* **1.** *(trattativa)* Verhandlung *f;* **2.** *fin (di titoli, cambiali)* Handel *m.*

negozio [ne'gɔttsi̯o] ‹-i› *m* Geschäft *n,* Laden *m;* ~ **giuridico** Rechtsgeschäft *n.*

negro, -a ['ne:gro] **I.** *a* schwarz, Neger-; **II.** *m, f* Neger(in) *m(f),* Schwarze(r) *mf;* **fare il ~, sgobbare come un ~** *fam* arbeiten wie ein Pferd.

negromante [negro'mante] *mf* Zauberer *m,* Zauberin *f,* Schwarzkünstler(in) *m(f).* **negromanzia** [...n'tsi:a] ‹-ie› *f* Zauberei *f,* Schwarze Kunst.

nel, nell', nella, nelle, nello, nei [nel, 'nella, ...le, ...lo, 'ne:i] *prp* **in** *con articolo il, l', la, le, lo, i.*

nembo ['nembo] *m* Gewitter-, Sturmwolke *f.*

nemico, -a [ne'mi:ko] ‹-ci, -che› **I.** *a* **1.** *(ostile)* feindlich; **2.** *fig (avverso)* abgeneigt *(di qc* einer S. *dat); (riferito a cose)* ungünstig; **II.** *m, f* Feind(in) *m(f),* Gegner(in) *m(f);* ~ **mortale** Todfeind *m.*

nemmeno [nem'me:no] *adv, con* nicht einmal, auch nicht; ~ **una settimana dopo** noch keine Woche später; ~ **uno** kein einziger; ~ **per idea!** nicht (einmal) im Traum!

nenia ['nɛ:ni̯a] ‹-ie› *f* Trauergesang *m,* Klagelied *n; (cantilena)* Kantilene *f.*

neo ['nɛ:o] *m* **1.** *anat* Muttermal *n,* Leberfleck *m;* **2.** *(di bellezza)* Schönheitspflästerchen *n,* Schönheitsfleck *m;* **3.** *fig (piccolo difetto)* Schönheitsfehler *m.*

neo- [neo-] *(in parole composte)* Neo-, neo-, Neu-, neu-. **neofascismo** [-faʃ'ʃizmo] *m* Neofaschismus *m.* **neofascista** [...'ʃista] **I.** *a* neofaschistisch; **II.** *mf* Neofaschist(in) *m(f).* **neologismo** [-lo'dʒizmo] *m* Neologismus *m.*

neon ['nɛ:on] *m* Neon *n;* **illuminazione al ~** Neonbeleuchtung *f.*

neonato, -a [neo'na:to] **I.** *a* neugeboren; **II.** *m, f* Neugeborene(s) *n.* **neorealismo** [-rea'lizmo] *m* **1.** *philos* Neorealismus *m;* **2.** *lit, film* Neoverismus *m.* **neozelandese** [-ddzelan'de:se] **I.** *a* neuseeländisch; **II.** *mf* Neuseeländer(in) *m(f).*

nepotismo [nepo'tizmo] *m* Vetternwirtschaft *f.*

neppure [nep'pu:re] *v.* **nemmeno.**

nerbo ['nɛrbo] *m* **1.** *(staffile)* Peitsche *f,* Ochsenziemer *m;* **2.** *fig* Kern *m; (forza)* Kraft *f.* **nerboruto, -a** [nerbo'ru:to] *a* sehnig; *(fig a.)* kräftig, stark.

neretto [ne'retto] *m* **1.** *(colore)* schwärzliche Farbe; **2.** *typ* Halbfettdruck *m,* -schrift *f;* **3.** *(articolo)* Artikel *m* in Halbfettdruck; **in ~** halbfett.

nero, -a ['ne:ro] **I.** *a* **1.** *(colore)* schwarz; **2.** *(fig a.)* dunkel; *(sudicio)* schmutzig; **3.** *fig (doloroso)* traurig, schmerzlich; **4.** *fig (scellerato)* böse, schlecht; **5.** *(lavoro, mercato, etc.)* Schwarz-; **borsa -a** Schwarzmarkt *m;* **come il carbone/la pece** kohl(raben)-/pechschwarz; **vedere tutto ~** (immer) schwarzsehen *fam;* **II.** *m* Schwarz(e) *n,* Schwärze *f;* ~ **fumo** *v.* **nerofumo; mettere qc ~ su bianco** etw. schwarz auf weiß niederschreiben. **nerofumo, nero fumo** [nero'fu:mo] *m* Ruß *m.*

nervatura [nerva'tu:ra] *f* **1.** *anat* Nervensystem *n;* **2.** *bot* Blattäderung *f,* Rippen *f pl;* **3.** *arch* Rippe *f;* **4.** *(di stoffa)* Rippen *f pl;* **5.** *(di libri)* Bund *m,* Buchrückenverzierung *f.*

nervo ['nɛrvo] *m* **1.** *anat* Nerv *m;* **2.** *bot* Blattader *f,* Rippe *f;* **3.** *fam (tendine)* Sehne *f;* **4.** *fig* Kraft *f,* Stärke *f;* **avere i -i a fior di pelle** überreizte Nerven haben, ein Nervenbündel sein; **avere i -i a pezzi** mit den Nerven heruntersein; **far venire i -i a qu** jdm auf die Nerven gehen (*o* fallen) *fam.* **nervosismo** [nervo'sizmo] *m* Nervosität *f*, Reizbarkeit *f.* **nervoso, -a** [...'vo:so] **I.** *a* **1.** *(relativo ai nervi)* Nerven-; **2.** *(eccitabile)* nervös, reizbar; **3.** *(asciutto)* sehnig, nervig; *(figura)* sehnig; **4.** *bot* geädert, gerippt; **5.** *fig (stile, etc.)* markant, prägnant; **II.** *m fam* Nervosität *f*; **mi viene il ~** ich werde nervös; **far venire il ~ a qu** jdm auf die Nerven gehen *fam.*

nespola ['nɛspola] *f* Mispel *f.* **nespolo** [...lo] *m* Mispelbaum *m.*

nesso ['nɛsso] *m* Zusammenhang *m*; *ling* Verbindung *f.*

nessuno, -a [nes'su:no] ‹*sing*› **I.** *a* kein; *(in frasi interrogative)* irgendein; **in nessun luogo/caso** nirgends, nirgendwo/in keinem Fall, keinesfalls; **II.** *pron* **1.** *(non uno)* niemand, keine(r, s); **2.** *(qualcuno)* jemand; **nessun altro** kein anderer, niemand anderer; **III.** *m* Niemand *m*; **figli di ~** Findelkinder *n pl.*

nettare[1] ['nɛttare] *m* Göttertrank *m*, Nektar *m.*

nettare[2] [net'ta:re] *tr* reinigen, putzen.

nettezza [net'tettsa] *f* Sauberkeit *f*; *(a. fig)* Reinheit *f*; **~ urbana** (*ab* **N.U.**) *(pulizia stradale)* Straßenreinigung *f*; *(raccolta rifiuti)* Müllabfuhr *f.*

netto, -a ['netto] *a* **1.** *(biancheria)* rein, sauber; **2.** *(risposta, rifiuto)* klar, deutlich, entschieden; **3.** *com* Netto-, Rein-.

netturbino [nettur'bi:no] *m* Straßenkehrer *m.*

network ['netwə:k] ‹-› *m private italienische Fernsehkette.*

neurochirurgia [neurokirur'dʒi:a] *f* Neurochirurgie *f.* **neurologia** [-lo'dʒi:a] ‹-gie› *f* Neurologie *f.* **neurologo, -a** [neu'rɔ:logo] ‹-gi, -ghe› *m* Neurologe *m*, -login *f.* **neurovegetativo, -a** [-vedʒeta'ti:vo] *a* neurovegetativ; **sistema ~** vegetatives Nervensystem.

neutrale [neu'tra:le] **I.** *a* neutral; **II.** *mf* Neutrale(r) *mf.* **neutralità** [...li'ta] ‹-› *f* Neutralität *f.* **neutralizzare** [...lid'dza:re] *tr* **1.** *chem* neutralisieren; **2.** *pol* für neutral erklären; **3.** *fig* unwirksam (*o* zunichte) machen.

neutro, -a ['nɛ:utro] **I.** *a* **1.** *chem* neutral; **2.** *pol* neutral, parteilos; **3.** *gram* sächlich, neutrum; **II.** *m* Neutrum *n*, sächliches Geschlecht.

neutrone [neu'tro:ne] *m* Neutron *n.*

nevaio [ne'va:i̯o] ‹-ai› *m* **1.** *(terreno)* Schneefeld *n*; **2.** *(accumulo)* Schneewehe *f.*

neve ['ne:ve] *f (a. sl: cocaina)* Schnee *m*; **~ fresca/farinosa** Neu-/Pulverschnee *m*; **palla/fiocco di ~** Schneeball *m*/-flocke *f*; **bianco come la ~** schneeweiß. **nevicare** [nevi'ka:re] ‹nevico, nevichi› *itr* ‹*essere o avere*› schneien. **nevicata** [...'ka:ta] *f* Schneefall *m*, Schneien *n.* **nevischio** [ne'viski̯o] ‹-schi› *m* Schneegestöber *n.* **nevoso, -a** [ne'vo:so] *a* schneeig; *(terra, monte)* schneebedeckt; *(precipitazione)* Schnee-; *(stagione)* schneereich.

nevralgia [nevral'dʒi:a] ‹-gie› *f* Neuralgie *f.* **nevralgico, -a** [ne'vraldʒiko] ‹-ci, -che› *a* neuralgisch; **punto ~** *fig* wunder (*o* neuralgischer) Punkt. **nevrastenia** [nevraste'ni:a] ‹-ie› *f* Neurasthenie *f.* **nevrastenico, -a** [...'tɛ:niko] ‹-ci, -che› **I.** *a* neurasthenisch; *(fig a.)* nervös; **II.** *m, f* Neurastheniker(in) *m(f)*; *(fig a.)* nervöser Mensch. **nevrosi** [ne'vrɔ:zi] ‹-› *f* Neurose *f.* **nevrotico, -a** [ne'vrɔ:tiko] ‹-ci, -che› **I.** *a* neurotisch; **II.** *m, f* Neurotiker(in) *m(f).*

nicchia ['nikki̯a] ‹-cchie› *f* Nische *f.*

nichel ['ni:kel] *m* Nickel *n.* **nichelare** [nike'la:re] *tr* vernickeln.

nichilismo [niki'lizmo] *m* Nihilismus *m.* **nichilista** [...'lista] ‹-i *m*, -e *f*› **I.** *a* nihilistisch; **II.** *mf* Nihilist(in) *m(f).*

Nicola [ni'kɔ:la], **Nicolo** [niko'lɔ] *(nome proprio maschile)* Klaus.

nicotina [niko'ti:na] *f* Nikotin *n*; **senza ~** nikotinfrei.

nidiata [ni'di̯a:ta] *f* **1.** *zoo* Brut *f*; **2.** *fig scherz* Kinderschar *f.*

nidificare [nidifi'ka:re] ‹nidifico, nidifichi› *itr* nisten, ein Nest bauen.

nido ['ni:do] *m* **1.** *zoo* Nest *n*; *(di rapaci)* Horst *m*; **2.** *fig (casa)* Heim *n*, Nest *n*; *(covo)* Versteck *n*, Schlupfwinkel *m*; **~ d'infanzia** Kinderhort *m*; **a ~ d'ape** wabenartig, Waben-.

niente ['ni̯ɛnte] **I.** *pron* **1.** *(nessuna cosa)* nichts; **2.** *(interrogativo)* etwas, nichts; **3.** *(poca cosa)* nichts von Belang, eine Kleinigkeit; **ti serve ~?** brauchst du etwas?; **è una cosa da ~** es ist eine Kleinigkeit; **come (se) ~ fosse** mir nichts, dir nichts *fam*, einfach so; **II.** *m* **1.** *(nessuna cosa)* Nichts *n*; **2.** *(poca cosa)* Kleinigkeit *f*, Nichtigkeit *f*; **III.** *adv* nichts, keineswegs; **non è ~ male** er (*o* sie *o* es) ist nicht schlecht; **~ affatto** ganz und gar nicht, durchaus nicht; **nient'altro** nichts anderes; **~ di ~** absolut nichts, ganz und gar nichts; **per ~** *(affatto)* durchaus nicht; *(invano)* vergebens, umsonst; *(gratis)* unentgeltlich, umsonst; **~ paura!** nur keine Angst! **nientedimeno, nientemeno** [ni̯entedi'me:no, ...te'me:no] **I.** *adv* sogar; **II.** *interj* Donnerwetter.

night-club ['naɪtklʌb] *m* Nachtlokal *n*, Nachtbar *f.*

Nilo ['ni:lo] *m* Nil *m.*

nimbo ['nimbo] *m (splendore)* Glanz *m*; *(aureola)* Nimbus *m*, Heiligenschein *m.*

ninfa ['ninfa] *f zoo* Nymphe *f.* **ninfea** [...'fɛ:a] *f* Seerose *f.*

ninfomane [nin'fɔ:mane] **I.** *a* nymphoman; **II.** *f* Nymphomanin *f.*
ninnananna [ninna'nanna] ‹ninnenanne› *f* Wiegenlied *n.*
ninnolo ['ninnolo] *m* **1.** *(gingillo)* (Kinder)spielzeug *n;* **2.** *(soprammobile)* Nippesgegenstand *m.*
nipote [ni'po:te] *mf* **1.** *(di zio)* Neffe *m,* Nichte *f;* **2.** *(di nonno)* Enkel(in) *m(f),* Enkelkind *n;* **3.** ‹*pl*› *(discendenti)* Nachkommen *m pl.*
nipplo ['nipplo] *m* Nippel *m.*
nirvana [nir'va:na] *m* Nirwana *n.*
nitidezza [niti'dettsa] *f* **1.** *(chiarezza)* Klarheit *f,* Reinheit *f;* **2.** *fot* Schärfe *f.*
nitido, -a ['ni:tido] *a* **1.** *(chiaro)* klar, rein; **2.** *fot* scharf.
nitrato [ni'tra:to] *m* Nitrat *n.* **nitrico, -a** ['ni:triko] ‹-ci, -che› *a* Salpeter-.
nitrire [ni'tri:re] ‹nitrisco› *itr* wiehern.
nitrito[1] [ni'tri:to] *m zoo* Gewieher *n,* Wiehern *n.*
nitrito[2] [ni'tri:to] *m chem* Nitrit *n.*
nitroglicerina [nitroglitʃe'ri:na] *f* Nitroglyzerin *n,* Glyzerintrinitrat *n.*
no [nɔ] **I.** *adv* nein; *(in frasi negative a.)* nicht; **parti o ~?** fährst du ab oder nicht?; **lo farai, ~?** du wirst es tun, oder (nicht)?; **pare di ~** es scheint nicht so zu sein; **come ~!** und ob!, natürlich!, und wie!; **perché ~?** warum nicht?; **~ e poi ~** nein, nein und nochmals nein; **rispondere di ~** nein sagen, mit Nein antworten; **non dico di ~** da sage ich nicht nein; **II.** ‹-› *m* **1.** *(risposta)* Nein *n;* **2.** *(voto)* Nein(stimme *f*) *n.*
N.O. *ab di* **nordovest** NW (*ab di* Nordwest).
nobildonna [nobil'dɔnna] *f* Adlige *f,* Edelfrau *f.*
nobile ['nɔ:bile] **I.** *a* **1.** *(di nobiltà)* ad(e)lig, Adels-; **2.** *fig* nobel, vornehm, edel; *(eccellente)* vortrefflich, erhaben; **3.** *chem* edel, Edel-; **II.** *mf* Adlige(r) *mf;* **i -i** der Adel. **nobiliare** [nobi'li̯a:re] *a* ad(e)lig, Adels-. **nobilitare** [nobili'ta:re] **I.** *tr* adeln; **II.** *rfl:* **-arsi** sich erheben. **nobiltà** [...l'ta] ‹-› *f* Adel *m; (fig a.)* Vornehmheit *f.*
nobiluomo [nobi'lu̯ɔ:mo] ‹nobiluomini› *m* Adlige(r) *m,* Edelmann *m.*
nocca ['nɔkka] ‹-cche› *f* Knöchel *m.*
noccio ['nɔttʃo] *pr di* **nuocere.**
nocciola [not'tʃɔ:la] **I.** ‹*inv*› *a* haselnußbraun; **II.** *f* Haselnuß *f;* **III.** *m* Haselnußfarbe *f.*
nocciolina [nottʃo'li:na] *f (~ americana)* Erdnuß *f.*
nocciolo[1] ['nɔttʃolo] *m* **1.** *bot* Kern *m,* Stein *m;* **2.** *fig* Kern *m,* Hauptsache *f.*
nocciolo[2] [not'tʃɔ:lo] *m* Haselnuß(strauch *m*) *f.*
noce[1] ['no:tʃe] *m* **1.** *(albero)* Walnußbaum *m; (legno)* Nußbaum(holz *n*) *m;* **2.** *(colore)* Nußbraun *n.*
noce[2] ['no:tʃe] *f* **1.** *bot* (Wal)nuß *f;* **2.** *gastr (di vitello, etc.)* Nuß *f,* Nüßchen *n;* **~ moscata** Muskatnuß *f.*
nociuto [no'tʃu:to] *pp di* **nuocere.**
nocività [notʃivi'ta] ‹-› *f* Schädlichkeit *f.*
nocivo, -a [no'tʃi:vo] *a* schädlich.
nocqui ['nɔkku̯i] *p rem di* **nuocere.**
nodo ['nɔ:do] *m* **1.** *(legamento, intreccio)* Knoten *m;* **2.** *(difficoltà)* Verwicklung *f,* Schwierigkeit *f;* **3.** *(vincolo)* Band *n,* Fessel *f;* **4.** *(punto centrale)* Kern *m,* Hauptsache *f;* **5.** *mot, ferr* Knotenpunkt *m;* **6.** *med* Knötchenbildung *f;* **~ linfatico** Lymphknoten *m;* **~ scorsoio** Schlaufe *f;* **avere un ~ alla gola** einen Kloß im Hals haben; **fare il ~ alla cravatta** die Krawatte binden; **tutti i -i vengono al pettine** *prov* es ist nichts so fein gesponnen, es kommt doch ans Licht der Sonnen *prov.* **nodoso, -a** [no'do:so] *a* knotig. **nodulo** ['nɔ:dulo] *m* Knötchen *n.*
noi ['no:i] *pron pers 1ª pers pl* **1.** *(soggetto)* wir; **2.** *(oggetto)* uns; *(con preposizione)* uns, unser.
noia ['nɔ:i̯a] ‹-oie› *f.* **1.** *(fastidio)* Lang(e)weile *f; (tedio)* Überdruß *m;* **2.** *(molestia)* Störung *f,* Belästigung *f; (seccatura)* Unannehmlichkeit *f,* Schererei *f.*
noialtri [no'i̯altri] *pron* wir, wir unsererseits.
noioso, -a [no'i̯o:so] **I.** *a* **1.** *(che procura noia)* langweilig; **2.** *(che dà fastidio)* lästig; **II.** *m, f* langweiliger Mensch, Langweiler(in) *m(f) fam.*
noleggiare [noled'dʒa:re] ‹noleggio, noleggi› *tr* **1.** *(dare a nolo)* vermieten, verleihen; **2.** *(prendere a nolo)* mieten. **noleggiatore, -trice** [...dʒa'to:re] *m, f* **1.** *(che dà a nolo)* Vermieter(in) *m(f);* **2.** *(che prende a nolo)* Mieter(in) *m(f).* **noleggio** [no'leddʒo] ‹-ggi› *m* **1.** *(contratto)* Mieten *n;* **2.** *(prezzo)* Mietpreis *m,* Leihgebühr *f;* **3.** *(impresa)* Verleih *m.*
nolente [no'lɛnte] *a lett* widerwillig; **volente o ~** wohl oder übel, nolens volens *geh.*
nolo ['nɔ:lo] *m* **1.** *(trasporto, carico)* Fracht *f;* **2.** *(prezzo)* Mietpreis *m;* **dare a ~** vermieten; **prendere a ~** mieten, chartern.
nomade ['nɔ:made] **I.** *a* nomadisch, Nomaden-; **II.** *mf* Nomade *m,* Nomadin *f.*
nome ['no:me] *m* **1.** *gener.* Name *m; (prenome)* Vorname *m;* **2.** *(denominazione)* Bezeichnung *f,* Benennung *f;* **3.** *gram* Nomen *n,* Hauptwort *n;* **~ astratto/collettivo** Abstraktum *n*/Kollektivum *n;* **~ composto** Kompositum *n,* zusammengesetztes Hauptwort; **~ comune/proprio** Gattungs-/Eigenname *m;* **~ di battesimo** Vorname *m,* Taufname *m;* **~ depositato** Schutzmarke *f;* **a ~ di qu** in jds Namen; **di ~** *(chiamato)*

namens; **conoscere qu di** ~ jdn dem Namen nach kennen; **senza** ~ namenlos. **nomea** [no'mɛ:a] *f* Ruf *m*, Leumund *m*. **nomenclatura** [nomeŋkla'tu:ra] *f* Nomenklatur *f*. **nomignolo** [no'miɲɲolo] *m* Spitzname *m*. **nomina** ['nɔ:mina] *f* Ernennung *f*, Nominierung *f*; *(all'università, etc.)* Berufung *f*, Ruf *m*. **nominale** [...'na:le] *a* **1.** *gram* nominal, Nominal-; **2.** *(del nome)* namentlich, Namens-; **3.** *(di nome)* nominell, (nur) dem Namen nach bestehend; **4.** *com* nominell, Nominal-.

nominare [nomi'na:re] *tr* **1.** *(chiamare)* nennen; *(cose)* (be)nennen; **2.** *(citare)* erwähnen, nennen; **3.** *(eleggere)* wählen; *(professore)* ernennen, berufen; *(commissione)* einsetzen, einberufen; **mai sentito** ~! nie gehört! **nominativo, -a** [...na'ti:vo] **I.** *a* namentlich, auf den Namen lautend, Namen(s)-; **II.** *m* **1.** *gram* Nominativ *m*, Werfall *m*; **2.** *adm* Name(n) *m*.

non [non] *adv* **1.** *(con verbi)* nicht; **2.** *(con sostantivi determinati)* kein, nicht; **3.** *(come prefisso)* nicht, Nicht-, un-, Un-, non-, Non-; **4.** *(seguito da un'altra negazione) non si traduce;* ~ **fumatori** Nichtraucher *m pl;* ~ **violenza** Gewaltlosigkeit *f;* ~ **che** *v.* **nonché;** ~ **appena** sobald; ~ ... **niente** nichts; ~ ... **mai** nie(mals).

nona *f v.* **nono.**

nonché, non che [noŋ'ke] *con* **1.** *(e inoltre)* sowie, und auch, außerdem; **2.** *(e tanto meno)* geschweige denn.

nonconformista [noŋkonfor'mista] **I.** *a* nonkonformistisch; **II.** *mf* Nonkonformist(in) *m(f)*.

noncurante [noŋku'rante] *a* unbekümmert (*di* um), unbesorgt (*di* um). **noncuranza** [...'rantsa] *f* **1.** *(disinvoltura)* Unbekümmertheit *f*, Sorglosigkeit *f;* **2.** *(inosservanza)* Nichtbeachtung *f*.

nondimeno [nondi'me:no] *con (nonostante)* nichtsdestoweniger; *(tuttavia)* trotzdem, dennoch.

nonna ['nɔnna] *f* Großmutter *f; (fam, a. fig)* Oma *f fam.* **nonno** [...no] *m* Großvater *m; (fam, a. fig)* Opa *m fam;* **i -i** die Großeltern.

nonnulla [non'nulla] ‹-› *m:* **un** ~ eine Kleinigkeit, nichts.

nono, -a ['nɔ:no] **I.** *a* neunte(r, s); **II.** *m, f* Neunte(r, s) *mfn;* **III.** *m (frazione)* Neuntel *n*, neunter Teil; *v. a. quinto.*

nonostante [nonos'tante] **I.** *prp* trotz *dat o gen;* **II.** *con conj* auch wenn, obwohl, obgleich; ~ **che** *conj* obwohl; **pur** ~ trotzdem.

nonsenso [non'sɛnso] *m* Nonsens *m*, Unsinn *m*.

non so che [non sɔ k'ke] ‹-› *m:* **un (certo)** ~ ein gewisses Etwas.

nontiscordardime, non-ti-scordar-di-me [nontiskordardi'me] ‹-› *m* Vergißmeinnicht *n*.

nord [nɔrd] *m* (*ab* **N.**) Nord(en) *m;* **Italia del** ~ Norditalien *n*, Oberitalien *n;* **a** ~ **di** ... nördlich von ...; **verso** ~ nordwärts.

nord- [nɔrd-] *(in parole composte)* Nord-, nord-. **nordest** [nɔr'dɛst] *m* (*ab* **N.E.**) Nordost(en) *m;* **di** ~ nordöstlich, Nordost-.

nordico, -a ['nɔrdiko] ‹-ci, -che› **I.** *a* nordisch, Nord-; **II.** *m, f* Nordländer(in) *m(f)*. **nordista** [nor'dista] ‹-i *m*, -e *f*› **I.** *a* nordstaatlich, Nordstaaten-; **II.** *mf* Nordstaatler(in) *m(f)*.

nordovest [nor'dɔ:vest] *m* **1.** (*ab* **N.O.**) *geog* Nordwest(en) *m;* **2.** *(cappello)* Südwester *m;* **di** ~ nordwestlich, Nordwest-.

Norimberga [norim'bɛrga] *f* Nürnberg *n*.

norma ['nɔrma] *f* **1.** *(regola)* Norm *f*, Richtschnur *f;* **2.** *(uso)* Regel *f;* **-e di circolazione/di navigazione** Verkehrsvorschriften *f pl*/Schiffahrtsordnung *f;* **-e per l'uso** Gebrauchsanweisung *f;* **a** ~ **di** laut *dat o gen*, gemäß *dat o gen*, nach *dat;* **come di** ~ wie üblich. **normale** [nor'ma:le] *a* **1.** *(conforme alla norma)* normal, üblich; **2.** *(regolare)* regelmäßig. **normalità** [normali'ta] ‹-› *f* Normalität *f;* **rientrare nella** ~ sich wieder normalisieren. **normalizzare** [...lid'dza:re] **I.** *tr* **1.** *(rendere normale)* normalisieren, normal gestalten; **2.** *(standardizzare)* normieren, vereinheitlichen; **II.** *rfl:* **-arsi** sich normalisieren. **normalmente** [...l'mente] *adv* normalerweise, gewöhnlich; *(conforme alla norma)* vorschriftsmäßig.

normativo, -a [norma'ti:vo] *a* normativ, maßgebend.

norvegese [norve'dʒe:se] **I.** *a* norwegisch; **II.** *mf* Norweger(in) *m(f)*. **Norvegia** [...'vɛ:dʒa] *f* Norwegen *n*.

nostalgia [nostal'dʒi:a] ‹-gie› *f* Nostalgie *f; (rimpianto)* Sehnsucht *f* (*di* nach); *(della patria)* Heimweh *n* (*di* nach). **nostalgico, -a** [...'taldʒiko] ‹-ci, -che› **I.** *a* sehnsüchtig, sehnsuchtsvoll; *(della patria)* heimwehkrank; **II.** *m, f* Reaktionär(in) *m(f)*.

nostrano, -a [nos'tra:no] *a* einheimisch, hiesig.

nostro, -a ['nɔstro] **I.** *a* (*ab* **ns.**) unser; **la -a speranza** unsere Hoffnung; ~ **padre/zio** unser Vater/Onkel; **un** ~ **amico** ein Freund von uns; **II.** *pron:* **il** ~**, la -a** unsere(r, s); **III.** *m:* **il** ~ das Unsere, das Unsrige *geh;* **i -i** die Unsrigen *m pl geh.*

nota ['nɔ:ta] *f* **1.** *(contrassegno)* (Kenn)zeichen *n*, Merkmal *n;* **2.** *(appunto)* Anmerkung *f*, Notiz *f;* **3.** *(osservazione)* Bemerkung *f;* **4.** *(commento)*

Erläuterung *f;* **5.** *(elenco)* Aufstellung *f,* Verzeichnis *n;* **6.** *(conto)* Rechnung *f;* **7.** *(comunicazione)* Mitteilung *f,* Schreiben *n;* **8.** *mus* Note *f;* **9.** *fig (impronta)* Eigenart *f,* Note *f;* ~ **di accredito/addebito** Gut-/Lastschrift *f;* ~ **di biasimo** Disziplinarmaßnahme *f;* ~ **introduttiva** Einleitung *f;* **prendere** ~ **di qc** etw. notieren; **degno di** ~ bemerkenswert. **nota bene** ['nɔ:ta 'bɛ:ne] ‹- -› *m* (*ab* **N.B.**) Notabene *n,* Anmerkung *f.*
notabile [no'ta:bile] **I.** *a* angesehen, bedeutend; **II.** *m pl* Honoratioren *pl,* Prominenz *f.*
notaio [no'ta:i̯o] ‹-ai› *m* Notar(in) *m(f).*
notare [no'ta:re] *tr* **1.** *(prender nota)* aufzeichnen, aufschreiben, vermerken; **2.** *(contrassegnare)* kennzeichnen; **3.** *(rilevare)* bemerken, hervorheben; **4.** *(considerare)* beachten, in Betracht ziehen; **far** ~ **qc a qu** jdn auf etw. aufmerksam machen; **farsi** ~ sich bemerkbar machen.
notariato [nota'ri̯a:to] *m* Notariat *n.* **notarile** [...'ri:le] *a* notariell, Notar(s)-, Notariat(s)-.
notazione [notat'tsi̯o:ne] *f* Notenschrift *f,* Notation *f.*
notes ['nɔ:tes] ‹-› *m* Notizblock *m.*
notevole [no'te:vole] *a* beträchtlich, beachtlich, bemerkenswert.
notifica [no'ti:fika] ‹-che› *f* **1.** *adm* Mitteilung *f,* Bekanntmachung *f;* **2.** *jur* Zustellung *f.* **notificare** [notifi'ka:re] ‹notifico, notifichi› *tr* **1.** *adm* bekanntgeben, mitteilen; **2.** *(dichiarare)* anmelden, anzeigen.
notizia [no'tittsi̯a] ‹-ie› *f* **1.** *(comunicato, novità)* Nachricht *f,* Meldung *f;* **2.** *(informazione)* Auskunft *f,* Information *f;* **-ie infondate** Falschmeldungen *f pl.* **notiziario** [...'tsi̯a:ri̯o] ‹-i› *m TV, radio* Nachrichten *f pl,* Nachrichtensendung *f; (nel giornale)* Nachrichtenblatt *n,* Nachrichtendienst *m.*
noto, -a ['nɔ:to] *a* bekannt; *(famoso)* berühmt; **ben** ~ wohlbekannt.
notoriamente [notari̯a'mente] *adv* bekanntlich, bekanntermaßen. **notorietà** [...i̯e'ta] ‹-› *f* Bekanntheit *f; (fama)* Berühmtheit *f.* **notorio, -a** [no'tɔ:ri̯o] ‹-i, -ie› *a* (allgemein) bekannt; **atto** ~ Zeugenurkunde *f.*
nottambulo, -a [not'tambulo] *m, f* Nachtschwärmer(in) *m(f).*
nottata [not'ta:ta] *f* Nacht *f.*
notte ['nɔtte] *f* Nacht *f;* **nella** ~ **dei tempi** in grauer Vorzeit; **nel cuore della** ~ mitten in der Nacht; **essere peggio che andar di** ~ die schlimmste Strafe sein; **far di** ~ **giorno** die Nacht zum Tag machen; ~ **bianca** (*o* **in bianco**) schlaflose Nacht; **di** ~ nachts, bei Nacht. **nottetempo** [notte'tɛmpo] *adv* nachts, bei Nacht.
nottola[1] ['nɔttola] *f zoo* Abendsegler *m.*
nottola[2] ['nɔttola] *f (sbarretta)* Riegel *m.*
nottolino [notto'li:no] *m* **1.** *(saliscendi)* (Tür)klinke *f;* **2.** *(di arresto)* Sperrklinke *f,* Sperrzahn *m.*
notturno, -a [not'turno] **I.** *a* nächtlich; Nacht-; **II.** *m mus* Nocturne *n o f.*
novanta [no'vanta] **I.** *a numerale* neunzig; **II.** ‹-› *m* Neunzig *f;* **la paura fa** ~ Angst macht Beine; *v. a. cinquanta.* **novantenne** [...'tɛnne] **I.** *a* neunzigjährig; **II.** *mf* Neunzigjährige(r) *mf.* **novantesimo, -a** [...'tɛ:zimo] **I.** *a* neunzigste(r, s); **II.** *m, f* Neunzigste(r, s) *mfn;* **III.** *m (frazione)* Neunzigstel *n,* neunzigster Teil; *v. a. quinto.* **novantina** [...'ti:na] *f:* **una** ~ **(di ...)** (etwa) neunzig (...); **essere sulla** ~ an (*o* um) die Neunzig sein.
nove ['nɔ:ve] **I.** *a numerale* neun; **II.** ‹-› *m* **1.** *(numero)* Neun *f;* **2.** *(nelle date)* Neunte(r) *m;* **3.** *(voto scolastico)* ≃ Sehr Gut *n,* Eins *f;* **III.** *f pl* neun Uhr; *v. a. cinque.* **novecentesco, -a** [novetʃen'tesko] ‹-schi, -sche› *a* das zwanzigste Jahrhundert betreffend. **novecento** [...'tʃɛnto] **I.** *a numerale* neunhundert; **II.** ‹-› *m* Neunhundert *f;* **il N~** das zwanzigste Jahrhundert.
novella [no'vɛlla] *f* Novelle *f;* **la buona** ~ die Frohe Botschaft.
novellino, -a [novel'li:no] *m, f* Neuling *m.*
novellista [novel'lista] ‹-i *m,* -e *f*› *mf* Novellenschreiber(in) *m(f),* Novellist(in) *m(f).*
novello, -a [no'vɛllo] *a* neu, frisch; **un** ~ **Michelangelo** ein zweiter Michelangelo; **-i sposi** Jungvermählte *pl.*
novembre [no'vɛmbre] *m* November *m;* *v. a. settembre.* **novembrino, -a** [novem'bri:no] *a* November-, novemberhaft.
novemila [nove'mi:la] **I.** *a numerale* neuntausend; **II.** ‹-› *m* Neuntausend *f.*
novilunio [novi'lu:ni̯o] ‹-i› *m* Neumond *m.*
novità [novi'ta] ‹-› *f* **1.** *(qualità)* Neuheit *f,* Neuartigkeit *f; (cosa)* Neuheit *f;* **2.** *(notizia)* Neuigkeit *f,* Nachricht *f;* **3.** *(innovazione)* Neuerung *f,* Neuschöpfung *f;* **nessuna** ~ nichts Neues.
noviziato [novit'tsi̯a:to] *m* **1.** *rel (stato, periodo)* Noviziat *n; (luogo)* Novizeninternat *n;* **2.** *(tirocinio)* Einarbeitungszeit *f.* **novizio, -a** [no'vittsi̯o] ‹-i, -ie› *m, f* **1.** *rel* Novize *m,* Novizin *f;* **2.** *fig (inesperto)* Anfänger(in) *m(f),* Neuling *m.*
nozione [not'tsi̯o:ne] *f* **1.** *(conoscenza)* Kenntnis *f;* **2.** *(concetto)* Begriff *m;* **le prime -i** die Grundlagen *f pl* (eines Wissensgebietes). **nozionismo** [nottsi̯o'nizmo] *m* oberflächliches Wis-

sen. **nozionistico, -a** [...'nistiko] ‹-ci, -che› *a* oberflächlich.
nozze ['nɔttse] *f pl* Hochzeit *f;* **celebrare le ~** Hochzeit feiern; **far le ~ con i fichi secchi** um jeden Preis sparen (wollen).
ns. *ab di* **nostro** unser.
N.T. *ab di* **Nuovo Testamento** N.T. (*ab di* Neues Testament).
N.U. *f* **1.** ‹*pl*› *ab di* **Nazioni Unite** UN *f pl* (*ab di* United Nations); **2.** ‹-› *ab di* **Nettezza Urbana** Städtische Müllabfuhr.
nuance [nɥã:s] ‹-› *f* Nuance *f,* Abstufung *f.*
nube ['nu:be] *f* **1.** *scient, poet* Wolke *f;* **2.** *fig* Nebel *m,* Schleier *m,* Schatten *m.*
nubifragio [nubi'fra:dʒo] ‹-gi› *m* Wolkenbruch *m.*
nubile ['nu:bile] **I.** *a* ledig, unverheiratet; **II.** *f* Ledige *f,* ledige Frau, Junggesellin *f.*
nuca ['nu:ka] ‹-che› *f* Nacken *m,* Genick *n.*
nucleare [nukle'a:re] **I.** *a* nuklear, Kern-, Nuklear-, Atom-; **armi -i** Atomwaffen *f pl;* **reazione/esperimento ~** Kernreaktion *f*/Atomwaffenversuch *m;* **II.** *m* **1.** *(energia)* Kernenergie *f;* **2.** *(sfruttamento)* Kernenergienutzung *f.*
nucleo ['nu:kleo] *m* **1.** *scient* Kern *m;* **2.** *fig (reparto)* Gruppe *f;* **3.** *mil* Truppe *f;* **4.** *pol* Zelle *f.*
nudismo [nu'dizmo] *m* Nudismus *m,* Freikörperkultur *f.* **nudista** [nu'dista] ‹-i *m,* -e *f*› *mf* Nudist(in) *m(f).*
nudità [...i'ta] ‹-› *f* **1.** *(di persone)* Nacktheit *f,* Blöße *f;* **2.** *(di terreno)* Kahlheit *f;* **3.** ‹*pl*› *(pudende)* Schamteile *n pl,* Geschlechtsteile *n pl.*
nudo, -a ['nu:do] **I.** *a* nackt, bloß; *(terreno)* kahl; **essere ~ come un verme** splitter(faser)nackt sein; **a occhio ~** mit bloßem Auge; **II.** *m* Akt *m.*
nugolo ['nu:golo] *m:* **~ di polvere** Staubwolke *f;* **~ di zanzare** Mückenschwarm *m.*
nulla ['nulla] **I.** ‹*inv*› *pron* nichts (von Belang); *(interrogativo a.)* etwas; **una cosa da ~** eine Kleinigkeit; **II.** *adv:* **non ... ~** nicht im geringsten, durchaus nicht, ganz und gar nicht; **III.** *m* Nichts *n,* Kleinigkeit *f.* **nullaosta, nulla osta** [nulla'ɔsta] ‹-› *m* (amtliche) Genehmigung *f,* Erlaubnis *f.* **nullatenente** [nullate'nɛnte] **I.** *a adm* mittellos, unbemittelt; *jur* besitzlos; **II.** *mf adm* Mittellose(r) *mf; jur* Besitzlose(r) *mf.* **nullità** [nulli'ta] ‹-› *f* **1.** *(qualità)* Nichtigkeit *f;* **2.** *adm* Ungültigkeit *f;* **3.** *(persona)* Null *f fam.* **nullo, -a** ['nullo] *a* **1.** *jur (non valido)* ungültig; **2.** *sport* unentschieden.
nume ['nu:me] *m* Gottheit *f,* Numen *n.*
numerale [nume'ra:le] **I.** *a* Zahlen-; **II.** *m* Zahlwort *n.*
numerare [nume'ra:re] *tr* numerieren. **numeratore** [...ra'to:re] *m* **1.** *mat* Zähler *m;* **2.** *tec* Numerator *m,* Numerierwerk *n.* **numerazione** [...rat'tsi̯o:ne] *f* Numerierung *f.*
numerico, -a [nu'mɛ:riko] ‹-ci, -che› *a* zahlenmäßig, Zahlen-; *mat, inform* numerisch.
numero ['nu:mero] *m* (*ab* **n**) **1.** *mat* Zahl *f,* Ziffer *f; (civico, telefonico)* Nummer *f;* **2.** *(quantità)* (An)zahl *f,* Menge *f;* **3.** *(di mezzi pubblici)* Linie *f;* **4.** *(esemplare di giornale)* Nummer *f,* Exemplar *n;* **5.** *(di spettacolo)* Nummer *f;* **6.** *(taglia, misura)* Größe *f;* **7.** *gram* Numerus *m,* Zahl *f;* **~ di casa/targa** Haus-/Autonummer *f;* **~ di codice** Postleitzahl *f;* **~ chiuso** Numerus clausus *m;* **~ unico** Sonderausgabe *f;* **avere dei -i** *fig* Fähigkeiten (*o* Möglichkeiten) haben; **dare i -i** *fam* unverständliches Zeug reden, sich seltsam benehmen; **chiamare un ~** eine Nummer wählen; **sbagliare ~** sich verwählen, eine falsche Nummer wählen; **in gran ~** zahlreich, in großer Zahl. **numeroso, -a** [...'ro:so] *a* zahlreich; *(famiglia, etc.)* groß.
numismatica [numiz'ma:tika] ‹-che› *f* Numismatik *f,* Münzkunde *f.* **numismatico, -a** [...ko] ‹-ci, -che› **I.** *a* numismatisch, Münzen-; **II.** *m, f* Numismatiker(in) *m(f),* Münzenkenner(in) *m(f),* Münzensammler(in) *m(f).*
nunzio ['nuntsi̯o] ‹-i› *m* (Apostolischer) Nuntius *m.*
nuocere ['nu̯ɔ:tʃere] ‹noccio *o* nuoccio, nuoci, nocqui, nociuto› *itr* schaden, Schaden zufügen, schädlich sein (*a* für).
nuora ['nu̯ɔ:ra] *f* Schwiegertochter *f.*
nuotare [nu̯o'ta:re] *itr* schwimmen; *(oggetti a.)* treiben; **~ a farfalla/a rana** im Schmetterlingsstil schwimmen/brustschwimmen. **nuotata** [...'ta:ta] *f* Schwimmen *n.* **nuotatore, -trice** [...ta'to:re] *m, f* Schwimmer(in) *m(f).* **nuoto** ['nuɔ:to] *m* Schwimmen *n,* Schwimmsport *m;* **a ~** schwimmend; **traversare a ~ un fiume** durch einen Fluß schwimmen.
nuova ['nu̯ɔ:va] *f* Neuigkeit *f,* Nachricht *f;* **nessuna ~, buona ~** keine Nachricht, gute Nachricht.
Nuova York ['nu̯ɔ:va 'i̯ɔrk] *f* New York *n.*
Nuova Zelanda ['nu̯ɔ:va ddze'landa] *f* Neuseeland *n.*
nuovo, -a ['nu̯ɔ:vo] **I.** *a* neu; **~ fiammante** (*o* **di zecca**) (funkel)nagelneu; **uomo ~** Emporkömmling *m;* **di ~** von neuem, nochmals; **II.** *m* Neue(s) *n,* Neuigkeit *f;* **che c'è di ~?** was gibt es Neues?
nutrice [nu'tri:tʃe] *f* Ernährerin *f; (balia)* Amme *f,* Nährmutter *f.*

nutriente [nutri'ɛnte] *a (sostanzioso)* nährend, nahrhaft; *(che nutrisce)* Nahrungs-, Nähr-. **nutrimento** [...i'mento] *m* Nahrung *f.*

nutrire [nu'tri:re] ‹nutro *o* nutrisco› **I.** *tr* **1.** *(alimentare)* nähren, ernähren; **2.** *fig (mente)* fördern, pflegen; *(fiducia, odio)* hegen; **II.** *rfl:* **-irsi** sich ernähren, essen. **nutritivo, -a** [nutri'ti:vo] *a (cibo)* Nähr-, Nahrungs-; *(sostanzioso)* nahrhaft. **nutrito, -a** [nu'tri:to] *a (fitto)* lebhaft, stürmisch; **ben/mal ~** wohlgenährt/unterernährt. **nutrizione** [...it'tsi̯o:ne] *f* **1.** *(atto del nutrire)* Ernährung *f;* **2.** *cibo)* Nahrung *f,* Essen *n.*

nuvola ['nu:vola] *f* Wolke *f;* **cadere** (*o* **cascare**) **dalle -e** aus allen Wolken fallen. **nuvolo** [...lo] *a dial, lett* wolkig, bewölkt. **nuvolone** [nuvo'lo:ne] *m* große Wolke. **nuvolosità** [...losi'ta] ‹-› *f* Bewölkung *f.* **nuvoloso, -a** [...'lo:so] *a* wolkig, bewölkt; *(coperto)* bedeckt.

nuziale [nut'tsi̯a:le] *a* ehelich, Ehe-; *(festa, etc.)* Hochzeits-.

nylon® ['naılən] ‹-› *m* Nylon *n.*

O

O, o [ɔ] ‹-› *f* O, o *n;* **o come Otranto** O wie Otto.

o [o] ‹*davanti a vocale spesso* od› *con* **1.** *(oppure)* oder; **2.** *(ossia, vale a dire)* oder auch, das heißt; **~ ... ~** entweder ... oder.

O. *ab di* **ovest** W (*ab di* West).

oasi ['ɔ:azi] ‹-› *f* Oase *f.*

obbediente [obbe'di̯ɛnte] *etc. v.* **ubbidiente** *etc.*

obbligare [obbli'ga:re] ‹obbligo, obblighi› **I.** *tr* **1.** *(costringere)* zwingen; **2.** *(per riconoscenza)* (zu Dank) verpflichten; **~ a letto** ans Bett fesseln; **II.** *rfl:* **-arsi 1.** *(per riconoscenza)* sich verpflichtet fühlen; **2.** *jur (vincolarsi)* bürgen, haften; **3.** *(impegnarsi)* sich verpflichten. **obbligato, -a** [...'ga:to] *a* **1.** *(costretto)* gezwungen; **2.** *(per riconoscenza)* (zu Dank) verpflichtet; **3.** *(non variabile, inevitabile)* obligatorisch. **obbligatorio, -a** [...ga'tɔ:ri̯o] ‹-i, -ie› *a* vorgeschrieben, obligatorisch, verbindlich; *(materia)* Pflicht-; *jur* rechtsgültig, -verbindlich. **obbligazione** [...gat'tsi̯o:ne] *f* **1.** *(obbligo)* Verpflichtung *f;* **2.** *(impegno, debito)* Verbindlichkeit *f;* **3.** *fin* Obligation *f,* Wertpapier *n;* **4.** *jur* Schuldverschreibung *f;* **-i dello Stato** Staatsanleihen *f pl.* **obbligo** ['ɔbbligo] ‹-ghi› *m* Pflicht *f;* **essere in ~ di ...** *inf* die Pflicht haben zu ... *inf;* **d'~** vorgeschrieben, obligatorisch, Pflicht-.

obbrobrio [ob'brɔ:bri̯o] ‹-i› *m* Schande *f.* **obbrobrioso, -a** [obbro'bri̯o:so] *a* schändlich; *(molto brutto)* scheußlich.

obelisco [obe'lisko] ‹-schi› *m* Obelisk *m.*

oberato, -a [obe'ra:to] *a (di lavoro)* überlastet; *(di debiti)* überschuldet, übermäßig belastet.

obesità [obezi'ta] ‹-› *f* Fettsucht *f.* **obeso, -a** [o'bɛ:zo] **I.** *a* fettleibig; **II.** *m, f* fettleibige Person.

obiettare [obi̯et'ta:re] *tr* einwenden (*su* gegen), entgegenhalten.

obiettività [obi̯ettivi'ta] ‹-› *f* Objektivität *f.* **obiettivo, -a** [...'ti:vo] **I.** *a* objektiv; *(giudizio a.)* sachlich; *(arbitro a.)* unvoreingenommen; **II.** *m* **1.** *fot, phys* Objektiv *n;* **2.** *mil (bersaglio)* Ziel(gebiet) *n,* Ziel(punkt *m*) *n;* **3.** *(scopo)* Ziel *n,* Zweck *m.*

obiettore [obi̯et'to:re] *m:* **~ di coscienza** Kriegsdienstverweigerer *m* (aus Gewissensgründen), Wehrdienstverweigerer *m.* **obiezione** [...t'tsi̯o:ne] *f* Einwand *m,* Gegenargument *n.*

obitorio [obi'tɔ:ri̯o] ‹-i› *m* Leichenschauhaus *n.*

obliquità [oblikui̯'ta] ‹-› *f* Schräge *f,* Schiefe *f.* **obliquo, -a** [ob'li:kuo] *a* **1.** *(sghembo)* schief, schräg; *fig (sguardo)* schief; **2.** *fig (indiretto)* krumm *fam;* **3.** *gram* abhängig.

obliterare [oblite'ra:re] *tr* entwerten. **obliteratrice** [...ra'tri:tʃe] *f* Entwerter *m.* **obliterazione** [...rat'tsi̯o:ne] *f* Entwertung *f.*

oblò [o'blɔ] ‹-› *m* Bullauge *n.*

oblungo, -a [o'bluŋgo] *a* länglich, mehr lang als breit.

oboe ['ɔ:boe] *m* Oboe *f.*

obsolescenza [obsoleʃ'ʃɛntsa] *f* Veralten *n.* **obsoleto, -a** [...'lɛ:to] *a* veraltet, obsolet *geh.*

OC *ab di* **onde corte** KW (*ab di* Kurzwelle).

oca ['ɔ:ka] ‹oche› *f* Gans *f;* **collo d'~** *tec* Kurbelwelle *f;* *(di tubi)* Schwanenhals *m;* **pelle d'~** *fig* Gänsehaut *f;* **camminare come un'~** über den großen Onkel gehen *fam;* **porca l'~!** *fam* Menschenskind(er)! *fam.* **ocaggine** [o'kaddʒine] *f fam* Blöd-, Doofheit *f fam.*

ocarina [oka'ri:na] *f* Okarina *f.*

occasionale [okkazi̯o'na:le] *a* Gelegenheits-, gelegentlich; *(per caso)* zufällig; **incontro ~** Zufallsbekanntschaft *f.*

occasione [okka'zi̯o:ne] *f* **1.** *(opportunità)* Gelegenheit *f;* **2.** *com* Gelegenheitskauf *m;* **3.** *(circostanza)* Gelegenheit *f,* Anlaß *m;* **4.** *(motivo)* Grund *m,* Anlaß *m;* **auto d'~** Gebrauchtwagen *m;* **cogliere/perdere l'~** die Gelegenheit nutzen/verpassen; **all'~** gegebenenfalls; **in ~ di** anläßlich *gen;* **per l'~** aus diesem Anlaß.

occhi *pl di* **occhio.**

occhiaie [ok'ki̯a:i̯e] *f pl* (dunkle) Ränder *m pl,* (Augen)ringe *m pl.*

occhialetto [okki̯a'letto] *m* Lorgnette *f,* Lorgnon *n.*

occhiali [ok'ki̯a:li] *m pl* Brille *f;* **~ da sole** Sonnenbrille *f.*

occhiata [ok'ki̯a:ta] *f* (kurzer) Blick *m;* **dare un'~ al giornale** einen Blick in die Zeitung werfen; **dare un'~ ai bambini** ein Auge auf die Kinder haben; **lanciare un'~ a qu** jdm einen Blick zuwerfen.

occhiello [ok'kiɛllo] *m* **1.** *(asola)* Knopfloch *n;* **2.** *(su scarpe, borse)* Öse *f.*
occhio ['ɔkkio] ⟨occhi⟩ *m* **1.** *anat* Auge *n;* **2.** *fig (del brodo)* Fettauge *n; (del formaggio)* Loch *n;* **3.** *fig (accortezza)* Blick *m,* Auge *n;* **4.** *bot* Auge *n;* **5.** *(foro)* Auge *n,* Loch *n;* **6.** *typ* Schriftbild *n;* **colpo d'~** (kurzer) Blick *m;* **avere buon ~** ein Auge für etwas haben; **avere gli occhi foderati di prosciutto** *fam* Tomaten auf den Augen haben *fam;* **costare (*o* valere) un ~ della testa** ein Vermögen kosten; **non credere ai propri occhi** seinen Augen nicht trauen; **dare nell'~** ins Auge fallen; **non levar gli occhi di dosso a qu** jdn nicht aus den Augen lassen; **mettere gli occhi addosso a qu** ein Auge auf jdn werfen; **non perdere d'~** nicht aus den Augen verlieren; **vedere di buon ~ qu** jdm wohlgesonnen sein; **a ~ (e croce)** über den Daumen gepeilt *fam;* **a occhi chiusi** *fig* blindlings; **come un pugno in un ~** wie die Faust aufs Auge *fam;* **in un batter d'~** im Nu, in Null Komma nichts *fam.* **occhiolino** [okkio'li:no] *m:* **fare l'~ a qu** jdm zuzwinkern.
occidentale [ottʃiden'ta:le] **I.** *a* West-, westlich; *(civiltà)* abendländisch; **II.** *mf* Bewohner(in) *m(f)* der westlichen Welt (*o* des Abendlands). **occidente** [...'dɛnte] *m* Westen *m; (civiltà)* Abendland *n;* **a ~ di** westlich (*o* im Westen) von.
occipite [ot'tʃi:pite] *m* Hinterkopf *m.*
occludere [ok'klu:dere] ⟨occludo, occlusi, occluso⟩ *tr* verschließen. **occlusione** [okklu'zio:ne] *f* Verschluß *m.* **occlusivo, -a** [...'zi:vo] *a* verschließend; *ling, scient* okklusiv. **occluso** [ok'klu:zo] *pp di* **occludere.**
occorrente [okkor'rɛnte] **I.** *a* erforderlich, notwendig; **II.** *m* Notwendige(s) *n,* Nötige(s) *n;* **~ per scrivere** Schreibzeug *n.* **occorrenza** [...'rɛntsa] *f* Bedarf *m,* Bedarfsfall *m;* **all'~** bei Bedarf.
occorrere [ok'korrere] ⟨*irr*⟩ *itr* ⟨*essere*⟩ **1.** *(essere necessario)* erforderlich sein, benötigt werden; **2.** *(impersonale)* nötig sein, müssen; **occore ...** *inf* man muß ... *inf;* **non occorre ...** *inf* man braucht nicht ... *inf,* es ist nicht nötig, daß ...; **occorrono medicinali** es sind Medikamente erforderlich; **mi occorre del latte** ich brauche Milch.
occultare [okkul'ta:re] *tr* verbergen, verstecken; *fig* verheimlichen; *astr* verfinstern. **occultismo** [...'tizmo] *m* Okkultismus *m.*
occulto, -a [ok'kulto] *a* geheim, okkult; **scienze -e** Okkultismus *m.*
occupante [okku'pante] **I.** *a* Besatzungs-, besetzend; **II.** *mf* Insasse *m,* Insassin *f;* **III.** *m* Besatzungsmacht *f.*
occupare [okku'pa:re] **I.** *tr* **1.** *(luogo)* besetzen; *(mil a.)* einnehmen; **2.** *(appartamento)* beziehen; **3.** *(carica)* innehaben, bekleiden; **4.** *(spazio)* brauchen, beanspruchen, wegnehmen; **II.** *rfl:* **-arsi** **1.** *(interessarsi)* sich beschäftigen (*di* mit), sich befassen (*di* mit); **2.** *(prendersi cura)* sich kümmern (*di* um); **3.** *(impiegarsi)* angestellt werden, eine Beschäftigung finden; **4.** *(impicciarsi)* sich einmischen (*di* in). **occupato, -a** [...'pa:to] *a* **1.** *(posto, telefono, etc.)* besetzt, belegt; **2.** *(affaccendato)* beschäftigt; **3.** *(impiegato)* angestellt, beschäftigt. **occupatore, -trice** [...pa'to:re] *m, f* Besetzer(in) *m(f).* **occupazionale** [...pattsio'na:le] *a* Beschäftigungs-.
occupazione [okkupat'tsio:ne] *f* **1.** *(presa di possesso)* Besetzung *f;* **2.** *jur* Aneignung *f;* **3.** *(impiego)* Beschäftigung *f,* Anstellung *f;* **4.** *(attività abituale)* Beschäftigung *f;* **5.** *(complesso di lavoratori)* Beschäftigte(n) *mf pl;* **piena ~** Vollbeschäftigung *f.*
oceanico, -a [otʃe'a:niko] ⟨-ci, -che⟩ *a* ozeanisch.
oceano [o'tʃɛ:ano] *m* Ozean *m.* **oceanografia** [otʃeanogra'fi:a] *f* Meereskunde *f,* Ozeanographie *f.* **oceanografico, -a** [...'gra:fiko] *a* meereskundlich, ozeanographisch.
ocelot [otʃe'lɔt] *v.* **ozelot.**
oche *pl di* **oca.**
ocra ['ɔ:kra] **I.** ⟨*inv*⟩ *a* ocker(farben); **II.** *f* Ocker *m o n.*
oculare [oku'la:re] *a* Aug(en)-, okular *scient;* **testimone ~** Augenzeuge *m,* -zeugin *f.*
oculatezza [okula'tettsa] *f* Umsicht *f,* Besonnenheit *f.* **oculato, -a** [...'la:to] *a* umsichtig, besonnen.
oculista [oku'lista] ⟨-i *m,* -e *f*⟩ *mf* Augenarzt *m,* -ärztin *f.*
od [od] *v.* **o.**
oda ['oda] *v.* **udire.**
ode ['ɔ:de] *f* Ode *f.*
odiare [o'dia:re] ⟨odio, odi⟩ *tr* hassen.
odierno, -a [o'diɛrno] *a* heutig.
odio ['ɔ:dio] ⟨-i⟩ *m* Haß *m,* (heftige) Abneigung *f.* **odioso, -a** [o'dio:so] *a* verhaßt, hassenswert.
odissea [odis'sɛ:a] *f* Odyssee *f.*
odo ['ɔ:do] *pr di* **udire.**
odontoiatra [odonto'ia:tra] ⟨-i *m,* -e *f*⟩ *mf* Zahnarzt *m,* -ärztin *f.* **odontoiatrico, -a** [-'ia:triko] ⟨-ci, -che⟩ *a* zahnärztlich, zahnmedizinisch. **odontotecnico, -a** [...'tɛkniko] **I.** *a* zahntechnisch; **II.** *m, f* Zahntechniker(in) *m(f).*
odorare [odo'ra:re] **I.** *tr* **1.** *(annusare)* beriechen, riechen (*qc* an etw.); *fig* wittern; **2.** *(profumare)* zum Duften bringen, mit Duft erfüllen; **II.** *itr* riechen

(*di* nach). **odorato** [...'ra:to] *m* Geruch(ssinn) *m.*

odore [o'do:re] *m* **1.** *(sensazione)* Geruch *m* (*di* nach, von); **2.** ⟨*pl*⟩ *gastr* Gewürzkräuter *n pl.* **odorino** [odo'ri:no] *m* Aroma *n,* (würziger) Duft *m;* **un delizioso ~ d'arrosto** ein köstlicher Bratenduft. **odoroso, -a** [...'ro:so] *a* duftend, wohlriechend.

offendere [of'fɛndere] ⟨offendo, offesi, offeso⟩ **I.** *tr* **1.** *(danneggiare)* beschädigen; **2.** *(ferire)* verletzen; **3.** *fig (oltraggiare)* beleidigen, verletzen, kränken; **4.** *(violare)* verletzen, verstoßen gegen; **II.** *rfl:* **-ersi 1.** *(risentirsi)* beleidigt sein, sich beleidigt fühlen; **2.** *(ingiuriarsi)* sich (gegenseitig) beleidigen.

offensiva [offen'si:va] *f* Offensive *f.* **offensivo, -a** [...vo] *a* **1.** *(oltraggioso)* beleidigend, verletzend; **2.** *mil* offensiv, Angriffs-; **3.** *(atto a ferire)* verletzend. **offensore** [...'so:re] *m* **1.** *(chi offende)* Beleidiger *m;* **2.** *mil* Angreifer *m.*

offerente [offe'rɛnte] *mf* Bieter(in) *m(f);* **aggiudicare qc al migliore ~** etw. dem Meistbietenden zuschlagen.

offersi [of'fɛrsi] *p rem di* **offrire.**

offerta [of'fɛrta] *f* **1.** *(dono)* Gabe *f;* *(obolo)* Spende *f;* **2.** *(proposta)* Angebot *n;* **3.** *com* Angebot *n,* Offerte *f;* **~ di lavoro** Stellenangebot *n.* **offerto** [...to] *pp di* **offrire. offertorio** [offer'tɔ:ri̯o] ⟨-i⟩ *m* Offertorium *n.*

offesa [of'fe:sa] *f* **1.** *(danno)* Schaden *m;* **2.** *(lesione)* Verletzung *f;* **3.** *fig (oltraggio)* Kränkung *f,* Beleidigung *f;* *(molestia)* Verletzung *f,* Beleidigung *f;* **4.** *(violazione)* Verletzung *f* (*a qc* einer S. *gen*), Verstoß (*a* gegen); **5.** *mil* Angriff *m;* **~ al pudore** Verletzung *f* des Schamgefühls.

offesi [of'fe:si] *p rem di* **offendere.**

offeso, -a [of'fe:so] **I.** *pp di* **offendere; II.** *a* beleidigt, verletzt, gekränkt; **III.** *m, f* Beleidigte(r) *mf,* Gekränkte(r) *mf;* **fare l'~** den Beleidigten spielen.

officina [offi'tʃi:na] *f* Werkstatt *f,* Werkstätte *f geh;* **~ di riparazioni** Reparaturwerkstatt *f.*

offrire [of'fri:re] ⟨offro, offersi *o* offrii, offerto⟩ **I.** *tr* **1.** *(mettere a disposizione)* anbieten; **2.** *(regalare)* schenken; **3.** *fig (esporre, presentare)* bieten, zeigen; **4.** *com (mettere in vendita)* anbieten, offerieren; **5.** *fam (pagare)* zahlen; *(dare)* geben; **oggi offre lui il pranzo** er zahlt heute das Mittagessen; **chi mi offre una sigaretta?** wer gibt mir eine Zigarette?; **II.** *rfl:* **-irsi** sich anbieten (*di* zu, *come* als), sich zur Verfügung stellen (*come* als).

offset ['ɔ:fset] ⟨-⟩ *m* Offsetdruck(verfahren *n*) *m.*

offuscare [offus'ka:re] ⟨offusco, offuschi⟩ *tr* **1.** *(oscurare, ottenebrare)* verdunkeln, verfinstern; **2.** *fig* trüben.

oftalmico, -a [of'talmiko] ⟨-ci, -che⟩ *a* Augen-.

oggettivare [oddʒetti'va:re] *tr* objektivieren. **oggettività** [...vi'ta] ⟨-⟩ *f* Objektivität *f;* **giudicare con ~** objektiv urteilen. **oggettivo, -a** [...'ti:vo] *a* **1.** *(obiettivo)* objektiv, unvoreingenommen, sachlich; **2.** *gram* Objekt-.

oggetto [od'dʒɛtto] *m* **1.** *(unità materiale)* Gegenstand *m,* Ding *n,* Sache *f,* Objekt *n geh;* **2.** *(fine, scopo, argomento)* Gegenstand *m;* **3.** *jur (di un contratto, etc.)* Gegenstand *m;* **4.** *gram (complemento ~)* Akkusativobjekt *n;* **5.** *adm* Betreff *m adm;* **con riferimento a quanto indicato in ~** *adm* unter Bezugnahme auf die im Betreff genannte Angelegenheit *adm.*

oggi ['ɔddʒi] **I.** *adv* heute; **~ stesso** heute noch; **~ a otto/quindici** heute in acht Tagen/zwei Wochen; **II.** *m* Heute *n,* Gegenwart *f;* **il giornale di ~** die Zeitung von heute; **la moda d'~** die heutige Mode; **al giorno d'~** heutzutage; **a tutt'~** bis zum heutigen Tag; **dall'~ al domani** von heute auf morgen. **oggigiorno** [oddʒi'dʒorno] *adv* heutzutage.

ogiva [o'dʒi:va] *f* Spitzbogen *m.*

ogni ['oɲɲi] ⟨*inv, solo al sing*⟩ *a* jede(r, s); **uno ~ dieci** jeder zehnte; **~ tre giorni** alle drei Tage; **~ tanto** hin und wieder, von Zeit zu Zeit; **~ momento** andauernd, die ganze Zeit; **con ~ mezzo** mit allen Mitteln; **con ~ riguardo** mit Hochachtung, mit höchster Achtung; **in ~ luogo** überall. **Ognissanti** [-s'santi] ⟨-⟩ *m* Allerheiligen *n.* **ognuno, -a** [oɲ'ɲu:no] ⟨*sing*⟩ *pron* jedermann, (ein) jeder, (eine) jede, (ein) jedes.

oh [ɔ *o* o] *interj* o, oh.

ohi ['ɔ:i] *interj* au, aua, au weh; *fig* o weh. **ohimè** [oi'mɛ] *interj* oje, weh mir *geh.*

OL *ab di* **onde lunghe** LW (*ab di* Langwelle).

Olanda [o'landa] *f* Holland *n.* **olandese** [...'de:se] **I.** *a* holländisch, niederländisch; **II.** *m* **1.** *(lingua)* Holländisch(e) *n,* Niederländisch(e) *n;* **2.** *(formaggio)* Edamer (Käse) *m;* **III.** *mf* Holländer(in) *m(f),* Niederländer(in) *m(f).*

oleandro [ole'andro] *m* Oleander *m.*

oleario, -a [ole'a:ri̯o] ⟨-i, -ie⟩ *a* Öl-.

oleodotto [oleo'dotto] *m* (Erd)ölleitung *f,* Pipeline *f.*

oleoso, -a [ole'o:so] *a* **1.** *(che contiene olio)* ölhaltig, ölig; **2.** *(simile all'olio)* ölig.

olfatto [ol'fatto] *m* Geruch(ssinn) *m.*

oliare [o'li̯a:re] ⟨olio, oli⟩ *tr* **1.** *(lubrificare)* ölen; **2.** *(condire con olio)* mit Öl anmachen; **3.** *fig (dar mance per corrompere)* schmieren. **oliatore**

[oli̯a'to:re] *m* **1.** *tec* Schmiernippel *m;* **2.** *(recipiente)* Ölkännchen *n.* **oliera** [o'li̯ɛ:ra] *f* Menage *f.*
oligarchia [oligar'ki:a] ‹-chie› *f* Oligarchie *f.*
olimpiadi [olim'pi:adi] *f pl* Olympiade *f,* Olympische Spiele *n pl;* ~ **invernali** Winterolympiade *f.* **olimpico, -a** [o'limpiko] ‹-ci, -che› *a* olympisch, Olympia-; **giochi -ci** Olympische Spiele *n pl.* **olimpionico, -a** [...'pi̯ɔ:niko] ‹-ci, -che› *m, f* Olympionike *m,* Olympionikin *f.*
olimpo [o'limpo] *m* Olymp *m.*
olio ['ɔ:li̯o] ‹-i› *m* Öl *n;* ~ **combustibile** Heizöl *n;* ~ **multigrade** Mehrbereichsöl *n;* **quadro ad** ~ Ölbild *n,* Ölgemälde *n;* **andare liscio come l'**~ glatt laufen; **sott'**~ *gastr* in Öl eingelegt.
oliva [o'li:va] **I.** *f* Olive *f;* **II.** ‹*inv*› *a* oliv(grün). **olivastro, -a** [oli'vastro] **I.** *a* oliv, olivfarben; **II.** *m* Oleaster *m,* wilde Olive. **oliveto** [...'ve:to] *m* Olivenhain *m.*
olivo [o'li:vo] *m* **1.** *bot* Olivenbaum *m,* Olive *f;* **2.** *(simbolo di pace)* Ölzweig *m.*
olmo ['olmo] *m* Ulme *f.*
olocausto [olo'ka:usto] *m* **1.** *rel* Menschenopfer *n,* Brandopfer *n;* **2.** *fig* Opfer *n.*
O.L.P. [ɔlp] *m ab di* **Organizzazione per la Liberazione della Palestina** PLO *f* (*ab di* Palestine Liberation Organization).
oltraggiare [oltrad'dʒa:re] ‹oltraggio, oltraggi› *tr* (schwer) beleidigen, beschimpfen.
oltraggio [ol'traddʒo] ‹-ggi› *m* (schwere) Beleidigung *f;* ~ **al pudore** Verletzung *f* des Schamgefühls; ~ **a pubblico ufficiale** Beamtenbeleidigung *f.* **oltraggioso, -a** [...'dʒo:so] *a* beleidigend.
oltralpe, oltr'alpe [ol'tralpe] **I.** *adv* jenseits der Alpen *(von Italien aus gesehen);* **II.** *m* Land *n* (*o* Länder *n pl*) jenseits der Alpen.
oltranza [ol'trantsa] *f:* **a** ~ bis zum äußersten.
oltre ['oltre] **I.** *adv* **1.** *(di tempo)* länger; **2.** *(di luogo)* weiter; **andare** ~ weitergehen; **II.** *prp* **1.** *(dall'altra parte di)* jenseits *gen; (moto)* über *acc;* **2.** *(più di)* mehr als, über *acc;* **3.** *(in aggiunta, in più)* neben *dat,* außer *dat;* **4.** *(eccetto):* ~ **a** außer *dat.* **oltrecortina** [-kor'ti:na] ‹*inv*› *a* hinter dem Eisernen Vorhang (gelegen). **oltremare** [-'ma:re] **I.** *adv (stato)* in Übersee; *(moto)* nach Übersee; **paesi d'**~ überseeische Länder; **II.** ‹*inv*› *a:* **blu** ~ ultramarin(blau). **oltremodo, oltre modo** [-'mɔ:do] *adv* höchst, überaus, äußerst. **oltreoceano** [-o'tʃɛ:ano] **I.** *adv (stato)* in Übersee; *(moto)* nach Übersee; **II.** ‹-› *m:* **d'**~ aus Übersee. **oltrepassare** [-pas'sa:re] *tr (a. fig)* überschreiten. **oltretomba** [-'tomba] ‹-› *m* Jenseits *n.*
OM *ab di* **onde medie** MW (*ab di* Mittelwelle).
omaggio [o'maddʒo] ‹-ggi› **I.** *m* **1.** *(offerta)* (Werbe)geschenk *n;* **2.** *fig (segno di rispetto)* Gedenken *n* (*a* an), Huldigung *f* (*a* an); *(a un artista)* Hommage *f;* **3.** ‹*pl*› *(ossequi)* Verehrung *f,* Hochachtung *f; (saluti)* Empfehlung(en *pl*) *f;* ~ **floreale** Blumengeschenk *n;* **libro in** ~ Freiexemplar *n;* **II.** ‹*inv*› *a:* **confezione** ~ Werbegeschenk *n.*
ombelico [ombe'li:ko] ‹-chi› *m* (Bauch)nabel *m.*
ombra ['ombra] *f* **1.** *gener.* Schatten *m;* **2.** *fig (parvenza)* Anschein *m;* **3.** *fig (protezione)* Schutz *m;* **governo** ~ Schattenkabinett *n;* **restare nell'**~ *fig* im dunkeln bleiben; **vivere nell'**~ zurückgezogen leben; **senz'**~ **di dubbio** zweifellos. **ombreggiare** [ombred'dʒa:re] ‹ombreggio, ombreggi› *tr* **1.** *(coprire d'ombra)* überschatten, beschatten; **2.** *(in pittura)* schattieren; *(in disegno)* schraffieren; **3.** *(nella cosmesi)* Lidschatten auftragen auf. **ombreggiatura** [...dʒa'tu:ra] *f* **1.** *(in pittura)* Schattierung *f; (in disegno)* Schraffierung *f;* **2.** *(nella cosmesi)* Auftragen *n* von Lidschatten.
ombrello [om'brɛllo] *m* Schirm *m.* **ombrellone** [ombrel'lo:ne] *m* (großer) Sonnenschirm *m.*
ombretto [om'bretto] *m* Lidschatten *m.*
ombrosità [ombrosi'ta] ‹-› *f* **1.** *(oscurità)* Dunkel *n;* **2.** *fig* Verletzlichkeit *f.* **ombroso, -a** [om'bro:so] *a* **1.** *(ricco d'ombra)* schattig; **2.** *(che dà ombra)* schattenspendend; **3.** *fig* verletzlich; *(a. animale)* scheu.
omega [o'mɛ:ga] ‹-› *m* Omega *n.*
omelia [ome'li:a] ‹-ie› *f* Homilie *f.*
omeopatia [omeopa'ti:a] ‹-ie› *f* Homöopathie *f.* **omeopatico, -a** [...'pa:tiko] ‹-ci, -che› **I.** *a* homöopathisch; **II.** *m, f* Homöopath(in) *m(f).*
omero ['ɔ:mero *o* 'o:m...] *m* Oberarmknochen *m.*
omertà [omer'ta] ‹-› *f* Schweigepflicht *f,* Verschwiegenheit *f.*
omettere [o'mettere] ‹*irr*› *tr* aus-, weglassen; *(non fare)* unterlassen.
ometto [o'metto] *m* **1.** *(piccolo uomo)* Männchen *n,* kleiner Mann; **2.** *(gruccia)* Kleiderbügel *m.*
omicida [omi'tʃi:da] ‹-i *m,* -e *f*› **I.** *a* Mörder-, Mord-; **II.** *mf* Mörder(in) *m(f).*
omicidio [omi'tʃi:di̯o] ‹-i› *m* Mord *m;* ~ **colposo/premeditato/volontario** fahrlässige Tötung/heimtückischer Mord/vorsätzliche Tötung; ~ **preterintenzionale** Körperverletzung *f* mit Todesfolge.

omissione [omis'sio:ne] *f* **1.** *(tralasciamento)* Weg-, Auslassung *f,* Weg-, Auslassen *n;* **2.** *(volontario mancato compimento)* Unterlassung *f,* Unterlassen *n;* **salvo errori e -i** Irrtum vorbehalten.
omogeneità [omodʒenei'ta] ‹-› *f* Homogenität *f,* Gleichartigkeit *f.* **omogeneizzare** [...id'dza:re] *tr* homogenisieren. **omogeneizzato, -a** [...id'dza:to] **I.** *a* homogenisiert; **latte** ~ H-Milch *f;* **II.** *m* homogenisiertes Lebensmittel; ‹*pl*› (Kinder)fertignahrung *f.* **omogeneizzazione** [...iddzat'tsio:ne] *f* Homogenisierung *f.*
omogeneo, -a [omo'dʒɛ:neo] *a* **1.** *mat, phys, chem, fig* homogen; **2.** *(affine)* gleich(artig).
omologare [omolo'ga:re] ‹omologo, omologhi› *tr* genehmigen; *(autoveicoli)* zulassen; *(riconoscere)* anerkennen, bestätigen. **omologazione** [...gat'tsio:ne] *f* Genehmigung *f; (di automezzi)* Zulassung *f; (riconoscimento)* Anerkennung *f,* Bestätigung *f.*
omologo, -a [o'mɔ:logo] ‹-ghi, -ghe› *a* homolog.
omonimo, -a [o'mɔ:nimo] **I.** *a* gleichnamig; *ling* homonym; **II.** *m, f* Namensvetter *m,* -schwester *f;* **III.** *m* Homonym *n.*
omosessuale [omosessu'a:le] **I.** *a* homosexuell; **II.** *mf* Homosexuelle(r) *mf.* **omosessualità** [...uali'ta] *f* Homosexualität *f.*
oncia ['ontʃa] ‹-ce› *f* Unze *f.*
onda ['onda] *f* Welle *f,* Woge *f geh;* **-e corte/lunghe/medie** (*ab* **OC/OL/OM**) Kurz-/Lang-/Mittelwelle *f;* **andare a -e** schwanken, wanken; **andare in** ~ ausgestrahlt werden; **mettere** (*o* **mandare**) **in** ~ ausstrahlen; **essere sulla cresta dell'**~ *fig* auf dem Gipfel des Erfolgs sein. **ondata** [on'da:ta] *f* **1.** *(di mare)* Sturzwelle *f,* Brecher *m;* **2.** *fig (afflusso)* Welle *f;* ~ **di caldo** Hitzewelle *f.*
onde ['onde] **I.** *adv lett* **1.** *(da dove)* woher, von wo; **2.** *(dalla qual cosa)* wovon, woraus; **II.** *con conj* damit; ~ ... *inf* um zu ... *inf.*
ondeggiare [onded'dʒa:re] ‹ondeggio, ondeggi› *itr* **1.** *(seguire il movimento delle onde)* schwanken, schaukeln; **2.** *(fluttuare)* wogen; *(vestiti, capelli)* wallen; **3.** *fig (vacillare)* schwanken, wanken; **4.** *fig (titubare)* schwanken.
ondina [on'di:na] *f* Undine *f.*
ondoso, -a [on'do:so] *a* **1.** *(mare)* bewegt; **2.** *(moto)* Wellen-; **moto** ~ See-, Wellengang *m.*
ondulare [ondu'la:re] *tr* **1.** *(capelli)* wellen, in Wellen legen; **2.** *(lamiera)* wellen. **ondulato, -a** [...'la:to] *a (capelli)* gewellt, wellig; *(terreno)* wellig; *(lamiera)* Well-. **ondulatorio, -a** [...la'tɔ:rio] ‹-i, -ie› *a* wellenförmig, wellenartig; *phys* Wellen-, undulatorisch. **ondulazione** [...lat'tsio:ne] *f* **1.** *(disposizione a onde)* Welligkeit *f;* **2.** *(oscillazione)* Wellenbewegung *f;* **3.** *(acconciatura)* Wellen *n,* Legen *n.*
onerare [one'ra:re] *tr* belasten (*qu di qc* jdn mit etw.), aufbürden (*qu di qc* jdm etw.). **onere** ['ɔ:nere] *m* Last *f,* Verpflichtung *f; fig, jur (~ fiscale)* Belastung *f.* **onerosità** [onerosi'ta] ‹-› *f* Belastung *f,* Last *f.* **oneroso, -a** [...'ro:so] *a* **1.** *jur* entgeltlich; **2.** *fig (pesante)* belastend; *(carico, tasse, etc.)* drückend.
onestà [ones'ta] ‹-› *f* **1.** *(probità, rettitudine)* Ehrlichkeit *f,* Rechtschaffenheit *f;* **2.** *(comportamento virtuoso)* Ehrbarkeit *f,* Ehrenhaftigkeit *f.* **onestamente** [-'mente] *adv* **1.** *(con onestà)* ehrlich, redlich; **2.** *(in tutta sincerità)* ehrlicherweise. **onesto, -a** [o'nɛsto] *a* **1.** *(probo, retto)* ehrlich, rechtschaffen, redlich; **2.** *(casto, puro)* ehrbar; **3.** *(giusto, conveniente)* ehrlich; **4.** *(decoroso, lecito)* anständig, schicklich.
onice ['ɔ:nitʃe] *m* Onyx *m.*
onirico, -a [o'ni:riko] ‹-ci, -che› *a* Traum-, traumhaft.
onni- [onni-] *(in parole composte)* All(es)-, all(es)-. **onnipotente** [-po'tɛnte] *a* allmächtig. **onnipresente** [-pre'zɛnte] *a* allgegenwärtig, omnipräsent *geh.* **onnisciente** [-ʃ'ʃɛnte] *a* allwissend. **onnivoro, -a** [on'ni:voro] **I.** *a* allesfressend; **II.** *m* Allesfresser *m.*
onomastico [ono'mastiko] ‹-ci› *m* Namenstag *m.*
onomatopeico, -a [onomato'pɛ:iko] ‹-ci, -che› *a* lautmalend, onomatopoetisch.
onoranze [ono'rantse] *f pl* Ehrenerweisungen *f pl,* Ehrungen *f pl.*
onorare [ono'ra:re] **I.** *tr* **1.** *(trattare con ammirazione)* ehren; *(con rispetto)* ehren, achten; **2.** *(venerare, adorare)* verehren; **3.** *(dimostrare considerazione)* beehren (*di* mit); **4.** *(far onore)* ehren, Ehre erweisen (*qc/qu* einer S. *(dat)*/jdm); **5.** *(rendere illustre, famoso)* (alle) Ehre machen (*qc/qu* einer S. *(dat)*/jdm); **II.** *rfl:* **-arsi** sich beehren *geh,* die Ehre haben. **onorario** [...'ra:rio] ‹-i› *m* Honorar *n.* **onorario, -a** [...'ra:rio] ‹-i, -ie› *a* Ehren-.
onore [o'no:re] *m* **1.** *(reputazione, gloria)* Ehre *f;* **2.** *rel (adorazione)* Verehrung *f;* **3.** *(dignità, carica)* Würde *f;* **4.** *(decoro)* Ehrenhaftigkeit *f,* Anstand *m;* **uomo d'**~ Ehrenmann *m;* **Vostro O**~ Euer Ehren; **fare** ~ **a qc** einer S. *(dat)* Ehre antun; *(al pranzo)* sich *(dat)* etw. schmecken lassen; **fare gli -i di casa** die Honneurs machen *geh;* **farsi** ~ **in qc** mit etw. Ehre einlegen; **a onor del vero** um der Wahrheit die Ehre zu geben. **ono-**

revole [ono're:vole] **I.** *a* **1.** *(degno di onore, decoroso)* ehrenwert; *(comportamento a.)* löblich; **2.** *pol Bezeichnung für die Abgeordneten des italienischen Parlaments;* **l'~ deputato** der Herr Abgeordnete; **II.** *mf* Abgeordnete(r) *mf* des italienischen Parlaments.

onorificenza [onorifi'tʃɛntsa] *f* **1.** *(titolo)* Ehrentitel *m*, Ehrenbezeichnung *f;* **2.** *(decorazione)* Ehrenzeichen *n.* **onorifico, -a** [...'ri:fiko] ‹-ci, -che› *a* Ehren-; *(senza retribuzione)* ehrenamtlich.

onta ['onta] *f* Schande *f.*

ontano [on'ta:no] *m* Erle *f.*

O.N.U. ['ɔ:nu] *m ab di* **Organizzazione delle Nazioni Unite** UNO *f* (*ab di* United Nations Organization).

opacità [opatʃi'ta] ‹-› *f* **1.** *(di vetro, corpo)* Undurchsichtigkeit *f;* *(di filtro ottico)* Lichtundurchlässigkeit *f,* Opazität *f;* *(di metallo)* Mattheit *f;* **2.** *fig* Dumpfheit *f.*

opaco, -a [o'pa:ko] ‹-chi, -che› *a* **1.** *(vetro)* trübe; *(lente)* lichtundurchlässig, undurchsichtig, opak; *(marmo)* glanzlos, matt; **2.** *fig (mente, suono)* dumpf; *(sguardo)* glanzlos, matt.

opale [o'pa:le] *m o f* Opal *m.* **opalina** [opa'li:na] *f* Opalglas *n.*

opera ['ɔ:pera] *f* **1.** *(azione)* Arbeit *f;* *(prodotto a.)* Werk *n;* **2.** *(lit, pittura)* Werk *n;* **3.** *mus* Oper *f;* **4.** *(teatro)* Oper(nhaus *n*) *f;* **5.** *(ente assistenziale)* (Hilfs)werk *n;* ~ **d'arte** Kunstwerk *n;* ~ **buffa/lirica/seria** Opera buffa *f*/Oper *f*/Opera seria *f;* ~ **omnia** Gesamtwerk *n;* **mettersi all'~** sich ans Werk machen.

operaio, -a [ope'ra:i̯o] ‹-ai, -aie› **I.** *a* Arbeiter-; **II.** *m, f* Arbeiter(in) *m(f);* ~ **qualificato/specializzato** gelernter Arbeiter/Facharbeiter *m.*

operante [ope'rante] *a* wirksam.

operare [ope'ra:re] **I.** *tr* **1.** *(fare, realizzare)* bewirken, tun; *(miracoli)* vollbringen; *(a. fig)* wirken; **2.** *med* operieren; **II.** *itr* **1.** *(agire)* handeln, vorgehen; **2.** *(influire)* einen Einfluß haben, wirken; **3.** *med, fig, mil* operieren; **III.** *rfl:* **-arsi 1.** *(realizzarsi)* geschehen, sich ereignen; *(a. fig)* sich vollziehen; **2.** *med* sich operieren lassen. **operativo, -a** [...ra'ti:vo] *a* operativ, Operations-; **essere ~** in Kraft treten. **operato, -a** [...'ra:to] **I.** *a* **1.** *med* operiert; **2.** *(stoffa)* gemustert; **II.** *m* Werk *n,* Tat *f.* **operatore, -trice** [...ra'to:re] *m, f* **1.** *gener.* Arbeiter(in) *m(f);* **2.** *med* Chirurg(in) *m(f);* **3.** *com* Makler(in) *m(f),* Händler(in) *m(f);* **4.** *inform* Operator(in) *m(f);* ~ **cinematografico** Kameramann *m;* ~ **economico** Wirtschaftsmakler *m;* ~ **sociale** Sozialarbeiter *m.* **operatorio, -a** [...ra'tɔ:ri̯o] ‹-i, -ie› *a (intervento)* operativ; *(sala)* Operations-. **operazione** [...rat'tsi̯o:ne] *f* **1.** *med, mil, mat* Operation *f;* **2.** *(azione)* Aktion *f;* **3.** *com* Geschäft *n,* Transaktion *f;* **-i aritmetiche** Rechenarten *f pl.*

operetta [ope'retta] *f* Operette *f.*

operistico, -a [ope'ristiko] ‹-ci, -che› *a* Opern-.

operosità [operosi'ta] ‹-› *f* Arbeitsamkeit *f,* Eifer *m.* **operoso, -a** [...'ro:so] *a* arbeitsam, eifrig, fleißig.

opificio [opi'fi:tʃo] ‹-ci› *m* Fabrik *f,* Werk *n.*

opinare [opi'na:re] *tr, itr lett* meinen, der Meinung sein.

opinione [opi'ni̯o:ne] *f* Meinung *f,* Ansicht *f;* **questione di -i** Ansichtssache *f.*

op là [op 'la] *interj* hopp, hoppla.

oppio ['ɔppi̯o] ‹-i› *m* Opium *n.* **oppiomane** [op'pi̯ɔ:mane] **I.** *a* opiumsüchtig; **II.** *mf* Opiumsüchtige(r) *mf.*

opponente [oppo'nɛnte] *mf* Widersacher(in) *m(f),* Gegner(in) *m(f),* Opponent(in) *m(f).*

opporre [op'porre] ‹*irr*› **I.** *tr* **1.** *(addurre contro)* entgegenhalten, einwenden (*a* gegen); **2.** *(mettere contro)* entgegenstellen; **3.** *fig (ostacolare)* entgegensetzen, -stellen; **II.** *rfl:* **-orsi** sich widersetzen, opponieren (*a* gegen); **mi oppongo!** *jur* (ich erhebe) Einspruch!

opportunismo [opportu'nizmo] *m* Opportunismus *m.* **opportunista** [...'nista] ‹-i *m,* -e *f*› *mf* Opportunist(in) *m(f).* **opportunistico, -a** [...'nistiko] ‹-ci, -che› *a* opportunistisch.

opportunità [opportuni'ta] ‹-› *f* (günstige) Gelegenheit *f.* **opportuno, -a** [...'tu:no] *a* zweckmäßig, passend; *(visita, etc.)* gelegen; **a tempo ~** bei passender Gelegenheit, zu gegebener Zeit.

oppositore, -trice [oppozi'to:re] *m, f* Gegner(in) *m(f),* Opponent(in) *m(f).* **opposizione** [...it'tsi̯o:ne] *f* **1.** *(posizione contraria)* Opposition *f; fig* Gegensatz *m,* Gegensätzlichkeit *f,* Opposition *f;* **2.** *(obiezione)* Widerstand *m* (*a* gegen), Opposition *f* (*a* gegen); **3.** *astr, pol* Opposition *f;* **4.** *jur* Einspruch *m,* Widerspruch *m;* **fare ~** Einspruch erheben, Widerspruch einlegen. **opposto, -a** [op'posto] **I.** *a* **1.** *(situato di fronte)* gegenüberliegend; *(direzione)* entgegengesetzt; **2.** *(contrario)* gegensätzlich, entgegengesetzt; **II.** *m* Gegenteil *n.*

oppressa *f v.* **oppresso.**

oppressi [op'prɛssi] *p rem di* **opprimere.**

oppressione [oppres'si̯o:ne] *f* **1.** *(sopraffazione)* Unterdrückung *f;* **2.** *fig* Beklemmung *f,* beklemmendes Gefühl. **oppressivo, -a** [...'si:vo] *a* **1.** *(caldo)* drückend; **2.** *(regime)* repressiv, Zwangs-. **oppresso, -a** [op'prɛsso] **I.** *pp di* **opprimere; II.** *a* unterdrückt;

III. *m, f* Unterdrückte(r) *mf.* **oppressore** [oppres'so:re] *m* Unterdrücker *m.*
opprimente [oppri'mɛnte] *a (caldo)* unerträglich; *(persona)* unausstehlich.
opprimere [op'pri:mere] ‹opprimo, oppressi, oppresso› *tr* **1.** *(angariare)* unterdrücken; **2.** *(gravare)* niederdrücken; **3.** *fig (affliggere)* bedrücken; **4.** *fig (caldo)* bedrücken, lasten auf.
oppugnare [oppuɲ'ɲa:re] *tr* anfechten, bekämpfen.
oppure [op'pu:re] *con* **1.** *(o, o invece)* oder; **2.** *(altrimenti)* sonst, andernfalls.
optare [op'ta:re] *itr* **1.** *(scegliere)* wählen (*per qc* etw.), sich (zwischen zwei Möglichkeiten) entscheiden (*per* für); **2.** *pol, fin, jur* optieren.
optional(s) ['ɔpʃənəl(s)] *m pl* Sonder-, Extraausstattung *f.*
opulento, -a [opu'lɛnto] *a* **1.** *lett (abbondante, ricco)* (über)reich, üppig, opulent *geh;* **2.** *fig (donna)* üppig.
opuscolo [o'puskolo] *m* Heft *n,* Broschüre *f,* Prospekt *m.*
opzione [op'tsi̯o:ne] *f* **1.** *(libera scelta)* Wahlfreiheit *f;* **2.** *pol, fin, jur* Option *f.*
ora[1] ['o:ra] *f* (*ab* **h**) **1.** *(unità, spazio)* Stunde *f;* **2.** *(nelle indicazioni temporali)* Uhr *f;* **3.** *fig (momento)* Stunde *f,* Zeit *f,* Augenblick *m;* ~ **civile/legale** (*o* **estiva)/locale** Normal-/Sommer-/Ortszeit *f;* **-e libere** Freizeit *f;* ~ **straordinaria** Überstunde *f;* ~ **di punta** Spitzenzeit *f,* Stoßzeiten *f pl;* **correre a cento all'~** mit hundert Stundenkilometern fahren; **far le -e piccole** bis in die frühen Morgenstunden aufbleiben; **che ~ è** (*o* **che -e sono**)? — **sono le quattro** wieviel Uhr ist es? — es ist vier Uhr; **tra mezz'~** in einer halben Stunde; **per -e e -e** stundenlang; **di ~ in ~** von einem Augenblick zum anderen.
ora[2] ['o:ra] **I.** *adv* ‹*talvolta troncato in* or› **1.** *(adesso)* jetzt, nun; *(per il momento)* jetzt, im Augenblick; **2.** *(poco fa)* (so)eben, gerade (jetzt); **3.** *(tra poco)* gleich; **4.** *(in correlazioni):* ~ ... ~ ... einmal ..., einmal ...; bald ..., bald ...; jetzt ..., dann...; **d'~ in avanti** (*o* **in poi**) von jetzt an, von nun an; **fin d'~** von jetzt an; **per ~** im Augenblick; **prima d'~** zuvor, vor diesem Augenblick; **or ~** soeben, gerade; **~ come ~** unter diesen Umständen, nun; **II.** *con* **1.** *(invece)* nun, aber; **2.** *(dunque, allora)* da, dann, nun; ~ **che ...** nun, da ...
oracolo [o'ra:kolo] *m* Orakel *n.*
orafo, -a ['ɔ:rafo] *m, f* Goldschmied(in) *m(f).*
orale [o'ra:le] **I.** *a* **1.** *(della bocca)* Mund-, oral *scient;* **2.** *(di voce)* mündlich; **per via ~** mündlich; **II.** *m* mündliche Prüfung.
oramai [ora'ma:i] *v.* **ormai.**
orango [o'raŋgo] ‹-ghi› *m,* **orangutan** [oraŋgu'tan] ‹-› *m* Orang-Utan *m.*
orario, -a [o'ra:ri̯o] ‹-i, -ie› **I.** *a* Stunden-, stündlich; *(di tempo)* Zeit-; **velocità -a** Stundengeschwindigkeit *f;* **II.** *m* **1.** *gener.* Stunden *f pl,* Zeit *f,* Zeitplan *m;* **2.** *ferr* Fahrplan *m; (libro)* Kursbuch *n;* **3.** *aero* Flugplan *m;* **4.** *(delle lezioni)* Stundenplan *m;* ~ **di lavoro/di servizio/d'ufficio/delle visite** Arbeits-/Dienst-/Büro-/Besuchszeit *f;* ~ **di sportello** Schalterstunden *f pl;* ~ **continuato/elastico** (*o* **flessibile**) durchgehende/gleitende Arbeitszeit; **in ~** pünktlich; *ferr* (fahr)planmäßig; *aero* planmäßig.
orata [o'ra:ta] *f* Goldbrasse *f.*
oratore, -trice [ora'to:re] *m, f* Redner(in) *m(f).* **oratoria** [...'tɔ:ri̯a] ‹-ie› *f* Redekunst *f.* **oratorio** [...'tɔ:ri̯o] ‹-i› *m* Oratorium *n.* **oratorio, -a** [...'tɔ:ri̯o] ‹-i, -ie› *a* Rede-. **oratrice** *f v.* **oratore.**
orazione [orat'tsi̯o:ne] *f* **1.** *(preghiera)* Gebet *n;* **2.** *(discorso)* Rede *f.*
orba *f v.* **orbo.**
orbene, or bene [or'bɛ:ne] *con* also, nun.
orbita ['ɔrbita] *f* **1.** *phys* Bahn *f;* **2.** *astr* (Umlauf)bahn *f,* Orbit(albahn *f*) *m;* **3.** *fig (ambito)* (Einfluß)bereich *m; (limite)* Sphäre *f,* Rahmen *m;* **4.** *anat* Augenhöhle *f;* **con gli occhi fuori dalle -e** mit weit aufgerissenen Augen. **orbitare** [...'ta:re] *itr (a. fig)* kreisen; ~ **intorno alla terra** die Erde umkreisen; ~ **intorno a qu** *fig* in jds Dunstkreis sein.
orbo, -a ['ɔrbo] **I.** *a* blind; **II.** *m, f* Blinde(r) *mf;* **da -i** *fig* blindwütig.
orca ['ɔrka] ‹-che› *f* Mörder-, Schwertwal *m.*
orchestra [or'kɛstra] *f* Orchester *n.* **orchestrale** [orkes'tra:le] *a* Orchester-, orchestral. **orchestrare** [...'tra:re] *tr* **1.** *mus* orchestrieren; **2.** *fig (organizzare)* organisieren. **orchestrazione** [...trat'tsi̯o:ne] *f* **1.** *mus* Orchestration *f;* **2.** *fig (organizzazione)* Organisation *f.*
orchidea [orki'dɛ:a] *f* Orchidee *f.*
orcio ['ortʃo] ‹-ci› *m* (amphorenförmiger) Tonkrug *m.*
orco ['ɔrko] ‹-chi› *m* (menschenfressendes) Ungeheuer *n.*
orda ['ɔrda] *f* Horde *f.*
ordigno [or'diɲɲo] *m* **1.** *(arnese)* Gerät *n,* Maschine *f;* **2.** *fig* komplizierter Apparat; **3.** *fam (oggetto strano)* Apparat *m fam,* Ding *n fam;* ~ **esplosivo** Sprengkörper *m.*
ordinale [ordi'na:le] **I.** *a* Ordinal-, Ordnungs-; **II.** *m* Ordinal-, Ordnungszahl *f.* **ordinamento** [...na'mento] *m* Ordnung *f.* **ordinanza** [...'nantsa] *f* **1.** *adm* Verordnung *f,* Anordnung *f,* Erlaß *m;* **2.** *jur* Verfügung *f;* **3.** *mil* Ordonnanz *f.*
ordinare [ordi'na:re] **I.** *tr* **1.** *(mettere in*

ordine) ordnen; *(stanza)* in Ordnung bringen, aufräumen; **2.** *(comandare)* befehlen, anordnen; **3.** *(prescrivere)* verordnen, verschreiben; **4.** *com (commissionare)* ordern, bestellen, in Auftrag geben; **5.** *(in locali pubblici)* bestellen; **6.** *rel* ordinieren; **II.** *rfl:* **-arsi** sich ordnen (*in* zu), sich formieren (*in* zu).

ordinario, -a [ordi'na:rio] ‹-i, -ie› **I.** *a* **1.** *(consueto)* üblich; *(normale)* normal; **2.** *(regolare, di ruolo)* ordentlich; **3.** *(dozzinale, scadente)* (ganz) gewöhnlich, ordinär; **4.** *pej (rozzo, volgare)* ordinär, gewöhnlich; **II.** *m* **1.** *(consuetudine, normalità)* Übliche(s) *n*, Normale(s) *n;* **2.** *(professore di ruolo)* Ordinarius *m;* **fuori dell'~** außergewöhnlich, ungewöhnlich.

ordinata [ordi'na:ta] *f mat* Ordinate *f.*

ordinato, -a [ordi'na:to] *a* **1.** *(messo in ordine, regolato)* geordnet, ordentlich; *(preciso)* ordentlich; **2.** *(osservante dell'ordine)* ordnungsliebend, ordentlich; **3.** *com* geordert. **ordinazione** [...nat'tsio:ne] *f* **1.** *com* Order *f*, Bestellung *f*, Auftrag *m;* **2.** *(in locali pubblici)* Bestellung *f;* **3.** *rel* Ordination *f.*

ordine ['ordine] *m* **1.** *(sistemazione, struttura)* Ordnung *f;* **2.** *(categoria)* Kategorie *f; (professionale)* (Berufs)stand *m; (qualità, natura)* Klasse *f*, Art *f;* **3.** *(ceto, classe)* Stand *m*, Klasse *f;* **4.** *(religioso)* Orden *m;* **5.** *(comando)* Anordnung *f; (mil a.)* Befehl *m*, Order *f; adm* Verfügung *f; (disposizione, direttiva)* Order *f*, Anweisung *f;* **6.** *com* Order *f*, Auftrag *m;* **7.** *rel* Weihe *f;* **8.** *theat* Reihe *f*, Rang *m;* **9.** *(successione, classifica)* Reihenfolge *f*, Plazierung *f;* **~ di consegna** Lieferauftrag *m;* **~ di pagamento** Zahlungsanweisung *f;* **~ di comparizione** *jur* Vorladung *f;* **essere agli -i di qu** jdm untergeordnet sein; **mettere ~** Ordnung schaffen; **narrare per ~** der Reihe nach erzählen; **richiamare qu all'~** jdn zur Ordnung rufen; **ritirarsi in buon ~** den geordneten Rückzug antreten; **in ~ sparso** in aufgelöster Formation; **di prim'/terz' ~** erst-/drittklassig; **d'infimo ~** minderwertig; **d'~ generale** von allgemeiner Bedeutung; **questioni d'~ pratico** Angelegenheiten *f pl* praktischer Art; **fino a nuovo ~** bis auf weiteres; **con ~** geordnet; **per ~ di** auf Anordnung von, im Auftrag von; **per ~ di altezza** der Größe nach; **per ~ di merito** leistungsgerecht; **per ~ superiore** in höherem Auftrag; **secondo gli -i** auftragsgemäß; **ai vostri -i** zu Ihren Diensten; **agli -i!** zu Befehl!

ordire [or'di:re] ‹ordisco› *tr* anzetteln *fam*, anstiften. **ordito** [or'di:to] *m* **1.** *(di tessuto)* Kette *f;* **2.** *fig (trama)* (Handlungs)gerüst *n;* **3.** *fig (intreccio di notizie false)* Netz *n*, Gewebe *n.*

orecchia [o'rekkia] ‹-cchie› *f* Ohr *n; v. a. orecchio.* **orecchiabile** [...'kia:bile] *a* ins Ohr gehend, eingängig.

orecchino [orek'ki:no] *m* Ohrring *m*, Ohrklipp *m.*

orecchio [o'rekkio] ‹*pl:* -cchi *m o* -cchie *f*› *m* **1.** *anat* Ohr *n;* **2.** *(udito)* Ohren *n pl*, Gehör *n;* **essere debole d'~** schlechte Ohren haben; **avere molto ~** ein feines Ohr (für Musik) haben; **cantare a ~** nach Gehör singen; **aprir bene gli -cchi** die Ohren aufsperren *fam;* **entrare da un ~ e uscire dall'altro** zum einen Ohr hinein- und zum anderen wieder hinausgehen *fam;* **fare -cchie da mercante** sich taub stellen; **fare un'~ alla pagina** ein Eselsohr in die Seite machen *fam;* **tirare le -cchie a qu** jdm die Ohren langziehen *fam;* **essere duro d'orecchi** *(a. fig)* schwerhörig sein; **da questo ~ non ci sento** *fig* auf diesem Ohr bin ich taub *fam.*

orecchioni [orek'kio:ni] *m pl fam* Ziegenpeter *m fam*, Mumps *m.*

orefice [o're:fitʃe] *mf* Goldschmied(in) *m(f); (negoziante)* Juwelier(in) *m(f).* **oreficeria** [orefitʃe'ri:a] ‹-ie› *f* **1.** *(arte)* Goldschmiedekunst *f;* **2.** *(laboratorio)* Goldschmiedewerkstatt *f; (negozio)* Juwelierladen *m*, -geschäft *n.*

Oreste [o'rɛste] *(nome proprio maschile)* Orest.

orfano, -a ['ɔrfano] **I.** *a* verwaist, Waisen-; **bambino ~** Waisenkind *n*, Waise *f;* **essere ~ di madre** mutterlos sein; **II.** *m, f* Waisenkind *n*, Waise *f.* **orfanotrofio** [orfano'trɔ:fio] ‹-i› *m* Waisenhaus *n.*

organetto [orga'netto] *m mus* Drehorgel *f*, Leierkasten *m fam.*

organico, -a [or'ga:niko] ‹-ci, -che› **I.** *a* organisch; *(fig a.)* einheitlich; **II.** *m adm (personale)* Personal(bestand *m*) *n.* **organigramma** [organi'gramma] ‹-i› *m* **1.** *adm* Organigramm *n;* **2.** *inform* Flußdiagramm *n.*

organismo [orga'nizmo] *m* **1.** *(struttura fisiologica)* Organismus *m;* **2.** *fig (ente)* Organisation *f.*

organista [orga'nista] ‹-i *m*, -e *f*› *mf* Organist(in) *m(f).*

organizzare [organid'dza:re] **I.** *tr* organisieren; *(festa, spettacolo)* veranstalten; **II.** *rfl:* **-arsi** sich organisieren. **organizzativo, -a** [...dza'ti:vo] *a* Organisations-, organisatorisch. **organizzatore, -trice** [...dza'to:re] **I.** *a* Organisations-, organisatorisch; **II.** *m, f* Organisator(in) *m(f); (di festa, spettacolo)* Veranstalter(in) *m(f).* **organizzazione** [...dzat'tsio:ne] *f* **1.** *(l'organizzare)* Organisation *f; (di festa, spettacolo)* Veranstaltung *f;* **2.** *(associazione)* Organisation *f,* Verband *m.*

organo ['ɔrgano] *m* **1.** *anat* Organ *n;* **2.** *tec* Teil *m;* **3.** *mus* Orgel *f;* **4.** *(adm, giornale)* Organ *n.*

orgasmo [or'gazmo] *m* **1.** *(sessuale)* Orgasmus *m;* **2.** *(agitazione)* Erregung *f,* Aufregung *f.*

orgia ['ɔrdʒa] ‹-ge *o* -gie› *f* Orgie *f.*

orgoglio [or'goʎʎo] ‹-gli› *m* Stolz *m.* **orgoglioso, -a** [...'ʎo:so] *a* stolz (*di* auf).

orientabile [orjen'ta:bile] *a* einstellbar, ausrichtbar.

orientale [orjen'ta:le] **I.** *a (dell'est)* östlich, Ost-; *(civiltà)* orientalisch; **II.** *mf* Orientale *m,* Orientalin *f.*

orientamento [orjenta'mento] *m* Orientierung *f (verso* nach, an); *(fig a.)* (Aus)richtung *f (verso* nach); ~ **professionale** Berufsberatung *f.*

orientare [orjen'ta:re] **I.** *tr* **1.** *(disporre)* richten (*a* nach, auf), ausrichten (*a* an, nach); **2.** *fig* lenken (*verso* auf), richten (*verso* auf); **II.** *rfl:* **-arsi 1.** *(indirizzarsi)* sich orientieren (*verso* an); **2.** *fig* sich zuwenden (*verso qc* einer S. *dat*). **orientativo, -a** [...ta'ti:vo] *a* Orientierungs-, orientierend.

oriente [o'rjɛnte] *m* Osten *m; (civiltà)* Orient *m,* Morgenland *n obs;* **l'Estremo/il Medio/il Vicino** ~ der Ferne/Mittlere/Nahe Osten.

orifizio [ori'fittsjo] ‹-i› *m* **1.** *(foro)* Öffnung *f;* **2.** *anat* Öffnung *f,* Mund *m.*

origano [o'ri:gano] *m* Origano *m,* Oregano *m.*

originale [oridʒi'na:le] **I.** *a* **1.** *gener.* Original-, original; *(delle origini)* ursprünglich; *(proprio dell'autore a.)* echt; **2.** *(nuovo, eseguito per la prima volta)* neuartig, originär *geh;* **3.** *(stravagante)* originell; **II.** *m* **1.** *(opera di mano dell'autore)* Original *n;* **2.** *(esemplare di documento)* Original *n,* Urschrift *f;* **3.** *(lingua originale)* Originalsprache *f;* **4.** *(modello)* Original *n;* **fedele all'**~ originalgetreu; **III.** *mf* Original *n.* **originalità** [...nali'ta] ‹-› *f* Originalität *f.*

originare [oridʒi'na:re] *tr* hervorrufen, bewirken, erzeugen.

originario, -a [oridʒi'na:rjo] ‹-i, -ie› *a* **1.** *(proveniente da un luogo)* (ab)stammend; *(a. persona)* gebürtig; **2.** *(primitivo)* ursprünglich, Ur-; **3.** *(che dà origine)* Ursprungs-, Herkunfts-.

origine [o'ri:dʒine] *f* **1.** *(momento iniziale)* Ursprung *m,* Anfang *m;* **2.** *(punto d'inizio)* Anfang *m,* Beginn *m;* **3.** *(provenienza)* Herkunft *f,* Abstammung *f;* **4.** ‹*pl*› Ursache *f,* Ursprung *m.*

origliare [oriʎ'ʎa:re] ‹origlio, origli› *itr* lauschen, horchen.

orina [o'ri:na] *f* Urin *m,* Harn *m.* **orinale** [ori'na:le] *m* Nachttopf *m.* **orinare** [...'na:re] **I.** *itr* Harn lassen, urinieren; **II.** *tr* ausscheiden.

oriundo, -a [o'rjundo] *a* gebürtig, stammend; **è** ~ **austriaco** er ist gebürtiger Österreicher.

orizzontale [oriddzon'ta:le] **I.** *a* waagerecht, horizontal; **II.** *f* Horizontale *f,* Waagerechte *f.*

orizzontarsi [oriddzon'tarsi] *rfl* **1.** *(orientarsi)* sich orientieren; **2.** *fig (raccapezzarsi)* sich zurechtfinden.

orizzonte [orid'dzonte] *m (a. fig)* Horizont *m;* **giro d'**~ Übersicht *f,* Überblick *m,* Tour d'horizon *f o m geh.*

Orlando [or'lando] *(nome proprio maschile)* Roland.

orlare [or'la:re] *tr* einfassen, umranden; *(nel cucito)* (ein)säumen. **orlatura** [orla'tu:ra] *f* Saum *m.*

orlo ['orlo] *m* **1.** *(margine)* Rand *m;* **2.** *(di tessuto)* Saum *m;* **3.** *(materiale)* Bordüre *f,* Besatz *m;* **4.** *fig* Rand *m;* ~ **a giorno** Hohlsaum *m;* **essere sull'**~ **della pazzia** am Rande des Wahnsinns sein.

orma ['orma] *f* **1.** *(di persona)* Spur *f,* Fußstapfe *f;* **2.** *(di animale)* Fährte *f;* **3.** *fig* Spur *f;* **mettersi sulle -e** (*o* **calcare le -e**) **di qu** in jds Fußstapfen treten.

ormai [or'ma:i] *adv* **1.** *(ora)* nun, jetzt; **2.** *(già)* schon, bereits.

ormeggiare [ormed'dʒa:re] ‹ormeggio, ormeggi› *tr, itr, rfl:* **-arsi** festmachen.

ormeggio [or'meddʒo] ‹-ggi› *m* **1.** *naut* Verankerung *f,* Vertäuung *f;* **2.** *(luogo)* Ankerplatz *m;* **3.** ‹*pl*› (Halte)leinen *f pl.*

ormonale [ormo'na:le] *a* hormonal, Hormon-.

ormone [or'mo:ne] *m* Hormon *n.*

ornamentale [ornamen'ta:le] *a* Zier-, ornamental, Ornament-; **piante -i** Zierpflanzen *f pl.*

ornamento [orna'mento] *m (decorazione)* Ornament *n,* Verzierung *f; (fig a.)* Ausschmückung *f.*

ornare [or'na:re] **I.** *tr* **1.** *(abbellire)* verzieren; *(casa, etc.)* (aus)schmücken; **2.** *fig (arricchire)* schmücken; *(discorso)* ausschmücken; **II.** *rfl:* **-arsi** sich schmücken. **ornato, -a** [or'na:to] **I.** *a* verziert, geschmückt; **II.** *m* Ornamentik *f.*

ornitologia [ornitolo'dʒi:a] ‹-gie› *f* Vogelkunde *f,* Ornithologie *f.* **ornitologo, -a** [...'tɔ:logo] ‹-gi, -ghe› *m, f* Vogelkundler(in) *m(f),* Ornithologe *m,* -login *f.*

ornitorinco [ornito'riŋko] ‹-chi› *m* Schnabeltier *n.*

oro ['ɔ:ro] *m* **1.** *(metallo, colore)* Gold *n;* **2.** *(denaro)* Gold *n,* Geld *n;* **3.** ‹*pl*› *(oggetti d'*~*)* Goldstücke *n pl,* Gold *n;* **un affare d'**~ ein gutes Geschäft; *(negozio, ristorante, etc.)* eine Goldgrube; **d'**~ golden, aus Gold; **non lo farei per tutto**

l'~ del mondo das würde ich nicht um alles in der Welt tun; **nuotare nell'~** im Geld schwimmen; **prendere qc per ~ colato** etw. für bare Münze nehmen; **vendere qc a peso d'~** etw. für teures Geld verkaufen.

orologeria [orolodʒe'ri:a] ‹-ie› *f* **1.** *(arte)* Uhrmacherhandwerk *n; (industria)* Uhrenindustrie *f;* **2.** *(negozio)* Uhrengeschäft *n.* **orologiaio, -a** [...'dʒa:i̯o] ‹-giai, -giaie› *m, f* **1.** *(fabbricante)* Uhrenfabrikant(in) *m(f);* **2.** *(riparatore)* Uhrmacher(in) *m(f);* **3.** *(venditore)* Uhrenhändler(in) *m(f).*

orologio [oro'lɔ:dʒo] ‹-gi› *m* Uhr *f;* **~ al quarzo** Quarzuhr *f;* **~ da polso/da tasca** Armband-/Taschenuhr *f.*

oroscopo [o'rɔskopo] *m* Horoskop *n.*

orrendo, -a [or'rɛndo] *a* schrecklich, entsetzlich, fürchterlich.

orribile [or'ri:bile] *a* **1.** *(atroce)* schrecklich, entsetzlich, furchtbar; *(delitto)* grausig; **2.** *fig (pessimo)* schrecklich, gräßlich.

orrido, -a ['ɔrrido] **I.** *a* schrecklich; *(aspetto a.)* furchteinflößend; **II.** *m* Klamm *f.*

orripilante [orripi'lante] *a* haarsträubend.

orrore [or'ro:re] *m (repulsione, spavento)* Entsetzen *n,* Grausen *n,* Horror *m; (avversione)* Horror *m fam,* Abscheu *m; (terrore)* Schrecken *m;* **film dell'~** Horrorfilm *m;* **gli -i della guerra** die Schrecken *m pl* des Krieges.

orsa ['orsa] *f* **1.** *zoo* Bärin *f;* **2.** *astr:* **l'O~ maggiore/minore** der Große/Kleine Bär. **orsacchiotto** [-k'ki̯ɔtto] *m* Teddy-, Plüschbär *m.* **orso** ['orso] *m* Bär *m;* **~ bianco** (*o* **polare)/bruno/grigio/lavatore** Eis-/Braun-/Grizzly-/Waschbär *m.*

ortaggio [or'taddʒo] ‹-ggi› *m* Gemüse *n.*

ortensia [or'tɛnsi̯a] ‹-ie› *f* Hortensie *f.*

ortica [or'ti:ka] ‹-che› *f* Brennessel *f.*

orticaria [orti'ka:ri̯a] ‹-ie› *f* Nesselsucht *f,* -fieber *n.*

orticoltura [ortikol'tu:ra] *f* Gartenbau *m.*

Ortisei [orti'zɛ:i] *f* Sankt Ulrich *n.*

orto ['ɔrto] *m* (Gemüse-, Nutz)garten *m;* **~ botanico** botanischer Garten.

ortodossia [ortodos'si:a] ‹-ie› *f* Orthodoxie *f.* **ortodosso, -a** [...'dɔsso] **I.** *a* orthodox; **II.** *m, f* Angehörige(r) *mf* der griechisch-orthodoxen Kirche.

ortofrutticolo, -a [ortofrut'ti:kolo] *a* Obst- und Gemüse-.

ortografia [ortogra'fi:a] *f* Rechtschreibung *f,* Orthographie *f.* **ortografico, -a** [...'gra:fiko] *a* Rechtschreib-, orthographisch.

ortolano, -a [orto'la:no] *m, f* **1.** *(coltivatore)* Gemüsegärtner(in) *m(f);* **2.** *(venditore)* Gemüsehändler(in) *m(f).*

ortopedia [ortope'di:a] ‹-ie› *f* Orthopädie *f.* **ortopedico, -a** [...'pɛ:diko] ‹-ci, -che› **I.** *a* orthopädisch, Orthopädie-; **II.** *m, f* Orthopäde *m,* -pädin *f.*

orzaiolo [ordza'i̯ɔ:lo] *m med* Gerstenkorn *n.*

orzata [or'dza:ta] *f* **1.** *(bevanda)* Mandelmilch *f;* **2.** *(sciroppo)* Mandelsirup *m.*

orzo ['ɔrdzo] *m* Gerste *f.*

osanna [o'zanna] **I.** *interj* hosianna; **II.** ‹-› *m* Hosianna *n,* Hosiannaruf *m.* **osannare** [...'na:re] **I.** *tr* bejubeln; **II.** *itr* Hosianna rufen; *fig* jubeln, zujubeln (*a qu* jdm).

osare [o'za:re] *tr* wagen.

oscenità [oʃʃeni'ta] ‹-› *f* **1.** *(indecenza)* Obszönität *f,* Unanständigkeit *f;* **2.** *fam (opera bruttissima)* Widerlichkeit *f,* Greuel *m.*

osceno, -a [oʃ'ʃɛ:no] *a* **1.** *(indecente)* obszön, unanständig, unzüchtig; **2.** *fam (bruttissimo)* widerlich, ekelhaft.

oscillare [oʃʃil'la:re] *itr* **1.** *(dondolare)* schaukeln; *(a. phys)* schwingen; **2.** *(variare, mostrare alternanza)* schwanken; **3.** *(tentennare)* schwanken. **oscillazione** [...lat'tsi̯o:ne] *f* Schwankung *f; phys* Schwingung *f,* Oszillation *f; (a. fig, fin)* Schwanken *n;* **-i di temperatura** Temperaturschwankungen *f pl.*

oscuramento [oskura'mento] *m* **1.** *(l'oscurare)* Verdunk(e)lung *f,* Verfinsterung *f;* **2.** *fig (ottenebramento)* Trübung *f; (della mente)* Umnachtung *f.* **oscurare** [...'ra:re] **I.** *tr* **1.** *(rendere oscuro)* verdunkeln, verfinstern; **2.** *fig (far impallidire)* in den Schatten stellen; **II.** *rfl:* **-arsi 1.** *(diventare oscuro)* sich verdunkeln, sich verfinstern; **2.** *fig* sich trüben; *(mente)* sich umnachten; *(volto)* sich verfinstern.

oscurità [oskuri'ta] ‹-› *f* **1.** *(assenza di luce)* Dunkelheit *f,* Dunkel *n,* Finsternis *f;* **2.** *fig (ottenebramento)* Trübung *f; (di mente)* Umnachtung *f;* **3.** *fig (difficile intelligibilità)* Undurchschaubarkeit *f,* Dunkel *n;* **4.** *fig (scarsa notorietà)* Schatten *m;* **con il favore dell'~** im Schutze der Dunkelheit.

oscuro, -a [os'ku:ro] **I.** *a* **1.** *(buio)* finster, dunkel; **2.** *fig* dunkel; *(pensiero, volto)* finster; *pej* obskur; **II.** *m* Dunkel *n,* Dunkelheit *f;* **essere all'~ di qc** von etw. keine Ahnung haben.

ospedale [ospe'da:le] *m* Krankenhaus *n,* Hospital *n;* **fare sei mesi d'~** sechs Monate im Krankenhaus liegen; **mandare qu all'~** *scherz* jdn krankenhausreif schlagen. **ospedaliero, -a** [...da'li̯ɛ:ro] **I.** *a* Krankenhaus-; **II.** *m, f* Krankenpfleger(in) *m(f); (medico)* Krankenhausarzt *m,* -ärztin *f.* **ospedalizzare** [...dalid'dza:re] *tr* ins Krankenhaus einliefern (*o* bringen).

ospitale [ospi'ta:le] *a* **1.** *(persona)* gastfreundlich; **2.** *(luogo)* gastlich, einladend. **ospitalità** [...tali'ta] ‹-› *f* Gastfreundschaft *f.*

ospitare [ospi'ta:re] *tr* **1.** *(dare ospitalità)* Gastfreundschaft gewähren (*qu* jdm), zu Gast haben; *(accogliere)* aufnehmen, beherbergen; *sport* Gastgeber (*o* gastgebende Mannschaft, *etc.*) sein für; **2.** *fig (articolo, etc.)* aufnehmen; **3.** *biol* Wirt sein für.

ospite ['ɔspite] **I.** *mf* **1.** *(persona che ospita)* Gastgeber(in) *m(f);* **2.** *(persona ospitata)* Gast *m;* **3.** *biol* Wirt *m;* **II.** *a* Gast-.

ospizio [os'pittsi̯o] ‹-i› *m* Heim *n;* ~ **per orfani/vecchi** Waisenhaus *n*/Alters-, Altenheim *n.*

ossatura [ossa'tu:ra] *f* **1.** *anat (insieme delle ossa)* Skelett *n,* Knochengerüst *n; (struttura)* Knochenbau *m;* **2.** *fig (struttura portante)* Gerippe *n,* Skelett *n; (orditura)* Gerüst *n.*

osseo, -a ['ɔsseo] *a* Knochen-, knöchern.

ossequente [osse'ku̯ɛnte] *a lett* gehorsam (*a* gegenüber), respektvoll (*a* gegenüber), ehrerbietig (*a* gegenüber).

ossequio [os'sɛku̯i̯o] ‹-qui› *m lett* Hochachtung *f,* Ehrfurcht *f,* Ehrerbietung *f geh;* **gradisca i miei -qui** *(nelle lettere)* mit dem Ausdruck meiner vorzüglichen Hochachtung *geh.* **ossequioso, -a** [...'ku̯i̯o:so] *a lett* ehrfurchtsvoll, ehrerbietig *geh; pej* unterwürfig.

osservante [osser'vante] **I.** *a* befolgend (*di qc* etw.); *rel* observant; **II.** *mf* Strenggläubige(r) *mf.* **osservanza** [...'vantsa] *f* Befolgung *f,* Beachtung *f;* **in ~ alle disposizioni emanate** *adm* unter Beachtung der erlassenen Verfügungen.

osservare [osser'va:re] *tr* **1.** *(guardare attentamente)* beobachten, betrachten, observieren *scient;* **2.** *(non trasgredire, mantenere)* beachten, befolgen, einhalten; **3.** *(rilevare)* bemerken, beobachten, feststellen; **4.** *(obiettare)* einwenden; **far ~ qc a qu** jdn auf etw. aufmerksam machen. **osservatore, -trice** [...va'to:re] **I.** *a* beobachtend, Beobachtungs-; **II.** *m, f* Beobachter(in) *m(f).* **osservatorio** [...va'tɔ:ri̯o] ‹-i› *m* Observatorium *n;* ~ **astronomico/meteorologico** Sternwarte *f*/Wetterwarte *f,* Beobachtungsstation *f.*

osservazione [osservat'tsi̯o:ne] *f* **1.** *(atto, studio)* Beobachtung *f,* Observierung *f scient;* **2.** *(considerazione critica)* Betrachtung *f,* Untersuchung *f;* **3.** *(rimprovero)* Vorhaltung *f,* Tadel *m,* Vorwurf *m;* **4.** *(obiezione)* Einwand *m;* **essere tenuto in ~** unter Beobachtung sein (*o* stehen).

ossessa *f v.* **ossesso.**

ossessionante [ossessi̯o'nante] *a* bedrängend, quälend. **ossessionare** [...'na:re] *tr* **1.** *(tormentare la coscienza)* bedrängen, plagen, quälen; **2.** *fig (infastidire)* verfolgen, bedrängen. **ossessione** [...'si̯o:ne] *f* **1.** *(invasamento demoniaco)* Besessenheit *f;* **2.** *psych* Zwangsvorstellung *f,* Obsession *f;* **3.** *(preoccupazione angosciosa)* Angstvorstellung *f,* Wahn *m.* **ossessivo, -a** [...'si:vo] *a* quälend; *psych* Zwangs-, obsessiv. **ossesso, -a** [os'sɛsso] **I.** *a* besessen; **II.** *m, f* Besessene(r) *mf.*

ossia [os'si:a] *con* oder (besser gesagt), oder (auch).

ossibuchi *pl di* **ossobuco.**

ossidante [ossi'dante] *m* Oxydationsmittel *n.* **ossidare** [...'da:re] *tr, rfl:* **-arsi** oxydieren. **ossidazione** [...dat'tsi̯o:ne] *f* Oxydation *f.*

ossido ['ɔssido] *m* Oxyd *n,* Oxid *n.*

ossigenare [ossidʒe'na:re] *tr* Sauerstoff zuführen (*qc* einer S. *dat*), mit Sauerstoff anreichern; **-arsi i capelli** sich *(dat)* die Haare blondieren. **ossigenato, -a** [...'na:to] *a* **1.** *chem* sauerstoffhaltig, mit Sauerstoff angereichert; **2.** *(capelli)* gebleicht, blondiert; **bionda -a** Wasserstoffblondine *f fam.* **ossigenatura** [...na'tu:ra] *f* Blondierung *f.*

ossigeno [os'si:dʒeno] *m* **1.** *chem* Sauerstoff *m;* **2.** *fig (linfa rinnovatrice)* Frischzellen *f pl,* frisches Blut.

osso ['ɔsso] ‹*pl:* -i *m o* -a *f nel senso anat*› **1.** *anat* Knochen *m;* **2.** ‹*pl*› *lett (resti di cadavere)* Gebeine *n pl;* **3.** *(osso animale lavorato)* Bein *n;* **4.** *(nocciolo)* Kern *m,* Stein *m;* ~ **sacro/nasale** Kreuz-/Nasenbein *n;* **un ~ duro** *fig (difficoltà)* eine harte Nuß *fam; (persona)* ein zäher Knochen *fam;* **avere le -a peste** (*o* **rotte**) zerschlagen (*o* wie gerädert) sein; **farsi le -a** sich *(dat)* die Hörner abstoßen *fam;* **posa l'~!** *fig* heraus damit!; **sputa l'~!** *fam scherz* spuck es aus! *fam.* **ossobuco** [osso'bu:ko] ‹ossibuchi› *m mit Weißwein und Tomaten geschmorte Kalbshaxe.* **ossuto, -a** [os'su:to] *a* knochig, knöch(e)rig.

ostacolare [ostako'la:re] *tr* behindern, aufhalten; *(progetti)* hintertreiben.

ostacolista [ostako'lista] ‹-i *m,* -e *f*› **I.** *mf (atleta)* Hindernis-, Hürdenläufer(in) *m(f);* **II.** *m (cavallo)* Springpferd *n.*

ostacolo [os'ta:kolo] *m* **1.** *(impedimento, intralcio)* Hindernis *n;* **2.** *sport* Hindernis *n,* Hürde *f.*

ostaggio [os'taddʒo] ‹-ggi› *m* Geisel *f;* **tenere qu in ~** jdn als Geisel festhalten.

oste, -essa ['ɔste, os'tessa] *m, f* (Gast)wirt(in) *m(f).*

osteggiare [osted'dʒa:re] ‹osteggio, osteggi› *tr* anfeinden *geh.*

ostello [os'tɛllo] *m* Herberge *f;* ~ **della gioventù** Jugendherberge *f.*
ostensorio [osten'sɔ:rio] ‹-i› *m* Monstranz *f.*
ostentare [osten'ta:re] *tr* zur Schau stellen (*o* tragen), hervorkehren, prahlen mit. **ostentazione** [...tat'tsio:ne] *f* Zurschaustellung *f.*
osteria [oste'ri:a] ‹-ie› *f* Schenke *f,* (kleine) Gaststätte *f.*
ostessa *f v.* **oste.**
ostetricia [oste'tri:tʃa] ‹-cie› *f* Geburtshilfe *f.* **ostetrico, -a** [os'tɛ:triko] ‹-ci, -che› **I.** *a* Entbindungs-, Geburts-; **II.** *m, f (medico)* Geburtshelfer(in) *m(f);* **III.** *f (infermiera)* Hebamme *f.*
ostia ['ɔstia] ‹-ie› *f* **1.** *rel* Hostie *f;* **2.** *(cialda)* Oblate *f.*
ostico, -a ['ɔstiko] ‹-ci, -che› *a* hart, mühsam.
ostile [os'ti:le] *a* feindlich, feindselig.
ostilità [ostili'ta] ‹-› *f* Feindschaft *f,* Feindseligkeit *f.*
ostinarsi [osti'narsi] *rfl* beharren (*a* auf), sich versteifen (*a* auf). **ostinato, -a** [...'na:to] **I.** *a* hartnäckig, beharrlich; *(tenace)* zäh; **II.** *m, f* Dickkopf *m,* Starrkopf *m.* **ostinazione** [...nat'tsio:ne] *f (caparbietà)* Dick-, Starrköpfigkeit *f,* Halsstarrigkeit *f; (persistenza)* Hartnäckigkeit *f,* Beharrlichkeit *f.*
ostracismo [ostra'tʃizmo] *m* **1.** *hist* Scherbengericht *n,* Ostrazismus *m;* **2.** *fig* Scherbengericht *n,* Verbannung *f.*
ostrica ['ɔstrika] ‹-che› *f* Auster *f.*
ostruire [ostru'i:re] ‹ostruisco› *tr (condotto)* verschließen, verstopfen; *(passaggio)* versperren. **ostruzione** [...ut'tsio:ne] *f (di condotto)* Verschluß *m; (di passaggio, a. mil)* Sperre *f,* Sperrung *f.* **ostruzionismo** [...uttsio'nizmo] *m* Obstruktion *f; sport* Sperre *f.* **ostruzionista** [...'nista] ‹-i *m,* -e *f*› *mf* Obstruktionist(in) *m(f).*
Otello [o'tɛllo] *(nome proprio maschile)* Othello.
otite [o'ti:te] *f* Ohrenentzündung *f,* Otitis *f scient.*
otorinolaringoiatra [otorinolaringo'ia:tra] ‹-i *m,* -e *f*› *mf* Hals-Nasen-Ohren-Arzt *m,* -Ärztin *f.*
otre ['o:tre] *m* Schlauch *m.*
ottagonale [ottago'na:le] *a* achteckig, oktogonal. **ottagono** [ot'ta:gono] *m* Achteck *n,* Oktagon *n.*
ottano [ot'ta:no] *m* Oktan *n;* **numero di -i** Oktanzahl *f.*
ottanta [ot'tanta] **I.** *a numerale* achtzig; **II.** ‹-› *m* Achtzig *f; v. a. cinquanta.* **ottantenne** [...'tɛnne] **I.** *a* achtzigjährig; **II.** *mf* Achtzigjährige(r) *mf.* **ottantesimo, -a** [...'tɛ:zimo] **I.** *a* achtzigste(r, s); **II.** *m, f* Achtzigste(r, s) *mfn;* **III.** *m (frazione)* Achtzigstel *n,* achtzigster Teil; *v. a. quinto.* **ottantina** [...'ti:na] *f:* **una ~ (di ...)** (etwa) achtzig (...); **essere sulla ~** an (*o* um) die Achtzig sein.
ottava [ot'ta:va] *f* **1.** *rel* Oktav *f;* **2.** *lit* Oktave *f,* Stanze *f;* **3.** *mus (intervallo)* Oktave *f; (croma)* Achtelnote *f.*
Ottavia [ot'ta:via] *(nome proprio femminile)* Oktavia.
ottavino [otta'vi:no] *m* Pikkoloflöte *f.*
ottavo, -a [ot'ta:vo] **I.** *a* achte(r, s); **II.** *m, f* Achte(r, s) *mfn;* **III.** *m* **1.** *(frazione)* Achtel *n,* achter Teil; **2.** *(formato)* Oktav *n;* **-i di finale** Achtelfinale *n; v. a. quinto.*
ottemperanza [ottempe'rantsa] *f adm* Beachtung *f,* Befolgung *f;* **in ~ alle norme di legge** unter Beachtung der gesetzlichen Bestimmungen.
ottenebrare [ottene'bra:re] *tr lett* **1.** *(offuscare)* verfinstern, verdunkeln; **2.** *fig* trüben.
ottenere [otte'ne:re] ‹*irr*› *tr* **1.** *(conseguire)* erlangen, erreichen, erzielen; *(vittoria)* erringen; **2.** *(ricevere)* erhalten; **3.** *(ricavare)* gewinnen, erhalten.
ottetto [ot'tetto] *m* Oktett *n.*
ottica ['ɔttika] ‹-che› *f* Optik *f.* **ottico, -a** [...ko] ‹-ci, -che› **I.** *a* optisch; *(nervo, etc.)* Seh-; **II.** *m, f* Optiker(in) *m(f).*
ottimale [otti'ma:le] *a* optimal.
ottimamente [ottima'mente] ‹*superlativo di* bene› *adv* hervorragend, ausgezeichnet.
ottimismo [otti'mizmo] *m* Optimismus *m.* **ottimista** [...'mista] ‹-i *m,* -e *f*› **I.** *a* optimistisch; **II.** *mf* Optimist *m.* **ottimistico, -a** [...'mistiko] ‹-ci, -che› *a* optimistisch.
ottimo, -a ['ɔttimo] ‹*superlativo di* buono› **I.** *a* **1.** *(il più buono)* beste(r, s); **2.** *(molto buono)* sehr gut, hervorragend, ausgezeichnet; **II.** *m* höchster Wert, höchstes Maß; *(stato ideale)* Optimum *n.*
otto ['ɔtto] **I.** *a numerale* acht; **dare gli ~ giorni** (mit acht Tagen Frist) kündigen; **oggi a ~** heute in acht Tagen; **II.** ‹-› *m* **1.** *(numero)* Acht *f;* **2.** *(nelle date)* Achte(r) *m;* **3.** *(voto scolastico)* ≃ Gut *n,* Zwei *f;* **4.** *sport (nel pattinaggio)* Acht *f,* Achter *m; (nel canottaggio)* Achter *m;* ~ **volante** Achterbahn *f;* **III.** *f pl* acht Uhr; *v. a. cinque.*
ottobre [ot'to:bre] *m* Oktober *m; v. a. settembre.*
ottocentesco, -a [ottotʃen'tesko] ‹-schi, -sche› *a* das neunzehnte Jahrhundert betreffend. **ottocento** [...'tʃɛnto] **I.** *a numerale* achthundert; **II.** ‹-› *m* **1.** *(numero)* Achthundert *f;* **2.** ‹*pl*› *sport* Achthundertmeterlauf *m;* **l'O~** das neunzehnte Jahrhundert.
ottomila [otto'mi:la] **I.** *a numerale* achttausend; **II.** ‹-› *m* Achttausend *f.*

ottone [ot'to:ne] *m* **1.** *(lega)* Messing *n;* **2.** ⟨*pl*⟩ *mus* Blechblasinstrumente *n pl.*
Ottone [ot'to:ne] *(nome proprio maschile)* Otto.
ottuagenario, -a [ottuadʒe'na:rio] ⟨-i, -ie⟩ **I.** *a* achtzigjährig; **II.** *m, f* Achtzigjährige(r) *mf.*
ottundere [ot'tundere] ⟨ottundo, ottusi, ottuso⟩ *tr (a. fig)* abstumpfen.
ottuplo, -a ['ɔttuplo] **I.** *a* achtfach; **II.** *m* Achtfache(s) *n.*
otturare [ottu'ra:re] **I.** *tr* **1.** *med (dente)* füllen, plombieren; **2.** *tec (falla)* (ver-, zu)stopfen; *(tubo)* abdichten; **II.** *rfl:* **-arsi** verstopfen. **otturatore** [...ra'to:re] *m* **1.** *mil* (Gewehr)schloß *n,* Verschluß *m;* **2.** *fot* Verschluß *m.* **otturazione** [...rat'tsio:ne] *f* **1.** *(atto, effetto)* Abdichtung *f; (di un dente)* Plombieren *n;* **2.** *(amalgama)* Füllung *f,* Plombe *f.*
ottusi [ot'tu:zi] *p rem di* **ottundere.**
ottusità [ottuzi'ta] ⟨-⟩ *f* Stumpfsinnigkeit *f.* **ottuso, -a** [ot'tu:zo] **I.** *pp di* **ottundere; II.** *a gener., mat, fig* stumpf; *(suono)* dumpf; *fig (ambiente, intelletto)* stumpfsinnig.
ouverture [uvɛr'ty:r] ⟨-⟩ *f* Ouvertüre *f.*
ovaia [o'va:ia] ⟨-aie⟩ *f,* **ovaio** [...o] ⟨*pl:* -aia *f*⟩ *m* Eierstock *m.*
ovale [o'va:le] **I.** *a* oval; **palla ~** Rugby *n;* **II.** *m* Oval *n.*
ovarico, -a [o'va:riko] ⟨-ci, -che⟩ *a* **1.** *anat* Eierstock-; **2.** *bot* Fruchtknoten-.
ovario [o'va:rio] ⟨-i⟩ *m* Fruchtknoten *m.*
ovatta [o'vatta] *f* Watte *f.* **ovattare** [...'ta:re] *tr* **1.** *(imbottire di ovatta)* wattieren; **2.** *fig (rumore)* dämpfen.
overdose ['ouvədous] ⟨-⟩ *f* Überdosis *f.*
ovest ['ɔ:vest] *m* (*ab* **O.**) Westen *m.*
ovile [o'vi:le] *m* Schafstall *m;* **tornare all'~** *fig* in den Schoß der Familie zurückkehren.
ovino, -a [o'vi:no] **I.** *a* Schaf-; **II.** *m* Schaf *n.*
oviparo, -a [o'vi:paro] *a* eierlegend.
O.V.N.I. ['ɔvni] *m ab di* **oggetto volante non identificato** UFO *n,* Ufo *n.*
ovolo ['ɔ:volo] *m* Kaiserling *m.*
ovulare [ovu'la:re] *a* oval, eiförmig. **ovulazione** [...lat'tsio:ne] *f* Eisprung *m,* Ovulation *f scient.*
ovulo ['ɔ:vulo] *m* **1.** *bot* Samenanlage *f.* Ovulum *n scient;* **2.** *biol* Eizelle *f;* **3.** *(preparato farmaceutico)* Ovulum *n; (pillola)* eiförmige Pille.
ovunque [o'vuŋkue] *adv* **1.** *(dovunsque) conj (stato)* wo (auch) immer; *(moto)* wohin (auch) immer; **2.** *(dappertutto)* überall.
ovvero [ov've:ro] *con* oder (auch).
ovviare [ovvi'a:re] ⟨ovvio, ovvii⟩ *itr* begegnen, entgegenwirken.
ovvio, -a ['ɔvvio] ⟨-i, -ie⟩ *a* **1.** *(naturale)* selbstverständlich; **2.** *(evidente)* offensichtlich.
ozelot [oddze'lɔt] ⟨-⟩ *m* Ozelot *m.*
oziare [ot'tsia:re] ⟨ozio, ozi⟩ *itr* untätig *(o* müßig *geh)* sein, müßiggehen *geh.*
ozio ['ɔttsio] ⟨-i⟩ *m* **1.** *(abituale inoperosità)* Müßiggang *m;* **2.** *(inattività temporanea)* Untätigkeit *f;* **3.** *(tempo libero)* Muße *f,* Mußestunde *f;* **4.** ⟨*pl*⟩ *(vita lussuosa)* luxuriöses Leben, Leben *n* im Überfluß; **stare in ~** müßig sein; **l'~ 1e il padre dei vizi** *prov* Müßiggang ist aller Laster Anfang *prov.* **ozioso, -a** [ot'tsio:so] **I.** *a* **1.** *(fannullone)* müßig *geh,* müßiggängerisch *geh;* **2.** *(inoperoso)* untätig; **3.** *(futile)* überflüssig, müßig; **II.** *m, f* Müßiggänger(in) *m(f).*
ozono [od'dzɔ:no] *m* Ozon *m o n.*

P

P, p [pi] ‹-› *f* P, p *n;* **p come Padova** P wie Paula.

pacatezza [paka'tettsa] *f* (Gemüts)ruhe *f,* Gelassenheit *f.* **pacato, -a** [pa'ka:to] *a* friedlich, ruhig, gelassen.

pacca ['pakka] ‹-cche› *f* Klaps *m.*

pacchetto [pak'ketto] *m* **1.** *(piccolo pacco)* Päckchen *n,* kleines Paket; **2.** *(azionario)* Paket *n;* **un ~ di sigarette** ein Päckchen Zigaretten.

pacchia ['pakkia] ‹-cchie› *f fam (divertimento)* Vergnügen *n,* Spaß *m; (di esame, etc.)* Kinderspiel *n.*

pacchiano, -a [pak'kia:no] *a* geschmacklos, plump.

pacco ['pakko] ‹-cchi› *m* Paket *n.*

pace ['pa:tʃe] *f* Frieden *m; (tranquillità fisica)* Ruhe *f;* **fare ~ con qu** sich mit jdm versöhnen; **mettere ~** Frieden stiften; **mettere** (*o* **mettersi) il cuore in ~** es gut sein lassen; **darsi ~** sich zufriedengeben, sich trösten; **non dare ~** keine Ruhe geben; **non trovar ~** keine Ruhe finden; **lasciare in ~** in Ruhe lassen; **starsene in (santa) ~** unbehelligt (*o* ungestört) sein.

pacemaker ['peɪsmeɪkə] ‹-› *m med* Schrittmacher *m.*

pachiderma [paki'dɛrma] ‹-i› *m* Dickhäuter *m.*

paciere, -a [pa'tʃɛ:re] *m, f* Frieden(s)stifter(in) *m(f).*

pacificare [patʃifi'ka:re] ‹pacifico, pacifichi› **I.** *tr* **1.** *(nemici)* versöhnen; **2.** *(animi)* beruhigen, besänftigen; **II.** *rfl:* **-arsi** sich versöhnen. **pacifico, -a** [pa'tʃi:fiko] ‹-ci, -che› *a* **1.** *(uomo, indole)* friedliebend, friedfertig, friedlich; **2.** *(vita)* friedlich, ruhig; **3.** *fig (chiaro)* klar, unbestritten; *(ovvio)* selbstverständlich; **l'Oceano P~, il P~** der Pazifische Ozean, der Pazifik.

pacifismo [patʃi'fizmo] *m* **1.** *(movimento)* Friedensbewegung *f;* **2.** *(atteggiamento)* Pazifismus *m,* pazifistische Haltung. **pacifista** [...'fista] ‹-i *m,* -e *f*› *mf* Pazifist(in) *m(f).*

padano, -a [pa'da:no] *a* Po-; **pianura -a** Poebene *f.*

padella [pa'dɛlla] *f* **1.** *(utensile)* (Brat)pfanne *f,* Stielpfanne *f;* **2.** *(per malati)* Bettpfanne *f;* **cuocere qc in ~** etw. in der Pfanne braten; **cadere dalla ~ nella brace** *fig* vom Regen in die Traufe kommen.

padiglione [padiʎ'ʎo:ne] *m* **1.** *arch* Pavillon *m; (di fiera a.)* Halle *f;* **2.** *(auricolare)* Hörmuschel *f.*

Padova ['pa:dova] *f* Padua *n.*

padre ['pa:dre] *m* **1.** *gener., fig, rel* Vater *m;* **2.** ‹*pl*› *(antenati)* Vorfahren *m pl,* Ahnen *m pl;* **~ adottivo/putativo** Adoptiv-/Pflegevater *m;* **di ~ in figlio** von Generation zu Generation; **per via di ~** väterlicherseits.

padrino [pa'dri:no] *m* **1.** *rel (di battesimo)* (Tauf)pate *m; (di cresima)* (Firm)pate *m;* **2.** *sl* Mafiaboß *m; fig* Machtmensch *m.*

padrona *f v.* **padrone.**

padronale [padro'na:le] *a* **1.** *(del padrone)* herrschaftlich, Herren-; **2.** *(di proprietà)* eigen; **3.** *(imprenditoriale)* Unternehmer-, Arbeitgeber-.

padronanza [padro'nantsa] *f* **1.** *fig (conoscenza sicura)* Beherrschung *f;* **2.** *(controllo)* Beherrschung *f,* Kontrolle *f.*

padronato [padro'na:to] *m* Arbeitgeberschaft *f,* Unternehmertum *n.*

padrone, -a [pa'dro:ne] *m, f* **1.** *(proprietario)* Eigentümer(in) *m(f),* Besitzer(in) *m(f);* **2.** *(datore di lavoro)* Arbeitgeber *m;* **3.** *(dominatore)* Herrscher(in) *m(f),* Gebieter(in) *m(f);* **4.** *(conoscitore)* Kenner(in) *m(f);* **~ di casa** Hausherr *m; (per gli inquilini)* Hausbesitzer *m;* **essere ~ di** Herr sein über; *fig (controllare)* beherrschen; **essere ~ di ...** *inf (avere libertà di scelta)* sich frei entscheiden können zu ... *inf,* die Wahl haben zu ... *inf.*

padroneggiare [padroned'dʒa:re] ‹padroneggio, padroneggi› **I.** *tr* **1.** *(nervi, sentimenti)* beherrschen, bezähmen; **2.** *(lingua, materia)* beherrschen; **II.** *rfl:* **-arsi** sich beherrschen, sich bezähmen.

paesaggio [pae'zaddʒo] ‹-ggi› *m* **1.** *geog* Landschaft *f;* **2.** *(panorama)* Panorama *n,* Aussicht *f;* **3.** *(pittura)* Landschaftsbild *n; (a. fot)* Landschaftsaufnahme *f;* **difesa del ~** Landschaftspflege *f,* -schutz *m.*

paesano, -a [pae'za:no] **I.** *a* dörflich, Dorf-; *(rustico)* ländlich; **II.** *m, f* **1.** *(abitante)* Dorfbewohner(in) *m(f);* **2.** *dial (compaesano)* Landsmann *m,* -männin *f.*

paese [pa'e:ze] *m* **1.** *(nazione, stato)* Land *n,* Staat *m;* **2.** *(patria)* Vaterland *n,* Heimat *f;* **3.** *(villaggio)* Dorf *n;* **4.** *(regione)* Gegend *f,* Landschaft *f;* **i Paesi Bassi** die Niederlande *pl;* **mandare qu**

a quel ~ *fig fam* jdn dahin schicken, wo der Pfeffer wächst; jdn zum Teufel jagen; ~ **che vai, usanze che trovi** *prov* andere Länder, andere Sitten *prov.*

paffuto, -a [paf'fu:to] *a* pausbackig, pausbäckig.

pag. *ab di* **pagina** S. (*ab di* Seite).

paga ['pa:ga] ‹-ghe› *f* Lohn *m;* **giorno di** ~ Zahltag *m.*

pagabile [pa'ga:bile] *a* (be)zahlbar; ~ **alla consegna/scadenza** zahlbar bei Erhalt/Fälligkeit; ~ **a rate/vista** zahlbar in Raten/bei (*o* nach) Sicht; ~ **in anticipo/contanti** im voraus/bar zahlbar.

pagaia [pa'ga:i̯a] ‹-aie› *f* Paddel *n.*

pagamento [paga'mento] *m* **1.** *(il pagare)* (Be)zahlung *f,* Auszahlung *f;* **2.** *(somma)* Zahlung *f,* bezahlter Geldbetrag; **mancato** ~ Nichtzahlung *f;* **mandato di** ~ Zahlungsbefehl *m;* ~ **alla consegna/contro assegno** Zahlung *f* bei (Ab)lieferung/gegen Nachnahme; ~ **a mezzo assegno** Zahlung *f* per Scheck; ~ **anticipato/a pronta cassa/a rate** Voraus-/Bar-/Ratenzahlung *f;* ~ **in natura** Bezahlung *f* in Naturalien.

paganesimo [paga'ne:zimo] *m* Heidentum *n.*

pagano, -a [pa'ga:no] **I.** *a* heidnisch; **II.** *m, f* Heide *m,* Heidin *f.*

pagante [pa'gante] *mf* Zahlende(r) *mf;* **reparto -i** Privatstation *f,* Station *f* für Privatpatienten.

pagare [pa'ga:re] ‹pago, paghi› *tr* **1.** *(somma)* (be)zahlen; *(stipendio)* auszahlen; *(versare)* (ein)zahlen; *(imposte, tasse)* (be)zahlen, entrichten; **2.** *(offrire)* spendieren, ausgeben *fam;* **3.** *(ricompensare)* belohnen, bezahlen; **4.** *jur* ab-, verbüßen; **far** ~ **qc a qu** *fig* jdn für etw. bezahlen lassen; **farla** ~ **cara a qu** jdn für etw. büßen lassen; ~ **caro qc** *(a. fig)* etw. teuer bezahlen; ~ **da bere a qu** jdm einen ausgeben *fam;* ~ **di persona** selbst die Folgen tragen.

pagella [pa'dʒɛlla] *f* (Schul)zeugnis *n.*

paggio ['paddʒo] ‹-ggi› *m* Page *m;* **capelli alla** ~ Pagenkopf *m.*

pagherò [page'rɔ] ‹-› *m* Eigen-, Solowechsel *m.*

pagina ['pa:dʒina] *f (ab* **pag.**) Seite *f;* **prima/terza/quarta** ~ *fig* Titelseite/Feuilleton-/Anzeigenteil *m;* **una** ~ **fondamentale della nostra storia** ein wichtiges Kapitel unserer Geschichte; **voltar** ~ umblättern; *fig* ein neues Kapitel anfangen; *(parlare d'altre cose)* von etw. anderem reden.

paglia ['paʎʎa] ‹-glie› *f* **1.** *(materiale)* Stroh *n;* **2.** *(oggetto)* Strohware *f; (cappello)* Strohhut *m.*

pagliaccetto [paʎʎat'tʃetto] *m* **1.** *(per bambini)* Strampelhose *f;* **2.** *(per donna)* Body(stocking) *m.*

pagliacciata [paʎʎat'tʃa:ta] *f* Narrenposse *f,* Hanswurstiade *f.*

pagliaccio [paʎ'ʎattʃo] ‹-cci› *m* **1.** *(di circo)* Clown *m;* **2.** *fig (buffone)* Hanswurst *m,* Narr *m.*

pagliaio [paʎ'ʎa:i̯o] ‹-ai› *m* Strohhaufen *m.*

paglericcio [paʎʎe'rittʃo] ‹-cci› *m* Strohsack *m.*

paglierino, -a [paʎʎe'ri:no] *a* strohgelb.

paglietta [paʎ'ʎetta] *f* **1.** *(cappello)* Strohhut *m;* **2.** *(d'acciaio)* Stahlwolle *f.*

pagliuzza [paʎ'ʎuttsa] *f* **1.** *(fuscellino di paglia)* Strohhalm *m;* **2.** *(d'oro, d'argento)* Flitter *m,* Paillette *f.*

pagnotta [paɲ'ɲɔtta] *f* Rundbrot *n,* Brotlaib *m.*

pago, -a ['pa:go] ‹-ghi, -ghe› *a:* **essere** ~ **di** zufrieden sein mit, befriedigt sein von.

pagoda [pa'gɔ:da] *f* Pagode *f.*

paia *pl di* **paio**[2].

paillard [pa'ja:r] ‹-› *f* Filet *n.*

paillette [pa'jɛt] ‹-› *f* Flitter *m,* Paillette *f.*

paio[1] ['pa:i̯o] *pr di* **parere.**

paio[2] ['pa:i̯o] ‹*pl:* paia *f*› *m (coppia)* Paar *n;* **un** ~ **di** ein paar, einige; **un** ~ **di calzoni/forbici/occhiali** eine Hose (*o* ein Paar Hosen)/eine Schere/eine Brille.

paiolo [pa'i̯ɔ:lo] *m* (Koch)kessel *m.*

pala ['pa:la] *f* **1.** *(attrezzo)* Schaufel *f,* Schippe *f; (di remo)* Ruderblatt *n;* **2.** *(d'altare)* Altartafel *f,* Altarbild *n.*

paladino [pala'di:no] *m* **1.** *(cavaliere)* Paladin *m;* **2.** *fig (difensore)* Verteidiger *m; (di dottrina, etc.)* Verfechter *m.*

palafitta [pala'fitta] *f* **1.** *hist* Pfahlbau *m; (paese)* Pfahldorf *n;* **2.** *arch* Pfahlwerk *n.*

palandrana [palan'dra:na] *f* Kittel *m,* (weites) Hemd *n.*

palatale [pala'ta:le] **I.** *a* **1.** *anat* Gaumen-; **2.** *ling* palatal; **II.** *f* Palatal(laut) *m,* Gaumenlaut *m.*

Palatinato [palati'na:to] *m* Pfalz *f.*

palato [pa'la:to] *m* **1.** *anat* Gaumen *m;* **2.** *fig (gusto)* Gaumen *m,* Geschmack *m;* **avere il** ~ **delicato** einen feinen Gaumen haben.

palazzina [palat'tsi:na] *f* Villa *f.*

palazzo [pa'lattso] *m* Palast *m.*

palco ['palko] ‹-chi› *m* **1.** *theat* Loge *f;* **2.** *(piano sopraelevato)* Tribüne *f,* Bühne *f.*

palcoscenico [palkoʃ'ʃɛ:niko] ‹-ci› *m* **1.** *theat* Bühne *f;* **2.** *fig (arte)* Bühne(nkunst) *f;* **calcare il** ~ auf der Bühne auftreten.

paleocristiano, -a [paleokris'ti̯a:no] *a* frühchristlich, urchristlich.

paleontologia [paleontolo'dʒi:a] ‹-gie› *f* Paläontologie *f.* **paleontologo, -a** [...'tɔ:logo] ‹-gi, -ghe› *m, f* Paläontologe *m,* -login *f.*

palesare [pale'za:re] **I.** *tr* kundtun, kundgeben; **II.** *rfl:* **-arsi** sich offenbaren.
palese [pa'le:ze] *a* offenkundig, deutlich.
palestra [pa'lɛstra] *f* **1.** *sport (locale)* Turnhalle *f; (esercizio)* Turnübung *f,* Gymnastik *f;* **2.** *fig* Schule *f,* Schulung *f.*
paletot [pal'to] ⟨-⟩ *m* (Winter)mantel *m.*
paletta [pa'letta] *f* **1.** *(piccola pala)* kleine Schaufel; *(per brace, carbone)* Kohlenschaufel *f;* **2.** *(di carabinieri, vigili)* Kelle *f; (del capostazione a.)* Signalstab *m;* **3.** *(per dolci)* Tortenheber *m,* Kuchenschaufel *f.*
paletto [pa'letto] *m* **1.** *(chiavistello)* Riegel *m;* **2.** *(da infiggere nel terreno)* Pflock *m; (da tenda)* Hering *m;* **chiudere il ~** den Riegel vorschieben.
palio ['pa:li̯o] ⟨-ii⟩ *m* **1.** *(drappo)* kostbar besticktes Tuch *(als Siegesprämie beim Pferderennen in Siena);* **2.** *(gara)* Pferderennen *n (in Siena);* **essere/mettere in ~** *fig* als Preis ausgesetzt sein/aussetzen.
palissandro [palis'sandro] *m* Palisander(holz *n*) *m.*
palizzata [palit'tsa:ta] *f* Palisadenwand *f,* Palisaden *f pl.*
palla ['palla] *f* **1.** *gener., sport* Ball *m; (sfera)* Kugel *f; (proiettile)* Kugel *f,* Geschoß *n;* **2.** ⟨*pl*⟩ *vulg (testicoli)* Eier *n pl vulg;* **~ di neve/vetro** Schneeball *m*/Glaskugel *f;* **~ da tennis/a volo** Tennis-/Volleyball *m;* **giocare a ~** Ball spielen; **essere in ~** am Ball sein; *fig* (gut) in Form sein; **prendere** (*o* **cogliere) la ~ al balzo** *fig* die Gelegenheit beim Schopf ergreifen; **essere una ~ al piede di qu** jdm ein Klotz am Bein sein; **non mi rompere le -e!** *vulg* du gehst mir auf die Eier! *vulg.* **pallacanestro** [-ka'nɛstro] *f* Basketball *m.* **pallamano** [-'ma:no] *f* Handball *m.* **pallanuoto** [-'nu̯ɔ:to] *f* Wasserball *m.* **pallavolo** [-'vo:lo] *f* Volleyball *m.*
palleggiare [palled'dʒa:re] ⟨palleggio, palleggi⟩ *itr* sich im Ballfangen und -werfen üben, mit dem Ball üben; *(nella pallavolo, etc.)* den Ball in der Luft halten. **palleggio** [...'leddʒo] ⟨-ggi⟩ *m* Zuwerfen *n* des Balles.
palliativo [palli̯a'ti:vo] *m* **1.** *fig (rimedio inefficace)* Trostpflaster *n,* Notbehelf *m;* **2.** *med* Linderungsmittel *n.*
pallido, -a ['pallido] *a* **1.** *(viso)* blaß; *(colore)* blaß, matt; **2.** *fig (ricordo)* schwach; *(idea)* blaß; **essere ~ come un cencio** totenbleich (*o* leichenblaß) sein.
pallina [pal'li:na] *f* Murmel *f,* Klicker *m; (del ping-pong)* Tischtennisball *m.*
pallino [pal'li:no] *m* **1.** *(del biliardo)* (weißer) Punktball *m; (delle bocce)* Malkugel *f,* Zielkugel *f;* **2.** ⟨*pl*⟩ *(proiettile)* Schrot *m o n;* **3.** *(di tessuto, stoffa)* Tupfen *m,* Tupfer *m;* **4.** *fig fam (fissazione)* fixe Idee, Manie *f;* **avere il ~ della pulizia** *fam* einen Putzfimmel haben *fam.*
pallonata [pallo'na:ta] *f* Schuß *m* (*o* Stoß *m*) mit dem Ball.
palloncino [pallon'tʃi:no] *m* (Luft)ballon *m.*
pallone [pal'lo:ne] *m* **1.** *(grossa palla)* großer Ball; *sport* Fußball *m,* Lederball *m;* **2.** *(aerostato)* Ballon *m;* **essere un ~ gonfiato** *fam* ein aufgeblasener Mensch sein.
pallore [pal'lo:re] *m* Blässe *f.*
palloso, -a [pal'lo:so] *a sl* nervtötend *fam.*
pallottola [pal'lɔttola] *f* **1.** *(proiettile)* Kugel *f,* Geschoß *n;* **2.** *(di carta, di legno, vetro)* kleine Kugel, Kügelchen *n.*
pallottoliere [pallotto'li̯ɛ:re] *m* Rechenbrett *n.*
palma ['palma] *f* **1.** *bot* Palme *f; (ramo)* Palm(en)zweig *m;* **2.** *(della mano)* Handteller *m,* -fläche *f;* **3.** *fig* Siegespalme *f,* Sieg *m;* **domenica delle Palme** Palmsonntag *m.*
palmato, -a [pal'ma:to] *a* **1.** *zoo* Schwimm-; **2.** *bot* gefingert, handförmig.
palmipede [pal'mi:pede] *m* Schwimmvogel *m.*
palmo ['palmo] *m* **1.** *(della mano)* Handteller *m,* -fläche *f;* **2.** *(unità di misura)* Spanne *f;* **portare qu in ~ di mano** *fig* jdn auf Händen tragen; **restare con un ~ di naso** ein langes Gesicht machen.
palo ['pa:lo] *m* **1.** *gener.* Pfahl *m; (del telegrafo)* Mast *m;* **2.** *sport (calcio)* (Tor)pfosten *m;* **fare il** (*o* **da**) **~** *sl* Schmiere stehen *sl.*
palombaro [palom'ba:ro] *m* Froschmann *m.*
palombo [pa'lombo] *m* Glatthai *m.*
palpare [pal'pa:re] *tr* betasten, befühlen; *med* abtasten.
palpebra ['palpebra] *f* (Augen)lid *n.*
palpitante [palpi'tante] *a* **1.** *gener.* pulsierend, zuckend; **2.** *fig* pulsierend, brennend; *(d'emozione)* bebend.
palpitare [palpi'ta:re] *itr* **1.** *(sussultare)* zucken; *(cuore)* schlagen, klopfen; **2.** *fig* pulsieren, brennen, pulsen *geh.* **palpitazione** [...tat'tsi̯o:ne] *f* **1.** *med* Herzklopfen *n;* **2.** *fig (ansia)* Angst *f,* Erregung *f;* **avere le -i** Herzklopfen haben. **palpito** ['palpito] *m* **1.** *(del cuore)* Herzschlag *m;* **2.** *fig* Herzklopfen *n.*
paltò [pal'tɔ] ⟨-⟩ *m* (Winter)mantel *m.*
paludarsi [palu'darsi] *rfl pej* sich zurechtmachen, sich geschmacklos (*o* auffällig) kleiden.
palude [pa'lu:de] *f* Sumpf *m,* Moor *n.*
paludoso, -a [palu'do:so] *a* sumpfig, moorig.
palustre [pa'lustre] *a* Sumpf-, Moor-.

pampino ['pampino] *m* Blatt *n* (*o* Sproß *m*) der Weinrebe.

panacea [pana'tʃɛ:a] *f* Allheil-, Wundermittel *n.*

panama ['pa:nama] ‹-› *m* Panama(hut) *m.*

panca ['paŋka] ‹-che› *f* (Sitz)bank *f.*

pancetta [pan'tʃetta] *f* **1.** *gastr* durchwachsener Speck, Bauchspeck *m;* **2.** *fam (addome)* Bäuchlein *n.*

panchetto [paŋ'ketto] *m* Schemel *m,* Hocker *m; (per piedi)* Fußbank *f.*

panchina [paŋ'ki:na] *f* (Garten)bank *f.*

pancia ['pantʃa] ‹-ce› *f* **1.** *fam (ventre)* Bauch *m;* **2.** *fig (di fiasco)* (Flaschen)bauch *m,* Ausbauchung *f;* **metter su ~** *fam* einen Bauch ansetzen; **grattarsi la ~, starsene a ~ all'aria** *fig fam* auf der faulen Haut liegen. **panciata** [...'tʃa:ta] *f* Schlag *m* in den Bauch; *(con la pancia)* Stoß *m* mit dem Bauch. **panciera** [...'tʃɛ:ra] *f* Bauch-, Leibbinde *f.* **panciolle** [...'tʃɔlle] *tosc:* **starsene in ~** auf der faulen Haut liegen. **pancione** [...'tʃo:ne] *m fam* **1.** *(grossa pancia)* dicker Bauch, Schmerbauch *m;* **2.** *(persona)* Dickbauch *m.* **panciotto** [...'tʃɔtto] *m* Weste *f.* **panciuto, -a** [...'tʃu:to] *a (persona)* dickbäuchig; *(vaso)* (dick)bauchig.

pancreas ['paŋkreas] ‹-› *m* Bauchspeicheldrüse *f.*

panda ['panda] ‹-› *m* Panda *m,* Katzenbär *m.*

pandemonio [pande'mɔ:nio] ‹-i› *m* Höllenspektakel *n,* -lärm *m.*

pane ['pa:ne] *m* **1.** *gener.* Brot *n; (forma a.)* (Brot)laib *m;* **2.** *(massa compatta)* Barren *m,* Massel *f; (di burro)* Klumpen *m,* Päckchen *n;* **~ integrale** Vollkornbrot *n;* **Pan di Spagna** *eine Art Sandkuchen;* **guadagnarsi il ~** *fig* sich *(dat)* seinen Lebensunterhalt verdienen; **mangiare il ~ ad ufo** *fam* auf Kosten anderer leben; **mangiare il ~ a tradimento** ein Tagedieb sein; **dire ~ al ~ e vino al vino** *fig* die Dinge (*o* das Kind) beim Namen nennen; **trovare ~ per i propri denti** *fig* eine harte Nuß zu knacken haben; **rendere pan per focaccia** *fam* Gleiches mit Gleichem vergelten; **levarsi il ~ di bocca per qu** *fam* sich *(dat)* für jdn jeden Bissen vom Munde absparen; **buono come il ~** herzensgut.

panegirico [pane'dʒi:riko] ‹-ci› *m* **1.** *lit* Panegyrikus *m;* **2.** *fig* Verherrlichung *f,* Lobpreisung *f.*

panetteria [panette'ri:a] ‹-ie› *f* Bäckerei *f,* Bäckerladen *m.* **panettiere, -a** [...'tiɛ:re] *m, f* Bäcker(in) *m(f).*

panettone [panet'to:ne] *m Hefenapfkuchen aus Mailand.*

panfilo ['panfilo] *m* Jacht *f,* Yacht *f.*

panforte [pan'fɔrte] *m Früchtebrot aus Siena.*

pangrattato, pan grattato [paŋgrat'ta:to] *m* Semmelbrösel *m pl,* Semmelmehl *n.*

panico[1] ['pa:niko] ‹-chi› *m (terrore)* Panik *f;* **essere preso dal ~** panisch reagieren.

panico[2] [pa'ni:ko] ‹-chi› *m bot* Kolbenhirse *f.*

paniere [pa'niɛ:re] *m* Korb *m.*

panificare [panifi'ka:re] ‹panifico, panifichi› *itr* Brot backen.

panificio [pani'fi:tʃo] ‹-ci› *m* Bäckerei *f,* Brotfabrik *f.*

paninaro, -a [pani'na:ro] *m, f* ≃ Popper *m.*

panino [pa'ni:no] *m* (belegtes) Brötchen *n.*

panna[1] ['panna] *f gastr* Sahne *f,* Rahm *m;* **~ montata** Schlagsahne *f.*

panna[2] ['panna] *f,* **panne** [pan] ‹-› *f mot (guasto)* (Auto)panne *f;* **la mia macchina è in panna** mein Auto hat eine Panne.

panneggio [pan'neddʒo] ‹-ggi› *m* Draperie *f,* Faltenwurf *m.*

pannello [pan'nɛllo] *m* **1.** *el* Schaltbrett *n,* -tafel *f;* **2.** *(~ isolante)* Isolierplatte *f;* **3.** *(arte)* Paneel *n;* **4.** *(~ radiante)* Plattenheizkörper *m,* Strahlungsplatte *f,* -heizung *f;* **~ solare** Solarzelle *f.*

panno ['panno] *m* **1.** *(tessuto)* Stoff *m,* Tuch *n;* **2.** *(pezzo di stoffa)* Tuch *n,* Lappen *m;* **3.** ‹*pl*› *(biancheria)* Wäsche *f;* **4.** ‹*pl*› *(vestiti)* Kleider *n pl,* Kleidung *f;* **essere/mettersi nei -i di qu** in jds Haut stecken/sich in jdn hineinversetzen.

pannocchia [pan'nɔkkia] ‹-cchie› *f* **1.** *bot* Rispe *f;* **2.** *gastr* Maiskolben *m.*

pannolino [panno'li:no] *m* **1.** *(per neonato)* Windel *f;* **2.** *(assorbente)* (Damen)binde *f.*

panorama [pano'ra:ma] ‹-i› *m* **1.** *(veduta)* Panorama *n,* Rundblick *m;* **2.** *fig (rassegna)* Überblick *m,* Übersicht *f;* **3.** *theat* Rundhorizont *m.* **panoramica** [...'ra:mika] ‹-che› *f* **1.** *(veduta)* Überblick *m,* Übersicht *f;* **2.** *fot* Panoramaaufnahme *f; film* Panoramaschwenk *m;* **3.** *(strada)* Panoramastraße *f.* **panoramico, -a** [...'ra:miko] ‹-ci, -che› *a* **1.** *(veduta)* Panorama-, Aussichts-; *(strada, percorso)* mit schöner Aussicht, Panorama-; **2.** *(visione, rassegna, etc.)* übersichts-, umfassend; **3.** *fot* Panorama-; *film* Breitwand-.

panpepato [pampe'pa:to] *m* Pfeffer-, Lebkuchen *m.*

pansé [pan'se] ‹-› *f* Ackerstiefmütterchen *n.*

pantaloncini [pantalon'tʃi:ni] *m pl* kurze Höschen *n pl.*

pantalone [panta'lo:ne] *m pl* Hose *f*, Hosen *f pl.*
pantano [pan'ta:no] *m (a. fig)* Sumpf *m.* **pantanoso, -a** [...ta'no:so] *a* sumpfig, schlammig.
pantera [pan'tɛ:ra] *f* **1.** *zoo* Panther *m;* **2.** *sl (della polizia)* schneller Funkstreifenwagen.
pantofola [pan'tɔ:fola] *f* Pantoffel *m,* Hausschuh *m.*
pantomima [panto'mi:ma] *f* Pantomime *f.* **pantomimo** [...'mi:mo] *m* Pantomime *m,* -mimin *f.*
panzana [pan'tsa:na] *f* Flunkerei *f,* Ammenmärchen *n.*
Paola ['pa:ola] *(nome proprio femminile)* Paula.
Paolo ['pa:olo] *(nome proprio maschile)* Paul, Paulus.
paonazzo, -a [pao'nattso] *a* (dunkel)violett.
papa ['pa:pa] ‹-i› *m* Papst *m;* **ad ogni morte di ~** *fig* alle Jubeljahre (einmal); **morto un ~ se ne fa un altro** *prov* niemand ist unersetzlich.
papà [pa'pa] ‹-› *m fam* Papa *m fam,* Vati *m.*
papaia [pa'pa:ja] ‹-aie› *f* Papaya *f.*
papale [pa'pa:le] *a* päpstlich, Papst-.
papalina [papa'li:na] *f* Käppchen *n.*
paparazzo [papa'rattso] *m* Skandalreporter *m.*
papato [pa'pa:to] *m* **1.** *(istituto storico)* Papsttum *n,* Papat *m o n;* **2.** *(dignità papale)* Papstwürde *f;* **3.** *(durata della carica)* Amtszeit *f* eines Papstes.
papavero [pa'pa:vero] *m* (Klatsch)mohn *m.*
papera ['pa:pera] *f* **1.** *zoo* (junge) Gans *f;* **2.** *fig (errore)* Versprecher *m;* **3.** *fam pej (donna stupida)* dumme Gans *fam;* **prendere una ~** sich versprechen. **papero** [...ro] *m* (junger) Gänserich *m.*
papilla [pa'pilla] *f* Papille *f,* Warze *f;* **-e gustative** Geschmackspapillen *f pl.*
papillon [papi'jõ] ‹-› *m* Fliege *f.*
papiro [pa'pi:ro] *m* **1.** *(bot, testo)* Papyrus *m;* **2.** *scherz (lunga lettera)* Epistel *f.*
pappa ['pappa] *f* **1.** *(minestrina)* Brot-, Grießsuppe *f;* **2.** *pej (minestra troppo cotta)* Pampe *f fam,* Brei *m;* **3.** *(per bambini)* Brei *m,* Mus *n;* **~ reale** Gelee *n* royale; **~ molle** *fig fam* Schlappschwanz *m fam;* **trovare la ~ scodellata** *fig fam* sich ins gemachte Nest setzen.
pappagallo [pappa'gallo] *m* **1.** *zoo* Papagei *m;* **2.** *fig (uomo)* Papagallo *m.*
pappagorgia [pappa'gɔrdʒa] ‹-ge› *f* Doppelkinn *n.*
pappare [pap'pa:re] *tr fam* **1.** *(mangiare)* hinunterschlingen; **2.** *fig (trarre profitti)* in die eigene Tasche wirtschaften, einsacken *fam.*
paprica ['pa:prika] *f* Paprika(pulver) *n.*
pap-test ['paptɛst *o* pap'tɛst] *m* Abstrich *m.*
par. *ab di* **paragrafo** Par. (*ab di* Paragraph).
para ['pa:ra] *f* Paragummi *m o n.*
parabola [pa'ra:bola] *f* **1.** *lit* Parabel *f; rel* Gleichnis *n;* **2.** *mat* Parabel *f;* **3.** *fig (declino)* allmählicher Niedergang, Abstieg *m.* **parabolico, -a** [...'bɔ:liko] ‹-ci, -che› *a* parabolisch.
parabrezza [para'breddza] ‹-› *m* Windschutzscheibe *f.*
paracadutare [parakadu'ta:re] *tr* mit dem Fallschirm abwerfen. **paracadute** [...'du:te] ‹-› *m* Fallschirm *m;* **lanciarsi col ~** mit dem Fallschirm abspringen. **paracadutismo** [...du'tizmo] *m* Fallschirmspringen *n,* Fallschirmsport *m.* **paracadutista** [...du'tista] ‹-i *m,* -e *f*› **I.** *mf* Fallschirmspringer(in) *m(f);* **II.** *a* Fallschirm-.
paracarro [para'karro] *m* Leitplanke *f.*
paradentosi [paraden'tɔ:zi] ‹-› *f* Parodontose *f.*
paradigma [para'digma] ‹-i› *m* Paradigma *n.*
paradisiaco, -a [paradi'zi:ako] ‹-ci, -che› *a* **1.** *(del paradiso)* paradiesisch, Paradies-; **2.** *fig* himmlisch.
paradiso [para'di:zo] *m (a. fig)* Paradies *n;* **~ terrestre** (Garten) Eden *m.*
paradossale [parados'sa:le] *a* paradox.
paradosso [para'dɔsso] *m* Paradox(on) *n.*
parafango [para'faŋgo] *m (della macchina)* Kotflügel *m; (della motocicletta, etc.)* Schutzblech *n.*
paraffina [paraf'fi:na] *f* Paraffin *n.*
parafrasare [parafra'za:re] *tr* paraphrasieren, umschreiben, frei wiedergeben.
parafrasi [pa'ra:frazi] ‹-› *f* Umschreibung *f,* Paraphrase *f,* freie Wiedergabe.
parafulmine [para'fulmine] *m* Blitzableiter *m.*
paraggi [pa'raddʒi] *m pl* (nähere) Umgebung *f,* Nähe *f,* Gegend *f.*
paragonare [parago'na:re] **I.** *tr* vergleichen (*a, con* mit); **II.** *rfl:* **-arsi** sich vergleichen (*a, con* mit).
paragone [para'go:ne] *m* Vergleich *m,* Gegenüberstellung *f;* **termini del ~, pietra di ~** Vergleichsmoment *n;* **a ~ di** im Vergleich zu; **mettere a ~ di** (*o* **con**) vergleichen mit; **essere senza ~, non avere -i** unvergleichlich sein.
paragrafo [pa'ra:grafo] *m* (*ab* **par.**) Abschnitt *m,* Paragraph *m.*
paralisi [pa'ra:lizi] ‹-› *f* **1.** *med* Lähmung *f,* Paralyse *f scient;* **2.** *fig* Lahmlegung *f.* **paralitico, -a** [para'li:tiko] ‹-ci, -che› **I.** *a* gelähmt; *(stato)* Lähmungs-; **II.** *m, f* Gelähmte(r) *mf.* **paralizzare** [...lid'dza:re] *tr* **1.** *med* lähmen, paralysieren *scient;* **2.** *fig* lähmen, lahmlegen.

parallela [paral'lɛ:la] *f* **1.** *mat* Parallele *f;* **2.** ‹*pl*› *sport* Barren *m.* **parallelo, -a** [...lo] **I.** *a* Parallel-, parallel; **II.** *m* **1.** *(comparazione)* Vergleich *m;* **2.** *geog* Breitenkreis *m;* **3.** *mat* Parallelprojektion *f.*

parallelogramma [parallelo'gramma] ‹-i›, **parallelogrammo** [...mo] *m* Parallelogramm *n.*

paralume [para'lu:me] *m* Lampenschirm *m.*

paramenti [para'menti] *m pl* Paramente *n pl.*

parametro [pa'ra:metro] *m (a. fig)* Parameter *m.*

paramilitare [paramili'ta:re] *a* paramilitärisch.

paranco [pa'raŋko] ‹-chi› *m* Flaschenzug *m.*

paranoia [para'nɔ:i̯a] ‹-oie› *f* Paranoia *f.*

paranoico, -a [...'nɔ:iko] ‹-ci, -che› **I.** *a* paranoisch; **II.** *m, f* Paranoiker(in) *m(f).*

paranormale [paranor'ma:le] *a* paranormal, übersinnlich.

paraocchi [para'ɔkki] ‹-› *m (a. fig)* Scheuklappe *f.*

parapetto [para'pɛtto] *m* **1.** *(riparo)* Geländer *n;* **2.** *naut* Reling *f;* **3.** *mil* Brustwehr *f.*

parapiglia [para'piʎʎa] ‹-› *m* Durcheinander *n,* Getümmel *n,* Gemenge *n.*

parapsicologia [parapsikolo'dʒi:a] *f* Parapsychologie *f.*

parare [pa'ra:re] **I.** *tr* **1.** *(colpo)* abwehren, auffangen; *sport (tiro)* parieren, abfangen; **2.** *(ornare)* behängen, herrichten, schmücken; **3.** *(schermare)* schützen (*da* vor), abschirmen (*da* gegen); **II.** *itr* hinauswollen (auf); **dove vuoi andare a ~?** worauf willst du hinaus?; **III.** *rfl:* **-arsi** sich in den Weg stellen.

parascolastico, -a [parasko'lastiko] *a* neben (*o* außerhalb) der Schule.

parasole [para'so:le] ‹-› *m* Sonnenschirm *m.*

parassita [paras'si:ta] ‹-i *m,* -e *f*› **I.** *m biol* Parasit *m;* **II.** *mf fig* Schmarotzer(in) *m(f);* **III.** *a* **1.** *biol* Schmarotzer-, parasitär; **2.** *fig* schmarotzerhaft. **parassitario, -a** [...si'ta:ri̯o] ‹-i, -ie› *a* **1.** *biol* parasitär; **2.** *fig* schmarotzerhaft.

parastatale [parasta'ta:le] **I.** *a* halbstaatlich, mit staatlicher Beteiligung; **II.** *mf* Angestellte(r) *mf* einer halbstaatlichen Einrichtung.

parata [pa'ra:ta] *f* **1.** *sport (calcio)* Abwehr *f* (durch den Torhüter); *(scherma)* Parade *f; (boxe)* Parieren *n;* **2.** *mil* (Militär)parade *f;* **3.** *(rassegna)* Vorführung *f;* **4.** *(pompa)* Gala *f,* Prunk *m,* Parade *f;* **vista la mala ~, ...** da die Dinge eine schlechte Wende genommen haben (*o* hatten), ...

paratia [para'ti:a] ‹-ie› *f* Schott *n,* Scheidewand *f.*

paratifo [para'ti:fo] *m* Paratyphus *m.*

parati [pa'ra:ti] *m pl:* **carta da ~** Tapete *f.*

paraurti [para'urti] ‹-› *m* **1.** *mot* Stoßstange *f;* **2.** *ferr (del binario)* Prellbock *m; (del vagone)* Puffer *m.*

paravento [para'vɛnto] ‹-› *m* **1.** *(suppellettile)* Paravent *m o n,* spanische Wand; **2.** *fig* Deckmantel *m.*

parcella [par'tʃɛlla] *f* **1.** *(di terreno)* Parzelle *f;* **2.** *(delle spese)* Honorarforderung *f.*

parcheggiare [parked'dʒa:re] ‹parcheggio, parcheggi› *tr, itr* parken.

parcheggio [par'keddʒo] ‹-ggi› *m* **1.** *(posteggio)* Parkplatz *m;* **2.** *(manovra)* (Ein)parken *n;* **~ a pagamento** gebührenpflichtiger Parkplatz; **~ custodito** bewachter Parkplatz; **area di ~** Parkzone *f; (a. fig)* Abstellplatz *m;* **divieto di ~** Parkverbot *n;* **è vietato il ~** Parken verboten.

parchimetro [par'ki:metro] *m* Parkuhr *f,* Parkometer *n o m.*

parco ['parko] ‹-chi› *m* Park *m;* **~ giochi** (Kinder)spielplatz *m;* **~ vetture** (*o* **automobilistico** *o* **di autoveicoli)** Wagen-, Fahrzeugpark *m.*

parco, -a ['parko] ‹-chi, -che› *a* **1.** *(nel mangiare, bere)* sehr genügsam; *(nello spendere)* geizig; **2.** *(mensa, pasto)* karg.

parecchio, -a [pa'rekki̯o] ‹-cchi, -cchie› **I.** *a* (ziemlich) viel, mehr als genug; **II.** ‹*pl*› *pron* ziemlich viele, etliche; **III.** *adv* ziemlich, ganz schön *fam.*

pareggiare [pared'dʒa:re] ‹pareggio, pareggi› **I.** *tr* **1.** *(terreno)* einebnen; **2.** *(bilanci)* ausgleichen; *(conti)* begleichen; **3.** *(uguagliare)* gleichkommen (*qu in qc* jdm in etw.); **4.** *(equiparare)* gleichstellen; **scuola pareggiata** staatlich anerkannte Schule; **II.** *itr* unentschieden spielen (*con* gegen).

pareggio [pa'reddʒo] ‹-ggi› *m* **1.** *com* Ausgleich *m,* Deckung *f;* **2.** *sport* Unentschieden *n,* Ausgleich *m;* **chiudere in ~** unentschieden ausgehen.

parentado [paren'ta:do] *m* Verwandtschaft *f.*

parente [pa'rɛnte] *mf* **1.** *(persona)* Verwandte(r) *mf;* **2.** *fig (simile)* Ähnliche(s) *n,* Verwandte(s) *n.*

parentela [paren'tɛ:la] *f* **1.** *(insieme dei parenti)* Verwandtschaft *f,* Verwandte(n) *m pl;* **2.** *fig (legame)* Verwandtschaft *f;* **3.** *fig (affinità)* Gleichartigkeit *f,* Affinität *f.*

parentesi [pa'rɛntezi] *f* **1.** *gener.* Einschub *m,* Parenthese *f;* **2.** *(segno grafico)* Klammer *f;* **3.** *fig (intervallo)* Unterbrechung *f;* **~ tonda/quadra/graffa**

runde/eckige/geschweifte Klammer; **fra ~** *fig* nebenbei bemerkt.

parere [pa're:re] ⟨paio, parvi, parso⟩ **I.** *itr* ⟨*essere*⟩ **1.** *(apparire)* scheinen, erscheinen, aussehen; **2.** *(pensare)* meinen, glauben; **3.** *(volere)* belieben, passen *fam;* **4.** *(assomigliare)* ähnlich sein (*qc/qu* jdm/einer S. *dat*); **5.** *(impersonale: sembrare)* scheinen, den Anschein haben; *(dare l'impressione)* so aussehen, als ob; **pare di sì/no** anscheinend schon/nicht; **pare impossibile** es scheint unmöglich (zu sein); **a quanto pare** wie es scheint; **non mi par vero** das kann ich kaum glauben; das ist zu schön, um wahr zu sein; **ti pare di aver ragione?** glaubst du, recht zu haben?; **che te ne pare?** was hältst du davon?; **fai come ti pare** mach es, wie du meinst (*o* willst); **ma Le pare!** keine Ursache!; **II.** *m* **1.** *(opinione)* Meinung *f,* Ansicht *f;* **2.** *(consiglio)* Rat(schlag) *m;* **a mio ~** meiner Meinung nach; **cambiar ~** seine Meinung ändern; **essere del ~ che ...** der Ansicht sein, daß ...

parete [pa're:te] *f* Wand *f;* **le -i domestiche** *fig* die eigenen vier Wände.

pari[1] ['pa:ri] **I.** ⟨*inv*⟩ *a* **1.** *(uguale)* gleich; **2.** *(allo stesso livello)* gleichrangig, gleichgestellt; **3.** *mat (numero)* gerade; **4.** *(sport, nei giochi)* unentschieden; **5.** *anat* paarig, paarweise vorhanden; **ragazza alla ~** Au-pair-Mädchen *n;* **essere ~ a** entsprechen *dat;* **essere ~ con qu** mit jdm quitt sein; **stare alla ~ con qu** jdm gewachsen sein; **mettere alla ~** gleichstellen; **andare di ~ passo con qc/qu** *fig* mit etw./jdm Schritt halten; **~ ~** haargenau, wortwörtlich; **II.** *adv* gleich; **alla ~** gleichberechtigt, gleichgestellt; **III.** ⟨-⟩ *mf* Gleichgestellte(r) *mf,* Ebenbürtige(r) *mf;* **trattare qu da ~ a ~** jdn als seinesgleichen behandeln; **senza ~** einzigartig; **IV.** ⟨-⟩ *m* Gleichheit *f;* **far ~** (im Spiel) ein Unentschieden erzielen, dieselbe Punktzahl haben; **mettersi in ~** aufholen; **essere in ~ con qc** nichts nachzuholen haben.

pari[2] ['pa:ri] ⟨-⟩ *m pol* britisches Oberhausmitglied.

parificare [parifi'ka:re] ⟨parifico, parifichi⟩ *tr* **1.** *jur* (rechtlich) gleichstellen; **2.** *adm* (staatlich) anerkennen. **parificato, -a** [...'ka:to] *a* rechtsgültig anerkannt, gleichgestellt; **scuola -a** staatlich anerkannte Schule.

Parigi [pa'ri:dʒi] *f* Paris *n.*

pariglia [pa'riʎʎa] ⟨-glie⟩ *f* Gespann *n;* **rendere la ~** Gleiches mit Gleichem vergelten.

parità [pari'ta] ⟨-⟩ *f* **1.** *(uguaglianza)* Gleichheit *f; (di diritti)* Gleichberechtigung *f;* **2.** *sport* Unentschieden *n;* **3.** *com* Parität *f;* **~ salariale** Lohngleichheit *f;* **chiudere in ~** unentschieden ausgehen; **a ~ di condizioni** bei gleichen Bedingungen.

paritetico, -a [pari'tɛ:tiko] ⟨-ci, -che⟩ *a* paritätisch.

parlamentare[1] [parlamen'ta:re] *pol* **I.** *a* parlamentarisch, Parlaments-; **II.** *mf* Parlamentarier(in) *m(f),* Abgeordnete(r) *mf.*

parlamentare[2] [parlamen'ta:re] *itr* verhandeln (*per* wegen, über).

parlamento [parla'mento] *m* Parlament *n; (assemblea a.)* Parlamentssitzung *f;* **sedere in ~** einen Sitz im Parlament haben.

parlante [par'lante] *a* **1.** *(che parla)* sprechend; **2.** *fig (molto espressivo)* sprechend, ausdrucksvoll; *(evidente)* einleuchtend, offensichtlich. **parlantina** [...'ti:na] *f fam* Redseligkeit *f;* **avere una bella (***o* **buona) ~** ein flinkes (*o* flottes) Mundwerk haben *fam.*

parlare [par'la:re] **I.** *itr* **1.** *gener.* sprechen; *(comunicare a.)* reden; *(conversare a.)* sich unterhalten (*di* über); **2.** *(rivolgere la parola)* ansprechen (*a qu* jdn); **3.** *(confessare)* sprechen (*di* über), ein Geständnis ablegen; **4.** *fig (ricordare)* erinnern (*di* an); **5.** *fig (provare)* sprechen (*contro* gegen, *a favore di* für); **6.** *fig (essere significativo)* sprechen, ausdrucksvoll sein; **~ a gesti** sich mit Zeichen verständigen; **~ col naso** durch die Nase reden, näseln; **~ tra i denti** in den Bart brummeln; **~ tra sé e sé** Selbstgespräche führen, vor sich hinsprechen; **~ a caso/vanvera** unüberlegt daherreden/ins Blaue hineinreden, dummes Zeug reden; **~ come un libro stampato** reden wie ein Buch; **~ ostrogoto (***o* **arabo)** *fig* chinesisch sprechen; **far ~ di sé** von sich *(dat)* reden machen; **non volerne più sentir ~** nichts mehr davon hören wollen; **per ora non se ne parla** im Moment kommt das nicht in Frage; **non se ne parli più** Schwamm darüber, darüber soll kein Wort mehr verloren werden; **per non ~ di** ganz zu schweigen von; **con rispetto parlando** mit Verlaub gesagt; **II.** *tr* sprechen, reden; **III.** *rfl:* **-arsi** miteinander reden; **IV.** *m* **1.** *(modo di parlare)* Sprech-, Redeweise *f;* **2.** *(parlata)* Gerede *n.* **parlata** [...'la:ta] *f* Sprech-, Redeweise *f.* **parlato, -a** [...'la:to] *a* gesprochen, Sprach-. **parlatore, -trice** [...la'to:re] *m, f* gute(r) Redner(in), redegewandte Person. **parlatorio** [...'tɔ:ri̯o] ⟨-i⟩ *m* Besuchszimmer *n.*

parlottare [parlot'ta:re] *itr* flüstern, tuscheln. **parlottio** [...'ti:o] ⟨-ii⟩ *m* Getuschel *n,* Geflüster *n.*

parmigiano, -a [parmi'dʒa:no] **I.** *a* aus Parma, Parmesan-; **II.** *m* Parmesan(käse) *m;* **III.** *m, f* Einwohner(in) *m(f)* von Parma.

parodia [paroˈdiːa] ‹-ie› *f* Parodie *f;* **fare la ~ di qu** jdn parodieren.

parola [paˈrɔːla] *f* **1.** *(vocabolo, espressione, etc.)* Wort *n;* **2.** ‹*pl*› *(consiglio)* Worte *n pl,* Rat(schlag) *m;* **3.** ‹*pl*› *(chiacchiere)* Gerede *n,* Geschwätz *n;* **4.** *(facoltà di parlare)* Sprache *f;* **5.** *(il parlare)* Reden *n,* Sprechen *n;* **6.** *(modo di esprimersi)* Redeweise *f,* Art *f* zu sprechen; **7.** *(diritto di parlare)* Wort *n,* Rederecht *n;* **~ d'ordine** Parole *f,* Losung *f;* **~ d'onore** Ehrenwort *n;* **-e (in)crociate** Kreuzworträtsel *n;* **giro di -e** Umschreibung *f;* **gioco di -e** Wortspiel *n;* **scambio di -e** Wortwechsel *m;* **in una ~** kurz gesagt, mit einem Wort; **essere di ~, mantenere la ~** sein Wort halten; **prendere (*o* pigliare) in ~** beim Wort nehmen; **restare senza -e** keine Worte finden, sprachlos sein; **metter(ci) una buona ~** ein gutes Wort einlegen; **rivolgere la ~ a qu** jdn ansprechen; **uomo di poche -e** wortkarger Mensch; **-e sante!** *fig fam* wahre Worte!, wie wahr!; **è una ~!** *fam* das ist leichter gesagt als getan!; **una ~ tira l'altra** ein Wort gibt das andere. **parolaccia** [paroˈlattʃa] ‹-cce› *f* unflätiges Wort, ordinärer Ausdruck. **paroliere, -a** [...ˈli̯ɛːre] *m, f* Texter(in) *m(f),* Textdichter(in) *m(f).* **parolina** [...ˈliːna] *f* **1.** *(breve cenno)* Wörtchen *n;* **2.** *(parola gentile e graziosa)* freundliches (*o* liebes) Wort; **devo dirti una ~** *fig* ich habe noch ein Wörtchen mit dir zu reden. **parolona** [...ˈloːna] *f,* **parolone** [...ˈloːne] *m* langes (*o* schwieriges) Wort.

parossismo [parosˈsizmo] *m* Paroxysmus *m.*

parotite [paroˈtiːte] *f* Mumps *m.*

parquet [parˈkɛ] ‹-› *m* Parkett *n.*

parrocchia [parˈrɔkki̯a] ‹-ie› *f* **1.** *(circoscrizione)* Pfarrei *f,* Pfarrbezirk *m;* **2.** *(chiesa)* Pfarrkirche *f; (edificio)* Pfarrhaus *n; (ufficio)* Pfarramt *n;* **3.** *(insieme dei fedeli)* Pfarrgemeinde *f,* Pfarre *f.* **parrocchiale** [parrokˈki̯aːle] *a* Pfarr-. **parrocchiano, -a** [...ˈki̯aːno] *m, f* Mitglied *n* einer Pfarrgemeinde, Pfarrkind *n.*

parroco [ˈparroko] ‹-ci› *m* Pfarrer *m.*

parrucca [parˈrukka] ‹-cche› *f* Perücke *f.*

parrucchiere, -a [parrukˈki̯ɛːre] *m, f* (Damen)friseur *m,* -friseuse *f.*

parsimonia [parsiˈmɔːni̯a] *f* Sparsamkeit *f.* **parsimonioso, -a** [...moˈni̯oːso] *a* sparsam.

parso [ˈparso] *pp di* **parere.**

partaccia [parˈtattʃa] ‹-cce› *f fam:* **fare una ~ a qu** jdm einen Rüffel erteilen *fam.*

parte [ˈparte] **I.** *f* **1.** *(pezzo, settore)* Teil *n,* Einzelteil *n; anat* (Körper)teil *m;* **2.** *(porzione)* Teil *m,* Portion *f; (quota)* (An)teil *m;* **3.** *(luogo)* Gegend *f;* **4.** *(lato)* Seite *f; (direzione)* Richtung *f;* **5.** *(frazione)* Seite *f,* Partei *f; (partito)* Flügel *m,* Richtung *f; jur* Partei *f;* **6.** *theat* Rolle *f; fig (ruolo)* Rolle *f,* Aufgabe *f; mus* Part *m,* Partie *f;* **~ del discorso** Satzteil *m,* Satzglied *n;* **-i di ricambio** Ersatzteile *n pl;* **a ~** getrennt, separat; **in ~** zum Teil, teilweise; **in/da ogni ~** überall/von überall(her); **da ~ di** von *dat,* von seiten *gen,* seitens *gen;* **da (*o* per) ~ mia** was mich betrifft, meinerseits; **da una ~ ..., dall'altra ...** einerseits ..., andererseits ...; **essere (*o* far) ~ di qc** zu etw. gehören, Bestandteil von etw. sein; **essere ~ in causa** Partei sein; *fig* betroffen (*o* beteiligt) sein; **mettere da ~** *(metter via)* beiseite legen, als erledigt betrachten; *(tralasciare)* beiseite lassen; **prendere ~ a qc** an etw. teilnehmen; **non sapere da che ~ voltarsi** *fig* weder ein noch aus wissen; **essere dalla ~ del torto** im Unrecht sein; **costituirsi ~ civile** Nebenklage erheben; **stare dalle -i di Fiesole** in der Gegend von Fiesole wohnen; **fatti da ~!** *fam* geh zur Seite!, geh weg!; **II.** *adv* teils.

partecipante [partetʃiˈpante] **I.** *mf* Teilnehmer(in) *m(f);* **II.** *a* teilnehmend, Teilnehmer-.

partecipare [partetʃiˈpaːre] **I.** *itr* **1.** *(prendere parte)* teilnehmen (*a* an), sich beteiligen (*a* an); **2.** *(alla gioia, al dolore)* Anteil nehmen (*a* an); **3.** *(essere partecipe)* teilhaben (*di* an); *com* teilhaben (*a* an), beteiligt sein (*a* an); **II.** *tr* (durch Anzeige) bekanntgeben (*o* mitteilen). **partecipazione** [...patˈtsi̯oːne] *f* **1.** *(di matrimonio, morte)* Anzeige *f;* **2.** *(intervento)* Teilnahme *f,* Mitwirkung *f;* **3.** *(interessamento)* Anteilnahme *f;* **4.** *com, fin, adm* Beteiligung *f;* **~ agli utili** Gewinnbeteiligung *f.* **partecipe** [...ˈteːtʃipe] *a* **1.** *gener.* beteiligt (*di* an); **2.** *fig* (an)teilnehmend (*di* an).

parteggiare [partedˈdʒaːre] ‹parteggio, parteggi› *itr* Partei nehmen (*o* ergreifen) (*per* für).

partenza [parˈtɛntsa] *f* **1.** *(il partire)* Abreise *f,* Aufbruch *m;* **2.** *(di veicolo)* Abfahrt *f;* **3.** *sport* Start *m;* **punto di ~** *(a. fig)* Ausgangspunkt *m;* **in ~** abreisend, abfahrend; *com* abgehend; **pronto per la ~** abfahr(t)bereit, startbereit.

particella [partiˈtʃɛlla] *f* **1.** *ling* Partikel *f;* **2.** *phys* Partikel *n o f,* Teilchen *n;* **~ elementare** Elementarteilchen *n.*

participio [partiˈtʃiːpi̯o] ‹-i› *m* Partizip *n,* Mittelwort *n.*

particolare [partikoˈlaːre] **I.** *m* **1.** *(parte)* Detail *n,* Einzelheit *f;* **2.** *(elemento costitutivo)* Bestandteil *m;* **entrare (*o* scendere) nei -i** ins Detail gehen; **fin**

nei minimi -i bis in die letzten Einzelheiten; **II.** *a* **1.** *(specifico)* besondere(r, s), spezifisch; *(speciale)* Spezial-, Sonder-; **2.** *(proprio)* eigene(r, s), besondere(r, s); *(personale)* persönlich, Privat-; **3.** *(singolo)* einzeln, Einzel-; **4.** *(caratteristico)* charakteristisch, eigentümlich, typisch; **5.** *(fuori dal comune)* außergewöhnlich, außerordentlich; **caso ~** Sonderfall *m;* **in ~** besonders. **particolareggiato, -a** [...lared'dʒa:to] *a* ausführlich, detailliert.

particolarità [partikolari'ta] ‹-› *f* **1.** *(caratteristica)* Besonderheit *f,* Eigenheit *f;* **2.** *(dettaglio)* Einzelheit *f,* Detail *n.*

partigiano, -a [parti'dʒa:no] **I.** *m, f* **1.** *pol, mil* Partisan(in) *m(f),* Widerstandskämpfer(in) *m(f);* **2.** *(sostenitore)* Parteigänger(in) *m(f),* Verfechter(in) *m(f);* **II.** *a* **1.** *(guerra, etc.)* Partisanen-; **2.** *(giudizio)* parteiisch; **3.** *(spirito, politica)* von Parteiengeist beseelt, faktiös *geh.*

partire [par'ti:re] ‹parto› *itr* ‹*essere*› **1.** *(andarsene)* weggehen; *(in viaggio)* abreisen (*per* nach); *(con l'aereo)* abfliegen; *(con il treno, l'automobile)* abfahren; **2.** *(colpo)* losgehen; *(macchina, etc.)* anspringen; *sport* starten; **3.** *fig (avere inizio)* beginnen; **4.** *(provenire)* ausgehen (*da* von), stammen (*da* von); **5.** *fam scherz (guastarsi)* kaputtgehen *fam;* **~ per Napoli/per le vacanze** nach Neapel abreisen/in die Ferien fahren; **~ in quarta** *fam* loslegen *fam;* **essere partito** *fam* hinübersein *fam; (scomparso)* futsch sein *fam;* **a ~ da** seit, von ... an.

partita [par'ti:ta] *f* **1.** *sport* Spiel *n,* Wettkampf *m; (gioco)* Partie *f,* Spiel *n;* **2.** *com* Partie *f,* Posten *m;* **3.** *(di caccia)* (Jagd)partie *f;* **4.** *mus* Partita *f;* **~ semplice/doppia** *com* einfache/doppelte Buchführung; **fare una ~ a carte/scacchi** eine Partie Karten/Schach spielen; **andare alla ~** zum Fußballspiel gehen.

partitico, -a [par'ti:tiko] ‹-ci, -che› *a* Partei-, partei-.

partitivo, -a [parti'ti:vo] *a* partitiv.

partito [par'ti:to] *m* **1.** *pol* Partei *f;* **2.** *(decisione)* Entschluß *m,* Entscheidung *f;* **3.** *(persona da sposare)* Partie *f;* **per ~ preso** von vornherein; **essere ridotto a mal ~** in einem schlimmen Zustand sein; **mettere la testa a ~** Vernunft annehmen.

partitura [parti'tu:ra] *f* Partitur *f.*

partner ['pɑ:tnə] ‹-› *mf* Partner(in) *m(f).*

parto ['parto] *m* Geburt *f,* Entbindung *f.* **partoriente** [-'ri̯ɛnte] *f* Gebärende *f,* Wöchnerin *f.* **partorire** [-'ri:re] ‹partorisco› *tr* **1.** *med* gebären, zur Welt bringen; **2.** *fig (invenzione)* machen.

part time ['pɑ:t taım] **I.** ‹*inv*› *a* Teilzeit-; **II.** ‹-› *m* Teilzeitarbeit *f.*

parure [pa'ry:r] ‹-› *f* **1.** *(di biancheria)* (Wäsche)garnitur *f;* **2.** *(di gioielli)* Set *n,* Garnitur *f.*

parvenza [par'vɛntsa] *f* (An)schein *m.*

parvi ['parvi] *p rem di* **parere.**

parziale [par'tsi̯a:le] *a* **1.** *(non totale)* Teil-, partiell; **2.** *(arbitro, giudizio)* parteiisch. **parzialità** [...i̯ali'ta] ‹-› *f* **1.** *(atteggiamento)* Parteilichkeit *f;* **2.** *(aspetto parziale)* (Teil)aspekt *m.*

pascià [paʃ'ʃa] ‹-› *m* Pascha *m;* **fare il ~, stare (***o* **vivere) come un ~** wie Gott in Frankreich leben.

pasciuto, -a [paʃ'ʃu:to] *a:* **ben ~** wohlgenährt.

pascolare [pasko'la:re] **I.** *tr* hüten, weiden; **II.** *itr* weiden.

pascolo ['paskolo] *m* **1.** *(terreno, erba)* Weide *f;* **2.** *(il pascolare)* Weiden *n.*

Pasqua ['pasku̯a] *f (cristiana)* Ostern *n,* Osterfest *n; (ebraica)* Passah(fest) *n;* **~ di resurrezione** Osterfest *n;* **Isola di P~** Osterinsel *f;* **essere contento come una p~** sich wie ein Schneekönig freuen. **pasquale** [...'ku̯a:le] *a* österlich, Oster-.

Pasquale [pas'ku̯a:le] *(nome proprio maschile)* Pascal.

pasquetta [pas'ku̯etta] *f* Ostermontag *m;* **fare ~** (am Ostermontag) einen Ausflug (ins Grüne) machen.

passabile [pas'sa:bile] *a* annehmbar, leidlich, passabel.

passaggio [pas'saddʒo] ‹-ggi› *m* **1.** *(il passar davanti)* Vorbeigehen *n,* Vorübergehen *n; (di truppe)* Vorbeimarschieren, *n,* -marsch *m; (di veicoli)* Vorbeifahren *n,* -fahrt *f; (di aerei)* Vorbeifliegen *n,* -flug *m;* **2.** *(il passare attraverso)* Durchgehen *n; (di persone)* Durchgehen *n,* -gang *m; (di veicoli)* Durchfahren *n,* -fahrt *f; (di aerei)* Durchfliegen *n,* -flug *m;* **3.** *(il passare oltre)* Hinübergehen *n; (di veicoli)* Überfahrt *f;* **4.** *(movimento, traffico)* Verkehr *m;* **5.** *(viaggio per nave, aereo)* (Schiffs-, Flug)reise *f;* **6.** *(strada)* Durchgang *m,* Weg *m; (in mare)* (enge) Durchfahrt *f,* Passage *f;* **7.** *fig (cambiamento)* Übergang *m,* Wechsel *m;* **8.** *lit (brano)* Passage *f,* Stelle *f;* **9.** *mus* Passage *f,* Stück *n;* **10.** *(successione)* Übergang *m,* Aufeinanderfolge *f; phys* Übergang *m;* **11.** *(avanzamento)* Aufstieg *m,* Beförderung *f;* **12.** *sport* Paß *m,* Zuspiel(en) *n* (des Balles); **~ pedonale** Fußgängerüberweg *m;* **~ a livello** Bahnübergang *m;* **~ di proprietà** Eigentumsübertragung *f;* **essere di ~** auf der Durchfahrt sein; **dare/offrire un ~ a qu** jdn (im Auto) mitnehmen/jdm eine Mitfahrgelegenheit anbieten; **aprirsi un ~ tra la folla** sich *(dat)* einen Weg durch die Menge bahnen; **vietato il** ~ Durchgang (*o* Durchfahrt) verboten.

passamaneria [passamane'ri:a] ‹-ie› *f* **1.** *(guarnizioni)* Posament *n,* Besatzartikel *m;* **2.** *(negozio)* Kurzwarenhandlung *f.* **passamano** [...'ma:no] *m* Besatzborte *f.*

passamontagna [passamon'taɲɲa] ‹-› *m* Sturm-, Windhaube *f.*

passante [pas'sante] **I.** *mf* Passant(in) *m(f);* **II.** *m* Lasche *f,* Schlaufe *f.*

passaporto [passa'pɔrto] *m* (Reise)paß *m.*

passare [pas'sa:re] **I.** *itr* ‹*essere*› **1.** *(attraversare)* gehen (*per* durch), kommen (*per* durch); *(veicoli)* fahren (*per* durch); **2.** *(transitare)* vorübergehen, vorbeigehen (*a* an); *(veicoli)* vorbeifahren (*a* an); *(venire brevemente)* vorbeikommen (*a* bei); **3.** *(entrare)* durch-, hereinkommen; **4.** *(penetrare)* durchgehen, durchpassen; **5.** *(trasferirsi)* umziehen, verziehen; **6.** *(tramandarsi)* übergehen (*da qu a qu, di qu in qu* von jdm auf jdn); **7.** *(trascorrere)* ver-, vorbeigehen; **8.** *(cambiar stato)* überwechseln (*da qc a qc* von etw. zu etw.); *(cambiare argomento)* übergehen (*a* zu); **9.** *(cessare)* vorbei-, vorübergehen; *(dolore)* vergehen; **10.** *(essere accettabile)* durchgehen; **11.** *(scolaro)* versetzt werden; *(candidato)* bestehen (*a qc* etw.); *(avanzare di grado)* aufsteigen, befördert werden; *(legge)* verabschiedet (*o* angenommen) werden; **12.** *(essere considerato)* angesehen werden (*per* als), gehalten werden (*per* für); **13.** *(nei giochi)* passen; *sport* zuspielen, abgeben; ~ **inosservato** unbemerkt bleiben; ~ **di cottura** verkochen; ~ **di moda** aus der Mode kommen; ~ **di ruolo** eine Planstelle bekommen; ~ **alla storia** in die Geschichte eingehen; ~ **ai voti** zur Abstimmung schreiten; ~ **in rassegna** (*o* **rivista**) Revue passieren; ~ **per la mente/il capo** durch den Sinn/Kopf gehen; ~ **di mente a qu** jdm entfallen; ~ **sopra a qc** *fig* über etw. hinweggehen; ~ **a prendere qu** jdn abholen kommen; **passo e chiudo** Ende der Durchsage; **per questa volta passi** diesmal mag es noch durchgehen; **di qui non si passa** hier geht es nicht durch (*o* weiter); **passo a salutarti** ich komme auf einen Sprung bei dir vorbei *fam;* **II.** *tr* ‹*avere*› **1.** *(attraversare)* überschreiten, überqueren; *(con veicoli)* fahren über; **2.** *(sorpassare)* überholen; *fig (superare)* überschreiten; **3.** *(trafiggere)* durchbohren; **4.** *gastr* passieren; **5.** *(porgere)* reichen, geben; *(assegnare)* zukommen lassen; *(ordinazione)* erteilen; **6.** *(patire)* durchmachen, erleiden; **7.** *(notizia, etc.)* weitergeben, weitersagen; *(voce)* verbreiten; *sport (palla)* zuspielen; **8.** *(sottoporsi)* sich unterziehen (*qc* einer S. *dat*); **9.** *(tempo, vacanze)* verbringen; **10.** *(avanzare di grado)* befördern (*qc* zu etw.); *(scolaro)* versetzen; **11.** *(perdonare, accettare)* durchgehen lassen; *(legge)* verabschieden; *(provvedimento)* billigen; **12.** *(superare)* überstehen, überleben; *(esame)* bestehen; **13.** *(scorrere)* durchsehen, überfliegen; **14.** *tel* verbinden (mit); ~ **qc sotto silenzio** etw. verschweigen; ~ **il cencio in terra** den Boden (auf)wischen; ~ **il segno** (*o* **la misura**) das Maß überschreiten; **passarne di tutti i colori** allerhand durchmachen; **ha passato i settanta** er (*o* sie) hat die Siebzig überschritten; **passarla liscia** *fam* mit heiler Haut davonkommen; **l'ha passata bella** *fam* er (*o* sie) ist noch gut davongekommen; **passarsela bene/male** gute/schlechte Zeiten durchmachen.

passata [pas'sa:ta] *f* **1.** *(scorsa)* Überfliegen *n;* **2.** *(di cencio)* Darüberwischen *n,* -gehen *n,* -fahren *n;* **3.** *(breve applicazione)* (rascher) Anstrich *m.*

passatempo [passa'tɛmpo] *m* Zeitvertreib *m;* **per** ~ zum Zeitvertreib.

passato, -a [pas'sa:to] **I.** *a* **1.** *(trascorso)* vergangen, vorbei; *(settimana, anno, etc.)* vorige(r, s), letzte(r, s); **2.** *fig (anziano)* ältlich; **II.** *m* **1.** *(di tempo)* Vergangenheit *f;* **2.** *gastr* Püree *n,* Brei *m;* ~ **prossimo** Perfekt *n;* ~ **remoto** Präteritum *n,* historisches Perfekt.

passatutto [passa'tutto] ‹-› *m* Passiermaschine *f.* **passaverdura, passaverdure** [passaver'du:ra, ...re] ‹-› *m* Passiermaschine *f.*

passeggero, -a [passed'dʒɛ:ro] **I.** *a* vorübergehend, vergänglich; **II.** *m, f* Reisende(r) *mf; naut, aero* Passagier(in) *m(f),* Fahrgast *m;* ~ **clandestino** blinder Passagier.

passeggiare [passed'dʒa:re] ‹passeggio, passeggi› *itr* spazieren(gehen). **passeggiata** [...'dʒa:ta] *f* **1.** *(il passeggiare, percorso)* Spaziergang *m; (con veicolo)* Spazierfahrt *f;* **2.** *(strada)* Promenade *f,* Spazierweg *m;* ~ **spaziale** Raumspaziergang *m,* Spaziergang *m* im All. **passeggiatrice** [...dʒa'tri:tʃe] *f* Strichmädchen *n.* **passeggino** [...'dʒi:no] *m* Kinderwagen *m,* Sportwagen *m.* **passeggio** [...'seddʒo] ‹-ggi› *m* **1.** *(atto)* Spaziergang *m;* **2.** *(luogo)* Promenade *f,* Spazierweg *m;* **andare a** ~ spazierengehen; **portare a** ~ spazierenführen, ausführen.

passe-partout [paspar'tu] ‹-› *m* **1.** *(chiave)* Hauptschlüssel *m;* **2.** *(cornice)* Passepartout *n.*

passerella [passe'rɛlla] *f (ponte)* Steg *m,* (kleine) Brücke *f; naut* Bootssteg *m,* Laufgang *m; aero* Gangway *f,* Laufgang *m; (per indossatrici)* Laufsteg *m.*

passero ['passero] *m* Sperling *m*, Spatz *m*.

passibile [pas'si:bile] *a jur* strafbar (*di* mit).

passino [pas'si:no] *m* Sieb *n*.

passionale [passio'na:le] *a* leidenschaftlich; *jur (delitto)* Affekt-.

passione [pas'sio:ne] *f* **1.** *(sofferenza)* Schmerz *m*, Leid(en) *n*, Kummer *m*; **2.** *(violento amore)* Leidenschaft *f*, leidenschaftliche Liebe; **3.** *(grande interesse)* Leidenschaft *f*, Passion *f*; **4.** *(persona)* (große) Liebe *f*, (große) Leidenschaft *f*; **5.** *rel* Passion *f*, Leiden *n*; **settimana di ~** Karwoche *f*; **ha la ~ della lettura** Lesen ist seine (*o* ihre) Leidenschaft; **con ~** leidenschaftlich, mit Hingabe.

passivante [passi'vante] *a gram:* **si ~** passivorisches „si".

passività [passivi'ta] ‹-› *f* **1.** *(estraneità)* Passivität *f*, Teilnahmslosigkeit *f*; **2.** *com* Passiva *pl*, Schulden *f pl*.

passivo, -a [pas'si:vo] **I.** *a* **1.** *(senza reazione)* passiv; **2.** *gram* passiv(isch); **3.** *com* passiv, Passiv-; **II.** *m* **1.** *gram* Passiv *n*, Leideform *f*; **2.** *com* Passiva *pl*; **chiudere in ~** mit Verlust abschließen; **mettere** (*o* **registrare** *o* **segnare**) **al ~** *(a. fig)* als Verlust verbuchen.

passo[1] ['passo] *m* **1.** *(movimento, spazio)* Schritt *m*; *(andatura a.)* Gangart *f*; *(mil a.)* Gleichschritt *m*; **2.** *(impronta)* Fußstapfe *f*, (Fuß)spur *f*; **3.** *tec* Gewindegang *m*; **4.** *mot* Rad-, Achsstand *m*; **5.** *lit* (Text)stelle *f*, Passus *m*; **6.** *mus* Passage *f*, Stelle *f*; **7.** *fig (progresso)* Fortschritt *m*; **senza muovere un ~** *fig* ohne einen Finger krumm zu machen; **a ~ d'uomo** im Schrittempo; **andare al ~** im Schrittempo fahren; **a ~ di lumaca** (*o* **tartaruga**) im Schneckentempo; **veicoli al ~!** Schrittempo fahren!; **fare due** (*o* **quattro**) **-i** *fig* sich *(dat)* die Beine vertreten; **fare il ~ più lungo della gamba** *fig* über seine Verhältnisse leben; **muovere i primi -i** *(a. fig)* die ersten Schritte tun; **procedere di buon ~** gut (*o* zügig) vorankommen; **segnare il ~** *mil, fig* auf der Stelle treten; **seguire i -i di qu** *fig* in jds Fußstapfen treten; **stare al ~ con qu** mit jdm Schritt halten; **tornare sui propri -i** (denselben Weg) zurückgehen; *fig* von vorne anfangen; **essere a pochi -i** wenige Schritte entfernt sein; **ad ogni ~** auf Schritt und Tritt; **un ~ dopo l'altro** Schritt für Schritt.

passo[2] ['passo] *m* **1.** *gener.* Durchgang *m*; *(con veicolo)* Durchfahrt *f*; **2.** *(valico)* Paß *m*; **~ carrabile** (*o* **carraio**) Einfahrt *f*, Ausfahrt *f*.

pasta ['pasta] *f* **1.** *gastr (impasto)* Teig *m*; *(alimentare)* Nudeln *f pl*, Teigwaren *f pl*; *(dolce)* (Fein)gebäck *n*; **2.** *fig (indole)* Wesen *n*, Charakter *m*; **~ sfoglia** Blätterteig *m*; **~ frolla** Mürbeteig *m*; *fig* Waschlappen *m fam*; **~ dentifricia** Zahnpasta *f*; **~ di vetro/legno** Glasmasse *f*/Holzschliff *m*; **essere una ~ d'uomo** eine Seele von Mensch sein; **essere della stessa ~** aus dem gleichen Holz geschnitzt sein; **avere le mani in ~** seine Hände im Spiel haben, mitmischen.

pastasciutta [pastaʃ'ʃutta] *f* Nudelgericht *n*.

pasteggiare [pasted'dʒa:re] ‹pasteggio, pasteggi› *itr* speisen *geh*, zu essen pflegen.

pastella [pas'tɛlla] *f* Ausbackteig *m (aus Mehl, Wasser, Öl)*.

pastello [pas'tɛllo] **I.** *m* **1.** *(per dipingere)* Pastellfarbe *f*; *(matita)* Pastellstift *m*; **2.** *(dipinto)* Pastell(bild) *n*; **II.** *a* pastellfarben, pastell-.

pasticca [pas'tikka] ‹-cche› *f* Pastille *f*, Tablette *f*.

pasticcere *v.* **pasticciere.**

pasticceria [pastittʃe'ri:a] ‹-ie› *f* **1.** *(negozio)* Konditorei *f*; **2.** *(assortimento)* (Fein)gebäck *n*.

pasticciare [pastit'tʃa:re] ‹pasticcio, pasticci› *tr* **1.** *(eseguire male)* pfuschen (*qc* bei etw.), hudeln (*qc* bei etw.) *fam*; **2.** *(sporcare)* beklecksen, beschmieren.

pasticciere, -a [pastit'tʃɛ:re] *m, f* Konditor(in) *m(f)*, Feinbäcker(in) *m(f)*.

pasticcino [pastit'tʃi:no] *m* Klein-, Feingebäck *n*.

pasticcio [pas'tittʃo] ‹-cci› *m* **1.** *gastr* Pastete *f*; **2.** *fig fam (faccenda imbrogliata)* (schöne) Bescherung *f*, Schlamassel *m fam*; **3.** *fig (lavoro mal fatto)* Hudelei *f fam*, Pfuscherei *f*; **~ di fegato d'oca** Gänseleberpastete *f*; **~ di maccheroni** Makkaroniauflauf *m*; **mettersi nei -cci** *fam* sich in die Nesseln setzen *fam*, ins Fettnäpfchen treten *fam*. **pasticcione, -a** [...'tʃo:ne] *m, f fam* **1.** *(arruffone)* Pfuscher(in) *m(f)*; **2.** *(confusionario)* Wirrkopf *m*.

pastiglia [pas'tiʎʎa] ‹-glie› *f* **1.** *(pasticca)* Pastille *f*, Tablette *f*; **2.** *mot (dei freni)* Bremsbelag *m*.

pastina [pas'ti:na] *f* Suppennudeln *f pl*.

pasto ['pasto] *m* Essen *n*, Mahlzeit *f*; *(cibo)* Essen *n*, Speise *f*; **vino da ~** Tisch-, Tafelwein *m*; **saltare il ~** eine Mahlzeit auslassen, nichts essen; **dare qc in ~ al pubblico** etw. an die Öffentlichkeit bringen; **fuori dei -i** außerhalb der (Haupt)mahlzeiten. **pastone** [...'to:ne] *m* **1.** *(per animali)* Kleienfutter *n*; **2.** *(cibo troppo cotto)* verkochtes Essen.

pastorale [pasto'ra:le] **I.** *a* **1.** *gener., lit* Hirten-, Schäfer-; **2.** *rel* pastoral, Pastoral-, Bischofs-; **II.** *f* **1.** *rel* Hirtenbrief *m*;

2. *mus* Pastorale *f;* **III.** *m* Hirtenstab *m,* Pastorale *n.*

pastore, -a [pas'to:re] *m, f* **1.** *(custode)* Hirt(in) *m(f),* Schäfer(in) *m(f);* **2.** *zoo* Schäferhund *m,* -hündin *f;* **3.** *rel* Seelsorger(in) *m(f),* Geistliche(r) *mf; (ministro)* Pastor(in) *m(f);* ~ **di anime** Seelsorger *m;* **cane (da)** ~ Schäferhund *m.* **pastorizia** [...to'rittsi̯a] ‹-ie› *f* Schafzucht *f.*

pastorizzare [pastorid'dza:re] *tr* pasteurisieren. **pastorizzazione** [...dzat'tsi̯o:ne] *f* Pasteurisation *f,* Pasteurisierung *f.*

pastoso, -a [pas'to:so] *a (molle ed elastico)* teigig, knetbar; *fig (colore, stile, etc.)* weich, zart; *(vino)* vollmundig, samtig.

pastrano [pas'tra:no] *m* dicker Mantel.

patacca [pa'takka] ‹-cche› *f fam* **1.** *(distintivo)* Plakette *f,* billiger Orden; **2.** *(macchia)* (Fett-, Schmutz)fleck *m.*

patata [pa'ta:ta] *f* Kartoffel *f;* ~ **americana (***o* **dolce)** Batate *f,* Süßkartoffel *f;* **-e fritte/lesse** Pommes frites *pl*/Salzkartoffeln *f pl;* **spirito di -e** schlechter Witz; **sacco di -e** *fam* Trampel(tier *n*) *m o n fam.* **patatina** [pata'ti:na] *f* kleine Kartoffel; ‹*pl*› *(-e fritte)* Kartoffelchips *m pl.*

patatrac [pata'trak] ‹-› *m* **1.** *(crollo)* Einsturz *m,* Zusammenbruch *m;* **2.** *fig* Pleite *f,* Ruin *m.*

patella [pa'tɛlla] *f* Napfschnecke *f.*

patema [pa'tɛ:ma] ‹-i› *m* Kummer *m,* seelischer Schmerz.

patentato, -a [paten'ta:to] *a* **1.** *(munito di patente)* staatlich geprüft, zugelassen; **2.** *fam scherz* ausgemacht, Erz-, Ober-.

patente [pa'tɛnte] *f* **1.** *adm* Genehmigung *f; (licenza)* Lizenz *f;* **2.** *fig scherz* Stempel *m;* ~ **(di guida)** Führerschein *m;* **prendere la** ~ **(di guida)** den Führerschein machen.

paternale [pater'na:le] *f* Strafpredigt *f,* Standpauke *f fam.*

paternalismo [paterna'lizmo] *m* **1.** *pol* Paternalismus *m;* **2.** *(atteggiamento benevolo)* väterliche Fürsorglichkeit. **paternalistico, -a** [...'listiko] ‹-ci, -che› *a* **1.** *pol* paternalistisch; **2.** *fig* gönnerhaft.

paternità [paterni'ta] ‹-› *f* **1.** *(condizione di padre)* Vaterschaft *f;* **2.** *adm* Name(n) *m* des Vaters; **3.** *fig* Urheberschaft *f.*

paterno, -a [pa'tɛrno] *a* **1.** *(del padre)* väterlich, Vater-; **2.** *(da parte del padre)* väterlicherseits; **3.** *(da padre)* väterlich, wohlwollend.

pateticità [patetitʃi'ta] ‹-› *f* Pathetik *f.*

patetico, -a [pa'tɛ:tiko] ‹-ci, -che› *a* pathetisch.

pathos ['pa:tos] ‹-› *m* Pathos *n.*

patibolo [pa'ti:bolo] *m* Schafott *n; (forca)* Galgen *m;* **che** ~! was für eine Qual!

patimento [pati'mento] *m* Leiden *n,* Schmerz *m.*

patina ['pa:tina] *f* **1.** *(strato)* (dünne) Schicht *f; (su rame, etc.)* Patina *f;* **2.** *med* (Zungen)belag *m.*

patino [pa'ti:no] *v.* **pattino**[2].

patire [pa'ti:re] ‹patisco› **I.** *tr* **1.** *(offesa, torto, etc.)* erleiden, ertragen; *(fame, sete, etc.)* leiden; *(freddo, caldo, etc. a.)* leiden unter; **2.** *fig (ammettere)* dulden, zulassen; **II.** *itr* leiden (*di* an); ~ **di fegato/cuore** leber-/herzkrank sein.

patito, -a [pa'ti:to] **I.** *a* abgemagert; *(faccia)* eingefallen; **II.** *m, f* (leidenschaftlicher) Fan *m.*

patogeno, -a [pa'tɔ:dʒeno] *a* krankheitserregend, pathogen *scient.*

patologia [patolo'dʒi:a] ‹-gie› *f* Pathologie *f.* **patologico, -a** [...'lɔ:dʒiko] *a* **1.** *med* pathologisch, krankhaft; **2.** *fig scherz* außergewöhnlich.

patria ['pa:tri̯a] ‹-ie› *f* **1.** *(nazione)* Vaterland *n; (città, paese)* Heimatstadt *f,* Geburtsort *m;* **2.** *(luogo d'origine)* Heimat *f; (di cosa a.)* Herkunftsland *n;* **la madre** ~ das Mutterland.

patriarca [patri'arka] ‹-chi› *m (capo)* Patriarch *m,* Oberhaupt *n; (capostipite)* Erz-, Stammvater *m.* **patriarcale** [...'ka:le] *a* patriarchalisch.

patrigno [pa'triɲɲo] *m* Stiefvater *m.*

patrimoniale [patrimo'ni̯a:le] *a* Vermögens-.

patrimonio [patri'mɔ:ni̯o] ‹-i› *m* **1.** *com* Vermögen *n,* Kapital *n;* **2.** *biol* Erbgut *n;* **3.** *fig (ricchezza)* Reichtum *m,* Schätze *m pl;* ~ **artistico/culturale/spirituale/zootecnico** Kunstschätze *m pl*/Kulturgut *n*/geistiges Erbe/Viehbestand *m.*

patrio, -a ['pa:tri̯o] ‹-ii, -ie› *a* **1.** *lett (del padre)* väterlich; **2.** *(della patria)* vaterländisch, Vaterlands-, Heimat-; **-a potestà** *jur* väterliche Gewalt; **amor** ~ Vaterlandsliebe *f.*

patriota [patri'ɔ:ta] ‹-i *m,* -e *f*› *mf* Patriot(in) *m(f).* **patriottico, -a** [...i'ɔttiko] ‹-ci, -che› *a* patriotisch. **patriottismo** [...iot'tizmo] *m* Patriotismus *m.*

patrocinare [patrotʃi'na:re] *tr* **1.** *jur* (vor Gericht) verteidigen; **2.** *(sostenere)* begünstigen, befürworten; *(iniziativa)* unterstützen. **patrocinio** [...'tʃi:ni̯o] ‹-ii› *m* **1.** *jur* Verteidigung *f,* Rechtsbeistand *m;* **2.** *rel* Schutz(herrschaft *f*) *m* eines Heiligen.

patronato [patro'na:to] *m* **1.** *(istituzione assistenziale)* Fürsorgeeinrichtung *f,* Hilfswerk *n;* **2.** *(protezione)* Schirmherrschaft *f,* Patronat *n.* **patronessa** [...'nessa] *f* **1.** *(socia di patronato)* Förd(r)erin *f (o* Mitglied *n)* eines Hilfs-

werkes; **2.** *(protettrice)* Schirmherrin *f.*
patrono, -a [pa'trɔ:no] *m, f* **1.** *(protettore)* Schirmherr(in) *m(f); rel* Schutzpatron(in) *m(f),* Schutzheilige(r) *mf;* **2.** *(socio di patronato)* Förderer *m,* Förd(r)erin *f (o* Mitglied *n)* eines Hilfswerkes.
patta ['patta] *f* **1.** *(di tasca)* Patte *f;* **2.** *(pareggio)* Patt *n,* Unentschieden *n.*
patteggiare [patted'dʒa:re] ‹patteggio, patteggi› **I.** *tr* aushandeln, verhandeln über; **II.** *itr* verhandeln, Verhandlungen führen.
pattinaggio [patti'naddʒo] ‹-ggi› *m (a rotelle)* Rollschuhlaufen *n; (su ghiaccio)* Eislaufen *n,* Schlittschuhlaufen *n.* **pattinare** [...'na:re] *itr* **1.** *sport (a rotelle)* Rollschuh laufen; *(su ghiaccio)* Schlittschuh laufen, eislaufen; **2.** *mot (scivolare)* schleudern, rutschen. **pattinatore, -trice** [...na'to:re] *m, f (a rotelle)* Rollschuhläufer(in) *m(f); (su ghiaccio)* Eisläufer(in) *m(f),* Schlittschuhläufer(in) *m(f).*
pattino[1] ['pattino] *m* **1.** *sport (~ a rotelle)* Rollschuh *m; (da ghiaccio)* Schlittschuh *m; (di slitta, etc.)* Kufe *f;* **2.** *tec* (Gleit)schuh *m.*
pattino[2] [pat'ti:no] *m* Tretboot *n.*
patto ['patto] *m* **1.** *(accordo)* Vereinbarung *f,* Übereinkunft *f;* **2.** *pol* Pakt *m,* Vertrag *m;* **3.** *(condizione)* Bedingung *f;* **P~ Atlantico** Atlantisches Bündnis, (Nord)atlantikpakt *m;* **~ di non aggressione** Nichtangriffspakt *m;* **venire** *(o* **scendere) a -i con qu** mit jdm übereinkommen; **a ~ che ...** *conj* unter der Bedingung, daß ...
pattuglia [pat'tuʎʎa] ‹-glie› *f* Patrouille *f,* Streife *f;* **essere di ~** auf Streife gehen, auf Patrouille sein. **pattugliare** [...'ʎa:re] ‹pattuglio, pattugli› **I.** *itr* patrouillieren; **II.** *tr* absuchen.
pattuire [pattu'i:re] ‹pattuisco› *tr* abmachen, vereinbaren.
pattume [pat'tu:me] *m* Müll *m,* Abfall *m.* **pattumiera** [...tu'mi̯ɛ:ra] *f* Müll-, Abfalleimer *m.*
paura [pa'u:ra] *f* Angst *f,* Furcht *f;* **una ~ del diavolo/da morire** eine Höllen-/Sterbensangst; **avere ~ di qc/qu** Angst vor etw./jdm haben; **aver ~ che ...** *conj* befürchten, daß ...; Angst haben, daß ...; **per ~ che ...** *conj* aus Angst, daß ...; **mettere ~ a qu** jdm Angst einjagen; **da far ~** schrecklich, zum Fürchten. **pauroso, -a** [pau'ro:so] *a* **1.** *(spaventoso)* angsterregend, fürchterlich; **2.** *(timoroso)* ängstlich, furchtsam; **3.** *fig (straordinario)* unglaublich, sagenhaft.
pausa ['pa:uza] *f* Pause *f,* (kurze) Unterbrechung *f; (sosta)* Stockung *f,* Stillstand *m.*
pavimentare [pavimen'ta:re] *tr (stanza)* (mit Fußboden) belegen; *(strada)* pflastern. **pavimentazione** [...tat'tsi̯o:ne] *f* **1.** *(serie di lavori)* (Fußboden)verlegen *n;* **2.** *(lastricato)* Pflaster *n,* Pflasterung *f;* **~ stradale** Straßenpflaster *n.* **pavimento** [...'mento] *m* Fußboden *m,* Boden(belag) *m.*
pavone [pa'vo:ne] *m* Pfau *m.* **pavoneggiarsi** [pavoned'dʒarsi] *rfl* sich aufplustern *fam,* sich brüsten.
pazientare [pattsi̯en'ta:re] *itr* Geduld haben, sich gedulden.
paziente [pat'tsi̯ɛnte] **I.** *a* **1.** *(persona)* geduldig; **2.** *(lavoro, ricerca)* mühselig; *(con precisione)* sorgfältig; **II.** *mf* Patient(in) *m(f).*
pazienza [pat'tsi̯ɛntsa] *f* Geduld *f; (precisione a.)* Sorgfalt *f;* **~ di Giobbe** *(o* **di un certosino)** Engelsgeduld *f;* **perdo** *(o* **mi scappa) la ~** mir reißt der Geduldsfaden.
pazza *f v.* **pazzo.**
pazzerellone, -a [pattserel'lo:ne] *fam m, f* lustiger *(o* ulkiger) Kauz.
pazzesco, -a [pat'tsesko] ‹-schi, -sche› *a* **1.** *(di, da pazzo)* verrückt; **2.** *fam* unglaublich, wahnsinnig *fam,* irrsinnig *fam.*
pazzia [pat'tsi:a] ‹-ie› *f* **1.** *med* Wahnsinn *m;* **2.** *(azione stravagante)* Verrücktheit *f,* Torheit *f;* **3.** *fig (assurdità)* Unsinn *m.*
pazzo, -a ['pattso] **I.** *a* **1.** *med* wahnsinnig, verrückt; *(insensato)* unsinnig, verrückt; **2.** *fig (stravagante)* verrückt, extravagant; *(tempo)* verrückt, unbeständig; *(spese, etc.)* irrsinnig, wahnsinnig; **essere ~ furioso** tobsüchtig sein; **essere ~ da legare** vollkommen verrückt sein; **essere innamorato ~ di qu** wahnsinnig in jdn verliebt sein; **andare ~ per qc** verrückt nach *(o* auf) etw. sein; **darsi alla -a gioia** sich ins Vergnügen stürzen; **II.** *m, f* **1.** *med* Wahnsinnige(r) *mf,* Irre(r) *mf;* **2.** *fig* Verrückte(r) *mf,* Narr *m,* Närrin *f.*
p.c. *ab di* **per conoscenza** z. K. (*ab di* zur Kenntnisnahme).
P.C.I. *m ab di* **Partito Comunista Italiano** *kommunistische Partei Italiens.*
pecca ['pɛkka] ‹-cche› *f* Fehler *m,* Makel *m;* **avere le proprie -cche** (seine) Macken haben *fam.*
peccaminoso, -a [pekkami'no:so] *a (pensiero, vita)* sündig, sündhaft; *(lettura, film)* Schund-.
peccare [pek'ka:re] ‹pecco, pecchi› *itr* **1.** *rel* sündigen; **2.** *(commettere errori)* Fehler begehen; **~ di presunzione/leggerezza** überheblich/leichtsinnig sein.
peccato [pek'ka:to] *m* **1.** *rel* Sünde *f;* **2.** *(errore)* Fehltritt *m,* Fehler *m;* **~ mortale/originale/veniale** Tod-/Erbsünde *f*/läßliche Sünde; **che ~!** wie schade!; **è un ~ che ...** *conj* es ist

schade, daß ...; **brutto come il ~** häßlich wie die Sünde (*o* die Nacht). **peccatore, -trice** [...ka'to:re] *m, f* Sünder(in) *m(f)*.

pece ['pe:tʃe] *f* Pech *n*.

pecora ['pɛ:kora] *f* **1.** *zoo* Schaf *n;* **2.** *fig pej* Duckmäuser *m,* Schwächling *m*. **pecoraio, -a** [peko'ra:i̯o] ‹-ai, -aie› *m, f* Schäfer(in) *m(f),* Schafhirte *m,* -hirtin *f*. **pecorella** [...'rɛlla] *f* **1.** *zoo* Schäfchen *n,* Schäflein *n;* **2.** *fig (nuvoletta)* Schäfchenwolke *f*. **pecorino** [...'ri:no] *m* Schaf(s)käse *m*.

peculato [peku'la:to] *m* Unterschlagung *f* (im Amt), Veruntreuung *f* (im Amt).

peculiare [peku'li̯a:re] *a* charakteristisch, eigentümlich. **peculiarità** [...i̯ari'ta] ‹-› *f* Besonderheit *f,* Eigentümlichkeit *f*.

pecuniario, -a [peku'ni̯a:ri̯o] ‹-i, -ie› *a* Geld-.

pedaggio [pe'daddʒo] ‹-ggi› *m* Maut *f,* Straßengebühr *f;* **~ autostradale** Autobahngebühr *f;* **a ~** maut-, gebührenpflichtig.

pedagogia [pedago'dʒi:a] ‹-gie› *f* Pädagogik *f,* Erziehungswissenschaft *f*. **pedagogico, -a** [...'gɔ:dʒiko] ‹-ci, -che› *a* pädagogisch, Pädagogik-, Erziehungs-.

pedalare [peda'la:re] *itr* in die Pedale treten.

pedale [pe'da:le] *m* Pedal *n*.

pedana [pe'da:na] *f* **1.** *(struttura)* Fußbrett *n;* **2.** *sport* Sprungbrett *n*.

pedante [pe'dante] **I.** *a* pedantisch, kleinlich; **II.** *mf* Pedant(in) *m(f),* Kleinigkeitskrämer(in) *m(f)*. **pedanteria** [...te'ri:a] ‹-ie› *f* Pedanterie *f,* Kleinigkeitskrämerei *f*. **pedantesco, -a** [...'tesko] ‹-schi, -sche› *a* pedantisch, schulmeisterlich.

pedata [pe'da:ta] *f* Fußtritt *m*.

pederasta [pede'rasta] ‹-i› *m* Päderast *m*.

pedestre [pe'dɛstre] *a* **1.** *(lavoro, discorso)* gewöhnlich, gemein; *(fig a.)* platt, trivial; **2.** *(milizia)* Fuß-.

pediatra [pe'di̯a:tra] ‹-i *m,* -e *f*› *mf* Kinderarzt *m,* -ärztin *f*. **pediatria** [...i̯a'tri:a] ‹-ie› *f* Kinderheilkunde *f,* Pädiatrie *f*.

pedicure [pedi'ku:re] ‹-› **I.** *f* Fußpflege *f,* Pediküre *f;* **II.** *mf* Fußpfleger(in) *m(f)*.

pediluvio [pedi'lu:vi̯o] ‹-i› *m* Fußbad *n;* **fare un ~** ein Fußbad nehmen.

pedina [pe'di:na] *f* **1.** *(da gioco)* Spielstein *m; (negli scacchi)* Figur *f;* **2.** *fig (strumento)* Werkzeug *n,* Marionette *f;* **mangiare** (*o* **soffiare**) **una ~** einen Stein (*o* eine Figur) schlagen.

pedinare [pedi'na:re] *tr* bespitzeln, beschatten.

pedissequo, -a [pe'dissekuo] *a* sklavisch genau; *(traduzione, etc.)* wortgetreu.

pedonale [pedo'na:le] *a* Fußgänger-; **isola** (*o* **zona**) **~** Fußgängerzone *f*.

pedone [pe'do:ne] *m* Fußgänger *m;* **zona riservata ai -i** Fußgängerzone *f*.

peggio ['pɛddʒo] ‹*comparativo di* male'› **I.** *adv* schlechter, schlimmer; **andare di male in ~** immer schlimmer werden; **cambiare in ~** sich verschlechtern, sich zu seinem Nachteil verändern; **alla (meno) ~** schlecht und recht, hudelig *fam;* **tanto ~ per lui!** um so schlimmer für ihn!; **II.** ‹*inv*› *a* schlimmer, schlechter; **III.** ‹-› *m o f* Schlimmste(s) *n,* Schlechteste(s) *n;* **aver la ~** den kürzeren ziehen.

peggioramento [peddʒora'mento] *m* Verschlechterung *f,* Verschlimmerung *f*. **peggiorare** [...'ra:re] **I.** *tr* ‹*avere*› verschlechtern, schlechter machen **II.** *itr* ‹*essere*› sich verschlechtern, schlechter werden; *(aggravare)* sich verschlimmern. **peggiorativo, -a** [...ra'ti:vo] *a* pejorativ, abwertend.

peggiore [ped'dʒo:re] ‹*comparativo di* cattivo› **I.** *a* **1.** *(comparativo)* schlechter, schlimmer; *(meno capace a.)* unfähiger; *(più scadente a.)* weniger wert; *(meno opportuno a.)* unpassender; **2.** *(superlativo)* schlechteste(r, s), schlimmste(r, s); **II.** *mf* Schlimmste(r) *mf,* Übelste(r) *mf*.

pegno ['peɲɲo] *m* Pfand *n*.

pelame [pe'la:me] *m* Fell *n*.

pelandrone, -a [pelan'dro:ne] *m, f dial* Faulpelz *m*.

pelapatate [pelapa'ta:te] ‹-› *m* Kartoffelschäler *m,* -schälmesser *n*.

pelare [pe'la:re] **I.** *tr* **1.** *(patate, castagne)* schälen, pellen; **2.** *(pollo)* rupfen; **3.** *(tagliare a zero)* kahlscheren; **4.** *fig fam (spillare denaro)* das Fell über die Ohren ziehen (*qu* jdm) *fam,* ausnehmen; **II.** *rfl:* **-arsi 1.** *(perdere i capelli)* das Haar verlieren; *(animali a.)* sich haaren; **2.** *(perdere le foglie)* das Laub verlieren; **3.** *(spellarsi)* sich häuten, sich schälen. **pelata** [pe'la:ta] *f* Glatzkopf *m,* Glatze *f*. **pelato, -a** [...to] *a* **1.** *(testa)* kahl, Glatz-; **2.** *gastr* geschält, gehäutet, gepellt; **-i** geschälte Tomaten.

pellaccia [pel'lattʃa] ‹-cce› *f fam (persona astuta)* durchtriebener Mensch; *(persona resistente)* zähe Natur.

pellame [pel'la:me] *m* Haut *f,* Leder *n*.

pelle ['pɛlle] *f* **1.** *(cute)* Haut *f;* **2.** *(pellame)* Leder *n,* (gegerbtes) Fell *n;* **3.** *fig fam (vita)* Leben *n,* Haut *f;* **4.** *(buccia)* Schale *f,* Haut *f;* **~ di daino/camoscio** Hirsch-/Wildleder *n;* **oggetti di** (*o* **in**) **~** Lederwaren *f pl;* **avere la ~ dura** *fig* ein dickes Fell haben; **esser (ridotto) ~ ed ossa** nur noch Haut und Knochen sein; **lasciarci** (*o* **rimetterci**) **la ~** sein Leben dabei einbüßen; **salvar la ~** mit heiler Haut davonkommen; **non stare più nella ~** es nicht mehr abwarten können; **non voler essere nella ~ di qu** nicht in jds Haut stecken mögen; **ho cara la mia ~** mein Leben ist mir lieb; **vendere la ~ dell'orso prima d'averlo ucciso** das Fell verkaufen, ehe man den Bären hat.

pellegrinaggio [pellegri'naddʒo] ‹-ggi› *m* **1.** *(viaggio)* Wallfahrt *f*, Pilgerfahrt *f*; **2.** *(comitiva)* Pilgerschar *f*, Pilgerzug *m*.

pellegrino, -a [...'gri:no] *m, f* Pilger(in) *m(f)*, Wallfahrer(in) *m(f)*.

pellerossa [pelle'rossa] ‹pellirosse› *mf* Rothaut *f*.

pelletteria [pellette'ri:a] ‹-ie› *f* **1.** *(industria)* Leder(waren)industrie *f*; **2.** *(assortimento)* Lederwaren *f pl*; **3.** *(negozio)* Lederwarengeschäft *n*.

pellicano [pelli'ka:no] *m* Pelikan *m*.

pellicceria [pellittʃe'ri:a] ‹-ie› *f* **1.** *(lavorazione)* Kürschnerei *f*; **2.** *(negozio)* Pelz(waren)geschäft *n*; **3.** *(assortimento)* Pelzwaren *f pl*, Pelze *m pl*.

pelliccia [pel'littʃa] ‹-cce› *f* Fell *n*; *(a. indumento)* Pelz *m*. **pellicciaio, -a** [...'tʃa:i̯o] ‹-ciai, -ciaie› *m, f* **1.** *(negoziante)* Pelzhändler(in) *m(f)*; **2.** *(confezionista)* Kürschner(in) *m(f)*.

pellicola [pel'li:kola] *f* **1.** *fot, film* Film *m*; **2.** *(pelle sottile)* dünne Haut, Häutchen *n*.

pellirossa [pelli'rossa] *v.* **pellerossa.**

pellirosse *pl di* **pellerossa, pellirossa.**

pelo ['pɛ:lo] *m* **1.** *(di uomo)* (Körper)haar *n*; *(di animale)* (Tier)haar *n*; **2.** *(pelame)* Fell *n*; *(pelliccia)* Pelz *m*; **3.** *bot* Härchen *n pl*, Flaum *m*; **4.** *fig (superficie)* Oberfläche *f*; **per un ~, c'è mancato un ~ che ...** *conj fam* um ein Haar ...; **~ ~** mit Müh und Not; **non avere -i sulla lingua** kein Blatt vor den Mund nehmen; **cercare il ~ nell'uovo** ein Haar in der Suppe finden. **peloso, -a** [pe'lo:so] *a* behaart, haarig.

peltro ['peltro] *m* Hartzinn *n*.

peluche [pə'lyʃ] ‹-› *m* Plüsch *m*.

peluria [pe'lu:ri̯a] ‹-ie› *f* Flaum *m*.

pena ['pe:na] *f* **1.** *(punizione)* Strafe *f*, Bestrafung *f*; **2.** *(sofferenza)* Leid(en) *n*, Qual *f*, Kummer *m*; **3.** *(angoscia, pietà)* Sorge *f*, Mitleid *n*; **4.** *(fatica, stento)* Anstrengung *f*; *(a. disturbo)* Mühe *f*; **~ capitale** (*o* **di morte**) Todesstrafe *f*; **a mala ~** mit knapper Not; **darsi ~** sich *(dat)* Mühe geben; **essere** (*o* **stare**) **in ~ per qu** in Sorge um jdn sein; **fare ~ a qu** jdm leid tun; **soffrire le -e dell'inferno** Höllenqualen erleiden; **valere la ~** die Mühe lohnen, der Mühe wert sein.

penale [pe'na:le] **I.** *a* Straf-, strafrechtlich; **azione ~** strafbare Handlung; **II.** *f* Strafe *f*, Strafbestimmung *f*. **penalità** [penali'ta] ‹-› *f* **1.** *jur* Strafe *f*; *(sanzione)* Konventionalstrafe *f*, Vertragsstrafe *f*; **2.** *sport (in punti)* Strafpunkt *m*; *(in secondi)* Strafminute *f*. **penalizzare** [...lid'dza:re] *tr* mit einer Strafe belegen. **penalizzazione** [...liddzat'tsi̯o:ne] *f* Strafe *f*.

penare [pe'na:re] *itr* **1.** *(patire)* leiden, (viel) durchmachen; **2.** *(durar fatica)* sich abmühen, Mühe haben.

pendaglio [pen'daʎʎo] ‹-gli› *m* Anhängsel *n*, Anhänger *m*.

pendente [pen'dɛnte] *a* **1.** *(che pende)* (herab)hängend; *(inclinato)* geneigt, schief; **2.** *jur* anhängig, schwebend; **3.** *(conto, etc.)* offen(stehend); **la torre ~** der schiefe Turm (von Pisa); **crediti -i** Außenstände *m pl*. **pendenza** [...'dɛntsa] *f* **1.** *(inclinazione)* Gefälle *n*; *(a. mat)* Neigung *f*; **2.** *jur* anhängiges (*o* schwebendes) Verfahren; **3.** *com* Schuld *f*, offene Rechnung; **4.** *fig (questione non risolta)* offene (*o* nicht gelöste) Frage.

pendere ['pɛndere] *itr* **1.** *(essere appeso)* hängen (*a* an), herabhängen (*da* von); **2.** *(essere inclinato)* schief stehen, sich neigen; **3.** *fig (incombere)* schweben (*su* über), bevorstehen (*su qu* jdm), drohen (*su qu* jdm); **4.** *jur* anhängig sein; **5.** *fig (propendere)* neigen (*verso* zu); **6.** *fig (tentennare)* schwanken, zögern.

pendici [pen'di:tʃi] *f pl* (Ab)hang *m*.

pendio [pen'di:o] ‹-ii› *m* **1.** *(pendenza)* Gefälle *n*; **2.** *(luogo)* (Ab)hang *m*.

pendola ['pɛndola] *f* Pendeluhr *f*. **pendolare** [pendo'la:re] **I.** *a* Pendel-, pendelnd; **II.** *mf* Pendler(in) *m(f)*. **pendolo** ['pɛndolo] *m* **1.** *(phys, di orologio)* Pendel *n*; **2.** *(filo a piombo)* Senkblei *n*, Senklot *n*.

pene ['pɛ:ne] *m* Penis *m*, (männliches) Glied *n*.

penetrante [pene'trante] *a* **1.** *(odore)* penetrant, scharf; *(freddo, gelo)* scharf, beißend, schneidend; **2.** *fig (sguardo)* durchdringend; *(osservazione)* spitz; *(dolore)* heftig.

penetrare [pene'tra:re] **I.** *itr* ‹*essere*› eindringen, einbrechen; **II.** *tr* ‹*avere*› **1.** *fig (capire)* ergründen, eindringen in; **2.** *(trapassare)* durchdringen, durchbohren. **penetrazione** [...trat'tsi̯o:ne] *f* **1.** *(avanzamento)* Vor-, Eindringen *n*; **2.** *fig (di prodotto)* Vordringen *n*, Verbreitung *f*; **3.** *mil* Einmarsch *m*, Einfallen *n*; **4.** *fig (intuizione)* Einfühlungsvermögen *n*.

penicillina [penitʃil'li:na] *f* Penizillin *n*.

peninsulare [peninsu'la:re] *a* Halbinsel-, halbinselartig.

penisola [pe'ni:zola] *f* Halbinsel *f*.

penitente [peni'tɛnte] *mf* Büßer(in) *m(f)*. **penitenza** [...'tɛntsa] *f* **1.** *(penti-*

mento) Reue *f; rel* Buße *f;* **2.** *(castigo)* Buße *f,* Strafe *f; (nei giochi)* Strafe *f.* **penitenziario** [...ten'tsi̯a:ri̯o] ‹-i› *m* Strafanstalt *f,* Gefängnis *n.*

penna ['penna] *f* **1.** *zoo* Feder *f;* **2.** *(per scrivere)* (Schreib)feder *f,* Federhalter *m;* **3.** ‹*pl*› *gastr kurze Makkaroni;* ~ **biro** (*o* **a sfera**) Kugelschreiber *m;* ~ **stilografica** Füllfederhalter *m.* **pennacchio** [...'nakki̯o] ‹-cchi› *m* **1.** *(ornamento)* Federbusch *m,* Panasch *m;* **2.** *fig (di fumo)* Rauchfahne *f.* **pennarello** [...na'rɛllo] *m* Filzstift *m.*

pennellare [pennel'la:re] *itr* pinseln. **pennellata** [...'la:ta] *f* **1.** *(di pennello)* Pinselstrich *m;* **2.** *fig (elemento descrittivo)* Strich *m,* Zug *m.* **pennellessa** [...'lessa] *f* Maler-, Lackpinsel *m.*

pennello [pen'nɛllo] *m* Pinsel *m;* **andare** (*o* **stare**) **a** ~ *(vestito)* wie angegossen sitzen.

pennino [pen'ni:no] *m* (Schreib)feder *f.*

pennone [pen'no:ne] *m* **1.** *naut* Segelstange *f,* (Mars)rahe *f;* **2.** *(di bandiera)* Fahnenstange *f.*

pennuto, -a [pen'nu:to] **I.** *a* gefiedert; **II.** *m* Vogel *m;* **-i** Federvieh *n.*

penombra [pe'nombra] *f* Halbschatten *m,* Halbdunkel *n.*

penoso, -a [pe'no:so] *a* **1.** *(che dà pena)* leidvoll, schmerzlich; **2.** *(faticoso)* mühsam, beschwerlich; **3.** *(imbarazzante)* peinlich, unangenehm.

pensare [pen'sa:re] **I.** *tr* **1.** *(riflettere)* überlegen, überdenken; **2.** *(considerare)* bedenken, erwägen; **3.** *(credere)* denken, glauben; **4.** *(inventare)* ausdenken, erfinden; **5.** *(immaginare)* sich *(dat)* vorstellen, sich *(dat)* ausmalen; **6.** *(progettare)* planen; **una ne fa e cento ne pensa** *fam* er (*o* sie) hat immer Überraschungen auf Lager *fam;* **II.** *itr* **1.** *(riflettere)* (nach)denken (*su* über); **2.** *(ricordare)* denken (*a* an); **3.** *(badare)* achten (*a* auf); **4.** *(provvedere)* denken (*a* an), sorgen (*a* für); **5.** *(giudicare)* halten (*di* von), denken (*di* über); **6.** *(credere)* meinen, glauben; ~ **bene/male di qu** gut/schlecht über jdn denken; **pensa e ripensa** nach langer Überlegung. **pensata** [...'sa:ta] *f* Einfall *m,* Idee *f.* **pensatore, -trice** [...sa'to:re] *m, f* Denker(in) *m(f).*

pensée [pɑ̃'se] ‹-› *f* Stiefmütterchen *n.*

pensierino [pensi̯e'ri:no] *m* **1.** *(pensiero allettante)* verführerischer (*o* reizvoller) Gedanke; **2.** *(piccolo dono)* kleine Aufmerksamkeit; **3.** *(composizione scolastica)* (Übungs)sätzchen *n;* **farci un** ~ es in Erwägung ziehen.

pensiero [pen'si̯ɛ:ro] *m* **1.** *(attività mentale)* Gedanke *m; (idea a.)* Idee *f;* **2.** *(opinione)* Meinung *f,* Ansicht *f;* **3.** *(ansia)* Sorge *f;* **4.** *(dottrina, teoria)* Lehre *f,* Denken *n;* **5.** *(dono)* Aufmerksamkeit *f;* **essere sopra** ~ in Gedanken (*o* zerstreut) sein; **stare in** ~ **per qu/qc** in Sorge um jdn/wegen etw. sein. **pensieroso, -a** [...si̯e'ro:so] *a* nachdenklich, in Gedanken verloren.

pensile ['pɛnsile] *a:* **giardino** ~ Dachgarten *m.*

pensilina [pensi'li:na] *f* (Bahnsteig)überdachung *f; (di stadio)* Wetterdach *n,* Schutzdach *n.*

pensionamento [pensi̯ona'mento] *m* Pensionierung *f,* Versetzung *f* in den Ruhestand; ~ **anticipato** Frühpensionierung *f,* Vorruhestand *m.*

pensionante [pensi̯o'nante] *mf* Pensionsgast *m.*

pensionare [pensi̯o'na:re] *tr* pensionieren, in den Ruhestand versetzen. **pensionato, -a** [...'na:to] **I.** *m, f* Rentner(in) *m(f),* Bezieher(in) *m(f)* einer Pension; **II.** *m* Pensionat *n,* Heim *n.*

pensione [pen'si̯o:ne] *f* **1.** *(albergo)* Pension *f;* **2.** *(rendita)* Pension *f,* Rente *f;* ~ **completa** Vollpension *f;* **mezza** ~ Halbpension *f.*

pensionistico, -a [pensi̯o'nistiko] ‹-ci, -che› *a* Renten-, Ruhestands-.

pensoso, -a [pen'so:so] *a* nachdenklich, gedankenverloren.

pentagono [pen'ta:gono] *m* Fünfeck *n;* **il P**~ das Pentagon. **pentagramma** [penta'gramma] ‹-i› *m* Notenliniensystem *n.* **pentathlon, pentatlon** ['pɛntatlon] ‹-› *m* Fünfkampf *m.*

Pentecoste [pente'kɔste] *f* Pfingsten *n,* Pfingstfest *n.*

pentimento [penti'mento] *m* Reue *f; (rimorso a.)* Gewissensbiß *m.* **pentirsi** [...'tirsi] ‹mi pento› *rfl* **1.** *(provar rimorso)* bereuen (*di qc* etw.); **2.** *(mutar proposito)* seine Absicht (*o* Meinung) ändern. **pentito, -a** [...'ti:to] *m, f* Reuige(r) *mf; (terrorista)* ehemaliger Terrorist, der sich vom Terrorismus losgesagt hat.

pentola ['pentola] *f* (Koch)topf *m;* ~ **a pressione** Schnellkochtopf *m,* Dampfkochtopf *m;* **cosa bolle in** ~? *fig fam* was wird (da) gespielt? *fam.*

penultimo, -a [pe'nultimo] **I.** *a* vorletzte(r, s); **II.** *m, f* Vorletzte(r) *mf.*

penuria [pe'nu:ri̯a] ‹-ie› *f* Mangel *m,* Not *f.*

penzolare [pendzo'la:re] *itr* herabhängen, baumeln. **penzoloni** [...'lo:ni] *adv* (herab)hängend, baumelnd; **con la lingua/le orecchie** ~ mit heraushängender Zunge/mit hängenden Ohren.

peonia [pe'ɔ:ni̯a] ‹-ie› Pfingstrose *f.*

pepare [pe'pa:re] *tr* pfeffern, mit Pfeffer würzen. **pepato, -a** [pe'pa:to] *a* **1.** *(condito col pepe)* gepfeffert; **2.** *(piccante)* pikant, würzig; **3.** *fig (pungente)* bissig.

pepe ['pe:pe] *m* Pfeffer *m;* **una persona**

tutto ~ eine sehr temperamentvolle Person.
peperonata [pepero'na:ta] *f Gericht aus gedünsteten Paprikaschoten.* **peperoncino** [...n'tʃi:no] *m* kleine Pfefferschote; **-i** Peperoni *pl.* **peperone** [...'ro:ne] *m* Paprika *m; (frutto a.)* Paprikaschote *f;* **diventare** (*o* **farsi**) **rosso come un** ~ bis über die Ohren rot werden.
pepita [pe'pi:ta] *f* Klumpen *m.*
per [per] **I.** *prp* **1.** *(scopo, fine)* für *acc;* **2.** *(locale)* durch *acc,* nach *acc,* in *acc; (su)* auf *acc;* **3.** *(temporale)* während *gen,* ... *acc* hindurch, ... *acc* lang; **4.** *(per mezzo)* mit *dat,* durch *acc;* **5.** *(causa)* wegen *gen o dat,* infolge *gen;* **6.** *mat* mal; **7.** *(come)* zu *dat,* als *acc;* **passare** ~ **Firenze** durch Florenz fahren; **spedire** ~ **posta** mit der (*o* per) Post schicken; **correre** ~ **30 chilometri** 30 Kilometer (lang) laufen; **piccolo** ~ **la sua età** klein für sein Alter; **prendere** ~ **moglie** zur Frau nehmen; **l'ho preso** ~ **un altro** ich habe ihn für einen anderen gehalten; ~ **il fatto che ...** weil ...; ~ **di più** überdies, darüber hinaus; ~ **terra** auf dem (*o* den) Boden; ~ **questa volta** (für) dieses Mal; ~ **quale motivo?** aus welchem Grund?; **anno** ~ **anno** Jahr für Jahr, Jahr um Jahr; **tre** ~ **tre** drei mal drei; **hai poi finito** ~ **mangiarlo** *fam* am Ende (*o* schließlich) hast du es dann doch gegessen; ~ **Bacco!** *fam* zum Donnerwetter! *fam;* **II.** *con* **1.** *(concessivo) conj* so (auch); **2.** *(finale, consecutivo) inf* um zu *inf;* **3.** *(causale) inf* da, weil; ~ **quanto grande sia** so groß er (*o* sie) auch sein mag.
pera ['pe:ra] *f* **1.** *(frutto, a. fig)* Birne *f;* **2.** *fig scherz (testa)* Birne *f fam;* **3.** *med* Klistier(spritze *f) n;* **cadere** (*o* **cascare**) **come una** ~ **cotta** *fam* umfallen, butterweich (*o* wachsweich) werden.
peraltro [pe'raltro] *adv* übrigens, im übrigen.
perbacco [per'bakko] *interj* (zum) Donnerwetter *fam.*
perbene [per'bɛ:ne] **I.** ⟨*inv*⟩ *a* anständig; **II.** *adv* ordentlich, sorgfältig. **perbenismo** [...be'nizmo] *m* kleinbürgerliche Moralvorstellung, Moralismus *m.*
percento [per'tʃɛnto] ⟨-⟩ *m* Prozent *n.*
percentuale [pertʃentu'a:le] **I.** *a* prozentual, Prozent-; **II.** *f* Prozentsatz *m.*
percepire [pertʃe'pi:re] ⟨percepisco⟩ *tr* **1.** *(ricevere)* bekommen, beziehen; **2.** *(sentire)* wahrnehmen; *(suono a.)* vernehmen.
percettibile [pertʃet'ti:bile] *a* wahrnehmbar; *(suono a.)* vernehmbar. **percezione** [...tʃet'tsi̯o:ne] *f* **1.** *(facoltà)* Wahrnehmung(svermögen *n) f;* **2.** *adm* Beziehen *n,* Bezug *m.*
perché [per'ke] **I.** *adv* weshalb, warum; **II.** *con* **1.** *(causale)* weil, da; **2.** *(finale) conj* damit; **3.** *(consecutivo) conj* als daß *conj;* **III.** ⟨-⟩ *m* **1.** *(motivo)* Warum *n,* Grund *m;* **2.** *(interrogativo)* Frage *f.*
perciò [per'tʃɔ] *con* deshalb, deswegen, darum.
percorrenza [perkor'rɛntsa] *f* Strecke *f.*
percorrere [per'korrere] ⟨*irr*⟩ *tr* durchqueren, durchstreifen; *(cammino, etc.)* zurücklegen. **percorso** [...'korso] *m* **1.** *(tragitto)* Überfahrt *f;* **2.** *(viaggio)* Fahrt *f;* **3.** *(distanza percorsa)* Strecke *f,* Weg *m.*
percossa [per'kɔssa] *f* Schlag *m,* Hieb *m.*
percuotere [per'ku̯ɔ:tere] ⟨percuoto, percossi, percosso⟩ *tr* schlagen, prügeln.
percussione [perkus'si̯o:ne] *f* Schlag *m,* Stoß *m.*
perdente [per'dɛnte] **I.** *a* verlierend, unterliegend; **II.** *mf* Verlierer(in) *m(f),* Unterlegene(r) *mf.*
perdere ['pɛrdere] ⟨perdo, persi *o* perdei *o* perdetti, perso *o* perduto⟩ **I.** *tr* **1.** *gener., fig* verlieren; *(smarrire a.)* verlegen; **2.** *(treno, etc.)* verpassen, versäumen; *(tempo)* vergeuden; *(occasione)* verpassen; **3.** *(acqua)* auslaufen (lassen), verlieren; *(gas)* ausströmen (lassen); *(sangue)* verlieren; ~ **la vita** ums Leben kommen; ~ **(il) colore** verblassen; ~ **ogni speranza** jede Hoffnung aufgeben; ~ **l'anno** *(a scuola)* sitzenbleiben *fam;* **II.** *itr* **1.** *(colare)* undicht sein, lecken; **2.** *(avere la peggio)* verlieren, den kürzeren ziehen; **3.** *(rimetterci)* einbüßen (*di qc* etw., an etw.); **lasciar** ~ es seinlassen; **perso per perso** *fam* da sowieso nichts zu verlieren ist; **III.** *rfl:* **-ersi 1.** *(smarrirsi)* sich verirren; **2.** *lett (rovinarsi)* sich ruinieren; **3.** *(uscire dalla vista)* sich verlieren, sich verlaufen; **4.** *(svanire)* sich verlieren, sich verflüchtigen; **-ersi d'animo** (*o* **di coraggio**) den Mut verlieren; **-ersi in un bicchier d'acqua** *fig* nicht einmal die einfachsten Sachen bewältigen.
perdifiato [perdi'fi̯a:to]: **a** ~ *adv (gridare)* lauthals, aus vollem Hals; *(correre)* bis zur Atemlosigkeit.
perdigiorno [perdi'dʒorno] ⟨-⟩ *mf* Tagedieb *m.*
perdio, per Dio [per'di:o] *interj fam* Herrgott noch mal *fam.*
perdita ['pɛrdita] *f* **1.** *gener., phys, com* Verlust *m; jur* Verwirkung *f; (med a.)* Abgang *m; (tec a.)* Ausfall *m;* **2.** *(fuga)* Austreten *n,* Lecken *n; (luogo)* Leck *n;* **3.** *(spreco)* Vergeudung *f;* **4.** *(esaurimento)* Verschleiß *m;* **essere in** ~ im Minus sein, Verluste verzeichnen; **a** ~ **d'occhio** so weit das Auge reicht.
perditempo [perdi'tɛmpo] ⟨-⟩ *fam* **I.** *m*

Zeitverschwendung *f;* **II.** *mf* Nichtstuer(in) *m(f),* Taugenichts *m.*
perdizione [perdit'tsi̯o:ne] *f* **1.** *(rovina)* Ruin *m,* Verderben *n;* **2.** *rel* Verdammnis *f;* **luogo di ~** Lasterhöhle *f.*
perdonare [perdo'na:re] **I.** *tr* **1.** *gener.* verzeihen; *(a. rel)* vergeben; **2.** *(scusare)* entschuldigen, verzeihen; **3.** *jur (pena)* erlassen; **II.** *itr* verzeihen; **III.** *rfl:* **-arsi** sich *(dat)* (*o* einander) verzeihen.
perdono [per'do:no] *m* **1.** *(remissione)* Verzeihung *f; (a. rel)* Vergebung *f;* **2.** *jur* Strafnachlaß *m;* **3.** *(scusa)* Entschuldigung *f,* Verzeihung *f;* **chiedere ~ a qu** jdn um Entschuldigung bitten; **implorare il ~** um Verzeihung bitten; **concedere/rifiutare il ~** verzeihen/nicht verzeihen.
perdurare [perdu'ra:re] *itr* **1.** *(permanere)* andauern, fortdauern, anhalten; **2.** *(persistere)* beharren (*in* auf), bleiben (*in* bei).
perdutamente [perduta'mente] *adv* leidenschaftlich.
perduto, -a [per'du:to] *a* **1.** *(smarrito, a. fig)* verloren; **2.** *(corrotto)* verdorben, verkommen, liederlich; **andare ~** verlorengehen.
peregrinare [peregri'na:re] *itr* (umher)ziehen.
perenne [pe'rɛnne] *a* **1.** *(neve, gloria)* immerwährend, ewig; **2.** *bot* mehrjährig, Dauer-; **3.** *fig (continuo)* fortwährend, ständig.
perentorio, -a [peren'tɔ:ri̯o] ‹-i, -ie› *a* **1.** *jur* endgültig, aufhebend; **2.** *(tono, risposta)* entschieden, deutlich.
perequazione [perekuat'tsi̯o:ne] *f adm* Ausgleich *m,* Ausgleichen *n.*
perfettamente [perfetta'mente] *adv* **1.** *(del tutto)* völlig, ganz und gar; **2.** *(benissimo)* ausgezeichnet, sehr gut.
perfetto, -a [per'fɛtto] **I.** *a* **1.** *(irreprensibile)* perfekt; *(completo a.)* vollkommen; **2.** *(privo di difetti)* einwandfrei, tadellos; **II.** *m* Perfekt *n,* Vergangenheit *f.*
perfezionamento [perfettsi̯ona'mento] *m* Vervollkommnung *f;* **corso di ~** Fortbildungskurs *m.* **perfezionare** [...'na:re] **I.** *tr (opera, etc.)* vervollkommnen, vollenden; *(metodo, macchina, etc.)* verbessern; **II.** *rfl:* **-arsi** sich vervollkommnen (*in* in); *(specializzarsi)* sich spezialisieren (*in* auf); *(frequentare corsi)* sich fortbilden, sich weiterbilden (*in* in).
perfezione [perfet'tsi̯o:ne] *f* **1.** *(compiutezza)* Vollkommenheit *f,* Perfektion *f;* **2.** *(eccellenza)* Vortrefflichkeit *f;* **3.** *(realizzazione totale)* Vollendung *f;* **a** (*o* **alla**) **~** mit Perfektion, perfekt. **perfezionismo** [...i̯o'nizmo] *m* Perfektionismus *m.* **perfezionista** [...i̯o'nista] ‹-i *m,* -e *f*› *mf* Perfektionist(in) *m(f).*
perfidia [per'fi:di̯a] ‹-ie› *f* **1.** *(qualità)* Heimtücke *f,* Bösartigkeit *f;* **2.** *(azione)* Gemeinheit *f.* **perfido, -a** ['pɛrfido] *a* heimtückisch, bösartig.
perfino [per'fi:no] *adv* sogar.
perforare [perfo'ra:re] *tr* durchbohren, durchlöchern; *(carta)* perforieren; *(scheda)* lochen. **perforatore, -trice** [...ra'to:re] **I.** *m* Locher *m; tec* Bohrer *m,* Bohrmaschine *f;* **II.** *m, f* Bohrer(in) *m(f);* **III.** *f* **1.** *inform* Locher *m,* Stanze *f;* **2.** *geol* Bohrhammer *m.* **perforazione** [...rat'tsi̯o:ne] *f* Lochung *f,* Perforation *f; (med a.)* Durchbruch *m; geol* Bohrung *f.*
pergamena [perga'mɛ:na] *f* Pergament *n.*
pergola ['pɛrgola] *f,* **pergolato** [pergo'la:to] *m* (Wein)laube *f.*
pericolante [periko'lante] *a* **1.** *(edificio, costruzione)* einsturzgefährdet; **2.** *(governo, economia)* (krisen)gefährdet, labil.
pericolo [pe'ri:kolo] *m* Gefahr *f;* **~ di morte** Lebensgefahr *f;* **mettere in ~ la vita** sein Leben aufs Spiel setzen; **c'è ~ che ...** *conj* es besteht die Gefahr, daß ...; **non c'è ~** *fam scherz* das wird sicher nicht der Fall sein; **a proprio rischio e ~** auf eigene Gefahr. **pericoloso, -a** [...'lo:so] *a* gefährlich.
periferia [perife'ri:a] ‹-ie› *f* **1.** *(di città)* Stadtrand *m,* Peripherie *f;* **2.** *anat* periphere (*o* äußere) Körperzonen *f pl;* **quartiere di ~** Außenbezirk *m.* **periferico, -a** [...'fɛ:riko] ‹-ci, -che› *a* **1.** *gener.* peripher, Rand-, Außen-; **2.** *anat, inform* peripher; **3.** *adm* lokal; **4.** *fig (marginale)* nebensächlich, Rand-.
perifrasi [pe'ri:frazi] ‹-› *f* Umschreibung *f,* Periphrase *f.*
perimetro [pe'ri:metro] *m* **1.** *mat* Umfang *m;* **2.** *(linea esterna)* Begrenzungslinie *f.*
periodico, -a [pe'ri̯ɔ:diko] ‹-ci, -che› **I.** *a* **1.** *(ricorrente)* periodisch, regelmäßig wiederkehrend; **2.** *mat* periodisch; **II.** *m* Zeitschrift *f.*
periodo [pe'ri:odo] *m* **1.** *(intervallo di tempo)* Periode *f,* Zeit(abschnitt *m*) *f; hist* Zeit(alter *n*) *f;* **2.** *gram* Satzgefüge *n;* **3.** *mus, mat* Periode *f;* **4.** *astr* Umlaufzeit *f;* **5.** *geol* Periode *f,* Formation *f;* **6.** *phys* Periode *f,* Schwingungsdauer *f;* **~ di aspettativa** Wartezeit *f;* **~ di garanzia** Garantiefrist *f;* **~ di incubazione** Inkubationszeit *f;* **~ di prova** Probezeit *f.*
peripezia [peripet'tsi:a] ‹-ie› *f* Schicksalsschläge *m pl,* Wechselfälle *m pl* (des Lebens).
periplo ['pɛ:riplo] *m* Umseg(e)lung *f,* Umschiffung *f.*

periscopio [peris'kɔ:pio] ‹-i› *m* Periskop *n.*
perito, -a [pe'ri:to] *m, f* **1.** *(titolo di studio)* Ingenieur(in) *m(f)* (mit Oberschulabschluß); **2.** *(esperto)* Sachverständige(r) *mf;* ~ **agrario/commerciale/industriale** Absolvent *m* einer Fachschule für Landwirtschaft/Handel/Industrie.
perizia [pe'rittsia] ‹-ie› *f* **1.** *(abilità)* Gewandtheit *f,* Fertigkeit *f;* **2.** *(giudizio, esame)* Gutachten *n,* Expertise *f.*
perla ['pɛrla] **I.** *f (a. fig)* Perle *f;* ~ **coltivata/vera** Zuchtperle *f*/echte Perle; **II.** ‹*inv*› *a* perlfarben; **grigio** ~ perlgrau. **perlaceo, -a** [per'la:tʃeo] *a* perlfarben. **perlato, -a** [...'la:to] *a* **1.** *(cielo, rosa, colore)* perlfarben, perl-; **2.** *(riso, orzo)* perlig, perlförmig. **perlifero, -a** [...'li:fero] *a* Perl(en)-.
perlomeno, per lo meno [perlo'me:no] *adv* **1.** *(a dir poco)* mindestens; **2.** *(almeno)* wenigstens.
perlopiù, per lo più [perlo'piu] *adv* fast immer, meistens.
perlustrare [perlus'tra:re] *tr* ab-, durchsuchen. **perlustrazione** [...trat'tsio:ne] *f* Durchsuchung *f,* Erkundung *f.*
permaloso, -a [perma'lo:so] **I.** *a* überempfindlich, reizbar; **II.** *m, f* überempfindlicher Mensch.
permanente [perma'nɛnte] **I.** *a* Dauer-, dauerhaft, bleibend; *(fisso)* ständig; **II.** *f* Dauerwelle *f.* **permanenza** [...'nɛntsa] *f* **1.** *(soggiorno)* Aufenthalt *m;* **2.** *(il perdurare)* Fortdauer *f,* Andauern *n,* Anhalten *n;* **buona** ~! angenehmen Aufenthalt! **permanere** [perma'ne:re] ‹permango, permasi, permaso› *itr* ‹*essere*› bleiben.
permeabile [perme'a:bile] *a* durchlässig, permeabel *scient.* **permeare** [...e'a:re] *tr (a. fig)* durchdringen.
permesso [per'messo] *m* **1.** *(autorizzazione)* Erlaubnis *f;* **2.** *adm* Beurlaubung *f; mil* Urlaub *m;* ~ **di soggiorno/lavoro** Aufenthaltsgenehmigung *f*/Arbeitserlaubnis *f;* ~ **di caccia/pesca** Jagd-/Angelschein *m;* **chiedere il** ~ **di fare qc** um die Erlaubnis fragen, etw. zu tun; **essere in** ~ beurlaubt sein; **con** ~ Sie gestatten?
permettere [per'mettere] ‹*irr*› **I.** *tr* erlauben, zulassen, gestatten; ~ **a qu di fare qc** jdm erlauben, etw. zu tun; **permette che mi sieda?** gestatten Sie, daß ich mich setze?; **è permesso?** gestatten Sie?, darf ich?; **II.** *rfl:* **-ersi 1.** *(concedersi)* sich *(dat)* erlauben, sich *(dat)* leisten; **2.** *(prendersi la libertà)* sich *(dat)* erlauben, sich *(dat)* herausnehmen; **come si permette!** was fällt Ihnen ein?
permissivo, -a [permis'si:vo] *a* freizügig, permissiv.
permuta ['pɛrmuta] *f* Tausch(geschäft *n*) *m.*
pernice [per'ni:tʃe] *f* Rebhuhn *n.*
pernicioso, -a [perni'tʃo:so] *a* schädlich, gefährlich.
perno ['pɛrno] *m* **1.** *tec* Bolzen *m,* Stift *m;* **2.** *fig (sostegno)* Stütze *f.*
pernottamento [pernotta'mento] *m* Übernachtung *f,* Übernachten *n.* **pernottare** [...'ta:re] *itr* übernachten.
pero ['pe:ro] *m* Birnbaum *m.*
però [pe'rɔ] *con* **1.** *(ma)* aber; **2.** *(tuttavia)* dennoch.
perorare [pero'ra:re] *tr lett* befürworten, eintreten für.
perpendicolare [perpendiko'la:re] **I.** *a* senkrecht, lotrecht; **II.** *f* Senkrechte *f.* **perpendicolo** [...'di:kolo] *m:* **a** ~ senkrecht, lotrecht.
perpetuare [perpetu'a:re] **I.** *tr (nome, ricordo, etc.)* verewigen; *(stirpe)* erhalten; **II.** *rfl:* **-arsi** sich verewigen. **perpetuo, -a** [...'pɛ:tuo] *a* **1.** *(eterno)* ewig, immerwährend; **2.** *(continuo)* fortwährend, fortdauernd.
perplessità [perplessi'ta] ‹-› *f* Unschlüssigkeit *f,* Unentschlossenheit *f.*
perplesso, -a [per'plɛsso] *a* unschlüssig, unentschlossen.
perquisire [perkui'zi:re] ‹perquisisco› *tr* durchsuchen. **perquisizione** [...zit'tsio:ne] *f* Durchsuchung *f.*
persecutore, -trice [perseku'to:re] **I.** *m, f* Verfolger(in) *m(f);* **II.** *a* unterdrückend.
persecuzione [persekut'tsio:ne] *f* **1.** *(vessazione)* Verfolgung *f;* **2.** *fig (molestia)* Last *f,* Qual *f,* Plage *f.*
perseguibile [perse'gui:bile] *a* strafbar.
perseguire [perse'gui:re] *tr* verfolgen, anstreben.
perseguitare [persegui'ta:re] *tr* **1.** *(nemici)* verfolgen; **2.** *fig (infastidire)* belästigen, quälen, plagen. **perseguitato, -a** [...'ta:to] *m, f* Verfolgte(r) *mf.*
perseveranza [perseve'rantsa] *f* Hartnäckigkeit *f,* Beharrlichkeit *f.* **perseverare** [...'ra:re] *itr* beharren (*in* auf), ausharren (*in* bei).
persi ['pɛrsi] *p rem di* **perdere.**
Persia ['pɛrsia] *f* Persien *n.*
persiana [per'sia:na] *f (imposta)* Fensterladen *m.*
persiano, -a [per'sia:no] **I.** *a* persisch, Perser-; **II.** *m, f* Perser(in) *m(f);* **III.** *m* **1.** *(lingua)* Persisch(e) *n;* **2.** *(gatto)* Perserkatze *f;* **3.** *(pelliccia)* Persianer *m.* **persico, -a** ['pɛrsiko] ‹-ci, -che› *a* persisch; **il Golfo P~** der Persische Golf; **pesce** ~ Flußbarsch *m.*
persino [per'si:no] *adv* sogar.
persistente [persis'tɛnte] *a* andauernd, anhaltend; *(continuo)* fortwährend. **persistenza** [...'tɛntsa] *f* **1.** *(durata)* Andauern *n,* Anhalten *n,* Fortdauer *f;*

2. *(ostinazione)* Beharren *n (in* auf), Beharrlichkeit *f,* Ausdauer *f.*

persistere [per'sistere] ⟨persisto, persistetti *o* persistei, persistito⟩ *itr* beharren (*in* auf), bestehen (*in* auf).

perso ['pɛrso] *pp di* **perdere.**

persona [per'so:na] *f* **1.** *(individuo, a. jur, gram)* Person *f;* **2.** *(corpo)* Körper *m;* ~ **di famiglia** Familienangehörige(r) *mf;* ~ **di fiducia** Vertrauensperson *f;* ~ **di servizio** Hausangestellte(r) *mf;* **di** ~ *(andare, etc.)* persönlich; *(sapere, etc.)* aus eigener Erfahrung; **in** ~ *(personalmente)* (höchst)persönlich; *(fatta persona)* (in der Eigenschaft) als.

personaggio [perso'naddʒo] ⟨-ggi⟩ *m* **1.** *(persona importante)* Persönlichkeit *f;* **2.** *theat, lit* Figur *f,* Gestalt *f;* **3.** *fig (tipo strano)* Figur *f fam,* Individuum *n.*

personal computer ['pə:snl kəm'pju:tə] ⟨-⟩ *m* Personalcomputer *m,* PC *m.*

personale [perso'na:le] **I.** *a* persönlich; *(gram a.)* Personal-; **II.** *m* **1.** *(impiegati)* Personal *n;* **2.** *(corpo)* Figur *f,* Gestalt *f;* ~ **qualificato** Fachpersonal *n,* Fachkräfte *f pl;* **III.** *f* Ausstellung *f* (eines einzelnen Künstlers). **personalità** [...nali'ta] ⟨-⟩ *f* Persönlichkeit *f.* **personalizzare** [...nalid'dza:re] *tr* persönlich gestalten. **personalmente** [...nal'mente] *adv* persönlich, selbst.

personificare [personifi'ka:re] ⟨personifico, personifichi⟩ *tr* **1.** *(rappresentare)* personifizieren; **2.** *(essere simbolo)* verkörpern. **personificazione** [...nifikat'tsi̯o:ne] *f* **1.** *(rappresentazione)* Personifizierung *f,* Personifikation *f;* **2.** *(esempio)* anschauliches Beispiel.

perspicace [perspi'ka:tʃe] *a* **1.** *(persona, ingegno, etc.)* scharfsinnig; **2.** *(politica, provvedimento, etc.)* umsichtig, weitblickend. **perspicacia** [...tʃa] ⟨-cie⟩ *f* Scharfsinn *m,* Weitblick *m.*

persuadere [persua'de:re] ⟨persuado, persuasi, persuaso⟩ **I.** *tr* überzeugen (*qu di qc* jdn von etw.); *(indurre)* überreden *(a fare qc* etw. zu tun); **II.** *rfl:* **-ersi** sich überzeugen. **persuasione** [...a'zi̯o:ne] *f* Überzeugung *f,* feste Meinung.

persuaso [persu'a:zo] *pp di* **persuadere.**

persuasore [persua'zo:re] *m:* **i -i occulti** die geheimen Verführer *m pl.*

pertanto [per'tanto] *con* deshalb, deswegen, daher.

pertica ['pɛrtika] ⟨-che⟩ *f* **1.** *(bastone)* Stange *f; sport* (Kletter)stange *f;* **2.** *fam scherz* Bohnenstange *f fam.*

pertinace [perti'na:tʃe] *a* **1.** *(ostinato)* hartnäckig, starrköpfig; **2.** *(costante)* beharrlich.

pertinente [perti'nɛnte] *a* zugehörig (*a* zu); **risposta** ~ passende Antwort. **pertinenza** [...'nɛntsa] *f* Zugehörigkeit *f* (*a* zu); *(competenza)* Zuständigkeit *f.*

pertosse [per'tosse] *f* Keuchhusten *m.*

pertugio [per'tu:dʒo] ⟨-gi⟩ *m* Spalt *m,* Loch *n.*

perturbare [pertur'ba:re] **I.** *tr* verwirren, stören; **II.** *rfl:* **-arsi** *meteo* sich verschlechtern. **perturbazione** [...bat'tsio:ne] *f meteo* Störung *f.*

pervadere [per'va:dere] ⟨pervado, pervasi, pervaso⟩ *tr lett* durchdringen; *(fig a.)* erfüllen.

pervenire [perve'ni:re] ⟨*irr*⟩ *itr* ⟨*essere*⟩ **1.** *(giungere)* gelangen (*a* zu), ankommen (*a* bei, an); *adm* eingehen (*a* bei); **2.** *(raggiungere)* gelangen (*a* zu), erreichen (*a qc* etw.).

perversione [perver'si̯o:ne] *f* Perversion *f,* Perversität *f;* *(anomalia a.)* Abartigkeit *f.* **perversità** [...si'ta] ⟨-⟩ *f* **1.** *(malvagità)* Verderbtheit *f,* Niedertracht *f;* **2.** *(azione malvagia)* Niederträchtigkeit *f,* Grausamkeit *f.* **perverso, -a** [...'vɛrso] *a* niederträchtig, verdorben.

pervertire [perver'ti:re] ⟨perverto⟩ **I.** *tr* verderben; **II.** *rfl:* **-irsi** verkommen, entarten. **pervertito, -a** [...'ti:to] **I.** *a* pervers, entartet; **II.** *m, f* Perverse(r) *mf.*

pervicace [pervi'ka:tʃe] *a lett* hartnäkkig, halsstarrig.

p. es. *ab di* **per esempio** z. B. (*ab di* zum Beispiel).

pesa ['pe:sa] *f* **1.** *(operazione)* (Ab)wiegen *n;* **2.** *(luogo, apparecchiatura)* Waage *f.*

pesante [pe'sante] *a* **1.** *(che pesa)* schwer; **2.** *mil, tec, sport* Schwer-, schwer-; **3.** *meteo* drückend; *fig (atmosfera)* bedrückend; **4.** *(faticoso)* beschwerlich, mühsam; **5.** *(molesto)* lästig, unangenehm; **6.** *(stile, passo)* schwerfällig, plump; **7.** *(sonno)* tief, fest; **8.** *(gioco, etc.)* hart. **pesantezza** [...'tettsa] *f* Schwere *f;* *(di movimento, stile, etc.)* Schwerfälligkeit *f.*

pesare [pe'sa:re] **I.** *tr* **1.** *(persona)* wiegen; *(merce)* (ab)wiegen; **2.** *fig (valutare)* abwägen; *(giudicare)* abschätzen, prüfen; **II.** *itr* **1.** *(avere un peso)* wiegen; **2.** *(gravare)* belasten (*su qc* etw.), schwer liegen (*su* auf); **3.** *fig (influire)* Gewicht haben, ins Gewicht fallen; *(incombere)* lasten (*su* auf); ~ **sullo stomaco** schwer im Magen liegen; **III.** *rfl:* **-arsi** sich wiegen.

pesca[1] ['pɛska] ⟨-sche⟩ *f (frutto)* Pfirsich *m;* ~ **noce** Nektarine *f.*

pesca[2] ['peska] ⟨-sche⟩ *f* **1.** *(il pescare)* Fischfang *m,* Fischerei *f;* **2.** *(lotteria)* Glückstopf *m,* Lotterie *f;* ~ **subacquea** Unterwasserfischerei *f,* -jagd *f;* **canna da** ~ Angelrute *f.*

pescaggio [pes'kaddʒo] ⟨-ggi⟩ *m* Tiefgang *m.*

pescare [pesˈkaːre] ‹pesco, peschi› **I.** *tr* **1.** *(pesci)* fischen, angeln; *fig (annegato, etc.)* herausfischen; **2.** *fig (trovare)* aufgabeln *fam;* **3.** *fig (prendere a caso)* herausgreifen, ziehen; **4.** *fig (sorprendere)* erwischen, ertappen; ~ **qu con le mani nel sacco** *fam* jdn auf frischer Tat ertappen; **II.** *itr* Tiefgang haben.

pescatore, -trice [...kaˈtoːre] *m, f* Fischer(in) *m(f),* Angler(in) *m(f);* ~ **di frodo** Raubfischer *m;* ~ **subacqueo** Unterwasserjäger *m.*

pesce [ˈpeʃʃe] *m* **1.** *zoo* Fisch *m;* **2.** *typ* Leiche *f;* **3.** *astr:* **Pesci** Fische *m pl;* **sono (dei) Pesci** mein Sternzeichen ist Fische, ich bin (ein) Fisch; ~ **d'aprile** *fam* Aprilscherz *m;* **fare un ~ d'aprile a qu** jdn in den April schicken; **non sapere che -i prendere** (*o* **pigliare**) *fam* nicht wissen, was man tun soll; **prendere qu a -i in faccia** jdn sehr schlecht behandeln; **buttarsi a ~ su qc** sich auf etw. werfen (*o* stürzen). **pescecane** [-ˈkaːne] ‹pescicani *o* pescecani› *m* **1.** *zoo* Hai *m,* Menschenhai *m;* **2.** *fig* Hai *m.*

peschereccio [peskeˈrettʃo] ‹-cci› *m* Fischerboot *n,* Fischkutter *m.*

pescheria [peskeˈriːa] ‹-ie› *f* Fischhalle *f,* Fischmarkt *m.*

peschiera [pesˈki̯ɛːra] *f* Fischteich *m.*

pescicani *pl di* **pescecane.**

pesciera [peʃˈʃɛːra] *f* Fisch(koch)topf *m.*

pescivendolo, -a [peʃʃiˈvendolo] *m, f* Fischverkäufer(in) *m(f),* Fischhändler(in) *m(f).*

pesco [ˈpɛsko] ‹-schi› *m* Pfirsichbaum *m.*

pescoso, -a [pesˈkoːso] *a* fischreich.

pesista [peˈsista] ‹-i *m,* -e *f*› *mf* Gewichtheber(in) *m(f).* **pesistico, -a** [...stiko] ‹-ci, -che› *a* Gewichthebe(r)-.

peso [ˈpeːso] *m* **1.** *gener.* Gewicht *n; (oggetto a.)* Last *f; (sport a.)* Gewichtsklasse *f;* **2.** *fig (valore)* Gewicht *n,* Bedeutung *f;* **3.** *fig (disagio)* Belastung *f,* Last *f,* Bürde *f;* **4.** *sport (attrezzo)* Kugel *f; (manubrio)* Hantel *f;* ~ **lordo/netto** Brutto-/Nettogewicht *n;* ~ **massimo/medio/piuma/gallo/mosca** *sport* Schwer-/Mittel-/Feder-/Bantam-/Fliegengewicht *n;* **eccedenza di ~** Übergewicht *n;* **lancio del ~** Kugelstoßen *n;* **avere un ~ sullo stomaco** ein Schweregefühl im Magen haben; **avere un ~ sul cuore** etw. auf dem Herzen haben; **avere due -i e due misure** *fig* mit zweierlei Maß messen; **esser di ~ a qu** jdm zur Last fallen.

pessimismo [pessiˈmizmo] *m* Pessimismus *m.* **pessimista** [...ˈmista] ‹-i *m,* -e *f*› **I.** *mf* Pessimist(in) *m(f);* **II.** *a* pessimistisch. **pessimistico, -a** [...ˈmistiko] ‹-ci, -che› *a* pessimistisch.

pessimo, -a [ˈpɛssimo] ‹*superlativo di* **cattivo**› *a* sehr schlecht, sehr schlimm, sehr böse; *(riprovevole a.)* äußerst verwerflich, sehr übel; *(molto brutto a.)* sehr häßlich, abscheulich; *(molto sgradevole a.)* sehr schlecht, sehr unangenehm.

pestare [pesˈtaːre] *tr* **1.** *(battere)* klopfen; *(pepe, sale, etc.)* zerstoßen; **2.** *(calpestare)* zertreten; **3.** *fig (picchiare)* (ver)prügeln; ~ **i piedi per terra** mit den Füßen (auf den Boden) stampfen; ~ **i piedi** (*o* **i calli) a qu** *fig fam* jdm auf die Füße treten *fam.*

peste[1] [ˈpɛste] *f* **1.** *med* Pest *f;* **2.** *fig (persona)* Plage *f;* **3.** *fig (rovina)* Übel *n,* Ruin *m;* **dire ~ e corna di qu** *fam* an jdm kein gutes Haar lassen.

peste[2] [ˈpeste] *f pl* **1.** *(orme)* Spuren *f pl,* Fußstapfen *f pl; (di animali)* Fährte *f;* **2.** *fig (guai)* Klemme *f,* Patsche *f;* **essere** (*o* **rimanere** *o* **trovarsi) nelle ~** in der Patsche sein (*o* sitzen *o* stecken).

pestello [pesˈtɛllo] *m* Stößel *m.*

pestifero, -a [pesˈtiːfero] *a* schlimm, ekelhaft; *(nauseabondo)* ekelhaft, widerwärtig, abscheulich; *(nocivo)* schädlich.

pestilenza [pestiˈlɛntsa] *f* **1.** *fig (fetore)* Gestank *m; (rovina)* Verderbnis *f,* Übel *n;* **2.** *med* Pest *f,* Pestilenz *f obs.* **pestilenziale** [...lenˈtsi̯aːle] *a* stinkend.

pesto, -a [ˈpesto] **I.** *a* **1.** *(ossa, etc.)* zerschlagen; *(occhio)* blau; **2.** *fig (buio)* stockdunkel; **II.** *m Soße aus Öl, feingehacktem Basilikum, Knoblauch, Käse und Pinienkernen.*

petalo [ˈpɛːtalo] *m* Blumen-, Blütenblatt *n.*

petardo [peˈtardo] *m* **1.** *(bombetta di carta)* Knallfrosch *m,* Knallerbse *f;* **2.** *ferr* Knallkapsel *f.*

petizione [petitˈtsi̯oːne] *f* Eingabe *f,* Petition *f.*

peto [ˈpeːto] *m vulg* Furz *m vulg;* **fare** (*o* **tirare) un ~** furzen *vulg,* einen (Furz) fahrenlassen *vulg.*

petro(l)chimica [petro(l)ˈkiːmika] *f* Petrochemie *f.* **petro(l)chimico, -a** [...ko] *a* petrochemisch.

petro(l)dollari [petro(l)ˈdɔllari] *m pl* Petrodollars *m pl.*

petroliera [petroˈli̯ɛːra] *f* (Öl)tanker *m.* **petroliere** [...re] *m* **1.** *(tecnico)* Erdölarbeiter *m,* -techniker *m;* **2.** *(industriale)* Erdölindustrielle(r) *m.* **petroliero, -a** [...ro] *a* (Erd)öl-.

petrolifero, -a [petroˈliːfero] *a* Erdöl-.

petrolio [peˈtrɔːli̯o] *m* Erdöl *n; (illuminante)* Petroleum *n;* ~ **grezzo** Rohöl *n;* **lume a ~** Petroleumlampe *f.*

pettegolare [pettegoˈlaːre] *itr* klatschen, tratschen *fam.* **pettegolezzo** [...ˈleddzo] *m* Klatsch *m,* Tratsch *m fam.* **pettegolo, -a** [peˈteːgolo] **I.** *a* klatschsüchtig, geschwätzig; **II.** *m, f* Klatschbase *f,* Klatschmaul *n fam.*

pettinare [petti'na:re] **I.** *tr* **1.** *(capelli)* kämmen, frisieren; **2.** *(lino, canapa, lana)* hecheln, kämmeln; **II.** *rfl:* **-arsi** sich kämmen, sich frisieren. **pettinata** [...'na:ta] *f* schnelles Kämmen; **darsi una ~** sich (schnell) überkämmen *fam.* **pettinato, -a** [...'na:to] **I.** *a* **1.** *(persona)* gekämmt, frisiert; **2.** *(filato, tessuto)* Kamm-; **II.** *m* Kammgarn(gewebe) *n.* **pettinatura** [...na'tu:ra] *f* **1.** *(di capelli)* Frisur *f;* **2.** *(di lana)* Hecheln *n,* Kämmen *n.*

pettine ['pɛttine] *m* Kamm *m; (per tessitura a.)* Hechel *f.*

pettirosso [petti'rosso] ⟨-i⟩ *m* Rotkehlchen *n.*

petto ['pɛtto] *m* **1.** *anat* Brust *f; (di donna a.)* Busen *m; (polmoni)* Lungen *f pl,* Brustorgane *n pl; (gastr a.)* Bruststück *n;* **2.** *fig (cuore)* Herz *n;* **punta di ~** *gastr* Bruststück *n;* **do di ~** hohes C; **a un/doppio ~** ein-/zweireihig; **prendere qu di ~** sich *(dat)* jdn vorknöpfen *fam.* **pettorale** [petto'ra:le] *m* Brustblatt *n,* -riemen *m.* **pettoruto, -a** [...'ru:to] *a (uomo)* breitschult(e)rig; *(donna)* vollbusig.

petulante [petu'lante] *a* **1.** *(arrogante)* anmaßend, überheblich; **2.** *(insistente)* aufdringlich. **petulanza** [...'lantsa] *f* Anmaßung *f,* Überheblichkeit *f.*

petunia [pe'tu:ni̯a] ⟨-ie⟩ *f* Petunie *f.*

pezza ['pɛttsa] *f* **1.** *(di tessuto)* Ballen *m; (di lana)* Knäuel *m o n;* **2.** *(toppa)* Flicken *m,* Fleck(en) *m;* **3.** *(cencio)* Lappen *m,* Tuch *n;* **4.** *com* Unterlage *f,* Beleg *m;* **5.** *fig (di colore)* Fleck *m;* **~ d'appoggio** Beleg(schein) *m;* **trattare qu come una ~ da piedi** jdn wie (den letzten) Dreck behandeln.

pezzato, -a [pet'tsa:to] **I.** *a* gescheckt, scheckig; **II.** *m* Schecke *m.*

pezzente [pet'tsɛnte] *mf* **1.** *(straccione)* Bettler(in) *m(f); fam pej* Hungerleider(in) *m(f) fam;* **2.** *fig (tirchio)* Geizkragen *m fam,* Geizhals *m fam.*

pezzo ['pettso] *m* **1.** *(parte)* Stück *n; (parte di serie a.)* Teil *n;* **2.** *(oggetto)* Stück *n,* Gegenstand *m;* **3.** *tec* (Bau)teil *n;* **4.** *lit, mus (brano)* Stück *n,* Stelle *f; (nel giornalismo)* Artikel *m;* **5.** *(di abito)* Teil *n;* **6.** *mil* Kanone *f,* Geschütz *n;* **7.** *(tratto)* Stück *n,* Strecke *f;* **8.** *fig (tempo)* Weile *f,* Zeitlang *f;* **è un ~ che non ci vediamo** es ist eine Weile her, seit wir uns gesehen haben; **~ forte** Bravourstück *n,* Paradestück *n;* **un ~ grosso** ein hohes Tier *fam;* **un bel ~ di ragazza** ein gutaussehendes Mädchen; **un bel ~ d'uomo** ein stattlicher Mann; **un uomo tutto d'un ~** ein ganzer Kerl; **un due -i** ein Bikini *m,* ein Zweiteiler *m;* **un servizio da tavola di 48 -i** ein 48teiliges Tafelservice; **a -i ed a bocconi** nach und nach; *(fatto male)* stümperhaft; **cadere a** (*o* **in**) **-i** auseinanderfallen; *fig* ganz verkommen; **ridurre in -i** zerstückeln; **essere un ~ di legno** *fig* wie aus Stein sein.

piaccio ['pi̯attʃo] *pr di* **piacere.**

piacente [pi̯a'tʃɛnte] *a* gewinnend, einnehmend.

piacere [pi̯a'tʃe:re] ⟨piaccio, piaci, piacqui, piaciuto⟩ **I.** *itr* ⟨*essere*⟩ gefallen, zusagen, passen; *(cibi a.)* schmecken; **mi piace nuotare** ich schwimme gern; **mi piacerebbe rivederti** es würde mich freuen, dich wiederzusehen; **che ti piaccia o no** ob es dir gefällt oder nicht; **II.** *m* **1.** *(soddisfazione)* Gefallen *n;* **2.** *(divertimento)* Vergnügen *n,* Freude *f;* **3.** *(onore)* Ehre *f;* **4.** *(favore)* Gefallen *m;* **5.** *(volontà)* Belieben *n;* **-i della tavola** Tafelfreuden *f pl;* **una gita/un viaggio di ~** eine Vergnügungsfahrt/-reise; **dare/provare ~** Gefallen bereiten/finden (*o* haben); **far ~ a qu** jdm gefallen, jdn freuen; **fare un ~ a qu** jdm einen Gefallen tun; **fammi il ~ di ...** *inf* tu mir den Gefallen und ..., sei so lieb und ...; **canta che è un ~** er (*o* sie) singt, daß es eine Freude ist; **~!** angenehm!; **è un ~ conoscerLa** angenehm, Sie kennenzulernen; **a ~** nach Wunsch, nach Belieben; **con ~** mit Vergnügen, mit Freuden, gern; **per ~** bitte(schön).

piacevole [pi̯a'tʃe:vole] *a* **1.** *(gradito)* angenehm, erfreulich; **2.** *(simpatico)* gefällig, freundlich, ansprechend.

piacimento [pi̯atʃi'mento] *m:* **a ~** nach Belieben.

piacqui ['pi̯akku̯i] *p rem di* **piacere.**

piaga ['pi̯a:ga] ⟨-ghe⟩ *f* **1.** *med* Wunde *f,* Verletzung *f;* **2.** *fig (danno)* Übel *n,* Plage *f;* **3.** *fig (dolore)* Schmerz *m;* **4.** *scherz (persona noiosa)* Quälgeist *m.*

piagnisteo [pi̯aɲɲis'tɛ:o] *m* Gejammer *n,* Geheule *n.*

piagnucolare [pi̯aɲɲuko'la:re] *itr* wimmern, heulen. **piagnucolone, -a** [...'lo:ne] *m, f* Heulsuse *f fam.* **piagnucoloso, -a** [...'lo:so] *a* weinerlich, klagend.

pialla ['pi̯alla] *f* Hobel *m.* **piallare** [...'la:re] *tr* (ab)hobeln. **piallatore, -trice** [...la'to:re] **I.** *m, f* Hobler(in) *m(f);* **II.** *f* Hobelmaschine *f.*

piana ['pi̯a:na] *f* Ebene *f.*

pianeggiante [pi̯aned'dʒante] *a* flach, eben.

pianerottolo [pi̯ane'rɔttolo] *m* Treppenabsatz *m.*

pianeta [pi̯a'ne:ta] **I.** *m astr* Planet *m;* **II.** *f rel* Meßgewand *n,* Kasel *f.*

piangere ['pi̯andʒere] ⟨piango, piangi, piansi, pianto⟩ **I.** *itr* weinen; **~ di gioia/dolore/rabbia** vor Freude/Schmerz/Wut weinen; **~ a calde lacrime** heiße Tränen vergießen; **~ sul latte versato** *fig fam* unnütze Tränen vergießen; ~

come un vitello *fam* heulen zum Steinerweichen *fam;* **II.** *tr* **1.** *(lacrime)* vergießen; **2.** *(lamentare)* beklagen, beweinen.

pianificare [pianifi'ka:re] ⟨pianifico, pianifichi⟩ *tr* planen. **pianificazione** [...kat'tsio:ne] *f* Planung *f.*

pianista [pia'nista] ⟨-i *m,* -e *f*⟩ *mf* Klavierspieler(in) *m(f); (professionale)* Pianist(in) *m(f).* **pianistico, -a** [...'nistiko] ⟨-ci, -che⟩ *a* pianistisch, Klavier-.

piano ['pia:no] *m* **1.** *(livello)* Stufe *f,* Ebene *f,* Niveau *n; mat* Ebene *f; geol* Schicht *f;* **2.** *(superficie)* Fläche *f;* **3.** *(di (edificio)* Stock(werk *n*) *m,* Etage *f;* **4.** *(progetto)* Plan *m,* Projekt *n; (com, pol, etc. a.)* Programm *n; fig* Vorhaben *n,* Absicht *f,* Plan *m;* **5.** *mus* Klavier *n;* ~ **quinquennale** Fünfjahresplan *m;* ~ **regolatore** *adm* Bebauungsplan *m;* ~ **inclinato** schiefe Ebene; ~ **di attacco/di battaglia** Angriffs-/Schlachtplan *m;* **primo/secondo** ~ Vorder-/Hintergrund *m;* **di primo** ~ von Rang; **passare in secondo** ~ *fig* in den Hintergrund treten; **essere in** ~ in (der) Planung sein.

piano, -a ['pia:no] **I.** *a* **1.** *(piatto)* eben, flach, glatt; *mat* eben; *sport* Flach-; **2.** *ling* auf der vorletzten Silbe betont; **3.** *fig (facile)* leicht(verständlich), einfach; **II.** *adv* **1.** *(adagio)* langsam, bedächtig; **2.** *(a bassa voce)* leise; **3.** *mus* leise, piano; **4.** *(con cautela)* vorsichtig, mit Bedacht; **pian(o)** ~ allmählich.

pianoforte [piano'fɔrte] *m* Klavier *n,* Piano *n;* ~ **a coda/a mezza coda** Flügel *m*/Zimmerflügel *m.*

pianola [pia'nɔ:la] *f* Pianola *n.*

pianoterra [piano'tɛrra] ⟨-⟩ *m* Erdgeschoß *n,* Parterre *n.*

piansi ['piansi] *p rem di* **piangere.**

pianta ['pianta] *f* **1.** *bot* Pflanze *f,* Gewächs *n;* **2.** *anat (del piede)* Sohle *f;* **3.** *(disegno)* Plan *m; (carta topografica)* Karte *f,* Plan *m;* **4.** *adm (ruolo)* Stellenplan *m,* Stellenverzeichnis *n;* **essere in** ~ **stabile** fest angestellt sein; **di sana** ~ vollkommen, von Grund auf. **piantagione** [-'dʒo:ne] *f* Pflanzung *f,* Plantage *f.*

piantagrane [pianta'gra:ne] ⟨-⟩ *mf fam* Pedant(in) *m(f),* Haarspalter(in) *m(f) fam.*

piantare [pian'ta:re] **I.** *tr* **1.** *agr (piante, etc.)* pflanzen, anbauen; *(terreno, etc.)* bepflanzen, bebauen; **2.** *(conficcare)* (ein)schlagen, einrammen; **3.** *fig (lasciare)* verlassen, im Stich lassen; **piantala!** *fam* hör auf (damit)!; **II.** *rfl:* **-arsi 1.** *(conficcarsi)* eindringen; **2.** *(fermarsi)* bleiben, sich aufhalten; **3.** *fam (lasciarsi)* sich trennen, auseinandergehen. **piantato, -a** [...'ta:to] *a:* **ben** ~ *fig* stämmig, robust. **piantatore, -trice** [...ta'to:re] *m, f* Pflanzer(in) *m(f).*

pianterreno [pianter're:no] *m* Erdgeschoß *n,* Parterre *n.*

pianto ['pianto] **I.** *pp di* **piangere; II.** *m* Weinen *n; (lacrime)* Tränen *f pl.*

piantonare [pianto'na:re] *tr* bewachen. **piantone** [...'to:ne] *m* **1.** *mil* wachhabender Soldat, Wach(t)posten *m;* **2.** *mot* Lenksäule *f.*

pianura [pia'nu:ra] *f* Ebene *f.*

piastra ['piastra] *f* **1.** *(lastra)* Scheibe *f,* Platte *f;* **2.** *tec, el* Platte *f;* **3.** *(moneta)* Piaster *m.*

piastrella [pias'trɛlla] *f* Kachel *f,* Fliese *f.* **piastrellare** [...'la:re] *tr* kacheln, fliesen.

piastrina [pias'tri:na] *f* **1.** *biol* Blutplättchen *n,* Thrombozyt *m scient;* **2.** *mil* Erkennungsmarke *f,* Plakette *f.*

piattaforma [piatta'forma] ⟨piatteforme⟩ *f* **1.** *(superficie)* Plattform *f,* Rampe *f;* **2.** *geog* Tafel *f;* **3.** *tec* Scheibe *f;* **4.** *fig pol* Basis *f,* Plattform *f;* ~ **di lancio** Abschußrampe *f;* ~ **girevole** Drehscheibe *f;* ~ **contrattuale** Vertragsbasis *f.*

piattello [piat'tɛllo] *m* Tontaube *f;* **tiro al** ~ Tontaubenschießen *n.*

piattezza [piat'tettsa] *f* Plattheit *f,* Banalität *f,* Platitüde *f.*

piattino [piat'ti:no] *m* Untertasse *f.*

piatto, -a ['piatto] **I.** *a* **1.** flach, eben, platt; *mat (angolo)* gestreckt; **2.** *fig* seicht, platt; **II.** *m* **1.** *(recipiente)* Teller *m;* **2.** *gastr (vivanda)* Gericht *n,* Speise *f; (portata)* Gang *m,* Speisenfolge *f;* **3.** *tec* Schale *f,* Scheibe *f;* **4.** ⟨*pl*⟩ *mus* Becken *n pl;* ~ **fondo/piano** tiefer/flacher Teller; **un** ~ **di minestra** ein Teller *m* Suppe; **primo** ~ erster Gang; ~ **forte** Hauptgericht *n;* ~ **del giorno** Tagesgericht *n;* ~ **della bilancia** Waagschale *f;* ~ **del giradischi** Plattenteller *m.*

piazza ['piattsa] *f* **1.** *(area, ab* **P.za***)* Platz *m;* **2.** *(mercato)* Marktplatz *m;* **3.** *com, fin* Markt *m;* **4.** *mil* Übungsgelände *n;* **5.** *(posto)* Platz *m;* **6.** *fig (gente)* Menge *f;* ~ **d'armi** Exerzierplatz *m;* **scendere in** ~ *fig* auf die Straße gehen, demonstrieren; **letto ad una** ~ Einzelbett *n;* **fare** ~ **pulita** *fig* reinen Tisch machen; **vettura di** ~ Platzwagen *m.*

piazzaforte [piattsa'fɔrte] ⟨piazzeforti⟩ *f* Festung *f; (fig a.)* Bollwerk *n.*

piazzale [piat'tsa:le] *m* **1.** *(piazza)* Platz *m;* **2.** *(area di servizio)* Servicestation *f;* **3.** *ferr* Bahnanlage *f.*

piazzamento [piattsa'mento] *m* Aufstellung *f; (in classifica)* Plazierung *f.*

piazzare [piat'tsa:re] **I.** *tr* **1.** *(collocare)* aufstellen; **2.** *com* absetzen, einführen, auf den Markt bringen; **3.** *fig (colpo)* plazieren; **II.** *rfl:* **-arsi 1.** *sport* sich plazieren; **2.** *fam (sistemarsi)* sich einrichten, sich breitmachen *fam.*

piazzeforti *pl di* **piazzaforte.**

piazzista [pi̯at'tsista] ‹-i *m,* -e *f*› *mf* Handelsvertreter(in) *m(f).*

piazzola [pi̯at'tsɔ:la] *f* **1.** *(spiazzo)* Ausweichstelle *f,* Haltemöglichkeit *f;* **2.** *mil* Geschützstand *m;* ~ **autostradale** Randstreifen *m;* ~ **di servizio/sosta/emergenza** Servicestation *f*/Rastplatz *m*/Standstreifen *m.*

picca ['pikka] ‹-cche› *f* **1.** *(puntiglio)* Trotz *m,* Groll *m;* **2.** *(arma)* Pike *f;* **3.** ‹*pl*› *(di carte da gioco)* Pik *n;* **rispondere -cche a qu** jdm eine Abfuhr erteilen.

piccante [pik'kante] *a* **1.** *gastr* scharf gewürzt, pikant; **2.** *fig (mordace)* bissig, boshaft; **3.** *fig (lascivo)* pikant, schlüpfrig.

piccarsi [pik'karsi] ‹mi picco, ti picchi› *rfl* **1.** *(insistere)* beharren (*di* auf), bestehen (*di* auf), sich versteifen (*di* auf); **2.** *(pretendere)* sich *(dat)* einbilden.

picchettaggio [pikket'taddʒo] ‹-ggi› *m* Streikposten *m.* **picchettare** [...'ta:re] *tr* **1.** *(fabbrica)* Streikposten beziehen in (*o* auf, *etc.*); **2.** *(piantar paletti)* abstecken, Pflöcke aufstellen in (*o* auf, *etc.*). **picchetto** [...'ketto] *m* **1.** *(paletto)* Pflock *m,* Pfahl *m;* **2.** *mil* Einsatzkommando *n;* **3.** *(gruppo di scioperanti)* Streikposten *m pl.*

picchiare [pik'ki̯a:re] ‹picchio, picchi› **I.** *tr* **1.** *(battere)* schlagen; **2.** *(percuotere)* verprügeln, schlagen; **3.** *(bussare)* klopfen, pochen; **II.** *itr* klopfen, pochen; **III.** *rfl:* **-arsi** sich prügeln, sich schlagen.

picchiata [pik'ki̯a:ta] *f* **1.** *aero* Sturzflug *m;* **2.** *(colpo)* Schlag *m; sport* Volley *m.*

picchiettare [pikki̯et'ta:re] **I.** *itr* **1.** *(picchiare)* klopfen; *(pioggia)* trommeln, prasseln; **2.** *mus* saltato (*o* spiccato) spielen; **II.** *tr* sprenkeln, (be)tupfen.

picchio ['pikki̯o] ‹-cchi› *m* Specht *m.*

piccino, -a [pit'tʃi:no] **I.** *a* klein, winzig; ~ **picciò** *fam* klitzeklein *fam;* **II.** *m, f* **1.** *(bambino)* kleines Kind; **2.** *(di animale)* Junge(s) *n.*

picciolo [pit'tʃɔ:lo] *m* (Blatt)stengel *m,* (Blatt)stiel *m.*

piccionaia [pittʃo'na:i̯a] ‹-aie› *f* **1.** *(luogo per piccioni, a. fig fam)* Taubenschlag *m;* **2.** *theat scherz (loggione)* Galerie *f,* Olymp *m.*

piccione [pit'tʃo:ne] *m* Taube *f;* ~ **viaggiatore** Brieftaube *f;* **pigliare** (*o* **prendere**) **due -i con una fava** zwei Fliegen mit einer Klappe schlagen.

picco ['pikko] ‹-cchi› *m* Bergspitze *f,* Gipfel *m.*

piccolezza [pikko'lettsa] *f* **1.** *(dimensione)* Kleinheit *f;* **2.** *(inezia)* Belanglosigkeit *f,* Lappalie *f,* Kleinigkeit *f;* **3.** *fig (grettezza)* Kleinlichkeit *f.*

piccolo, -a ['pikkolo] ‹più piccolo *o* minore, piccolissimo *o* minimo› **I.** *a* **1.** *gener.* klein; **2.** *(insufficiente)* ungenügend, gering; **3.** *(giovane)* jung, klein; **4.** *(trascurabile)* belanglos, geringfügig; *(errore, etc.)* unerheblich; *(somma)* unbeträchtlich; **5.** *fig (meschino)* kleinlich, pedantisch; **6.** *fig (umile)* bescheiden, zurückhaltend, genügsam; ~ **imprenditore** Kleinunternehmer *m;* **farsi** ~ *fig* sein Licht unter den Scheffel stellen; **da** ~ als Kind, in der Kindheit; **fin da** ~ von klein auf, von Kindheit an; **in** ~ verkleinert, in kleinem Maßstab; **II.** *m, f* **1.** *(bambino)* Kind *n,* Kleine(r, s) *mfn;* **2.** *zoo* Junge(s) *n,* Jungtier *n;* **nel mio** ~ in meinen bescheidenen Verhältnissen, in meinem bescheidenen Rahmen.

piccone [pik'ko:ne] *m* (Spitz)hacke *f.*

piccoso, -a [pik'ko:so] *a* reizbar.

piccozza [pik'kɔttsa] *f* (Kreuz)hacke *f,* (Eis)pickel *m.*

pick-up ['pɪkʌp] ‹-› *m* Tonabnehmer *m.*

picnic [pik'nik] ‹-› *m* Picknick *n.*

pidocchio [pi'dɔkki̯o] ‹-cchi› *m* **1.** *zoo* Laus *f;* **2.** *fig* Knauser *m fam,* Geizhals *m fam.* **pidocchioso, -a** [pidok'ki̯o:so] *a* **1.** *(infestato dai pidocchi)* verlaust, von Läusen befallen; **2.** *fig* geizig, knaus(e)rig *fam.*

piè [pi̯ɛ] *m poet* Fuß *m;* **ad ogni** ~ **sospinto** auf Schritt und Tritt; **a** ~ **(di) pagina** in der Fußnote; **saltare a** ~ **pari** einen Sprung machen.

pied-à-terre [pi̯eta'tɛ:r] ‹-› *m* Zweitwohnung *f.*

pied-de-poule [pi̯et'pul] ‹-› *m* Hahnentrittmuster *n.*

piede ['pi̯ɛ:de] *m* **1.** *anat* Fuß *m;* **2.** *lit* Versfuß *m,* Versmaß *n;* **3.** *(unità di misura)* Fuß *m;* ~ **di porco** Brechstange *f,* Brecheisen *n;* ~ **del tavolo** Tischbein *n;* **ai -i del letto** am Fußende des Bettes; **ai -i della montagna** am Fuß der Berge; **i -i piatti** *sl* die Bullen *m pl sl,* die Polypen *m pl sl;* **essere** (*o* **stare**) **in -i** (auf den Füßen) stehen; **essere a -i** zu Fuß sein; **non stare in -i** *fig* auf wackeligen Füßen (*o* Beinen) stehen; **andare a -i** zu Fuß gehen; **restare a -i** zu Fuß gehen müssen; **essere tra i -i** *fam* im Weg sein; **levarsi** (*o* **togliersi**) **dai -i qu** *fam* sich *(dat)* jdn vom Hals(e) schaffen; **prender** ~ Fuß fassen; **tenere in -i** *fig* aufrechterhalten; **mettere qu sotto i -i** jdn unterdrücken, jdn kleinmachen, -kriegen; **mettere un** ~ **in fallo** einen Fehltritt tun; **mettere in -i qc** *fig* etw. auf die Beine stellen; **puntare i -i** *fig* auf seiner Meinung beharren; **fatto coi -i** *fam* hingepfuscht, stümperhaft gemacht; **a** ~ **libero** auf freiem Fuß; **a -i nudi** barfuß; **da capo a -i** von Kopf bis Fuß; **su due -i** *fig* stehenden Fußes, augenblicklich.

piedestallo [pi̯edes'tallo] *v.* **piedistallo.**

piedipiatti [pi̯edi'pi̯atti] ⟨-⟩ *m sl* Bulle *m sl.*
piedistallo [pi̯edis'tallo] *m* Sockel *m*, Postament *n.*
piedritto [pi̯e'dritto] *m* Widerlager *n.*
piega ['pi̯ɛ:ga] ⟨-ghe⟩ *f* **1.** *(grinza)* Falte *f;* **2.** *fig (andamento)* Verlauf *m*, Wendung *f;* **non fare una ~** *fig* haargenau stimmen.
piegamento [pi̯ega'mento] *m* **1.** *gener.* Falten *n; (curvatura)* Biegen *n;* **2.** *sport* (Knie)beuge *f.*
piegare [pi̯e'ga:re] ⟨piego, pieghi⟩ **I.** *tr* **1.** *(curvare)* biegen; *(flettere)* krümmen; *(inclinare)* beugen, biegen; *(testa)* senken; **2.** *(ripiegare)* (zusammen)falten, zusammenlegen; *(fronte)* runzeln; **3.** *fig* zwingen, beugen; **II.** *itr* **1.** *(voltare)* (ab)biegen; **2.** *(pendere da una parte)* sich krümmen, sich neigen; **~ a destra/sinistra** nach rechts/links abbiegen; **III.** *rfl:* **-arsi 1.** *fig (arrendersi)* sich ergeben, aufgeben; **2.** *(incurvarsi)* sich beugen. **piegatura** [...'tu:ra] *f* **1.** *(operazione)* Falten *n; (curvatura)* Biegen *n; tec* Falzen *n;* **2.** *sport* Beuge *f;* **3.** *(segno)* Falte *f; tec* Falz *m.*
pieghettare [pi̯eget'ta:re] *tr* plissieren, fälteln.
pieghevole [pi̯e'ge:vole] *a* **1.** *(metallo, ramo)* biegsam; **2.** *(sedia, tavolo)* (zusammen)klappbar, Klapp-; *(porta)* Falt-; **3.** *fig (carattere, indole)* nachgiebig, gefügig.
Piemonte [pi̯e'monte] *m* Piemont *n.*
piena ['pi̯ɛ:na] *f* **1.** *(di corso d'acqua)* Hochwasser *n;* **2.** *(calca)* Gedränge *n*, Menge *f;* **essere in ~** Hochwasser haben.
pienezza [pi̯e'nettsa] *f* **1.** *(colmo)* Spitze *f*, Höhepunkt *m;* **2.** *fig (impeto)* Gewalt *f*, Wucht *f.*
pieno, -a ['pi̯ɛ:no] **I.** *a* **1.** *(colmo)* voll (*di* von), gefüllt (*di* mit); **2.** *(massiccio)* massig, stark; **3.** *(abbondante)* reich (*di* an); **4.** *(completo)* vollständig, vollkommen; **5.** *fig (pervaso)* erfüllt (*di* von), durchdrungen (*di* von); **essere ~ di invidia/stupore** voller Neid/Erstaunen sein; **essere ~ di sé** von sich *(dat)* eingenommen sein; **in ~** *(completamente)* vollständig, vollkommen, gänzlich; *(esattamente)* genau; **sbagliare in ~** (sich) gründlich irren; **in ~ inverno** im tiefsten Winter; **in -a estate** im Hochsommer; **~ zeppo** *fam* gerammelt voll *fam;* **II.** *m* **1.** *(materia, parte piena)* voller Teil; **2.** *(colmo)* Höhepunkt *m*, Blüte *f*, Fülle *f;* **3.** *mot* voller Tank; *(carico)* volle Ladung; **fare il ~** volltanken; **nel ~ dell'estate/inverno** mitten im Sommer/im Winter.
pienone [pi̯e'no:ne] *m* Gedränge *n*, Gewühl *n*, Andrang *m.*
pienotto, -a [pi̯e'nɔtto] *a* rundlich, voll.
Piero ['pi̯ɛ:ro] *(nome proprio maschile)* Peter.
pietà [pi̯e'ta] ⟨-⟩ *f* **1.** *(compassione)* Mitleid *n* (*per* mit), Erbarmen *n* (*per* mit); **2.** *rel* Andächtigkeit *f*, Frömmigkeit *f;* **muovere qu a ~** jds Mitleid erregen.
pietanza [pi̯e'tantsa] *f* Gericht *n*, Speise *f; (seconda portata)* zweiter Gang.
pietismo [pi̯e'tizmo] *m* Pietismus *m.*
pietoso, -a [pi̯e'to:so] *a* **1.** *(caritatevole)* barmherzig, mildtätig; **2.** *(compassionevole)* mitleiderregend, erbarmungswürdig; *(persona, stato a.)* bemitleidenswert; *(racconto a.)* rührend; **3.** *fam (deplorevole)* erbärmlich.
pietra ['pi̯ɛ:tra] *f* Stein *m*, Gestein *n;* **~ preziosa** Edelstein *m;* **la ~ dello scandalo** der Stein des Anstoßes; **~ di paragone** *fig* Prüfstein *m;* **età della ~** Steinzeit *f;* **porre la prima ~** *(a. fig)* den Grundstein legen; **mettere una ~ sopra a qc** *fig* Gras über etw. wachsen lassen. **pietraia** [pi̯e'tra:i̯a] ⟨-aie⟩ *f (ammasso)* Steinhaufen *m; (luogo)* steiniges Gelände.
pietrificare [pi̯etrifi'ka:re] ⟨pietrifico, pietrifichi⟩ **I.** *tr* versteinern, zu Stein werden lassen; *(fig a.)* erstarren lassen; **II.** *rfl:* **-arsi** zu Stein werden; *(fig a.)* erstarren.
pietrisco [pi̯e'trisko] ⟨-schi⟩ *m* Splitt *m*, Schotter *m.*
Pietro ['pi̯ɛ:tro] *(nome proprio maschile)* Peter, Petrus.
pietroso, -a [pi̯e'tro:so] *a* **1.** *(di pietra)* steinern, aus Stein; **2.** *(pieno di pietre)* steinig.
pieve ['pi̯ɛ:ve] *f* (Kirchen)gemeinde *f*, Pfarre(i) *f.*
piffero ['piffero] *m* Pfeife *f*, Schalmei *f.*
pigiama [pi'dʒa:ma] ⟨-i⟩ *m* Pyjama *m*, Schlafanzug *m.*
pigia pigia ['pi:dʒa 'pi:dʒa] ⟨-⟩ *m* (dichtes) Gedränge *n.*
pigiare [pi'dʒa:re] ⟨pigio, pigi⟩ *tr (premere)* stoßen, drücken; *(spingere)* dränge(l)n; *(uva)* keltern.
pigione [pi'dʒo:ne] *f adm* Miete *f.*
pigliare [piʎ'ʎa:re] ⟨piglio, pigli⟩ *tr fam* sich *(dat)* schnappen *fam;* **pigliarle** Prügel kriegen *fam.*
piglio[1] ['piʎʎo] *m:* **dar di ~ a qc** etw. schnell packen.
piglio[2] ['piʎʎo] ⟨-gli⟩ *m* Blick *m*, Miene *f.*
pigmentazione [pigmentat'tsi̯o:ne] *f* Pigmentierung *f.*
pigmento [pig'mento] *m* Pigment *n.*
pigna ['piɲɲa] *f* Pinienzapfen *m;* **avere le -e** *fig* Flausen im Kopf haben *fam.*
pignoleria [piɲɲole'ri:a] ⟨-ie⟩ *f* Kleinlichkeit *f.* **pignolo, -a** [...'ɲɔ:lo] **I.** *a* kleinlich, pedantisch; **II.** *m, f* Pedant(in) *m(f)*, Kleinigkeitskrämer(in) *m(f).*
pignone [piɲ'ɲo:ne] *m* Ritzel *n*, Triebrad *n.*

pignorare [piɲɲo'ra:re] *tr* pfänden.
pigolare [pigo'la:re] *itr* piep(s)en. **pigolio** [...'li:o] ‹-ii› *m* Piep(s)en *n*, Gepiep(s)e *n*.
pigrizia [pi'grittsi̯a] ‹-ie› *f* Faulheit *f*, Trägheit *f*.
pigro, -a ['pi:gro] **I.** *a* **1.** *(indolente)* faul, träge; *(lento a.)* langsam; **2.** *fig (ottuso)* abgestumpft, geistlos, träge; *(intelligenza)* beschränkt; **3.** *(che rende pigro)* träg machend; *(stancante)* ermüdend; **II.** *m, f* Faulenzer(in) *m(f)*. **pigrone, -a** [pi'gro:ne] *m, f fam* Faulpelz *m fam*.
pila ['pi:la] *f* **1.** *el* Batterie *f*; **2.** *(serie)* Reihe *f*, Stapel *m*, Stoß *m*; **3.** *fam (lampadina tascabile)* Taschenlampe *f*; **4.** *(di ponte)* (Brücken)pfeiler *m*.
pilastro [pi'lastro] *m* **1.** *arch* (Wand)pfeiler *m*, Pilaster *m*; **2.** *fig (sostegno)* Stütze *f*, Säule *f*.
pillola ['pillola] *f* Pille *f*, Tablette *f*; *(anticoncezionale)* (Antibaby)pille *f*; **prendere (***o* **pigliare) la ~** die Pille nehmen; **indorare la ~** *fig* die bittere Pille versüßen.
pilone [pi'lo:ne] *m* **1.** *arch* Pylon *m*, (Stütz)pfeiler *m*; **2.** *sport* Dränger *m*.
pilota [pi'lɔ:ta] ‹-i *m*, -e *f*› **I.** *mf aero* Pilot(in) *m(f)*; *mot* (Renn)fahrer(in) *m(f)*; *naut* Lotse *m*, Lotsin *f*; **II.** *m tec* Selbststeuergerät *n*; **III.** ‹*inv*› *a* **1.** *(guida)* Pilot-, Leit-, Lotsen-; **2.** *(sperimentale)* Modell-, Versuchs-, Pilot-. **pilotaggio** [pilo'taddʒo] ‹-ggi› *m* **1.** *aero* Steuerung *f*; **2.** *naut* Lotsen *n*. **pilotare** [...'ta:re] *tr* **1.** *(automobile)* fahren, steuern, lenken; *(nave)* lotsen; *(aereo)* fliegen, führen; **2.** *fig (condurre)* führen, begleiten.
piluccare [piluk'ka:re] ‹pilucco, pilucchi› *tr* **1.** *(uva)* abbeeren; **2.** *(mangiare sbocconcellando)* knabbern.
pimento [pi'mento] *m* Piment *m o n*.
pimpante [pim'pante] *a* lebhaft, fröhlich, keck.
pinacoteca [pinako'tɛ:ka] ‹-che› *f* Pinakothek *f*.
pineta [pi'ne:ta] *f* Pinienwald *m*.
ping-pong [piŋg 'pɔŋg] ‹-› *m* Tischtennis *n*, Pingpong *n*.
pingue ['piŋgu̯e] *a* **1.** *(grasso)* dick, fett; **2.** *(fertile)* fruchtbar; **3.** *fig (abbondante)* reichlich, üppig, fett. **pinguedine** [...'gu̯ɛ:dine] *f* Fettsucht *f*.
pinguino [piŋ'gu̯i:no] *m* Pinguin *m*.
pinna ['pinna] *f* **1.** *zoo* Flosse *f*; **2.** *sport* (Schwimm)flosse *f*; **3.** *naut* Boots-, Schlingerkiel *m*; **4.** *aero* Flossenstummel *m*; **5.** *anat (~ nasale)* Nasenflügel *m*.
pinnacolo [pin'na:kolo] *m* **1.** *arch* Fiale *f*; **2.** *fig (roccia)* Zinne *f*.
pino ['pi:no] *m* **1.** *bot* Kiefer *f*; **2.** *(legno)* Kiefernholz *n*.
pinolo [pi'nɔ:lo] *m* Pinienkern *m*.
pinza ['pintsa] *f* **1.** *tec* Zange *f*; *(a. med)* Pinzette *f*; **2.** *zoo* Schere *f*, Zange *f*. **pinzetta** [...'tsetta] *f* Pinzette *f*.
pio, -a ['pi:o] ‹pii, pie› *a* **1.** *(devoto)* demütig, ergeben; **2.** *(religioso)* gläubig, fromm, gottesfürchtig; **3.** *(caritatevole)* barmherzig, wohltätig; **4.** *fig (vano)* vergeblich, eitel, unnütz.
pioggerella [pi̯oddʒe'rɛlla] *f* Niesel-, Sprühregen *m*.
pioggia ['pi̯ɔddʒa] ‹-gge› *f* **1.** *meteo* Regen *m*; **2.** *fig (di fiori, auguri, etc.)* Regen *m*, Flut *f*; *(di pietre, rimproveri, etc.)* Hagel *m*; **-gge acide** saurer Regen; **~ fine/fitta/scrosciante** leichter/heftiger/prasselnder Regen; **~ mista a neve** Schneeregen *m*; **scroscio/rovescio di ~** Regenschauer *m*/Platzregen *m*; **stagione delle -gge** Regenzeit *f*.
piolo ['pi̯ɔ:lo] *m* **1.** *(legnetto)* Holzpflock *m*; *(della tenda)* Hering *m*; **2.** *(di scala)* (Holz)sprosse *f*.
piombare [pi̯om'ba:re] **I.** *itr* ‹*essere*› **1.** *(cadere dall'alto)* herunterfallen, herunterstürzen; **2.** *(abito)* fallen; **3.** *fig (sprofondare)* fallen, versinken; **4.** *fig (avventarsi)* anfallen, überfallen; **5.** *fig (disgrazie)* zustoßen, widerfahren; **~ addosso a qu** sich auf jdn stürzen; **II.** *tr* ‹*avere*› **1.** *fam (dente)* plombieren; **2.** *(pacco)* versiegeln, verplomben; *(carro)* verbleien, plombieren. **piombatura** [...ba'tu:ra] *f* **1.** *(di dente)* Plombe *f*, Füllung *f*; **2.** *(atto)* Füllen *n*, Plombieren *n*; **3.** *(rivestimento di piombo)* Verbleiung *f*.
piombifero, -a [pi̯om'bi:fero] *a* bleihaltig, Blei-.
piombino [pi̯om'bi:no] *m* **1.** *(proiettile)* Geschoß *n*, Kugel *f*; **2.** *(di lenza)* Angelblei *n*, Senker *m*; *(di rete)* Netzblei *n*; **3.** *(di filo a piombo)* Senkblei *n*; *(scandaglio)* Lot *n*; **4.** *(di pacco)* Plombe *f*, Verschlußblei *n*; **5.** *(di gonna, cappotto)* Bleiplättchen *n*.
piombo ['pi̯ombo] *m* **1.** *chem* Blei *n*; **2.** *(del filo a piombo)* Senkblei *n*; *(di lenza)* Angelblei *n*, Senker *m*; **3.** *(sigillo)* Plombe *f*; **4.** *(proiettile)* (Blei)kugel *f*, Projektil *n*; **5.** *typ* Drucktypen *m pl*, Lettern *f pl*; **a ~** senkrecht; **essere a ~** im Lot sein; **andare coi piedi di ~** *fig* auf der Hut (*o* vorsichtig) sein; **di ~** *fig* unversehens, jäh; **senza ~** bleifrei.
pioniere [pio'ni̯ɛ:re] *m* Pionier *m*.
pioppo ['pi̯ɔppo] *m* Pappel *f*.
piovano, -a [pi̯o'va:no] *a* Regen-.
piovere ['pi̯ɔ:vere] ‹piove, piovve, piovuto› *itr* ‹*essere o avere*› **1.** *meteo* regnen; *(penetrare acqua)* durch-, hereinregnen; **2.** *fig (telegrammi, baci, fiori, etc.)* hageln, regnen; *(proteste, rimproveri, etc.)* hageln; **~ a dirotto/a scroscio/a catinelle** gießen/in Strömen regnen/wie aus Eimern schütten (*o* gießen);

ci è piovuto addosso un amico *fam* ein Freund ist uns ins Haus geschneit *fam;* **su questo non ci piove** *fam* das ist so klar wie Kloßbrühe *fam.*

piovigginare [pi̯oviddʒi'na:re] *itr* ⟨*essere o avere*⟩ nieseln, tröpfeln. **piovigginoso, -a** [...'no:so] *a* regnerisch.

piovosità [pi̯ovosi'ta] ⟨-⟩ *f* Regenfall *m,* Niederschlag *m.* **piovoso, -a** [...'vo:so] *a* regnerisch, Regen-.

piovra ['pi̯ɔ:vra] *f* **1.** *zoo* Polyp *m;* **2.** *fig* Blutsauger *m,* Schmarotzer *m.*

piovve ['pi̯ɔvve] *p rem di* **piovere.**

pipa ['pi:pa] *f* Pfeife *f;* **fumare la ~** Pfeife rauchen.

pipetta [pi'petta] *f* Pipette *f.*

pipì [pi'pi] ⟨-⟩ *fam* **I.** *f* Pipi *n fam;* **fare (la) ~** Pipi machen *fam;* **II.** *m* Pipimännchen *n fam,* Pimmelchen *n fam.*

pipistrello [pipis'trɛllo] *m* **1.** *zoo* Fledermaus *f;* **2.** *(mantello)* Umhang *m,* Fledermauscape *n.*

pipita [pi'pi:ta] *f* **1.** *zoo* Pips *m;* **2.** *anat* Nagelhaut *f.*

piqué [pi'ke] ⟨-⟩ *m* Pikee *m,* Piqué *m.*

piramide [pi'ra:mide] *f* Pyramide *f;* **organizzazione a ~** hierarchische Organisationsform.

pirata, -tessa [pi'ra:ta, pira'tessa] **I.** ⟨-i, -e⟩ *m, f* **1.** *(di mare)* Pirat(in) *m(f),* Seeräuber(in) *m(f);* **2.** *fig (ladro)* Gauner(in) *m(f),* Betrüger(in) *m(f);* **~ della strada** Unfallflüchtige(r) *m;* **~ dell'aria** Flugzeugentführer *m,* Luftpirat *m;* **II.** ⟨*inv*⟩ *a* Piraten-; *(stampa, registrazione)* Raub-; **emittente ~** Piratensender *m.* **pirateria** [...te'ri:a] ⟨-ie⟩ *f* **1.** *(azione, mondo)* Piraterie *f;* **2.** *fig (ruberia)* Gaunerei *f,* Betrügerei *f.*

Pirenei [pire'nɛ:i] *m pl* Pyrenäen *pl.*

pirico, -a ['pi:riko] ⟨-ci, -che⟩ *a:* **polvere -a** Schießpulver *n.*

pirite [pi'ri:te] *f* Pyrit *m,* Schwefelkies *m.*

piroetta [piro'etta] *f* Pirouette *f; (giravolta)* schnelle (Um)drehung. **piroettare** [...'ta:re] *itr* Pirouetten drehen.

pirofila [pi'rɔ:fila] *f* **1.** *(materiale)* feuerfestes Material; **2.** *(tegame)* feuerfeste Form (*o* Schüssel). **pirofilo, -a** [...lo] *a* feuerfest, hitzebeständig.

piroga [pi'rɔ:ga] ⟨-ghe⟩ *f* Einbaum *m.*

piromane [pi'rɔ:mane] *mf* Pyromane *m,* Pyromanin *f.*

piroscafo [pi'rɔskafo] *m* Dampfer *m,* Dampfschiff *n.*

pirotecnica [piro'tɛknika] *f* Pyrotechnik *f,* Feuerwerkskunst *f.* **pirotecnico, -a** [...ko] *a* pyrotechnisch.

piscia ['piʃʃa] ⟨-sce⟩ *f vulg* Pisse *f vulg;* **fare la ~** pissen *vulg,* pinkeln *fam.* **pisciare** [...'ʃa:re] ⟨piscio, pisci⟩ *itr vulg* pissen *vulg;* **pisciarsi addosso** (*o* **sotto**) *fig* sich *(dat)* ins Hemd machen *fam.* **pisciatoio** [...ʃa'to:i̯o] ⟨-oi⟩ *m vulg* Pissoir *n.*

piscina [piʃ'ʃi:na] *f* **1.** *(vasca)* Schwimmbecken *n,* -bassin *n;* **2.** *(stabilimento)* Schwimmbad *n,* Badeanstalt *f;* **~ coperta/scoperta** Hallen-/Freibad *n.*

piscio ['piʃʃo] ⟨-sci⟩ *m vulg* Pisse *f vulg.*

pisello [pi'sɛllo] **I.** *m* **1.** *bot, gastr* Erbse *f;* **2.** *fam (pene)* Zipfel *m fam;* **crema di -i** Erbsencremesuppe *f;* **II.** ⟨*inv*⟩ *a* erbsengrün.

pisolino [pizo'li:no] *m fam* Nickerchen *n fam.*

pista ['pista] *f* **1.** *(traccia)* Fährte *f,* Spur *f;* **2.** *(da ballo)* Tanzfläche *f;* **3.** *sport* Piste *f,* Bahn *f;* **4.** *(di circo)* Manege *f;* **5.** *aero* Rollfeld *n,* Rollbahn *f;* **6.** *(del registratore)* (Magnet)spur *f; film* Streifen *m,* Spur *f;* **7.** *(via)* Weg *m,* Pfad *m;* **~ ciclabile** Rad(fahr)weg *m;* **~ di volo/rullaggio/atterraggio** Flug-/Roll-/Landebahn *f.*

pistacchio [pis'takki̯o] ⟨-cchi⟩ *m* Pistazie *f.*

pistillo [pis'tillo] *m* (Blüten)stempel *m,* Blütennarbe *f.*

pistola [pis'tɔ:la] *f* Pistole *f;* **~ scacciacani** Schreckschußpistole *f;* **~ a spruzzo** Spritzpistole *f.* **pistolettata** [...tolet'ta:ta] *f* Pistolenschuß *m.*

pistone [pis'to:ne] *m* **1.** *mot* (Motor)kolben *m;* **2.** *mus* Ventil *n,* Piston *n.*

pitagorico, -a [pita'gɔ:riko] ⟨-ci, -che⟩ *a* pythagoreisch; **tavola -a** Einmaleins *n.*

pitoccare [pitok'ka:re] ⟨pitocco, pitocchi⟩ **I.** *itr* betteln; **II.** *tr* erbetteln, betteln um.

pitoccheria [pitokke'ri:a] ⟨-ie⟩ *f* **1.** *(avarizia)* Knaus(e)rigkeit *f;* **2.** *(atto)* Knauserei *f.*

pitocco, -a [pi'tɔkko] ⟨-cchi, -cche⟩ **I.** *m, f* Geizhals *m;* **II.** *a* geizig, knaus(e)rig.

pitone [pi'to:ne] *m* Python *m.*

pittore, -trice [pit'to:re] *m, f* **1.** *(artista)* Zeichner(in) *m(f),* Maler(in) *m(f);* **2.** *(imbianchino)* Maler(in) *m(f),* Anstreicher(in) *m(f).* **pittoresco, -a** [...to'resko] ⟨-schi, -sche⟩ *a* pittoresk, malerisch. **pittorico, -a** [...'tɔ:riko] ⟨-ci, -che⟩ *a* **1.** *(di pittura)* Mal-, Zeichen-; **2.** *fig* malerisch.

pittura [pit'tu:ra] *f* **1.** *(arte)* Malerei *f,* Zeichenkunst *f;* **2.** *(dipinto)* Bild *n,* Gemälde *n;* **3.** *(verniciatura)* Anstrich *m.* **pitturare** [...tu'ra:re] **I.** *tr* **1.** *(dipingere)* malen, zeichnen; **2.** *(verniciare)* anstreichen; **II.** *rfl:* **-arsi** *fam* sich schminken, sich anmalen *fam.*

più [pi̯u] ⟨*comparativo di* molto⟩ **I.** *adv* **1.** *gener.* mehr; *(maggiormente)* mehr denn je, am meisten; **2.** *(comparativo di maggioranza)* (noch) mehr; **3.** *(superlativo assoluto)* am meisten; **4.** *(di temperatura)* plus, über Null; **5.** *mat* plus, und; **6.** *(votazione scolastica)* plus; **7.** *(oltre)* weiter; **~ intelligente/bello** intelligenter/schöner; **al ~ presto** so schnell (*o* bald) wie möglich; **al ~ tardi** spätestens; **è il ~ vecchio** er ist der älteste, er ist am ältesten; **in ~** darüber hinaus; **mi ha dato un libro in ~** er (*o* sie) hat mir ein Buch zuviel gegeben; **molto ~** viel mehr; **niente (di) ~** nichts mehr; **non ... ~** nicht mehr; **non ne posso ~** ich kann nicht mehr; **~ ... che ... mehr ...** als ..., eher ... als ...; **che ~?** was noch?, was weiter?; **tanto ~ che** um so mehr, als; **~ o meno** mehr oder weniger; **chi ~ chi meno** der eine mehr, der andere weniger; **~ su** weiter oben; **tra non ~ di un mese** in längstens einem Monat; **II.** *prp* (und) außerdem (noch), plus; **III.** ⟨*inv*⟩ *a* mehr; *(parecchi)* einige, mehrere; **~ persone vengono e meglio è** je mehr Leute kommen, desto besser ist es; **IV.** ⟨-⟩ *m* **1.** *(massimo)* Höchste(s) *n*, Meiste(s) *n*; **2.** *(parte maggiore)* größter Teil, Großteil *m*; **3.** ⟨*pl*⟩ *(la maggioranza)* Mehrzahl *f*, Mehrheit *f*; **4.** *(cosa più importante)* Hauptsache *f*, Wichtigste(s) *n*; **5.** *mat* Plus(zeichen) *n*; **il ~ delle volte** meistens, in den meisten Fällen; **a ~ non posso** *fam* mit voller Kraft, was das Zeug hält *fam*; **tutt'al ~** allerhöchstens, maximal; **per lo ~** um so mehr, als; **parlare del ~ e del meno** über dieses und jenes reden; **chi ~ ne ha ~ ne metta** und das ist (längst) noch nicht alles, und so weiter und so fort.

piuccheperfetto [pi̯ukkeper'fɛtto] *m* Plusquamperfekt *n*, Vorvergangenheit *f*.

piuma ['pi̯u:ma] *f* **1.** *(penna)* (Flaum)feder *f*, Daune *f*; **2.** *(ornamento)* (Schmuck)feder *f*. **piumaggio** [pi̯u'maddʒo] ⟨-ggi⟩ *m* Federkleid *n*, Gefieder *n*. **piumato, -a** [...'ma:to] *a* gefiedert, Feder-.

piumino [pi̯u'mi:no] *m* **1.** *(per la cipria)* Puderquaste *f*; **2.** *(coperta)* Federbett *n*; **3.** *(per spolverare)* Staubwedel *m*.

piumone® [pi̯u'mo:ne] *m* Steppdecke *f*.

piuttosto [pi̯ut'tɔsto] *adv* **1.** *(più, più volentieri)* eher, lieber; *(più facilmente a.)* leichter; **2.** *(alquanto)* ziemlich, relativ; **3.** *(invece)* anstatt; **4.** *(meglio)* besser, vielmehr; **~ che ...** *conj (o inf)*, **~ di ...** *inf* eher, als daß ...; *(anziché)* (an)statt zu ... *inf*, (an)statt daß ...

pizza ['pittsa] *f* **1.** *gastr* Pizza *f*; **2.** *fig (persona noiosa)* Langweiler(in) *m(f)*; *(cosa noiosa)* langweilige Sache; **3.** *sl film* Filmdose *f*. **pizzaiolo, -a** [-'i̯ɔ:lo] *m, f* **1.** *(chi fa le pizze)* Pizzabäcker(in) *m(f)*; **2.** *(gestore di pizzeria)* Inhaber(in) *m(f)* einer Pizzeria; **alla -a** *mit Tomaten, Knoblauch und Oregano*. **pizzeria** [pittse'ri:a] ⟨-ie⟩ *f* Pizzeria *f*, Pizzabäkkerei *f*.

pizzicagnolo, -a [pittsi'kaɲɲolo] *m, f* Wurst- und Käsehändler(in) *m(f)*.

pizzicare [pittsi'ka:re] ⟨pizzico, pizzichi⟩ **I.** *tr* **1.** *(stringere)* kneifen, zwicken; **2.** *(pungere)* stechen; **3.** *(stuzzicare)* stochern, bohren; **4.** *fig* stechen; *(freddo)* beißen; **5.** *fam* (auf frischer Tat) ertappen; **6.** *mus* zupfen; **7.** *gastr* scharf gewürzt sein; **II.** *itr* **1.** *(prudere)* kitzeln, jucken; *fig fam* kribbeln, prickeln; **2.** *(bruciare)* brennen, stechen; **3.** *gastr* scharf (*o* würzig) sein. **pizzicato** [...'ka:to] *m* Pizzikato *n*.

pizzicheria [pittsike'ri:a] ⟨-ie⟩ *f* Wurst- und Käsegeschäft *n*.

pizzico ['pittsiko] ⟨-chi⟩ *m* **1.** *(pizzicotto)* Kniff *m*; **2.** *(di sale, etc.)* Prise *f*; **3.** *(puntura d'insetto)* (Insekten)stich *m*, -biß *m*; **non avere un ~ di sale in zucca** *fam* nicht für fünf Pfennig Verstand haben *fam*.

pizzicotto [pittsi'kɔtto] *m* Kneifen *n*, Kniff *m*, Zwicken *n*.

pizzo ['pittso] *m* **1.** *(merletto)* Spitze *f*; **2.** *(barba)* Spitzbart *m*.

placare [pla'ka:re] ⟨placo, plachi⟩ **I.** *tr* **1.** *(ira, furore, sdegno)* besänftigen, beruhigen; **2.** *(fame, sete)* stillen; **II.** *rfl*: **-arsi** sich beruhigen; *(fig a.)* sich legen.

placca ['plakka] ⟨-cche⟩ *f* **1.** *(piastra)* Platte *f*; **2.** *(targhetta)* Plakette *f*, Schildchen *n*, Marke *f*; **3.** *el* Anode *f*; **4.** *med* Fleck *m*.

placcare [plak'ka:re] ⟨placco, placchi⟩ *tr* **1.** *(rivestire)* überziehen (*di* mit), plattieren; **2.** *sport* fassen, festhalten, stoppen; **~ in** (*o* **d')oro/argento** vergolden/versilbern.

placebo [pla'tʃɛ:bo] ⟨-⟩ *m* Placebo *n*.

placenta [pla'tʃɛnta] *f* Plazenta *f*, Mutterkuchen *m*.

placidità [platʃidi'ta] ⟨-⟩ *f* Ruhe *f*, Stille *f*.

placido, -a ['pla:tʃido] *a* ruhig, still.

plafoniera [plafo'ni̯ɛ:ra] *f* Deckenlampe *f*, -leuchte *f*; *film* Deckenstrahler *m*, -scheinwerfer *m*.

plagiare [pla'dʒa:re] ⟨plagio, plagi⟩ *tr* **1.** *lit* plagiieren; **2.** *jur* hörig machen, gefügig machen.

plagio ['pla:dʒo] ⟨-gi⟩ *m* **1.** *lit* Plagiat *n*; **2.** *jur* Hörigmachen *n*.

plaid [plɛd] ⟨-⟩ *m* Plaid *n o m*, Reisedekke *f*.

planare [pla'na:re] *itr* gleiten.

plancia ['plantʃa] ⟨-ce⟩ *f* **1.** *(passerella)* (Lauf)steg *m*; **2.** *naut (ponte)* (Kommando)brücke *f*; **3.** *mot* Armaturenbrett *n*.

plancton ['plaŋkton] ⟨-⟩ *m* Plankton *n*.

planetario, -a [plane'ta:ri̯o] ⟨-i, -ie⟩ **I.** *a* planetar(isch), Planeten-; **II.** *m* **1.** *astr* Planetarium *n*; **2.** *mot* Planetengetriebe *n*.

plantare [plan'ta:re] *m* orthopädische (Schuh)einlage.

plasma ['plazma] ⟨-i⟩ *m* Plasma *n*.

plasmare [plaz'ma:re] *tr* **1.** *(materiale)*

modellieren, formen; **2.** *fig* formen, bilden.

plastica ['plastika] ‹-che› *f* **1.** *(materiale)* Plastik *n,* Kunststoff *m;* **2.** *(arte, med)* Plastik *f.* **plastico, -a** [...ko] ‹-ci, -che› **I.** *a* **1.** *(in plastica)* aus Plastik, Plastik-; **2.** *(arte)* darstellend, bildend; *(in rilievo)* plastisch; **3.** *tec* dehnbar, formbar, modellierbar; **4.** *med* plastisch; **II.** *m* **1.** *arch* Modell *n;* **2.** *(rappresentazione topografica)* Relief *n;* **bomba al ~** Plastikbombe *f.*

plastificare [plastifi'ka:re] ‹plastifico, plastifichi› *tr* **1.** *(rendere plastico)* plasti(fi)zieren; **2.** *(rivestire di plastica)* (mit Kunststoff) beschichten.

plastilina® [plasti'li:na] *f* Plastilin® *n,* Knetgummi *m o n.*

platano ['pla:tano] *m* Platane *f.*

platea [pla'tɛ:a] *f* **1.** *theat* Parkett *n;* **2.** *TV (pubblico)* Publikum *n,* Zuschauer *m pl;* **3.** *geol* Tafel *f,* Plateau *n.* **plateale** [...te'a:le] *a* theatralisch, übertrieben.

platino ['pla:tino] *m* Platin *n.*

platonico, -a [pla'tɔ:niko] ‹-ci, -che› **I.** *a* platonisch; **II.** *m* Platoniker *m.*

plausibile [plau'zi:bile] *a (spiegazione, etc.)* plausibel, einsehbar; *(prova, etc.)* stichhaltig.

plauso ['pla:uzo] *m* Beifall *m,* (begeisterte) Zustimmung *f.*

play-back ['pleɪbæk] ‹-› *m* Playback *n.*

playboy ['pleɪbɔɪ] ‹-› *m* Playboy *m.*

plebaglia [ple'baʎʎa] ‹-glie› *f* Pöbel *m,* Gesindel *n,* Mob *m.*

plebe ['plɛ:be] *f* **1.** *pej* Pöbel *m,* Mob *m;* **2.** *hist* Plebs *f.* **plebeo, -a** [ple'bɛ:o] *a* **1.** *pej* pöbelhaft, gewöhnlich, gemein; **2.** *hist* plebejisch.

plebiscito [plebiʃ'ʃi:to] *m* Plebiszit *n,* Volksabstimmung *f,* Volksentscheid *m.*

Pleiadi ['plɛ:i̯adi] *f pl* Plejaden *pl.*

plenario, -a [ple'na:ri̯o] ‹-i, -ie› *a* **1.** *(riunione)* Voll-, Plenar-; **2.** *(totale)* vollkommen, vollständig; **indulgenza -a** *rel* vollständiger Ablaß.

plenilunio [pleni'lu:ni̯o] ‹-i› *m* Vollmond *m.*

plenipotenziario, -a [plenipoten'tsi̯a:rio] ‹-i, -ie› **I.** *a* bevollmächtigt; **II.** *m, f* Bevollmächtigte(r) *mf.*

pleonasmo [pleo'nazmo] *m* Pleonasmus *m.* **pleonastico, -a** [...'nastiko] ‹-ci, -che› *a* **1.** *ling, lit* pleonastisch; **2.** *fig (superfluo)* überflüssig, unnötig.

plesso ['plɛsso] *m* **1.** *anat* Plexus *m;* **2.** *fig* Geflecht *n,* Komplex *m;* **~ solare** Sonnengeflecht *n,* Solarplexus *m.*

pleurite [pleu'ri:te] *f* Brust-, Rippenfellentzündung *f,* Pleuritis *f scient.*

P.L.I. *m ab di* **Partito Liberale Italiano** *liberale Partei Italiens.*

plico ['pli:ko] ‹-chi› *m* Aktenbündel *n;* *(busta)* großer Umschlag.

plotone [plo'to:ne] *m mil* Zug *m,* Abteilung *f;* **~ d'esecuzione** Exekutionskommando *n.*

plumbeo, -a ['plumbeo] *a* **1.** *(di piombo)* bleiern; **2.** *(colore)* bleifarben.

plurale [plu'ra:le] **I.** *a* pluralisch, Plural-, Mehrzahl-; **II.** *m* Plural *m,* Mehrzahl *f.* **pluralismo** [plura'lizmo] *m* Pluralismus *m.* **pluralità** [...li'ta] ‹-› *f* Mehrheit *f,* Mehrzahl *f.*

pluri- [pluri-] *(in parole composte)* mehr(fach)-, Mehr(fach)-, viel-, Viel-. **pluricellulare** [-tʃellu'la:re] *a* mehr-, vielzellig. **pluriennale** [-en'na:le] *a* mehrjährig. **plurimiliardario, -a** [-mili̯ar'da:ri̯o] *m, f* Multimilliardär(in) *m(f).* **plurimilionario, -a** [-mili̯o'na:ri̯o] *m, f* Multimillionär(in) *m(f).* **plurimotore** [-mo'to:re] *m* Mehrmotorenflugzeug *n.* **plurinazionale** [-nattsi̯o'na:le] *a* Mehrvölker-, mehrstaatlich. **plurinominale** [-nomi'na:le] *a* mehrstimmenwahlberechtigt. **pluripartitico, -a** [-par'ti:tiko] *a* Mehrparteien-. **pluriuso** [-'u:zo] ‹*inv*› *a* Mehrzweck-, Allzweck-.

plusvalore [pluzva'lo:re] *m* **1.** *com* Wertzuwachs *m;* **2.** *philos* Mehrwert *m.*

plutocrate [plu'tɔ:krate] *mf* Plutokrat(in) *m(f).* **plutocrazia** [...tokrat'tsi:a] ‹-ie› *f* Plutokratie *f.*

plutonio [plu'tɔ:ni̯o] *m* Plutonium *n.*

pluviale [plu'vi̯a:le] *a* Regen-.

pluviometro [plu'vi̯ɔ:metro] *m* Niederschlagsmesser *m,* Pluviometer *n.*

pneumatico, -a [pneu'ma:tiko] ‹-ci, -che› **I.** *a* **1.** *gener.* Luft-; **2.** *tec* pneumatisch, Luftdruck-; **3.** *(gonfiabile)* aufblasbar; **martello ~** Preßlufthammer *m;* **pompa -a** Luftpumpe *f;* **II.** *m* Reifen *m;* **~ radiale** Gürtel-, Radialreifen *m.*

po' [pɔ] *adv fam* ein wenig, ein bißchen; **un ~ di ...** etwas ..., ein wenig ...; **un bel ~** ganz schön viel; **dimmi un ~!** sag mal!; **senti un ~!** hör mal (her)!

pochezza [pok'kettsa] *f* **1.** *fig (meschinità)* Kleinlichkeit *f;* **2.** *(scarsezza)* Knappheit *f,* Spärlichkeit *f;* **3.** *(modestia)* Bescheidenheit *f.*

pochino [po'ki:no] *m fam:* **un ~** ein bißchen.

poco, -a ['pɔ:ko] ‹-chi, -che; meno, pochissimo› **I.** *a* wenig, gering; *(debole)* schwach; *(piccolo)* gering, niedrig, klein; *(breve)* wenig, kurz; *(cattivo)* wenig, schlecht; **è -a cosa** das ist eine Kleinigkeit; **II.** *adv* wenig, nicht sehr; *(breve tempo)* kurz, nicht lange; *(con comparativo)* (nur) wenig, nicht viel; **~ dopo/prima** kurz darauf/vorher; **~ fa** eben, gerade; **fra ~** in Kürze, bald; **per ~** *(temporale)* kurz; *(a buon mercato)* billig, preiswert; *(quasi)* beinahe, fast; **a ~ a ~** nach und nach, allmählich; **di lì a ~** kurz darauf; **a dir ~** mindestens, wenigstens; **~ importa** das macht nichts; **~ male** auch gut, das macht nichts; **~ o nulla** so gut wie nichts; **sapere di ~** fade (*o* nach nichts) schmecken; **stare ~ bene** sich nicht (ganz) wohl fühlen; **III.** *m* Wenige(s) *n*, Geringe(s) *n;* **un ~** ein bißchen; **un ~ di . . .** ein wenig . . .; **essere un ~ di buono** *fam* ein Nichtsnutz (*o* Taugenichts) sein; **IV.** *pron* **1.** ‹*pl*› *(persone)* wenige; *(cose)* wenig; **2.** *(piccola quantità)* wenig, nicht viel; **essere in -chi** wenige sein; **c'è ~ da fare** da kann man nichts (mehr) machen; **meglio ~ che niente** *prov* besser wenig als gar nichts.

podere [po'de:re] *m* (Land)gut *n.*

poderoso, -a [pode'ro:so] *a* **1.** *(muscoli, braccia)* kräftig, stark; **2.** *(esercito)* mächtig; **3.** *fig* groß, gewaltig.

podestà [podes'ta] ‹-› *m (nel medioevo)* (mittelalterlicher) Stadtvogt *m; (nel periodo fascista)* Ortsvorsteher *m.*

podio ['pɔ:di̯o] ‹-i› *m* Tribüne *f,* Podium *n; mus* Dirigentenpult *n.*

podismo [po'dizmo] *m* Gehen *n,* Gehsport *m.* **podista** [po'dista] ‹-i *m,* -e *f*› *mf* Geher(in) *m(f).*

poema [po'ɛ:ma] ‹-i› *m* **1.** *lit* Dichtung *f;* **2.** *mus* Tondichtung *f;* **3.** *fig (scritto prolisso)* Roman *m;* **4.** *fig (cosa mirabile)* Gedicht *n; fam scherz (persona)* Wolke *f fam;* **~ epico/cavalleresco** Epos *n*/Ritterepos *n.* **poemetto** [poe'metto] *m* Kurzepos *n.*

poesia [poe'zi:a] ‹-ie› *f* **1.** *(genere)* Dichtung *f; (fig a.)* Poesie *f;* **2.** *(singolo componimento)* Gedicht *n;* **3.** *(complesso di opere)* Dichtung *f,* Gedichte *n pl.*

poeta, -tessa [po'ɛ:ta, poe'tessa] ‹-i, -e› *m, f* Dichter(in) *m(f),* Poet(in) *m(f).* **poetare** [poe'ta:re] *itr* dichten, Gedichte schreiben.

poetica [po'ɛ:tika] ‹-che› *f* Poetik *f.* **poetico, -a** [...ko] ‹-ci, -che› *a* poetisch, dichterisch, Dichtungs-; *(sentimentale a.)* schwärmerisch, sentimental.

poggiare [pod'dʒa:re] ‹poggio, poggi› **I.** *tr (appoggiare)* (an)lehnen; *(posare)* (hin)legen; **II.** *itr* **1.** *arch* stehen, ruhen; **2.** *fig* basieren, (sich) gründen; **III.** *rfl:* **-arsi** sich stützen, sich (an)lehnen. **poggiatesta** [...dʒa'tɛsta] ‹-› *m* Kopfstütze *f.*

poggio ['pɔddʒo] ‹-ggi› *m* Anhöhe *f,* Hügel *m.*

poi ['pɔ:i] *adv* **1.** *(dopo)* nachher; **2.** *(quindi)* dann, darauf; **3.** *(più tardi)* später; **4.** *(inoltre)* außerdem; **5.** *(enfatico)* dann (noch); **6.** *(posposto: infine)* schließlich, endlich; **~ dopo** dann, später; **no e ~ no** *fam* nein und nochmals nein; **tanto e ~ tanto** *fam* vielmals.

poiché [poi'ke] *con* da, weil.

pois [pwa] ‹-› *m* Tupfen *m;* **a ~** getüpfelt, getupft.

poker ['pɔ:ker] ‹-› *m* Poker(spiel) *n;* **giocare a ~** pokern, Poker spielen. **pokerista** [poke'rista] ‹-i *m,* -e *f*› *mf* Pokerspieler(in) *m(f).*

polacco, -a [po'lakko] ‹-cchi, -cche› **I.** *a* polnisch; **II.** *m, f* Pole *m,* Polin *f.*

polare [po'la:re] *a* Polar-, Pol-, polar; *(fig a.)* gegensätzlich. **polarità** [polari'ta] ‹-› *f* **1.** *phys* Polarität *f;* **2.** *fig* Polarität *f,* Gegensätzlichkeit *f.*

polarizzare [polarid'dza:re] **I.** *tr* **1.** *phys* polarisieren; **2.** *fig* lenken (*su* auf), richten (*su* auf); **II.** *rfl:* **-arsi 1.** *phys* polarisiert werden; **2.** *fig* sich orientieren (*su* an), sich richten (*su* nach).

polca ['pɔlka] ‹-che› *f* Polka *f.*

polemica [po'lɛ:mika] ‹-che› *f* Polemik *f; (controversia)* Auseinandersetzung *f,* Kontroverse *f;* **fare della ~** polemisieren. **polemico, -a** [...ko] ‹-ci, -che› *a* **1.** *(combattivo)* kämpferisch; **2.** *(proprio della polemica)* polemisch. **polemista** [pole'mista] ‹-i *m,* -e *f*› *mf* **1.** *(autore)* Verfasser(in) *m(f)* von Streitschriften; **2.** *(persona polemica)* Polemiker(in) *m(f).* **polemizzare** [...mid'dza:re] *itr* polemisieren (*su* gegen).

polenta [po'lɛnta] *f* Polenta *f (Maisbreigericht).*

polentone, -a [polen'to:ne] *m, f fam* lahme Ente *fam,* Lahmarsch *m vulg.*

poli- [poli-] *(in parole composte)* Mehr-, Viel-.

policlinico [-'kli:niko] ‹-ci› *m* Poliklinik *f.*

policromo, -a [po'li:kromo] *a* vielfarbig, mehrfarbig, bunt.

poliedrico, -a [-'ɛ:driko] ‹-ci, -che› *a* **1.** *fig (ingegno, mente)* vielseitig; **2.** *mat* vielflächig, polyedrisch. **poliedro** [-'ɛ:dro] *m* Vielflächner *m,* Polyeder *n.*

poliestere [-'ɛstere] *m* Polyester *m.*

polifase [-'fa:ze] *a* mehrphasig, Mehrphasen-.

polifonia [-fo'ni:a] ‹-ie› *f* Polyphonie *f,* Mehrstimmigkeit *f.*

poligamia [-ga'mi:a] ‹-ie› *f* Vielehe *f; (a. bot, zoo)* Polygamie *f.* **poligamo, -a** [po'li:gamo] **I.** *a* polygam; **II.** *m, f* Polygamist(in) *m(f).*

poliglotta [-'glɔtta] ‹-i *m,* -e *f*› **I.** *mf* Mehrsprachige(r) *mf,* Polyglotte(r) *mf geh;* **II.** *a* polyglott, mehrsprachig.

poligono [po'li:gono] *m* **1.** *mat* Vieleck *n,* Polygon *n;* **2.** *mil* Schießplatz *m.*

poligrafia [-gra'fi:a] *f* Vervielfältigung *f; (copia)* Abzug *m,* Kopie *f.*

polimerizzare [-merid'dza:re] *tr* polymerisieren. **polimero** [po'li:mero] *m* Polymer *n.*

polinomio [-'nɔ:mi̯o] ‹-i› *m* Polynom *n.*

polio ['pɔ:li̯o] ‹-› *f,* **poliomielite** [poli̯omie'li:te] *f* Kinderlähmung *f,* Polio(myelitis) *f scient.*

polipo ['pɔ:lipo] *m* **1.** *zoo* Polyp *m,* Krake *m;* **2.** *med* Polyp *m.*

polistirolo [-sti'rɔ:lo] *m* Polystyrol *n;* ~ **(espanso)** Styropor® *n.*
politecnico, -a [-'tɛkniko] **I.** *a* polytechnisch; **II.** *m* Polytechnikum *n.*
politeismo [-te'izmo] *m* Polytheismus *m,* Vielgötterei *f.*
politica [po'litika] ‹-che› *f* Politik *f; (fig a.)* Diplomatie *f;* ~ **del non intervento** Politik *f* der Nichteinmischung; ~ **interna/estera** Innen-/Außenpolitik *f;* ~ **finanziaria/sociale/salariale/dei prezzi** Finanz-/Sozial-/Lohn-/Preispolitik *f.*
politicante [politi'kante] *mf pej* Politisierer(in) *m(f).*
politicizzare [polititʃid'dza:re] *tr* politisieren.
politico, -a [po'li:tiko] ‹-ci, -che› **I.** *a* politisch; **elezioni -che** Parlamentswahlen *f pl;* **II.** *m, f* Politiker(in) *m(f).*
politologo, -a [poli'tɔ:logo] ‹-gi, -ghe› *m, f* Politologe *m,* -login *f,* Politikwissenschaftler(in) *m(f).*
polivalente [-va'lɛnte] *a* polyvalent, mehrwertig.
polizia [polit'tsi:a] ‹-ie› *f* Polizei *f; (commissariato a.)* Polizeiwache *f;* **agente di** ~ Polizeibeamte(r) *m;* ~ **giudiziaria/stradale** Gerichts-/Verkehrspolizei *f;* ~ **tributaria** Steuerfahndungsdienst *m.* **poliziesco, -a** [...'tsiesko] ‹-schi, -sche› *a* **1.** *adm* polizeilich, Polizei-; **2.** *lit, film* Kriminal-. **poliziotto** [...'tsiɔtto] *m* Polizist *m;* **cane** ~ Polizeihund *m;* **donna** ~ Polizistin *f.*
polizza ['pɔ:littsa] *f* Police *f;* ~ **casco** Kaskoversicherung *f;* **fare una** ~ eine Versicherung abschließen.
pollaio [pol'la:io] ‹-ai› *m* Hühnerstall *m.* **pollaiolo, -a** [...la'iɔ:lo] *m, f* Geflügelhändler(in) *m(f).* **pollame** [...'la:me] *m* Geflügel *n.* **pollastro, -a** [...'lastro] *m, f* **1.** *zoo* junges Huhn, junge Henne; **2.** *fig fam* Einfaltspinsel *m.* **polleria** [...le'ri:a] ‹-ie› *f* Geflügelhandlung *f.*
pollice ['pɔllitʃe] *m* **1.** *anat (della mano)* Daumen *m; (del piede)* großer (*o* dikker) Zeh; **2.** *(unità di misura)* Zoll *m;* **non cedere di un** ~ *fig* keinen Zoll(breit) zurückweichen; **avere il** ~ **verde** *fig* eine grüne Hand (*o* einen grünen Daumen) haben *fam.*
polline ['pɔlline] *m* Pollen *m,* Blütenstaub *m.*
pollivendolo, -a [polli'vendolo] *m, f* Geflügelhändler(in) *m(f).*
pollo ['pollo] *m* **1.** *zoo* Huhn *n; gastr* Hähnchen *n,* Hühnchen *n;* **2.** *fig (individuo ingenuo)* dummes Huhn *fam;* **conoscere i propri -i** *fig fam* seine Pappenheimer kennen; **questo fa ridere i -i** da lachen ja die Hühner! *fam.*
polluzione [pollut'tsio:ne] *f* **1.** *med* Pollution *f;* **2.** *(inquinamento)* Verschmutzung *f,* Verunreinigung *f.*
polmonare [polmo'na:re] *a* Lungen-.
polmone [pol'mo:ne] *m* **1.** *anat* Lunge *f;* **2.** *fig (di città)* (grüne) Lunge *f,* Grünzone *f;* ~ **d'acciaio** eiserne Lunge; **respirare/gridare a pieni -i** tief einatmen (*o* durchatmen)/aus voller Kehle schreien. **polmonite** [...mo'ni:te] *f* Lungenentzündung *f.*
polo[1] ['pɔ:lo] *m geog, phys, mat, el, fig* Pol *m;* ~ **nord/sud** Nord-/Südpol *m;* **da un** ~ **all'altro** *fig* überall auf der Welt; **essere ai -i opposti** *fig* gegensätzliche Positionen vertreten (*o* darstellen); **abitare** (*o* **stare**) **al** ~ **nord** *fig* wohnen, wo sich die Füchse gute Nacht sagen; am Ende der Welt wohnen.
polo[2] ['pɔ:lo] *m sport* Polo(spiel) *n.*
Polonia [po'lɔ:nia] *f* Polen *n.*
polpa ['polpa] *f (di frutto)* (Frucht)fleisch *n; (di carne)* (mageres, knochenloses) Fleisch *n.*
polpaccio [pol'pattʃo] ‹-cci› *m* Wade *f.*
polpastrello [polpas'trɛllo] *m* Fingerkuppe *f.*
polpetta [pol'petta] *f* **1.** *gastr* Fleischklößchen *n,* Frikadelle *f;* **2.** *(avvelenata)* (vergiftetes) Köderfleisch *n.* **polpettone** [...'to:ne] *m* **1.** *gastr* Hackbraten *m,* falscher Hase; **2.** *fig (scritto)* zusammengeschustertes Zeug; *(discorso a.)* wirres Zeug.
polpo ['polpo] *m* Krake *m,* Oktopus *m.*
polposo, -a [pol'po:so] *a* fleischig.
polsino [pol'si:no] *m* Manschette *f.*
polso ['polso] *m* **1.** *anat* Handgelenk *n;* **2.** *(di manica)* Manschette *f;* **3.** *fig (energia)* Tatkraft *f,* Energie *f;* **4.** *med* Puls(schlag) *m;* **un uomo di** ~ ein Mann *m* der Tat; **tagliarsi i -i** sich *(dat)* die Pulsadern aufschneiden; **sentire** (*o* **tastare**) **il** ~ **a qu** jdm den Puls fühlen.
poltiglia [pol'tiʎʎa] ‹-glie› *f* **1.** *(miscuglio)* Brei *m;* **2.** *(fango)* Schlamm *m;* **ridurre qu in** ~ jdn zu Brei schlagen *fam.*
poltrire [pol'tri:re] ‹poltrisco› *itr* **1.** *(starsene a letto)* sich im Bett rekeln; **2.** *fig* faulenzen, auf der faulen Haut liegen *fam.*
poltrona [pol'tro:na] *f* **1.** *(mobile)* Sessel *m;* **2.** *fig (carica)* (bequemer) Posten *m,* (gute) Stellung *f;* **3.** *theat* Parkettplatz *m.*
poltrone, -a [pol'tro:ne] **I.** *m, f* Faulenzer(in) *m(f);* **II.** *a* faul, träge.
polvere ['polvere] *f* **1.** *gener.* Staub *m;* **2.** *(sostanza)* Staub *m,* Pulver *n; mil* (Schieß)pulver *n;* **3.** *rel* Staub *m,* Asche *f;* ~ **da sparo** Schießpulver *n;* **in** ~ in Pulverform, Pulver-; **caffè in** ~ Pulverkaffee *m;* **togliere la** ~ Staub wischen; **mangiare la** ~ *fig* am Boden liegen, unterliegen; **far mangiare la** ~ **a qu** *fig fam* jdn überholen; **buttare** (*o* **gettare**) **la** ~ **negli occhi a qu** *fig* jdm Sand in die Augen streuen; **dare fuoco alle -i**

fig Öl ins Feuer gießen. **polveriera** [...'ri̯ɛ:ra] *f* **1.** *(magazzino)* Pulvermagazin *n,* Munitionsdepot *n;* **2.** *fig* Pulverfaß *n.* **polverina** [...'ri:na] *f* **1.** *med* Pulver *n;* Pülverchen *n fam;* **2.** *sl (cocaina)* Koks *m sl.*

polverizzare [polverid'dza:re] **I.** *tr* **1.** *(ridurre in polvere)* pulverisieren, zu Pulver zermahlen; **2.** *(nebulizzare)* zerstäuben; **3.** *fig (annientare)* vernichten, niedermachen; *(record)* brechen; **4.** *gastr* bestreuen, bestäuben; **II.** *rfl:* **-arsi** zu Staub werden. **polverizzatore** [...dza'to:re] *m* Zerstäuber *m,* Sprühgerät *n.*

polverone [polve'ro:ne] *m* dichte Staubwolke.

polveroso, -a [polve'ro:so] *a* staubig, staubbedeckt.

pomata [po'ma:ta] *f* Salbe *f,* Creme *f; (per capelli)* Pomade *f.*

pomello [po'mɛllo] *m* **1.** *(zigomo)* Jochbogen *m,* Zygoma *n;* **2.** *(oggetto sferico)* Knauf *m,* Knopf *m.*

pomeridiano, -a [pomeri'di̯a:no] *a* nachmittäglich, Nachmittags-.

pomeriggio [pome'riddʒo] ‹-ggi› *m* Nachmittag *m;* **di** ~ nachmittags; **domani/oggi** ~ morgen/heute nachmittag.

pomice ['po:mitʃe] ‹-ci› *f* Bimsstein *m;* **pietra** ~ Bimsstein *m.*

pomiciare [pomi'tʃa:re] ‹pomicio, pomici› *itr sl* knutschen *fam,* schmusen *fam.*

pomo ['po:mo] *m* **1.** *bot* Apfelfrucht *f;* **2.** *dial (mela)* Apfel *m;* **3.** *(oggetto sferico)* Kugel *f,* Knauf *m;* ~ **d'Adamo** Adamsapfel *m;* ~ **della discordia** Zankapfel *m.*

pomodoro [pomo'dɔ:ro] *m* Tomate *f;* **diventare rosso come un** ~ puterrot werden.

pompa[1] ['pompa] *f* **1.** *tec* Pumpe *f;* **2.** *fam* Tank-, Zapfsäule *f.*

pompa[2] ['pompa] *f (sfarzo)* Pomp *m,* Prunk *m;* ~ **funebre** Leichenbegängnis *n,* -bestattung *f;* **impresa di -e funebri** Bestattungsinstitut *n;* **mettersi in** ~ **magna** *scherz* sich in Schale werfen *fam.*

pompare [pom'pa:re] *tr* **1.** *gener.* pumpen; **2.** *fam (gonfiare)* aufpumpen; **3.** *fig fam (esagerare)* aufbauschen.

Pompei [pom'pɛ:i] *f* Pompeji *n.*

pompelmo [pom'pɛlmo] *m* Pampelmuse *f,* Grapefruit *f.*

pompiere [pom'pi̯ɛ:re] *m* Feuerwehrmann *m.*

pompon [pɔ̃'pɔ̃] ‹-› *m* Pompon *m,* Quaste *f.*

pomposo, -a [pom'po:so] *a* pompös, prunkvoll, prächtig; *mus* feierlich.

ponderare [ponde'ra:re] *tr* er-, abwägen, in Erwägung ziehen. **ponderato, -a** [...'ra:to] *a* **1.** *(discorso, decisione)* (wohl-, gut)überlegt; **2.** *(persona)* überlegt, besonnen. **ponderazione** [...rat'tsi̯o:ne] *f* Erwägung *f,* Überlegung *f.*

pone ['po:ne] *etc. v.* **porre.**

ponente [po'nɛnte] *m* **1.** *geog* Westen *m;* **2.** *(vento)* Westwind *m.*

pongo ['poŋgo] *pr di* **porre.**

poni ['po:ni] *etc. v.* **porre.**

ponte ['ponte] *m* **1.** *gener., tec, naut, fig, sport* Brücke *f; (fig a.)* Verbindung *f;* **2.** *(nell'edilizia)* (Bau)gerüst *n;* **3.** *mot* Achse *f;* **4.** *med* (Zahn)brücke *f;* **5.** *el* Brücke *f,* Schaltdraht *m;* ~ **levatoio/sospeso** Zug-/Hängebrücke *f;* ~ **aereo** Luftbrücke *f;* ~ **radio** (Rund)funkverbindung *f;* **gettare un** ~ *(a. fig)* eine Brücke schlagen; **rompere (***o* **tagliare) i -i** alle Brücken (hinter sich *dat*) abbrechen; **fare il** ~ an einem Tag zwischen zwei Feiertagen nicht arbeiten, ein langes Wochenende machen.

pontefice [pon'te:fitʃe] ‹-ci› *m* Papst *m.*

ponticello [ponti'tʃɛllo] *m* **1.** *(piccolo ponte)* Steg *m;* **2.** *(degli occhiali)* (Brillen)bügel *m;* **3.** *mus* Ponticello *n.*

pontificare [pontifi'ka:re] ‹pontifico, pontifichi› *itr* **1.** *rel* das Pontifikalamt zelebrieren; **2.** *fig* (auf übertriebene Art) dozieren. **pontificato** [...'ka:to] *m* Papsttum *n,* Papstwürde *f; (carica)* Pontifikat *n.* **pontificio, -a** [...'fi:tʃo] ‹-ci, -cie› *a* päpstlich, Papst-; **lo Stato P~** der Vatikanstaat.

pontile [pon'ti:le] *m* Landungssteg *m,* Landungsbrücke *f.*

pop [pɔp] ‹*inv*› *a* poppig; *(musica, cultura, etc.)* Pop-.

popò [po'pɔ] ‹-› *fam* **I.** *f (feci)* Aa *n fam;* **II.** *m (sedere)* Po(po) *m fam.*

popolano, -a [popo'la:no] **I.** *a* **1.** *(del popolo)* volkstümlich, Volks-; **2.** *(a sostegno del popolo)* zugunsten des Volkes, Volks-; **II.** *m, f* Mann *m,* Frau *f* aus dem Volk.

popolare[1] [popo'la:re] *a* **1.** *(del popolo)* Volks-; **2.** *(diffuso nel popolo)* Volks-, volkstümlich; **3.** *(noto)* populär, beliebt; **4.** *(divulgativo)* populär, allgemein verständlich; **canzone** ~ Volkslied *n.*

popolare[2] [popo'la:re] **I.** *tr* **1.** *(rendere abitato)* bevölkern, besiedeln; **2.** *(abitare)* bewohnen; **3.** *(riempire di gente)* bevölkern; **II.** *rfl:* **-arsi 1.** *(diventare popolato)* besiedelt (*o* bevölkert) werden; **2.** *(affollarsi)* sich bevölkern.

popolaresco, -a [popola'resko] ‹-schi, -sche› *a* volkstümlich.

popolarità [popolari'ta] ‹-› *f* Popularität *f,* Beliebtheit *f.*

popolazione [popolat'tsi̯o:ne] *f* **1.** *(quantità di persone)* Bevölkerung *f;* **2.** *(di un territorio)* Einwohner *m pl;* **3.** *(popolo)* Volk *n;* **4.** *zoo* Bewohner *m* *pl;* **5.** *(raggruppamento)* Bevölkerungsgruppe *f.*

popolino [popo'li:no] *m pej* niederes (*o* gemeines) Volk.

popolo ['pɔ:polo] *m* **1.** *(di un paese)* Volk *n; (di una città, regione)* Bevölkerung *f;* **2.** *(classe sociale)* Volk *n;* **3.** *(moltitudine)* Volksmenge *f,* Volksmasse *f;* **4.** *(sudditi)* Volk *n,* Untertanen *m pl.* **popoloso, -a** [popo'lo:so] *a* dichtbevölkert, dichtbesiedelt.

poppa ['poppa] *f* **1.** *naut* Heck *n;* **2.** *fam (mammella)* Brust *f.*

poppante [pop'pante] **I.** *a (bambino)* an der Mutterbrust trinkend; **II.** *mf* **1.** *(lattante)* Säugling *m;* **2.** *fig fam* Grünschnabel *m.* **poppare** [...'pa:re] *tr* saugen; *(bambino)* (an der Mutterbrust) trinken. **poppata** [...'pa:ta] *f* Milchmahlzeit *f.* **poppatoio** [...pa'to:i̯o] ‹-oi› *m* Fläschchen *n,* Milchflasche *f.*

porcaio [por'ka:i̯o] ‹-ai› *m* **1.** *vulg (luogo sudicio, immorale)* Saustall *m vulg; (porcheria)* Sauerei *f vulg;* **2.** *(guardiano di porci)* Schweinehirt *m.*

porcellana [portʃel'la:na] *f* Porzellan *n.*

porcellino [portʃel'li:no] *m* Ferkel *n;* ~ **d'India** Meerschweinchen *n.* **porcello, -a** [por'tʃɛllo] *m, f* **1.** *zoo* Schwein *n;* **2.** *fig fam* Ferkel *n fam.* **porcellone, -a** [...tʃel'lo:ne] *m, f fam* Ferkel *fam,* Schwein *n vulg.*

porcheria [porke'ri:a] ‹-ie› *f* **1.** *(sporcizia)* Dreck *m,* Schmutz *m;* **2.** *(pasto)* Schweinefraß *m fam; (bevanda)* Gesöff *n fam;* **3.** *fig (azione)* Schweinerei *f fam; (cosa brutta)* Häßlichkeit *f; (cosa sporca)* Schweinerei *f fam,* Schweinkram *m fam.*

porchetta [por'ketta] *f* Spanferkel *n.*

porcile [por'tʃi:le] *m* **1.** *(per maiali)* Schweinestall *m;* **2.** *fig pej* Schweinestall *m,* Saustall *m vulg.*

porcino, -a [por'tʃi:no] **I.** *a* Schweins-, Schweine-, schweinsartig; **II.** *m* Steinpilz *m.*

porco, -a ['pɔrko] ‹-ci, -che› **I.** *m* **1.** *zoo* Schwein *n;* **2.** *fig pej* Schwein *n,* Sau *f vulg;* **3.** *fig vulg (persona viziosa)* Schweinehund *m vulg,* Saukerl *m vulg;* **gettar le perle ai -ci** *fig* Perlen vor die Säue werfen; **II.** *a* **1.** *pej (schifoso)* widerlich, ekelhaft; **2.** *vulg (in esclamazioni)* beschissen *vulg,* Sau- *vulg,* Scheiß- *fam;* **-a miseria!** *fam* verfluchte Schweinerei! *vulg;* ~ **Giuda!** *fam* zum Teufel noch mal! *fam.*

porcospino [porkos'pi:no] *m* **1.** *zoo* Stachelschwein *n;* **2.** *fig* Kratzbürste *f.*

porgere ['pɔrdʒere] ‹porgo, porgi, porsi, porto› *tr* **1.** *(dare)* geben, reichen; **2.** *(esporre)* darlegen, vortragen; **3.** *fig* (an)bieten; ~ **la mano** die Hand geben (*o* reichen); ~ **l'occasione** (die) Gelegenheit geben; ~ **ascolto a qu** jdm Gehör schenken, jdm zuhören.

pornografia [pornogra'fi:a] *f* Pornographie *f.* **pornografico, -a** [...'gra:fiko] *a* pornographisch.

poro ['pɔ:ro] *m* Pore *f;* **sprizzare gioia/salute/rabbia/veleno da tutti i -i** außer sich *(dat)* sein vor Freude/vor Gesundheit strotzen/vor Wut schäumen/Gift und Galle spucken. **poroso, -a** [po'ro:so] *a* **1.** *(pelle)* (groß)porig; **2.** *(roccia, legno)* porös.

porpora ['porpora] *f (a. fig)* Purpur *m.*

porre ['porre] ‹pongo, posi, posto› **I.** *tr* **1.** *(mettere)* legen; *(collocare, posare)* stellen, legen, setzen; **2.** *(questione, domanda, etc.)* richten, stellen; **3.** *mat* (gleich)setzen; **4.** *fig (supporre)* annehmen; **5.** *jur* voraussetzen, annehmen; **6.** *(considerare)* erwägen; **7.** *(fine, termine)* machen, setzen; **8.** *(occhi, sguardo, etc.)* heften (*su* auf); ~ **fiducia in qu** Vertrauen in jdn setzen, jdm Vertrauen schenken; ~ **freno** Einhalt gebieten; **senza ~ tempo di mezzo** unverzüglich, sofort; **poniamo che sia errato** nehmen wir an, daß es falsch ist; **II.** *rfl:* **-orsi 1.** *(mettersi)* sich setzen, sich stellen, sich legen; **2.** *(accingersi)* sich anschicken; **-orsi a sedere** sich (hin)setzen; **-orsi in cammino/salvo** sich aufmachen, sich auf den Weg machen/sich in Sicherheit bringen.

porro ['pɔrro] *m* **1.** *bot* Lauch *m,* Porree *m;* **2.** *med fam* Warze *f.*

porsi ['pɔrsi] *p rem di* **porgere.**

porta ['pɔrta] *f* **1.** *(apertura)* Tür *f;* **2.** *(portone)* Tor *n,* Pforte *f;* **3.** *sport* Tor *n;* **4.** *naut* Luke *f;* **a -e chiuse** *jur* unter Ausschluß der Öffentlichkeit; **prendere la** ~ *fam* fortgehen; **sfondare una ~ aperta** *fig* offene Türen einrennen; **essere alle -e** *fig* vor der Tür stehen; **mettere qu alla** ~ jdn vor die Tür setzen; **indicare la ~ a qu** *fig* jdm die Tür weisen *geh,* jdn hinauswerfen; **chiudere la ~ in faccia a qu** jdm die Tür vor der Nase zuschlagen; **ha tutte le -e aperte** ihm (*o* ihr) stehen alle Türen offen.

portabagagli [portaba'gaʎʎi] ‹-› *m* **1.** *(per veicoli)* (Dach)gepäckträger *m; (per biciclette)* Gepäckständer *m;* **2.** *(facchino)* Gepäckträger *m.* **portabandiera** [-bandi̯ɛ:ra] ‹-› *mf* **1.** *fig (esponente principale)* Anführer(in) *m(f),* Hauptvertreter(in) *m(f);* **2.** *mil* Fahnenträger(in) *m(f).* **portabiancheria** [-bi̯aŋke'ri:a] ‹-› *m* Wäscheständer *m.* **portabottiglie** [-bo'tiʎʎe] ‹-› *m* Flaschengestell *n.* **portaburro** [-'burro] ‹-› *m* Butterdose *f.* **portacarte** [-'karte] ‹-› *m* Mappe *f,* Ordner *m.* **portacenere** [-'tʃe:nere] ‹-› *m* Aschenbecher *m.* **portachiavi** [-'ki̯a:vi] ‹-› *m* Schlüsselring *m,*

-bund *m.* **portacipria** [-ˈtʃiːpri̯a] ‹-› *m* Puderdose *f.* **portadischi** [-ˈdiski] ‹-› *m* (Schall)plattenständer *m.* **portadolci** [-ˈdoltʃi] ‹-› *m* Kuchenteller *m,* -platte *f.* **portaerei** [-ˈɛːrei] ‹-› *f* Flugzeugträger *m.* **portafinestra** [-fiˈnɛstra] ‹portefinestre› *f* Balkontür *f.* **portafiori** [-ˈfi̯oːri] ‹-› *m* Blumenständer *m.*

portafoglio [-ˈfɔʎʎo] *m* **1.** *(per denaro)* Geldtasche *f; (per carte)* Brieftasche *f;* **2.** *(per documenti)* Aktentasche *f;* **3.** *fig pol* Portefeuille *n,* Geschäftsbereich *m;* **4.** *fin* Wertpapierbestand *m;* ~ **estero** Devisenbestand *m;* **alleggerire il ~ a qu** jdn um sein Geld bringen, jdm das Geld aus der Tasche ziehen.

portafortuna [-forˈtuːna] **I.** ‹*inv*› *a* Glücks-; **II.** ‹-› *m* Glücksbringer *m,* Maskottchen *n,* Talisman *m.*

portafrutta [-ˈfrutta] ‹-› *m* Obstteller *m,* -schale *f.* **portagioie, portagioielli** [-ˈdʒɔːi̯e, -dʒoˈi̯ɛlli] ‹-› *m* Schmuckkästchen *n,* -schatulle *f.*

portale [porˈtaːle] *m* Portal *n.*

portalettere [-ˈlɛttere *o* -ˈlet...] *mf* Briefträger(in) *m(f),* Postbote *m,* -botin *f.* **portamatite** [-maˈtiːte] ‹-› *m* Bleistiftmäppchen *n,* -etui *n.*

portamento [portaˈmento] *m* Haltung *f.*

portamonete [-moˈneːte] ‹-› *m* Portemonnaie *n,* Geldbörse *f.*

portantina [portanˈtiːna] *f* **1.** *(per ammalati)* (Trag)bahre *f,* Trage *f;* **2.** *(sedia portatile)* Sänfte *f,* Tragsessel *m.*

portaombrelli [-omˈbrɛlli] ‹-› *m* Schirmständer *m.* **portapacchi** [-ˈpakki] ‹-› *m* Gepäckträger *m.* **portapenne** [-ˈpenne] ‹-› *m* **1.** *(astuccio)* Federetui *n,* Federmäppchen *n;* **2.** *(asticciola)* Federhalter *m.* **portaposate** [-poˈsaːte] ‹-› *m* Besteckkasten *m.*

portare [porˈtaːre] **I.** *tr* **1.** *(trasportare)* tragen; *(recare)* bringen; *(portare in regalo)* mitbringen; *(andare a prendere)* holen; *(accostare)* näher bringen; *(portare con sé)* mit sich *(dat)* tragen, mit sich *(dat)* bringen, (bei sich *dat*) haben; *(far venire)* herführen, mit sich *(dat)* führen, bringen; **2.** *(spostare)* verlegen, verschieben, rücken; **3.** *(indossare)* tragen, anhaben; **4.** *(reggere, tenere)* halten, tragen; **5.** *(condurre)* führen; *(veicoli)* fahren, lenken; *(animali)* führen, treiben; **6.** *(avere)* haben, tragen; **7.** *(mostrare)* aufweisen, tragen; **8.** *(indurre)* (hin)treiben, bringen; **9.** *(addurre)* (an)bringen, aufführen; *(prova)* erbringen; *(esempio)* anführen; **10.** *(produrre)* hervorbringen, mit sich *(dat)* bringen; *(causare)* verursachen; **11.** *(sostenere)* unterstützen; **12.** *(trasmettere)* überbringen, übertragen; *mat* übertragen; **13.** *fig (amore)* empfinden; *(rancore)* hegen; *(rispetto)* entgegenbringen; *(pazienza)* aufbringen; ~ **su/giù/dentro/fuori/via/avanti** hinauf-/hinunter-/hinein-/heraus-/weg-/vorantragen; ~ **gli occhiali** eine Brille tragen; ~ **in dote/in regalo** als Aussteuer/Geschenk mitbringen; ~ **in tavola** auftischen, auftragen; ~ **a spasso qu** jdn spazierenführen; ~ **bene/male gli anni** für sein Alter gut/schlecht aussehen; ~ **bene** (*o* **fortuna)/male** (*o* **sfortuna) a qu** jdm Glück/Unglück bringen; **II.** *rfl:* **-arsi 1.** *(recarsi)* sich begeben; **2.** *(spostarsi)* rücken.

portariviste [-riˈviste] ‹-› *m* Zeitungsständer *m.* **portasapone** [-saˈpoːne] ‹-› *m* Seifendose *f,* -schale *f.* **portasci** [-ʃˈʃi] *m* Skiträger *m.* **portasigarette** [-sigaˈrette] ‹-› *m* Zigarettenetui *n.* **portaspilli** [-sˈpilli] ‹-› *m* Nadelkissen *n.*

portata [porˈtaːta] *f* **1.** *(di pranzo)* Gang *m;* **2.** *(capacità di carico)* Tragfähigkeit *f,* Ladefähigkeit *f;* **3.** *opt* Sehweite *f; mil* Reichweite *f,* Schußweite *f;* **4.** *(di fiume)* Wassermenge *f;* **5.** *fig (importanza)* Tragweite *f,* Bedeutung *f;* **un prezzo alla ~ di tutte le borse** ein Preis, der für jeden erschwinglich ist; **a ~ di mano** in Reichweite.

portatessera [-ˈtɛssera] ‹-› *m* Ausweishülle *f.*

portatile [porˈtaːtile] *a (televisione)* tragbar; *(macchina da scrivere)* Reise-; *(radio)* Koffer-.

portato, -a [porˈtaːto] *a:* **essere ~ per qc** für etw. begabt sein.

portatore, -trice [portaˈtoːre] *m, f* **1.** *(addetto al trasporto)* Träger(in) *m(f);* **2.** *med* (Über)träger(in) *m(f);* **3.** *fin* Überbringer(in) *m(f);* **4.** *com (possessore)* Inhaber(in) *m(f);* **titolo al ~** Inhaberpapier *n,* -aktie *f.*

portatovagliolo [-tovaʎˈʎɔːlo] *m (busta)* Serviettentasche *f; (anello)* Serviettenring *m.* **portauova, portauovo** [-ˈu̯ɔːva, ...vo] ‹-› *m* Eierbecher *m.* **portavoce** [-ˈvoːtʃe] ‹-› *mf* Sprecher(in) *m(f),* Wortführer(in) *m(f).*

portefinestre *pl di* **portafinestra.**

portello [porˈtɛllo] *m* **1.** *(sportello)* (Schrank)flügel *m;* **2.** *naut* Luke *f.*

portento [porˈtɛnto] *m* **1.** *(avvenimento straordinario)* Wunder *n,* außergewöhnliches Ereignis; **2.** *(cosa eccezionale)* Wunder(ding) *n;* **3.** *(persona eccezionale)* außergewöhnlicher Mensch, Genie *n.* **portentoso, -a** [...tenˈtoːso] *a* außergewöhnlich, wunderbar, sagenhaft *fam.*

porticato [portiˈkaːto] *m* Laubengang *m,* Arkaden *f pl.* **portico** [ˈpɔrtiko] ‹-ci› *m* Lauben-, Säulen-, Bogengang *m.*

portiera [porˈti̯ɛːra] *f* Wagen-, Autotür *f.*

portiere, -a [porˈti̯ɛːre] *m, f* **1.** *(portinaio)* Portier *m,* Portiersfrau *f,* Pförtner(in) *m(f);* **2.** *sport* Torwart *m.*

portinaio, -a [porti'na:i̯o] ‹-ai, -aie› *m, f* Portier *m,* Portiersfrau *f,* Pförtner(in) *m(f).* **portineria** [...ne'ri:a] ‹-ie› *f* Portier(s)loge *f.*

porto[1] ['pɔrto] *pp di* **porgere.**

porto[2] ['pɔrto] *m* **1.** *(d'armi)* Waffenschein *m;* **2.** *(spesa di trasporto)* Porto *n;* **franco di ~** portofrei, gebührenfrei.

porto[3] ['pɔrto] *m* **1.** *naut* Hafen *m; (rifugio)* Zuflucht *f;* **2.** *fig (punto d'arrivo)* Ziel *n,* Ende *n;* **~ di mare** *fig* Rummelplatz *m,* Durcheinander *n;* **giungere in ~** *fig* am Ziel ankommen; **condurre in ~ un affare** *fig* eine Angelegenheit abschließen.

Portogallo [porto'gallo] *m:* **il ~** Portugal *n.* **portoghese** [...'ge:se] **I.** *a* portugiesisch; **II.** *mf* Portugiese *m,* Portugiesin *f.*

portone [por'to:ne] *m* Portal *n,* Tor *n,* Haupteingang *m.*

portuale [portu'a:le] *m* Hafenarbeiter *m.*

porzione [por'tsi̯o:ne] *f* (An)teil *m; (di cibo)* Portion *f.*

posa ['pɔ:sa] *f* **1.** *(sosta)* Unterbrechung *f;* **2.** *(collocazione)* Aufstellung *f,* Anbringung *f;* **3.** *fot* Belichtung *f; (ripresa)* Zeitaufnahme *f; (fotografia)* Bild *n,* Aufnahme *f;* **4.** *(atteggiamento)* Pose *f,* Positur *f.*

posacenere [posa'tʃe:nere] ‹-› *m* Aschenbecher *m.*

posare [po'sa:re] **I.** *tr* **1.** *(metter giù)* niederstellen, hinstellen, -legen, absetzen; **2.** *(appoggiare)* (hin)legen, aufstützen; **II.** *itr* **1.** *(poggiare)* ruhen, stehen, liegen; **2.** *(stare in posa)* posieren; **3.** *fig (darsi delle arie)* sich aufspielen, sich wichtig machen; **4.** *fig (fondarsi)* sich stützen, beruhen; **III.** *rfl:* **-arsi** sich niederlassen.

posata [po'sa:ta] *f* Besteck *n.*

posatezza [posa'tettsa] *f* Bedächtigkeit *f,* Gesetztheit *f.* **posato, -a** [po'sa:to] *a* bedächtig, gesetzt; *(equilibrato)* ausgeglichen.

poscritto [pos'kritto] *m* Postskript(um) *n,* Nachschrift *f.*

posi ['po:si] *p rem di* **porre.**

positiva [pozi'ti:va] *f* Positiv *n.*

positivo, -a [pozi'ti:vo] **I.** *a* **1.** *mat, fot, med, el, phys* positiv; **2.** *gram* im Positiv; **3.** *(reale)* wirklich, konkret, real; *(certo)* sicher, gewiß; **4.** *(pratico)* praktisch; **5.** *(affermativo)* positiv, bejahend, bestätigend; *(favorevole a.)* günstig; **II.** *m* Positive(s) *n; (ciò che esiste)* Wirkliche(s) *n,* Konkrete(s) *n; (ciò che è sicuro)* Sichere(s) *n,* Gewisse(s) *n.*

posizione [pozit'tsi̯o:ne] *f* **1.** *gener., geog, astr* Lage *f,* Position *f; (a. mil, tec)* Stellung *f; sport* Stellung *f,* Position *f; (ubicazione)* Lage *f,* Standort *m;* **2.** *(atteggiamento del corpo)* Haltung *f;* **3.** *(collocazione)* Anordnung *f,* Aufstellung *f;* **4.** *fig (stato, condizione)* Lage *f,* Stellung *f; (situazione)* Situation *f,* Umstand *m,* Stand *m;* **5.** *fig (grado sociale)* Position *f;* **6.** *fig (convinzione)* Standpunkt *m,* Überzeugung *f,* Position *f;* **farsi una ~** etwas werden.

posologia [pozolo'dʒi:a] ‹-gie› *f* Dosierungsanweisung *f.*

posporre [pos'porre] ‹*irr*› *tr* **1.** *(collocare dopo)* nach-, zurückstellen; **2.** *(differire)* ver-, aufschieben.

possa ['pɔssa] *etc. v.* **potere.**

possedere [posse'de:re] ‹*irr*› *tr (ricchezze, ville, cose, etc.)* besitzen, haben; *(virtù, bellezze, etc. a.)* verfügen über; *(lingua, mestiere)* beherrschen. **possedimento** [...di'mento] *m* Ländereien *f pl,* Besitztum *n; pol* Hoheitsgebiet *n.*

posseditrice *f v.* **possessore.**

possente [pos'sɛnte] *a* mächtig, stark, groß.

possessivo, -a [posses'si:vo] *a* **1.** *gram* besitzanzeigend, Possessiv-; **2.** *fig* besitzergreifend; **aggettivo/pronome ~** besitzanzeigendes Adjektiv/Possessivpronomen *n.*

possesso [pos'sɛsso] *m* **1.** *(il possedere)* Besitz *m;* **2.** *(padronanza)* Beherrschung *f;* **3.** ‹*pl*› *(proprietà terriera)* Ländereien *f pl; pol* Kolonialbesitz *m,* Hoheitsgebiet *n;* **presa di ~** Inbesitznahme *f;* **essere nel pieno ~ delle proprie facoltà mentali** im Vollbesitz seiner geistigen Kräfte sein; **entrare** (*o* **venire**) **in ~ di qc** in den Besitz einer S. *(gen)* kommen. **possessore, posseditrice** [posses'so:re, ...edi'tri:tʃe] *m, f* Besitzer(in) *m(f),* Inhaber(in) *m(f).*

possiamo [pos'si̯a:mo] *etc. v.* **potere.**

possibile [pos'si:bile] **I.** *a* **1.** *(eventuale)* möglich; **2.** *(fattibile)* möglich, durchführbar; **3.** *(probabile)* wahrscheinlich; **4.** *(pensabile)* möglich, denkbar; **5.** *(con superlativi e comparativi)* möglichst; **al più presto ~** so bald wie möglich; **II.** *m* Mögliche(s) *n;* **nei limiti del ~** im Rahmen des Möglichen. **possibilità** [possibili'ta] ‹-› *f* Möglichkeit *f.* **possibilmente** [...l'mente] *adv (se possibile)* möglicherweise, wenn möglich.

possidente [possi'dɛnte] *mf* Besitzer(in) *m(f); (di immobili)* Grundbesitzer(in) *m(f).*

posso ['pɔsso] *pr di* **potere.**

posta ['pɔsta] *f* **1.** *adm* Post *f; (ufficio)* Post *f,* Postamt *n;* **2.** *(corrispondenza)* Post *f,* Korrespondenz *f;* **3.** *(nei giochi)* (Spiel)einsatz *m;* **4.** *(di giornale)* Leserbriefrubrik *f;* **5.** *hist* Postkutsche *f;* **~ aerea** Luftpost *f;* **~ pneumatica** Rohrpost *f;* **la ~ del cuore** *(nei giornali)* Rubrik *f (o* Spalte *f)* für Ratsuchende, Kummerkasten *m fam;* **spedire per ~** mit der Post schicken; **a bella ~** absichtlich, mit Absicht. **postagiro** [posta'dʒi:ro] *m* Postschecküberweisung *f.* **postale** [pos'ta:le] **I.** *a* Post-, postalisch; **II.** *m naut* Postschiff *n; (corriera)* Postbus *m,* Postauto *n; ferr* Postzug *m; aero* Postflugzeug *n.*

postbellico, -a [post'bɛlliko] *a* Nachkriegs-.

postdatare [postda'ta:re] *tr* vor(aus)datieren.

posteggiare [posted'dʒa:re] ‹posteggio, posteggi› *tr, itr* parken. **posteggiatore, -trice** [...dʒa'to:re] *m, f* Parkwächter(in) *m(f).* **posteggio** [...'teddʒo] ‹-ggi› *m* **1.** *(luogo)* Parkplatz *m;* **2.** *(operazione)* Parken *n;* **divieto di ~** Parkverbot *n;* **~ a pagamento** gebührenpflichtiger Parkplatz.

postelegrafonico, -a [postelegra'fɔ:niko] ‹-ci, -che› **I.** *a* Post-, Telegraphen- und Telefon-; **II.** *m, f* Post-, Telegraphen- und Telefonangestellte(r) *mf.*

posteri ['pɔsteri] *m pl* Nachkommen *m pl.*

posteriore [poste'ri̯o:re] **I.** *a* **1.** *(spazio)* hintere(r, s), Hinter-, rückwärtig; **2.** *(tempo)* später, nachfolgend; **3.** *(arto)* Hinter-; **II.** *m fam scherz (sedere)* Hintern *m fam.*

posterità [posteri'ta] ‹-› *f* Nachwelt *f; (discendenza)* Nachkommenschaft *f.*

postfazione [postfat'tsi̯o:ne] ‹-i› *f* Nachwort *n.*

posticcio, -a [pos'tittʃo] ‹-cci, -cce› *a* künstlich, falsch.

posticipare [postitʃi'pa:re] *tr* verschieben, aufschieben; *(seduta, etc.)* vertagen. **posticipato, -a** [...'pa:to] *a, adv* nachträglich.

postilla [pos'tilla] *f* Anmerkung *f,* Randbemerkung *f.*

postino, -a [pos'ti:no] *m, f* Briefträger(in) *m(f),* Postbote *m,* -botin *f.*

postmoderno, -a [postmo'dɛrno] *a* postmodern.

posto ['posto] *m* **1.** *(luogo)* Platz *m,* Ort *m,* Stelle *f; (zona a.)* Gebiet *n,* Gegend *f; (sedile)* (Sitz)platz *m;* **2.** *(posizione)* Rang *m,* Stellung *f; mil* Posten *m;* **3.** *(impiego)* Stelle *f,* (An)stellung *f;* **4.** *(locale)* Lokal *n;* **5.** *(situazione)* Lage *f,* Stelle *f;* **~ di blocco** *ferr* Blockstelle *f; adm* Polizeisperre *f;* **~ di controllo** Kontrollstelle *f,* -punkt *m;* **~ di guida** Fahrer-, Führersitz *m;* **~ di polizia** Polizeiwache *f,* -revier *n;* **~ in piedi/a sedere** Steh-/Sitzplatz *m;* **essere a ~** in Ordnung sein; **mettere a ~** *(a. fig)* in Ordnung bringen; **mettere la testa a ~ a qu** jdm den Kopf zurechtrücken *fam;* **mettersi a ~** *(rassettarsi)* sich zurechtmachen; *(trovare un lavoro)* sich *(dat)* eine Arbeitsstelle verschaffen; *(formare una famiglia)* eine Familie gründen; **tenere le mani/la lingua a ~** die Hände ruhig halten/seine Worte unter Kontrolle haben; **avere la testa a ~** vernünftig (*o* weise) sein; **stare al proprio ~** *fig* sich gut benehmen; **far ~ a qu** jdm Platz machen; **mandare qu in quel ~** *fam* jdn zum Teufel jagen *fam;* **al ~ di qu** an jds Stelle; **sul ~** an Ort und Stelle; **-i esauriti** ausverkauft.

posto, -a ['posto] **I.** *pp di* **porre; II.** *a* **1.** *(collocato)* aufgestellt; **2.** *(supposto)* angenommen; **~ che ...** *conj* angenommen, daß ...

postoperatorio, -a [postopera'tɔ:ri̯o] *a* postoperativ.

postribolo [pos'tri:bolo] *m* Bordell *n,* Freudenhaus *n.*

postscriptum [post'skriptum] ‹-› *m (ab* **P.S.**) Postskriptum *n.*

postulato [postu'la:to] *m* Postulat *n.*

postumo, -a ['pɔstumo] **I.** *a* post(h)um; **II.** *m* **1.** *med* Nachwirkung *f;* **2.** ‹*pl*› *(conseguenze)* Folgen *f pl,* Folgeerscheinungen *f pl.*

potabile [po'ta:bile] *a* Trink-, trinkbar.

potare [po'ta:re] *tr* beschneiden, stutzen.

potassio [po'tassi̯o] *m* Kalium *n.*

potente [po'tɛnte] *a* **1.** *(stato, persona)* mächtig; *(di forza fisica)* stark, kräftig; *(energico)* stark, heftig, energisch; *(efficace)* wirksam, stark; **2.** *fam (di grande effetto)* sehr wirkungsvoll; **3.** *med* potent, zeugungsfähig; **4.** *tec* leistungsfähig.

potenza [po'tɛntsa] *f* **1.** *(potere, autorità)* Macht *f,* Gewalt *f; mil* Stärke *f,* Schlagkraft *f; (forza fisica)* Kraft *f,* Stärke *f; phys* Kraft *f,* Leistung *f; tec, el, mot* Leistung *f;* **2.** *med, mat* Potenz *f;* **3.** *(intensità)* Intensität *f,* Heftigkeit *f; (efficacia)* Wirksamkeit *f;* **4.** *pol* Macht *f;* **5.** *fig (capacità)* Kraft *f,* Vermögen *n;* **le grandi -e** die Großmächte *f pl;* **in ~** potentiell.

potenziale [poten'tsi̯a:le] **I.** *a* potentiell; *philos, gram* potential; **II.** *m phys, el, fig* Potential *n; (phys a.)* Leistungsfähigkeit *f.*

potenziamento [potentsi̯a'mento] *m* Steigerung *f,* Ausbau *m,* Erweiterung *f; mil (di missili)* Nachrüstung *f.* **potenziare** [...'tsi̯a:re] ‹potenzio, potenzi› *tr* verstärken, ausbauen, erweitern.

potere [po'te:re] ‹posso, potei, potuto› **I.** *itr* **1.** *(avere la possibilità)* können; *(riuscire)* vermögen, imstande sein, in der Lage sein; **2.** *(avere il permesso)* dürfen, können; **3.** *(dovere)* müssen, sollen; **4.** *(essere probabile)* können, mögen; **5.** *(osare)* wagen, können; **6.** *(avere influenza)* vermögen; **si può fare** das läßt sich machen; **non si può** es geht nicht; **si può?** ist es gestattet?, darf ich?; **può darsi che ...** *conj* es könnte sein, daß ...; **non ne posso più** ich kann nicht mehr; **II.** *m* **1.** *(possibilità)* Können *n*, Vermögen *n*; *(capacità)* Fähigkeit *f*; *(facoltà)* Möglichkeit *f*, Fähigkeit *f*; **2.** *(virtù)* Kraft *f*, Macht *f*; **3.** *(influenza)* Einfluß *m* (*su* auf), Macht *f* (*su* über); *(pol, possesso)* Macht *f*, Gewalt *f*; *(comando)* Macht *f*; *jur* Gewalt *f*; *phys* Kraft *f*; ~ **d'acquisto** Kaufkraft *f*; **pieni -i** Vollmacht *f*; **essere al** ~ an der Macht sein.

potestà [potes'ta] ‹-› *f* Befugnis *f*, Gewalt *f*.

poveraccio, -a [pove'rattʃo] ‹-cci, -cce› *m, f* armer Teufel *fam*.

povero, -a ['pɔ:vero] **I.** *a* **1.** *(misero)* arm, armselig, elend; **2.** *(frugale)* einfach, genügsam; **3.** *(scarso)* spärlich, dürftig; *(disadorno)* schmucklos, einfach; *(vuoto)* leer, arm; **4.** *(privo)* arm (*di* an); **5.** *(infelice)* unglücklich, unglückselig; **6.** *(defunto)* selig; ~ **te, se ti pesco!** *fam* wehe dir, wenn ich dich erwische!; ~ **in canna** bettelarm, arm wie eine Kirchenmaus; **un** ~ **diavolo** ein armer Teufel *fam*; **in parole -e** mit einfachen Worten; **II.** *m, f* Arme(r) *mf*.

povertà [pover'ta] ‹-› *f* **1.** *(indigenza)* Armut *f*; **2.** *(mancanza)* Armut *f* (*di* an), Mangel *m* (*di* an).

pozione [pot'tsi̯o:ne] *f* Zaubertrank *m*.

pozza ['pottsa] *f* *(d'acqua)* Pfütze *f*; *(di sangue)* (Blut)lache *f*.

pozzanghera [pot'tsaŋgera] *f* (Wasser)pfütze *f*.

pozzetto [pot'tsetto] *m* **1.** *(nelle fognature)* Gully *m*, Abfluß *m*; **2.** *naut* Plicht *f*, Cockpit *n*.

pozzo ['pottso] *m* **1.** *(per estrarre acqua)* Brunnen *m*; **2.** *min* Schacht *m*, Grube *f*; *(di petrolio)* Bohrloch *n*; *(~ nero)* Kloake *f*, Senkgrube *f*; **3.** *fig (grande quantità)* Unmenge *f*; **essere un** ~ **di scienza** ein Wunder an Gelehrsamkeit sein; **essere un** ~ **senza fondo** *fig* ein Faß ohne Boden sein.

pp. *ab di* **pagine** Seiten.

Praga ['pra:ga] *f* Prag *n*.

pragmatico, -a [prag'ma:tiko] ‹-ci, -che› *a* pragmatisch.

prammatica [pram'ma:tika] *f*: **di** ~ obligat, üblich; *(prescritto)* vorgeschrieben. **prammatico, -a** [...ko] ‹-ci, -che› *a* praktisch, pragmatisch.

pranzare [pran'dza:re] *itr* zu Mittag essen.

pranzo ['prandzo] *m* (Mittag)essen *n*; **all'ora di** ~ zur Mittagszeit; **dopo** ~ nach dem (Mittag)essen.

prassi ['prassi] ‹-› *f* **1.** *(procedura corrente)* Gepflogenheit *f*; **2.** *(pratica)* Praxis *f*.

prateria [prate'ri:a] ‹-ie› *f* Prärie *f*.

pratica ['pra:tika] ‹-che› *f* **1.** *(attività)* Praxis *f*; *pej* Praktik *f*; **2.** *(esperienza)* Erfahrung *f* (*di* mit); **3.** *adm* Vorgang *m* *adm*, Akte *f*; ‹*pl*› *(atti)* Akten *f pl*, Dokumente *n pl*; **4.** *(usanza)* Brauch *m*, Sitte *f*; *(rel a.)* Handlung *f*, Übung *f*; **5.** *(tirocinio)* Lehre *f*; **acquistare** (*o* **prendere**) ~ Übung bekommen; **far** ~ **da un barbiere** eine Friseurlehre machen; **mettere in** ~ in die Praxis umsetzen; **in** ~ in der Praxis.

praticabile [prati'ka:bile] **I.** *a* **1.** *(che si può praticare)* ausführbar, anwendbar; **2.** *(terreno)* begehbar; *(strada)* befahrbar; **II.** *m* Praktikabel *n*.

praticamente [pratika'mente] *adv* **1.** *(in effetti)* im Grunde, praktisch; **2.** *(in modo pratico)* praktisch.

praticante [prati'kante] **I.** *a rel* praktizierend; **II.** *mf* Praktikant(in) *m(f)*. **praticare** [...'ka:re] ‹pratico, pratichi› *tr* **1.** *(mettere in pratica)* in die Praxis umsetzen, praktizieren; **2.** *(fare)* machen, durchführen; *(esercitare)* ausüben, betreiben; *med* praktizieren; *(seguire)* (aus)üben; **3.** *(frequentare)* besuchen, frequentieren; *pej* Umgang haben mit, verkehren mit.

praticità [pratitʃi'ta] ‹-› *f* **1.** *(comodità)* Bequemlichkeit *f*; **2.** *(l'essere pratico)* Zweckmäßigkeit *f*, Handlichkeit *f*.

pratico, -a ['pra:tiko] ‹-ci, -che› *a* **1.** *(metodo, problema, consiglio)* praktisch; **2.** *(carattere, persona)* praktisch (veranlagt), geschickt; *(operaio)* erfahren (*di* in); *(conoscitore)* kundig (*di qc* einer S. *gen*); **3.** *(macchina, utensile)* zweckmäßig, praktisch; *(comodo a usarsi)* handlich.

prato ['pra:to] *m* Wiese *f*; *(di giardino, parco, etc.)* Rasen *m*.

pre- [pre-] *(in parole composte)* Vor-, Prä-, prä-.

prealpino, -a [-al'pi:no] *a* Voralpen-.

preambolo [-'ambolo] *m* **1.** *(discorso introduttivo)* Einleitungsrede *f*, Vorrede *f*; **2.** *(cerimonia)* Umschweife *pl*, Umständlichkeit *f*; **senza tanti -i** ohne Umschweife.

preannunziare, preannunciare [-annun'tsi̯a:re, ...'tʃa:re] *tr* vorankündigen, anzeigen. **preannunzio, preannuncio** [-an'nuntsi̯o, ...tʃo] *m* Vorankündigung *f*.

preavvisare [-avvi'za:re] *tr* im voraus benachrichtigen (*o* warnen). **preavviso** [-av'vi:zo] *m* **1.** *(avviso preventivo)* Vorankündigung *f*, vorherige Benachrichtigung; *adm* Voranmeldung *f*; **2.** *jur* Voranzeige *f*; **3.** *(periodo)* Frist *f*.

prebarba [-'barba] **I.** ‹-› *m* Pre-shave-Lotion *f*; **II.** ‹*inv*› *a* Pre-shave-, Rasier-.

prebellico, -a [-'bɛlliko] *a* Vorkriegs-.

precariato [-ka'ri̯a:to] *m* befristetes Arbeitsverhältnis. **precarietà** [...ri̯e'ta] ‹-› *f* Vorläufigkeit *f*. **precario, -a** [...'ka:ri̯o] ‹-i, -ie› **I.** *a* **1.** *(provvisorio)* vorläufig, provisorisch; *adm* zeitlich befristet, auf Zeit; **2.** *med* prekär, bedenklich; **personale ~** Zeitpersonal *n;* **II.** *m, f* Angestellte(r) *mf* mit Zeitvertrag.

precauzionale [-kauttsi̯o'na:le] *a* vorbeugend, Vorsichts-. **precauzione** [...'tsi̯o:ne] *f* Vorsicht *f; (misura preventiva)* Vorsorgemaßnahme *f,* Vorsichtsmaßnahme *f;* **prendere le proprie -i** eigene Vorkehrungen treffen.

precedente [-tʃe'dɛnte] **I.** *a* vorige(r, s), vorherige(r, s); **II.** *m* **1.** ⟨*pl*⟩ *jur* Vorleben *n;* **2.** ⟨*pl*⟩ *(condotta)* Führung *f:* **-i penali** Vorstrafen *f pl;* **senza -i** *fig* beispiellos, nie dagewesen. **precedenza** [...'dɛntsa] *f* **1.** *mot* Vorfahrt *f;* **2.** *(priorità)* Priorität *f.* **precedere** [-'tʃɛ:dere] *tr* **1.** *(andare innanzi)* vorangehen, vorfahren; **2.** *(essere anteriore)* vorausgehen, voraussein; **3.** *fig (arrivare prima)* zuvorkommen, zuerst ankommen.

precetto [-'tʃɛtto] *m* **1.** *(insegnamento)* Regel *f,* Vorschrift *f; rel* Gebot *n;* **2.** *adm (ordine)* Befehl *m,* Bescheid *m;* **3.** *mil* Einberufung *f.* **precettore, -trice** [-tʃet'to:re] *m, f* Erzieher(in) *m(f),* Privatlehrer(in) *m(f).*

precipitare [-tʃipi'ta:re] **I.** *tr* ⟨*avere*⟩ **1.** *(gettare)* hinab-, hinunterstürzen; **2.** *fig (affrettare)* überstürzen, übereilen; **II.** *itr* ⟨*essere*⟩ **1.** *(cadere)* (herab)stürzen, -fallen, abstürzen; **2.** *fig* sich überschlagen; **3.** *chem* sich niederschlagen; **III.** *rfl:* **-arsi 1.** *(gettarsi)* sich (hinab)werfen, -stürzen; **2.** *(recarsi in fretta)* (sich) stürzen. **precipitazione** [...tat'tsi̯o:ne] *f* **1.** *meteo* Niederschlag *m;* **2.** *fig (fretta)* Überstürzung *f,* Übereilung *f;* **-i atmosferiche** Niederschläge *m pl.* **precipitevolissimevolmente** [...tevolissimevol'mente] *adv scherz* Hals über Kopf. **precipitoso, -a** [...'to:so] *a* voreilig, unüberlegt; *(fuga, etc. a.)* kopflos.

precipizio [-tʃi'pittsi̯o] ⟨-i⟩ *m* **1.** *(burrone)* Abgrund *m;* **2.** *fig* Verderben *n,* Abgrund *m,* Verhängnis *n;* **essere sull'orlo del ~** *fig* am Rande des Abgrunds stehen; **a ~** *(a strapiombo)* steil, abschüssig; *(a capofitto)* kopfüber.

precipuo, -a [-'tʃi:puo] *a lett* hauptsächlich, Haupt-.

precisare [-tʃi'za:re] *tr* präzisieren, genauer bestimmen; *(esporre)* detailliert erläutern. **precisazione** [...zat'tsi̯o:ne] *f* Präzisierung *f,* Erläuterung *f.*

precisione [-tʃi'zi̯o:ne] *f* Präzision *f,* Genauigkeit *f;* **esprimersi con ~** sich präzise ausdrücken. **preciso, -a** [-'tʃi:zo] **I.** *a* **1.** *(esatto)* genau, präzise, exakt; **2.** *(ordinato)* geordnet, ordentlich, genau; **3.** *(determinato)* bestimmt; **sono le 10 -e** es ist Punkt 10 (Uhr); **II.** *adv (nelle risposte)* (ganz) genau, jawohl.

precludere [-'klu:dere] ⟨precludo, preclusi, precluso⟩ *tr* **1.** *(fuga, cammino, etc.)* (ver)sperren; **2.** *fig (possibilità, etc.)* verbauen.

precoce [-'kɔ:tʃe] *a* **1.** *(bambino, ragazzo)* frühreif; **2.** *(inverno, stagione)* vorzeitig, Früh-; **3.** *bot* Früh-; **4.** *(morte, vecchiaia)* allzu früh, vorzeitig.

precognizione [-koɲɲit'tsi̯o:ne] *f* Voraussehen *n,* Vorauswissen *n.*

preconcetto, -a [-kon'tʃɛtto] **I.** *a* vorgefaßt; **II.** *m* Vorurteil *n,* vorgefaßte Meinung.

preconizzare [-konid'dza:re] *tr* voraussagen, weissagen.

precorrere [-'korrere] ⟨*irr*⟩ *tr* vorwegnehmen, zuvorkommen (*qc* einer S. *dat*). **precorritore, -trice** [...ri'to:re] *m, f* Vorläufer(in) *m(f).*

precotto [-'kɔtto] *m* Fertiggericht *n.*

precursore, -corritrice [-kur'so:re] *m, f* Vorläufer(in) *m(f).*

preda ['prɛ:da] *f* Beute *f; (animale a.)* Fang *m; (fig a.)* Opfer *n;* **uccello da ~** Raubvogel *m;* **essere** (*o* **cadere) in ~ a qu/qc** jdm zum Opfer fallen/Opfer von etw. sein, von etw. gepackt sein. **predare** [pre'da:re] *tr* **1.** *(denari, etc.)* erbeuten, rauben; **2.** *(persone, etc.)* berauben, ausrauben; *(luogo)* plündern, ausrauben. **predatore, -trice** [...da'to:re] **I.** *a* Raub-, räuberisch; **II.** *m, f* **1.** *zoo* Raubtier *n; (uccello)* Raubvogel *m;* **2.** *(predone)* Räuber(in) *m(f).*

predecessore, -a [-detʃes'so:re] *m, f* Vorgänger(in) *m(f).*

predella [pre'dɛlla] *f* Podest *n; (dell'altare)* Altarsockel *m.*

predellino [predel'li:no] *m* Trittbrett *n.*

predestinare [-desti'na:re] *tr* vorherbestimmen, prädestinieren. **predestinazione** [...nat'tsi̯o:ne] *f* Prädestination *f,* Vorherbestimmung *f.*

predetto, -a [-'dɛtto] *a* obengenannt, -erwähnt.

predica ['prɛ:dika] ⟨-che⟩ *f* **1.** *rel* Predigt *f;* **2.** *fig fam* Strafpredigt *f,* Standpauke *f fam.* **predicare** [predi'ka:re] ⟨predico, predichi⟩ *tr* **1.** *rel* predigen; **2.** *(insegnare)* predigen, lehren; **~ al vento** in den Wind reden; **~ bene e razzolare male** Wasser predigen und Wein trinken.

predicato [-di'ka:to] *m* **1.** *gram* Prädikat *n,* Satzaussage *f;* **2.** *(titolo)* Titel *m,* Prädikat *n.*

predicatore, -trice [-dika'to:re] *m, f* **1.** *rel* Prediger(in) *m(f);* **2.** *(sostenitore)* Verfechter(in) *m(f),* Prediger(in) *m(f).* **predicazione** [...t'tsi̯o:ne] *f* Predigen *n.* **predicozzo** [...'kɔttso] *m fam scherz* Strafpredigt *f,* Standpauke *f fam.*

predilessi [-di'lɛssi] *p rem di* **prediligere.**

prediletto, -a [-di'lɛtto] **I.** *pp di* **predili-**

gere; II. *a* bevorzugt, Lieblings-; **III.** *m, f* Liebling *m.*

predilezione [-dilet'tsi̯o:ne] *f* Vorliebe *f* (*per* für). **prediligere** [-di'li:dʒere] ‹prediligo, predilessi, prediletto› *tr* vorziehen, bevorzugen.

predire [-'di:re] ‹*irr*› *tr* vorher-, voraussagen, prophezeien.

predisporre [-dis'porre] ‹*irr*› **I.** *tr* **1.** *(preparare)* vorbereiten; *(persone a.)* einstimmen (*a* auf), vorbereiten (*a* auf); **2.** *med* prädisponieren *scient* (*a* für), anfällig machen (*a* für); **II.** *rfl:* **-orsi** sich vorbereiten. **predisposizione** [...pozit'tsi̯o:ne] *f* **1.** *(inclinazione)* Neigung *f* (*a* für); **2.** *med* Anfälligkeit *f,* Prädisposition *f scient.*

predizione [-dit'tsi̯o:ne] *f* Vorhersage *f,* Vorausschau *f.*

predominante [-domi'nante] *a* vorherrschend. **predominare** [...'na:re] *itr* **1.** *(prevalere)* vorherrschen, überwiegen; **2.** *(dominare)* herrschen (*su* über), walten (*su* über). **predominio** [...'mi:ni̯o] *m* Vorherrschaft *f.*

predone [pre'do:ne] *m* Räuber *m.*

preesistenza [-ezis'tɛntsa] *f* Präexistenz *f,* vorheriges Bestehen. **preesistere** [-e'zistere] ‹*irr*› *itr* ‹*essere*› vorher bestehen, präexistieren.

prefabbricato, -a [-fabbri'ka:to] *a* Fertig(bau)-.

prefazione [-fat'tsi̯o:ne] *f* Vorwort *n.*

preferenza [-fe'rɛntsa] *f* **1.** *(scelta)* Vorzug *m;* **2.** *(predilezione)* Vorzug *m,* Vorliebe *f;* **fare -e** Unterschiede machen; **non ho -e** das ist mir egal; **a** (*o* **di**) ~ vorzugsweise. **preferenziale** [...ren'tsi̯a:le] *a* Vorzugs-, Präferenz-.

preferibile [-fɛ'ri:bile] *a* vorzuziehen(d), besser, vorteilhafter. **preferibilmente** [...ribil'mente] *adv* lieber, am liebsten.

preferire [-fe'ri:re] ‹preferisco› *tr* vorziehen, lieber mögen (*o* haben); ~ **il nuoto allo sci** lieber schwimmen als Ski laufen. **preferito, -a** [...'ri:to] **I.** *a* Lieblings-; **II.** *m, f* Liebling *m.*

prefetto [-'fɛtto] *m* Präfekt *m.* **prefettura** [-fet'tu:ra] *f* Präfektur *f.*

prefiggersi [-'fiddʒersi] ‹mi prefiggo, mi prefissi, prefisso› *rfl* sich *(dat)* vornehmen; ~ **uno scopo** sich *(dat)* ein Ziel setzen.

prefinanziamento [-finantsi̯a'mento] *m* Vorfinanzierung *f.*

prefissi [-'fissi] *p rem di* **prefiggersi.**

prefisso[1] [-'fisso] *pp di* **prefiggersi.**

prefisso[2] [-'fisso] *m* **1.** *ling* Präfix *n;* **2.** *tel* Vorwahl(nummer) *f.*

pregare [pre'ga:re] ‹prego, preghi› *tr* **1.** *rel* beten zu; **2.** *(chiedere)* bitten (*di* um); **3.** *(in frasi di cortesia)* bitten, ersuchen; **farsi** ~ sich bitten lassen; **entri, La prego** treten Sie bitte ein; **si prega di ...** *inf* es wird gebeten zu ... *inf.*

pregevole [pre'dʒe:vole] *a* **1.** *(oggetto)* fein, erlesen; *(opera)* beachtenswert; **2.** *(persona)* ehrwürdig, achtenswert.

preghiera [pre'gi̯ɛ:ra] *f* **1.** *rel* Gebet *n;* **2.** *(richiesta)* Bitte *f;* **con ~ di inoltro immediato** mit der Bitte um sofortige Weiterleitung.

pregiarsi [pre'dʒarsi] ‹mi pregio, ti pregi› *rfl* **1.** *(nelle lettere)* sich beehren; **2.** *(sentirsi onorato)* sich geehrt fühlen, die Ehre haben. **pregiato, -a** [...'dʒa:to] *a (vino, tessuto)* hochwertig, Qualitäts-; *(oggetto)* wertvoll; *(valuta)* hart; *(lettera)* geschätzt.

pregio ['prɛ:dʒo] ‹-gi› *m* **1.** *(valore)* Wert *m;* **2.** *(vantaggio)* Vorteil *m,* Vorzug *m.*

pregiudicare [-dʒudi'ka:re] *tr* **1.** *(compromettere)* beeinträchtigen; **2.** *(danneggiare)* schaden (*qc* einer S. *dat*), schädigen. **pregiudicato, -a** [...'ka:to] *m, f* Vorbestrafte(r) *mf.*

pregiudizio [-dʒu'dittsi̯o] *m* **1.** *(preconcetto)* Vorurteil *n;* **2.** *(danno)* Schaden *m* (*a* für), Beeinträchtigung *f* (*a qc* einer S. *gen*); **avere -i nei confronti di** (*o* **contro**) **qc/qu** gegen etw./jdn Vorurteile haben; **senza -i** unvoreingenommen.

pregnante [preɲ'ɲante] *a lett* bedeutungsvoll, prägnant.

prego ['prɛ:go] *interj* bitte.

pregustare [-gus'ta:re] *tr* sich (schon) freuen auf.

preistoria [-is'tɔ:ri̯a] *f* Vorgeschichte *f,* Prähistorie *f; fig (origine)* Ursprung *m.* **preistorico, -a** [...'tɔ:riko] *a* prähistorisch, vorgeschichtlich.

prelavaggio [-la'vaddʒo] *m* Vorwaschgang *m.*

prelazione [-lat'tsi̯o:ne] *f* Vorkauf *m;* **diritto di** ~ Vorkaufsrecht *n.*

prelevamento [-leva'mento] *m* Entnahme *f,* Abholung *f; fin* Abhebung *f.* **prelevare** [...'va:re] *tr* **1.** *fin* abheben; **2.** *(ritirare)* abholen, übernehmen; **3.** *(arrestare)* festnehmen; **4.** *(requisire)* beschlagnahmen.

prelibato, -a [-li'ba:to] *a* köstlich.

prelievo [-'li̯ɛ:vo] *m* Entnahme *f; fin* Abhebung *f.*

preliminare [-limi'na:re] **I.** *a* **1.** *(iniziale)* einleitend, Vor-, Präliminar- *geh;* **2.** *(preparatorio)* Vorbereitungs-; **II.** *m* ‹*di solito al pl*› *(della pace, di un trattato, etc.)* Vorverhandlung *f.*

preludere [-'lu:dere] ‹preludo, prelusi, preluso› *itr* **1.** *(preannunciare)* hindeuten (*a* auf); **2.** *(fare un'introduzione)* vorangehen, hinführen (*a* auf).

preludio [-'lu:di̯o] ‹-i› *m* **1.** *mus* Präludium *n;* **2.** *(segno preliminare)* Vorzeichen *n;* **3.** *(proemio)* Vorrede *f,* Einleitung *f;* **4.** *fig (premessa)* Auftakt *m.*

prelusi [-'lu:zi] *p rem di* **preludere.**

preluso [-'lu:zo] *pp di* **preludere.**
pré-maman [prema'mã] **I.** ⟨-⟩ *m* Umstandskleid *n;* **II.** ⟨*inv*⟩ *a* Umstands-.
prematrimoniale [-matrimo'nia:le] *a* vorehelich.
prematuro, -a [-ma'tu:ro] *a* **1.** *(morte, etc.)* vorzeitig, früh; **2.** *(parto, neonato)* Früh-; **3.** *fig (affrettato)* voreilig.
premeditare [-medi'ta:re] *tr* vorsätzlich begehen, planen; **omicidio premeditato** (vorsätzlicher) Mord *m.* **premeditazione** [...tat'tsio:ne] *f* Vorsatz *m.*
premere ['prɛ:mere] **I.** *tr* **1.** *(comprimere)* drücken; *(calcare)* auf-, durchdrücken; **2.** *fig (gravare)* drücken, belasten; *(incalzare)* drängen; ~ **il freno/ l'acceleratore** (auf) das Brems-/Gaspedal treten; **II.** *itr* **1.** *(esercitare una pressione)* drücken (*su* auf); **2.** *fig (gravare)* lasten (*su* auf); *(stare a cuore)* am Herzen liegen; **3.** *fig (essere urgente)* drängen.
premessa [-'messa] *f* **1.** *(chiarimento preliminare)* Vorbemerkung *f; (di libro)* Vorwort *n;* **2.** *(condizione necessaria)* Voraussetzung *f.* **premettere** [-'mettere] ⟨*irr*⟩ *tr* vorausschicken.
premiare [pre'mia:re] ⟨premio, premi⟩ *tr* auszeichnen, prämieren. **premiazione** [...iat'tsio:ne] *f* Preisverleihung *f,* Prämierung *f.*
preminente [-mi'nɛnte] *a* vorrangig, Vorrang-, Haupt-.
premio ['prɛ:mio] ⟨-i⟩ **I.** *m* **1.** *(vincita)* Gewinn *m,* Preis *m;* **2.** *(ricompensa)* Preis *m,* Prämie *f;* **3.** *(denominazione)* Preis *m;* **4.** *(indennità)* Zulage *f,* Prämie *f;* **5.** *fin, sport* Prämie *f;* **II.** ⟨*inv*⟩ *a* Gewinn-, Preis-.
premonitore, -trice [-moni'to:re] *a* warnend, Warn-. **premonizione** [...t'tsio:ne] *f* Weissagung *f.*
premunire [-mu'ni:re] **I.** *tr fig* im voraus sichern; **II.** *rfl:* **-irsi** sich schützen (*contro* vor, gegen); **-irsi di** (*o* **con**) **qc** sich mit etw. bewaffnen.
premura [-'mu:ra] *f* **1.** *(fretta)* Eile *f,* Drängen *n;* **2.** *(cura)* Sorgfalt *f;* **3.** *(sollecitudine)* Aufmerksamkeit *f,* Zuvorkommenheit *f.* **premuroso, -a** [...mu'ro:so] *a* **1.** *(sollecito)* eifrig, beflissen; **2.** *(pieno d'attenzioni)* bemüht, aufmerksam.
prenatale [-na'ta:le] *a* vorgeburtlich, pränatal *scient.*
prendere ['prɛndere] ⟨prendo, presi, preso⟩ **I.** *tr* **1.** *gener.* nehmen; *(afferrare)* (er)greifen, fassen; *(strada)* nehmen, einschlagen; *(odore, etc.)* annehmen; *mil* einnehmen; *(rilevare)* (über)nehmen; *(derivare)* übernehmen, annehmen; *(lezioni, tram, etc.)* nehmen; *(decisione)* treffen, fassen; *(coraggio)* fassen; *(aria)* schnappen, schöpfen; *(fuoco)* fangen; *(parola)* ergreifen; *(mangiare, bere)* (ein)nehmen; **2.** *(portare con sé)* mitnehmen; **3.** *(rubare)* (weg)nehmen, stehlen; **4.** *(catturare)* fassen; *(arrestare)* festnehmen, verhaften; **5.** *(uccidere)* erlegen, schießen; *(pesci)* fangen; **6.** *(sorprendere)* erwischen, ertappen; **7.** *(guadagnare)* bekommen, verdienen; *(buscarsi)* bekommen, einstecken; *(malattia)* bekommen, sich *(dat)* holen *fam;* **8.** *(occupare)* brauchen, wegnehmen, beanspruchen; **9.** *(trattare)* behandeln, nehmen; **10.** *(scambiare)* verwechseln (*per* mit), halten (*per* für); **11.** *fot* aufnehmen; ~ **appunti** (sich *dat*) Notizen machen; ~ **posizione/posto** Stellung/Platz nehmen; ~ **in giro qu** jdn auf den Arm nehmen; ~ **in moglie/per marito** zur Frau/zum Mann nehmen; ~ **qc sotto gamba** etw. auf die leichte Schulter nehmen; ~ **qu sul serio** jdn ernst nehmen; ~ **qu in braccio** jdn in den Arm nehmen; ~ **qu con le buone/ cattive** es jdm im guten sagen, jdm gut zureden/jdm drohen; **II.** *itr* **1.** *(piante)* Wurzel fassen; **2.** *(fuoco)* brennen, zünden; **3.** *(colla)* fest werden; *(cemento)* binden; **4.** *(avviarsi)* zugehen (*per* auf), zulaufen (*per* auf); **III.** *rfl:* **-ersi 1.** *(afferrarsi)* sich packen (*per* an); **2.** *(azzuffarsi)* sich verprügeln, sich schlagen; **3.** *(assumersi)* übernehmen; **4.** *(fare)* machen, nehmen; **-ersi cura di qu** sich um jdn kümmern; **-ersi una vacanza/ un giorno di ferie** Urlaub machen/ einen Tag frei nehmen; **prendersela (con qu)** auf jdn böse sein, sich mit jdm anlegen; **prendersela comoda** eine ruhige Kugel schieben; **prendersela a cuore** *fam* es sich *(dat)* zu Herzen nehmen; **prenderle** *fam* Prügel kriegen; **prenderne** *fam* den Frack vollkriegen *fam.*
prendisole [prendi'so:le] ⟨-⟩ *m* Trägerkleid *n.*
prenotare [-no'ta:re] **I.** *tr* (vor)bestellen, reservieren; *(viaggio)* buchen; **II.** *rfl:* **-arsi** sich vormerken lassen. **prenotazione** [...tat'tsio:ne] *f* (Vor)bestellung *f,* Reservierung *f; (di viaggio)* Buchung *f.*
prensile ['prɛnsile] *a* Greif-.
preoccupante [-okku'pante] *a* besorgniserregend.
preoccupare [-okku'pa:re] **I.** *tr* beunruhigen; **II.** *rfl:* **-arsi** sich *(dat)* Sorgen machen (*per, di* um). **preoccupazione** [...pat'tsio:ne] *f* Sorge *f.*
preparare [-pa'ra:re] **I.** *tr* **1.** *gener.* vorbereiten; *(apprestare)* herrichten, zurechtmachen; *(letto)* richten; *(pranzo)* zubereiten; *(tavola)* decken; **2.** *(elaborare)* vorbereiten, ausarbeiten; **3.** *fig (predisporre)* vorbereiten (*per* auf); *(tenere in serbo)* bringen, bereithalten; **II.** *rfl:* **-arsi 1.** *(accingersi)* sich anschik-

ken, sich fertigmachen (*per, a* für); **2.** *(fare preparativi)* sich vorbereiten (*a* auf, für). **preparativi** [...ra'ti:vi] *m pl* Vorbereitung(en *pl*) *f.* **preparato, -a** [...'ra:to] **I.** *a* vorbereitet (*a* auf); *(pronto)* bereit (*a* für), gewappnet (*a* für); **II.** *m* Präparat *n.* **preparatorio, -a** [...ra'tɔ:ri̯o] ‹-i, -ie› *a* Vorbereitungs-, Vor-, vorbereitend. **preparazione** [...rat'tsi̯o:ne] *f* **1.** *(addestramento)* Vorbereitung *f* (*a* auf); **2.** *(complesso di nozioni)* Wissen *n,* Bildung *f;* **3.** *(di cibi)* Zubereitung *f.*

preponderante [-ponde'rante] *a* vorherrschend, überwiegend.

preporre [-'porre] ‹*irr*› *tr* **1.** *(anteporre)* vor(an)setzen; *(mettere a capo)* an die Spitze stellen; **2.** *fig (preferire)* vorziehen, stellen (*a* über).

preposizione [-pozit'tsi̯o:ne] *f* Präposition *f,* Verhältniswort *n.*

prepotente [-po'tɛnte] **I.** *a* **1.** *(persona)* herrschsüchtig, herrisch; **2.** *fig* dringend, dringlich, sehnlich; **II.** *mf* herrischer Mensch. **prepotenza** [...'tɛntsa] *f (caratteristica)* Rücksichtslosigkeit *f; (atto)* Übergriff *m.*

prepuzio [-'puttsi̯o] ‹-i› *m* Vorhaut *f.*

prerogativa [-roga'ti:va] *f* **1.** *(caratteristica)* besondere Eigenschaft, besonderer Vorzug; **2.** *(privilegio)* Vorrecht *n,* Privileg *n.*

presa ['pre:sa] *f* **1.** *(il prendere)* Griff *m,* Umklammerung *f;* **2.** *(effetto)* Halt *m; (a. tec)* Greifen *n; (di cemento, etc.)* Festwerden *n;* **3.** *el* Steckdose *f;* **4.** *(di sale, pepe, etc.)* Prise *f;* **5.** *(da cucina)* Topflappen *m;* **6.** *tec* Hebel *m; (d'acqua, del gas)* Hahn *m;* **7.** *mil* Einnahme *f;* **8.** *fig (impressione)* Eindruck *m;* ~ **di posizione** Stellungnahme *f;* ~ **di possesso** Inbesitznahme *f;* **essere alle -e con qc** mit etw. auf Kriegsfuß stehen, sich mit etw. herumschlagen.

presagio [-'za:dʒo] ‹-gi› *m* **1.** *(presentimento)* (Vor)ahnung *f;* **2.** *(segno)* Vorzeichen *n.* **presagire** [-za'dʒi:re] ‹presagisco› *tr (presentire)* (voraus)ahnen; *(predire)* voraussagen; *(prevedere)* vorhersehen.

presalario [-sa'la:ri̯o] *m staatliches Stipendium für Studenten,* ≃ BAföG *n.*

presbite ['prɛzbite] *a* weitsichtig.

presbiteriano, -a [prezbite'ri̯a:no] **I.** *m, f* Presbyterianer(in) *m(f);* **II.** *a* presbyterianisch.

prescegliere [-ʃ'ʃeʎʎere] ‹*irr*› *tr* (aus)wählen.

prescindere [-ʃ'ʃindere] ‹prescindo, prescindei, *rar* prescisso› *itr:* **a ~ da, prescindendo da** abgesehen von.

prescolastico, -a [-sko'lastiko] *a* Vorschul-.

prescrivere [-s'kri:vere] ‹*irr*› *tr* **1.** *jur* verjähren lassen; **2.** *med* verschreiben, verordnen. **prescrizione** [-skrit'tsi̯o:ne] *f* **1.** *jur* Verjährung *f;* **2.** *med* Verschreibung *f,* Verordnung *f;* **3.** *(norma)* Vorschrift *f.*

preselezione [-selet'tsi̯o:ne] *f* **1.** *gener.* Vorauswahl *f;* **2.** *sport* Vorentscheidung *f;* **3.** *tel* Vorwahl *f.*

presentare [prezen'ta:re] **I.** *tr* **1.** *(documento, passaporto)* (vor)zeigen, vorlegen; *(persona)* vorstellen; *(candidato)* aufstellen; *(prodotti, macchine, film)* vorführen; *theat* aufführen; **2.** *(saluti)* ausrichten, übermitteln; *(reclamo)* vorbringen; **3.** *(introdurre)* einführen; **4.** *adm (domanda)* stellen; *(richiesta)* einreichen; **5.** *fig* aufweisen, bringen, haben; *(offrire)* (dar)bieten, anbieten; *(illustrare)* erläutern, beschreiben; **~ le armi** die Waffen präsentieren; **II.** *rfl:* **-arsi 1.** *(apparire)* erscheinen; **2.** *(farsi conoscere)* sich vorstellen, sich bekannt machen; **3.** *fig (offrirsi)* sich (an)bieten; *(capitare)* sich einstellen, eintreten; *(apparire)* sich erweisen; *(essere)* sein, sich präsentieren. **presentatore, -trice** [...ta'to:re] *m, f* Ansager(in) *m(f),* Moderator(in) *m(f).* **presentazione** [...tat'tsi̯o:ne] *f* **1.** *adm* Einreichung *f; (di documento)* Vorlage *f;* **2.** *(di persona)* Vorstellung *f; (in pubblico)* Vorstellung *f,* Auftritt *m; (di candidati)* Aufstellung *f;* **3.** *(raccomandazione)* Empfehlung *f;* **4.** *(introduzione)* Einführung *f,* Präsentation *f; (di prodotti, merci, modelli)* Einführung *f,* Vorführung *f;* **5.** *theat* Aufführung *f; film* Vorführung *f.*

presente[1] [pre'zɛnte] **I.** *a* **1.** *(partecipante)* anwesend, gegenwärtig; **2.** *(attuale)* jetzig, gegenwärtig; *(anno, mese, secolo)* diese(r, s); **3.** *gram* präsentisch, Präsens-; **4.** *(questo)* vorliegend, diese(r, s); **5.** *(negli appelli)* hier, anwesend; **II.** *mf* Anwesende(r) *mf;* **III.** *m* **1.** *(tempo)* Gegenwart *f;* **2.** *gram* Präsens *n,* Gegenwart *f;* **IV.** *f* (vorliegendes) Schreiben *n.*

presente[2] [pre'zɛnte] *m (dono)* Geschenk *n,* Präsent *n.*

presentimento [-senti'mento] *m* Vorgefühl *n,* (Vor)ahnung *f.* **presentire** [...'ti:re] *tr* (voraus)ahnen.

presenza [pre'zɛntsa] *f* **1.** *(l'essere presente)* Anwesenheit *f,* Gegenwart *f; (esistenza)* Vorhandensein *n;* **2.** *(aspetto)* Aussehen *n.* **presenziare** [...'tsi̯a:re] ‹presenzio, presenzi› *itr* teilnehmen (*a* an), anwesend sein (*a* bei).

presepio [pre'zɛ:pi̯o] ‹-i› *m* Krippe *f.*

preservare [-ser'va:re] *tr* schützen (*da* vor), bewahren (*da* vor).

preservativo [-serva'ti:vo] *m* Präservativ *n,* Verhütungsmittel *n.*

presi ['pre:si] *p rem di* **prendere.**

preside ['prɛ:side] *mf (di scuola)* Schulleiter(in) *m(f)*, Direktor(in) *m(f); (di facoltà)* Dekan *m*.
presidente, -essa [-si'dɛnte, ...den'tessa] *m, f (dirigente)* Vorsitzende(r) *mf*, Leiter(in) *m(f); jur, pol* Präsident(in) *m(f)*.
presidenza [-si'dɛntsa] *f* **1.** *(carica)* Präsidentschaft *f;* **2.** *(sede)* Präsidium *n;* **3.** *(personale)* Leitung *f;* **4.** *(di scuola)* Schulleitung *f; (di facoltà)* Dekanat *n*. **presidenziale** [...den'tsi̯a:le] *a* des Präsidenten, Präsidenten-, präsidial.
presidiare [-si'di̯a:re] ‹**presidio, presidi**› *tr* besetzen, unter Besatzung nehmen. **presidio** [-'si:di̯o] ‹-i› *m* Garnison *f*, Besatzung *f*.
presiedere [-'si̯ɛ:dere] **I.** *tr* leiten; **II.** *itr* vorsitzen, die Leitung haben (*a qc* einer S. *gen*).
preso ['pre:so] *pp di* **prendere.**
pressa ['prɛssa] *f* Presse *f*.
pressante [pres'sante] *a* dringend.
pressappoco, press'a poco [pressap'pɔ:ko] *adv* ungefähr, nahezu.
pressare [pres'sa:re] *tr* pressen.
pressione [pres'si̯o:ne] *f* Druck *m*.
presso ['prɛsso] **I.** *adv* nahe, in der Nähe; **II.** *prp* **1.** *(vicino a)* nahe an *dat*, nahe bei *dat*, in der Nähe *gen; (moto)* zu *dat*, in die Nähe *gen;* **2.** *(in casa di, fig)* bei *dat; (moto)* zu *dat;* **3.** *(nelle lettere)* bei *dat;* **III.** *m pl:* **nei -i di** in der Nähe von.
pressoché [presso'ke] *adv* fast, beinahe.
pressurizzare [pressurid'dza:re] *tr* unter Überdruck setzen. **pressurizzazione** [...dzat'tsi̯o:ne] *f* Überdruck *m*.
prestabilire [-stabi'li:re] *tr* (vorher) festsetzen.
prestanome [presta'no:me] ‹-› *mf* Strohmann *m*.
prestante [pres'tante] *a* stattlich. **prestanza** [...'tantsa] *f* Stattlichkeit *f*.
prestare [pres'ta:re] **I.** *tr (dare in prestito)* (ver)leihen, ausleihen; *fig (aiuto, giuramento)* leisten; *(fede)* schenken; *(attenzione)* zollen, schenken; ~ **ascolto a qu/qc** jdm/einer S. *(dat)* Gehör schenken; **II.** *rfl:* **-arsi 1.** *(adoperarsi)* sich zur Verfügung stellen, sich einsetzen (*per* für); **2.** *(essere adatto)* sich eignen (*a* für); **3.** *fig (offrire il fianco)* sich aussetzen, Anlaß geben (*a* zu).
prestazione [prestat'tsi̯o:ne] *f* Leistung *f*.
presti(di)giatore, -trice [presti(di)dʒa'to:re] *m, f* Taschenspieler(in) *m(f)*, Illusionist(in) *m(f)*.
prestigio [pres'ti:dʒo] ‹-gi› *m* Ansehen *n*, Prestige *n;* **giochi di** ~ Zaubertricks *m pl*. **prestigioso, -a** [...ti'dʒo:so] *a* eindrucksvoll, imponierend, Prestige-, Luxus-.
prestito ['prɛstito] *m* **1.** *fin* Darlehen *n*, Anleihe *f;* **2.** *(il prestare)* Ausleihe *f;* **3.** *(cosa prestata)* Leihgabe *f;* **4.** *ling* Lehnwort *n;* **dare/prendere in** (*o* **a**) ~ **qc** etw. (ver)leihen/(sich *dat*) etw. leihen (*o* borgen).
presto ['prɛsto] *adv* **1.** *(fra poco)* bald; **2.** *(in fretta)* schnell, rasch; **3.** *(facilmente)* leicht, schnell; **4.** *(prima del tempo)* zu früh, verfrüht; **5.** *(di buon'ora)* früh(zeitig); **6.** *mus* presto; **a** ~ bis gleich, bis (*o* auf) bald; ~ **o tardi** früher oder später.
presumere [-'zu:mere *o* -'su:...] ‹**presumo, presunsi, presunto**› *tr* **1.** *(supporre)* annehmen, vermuten; **2.** *(pretendere)* verlangen, sich *(dat)* anmaßen. **presumibile** [-zu'mi:bile *o* -su...] *a* wahrscheinlich.
presunsi [-'zunsi *o* -'su...] *p rem di* **presumere.**
presunto, -a [-'zunto *o* -'su...] **I.** *pp di* **presumere; II.** *a* vermutlich; *jur* mutmaßlich.
presuntuoso, -a [-zuntu'o:so] *a* anmaßend, eingebildet. **presunzione** [-zun'tsi̯o:ne *o* -su...] *f* Überheblichkeit *f*, Anmaßung *f*.
presupporre [-sup'porre] ‹*irr*› *tr* **1.** *(immaginare)* vermuten, annehmen; **2.** *(implicare)* voraussetzen. **presupposizione** [...pozit'tsi̯o:ne] *f* **1.** *(supposizione)* Annahme *f*, Vermutung *f;* **2.** *(implicazione)* Voraussetzung *f*. **presupposto, -a** [...'posto] **I.** *a* vorausgesetzt; **II.** *m* Voraussetzung *f*.
prete ['prɛ:te] *m* Priester *m*.
pretendente [-ten'dɛnte] **I.** *mf (al trono)* Anwärter(in) *m(f);* **II.** *m (corteggiatore)* Freier *m*.
pretendere [-'tɛndere] ‹*irr*› *tr* **1.** *(esigere)* verlangen, beanspruchen, fordern; **2.** *(presumere)* sich *(dat)* einbilden, sich *(dat)* anmaßen; **3.** *(voler far credere)* behaupten.
pretenzioso, -a [-ten'tsi̯o:so] *a* anspruchsvoll, prätenziös.
preterintenzionale [preterintentsi̯o'na:le] *a:* **omicidio** ~ Totschlag *m*, Körperverletzung *f* mit Todesfolge.
pretesa [-'te:sa] *f* **1.** *(esigenza)* Anspruch *m; (richiesta)* Forderung *f;* **2.** *(presunzione)* Einbildung *f*, Anmaßung *f;* **con la** ~ **di ...** mit dem Anspruch, zu ...
pretesto [-'tɛsto] *m (scusa)* Vorwand *m; (a. occasione)* Gelegenheit *f*.
pretore [pre'to:re] *m* Amtsrichter *m*.
pretura [pre'tu:ra] *f* Amtsgericht *n*.
prevalente [-va'lɛnte] *a* überwiegend, vorwiegend; *(opinione)* vorherrschend. **prevalenza** [...'lɛntsa] *f* Mehrheit *f; (di cose)* Übergewicht *n;* **in** ~ in der Mehrzahl, vorwiegend.
prevalere [-va'le:re] ‹*irr*› *itr* ‹*essere o*

avere› **1.** *(imporsi, essere dominante)* überwiegen, vorherrschen; **2.** *(vincere)* überlegen sein (*su qu* jdm).

prevaricare [-vari'ka:re] ‹prevarico, prevarichi› *itr* unehrenhaft handeln; *(abusare del potere)* seine Macht (*o* sein Amt) mißbrauchen. **prevaricazione** [...kat'tsio:ne] *f* Macht-, Amtsmißbrauch *m*, Übergriff *m*.

prevedere [-ve'de:re] ‹*irr*› *tr* **1.** *(futuro)* voraussehen; **2.** *(ritenere possibile)* voraussehen, vorhersagen; **3.** *jur* vorsehen, berücksichtigen.

prevenire [-ve'ni:re] ‹*irr*› *tr* **1.** *(precedere)* zuvorkommen (*qu* jdm); **2.** *(anticipare)* vorwegnehmen; **3.** *(prendere precauzioni)* vorbeugen (*qc* einer S. *dat*); **4.** *(influenzare)* voreinnehmen.

preventivare [-venti'va:re] *tr* veranschlagen. **preventivo, -a** [...'ti:vo] **I.** *a* Vorbeuge-, vorbeugend, präventiv, Präventiv-; *jur* Untersuchungs-; *med* vorbeugend; *com* Vor-; **II.** *m* Kostenvoranschlag *m*.

prevenuto, -a [-ve'nu:to] *a* voreingenommen (*contro* gegen).

prevenzione [-ven'tsio:ne] *f* **1.** *(pregiudizio)* Voreingenommenheit *f*, Vorurteil *n;* **2.** *med* Vorbeugung *f;* **3.** *jur* Verhütung *f*.

previdente [-vi'dɛnte] *a* vorausschauend; *(prudente)* vorsorgend. **previdenza** [...'dɛntsa] *f* **1.** *(ente)* Fürsorge *f;* **2.** *(l'essere previdente)* Voraussicht *f*, Weitblick *m*.

previo, -a ['prɛ:vio] ‹-i, -ie› *a adm* nach vorherige(m, r); ~ **avviso** nach vorheriger Benachrichtigung.

previsione [-vi'zio:ne] *f* **1.** *(pronostico)* Vorhersage *f*, Voraussicht *f; meteo* Vorhersage *f;* **2.** *com* Planung *f*.

prezioso, -a [pret'tsio:so] **I.** *a* **1.** *(oggetto, pietra, etc., a. fig)* wertvoll, kostbar; **2.** *fig (ricercato)* erlesen; **II.** *m, f fam:* **non fare tanto il ~!** mach dich doch nicht so rar!, laß dich doch nicht so lange bitten!; **III.** *m pl* Wertsachen *f pl*.

prezzemolo [pret'tse:molo] *m* Petersilie *f;* **essere come il ~** überall mitmischen *fam*, ein Tausendsassa sein.

prezzo ['prɛttso] *m* Preis *m; (cartellino)* Preisschild *n;* **a ~ di costo** zum Selbstkostenpreis; **a metà ~** zum halben Preis; **a qualunque ~** *fig* um jeden Preis, unbedingt; **pagare qc a caro ~** *fig* etw. teuer bezahlen; **tirare sul ~** den Preis drücken.

P.R.I. *m ab di* **Partito Repubblicano Italiano** *republikanische Partei Italiens*.

prigione [pri'dʒo:ne] *f* **1.** *(carcere)* Gefängnis *n;* **2.** *fig (luogo buio)* Loch *n fam; (ambiente privo di libertà)* Gefängnis *n*, Käfig *m*. **prigionia** [...dʒo'ni:a] ‹-ie› *f* Gefangenschaft *f*.

prigioniero, -a [...dʒo'niɛ:ro] **I.** *a* **1.** *(catturato)* gefangen; **2.** *fig* ge-, befangen; **II.** *m, f* Gefangene(r) *mf*.

prima[1] ['pri:ma] *adv* **1.** *(temporale)* vorher, (zu)erst; *(più presto, una volta)* früher; **2.** *(locale)* vor; **3.** *(in primo luogo)* zuerst, zunächst; **quanto ~** so bald (*o* schnell) wie möglich; **quanto detto ~** wie oben gesagt; **ne so quanto ~** *fam* jetzt bin ich so schlau wie vorher *fam;* **~ che** *conj*, **~ di** *inf* bevor; **~ di tutto** vor allem; **~ del tempo** vorzeitig; **gli amici di ~** die Freunde von früher; **fare a chi arriva ~** um die Wette laufen; **~ o poi** früher oder später.

prima[2] ['pri:ma] *f* **1.** *theat, film* Premiere *f;* **2.** *mot* erster Gang; **3.** *(a scuola)* erste Klasse; **4.** *ferr, naut, aero* erste Klasse.

prima[3] *f v.* **primo.**

primario, -a [pri'ma:rio] ‹-i, -ie› **I.** *a* **1.** *(importanza, interesse)* vorrangig, primär, Spitzen-; **2.** *(settore)* Haupt-, Primär-; **II.** *m, f* Chefarzt *m*, -ärztin *f*.

primatista [prima'tista] ‹-i *m*, -e *f*› *mf* Rekordhalter(in) *m(f)*, -inhaber(in) *m(f)*.

primato [pri'ma:to] *m* **1.** *sport* Rekord *m;* **2.** *(superiorità)* Spitzenstellung *f*, Überlegenheit *f*, Primat *n o m*.

primavera [prima'vɛ:ra] *f* Frühling *m*, Frühjahr *n*. **primaverile** [...ve'ri:le] *a* frühlingshaft, Frühlings-.

primeggiare [primed'dʒa:re] ‹primeggio, primeggi› *itr* die erste Stelle einnehmen, führen.

primitivo, -a [primi'ti:vo] **I.** *a* **1.** *gener.* primitiv, ursprünglich, urtümlich; **2.** *gram* Stamm-; **3.** *fig pej* primitiv; *(rozzo)* ungehobelt; **le tribù -e dell'Africa** die Urvölker *n pl* Afrikas; **l'uomo ~** der Urmensch; **II.** *m, f* **1.** *(di popolazione)* Ureinwohner(in) *m(f)*, Eingeborene(r) *mf;* **2.** *fig pej* primitiver Mensch, Primitivling *m fam*.

primizia [pri'mittsia] ‹-ie› *f* **1.** *(frutta)* Frühobst *n; (verdura)* Frühgemüse *n;* **2.** *(notizia)* Neuigkeit *f*.

primo, -a ['pri:mo] **I.** *a* **1.** *gener.* erste(r, s); *(iniziale)* früh; *(prossimo)* nächste(r, s); *(più bravo)* beste(r, s), tüchtigste(r, s); **2.** *fig (principale)* hauptsächlich, Haupt-; *(elementare)* grundlegend, Grund-; **alla -a** beim ersten Mal; **Alessandro ~** Alexander der Erste; **sulle -e** am Anfang; **a tutta -a** im ersten Moment (*o* Augenblick); **II.** *m, f (di successione)* Erste(r) *mf; (più bravo)* Beste(r) *mf*, Tüchtigste(r) *mf;* **essere il ~ in graduatoria** der erste in der Rangordnung sein; **per ~ prenderò il risotto** als ersten Gang nehme ich Risotto; **III.** *m* **1.** *(primo giorno)* Erste(r) *m;* ‹*pl*› die ersten Tage *(der Woche, des Monats, des Jahres, etc.);* **2.** ‹*pl*› *(unità di misura* *del tempo)* Minute *f;* **3.** *mat (misura di angolo)* Minute *f;* **il ~ dell'anno** der Neujahrstag; **il ~ di maggio** der Erste Mai; **ai -i di maggio** in den ersten Maitagen, Anfang Mai; **sui -i del Novecento** am Anfang des 20. Jahrhunderts.

primogenito, -a [primo'dʒɛ:nito] **I.** *m, f* Erstgeborene(r) *mf;* **II.** *a* erstgeboren.

primordi [pri'mɔrdi] *m pl* (erste) Anfänge *m pl.* **primordiale** [...mor'di̯a:le] *a* **1.** *(dei primordi)* anfänglich, Anfangs-; *(primigenio)* ursprünglich, Ur-; **2.** *fig (antiquato)* unterentwickelt, antiquiert.

primula ['pri:mula] *f* Primel *f.*

principale [printʃi'pa:le] **I.** *a* **1.** *(più importante)* hauptsächlich, Haupt-, wichtigste(r, s); **2.** *(di maggior valore)* wertvollste(r, s), Haupt-; **3.** *(di maggior autorità)* bedeutendste(r, s), führend; **4.** *gram* Haupt-; **via ~** Hauptstraße *f;* **II.** *mf* Chef(in) *m(f),* Vorgesetzte(r) *mf.*

principato [printʃi'pa:to] *m* **1.** *(stato)* Fürstentum *n;* **2.** *(dignità, governo)* Herrschaft *f.*

principe ['printʃipe] *m* **1.** *(sovrano)* Herrscher *m,* Fürst *m; (titolo)* Fürst *m;* **2.** *(figlio di sovrano)* (Kron)prinz *m;* **3.** *fig fam* König *m;* **~ azzurro** Märchenprinz *m.* **principesco, -a** [...'pesko] ‹-schi, -sche› *a* fürstlich, Fürsten-. **principessa** [...'pessa] *f* Prinzessin *f,* Fürstin *f.*

principiante [printʃi'pi̯ante] *mf* Anfänger(in) *m(f).* **principiare** [...'pi̯a:re] ‹principio, principi› *tr* ‹*avere*›, *itr* ‹*essere o avere*› beginnen, anfangen.

principio [prin'tʃi:pi̯o] ‹-i› *m* **1.** *(inizio)* Anfang *m,* Beginn *m; (di luogo)* Anfang *m;* **2.** *(origine)* Ursprung *m,* Anfang *m;* **3.** *(concetto fondamentale)* Prinzip *n,* Grundsatz *m; (norma)* Regel *f,* Norm *f;* **da** (*o* **in** *o* **al**) **~** am Anfang, anfangs, zu Beginn.

priore [pri'o:re] *m* Prior *m.*

priorità [priori'ta] ‹-› *f* Priorität *f,* Vorrang *m.*

prisma ['prizma] ‹-i› *m* Prisma *n.*

privacy ['praɪvəsɪ] ‹-› *f* Privatsphäre *f.*

privare [pri'va:re] **I.** *tr* berauben (*qu di qc* jdn einer S. *gen*), entziehen (*qu di qc* jdm etw.); **II.** *rfl:* **-arsi** verzichten (*di* auf).

privatista [priva'tista] ‹-i *m,* -e *f*› *mf* Privatschüler(in) *m(f).*

privato, -a [pri'va:to] **I.** *a* privat, Privat-; **II.** *m, f* Privatperson *f.*

privazione [privat'tsi̯o:ne] *f* **1.** *(rinuncia)* Entbehrung *f,* Verzicht *m;* **2.** *jur* Entzug *m,* Entziehung *f,* Aberkennung *f.*

privilegiare [privile'dʒa:re] ‹privilegio, privilegi› *tr* privilegieren; *(fig a.)* bevorzugen. **privilegiato, -a** [...'dʒa:to] **I.** *a* privilegiert; **II.** *m, f* Privilegierte(r) *mf.*

privilegio [privi'lɛ:dʒo] ‹-gi› *m* **1.** *(onore)* Ehre *f,* Vorrecht *n,* Privileg *n;* **2.** *(vantaggio)* Vorzug *m,* Vorrecht *n,* Privileg *n.*

privo, -a ['pri:vo] *a:* **~ di** ohne, -los.

pro[1] [prɔ] **I.** *prp* zugunsten *gen,* für *acc;* **II.** ‹-› *m* Für *n,* Pro *n.*

pro[2] [prɔ] ‹-› *m (utilità)* Nutzen *m;* **a che ~?** wozu?, wofür?

probabile [pro'ba:bile] *a* wahrscheinlich. **probabilità** [probabili'ta] ‹-› *f (attendibilità)* Wahrscheinlichkeit *f; (possibilità a.)* Chance *f,* Möglichkeit *f,* Aussicht *f.* **probabilmente** [...l'mente] *adv* wahrscheinlich.

probante [pro'bante] *a* überzeugend, beweisend.

problema [pro'blɛ:ma] ‹-i› *m* **1.** *gener.* Problem *n; (difficoltà a.)* Schwierigkeit *f; (mat a.)* Frage *f,* Aufgabe *f;* **2.** *fig (persona)* Problem(fall *m*) *n.* **problematico, -a** [...'ma:tiko] ‹-ci, -che› *a* problematisch, schwierig; *(poco attendibile)* fraglich, zweifelhaft.

probo, -a ['prɔ:bo] *a* redlich, rechtschaffen.

proboscide [pro'bɔʃʃide] *f* Rüssel *m.*

procacciare [prokat'tʃa:re] *tr* besorgen, beschaffen; *fig* verschaffen.

procace [pro'ka:tʃe] *a* provozierend, aufreizend, herausfordernd.

procedere [pro'tʃɛ:dere] *itr* **1.** ‹*essere*› *(avanzare)* vorangehen, voranschreiten; **2.** ‹*avere*› *fig (seguitare)* fortfahren, weitermachen; **3.** ‹*essere*› *(seguire il proprio corso)* (voran)gehen, laufen; **4.** ‹*avere*› *(dare inizio)* beginnen (*a* mit), vornehmen (*a qc* etw.); **5.** ‹*avere*› *jur* vorgehen (*contro* gegen); **6.** ‹*avere*› *(comportarsi)* vorgehen, handeln; **7.** ‹*essere*› *(derivare)* ausgehen (*da* von), stammen (*da* von), seinen Ursprung haben (*da* in). **procedimento** [...tʃedi'mento] *m* Vorgang *m; (a. jur)* Verfahren *n.*

procedura [protʃe'du:ra] *f* Prozedur *f; adm* Vorgang *m; jur* Verfahren *n;* **~ burocratica** Amtsvorgang *m.*

processare [protʃes'sa:re] *tr* vor Gericht stellen.

processione [protʃes'si̯o:ne] *f* Prozession *f.*

processo [pro'tʃɛsso] *m* **1.** *jur* Verfahren *n,* Prozeß *m;* **2.** *(procedimento)* Verfahren *n;* **3.** *(sviluppo)* Vorgang *m,* Prozeß *m,* Entwicklung *f;* **mettere qu sotto ~** gegen jdn einen Prozeß anstrengen.

procinto [pro'tʃinto] *m:* **in ~ di ...** im Begriff zu ...

proclama [pro'kla:ma] ‹-i› *m* Aufruf *m.* **proclamare** [-kla'ma:re] *tr* proklamieren, ausrufen, erklären; **~ lo sciopero generale** den Generalstreik ausrufen. **proclamazione** [...mat'tsi̯o:ne] *f* Ausrufung *f,* Proklamation *f.*

procrastinare [prokrasti'na:re] *tr lett* aufschieben, hinausschieben.

procreazione [prokreat'tsio:ne] *f* Fortpflanzung *f*, Zeugung *f*.

procura [pro'ku:ra] *f* **1.** *jur* Vollmacht *f*; *com* Prokura *f*; **2.** *(ufficio)* Staatsanwaltschaft *f*.

procurare [proku'ra:re] *tr* **1.** *(fare avere)* besorgen; *(fig a.)* verschaffen; **2.** *(causare)* verursachen, bereiten.

procuratore, -trice [prokura'to:re] *m, f* **1.** *jur (magistrato)* Staatsanwalt *m*, -anwältin *f*; *(laureato in legge)* Anwaltsanwärter(in) *m(f)*; **2.** *com* Bevollmächtigte(r) *mf*, Prokurist(in) *m(f)*; **P~ Generale** ≃ Generalstaatsanwalt *m*; **~ della Repubblica** Staatsanwalt *m*.

prodezza [pro'dettsa] *f* **1.** *fig fam (leggerezza)* Leichtsinn *m*; **2.** *(coraggio)* Kühnheit *f*; **3.** *lit, hist* Heldentat *f*.

prodigalità [prodigali'ta] ⟨-⟩ *f* Großzügigkeit *f*, Freigebigkeit *f*.

prodigarsi [prodi'garsi] ⟨mi prodigo, ti prodighi⟩ *rfl* **1.** *(profondersi)* sich ergehen (*in* in); **2.** *(adoperarsi)* sich aufopfern (*per* für).

prodigio [pro'di:dʒo] **I.** ⟨-gi⟩ *m* Wunder *n*; **II.** ⟨*inv*⟩ *a* Wunder-; **bambino ~** Wunderkind *n*. **prodigioso, -a** [...di'dʒo:so] *a* wunderbar, Wunder-; *(memoria, cultura)* außerordentlich, phänomenal.

prodigo, -a ['prɔ:digo] ⟨-ghi, -ghe⟩ *a* **1.** *pej (che dà senza misura)* verschwenderisch; **2.** *(generoso)* freigebig; **la parabola del figliol ~** das Gleichnis vom verlorenen Sohn.

prodotto [pro'dotto] *m* **1.** *gener., com* Erzeugnis *n*, Produkt *n*; **2.** *(risultato)* Ergebnis *n*; **3.** *fig (della fantasia, etc.)* Produkt *n*; **-i di bellezza** Kosmetikartikel *m pl*, Kosmetika *n pl*.

produrre [pro'durre] ⟨produco, produssi, prodotto⟩ **I.** *tr* **1.** *gener., com* erzeugen, produzieren; *agr* erzeugen; *(fabbricare)* herstellen; **2.** *(dare)* liefern, hervorbringen, erzeugen; **3.** *(causare)* verursachen, hervorrufen, erzeugen; *(generare)* erzeugen; **4.** *(presentare)* vorlegen; *(al pubblico)* vorstellen, vorführen; **5.** *jur (prove, etc.)* anführen; *(testimone)* vorführen; **~ in serie** serienmäßig herstellen; **II.** *rfl*: **-ursi 1.** *theat* auftreten; **2.** *(formarsi)* sich bilden.

produttività [produttivi'ta] ⟨-⟩ *f* **1.** *com* Produktivität *f*; **2.** *agr* Ertragfähigkeit *f*. **produttivo, -a** [...'ti:vo] *a* **1.** *com* produktiv; *agr* ergiebig, fruchtbar, ertragreich; **2.** *(di produzione)* Herstellungs-, Fertigungs-, Produktions-; **3.** *fig* produktiv.

produttore, -trice [produt'to:re] **I.** *m, f* **1.** *com* Hersteller(in) *m(f)*, Erzeuger(in) *m(f)*; *agr* Erzeuger *m*; **2.** *film* Produzent(in) *m(f)*; **II.** *a* Herstellungs-, Hersteller-, Produktions-; **casa -trice** Herstellerfirma *f*; **i paesi -i di cacao** die kakaoproduzierenden Länder *n pl*.

produzione [produt'tsio:ne] *f* **1.** *gener., com* Erzeugung *f*, Produktion *f*; *agr* Erzeugung *f*; *(fabbricazione)* Herstellung *f*; *film* Produktion *f*; **2.** *(formazione)* Bildung *f*; **3.** *(lit, mus, etc.)* Schaffen *n*; *(opera)* Werk *n*; **4.** *adm (di documenti)* Vorlage *f*; **5.** *jur (di prove)* Anführung *f*; *(di testimone)* Vorführung *f*; **~ a catena** Fließbandfertigung *f*.

profanare [profa'na:re] *tr* entweihen.

profanazione [...nat'tsio:ne] *f* Entweihung *f*.

profano, -a [pro'fa:no] **I.** *a* **1.** *(mondano)* weltlich, profan; *fig (parole, etc.)* profan; **2.** *(non competente)* laienhaft; **3.** *(indegno)* frevelhaft, entweihend; **II.** *m* Weltliche(s) *n*, Profane(s) *n*; **III.** *m, f* **1.** *(incompetente)* Laie *m*; **2.** *(non iniziato)* Uneingeweihte(r) *mf*.

proferire [profe'ri:re] ⟨proferisco⟩ *tr* **1.** *(parola, frase)* aussprechen; **2.** *(voto)* ablegen.

professare [profes'sa:re] **I.** *tr* **1.** *(dichiarare)* bekunden, bezeigen; **2.** *(manifestare)* sich bekennen zu; **II.** *rfl*: **-arsi** sich erklären.

professionale [professio'na:le] *a* beruflich, Berufs-, professionell; **esperienza/malattia/segreto ~** Berufserfahrung *f*/-krankheit *f*/-geheimnis *n*.

professione [profes'sio:ne] *f* **1.** *(attività)* Beruf *m*, Gewerbe *n*; **2.** *(dichiarazione)* Bekundung *f*, Bezeugung *f*; *rel (di fede)* Bekenntnis *n*; *(dei voti)* Gelübde *n*; **ladro di ~** professioneller Dieb. **professionismo** [...io'nizmo] *m* berufsmäßige Ausübung einer Tätigkeit; *sport* Berufs-, Profisport *m*. **professionista** [...io'nista] ⟨-i *m*, -e *f*⟩ *mf* Akademiker(in) *m(f)*; *sport* Berufssportler(in) *m(f)*, Profi *m fam*; **libero ~** Freiberufler *m*.

professorato [professo'ra:to] *m* Professur *f*, Lehramt *n*.

professore, -essa [profes'so:re, ...so'ressa] *m, f* Lehrer(in) *m(f)*; *(di università)* Professor(in) *m(f)*; **~ incaricato** Lehrbeauftragte(r) *m*; **~ straordinario/di ruolo** außerordentlicher/ordentlicher Professor.

profeta, -tessa [pro'fɛ:ta, ...fe'tessa] ⟨-i, -e⟩ *m, f* Prophet(in) *m(f)*. **profetico, -a** [...'fɛ:tiko] ⟨-ci, -che⟩ *a* prophetisch. **profetizzare** [...fetid'dza:re] *tr, itr* prophezeien, weissagen. **profezia** [...fet'tsi:a] ⟨-ie⟩ *f* Prophezeiung *f*; *(di astrologo)* Weissagung *f*.

proficuo, -a [pro'fi:kuo] *a* gewinnbringend, nützlich.

profilare [profi'la:re] **I.** *tr* **1.** *(delineare i contorni)* abzeichnen, konturieren, umreißen; **2.** *(orlare)* besetzen, betressen;

II. *rfl:* **-arsi 1.** *(risaltare)* sich abheben, sich abzeichnen; **2.** *fig (essere imminente)* sich abzeichnen, sich ankündigen.

profilassi [profi'lassi] ‹-› *f* Prophylaxe *f*, Krankheitsverhütung *f*.

profilato, -a [profi'la:to] **I.** *a* **1.** *(ben delineato)* abgezeichnet, konturiert; **2.** *(abito, gonna)* betreßt; **II.** *m* Profil(eisen) *n*.

profilattico, -a [profi'lattiko] ‹-ci, -che› **I.** *a* prophylaktisch, krankheitsverhütend; **II.** *m* Präservativ *n*, Kondom *n o m*.

profilatura [profila'tu:ra] *f* Profilierung *f*.

profilo [pro'fi:lo] *m* **1.** *(del volto)* Profil *n*; **2.** *(linea)* Umriß *m*, Kontur *f*; **3.** *fig* Charakterisierung *f*, Kurzbeschreibung *f*; **4.** *(dei pneumatici)* Profil *n*.

profittare [profit'ta:re] *itr* ausnutzen (*di qc* etw.), Nutzen ziehen (*di* aus).

profitto [pro'fitto] *m* **1.** *(vantaggio)* Profit *m*, Nutzen *m*, Vorteil *m*; **2.** *fig (progresso)* Fortschritt *m*, Erfolg *m*; **3.** *com* Profit *m*, Gewinn *m*; **trarre ~ da qc** aus etw. Profit (*o* Nutzen) ziehen.

profondersi [pro'fondersi] ‹*irr*› *rfl* sich ergehen (*in* in), um sich werfen (*in* mit).

profondità [profondi'ta] ‹-› *f* **1.** *gener., fig* Tiefe *f*; **2.** *fig (intensità)* Stärke *f*. **profondo, -a** [...'fondo] **I.** *a* **1.** *gener.* tief; **2.** *fig (intenso)* tief; *(sentimento a.)* stark; *(non superficiale)* tiefgehend, fundiert, gründlich; **II.** *m* Tiefe *f*.

proforma, pro forma [pro'forma] **I.** ‹*inv*› *adv*, *a* pro forma; **II.** ‹-› *m* Formalität *f*.

profugo, -a ['prɔ:fugo] ‹-ghi, -ghe› *m, f* Flüchtling *m*, (Heimat)vertriebene(r) *mf*.

profumare [profu'ma:re] **I.** *tr* ‹*avere*› (ein)parfümieren; **II.** *itr* ‹*essere*› duften (*di* nach); **III.** *rfl:* **-arsi** sich parfümieren. **profumatamente** [...mata'mente] *adv* teuer; **pagare qc ~** für etw. einen saftigen Preis zahlen *fam*.

profumeria [profume'ri:a] ‹-ie› *f* **1.** *(negozio)* Parfümerie *f*; **2.** *(fabbricazione)* Parfümherstellung *f*. **profumiere, -a** [...'miɛ:re] *m, f* Parfümhändler(in) *m(f)*.

profumo [pro'fu:mo] *m* **1.** *(fragranza)* Duft *m*; **2.** *(essenza)* Parfüm *n*; **3.** *fig* Hauch *m*.

profusione [profu'zio:ne] *f*: **a ~** im Überfluß.

progenitore, -trice [prodʒeni'to:re] *m, f* **1.** *(capostipite)* Stammvater *m*, -mutter *f*; **2.** ‹*pl*› *(antenati)* Vorfahren *m pl*.

progesterone [prodʒeste'ro:ne] *m* Progesteron *n*.

progettare [prodʒet'ta:re] *tr* **1.** *(viaggio, spedizione)* planen; **2.** *(arch, etc.)* planen, entwerfen. **progettazione** [...tat'tsio:ne] *f* Planung *f*.

progetto [pro'dʒɛtto] *m* **1.** *com* Projekt *n*; *jur, tec* Entwurf *m*; **2.** *(proposito)* Plan *m*; **3.** *(ideazione)* Planung *f*.

prognosi ['prɔɲɲozi] ‹-› *f* Prognose *f*.

programma [pro'gramma] ‹-i› *m* **1.** *gener., pol, lit, com, inform* Programm *n*; **2.** *(singolo spettacolo)* Vorstellung *f*; *(opuscolo)* Programm(heft) *n*; **3.** *(di scuola)* (Lehr)stoff *m*; **avere in ~ qc** etw. vorhaben. **programmare** [...'ma:re] *tr* **1.** *(film, theat, TV, radio, etc.)* aufs Programm setzen, ins Programm nehmen; **2.** *inform* programmieren; **3.** *com* planen. **programmatore, -trice** [...ma'to:re] *m, f* **1.** *inform* Programmierer(in) *m(f)*; **2.** *com* Wirtschaftsplaner(in) *m(f)*. **programmazione** [...mat'tsio:ne] *f* **1.** *com* (Wirtschafts)planung *f*; **2.** *inform* Programmierung *f*.

progredire [progre'di:re] ‹progredisco› *itr* ‹*essere o avere*› **1.** *(avanzare)* fort-, voranschreiten; **2.** *(far progressi)* Fortschritte machen, vorankommen. **progredito, -a** [...'di:to] *a* fortschrittlich, fortgeschritten.

progressione [progres'sio:ne] *f* **1.** *mat* Reihe *f*; **2.** *(aumento)* Steigerung *f*, Zunahme *f*; **3.** *mus* Sequenz *f*.

progressista [progres'sista] ‹-i *m*, -e *f*› **I.** *mf* Fortschrittsgläubige(r) *mf*, Progressist(in) *m(f)*; **II.** *a* fortschrittlich, Fortschritts-. **progressivo, -a** [...'si:vo] *a* fortschreitend, zunehmend, progressiv.

progresso [pro'grɛsso] *m (perfezionamento, avanzamento)* Fortschritt *m*; *(a. sviluppo)* Weiter-, Fortentwicklung *f*.

proibire [proi'bi:re] ‹proibisco› *tr* verbieten, untersagen. **proibitivo, -a** [...bi'ti:vo] *a* **1.** *(decreto, provvedimento)* verbietend, verhindernd, prohibitiv; **2.** *(prezzi)* unerschwinglich. **proibizione** [...bit'tsio:ne] *f* Verbot *n*, Verbieten *n*.

proiettare [proiet'ta:re] **I.** *tr* **1.** *film, fot* vorführen; *(sullo schermo)* projizieren; **2.** *(gettar fuori)* hinauswerfen, -schleudern; **3.** *mat* projizieren; **4.** *fig (speranze, etc.)* setzen (*su* in); **5.** *(luce, ombra)* werfen (*su* auf); **II.** *rfl:* **-arsi 1.** *fig* sich versetzen (*in* in); **2.** *(gettarsi)* sich werfen.

proiettile [proiet'ti:le] *m* Geschoß *n*, Projektil *n*, Kugel *f*.

proiettore [proiet'to:re] *m* **1.** *film, fot* Projektor *m*; **2.** *mot* Scheinwerfer *m*. **proiezione** [...t'tsio:ne] *f* **1.** *film, fot* Vorführung *f*; *(sullo schermo)* Projektion *f*; **2.** *mat, geog* Projektion *f*.

prolasso [pro'lasso] *m* Prolaps *m*, Vorfall *m*.

prole ['prɔ:le] *f* Kinder *n pl*, Nachkommen *m pl*.

proletariato [proleta'ria:to] *m* Proleta-

riat *n.* **proletario, -a** [...'ta:rjo] ‹-i, -ie› **I.** *a* proletarisch; **II.** *m, f* Proletarier(in) *m(f).*
proliferare [prolife'ra:re] *itr* wuchern, aus dem Boden schießen, sich vermehren.
prolifico, -a [pro'li:fiko] ‹-ci, -che› *a* **1.** zeugungsfreudig, fruchtbar; **2.** *fig* schaffensfreudig, fruchtbar.
prolisso, -a [pro'lisso] *a* langatmig, weitschweifig, ausschweifend.
prologo ['prɔ:logo] ‹-ghi› *m* **1.** *(scena)* Prolog *m;* **2.** *(personaggio)* Sprecher(in) *m(f)* des Prologes.
prolunga [pro'luŋga] ‹-ghe› *f* Verlängerung *f,* Verlängerungskabel *n,* -schnur *f.* **prolungamento** [...a'mento] *m* Verlängerung *f.*
prolungare [proluŋ'ga:re] ‹prolungo, prolunghi› **I.** *tr* **1.** *(rendere più lungo)* verlängern; **2.** *fig* in die Länge ziehen; **II.** *rfl:* **-arsi 1.** *(estendersi)* sich ausbreiten, sich verlängern; *(nello spazio)* sich verlängern, sich erstrecken; *(nel tempo)* sich hinziehen, sich in die Länge ziehen; **2.** *(nel discorso)* ausschweifen, ausholen, sich auslassen (*su* über).
promemoria [prome'mɔ:ria] ‹-› *m* (Akten)notiz *f,* Merkzettel *m.*
promessa [pro'messa] *f* **1.** *gener.* Versprechen *n;* **2.** *fig (giovane)* Hoffnung *f;* **-e** Versprechungen *f pl.* **promesso, -a** [...so] **I.** *a (sposo)* versprochen; *(terra)* gelobt; **II.** *m, f* Verlobte(r) *mf.*
promettente [promet'tɛnte] *a* vielversprechend.
promettere [pro'mettere] ‹*irr*› **I.** *tr* **1.** *(impegnarsi)* versprechen; **2.** *fig (far intravedere)* aussehen nach; **II.** *rfl:* **-ersi** sich versprechen.
prominente [promi'nɛnte] *a* vorspringend. **prominenza** [...'nɛntsa] *f* Vorspringen *n,* Vorsprung *m.*
promiscuità [promiskui'ta] ‹-› *f* Vermischung *f; (sessuale)* Promiskuität *f.* **promiscuo, -a** [...'miskuo] **I.** *a* gemischt; *(classe, scuola)* Gemeinschafts-; *gram* beidgeschlechtig; *(sessualmente)* promiskuitiv; **II.** *m* Kombiwagen *m.*
promontorio [promon'tɔ:rjo] ‹-i› *m* Kap *n.*
promosso, -a [pro'mɔsso] *a* gefördert, versetzt.
promotore, -trice [promo'to:re] **I.** *m, f* Förderer *m,* Förd(r)erin *f; (iniziatore)* Initiator(in) *m(f);* **II.** *a* Förderer-; **comitato ~** Organisations-, Veranstaltungskomitee *n.*
promozionale [promot'tsjo'na:le] *a* Werbe-, Promotion-.
promozione [promot'tsjo:ne] *f* **1.** *(avanzamento)* Beförderung *f; (di alunno)* Versetzung *f; sport* (Tabellen)aufstieg *m;* **2.** *com* Werbung *f,* Promotion *f.*
promulgare [promul'ga:re] ‹promulgo, promulghi› *tr* **1.** *jur (legge)* erlassen; **2.** *(diffondere)* verbreiten, verkünden. **promulgazione** [...gat'tsjo:ne] *f* **1.** *jur (di legge)* Erlaß *m;* **2.** *(divulgazione)* Verbreitung *f,* Verkündung *f.*
promuovere [pro'mwɔ:vere] ‹*irr*› *tr* **1.** *(proporre)* anregen, fördern; *(iniziare)* initiieren; *(arti, cultura, ricerca)* fördern; **2.** *(far avanzare)* befördern; *(alunno)* versetzen.
pronipote [proni'po:te] *mf* **1.** *(dei nonni)* Urenkel(in) *m(f); (degli zii)* Großneffe *m,* -nichte *f;* **2.** ‹*pl*› Nachkommen *m pl.*
pronome [pro'no:me] *m* Pronomen *n,* Fürwort *n.*
pronosticare [pronosti'ka:re] ‹pronostico, pronostichi› *tr* voraussagen, ankündigen. **pronostico** [...'nɔstiko] ‹-ci› *m* Voraussage *f,* Prognose *f.*
prontezza [pron'tettsa] *f* Promptheit *f,* Schnelligkeit *f.*
pronto, -a ['pronto] **I.** *a* **1.** *(preparato)* bereit, fertig; **2.** *(disposto)* bereit (*a* zu), aufgelegt (*a* zu); **3.** *(rapido)* schnell, rasch; *(cosa a.)* prompt, sofortig; **4.** *(facile)* leicht, schnell; **essere ~ per partire** reisefertig sein; **essere ~ a tutto** zu allem bereit sein; **essere sempre ~ a scherzare** immer zu(m) Scherzen aufgelegt sein; **avere la risposta -a** schlagfertig sein; **~ per l'uso** gebrauchsfertig; **II.** *interj tel* hallo (, hier spricht . . .).
prontuario [prontu'a:rjo] ‹-i› *m* Handbuch *n.*
pronuncia [pro'nuntʃa] ‹-cie› *f* Aussprache *f.* **pronunciare** [...'tʃa:re] ‹pronuncio, pronunci› **I.** *tr (parola, sentenza)* aussprechen; *(discorso)* halten; **II.** *rfl:* **-arsi** sich aussprechen. **pronunciato, -a** [...'tʃa:to] *a* **1.** *(naso, etc.)* ausgeprägt; **2.** *fig* ausgeprägt, ausgesprochen.
pronunzia [pro'nuntsja] *etc. v.* **pronuncia** *etc.*
propaganda [propa'ganda] *f* Propaganda *f,* Werbung *f,* Reklame *f;* **~ televisiva/radiofonica** Fernseh-/Rundfunkwerbung *f.* **propagandare** [...'da:re] *tr* verbreiten, Werbung machen für, propagieren. **propagandistico, -a** [...'distiko] ‹-ci, -che› *a* propagandistisch, Werbe-.
propagare [propa'ga:re] ‹propago, propaghi› **I.** *tr* verbreiten, propagieren; **II.** *rfl:* **-arsi 1.** *(diffondersi)* sich ausbreiten, sich ausdehnen; *fig* um sich greifen; **2.** *biol* sich fortpflanzen, sich vermehren. **propagatore, -trice** [...ga'to:re] *m, f* Verbreiter(in) *m(f),* Verkünder(in) *m(f).* **propagazione** [...gat'tsjo:ne] *f* **1.** *phys* Verbreitung *f; (della luce)* Fortpflanzung *f; (del calore, suono)* Ausbreitung *f;* **2.** *(diffu-*

sione) Ver-, Ausbreitung *f;* **3.** *biol* Fortpflanzung *f,* Vermehrung *f.*
propaggine [pro'paddʒine] *f* Verzweigung *f; (di un monte)* Ausläufer *m.*
propano [pro'pa:no] *m* Propan(gas) *n.*
propedeutico, -a [prope'dɛ:utiko] ‹-ci, -che› *a* propädeutisch.
propellente [propel'lɛnte] **I.** *a* vorwärtstreibend, Treib-; **II.** *m* Treibstoff *m.*
propendere [pro'pɛndere] ‹propendo, propendei *o* propesi, propenso *o rar* propenduto› *itr* neigen (*per* zu), sein (*per* für). **propensione** [...pen'sio:ne] *f* Neigung *f* (*per* zu); *(per persone)* Zuneigung *f* (*per* zu); **avere ~ a ...** *inf* dazu neigen, zu ... *inf;* **ho ~ a credere** ich neige zu der Annahme. **propenso, -a** [...'pɛnso] **I.** *pp di* **propendere; II.** *a* geneigt; **essere ~ a ...** *inf* geneigt sein, zu ... *inf;* **essere ~ verso qu** jdm geneigt sein.
propesi *p rem di* **propendere.**
propinare [propi'na:re] *tr* **1.** *(somministrare)* (ein)geben, verabreichen; **2.** *fig scherz* auftischen, unterjubeln *fam.*
propiziare [propit'tsia:re] ‹propizio, propizi› *tr* günstig stimmen, geneigt machen.
propizio, -a [pro'pittsio] ‹-i, -ie› *a* günstig.
proponimento [proponi'mento] *m* Vorsatz *m;* **fare (il) ~ di fare qc** sich *(dat)* vornehmen, etw. zu tun.
proporre [pro'porre] ‹*irr*› **I.** *tr* vorschlagen; *(tesi, problema)* vorbringen; *(questione)* stellen; **II.** *rfl:* **-orsi** sich *(dat)* vornehmen; **-orsi un fine (*o* una meta)** sich *(dat)* ein Ziel stecken (*o* setzen).
proporzionale [proportsio'na:le] *a* **1.** *(della proporzione)* verhältnismäßig, proportional; **2.** *mat* proportional; **elezione ~** Verhältniswahl *f.* **proporzionato, -a** [...'na:to] *a* **1.** *(adeguato)* entsprechend; **2.** *(armonico)* proportioniert; *(corpo)* wohlproportioniert. **proporzione** [...'tsio:ne] *f* **1.** *mat* Proportion *f,* Verhältnisgleichung *f;* **2.** *(rapporto)* Verhältnis *n;* **3.** ‹*pl*› *fig* Ausmaße *n pl;* **assumere -i preoccupanti** besorgniserregende Ausmaße annehmen; **in ~ a** im Verhältnis zu.
proposito [pro'pɔ:zito] *m* **1.** *(proponimento)* Vorsatz *m,* Vorhaben *n,* Absicht *f; (progetto)* Plan *m;* **2.** *(argomento)* Bezug *m;* **di ~** *(apposta)* mit Absicht, absichtlich; *(seriamente)* ganz bewußt; **a ~ di** in bezug auf, was ... betrifft; **a ~** übrigens, apropos; **arrivare (*o* venire) a ~** gelegen (*o* wie gerufen) kommen; **a questo ~** hierzu, dazu, in dieser Hinsicht.
proposizione [propozit'tsio:ne] *f* Satz *m.*
proposta [pro'posta] *f* Vorschlag *m; adm* Antrag *m;* **~ di matrimonio** Heiratsantrag *m;* **~ di legge** Gesetzesvorlage *f.*
propriamente [propria'mente] *adv* **1.** *(in senso proprio)* eigentlich; **2.** *(in modo appropriato)* passend, richtig; **~ detto** strenggenommen, eigentlich.
proprietà [proprie'ta] ‹-› *f* **1.** *jur* Eigentum *n,* Besitz *m;* **2.** *(qualità)* Eigenschaft *f,* Beschaffenheit *f;* **3.** *(precisione)* Richtigkeit *f;* **4.** *rar (pulizia, ordine)* Sauberkeit *f;* **essere di ~ di qu** jds Eigentum sein, jdm gehören. **proprietario, -a** [...'ta:rio] ‹-i, -ie› *m, f* Eigentümer(in) *m(f),* Besitzer(in) *m(f).*
proprio, -a ['prɔ:prio] ‹-i, -ie› **I.** *a* **1.** *(suo)* eigen; *(di lui)* sein; *(di lei, loro)* ihr; **2.** *(tipico)* bestimmt, typisch, besondere(r, s); **3.** *(adatto)* eigen, Eigen-, eigentlich; **vino di produzione -a** Wein *m* aus eigener Herstellung; **con le -ie mani** eigenhändig; **II.** *adv* **1.** *(precisamente)* (ganz) genau; **2.** *(davvero)* wirklich; **III.** *m* Eigene(s) *n;* **lavorare in ~** selbständig (*o* freiberuflich) arbeiten.
propugnare [propuɲ'ɲa:re] *tr* verfechten.
propulsione [propul'sio:ne] *f* **1.** *fig (spinta)* Antrieb *m,* Aufschwung *m;* **2.** *tec* Antrieb *m.* **propulsore** [...'so:re] *m* Triebwerk *n.*
prora ['prɔ:ra] *f* Bug *m.*
proroga ['prɔ:roga] ‹-ghe› *f* Aufschub *m,* Verlängerung *f; (di termine)* Verschiebung *f; (di pagamento)* Stundung *f.* **prorogare** [proro'ga:re] ‹prorogo, proroghi› *tr* aufschieben, verlängern; *(pagamento)* stunden; *(termine)* verschieben.
prorompente [prorom'pɛnte] *a* ungestüm; *(gioia, etc.)* unbändig. **prorompere** [pro'rompere] ‹*irr*› *itr* hervorbrechen; *(in lacrime, risata)* ausbrechen (*in* in).
prosa ['prɔ:za] *f* Prosa *f; (componimento)* Prosatext *m.* **prosaico, -a** [pro'za:iko] ‹-ci, -che› *a* **1.** *fig pej* nüchtern, prosaisch; **2.** *lit* prosaisch, Prosa-.
prosciogliere [proʃ'ʃɔʎʎere] ‹*irr*› *tr* **1.** *(liberare)* befreien, lossprechen, freisprechen; **2.** *jur* freisprechen.
prosciugamento [proʃʃuga'mento] *m* **1.** *(il prosciugare)* Trockenlegung *f;* **2.** *(inaridimento)* Austrocknung *f.* **prosciugare** [...'ga:re] ‹prosciugo, prosciughi› **I.** *tr (terreno)* austrocknen; *(palude)* trockenlegen; **II.** *rfl:* **-arsi** trocken werden, austrocknen.
prosciutto [proʃ'ʃutto] *m* Schinken *m.*
proscritto, -a [pros'kritto] *m, f* Verbannte(r) *mf,* Geächtete(r) *mf.* **proscrivere** [...'kri:vere] ‹*irr*› *tr* **1.** *(esiliare)* verbannen, ächten; **2.** *fig* verbieten, abschaffen. **proscrizione** [...krit'tsio:ne] *f* **1.** *hist* Ächtung *f,* Proskription *f;* **2.** *(esi-*

lio) Verbannung *f;* **3.** *fig* Abschaffung *f,* Verbot *n.*
prosecuzione [prosekut'tsi̯o:ne] *f* Fortsetzung *f,* Weiterführung *f.*
proseguimento [prosegu̯i'mento] *m* Fortsetzung *f,* Weiterführung *f;* **buon ~!** weiterhin alles Gute! **proseguire** [...'gu̯i:re] **I.** *tr* fortsetzen, weiterführen; **II.** *itr* weitermachen (*in* mit); **~ negli studi** das Studium fortsetzen; **il treno prosegue per Milano** der Zug fährt nach Mailand weiter.
proselito, -a [pro'zɛ:lito] *m, f* Proselyt *m.*
prosperare [prospe'ra:re] *itr* gedeihen. **prosperità** [...ri'ta] ‹-› *f* Wohlstand *m,* Gedeihen *n.* **prospero, -a** ['prɔspero] *a (commercio)* blühend; *(paese)* wohlhabend, blühend; *(annata)* glücklich; *(sorte)* günstig. **prosperoso, -a** [prospe'ro:so] *a* **1.** *(commercio, regione)* blühend, wohlhabend; **2.** *(ragazza)* wohlgerundet.
prospettare [prospet'ta:re] **I.** *tr* darstellen, darlegen, vor Augen führen; **II.** *rfl:* **-arsi** sich darstellen.
prospettiva [prospet'ti:va] *f* **1.** *(tecnica)* Perspektive *f;* **2.** *(vista)* Ausblick *m;* **3.** *fig* Aussicht *f,* Perspektive *f;* **4.** *(disegno)* perspektivische Zeichnung.
prospetto [pros'pɛtto] *m* **1.** *(tabella)* Übersicht *f,* Aufstellung *f;* **2.** *(veduta)* (Vorder)ansicht *f;* **3.** *(facciata)* Vorderseite *f;* **4.** *(disegno)* Tabelle *f,* Schaubild *n;* **di ~** von vorne.
prossimamente [prossima'mente] *adv (fra breve)* in Kürze, demnächst.
prossimità [prossimi'ta] ‹-› *f* Nähe *f;* **in ~ di** in der Nähe von.
prossimo, -a ['prɔssimo] **I.** *a* **1.** *(vicino)* nächste(r, s); *(nel tempo a.)* kommend; **2.** *(parente)* nah(e); **3.** *(diretto)* unmittelbar, naheliegend, direkt; **II.** *m* Nächste(r) *mf.*
prostata ['prɔstata] *f* Prostata *f.*
prosternarsi [proster'narsi] *rfl* sich auf die Knie (*o* zu Boden) werfen.
prostituire [prostitu'i:re] ‹prostituisco› **I.** *tr* prostituieren, verkaufen; **II.** *rfl:* **-irsi** sich prostituieren. **prostituta** [...'tu:ta] *f* Prostituierte *f.* **prostituzione** [...tut'tsi̯o:ne] *f* Prostitution *f.*
prostrare [pros'tra:re] **I.** *tr* **1.** *(fiaccare)* schwächen, entkräften; **2.** *fig (umiliare)* erniedrigen, kränken; **II.** *rfl:* **-arsi 1.** *(gettarsi ai piedi)* sich auf die Knie werfen; **2.** *fig (umiliarsi)* kriechen, sich erniedrigen. **prostrazione** [...trat'tsi̯o:ne] *f* **1.** *(depressione)* Niedergeschlagenheit *f;* **2.** *(spossatezza)* Erschöpfung *f,* Ermattung *f.*
protagonista [protago'nista] ‹-i *m,* -e *f*› *mf* **1.** *film, theat* Hauptdarsteller(in) *m(f);* **2.** *lit* Protagonist(in) *m(f).*
proteggere [pro'tɛddʒere] ‹proteggo, protessi, protetto› *tr* **1.** *(difendere)* (be)schützen (*da* vor); **2.** *(favorire)* begünstigen; *(persone a.)* protegieren.
proteico, -a [pro'tɛ:iko] ‹-ci, -che› *a* eiweißhaltig, Protein-, Eiweiß-.
proteina [prote'i:na] *f* Protein *n,* Eiweiß *n.*
protendere [pro'tɛndere] ‹*irr*› **I.** *tr* hin-, vor-, ausstrecken; **II.** *rfl:* **-ersi** sich vorbeugen, sich beugen (*da* aus).
protesi ['prɔ:tezi] ‹-› *f* Prothese *f.*
protessi [pro'tɛssi] *p rem di* **proteggere.**
protesta [pro'tɛsta] *f* **1.** *(disapprovazione)* Protest *m;* **2.** *(dichiarazione)* Bezeugung *f,* Beteuerung *f.*
protestante [protes'tante] **I.** *a* protestantisch; **II.** *mf* Protestant(in) *m(f).*
protestare [protes'ta:re] **I.** *tr* bezeugen, beteuern; **II.** *itr* protestieren (*contro* gegen); **III.** *rfl:* **-arsi** sich erklären.
protettivo, -a [protet'ti:vo] *a* schützend, Schutz-. **protetto** [...'tɛtto] **I.** *pp di* **proteggere; II.** *m* Schützling *m,* Protégé *m.*
protettorato [protetto'ra:to] *m* **1.** *(tutela)* Protektorat *n,* Schutzherrschaft *f;* **2.** *(territorio)* Schutzgebiet *n,* Protektorat *n.*
protettore, -trice [protet'to:re] **I.** *m, f* **1.** *(chi protegge)* (Be)schützer(in) *m(f);* **2.** *(chi favorisce)* Förderer *m,* Förd(r)erin *f;* **3.** *(patrono)* (Schutz)patron(in) *m(f),* Schutzheilige(r) *mf;* **4.** *(sfruttatore di prostitute)* Zuhälter *m;* **II.** *a* (be)schützend, Schutz-.
protezione [protet'tsi̯o:ne] *f* **1.** *(difesa)* Schutz *m;* **2.** *pej (favoreggiamento)* Protektion *f,* Begünstigung *f;* **~ dell'ambiente/del paesaggio/degli animali** Umwelt-/Landschafts-/Tierschutz *m.*
protezionismo [protettsi̯o'nizmo] *m* Protektionismus *m.*
protocollare[1] [protokol'la:re] *tr* protokollieren, ins Protokollbuch eintragen.
protocollare[2] [protokol'la:re] *a* protokollarisch, Protokoll-.
protocollo [proto'kɔllo] *m* Protokoll *n;* **mettere a ~** protokollieren, zu Protokoll nehmen.
protone [pro'to:ne] *m* Proton *n.*
prototipo [pro'tɔ:tipo] *m* **1.** *tec* Prototyp *m;* **2.** *scherz* Muster(stück) *n,* Inbegriff *m;* **3.** *(modello)* Urbild *n;* **è il ~ dei fannulloni** er ist ein Muster an Faulheit.
protrarre [pro'trarre] ‹*irr*› **I.** *tr* hinausziehen, in die Länge ziehen; *(differire)* aufschieben; **II.** *rfl:* **-arsi** sich hinausziehen, sich in die Länge ziehen.
protuberanza [protube'rantsa] *f* Auswuchs *m,* Vorsprung *m; (sul naso)* Höcker *m.*
prova ['prɔ:va] *f* **1.** *(esame)* Prüfung *f;*

2. *(esperimento)* Test *m*, Probe *f*, Versuch *m*; 3. *(cimento)* Prüfung *f*, Probe *f*; 4. *(dimostrazione)* Beweis *m*, Nachweis *m*; *(testimonianza)* Beweis *m*, Zeugnis *n*; 5. *(esperienza)* Erfahrung *f*; 6. *jur* Beweis *m*; 7. *(theat, mus, etc.)* Probe *f*; 8. *(di abito)* Anprobe *f*; 9. *mat* Probe *f*; 10. *typ* (~ *di stampa)* (Korrektur)abzug *m*, Fahne *f*; 11. *sport* Wettkampf *m*; ~ **orale/scritta** mündliche/schriftliche Prüfung; ~ **generale** Generalprobe *f*; ~ **di durata** Haltbarkeitstest *m*, Dauertest *m*; **mettere qu alla** ~ jdn auf die Probe stellen; **assolvere per insufficienza di -e** aus Mangel an Beweisen freisprechen; **alla ~ dei fatti** anhand der Tatsachen; **fino a ~ contraria** bis zum Beweis des Gegenteils.

provare [pro'va:re] I. *tr* 1. *gener.* probieren, versuchen; *tec, scient* testen; *(abito, scarpe)* anprobieren; 2. *(sperimentare)* versuchen, ausprobieren; 3. *(saggiare)* auf die Probe stellen, prüfen, versuchen; 4. *(assaggiare)* probieren, kosten; 5. *(conoscere)* auf die Probe stellen; 6. *(sentire)* empfinden, fühlen; *(dolore, simpatia, pietà a.)* haben; 7. *(cimentare)* prüfen; 8. *(dimostrare)* beweisen; 9. *(mus, theat, etc.)* proben; 10. *(collaudare)* abnehmen, prüfen; **bisogna ~ per credere** man muß es selbst probieren, um es glauben zu können; **non provarci nemmeno!** untersteh dich!; II. *rfl*: **-arsi** 1. *(cimentarsi)* sich üben (*in* in), sich versuchen (*in* in); 2. *(tentare)* versuchen, probieren. **provato, -a** [...'va:to] *a* 1. *(fedele)* treu; 2. *(dimostrato)* erwiesen; *(rimedio, etc.)* (alt)bewährt; *tec* erprobt; 3. *(estenuato)* heimgesucht, geprüft; *(stanco)* erschöpft.

provenienza [prove'ni̯entsa] *f* Herkunft *f*; *(fig a.)* Quelle *f*. **provenire** [...'ni:re] ⟨*irr*⟩ *itr* ⟨*essere*⟩ (her)kommen (*da* aus, von), (her-, ab)stammen (*da* aus, von).

provento [pro'vɛnto] *m* Ertrag *m*.

proverbiale [prover'bi̯a:le] *a* *(a. fig)* sprichwörtlich. **proverbio** [...'vɛrbi̯o] ⟨-i⟩ *m* Sprichwort *n*.

provetta [pro'vetta] *f* Reagenzglas *n*; **bambino in ~** Retortenbaby *n*.

provetto, -a [pro'vɛtto] *a* erfahren.

provincia [pro'vintʃa] ⟨-cie *o* -ce⟩ *f* 1. *adm* (*ab* **Prov.**) Provinz *f*; 2. *(territorio)* Land *n*; *pej* Provinz *f*. **provinciale** [...'tʃa:le] I. *a* 1. *adm* Provinzial-, Provinz-; 2. *pej* provinziell, provinzlerisch, kleinstädtisch; **medico ~** Kreisarzt *m*; II. *mf* 1. *(abitante)* Provinzbewohner(in) *m(f)*, Landbewohner(in) *m(f)*; 2. *pej* Provinzler(in) *m(f)*, Kleinstädter(in) *m(f)*; III. *f* Landstraße *f*. **provincialismo** [...tʃa'lizmo] *m* Provinzialismus *m*.

provino [pro'vi:no] *m* Probeaufnahme *f*.

provocante [provo'kante] *a* herausfordernd, provozierend; *(sessualmente a.)* aufreizend.

provocare [provo'ka:re] ⟨provoco, provochi⟩ *tr* 1. *(cagionare)* hervorrufen, verursachen; 2. *(eccitare)* reizen, provozieren; *(sessualmente a.)* aufreizen; 3. *(muovere)* reizen, bewegen; *pej* *(spingere)* aufstacheln; **~ la pietà/l'invidia** Mitleid/Neid erregen; **~ il riso** zum Lachen reizen. **provocatore, -trice** [...ka'to:re] I. *a* herausfordernd; **agente ~** Agent provocateur *m*; II. *m, f* Provokateur(in) *m(f)*, Aufwiegler(in) *m(f)*. **provocatorio, -a** [...ka'tɔ:ri̯o] ⟨-i, -ie⟩ *a* herausfordernd, provokativ, provozierend. **provocazione** [...kat'tsi̯o:ne] *f* Herausforderung *f*, Provokation *f*.

provvedere [provve'de:re] ⟨*irr*⟩ I. *itr* sich kümmern (*a* um), sorgen (*a* für), (Vor)sorge treffen (*a* für); II. *tr* 1. *(fornire)* versehen (*di* mit), versorgen (*di* mit); 2. *(procurarsi)* besorgen, beschaffen; III. *rfl*: **-ersi** 1. *(munirsi)* sich *(dat)* besorgen (*di qc* etw.), sich *(dat)* beschaffen (*di qc* etw.), sich versorgen (*di* mit); 2. *fig* sich ausstatten (*di* mit). **provvedimento** [...di'mento] *m* Maßnahme *f*, Vorkehrung *f*.

provveditorato [provvedito'ra:to] *m* Verwaltungsamt *n*; **~ agli studi** (Ober)schulamt *n*. **provveditore, -trice** [...'to:re] *m, f* Amtsleiter(in) *m(f)*.

provvidenza [provvi'dɛntsa] *f* 1. *rel* (göttliche) Vorsehung *f*; 2. *fig* Glück *n*. **provvidenziale** [...'tsi̯a:le] *a* 1. *(opportuno)* willkommen, gelegen; 2. *(della divina provvidenza)* gottgewollt.

provvido, -a ['prɔvvido] *a* *(previdente)* vorsorglich; *(utile)* günstig.

provvigione [provvi'dʒo:ne] *f* Provision *f*.

provvisorietà [provvizori̯e'ta] ⟨-⟩ *f* Vorläufigkeit *f*. **provvisorio, -a** [...'zɔ:ri̯o] ⟨-i, -ie⟩ *a* vorläufig, provisorisch, vorübergehend; *(governo, etc.)* Übergangs-.

provvista [prov'vista] *f* Vorrat *m*, Versorgung *f*; **fare ~ di qc** sich mit etw. bevorraten (*o* eindecken).

provvisto, -a [prov'visto] *a* versehen (*di* mit), ausgestattet (*di* mit).

prua ['pru:a] *f* Bug *m*.

prudente [pru'dɛnte] *a* 1. *(persona)* vorsichtig; 2. *(azione, comportamento)* umsichtig, überlegt. **prudenza** [...'dɛntsa] *f* Vorsicht *f*, Umsicht *f*.

prudere ['pru:dere] ⟨*manca il pp*⟩ *itr* jucken; **mi prude il naso** mir (*o* mich) juckt die Nase, mir (*o* mich) juckt es an der Nase.

prugna ['pruɲɲa] *f* Pflaume *f*; **~ secca** Backpflaume *f*.

pruno ['pru:no] *m* 1. *bot* Dornbusch *m*; 2. *(spina)* Dorn *m*.

prurito [pru'ri:to] *m* 1. *(pizzicore)* Jucken

n, Juckreiz *m;* **2.** *fig (voglia)* Lust *f,* Kitzel *m;* **sente ~** es juckt ihn (*o* sie).
Prussia ['prussja] *f* Preußen *n.*
P.S. 1. *ab di* **Pubblica Sicurezza** *unbewaffnete Sicherheitspolizei;* **2.** *ab di* **postscriptum** PS (*ab di* Postskriptum).
P.S.D.I. *m ab di* **Partito Socialista Democratico Italiano** *sozialdemokratische Partei Italiens.*
pseudonimo [pseu'dɔ:nimo] *m* Pseudonym *n.*
P.S.I. *m ab di* **Partito Socialista Italiano** *sozialistische Partei Italiens.*
psicanalisi [psika'na:lizi] *f* Psychoanalyse *f.* **psicanalista** [...na'lista] *mf* Psychoanalytiker(in) *m(f).* **psicanalitico, -a** [...na'li:tiko] ‹-ci, -che› *a* psychoanalytisch. **psicanalizzare** [...nalid'dza:re] *tr* psychoanalytisch behandeln, psychoanalysieren.
psiche ['psi:ke] *f* Psyche *f.*
psichedelico, -a [psike'dɛ:liko] ‹-ci, -che› *a* psychedelisch.
psichiatra [psi'kja:tra] ‹-i *m,* -e *f*› *mf* Psychiater(in) *m(f).* **psichiatria** [...ja'tri:a] ‹-ie› *f* Psychiatrie *f.* **psichiatrico, -a** [...'kja:triko] ‹-ci, -che› *a* psychiatrisch.
psichico, -a ['psi:kiko] ‹-ci, -che› *a* psychisch.
psicofarmaco [psiko'farmako] *m* Psychopharmakon *n.*
psicologia [psikolo'dʒi:a] ‹-gie› *f* Psychologie *f.* **psicologico, -a** [...lɔ:dʒiko] *a* **1.** *scient* psychologisch; **2.** *(dell'anima)* seelisch, psychisch. **psicologo, -a** [...'kɔ:logo] ‹-gi, -ghe› *m, f* Psychologe *m,* -login *f.*
psicopatico, -a [psiko'pa:tiko] ‹-ci, -che› **I.** *a* psychopathisch; **II.** *m, f* Psychopath(in) *m(f).*
psicosi [psi'kɔ:zi] ‹-› *f* Psychose *f;* **~ collettiva** Massenpsychose *f;* **~ degli esami** Prüfungsangst *f.*
psicosomatico, -a [psikoso'ma:tiko] *a* psychosomatisch.
psicoterapia [psikotera'pi:a] *f* Psychotherapie *f.*
P.T. *ab di* **Poste e Telegrafi** ≃ DBP (*ab di* Deutsche Bundespost).
pubblicare [pubbli'ka:re] ‹pubblico, pubblichi› *tr* **1.** *(libro, giornale, rivista)* veröffentlichen, publizieren, herausgeben; **2.** *(ordinanza, legge, notizia)* veröffentlichen. **pubblicazione** [...kat'tsjo:ne] *f* **1.** *(il pubblicare)* Veröffentlichung *f,* Publikation *f,* Herausgabe *f;* **2.** *(opera)* Veröffentlichung *f,* Publikation *f;* **3.** ‹*pl*› *(di matrimonio)* Aufgebot *n;* **fare le -i** das Aufgebot bestellen.
pubblicista [pubbli'tʃista] ‹-i *m,* -e *f*› *mf* **1.** *lit* Publizist(in) *m(f);* **2.** *jur* Staatsrechtler(in) *m(f).*
pubblicità [pubblitʃi'ta] ‹-› *f* **1.** *(propaganda)* Werbung *f,* Reklame *f,* Publicity *f;* **2.** *(diffusione)* Verbreitung *f;* **3.** *(di giornale)* Anzeigenteil *m;* **~ radiofonica/televisiva** Rundfunk-/Fernsehwerbung *f;* **piccola ~** Kleinanzeigen *f pl.* **pubblicitario, -a** [...'ta:rjo] ‹-i, -ie› **I.** *a* Werbe-; **II.** *m, f* Werbefachmann *m,* -frau *f.*
pubblico, -a ['pubbliko] ‹-ci, -che› **I.** *a* öffentlich; *(dello Stato a.)* Staats-, staatlich; *(impresa, etc. a.)* öffentlich-rechtlich; *(della collettività)* (All)gemein-; **~ funzionario** Beamte(r) *m;* **i servizi -ci** der öffentliche Dienst; **II.** *m* Öffentlichkeit *f,* Allgemeinheit *f;* *(spettatori, lettori, etc.)* Publikum *n;* **il ~ dei lettori/degli spettatori** die Leser *m pl*/die Zuschauer *m pl.*
pube ['pu:be] *m* Schambein *n.*
pubertà [puber'ta] ‹-› *f* Pubertät *f.*
public relations ['pʌblɪk rɪ'leɪʃənz] *f pl* Public Relations *pl.*
pudicizia [pudi'tʃittsja] ‹-ie› *f* Schamhaftigkeit *f.* **pudico, -a** [pu'di:ko] ‹-chi, -che› *a (persona)* schamhaft; *(sguardo, etc.)* verschämt.
pudore [pu'do:re] *m* **1.** *(vergogna)* Scham *f;* **2.** *(pudicizia)* Schamhaftigkeit *f;* *(discrezione)* Verschämtheit *f.*
puericultore, -trice [puerikul'to:re] *m, f* Säuglingspfleger(in) *m(f).* **puericultura** [...'tu:ra] *f* Säuglingspflege *f.*
puerile [pue'ri:le] *a* **1.** *(età)* Kindes-, Kinder-, kindlich; **2.** *pej* kindisch, albern.
puerilità [...rili'ta] ‹-› *f* Albernheit *f,* Kinderei *f.*
puerpera [pu'ɛrpera] *f* Wöchnerin *f.*
pugilato [pudʒi'la:to] *m* Boxsport *m,* Boxen *n.* **pugile** ['pu:dʒile] *m* Boxer *m.*
Puglia ['puʎʎa] *f* Apulien *n.*
pugnalare [puɲɲa'la:re] *tr* **1.** *(ferire)* einen Dolchstoß versetzen (*qu* jdm); **2.** *(uccidere)* erdolchen. **pugnalata** [...'la:ta] *f* Dolchstoß *m.* **pugnale** [...'ɲa:le] *m* Dolch *m.*
pugno ['puɲɲo] *m* **1.** *(mano chiusa)* Faust *f;* **2.** *(colpo)* Faustschlag *m;* **3.** *(quantità)* Handvoll *f;* **avere qc in ~** *fig* etw. im Griff haben, sich *(dat)* einer S. *(gen)* sicher sein; **mostrare il ~** (*o* **i -i**) mit der Faust drohen; **fare a -i** sich raufen; *fig (colori)* sich beißen; **venire a -i** aneinandergeraten, zu raufen anfangen.
pula ['pu:la] *f* **1.** *(di cereali)* Spreu *f;* **2.** *sl (polizia)* Polente *f sl,* Bullen *m pl sl.*
pulce ['pultʃe] *f* Floh *m;* **mettere una ~ nell'orecchio a qu** jdm einen Floh ins Ohr setzen.
pulcinella [pultʃi'nɛlla] ‹-› *m (maschera):* **P~** Pulcinella *m;* **è un segreto di ~** das ist ein offenes Geheimnis, das pfeifen die Spatzen von den Dächern.
pulcino [pul'tʃi:no] *m* Küken *n;* **sem-**

brare un ~ bagnato dastehen wie ein begossener Pudel.

pulcioso, -a [pul'tʃo:so] *a* voller Flöhe.

puledro, -a [pu'le:dro] *m, f* Fohlen *n,* Füllen *n.*

puleggia [pu'leddʒa] ‹-gge› *f* Riemenscheibe *f,* Rollenzug *m.*

pulire [pu'li:re] ‹pulisco› **I.** *tr* saubermachen; *(casa, scarpe a.)* putzen; *(strada a.)* reinigen; **II.** *rfl:* **-irsi** *(denti, naso)* (sich *dat*) putzen; *(bocca)* (sich *dat*) abwischen. **pulita** [pu'li:ta] *f* (schnelle) Reinigung *f.* **pulito, -a** [...to] **I.** *a* **1.** *(cose, mani, etc.)* sauber, rein; **2.** *(persone)* sauber, rein(lich), gepflegt; **3.** *fig* anständig; *(faccenda, etc.)* sauber; *(coscienza)* rein; *(barzelletta)* anständig, stubenrein *fam;* **4.** *fig fam (senza denaro)* blank *fam,* abgebrannt *fam;* **avere la fedina penale -a** ein polizeiliches Führungszeugnis ohne Eintragungen haben; **II.** *m* **1.** *(l'essere pulito)* Saubere(s) *n,* Reine(s) *n;* **2.** *(bella copia)* Reinschrift *f.* **pulitura** [...'tu:ra] *f* **1.** *(pulizia)* Reinigung *f,* Säuberung *f;* **2.** *fig* Schliff *m;* **~ a secco** Trockenreinigung *f.* **pulizia** [...t'tsi:a] ‹-ie› *f* **1.** *(stato)* Sauberkeit *f;* **2.** *(azione)* Säuberung *f,* Reinigung *f;* **-ie pasquali** Frühjahrsputz *m;* **donna delle -ie** Putzfrau *f;* **fare le -ie** saubermachen, putzen.

pullman ['pulman] ‹-› *m* (Reise)bus *m.*

pullover [pul'lɔ:ver] ‹-› *m* Pullover *m.*

pullulare [pullu'la:re] *itr* **1.** *(insetti, persone)* wimmeln; **2.** *fig* sprießen.

pulmino [pul'mi:no] *m* Kleinbus *m.*

pulpito ['pulpito] *m* Kanzel *f;* **montare** (*o* **salire) sul ~** *fig* (Moral)predigten halten.

pulsante [pul'sante] **I.** *m* (Druck)taste *f,* Knopf *m,* Drücker *m;* **II.** *a* pulsierend.

pulsare [pul'sa:re] *itr (cuore)* klopfen, pochen; *(sangue, a. fig)* pulsieren. **pulsazione** [...sat'tsi̯o:ne] *f* Pulsschlag *m.*

pulviscolo [pul'visk̯olo] *m* Staub *m.*

pungente [pun'dʒɛnte] *a* **1.** *(freddo)* beißend; **2.** *(spina, insetto)* stechend; **3.** *fig (risposta, etc.)* bissig; *(desiderio)* brennend.

pungere ['pundʒere] ‹pungo, pungi, punsi, punto› *tr* **1.** *(spina, insetto)* stechen; *(ortica)* brennen; *(barba)* kratzen; *(freddo)* beißen; **2.** *fig (parole, etc.)* stechen, treffen; *(desiderio)* brennen.

pungiglione [pundʒiʎ'ʎo:ne] *m* Stachel *m.*

pungolare [puŋgo'la:re] *tr* **1.** *(buoi, etc.)* antreiben; **2.** *fig (stimolare)* anspornen.

pungolo ['puŋgolo] *m* **1.** *(bastone)* Ochsenziemer *m;* **2.** *fig* Stachel *m.*

punibile [pu'ni:bile] *a* strafbar.

punire [pu'ni:re] ‹punisco› *tr* (be)strafen. **punitivo, -a** [puni'ti:vo] *a* Straf-, strafend. **punizione** [...t'tsi̯o:ne] *f* Strafe *f,* Bestrafung *f;* **per ~** zur Strafe.

punk [pʌŋk] ‹-› *m* Punk *m,* Punker(in) *m(f).*

punsi ['punsi] *p rem di* **pungere.**

punta[1] ['punta] *f* **1.** *(estremità)* Spitze *f; geog (cima)* Spitze *f,* Gipfel *m; (di costa)* Landzunge *f;* **2.** *(massima intensità)* Höchstmaß *n,* Höhepunkt *m,* Höchststand *m;* **3.** *(quantità minima)* Kleinigkeit *f; (gastr a.)* Idee *f,* Prise *f; fig* Hauch *m;* **4.** *sport* Angriffsspieler(in) *m(f);* **avere qc sulla ~ delle dita/della lingua** *fig* etw. aus dem Effeff können *fam*/etw. auf der Zunge (liegen) haben; **camminare in ~ di piedi** auf Zehenspitzen gehen; **prendere qc/qu di ~** etw. entschlossen anpacken (*o* angehen)/jdm entschieden widersprechen (*o* entgegentreten); **fare la ~ ad una matita** einen Bleistift spitzen; **parlare in ~ di forchetta** hochgestochen reden; **terminare a ~** spitz zulaufen.

punta[2] ['punta] *f:* **cane da ~** Vorstehhund *m.*

puntale [pun'ta:le] *m* Spitze *f.*

puntare [pun'ta:re] **I.** *tr* **1.** *(appoggiare)* stemmen, stützen; **2.** *(dirigere)* zielen, richten; **3.** *(cane)* aufspüren; **4.** *(scommettere)* setzen (*su* auf); **~ i piedi per terra** *fig* sich hartnäckig sträuben; **~ il dito verso qu** mit dem Finger auf jdn zeigen; **~ sul cavallo perdente** *fig* auf das falsche Pferd setzen; **II.** *itr* **1.** *(dirigersi)* zuhalten (*a, verso, su* auf); **2.** *fig* setzen (*a* auf), rechnen (*a* mit); **III.** *rfl:* **-arsi 1.** *(appoggiarsi)* sich (auf)stützen, sich lehnen; **2.** *fig* sich versteifen.

puntaspilli [puntas'pilli] ‹-› *m* Nadelkissen *n.*

puntata[1] [pun'ta:ta] *f* **1.** *(gita)* Abstecher *m;* **2.** *(scommessa)* Einsatz *m;* **3.** *mil, sport* Vorstoß *m.*

puntata[2] [pun'ta:ta] *f* **1.** *(parte di opera)* Fortsetzung *f;* **2.** *(fascicolo)* (Nach)lieferung *f,* Ergänzungslieferung *f;* **3.** *TV, radio* Folge *f,* Fortsetzung *f.*

punteggiare [punted'dʒa:re] ‹punteggio, punteggi› *tr* **1.** *(lamiera, linea)* lochen, punktieren; **2.** *fig* durchsetzen (*di* mit), unterbrechen (*di* durch).

punteggiatura [punteddʒa'tu:ra] *f* Interpunktion *f.*

punteggio [pun'teddʒo] ‹-ggi› *m* Punktzahl *f,* Wertung *f.*

puntellare [puntel'la:re] *tr* **1.** *arch* (ab)stützen; **2.** *fig (tesi, etc.)* untermauern. **puntello** [...'tɛllo] *m* **1.** *(trave, bastone)* Stütze *f,* Balken *m;* **2.** *fig* Stütze *f,* Unterstützung *f.*

punteria [punte'ri:a] ‹-ie› *f* **1.** *mot* Stößel *m;* **2.** *mil* Richten *n.*

punteruolo [punte'ru̯ɔ:lo] *m (del calzolaio)* Ahle *f; (del meccanico)* Körner *m.*

puntiglio [pun'tiʎʎo] ‹-gli› *m* Eigensinn *m,* Starrsinn *m.* **puntiglioso, -a**

[...'ʎo:so] *a* verbohrt, starrsinnig, eigensinnig.
puntina [pun'ti:na] *f* **1.** *(del giradischi)* Nadel *f,* Saphir(nadel *f*) *m;* **2.** *(da disegno)* Reißzwecke *f.*
puntino [pun'ti:no] *m* Pünktchen *n;* **-i di sospensione** Auslassungspunkte *m pl;* **mettere i -i sulle i** *fig* Klarheit in die Sache bringen.
punto¹ ['punto] *m* **1.** *gener., mat, mus, phys, typ, tec* Punkt *m;* **2.** *(nel cucito)* Stich *m; (a maglia)* Masche *f;* **3.** *med (metallo)* Klammer *f; (filo)* Faden *m; (operazione)* Stich *m;* **4.** *(argomento)* Frage *f,* Punkt *m,* Sache *f;* **5.** *(istante)* (Zeit)punkt *m,* Augenblick *m;* **6.** *(ricapitolazione)* Zusammenfassung *f,* Überblick *m;* **7.** *(luogo)* Punkt *m,* Stelle *f;* **8.** *(voto)* Punkt *m,* Note *f;* **9.** *(sfumatura)* (Farb)ton *m;* ~ **esclamativo/interrogativo** Ausrufe-/Fragezeichen *n;* ~ **e virgola** Strichpunkt *m,* Semikolon *n;* **due -i** Doppelpunkt *m;* ~ **croce/erba** Kreuz-/Stielstich *m;* ~ **culminante** Höhepunkt *m;* ~ **di vendita** Verkaufsstelle *f,* -büro *n;* ~ **di ritrovo** Treffpunkt *m;* ~ **di partenza** *(a. fig)* Ausgangspunkt *m;* ~ **di ebollizione** Siedepunkt *m;* ~ **di vista** Stand-, Gesichtspunkt *m;* ~ **a favore** Pluspunkt *m;* **-i neri** Mitesser *m pl;* **dare un** ~ **a qc** etw. schnell übernähen; **dare dei -i a qu** *fig* jdm etwas vormachen *fam,* jdm überlegen sein; **fare il** ~ **della situazione** einen Lagebericht (*o* Überblick über die Lage) geben, die Lage bestimmen; **venire al** ~ zur Sache (*o* zum Thema) kommen; **essere sul** ~ **di** ... im Begriff sein zu ...; **in** ~ **di morte** in der Todesstunde, dem Tod nahe; **alle tre in** ~ Punkt drei (Uhr); **ad un certo** ~ dann auf einmal, unversehens; **fino a questo** ~ bis hierher; **di** ~ **in bianco** auf einmal, unversehens, ganz plötzlich; **di tutto** ~ ganz und gar, vollends; **questo è il** ~ das ist das Problem; ~ **e basta!** *fam* basta! *fam,* punktum!
punto² ['punto] *pp di* **pungere.**
puntone [pun'to:ne] *m* Strebe *f.*
puntuale [puntu'a:le] *a* pünktlich; *(esatto)* genau. **puntualità** [...uali'ta] ‹-› *f* Pünktlichkeit *f; (esattezza)* Genauigkeit *f.*
puntualizzare [puntualid'dza:re] *tr* präzisieren, umreißen.
puntura [pun'tu:ra] *f* **1.** *med* Punktion *f;* **2.** *fam* Spritze *f,* Injektion *f;* **3.** *(di ago, zanzara, etc.)* Stich *m;* **4.** *(dolore)* Stechen *n;* **5.** *fig* Stich *m.*
punzecchiare [puntsek'ki̯a:re] ‹punzecchio, punzecchi› *tr* **1.** *(pungere)* stechen; **2.** *fig (provocare)* sticheln.
punzonare [puntso'na:re] *tr* stanzen. **punzone** [...'tso:ne] *m* Prägestempel *m,* Punze *f.*
può, puoi [pu̯ɔ, 'pu̯ɔ:i] *v.* **potere.**
pupa¹ ['pu:pa] *f fam (bambola)* Puppe *f; fig fam (ragazza)* Puppe *f fam.*
pupa² ['pu:pa] *f zoo* Puppe *f.*
pupazzo [pu'pattso] *m* **1.** *(fantoccio)* Puppe *f;* **2.** *fig* Hampelmann *m.*
pupilla [pu'pilla] *f* **1.** *anat* Pupille *f;* **2.** *(occhio)* Auge *n,* Augapfel *m;* **3.** *fig* Augenstern *m.*
pupillo, -a [pu'pillo] *m, f* **1.** *jur* Mündel *n;* **2.** *fam* Liebling *m.*
pupo ['pu:po] *m* **1.** *(burattino)* sizilianische Marionette; **2.** *fam (bambino)* Bübchen *n,* Kindchen *n.*
pur *v.* **pure.**
puramente [pura'mente] *adv* lediglich, bloß.
purché [pur'ke] *con conj* wenn ... (nur).
purchessia [purkes'si:a] ‹*inv*› *a* irgendein, beliebig.
pur(e) [pur ('pu:re)] **I.** *con* **1.** *(anche se)* auch wenn, obwohl, wenn ... auch; **2.** *(tuttavia)* doch, dennoch; **II.** *adv* **1.** *(anche)* auch, ebenso; **2.** *(proprio)* wirklich; **3.** *(rafforzativo)* doch; **4.** *(esortativo)* nur, ruhig; **faccia** ~**!** nur zu!, bitte sehr!
purè [pu'rɛ] ‹-› *m,* **purea** [pu'rɛ:a] *f* Püree *n.*
purezza [pu'rettsa] *f* Reinheit *f; (regolarità)* Feinheit *f,* Korrektheit *f.*
purga ['purga] ‹-ghe› *f* **1.** *med* Abführmittel *n;* **2.** *fig pol* Säuberung(saktion) *f.* **purgante** [...'gante] *m* Abführmittel *n.*
purgare [pur'ga:re] ‹purgo, purghi› **I.** *tr* **1.** *med* ein Abführmittel geben (*qu* jdm); **2.** *(pulire)* reinigen, säubern; **3.** *fig* entschärfen; *lit* purgieren; *(pol, etc.)* säubern; **II.** *rfl:* **-arsi 1.** *med* ein Abführmittel (ein)nehmen; **2.** *fig* rein(gewaschen) werden, sich reinwaschen. **purgativo, -a** [...ga'ti:vo] *a* Abführ-.
purgatorio [purga'tɔ:ri̯o] ‹-i› *m* Feg(e)feuer *n.*
purificare [purifi'ka:re] ‹purifico, purifichi› **I.** *tr* **1.** *(liberare da impurità)* klären, reinigen; **2.** *fig* läutern, reinwaschen; **II.** *rfl:* **-arsi 1.** *(diventare puro)* rein (*o* sauber) werden; **2.** *fig* geläutert werden. **purificazione** [...kat'tsi̯o:ne] *f* **1.** Reinigung *f,* Klärung *f;* **2.** *fig* Reinwaschung *f,* Läuterung *f.*
purismo [pu'rizmo] *m* Purismus *m.*
purità [puri'ta] ‹-› *f* Reinheit *f,* Lauterkeit *f.*
puritanesimo [purita'ne:zimo] *m* Puritanismus *m.* **puritano, -a** [...'ta:no] **I.** *a* puritanisch; **II.** *m, f* Puritaner(in) *m(f).*
puro, -a ['pu:ro] *a* **1.** *(vino, acqua, alcol, etc.)* rein; *(animali)* reinrassig; **2.** *(solo a.)* pur; **3.** *fig* rein; **il** ~ **necessario** das Allernötigste.
purosangue [puro'saŋgu̯e] **I.** ‹*inv*› *a* **1.** *(cavallo)* vollblütig, reinrassig; **2.** *fig*

scherz echt, reinrassig, Vollblut-; **II.** ‹-› *mf* Vollblut(pferd) *n.*
purpureo, -a [pur'pu:reo] *a* purpurn, purpurfarben.
purtroppo [pur'trɔppo] *adv* leider.
purulento, -a [puru'lɛnto] *a* eit(e)rig, eiternd.
pus [pus] ‹-› *m* Eiter *m.*
pusillanime [puzil'la:nime] **I.** *a* duckmäuserisch; **II.** *mf* Duckmäuser *m.*
pustola ['pustola] *f* Pustel *f.*
putacaso, puta caso [puta'ka:zo] *adv* etwa, zufällig; ~ **che ...** *conj* gesetzt den Fall, daß ...
putativo, -a [puta'ti:vo] *a* vermeintlich.
putiferio [puti'fɛ:ri̯o] ‹-i› *m* Geschrei *n,* Gezänk *n; fig* Durcheinander *n.*
putrefarsi [putre'farsi] ‹*irr*› *rfl* faulen, verwesen. **putrefazione** [...fat'tsi̯o:ne] *f* Verwesung *f,* Fäulnis *f.*
putrescente [putreʃ'ʃɛnte] *a* faulend, verwesend.
putrido, -a [pu:trido] *a* faul, verwest.
puttana [put'ta:na] *f vulg* Hure *f vulg,* Nutte *f vulg.*
putto ['putto] *m* Putte *f.*
puzza ['puttsa] *f* Gestank *m* **puzzare** [...'tsa:re] *itr* **1.** *(fare puzzo)* stinken (*di* nach), übel (*o* schlecht) riechen; **2.** *fig* stinken; **gli puzza il fiato** er riecht aus dem Mund.
puzzo ['puttso] *m* Gestank *m;* **c'è ~ d'inganno** das riecht verdächtig nach Betrug, da ist was faul *fam.*
puzzola [puttsola] *f* Iltis *m; fig* Stinktier *n.*
puzzolente [puttso'lɛnte] *a* stinkend.
P.za *ab di* **Piazza** Platz.

Q

Q, q [ku] ‹-› *f* Q, q *n;* **q come Quarto** Q wie Quelle.
q *ab di* **quintale** dz (*ab di* Doppelzentner).
Q.I. *ab di* **quoziente d'intelligenza** IQ *m* (*ab di* Intelligenzquotient).
qua [kua] *adv* **1.** *(stato in luogo)* da, hier; **2.** *(moto da luogo)* hierher, her; **3.** *(preceduto da questo)* da, hier; **4.** *fam (dà qua)* her, her damit; **di ~** von hier (aus); **andare di ~ e di là** hin und her gehen; **essere più di là che di ~** *fig* mehr tot als lebendig sein; **in ~** hierher, näher; **da quando in ~?** seit wann?; **da un anno in ~** seit einem Jahr; **per di ~** hier durch, in dieser Richtung; **vieni ~** komm her!
quaderno [kua'dɛrno] *m* (Schreib-, Schul)heft *n.*
quadrangolo [kua'draŋgolo] *m* Viereck *n.*
quadrante [kua'drante] *m* **1.** *(di orologio)* Zifferblatt *n; (di bussola)* Kompaßquadrant *m;* **2.** *mat* Quadrant *m,* Viertelkreis *m.*
quadrare [kua'dra:re] **I.** *tr* ‹*avere*› *mat* quadrieren, ins Quadrat erheben; **II.** *itr* ‹*essere o avere*› **1.** *(corrispondere)* entsprechen (*con qc* einer S. *dat*), übereinstimmen (*con* mit), in Einklang stehen (*con* mit); **2.** *fig fam (piacere)* passen, gefallen, liegen; **3.** *(essere adeguato)* angemessen sein, (in sich) stimmig sein; *(conti, etc.)* stimmen.
quadrato [kua'dra:to] *m* **1.** *mat (quadrangolo)* Quadrat *n; (potenza)* Quadrat *n,* zweite Potenz; **2.** *sport (pugilato)* Ring *m;* **7 al ~** 7 hoch zwei; **un ~ di stoffa/terreno** ein viereckiges Stück Stoff/Land. **quadrato, -a** [...'dra:to] *a* **1.** *(forma)* quadratisch, viereckig; **2.** *fig (solido)* stabil, kräftig; *(equilibrato)* ausgeglichen, ausgewogen; **3.** *mat* Quadrat-. **quadratura** [...dra'tu:ra] *f* Quadratur *f.*
quadrettato, -a [kuadret'ta:to] *a* kariert, Karo-.
quadretto [kua'dretto] *m* **1.** *(piccolo quadro)* kleines Bild, Skizze *f;* **2.** *(piccolo quadrato)* Kästchen *n; (di cioccolata)* Stück *n;* **3.** *fig (scena)* nette (*o* lebhafte) Szene.
quadriennale [kuadrien'na:le] **I.** *a* **1.** *(che dura quattro anni)* vierjährig; **2.** *(che ricorre ogni quattro anni)* vierjährlich; **II.** *f* Quadriennale *f.*
quadrifoglio [-'fɔʎʎo] *m* **1.** *bot* vierblätt(e)riges Kleeblatt; **2.** *(di strada)* Kleeblatt *n;* **raccordo a ~** Kleeblatt *n.*
quadriglia [kua'driʎʎa] ‹-glie› *f* Quadrille *f.*
quadrilatero, -a [-'la:tero] **I.** *m* **1.** *mat* Viereck *n;* **2.** *(configurazione)* viereckige Form; **II.** *a* viereckig, vierseitig, Vierseiten-.
quadrimestre [-'mɛstre] *m* **1.** *(periodo)* Zeitraum *m* von vier Monaten; **2.** *(di scuola)* Hälfte *f* des Schuljahres (von viermonatiger Dauer).
quadrimotore [-mo'to:re] *m* viermotoriges Flugzeug.
quadripartito, -a [-par'ti:to] **I.** *a* **1.** *pol* Vierparteien-; **2.** *(di quattro contraenti)* Vierer-; **3.** *(diviso in quattro)* viergeteilt; **accordo ~** Viererabkommen *n;* **II.** *m* Vierparteienregierung *f.*
quadrivio [kua'dri:vio] ‹-i› *m* (Straßen)kreuzung *f.*
quadro ['kua:dro] *m* **1.** *(dipinto)* Bild *n,* Gemälde *n;* **2.** *(quadrato)* Viereck *n;* **3.** *fig (descrizione)* Bild *n,* Beschreibung *f; (scena)* Szene *f,* Anblick *m;* **4.** *fig (prospetto)* Tabelle *f,* Übersicht *f;* **5.** *fig (ambito)* Rahmen *m;* **6.** *theat* Bild *n; film* (Film)szene *f,* Einstellung *f; TV* (Fernseh)bild *n;* **7.** *tec* Tafel *f,* Brett *n;* **8.** ‹*pl*› *pol, mil* Führung(sschicht) *f,* Kader *m pl; adm* Führungskräfte *f pl; sport* Kader *m;* **-i amministrativi/direttivi/industriali** leitende Angestellte *m pl*/Führungskräfte *f pl*/Industriemanager *m pl.*
quadro, -a ['kua:dro] *a* **1.** *(quadrato)* quadratisch, (vier)eckig; **2.** *mat* Quadrat-.
quadrupede [kua'dru:pede] **I.** *m* Vierfüß(l)er *m;* **II.** *a* vierbeinig, vierfüßig.
quadruplicare [kuadrupli'ka:re] ‹quadruplico, quadruplichi› **I.** *tr* ‹*avere*› **1.** *mat* mit vier multiplizieren; **2.** *fig* vervierfachen; **II.** *itr* ‹*essere*› um ein Vierfaches ansteigen (*o* sich vermehren); **III.** *rfl:* **-arsi** sich vervierfachen. **quadruplo, -a** ['kua:druplo] **I.** *a* vierfach, viermal so groß; **II.** *m* Vierfache(s) *n.*
quaggiù [kuad'dʒu] *adv* **1.** *(qua in basso: stato)* hier (*o* da) unten; *(moto)* hier herunter, hinunter, da herunter, hinunter; **2.** *(sulla terra)* auf Erden; *(al sud)* hier unten (im Süden).
quaglia ['kuaʎʎa] ‹-glie› *f* Wachtel *f.*
qual [kual] *v.* **quale.**
qualche ['kualke] ‹*inv, solo al sing*› *a*

1. *(alcuni)* einige; **2.** *(uno)* ein(e), irgendein(e); **3.** *(un certo)* ein(e) gewisse(r, s); ~ **giorno** einige Tage; *(un giorno o l'altro)* früher oder später; ~ **volta** manchmal; *(una volta o l'altra)* irgendwann.

qualcheduno [kualke'du:no] *v.* **qualcuno.**

qualcosa [kual'kɔ:sa] ⟨*inv*⟩ *pron* etwas; ~ **di grande** etwas Großes.

qualcuno, -a [kual'ku:no] *pron* **1.** *(alcuni)* einige, welche *fam;* **2.** *(uno: riferito a persone)* (irgend)jemand, (irgend)eine(r); *(riferito a cose)* irgendeine(r, s); **3.** *(persona importante)* jemand (Besonderer).

quale ['kua:le] ⟨*davanti a consonante spesso* qual⟩ **I.** *a* **1.** *(interrogativo)* welche(r, s), was für ein(e); **2.** *(esclamativo)* welch ein(e), was für ein(e); **3.** *(come)* wie; **è tale ~ te l'ho descritto** er ist so, wie ich ihn dir beschrieben habe; **II.** *pron* **1.** *(interrogativo)* welche(r, s); **2.** *(relativo)* der, die, das, welche(r, s) *geh;* **3.** *(come)* wie, wie zum Beispiel; **erbe, -i la menta e l'ortica** Kräuter, wie Minze und Brennessel; **III.** *adv* als, wie.

qualifica [kua'li:fika] ⟨-che⟩ *f* **1.** *(titolo)* Titel *m,* Bezeichnung *f;* **2.** *(doti professionali)* Qualifikation *f,* Eignung *f,* Befähigung *f;* **3.** *(giudizio)* Beurteilung *f.*

qualificare [kualifi'ka:re] ⟨qualifico, qualifichi⟩ **I.** *tr* **1.** *(definire)* bezeichnen, kennzeichnen; *(con giudizio)* beurteilen; **2.** *(preparare)* qualifizieren, befähigen; *(professionalmente)* aus-, weiterbilden; **II.** *rfl:* **-arsi 1.** *(definirsi)* sich bezeichnen (als); **2.** *(ottenere una qualifica)* sich qualifizieren (als), anerkannt werden (als). **qualificativo, -a** [...ka'ti:vo] *a* **1.** *gram* Eigenschafts-; **2.** *(che serve a qualificare)* qualifizierend; **aggettivo ~** Eigenschaftswort *n.* **qualificato, -a** [...'ka:to] *a* **1.** *(operaio, tecnico)* gelernt, qualifiziert; **2.** *(esperto)* erfahren, fähig; *(dotato)* geeignet, begabt. **qualificazione** [...kat'tsio:ne] *f* **1.** *(qualifica)* Qualifikation *f,* Qualifizierung *f;* **2.** *(titolo)* Titel *m.*

qualità [kuali'ta] ⟨-⟩ *f* **1.** *(caratteristica)* Qualität *f,* Eigenschaft *f,* Beschaffenheit *f;* **2.** *(dote)* Begabung *f,* Gabe *f;* **3.** *(varietà)* Sorte *f,* Qualität *f;* **4.** *(funzione)* Qualität *f,* Eigenschaft *f,* Funktion *f;* **5.** *com* Qualität *f,* Güte *f;* **prodotti di ~** Qualitätsware *f,* Qualitätserzeugnisse *n pl;* **di prima ~** *com* erste Wahl; *fig* erstklassig. **qualitativo, -a** [-'ti:vo] *a* qualitativ, Qualitäts-.

qualora [kua'lo:ra] *con conj* falls, wenn, im Falle, daß ...

qualsiasi [kual'si:asi] ⟨*inv, solo al sing*⟩ *a* jede(r, s), jede(r, s) beliebige(r, s), jegliche(r, s).

qualunque [kua'luŋkue] ⟨*inv, solo al sing*⟩ *a* **1.** *(ogni, ciascuno)* jede(r, s), jede(r, s) beliebige(r, s), jegliche(r, s); **2.** *(uno qualsiasi)* irgendein(e), ein(e) gewöhnliche(r, s); **3.** *(relativo) conj* welche(r, s) auch (immer), was auch (immer); **l'uomo ~** der Mann von der Straße.

quando ['kuando] **I.** *adv* **1.** *(interrogativo)* wann; **2.** *(relativo)* als, wenn; **a ~?** (bis) wann?; **per ~?** (für) wann?, bis wann?; **di ~?** von wann?, aus welcher Zeit?; **di ~ in ~** ab und zu, dann und wann; **fino a ~?** bis wann?, wie lange noch?; **II.** *con* **1.** *(temporale: col passato)* als; *(col presente ed il futuro)* wenn, sobald; **2.** *(tutte le volte che)* wenn, jedesmal (*o* immer) wenn; **3.** *(mentre)* während, jedoch, aber; **4.** *(poiché)* da, weil, wenn; **5.** *(condizionale) conj* wenn, falls; **6.** *(esclamativo)* wenn; **quand'anche** *conj* auch wenn, wenn auch; **III.** *m* Wann *n.*

quantità [kuanti'ta] ⟨-⟩ *f* **1.** *gener., phys* Menge *f,* Quantität *f;* **2.** *(gran numero)* (große) Menge *f;* **3.** *ling (di vocale)* Quantität *f; (di sillaba)* Länge *f;* **4.** *mat* Menge *f,* Größe *f;* **in ~** in Hülle und Fülle. **quantitativo, -a** [-'ti:vo] **I.** *m* Menge *f,* Anzahl *f;* **II.** *a* **1.** *(di quantità)* quantitativ, mengenmäßig; **2.** *chem* quantitativ.

quanto ['kuanto] *m phys* Quant *n.*

quanto, -a ['kuanto] **I.** *a* **1.** *(interrogativo)* wieviel; **2.** *(esclamativo)* wieviel, so viel; **3.** *(nella quantità che)* so viel ... wie; **~ dura lo spettacolo?** wie lange dauert die Vorstellung?; **compra -e cartoline vuoi** kauf so viele Postkarten, wie du willst; **tutti -i** alle miteinander, allesamt; **-i ne abbiamo oggi?** der Wievielte ist heute?; **da ~ ho capito** soviel ich verstanden habe; **II.** *pron* **1.** *(interrogativo)* wieviel(e); **2.** *(relativo)* was; **3.** ⟨*pl*⟩ *(coloro che)* (alle,) die; **4.** *(con partitivo)* etwas (von); **quant'è?** was (*o* wieviel) kostet das?; **è ~ di peggio si possa immaginare** es ist das Schlimmste, das ich mir vorstellen kann; **III.** *adv* **1.** *(interrogativo)* wieviel; *(tempo)* wie lang(e); *(distanza)* wie weit; **2.** *(esclamativo)* wie (sehr), so viel; **3.** *(nella misura che)* soviel ... als, soviel ... daß; **4.** *(come)* wie; **in ~** *(in qualità di)* als, in seiner (*o* ihrer) Eigenschaft als; *(perché)* weil, da; **in ~ che ...** insofern, als ...; **~ a te** was dich betrifft; **per ~** *conj* wie (sehr) auch, so(sehr) auch; **per ~ io ne sappia** soviel ich weiß; **per ~ mi riguarda** was mich betrifft.

quantunque [kuan'tuŋkue] *con conj* wenn auch, obwohl.

quaranta [kua'ranta] **I.** *a numerale*

vierzig; **II.** ‹-› *m* Vierzig *f; v. a. cinquanta.*

quarantena [ku̯aran'tɛ:na] *f* **1.** *med* Quarantäne *f;* **2.** *(periodo)* vierzig Tage; **mettere in ~** in Quarantäne legen.

quarantenne [ku̯aran'tɛnne] **I.** *a* vierzigjährig; **II.** *mf* Vierzigjährige(r) *mf.* **quarantesimo, -a** [...'tɛ:zimo] **I.** *a* vierzigste(r, s); **II.** *m, f* Vierzigste(r, s) *mfn;* **III.** *m (frazione)* Vierzigstel *n,* vierzigster Teil; *v. a. quinto.* **quarantina** [...'ti:na] *f:* **una ~ (di ...)** (etwa) vierzig (...); **essere sulla ~** an (*o* um) die Vierzig sein.

quarantotto [ku̯aran'tɔtto] **I.** *a numerale* achtundvierzig; **II.** ‹-› *m* **1.** *(numero)* Achtundvierzig *f;* **2.** *fig fam (confusione)* Durcheinander *n,* Wirrwarr *m;* **fare un ~** *fam* Krach schlagen *fam.*

quaresima [ku̯a're:zima] *f* Fastenzeit *f.*

quarta[1] ['ku̯arta] *f* **1.** *(classe)* vierte Klasse; *(al ginnasio)* erstes Schuljahr; *(alla scuola superiore)* vorletztes Schuljahr; **2.** *mot* vierter Gang.

quarta[2] *f v.* **quarto.**

quartetto [ku̯ar'tetto] *m* Quartett *n.*

quartiere [ku̯ar'ti̯ɛ:re] *m* **1.** *(di città)* Viertel *n,* Stadtteil *m;* **2.** *mil* Quartier *n.*

quartino [ku̯ar'ti:no] *m fam (di vino)* Viertel *n,* Viertele *n fam dial.*

quarto, -a ['ku̯arto] **I.** *a* vierte(r, s); **II.** *m, f* Vierte(r, s) *mfn;* **III.** *m* **1.** *(frazione, quantità)* Viertel *n,* vierter Teil; **2.** *(d'ora)* Viertel *n;* **~ d'ora** Viertelstunde *f;* **sono le tre e un ~** es ist Viertel nach drei (Uhr); **il ~ d'ora accademico** das akademische Viertel; **gonna a tre -i** dreiviertellanger Rock; **passare un brutto ~ d'ora** schreckliche Augenblikke durchleben; *v. a. quinto.*

quarzo ['ku̯artso] *m* Quarz *m.*

quasi ['ku̯a:zi] **I.** *adv* **1.** *(circa)* ungefähr, etwa; **2.** *(pressoché)* fast, beinahe; **3.** *(forse)* wohl; **4.** *(come se fosse)* gleichsam, beinahe; **~ ~ mi compro il giornale** vielleicht kaufe ich mir eine Zeitung; **II.** *con conj:* **~ (che)** als ob.

quassù [ku̯as'su] *adv* **1.** *(qua in alto: stato)* hier (*o* da) oben; *(moto)* (hier)herauf, (hier)hinauf; **2.** *(al nord)* hier oben (im Norden); **3.** *(in montagna)* hier oben (in den Bergen).

quaterna [ku̯a'tɛrna] *f* Quaterne *f,* Vierergewinn *m.*

quatto, -a ['ku̯atto] *a* **1.** *(chinato e basso)* geduckt, gebückt; **2.** *(zitto zitto)* ganz still, sachte.

quattordicenne [ku̯attordi'tʃɛnne] **I.** *a* vierzehnjährig; **II.** *mf* Vierzehnjährige(r) *mf.* **quattordicesimo, -a** [...'tʃɛ:zimo] **I.** *a* vierzehnte(r, s); **II.** *m, f* Vierzehnte(r, s) *mfn;* **III.** *m (frazione)* Vierzehntel *n,* vierzehnter Teil; **IV.** *f (retribuzione)* vierzehntes Monatsgehalt; *v. a. quinto.* **quattordici** [...'torditʃi] **I.** *a numerale* vierzehn; **II.** ‹-› *m* **1.** *(numero)* Vierzehn *f;* **2.** *(nelle date)* Vierzehnte(r) *m;* **III.** *f pl* vierzehn Uhr; *v. a. cinque.*

quattrino [ku̯at'tri:no] *m* **1.** *(moneta spicciola)* Heller *m,* Pfennig *m,* Groschen *m;* **2.** ‹*pl*› *(denari)* Geld *n;* **avere un sacco di -i** *fam* Geld wie Heu haben *fam.*

quattro ['ku̯attro] **I.** *a* **1.** *numerale* vier; **2.** *fig (pochi)* ein paar, wenig; **spargere qc ai ~ venti** etw. in alle Winde (*o* Himmelsrichtungen) verstreuen; **dirne ~ a qu** jdm gehörig die Meinung sagen; **abitare a ~ passi** nur einen Steinwurf entfernt wohnen; **fare il diavolo a ~** einen Höllenlärm machen; **farsi in ~ per qu** sich für jdn krummlegen (*o* zerreißen) *fam;* **in ~ e quattr'otto** im Handumdrehen, im Nu; **II.** ‹-› *m* **1.** *(numero)* Vier *f;* **2.** *(nelle date)* Vierte(r) *m;* **3.** *(voto scolastico)* ≃ Mangelhaft *n,* Ungenügend *n;* **4.** *sport* Vierer *m;* **III.** *f pl* vier Uhr; *v. a. cinque.*

quattrocchi, quattr'occhi [ku̯at'trɔkki]: **a ~** *adv* unter vier Augen.

quattrocentesco, -a [ku̯attrotʃen'tesko] ‹-schi, -sche› *a* das fünfzehnte Jahrhundert betreffend. **quattrocento** [...'tʃɛnto] **I.** *a numerale* vierhundert; **II.** ‹-› *m* Vierhundert *f;* **il Q~** das fünfzehnte Jahrhundert.

quattromila [ku̯attro'mi:la] **I.** *a numerale* viertausend; **II.** ‹-› *m* Viertausend *f.*

quello, -a ['ku̯ello] **I.** ‹quel, quell', quei, quegli› *a* **1.** *(persona, animale, cosa lontana)* jene(r, s), der, die, das (da); **2.** *(persona, animale, cosa già nota)* jene(r, s), der, die, das; **3.** *(tale)* solche(r, s), derartige(r, s); **II.** *pron* **1.** *(persona, animale, cosa lontana)* jene(r, s), der, die, das (da); **2.** *(colui, ciò)* der, die, das; **3.** *(uomo)* der (Mann); *(donna)* die (Frau); **4.** *m pl (abitanti)* Einwohner *m pl,* Bewohner *m pl;* **~ che** derjenige, der (*o* welcher); **tutto ~ che ...** (all) das, was ...; **in ~** in diesem Augenblick; **per quel che ne so io** soviel ich (darüber) weiß.

quercia ['ku̯ɛrtʃa] ‹-ce› *f* **1.** *bot* Eiche *f,* Eichenbaum *m;* **2.** *(legno)* Eiche(nholz *n*) *f.*

querela [ku̯e'rɛ:la] *f* Klage *f;* **sporgere ~ contro qu** gegen jdn Klage erheben, jdn verklagen. **querelare** [...re'la:re] *tr* verklagen, Klage erheben gegen.

quesito [ku̯e'zi:to] *m* Frage *f,* Problem *n.*

questionare [ku̯esti̯o'na:re] *itr* **1.** *(discutere)* diskutieren (*di* über), disputieren (*di* über); **2.** *(litigare)* streiten, zanken.

questionario [ku̯esti̯o'na:ri̯o] ‹-i› *m* Fragenkatalog *m; (foglio relativo)* Fragebogen *m.*

questione [kues'tio:ne] *f* **1.** *(problema, disputa, a. pol, soc, etc.)* Problem *n,* Frage *f;* **2.** *(controversia)* Streitfrage *f;* **3.** *(litigio)* Auseinandersetzung *f,* Streit *m;* **4.** *(faccenda)* Angelegenheit *f,* Sache *f;* **la ~ meridionale** das Südproblem; **mettere in ~** in Frage stellen, bezweifeln; **essere fuori ~** außer Frage stehen; **è ~ di un minuto** es ist eine Sache von einer Minute; **è ~ di vita o di morte** es geht um Leben und Tod.

questo, -a ['kuesto] **I.** *a* **1.** *(persona, animale, cosa vicina)* diese(r, s), der, die, das (hier); **2.** *(persona, animale, cosa nota)* diese(r, s), der, die, das; **3.** *(simile)* derartige(r, s), solche(r, s), so ein(e); **4.** *(seguente)* diese(r, s), folgende(r, s); **5.** *(in corso)* diese(r, s), laufende(r, s); **6.** *(passato)* letzte(r, s); **7.** *(prossimo)* nächste(r, s); **in ~ momento** soeben, gerade, in diesem Augenblick; **quest'oggi** heute; **uno di -i giorni** in den nächsten Tagen; **II.** *pron* **1.** *(persona, animale, cosa vicina)* diese(r, s), dies, das (hier); **2.** *(esclamativo)* dies, das; **3.** *(ciò)* das, dies; **4.** *(quanto segue)* dies, folgendes; **in ~** darin; **per ~** deshalb, deswegen; **su ~** darüber; **con ~** damit, hiermit, mit diesen Worten; **con tutto ~** nichtsdestoweniger, trotz alledem; **e con ~?** und wenn schon?, na und?; **~ mai** niemals; **~ sì** das schon; **senti -a!** hör dir das an!; **a ~ siamo arrivati!** soweit sind wir (also) gekommen!; **-a proprio non ci voleva!** das hat gerade noch gefehlt!; **-a sì che è bella!** das ist ja allerhand!

questore [kues'to:re] *m* Polizeipräsident *m,* Polizeichef *m.*

questura [kues'tu:ra] *f* Amt *n* des Polizeipräsidenten; *(sede)* Polizeipräsidium *n,* Polizei *f.* **questurino** [...tu'ri:no] *m fam* Schutzmann *m,* Büttel *m fam.*

qui [kui] *adv* **1.** *(stato in luogo)* hier, da; **2.** *(moto a luogo)* hierher, (da)her; **3.** *(preceduto da questo)* hier, da; **da ~** von hier aus; **di ~** von hier (aus); **di ~ a una settimana/un mese** in einer Woche/einem Monat; **di ~ in avanti** *(spazio)* von hier an; *(tempo)* von jetzt an; **per di ~** hier durch, hier (herum); **fin ~** *(locale)* bis hierhin; *(temporale)* bis jetzt.

quiescenza [kuieʃ'ʃɛntsa] *f* Ruhestand *m,* Pension *f.*

quietanza [kuie'tantsa] *f* Quittung *f,* Empfangsbestätigung *f.*

quietare [kuie'ta:re] **I.** *tr* beruhigen; *(tumulto)* dämpfen; **II.** *rfl:* **-arsi** sich beruhigen, ruhig werden.

quiete ['kuiɛ:te] *f* **1.** *(calma)* Ruhe *f;* **2.** *(silenzio)* Stille *f.*

quieto, -a ['kuiɛ:to] *a* **1.** *(mare, etc.)* ruhig; **2.** *(persona)* ruhig; **3.** *(animale)* friedlich, zahm; **4.** *(silenzioso)* still, geräuschlos.

quindi ['kuindi] **I.** *adv* dann, danach, darauf; **II.** *con* daher, folglich, also.

quindicenne [kuindi'tʃɛnne] **I.** *a* fünfzehnjährig; **II.** *mf* Fünfzehnjährige(r) *mf.* **quindicesimo, -a** [...'tʃɛ:zimo] **I.** *a* fünfzehnte(r, s); **II.** *m, f* Fünfzehnte(r, s) *mfn;* **III.** *m (frazione)* Fünfzehntel *n,* fünfzehnter Teil; *v. a. quinto.* **quindici** ['kuinditʃi] **I.** *a numerale* fünfzehn; **fra ~ giorni** in vierzehn Tagen; **II.** ‹-› *m* **1.** *(numero)* Fünfzehn *f;* **2.** *(nelle date)* Fünfzehnte(r) *m;* **III.** *f pl* fünfzehn Uhr; *v. a. cinque.* **quindicina** [...'tʃi:na] *f* **1.** *(serie):* **una ~ (di ...)** (etwa) fünfzehn (...); **2.** *(periodo)* zwei Wochen *f pl;* **la prima ~ di luglio** die erste Julihälfte.

quinquennale [kuiŋkuen'na:le] *a* **1.** *(che dura cinque anni)* fünfjährig; **2.** *(che ricorre ogni cinque anni)* fünfjährlich, Fünfjahr(es)-. **quinquennio** [...'kuɛnnio] ‹-i› *m* Zeitraum *m* von fünf Jahren, fünf Jahre *n pl,* Jahrfünft *n.*

quinta ['kuinta] *f* **1.** *theat* Kulisse *f;* **2.** *(classe)* fünfte Klasse; *(al ginnasio)* zweites Schuljahr; *(alla scuola superiore)* letztes Schuljahr; **3.** *mot* fünfter Gang; *v. a. quinto.*

quintale [kuin'ta:le] *m* (*ab* **q**) Doppelzentner *m.*

quintetto [kuin'tetto] *m* Quintett *n.*

quinto, -a ['kuinto] **I.** *a* fünfte(r, s); **la -a volta** das fünfte Mal; **la -a parte di** ein Fünftel *gen;* **in -a pagina** auf der fünften Seite, auf Seite fünf; **Alessandro V.** Alexander der Fünfte; **II.** *m, f* Fünfte(r, s) *mfn;* **arrivare ~** als fünfter ankommen; **il ~ da destra** der fünfte von rechts; **III.** *m (frazione)* Fünftel *n,* fünfter Teil; **quattro -i** vier Fünftel *n pl.*

quintuplicare [kuintupli'ka:re] ‹quintuplico, quintuplichi› **I.** *tr* verfünffachen, um ein Fünffaches erhöhen; **II.** *rfl:* **-arsi** sich verfünffachen, um ein Fünffaches ansteigen. **quintuplo, -a** ['kuintuplo] **I.** *a* fünffach, fünfmal so groß; **II.** *m* Fünfache(s) *n.*

quisquilia [kuis'kui:lia] ‹-ie› *f* Kleinigkeit *f,* Belanglosigkeit *f,* Kinkerlitzchen *n fam.*

quiz [kuidz] ‹-› *m* Quiz *n.*

quota ['kuɔ:ta] *f* **1.** *(parte)* Anteil *m,* Quote *f;* *(statistica)* Quote *f,* Rate *f;* **2.** *sport (posizione)* Stelle *f,* Platz *m;* **3.** *(cifra)* Betrag *m;* **4.** *com, fin* Teilzahlung *f,* Rate *f;* *(ripartizione)* (Mitglieds)beitrag *m;* **5.** *(altitudine)* Höhe *f;* *aero* (Flug)höhe *f;* **~ di partecipazione** Gesellschaftsanteil *m,* Kapitalanteil *m;* **essere a ~ zero** null Punkte haben; *fig* wieder am Anfang stehen; **prendere/perdere ~** an Höhe gewinnen/verlieren.

quotare [kuo'ta:re] *tr* **1.** *fin* quotieren;

(titoli, quota) notieren; **2.** *fig (stimare)* schätzen. **quotato, -a** [...'ta:to] *a* **1.** *(apprezzato)* angesehen, geschätzt; **2.** *fin* notiert, quotiert. **quotazione** [...tat'tsi̯o:ne] *f* **1.** *fin* (Kurs)notierung *f*, Quotation *f*; **2.** *(di persona)* Achtung *f*, Wertschätzung *f*.

quotidiano, -a [ku̯oti'di̯a:no] **I.** *a* täglich, Tages-; *(solito)* alltäglich; **II.** *m* (Tages)zeitung *f*.

quoziente [ku̯ot'tsi̯ɛnte] *m* **1.** *mat* Quotient *m*; **2.** *(in statistica)* Ziffer *f*, Rate *f*, Quote *f*; ~ **di mortalità/natalità** Sterblichkeits-/Geburtenziffer *f*.

R

R, r ['ɛrre] ⟨-⟩ *f* R, r *n;* **r come Roma** R wie Richard.
rabarbaro [ra'barbaro] *m* **1.** *(pianta)* Rhabarber *m;* **2.** *(liquore)* Rhabarberlikör *m.*
rabberciare [rabber'tʃa:re] ⟨rabbercio, rabberci⟩ *tr* flicken, ausbessern; *fig* zusammenstoppeln, zurechtschustern.
rabbia ['rabbi̯a] ⟨-ie⟩ *f* **1.** *(collera)* Wut *f,* Zorn *m;* **2.** *(dispetto)* Verdruß *m,* Unmut *m;* **3.** *(accanimento)* Verbissenheit *f,* Wut *f;* **4.** *(avidità)* Gier *f,* Wut *f;* **5.** *med (idrofobia)* Tollwut *f;* **6.** *fig (impeto, furia)* Toben *n,* Wüten *n;* **fare ~ a qu** jds Zorn erregen; **mi fa ~** *fam* das ärgert mich; **che ~!** so ein Mist! *fam.*
rabbino [rab'bi:no] *m* Rabbiner *m.*
rabbioso, -a [rab'bi̯o:so] *a* **1.** *(arrabbiato)* wütend, zornig; **2.** *fig (furioso)* wütend, tobend; **3.** *(accanito)* verbissen, wütend; **4.** *med* tollwütig.
rabbonire [rabbo'ni:re] ⟨rabbonisco⟩ **I.** *tr* besänftigen, beruhigen; **II.** *rfl:* **-irsi** sich besänftigen, sich beruhigen.
rabbrividire [rabbrivi'di:re] ⟨rabbrividisco⟩ *itr* ⟨*essere*⟩ (er)schaudern; *(dal freddo)* schaudern.
rabbuffo [rab'buffo] *m* Rüffel *m,* Verweis *m.*
rabbuiare [rabbu'i̯a:re] ⟨rabbuio, rabbui⟩ *itr* ⟨*essere*⟩, *rfl:* **-arsi** sich verdüstern, sich verfinstern.
rabdomante [rabdo'mante] *mf* Wünschelrutengänger(in) *m(f).*
raccapezzarsi [rakkapet'tsarsi] *rfl* sich zurechtfinden, klarkommen *fam.*
raccapricciante [rakkaprit'tʃante] *a* schauderhaft, entsetzlich.
raccattapalle [rakkatta'palle] ⟨-⟩ *mf* Balljunge *m.*
raccattare [rakkat'ta:re] *tr* **1.** *(raccogliere da terra)* auflesen, einsammeln; **2.** *(mettere insieme)* sammeln, zusammentragen; **3.** *fig fam* zusammenkratzen *fam.*
racchetta [rak'ketta] *f (da tennis)* Schläger *m; (da sci)* Stock *m.*
racchio, -a ['rakki̯o] ⟨-cchi, -cchie⟩ *fam* **I.** *a* häßlich, garstig; **II.** *m, f* Mißgeburt *f.*
racchiudere [rak'ki̯u:dere] ⟨*irr*⟩ *tr* enthalten.
raccogliere [rak'kɔʎʎere] ⟨*irr*⟩ **I.** *tr* **1.** *(da terra)* aufheben; **2.** *(frutti)* ernten; **3.** *fig* einheimsen, erlangen; **4.** *(radunare)* sammeln; **5.** *(ottenere)* erhalten, empfangen; **II.** *rfl:* **-ersi 1.** *(riunirsi)* sich versammeln; **2.** *fig (volgere la mente)* sich sammeln. **raccoglimento** [rakkoʎʎi'mento] *m* Sammlung *f; (rel a.)* Andacht *f.* **raccoglitore** [...i'to:re] *m* **1.** *(per documenti)* Sammelmappe *f,* Ordner *m;* **2.** *tec (vaschetta)* Sammelbecken *n.*
raccolta [rak'kɔlta] *f* **1.** *(atto)* Sammeln *n;* **2.** *(collezione)* Sammlung *f;* **3.** *(riunione)* Versammlung *f;* **4.** *agr (raccolto)* Ernte *f.* **raccolto, -a** [...'kɔlto] **I.** *a* **1.** *(riunito)* vereint, zusammengebracht; **2.** *fig (pensoso)* versunken; *(concentrato)* gesammelt; **3.** *(appartato)* abgeschieden, ruhig; **4.** *(capelli)* geschlungen, geflochten; **5.** *(con le membra rannicchiate)* zusammengekauert; **II.** *m* Ernte *f.*
raccomandabile [rakkoman'da:bile] *a* empfehlenswert.
raccomandare [rakkoman'da:re] **I.** *tr* **1.** *(affidare alle cure)* anvertrauen, ans Herz legen; **2.** *(segnalare)* empfehlen; *(intervenire per)* sich verwenden für, protegieren; **3.** *(consigliare)* empfehlen, anraten; **II.** *rfl:* **-arsi 1.** *(implorare)* anflehen; **2.** *(affidarsi)* sich anvertrauen; **3.** *(essere raccomandato)* protegiert werden.
raccomandata [rakkoman'da:ta] *f* Einschreiben *n,* Einschreib(e)brief *m.*
raccomandato, -a [rakkoman'da:to] **I.** *a* empfohlen; **II.** *m, f* Empfohlene(r) *mf,* Schützling *m;* **un ~ di ferro** *scherz* ein erfolgreicher Günstling. **raccomandazione** [...dat'tsi̯o:ne] *f* Empfehlung *f.*
raccontare [rakkon'ta:re] *tr* **1.** *(narrare)* erzählen; **2.** *(riferire)* berichten; **~ per filo e per segno** haarklein berichten, des langen und des breiten erzählen; **raccontarne delle belle** alles mögliche erzählen. **racconto** [...'konto] *m* Erzählung *f,* Geschichte *f; (il raccontare)* Erzählen *n.*
raccorciare [rakkor'tʃa:re] **I.** *tr* (ver)kürzen; **II.** *rfl:* **-arsi** kürzer werden.
raccordare [rakkor'da:re] *tr* anschließen, verbinden. **raccordo** [...'kɔrdo] *m* **1.** *(collegamento)* Anschluß *m,* Verbindung *f;* **2.** *ferr* Anschluß *m; (strada)* Zubringer(straße *f*) *m; (nodo autostradale)* Autobahnkreuz *n; (strada di nodo autostradale)* Verbindungsstraße *f;* **3.** *tec* Anschlußstück *n,* Nippel *m,*

Stutzen *m;* ~ **anulare** ringförmige Auffahrt.
Rachele [ra'kɛ:le] *(nome proprio femminile)* Rachel.
rachitico, -a [ra'ki:tiko] ‹-ci, -che› **I.** *a* **1.** *med* rachitisch; **2.** *fig* kümmerlich; **II.** *m, f* Rachitiker(in) *m(f).* **rachitismo** [raki'tizmo] *m* Rachitis *f.*
racimolare [ratʃimo'la:re] *tr* zusammenklauben, zusammenkratzen.
racket ['rækɪt] ‹-› *m* Verbrechersyndikat *n.*
rada ['ra:da] *f* Reede *f.*
radar ['ra:dar] **I.** ‹-› *m* Radar *m o n;* **II.** ‹*inv*› *a* Radar-.
raddolcire [raddol'tʃi:re] **I.** *tr* **1.** *(bevanda, etc.)* (ver)süßen; **2.** *fig* mildern; **II.** *rfl:* **-irsi** milder werden.
raddoppiamento [raddoppi̯a'mento] *m* Verdopp(e)lung *f; (scient a.)* Reduplikation *f.* **raddoppiare** [...'pi̯a:re] **I.** *tr* ‹*avere*› **1.** *gener.* verdoppeln; **2.** *fig* verstärken, steigern; **II.** *itr* ‹*essere*› **1.** *(crescere)* sich verdoppeln, zunehmen; **2.** *(nel biliardo)* dublieren. **raddoppio** [...pi̯o] *m* **1.** *(raddoppiamento)* Verdopp(e)lung *f,* Verdoppeln *n;* **2.** *(del cavallo)* Redopp *m;* **3.** *(nel biliardo)* Dublee *n.*
raddrizzamento [raddrittsa'mento] *m* **1.** *(correzione)* Aufrichten *n,* Geraderücken *n;* **2.** *el* Gleichrichtung *f.* **raddrizzare** [...'tsa:re] **I.** *tr* **1.** *(lama, chiodo, quadro)* geraderichten, -machen, zurechtbiegen; **2.** *fig (correggere)* berichtigen, verbessern; **3.** *el* gleichrichten; **II.** *rfl:* **-arsi** sich aufrichten.
radere ['ra:dere] ‹rado, rasi, raso› **I.** *tr* **1.** *(col rasoio)* rasieren; **2.** *(bosco)* abholzen, abhauen; **3.** *(abbattere)* auslöschen, tilgen; ~ **al suolo** *fig* dem Erdboden gleichmachen; **II.** *rfl:* **-ersi** sich rasieren.
radiale [ra'di̯a:le] *a* radial, Radial-; **pneumatico** ~ Gürtel-, Radialreifen *m.*
radiante [ra'di̯ante] *a (splendente)* strahlend; *phys* Strahlungs-, Strahlen-.
radiare [ra'di̯a:re] ‹radio, radi› *tr adm* löschen, streichen.
radiatore [radi̯a'to:re] *m* **1.** *(termosifone)* Heizkörper *m,* Radiator *m;* **2.** *mot* Kühler *m;* **3.** *phys* Strahler *m.*
radiazione[1] [radi̯at'tsi̯o:ne] *f phys* Strahlung *f.*
radiazione[2] [radi̯at'tsi̯o:ne] *f adm* Streichung *f,* Ausschluß *m.*
radicale [radi'ka:le] **I.** *a* **1.** *fig* radikal, tiefgreifend; **2.** *pol* radikal; **3.** *ling* Wurzel-, Stamm-; **II.** *mf* Radikale(r) *mf;* **III.** *m* **1.** *ling* Wurzel *f,* Stamm *m;* **2.** *mat* Wurzel *f;* **3.** *chem* Radikal *n.*
radicalismo [...ka'lizmo] *m* Radikalismus *m.*
radicare [radi'ka:re] ‹radico, radichi› **I.** *itr* ‹*essere*› sich einwurzeln, Wurzeln schlagen; **II.** *rfl:* **-arsi 1.** *(abbarbicarsi)* sich einwurzeln, Wurzeln schlagen; **2.** *fig* sich einnisten, sich verwurzeln.
radicato, -a [...'ka:to] *a* **1.** *bot* verwurzelt; **2.** *fig* verhaftet.
radicchio [ra'dikki̯o] ‹-cchi› *m* Radicchio *m.*
radice [ra'di:tʃe] *f* **1.** *bot, anat, mat* Wurzel *f;* **2.** *ling* Wurzel *f,* Stamm *m;* **3.** *fig (causa)* Wurzel *f,* Quelle *f,* Ursprung *m;* **mettere le -i** *(a. fig)* Wurzeln schlagen.
radio[1] ['ra:di̯o] **I.** ‹-› *f* **1.** *(tec, organizzazione, etc.)* Rundfunk *m,* Radio *n;* **2.** *(apparecchio)* Radio(gerät) *n;* ~ **libera/pirata** freier Rundfunksender/Piratensender *m;* ~ **trasmittente/ricevente** Rundfunksender *m*/-empfänger *m;* **trasmettere per** ~ im Radio übertragen; **II.** ‹*inv*› *a* Radio-, (Rund)funk-.
radio[2] ['ra:di̯o] *m anat* Speiche *f.*
radio[3] ['ra:di̯o] *m chem* Radium *n.*
radioabbonato, -a [radi̯oabbo'na:to] *m, f* Rundfunkteilnehmer(in) *m(f).* **radioamatore, -trice** [-ama'to:re] *m, f* Amateurfunker(in) *m(f).* **radioascoltatore, -trice** [-askolta'to:re] *m, f* Rundfunkhörer(in) *m(f).*
radioattività [-attivi'ta] *f* Radioaktivität *f.* **radioattivo, -a** [-at'ti:vo] *a* radioaktiv.
radiocollegamento [-kollega'mento] *m* Funkverbindung *f,* -kontakt *m.* **radiocomandare** [-koman'da:re] *tr* fernsteuern. **radiocomando** [-ko'mando] *m* Fernsteuerung *f.* **radiocomunicazione** [-komunikat'tsi̯o:ne] *f* Funkverkehr *m.* **radiocronaca** [-'krɔ:naka] *f* Rundfunkreportage *f.* **radiocronista** [-kro'nista] *mf* Rundfunkreporter(in) *m(f).* **radiodiffusione** [-diffu'zi̯o:ne] *f* Rundfunk *m.* **radiofonico, -a** [-'fɔ:niko] ‹-ci, -che› *a* Rundfunk-, Funk-.
radiografia [-gra'fi:a] *f* **1.** *(operazione, tecnica)* Radiographie *f;* **2.** *(lastra)* Röntgenbild *n,* Röntgenogramm *n;* **3.** *fig* Analyse *f.* **radiografico, -a** [-'gra:fiko] *a* Röntgen-, radiographisch.
radiolina [-'li:na] *f* Transistorradio *n.*
radiologa *f v.* **radiologo.**
radiologia [-lo'dʒi:a] ‹-gie› *f* Radiologie *f.* **radiologico, -a** [-'lɔ:dʒiko] *a* radiologisch. **radiologo, -a** [ra'di̯ɔ:logo] ‹-gi, -ghe› *m, f* Radiologe *m,* -login *f.*
radioricevente [-ritʃe'vɛnte] **I.** *a* Rundfunkempfangs-; **II.** *f* Rundfunkempfänger *m.*
radioscopia [-sko'pi:a] ‹-ie› *f* Radioskopie *f.*
radioso, -a [ra'di̯o:so] *a* leuchtend; *(a. bellezza, sorriso)* strahlend.
radiostazione [radi̯ostat'tsi̯o:ne] *f* Rundfunkstation *f.* **radiosveglia** [-z'veʎʎa] *f* Radiowecker *m.* **radiotaxi, radiotassì** [-'taksi, -tas'si] *m* Funktaxi

n. **radiotecnica** [-ˈtɛknika] *f* Radio-, Funktechnik *f.* **radiotecnico, -a** [...ko] **I.** *a* radio-, funktechnisch; **II.** *m, f* Radiotechniker(in) *m(f),* Rundfunkmechaniker(in) *m(f).* **radiotelegrafista** [-telegraˈfista] ⟨-i *m,* -e *f*⟩ *mf* Funker(in) *m(f).* **radiotelevisivo, -a** [-televiˈzi:vo] *a* Rundfunk- und Fernseh-.

radioterapia [-teraˈpi:a] *f* Radio-, Strahlentherapie *f.*

radiotrasmettere [-trazˈmettere] ⟨*irr*⟩ *tr* senden, übertragen. **radiotrasmissione** [...misˈsi̯o:ne] *f* Radiosendung *f,* -übertragung *f.* **radiotrasmittente** [...mitˈtɛnte] **I.** *a* Sende-, Funk-; **II.** *f* Rundfunksender *m.*

rado, -a [ˈra:do] *a* spärlich; *(capelli a.)* licht; *(nebbia, tela)* dünn; **di ~** selten.

radunare [raduˈna:re] **I.** *tr* **1.** *(cose)* ansammeln, anhäufen, zusammentragen; **2.** *(persone)* versammeln; **II.** *rfl:* **-arsi** sich versammeln. **radunata** [...ˈna:ta] *f* Versammlung *f,* Zusammenkunft *f.* **raduno** [raˈdu:no] *m* Versammlung *f,* Zusammenkunft *f,* Treffen *n.*

radura [raˈdu:ra] *f* Lichtung *f.*

rafano [ˈra:fano] *m* Rettich *m; (crèn)* Meerrettich *m.*

Raffaele [raffaˈɛ:le] *(nome proprio maschile)* Raphael, Rafael.

Raffaella [raffaˈɛlla] *(nome proprio femminile)* Raphaela, Rafaela.

raffazzonare [raffattsoˈna:re] *tr* zusammenstoppeln, zurechtschustern.

raffermo, -a [rafˈfermo] *a (pane)* altbacken.

raffica [ˈraffika] ⟨-che⟩ *f* **1.** *(di vento)* Windstoß *m,* Bö(e) *f;* **2.** *(di mitra)* Garbe *f;* **3.** *fig* Hagel *m.*

raffigurare [raffiguˈra:re] **I.** *tr* **1.** *(rappresentare)* darstellen; **2.** *(simboleggiare)* symbolisieren, verkörpern; **II.** *rfl:* **-arsi** sich *(dat)* vorstellen.

raffinare [raffiˈna:re] **I.** *tr* **1.** *(olio, zucchero, sale)* raffinieren; **2.** *(gusto, stile, etc.)* verfeinern; **II.** *rfl:* **-arsi** sich verfeinern, feiner werden. **raffinatezza** [...naˈtettsa] *f* **1.** *(finezza)* Finesse *f,* Feinheit *f;* **2.** *(cosa)* Feinheit *f,* Kostbarkeit *f.* **raffinato, -a** [...ˈna:to] **I.** *a* **1.** *(olio, sale, zucchero)* raffiniert; **2.** *fig* auserlesen, gepflegt; **II.** *m, f* feiner Mensch. **raffinazione** [...natˈtsi̯o:ne] *f* Raffination *f.* **raffineria** [...neˈri:a] ⟨-ie⟩ *f* Raffinerie *f.*

rafforzamento [raffortsaˈmento] *m* **1.** *(il rafforzare)* Kräftigung *f,* Verstärkung *f;* **2.** *fig* (Be)stärkung *f; (di carattere)* Festigung *f.* **rafforzare** [...ˈtsa:re] **I.** *tr* **1.** *(muro, suono)* verstärken; **2.** *fig* bekräftigen, (be)stärken; *(carattere)* festigen; **II.** *rfl:* **-arsi** sich (ver)stärken.

raffreddamento [raffreddaˈmento] *m* Erkalten *n,* Abkühlen *n;* **~ ad acqua/aria** Wasser-/Luftkühlung *f.* **raffreddare** [...ˈda:re] **I.** *tr* abkühlen (lassen), kalt werden lassen; *fig* abkühlen (*o* erkalten) lassen; **II.** *rfl:* **-arsi 1.** *(diventar freddo)* abkühlen, kühler werden; *(cibo a.)* kalt werden; **2.** *fam* sich erkälten, sich verkühlen *fam.*

raffreddore [raffredˈdo:re] *m* Erkältung *f.*

raffrontare [raffronˈta:re] *tr* gegenüberstellen, vergleichen. **raffronto** [...ˈfronto] *m* Gegenüberstellung *f,* Vergleich *m.*

ragazza [raˈgattsa] *f* Mädchen *n.* **ragazzata** [...ˈtsa:ta] *f* Lausbubenstreich *m.* **ragazzo** [raˈgattso] *m* Junge *m,* Bub *m dial; (garzone)* Bursche *m;* **-i** *(bambini)* Kinder *n pl; (giovani)* Jugendliche *pl.*

raggelare [raddʒeˈla:re] **I.** *itr* ⟨*essere*⟩ gefrieren, vereisen; **II.** *tr* ⟨*avere*⟩ **1.** *(rendere gelido)* einfrieren, gefrieren lassen; **2.** *fig* erstarren lassen; **III.** *rfl:* **-arsi** gefrieren, einfrieren.

raggiante [radˈdʒante] *a* leuchtend; *(a. fig, phys)* strahlend.

raggiare [radˈdʒa:re] ⟨raggio, raggi⟩ **I.** *itr* leuchten; *(a. fig, phys)* strahlen; **II.** *tr* ausstrahlen.

raggiera [radˈdʒɛ:ra] *f* Strahlenkranz *m.*

raggio [ˈraddʒo] ⟨-ggi⟩ *m* **1.** *(del sole, delle stelle)* Strahl *m; (luce)* Schein *m,* Schimmer *m;* **2.** *fig (di speranza, etc.)* Strahl *m,* Schimmer *m;* **3.** *phys* Strahl *m;* **4.** *mat* Radius *m;* **5.** *(zona)* Umkreis *m; (ambito)* Gebiet *n,* Kreis *m;* **6.** *(di ruota)* Speiche *f;* **~ d'azione** Aktionsradius *m.*

raggirare [raddʒiˈra:re] *tr* einwickeln, hintergehen. **raggiro** [...ˈdʒi:ro] *m* Betrug *m,* Schwindel *m.*

raggiungere [radˈdʒundʒere] ⟨*irr*⟩ *tr* erreichen; *(arrivare a riunirsi)* einholen; *(colpire)* treffen.

raggomitolare [raggomitoˈla:re] **I.** *tr* auf-, zusammenwickeln; **II.** *rfl:* **-arsi** sich zusammenkauern.

raggranellare [raggranelˈla:re] *tr* zusammenkratzen.

raggrinzare, raggrinzire [raggrinˈtsa:re, ...ˈtsi:re] ⟨raggrinzisco⟩ **I.** *tr* ⟨*avere*⟩ **1.** *(pelle)* runzeln; **2.** *(stoffa)* (zer)knittern; **II.** *itr* ⟨*essere*⟩, *rfl:* **-arsi, -irsi 1.** *(pelle)* sich runzeln; **2.** *(stoffa)* knittern.

raggrumare [raggruˈma:re] **I.** *tr* gerinnen lassen; **II.** *rfl:* **-arsi** gerinnen.

raggruppamento [raggruppaˈmento] *m* Gruppierung *f.* **raggruppare** [...ˈpa:re] **I.** *tr* versammeln, gruppieren; **II.** *rfl:* **-arsi** sich versammeln, sich gruppieren.

ragguagliare [raggu̯aʎˈʎa:re] ⟨ragguaglio, ragguagli⟩ *tr* **1.** *(paragonare)* vergleichen; **2.** *(informare)* informieren, unterrichten. **ragguaglio** [...ˈgu̯aʎʎo]

‹-gli› *m* **1.** *(confronto)* Vergleich *m;* **2.** *(informazione)* Information *f.*

ragguardevole [raggu̯ar'de:vole] *a* **1.** *(persona)* angesehen; **2.** *(somma)* beachtlich, ansehnlich.

ragia ['ra:dʒa] ‹-gie *o* -ge› *f:* **acqua ~** Terpentin *n.*

ragionamento [radʒona'mento] *m* Gedankengang *m,* Überlegung *f; (discorso)* Rede *f.* **ragionare** [...'na:re] *itr* **1.** *(riflettere)* nachdenken, überlegen; **2.** *fam (discorrere)* sprechen (*di* über), sich unterhalten (*di* über). **ragionato, -a** [...'na:to] *a* durchdacht, vernünftig.

ragione [ra'dʒo:ne] *f* **1.** *(facoltà)* Verstand *m,* Vernunft *f;* **2.** *(argomentazione)* Argument *n;* **3.** *(causa, motivo)* Grund *m,* Ursache *f;* **4.** *(prova, dimostrazione)* Beweis *m;* **5.** *(diritto)* Recht *n,* Anspruch *m;* **6.** *(misura, rapporto, mat)* Verhältnis *n;* **aver l'uso della ~** bei Verstand sein; **perdere l'uso** (*o* **il lume) della ~** den Verstand verlieren; **avere/dare ~** recht haben/geben; **farsi una ~ di qc** sich mit etw. abfinden; **non sentir ~** sich *(dat)* nichts sagen lassen; **picchiare** (*o* **battere) qu di santa ~** *fam* jdn gehörig verprügeln; **a maggior ~** um so mehr; **a ~ veduta** nach gründlicher Überlegung; **per -i di famiglia/forza maggiore** aus familiären Gründen/aufgrund höherer Gewalt.

ragioneria [radʒone'ri:a] ‹-ie› *f* **1.** *(disciplina)* Buchhaltung *f,* Rechnungswesen *n;* **2.** *(ufficio)* Buchhaltung *f,* Rechnungsbüro *n;* **studiare ~** die höhere Handelsschule (*o* das Wirtschaftsgymnasium) besuchen.

ragionevole [radʒo'ne:vole] *a* vernünftig.

ragioniere, -a [radʒo'ni̯ɛ:re] *m, f* Buchhalter(in) *m(f).*

ragliare [raʎ'ʎa:re] ‹raglio, ragli› *itr* schreien. **raglio** ['raʎʎo] ‹-gli› *m* Schrei *m.*

ragnatela [raɲɲa'te:la] *f* Spinn(en)gewebe *n.*

ragno ['raɲɲo] *m* Spinne *f.*

ragù [ra'gu] ‹-› *m* (Fleisch)soße *f.*

R.A.I. ['ra:i] *f ab di* **Radio Audizioni Italiane** *italienische Rundfunkanstalt.*

R.A.I.-TV ['ra:i tiv'vu] *f ab di* **Radio Televisione Italiana** *italienische Rundfunk- und Fernsehanstalt.*

rallegramenti [rallegra'menti] *m pl* Glückwünsche *m pl.* **rallegrare** [...'gra:re] **I.** *tr* erheitern; **II.** *rfl:* **-arsi 1.** *(diventar allegro)* sich aufheitern; **2.** *(congratularsi)* seine Glückwünsche aussprechen (*con qu per qc* jdm zu etw.), gratulieren (*con qu per qc* jdm zu etw.); **mi rallegro!** (ich) gratuliere!

rallentamento [rallenta'mento] *m* **1.** *film* Zeitlupe *f;* **2.** *(il rallentare)* Verlangsamung *f; fig* Nachlassen *n.* **rallentare** [...'ta:re] **I.** *tr* verlangsamen; **II.** *itr* langsamer werden, nachlassen. **rallentatore** [...ta'to:re] *m* Zeitlupe *f;* **al ~** *fig* im Zeitlupentempo.

rally ['rælı] ‹-› *m* Rallye *f.*

ramanzina [raman'dzi:na] *f fam* Standpauke *f fam;* **fare la ~ a qu** jdm eine Standpauke halten.

ramare [ra'ma:re] *tr* **1.** *tec* verkupfern; **2.** *agr* mit Kupfervitriol spritzen.

ramarro [ra'marro] *m* Smaragdeidechse *f.*

ramato, -a [ra'ma:to] *a* **1.** *(filo)* Kupfer-; **2.** *(capelli, barba)* rotblond.

rame ['ra:me] *m* **1.** *chem* Kupfer *n;* **2.** *(oggetto)* Kupfergefäß *n;* **3.** *(incisione)* Kupferstich *m.*

ramificare [ramifi'ka:re] ‹ramifico, ramifichi› **I.** *itr* Zweige austreiben; **II.** *rfl:* **-arsi** sich verzweigen, sich verästeln. **ramificazione** [...kat'tsi̯o:ne] *f* **1.** *bot* Verzweigung *f,* Verästelung *f;* **2.** *(suddivisione)* Verzweigung *f,* Aufgliederung *f.*

ramino [ra'mi:no] *m* Rommé *n.*

rammaricare [rammari'ka:re] ‹rammarico, rammarichi› **I.** *tr* betrüben; **II.** *rfl:* **-arsi 1.** *(dispiacersi)* betrübt sein; **2.** *(lamentarsi)* sich beklagen. **rammarico** [...'ma:riko] ‹-chi› *m* **1.** *(afflizione)* Kummer *m,* Gram *m;* **2.** *(rincrescimento)* Bedauern *n.*

rammendare [rammen'da:re] *tr* ausbessern, flicken. **rammendo** [...'mɛndo] *m* Flickarbeit *f.*

rammentare [rammen'ta:re] **I.** *tr* erinnern; **II.** *rfl:* **-arsi** sich erinnern (*di* an).

rammollire [rammol'li:re] ‹rammollisco› **I.** *tr* **1.** *(cera, asfalto)* weich machen; **2.** *fig* verweichlichen; *(instupidire)* verblöden; **II.** *rfl:* **-irsi 1.** *(diventar molle)* weich werden; **2.** *fig* verweichlichen; *(instupidire)* verblöden. **rammollito, -a** [...'li:to] *m, f* Schwachkopf *m fam,* Trottel *m fam.*

ramo ['ra:mo] *m* **1.** *bot* Zweig *m,* Ast *m;* **2.** *(di fiume, lago)* Arm *m;* **3.** *(diramazione)* Verzweigung *f,* Verästelung *f;* **4.** *(di scienza, disciplina)* Zweig *m,* Gebiet *n;* **5.** *(discendenza)* Linie *f,* Stamm *m.* **ramoscello** [ramoʃ'ʃɛllo] *m* (kleiner) Zweig *m.*

rampa ['rampa] *f* **1.** *(di scale)* Rampe *f,* Lauf *m;* **2.** *aero* Rampe *f;* **3.** *(salita)* Steigung *f;* **~ di lancio** Abschußrampe *f.*

rampante [ram'pante] *a* aufgerichtet.

rampicante [rampi'kante] **I.** *a* kletternd, Kletter-; **II.** *m* Kletterpflanze *f.*

rampino [ram'pi:no] *m* **1.** *(ferro)* Haken *m;* **2.** *naut* Draggen *m.*

rampollo [ram'pollo] *m* **1.** *scherz (figlio)* Sprößling *m;* **2.** *(discendente)* Abkömmling *m.*

rampone [ram'po:ne] *m* **1.** *(fiocina)*

Harpune *f;* **2.** *(ferro piegato)* Krampe *f;* **3.** *(per scarpe)* Steigeisen *n.*
rana ['ra:na] *f* Frosch *m.*
rancido, -a ['rantʃido] **I.** *a* ranzig; **II.** *m (sapore)* ranziger Geschmack; *(odore)* ranziger Geruch.
rancio ['rantʃo] ‹-ci› *m mil* Verpflegung *f.*
rancore [raŋ'ko:re] *m* Groll *m.*
randagio, -a [ran'da:dʒo] ‹-gi, -ge *o* -gie› *a* herrenlos, streunend.
randellare [randel'la:re] *tr* verprügeln. **randellata** [...'la:ta] *f* Knüppelschlag *m.* **randello** [...'dɛllo] *m* Prügel *m,* Knüppel *m.*
rango ['raŋgo] ‹-ghi› *m* **1.** *(condizione sociale)* Rang *m,* Stand *m;* **2.** *mil* Reihe *f;* **uscire dai -ghi** *fig* aus der Reihe tanzen; **rientrare nei -ghi** *(a. fig)* sich wieder einreihen.
rannicchiarsi [rannik'ki̯arsi] ‹mi rannicchio, ti rannicchi› *rfl* sich zusammenkauern.
rannuvolamento [rannuvola'mento] *m* Bewölkung *f.* **rannuvolarsi** [...'larsi] *rfl* **1.** *meteo* sich bewölken; **2.** *fig* sich verdüstern.
ranocchia [ra'nɔkki̯a] ‹-cchie› *f,* **ranocchio** [...ki̯o] ‹-cchi› *m* Frosch *m.*
rantolare [ranto'la:re] *itr* **1.** *(emettere rantoli)* röcheln; **2.** *(in agonia)* in den letzten Zügen liegen. **rantolio** [...'li:o] ‹-ii› *m,* **rantolo** ['rantolo] *m* Röcheln *n.*
ranuncolo [ra'nuŋkolo] *m* Ranunkel *f.*
rapa ['ra:pa] *f* Rübe *f.*
rapace [ra'pa:tʃe] **I.** *a* **1.** *(uccello)* Raub-; **2.** *(ladri, amministratori)* räuberisch; **II.** *m* Raubvogel *m.*
rapare [ra'pa:re] *tr* glattscheren, abrasieren.
rapida ['ra:pida] *f* Stromschnelle *f.*
rapidità [rapidi'ta] ‹-› *f* Geschwindigkeit *f,* Schnelligkeit *f.* **rapido, -a** ['ra:pido] **I.** *a* schnell; **II.** *m* (*ab* **R.**) Intercity-Zug *m.*
rapimento [rapi'mento] *m* **1.** *(di persona)* Entführung *f;* **2.** *rel, fig* Verzückung *f.*
rapina [ra'pi:na] *f* Raub *m; (scippo)* Raub(überfall) *m.* **rapinare** [rapi'na:re] *tr* **1.** *(cose)* rauben; **2.** *(persone)* berauben. **rapinatore, -trice** [...na'to:re] *m, f* Räuber(in) *m(f).*
rapire [ra'pi:re] ‹rapisco› *tr* **1.** *(persone)* entführen; **2.** *(cose)* rauben; **3.** *fig (estasiare)* hinreißen. **rapitore, -trice** [rapi'to:re] *m, f* Entführer(in) *m(f).*
rappacificare [rappatʃifi'ka:re] **I.** *tr* versöhnen, aussöhnen; **II.** *rfl:* **-arsi** sich versöhnen, sich aussöhnen. **rappacificazione** [...kat'tsi̯o:ne] *f* Versöhnung *f,* Aussöhnung *f.*
rappezzare [rappet'tsa:re] *tr* **1.** *(vestito, scarpa)* flicken, ausbessern; **2.** *fig pej* zusammenstückeln.
rapportare [rappor'ta:re] **I.** *tr* **1.** *(confrontare)* vergleichen; **2.** *(riprodurre)* übertragen; **II.** *rfl:* **-arsi** sich beziehen (*a* auf).
rapporto [rap'pɔrto] *m* **1.** *(relazione)* Bericht *m,* Meldung *f;* **2.** *mil* Rapport *m;* **3.** *(connessione, legame)* Beziehung *f,* Verhältnis *n;* **4.** *mat* Verhältnis *n;* **5.** *tec* Übersetzung *f,* Übertragung *f;* **-i commerciali** Geschäftsverbindungen *f pl;* **-i intimi** (*o* **sessuali**) intime Beziehungen *f pl.*
rapprendersi [rap'prɛndersi] ‹*irr*› *rfl* gerinnen.
rappresaglia [rappre'saʎʎa] ‹-glie› *f* Repressalie *f,* Strafmaßnahme *f.*
rappresentante [rapprezen'tante] *mf* Vertreter(in) *m(f).* **rappresentanza** [...'tantsa] *f* **1.** *(potere riconosciuto)* Vertretung *f,* Repräsentation *f;* **2.** *com* Vertretung *f,* Niederlassung *f.*
rappresentare [rapprezen'ta:re] *tr* **1.** *(raffigurare)* darstellen; **2.** *(simboleggiare)* symbolisieren, verkörpern; **3.** *theat (dramma)* aufführen; *(ruolo)* spielen; **4.** *(agire per conto di)* vertreten. **rappresentativo, -a** [...ta'ti:vo] *a* vertretend; *(a. fig)* darstellend; *pol (sistema)* repräsentativ. **rappresentazione** [...tat'tsi̯o:ne] *f* **1.** *gener.* Darstellung *f;* **2.** *theat* Aufführung *f,* Vorstellung *f;* **prima** ~ Erstaufführung *f.*
rapsodia [rapso'di:a] ‹-ie› *f* Rhapsodie *f.*
raptus ['raptus] ‹-› *m* **1.** *med, psych* Wutanfall *m,* Raptus *m scient;* **2.** *fig* Erleuchtung *f,* Verzückung *f.*
rarefare [rare'fa:re] ‹*irr*› **I.** *tr* verdünnen; **II.** *rfl:* **-arsi** dünn werden, schwinden. **rarefazione** [...fat'tsi̯o:ne] *f* Verdünnung *f.*
rarità [rari'ta] ‹-› *f* **1.** *(condizione)* Seltenheit *f;* **2.** *(cosa)* Rarität *f,* Seltenheit *f.*
raro, -a ['ra:ro] *a* selten, rar.
rasare [ra'sa:re] **I.** *tr* **1.** *(barba, capelli)* (ab)rasieren, scheren; **2.** *(siepe, prato)* (kurz) schneiden, scheren; **II.** *rfl:* **-arsi** sich rasieren. **rasato, -a** [ra'sa:to] *a* **1.** *(barba, persona)* rasiert; **2.** *(tessuto)* satiniert. **rasatura** [rasa'tu:ra] *f* Rasur *f.*
raschiamento [raski̯a'mento] *m* Abschaben *n,* Auskratzen *n; med* Ausschabung *f.* **raschiare** [...'ki̯a:re] ‹raschio, raschi› *tr* (ab)schaben, abkratzen; **-arsi la gola** sich räuspern. **raschio** ['raski̯o] ‹-schi› *m* Kratzen *n.*
rasentare [razen'ta:re] *tr* **1.** *(sfiorare)* streifen; **2.** *fig* nahekommen (*qc* einer S. *dat*); ~ **il ridicolo** sich am Rande des Lächerlichen bewegen.
rasente [ra'zɛnte] *prp:* ~ **(a)** dicht an *dat.*
rasi ['ra:si] *p rem di* **radere.**
raso, -a ['ra:so] **I.** *pp di* **radere; II.** *a*

1. *(volto, testa)* kahl, geschoren; 2. *(bicchiere)* randvoll; *(cucchiaio)* gestrichen voll; III. *m* Atlas *m,* Satin *m.*

rasoio [ra'so:i̯o] ⟨-oi⟩ *m* Rasiermesser *n; (elettrico)* Rasierapparat *m.*

rasoterra [raso'tɛrra] ⟨*inv*⟩ *a, adv* dicht (*o* flach) über dem Boden.

raspare [ras'pa:re] I. *tr* 1. *(legno, etc.)* schaben, raspeln; 2. *(irritare)* reizen, kratzen; II. *itr* 1. *(grattare)* kratzen, scharren; 2. *(raschiare)* kratzen.

rassegna [ras'seɲɲa] *f* 1. *mil* Parade *f,* Truppenschau *f;* 2. *(esame accurato)* (Über)prüfung *f,* Analyse *f,* Untersuchung *f;* 3. *(resoconto)* Übersicht *f,* Querschnitt *m;* 4. *(recensione)* Bericht *m;* 5. *(mostra)* Schau *f,* Ausstellung *f;* 6. *(enumerazione)* Aufzählung *f;* **passare in ~ qc** *fig* etw. Revue passieren lassen.

rassegnare [rasseɲ'ɲa:re] I. *tr (carica)* niederlegen, aufgeben; *(dimissioni)* einreichen; II. *rfl:* **-arsi** sich fügen (*a* in), sich abfinden (*a* mit). **rassegnazione** [...ɲat'tsi̯o:ne] *f* Resignation *f,* Ergebung *f.*

rasserenare [rassere'na:re] I. *tr* 1. *(aria, cielo)* aufheitern; 2. *fig* aufheitern, aufhellen; II. *rfl:* **-arsi** 1. *meteo* sich aufheitern; 2. *fig* sich aufheitern, sich aufhellen.

rassettare [rasset'ta:re] I. *tr* 1. *(stanza, casa)* aufräumen; 2. *(abiti)* ausbessern; II. *rfl:* **-arsi** sich zurechtmachen.

rassicurare [rassiku'ra:re] I. *tr* beruhigen, versichern; II. *rfl:* **-arsi** sich beruhigen.

rassodamento [rassoda'mento] *m* Festigung *f,* Straffung *f.* **rassodare** [rasso'da:re] I. *tr* 1. *gener.* festigen; *(muscoli, seno a.)* straffen; 2. *fig* stärken, festigen; II. *rfl:* **-arsi** sich straffen; *(rafforzarsi)* sich stärken, sich festigen.

rassomiglianza [rassomiʎ'ʎantsa] *f* Ähnlichkeit *f.* **rassomigliare** [...'ʎa:re] I. *itr* gleichen, ähneln, ähnlich sein; II. *rfl:* **-arsi** sich *(dat)* gleichen, sich *(dat)* ähneln.

rastrellamento [rastrella'mento] *m* 1. *agr* Harken *n;* 2. *fig* Durchkämmen *n.* **rastrellare** [...'la:re] *tr* 1. *agr* harken; 2. *fig* durchkämmen, absuchen.

rastrello [ras'trɛllo] *m* Harke *f.*

rata ['ra:ta] *f* Rate *f;* **pagare/comprare a -e** in Raten zahlen/kaufen.

rateale [rate'a:le] *a* Raten-, ratenweise.

rateare [rate'a:re], **rateizzare** [...eid'dza:re] *tr* in Raten aufteilen. **rateo** ['ra:teo] *m* Rechnungsabgrenzung *f; (rateizzazione)* Ratenzahlung *f.*

ratifica [ra'ti:fika] ⟨-che⟩ *f* Bestätigung *f; jur* Ratifizierung *f,* Ratifikation *f.* **ratificare** [ratifi'ka:re] ⟨ratifico, ratifichi⟩ *tr* bestätigen; *jur* ratifizieren. **ratificazione** [...kat'tsi̯o:ne] *f* Ratifizierung *f,* Ratifikation *f.*

Ratisbona [ratiz'bo:na] *f* Regensburg *n.*

ratto[1] ['ratto] *m zoo* Ratte *f.*

ratto[2] ['ratto] *m jur* Raub *m.*

rattoppare [rattop'pa:re] *tr* flicken. **rattoppo** [...'tɔppo] *m* Flicken *m.*

rattrappire [rattrap'pi:re] ⟨rattrappisco⟩ I. *tr* verkrampfen; II. *rfl:* **-irsi** sich verkrampfen.

rattristare [rattris'ta:re] I. *tr* betrüben; II. *rfl:* **-arsi** betrübt (*o* traurig) werden.

raucedine [rau'tʃɛ:dine] *f* Heiserkeit *f.*

rauco, -a ['ra:uko] ⟨-chi, -che⟩ *a* 1. *(voce)* heiser; 2. *(persona)* rauh.

ravanello [rava'nɛllo] *m* Radieschen *n.*

ravioli [ra'vi̯ɔ:li] *m pl* Ravioli *pl (Teigtaschen mit Fleischfüllung).*

ravvedersi [ravve'dersi] ⟨*irr*⟩ *rfl* bereuen, sein Unrecht einsehen.

ravviare [ravvi'a:re] I. *tr* schnell (*o* kurz) kämmen; II. *rfl:* **-arsi** sich schnell (*o* kurz) kämmen. **ravviata** [...'a:ta] *f* schnelles (*o* kurzes) Kämmen.

ravvicinamento [ravvitʃina'mento] *m* 1. *(il ravvicinarsi)* Annäherung *f,* Näherkommen *n;* 2. *fig (riconciliazione)* Versöhnung *f.* **ravvicinare** [...'na:re] I. *tr* 1. *(avvicinare di più)* annähern, näherbringen; 2. *fig (rappacificare)* versöhnen; II. *rfl:* **-arsi** 1. *(avvicinarsi)* sich annähern; 2. *(rappacificarsi)* sich versöhnen.

ravvisare [ravvi'za:re] *tr* erkennen, feststellen.

ravvivare [ravvi'va:re] I. *tr* 1. *(fuoco)* neu entfachen; 2. *(ricordi, speranze)* wiederaufleben lassen; II. *rfl:* **-arsi** wiederaufleben.

ravvoltolare [ravvolto'la:re] I. *tr* einwickeln; II. *rfl:* **-arsi** sich einwickeln.

raziocinio [rattsi̯o'tʃi:ni̯o] ⟨-i⟩ *m* Vernunft *f,* Verstand *m.*

razionale [rattsi̯o'na:le] I. *a* 1. *(uomo)* rational, vernunftbegabt; 2. *(procedimento, metodo)* rational, vernünftig; 3. *(alimentazione, architettura)* rationell, zweckmäßig; 4. *mat* rational; II. *m* Rationale(s) *n.* **razionalità** [...li'ta] ⟨-⟩ *f* 1. *(facoltà)* Rationalität *f,* Vernünftigkeit *f;* 2. *(funzionalità)* Zweckmäßigkeit *f.* **razionalizzare** [...lid'dza:re] *tr* rationalisieren.

razionamento [rattsi̯ona'mento] *m* Rationierung *f.* **razionare** [...'na:re] *tr* rationieren.

razione [rat'tsi̯o:ne] *f* Ration *f; (porzione)* Portion *f; (fig a.)* Anteil *m.*

razza[1] ['rattsa] *f* 1. *(di uomini, animali)* Rasse *f;* 2. *(di piante)* Sorte *f;* 3. *(famiglia, stirpe)* Herkunft *f,* Abstammung *f;* 4. *fig* Klasse *f; pej* Art *f,* Sorte *f.*

razza[2] ['raddza] *f zoo* Rochen *m.*

razzia [rat'tsi:a] ⟨-ie⟩ *f* 1. *(scorreria)* Raz-

zia *f;* **2.** *(di animali)* Raub-, Beutezug *m.*
razziale [rat'tsia:le] *a* Rassen-.
razziare [rat'tsia:re] ⟨razzio, razzii⟩ *tr* ausrauben.
razzismo [rat'tsizmo] *m* Rassismus *m.*
razzista [...'tsista] ⟨-i *m,* -e *f*⟩ **I.** *mf* Rassist(in) *m(f);* **II.** *a* rassistisch.
razzo ['raddzo] *m* **1.** *(fuoco artificiale)* Rakete *f,* Feuerwerkskörper *m;* **2.** *(proiettile)* Rakete *f.*
razzolare [rattso'la:re] *itr* scharren.
R.D.T. *f ab di* **Repubblica Democratica Tedesca** DDR *f* (*ab di* Deutsche Demokratische Republik).
re[1] [re] ⟨-⟩ *m (a. fig)* König *m.*
re[2] [rɛ] ⟨-⟩ *m mus* d, D *n.*
rea *f v.* **reo.**
reagente [rea'dʒɛnte] *m* Reagenz *n.*
reagire [rea'dʒi:re] *itr* reagieren (*a* auf).
reale[1] [re'a:le] **I.** *(di, da re) a* königlich, Königs-; **II.** *m pl* Königs-, Herrscherpaar *n.*
reale[2] [re'a:le] **I.** *a* **1.** *(oggetto, fatto)* real, wirklich; *(salario)* Real-; **2.** *jur* Real-; **3.** *mat* reell; **II.** *m* Wirklichkeit *f.*
realismo [rea'lizmo] *m* Realismus *m.*
realista[1] [rea'lista] ⟨-i *m,* -e *f*⟩ *mf* **1.** *(persona concreta)* Realist(in) *m(f);* **2.** *(nell'arte)* Realist *m.*
realista[2] [rea'lista] ⟨-i *m,* -e *f*⟩ *mf pol* Royalist(in) *m(f).*
realistico, -a [rea'listiko] ⟨-ci, -che⟩ *a* realistisch.
realizzare [realid'dza:re] **I.** *tr* **1.** *(speranza, progetto)* realisieren, verwirklichen; **2.** *com* realisieren; **3.** *sport (gol, rigore)* schießen; **4.** *fig (comprendere)* begreifen, realisieren *geh;* **II.** *rfl:* **-arsi** sich verwirklichen, wahr werden. **realizzazione** [...dzat'tsio:ne] Realisierung *f; (di sogno)* Verwirklichung *f.*
realizzo [rea'liddzo] *m* **1.** *com* Zwangsverkauf *m;* **2.** *fin* Liquidation *f.*
realmente [real'mente] *adv* tatsächlich, wirklich.
realtà [real'ta] ⟨-⟩ *f* Realität *f,* Wirklichkeit *f;* **in ~** tatsächlich, in Wirklichkeit.
reame [re'a:me] *m poet* (König)reich *n.*
reato [re'a:to] *m* Straftat *f,* Delikt *n;* **corpo del ~** Corpus delicti *n.*
reattore [reat'to:re] *m* **1.** *aero* Düsenflugzeug *n; (motore)* Düsentriebwerk *n;* **2.** *phys* Reaktor *m;* **~ nucleare** Kernreaktor *m.*
reazionario, -a [reattsio'na:rio] ⟨-i, -ie⟩ **I.** *a* reaktionär; **II.** *m, f* Reaktionär(in) *m(f).*
reazione [reat'tsio:ne] *f* Reaktion *f.*
rebus ['rɛ:bus] ⟨-⟩ *m* **1.** *(gioco)* Rebus *m o n,* Bilderrätsel *n;* **2.** *fig (persona, cosa incomprensibile)* Rätsel *n.*
recapitare [rekapi'ta:re] *tr* zustellen, abliefern. **recapito** [re'ka:pito] *m* **1.** *(indirizzo)* Adresse *f;* **2.** *(consegna)* Zustellung *f.*
recare [re'ka:re] ⟨reco, rechi⟩ **I.** *tr* **1.** *(notizia, etc.)* bringen; **2.** *(avere su di sé)* tragen; **3.** *(cagionare)* bewirken, verursachen; **II.** *rfl:* **-arsi** sich begeben.
recedere [re'tʃɛ:dere] *itr* **1.** *(tirarsi indietro)* zurückgehen, zurückweichen; **2.** *jur* zurücktreten.
recensione [retʃen'sio:ne] *f* Rezension *f,* Besprechung *f.* **recensore, -a** [...'so:re] *m, f* Rezensent(in) *m(f).*
recente [re'tʃɛnte] *a* neu, jüngste(r, s), letzte(r, s). **recentissime** [...'tissime] *f pl* neu(e)ste Nachrichten *f pl,* letzte Meldungen *f pl.*
recepire [retʃe'pi:re] ⟨recepisco⟩ *tr* empfangen, aufnehmen.
recessione [retʃes'sio:ne] *f* Rezession *f,* Rückgang *m.* **recessivo, -a** [...'si:vo] *a* **1.** *biol* rezessiv; **2.** *com* rückläufig.
recesso [re'tʃɛsso] *m* **1.** *(rifugio)* Schlupfwinkel *m;* **2.** *fig* Abgrund *m,* geheimer Winkel; **3.** *med* Rückgang *m.*
recidere [re'tʃi:dere] ⟨recido, recisi, reciso⟩ *tr* (ab)schneiden.
recidivo, -a [retʃi'di:vo] **I.** *a* rückfällig; **II.** *m, f* Rückfällige(r) *mf; (jur a.)* Rückfall-, Wiederholungstäter(in) *m(f).*
recintare [retʃin'ta:re] *tr* einfrieden, umzäunen. **recinto** [re'tʃinto] *m* **1.** *(spazio circoscritto)* Gebiet *n; (per animali)* Gehege *n;* **2.** *(ciò che recinge)* Zaun *m,* Umzäunung *f.* **recinzione** [...n'tsio:ne] *f* Einfriedung *f,* Umzäunung *f.*
recipiente [retʃi'piɛnte] *m* Behälter *m,* Gefäß *n.*
reciprocità [retʃiprotʃi'ta] ⟨-⟩ *f* Gegenseitigkeit *f,* Wechselseitigkeit *f.* **reciproco, -a** [re'tʃi:proko] ⟨-ci, -che⟩ *a* gegenseitig; *mat, gram* reziprok.
recisi [re'tʃi:zi] *p rem di* **recidere.**
reciso [re'tʃi:zo] *pp di* **recidere.**
recita ['rɛ:tʃita] *f* Aufführung *f.*
recitare [retʃi'ta:re] **I.** *tr* **1.** *(poesia)* rezitieren, vortragen; *(orazioni)* sprechen; *(lezione)* aufsagen; **2.** *(declamare)* deklamieren; **3.** *theat, film* spielen; **II.** *itr* **1.** *theat, film* spielen; **2.** *fig pej* deklamieren. **recitazione** [...tat'tsio:ne] *f* **1.** *(interpretazione)* Rezitation *f,* Vortrag *m;* **2.** *(disciplina)* Schauspielkunst *f.*
reclamare [rekla'ma:re] **I.** *itr* reklamieren *(per, contro qc* etw.), sich beschweren (*per, contro* über); **II.** *tr* **1.** *(richiedere)* geltend machen, fordern; **2.** *fig (aver bisogno)* benötigen, erfordern, verlangen.
réclame [re'klam] ⟨-⟩ *f* Reklame *f,* Werbung *f.* **reclamizzare** [...mid'dza:re] *tr* bewerben, Reklame machen für.
reclamo [re'kla:mo] *m* Reklamation *f; (a. documento)* Beschwerde *f.*
reclinare [rekli'na:re] *tr* neigen.

reclusione [reklu'zi̯o:ne] *f* Haft *f.* **recluso, -a** [re'klu:zo] **I.** *a* eingeschlossen; *jur* inhaftiert; **II.** *m, f* Häftling *m.*

recluta ['rɛ:kluta] *f* **1.** *mil* Rekrut *m;* **2.** *fig* Neuling *m.* **reclutamento** [rekluta'mento] *m* Einberufung *f; (a. fig)* Rekrutierung *f.* **reclutare** [...'ta:re] *tr* einberufen; *(a. fig)* rekrutieren.

recondito, -a [re'kɔndito] *a lett* **1.** *(luogo)* abgelegen, entlegen; **2.** *fig* verborgen, geheim.

record ['rɛ:kord] **I.** ‹-› *m* Rekord *m; (elenco)* Wettkampfliste *f;* **a tempo di ~** in Rekordzeit; **II.** ‹*inv*› *a* Rekord-.

recriminare [rekrimi'na:re] *itr* sich beklagen. **recriminazione** [...nat'tsi̯o:ne] *f* Klage *f.*

recrudescenza [rekrudeʃ'ʃɛntsa] *f* Verschlimmerung *f.*

redarguire [redargu'i:re] ‹redarguisco› *tr* tadeln, rügen.

redassi [re'dassi] *p rem di* **redigere.**

redatto [re'datto] *pp di* **redigere.**

redattore, -trice [redat'to:re] *m, f* **1.** *(di giornale, casa editrice)* Redakteur(in) *m(f);* **2.** *(di atti, documenti)* Verfasser(in) *m(f).* **redazione** [...t'tsi̯o:ne] *f* Redaktion *f.*

redditività [redditivi'ta] ‹-› *f* Ertrag(s)fähigkeit *f,* Rentabilität *f.* **redditizio, -a** [...'tittsi̯o] ‹-i, -ie› *a* einträglich, rentabel.

reddito ['rɛddito] *m* Einkommen *n; (utile)* Ertrag *m,* Gewinn *m;* **~ lordo/netto** Brutto-/Nettoeinkommen *n.*

redensi [re'dɛnsi] *p rem di* **redimere.**

redento, -a [re'dɛnto] **I.** *pp di* **redimere; II.** *m, f* Erlöste(r) *mf,* Christ(in) *m(f).* **redentore, -trice** [reden'to:re] **I.** *a* erlösend, befreiend; **II.** *m* Erlöser *m,* Heiland *m.* **redenzione** [...n'tsi̯o:ne] *f* Erlösung *f.*

redigere [re'di:dʒere] ‹redigo, redigi, redassi, redatto› *tr* **1.** *(compilare, stendere)* verfassen, abfassen; **2.** *(curare)* redigieren, bearbeiten.

redimere [re'di:mere] ‹redimo, redensi, redento› *tr lett* erlösen, befreien.

redini ['rɛ:dini] *f pl (a. fig)* Zügel *m pl.*

redivivo, -a [redi'vi:vo] *a* auferstanden, wiedererstanden.

reduce ['rɛ:dutʃe] **I.** *a* heimgekehrt; **essere ~ da una malattia** eine Krankheit überstanden haben; **II.** *mf* Heimkehrer(in) *m(f).*

refe ['re:fe] *m* Zwirn *m.*

referendum [refe'rɛndum] ‹-› *m* **1.** *jur* Referendum *n,* Volksentscheid *m;* **2.** *(indagine)* Umfrage *f.*

referenza [refe'rɛntsa] *f* Referenz *f,* Empfehlung *f.*

referto [re'fɛrto] *m* Befund *m.*

refettorio [refet'tɔ:ri̯o] ‹-i› *m* Refektorium *n,* Speisesaal *m.* **refezione** [...t'tsi̯o:ne] *f* Speisung *f;* **~ scolastica** Schulspeisung *f.*

refrattario, -a [refrat'ta:ri̯o] ‹-i, -ie› *a* **1.** *(materiale)* hitzebeständig, feuerfest; **2.** *med, fig* unempfindlich (*a* gegen), immun (*a* gegen).

refrigerante [refridʒe'rante] **I.** *a* kühlend, Kühl-; **II.** *m* **1.** *(apparecchio)* Kühlgerät *n;* **2.** *(sostanza)* Kühlmittel *n.*

refrigerare [refridʒe'ra:re] *tr* kühlen. **refrigeratore** [...ra'to:re] *m* **1.** *(fluido)* Kühlflüssigkeit *f;* **2.** *(parte del frigorifero)* Kühlaggregat *n.* **refrigerazione** [...rat'tsi̯o:ne] *f* Kühlung *f.* **refrigerio** [...'dʒɛ:ri̯o] ‹-i› *m* **1.** *(sensazione di fresco)* Erfrischung *f;* **2.** *fig (sollievo)* Erleichterung *f.*

refurtiva [refur'ti:va] *f* Beute *f,* Diebesgut *n.*

regalare [rega'la:re] *tr* **1.** *gener.* schenken; **2.** *com* verschenken, verschleudern.

regale [re'ga:le] *a* **1.** *(del re)* Königs-, königlich; **2.** *fig* königlich, fürstlich.

regalità [regali'ta] ‹-› *f* Königtum *n.*

regalo [re'ga:lo] *m* Geschenk *n,* Gabe *f;* **dare qc a qu in ~** jdm etw. schenken.

regata [re'ga:ta] *f* Regatta *f.*

reggente [red'dʒɛnte] **I.** *mf* Regent(in) *m(f);* **II.** *f* Hauptsatz *m;* **III.** *a* **1.** *pol* Regenten-, Regentschafts-; **2.** *gram:* **proposizione ~** Hauptsatz *m.* **reggenza** [...'dʒɛntsa] *f* **1.** *(carica)* Regentschaft *f;* **2.** *(governo dei reggenti)* Regierung *f,* Herrschaft *f.*

reggere ['rɛddʒere] ‹reggo, reggi, ressi, retto› **I.** *tr* **1.** *(tenere)* halten; *(sostenere)* halten, stützen, tragen; *(tenere fermo)* festhalten; **2.** *(resistere)* standhalten (*qc* einer S. *dat*); **3.** *(dirigere)* leiten, führen; *(governare)* regieren; **4.** *gram* regieren, erfordern; **5.** *(sopportare)* ertragen; **~ il vino** trinkfest sein; **II.** *itr* **1.** *(resistere)* standhalten; **2.** *(durare)* anhalten; *(cibi)* haltbar sein; **un'accusa che non regge** *fig* eine unhaltbare Anklage; **non mi regge il cuore** (*o* **l'animo**) **di ...** *inf* ich bringe es nicht übers Herz zu ... *inf;* **III.** *rfl:* **-ersi 1.** *(sostenersi)* sich halten; **2.** *fig (controllarsi)* sich beherrschen; **3.** *(governarsi)* sich regieren; **4.** *(attaccarsi)* sich festhalten; **-ersi a galla** sich an der Oberfläche halten.

reggia ['rɛddʒa] ‹-gge› *f* **1.** *(di re)* Königshof *m,* -palast *m;* **2.** *fig* Palast *m.*

reggicalze [reddʒi'kaltse] ‹-› *m* Strumpfhalter *m.*

reggimentale [reddʒimen'ta:le] *a* Regiments-. **reggimento** [...'mento] *m* Regiment *n.*

reggipetto, reggiseno [reddʒi'pɛtto, -'se:no] *m* Büstenhalter *m,* BH *m.*

regia [re'dʒi:a] ‹-gie› *f (a. fig)* Regie *f.*

regime [re'dʒi:me] *m* **1.** *pol* Regime *n; (fascismo)* faschistisches Regime; **2.** *(dieta)* Diät *f;* **3.** *(regola di vita)* Lebensweise *f,* -haltung *f;* **4.** *(anda-*

mento) (jahreszeitliche) Schwankungen *f pl,* (jahreszeitliches) Verhalten *n;* **5.** *tec, mot* Drehzahl *f;* ~ **di marcia** Fahrbetrieb *m.*

regina [re'dʒi:na] *f* **1.** *gener., pol, fig, zoo* Königin *f;* **2.** *(negli scacchi, nelle carte)* Dame *f.* **reginetta** [...i'netta] *f* Miß *f,* Schönheitskönigin *f.*

regio, -a ['rɛ:dʒo] ‹-gi, -gie› *a* Königs-; *(a. fig)* königlich.

regionale [redʒo'na:le] *a* regional.

regione [re'dʒo:ne] *f* Region *f.*

regista [re'dʒista] ‹-i *m,* -e *f*› *mf* Regisseur(in) *m(f).*

registrare [redʒis'tra:re] *tr* **1.** *adm* registrieren, eintragen; **2.** *fin* (ver)buchen; **3.** *(prendere nota)* ver-, aufzeichnen, eintragen; **4.** *(rilevare)* registrieren, verzeichnen; **5.** *(citare)* aufführen, verzeichnen; **6.** *(con registratori)* aufnehmen, aufzeichnen, mitschneiden; **7.** *tec* einstellen. **registratore** [...ra'to:re] *m* **1.** *(apparecchio)* Aufnahmegerät *n; (magnetofono)* Tonbandgerät *n;* **2.** *(cartella)* Ordner *m,* Registrator *m;* ~ **di cassa** Registrierkasse *f.* **registrazione** [...rat'tsi̯o:ne] *f* **1.** *(il registrare)* Registrierung *f,* Eintragung *f;* **2.** *fin* (Ver)buchung *f;* **3.** *radio, TV (operazione)* Aufzeichnung *f,* Aufnahme *f,* Mitschnitt *m; (locale)* Aufnahmestudio *n;* **4.** *(incisione)* Aufnahme *f;* **5.** *mus* Registrieren *n;* **6.** *tec* Einstellen *n,* Regulierung *f.*

registro [re'dʒistro] *m* Register *n; tec* Regler *m.*

regnante [reɲ'ɲante] **I.** *a* **1.** *(casa, regina)* herrschend, Herrscher-; **2.** *(opinione)* herrschend; **II.** *mf* Herrscher(in) *m(f).* **regnare** [...'ɲa:re] *itr* **1.** *pol* herrschen, regieren; **2.** *fig* herrschen.

regno ['reɲɲo] *m* **1.** *pol (stato)* (König)reich *n; (autorità, durata)* Herrschaft *f;* **2.** *fig* Reich *n; (animale, vegetale a.)* Welt *f.*

regola ['rɛ:gola] *f* **1.** *(principio, norma)* Regel *f;* **2.** *(ordine)* Vorschrift *f;* **3.** *(misura, modo)* Maß *n;* **4.** *rel* Ordensregeln *f pl;* **5.** ‹*pl*› *(mestruazioni)* (Monats)regel *f.*

regolamentare¹ [regolamen'ta:re] *a* vorschriftsmäßig.

regolamentare² [regolamen'ta:re] *tr* reglementieren.

regolamento [regola'mento] *m* **1.** *gener.* Ordnung *f,* Reglement *n; (norme)* Vorschriften *f pl,* Bestimmungen *f pl;* **2.** *(sistemazione)* Regulierung *f;* **3.** *com* Abrechnung *f; (di debito)* Begleichung *f.*

regolare¹ [rego'la:re] **I.** *tr* **1.** *(ordinare)* regeln, ordnen; **2.** *(sistemare)* regulieren, in Ordnung bringen; *(debito)* begleichen; **3.** *tec* einstellen; *(orologio)* stellen; **II.** *rfl:* **-arsi 1.** *(di comportamento)* sich verhalten; **2.** *(controllarsi)* sich beherrschen.

regolare² [rego'la:re] *a* **1.** *gener., gram, mat* regelmäßig; **2.** *(in regola)* regulär, vorschriftsmäßig; *(secondo le norme)* geregelt; *(esercito)* regulär; **3.** *(proporzionato)* ebenmäßig; *(costante)* gleichmäßig; **4.** *(puntuale)* regelmäßig, pünktlich.

regolarità [regolari'ta] ‹-› *f* Regelmäßigkeit *f.*

regolarizzare [regolarid'dza:re] *tr* regulieren.

regolatezza [regola'tettsa] *f* Regelmäßigkeit *f.* **regolato, -a** [...'la:to] *a* **1.** *(ordinato da regola)* geregelt; **2.** *(moderato)* maßvoll. **regolatore, -trice** [...'to:re] **I.** *a* regelnd, regulierend; **II.** *m* Regulator *m,* Regler *m.* **regolazione** [...t'tsi̯o:ne] *f* Regulierung *f,* Reg(e)lung *f.*

regolo ['rɛ:golo] *m* Stab *m,* Latte *f,* Leiste *f.*

regredire [regre'di:re] ‹regredisco, regredii, regredito *o* regresso› *itr* ‹*essere*› **1.** *(tornare indietro)* zurückgehen, -weichen; **2.** *fig* zurückgehen, nachlassen. **regressione** [regres'si̯o:ne] *f* Rückgang *m; (a. scient, psych)* Regression *f.*

regresso [re'grɛsso] **I.** *pp di* **regredire; II.** *m* Rückgang *m; (a. fig)* Rückschritt *m.*

reietto, -a [re'i̯ɛtto] *m, f* Ausgestoßene(r) *mf.*

reincarnazione [reiŋkarnat'tsi̯o:ne] *f* Wiedergeburt *f,* Reinkarnation *f.*

reinserimento [reinseri'mento] *m* Wiedereinführung *f,* -eingliederung *f.*

reintegrare [reinte'gra:re] **I.** *tr* reintegrieren, wieder integrieren; *(in una carica)* wiedereinsetzen; **II.** *rfl:* **-arsi** sich wieder einfügen, sich reintegrieren. **reintegrazione** [...grat'tsi̯o:ne] *f* Reintegration *f,* Wiedereingliederung *f,* Wiedereinfügung *f.*

reiterare [reite'ra:re] *tr lett* wiederholen.

relativamente [relativa'mente] *adv* relativ, verhältnismäßig; ~ **a** hinsichtlich *gen,* bezüglich *gen,* in bezug auf *acc.*

relatività [relativi'ta] ‹-› *f* Relativität *f.*

relativo, -a [rela'ti:vo] *a* relativ; *(che ha relazione a.)* bezüglich (*a* auf); *gram* Relativ-.

relatore, -trice [rela'to:re] *m, f* Referent(in) *m(f),* Berichterstatter(in) *m(f).*

relax [re'laks] ‹-› *m* Entspannung *f.*

relazione [relat'tsi̯o:ne] *f* **1.** *(esposizione)* Bericht *m,* Referat *n;* **2.** *(rapporto)* Beziehung *f,* Verhältnis *n;* **3.** *mat, fig* Relation *f;* **-i** Beziehungen *f pl,* Verbindungen *f pl;* **pubbliche -i** Öffentlichkeitsarbeit *f;* **avere una** ~ **con qu** mit jdm ein Verhältnis haben; **essere in buone -i con qu** zu jdm ein gutes

Verhältnis haben; **in ~ a** in bezug auf; **in ~ alla vostra richiesta del ...** *adm* bezüglich Ihrer Anfrage vom ...
relè [re'lɛ] ‹-› *m* Relais *n.*
relegare [rele'ga:re] *tr* **1.** *(allontanare)* verbannen; **2.** *fig (mettere in disparte)* beiseite stellen.
religione [reli'dʒo:ne] *f* Religion *f; (venerazione, culto)* Verehrung *f,* Kult *m.*
religioso, -a [reli'dʒo:so] **I.** *a* **1.** *rel* religiös, Religions-; **2.** *(pio)* fromm, religiös; **3.** *fig (devoto)* ehrfürchtig; **4.** *fig (diligente)* sorgfältig, gewissenhaft; **matrimonio ~** kirchliche Trauung; **II.** *m, f* Ordensbruder *m,* -schwester *f.*
reliquia [re'li:kuia] ‹-ie› *f* Reliquie *f.* **reliquiario** [reli'kuia:rio] ‹-i› *m* Reliquienschrein *m,* Reliquiar *n.*
relitto [re'litto] *m (a. fig)* Wrack *n.*
remainder [rɪ'meɪndə] ‹-› *m* **1.** *(libro)* Buch *n* zum Ramschpreis, Buch *n* im modernen Antiquariat; **2.** *(libreria)* modernes Antiquariat.
remare [re'ma:re] *itr* rudern. **rematore, -trice** [rema'to:re] *m, f* Ruderer *m,* Rud(r)erin *f.*
reminiscenza [reminiʃ'ʃɛntsa] *f* Reminiszenz *f geh.*
remissione [remis'sio:ne] *f* **1.** *(rel, perdono)* Erlaß *m;* **2.** *jur* Nachlaß *m,* Erlaß *m; (di querela, etc.)* Rücknahme *f;* **3.** *(sottomissione)* Ergebenheit *f.*
remissività [remissivi'ta] ‹-› *f* Gefügigkeit *f.* **remissivo, -a** [...'si:vo] *a* gefügig, nachgiebig.
remo ['rɛ:mo] *m* Ruder *n.*
remoto, -a [re'mɔ:to] *a* **1.** *(tempo, causa)* (längst) vergangen, weit zurückliegend; **2.** *(paese, località)* abgelegen, weit entfernt; **3.** *gram:* **passato ~** Präteritum *n,* historisches Perfekt.
remunerare [remune'ra:re] *v.* **rimunerare.**
rena ['re:na] *f* Sand *m.*
renale [re'na:le] *a* Nieren-.
Renania [re'na:nia] *f* Rheinland *n;* **~ Settentrionale-Vestfalia** Nordrhein-Westfalen *n;* **~-Palatinato** Rheinland-Pfalz *n.*
Renata [re'na:ta] *(nome proprio femminile)* Renate.
rendere ['rɛndere] ‹rendo, resi, reso› **I.** *tr* **1.** *(restituire)* zurückgeben; *fin* zurückerstatten; **2.** *(dare)* geben; *(onore)* erweisen; *(conto)* ablegen; *(servizio)* tun, erweisen; **3.** *(interesse, etc.)* einbringen, abwerfen; **4.** *(far diventare)* machen; **5.** *(tradurre)* wiedergeben, übertragen; **6.** *(raffigurare)* wiedergeben, widerspiegeln; **~ bene/male** sich rentieren/sich nicht rentieren, viel/wenig einbringen; **non ~ sul lavoro/a scuola** bei der Arbeit/in der Schule nichts leisten; **~ pan per focaccia** Gleiches mit Gleichem vergelten; **un impiego che rende** eine gutbezahlte Stellung; **II.** *rfl:* **-ersi** sich machen; **-ersi utile/simpatico** sich nützlich/beliebt machen; **-ersi conto di qc** sich *(dat)* etw. bewußt machen, sich *(dat)* über etw. klar werden.
rendiconto [rendi'konto] *m* **1.** *(resoconto)* (Rechenschafts)bericht *m;* **2.** *com* Rechnungslegung *f.*
rendimento [rendi'mento] *m* **1.** *(funzionalità)* Leistung *f; (di persona a.)* Leistungsfähigkeit *f;* **2.** *(reddito)* Ertrag *m.*
rendita ['rɛndita] *f* Rendite *f;* **vivere di ~** von den Zinsen leben.
rene ['rɛ:ne] *m* Niere *f.*
reni ['re:ni] *f pl* Kreuz *n; (a. di animali)* Lenden *f pl.*
renitente [reni'tɛnte] **I.** *a* widersetzlich, renitent *geh;* **II.** *m:* **~ alla leva** Wehrdienstverweigerer *m.*
renna ['rɛnna] *f* Ren(tier) *n.*
Reno ['rɛ:no] *m* Rhein *m.*
reo, -a ['rɛ:o] **I.** *a* schuldig; **II.** *m, f* Schuldige(r) *mf.*
reparto [re'parto] *m* Abteilung *f; (med a.)* Station *f.*
repellente [repel'lɛnte] *a* abstoßend.
repentaglio [repen'taʎʎo] ‹-gli› *m* Risiko *n.*
repentino, -a [repen'ti:no] *a* plötzlich, augenblicklich.
reperire [repe'ri:re] ‹reperisco› *tr* auffinden.
reperto [re'pɛrto] *m* **1.** *(archeologico)* Fund *m;* **2.** *(giudiziario)* Beweisstück *n;* **3.** *med* Befund *m.*
repertorio [reper'tɔ:rio] ‹-i› *m* **1.** *theat, mus* Repertoire *n;* **2.** *fig* Sammlung *f.*
replica ['rɛ:plika] ‹-che› *f* **1.** *(risposta)* Entgegnung *f,* Erwiderung *f; (obiezione)* Widerspruch *m;* **2.** *theat* Wiederaufführung *f;* **3.** *TV, radio* Wiederholung(ssendung) *f;* **4.** *(nell'arte)* Nachbildung *f,* Replik *f;* **5.** *(ripetizione)* Wiederholung *f.* **replicare** [repli'ka:re] ‹replico, replichi› *tr* **1.** *(ripetere)* wiederholen; **2.** *theat* wiederaufführen; **3.** *(rispondere)* erwidern, entgegnen.
repressi [re'prɛssi] *p rem di* **reprimere.**
repressione [repres'sio:ne] *f* **1.** *pol* Repression *f,* Unterdrückung *f;* **2.** *psych* Unterdrückung *f.*
represso, -a [re'prɛsso] *a* verhalten.
reprimere [re'pri:mere] ‹reprimo, repressi, represso› **I.** *tr* unterdrücken; **II.** *rfl:* **-ersi** sich beherrschen.
repubblica [re'pubblika] ‹-che› *f* Republik *f;* **R~ Federale Tedesca** (*ab* **R.F.T.**) Bundesrepublik *f* Deutschland; **R~ Democratica Tedesca** (*ab* **R.D.T.**) Deutsche Demokratische Republik. **repubblicano, -a** [...'ka:no] **I.** *a* republikanisch; **II.** *m, f* Republikaner(in) *m(f).*

repulsione [repul'si̯o:ne] *f* **1.** *phys* Repulsion *f*, Abstoßung *f;* **2.** *(ripulsione)* Abneigung *f.*
reputare [repu'ta:re] **I.** *tr* erachten (*o* halten) für; **II.** *rfl:* **-arsi** sich halten für. **reputazione** [...tat'tsi̯o:ne] *f* Ruf *m*, Reputation *f geh.*
requie ['rɛ:ku̯i̯e] *f* Ruhe *f.*
requisire [reku̯i'zi:re] ⟨requisisco⟩ *tr* requirieren, beschlagnahmen.
requisito [reku̯i'zi:to] *m* Voraussetzung *f.*
requisitoria [reku̯izi'tɔ:ri̯a] ⟨-ie⟩ *f* Plädoyer *n*, Anklagerede *f.*
requisizione [reku̯izit'tsi̯o:ne] *f* Requisition *f*, Beschlagnahmung *f.*
resa ['re:sa] *f* **1.** *mil* Kapitulation *f;* **2.** *(restituzione)* Abgabe *f*, Rückgabe *f;* **3.** *(rendimento)* Leistung *f;* ~ **dei conti** *(a. fig)* Abrechnung *f.*
rescindere [reʃ'ʃindere] ⟨*irr*⟩ *tr* aufheben, annullieren, für ungültig erklären. **rescissione** [...ʃis'si̯o:ne] *f* Aufhebung *f*, Ungültigkeitserklärung *f.*
resi ['re:si] *p rem di* **rendere.**
Resia ['rɛ:zi̯a] *f* Reschen *n.*
residente [resi'dɛnte] **I.** *a* wohnhaft, ansässig; **II.** *mf* Ansässige(r) *mf.* **residenza** [...'dɛntsa] *f* **1.** *(sede)* Wohnsitz *m;* **2.** *(di sovrani)* Residenz *f;* **3.** *(diplomazia)* Sitz *m;* **luogo di** ~ Wohnort *m.* **residenziale** [...den'tsi̯a:le] *a* Wohn-.
residuo, -a [re'si:du̯o] **I.** *a* restlich, Rest-; **II.** *m* **1.** *com* Überschuß *m;* **2.** *(rimanenza)* Rest *m;* **3.** *chem, phys* Rückstand *m*, Rest *m;* **4.** *fig* Rest *m*, Überbleibsel *n.*
resina ['rɛ:zina] *f* Harz *n.*
resistente [resis'tɛnte] *a* widerstandsfähig (*a* gegen); *med, phys* resistent (*a* gegen); ~ **al calore/al fuoco** hitze-/feuerfest. **resistenza** [...'tɛntsa] *f* **1.** *(opposizione, sforzo)* Widerstand *m;* **2.** *(capacità)* Widerstandsfähigkeit *f;* **3.** *phys* Widerstand *m;* **4.** *mil* Widerstand *m*, Gegenwehr *f;* **5.** *(di materiale)* Haltbarkeit *f*, Resistenz *f; (di persona)* Ausdauer *f;* **opporre** ~ Widerstand leisten; **la** ~ **italiana/francese** die italienische/französische Widerstandsbewegung.
resistere [re'sistere] ⟨resisto, resistei *o* resistetti, resistito⟩ *itr* **1.** *(opporsi)* Widerstand leisten (*a* gegen); **2.** *(sopportare)* ertragen (*a qc* etw.), aushalten (*a qc* etw.), standhalten; **3.** *(non patir danno)* vertragen (*a qc* etw.), aushalten (*a qc* etw.).
reso ['re:so] *pp di* **rendere.**
resoconto [reso'konto] *m (relazione)* Bericht *m*, Zusammenfassung *f; (esposizione)* (Rechenschafts)bericht *m.*
respingente [respin'dʒɛnte] *m* Puffer *m.*
respingere [res'pindʒere] ⟨*irr*⟩ *tr* **1.** *(nemico, aggressore)* zurückdrängen, abwehren; **2.** *(regalo)* zurückweisen, nicht annehmen; **3.** *(proposta)* ablehnen; *(accusa)* zurückweisen; **4.** *(bocciare)* durchfallen (*o* nicht bestehen) lassen; **5.** *sport* abwehren.
respirare [respi'ra:re] **I.** *itr* **1.** *biol* atmen; **2.** *fig* aufatmen; ~ **col naso/con la bocca** durch die Nase/den Mund atmen; **II.** *tr* (ein)atmen. **respiratore** [...ra'to:re] *m* Schnorchel *m.* **respirazione** [...rat'tsi̯o:ne] *f* Atmung *f;* ~ **artificiale** künstliche Beatmung.
respiro [res'pi:ro] *m* **1.** *(il respirare)* Atem *m;* **2.** *(singolo atto)* Atemzug *m;* **3.** *(di sollievo)* Seufzer *m*, Atemzug *m;* **4.** *(riposo)* Atempause *f;* **5.** *(dilazione)* Aufschub *m*, Frist *f;* **una cosa da togliere il** ~ eine atemberaubende Sache.
responsabile [respon'sa:bile] **I.** *a* **1.** *(conscio)* verantwortungsbewußt; **2.** *(investito di responsabilità)* verantwortlich (*di* für); **3.** *(colpevole)* schuldig (*di* an); **II.** *mf* Verantwortliche(r) *mf.* **responsabilità** [...sabili'ta] ⟨-⟩ *f* **1.** *(consapevolezza)* Verantwortung *f;* **2.** *jur* Haftung *f.* **responsabilizzare** [...sabilid'dza:re] **I.** *tr* verantwortlich machen; **II.** *rfl:* **-arsi** (die) Verantwortung auf sich nehmen.
responso [res'pɔnso] *m* **1.** *(di oracolo)* (Orakel)spruch *m;* **2.** *(di giuria, commissione)* (Schieds)spruch *m.*
ressa ['rɛssa] *f* Gedränge *n.*
ressi ['rɛssi] *p rem di* **reggere.**
restante [res'tante] **I.** *a* bleibend, übrig; **posta** ~ postlagernd; **II.** *m* Rest *m.*
restare [res'ta:re] *itr* ⟨*essere*⟩ **1.** *(rimanere, continuare a stare)* bleiben; **2.** *(diventare)* werden; **3.** *(trovarsi)* sein; **4.** *(avanzare)* (übrig-, ver)bleiben; **5.** *(essere situato)* stehen, liegen; ~ **a pranzo** zum Essen bleiben; ~ **deluso** enttäuscht werden; ~ **indietro** zurückbleiben.
restaurare [restau'ra:re] *tr* restaurieren. **restauratore, -trice** [...ra'to:re] *m, f* Restaurator(in) *m(f).* **restaurazione** [...rat'tsi̯o:ne] *f* Restauration *f.* **restauro** [res'ta:uro] *m* Restaurierung *f.*
restio, -a [res'ti:o] ⟨-ii, -ie⟩ *a* **1.** *(riluttante)* abgeneigt; **2.** *(mulo, cavallo)* störrisch; **essere** ~ **a fare qc** abgeneigt sein, etw. zu tun.
restituire [restitu'i:re] ⟨restituisco⟩ *tr* **1.** *(oggetto)* zurückgeben; *fin* zurückerstatten; **2.** *(contraccambiare)* erwidern. **restituzione** [...ut'tsi̯o:ne] *f* Rückgabe *f.*
resto ['rɛsto] *m* Rest *m;* **del** ~ im übrigen, übrigens.
restringere [res'trindʒere] ⟨*irr*⟩ **I.** *tr* **1.** *(abito, etc.)* enger machen; **2.** *fig* einschränken, begrenzen; **II.** *rfl:* **-ersi**

1. *(diventar stretto)* eng(er) werden; *(stoffa a.)* einlaufen; 2. *(persone)* zusammenrücken, sich zusammendrängen. **restrittivo, -a** [...it'ti:vo] *a* einschränkend, restriktiv. **restrizione** [...it'tsio:ne] *f* Einschränkung *f*, Restriktion *f*.
resurrezione [resurret'tsio:ne] *v.* **risurrezione.**
resuscitare [resuʃʃi'ta:re] *v.* **risuscitare.**
retata [re'ta:ta] *f* 1. *fig (di persone)* Razzia *f*; 2. *(di pesci, uccelli)* (Netz)fang *m*.
rete ['re:te] *f* 1. *(per pescare)* Netz *n*; *(per cacciare a.)* Schlinge *f*; 2. *(intreccio)* Netz *n*, Geflecht *n*; 3. *(insieme di linee)* Netz *n*, System *n*; 4. *sport* Tor *n*; 5. *TV* Sender *m*, Kanal *m*.
reticente [reti'tʃɛnte] *a* verschwiegen. **reticenza** [...'tʃɛntsa] *f* Verschwiegenheit *f*, Zurückhaltung *f*.
reticolato, -a [retiko'la:to] *m* 1. *(intreccio)* Geflecht *n*, Netzwerk *n*; 2. *mil* Drahtverhau *m*; 3. *geog* Netz *n*.
reticolo [re'ti:kolo] *m* Netz *n*, Gitter *n*.
retina[1] ['rɛ:tina] *f anat* Netzhaut *f*, Retina *f scient.*
retina[2] [re'ti:na] *f (per capelli)* Haarnetz *n*.
retore ['rɛ:tore] *m hist* Rhetor *m*.
retorica [re'tɔ:rika] ‹-che› *f* Rhetorik *f*. **retorico, -a** [...ko] ‹-ci, -che› *a* rhetorisch.
retribuire [retribu'i:re] ‹retribuisco› *tr* entlohnen. **retributivo, -a** [...u'ti:vo] *a* Vergütungs-, Entlohnungs-. **retribuzione** [...ut'tsio:ne] *f* Lohn *m*, Entlohnung *f*, Vergütung *f*.
retro ['rɛ:tro] I. *adv* hinten; **vedi ~** siehe hinten, bitte wenden; II. *m* Rückseite *f*.
retroattivo, -a [retroat'ti:vo] *a* rückwirkend.
retrobottega [-bot'te:ga] ‹-› *m* Hinter-, Nebenraum *m* (in einem Laden).
retrocedere [-'tʃɛ:dere] ‹retrocedo, retrocessi, retrocesso› I. *itr* ‹*essere*› 1. *(indietreggiare)* zurückweichen, -gehen; 2. *fig* Abstand nehmen; II. *tr* ‹*avere*› 1. *sport* zurückstufen, absteigen lassen; 2. *mil* degradieren.
retrodatare [-da'ta:re] *tr* (zu)rückdatieren.
retrogrado, -a [re'trɔ:grado] I. *a* 1. *(persone, idee, etc.)* rückständig; 2. *(moto, movimento)* rückläufig; II. *m, f* Rückständige(r) *mf*.
retroguardia [retro'guardia] *f* Nachhut *f*.
retromarcia [-'martʃa] *f* Rückwärtsgang *m*.
retroscena [-ʃ'ʃɛ:na] ‹-› *m* 1. ‹*pl*› *fig* Hintergründe *m pl*; 2. *theat* Vorgänge *m pl* hinter den Kulissen.
retrospettiva [-spet'ti:va] *f* Retrospektive *f*. **retrospettivo, -a** [...vo] *a* retrospektiv, zurückschauend.
retrostante [-s'tante] *a* dahinterliegend, Hinter-.
retroterra [-'tɛrra] ‹-› *m* Hinterland *n*.
retrovia [-'vi:a] *f* ‹*di solito al pl*› Etappe *f*, Nachschubgebiet *n*.
retrovisore [-vi'zo:re] *m* Rückspiegel *m*.
retta[1] ['rɛtta] *f*: **dar ~ a qu** auf jdn hören.
retta[2] ['rɛtta] *f (di convitto, pensionato)* Pension *f*.
retta[3] ['rɛtta] *f mat* Gerade *f*.
rettangolare [rettaŋgo'la:re] *a* rechteckig; *(triangolo)* rechtwinklig. **rettangolo, -a** [...'taŋgolo] I. *a* rechteckig; *(triangolo)* rechtwinklig; II. *m* 1. *mat* Rechteck *n*; 2. *sport* Feld *n*.
rettifica [ret'ti:fika] ‹-che› *f* 1. *(correzione)* Richtigstellung *f*, Berichtigung *f*; 2. *tec* Schliff *m*, Schleifen *n*. **rettificare** [rettifi'ka:re] ‹rettifico, rettifichi› *tr* 1. *(strada, curva)* begradigen; 2. *fig (correggere)* berichtigen, richtigstellen; 3. *tec* schleifen. **rettificazione** [...kat'tsio:ne] *f* 1. *(modificazione)* Begradigung *f*; 2. *fig* Berichtigung *f*, Richtigstellung *f*.
rettile ['rɛttile] *m* Reptil *n*.
rettilineo, -a [retti'li:neo] I. *a* 1. *(strada, etc.)* g(e)radlinig; 2. *fig* redlich, aufrichtig, g(e)radlinig; II. *m* gerade Strecke, Gerade *f*.
rettitudine [retti'tu:dine] *f* Redlichkeit *f*, Rechtschaffenheit *f*, Aufrichtigkeit *f*.
retto, -a ['rɛtto] I. *pp di* **reggere;** II. *a* 1. *mat (linea)* gerade; *(angolo)* rechte(r, s); 2. *(diritto)* gerade; 3. *(onesto)* aufrichtig, redlich, rechtschaffen; 4. *(corretto)* richtig, korrekt; III. *m* Mastdarm *m*, Rektum *n scient.*
rettorato [retto'ra:to] *m* Rektorat *n*. **rettore, -trice** [...'to:re] *m, f* Rektor(in) *m(f)*.
reumatico, -a [reu'ma:tiko] ‹-ci, -che› *a* rheumatisch. **reumatismo** [reuma'tizmo] *m* Rheuma *n*, Rheumatismus *m*.
reverendo, -a [reve'rɛndo] I. *a* hoch-, ehrwürdig; II. *m* Hochwürden *m*.
reversibile [rever'si:bile] *a* 1. *(moto, processo)* reversibel, umkehrbar; 2. *com, jur* reversibel, übertragbar.
revisionare [revizio'na:re] *tr* einer Revision unterziehen; *(tec a.)* überholen; *(conti, etc. a.)* (über)prüfen, durchsehen. **revisione** [...'zio:ne] *f* Revision *f*, (Über)prüfung *f*; *(tec a.)* Überholung *f*. **revisore, -a** [...'zo:re] *m, f* Revisor(in) *m(f)*; *(di bozze)* Korrektor(in) *m(f)*.
revoca ['rɛ:voka] ‹-che› *f* Widerruf *m*. **revocare** [revo'ka:re] ‹revoco, revochi› *tr* widerrufen.
revolver [re'vɔlver] ‹-› *m* Revolver *m*.

revolverata [revolve'ra:ta] *f* Revolverschuß *m.*

R.F.T. *f ab di* **Repubblica Federale Tedesca** BRD *f* (*ab di* Bundesrepublik Deutschland).

ri- [ri-] *(in parole composte)* zurück-; *(di nuovo)* wieder(-), von neuem.

riabilitare [-abili'ta:re] **I.** *tr* **1.** *fig, jur* rehabilitieren; **2.** *(impianto, industria)* wiederherstellen; **3.** *(persona)* wieder befähigen; **II.** *rfl:* **-arsi** sich rehabilitieren. **riabilitazione** [...tat'tsi̯o:ne] *f* Rehabilitation *f.*

riaccendere [-at'tʃɛndere] ‹*irr*› **I.** *tr* wieder anzünden; **II.** *rfl:* **-ersi** sich wieder entzünden.

riaccomodare [-akkomo'da:re] *tr* wieder ausbessern.

riaccompagnare [-akkompaɲ'ɲa:re] *tr* zurückbegleiten.

riacquistare [-akku̯is'ta:re] *tr* **1.** *(bene, gioiello)* zurückkaufen; **2.** *fig* wiedererlangen, wiedergewinnen.

riaggiustare [-addʒus'ta:re] *tr* wieder in Ordnung bringen.

riallungare [-allun'ga:re] **I.** *tr* wieder verlängern; **II.** *rfl:* **-arsi** wieder länger werden.

rialzamento [-altsa'mento] *m* **1.** *(di terreno)* Erhebung *f;* **2.** *(dei prezzi)* Erhöhung *f.*

rialzare [-al'tsa:re] **I.** *tr* ‹*avere*› **1.** *(alzare di nuovo)* wieder aufrichten; *(testa)* wieder erheben; **2.** *(alzare di più)* höher machen, erhöhen; **3.** *(prezzi)* (wieder) erhöhen; **II.** *itr* ‹*essere*› **1.** *(prezzi)* (wieder) steigen; **2.** *(temperatura)* (wieder) ansteigen; **III.** *rfl:* **-arsi 1.** *(risollevarsi)* wieder aufstehen; **2.** *fig* sich wieder erholen; **3.** *(termometro)* wieder steigen. **rialzato, -a** [-al'tsa:to] *a* erhöht.

rialzista [-al'tsista] ‹-i *m,* -e *f*› *mf* Haussier *m.*

rialzo [-'altso] *m* **1.** *(di prezzi)* Erhöhung *f,* Steigerung *f;* **2.** *(di terreno)* Erhebung *f;* **essere in ~** steigen; *fig* (an) Boden gewinnen.

riandare [-an'da:re] ‹*irr*› **I.** *itr* ‹*essere*› **1.** *(andare di nuovo)* wieder gehen; **2.** *fig* zurückkehren; **II.** *tr* ‹*avere*› wieder durchlaufen, sich *(dat)* wieder vergegenwärtigen.

rianimare [-ani'ma:re] **I.** *tr* **1.** *(restituire forze)* wiederbeleben; **2.** *fig (restituire fiducia)* ermutigen; **II.** *rfl:* **-arsi 1.** *(riprendere forza)* wiederaufleben; **2.** *fig (riprender coraggio)* wieder Mut schöpfen; **3.** *fig (luogo)* sich beleben. **rianimazione** [...mat'tsi̯o:ne] *f* Wiederbelebung *f; (med a.)* Reanimation *f;* **reparto** (*o* **centro**) **di ~** Intensivstation *f.*

riapertura [-aper'tu:ra] *f* Wiedereröffnung *f; (delle scuole)* Wiederbeginn *m.*

riaprire [-a'pri:re] ‹*irr*› **I.** *tr* **1.** *(porta, cassetto)* wieder öffnen; **2.** *(teatro, negozio)* wiedereröffnen; *(scuole)* wieder beginnen; **3.** *fig (piaga)* wieder aufreißen; **II.** *rfl:* **-irsi** wiedereröffnet werden.

riarmamento [-arma'mento] *m* Aufrüstung *f.* **riarmare** [-ar'ma:re] **I.** *tr* wiederbewaffnen; *mil* aufrüsten; **II.** *rfl:* **-arsi** sich wiederbewaffnen; *mil* aufrüsten. **riarmo** [-'armo] *m* Aufrüstung *f; (modernizzazione)* Nachrüstung *f;* **corsa al ~** Rüstungswettlauf *m.*

riarso, -a [-'arso] *a* **1.** *(terreno)* ausgedorrt; **2.** *(gola)* ausgetrocknet.

riassetto [-as'sɛtto] *m* **1.** *(il riordinare)* Aufräumen *n;* **2.** *fig* (Neu)regelung *f.*

riassorbire [-assor'bi:re] **I.** *tr* **1.** *(assorbire di nuovo)* wieder aufsaugen; **2.** *fig* wieder aufnehmen; **II.** *rfl:* **-irsi** wieder aufgesaugt werden.

riassumere [-as'su:mere] ‹*irr*› *tr* **1.** *(operaio)* wiedereinstellen; **2.** *(carica, funzione)* wieder übernehmen; **3.** *(sintetizzare)* nacherzählen, zusammenfassen. **riassuntivo, -a** [-assun'ti:vo] *a* zusammenfassend. **riassunto, -a** [-as'sunto] **I.** *m* Nacherzählung *f,* Zusammenfassung *f;* **II.** *a* wiedereingestellt. **riassunzione** [...n'tsi̯o:ne] *f* Wiedereinstellung *f.*

riattare [-at'ta:re] *tr* wiederherstellen.

riattivare [-atti'va:re] *tr* reaktivieren, wiederbeleben.

riavere [-a've:re] ‹riò, *irr come avere*› **I.** *tr* **1.** *(libri, soldi)* wiederbekommen; **2.** *(vista)* wiedererlangen; **3.** *(avere un'altra volta)* wieder haben; **II.** *rfl:* **-ersi 1.** *(recuperare la salute, fig fin)* sich (wieder) erholen; **2.** *(riprendere i sensi)* wieder zu sich *(dat)* kommen.

riavvicinamento [-avvitʃina'mento] *m* **1.** *(il riavvicinare)* Wiederannäherung *f;* **2.** *fig* Aussöhnung *f.* **riavvicinare** [...'na:re] **I.** *tr* **1.** *(oggetti)* wieder annähern, wieder zusammenrücken; **2.** *fig* aussöhnen; **II.** *rfl:* **-arsi** sich wieder annähern.

ribadire [-ba'di:re] ‹ribadisco› *tr* bekräftigen.

ribalta [-'balta] *f* **1.** *theat* Rampe *f;* **2.** *(chiusura)* Klappe *f;* **venire** (*o* **salire**) **alla ~** *fig* (groß) herauskommen.

ribaltabile [-bal'ta:bile] *a* Klapp-, klappbar.

ribaltare [-bal'ta:re] **I.** *tr* **1.** *(capovolgere)* umkippen; **2.** *fig* verkehren; *(governo)* stürzen; **II.** *rfl:* **-arsi** umkippen.

ribassare [ribas'sa:re] **I.** *tr* ‹*avere*› herabsetzen, senken; **II.** *itr* ‹*essere*› sinken, fallen. **ribassista** [...'sista] ‹-i *m,* -e *f*› *mf* Baissier *m.* **ribasso** [...'basso] *m* (Preis)senkung *f,* -rückgang *m; (alla borsa)* Baisse *f;* **tendenza al ~** sinkende Tendenz; **essere in ~** *fig* an Ansehen verlieren.

ribattere [-'battere] *tr* **1.** *(insistere)* bestehen (*su* auf), zurückkommen (*su* auf); **2.** *(replicare)* erwidern, widersprechen; **3.** *(tappeto, materasso)* erneut klopfen; **4.** *sport* zurückschlagen.

ribellarsi [ribel'larsi] *rfl* **1.** *(sollevarsi)* rebellieren (*a* gegen), sich erheben (*a* gegen), sich auflehnen (*a* gegen); **2.** *(non ubbidire)* sich widersetzen; **3.** *fig* sich sträuben (*a* gegen).

ribelle [ri'bɛlle] **I.** *a* **1.** *(insorto)* rebellisch, aufständisch; **2.** *(indocile)* widerspenstig, störrisch; **II.** *mf* Rebell(in) *m(f)*, Aufständische(r) *mf*. **ribellione** [ribel'li̯o:ne] *f* **1.** *(rivolta)* Rebellion *f* (*a* gegen), Aufstand *m* (*a* gegen); **2.** *(rifiuto d'ubbidienza)* Widerstand *m* (*a* gegen).

ribes ['ri:bes] ‹-› *m* Johannisbeere *f*.

ribollire [ribol'li:re] **I.** *itr* **1.** *(bollire nuovamente)* wieder kochen; **2.** *(fermentare)* gären; **3.** *(fare bolle)* schäumen; **4.** *fig* kochen, in Wallung geraten; **II.** *tr* erneut (auf)kochen. **ribollita** [-bol'li:ta] *f toskanisches Eintopfgericht aus Brot, Bohnen und Kohl.*

ribrezzo [-'breddzo] *m* Ekel *m*, Abscheu *m;* **fare ~** Abscheu erregen.

ributtante [-but'tante] *a* ekelhaft, abstoßend.

ributtare [-but'ta:re] **I.** *tr* **1.** *(buttare di nuovo)* wieder werfen; **2.** *(vomitare)* erbrechen; **II.** *itr* **1.** *(ripugnare)* abstoßen; **2.** *(pianta)* austreiben, sprießen; **III.** *rfl:* **-arsi** sich wieder werfen.

ricacciare [-kat'tʃa:re] *tr* **1.** *mil* zurückwerfen, -schlagen; **2.** *(mandar via)* verjagen, vertreiben; **3.** *(rimettere con forza)* einrammen.

ricadere [-ka'de:re] ‹*irr*› *itr* ‹*essere*› **1.** *(cadere di nuovo)* wieder fallen; **2.** *fig* wieder verfallen (*in* in); **3.** *(abiti)* fallen; **4.** *(riversarsi)* sich ergießen. **ricaduta** [-ka'du:ta] *f* **1.** *med* Rückfall *m;* **2.** *(il ricadere)* erneutes Fallen.

ricalcare [-kal'ka:re] *tr* **1.** *(tracce, cappello)* wieder (ein)drücken; **2.** *(disegno)* (durch)pausen; **3.** *fig (seguire un modello)* nachzeichnen, nachahmen; **~ le orme di qu** *fig* jds Beispiel folgen.

ricalcitrare [-kaltʃi'tra:re] *itr* **1.** *zoo* ausschlagen; **2.** *fig* sich auflehnen.

ricamare [rika'ma:re] *tr* **1.** *(tovaglia, fazzoletto, etc.)* sticken; **2.** *fig fam (racconto)* ausschmücken. **ricamatrice** [...ma'tri:tʃe] *f* Stickerin *f*.

ricambiare [-kam'bi̯a:re] *tr* **1.** *(auguri, cortesia, favore)* erwidern; **2.** *(lenzuoli)* wechseln; *(letti)* neu beziehen; **3.** *(merce)* umtauschen. **ricambio** [-'kambi̯o] *m* **1.** *(di auguri, favore)* Erwiderung *f;* **2.** *(sostituzione)* Auswechs(e)lung *f*, Austausch *m; (tec a.)* Ersatz *m;* **3.** *med* Stoffwechsel *m;* **ruota di ~** Ersatzrad *n*.

ricamo [ri'ka:mo] *m* **1.** *(lavoro su tessuto)* Stickerei *f;* **2.** *(operazione)* Sticken *n;* **3.** *fig (aggiunta arbitraria)* Schnörkel *m*, Zierat *m*.

ricapitolare [-kapito'la:re] *tr* rekapitulieren, zusammenfassen. **ricapitolazione** [...lat'tsi̯o:ne] *f* Rekapitulation *f*, Zusammenfassung *f*.

ricaricare [-kari'ka:re] *tr (fucile)* nachladen; *(batteria)* neu aufladen; *(orologio)* aufziehen.

ricattare [rikat'ta:re] *tr* erpressen. **ricattatore, -trice** [...ta'to:re] *m, f* Erpresser(in) *m(f)*.

ricatto [ri'katto] *m* Erpressung *f*.

ricavare [-ka'va:re] *tr* **1.** *(estrarre)* gewinnen (*da* aus); **2.** *com* herausholen, gewinnen; **3.** *(ottenere)* herausholen, herausbringen; **4.** *fig (dedurre)* ableiten, folgern. **ricavato** [-ka'va:to] *m* Ertrag *m*. **ricavo** [-'ka:vo] *m* Erlös *m*, Gewinn *m*.

ricca *f v.* **ricco.**

Riccardo [rik'kardo] *(nome proprio maschile)* Richard.

ricchezza [rik'kettsa] *f* **1.** *(condizione, beni)* Reichtum *m;* **2.** *com, fin* Vermögen *n;* **3.** *(di luogo)* Schatz *m*, Kapital *n*.

riccio ['rittʃo] ‹-cci› *m* **1.** *zoo* Igel *m;* **2.** *(di castagna)* Kastanienschale *f*.

riccio, -a ['rittʃo] ‹-cci, -cce› **I.** *a* **1.** *(capelli)* kraus, lockig; **2.** *(insalata)* kraus; **II.** *m* **1.** *(di capelli)* Locke *f;* **2.** *(oggetto ad anello)* Ring *m*. **ricciolo** [...'tʃɔ:lo] *m* Locke *f*. **ricciuto, -a** [...'tʃu:to] *a* gelockt, lockig.

ricco, -a ['rikko] ‹-cchi, -cche› **I.** *a* **1.** *(paese, persona, etc.)* reich (*di* an); **2.** *(abbondante)* reich, üppig; **3.** *(sfarzoso)* prachtvoll, üppig; **~ sfondato** *fam* steinreich *fam;* **II.** *m, f* Reiche(r) *mf*.

ricerca [-'tʃɛrka] *f* **1.** *gener.* Suche *f*, (Nach)forschung *f;* **2.** *scient* Forschung *f;* **3.** *(indagine)* Untersuchung *f*, Ermittlung *f;* **4.** *(esercitazione didattica)* Untersuchung *f*, Forschung *f;* **~ di mercato** Marktuntersuchung *f;* **centro di -che** Forschungszentrum *n;* **andare alla ~ di qc/qu** sich auf die Suche nach etw./jdm begeben. **ricercare** [-tʃer'ka:re] *tr* **1.** *(sperimentare)* erforschen; **2.** *(indagare)* forschen nach; **3.** *fig (parole, etc.)* wählen; **4.** *(cercare con cura)* suchen; **cerca e ricerca** *fam* durch mehrfaches Suchen.

ricercatezza [-tʃerka'tettsa] *f* Gewähltheit *f*. **ricercato, -a** [...'ka:to] **I.** *a* **1.** *(apprezzato)* gesucht, begehrt; **2.** *(affettato)* gekünstelt; **3.** *(maniere, modo)* gewählt; **II.** *m, f* Gesuchte(r) *mf*.

ricercatore, -trice [-tʃerka'to:re] *m, f* Forscher(in) *m(f)*.

ricetrasmittente [ritʃetrazmit'tɛnte] *f* Sende- und Empfangsgerät *n*.

ricetta [ri'tʃɛtta] *f* **1.** *gastr, med* Rezept *n;* **2.** *fig (rimedio)* Mittel *n.*
ricettacolo [ritʃet'ta:kolo] *m* Sammelstelle *f.*
ricettario [ritʃet'ta:ri̯o] ‹-i› *m* **1.** *med* Rezeptblock *m;* **2.** *(raccolta di ricette)* Rezeptsammlung *f.*
ricettatore, -trice [ritʃetta'to:re] *m, f* Hehler(in) *m(f).* **ricettazione** [...tat'tsi̯o:ne] *f* Hehlerei *f.*
ricettivo, -a [ritʃet'ti:vo] *a* **1.** *(persona, mente)* aufnahmefähig; **2.** *med* empfänglich; **3.** *radio* Empfangs-.
ricevente [ritʃe'vɛnte] **I.** *a* Empfangs-; **II.** *mf* Empfänger(in) *m(f).*
ricevere [ri'tʃe:vere] *tr* **1.** *(accettare, prendere)* bekommen, erhalten; **2.** *fig (insulto, condanna)* entgegennehmen; *(sacramento)* empfangen; **3.** *(accogliere)* empfangen, aufnehmen; *(medico, professore)* Sprechstunde haben für; **4.** *radio, tel* empfangen; **5.** *(subire)* bekommen; ~ **in dono/prestito qc** etw. geschenkt/geliehen bekommen. **ricevimento** [ritʃevi'mento] *m* Empfang *m.* **ricevitore** [...i'to:re] *m tel* Hörer *m.* **ricevitoria** [...ito'ri:a] ‹-ie› *f* Annahmestelle *f.*
ricevuta [ritʃe'vu:ta] *f* Empfangsbestätigung *f,* Quittung *f;* ~ **fiscale** Steuerbeleg *m;* ~ **di ritorno** (*ab* **R.R.**) Rückschein *m.*
ricezione [ritʃet'tsi̯o:ne] *f* Empfang *m.*
richiamare [-ki̯a'ma:re] **I.** *tr* **1.** *(chiamare di nuovo)* wieder rufen; **2.** *(chiamare indietro)* zurückrufen; **3.** *mil* zurückziehen; **4.** *(attrarre)* anlocken; **5.** *(riprendere)* rügen, tadeln; **6.** *(rievocare)* erinnern an; ~ **l'attenzione di qu su qc** jds Aufmerksamkeit auf etw. lenken; ~ **all'ordine/al dovere** zur Ordnung rufen/an die Pflicht erinnern; ~ **alla realtà** mit der Wirklichkeit konfrontieren; **II.** *rfl:* **-arsi 1.** *(riferirsi)* sich berufen (*a* auf); **2.** *(appellarsi)* anrufen (*a qu* jdn). **richiamo** [-'ki̯a:mo] *m* **1.** *(invito al ritorno)* Zurückberufung *f;* **2.** *(rimprovero)* Rüge *f,* Tadel *m;* **3.** *(forza incoercibile)* Ruf *m; (del sangue)* Stimme *f;* **4.** *(allettamento)* Verlockung *f;* **5.** *(segno)* Verweis *m,* Verweisungszeichen *n;* **6.** *med (di vaccinazione)* Auffrischung *f.*
richiedente [-ki̯e'dɛnte] *mf* Antragsteller(in) *m(f).*
richiedere [-'ki̯ɛ:dere] ‹*irr*› *tr* **1.** *(chiedere di nuovo)* wieder verlangen; **2.** *adm* beantragen; **3.** *(esigere)* verlangen; **4.** *(consiglio, etc.)* erbitten, bitten um; *(a. parere)* fragen nach; **5.** *(chiedere in restituzione)* zurückverlangen; **6.** *(necessitare)* erfordern.
richiesta [-'ki̯ɛsta] *f* **1.** *(domanda)* Frage *f,* Anfrage *f;* **2.** *adm* Antrag *m,* Gesuch *n;* **3.** *(esigenza)* Verlangen *n,* Anspruch *m.*
riciclaggio [-tʃi'kladdʒo] ‹-ggi› *m* Recycling *n.* **riciclare** [...'kla:re] *tr* wiederverwenden, wiederaufbereiten.
ricino ['ri:tʃino] *m* Rizinus *m.*
ricognitore [-koɲɲi'to:re] *m* Aufklärer *m.* **ricognizione** [...t'tsi̯o:ne] *f* Aufklärung *f,* Erkundung *f.*
ricollegare [-kolle'ga:re] **I.** *tr* **1.** *(collegare di nuovo)* wieder verbinden; **2.** *fig* verbinden; **II.** *rfl:* **-arsi 1.** *(riferirsi)* sich beziehen (*a* auf); **2.** *(essere connessi)* verbunden sein (*a* mit); **3.** *(collegarsi di nuovo)* sich wieder verbinden (*a* mit).
ricolmare [-kol'ma:re] *tr* überhäufen (*di* mit). **ricolmo, -a** [-'kolmo] *a* vollgefüllt (*di* mit), randvoll.
ricominciare [-komin'tʃa:re] *tr* ‹*avere*›, *itr* ‹*essere*› wieder anfangen.
ricompensa [-kom'pɛnsa] *f* Lohn *m,* Belohnung *f.* **ricompensare** [...pen'sa:re] *tr* **1.** *(premiare)* belohnen (*per* für); **2.** *(retribuire)* entlohnen (*per* für), entschädigen (*per* für).
ricomposizione [-kompozit'tsi̯o:ne] *f* Wiederzusammensetzung *f.*
riconciliare [-kontʃi'li̯a:re] **I.** *tr* wieder aussöhnen (*o* versöhnen); **II.** *rfl:* **-arsi** sich wieder aussöhnen (*o* versöhnen). **riconciliazione** [...i̯at'tsi̯o:ne] *f* (Wieder)versöhnung *f.*
ricondurre [-kon'durre] ‹*irr*› *tr* zurückführen (*a* auf).
riconferma [-kon'ferma] *f* Rückbestätigung *f.* **riconfermare** [...'ma:re] *tr* (wieder)bestätigen.
ricongiungere [-kon'dʒundʒere] ‹*irr*› **I.** *tr* wiedervereinigen; **II.** *rfl:* **-ersi** sich wieder vereinigen (*a* mit).
riconoscente [-konoʃ'ʃɛnte] *a* dankbar; **essere ~ a qu per qc** jdm für etw. dankbar sein. **riconoscenza** [...'ʃɛntsa] *f* Dankbarkeit *f.*
riconoscere [-ko'noʃʃere] ‹*irr*› **I.** *tr* **1.** *(ravvisare)* wiedererkennen (*da, a* an); **2.** *(distinguere)* unterscheiden; **3.** *(ammettere)* einsehen, zugeben; **4.** *jur, pol (considerare legittimo)* anerkennen. **riconoscimento** [...ʃi'mento] *m* **1.** *(constatazione)* (Wieder)erkennen *n;* **2.** *jur, pol (accettazione)* Anerkennung *f;* **3.** *(consenso)* Würdigung *f,* Anerkennung *f;* **4.** *(compenso)* Lohn *m,* Anerkennung *f.*
riconquista [-koŋ'ku̯ista] *f* Wiedereroberung *f.* **riconquistare** [...'ta:re] *tr* **1.** *(territorio)* wiedererobern; **2.** *fig (fiducia)* wiedererlangen.
riconsegna [-kon'seɲɲa] *f* Rückgabe *f.* **riconsegnare** [...'ɲa:re] *tr* **1.** *(consegnare di nuovo)* wieder übergeben; **2.** *(restituire)* zurückgeben.
riconsiderare [-konside'ra:re] *tr* nochmals durchdenken.

ricopertura [-koper'tu:ra] *f* Abdeckung *f*.

ricopiare [-ko'pi̯a:re] *tr* **1.** *(copiare di nuovo)* wieder kopieren; **2.** *(trascrivere)* abschreiben.

ricoprire [-ko'pri:re] ‹*irr*› **I.** *tr* **1.** *(coprire di nuovo)* wieder zudecken; **2.** *(mobili, poltrone)* ab-, bedecken; **3.** *fig* überhäufen (*di* mit); **4.** *adm (carica)* bekleiden; **5.** *(nascondere)* verbergen; **II.** *rfl:* **-irsi** **1.** *fam (subire uno smacco)* sich blamieren; **2.** *(coprirsi di nuovo)* sich wieder bedecken.

ricordare [rikor'da:re] **I.** *tr* **1.** *(richiamare alla memoria)* sich erinnern an, denken an; *(altre persone)* erinnern (*qc a qu* jdn an etw.); **2.** *(serbare memoria)* gedenken *gen;* **3.** *(assomigliare a)* ähneln (*qu* jdm); **4.** *(menzionare)* erwähnen; **II.** *rfl:* **-arsi** sich erinnern (*di* an).

ricordino [rikor'di:no] *m* Andenken *n,* Mitbringsel *n.*

ricordo [ri'kɔrdo] *m* **1.** *(di persona, cosa, periodo)* Erinnerung *f;* **2.** *(oggetto)* Andenken *n;* **3.** *(traccia)* Überbleibsel *n,* Andenken *n;* **4.** *(memoria)* An(ge)denken *n.*

ricorrente [-kor'rɛnte] *a* (regelmäßig) wiederkehrend. **ricorrenza** [...'rɛntsa] *f* **1.** *(festività)* Gedenktag *m;* **2.** *(ritorno)* Wiederkehr *f.*

ricorrere [-'korrere] ‹*irr*› **I.** *itr* ‹*essere*› **1.** *(tornare indietro)* zurücklaufen; **2.** *(rivolgersi)* sich wenden (*a* an); **3.** *(servirsi)* sich bedienen (*a qc* einer S. *gen*), greifen (*a* zu); **4.** *(ripetersi)* fallen auf, sich jähren; *(celebrarsi)* sein; ~ **(in appello** *o* **in cassazione)** Berufung einlegen; ~ **alle vie legali** den Rechtsweg beschreiten; **II.** *tr* ‹*avere*› wieder (*o* noch einmal) laufen.

ricorso [-'korso] *m* **1.** *jur* Berufung *f;* **2.** *(il ricorrere)* Anwendung *f,* Gebrauch *m;* **3.** *(reclamo)* Beschwerde *f;* **4.** *(il ripresentarsi periodico)* Wiederkehr *f.*

ricostituente [-kostitu'ɛnte] *m* Stärkungsmittel *n.*

ricostituire [-kostitu'i:re] **I.** *tr* wieder gründen; *(governo)* neu bilden; **II.** *rfl:* **-irsi** sich wieder bilden, wieder gegründet werden. **ricostituzione** [...ut'tsi̯o:ne] *f* Wiederherstellung *f; (di partito, etc.)* Neugründung *f; (di governo)* Neubildung *f.*

ricostruire [-kostru'i:re] *tr* **1.** *(casa, edificio)* wieder aufbauen; **2.** *(economia, industria)* wieder erstellen; **3.** *fig* wiederaufbauen; **4.** *(fatti)* rekonstruieren. **ricostruzione** [...ut'tsi̯o:ne] *f* **1.** *gener., pol* Wiederaufbau *m;* **2.** *fig* Rekonstruktion *f.*

ricotta [-'kɔtta] *f quarkähnlicher Frischkäse.*

ricoverare [rikove'ra:re] **I.** *tr* einliefern; **II.** *rfl:* **-arsi** ins Krankenhaus gehen. **ricoverato, -a** [...'ra:to] *m, f* Krankenhauspatient(in) *m(f).* **ricovero** [ri'ko:vero] *m* **1.** *(istituto)* Heim *n; (per vecchi)* Altersheim *n;* **2.** *med* Unterbringung *f,* Aufnahme *f;* **3.** *(rifugio)* Zuflucht *f,* Zufluchtsort *m.*

ricreare [-kre'a:re] **I.** *tr* **1.** *(ristorare)* erfrischen; **2.** *(divertire)* erfreuen, erheitern; **3.** *(creare di nuovo)* neu gründen; **II.** *rfl:* **-arsi** **1.** *(svagarsi)* sich erholen, ausspannen; **2.** *(divertirsi)* sich vergnügen. **ricreativo, -a** [...ea'ti:vo] *a* erholsam, entspannend. **ricreazione** [...eat'tsi̯o:ne] *f* **1.** *(intervallo)* Pause *f;* **2.** *(ristoro)* Erholung *f;* **3.** *(distrazione)* Zeitvertreib *m,* Vergnügen *n.*

ricredersi [-'kre:dersi] *rfl* seine Meinung ändern, etw. anderes glauben.

ricrescere [-'kreʃʃere] ‹*irr*› *itr* ‹*essere*› wieder wachsen.

ricucire [-ku'tʃi:re] *tr* **1.** *(strappo, buco)* vernähen; **2.** *med (ferita)* (ver)nähen. **ricucitura** [-kutʃi'tu:ra] *f* Flicknaht *f.*

ricuocere [-'ku̯ɔ:tʃere] ‹*irr*› *tr* aufkochen.

ricuperare [riku̯pe'ra:re] *tr* **1.** *(riacquistare)* wiedererlangen, wiedererhalten; *(a. salute)* zurückgewinnen; *(tempo)* aufholen; *(vista, parola)* wiedererlangen; **2.** *(naufrago)* bergen; **3.** *(minorato, ex-carcerato)* wiedereingliedern; **4.** *sport (partita)* nachholen; **5.** *fin* eintreiben. **ricupero** [ri'ku:pero] *m* **1.** *(riacquisto)* Wiedererlangung *f; (di tempo)* Aufholen *n;* **2.** *(di nave)* Bergung *f;* **3.** *(di minorato, ex-carcerato)* Wiedereingliederung *f;* **4.** *fin* Eintreiben *n;* **5.** *(oggetto)* geborgener Gegenstand; **6.** *sport* Nachholspiel *n.*

ricurvo, -a [ri'kurvo] *a* gebogen; *(dorso, vecchio)* gebeugt.

ricusare [riku'za:re] *tr lett* verweigern.

ridacchiare [ridak'ki̯a:re] ‹ridacchio, ridacchi› *itr* (hämisch) kichern.

ridanciano, -a [ridan'tʃa:no] *a* lustig, vergnügt.

ridare [-'da:re] ‹*irr*› *tr* **1.** *(dare di nuovo)* wieder geben; **2.** *(restituire)* zurückgeben, wiedergeben; **dagli e ridagli** *fam* nach langem Hin und Her.

ridente [ri'dɛnte] *a* heiter.

ridere ['ri:dere] ‹rido, risi, riso› **I.** *itr* lachen; ~ **fino alle lacrime** Tränen lachen; **farsi ~ dietro** *fam* sich lächerlich machen; **ma non farmi ~!** daß ich nicht lache!; ~ **dietro a qu** hinter jdm herlachen; ~ **sotto i baffi** sich *(dat)* ins Fäustchen lachen; **II.** *rfl:* **-ersi** **1.** *(burlarsi)* sich lustig machen (*di* über); **2.** *(infischiarsi)* pfeifen *fam (di* auf).

ridicolaggine [ridiko'laddʒine] *f* Lächerlichkeit *f.*

ridicolizzare [ridikolid'dzare] *tr* lächerlich machen.

ridicolo, -a [ri'di:kolo] **I.** *a* lächerlich;

II. *m* Lächerlichkeit *f*, Lächerliche(s) *n;* **cadere nel ~** sich lächerlich machen; **mettere (***o* **porre) qu/qc in ~** jdn/etw. lächerlich machen.

ridimensionamento [-dimensi̯ona'mento] *m* **1.** *(di industria, azienda)* Wiederanpassung *f*, Neuanpassung *f;* **2.** *(di situazione)* Neubeurteilung *f*. **ridimensionare** [...'na:re] **I.** *tr* wiederanpassen, neu anpassen; **II.** *rfl:* **-arsi** sich wieder auf das rechte Maß beschränken.

ridire [-'di:re] ‹*irr*› *tr* **1.** *(dire di nuovo)* wieder sagen, wiederholen; **2.** *(riferire)* weitererzählen, weitersagen; **3.** *(poesia, lezione)* aufsagen; **4.** *(rispondere)* erwidern; **5.** *(criticare)* einwenden, aussetzen.

ridiventare [-diven'ta:re] *itr* ‹*essere*› wieder werden.

ridomandare [-doman'da:re] *tr* erneut fragen.

ridonare [-do'na:re] *tr* **1.** *(fiducia, libertà, etc.)* wiedergeben; **2.** *(donare a sua volta)* zurückschenken.

ridondante [ridon'dante] *a* redundant.

ridosso [-'dɔsso] *m:* **a ~ di** unmittelbar hinter *acc o dat*.

ridotto, -a [ri'dotto] **I.** *a* verkleinert, reduziert, vermindert; *(prezzi)* herabgesetzt; **essere ~ in pezzi (***o* **a brandelli)** ganz kaputt sein; **II.** *m* Foyer *n*.

ridurre [ri'durre] ‹riduco, ridussi, ridotto› **I.** *tr* **1.** *(diminuire)* verringern; *(prezzi)* herabsetzen, senken; *(tasse)* senken; **2.** *mat* reduzieren; *(frazione)* kürzen; **3.** *(nel disegno)* umskalieren; **4.** *(costringere)* zwingen; **5.** *(far diventare)* machen zu, werden lassen; **6.** *(portare)* bringen zu; **7.** *(adattare)* bearbeiten; **8.** *chem* reduzieren; **9.** *med* richten; **10.** *(ricondurre)* zurückführen; **II.** *rfl:* **-ursi 1.** *(diventare)* werden, sich bringen, sich machen; **2.** *(restringersi)* abnehmen, zusammenschmelzen; **-ursi male** herunterkommen. **riduttore** [ridut'to:re] *m:* **~ di corrente** Transformator *m;* **~ di pressione** Druckminderer *m*. **riduzione** [ridut'tsi̯o:ne] *f* **1.** *(diminuzione)* Senkung *f*, Herabsetzung *f*, Verminderung *f;* **2.** *(adattamento)* Bearbeitung *f;* **3.** *(assoggettamento)* Zurückführung *f;* **4.** *med* Einrenken *n*, Richten *n;* **5.** *mat* Kürzung *f*, Kürzen *n;* **6.** *chem* Reduktion *f;* **7.** *(di disegno)* Umskalierung *f;* **~ degli armamenti** Abrüstung *f*.

riecheggiare [-eked'dʒa:re] *itr* ‹*essere*› widerhallen, zurückschallen.

rieducare [-edu'ka:re] *tr* **1.** *(persone)* umerziehen, umschulen; *med* rehabilitieren; **2.** *(braccio, gamba)* wieder trainieren, wieder beweglich machen. **rieducazione** [...kat'tsi̯o:ne] *f* Umerziehen *n*, Umschulung *f; med* Rehabilitation *f*.

rielaborare [-elabo'ra:re] *tr* wieder ausarbeiten, neubearbeiten, nachbereiten.

rieleggere [-e'lɛddʒere] ‹*irr*› *tr* wiederwählen.

riempimento [-empi'mento] *m* (Auf)füllen *n*, Füllung *f; (di modulo, etc.)* Ausfüllen *n*. **riempire** [-em'pi:re] ‹riempio, riempii, riempito› **I.** *tr* **1.** *(bicchiere, sacco)* (auf)füllen; **2.** *(modulo)* ausfüllen; *(foglio)* beschreiben; **3.** *fig* erfüllen; **II.** *rfl:* **-irsi 1.** *fam (mangiare troppo)* sich *(dat)* den Bauch vollschlagen *fam;* **2.** *(diventare pieno)* sich füllen (*di* mit). **riempitivo** [-empi'ti:vo] *m* **1.** *(integrativo)* Füllsel *n*, Füllmittel *n;* **2.** *fig* Lückenbüßer *m*.

rientrante [-en'trante] *a* zurückspringend, zurücktretend; *(guance)* hohl. **rientranza** [-en'trantsa] *f* Vertiefung *f*, Einbuchtung *f*.

rientrare [-en'tra:re] *itr* ‹*essere*› **1.** *(entrare di nuovo)* wieder hineingehen, wieder eintreten, zurückkehren; **2.** *(tornare)* zurückkommen, -kehren; *(a casa)* heimkommen; **3.** *(restringersi)* einlaufen; **4.** *(presentare concavità)* zurücktreten, zurückspringen; **5.** *(essere compreso)* hineingehören, dazugehören; **~ in gioco** das Spiel wiederaufnehmen. **rientro** [-'entro] *m* Rückkehr *f; (a casa)* Heimkehr *f*.

riepilogare [-epilo'ga:re] ‹riepilogo, riepiloghi› *tr* zusammenfassen, rekapitulieren. **riepilogo** [-e'pi:logo] *m* Zusammenfassung *f*.

riesame [-e'za:me] *m* erneute (Über)prüfung.

riessere [-'ɛssere] ‹*irr*› *itr* ‹*essere*› *fam* wieder sein.

rievocare [-evo'ka:re] *tr* wieder wachrufen.

rifacimento [-fatʃi'mento] *m* Neuerstellung *f; (opera rifatta)* Neufassung *f*.

rifare [-'fa:re] ‹*irr*› **I.** *tr* **1.** *(esame, tentativo, compito)* wiederholen, neu machen; **2.** *(stanza)* in Ordnung bringen, aufräumen; *(letto)* machen; **3.** *(imitare)* nachmachen, nachahmen, imitieren; **4.** *(compensare)* entschädigen; **5.** *gastr* neu zubereiten; **6.** *(rieleggere)* wieder machen zu; **7.** *(compiere un'altra volta)* wiederholen, erneut tun; **II.** *rfl:* **-arsi 1.** *(diventare nuovamente)* wieder werden; **2.** *(ristabilirsi)* sich wieder erholen; *med* wieder gesund werden; *(tempo)* sich bessern, wieder schön werden; **3.** *(prendersi la rivincita)* sich entschädigen (*di* für); *(vendicarsi)* sich rächen (*di* für); **4.** *(cominciare)* beginnen (*da* bei), anfangen (*da* mit), zurückgehen (*da* zu); **rifarsela con qu** *fam* sich mit jdm anlegen.

riferimento [riferi'mento] *m* 1. *(relazione)* Bezug *m;* 2. *(richiamo)* Verweis *m* (*a* auf), Hinweis *m* (*a* auf); **punto di ~** Bezugspunkt *m; (fig a.)* Anhaltspunkt *m;* **in** (*o* **con**) **~ alla Vostra del** ... *adm* Bezug nehmend (*o* mit Bezug) auf Ihr Schreiben vom ... *adm.*

riferire [rife'ri:re] ‹riferisco› **I.** *tr* 1. *(riportare)* berichten, mitteilen; 2. *(ascrivere)* zuschreiben; 3. *(mettere in relazione)* beziehen (*a* auf); **II.** *rfl:* **-irsi** 1. *(mettersi in relazione)* Bezug nehmen (*a* auf), sich beziehen (*a* auf); 2. *(alludere)* anspielen (*a* auf); **III.** *itr* vortragen (*su qc* etw.), Bericht erstatten (*su* über).

rifilare [-fi'la:re] *tr fam* andrehen *fam,* verpassen *fam.*

rifinire [-fi'ni:re] *tr* vollenden. **rifinitura** [...'tu:ra] *f* 1. *(di lavoro)* Vollendung *f,* Vervollkommnung *f;* 2. *(guarnizione)* Garnitur *f.*

rifiorire [-fi̯o'ri:re] *itr* ‹*essere*› 1. *(tornare a fiorire)* wieder erblühen; 2. *fig* wiederaufblühen.

rifiutare [rifi̯u'ta:re] **I.** *tr* 1. *(non accettare)* ablehnen, zurückweisen; 2. *(negare)* verweigern (*qc a qu* jdm etw.); **II.** *rfl:* **-arsi** sich weigern (*di fare qc* etw. zu tun).

rifiuto [ri'fi̯u:to] *m* 1. *(negazione del consenso)* Ablehnung *f,* Absage *f,* (Ver)weigerung *f;* 2. ‹*pl*› *(immondizie)* Abfall *m,* Müll *m;* 3. *(scarto)* Abfall *m,* Ausschuß *m;* 4. *fig* Abschaum *m;* **-i nucleari** (*o* **radioattivi**) Atommüll *m,* radioaktiver Abfall.

riflessi [ri'flɛssi] *p rem di* **riflettere.**

riflessione [rifles'si̯o:ne] *f* 1. *(considerazione)* Überlegung *f;* 2. *phys* Reflexion *f.* **riflessivo, -a** [...'si:vo] *a* 1. *(persona, mente)* nachdenklich; *(ponderato)* besonnen; 2. *gram* reflexiv, Reflexiv-, rückbezüglich.

riflesso, -a [ri'flɛsso] **I.** *a* 1. *(raggio, luce, immagine)* reflektiert, widergespiegelt; 2. *(atto, risposta)* überlegt; 3. *(moto, atto)* Reflex-; **II.** *m* 1. *(efficacia)* Reflex *m;* 2. *(luce)* Widerschein *m;* 3. *med* Reflex *m;* **di** (*o* **per**) **~** *fig* indirekt.

riflettere [ri'flɛttere] ‹rifletto, riflessi *o* riflettei, riflesso *o* riflettuto› **I.** *tr* 1. *phys* reflektieren; 2. *(rimandare)* zurückwerfen, widerspiegeln; 3. *fig* spiegeln, widerspiegeln; **II.** *itr* überlegen, nachdenken (*su* über); **III.** *rfl:* **-ersi** 1. *(specchiarsi)* sich (wider)spiegeln; 2. *fig (ripercuotersi)* sich widerspiegeln (*su* in), sich zeigen (*su* in); 3. *fig (influire)* sich auswirken (*su* auf). **riflettore** [riflet'to:re] *m* 1. *el* Scheinwerfer *m;* 2. *radio, opt* Reflektor *m.*

rifluire [-flu'i:re] *itr* ‹*essere*› 1. *(tornare a scorrere)* wieder fließen; 2. *(fluire indietro)* zurückfließen, -strömen; 3. *fig (tornare indietro)* zurückströmen. **riflusso** [-'flusso] *m* 1. *(flusso di ritorno)* Rückfluß *m;* 2. *(del mare)* Ebbe *f;* 3. *fig (di persone, etc.)* Zurückströmen *n.*

rifocillare [-fotʃil'la:re] **I.** *tr* stärken; **II.** *rfl:* **-arsi** sich stärken.

rifondere [-'fondere] ‹*irr*› *tr* 1. *(statua, metallo)* erneut schmelzen; 2. *fig (danni, spese)* ersetzen, vergüten.

riforma [-'forma] 1. *gener., pol* Reform *f;* 2. *rel* Reformation *f;* 3. *mil* Ausmusterung *f.* **riformare** [...'ma:re] **I.** *tr* 1. *(formare di nuovo)* neu bilden, wieder bilden; 2. *pol, rel* reformieren; 3. *mil* ausmustern; **II.** *rfl:* **-arsi** sich wieder bilden. **riformato, -a** [...'ma:to] **I.** *m, f rel* Reformierte(r) *mf;* **II.** *m mil* Untaugliche(r) *m.* **riformatore, -trice** [...ma'to:re] **I.** *a* reformierend, Reformations-; **II.** *m, f* Reformator(in) *m(f).*

riformatorio [-forma'tɔ:ri̯o] ‹-i› *m* Erziehungsheim *n.*

riformista [-for'mista] ‹-i *m,* -e *f*› **I.** *mf* Reformist(in) *m(f);* **II.** *a* reformistisch, reformerisch.

rifornimento [-forni'mento] *m* 1. *(operazione)* Versorgung *f;* 2. ‹*pl*› *(viveri)* Vorräte *m pl;* 3. *mil* Nachschub *m.* **rifornire** [...'ni:re] **I.** *tr* versorgen (*di* mit), ausstatten (*di* mit); **II.** *rfl:* **-irsi** sich versorgen (*di* mit).

rifrangere [-'frandʒere] ‹rifrango, rifrangi, rifransi, rifranto *o* rifratto› **I.** *tr* brechen; **II.** *rfl:* **-ersi** sich brechen. **rifrazione** [-frat'tsi̯o:ne] *f* Brechung *f,* Refraktion *f.*

rifuggire [-fud'dʒi:re] *itr* ‹*essere*› 1. *(fuggire di nuovo)* wieder flüchten; 2. *(evitare)* meiden (*da qc* etw.).

rifugiarsi [rifu'dʒarsi] ‹mi rifugio, ti rifugi› *rfl* (sich) flüchten. **rifugiato, -a** [rifu'dʒa:to] *m, f* Flüchtling *m.* **rifugio** [ri'fu:dʒo] ‹-gi› *m* 1. *(riparo)* Zuflucht *f; (difesa)* Schutz *m;* 2. *mil* Bunker *m,* Luftschutzraum *m,* -keller *m;* 3. *(ambiente)* Zufluchtsort *m;* 4. *fig* Trost *m,* Rettung *f;* **~ antiatomico** Atomschutzbunker *m.*

rifusione [-fu'zi̯o:ne] *f* 1. *(risarcimento)* Entschädigung *f,* Ausgleich *m; (di danni)* Ersatz *m;* 2. *(nuova fusione)* Umschmelzung *f,* Umarbeitung *f.*

riga ['ri:ga] ‹-ghe› *f* 1. *(linea)* Linie *f,* Strich *m; (di tessuto, etc. a.)* Streifen *m;* 2. *(di scritto)* Zeile *f;* 3. *(di persone, cose)* Reihe *f;* 4. *(di capelli)* Scheitel *m;* 5. *(asticella)* Lineal *n;* **carta/quaderno a -ghe** lini(i)ertes Papier/Heft.

rigaglie [ri'gaʎʎe] *f pl* Hühner- (*o* Gänse)klein *n.*

rigagnolo [ri'gaɲɲolo] *m* Rinnsal *n.*

rigare [ri'ga:re] ‹rigo, righi› **I.** *tr* li-

ni(i)eren; **II.** *itr:* **rigar diritto** spuren *fam.*
rigattiere [rigat'tiɛ:re] *m* Altwarenhändler *m.*
rigenerare [-dʒene'ra:re] **I.** *tr* **1.** *(far ricrescere)* wieder hervorbringen; **2.** *biol* regenerieren; **3.** *(ricostituire)* wiederherstellen; **4.** *tec* wiederaufbereiten; **II.** *rfl:* **-arsi 1.** *biol* sich regenerieren; **2.** *fig* zu neuem Leben erwachen. **rigenerativo, -a** [...ra'ti:vo] *a* regenerativ, Regenerations-. **rigenerazione** [...rat'tsio:ne] *f* **1.** *biol* Regeneration *f;* **2.** *rel* Wiedergeburt *f;* **3.** *fig* Erneuerung *f;* **4.** *tec* Wiederaufbereitung *f.*
rigettare [-dʒet'ta:re] **I.** *tr* **1.** *(gettare indietro)* zurückwerfen; **2.** *(respingere)* ablehnen, verwerfen; **3.** *bot* sprießen; **4.** *(vomitare)* erbrechen; **5.** *(gettare nuovamente)* wieder werfen; **II.** *rfl:* **-arsi 1.** *(gettarsi di nuovo)* sich wieder werfen; **2.** *fig* wiederauftauchen. **rigetto** [-'dʒɛtto] *m* **1.** *med* Abstoßung *f;* **2.** *jur, fig* Ablehnung *f.*
righello [ri'gɛllo] *m* Lineal *n.*
rigidezza [ridʒi'dettsa] *f,* **rigidità** [...di'ta] ‹-› *f* **1.** *(del clima)* Rauheit *f;* **2.** *fig* Starrheit *f; (severità)* Strenge *f,* Härte *f;* **3.** *med* Steifheit *f,* Starre *f.* **rigido, -a** ['ri:dʒido] *a* **1.** *(colletto, cappello, braccio)* steif; **2.** *(clima)* rauh; *(inverno)* streng; **3.** *fig (severo)* streng, hart.
rigirare [-dʒi'ra:re] **I.** *tr* **1.** *(girare più volte)* wieder wenden, wieder drehen; **2.** *(percorrere)* durchstreifen, laufen durch; **3.** *(assegno)* wieder indossieren; **4.** *fig* (anders) handhaben; **II.** *itr* umherlaufen; **III.** *rfl:* **-arsi** sich (wieder) umdrehen; *(nel letto a.)* sich wälzen.
rigo ['ri:go] ‹-ghi› *m* Linie *f; (di scrittura)* Zeile *f.*
rigoglio [ri'goʎʎo] ‹-gli› *m* **1.** *bot* Wuchern *n;* **2.** *fig* Blüte *f.* **rigoglioso, -a** [...'ʎo:so] *a* **1.** *bot* wuchernd; **2.** *fig* blühend, üppig.
rigonfiamento [-gonfia'mento] *m* **1.** *(parte rigonfia)* Schwellung *f;* **2.** *(il gonfiare)* erneutes Anschwellen. **rigonfiare** [...'fia:re] **I.** *tr ‹avere›* aufpumpen; **II.** *rfl:* **-arsi** wieder anschwellen. **rigonfio, -a** [-'gonfio] *a* **1.** *(occhio)* geschwollen; *(ginocchio a.)* angeschwollen; **2.** *fig* angefüllt (*di* mit); *pej* aufgeblasen.
rigore [ri'go:re] *m* **1.** *gener.* Strenge *f,* Härte *f;* **2.** *(del clima)* Strenge *f,* Rauheit *f.* **rigorosità** [...rosi'ta] ‹-› *f* Rigorosität *f,* Unerbittlichkeit *f.* **rigoroso, -a** [...'ro:so] *a* **1.** *(severo)* streng, hart; *(persona a.)* unerbittlich; *(norma, etc. a.)* rigoros; **2.** *(preciso)* rigoros, genau.
rigovernare [-gover'na:re] *tr* **1.** *(piatti)* spülen, abwaschen; **2.** *(animali)* versorgen.
riguadagnare [-guadaɲ'ɲare] *tr* **1.** *(ricuperare)* wiedergewinnen; *(tempo)* wieder auf-, einholen; **2.** *(somma)* wieder verdienen.
riguardare [-guar'da:re] **I.** *tr* **1.** *(rivedere)* durchsehen, überprüfen; **2.** *(concernere)* angehen, betreffen; **3.** *(considerare)* betrachten; **4.** *(guardare di nuovo)* wieder schauen; **5.** *(guardare indietro)* zurückschauen; **II.** *rfl:* **-arsi** sich vorsehen (*da* vor), sich hüten (*da* vor).
riguardo [-'guardo] *m* **1.** *(cura)* Rücksicht *f* (*di* auf), Aufmerksamkeit *f;* **2.** *(rispetto)* Achtung *f;* **3.** *(relazione)* Bezug *m,* Zusammenhang *m;* **nei -i di, ~ a** in bezug auf, was ... betrifft. **riguardoso, -a** [...'do:so] *a* respektvoll, aufmerksam, rücksichtsvoll.
rigurgitare [rigurdʒi'ta:re] **I.** *itr ‹essere o avere›* überquellen; **II.** *tr ‹avere›* speien. **rigurgito** [ri'gurdʒito] *m* **1.** *(di fogna, fiume, canale)* Überquellen *n;* **2.** *med* Ausstoß *m* (aus dem Magen); **3.** *fig* Schwall *m.*
rilanciare [-lan'tʃa:re] *tr* **1.** *(palla, sasso)* zurückwerfen, wieder werfen; **2.** *(moda)* wieder lancieren; **3.** *com (offerta)* überbieten. **rilancio** [-'lantʃo] *m* **1.** *(di pallone)* Rückwurf *m;* **2.** *(di moda)* Lancierung *f;* **3.** *com (di offerta)* Überbieten *n;* **~ economico** Wirtschaftsaufschwung *m.*
rilasciare [-laʃ'ʃa:re] **I.** *tr* **1.** *adm* ausstellen; **2.** *(muscoli, nervi)* entspannen; **3.** *(prigioniero)* freilassen; **II.** *rfl:* **-arsi 1.** *(lasciarsi di nuovo)* sich wieder lassen; **2.** *(distendersi)* sich entspannen. **rilascio** [-'laʃʃo] ‹-sci› *m* **1.** *adm* Ausstellung *f;* **2.** *(di prigioniero)* Freilassung *f.*
rilassamento [rilassa'mento] *m* **1.** *(di muscoli, nervi)* Entspannung *f;* **2.** *(dei costumi)* Lockerung *f.* **rilassare** [...'sa:re] **I.** *tr* **1.** *(muscoli, nervi)* entspannen; **2.** *(disciplina, sorveglianza)* lockern; **II.** *rfl:* **-arsi 1.** *(distendersi)* sich entspannen; **2.** *(scadere)* sich lockern. **rilassatezza** [...sa'tettsa] *f* Lockerung *f.*
rilegare [-le'ga:re] *tr* binden. **rilegatore, -trice** [-lega'to:re] *m, f* Buchbinder(in) *m(f).* **rilegatura** [...'tu:ra] *f* **1.** *(operazione)* Binden *n;* **2.** *(copertura)* Einband *m.*
rileggere [-'lɛddʒere] *‹irr› tr* wieder lesen; *(rivedere)* durchlesen.
rilento [-'lɛnto]: **a ~** *adv* langsam.
rilevamento [-leva'mento] *m* **1.** *(determinazione sistematica)* Erhebung *f;* **2.** *(topografico)* Aufnahme *f;* **3.** *naut* Peilung *f;* **4.** *(di negozio)* Übernahme *f;* **5.** *(sostituzione)* Ablösung *f.*
rilevante [-le'vante] *a* relevant, bedeutend.

rilevare [-le'va:re] **I.** *tr* **1.** *(mettere in evidenza)* hervorheben; **2.** *(arguire)* entnehmen; **3.** *(raccogliere)* erheben, feststellen; **4.** *(azienda, negozio)* übernehmen; **5.** *(sostituire)* ablösen; **6.** *(andare a prendere)* abholen; **7.** *(compiere rilevamento topografico)* aufnehmen, vermessen; **II.** *itr* vorstehen. **rilevazione** [-levat'tsio:ne] *f* Erhebung *f.*

rilievo [ri'liɛ:vo] *m* **1.** *geog* Relief *n,* Erhebung *f;* **2.** *(scultura)* Relief *n;* **3.** *fig (importanza)* Bedeutung *f;* **4.** *(rilevamento)* Erhebung *f; (topografico)* Vermessung *f;* **5.** *(osservazione)* Bemerkung *f,* Anmerkung *f.*

rilucente [-lu'tʃɛnte] *a* glänzend.

riluttante [-lut'tante] *a* widerwillig, widerstrebend; **essere ~ a fare qc** etw. ungern tun. **riluttanza** [...'tantsa] *f* Abneigung *f,* Widerwille *m.*

riluttare [-lu'ta:re] *itr* widerstreben; **~ a far qc** etw. ungern tun.

rima ['ri:ma] *f* Reim *m;* **-e** Verse *m pl.*

rimandare [-man'da:re] *tr* **1.** *(mandare indietro)* zurückschicken; **2.** *(mandare di nuovo)* wieder schicken; **3.** *(restituire)* zurückgeben; **4.** *sport* zurückgeben, -spielen; **5.** *(trasferire)* (ver)schikken; **6.** *(dimettere)* entlassen, wegschikken; **7.** *(differire)* verschieben; **8.** *(alunno)* nicht versetzen; *(candidato)* durchfallen lassen; **9.** *(fare riferimento)* verweisen (*a* auf). **rimando** [-'mando] *m* **1.** *(riferimento, rinvio)* Verweis *m;* **2.** *sport* Rückschuß *m,* Zurückschlagen *n.*

rimaneggiare [-maned'dʒa:re] *tr* **1.** *(lista, articolo)* umarbeiten, umstellen; **2.** *(governo)* umbilden.

rimanente [rima'nɛnte] **I.** *a* verbleibend, restlich, übrig; **II.** *mf* Verbleibende(r) *mf;* **i -i** die übrigen; **III.** *m* Rest *m.* **rimanenza** [...'nɛntsa] *f* Überschuß *m.*

rimanere [rima'ne:re] ⟨rimango, rimasi, rimasto⟩ *itr* ⟨*essere*⟩ **1.** *(restare, fermarsi, durare)* bleiben; **2.** *(essere situato)* liegen; **3.** *(avanzare)* übrigbleiben; **4.** *(convenire)* verbleiben; **~ male** enttäuscht sein; **~ al verde** *fam* blank sein *fam.*

rimangiare [-man'dʒa:re] *tr* **1.** *(mangiare di nuovo)* wieder essen; **2.** *fig* zurücknehmen.

rimango [ri'maŋgo] *pr di* **rimanere.**

rimare [ri'ma:re] **I.** *itr* sich reimen; **II.** *tr* dichten.

rimarginare [-mardʒi'na:re] **I.** *tr* ⟨*avere*⟩ heilen; **II.** *itr* ⟨*essere*⟩, *rfl:* **-arsi** (ver)heilen.

rimarrò [rimar'rɔ] *v.* **rimanere.**

rimasi [ri'ma:si *o* ...a:zi] *p rem di* **rimanere.**

rimasto [ri'masto] *pp di* **rimanere.**

rimasuglio [rima'suʎʎo] ⟨-gli⟩ *m pej* Überbleibsel *n.*

rimbalzare [rimbal'tsa:re] *itr* ⟨*essere o avere*⟩ **1.** *(palla)* abprallen, zurückprallen; **2.** *fig (notizia, etc.)* sich schnell verbreiten.

rimbalzo [-'baltso] *m* Rückprall *m;* **di ~** indirekt.

rimbambire [-bam'bi:re] ⟨rimbambisco⟩ *itr* ⟨*essere*⟩, *rfl:* **-irsi** kindisch werden; *fig* verblöden. **rimbambito, -a** [...'bi:to] **I.** *a* verblödet; *(vecchio)* senil; **II.** *m, f* Kindskopf *m.*

rimbeccare [-bek'ka:re] *tr* erwidern, entgegnen.

rimbecillire [-betʃil'li:re] ⟨rimbecillisco⟩ **I.** *itr* ⟨*essere*⟩ verblöden; **II.** *tr* ⟨*avere*⟩ **1.** *(rendere imbecille)* blöd machen; **2.** *(istupidire)* verdummen; **III.** *rfl:* **-irsi** verblöden, verdummen.

rimboccare [-bok'ka:re] *tr* umschlagen; **-arsi le maniche** *(a. fig)* die Ärmel hochkrempeln.

rimbombante [-bom'bante] *a* dröhnend.

rimbombare [-bom'ba:re] *itr* ⟨*essere o avere*⟩ dröhnen. **rimbombo** [-'bombo] *m* Dröhnen *n.*

rimborsare [-bor'sa:re] *tr* zurückzahlen, (rück)erstatten. **rimborso** [-'borso] *m* Rückzahlung *f,* Erstattung *f.*

rimboschimento [-boski'mento] *m* Aufforstung *f.* **rimboschire** [...'ki:re] ⟨rimboschisco⟩ **I.** *tr* ⟨*avere*⟩ aufforsten; **II.** *itr* ⟨*essere*⟩ sich bewalden.

rimbrottare [-brot'ta:re] *tr* vorwerfen. **rimbrotto** [-'brɔtto] *m* Vorwurf *m.*

rimediare [rime'dia:re] ⟨rimedio, rimedi⟩ **I.** *itr* wiedergutmachen (*a qc* etw.); **II.** *tr* **1.** *(danno, guaio)* beheben, wiedergutmachen; **2.** *fam (procurare)* (sich *dat*) besorgen (*o* beschaffen).

rimedio [ri'mɛ:dio] ⟨-i⟩ *m* **1.** *(provvedimento)* Abhilfe *f,* Gegenmittel *n;* **2.** *med* (Heil)mittel *n;* **porre ~ a qc** einer S. *(dat)* abhelfen, etw. beheben.

rimembranza [-mem'brantsa] *f lett* Erinnerung *f,* Gedächtnis *n.*

rimescolare [-mesko'la:re] **I.** *tr* **1.** *(mescolare)* (um)rühren; *(carte)* mischen; **2.** *(mescolare di nuovo)* wieder mischen; **II.** *rfl:* **-arsi 1.** *(sangue)* in Wallung geraten, kochen; **2.** *(mischiarsi)* sich mischen; **3.** *(agitarsi)* in Aufruhr geraten. **rimescolata** [...'la:ta] *f fam* Durchmischen *n.* **rimescolio** [...'li:o] ⟨-ii⟩ *m* **1.** *(trambusto)* Aufruhr *m;* **2.** *fig* Verwirrung *f.*

rimessa [-'messa] *f* **1.** *(locale)* Schuppen *m,* Remise *f; (per veicoli)* Garage *f;* **2.** *theat:* **~ in scena** Wiederaufführung *f;* **3.** *sport* Einwurf *m;* **4.** *(immagazzinamento)* Einlagerung *f;* **5.** *com* Lieferung *f;* **6.** *fin* Überweisung *f.*

rimestare [-mes'ta:re] *tr* **1.** *(salsa, minestra)* (wieder) um-, durchrühren; **2.** *fig (frugare)* durchwühlen, wühlen (*in* in).

rimettere [-'mettere] ⟨*irr*⟩ **I.** *tr* **1.** *(mettere di nuovo)* wieder setzen; *(in piedi)* wieder (auf)stellen; *(disteso)* wieder (hin)legen; *(indossare)* wieder anziehen; **2.** *(affidare)* anvertrauen, überlassen; **3.** *(pena, colpa, peccato)* erlassen, vergeben; **4.** *sport* zurückspielen; **5.** *bot* treiben; **6.** *(differire)* verschieben; **7.** *(merce, lettere)* senden; **8.** *(assegno)* überweisen; **9.** *(vomitare)* (er)brechen; **10.** *(regolare)* (ein)stellen; **rimetterci la salute** *fam* seine Gesundheit ruinieren; **rimetterci di tasca propria** *fam* aus eigener Tasche draufzahlen *fam;* **II.** *rfl:* **-ersi 1.** *(riprendersi)* sich wieder erholen; **2.** *(tempo)* sich bessern; **3.** *(appellarsi)* sich überlassen, sich anvertrauen; **-ersi a studiare** wieder mit dem Lernen beginnen.

rimmel® ['rimmel] ⟨-⟩ *m* Wimperntusche *f.*

rimodernamento [-moderna'mento] *m* Modernisierung *f.* **rimodernare** [...'na:re] *tr* modernisieren.

rimonta [-'monta] *f* **1.** *(il rimontare)* Wiederbesteigung *f;* **2.** *sport* Aufholen *n;* **fare una ~** sich erholen, aufholen. **rimontare** [...'ta:re] **I.** *tr* ⟨*avere*⟩ **1.** *(montare di nuovo)* wieder montieren, wieder zusammensetzen; **2.** *(fiume)* (fluß)aufwärts gehen (*o* fahren); **3.** *sport* aufholen; **II.** *itr* ⟨*essere*⟩ **1.** *(montare di nuovo)* wieder aufsteigen; *(in macchina, treno)* wieder einsteigen; **2.** *fig (risalire)* zurückreichen (*a* bis).

rimorchiare [rimor'ki̯a:re] ⟨rimorchio, rimorchi⟩ *tr* **1.** *(nave, automobile)* abschleppen; **2.** *fig* (mit)schleppen, mitschleifen. **rimorchiatore** [...i̯a'to:re] *m* Schlepper *m,* Schleppboot *n.* **rimorchio** [ri'mɔrki̯o] ⟨-chi⟩ *m* **1.** *(veicolo)* Anhänger *m;* **2.** *(trascinamento)* (Ab)schleppen *n;* **3.** *naut* Schleppseil *n,* -tau *n.*

rimordere [-'mɔrdere] ⟨*irr*⟩ *tr* plagen, quälen, nagen an.

rimorso [-'mɔrso] *m* Reue *f; (tormento)* Gewissensbiß *m.*

rimostranza [-mos'trantsa] *f* Protest *m,* Einwand *m,* Beschwerde *f.*

rimozione [-mot'tsi̯o:ne] *f* **1.** *(asportazione)* Beseitigung *f; (a. da carica, impiego)* Entfernung *f;* **2.** *psych* Verdrängung *f.*

rimpallo [rim'pallo] *m* **1.** *(nel biliardo)* Zugball *m;* **2.** *(nel calcio)* Zurückprallen *n.*

rimpastare [-pas'ta:re] *tr* **1.** *(sfoglia)* wieder kneten; **2.** *fig (governo)* umbilden. **rimpasto** [-'pasto] *m* **1.** *pol (del governo)* Umbildung *f;* **2.** *(nuovo impasto)* erneutes Kneten; **~ governativo** Regierungsumbildung *f.*

rimpatriare [-pa'tri̯a:re] ⟨rimpatrio, rimpatri⟩ **I.** *itr* ⟨*essere*⟩ in die Heimat zurückkehren; **II.** *tr* ⟨*avere*⟩ repatriieren, in die Heimat zurückschicken. **rimpatriata** [-pa'tri̯a:ta] *f fam* Wiedersehen *n,* Treffen *n.* **rimpatrio** [-'pa:tri̯o] ⟨-ii⟩ *m* Rückkehr *f* in die Heimat, Heimkehr *f.*

rimpetto [-'pɛtto]: **di ~ a** *adv* gegenüber *dat.*

rimpiangere [-'pi̯andʒere] ⟨*irr*⟩ *tr* nachtrauern (*qc* einer S. *dat*), beklagen. **rimpianto, -a** [-'pi̯anto] **I.** *a* verstorben; **II.** *m* Bedauern *n.*

rimpiazzare [-pi̯at'tsa:re] *tr* austauschen, ersetzen; *(fare le veci)* ersetzen.

rimpicciolire [-pittʃo'li:re] ⟨rimpicciolisco⟩ *itr rar* ⟨*essere*⟩ kleiner werden.

rimpinguare [-piŋ'gu̯a:re] *tr* wieder bereichern, wieder anfüllen.

rimpinzare [-pin'tsa:re] **I.** *tr* vollstopfen; **II.** *rfl:* **-arsi** sich vollstopfen.

rimpolpare [-pol'pa:re] *tr* **1.** *(rimettere in carne, salute)* wieder Fleisch ansetzen lassen; **2.** *fig* ausschmücken, anreichern.

rimproverare [-prove'ra:re] **I.** *tr* tadeln; **II.** *rfl:* **-arsi** sich *(dat)* Vorwürfe machen; **-arsi (di) qc** sich *(dat)* etw. vorwerfen. **rimprovero** [-'prɔ:vero] *m* Tadel *m,* Vorwurf *m.*

rimuginare [rimudʒi'na:re] *tr* überlegen, grübeln über.

rimunerare [-mune'ra:re] *tr* belohnen; **un lavoro ben rimunerato** eine gutbezahlte Arbeit (*o* Stelle). **rimunerazione** [...rat'tsi̯o:ne] *f* Belohnung *f; (paga)* Vergütung *f,* Lohn *m.*

rimuovere [-'muɔ:vere] ⟨*irr*⟩ *tr* **1.** *(togliere via)* wegräumen, fortschaffen; **2.** *fig* abbringen (*da* von); **3.** *adm (dall'ufficio)* entfernen (*da* aus); **4.** *(muovere nuovamente)* wieder bewegen; **5.** *psych* verdrängen.

rinascere [-'naʃʃere] ⟨*irr*⟩ *itr* ⟨*essere*⟩ **1.** *(nascere di nuovo)* wiedergeboren werden; **2.** *bot* wieder sprießen; **3.** *(unghie, capelli)* nachwachsen; **4.** *fig* wiederaufleben.

rinascimentale [-naʃʃimen'ta:le] *a* Renaissance-. **rinascimento** [...'mento] *m* Renaissance *f.*

rinascita [-'naʃʃita] *f* **1.** *bot* Wiederaufblühen *n;* **2.** *fig* Wiederaufleben *n.*

rincalzare [riŋkal'tsa:re] *tr* abstützen. **rincalzo** [-'kaltso] *m* **1.** *(sostegno)* Stütze *f,* Abstützung *f;* **2.** *mil* Reserve-, Hilfstruppe *f;* **3.** *sport* Reserve *f.*

rincarare [-ka'ra:re] **I.** *tr* ⟨*avere*⟩ verteuern, teurer machen; **~ la dose** *fig* zu stärkeren Mitteln greifen; **II.** *itr* ⟨*essere*⟩ sich verteuern, teurer werden. **rincaro** [-'ka:ro] *m* (Ver)teuerung *f.*

rincasare [-ka'sa:re] *itr* ⟨*essere*⟩ heimkehren, nach Hause kommen.

rinchiudere [-'ki̯u:dere] ⟨*irr*⟩ **I.** *tr* einschließen; *(a. fig)* (ein)sperren; **II.** *rfl:*

-ersi 1. *(chiudersi dentro)* sich einschließen; **2.** *fig* sich verschließen.
rincitrullire [rintʃitrulˈli:re] ⟨rincitrullisco⟩ **I.** *tr* ⟨*avere*⟩ dumm machen; **II.** *rfl:* **-irsi,** *itr* ⟨*essere*⟩ verdummen.
rincoglionire [riŋkoʎʎoˈni:re] ⟨rincoglionisco⟩ *itr* ⟨*essere*⟩, *rfl:* **-irsi** *vulg* verblöden.
rincominciare [-kominˈtʃa:re] *itr* ⟨*essere o avere*⟩ wieder anfangen.
rincorrere [-ˈkorrere] ⟨*irr*⟩ **I.** *tr* verfolgen, nachlaufen (*qu* jdm); **II.** *rfl:* **-ersi** sich *(dat)* nachlaufen, sich fangen; **fare a -ersi** Fangen spielen.
rincorsa [-ˈkorsa] *f* Anlauf *m;* **prendere la ~** Anlauf nehmen.
rincrescere [-ˈkreʃʃere] ⟨*irr*⟩ *itr (impersonale)* ⟨*essere*⟩ bedauern, leid tun; **mi rincresce che ...** es tut mir leid, daß ... **rincrescimento** [...ʃiˈmento] *m* Bedauern *n.*
rinculare [-kuˈla:re] *itr* zurückprallen; *(indietreggiare)* zurückweichen. **rinculo** [-ˈku:lo] *m* **1.** *(movimento all'indietro)* Zurückweichen *n;* **2.** *mil* Rückstoß *m.*
rinfacciare [rinfatˈtʃa:re] ⟨rinfaccio, rinfacci⟩ *tr* vorwerfen, vorhalten.
rinfocolare [-fokoˈla:re] *tr* **1.** *(riattizzare)* wieder anfachen; **2.** *fig (rancore, odio)* wiederaufleben lassen.
rinforzare [-forˈtsa:re] **I.** *tr* ⟨*avere*⟩ **1.** *(edificio)* (ab)stützen; **2.** *(muscoli)* stärken, kräftigen; **3.** *(suono)* verstärken; **4.** *fig (autorità, potere)* stärken; **II.** *itr* ⟨*essere*⟩ sich verstärken; **III.** *rfl:* **-arsi** kräftiger (*o* stärker) werden. **rinforzo** [-ˈfɔrtso] *m* **1.** *(sostegno, a. fig)* Verstärkung *f;* **2.** *(appoggio)* Stütze *f;* **3.** ⟨*pl*⟩ *mil* Verstärkung *f.*
rinfrancare [-fraŋˈka:re] ⟨rinfranco, rinfranchi⟩ **I.** *tr* (wieder) ermutigen; **II.** *rfl:* **-arsi** neuen Mut fassen.
rinfrescante [-fresˈkante] *a* erfrischend.
rinfrescare [-fresˈka:re] ⟨rinfresco, rinfreschi⟩ **I.** *tr* ⟨*avere*⟩ **1.** *(rendere fresco)* abkühlen (lassen); **2.** *(dipinto, memoria)* auffrischen; **II.** *itr* ⟨*essere*⟩ kühler werden, sich abkühlen; **III.** *rfl:* **-arsi** sich erfrischen.
rinfresco [-ˈfresko] ⟨-schi⟩ *m* **1.** *(ricevimento)* Empfang *m;* **2.** ⟨*pl*⟩ *(cibi e bevande)* Erfrischungen *f pl.*
rinfusa [-ˈfu:za] *f:* **alla ~** durcheinander.
ring [riŋg] ⟨-⟩ *m* **1.** *sport* (Box)ring *m;* **2.** *com* Ring *m,* Kartell *n.*
ringalluzzire [riŋgallutˈtsi:re] ⟨ringalluzzisco⟩ *fam* **I.** *tr* aufmuntern, aufbauen *fam;* **II.** *rfl:* **-irsi** Oberwasser bekommen.
ringhiare [riŋˈgi̯a:re] ⟨ringhio, ringhi⟩ *itr* knurren.
ringhiera [riŋˈgi̯ɛ:ra] *f* Geländer *n.*
ringhio [ˈriŋgi̯o] ⟨-ghi⟩ *m* Knurren *n.* **ringhioso, -a** [...ˈgi̯o:so] *a* knurrend.
ringiovanire [rindʒovaˈni:re] ⟨ringiovanisco⟩ **I.** *tr* ⟨*avere*⟩ verjüngen; *(fig a.)* jünger machen; **II.** *itr* ⟨*essere*⟩, *rfl:* **-irsi** sich verjüngen, jünger werden.
ringraziamento [riŋgrattsi̯aˈmento] *m* Dank *m,* Danksagung *f;* **-i** Dank *m;* **lettera di ~** Dankschreiben *n.* **ringraziare** [...ˈtsi̯a:re] *tr* danken (*qu* jdm), sich bedanken (*qu* bei jdm).
rinnegare [rinneˈga:re] *tr* verleugnen; *(ideale, etc. a.)* abweichen von; *(figlio a.)* verstoßen. **rinnegato, -a** [-neˈga:to] **I.** *a* abtrünnig; **II.** *m, f* Renegat *m,* Abtrünnige(r) *mf.*
rinnovamento [-novaˈmento] *m* Erneuerung *f.* **rinnovare** [-noˈva:re] **I.** *tr* **1.** *(rendere nuovo)* erneuern; *(contratto, abbonamento)* verlängern; **2.** *(domanda, petizione)* wiederholen; **II.** *rfl:* **-arsi** sich wiederholen. **rinnovatore, -trice** [-novaˈto:re] **I.** *a* erneuernd, Erneuerungs-; **II.** *m, f* Erneuerer *m,* Erneuerin *f.* **rinnovazione** [...tˈtsi̯o:ne] *f* Erneuerung *f.* **rinnovo** [-ˈnɔ:vo] *m* Erneuerung *f; jur (di contratto)* Verlängerung *f.*
rinoceronte [rinotʃeˈronte] *m* Nashorn *n,* Rhinozeros *n.*
rinomato, -a [rinoˈma:to] *a* berühmt, renommiert *geh.*
rinsaldare [rinsalˈda:re] **I.** *tr* festigen, bestärken, konsolidieren; **II.** *rfl:* **-arsi** sich bestärken, sich konsolidieren.
rinsanire [-saˈni:re] ⟨rinsanisco⟩ *itr* ⟨*essere*⟩ gesunden.
rinsavire [-saˈvi:re] ⟨rinsavisco⟩ *itr* ⟨*essere*⟩ wieder zu Verstand kommen.
rinsecchire [-sekˈki:re] ⟨rinsecchisco⟩ *itr* ⟨*essere*⟩ **1.** *(diventare magro)* abmagern; **2.** *(diventare secco)* vertrocknen.
rintanarsi [-taˈnarsi] *rfl* **1.** *(animale)* sich (in einem Bau *o* einer Höhle) verkriechen; **2.** *fig (persona)* sich verkriechen.
rintoccare [-tokˈka:re] *itr* ⟨*essere o avere*⟩ *(orologio)* schlagen; *(campana a.)* läuten. **rintocco** [-ˈtokko] *m (di orologio)* Schlagen *n,* Schlag *m; (di campana)* (Glocken)schlag *m;* **al ~ della mezzanotte** Schlag Mitternacht.
rintracciare [-tratˈtʃa:re] *tr* auffinden, aufspüren.
rintronare [-troˈna:re] **I.** *itr* ⟨*essere o avere*⟩ dröhnen; **II.** *tr* ⟨*avere*⟩ betäuben.
rintuzzare [-tutˈtsa:re] *tr* zurückschlagen, -geben.
rinuncia [riˈnuntʃa] ⟨-ce⟩ *etc. v.* **rinunzia** *etc.*
rinunzia [riˈnuntsi̯a] ⟨-ie⟩ *f* **1.** *(il rinunziare)* Verzicht *m* (*a* auf); **2.** *jur* Verzichterklärung *f;* **3.** ⟨*pl*⟩ *(privazioni)* Entsagungen *f pl.* **rinunziare** [...ˈtsi̯a:re] ⟨rinunzio, rinunzi⟩ *itr* verzichten (*a* auf); **ci rinunzio volentieri** *iron* darauf kann ich gern verzichten.

rinunziatario, -a [...i̯aˈtaːri̯o] ‹-i, -ie› **I.** *a* verzichtend, Verzichts-; **II.** *m, f* Verzichtende(r) *mf.*
rinvasare [rinvaˈzaːre] *tr* umtopfen.
rinvenimento[1] [-veniˈmento] *m (ritrovamento)* Auffinden *n,* Entdeckung *f.*
rinvenimento[2] [-veniˈmento] *m* **1.** *(ripresa dei sensi)* Wiederzusichkommen *n;* **2.** *(di fiori)* Wässern *n;* **3.** *(di metallo)* Anlassen *n.*
rinvenire[1] [-veˈniːre] ‹*irr*› *tr (oggetti)* wiederfinden, entdecken.
rinvenire[2] [-veˈniːre] ‹*irr*› *itr* ‹*essere*› **1.** *(ricuperare i sensi)* wieder zu sich *(dat)* kommen; **2.** *(funghi secchi, etc.)* quellen; *(fiori)* sich erholen.
rinverdire [-verˈdiːre] ‹rinverdisco› **I.** *tr* ‹avere› **1.** *(far tornar verde)* wieder grün machen; **2.** *fig* wieder beleben; *(speranza, usanza)* wieder aufleben lassen; **II.** *itr* ‹*essere*›, *rfl:* **-irsi** (wieder) grün werden.
rinviare [-viˈaːre] *tr* **1.** *(palla, luce)* zurückwerfen; **2.** *(rimandare)* verweisen (*a* auf); **3.** *(differire)* verschieben; *(seduta)* vertagen.
rinvigorire [-vigoˈriːre] ‹rinvigorisco› **I.** *tr* ‹*avere*› wieder stark machen; *(a. fig)* kräftigen, stärken; **II.** *itr* ‹*essere*›, *rfl:* **-irsi** wieder erstarken, wieder stark werden.
rinvio [-ˈviːo] *m* **1.** *(ritorno)* Rücksendung *f,* Zurücksenden *n;* **2.** *sport* Rückschuß *m,* Rückwurf *m;* **3.** *(differimento)* Aufschub *m,* Verschiebung *f; (di seduta, udienza)* Vertagung *f;* **4.** *(rimando)* Verweis *m.*
riò [riˈɔ] *pr di* **riavere.**
rioccupare [riokkuˈpaːre] **I.** *tr* wieder besetzen; **II.** *rfl:* **-arsi 1.** *(trovare un nuovo lavoro)* wieder eine Beschäftigung finden; **2.** *fig (interessarsi di nuovo)* sich wieder kümmern (*di* um). **rioccupazione** [...patˈtsi̯oːne] *f* **1.** *(di territorio, luogo)* Wiederbesetzung *f;* **2.** *(di lavoro)* Wiederbeschäftigung *f.*
rionale [rioˈnaːle] *a* des Stadtviertels, Stadtviertel-. **rione** [riˈoːne] *m* Stadtviertel *n.*
riordinamento [-ordinaˈmento] *m* Neuordnung *f.* **riordinare** [...ˈnaːre] *tr* **1.** *(oggetti)* wieder (*o* neu) ordnen; *(casa, stanza)* aufräumen; **2.** *(dare un nuovo ordinamento)* neu ordnen, neu regeln.
riorganizzare [-organidˈdzaːre] **I.** *tr* reorganisieren, neu organisieren, umgestalten; **II.** *rfl:* **-arsi** sich neu organisieren. **riorganizzazione** [...dzatˈtsi̯oːne] *f* Reorganisation *f,* Umgestaltung *f.*
ripagare [ripaˈgare] *tr* **1.** *(pagare di nuovo)* wieder (be)zahlen; **2.** *(ricompensare)* belohnen (*qu di qc* jdn für etw.), vergelten (*qu di qc* jdm etw.); **3.** *(indennizzare)* entschädigen (*qu di qc* jdn für etw.).
riparare [ripaˈraːre] **I.** *tr* **1.** *(accomodare)* reparieren; **2.** *(proteggere)* schützen; **3.** *(torto, ingiustizia)* wiedergutmachen; **4.** *(a scuola)* eine Nachprüfung ablegen in; **II.** *itr* **1.** *(ovviare)* abhelfen; **2.** *fam (provvedere)* (vor)sorgen (*a* für); **3.** *fam tosc (farcela)* es schaffen; **III.** *rfl:* **-arsi** sich schützen (*da* vor).
riparato, -a [...ˈraːto] *a* **1.** *(luogo)* geschützt; **2.** *(tetto, vestito, etc.)* repariert, ausgebessert.
riparazione [riparatˈtsi̯oːne] *f* **1.** *(accomodatura)* Reparatur *f,* Ausbesserung *f;* **2.** *fig (di torto, etc.)* Wiedergutmachung *f; (risarcimento)* Entschädigung *f* (*di* für); **esami di ~** Wiederholungs-, Nachprüfung *f.*
riparlare [-parˈlaːre] **I.** *itr* wieder sprechen (*o* reden); **II.** *rfl:* **-arsi** sich versöhnen.
riparo [riˈpaːro] *m* **1.** *(protezione)* Schutz *m,* Unterschlupf *m;* **2.** *(rimedio)* Abhilfe *f.*
ripartire[1] [-parˈtiːre] ‹ripartisco› *tr* **1.** *(dividere)* (auf)teilen, einteilen; **2.** *(distribuire)* verteilen; *(compiti, mansioni, etc.)* zuteilen.
ripartire[2] [-parˈtiːre] ‹riparto› *itr* ‹*essere*› wieder fortgehen, wieder abfahren.
ripartizione [-partitˈtsi̯oːne] *f* **1.** *(divisione)* (Auf)teilung *f;* **2.** *(distribuzione)* Verteilung *f; (di compiti, mansioni)* Zuteilung *f.*
ripassare [-pasˈsaːre] **I.** *itr* ‹*essere*› wieder vorbeigehen; *(ritornare)* wieder zurückkommen; **II.** *tr* ‹*avere*› **1.** *(fiume, valico, Alpi)* wieder passieren, wieder überschreiten; **2.** *(contorni di un disegno)* nachziehen, nachzeichnen; **3.** *fam (stirare)* auf-, überbügeln *fam;* **4.** *(lezione)* wiederholen. **ripassata** [...ˈsaːta] *f* **1.** *fig (di lezione)* Wiederholung *f;* **2.** *fam (sgridata)* Anpfiff *m fam;* **dare una ~ alla camicia** das Hemd aufbügeln.
ripasso [-ˈpasso] *m* Wiederholung *f.*
ripensamento [-pensaˈmento] *m* Überdenken *n,* Überlegen *n.* **ripensare** [...ˈsaːre] *itr* **1.** *(riflettere)* überdenken (*a qc* etw.), überlegen (*a qc* etw.); **2.** *(cambiare parere)* es sich *(dat)* anders überlegen, seine Meinung ändern; **3.** *(riandare con la memoria)* zurückdenken (*a* an).
ripercorrere [-perˈkorrere] ‹*irr*› *tr* **1.** *(itinerario, tragitto)* erneut gehen; **2.** *fig* wieder durchgehen, überdenken.
ripercuotere [-perˈku̯ɔːtere] ‹*irr*› **I.** *tr* **1.** *(percuotere di nuovo)* wieder schlagen; **2.** *(riflettere)* zurückwerfen; **II.** *rfl:* **-ersi 1.** *(provocare urto)* zurückprallen; **2.** *(essere riflesso)* zurückgeworfen werden; **3.** *fig* sich auswirken (*su* auf).

ripercussione [...kus'sio:ne] *f* 1. *fig* Auswirkung *f* (*su* auf); 2. *(contraccolpo)* Rückstoß *m*, Rückprall *m*.
ripescare [-pes'ka:re] *tr* 1. *(ricuperare)* wieder (auf)fischen; 2. *fig (ritrovare)* ausfindig machen.
ripetente [ripe'tɛnte] *mf* Repetent(in) *m(f) geh*, Sitzenbleiber *m fam*.
ripetere [ri'pɛ:tere] I. *tr* wiederholen; II. *rfl:* **-ersi** sich wiederholen. **ripetitore** [...'to:re] *m radio, TV* Verstärker *m*, Relaisstation *f*. **ripetizione** [...tit'tsio:ne] *f* 1. *gener.* Wiederholung *f*; 2. *(lezione privata)* Nachhilfeunterricht *m*, -stunde *f*.
ripiano [-'pia:no] *m* 1. *(palchetto)* (Regal)brett *n*; 2. *(zona piana)* Terrasse *f*, Ebene *f*.
ripicca [-'pikka] *f*: **per ~** aus Rache, zum Trotz.
ripidezza [ripi'dettsa] *f* Steilheit *f*. **ripido, -a** ['ri:pido] *a* steil.
ripiegamento [-piega'mento] *m* Rückzug *m*. **ripiegare** [...'ga:re] I. *tr* 1. *(foglio, tessuto, etc.)* zusammenfalten, -legen; 2. *(ginocchia)* beugen; 3. *(piegare di nuovo)* wieder biegen; II. *itr* 1. *fig* ausweichen (*su* auf); 2. *mil* zurückweichen; III. *rfl:* **-arsi** 1. *(incurvarsi)* sich biegen, sich krümmen; 2. *fig* sich zurückziehen.
ripiego [-'piɛ:go] ‹-ghi› *m* Ausweg *m*, Notlösung *f*; **soluzione di ~** Verlegenheitslösung *f*.
ripieno, -a [-'piɛ:no] I. *a* (voll)gefüllt, angefüllt; *gastr* gefüllt; *fig* voll; II. *m* 1. *gastr* Farce *f*, Füllung *f*; 2. *(materiale)* Füllung *f*.
ripigliare [-piʎ'ʎa:re] *fam* I. *tr* wieder nehmen; *(fiato)* wieder holen; *(discorso)* wieder beginnen; *(riaccettare)* wieder (an)nehmen; II. *itr* sich erholen; III. *rfl:* **-arsi** wieder zu sich *(dat)* kommen.
ripopolamento [-popola'mento] *m* Wiederbevölkerung *f*, Wiederbesiedlung *f*. **ripopolare** [...'la:re] I. *tr* wieder bevölkern, wieder besiedeln; *(di animali)* wieder besetzen; II. *rfl:* **-arsi** sich wieder bevölkern, sich wieder besiedeln.
riporre [-'porre] ‹*irr*› *tr* 1. *(mettere via)* zurücklegen, zurücktun, wegtun; 2. *(porre di nuovo)* wieder legen, wieder stellen, wieder setzen; 3. *fig (fiducia)* setzen (*in* in); *(speranza)* setzen (*in* auf).
riportare [-por'ta:re] I. *tr* 1. *(portare di nuovo)* wieder bringen; 2. *(portare indietro)* zurückbringen; 3. *(riferire)* wiedergeben, hinterbringen; 4. *mat* übertragen; 5. *(trasportare)* übertragen; 6. *fig (vittoria)* erlangen, davontragen; *(danni)* davontragen, erleiden; II. *rfl:* **-arsi** 1. *(tornare indietro)* sich zurückbegeben; 2. *(richiamarsi)* sich beziehen (*a* auf), sich berufen (*a* auf).
riporto [-'pɔrto] *m* 1. *mat* Übertrag *m*; 2. *(contabilità)* Übertrag *m*, Vortrag *m*; 3. *fin* Report *m*; 4. *(parte di tessuto)* Besatz *m*.
riposante [-po'sante] *a* erholsam, entspannend.
riposare [-po'sa:re] I. *itr* 1. *(dormire)* ruhen; *(fermarsi)* ausruhen; 2. *(essere posato)* sich befinden; **~ in pace** in Frieden ruhen; II. *tr* 1. *(corpo, membra)* ausruhen (lassen); *(vista)* schonen; 2. *(posare di nuovo)* wieder legen (*o* stellen *o* setzen); III. *rfl:* **-arsi** 1. *(dormire)* ruhen; 2. *(prendere ristoro)* sich ausruhen; 3. *(tornare a posarsi)* sich wieder stellen (*o* legen *o* setzen). **riposato, -a** [-po'sa:to] *a* 1. *(ritemprato)* ausgeruht; 2. *(calmo)* ruhig. **riposo** [-'pɔ:so] *m* 1. *(sospensione dell'attività)* Ruhe *f*, Pause *f*; 2. *(sonno)* Ruhe *f*, Schlaf *m*; 3. *sport, mil* Ruhestellung *f*; 4. *adm* Ruhestand *m*; **giornata di ~** Ruhetag *m*; **buon ~!** angenehme Ruhe!; **~!** rührt euch!
ripostiglio [-pos'tiʎʎo] ‹-gli› *m* Abstellraum *m*.
riposto, -a [-'posto] *a* verborgen.
riprendere [-'prɛndere] ‹*irr*› I. *tr* 1. *(prendere di nuovo)* wieder nehmen; *(posto)* wieder einnehmen; 2. *(prendere indietro)* zurücknehmen; 3. *(ricominciare)* wieder beginnen, wiederaufnehmen; 4. *(continuare)* fortfahren mit; 5. *(rimproverare)* schelten, tadeln; 6. *film, fot* aufnehmen; 7. *(tornare a colpire)* wieder befallen; 8. *(riassumere)* wieder einstellen (*o* anstellen); 9. *(afferrare)* wieder fangen, wieder ergreifen; **~ quota/velocità** wieder an Höhe/Geschwindigkeit gewinnen; **~ i sensi/le forze** wieder zu Bewußtsein/Kräften kommen; II. *itr* 1. *(ricominciare)* wieder anfangen; 2. *(riprendere vigore)* sich erholen; III. *rfl:* **-ersi** 1. *(ricuperare vigore)* sich erholen; 2. *(ravvedersi)* sich bessern.
ripresa [-'pre:sa] *f* 1. *(inizio)* Wiederbeginn *m*, Wiederaufnahme *f*; 2. *com* Wiederaufschwung *m*; 3. *(da malattia, etc.)* Erholung *f*, Besserung *f*; 4. *film, TV* Aufnahme *f*; 5. *mus, theat, fin (borsa)* Reprise *f*; 6. *mot* Beschleunigung *f*; 7. *sport* zweite Halbzeit; *(pugilato)* Runde *f*; **a più -e** in mehreren Ansätzen; **in ~ diretta** *TV* in Direktübertragung, live.
ripresentare [-prezen'ta:re] I. *tr* wieder vorstellen; II. *rfl:* **-arsi** sich wieder vorstellen.
ripristinare [-pristi'na:re] *tr* 1. *(ordine, consuetudine)* wiederherstellen, erneuern; 2. *(edificio, facciata)* restaurieren, wieder instand setzen; 3. *(traffico)* wie-

der in Gang bringen. **ripristino** [-'pristino] *m* Wiederherstellung *f*, Instandsetzung *f*.

riprodurre [-pro'durre] ⟨*irr*⟩ **I.** *tr* **1.** *(produrre di nuovo)* reproduzieren; **2.** *(documento)* vervielfältigen, abdrucken; **3.** *fig* wiedergeben; *(rappresentare)* darstellen; **II.** *rfl:* **-ursi 1.** *biol* sich fortpflanzen, sich vermehren; **2.** *(ripetersi)* sich wiederholen. **riproduttivo, -a** [-produt'ti:vo] *a* **1.** *biol* Fortpflanzungs-, reproduktiv; **2.** *tec* nachbildend, reproduktiv. **riproduttore, -trice** [...'to:re] **I.** *a* Fortpflanzungs-; **II.** *m* Tonabnehmer *m*. **riproduzione** [...t'tsi̯o:ne] *f* **1.** *(di disegno, quadro)* Reproduktion *f*; **2.** *biol* Fortpflanzung *f*; **3.** *(registrazione)* Wiedergabe *f*.

ripromettersi [-pro'mettersi] ⟨*irr*⟩ *rfl* **1.** *(sperare)* sich *(dat)* versprechen, sich *(dat)* erhoffen; **2.** *(promettere a se stesso)* sich *(dat)* vornehmen, sich *(dat)* versprechen.

riprova [-'prɔ:va] *f* **1.** *mat* Gegenprobe *f*; **2.** *(conferma)* Beweis *m*, Bestätigung *f*.

riprovare[1] [-pro'va:re] **I.** *tr* **1.** *(vestito, cappello)* wieder (an)probieren; **2.** *fig (sensazione)* wieder fühlen, wieder empfinden; **II.** *rfl:* **-arsi** wieder wagen; **III.** *itr* wieder versuchen.

riprovare[2] [-pro'va:re] *tr (biasimare)* mißbilligen.

riprovazione [...vat'tsi̯o:ne] *f* Mißbilligung *f*.

ripudiare [ripu'di̯a:re] ⟨ripudio, ripudi⟩ *tr* **1.** *(persone)* verstoßen; **2.** *(scritto)* verleugnen, zurückweisen; **3.** *(fede, idee)* verleugnen. **ripudio** [ri'pu:di̯o] ⟨-i⟩ *m* Verstoßen *n*; *(rifiuto)* Verleugnung *f*.

ripugnante [-puɲ'ɲante] *a* abstoßend, widerwärtig. **ripugnanza** [...'ɲantsa] *f* **1.** *(ribrezzo)* Abscheu *m* (*per* vor); **2.** *(avversione)* Abneigung *f* (*per* gegen), Widerwille *m* (*per* gegen). **ripugnare** [...'ɲa:re] *itr* abstoßen (*a qu* jdn), anwidern (*a qu* jdn).

ripulire [-pu'li:re] **I.** *tr* **1.** *(pulire di nuovo)* wieder säubern; **2.** *(nettare bene)* sorgfältig säubern; **3.** *fig fam (persona)* (total) ausnehmen *fam*; *(appartamento, etc.)* (total) leerräumen *fam*; **II.** *rfl:* **-irsi** sich zurechtmachen.

ripulsione [-pul'si̯o:ne] *f* Abneigung *f*.

riquadro [-'ku̯a:dro] *m* **1.** *(delimitazione quadrata)* Rechteck *n*; **2.** *arch* Kassette *f*.

risacca [-'sakka] ⟨-cche⟩ *f* Brandung *f*.

risaia [ri'sa:i̯a] ⟨-aie⟩ *f* Reisfeld *n*.

risalire [-sa'li:re] ⟨*irr*⟩ **I.** *tr* ⟨*avere*⟩ wieder hinaufgehen; **II.** *itr* ⟨*essere*⟩ **1.** *(salire di nuovo)* wieder (auf)steigen, wieder hinaufgehen; **2.** *com* steigen; **3.** *fig (ricordare)* (in Gedanken) zurückgehen; *(indagare)* nachgehen, zurückverfolgen (*a qc* etw.); *(essere avvenuto)* zurückliegen (*a tre mesi fa* drei Monate). **risalita** [-sa'li:ta] *f* Wiederaufstieg *m*.

risaltare [-sal'ta:re] **I.** *itr* ⟨*essere o avere*⟩ **1.** *(spiccare)* vorspringen, -ragen, -treten; **2.** *fig (eccellere)* hervorstechen (*per* durch), auffallen (*per* durch); *(emergere)* sich zeigen, auffallen; **3.** *(saltare di nuovo)* wieder springen; **II.** *tr* ⟨*avere*⟩ wieder überspringen. **risalto** [-'salto] *m* **1.** *(sporgenza)* Vorsprung *m*; **2.** *(evidenza)* Hervorhebung *f*; **mettere in ~ qc** etw. hervorheben.

risanamento [-sana'mento] *m* Sanierung *f*. **risanare** [-sa'na:re] **I.** *tr* ⟨*avere*⟩ **1.** *com, fin, arch* sanieren; **2.** *(zona paludosa)* meliorieren, trockenlegen; **II.** *itr* ⟨*essere*⟩ wieder genesen.

risapere [-sa'pe:re] ⟨*irr*⟩ *tr* erfahren. **risaputo, -a** [-sa'pu:to] *a (noto)* bekannt.

risarcimento [-sartʃi'mento] *m* **1.** *(compensazione)* Entschädigung *f* (*per* für); **2.** *(somma)* Entschädigung(ssumme) *f*. **risarcire** [...'tʃi:re] ⟨risarcisco⟩ *tr (persona)* entschädigen (*per* für); *(danno)* ersetzen.

risata [ri'sa:ta] *f* Gelächter *n*, Lachen *n*.

riscaldamento [riskalda'mento] *m* **1.** *(atto, modo)* Erwärmung *f*, Heizen *n*; *(del motore)* Warmlaufen *n*; **2.** *(impianto, mezzo)* Heizung *f*. **riscaldare** [...'da:re] **I.** *tr* **1.** *gener.* erwärmen; *(minestra, caffè)* aufwärmen; *(stanza, casa)* heizen; **2.** *fig* erhitzen; **II.** *itr* **1.** *(aumentare di temperatura)* warm werden; *(stufa)* heizen; **2.** *fam (minestra, etc.)* wärmen; **III.** *rfl:* **-arsi 1.** *(riprendere calore)* sich (auf)wärmen; **2.** *(diventare caldo)* warm werden, sich erwärmen, sich erhitzen; **3.** *fig (infervorarsi)* sich erhitzen, sich ereifern.

riscattare [riskat'ta:re] **I.** *tr* **1.** *(persona)* freikaufen; *pol* befreien; **2.** *jur (rendita, fondo)* einlösen, zurückkaufen; **3.** *fig (redimere)* erlösen, befreien; **II.** *rfl:* **-arsi** sich befreien, sich lösen. **riscatto** [...'katto] *m* **1.** *(liberazione a pagamento)* Loskaufen *n*, Freikaufen *n*; *(prezzo)* Lösegeld *n*; **2.** *jur* Rückkauf *m*; **3.** *pol* Befreiung *f*.

rischiarare [riski̯a'ra:re] **I.** *tr* ⟨*avere*⟩ **1.** *(rendere chiaro)* beleuchten, aufhellen; **2.** *fig (mente)* schärfen; *(idee)* klären; **II.** *rfl:* **-arsi 1.** *meteo* aufklaren, sich aufhellen; **2.** *fig (rasserenarsi)* sich aufhellen; **-arsi la voce** sich räuspern; **III.** *itr* ⟨*essere*⟩ aufklaren.

rischiare [ris'ki̯a:re] ⟨rischio, rischi⟩ **I.** *tr* riskieren, aufs Spiel setzen; **II.** *itr:* **~ di fare qc** riskieren (*o* Gefahr laufen), etw. zu tun.

rischio ['riski̯o] ⟨-schi⟩ *m* Risiko *n*, Wagnis *n*; *(pericolo)* Gefahr *f*; **correre un ~** ein Risiko eingehen, Gefahr laufen; **a**

proprio ~ e pericolo auf eigene Gefahr. **rischioso, -a** [...'ki̯o:so] *a* riskant, gewagt.
risciacquare [riʃʃak'ku̯a:re] *tr* abspülen, nachspülen; *(bottiglie)* ausspülen; *(bocca)* (aus)spülen.
risciacquo [riʃ'ʃakku̯o] *m* Mundwasser *n.*
riscontrare [-skon'tra:re] *tr* **1.** *(confrontare)* vergleichen; **2.** *(rilevare)* herausfinden. **riscontro** [-s'kontro] *m* **1.** *(confronto)* Vergleich *m;* **2.** *(verifica)* Überprüfung *f;* **3.** *adm (risposta)* Antwort *f;* **4.** *fig (corrispondenza)* Entsprechung *f;* **5.** *(corrente d'aria)* Durchzug *m.*
riscoperta [-sko'pɛrta] *f* Wiederentdekkung *f.*
riscossa [-s'kɔssa] *f* Rückeroberung *f.*
riscossione [-skos'si̯o:ne] *f* Auszahlung *f.*
riscrivere [-s'kri:vere] ⟨*irr*⟩ **I.** *tr* wieder schreiben, erneut schreiben; **II.** *itr* zurückschreiben.
riscuotere [-s'ku̯ɔ:tere] ⟨*irr*⟩ **I.** *tr* **1.** *(stipendio, paga)* kassieren, einnehmen; **2.** *fig* erzielen; *(ammirazione a.)* ernten; **3.** *(scuotere di nuovo)* wieder rütteln; **II.** *rfl:* **-ersi 1.** *(risvegliarsi)* aufgerüttelt werden, zu sich *(dat)* kommen; **2.** *fig* sich zusammennehmen, sich aufraffen.
risentimento [-senti'mento] *m* **1.** *(reazione di sdegno)* Ressentiment *n,* Groll *m;* **2.** *med* Nachwirkung *f.* **risentire** [...'ti:re] **I.** *tr* **1.** *(sentire di nuovo)* wieder hören (*o* schmecken *o* riechen *o* fühlen); **2.** *(ascoltare di nuovo)* wieder anhören; **3.** *(provare)* (noch) empfinden, (noch) verspüren; **II.** *itr* (noch) leiden (*di* an), Nachwirkungen verspüren; **III.** *rfl:* **-irsi 1.** *gener.* sich wieder fühlen; **2.** *(offendersi)* gekränkt (*o* beleidigt) sein; **a risentirci!** auf Wiederhören! **risentito, -a** [...'ti:to] *a* gekränkt, beleidigt.
riserbare [riser'ba:re] *tr* vorbehalten, bereithalten.
riserbo [ri'sɛrbo] *m* Zurückhaltung *f,* Reserve *f.*
riserva [ri'sɛrva] *f* **1.** *(provvista)* Reserve *f,* Vorrat *m;* **2.** *com, mil* Reserve *f;* **3.** *(di vino)* Jahrgang *m;* **4.** *sport* Reservespieler(in) *m(f);* **5.** *(di caccia, pesca)* Revier *n;* **6.** *(in etnologia)* Reservat *n;* **7.** *(limitazione)* Vorbehalt *m,* Einschränkung *f;* **8.** *(giudizio negativo)* Zweifel *m,* Vorbehalt *m;* **9.** *tec* Ersatz *m; (mot a.)* Reserve *f;* **essere in ~** *mot* auf Reserve fahren; **senza -e** ohne Vorbehalt, rückhaltlos. **riservare** [riser'va:re] **I.** *tr* **1.** *(tenere in serbo)* aufbewahren, aufsparen; **2.** *(facoltà, diritto)* vorbehalten; **3.** *(tavolo, posto)* freihalten; **II.** *rfl:* **-arsi di fare qc** sich *(dat)* vorbehalten, etw. zu tun.
riservatezza [riserva'tettsa] *f* Zurückhaltung *f.* **riservato, -a** [...'va:to] *a* **1.** *(posto, palco)* reserviert (*a* für); **2.** *(notizia, informazione)* vertraulich, geheim; **3.** *(persona, carattere)* zurückhaltend; *(discreto)* diskret.
risi ['ri:si] *p rem di* **ridere.**
risiedere [-'si̯ɛ:dere] *itr* **1.** *(aver sede)* ansässig sein; **2.** *fig (consistere)* bestehen (*in* in).
risma ['rizma] *f* **1.** *(di carta)* Ries *n;* **2.** *fig pej* Bande *f.*
riso[1] ['ri:so] *m bot* Reis *m.*
riso[2] ['ri:so] ⟨*pl:* -a *f*⟩ *m (il ridere)* Lachen *n,* Gelächter *n.*
riso[3] ['ri:so] *pp di* **ridere.**
risolare [-so'la:re] *tr* neu besohlen.
risolsi [-'sɔlsi] *p rem di* **risolvere.**
risolto [-'sɔlto] *pp di* **risolvere.**
risolutezza [-solu'tettsa] *f* Entschlossenheit *f.*
risolutivo, -a [-solu'ti:vo] *a* aufhebend, (auf)lösend; *(decisivo)* entscheidend.
risoluto, -a [-so'lu:to] **I.** *pp di* **risolvere; II.** *a* resolut.
risoluzione [-solut'tsi̯o:ne] *f* **1.** *(decisione)* Beschluß *m,* Resolution *f;* **2.** *(soluzione, mat)* Lösung *f;* **3.** *jur (di contratto)* Auflösung *f;* **4.** *chem* Auflösung *f,* Zerlegung *f.*
risolvere [-'sɔlvere] ⟨risolvo, risolvetti *o* risolvei *o* risolsi, risolto *o* risoluto⟩ **I.** *tr* **1.** *(equazione, problema, indovinello)* lösen; **2.** *(dubbio)* zerstreuen; **3.** *jur (contratto)* auflösen; **4.** *fam (riuscire a concludere)* zustande bringen; **5.** *chem (composto)* auflösen, zerlegen; **II.** *rfl:* **-ersi 1.** *(decidersi)* sich entscheiden, sich entschließen; **2.** *fig (ridursi)* sich (auf)lösen; *(andare a finire)* hinauslaufen (*in* auf).
risonanza [-so'nantsa] *f* **1.** *fig (importanza)* Resonanz *f,* Zustimmung *f;* **2.** *phys* Resonanz *f.* **risonare** [-so'na:re] **I.** *itr* ⟨*essere o avere*⟩ **1.** *(corpo percosso)* dröhnen, tönen; **2.** *(luogo chiuso)* hallen; **3.** *(suono)* wieder ertönen, wieder klingen; **4.** *fig* klingen; **5.** *phys* mitschwingen; **II.** *tr* ⟨*avere*⟩ wieder spielen.
risorgere [-'sordʒere] ⟨*irr*⟩ *itr* ⟨*essere*⟩ **1.** *rel* auferstehen; **2.** *(sole)* wieder aufgehen; **3.** *fig (rinascere)* wieder auftreten, wiederauftauchen.
risorsa [-'sorsa] *f* **1.** *(mezzo)* Reserve *f,* Ressource *f;* **2.** *(espediente)* Mittel *n;* **3.** *(capacità)* Fähigkeit *f.*
risparmiare [rispar'mi̯a:re] ⟨risparmio, risparmi⟩ **I.** *tr* **1.** *(non sprecare, non usare)* haushalten mit; *(a. persone)* einsparen; **2.** *(voce, occhi)* schonen; **3.** *(mettere da parte)* sparen; **4.** *(astenersi dall'infliggere)* verschonen (*qc a qu* jdn mit etw.), ersparen (*qc a qu* jdm etw.); **5.** *(aver riguardo)* (ver)schonen; **II.** *rfl:* **-arsi** sich schonen. **risparmia-**

tore, -trice [...ja'to:re] *m, f* Sparer(in) *m(f)*. **risparmio** [...'parmio] ⟨-i⟩ *m* **1.** *(denaro)* Ersparnis *f;* **2.** *(economia)* Ersparnis *f,* Einsparung *f.*

rispecchiare [-spek'kia:re] ⟨rispecchio, rispecchi⟩ **I.** *tr* widerspiegeln; **II.** *rfl:* **-arsi** sich widerspiegeln.

rispedire [-spe'di:re] *tr* zurückschicken.

rispettabile [-spet'ta:bile] *a* **1.** *(persona)* ehrenwert, respektabel; *(dabbene)* ehrbar; **2.** *(età, naso)* beachtlich; *(patrimonio)* beachtlich, ansehnlich.

rispettare [-spet'ta:re] *tr* **1.** *(persona)* respektieren, achten; **2.** *(opinioni, diritti)* respektieren, anerkennen; **3.** *(ordini)* befolgen; *(feste)* beachten; **4.** *(seguire)* nachvollziehen.

rispettivamente [-spettiva'mente] *adv* beziehungsweise.

rispettivo, -a [-spet'ti:vo] *a* jeweilig.

rispetto [ris'pεtto] *m* **1.** *(stima, deferenza)* Respekt *m* (*per* vor), Achtung *f* (*per* vor); **2.** *(riverenza)* Ehrfurcht *f* (*per* vor); **3.** *(riguardo)* Rücksicht *f* (*per* vor); **4.** *(di legge, regolamento)* Befolgung *f,* Beachtung *f;* **5.** *(punto di vista)* Aspekt *m;* **6.** ⟨*pl*⟩ *(ossequio)* Ehrerbietung *f,* Empfehlungen *f pl;* **~ a** hinsichtlich *gen;* **con ~ parlando** mit Verlaub. **rispettoso, -a** [...pet'to:so] *a* respektvoll, ehrerbietig.

risplendere [-s'plεndere] *itr* ⟨*essere o avere*⟩ strahlen, leuchten.

rispondere [ris'pondere] ⟨rispondo, risposi, risposto⟩ **I.** *itr* **1.** *gener.* antworten; **2.** *(replicare)* widersprechen; **3.** *(farsi garante)* bürgen (*di* für); **4.** *(render conto)* Rechenschaft ablegen (*di* über); **5.** *(essere corrispondente)* entsprechen; **6.** *tec* ansprechen, reagieren; **II.** *tr* antworten, als Antwort geben.

risposta [ris'posta] *f* **1.** *(il rispondere, ciò che si risponde)* Antwort *f* (*a* auf); **2.** *(reazione)* Reaktion *f* (*a* auf), Entgegnung *f* (*a* auf); **3.** *sport (scherma)* Risposte *f;* **4.** *tec* Ansprechen *n,* Reagieren *n.*

risposto [...to] *pp di* **rispondere.**

rissa ['rissa] *f* Rauferei *f,* Schlägerei *f.* **rissoso, -a** [...'so:so] *a* rauflustig, streitsüchtig.

ristabilire [-stabi'li:re] **I.** *tr* wiederherstellen; **II.** *rfl:* **-irsi** sich erholen.

ristagnare [-staɲ'ɲa:re] *itr* **1.** *(liquidi)* sich stauen; **2.** *fig* stagnieren. **ristagno** [...'taɲɲo] *m* **1.** *(di fiume, sangue)* Stauung *f;* **2.** *fig* Stagnation *f,* Stagnieren *n.*

ristampa [-s'tampa] *f* Nachdruck *m,* Neudruck *m,* Neuauflage *f.* **ristampare** [...'pa:re] *tr* nachdrucken, neu drucken, neu auflegen.

ristorante [risto'rante] *m* Restaurant *n,* (Speise)lokal *n.*

ristorare [risto'ra:re] **I.** *tr* stärken; **II.** *rfl:* **-arsi** sich stärken. **ristoratore, -trice** [...ra'to:re] *a* labend, erquickend. **ristoro** [...'tɔ:ro] *m* Stärkung *f,* Erfrischung *f.*

ristrettezza [ristret'tettsa] *f* **1.** *(di spazio)* Enge *f;* **2.** *(di mezzi)* Einschränkung *f;* **3.** *fig (di mente)* Beschränktheit *f.* **ristretto, -a** [...'tretto] *a* **1.** *(limitato)* knapp; **2.** *(caffè)* stark; **3.** *fig (meschino)* beschränkt, kleinlich; **4.** *(limitato)* eingeschränkt, beschränkt (*a* auf).

ristrutturare [-struttu'ra:re] *tr* umstrukturieren. **ristrutturazione** [...rat'tsio:ne] *f* Umstrukturierung *f.*

risucchiare [-suk'kia:re] *tr* aufsaugen.

risucchio [-'sukkio] ⟨-cchi⟩ *m* Strudel *m,* Wirbel *m.*

risultare [risul'ta:re] *itr* ⟨*essere*⟩ **1.** *(derivare, essere accertato)* sich ergeben (*da* aus), resultieren (*da* aus); **2.** *(emergere, riuscire)* hervorgehen als, sich erweisen als; **3.** *(dimostrarsi)* sich herausstellen als, sich erweisen als.

risultato [risul'ta:to] *m* Resultat *n,* Ergebnis *n.*

risurrezione [risurret'tsio:ne] *f* Auferstehung *f.*

risuscitare [risuʃʃi'ta:re] **I.** *tr* ⟨*avere*⟩ **1.** *(morti)* auferwecken; **2.** *fig* wiederaufleben lassen; **II.** *itr* ⟨*essere*⟩ **1.** *rel* auferstehen; **2.** *(riprendersi)* wiederaufleben.

risvegliare [-zveʎ'ʎa:re] **I.** *tr* **1.** *(svegliare)* wieder (auf)wecken; **2.** *fig (memoria, emozioni)* wieder wachrufen; *(popolo, pigri)* aufrütteln; *(appetito, emozioni)* wieder wecken; **II.** *rfl:* **-arsi** *(a. fig)* wieder erwachen. **risveglio** [...'vεʎʎo] ⟨-gli⟩ *m* **1.** *(dal sonno)* Erwachen *n,* Aufwachen *n;* **2.** *fig* Wiederaufleben *n.*

risvolto [-z'vɔlto] *m* **1.** *(di vestito)* Aufschlag *m,* Revers *n o m;* **2.** *fig (conseguenza)* Kehrseite *f.*

ritagliare [-taʎ'ʎa:re] *tr* ausschneiden. **ritaglio** [-'taʎʎo] *m* **1.** *(di giornale)* Ausschnitt *m;* **2.** *(di stoffa, etc.)* Schnipsel *m o n;* **3.** *fig* Rest *m,* Abschnitt *m.*

ritardare [-tar'da:re] **I.** *itr* sich verspäten; *(a. treno, etc.)* Verspätung haben; **II.** *tr* **1.** *(far tardare)* verzögern; **2.** *(rallentare)* verlangsamen; **3.** *(impedire)* aufhalten; **4.** *(differire)* aufschieben.

ritardatario, -a [-tarda'ta:rio] ⟨-i, -ie⟩ *m, f* Nachzügler(in) *m(f),* Verspätete(r) *mf.*

ritardato, -a [-tar'da:to] **I.** *a* **1.** *(moto, scoppio)* verspätet; **2.** *(persona)* zurückgeblieben, retardiert *scient;* **II.** *m, f* Zurückgebliebene(r) *mf.*

ritardo [-'tardo] *m* **1.** *(non puntualità)* Verspätung *f;* *(indugio)* Verzögerung *f;* *(rallentamento)* Verlangsamung *f;* **2.** *med, psych* Zurückbleiben *n.*

ritegno [ri'teɲɲo] *m* **1.** *(riserbo)* Zurückhaltung *f,* Reserve *f;* **2.** *(misura)* Einschränkung *f,* Maß *n.*

ritemprare [-tem'pra:re] **I.** *tr* wieder kräftigen; **II.** *rfl:* **-arsi** sich wieder kräftigen.

ritenere [-te'ne:re] ‹*irr*› **I.** *tr* **1.** *(considerare)* halten für; **2.** *com, fin* einbehalten; **3.** *(ricordare)* behalten; **II.** *rfl:* **-ersi** sich halten für. **ritenuta** [...'nu:ta] *f* **1.** *(detrazione)* Abzug *m* (*su* von, auf); **2.** *(di flusso)* Zurückhalten *n.*

ritirare [-ti'ra:re] **I.** *tr* **1.** *(tirare di nuovo)* wieder ziehen; **2.** *(tirare indietro)* zurückziehen; **3.** *(richiamare)* zurückberufen, abberufen; **4.** *(farsi consegnare)* abholen, sich *(dat)* aushändigen lassen; **5.** *(togliere dalla circolazione)* einziehen, aus dem Verkehr ziehen; **6.** *fig (offesa, promessa)* zurücknehmen; *(permesso)* entziehen; **II.** *rfl:* **-arsi 1.** *(tirarsi indietro)* sich zurückziehen, zurückweichen; **2.** *(appartarsi)* sich zurückziehen, sich absondern; **3.** *(abbandonare)* aufgeben (*da qc* etw.), entsagen (*da qc* einer S. *dat*); **4.** *(restringersi)* einlaufen; **5.** *(scorrere via)* zurückgehen, abfließen; **6.** *fig (retrocedere da un impegno)* einen Rückzieher machen *fam.* **ritirata** [...'ra:ta] *f* **1.** *mil (arretramento)* Rückzug *m; (rientro in caserma)* Zapfenstreich *m;* **2.** *(latrina)* Abort *m.* **ritirato, -a** [...'ra:to] *a* zurückhaltend, zurückgezogen. **ritiro** [-'ti:ro] *m* **1.** *(richiamo)* Abberufung *f;* **2.** *(di truppe)* Rückzug *m;* **3.** *fin (dalla circolazione)* Einzug *m;* **4.** *(di pacco, etc.)* Abholen *n;* **5.** *(di permesso)* Entziehung *f; (di patente, etc.)* Einzug *m,* Einbehalten *n;* **6.** *(rinunzia)* Rückzug *m* (*da* aus), Ausscheiden *n* (*da* aus); **7.** *(in luogo appartato)* Zurückgezogenheit *f.*

ritmica ['ritmika] ‹-che› *f* Rhythmik *f.* **ritmico, -a** [...ko] ‹-ci, -che› *a* rhythmisch.

ritmo ['ritmo] *m* Rhythmus *m.*

rito ['ri:to] *m* **1.** *(cerimonia)* Ritus *m,* Ritual *n;* **2.** *(usanza)* Brauch *m.*

ritoccare [-tok'ka:re] *tr* überarbeiten; *(disegno, labbra)* nachziehen; *(trucco)* auffrischen. **ritocco** [-'tokko] *m* Korrektur *f,* Verbesserung *f.*

ritorcere [-'tɔrtʃere] ‹*irr*› **I.** *tr* **1.** *(accusa, insinuazione)* zurückgeben, umkehren; **2.** *(torcere in senso opposto)* verdrehen; **II.** *rfl:* **-ersi** sich verdrehen, sich wenden.

ritornare [-tor'na:re] *itr* ‹*essere*› **1.** *(venire di nuovo)* zurückkehren, zurückkommen; **2.** *(ricomparire)* wieder erscheinen, wiederkehren; **3.** *(ridiventare)* wieder werden.

ritornello [-tor'nɛllo] *m* **1.** *lit* Kehrreim *m; (a. mus)* Refrain *m;* **2.** *fig* (alte) Leier *f.*

ritorno [-'torno] *m* **1.** *(rientro)* Rückkehr *f; (periodico a.)* Wiederkehr *f;* **2.** *(rinvio)* Rücksendung *f,* Rückgabe *f.*

ritorsione [-tor'sjo:ne] *f* Entgegnung *f,* Retourkutsche *f.*

ritorto, -a [-'tɔrto] *a* gezwirnt, gedreht.

ritrarre [-'trarre] ‹*irr*› **I.** *tr* **1.** *(trarre indietro)* zurückziehen; **2.** *(nell'arte)* abbilden, darstellen; **II.** *rfl:* **-arsi** sich zurückziehen.

ritrattare [-trat'ta:re] *tr* **1.** *(trattare di nuovo)* wieder darlegen, wieder behandeln; **2.** *(disdire)* zurücknehmen, widerrufen.

ritrattista [ritrat'tista] ‹-i *m,* -e *f*› *mf* Porträtist(in) *m(f),* Porträtmaler(in) *m(f).*

ritratto [ri'tratto] *m* **1.** *(riproduzione)* Porträt *n;* **2.** *fig* Bild *n,* Abbild *n.*

ritrosia [ritro'si:a] ‹-ie› *f* **1.** *(riluttanza)* Widerspenstigkeit *f;* **2.** *(timidezza)* Sprödigkeit *f.* **ritroso, -a** [ri'tro:so] *a* **1.** *(scontroso)* spröd(e), zurückhaltend; **2.** *(restio)* widerwillig, widerspenstig; **a ~** rückwärts.

ritrovamento [-trova'mento] *m* **1.** *(risultato)* Wiederfinden *n;* **2.** *(invenzione)* Erfindung *f; (scoperta)* Entdekkung *f.* **ritrovare** [...'va:re] **I.** *tr* **1.** *(persone, cose smarrite)* wiederfinden; **2.** *fig (salute, pace, etc.)* wiedererlangen; **3.** *(trovare di nuovo)* wieder antreffen; **II.** *rfl:* **-arsi 1.** *(incontrarsi di nuovo)* sich wieder treffen; **2.** *(trovarsi per caso)* kommen, geraten, sich finden; **3.** *(raccapezzarsi)* sich zurechtfinden. **ritrovato** [...'va:to] *m* **1.** *(invenzione)* Erfindung *f;* **2.** *(scoperta)* Entdeckung *f.*

ritrovo [-'trɔ:vo] *m* **1.** *(riunione)* Treffen *n;* **2.** *(luogo)* Treffpunkt *m.*

ritto, -a ['ritto] *a* senkrecht, hochkant; *(persona)* aufrecht.

rituale [ritu'a:le] **I.** *a* **1.** *(conforme ai riti)* rituell; **2.** *fig (abituale)* üblich, gewöhnlich; **II.** *m* Ritual *n.*

riunione [-u'njo:ne] *f* Versammlung *f,* Sitzung *f; sport* Treffen *n.* **riunire** [-u'ni:re] **I.** *tr* **1.** *(unire elementi divisi)* wieder vereinen; **2.** *(mettere insieme)* versammeln; **3.** *(riconciliare)* versöhnen; **4.** *(convocare)* einberufen; **II.** *rfl:* **-irsi 1.** *(fare una riunione)* sich versammeln; **2.** *(tornare insieme)* sich wiedervereinen.

riuscire [-uʃ'ʃi:re] ‹*irr*› *itr* ‹*essere*› **1.** *(essere capace)* es schaffen; *(raggiungere)* es fertigbringen, es schaffen; **2.** *(avere esito)* gelingen; **3.** *(risultare)* sich erweisen als; **4.** *(aver attitudine, successo)* erfolgreich sein, Erfolg haben; **5.** *(dimostrarsi)* erscheinen; **6.** *(apparire)* (er)scheinen. **riuscita** [...'ʃi:ta] *f (esito)* Ausgang *m; (buon esito)* Gelingen *n; (di persona)* Erfolg *m;* **fare una buona/cattiva ~** Erfolg/Mißerfolg haben.

riutilizzare [-utilid'dza:re] *tr* wiederverwenden.

riva ['ri:va] *f* Ufer *n.*
rivale [ri'va:le] **I.** *a* rivalisierend; **II.** *mf* Rivale *m,* Rivalin *f,* Konkurrent(in) *m(f); (in amore)* Nebenbuhler(in) *m(f).* **rivaleggiare** [rivaled'dʒa:re] ‹rivaleggio, rivaleggi› *itr* rivalisieren. **rivalità** [...li'ta] ‹-› *f* Rivalität *f.*
rivalsa [-'valsa] *f* **1.** *(compensazione)* Genugtuung *f;* **2.** *com* Revers *m,* Entlastungserklärung *f.*
rivalutare [-valu'ta:re] *tr* aufwerten. **rivalutazione** [...tat'tsi̯o:ne] *f* Aufwertung *f.*
rivangare [-vaŋ'ga:re] *tr* wieder aufrühren.
rivedere [-ve'de:re] ‹*irr*› **I.** *tr* **1.** *gener.* wieder sehen; **2.** *(rincontrare, a. patria, casa)* wiedersehen; **3.** *(esaminare)* durchsehen; *(revisionare)* nachprüfen; **4.** *(rileggere)* durchlesen; **II.** *rfl:* **-ersi** sich wiedersehen.
rivelare [-ve'la:re] **I.** *tr* **1.** *(notizia, nascondiglio)* offenbaren, verraten; *(segreto a.)* enthüllen; **2.** *(manifestare)* verraten, zeigen; **II.** *rfl:* **-arsi** sich erweisen als. **rivelatore** [...la'to:re] *m* **1.** *tec, radio* Detektor *m;* **2.** *fot* Entwickler *m.* **rivelazione** [...lat'tsi̯o:ne] *f* **1.** *(di notizie, segreti)* Enthüllung *f; (a. rel)* Offenbarung *f;* **2.** *(ciò che viene rivelato)* Offenbarung *f,* Entdeckung *f.*
rivendicare [-vendi'ka:re] *tr* **1.** *jur* einklagen, geltend machen; **2.** *(lottare per)* fordern, beanspruchen. **rivendicazione** [...kat'tsi̯o:ne] *f* Forderung *f; (a. di diritto)* Beanspruchung *f.*
rivendita [-'vendita] *f* **1.** *com* Wiederverkauf *m;* **2.** *(negozio)* Laden *m.* **rivenditore, -trice** [...'to:re] *m, f* **1.** *(venditore al minuto)* (Klein)händler(in) *m(f);* **2.** *(di seconda mano)* Wiederverkäufer(in) *m(f).*
riverberare [-verbe'ra:re] *tr* widerspiegeln. **riverbero** [-'vɛrbero] *m* Widerschein *m.*
riverente [rive'rɛnte] *a* ehrfürchtig. **riverenza** [...'rɛntsa] *f* **1.** *(inchino)* Verneigung *f;* **2.** *(rispetto)* Reverenz *f,* Ehrerbietung *f,* Hochachtung *f* (*per* vor).
riverire [rive'ri:re] ‹riverisco› *tr* verehren, achten; **La riverisco!** *(salutando)* ich empfehle mich!
riversare [-ver'sa:re] **I.** *tr* wieder (ein-, aus)gießen; ~ **qc su qu** *fig* jdn mit etw. überschütten; **II.** *rfl:* **-arsi** hervorquellen, sich ergießen.
rivestimento [-vesti'mento] *m* **1.** *(operazione)* Verkleiden *n,* Beziehen *n;* **2.** *(materiale)* Verkleidung *f,* Bezug *m.* **rivestire** [...'ti:re] **I.** *tr* **1.** *(ricoprire)* verkleiden, beziehen; **2.** *(indossare)* wieder anziehen; **3.** *fig (carica)* bekleiden; *(importanza, grado)* einnehmen; **4.** *(fornire di abiti nuovi)* einkleiden; **II.** *rfl:* **-irsi** sich wieder anziehen (*o* ankleiden).
riviera [ri'vi̯ɛ:ra] *f* Küste *f.*
rivincita [-'vintʃita] *f* Revanche *f.*
rivista [-'vista] *f* **1.** *(periodico)* Illustrierte *f;* **2.** *(spettacolo)* Revue *f;* **3.** *mil* Revue *f,* Truppenschau *f;* **4.** *(controllo)* Durchsicht *f,* Überprüfung *f.*
rivivere [-'vi:vere] ‹*irr*› **I.** *itr* ‹*essere*› **1.** *(tornare a vivere)* wieder lebendig werden; **2.** *fig* wieder aufleben, zu neuem Leben erwachen; **II.** *tr* ‹*avere*› wieder erleben.
rivolgere [-'voldʒere] ‹*irr*› **I.** *tr* **1.** *(volgere verso una direzione)* wenden; **2.** *fig (attenzione, etc.)* richten (*a* auf); **3.** *(distogliere)* abwenden; ~ **la parola a qu** das Wort an jdn richten; **II.** *rfl:* **-ersi** **1.** *(girarsi)* sich umdrehen; **2.** *(indirizzare il discorso, cercare aiuto)* sich wenden (*a* an).
rivolgimento [-voldʒi'mento] *m* Umsturz *m.*
rivolta [-'vɔlta] *f* Revolte *f,* Aufstand *m.*
rivoltante [-vol'tante] *a* abstoßend.
rivoltare [-vol'ta:re] **I.** *tr* **1.** *(voltare dalla parte opposta)* umdrehen, wenden; **2.** *(voltare ripetutamente)* wieder und wieder drehen; **3.** *(provocare disgusto)* abstoßen; **II.** *rfl:* **-arsi** **1.** *(ribellarsi)* sich auflehnen (*a* gegen); **2.** *(volgersi indietro)* sich umdrehen.
rivoltella [-vol'tɛlla] *f* Revolver *m.* **rivoltellata** [...tel'la:ta] *f* Revolverschuß *m.*
rivoltoso, -a [-vol'to:so] **I.** *a* aufständisch, aufrührerisch; **II.** *m, f* Aufständische(r) *mf,* Aufrührer(in) *m(f).*
rivoluzionare [rivoluttsi̯o'na:re] *tr* **1.** *fig (vita, mente, etc.)* in Aufruhr versetzen, durcheinanderbringen; **2.** *(ordine, società, etc.)* revolutionieren, umstürzen. **rivoluzionario, -a** [...'na:ri̯o] ‹-i, -ie› **I.** *a* revolutionär; **II.** *m, f* Revolutionär(in) *m(f).*
rivoluzione [rivolut'tsi̯o:ne] *f* **1.** *pol* Revolution *f,* Umsturz *m;* **2.** *soc* Revolution *f,* Umwälzung *f;* **3.** *fig* Aufruhr *m;* **4.** *astr* Umlauf *m.*
rizzare [rit'tsa:re] **I.** *tr* **1.** *(tenda)* aufstellen, aufschlagen; **2.** *(vele, bandiera)* hissen; **II.** *rfl:* **-arsi** *(alzarsi in piedi)* sich aufrichten, aufstehen.
R.N.A. *m ab di* **acido ribonucleico** RNS *f* (*ab di* Ribonukleinsäure).
roba ['rɔ:ba] *f* **1.** *(possesso)* Sachen *f pl,* Dinge *n pl,* Zeug *n;* **2.** *(vestiario)* Sachen *f pl;* **3.** *(da vendere)* Ware *f;* **4.** *(affare, faccenda)* Sache *f,* Angelegenheit *f;* **5.** *(stoffa)* Stoff *m,* Tuch *n;* ~ **usata** Gebrauchtwaren *f pl;* ~ **da mangiare** Eßwaren *f pl.*
Roberto [ro'bɛrto] *(nome proprio maschile)* Robert.

robivecchi [robiˈvɛkki] ‹-› *mf* Altwarenhändler(in) *m(f)*.

robot [ˈrɔ:bot] ‹-› *m* Roboter *m*. **robotizzato, -a** [robotidˈdza:to] *a* vollautomatisiert.

robustezza [robusˈtettsa] *f* Robustheit *f*. **robusto, -a** [roˈbusto] *a* **1.** *(persona, costituzione)* robust, kräftig; **2.** *(cosa)* stabil; **3.** *(vino, voce)* kräftig.

rocca [ˈrɔkka] ‹-cche› *f* Festung *f*.

roccaforte [rokkaˈfɔrte] ‹roccheforti› *f* **1.** *(città fortificata)* Festung *f*; **2.** *fig* Hochburg *f*.

rocchetto [rokˈketto] *m* **1.** *(di filo)* Garnspule *f*, Garnrolle *f*; **2.** *fot, tec* Spule *f*.

roccia [ˈrɔttʃa] ‹-cce› *f* **1.** *geol* Gestein *n*; **2.** *(masso)* Fels *m*, Felsblock *m*. **rocciatore, -trice** [rottʃaˈto:re] *m, f* Kletterer *m*, Klett(r)erin *f*. **roccioso, -a** [...ˈtʃo:so] *a* felsig.

roco, -a [ˈrɔ:ko] ‹-chi, -che› *a* rauh, heiser.

rodaggio [roˈdaddʒo] ‹-ggi› *m* **1.** *tec* Einlaufen *n*; *mot* Einfahren *n*; *(periodo)* Einlauf-, Einfahrzeit *f*; **2.** *fig* Eingewöhnung *f*; *(di impiegato, etc.)* Einarbeitung f; **periodo di ~** Schonfrist *f*; **essere in ~** eingefahren werden. **rodare** [roˈda:re] *tr* einlaufen lassen; *mot* einfahren.

rodere [ˈro:dere] ‹rodo, rosi, roso› **I.** *tr* **1.** *(rosicchiare)* nagen (an); **2.** *(corrodere)* zerfressen; **3.** *fig* fressen (an); **II.** *rfl:* **-ersi** sich verzehren (*da* vor). **roditore** [rodiˈto:re] *m* Nagetier *n*, Nager *m*.

rododendro [rodoˈdɛndro] *m* Rhododendron *m o n*.

Rodolfo [roˈdɔlfo] *(nome proprio maschile)* Rudolf.

rogna [ˈroɲɲa] *f* **1.** *med* Krätze *f*, Räude *f*; **2.** *fig fam* Plage *f*.

rognone [roɲˈɲo:ne] *m* Niere *f*.

rognoso, -a [roɲˈɲo:so] *a* **1.** *med* krätzig, räudig; **2.** *fig* lästig.

rogo [ˈrɔ:go *o* ˈro:go] ‹-ghi› *m* **1.** *(pira)* Scheiterhaufen *m*; **2.** *(incendio)* Feuer *n*, Brand *m*.

Roma [ˈro:ma] *f* Rom *n*; **di ~** römisch, Römer; **abitante di ~** Römer(in) *m(f)*.

romana *f v.* **romano.**

Romandia [romanˈdi:a] *f* Französische Schweiz.

romanesco, -a [romaˈnesko] ‹-schi, -sche› *a* römisch.

Romania [romaˈni:a] *f* Rumänien *n*.

romanico, -a [roˈma:niko] ‹-ci, -che› **I.** *a* romanisch; **II.** *m* Romanik *f*.

romanistica [romaˈnistika] ‹-che› *f* Romanistik *f*.

romanità [romaniˈta] ‹-› *f* Römertum *n*.

romano, -a [roˈma:no] **I.** *a* römisch; **fare alla -a** getrennte Kasse machen; **II.** *m, f* Römer(in) *m(f)*.

romanticismo [romantiˈtʃizmo] *m* Romantik *f*. **romantico, -a** [roˈmantiko] ‹-ci, -che› **I.** *a* romantisch; **II.** *m, f* Romantiker(in) *m(f)*.

romanza [roˈmandza] *f* Romanze *f*.

romanzare [romanˈdza:re] *tr* (romanartig) ausschmücken. **romanzesco, -a** [...ˈdzesko] ‹-schi, -sche› *a* **1.** *lit* Roman-; **2.** *(cavalleresco)* Ritter-, Helden-; **3.** *fig* phantastisch, abenteuerlich. **romanziere, -a** [...ˈdziɛ:re] *m, f* Romancier *m*, Romanschriftsteller(in) *m(f)*.

romanzo [roˈmandzo] *m* Roman *m*.

rombare [romˈba:re] *itr* dröhnen, donnern.

rombo [ˈrombo] *m* **1.** *mat* Rhombus *m*, Raute *f*; **2.** *(rumore)* Dröhnen *n*, Donnern *n*; **3.** *zoo* Scholle *f*, Plattfisch *m*.

romeno [roˈmɛ:no] *v.* **rumeno.**

rompere [ˈrompere] ‹rompo, ruppi, rotto› **I.** *tr* **1.** *(vetro, etc.)* brechen; *(fracassare: vaso, bastone, etc.)* zerbrechen; *(catene, argini)* sprengen; *(timpano)* platzen lassen; **2.** *fig (silenzio, amicizia, incanto)* brechen; *(dieta)* aufhören mit; *(file, righe)* auflösen; **~ le tasche** (*o* **le scatole** *o* **l'anima) a qu** *fam* jdm auf den Wecker (*o* Keks *o* Geist) gehen *fam*; **II.** *itr* **1.** *(scoppiare)* ausbrechen (*in* in); **2.** *(troncare)* brechen (*con* mit); **III.** *rfl:* **-ersi** (zer)brechen, kaputtgehen; **-ersi un braccio/una gamba** sich *(dat)* einen Arm/ein Bein brechen. **rompicapo** [rompiˈka:po] *m* **1.** *(fastidio)* Kopfzerbrechen *n*; **2.** *(indovinello)* Denkaufgabe *f*, Rätsel *n*; **3.** *(problema difficile)* Problem *n*. **rompicollo** [-ˈkɔllo] *m*: **a ~** Hals über Kopf. **rompighiaccio** [-ˈgjattʃo] ‹-› *m* Eisbrecher *m*.

rompimento [rompiˈmento] *m fam* Nervensäge *f fam*.

rompipalle [rompiˈpalle] ‹-›, **rompiscatole** [...sˈka:tole] ‹-› *mf fam* Nervensäge *f fam*.

ronda [ˈronda] *f* Streife *f*, Wache *f*; **fare la ~** auf Streife gehen.

rondella [ronˈdɛlla] *f* Unterlegscheibe *f*.

rondine [ˈrondine] *f* Schwalbe *f*. **rondone** [ronˈdo:ne] *m* Mauersegler *m*.

ronfare [ronˈfa:re] *itr* **1.** *(russare)* schnarchen; **2.** *(gatto)* schnurren.

ronzare [ronˈdza:re] *itr* **1.** *(insetti)* summen; **2.** *fig (idee, pensieri)* schwirren.

ronzino [ronˈdzi:no] *m pej* Gaul *m*, Klepper *m*.

ronzio [ronˈdzi:o] ‹-ii› *m* Summen *n*.

rosa [ˈrɔ:za] **I.** *f* **1.** *bot (pianta)* Rose *f*, Rosenstock *m*; *(fiore)* Rose *f*; **2.** *fig (gruppo di persone)* Kreis *m*; **~ dei venti** Windrose *f*; **fresco come una ~** frisch wie der junge Morgen; **all'acqua di -e** *fig* oberflächlich, flüchtig; **II.** ‹*inv*› *a* **1.** *(colore)* rosa; **2.** *fig:* **romanzo ~** Liebesroman *m*; **foglio ~** vorläufige Fahrerlaubnis; **III.** ‹-› *m* Rosa *n*. **rosaio**

[ro'za:i̯o] ‹-ai› *m* Rosenstock *m*, -strauch *m*.
Rosalia [roza'li:a] *(nome proprio femminile)* Rosalie.
rosario [ro'za:ri̯o] ‹-i› *m* Rosenkranz *m*.
rosatello [roza'tɛllo] *m* Rosé(wein) *m*.
rosato, -a [ro'za:to] **I.** *a* **1.** *(colorito)* rosa(farben); **2.** *(miele)* Rosen-; **3.** *(vino)* Rosé-; **II.** *m* Rosé(wein) *m*.
roseo, -a ['rɔ:zeo] *a (a. fig)* rosig.
rosetta [ro'zetta] *f* **1.** *(diamante)* Rosette *f*; **2.** *tec* Unterlegscheibe *f*; **3.** *(pane)* Rosenbrötchen *n*.
rosi ['ro:si] *p rem di* **rodere.**
rosicchiare [rosik'ki̯a:re] ‹rosicchio, rosicchi› *tr* knabbern (an), nagen (an).
rosmarino [rozma'ri:no] *m* Rosmarin *m*.
roso ['ro:so] *pp di* **rodere.**
rosolare [rozo'la:re] *tr* anbraten.
rosolia [rozo'li:a] ‹-ie› *f* Röteln *pl*.
rosone [ro'zo:ne] *m* **1.** *(motivo ornamentale)* Rosette *f*; **2.** *(vetrata)* Fensterrose *f*, Rosette *f*.
rospo ['rɔspo] *m* Kröte *f*.
rossa *f v.* **rosso.**
rossastro, -a [ros'sastro] *a* rötlich.
rosseggiare [rossed'dʒa:re] ‹rosseggio, rosseggi› *itr* rötlich schimmern.
rossetto [ros'setto] *m* **1.** *(per labbra)* Lippenstift *m*; **2.** *(per guance)* Rouge *n*.
rossiccio, -a [ros'sittʃo] ‹-cci, -cce› *a* rötlich.
rosso, -a ['rosso] **I.** *a* rot; **diventare ~ come un gambero** puterrot werden; **II.** *m* Rot *n*; **~ d'uovo** Eigelb *n*; **passare col ~** bei Rot über die Ampel gehen (*o* fahren); **III.** *m*, *f* **1.** *(persona rossa di capelli)* Rothaarige(r) *mf*; **2.** *fam pol* Rote(r) *mf fam*. **rossore** [...'so:re] *m* Röte *f*.
rosticceria [rostittʃe'ri:a] ‹-ie› *f* Rotisserie *f*, Bratküche *f*.
rostro ['rɔstro] *m* Schnabel *m*.
rotaia [ro'ta:i̯a] ‹-aie› *f* Schiene *f*, Gleis *n*.
rotare [ro'ta:re] ‹*1ª pers sing pr:* ruoto› **I.** *itr* **1.** *(girare)* (sich) drehen, rotieren; **2.** *(volare)* kreisen, Kreise ziehen; **II.** *tr* **1.** *(braccio, bastone)* kreisen lassen; **2.** *agr (colture)* wechseln. **rotativa** [rota'ti:va] *f* Rotationsmaschine *f*, -presse *f*. **rotativo, -a** [...vo] *a* Rotations-; *agr* Fruchtwechsel-. **rotatorio, -a** [...'tɔ:ri̯o] ‹-i, -ie› *a* Dreh-; *(a. circolazione)* Kreis-. **rotazione** [...tat'tsi̯o:ne] *f* Rotation *f*.
roteare [rote'a:re] **I.** *tr* kreisen lassen; *(occhi a.)* rollen; **II.** *itr* kreisen, Kreise ziehen.
rotella [ro'tɛlla] *f* Rolle *f*; *(a. di orologio)* Rädchen *n*; **gli manca una** (*o* **qualche**) **~** *fam* bei ihm ist eine Schraube locker *fam*.
rotocalco [roto'kalko] *m* Illustrierte *f*.
rotolare [roto'la:re] **I.** *tr* ‹*avere*› rollen; **II.** *itr* ‹*essere*› rollen; **III.** *rfl:* **-arsi** sich rollen, sich wälzen.
rotolo ['rɔ:tolo] *m* **1.** *(di carta igienica, etc.)* Rolle *f*; *(di stoffa)* Ballen *m*; **2.** *(libro antico)* Schriftrolle *f*; **andare/mandare a -i** *fam* den Bach runtergehen/runtergehen lassen *fam*.
rotonda [ro'tonda] *f* Rotunde *f*.
rotondità [rotondi'ta] ‹-› *f* Rundheit *f*; *(di persone, membra a.)* Rundlichkeit *f*.
rotondo, -a [ro'tondo] *a* rund; *(fig a.)* abgerundet.
rotore [ro'to:re] *m* Rotor *m*.
rotta ['rotta] *f* **1.** *fig* Bruch *m*; **2.** *(sconfitta)* Niederlage *f*; **3.** *naut, aero* Kurs *m*; **cambiare ~** *(a. fig)* den Kurs ändern; **fare ~ per** (*o* **verso**) **...** Kurs auf ... nehmen; **essere in ~ con qu** mit jdm gebrochen haben; **a ~ di collo** *fam* Hals über Kopf.
rottame [rot'ta:me] *m* **1.** *(residuo)* Bruchstück *n*; **2.** *(ammasso inservibile)* Schrott(haufen) *m*; **3.** *fig fam (persona)* Wrack *n*.
rotto, -a ['rotto] **I.** *pp di* **rompere; II.** *a* **1.** *(ridotto in pezzi)* zerbrochen, kaputt; **2.** *(scarpe, camicia)* verschlissen, kaputt; **3.** *(ossa)* gebrochen; **4.** *fig (voce)* erstickt; **5.** *(interrotto)* unterbrochen; **6.** *(assuefatto)* vertraut (*a* mit), gewöhnt (*a* an); **III.** *m*: **per il ~ della cuffia** *fam* um Haaresbreite.
rottura [rot'tu:ra] *f* **1.** *(di tubo, braccio, argine)* Bruch *m*; **2.** *fig (di tregua)* Abbruch *m*; *(di fidanzamento)* (Auf)lösung *f*; *(col passato)* Bruch *m*.
roulotte [ru'lɔt] ‹-› *f* Wohnwagen *m*.
rovente [ro'vɛnte] *a* glühend.
rovere ['ro:vere] **I.** *m o f* Stiel-, Sommereiche *f*; **II.** *m* Eichenholz *n*.
rovesciare [roveʃ'ʃa:re] ‹rovescio, rovesci› **I.** *tr* **1.** *(versare inavvertitamente)* verschütten, vergießen; **2.** *(far cadere)* umwerfen, -stoßen; *fig pol (governo)* stürzen; **3.** *(capovolgere)* umkehren; **4.** *mil* niederschlagen; **5.** *fig (rivolgere, attribuire)* wälzen (*su* auf); **II.** *rfl:* **-arsi 1.** *(capovolgersi)* sich umkehren; **2.** *(gettarsi)* sich stürzen; **3.** *(cadere)* sich fallen lassen; **4.** *(riversarsi)* sich ergießen.
rovescio, -a [ro'vɛʃʃo] ‹-sci, -sce› **I.** *a* **1.** *(dalla parte opposta)* verkehrt, umgekehrt; **2.** *(supino)* rücklings; **alla -a** verkehrt, umgekehrt; **conto alla -a** Countdown *m*; **II.** *m* **1.** *(lato opposto)* Rückseite *f*; *(di stoffa, etc.)* linke Seite; **2.** *(maglia)* linke Masche; **3.** *sport* Rückhand(schlag *m*) *f*; **4.** *(di pioggia, grandine)* Schauer *m*; **5.** *fig* Rückschlag *m*; **il ~ della medaglia** *fig* die Kehrseite der Medaille.
rovina [ro'vi:na] *f* **1.** *(disfacimento)* Einsturz *m*; **2.** ‹*pl*› *(macerie)* Ruinen *f pl*; **3.** *fig* Ruin *m*, Verderben *n*. **rovinare**

[rovi'na:re] **I.** *tr* **1.** *(persone)* ruinieren, zugrunde richten; **2.** *(salute)* ruinieren; *(a. raccolto)* verderben; **3.** *(ponte, edificio)* einreißen; **II.** *itr* **1.** *(cadere giù)* einstürzen; **2.** *(precipitare)* herabstürzen; **III.** *rfl:* **-arsi** sich ruinieren, sich zugrunde richten.

rovistare [rovis'ta:re] *tr* durchsuchen, durchstöbern, stöbern in.

rovo ['ro:vo] *m* Brombeerstrauch *m*, Brombeere *f.*

rozzezza [rod'dzettsa] *f* Grobheit *f.* **rozzo, -a** ['roddzo] *a* **1.** *(persone, parole)* grob, ungehobelt; **2.** *(lana, tela)* grob, rauh.

R.S.M. *ab di* **Repubblica di San Marino.**

ruba ['ru:ba] *f:* **andare a ~** reißenden Absatz finden, weggehen wie warme Semmeln *fam.*

rubacuori [ruba'kuɔ:ri] **I.** ‹*inv*› *a* betörend; **II.** ‹-› *mf* Herzensbrecher(in) *m(f).*

rubare [ru'ba:re] *tr* **1.** *(portafogli, gioielli, etc.)* rauben, stehlen; **2.** *fig (segreto)* entlocken; *(tempo, cuore)* stehlen; *(sonno)* rauben.

rubicondo, -a [rubi'kondo] *a* hochrot.

rubinetto [rubi'netto] *m* Hahn *m.*

rubino [ru'bi:no] **I.** *m* Rubin *m;* **II.** ‹*inv*› *a* rubinrot.

rubizzo, -a [ru'bittso *o* ru'biddzo] *a* rüstig.

rublo ['ru:blo] *m* Rubel *m.*

rubrica [ru'bri:ka] ‹-che› *f* **1.** *(libretto)* Verzeichnis *n;* **2.** *radio, TV* Rubrik *f;* **3.** *(di giornale)* Spalte *f;* **4.** *com, fin* Kontenrahmen *m;* **~ telefonica** Telefonbuch *n.*

rude ['ru:de] *a* rüde, grob.

ruderi ['ru:deri] *m pl* Ruinen *f pl.*

rudimentale [rudimen'ta:le] *a* rudimentär. **rudimenti** [...'menti] *m pl* Grundlagen *f pl.*

ruffianata [ruffia'na:ta] *f fam* Schweinerei *f fam,* Schiebung *f.* **ruffianeria** [...ne'ri:a] ‹-ie› *f* Kuppelei *f.* **ruffiano, -a** [...'fia:no] *m, f* **1.** *fam (chi cerca di ingraziarsi)* Speichellecker(in) *m(f);* **2.** *(mezzano)* Kuppler(in) *m(f).*

ruga ['ru:ga] ‹-ghe› *f* Falte *f,* Runzel *f.*

rugby ['rugbi] ‹-› *m* Rugby *n.*

Ruggero [rud'dʒɛ:ro] *(nome proprio maschile)* Rüdiger.

ruggine ['ruddʒine] **I.** *f* **1.** Rost *m;* **2.** *fig fam* Zoff *m sl,* Knies *m fam dial;* **II.** ‹*inv*› *a* rostbraun, rostfarben. **rugginoso, -a** [...'no:so] *a* rostig.

ruggire [rud'dʒi:re] ‹ruggisco› *itr* brüllen. **ruggito** [...'dʒi:to] *m* Brüllen *n.*

rugiada [ru'dʒa:da] *f* Tau *m.*

rugoso, -a [ru'go:so] *a* runz(e)lig, faltig.

rullare [rul'la:re] **I.** *itr* **1.** *(tamburo)* dröhnen; **2.** *aero* rollen; **3.** *sport* abrollen; **II.** *tr* walzen.

rullino [rul'li:no] *m* Film *m,* Filmrolle *f.*

rullio [rul'li:o] ‹-ii› *m* Dröhnen *n.*

rullo ['rullo] *m* **1.** *(di tamburo)* Trommelwirbel *m;* **2.** *(arnese cilindrico)* Rolle *f;* *(a. typ)* Walze *f;* **~ compressore** Straßenwalze *f.*

rumeno, -a [ru'mɛ:no] **I.** *a* rumänisch; **II.** *m, f* Rumäne *m,* Rumänin *f.*

ruminanti [rumi'nanti] *m pl* Wiederkäuer *m pl.* **ruminare** [...'na:re] *tr* **1.** *zoo* wiederkäuen; **2.** *fig (pensare)* (nach)grübeln über; **3.** *(masticare a lungo)* lange kauen.

rumore [ru'mo:re] *m* **1.** *(fenomeno acustico)* Geräusch *n;* *(strepito)* Lärm *m,* Krach *m;* **2.** *fig* Aufsehen *n.* **rumoreggiare** [rumored'dʒa:re] ‹rumoreggio, rumoreggi› *itr* **1.** *(far rumore)* lärmen; *(tuono)* dröhnen; *(mare)* brausen; **2.** *fig (folla)* murren. **rumoroso, -a** [...'ro:so] *a* laut.

ruolo ['ruɔ:lo] *m* **1.** *(funzione)* Rolle *f,* Funktion *f;* **2.** *theat* Rolle *f;* **3.** *adm* Stellenplan *m;* **4.** *com* Plan *m,* Liste *f;* **insegnanti di ~** festangestellte Lehrer *m pl;* **essere di ~** beamtet (*o* im Beamtenverhältnis) sein.

ruota ['ruɔ:ta] *f* **1.** *gener., tec, mot* Rad *n;* **2.** *naut* Steven *m;* **3.** *(del lotto)* Ziehungsstelle *f;* **4.** *(oggetto circolare)* Scheibe *f;* **5.** *(di luna park)* Riesenrad *n;* **~ dentata** Zahnrad *n;* **fare la ~** *(pavone)* ein Rad schlagen; **essere l'ultima ~ del carro** das fünfte Rad am Wagen sein.

ruotare [ruo'ta:re] *v.* **rotare.**

ruoto *1. pers sing pr di* **rotare.**

rupe ['ru:pe] *f* Fels(en) *m.*

rupestre [ru'pɛstre] *a* felsig.

ruppi ['ruppi] *p rem di* **rompere.**

rurale [ru'ra:le] *a* ländlich, Land-.

ruscello [ruʃ'ʃɛllo] *m* Bach *m.*

ruspa ['ruspa] *f* Bagger *m.*

ruspante [rus'pante] **I.** *a* scharrend; **II.** *m* Freilandhuhn *n.*

ruspare [rus'pa:re] *itr* scharren, kratzen.

russare [rus'sa:re] *itr* schnarchen.

Russia ['russia] *f* Rußland *n.* **russo, -a** ['russo] **I.** *a* russisch; **insalata -a** *Gemüsesalat mit Mayonnaise und Ei;* **montagne -e** Achterbahn *f;* **II.** *m, f* Russe *m,* Russin *f.*

rustico, -a ['rustiko] ‹-ci, -che› **I.** *a* **1.** *(campagnolo)* ländlich; **2.** *(mobile)* rustikal; **3.** *(persona)* bäurisch; **4.** *fig pej* roh, grob; **II.** *m* **1.** *(fabbricato)* Wirtschaftsteil *m;* **2.** *arch* Rohbau *m.*

ruta ['ru:ta] *f* Raute *f.*

ruttare [rut'ta:re] *itr* rülpsen, aufstoßen.

rutto ['rutto] *m* Rülpser *m.*

ruttore [rut'to:re] *m* Schalter *m.*

ruvido, -a ['ru:vido] *a* **1.** *(mani, corteccia, stoffa)* rauh; **2.** *fig* roh, grob.

ruzzolare [ruttso'la:re] *itr* purzeln, hinunterkugeln. **ruzzolone** [...'lo:ne] *m* Sturz *m,* Fall *m.*

S

S, s ['ɛsse] ‹-› *f* S, s *n;* **s come Savona** S wie Samuel.
S. 1. *ab di* **sud** S (*ab di* Süd); **2.** *ab di* **santo** hl., St. (*ab di* heilig, Sankt).
sabato ['sa:bato] *m* Samstag *m,* Sonnabend *m;* ~ **Santo** Karsamstag *m; v. a. lunedì.*
sabba ['sabba] ‹-› *m* Hexensabbat *m.*
sabbia ['sabbi̯a] ‹-ie› *f* Sand *m.* **sabbiatura** [-'tu:ra] *f* **1.** *med* Sandbad *n;* **2.** *tec* Sandstrahlen *n.* **sabbioso, -a** [sab'bi̯o:so] *a* sandig; *(riva a.)* Sand-.
Sabina [sa'bi:na] *(nome proprio femminile)* Sabine.
sabotaggio [sabo'taddʒo] ‹-ggi› *m* Sabotage *f.* **sabotare** [...'ta:re] *tr* sabotieren. **sabotatore, -trice** [...ta'to:re] *m, f* Saboteur(in) *m(f).*
sacca ['sakka] ‹-cche› *f* **1.** *(borsa)* (große) Tasche *f,* Reisetasche *f;* **2.** *geog* Bucht *f,* Einbuchtung *f;* **3.** *med, anat* Beutel *m,* Sack *m.*
saccarina [sakka'ri:na] *f* Saccharin *n.*
saccente [sat'tʃɛnte] **I.** *a* besserwisserisch; *(bambino a.)* altklug; **II.** *mf* Besserwisser(in) *m(f).*
saccheggiare [sakked'dʒa:re] ‹saccheggio, saccheggi› *tr* **1.** *(città)* plündern; *(banca)* ausrauben; **2.** *fig* sich *(dat)* aneignen, stehlen. **saccheggiatore, -trice** [...dʒa'to:re] *m, f* Räuber(in) *m(f),* Plünderer *m,* Plünd(r)erin *f.* **saccheggio** [...'keddʒo] ‹-ggi› *m* Plünderung *f.*
sacchetto [sak'ketto] *m* Tüte *f,* Beutel *m.*
sacco ['sakko] ‹-cchi› *m* **1.** *(recipiente)* Sack *m;* **2.** *fig fam* Haufen *m fam;* **3.** *anat, zoo* Sack *m,* Beutel *m;* **4.** *(saccheggio)* Plünderung *f;* **5.** *(tela)* Sackleinen *n;* **6.** *sport* Sandsack *m;* **7.** *fig scherz* Wanst *m,* Bauch *m;* **colazione al** ~ Picknick *n;* ~ **a pelo** Schlafsack *m;* **vuotare il** ~ *fig* auspacken. **saccopelista** [-pe'lista] ‹-i *m,* -e *f*› *mf* Rucksacktourist(in) *m(f).*
sacerdotale [satʃerdo'ta:le] *a* priesterlich, Priester-. **sacerdote, -essa** [...'dɔ:te, ...do'tessa] *m, f* Priester(in) *m(f).* **sacerdozio** [...'dɔttsi̯o] ‹-i› *m* **1.** *rel* Priestertum *n,* Priesterschaft *f;* **2.** *fig* Mission *f.*
sacrale [sa'kra:le] *a* sakral, heilig.
sacramentale [sakramen'ta:le] *a* sakramental.
sacramento [sakra'mento] *m* Sakrament *n; (l'Eucarestia)* Abendmahl *n,* Eucharistie *f.*
sacrario [sa'kra:ri̯o] ‹-i› *m* **1.** *(di tempio)* Heiligtum *n;* **2.** *(edificio)* Gedenkstätte *f.*
sacrato [sa'kra:to] *v.* **sagrato.**
sacrestano [sakres'ta:no] *v.* **sagrestano.**
sacrestia [sakres'ti:a] *v.* **sagrestia.**
sacrificare [sakrifi'ka:re] ‹sacrifico, sacrifichi› **I.** *tr* opfern; **II.** *rfl:* **-arsi 1.** *(offrirsi in sacrificio)* sich opfern, sich hingeben; **2.** *(sopportare privazioni)* sich aufopfern. **sacrificato, -a** [...'ka:to] *a* **1.** *(pieno di rinunce)* entbehrungsreich, voller Opfer; **2.** *(non valorizzato)* zu schade; **3.** *(offerto in sacrificio)* geopfert.
sacrificio [sakri'fi:tʃo] ‹-ci› *m* Opfer *n; (privazione a.)* Verzicht *m,* Entbehrung *f.*
sacrilegio [sakri'lɛ:dʒo] ‹-gi› *m* **1.** *(profanazione)* Frevel *m,* Gotteslästerung *f,* Sakrileg *n;* **2.** *fig* Schande *f,* Frevel *m.* **sacrilego, -a** [sa'kri:lego] ‹-ghi, -ghe› *a* gotteslästerlich, frevlerisch.
sacro ['sa:kro] *m* Kreuzbein *n.*
sacro, -a ['sa:kro] *a* heilig; *(musica, persona a.)* geistlich.
sacrosanto, -a [sakro'santo] *a* **1.** *rel* hochheilig; **2.** *(inviolabile)* unverletzlich, sakrosankt, unantastbar; **3.** *(parole, verità)* richtig, recht.
sadico, -a ['sa:diko] ‹-ci, -che› **I.** *a* sadistisch; **II.** *m, f* Sadist(in) *m(f).*
sadismo [sa'dizmo] *m* Sadismus *m.*
saetta [sa'etta] *f* Blitz *m.*
safari [sa'fa:ri] ‹-› *m* Safari *f.*
saga ['sa:ga] ‹-ghe› *f* Sage *f,* Saga *f.*
sagace [sa'ga:tʃe] *a* scharfsinnig, klug. **sagacia** [...tʃa] ‹-ie› *f* Scharfsinn *m,* Klugheit *f.*
saggezza [sad'dʒettsa] *f* Weisheit *f.*
saggia *f v.* **saggio, -a.**
saggiare [sad'dʒa:re] ‹saggio, saggi› *tr* **1.** *tec* prüfen; **2.** *fig* prüfen; *(persone a.)* auf die Probe stellen.
saggio[1] ['saddʒo] ‹-ggi› *m* **1.** *(prova)* Prüfung *f,* Probe *f;* **2.** *(campione)* Probe *f,* Muster *n;* **3.** *(a scuola)* Prüfung *f;* **4.** *fin (tasso)* Satz *m.*
saggio[2] ['saddʒo] ‹-ggi› *m (scritto critico)* Essay *m o n,* Abhandlung *f.*
saggio, -a ['saddʒo] ‹-ggi, -gge› **I.** *a* weise, klug; **II.** *m, f* Weise(r) *mf,* Gelehrte(r) *mf.*
saggista [sad'dʒista] ‹-i *m,* -e *f*› *mf*

Essayist(in) *m(f)*. **saggistica** [sad'dʒistika] ‹-che› *f* Essayistik *f*.
Sagittario [sadʒit'ta:rio] *m* Schütze *m*; **sono (del** *o* **un)** ~ ich bin (ein) Schütze.
sagoma ['sa:goma] *f* **1.** *(profilo)* Profil *n*, Linie *f*, Silhouette *f*; **2.** *(nel tiro a segno)* Zielscheibe *f*; **3.** *(modello)* Form *f*, Modell *n*, Schablone *f*; **4.** *fig fam* komischer Kauz (*o* Typ *fam*).
sagra ['sa:gra] *f* **1.** *(festa popolare)* (Volks)fest *n*; **2.** *rel* Kirchweih *f*.
sagrato [sa'gra:to] *m* Kirchplatz *m*.
sagrestano, -a [sagres'ta:no] *m, f* Küster(in) *m(f)*, Kirchendiener(in) *m(f)*. **sagrestia** [...'ti:a] ‹-ie› *f* Sakristei *f*.
saio ['sa:io] ‹sai› *m* Kutte *f*.
sala ['sa:la] *f* Saal *m*; ~ **da pranzo/da ballo/d'aspetto** Eßzimmer *n*/Ball-/Wartesaal *m*; ~ **parto** Kreißsaal *m*.
salace [sa'la:tʃe] *a* **1.** *lett (lascivo)* schlüpfrig, lasziv; **2.** *(pungente)* bissig, scharf.
salamandra [sala'mandra] *f* Salamander *m*.
salame [sa'la:me] *m* **1.** *gastr* Salami *f*; **2.** *fig fam* Tölpel *m*, Trottel *m*.
salamelecco [salame'lɛkko] ‹-cchi› *m* Katzbuckel *m*, Bückling *m*.
salamoia [sala'mɔ:ia] ‹-oie› *f* Salzlake *f*.
salare [sa'la:re] *tr* salzen.
salariale [sala'ria:le] *a* Lohn-. **salariato, -a** [...'ria:to] *m, f* Lohnempfänger(in) *m(f)*.
salario [sa'la:rio] ‹-i› *m* Lohn *m*, Entlohnung *f*, Vergütung *f*.
salassare [salas'sa:re] *tr* **1.** *med* zur Ader lassen; **2.** *fig* schröpfen. **salasso** [sa'lasso] *m* Aderlaß *m*.
salatino [sala'ti:no] *m* Salzstange *f*; *(biscotto)* Cracker *m*, Salzgebäck *n*.
salato, -a [sa'la:to] *a* **1.** *gener.* salzig; *(acqua)* Salz-; *(gastr a.)* gesalzen; **2.** *fig (prezzo)* gesalzen *fam*, gepfeffert *fam*; *(discorso)* scharf, bissig.
saldare [sal'da:re] **I.** *tr* **1.** *(congiungere)* verbinden, vereinigen, zusammenfügen; **2.** *tec (metalli)* löten; *(a fiamma)* schweißen; **3.** *(conto, debito)* begleichen, bezahlen; *(partita)* abschließen; **4.** *fig* verbinden, zusammenschweißen; **II.** *rfl*: **-arsi** zuheilen, vernarben. **saldatore, -trice** [...da'to:re] **I.** *m, f (operaio)* Schweißer(in) *m(f)*; **II.** *m tec* Lötkolben *m*; **III.** *f el* Schweißapparat *m*. **saldatura** [...da'tu:ra] *f* **1.** *gener., fig* Verbindung *f*, Vereinigung *f*; **2.** *tec* Schweißen *n*; *(punto di ~)* Schweißstelle *f*.
saldezza [sal'dettsa] *f* Festigkeit *f*.
saldo ['saldo] *m* **1.** *(svendita)* Restposten *m*, Restbestand *m*; **2.** *(di conto, fattura)* Bezahlung *f*, Saldo *m*; **3.** *(somma da pagare)* Restbetrag *m*; **-i di fine stagione** Schlußverkauf *m*.
saldo, -a ['saldo] *a (a. fig)* fest, stark.
sale ['sa:le] *m* **1.** *gastr, chem* Salz *n*; **2.** *fig (senno)* Verstand *m*, Geist *m*; **-i da bagno** Badesalz *n*; **avere poco ~ in zucca** *fam* wenig (Grips *fam*) im Kopf haben.
salgemma [sal'dʒɛmma] *m* Steinsalz *n*.
salgo ['salgo] *pr di* **salire.**
salice ['sa:litʃe] *m* Weide *f*; ~ **piangente** Trauerweide *f*.
saliente [sa'liɛnte] *a* bedeutend, wichtig.
saliera [sa'liɛ:ra] *f* Salzstreuer *m*, Salzgefäß *n*.
salina [sa'li:na] *f* **1.** *(impianto)* Saline *f*, Salzwerk *n*; **2.** *min* Salzlager *n*, -grube *f*.
salinità [salini'ta] ‹-› *f* Salzgehalt *m*.
salino, -a [sa'li:no] *a* salzhaltig, Salz-.
salire [sa'li:re] ‹salgo, salii, salito› **I.** *tr* ‹*avere*› er-, besteigen; *(scale)* (hoch)steigen, hinaufgehen; **II.** *itr* ‹*essere*› **1.** *(andare verso l'alto)* hoch-, hinaufsteigen, hoch-, hinaufgehen; **2.** *(montare)* steigen, einsteigen; **3.** *(alzarsi)* steigen, aufsteigen; **4.** *(prezzi, temperatura, livello)* steigen; **5.** *(strada)* ansteigen; ~ **alla testa** in den (*o* zu) Kopf steigen.
Salisburgo [saliz'burgo] *f* Salzburg *n*.
saliscendi [saliʃ'ʃendi] ‹-› *m* **1.** *(chiusura)* Riegel *m*; **2.** *(salite e discese)* Auf und Ab *n*.
salita [sa'li:ta] *f* Aufstieg *m*, Aufgang *m*; *(strada)* Steigung *f*.
saliva [sa'li:va] *f* Speichel *m*, Spucke *f*. **salivare** [sali'va:re] **I.** *a* Speichel-; **II.** *itr* Speichel absondern.
salma ['salma] *f* Leiche *f*, Leichnam *m*.
salmastro, -a [sal'mastro] **I.** *a* salzig, brackig; **II.** *m (odore)* Salzgeruch *m*; *(sapore)* Salzgeschmack *m*.
salmì [sal'mi] *m* (scharfes) Wildragout *n*; **lepre in ~** Hasenpfeffer *m*.
salmistrato, -a [salmis'tra:to] *a* gepökelt, Pökel-.
salmo ['salmo] *m* Psalm *m*.
salmone [sal'mo:ne] *m* Lachs *m*, Salm *m*.
salmonella [salmo'nɛlla] *f* Salmonelle *f*.
salnitro [sal'ni:tro] *m* Salpeter *m*.
salone [sa'lo:ne] *m* **1.** *(locale)* Salon *m*; **2.** *(mostra)* Salon *m*, Ausstellung *f*; **3.** *(edificio)* Messe-, Ausstellungshalle *f*; **4.** *(di bellezza, della moda)* Salon *m*.
salottiero, -a [salot'tiɛ:ro] *a* salonhaft, Salon-.
salotto [sa'lɔtto] *m* **1.** *(stanza)* Wohnzimmer *n*; **2.** *(mobilio)* Wohnzimmer(einrichtung *f*) *n*; **3.** *(raduno)* Salon *m*, Kreis *m*.
salpare [sal'pa:re] **I.** *itr* ‹*essere*› in See stechen, den Anker lichten; **II.** *tr* ‹*avere*› hieven; *(ancora)* lichten.
salsa ['salsa] *f* Soße *f*, Sauce *f*.
salsedine [sal'sɛ:dine] *f* **1.** *(del mare)* Salzigkeit *f*, Salzgehalt *m*; **2.** *(residuo)* Salzrückstände *m pl*, Salzkruste *f*.

salsiccia [sal'sittʃa] ‹-cce› *f* Wurst *f.*
salsiera [sal'siɛ:ra] *f* Sauciere *f,* Soßenschüssel *f.*
saltare [sal'ta:re] **I.** *itr ‹essere o avere›* **1.** *gener.* springen; **2.** *(esplodere)* explodieren; ~ **al collo di qu** *(per abbracciarlo)* jdm um den Hals fallen; *(aggredire)* jdm an die Gurgel gehen; ~ **di palo in frasca** vom Hundertsten ins Tausendste kommen, vom Hölzchen aufs Stöckchen kommen; **II.** *tr ‹avere›* **1.** *(ostacolo, muricciolo, etc.)* überspringen; **2.** *gastr* sautieren, kurz braten; **3.** *fig* überspringen, auslassen. **saltatore, -trice** [...ta'to:re] *m, f* Springer(in) *m(f).*
saltellare [saltel'la:re] *itr* hüpfen. **saltello** [...'tɛllo] *m* Hüpfer *m.*
saltimbanco, -a [saltim'baŋko] ‹-chi, -che› *m, f* **1.** *(acrobata)* Seiltänzer(in) *m(f);* **2.** *fig pej* Schwindler(in) *m(f),* Scharlatan *m.*
saltimbocca [saltim'bokka] ‹-› *m:* ~ **alla romana** *kleine Kalbsrouladen mit Schinken und Salbei.*
salto ['salto] *m* **1.** *gener., fig, fam, sport* Sprung *m;* **2.** *(omissione)* Überspringung *f,* Auslassung *f;* **3.** *mus* Intervall *n;* **4.** *(dislivello)* Gefälle *n;* ~ **in alto/in lungo/con l'asta** Hoch-/Weit-/Stabhochsprung *m;* ~ **mortale** Salto mortale *m,* Todessprung *m;* **fare i -i mortali** *fig* alles nur Mögliche tun; **fare quattro -i** *fam* das Tanzbein schwingen *fam;* **faccio un** ~ **in città/dalla mia amica** ich gehe auf einen Sprung in die Stadt/zu meiner Freundin *fam.*
saltuario, -a [saltu'a:rio] ‹-i, -ie› *a* unregelmäßig.
salubre [sa'lu:bre] *a* gesund. **salubrità** [salubri'ta] ‹-› *f* Gesundheit *f.*
salume [sa'lu:me] *m* Wurst *f;* **-i** Wurstwaren *f pl.* **salumeria** [salume'ri:a] ‹-ie› *f* Wurstwarenhandlung *f.* **salumiere, -a** [...'miɛ:re] *m, f* Wursthändler(in) *m(f).*
salutare[1] [salu'ta:re] *a* heilsam, gesund.
salutare[2] [salu'ta:re] *tr* grüßen; *(a. accogliere)* begrüßen; **andare a** ~ **qu** jdn besuchen gehen.
salute [sa'lu:te] *f* Gesundheit *f;* **bere alla** ~ **di qu** auf jds Wohl trinken; ~! *(nei brindisi)* prost!, zum Wohl!; *(quando si sternutisce)* Gesundheit!; *iron* na denn prost! *fam,* prost Mahlzeit! *fam;* **alla tua/vostra** ~! auf dein/euer Wohl!
saluto [sa'lu:to] *m* Gruß *m;* **rivolgere/ricevere un** ~ grüßen/gegrüßt werden; **mandare i -i a qu** jdm Grüße ausrichten; **portare a qu i -i di qu** jdm von jdm Grüße ausrichten (*o* übermitteln); **in segno di** ~ zum Gruß; **tanti cari -i** viele liebe Grüße; **affettuosi -i** herzliche Grüße; **cordiali -i** mit freundlichen Grüßen; **vogliate gradire i più distinti -i** mit vorzüglicher Hochachtung.
salvacondotto [salvakon'dotto] *m* Geleit-, Schutzbrief *m.*
salvadanaio ‹-ai›, **salvadanaro** [-da'na:io, ...'na:ro] *m* Sparbüchse *f,* -dose *f.*
salvagente [-'dʒɛnte] ‹-› *m* **1.** *(per nuotare)* Rettungsring *m;* **2.** *(isola pedonale)* Verkehrsinsel *f.*
salvaguardare [-guar'da:re] *tr* (be)schützen; *(interessi)* wahren. **salvaguardia** [-'guardia] *f* Schutz *m.*
salvare [sal'va:re] **I.** *tr* **1.** *(trarre da un pericolo)* retten; **2.** *(proteggere)* schützen; **3.** *fig* (be)wahren; **II.** *rfl:* **-arsi** **1.** *(scampare alla morte)* sich retten; **2.** *(trovare scampo)* sich (an einen Ort) retten, Zuflucht finden; **si salvi chi può!** rette sich, wer kann! **salvataggio** [...va'taddʒo] ‹-ggi› *m* **1.** *(soccorso)* Rettung *f,* Bergung *f;* **2.** *fig* Rettung *f.* **salvatore, -trice** [...va'to:re] *m, f* Retter(in) *m(f);* **il S**~ der Heiland. **salvazione** [...vat'tsio:ne] *f* Erlösung *f.*
salve ['salve] *interj* grüß' dich/euch, hallo.
salvezza [sal'vettsa] *f* Rettung *f,* Heil *n.*
salvia ['salvia] ‹-ie› *f* Salbei *m o f.*
salvietta [sal'vietta] *f* Serviette *f.*
salvo, -a ['salvo] **I.** *a* gerettet; **avere -a la vita** mit dem Leben davonkommen; **II.** *m:* **in** ~ in Sicherheit; **III.** *prp* außer *dat,* ausgenommen *acc,* abgesehen von *dat;* **IV.** *con:* ~ **che ...** *conj* es sei denn (, daß) ..., außer wenn ...
sambuca [sam'bu:ka] ‹-che› *f ein Anislikör.*
sambuco [sam'bu:ko] ‹-chi› *m* (schwarzer) Holunder *m.*
san [san] *v.* **santo.**
sana *f v.* **sano.**
sanare [sa'na:re] **1.** *(ferita, ammalato)* heilen; **2.** *(bilancio, piaga sociale)* sanieren.
sanatorio [sana'tɔ:rio] ‹-i› *m* Sanatorium *n.*
San Bernardo [samber'nardo] ‹- - *o* - -i› *m* Bernhardiner *m.*
sancire [san'tʃi:re] ‹sancisco› *tr* **1.** *(patto, alleanza)* bestätigen, in Kraft setzen; **2.** *jur* bestätigen, sanktionieren; **3.** *(dare carattere stabile)* bekräftigen, sanktionieren.
sandalo[1] ['sandalo] *m (calzatura)* Sandale *f.*
sandalo[2] ['sandalo] *m bot* Sandelbaum *m.*
San Gallo [saŋ 'gallo] *f* Sankt Gallen *n.*
San Gottardo [saŋ got'tardo] *m* Sankt Gotthard *m.*
sangue ['saŋgue] *m* Blut *n;* **donatore di** ~ Blutspender *m;* **fatto di** ~ Bluttat *f;* **un (cavallo) puro** ~ ein Vollblut *n;* **animale a** ~ **caldo/freddo** Warm-/

Kaltblüter *m;* **a ~ caldo** im Affekt; **a ~ freddo** kaltblütig; **al ~** *gastr* englisch, blutig; **all'ultimo ~** auf Leben und Tod; **mi esce il ~ dal naso** ich habe Nasenbluten; **fra loro non c'è buon ~** sie sind nicht gut aufeinander zu sprechen.

sanguigno, -a [saŋ'gu̯iɲɲo] *a* **1.** *med* blutig, Blut-; *(ricco di sangue)* blutreich; **2.** *(complessione, costituzione)* sanguinisch.

sanguinare [saŋgu̯i'na:re] *itr* bluten. **sanguinario, -a** [...'na:ri̯o] ‹-i, -ie› *a* blutrünstig. **sanguinoso, -a** [...'no:so] *a* blutig.

sanguisuga [saŋgu̯i'su:ga] ‹-ghe› *f* **1.** *zoo* Blutegel *m;* **2.** *fig pej* Blutsauger *m.*

sanità [sani'ta] ‹-› *f* **1.** *gener.* Gesundheit *f;* **2.** *adm* Gesundheit *f,* Gesundheitswesen *n.* **sanitario, -a** [...'ta:ri̯o] ‹-i, -ie› *adm* **I.** *a* gesundheitlich, sanitär, Gesundheits-; **ufficiale ~** Amtsarzt *m;* **II.** *m, f* Arzt *m,* Ärztin *f.*

sano, -a ['sa:no] **I.** *a* **1.** *gener., med* gesund; **2.** *fig* gesund, anständig; **3.** *(intero)* heil, ganz; **di -a pianta** von Grund auf, vollkommen; **II.** *m, f* Gesunde(r) *mf.*

sanscrito ['sanskrito] *m* Sanskrit *n.*

sant' [sant] *v.* **santo.**

santa *f v.* **santo.**

santificare [santifi'ka:re] ‹santifico, santifichi› **I.** *tr* heiligen, ehren; *(dichiarare santo)* heiligsprechen; *(rendere santo)* heilig machen; **II.** *rfl:* **-arsi** heilig werden.

santino [san'ti:no] *m* Heiligenbild *n.*

santissimo, -a [san'tissimo] **I.** *a* allerheiligste(r, s); **II.** *m* Hostie *f.*

santità [santi'ta] ‹-› *f* Heiligkeit *f.*

santo, -a ['santo] **I.** *a* (*ab* **S.**) heilig; *(con nome proprio)* Sankt, der/die heilige; *(pio)* fromm, religiös; **acqua -a** Weihwasser *n;* **olio ~** Salböl *n; (ultima unzione)* Letzte Ölung; **la settimana -a** die Karwoche; **la terra -a** das Heilige Land; **tutto il ~ giorno** *fam* den lieben langen Tag (lang); **fammi il ~ piacere di** *inf... fam* tu mir den einen Gefallen, und ... *fam;* **Sant'Iddio!** ach du lieber Gott!; **II.** *m, f* **1.** *rel* Heilige(r) *mf;* **2.** *(immagine)* Heiligenbild *n;* **3.** *fam (patrono)* Schutzheilige(r) *mf,* Schutzpatron(in) *m(f);* **(tutti) i Santi** Allerheiligen *n;* **la pazienza di un ~** eine Engelsgeduld; **non sapere a che ~ votarsi** keinen Ausweg mehr wissen; **non ci sono -i che tengano** es ist unvermeidlich.

santone, -a [san'to:ne] *m, f* **1.** *rel* (als heilig geltende) religiöse Persönlichkeit; **2.** *fig* Guru *m,* Sektenführer(in) *m(f).*

santuario [santu'a:ri̯o] ‹-i› *m* Heiligtum *n; (di tempio ebraico)* Allerheiligste(s) *n.*

sanzionare [santsi̯o'na:re] **I.** *tr* sanktionieren; *(confermare)* bestätigen; **II.** *itr* Sanktionen auferlegen. **sanzione** [...'tsi̯o:ne] *f* **1.** *(conferma)* Sanktion *f; jur, adm* Bestätigung *f; (a. fig)* Billigung *f;* **2.** *(punizione)* Sanktion *f,* Strafmaßnahme *f;* **~ disciplinare** Disziplinarmaßnahme *f;* **-i penali** Strafrechtsmaßnahmen *f pl.*

sapere [sa'pe:re] ‹so, seppi, saputo› **I.** *tr* **1.** *(conoscere)* wissen, kennen; *(lingua)* können, beherrschen; *(mestiere)* beherrschen, verstehen; **2.** *(potere)* können; **3.** *(apprendere)* erfahren; **~ il fatto suo** sich auskennen; **saperla lunga** schlau sein; **lo so** ich weiß; **non saprei** ich wüßte nicht; **non si sa mai** man kann nie wissen; **per quanto ne sappia io** soviel ich weiß; **buono a sapersi** gut zu wissen; **non sa far altro che piangere** er (*o* sie) kann wohl nur weinen; **averlo saputo!** hätte ich das gewußt!; **come hai fatto a saperlo?** wie hast du das herausgefunden?; **II.** *itr* **1.** *(aver sapore)* schmecken (*di* nach); **2.** *(avere odore)* riechen (*di* nach); **3.** *(pensare)* vermuten, ahnen; **III.** *m* Wissen *n;* **~ vivere** Lebenskunst *f,* Savoir-vivre *n geh;* **~ fare** Gewandtheit *f,* Savoir-faire *n geh.*

sapiente [sa'pi̯ɛnte] **I.** *a* weise, klug; **II.** *mf* Weise(r) *mf,* Gelehrte(r) *mf.* **sapientone, -a** [sapi̯en'to:ne] *m, f* Besserwisser(in) *m(f).* **sapienza** [sa'pi̯ɛntsa] *f* Weisheit *f.*

saponata [sapo'na:ta] *f (acqua)* Seifenlauge *f; (schiuma)* Seifenschaum *m.*

sapone [sa'po:ne] *m* Seife *f;* **~ da bucato/barba/toeletta** Kern-/Rasier-/Körperseife *f.* **saponetta** [sapo'netta] *f* (feines) Seifenstück *n.*

sapore [sa'po:re] *m* Geschmack *m; (fig a.)* Nachgeschmack *m;* **avere ~ di qc** nach etw. schmecken; **senza ~** *(a. fig)* fade.

saporito, -a [sapo'ri:to] *a* **1.** *gastr* schmackhaft; **2.** *fig (gustoso)* genüßlich, genußvoll; *(sonno)* tief; **3.** *fig (piccante)* pikant; **4.** *fig scherz (conto, prezzo)* gesalzen *fam,* gepfeffert *fam.* **saporoso, -a** [...'ro:so] *a* **1.** *gastr* schmackhaft, wohlschmeckend; **2.** *fig* pikant.

saputello, -a [sapu'tɛllo] **I.** *a* altklug; **II.** *m, f* Naseweis *m.*

saputo, -a [sa'pu:to] **I.** *a* bekannt; **II.** *m, f* Besserwisser(in) *m(f).*

Sara ['sa:ra] *(nome proprio femminile)* Sara(h).

sarà [sa'ra] *etc. v.* **essere.**

sarabanda [sara'banda] *f fig* Lärm *m,* Krach *m,* Spektakel *n.*

saraceno, -a [sara'tʃɛ:no] *a* sarazenisch; **grano ~** Buchweizen *m.*

saracinesca [saratʃi'neska] ‹-sche› *f* **1.** *(di negozio)* Rolladen *m;* **2.** *(serranda)* Fallgatter *n,* -tür *f.*

sarago ['sa:rago] ⟨-ghi⟩ *m* Brasse *f.*

sarcasmo [sar'kazmo] *m* Sarkasmus *m.* **sarcastico, -a** [...'kastiko] ⟨-ci, -che⟩ *a* sarkastisch.

sarchiare [sar'kia:re] ⟨sarchio, sarchi⟩ *tr* jäten.

sarcofago [sar'kɔ:fago] ⟨-gi *o* -ghi⟩ *m* Sarkophag *m.*

sarda[1] ['sarda] *f* Sardine *f,* Sprotte *f.*

sarda[2] *f v.* **sardo.**

Sardegna [sar'deɲɲa] *f* Sardinien *n.*

sardella [sar'dɛlla] *f fam* Sardelle *f.*

sardina [sar'di:na] *f* Sardine *f.*

sardo, -a ['sardo] **I.** *a* sardisch; **II.** *m, f* Sarde *m,* Sardin *f.*

sardonico, -a [sar'dɔ:niko] ⟨-ci, -che⟩ *a* sardonisch.

sareste, saresti [sa'reste, ...ti] *v.* **essere.**

sartia ['sartia] ⟨-ie⟩ *f* Want *f.*

sartiame [sar'tia:me] *m* stehendes Gut.

sarto, -a ['sarto] *m, f* **1.** *(chi confeziona abiti)* Schneider(in) *m(f);* **2.** *(direttore di sartoria)* Couturier *m,* Modeschöpfer(in) *m(f).* **sartoria** [-'ri:a] ⟨-ie⟩ *f* Schneiderei *f; (tecnica a.)* Couture *f.*

sassaia [sas'sa:ia] ⟨-aie⟩ *f* **1.** *(luogo)* Steinfeld *n;* **2.** *(riparo)* Steindamm *m,* -wall *m.* **sassata** [...'sa:ta] *f* Steinwurf *m.*

sasso ['sasso] *m* Stein *m.*

sassofonista [sassofo'nista] ⟨-i *m,* -e *f*⟩ *mf* Saxophonist(in) *m(f).* **sassofono** [...'sɔ:fono] *m* Saxophon *n.*

Sassonia [...'sɔ:nia] *f* Sachsen *n;* **Bassa ~** Niedersachsen *n.*

sassoso, -a [sas'so:so] *a* steinig.

Satana ['sa:tana] *m* Satan *m.* **satanico, -a** [sa'ta:niko] ⟨-ci, -che⟩ *a* satanisch; *(fig a.)* teuflisch.

satellite [sa'tɛllite] **I.** *m* **1.** *astr* Satellit *m;* **2.** *mot* Planetenrad *n;* **3.** *fig pej* Anhang *m,* Anhängsel *n;* **II.** *a* Satelliten-; *(quartieri a.)* Trabanten-.

satin [sa'tɛ̃] ⟨-⟩ *m* Satin *m.*

satinare [sati'na:re] *tr* satinieren.

satira ['sa:tira] *f* Satire *f.* **satirico, -a** [sa'ti:riko] ⟨-ci, -che⟩ *a* satirisch.

satiro ['sa:tiro] *m* Satyr *m.*

satollare [satol'la:re] **I.** *tr* (über)sättigen; **II.** *rfl:* **-arsi** sich (über)sättigen (*di* an). **satollo, -a** [sa'tollo] *a* satt, gesättigt.

saturare [satu'ra:re] **I.** *tr* saturieren; *(a. fig)* sättigen; **II.** *rfl:* **-arsi** sich sättigen. **saturazione** [...rat'tsio:ne] *f* Saturierung *f; (a. fig)* Sättigung *f.* **saturo, -a** ['sa:turo] *a* gesättigt.

sauna ['sa:una] *f* Sauna *f;* **fare la ~** in die Sauna gehen, saunieren.

savana [sa'va:na] *f* Savanne *f.*

savio, -a ['sa:vio] ⟨-i, -ie⟩ **I.** *a* weise; **II.** *m* Weise(r) *m.*

saziare [sat'tsia:re] ⟨sazio, sazi⟩ **I.** *tr* **1.** *(fame)* stillen; *(persona, stomaco)* sättigen; **2.** *(nauseare)* übersättigen; **3.** *fig* befriedigen, stillen; **II.** *rfl:* **-arsi** **1.** *(riempirsi)* sich sättigen (*di* an), satt werden (*di* von); **2.** *fig* genug haben (*o* bekommen); **-arsi di ...** *inf fig* es müde werden zu ... **sazietà** [...tsie'ta] ⟨-⟩ *f* **1.** *(l'essere sazio)* Sättigung *f,* Sattheit *f;* **2.** *fig* Genüge *f,* Sättigung *f;* **a ~** zur Genüge. **sazio, -a** ['sattsio] ⟨-i, -ie⟩ *a* **1.** *(di cibo)* satt, gesättigt; **2.** *fig pej* satt, überdrüssig, leid.

sbaciucchiare [zbatʃuk'kia:re] ⟨sbaciucchio, sbaciucchi⟩ **I.** *tr* abküssen; **II.** *rfl:* **-arsi** sich abküssen, knutschen *fam.*

sbadataggine [zbada'taddʒine] *f* Zerstreutheit *f,* Unaufmerksamkeit *f.* **sbadato, -a** [...'da:to] **I.** *a* zerstreut, unaufmerksam; **II.** *m, f* zerstreute Person.

sbadigliare [zbadiʎ'ʎa:re] ⟨sbadiglio, sbadigli⟩ *itr* gähnen. **sbadiglio** [...'diʎʎo] ⟨-gli⟩ *m* Gähnen *n.*

sbafare [zba'fa:re] *tr fam pej* **1.** *(scroccare)* schnorren *fam;* **2.** *(mangiare avidamente)* verdrücken *fam.*

sbafo ['zba:fo] *m:* **vivere/mangiare a ~** schnorren *fam.*

sbagliare [zbaʎ'ʎa:re] ⟨sbaglio, sbagli⟩ **I.** *tr* **1.** *(colpo, mira)* verfehlen; *(scambiare)* verwechseln; **~ strada/indirizzo/treno** sich verlaufen/sich in der Adresse irren/den falschen Zug nehmen; **~ i calcoli** sich verrechnen; **II.** *itr* **1.** *(commettere un errore)* sich irren; **2.** *(commettere un'inesattezza)* einen Fehler machen; **3.** *(comportarsi male)* einen Fehler machen (*o* begehen); **~ a leggere/scrivere** falsch (*o* fehlerhaft) lesen/schreiben; **III.** *rfl:* **-arsi** sich irren.

sbaglio ['zbaʎʎo] ⟨-gli⟩ *m* **1.** *(errore)* Fehler *m;* **2.** *(equivoco)* Mißverständnis *n,* Irrtum *m,* Versehen *n;* **per ~** aus Versehen.

sbalestrare [zbales'tra:re] *tr* schleudern. **sbalestrato, -a** [...'tra:to] *a* unausgeglichen.

sballare [zbal'la:re] **I.** *tr* **1.** *(merce)* auspacken; **2.** *fig* übertreiben; **sballarle grosse** dicke Lügen auftischen; **II.** *itr* **1.** *(a carte)* (aus dem Kartenspiel) ausscheiden; **2.** *fam* sich übernehmen. **sballato, -a** [...'la:to] *a fig* verrückt, aus der Luft gegriffen.

sballottare [zballot'ta:re] *tr* rütteln, schütteln, hin und her werfen.

sbalordire [zbalor'di:re] ⟨sbalordisco⟩ **I.** *tr* **1.** *(turbare)* verblüffen, aus der Fassung bringen; **2.** *(stordire)* bewußtlos machen, betäuben; **II.** *itr* **1.** *(rimanere senza sensi)* das Bewußtsein verlieren; **2.** *(rimanere impressionato)* sprachlos sein. **sbalorditivo, -a** [...di'ti:vo] *a* verblüffend, unglaublich.

sbalzare [zbal'tsa:re] **I.** *tr* ⟨*avere*⟩ **1.** *(scagliare)* schleudern, werfen; **2.** *(lavorare a sbalzo)* treiben; **II.** *itr* ⟨*essere*⟩ **1.** *(ca-*

dere) stürzen, fallen; **2.** *(fare un balzo)* springen, fallen. **sbalzo** ['zbaltso] *m* **1.** *(spostamento)* Ruck *m*, Stoß *m*; *(a. fig)* Sprung *m*; **2.** *(lavorazione)* Treibarbeit *f*.

sbancare [zbaŋ'ka:re] ‹sbanco, sbanchi› **I.** *tr* *(banco)* sprengen; *fig* *(persona)* ausnehmen, ruinieren; **II.** *rfl:* **-arsi** sich ruinieren, sich verausgaben.

sbandamento [zbanda'mento] *m* **1.** *mot* Schleudern *n*; **2.** *fig* Entgleisung *f*; **3.** *naut* Krängung *f*. **sbandare** [...'da:re] **I.** *itr* **1.** *(auto)* schleudern, ins Schleudern geraten; *(nave)* krängen; **2.** *fig* entgleisen, aus den Fugen geraten; **II.** *rfl:* **-arsi** zerfallen, sich zerstreuen, sich auflösen. **sbandato, -a** [...'da:to] **I.** *a* aus der Bahn geworfen, desorientiert; **II.** *m, f* Asoziale(r) *mf*.

sbandierare [zbandi̯e'ra:re] *tr* **1.** *(bandiera, insegne)* schwenken; **2.** *fig* zur Schau stellen.

sbaraccare [zbarak'ka:re] ‹sbaracco, sbaracchi› *tr fam* **1.** *(togliere di mezzo)* abziehen; **2.** *(trasferirsi)* sich verziehen *fam*, abziehen *fam*.

sbaragliare [zbaraʎ'ʎa:re] ‹sbaraglio, sbaragli› *tr mil* zerschlagen, niederwerfen; *sport, pol* niederringen, besiegen.

sbaraglio [zba'raʎʎo] ‹-gli› *m:* **gettarsi** (*o* **andare** *o* **buttarsi) allo ~** alles auf eine Karte setzen.

sbarazzare [zbarat'tsa:re] **I.** *tr* befreien; **II.** *rfl:* **-arsi** sich entledigen, sich befreien (*di* von).

sbarazzino, -a [zbarat'tsi:no] **I.** *m, f* Schelm(in) *m(f)*; **II.** *a* schelmisch, spitzbübisch.

sbarbare [zbar'ba:re] **I.** *tr* rasieren; **II.** *rfl:* **-arsi** sich rasieren.

sbarbatello [zbarba'tɛllo] *m* Grünschnabel *m*.

sbarcare [zbar'ka:re] ‹sbarco, sbarchi› **I.** *tr* ‹*avere*› **1.** *(passeggeri)* an Land bringen; *(merce)* löschen; **2.** *fam (far scendere)* absetzen, aussteigen lassen; **3.** *fig* überstehen; **~ il lunario** *fig* sich recht und schlecht über Wasser halten; **II.** *itr* ‹*essere*› *naut* an Land gehen; *aero* aussteigen.

sbarco ['zbarko] ‹-chi› *m* **1.** *(atto)* Ausschiffung *f*, Landung *f*; *(di merci)* Ausladen *n*, Löschen *n*; **2.** *(luogo)* Landeplatz *m*.

sbarra ['zbarra] *f* **1.** *(della dogana, etc.)* Schranke *f*; **2.** *jur* (Gerichts)schranken *f pl*; **3.** *sport* Reck *n*; *(sollevamento pesi)* Hantel *f*; **4.** *(spranga)* Stange *f*; **5.** *typ* Schräg-, Querstrich *m*.

sbarramento [zbarra'mento] *m* (Ab)sperrung *f*. **sbarrare** [...'ra:re] *tr* **1.** *(chiudere)* sperren; *(porta)* ab-, versperren; *(assegno)* sperren; **2.** *(occhi)* aufreißen, aufsperren.

sbatacchiare [zbatak'ki̯a:re] ‹sbatacchio, sbatacchi› **I.** *tr* wiederholt schlagen; **II.** *itr* immer wieder (zu)schlagen.

sbattere ['zbattere] **I.** *tr* **1.** *(panni, tappeti)* ausschlagen, -klopfen; **2.** *(ali)* schlagen mit; **3.** *(porta)* zuschlagen; **4.** *(urtare)* stoßen mit; **5.** *gastr* schlagen; **6.** *fig (trasferire)* versetzen; **~ qc sul tavolo** etw. auf den Tisch knallen; **non sapere dove ~ la testa** *fig* keinen Ausweg mehr finden; **II.** *itr* *(porta)* schlagen; **III.** *rfl:* **-ersi** sich strapazieren, sich abmühen; **me ne sbatto!** *vulg* ich scheiß' drauf! *vulg*. **sbattuto, -a** [zbat'tu:to] *a* **1.** *gastr* geschlagen, gequirlt; **2.** *(viso)* blaß, abgespannt.

sbavare [zba'va:re] **I.** *itr* **1.** *(dalla bocca)* geifern, sabbern *fam*; **2.** *(colore)* verwischen; **II.** *tr* besabbern *fam*; **III.** *rfl:* **-arsi** sich besabbern *fam*. **sbavatura** [...va'tu:ra] *f* **1.** *(di colore)* Verwischen *n*, Verschmieren *n*; **2.** *(di lumache)* Schleimspur *f*.

sbeffeggiare [zbeffed'dʒa:re] ‹sbeffeggio, sbeffeggi› *tr* verspotten, verhöhnen.

sbellicarsi [zbelli'karsi] ‹mi sbellico, ti sbellichi› *rfl:* **~ dalle risa, ~ dal ridere** sich totlachen *fam*, sich kranklachen *fam*.

sberla ['zbɛrla] *f* Ohrfeige *f*.

sberleffo [zber'lɛffo] *m* Fratze *f*.

sbevazzare [zbevat'tsa:re] *itr fam* saufen *fam*, sich besaufen *fam*.

sbiadire [zbi̯a'di:re] ‹sbiadisco› **I.** *itr* ‹*essere*› verblassen, ausbleichen; *(tessuto)* verschießen; **II.** *tr* ‹*avere*› bleichen; **III.** *rfl:* **-irsi** blaß (*o* bleich) werden. **sbiadito, -a** [...'di:to] *a* **1.** *(colore, tessuto)* gebleicht, verblaßt; **2.** *fig* farblos, fad(e).

sbiancare [zbi̯aŋ'ka:re] ‹sbianco, sbianchi› **I.** *tr* ‹*avere*› bleichen; **II.** *itr* ‹*essere*› bleich werden, erbleichen; **III.** *rfl:* **-arsi** **1.** *(diventare bianco)* bleich werden, erbleichen; **2.** *(schiarirsi)* heller werden.

sbieco, -a ['zbi̯ɛ:ko] ‹-chi, -che› **I.** *a* schräg, schief; **II.** *m* Querband *n*.

sbigottimento [zbigotti'mento] *m* Bestürzung *f*. **sbigottire** [...'ti:re] ‹sbigottisco› **I.** *tr* ‹*avere*› bestürzen; **II.** *itr* ‹*essere*› (er)staunen; **III.** *rfl:* **-irsi** verzagen.

sbilanciare [zbilan'tʃa:re] **I.** *tr* aus dem Gleichgewicht bringen; *(economicamente)* belasten; **II.** *itr* nach einer Seite hängen; **III.** *rfl:* **-arsi** zu weit gehen, sich übernehmen.

sbilancio [zbi'lantʃo] *m com* Defizit *n*.

sbilenco, -a [zbi'lɛŋko *o* ...'leŋko] ‹-chi, -che› *a (a. fig)* krumm, schief.

sbirciare [zbir'tʃa:re] ‹sbircio, sbirci› *tr* (heimlich) betrachten, mustern. **sbirciata** [...'tʃa:ta] *f* schneller (verstohlener) Blick.

sbirro ['zbirro] *m* Scherge *m*, Häscher *m*.

sbizzarrirsi [zbiddzar'rirsi] ‹mi sbizzarrisco› *rfl* sich austoben.

sbloccare [zblok'ka:re] *tr* **1.** *(meccanismo)* lösen; *(circolazione, affitti)* freigeben; **2.** *fig* lösen, befreien; *(situazione)* entspannen.

sblocco ['zblɔkko] *m* Freigabe *f.*

sboccare [zbok'ka:re] ‹sbocco, sbocchi› *itr* ‹*essere*› **1.** *(fiume, strada)* münden; **2.** *(arrivare)* kommen, gelangen; **3.** *fig* münden, enden.

sboccato, -a [zbok'ka:to] *a* unanständig (sprechend).

sbocciare [zbot'tʃa:re] *itr* ‹*essere*› *(a. fig)* aufblühen.

sbocco ['zbokko] ‹-cchi› *m* **1.** *(di fiume, strada)* Mündung *f;* **2.** *fig* Ausgang *m;* **3.** *com* Absatzmarkt *m,* Absatzmöglichkeit *f;* **strada senza ~** Sackgasse *f.*

sbocconcellare [zbokkontʃel'la:re] *tr* knabbern.

sbollentare [zbollen'ta:re] *tr* abbrühen, blanchieren.

sbollire [zbol'li:re] *itr* ‹*essere o avere*› *fig* aufhören, nachlassen; *(rabbia a.)* verrauchen.

sbolognare [zboloɲ'ɲa:re] *tr fam* loswerden *fam.*

sbornia ['zbɔrnia] ‹-ie› *f fam* Rausch *m.*

sborsare [zbor'sa:re] *tr* ausgeben, auslegen.

sbottare [zbot'ta:re] *itr* ‹*essere*› ausbrechen; **~ a ridere/piangere** in Lachen/Tränen ausbrechen; **~ a dire qc** mit etw. herausplatzen.

sbottonare [zbotto'na:re] **I.** *tr* aufknöpfen; **II.** *rfl:* **-arsi** *fig* sich anvertrauen (*con qu* jdm).

sbozzare [zbot'tsa:re] *tr* entwerfen; *(marmo, etc.)* vorarbeiten.

sbracato, -a [zbra'ka:to] *a fam* **1.** *(vestito male)* schlampig *fam;* **2.** *(riso)* ausgelassen.

sbracciarsi [zbrat'tʃarsi] ‹mi sbraccio, ti sbracci› *rfl* **1.** *(agitare le braccia)* die Arme schwenken, mit den Armen fuchteln *fam;* **2.** *(portare abiti senza maniche)* ärmellos gehen. **sbracciato, -a** [...'tʃa:to] *a* **1.** *(vestito)* kurzärm(e)lig; *(senza maniche)* ärmellos; **2.** *(persona)* mit nackten Armen.

sbraitare [zbrai'ta:re] *itr* schreien, brüllen.

sbranare [zbra'na:re] **I.** *tr* zerfleischen; *(a. fig)* zerreißen; **II.** *rfl:* **-arsi** sich zerfleischen, sich zerreißen.

sbriciolare [zbritʃo'la:re] **I.** *tr* zerkrümeln, zerbröckeln; **II.** *rfl:* **-arsi** zu Bröseln (*o* Krümeln) werden (*o* zerfallen).

sbrigare [zbri'ga:re] ‹sbrigo, sbrighi› **I.** *tr* **1.** *(faccende)* erledigen, besorgen; **2.** *(clienti)* abfertigen; **II.** *rfl:* **-arsi** sich beeilen.

sbrigativo, -a [zbriga'ti:vo] *a* **1.** *(persona)* kurzentschlossen; **2.** *(modi, sistemi)* zeitsparend; **3.** *pej* oberflächlich.

sbrigliare [zbriʎ'ʎa:re] ‹sbriglio, sbrigli› *tr* freien Lauf lassen (*qc* einer S. *dat*), die Zügel schießen lassen (*qc* einer S. *dat*).

sbrinamento [zbrina'mento] *m* Abtauen *n.* **sbrinare** [...'na:re] *tr* abtauen. **sbrinatore** [...na'to:re] *m* **1.** *(per frigoriferi)* Abtauautomatik *f;* **2.** *mot* Defroster *m.*

sbrindellato, -a [zbrindel'la:to] *a* zerfetzt; *(a. persona)* zerlumpt.

sbrodolare [zbrodo'la:re] **I.** *tr* besudeln, bekleckern; **II.** *rfl:* **-arsi** sich besudeln, sich bekleckern. **sbrodolone, -a** [...'lo:ne] *m, f* Schmutzfink *m fam.*

sbrogliare [zbroʎ'ʎa:re] ‹sbroglio, sbrogli› **I.** *tr* **1.** *(matassa)* entwirren; **2.** *fig (questione)* lösen; **II.** *rfl:* **-arsi** sich aus der Affäre ziehen; **sbrogliarsela** *fam* damit klarkommen *fam.*

sbronza ['zbrontsa *o* ...ndza] *f fam* Rausch *m.* **sbronzarsi** [...'tsarsi *o* ...n'dzarsi] *rfl fam* sich betrinken, sich besaufen *fam.* **sbronzo, -a** ['zbrontso *o* ...ndzo] *a fam* betrunken, besoffen *fam.*

sbruffone, -a [zbruf'fo:ne] *m, f fam* Angeber(in) *m(f).*

sbucare [zbu'ka:re] *itr* ‹*essere*› heraus-, hervorkommen.

sbucciapatate [zbuttʃapa'ta:te] ‹-› *m* Kartoffelschäler *m.*

sbucciare [zbut'tʃa:re] ‹sbuccio, sbucci› *tr* **1.** *(patate, castagne)* schälen; **2.** *med* aufschürfen. **sbucciatura** [...tʃa'tu:ra] *f fam* Kratzer *m fam,* Schürfwunde *f.*

sbudellare [zbudel'la:re] **I.** *tr* **1.** *(pollo)* ausnehmen; **2.** *(ferire al ventre)* den Bauch aufschlitzen (*qu* jdm); **II.** *rfl:* **-arsi dalle risate** sich *(dat)* den Bauch halten vor Lachen.

sbuffare [zbuf'fa:re] *itr* *(persona)* schnaufen, schnauben; *(locomotiva)* schnaufen. **sbuffo** ['zbuffo] *m* **1.** *(folata)* Windstoß *m;* **2.** *(di fumo, vapore)* Wolke *f;* **maniche a ~** Puffärmel *m pl.*

sbuzzare [zbud'dza:re] *tr* **1.** *(pollo)* ausnehmen; **2.** *(ferire al ventre)* den Bauch aufschlitzen (*qu* jdm).

scabbia ['skabbia] ‹-ie› *f* Krätze *f.*

scabro, -a ['ska:bro] *a* rauh. **scabrosità** [skabrosi'ta] ‹-› *f* **1.** *(di superficie)* Rauheit *f;* **2.** *fig* Mißlichkeit *f,* Schwierigkeit *f.* **scabroso, -a** [...'bro:so] *a* **1.** *(strada, percorso)* uneben, holp(e)rig; **2.** *fig (delicato)* heikel; *(difficile)* schwierig.

scacchiera [skak'kiɛ:ra] *f* Schachbrett *n.*

scacchiere [skak'kiɛ:re] *m* **1.** *mil* Kriegsschauplatz *m;* **2.** *pol* Schatzamt *n;* **a ~** schachbrettartig.

scacchista [skak'kista] ‹-i *m*, -e *f*› *mf* Schachspieler(in) *m(f)*.
scacciacani [skattʃa'ka:ni] **I.** ‹-› *m o f* Schreckschußpistole *f*; **II.** ‹*inv*› *a* Schreckschuß-.
scacciapensieri [-pen'si̯ɛ:ri] ‹-› *m* Maultrommel *f*.
scacciare [skat'tʃa:re] *tr* vertreiben, verjagen.
scacco ['skakko] ‹-cchi› *m* **1.** ‹*pl*› *(gioco)* Schach *n*; **2.** *(singolo pezzo)* Schachfigur *f*; **3.** *(mossa)* Schach(zug *m*) *n*; **4.** *fig* Niederlage *f*, Schlappe *f*; **5.** *(quadratino)* Schachfeld *n*; **a -cchi** kariert; **giocare agli -cchi** Schach spielen.
scaccomatto, scacco matto [skakko'matto] *m* Schachmatt *n*; **dare ~ a qu** *(a. fig)* jdn schachmatt setzen.
scadente [ska'dɛnte] *a* schlecht; *(merce, prodotto)* minderwertig.
scadenza [ska'dɛntsa] *f* **1.** *(di abbonamento, trattato)* Verfall *m*, Ablauf *m*; **2.** *fin* Fälligkeit *f*; **3.** *(periodo)* Frist *f*; **a breve/lunga ~** kurz-/langfristig.
scadere [ska'de:re] ‹*irr*› *itr* ‹*essere*› **1.** *com, adm* verfallen, ablaufen; **2.** *(perdere valore, pregio)* sinken, verfallen.
scafandro [ska'fandro] *m* Anzug *m*; *(di palombaro)* Taucheranzug *m*.
scafare [ska'fa:re] *tr sl* aus sich *(dat)* herausgehen lassen.
scaffalatura [skaffala'tu:ra] *f* Regalwand *f*.
scaffale [skaf'fa:le] *m* Regal *n*.
scafo ['ska:fo] *m* (Schiffs)rumpf *m*.
scagionare [skadʒo'na:re] **I.** *tr* entlasten, rechtfertigen; **II.** *rfl*: **-arsi** sich rechtfertigen.
scaglia ['skaʎʎa] ‹-glie› *f* **1.** *zoo* Schuppe *f*; **2.** *(scheggia)* Splitter *m*.
scagliare [skaʎ'ʎa:re] ‹scaglio, scagli› **I.** *tr* werfen, schleudern; **II.** *rfl*: **-arsi** sich stürzen, sich werfen.
scaglionamento [skaʎʎona'mento] *m* Staffelung *f*. **scaglionare** [...'na:re] *tr* staffeln. **scaglione** [...'ʎo:ne] *m mil* Staffel *f*.
scagnozzo, -a [skaɲ'ɲɔttso] *m, f* Handlanger *m*.
scala ['ska:la] *f* **1.** *arch* Treppe *f*; **2.** *(dispositivo)* Leiter *f*; **3.** *fig, tec, phys* Skala *f*; **4.** *(nel poker)* Flush *m*; **5.** *(in disegno, cartografia)* Maßstab *m*; **6.** *mus* Tonleiter *f*; **~ a chiocciola** Wendeltreppe *f*; **~ mobile** Rolltreppe *f*; *(dei salari)* gleitende Lohnskala; **su larga ~** *fig* in großem Maßstab.
scalare [ska'la:re] **I.** *a* **1.** *(disposto a scala)* treppenartig, stufenförmig; **2.** *mat* Skalen-, skalar; **3.** *(graduato)* abgestuft; **II.** *tr* **1.** *(montagna)* be-, ersteigen; *(muro, etc.)* klettern auf; **2.** *com* abziehen; **3.** *(capelli)* stufig schneiden; **4.** *(graduare)* abstufen; **5.** *mot* zurückschalten. **scalata** [...'la:ta] *f* Be-, Ersteigung *f*. **scalatore, -trice** [...la'to:re] *m, f* Bergsteiger(in) *m(f)*.
scalcagnato, -a [skalkaɲ'ɲa:to] *a* **1.** *(scarpe)* ausgetreten; **2.** *(persona)* zerlumpt.
scalciare [skal'tʃa:re] *itr* austreten, ausschlagen.
scalcinato, -a [skaltʃi'na:to] *a (muro, etc.)* abgebröckelt, abgeblättert.
scaldabagno [skalda'baɲɲo] ‹-i *o* -› *m* Boiler *m*.
scaldare [skal'da:re] **I.** *tr* **1.** *gener.* erwärmen, warm machen; *(acqua, minestra)* aufwärmen, erhitzen; *(stanza)* heizen; *(motore)* warmlaufen lassen; **2.** *fig* erwärmen; **II.** *itr (motore)* heißlaufen; **III.** *rfl*: **-arsi** **1.** *(diventare caldo)* sich erwärmen, warm werden; **2.** *sport* sich aufwärmen; **3.** *fig (accalorarsi, irritarsi)* sich erhitzen.
scaldavivande [skaldavi'vande] ‹-› *m* Warmhalteplatte *f*.
scaldino [skal'di:no] *m* Wärmer *m*.
scaleo [ska'lɛ:o] *m* Trittleiter *f*.
scalfire [skal'fi:re] ‹scalfisco› *tr* ritzen, schrammen. **scalfittura** [...fit'tu:ra] *f* Schramme *f*.
scalinata [skali'na:ta] *f* Freitreppe *f*.
scalino [ska'li:no] *m (a. fig)* Stufe *f*; *(di scala a pioli a.)* Sprosse *f*.
scalmana [skal'ma:na] *f* Hitzewallung *f*. **scalmanarsi** [...ma'narsi] *rfl* **1.** *(affannarsi)* sich erhitzen; **2.** *fig* sich *(dat)* Mühe geben, sich anstrengen; *(nel parlare, etc.)* sich ereifern. **scalmanato, -a** [...'na:to] *m, f* Hitzkopf *m*.
scalmiera [skal'mi̯ɛ:ra] *f*, **scalmo** ['skalmo] *m* Dolle *f*.
scalo ['ska:lo] *m* **1.** *naut* Anlegestelle *f*, -platz *m*; **2.** *ferr* Umsteigebahnhof *m*; **3.** *aero* Zwischenlandeflughafen *m*; **fare ~** *aero* zwischenlanden; *naut* an Land gehen.
scalogna [ska'loɲɲa] *f fam* Pech *n*. **scalognato, -a** [...'ɲa:to] *fam* **I.** *a* vom Pech verfolgt; **II.** *m, f* Pechvogel *m*, Unglücksrabe *m*.
scalogno [ska'loɲɲo] *m* Schalotte *f*.
scaloppa, scaloppina [ska'lɔppa, ...lop'pi:na] *f* (in Butter gebratenes) Kalbsschnitzel *n*.
scalpellare [skalpel'la:re] *tr* behauen, meißeln.
scalpellino [skalpel'li:no] *m* Steinmetz *m*.
scalpello [skal'pɛllo] *m* Meißel *m*; *(per legno)* Stechbeitel *m*; *med* Skalpell *n*.
scalpiccio [skalpit'tʃi:o] ‹-ccii› *m* Getrampel *n*.
scalpitare [skalpi'ta:re] *itr* **1.** *zoo* stampfen, scharren; **2.** *fig scherz* ungeduldig sein.
scalpo ['skalpo] *m* Skalp *m*.
scalpore [skal'po:re] *m* Aufsehen *n*, Lärm *m*.

scaltrezza [skal'trettsa] *f* Schläue *f*, Schlauheit *f*. **scaltrire** [...'tri:re] ⟨scaltrisco⟩ **I.** *tr* schlau (*o* klug) machen; **II.** *rfl:* **-irsi** schlau werden. **scaltro, -a** ['skaltro] *a* schlau, gewitzt.

scalzacane, scalzacani [skaltsa'ka:ne, ...ni] ⟨-⟩ *mf* Stümper(in) *m(f) fam*.

scalzare [skal'tsa:re] **I.** *tr* **1.** *agr* freilegen, freigraben; **2.** *arch* untergraben; **3.** *(dente)* die Wurzel freilegen von; **II.** *rfl:* **-arsi** sich *(dat)* Schuhe und Strümpfe ausziehen. **scalzo, -a** ['skaltso] *a* barfuß.

scambiare [skam'bi̯a:re] **I.** *tr* **1.** *(confondere)* verwechseln (*per* mit); *(cose a.)* vertauschen (*per* mit); **2.** *(soldi)* wechseln; **3.** *(fare uno scambio)* (aus)tauschen (*con* gegen); **4.** *(impressioni, opinioni)* austauschen; *(parole)* wechseln; **II.** *rfl:* **-arsi** austauschen, tauschen. **scambievole** [...'bi̯e:vole] *a* gegen-, wechselseitig.

scambio ['skambi̯o] *m* **1.** *(di persona)* Verwechslung *f;* **2.** *(di doni, cortesie, idee)* Austausch *m;* **3.** *com* Handel *m;* **4.** *ferr* Weiche *f*.

scamiciato [skami'tʃa:to] *m* Kleiderrock *m*.

scamosciato, -a [skamoʃ'ʃa:to] *a* Veloursleder-.

scampagnata [skampaɲ'ɲa:ta] *f* Ausflug *m*, Landpartie *f*.

scampanato, -a [skampa'na:to] *a* glockenförmig.

scampanellare [skampanel'la:re] *itr* (lang und eindringlich) klingeln. **scampanellata** [...'la:ta] *f* (heftiges) Klingeln *n*.

scampanio [skampa'ni:o] ⟨-ii⟩ *m* (Glocken)läuten *n*.

scampare [skam'pa:re] **I.** *itr* ⟨*essere*⟩ entkommen, entrinnen; **II.** *tr* ⟨*avere*⟩ retten; **scamparla bella** noch einmal Glück haben; **Dio ci** (*o* **ce ne**) **scampi e liberi!** Gott bewahre!

scampo[1] ['skampo] *m (salvezza)* Rettung *f; (via d'uscita)* Ausweg *m;* **senza ~** ausweglos.

scampo[2] ['skampo] *m zoo* Kaisergranat *m;* **-i** Scampi *pl*.

scampolo ['skampolo] *m* (Stoff)rest *m*.

scanalatura [skanala'tu:ra] *f* Rille *f; (a. operazione)* Auskehlung *f*.

scandagliare [skandaʎ'ʎa:re] ⟨scandaglio, scandagli⟩ *tr* **1.** *naut* ausloten; **2.** *fig* ausloten, sondieren. **scandaglio** [...'daʎʎo] ⟨-gli⟩ *m* **1.** *naut (strumento)* Lot *n; (impiego)* (Aus)lotung *f;* **2.** *fig* Ausloten *n*, Sondieren *n*.

scandalistico, -a [skanda'listiko] ⟨-ci, -che⟩ *a* Skandal-. **scandalizzare** [...lid'dza:re] **I.** *tr* empören, aufbringen; **II.** *rfl:* **-arsi** sich empören, sich entrüsten.

scandalo ['skandalo] *m* Skandal *m; (turbamento)* Ärgernis *n; (pubblicità a.)* Aufsehen *n;* **dare ~** Ärgernis erregen. **scandaloso, -a** [...'lo:so] *a* skandalös.

Scandinavia [skandi'na:vi̯a] *f* Skandinavien *n*. **scandinavo, -a** [...'na:vo] **I.** *a* skandinavisch; **II.** *m, f* Skandinavier(in) *m(f)*.

scandire [skan'di:re] ⟨scandisco⟩ *tr* **1.** *mus (tempo)* betonen; **2.** *lit* skandieren; **3.** *fig (parole, nome)* deutlich aussprechen.

scannare [skan'na:re] *tr* **1.** *(animale)* schlachten; **2.** *(persona)* niedermetzeln, massakrieren.

scanno ['skanno] *m* Sitz *m*.

scansafatiche [skansafa'ti:ke] ⟨-⟩ *mf fam* Drückeberger(in) *m(f) fam*.

scansare [skan'sa:re] **I.** *tr* **1.** *(schivare)* ausweichen (*qc* einer S. *dat*); **2.** *(evitare)* (ver)meiden, aus dem Wege gehen (*qc* einer S. *dat*); **II.** *rfl:* **-arsi** (weg)rükken, Platz machen.

scansia [skan'si:a] ⟨-ie⟩ *f* Regal *n*.

scanso ['skanso] *m:* **a ~ di equivoci** um Mißverständnisse zu vermeiden.

scantinato [skanti'na:to] *m* Kellergeschoß *n*.

scantonare [skanto'na:re] **I.** *itr* **1.** *(voltare all'angolo)* um die Ecke biegen; **2.** *fig* ausweichen; **II.** *tr* abrunden, abstumpfen.

scanzonato, -a [skantso'na:to] *a* unbekümmert, leichtfertig.

scapaccione [skapat'tʃo:ne] *m* Schlag *m* (auf den Hinterkopf).

scapestrato, -a [skapes'tra:to] **I.** *a* zügellos, liederlich; **II.** *m, f* Faulenzer(in) *m(f)*.

scapicollarsi [skapikol'larsi] *rfl dial* sich (fast) überschlagen.

scapigliato, -a [skapiʎ'ʎa:to] *a* zerzaust, zerrauft.

scapitare [skapi'ta:re] *itr* zuzahlen, einen Verlust machen.

scapito ['ska:pito] *m:* **a ~ di** zu Lasten von, auf Kosten von.

scapola ['ska:pola] *f* Schulterblatt *n*.

scapolo ['ska:polo] **I.** *a* ledig, unverheiratet; **II.** *m* Junggeselle *m*.

scappamento [skappa'mento] *m* Auspuff *m*.

scappare [skap'pa:re] *itr* ⟨*essere*⟩ **1.** *(darsi alla fuga)* weg-, davonlaufen; *(di prigione)* ausbrechen; **2.** *(allontanarsi)* gleich aufbrechen, sofort weggehen; **3.** *fig (sfuggire)* entgehen; **gli è scappato detto** es ist ihm rausgerutscht *fam;* **mi scappa la pazienza** mir reißt die Geduld; **di qui non si scappa** hier gibt es kein Entrinnen. **scappata** [...'pa:ta] *f* Stippvisite *f*, Sprung *m fam*. **scappatella** [...pa'tɛlla] *f* Seitensprung *m*. **scappatoia** [...pa'to:i̯a] ⟨-oie⟩ *f* Ausweg *m*.

scappellotto [skappel'lɔtto] *m* Klaps *m.*
scarabeo [skara'bɛ:o] *m* Skarabäus *m.*
scarabocchiare [skarabok'ki̯a:re] ‹scarabocchio, scarabocchi› *tr* **1.** *(riempire di scarabocchi)* bekritzeln; *(macchiare)* beklecksen; **2.** *fig (scribacchiare)* schmieren. **scarabocchio** [...'bɔkki̯o] ‹-cchi› *m* **1.** *(parola mal scritta)* Gekritzel *n,* Kritzelei *f;* **2.** *(macchia)* Klecks *m;* **3.** *(disegno mal fatto)* Geschmiere *n,* Schmiererei *f.*
scaracchiare [skarak'ki̯a:re] ‹scaracchio, scaracchi› *itr vulg* Rotze husten (*o* spucken) *vulg.* **scaracchio** [...'rakki̯o] ‹-cchi› *m vulg* Auswurf *m.*
scarafaggio [skara'faddʒo] ‹-ggi› *m* (Küchen)schabe *f.*
scaramanzia [skaraman'tsi:a] ‹-ie› *f* Beschwörung *f.*
scaramuccia [skara'muttʃa] ‹-cce› *f* Geplänkel *n,* kleine Auseinandersetzung.
scaraventare [skaraven'ta:re] **I.** *tr* werfen, schleudern; **II.** *rfl:* **-arsi** sich werfen, sich stürzen.
scarcassato, -a [skarkas'sa:to] *a fam* kaputt *fam.*
scarcerare [skartʃe'ra:re] *tr* freilassen, aus der Haft entlassen.
scardinare [skardi'na:re] *tr* ausheben, aus den Angeln heben.
scarica ['ska:rika] *f* **1.** *mil* Salve *f;* **2.** *(di grandine, pugni)* Hagel *m;* **3.** *el* Entladung *f.*
scaricabarile, scaricabarili [skarikaba'ri:le, ...li] ‹-› *m:* **fare a ~** *fam* sich *(dat)* gegenseitig etw. in die Schuhe schieben *fam.*
scaricare [skari'ka:re] **I.** *tr* **1.** *(camion, macchina)* aus-, entladen; **2.** *(merci)* ab-, ausladen; **3.** *mil* entladen; *(sparare)* abfeuern; **4.** *fig* (ab)laden; **5.** *phys* entladen; **6.** *fam (persona)* loswerden *fam;* **~ la colpa addosso a qu** jdm die Schuld zuschieben (*o* in die Schuhe schieben); **II.** *rfl:* **-arsi 1.** *(di un peso)* sich entlasten; **2.** *(di tensione nervosa)* sich entspannen; **3.** *(batteria, accumulatore)* leerlaufen; **4.** *(fulmine)* einschlagen (*su* in). **scaricatore** [...ka'to:re]: **~ di porto** Hafenarbeiter *m.*
scarico, -a ['ska:riko] **I.** *a* **1.** *(carro)* leer, unbeladen; **2.** *(batteria)* leer; **3.** *fig* frei, unbelastet, entspannt; **II.** *m* **1.** *(di merci, materiali)* Ab-, Ausladen; **2.** *(di nave, vagone)* Ent-, Ausladen *n;* **3.** *(rifiuti)* Müllhalde *f,* -kippe *f;* **4.** *(di acque, gas)* Abfluß *m,* Auslaß *m;* **5.** *com* Ausgang *m;* **6.** *tec* Auslaß *m,* Ablaß *m; mot* Auspuff *m;* **7.** *fig* Entlastung *f;* **divieto di ~** Schuttabladen verboten; **valvola di ~** Ablaßventil *n; fig* Ventil *n.*
scarlattina [skarlat'ti:na] *f* Scharlach *m.*
scarlatto, -a [skar'latto] **I.** *a* scharlachrot; **II.** *m* Scharlach(rot *n*) *m.*
scarmigliare [skarmiʎ'ʎa:re] ‹scarmiglio, scarmigli› *tr* zerzausen, zerraufen.
scarnificare [skarnifi'ka:re] ‹scarnifico, scarnifichi›, **scarnire** [skar'ni:re] ‹scarnisco› *tr* vom Fleisch lösen.
scarno, -a ['skarno] *a* **1.** *(viso, mani)* abgezehrt, mager; **2.** *fig* schlicht, schmucklos.
scarola [ska'rɔ:la] *f* Endivie *f.*
scarpa ['skarpa] *f* **1.** *(calzatura)* Schuh *m;* **2.** *fig fam* Stümper(in) *m(f) fam;* **fare le -e a qu** *fig fam* jdn täuschen.
scarpata [skar'pa:ta] *f* Böschung *f.*
scarpiera [skar'pi̯ɛ:ra] *f* Schuhschrank *m.*
scarpinata [skarpi'na:ta] *f fam* Fußmarsch *m.*
scarpone [skar'po:ne] *m* großer Schuh, Stiefel *m.*
scarrozzare [skarot'tsa:re] *tr, itr* (herum)kutschieren, -fahren.
scarseggiare [skarsed'dʒa:re] ‹scarseggio, scarseggi› *itr* knapp sein; **~ di** mangeln an.
scarsezza [skar'settsa] *f* Mangel *m* (*di* an), Knappheit *f.*
scarsità [skarsi'ta] ‹-› *f* Mangel *m.*
scarso, -a ['skarso] *a* knapp, spärlich; *(peso)* knapp; **essere ~ in inglese** schwach in Englisch sein.
scartabellare [skartabel'la:re] *tr* durchblättern; *(vocabolari, etc. a.)* wälzen.
scartafaccio [skarta'fattʃo] ‹-cci› *m* Kladde *f.*
scartamento [skarta'mento] *m* Spurweite *f;* **a ~ ridotto** schmalspurig; *(a. fig)* Schmalspur-.
scartare[1] [skar'ta:re] *tr* **1.** *(pacco, involto)* auspacken; **2.** *fig (ipotesi, progetto, proposta)* verwerfen, ausscheiden; **3.** *(nelle carte)* ablegen.
scartare[2] [skar'ta:re] **I.** *itr* ausbrechen; **II.** *tr* ausspielen, umdribbeln.
scarto[1] ['skarto] *m* **1.** *gener.* Aussonderung *f,* Ausschließung *f;* **2.** *fig* Ramsch *m,* Abfall *m;* **3.** *(nelle carte)* Ablegen *n.*
scarto[2] ['skarto] *m* **1.** *(deviazione)* Schleudern *n;* **2.** *(differenza)* Abstand *m.*
scartocciare [skartot'tʃa:re] ‹scartoccio, scartocci› *tr* auspacken.
scartoffia [skar'tɔffi̯a] ‹-ie› *f scherz* Wisch *m fam,* Schrieb *m fam.*
scassare [skas'sa:re] *fam* **I.** *tr* kaputtmachen *fam;* **II.** *rfl:* **-arsi** kaputtgehen *fam.*
scassinare [skassi'na:re] *tr* aufbrechen. **scassinatore, -trice** [...na'to:re] *m, f* Einbrecher(in) *m(f).*
scasso ['skasso] *m* Einbruch *m.*
scatafascio [skata'faʃʃo] *m:* **a ~** *fam* drunter und drüber *fam.*
scatenare [skate'na:re] **I.** *tr* entfesseln,

freien Lauf lassen (*qc* einer S. *dat*); **II.** *rfl:* **-arsi** losbrechen; *(tempesta)* aufkommen; *scherz* sich austoben.

scatola ['ska:tola] *f* Schachtel *f; (di carne, piselli, etc.)* Büchse *f,* Dose *f;* ~ **cranica** Schädel *m;* **-e** *vulg* Eier *n pl vulg;* **rompere/far girare le -e a qu** *fam* jdm auf den Keks (*o* Wecker) gehen *fam;* **in** ~ Dosen-, Büchsen-. **scatolame** [skato'la:me] *m* Schachteln *f pl; gastr* Konserven *f pl.*

scattante [skat'tante] *a* schnell, flink.

scattare [skat'ta:re] **I.** *itr ‹essere o avere›* **1.** *(congegni, molle)* (los)schnellen, losgehen; *(trappola)* zuschnappen; **2.** *(persona)* springen, hochschnellen; **3.** *mot* beschleunigen; **4.** *fig (per l'ira)* hochfahren, an die Decke gehen *fam;* **5.** *fig (fare uno scatto)* einen Sprung machen, (stufenweise) steigen; **6.** *sport* spurten; **II.** *tr ‹avere›* knipsen *fam.*

scatto ['skatto] *m* **1.** *tec* Schnellen *n,* Losgehen *n; (di trappola)* Zuschnappen *n;* **2.** *mil* Abzug *m; fot* Auslöser *m;* **3.** *(moto brusco)* Ruck *m;* **4.** *sport* Spurt *m;* **5.** *fig (di ira, etc.)* Ausbruch *m,* Anfall *m;* **6.** *fig (aumento)* Anstieg *m,* Erhöhung *f;* **7.** *tel* (Gebühren)einheit *f.*

scaturire [skatu'ri:re] ‹scaturisco› *itr ‹essere›* **1.** *(liquidi)* heraussprudeln, -laufen; **2.** *fig* heraus-, hervorkommen; *(derivare)* entspringen.

scavalcare [skaval'ka:re] *tr* **1.** *(ostacolo)* überklettern; **2.** *fig* überflügeln, ausbooten, den Rang ablaufen (*qu* jdm).

scavare [ska'va:re] *tr* **1.** *(fosso)* graben; *(legno, pietra, etc.)* aushöhlen; **2.** *(città, tesoro)* ausgraben; **3.** *fig* nachforschen, -bohren. **scavatore, -trice** [...va'to:re] **I.** *m, f (operaio)* Ausgräber(in) *m(f);* **II.** *f (macchina)* Bagger *m.*

scavezzacollo [skavettsa'kɔllo] ‹-› *mf* Draufgänger(in) *m(f).*

scavo ['ska:vo] *m* **1.** *(lo scavare)* Grabung *f;* **2.** *(luogo)* Grube *f; (nell' archeologia)* Ausgrabung *f;* **3.** *(incavatura)* Ausschnitt *m;* **4.** *min* Abbau *m.*

scazzottare [skattsot'ta:re] *fam* **I.** *tr* prügeln; **II.** *rfl:* **-arsi** sich prügeln. **scazzottata** [...'ta:ta], **scazzottatura** [...ta'tu:ra] *f fam* Prügelei *f,* Schlägerei *f.*

scegliere ['ʃeʎʎere] ‹scelgo, scelsi, scelto› *tr* aussuchen, (aus)wählen; *(preferire)* vorziehen.

sceicco [ʃe'ikko] ‹-cchi› *m* Scheich *m.*

scekerare [ʃeke'ra:re] *tr* mixen.

scelgo ['ʃelgo] *pr di* **scegliere.**

scelleratezza [ʃellera'tettsa] *f* **1.** *(infamia)* Frevelhaftigkeit *f;* **2.** *(azione)* Frevel *m,* Freveltat *f.* **scellerato, -a** [...'ra:to] **I.** *a* frevelhaft, ruchlos; **II.** *m, f* Missetäter(in) *m(f),* Frevler(in) *m(f).*

scellino [ʃel'li:no] *m* **1.** *(inglese)* Shilling *m;* **2.** *(austriaco)* Schilling *m.*

scelsi ['ʃelsi] *p rem di* **scegliere.**

scelta ['ʃelta] *f* (Aus)wahl *f;* **a** ~ zur Auswahl. **scelto, -a** ['ʃelto] **I.** *pp di* **scegliere; II.** *a* **1.** *(merce, frutta, prodotto)* ausgewählt, ausgesucht, erlesen; **2.** *(tiratore, pilota, etc.)* ausgezeichnet, vorzüglich.

scemare [ʃe'ma:re] **I.** *itr ‹essere›* nachlassen, abnehmen; **II.** *tr ‹avere›* vermindern, herabsetzen.

scemenza [ʃe'mɛntsa] *f* Dummheit *f.*

scemo, -a ['ʃe:mo] **I.** *a* dumm, blöd(e); **II.** *m, f* Dummkopf *m,* Esel *m,* Trottel *m.*

scempio ['ʃempi̯o] ‹-i› *m* **1.** *(violenza)* Qual *f,* Marter *f;* **2.** *(massacro)* Massaker *n,* Gemetzel *n;* **3.** *(deturpazione)* Verunstaltung *f.*

scena ['ʃɛ:na] *f* **1.** *(palcoscenico)* Bühne *f;* **2.** *(parte dell'atto)* Szene *f,* Auftritt *m;* **3.** *(scenario)* Szenerie *f,* Bühnenbild *n;* **4.** *(luogo)* Szene *f,* Schauplatz *m;* **5.** *(della natura)* Szenerie *f,* Anblick *m;* **6.** *fam* Szene *f;* **7.** *fig* Szene *f,* Bühne *f;* ~ **madre** Hauptszene *f; fig* Riesenkrach *m;* **colpo di** ~ *(a. fig)* Theatercoup *m;* **andare in** ~ zur Aufführung kommen; **mettere in** ~ aufführen, inszenieren; **fare** ~ **muta** kein Wort hervorbringen. **scenario** [ʃe'na:ri̯o] ‹-i› *m* **1.** *theat* Szenerie *f,* Bühnenbild *n; (nella commedia dell'arte, etc.)* Scenario *m;* **2.** *(paesaggio)* Szenerie *f;* **3.** *film* Drehbuch *n.* **scenata** [ʃe'na:ta] *f* Szene *f.*

scendere ['ʃendere] ‹scendo, scesi, sceso› **I.** *itr ‹essere›* **1.** *(andare giù)* hinuntergehen, hinabsteigen; *(venire giù)* herunterkommen, -steigen; **2.** *(smontare)* (ab)steigen (*da* von), (aus)steigen (*da* aus); **3.** *(essere in pendenza)* abfallen, sich neigen; **4.** *(capelli)* fallen; **5.** *(calare)* abnehmen, nachlassen, sinken; *(temperatura, prezzi)* fallen, sinken; *(notte)* hereinbrechen; **II.** *tr ‹avere›* hinabsteigen, hinuntergehen; *(venire)* herunterkommen.

scendiletto [ʃendi'lɛtto] ‹-› *m* Bettvorleger *m.*

sceneggiare [ʃened'dʒa:re] ‹sceneggio, sceneggi› *tr* inszenieren. **sceneggiatore, -trice** [...dʒa'to:re] *m, f* Drehbuchautor(in) *m(f).* **sceneggiatura** [...dʒa'tu:ra] *f TV, radio, film* Drehbuch *n; theat* Inszenierung *f.*

scenico, -a ['ʃɛ:niko] ‹-ci, -che› *a* szenisch; *(di palcoscenico)* Bühnen-.

scenografia [ʃenogra'fi:a] *f* Bühnengestaltung *f,* Bühnenbild *n.* **scenografico, -a** [...'gra:fiko] *a* **1.** *theat* Bühnenbild-; **2.** *fig pej* theatralisch. **scenografo, -a** [ʃe'nɔ:grafo] *m, f* Bühnenbildner(in) *m(f).*

scervellarsi [ʃervel'larsi] *rfl* sich *(dat)* den Kopf zerbrechen (*su, intorno a* über). **scervellato, -a** [...'la:to] **I.** *a*

verrückt, töricht; **II.** *m, f* Tor *m,* Verrückte(r) *mf.*
scesi ['ʃe:si] *p rem di* **scendere.**
sceso ['ʃe:so] *pp di* **scendere.**
scetticismo [ʃetti'tʃizmo] *m* Skepsis *f.*
scettico, -a ['ʃɛttiko] ‹-ci, -che› **I.** *a* skeptisch; **II.** *m, f* Skeptiker(in) *m(f).*
scettro ['ʃɛttro] *m* Zepter *n.*
scheda ['skɛ:da] *f* Zettel *m; adm* Karteikarte *f;* ~ **elettorale** Wahlschein *m,* Stimmzettel *m;* ~ **magnetica** Magnetkarte *f;* ~ **perforata** Lochkarte *f;* ~ **telefonica** Telefonmagnetkarte *f.* **schedare** [ske'da:re] *tr* **1.** *(registrare su scheda)* auf Karteikarten schreiben; **2.** *adm* (ins Polizeiregister) eintragen. **schedario** [...'da:rio] ‹-i› *m* **1.** *(raccolta)* Kartei *f;* **2.** *(mobile)* Karteischrank *m; (piccolo)* Karteikasten *m.* **schedina** [...'di:na] *f* Tippzettel *m,* Totoschein *m.*
scheggia ['skeddʒa] ‹-gge› *f* Splitter *m.* **scheggiare** [...'dʒa:re] ‹scheggio, scheggi› **I.** *tr* absplittern; **II.** *rfl:* **-arsi** (zer)splittern.
scheletrico, -a [ske'lɛ:triko] ‹-ci, -che› *a* **1.** *anat* Skelett-; **2.** *fig (persona, corpo)* hager, dürr.
scheletrito, -a [skele'tri:to] *a* **1.** *(persona)* mager, dürr; **2.** *(albero)* verdorrt.
scheletro ['skɛ:letro] *m* **1.** *anat* Skelett *n;* **2.** *(di nave, imbarcazione)* Gerüst *n,* Gerippe *n; (di romanzo, etc.)* Gerüst *n.*
schema ['skɛ:ma] ‹-i› *m* **1.** *(modello)* Schema *n;* **2.** *jur* Entwurf *m;* **3.** *lit* Entwurf *m,* Gerüst *n;* **4.** *fig* Schema *n,* Muster *n.* **schematico, -a** [...'ma:tiko] ‹-ci, -che› *a* schematisch. **schematizzare** [skematid'dza:re] *tr* schematisieren.
scherma ['skerma] *f* Fechten *n;* **tirare di** ~ fechten.
schermaglia [sker'maʎʎa] ‹-glie› *f* Wortgefecht *n.*
schermare [sker'ma:re] *tr* abschirmen.
schermire [sker'mi:re] ‹schermisco› **I.** *tr* schützen; **II.** *itr* fechten; **III.** *rfl:* **-irsi** **1.** *fig* abwehren (*da qc* etw.); **2.** *(ripararsi)* sich schützen (*da* vor).
schermitore, -trice [skermi'to:re] *m, f* Fechter(in) *m(f).*
schermo ['skermo] *m* **1.** *(riparo)* Schirm *m,* Schild *n,* Schutz *m;* **2.** *film, fot* Leinwand *f;* **3.** *TV* Bildschirm *m;* **4.** *tec* Schirm *m.*
schermografia [skermogra'fi:a] *f* Durchleuchtung *f.*
schernire [sker'ni:re] ‹schernisco› *tr* verhöhnen, verspotten, auslachen. **schernitore, -trice** [...ni'to:re] **I.** *m, f* Spötter(in) *m(f);* **II.** *a* spöttisch.
scherno ['skerno] *m* Spott *m,* Hohn *m;* **farsi ~ di qu/qc** jdn/etw. verhöhnen; **è diventato lo ~ di tutti** er ist zum Gespött aller geworden.
scherzare [sker'tsa:re] *itr* scherzen, spaßen; ~ **col fuoco** mit dem Feuer spielen; **c'è poco da** ~ da gibt's nichts zu lachen.
scherzo ['skertso] *m* **1.** *(azione, parola scherzosa)* Scherz *m,* Spaß *m;* **2.** *(sorpresa sgradevole)* Streich *m;* **3.** *fig (impresa facile)* Kinderspiel *n;* **4.** *mus* Scherzo *n;* ~ **da prete** *fam* schlechter Scherz; **-i d'acqua/di luce** Wasser-/Lichtspiele *n pl;* **fare uno ~ a qu** jdm einen Streich spielen; **stare allo** ~ Spaß vertragen (können); **per** ~ zum (*o* aus) Spaß, zum Scherz, spaßeshalber; **neppure per** ~ auf gar keinen Fall; **senza -i** ohne Scherz, im Ernst; **-i a parte!** Spaß beiseite! **scherzoso, -a** [...'tso:so] *a* lustig, spaßig.
schiaccianoci [ski̯attʃa'no:tʃi] ‹-› *m* Nußknacker *m.*
schiacciante [ski̯at'tʃante] *a* (er)drükkend.
schiacciapatate [ski̯attʃapa'ta:te] ‹-› *m* Kartoffelstampfer *m.*
schiacciare [ski̯at'tʃa:re] ‹schiaccio, schiacci› **I.** *tr* **1.** *(patate, etc.)* zerdrükken, (zer)quetschen; *(dito)* (sich *dat*) quetschen; *(noci, mandorle)* knacken; **2.** *sport* schmettern; **3.** *tec* drücken; *(pedale)* treten; **4.** *fig (rendere piatto)* plätten, platt machen; **5.** *fig (superare)* schlagen; ~ **un pisolino** (*o* **sonnellino)** *fam* ein Nickerchen machen *fam;* **II.** *rfl:* **-arsi** eine Delle bekommen, (sich) verbeulen.
schiacciata [ski̯at'tʃa:ta] *f* Schmetterball *m.*
schiacciato, -a [ski̯at'tʃa:to] *a* **1.** *(naso)* platt; **2.** *sport (tiro, etc.)* Schmetter-.
schiaffare [ski̯af'fa:re] *fam* **I.** *tr* schmeißen *fam,* werfen; **II.** *rfl:* **-arsi** sich schmeißen *fam,* sich werfen.
schiaffeggiare [ski̯affed'dʒa:re] ‹schiaffeggio, schiaffeggi› *tr* ohrfeigen.
schiaffo ['ski̯affo] *m* Ohrfeige *f.*
schiamazzare [ski̯amat'tsa:re] *itr* **1.** *zoo (galline)* gackern; *(oche)* schnattern; **2.** *(persone)* kreischen, lärmen. **schiamazzo** [...'mattso] *m* **1.** *zoo (di galline)* Gegacker *n; (di oche)* Geschnatter *n;* **2.** *(di persone)* Gekreische *n,* Lärm *m,* Lärmen *n.*
schiantare [ski̯an'ta:re] **I.** *tr* ‹*avere*› **1.** *(rompere)* ab-, zerbrechen, ab-, zerreißen; *(piante)* ausreißen, entwurzeln; **2.** *fig* zerreißen; **II.** *itr* ‹*essere*› *fam* platzen; **III.** *rfl:* **-arsi** (zer)brechen, zerschellen.
schianto ['ski̯anto] *m* **1.** *(rumore)* Krach *m,* Knall *m;* **2.** *fig* Stich *m;* **3.** *fam* Wucht *f;* **di** ~ schlagartig.
schiappa ['ski̯appa] *f fam* Niete *f fam.*
schiarimento [ski̯ari'mento] *m* Aufhellung *f; (fig a.)* Aufklärung *f.*

schiarire [skia'ri:re] **I.** *tr* ⟨*avere*⟩ aufhellen, hell(er) machen; **II.** *itr* ⟨*essere*⟩ **1.** *(perdere il colore)* hell(er) werden; **2.** *meteo* hell(er) werden; **III.** *rfl:* **-irsi 1.** *meteo* sich aufhellen; **2.** *(diventar chiaro)* hell(er) werden; **-irsi la voce** sich räuspern. **schiarita** [...'ri:ta] *f* **1.** *meteo* Aufheiterung *f;* **2.** *fig* Verbesserung *f,* Lichtblick *m.*

schiattare [skiat'ta:re] *itr* ⟨*essere*⟩ platzen.

schiavismo [skia'vizmo] *m* Sklaverei *f,* Sklaventum *n.* **schiavitù** [...vi'tu] ⟨-⟩ *f* **1.** *soc* Sklaverei *f,* Versklavung *f;* **2.** *fig* Knechtschaft *f.* **schiavo, -a** ['skia:vo] **I.** *a* versklavt, unterjocht; **II.** *m, f* Sklave *m,* Sklavin *f.*

schiena ['skiɛ:na] *f* Rücken *m.* **schienale** [skie'na:le] *m* (Rücken)lehne *f.*

schiera ['skiɛ:ra] *f* **1.** *(moltitudine)* Schar *f,* Menge *f;* **2.** *mil* Truppe *f,* Heer *n;* **a -e** scharenweise; **casa a ~** Reihenhaus *n.*

schieramento [skiera'mento] *m* **1.** *mil* Aufmarsch *m,* Formation *f;* **2.** *sport* Aufstellung *f;* **3.** *fig* Lager *n.*

schierare [skie'ra:re] **I.** *tr* aufstellen, formieren; **II.** *rfl:* **-arsi** sich formieren, aufmarschieren; **-arsi dalla parte di/contro qu** für/gegen jdn Partei ergreifen.

schiettezza [skiet'tettsa] *f* Offenheit *f,* Ehrlichkeit *f.* **schietto, -a** ['skiɛtto *o* 'skietto] *a* **1.** *(puro)* rein, echt; **2.** *fig* ehrlich, aufrichtig.

schifare [ski'fa:re] **I.** *tr* (an)ekeln; **II.** *rfl:* **-arsi** sich ekeln (*di* vor). **schifezza** [...'fettsa] *f* Ekelhaftigkeit *f,* Widerlichkeit *f.*

schifiltoso, -a [skifil'to:so] *a* zimperlich, heikel, pingelig *fam.*

schifo ['ski:fo] *m* Ekel *m;* **i funghi mi fanno ~** ich ekle mich vor Pilzen; **la minestra è uno ~** die Suppe ist ekelhaft (*o* widerlich); **che ~!** so eine Schweinerei! *fam.* **schifoso, -a** [ski'fo:so] *a* ekelhaft, widerlich.

schioccare [skiok'ka:re] ⟨schiocco, schiocchi⟩ *tr (frusta)* knallen mit; *(lingua)* schnalzen mit; *(dita)* schnippen mit. **schiocco** ['skiɔkko] ⟨-cchi⟩ *m* Knall *m.*

schioppettata [skioppet'ta:ta] *f* Flinten-, Büchsenschuß *m.* **schioppo** ['skiɔppo] *m* Flinte *f,* Büchse *f.*

schiudere ['skiu:dere] ⟨*irr*⟩ **I.** *tr* öffnen, aufmachen; **II.** *rfl:* **-ersi** sich öffnen, aufgehen.

schiuma ['skiu:ma] *f* Schaum *m;* **avere la ~ alla bocca** *fig* vor Wut schäumen. **schiumaiola** [skiuma'iɔ:la] *f* Schaumlöffel *m,* -kelle *f.* **schiumare** [..'ma:re] **I.** *tr* abschäumen, den Schaum abschöpfen von; **II.** *itr* schäumen. **schiumoso, -a** [..'mo:so] *a (sapone)* schaumig; *(a. latte)* schäumend.

schivare [ski'va:re] *tr* ausweichen (*qc/qu* einer S. *dat*/jdm), (ver)meiden.

schivo, -a ['ski:vo] *a* spröde, widerspenstig.

schizofrenia [skiddzofre'ni:a] ⟨-ie⟩ *f* Schizophrenie *f.* **schizofrenico, -a** [...'frɛ:niko] ⟨-ci, -che⟩ **I.** *a* schizophren; **II.** *m, f* Schizophrene(r) *mf.*

schizzare [skit'tsa:re] **I.** *tr* ⟨*avere*⟩ **1.** *(liquidi)* (ver)spritzen; **2.** *(sporcare)* bespritzen, beschmutzen; **3.** *(disegnare)* skizzieren; **4.** *(descrivere)* skizzieren, kurz beschreiben; **5.** *fig* (aus-, ver)sprühen, ausstrahlen; **~ veleno** *fig* Gift verspritzen; **II.** *itr* ⟨*essere*⟩ **1.** *(liquidi)* spritzen; **2.** *(saltar fuori)* schießen, springen, sausen; **III.** *rfl:* **-arsi** sich bespritzen.

schizzinoso, -a [skittsi'no:so] *a* zimperlich, heikel.

schizzo ['skittso] *m* **1.** *(di fango, inchiostro)* Spritzer *m;* **2.** *(abbozzo)* Skizze *f;* **3.** *(balzo)* Sprung *m,* Satz *m.*

sci [ʃi] ⟨-⟩ *m* Ski *m; (attività)* Skifahren *n,* -laufen *n;* **~ nautico** Wasserski *m;* **fare dello ~** Ski laufen (*o* fahren).

scia ['ʃi:a] ⟨scie⟩ *f* **1.** *naut* Kielwasser *n;* **2.** *fig* Spur *f; (di profumo)* Wolke *f;* **mettersi sulla ~ di qu** in jds Fußstapfen treten.

scià [ʃa] ⟨-⟩ *m* Schah *m.*

sciabola ['ʃa:bola] *f* Säbel *m.*

sciabordio [ʃabor'di:o] ⟨-ii⟩ *m* Schwappen *n.*

sciacallo [ʃa'kallo] *m* Schakal *m.*

sciacquare [ʃak'kua:re] *tr (piatti, bicchieri)* abspülen; *(panni)* ausspülen, auswaschen; **-arsi la bocca/le mani** (sich *dat*) den Mund ausspülen/die Hände abwaschen. **sciacquatura** [...kua'tu:ra] *f* **1.** *(acqua)* Spül-, Abwaschwasser *n;* **2.** *(pulizia)* (Aus)spülen *n;* **~ di piatti** *fig pej* Spülwasser *n fam.*

sciacquo ['ʃakkuo] *m* (Mund)spülung *f.* **sciacquone** [...'kuo:ne] *m* Wasserspülung *f;* **tirare lo ~** abziehen.

Sciaffusa [ʃaf'fu:za] *f* Schaffhausen *n.*

sciagura [ʃa'gu:ra] *f* Unglück *n;* **~ ecologica** Umweltkatastrophe *f.* **sciagurato, -a** [ʃagu'ra:to] **I.** *a* **1.** *(persona)* unglücklich; **2.** *(malvagio)* schändlich, gemein; *(madre, padre)* Raben-; **II.** *m, f* **1.** *(disgraziato)* Unglücksrabe *m;* **2.** *(padre, madre)* Rabenvater *m,* -mutter *f.*

scialacquare [ʃalak'kua:re] *tr* verschwenden, vergeuden; *(a. patrimonio)* verprassen. **scialacquatore, -trice** [...kua'to:re] *m, f* Verschwender(in) *m(f).*

scialare [ʃa'la:re] *itr* prassen; **c'è poco da ~** damit kann man keine großen Sprünge machen *fam.*

scialbo, -a [ˈʃalbo] *a* **1.** *(colore, tinta)* blaß, fahl, bleich; **2.** *fig* blaß, farblos.
scialle [ˈʃalle] *m* Schultertuch *n.*
scialo [ˈʃa:lo] *m* Verschwendung *f,* Vergeudung *f.*
scialuppa [ʃaˈluppa] *f* Beiboot *n,* Schaluppe *f;* ~ **di salvataggio** Rettungsboot *n.*
sciamano [ʃaˈma:no] *m* Schamane *m.*
sciamare [ʃaˈma:re] *itr* ‹*essere o avere*› **1.** *zoo* (aus)schwärmen; **2.** *fig* ausschwärmen.
sciame [ˈʃa:me] *m* **1.** *zoo* Schwarm *m;* **2.** *fig* Schwarm *m,* Schar *f,* Menge *f.*
sciancato, -a [ʃaŋˈka:to] *m, f* Gehbehinderte(r) *mf.*
sciangai [ʃaŋˈga:i] ‹-› *m* Mikado(spiel) *n.*
sciarada [ʃaˈra:da] *f* Scharade *f.*
sciare [ʃiˈa:re] ‹scio, scii› *itr* Ski laufen (*o* fahren); *naut* Wasserski laufen.
sciarpa [ˈʃarpa] *f* Schal *m; (fascia)* Schärpe *f.*
sciatica [ˈʃa:tika] ‹-che› *f* Ischias *m.* **sciatico, -a** [...ko] ‹-ci, -che› *a* Ischias-.
sciatore, -trice [ʃiaˈto:re] *m, f* Skiläufer(in) *m(f),* -fahrer(in) *m(f).*
sciattezza [ʃatˈtettsa] *f* Schlampigkeit *f.* **sciatto, -a** [ˈʃatto] *a* schlampig. **sciattone, -a** [...ˈto:ne] *m, f fam* Schlamper(in) *m(f).*
scibile [ˈʃi:bile] *m* Wissen *n.*
sciccheria [ʃikkeˈri:a] ‹-ie› *f fam* Schick *m.*
scie *pl di* **scia.**
scientifico, -a [ʃenˈti:fiko] ‹-ci, -che› *a* wissenschaftlich; *(liceo a.)* naturwissenschaftlich; **polizia -a** Erkennungsdienst *m.*
scienza [ˈʃɛntsa] *f* Wissenschaft *f; (sapere)* Wissen *n;* **-e** Wissenschaft *f; (disciplina)* Naturwissenschaft *f;* **avere la ~ infusa** die Weisheit mit Löffeln gefressen haben *fam.* **scienziato, -a** [...ˈtsi̯a:to] *m, f* (Natur)wissenschaftler(in) *m(f).*
sciistico, -a [ʃiˈistiko] ‹-ci, -che› *a* Ski-.
scimmia [ˈʃimmi̯a] ‹-ie› *f* Affe *m.* **scimmiesco, -a** [...ˈmi̯esko] ‹-schi, -sche› *a* Affen-, affenartig. **scimmiottare** [...mi̯otˈta:re] *tr* nachäffen. **scimmiotto** [...ˈmi̯ɔtto] *m* Äffchen *n,* kleiner Affe.
scimpanzé [ʃimpanˈtse] ‹-› *m* Schimpanse *m.*
scimunito, -a [ʃimuˈni:to] **I.** *a* dumm, blöd(e); **II.** *m, f* Dummkopf *m.*
scindere [ˈʃindere] ‹scindo, scissi, scisso› **I.** *tr* **1.** *chem* spalten; **2.** *fig* (auf)spalten; **II.** *rfl:* **-ersi** sich spalten.
scintilla [ʃinˈtilla] *f* Funke *m;* **fare -e** *(a. fig)* Funken schlagen. **scintillare** [...ˈla:re] *itr* **1.** *fig* funkeln, leuchten; **2.** *phys* Funken sprühen. **scintillio** [...ˈli:o] ‹-ii› *m* Funkeln *n,* Schimmern *n.*
sciò [ʃɔ] *interj* weg, fort.
scioccare [ʃokˈka:re] ‹sciocco, sciocchi› *tr* schockieren.
sciocchezza [ʃokˈkettsa] *f* **1.** *(scemenza)* Dummheit *f;* **2.** *fig* Kleinigkeit *f.* **sciocco, -a** [ˈʃɔkko] ‹-cchi, -cche› **I.** *a* dumm; *tosc* fade; **II.** *m, f* Dummkopf *m.*
sciogliere [ˈʃɔʎʎere] ‹sciolgo, sciolsi, sciolto› **I.** *tr* **1.** *gener.* lösen, losmachen; *(nodo)* lösen; **2.** *(liberare)* befreien; *(cane)* loslassen; **3.** *chem* lösen; **4.** *(ghiaccio, nevi)* schmelzen (lassen); **5.** *fig* (auf)lösen; *(contratto)* lösen; *(voto)* einlösen, erfüllen; *(seduta, parlamento)* auflösen; **II.** *rfl:* **-ersi 1.** *gener.* sich lösen; **2.** *fig* sich entledigen (*da qc* einer S. *gen*), sich befreien (*da* von); **3.** *(neve)* schmelzen; **-ersi in lacrime** in Tränen aufgelöst sein. **scioglilingua** [ʃoʎʎiˈliŋgu̯a] ‹-› *m* Zungenbrecher *m.*
sciolgo [ˈʃɔlgo] *pr di* **sciogliere.**
sciolsi [ˈʃɔlsi] *p rem di* **sciogliere.**
scioltezza [ʃolˈtettsa] *f* **1.** *(di movimenti)* Gewandtheit *f,* Gelenkigkeit *f;* **2.** *(di modi)* Leichtigkeit *f,* Ungezwungenheit *f.*
sciolto, -a [ˈʃɔlto] **I.** *pp di* **sciogliere; II.** *a* **1.** *(slegato)* (auf)gelöst, lose; **2.** *fig* frei, lässig; *(disinvolto)* ungezwungen; **avere la lingua -a** ein flinkes (*o* gutes) Mundwerk haben.
scioperante [ʃopeˈrante] **I.** *a* streikend; **II.** *mf* Streikende(r) *mf.* **scioperare** [...ˈra:re] *itr* streiken. **scioperato, -a** [...ˈra:to] **I.** *a* faul, arbeitsscheu; **II.** *m, f* Faulpelz *m.*
sciopero [ˈʃɔ:pero] *m* Streik *m;* ~ **bianco** Dienst *m* nach Vorschrift; ~ **(a gatto) selvaggio** Schwerpunktstreik *m;* **fare ~** streiken.
sciorinare [ʃoriˈna:re] *tr* ausbreiten, zur Schau stellen.
sciovia [ʃioˈvi:a] *f* Skilift *m.*
sciovinismo [ʃoviˈnizmo] *m* Chauvinismus *m.* **sciovinista** [...ˈnista] ‹-i *m,* -e *f*› *mf* Chauvinist(in) *m(f).* **sciovinistico, -a** [...ˈnistiko] ‹-ci, -che› *a* chauvinistisch.
scipito, -a [ʃiˈpi:to] *a* **1.** *gastr* fade, schal; **2.** *fig* fade, geistlos.
scippare [ʃipˈpa:re] *tr* die Tasche wegreißen (*qu* jdm). **scippatore, -trice** [...paˈto:re] *m, f* (Hand)taschenräuber(in) *m(f).* **scippo** [ˈʃippo] *m* (Hand)taschenraub *m.*
scirocco [ʃiˈrɔkko] ‹-cchi› *m* Schirokko *m.*
sciroppare [ʃiropˈpa:re] *tr* einmachen, einkochen; **-arsi qu/qc** *fam* jdn/etw. über sich ergehen lassen.
sciroppo [ʃiˈrɔppo] *f* Sirup *m; (med a.)* Saft *m;* ~ **per la tosse** Hustensaft *m.* **sciropposo, -a** [ʃiropˈpo:so] *a* **1.** *(vino, liquido)* sirupartig; **2.** *fig* schmalzig.

scisma ['ʃizma] ⟨-i⟩ *m* **1.** *rel* Schisma *n;* **2.** *pol, soc* Spaltung *f.* **scismatico, -a** [...'ma:tiko] ⟨-ci, -che⟩ **I.** *a* schismatisch; **II.** *m, f* Schismatiker(in) *m(f).*
scissi ['ʃissi] *p rem di* **scindere.**
scissione [ʃis'si̯o:ne] *f* Spaltung *f.*
scisso ['ʃisso] *pp di* **scindere.**
sciupare [ʃu'pa:re] **I.** *tr* **1.** *(logorare)* abnutzen; *(abito)* verschleißen; **2.** *(tempo, fatica)* verschwenden, vergeuden; **3.** *(appetito, vista, salute)* verderben; **II.** *rfl:* **-arsi 1.** *(indumento)* verschleißen, sich abnutzen; **2.** *(persona)* sich verbrauchen, sich kaputtmachen *fam.*
scivolare [ʃivo'la:re] *itr* ⟨*essere*⟩ **1.** *(perdere l'equilibrio)* (aus)rutschen; **2.** *(scorrere)* gleiten; **3.** *(sfuggire)* gleiten, rutschen; **4.** *aero* abgleiten, abrutschen. **scivolata** [...'la:ta] *f* **1.** *(scivolone)* (Aus)rutscher *m;* **2.** *aero* Abgleiten *n,* Abrutschen *n.* **scivolo** ['ʃi:volo] *m* Rutschbahn *f,* Rutsche *f.* **scivolone** [ʃivo'lo:ne] *m* (Aus)rutscher *m.* **scivoloso, -a** [...'lo:so] *a* **1.** *(terreno)* glatt, rutschig; **2.** *(anguilla)* glitschig; **3.** *fig pej* schleimig, aalglatt.
sclerosi [skle'rɔ:zi] ⟨-⟩ *f* Sklerose *f.*
scoccare [skok'kare] ⟨scocco, scocchi⟩ **I.** *tr* ⟨*avere*⟩ **1.** *(freccia)* abschießen; **2.** *(ore)* schlagen; **3.** *fig (bacio)* zuwerfen; **II.** *itr* ⟨*essere*⟩ **1.** *el* aufleuchten; *(scintilla)* überspringen; **2.** *(ore)* schlagen.
scocciare [skot'tʃa:re] ⟨scoccio, scocci⟩ *fam* **I.** *tr* nerven *fam,* auf den Wecker gehen (*qu* jdm) *fam;* **II.** *rfl:* **-arsi** die Lust verlieren. **scocciatore, -trice** [...tʃa'to:re] *m, f fam* Störenfried *m,* Nervensäge *f fam.* **scocciatura** [...tʃa'tu:ra] *f fam* Ärgernis *n,* Belästigung *f;* **che ~!** wie lästig!
scodella [sko'dɛlla] *f* Schüssel *f.* **scodellare** [...del'la:re] *tr* einfüllen.
scodinzolare [skodintso'la:re] *itr* (mit dem Schwanz) wedeln.
scogliera [skoʎ'ʎɛ:ra] *f* Klippe *f; (~ corallina)* Riff *n.*
scoglio ['skɔʎʎo] ⟨-gli⟩ *m* **1.** *geog* Klippe *f;* **2.** *fig* Klippe *f,* Hürde *f.* **scoglioso, -a** [skoʎ'ʎo:so] *a* klippenreich, Klippen-.
scoiattolo [sko'i̯attolo] *m* Eichhörnchen *n.*
scolapasta [skola'pasta] ⟨-⟩ *m* Sieb *n,* Seiher *m.* **scolapiatti** [-'pi̯atti] ⟨-⟩ *m* Trockengestell *n* (für Teller).
scolara *f v.* **scolaro.**
scolare[1] [sko'la:re] *a* Schul-, schulpflichtig.
scolare[2] [sko'la:re] **I.** *tr* ⟨*avere*⟩ **1.** *(bottiglie)* ausgießen, ausschütten; **2.** *gastr* abgießen; *(insalata)* abtropfen lassen, seihen; **II.** *itr* ⟨*essere*⟩ abfließen, ablaufen, abtropfen; **III.** *rfl:* **-arsi** *fam* aus-, leertrinken.
scolaresca [skola'reska] ⟨-sche⟩ *f* Schülerschaft *f.* **scolaro, -a** [...'la:ro] *m, f* Schüler(in) *m(f).* **scolastico, -a** [...'lastiko] ⟨-ci, -che⟩ *a* **1.** *(anno, tasse, programma)* Schul-; **2.** *fig pej* schulmäßig.
scoliosi [sko'li̯ɔ:zi] ⟨-⟩ *f* Skoliose *f.*
scollacciato, -a [skollat'tʃa:to] *a* **1.** *(abito)* ausgeschnitten, dekolletiert; **2.** *fig pej* anstößig.
scollare [skol'la:re] **I.** *tr* (ab)lösen; **II.** *rfl:* **-arsi** sich (ab)lösen. **scollato, -a** [...a:to] *a (abito)* ausgeschnitten, dekolletiert. **scollatura** [...la'tu:ra] *f* **1.** *(di abito)* Ausschnitt *m;* **2.** *(parte scoperta)* Dekolleté *n,* Ausschnitt *m;* **3.** *(di parti incollate)* (Ab)lösung *f.*
scollo ['skɔllo] *m* Ausschnitt *m.*
scolo ['sko:lo] *m* **1.** *(deflusso)* Ablauf *m,* Abfluß *m;* **2.** *(condotto)* Abfluß *m;* **3.** *(liquido)* Abwasser *n;* **4.** *med* Ausfluß *m; vulg* Tripper *m.*
scolorare [skolo'ra:re] **I.** *tr* ⟨*avere*⟩ entfärben; **II.** *itr* ⟨*essere*⟩ abfärben; **III.** *rfl:* **-arsi** die Farbe verlieren, verbleichen.
scolorire [skolo'ri:re] **I.** *tr* ⟨*avere*⟩ **1.** entfärben, bleichen; **2.** *fig* verblassen lassen; **II.** *itr* ⟨*essere*⟩ verblassen; **III.** *rfl:* **-irsi 1.** *(perdere il colore)* verblassen; **2.** *(impallidire)* erblassen, erbleichen.
scolpare [skol'pa:re] **I.** *tr* entschuldigen; **II.** *rfl:* **-arsi** sich entschuldigen, sich rechtfertigen.
scolpire [skol'pi:re] *tr* **1.** *(marmo, statua)* behauen; *(legno)* schnitzen; **2.** *(incidere)* einmeißeln, einritzen, eingravieren; **3.** *fig* einhämmern, einprägen.
scombinare [skombi'na:re] *tr* durcheinanderbringen; *(mandare a monte)* scheitern lassen; *(piano)* vereiteln. **scombinato, -a** [...'na:to] *a* **1.** *(mandato a monte)* gescheitert, vereitelt; **2.** *(confuso)* durcheinander, verworren.
scombussolare [skombusso'la:re] *tr* verwirren, durcheinanderbringen.
scommessa [skom'messa] *f* Wette *f; (somma impegnata)* Einsatz *m.* **scommettere** [...'mettere] ⟨*irr*⟩ *tr* wetten.
scomodare [skomo'da:re] **I.** *tr* stören, belästigen, bemühen; **II.** *itr* unangenehm (*o* ungelegen) sein; **III.** *rfl:* **-arsi** sich bemühen, sich stören lassen.
scomodità [skomodi'ta] *f* Unbequemlichkeit *f.*
scomodo ['skɔ:modo] *m* Störung *f,* Belästigung *f.*
scomodo, -a ['skɔ:modo] *a* unbequem.
scompaginare [skompadʒi'na:re] **I.** *tr fig* durcheinanderbringen; **II.** *rfl:* **-arsi** durcheinandergeraten.
scomparire [skompa'ri:re] ⟨*irr*⟩ *itr* ⟨*essere*⟩ **1.** *(sparire)* verschwinden; **2.** *fig* gering erscheinen, nicht zur Geltung kommen, verschwinden. **scomparsa** [...'parsa] *f* **1.** *(sparizione)* Verschwin-

den *n;* **2.** *med* Abklingen *n;* **3.** *(morte)* Hinscheiden *n.* **scomparso, -a** [...ˈparso] *a* **1.** *(popolo, continente)* untergegangen; **2.** *(irreperibile)* vermißt.

scompartimento [skompartiˈmento] *m* **1.** *ferr* Abteil *n;* **2.** *(di armadio)* Fach *n.* **scomparto** [...ˈparto] *m* Fach *n.*

scompenso [skomˈpɛnso] *m* **1.** *med* Kompensationsstörung *f,* Dekompensation *f;* **2.** *(mancanza di equilibrio)* Unausgewogenheit *f,* Unausgeglichenheit *f.*

scompigliare [skompiʎˈʎa:re] *tr* in Unordnung bringen; *(capelli)* zerzausen, zerraufen. **scompiglio** [...ˈpiʎʎo] ‹-gli› *m* Unordnung *f.*

scompisciarsi [skompiʃˈʃarsi] *rfl:* ~ **dalle risate** *rar vulg* sich kaputtlachen *fam.*

scomporre [skomˈporre] ‹*irr*› **I.** *tr* **1.** *(disgregare)* durcheinanderbringen; *(scaffali, elementi)* zerlegen, auseinandernehmen; **2.** *mat* zerlegen; **3.** *(lineamenti, volto)* entstellen; **II.** *rfl:* **-orsi** aus der Fassung geraten, die Fassung verlieren.

scompostezza [skomposˈtettsa] *f* Ungehörigkeit *f.* **scomposto, -a** [...ˈposto] *a* **1.** *(capelli)* zerzaust, durcheinander; **2.** *fig (sguaiato)* ungebührlich, ungehörig.

scomunica [skoˈmu:nika] ‹-che› *f* Exkommunikation *f.* **scomunicare** [...muniˈka:re] *tr* exkommunizieren.

sconcertare [skontʃerˈta:re] **I.** *tr* verwirren, durcheinanderbringen; **II.** *rfl:* **-arsi** verwirrt sein.

sconcezza [skonˈtʃettsa] *f* Unanständigkeit *f,* Schweinerei *f fam.* **sconcio, -a** [ˈskontʃo] ‹-ci, -ce› **I.** *a* schmutzig, unanständig; **II.** *m* Unanständigkeit *f,* Schweinerei *f fam.*

sconclusionato, -a [skonkluzi̯oˈna:to] *a* **1.** *(discorso)* unzusammenhängend, zusammenhang(s)los; **2.** *(persona)* unschlüssig.

scondito, -a [skonˈdi:to] *a* ungewürzt, fade.

sconfessare [skonfesˈsa:re] *tr* **1.** *(rinnegare)* verleugnen; **2.** *(disapprovare)* mißbilligen.

sconfiggere [skonˈfiddʒere] ‹sconfiggo, sconfiggi, sconfissi, sconfitto› *tr* schlagen; *(a. fig)* besiegen.

sconfinare [skonfiˈna:re] *itr* **1.** *(oltrepassare i confini)* eine (*o* die) Grenze überschreiten; **2.** *fig* abkommen, abweichen, abschweifen. **sconfinato, -a** [...ˈna:to] *a* **1.** *(territorio)* grenzenlos; **2.** *fig* unbegrenzt, unbeschränkt; *(a. pej)* schrankenlos, uferlos.

sconfissi [skonˈfissi] *p rem di* **sconfiggere.**

sconfitta [skonˈfitta] *f* Niederlage *f.*

sconfitto [skonˈfitto] *pp di* **sconfiggere.**

sconfortante [skonforˈtante] *a* entmutigend.

sconfortare [skonforˈta:re] **I.** *tr* entmutigen; **II.** *rfl:* **-arsi** den Mut verlieren, verzagen. **sconforto** [...ˈfɔrto] *m* Verzagtheit *f,* Kummer *m.*

scongelare [skondʒeˈla:re] *tr* auftauen.

scongiurare [skondʒuˈra:re] *tr* beschwören; *(pericolo, etc.)* abwenden. **scongiuro** [...ˈdʒu:ro] *m* Beschwörung *f; (contro la iettatura)* Exorzismus *m.*

sconnesso, -a [skonˈnɛsso] *a* zusammenhang(s)los, konfus, unlogisch.

sconosciuto, -a [skonoʃˈʃu:to] **I.** *a* unbekannt; **II.** *m, f* Unbekannte(r) *mf.*

sconquassare [skoŋku̯asˈsa:re] *tr* **1.** *(scuotere)* zerrütten, zerstören; **2.** *(indisporre)* durcheinanderbringen, verstören, fertigmachen *fam.* **sconquasso** [...ˈku̯asso] *m* **1.** *(scompiglio)* Krach *m,* Zusammenkrachen *n;* **2.** *fig* Durcheinander *n.*

sconsacrare [skonsaˈkra:re] *tr* entweihen.

sconsideratezza [skonsideraˈtettsa] *f* Unbedachtheit *f,* Gedankenlosigkeit *f.* **sconsiderato, -a** [...ˈra:to] *a* unbedacht, gedankenlos.

sconsigliabile [skonsiʎˈʎa:bile] *a* nicht ratsam. **sconsigliare** [...ˈʎa:re] *tr:* ~ **qc a qu** jdm von etw. abraten; ~ **di . . .** *inf* davon abraten, zu . . . *inf.*

sconsolato, -a [skonsoˈla:to] *a (persona)* untröstlich; *(espressione)* trostlos.

scontare [skonˈta:re] *tr* **1.** *com, fin* abziehen, abrechnen; *(cambiale)* diskontieren; **2.** *jur* verbüßen; **3.** *fig (pagare)* büßen (für), bezahlen (für).

scontentare [skontenˈta:re] *tr* nicht zufriedenstellen, unzufrieden lassen. **scontentezza** [...ˈtettsa] *f* Unzufriedenheit *f.* **scontento, -a** [...ˈtɛnto] **I.** *a* unzufrieden (*di* mit); **II.** *m* Unzufriedenheit *f* (*di* mit).

sconto [ˈskonto] *m* **1.** *com* Nachlaß *m,* Rabatt *m,* Skonto *m;* **2.** *fin, jur* Diskont *m.*

scontrare [skonˈtra:re] **I.** *tr* treffen; **II.** *rfl:* **-arsi 1.** *mot* zusammenstoßen; **2.** *mil* aufeinandertreffen; **3.** *fig* aufeinanderstoßen, -prallen.

scontrino [skonˈtri:no] *m* Quittung *f,* Beleg *m,* Bescheinigung *f;* ~ **di cassa/consegna** Kassenzettel *m*/Lieferschein *m.*

scontro [ˈskontro] *m* **1.** *mot, ferr, aero* Zusammenstoß *m;* **2.** *mil* Zusammenstoß *m,* Gefecht *n;* **3.** *sport* Begegnung *f;* **4.** *fig* Zusammenstoß *m,* Konflikt *m,* Streit *m.*

scontrosità [skontrosiˈta] ‹-› *f* Widerspenstigkeit *f.* **scontroso, -a** [...ˈtro:so] *a* widerspenstig, störrisch.

sconveniente [skonve'niɛnte] *a* **1.** *(contegno, parole, risposta)* unpassend, ungehörig; **2.** *(prezzo)* unangemessen. **sconvenienza** [...'niɛntsa] *f* **1.** *(indecenza)* Ungehörigkeit *f;* **2.** *com (di prezzo)* Unangemessenheit *f.*

sconvolgente [skonvol'dʒɛnte] *a* erschütternd.

sconvolgere [skon'vɔldʒere] ⟨*irr*⟩ *tr* erschüttern, durcheinanderbringen. **sconvolgimento** [...voldʒi'mento] *m* Erschütterung *f,* Verwirrung *f.*

scopa ['sko:pa] *f* Besen *m.* **scopare** [sko'pa:re] *tr* **1.** *(pavimento)* kehren, fegen; **2.** *vulg* ficken *vulg.* **scopata** [...'pa:ta] *f* **1.** *(spazzata)* Kehren *n,* Fegen *n;* **2.** *(colpo di scopa)* Besenschlag *m;* **3.** *vulg* Fick *m vulg;* **farsi una ~** *vulg* ficken *vulg.*

scoperchiare [skoper'kia:re] ⟨scoperchio, scoperchi⟩ *tr* ab-, aufdecken; *(pentola)* den Deckel abnehmen von.

scoperta [sko'pɛrta] *f* Entdeckung *f.*

scoperto, -a [sko'pɛrto] **I.** *a* **1.** *(terrazzo, terreno)* unbedeckt, unbedacht; **2.** *(braccia, capo)* unbedeckt, entblößt; **3.** *com, fin* ungedeckt; **4.** *(visibile)* offen; **5.** *fig* offen, direkt; **II.** *m* **1.** *(luogo aperto)* Freie(s) *n;* **2.** *com, fin* Überziehung *f.*

scopiazzare [skopiat'tsa:re] *tr* schlecht abschreiben, runterschmieren *fam.*

scopino [sko'pi:no] *m* Toiletten-, Klobürste *f.*

scopo ['skɔ:po] *m* Zweck *m; (fine)* Ziel *n,* Absicht *f;* **a che ~?** wozu?

scoppiare [skop'pia:re] ⟨scoppio, scoppi⟩ *itr* ⟨*essere*⟩ **1.** *(guerra)* ausbrechen; **2.** *(bomba)* hochgehen, explodieren; *(gomma)* platzen; **3.** *(epidemia)* ausbrechen; **4.** *fig* ausbrechen; **~ a piangere/ridere, ~ in lacrime/in una risata** in Tränen/Gelächter ausbrechen; **~ dal caldo** vor Hitze umkommen; **~ di salute** vor Gesundheit strotzen.

scoppiettare [skoppiet'ta:re] *itr* knistern, prasseln. **scoppiettio** [...'ti:o] ⟨-ii⟩ *m* Geknister *n,* Knacken *n.*

scoppio ['skɔppio] ⟨-i⟩ *m* **1.** *(di bomba, mina)* Explosion *f,* Platzen *n;* **2.** *(rumore)* Knall *m;* **3.** *fig* Ausbruch *m;* **a ~ ritardato** mit verzögerter Wirkung.

scoprire [sko'pri:re] ⟨*irr*⟩ **I.** *tr* **1.** *(togliere il coperchio, etc.)* auf-, abdecken; **2.** *(statua, etc.)* enthüllen; **3.** *(gambe, capo)* entblößen; **4.** *(arrivare a conoscere)* entdecken; **5.** *fig (esporre)* darbieten; *(palesare)* enthüllen, aufdecken, offenbaren; **~ l'America** *iron* das Rad neu erfinden; **II.** *rfl:* **-irsi 1.** *(di indumenti)* sich entblößen; *(nella stagione calda)* sich leicht (*o* dünn) anziehen; *(a letto)* sich aufdecken; **2.** *(rivelarsi)* sich verraten. **scopritore, -trice** [...pri'to:re] *m, f* Entdecker(in) *m(f).*

scoraggiamento [skoraddʒa'mento] *m* Entmutigung *f.* **scoraggiare** [...'dʒa:re] ⟨scoraggio, scoraggi⟩ **I.** *tr* entmutigen; **II.** *rfl:* **-arsi** den Mut verlieren.

scorbutico, -a [skor'bu:tiko] ⟨-ci, -che⟩ *a fig* widerspenstig, störrisch. **scorbuto** [...'bu:to] *m* Skorbut *m.*

scorciatoia [skortʃa'to:ia] ⟨-oie⟩ *f* Abkürzung *f.*

scorcio ['skortʃo] ⟨-ci⟩ *m* **1.** *(nell'arte)* (perspektivische) Verkürzung *f;* **2.** *(vista)* Teilansicht *f;* **3.** *(di tempo)* Zeitabschnitt *m.*

scordare¹ [skor'da:re] *tr, rfl:* **-arsi** *(dimenticare)* vergessen.

scordare² [skor'da:re] *mus* **I.** *tr* verstimmen; **II.** *rfl:* **-arsi** sich verstimmen, verstimmt werden.

scoreggia [sko'reddʒa] ⟨-gge⟩ *f vulg* Furz *m vulg.* **scoreggiare** [...'dʒa:re] ⟨scoreggio, scoreggi⟩ *itr vulg* furzen *vulg.*

scorfano, -a ['skɔrfano] **I.** *m, f fam* Mißgeburt *f;* **II.** *m* Drachenkopf *m,* Skorpionsfisch *m.*

scorgere ['skɔrdʒere] ⟨scorgo, scorsi, scorto⟩ *tr* erblicken.

scoria ['skɔ:ria] ⟨-ie⟩ *f* Schlacke *f; fig* Abfall *m;* **-ie radioattive** Atommüll *m.*

scornare [skor'nare] *tr* lächerlich machen. **scorno** ['skɔrno] *m* Schmach *f,* Schande *f.*

scorpacciata [skorpat'tʃa:ta] *f* (große) Esserei *f.*

scorpione [skor'pio:ne] *m* **1.** *zoo* Skorpion *m;* **2.** *astr:* **S~** Skorpion *m;* **sono (dello** *o* **uno) S~** ich bin (ein) Skorpion.

scorrazzare [skorrat'tsa:re] *itr* herumlaufen, -rennen.

scorrere ['skorrere] ⟨*irr*⟩ **I.** *itr* ⟨*essere*⟩ **1.** *(fiume)* fließen; *(lacrime)* laufen, rinnen; **2.** *(tempo)* vergehen, verrinnen; **3.** *(traffico)* fließen; **4.** *(periodo, ragionamento, discorso)* laufen; **II.** *tr* ⟨*avere*⟩ überfliegen.

scorreria [skorre'ri:a] ⟨-ie⟩ *f* Einfall *m,* Streifzug *m.*

scorrettezza [skorret'tettsa] *f* **1.** *(errore)* Fehler *m,* Fehlerhaftigkeit *f;* **2.** *(maleducazione)* Unkorrektheit *f,* Unschicklichkeit *f; (azione)* Fauxpas *m.* **scorretto, -a** [...'rɛtto] *a* **1.** *(compito, traduzione)* fehlerhaft; **2.** *(gesto, contegno)* unkorrekt; **3.** *sport* unfair, regelwidrig.

scorrevole [skor're:vole] *a* gleitend, verschiebbar; *(traffico, discorso)* flüssig.

scorribanda [skorri'banda] *f* Streifzug *m.*

scorsa ['skorsa] *f* Durchsicht *f.*

scorsi ['skɔrsi] *p rem di* **scorgere.**

scorso, -a ['skorso] *a* vergangen, vorig; **ultimo ~** (*ab* **u. s.**) vergangenen Monats/Jahres.

scorsoio, -a [skor'so:i̯o] ⟨-oi, -oie⟩ *a:* **nodo ~** Schlinge *f.*

scorta ['skɔrta] *f* **1.** *(accompagnamento)* Begleitung *f,* Geleit *n;* **2.** *mil* Eskorte *f,* Geleit *n;* **3.** *(provvista)* Vorrat *m,* Reserve *f;* **ruota di ~** Ersatz-, Reserverad *n.* **scortare** [skor'ta:re] *tr* geleiten, eskortieren.

scortese [skor'te:ze] *a* unhöflich. **scortesia** [...te'zi:a] *f* Unhöflichkeit *f.*

scorticare [skorti'ka:re] ⟨scortico, scortichi⟩ *tr (pelle)* ab-, aufschürfen; *(animale)* abziehen.

scorto ['skɔrto] *pp di* **scorgere.**

scorza ['skɔrdza *o* ...rtsa] *f* **1.** *(di albero)* Rinde *f;* **2.** *(di frutto)* Schale *f;* **3.** *(di serpente, pesce)* Haut *f;* **essere di ~ dura** *fig* ein dickes Fell haben.

scosceso, -a [skoʃ'ʃe:so] *a* steil.

scossa ['skɔssa] *f* **1.** *el* Schlag *m;* **2.** *(sbalzo)* Ruck *m,* Stoß *m;* **3.** *fig* Schlag *m,* Schock *m;* **~ di terremoto** Erd(beben)stoß *m.*

scossi ['skɔssi] *p rem di* **scuotere.**

scosso, -a ['skɔsso] **I.** *pp di* **scuotere; II.** *a* erschüttert.

scossone [skos'so:ne] *m* starker Ruck (*o* Stoß).

scostante [skos'tante] *a* abweisend, verschlossen.

scostare [skos'ta:re] **I.** *tr* wegschieben, -rücken; *(tenda)* aufziehen; **II.** *rfl:* **-arsi** wegrücken, zur Seite rücken (*o* treten).

scostumato, -a [skostu'ma:to] *a* sittenlos; *(maleducato)* ungezogen.

scotch® [skɔtʃ] ⟨-⟩ *m* Klebeband *n,* Tesafilm® *m fam.*

scotennare [skoten'na:re] *tr* **1.** *(lardo)* die Schwarte abschneiden von; **2.** *(nemici)* skalpieren.

scottante [skot'tante] *a* **1.** *(che scotta)* brennend; **2.** *fig* heikel; *(urgente)* drängend, brennend.

scottare [skot'ta:re] **I.** *tr* **1.** *(fiamma, sole)* (ver)brennen; *(liquido bollente)* verbrühen; **2.** *gastr* aufkochen; *(arrosto)* anbraten; **3.** *fig* verletzen, kränken; **II.** *itr* heiß sein, brennen; **III.** *rfl:* **-arsi 1.** *med* sich verbrennen; **2.** *fig* sich *(dat)* die Finger verbrennen. **scottata** [...'ta:ta] *f* Aufkochen *n;* *(di arrosto)* Anbraten *n.* **scottatura** [...ta'tu:ra] *f* Verbrennung *f;* *(di sole)* Sonnenbrand *m.*

scotto, -a ['skɔtto] *a* verkocht; **pagare lo ~** *fig* die Zeche zahlen.

scout [skaʊt] **I.** ⟨-⟩ *mf* Pfadfinder(in) *m(f);* **II.** ⟨*inv*⟩ *a* Pfadfinder-.

scovare [sko'va:re] *tr* **1.** *(lepre, volpe)* aufspüren; **2.** *fig* aufstöbern.

Scozia ['skɔttsi̯a] *f* Schottland *n.* **scozzese** [skot'tse:se] **I.** *a* schottisch; **gonna ~** Schottenrock *m,* Kilt *m;* **II.** *mf* Schotte *m,* Schottin *f.*

screanzato, -a [screan'tsa:to] *a* ungezogen.

screditare [skedi'ta:re] **I.** *tr* diskreditieren, in Mißkredit bringen; **II.** *rfl:* **-arsi** sich diskrediteren, in Mißkredit geraten, sich blamieren.

scremare [skre'ma:re] *tr* entrahmen.

screpolare [skrepo'la:re] **I.** *tr* rissig machen; **II.** *rfl:* **-arsi** rissig werden, aufspringen. **screpolatura** [...la'tu:ra] *f* Rissigkeit *f;* *(parte screpolata)* Riß *m,* Sprung *m.*

screziare [skret'tsi̯a:re] ⟨screzio, screzi⟩ *tr* sprenkeln.

screzio ['skrɛttsi̯o] ⟨-i⟩ *m* Meinungsverschiedenheit *f.*

scribacchiare [skribak'ki̯a:re] ⟨scribacchio, scribacchi⟩ *tr* kritzeln, schmieren. **scribacchino** [...'ki:no] *m* Schreiberling *m.*

scricchiolare [skrikki̯o'la:re] *itr* knirschen, knistern; *(legno)* knarren, ächzen. **scricchiolio** [...'li:o] ⟨-ii⟩ *m* Knirschen *n,* Knistern *n;* *(di legno)* Knarren *n,* Ächzen *n.*

scricciolo ['skrittʃolo] *m* **1.** *zoo* Zaunkönig *m;* **2.** *fig fam* Knirps *m,* Zwerg *m.*

scrigno ['skriɲɲo] *m* Schmuckkasten *m.*

scriminatura [skrimina'tu:ra] *f* Scheitel *m.*

scrissi ['skrissi] *p rem di* **scrivere.**

scriteriato, -a [skrite'ri̯a:to] *a* unvernünftig.

scritta ['skritta] *f* Aufschrift *f.* **scritto, -a** [...to] **I.** *pp di* **scrivere; II.** *a* **1.** *(legge, esame)* schriftlich; **2.** *fig* vorbestimmt; **3.** *(registrato)* eingetragen, eingeschrieben; **III.** *m* **1.** *(lettera)* Schreiben *n;* **2.** *(scrittura, lit)* Schrift *f;* **per ~** schriftlich. **scrittoio** [...'to:i̯o] ⟨-oi⟩ *m* Schreibtisch *m.* **scrittore, -trice** [...'to:re] *m, f* Schriftsteller(in) *m(f).*

scrittura [skrit'tu:ra] *f* **1.** *gener., rel* Schrift *f;* **2.** *jur* Schriftstück *n,* Dokument *n;* *(contratto)* Vertrag *m;* **3.** *theat, film, mus* Engagement *n.* **scritturare** [...'ra:re] *tr* verpflichten, engagieren.

scrivania [skriva'ni:a] ⟨-ie⟩ *f* Schreibtisch *m.*

scrivere ['skri:vere] ⟨scrivo, scrissi, scritto⟩ *tr* (auf-, nieder)schreiben.

scroccare [skrok'ka:re] ⟨scrocco, scrocchi⟩ *tr* schnorren. **scrocco** ['skrɔkko] *m:* **a ~** umsonst; **vivere/mangiare a ~** schnorren. **scroccone, -a** [skrok'ko:ne] *m, f* Schnorrer(in) *m(f).*

scrofa ['skrɔ:fa] *f* Sau *f.*

scrollare [skrol'la:re] **I.** *tr* schütteln; *(tovaglia)* ausschütteln; **~ le spalle** die (*o* mit den) Schultern zucken; **-arsi di dosso la neve** (sich *dat*) den Schnee abschütteln; **II.** *rfl:* **-arsi** *fig* sich aufraffen. **scrollata** [...'la:ta] *f* Schütteln *n.*

scrosciare [skroʃ'ʃa:re] ‹scroscio, scrosci› *itr* ‹*essere o avere*› tosen, brausen; *(pioggia)* prasseln. **scroscio** ['skrɔʃʃo] ‹-sci› *m* Tosen *n*, Getöse *n*, Brausen *n; (di pioggia)* Prasseln *n;* ~ **di applausi/risa** Beifallssturm *m*/tosendes Gelächter.

scrostare [skros'ta:re] **I.** *tr* abkratzen; *(ferita)* die Kruste entfernen von; **II.** *rfl:* **-arsi** abblättern.

scroto ['skrɔ:to] *m* Hodensack *m*, Skrotum *n scient.*

scrupolo ['skru:polo] *m* **1.** *(morale)* Skrupel *m;* **2.** *(diligenza)* Bedacht *m*, Sorgfalt *f;* **senza -i** skrupellos. **scrupolosità** [skrupolosi'ta] ‹-› *f* Gewissenhaftigkeit *f.* **scrupoloso, -a** [...'lo:so] *a* gewissenhaft.

scrutare [skru'ta:re] *tr* erforschen, ergründen. **scrutatore, -trice** [...ta'to:re] **I.** *m, f* Stimmen(aus)zähler(in) *m(f);* **II.** *a* prüfend, forschend.

scrutinare [skruti'na:re] *tr* **1.** *jur* auszählen; **2.** *(nell'insegnamento)* benoten. **scrutinatore, -trice** [...na'to:re] *m, f* Stimmen(aus)zähler(in) *m(f).* **scrutinio** [...'ti:ni̯o] ‹-i› *m* **1.** *jur* Abstimmung *f*, Wahlgang *m;* **2.** *(a scuola)* Notenkonferenz *f.*

scucire [sku'tʃi:re] **I.** *tr* **1.** *(orlo)* auftrennen; **2.** *fam scherz* herausrücken *fam;* **II.** *rfl:* **-irsi** aufgehen.

scuderia [skude'ri:a] ‹-ie› *f* **1.** *zoo* Reit-, Pferde-, Rennstall *m;* **2.** *sport (automobilismo)* Rennstall *m.*

scudetto [sku'detto] *m* Meistertitel *m.*

scudiero [sku'di̯ɛ:ro] *m* Knappe *m.*

scudo ['sku:do] *m* **1.** *mil* Schild *m;* **2.** *fig* Schutz *m;* **3.** *zoo* (Panzer)schuppe *f;* **4.** *(araldica)* Wappen *n;* **5.** *(moneta)* Scudo *m*, Fünflirestück *n;* **lo ~ crociato** der Kreuzschild *(die christdemokratische Partei).*

scugnizzo [skuɲ'ɲittso] *m* (neapolitanischer) Gassenjunge *m.*

sculacciare [skulat'tʃa:re] ‹sculaccio, sculacci› *tr* versohlen *fam.* **sculacciata** [...'tʃa:ta] *f* Schläge *m pl* auf den Hintern. **sculaccione** [...'tʃo:ne] *m* Schlag *m* auf den Hintern.

sculettare [skulet'ta:re] *itr* sich in den Hüften wiegen, mit den Hüften wackeln *fam.*

scultore, -trice [skul'to:re] *m, f* Bildhauer(in) *m(f).* **scultoreo, -a** [...'tɔ:reo] *a (arte)* Bildhauer-, plastisch; *(bellezza)* statuarisch, statuengleich.

scultura [skul'tu:ra] *f* **1.** *(arte, tecnica)* Bildhauerei *f;* **2.** *(opera)* Skulptur *f.*

scuocere ['sku̯ɔ:tʃere] ‹*irr*› *itr, rfl:* **-ersi** verkochen.

scuola ['sku̯ɔ:la] *f* Schule *f;* ~ **elementare/media/superiore** Grundschule *f*/ Mittelschule *f*/ höhere Schule; ~ **materna** Kindergarten *m;* ~ **guida** Fahrschule *f;* ~ **serale** Abendschule *f;* **apertura/chiusura delle -e** Beginn *m*/Ende *n* des Schuljahres; **nave** ~ Schulschiff *n.* **scuolabus** ['sku̯ɔ:labus *o* sku̯ola'bus] *m* Schulbus *m.*

scuotere ['sku̯ɔ:tere] ‹scuoto, scossi, scosso› **I.** *tr* **1.** *gener.* schütteln; **2.** *fig* erschüttern, aufrütteln; **II.** *rfl:* **-ersi** sich aufraffen.

scure ['sku:re] *f* Axt *f*, Beil *n.*

scurire [sku'ri:re] ‹scurisco› **I.** *tr* ‹*avere*› verdunkeln, dunkel machen; **II.** *itr* ‹*essere*› nachdunkeln; *(a. meteo)* dunkel werden; **III.** *rfl:* **-irsi** dunkel werden, sich verdunkeln.

scuro ['sku:ro] *m* (Fenster)blende *f*, -laden *m.*

scuro, -a ['sku:ro] **I.** *a* **1.** *(colore)* dunkel; **2.** *(notte)* dunkel, finster; **3.** *fig (fosco)* finster, düster; *(non chiaro)* obskur, dunkel; **II.** *m* **1.** *(oscurità)* Dunkel *n*, Finsternis *f;* **2.** *(colore)* Dunkle(s) *n.*

scurrile [sku'ri:le] *a* skurril; *(salace)* lasziv, schlüpfrig.

scusa ['sku:za] *f* Entschuldigung *f; (perdono a.)* Verzeihung *f; (pretesto a.)* Ausrede *f;* **avere sempre una ~ pronta** nie um eine Ausrede verlegen sein; **chiedere** (*o* **domandare**) ~ um Entschuldigung bitten.

scusare [sku'za:re] **I.** *tr* entschuldigen; **scusi, che ore sono?** entschuldigen Sie (*o* Verzeihung), wie spät ist es?; **mi scusi** Verzeihung!, (ich bitte Sie um) Entschuldigung!; **scusami, non volevo ferirti** verzeih mir, ich wollte dich nicht verletzen; **II.** *rfl:* **-arsi** sich entschuldigen (*di, per* für).

sdebitarsi [zdebi'tarsi] *rfl fig* sich revanchieren (*di* für, *con* bei), eine Schuld begleichen.

sdegnare [zdeɲ'ɲa:re] **I.** *tr* **1.** *(rifiutare)* ablehnen, verschmähen; **2.** *(provocare risentimento)* aufbringen, entrüsten, empören; **II.** *rfl:* **-arsi** sich beleidigt (*o* gekränkt) fühlen.

sdegno ['zdeɲɲo] *m* Empörung *f.* **sdegnoso, -a** [...'ɲo:so] *a* **1.** *(che prova sdegno)* hochmütig; **2.** *(che mostra sdegno)* verächtlich.

sdentare [zden'ta:re] **I.** *tr* die Zähne abbrechen (*qc* einer S. *dat*); **II.** *rfl:* **-arsi** die Zähne verlieren. **sdentato, -a** [...'ta:to] *a* zahnlos.

sdilinquirsi [zdiliŋ'ku̯irsi] ‹mi sdilinquisco› *rfl* schmachten.

sdoganare [zdoga'na:re] *tr* verzollen, abfertigen.

sdolcinato, -a [zdoltʃi'na:to] *a* süßlich; **parole -e** Süßholzgeraspel *n scherz.*

sdoppiamento [zdoppi̯a'mento] *m* Spaltung *f*, Trennung *f; (divisione)* Aufteilung *f.* **sdoppiare** [...'pi̯a:re] **I.** *tr*

spalten, trennen; *(dividere)* aufteilen; **II.** *rfl:* **-arsi** sich spalten, sich trennen.
sdraiare [zdra'ia:re] ‹sdraio, sdrai› **I.** *tr* (hin)legen; *(buttare a terra)* niederstrecken; **II.** *rfl:* **-arsi** sich (hin)legen, sich ausstrecken.
sdraio ['zdra:io] ‹-ai› *m:* **sedia a ~** Liegestuhl *m.*
sdrammatizzare [zdrammatid'dza:re] *tr* entschärfen.
sdrucciolare [zdruttʃo'la:re] *itr ‹essere›* ausrutschen, ausgleiten. **sdrucciolevole** [...'le:vole] *a* rutschig, glatt. **sdrucciolo, -a** ['zdruttʃolo] *a* auf der drittletzten Silbe betont.
sdrucire [zdru'tʃi:re] ‹sdrucisco *o* sdrucio› *tr* auftrennen.
se[1] [se] **I.** *con* **1.** *(condizionale)* wenn, falls; **2.** *(dubitativa, interrogativa, indiretta)* ob; **3.** *(esclamativa, desiderativa)* wenn doch; **~ mai** wenn je; **~ non** wenn nicht; **~ non altro** wenigstens, zumindest; **~ non che** nur daß, aber, jedoch; **~ ben ricordo** wenn ich mich recht entsinne; **~ me l'avesse detto, avrei accettato** wenn er (*o* sie) es mir gesagt hätte, hätte ich angenommen; **~ solo l'avessi saputo!** wenn ich das doch nur gewußt hätte!; **come ~ non lo sapessi!** als ob ich das nicht wüßte!; **II.** *m* Wenn *n.*
se[2] [se] *pron davanti a lo, la, li, le, ne v.* **si**[1].
S.E. *ab di* **sudest** SO (*ab di* Südost).
sé [se] *pron rfl 3ª pers* sich; **essere fuori di ~** außer sich *(dat)* sein; **da ~** allein, von selbst; **fra ~** bei sich *(dat);* **fra ~ e ~** für sich (allein); **dentro di ~** in seinem Inneren; **~ stesso, ~ medesimo** sich selbst (*o* selber); **un caso a ~** ein Fall für sich; **va da ~ che ...** es versteht sich (von selbst), daß ...; **la cosa di per ~ ha poca importanza** die Sache an und für sich hat wenig Bedeutung; **è un uomo che si è fatto da ~** er ist ein Selfmademan.
sebaceo, -a [se'ba:tʃeo] *a* Talg-.
Sebastiano [sebas'tia:no] *(nome proprio maschile)* Sebastian.
sebbene [seb'bɛ:ne] *con conj* obwohl, wenn auch, obgleich.
sebo ['sɛ:bo] *m* Talg *m.*
sec *ab di* **secondo** s. (*ab di* Sekunde).
secante [se'kante] *f* **1.** *(retta)* Sekante *f;* **2.** *(funzione)* Sekans *m.*
secca ['sekka] ‹-cche› *f* Untiefe *f.*
seccante [sek'kante] *a* lästig, unangenehm.
seccare [sek'ka:re] ‹secco, secchi› **I.** *tr ‹avere›* **1.** *(aiuole)* trocknen, trockenlegen; **2.** *gastr* trocknen, dörren; **3.** *(sorgente)* austrocknen; **4.** *fig* auf die Nerven gehen (*qu* jdm); **II.** *itr ‹essere›* vertrocknen, verdorren; **III.** *rfl:* **-arsi 1.** *(diventare secco)* vertrocknen, verdorren; **2.** *fig* leid werden (*o* sein) (*di qc* etw.), satt sein (*di qc* etw.). **seccato, -a** [...'ka:to] *a* **1.** *(pianta, ramo)* verdorrt, vertrocknet; **2.** *fig* leid, satt. **seccatore, -trice** [...ka'to:re] *m, f* Störenfried *m.* **seccatura** [...ka'tu:ra] *f* Störung *f,* Belästigung *f.*
secchia ['sekkia] ‹-cchie› *f* Eimer *m,* Kübel *m.* **secchiello** [...'kiɛllo] *m* Eimerchen *n,* kleiner Eimer. **secchio** ['sekkio] ‹-cchi› *m* Eimer *m,* Kübel *m.*
secchione, -a [sek'kio:ne] *m, f sl* Streber(in) *m(f).*
secco, -a ['sekko] ‹-cchi, -cche› **I.** *a* **1.** *(terreno, clima)* trocken; *(sorgente, etc.)* ausgetrocknet; **2.** *(frutta, funghi)* trocken, Trocken-; *(rami)* verdorrt, dürr; **3.** *(vino)* trocken, herb; **4.** *(persona, gambe)* dürr, mager; **5.** *fig* trocken, nüchtern, knapp; *(risposta a.)* schroff, brüsk; **restarci ~** *fam* dabei draufgehen *fam;* **II.** *m* **1.** *(aridità)* Trockenheit *f,* Trockene(s) *n;* **2.** *naut* Trockene(s) *n,* Land *n.*
secentesco, -a [setʃen'tesko] ‹-schi, -sche› *a* das siebzehnte Jahrhundert betreffend.
secernere [se'tʃɛrnere] ‹secerno, secernei *o* secernetti, secreto› *tr* absondern, ausscheiden.
secessione [setʃes'sio:ne] *f* Sezession *f.*
secolare [seko'la:re] *a* **1.** *(antico)* jahrhundertealt; **2.** *(laico, mondano)* weltlich, säkular.
secolo ['sɛ:kolo] *m* **1.** *(periodo)* Jahrhundert *n;* **2.** *rel* Welt *f,* weltliches Leben; **3.** *fam* Ewigkeit *f;* **il ~ dell'energia nucleare** das Atomzeitalter; **lo scandalo del ~** der Jahrhundertskandal; **per tutti i -i dei -i** in alle Ewigkeit.
seconda[1] [se'konda] *f* **1.** *(classe)* zweite Klasse, zweites Schuljahr; **2.** *mot* zweiter Gang; **3.** *ferr, naut, aero* zweite Klasse; **4.** *mus* Sekunde *f;* **5.** *sport* Sekond *f;* **viaggiare in ~** zweiter Klasse reisen; **a ~ di** gemäß *dat,* (je) nach *dat.*
seconda[2] *f v.* **secondo, -a.**
secondariamente [sekondaria'mente] *adv* zweitens. **secondario, -a** [...'da:rio] ‹-i, -ie› *a* sekundär, Zweit-, Neben-; **scuola -a** Sekundarstufe *f.*
secondino [sekon'di:no] *m* Gefängniswärter *m.*
secondo [se'kondo] *prp* gemäß *dat,* nach *dat,* je nach *dat;* **~ l'uso** wie gewöhnlich, dem Brauch gemäß; **~ me/te** meiner/deiner Meinung nach; **vieni con noi? — ~ ...** kommst du mit uns? — je nachdem ...; **~ quanto mi hanno detto** soweit sie mir gesagt haben.
secondo, -a [se'kondo] **I.** *a* zweite(r, s); **Giacomo S~** Jakob der Zweite; **abiti di -a mano** Kleider aus zweiter Hand, Secondhandkleidung *f;* **II.** *m, f* Zwei-

te(r, s) *mfn;* **III.** *m* **1.** *gastr* zweiter Gang, Hauptgang *m;* **2.** *(unità di misura del tempo, ab* **s, sec***)* Sekunde *f;* **3.** *(in un duello, sport)* Sekundant *m.* **secondogenito, -a** [-ˈdʒɛːnito] **I.** *a* zweitgeboren; **II.** *m, f* Zweitgeborene(r) *mf.*

secreto [seˈkrɛːto] **I.** *pp di* **secernere; II.** *m* Sekret *n.*

secrezione [sekretˈtsi̯oːne] *f* Sekretion *f,* Ausscheidung *f.*

sedano [ˈsɛːdano] *m* Sellerie *m o f.*

sedare [seˈdaːre] *tr* **1.** *(tumulto)* beruhigen, beilegen; **2.** *(dolore)* stillen, lindern.

sedativo, -a [sedaˈtiːvo] **I.** *a* beruhigend, Beruhigungs-; **II.** *m* Beruhigungsmittel *n,* Sedativum *n scient.*

sede [ˈsɛːde] *f* **1.** *com* Sitz *m,* Niederlassung *f;* **2.** *adm* Sitz *m,* Stelle *f,* Ort *m;* **3.** *med* Gegend *f;* ~ **sociale** Firmensitz *m;* **la Santa S~** der Heilige Stuhl; **in ~ di** bei *dat;* **in separata ~** *(a. fig)* beiseite, privat, unter vier Augen.

sedentario, -a [sedenˈtaːri̯o] ‹-i, -ie› *a* **1.** *(lavoro, vita)* sitzend, im Sitzen; **2.** *(tribù)* seßhaft; **3.** *(persona)* bewegungsfaul.

sedere[1] [seˈdeːre] ‹siedo, sedetti *o* sedei, seduto› **I.** *itr* ‹*essere*› sitzen; **mettersi/stare a ~** sich hinsetzen/sitzen; **~ a tavola** zu (*o* am) Tisch sitzen; **II.** *rfl:* **-ersi** sich setzen; **-ersi a tavola** sich zu Tisch setzen.

sedere[2] [seˈdeːre] *m* **1.** *anat* Gesäß *n,* Hintern *m fam;* **2.** *(atto)* Sitzen *n;* **mi stai prendendo per il ~?** *vulg* willst du mich verarschen? *vulg.*

sedia [ˈsɛːdi̯a] ‹-ie› *f* Stuhl *m,* Sitz *m.*

sedicenne [sediˈtʃɛnne] **I.** *a* sechzehnjährig; **II.** *mf* Sechzehnjährige(r) *mf.*

sedicente [sediˈtʃɛnte] *a* vorgeblich, angeblich.

sedicesimo, -a [sediˈtʃɛːzimo] **I.** *a* sechzehnte(r, s); **II.** *m, f* Sechzehnte(r, s) *mfn;* **III.** *m (frazione)* Sechzehntel *n,* sechzehnter Teil; *v. a. quinto.* **sedici** [ˈseːditʃi] **I.** *a numerale* sechzehn; **II.** ‹-› *m (numero)* Sechzehn *f;* **1.** *(nelle date)* Sechzehnte(r) *m;* **III.** *f pl* sechzehn Uhr; *v. a. cinque.*

sedile [seˈdiːle] *m* Sitz *m; (panchina)* Bank *f.*

sedimentare [sedimenˈtaːre] *itr* ‹*essere o avere*› einen (Boden)satz bilden. **sedimentazione** [...tatˈtsi̯oːne] *f* **1.** *(di liquido)* Bodensatzbildung *f,* Ablagerung *f;* **2.** *med* Blutsenkung *f;* **3.** *geol* Sedimentation *f.* **sedimento** [...ˈmento] *m* **1.** *(deposito)* Ablagerung *f; (di liquidi)* (Boden)satz *m;* **2.** *geol* Sediment *n,* Ablagerung *f.*

sedizione [seditˈtsi̯oːne] *f* Aufstand *m,* Erhebung *f.* **sedizioso, -a** [...ˈtsi̯oːso] *a* aufständisch, aufrührerisch.

sedotto [seˈdotto] *pp di* **sedurre.**

seducente [seduˈtʃɛnte] *a* verführerisch.

sedurre [seˈdurre] ‹seduco, sedussi, sedotto› *tr* verführen; *(fig a.)* verlokken.

seduta [seˈduːta] *f* Sitzung *f;* ~ **stante** *(a. fig)* auf der Stelle.

seduttore, -trice [sedutˈtoːre] **I.** *a* verführerisch; **II.** *m, f* Verführer(in) *m(f).* **seduzione** [...tˈtsi̯oːne] *f* Verführung; *(fig a.)* Verlockung *f,* Versuchung *f.*

sega [ˈseːga] ‹-ghe› *f* Säge *f.*

segala, segale [ˈseːgala, ...le] *f* Roggen *m.*

segare [seˈgaːre] ‹sego, seghi› *tr* **1.** *(tronco)* (ab)sägen; **2.** *(vene, gola)* durchschneiden; **3.** *(stringere)* (ein)schneiden in. **segatura** [...ˈtuːra] *f* **1.** *(azione)* (Ab-, Zer)sägen *n;* **2.** *(residuo)* Sägemehl *n,* Sägespäne *m pl.*

seggio [ˈsɛddʒo] ‹-ggi› *m* **1.** *parl* Sitz *m;* **2.** *fig (sedia importante)* Thron *m;* ~ **elettorale** *(luogo)* Wahllokal *n.* **seggiola** [...ola] *f* Stuhl *m.* **seggiolone** [...ˈloːne] *m* Kinder-, Hochstuhl *m.* **seggiovia** [...ˈviːa] *f* Sessellift *m.*

segheria [segeˈriːa] ‹-ie› *f* Sägewerk *n.* **seghettato, -a** [...tˈtaːto] *a* gezahnt, gezackt. **seghetto** [seˈgetto] *m* kleine Säge.

segmento [segˈmento] *m* Abschnitt *m,* Segment *n.*

segnalare [seɲɲaˈlaːre] **I.** *tr* anzeigen, signalisieren; *(annunciare)* anzeigen, bekanntgeben, melden; *fig* aufmerksam machen auf; *(raccomandare)* empfehlen; **II.** *rfl:* **-arsi** sich auszeichnen (*per* durch). **segnalazione** [...latˈtsi̯oːne] *f* **1.** *opt, ferr, mot, aero* Zeichen *n pl,* Signalsystem *n;* **2.** *(trasmissione)* Meldung *f;* **3.** *fig* Hinweis *m; (raccomandazione)* Empfehlung *f.*

segnale [seɲˈɲaːle] *m* Signal *n,* Zeichen *n;* ~ **orario** Zeitzeichen *n.* **segnaletica** [seɲɲaˈlɛːtika] ‹-che› *f* Zeichen *n pl,* Signalsystem *n.*

segnalibro [seɲɲaˈliːbro] *m* Lesezeichen *n.* **segnaposto** [-ˈposto] *m* Tischkarte *f.*

segnare [seɲˈɲaːre] **I.** *tr* **1.** *(notare)* anmerken; *(errori)* anstreichen; *(prendere nota)* aufschreiben; **2.** *(contrassegnare)* kennzeichnen, bezeichnen; **3.** *com (prezzo)* auszeichnen; **4.** *sport (gol, punto)* erzielen; **5.** *(indicare)* anzeigen, zeigen auf; *(orologio, termometro)* anzeigen; ~ **il passo** *mil, fig* auf der Stelle treten; ~ **il tempo** den Takt schlagen; **II.** *rfl:* **-arsi** sich bekreuzigen.

segno [ˈseɲɲo] *m* **1.** *gener.* Zeichen *n;* **2.** *med, fig* Symptom *n;* **3.** *(traccia a.)* Spur *f;* **4.** *(bersaglio)* Ziel(scheibe *f*) *n;* **5.** *(di libro)* Stelle *f; (oggetto)* Lesezeichen *n;* ~ **della croce** Kreuzzeichen *n;* **-i dello zodiaco** Sternzeichen *n pl;*

andare a ~ *(a. fig)* treffen; **colpire nel ~** *(a. fig)* ins Schwarze treffen; **in ~ di** zum Zeichen *gen;* **essere nato sotto il ~ del Cancro** im Zeichen des Krebses geboren sein.

segregare [segre'ga:re] ⟨segrego, segreghi⟩ **I.** *tr* absondern; **II.** *rfl:* **-arsi** sich absondern, sich zurückziehen. **segregazione** [...gat'tsi̯o:ne] *f* Absonderung *f.*

segreta [se'gre:ta] *f* **1.** *(di armatura)* Kopfschutz *m* (unter dem Helm); **2.** *(cella)* Verlies *n.*

segretariato [segreta'ri̯a:to] *m* Sekretariat *n.*

segretario, -a [segre'ta:ri̯o] ⟨-i, -ie⟩ *m, f* Sekretär(in) *m(f);* **-a di direzione** Chefsekretärin *f;* **~ particolare** Privatsekretär *m.* **segreteria** [...te'ri:a] ⟨-ie⟩ *f* Sekretariat *n,* Kanzlei *f;* **~ telefonica** (automatischer) Anrufbeantworter *m.*

segretezza [segre'tettsa] *f* Heimlichkeit *f,* Vertraulichkeit *f.*

segreto, -a [se'gre:to] **I.** *a* geheim, Geheim-, heimlich; **II.** *m* **1.** *gener.* Geheimnis *n;* **2.** *tec* Geheimverschluß *m;* **in (gran) ~** geheim, unter (strenger) Geheimhaltung.

seguace [se'gu̯a:tʃe] *mf* Anhänger(in) *m(f).*

seguente [se'gu̯ɛnte] *a* (*ab* **sg.**) folgend.

segugio [se'gu:dʒo] ⟨-gi⟩ *m* Spürhund *m.*

seguire [se'gu̯i:re] ⟨seguo⟩ **I.** *tr* ⟨*avere*⟩ **1.** *(andare dietro)* folgen (*qu* jdm); *(per trovare)* verfolgen; *(venire dopo)* folgen auf, kommen nach; **2.** *fig* folgen (*qc* einer S. *dat*), verfolgen; *(prescrizioni, consiglio, etc.)* befolgen; **3.** *(corso)* verfolgen, teilnehmen an; *(a. studi)* nachgehen *dat;* **II.** *itr* ⟨*essere*⟩ **1.** *(venir dopo)* folgen, kommen nach; **2.** *(continuare)* folgen, fortgesetzt werden; **3.** *(derivare)* entstehen, folgen; **segue a pag. 33** Fortsetzung auf S. 33.

seguitare [segu̯i'ta:re] **I.** *tr* ⟨*avere*⟩ fortsetzen, weitermachen (mit); **II.** *itr* ⟨*essere o avere*⟩ fortfahren; **ha seguitato a parlare** er (*o* sie) hat weitergesprochen.

seguito ['se:gu̯ito] *m* **1.** *(scorta)* Gefolge *n;* **2.** *(discepoli)* Nachwuchs *m,* Anhängerschaft *f;* **3.** *(sequela)* Folge *f,* Reihe *f;* **4.** *(continuazione)* Fortsetzung *f;* **5.** *fig* Nachspiel *n,* Folgen *f pl;* **6.** *adm* Bezugnahme *f* (*a* auf); **dare ~ a qc** etw. fortsetzen; **facciamo ~ alla nostra del ...** *adm* wir nehmen Bezug auf unser Schreiben vom ...; **in ~ si vedrà come ...** im folgenden wird man sehen, wie ...; **in ~** in der Folgezeit, demnächst, später; **in ~ a** infolge *gen;* **di ~** ohne Unterbrechung; **e così di ~** und so weiter (*o* fort).

sei[1] ['sɛ:i] **I.** *a numerale* sechs; **II.** ⟨-⟩ *m* **1.** *(numero)* Sechs *f;* **2.** *(nelle date)* Sechste(r) *m;* **3.** *(voto scolastico)* ≃ Ausreichend *n,* Vier *f;* **III.** *f pl* sechs Uhr; *v. a. cinque.*

sei[2] ['sɛ:i] *v.* **essere.**

seicentesco [seitʃen'tesko] *v.* **secentesco. seicento** [sei'tʃɛnto] **I.** *a numerale* sechshundert; **II.** ⟨-⟩ *m* Sechshundert *f;* **il S~** das siebzehnte Jahrhundert.

seimila [sei'mi:la] **I.** *a numerale* sechstausend; **II.** ⟨-⟩ *m* Sechstausend *f.*

selce ['seltʃe] *f* Kiesel(stein) *m; (per pavimentazione)* Pflasterstein *m.* **selciare** [...'tʃa:re] ⟨selcio, selci⟩ *tr* pflastern. **selciato** [...'tʃa:to] *m* Pflaster *n,* Straßenpflaster(ung *f*) *n.*

selettività [selettivi'ta] ⟨-⟩ *f* wählerische Art. **selettivo, -a** [...'ti:vo] *a* **1.** *(criterio, metodo)* selektiv, auswählend, Auswahl-; **2.** *(persona)* wählerisch. **selettore** [...'to:re] *m radio, TV* (Sender)wähler *m; tel* (Leitungs)wähler *m; el* Schalter *m.*

selezionare [selettsi̯o'na:re] *tr* auswählen, selektieren *geh; (cernire)* sortieren.

selezione [selet'tsi̯o:ne] *f* **1.** *(scelta)* (Aus)wahl *f;* **2.** *biol* Selektion *f,* Auslese *f;* **3.** *tel* Wählen *n;* **4.** *inform* Sortierung *f;* **~ naturale** natürliche Auslese.

self-service [self'sə:vıs] ⟨-⟩ *m (ristorante)* Selbstbedienungsrestaurant *n; (negozio)* Selbstbedienungsladen *m.*

sella ['sɛlla] *f* Sattel *m.* **sellare** [...'la:re] *tr* satteln. **sellino** [...'li:no] *m* Sattel *m.*

seltz [sɛlts] ⟨-⟩ *m* Selterswasser *n.*

selva ['selva] *f* **1.** *bot* Wald *m;* **2.** *fig* Menge *f,* Haufen *m; (di cose a.)* Dikkicht *n;* **la S~ Nera** der Schwarzwald.

selvaggina [selvad'dʒi:na] *f* Wild *n,* Wildbret *n.*

selvaggio, -a [sel'vaddʒo] ⟨-ggi, -gge⟩ **I.** *a* wild; **II.** *m, f* Wilde(r) *mf.*

selvatico, -a [sel'va:tiko] ⟨-ci, -che⟩ **I.** *a* **1.** *bot, zoo* wild; **2.** *fig pej* grob, ungesellig; **II.** *m (odore)* Wildgeruch *m; (sapore)* Wildgeschmack *m.*

semaforo [se'ma:foro] *m* Ampel *f; ferr* Signal *n.*

semantica [se'mantika] ⟨-che⟩ *f* Semantik *f.*

sembianza [sem'bi̯antsa] *f* **1.** *lett (somiglianza)* Ähnlichkeit *f,* Ebenbild *n;* **2.** ⟨*pl*⟩ *(lineamenti)* Züge *m pl.*

sembrare [sem'bra:re] *itr* ⟨*essere*⟩ scheinen, erscheinen, aussehen; **sembra che ...** *conj* es scheint, daß ...

seme ['se:me] *m* **1.** *bot* Same(n) *m,* Keim *m; (gastr a.)* Kern *m;* **2.** *fig* Same *m,* Saat *f,* Keim *m;* **3.** *(delle carte)* Farbe *f.* **semente** [se'mɛnte] *f* Saat *f,* Saatgut *n.*

semestrale [semes'tra:le] *a* halbjährlich, Halbjahres-; *(corso)* Semester-.

semestre [se'mɛstre] *m* Halbjahr *n; (all'università)* Semester *n.*

semi- [semi-] *(in parole composte)*

Halb-, halb-, Semi-, semi-. **semiaperto, -a** [-a'pɛrto] *a* halboffen, halbgeöffnet. **semibreve** [-'brɛ:ve] *f* ganze Note, Ganztaktnote *f*. **semicerchio** [-'tʃerkio] *m* Halbkreis *m*. **semicircolare** [-tʃirko'la:re] *a* halbkreisförmig, halbrund. **semicroma** [-'krɔ:ma] *f* Sechzehntelnote *f*. **semifinale** [-fi'na:le] *f* Semi-, Halbfinale *n*. **semifreddo** [-'freddo] *m* Halbgefrorene(s) *n*. **semiminima** [-'mi:nima] *f* Viertelnote *f*.

semina ['se:mina] *f* **1.** *(operazione)* Aussaat *f*; **2.** *(periodo)* Saatzeit *f*. **seminale** [semi'na:le] *a* Samen-, Keim-. **seminare** [...'na:re] *tr* **1.** *agr* (aus)säen; **2.** *fig (odio, etc.)* säen; **3.** *sport* abschütteln, abhängen.

seminario [semi'na:rio] ‹-i› *m* Seminar *n*; *rel* Priesterseminar *n*.

seminato [semi'na:to] *m*: **uscire dal ~** verrückt werden. **seminatore, -trice** [...na'to:re] **I.** *m, f* Säer(in) *m(f)*, Sämann *m*; **II.** *f* Sämaschine *f*.

seminfermità [seminfermi'ta] *f* halbkranker Zustand.

seminterrato [seminter'ra:to] *m* Kellergeschoß *n*, Souterrain *n*.

seminudo, -a [-'nu:do] *a* halbnackt.

semiologia [semiolo'dʒi:a] ‹-gie› *f* Semiologie *f*.

semioscurità [-oskuri'ta] *f* Halbdunkel *n*.

semisfera [-s'fɛ:ra] *f* Halbkugel *f*, Hemisphäre *f*.

semita [se'mi:ta] ‹-i *m*, -e *f*› **I.** *mf* Semit(in) *m(f)*; **II.** *a* semitisch.

semmai [sem'ma:i] *con* wenn je, falls je.

semola ['se:mola] *f* **1.** *(farina)* Grieß *m*; **2.** *(crusca)* Kleie *f*. **semolato, -a** [semo'la:to] *a* fein(gekörnt). **semolino** [...'li:no] *m* **1.** *(farina)* Grieß(mehl *n*) *m*; **2.** *(minestra)* Grießsuppe *f*.

semplice ['semplitʃe] *a* **1.** *gener.* einfach; **2.** *(fig a.)* schlicht, simpel; *pej (ingenuo)* einfältig; **3.** *(soltanto)* bloß, rein. **semplicemente** [-'mente] *adv* **1.** *(soltanto)* (einfach) nur, bloß; **2.** *(in modo semplice)* einfach, schlicht, simpel. **semplicione, -a** [...'tʃo:ne] *m, f fam* einfacher Mensch.

semplicità [semplitʃi'ta] ‹-› *f* **1.** *gener.* Einfachheit *f*; **2.** *fig* Einfachheit *f*, Schlichtheit *f*, Klarheit *f*; *pej (ingenuità)* Einfältigkeit *f*.

semplificare [semplifi'ka:re] ‹semplifico, semplifichi› **I.** *tr* **1.** *gener.* vereinfachen; **2.** *mat* kürzen; **II.** *rfl*: **-arsi** einfach werden, sich vereinfachen. **semplificazione** [...kat'tsio:ne] *f* Vereinfachung *f*.

sempre ['sɛmpre] *adv* **1.** *(in ogni tempo)* immer, stets; **2.** *(dall'inizio alla fine, continuamente)* ständig, die ganze Zeit, immer(zu); **3.** *(ancora, tuttavia)* immer noch; **4.** *(con comparativo)* immer; **5.** *(ma)* aber nur, immer (nur); **di ~** üblich; **da ~** seit jeher, seit eh und je; **~ che** *conj* falls (nur), wenn (nur), vorausgesetzt, daß; **una volta per ~** ein für allemal. **sempreverde** [sempre'verde] **I.** *a* immergrün; **II.** *m o f* Immergrün *n*.

senape ['sɛ:nape] **I.** *f* Senf *m*; **II.** ‹*inv*› *a* senffarben.

senato [se'na:to] *m* Senat *m*. **senatore, -trice** [sena'to:re] *m, f* Senator(in) *m(f)*.

senile [se'ni:le] *a* Greisen-, Alters-. **senilità** [senili'ta] ‹-› *f* (Greisen)alter *n*.

senior ['sɛ:nior] **I.** *a* **1.** ‹*inv*› senior; **2.** *sport* Senioren-; **II.** ‹seniores› *mf* Senior(in) *m(f)*.

Senna ['sɛnna] *f* Seine *f*.

senno ['senno] *m* Verstand *m*.

sennò [sen'nɔ] *adv* sonst.

sennonché [sennoŋ'ke] *con* aber; jedoch; nur, daß.

seno¹ ['se:no] *m* **1.** *(petto)* Brust *f*, Busen *m*; **2.** *fig* Innere(s) *n*, Busen *m geh*; **3.** *geog* Meerbusen *m*, Bucht *f*.

seno² ['se:no] *m mat* Sinus *m*.

senonché [senoŋ'ke] *v.* **sennonché.**

sensale [sen'sa:le] *mf* Vermittler(in) *m(f)*.

sensatezza [sensa'tettsa] *f* Vernunft *f*, Vernünftigkeit *f*. **sensato, -a** [...'sa:to] *a* vernünftig.

sensazionale [sensattsio'na:le] *a* sensationell, aufsehenerregend. **sensazione** [...'tsio:ne] *f* **1.** *(tattile, visiva, etc.)* Gefühl *n*, Empfindung *f*; **2.** *(impressione)* Eindruck *m*, Gefühl *n*; **3.** *(viva impressione)* Sensation *f*, Aufsehen *n*; **fare ~** Aufsehen erregen.

sensibile [sen'si:bile] *a* **1.** *(fenomeni)* (sinnlich) wahrnehmbar; **2.** *(persona)* sensibel, feinfühlig; **3.** *(notevole)* spürbar, merklich. **sensibilità** [sensibili'ta] ‹-› *f* **1.** *(capacità di percepire)* Empfindungsvermögen *n*, Gefühl *n*; **2.** *(emotiva)* Sensibilität *f*, Feingefühl *n*. **sensibilizzare** [...lid'dza:re] *tr* empfindlich machen; *(a. fig)* sensibilisieren.

sensitivo, -a [sensi'ti:vo] **I.** *a* **1.** *(facoltà, etc.)* sinnlich, Sinnen-; *(organo)* Sinnes-; **2.** *(sensibile, emotivo)* empfindlich, empfindsam, sensibel; **II.** *m, f* Medium *n*.

senso ['sɛnso] *m* **1.** *(facoltà)* Sinn *m*; **2.** ‹*pl*› *(coscienza)* Sinne *m pl*, Bewußtsein *n*; *(sensualità)* Sinne *m pl*, Sinnlichkeit *f*; **3.** *(impressione, sensazione)* Empfindung *f*; *(criterio)* Sinn *m* (*di* für), Gefühl *n* (*di* für); **4.** *(significato)* Sinn *m*; **5.** *(direzione)* Richtung *f*; **buon ~, ~ comune** gesunder Menschenverstand; **~ pratico** Sinn *m* fürs Praktische; **~ della misura** Taktgefühl *n*; **~ unico** Einbahnstraße *f*; **~ vietato** Einfahrt verboten; **in ~ opposto** in Gegenrichtung, in entgegengesetzter Richtung; **in**

~ **orario/antiorario** im/gegen den Uhrzeigersinn; **nel ~ della lunghezza/larghezza** der Länge/Breite nach; **a ~** sinngemäß; **ai -i di** gemäß *dat;* **fare ~** anekeln, ekelhaft sein.
sensoriale [senso'ri̯a:le] *a* Sinnes-, Empfindungs-.
sensuale [sensu'a:le] *a* sinnlich; *(dei sensi)* Sinnes-, Sinnen-. **sensualità** [..uali'ta] ‹-› *f* Sinnlichkeit *f.*
sentenza [sen'tɛntsa] *f* **1.** *jur* Urteil(sspruch *m*) *n;* **2.** *(massima)* (Aus)spruch *m,* Sentenz *f;* **~ di assoluzione/condanna** Freispruch *m*/Verurteilung *f;* **sputar -e** Sprüche klopfen *fam.* **sentenziare** [senten'tsi̯a:re] ‹sentenzio, sentenzi› *tr jur* verhängen. **sentenzioso, -a** [...'tsi̯o:so] *a* **1.** *(libro, stile)* sentenzenhaft; **2.** *(persona)* schulmeisterlich, dozierend.
sentiero [sen'ti̯ɛ:ro] *m* Pfad *m,* Weg *m.*
sentimentale [sentimen'ta:le] *a* sentimental.
sentimento [senti'mento] *m* **1.** *(il sentire)* Gefühl *n;* **2.** ‹*pl*› *(modo di pensare)* Gesinnung *f;* **3.** *(opinione)* Meinung *f;* **~ di sé** Selbstachtung *f.*
sentinella [senti'nɛlla] *f* Wache *f.*
sentire [sen'ti:re] ‹sento› **I.** *tr* **1.** *(con le orecchie)* hören; *(ascoltare)* zuhören (*qu* jdm), sich *(dat)* anhören; **2.** *(con il naso)* riechen; **3.** *(col gusto)* schmekken; *(assaggiare)* probieren, kosten; **4.** *(col tatto)* spüren, fühlen; **5.** *(provare)* fühlen, (ver)spüren, empfinden; *(fame, sete)* haben; **6.** *(venire a sapere)* erfahren, hören; **7.** *(consultare)* befragen, konsultieren, zu Rate ziehen; **8.** *(accorgersi)* merken, wahrnehmen, spüren; **sento caldo/freddo** mir ist (es) warm/ich friere; **farsi ~** sich *(dat)* Gehör verschaffen; **II.** *itr* **1.** *(avere odore)* riechen (*di* nach); *(avere sapore)* schmekken (*di* nach); **2.** *(udire)* hören (können); **III.** *rfl:* **-irsi** sich fühlen; *(essere disposto)* sich imstande fühlen; **-irsi svenire** sich einer Ohnmacht nahe fühlen. **sentito, -a** [...'ti:to] *a* herzlich, aufrichtig; **per ~ dire** vom Hörensagen.
sentore [sen'to:re] *m* Ahnung *f;* **avere ~ di qc** von etw. Wind bekommen *fam.*
senza ['sɛntsa] **I.** *prp* ohne *acc,* -los; **~ di me/te** ohne mich/dich; **~ casa** obdachlos; **~ dubbio** zweifellos; **~ paragone** unvergleichlich, ohnegleichen; **senz'altro** ohne weiteres, auf jeden Fall; **fare ~ qc/qu** ohne etw./jdn auskommen; **rimanere ~ qc** etw. nicht mehr haben; **II.** *con* ohne zu; **~ dire niente** ohne etwas zu sagen; **~ che** *conj* ohne daß. **senzatetto** [-'tetto] ‹-› *mf* Obdachlose(r) *mf.*
separare [sepa'ra:re] **I.** *tr* trennen; *(tenere distinto)* unterscheiden; **II.** *rfl:* **-arsi** sich trennen, auseinandergehen.
separatamente [...rata'mente] *adv* getrennt; *(uno alla volta)* einzeln. **separatismo** [...ra'tizmo] *m* Separatismus *m.* **separatista** [...ra'tista] ‹-i *m,* -e *f*› **I.** *mf* Separatist(in) *m(f);* **II.** *a* separatistisch. **separato, -a** [...'ra:to] *a* getrennt. **separazione** [...rat'tsi̯o:ne] *f* Trennung *f; (distacco a.)* Abschied *m,* Auseinandergehen *n.*
sepolcrale [sepol'kra:le] *a* Grab-; *fig (silenzio, voce)* Grabes-. **sepolcro** [se'polkro] *m* Grab *n,* Grabmal *n.*
sepolto, -a [se'polto] **I.** *pp di* **seppellire; II.** *a* **1.** *(seppellito)* begraben, beerdigt; **2.** *fig* versunken; **III.** *m, f* Begrabene(r) *mf.* **sepoltura** [...'tu:ra] *f* **1.** *(sepolcro)* Begräbnisstätte *f;* **2.** *(cerimonia)* Begräbnis *n,* Beerdigung *f,* Beisetzung *f.*
seppellire [seppel'li:re] ‹seppellisco, seppellisci, seppellii, seppellito *o* sepolto› **I.** *tr* **1.** *(morti)* begraben, beisetzen, beerdigen; **2.** *(oggetti)* vergraben; **3.** *(ricoprire)* verschütten, begraben; **4.** *fam scherz* überleben; **II.** *rfl:* **-irsi** sich vergraben.
seppi ['sɛppi] *p rem di* **sapere.**
seppia ['seppi̯a] ‹-ie› *f* Tintenfisch *m,* Sepia *f.*
seppure, se pure [sep'pu:re] *con conj* auch (*o* selbst) wenn.
sequela [se'ku̯ɛ:la] *f* Folge *f,* (lange) Reihe *f.*
sequenza [se'ku̯ɛntsa] *f* **1.** *(serie)* (Ab-, Reihen)folge *f,* Reihe *f,* Serie *f;* **2.** *film, rel* Sequenz *f.*
sequestrare [seku̯es'tra:re] *tr* **1.** *jur* beschlagnahmen; **2.** *(illegalmente)* entführen. **sequestro** [se'ku̯ɛstro] *m* **1.** *jur* Beschlagnahme *f;* **2.** *(illegale)* Entführung *f;* **~ di persona** Freiheitsberaubung *f.*
sera ['se:ra] *f* Abend *m.*
serafico, -a [se'ra:fiko] ‹-ci, -che› *a* **1.** *fig* seelenruhig; **2.** *rel* seraphisch, engelhaft.
serafino [sera'fi:no] *m* Seraph *m.*
serale [se'ra:le] *a* abendlich, Abend-. **serata** [se'ra:ta] *f* Abend *m; (festa a.)* Abendveranstaltung *f.*
serbare [ser'ba:re] **I.** *tr* **1.** *(conservare)* (auf)bewahren, (auf)sparen; **2.** *fig (rancore)* hegen; **II.** *rfl:* **-arsi** sich erhalten, bleiben.
serbatoio [serba'to:i̯o] ‹-oi› *m* Tank *m.*
serbo ['sɛrbo] *m:* **avere in ~ una sorpresa** eine Überraschung bereithalten.
serenata [sere'na:ta] *f* Serenade *f; (canto)* Ständchen *n.*
serenità [sereni'ta] ‹-› *f* **1.** *(di persona)* Heiterkeit *f,* Ruhe *f;* **2.** *(di giudizio)* Unparteilichkeit *f.* **sereno, -a** [se're:no] **I.** *a* **1.** *meteo* heiter, wolkenlos; **2.** *(persona)* heiter, ruhig; *(a. vita)* unbeschwert; *(giudizio)* unparteiisch;

(valutazione) sachlich, objektiv; **II.** *m* heiterer Himmel.

sergente [ser'dʒɛnte] *m* Sergeant *m,* Unteroffizier *m.*

sericoltura [serikol'tu:ra] *f* Seidenraupenzucht *f.*

serie ['sɛ:ri̯e] ‹-› *f* **1.** *(successione)* Reihe *f,* Serie *f,* Folge *f; chem* Reihe *f; tec, com* Serie *f;* **2.** *(raccolta)* Serie *f,* Satz *m;* **3.** *sport* Klasse *f,* Liga *f;* **modello fuori ~** Sondermodell *n.*

serietà [seri̯e'ta] ‹-› *f* Ernst(haftigkeit *f*) *m; (a. gravità)* Ernst *m.*

serio, -a ['sɛ:ri̯o] ‹-i, -ie› **I.** *a* ernsthaft; *(grave)* ernst; **II.** *m* Ernst *m;* **sul ~** im Ernst, ernsthaft; **fare sul ~** keinen Spaß machen, es ernst meinen; **prendere qc/qu sul ~** etw./jdn ernst nehmen.

sermone [ser'mo:ne] *m* **1.** *rel* Predigt *f;* **2.** *fig pej* Sermon *m.*

serpe ['sɛrpe] *f* Schlange *f.*

serpeggiante [serped'dʒante] *a* gewunden. **serpeggiare** [...'dʒa:re] ‹serpeggio, serpeggi› *itr* **1.** *(strada, fiume)* sich schlängeln, sich winden; **2.** *fig* sich einschleichen.

serpente [ser'pɛnte] *m* **1.** *zoo, fig pej* Schlange *f;* **2.** *(pelle)* Schlangenleder *n;* **~ a sonagli** Klapperschlange *f;* **~ dagli occhiali** Brillenschlange *f.*

serpentina [serpen'ti:na] *f* Schlangenlinie *f; (di strada)* Serpentine *f.*

serra[1] ['sɛrra] *f bot, agr* Treib-, Gewächshaus *n.*

serra[2] ['sɛrra] *f geog* Sierra *f.*

serraglio[1] [ser'raʎʎo] ‹-gli› *m zoo* Menagerie *f,* Tierschau *f.*

serraglio[2] [ser'raʎʎo] ‹-gli› *m (harem)* Serail *n,* Harem *m.*

serramanico [serra'ma:niko] *m:* **coltello a ~** Klappmesser *n.*

serranda [ser'randa] *f* Rolladen *m.*

serrare [ser'ra:re] **I.** *tr* **1.** *(porta, baule)* (ab-, ver)schließen; **2.** *(pugni)* ballen; *(labbra)* zusammenpressen; **3.** *fig (nemico)* bedrängen; **4.** *tec (dado, etc.)* anziehen; **II.** *itr* schließen.

serrata [ser'ra:ta] *f* Aussperrung *f.* **serrato, -a** [...a:to] *a (conciso)* kurz (und bündig), gedrängt, knapp, konzis *geh; (veloce)* rasch, schnell.

serratura [serra'tu:ra] *f* Schloß *n;* **~ a scatto** Schnappschloß *n.*

serva ['sɛrva] *f* **1.** *(donna di servizio)* Bedienstete *f,* Dienstmädchen *n;* **2.** *fig pej* Magd *f,* Dienerin *f;* **3.** *fam pej (pettegola)* Waschweib *n fam.*

servigio [ser'vi:dʒo] ‹-gi› *m* Dienst *m,* Wohltat *f.*

servile [ser'vi:le] *a* **1.** *(condizione)* Sklaven-, Knechts-; **2.** *fig pej* knechtisch, unterwürfig, servil; **verbo ~** Hilfsverb *n.*

servire [ser'vi:re] ‹servo› **I.** *tr* ‹avere› **1.** *(come domestico)* dienen bei, im Dienst sein bei; *(re, dio, etc.)* dienen (*qu* jdm); *(clienti)* bedienen; **2.** *mil (patria, etc.)* dienen *dat;* **3.** *(cibi)* servieren, auftragen; **4.** *sport* den Ball zuspielen (*qu* jdm); **5.** *(mezzo di trasporto)* bedienen, befahren; **~ la messa** ministrieren, Meßdiener sein; **II.** *itr* ‹essere o avere› **1.** *(essere utile)* nützen, dienen; **2.** *mil* dienen; **3.** *sport* angeben; *(tennis, etc.)* aufschlagen; **4.** *(a tavola)* servieren; *(a. com)* bedienen; **mi serve una sedia** ich brauche einen Stuhl; **III.** *rfl:* **-irsi** **1.** *(usare)* benutzen (*di qc* etw.), sich bedienen; **2.** *(a tavola)* sich bedienen; **3.** *(essere cliente)* einkaufen, Kunde sein; **4.** *pej* ausnützen (*di qu* jdn). **servitore, -a** [...vi'to:re] *m, f* Diener(in) *m(f),* Bedienstete(r) *mf.*

servitù [servi'tu] ‹-› *f* **1.** *(schiavitù)* Knechtschaft *f,* Sklaverei *f;* **2.** *(personale di servizio)* (Dienst)personal *n.*

servizievole [servit'tsi̯e:vole] *a* dienstbar, diensteifrig.

servizio [ser'vittsi̯o] ‹-i› *m* **1.** *(lavoro, adm, mil)* Dienst *m;* **2.** *(radio, TV, giornalismo)* Bericht *m,* Reportage *f;* **3.** *fam* Besorgung *f;* **4.** *(da tavola, etc.)* Service *n,* Geschirr *n;* **5.** *sport* Angabe *f; (tennis, etc.)* Aufschlag *m;* **6.** *com* Dienstleistung *f; (assistenza clienti)* Service *m; (in negozio)* Bedienung *f;* **7.** ‹pl› *(di casa)* Bad(ezimmer) *n;* **porta di ~** Lieferanteneingang *m;* **~ militare** Wehrdienst *m;* **~ speciale** Sonderbericht(erstattung *f*) *m;* **essere in ~** im Dienst sein.

servo ['sɛrvo] *m* Knecht *m,* Diener *m.*

servofreno [servo'fre:no *o* -'frɛ:no] *m* Servobremse *f.* **servosterzo** [-s'tɛrtso] *m* Servolenkung *f.*

sesamo ['sɛ:zamo] *m* Sesam *m;* **apriti ~!** Sesam öffne dich!

sessanta [ses'santa] **I.** *a numerale* sechzig; **II.** ‹-› *m* Sechzig *f; v. a. cinquanta.* **sessantenne** [...'tɛnne] **I.** *a* sechzigjährig; **II.** *mf* Sechzigjährige(r) *mf.* **sessantesimo, -a** [...'tɛ:zimo] **I.** *a* sechzigste(r, s); **II.** *m, f* Sechzigste(r, s) *mfn;* **III.** *m (frazione)* Sechzigstel *n,* sechzigster Teil; *v. a. quinto.* **sessantina** [...'ti:na] *f:* **una ~ (di ...)** (etwa) sechzig (...); **essere sulla ~** an (*o* um) die Sechzig sein.

sessione [ses'si̯o:ne] *f* Sitzung *f,* Tagung *f.*

sesso ['sɛsso] *m* **1.** *biol* Geschlecht *n;* **2.** *(sessualità)* Sex *m;* **il gentil ~** *scherz* das schöne Geschlecht.

sessuale [sessu'a:le] *a* Geschlechts-, Sexual-, geschlechtlich, sexuell. **sessualità** [...uali'ta] ‹-› *f* Sexualität *f.*

sesta *f v.* **sesto, -a.**

sestante [ses'tante] *m* Sextant *m.*

sestetto [ses'tetto] *m* Sextett *n.*

sesto ['sɛsto] *m* **1.** *arch* (Bogen)wölbung *f;* **2.** *(ordine)* Ordnung *f;*

arco a tutto ~ Rundbogen *m;* **arco a** ~ **acuto** Spitzbogen *m.*
sesto, -a ['sɛsto] **I.** *a* sechste(r, s); **II.** *m, f* Sechste(r, s) *mfn;* **III.** *m (frazione)* Sechstel *n,* sechster Teil; *v. a. quinto.*
set [sɛt] ‹-› *m* **1.** *(serie, sport)* Satz *m,* Set *n;* **2.** *film* Filmbühne *f.*
seta ['se:ta] *f* Seide *f.*
setacciare [setat'tʃa:re] ‹setaccio, setacci› *tr* (durch)sieben; *fig* (aus)sieben.
setaccio [se'tattʃo] ‹-cci› *m* Sieb *n.*
sete ['se:te] *f* **1.** *(bisogno di bere)* Durst *m;* **2.** *fig* Durst *m,* Gier *f,* Sehnsucht *f.*
setola ['se:tola] *f* **1.** *zoo, bot* Borste *f;* **2.** *(spazzola)* Bürste *f.* **setoloso, -a** [seto'lo:so] *a* borstig.
setta ['sɛtta] *f* Sekte *f.*
settanta [set'tanta] **I.** *a numerale* siebzig; **II.** ‹-› *m* Siebzig *f; v. a. cinquanta.* **settantenne** [...'tɛnne] **I.** *a* siebzigjährig; **II.** *mf* Siebzigjährige(r) *mf.* **settantesimo, -a** [...'tɛ:zimo] **I.** *a* siebzigste(r, s); **II.** *m, f* Siebzigste(r, s) *mfn;* **III.** *m (frazione)* Siebzigstel *n,* siebzigster Teil; *v. a. quinto.* **settantina** [...'ti:na] *f:* **una** ~ **(di ...)** (etwa) siebzig (...); **essere sulla** ~ an (*o* um) die Siebzig sein.
settario, -a [set'ta:ri̯o] ‹-i, -ie› **I.** *a* sektiererisch; **II.** *m, f* Sektierer(in) *m(f).*
sette ['sɛtte] **I.** *a numerale* sieben; **II.** ‹-› *m* **1.** *(numero)* Sieben *f;* **2.** *(nelle date)* Siebte(r) *m;* **3.** *(voto scolastico)* ≃ Befriedigend *n,* Drei *f;* **4.** *fam* Triangel *m,* Winkelriß *m;* **III.** *f pl* sieben Uhr; *v. a. cinque.*
settecentesco, -a [settetʃen'tesko] ‹-schi, -sche› *a* das achtzehnte Jahrhundert betreffend. **settecento** [...'tʃɛnto] **I.** *a numerale* siebenhundert; **II.** ‹-› *m* Siebenhundert *f;* **il S~** das achtzehnte Jahrhundert.
settembre [set'tɛmbre] *m* September *m;* **in ~, nel mese di** ~ im September; **nel bel** ~ im schönen September; **alla fine di** ~ Ende September; **a metà** ~ Mitte September; **ai primi/agli ultimi di** ~ Anfang/Ende September; ~ **ha 30 giorni** der September hat 30 Tage; **Firenze, (il) 15** ~ **1986** Florenz, den 15. September 1986; **oggi è il primo (di)** ~ heute ist der erste September; **l'undici/il venti/il ventun** ~ der elfte/zwanzigste/einundzwanzigste September.
settemila [sette'mi:la] **I.** *a numerale* siebentausend; **II.** ‹-› *m* Siebentausend *f.*
settentrionale [settentri̯o'na:le] **I.** *a* nördlich, Nord-; **II.** *mf* **1.** *(del Nord)* Nordländer(in) *m(f);* **2.** *(dell'Italia del Nord)* Norditaliener(in) *m(f).* **settentrione** [...'tri̯o:ne] *m* Norden *m; (dell'Italia a.)* Nord-, Oberitalien *n.*
setticemia [settitʃe'mi:a] ‹-ie› *f* Blutvergiftung *f.*
settico, -a ['sɛttiko] ‹-ci, -che› *a* septisch.
settima[1] ['sɛttima] *f* Septime *f.*
settima[2] *f v.* **settimo.**
settimana [setti'ma:na] *f* Woche *f; com (salario)* Wochenlohn *m;* ~ **corta** Fünftagewoche *f;* ~ **santa** Karwoche *f;* **fine** ~ Wochenende *n.* **settimanale** [...ma'na:le] **I.** *a* wöchentlich; **II.** *m* Wochenzeitung *f,* -blatt *n.*
settimino, -a [setti'mi:no] *m, f* Siebenmonatskind *n.*
settimo, -a ['sɛttimo] **I.** *a* siebte(r, s); **II.** *m, f* Siebte(r, s) *mfn;* **III.** *m (frazione)* Siebtel *n,* siebter Teil; *v. a. quinto.*
setto ['sɛtto] *m* Scheidewand *f,* Septum *n scient.*
settore [set'to:re] *m* **1.** *mat* Abschnitt *m,* Ausschnitt *m,* Sektor *m;* **2.** *fig* Sektor *m,* Bereich *m;* **3.** *(zona)* Sektor *m,* Abschnitt *m,* Teilgebiet *n.* **settoriale** [...to'ri̯a:le] *a* **1.** *com* Bereichs-, Sektoren-; **2.** *fig* Sonder-, abgesondert.
settrice [set'tri:tʃe] *f* Kreisbogen *m.*
settuplo, -a ['sɛttuplo] **I.** *a* siebenfach; **II.** *m* Siebenfache(s) *n.*
severità [severi'ta] ‹-› *f* Strenge *f; fig (serietà)* Ernsthaftigkeit *f.* **severo, -a** [se'vɛ:ro] *a* streng; *(fig a.)* ernst, ernsthaft.
sevizia [se'vittsi̯a] ‹-ie› *f* Folter *f,* Mißhandlung *f,* Quälerei *f.* **seviziare** [...'tsi̯a:re] ‹sevizio, sevizi› *tr* mißhandeln; *(violentare)* vergewaltigen; *fig* quälen, foltern.
sexy ['seksɪ] ‹*inv*› *a* sexy.
sezionare [settsi̯o'na:re] *tr* **1.** *(dividere)* aufteilen, (zer)gliedern; **2.** *med* sezieren.
sezione [set'tsi̯o:ne] *f* **1.** *(parte)* Abteilung *f,* Sektion *f;* **2.** *jur* Kammer *f;* **3.** *mat* Schnitt *m;* **4.** *adm* Bezirk *m;* **5.** *med* Sezierung *f,* Sektion *f;* **6.** *(di libro)* Abschnitt *m;* **7.** *(nel disegno tecnico)* Querschnitt *m.*
sfaccendato, -a [sfattʃen'da:to] **I.** *a* müßig, untätig; **II.** *m, f* Faulenzer(in) *m(f),* Nichtstuer(in) *m(f) fam.*
sfaccettare [sfattʃet'ta:re] *tr* facettieren. **sfaccettatura** [...ta'tu:ra] *f* Facettierung *f.*
sfacchinare [sfakki'na:re] *itr* sich abmühen, schuften *fam.* **sfacchinata** [...'na:ta] *f* Mühsal *f,* Schinderei *f.*
sfacciataggine [sfattʃa'taddʒine] *f* Unverschämtheit *f,* Frechheit *f.* **sfacciato, -a** [...'tʃa:to] **I.** *a* unverschämt, frech; **II.** *m, f* unverschämte Person.
sfacelo [sfa'tʃɛ:lo] *m* Verfall *m,* Zusammenbruch *m.*
sfaldarsi [sfal'darsi] *rfl* sich in Schichten teilen (*o* spalten).
sfalsare [sfal'sa:re] *tr* verschieben, versetzen.
sfamare [sfa'ma:re] **I.** *tr* ernähren, sätti-

gen; **II.** *rfl:* **-arsi** seinen Hunger stillen, sich sättigen.

sfarfallare [sfarfal'la:re] *itr* **1.** *film, TV, el* flimmern; **2.** *fig* unstet (*o* flatterhaft) sein. **sfarfallio** [...'li:o] ‹-ii› *m* **1.** *film, TV, el* Flimmern *n;* **2.** *(sfarfallare continuo)* Umherflattern *n.*

sfarzo ['sfartso] *m* Prunk *m,* Pomp *m.* **sfarzosità** [-si'ta] ‹-› *f* Prunk *m.* **sfarzoso, -a** [...'tso:so] *a* prunkvoll, pompös.

sfasare [sfa'za:re] *tr* **1.** *fig* verwirren, durcheinanderbringen; **2.** *el* außer Phase bringen. **sfasatura** [...za'tu:ra] *f* Phasenverschiebung *f.*

sfasciare[1] [sfaʃ'ʃa:re] *tr (ferita)* den Verband abnehmen von.

sfasciare[2] [sfaʃ'ʃa:re] **I.** *tr* zertrümmern, zerstören; **II.** *rfl:* **-arsi** **1.** *(rompersi)* zerbrechen; *(nave)* zerschellen; **2.** *fig fam* auseinandergehen, in die Breite gehen.

sfatare [sfa'ta:re] *tr* entzaubern, zerstören.

sfaticato, -a [sfati'ka:to] **I.** *a* faul, arbeitsscheu; **II.** *m, f* Faulpelz *m.*

sfatto, -a ['sfatto] *a* **1.** *(letto)* ungemacht; **2.** *(frutta)* verfault; **3.** *fig* heruntergekommen; *(corpo)* verwelkt.

sfavillare [sfavil'la:re] *itr* funkeln, glitzern; *(fig a.)* strahlen. **sfavillio** [...'li:o] ‹-ii› *m* Funkeln *n,* Glitzern *n.*

sfavore [sfa'vo:re] *m:* **a ~ di** zu Ungunsten *gen,* zuungunsten *gen.* **sfavorevole** [...vo're:vole] *a* ungünstig.

sfebbrare [sfeb'bra:re] *itr* ‹*essere*› fieberfrei werden.

sfegatarsi [sfega'tarsi] *rfl fam* sich *(dat)* ein Bein ausreißen *fam.* **sfegatato, -a** [...'ta:to] **I.** *a* fanatisch; **II.** *m, f fam* Fanatiker(in) *m(f).*

sfera ['sfɛ:ra] *f* **1.** *gener., mat* Kugel *f;* **2.** *fig* Bereich *m,* Sphäre *f.* **sferico, -a** ['sfɛ:riko] ‹-ci, -che› *a* kugelförmig, Kugel-.

sferragliare [sferraʎ'ʎa:re] ‹sferraglio, sferragli› *itr* klappern.

sferrare [sfer'ra:re] *tr* **1.** *fig (colpo, etc.)* versetzen; **2.** *zoo (cavallo)* die Hufeisen abnehmen *dat.*

sferruzzare [sferrut'tsa:re] *itr* stricken.

sferza ['sfɛrtsa] *f* **1.** *(frusta)* Peitsche *f,* Gerte *f;* **2.** *fig* Schlag *m,* Hieb *m.* **sferzare** [sfer'tsa:re] *tr* **1.** *(battere)* peitschen, schlagen; **2.** *fig* geißeln. **sferzata** [...'tsa:ta] *f* **1.** *(colpo)* Peitschenhieb *m;* **2.** *fig* scharfe (*o* beißende) Kritik.

sfiancare [sfiaŋ'ka:re] ‹sfianco, sfianchi› **I.** *tr* **1.** *(rompere)* seitlich aufreißen (*o* beschädigen); **2.** *fig* zermürben, aufreiben; **II.** *rfl:* **-arsi** **1.** *(rompersi)* seitlich aufbrechen; **2.** *fig* sich zermürben, sich aufreiben.

sfiatare [sfia'ta:re] **I.** *itr* ausströmen; **II.** *rfl:* **-arsi** **1.** *mus* den Klang verlieren; **2.** *fam* außer Atem kommen. **sfiatatoio** [...ta'to:io] ‹-oi› *m* Entlüftung(sventil *n*) *f.* **sfiato** ['sfia:to] *m* Entlüftung(sventil *n*) *f.*

sfida ['sfi:da] *f* Herausforderung *f; fig* Provokation *f.* **sfidante** [sfi'dante] **I.** *a* herausfordernd; **II.** *mf* Herausforderer *m,* -ford(r)erin *f.* **sfidare** [...'da:re] *tr* **1.** *(provocare)* herausfordern; *(fig a.)* provozieren; *(pericolo)* heraufbeschwören; **2.** *(invitare)* auffordern.

sfiducia [sfi'du:tʃa] *f* Mißtrauen *n.*

sfigurare [sfigu'ra:re] **I.** *tr* entstellen, verunstalten; **II.** *itr* eine schlechte Figur machen, sich blamieren.

sfilacciare [sfilat'tʃa:re] ‹sfilaccio, sfilacci› *tr, rfl:* **-arsi** ausfransen.

sfilare[1] [sfi'la:re] **I.** *tr* **1.** *(ago)* ausfädeln; *(anello)* abziehen; *(arrosto)* vom Spieß nehmen; **2.** *(tela)* ausfransen; **3.** *(indumenti)* abstreifen, ausziehen; **II.** *rfl:* **-arsi** *(calze)* eine Laufmasche bekommen; *(maglia)* laufen; *(collana)* reißen.

sfilare[2] [sfi'la:re] *itr* ‹*essere o avere*› defilieren; *(a. fig)* vorbeiziehen.

sfilata [sfi'la:ta] *f* Défilé *n,* Vorbeimarsch *m;* **~ di moda** Modenschau *f.*

sfilato [sfi'la:to] *m* Lochstickerei *f.*

sfilza ['sfiltsa] *f* Reihe *f.*

sfinge ['sfindʒe] *f* Sphinx *f.*

sfinimento [sfini'mento] *m* Erschöpfung *f.* **sfinire** [...'ni:re] **I.** *tr* erschöpfen; **II.** *rfl:* **-irsi** die Kräfte verlieren.

sfiorare [sfio'ra:re] *tr* **1.** *(toccare)* streifen; **2.** *fig (tema)* streifen; *(successo)* fast erreichen.

sfiorire [sfio'ri:re] *itr* ‹*essere*› (ver)welken, verblühen.

sfittare [sfit'ta:re] **I.** *tr* unvermietet lassen; **II.** *rfl:* **-arsi** unvermietet sein.

sfittire [sfit'ti:re] ‹sfittisco› *tr* lichten.

sfitto, -a ['sfitto] *a* unvermietet, frei.

sfizio ['sfittsio] ‹-i› *m dial* Lust *f,* Laune *f.*

sfocare [sfo'ka:re] ‹sfoco, sfochi› *tr* unscharf aufnehmen (*o* fotografieren). **sfocato, -a** [...'ka:to] *a* unscharf.

sfociare [sfo'tʃa:re] ‹sfocio, sfoci› *itr* ‹*essere*› **1.** *(fiume)* münden; **2.** *fig* münden (*in* in), hinauslaufen (*in* auf), enden (*in* in, mit).

sfoderare [sfode'ra:re] *tr* **1.** *(spada)* (heraus)ziehen, aus der Scheide ziehen; **2.** *fig* hervorholen. **sfoderato, -a** [...a:to] *a* ungefüttert.

sfogare [sfo'ga:re] ‹sfogo, sfoghi› **I.** *tr* ‹*avere*› abreagieren, herauslassen, freien Lauf lassen (*qc* einer S. *dat*); **II.** *itr* ‹*essere*› *(fumo, gas)* ausströmen; **III.** *rfl:* **-arsi** **1.** *(sollevarsi)* sich abreagieren, sich *(dat)* Luft machen; *pej* explodieren; **2.** *(soddisfare)* ausgiebig tun, sich abreagieren (*a* an); **-arsi con qu** jdm sein Herz ausschütten.

sfoggiare [sfod'dʒa:re] ‹sfoggio, sfoggi› *tr* zur Schau stellen, prunken mit; *pej* angeben mit. **sfoggio** ['sfɔddʒo] ‹-ggi› *m* Prunk *m,* Aufwand *m; (ostentazione)* Zurschaustellung *f.*

sfoglia ['sfɔʎʎa] *f* Blatt *n,* Folie *f.* **sfogliare** [sfoʎ'ʎa:re] ‹sfoglio, sfogli› *tr* **1.** *(libro)* durchblättern; **2.** *(fiore)* entblättern, die Blätter (*o* Blüten) entfernen von. **sfogliata** [...a:ta] *f:* **dare una ~ al giornale** die Zeitung durchblättern.

sfogo ['sfo:go] ‹-ghi› *m* **1.** *(apertura)* Ausgang *m,* Öffnung *f;* **2.** *fam med* Ausschlag *m;* **dare ~ ai propri sentimenti** seinen Gefühlen freien Lauf lassen.

sfolgorare [sfolgo'ra:re] *itr* strahlen, leuchten.

sfollagente [sfolla'dʒɛnte] ‹-› *m* Schlagstock *m.*

sfollamento [sfolla'mento] *m* **1.** *(di paese, scuola)* Räumung *f; (per ragioni di sicurezza a.)* Evakuierung *f;* **2.** *(di personale)* (Personal)abbau *m.* **sfollare** [...'la:re] **I.** *tr* ‹*avere*› räumen; *(per ragioni di sicurezza a.)* evakuieren; **II.** *itr* ‹*essere*› **1.** *(diradarsi)* sich zerstreuen, sich verlaufen; **2.** *mil* sich zurückziehen.

sfoltire [sfol'ti:re] ‹sfoltisco› **I.** *tr* lichten, ausdünnen; **II.** *rfl:* **-irsi** dünner (*o* lichter) werden.

sfondare [sfon'da:re] **I.** *tr* **1.** *(porta, cassa)* einschlagen, aufbrechen; **2.** *mil* durchbrechen; **3.** *(scarpe)* abtreten, ablaufen; **II.** *itr* sich durchsetzen; **III.** *rfl:* **-arsi** *(rompersi)* verschleißen, kaputtgehen *fam; (scarpe)* sich ablaufen. **sfondato, -a** [...'da:to] *a* kaputt; *(botte)* mit durchbrochenem Boden; *(scarpe)* abgelaufen; **ricco ~** *fam* steinreich *fam.*

sfondo ['sfondo] *m* Hintergrund *m.*

sfondone [sfon'do:ne] *m* grober Fehler.

sforbiciata [sforbi'tʃa:ta] *f* **1.** *(taglio)* Scherenschnitt *m;* **2.** *sport* Scherenschlag *m.*

sformare [sfor'ma:re] **I.** *tr* aus der Form bringen, verformen; **II.** *rfl:* **-arsi** die Form verlieren, unförmig werden.

sformato [sfor'ma:to] *m* Auflauf *m.*

sfornare [sfor'na:re] *tr* **1.** *gastr* aus dem Ofen nehmen; **2.** *fig* herausbringen.

sfornito, -a [sfor'ni:to] *a* ohne, nicht ausgerüstet mit; **un negozio ~** ein Geschäft, in dem man nie etwas bekommt.

sfortuna [sfor'tu:na] *f* Unglück *n,* Pech *n.* **sfortunato, -a** [...tu'na:to] *a* unglücklich.

sforzare [sfor'tsa:re] **I.** *tr* **1.** *(porta, cassetto, serratura)* (gewaltsam) aufbrechen; **2.** *tec* überbeanspruchen, überstrapazieren; **3.** *(cavallo, vista)* überanstrengen; **4.** *(persona)* zwingen, nötigen; **II.** *rfl:* **-arsi** sich anstrengen, sich *(dat)* Mühe geben.

sforzo ['sfɔrtso] *m* Anstrengung *f,* Mühe *f; tec* Beanspruchung *f;* **~ di volontà** Willenskraft *f;* **fare uno ~** sich anstrengen.

sfottere ['sfottere] *tr fam* auf den Arm nehmen *fam,* vergackeiern *fam.*

sfracellare [sfratʃel'la:re] **I.** *tr* zerschmettern, zertrümmern; **II.** *rfl:* **-arsi** zerschellen.

sfrattare [sfrat'ta:re] **I.** *tr* kündigen (*qu* jdm); **II.** *itr* aus-, wegziehen. **sfratto** ['sfratto] *m* Kündigung *f.*

sfrecciare [sfret'tʃa:re] ‹sfreccio, sfrecci› *itr* ‹*essere*› schnellen, sausen.

sfregare [sfre'ga:re] *tr* reiben; *(pavimento)* schrubben; *(muro)* streifen.

sfregiare [sfre'dʒa:re] ‹sfregio, sfregi› *tr (dipinto)* mit Schnitten (*o* Kratzern) beschädigen; *(avversario)* im Gesicht verletzen. **sfregio** ['sfre:dʒo] ‹-gi› *m* **1.** *(di persona)* Schmiß *m,* Narbe *f;* **2.** *(di cosa)* Schramme *f,* Kratzer *m;* **3.** *fig* Schmach *f,* (tiefe) Beleidigung *f.*

sfrenatezza [sfrena'tettsa] *f* Hemmungslosigkeit *f.* **sfrenato, -a** [...'na:to] *a* hemmungslos, zügellos; *(corsa)* ungebremst.

sfrigolare [sfrigo'la:re] *itr* brutzeln.

sfrondare [sfron'da:re] *tr* **1.** *(albero)* entlauben, entblättern; **2.** *fig* raffen, straffen.

sfrontatezza [sfronta'tettsa] *f* Unverschämtheit *f.* **sfrontato, -a** [...'ta:to] *a* unverschämt, frech.

sfruttamento [sfrutta'mento] *m* Ausnutzung *f; (a. agr, min)* Ausbeutung *f.* **sfruttare** [...'ta:re] *tr* **1.** *fig (utilizzare)* ausnutzen; *(operai)* ausbeuten; *(abusare)* mißbrauchen; **2.** *agr, min* ausbeuten; *(spazio)* ausnutzen. **sfruttatore, -trice** [...ta'to:re] *m, f* Ausbeuter(in) *m(f).*

sfuggente [sfud'dʒɛnte] *a* fliehend.

sfuggire [sfud'dʒi:re] **I.** *itr* ‹*essere*› **1.** *(eludere)* entkommen, entgehen, entwischen; *(alla morte, a un pericolo a.)* entrinnen; **2.** *(cadere)* fallen; **3.** *(essere dimenticato)* entfallen; **4.** *(passare inosservato)* entgehen; **5.** *(essere detto)* herausrutschen *fam;* **II.** *tr* ‹*avere*› fliehen vor, entfliehen *dat.*

sfuggita [sfud'dʒi:ta] *f:* **di ~** flüchtig.

sfumare [sfu'ma:re] **I.** *tr* ‹*avere*› abtönen, schattieren; *(capelli)* tönen; **II.** *itr* ‹*essere*› **1.** *(dissolversi)* verrauchen, sich auflösen; **2.** *fig* zunichte werden, sich in nichts auflösen; **3.** *(di colore)* sich abtönen. **sfumato, -a** [...'ma:to] *a* schattiert, abgetönt. **sfumatura** [...ma'tu:ra] *f* **1.** *(gradazione)* Abtönung *f; (tonalità)* Nuance *f,* Farbton *m;* **2.** *(nell'arte)* Schattierung *f;* **3.** *(di capelli)* Tönung *f;* **4.** *fig* Schatten *m,* Hauch *m.*

sfuriata [sfu'ri̯a:ta] *f* Wutausbruch *m;* **il**

padre le ha fatto una ~ der Vater hat gehörig mit ihr geschimpft.
sfuso, -a ['sfu:zo] *a* **1.** *(burro, etc.)* zerlassen, flüssig; **2.** *com* lose, unverpackt.
sg. *ab di* **seguente** f. (*ab di* folgende).
sgabello [zga'bεllo] *m* Schemel *m,* Hokker *m.*
sgabuzzino [zgabud'dzi:no] *m* Besenkammer *f,* Abstellraum *m.*
sgambettare [zgambet'ta:re] *itr* (mit den Beinen) strampeln. **sgambetto** [...'betto] *m:* **fare lo ~ a qu** *(a. fig)* jdm ein Bein stellen.
sganasciarsi [zganaʃ'ʃarsi] ⟨mi sganascio, ti sganasci⟩ *rfl:* ~ **dalle risate** sich ausschütten vor Lachen.
sganciare [zgan'tʃa:re] ⟨sgancio, sganci⟩ **I.** *tr* **1.** *(veicoli)* abhängen, -kuppeln; **2.** *(bombe)* abwerfen; *(siluri)* abfeuern; **3.** *fig fam* herausrücken; **II.** *rfl:* **-arsi 1.** *(staccarsi)* losgehen, sich (vom Haken) lösen; **2.** *mil* sich zurückziehen, sich absetzen; **3.** *fig fam* sich freimachen, freikommen, sich absetzen.
sgangherare [zgaŋge'ra:re] **I.** *tr* **1.** *(porta)* aus den Angeln heben; **2.** *(tavolo, baule)* aus den Fugen brechen (*o* reißen); **II.** *rfl:* **-arsi** kaputtgehen *fam.*
sgarbatezza [zgarba'tettsa] *f* Unhöflichkeit *f,* Unfreundlichkeit *f.* **sgarbato, -a** [...'ba:to] *a* unhöflich, unfreundlich, grob.
sgarbo ['zgarbo] *m* Unhöflichkeit *f,* Grobheit *f.*
sgargiante [zgar'dʒante] *a* schreiend.
sgarrare [zgar'ra:re] *itr* ungenau sein, Fehler machen.
sgattaiolare [zgattai̯o'la:re] *itr* ⟨*essere*⟩ davonschleichen.
sgelare [zdʒe'la:re] *tr* ⟨*avere*⟩, *itr* ⟨*essere*⟩ auftauen. **sgelo** ['zdʒε:lo] *m* Auftauen *n.*
sghembo, -a ['zgembo] *a (storto)* krumm, schief; *(obliquo)* schräg.
sghignazzare [zgiɲɲat'tsa:re] *itr* höhnisch lachen. **sghignazzata** [...'tsa:ta] *f* höhnisches Gelächter.
sghimbescio, -a [zgim'bεʃʃo] ⟨-sci, -sce⟩ *a:* **a** (*o* **di**) ~ schräg, schief.
sghiribizzo [zgiri'biddzo] *m fam* Laune *f,* verrückte Idee.
sgobbare [zgob'ba:re] *itr fam* schuften *fam;* ~ **sui libri** *fam* büffeln *fam,* pauken *fam.* **sgobbata** [...'ba:ta] *f fam* Schufterei *f fam.* **sgobbone, -a** [...'bo:ne] *m, f fam* Büffler(in) *m(f) fam.*
sgocciolare [zgottʃo'la:re] **I.** *itr* ⟨*essere o avere*⟩ **1.** *(liquidi)* tropfen, tröpfeln; **2.** *(recipienti)* (ab)tropfen; **II.** *tr* ⟨*avere*⟩ **1.** *(liquidi)* tropfen (*o* tröpfeln) lassen; **2.** *(recipienti)* abtropfen lassen. **sgocciolo** ['zgottʃolo] *m:* **essere agli -i** zu Ende gehen.
sgolarsi [zgo'larsi] *rfl* sich heiser schreien, sich *(dat)* die Kehle aus dem Hals schreien.
sgomb(e)rare [zgom'bra:re (...mbe'ra:re)] *tr* räumen; *(tavolo)* abräumen. **sgomb(e)ro** ['zgombro (...mbero)] *m* Räumung *f; (trasloco)* Umzug *m.*
sgombro ['zgombro] *m* Makrele *f.*
sgombro, -a ['zgombro] *a* frei, leer.
sgomentare [zgomen'ta:re] **I.** *tr* bestürzen, erschüttern; **II.** *rfl:* **-arsi** bestürzt sein (*di* über). **sgomento, -a** [...'mento] **I.** *a* bestürzt, erschüttert; **II.** *m* Bestürzung *f,* Erschütterung *f.*
sgominare [zgomi'na:re] *tr* zersprengen, in die Flucht schlagen.
sgonfiare [zgon'fi̯a:re] **I.** *tr* **1.** *(pneumatico, pallone)* die Luft ablassen aus; **2.** *med* abschwellen lassen; **3.** *fig* dämpfen; **II.** *rfl:* **-arsi 1.** *(ruota, pallone)* die Luft verlieren; **2.** *med* abschwellen; **3.** *fig* aufgeben, den Mut verlieren. **sgonfio, -a** [zgonfi̯o] *a* **1.** *(pallone, ruota)* ohne Luft, leer; **2.** *med* abgeschwollen.
sgorbio ['zgɔrbi̯o] ⟨-i⟩ *m* **1.** *(parola)* Gekritzel *n; (disegno)* Geschmiere *n;* **2.** *(macchia)* (Tinten)klecks *m;* **3.** *fig pej* Vogelscheuche *f.*
sgorgare [zgor'ga:re] ⟨sgorgo, sgorghi⟩ *itr* ⟨*essere*⟩ sprudeln, quellen.
sgozzare [zgot'tsa:re] *tr* schlachten.
sgradevole [zgra'de:vole] *a* unangenehm.
sgradito, -a [zgra'di:to] *a* unwillkommen, unerwünscht.
sgraffignare [zgraffiɲ'ɲa:re] *tr fam* klauen *fam.*
sgrammaticato, -a [zgrammati'ka:to] *a* voller grammatischer Fehler.
sgranare [zgra'na:re] *tr* **1.** *(piselli, fave)* enthülsen, aushülsen; **2.** *fig (occhi)* aufreißen; *(rosario)* herunterbeten.
sgranchire [zgraŋ'ki:re] ⟨sgranchisco⟩ *tr* lockern; **-irsi le gambe** sich *(dat)* die Beine vertreten.
sgranocchiare [zgranok'ki̯a:re] ⟨sgranocchio, sgranocchi⟩ *tr fam* knabbern.
sgrassare [zgras'sa:re] *tr (brodo)* entfetten; *(vestito)* Fettflecken entfernen von (*o* aus).
sgravare [zgra'va:re] **I.** *tr* entlasten; **II.** *rfl:* **-arsi** sich entlasten. **sgravio** ['zgra:vio] ⟨-i⟩ *m* Entlastung *f,* Erleichterung *f.*
sgraziato, -a [zgrat'tsi̯a:to] *a* ungraziös, ohne Grazie; *(corpo a.)* plump; *(senza garbo)* unfreundlich.
sgretolamento [zgretola'mento] *m* Abbröckeln *n.* **sgretolare** [...'la:re] *tr, rfl:* **-arsi** abbröckeln, zerbröckeln.
sgridare [zgri'da:re] *tr* ausschimpfen. **sgridata** [...'da:ta] *f* Schelte *f.*
sgrossare [zgros'sa:re] **I.** *tr* **1.** *(marmo)* zuhauen, grob behauen (*o* bearbeiten);

2. *lit* entwerfen; 3. *fig* anlernen; II. *rfl:* **-arsi** sich verfeinern.
sguaiato, -a [zgu̯aˈi̯a:to] *a* unmanierlich, ordinär.
sguainare [zgu̯aiˈna:re] *tr* ziehen, zükken, aus der Scheide ziehen.
sgualdrina [zgu̯alˈdri:na] *f* Dirne *f.*
sguardo [ˈzgu̯ardo] *m* Blick *m.*
sguarnito, -a [zgu̯arˈni:to] *a* schmucklos, unverziert.
sguattero, -a [ˈzgu̯attero] *m, f* Küchenjunge *m,* -mädchen *n.*
sguazzare [zgu̯atˈtsa:re] *itr* 1. *(nell' acqua)* planschen, plätschern; 2. *fig (nella ricchezza, etc.)* schwimmen.
sguinzagliare [zgu̯intsaʎˈʎa:re] ‹sguinzaglio, sguinzagli› *tr* 1. *(cani)* von der Leine (los)lassen; 2. *fig* hetzen.
sgusciare [zguʃˈʃa:re] ‹sguscio, sgusci› I. *tr* ‹*avere*› *(uova)* schälen, pellen; *(fagioli)* enthülsen; II. *itr* ‹*essere*› entgleiten, entschlüpfen.
shampoo [ʃæmˈpu:] ‹-› *m* Shampoo *n,* Schampon *n.*
shock [ʃɔk] ‹-› *m* Schock *m.*
si[1] [si] I. *pron rfl* 1. *(complemento oggetto)* sich *(acc);* 2. *(complemento di termine)* sich *(dat);* 3. *(per sé)* sich *(dat);* 4. *(reciproco)* sich *(dat),* einander; II. *pron impersonale* man; **cerca~ segretaria** Sekretärin gesucht.
si[2] [si] ‹-› *m mus* h, H *n.*
sì [si] I. *adv* ja; *(davvero)* doch, wohl; **credo di ~** ich glaube, ja; **e ~ che** und doch; **un giorno ~ ed uno no** jeden zweiten Tag, alle zwei Tage; **~ e no** ja und nein, mehr oder weniger; II. *m* 1. *(risposta)* Ja *n;* 2. *(voto)* Ja(stimme *f*) *n.*
sia[1] [ˈsi:a] *con conj:* **~ ... o** ob ... oder; **~ ... che** sowohl ... als auch.
sia[2] [ˈsi:a] *etc. v.* **essere.**
siamese [siaˈme:se] I. *a* siamesisch; **gatto ~** Siamkatze *f;* **fratelli -i** siamesische Zwillinge *m pl;* II. *mf* 1. *(abitante)* Siamese *m,* Siamesin *f;* 2. *zoo* Siamkatze *f.*
Siberia [siˈbɛ:ri̯a] *f* Sibirien *n;* **s~** *fig* kalter (*o* unfreundlicher) Ort, Sibirien *n.*
sibilante [sibiˈlante] I. *a* Zisch-; II. *f* Zischlaut *m,* Sibilant *m scient.*
sibilare [sibiˈla:re] *itr* zischen.
sibilla [siˈbilla] *f* 1. *(nella mitologia)* Sibylle *f;* 2. *fig scherz* Wahrsagerin *f.*
sibilo [ˈsi:bilo] *m* Zischen *n,* Pfeifen *n.*
sicario, -a [siˈka:ri̯o] ‹-i, -ie› *m, f* gedungener Mörder, gedungene Mörderin, Killer(in) *m(f) fam.*
sicché [sikˈke] *con* 1. *(così che, perciò)* so daß; 2. *(ebbene)* also.
siccità [sittʃiˈta] ‹-› *f* Trockenheit *f,* Dürre *f.*
siccome [sikˈko:me] *con* da, weil.
Sicilia [siˈtʃi:li̯a] *f* Sizilien *n.*
sicomoro [sikoˈmɔ:ro] *m* Maulbeerfeigenbaum *m,* Sykomore *f.*
sicura [siˈku:ra] *f* Sicherung *f.*
sicurezza [sikuˈrettsa] *f* Sicherheit *f; (certezza a.)* Gewiß-, Bestimmtheit *f;* **Pubblica S~** (*ab* **P.S.**) unbewaffnete Sicherheitspolizei; **la ~ stradale** die Sicherheit auf der Straße.
sicuro, -a [siˈku:ro] I. *a* 1. *(luogo, posto)* sicher; 2. *(mano, passo)* sicher, fest; 3. *(certo)* sicher, gewiß; 4. *(persona)* zuverlässig, vertrauenswürdig; **essere ~ di sé** selbstsicher sein; **star ~** unbesorgt sein; II. *m* 1. *(luogo)* Sicherheit *f;* 2. *(certo)* Gewißheit *f,* Sicherheit *f,* Bestimmtheit *f;* **andare sul ~** auf Nummer Sicher gehen; **mettere al ~** in Sicherheit bringen; *fig* sicherstellen; III. *adv* sicher, gewiß, bestimmt; **di ~** sicher(lich), mit Sicherheit.
S.I.D. *m ab di* **Servizio Informazioni Difesa** *militärischer Abschirmdienst Italiens.*
siderurgia [siderurˈdʒi:a] ‹-gie› *f* Stahlindustrie *f.* **siderurgico, -a** [...ˈrurdʒiko] ‹-ci, -che› *a* Stahl-.
sidro [ˈsi:dro] *m* Apfelwein *m.*
siedo [si̯ɛ:do] *pr di* **sedere**[1].
siepe [ˈsi̯ɛ:pe] *f* Hecke *f.*
siero [ˈsi̯ɛ:ro] *m* 1. *(del latte)* Molke *f;* 2. *med* Serum *n.*
siesta [ˈsi̯ɛsta] *f* Mittagsruhe *f,* Siesta *f; (sonno)* Mittagsschläfchen *n.*
siete [ˈsi̯ɛ:te] *v.* **essere.**
sifilide [siˈfi:lide] *f* Syphilis *f.*
sifone [siˈfo:ne] *m* Siphon *m.*
Sig. *ab di* **signore** Herr.
sigaretta [sigaˈretta] *f* Zigarette *f.*
sigaro [ˈsi:garo] *m* Zigarre *f.*
Sigg. *ab di* **signori** (Damen und) Herren, Herr und Frau.
sigillare [sidʒilˈla:re] *tr* versiegeln.
sigillo [siˈdʒillo] *m* Siegel *n;* **(ap)porre i -i a qc** etw. versiegeln.
sigla [ˈsi:gla] *f* Abkürzung *f,* Sigel *n,* Sigle *f; mus, TV, radio* Erkennungszeichen *n;* **~ musicale** Erkennungsmelodie *f.* **siglare** [siˈgla:re] *tr* unterzeichnen, paraphieren.
Sig.na *ab di* **signorina** Frl. (*ab di* Fräulein).
significante [siɲɲifiˈkante] I. *a* bedeutend; *(occhiata, etc.)* bedeutungsvoll; II. *m ling* Signifikant *m,* Signifiant *n.*
significare [siɲɲifiˈka:re] ‹significo, significhi› *tr* bedeuten. **significativo, -a** [...kaˈti:vo] *a* bedeutungsvoll, vielsagend. **significato** [...ˈka:to] *m* 1. *(concetto)* Bedeutung *f;* 2. *ling* Signifikat *n,* Signifié *n.*
signora [siɲˈɲo:ra] *f* (*ab* **Sig.ra**) 1. *gener.* Frau *f,* Dame *f geh; (appellativo)* Frau *f;* 2. *(moglie)* Frau *f,* Gattin *f geh;* 3. *(padrona di casa)* Hausherrin *f;* **fare la ~** die große Dame spielen; **la ~**

Ferrucci Frau Ferrucci; **gentile** ~ **Ferrucci** *(nelle lettere)* sehr geehrte (*o* verehrte) Frau Ferrucci; **buongiorno,** ~! guten Tag (, Frau X *o* gnädige Frau *geh*)!

signore [siɲ'ɲo:re] *m* **1.** *gener.* (*ab* **Sig.**) Herr *m;* **2.** *(padrone di casa)* Hausherr *m;* **il signor dottore/avvocato** der Herr Doktor/Rechtsanwalt; **il signor Ferrucci** Herr Ferrucci; **i -i Ferrucci** Herr und Frau Ferrucci; **egregio signor Ferrucci** *(nelle lettere)* sehr geehrter Herr Ferrucci; **-i e signore** meine Damen und Herren; **buongiorno,** ~! guten Tag (, Herr X *o* mein Herr *geh*). **signoria** [...ɲo'ri:a] ‹-ie› *f* Signoria *f,* (Stadt)herrschaft *f.* **signorile** [...ɲo'ri:le] *a* herrschaftlich, vornehm. **signorilità** [...ɲorili'ta] ‹-› *f* Vornehmheit *f.*

signorina [siɲɲo'ri:na] *f* (*ab* **Sig.na**) **1.** *(donna nubile, appellativo)* Fräulein *n;* **2.** *(donna giovane)* junge Frau, junges Mädchen; **la** ~ **Fioretti** Fräulein Fioretti; **buongiorno,** ~! guten Tag (, Fräulein X *o* mein Fräulein *geh* *o* gnädiges Fräulein *geh*)!

signorino [siɲɲo'ri:no] *m* junger Herr.

Sig.ra *ab di* **signora** Fr. (*ab di* Frau).

silenziatore [silentsi̯a'to:re] *m* Schalldämpfer *m.*

silenzio [si'lɛntsi̯o] ‹-i› *m* **1.** *(mancanza di suoni)* Ruhe *f,* Stille *f; (il tacere)* Schweigen *n;* **2.** *fig* Ruhe *f;* **3.** *(mancanza di notizie)* Schweigen *n;* **fare** ~ still sein; **passare qc sotto** ~ etw. stillschweigend übergehen; ~! Ruhe! **silenzioso, -a** [silen'tsi̯o:so] *a* **1.** *(persona)* still, ruhig, leise; **2.** *(senza rumore)* ruhig, leise; **3.** *(che non fa rumore)* leise.

silicio [si'li:tʃo] *m* Silizium *n.*

silicone [sili'ko:ne] *m* Silikon *n.*

sillaba ['sillaba] *f* Silbe *f.* **sillabare** [...'ba:re] *tr* in Silben teilen, syllabieren. **sillabario** [...'ba:ri̯o] ‹-i› *m* Fibel *f.* **sillabico, -a** [...'la:biko] ‹-ci, -che› *a* silbisch, Silben-; *mus* syllabisch; **metodo** ~ Ganzheitsmethode *f.*

silo ['si:lo] ‹-i *o* -s› *m* Silo *m o n.*

silo- [silo-] *v.* **xilo-.**

siluramento [silura'mento] *m (a. fig)* Torpedierung *f.* **silurare** [...'ra:re] *tr* **1.** *mil* torpedieren; **2.** *fig* ausbooten, absägen *fam.*

siluro [si'lu:ro] *m mil* Torpedo *m.*

silvestre [sil'vɛstre] *a* Wald-.

simbiosi [simbi'ɔ:zi] ‹-› *f* Symbiose *f.*

simboleggiare [simboled'dʒa:re] ‹simboleggio, simboleggi› *tr* symbolisieren. **simbolico, -a** [...'bɔ:liko] ‹-ci, -che› *a* symbolisch. **simbolismo** [...bo'lizmo] *m* **1.** *(arte)* Symbolismus *m;* **2.** *(complesso di simboli)* Symbolik *f.* **simbolista** [...bo'lista] ‹-i *m,* -e *f*› **I.** *mf* Symbolist(in) *m(f);* **II.** *a* symbolistisch.

simbolo ['simbolo] *m* **1.** *(figura, etc.)* Symbol *n,* Sinnbild *n;* **2.** *scient* Symbol *n,* Zeichen *n.*

similare [simi'la:re] *a* gleichartig, ähnlich.

simile ['si:mile] **I.** *a* **1.** *(analogo)* ähnlich; **2.** *(tale)* solch, so(lch) ein; ~ **nella forma/per il colore** ähnlich in der Form/in der Farbe; **II.** *mf* Nächste(r) *mf,* Mitmensch *m;* **e -i** und dergleichen.

similitudine [simili'tu:dine] *f* Gleichnis *n,* Vergleich *m.*

similoro [simi'lɔ:ro] *m* Talmi *n,* Scheingold *n.*

similpelle [simil'pɛlle] *f* Kunstleder *n,* Skai® *n.*

simmetria [simme'tri:a] ‹-ie› *f* Symmetrie *f.* **simmetrico, -a** [...'mɛ:triko] *a* symmetrisch.

Simona [si'mo:na] *(nome proprio femminile)* Simone.

Simone [si'mo:ne] *(nome proprio maschile)* Simon.

simpatia [simpa'ti:a] ‹-ie› *f* Sympathie *f;* **avere** ~ **per qu/qc** jdn/etw. sympathisch finden; **prendere qu in** ~ jdn liebgewinnen. **simpatico, -a** [...'pa:tiko] ‹-ci, -che› **I.** *a* sympathisch; **II.** *m* Sympathikus *m.*

simpatizzante [simpatid'dzante] *mf* Sympathisant(in) *m(f).* **simpatizzare** [...'dza:re] *itr* **1.** *(entrare in simpatia)* sich verstehen (*con* mit); **2.** *(di ideologia, etc.)* sympathisieren (*con* mit).

simplex ['simpleks] ‹-› *m* Einzelanschluß *m.*

simposio [sim'pɔ:zi̯o] ‹-i› *m* Symposium *n,* Symposion *n,* Tagung *f.*

simulare [simu'la:re] *tr* vortäuschen, vorheucheln; *(tec, malattia)* simulieren. **simulatore** [...la'to:re] *m tec* Simulator *m.* **simulazione** [...lat'tsi̯o:ne] *f* Täuschung *f,* Heuchelei *f.*

simultaneità [simultanei'ta] ‹-› *f* Gleichzeitigkeit *f.* **simultaneo, -a** [...'ta:neo] *a* gleichzeitig, simultan; **traduzione -a** Simultanübersetzung *f.*

sinagoga [sina'gɔ:ga] ‹-ghe› *f* Synagoge *f.*

sincerità [sintʃeri'ta] ‹-› *f* Aufrichtigkeit *f,* Ehrlichkeit *f;* **con tutta** ~ in aller Offenheit. **sincero, -a** [...'tʃɛ:ro] *a* aufrichtig, ehrlich; *(prodotto)* rein, echt.

sincopato, -a [siŋko'pa:to] *a* synkopenreich.

sincope ['siŋkope] *f* Synkope *f.*

sincronico, -a [siŋ'krɔ:niko] *a* gleichzeitig, synchron.

sincronizzare [siŋkronid'dza:re] *tr* synchronisieren. **sincronizzatore** [...dza'to:re] *m* **1.** *tec, el* Synchronisierer *m;* **2.** *mot* Synchronring *m.* **sincronizzazione** [...dzat'tsi̯o:ne] *f* Synchronisierung *f,* Synchronisation *f.*

sindacale[1] [sinda'ka:le] *a (del sindacato)* Gewerkschafts-, gewerkschaftlich.
sindacale[2] [sinda'ka:le] *a (del sindaco)* Bürgermeister-.
sindacalismo [sindaka'lizmo] *m* Gewerkschaftsbewegung *f.* **sindacalista** [...'lista] ‹-i *m*, -e *f*› *mf* Gewerkschaft(l)er(in) *m(f).*
sindacare [sinda'ka:re] ‹sindaco, sindachi› *tr* **1.** *adm* überprüfen, kontrollieren; **2.** *fig* bekritteln, bemängeln.
sindacato [sinda'ka:to] *m* **1.** *pol* Verband *m; (di lavoratori)* Gewerkschaft *f;* **2.** *com* Kartell *n;* ~ **dei datori di lavoro** Arbeitgeberverband *m.*
sindaco ['sindako] ‹-ci› *m* Bürgermeister(in) *m(f).*
sindone ['sindone] *f* Leichentuch *n.*
sindrome ['sindrome] *f* Syndrom *n.*
sinfonia [sinfo'ni:a] ‹-ie› *f* **1.** *mus* Symphonie *f,* Sinfonie *f;* **2.** *fig scherz* Leier *f,* Lied *n.* **sinfonico, -a** [...'fɔ:niko] ‹-ci, -che› *a* symphonisch, sinfonisch, Symphonie-, Sinfonie-.
singhiozzare [siŋgi̯ot'tsa:re] *itr* schluchzen. **singhiozzo** [...'gi̯ottso] *m* **1.** *med* Schluckauf *m;* **2.** *(pianto)* Schluchzer *m;* **a** ~ stotternd, ruckweise.
singolare [siŋgo'la:re] **I.** *a* **1.** *(straordinario)* einzigartig, einmalig; *(insolito)* selten, ungewöhnlich; **2.** *(uno per uno)* einzeln; **II.** *m* **1.** *gram* Singular *m,* Einzahl *f;* **2.** *sport* Einzel *n.*
singolo, -a ['siŋgolo] **I.** *a* einzeln, Einzel-; **II.** *m, f* Einzelne(r) *mf;* **III.** *m* **1.** *sport (tennis)* Einzel *n; (canottaggio)* Einer *m;* **2.** *tel* Einzelanschluß *m.*
sinistra [si'nistra] *f* **1.** *gener., pol* Linke *f;* **2.** *(mano)* Linke *f,* linke Hand; **3.** *(parte)* Linke *f,* linke Seite; **4.** *naut* Backbord *n;* **girare** (*o* **voltare**) **a** ~ links abbiegen; **tenere la** ~ links fahren (*o* gehen).
sinistrato, -a [sinis'tra:to] **I.** *a* getroffen, betroffen, geschädigt; **zona -a** Katastrophengebiet *n;* **II.** *m, f* Geschädigte(r) *mf,* Opfer *n.* **sinistro, -a** [si'nistro] **I.** *a* **1.** *gener.* linke(r, s); **2.** *fig* unheilvoll, finster, düster; **II.** *m* **1.** *(infortunio)* Schaden *m,* Unglück *n,* Unfall *m;* **2.** *(piede)* linker Fuß; *(pugno)* Linke *f;* **colpire di** ~ mit links schlagen.
sinistroide [sinis'trɔ:ide] **I.** *a* linksgerichtet, linkslastig; **II.** *mf* Linke(r) *mf.*
sino ['si:no] *prp:* ~ **a** bis (zu *o* nach).
sinonimo [si'nɔ:nimo] *m* Synonym *n.*
sinora [si'no:ra] *v.* **finora.**
sintassi [sin'tassi] ‹-› *f* Syntax *f.* **sintattico, -a** [...'tattiko] *a* syntaktisch.
sintesi ['sintezi] *f* **1.** *chem* Synthese *f;* **2.** *(riassunto)* Zusammenfassung *f.* **sintetico, -a** [...'tɛ:tiko] ‹-ci, -che› *a* **1.** *(conciso)* zusammenfassend; **2.** *(fibra, materiale)* synthetisch, Kunst-.
sintetizzatore [sintetiddza'to:re] *m mus* Synthesizer *m.*
sintomatico, -a [sinto'ma:tiko] ‹-ci, -che› *a* symptomatisch; *(a. fig)* typisch, bezeichnend.
sintomo ['sintomo] *m* Symptom *n.*
sintonizzare [sintonid'dza:re] *tr* einstellen, abstimmen. **sintonizzatore** [...dza'to:re] *m* Empfangsgerät *n,* Receiver *m.* **sintonizzazione** [...dzat'tsi̯o:ne] *f* Einstellung *f,* Abstimmung *f.*
sinuoso, -a [sinu'o:so] *a* gewunden.
sinusite [sinu'zi:te] *f* Nebenhöhlenentzündung *f.*
sionismo [sio'nizmo] *m* Zionismus *m.* **sionista** [...'nista] ‹-i *m*, -e *f*› *mf* Zionist(in) *m(f).*
S.I.P. [sip] *f ab di* **Società Italiana per l'Esercizio Telefonico** *italienische Telefongesellschaft.*
sipario [si'pa:ri̯o] ‹-i› *m* Vorhang *m.*
sirena [si'rɛ:na] *f* Sirene *f.*
siringa [si'riŋga] ‹-ghe› *f* **1.** *med* Spritze *f;* **2.** *gastr* Spritztülle *f;* **3.** *mus* Pan-, Hirtenflöte *f.*
siringare [siriŋ'ga:re] ‹siringo, siringhi› *tr* kathetern.
sisma ['sizma] ‹-i› *m* Erdbeben *n.* **sismico, -a** ['sizmiko] ‹-ci, -che› *a* seismisch, Erdbeben-. **sismografo** [siz'mɔ:grafo] *m* Seismograph *m,* Erdbebenmesser *m.* **sismologia** [...olo'dʒi:a] ‹-gie› *f* Seismologie *f,* Erdbebenkunde *f.* **sismologo, -a** [...'mɔ:logo] ‹-gi, -ghe› *m, f* Seismologe *m,* -login *f.*
sistema [sis'tɛ:ma] ‹-i› *m* **1.** *gener.* System *n;* **2.** *fig* Art und Weise *f; (modo di comportarsi)* Benehmen *n,* Verhalten *n;* ~ **di vita** Lebensweise *f;* **mutare** ~ sein Verhalten ändern.
sistemare [siste'ma:re] **I.** *tr* **1.** *(mettere a posto)* ordnen, in Ordnung bringen; **2.** *(faccenda)* erledigen, in Ordnung bringen, regeln; *(lite)* beilegen; **3.** *(procurare un lavoro, alloggio)* unterbringen; **4.** *fam* zurechtweisen, den Kopf zurechtrücken *fam* (*qu* jdm); **II.** *rfl:* **-arsi 1.** *gener.* in Ordnung kommen; **2.** *(trovare lavoro, alloggio)* unterkommen; **3.** *(sposarsi)* unter die Haube kommen *fam.*
sistematicamente [sistematika'mente] *adv* **1.** *(secondo un piano organico)* systematisch; **2.** *(regolarmente)* regelmäßig; **3.** *(assiduamente)* ständig, regelmäßig. **sistematico, -a** [...'ma:tiko] ‹-ci, -che› *a* **1.** *(classificazione, ordine)* systematisch; **2.** *fig (opposizione, etc.)* prinzipiell, grundsätzlich.
sistemazione [sistemat'tsi̯o:ne] *f* **1.** *(di cose)* (An)ordnung *f; (posto)* Platz *m;* **2.** *(impiego)* Stelle *f,* Anstellung *f;* **3.** *(di lite)* Beilegung *f; (di faccenda)* Erledi-

gung *f;* **4.** *com* (guter) Absatz *m;* **5.** *(alloggio)* Unterbringung *f,* Unterkunft *f.*
sistola ['sistola] *f* (Spritz)schlauch *m.*
sistole ['sistole] *f* Systole *f.*
situare [situ'a:re] *tr* setzen, stellen. **situato, -a** [...'a:to] *a* gelegen.
situazione [situat'tsio:ne] *f* Lage *f,* Situation *f.*
skate-board ['skeɪtbɔ:d] ‹-› *m* Skateboard *n,* Rollbrett *n.*
slabbrare [zlab'bra:re] **I.** *tr* **1.** *(calzettoni)* ausleiern; **2.** *(ferita)* an den Rändern aufbrechen; **II.** *rfl:* **-arsi 1.** *(oggetto)* die Form verlieren, ausleiern; **2.** *(ferita)* an den Rändern aufplatzen.
slacciare [zlat'tʃa:re] ‹slaccio, slacci› **I.** *tr* lösen, aufmachen; *(sbottonare)* aufknöpfen; **II.** *rfl:* **-arsi** sich lösen, aufgehen.
slanciarsi [zlan'tʃarsi] *rfl* sich werfen (*su* auf), sich stürzen (*su* auf).
slanciato, -a [zlan'tʃa:to] *a* schlank.
slancio ['zlantʃo] *m* **1.** *(balzo)* Schwung *m; (rincorsa)* Anlauf *m;* **2.** *fig* Schwung *m,* Elan *m,* Auftrieb *m;* **agire di ~** spontan handeln; **prendere lo ~** Anlauf nehmen; **in uno ~ di entusiasmo** in einem Anflug von Begeisterung.
slargo ['zlargo] *m* Verbreiterung *f.*
slavato, -a [zla'va:to] *a* ausgewaschen, verwaschen.
slavina [zla'vi:na] *f* Lawine *f.*
slavo, -a ['zla:vo] **I.** *a* slawisch; **II.** *m, f* Slawe *m,* Slawin *f.*
sleale [zle'a:le] *a* unehrlich; **concorrenza ~** unlauterer Wettbewerb. **slealtà** [zleal'ta] *f* Unlauterkeit *f,* Unehrlichkeit *f.*
slegare [zle'ga:re] **I.** *tr* lösen; *(a. cane)* losbinden; **II.** *rfl:* **-arsi** aufgehen, sich lösen. **slegato, -a** [...'ga:to] *a* **1.** *(pacco, etc.)* aufgebunden, lose; **2.** *fig* zusammenhang(s)los.
Slesia ['zlɛ:zia] *f* Schlesien *n.*
Slesvig-Holstein ['zlezvig 'hɔlʃtain] *m* Schleswig-Holstein *n.*
slitta ['zlitta] *f* Schlitten *m.*
slittamento [zlitta'mento] *m* **1.** *(di ruote)* Rutschen *n;* **2.** *fig* Abkommen *n;* **3.** *com, fin* Abfallen *n,* Nachgeben *n.* **slittare** [...'ta:re] *itr* ‹*essere o avere*› **1.** *(ruote)* rutschen, durchdrehen; **2.** *(persone, animali)* rutschen, gleiten; **3.** *com, fin* abfallen, nachgeben; **4.** *fig* abweichen, abkommen.
slittino [zlit'ti:no] *m* Rodelschlitten *m.*
s.l.m. *ab di* **sul livello del mare** ü.d.M. (*ab di* über dem Meeresspiegel).
slogare [zlo'ga:re] ‹slogo, sloghi› *tr* aus-, verrenken. **slogatura** [...ga'tu:ra] *f* Verrenkung *f.*
sloggiare [zlod'dʒa:re] ‹sloggio, sloggi› **I.** *tr* vertreiben; *(di casa)* ausquartieren, weisen (*di* aus); **II.** *itr* **1.** *(abbandonare)* aus-, wegziehen; **2.** *fam* abhauen *fam.*
smacchiare [zmak'kia:re] *tr* die Flecken entfernen aus. **smacchiatore** [...kia'to:re] *m* Fleckentferner *m.*
smacco ['zmakko] ‹-cchi› *m* Schlappe *f fam,* Niederlage *f.*
smagliante [zmaʎ'ʎante] *a* glänzend, strahlend.
smagliare [zmaʎ'ʎa:re] ‹smaglio, smagli› **I.** *tr (calze)* Laufmaschen machen in; *(maglia)* aufziehen; **II.** *rfl:* **-arsi 1.** *(calze)* Laufmaschen bekommen; *(maglia)* ein Loch bekommen; **2.** *(pelle)* Dehnungsstreifen bekommen. **smagliatura** [...ʎa'tu:ra] *f* **1.** *(di calze)* Laufmasche *f;* **2.** *med* Dehnungsstreifen *m.*
smagrire [zma'gri:re] ‹smagrisco› **I.** *tr* ‹*avere*› mager (*o* dünn) machen, abmagern lassen; **II.** *rfl:* **-irsi** abnehmen; **III.** *itr* ‹*essere*› abmagern.
smaliziato, -a [zmalit'tsia:to] *a* gerissen, verschlagen.
smaltare [zmal'ta:re] *tr* emaillieren; *(ceramica)* glasieren.
smaltire [zmal'ti:re] ‹smaltisco› *tr* **1.** *(cibo)* verdauen, verwerten; **2.** *(indigestione)* überwinden; *(rabbia)* verrauchen lassen; *(sbornia)* ausschlafen; **3.** *com (merce)* ausverkaufen; **4.** *(acque)* ableiten; **5.** *(lavoro)* erledigen.
smalto ['zmalto] *m* **1.** *(per decorare)* Email *n; (per ceramica)* Glasur *f;* **2.** *(per unghie)* Nagellack *m;* **3.** *(dei denti)* Zahnschmelz *m.*
smammare [zmam'ma:re] *itr fam* abhauen *fam.*
smanceria [zmantʃe'ri:a] ‹-ie› *f* Getue *n fam.*
smania ['zma:nia] *f* **1.** *(agitazione)* Aufregung *f,* Unruhe *f;* **2.** *fig* Sucht *f,* Wahn *m;* **avere la ~ di fare qc** etw. unbedingt tun wollen. **smaniare** [zma'nia:re] ‹smanio, smani› *itr* **1.** *(agitarsi)* sich aufregen, rasen; **2.** *fig* brennen (*di fare qc* darauf, etw. zu tun), sich sehnen (*di* nach). **smanioso, -a** [...'nio:so] *a* **1.** *(agitato)* tobend, rasend, außer sich *(dat);* **2.** *(desideroso)* brennend (*di* auf), sich sehnend (*di* nach).
smantellare [zmantel'la:re] *tr* **1.** *(mura, etc.)* abreißen; *(fabbrica a.)* demontieren; **2.** *naut* abwracken.
smargiasso, -a [zmar'dʒasso] *m, f* Prahler(in) *m(f),* Angeber(in) *m(f).*
smarrimento [zmarri'mento] *m* **1.** *(di oggetto)* Verlust *m;* **2.** *fig* Verwirrung *f.* **smarrire** [...'ri:re] ‹smarrisco› **I.** *tr* verlegen; **~ la strada** sich verlaufen (*o* verfahren); **II.** *rfl:* **-irsi 1.** *(perdersi)* sich verlaufen, sich verirren; **2.** *fig* in Verwirrung geraten; *(d'animo)* verzagen.
smascherare [zmaske'ra:re] **I.** *tr* **1.** *fig* aufdecken, enthüllen, entlarven; **2.** *(togliere la maschera)* demaskieren; **II.** *rfl:* **-arsi 1.** *fig* die Maske fallen

lassen; **2.** *(togliersi la maschera)* die Maske ablegen.

smembramento [zmembra'mento] *m* **1.** *(divisione)* Aufteilung *f,* Zerteilung *f;* **2.** *fig* Zerstückelung *f.* **smembrare** [...'bra:re] *tr* zerstückeln.

smemoratezza [zmemora'tettsa] *f* Vergeßlichkeit *f.* **smemorato, -a** [...'ra:to] **I.** *a* vergeßlich; **II.** *m, f* vergeßlicher Mensch.

smentire [zmen'ti:re] **I.** *tr* **1.** *(notizia, fatti)* dementieren; **2.** *jur* widerrufen; **3.** *(buon nome, fama)* handeln gegen; **II.** *rfl:* **-irsi** sich *(dat)* widersprechen; **non si smentisce mai** er (*o* sie) bleibt sich *(dat)* selbst treu. **smentita** [...'ti:ta] *f* Gegendarstellung *f,* Dementi *n; jur* Widerruf *m.*

smeraldo [zme'raldo] **I.** *m* Smaragd *m;* **II.** ‹*inv*› *a* smaragdgrün.

smerciare [zmer'tʃa:re] ‹smercio, smerci› *tr* verkaufen, absetzen. **smercio** ['zmɛrtʃo] ‹-ci› *m* Verkauf *m,* Absatz *m.*

smerdare [zmer'da:re] *vulg* **I.** *tr* bescheißen *vulg,* bekacken *vulg;* **II.** *rfl:* **-arsi** sich bescheißen *vulg,* sich bekakken *vulg.*

smerigliare [zmeriʎ'ʎa:re] ‹smeriglio, smerigli› *tr* (ab)schmirgeln. **smerigliato, -a** [...'ʎa:to] *a* **1.** *(carta)* Schmirgel-; **2.** *(vetro)* geschmirgelt. **smeriglio** [...'riʎʎo] ‹-gli› *m* Schmirgel *m.*

smerlare [zmer'la:re] *tr* festonieren. **smerlo** ['zmɛrlo] *m* Feston *n.*

smettere ['zmettere] ‹*irr*› **I.** *tr* **1.** *(vestito)* ablegen; **2.** *(lavoro, studi)* aufgeben; *(interrompere)* abbrechen; **smettila!** hör auf damit!; **II.** *itr* aufhören; **~ di fare qc** mit etw. aufhören; aufhören, etw. zu tun.

smidollato, -a [zmidol'la:to] **I.** *a* **1.** *(osso)* marklos; **2.** *fig pej* schlaff, schlapp, ohne Mark in den Knochen; **II.** *m, f* Schlappschwanz *m fam.*

smilitarizzare [zmilitarid'dza:re] *tr* entmilitarisieren. **smilitarizzazione** [...dzat'tsi̯o:ne] *f* Entmilitarisierung *f.*

smilzo, -a ['zmiltso] *a* **1.** *(persona)* schmächtig; **2.** *(trama, tema)* mager, dürftig.

sminuire [zminu'i:re] ‹sminuisco› **I.** *tr* verringern, mindern; *(persona)* geringschätzen; **II.** *itr* kleiner (*o* geringer) werden.

sminuzzare [zminut'tsa:re] **I.** *tr* zerbröckeln; *(a. fig)* zerstückeln; **II.** *rfl:* **-arsi** zerbröckeln.

smistare [zmis'ta:re] *tr* **1.** *(corrispondenza, merci)* sortieren; **2.** *mil* einteilen; **3.** *ferr* verschieben, rangieren; **4.** *sport* übergeben, abgeben.

smisurato, -a [zmizu'ra:to] *a* maßlos, grenzenlos.

smitizzare [zmitid'dza:re] *tr* nüchtern betrachten.

smobilitare [zmobili'ta:re] *tr* demobilisieren. **smobilitazione** [...tat'tsi̯o:ne] *f* Demobilisierung *f.*

smoccolare [zmokko'la:re] **I.** *itr vulg* fluchen; **II.** *tr* den Docht stutzen (*o* schneiden) (*qc* einer S. *gen*).

smodato, -a [zmo'da:to] *a* maßlos, unmäßig.

smoderato, -a [zmode'ra:to] *a* maßlos, unmäßig; **essere ~ nel mangiare/bere** unmäßig essen/trinken.

smog [zmɔg] ‹-› *m* Smog *m;* **cappa di ~** Dunstglocke *f;* **allarme ~** Smogalarm *m.*

smoking ['smoʊkɪŋ] ‹-› *m* Smoking *m.*

smontare [zmon'ta:re] **I.** *tr* ‹*avere*› **1.** *gener.* zerlegen, auseinandernehmen; *tec* demontieren; **2.** *fig* entmutigen, demoralisieren; **II.** *itr* ‹*essere o avere*› **1.** *(scendere)* hinabsteigen; *(da treno, etc.)* aussteigen; *(da cavallo)* absteigen; **2.** *(di turno, lavoro)* Feierabend machen; **III.** *rfl:* **-arsi** den Mut verlieren.

smorfia ['zmɔrfi̯a] ‹-ie› *f* **1.** *(contrazione)* Grimasse *f,* Fratze *f;* **2.** *fig* Naserümpfen *n; (atteggiamento lezioso)* Getue *n fam,* Theater *n;* **fare le -ie** Fratzen schneiden. **smorfioso, -a** [zmor'fi̯o:so] **I.** *a* zimperlich; **II.** *m, f* Zimperliese *f.*

smorto, -a ['zmɔrto] *a* blaß, bleich; *fig* farblos, blaß.

smorzare [zmor'tsa:re] *tr* **1.** *(rumori, colori)* dämpfen; **2.** *fig (sete)* stillen.

smottamento [zmotta'mento] *m* Erdrutsch *m.* **smottare** [...'ta:re] *itr* ‹*essere*› abrutschen.

smunto, -a ['zmunto] *a* abgezehrt.

smuovere ['zmu̯ɔ:vere] ‹*irr*› **I.** *tr* **1.** *(spostare)* ver-, wegrücken; **2.** *fig* abbringen; *(dall'inerzia)* aufrütteln; **II.** *rfl:* **-ersi 1.** *(spostarsi)* sich wegbewegen, sich rühren; **2.** *fig* sich rühren, sich in Bewegung setzen.

smussare [zmus'sa:re] **I.** *tr* **1.** *(spigolo, stipite)* abstumpfen, abrunden; **2.** *fig* mildern; **II.** *rfl:* **-arsi** stumpf werden, abstumpfen.

snaturato, -a [znatu'ra:to] **I.** *a* entartet, unmenschlich; *(madre, padre)* Raben-; **II.** *m, f* Unmensch *m.*

snellire [znel'li:re] ‹snellisco› **I.** *tr* **1.** *(rendere snello)* schlank(er) machen; **2.** *fig* beschleunigen, vereinfachen, straffen; **II.** *rfl:* **-irsi** schlank(er) werden.

snello, -a ['znɛllo] *a* **1.** *(persona, figura)* schlank; **2.** *fig* leicht, behende; *(stile)* flüssig.

snervante [zner'vante] *a* entnervend, nervenaufreibend. **snervare** [...'va:re] **I.** *tr* entnerven; **II.** *rfl:* **-arsi** entnervt (*o* gestreßt) sein.

snidare [zni'da:re] *tr* **1.** *(lepre, volpe)* aus

dem Bau (*o* Nest) treiben, aufstöbern; **2.** *fig* ausheben.
snob [znɔb] **I.** ‹*inv*› *a* versnobt, snobistisch; **II.** ‹-› *mf* Snob *m.* **snobbare** [znob'ba:re] *tr* verachten, herabblicken auf. **snobismo** [zno'bizmo] *m* Snobismus *m.*
snocciolare [znottʃo'la:re] *tr* **1.** *(ciliege, albicocche)* entkernen; **2.** *fig* reihenweise von sich *(dat)* geben; *(orazioni a.)* herunterleiern.
snodabile [zno'da:bile] *a* gelenkig; *(a. tec)* Gelenk-. **snodare** [...'da:re] **I.** *tr* **1.** *(fune, corda)* lösen, ent-, aufknoten; *(giunture)* lockern, locker machen; *fig (lingua)* lösen; **2.** *(rendere mobile)* gelenkig machen; **3.** *tec* mit Gelenken versehen; **II.** *rfl:* **-arsi 1.** *(fiume, strada)* sich schlängeln; **2.** *(articolarsi)* sich krümmen, gekrümmt sein.
snodo ['znɔ:do] *m tec* Gelenk *n.*
snudare [znu'da:re] *tr* (aus der Scheide) ziehen.
so [sɔ] *pr di* **sapere.**
S.O. *ab di* **sudovest** SW (*ab di* Südwest).
soave [so'a:ve] *a* lieblich, süß. **soavità** [soavi'ta] ‹-› *f* Lieblichkeit *f,* Süße *f.*
sobbalzare [sobbal'tsa:re] *itr* **1.** *(veicoli)* stoßen, rucken; **2.** *(persone)* aufspringen, auffahren. **sobbalzo** [...'baltso] *m* Stoß *m,* Ruck *m,* Satz *m.*
sobbarcarsi [sobbar'karsi] ‹mi sobbarco, ti sobbarchi› *rfl* sich *(dat)* aufbürden (*a qc* etw.), sich belasten (*a* mit).
sobborgo [sob'borgo] *m* Vorort *m,* Vorstadt *f.*
sobillare [sobil'la:re] *tr* aufstacheln, aufhetzen, aufwiegeln. **sobillatore, -trice** [...la'to:re] *m, f* Aufwiegler(in) *m(f),* Unruhestifter(in) *m(f).*
sobrietà [sobrie'ta] ‹-› *f* Maß *n,* Mäßigkeit *f,* Genügsamkeit *f; (a. fig)* Nüchternheit *f.* **sobrio, -a** ['sɔ:brio] ‹-i, -ie› *a* **1.** *(persona)* maßvoll, genügsam; **2.** *fig* einfach, schlicht, nüchtern; *(moderato)* mäßig; **3.** *(lucido)* nüchtern.
soc. *ab di* **società** Ges. (*ab di* Gesellschaft).
socchiudere [sok'kiu:dere] ‹*irr*› *tr (porta, finestra)* anlehnen; *(occhi)* halb schließen.
soccombere [sok'kombere] *itr* ‹*essere*› unterliegen, erliegen.
soccorrere [sok'korrere] ‹*irr*› *tr* helfen (*qu* jdm), zu Hilfe eilen (*qu* jdm). **soccorritore, -trice** [...ri'to:re] *m, f* Helfer(in) *m(f).*
soccorso [sok'korso] *m* Hilfe *f;* **-i** Hilfsmittel *n pl; mil* Hilfstruppen *f pl;* **pronto ~** Erste Hilfe; **correre in ~ di qu** jdm zu Hilfe eilen.
socia *f v.* **socio.**
socialdemocratico, -a [sotʃaldemo'kra:tiko] **I.** *a* sozialdemokratisch; **II.** *m, f* Sozialdemokrat(in) *m(f).* **socialdemocrazia** [...rat'tsi:a] *f* Sozialdemokratie *f.*
sociale [so'tʃa:le] *a* **1.** *gener.* gesellschaftlich, sozial, Gesellschafts-, Sozial-; *(di società)* gesellschaftlich, Gesellschafts-, in Gesellschaft; **2.** *(di associazione)* Gesellschafts-; **3.** *(che vive in società, a. zoo)* gesellig.
socialismo [sotʃa'lizmo] *m* Sozialismus *m.* **socialista** [...'lista] ‹-i *m,* -e *f*› **I.** *mf* Sozialist(in) *m(f);* **II.** *a* sozialistisch.
socializzare [sotʃalid'dza:re] *tr* sozialisieren; *com* vergesellschaften; *(nazionalizzare)* verstaatlichen.
società [sotʃe'ta] ‹-› *f* Gemeinschaft *f; soc, com* (*ab* **soc.**) Gesellschaft *f; (ceto, associazione)* Gesellschaft *f;* **~ per azioni** (*o* **anonima**) (*ab* **S.p.A.**) Aktiengesellschaft *f;* **~ a responsabilità limitata** (*ab* **S.r.l.**) Gesellschaft *f* mit beschränkter Haftung; **~ in accomandita** (*ab* **S.acc.**) Kommanditgesellschaft *f;* **~ finanziaria** Holding *f;* **~ sportiva** Sportverein *m;* **~ protettrice degli animali** Tierschutzverein *m;* **in ~** gemeinsam.
socievole [so'tʃe:vole] *a* gesellig.
socio, -a ['sɔ:tʃo] ‹-ci, -cie› *m, f* **1.** *gener. (membro)* Mitglied *n;* **2.** *com* Gesellschafter(in) *m(f),* Teilhaber(in) *m(f).*
sociologia [sotʃolo'dʒi:a] ‹-gie› *f* Soziologie *f.* **sociologo, -a** [so'tʃɔ:logo] ‹-gi, -ghe› *m, f* Soziologe *m,* Soziologin *f.*
soda ['sɔ:da] *f* **1.** *chem* Soda *n o f;* **2.** *(acqua)* Soda(wasser) *n.*
soddisfacente [soddisfa'tʃɛnte] *a* befriedigend, zufriedenstellend.
soddisfare [soddis'fa:re] ‹soddisfo *o* soddisfaccio, *irr*› **I.** *tr* zufriedenstellen; *(a. bisogni, etc.)* befriedigen; *(curiosità)* stillen; *(clienti, pubblico)* zufriedenstellen; **II.** *itr:* **~ a** genügen *dat,* gerecht werden *dat,* erfüllen *acc.* **soddisfatto, -a** [...'fatto] *a* befriedigt; *(contento)* zufrieden.
soddisfazione [soddisfat'tsio:ne] *f* **1.** *(piacere)* Befriedigung *f; (contentezza)* Zufriedenheit *f;* **2.** *(compensazione)* Genugtuung *f;* **3.** *(riparazione)* Wiedergutmachung *f;* **le piccole -i della vita quotidiana** die kleinen Freuden *f pl* des (täglichen) Lebens.
sodio ['sɔ:dio] *m* Natrium *n.*
sodo, -a ['sɔ:do] **I.** *a* **1.** *(carne)* fest, hart; **2.** *(muscolo)* stark, kräftig; **3.** *(uovo)* hart(gekocht); **4.** *fig* fest, solide; *(argomento)* stark; **II.** *adv* **1.** *(con forza)* hart, fest, stark; **2.** *(alacremente)* tüchtig, fest; **dormire ~** tief (*o* fest) schlafen; **III.** *m:* **venire al ~** zur Sache kommen.
sodomia [sodo'mi:a] ‹-ie› *f* Sodomie *f.*
sofà [so'fa] ‹-› *m* Sofa *n.*

sofferente [soffe'rɛnte] *a* leidend; *med* krank. **sofferenza** [...'rɛntsa] *f* Leiden *n*, Qual *f*.
soffermare [soffer'ma:re] **I.** *tr:* ~ **lo sguardo su qc** den Blick auf etw. ruhen lassen; **II.** *rfl:* **-arsi 1.** *(sostare)* stehenbleiben, sich aufhalten; **2.** *fig* sich aufhalten (*su* bei).
soffersi [sof'fɛrsi] *p rem di* **soffrire.**
sofferto, -a [sof'fɛrto] **I.** *pp di* **soffrire; II.** *a* empfindungsreich.
soffiare [sof'fi̯a:re] ‹soffio, soffi› **I.** *itr* **1.** *(aria, fumo)* blasen; **2.** *meteo* wehen, blasen; **3.** *(sbuffare)* schnaufen, schnauben; **II.** *tr* **1.** *(aria, fumo)* blasen, pusten *fam; (vetro)* blasen; **2.** *fig* wegschnappen; *(pedina)* schlagen; **3.** *(segreto, etc.)* zuflüstern; *sl (fare la spia)* singen *sl;* **-arsi il naso** sich *(dat)* (die Nase) schneuzen (*o* putzen).
soffiata [sof'fi̯a:ta] *f sl* Tip *m fam.*
soffice ['sɔffitʃe] *a* weich; *(tessuto a.)* flauschig.
soffietto [sof'fi̯etto] *m* **1.** *(mantice)* (kleiner) Blasebalg *m;* **2.** *tec* Faltwulst *m.*
soffio ['soffi̯o] ‹-i› *m* **1.** *gener.* Blasen *n; (d'aria, vento)* Hauch *m*, Zug *m;* **2.** *(rumore, a. med)* Geräusch *n.*
soffione [sof'fi̯o:ne] *m* **1.** *geol* Soffione *f;* **2.** *bot* Löwenzahn *m*, Pusteblume *f fam.*
soffitta [sof'fitta] *f* Dachboden *m*, Speicher *m.*
soffitto [sof'fitto] *m* (Zimmer)decke *f.*
soffocamento [soffoka'mento] *m* Erstickung *f*, Ersticken *n.* **soffocante** [...'kante] *a* **1.** *(aria)* stickig; **2.** *fig* bedrückend.
soffocare [soffo'ka:re] ‹soffoco, soffochi› *tr* **1.** *(a. fig)* ersticken; **2.** *fig* unterdrücken. **soffocazione** [...kat'tsi̯o:ne] *f* **1.** *(a. fig)* Erstickung *f;* **2.** *fig* Unterdrückung *f.*
soffriggere [sof'friddʒere] ‹*irr*› *tr* anbraten, anrösten.
soffrire [sof'fri:re] ‹soffro, soffrii *o* soffersi, sofferto› **I.** *tr* **1.** *(patire)* leiden, erleiden; *med* leiden an; **2.** *(sopportare)* (er)leiden, ertragen, (er)dulden; *(persone)* ausstehen, leiden; ~ **il caldo/freddo** unter Hitze/Kälte leiden, hitze-/kälteempfindlich sein; **II.** *itr* **1.** *med* leiden (*di* an), haben (*di qc* etw.); **2.** *(patire)* leiden, krank sein.
soffritto [sof'fritto] *m Sauce aus Zwiebeln, Kräutern und Speck.*
sofisticare [sofisti'ka:re] ‹sofistico, sofistichi› *tr* (ver)fälschen; *(vino)* verschneiden, panschen. **sofisticato, -a** [...'ka:to] *a* **1.** *(merce)* gefälscht; *(vino)* gepanscht, verschnitten; **2.** *(persona)* anspruchsvoll, überkandidelt *pej fam;* **3.** *(linguaggio)* gekünstelt, hochgestochen. **sofisticazione** [...kat'tsi̯o:ne] *f* (Ver)fälschung *f; (di vino)* Panschen *n*, Verschneiden *n.*
software ['sɔftwɛə] ‹-› *m* Software *f.*
soggettista [soddʒet'tista] ‹-i *m*, -e *f*› *mf* Drehbuchautor(in) *m(f).*
soggettività [soddʒettivi'ta] ‹-› *f* Subjektivität *f.* **soggettivo, -a** [...'ti:vo] *a* **1.** *(opinione, impressione)* subjektiv; **2.** *gram* Subjekt(s)-.
soggetto [sod'dʒɛtto] *m* **1.** *(tema)* Thema *n*, Gegenstand *m*, Sujet *n geh; mus* Thema *n;* **2.** *gram, philos* Subjekt *n;* **3.** *med* Person *f*, Patient *m;* **4.** *theat* Improvisation *f;* **5.** *fam* Typ *m fam*, Subjekt *n fam.*
soggetto, -a [sod'dʒɛtto] *a* unterworfen; *(esposto)* ausgesetzt *(a dat)*, betroffen (*a* von); *med* anfällig (*a* für), empfindlich (*a* gegen).
soggezione [soddʒet'tsi̯o:ne] *f* **1.** *(timidezza)* Scheu *f*, Befangenheit *f;* **2.** *(dipendenza)* Abhängigkeit *f*, Unterworfensein *n.*
sogghignare [soggiɲ'ɲa:re] *itr* grinsen. **sogghigno** [...'giɲɲo] *m* Grinsen *n.*
soggiacere [soddʒa'tʃe:re] ‹*irr*› *itr* ‹*essere*› unterliegen.
soggiogare [soddʒo'ga:re] ‹soggiogo, soggioghi› *tr* unterjochen, unterwerfen.
soggiornare [soddʒor'na:re] *itr* sich aufhalten, verweilen.
soggiorno [sod'dʒorno] *m* **1.** *(permanenza)* Aufenthalt *m; (luogo)* Aufenthaltsort *m;* **2.** *(stanza)* Wohnzimmer *n.*
soggiungere [sod'dʒundʒere] ‹*irr*› *tr* hinzufügen.
soglia ['sɔʎʎa] ‹-glie› *f* Schwelle *f.*
soglio ['sɔʎʎo] *pr di* **solere.**
sogliola ['sɔʎʎola] *f* Seezunge *f.*
sognante [soɲ'ɲante] *a* träumerisch, verträumt.
sognare [soɲ'ɲa:re] **I.** *tr* **1.** *(vedere in sogno)* träumen; **2.** *fig (desiderare)* träumen von, erträumen; **ho sognato il nonno** ich habe von Großvater geträumt; **II.** *itr (a. fig)* träumen; **III.** *rfl:* **-arsi 1.** *(vedere in sogno)* träumen; **2.** *fig* träumen, sich *(dat)* einbilden. **sognatore, -trice** [...ɲa'to:re] *m, f* Träumer(in) *m(f).*
sogno ['soɲɲo] *m (a. fig)* Traum *m;* **fare un** ~ träumen, einen Traum haben (*o* träumen); ~ **ad occhi aperti** Tagtraum *m;* **nemmeno** (*o* **neppure** *o* **neanche**) **per** ~ nicht einmal im Traum.
soia ['sɔ:i̯a] ‹soie› *f* Sojabohne *f.*
sol [sɔl] ‹-› *m mus* g, G *n.*
sola *f v.* **solo.**
solaio [so'la:i̯o] ‹-ai› *m* Dachboden *m.*
solare [so'la:re] *a* **1.** *gener.* Sonnen-; **2.** *el* Sonnen-, Solar-; **3.** *fig* strahlend; **cellula** ~ Solarzelle *f;* **crema/olio** ~ Sonnencreme *f*/-öl *n.*
solcare [sol'ka:re] ‹solco, solchi› *tr*

1. *fig* durchpflügen, durchziehen; **2.** *agr* durchpflügen, durchfurchen.
solco ['solko] ‹-chi› *m* **1.** *agr* Furche *f;* **2.** *(incavatura)* Spur *f; (a. di disco)* Rille *f;* **3.** *(grinza)* Runzel *f,* Furche *f,* Falte *f;* **4.** *naut* Kielwasser *n.*
soldatino [solda'ti:no] *m* Spielsoldat *m.*
soldato, -a (*o scherz* **-essa**) [sol'da:to] *m, f* Soldat(in) *m(f);* **andare (a fare il)** ~ Soldat werden; **fare il** ~ Soldat sein.
soldo ['sɔldo] *m* **1.** ‹*pl*› Geld *n;* **2.** *fig* Pfennig *m,* Heller *m;* **3.** *mil* Sold *m;* **essere alto quanto un** ~ **di cacio** *scherz* ein Dreikäsehoch sein; **da pochi** (*o* **quattro**) **-i** *fig* nichts (*o* wenig Geld) wert; **far -i a palate** Geld scheffeln.
sole ['so:le] *m* Sonne *f;* **prendere il** ~ sich sonnen; **in pieno** ~ in der prallen Sonne. **soleggiato, -a** [...'dʒa:to] *a* sonnig, sonnenbeschienen.
solenne [so'lɛnne] *a* **1.** *gener.* feierlich, festlich; **2.** *scherz (persona)* Erz- *fam,* Ober- *fam; (schiaffo, etc.)* saftig *fam,* gehörig. **solennità** [solenni'ta] ‹-› *f* **1.** *(qualità)* Feierlichkeit *f,* Festlichkeit *f;* **2.** *(ricorrenza)* Feier-, Festtag *m.*
solere [so'le:re] ‹soglio, solei, solito› *itr* ‹*essere*› pflegen (*inf* zu ...), gewohnt sein (*inf* zu ...); **come si suol dire** wie man zu sagen pflegt.
solerte [so'lɛrte] *a* eifrig, fleißig.
soletta [so'letta] *f* Einlegesohle *f.*
solfa ['sɔlfa] *f:* **è sempre la solita** ~! es ist immer das alte Lied!; **che** ~! wie langweilig!
solfato [sol'fa:to] *m* Sulfat *n.*
solforico, -a [sol'fɔ:riko] ‹-ci, -che› *a* Schwefel-, schwefelhaltig, schwefelsauer; **acido** ~ Schwefelsäure *f.*
solfuro [sol'fu:ro] *m* Sulfat *n.*
solidale [soli'da:le] *a* solidarisch. **solidarietà** [...darje'ta] ‹-› *f* Solidarität *f.* **solidarizzare** [...darid'dza:re] *itr* sich solidarisieren.
solidificare [solidifi'ka:re] ‹solidifico, solidifichi› **I.** *tr* fest machen (*o* werden lassen); **II.** *itr, rfl:* **-arsi** fest werden, erstarren. **solidificazione** [...kat'tsjo:ne] *f* Festwerden *n,* Erstarren *n.*
solidità [solidi'ta] ‹-› *f* **1.** *(di costruzione, etc.)* Festigkeit *f,* Solidität *f;* **2.** *fin* Solidität *f;* **3.** *(di persona)* Zuverlässigkeit *f; (di argomento)* Fundiertheit *f; (di ragionamento)* Stichhaltigkeit *f.*
solido, -a ['sɔ:lido] **I.** *a* **1.** *phys* fest; **2.** *(costruzione)* solide, fest, stabil; **3.** *fig* solide, stark; *(argomento, etc. a.)* handfest, fundiert, stichhaltig; *(persona, ditta)* zuverlässig; **II.** *m* **1.** *phys* Feststoff *m,* fester Stoff; **2.** *mat* Festkörper *m.*
soliloquio [soli'lɔ:kuio] ‹-qui› *m* Selbstgespräch *n.*
solista [so'lista] ‹-i *m,* -e *f*› **I.** *mf* Solist(in) *m(f);* **II.** *a* Solo-, Einzel-.
solitario, -a [soli'ta:rio] ‹-i, -ie› **I.** *a* **1.** *(luogo, via)* einsam; **2.** *(passeggero)* einzeln, Einzel-; **II.** *m* **1.** *(gioco)* Patience *f;* **2.** *(brillante)* Solitär *m.*
solito, -a ['sɔ:lito] **I.** *pp di* **solere; II.** *a* gewohnt, üblich, gewöhnlich; **essere** ~ **(di) fare qc** gewohnt sein, etw. zu tun; **siamo alle -e** schon wieder das gleiche (*o* Übliche); **III.** *m* **1.** *(consueto)* Gewöhnliche(s) *n,* Übliche(s) *n;* **2.** *(consuetudine)* Gewohnheit *f;* **di** ~ gewöhnlich, normalerweise; **come al** ~ wie gewohnt, wie immer.
solitudine [soli'tu:dine] *f* Einsamkeit *f.*
sollecitare [solletʃi'ta:re] *tr* **1.** *(cose)* drängen auf; *(persone)* drängen; **2.** *(promozione, etc.)* ersuchen um, bitten um; *(posto)* sich bewerben um; **3.** *(stimolare)* anregen; *(fantasia)* anspornen; **4.** *tec* belasten, beanspruchen. **sollecitazione** [...tat'tsjo:ne] *f* **1.** *(il sollecitare)* Mahnung *f,* Drängen *n;* **2.** *(stimolazione)* Anregung *f,* Ansporn *m;* **3.** *phys, tec* Belastung *f,* Beanspruchung *f.*
sollecito, -a [sol'le:tʃito] **I.** *a* **1.** *(risposta)* prompt, schnell; **2.** *(persona)* eifrig, flott *fam;* **II.** *m adm* Aufforderung *f,* Mahnung *f.* **sollecitudine** [...letʃi'tu:dine] *f* **1.** *(impegno)* Eifer *m;* **2.** *(rapidità)* Eile *f,* Promptheit *f,* Schnelligkeit *f.*
solleone [solle'o:ne] *m* **1.** *(gran caldo)* Sommerhitze *f;* **2.** *(periodo)* Hundstage *m pl.*
solleticare [solleti'ka:re] ‹solletico, solletichi› *tr* **1.** kitzeln; **2.** *fig* kitzeln, reizen; *(appetito)* anregen. **solletico** [...'le:tiko] ‹-chi› *m* **1.** *(sensazione)* Kitzeln *n,* Kitzel *m;* **2.** *fig* Kitzel *m,* Reiz *m.*
sollevamento [solleva'mento] *m* (An)hebung *f,* (An)heben *n; (da terra)* Aufheben *n;* ~ **pesi** Gewichtheben *n.*
sollevare [...va:re] **I.** *tr* **1.** *(peso)* (an)heben; *(da terra)* aufheben; **2.** *(testa)* (er)heben; *(occhi)* erheben; **3.** *fig* heben; *(moralmente)* aufrichten; **4.** *fig (far insorgere)* aufwiegeln; **5.** *fig (questione, protesta, etc.)* erheben; **II.** *rfl:* **-arsi** **1.** *(levarsi)* sich erheben, sich aufrichten; **2.** *fig (ribellarsi)* sich erheben, sich empören; **3.** *fig (riprendersi)* sich erholen. **sollevato, -a** [...'va:to] *a fig* erholt, erleichtert.
sollievo [sol'ljɛ:vo] *m* Erleichterung *f; (conforto)* Trost *m.*
sollucchero [sol'lukkero] *m:* **andare in** ~ sich riesig freuen, vor Wonne vergehen.
solo, -a ['so:lo] **I.** *a* **1.** *(senza compagnia)* allein; **2.** *(unico)* einzig; **3.** *(semplice)* bloß, alleinig; **uno che s'è fatto da** ~ ein Selfmademan *m;* **parlare da** ~ mit sich *(dat)* selbst sprechen; **II.** *adv (solamente)* nur, allein, bloß; **non** ~ ...,

ma anche ... nicht nur ..., sondern auch ...; **III.** *con (ma)* nur, bloß; ~ **che** *conj* nur daß, wenn nur; **IV.** *m, f* einzige(r) *mf.*

solstizio [sols'tittsio] ⟨-i⟩ *m* Sonnenwende *f.*

soltanto [sol'tanto] *adv (solo)* nur, bloß, allein.

solubile [so'lu:bile] *a* **1.** *(caffè, chem)* löslich; **2.** *fig (problema, questione)* lösbar. **solubilità** [solubili'ta] ⟨-⟩ *f* **1.** *chem* Löslichkeit *f;* **2.** *fig* Lösbarkeit *f.*

soluzione [solut'tsio:ne] *f* **1.** *(di problema, conflitto, mat, chem)* Lösung *f;* **2.** *com* Zahlung *f.*

solvente [sol'vɛnte] **I.** *a* **1.** *chem* lösend, Lösungs-; **2.** *fin* zahlungsfähig, solvent; **II.** *mf* zahlungsfähige (*o* solvente) Person; **III.** *m* Lösungsmittel *n.*

soma ['sɔ:ma] *f* Last *f.*

somaro, -a [so'ma:ro] *m, f* **1.** *zoo* Lasttier *n,* Esel(in) *m(f);* **2.** *fam pej* Esel *m.*

somatico, -a [so'ma:tiko] ⟨-ci, -che⟩ *a* somatisch, körperlich, Körper-.

somigliante [somiʎ'ʎante] *a* ähnlich, ähnelnd. **somiglianza** [...'ʎantsa] *f* Ähnlichkeit *f.* **somigliare** [...'ʎa:re] ⟨somiglio, somigli⟩ **I.** *tr* gleichen (*qu* jdm), ähneln (*qu* jdm), ähnlich sein (*qu* jdm); **II.** *itr* gleichen, ähneln, ähnlich sein (*o* sehen); **III.** *rfl:* **-arsi** sich *(dat)* ähnlich sehen, sich *(dat)* gleichen.

somma ['somma] *f* **1.** *mat* Summe *f;* **2.** *fin* Summe *f,* Betrag *m;* **3.** *(quantità complessiva)* Summe *f,* Gesamtheit *f;* **tirare le -e** *fig* das Fazit ziehen. **sommare** [...'ma:re] *tr* **1.** *mat* zusammenzählen, addieren; **2.** *(aggiungere)* hinzurechnen, -zählen; **tutto sommato** alles in allem.

sommario, -a [som'ma:rio] ⟨-i, -ie⟩ **I.** *a* **1.** *(resoconto, racconto)* summarisch, zusammengefaßt; **2.** *jur (procedimento, processo)* Schnell-; **3.** *(superficiale)* oberflächlich; **II.** *m* **1.** *(riassunto)* Zusammenfassung *f,* Inhaltsangabe *f;* **2.** *(compendio)* Abriß *m.*

sommergere [som'mɛrdʒere] ⟨sommergo, sommergi, sommersi, sommerso⟩ *tr* **1.** *(acque)* überschwemmen, überfluten; **2.** *fig* überschwemmen, überhäufen; **3.** *(far affondare)* versenken. **sommergibile** [sommer'dʒi:bile] *m* Unterseeboot *n.*

sommersi [som'mɛrsi] *p rem di* **sommergere.**

sommerso [som'mɛrso] *pp di* **sommergere.**

sommesso, -a [som'messo] *a* leise, verhalten.

somministrare [somminis'tra:re] *tr* **1.** *(medicine)* verabreichen; **2.** *(sacramenti)* erteilen, spenden. **somministrazione** [...rat'tsio:ne] *f* **1.** *(di medicine)* Verabreichung *f;* **2.** *(di sacramenti)* Erteilung *f,* Spenden *n.*

sommità [sommi'ta] ⟨-⟩ *f (a. fig)* Gipfel *m,* Spitze *f.*

sommo, -a ['sommo] **I.** ⟨*superlativo di* alto *e* grande⟩ **1.** *(più alto)* höchste(r, s); *(più grande)* größte(r, s); **2.** *(molto alto)* sehr hoch; *(molto grande)* sehr groß; **3.** *fig (massimo)* äußerste(r, s), höchste(r, s); **II.** *m lett* Gipfel *m,* Spitze *f.*

sommossa [som'mɔssa] *f* Aufstand *m,* Aufruhr *m.*

sommozzatore [sommottsa'to:re] *m* Froschmann *m.*

sonagliera [sonaʎ'ʎɛ:ra] *f* Schellenhalsband *n.* **sonaglio** [so'naʎʎo] ⟨-gli⟩ *m* Schelle *f.*

sonare [so'na:re] **I.** *tr* ⟨*avere*⟩ **1.** *mus* spielen; **2.** *(orologio, campana)* schlagen; *(campanello)* läuten; **3.** *fam* verhauen *fam;* **essere tutto sonato** *fam* plemplem sein *fam;* **II.** *itr* ⟨*essere o avere*⟩ **1.** *(campana)* läuten; *(telefono, sveglia)* klingeln; **2.** *mus* spielen, musizieren; **3.** *(parole, frasi)* klingen; **4.** *(orologio)* schlagen, läuten; **sta sonando il campanello** es klingelt. **sonata** [so'na:ta] *f* Sonate *f.* **sonatore, -trice** [sona'to:re] *m, f* Spieler(in) *m(f).*

sonda ['sonda] *f* Sonde *f;* ~ **spaziale** Raumsonde *f;* **pallone** ~ Forschungsballon *m.*

sondaggio [son'daddʒo] ⟨-ggi⟩ *m* **1.** *(indagine)* Umfrage *f;* **2.** *(con sonda)* Sondierung *f;* **3.** *(esplorazione)* Erforschung *f,* Sondierung *f.* **sondare** [...'da:re] *tr (a. fig)* sondieren.

sonetto [so'netto] *m* Sonett *n.*

sonnacchioso, -a [sonnak'kio:so] *a* schläfrig, verschlafen.

sonnambulo, -a [son'nambulo] *m, f* Schlafwandler(in) *m(f).*

sonnecchiare [sonnek'kia:re] ⟨sonnecchio, sonnecchi⟩ *itr* schlummern.

sonnellino [sonnel'li:no] *m* Schläfchen *n,* Nickerchen *n fam.*

sonnifero [son'ni:fero] *m* Schlafmittel *n.*

sonno ['sonno] *m* Schlaf *m;* **avere** ~ müde sein; **cascare dal** ~ vor Müdigkeit umfallen. **sonnolento, -a** [-'lɛnto] *a* verschlafen; *(persona a.)* schläfrig. **sonnolenza** [-'lɛntsa] *f* Schläfrigkeit *f.*

sono ['so:no] *pr di* **essere.**

sonorità [sonori'ta] ⟨-⟩ *f* **1.** *phys* Klangfülle *f;* **2.** *ling* Stimmhaftigkeit *f.* **sonoro, -a** [so'nɔ:ro] **I.** *a* **1.** *phys* Schall-, schallend; **2.** *(voce)* klangvoll, wohlklingend; **3.** *fig* schallend, dröhnend, laut; **4.** *ling* stimmhaft; **5.** *film* Ton-; **colonna -a** Tonspur *f;* **II.** *m* Tonfilm *m.*

sontuosità [sontuosi'ta] ⟨-⟩ *f* Prunk *m,* Pracht *f.* **sontuoso, -a** [...u'o:so] *a* prunkvoll, prächtig.

sopire [so'pi:re] ⟨sopisco⟩ *tr* beruhigen, besänftigen, beschwichtigen.

sopore [so'po:re] *m* Schlummer *m*, Halbschlaf *m*. **soporifero, -a** [sopo'ri:fero] *a* einschläfernd.

sopperire [soppe'ri:re] ⟨sopperisco⟩ *itr* bewältigen (*a qc* etw.), zurechtkommen (*a* mit).

soppesare [soppe'sa:re] *tr* **1.** *fig* abwägen; **2.** *(oggetto)* wägen, das Gewicht abschätzen (*qc* einer S. *gen*).

soppiantare [soppi̯an'ta:re] *tr* verdrängen.

soppiatto [sop'pi̯atto] *a:* **di ~** heimlich, versteckt.

sopportare [soppor'ta:re] *tr* **1.** *(resistere a)* aushalten, ertragen; **2.** *(subire)* auf sich nehmen, erleiden, erdulden; *(tollerare)* dulden, ertragen; **3.** *(persona)* leiden (können), ausstehen (können); **4.** *(peso)* tragen, aushalten; **5.** *(spesa)* tragen. **sopportazione** [...tat'tsi̯o:ne] *f* Duldung *f*, Ertragen *n*; *(pazienza)* Geduld *f*.

soppressi [sop'prɛssi] *p rem di* **sopprimere.**

soppressione [soppres'si̯o:ne] *f* **1.** *(abolizione)* Abschaffung *f*, Aufhebung *f*; **2.** *(uccisione)* Beseitigung *f*.

sopprimere [sop'pri:mere] ⟨sopprimo, soppressi, soppresso⟩ *tr* **1.** *(legge)* abschaffen, aufheben; **2.** *(persona)* beseitigen.

sopra ['so:pra] **I.** *prp* **1.** *(con contatto: stato)* auf *dat; (moto)* auf *acc;* **2.** *(senza contatto: stato)* über *dat; (moto)* über *acc;* **3.** *(oltre)* über *dat*, oberhalb *gen;* **4.** *(dopo)* über *dat*, nach *dat;* **5.** *(addosso)* auf *acc;* **6.** *(intorno a, più di)* über *acc;* **~ ogni cosa** über alles; **II.** *adv* oben; *(oltre)* über, darüber; **berci ~** darauf trinken; **dormirci ~** darüber schlafen; **passarci ~** darüber hinwegkommen; **il cassetto di ~** die obere Schublade; **al di ~ di** oberhalb von; **di cui ~** *adm* obengenannt; **come (detto) ~** wie oben (gesagt); **III.** ⟨*inv*⟩ *a* obere(r, s); **IV.** ⟨-⟩ *m* Oberteil *m o n*.

sopra- [sopra-] *(in parole composte)* Über-, über-; *v. a. sovra-.* **soprabito** [so'pra:bito] *m* Überzieher *m*. **sopracciglio** [-t'tʃiʎʎo] *m* (Augen)braue *f*. **sopraccitato, -a** [-ttʃi'ta:to] *a* obenerwähnt, obengenannt. **sopraccoperta** [-kko'pɛrta] *f* **1.** *(di letto)* Über-, Tagesdecke *f;* **2.** *naut* Deck *n*. **sopraddetto, -a** [-d'detto] *a* oben gesagt, obengenannt.

sopr(a)elevare [sopr(a)ele'va:re] *tr (strada)* überhöhen; *(edificio)* aufstokken. **sopr(a)elevata** [...'va:ta] *f* Überführung *f*.

sopraffare [-f'fa:re] ⟨sopraffaccio *o* sopraffò, *irr*⟩ *tr* überwältigen; *(deboli)* unterdrücken. **sopraffazione** [-ffat'tsi̯o:ne] *f* Überwältigung *f*, Unterdrückung *f*.

sopraffino, -a [-f'fi:no] *a* **1.** *(burro, etc.)* extrafein; **2.** *(cosa, pranzo)* exzellent, raffiniert; **3.** *fig* außerordentlich, ausgezeichnet; **4.** *iron (furfante)* raffiniert.

sopraggiungere [-d'dʒundʒere] ⟨*irr*⟩ *itr* ⟨*essere*⟩ **1.** *(arrivare)* überraschend auftauchen (*o* kommen *o* erscheinen); **2.** *(accadere)* überraschend passieren.

sopra(l)luogo [-(l)'lu̯ɔ:go] *m* Lokal-, Ortstermin *m*. **soprammobile** [-m'mɔ:bile] *m* Nippesfigur *f*, Nippsachen *f pl*. **soprannaturale** [-nnatur'ra:le] **I.** *a* übernatürlich, übersinnlich; **II.** *m* Übernatürliche(s) *n*.

soprannome [-n'no:me] *m* Spitz-, Beiname *f*. **soprannominare** [-nnomi'na:re] *tr* einen Spitznamen (*o* Beinamen) geben (*qu* jdm).

soprannumerario, -a [-nnume'ra:ri̯o] ⟨-i, -ie⟩ *a* überzählig, überschüssig. **soprannumero** [-n'nu:mero] *m:* **in ~** überzählig, überschüssig.

soprano, -a [so'pra:no] **I.** *a* Sopran-; **II.** *m* Sopran *m*.

soprappensiero, sopra pensiero [-ppen'si̯ɛ:ro] *adv* in Gedanken, gedankenverloren.

soprappiù [-p'pi̯u] ⟨-⟩ *m* **1.** *(ciò che è in più)* Extra *n;* **2.** *(aggiunta)* Dreingabe *f*, Zugabe *f*. **soprapprezzo** [-p'prɛttso] *m* Aufpreis *m*, Aufschlag *m*. **soprassalto** [-s'salto] *m* Auffahren *n*, plötzlicher Satz; **di ~** plötzlich, mit einem Satz.

soprassedere [-sse'de:re] ⟨*irr*⟩ *itr* aufschieben (*a qc* etw.), hinausschieben (*a qc* etw.).

soprattassa [-t'tassa] *f* Steuerzuschlag *m*.

soprattutto [-t'tutto] *adv* vor allem, vor allen Dingen.

sopra(v)valutare [-(v)valu'ta:re] *tr* überbewerten.

sopravvenire [-vve'ni:re] ⟨*irr*⟩ *itr* ⟨*essere*⟩ **1.** *(sopraggiungere)* auftauchen, plötzlich erscheinen; **2.** *(accadere)* plötzlich passieren (*o* zustoßen); *(complicazioni, fatti)* plötzlich eintreten.

sopravvento [-v'vɛnto] **I.** *m* Übermacht *f*, Übergewicht *n; fig* Oberhand *f;* **II.** *adv* gegen den Wind.

sopravvissuto, -a [-vvis'su:to] **I.** *a* überlebend; **II.** *m, f* Überlebende(r) *mf*.

sopravvivenza [-vvi'vɛntsa] *f* Überleben *n*. **sopravvivere** [-v'vi:vere] ⟨*irr*⟩ *itr* ⟨*essere*⟩ **1.** *(vivere dopo altri)* überleben (*a qu* jdn); **2.** *(restare in vita)* überleben, am Leben bleiben.

soprelevare *etc. v.* **sopraelevare** *etc.*

soprintendente [soprinten'dɛnte] *mf* Oberaufseher(in) *m(f); (statale)* Oberintendant(in) *m(f);* **~ alle Belle Arti** Landeskonservator(in) *m(f)*. **soprintendenza** [...'dɛntsa] *f* Oberaufsicht *f; (statale)* Oberintendantur *f*. **soprin-**

tendere [...'tɛndere] ⟨*irr*⟩ *itr* die Oberaufsicht führen (*a* über, bei), vorstehen (*a qc* einer S. *dat*).
sopruso [so'pru:zo] *m* Übergriff *m* (*a* auf), Gewaltakt *m* (*a* gegen).
soqquadro [sok'ku̯a:dro] *m*: **mettere a ~** durcheinanderbringen.
sorbire [sor'bi:re] ⟨sorbisco⟩ *tr* **1.** *(bibita)* schlürfen; **2.** *fig* aushalten, ertragen.
sorcio ['sortʃo] ⟨-ci⟩ *m dial* Maus *f.*
sorda *f v.* **sordo.**
sordido, -a ['sɔrdido *o* 'sor...] *a* **1.** *(sporco)* schmutzig, dreckig, schmierig; **2.** *fig (avaro)* knaus(e)rig, geizig.
sordina [sor'di:na] *f* Dämpfer *m; (strumento)* Sordine *f;* **in ~** gedämpft, leise; *fig* heimlich.
sordità [sordi'ta] ⟨-⟩ *f* **1.** *med (totale)* Taubheit *f; (parziale)* Schwerhörigkeit *f;* **2.** *fig* Taubheit *f,* Desinteresse *n.*
sordo, -a ['sordo] **I.** *a* **1.** *med (totalmente)* taub; *(parzialmente)* schwerhörig; **2.** *tec (sala)* mit schlechter Akustik; **3.** *(voce, rumore, ambiente)* dumpf; **4.** *fig (privo di interesse)* taub, gleichgültig, uninteressiert; **5.** *ling* stimmlos; **II.** *m, f* Taube(r) *mf.*
sordomuto, -a [sordo'mu:to] **I.** *a* taubstumm; **II.** *m, f* Taubstumme(r) *mf.*
sorella [so'rɛlla] *f* Schwester *f.* **sorellastra** [sorel'lastra] *f* Halb-, Stiefschwester *f.*
sorgente [sor'dʒɛnte] *f (a. fig)* Quelle *f.*
sorgere ['sordʒere] ⟨sorgo, sorsi, sorto⟩ *itr* ⟨*essere*⟩ **1.** *(sole)* aufgehen; **2.** *(monte, castello)* sich erheben, emporragen; **3.** *(sollevarsi, a. fig)* sich erheben; **4.** *fig (manifestarsi)* aufkommen, auftreten.
soriano, -a [so'ri̯a:no] **I.** *a* getigert, Tiger-; **II.** *m* Tigerkatze *f.*
sormontare [sormon'ta:re] *tr* überwinden.
sornione, -a [sor'ni̯o:ne] *a* scheinheilig, gleichgültig.
sorpassare [sorpas'sa:re] *tr* **1.** *mot* überholen; *(velocità)* überschreiten; **2.** *(in altezza)* überragen; **3.** *fig (oltrepassare)* überschreiten; **4.** *fig (sopravanzare)* übertreffen. **sorpassato, -a** [...'sa:to] *a* überholt, überkommen. **sorpasso** [...'passo] *m* Überholen *n,* Überholvorgang *m.*
sorprendente [sorpren'dɛnte] *a* überraschend.
sorprendere [sor'prɛndere] ⟨*irr*⟩ **I.** *tr* **1.** *(cogliere)* überraschen, ertappen, erwischen; **2.** *fig* überraschen, erstaunen; **II.** *rfl:* **-ersi** sich wundern (*di* über), staunen (*di* über).
sorpresa [sor'pre:sa] *f* Überraschung *f; (meraviglia)* Verwunderung *f; (stupore)* Erstaunen *n.*
sorreggere [sor'rɛddʒere] ⟨*irr*⟩ **I.** *tr* **1.** *(persona)* stützen; **2.** *fig* aufrechterhalten, stützen; **3.** *(costruzione)* (ab)stützen; **II.** *rfl:* **-ersi** sich stützen (*a* auf).
Sorrento [sor'rɛnto] *f* Sorrent *n.*
sorridere [sor'ri:dere] ⟨*irr*⟩ *itr* **1.** *gener.* lächeln; **2.** *fig* zulächeln, hold sein; **~ a qu** jdm zulächeln.
sorriso [sor'ri:so] *m* Lächeln *n.*
sorsata [sor'sa:ta] *f* Schluck *m.* **sorseggiare** [...sed'dʒa:re] ⟨sorseggio, sorseggi⟩ *tr* schlürfen, in kleinen Schlucken trinken.
sorsi ['sorsi] *p rem di* **sorgere.**
sorso ['sorso] *m* Schluck *m.*
sorta ['sɔrta] *f* Sorte *f,* Art *f;* **d'ogni ~** aller Art, alle möglichen ...
sorte ['sɔrte] *f* Schicksal *n,* Los *n.*
sorteggiare [sorted'dʒa:re] ⟨sorteggio, sorteggi⟩ *tr* auslosen; *(premi a.)* verlosen. **sorteggio** [...'teddʒo] ⟨-ggi⟩ *m* Auslosung *f; (di premi a.)* Verlosung *f.*
sortilegio [sorti'lɛ:dʒo] ⟨-gi⟩ *m* Zauber *m,* Zauberei *f.*
sortita [sor'ti:ta] *f* **1.** *mil* Ausfall *m;* **2.** *fig* Bemerkung *f,* Bonmot *n.*
sorto ['sorto] *pp di* **sorgere.**
sorvegliante [sorveʎ'ʎante] *mf* Aufseher(in) *m(f),* Wächter(in) *m(f).* **sorveglianza** [...'ʎantsa] *f* Aufsicht *f,* Be-, Überwachung *f.* **sorvegliare** [...'ʎa:re] *tr* be-, überwachen, beaufsichtigen; *(vigilare a.)* aufpassen auf.
sorvolare [sorvo'la:re] **I.** *tr* **1.** *aero* überfliegen, hinwegfliegen über; **2.** *fig* übergehen; **II.** *itr* hinweggehen (*su* über).
S.O.S. ⟨-⟩ *m* SOS *n.*
sosia ['sɔ:zi̯a] ⟨-⟩ *m* Doppelgänger(in) *m(f).*
sospendere [sos'pɛndere] ⟨sospendo, sospesi, sospeso⟩ *tr* **1.** *(appendere)* aufhängen; **2.** *fig (cessare)* aufheben, einstellen, beenden; *(interrompere)* unterbrechen; **3.** *(funzionario)* suspendieren; *(alunno)* (von der Schule) verweisen. **sospensione** [...pen'si̯o:ne] *f* **1.** *(il sospendere)* Aufhängen *n;* **2.** *chem* Suspension *f,* Aufschwemmung *f;* **3.** *mot* Federung *f,* Radaufhängung *f;* **4.** *fig* Einstellung *f,* Aufhebung *f; (interruzione)* Unterbrechung *f;* **5.** *(da ufficio, dalle lezioni)* Suspendierung *f.*
sospesi [sos'pe:si] *p rem di* **sospendere.**
sospeso, -a [sos'pe:so] **I.** *pp di* **sospendere; II.** *a* **1.** *(sollevato)* hängend, schwebend; **2.** *(interrotto)* unterbrochen, eingestellt; **3.** *fig (incerto, indeciso)* ungewiß, unbestimmt, schwebend; **4.** *fig (ansioso)* besorgt; **in ~** *fig* in der Schwebe, im ungewissen; **col fiato ~** mit angehaltenem Atem.
sospettare [sospet'ta:re] **I.** *tr* **1.** *(ritenere responsabile)* verdächtigen; **2.** *(immaginare)* vermuten, argwöhnen; **II.** *itr* **1.** *(diffidare)* verdächtigen (*di qu*

jdn), Verdacht hegen (*di* gegen); **2.** *(avere sospetti)* annehmen, vermuten.

sospetto, -a [...ˈpɛtto] **I.** *a* verdächtig; **II.** *m* **1.** *(dubbio)* Verdacht *m*, Argwohn *m*; **2.** *(cosa sospetta)* Verdächtige(s) *n*.

sospettoso, -a [...petˈtoːso] *a* argwöhnisch, mißtrauisch.

sospingere [sosˈpindʒere] ⟨*irr*⟩ *tr* **1.** *(spingere)* treiben; **2.** *fig* (an)treiben.

sospirare [sospiˈraːre] **I.** *itr* seufzen; **II.** *tr* **1.** *(desiderare)* ersehnen, herbeisehnen, sich sehnen nach; **2.** *(aspettare)* ungeduldig erwarten, herbeisehnen.

sospiro [sosˈpiːro] *m* Seufzer *m*.

sosta [ˈsɔsta] *f* **1.** *(fermata)* Halt *m*, Anhalten *n*; **2.** *(riposo)* Pause *f*; **3.** *com* Lagerung *f*; ~ **vietata** Halteverbot *n*; **fare una ~ a Perugia** in Perugia Station machen.

sostantivo [sostanˈtiːvo] *m* Substantiv *n*, Hauptwort *n*.

sostanza [sosˈtantsa] *f* **1.** *(materia)* Substanz *f*, Stoff *m*; **2.** ⟨*pl*⟩ *(patrimonio)* Vermögen *n*, Besitz *m*; **3.** *(parte essenziale)* Wesentliche(s) *n*; **4.** *(di cibo)* Gehalt *m*, Nährwert *m*; **in ~** im wesentlichen. **sostanzioso, -a** [...ˈtsi̯oːso] *a* **1.** *(cibo)* nahrhaft, gehaltvoll; **2.** *fig* gehaltvoll, inhaltsreich.

sostare [sosˈtaːre] *itr* **1.** *(fermarsi)* halten, anhalten, Station machen; **2.** *(fare una pausa)* pausieren, eine Pause machen.

sostegno [sosˈteɲɲo] *m* **1.** *(supporto)* Stütze *f*; **2.** *fig* Unterstützung *f*; *(persona)* Stütze *f*.

sostenere [sosteˈneːre] ⟨*irr*⟩ **I.** *tr* **1.** *(reggere)* stützen, halten, tragen; **2.** *(sopportare)* ertragen, aushalten, standhalten (*qu* jdm); **3.** *fig (persona)* unterstützen, helfen (*qu* jdm); *(candidatura, legge)* unterstützen; *(tesi, idea)* verfechten, vertreten; *(conversazione)* bestreiten, bewältigen; *(esame)* ablegen; *(prova)* sich unterziehen (*qc* einer S. *dat*); **4.** *(affermare)* behaupten; **5.** *fin (spese)* tragen, bestreiten; **II.** *rfl*: **-ersi 1.** *(reggersi)* sich stützen, sich aufstützen; *(tenersi ritto)* sich aufrecht halten; **2.** *fig* sich stärken, sich bei Kräften halten. **sostenitore, -trice** [...niˈtoːre] *m, f* Vertreter(in) *m(f)*, Verfechter(in) *m(f)*.

sostentamento [sostentaˈmento] *m* Unterhalt *m*.

sostenuto, -a [sosteˈnuːto] *a* zurückhaltend (*con* gegenüber).

sostituire [sostituˈiːre] ⟨sostituisco⟩ **I.** *tr* **1.** *(cambiare)* austauschen, auswechseln; **2.** *(rimpiazzare)* ersetzen; **3.** *(prendere il posto)* vertreten; **II.** *rfl*: **-irsi** an die Stelle treten (*a qc* einer S. *gen*), ersetzen (*a qc* etw.). **sostitutivo, -a** [...uˈtiːvo] *a* Ersatz-, Ergänzungs-. **sostituto, -a** [...ˈtuːto] *m, f* Stellvertreter(in) *m(f)*; ~ **procuratore** Staatsanwalt *m*. **sostituzione** [...tutˈtsi̯oːne] *f* Auswechs(e)lung *f*, Ersatz *m*; **in ~ di** *(cosa)* zum Ersatz für; *(persona)* an Stelle *gen*.

sostrato [sosˈtraːto] *m* **1.** *geol, ling* Substrat *n*; **2.** *fig* Nährboden *m*.

sottabito [sotˈtaːbito] *m* Unterkleid *n*.

sottaceti, sott'aceti [sottaˈtʃeːti] *m pl* Mixpickles *pl*.

sottana [sotˈtaːna] *f* **1.** *(sottogonna)* Unterrock *m*; *(gonna)* Rock *m*; **2.** *rel* Soutane *f*; **3.** *fig* Rockzipfel *m*, Schürze *f*.

sottecchi [sotˈtekki] *adv*: **di ~** verstohlen.

sotterfugio [sotterˈfuːdʒo] ⟨-gi⟩ *m* Ausflucht *f*, Vorwand *m*; **di ~** heimlich.

sotterraneo, -a [sotterˈraːneo] **I.** *a* **1.** *(passaggio)* unterirdisch; **2.** *fig* heimlich; **ferrovia -a** Untergrundbahn *f*, U-Bahn *f*; **II.** *f* Untergrundbahn *f*, U-Bahn *f*; **III.** *m* Keller-, Untergeschoß *n*, Souterrain *n*.

sotterrare [sotterˈraːre] *tr* **1.** *(tesoro)* vergraben; **2.** *(morto)* begraben, beerdigen.

sottigliezza [sottiʎˈʎettsa] *f* **1.** *(di spessore)* Dünne *f*, Dünnheit *f*; **2.** *fig* Feinheit *f*, Subtilität *f*; *(acutezza)* Schärfe *f*.

sottile [sotˈtiːle] **I.** *a* **1.** *(filo, strato, aria)* dünn; **2.** *(figura, gambe)* schlank, dünn; **3.** *fig (sofistico)* subtil; *(fino, leggero)* fein, dünn; *(mente)* feinsinnig; *(argomentazione)* spitzfindig; **II.** *m*: **non andare per il ~** es nicht genau nehmen.

sottiletta [sottiˈletta] *f* Scheiblette® *f*.

sottilizzare [sottilidˈdzaːre] *itr* Haarspalterei betreiben, spitzfindig sein.

sottintendere [sottinˈtɛndere] ⟨*irr*⟩ *tr* **1.** *(capire)* mit darunter verstehen; *(dare per scontato)* stillschweigend annehmen; **2.** *(comportare)* mit sich *(dat)* bringen, gleichzeitig bedeuten. **sottinteso, -a** [...ˈteːso] **I.** *a* **1.** *gram* (unausgedrückt) miteingeschlossen, elliptisch; **2.** *(riferimento)* miteinbegriffen; *fig* zwischen den Zeilen; **II.** *m* Hintergedanke *m*.

sotto [ˈsotto] **I.** *prp* **1.** *(stato)* unter *dat*; **2.** *(moto)* unter *acc*; **3.** *(dietro: stato)* hinter *dat*; *(moto)* hinter *acc*; **4.** *(in cambio di)* gegen *acc*, für *acc*; **5.** *(verso)* gegen *acc*, um *acc*; **6.** *(condizione)* unter *dat*, in *dat*; **7.** *(più in basso di)* unterhalb *gen*; **essere ~ esami** im Examen stehen; **stare ~ a qu** jdm unterstehen; **tenere ~ qu** jdn unterdrücken; **sott'aceto/olio** in Essig/Öl; **~ la pioggia** im (*o* beim) Regen; **II.** *adv* **1.** *(stato)* unten; **2.** *(moto)* nach unten, hinunter; **3.** *(addosso)* darunter, unterhalb; **4.** *(più giù, oltre)* weiter unten; **farsi ~** sich heranmachen, sich anschleichen; **mettere ~** überfahren; **mettersi ~** sich daranmachen; **~ ~** unterschwellig, insgeheim; *fig* eigentlich; **qui c'è ~ qual-**

cosa *fig* da steckt etwas dahinter; **III.** ⟨*inv*⟩ *a* untere(r, s), weiter unten; **IV.** ⟨-⟩ *m* Unterteil *n o m.*

sotto- [sotto-] *(in parole composte)* Unter-, unter-.

sottobanco [-'baŋko] *adv* unterderhand. **sottobicchiere** [-bik'ki̯ɛ:re] *m* Untersetzer *m.* **sottobosco** [-'bɔsko] *m* **1.** *bot* Unterholz *n;* **2.** *fig* Unter-, Halbwelt *f.* **sottobraccio** [-'brattʃo] *adv* Arm in Arm, untergehakt.

sottocchio [sot'tɔkki̯o] *adv* im Auge.

sottoccupazione [sottokkupat'tsi̯o:ne] *f* Kurzarbeit *f.* **sottochiave** [-'ki̯a:ve] *adv* unter Verschluß. **sottocoperta** [-ko'pɛrta] **I.** *f* Unterdeck *n;* **II.** *adv* unter Deck. **sottocosto** [-'kɔsto] **I.** *adv* unter Preis; **II.** ⟨*inv*⟩ *a* unter Preis (angeboten). **sottocutaneo, -a** [-ku'ta:neo] *a* subkutan. **sottoesporre** [-es'porre] ⟨*irr*⟩ *tr* unterbelichten. **sottofondo** [-'fondo] *m* Hintergrund *m,* Background *m.* **sottogamba** [-'gamba] *adv* auf die leichte Schulter. **sottogonna** [-'gonna] *f* Unterrock *m.* **sottogruppo** [-'gruppo] *m* Untergruppe *f.* **sottolineare** [-line'a:re] *tr* unterstreichen; *(fig a.)* hervorheben. **sottomano** [-'ma:no] *adv* **1.** *(a portata di mano)* zur Hand, griffbereit; **2.** *fig* unterderhand, heimlich, versteckt. **sottomarino, -a** [-ma'ri:no] **I.** *a* unterseeisch, Untersee-; **II.** *m* Unterseeboot *n,* U-Boot *n.*

sottomesso, -a [-'messo] *a* **1.** *(persona)* unterwürfig, gefügig, devot; **2.** *(popolo)* unterworfen, unterjocht. **sottomettere** [-'mettere] ⟨*irr*⟩ **I.** *tr* unterwerfen, unterjochen; **II.** *rfl:* **-ersi** sich unterwerfen. **sottomissione** [-mis'si̯o:ne] *f* Unterwerfung *f.*

sottopassaggio [-pas'saddʒo] *m* Unterführung *f.* **sottoporre** [-'porre] ⟨*irr*⟩ **I.** *tr* **1.** *(presentare)* unterbreiten, vorlegen; **2.** *(costringere)* unterziehen, unterwerfen, aussetzen; **II.** *rfl:* **-orsi** sich unterziehen, sich unterwerfen. **sottoprodotto** [-pro'dotto] *m* Nebenprodukt *n.* **sottordine** [sot'tordine] *m:* **in ~** untergeordnet, abhängig; *(a. fig)* zweitrangig. **sottoscala** [-s'ka:la] ⟨-⟩ *m* (Abstell)raum *m* unter der Treppe.

sottoscritto, -a [-s'kritto] *m, f adm* Unterzeichnete(r) *mf.* **sottoscrivere** [-s'kri:vere] ⟨*irr*⟩ *tr* unterschreiben, unterzeichnen. **sottoscrizione** [-skrit'tsi̯o:ne] *f* **1.** *adm* Unterzeichnung *f;* **2.** *(raccolta di adesioni)* Unterschriftensammlung *f,* -liste *f.*

sottosegretario, -a [-segre'ta:ri̯o] *m, f* Untersekretär(in) *m(f).* **sottosopra** [-'so:pra] *adv* durcheinander, drunter und drüber *fam.* **sottostare** [-s'ta:re] ⟨sottostò, *irr*⟩ *itr* ⟨*essere*⟩ **1.** *(essere dipendente)* unterstehen, unterliegen; **2.** *(affrontare)* sich unterziehen. **sottosterzante** [-ster'tsante] *a* untersteuernd. **sottosuolo** [-'su̯ɔ:lo] *m* Unter-, Kellergeschoß *n,* Souterrain *n.*

sottosviluppato, -a [-zvilup'pa:to] *a* unterentwickelt; **paese ~** Entwicklungsland *n.* **sottosviluppo** [...'luppo] *m* Unterentwicklung *f.*

sottotenente [-te'nɛnte] *m* Unterleutnant *m.* **sottoterra** [-'tɛrra] *adv (stato)* unterirdisch, unter der Erde; *(moto)* unter die Erde. **sottotetto** [-'tetto] *m* Dachboden *m,* Dachgeschoß *n.* **sottotitolo** [-'ti:tolo] *m* Untertitel *m.* **sottovalutare** [-valu'ta:re] *tr* unterbewerten, unterschätzen. **sottovaso** [-'va:zo] *m* Übertopf *m.* **sottovento** [-'vɛnto] *adv* im Wind. **sottoveste** [-'vɛste] *f* Unterkleid *n,* -rock *m.* **sottovoce** [-'vo:tʃe] *adv* leise, halblaut. **sottovuoto** [-'vu̯ɔ:to] ⟨*inv*⟩ *a* Vakuum-, vakuum-; **caffè ~ spinto** vakuumverpackter Kaffee.

sottrarre [sot'trarre] ⟨*irr*⟩ **I.** *tr* **1.** *mat* subtrahieren, abziehen; **2.** *(denaro)* unterschlagen; *(documento)* entziehen; **3.** *(liberare)* entreißen (*a, da qc* einer S. *gen*); **II.** *rfl:* **-arsi** sich entziehen (*a qc* einer S. *gen*). **sottrazione** [...at'tsi̯o:ne] *f* **1.** *mat* Subtraktion *f,* Abziehen *n;* **2.** *(di denaro)* Unterschlagung *f; (di documento)* Entziehung *f.*

sottufficiale [sottuffi'tʃa:le] *m* Unteroffizier *m.*

soviet [so'vi̯ɛt] ⟨-⟩ *m* Sowjet *m.* **sovietico, -a** [so'vi̯ɛ:tiko] ⟨-ci, -che⟩ **I.** *a* sowjetisch, Sowjet-; **II.** *m, f* Sowjetbürger(in) *m(f),* Sowjetrusse *m,* -russin *f.*

sovra- [sovra-] *v. a.* **sopra-, sovrabbondante** [sovrabbon'dante] *a* übermäßig, überreichlich. **sovrabbondanza** [...'dantsa] *f* Übermaß *n,* Überfluß *m.* **sovraccaricare** [-kkari'ka:re] *tr* überladen (*di* mit); *fig* überlasten (*di* mit). **sovraccarico, -a** [-k'ka:riko] **I.** *a* überladen; **II.** *m* Überlast *f.* **sovraesporre** [-es'porre] ⟨*irr*⟩ *tr* überbelichten. **sovrafollato, -a** [sovraffol'la:to] *a* überfüllt.

sovranità [sovrani'ta] ⟨-⟩ *f* **1.** *jur* Souveränität *f;* **2.** *(potere)* Macht *f,* Herrschaft *f;* **3.** *fig* Überlegenheit *f.* **sovrano, -a** [so'vra:no] **I.** *m, f* Souverän(in) *m(f),* Herrscher(in) *m(f);* **II.** *a* **1.** *pol* souverän; **2.** *(di sovrano)* Herrscher-, herrschaftlich; **3.** *fig* größte(r, s), höchste(r, s).

sovrappopolato, -a [-ppopo'la:to] *a* überbevölkert. **sovrapporre** [-p'porre] ⟨*irr*⟩ **I.** *tr* übereinanderstapeln, -legen, -setzen; **II.** *rfl:* **-orsi 1.** *(porsi sopra)* einander überlagern, übereinander liegen; **2.** *(aggiungersi)* hinzukommen. **sovrapposizione** [-ppozit'tsi̯o:ne] *f* Übereinanderlagerung *f.* **sovrap-**

prezzo [-pˈrɛttso] *m* Aufpreis *m*. **sovrapproduzione** [-pprodutˈtsi̯oːne] *f* Überproduktion *f*. **sovrastare** [-sˈtaːre] ‹*irr*› *tr* **1.** *(dominare)* beherrschen; **2.** *fig* bedrohen. **sovrasterzante** [-sterˈtsante] *a* übersteuernd. **sovrastruttura** [-strutˈtuːra] *f* Überbau *m*, Aufbau *m*.

sovrumano, -a [sovruˈmaːno] *a* übermenschlich.

sovvenzionare [sovventsi̯oˈnaːre] *tr* subventionieren. **sovvenzione** [...ˈtsi̯oːne] *f* Subvention *f*.

sovversivo, -a [sovverˈsiːvo] **I.** *a* subversiv, umstürzlerisch; **II.** *m, f* Subversive(r) *mf*, subversives Element. **sovvertimento** [sovvertiˈmento] *m* Umsturz *m*. **sovvertire** [...ˈtiːre] ‹sovverto› *tr* umstürzen, zerrütten. **sovvertitore, -trice** [...tiˈtoːre] *m, f* Umstürzler(in) *m(f)*.

S.p.A. *ab di* **Società per Azioni** AG *f* (*ab di* Aktiengesellschaft).

spaccalegna [spakkaˈleɲɲa] ‹-› *mf* Holzhacker(in) *m(f)*.

spaccare [spakˈkaːre] ‹spacco, spacchi› **I.** *tr* spalten, entzweischlagen; *(far saltare)* sprengen; **un orologio che spacca il minuto** eine Uhr, die auf die Minute genau geht; ~ **un capello in quattro** Haarspalterei betreiben; **II.** *rfl:* **-arsi** zerbrechen, bersten. **spaccata** [...ˈkaːta] *f* Spagat *n o m*. **spaccato, -a** [...kaːto] **I.** *a* **1.** *(oggetto)* zerbrochen; *(a. labbro)* gespalten; **2.** *fig* genau; *(manifesto)* ausgesprochen, ausgemacht, echt; **è il ritratto ~ di suo nonno** er (*o* sie) ist seinem (*o* ihrem) Großvater (wie) aus dem Gesicht geschnitten; **II.** *m* (Quer)schnitt *m*, Aufriß *m*. **spaccatura** [...kaˈtuːra] *f* **1.** *(fenditura)* Riß *m*, Spalt *m*, Sprung *m*; **2.** *fig* Spaltung *f*.

spacciare [spatˈtʃaːre] ‹spaccio, spacci› **I.** *tr* **1.** *(valuta falsa)* in Umlauf bringen, verbreiten; **2.** *com* vertreiben; **3.** *(dare per)* ausgeben (*per* für); **4.** *fam (dichiarare inguaribile)* abschreiben *fam*; **5.** *sl* dealen *sl*; **essere spacciato** *fam* geliefert sein *fam*; **II.** *rfl:* **-arsi** sich ausgeben (*per* für). **spacciatore, -trice** [...tʃaˈtoːre] *m, f* Dealer(in) *m(f) sl*, Händler(in) *m(f)*; **rete di -i** Rauschgiftring *m*. **spaccio** [ˈspattʃo] ‹-cci› *m* **1.** *com* Verbreitung *f*, Vertrieb *m*, Verkauf *m*; **2.** *(negozio)* Laden *m*, Geschäft *n*.

spacco [ˈspakko] ‹-cchi› *m* **1.** *(rottura)* Sprung *m*, Riß *m*, Spalt *m*; **2.** *(di indumento)* Schlitz *m*.

spaccone, -a [spakˈkoːne] *m, f* Angeber(in) *m(f)*, Prahler(in) *m(f)*.

spada [ˈspaːda] *f* Schwert *n*. **spadaccino** [spadatˈtʃiːno] *m* Haudegen *m*. **spadino** [...ˈdiːno] *m* Kurzschwert *n*.

spadroneggiare [spadronedˈdʒaːre] ‹spadroneggio, spadroneggi› *itr* sich als Herr aufspielen.

spaesato, -a [spaeˈzaːto] *a* fremd, unbehaglich.

spaghettata [spagetˈtaːta] *f* Spaghettiessen *n*.

spaghetti [spaˈgetti] *m pl* Spaghetti *pl*.

Spagna [ˈspaɲɲa] *f* Spanien *n*.

spagnoletta [spaɲɲoˈletta] *f* Garnröllchen *n*.

spagnolo, -a [spaɲˈɲɔːlo] **I.** *a* spanisch; **II.** *m, f* Spanier(in) *m(f)*.

spago [ˈspaːgo] ‹-ghi› *m* **1.** *(per legare)* Schnur *f*, Kordel *f*; **2.** *fig fam* Bammel *m fam*; **dare ~ a qu** jdm aufmerksam zuhören.

spaiato, -a [spaˈi̯aːto] *a* getrennt, unpaarig.

spalancare [spalaŋˈkaːre] ‹spalanco, spalanchi› **I.** *tr* **1.** *(porta, finestra)* aufreißen, aufsperren; **2.** *fig (occhi, bocca)* aufreißen; *(braccia)* ausbreiten; *(gambe)* spreizen; **II.** *rfl:* **-arsi** weit aufgehen.

spalare [spaˈlaːre] *tr* schippen, schaufeln.

spalla [ˈspalla] *f* **1.** *anat* Schulter *f*; **2.** *arch* Widerlager *n*; **3.** *typ* Schulterhöhe *f*; **4.** *theat* Partner(in) *m(f)*, Stichwortgeber(in) *m(f)*; **articolo di ~** Leitartikel *m*; **alzare le -e, stringersi nelle -e** *(a. fig)* die Achseln zucken; **avere le -e larghe** breite Schultern haben; *fig* ein dickes Fell haben; **avere la famiglia sulle -e** die Familie am Hals haben *fam*; **volgere le -e a qu** *(a. fig)* jdm den Rücken kehren; **vivere alle -e di qu** auf jds Kosten leben; **ridere alle -e di qu** jdn heimlich auslachen; **con le -e al muro** *fig* mit dem Rücken zur Wand. **spallata** [...ˈlaːta] *f* **1.** *(urto)* Schulterstoß *m*; **2.** *(alzata di spalle)* Schulter-, Achselzucken *n*.

spalleggiare [spalledˈdʒaːre] ‹spalleggio, spalleggi› **I.** *tr* **1.** *(sostenere)* unterstützen; **2.** *mil* schultern; **II.** *rfl:* **-arsi** sich (unter)stützen.

spalletta [spalˈletta] *f* (Brücken)geländer *n*.

spalliera [spalˈli̯ɛːra] *f* **1.** *(di sedia, poltrona)* Rückenlehne *f*; **2.** *(di letto)* Kopfteil *n*; Fußteil *n*; **3.** *agr* Spalier *n*; **4.** *sport (~ svedese)* Sprossenwand *f*.

spallina [spalˈliːna] *f* **1.** *(di indumento)* Schulterpolster *n*; **2.** *mil* Epaulette *f*.

spallucce [spalˈluttʃe] *f pl:* **fare ~** *fam* mit den Schultern (*o* Achseln) zucken.

spalmare [spalˈmaːre] *tr (burro, etc.)* streichen; *(pane)* bestreichen.

spalti [ˈspalti] *m pl (di stadio)* Ränge *m pl*.

spanciarsi [spanˈtʃarsi] ‹mi spancio, ti spanci› *rfl:* **~ dalle risate** *fam* sich *(dat)* den Bauch halten vor Lachen. **spanciata** [...ˈtʃaːta] *f* Bauchklatscher *m fam*, Bauchschlag *m*.

spandere ['spandere] ‹spando, spandei *o* spansi *o* spandetti, spanto› **I.** *tr* **1.** *(liquidi)* verschütten; *fig (lacrime)* vergießen; **2.** *(grano, etc.)* verteilen, ausbreiten, ausstreuen; **3.** *fig (notizia)* verbreiten; **4.** *fam* verprassen, verschwenden; **spendere e ~** *fam* das Geld mit vollen Händen ausgeben; **II.** *rfl:* **-ersi** sich verbreiten, sich ausbreiten.

spappolare [spappo'la:re] **I.** *tr* zerquetschen, zu Brei machen; **II.** *rfl:* **-arsi** zerquetscht (*o* zu Brei) werden.

sparare [spa'ra:re] **I.** *tr* **1.** *mil* schießen; *(colpo)* abfeuern, abgeben; **2.** *fig (fandonie, etc.)* auftischen, vom Stapel lassen *fam;* **spararle (grosse)** (faustdicke) Lügen auftischen; **II.** *itr* schießen, feuern; **III.** *rfl:* **-arsi** sich erschießen; **-arsi un colpo alle cervella** sich *(dat)* eine Kugel durch den Kopf jagen. **sparato, -a** [...'ra:to] **I.** *a (a gran velocità)* blitzschnell, wie geschossen; **partire tutto ~** abzischen *fam;* **II.** *m* (gestärkte) Hemdbrust *f.* **sparatoria** [...ra'tɔ:ri̯a] ‹-ie› *f* Schußwechsel *m.*

sparecchiare [sparek'ki̯a:re] ‹sparecchio, sparecchi› *tr* abdecken, abräumen.

spareggio [spa'reddʒo] *m* Entscheidungsspiel *n,* -kampf *m.*

spargere ['spardʒere] ‹spargo, sparsi, sparso› **I.** *tr* **1.** *(semi, fiori)* (aus-, ver)streuen; **2.** *(luce, calore)* ausstrahlen; **3.** *(liquidi)* verschütten; *(a. lacrime, sangue)* vergießen; **4.** *(notizia)* verbreiten, ausstreuen; **II.** *rfl:* **-ersi 1.** *(persone, animali)* sich zerstreuen, sich verstreuen; **2.** *(notizie, dicerie)* sich verbreiten. **spargimento** [...dʒi'mento] *m:* **~ di sangue** Blutvergießen *n.*

sparire [spa'ri:re] ‹sparisco› *itr* ‹*essere*› verschwinden. **sparizione** [...rit'tsi̯o:ne] *f* Verschwinden *n.*

sparlare [spar'la:re] *itr* **1.** *pej* schlecht sprechen (*di* von), herziehen (*di* über), Übles nachsagen (*di qu* jdm); **2.** *(farneticare)* dumm daherreden.

sparo ['spa:ro] *m* **1.** *(colpo)* Schuß *m;* **2.** *(rumore)* Knall *m.*

sparpagliare [sparpaʎ'ʎa:re] ‹sparpaglio, sparpagli› **I.** *tr* zer-, verstreuen; **II.** *rfl:* **-arsi** sich zer-, verstreuen.

sparsi ['sparsi] *p rem di* **spargere.**

sparso, -a ['sparso] **I.** *pp di* **spargere; II.** *a* zerstreut, verstreut; *(sciolto)* lose; *(cosparso)* bestreut, übersät; **in ordine ~** *mil* verstreut.

spartano, -a [spar'ta:no] *a (a. fig)* spartanisch.

spartiacque [sparti'akku̯e] ‹-› *m* Wasserscheide *f.*

spartineve [-'ne:ve] ‹-› *m* Räumfahrzeug *n,* Schneepflug *m.*

spartire [spar'ti:re] ‹spartisco› *tr* (auf-, ver)teilen; **non avere niente da ~ con qu** *fig* mit jdm nichts gemein haben.

spartito [spar'ti:to] *m* Partitur *f; (riduzione per piano)* Klavierauszug *m.*

spartitraffico [sparti'traffiko] **I.** ‹-› *m* Leitplanke *f;* **II.** ‹*inv*› *a:* **linea/aiuola ~** Mittellinie *f*/Verkehrsinsel *f.*

spartizione [spartit'tsi̯o:ne] *f* (Auf-, Ver)teilung *f.*

sparuto, -a [spa'ru:to] *a* **1.** *(viso, aspetto)* eingefallen, schmächtig; **2.** *fig* mager, winzig, spärlich.

sparviere, sparviero [spar'vi̯ɛ:re, ...ro] *m* Sperber *m.*

spasimante [spazi'mante] *mf scherz* Verehrer(in) *m(f).*

spasimare [spazi'ma:re] *itr (a. fig)* schmachten. **spasimo** ['spa:zimo] *m* **1.** *med* Krampf *m;* **2.** *fig* Qual *f.*

spasmo ['spazmo] *m* Krampf *m.* **spasmodico, -a** [...'mɔ:diko] ‹-ci, -che› *a* **1.** *med* krampfhaft; **2.** *fig* qualvoll, quälend.

spassarsela [spas'sarsela] *itr fam* sich amüsieren, sich vergnügen.

spassionato, -a [spassi̯o'na:to] *a* leidenschaftslos, unvoreingenommen.

spasso ['spasso] *m* **1.** *(divertimento)* Vergnügen *n,* Spaß *m;* **2.** *(persona)* Spaßvogel *m,* Witzbold *m;* **3.** *(passeggiata)* Spaziergang *m;* **andare a ~** spazierengehen. **spassoso, -a** [...'so:so] *a* spaßig, lustig, amüsant.

spastico, -a ['spastiko] ‹-ci, -che› **I.** *a* spastisch; **II.** *m, f* Spastiker(in) *m(f),* spastisch Gelähmte(r) *mf.*

spatola ['spa:tola] *f* Spachtel *m o f; (a. med)* Spatel *m o f.*

spauracchio [spau'rakki̯o] ‹-cchi› *m (a. fig fam)* Vogelscheuche *f.*

spaurito, -a [spau'ri:to] *a* erschrocken.

spavalderia [spavalde'ri:a] ‹-ie› *f* Dreistigkeit *f,* Frechheit *f.* **spavaldo, -a** [...'valdo] *a* dreist, frech.

spaventapasseri [spaventa'passeri] ‹-› *m (a. fig fam)* Vogelscheuche *f.*

spaventare [spaven'ta:re] **I.** *tr* erschrecken; **II.** *rfl:* **-arsi** (sich) erschrekken, einen Schrecken bekommen. **spavento** [...'vɛnto] *m* **1.** *(paura)* Schrekken *m,* Schreck *m;* **2.** *fig* Scheusal *n,* Schreckgespenst *n;* **fare ~ a qu** jdn erschrecken. **spaventoso, -a** [...ven'to:so] *a* schrecklich, furchtbar, entsetzlich.

spaziale [spat'tsi̯a:le] *a* **1.** *(dello spazio)* Raum-, räumlich; **2.** *astr* Raum-; **armi -i** Weltraumwaffen *f pl;* **navicella/era ~** Raumschiff *n*/Raumfahrtzeitalter *n.*

spaziare [spat'tsi̯a:re] ‹spazio, spazi› **I.** *itr* **1.** *(vista)* umherschweifen, -streifen; **2.** *fig* (umher)schweifen, die Gedanken schweifen lassen; **II.** *tr typ* sperren, gesperrt drucken.

spazientirsi [spattsi̯en'tirsi] ‹mi spazientisco› *rfl* die Geduld verlieren.
spazio ['spattsi̯o] ‹-i› *m* **1.** *gener., scient, philos, mat* Raum *m;* **2.** *(cosmo)* (Welt)raum *m,* (Welt)all *n;* **3.** *(posto)* Raum *m,* Platz *m;* **4.** *(distanza)* Zwischenraum *m,* Abstand *m;* **5.** *(di tempo)* (Zeit)spanne *f,* Zeitraum *m.* **spazioso, -a** [...'tsi̯o:so] *a* geräumig.
spazzacamino [spattsaka'mi:no] *m* Schornstein-, Kaminfeger *m.*
spazzaneve [-'ne:ve] ‹-› *m* Schneepflug *m.*
spazzare [spat'tsa:re] *tr* **1.** *(strada, stanza)* kehren, fegen; **2.** *fam (pranzo)* verdrücken *fam,* verputzen *fam.* **spazzatura** [...tsa'tu:ra] *f* Müll *m,* Abfall *m,* Kehricht *m o n.* **spazzino** [...'tsi:no] *m* Straßenkehrer *m.*
spazzola ['spattsola] *f* **1.** *(arnese)* Bürste *f;* **2.** *mot* Wischerblatt *n;* **avere i capelli a ~** einen Bürstenschnitt haben. **spazzolare** [...'la:re] *tr* (ab-, aus)bürsten. **spazzolata** [...'la:ta] *f* kurzes Bürsten. **spazzolino** [...'li:no] *m* (kleine) Bürste *f;* **~ da denti/unghie** Zahn-/Nagelbürste *f.* **spazzolone** [...'lo:ne] *m* Schrubber *m.*
speaker ['spi:kə] ‹-› *m* **1.** *TV, radio* Sprecher(in) *m(f),* Ansager(in) *m(f);* **2.** *sport* Ansager(in) *m(f).*
specchiarsi [spek'ki̯arsi] ‹mi specchio, ti specchi› *rfl* **1.** *(guardarsi allo specchio)* sich im Spiegel betrachten, in den Spiegel sehen; **2.** *(riflettersi)* sich spiegeln. **specchiera** [...'ki̯ɛ:ra] *f* (großer) Wandspiegel *m; (mobile)* Spiegelkommode *f.* **specchietto** [...'ki̯etto] *m* **1.** *(piccolo specchio)* kleiner Spiegel, Handspiegel *m;* **2.** *mot:* **~ retrovisore** Rückspiegel *m;* **3.** *(richiamo)* Lerchenlocker *m;* **4.** *(prospetto riassuntivo)* Übersicht *f.*
specchio ['spɛkki̯o] ‹-cchi› *m* **1.** *gener.* Spiegel *m;* **2.** *fig* Spiegel *m,* Spiegelbild *n;* **3.** *(prospetto)* Übersicht *f; (sport a.)* Tabelle *f;* **la sua casa è uno ~** ihr (*o* sein) Haus ist blitzblank.
speciale [spe'tʃa:le] *a* besondere(r, s), speziell, Sonder-, Spezial-; **treno ~** Sonderzug *m.* **specialista** [spetʃa'lista] ‹-i *m,* -e *f*› *mf* **1.** *med* Facharzt *m,* -ärztin *f,* Spezialist(in) *m(f);* **2.** *(persona specializzata)* Fachmann *m,* -frau *f,* Spezialist(in) *m(f).* **specialità** [...li'ta] ‹-› *f* **1.** *(cibo, prodotto)* Spezialität *f;* **2.** *(settore di competenza)* Spezial-, Fachgebiet *n.* **specializzare** [...lid'dza:re] **I.** *tr* spezialisieren; **II.** *rfl:* **-arsi** sich spezialisieren (*in* auf). **specializzato, -a** [...lid'dza:to] *a* spezialisiert, Fach-. **specializzazione** [...liddzat'tsi̯o:ne] *f* Spezialisierung *f.* **specialmente** [...l'mente] *adv* besonders, speziell.
specie ['spɛ:tʃe] ‹-› *f* **1.** *biol* Art *f,* Spezies *f;* **2.** *(sorta, tipo)* Art *f,* Sorte *f;* **3.** *pej* unangenehmes Gefühl; **d'ogni ~** aller Art.
specifica [spe'tʃi:fika] ‹-che› *f* Spezifikation *f,* Aufstellung *f.* **specificare** [spetʃifi'ka:re] ‹specifico, specifichi› *tr* spezifizieren, genauer darstellen (*o* angeben). **specificazione** [...kat'tsi̯o:ne] *f* Spezifikation *f,* Aufstellung *f.* **specifico, -a** [...'tʃi:fiko] ‹-ci, -che› *a* **1.** *(particolare)* besondere(r, s), speziell, bestimmt; **2.** *phys, med* spezifisch.
speculare[1] [speku'la:re] *itr (a. fig)* spekulieren.
speculare[2] [speku'la:re] *a (di specchio)* Spiegel-.
speculativo, -a [spekula'ti:vo] *a* spekulativ. **speculatore, -trice** [...'to:re] *m, f* Spekulant(in) *m(f).* **speculazione** [...t'tsi̯o:ne] *f* Spekulation *f.*
spedire [spe'di:re] ‹spedisco› *tr* schikken, senden, verschicken; **~ qu all'altro mondo** jdn ins Jenseits befördern.
spedito, -a [spe'di:to] *a* schnell, rasch, flink.
spedizione [spedit'tsi̯o:ne] *f* **1.** *(di pacco, merce)* (Ver)sendung *f;* **2.** *(operazione)* Versand *m,* (Ver)sendung *f;* **3.** *scient* Expedition *f;* **4.** *mil* Feldzug *m;* **spese di ~** Versandkosten *pl.* **spedizioniere** [...ttsi̯o'ni̯ɛ:re] *m* Spediteur *m.*
spegnere ['spɛɲɲere *o* 'speɲ...] ‹spengo, spensi, spento› **I.** *tr* **1.** *(fuoco)* löschen; *(sigaretta)* ausmachen, -drücken; *(fiamma)* ausblasen; *(luce)* ausmachen, ausschalten; *(radio, motore, apparecchio)* ab-, ausschalten, abstellen, ausmachen; **2.** *fig* schwächen, dämpfen; **II.** *rfl:* **-ersi 1.** *(fuoco)* verlöschen, ausgehen; *(sigaretta, luce)* ausgehen; *(motore, apparecchio)* ausgehen, stehenbleiben; **2.** *fig* erlöschen; **3.** *fig (morire)* entschlafen *geh.*
spelacchiato, -a [spelak'ki̯a:to] *a* gerupft.
spelare [spe'la:re] **I.** *tr* rupfen; **II.** *rfl:* **-arsi** Haare verlieren.
speleologia [speleolo'dʒi:a] ‹-gie› *f* Höhlenforschung *f,* Speläologie *f.* **speleologo, -a** [...e'ɔ:logo] ‹-gi, -ghe› *m, f* Höhlenforscher(in) *m(f).*
spellare [spel'la:re] **I.** *tr* **1.** *(coniglio)* das Fell abziehen *dat;* **2.** *fig scherz* das Fell über die Ohren ziehen (*qu* jdm); **-arsi le ginocchia** sich *(dat)* die Knie aufschürfen; **II.** *rfl:* **-arsi 1.** *(serpenti)* sich häuten; **2.** *med* sich aufschürfen.
spelonca [spe'loŋka] ‹-che› *f* **1.** *(grotta)* Höhle *f;* **2.** *fig pej* Spelunke *f,* Höhle *f.*
spendaccione, -a [spendat'tʃo:ne] *m, f* Verschwender(in) *m(f).*
spendere ['spɛndere] ‹spendo, spesi, speso› *tr* **1.** *(soldi)* ausgeben (*in, per* für); **2.** *fig (impiegare)* aufwenden, ein-

setzen, verwenden; *(sacrificare)* opfern; **3.** *fig (sprecare)* verschwenden.

spengo ['spɛŋgo *o* 'speŋgo] *pr di* **spegnere.**

spennacchiare [spennak'ki̯a:re] ‹spennacchio, spennacchi› **spennare** [...'na:re] **I.** *tr* rupfen, die Federn ausrupfen *dat;* **II.** *rfl:* **-arsi** Federn verlieren.

spennellare [spennel'la:re] *tr* bepinseln; *med* einpinseln. **spennellata** [...'la:ta] *f* Be-, Einpinseln *n.*

spensi ['spɛnsi *o* 'spensi] *p rem di* **spegnere.**

spensieratezza [spensi̯era'tettsa] *f* Sorglosigkeit *f,* Unbekümmertheit *f.* **spensierato, -a** [...'ra:to] *a* unbekümmert, unbesorgt.

spento, -a ['spɛnto *o* 'spento] **I.** *pp di* **spegnere; II.** *a* **1.** *(fuoco)* (v)erloschen; *(sigaretta)* abgebrannt; **2.** *fig* matt, gedämpft, fahl.

speranza [spe'rantsa] *f* Hoffnung *f.* **speranzoso, -a** [...'tso:so] *a* hoffnungsvoll.

sperare [spe'ra:re] **I.** *tr* hoffen, erhoffen, hoffen auf; ~ **di** *inf* hoffen zu; ~ **che** *conj* hoffen, daß; **spero di sì/no** ich hoffe ja/nein; **speriamo (bene)!** hoffen wir es!; **II.** *itr* hoffen (*in* auf).

sperdersi ['spɛrdersi] ‹*irr*› *rfl* sich verirren. **sperduto, -a** [sper'du:to] *a* abgelegen; *(a. persona)* verloren, verlassen.

sperequazione [sperekụat'tsi̯o:ne] *f* Unausgeglichenheit *f,* Ungleichheit *f.*

spergiurare [sperdʒu'ra:re] *itr* einen Meineid leisten (*o* schwören). **spergiuro, -a** [...'dʒu:ro] **I.** *a* meineidig; *(che manca ai giuramenti fatti)* eidbrüchig; **II.** *m, f* Meineidige(r) *mf; (che manca ai giuramenti fatti)* Eidbrüchige(r) *mf;* **III.** *m* Meineid *m.*

spericolato, -a [speriko'la:to] *a* leichtsinnig, waghalsig.

sperimentale [sperimen'ta:le] *a* experimentell, Experimental-, Versuchs-; **centro** ~ Versuchszentrum *n;* **fisica** ~ experimentelle Physik.

sperimentare [sperimen'ta:re] *tr* **1.** *gener.* versuchen, ausprobieren; **2.** *tec* testen; **3.** *fig* auf die Probe stellen, erproben, testen *fam.* **sperimentatore, -trice** [...ta'to:re] *m, f* Experimentator(in) *m(f),* Experimentierer(in) *m(f).* **sperimentazione** [...tat'tsi̯o:ne] *f* Experimentieren *n.*

sperma ['spɛrma] ‹-i› *m* Sperma *n.*

spermatozoo [spɛrmatod'dzɔ:o] ‹-oi› *m* Spermatozoon *n.*

speronare [spero'na:re] *tr* rammen.

sperone [spe'ro:ne] *m* **1.** *(arnese)* Sporn *m;* **2.** *zoo* Afterkralle *f; (di uccelli)* Sporn *m;* **3.** *naut* Rammsporn *m;* **4.** *geog* Ausläufer *m;* **5.** *arch* Strebe *f.*

sperperare [sperpe'ra:re] *tr* verschwenden. **sperpero** ['spɛrpero] *m* Verschwendung *f.*

spersonalizzare [spersonalid'dza:re] *tr* **1.** *(appartamento, stanza)* unpersönlich gestalten; **2.** *(questione, discussione)* entpersonalisieren.

spesa ['spe:sa] *f* **1.** *(somma)* Ausgabe *f;* ‹*pl*› Kosten *pl;* **2.** *(compera)* (Ein)kauf *m; fam (del cibo quotidiano)* Einkäufe *m pl;* **3.** ‹*pl*› *com* Kosten *pl,* Spesen *pl;* **-e d'esercizio (*o* di gestione)** Betriebskosten *pl;* **fare la** ~ einkaufen; **imparare qc a proprie -e** etw. am eigenen Leib erfahren; **a -e di** auf Kosten *gen.*

spesare [spe'sa:re] *tr* unterhalten, den Unterhalt zahlen (*qu* jdm).

spesi ['spe:si] *p rem di* **spendere.**

speso ['spe:so] *pp di* **spendere.**

spesso, -a ['spesso] **I.** *a* **1.** *(grosso)* dick; **2.** *(fitto)* dicht; **3.** *(frequente)* häufig; **II.** *adv* oft, häufig. **spessore** [...'so:re] *m* Dicke *f,* Stärke *f.*

Spett. *ab di* **spettabile.**

spettabile [spet'ta:bile] *a* (*nelle lettere)* sehr geehrte(r).

spettacolare [spettako'la:re] *a* spektakulär, aufsehenerregend.

spettacolo [spet'ta:kolo] *m* **1.** *theat* Schauspiel *n; (rappresentazione, a. film)* Vorstellung *f;* **2.** *(vista)* Anblick *m,* Schauspiel *n;* ~ **di varietà** Varieté *n.* **spettacoloso, -a** [...tako'lo:so] *a* spektakulär, aufsehenerregend; *fig* großartig.

spettare [spet'ta:re] *itr* ‹*essere*› **1.** *(essere pertinente)* zukommen, zufallen; **2.** *(competere di diritto)* zustehen.

spettatore, -trice [spetta'to:re] *m, f* **1.** *theat, film* Zuschauer(in) *m(f);* **2.** *(chi è presente)* (Augen)zeuge *m,* -zeugin *f.*

spettegolare [spettego'la:re] *itr* klatschen, tratschen.

spettinare [spetti'na:re] **I.** *tr* zerzausen; **II.** *rfl:* **-arsi** sich zerzausen.

spettrale [spet'tra:le] *a fig* gespenstisch.

spettro ['spɛttro] *m* **1.** *(fantasma)* Gespenst *n;* **2.** *fig (persona)* (Schreck)gespenst *n;* **3.** *phys, astr* Spektrum *n.*

spezie ['spɛttsi̯e] *f pl* Gewürze *n pl.*

spezzare [spet'tsa:re] **I.** *tr* **1.** *(rompere)* brechen, zerbrechen; **2.** *fig* brechen, (unter)teilen; *(periodo, etc.)* (unter)gliedern; **II.** *rfl:* **-arsi** brechen, zerbrechen.

spezzatino [spettsa'ti:no] *m* Ragout *n,* Frikassee *n.*

spezzato, -a [spet'tsa:to] **I.** *a* **1.** *(braccio, gamba)* gebrochen; **2.** *fig* unterteilt, untergliedert; *(interrotto)* unterbrochen; **II.** *m (abito)* Kombination *f.*

spezzettamento [spettsetta'mento] *m* Zersplitterung *f.* **spezzettare** [...'ta:re] *tr* in kleine Stücke teilen; *(eredità)* zersplittern; *(pane)* zerbröckeln.

spezzone [spet'tso:ne] *m* (unbelichteter) Filmstreifen *m.*
spia ['spi:a] ‹-ie› *f* **1.** *gener.* Spion(in) *m(f); (confidente della polizia)* Spitzel *m;* **2.** *tec* Kontrolleuchte *f,* -lampe *f,* Warnlampe *f;* **3.** *(fessura di porta)* (Tür)spion *m,* Guckloch *n;* **4.** *theat* Vorhangguckloch *n;* **fare la ~** spionieren.
spiaccicare [spiattʃi'ka:re] ‹spiaccico, spiaccichi› *fam* **I.** *tr* zerquetschen, zerdrücken; **II.** *rfl:* **-arsi** zerquetscht (*o* zerdrückt) werden.
spiacente [spia'tʃɛnte] *a:* **sono ~** es tut mir leid.
spiacevole [spia'tʃe:vole] *a* unerfreulich, unangenehm.
spiaggia ['spiaddʒa] ‹-gge› *f* Strand *m.*
spianare [spia'na:re] *tr* **1.** *(terreno, strada)* eben machen, (ein)ebnen; **2.** *(fucile, etc.)* anlegen; **3.** *(pasta)* ausrollen; **4.** *(abito)* (glatt)bügeln; **5.** *(demolire)* abreißen; **~ il cammino (***o* **la strada) a qu** *fig* jdm den Weg ebnen. **spianata** [...'na:ta] *f* Ebene *f,* ebenes Landstück.
spiano ['spia:no] *m:* **a tutto ~** mit voller Kraft.
spiantato, -a [spian'ta:to] **I.** *a* ohne einen Pfennig, nichts besitzend (*o* habend); **II.** *m, f* Habenichts *m.*
spiare [spi'a:re] ‹spio, spii› *tr* **1.** *mil* ausspionieren, ausspähen; *(persona)* bespitzeln; **2.** *(fatti, segreti)* ausspionieren; *(ascoltare di nascosto)* belauschen. **spiata** [...'a:ta] *f* Denunzierung *f.*
spiattellare [spiattel'la:re] *tr* ausplaudern.
spiazzo ['spiattso] *m* offener Platz.
spiccare [spik'ka:re] ‹spicco, spicchi› **I.** *tr (mandato di cattura)* erlassen; *(a. fattura, assegno)* ausstellen; **~ un salto (***o* **balzo)** aufspringen; **~ il volo** auffliegen; **II.** *itr* hervorstechen (*su* auf), sich abheben (*su* von). **spiccato, -a** [...'ka:to] *a* deutlich, klar; *(notevole)* ausgeprägt, merklich.
spicchio ['spikkio] ‹-cchi› *m* Stück *n; (di agrume a.)* Spalte *f,* Schnitz *m; (di aglio)* Zehe *f.*
spicciare [spit'tʃa:re] ‹spiccio, spicci› **I.** *tr* **1.** *(faccenda)* schnell erledigen; **2.** *(cliente, avventore)* abfertigen; **II.** *rfl:* **-arsi** sich beeilen. **spicciativo, -a** [...tʃa'ti:vo] *a* **1.** *(persona)* kurz angebunden; **2.** *(metodi)* schnell, rasch; *(lavoro)* rasch erledigt.
spiccicare [spittʃi'ka:re] ‹spiccico, spiccichi› **I.** *tr* ablösen; **non ~ parola** kein Wort hervorbringen; **II.** *rfl:* **-arsi** *fam* sich trennen, voneinander loskommen.
spiccio, -a ['spittʃo] ‹-cci, -cce› **I.** *a* schnell, rasch, kurz entschlossen: **andare per le -cce** es kurz machen, direkt zur Sache kommen; **II.** *m pl* Kleingeld *n.* **spicciolare** [-'la:re] *tr* (in Kleingeld) wechseln, kleinmachen *fam.* **spicciolato, -a** [-'la:to] *a:* **alla -a** einzeln.
spicciolo, -a ['spittʃolo] **I.** *a* **1.** *com* Klein-, klein; **2.** *fig* klein, einfach, schlicht; **moneta -a** Kleingeld *n;* **II.** *m pl* Kleingeld *n.*
spicco ['spikko] ‹-cchi› *m:* **fare ~** auffallen, sich abheben.
spider ['spaɪdə] ‹-› *m o f* Kabrio *n.*
spidocchiare [spidok'kia:re] ‹spidocchio, spidocchi› **I.** *tr* (ent)lausen; **II.** *rfl:* **-arsi** sich (ent)lausen.
spiedino [spie'di:no] *m* Spießchen *n.*
spiedo ['spiɛ:do] *m* **1.** *gastr* Spieß *m;* **2.** *mil* Speer *m,* Spieß *m;* **arrosto allo ~** Spießbraten *m.*
spiegamento [spiega'mento] *m* Aufmarsch *m,* Aufgebot *n;* **~ di forze** Truppenaufgebot *n.*
spiegare [spie'ga:re] ‹spiego, spieghi› **I.** *tr* **1.** *(far capire)* erklären, erläutern; **2.** *(tovaglia)* ausbreiten; *(vele)* setzen; *(ali)* ausbreiten; **3.** *(truppe)* aufstellen; **II.** *rfl:* **-arsi 1.** *(esprimere il proprio pensiero)* sich klar ausdrücken; **2.** *(venire ad una spiegazione)* sich aussprechen, eine Aussprache haben. **spiegazione** [...gat'tsio:ne] *f* Erklärung *f,* Erläuterung *f; (giustificazione a.)* Rechtfertigung *f; (chiarimento a.)* Aufklärung *f.*
spiegazzare [spiegat'tsa:re] *tr* zerknittern, zerknüllen.
spietato, -a [spie'ta:to] *a* erbarmungslos.
spifferare [spiffe'ra:re] *tr* ausplaudern.
spiffero ['spiffero] *m* Zug(luft *f*) *m.*
spiga ['spi:ga] ‹-ghe› *f* Ähre *f.* **spigato, -a** [spi'ga:to] *a* Fischgrat-, Fischgräten-.
spigliatezza [spiʎʎa'tettsa] *f* Unbefangenheit *f.* **spigliato, -a** [...'ʎa:to] *a* unbefangen.
spigolare [spigo'la:re] *tr* **1.** *agr* stoppeln, einsammeln; **2.** *fig* sammeln, zusammentragen. **spigolatura** [...la'tu:ra] *f* **1.** *agr* Ährenlese *f;* **2.** ‹*pl*› *fig* Nachlese *f,* Anekdoten *f pl.*
spigolo ['spi:golo] *m* **1.** *(di muro, mobile)* Kante *f;* **2.** ‹*pl*› *fig* Schroffheit *f,* Ecken und Kanten *pl.* **spigoloso, -a** [spigo'lo:so] *a* **1.** *(pieno di spigoli)* kantig, eckig; **2.** *fig* schroff, kantig, mit Ecken und Kanten.
spilla ['spilla] *f* Brosche *f,* (Ansteck)nadel *f.* **spillare** [...'la:re] *tr* anstecken, anzapfen; **~ soldi a qu** jdm Geld abknöpfen.
spillo ['spillo] *m* **1.** *gener.* (Steck)nadel *f;* **2.** *(spilla)* (Ansteck)nadel *f;* **~ di sicurezza (***o* **da balia)** Sicherheitsnadel *f;* **tacchi a ~** Pfennigabsätze *m pl.* **spillone** [...'lo:ne] *m* Hutnadel *f.*
spilluzzicare [spilluttsi'ka:re] ‹spilluzzico, spilluzzichi› *tr* knabbern.
spilorceria [spilortʃe'ri:a] ‹-ie› *f* Knaus(e)rigkeit *f,* Geiz *m.* **spilorcio, -a**

[...'lortʃo] ‹-ci, -ce› **I.** *a* knaus(e)rig, geizig; **II.** *m, f* Geizkragen *m fam*, Geizhals *m fam*.
spilungone, -a [spiluŋ'go:ne] *m, f fam* Bohnenstange *f fam*, lange Latte *fam*.
spina ['spi:na] *f* **1.** *bot* Dorn *m*, Stachel *m*; **2.** *zoo* Stachel *m*; *(di pesce)* Gräte *f*; **3.** *el* Stecker *m*; **4.** *tec (della botte)* Zapfloch *n*; ~ **dorsale** Rückgrat *n*, Wirbelsäule *f*; ~ **multipla** Mehrfachstecker *m*; **birra alla** ~ Faßbier *n*, Bier *n* vom Faß; **stare (***o* **essere) sulle -e** (wie) auf (glühenden) Kohlen sitzen; **quel ragazzo è la mia** ~ dieser Junge ist mein Kreuz.
spinacio [spi'na:tʃo] ‹-ci› *m bot* Spinat *m*; **-ci** *gastr* Spinat *m*.
spinale [spi'na:le] *a* Rückgrat-, Rücken-.
spinato, -a [spi'na:to] *a* **1.** *(con spine)* dornig, stach(e)lig, Stachel-; **2.** *(stoffa)* mit Fischgratmuster, Fischgrat-; **filo** ~ Stacheldraht *m*.
spinetta [spi'netta] *f* Spinett *n*.
spingere ['spindʒere] ‹spingo, spinsi, spinto› **I.** *tr* **1.** *(spostare)* schieben; *(con forza)* stoßen; **2.** *(premere)* drücken; **3.** *fig* (voran)treiben; *(indurre)* (an)treiben (*a* zu); **4.** *(fare ressa)* schubsen, drängeln; **II.** *rfl*: **-ersi 1.** *(inoltrarsi)* vorstoßen, vordringen; **2.** *(fare ressa)* sich drängeln; **3.** *fig* sich vorwagen, sich vordrängen.
spino ['spi:no] *m* Dornbusch *m*, Dornenpflanze *f*; *(prugno selvatico)* Schlehdorn *m*. **spinoso, -a** [spi'no:so] *a* **1.** *bot* dornig, stach(e)lig, Dornen-; **2.** *fig* dornig, dornenreich.
spinsi ['spinsi] *p rem di* **spingere.**
spinta ['spinta] *f* **1.** *(urto)* Stoß *m*; **2.** *fig* Anstoß *m*, Antrieb *m*; *(appoggio)* Beziehungen *f pl*, Begünstigung *f*; **3.** *phys* Schub *m*, Antrieb *m*; **4.** *sport* Anschub *m*. **spintarella** [-'rɛlla] *f fam (raccomandazione)* Empfehlung *f*, Fürsprache *f*; **dare una** ~ **a qu** *fam* jdn empfehlen.
spinterogeno [spinte'rɔ:dʒeno] *m* Zündverteiler *m*.
spinto, -a ['spinto] **I.** *pp di* **spingere; II.** *a* gewagt, anstößig.
spintone [spin'to:ne] *m* (heftiger) Stoß *m*.
spionaggio [spio'naddʒo] ‹-ggi› *m* Spionage *f*.
spioncino [spion'tʃi:no] *m* (Tür)spion *m*, Guckloch *n*.
spione, -a [spi'o:ne] *m, f* Schnüffler(in) *m(f)*, Denunziant(in) *m(f)*. **spionistico, -a** [spio'nistiko] ‹-ci, -che› *a* Spionage-.
spiovente [spi̯o'vɛnte] **I.** *a* **1.** *(rami, chiome)* herabhängend, (her)abfallend; **2.** *sport (tiro)* hoch; **II.** *m sport* hoher Schuß.
spiovere ['spiɔ:vere] ‹*irr*› *itr* ‹*essere o avere*› aufhören zu regnen, nicht mehr regnen.
spira ['spi:ra] *f* **1.** *(di serpente, spirale)* Windung *f*; **2.** *el* Schleife *f*.
spiraglio [spi'raʎʎo] ‹-gli› *m* **1.** *(di porta, finestra)* Spalt *m*, Ritz *m*; **2.** *(luce)* Lichtstrahl *m*; **3.** *fig* Schimmer *m*, Anzeichen *n*.
spirale [spi'ra:le] *f* Spirale *f*.
spirare [spi'ra:re] *itr* **1.** ‹*avere*› *(vento)* wehen, blasen; **2.** ‹*essere*› *(morire)* verscheiden, seinen Geist aufgeben.
spiritato, -a [spiri'ta:to] **I.** *a* aufgeregt, aufgewühlt, verstört; *(invasato)* besessen; **II.** *m, f* Besessene(r) *mf*.
spiritico, -a [spi'ri:tiko] ‹-ci, -che› *a* spiritistisch.
spiritismo [spiri'tizmo] *m* Spiritismus *m*. **spiritista** [...'tista] ‹-i *m*, -e *f*› *m* Spiritist(in) *m(f)*.
spirito[1] ['spi:rito] *m* Geist *m*; ~ **di osservazione** Beobachtungsgabe *f*; ~ **di patate** *fam* schlechter Witz; **una battuta di** ~ ein Bonmot *n*; **lo S~ Santo** der Heilige Geist; **avere la presenza di** ~ **di fare qc** die Geistesgegenwart besitzen, etw. zu tun; **fare dello** ~ humorvoll (*o* geistreich) sein; **nel castello ci sono gli -i** im Schloß spukt es.
spirito[2] ['spi:rito] *m (sostanza alcolica)* Spiritus *m*; **fornellino a** ~ Spirituskocher *m*; **ciliegie sotto** ~ *fam* beschwipste Kirschen *f pl fam*.
spirito[3] ['spi:rito] *m ling*: ~ **aspro/dolce** Spiritus asper/lenis *m*.
spiritosaggine [spirito'saddʒine] *f* Witzelei *f*.
spiritoso, -a [spiri'to:so] **I.** *a* geistreich, witzig; **II.** *m, f* Witzbold *m*.
spirituale [spiritu'a:le] *a* **1.** *(dello spirito)* geistig, Geistes-, spirituell; **2.** *(persona)* vergeistigt. **spiritualità** [...uali'ta] ‹-› *f* **1.** *(sensibilità)* geistige Tiefe; **2.** *(natura spirituale)* Vergeistigung *f*, Innerlichkeit *f*. **spiritualizzare** [spiritualid'dza:re] **I.** *tr* **1.** *(amore)* vergeistigen; **2.** *(persona)* idealisieren; **II.** *rfl*: **-arsi** sich vergeistigen.
splendere ['splɛndere] *itr* **1.** *(sole)* strahlen; *(stelle)* funkeln; **2.** *fig* strahlen, glänzen.
splendido, -a ['splɛndido] **I.** *a* herrlich; *(festa)* prächtig, glänzend; **II.** *interj* toll, prima, herrlich.
splendore [splen'do:re] *m* **1.** *(di sole)* Strahlen *n*, Glanz *m*; *(di stelle)* Funkeln *n*; **2.** *(di persona)* Glanz *m*, Pracht *f*; **3.** *(di festa)* Glanz *m*, Pracht *f*, Herrlichkeit *f*.
spodestare [spodes'ta:re] *tr* entmachten, absetzen; *(re)* entthronen.
spoetizzare [spoetid'dza:re] *tr* ernüchtern, enttäuschen.
spoglia ['spɔʎʎa] ‹-glie› *f* **1.** *(vestito)* Gewand *n*; **2.** *zoo* Balg *m*.

spogliare [spoʎ'ʎa:re] ‹spoglio, spogli› **I.** *tr* **1.** *(svestire)* ausziehen, entkleiden; **2.** *fig* berauben, entkleiden; **3.** *(posta)* sortieren; **II.** *rfl:* **-arsi 1.** *(svestirsi)* sich ausziehen, sich entkleiden; **2.** *fig (privarsi)* sich entledigen, weggeben (*di qc* etw.). **spogliarellista** [...ʎarel'lista] ‹-i *m*, -e *f*› *mf* Stripteasetänzer(in) *m(f)*. **spogliarello** [...ʎa'rɛllo] *m* Striptease *m;* **fare lo ~** strippen *fam*. **spogliatoio** [...ʎa'to:i̯o] ‹-oi› *m* Umkleideraum *m*, -kabine *f*.

spoglio ['spɔʎʎo] ‹-gli› *m* Auswertung *f*, Sichtung *f*, Durchsicht *f*.

spoglio, -a ['spɔʎʎo] ‹-gli, -glie› *a* kahl, nackt.

spola ['spɔ:la] *f* Spule *f;* **fare la ~** *fig* pendeln, hin- und herlaufen. **spoletta** [spo'letta] *f* **1.** *(rocchetto)* kleine Spule; **2.** *(di bomba, etc.)* Zünder *m*.

spolmonarsi [spolmo'narsi] *rfl* sich heiser reden (*o* singen *o* schreien).

spolpare [spol'pa:re] *tr* **1.** *(osso)* vom Fleisch lösen; **2.** *fig* ausnehmen, aussaugen.

spolverare [spolve'ra:re] **I.** *tr* **1.** *(mobile, vestito)* abstauben; **2.** *gastr* bestreuen, bestäuben; **3.** *fig fam (mangiare tutto)* verputzen *fam*, verschlingen; **II.** *itr* Staub wischen, abstauben. **spolverata** [...'ra:ta] *f* **1.** *(pulizia sommaria)* Abstauben *n*, (kurzes) Staubwischen *n;* **2.** *gastr* Bestreuen *n*, Bestäuben *n*.

sponda ['sponda] *f* **1.** *(di fiume)* Ufer *n;* **2.** *(di letto)* (Bett)kante *f*, Rand *m*.

spontaneità [spontanei'ta] ‹-› *f* Spontaneität *f*. **spontaneo, -a** [...'ta:neo] *a* **1.** *(persona)* spontan; *(a. stile, etc.)* natürlich; **2.** *(adesione, offerta)* spontan, freiwillig; **3.** *(vegetazione)* wild.

spopolamento [spopola'mento] *m* Entvölkerung *f*. **spopolare** [...'la:re] **I.** *tr* entvölkern; **II.** *itr fam* Furore machen, einen Bombenerfolg haben *fam;* **III.** *rfl:* **-arsi** sich entvölkern, sich leeren.

spora ['spɔ:ra] *f* Spore *f*.

sporadicità [sporaditʃi'ta] ‹-› *f* Seltenheit *f*. **sporadico, -a** [...'ra:diko] ‹-ci, -che› *a* sporadisch, gelegentlich.

sporcaccione, -a [sporkat'tʃo:ne] *m, f* *(a. fig)* Schmierfink *m*, Schmutzfink *m*.

sporcare [spor'ka:re] ‹sporco, sporchi› **I.** *tr* **1.** *(vestito, tovaglia)* beschmutzen, schmutzig machen; **2.** *fig* besudeln, beflecken, in den Schmutz ziehen; **II.** *rfl:* **-arsi 1.** *(insudiciarsi)* sich beschmutzen, sich schmutzig machen; **2.** *fig* sich *(dat)* die Hände schmutzig machen.

sporcizia [spor'tʃittsi̯a] ‹-ie› *f* **1.** *(mancanza di pulizia)* Schmutzigkeit *f;* **2.** *(cosa sporca)* Dreck *m*, Schmutz *m;* **3.** *fig* Schweinerei *f*.

sporco, -a ['spɔrko] ‹-chi, -che› **I.** *a (a. fig)* schmutzig, dreckig; **avere la fedina penale -a** vorbestraft sein; **II.** *m* Schmutz *m*, Dreck *m*.

sporgenza [spor'dʒɛntsa] *f* Vorsprung *m*. **sporgere** ['spɔrdʒere] ‹irr› **I.** *tr* ‹avere› vorstrecken; *(dalla finestra)* hinausstrecken; **II.** *itr* ‹essere› hinaus-, hervorragen, vorstehen, -springen; **III.** *rfl:* **-ersi** *(in fuori)* sich hinauslehnen; *(in avanti)* sich vorbeugen; **"È pericoloso sporgersi dal finestrino"** „Nicht hinauslehnen".

sport [spɔrt] ‹-› *m* Sport *m; (fig a.)* Spaß *m;* **fare dello ~** Sport treiben; **per ~** zum Spaß.

sporta ['spɔrta] *f* **1.** *(borsa)* (große) Tasche *f*, Tragetasche *f;* **2.** *(quantità)* Tasche(voll) *f*.

sportello [spor'tɛllo] *m* **1.** *(di treno, macchina, armadio)* Tür *f;* **2.** *(di ufficio, banca, etc.)* Schalter *m*.

sportivo, -a [spor'ti:vo] **I.** *a* **1.** *(spettacolo, campo)* Sport-; **2.** *(persona, vestito, etc.)* sportlich; **II.** *m, f* Sportler(in) *m(f)*.

sposa ['spɔ:za] *f* Braut *f; (moglie)* junge (Ehe)frau *f*. **sposalizio** [spoza'littsi̯o] ‹-i› *m* Hochzeit *f*. **sposare** [...'za:re] **I.** *tr* **1.** *(prendere per moglie o marito)* heiraten; **2.** *(unire in matrimonio)* trauen, vermählen; **3.** *(dare in moglie o marito)* verheiraten; **4.** *fig* sich mit Leib und Seele widmen (*qc* einer S. *dat*), sich verschreiben (*qc* einer S. *dat*); **II.** *rfl:* **-arsi** heiraten; **-arsi con qu** jdn heiraten, sich mit jdm verheiraten. **sposo** ['spɔ:zo] *m* Bräutigam *m; (marito)* junger (Ehe)mann *m;* **-i** Brautleute *pl*.

spossare [spos'sa:re] *tr* erschöpfen, entkräften. **spossatezza** [...sa'tettsa] *f* Erschöpfung *f*, Entkräftung *f*.

spostamento [sposta'mento] *m* Verschiebung *f; (d'aria a.)* Bewegung *f*. **spostare** [...'ta:re] **I.** *tr* **1.** *(mobile)* verschieben, verrücken; **2.** *(data)* verschieben; **II.** *rfl:* **-arsi** (weg)rücken; *(di città, etc.)* wegziehen; *(cosa)* sich (weg)bewegen. **spostato, -a** [...'ta:to] *m, f* Verhaltensgestörte(r) *mf*.

spranga ['spraŋga] ‹-ghe› *f* Stange *f; (lucchetto)* Riegel *m*. **sprangare** [...'ga:re] ‹sprango, spranghi› *tr* verriegeln.

spray ['spra:i] ‹-› *m* Spray *n o m*.

sprazzo ['sprattso] *m* **1.** *(di luce, sole)* Strahl *m;* **2.** *fig* Blitz *m*, Funke *m*.

sprecare [spre'ka:re] ‹spreco, sprechi› **I.** *tr* verschwenden, vergeuden; **II.** *rfl:* **-arsi** seine Kräfte vergeuden (*in* für), sich umsonst verausgaben (*in* für).

spreco ['sprɛ:ko] ‹-chi› *m* Verschwendung *f*, Vergeudung *f*. **sprecone, -a** [spre'ko:ne] *m, f* Verschwender(in) *m(f)*.

spregevole [spre'dʒe:vole] *a* **1.** *(perso-*

na, cosa) verachtenswert; **2.** *(gesto, etc.)* verächtlich.
spregiativo, -a [spredʒa'ti:vo] **I.** *a* verächtlich, abwertend; **II.** *m* Pejorativ(um) *n,* Pejorativform *f.* **spregio** ['sprɛ:dʒo] ‹-gi› *m* Verachtung *f.*
spregiudicatezza [spredʒudika'tettsa] *f* Skrupellosigkeit *f.* **spregiudicato, -a** [...'ka:to] *a* skrupellos.
spremere ['sprɛ:mere] *tr* **1.** *(limone, arancia)* auspressen; **2.** *fig* ausquetschen *fam;* **-ersi le meningi** sich *(dat)* den Kopf zerbrechen, sich *(dat)* das Hirn zermartern.
spremiagrumi [spremia'gru:mi] ‹-›, **spremilimoni** [-li'mo:ni] ‹-› *m* Zitrus-, Zitronenpresse *f.*
spremitura [spremi'tu:ra] *f* (Aus)pressen *n.*
spremuta [spre'mu:ta] *f* (frisch gepreßter) Fruchtsaft *m.*
sprezzante [spret'tsante] *a* verächtlich, geringschätzig; *(atteggiamento a.)* hochmütig.
sprezzo ['sprɛttso] *m* **1.** *(disprezzo)* Verachtung *f;* **2.** *(noncuranza)* Mißachtung *f,* Nichtbeachtung *f.*
sprigionare [spridʒo'na:re] **I.** *tr* ausströmen, hervorbringen; **II.** *rfl:* **-arsi** ausströmen, hervorkommen.
sprint [sprɪnt] ‹-› *m* **1.** *sport* Sprint *m,* Spurt *m;* **2.** *fig* Schwung *m.*
sprizzare [sprit'tsa:re] **I.** *tr* ‹*avere*› **1.** *(gioia)* sprühen, ausstrahlen; **2.** *(sangue)* ausspritzen, verströmen; **II.** *itr* ‹*essere*› (aus)spritzen, strömen.
sprofondare [sprofon'da:re] **I.** *itr* ‹*essere*› **1.** *(pavimento, terreno)* nachgeben, absinken; *(casa, tetto)* einstürzen; **2.** *(affondare)* versinken, einsinken; **3.** *fig* versinken; **II.** *rfl:* **-arsi 1.** *(lasciarsi andare)* sich fallen lassen, sich sinken lassen; **2.** *fig* sich vertiefen, sich versenken.
sproloquio [spro'lɔ:kui̯o] ‹-qui› *m* Salbaderei *f.*
spronare [spro'na:re] *tr* **1.** *(cavallo)* die Sporen geben *dat;* **2.** *fig* anspornen.
sprone ['spro:ne] *m* **1.** *gener., zoo* Sporn *m;* **2.** *fig* Ansporn *m.*
sproporzionato, -a [sproportsi̯o'na:to] *a* **1.** *(braccia, persona)* unproportioniert; **2.** *(prezzo, reazione)* unverhältnismäßig, unangemessen. **sproporzione** [...'tsi̯o:ne] *f* Unverhältnismäßigkeit *f,* Unangemessenheit *f.*
spropositato, -a [spropozi'ta:to] *a* **1.** *(pieno di sbagli)* voller Fehler, vor Fehlern strotzend; **2.** *fig* enorm, riesig; *(eccessivo)* übertrieben. **sproposito** [...'pɔ:zito] *m* **1.** *(errore)* grober Fehler; **2.** *(sciocchezza)* Dummheit *f,* Fehler *m.*
sprovveduto, -a [sprovve'du:to] *a* **1.** *(sfornito):* ~ **di** nicht versehen mit, ohne; **2.** *pej* unbegabt.
sprovvisto, -a [sprov'visto] *a:* ~ **di** nicht versehen mit, ohne, -los.
spruzzare [sprut'tsa:re] *tr* (be)spritzen, (be)sprühen. **spruzzata** [...'tsa:ta] *f* **1.** *meteo* (leichter) Schauer *m;* **2.** *(lo spruzzare)* Spritzer *m,* Spritzen *n;* **3.** *gastr* Spritzer *m,* Schuß *m.* **spruzzatore** [...tsa'to:re] *m* Zerstäuber *m; mot* (Kraftstoff)düse *f.*
spruzzo ['spruttso] *m* **1.** *(d'acqua, fango)* Spritzer *m;* **2.** *meteo* Schauer *m;* **3.** *tec* Spritzen *n;* **4.** *gastr* Spritzer *m,* Schuß *m.*
spudoratezza [spudora'tettsa] *f* Unverschämtheit *f,* Schamlosigkeit *f.* **spudorato, -a** [...'ra:to] *a* unverschämt, schamlos.
spugna ['spuɲɲa] *f* **1.** *(animale, oggetto)* Schwamm *m;* **2.** *(tessuto)* Frottee *n o m;* **bere come una** ~ saufen wie ein Loch *fam.* **spugnoso, -a** [...'ɲo:so] *a* schwammartig, porös.
spulciare [spul'tʃa:re] ‹spulcio, spulci› **I.** *tr* **1.** *(cane, gatto)* flöhen, entflohen; **2.** *fig* durchforsten; **II.** *rfl:* **-arsi** sich flöhen (*o* entflohen).
spuma ['spu:ma] *f* **1.** *(schiuma)* Schaum *m;* **2.** *(bibita)* Limonade *f.* **spumante** [spu'mante] *m* Schaumwein *m.* **spumeggiante** [spumed'dʒante] *a* **1.** *(birra)* schäumend; *(vino)* moussierend; **2.** *fig* sprühend, brillant. **spumeggiare** [...'dʒa:re] ‹spumeggio, spumeggi› *itr* schäumen; *(vino)* moussieren.
spuntare [spun'ta:re] **I.** *tr* ‹*avere*› **1.** *(penna, lapis)* die Spitze abbrechen von; *(smussare)* stumpf machen, abstumpfen; **2.** *(capelli, baffi)* stutzen; **3.** *fig* meistern, überwinden, schaffen; **spuntarla** es schaffen, sich durchsetzen; **II.** *itr* ‹*essere*› **1.** *(venir fuori)* hervorkommen, zutage kommen; *(fiori)* sprießen; *(sole)* aufgehen; *(giorno)* anbrechen; **2.** *(apparire)* auftreten, erscheinen; **da dove spunti?** wo kommst du denn her?; **III.** *rfl:* **-arsi** abbrechen, die Spitze verlieren; *(smussarsi)* stumpf werden.
spuntino [spun'ti:no] *m* Imbiß *m,* Zwischenmahlzeit *f.*
spunto ['spunto] *m* Anstoß *m,* Anregung *f,* Anlaß *m.*
spurgare [spur'ga:re] ‹spurgo, spurghi› *tr* **1.** *(fogna, canale)* reinigen, ausspülen; **2.** *med* aushusten, auswerfen. **spurgo** ['spurgo] ‹-ghi› *m* **1.** *(operazione)* Säuberung *f,* Ausspülung *f;* **2.** *(materiale)* Auswurf *m,* Schleim *m.*
sputacchiare [sputak'ki̯a:re] ‹sputacchio, sputacchi› **I.** *itr* spucken; **II.** *tr* bespucken. **sputacchiera** [...'ki̯ɛ:ra] *f* Spucknapf *m.*
sputare [spu'ta:re] **I.** *tr* spucken, speien; *(vulcano a.)* ausstoßen, -werfen; ~ **san-**

gue *fig* sich abmühen, sich völlig verausgaben; **II.** *itr* spucken, speien; ~ **su qc** *fam* auf etw. pfeifen *fam.* **sputasentenze** [...tasen'tɛntse] ‹-› *mf* Sprücheklopfer(in) *m(f) fam,* Klugscheißer(in) *m(f) fam.*

sputo ['spu:to] *m* Spucke *f,* Speichel *m; (escreto)* Schleim *m,* Auswurf *m.*

sputtanare [sputta'na:re] *vulg* **I.** *tr* durch den Dreck ziehen *fam;* **II.** *rfl:* **-arsi** unten durch sein *fam.*

squadra ['skua:dra] *f* **1.** *(da disegno)* Winkel *m,* (Winkel)dreieck *n;* **2.** *(complesso di persone)* Gruppe *f; (sport a.)* Mannschaft *f,* Team *n;* **3.** *mil* Trupp *m,* Kommando *n;* **4.** *adm* Kommando *n,* Polizeieinheit *f;* **5.** *naut, aero* Geschwader *n;* ~ **mobile** (*o* **volante**) Überfallkommando *n;* **essere fuori** ~ *(a. fig)* aus dem Lot sein.

squadrare [skua'dra:re] *tr* **1.** *(foglio da disegno)* viereckig (*o* rechtwinklig) zuschneiden; **2.** *fig* mustern, beäugen.

squadriglia [skua'driʎʎa] ‹-glie› *f* Geschwader *n.*

squadrone [skua'dro:ne] *m* Schwadron *f.*

squagliare [skuaʎ'ʎa:re] ‹squaglio, squagli› **I.** *tr* schmelzen, auflösen; **II.** *rfl:* **-arsi** schmelzen, flüssig werden; **squagliarsela** *fig fam* sich davonmachen, sich aus dem Staub machen.

squalifica [skua'li:fika] *f* Disqualifizierung *f.* **squalificare** [...lifi'ka:re] **I.** *tr* disqualifizieren; **II.** *rfl:* **-arsi** sich disqualifizieren.

squallido, -a ['skuallido] *a* trist, trostlos; *(luogo a.)* öde.

squallore [skual'lo:re] *m* Trostlosigkeit *f; (di luogo a.)* Öde *f; (miseria a.)* Elend *n.*

squalo ['skua:lo] *m* Hai(fisch) *m.*

squama ['skua:ma] *f* Schuppe *f.* **squamare** [skua'ma:re] **I.** *tr* (ab)schuppen; **II.** *rfl:* **-arsi** sich (ab)schuppen.

squarciagola [skuartʃa'go:la]: **a** ~ *adv* aus vollem Halse, aus voller Kehle.

squarciare [skuar'tʃa:re] ‹squarcio, squarci› **I.** *tr* zerreißen, zerfetzen; **il sole squarcia le nuvole** die Sonne durchbricht die Wolken; **II.** *rfl:* **-arsi** aufbrechen, aufgehen. **squarcio** ['skuartʃo] ‹-ci› *m* Riß *m; (ferita)* klaffende Wunde; ~ **di sole** Durchbruch *m* der Sonne.

squartare [skuar'ta:re] *tr* zerlegen, zerteilen; *(in quarti)* vierteilen.

squattrinato, -a [skuattri'na:to] **I.** *a* mittellos, abgebrannt *fam;* **II.** *m, f* Habenichts *m.*

squilibrare [skuili'bra:re] *tr* aus dem Gleichgewicht bringen. **squilibrato, -a** [...'bra:to] **I.** *a* **1.** *(alimentazione)* unausgewogen; **2.** *med* verstört, geistesgestört; **II.** *m, f* verstörte (*o* geistesgestörte) Person. **squilibrio** [...'li:brio] ‹-i› *m* **1.** *med* Verwirrung *f;* **2.** *com* Unausgeglichenheit *f.*

squillante [skuil'lante] *a* **1.** *(voce)* schrill; **2.** *(colore)* schreiend, grell.

squillare [skuil'la:re] *itr* ‹*essere o avere*› *(trombe)* schmettern; *(telefono, campanello)* klingeln.

squillo ['skuillo] **I.** *m (di tromba)* Schmettern *n; (di telefono, campanello)* Klingeln *n;* **II.** ‹*inv*› *a:* **ragazza** ~ Callgirl *n.*

squinternato, -a [skuinter'na:to] **I.** *a* verrückt; **II.** *m, f* Verrückte(r) *mf.*

squisito, -a [skui'zi:to] *a* exquisit, erlesen; *(cibo a.)* köstlich.

squittire [skuit'ti:re] ‹squittisco› *itr* pfeifen, quieken.

sradicare [zradi'ka:re] ‹sradico, sradichi› *tr* **1.** *(albero)* entwurzeln; **2.** *fig (vizio)* ausmerzen.

sragionare [zradʒo'na:re] *itr* unlogisch (*o* unvernünftig) denken; *(parlando)* dummes Zeug reden.

sregolatezza [zregola'tettsa] *f* **1.** *(di vita, costumi)* Regellosigkeit *f;* **2.** *(comportamento)* Unmäßigkeit *f,* Ausschweifung *f.* **sregolato, -a** [...'la:to] *a* **1.** *(senza regola)* regellos, ungeregelt; **2.** *(smodato)* maßlos; **3.** *(dissoluto)* ausschweifend, liederlich.

S.r.l. *ab di* **Società a responsabilità limitata** GmbH *f* (*ab di* Gesellschaft mit beschränkter Haftung).

srotolare [zroto'la:re] *tr* ent-, ausrollen.

stabbio ['stabbio] ‹-i› *m* Stall *m.*

stabile ['sta:bile] **I.** *a* **1.** *meteo* beständig, gleichbleibend; **2.** *theat* ständig; **3.** *com (beni)* unbeweglich; *(prezzi)* stabil; **4.** *fig* fest, stabil; *(impiego)* fest; *(resistente)* widerstandsfähig; **II.** *m* **1.** *arch* Gebäude *n;* **2.** *theat* ständiges Theater; **3.** ‹*pl*› *com* Immobilien *f pl.*

stabilimento [stabili'mento] *m* **1.** *(edificio)* Gebäude *n,* Bau *m;* **2.** *(per industria)* Fabrik *f,* Fabrikgebäude *n,* Werk *n.*

stabilire [stabi'li:re] ‹stabilisco› **I.** *tr* **1.** *(decretare)* festsetzen, festlegen; **2.** *(decidere)* beschließen, entscheiden; **3.** *(dimora)* aufschlagen, nehmen; **II.** *rfl:* **-irsi** sich niederlassen.

stabilità [stabili'ta] ‹-› *f* **1.** *(di edificio)* Festigkeit *f; (a. fin)* Stabilität *f;* **2.** *(resistenza)* Widerstandsfähigkeit *f.* **stabilizzare** [...lid'dza:re] **I.** *tr* stabilisieren, festigen; **II.** *rfl:* **-arsi** sich stabilisieren, sich festigen; *(tempo)* beständig werden.

staccare [stak'ka:re] ‹stacco, stacchi› **I.** *tr* **1.** *(francobollo, etichetta)* (ab-, los)lösen; **2.** *(tirar giù)* abnehmen, -ziehen, -reißen; **3.** *(cavalli, buoi)* ausspannen; **4.** *ferr (vagone)* abhängen; **5.** *(assegno, ricevuta)* ausstellen; **6.** *sport* abhängen; **7.** *(parole, sillabe)* einzeln aussprechen, skandieren; **II.** *itr* sich abheben (*su* von); **III.** *rfl:* **-arsi 1.** *(da muro, parete)* sich trennen, sich lösen; **2.** *(bottone)* abspringen, abgehen; **3.** *fig* sich trennen, sich lösen. **staccato, -a** [...'ka:to] **I.** *a* **1.** *(fascicolo)* lose, getrennt; **2.** *mus* staccato gespielt; **II.** *m* Staccato *n.*

staccionata [stattʃo'na:ta] *f* Latten-, Bretterzaun *m.*

stacco ['stakko] ‹-cchi› *m* **1.** *sport* Sprung *m,* Absprung *m;* **2.** *fig* Kontrast *m,* Bruch *m;* **fare ~** sich abheben.

stadera [sta'dɛ:ra] *f* Laufgewichtswaage *f.*

stadio ['sta:di̯o] ‹-i› *m* **1.** *sport* Stadion *n;* **2.** *fig* Stadium *n,* Phase *f,* Stufe *f;* **3.** *tec, el* Stufe *f.*

staffa ['staffa] *f* **1.** *(di sella, anat)* Steigbügel *m;* **2.** *tec* Spanneisen *n;* **3.** *arch* Klammer *f,* Bügel *m;* **perdere le -e** *fig* aus der Fassung geraten; **tenere il piede in due -e** *fig* zwei Eisen im Feuer haben.

staffetta [staf'fetta] *f* **1.** *sport* Staffel *f,* Staffellauf *m;* **2.** *(persona)* Kurier *m,* Bote *m.*

stagflazione [stagflat'tsi̯o:ne] *f* Stagflation *f.*

stagionale [stadʒo'na:le] **I.** *a* jahreszeitlich, saisonal, Saison-; **II.** *mf* Saisonarbeiter(in) *m(f).*

stagionare [stadʒo'na:re] **I.** *tr* (ab)lagern; **II.** *rfl:* **-arsi** lagern, reifen. **stagionato, -a** [...'na:to] *a* **1.** *gastr (formaggio, prosciutto)* reif, gereift; *(vino)* abgelagert; **2.** *(legname)* abgelagert; **3.** *fig scherz* reifer, in reiferen Jahren.

stagione [sta'dʒo:ne] *f* Jahreszeit *f; (periodo)* Zeit *f,* Periode *f; theat* Spielzeit *f; (turistica, lirica, concertistica, etc.)* Saison *f;* **alta/bassa ~** Hoch-/Vor- (*o* Nach)saison *f;* **~ morta** geschäftsarme Zeit, Sauregurkenzeit *f scherz;* **mezza ~** Übergangszeit *f;* **~ degli amori** *zoo* Brunftzeit *f.*

stagliarsi [staʎ'ʎarsi] ‹mi staglio, ti stagli› *rfl* sich abheben, sich abzeichnen.

stagnante [staɲ'ɲante] *a* **1.** *(acqua, aria)* stehend; **2.** *com (domanda, etc.)* stagnierend.

stagnare[1] [staɲ'ɲa:re] **I.** *itr* **1.** *(acqua)* stehen; **2.** *(sangue)* zum Stillstand kommen; **3.** *com* stagnieren; **II.** *tr (sangue)* stillen.

stagnare[2] [staɲ'ɲa:re] *tr* **1.** *(rivestire con stagno)* verzinnen; **2.** *(rendere stagno)* abdichten.

stagnatura [...ɲa'tu:ra] *f* Verzinnung *f.*

stagno ['staɲɲo] *m* **1.** *chem* Zinn *n;* **2.** *(d'acqua)* Teich *m.*

stagno, -a ['staɲɲo] *a* (wasser)dicht.

stagnola [staɲ'ɲɔ:la] *f* Stanniol(papier) *n.*

stalagmite [stalag'mi:te] *f* Stalagmit *m.*

stalattite [stalat'ti:te] *f* Stalaktit *m.*

stalla ['stalla] *f* Stall *m; fig* Schweinestall *m fam.*

stallo ['stallo] *m* **1.** *(seggio)* Sitz *m,* Stuhl *m;* **2.** *(negli scacchi)* Patt *n.*

stallone [stal'lo:ne] *m* Zuchthengst *m.*

stamane, stamani, stamattina [sta'ma:ne, ...ni, ...mat'ti:na] *adv* heute morgen.

stambecco [stam'bekko] ‹-cchi› *m* Steinbock *m.*

stamberga [stam'bɛrga] ‹-ghe› *f* elende (*o* ärmliche) Hütte.

stampa ['stampa] *f* **1.** *typ* Druck *m; (tecnica a.)* Buchdruck *m;* **2.** *(giornalismo)* Presse *f;* **3.** *(riproduzione)* Druck *m; (incisione)* Stich *m;* **4.** *fot* Abzug *m;* **-e** Drucksache *f;* **essere fuori ~** vergriffen sein.

stampaggio [stam'paddʒo] ‹-ggi› *m* Pressen *n,* Stanzen *n.*

stampare [stam'pa:re] **I.** *tr* **1.** *(libro, giornale)* drucken; **2.** *(tessuto, etc.)* bedrucken; **3.** *fot* abziehen; **4.** *(monete)* prägen; **5.** *fig* aufdrücken, drücken, einprägen; **6.** *tec* pressen, formpressen; **II.** *rfl:* **-arsi** sich einprägen. **stampatello** [...pa'tɛllo] *m* Druckbuchstabe *m.* **stampato, -a** [...'pa:to] **I.** *a* **1.** *(libro, foglio)* gedruckt; **2.** *(tessuto)* bedruckt; **3.** *fig* eingeprägt, eingeschrieben; **II.** *m* **1.** *(opuscolo)* Broschüre *f,* Heft *n,* Druckschrift *f;* **2.** *(modulo)* Formular *n,* Vordruck *m;* **-i** Briefdrucksache *f.* **stampatore, -trice** [...pa'to:re] **I.** *m, f* Drucker(in) *m(f);* **II.** *f film* Filmkopiermaschine *f.*

stampella [stam'pɛlla] *f* Krücke *f.*

stamperia [stampe'ri:a] ‹-ie› *f* Druckerwerkstatt *f.*

stampigliare [stampiʎ'ʎa:re] *tr* (ab)stempeln.

stampo ['stampo] *m* **1.** *gastr (per torte, budini)* Form *f;* **2.** *tec* Gußform *f;* **3.** *fig* Schlag *m,* Art *f,* Charakter *m.*

stanare [sta'na:re] *tr (a. fig)* aufstöbern.

stanca ['staŋka] ‹-che› *f* Hochwasser *n,* höchster Pegelstand.

stancare [staŋ'ka:re] ‹stanco, stanchi› **I.** *tr* **1.** *(rendere stanco)* ermüden, müde machen; **2.** *mil, sport (avversario)* schwächen, zermürben; **3.** *(infastidire)* stören; *(persona)* zur Last fallen (*qu* jdm); *(cosa, discorso)* ermüden; **II.** *rfl:* **-arsi 1.** *(affaticarsi)* ermüden, müde werden; **2.** *(stufarsi)* es satt (*o* leid) werden; **III.** *itr* **1.** *(affaticare)* müde machen, ermüden; **2.** *(stufare)* zum Überdruß werden, ermüden. **stanchezza** [...'kettsa] *f* Müdigkeit *f.*

stanco, -a ['staŋko] ‹-chi, -che› *a* **1.** *(affaticato)* müde, ermüdet; **2.** *(stufo)* satt, leid; **3.** *com (mercato)* gesättigt, übersättigt; ~ **morto** *fam* todmüde, hundemüde *fam.*

stand [stænd] ‹-› *m* Stand *m.*

standard ['standard] ‹-› *m* Standard *m.* **standardizzare** [...did'dza:re] *tr* standardisieren. **standardizzazione** [...diddzat'tsi̯o:ne] *f* Standardisierung *f.*

stanga ['staŋga] ‹-ghe› *f* **1.** *(legno)* Latte *f;* **2.** *(di carro)* Deichsel *f;* **3.** *fig fam* lange Latte.

stangare [staŋ'ga:re] ‹stango, stanghi› *tr* **1.** *fig* übers Ohr hauen *fam,* hereinlegen; *(agli esami, etc.)* durchfallen lassen; **2.** *(colpire)* mit einer Latte schlagen. **stangata** [...'ga:ta] *f* **1.** *(colpo di stanga)* Schlag *m* mit einer Latte; **2.** *fig* Fehl-, Rückschlag *m;* **3.** *sport* harter Schuß aufs Tor. **stanghetta** [...'getta] *f* **1.** *(degli occhiali)* Bügel *m;* **2.** *mus* Taktstrich *m.*

stanotte [sta'nɔtte] *adv* diese Nacht, heute nacht.

stante ['stante] **I.** *a* stehend; **a sé** ~ selbständig, separat; **seduta** ~ auf der Stelle, sofort; **II.** *prp* wegen *dat o gen,* aufgrund *gen.*

stantio, -a [stan'ti:o] ‹-ii, -ie› *a* **1.** *(pane)* alt; *(burro)* ranzig; **2.** *fig* überholt.

stantuffo [stan'tuffo] *m* Kolben *m.*

stanza ['stantsa] *f* Zimmer *n,* Raum *m.*

stanziamento [stantsi̯a'mento] *m* Bereitstellung *f.* **stanziare** [...'tsi̯a:re] ‹stanzio, stanzi› **I.** *tr* bereitstellen; **II.** *rfl:* **-arsi** sich niederlassen, sich festsetzen.

stanzino [stan'tsi:no] *m* Kammer *f,* Abstellraum *m.*

stappare [stap'pa:re] *tr* entkorken.

stare ['sta:re] ‹sto, stetti, stato› *itr* ‹*essere*› **1.** *(essere)* sein; *(in un luogo a.)* sich befinden, sich aufhalten; *(in piedi a.)* stehen; *(restare)* bleiben; **2.** *(abitare)* wohnen; **3.** *(di salute)* gehen; **4.** *(toccare)* liegen (*a* an); *(dipendere)* abhängen (*in* von), liegen (*in* an); **5.** *mat* sich verhalten (*a* zu); **6.** *(attenersi)* sich halten (*a* an); **7.** *(adattarsi)* passen (*con* zu); *(colore, indumento)* stehen; **8.** *(resistere)* es aushalten; **9.** *(entrarci)* hineinpassen, hineingehen; **10.** *(con gerundio):* **sto leggendo** ich lese gerade; **stavo guardando la TV** ich war dabei fernzusehen; **11.** *(con infinito):* **stiamo a vedere cosa succede** sehen wir zunächst (*o* erst) einmal, was geschieht; ~ **coi genitori/con la famiglia** bei den Eltern/der Familie wohnen; ~ **a sentire** zuhören; *(obbedire)* gehorchen; ~ **per fare qc** im Begriff sein, etw. zu tun; **starci** *(essere d'accordo)* einverstanden sein, mitmachen; *(avere posto)* passen, Platz haben; **lasciar** ~ (sein)lassen; **sto bene/male** mir geht es gut/schlecht; **sta a te decidere** es liegt an dir zu entscheiden, du mußt dich entscheiden; **non può** ~ **senza fumare/senza di lui** er (*o* sie) kann es ohne zu rauchen/ohne ihn nicht aushalten.

starna ['starna] *f* Rebhuhn *n.*

starnazzare [starnat'tsa:re] *itr* mit den Flügeln Staub (*o* den Boden) aufwirbeln.

starnutare [starnu'ta:re], **starnutire** [...'ti:re] ‹starnutisco› *itr* niesen. **starnuto** [...'nu:to] *m* Niesen *n;* **fare uno** ~ niesen.

starter ['starter] ‹-› *m* **1.** *mot* Anlasser *m;* **2.** *sport* Starter *m.*

stasera [sta'se:ra] *adv* heute abend.

stasi ['sta:zi] ‹-› *f* **1.** *med* Stauung *f,* Stase *f scient;* **2.** *fin* Stillstand *m,* Stokkung *f.*

statale [sta'ta:le] **I.** *a* staatlich, Staats-; **II.** *mf* (Staats)beamte(r) *m,* -beamtin *f;* **III.** *f pl* staatliche Schulen *f pl.* **statalizzare** [statalid'dza:re] *tr* verstaatlichen.

statica ['sta:tika] ‹-che› *f* Statik *f.* **statico, -a** [...ko] ‹-ci, -che› *a* statisch; *(fig a.)* unbeweglich, starr.

statista [sta'tista] ‹-i *m,* -e *f*› *mf* Politiker(in) *m(f),* Staatsmann *m.*

statistica [sta'tistika] ‹-che› *f* Statistik *f.* **statistico, -a** [...ko] ‹-ci, -che› *a* statistisch.

stato[1] ['sta:to] *pp di* **essere** *e* **stare.**

stato[2] ['sta:to] *m* **1.** *pol* Staat *m;* **2.** *adm (ceto)* Stand *m; fig* Status *m,* (gesellschaftliche) Stellung *f;* **3.** *phys, chem, med* Zustand *f;* **4.** *(condizione, a. fig)* Zustand *m,* Lage *f;* **5.** *mil:* ~ **maggiore** Stab *m;* **6.** *gram* Zustand *m;* ~ **d'assedio/d'emergenza** Belagerungs-/Ausnahmezustand *m;* ~ **d'animo** Gemütslage *f;* ~ **civile** (*o* **di famiglia**) Familien-, Personenstand *m;* **essere in** ~ **d'accusa/arresto** *jur* unter Anklage/Arrest stehen; **essere in** ~ **interessante** in (anderen) Umständen sein; **gli Stati Uniti d'America** die Vereinigten Staaten von Amerika.

statua ['sta:tua] *f* Statue *f,* Standbild *n.* **statuario, -a** [statu'a:ri̯o] ‹-i, -ie› *a fig* ebenmäßig, erhaben, vollkommen.

statunitense [statuni'tɛnse] **I.** *a* nordamerikanisch; **II.** *mf* Nordamerikaner(in) *m(f),* US-Bürger(in) *m(f).*

statura [sta'tu:ra] *f* **1.** *(altezza)* Größe *f,* Statur *f;* **2.** *fig* Format *n.*

statutario, -a [statu'ta:ri̯o] ‹-i, -ie› *a* **1.** *jur* satzungsmäßig; **2.** *pol* verfassungsmäßig, statutarisch. **statuto** [...'tu:to] *m* **1.** *jur, com* Statut *n,* Satzung *f;* **2.** *pol, hist* Statut *n,* Verfassung *f.*

stavolta [sta'vɔlta] *adv fam* diesmal, dieses Mal.

stazionamento [stattsi̯ona'mento] *m* Parken *n;* **freno di** ~ Handbremse *f,*

Feststellbremse *f.* **stazionare** [...'na:re] *itr* **1.** *mot* parken; **2.** *(sostare)* sich aufhalten, stehenbleiben. **stazionario, -a** [...'na:ri̯o] ‹-i, -ie› *a* unverändert, gleichbleibend.

stazione [stat'tsi̯o:ne] *f* **1.** *ferr* Bahnhof *m;* **2.** *radio, rel* Station *f;* **3.** *adm* Dienststelle *f; (di polizia)* Wache *f;* **4.** *mil* Wache *f;* **5.** *(fermata)* Haltestelle *f,* Station *f;* ~ **di servizio/rifornimento** Servicestation *f*/Tankstelle *f;* ~ **balneare/climatica/termale** Bade-/Luftkur-/Kurort *m;* ~ **astronomica/spaziale/meteorologica** Sternwarte *f*/Raum-/Wetterstation *f.*

stazza ['stattsa] *f* Tonnage *f.*

stecca ['stekka] ‹-cche› *f* **1.** *(di ombrello, ventaglio)* Stab *m,* Stange *f;* **2.** *(di sigarette)* Stange *f;* **3.** *mus* falscher Ton; ~ **da biliardo** Queue *n,* Billardstock *m.*

steccare [stek'ka:re] ‹stecco, stecchi› *tr med* schienen.

steccato [stek'ka:to] *m* (Latten)zaun *m.*

stecchetto [stek'ketto] *m:* **tenere a ~** kurzhalten.

stecchino [stek'ki:no] *m* Zahnstocher *m.*

stecchire [stek'ki:re] ‹stecchisco› *tr sl* kaltmachen *sl,* umlegen *sl.* **stecchito, -a** [...'ki:to] *a* **1.** *(rami, pianta)* verdörrt; **2.** *fig* baß erstaunt, verblüfft; **morto ~** auf der Stelle tot.

stecco ['stekko] ‹-cchi› *m* **1.** *(ramoscello)* dürrer Zweig; **2.** *(pezzetto di legno)* Stäbchen *n,* Stöckchen *n;* **essere (magro come) uno ~** *fam* ein Strich in der Landschaft sein *fam.*

Stefania [ste'fa:ni̯a] *(nome proprio femminile)* Stefanie, Stephanie.

Stefano ['ste:fano] *(nome proprio maschile)* Stefan, Stephan.

stele ['stɛ:le] ‹- *o rar* -i› *f* Stele *f.*

stella ['stella] *f* **1.** *astr, fig* Stern *m;* **2.** *film* Star *m;* ~ **alpina** Edelweiß *n;* ~ **filante** (*o* **cadente**) Sternschnuppe *f; (meteora)* Meteor *m;* ~ **filante** *(di carta)* Luftschlange *f;* **portare qu alle -e** jdn in den Himmel heben; **i prezzi sono saliti alle -e** die Preise sind ins Astronomische gestiegen. **stellare** [...'la:re] *a* Stern(en)-, Stellar-. **stellato, -a** [...'la:to] *a* Stern(en)-; *(cielo a.)* sternenbedeckt. **stelletta** [...'letta] *f* **1.** ‹*pl*› *mil* Sterne *m pl;* **2.** *(asterisco)* Sternchen *n.*

stelo ['stɛ:lo] *m* Stiel *m,* Stengel *m;* **lampada a ~** Stehlampe *f.*

stemma ['stɛmma] ‹-i› *m* Wappen *n,* Wappenbild *n.*

stemmo ['stemmo] *v.* **stare.**

stemperare [stempe'ra:re] *tr* verdünnen, in Wasser lösen.

stempiarsi [stem'pi̯arsi] ‹mi stempio, ti stempi› *rfl* Geheimratsecken bekommen *fam.*

stendardo [sten'dardo] *m* Standarte *f,* Banner *n.*

stendere ['stɛndere] ‹*irr*› **I.** *tr* **1.** *(braccia, gambe, mano)* ausstrecken; **2.** *(biancheria)* aufhängen; **3.** *(pasta)* ausrollen; **4.** *(vernice, burro)* (ver)streichen; *(colori a.)* auftragen; **5.** *(persona)* hinlegen; *(con pugno, pallottola)* niederstrecken; **6.** *adm* niederschreiben, verfassen; *(verbale)* führen; **7.** *(tappeto, tovaglia)* ausbreiten; **II.** *rfl:* **-ersi 1.** *(allungarsi)* sich (aus)strecken; **2.** *fig (estendersi)* sich erstrecken (*su* auf). **stendibiancheria** [stendibi̯aŋke'ri:a] ‹-› *m* Wäscheständer *m.* **stenditoio** [...i'to:i̯o] ‹-oi› *m* **1.** *(locale)* Trockenraum *m;* **2.** *(attrezzo)* Wäscheständer *m.*

stenodattilografia [stenodattilogra'fi:a] *f* Stenotypieren *n.* **stenodattilografo, -a** [...'lɔ:grafo] *m, f* Stenotypist(in) *m(f).*

stenografare [stenogra'fa:re] *tr* stenographieren. **stenografia** [...'fi:a] *f* Stenographie *f,* Kurzschrift *f.* **stenografo, -a** [...'nɔ:grafo] *m, f* Stenograph(in) *m(f).*

stentare [sten'ta:re] *itr* **1.** *(faticare)* Mühe haben, sich abmühen; **2.** *(vivere male)* sich mühsam durchschlagen, entbehrungsreich leben; ~ **a leggere** mit Mühe (*o* nur mühsam) lesen (können). **stentato, -a** [...'ta:to] *a* **1.** *(lavoro)* mühsam; *(a. vita)* mühselig; **2.** *(discorso, tema)* mühsam, gequält, gezwungen; **3.** *(pianta)* kümmerlich.

stento ['stɛnto] *m* **1.** *(fatica)* Mühe *f,* Anstrengung *f;* **2.** ‹*pl*› *(disagio)* Entbehrungen *f pl,* Elend *n.*

steppa ['steppa] *f* **1.** *geog* Steppe *f;* **2.** *sl* Unterwelt *f,* Milieu *n sl.*

sterco ['stɛrko] ‹-chi› *m* Kot *m,* Mist *m.*

stereo ['stɛ:reo] **I.** ‹-› *m fam* Stereogerät *m; (impianto)* Stereoanlage *f;* **II.** ‹*inv*› *a* Stereo-. **stereofonico, -a** [...'fɔ:niko] ‹-ci, -che› *a* Stereo-, stereophon.

stereotipato, -a [stereoti'pa:to] *a* **1.** *fig* stereotyp; **2.** *typ* stereotypisch, Stereotyp-.

sterile ['stɛ:rile] *a* **1.** *(infecondo)* steril; *(a. bot, agr)* unfruchtbar; **2.** *fig* fruchtlos, unfruchtbar. **sterilità** [sterili'ta] ‹-› *f* **1.** *(di donna, uomo)* Sterilität *f; (a. bot, agr)* Unfruchtbarkeit *f;* **2.** *fig* Fruchtlosigkeit *f,* Unfruchtbarkeit *f.*

sterilizzare [sterilid'dza:re] *tr* sterilisieren. **sterilizzazione** [...dzat'tsi̯o:ne] *f* Sterilisierung *f,* Sterilisation *f.*

sterlina [ster'li:na] *f* Pfund *n* (Sterling).

sterminare [stermi'na:re] *tr* vernichten; *(popolazioni a.)* ausrotten. **sterminato, -a** [...'na:to] *a* endlos, unendlich, grenzenlos. **sterminio** [...'mi:ni̯o] ‹-i› *m*

1. *(distruzione)* Vernichtung *f,* Ausrottung *f;* 2. *fig fam* Unzahl *f,* Unmenge *f.*
sterno ['stɛrno] *m* Brustbein *n.*
sterpo ['stɛrpo *o* 'ste...] *m* (ausgedörrter) Dornbusch *m.*
sterrare [ster'ra:re] *tr* ausheben. **sterratore** [...ra'to:re] *m* Erdarbeiter *m.*
sterzare [ster'tsa:re] *tr* lenken, steuern. **sterzata** [...'tsa:ta] *f* Lenken *n,* Lenkmanöver *n.*
sterzo ['stɛrtso] *m* Lenkung *f.*
stessi ['stessi] *v.* **stare.**
stesso, -a ['stesso] **I.** *a* **1.** *(medesimo):* **lo ~, la -a** der-, die-, dasselbe; *(uguale)* der (*o* die *o* das) gleiche; **2.** *(in persona)* selbst, selber; **3.** *(proprio)* eben, gerade, genau; **4.** *(anche)* sogar, selbst; **lo farò io ~** ich werde es selber machen; **ci vado oggi ~** ich gehe noch heute hin; **in quello ~ momento** genau in diesem Moment; **II.** *adv:* **lo ~** trotzdem, sowieso; **III.** *pron:* **lo ~, la -a** der-, die-, dasselbe; *(uguale)* der (*o* die *o* das) gleiche; **IV.** *m* dasselbe; **fa (*o* è) lo ~** es ist (ganz) gleich.
steste, stesti ['steste, ...ti] *v.* **stare.**
stesura [ste'su:ra] *f* Niederschrift *f; (di contratto)* Aufsetzen *n.*
stetoscopio [stetos'kɔ:pi̯o] ‹-i› *m* Stethoskop *n.*
stetti ['stetti] *p rem di* **stare.**
stia ['sti:a] *etc. v.* **stare.**
stigma ['stigma] ‹-i› *m* Stigma *n.*
stigmate ['stigmate] *f pl* Wundmale *n pl* (Christi). **stigmatizzare** [...tid'dza:re] *tr* brandmarken.
stilare [sti'la:re] *tr* aufsetzen, abfassen.
stile ['sti:le] *m* Stil *m.*
stiletto [sti'letto] *m* Stilett *n.*
stilista [sti'lista] ‹-i *m,* -e *f*› *mf* Designer(in) *m(f),* Stylist(in) *m(f).*
stilistico, -a [sti'listiko] ‹-ci, -che› *a* stilistisch.
stillare [stil'la:re] **I.** *itr* ‹*essere*› tropfen, tröpfeln; **II.** *tr* ‹*avere*› absondern, abgeben.
stillicidio [stilli'tʃi:di̯o] ‹-i› *m* ständige Wiederholung.
stilografica [stilo'gra:fika] *f* Füllfederhalter *m,* Füller *m.*
stima ['sti:ma] *f* **1.** *(apprezzamento)* Achtung *f,* Wertschätzung *f;* **2.** *com* Schätzung *f,* Abschätzung *f;* **avere ~ di qu** vor jdm Achtung haben; **fare la ~ di qc** etw. schätzen. **stimare** [...'ma:re] *tr* **1.** *com* schätzen, abschätzen; **2.** *(persona)* schätzen, achten; **3.** *(giudicare)* halten für, einschätzen (als).
stimolante [stimo'lante] **I.** *a* anregend, stimulierend; **II.** *m* Stimulans *n.* **stimolare** [...'la:re] *tr* stimulieren, anregen, anreizen; *(incitare)* anspornen, antreiben. **stimolazione** [...lat'tsi̯o:ne] *f* Stimulierung *f,* Anregung *f.* **stimolo** ['sti:molo] *m* **1.** *(impulso)* Anreiz *m,* Ansporn *m;* **2.** *anat* Trieb *m,* Reiz *m,* Stimulus *m scient.*
stinco ['stiŋko] ‹-chi› *m* Schienbein *n.*
stingere ['stindʒere] ‹*irr*› **I.** *tr* entfärben; **II.** *rfl:* **-ersi** verblassen, ausbleichen.
stipare [sti'pa:re] **I.** *tr* drängen, zusammendrängen, -pferchen; **II.** *rfl:* **-arsi** sich (zusammen)drängen.
stipendiare [stipen'di̯a:re] ‹stipendio, stipendi› *tr* besolden, Lohn zahlen (*qu* jdm). **stipendiato, -a** [...'di̯a:to] **I.** *a* entlohnt, besoldet; **II.** *m, f* Lohn-, Gehaltsempfänger(in) *m(f).* **stipendio** [...'pɛndi̯o] ‹-i› *m* Lohn *m,* Gehalt *n;* **~ netto/lordo** Netto-/Bruttogehalt *n;* **aumento di ~** Gehaltserhöhung *f.*
stipite ['sti:pite] *m* (Tür)pfosten *m.*
stipulare [stipu'la:re] *tr* vereinbaren; *(contratto)* abschließen. **stipulazione** [...lat'tsi̯o:ne] *f* Vereinbarung *f; (di contratto)* Abschluß *m.*
stiracalzoni [stirakal'tso:ni] ‹-› *m* Hosenbügler *m.*
stiracchiare [stirak'ki̯a:re] ‹stiracchio, stiracchi› **I.** *tr* **1.** *fig* sparen an; **2.** *lit* verzerren, verdrehen, entstellen; **II.** *rfl:* **-arsi** sich recken.
stiramento [stira'mento] *m* Zerrung *f.* **stirare** [...'ra:re] **I.** *tr* **1.** *(distendere)* strecken, dehnen, ziehen; **2.** *(col ferro caldo)* bügeln; **II.** *rfl:* **-arsi** sich recken. **stiratrice** [stira'tri:tʃe] *f tec* Bügelmaschine *f.*
Stiria ['sti:ri̯a] *f* Steiermark *f.*
stiro ['sti:ro] *m* Bügeln *n;* **ferro/asse/tavolo da ~** Bügeleisen *n*/-brett *n*/-tisch *m.*
stirpe ['stirpe] *f* **1.** *(complesso d'individui)* Stamm *m;* **2.** *(di famiglia)* Geschlecht *n,* Haus *n.*
stitichezza [stiti'kettsa] *f* Verstopfung *f,* Darmträgheit *f.* **stitico, -a** ['sti:tiko] ‹-ci, -che› **I.** *a* zu Verstopfung neigend; **II.** *m, f* an Verstopfung Leidende(r) *mf.*
stiva ['sti:va] *f* Laderaum *m.*
stivale [sti'va:le] *m* Stiefel *m.* **stivaletto** [...va'letto] *m* Stiefelette *f,* Halbstiefel *m.*
stivare [sti'va:re] *tr* (ver)stauen.
stizza ['stittsa] *f* Ärger *m.* **stizzire** [...'tsi:re] ‹stizzisco› **I.** *tr* ärgern; **II.** *rfl:* **-irsi** sich ärgern. **stizzoso, -a** [...'tso:so] *a* **1.** *(persona)* reizbar, grimmig; **2.** *(risposta)* ärgerlich.
sto [stɔ] *pr di* **stare.**
stoccafisso [stokka'fisso] *m* Stockfisch *m.*
stoccaggio [stok'kaddʒo] ‹-ggi› *m* Lagerung *f.*
Stoccarda [stok'karda] *f* Stuttgart *n.*
stoccata [stok'ka:ta] *f* **1.** *sport (scherma)* Hieb *m; (calcio)* Torschuß *m;* **2.** *fig (allusione)* Anspielung *f,* Seitenhieb *m,* Stich *m.*
Stoccolma [stok'kolma] *f* Stockholm *n.*

stock [stɔk] ‹-› *m* Stock *m*, Lager *n*.
stoffa ['stɔffa] *f* **1.** *(tessuto)* Stoff *m*, Gewebe *n;* **2.** *fig* Zeug *n*, Talent *n;* **3.** *sl* Stoff *m sl;* **avere della** ~ Talent haben.
stoicismo [stoi'tʃizmo] *m* **1.** *philos* Stoizismus *m;* **2.** *fig* Gelassenheit *f*. **stoico, -a** ['stɔ:iko] ‹-ci, -che› **I.** *a* **1.** *philos* stoisch; **2.** *fig* stoisch, gelassen, unerschütterlich; **II.** *m, f* **1.** *philos* Stoiker(in) *m(f);* **2.** *fig* gelassener Mensch.
stoino [sto'i:no] *m* Fußmatte *f*.
stola ['stɔ:la] *f* Stola *f*.
stoltezza [stol'tettsa] *f* Dummheit *f*, Blödheit *f*. **stolto, -a** ['stolto] **I.** *a* dumm, blöd(e); **II.** *m, f* Dummkopf *m*, Blödian *m*.
stomacare [stoma'ka:re] ‹stomaco, stomachi› **I.** *tr* den Magen umdrehen (*qu* jdm), anekeln; **II.** *rfl:* **-arsi** sich ekeln (*di* vor). **stomachevole** [...'ke:vole] *a* ekelhaft, widerlich.
stomaco ['stɔ:mako] ‹-chi *o* -ci› *m* Magen *m;* **avere qc sullo** ~ etw. schwer im Magen liegen haben; *fig* etw. nicht ertragen können.
stonare [sto'na:re] **I.** *tr* falsch spielen (*o* singen); **II.** *itr* nicht passen (*con* zu); *(colori a.)* sich beißen (*con* mit). **stonato, -a** [...'na:to] *a (strumento)* verstimmt; *(persona)* falsch spielend (*o* singend); **nota -a** *(a. fig)* Mißton *m*. **stonatura** [...na'tu:ra] *f* Falschspiel *n*, Verspielen *n; (il cantare)* Falschsingen *n; (nota)* Mißton *m*.
stop [stɔp] ‹-› *m* **1.** *(segnaletica)* Stoppschild *n;* **2.** *mot* Bremslicht *n;* **3.** *tel* Stop *n;* **4.** *(ordine)* Stoppruf *m*, Haltebefehl *m*.
stoppa ['stoppa] *f* Werg *n*.
stoppare[1] [stop'pa:re] *tr (arrestare)* anhalten; *(a. sport)* stoppen.
stoppare[2] [stop'pa:re] *tr (otturare)* stopfen, verstopfen.
stoppia ['stoppi̯a] ‹-ie› *f* Stoppel *f*.
stoppino [stop'pi:no] *m (di candela)* Docht *m; (miccia)* Zündschnur *f*.
stopposo, -a [stop'po:so] *a* strohig.
storcere ['stɔrtʃere] ‹*irr*› **I.** *tr* **1.** *(chiave, chiodo)* verbiegen, krümmen; **2.** *(bocca)* verziehen; *(naso)* rümpfen; **II.** *rfl:* **-ersi** sich krümmen.
stordimento [stordi'mento] *m* Verwirrung *f*. **stordire** [...'di:re] ‹stordisco› **I.** *tr* betäuben; **II.** *rfl:* **-irsi** sich ablenken, sich zerstreuen; *(bevendo)* sich betäuben. **stordito, -a** [...'di:to] *a* **1.** *(tramortito)* betäubt, benommen; **2.** *fig* durcheinander, verwirrt.
storia ['stɔ:ri̯a] ‹-ie› *f* Geschichte *f;* ~ **naturale** Naturkunde *f;* **passare alla** ~ in die Geschichte eingehen; **è sempre la solita** ~ es ist immer dasselbe; **sono tutte -ie!** *fam* das sind alles Märchen!; **quante -ie!** *fam* so ein Unsinn!, so ein Theater!
storico, -a ['stɔ:riko] ‹-ci, -che› **I.** *a* **1.** *hist* historisch, geschichtlich; **2.** *(memorabile)* denkwürdig, historisch, geschichtsträchtig; **II.** *m, f* Historiker(in) *m(f)*.
storiella [sto'ri̯ɛlla] *f* kleine Geschichte.
storiografia [stori̯ogra'fi:a] *f* Geschichtsschreibung *f*, Historiographie *f*.
storione [sto'ri̯o:ne] *m* Stör *m*.
stormire [stor'mi:re] ‹stormisco› *itr* rascheln.
stormo ['stormo] *m* Schwarm *m*, Schar *f*.
stornare [stor'na:re] *tr* **1.** *com* stornieren; **2.** *(pericolo)* abwenden, ablenken.
storno ['storno] *m* **1.** *zoo* Star *m;* **2.** *com* Storno *m o n*, Umbuchung *f*.
storpiare [stor'pi̯a:re] ‹storpio, storpi› **I.** *tr* verkrüppeln; *(persona a.)* zum Krüppel machen; ~ **le parole** radebrechen; **II.** *rfl:* **-arsi** zum Krüppel werden. **storpiatura** [...i̯a'tu:ra] *f fig* Radebrechen *n*. **storpio, -a** ['stɔrpi̯o] ‹-i, -ie› **I.** *a* verkrüppelt; **II.** *m, f* Krüppel *m*.
storta ['stɔrta] *f* **1.** *gener.* Krümmung *f*, Biegung *f;* **2.** *fam med* Verstauchung *f*.
storto, -a ['stɔrto] *a* **1.** *(gambe)* krumm; **2.** *(righe)* schief, schräg; **3.** *fig* verdreht, absurd. **stortura** [stor'tu:ra] *f* Krummheit *f*, Schiefheit *f*.
stoviglie [sto'viʎʎe] *f pl* Geschirr *n;* **lavare le** ~ (das Geschirr) spülen.
strabico, -a ['stra:biko] ‹-ci, -che› **I.** *a* schielend; **essere** ~ schielen; **II.** *m, f* Schielende(r) *mf*.
strabiliare [strabi'li̯a:re] ‹strabilio, strabili› *tr* verblüffen.
strabismo [stra'bizmo] *m* Schielen *n*, Strabismus *m scient*.
strabuzzare [strabud'dza:re] *tr* verdrehen.
stracarico, -a [stra'ka:riko] *a* überfüllt, überladen.
stracciare [strat'tʃa:re] ‹straccio, stracci› **I.** *tr* **1.** *(lettera, vestito)* zerreißen, zerfetzen; **2.** *fam sport* schlagen; **II.** *rfl:* **-arsi** (zer)reißen, zerfetzen.
stracciatella [strattʃa'tɛlla] *f* **1.** *(minestra)* Einlaufsuppe *f;* **2.** *(gelato)* Vanilleeis *n* mit Schokoladensplittern.
straccio ['strattʃo] ‹-cci› *m* **1.** *(cencio)* Lappen *m*, Lumpen *m;* **2.** ‹*pl*› *fam pej* Klamotten *f pl fam;* ~ **per i pavimenti** Aufnehmer *m*, Aufwischlappen *m;* **ridursi/sentirsi uno** ~ *fam* sich abrakkern/sich ganz kaputt (*o* erschöpft) fühlen. **straccio, -a** ['strattʃo] ‹-cci, -cce› *a* Lumpen-, Alt-; **carta -a** Altpapier *n*. **straccione, -a** [...'tʃo:ne] *m, f* zerlumpter Mensch. **straccivendolo, -a** [...tʃi'vendolo] *m, f* Lumpensammler(in) *m(f)*, -händler(in) *m(f)*.
stracotto, -a [stra'kɔtto] **I.** *a* (zu) lange gekocht, verkocht; **II.** *m* Schmorbraten

m. **stracuocere** [...ˈkuɔ:tʃere] ‹*irr*› *tr* (zu) lange kochen, verkochen lassen.

strada [ˈstra:da] *f* Straße *f; (cammino)* Weg *m;* ~ **ferrata** Schienenweg *m,* Schienenstrecke *f;* ~ **traversa** Querstraße *f;* ~ **a senso unico** Einbahnstraße *f;* ~ **senza uscita** *(a. fig)* Sackgasse *f;* **andare per la propria** ~ seine eigenen Wege gehen; **farsi** ~ Karriere machen, sich vorwärtskämpfen; **essere su una cattiva** ~ auf eine schlechte (*o* die schiefe) Bahn geraten sein; ~ **facendo** unterwegs; **a un'ora di** ~ nach einer Stunde (Wegs). **stradale** [straˈda:le] **I.** *a* Straßen-, Verkehrs-; **II.** *f* Verkehrspolizei *f.* **stradario** [...ˈda:rio] ‹-i› *m* Straßenverzeichnis *n.* **stradino** [...ˈdi:no] *m* Straßenarbeiter *m.* **stradone** [...ˈdo:ne] *m* Allee *f.*

strafalcione [strafalˈtʃo:ne] *m (errore)* großer (*o* dicker) Fehler, Schnitzer *m fam.*

strafare [straˈfa:re] ‹strafaccio *o* strafò, *irr*› *tr* übertreiben.

straforo [straˈfo:ro] *m:* **di** ~ *(di nascosto)* heimlich; *(di sfuggita)* flüchtig.

strafottente [strafotˈtɛnte] *a* rücksichtslos, unverschämt, unverfroren. **strafottenza** [...ˈtɛntsa] *f* Unverschämtheit *f,* Unverfrorenheit *f,* Rücksichtslosigkeit *f.*

strafottersene [straˈfottersene] *rfl vulg* sich einen Dreck (*o* Scheiß) darum scheren *vulg.*

strage [ˈstra:dʒe] *f* **1.** *(uccisione)* Massaker *n,* Blutbad *n;* **2.** *fig fam* Haufen *m fam.*

stragrande [straˈgrande] *a fam* riesengroß.

stralciare [stralˈtʃa:re] ‹stralcio, stralci› *tr* entfernen; *(passo, etc. a.)* herausnehmen, streichen. **stralcio** [ˈstraltʃo] ‹-ci› *m* **1.** *(eliminazione)* Entfernung *f,* Streichung *f;* **2.** *com* Liquidation *f;* **legge** ~ Gesetzesauszug *m;* **vendere a** ~ ausverkaufen.

stralunato, -a [straluˈna:to] *a* **1.** *(occhi)* verdreht; **2.** *(persona)* aufgelöst.

stramaledire [stramaleˈdi:re] ‹*irr*› *tr* in Grund und Boden verfluchen.

stramazzare [stramatˈtsa:re] *itr* ‹*essere*› hinfallen, hinschlagen.

stramberia [strambeˈri:a] ‹-ie› *f* Sonderbarkeit *f,* Merkwürdigkeit *f.* **strambo, -a** [ˈstrambo] *a* sonderbar, komisch, merkwürdig.

strampalato, -a [strampaˈla:to] *a* verrückt.

stranezza [straˈnettsa] *f* Seltsamkeit *f.*

strangolamento [straŋgolaˈmento] *m* Erdrosseln *n,* Strangulieren *n,* Erwürgen *n.* **strangolare** [...ˈla:re] *tr* erdrosseln, erwürgen, strangulieren.

straniero, -a [straˈniɛ:ro] **I.** *a* **1.** *(di altro paese)* fremd, ausländisch; **2.** *(nemico)* fremd, feindlich; **II.** *m, f* **1.** *(di altro stato)* Ausländer(in) *m(f),* Fremde(r) *mf;* **2.** *(popolo nemico)* Feind *m.*

stranito, -a [straˈni:to] *a* verworren, durcheinander.

strano, -a [ˈstra:no] *a* seltsam, merkwürdig, sonderbar.

straordinario, -a [straordiˈna:rio] **I.** *a* außerordentlich, ungewöhnlich, Sonder-; **II.** *m* Überstunden *f pl,* Mehrarbeit *f;* **fare lo** ~ Überstunden machen.

strapagare [strapaˈga:re] *tr* über(be)zahlen, zu viel zahlen (*qu* jdm).

strapazzare [strapatˈtsa:re] **I.** *tr* **1.** *(persone)* schlecht behandeln, mißhandeln; **2.** *(cose)* schlecht behandeln, strapazieren; **II.** *rfl:* **-arsi** sich strapazieren, sich abrackern. **strapazzata** [...ˈtsa:ta] *f* **1.** *(faticata)* Strapaze *f;* **2.** *(sgridata)* (schwerer) Verweis *m,* Anpfiff *m fam.* **strapazzato, -a** [...ˈtsa:to] *a:* **uova -e** Rühreier *n pl.* **strapazzo** [...ˈpattso] *m* Strapaze *f,* Mühsal *f geh;* **da** ~ *(cosa)* minderwertig, Wegwerf-; *(autore, etc.)* schlecht, trivial, nicht ernstzunehmen(d).

strapieno, -a [straˈpiɛ:no] *a* überfüllt.

strapiombo [straˈpiombo] *m* Überhang *m;* **a** ~ überhängend, überragend.

strappalacrime [strappaˈla:krime] ‹*inv*› *a* rührselig, auf die Tränendrüsen drükkend.

strappare [strapˈpa:re] **I.** *tr* **1.** *(ramo, fiore)* abreißen, ausreißen; *(pagina)* herausreißen; *(carta)* zerreißen; **2.** *fig (cuore)* zerreißen; *(promessa)* abringen; *(confessione)* entreißen; **II.** *itr (frizione)* rupfen; **III.** *rfl:* **-arsi** (zer)reißen, kaputtgehen *fam.*

strappo [ˈstrappo] *m* **1.** *(med, lacerazione)* Riß *m;* **2.** *fig* Verstoß *m* (*a* gegen); *(eccezione)* Ausnahme *f* (*a* von); **3.** *(trazione)* Ruck *m.*

strapuntino [strapunˈti:no] *m* Klappsitz *m.*

straricco, -a [straˈrikko] *a fam* steinreich *fam.*

straripare [strariˈpa:re] *itr* ‹*essere o avere*› über das (*o* die) Ufer treten.

Strasburgo [strazˈburgo] *f* Straßburg *n.*

strascicare [straʃʃiˈka:re] ‹strascico, strascichi› **I.** *tr* **1.** *(piedi)* nachziehen; **2.** *(vestito, coperta)* (nach)schleifen; **3.** *fig (malattia)* verschleppen; **II.** *itr* schleifen; **III.** *rfl:* **-arsi** sich schleppen, sich hinziehen. **strascico** [ˈstraʃʃiko] ‹-chi› *m* **1.** *(di abito)* Schleppe *f;* **2.** *(seguito)* Folge *f,* Nachwirkung *f.*

stratagemma [strataˈdʒɛmma] ‹-i› *m* List *f,* Trick *m.*

strategia [strateˈdʒi:a] ‹-gie› *f* Strategie *f.* **strategico, -a** [...ˈtɛ:dʒiko] ‹-ci, -che› *a (a. fig)* strategisch.

stratificare [stratifiˈka:re] ‹stratifico, stratifichi› **I.** *tr* schichten, in Schichten anordnen; *geol* stratifizieren; **II.** *rfl:*

-arsi sich schichten, in Schichten angeordnet sein. **stratificazione** [...kattsio:ne] *f* Schichtung *f; (geol a.)* Stratifikation *f.*

strato ['stra:to] *m* **1.** *gener., geol, biol, fig* Schicht *f;* **2.** *meteo* Schichtwolke *f,* Stratus(wolke *f*) *m;* **a -i** in Schichten, schichtweise.

stratosfera [stratos'fɛ:ra] *f* Stratosphäre *f.*

strattone [strat'to:ne] *m* Ruck *m.*

stravagante [strava'gante] **I.** *a* extravagant, exzentrisch; **II.** *mf* Exzentriker(in) *m(f).* **stravaganza** [...'gantsa] *f* Extravaganz *f.*

stravecchio, -a [stra'vɛkkio] *a* uralt; *gastr* gut abgelagert; *(vino, etc.)* alt.

stravedere [strave'de:re] ‹*irr*› *itr:* ~ **per qu** jdn blind lieben (*o* verehren).

stravincere [stra'vintʃere] ‹*irr*› *tr* restlos (*o* mit Pauken und Trompeten *fam*) besiegen.

stravizio [stra'vittsio] *m* Laster *n,* Ausschweifung *f.*

stravolgere [stra'vɔldʒere] ‹*irr*› *tr* **1.** *fig (persone)* (stark) verwirren, (völlig) durcheinanderbringen; **2.** *(volto)* verzerren, entstellen.

straziante [strat'tsiante] *a* entsetzlich, schrecklich; *(grida, etc. a.)* herzzerreißend.

straziare [strat'tsia:re] ‹strazio, strazi› *tr* **1.** *(maltrattare)* quälen, peinigen, mißhandeln; **2.** *fig (affliggere)* weh tun (*qu* jdm), quälen. **strazio** ['strattsio] ‹-i› *m* **1.** *(tormento)* Qual *f,* Pein *f;* **2.** *fig* Entstellung *f,* Zerstörung *f.*

strega ['stre:ga] ‹-ghe› *f* Hexe *f.* **stregare** [stre'ga:re] ‹strego, streghi› *tr (a. fig)* verhexen. **stregone** [...'go:ne] *m* **1.** *(mago)* Magier *m,* Hexenmeister *m;* **2.** *(presso i popoli primitivi)* Medizinmann *m.*

stregua ['stre:gua] *f:* **alla ~ di** gleich wie, nach dem gleichen Maßstab wie.

strenna ['strɛnna] *f* (Weihnachts)geschenk *n.*

strenuo, -a ['strɛ:nuo] *a* **1.** *(difesa)* tapfer; **2.** *(lavoratore)* unermüdlich, wakker.

strepitare [strepi'ta:re] *itr* **1.** *(parlare forte)* schreien, brüllen; **2.** *(produrre rumori)* Krach machen, laute Geräusche machen. **strepitio** [...'ti:o] ‹-ii›, **strepito** ['strɛ:pito] *m* Lärm *m,* Krach *m.* **strepitoso, -a** [...'to:so] *a (successo)* glänzend, großartig.

stress [stres] ‹-› *m* Streß *m;* **essere sotto ~** im Streß sein. **stressante** [stres'sante] *a* stressend, stressig *fam.* **stressare** [...'sa:re] *tr* stressen.

stretta ['stretta] *f* **1.** *(pressione)* Druck *m;* **2.** *fig (turbamento)* Beklemmung *f;* **~ creditizia** Kreditrestriktion *f;* **essere/mettere alle -e** in der Klemme sitzen/in die Enge treiben.

strettezza [stret'tettsa] *f* **1.** *(dimensione scarsa)* Enge *f;* **2.** ‹*pl*› *(povertà)* Armut *f.* **stretto, -a** ['stretto] **I.** *pp di* **stringere; II.** *a* **1.** *(tavolo, strada)* schmal; **2.** *(vestito)* eng, knapp; **3.** *(serrato)* eng, fest; **4.** *(parenti)* nah(e); **5.** *(osservanza, disciplina)* streng, strikt; **6.** *ling* geschlossen; **III.** *m* Meerenge *f.* **strettoia** [...'to:ia] ‹-oie› *f* Engpaß *m,* Engstelle *f.*

striato, -a [stri'a:to] *a* gestreift.

stricnina [strik'ni:na] *f* Strychnin *n.*

stridente [stri'dɛnte] *a* beißend, schreiend; *(contrasto a.)* kraß; *(colori a.)* grell.

stridere ['stri:dere] *itr* **1.** *zoo* kreischen; *(cicale)* zirpen; **2.** *(persona)* kreischen; **3.** *(porta, freni)* quietschen; *(fiamma)* knistern; *(oggetto caldo nell'acqua)* zischen; **4.** *fig (essere in contrasto)* sich nicht vertragen (*con* mit); *(colori)* sich beißen.

stridio [stri'di:o] ‹-ii› *m* Kreischen *n,* Quietschen *n.*

stridore [stri'do:re] *m* Quietschen *n,* Kreischen *n.*

stridulo, -a ['stri:dulo] *a* schrill, kreischend; *(cicale)* zirpend.

striglia ['striʎʎa] ‹-glie› *f* Striegel *m.* **strigliare** [...'ʎa:re] ‹striglio, strigli› *tr* striegeln. **strigliata** [...'ʎa:ta] *f* **1.** *fig* Schelte *f,* (harte) Kritik *f;* **2.** *(passata di striglia)* Striegeln *n.*

strillare [stril'la:re] *tr, itr* schreien, brüllen. **strillo** ['strillo] *m* Schrei *m.* **strillone, -a** [...'lo:ne] *m, f* Zeitungsverkäufer(in) *m(f).*

striminzito, -a [strimin'tsi:to] *a* **1.** *(vestito)* knapp (geschnitten); **2.** *(persona)* dürr, mager.

strimpellare [strimpel'la:re] *tr* klimpern auf.

stringa ['striŋga] ‹-ghe› *f* Schnürsenkel *m.*

stringare [striŋ'ga:re] ‹stringo, stringhi› *tr* kurz fassen, knapphalten. **stringato, -a** [...'ga:to] *a* kurz, knapp, bündig.

stringere ['strindʒere] ‹stringo, strinsi, stretto› **I.** *tr* **1.** *(serrare)* drücken, zudrücken, schließen; *(tenere stretto)* festhalten, fest an sich drücken; **2.** *(tenaglie, due cose)* zusammendrücken; *(vite)* anziehen; **3.** *(denti)* zusammenbeißen; *(labbra)* zusammenkneifen, -pressen; *(pugni)* ballen; **4.** *(alleanza, amicizia)* schließen; **5.** *mot (curva)* (an)schneiden; **6.** *(vestito)* enger machen; **7.** *fig (riassumere)* straffen, kurz fassen; **~ la mano a qu** jdm die Hand drücken; **~ qu fra le braccia** jdn in die Arme schließen; **stringi stringi** letzten Endes, schließlich, letztlich; **II.** *itr* drängen; **III.** *rfl:* **-ersi**

1. *(avvicinarsi)* sich (zusammen)drängen; 2. *fig* sich zusammenziehen.
striscia ['striʃʃa] ‹-sce› *f* 1. *(di stoffa, carta, etc.)* Streifen *m;* 2. ‹*pl*›*:* **-sce (pedonali)** Zebrastreifen *m;* 3. *(fumetto)* Comic (strip) *m.*
strisciante [striʃ'ʃante] *a* 1. *zoo* kriechend, Kriech-; 2. *fig pej* kriecherisch; 3. *(inflazione)* schleichend.
strisciare [striʃ'ʃa:re] ‹striscio, strisci› I. *itr* 1. *zoo* kriechen; *(serpente)* sich schlängeln; 2. *(passare rasente)* streifen, schleifen; *(sfregare)* entlangstreifen (*contro* an); II. *tr* 1. *(piedi)* schleifen (lassen); 2. *(sfiorare)* streifen. **strisciata** [...'ʃa:ta] *f* Streifen *m,* Schleifspur *f.*
striscio ['striʃʃo] ‹-sci› *m* Abstrich *m;* **colpire di ~** streifen.
striscione [striʃ'ʃo:ne] *m* Transparent *n,* Spruchband *n.*
stritolare [strito'la:re] *tr* 1. *(sassi)* zermalmen; 2. *fig* zunichte machen.
strizza ['strittsa] *f fam* Muffensausen *n sl.* **strizzare** [...'tsa:re] *tr* 1. *(panni)* auswringen; 2. *(limone)* (aus)pressen; **~ l'occhio a qu** jdm zuzwinkern.
strofa, strofe ['strɔ:fa, ...fe] ‹-› *f* Strophe *f.*
strofinaccio [strofi'nattʃo] ‹-cci› *m* Wisch-, Putztuch *n.*
strofinare [strofi'na:re] I. *tr (tavolo, argenteria)* abreiben, polieren; *(pavimento)* scheuern; **-arsi gli occhi** sich *(dat)* die Augen reiben; II. *rfl:* **-arsi** (vorbei)streifen, entlangstreichen.
strombazzare [strombat'tsa:re] I. *tr* ausposaunen, herausschreien; II. *itr* (mehrmals) hupen.
stroncare [stroŋ'ka:re] ‹stronco, stronchi› *tr* 1. *(ramo)* abreißen, abbrechen; 2. *fig (interrompere)* unterbinden, unterdrücken; 3. *fig (criticando)* verreißen.
stronzo, -a ['strontso] *vulg* I. *m, f* Arschloch *n vulg;* II. *m (escremento)* Scheiße *f vulg.*
stropicciare [stropit'tʃa:re] ‹stropiccio, stropicci› *tr* 1. *(mano)* reiben; 2. *(vestito)* zerknautschen, zerknittern.
strozzare [strot'tsa:re] I. *tr* 1. *(uccidere)* erwürgen, erdrosseln; 2. *(tubo, condotto)* ab-, einklemmen; II. *rfl:* **-arsi** keine Luft mehr bekommen. **strozzatura** [...tsa'tu:ra] *f* 1. *(di tubo)* Ab-, Einklemmen *n;* 2. *(di strada)* Verengung *f,* Engpaß *m.* **strozzinaggio** [...tsi'naddʒo] ‹-ggi› *m* Wucher *m.* **strozzino, -a** [...'tsi:no] *m, f* Wucherer *m,* Wucherin *f,* Halsabschneider(in) *m(f).*
struccare [struk'ka:re] I. *tr* abschminken; II. *rfl:* **-arsi** sich abschminken.
struggere ['struddʒere] ‹struggo, strussi, strutto› I. *tr fig* verzehren, auszehren; II. *rfl:* **-ersi** *fig* vergehen (*di, da* vor), sich verzehren (*di, da* vor). **struggimento** [...dʒi'mento] *m* Verzehren *n,* Vergehen *n.*
strumentale [strumen'ta:le] *a* instrumental, Instrumental-.
strumentalizzare [strumentalid'dza:re] *tr* zum Mittel (*o* Werkzeug) machen.
strumentare [strumen'ta:re] *tr* instrumentieren. **strumentazione** [...tat'tsi̯o:ne] *f* 1. *mus* Instrumentierung *f;* 2. *tec* Instrumentenausrüstung *f.* **strumentista** [...'tista] ‹-i *m,* -e *f*› *mf* Instrumentalist(in) *m(f).*
strumento [stru'mento] *m* 1. *mus* Instrument *n;* 2. *tec* Instrument *n,* Gerät *n; (arnese a.)* Werkzeug *n;* 3. *fig (mezzo)* Mittel *n,* Werkzeug *n;* 4. *jur* Urkunde *f;* **-i a arco/corda/fiato/percussione** Streich-/Saiten-/Blas-/Schlaginstrumente *n pl.*
strusciare [struʃ'ʃa:re] ‹struscio, strusci› I. *tr* reiben, scheuern; II. *rfl:* **-arsi** sich reiben, sich scheuern.
strussi ['strussi] *p rem di* **struggere.**
strutto ['strutto] I. *pp di* **struggere;** II. *m* (Schweine)schmalz *n.*
struttura [strut'tu:ra] *f* Struktur *f,* Aufbau *m; (ossatura)* Gerüst *n,* Struktur *f.* **strutturare** [...tu'ra:re] *tr* strukturieren.
struzzo ['struttso] *m* Strauß *m;* **fare la politica dello ~** (eine) Vogel-Strauß-Politik betreiben.
stuccare [stuk'ka:re] ‹stucco, stucchi› *tr* kitten, spachteln.
stucchevole [stuk'ke:vole] *a* füllend, stopfend.
stucco ['stukko] ‹-cchi› *m* 1. *(malta)* Kitt *m;* 2. *(ornamento)* Stuck *m;* **rimanere di ~** *fig* verblüfft dastehen, wie vom Donner gerührt sein.
studente, -essa [stu'dɛnte, ...den'tessa] *m, f* 1. *gener.* Lernende(r) *mf;* 2. *(di scuola)* Schüler(in) *m(f);* 3. *(~ universitario)* Student(in) *m(f).* **studentesco, -a** [...den'tesko] ‹-schi, -sche› *a* studentisch, Studenten-.
studiare [stu'di̯a:re] ‹studio, studi› I. *tr* 1. *(per imparare qc)* lernen; *(all'università)* studieren; 2. *(esaminare)* studieren; *(indagare)* untersuchen; *(osservare)* beobachten; 3. *(parole, mosse)* einstudieren; II. *rfl:* **-arsi** sich studieren, sich beobachten.
studio ['stu:di̯o] ‹-i› *m* 1. *(lo studiare)* Lernen *n; (a. all'università, di solito al pl)* Studium *n;* 2. *(saggio)* Studie *f* (*su* über); 3. *(progetto)* Plan *m,* Planung *f,* Projekt *n;* 4. *(stanza)* Arbeitszimmer *n; (di professionista)* Praxis *f,* Büro *n; (di artista)* Atelier *n;* 5. *film, TV, radio* Studio *n.* **studioso, -a** [stu'di̯o:so] I. *a* fleißig; II. *m, f* Wissenschaftler(in) *m(f),* Forscher(in) *m(f).*

stufa ['stu:fa] *f* Ofen *m.*
stufare [stu'fa:re] **I.** *tr* **1.** *gastr* schmoren; **2.** *fig fam* langweilen, anöden *sl;* **II.** *rfl:* **-arsi** leid werden (*di qc* etw.), satt bekommen (*di qc* etw.). **stufato** [...'fa:to] *m* Schmorbraten *m.*
stufo, -a ['stu:fo] *a:* **essere ~ di qu/qc** jdn/etw. leid sein.
stuoia ['stu̯ɔ:i̯a] ‹-oie› *f* Matte *f,* Geflecht *n.*
stuolo ['stu̯ɔ:lo] *m* Schar *f,* Menge *f.*
stupefacente [stupefa'tʃɛnte] **I.** *a* erstaunlich, verblüffend; **II.** *m* Rauschgift *n,* Rauschmittel *n.*
stupefare [stupe'fa:re] ‹*irr*› *tr* erstaunen, verblüffen.
stupendo, -a [stu'pɛndo] *a* phantastisch, wunderbar.
stupidaggine [stupi'daddʒine], **stupidità** [...di'ta] ‹-› *f* Dummheit *f.* **stupido, -a** ['stu:pido] **I.** *a* dumm, blöd(e); **II.** *m, f* Dummkopf *m.*
stupire [stu'pi:re] ‹stupisco› **I.** *tr* ‹*avere*› (ver)wundern, erstaunen; **II.** *itr* ‹*essere*›, *rfl:* **-irsi** sich wundern, staunen.
stupore [stu'po:re] *m* Staunen *n.*
stupro ['stu:pro] *m* Vergewaltigung *f.*
sturare [stu'ra:re] *tr* **1.** *(bottiglia)* entkorken; **2.** *(lavandino)* frei machen, die Verstopfung beseitigen in.
stuzzicadenti [stuttsika'dɛnti] ‹-› *m* Zahnstocher *m.*
stuzzicare [stuttsi'ka:re] ‹stuzzico, stuzzichi› *tr* **1.** *(molestare)* reizen, ärgern; **2.** *(stimolare)* reizen; *(appetito)* anregen; **3.** *(ferita)* reizen, immer wieder berühren.
su [su] **I.** *prp* ‹sul, sullo, sull', sulla, sui, sugli, sulle› **1.** *(con contatto: stato)* auf *dat; (moto)* auf *acc;* **2.** *(senza contatto: stato)* über *dat; (moto)* über *acc;* **3.** *(di mezzi di trasporto: stato)* in *dat; (moto)* in *acc;* **4.** *(contro, verso)* auf *acc;* **5.** *(complemento d'argomento)* über *acc;* **6.** *(complemento di modo)* auf *acc,* nach *dat;* **7.** *(circa)* um *acc,* etwa, ungefähr; *(di tempo)* gegen *acc;* **8.** *(di, fra)* von *dat,* unter *dat;* **~ ordinazione** auf Bestellung; **sull'esempio di** nach dem Beispiel von; **sul lago/mare** am See/Meer; **Parigi è sulla Senna** Paris liegt an der Seine; **sette volte ~ dieci** sieben von zehn Mal; **sul momento ho reagito male** in dem Moment habe ich falsch reagiert; **un uomo sulla sessantina** ein Mann um die Sechzig; **avere un gran vantaggio ~ qu** einen großen Vorteil gegenüber jdm haben; **commettere errori ~ errori** einen Fehler nach dem anderen machen; **giurare ~ qc/qu** auf etw./jdn schwören; **II.** *adv* **1.** *(in alto)* oben; **2.** *(verso l'alto)* nach oben, hinauf, aufwärts; **pensarci ~** darüber nachdenken; **metter ~ casa** einen eigenen Hausstand gründen; **dalle 10.000 lire in ~** von 10.000 Lire (an) aufwärts; **~ le mani!** Hände hoch!; **~ con la vita!** Kopf hoch!; **III.** *interj* los, auf; **~ ragazzi, muoviamoci!** auf Jungs, Bewegung! *fam;* **~ ~** los, los!, auf, auf!
suadente [sua'dɛnte] *a* verlockend, schmeichelnd.
sub [sub] ‹-› *mf* Taucher(in) *m(f).*
sub- [sub-] *(in parole composte)* Sub-, sub-, Unter-, unter-.
subacqueo, -a [-'akku̯eo] **I.** *a* Unterwasser-, Untersee-, Tauch-; **II.** *m, f* Taucher(in) *m(f).* **subaffittare** [-affit'ta:re] *tr* untervermieten. **subalterno, -a** [-al'tɛrno] **I.** *a* subaltern, untergeordnet; **II.** *m, f* Untergeordnete(r) *mf,* Subalterne(r) *mf.*
subbuglio [sub'buʎʎo] ‹-gli› *m* Aufruhr *m,* Aufregung *f.*
subconscio, -a [-'kɔnʃo] **I.** *a* unterbewußt; **II.** *m* Unterbewußtsein *n.*
subdolo, -a ['subdolo] *a* heimtückisch, hinterlistig.
subentrare [-en'tra:re] *itr* ‹*essere*› **1.** *(succedere)* folgen, nachfolgen; **2.** *(sostituire)* vertreten (*a qu* jdn).
subire [su'bi:re] ‹subisco› *tr (ingiuria, danni)* erleiden; *(operazione)* sich unterziehen (*qc* einer S. *dat*); *(conseguenza)* tragen.
subissare [subis'sa:re] *tr fig* überhäufen (*di* mit).
subitaneo, -a [subi'ta:neo] *a* plötzlich, jäh.
subito ['su:bito] *adv* **1.** *(immediatamente)* sofort, unmittelbar; **2.** *(in un attimo)* sofort, gleich.
sublimare [subli'ma:re] *tr, itr* sublimieren. **sublimazione** [...mat'tsi̯o:ne] *f* Sublimation *f,* Sublimierung *f.*
sublime [sub'li:me] **I.** *a* sublim; **II.** *m* Erhabene(s) *n,* Sublime(s) *n.*
subnormale [-nor'ma:le] **I.** *a* zurückgeblieben; **II.** *mf* Zurückgebliebene(r) *mf.*
subodorare [-odo'ra:re] *tr* wittern, ahnen.
subordinare [-ordi'na:re] *tr* unterordnen, abhängig machen (*a* von). **subordinato, -a** [...'na:to] **I.** *a* untergeordnet; *(dipendente)* abhängig (*a* von); *gram* Neben-, subordiniert; **II.** *m, f* Abhängige(r) *mf,* Untergeordnete(r) *mf;* **III.** *f* Nebensatz *m.* **subordinazione** [...nat'tsi̯o:ne] *f* Abhängigkeit *f,* Unterordnung *f.*
subtropicale [-tropi'ka:le] *a* subtropisch.
succedaneo, -a [suttʃe'da:neo] **I.** *a* Ersatz-; **II.** *m* Ersatz *m.*
succedere [sut'tʃɛ:dere] ‹succedo, successi *o* succedei *o* succedetti, successo› **I.** *itr* ‹*essere*› **1.** *(prendere il posto)* folgen, nachfolgen; **2.** *(venir dopo)* folgen (*a* auf); **3.** *(avvenire)* geschehen, passieren; **cosa ti succede?** was ist mit

dir los?; **sono cose che succedono** so etwas passiert (eben); **II.** *rfl:* **-ersi** folgen, aufeinanderfolgen.

succeditrice *f v.* **successore.**

successi [sut'tʃɛssi] *p rem di* **succedere.**

successione [suttʃes'si̯o:ne] *f* **1.** *jur* (Nach)folge *f;* **2.** *(serie)* Folge *f,* Aufeinanderfolge *f,* Abfolge *f.* **successivo, -a** [...tʃes'si:vo] *a* folgend, nachfolgend, Folge-.

successo [su'tʃɛsso] **I.** *pp di* **succedere; II.** *m* Erfolg *m.*

successore, succeditrice [suttʃes'so:re, ...edi'tri:tʃe] *m, f* Nachfolger(in) *m(f).*

succhiare [suk'ki̯a:re] ‹succhio, succhi› *tr (latte)* saugen; *(caramella)* lutschen; **-arsi il dito** (am) Daumen lutschen.

succhiello [suk'ki̯ɛllo] *m* Nagelbohrer *m.*

succhiotto [suk'ki̯ɔtto] *m* Schnuller *m.*

succinto, -a [sut'tʃinto] *a* **1.** *(vestito)* knapp; *(scollato)* weit ausgeschnitten; **2.** *(resoconto)* kurz, bündig, knapp.

succo ['sukko] ‹-cchi› *m* **1.** *(di frutta)* Saft *m;* **2.** *anat* Saft *m,* Sekret *n,* Flüssigkeit *f;* **3.** *fig* Kern *m,* Gehalt *m.* **succoso, -a** [...'ko:so] *a* **1.** *(frutta)* saftig; **2.** *fig* gehaltvoll.

succube, succubo, -a ['sukkube, ...bo] **I.** *a* unterworfen (*di qu* jdm), hörig (*di qu* jdm); **II.** *m, f* Hörige(r) *mf.*

succulento, -a [sukku'lɛnto] *a* köstlich.

succursale [sukkur'sa:le] *f* Filiale *f,* Zweigstelle *f.*

sud [sud] ‹-› *m* (*ab* **S.**) Süden *m.*

sudare [su'da:re] **I.** *itr* schwitzen; **II.** *tr* **1.** *(trasudare)* (aus)schwitzen; **2.** *fig (pane)* im Schweiße seines Angesichts verdienen. **sudario** [su'da:ri̯o] ‹-i› *m* Schweißtuch *n.* **sudata** [su'da:ta] *f* **1.** *(il sudare)* Schwitzen *n;* **2.** *(fatica)* Anstrengung *f,* Mühe *f,* Strapaze *f.* **sudaticcio, -a** [suda'tittʃo] ‹-cci, -cce› *a* schweißnaß, verschwitzt. **sudato, -a** [su'da:to] *a* **1.** *(abito)* verschwitzt, naßgeschwitzt; **2.** *fig* im Schweiße seines Angesichts verdient.

suddetto, -a [sud'detto] *a* obenerwähnt, -genannt, besagt.

sudditanza [suddi'tantsa] *f* Untertänigkeit *f,* Abhängigkeit *f.* **suddito, -a** ['suddito] *m, f* Untertan(in) *m(f).*

suddividere [suddi'vi:dere] ‹*irr*› *tr* unterteilen. **suddivisione** [...vi'zi̯o:ne] *f* Unterteilung *f.*

sudest [su'dɛst] *m (ab* **S.E.**) Südosten *m.*

sudiceria [suditʃe'ri:a] ‹-ie› *f* Dreckigkeit *f,* Schmutzigkeit *f; fig* Schweinerei *f.* **sudicio, -a** ['su:ditʃo] ‹-ci, -ce *o* -cie› **I.** *a* **1.** *(mani, vestito, luogo)* schmutzig, dreckig; **2.** *fig* schmutzig, unanständig; **II.** *m* Dreck *m.* **sudicione, -a** [sudi'tʃo:ne] *m, f* Schmutzfink *m,* Dreckspatz *m fam.* **sudiciume** [...'tʃu:me] *m (a. fig)* Schweinerei *f.*

sudore [su'do:re] *m* Schweiß *m;* **col ~ della fronte** im Schweiße seines Angesichts.

sudovest [su'dɔ:vest] *m (ab* **S.O.**) Südwesten *m.*

Suevia [su'ɛ:vi̯a] *f* Schwaben *n.*

sufficiente [suffi'tʃɛnte] *a* **1.** *(che basta)* genügend, ausreichend; **2.** *fig pej* süffisant, überheblich. **sufficienza** [...'tʃɛntsa] *f* **1.** *(l'essere sufficiente)* Hinlänglichkeit *f,* Genüge *f;* **2.** *(votazione)* Ausreichend *n;* **3.** *fig pej* Süffisanz *f,* Überheblichkeit *f;* **a ~** zur Genüge.

suffisso [suf'fisso] *m* Suffix *n.*

suffragetta [suffra'dʒetta] *f scherz* Emanze *f fam.*

suffragio [suf'fra:dʒo] ‹-gi› *m* **1.** *jur* Wahlrecht *n,* Stimmrecht *n;* **2.** *rel* Fürbitte *f.*

suggellare [suddʒel'la:re] *tr fig* besiegeln.

suggerimento [suddʒeri'mento] *m* Rat(schlag) *m,* Empfehlung *f.* **suggerire** [...'ri:re] ‹suggerisco› *tr* **1.** *(risposta)* eingeben, einflüstern, suggerieren; **2.** *theat* soufflieren; **3.** *(a scuola)* vorsagen; **4.** *(consigliare)* raten, empfehlen. **suggeritore, -trice** [...ri'to:re] *m, f* Souffleur *m,* Souffleuse *f.*

suggestionare [suddʒesti̯o'na:re] **I.** *tr* beeinflussen; **II.** *rfl:* **-arsi** sich beeinflussen lassen.

suggestione [suddʒes'ti̯o:ne] *f* **1.** *psych* Suggestion *f;* **2.** *fig* (tiefer) Eindruck *m,* Faszination *f.* **suggestivo, -a** [...'ti:vo] *a* **1.** *fig* beeindruckend, eindrucksvoll, faszinierend; **2.** *(domanda)* Suggestiv-.

sughero ['su:gero] *m* **1.** *bot* Korkeiche *f;* **2.** *(oggetto, materiale)* Kork *m;* **3.** *(tappo)* Korken *m.*

sugli ['suʎʎi] *prp* **su** *con articolo gli.*

sugo ['su:go] ‹-ghi› *m* **1.** *(succo)* Saft *m;* **2.** *(salsa)* Sauce *f,* Soße *f;* **3.** *fig* Gehalt *m,* Substanz *f.* **sugoso, -a** [su'go:so] *a* saftig.

sui ['su:i] *prp* **su** *con articolo i.*

suicida [sui'tʃi:da] ‹-i *m,* -e *f*› **I.** *mf* Selbstmörder(in) *m(f);* **II.** *a* selbstmörderisch, Selbstmörder-. **suicidarsi** [...tʃi'darsi] *rfl* Selbstmord begehen, sich *(dat)* das Leben nehmen; *(a. fig)* sich umbringen. **suicidio** [...'tʃi:di̯o] ‹-i› *m* Selbstmord *m.*

suino, -a [su'i:no] **I.** *a* Schweine-; **II.** *m* Schwein *n.*

sul [sul] *prp* **su** *con articolo il.*

sulfureo, -a [sul'fu:reo] *a* Schwefel-, schwef(e)lig, schwefelhaltig.

sull', sulla, sulle, sullo [sul, 'sulla, ...le, ...lo] *prp* **su** *con articolo l', la, le, lo.*

sultanina [sulta'ni:na] *f* Sultanine *f.*
sultano, -a [sul'ta:no] *m, f* Sultan(in) *m(f).*
summit ['sʌmɪt] ⟨-⟩ *m* Gipfelkonferenz *f.*
sunto ['sunto] *m* Abriß *m,* Zusammenfassung *f.*
suo, -a ['su:o] ⟨suoi, sue⟩ **I.** *a* **1.** *(di lui)* sein; *(di lei)* ihr; **2.** *(forma di cortesia a.:* **S~***)* Ihr; **la -a voce** seine (*o* ihre) Stimme; **~ padre/zio** sein (*o* ihr) Vater/Onkel; **un ~ amico** ein Freund von ihm (*o* ihr); **sono parole sue** das sind seine (*o* ihre) Worte; **ne ha fatta una delle sue** er (*o* sie) hat schon wieder etwas angestellt; **in seguito alla Sua pregiata del ...** in Beantwortung Ihres freundlichen Schreibens vom ...; **essere dalla -a** auf seiner (*o* ihrer) Seite stehen; **dire la -a** seine eigene Meinung sagen; **stare sulle sue** verschlossen sein; **II.** *pron:* **il ~, la -a 1.** *(di lui)* seiner, seine, sein(e)s; *(di lei)* ihrer, ihre, ihr(e)s; **2.** *(forma di cortesia a.:* **S~***)* Ihre(r, s); **III.** *m:* **il ~ 1.** *(di lui)* das Sein(ig)e; *(di lei)* das Ihr(ig)e; **2.** *(forma di cortesia a.:* **S~***)* das Ihr(ig)e; **i suoi** *(di lui)* die Seinen *geh; (di lei)* die Ihren *geh; (forma di cortesia a.:* **Suoi***)* die Ihren *geh.*
suocero, -a ['suɔ:tʃero] *m, f* Schwiegervater *m,* -mutter *f;* **-i** Schwiegereltern *pl.*
suoi ['suɔ:i] *v.* **suo.**
suola ['suɔ:la] *f* Sohle *f.*
suole ['suɔ:le] *etc. v.* **solere.**
suolo ['suɔ:lo] *m* Grund *m,* Boden *m,* Erde *f.*
suonare [suo'na:re] *etc. v.* **sonare** *etc.*
suono ['suɔ:no] *m* **1.** *gener.* Ton *m,* Klang *m;* **2.** *phys* Schall *m;* **3.** *ling* Laut *m.*
suora ['suɔ:ra] *f* Schwester *f,* Nonne *f.*
super ['su:per] **I.** ⟨-⟩ *f* Super *n fam,* Superbenzin *n;* **II.** ⟨*inv*⟩ *a* Super-.
superaffollato, -a [superaffol'la:to] *a* überfüllt.
superamento [supera'mento] *m (a. fig)* Überwindung *f,* Überwinden *n.* **superare** [...'ra:re] *tr* **1.** *(per dimensioni, qualità, quantità)* übertreffen (*in* an); *(di numero)* übersteigen; **2.** *mot (sorpassare)* überholen; **3.** *fig (età, velocità)* überschreiten; *(prova, esame)* bestehen; *(malattia, pericolo)* überstehen; *(difficoltà, ostacolo, crisi)* überwinden. **superato, -a** [...'ra:to] *a* überholt.
superbia [su'pɛrbia] ⟨-ie⟩ *f* Hochmut *m,* Überheblichkeit *f.* **superbo, -a** [su'pɛrbo] *a* **1.** *pej* hochmütig, überheblich, eingebildet; **2.** *(orgoglioso)* stolz (*di* auf); **3.** *fig* großartig, großmütig.
superdotato, -a [superdo'ta:to] *a* reichdotiert, reichausgestattet.
superficiale [superfi'tʃa:le] **I.** *a* oberflächlich; *(strato a.)* Oberflächen-; **II.** *mf* oberflächlicher Mensch. **superficialità** [...tʃali'ta] ⟨-⟩ *f* Oberflächlichkeit *f.*
superficie [super'fi:tʃe] ⟨-ci⟩ *f* Oberfläche *f; (a. mat)* Fläche *f; (di acqua a.)* Spiegel *m.*
superfluo, -a [su'pɛrfluo] **I.** *a* überflüssig; **II.** *m* Überfluß *m.*
super-io [supe'ri:o] ⟨-⟩ *m* Über-Ich *n.*
superiora [supe'rio:ra] *f* Oberin *f.*
superiore [supe'rio:re] **I.** ⟨*comparativo di* alto⟩ *a* **1.** *(di posizione, a. anat)* obere(r, s), Ober-; **2.** *(maggiore)* höher, größer, über-; **3.** *(più alto, a. bot, zoo)* höher; **4.** *(migliore)* besser; **scuola media ~** höhere Schule; **~ alla media** überdurchschnittlich; **II.** *m* Vorgesetzte(r) *m.* **superiorità** [...iori'ta] ⟨-⟩ *f* Überlegenheit *f.*
superlativo, -a [superla'ti:vo] **I.** *a* **1.** *gener.* höchste(r, s); **2.** *fig* großartig; **II.** *m* Superlativ *m.*
supermercato [-supermer'ka:to] *m* Supermarkt *m.* **superpotenza** [-po'tɛntsa] *f* Supermacht *f.* **supersonico, -a** [-'sɔ:niko] ⟨-ci, -che⟩ *a* Überschall-.
superstite [su'pɛrstite] **I.** *a* überlebend; **II.** *mf* Überlebende(r) *mf.*
superstizione [superstit'tsio:ne] *f* Aberglaube *m.* **superstizioso, -a** [...'tsio:so] **I.** *a* abergläubisch; **II.** *m, f* abergläubischer Mensch.
superstrada [super'stra:da] *f* Schnellstraße *f.*
supervisione [supervi'zio:ne] *f* Oberaufsicht *f.* **supervisore, -a** [...'zo:re] *m, f* Leiter(in) *m(f).*
supino, -a [su'pi:no] *a* auf dem Rücken, rücklings.
suppellettile [suppel'lɛttile] *f* **1.** *(arredamento)* Einrichtungsgegenstand *m;* **2.** *(in archeologia)* Gegenstand *m,* Gerät *n;* **-i di casa** Hausrat *m.*
suppergiù [supper'dʒu] *adv fam* mehr oder weniger, ungefähr.
supplementare [supplemen'ta:re] *a* zusätzlich; *(numero, rivista)* Supplement-, Ergänzungs-; *mat* Supplement-. **supplemento** [...'mento] *m* **1.** *(a libro)* Supplement *n,* Ergänzungsband *m; (a giornale)* Beilage *f;* **2.** *ferr* Zuschlag *m.*
supplente [sup'plɛnte] **I.** *a* (stell)vertretend; **II.** *mf* (Stell)vertreter(in) *m(f).* **supplenza** [...'plɛntsa] *f* Vertretung *f.*
suppletivo, -a [supple'ti:vo] *a* zusätzlich, ergänzend, Ergänzungs-.
supplì [sup'pli] ⟨-⟩ *m* Reiskrokette *f.*
supplica ['supplika] ⟨-che⟩ *f* Flehen *n,* Bitten *n.* **supplicare** [...'ka:re] ⟨supplico, supplichi⟩ *tr* anflehen. **supplichevole** [...'ke:vole] *a* flehend, flehentlich.
supplire [sup'pli:re] ⟨supplisco⟩ **I.** *tr* vertreten; **II.** *itr* ausgleichen, wettmachen (*a qc* etw., *con* durch, mit).

supplizio [sup'plittsio] ‹-i› *m* **1.** *fig* Qual *f*, Tortur *f*; **2.** *(pena)* Hinrichtung *f*.
supporre [sup'porre] ‹*irr*› *tr* vermuten, annehmen.
supporto [sup'pɔrto] *m* **1.** *(di strumento, dipinto)* Gestell *n*, Träger *m*; *(per sostenersi)* Halter *m*; *tec* Lager *n*; **2.** *fig* Stütze *f*.
supposizione [suppozit'tsio:ne] *f* Annahme *f*, Vermutung *f*.
supposta [sup'posta] *f* Zäpfchen *n*, Suppositorium *n scient.*
supremazia [supremat'tsi:a] ‹-ie› *f* Ober-, Vorherrschaft *f*, Supremat *m o n*.
supremo, -a [su'prɛ:mo] ‹*superlativo di alto*› *a* oberste(r, s), höchste(r, s); *(fig a.)* größte(r, s).
surf, surfing [sə:f, 'sə:fıŋ] ‹-› *m* Surfen *n*, Surfing *n*.
surgelare [surdʒe'la:re] *tr* einfrieren, tiefkühlen.
surplus [syr'ply] ‹-› *m* Überschuß *m*, Überangebot *n*.
surreale [surre'a:le] *a* surreal.
surriscaldare [surriskal'da:re] **I.** *tr* überhitzen; **II.** *rfl:* **-arsi** sich überhitzen.
surrogato [surro'ga:to] *m* Ersatz *m*, Surrogat *n*.
Susanna [su'zanna] *(nome proprio femminile)* Susanne.
suscettibile [suʃʃet'ti:bile] *a* **1.** *(capace)* zugänglich (*di* für), empfänglich (*di* für), fähig (*di* zu); **2.** *(permaloso)* empfindlich, reizbar. **suscettibilità** [...tibili'ta] ‹-› *f* Reizbarkeit *f*, Empfindlichkeit *f*.
suscitare [suʃʃi'ta:re] *tr* reizen (*qc* zu etw.), hervorrufen, herausfordern.
susina [su'si:na *o* su'zi:na] *f* Pflaume *f*, Zwetsch(g)e *f*. **susino** [...no] *m* Pflaumenbaum *m*.
suspense [sə'spens] ‹-› *m o f* Spannung *f*.
susseguire [susse'gui:re] **I.** *tr* (nach)folgen *dat*, folgen auf; **II.** *rfl:* **-irsi** aufeinanderfolgen.
sussidiario, -a [sussi'dia:rio] ‹-i, -ie› **I.** *a* Hilfs-; **II.** *m* Lehr- und Arbeitsbuch *n* (für die Grundschule).
sussidio [sus'si:dio] ‹-i› *m* **1.** *(in denaro)* Unterstützung *f*, (Bei)hilfe *f*; **2.** *(aiuto)* Hilfsmittel *n*.
sussiego [sus'siɛ:go] ‹-ghi› *m* Würde *f*, Haltung *f*.
sussistenza [susis'tɛntsa] *f* (Lebens)unterhalt *m*, Auskommen *n*.
sussistere [sus'sistere] ‹sussisto, sussistei *o* sussistetti, sussistito› *itr* ‹*essere*› bestehen, vorliegen.
sussultare [sussul'ta:re] *itr* auffahren, zusammenfahren, zusammenzucken. **sussulto** [...'sulto] *m* Auffahren *n*.
sussurrare [sussur'ra:re] **I.** *tr* flüstern, zuflüstern; **II.** *itr* munkeln (*contro* über), hinter vorgehaltener Hand reden (*contro* über). **sussurro** [...'surro] *m* Flüstern *n*.
sutura [su'tu:ra] *f* Naht *f*.
suvvia [suv'vi:a] *interj* Kopf hoch.
svagare [zva'ga:re] **I.** *tr* ablenken; **II.** *rfl:* **-arsi** sich ablenken, sich zerstreuen. **svago** ['zva:go] *m* Ablenkung *f*, Zerstreuung *f*.
svaligiare [zvali'dʒa:re] ‹svaligio, svaligi› *tr* ausrauben. **svaligiatore, -trice** [...dʒa'to:re] *m, f* Räuber(in) *m(f)*, Dieb(in) *m(f)*.
svalutare [zvalu'ta:re] **I.** *tr* abwerten, entwerten; **II.** *rfl:* **-arsi** an Wert verlieren. **svalutazione** [...tat'tsio:ne] *f* Ab-, Entwertung *f*.
svampito, -a [zvam'pi:to] **I.** *a* (geistig) weggetreten *fam;* **II.** *m, f* Flattergeist *m*.
svanire [zva'ni:re] ‹svanisco› *itr* ‹*essere*› verschwinden; *(progetto)* sich in Luft (*o* nichts) auflösen. **svanito, -a** [...'ni:to] *a* **1.** *(scomparso)* verschwunden; **2.** *fig pej* verblödet; *(per vecchiaia)* verkalkt.
svantaggiato, -a [zvantad'dʒa:to] *a* benachteiligt. **svantaggio** [...'taddʒo] *m* **1.** *(condizione)* Nachteil *m*; **2.** *sport* Rückstand *m*. **svantaggioso, -a** [...'dʒo:so] *a* nachteilig, ungünstig.
svaporare [zvapo'ra:re] *itr* ‹*essere*› verfliegen.
svariato, -a [zva'ria:to] *a* verschieden.
svasare [zva'za:re] *tr* **1.** *bot* umtopfen; **2.** *(gonna)* ausstellen, nach unten weiter machen.
svastica ['zvastika] ‹-che› *f* Hakenkreuz *n*.
svedese [zve'de:se] **I.** *a* schwedisch; **II.** *mf* Schwede *m*, Schwedin *f*; **III.** *m (fiammifero)* Streichholz *n*.
sveglia ['zveʎʎa] *f* **1.** *(lo svegliare)* Wecken *n*; **2.** *(segnale)* Weckruf *m*, Wecksignal *n*; **3.** *(orologio)* Wecker *m*; ~ **telefonica** Telefonweckdienst *m*; ~! aufstehen! **svegliare** [...'ʎa:re] **I.** *tr* **1.** *(dal sonno)* wecken; **2.** *fig (animare)* aufmuntern, aufrütteln; *(suscitare)* (er)wecken, wachrufen; **II.** *rfl:* **-arsi** **1.** *(dal sonno, fig)* aufwachen, wach werden; **2.** *fig (manifestarsi)* erwachen, aufkommen. **sveglio, -a** ['zveʎʎo] ‹-gli, -glie› *a* **1.** *(non addormentato)* wach; **2.** *fig* aufgeweckt.
svelare [zve'la:re] *tr* enthüllen, offenlegen, bloßstellen; *(segreto)* lüften.
sveltezza [zvel'tettsa] *f* **1.** *(rapidità)* Schnelligkeit *f*, Flinkheit *f*; **2.** *fig* Aufgewecktheit *f*; **3.** *(di linee, forma)* Straffheit *f*, Schlankheit *f*.
sveltire [zvel'ti:re] ‹sveltisco› **I.** *tr* beschleunigen; **II.** *rfl:* **-irsi** aufgeweckter werden, flotter werden.
svelto, -a ['zvɛlto] **I.** *a* **1.** *(rapido)* schnell, flink, rasch; **2.** *fig* aufgeweckt,

rege; **3.** *(forma, figura)* schlank, straff; **II.** *adv* schnell, rasch.

svenare [zve'na:re] **I.** *tr* die Adern aufschneiden (*qu* jdm); **II.** *rfl:* **-arsi** sich *(dat)* die Adern aufschneiden.

svendere ['zvendere] *tr* ausverkaufen. **svendita** ['zvendita] *f* Ausverkauf *m;* **-e di fine stagione** Schlußverkauf *m.*

svenevole [zve'ne:vole] *a* süßlich, affektiert.

svenimento [zveni'mento] *m* Ohnmacht *f.* **svenire** [...'ni:re] ‹*irr*› *itr* ‹*essere*› in Ohnmacht fallen.

sventare [zven'ta:re] *tr* vereiteln.

sventatezza [zventa'tettsa] *f* **1.** *(distrazione)* Kopflosigkeit *f,* Zerstreutheit *f;* **2.** *(imprudenza)* Leichtsinn *m.* **sventato, -a** [...'ta:to] **I.** *a* kopflos, leichtsinnig; **II.** *m, f* kopflose (*o* leichtsinnige) Person.

sventola ['zvɛntola] *f (colpo)* Ohrfeige *f;* **orecchie a ~** abstehende Ohren *n pl,* Segelohren *n pl scherz.*

sventolare [zvento'la:re] **I.** *tr* schwingen, schwenken; **II.** *itr* flattern, wehen; **III.** *rfl:* **-arsi** sich *(dat)* Luft zufächeln.

sventrare [zven'tra:re] *tr* **1.** *(pollo, pesce)* ausnehmen; **2.** *(uccidere)* den Bauch aufschlitzen (*qu* jdm); **3.** *fig* niederreißen, abreißen.

sventura [zven'tu:ra] *f* Unglück *n;* **compagno di ~** Leidensgefährte *m.* **sventurato, -a** [...tu'ra:to] **I.** *a* unglücklich; **II.** *m, f* Unglückliche(r) *mf.*

sverginare [zverdʒi'na:re] *tr* entjungfern.

svergognare [zvergoɲ'ɲa:re] *tr* bloßstellen, blamieren. **svergognato, -a** [...a:to] **I.** *a* schamlos; **II.** *m, f* Schamlose(r) *mf,* schamlose Person.

svernare [zver'na:re] *itr* überwintern.

svestire [zves'ti:re] **I.** *tr* ausziehen; **II.** *rfl:* **-irsi** sich ausziehen.

svettare [zvet'ta:re] *itr* empor-, aufragen.

Svevia ['zvɛ:vi̯a] *v.* **Suevia.**

Svezia ['zvɛttsi̯a] *f* Schweden *n.*

svezzamento [zvettsa'mento] *m* Entwöhnung *f.* **svezzare** [...'tsa:re] *tr* entwöhnen; *(bambino a.)* abstillen.

sviare [zvi'a:re] ‹svio, svii› *tr* **1.** *fig (traviare)* verführen, auf Abwege bringen, ablenken; **2.** *(colpo, tiro)* ablenken, ableiten.

svicolare [zviko'la:re] *itr* ‹*essere o avere*› um die Ecke biegen.

svignarsela [zviɲ'ɲarsela] *itr* ‹*essere*› *fam* abhauen *sl,* sich aus dem Staub machen *fam.*

svilimento [zvili'mento] *m* Erniedrigung *f,* Herabsetzung *f.* **svilire** [...'li:re] ‹svilisco› *tr fig* erniedrigen, herabsetzen.

sviluppare [zvilup'pa:re] **I.** *tr* **1.** *(far crescere)* entwickeln, aufbauen; **2.** *(phys a.)* erzeugen; **3.** *fot* entwickeln; **4.** *mat* abwickeln; **5.** *fig (concetto)* entwickeln; **II.** *rfl:* **-arsi** sich entwickeln. **sviluppo** [...'luppo] *m* Entwicklung *f; mat* Abwicklung *f;* **paese in via di ~** Entwicklungsland *n.*

svincolare [zviŋko'la:re] **I.** *tr* **1.** *(liberare)* befreien; **2.** *com* auslösen; **II.** *rfl:* **-arsi** sich befreien, sich (los)lösen. **svincolo** ['zviŋkolo] *m* **1.** *com* Freigabe *f,* Auslösung *f;* **2.** *mot (entrata)* (Autobahn)auffahrt *f; (uscita)* (Autobahn)ausfahrt *f.*

sviolinata [zvioli'na:ta] *f fam* Schmeichelei *f,* Lobhudelei *f.*

sviscerare [zviʃʃe'ra:re] *tr* eingehend (*o* ausführlich) behandeln. **sviscerato, -a** [...'ra:to] *a* heftig, leidenschaftlich; *(lodi)* übertrieben.

svista ['zvista] *f* Versehen *n.*

svitare [zvi'ta:re] *tr* los-, abschrauben; *(vite)* lösen.

svitato, -a [zvi'ta:to] *fam* **I.** *a* überdreht, verrückt; **II.** *m, f* überdrehte Person.

Svizzera ['zvittsera] *f:* **(la) ~** die Schweiz. **svizzero, -a** [...ro] **I.** *a* schweizerisch, Schweizer; **II.** *m, f* Schweizer(in) *m(f).*

svogliatezza [zvoʎʎa'tettsa] *f* Lustlosigkeit *f.* **svogliato, -a** [...'ʎa:to] *a* lustlos, träge.

svolazzare [zvolat'tsa:re] *itr* **1.** *(uccelli)* herumflattern, herumfliegen; *(insetti)* herumschwirren; **2.** *fig* umherschweifen; **3.** *(al vento)* flattern. **svolazzo** [...'lattso] *m (a. fig)* Schnörkel *m.*

svolgere ['zvɔldʒere] ‹*irr*› **I.** *tr* **1.** *(gomitolo)* abwickeln; *(pacco, regalo)* auswikkeln, auspacken; **2.** *fig (tema)* ausbreiten, entfalten; *(programma, piano)* abwickeln; *(lavoro)* verrichten; *(attività, professione)* nachgehen (*qc* einer S. *dat*); **II.** *rfl:* **-ersi 1.** *(accadere)* sich ereignen, sich zutragen; **2.** *theat, lit* spielen, sich abspielen. **svolgimento** [zvoldʒi'mento] *m* **1.** *(di tema, tesi)* Ausarbeitung *f,* Behandlung *f,* Darstellung *f;* **2.** *fig* Abwicklung *f,* Entfaltung *f,* Entwicklung *f.*

svolta ['zvɔlta] *f* **1.** *(azione)* Abbiegen *n;* **2.** *(curva)* Kurve *f;* **3.** *fig* Wende *f.* **svoltare** [zvol'ta:re] *itr* abbiegen.

svuotamento [zvu̯ota'mento] *m* Entleerung *f.* **svuotare** [...'ta:re] *tr* **1.** *(vuotare)* leeren; **2.** *fig (di significato)* entleeren, berauben.

T

T, t [ti] ‹-› *f* T, t *n;* **t come Torino** T wie Theodor.

tabaccaio, -a [tabak'ka:i̯o] ‹-ccai, -ccaie› *m, f* Tabakwarenverkäufer(in) *m(f).* **tabaccheria** [...ke'ri:a] ‹-ie› *f* Tabakladen *m.* **tabacchiera** [...'ki̯ɛ:ra] *f* Schnupftabak(s)dose *f.*

tabacco [ta'bakko] **I.** ‹-cchi› *m* Tabak *m;* **II.** ‹*inv*› *a* tabak(braun), tabakfarben.

tabella [ta'bɛlla] *f* **1.** *(tavoletta)* (Merk)täfelchen *n;* **2.** *(prospetto, ab* **tab.***)* Tabelle *f,* Aufstellung *f,* Übersicht *f; (di fasi lavorative)* Dienstplan *m;* ~ **di marcia** (*o* **oraria**) Zeitplan *m;* ~ **dei prezzi** Preisliste *f.*

tabellone [tabel'lo:ne] *m* Anschlagtafel *f; (prospetto)* Schautafel *f.*

tabernacolo [taber'na:kolo] *m* Tabernakel *n o m.*

tabù [ta'bu] **I.** ‹*inv*› *a* tabu; **II.** ‹-› *m* Tabu *n.*

tabulatore [tabula'to:re] *m* Tabulator *m.*

tacca ['takka] ‹-cche› *f* **1.** *(incisione)* Kerbe *f;* **2.** *(di lama)* Scharte *f;* **3.** *(statura)* Statur *f,* Größe *f;* **di mezza** ~ *fig* ohne Format.

taccagneria [takkaɲɲe'ri:a] ‹-ie› *f* Knauserei *f.* **taccagno, -a** [...'kaɲɲo] **I.** *a* geizig, knaus(e)rig *fam;* **II.** *m, f* Geizhals *m fam.*

tacchetto [tak'ketto] *m* dünner Absatz; *sport* Stollen *m.*

tacchino [tak'ki:no] *m* Truthahn *m,* Puter *m.*

tacciare [tat'tʃa:re] ‹taccio, tacci› *tr* beschuldigen, bezichtigen; ~ **qu di tradimento** (*o* **di traditore**) jdn des Verrats beschuldigen.

taccio ['tattʃo] *pr di* **tacere.**

tacco ['takko] ‹-cchi› *m* (Schuh)absatz *m.*

taccuino [takku'i:no] *m (per appunti)* Notizbuch *n; (per abbozzi)* Skizzenbuch *n.*

tacere [ta'tʃe:re] ‹taccio, taci, tacqui, taciuto› **I.** *tr* verschweigen, nicht sagen; **II.** *itr* schweigen (*di* über, *su* zu); **far** ~ zum Schweigen bringen.

tachicardia [takikar'di:a] ‹-ie› *f* Herzjagen *n,* Tachykardie *f scient.*

tachimetro [ta'ki:metro] *m* Tachometer *m o n.*

tacito, -a ['ta:tʃito] *a* **1.** *(silenzioso)* leise, still; *(a. persone)* schweigsam, schweigend; **2.** *(sottinteso)* stillschweigend.

taciturno, -a [tatʃi'turno] *a* schweigsam, wortkarg.

taciuto [ta'tʃu:to] *pp di* **tacere.**

tacqui ['takku̯i] *p rem di* **tacere.**

tafano [ta'fa:no] *m zoo* Bremse *f.*

tafferuglio [taffe'ruʎʎo] ‹-gli› *m* Krawall *m,* Tumult *m.*

taffettà [taffet'ta] ‹-› *m* Taft *m.*

taglia ['taʎʎa] ‹-glie› *f* **1.** *(corporatura)* Gestalt *f;* **2.** *(di abito)* Größe *f;* **3.** *(ricompensa)* Kopfgeld *n; (riscatto)* Lösegeld *n;* **4.** *(tributo esoso)* Schutzgebühr *f;* **abito di** ~ **calibrata** Konfektionsanzug *m*/-kleid *n.*

tagliaboschi [-'bɔski] ‹-› *m* Holzfäller *m.* **tagliacarte** [-'karte] ‹-› *m* Papiermesser *n.* **taglialegna** [-'leɲɲa] ‹-› *m* Holzhacker *m,* -fäller *m.*

tagliando [taʎ'ʎando] *m* Abschnitt *m,* Coupon *m.*

tagliare [taʎ'ʎa:re] ‹taglio, tagli› **I.** *tr* **1.** *gener.* (ab)schneiden; *(legno)* hacken; *(albero)* fällen; *(stoffa)* zuschneiden; **2.** *med* abnehmen, amputieren; **3.** *(in parti)* auf-, zer-, durchschneiden; **4.** *(vino)* verschneiden; **5.** *(film, scena, etc.)* kürzen; **6.** *(spese)* kürzen; **7.** *(strada)* abschneiden; **tagliar corto** es kurz machen, kurzen Prozeß machen; ~ **la corda** *fig* Reißaus nehmen, sich aus dem Staub machen *fam;* ~ **la testa al toro** *fig* (nach langer Überlegung) einen Entschluß fassen; ~ **il traguardo** durchs Ziel gehen; **II.** *itr* schneiden.

tagliatelle [taʎʎa'tɛlle] *f pl* Bandnudeln *f pl.*

tagliato, -a [taʎ'ʎa:to] *a* **1.** *gener.* geschnitten; *(modello)* zugeschnitten; **2.** *fig* geeignet (*per* für).

tagliente [taʎ'ʎɛnte] **I.** *a* **1.** *(affilato)* scharf; **2.** *fig (mordace)* bissig, beißend; *(lingua)* spitz; *(critica)* scharf; **II.** *m* Schneide *f.*

tagliere [taʎ'ʎɛ:re] *m* Hackbrett *n.*

taglierini [taʎʎe'ri:ni] *m pl* Suppennudeln *f pl.*

taglio ['taʎʎo] ‹-gli› *m* **1.** *gener.* Schnitt *m; (di alberi)* Fällen *n; (di legna)* Hacken *n; (di stoffa)* Zuschnitt *m;* **2.** *(della lama)* Schneide *f;* **3.** *med* Amputation *f;* **4.** *(di vini)* Verschnitt *m;* **5.** *fig (di spese, film, scena)* Kürzung *f;* ~ **cesareo** Kaiserschnitt *m;* **banconote di grosso/piccolo** ~ große/kleine Banknoten *f pl;* **diamogli un** ~**!** laßt uns ein Ende damit machen! **tagliola**

[...'ʎɔ:la] *f* Fangeisen *n.* **tagliuzzare** [...ʎut'tsa:re] *tr* zerschneiden, zerschnippeln *fam.*
tailleur [ta'jœ:r] ‹-› *m* Kostüm *n.*
tal [tal] *v.* **tale.**
talamo ['ta:lamo] *m poet* Hochzeitsbett *n.*
talco ['talko] ‹-chi› *m* Talkum *n.*
tale ['ta:le] **I.** *a* ‹*davanti a consonante spesso* **tal**› **1.** *(di questa specie)* solch, so(lch) ein, ein(e) derartige(r, s); **2.** *(così grande)* so groß; **3.** *(questo)* diese(r, s); **4.** *(indefinito)* gewisse(r, s); **un ~ signore** ein gewisser Herr; **la tal persona** diese Person; **a tal punto** an diesem Punkt; **in tal caso** in diesem Fall; **II.** *pron* **1.** *(persona già menzionata)* derjenige, diejenige, dasjenige; **2.** *(indefinito)* einer, eine; jemand; **3.** ‹*pl*› einige, manche; **quel ~** der Betreffende, jener; **il tal dei -i** Herr Soundso; **un ~ vuol parlarti** jemand möchte dich sprechen; **la sua faccia è ~ quale la tua** sein (*o* ihr) Gesicht sieht genauso aus wie deins.
talea [ta'lɛ:a] *f* Steckling *m.*
talento [ta'lɛnto] *m* Begabung *f,* Talent *n.*
talismano [taliz'ma:no] *m* Talisman *m.*
tallonare [tallo'na:re] *tr* verfolgen, auf den Fersen sein (*qu* jdm); *sport* mit der Ferse zurückstoßen.
talloncino [tallon'tʃi:no] *m* Abschnitt *m,* Quittung(sschein *m*) *f.*
tallone [tal'lo:ne] *m* Ferse *f.*
talmente [tal'mente] *adv* so, derart, dermaßen.
talora [ta'lo:ra] *adv* manchmal, bisweilen.
talpa ['talpa] *f* **1.** *zoo, fig sl* Maulwurf *m;* **2.** *fig* Schwachkopf *m.*
talvolta [tal'vɔlta] *adv* manchmal, bisweilen.
tamarindo [tama'rindo] *m* **1.** *bot* Tamarinde *f;* **2.** *(bibita)* Tamarindengetränk *n.*
tamburellare [tamburel'la:re] *itr* das Tamburin schlagen; **~ con le dita** mit den Fingern trommeln. **tamburello** [...'rɛllo] *m* **1.** *mus* Tamburin *n;* **2.** *(gioco)* Trommelballspiel *n.* **tamburino** [...'ri:no] *m* Trommler *m.* **tamburo** [...'bu:ro] *m* **1.** *(strumento)* Trommel *f;* **2.** *(sonatore)* Trommler *m;* **3.** *arch* Tambour *m;* **4.** *(di orologio)* Federgehäuse *n;* **~ del freno** Bremstrommel *f;* **a ~ battente** auf der Stelle; *(in tutta fretta)* in aller Eile.
Tamigi [ta'mi:dʒi] *m* Themse *f.*
tamponamento [tampona'mento] *m* **1.** *(di veicoli)* Auffahrunfall *m;* **2.** *med (di ferita)* Tamponade *f;* **~ a catena** Massenkarambolage *f.* **tamponare** [...'na:re] *tr* **1.** *(otturare)* (zu-, ver)stopfen; *tec* dichten; **2.** *mot* auffahren auf; **3.** *med* tamponieren. **tampone** [...'po:ne] *m* **1.** *gener.* Pfropf(en) *m;* **2.** *(per timbri)* Stempelkissen *n;* **3.** *(di carta assorbente)* Löscher *m,* Löschrolle *f;* **4.** *med* Tampon *m.*
tana ['ta:na] *f* **1.** *(di animali)* Höhle *f,* Bau *m;* **2.** *fig (nascondiglio)* Schlupfwinkel *m.*
tandem ['tandem] ‹-› *m* Tandem *n;* **lavorare in ~** im Gespann zusammenarbeiten.
tanfo ['tanfo] *m* Modergeruch *m.*
tangente [tan'dʒɛnte] **I.** *a* tangierend; *mat* tangential, Tangens-; **II.** *f* **1.** *mat* Tangente *f;* **2.** *(quota)* Anteil *m;* **3.** *fig pej* Schmiergeld *n.* **tangenza** [...'dʒɛntsa] *f* **1.** *mat* Tangentialpunkt *m;* **2.** *aero* Scheitelpunkt *m.* **tangenziale** [...dʒen'tsi̯a:le] **I.** *a* tangential-, Tangens-; **II.** *f (strada)* Umgehungsstraße *f.*
tanghero ['taŋgero] *m* Tölpel *m,* Rüpel *m.*
tangibile [tan'dʒi:bile] *a* fühlbar; *fig* greifbar.
tango ['taŋgo] ‹-ghi› *m* Tango *m.*
tanica ['ta:nika] ‹-che› *f* Kanister *m.*
tannino [tan'ni:no] *m* Gerbsäure *f,* Tannin *n.*
tantino [tan'ti:no] *adv:* **un ~** ein bißchen, etwas.
tanto, -a ['tanto] **I.** *a* **1.** *(così molto)* so viel, so sehr; *fig* so groß, so weit, *etc.;* **2.** *(molto)* viel; **3.** *(altrettanto)* (genau)so viel, (genau)so sehr; **II.** *pron* **1.** *(così molto)* soviel; **2.** *(molto)* viel; **3.** ‹*pl*› *(molte persone)* viele; **quel ~ che basta** soviel, daß es reicht; **con ~ d'occhi** mit (so) großen Augen; **III.** *adv* **1.** *(molto)* sehr; *(con verbo a.)* viel; **2.** *(assai)* so (sehr); **3.** *(così)* so (viel); **4.** *(altrettanto)* soviel; **~ più che ...** um so mehr, als ...; zumal, da ...; **~ ... quanto ...** soviel ... wie ...; **di ~ in ~** von Zeit zu Zeit; **due volte ~** zweimal soviel; **~ per cambiare** zur Abwechslung; **~ è lo stesso** es kommt auf dasselbe heraus.
tapiro [ta'pi:ro] *m* Tapir *m.*
tappa ['tappa] *f* **1.** *(sosta)* Rast *f,* Station *f;* **2.** *(luogo)* Rastplatz *m; mil* Quartier *n;* **3.** *(percorso)* Etappe *f,* Station *f; sport* Etappe *f;* **4.** *fig (stadio)* Etappe *f,* Stufe *f;* **a -e** etappenweise; **bruciare le -e** *fig* sich gewaltig ins Zeug legen.
tappabuchi [tappa'bu:ki] ‹-› *m* Lückenbüßer *m.*
tappare [tap'pa:re] **I.** *tr* zu-, verstopfen; *(bottiglia)* verkorken; *(finestra)* abdichten; **~ la bocca a qu** *fig fam* jdm den Mund stopfen *fam;* **-arsi il naso** sich *(dat)* die Nase zuhalten; **-arsi le orecchie** *fig fam* die Ohren verschließen; **II.** *rfl:* **-arsi** sich einschließen.
tapparella [tappa'rɛlla] *f* Rolladen *m.*

tappeto [tap'pe:to] *m* **1.** *(per pavimenti)* Teppich *m;* **2.** *(per tavoli)* (Tisch)decke *f;* **3.** *sport* Matte *f; (per pugilato)* Bretter *n pl;* ~ **persiano** Perser(teppich) *m;* **a** ~ flächendeckend; **mettere una questione sul** ~ eine Frage aufs Tapet bringen.

tappezzare [tappet'tsa:re] *tr* **1.** *(pareti)* tapezieren; *(con tappeti)* verkleiden; *(con legno)* täfeln; **2.** *(mobili)* beziehen. **tappezzeria** [...tse'ri:a] ‹-ie› *f* **1.** *(per pareti)* Tapeten *f pl;* **2.** *(in legno)* Täfelung *f;* **3.** *(di mobili, auto)* Polsterung *f;* **4.** *(tecnica)* Tapezierkunst *f.* **tappezziere, -a** [...'tsjɛ:re] *m, f* Polsterer *m,* Polst(r)erin *f.*

tappo ['tappo] *m* **1.** *(di bottiglia)* Stöpsel *m; (di sughero)* Korken *m;* **2.** *scherz (persona piccola)* Stöpsel *m fam.*

tara ['ta:ra] *f* **1.** *(peso)* Tara *f,* Verpackungsgewicht *n;* **2.** *(malattia)* Gebrechen *n;* **3.** *(difetto)* Fehler *m;* ~ **ereditaria** erbliche Belastung.

Taranto [ta'ranto] *f* Tarent *n.*

tarantola [ta'rantola] *f* Tarantel *f.*

tarare [ta'ra:re] *tr* **1.** *(detrarre la tara)* die Tara abziehen von; **2.** *(strumento)* eichen. **tarato, -a** [ta'ra:to] *a* **1.** *(per malattia)* gebrechlich; **2.** *(moralmente)* gebrochen; **3.** *(strumento)* geeicht. **taratura** [tara'tu:ra] *f* Eichung *f.*

tarchiato, -a [tar'kja:to] *a* untersetzt.

tardare [tar'da:re] **I.** *itr* **1.** *(arrivare in ritardo)* sich verspäten; **2.** *(indugiare)* zögern (*a* mit); **3.** *(nel pagamento)* säumig sein; **II.** *tr* verzögern.

tardi ['tardi] *adv* **1.** *(a ora avanzata)* spät; **2.** *(in ritardo)* verspätet, zu spät; **far** ~ sich verspäten; *(di notte)* durchmachen; **più** ~ später; **a più** ~**!** bis später!; **sul** ~ gegen Abend.

tardigrado, -a [tar'di:grado] **I.** *a* träge; **II.** *m, f* Faulpelz *m.*

tardivo, -a [tar'di:vo] *a* **1.** *(primavera, sviluppo)* verspätet, spät, zu spät; *(pianta)* Spät-, spätreif; **2.** *fig (persona)* (geistig) zurückgeblieben.

tardo, -a ['tardo] *a* **1.** *(nel tempo)* spät; **2.** *(lento)* langsam; *pej* träge. **tardona** [...'do:na] *f scherz* Möchtegern-Teenager *m fam.*

targa ['targa] ‹-ghe› *f* Schild *n,* Plakette *f; mot* Nummernschild *n.* **targare** [...'ga:re] ‹targo, targhi› *tr* mit einem Nummernschild versehen, ein Nummernschild anbringen an. **targhetta** [...'getta] *f* Typenschild *n.*

tariffa [ta'riffa] *f* Tarif *m,* Preis *m,* Gebühr *f;* ~ **ordinaria** Normalpreis *m;* ~ **telefonica** Telefongebühr *f,* Fernsprechtarif *m.* **tariffario, -a** [...'fa:rjo] ‹-i, -ie› **I.** *a* Tarif-, tariflich; **II.** *m* Gebührenverzeichnis *n,* Preisliste *f.*

tarlare [tar'la:re] **I.** *tr (legno)* wurmstichig machen; *(tessuto)* zerfressen; **II.** *itr, rfl:* **-arsi** *(legno)* wurmstichig werden; *(tessuto)* von Motten zerfressen werden.

tarlo ['tarlo] *m* **1.** *zoo* Holzwurm *m;* **2.** *fig* Nagen *n,* Stich *m.*

tarma ['tarma] *f* Motte *f.* **tarmare** [...'ma:re] **I.** *tr* zerfressen; **II.** *rfl:* **-arsi** von Motten zerfressen werden.

tarpare [tar'pa:re] *tr* stutzen.

tartagliare [tartaʎ'ʎa:re] ‹tartaglio, tartagli› **I.** *tr* stammeln; **II.** *itr* stottern.

tartaro ['tartaro] *m* Kalkstein *m; (delle botti)* Weinstein *m; (dei denti)* Zahnstein *m.*

tartaro, -a ['tartaro] **I.** *a* tatarisch; **II.** *m, f* Tatar(in) *m(f).*

tartaruga [tarta'ru:ga] ‹-ghe› *f* **1.** *zoo* Schildkröte *f;* **2.** *(materiale)* Schildpatt *n.*

tartassare [tartas'sa:re] *tr fam* schikanieren, piesacken *fam; (strumento)* malträtieren; *(a un esame)* schikanieren.

tartina [tar'ti:na] *f* Butterbrot *n,* belegte Schnitte.

tartufo [tar'tu:fo] *m* Trüffel *f.*

tasca ['taska] ‹-sche› *f* **1.** *(nei vestiti)* Tasche *f;* **2.** *anat* Beutel *m,* Sack *m;* **conoscere qc come le proprie -sche** etw. wie seine Westentasche kennen; **fare i conti in** ~ **a qu** in jds Tasche wirtschaften; **ne ho piene le -sche** *fam* ich habe die Nase voll (davon) *fam.* **tascabile** [...'ka:bile] **I.** *a* Taschen-; **II.** *m* Taschenbuch *n.* **tascapane** [...ka'pa:ne] ‹-› *m* Wandertasche *f; mil* Brotbeutel *m.* **taschino** [...'ki:no] *m* (Westen)tasche *f.*

tassa ['tassa] *f* Abgabe *f; (tariffa)* Gebühr *f; (imposta)* Steuer *f;* ~ **di circolazione** Kraftfahrzeugsteuer *f;* ~ **di soggiorno** Kurtaxe *f.* **tassabile** [...'sa:bile] *a* steuerpflichtig, steuerbar *adm.* **tassametro** [...'sa:metro] *m* Taxameter *m o n,* Fahrpreisanzeiger *m.* **tassare** [...'sa:re] *tr* **1.** *(redditi, etc.)* besteuern; **2.** *(lettere)* mit einer Nachgebühr belegen. **tassativo, -a** [...sa'ti:vo] *a* bindend, endgültig. **tassazione** [...sat'tsjo:ne] *f* Besteuerung *f.*

tassello [tas'sɛllo] *m* Dübel *m; (blocchetto)* Einsatzstück *n.*

tassì [tas'si] ‹-› *m* Taxi *n;* ~ **aereo** Lufttaxi *n.* **tassista** [...'sista] ‹-i *m,* -e *f*› *mf* Taxifahrer(in) *m(f).*

tasso[1] ['tasso] *m com, fin* Satz *m,* Rate *f;* ~ **di mortalità/natalità** Sterblichkeits-/Geburtenrate *f;* ~ **d'interesse/di sconto** Zins-/Diskontsatz *m;* ~ **d'inflazione** Inflationsrate *f.*

tasso[2] ['tasso] *m zoo* Dachs *m.*

tasso[3] ['tasso] *m bot* Eibe *f,* Taxus *m.*

tastare [tas'ta:re] *tr* (ab-, be)tasten, (be)fühlen; ~ **il polso a qu** jdm den Puls fühlen; *fig* jdm auf den Zahn fühlen.

tastiera [tas'ti̯ɛ:ra] *f* Tastatur *f;* **telefono a ~** Tastentelefon *n.*

tasto ['tasto] *m* **1.** *(il tastare)* Tasten *n;* **2.** *tec, mus* Taste *f.* **tastoni** [...'to:ni] *adv:* **procedere a ~** *fig* im dunkeln tappen.

tattica ['tattika] ‹-che› *f* Taktik *f.* **tattico, -a** [...ko] ‹-ci, -che› **I.** *a* taktisch; **II.** *m* Taktiker *m.*

tattile [tat'ti:le] *a* Tast-, taktil *scient.*

tatto ['tatto] *m* **1.** *(senso)* Tastsinn *m;* **2.** *fig* Takt *m,* Fingerspitzengefühl *n;* **mancanza di ~** Taktlosigkeit *f.*

tatuaggio [tatu'addʒo] ‹-ggi› *m* Tätowierung *f.* **tatuare** [...u'a:re] *tr* tätowieren.

Tauri ['ta:uri] *m pl* Tauern *pl.*

taurino, -a [tau'ri:no] *a* Stier-.

taverna [ta'vɛrna] *f* Taverne *f,* Schenke *f.*

tavola ['ta:vola] *f* **1.** *(mobile)* Tisch *m;* **2.** *(asse)* Brett *n; (lastra)* Tafel *f; (piastra)* Platte *f;* **3.** *(pittura)* Bild *n,* Gemälde *n; (illustrazione)* (Bild)tafel *f;* **4.** *(tabella)* Tabelle *f,* Übersicht *f;* **~ allungabile** Ausziehtisch *m;* **~ calda** Imbißstube *f;* **~ fredda** kalte Küche; **mettere a ~** auftischen; **portare in ~** auftragen; **il pranzo è in ~** das Mittagessen steht auf dem Tisch. **tavolaccio** [tavo'lattʃo] ‹-cci› *m* Pritsche *f.* **tavolata** [...'la:ta] *f* Tafelrunde *f,* Tischgesellschaft *f.* **tavolato** [...'la:to] *m* **1.** *(assito)* Holzboden *m; (parete)* Bretterwand *f;* **2.** *geog* Tafelberg *m,* Hochebene *f.* **tavoletta** [...'letta] *f* Täfelchen *n;* **una ~ di cioccolata** eine Tafel Schokolade; **andare a ~** *mot* das Gaspedal durchtreten. **tavolino** [...'li:no] *m* Tischchen *n;* **stare a ~** *fig* über den Büchern sitzen. **tavolo** ['ta:volo] *m* Tisch *m;* **~ da disegno/stiro** Reiß-/Bügelbrett *n.* **tavolozza** [tavo'lɔttsa] *f* Palette *f.*

taxi ['taksi] ‹-› *m* Taxi *n.*

tazza ['tattsa] *f* Tasse *f;* **una ~ da caffè** eine Kaffeetasse; **una ~ di caffè** eine Tasse Kaffee.

tbc, TBC *m ab di* **tubercolosi** Tbc (*ab di* Tuberkulose).

te [te] *pron pers 2ª pers sing* **1.** *(oggetto)* dich; *(con preposizione)* dich, dir, deiner; **2.** *(soggetto in forme comparative ed esclamative)* du; **3.** *(complemento di termine davanti a lo, la, li, le, ne)* dir; *(complemento oggetto davanti a lo, la, li, le, ne)* dich.

tè [tɛ] ‹-› *m* Tee *m.*

team [ti:m] ‹-› *m* Team *n.*

teatrale [tea'tra:le] *a* **1.** *(di, da teatro)* Theater-; **2.** *fig* theatralisch. **teatralità** [...trali'ta] ‹-› *f* Theatralik *f.*

teatro [te'a:tro] *m* Theater *n; fig* Schauplatz *m;* **~ all'aperto** Freilufttheater *n;* **~ di posa** Filmstudio *n;* **~ di prosa** Schauspielhaus *n.*

teca ['tɛ:ka] ‹-che› *f* Reliquiar *n.*

tecnica ['tɛknika] ‹-che› *f* Technik *f.* **tecnico, -a** [...ko] ‹-ci, -che› **I.** *a* technisch; **II.** *m, f* Techniker(in) *m(f).*

tecnologia [teknolo'dʒi:a] ‹-gie› *f* Technologie *f.* **tecnologico, -a** [...'lɔ:dʒiko] *a* technologisch.

tedesco, -a [te'desko] ‹-schi, -sche› **I.** *a* deutsch; **II.** *m, f* Deutsche(r) *mf;* **è ~** er ist Deutscher; **III.** *m* Deutsch(e) *n;* **il ~ è una lingua difficile** Deutsch (*o* das Deutsche) ist eine schwierige Sprache; **come si dice in ~?** was (*o* wie) heißt das auf deutsch?; **parla ~?** sprechen Sie Deutsch?

tediare [te'di̯a:re] ‹tedio, tedi› *tr (annoiare)* langweilen; *(seccare)* belästigen. **tedio** ['tɛ:di̯o] ‹-i› *m* **1.** *(noia)* Langeweile *f;* **2.** *(fastidio)* Lästigkeit *f.* **tedioso, -a** [te'di̯o:so] *a* **1.** *(noioso)* langweilig; **2.** *(fastidioso)* lästig.

teen-ager ['ti:neɪdʒə] ‹-› *mf* Teenager *m.*

tegame [te'ga:me] *m* (Brat)pfanne *f.*

teglia ['teʎʎa] ‹-glie› *f* Auflaufform *f.*

tegola ['te:gola] *f* (Dach)ziegel *m;* **~ in testa** *fig* Schlag *m* ins Gesicht.

tegumento [tegu'mento] *m* Hülle *f.*

teiera [te'i̯ɛ:ra] *f* Teekanne *f.*

teina [te'i:na] *f* Thein *n.*

tela ['te:la] *f* **1.** *(tessuto)* Leinwand *f;* **2.** *(dipinto)* (Leinwand)gemälde *n;* **3.** *(sipario)* Vorhang *m;* **4.** *fig* Gewebe *n;* **~ di ragno** Spinnengewebe *n,* -netz *n.*

telaio [te'la:i̯o] ‹-ai› *m* **1.** *(per tessitura)* Webstuhl *m;* **2.** *fig* Gerüst *n,* Gestell *n; (di finestra)* Rahmen *m; (di auto)* Fahrgestell *n;* **~ da ricamo** Stickrahmen *m.*

tele ['tɛ:le] ‹-› *f fam* Fernsehen *n.*

teleabbonato, -a [teleabbo'na:to] *m, f* Fernsehteilnehmer(in) *m(f).* **telecamera** [-'ka:mera] *f* Fernsehkamera *f.* **telecomandare** [-koman'da:re] *tr* fernsteuern. **telecomando** [-ko'mando] *m* Fernsteuerung *f,* Fernbedienung *f.* **telecomunicazione** [-komunikat'tsi̯o:ne] *f* Fernmeldetechnik *f,* -wesen *n.* **telecopiatrice** [-kopia'tri:tʃe] *f* Telefaxgerät *n,* Fernkopierer *m.* **telecronaca** [-'krɔ:naka] *f* Fernsehreportage *f,* -bericht *m.* **telecronista** [-kro'nista] *mf* Fernsehreporter(in) *m(f).* **telediffusione** [-diffu'zi̯o:ne] *f* Fernsehübertragung *f.* **telefax** [-'faks] *m* Telefax *n.* **teleferica** [-'fɛ:rika] ‹-che› *f* Schwebebahn *f.* **telefilm** [-'film] *m* Fernsehfilm *m.*

telefonare [telefo'na:re] **I.** *tr* anrufen, telefonieren mit; *(comunicare)* (telefonisch) durchgeben (*o* durchsagen); **II.** *itr* telefonieren (*a* mit), anrufen (*a qu* jdn). **telefonata** [...'na:ta] *f* (Telefon)anruf *m*, Telefongespräch *n;* ~ **interurbana/urbana** Fern-/Ortsgespräch *n;* ~ **in teleselezione** Selbstwählferngespräch *n;* **fare una** ~ **a qu** jdn anrufen. **telefonico, -a** [...'fɔ:niko] ‹-ci, -che› *a* telefonisch, Fernsprech-, Telefon-. **telefonista** [...fo'nista] ‹-i *m*, -e *f*› *mf* Telefonist(in) *m(f); (operaio)* Fernmeldetechniker(in) *m(f).*

telefono [te'lɛ:fono] *m* Telefon *n*, Fernsprecher *m adm;* ~ **amico** Telefonseelsorge *f;* ~ **a gettone** Münzfernsprecher *m;* ~ **a scheda magnetica** Kartentelefon *n;* **dare un colpo di** ~ **a qu** *fam* jdn kurz anrufen.

telegiornale [-dʒor'na:le] *m* (*ab* **TG**) Tagesschau *f*, Fernsehnachrichten *f pl.*

telegrafare [-gra'fa:re] *tr, itr* telegrafieren. **telegrafico, -a** [-'gra:fiko] *a* telegrafisch; **stile** ~ Telegrammstil *m.* **telegrafo** [te'lɛ:grafo] *m* **1.** *(apparecchio)* Telegraf *m;* **2.** *(ufficio)* Telegrafenamt *n;* ~ **morse** Morsegerät *n.* **telegramma** [tele'gramma] ‹-i› *m* Telegramm *n.*

telelibera [-'li:bera] *f* privater Fernsehsender. **teleobiettivo** [-obi̯et'ti:vo] *m* Teleobjektiv *n.*

telepatia [-pa'ti:a] ‹-ie› *f* Telepathie *f.* **telepatico, -a** [...'pa:tiko] ‹-ci, -che› *a* telepathisch.

teleprocessing [telɪ'proʊsesɪŋ] ‹-› *m* Datenfernverarbeitung *f.*

telequiz [-'ku̯its] *m* Fernsehquiz *n.* **teleromanzo** [-ro'mandzo] *m* Romanverfilmung *f.* **teleschermo** [-s'kermo *o* -s'kɛrmo] *m* Bildschirm *m.* **telescopio** [-s'kɔ:pi̯o] ‹-i› *m* Fernrohr *n*, Teleskop *n.* **telescrivente** [-skri'vɛnte] **I.** *a* fernschriftlich; **II.** *f* Fernschreiber *m.* **teleselezione** [-selet'tsi̯o:ne] *f* Selbstwählferndienst *m*, Durchwählverbindung *f.* **telespettatore, -trice** [-spetta'to:re] *m, f* Fernsehzuschauer(in) *m(f).*

teletrasmettere [-traz'mettere] ‹*irr*› *tr* im (*o* durch das) Fernsehen übertragen. **teletrasmissione** [...mis'si̯o:ne] *f* Fernsehübertragung *f.*

televideo [-'vi:deo] *m* Videotext *m*, Bildschirmzeitung *f.*

televisione [-vi'zi̯o:ne] *f* (*ab* **TV**) **1.** *(sistema)* Fernsehen *n;* **2.** *fam (televisore)* Fernseher *m*, Fernsehen *n fam;* ~ **a colori** Farbfernsehen *n.* **televisivo, -a** [...'zi:vo] *a* Fernseh-. **televisore** [...'zo:re] *m* Fernsehgerät *n.*

telex ['tɛ:leks] ‹-› *m* Telex *n*, Fernschreiben *n.*

tellurico, -a [tel'lu:riko] ‹-ci, -che› *a* tellurisch.

telo ['te:lo] *m* (Stoff)bahn *f.* **telone** [te'lo:ne] *m* **1.** *(copertone)* Plane *f;* **2.** *(schermo)* Leinwand *f;* **3.** *(sipario)* Vorhang *m.*

tema ['tɛ:ma] ‹-i› *m* **1.** *(argomento)* Thema *n;* **2.** *(componimento scolastico)* Aufsatz *m;* **3.** *ling* Stamm *m;* **andare fuori** ~ das Thema verfehlen. **tematica** [te'ma:tika] ‹-che› *f* Thematik *f.* **tematico, -a** [...ko] ‹-ci, -che› *a* **1.** *ling* Stamm-; **2.** *mus* thematisch.

temerarietà [temerari̯e'ta] ‹-› *f* Tollkühnheit *f*, Verwegenheit *f.* **temerario, -a** [...'ra:ri̯o] ‹-i, -ie› **I.** *a* tollkühn; **II.** *m, f* Verwegene(r) *mf.*

temere [te'me:re] **I.** *tr* **1.** *(avere timore)* fürchten, Angst haben vor; *(fig a.)* befürchten; **2.** *fig (freddo, etc.)* scheuen, nicht vertragen können; **II.** *itr* **1.** *(essere preoccupato)* in Angst (*o* Sorge) sein (*per* um), Angst haben (*per* um), sich sorgen (*per* um); **2.** *(nutrire dubbi)* zweifeln (*di* an), fürchten; **non** ~! keine Angst!

temperalapis, temperamatite [tempera'la:pis, -ma'ti:te] ‹-› *m* Bleistiftspitzer *m.*

temperamento [tempera'mento] *m* Temperament *n.*

temperante [tempe'rante] *a* mäßig, enthaltsam. **temperanza** [...'rantsa] *f* Mäßigkeit *f*, Enthaltsamkeit *f.*

temperare [tempe'ra:re] *tr (metallo)* härten; *(matita)* spitzen. **temperato, -a** [...'ra:to] *a* gemäßigt, maßvoll; **acciaio** ~ Edelstahl *m.*

temperatura [tempera'tu:ra] *f* Temperatur *f.*

temperino [tempe'ri:no] *m* Taschenmesser *n.*

tempesta [tem'pɛsta] *f* Unwetter *n*, Sturm *m.*

tempestare [tempes'ta:re] **I.** *tr* bearbeiten, traktieren; **II.** *itr (impersonale)* stürmen. **tempestato, -a** [...'ta:to] *a* übersät, dicht besetzt.

tempestività [tempestivi'ta] ‹-› *f* Rechtzeitigkeit *f.* **tempestivo, -a** [...'ti:vo] *a* prompt.

tempestoso, -a [tempes'to:so] *a (a. fig)* stürmisch; *(cielo)* sturmbewegt; *(vita a.)* bewegt.

tempia ['tɛmpi̯a] ‹-ie› *f* Schläfe *f.*

tempio ['tɛmpi̯o] ‹-i *o* templi› *m* Tempel *m.*

tempismo [tem'pizmo] *m* Timing *n.*

templi ['tɛmpli] *pl di* **tempio.**

tempo ['tɛmpo] *m* **1.** *gener.* Zeit *f;* **2.** *meteo* Wetter *n;* **3.** *gram* Tempus *n*, Zeit(form) *f;* **4.** *mus* Tempo *n;* **5.** *(di motore)* Takt *m;* **6.** *sport* Halbzeit *f*, Spielhälfte *f;* **7.** *(di spettacolo)* Teil *m;* ~ **libero** Freizeit *f;* **-i supplementari** *sport* Spielverlängerung *f;* **ammazzare il** ~ die Zeit totschlagen; **andare a** ~ im Takt bleiben; **andare fuori** ~ aus dem Takt kommen; **dar** ~ **al** ~ sich *(dat)*

Zeit lassen; **fare il buono e il cattivo ~** *fig* den Ton angeben; **ha fatto il suo ~** er (*o* sie) hat abgewirtschaftet; **a ~ e luogo** bei passender Gelegenheit, zu gegebener Zeit; **a ~ perso** zum Zeitvertreib; **a ~ parziale/pieno** Teilzeit-/Vollzeit-; **a suo ~** *(passato)* seinerzeit; *(futuro)* zu gegebener Zeit; **ai miei -i** zu meiner Zeit; **in ~** rechtzeitig; **in pari ~** gleichzeitig; **in un primo ~** zuerst, zunächst; **in ~ utile** rechtzeitig; **per ~** zeitig, früh; **un ~** früher, einst; **~ fa** vor einiger Zeit; **con i -i che corrono** heutzutage; **quanto ~?** wie lange?

temporale[1] [tempo'ra:le] *a* zeitlich; *rel, pol* weltlich; *gram* Temporal-.

temporale[2] [tempo'ra:le] *m meteo* Gewitter *n.*

temporalesco, -a [tenpora'lesko] ‹-schi, -sche› *a* Gewitter-, gewittrig.

temporaneo, -a [tempo'ra:neo] *a* vorübergehend, zeitweilig.

temporeggiare [tempored'dʒa:re] ‹temporeggio, temporeggi› *itr* zögern, abwarten.

temporizzatore [temporiddza'to:re] *m* Zeitgeber *m.*

tempra ['tɛmpra] *f* **1.** *gener., tec* Härten *n,* Härtung *f; (durezza)* Härte *f;* **2.** *fig* Schlag *m,* Art *f.* **temprare** [tem'pra:re] *tr* **1.** *gener., tec* härten; **2.** *fig* abhärten, stählen *geh.*

tenace [te'na:tʃe] *a* **1.** *(sodo)* zäh; *(duro)* fest; **2.** *fig* hartnäckig, zäh. **tenacia** [te'na:tʃa] ‹-cie› *f* Zähigkeit *f.* **tenacità** [tenatʃi'ta] ‹-› *f* **1.** *gener.* Festigkeit *f; (di lana, etc. a.)* Reißfestigkeit *f;* **2.** *fig* Zähigkeit *f.*

tenaglie [te'naʎʎe] *f pl* **1.** *tec* Zange *f;* **2.** *fam zoo* Scheren *f pl.*

tenda ['tɛnda] *f* **1.** *(telo)* Vorhang *m; (di negozio)* Markise *f;* **2.** *(da campeggio)* Zelt *n;* **~ a ossigeno** Sauerstoffzelt *n.*

tendenza [ten'dɛntsa] *f* Neigung *f,* Tendenz *f.* **tendenziosità** [...tsi̯osi'ta] ‹-› *f* Parteilichkeit *f.* **tendenzioso, -a** [...'tsi̯o:so] *a* tendenziös.

tendere ['tɛndere] ‹tendo, tesi, teso› **I.** *tr* **1.** *(tirare)* spannen; *(distendere)* aufspannen; *(muscoli)* anspannen; *(reti, etc.)* auslegen; **2.** *(mano)* reichen, geben, hinstrecken; *(braccio)* (aus)strecken; **~ l'orecchio** die Ohren spitzen; **~ un tranello** eine Falle stellen; **II.** *itr* neigen (*a* zu), tendieren (*a* nach); *(colori)* übergehen (*a* in), in Richtung ... gehen.

tendina [ten'di:na] *f* Gardine *f,* Vorhang *m.*

tendine ['tɛndine] *m* Sehne *f.*

tendone [ten'do:ne] *m* Plane *f; (di circo)* Zirkuszelt *n.*

tendopoli [ten'dɔ:poli] ‹-› *f* Zeltstadt *f.*

tenebre ['tɛ:nebre] *f pl* Finsternis *f; (fig a.)* Nacht *f,* Dunkel *n.* **tenebroso, -a** [tene'bro:so] *a* finster, dunkel.

tenente [te'nɛnte] *m* Oberleutnant *m.*

tenere [te'ne:re] ‹tengo, tenni, tenuto› **I.** *tr* **1.** *(avere in mano)* halten; *(non lasciar fuggire)* behalten; **2.** *(mantenere)* einhalten; **3.** *(contenere)* enthalten; **4.** *(discorso)* halten; *(conferenza)* (ab)halten; **5.** *fig (contegno, etc.)* haben, an sich *(dat)* haben; **6.** *fig (occupare)* einnehmen; *(dominare)* beherrschen; **~ la finestra aperta** das Fenster offenlassen; **~ duro** *fam* hart bleiben; **~ la lingua a freno** die Zunge im Zaume halten; **~ d'occhio qu** jdn im Auge behalten; **~ al fresco** kühl aufbewahren; **-ersi amico qu** sich *(dat)* jds Freundschaft bewahren; **la macchina tiene bene la strada** das Auto hat eine gute Straßenlage; **la malattia lo tiene a letto** die Krankheit fesselt ihn ans Bett; **II.** *itr* halten; **~ a qc** auf etw. Wert legen; **tengo a ...** *inf* es liegt mir daran zu ...; **III.** *rfl:* **-ersi 1.** *(reggersi, considerarsi)* sich halten; **2.** *(trattenersi)* sich enthalten; **-ersi in piedi** sich auf den Beinen halten.

tenerezza [tene'rettsa] *f* **1.** *(l'essere tenero)* Zartheit *f,* Weichheit *f;* **2.** *fig* Zärtlichkeit *f.* **tenero, -a** ['tɛ:nero] **I.** *a* zart, weich; *fig* zärtlich; *(età)* zart; **II.** *m* **1.** *(parte tenera)* Zarte(s) *n,* Weiche(s) *n;* **2.** *fig* zärtliches Gefühl, Zuneigung *f.*

tengo ['tɛŋgo] *pr di* **tenere.**

tenia ['tɛ:ni̯a] ‹-ie› *f* Bandwurm *m.*

tenni ['tenni] *p rem di* **tenere.**

tennis ['tɛnnis] ‹-› *m* Tennis *n;* **~ da tavolo** Tischtennis *n.* **tennista** [ten'nista] ‹-i *m,* -e *f*› *mf* Tennisspieler(in) *m(f).* **tennistico, -a** [...'nistiko] ‹-ci, -che› *a* Tennis-.

tenore [te'no:re] *m* **1.** *mus* Tenor *m;* **2.** *(quantità)* Gehalt *m;* **3.** *(modo)* Haltung *f; (espressione)* Ausdrucksweise *f; (tono)* Tenor *m; (contenuto)* Wortlaut *m;* **~ di vita** Lebensstandard *m.*

tensione [ten'si̯o:ne] *f* **1.** *gener., el* Spannung *f;* **2.** *fig* Erregung *f,* (An)spannung *f;* **alta/bassa ~** Hoch-/Niederspannung *f;* **essere sotto ~** *fig* unter Streß stehen.

tentacolo [ten'ta:kolo] *m* **1.** *zoo* Fühler *m; (di polipo)* Fangarm *m;* **2.** ‹*pl*› *fig* Fänge *m pl.*

tentare [ten'ta:re] *tr* **1.** *(provare)* versuchen; *(sperimentare)* (aus)probieren; **2.** *fig (indurre)* in Versuchung führen, versuchen *geh.* **tentativo** [...ta'ti:vo] *m* Versuch *m.* **tentatore, -trice** [...ta'to:re] **I.** *a* verführerisch; **II.** *m, f* Versucher(in) *m(f) geh,* Verführer(in) *m(f).* **tentazione** [...tat'tsi̯o:ne] *f* Versuchung *f.*

tentennamento [tentenna'mento] *m (a. fig)* Schwanken *n.* **tentennare** [...'na:re] **I.** *tr (capo)* schütteln; **II.** *itr*

1. *(vacillare)* wackeln, schwanken; 2. *fig* schwanken, zögern.
tentone, tentoni [ten'to:ne, ...ni] *adv* tastend(erweise); *(fig a.)* blindlings; **camminare (a)** ~ sich vorwärtstasten.
tenue ['tɛ:nue] *a* 1. *(sottile)* dünn, fein; 2. *fig (speranza, etc.)* schwach; *(voce)* dünn; *(colore)* zart, matt; *(luce)* schwach, matt; *(ammenda, etc.)* gering; 3. *ling* stimmlos.
tenuta [te'nu:ta] *f* 1. *(di recipiente)* Undurchlässigkeit *f; (capacità)* Fassungsvermögen *n;* 2. *(possedimento agricolo)* Landgut *n;* 3. *(abito)* (Dienst)anzug *m; (uniforme)* Uniform *f; sport* Trikot *n,* Dreß *m;* ~ **di strada** *mot* Straßenlage *f.*
teologia [teolo'dʒi:a] ‹-gie› *f* Theologie *f.* **teologo, -a** [te'ɔ:logo] ‹-gi, -ghe› *m, f* Theologe *m,* Theologin *f.*
teorema [teo'rɛ:ma] ‹-i› *m* Lehrsatz *m,* Theorem *n.*
teoretico, -a [teo'rɛ:tiko] ‹-ci, -che› *a* theoretisch.
teoria [teo'ri:a] ‹-ie› *f* Theorie *f; (dottrina)* Lehre *f;* **in** ~ theoretisch. **teorico, -a** [te'ɔ:riko] ‹-ci, -che› I. *a* theoretisch; II. *m, f* Theoretiker(in) *m(f).* **teorizzare** [teorid'dza:re] *itr* theoretisieren.
tepore [te'po:re] *m* milde Wärme, Lauheit *f.*
teppa ['teppa] *f* Unterwelt *f.* **teppaglia** [...'paʎʎa] ‹-glie› *f* Verbrecherpack *n.* **teppismo** [...'pizmo] *m* Verbrechertum *n.* **teppista** [...'pista] ‹-i *m,* -e *f*› *mf* Gangster *m.*
terapeutico, -a [tera'pɛ:utiko] ‹-ci, -che› *a* therapeutisch. **terapia** [...'pi:a] ‹-ie› *f* Therapie *f.* **terapista** [...'pista] ‹-i *m,* -e *f*› *mf* Heilkundige(r) *mf.*
Teresa [te'rɛ:za] *(nome proprio femminile)* Therese.
tergicristallo [terdʒikris'tallo] *m* Scheibenwischer *m.* **tergilunotto** [-lu'nɔtto] *m* Heckscheibenwischer *m.*
tergiversare [terdʒiver'sa:re] *itr* Ausflüchte machen (*o* suchen).
tergo ['tɛrgo] ‹-ghi› *m* Rückseite *f;* **a** ~ hinten; *(nei rinvii)* auf der Rückseite; **vedi a** ~ siehe Rückseite.
termale [ter'ma:le] *a* Thermal-; **stazione** ~ Kurort *m.*
terme ['tɛrme] *f pl* Thermalbad *n; hist* Thermen *f pl.*
termico, -a ['tɛrmiko] ‹-ci, -che› *a* thermisch, Wärme-.
terminal ['tə:mɪnl] ‹-› *m* (Air)terminal *m o n.*
terminale [termi'na:le] I. *a* End-, Grenz-; **stazione** ~ Endstation *f;* II. *m* 1. *(estremità)* Ende *n; tec* Anschluß(stück *n*) *m;* 2. *inform* Terminal *n;* 3. *aero* Terminal *m o n.*
terminare [termi'na:re] I. *tr* ‹*avere*› beenden, abschließen; *(lavoro)* fertigstellen; II. *itr* ‹*essere*› zu Ende gehen, aufhören, enden. **terminazione** [...nat'tsi̯o:ne] *f* 1. *(punto terminale)* Endpunkt *m;* 2. *ling* Endung *f.*
termine ['tɛrmine] *m* 1. *(limite)* Grenze *f;* 2. *(confine)* Grenzlinie *f,* Grenzstein *m;* 3. *(di tempo)* Termin *m,* Frist *f;* 4. *(fine)* Ende *n,* Schluß *m;* 5. *(vocabolo)* Terminus *m,* (Fach)ausdruck *m,* Begriff *m;* 6. *mat* Glied *n,* Term *m scient;* ~ **tecnico** Fachausdruck *m,* Terminus technicus *m;* **condurre a** ~ zu Ende führen; **ridurre ai minimi -i** auf ein Minimum reduzieren; **volgere al** ~ dem Ende zugehen; **a breve** ~ kurzfristig; **a rigor di -i** strenggenommen; **a -i di legge** nach dem Wortlaut des Gesetzes.
terminologia [terminolo'dʒi:a] ‹-gie› *f* Terminologie *f.*
termite ['tɛrmite] *f* Termite *f.*
termoelettrico, -a [termoe'lɛttriko] *a* thermoelektrisch; **centrale -a** Wärmekraftwerk *n.*
termoforo [ter'mɔ:foro] *m* Heizkissen *n.*
termometro [ter'mɔ:metro] *m* Thermometer *n.*
termonucleare [termonukle'a:re] *a* thermonuklear.
termos ['tɛrmos] ‹-› *m* Thermosflasche® *f.*
termosifone [termosi'fo:ne] *m* 1. *(radiatore)* Heizkörper *m,* Radiator *m;* 2. *(impianto)* Zentralheizung *f.*
termostato [ter'mɔ:stato] *m* Thermostat *m.*
terna ['tɛrna] *f* Dreierreihe *f,* Dreieranzahl *f.* **ternario, -a** [ter'na:ri̯o] ‹-i, -ie› *a* 1. *(di tre elementi)* dreifach, Drei(er)-; 2. *(verso)* dreisilbig; 3. *chem* ternär. **terno** ['tɛrno] *m* Terne *f;* **fare** ~ eine Dreierkombination haben; ~ **al lotto** Hauptgewinn *m* im Lotto; *fig* Glückstreffer *m.*
terra ['tɛrra] *f* 1. *(pianeta)* Erde *f;* 2. *(suolo)* Erde *f,* (Erd)boden *m;* 3. *(campagna)* Land *n;* 4. *(tenuta)* Ländereien *f pl,* Landbesitz *m;* ~ **di nessuno** Niemandsland *n;* **-e emerse** Land *n* der Kontinente und der Inseln; ~ ~ ohne Tiefgang; **avere una gomma a** ~ einen Plattfuß haben *fam;* **essere a** ~ *fig* am Boden zerstört sein; **raso** ~ haarscharf über dem Boden.
terracotta [terra'kɔtta] ‹terrecotte› *f* 1. *(materiale)* Ton(erde *f*) *m;* 2. *(manufatto)* Terrakotta *f.* **terraferma** [terra'ferma] ‹-› *f* Festland *n.*
terraglia [ter'raʎʎa] ‹-glie› *f* Steingut *n.*
terrapieno [terra'pi̯ɛ:no] *m* Erdwall *m,* -damm *m.*
terrazza [ter'rattsa] *f* Terrasse *f.* **ter-**

razzo [...tso] *m* **1.** *(terrazza)* Terrasse *f;* **2.** *(balcone)* Balkon *m.*
terrecotte *pl di* **terracotta.**
terremotato, -a [terremo'ta:to] **I.** *a* erdbebengeschädigt; **II.** *m, f* Erdbebenopfer *n.*
terremoto [terre'mɔ:to] *m* **1.** *(vibrazione della terra)* Erdbeben *n;* **2.** *fig scherz (persona)* Wirbelwind *m,* Wildfang *m.*
terreno [ter're:no] *m* **1.** *gener.* Land *n,* Gelände *n;* **2.** *agr* Boden *m,* Land *n;* **3.** *(fondo)* Grundstück *n;* **4.** *(suolo)* Boden *m,* Erde *f;* **5.** *(superficie)* Gelände *n;* **6.** *sport* (Spiel)feld *n;* **7.** *mil* Gelände *n;* **8.** *(piano)* Erdgeschoß *n;* **9.** *fig* Gebiet *n,* Terrain *n;* ~ **fabbricabile** Bauland *n,* Baugrundstück *n.*
terreno, -a [ter're:no] *a* irdisch, weltlich; **piano** ~ Erdgeschoß *n.*
terreo, -a ['tɛrreo] *a* erdfarben.
terrestre [ter'rɛstre] **I.** *a* **1.** *(relativo alla terra)* Erd-; *(guerra, animale)* Land-; **2.** *fig rel* irdisch, weltlich; **II.** *mf* Erd(en)bewohner(in) *m(f).*
terribile [ter'ri:bile] *a* schrecklich, fürchterlich, entsetzlich.
terriccio [ter'rittʃo] ‹-cci› *m* Gartenerde *f.*
terriero, -a [ter'riɛ:ro] *a* Land-, Grund-.
terrificante [terrifi'kante] *a* schrekkenerregend.
terrina [ter'ri:na] *f* Schüssel *f,* Terrine *f.*
territoriale [territo'ria:le] *a* territorial, Land(es)-, Gebiets-. **territorio** [...'tɔ:rio] ‹-i› *m* Gebiet *n,* Territorium *n.*
terrò [ter'rɔ] *v.* **tenere.**
terrone, -a [ter'ro:ne] *m, f Schimpfwort der Norditaliener für die Süditaliener.*
terrore [ter'ro:re] *m* Angst *f,* Schrecken *m.*
terrorismo [terro'rizmo] *m* Terrorismus *m.* **terrorista** [...'rista] ‹-i *m,* -e *f*› *mf* Terrorist(in) *m(f).* **terroristico, -a** [...'ristiko] ‹-ci, -che› *a (persone, attentati)* terroristisch; *(regime)* Terror-. **terrorizzare** [...d'dza:re] *tr* terrorisieren; *(spaventare)* in Schrecken versetzen, einschüchtern.
terroso, -a [ter'ro:so] *a* erdig, Erd-.
terso, -a ['tɛrso] *a* rein, klar.
terza[1] ['tɛrtsa] *f* **1.** *(classe)* dritte Klasse; **2.** *mot* dritter Gang; **3.** *mus* Terz *f;* **4.** *mat* dritte Potenz.
terza[2] *f v.* **terzo.**
terzetto [ter'tsetto] *m* **1.** *mus* Terzett *n;* **2.** *(di persone)* Trio *n.*
terziario, -a [ter'tsia:rio] ‹-i, -ie› **I.** *a* tertiär; **II.** *m* **1.** *geol* Tertiär *n;* **2.** *com* Dienstleistungsbereich *m;* **III.** *m, f* Terziar(in) *m(f).*
terzina [ter'tsi:na] *f* **1.** *lit* Terzine *f;* **2.** *mus* Triole *f.*
terzino [ter'tsi:no] *m* Verteidiger *m.*
terzo, -a ['tɛrtso] **I.** *a* dritte(r, s); **II.** *m, f (terza persona)* Dritte(r, s) *mfn;* **III.** *m pl fig (altri)* Dritte *pl,* andere *pl;* **per conto -i** auf fremde Rechnung; **IV.** *m (frazione)* Drittel *n,* dritter Teil; *v. a. quinto.*
tesa ['te:sa] *f* Krempe *f.*
teschio ['tɛskio] ‹-schi› *m* Schädel *m; (dei cadaveri)* Totenkopf *m.*
tesi[1] ['tɛ:zi] ‹-› *f* **1.** *(proposizione)* These *f,* Lehrsatz *m;* **2.** *(di laurea)* Dissertation *f,* Doktorarbeit *f;* **3.** *mus* Thesis *f.*
tesi[2] ['te:si] *p rem di* **tendere.**
teso, -a ['te:so] **I.** *pp di* **tendere; II.** *a* **1.** *(corda, muscoli)* gespannt; **2.** *fig* (an)gespannt.
tesoriere, -a [tezo'riɛ:re] *m, f* **1.** *(custode)* Schatzmeister(in) *m(f);* **2.** *(di un ente)* Kassenverwalter(in) *m(f),* Kassierer(in) *m(f).*
tesoro [te'zɔ:ro] *m* **1.** *gener., fig* Schatz *m;* **2.** *(di una banca)* Tresor *m;* **fare ~ di qc** sich *(dat)* etw. zunutze machen.
tessera ['tɛssera] *f* **1.** *(documento)* Ausweis *m,* Mitgliedskarte *f; (d'identità)* (Personal)ausweis *m; (di partito)* Parteibuch *n;* **2.** *(del mosaico)* Mosaikstein *m; (del domino)* Dominostein *m.* **tesserare** [tesse'ra:re] *tr* Mitgliedskarten (*o* Ausweise) ausstellen (*qu* jdm); *(per razionamento)* Bezugsscheine ausstellen (*o* zuteilen) (*qu* jdm). **tesserato, -a** [...'ra:to] *m, f* eingetragenes (*o* eingeschriebenes) Mitglied.
tessere ['tɛssere] *tr* **1.** *(nel telaio)* weben; *(stuoia, etc.)* knüpfen, flechten; **2.** *fig (inganni)* spinnen; ~ **le lodi di qu** jds Lob singen.
tessile ['tɛssile] **I.** *a* Textil-, textil; **II.** *mf* Textilarbeiter(in) *m(f);* **III.** *m pl* Textilien *pl.*
tessitore, -trice [tessi'to:re] *m, f* Weber(in) *m(f).* **tessitura** [...'tu:ra] *f* Weben *n; (di stuoia, etc.)* Knüpfen *n,* Flechten *n.*
tessuto [tes'su:to] *m* **1.** *(stoffa)* Gewebe *n,* Stoff *m;* **2.** *fig* Netz *n;* **3.** *biol, anat* Gewebe *n;* **4.** ‹*pl*› Textilien *pl.*
test [tɛst] ‹-› *m* Test *m.*
testa ['tɛsta] *f* **1.** *anat, tec, fig* Kopf *m;* **2.** *bot (d'aglio)* Knolle *f;* **3.** *fig (ingegno)* Kopf *m,* Geist *m;* ~ **calda/dura/quadra** Hitzkopf *m*/Dickkopf *m*/kluger Kopf; ~ **di cavolo** (*o* ~ **di rapa)** *fam* Schafskopf *m fam,* Holzkopf *m fam;* **colpo di** ~ Kurzschlußhandlung *f;* **mal di** ~ Kopfschmerzen *m pl;* **avere la ~ tra le nuvole** in den Wolken schweben; **fare a ~ e croce** Kopf oder Zahl entscheiden lassen; **fare di ~ propria** seinen Kopf durchsetzen; **mettere la ~ a partito** Vernunft annehmen; **mettersi in ~ qc** sich *(dat)* etw. in den Kopf setzen; **mi è passato dalla** ~ das ist mir entfallen; **tenere ~ a qu** jdm die Stirn bieten; **a** ~ pro Kopf; **a ~ alta** erhobenen Hauptes;

in ~ **alla classifica** an der Tabellenspitze.
testacoda [testa'ko:da] ‹-› *m* Kehrtwendung *f.*
testamentario, -a [testamen'ta:rio] ‹-i, -ie› *a* Testaments-, testamentarisch. **testamento** [...'mento] *m* Testament *n; fig (spirituale a.)* Vermächtnis *n.*
testardaggine [testar'daddʒine] *f* Dickköpfigkeit *f.* **testardo, -a** [tes'tardo] **I.** *a* dickköpfig; **II.** *m, f* Dickkopf *m.*
testata [tes'ta:ta] *f* **1.** *(colpo)* Kopfstoß *m;* **2.** *(di letto)* Kopfteil *m,* Kopfende *n; (di motore)* (Zylinder)kopf *m; (di giornale)* (Zeitungs)kopf *m.*
teste ['tɛste] *mf* Zeuge *m,* Zeugin *f.*
testicolo [tes'ti:kolo] *m* Hoden *m.*
testiera [tes'tiɛ:ra] *f* **1.** *(di cavallo)* Zaumzeug *n;* **2.** *(di letto)* Kopfende *n.*
testimone [testi'mɔ:ne] *mf* **1.** *(persona)* Zeuge *m,* Zeugin *f;* **2.** *sport* Staffelstab *m;* ~ **di nozze** Trauzeuge *m,* -zeugin *f.* **testimonianza** [...mo'niantsa] *f* **1.** *jur* Zeugenaussage *f;* **2.** *(prova)* Beweis *m,* Zeugnis *n.* **testimoniare** [...mo'nia:re] ‹testimonio, testimoni› **I.** *tr* bezeugen; ~ **il falso** falsch aussagen; **II.** *itr* zeugen (*di* von), Zeugnis ablegen (*di* von). **testimonio** [...'mɔ:nio] ‹-i› *v.* **testimone.**
testina [tes'ti:na] *f* Köpfchen *n; tec, gastr* Kopf *m;* ~ **di registrazione** Tonkopf *m.*
testo ['tɛsto] *m* **1.** *(scritto)* Text *m;* **2.** *(contenuto)* Inhalt *m;* **3.** *(libro)* Werk *n,* Buch *n;* **libri di** ~ Lehrbücher *n pl;* **far** ~ maßgebend (*o* richtungweisend) sein.
testone [tes'to:ne] *m fig fam (persona testarda)* Dickkopf *m; (persona stupida)* Schafskopf *m fam.*
testuale [testu'a:le] *a* **1.** *(del testo)* Text-; **2.** *fig (parole)* wörtlich.
testuggine [tes'tuddʒine] *f* Schildkröte *f.*
tetano ['tɛ:tano] *m* Wundstarrkrampf *m,* Tetanus *m.*
tetro, -a ['tɛ:tro] *a* düster, finster.
tetta ['tetta] *f fam* Busen *m.*
tettarella [tetta'rɛlla] *f* Sauger *m; (per calmare)* Schnuller *m.*
tetto ['tetto] *m* **1.** *arch* Dach *n;* **2.** *(di vettura)* Verdeck *n,* Dach *n;* **3.** *geol* Felsvorsprung *m;* **4.** *fig (casa)* Haus *n,* Heim *n;* **senza** ~ obdachlos. **tettoia** [...'to:ia] ‹-oie› *f* Überdachung *f; (pensilina)* Schutzdach *n.*
teutonico, -a [teu'tɔ:niko] ‹-ci, -che› *a* teutonisch.
Tevere ['te:vere] *m* Tiber *m.*
TG ‹-› *m ab di* **Telegiornale** Fernsehnachrichten; **il** ~ **Uno/Due** die Nachrichten im ersten/zweiten (Fernseh)programm.
the [tɛ] *v.* **tè.**
thermos ['tɛrmos] *v.* **termos.**
thrilling ['θrılıŋ] ‹-› *m* Thriller *m.*
ti [ti] **I.** *pron pers 2ª pers sing* **1.** *(complemento di termine)* dir; **2.** *(complemento oggetto)* dich; **II.** *pron rfl 2ª pers sing* dich.
tiara ['tia:ra] *f* Tiara *f.*
tibia ['ti:bia] ‹-ie› *f* Schienbein *n.*
tic [tik] ‹-› *m* Tick *m.*
ticchettio [tikket'ti:o] ‹-ii› *m* Ticken *n; (di macchina da scrivere)* Klappern *n.*
ticchio ['tikkio] ‹-cchi› *m* Anwandlung *f,* Laune *f.*
Ticino [ti'tʃi:no] *m (cantone)* Tessin *n; (fiume)* Tessin *m.*
ticket ['tıkıt] ‹-› *m med* Selbstbeteiligung *f* (an den Krankheitskosten).
tiene, tieni ['tiɛ:ne, ...ni] *v.* **tenere.**
tiepido, -a ['tiɛ:pido] *a* **1.** *(poco caldo)* lau(warm), mild; **2.** *fig* kühl.
tifare [ti'fa:re] *itr* schwärmen (*per* für), Fan sein (*per* von).
tifo ['ti:fo] *m* **1.** *med* Typhus *m;* **2.** *fig* Sportbegeisterung *f; pej* Fanatismus *m;* **fare il** ~ **per qu** begeisterter Anhänger von jdm sein.
tifone [ti'fo:ne] *m* Taifun *m.*
tifoso, -a [ti'fo:so] **I.** *a* sportbegeistert; *pej* fanatisch; **II.** *m, f* Sportbegeisterte(r) *mf,* Fan *m;* ~ **di calcio** Fußballfan *m,* -anhänger *m.*
tight [taıt] ‹-› *m* Cut(away) *m.*
tiglio ['tiʎʎo] ‹-gli› *m* Linde *f.*
tiglioso, -a [tiʎ'ʎo:so] *a* fas(e)rig, zäh.
tigna ['tiɲɲa] *f* Grind *m.*
tignola [tiɲ'ɲɔ:la] *f* Motte *f.*
tignoso, -a [tiɲ'ɲo:so] *a fam* knaus(e)rig *fam,* knickerig *fam.*
tigrato, -a [ti'gra:to] *a* getigert.
tigre ['ti:gre] *f* Tiger *m.*
tilde ['tilde] ‹-› *m o f* Tilde *f.*
tilt [tılt] ‹-› *m:* **andare in** ~ *fig* ausrasten *sl,* ausflippen *sl.*
timballo [tim'ballo] *m* Pastete *f,* Auflauf *m.*
timbrare [tim'bra:re] *tr* (ab)stempeln.
timbro ['timbro] *m* **1.** *(marchio)* Stempel *m;* **2.** *(di suono)* Klangfarbe *f,* Timbre *n geh.*
timidezza [timi'dettsa] *f* Schüchternheit *f.* **timido, -a** ['ti:mido] *a* schüchtern.
timo[1] ['ti:mo] *m bot* Thymian *m.*
timo[2] ['ti:mo] *m anat* Thymus *m,* Thymusdrüse *f.*
timone [ti'mo:ne] *m* **1.** *naut, aero* Ruder *n,* Steuer *n;* **2.** *(di carro)* Deichsel *f.* **timoniere, -a** [timo'niɛ:re] *m, f* Steuermann *m,* Rudergänger(in) *m(f).*
timorato, -a [timo'ra:to] *a* gewissenhaft; ~ **di Dio** gottesfürchtig.
timore [ti'mo:re] *m* **1.** *(paura)* Furcht *f,* Angst *f;* **2.** *(preoccupazione)* Befürchtung *f;* **3.** *(soggezione)* Ehrfurcht *f,* Re-

spekt *m.* **timoroso, -a** [timoˈroːso] *a* furchtsam, ängstlich.

timpano [ˈtimpano] *m* **1.** *mus* Pauke *f;* **2.** *anat* Paukenhöhle *f,* Tympanum *n;* **3.** *arch* Tympanon *n;* **rompere i -i a qu** *fam* jdm das Trommelfell platzen lassen *fam.*

tinello [tiˈnɛllo] *m* Eßraum *m.*

tingere [ˈtindʒere] ‹tingo, tingi, tinsi, tinto› **I.** *tr* färben; **II.** *rfl:* **-ersi 1.** *gener.* sich färben; **2.** *(con cosmetici)* sich schminken.

tino [ˈtiːno] *m* Bottich *m.* **tinozza** [tiˈnɔttsa] *f* Kübel *m; (per il bucato)* Zuber *m.*

tinsi [ˈtinsi] *p rem di* **tingere.**

tinta [ˈtinta] *f* Farbe *f;* **dare una mano di ~ a qc** etw. überstreichen; **vedere tutto a -e fosche** alles in den schwärzesten Farben sehen. **tintarella** [-ˈrɛlla] *f* Sonnenbräune *f;* **prendere la ~** sich von der Sonne bräunen lassen.

tintinnare [tintinˈnaːre] *itr* klingeln. **tintinnio** [...ˈniːo] ‹-ii› *m* Geklingel *n.*

tinto [ˈtinto] *pp di* **tingere.**

tintore, -a [tinˈtoːre] *m, f* Färber(in) *m(f).* **tintoria** [...toˈriːa] ‹-ie› *f* Färberei *f; (per pulitura abiti)* Reinigung *f.* **tintura** [...ˈtuːra] *f* **1.** *(azione)* Färben *n;* **2.** *(risultato)* Färbung *f;* **3.** *(prodotto)* Färbemittel *n; chem* Tinktur *f.*

tipico, -a [ˈtiːpiko] ‹-ci, -che› *a* typisch, charakteristisch.

tipo [ˈtiːpo] *m* **1.** *(carattere)* Typ *m,* Typus *m; (qualità)* Art *f,* Sorte *f;* **2.** *(persona)* Typ *m fam,* Type *f fam.*

tipografia [tipograˈfiːa] *f* **1.** *(arte)* Buchdruck *m,* Typographie *f;* **2.** *(procedimento)* Buchdruck *m;* **3.** *(laboratorio)* (Buch)druckerei *f.* **tipografico, -a** [...ˈgraːfiko] *a* Druck-, typographisch. **tipografo, -a** [tiˈpɔːgrafo] *m, f* Buchdrucker(in) *m(f).*

tipologia [tipoloˈdʒiːa] ‹-gie› *f* Typologie *f.*

TIR [tir] ‹-› *m* LKW *m,* Brummi *m fam.*

tiraggio [tiˈraddʒo] ‹-ggi› *m* Luftzufuhr *f.*

tiranna *f v.* **tiranno.**

tiranneggiare [tirannedˈdʒaːre] ‹tiranneggio, tiranneggi› **I.** *tr* tyrannisieren; **II.** *itr* Gewaltherrschaft ausüben, mit Gewalt herrschen. **tirannia** [...ˈniːa] ‹-ie› *f* **1.** *pol* Tyrannei *f,* Gewaltherrschaft *f;* **2.** *fig* Druck *m,* Zwang *m.* **tirannico, -a** [tiˈranniko] ‹-ci, -che› *a* tyrannisch, Tyrannen-. **tirannide** [tiˈrannide] *f* Tyrannei *f.* **tiranno, -a** [tiˈranno] *m, f* Tyrann(in) *m(f).*

tirare [tiˈraːre] **I.** *tr* **1.** *(carro, etc.)* ziehen; *(cassetto)* herausziehen, aufziehen; *(tenda)* zuziehen; **2.** *(fune)* spannen; **3.** *(dente, linea)* ziehen; **4.** *(sassi, palle)* werfen; **5.** *(sparare)* schießen; *(colpo)* abfeuern; **6.** *sport (ciclismo)* schleppen; **7.** *(calci)* versetzen; **8.** *typ* drucken; **~ qc per le lunghe** etw. in die Länge ziehen; **~ a lucido** auf Glanz bringen; **~ su** hochziehen; **~ su le maniche** die Ärmel hochkrempeln; **~ su i figli** die Kinder aufziehen; **-arsi indietro** *fig* sich zurückziehen; **una parola tira l'altra** ein Wort gibt das andere; **II.** *itr* **1.** *gener.* ziehen; **2.** *(vento)* wehen, blasen; **3.** *(abito)* spannen, eng sitzen; **4.** *(camino)* ziehen; **5.** *(sparare)* schießen; **~ a sorte** auslosen; **~ sul prezzo** (um den Preis) handeln, feilschen; **~ avanti** *fam* sich durchschlagen *fam;* **~ dritto** (seinen Weg) weitergehen. **tirata** [tiˈraːta] *f* **1.** *(il tirare)* Ziehen *n; (a. fig)* Zug *m;* **2.** *(di pipa)* Zug *m;* **3.** *fig (discorso)* Tirade *f.* **tirato, -a** [...to] *a* **1.** *gener.* gespannt; **2.** *fig (avaro)* geizig; **3.** *fig (volto)* abgespannt; **lavoro ~ via** schludrige Arbeit, Pfusch *m.* **tiratore, -trice** [tiraˈtoːre] *m, f* **1.** *(lanciatore)* Werfer(in) *m(f);* **2.** *(con armi da fuoco)* Schütze *m,* Schützin *f;* **3.** *sport* Torschütze *m,* -schützin *f;* **~ scelto** Scharfschütze *m.* **tiratura** [...ˈtuːra] *f* **1.** *typ* Abzug *m;* **2.** *(numero di copie)* Auflage *f.*

tirchieria [tirki̯eˈriːa] ‹-ie› *f* Knauserei *f fam.* **tirchio, -a** [ˈtirki̯o] ‹-chi, -chie› **I.** *a* geizig; **II.** *m, f* Geizhals *m fam,* Pfennigfuchser *m.*

tiremmolla [tiremˈmɔlla] *m* Hin und Her *n;* **fare a ~** schwanken, sich nicht entscheiden können.

tiretto [tiˈretto] *m* Schubfach *n.*

tiritera [tiriˈtɛːra] *f fam* **1.** *(filastrocca)* Litanei *f fam;* **2.** *(discorso)* Geschwätz *n fam.*

tiro [ˈtiːro] *m* **1.** *(il tirare)* Ziehen *n; (lo sparare)* Schießen *n; (il lanciare)* Werfen *n;* **2.** *(sparo)* Schuß *m; (lancio)* Wurf *m;* **3.** *fig* Versuch *m;* **4.** *(attacco di cavalli)* Gespann *n;* **5.** *(azione cattiva)* Streich *m;* **fare (***o* **giocare) un brutto ~ a qu** jdm einen bösen Streich spielen.

tirocinante [tirotʃiˈnante] **I.** *a* Lehrlings-; *(del tirocinio)* Lehr-; **II.** *mf* Lehrling *m.* **tirocinio** [...ˈtʃiːni̯o] ‹-i› *m* Lehre *f,* Lehrzeit *f.*

tiroide [tiˈrɔːide] *f* Schilddrüse *f.*

tirolese [tiroˈleːse] **I.** *a* tirolisch, Tiroler-; **II.** *mf* Tiroler(in) *m(f).* **Tirolo** [tiˈrɔːlo] *m* Tirol *n.*

tisana [tiˈzaːna] *f* Aufguß *m,* Tee *m.*

tisi [ˈtiːzi] ‹-› *f* Lungentuberkulose *f.* **tisico, -a** [ˈtiːziko] ‹-ci, -che› **I.** *a* schwindsüchtig; **II.** *m, f* Schwindsüchtige(r) *mf.*

titanico, -a [tiˈtaːniko] ‹-ci, -che› *a* gigantisch.

titanio [tiˈtaːni̯o] *m chem* Titan *n.*

titano [tiˈtaːno] *m* Titan *m.*

titolare [titoˈlaːre] **I.** *a* **1.** *gener.* berechtigt; **2.** *rel* Titular-; **3.** *(professore)* ordentlich; **II.** *mf* **1.** *gener.* Inhaber(in) *m(f)*; **2.** *sport* Spieler(in) *m(f)*.

titolo ['ti:tolo] *m* **1.** *(nome)* Titel *m*; *(intestazione a.)* Überschrift *f*; **2.** *jur (nei testi)* Absatz *m*; **3.** *com, fin* Wertpapier *n*; **4.** *(appellativo)* Name *m*, Bezeichnung *f*, Titel *m*; **5.** *(grado)* Grad *m*, Titel *m*; **6.** *(merito)* Verdienst *n*; **~ azionario** Aktie *f*; **a ~ di curiosità** aus reiner Neugier; **a ~ d'informazione** zur Information; **a ~ di prestito** leihweise.

titubante [titu'bante] *a* unschlüssig, unentschlossen. **titubanza** [...'bantsa] *f* Unschlüssigkeit *f*. **titubare** [...'ba:re] *itr* zögern.

tizio, -a ['tittsio] *m, f* (irgend) jemand, irgendwer; **un ~ qualunque** irgend jemand; **T~, Caio e Sempronio** Hinz und Kunz *fam*.

tizzone [tit'tso:ne] *m* brennendes Holz- (*o* Kohle)stück.

to' [tɔ] *interj* nanu, sieh (einer *o* mal) an; **~, tieni!** hier, nimm!

toast [toust] ‹-› *m* Toast *m*.

toccante [tok'kante] *a* rührend, ergreifend.

toccare [tok'ka:re] ‹tocco, tocchi› **I.** *tr* ‹*avere*› **1.** *(sentire con la mano)* berühren, anfassen; **2.** *fig* berühren; *(cibo, etc.)* anrühren; **3.** *(tasto)* drücken; **4.** *(giungere)* erreichen; **5.** *(argomento)* streifen; **6.** *naut (porto)* anlaufen; **7.** *(commuovere)* rühren, ergreifen; **8.** *(riguardare)* betreffen, angehen; **9.** *sport* touchieren; **~ terra** landen; **~ la sessantina** an die Sechzig sein; **~ con mano** *fig* mit Händen greifen; **II.** *itr* ‹*essere*› **1.** *(accadere)* zustoßen, widerfahren; **2.** *(essere obbligato)* obliegen *geh*; **3.** *(spettare)* zustehen; **mi tocca ...** *inf* ich muß ... *inf*; **tocca a me/te** ich bin/du bist an der Reihe; **a chi tocca tocca** wer dran ist, ist dran.

toccasana [tokka'sa:na] ‹-› *m (a. fig)* Allheilmittel *n*.

toccata [tok'ka:ta] *f* **1.** *(il toccare)* Berührung *f*; **2.** *mus* Tokkata *f*.

toccato, -a [tok'ka:to] *a fam (mattoide)* plemplem *fam*; **è un po' ~** er tickt nicht ganz richtig *fam*.

tocco[1] ['tokko] ‹-cchi› *m* **1.** *(pressione)* Berührung *f*, leichter Druck; **2.** *fig (di artista)* (Künstler)hand *f*; *(di pittore)* Pinselführung *f*; *mus* Anschlag *m*; **3.** *(di campana)* Läuten *n*, Glockenschlag *m*; *(di orologio)* Schlagen *n*, Schlag *m*.

tocco[2] ['tɔkko] ‹-cchi› *m (di pane, formaggio)* Brocken *m*.

tocco, -a ['tokko] ‹-cchi, -cche› *a fam* plemplem *fam*.

toga ['tɔ:ga] ‹-ghe› *f* **1.** *hist* Toga *f*; **2.** *jur* Talar *m*, Robe *f*; **prendere la ~** *fig* Richter werden. **togato, -a** [to'ga:to] *a* **1.** *hist* mit der Toga bekleidet; *jur* mit dem Talar bekleidet; **2.** *fig* feierlich.

togliere ['tɔʎʎere] ‹tolgo, togli, tolsi, tolto› **I.** *tr* **1.** *(rimuovere)* abnehmen, wegnehmen, entfernen; *(dente)* ziehen; *(vestito)* ausziehen; *(cappello)* abnehmen; **2.** *fig (non concedere più)* (weg)nehmen; *(parola)* entziehen; **3.** *fig (divieto, seduta)* aufheben; **4.** *fig (liberare)* befreien; **~ di mezzo qu** jdn aus dem Weg schaffen (*o* räumen); **-ersi la vita** sich *(dat)* das Leben nehmen; **ciò non toglie che ...** *conj* das schließt nicht aus, daß ...; **II.** *rfl:* **-ersi** weggehen, sich entfernen.

toilette [twa'lɛt] ‹-› *f*, **toletta** [to'letta] *f* **1.** *(abito, acconciatura, stanza, operazione)* Toilette *f*; **2.** *(mobile)* Toilettentisch *m*, Frisierkommode *f*.

tolgo ['tɔlgo] *pr di* **togliere.**

tollerante [tolle'rante] *a* tolerant (*di* gegenüber). **tolleranza** [...'rantsa] *f* **1.** *(indulgenza)* Toleranz *f* (*per* gegenüber), Nachsicht *f* (*per* mit), Verständnis *n* (*per* für); **2.** *(sopportazione)* begrenzte Widerstandsfähigkeit (*per* gegenüber), Verträglichkeit *f (per gen)*; **3.** *(dilazione)* Toleranz *f*, zulässige Verzögerung; *(scarto)* Toleranz *f*, zulässige Abweichung; **casa di ~** Bordell *n*. **tollerare** [...'ra:re] *tr* **1.** *(poter subire)* vertragen; **2.** *(sopportare)* ertragen, dulden; **3.** *(ammettere)* tolerieren, dulden.

tolsi ['tɔlsi] *p rem di* **togliere.**

tolto ['tɔlto] **I.** *pp di* **togliere; II.** *adv* abgesehen von *dat*, ausgenommen *acc*.

tomaia [to'ma:ia] ‹-aie› *f* Oberleder *n*.

tomba ['tomba] *f* Grab *n*; **silenzio di ~** Grabesstille *f*; **essere una ~** *fig* schweigen wie ein Grab; **avere un piede nella ~** *fig* mit einem Fuß im Grabe stehen. **tombale** [...'ba:le] *a* Grab(es)-.

tombino [tom'bi:no] *m* Kanalschacht *m*.

tombola ['tombola] *f* Zahlenlotto *n*.

tombolo ['tombolo] *m* **1.** *(lavorazione)* Klöppelkissen *n*; **2.** *fam scherz* Tonne *f*.

Tommaso [tom'ma:zo] *(nome proprio maschile)* Thomas.

tomo ['tɔ:mo] *m* **1.** *(volume)* Band *m*; **2.** *fig fam* Nummer *f fam*, Marke *f fam*.

tomografia [tomogra'fi:a] *f* Tomographie *f*; **~ assiale computerizzata** (*ab* **TAC**) Computertomographie *f*.

tonaca ['tɔ:naka] ‹-che› *f (di frate)* Kutte *f*; *(di prete)* Talar *m*; *(di monaca)* Ordenskleid *n*, Schwesterntracht *f*.

tonale [to'na:le] *a* **1.** *mus* tonal; **2.** *(in pittura)* Ton-. **tonalità** [tonali'ta] ‹-› *f* **1.** *mus* Tonalität *f*; **2.** *(di colore)* (Farb)ton *m*.

tonare [to'na:re] **I.** *itr* ‹*avere*› **1.** *meteo* donnern; **2.** *fig* wettern; **II.** *itr (impersonale)* ‹*essere o avere*› donnern.

tondeggiante [tonded'dʒante] *a* rundlich.

tondo, -a ['tondo] **I.** *a* rund, Rund-; **dire chiaro e ~** rundheraus sagen; **II.** *m* Scheibe *f,* Kreis *m;* **girare in ~** (sich) im Kreise drehen.

tonfo ['tonfo] *m* dumpfer Schlag, Plumps *m fam;* **fare un ~** plumpsen *fam.*

tonico, -a ['tɔ:niko] ‹-ci, -che› **I.** *a* kräftigend, anregend; *ling* betont; **II.** *m* Stärkungsmittel *n; (per la pelle)* Gesichtswasser *n.*

tonificare [tonifi'ka:re] ‹tonifico, tonifichi› *tr* **1.** *(irrobustire)* kräftigen, stärken; **2.** *(rinvigorire)* beleben, anregen.

tonnato, -a [ton'na:to] *a:* **vitello ~** Kalbfleisch *n* in Thunfischsoße.

tonnellaggio [tonnel'laddʒo] ‹-ggi› *m* Tonnage *f.*

tonnellata [tonnel'la:ta] *f* (*ab* **t**) Tonne *f.*

tonno ['tonno] *m* Thunfisch *m.*

tono ['tɔ:no] *m* **1.** *gener., mus, phys, fig* Ton *m;* **2.** *(modo)* Art *f,* Weise *f;* **3.** *med* Tonus *m;* **4.** *(di colore)* (Farb)ton *m;* **5.** *fig (modello)* Vorbild *n;* **rispondere a ~** die passende Antwort geben; **darsi un certo ~** eine steife Haltung annehmen; **se la prendi su questo ~ . . .** wenn du das so auffaßt, . . .

tonsilla [ton'silla] *f anat* Mandel *f.* **tonsillite** [...'li:te] *f* Mandelentzündung *f.*

tonsura [ton'su:ra] *f* Tonsur *f.*

tonto, -a ['tonto] *a* einfältig, blöde.

topazio [to'pattsi̯o] ‹-i› *m* Topas *m.*

topless ['tɔplɪs] ‹-› *m* Oben-ohne-Badeanzug *m.*

topo ['tɔ:po] *m* Maus *f;* **~ di biblioteca** *fig* Bücherwurm *m.*

topografia [topogra'fi:a] *f* Topographie *f.*

topolino [topo'li:no] *m* Mäuschen *n;* **T~** Mickymaus *f.*

toppa ['tɔppa] *f* **1.** *(serratura)* Schloß *n;* **2.** *(rappezzo)* Flicken *m.*

torace [to'ra:tʃe] *m* Brustkorb *m.*

torba ['torba] *f* Torf *m.*

torbidezza [torbi'dettsa] *f* Trübung *f.* **torbido, -a** ['torbido] **I.** *a* trübe; *fig* finster, dunkel; **II.** *m pl* Unruhen *f pl,* Wirren *pl;* **pescare nel ~** *fig* im trüben fischen.

torcere ['tɔrtʃere] ‹torco, torci, torsi, torto› **I.** *tr* **1.** *(avvolgere)* (ver)drehen; *(piegare)* (um)drehen, krümmen; *(ferro, etc.)* biegen; **2.** *(biancheria)* auswringen; **3.** *(bocca)* verziehen; *(collo)* umdrehen; **II.** *rfl:* **-ersi** sich winden, sich krümmen.

torchiare [tor'ki̯a:re] ‹torchio, torchi› *tr* **1.** *(spremere)* pressen; **2.** *fig* auspressen. **torchio** ['tɔrki̯o] ‹-chi› *m* Presse *f.*

torcia ['tɔrtʃa] ‹-ce› *f* Fackel *f.*

torcicollo [tortʃi'kɔllo] *m* steifer Hals.

tordo ['tordo] *m* Drossel *f.*

torero [to'rɛ:ro] *m* Stierkämpfer *m,* Torero *m.*

Torino [to'ri:no] *f* Turin *n.*

torma ['torma] *f* Schar *f.*

tormalina [torma'li:na] *f* Turmalin *m.*

tormenta [tor'menta] *f* Schneesturm *m.*

tormentare [tormen'ta:re] **I.** *tr (dolore, rimorso)* quälen; *(fastidio)* plagen, belästigen; **II.** *rfl:* **-arsi** sich quälen, sich plagen. **tormento** [...'mento] *m* Qual *f,* Schmerz *m; fig* Plage *f,* Belästigung *f.*

tornaconto [torna'konto] *m (vantaggio)* Vorteil *m; (utile)* Gewinn *m.*

tornado [tor'na:do] ‹-› *m* Wirbelsturm *m,* Tornado *m.*

tornante [tor'nante] *m* Kehre *f,* Haarnadelkurve *f.*

tornare [tor'na:re] **I.** *itr* ‹*essere*› **1.** *(ritornare)* zurückkommen, -kehren; **2.** *(venire di nuovo)* noch einmal kommen, wiederkommen; *(andare di nuovo)* noch einmal gehen, wieder gehen; **3.** *(ridiventare)* wieder werden; **4.** *(essere esatto, giusto)* stimmen, richtig sein; **~ a proposito** wie gerufen kommen; **~ di moda** wieder in Mode kommen; **~ in sé** wieder zu sich *(dat)* kommen; **il conto torna** die Rechnung geht auf (*o* stimmt); **II.** *tr* ‹*avere*› *dial* zurückgeben, zurückbringen.

tornasole [torna'so:le] ‹-› *m* Lackmus *n o m.*

torneo [tor'nɛ:o] *m* Turnier *n.*

tornio ['torni̯o] ‹-i› *m* Drehbank *f.*

tornire [tor'ni:re] ‹tornisco› *tr* **1.** *tec* drechseln, drehen; **2.** *fig* (aus)feilen. **tornitore, -trice** [...ni'to:re] *m, f* Drechsler(in) *m(f),* Dreher(in) *m(f).*

torno ['torno] *m:* **levarsi di ~** von hier verschwinden.

toro ['tɔ:ro] *m* **1.** *zoo* Stier *m;* **2.** *astr:* **T~** Stier *m;* **sono (del** *o* **un) T~** ich bin (ein) Stier.

torpedine[1] [tor'pɛ:dine] *f zoo* Zitterrochen *m.*

torpedine[2] [tor'pɛ:dine] *f mil* Seemine *f.*

torpediniera [torpedi'ni̯ɛ:ra] *f* Torpedoboot *n.*

torpedone [torpe'do:ne] *m* Reiseomnibus *m.*

torpido, -a ['tɔrpido] *a* schlaff, benommen; *(pigro)* träge.

torpore [tor'po:re] *m* Schlaffheit *f,* Benommenheit *f; fig* Trägheit *f.*

torre ['torre] *f* Turm *m;* **~ di lancio** Startrampe *f.*

torrefare [torre'fa:re] ‹*irr*› *tr* rösten, brennen. **torrefazione** [...fat'tsi̯o:ne] *f* **1.** *(azione)* Rösten *n,* Brennen *n;* **2.** *(locale)* Rösterei *f.*

torreggiare [torred'dʒa:re] ‹torreggio, torreggi› *itr* emporragen.

torrente [tor'rɛnte] *m* Wildbach *m; (a. fig)* Sturzbach *m;* **a -i** in Strömen.

torrenziale [torren'tsi̯a:le] *a* strömend; **pioggia** ~ Wolkenbruch *m.*
torrido, -a ['tɔrrido] *a* glühend; *(clima a.)* heiß.
torrione [tor'ri̯o:ne] *m* Wachtturm *m.*
torrone [tor'ro:ne] *m weißer Nougat mit Mandeln, Honig und kandierten Früchten.*
torsi ['tɔrsi] *p rem di* **torcere.**
torsione [tor'si̯o:ne] *f* Verdrehung *f,* Torsion *f; (in ginnastica)* Drehung *f.*
torso ['torso] *m* **1.** *(nell'arte)* Torso *m;* **2.** *anat* Rumpf *m;* **3.** *bot (di cavolo)* Strunk *m; (di frutti)* Kerngehäuse *n.* **torsolo** ['torsolo] *m (di mela)* Kerngehäuse *n; (di cavolo)* Strunk *m.*
torta ['tɔrta] *f* Torte *f,* Kuchen *m.*
tortellini [tortel'li:ni] *m pl* Tortellini *pl (ringförmige, mit Fleisch gefüllte Nudeln).* **tortelloni** [...'lo:ni] *m pl* Tortelloni *pl (größere, mit Ricotta und Gemüse gefüllte Nudeln).*
tortiera [tor'ti̯ɛ:ra] *f* Torten-, Kuchenform *f.*
torto[1] ['tɔrto] *m* Unrecht *n;* **avere** ~ unrecht haben.
torto[2] ['tɔrto] *pp di* **torcere.**
tortora ['tortora] *f* Turteltaube *f.*
tortuosità [tortuosi'ta] ‹-› *f* Gewundenheit *f,* Krümmung *f; fig* krummer Weg *fam.* **tortuoso, -a** [...u'o:so] *a* gewunden; *fig* verschlungen.
tortura [tor'tu:ra] *f (a. fig)* Folter *f; (molestia)* Plage *f; fig* Qual *f,* Tortur *f.* **torturare** [...tu'ra:re] **I.** *tr* foltern; *fig* quälen, martern; **II.** *rfl:* **-arsi** sich quälen.
torvo, -a ['torvo] *a* finster, scheel.
tosare [to'za:re] *tr* **1.** *(pecore)* scheren; **2.** *scherz (capelli)* scheren; **3.** *(siepi)* stutzen, schneiden. **tosatura** [...'tu:ra] *f* **1.** *(operazione)* Scheren *n;* **2.** *(lana)* Schur-, Scherwolle *f.*
Toscana [tos'ka:na] *f* Toskana *f.*
tosse ['tosse] *f* Husten *m.* **tossicchiare** [...sik'ki̯a:re] ‹tossicchio, tossicchi› *itr* hüsteln.
tossicità [tossitʃi'ta] ‹-› *f* Giftigkeit *f.* **tossico, -a** ['tɔssiko] ‹-ci, -che› **I.** *a* giftig, toxisch; **II.** *m* Gift *n.*
tossicodipendente [tossikodipen'dɛnte] *mf* Drogenabhängige(r) *mf.* **tossicodipendenza** [...'dɛntsa] *f* Drogenabhängigkeit *f.*
tossicologia [tossikolo'dʒi:a] ‹-gie› *f* Toxikologie *f.* **tossicologo, -a** [...'kɔ:logo] ‹-gi, -ghe› *m, f* Toxikologe *m,* -login *f.*
tossicomane [tossi'kɔ:mane] **I.** *a* drogen-, rauschgiftsüchtig; **II.** *mf* Drogen-, Rauschgiftsüchtige(r) *mf.* **tossicomania** [...koma'ni:a] *f* Drogen-, Rauschgiftsucht *f.*
tossina [tos'si:na] *f* Giftstoff *m,* Toxin *n.*
tossire [tos'si:re] ‹tossisco *o* tosso› *itr* husten.
tostapane [tosta'pa:ne] ‹-› *m* Toaster *m.*
tostare [tos'ta:re] *tr* rösten; *(pane a.)* toasten. **tostatura** [...ta'tu:ra] *f* Rösten *n; (del pane a.)* Toasten *n.*
tosto, -a ['tɔsto] *a:* **faccia -a** Frechheit *f,* Unverschämtheit *f.*
tot [tɔt] *fam, tec* **I.** ‹*inv*› *a* soundso viel; **II.** ‹-› *m* (bestimmte) (An)zahl *f; (somma)* (bestimmte) Summe *f.*
totale [to'ta:le] **I.** *a* Gesamt-, völlig, total; **II.** *m* Gesamtsumme *f,* -betrag *m.* **totalità** [totali'ta] ‹-› *f* Gesamtheit *f,* Vollständigkeit *f.* **totalitario, -a** [...'ta:ri̯o] ‹-i, -ie› *a* **1.** *(della totalità)* allgemein, ganzheitlich; **2.** *pol* totalitär.
totalizzare [totalid'dza:re] *tr* insgesamt erzielen. **totalizzatore** [...dza'to:re] *m* Totalisator *m.*
totano ['tɔ:tano] *m* Tintenfisch *m.*
totocalcio [toto'kaltʃo] *m ab di* **totalizzatore calcistico** Fußballtoto.
toupet [tu'pɛ] ‹-› *m* Toupet *n.*
tovaglia [to'vaʎʎa] ‹-glie› *f* Tischtuch *n,* -decke *f.* **tovagliolo** [...'ʎɔ:lo] *m* Serviette *f.*
tozzo ['tɔttso] *m (di pane)* Stück *n* (trockenes) Brot.
tozzo, -a ['tɔttso] *a* untersetzt, stämmig; *(cosa)* plump; *(edificio)* kompakt.
tra [tra] *prp* **1.** *gener.* zwischen *dat; (in mezzo a due persone o cose)* zwischen *dat; (moto)* zwischen *acc; (in mezzo a più persone o cose, a. fig)* unter *dat; (moto)* unter *acc;* **2.** *(attraverso luogo)* nach *dat;* **3.** *(partitivo)* von *dat,* unter *dat;* **4.** *(approssimativo)* alles in allem; **5.** *(di tempo)* in *dat,* innerhalb *gen;* ~ **l'altro** unter anderem; ~ **breve** in Kürze; ~ **di noi** unter uns; ~ **sé e sé** in seinem Inneren.
traballare [traballa:re] *itr* schwanken, taumeln; *(a. fig)* wackeln.
trabiccolo [tra'bikkolo] *m scherz (auto scassata)* Schrottlaube *f fam.*
traboccare [trabok'ka:re] ‹trabocco, trabocchi› *itr* **1.** ‹*essere*› *(liquido)* überlaufen, überfließen; **2.** ‹*avere*› *(recipiente)* überlaufen.
trabocchetto [trabok'ketto] *m* **1.** *(congegno)* Falltür *f;* **2.** *fig* Falle *f;* **domanda** ~ Fangfrage *f;* **tendere un** ~ **a qu** jdm eine Falle stellen.
tracagnotto, -a [trakaɲ'ɲɔtto] *a* untersetzt.
tracannare [trakan'na:re] *tr* hinunterstürzen, -gießen.
traccia ['trattʃa] ‹-cce› *f* **1.** *(impronta)* Spur *f; (segno)* Zeichen *n; (di selvaggina)* Fährte *f;* **2.** *fig (ricordo)* Spur *f;* **3.** *(scia)* Kielwasser *n;* **4.** *(abbozzo)* Entwurf *m,* Skizze *f;* **essere sulle -cce di qu** jdm auf der Spur sein; **far**

perdere le proprie -cce seine Spuren verwischen.

tracciare [trat'tʃa:re] ‹traccio, tracci› *tr* **1.** *(disegnare)* zeichnen, entwerfen; **2.** *(strade, ferrovie)* trassieren; **3.** *fig (descrivere)* umreißen.

trachea [tra'kɛ:a] *f* Luftröhre *f.*

tracolla [tra'kɔlla] *f* Schultergurt *m,* -riemen *m;* **a ~** umgehängt.

tracollo [tra'kɔllo] *m* **1.** *fig* Zusammenbruch *m;* **2.** *(di ditta)* Pleite *f;* **~ di borsa** Börsenkrach *m.*

tracotante [trako'tante] *a* anmaßend, überheblich. **tracotanza** [...'tantsa] *f* Anmaßung *f,* Überheblichkeit *f.*

tradimento [tradi'mento] *m* Verrat *m; (di un coniuge)* Untreue *f;* **alto ~** Hochverrat *m;* **a ~** hinterrücks.

tradire [tra'di:re] ‹tradisco› **I.** *tr* **1.** *(venir meno alla fede)* verraten; **2.** *(coniuge)* betrügen; **3.** *(mancare)* verfehlen, nicht nachgehen (*qc* einer S. *dat*); **4.** *(speranze)* enttäuschen; **II.** *rfl:* **-irsi** sich verraten. **traditore, -trice** [...di'to:re] **I.** *m, f* Verräter(in) *m(f);* **II.** *a* verräterisch.

tradizionale [tradittsi̯o'na:le] *a* traditionell, herkömmlich; *(costumi a.)* überliefert.

tradizione [tradit'tsi̯o:ne] *f* Überlieferung *f,* Tradition *f; (consuetudine)* Brauch *m.*

tradotta [tra'dotta] *f* Militärzug *m.*

tradurre [tra'durre] ‹traduco, tradussi, tradotto› *tr* **1.** *(testi)* übersetzen, übertragen; **2.** *(detenuti)* überführen; **3.** *fig (azioni, etc.)* umsetzen; *(sentimenti)* ausdrücken; **~ in parole povere** in einfache Worte kleiden. **traduttore, -trice** [...dut'to:re] *m, f* Übersetzer(in) *m(f).* **traduzione** [...dut'tsi̯o:ne] *f* **1.** *(di testi)* Übersetzung; *f* **2.** *(di detenuti)* Überführung *f.*

trafelato, -a [trafe'la:to] *a* atemlos, keuchend, außer Atem.

trafficante [traffi'kante] *mf pej* Schieber(in) *m(f).*

trafficare [traffi'ka:re] ‹traffico, traffichi› **I.** *itr* **1.** *com* handeln (*in* mit); **2.** *pej* schieben; **II.** *tr pej* verschachern, schieben mit.

traffico ['traffiko] ‹-ci› *m* **1.** *com* Handel *m;* **2.** *(delle strade)* Verkehr *m;* **~ aereo/cittadino/stradale** Luft-/Stadt-/Straßenverkehr *m.*

trafiggere [tra'fiddʒere] ‹trafiggo, trafiggi, trafissi, trafitto› *tr* durchbohren.

trafila [tra'fi:la] *f fig* Reihe *f* von Hürden (*o* Hindernissen).

trafiletto [trafi'letto] *m* Kurzartikel *m.*

trafissi [tra'fissi] *p rem di* **trafiggere.**

trafitto [tra'fitto] *pp di* **trafiggere.**

traforare [trafo'ra:re] *tr* ein Loch machen in, durchbohren, durchstechen. **traforo** [...'fo:ro] *m* **1.** *(atto, effetto)* (Durch)bohrung *f; (intaglio)* Einschnitt *m,* Durchstich *m;* **2.** *(galleria)* Tunnel *m.*

trafugamento [trafuga'mento] *m* Entwendung *f.* **trafugare** [...'ga:re] ‹trafugo, trafughi› *tr* entwenden.

tragedia [tra'dʒɛ:di̯a] ‹-ie› *f* **1.** *theat* Tragödie *f,* Trauerspiel *n;* **2.** *fig (avvenimento tragico)* Drama *n; (scenata)* Theater *n fam.*

traggo ['traggo] *pr di* **trarre.**

traghettare [traget'ta:re] *tr* **1.** *(cose, persone)* übersetzen; **2.** *(fiume)* überqueren. **traghettatore** [...ta'to:re] *m* Fährmann *m.* **traghetto** [...'getto] *m* **1.** *(trasporto)* Überfahrt *f,* Überquerung *f;* **2.** *(imbarcazione)* Fähre *f,* Fährschiff *n;* **~ spaziale** Raumfähre *f.*

tragicità [tradʒitʃi'ta] ‹-› *f* Tragik *f.*

tragico, -a ['tra:dʒiko] ‹-ci, -che› **I.** *a* tragisch; *theat* Tragödien-; **II.** *m* Tragik *f,* Tragische(s) *n.*

tragicomico, -a [tradʒi'kɔ:miko] *a* tragikomisch.

tragitto [tra'dʒitto] *m* (Weg)strecke *f,* Fahrt *f.*

traguardo [tra'gu̯ardo] *m* **1.** *(a. fig)* Ziel *n;* **2.** *(di arma)* Visier *n.*

traiettoria [trai̯et'tɔ:ri̯a] ‹-ie› *f* Flugbahn *f.*

trainare [trai'na:re] *tr* schleppen, ziehen.

traino ['tra:ino] *m* **1.** *(il trainare)* Schleppen *n,* Ziehen *n;* **2.** *(carico)* Ladung *f,* Fuhre *f;* **3.** *(carro)* Schlitten *m,* Fuhre *f.*

tralasciare [tralaʃ'ʃa:re] *tr* versäumen, unterlassen.

tralcio ['traltʃo] ‹-ci› *m* Trieb *m,* Schößling *m.*

traliccio [tra'littʃo] ‹-cci› *m* Gerüst *n,* Gitter *n.*

tralice [tra'li:tʃe]: **in ~** *adv* schräg.

tram [tram] ‹-› *m* Straßenbahn *f.*

trama ['tra:ma] *f* **1.** *(di tessuto)* Schußfaden *m;* **2.** *(di un'opera)* Handlung *f;* **3.** *pej (macchinazione)* Intrige *f.*

tramandare [traman'da:re] *tr* überliefern.

tramare [tra'ma:re] *tr* anzetteln, aushekken, im Schilde führen.

trambusto [tram'busto] *m* Getümmel *n,* Durcheinander *n.*

tramestio [trames'ti:o] ‹-ii› *m* Durcheinander *n.*

tramezzino [tramed'dzi:no] *m* Sandwich *m o n.* **tramezzo** [...'mɛddzo] *m* Zwischenwand *f.*

tramite ['tra:mite] **I.** *m* Vermittlung *f;* **II.** *prp* durch *acc,* mittels *gen,* mit Hilfe von *dat.*

tramontana [tramon'ta:na] *f* Nordwind *m;* **perdere la ~** *scherz* den Kopf verlieren; **a ~** nach Norden.

tramontare [tramon'ta:re] *itr* ‹*essere*› **1.** *astr* untergehen; **2.** *fig* schwinden, vergehen.

tramonto [tra'monto] *m* **1.** *astr* (Sonnen)untergang *m;* **2.** *fig* Abend *m geh.*
tramortire [tramor'ti:re] ‹tramortisco› **I.** *itr ‹essere›* die Besinnung verlieren, ohnmächtig werden; **II.** *tr ‹avere›* betäuben, bewußtlos machen.
trampolino [trampo'li:no] *m (per tuffi)* Sprungbrett *n; (per sci)* Sprungschanze *f.*
trampolo ['trampolo] *m* Stelze *f.*
tramutare [tramu'ta:re] **I.** *tr* verwandeln, verändern; **II.** *rfl:* **-arsi** sich verwandeln.
trancia ['trantʃa] ‹-ce› *f* **1.** *(tranciatrice)* Schneidemaschine *f;* **2.** *(fetta)* Scheibe *f,* Schnitte *f.* **tranciare** [...'tʃa:re] ‹trancio, tranci› *tr gastr* tranchieren; *tec* schneiden.
tranello [tra'nɛllo] *m* Falle *f;* **domanda a ~** Fangfrage *f.*
trangugiare [traŋgu'dʒa:re] ‹trangugio, trangugi› *tr* verschlingen, verschlucken.
tranne ['tranne] *prp* außer *dat,* abgesehen von *dat.*
tranquillante [traŋkui̯l'lante] *m* Beruhigungsmittel *n.* **tranquillità** [...li'ta] ‹-› *f* Ruhe *f,* Stille *f.* **tranquillizzare** [...lid'dza:re] *tr* beruhigen.
tranquillo, -a [traŋ'kui̯llo] *a* **1.** *(calmo)* ruhig, still; **2.** *(sicuro)* ruhig, beruhigt, unbesorgt; **stia ~!** seien Sie unbesorgt!
trans- [trans-] *etc. v. a.* **tras-** *etc.*
transalpino, -a [-al'pi:no] *a* transalpin(isch), jenseits der Alpen *(von Rom aus gesehen).*
transatlantico, -a [-at'lantiko] **I.** *a* transatlantisch, Übersee-; **II.** *m* Überseedampfer *m.*
transatto [tran'satto] *pp di* **transigere.**
transazione [transat'tsi̯o:ne] *f* **1.** *jur* Vergleich *m;* **2.** *com* Transaktion *f.*
transenna [tran'sɛnna] *f* Sperre *f,* Schranke *f.*
transetto [tran'sɛtto] *m* Querschiff *n.*
transiberiano, -a [transibe'ri̯a:no] *a* transsibirisch.
transigere [tran'si:dʒere] ‹transigo, transigi, transigei *o* transigetti, transatto› **I.** *tr* (durch Vergleich) beilegen; **II.** *itr* nachgeben; *jur* sich vergleichen.
transistor [tran'sistor] ‹-›, **transistore** [...'to:re] *m* Transistor *m.*
transitabile [transi'ta:bile] *a (a piedi)* begehbar; *(passo)* passierbar; *(strada)* befahrbar.
transitare [transi'ta:re] *tr ‹essere› (con veicolo)* befahren; *(a piedi)* begehen; *(passo)* passieren; *(attraversare)* durchqueren.
transitivo, -a [transi'ti:vo] *a* transitiv.
transito ['transito] *m* Durchfahrt *f,* Durchgang *m,* Passage *f;* **divieto di ~** Durchfahrt(s)verbot *n.*
transitorio, -a [transi'tɔ:ri̯o] ‹-i, -ie› *a* vorübergehend, Übergangs-. **transizione** [...'tsi̯o:ne] *f* Übergang *m.*
tran tran, trantran [tran'tran] ‹-› *m* Trott *m.*
tranvai [tran'va:i] ‹-› *m v.* **tram.**
tranviario, -a [tran'vi̯a:ri̯o] ‹-i, -ie› *a* Straßenbahn-. **tranviere** [...'vi̯ɛ:re] *mf* Straßenbahner(in) *mf.*
trapanare [trapa'na:re] *tr* (durch)bohren. **trapanazione** [...nat'tsi̯o:ne] *f* Aufbohrung *f,* Trepanation *f.* **trapano** ['tra:pano] *m* **1.** *tec* Bohrer *m;* **2.** *med* Trepan *m.*
trapassare [trapas'sa:re] **I.** *tr ‹avere›* durchdringen, durchbohren; *(a. fig)* überschreiten; **II.** *itr ‹essere›* (hin)durchgehen; *fig* durchdringen. **trapassato** [...'sa:to] *m:* **~ prossimo** Vorvergangenheit *f;* **~ remoto** Plusquamperfekt *n.* **trapasso** [...'passo] *m* Übertragung *f,* Übergang *m.*
trapelare [trape'la:re] *itr ‹essere›* durchsickern.
trapezio [tra'pɛttsi̯o] ‹-i› *m* Trapez *n.* **trapezista** [...pet'tsista] ‹-i *m,* -e *f*› *mf* Trapezkünstler(in) *m(f).*
trapiantare [trapi̯an'ta:re] **I.** *tr* **1.** *agr, bot* um-, verpflanzen; **2.** *med* transplantieren; **II.** *rfl:* **-arsi** übersiedeln. **trapianto** [...'pi̯anto] *m* **1.** *agr, bot* Um-, Verpflanzung *f;* **2.** *med* Transplantation *f;* **~ renale/cardiaco** Nieren-/Herztransplantation *f.*
trappola ['trappola] *f* **1.** *(a. fig)* Falle *f;* **2.** *fam (arnese mal funzionante)* Klapperkiste *f fam;* **cadere nella ~** *fig* in die Falle gehen; **tendere una ~ a qu** *fig* jdm eine Falle stellen.
trapunta [tra'punta] *f* Steppdecke *f.*
trarre ['trarre] ‹traggo, trassi, tratto› **I.** *tr* **1.** *(ricavare)* (heraus)ziehen; *(cambiale)* ziehen, ausstellen; **2.** *(portare)* bringen; *(condurre)* führen; *(sospiro)* ausstoßen; **3.** *(derivare)* her-, ableiten, entnehmen; **II.** *rfl:* **-arsi** sich befreien.
tras- [tras-] *etc. v. a.* **trans-** *etc.*
trasalire [trasa'li:re] ‹trasalisco› *itr ‹essere o avere›* zusammenfahren.
trasandato, -a [trazan'da:to] *a* ungepflegt, nachlässig.
trasbordare [trazbor'da:re] **I.** *tr* **1.** *(merci)* umladen; **2.** *(persone)* umsteigen lassen; *naut* auf ein anderes Schiff bringen; **II.** *itr* umsteigen; *naut* das Schiff wechseln. **trasbordo** [...'bordo] *m* **1.** *(di merci)* Umladung *f;* **2.** *(di persone)* Umsteigen *n; naut* Schiffwechsel *m.*
trascendentale [traʃʃenden'ta:le] *a* transzendental; *fig* außergewöhnlich.
trascendere [traʃ'ʃendere] ‹*irr*› **I.** *tr* übersteigen; **II.** *itr* über das normale Maß hinausgehen.
trascinare [traʃʃi'na:re] **I.** *tr* (mit)schleifen, (mit)schleppen; *fig* mitreißen;

II. *rfl:* **-arsi 1.** *(persone)* sich schleppen; **2.** *(faccende)* sich hinziehen.

trascorrere [-'korrere] ⟨*irr*⟩ **I.** *tr* ⟨*avere*⟩ verbringen; **II.** *itr* ⟨*essere*⟩ vergehen.

trascorso [-'korso] *m* Fehler *m.*

trascrivere [tras'kri:vere] ⟨*irr*⟩ *tr* umschreiben; *(documento, etc.)* abschreiben; *(su registro)* eintragen; *ling, mus* transkribieren. **trascrizione** [...krit'tsi̯o:ne] *f* Umschreibung *f; (copiatura)* Abschrift *f; (su registro)* Eintragung *f; ling, mus* Transkription *f;* ~ **fonetica** phonetische Umschrift.

trascurare [-ku'ra:re] **I.** *tr* **1.** *(non curare)* vernachlässigen; **2.** *(tralasciare)* versäumen, unterlassen; **3.** *(omettere)* übersehen, vergessen, außer acht lassen; **II.** *rfl:* **-arsi** sich vernachlässigen. **trascuratezza** [...ra'tettsa] *f* Nachlässigkeit *f.*

trasecolare [traseko'la:re] *itr* ⟨*essere o avere*⟩ verblüfft sein.

trasferimento [trasferi'mento] *m* **1.** *(di persone)* Versetzung *f,* Versetzen *n; (di cose)* Verlegen *n;* **2.** *(trasloco)* Verlegung *f,* Umzug *m;* **3.** *fin* Transfer *m;* **4.** *jur (di diritto)* Übertragung *f;* ~ **bancario** Banküberweisung *f.* **trasferire** [...'ri:re] **I.** *tr* **1.** *(persone)* versetzen; *(cose)* verlegen; **2.** *jur (diritto)* übertragen; **3.** *(valuta)* transferieren; **II.** *rfl:* **-irsi** umziehen, übersiedeln.

trasferta [tras'fɛrta] *f* **1.** *adm* Dienstreise *f;* **2.** *sport* Auswärtsspiel *n.*

trasfigurare [-figu'ra:re] *tr* **1.** *(cambiare)* verändern, verwandeln; **2.** *fig* verdrehen.

trasformare [-for'ma:re] **I.** *tr* verwandeln, umwandeln, verändern; *(prodotto)* (weiter)verarbeiten; *el* umspannen; **II.** *rfl:* **-arsi** sich verwandeln. **trasformatore** [...ma'to:re] *m* Transformator *m.* **trasformazione** [...mat'tsi̯o:ne] *f* Verwandlung *f,* Umwandlung *f,* Veränderung *f; el* Umspannung *f; phys, scient* Transformation *f.*

trasfusione [-fu'zi̯o:ne] *f* Blutübertragung *f,* Transfusion *f.*

trasgredire [trazgre'di:re] ⟨trasgredisco⟩ **I.** *tr* übertreten; **II.** *itr* zuwiderhandeln. **trasgressione** [...es'si̯o:ne] *f* Übertretung *f,* Zuwiderhandlung *f.* **trasgressore, -greditrice** [...es'so:re, ...edi'tri:tʃe] *m, f* Rechtsbrecher(in) *m(f).*

traslato, -a [traz'la:to] **I.** *a* bildlich, übertragen; **II.** *m* bildlicher Ausdruck. **traslazione** [...lat'tsi̯o:ne] *f* **1.** *jur* Übertragung *f;* **2.** *phys, geol* Translation *f.*

traslocare [trazlo'ka:re] **I.** *tr* versetzen; **II.** *itr* umziehen. **trasloco** [...'lɔ:ko] ⟨-chi⟩ *m* Umzug *m,* Übersiedlung *f.*

traslucido, -a [traz'lu:tʃido] *a* durchscheinend, durchsichtig.

trasmettere [traz'mettere] ⟨*irr*⟩ **I.** *tr* **1.** *(diritto, malattia)* übertragen; **2.** *(notizia)* übermitteln; *(ordine)* weitergeben; **3.** *radio, TV* senden, übertragen; **II.** *rfl:* **-ersi 1.** *(di eredità)* sich vererben; **2.** *med* sich übertragen. **trasmettitore** [...ti'to:re] *m* Sender *m,* Sendestation *f.*

trasmigrazione [trazmigrat'tsi̯o:ne] *f* Auswanderung *f.*

trasmissione [trazmis'si̯o:ne] *f* **1.** *gener., med, radio, TV* Übertragung *f;* **2.** *tec* Kraftübertragung *f,* Transmission *f,* Übersetzung *f.*

trasmittente [trazmit'tɛnte] *f* **1.** *(stazione)* Sendestation *f,* Sender *m;* **2.** *(apparecchio)* Sendegerät *n.*

trasognato, -a [trasoɲ'ɲa:to] *a* verträumt, traumverloren.

traspaio [tras'pa:i̯o] *pr di* **trasparire.**

trasparente [traspa'rɛnte] *a* durchsichtig, transparent; *fig* leicht zu durchschauen(d). **trasparenza** [...'rɛntsa] *f* Durchsichtigkeit *f,* Transparenz *f.*

trasparire [traspa'ri:re] ⟨traspaio *o* trasparisco, trasparii *o* trasparsi, trasparso *o* trasparito⟩ *itr* ⟨*essere*⟩ durchscheinen; *fig* ersichtlich werden; **lasciar** ~ durchblicken lassen.

traspirare [traspi'ra:re] *itr* ⟨*essere*⟩ schwitzen, transpirieren; *fig* durchsikkern. **traspirazione** [...rat'tsi̯o:ne] *f* Schwitzen *n,* Transpiration *f.*

trasporre [-'porre] ⟨*irr*⟩ *tr* umstellen, umsetzen; *mus* transponieren.

trasportare [-por'ta:re] *tr* **1.** *gener.* (fort)tragen, (fort)bringen, fortschaffen; *(feriti, malati)* wegbringen; *(viaggiatori)* befördern; *(merci)* transportieren; *(per nave)* verschiffen; **2.** *com* übertragen. **trasportatore** [...ta'to:re] *m* Förderband *n.*

trasporto [-'pɔrto] *m* **1.** *(con veicolo, etc.)* Beförderung *f,* Transport *m;* **2.** *fig (impeto)* Inbrunst *f;* **mezzi di** ~ Transportmittel *n pl.*

trasposizione [-pozit'tsi̯o:ne] *f* Umstellung *f,* Umsetzung *f.*

trassi ['trassi] *p rem di* **trarre.**

trastullare [trastul'la:re] **I.** *tr* unterhalten, die Zeit vertreiben (*qu* jdm); **II.** *rfl:* **-arsi 1.** *(divertirsi)* sich *(dat)* die Zeit vertreiben, sich unterhalten; **2.** *(perdere tempo)* (herum)trödeln. **trastullo** [...'tullo] *m* Zeitvertreib *m; fig (della sorte)* Spielball *m.*

trasudare [trasu'da:re] **I.** *itr* ⟨*essere*⟩ schwitzen; *med* nässen; **II.** *tr* ⟨*avere*⟩ ausschwitzen; *med* absondern.

trasversale [trazver'sa:le] **I.** *a* quer, Quer-; *(in geometria)* transversal; **II.** *f* Transversale *f.*

tratta ['tratta] *f* **1.** *com (cambiale)* (gezogener) Wechsel *m,* Tratte *f;* **2.** *(di*

persone) (Menschen)handel *m;* ~ **accettata** Akzept *n.*
trattamento [tratta'mento] *m* **1.** *gener., med* Behandlung *f;* **2.** *(retribuzione)* Vergütung *f,* Lohn *m,* Gehalt *n;* **3.** *(servizio)* Bedienung *f,* Bewirtung *f.* **trattare** [...'ta:re] **I.** *tr* **1.** *gener., med* behandeln; **2.** *(affari, accordi)* verhandeln über; **3.** *(materiali)* bearbeiten; **4.** *(clientela)* bedienen, bewirten; **5.** *com (articoli)* führen; **II.** *itr* handeln (*di* von); ~ **con** auskommen mit; **III.** *rfl:* **-arsi** sich handeln (*di* um), gehen (*di* um).
trattativa [tratta'ti:va] *f* Verhandlung *f.*
trattato [trat'ta:to] *m* **1.** *(opera)* Abhandlung *f,* Traktat *m o n;* **2.** *pol (accordo)* Abkommen *n,* (Staats)vertrag *m.*
trattazione [trattat'tsi̯o:ne] *f* **1.** *(di un argomento)* Behandlung *f;* **2.** *(scritto)* Abhandlung *f.*
tratteggiare [tratted'dʒa:re] ‹tratteggio, tratteggi› *tr* stricheln, schraffieren; *(a. fig)* skizzieren. **tratteggio** [...'teddʒo] ‹-ggi› *m* Schraffierung *f.*
trattenere [tratte'ne:re] ‹*irr*› **I.** *tr* **1.** *(persone)* zurückhalten, aufhalten; **2.** *(cose)* zurückbehalten; *(un importo)* einbehalten, abziehen (*su* von); **3.** *(riso, pianto)* unterdrücken; *(fiato)* anhalten; **II.** *rfl:* **-ersi** **1.** *(astenersi)* sich zurückhalten, sich beherrschen; **2.** *(soffermarsi)* sich aufhalten, bleiben.
trattenimento [tratteni'mento] *m* Gesellschaftsabend *m,* unterhaltende Veranstaltung.
trattenuta [tratte'nu:ta] *f* Einbehalt *m,* Abzug *m.*
trattino [trat'ti:no] *m* kleiner Strich; *(nel disegno)* Schraffierstrich *m.*
tratto[1] ['tratto] *m* **1.** *(linea)* Strich *m;* **2.** *(parte)* Stück *n,* Teil *m o n;* **3.** *(di tempo)* Spanne *f;* **4.** *(comportamento)* Benehmen *n;* **5.** ‹*pl*› *(lineamenti)* (Gesichts)züge *m pl;* *(caratteristiche)* Merkmale *n pl,* Wesenszüge *m pl.*
tratto[2] ['tratto] *pp di* **trarre.**
trattore [trat'to:re] *m* Traktor *m.*
trattoria [tratto'ri:a] ‹-ie› *f* Gastwirtschaft *f.*
trauma ['tra:uma] ‹-i› *m* Trauma *n.* **traumatico, -a** [trau'ma:tiko] ‹-ci, -che› *a* traumatisch. **traumatizzare** [...matid'dza:re] *tr* ein Trauma verursachen bei, traumatisieren *geh; fig* erschüttern.
travagliare [travaʎ'ʎa:re] **I.** *tr* quälen, plagen; **II.** *itr* leiden. **travaglio** [...'vaʎʎo] *m* Sorge *f;* *(dolore)* Qual *f;* *med* Beschwerden *pl,* Schmerzen *m pl;* ~ **del parto** (Geburts)wehen *f pl.*
travasare [trava'za:re] *tr* umfüllen. **travaso** [...'va:zo] *m* Umfüllen *n;* *med* Erguß *m.*
travatura [trava'tu:ra] *f* Gebälk *n.*
trave ['tra:ve] *f* Balken *m;* *(struttura portante)* Träger *m.*
traveggole [tra'veggole] *f pl:* **avere le** ~ sich täuschen.
traversa [tra'vɛrsa] *f* **1.** *tec, arch* Querträger *m,* Traverse *f;* *(di binari)* Schwelle *f;* *sport (della porta)* (Quer)latte *f;* **2.** *(via)* Querstraße *f.*
traversare [traver'sa:re] *tr (strada)* überqueren; *(fiume, paese)* durchqueren. **traversata** [...'sa:ta] *f* Überquerung *f;* *(di fiume, paese)* Durchquerung *f;* *naut* Überfahrt *f;* *aero* Überflug *m,* Überfliegen *n;* *(a nuoto)* Durchschwimmen *n.*
traversie [traver'si:e] *f pl* Widrigkeiten *f pl,* Unbilden *pl geh.*
traversina [traver'si:na] *f* (Eisenbahn)schwelle *f.*
traverso [tra'vɛrso] **I.** *a* quer, Quer-; **II.** *m* Querseite *f;* **di** ~ quer; *(obliquamente)* schief.
travertino [traver'ti:no] *m* Travertin *m.*
travestimento [travesti'mento] *m* Verkleidung *f;* *fig* Verwandlung *f.* **travestire** [...'ti:re] **I.** *tr* verkleiden (*da* als); *fig* verwandeln (*da* in), abwandeln; **II.** *rfl:* **-irsi** sich verkleiden (*da* als); *fig* sich verwandeln (*da* in). **travestito** [...'ti:to] *m* Transvestit *m.*
traviare [travi'a:re] ‹travio, travii› **I.** *tr* vom rechten Weg abbringen, verführen; **II.** *rfl:* **-arsi** auf Abwege geraten, vom rechten Weg abkommen.
travisare [travi'za:re] *tr* verdrehen, entstellen.
travolgente [travol'dʒɛnte] *a* unwiderstehlich, mitreißend.
travolgere [tra'vɔldʒere] ‹*irr*› *tr* **1.** *(trascinare via)* fortreißen; *(con veicolo)* überfahren; **2.** *fig* mitreißen, hinreißen.
trazione [trat'tsi̯o:ne] *f* **1.** *gener.* Zug *m,* Ziehen *n;* **2.** *tec* Antrieb *m;* **3.** *med* Traktion *f;* ~ **anteriore/posteriore** Front-/Heckantrieb *m,* Vorderrad-/Hinterradantrieb *m.*
tre [tre] **I.** *a numerale* drei; **II.** ‹-› *m* **1.** *(numero)* Drei *f;* **2.** *(nelle date)* Dritte(r) *m;* **3.** *(voto scolastico)* ≃ Mangelhaft *n,* Ungenügend *n;* **III.** *f pl* drei Uhr; *v. a. cinque.*
trebbia ['trebbi̯a] ‹-ie› *f* **1.** *(trebbiatrice)* Dreschmaschine *f;* **2.** *(trebbiatura)* Dreschen *n.* **trebbiare** [...'bi̯a:re] ‹trebbio, trebbi› *tr* dreschen. **trebbiatrice** [...bi̯a'tri:tʃe] *f* Dreschmaschine *f.*
treccia ['trettʃa] ‹-cce› *f* Zopf *m.*
trecentesco, -a [tretʃen'tesko] ‹-schi, -sche› *a* das vierzehnte Jahrhundert betreffend. **trecento** [...'tʃɛnto] **I.** *a numerale* dreihundert; **II.** *m* Dreihundert *f;* **il T~** das vierzehnte Jahrhundert.
tredicenne [tredi'tʃɛnne] **I.** *a* dreizehnjährig; **II.** *mf* Dreizehnjährige(r) *mf.*

tredicesimo, -a [...'tʃɛ:zimo] **I.** *a* dreizehnte(r, s); **II.** *m, f* Dreizehnte(r, s) *mfn;* **III.** *m (frazione)* Dreizehntel *n,* dreizehnter Teil; **IV.** *f (retribuzione)* dreizehntes Monatsgehalt; *v. a. quinto.* **tredici** ['tre:ditʃi] **I.** *a numerale* dreizehn; **II.** ‹-› *m* **1.** *(numero)* Dreizehn *f;* **2.** *(nelle date)* Dreizehnte(r) *m;* **III.** *f pl* dreizehn Uhr; *v. a. cinque.*

tregua ['tre:gu̯a] *f* **1.** *mil* Waffenstillstand *m;* **2.** *fig* (Atem)pause *f.*

tremare [tre'ma:re] *itr* beben, erzittern; *(fiamma)* flackern; *(voce)* zittern; *(persone)* zittern (*di* vor); *fig* bangen (*per* um). **tremarella** [...ma'rɛlla] *f fam* Tatterich *m fam; (paura)* Bammel *m fam.*

tremendo, -a [tre'mɛndo] *a* furchtbar, entsetzlich.

trementina [tremen'ti:na] *f* Terpentin *n.*

tremila [tre'mi:la] **I.** *a numerale* dreitausend; **II.** ‹-› *m* Dreitausend *f.*

tremito ['trɛ:mito] *m* Zittern *n.*

tremolare [tremo'la:re] *itr* zittern, beben; *(luce)* flimmern; *(fiamma)* flakkern.

tremore [tre'mo:re] *m* **1.** *med* Muskelzittern *n,* Tremor *m scient;* **2.** *fig* Erregung *f,* Aufregung *f; (paura)* Angst *f.*

tremulo, -a ['trɛ:mulo] *a* zitternd, bebend.

trend [trend] ‹-› *m* Trend *m.*

treno ['trɛ:no] *m* Zug *m;* ~ **diretto** (*ab* **D**) Eilzug *m;* ~ **espresso** Expreß(zug) *m,* Schnellzug *m;* ~ **locale** Nahverkehrszug *m;* ~ **rapido** (*ab* **R.**) Intercity(-Zug) *m;* ~ **merci/viaggiatori** Güter-/Personenzug *m.*

trenta ['trenta] **I.** *a numerale* dreißig; **II.** ‹-› *m* **1.** *(numero)* Dreißig *f;* **2.** *(nelle date)* Dreißigste(r) *m; v. a. cinque.* **trentennale** [...ten'na:le] **I.** *a* **1.** *(che dura 30 anni)* dreißig Jahre dauernd; **2.** *(che ricorre ogni 30 anni)* alle dreißig Jahre; **II.** *m* dreißigster Jahrestag. **trentenne** [...'tɛnne] **I.** *a* dreißigjährig; **II.** *mf* Dreißigjährige(r) *mf.* **trentennio** [...'tɛnni̯o] ‹-i› *m* Zeitraum *m* von dreißig Jahren, dreißig Jahre *n pl.* **trentesimo, -a** [...'tɛ:zimo] **I.** *a* dreißigste(r, s); **II.** *m, f* Dreißigste(r, s) *mfn;* **III.** *m (frazione)* Dreißigstel *n,* dreißigster Teil; *v. a. quinto.* **trentina** [...'ti:na] *f:* **una** ~ **(di ...)** (etwa) dreißig (...); **essere sulla** ~ an (*o* um) die Dreißig sein.

Trentino [tren'ti:no] *m* Trentino *n,* Südtirol *n;* **T~-Alto Adige** Trentino-Südtirol *n.*

Trento ['trɛnto] *f* Trient *n.*

trepidante [trepi'dante] *a* sorgenvoll.

trepidare [trepi'da:re] *itr* sich sorgen (*per* um), bangen (*per* um).

treppiede, treppiedi [trep'pi̯ɛ:de, ...di] ‹-› *m* Dreifuß *m; fot* Stativ *n.*

trequarti [tre'ku̯arti] ‹-› *m (abito)* dreiviertellanger Mantel; *(giacca)* dreiviertellange Jacke.

tresca ['treska] ‹-sche› *f (relazione amorosa)* Verhältnis *n,* Techtelmechtel *n.*

trespolo ['trespolo] *m* **1.** *gener.* Gestell *n;* **2.** *fig scherz* Klapperkasten *m fam,* Klappergestell *n fam.*

Treviri ['trɛ:viri] *f* Trier *n.*

triangolare [triaŋgo'la:re] *a* dreieckig, Dreieck-.

triangolo [tri'aŋgolo] *m* **1.** *gener., mat* Dreieck *n;* **2.** *mus* Triangel *m;* **3.** *(per veicoli)* Warndreieck *n;* **4.** *(pannolino)* Windel *f;* **5.** *fig* Dreiecksverhältnis *n.*

tribolare [tribo'la:re] **I.** *tr rar* quälen; **II.** *itr* leiden. **tribolato, -a** [...'la:to] *a* leidvoll, gequält. **tribolazione** [...lat'tsi̯o:ne] *f* Leid *n,* Qual *f.*

tribordo [tri'bordo] *m* Steuerbord *n.*

tribù [tri'bu] ‹-› *f* (Volks)stamm *m.*

tribuna [tri'bu:na] *f* (Redner)tribüne *f; (negli stadi)* (Zuschauer)tribüne *f;* ~ **politica** politische Fernsehdiskussion.

tribunale [tribu'na:le] *m* Gericht *n.*

tribuno [tri'bu:no] *m* Tribun *m.*

tributare [tribu'ta:re] *tr* zollen. **tributario, -a** [...'ta:ri̯o] ‹-i, -ie› *a* **1.** *(di tributo)* Steuer-, steuerlich; **2.** *(fiume)* zufließend, Neben-; **polizia -a** Steuerfahndung *f.* **tributo** [...'bu:to] *m* **1.** *fin* Steuer *f,* Abgabe *f;* **2.** *fig* Tribut *m.*

tricheco [tri'kɛ:ko] ‹-chi› *m* Walroß *n.*

triciclo [tri'tʃi:klo] *m* Dreirad *n.*

tricolore [triko'lo:re] **I.** *a* dreifarbig; **II.** *m* Trikolore *f.*

tridente [tri'dɛnte] *m* Dreizack *m.*

tridimensionale [tridimensi̯o'na:le] *a* dreidimensional.

trielina [trie'li:na] *f* Trichloräthylen *n.*

triennale [trien'na:le] **I.** *a* **1.** *(che dura tre anni)* dreijährig; **2.** *(che ricorre ogni tre anni)* dreijährlich, Dreijahr(es)-; **II.** *f* Triennale *f.* **triennio** [tri'ɛnni̯o] ‹-i› *m* Zeitraum *m* von drei Jahren, drei Jahre *n pl,* Triennium *n geh.*

Trieste [tri'ɛste] *f* Triest *n.*

trifase [tri'fa:ze] *a* dreiphasig.

trifoglio [tri'fɔʎʎo] *m* Klee *m.*

trigemino, -a [tri'dʒɛ:mino] **I.** *a* Drillings-; **II.** *m* Drillingsnerv *m,* Trigeminus *m scient.*

triglia ['triʎʎa] ‹-glie› *f* Meerbarbe *f.*

trigonometria [trigonome'tri:a] ‹-ie› *f* Trigonometrie *f.*

trilaterale [trilate'ra:le] *a* dreiseitig.

trilione [tri'li̯o:ne] *m* Trillion *f.*

trillare [tril'la:re] *itr* trillern. **trillo** ['trillo] *m* Triller *m; (del campanello)* Klingeln *n.*

trimestrale [trimes'tra:le] *a* **1.** *(che dura tre mesi)* vierteljährig; **2.** *(ogni tre mesi)* vierteljährlich, Vierteljahr(es)-. **trimestre** [...'mɛstre] *m* Vierteljahr *n,* Trimester *n.*

trimotore [trimo'to:re] **I.** *a* dreimotorig; **II.** *m* dreimotoriges Flugzeug.
trina ['tri:na] *f* Spitze *f.*
trincare [triŋ'ka:re] ‹trinco, trinchi› *tr fam* bechern *fam.*
trincea [trin'tʃɛ:a] *f* Schützengraben *m.*
trincerare [trintʃe'ra:re] **I.** *tr* verschanzen; **II.** *rfl:* **-arsi** sich verschanzen; **-arsi nel silenzio** sich in Schweigen hüllen.
trincetto [trin'tʃetto] *m* Schustermesser *n.*
trinciapolli, trinciapollo [trintʃa'polli, ...lo] ‹-› *m* Geflügelschere *f.*
trinciare [trin'tʃa:re] ‹trincio, trinci› *tr* zerkleinern, zerschneiden, zerlegen; *gastr* tranchieren.
trinità [trini'ta] ‹-› *f* **1.** *gener.* Dreiheit *f;* **2.** *rel* Dreieinigkeit *f.*
trio ['tri:o] ‹-ii› *m* Trio *n.*
trionfale [trion'fa:le] *a* triumphal, Triumph-. **trionfante** [...'fante] *a* triumphierend. **trionfare** [...'fa:re] *itr* triumphieren; *(fig a.)* siegen. **trionfatore** [...fa'to:re] *m* Triumphator *m.*
trionfo [tri'onfo] *m* Triumph *m.*
tripartitico, -a [tripar'ti:tiko] *a* Dreiparteien-. **tripartito, -a** [...'ti:to] **I.** *a* dreiteilig, Dreier-; **governo** ~ Dreiparteienregierung *f;* **II.** *m* Dreiparteienregierung *f.*
triplicare [tripli'ka:re] ‹triplico, triplichi› *tr* verdreifachen. **triplice** ['tri:plitʃe] *a* dreifach.
triplo, -a ['tri:plo] **I.** *a* dreimal soviel, dreifach; **II.** *m* Dreifache(s) *n.*
trippa ['trippa] *f* **1.** *gastr* Kutteln *f pl,* Kaldaunen *f pl;* **2.** *fam scherz (pancia)* Ranzen *m fam,* Schmerbauch *m fam.*
tripudio [tri'pu:di̯o] ‹-i› *m* Jubel *m.*
triste ['triste] *a* traurig; *(fatto a.)* betrüblich. **tristezza** [...'tettsa] *f* Traurigkeit *f,* Trauer *f.*
tristo, -a ['tristo] *a* **1.** *(cattivo)* böse, schlecht; **2.** *(misero)* dürftig, kläglich, kümmerlich.
tritacarne [trita'karne] ‹-› *m* Fleischwolf *m.*
tritare [tri'ta:re] *tr* zerkleinern; *(pestare)* zerstoßen; *(carne)* hacken. **tritatutto** [...ta'tutto] ‹-› *m* Mixgerät *n.* **trito, -a** ['tri:to] *a* **1.** *(tritato)* zerkleinert; *(pestato)* zerstoßen; *(carne)* gehackt, Hack-; **2.** *(abito)* abgetragen; ~ **e ritrito** *fig* abgedroschen.
tritone [tri'to:ne] *m* Schwanzlurch *m.*
trittico ['trittiko] ‹-ci› *m* **1.** *arch* Triptychon *n;* **2.** *lit* Trilogie *f.*
triturare [tritu'ra:re] *tr* zerkleinern, zermahlen.
triumvirato, triunvirato [triunvi'ra:to] *m* Triumvirat *n.*
trivella [tri'vɛlla] *f* (großer) Bohrer *m.* **trivellare** [trivel'la:re] *tr* (auf)bohren. **trivellazione** [...lat'tsi̯o:ne] *f* Bohrung *f;* **torre di** ~ Bohrturm *m.*
triviale [tri'vi̯a:le] *a* vulgär, unflätig. **trivialità** [...vi̯ali'ta] ‹-› *f* Vulgarität *f.*
trofeo [tro'fɛ:o] *m* Trophäe *f; (monumento)* Siegessäule *f; (sport a.)* Siegespreis *m.*
troglodita [troglo'di:ta] ‹-i *m,* -e *f*› *mf* Höhlenmensch *m.*
trogolo ['trɔ:golo] *m* Trog *m.*
tromba ['tromba] *f* **1.** *mus* Trompete *f;* **2.** *(suonatore)* Trompeter(in) *m(f);* **3.** *(in acustica)* (Schall)trichter *m; (di auto)* Hupe *f;* **4.** *zoo (proboscide)* Rüssel *m;* **5.** *anat (~ di Eustachio)* Eustachische Röhre; ~ **marina/d'aria** Wasser-/Windhose *f;* ~ **delle scale** Treppenhaus *n;* **partire in** ~ *fam* drauflosgehen *fam.* **trombettiere** [trombet'ti̯ɛ:re] *m mil* Trompeter *m.* **trombettista** [...'tista] ‹-i *m,* -e *f*› *mf* Trompeter(in) *m(f).*
trombone [trom'bo:ne] *m* **1.** *mus* Posaune *f;* **2.** *fig pej* Angeber(in) *m(f),* Aufschneider(in) *m(f);* **3.** *bot* Narzisse *f,* Osterglocke *f.*
trombosi [trom'bo:zi] ‹-› *f* Thrombose *f.*
troncamento [troŋka'mento] *m* Abschneiden *n,* Abschlagen *n; (di discorso)* Abbrechen *n.* **troncare** [...'ka:re] ‹tronco, tronchi› *tr* **1.** *(tagliare)* abschneiden, abschlagen; **2.** *fig (interrompere)* abbrechen.
tronco ['troŋko] ‹-chi› *m* **1.** *bot* Stamm *m;* **2.** *anat* Rumpf *m;* **3.** *(tratto)* Abschnitt *m,* Strecke *f;* **4.** *mat* Stumpf *m.*
tronco, -a ['troŋko] ‹-chi, -che› *a* abgeschnitten; *fig* abgebrochen; *ling* endbetont.
troneggiare [troned'dʒa:re] ‹troneggio, troneggi› *itr* thronen.
tronfio, -a ['tronfi̯o] ‹-i, -ie› *a* aufgeblasen, überheblich; *(parole)* geschwollen.
trono ['trɔ:no] *m* Thron *m.*
tropicale [tropi'ka:le] *a* tropisch, Tropen-. **tropico** ['trɔ:piko] ‹-ci› *m* **1.** *astr* Wendekreis *m;* **2.** ‹*pl*› *geog* Tropen *pl.*
troppo, -a ['trɔppo] **I.** *a* zu viel; **II.** *m* Zuviel *n,* Überflüssige(s) *n;* **III.** *pron* zuviel; ‹*pl*› zuviele; **questo è** ~ *fig* das geht zu weit; **IV.** *adv* zuviel, zu sehr, (all)zu; **non** ~ nicht sehr, nicht besonders.
trota ['trɔ:ta] *f* Forelle *f.*
trottare [trot'ta:re] *itr* traben; **far** ~ **qu** jdn auf Trab bringen. **trotterellare** [...terel'la:re] *itr (cavalli)* im leichten Trab laufen; *(persone)* trippeln.
trotto ['trɔtto] *m* Trab *m.*
trottola ['trɔttola] *f* Kreisel *m.*
trovare [tro'va:re] **I.** *tr* finden, wiederfinden; *(vedere, riconoscere)* vorfinden; *(sorprendere)* erwischen, ertappen; ~ **qc da ridire** etw. auszusetzen haben; **andare a** ~ **qu** jdn be-, aufsuchen; **II.** *rfl:* **-arsi 1.** *(essere)* sich befinden; **2.** *(sentirsi)* sich fühlen; **3.** *(presentarsi)*

sich einfinden; **4.** *(incontrarsi)* sich treffen; **-arsi bene con qu** mit jdm gut auskommen.

trovata [tro'va:ta] *f* Geistesblitz *m*, Einfall *m*; ~ **pubblicitaria** Werbegag *m*.

trovatello, -a [trova'tɛllo] *m*, *f* Findelkind *n*.

truccare [truk'ka:re] ‹trucco, trucchi› **I.** *tr* **1.** *(travestire)* verkleiden; **2.** *(con cosmetici)* schminken; **3.** *fig* (ver)fälschen; *(carte)* zinken; *(partita)* manipulieren; *(motore)* frisieren; **II.** *rfl:* **-arsi 1.** *(travestirsi)* sich verkleiden, sich maskieren; **2.** *(con cosmetici)* sich schminken. **truccatore, -trice** [...ka'to:re] *m*, *f* Maskenbildner(in) *m(f)*.

trucco ['trukko] ‹-cchi› *m* **1.** *(maquillage)* Make-up *n*, Schminke *f*; **2.** *fig* Schwindel *m*; *(artificio)* Trick *m*; **3.** *film* Trickaufnahme *f*.

truce ['tru:tʃe] *a* finster, drohend.

trucidare [trutʃi'da:re] *tr* abschlachten.

truciolo ['tru:tʃolo] *m* Span *m*.

truculento, -a [truku'lɛnto] *a* blutrünstig.

truffa ['truffa] *f* Betrug *m*. **truffare** [...'fa:re] *tr* betrügen, prellen. **truffatore, -trice** [...fa'to:re] *m*, *f* Betrüger(in) *m(f)*.

truppa ['truppa] *f* Truppe *f*.

tu [tu] *pron pers 2ª pers sing* du; **dare del ~ a qu** jdn duzen, jdn mit du anreden; **parlare a ~ per ~** ganz im Vertrauen sprechen; **trovarsi a ~ per ~** sich *(dat)* plötzlich Auge in Auge gegenüberstehen.

tuba ['tu:ba] *f* **1.** *mus* Tuba *f*; **2.** *(cappello)* Zylinder *m*; **3.** *anat* Tube *f*.

tubare [tu'ba:re] *itr* gurren; *fig* turteln.

tubatura, tubazione [tuba'tu:ra, ...at'tsi̯o:ne] *f* (Rohr)leitungen *f pl*, Leitungsnetz *n*.

tubercolosi [tuberku'lo:zi] ‹-› *f (ab* **tbc, TBC**) Tuberkulose *f*.

tubero ['tu:bero] *m* Knolle *f*.

tubetto [tu'betto] *m* **1.** *(del dentifricio, etc.)* Tube *f*; **2.** *(di aspirina, etc.)* Röhrchen *n*.

Tubinga [tu'biŋga] *f* Tübingen *n*.

tubo ['tu:bo] *m* Rohr *n*, Röhre *f*; *el, anat* Röhre *f*; *tec* Rohr *n*; *(~ flessibile)* Schlauch *m*; ~ **di scappamento** Auspuffrohr *n*; ~ **digerente** Verdauungstrakt *m*. **tubolare** [tubo'la:re] **I.** *a* röhrenförmig, Rohr-, Röhren-; **II.** *m* Schlauchreifen *m*.

tuffare [tuf'fa:re] **I.** *tr* eintauchen, tauchen; **II.** *rfl:* **-arsi 1.** *(immergersi)* (unter)tauchen; **2.** *fig (lanciarsi)* sich stürzen; *(dedicarsi)* sich vertiefen, sich versenken. **tuffo** ['tuffo] *m* **1.** *(il tuffare)* (Ein)tauchen *n*; **2.** *(salto)* Kopfsprung *m*, Sprung *m* (ins Wasser); *(nel calcio, etc.)* Hechtsprung *m*; **3.** *fig (emozione)* Herzklopfen *n*.

tufo ['tu:fo] *m* Tuff(stein) *m*.

tugurio [tu'gu:ri̯o] ‹-i› *m* (elende) Hütte *f*.

tulipano [tuli'pa:no] *m* Tulpe *f*.

tulle ['tulle] *m* Tüll *m*.

tumefazione [tumefat'tsi̯o:ne] *f* Schwellung *f*.

tumido, -a ['tu:mido] *a* geschwollen; *(labbra a.)* fleischig.

tumore [tu'mo:re] *m* Geschwulst *f*, Tumor *m*.

tumulazione [tumulat'tsi̯o:ne] *f* Beisetzung *f*.

tumulo ['tu:mulo] *m* **1.** *geog* Erdhügel *m*; **2.** *(in archeologia)* Tumulus *m*, Hügelgrab *n*.

tumulto [tu'multo] *m* Tumult *m*, Unruhe *f*; *(fig a.)* Aufruhr *m*. **tumultuoso, -a** [...tu'o:so] *a* stürmisch, ungestüm; *(fiume)* wild; *(folla, etc.)* erregt; *(sentimenti)* aufgewühlt.

tunica ['tu:nika] ‹-che› *f* Tunika *f*.

tuo, -a ['tu:o] ‹tuoi, tue› **I.** *a* dein; **la -a voce/anima** deine Stimme/Seele; ~ **padre/zio** dein Vater/Onkel; **un ~ amico** ein Freund von dir; **II.** *pron:* **il ~, la -a** deiner, deine, dein(e)s; **III.** *m:* **il ~** das Dein(ig)e; **i tuoi** die Deinen *geh*; **stai sempre sulle -e** du bleibst auch immer bei deiner Haltung.

tuonare [tu̯o'na:re] *v.* **tonare.**

tuono ['tu̯ɔ:no] *m (a. fig)* Donner *m*.

tuorlo ['tu̯ɔrlo] *m* (Ei)dotter *m o n*, Eigelb *n*.

turacciolo [tu'rattʃolo] *m* Pfropfen *m*; *(di sughero)* Korken *m*.

turare [tu'ra:re] *tr* ver-, zustopfen; *(bottiglia)* zustöpseln; *(con sughero)* zu-, verkorken; *(falla)* abdichten; *(naso, orecchi)* zuhalten.

turba¹ ['turba] *f (di persone)* Menge *f*; *(pej a.)* Meute *f*.

turba² ['turba] *f med* Störung *f*.

turbamento [turba'mento] *m* **1.** *(rivolgimento)* Störung *f*; **2.** *(ansia)* Unruhe *f*, Verwirrung *f*.

turbante [tur'bante] *m* Turban *m*.

turbare [tur'ba:re] **I.** *tr* **1.** *(disturbare)* stören; **2.** *(l'acqua)* trüben; **3.** *fig (sconvolgere)* bewegen, beunruhigen; **II.** *rfl:* **-arsi** sich beunruhigen, in Erregung geraten.

turbina [tur'bi:na] *f* Turbine *f*.

turbinare [turbi'na:re] *itr (a. fig)* wirbeln.

turbine ['turbine] *m* Wirbelwind *m*; *(a. fig)* Wirbel *m*.

turbolento, -a [turbo'lɛnto] *a* turbulent; *(a. fig)* stürmisch. **turbolenza** [...'lɛntsa] *f* **1.** *meteo, chem* Turbulenz *f*; **2.** *fig* Unruhe *f*, Aufruhr *m*.

turca *f v.* **turco.**

turchese [tur'ke:se] **I.** *f min* Türkis *m*; **II.** *m (colore)* Türkis *n*.

Turchia [tur'ki:a] *f:* **(la) ~** die Türkei.

turchino, -a [tur'ki:no] *a* tiefblau.
turco, -a ['turko] ‹-chi, -che› **I.** *a* türkisch, Türken-; **sedere alla -a** im Schneidersitz sitzen; **II.** *m* Türkisch(e) *n;* **parlare in** ~ *fig* Chinesisch reden *fam,* so reden, daß es einem spanisch vorkommt *fam;* **III.** *m, f* Türke *m,* Türkin *f;* **bestemmiare come un** ~ wie ein Landsknecht fluchen; **fumare come un** ~ rauchen wie ein Schlot.
turgido, -a ['turdʒido] *a* prall; *(seno)* drall; *med* (an)geschwollen.
Turgovia [tur'gɔ:vi̯a] *f* Thurgau *m.*
Turingia [tu'rindʒa] *f* Thüringen *n.*
turismo [tu'rizmo] *m* Tourismus *m,* Fremdenverkehr *m.*
turista [tu'rista] ‹-i *m,* -e *f*› *mf* Tourist(in) *m(f).* **turistico, -a** [tu'ristiko] ‹-ci, -che› *a* touristisch, Touristen-; *(assegno, ufficio, agenzia)* Reise-.
turlupinare [turlupi'na:re] *tr* hintergehen.
turnista [tur'nista] ‹-i *m,* -e *f*› *mf* Schichtarbeiter(in) *m(f).*
turno ['turno] *m* Reihenfolge *f,* Turnus *m; (di lavoro)* Schicht *f; mil* Dienst *m; sport* Runde *f;* ~ **di notte** Nachtschicht *f;* **medico di** ~ Bereitschaftsarzt *m,* diensthabender Arzt; **aspettare il proprio** ~ warten, bis man an der Reihe ist; **essere di** ~ Dienst haben; **fare a** ~ sich abwechseln; **a** ~ abwechselnd; *(lavorare)* schichtweise.
turpe ['turpe] *a* unanständig, schamlos. **turpiloquio** [...pi'lɔku̯i̯o] ‹-qui› *m* obszöne Ausdrucksweise.
turrito, -a [tur'ri:to] *a* mit Türmen versehen, turmreich.
TUT [tut] *f ab di* **Tariffa Urbana a Tempo** Zeittakt.
tuta ['tu:ta] *f* Arbeitsanzug *m,* Overall *m;* ~ **spaziale** Raumanzug *m.*
tutela [tu'tɛ:la] *f* **1.** *(difesa)* Schutz *m; (a fig)* Wahrung *f;* **2.** *jur* Vormundschaft *f.* **tutelare** [tute'la:re] **I.** *a* **1.** *gener.* schützend, Schutz-; **2.** *jur* vormundschaftlich, Vormundschafts-; **II.** *tr schützen; (a fig)* wahren; **III.** *rfl:* **-arsi** sich schützen.
tutore, -trice [tu'to:re] *m, f* **1.** *gener.* Schützer(in) *m(f);* **2.** *jur* Vormund *m;* **i -i dell'ordine pubblico** die Ordnungshüter *m pl.*
tuttavia [tutta'vi:a] *con* dennoch, jedoch.
tutto, -a ['tutto] **I.** *a* ganz, all; ~ **il denaro** das ganze Geld; all das Geld; **-e le donne** alle Frauen; **-a la mia famiglia** meine ganze Familie; **-a la notte** die ganze Nacht; **-e le sere** jeden Abend; **-i e due** (alle) beide; **a tutt'oggi** bis (einschließlich) heute; **a -a velocità** mit voller Geschwindigkeit; **tutt'altro** ganz im Gegenteil, überhaupt nicht; **II.** *pron* alles; ‹*pl*› alle; **-i risero** alle lachten, alles lachte; **III.** *adv* ganz, ganz und gar; **era -a nuda** sie war ganz nackt; **del** ~ völlig, gänzlich; **in** ~ insgesamt, in allem; **tutt'al più** höchstens; *(nel peggiore dei casi)* schlimmstenfalls; **IV.** *m* Ganze(s) *n;* **rischiare** (*o* **tentare) (il)** ~ **per (il)** ~ alles aufs Spiel setzen.
tuttofare [tutto'fa:re] **I.** ‹*inv*› *a* Allround-, für alles; **donna** ~ Haushaltshilfe *f;* **una segretaria** ~ ein Mädchen *n* für alles *fam;* **II.** ‹-› *mf* Haushaltshilfe *f.*
tuttora [tut'to:ra] *adv* noch (immer).
tutù [tu'tu] ‹-› *m* Ballettröckchen *n.*
TV [tiv'vu] ‹-› *f ab di* **televisione** TV (*ab di* Television).

U

U, u [u] ‹-› *f* U, u *n;* **u come Udine** U wie Ulrich.

ubbidiente [ubbi'di̯ɛnte] *a* **1.** *(chi ubbidisce)* gehorsam, folgsam; **2.** *(docile)* gefügig. **ubbidienza** [...'di̯ɛntsa] *f* **1.** *(l'ubbidire)* Gehorsam *m;* *(di bambini, animali a.)* Folgsamkeit *f;* **2.** *(sottomissione)* Ergebenheit *f,* Untertänigkeit *f.*

ubbidire [ubbi'di:re] ‹ubbidisco› *itr* **1.** *(ai genitori, al padrone)* folgsam (*o* gehorsam) sein, gehorchen (*a qu* jdm), folgen (*a qu* jdm); **2.** *(a un ordine)* befolgen (*a qc* etw.); **3.** *fig (macchine, strumenti)* gehorchen.

ubicazione [ubikat'tsi̯o:ne] *f* **1.** *(posizione topografica)* Lage *f;* **2.** *(luogo)* Standort *m.*

ubiquità [ubiku̯i'ta] ‹-› *f* Allgegenwart *f;* **non ho il dono dell'~!** *scherz* ich kann nicht überall gleichzeitig sein!

ubriaca *f v.* **ubriaco.**

ubriacare [ubria'ka:re] ‹ubriaco, ubriachi› **I.** *tr* **1.** *(inebriare)* betrunken machen; **2.** *fig* trunken machen; *(stordire)* betäuben, benommen machen; **II.** *rfl:* **-arsi** sich betrinken. **ubriacatura** [...ka'tu:ra] *f (a. fig)* Rausch *m.* **ubriachezza** [...'kettsa] *f* **1.** *(stato di alterazione)* (Be)trunkenheit *f;* **2.** *(vizio)* Trunksucht *f.* **ubriaco, -a** [...i'a:ko] ‹-chi, -che› **I.** *a* **1.** *(ebbro)* betrunken; **2.** *fig (esaltato)* trunken, berauscht; **3.** *fig (stordito)* betäubt, benommen; **~ fradicio** *fam* stockbetrunken *fam,* sternhagelvoll *fam;* **~ di sonno** schlaftrunken; **II.** *m, f* Betrunkene(r) *mf.* **ubriacone, -a** [...ia'ko:ne] *m, f* Säufer(in) *m(f),* Trunkenbold *m.*

uccellatore, -trice [uttʃella'to:re] *m, f* Vogelfänger(in) *m(f),* -steller(in) *m(f).* **uccelliera** [...'li̯ɛ:ra] *f* Vogelhaus *n,* Voliere *f.*

uccello [ut'tʃɛllo] *m* **1.** *zoo* Vogel *m;* **2.** *vulg (pene)* Schwanz *m vulg;* **essere uccel di bosco** vogelfrei sein; **fare l'~ del malaugurio** den Teufel an die Wand malen.

uccidere [ut'tʃi:dere] ‹uccido, uccisi, ucciso› **I.** *tr* **1.** *(ammazzare)* töten, umbringen; *(affrettare la morte)* ins Grab bringen; *(debilitare)* (fast) umbringen *fam;* **2.** *fig (eliminare)* ausrotten, vernichten; **II.** *rfl:* **-ersi 1.** *(suicidarsi)* sich umbringen, Selbstmord begehen; **2.** *(vicendevolmente)* sich umbringen (*o* töten); **3.** *(perdere la vita)* ums Leben kommen, umkommen.

uccisi [ut'tʃi:zi] *p rem di* **uccidere.**

ucciso [ut'tʃi:zo] *pp di* **uccidere.**

uccisore [uttʃi'zo:re] *m,* **ucciditrice** [...idi'tri:tʃe] *f* Mörder(in) *m(f),* Totschläger(in) *m(f).*

udienza [u'di̯ɛntsa] *f* **1.** *(ascolto)* Gehör *n;* **2.** *(colloquio)* Audienz *f,* Empfang *m;* **3.** *jur* (Gerichts)verhandlung *f;* **chiedere ~** um Gehör bitten; **dare ~** Gehör schenken.

udire [u'di:re] ‹odo, udii, udito› *tr* **1.** *(sentire, comprendere)* hören, vernehmen; **2.** *(esaudire)* erhören. **udito** [u'di:to] *m* Gehör *n,* Gehörsinn *m.* **uditore, -trice** [...'to:re] *m, f* Zuhörer(in) *m(f),* Hörer(in) *m(f); (all'università)* (Gast)hörer(in) *m(f); jur* Referendar(in) *m(f).* **uditorio** [...'tɔ:ri̯o] ‹-i› *m* (Zu)hörerschaft *f,* Auditorium *n geh.*

ufficiale [uffi'tʃa:le] **I.** *a* offiziell; *(a. adm)* amtlich; **II.** *m* **1.** *adm* Beamte(r) *m,* Beamtin *f,* Amtsperson *f;* **2.** *mil* Offizier *m.* **ufficialità** [...tʃali'ta] ‹-› *f* Amtlichkeit *f,* offizieller Charakter.

ufficio [uf'fi:tʃo] ‹-ci› *m* **1.** *(posto di lavoro)* Büro *n;* *(settore)* Abteilung *f;* **2.** *adm (organo)* Amt *n;* **3.** *jur (funzioni, doveri)* (Amts)pflicht *f;* **4.** *rel* *(~ divino)* Stundengebet *n,* Brevier *n;* *(~ funebre)* Totenmesse *f,* -amt *n;* **~ contabilità** Buchhaltung *f;* **~ informazioni/viaggi** Informations-/Reisebüro *n;* **~ personale** Personalabteilung *f,* -büro *n;* **~ postale** Postamt *n;* **~ vendite** Verkaufsabteilung *f.* **ufficioso, -a** [uffi'tʃo:so] *a* halbamtlich, inoffiziell.

ufo ['u:fo]: **a ~** *adv* umsonst, unentgeltlich; *pej* auf Kosten anderer; **vivere a ~** schmarotzen, zu Lasten anderer leben.

U.F.O. ['u:fo] ‹-› *m* Ufo *n,* UFO *n.*

ugello [u'dʒɛllo] *m* Düse *f.*

uggia ['uddʒa] ‹ugge› *f (noia)* Langeweile *f;* *(molestia)* Lästigkeit *f.*

uggiolare [uddʒo'la:re] *itr* winseln, jaulen.

uggioso, -a [ud'dʒo:so] *a (noioso)* langweilig; *(fastidioso)* lästig, unangenehm.

Ugo ['u:go] *(nome proprio maschile)* Hugo.

ugola ['u:gola] *f* **1.** *anat* (Gaumen)zäpfchen *n;* **2.** *fig* Kehle *f;* **avere un'~ d'oro** Gold in der Kehle haben.

uguaglianza [ugu̯aʎ'ʎantsa] *f* **1.** *(identità, l'essere uguale)* Gleichheit *f;* *(di diritti a.)* Gleichstellung *f;* *(mat a.)*

Äquivalenz *f;* **2.** *(uniformità)* Gleichförmigkeit *f,* Gleichmäßigkeit *f.* **uguagliare** [...'ʎa:re] ‹**uguaglio, uguagli**› **I.** *tr* **1.** *(rendere uguale)* gleichmachen, angleichen; *(fig a.)* gleichstellen; **2.** *(rendere uniforme, regolare)* gleichförmig (*o* gleichmäßig) machen; **3.** *fig (essere pari)* gleichkommen (*qu in qc* jdm an etw.); **4.** *sport* erreichen, erzielen; **II.** *rfl:* **-arsi** sich *(dat)* gleich (*o* ebenbürtig) sein.

uguale [u'gu̯a:le] **I.** *a* **1.** *(identico)* gleich; **2.** *(che rimane uguale)* gleichbleibend, gleichmäßig; **3.** *mat* gleich(wertig), äquivalent; **4.** *(uniforme)* gleichförmig; **7 più 7 è ~ a 14** 7 plus 7 (ist) gleich 14; **II.** *mf* Gleichgestellte(r) *mf,* Ebenbürtige(r) *mf;* **III.** *adv* gleich; *(indifferente)* gleich, egal; **che tu vada o rimanga per me è ~** es ist mir egal (*o* gleich), ob du gehst oder bleibst. **ugualmente** [ugu̯al'mente] *adv* **1.** *(parimenti)* gleich, in gleicher Weise, gleichermaßen; **2.** *(tuttavia)* dennoch.

U.I.L. [u̯il] *f ab di* **Unione Italiana del Lavoro** *italienischer Gewerkschaftsbund.*

ulcera ['ultʃera] *f* Geschwür *n; fam* Magengeschwür *n.* **ulcerazione** [...rat'tsi̯o:ne] *f* Geschwürbildung *f,* Ulzeration *f scient.*

Ulisse [u'lisse] *(nome proprio maschile)* Odysseus.

uliva [u'li:va] *v.* **oliva.**

ulteriore [ulte'ri̯o:re] *a* weitere(r, s), zusätzlich.

ultima *f v.* **ultimo.**

ultimare [ulti'ma:re] *tr* beenden, zu Ende führen, abschließen.

ultimatum [ulti'ma:tum] ‹-› *m* Ultimatum *n.*

ultimissima [ulti'missima] *f* **1.** *(giornale)* neueste (*o* letzte) Ausgabe; **2.** ‹*pl*› *(notizie)* letzte Nachrichten *f pl* (*o* Meldungen *f pl).*

ultimo, -a ['ultimo] **I.** *a* **1.** *(finale)* letzte(r, s); *(recente a.)* neueste(r, s); *(molto lontano a.)* fernste(r, s); *(origini)* erste(r, s); **2.** *fig (di minima importanza)* geringste(r, s), letzte(r, s); **3.** *(decisivo)* letzte(r, s), entscheidend; **4.** *(massimo)* höchste(r, s); **l'~ grido della moda** der letzte (Mode)schrei; **all'~ momento** im letzten Moment; **II.** *m, f* **1.** *(della serie)* Letzte(r, s) *mfn;* **2.** *(il peggiore)* Schlechteste(r, s) *mfn;* **l'~ del mese** der Letzte des Monats; **all'~** zuletzt, am Ende; **da ~** als letztes, zu guter Letzt; **fino all'~** bis zuletzt; **in ~** am Ende, zu guter Letzt; **per ~** zuletzt, als letzte(r, s); **sull'~** zuletzt, gegen Ende.

ultra ['ultra] **I.** ‹-› *mf pol* Ultra *m;* **II.** ‹*inv*› *a* ultra-, Ultra-. **ultramoderno, -a** [-mo'dɛrno] *a* hypermodern, supermodern. **ultrarapido, -a** [-'ra:pido] *a* sehr schnell; *film, fot* hochempfindlich. **ultrasonico, -a** [-'sɔ:niko] ‹-ci, -che› *a* **1.** *phys* Ultraschall-; **2.** *(supersonico)* Überschall-. **ultrasuono** [-'su̯ɔ:no] *m* Ultraschall *m.* **ultraterreno, -a** [-ter're:no] *a* überirdisch. **ultravioletto, -a** [-vio'letto] *a* ultraviolett.

ululare [ulu'la:re] *itr* heulen. **ululato, ululo** [...'la:to, 'u:lulo] *m* Geheul *n; (a. fig)* Heulen *n.*

umanamente [umana'mente] *adv* **1.** *(dell'uomo)* menschlich; **2.** *fig (con umanità)* menschenwürdig, human.

umanista [uma'nista] ‹-i *m,* -e *f*› *mf* Humanist(in) *m(f).*

umanità [umani'ta] ‹-› *f* **1.** *(natura umana)* menschliche Natur, Menschsein *n;* **2.** *(sentimento)* Menschlichkeit *f,* Humanität *f;* **3.** *(genere umano)* Menschheit *f.* **umanitario, -a** [...'ta:ri̯o] ‹-i, -ie› *a* menschenfreundlich, humanitär.

umanizzare [umanid'dza:re] *tr* **1.** *(rendere più umano)* humanisieren, menschlicher machen (*o* gestalten); **2.** *(rendere più civile)* zivilisieren.

umano, -a [u'ma:no] **I.** *a* **1.** *(dell'uomo)* menschlich, Menschen-; **2.** *fig* human, menschlich, menschenfreundlich; **II.** *m* Menschliche(s) *n,* Humane(s) *n.*

Umberto [um'bɛrto] *(nome proprio maschile)* Humbert.

Umbria ['umbri̯a] *f* Umbrien *n.*

umettare [umet'ta:re] *tr* anfeuchten, befeuchten, benetzen *geh.*

umidificare [umidifi'ka:re] ‹**umidifico, umidifichi**› *tr* feucht machen; *(aria)* befeuchten, mit Feuchtigkeit anreichern. **umidificatore** [...ka'to:re] *m* (Luft)befeuchter *m.*

umidità [umidi'ta] ‹-› *f* Feuchtigkeit *f; (bagnato)* Nässe *f.*

umido, -a ['u:mido] **I.** *a* feucht; *(bagnato)* naß; **II.** *m* **1.** *(umidità)* Feuchtigkeit *f;* **2.** *gastr* Geschmorte(s) *n.*

umile ['u:mile] *a* **1.** *(mite)* sanftmütig; *(modesto)* bescheiden; **2.** *(sottomesso)* ehrerbietig, ergeben, demütig; **3.** *(di modesto grado sociale)* niedrig, ärmlich; **4.** *(dimesso)* bescheiden, schlicht, einfach.

umiliare [umi'li̯a:re] ‹**umilio, umilii**› **I.** *tr* **1.** *(avvilire)* demütigen, erniedrigen; **2.** *(reprimere)* dämpfen, unterdrücken; **II.** *rfl:* **-arsi** **1.** *(avvilirsi)* sich demütigen, sich erniedrigen; **2.** *(fare atto di sottomissione)* sich auf die Knie werfen; *fig* sich beugen. **umiliazione** [...i̯at'tsi̯o:ne] *f* Demütigung *f,* Erniedrigung *f.*

umiltà [umil'ta] ‹-› *f* **1.** *(modestia)* Demut *f,* Bescheidenheit *f;* **2.** *(deferenza)* Ergebenheit *f,* Ehrerbietung *f geh;* **3.** *(modesta condizione sociale)* Ärmlichkeit *f.*

umore [u'mo:re] *m* **1.** *biol* Körperflüssigkeit *f; bot* (Pflanzen)saft *m;* **2.** *(indole)* Charakter *m,* Wesen *n,* Art *f;* **3.** *(disposizione d'animo)* Laune *f,* (Gemüts)stimmung *f;* **essere di buon/cattivo ~** gute/schlechte Laune haben, guter/schlechter Laune sein.

umorismo [umo'rizmo] *m* Humor *m.*

umorista [...'rista] ‹-i *m,* -e *f*› *mf* Humorist(in) *m(f).* **umoristico, -a** [...'ristiko] ‹-ci, -che› *a* spaßig, witzig, humoristisch.

un' [un] *(articolo indeterminativo f davanti a vocale)* ein *m,* eine *f,* ein *n.*

un, -a [un, 'u:na] *(articolo indeterminativo m e f)* ein *m,* eine *f,* ein *n.*

una *v.* **un, uno.**

unanime [u'na:nime] *a* einstimmig, einmütig, einhellig. **unanimità** [unanimi'ta] ‹-› *f* Einmütigkeit *f,* Einstimmigkeit *f;* **all'~** einstimmig.

una tantum ['u:na 'tantum] **I.** ‹*inv*› *a* einmalig; **II.** ‹-› *f* einmalige Sondersteuer.

uncinare [untʃi'na:re] *tr* mit einem Haken fassen (*o* packen). **uncinato, -a** [...'na:to] *a* hakenförmig; *(con uncini)* mit Haken versehen; **croce -a** Hakenkreuz *n.*

uncinetto [untʃi'netto] *m* Häkelnadel *f.*

uncino [un'tʃi:no] *m* Haken *m.*

undicenne [undi'tʃɛnne] **I.** *a* elfjährig; **II.** *mf* Elfjährige(r) *mf.* **undicesimo, -a** [...'tʃɛ:zimo] **I.** *a* elfte(r, s); **II.** *m, f* Elfte(r, s) *mfn;* **III.** *m (frazione)* Elftel *n,* elfter Teil; *v. a. quinto.* **undici** ['unditʃi] **I.** *a numerale* elf; **II.** ‹-› *m* **1.** *(numero)* Elf *f;* **2.** *(nelle date)* Elfte(r) *m;* **3.** *sport* Elf *f,* (Fußball)mannschaft *f;* **III.** *f pl* elf Uhr; *v. a. cinque.*

ungere ['undʒere] ‹ungo, ungi, unsi, unto› **I.** *tr* **1.** *(con grasso)* einfetten; *tec* schmieren, ölen; *(con crema)* eincremen, einreiben; **2.** *(sporcare)* fettig machen; **3.** *fig* salben; *rel* die Letzte Ölung geben (*qu* jdm); **II.** *rfl:* **-ersi 1.** *(mettersi dell'unto)* sich einfetten, sich einölen; **2.** *(sporcarsi d'unto)* sich fettig machen, sich mit Fett beschmieren.

ungherese [uŋge're:se] **I.** *a* ungarisch; **II.** *mf* Ungar(in) *m(f).* **Ungheria** [...'ri:a] *f* Ungarn *n.*

unghia ['uŋgi̯a] ‹-ghie› *f* **1.** *anat* Nagel *m;* **2.** *zoo (di uccello, gatto)* Kralle *f,* Klaue *f; (di cavallo)* Huf *m;* **3.** *(di attrezzi)* abgeschrägte Spitze, Kerbe *f;* **4.** *fig (minima grandezza, distanza)* Fingerbreit *m.* **unghiata** [uŋ'gi̯a:ta] *f* Kratzer *m,* Kratzwunde *f.* **unghiolo** [uŋ'gi̯ɔ:lo] *m* Kralle *f.*

unguento [uŋ'gu̯ɛnto] *m* Creme *f; (med a.)* Salbe *f.*

unicamerale [unikame'ra:le] *a* Einkammer-.

unicità [unitʃi'ta] ‹-› *f* Einmaligkeit *f,* Einzigartigkeit *f.*

unico, -a ['u:niko] ‹-ci, -che› **I.** *a* **1.** *(il solo esistente)* einzig; *(che avviene una volta sola)* einmalig; **2.** *(ineguagliabile)* einzigartig, einmalig; **II.** *m, f* Einzige(r, s) *mfn;* **III.** *f:* **l'unica** die einzige Lösung, der einzige Ausweg.

unificare [unifi'ka:re] ‹unifico, unifichi› *tr* **1.** *(ridurre a unità)* (ver)einigen; **2.** *(ridurre a tipo unico)* vereinheitlichen; *(standardizzare)* normieren, normen. **unificazione** [...kat'tsi̯o:ne] *f* **1.** *(atto dell'unificare)* (Ver)einigung *f;* **2.** *(standardizzazione)* Vereinheitlichung *f,* Normierung *f.*

uniformare [-for'ma:re] **I.** *tr* **1.** *(unificare)* gleichmachen, gleichförmig gestalten; **2.** *(adeguare)* anpassen (*a* an); **II.** *rfl:* **-arsi** sich anpassen (*a* an), sich richten (*a* nach).

uniforme[1] [-'forme] *a* **1.** *(uguale)* gleichförmig, gleichmäßig; *(piano)* eben; **2.** *fig (monotono)* einförmig, eintönig.

uniforme[2] [-'forme] *f* Uniform *f.*

uniformità [-formi'ta] ‹-› *f* **1.** *(l'essere uniforme)* Gleichförmigkeit *f,* Gleichmäßigkeit *f; (di superficie)* Ebenheit *f;* **2.** *(accordo)* Einstimmigkeit *f,* Übereinstimmung *f;* **3.** *(monotonia)* Eintönigkeit *f.*

unigenito [-'dʒɛ:nito] ‹*inv*› *a (Cristo)* eingeboren.

unilaterale [-late'ra:le] *a* **1.** *jur, pol* einseitig, unilateral; **2.** *fig pej* einseitig, parteiisch.

uninominale [-nomi'na:le] *a* Einmann-; **sistema ~** Mehrheitswahlsystem *n.*

unione [u'ni̯o:ne] *f* **1.** *(connessione)* Verbindung *f,* Vereinigung *f;* **2.** *fig (concordia)* Eintracht *f,* Einigkeit *f;* **3.** *pol* Bund *m,* Vereinigung *f,* Union *f;* **U~ Sovietica** Sowjetunion *f;* **U~ delle Repubbliche Socialiste Sovietiche** (*ab* **U.R.S.S.**) Union *f* der Sozialistischen Sowjetrepubliken.

unipolare [-po'la:re] *a* einpolig.

unire [u'ni:re] ‹unisco› **I.** *tr* **1.** *(congiungere, collegare)* verbinden, vereinigen, zusammenfügen; **2.** *(accostare)* zusammenstellen, -legen; **3.** *(allegare)* beilegen, beifügen; **4.** *(persone)* verein(ig)en, verbinden; **~ in matrimonio** trauen; **II.** *rfl:* **-irsi 1.** *(legarsi)* sich verbinden; **2.** *(associarsi)* sich zusammenschließen, sich verbünden; **3.** *(accompagnarsi)* sich anschließen (*a* an), sich hinzugesellen (*a* zu); **4.** *(armonizzarsi)* zusammenpassen, harmonisieren.

unisex ['u:niseks *o* uni'sɛks] ‹*inv*› *a* Unisex-, nicht geschlechtsspezifisch.

unisono [u'ni:sono] **I.** *a* **1.** *mus* unison(o); **2.** *fig* übereinstimmend; **II.** *m* Einklang *m; mus* Unisono *n;* **all'~** *mus* unisono, im Einklang; *fig* übereinstimmend, im Einklang.

unità [uni'ta] ‹-› *f* **1.** *gener., mil* Einheit *f;* **2.** *(di misura)* Maßeinheit *f,* Maß *n;* **3.** *(concordia)* Übereinstimmung *f;* ~ **centrale** *inform* Zentraleinheit *f.*
unitario, -a [uni'ta:rio] ‹-i, -ie› *a* einheitlich, Einheits-.
unito, -a [u'ni:to] *a* **1.** *(congiunto, collegato)* zusammengefügt, verbunden; *(a. fig)* verein(ig)t; *(allegato)* beigefügt, beigelegt; *pol* geeint, vereint; **2.** *(accostato)* (her)angestellt, beigestellt; **3.** *fig (concorde)* einig, einträchtig; **4.** *(compatto)* fest, kompakt; **5.** *(uniforme)* einheitlich, gleichförmig.
universale [univer'sa:le] **I.** *a* **1.** *(dell' universo)* Welt-; **2.** *(totale)* Universal-, Gesamt-, gesamte(r, s); **3.** *(generale)* allgemein; **4.** *tec* Universal-, universell; **II.** *m* **1.** Allgemeine(s) *n;* **2.** ‹*pl*› Allgemeinbegriffe *m pl.* **universalità** [...sali'ta] ‹-› *f* Gesamtheit *f,* Allgemeinheit *f.*
università [universi'ta] ‹-› *f* Universität *f,* Hochschule *f;* ~ **popolare** Volkshochschule *f.* **universitario, -a** [...'ta:rio] ‹-i, -ie› **I.** *a* Universitäts-, Hochschul-; **II.** *m, f* **1.** *(docente)* (Universitäts)professor(in) *m(f),* (Hochschul)dozent(in) *m(f);* **2.** *(studente)* Student(in) *m(f).*
universo [uni'vɛrso] *m* **1.** *astr* Universum *n,* Weltall *n;* **2.** *fig* Welt *f.*
univoco, -a [u'ni:voko] ‹-ci, -che› *a* eindeutig.
uno, una ['u:no] **I.** *(articolo indeterminativo m davanti a s impura, gn, pn, ps, x, z ed articolo indeterminativo f davanti a consonante)* ein *m,* eine *f,* ein *n;* **II.** *a numerale* eins; **III.** *m* ‹-› **1.** *(numero)* Eins *f;* **2.** *(voto scolastico)* ≃ Mangelhaft *n,* Ungenügend *n;* **IV.** *f* **1.** *(di tempo)* eins, ein Uhr; **2.** *(in frasi enclitiche)* etwas; **è l'una** es ist eins (*o* ein Uhr); **ve ne racconto una** ich kann euch was erzählen; **V.** *pron* einer *m,* eine *f,* ein(e)s *n; (persona a.)* jemand; *(impersonale)* einer, man; *(con negazione)* keiner *m,* keine *f,* kein(e)s *n;* **a ~ a ~** einzeln; **~ e mezzo** eineinhalb, anderthalb; **non ~** keiner; **~ solo** einer allein, nur einer, ein einziger; **~ per volta** jeweils einer, einer nach dem anderen; **si aiutano l'un l'altro** sie helfen einander.
unsi ['unsi] *p rem di* **ungere.**
unto ['unto] *m* Fett *n.*
unto, -a ['unto] **I.** *pp di* **ungere; II.** *a* fettig, schmierig.
untume [un'tu:me] *m* Fett *n,* fettiger Schmutz.
untuosità [untuosi'ta] ‹-› *f* **1.** *(qualità)* Fettigkeit *f; (materia)* Fett *n;* **2.** *fig pej (modi melliflui, ipocriti)* Schmierigkeit *f,* Schleimigkeit *f.* **untuoso, -a** [...u'o:so] *a* **1.** fettig, schmierig; **2.** *fig pej* schmierig, schleimig.
unzione [un'tsio:ne] *f:* **l'estrema ~** die Letzte Ölung.
uomo ['uɔ:mo] ‹uomini› *m* **1.** *gener.* Mensch *m;* **2.** *(di sesso maschile)* Mann *m;* **l'~ della strada** der Mann auf (*o* von) der Straße; **un sant'~** ein herzensguter (*o* frommer) Mensch; **per soli uomini** nur für Herren.
uopo ['uɔ:po] *m:* **essere d'~** notwendig sein; **all'~** bei Bedarf, wenn nötig.
uovo ['uɔ:vo] ‹*pl:* -a *f*› *m* Ei *n;* **pasta all'~** Eiernudeln *f pl,* Eierteigwaren *f pl;* **~ sodo/à la coque** hart(gekocht)es/weiches Ei; **~ all'ostrica** Eidotter *m* mit Salz und Zitrone; **~ all'occhio di bue/al tegame** Spiegelei *n*/Setzei *n;* **-a affogate/strapazzate** verlorene Eier *n pl*/Rührei *n;* **essere l'~ di Colombo** das Ei des Kolumbus sein.
uragano [ura'ga:no] *m* **1.** *(ciclone)* Hurrikan *m; (tempesta)* (Wirbel)sturm *m;* **2.** *fig* Sturm *m.*
Urali [u'ra:li] *m pl* Ural *m.*
urango [u'raŋgo] ‹-ghi› *m* Orang-Utan *m.*
uranio [u'ra:nio] *m* Uran *n.*
urbanesimo [urba'ne:zimo] *m* Verstädterung *f.*
urbanista [urba'nista] ‹-i *m,* -e *f*› *mf* Städteplaner(in) *m(f),* Städtebauer(in) *m(f).* **urbanistica** [...'nistika] ‹-che› *f* Städtebau(wesen *n*) *m,* Städteplanung *f.* **urbanistico, -a** [...'nistiko] ‹-ci, -che› *a* städtebaulich, Städtebau-.
urbanità [urbani'ta] ‹-› *f* Kultiviertheit *f; (cortesia)* Höflichkeit *f.*
urbanizzare [urbanid'dza:re] *tr* städtebaulich erschließen, urbanisieren. **urbanizzazione** [...dzat'tsio:ne] *f* Verstädterung *f,* Urbanisierung *f.*
urbano, -a [ur'ba:no] *a* **1.** *(della città)* städtisch, Stadt-; **2.** *fig* kultiviert, gebildet; *(cortese)* höflich.
urgente [ur'dʒɛnte] *a* dringend, dringlich; *(lettera, pacco)* Eil-. **urgenza** [ur'dʒɛntsa] *f* Dringlichkeit *f,* dringende Notwendigkeit; *(rapidità)* Eile *f;* **fare ~** zur Eile drängen; **ricoverare qu d'~** jdn als Notfall (in die Klinik) einliefern; **in caso d'~** im Notfall.
urgere ['urdʒere] ‹urgo, urgi, *mancano il p rem, il pp ed i tempi composti*› **I.** *tr* drängen, bedrängen; **II.** *itr* dringend (nötig) sein, drängen.
urina [u'ri:na] *v.* **orina.**
urinare [uri'na:re] *v.* **orinare.**
urlare [ur'la:re] **I.** *itr* **1.** *(lupi)* heulen; *(cani)* jaulen; **2.** *(sirena, vento)* heulen; **3.** *(uomo)* schreien, brüllen; *(di dolore a.)* aufschreien; **II.** *tr* **1.** *(dire a voce alta)* (heraus)schreien, brüllen; **2.** *(cantare a voce alta)* lauthals singen. **urlatore, -trice** [urla'to:re] **I.** *a* Brüll-; **II.** *m, f* Schreier(in) *m(f),* Schreihals *m.*
urlo ['urlo] *m* **1.** ‹*pl:* -a *f*› *(grido umano)*

Schrei *m*, Geschrei *n;* **2.** ‹*pl:* -i *m*› *(di animale)* Schrei *m; (di lupi)* Heulen *n; (di cani)* Jaulen *n;* **3.** ‹*pl:* -a *f*› *fig (di vento, sirene)* Heulen *n; (fragore)* Toben *n*, Getöse *n*.

urna ['urna] *f* Urne *f;* ~ **cineraria/elettorale** (Aschen)urne *f*/Wahlurne *f;* **andare alle -e** wählen (gehen).

urologia [urolo'dʒi:a] ‹-gie› *f* Urologie *f*. **urologo, -a** [u'rɔ:logo] ‹-gi, -ghe› *m, f* Urologe *m*, -login *f*.

urrà [ur'ra] **I.** *interj* hurra; **II.** ‹-› *m* Hurra *n*, Hurraruf *m*.

U.R.S.S. [urs] *f ab di* **Unione delle Repubbliche Socialiste Sovietiche** UdSSR *f* (*ab di* Union der Sozialistischen Sowjetrepubliken).

urtante [ur'tante] *a* anstößig.

urtare [ur'ta:re] **I.** *tr* **1.** *(investire)* (an)stoßen; *(veicoli)* anfahren, streifen; **2.** *fig* verletzen, beleidigen; *(indisporre)* ärgern, reizen, nervös machen; **II.** *itr* **1.** *(sbattere contro)* (auf)prallen (*in* auf, *contro* gegen), stoßen (*in* auf, *contro* gegen); **2.** *fig (incappare)* stoßen (*contro* auf); **III.** *rfl:* **-arsi 1.** *(scontrarsi)* aufeinanderstoßen, zusammenstoßen; *(veicoli)* zusammenstoßen, aufeinanderprallen; **2.** *fig (essere in contrasto)* aufeinanderprallen; **3.** *fig (irritarsi)* sich ärgern, sich aufregen.

urtica [ur'ti:ka] *v.* **ortica.**

urto ['urto] *m* **1.** *(colpo, spinta)* Stoß *m*, Schlag *m;* **2.** *(scontro, collisione)* Zusammenstoß *m*, Aufprall *m;* **3.** *mil (scontro, cozzo)* Zusammenstoß *m*, Gefecht *n;* **4.** *fig* Gegensatz *m*, Widerspruch *m*, Aufeinanderprallen *n*.

u.s. *ab di* **ultimo scorso** vergangenen Monats/Jahres, *etc.*

U.S.A. ['u:za] *m pl* USA *pl.*

usa e getta ['u:za e d'dʒetta] ‹-› *m* Wegwerfartikel *n*.

usanza [u'zantsa] *f* **1.** *(consuetudine)* Brauch *m*, Sitte *f;* **2.** *(maniera, costume)* Brauch *m*, Art *f; (abitudine)* Gewohnheit *f; (moda)* Mode *f*.

usare [u'za:re] **I.** *tr* ‹*avere*› **1.** *(adoperare)* verwenden, benutzen, gebrauchen; *(vestiti)* tragen; **2.** *(agire con)* üben, walten lassen; **3.** *(esercitare)* ausüben, anwenden; ~ **l'inganno** listig handeln; ~ **un diritto** von einem Recht Gebrauch machen; **II.** *itr* **1.** ‹*avere*› *(usufruire)* Gebrauch machen (*di* von); **2.** ‹*avere*› *(avere l'abitudine)* pflegen *geh*, gewohnt sein; **3.** ‹*avere*› *(essere di moda)* in Mode sein, modern sein; **4.** *(impersonale)* ‹*essere*› Brauch (*o* Sitte) sein, üblich sein. **usato, -a** [u'za:to] **I.** *a* **1.** *(non nuovo)* gebraucht, benutzt; *(com a.)* aus zweiter Hand; *(vestiti)* getragen; **2.** *(solito)* gewohnt; **automobili -e** Gebrauchtwagen *m pl;* **II.** *m* **1.** *(modo solito, consueto)* Gewohnte(s) *n;* **2.** *(non più nuovo)* Gebrauchte(s) *n;* **mercato dell'~** Gebrauchtwarenmarkt *m; (di automobili)* Gebrauchtwagenmarkt *m*.

uscente [uʃ'ʃɛnte] *a* aus dem Amt scheidend.

usci *pl di* **uscio.**

usciere, -a [uʃ'ʃɛ:re] *m, f* Amtsdiener(in) *m(f)*, Amtsgehilfe *m*, -gehilfin *f*.

uscio ['uʃʃo] ‹usci› *m* Tür *f*, Tor *n*.

uscire [uʃ'ʃi:re] ‹esco, esci, uscii, uscito› *itr* ‹*essere*› **1.** *(andare fuori)* hinausgehen; *(venire fuori)* herauskommen; *(con veicolo)* hinaus-, herausfahren; *(dal letto)* aufstehen; *(da veicolo)* aussteigen; **2.** *(lasciare un luogo)* ausgehen; *(con veicolo)* ausfahren; *naut* auslaufen; **3.** *(oggetti, sostanze)* austreten, herauskommen; *(liquidi)* auslaufen; *(gas)* ausströmen; **4.** *(essere pubblicato)* erscheinen, herauskommen; **5.** *fig (esclamare, sbottare)* herausplatzen (*con* mit); **6.** *(essere sorteggiato)* gezogen werden, drankommen *fam;* **7.** *fig (cessare di essere in una condizione, situazione)* herauskommen, entkommen; *(dal carcere, dall'ospedale)* entlassen werden; *(da un partito)* austreten; **8.** *ling* enden (*in* auf), auslauten (*in* in); **9.** *fig (avere origine)* (ab)stammen; ~ **indenne da un incidente** bei einem Unfall heil davonkommen; ~ **di strada** vom Wege abkommen. **uscita** [uʃ'ʃi:ta] *f* **1.** *(movimento)* Hinausgehen *n; (avvicinamento)* Herauskommen *n; (di veicoli)* Heraus-, Hinausfahren *n; (da veicolo)* Aussteigen *n; naut* Auslaufen *n; theat* Abgang *m;* **2.** *(di liquidi)* Auslaufen *n; (di gas)* Ausströmen *n;* **3.** *(apertura)* Ausgang *m; fig (via di scampo)* Ausweg *m;* **4.** *(di pubblicazioni)* Erscheinen *n;* **5.** *ling (terminazione)* Endung *f*, Auslaut *m;* **6.** *(battuta, sbotto)* witzige (*o* geistreiche) Bemerkung; **7.** *fin (spesa, passivo)* Ausgabe *f;* **8.** *com (esportazione)* Ausfuhr *f;* **9.** *(periodo di libertà)* Ausgang *m;* ~ **di sicurezza** Notausgang *m*.

usignolo [uziɲ'ɲɔ:lo] *m* Nachtigall *f*.

uso ['u:zo] *m* **1.** *(l'adoperare)* Gebrauch *m*, Benutzung *f; (della lingua)* Gebrauch *m;* **2.** *(destinazione)* Gebrauch *m*, Verwendung(szweck *m*) *f;* **3.** *(impiego)* Anwendung *f*, Benutzung *f; fig* Nutzung *f; jur* Nießbrauch *m*, Nutznießung *f;* **4.** *(esercizio)* (ständiger) Gebrauch *m*, Praxis *f*, Übung *f;* **5.** *(consuetudine, usanza)* Gepflogenheit *f*, Sitte *f*, Brauch *m;* **6.** *(moda)* Mode *f;* **-i e costumi** Sitten *f pl* und Gebräuche *m pl;* **istruzioni per l'~** Gebrauchsanweisung *f;* **ad ~ delle scuole** für den Schulgebrauch; **per ~ esterno** zur äußeren Anwendung; **per più -i** Mehrzweck-.

ustionare [ustjo'na:re] **I.** *tr* verbrennen; **II.** *rfl:* **-arsi** sich verbrennen. **ustione** [us'tjo:ne] *f* Verbrennung *f.*
usuale [uzu'a:le] *a* **1.** *(consueto)* üblich, gebräuchlich; **2.** *(ordinario)* gewöhnlich, alltäglich.
usufruire [uzufru'i:re] *itr* **1.** *jur* nutznießen, nießnutzen; **2.** *(giovarsi di qc)* sich *(dat)* zunutze machen (*di qc* etw.), nutzen (*di qc* etw.). **usufrutto** [...'frutto] *m* Nutznießung *f,* Nießbrauch *m.* **usufruttuario, -a** [...fruttu'a:rjo] ‹-i, -ie› *m, f* Nutznießer(in) *m(f),* Nießbraucher(in) *m(f).*
usura[1] [u'zu:ra] *f (strozzinaggio)* Wucher *m;* **a ~** zu Wucherzinsen.
usura[2] [u'zu:ra] *f tec* Abnutzung *f,* Verschleiß *m.*
usuraio, -a [uzu'ra:jo] ‹-ai, -aie› *m, f* **1.** *(strozzino)* Wucherer *m,* Wucherin *f;* **2.** *(avido e avaro)* Geizhals *m.*
usurpare [uzur'pa:re] *tr (prendere)* an sich reißen, sich *(dat)* unrechtmäßig aneignen, usurpieren; *(titolo)* sich *(dat)* unrechtmäßig zulegen. **usurpatore, -trice** [...pa'to:re] *m, f* Usurpator(in) *m(f).* **usurpazione** [...pat'tsjo:ne] *f* widerrechtliche Aneignung, Usurpation *f.*
utensile [uten'si:le] **I.** *a* Werkzeug-; **II.** *m* Werkzeug *n;* **-i da cucina** Küchengeräte *n pl.* **utensileria** [utensile'ri:a] ‹-ie› *f* **1.** *(complesso di utensili)* Geräte *n pl,* Werkzeug *n;* **2.** *(reparto di officina)* Werkzeugschlosserei *f.*
utente [u'tɛnte] *mf* Benutzer(in) *m(f),* Verbraucher(in) *m(f); (di vocabolario, etc.)* Benutzer(in) *m(f);* **~ del telefono/della strada** Fernsprech-/Verkehrsteilnehmer(in) *m(f).* **utenza** [u'tɛntsa] *f* **1.** *(fruizione)* Benutzung *f; (del gas, etc.)* Abnahme *f; radio, TV, tel* Teilnahme *f;* **2.** *(utenti)* Benutzerkreis *m,* Verbraucher *m pl; radio, TV, tel* Teilnehmer *m pl.*
uterino, -a [ute'ri:no] *a* Gebärmutter-, Uterus-.
utero ['u:tero] *m* Gebärmutter *f,* Uterus *m.*
utile ['u:tile] **I.** *a* **1.** *(che serve al bisogno)* nützlich; **2.** *(utilizzabile)* (be)nutzbar, brauchbar; **3.** *tec* Nutz-; **4.** *(vantaggioso)* nützlich, vorteilhaft; **5.** *(in formule di cortesia)* behilflich; **rendersi ~** sich nützlich machen; **in tempo ~** zur rechten Zeit, rechtzeitig; **II.** *m* **1.** *(ciò che serve)* Nützliche(s) *n;* **2.** *(vantaggio)* Vorteil *m;* **3.** *fin* Profit *m,* Gewinn *m,* Ertrag *m;* **partecipazione agli -i dell'azienda** betriebliche Gewinnbeteiligung. **utilità** [utili'ta] ‹-› *f* **1.** *(funzionalità)* Nützlichkeit *f,* Brauchbarkeit *f;* **2.** *(vantaggio)* Vorteil *m,* Nutzen *m.*
utilitaria [utili'ta:rja] ‹-ie› *f* Kleinwagen *m.*
utilitario, -a [utili'ta:rjo] ‹-i, -ie› *a* Nützlichkeits-, Gebrauchs-.
utilitarista [utilita'rista] ‹-i *m,* -e *f*› *mf* eigennütziger Mensch. **utilitaristico, -a** [...ta'ristiko] ‹-ci, -che› *a* eigennützig.
utilizzare [utilid'dza:re] *tr* verwenden, gebrauchen, benutzen; *(sfruttare)* verwerten, nutzen. **utilizzazione** [...dʒat'tsjo:ne] *f* Verwendung *f,* Gebrauch *m,* Benutzung *f; (sfruttamento)* Verwertung *f,* Nutzung *f.* **utilizzo** [...'liddzo] *m* Inanspruchnahme *f,* Nutzung *f.*
utopia [uto'pi:a] ‹-ie› *f* Utopie *f.* **utopico, -a** [u'tɔ:piko] ‹-ci, -che› *a* utopisch.
uva ['u:va] *f* (Wein)trauben *f pl;* **~ bianca/nera** weiße/blaue Trauben *f pl;* **~ passa** Rosinen *f pl;* **~ spina** Stachelbeere *f;* **~ da tavola** Tafeltrauben *f pl;* **festa dell'~** Winzerfest *n.*
uvetta [u'vetta] *f* Rosine *f.*

V

V, v [vu] *f* V, v *n;* **v come Venezia** V wie Viktor; **v doppia** W, w *n;* **scollo a V** V-Ausschnitt *m;* **fatto a V** V-förmig.
V *ab di* **volt** V.
va [va] *v.* **andare.**
vacante [va'kante] *a* frei.
vacanza [va'kantsa] *f* Ferien *pl,* Urlaub *m; (di sede, carica)* Vakanz *f;* **-e natalizie/pasquali/estive** Weihnachts-/Oster-/Sommerferien; **un giorno/mese di** ~ ein Tag/Monat Urlaub; **essere/andare in** ~ in Ferien sein/gehen, Urlaub haben/in Urlaub fahren; **far** ~ Urlaub machen.
vacca ['vakka] ‹-cche› *f* **1.** *zoo* Kuh *f;* **2.** *vulg* Nutte *f vulg,* Hure *f vulg.* **vaccaio** [...'ka:i̯o] ‹-ccai›, **vaccaro** [...'ka:ro] *m* Kuhhirt(e) *m.*
vaccinare [vattʃi'na:re] *tr* impfen. **vaccinazione** [...nat'tsi̯o:ne] *f* Impfung *f;* ~ **antitetanica** Tetanusschutzimpfung *f;* **farsi la** ~ sich impfen lassen. **vaccino** [...'tʃi:no] *m* Impfstoff *m.*
vacillare [vatʃil'la:re] *itr* **1.** *(persona)* (sch)wanken; *(fiamma)* flackern; **2.** *fig* schwanken.
vacuità [vakui'ta] ‹-› *f* Leere *f.* **vacuo, -a** ['va:kuo] *a* leer; *(a. persona)* hohl.
vada ['va:da] *v.* **andare.**
vademecum [vade'mɛ:kum] ‹-› *m* Leitfaden *m,* Lehrbuch *n,* Vademekum *n geh.*
vado ['va:do] *pr di* **andare.**
va e vieni ['va e v'vi̯ɛ:ni] ‹-› *m* Kommen und Gehen *n.*
vagabondaggio [vagabon'daddʒo] ‹-ggi› *m* **1.** *(di vagabondo)* Landstreicherei *f;* **2.** *(il girovagare)* Herumziehen *n.* **vagabondare** [...'da:re] *itr* **1.** *(fare il vagabondo)* vagabundieren; **2.** *(girovagare)* herumziehen *(per* in); **3.** *fig* umherschweifen. **vagabondo, -a** [...'bondo] **I.** *a* umherziehend, Vagabunden-; **II.** *m, f* **1.** *gener.* Vagabund(in) *m(f);* **2.** *pej* Landstreicher(in) *m(f),* Herumtreiber(in) *m(f).*
vagare [va'ga:re] ‹vago, vaghi› *itr* umherziehen *(per* in), streifen *(per* durch); *(senza meta a.)* umherirren.
vagheggiare [vaged'dʒa:re] ‹vagheggio, vagheggi› *tr* herbeisehnen, herbeiwünschen.
vaghezza [va'gettsa] *f* Ungenauigkeit *f,* Verschwommenheit *f;* **accennare qc con** ~ etw. vage andeuten.
vagina [va'dʒi:na] *f* Scheide *f,* Vagina *f.*
vagire [va'dʒi:re] ‹vagisco› *itr* wimmern. **vagito** [va'dʒi:to] *m* Wimmern *n.*
vaglia ['vaʎʎa] ‹-› *m* Anweisung *f;* ~ **bancario/postale** Bank-/Postanweisung *f.*
vagliare [vaʎ'ʎa:re] ‹vaglio, vagli› *tr* **1.** *(proposta, etc.)* abwägen, prüfen; **2.** *(grano, sabbia, ghiaia)* sieben. **vaglio** ['vaʎʎo] ‹-gli› *m* Abwägung *f,* Prüfung *f.*
vago, -a ['va:go] ‹-ghi, -ghe› *a* vag(e), unbestimmt, schwach, dunkel; **nervo** ~ Vagus *m.*
vagone [va'go:ne] *m* Wagen *m,* Waggon *m;* ~ **letto/ristorante** Schlaf-/Speisewagen *m.*
vai ['va:i] *v.* **andare.**
vaiolo [va'i̯ɔ:lo] *m* Pocken *pl.*
valanga [va'laŋga] ‹-ghe› *f* **1.** *(di neve)* Lawine *f;* **2.** *fig* Berg *m,* Haufen *m fam.*
valchiria [val'ki:ri̯a] ‹-ie› *f* Walküre *f.*
Val d'Aosta [valda'ɔsta] *f* Aostatal *n.*
valdese [val'de:se] **I.** *mf* Waldenser(in) *m(f);* **II.** *a* waldensisch.
valente [va'lɛnte] *a* tüchtig, patent.
Valentina [valen'ti:na] *(nome proprio femminile)* Valentine.
Valentino [valen'ti:no] *(nome proprio maschile)* Valentin.
valenza [va'lɛntsa] *f* Valenz *f.*
valere [va'le:re] ‹valgo, valsi, valso› **I.** *itr ‹essere›, tr ‹avere›* **1.** *(avere autorità)* gelten; **2.** *(essere capace)* können, fähig sein; **3.** *(avere efficacia)* nützen; **4.** *(essere valido)* gültig sein, gelten; **5.** *(avere valore)* wert sein; **6.** *(essere uguale)* gleich sein; **7.** *com* kosten; *fin* wert sein, stehen auf; ~ **la pena** sich lohnen; **non vale un gran che** *(cosa)* es ist nicht viel wert; *(persona)* er *(o* sie) taugt nicht viel; **farsi** ~ sich *(dat)* Geltung verschaffen; **vale a dire** das heißt, beziehungsweise; **tanto vale che non ...** *conj,* **tanto vale non ...** *inf* dann braucht man gar nicht erst (zu) ... *inf;* **uno vale l'altro** es ist eins wie das andere, das bleibt sich *(dat)* gleich; **per quanto vale il biglietto?** wie lange gilt die Karte?; **quanto vale questa collana?** wieviel ist diese Halskette wert?; **II.** *tr ‹avere› (procurare)* einbringen, eintragen; **III.** *rfl:* **-ersi di qc** sich *(dat)* etw. zunutze machen; **-ersi di qu** sich jds bedienen.
valeriana [vale'ri̯a:na] *f* Baldrian *m.*
Valerio [va'lɛ:ri̯o] *(nome proprio maschile)* Valerius.

valevole [va'le:vole] *a* gültig.
valgo ['valgo] *pr di* **valere.**
valicare [vali'ka:re] ‹valico, valichi› *tr* übersteigen, überschreiten, passieren.
valico ['va:liko] ‹-chi› *m* (Berg)paß *m.*
validità [validi'ta] ‹-› *f* **1.** *adm* Gültigkeit *f; (efficacia)* Wirksamkeit *f; jur* Rechtskraft *f;* **2.** *(di argomento, etc.)* Stichhaltigkeit *f; (di ragione)* Triftigkeit *f.*
valido, -a ['va:lido] *a* **1.** *(uomo)* tüchtig; *(forte)* kräftig; **2.** *(tiro, colpo)* stark, fest; **3.** *(efficace)* wirksam; *(obiezione)* berechtigt; *(valevole)* gültig; *jur* rechtskräftig; **4.** *(opera, scrittore)* groß, bedeutend.
valigeria [validʒe'ri:a] ‹-ie› *f* **1.** *(assortimento)* Lederwaren *f pl;* **2.** *(negozio)* Lederwarengeschäft *n;* **3.** *(fabbrica)* Lederwarenfabrik *f.*
valigia [va'li:dʒa] ‹-gie *o* -ge› *f* Koffer *m;* **fare/disfare le -gie** (die Koffer) packen/auspacken.
vallata [val'la:ta] *f* Tal(ebene *f*) *n.*
valle ['valle] *f* Tal *n;* **a ~** fluß-, stromabwärts; *(in basso, giù)* abwärts; **scendere a ~** ins Tal hinabsteigen.
Vallese [val'le:se] *m* Wallis *n.*
valletta [val'letta] *f* Assistentin *f (bei Fernsehquizsendungen).*
valligiano, -a [valli'dʒa:no] *m, f* Talbewohner(in) *m(f).*
vallo ['vallo] *m* Wall *m.*
valore [va'lo:re] *m* **1.** *com, fin, mat, phys, mus, fig* Wert *m;* **2.** *(validità)* Gültigkeit *f;* **3.** ‹*pl*› *(oggetti preziosi)* Wertsachen *f pl,* Wertgegenstände *m pl; fin* Wertpapiere *n pl;* **4.** *(capacità)* Fähigkeit *f,* Tüchtigkeit *f;* **5.** *(persona)* Kapazität *f;* **6.** *(coraggio)* Mut *m,* Tapferkeit *f;* **7.** *fig* Wert *m,* Bedeutung *f;* **~ nominale** Nominal-, Nennwert *m;* **~ d'acquisto** Kaufwert *m;* **-i bollati** Wertmarken *f pl;* **un uomo di ~** ein tüchtiger Mann. **valorizzare** [valorid'dza:re] *tr* **1.** *(stanza)* verschönern; **2.** *(persona)* aufwerten; **3.** *(immobile)* im Wert steigern; *(zona)* erschließen. **valorizzazione** [...dzat'tsi̯o:ne] *f* **1.** *(di stanza)* Verschönerung *f;* **2.** *(di persona)* Aufwertung *f;* **3.** *(di immobile)* Wertsteigerung *f; (di zona)* Erschließung *f.* **valoroso, -a** [...'ro:so] *a* **1.** *(coraggioso)* tapfer, mutig; **2.** *(abile)* tüchtig, fähig.
valsi ['valsi] *p rem di* **valere.**
valso ['valso] *pp di* **valere.**
valuta [va'lu:ta] *f* (*ab* **val.**) **1.** *(moneta)* Währung *f;* **2.** *(data)* Valuta *f;* **~ nazionale/estera** Landeswährung *f*/ausländische Währung; **~ a corso legale** amtlicher Kurswert.
valutare [valu'ta:re] *tr* **1.** *com* schätzen; **2.** *fig* abwägen; *(jur a.)* würdigen; **~ troppo/poco qu** jdn zu hoch/zu gering schätzen; jdn über-/unterschätzen.
valutario, -a [valu'ta:ri̯o] ‹-i, -ie› *a* Währungs-.
valutazione [valutat'tsi̯o:ne] *f* **1.** *com* Schätzung *f;* **2.** *fig* Bewertung *f.*
valva ['valva] *f* **1.** *zoo* Muschelschale *f;* **2.** *bot* Klappe *f,* Schließhäutchen *n.*
valvola ['valvola] *f* **1.** *tec* Ventil *n;* **2.** *el* Sicherung *f; (di televisione, etc.)* Röhre *f;* **3.** *anat* Klappe *f;* **~ di sicurezza** Sicherheitsventil *n;* **~ a farfalla** Drosselklappe *f.*
valzer ['valtser] ‹-› *m* Walzer *m.*
vampa ['vampa] *f (del sole)* Glut *f; (del fuoco)* Flamme *f.* **vampata** [...'pa:ta] *f* **1.** *(di calore)* Hitze(welle) *f;* **2.** *(fiamma)* Stichflamme *f;* **3.** *fig* Glut *f.*
vampiro [vam'pi:ro] *m* **1.** *(zoo, spettro)* Vampir *m;* **2.** *fig pej* Blutsauger *m.*
vanagloria [vana'glɔ:ri̯a] *f* Geltungssucht *f.* **vanaglorioso, -a** [...glo'ri̯o:so] *a* geltungssüchtig.
vandalico, -a [van'da:liko] ‹-ci, -che› *a* **1.** *hist* wandalisch; **2.** *fig* zerstörungswütig. **vandalismo** [...da'lizmo] *m* Zerstörungswut *f,* Vandalismus *m.* **vandalo** ['vandalo] *m* Wandale *m.*
vaneggiamento [vaneddʒa'mento] *m* Phantasieren *n.* **vaneggiare** [...'dʒa:re] ‹vaneggio, vaneggi› *itr* phantasieren.
vanesio, -a [va'nɛ:zi̯o] ‹-i, -ie› *a* aufgeblasen, eitel.
vanga ['vaŋga] ‹-ghe› *f* Spaten *m.* **vangare** [...'ga:re] ‹vango, vanghi› *tr* umgraben, umstechen.
Vangelo [van'dʒɛ:lo] *m* (*a. fig:* **v~**) Evangelium *n.*
vaniglia [va'niʎʎa] ‹-glie› *f* Vanille *f.* **vanigliato, -a** [...'ʎa:to] *a* Vanille-.
vanillina [vanil'li:na] *f* Vanillin *n.*
vaniloquio [vani'lɔku̯i̯o] ‹-i› *m* Blabla *n fam,* leeres Gerede.
vanità [vani'ta] ‹-› *f* **1.** *(di persona)* Eitelkeit *f,* Selbstgefälligkeit *f;* **2.** *(di sforzo, fatica)* Erfolglosigkeit *f;* **3.** *(di cosa)* Vergänglichkeit *f.*
vanitoso, -a [vani'to:so] *a* eitel, selbstgefällig.
vanno ['vanno] *v.* **andare.**
vano ['va:no] *m* **1.** *(stanza)* Raum *m,* Zimmer *n;* **2.** *(di porta, finestra)* Öffnung *f.*
vano, -a ['va:no] *a* **1.** *(persona)* leer, hohl; **2.** *(promessa)* leer; *(discorso)* leer, seicht; *(speranza)* eitel *geh,* trügerisch; *(tentativo)* erfolglos, ergebnislos; *(inutile)* unnütz.
vantaggio [van'taddʒo] ‹-ggi› *m* **1.** *(utilità, privilegio)* Vorteil *m;* **2.** *sport* Vorsprung *m; (nel tennis)* Vorteil *m;* **3.** *(profitto)* Nutzen *m,* Gewinn *m.* **vantaggioso, -a** [...'dʒo:so] *a (condizione, offerta)* vorteilhaft, günstig; *(posizione a.)* stark.
vantare [van'ta:re] **I.** *tr* **1.** *(persona, me-*

riti) loben, rühmen; **2.** *(diritto)* beanspruchen; **II.** *rfl:* **-arsi** sich loben (*di* für, wegen), sich rühmen (*di qc* einer S. *gen*). **vanteria** [...te'ri:a] ‹-ie› *f* Angeberei *f*, Prahlerei *f*.

vanto ['vanto] *m* **1.** *(il vantare)* Prahlen *n*, Angeben *n*; **2.** *(motivo d'orgoglio)* Vorzug *m*.

vanvera ['vanvera] *f*: **a ~** aufs Geratewohl; *pej* unüberlegt.

vapore [va'po:re] *m* **1.** *gener., chem, phys* Dampf *m*; **2.** *naut* Dampfer *m*; **~ acqueo** Wasserdampf *m*; **cuocere al ~** dünsten; **a tutto ~** mit Volldampf. **vaporetto** [vapo'retto] *m* kleines Motorschiff. **vaporizzare** [...rid'dza:re] **I.** *tr* ‹*avere*› **1.** *(liquido)* verdampfen; *(acqua a.)* verdunsten; *(nebulizzare)* zerstäuben; **2.** *(nella cosmesi)* vaporisieren; **II.** *itr* ‹*essere*› verdampfen. **vaporizzazione** [...riddzat'tsi̯o:ne] *f* Verdampfung *f*, Verdunstung *f*. **vaporosità** [...rosi'ta] ‹-› *f* Luftigkeit *f*, Duftigkeit *f*. **vaporoso, -a** [...'ro:so] *a* luftig, duftig.

varare [va'ra:re] *tr* **1.** *jur (legge)* verabschieden; **2.** *naut* vom Stapel lassen.

varcare [var'ka:re] ‹varco, varchi› *tr* überschreiten.

varco ['varko] ‹-chi› *m* Durchgang *m*, Weg *m*; **aspettare qu al ~** jdm auflauern.

varec(c)hina [vare'ki:na (...k'ki:na)] *f* Bleichmittel *n*.

variabile [va'ri̯a:bile] **I.** *a* **1.** *(tempo)* veränderlich, unbeständig; **2.** *(prezzi)* schwankend; **3.** *(umore)* wechselnd, wechselhaft; **II.** *f mat* Variable *f*. **variabilità** [vari̯abili'ta] ‹-› *f* **1.** *(di tempo)* Veränderlichkeit *f*, Unbeständigkeit *f*; **2.** *com* Schwankung *f*; **3.** *(di umore)* Wechselhaftigkeit *f*.

variante [va'ri̯ante] *f* Variante *f*.

variare [va'ri̯a:re] ‹vario, vari› **I.** *tr* ‹*avere*› (ab-, ver)ändern; *(cambiare)* wechseln, variieren; **II.** *itr* ‹*essere*› sich (ver)ändern; *(tempo, etc.)* wechseln, variieren; *com* schwanken.

variato, -a [va'ri̯a:to] *a* abwechslungsreich. **variazione** [...t'tsi̯o:ne] *f* **1.** *gener.* (Ver-, Ab)änderung *f*; *(di colori, toni, etc.)* Wechsel *m*; *(com, di temperatura, etc.)* Schwankung *f*; **2.** *mus* Variation *f* (*su* über).

varice [va'ri:tʃe] *f* Krampfader *f*.

varicella [vari'tʃɛlla] *f* Wind-, Wasserpocken *pl*.

varicoso, -a [vari'ko:so] *a*: **vena -a** Krampfader *f*.

variegato, -a [vari̯e'ga:to] *a* gefleckt, marmoriert; *(foglie, fiori)* geflammt, panaschiert.

varietà[1] [vari̯e'ta] ‹-› *f gener.* Vielfalt *f*; *(differenza)* Verschiedenartigkeit *f*; *(tipo)* Sorte *f*, Art *f*; *zoo, bot* Art *f*, Varietät *f*.

varietà[2], **variété** [vari̯e'ta, varje'te] ‹-› *m theat* Varieté *n*.

vario, -a ['va:ri̯o] ‹-i, -ie› **I.** *a* **1.** *(non uniforme)* verschieden, unterschiedlich; *(non monotono)* abwechslungsreich; *(molteplice)* verschiedenartig; **2.** *meteo* unbeständig, veränderlich, wechselhaft; **3.** ‹*pl*› *(parecchi)* einige, mehrere; **4.** *(umore)* wechselhaft; **-ie ed eventuali** *adm* Verschiedene(s) *n*, Sonstige(s) *n*; **II.** ‹*pl*› *pron (molti)* einige.

variopinto, -a [vari̯o'pinto] *a* bunt.

varo ['va:ro] *m* **1.** *naut* Stapellauf *m*; **2.** *jur (di legge)* Verabschiedung *f*.

varrò [var'rɔ] *v.* **valere.**

Varsavia [var'sa:vi̯a] *f* Warschau *n*.

vasaio, -a [va'za:i̯o] ‹-ai, -aie› *m, f* Töpfer(in) *m(f)*.

vasca ['vaska] ‹-sche› *f* **1.** *gener.* Wanne *f*, Becken *n*; **2.** *sport* Bahn *f*; **~ da bagno** Badewanne *f*; **~ per i pesci** Fischbekken *n*.

vascello [vaʃ'ʃɛllo] *m* (Linien)schiff *n*.

vascolare [vasko'la:re] *a* Gefäß-.

vaselina [vaze'li:na] *f* Vaseline *f*, Vaselin *n*.

vasellame [vazel'la:me] *m* Geschirr *n*.

vaso ['va:zo] *m* **1.** *gener.* Gefäß *n*, Topf *m*; *(di marmellata)* Glas *n*; *(decorativo)* Vase *f*; **2.** *phys, tec* Röhre *f*; **3.** *(del gabinetto)* Toilettenbecken *n*, -schüssel *f*; **4.** *anat* Gefäß *n*; **~ da notte/da fiori** Nacht-/Blumentopf *m*.

vassoio [vas'so:i̯o] ‹-oi› *m* Tablett *n*.

vastità [vasti'ta] ‹-› *f* Weite *f*.

vasto, -a ['vasto] *a* **1.** *(prateria, oceano)* weit; **2.** *fig* weitgehend, umfassend, umfangreich; *(pubblico, etc.)* breit; **su -a scala** in großem Rahmen.

vaticano, -a [vati'ka:no] **I.** *a* vatikanisch, Vatikan-; **II.** *m*: **V~** Vatikan *m*; **la Città del V~** die Vatikanstadt.

vattelapesca [vattela'peska] *interj fam* weiß der Kuckuck *fam*.

Vaud [vo] *m* Waadt *n*.

V.(d.)F. *ab di* **Vigili del Fuoco** Feuerwehr.

ve [ve] *pron davanti a lo, la, li, le, ne v.* **vi.**

vecchiaia [vek'ki̯a:i̯a] ‹-aie› *f* **1.** *(periodo)* Alter *n*; **2.** *(persone anziane)* Alter *n*, Alte(n) *pl*. **vecchietto, -a** [...'ki̯etto] *m, f* Alterchen *n*, altes Mütterchen.

vecchio, -a ['vɛkki̯o] ‹-cchi, -cchie› **I.** *a* **1.** *gener.* alt; **2.** *(usato)* alt, gebraucht; **3.** *fig* alt; *(esperto)* erfahren; *(di vecchia data)* langjährig; **città -a** Altstadt *f*; **commercio di libri/ferri -cchi** (Bücher)antiquariat *n*/Alteisenhandel *m*; **essere ~ del mestiere** berufserfahren sein; **è più -a di lui di tre anni** sie ist drei Jahre älter als er; **II.** *m, f* Alte(r) *mf*, alter Mann, alte Frau; **III.** *m* Alte(s) *n.* **vecchiume** [vek'ku̯:me] *m* altes Zeug, alter Kram.

veccia ['vettʃa] ‹-cce› *f* Futterwicke *f.*

vece ['ve:tʃe] *f adm, lett* Stelle *f,* Statt *f geh;* **fare le -i di qu** jdn vertreten; **il padre o chi ne fa le -i** *adm* der Erziehungsberechtigte.

vedere [ve'de:re] ‹vedo, vidi, visto *o* veduto› **I.** *tr* **1.** *gener.* sehen; *(guardare)* ansehen, betrachten; *(museo, etc.)* besichtigen; **2.** *fig* aushalten (*o* abwarten) können; **3.** *(esaminare)* durchsehen, prüfen; **4.** *(tentare)* versuchen; **far ~** sehen lassen, zeigen; **farsi ~** sich sehen lassen; **farsi ~ dal medico** sich vom Arzt untersuchen lassen; **avere a che ~ con qc/qu** mit etw./jdm zu tun haben; **stare a ~** abwarten; **non vederci più dalla fame/dalla sete** *fam* es vor Hunger/Durst nicht mehr aushalten können; **non vederci più per la rabbia** blind vor Wut sein; **non poter ~ qu** jdn nicht leiden (*o* ausstehen) können; **non vedo l'ora di ...** *inf* ich kann es nicht erwarten zu ... *inf;* **vedi sopra** (*ab* **v.s.**)**/sotto** siehe oben/unten; **vedi retro** (*ab* **v.r.**) bitte wenden; **questo è da ~** *fam* das wird sich noch zeigen, das muß sich erst herausstellen; **vuoi ~ che ...** willst du wohl (zu)sehen, daß ...; **vieni a ~!** sieh mal!, guck mal! *fam;* **vediamo un po'!** (laß) mal sehen!; **vedi tu** mach du mal; **te la** (*o* **lo**) **faccio ~ io** ich werd's dir zeigen!, du kannst was erleben! *fam;* **cose mai viste** Unglaubliches *n;* **II.** *rfl:* **-ersi 1.** *(vedere se stessi, trovarsi)* sich sehen; **2.** *(incontrarsi)* sich sehen, sich treffen; **-ersi perduto** keinen Ausweg (mehr) sehen; **chi s'è visto, s'è visto** *fam* und damit Schluß (*o* basta) *fam;* **III.** *m* Sehen *n,* Betrachtung *f.*

vedetta [ve'detta] *f* **1.** *mil (luogo)* Wachtturm *m,* Ausguck *m; (sentinella)* Posten *m,* Wache *f;* **2.** *naut* kleines Kriegsschiff.

vedovanza [vedo'vantsa] *f* Witwenschaft *f.* **vedovo, -a** ['ve:dovo] **I.** *m, f* Witwer *m,* Witwe *f;* **II.** *a* verwitwet.

veduta [ve'du:ta] *f* **1.** *(panorama)* Aussicht *f,* Ansicht *f;* **2.** *fig* Sicht *f,* Ansicht *f;* **~ aerea** Luftansicht *f;* **stanza con ~ sul mare** Zimmer mit Blick aufs Meer.

veemente [vee'mɛnte] *a* ungestüm. **veemenza** [...'mɛntsa] *f* Ungestüm *n geh,* Heftigkeit *f;* **con ~** ungestüm, heftig.

vegetale [vedʒe'ta:le] **I.** *a* **1.** *bot* pflanzlich, Pflanzen-; **2.** *gastr* vegetarisch, Pflanzen-; **II.** *m* Pflanze *f,* Gewächs *n.*

vegetare [vedʒe'ta:re] *itr* **1.** *bot* wachsen; **2.** *fig* (dahin)vegetieren.

vegetariano, -a [vedʒeta'ri̯a:no] **I.** *a* vegetarisch; **II.** *m, f* Vegetarier(in) *m(f).*

vegetativo, -a [vedʒeta'ti:vo] *a* vegetativ; **sistema nervoso ~** vegetatives Nervensystem.

vegetazione [vedʒetat'tsi̯o:ne] *f* Vegetation *f.*

vegeto, -a ['vɛ:dʒeto] *a* **1.** *(persona)* kräftig, rüstig; **2.** *bot* üppig.

veggente [ved'dʒɛnte] *mf* (Hell)seher(in) *m(f),* Wahrsager(in) *m(f).*

veglia ['veʎʎa] ‹-glie› *f* **1.** *gener.* Wachen *n; (sorveglianza)* Wache *f;* **2.** *(festa)* Abendveranstaltung *f.*

vegliare [veʎ'ʎa:re] ‹veglio, vegli› **I.** *tr (malato, morto)* wachen bei; **II.** *itr* wach sein; *(stare vigile)* wachen (*su* über).

veglione [veʎ'ʎo:ne] *m* großer (Masken)ball; **~ di fine d'anno** Silvesterball *m;* **~ di carnevale** großer Maskenball.

veicolo [ve'i:kolo] *m* **1.** *tec* Fahrzeug *n;* **2.** *med* Überträger *m;* **3.** *fig (mezzo)* Vehikel *n,* Mittel *n;* **~ spaziale** (*o* **cosmico**) Raumfahrzeug *n,* Raumschiff *n.*

vela ['ve:la] *f* **1.** *naut* Segel *n;* **2.** *sport* Segeln *n,* Segelsport *m;* **sport della ~** Segelsport *m;* **gare di ~** Segelregatten *f pl;* **andare a ~** segeln; **andare a gonfie -e** *fig* sehr gut vorankommen; **ammainare le -e** die Segel streichen.

velare [ve'la:re] **I.** *tr* **1.** *(capo, viso)* verhüllen, verdecken; **2.** *(lacrime)* trüben; **3.** *(colore, suono)* dämpfen; **4.** *fig (offuscare)* trüben (*di* von, mit); *(nascondere)* verbergen, verschleiern; **II.** *rfl:* **-arsi 1.** *(con velo)* sich verschleiern; **2.** *(offuscarsi)* sich trüben. **velato, -a** [ve'la:to] *a* **1.** *(donna)* verschleiert; **2.** *(luce, suono)* gedämpft; **3.** *(molto trasparente)* hauchdünn; **4.** *fig (nascosto)* indirekt, versteckt.

velatura [vela'tu:ra] *f naut* Segelwerk *n.*

veleggiare [veled'dʒa:re] ‹veleggio, veleggi› *itr* **1.** *naut* segeln; **2.** *aero* segelfliegen.

veleno [ve'le:no] *m* Gift *n;* **avere il ~ in corpo** von Haß erfüllt sein; **sputar ~** Gift und Galle spucken. **velenoso, -a** [vele'no:so] *a (a. fig)* giftig; **avere una lingua -a** eine spitze Zunge haben.

veletta [ve'letta] *f* Hutschleier *m.*

velico, -a ['vɛ:liko] ‹-ci, -che› *a* Segel-; **sport ~** Segelsport *m.*

veliero [ve'li̯ɛ:ro] *m* Segler *m,* Segelschiff *n.*

velina [ve'li:na] **I.** *f* **1.** *(foglio)* Durchschlagpapier *n;* **2.** *(copia)* Durchschlag *m;* **II.** *a* Durchschlag-.

velismo [ve'lizmo] *m* Segeln *n,* Segelsport *m.* **velista** [ve'lista] ‹-i *m,* -e *f*› *mf* Segler(in) *m(f),* Segelsportler(in) *m(f).*

velivolo [ve'li:volo] *m* Flugzeug *n.*

velleità [vellei'ta] ‹-› *f* Bestrebung *f,* Wunschvorstellung *f.* **velleitario, -a** [...'ta:ri̯o] ‹-i, -ie› *a* unrealistisch; *(aspi-*

razioni, etc. a.) überzogen, hochfliegend.

vello ['vɛllo] *m* Pelz *m.*

vellutato, -a [vellu'ta:to] *a* **1.** *(petalo, pesca)* samtig, samten; **2.** *fig (colore, voce)* samtig, zart, weich; **avere la pelle -a** eine Haut wie Samt haben. **velluto** [...'lu:to] *m* Samt *m;* ~ **a coste/di cotone** Kord-/Baumwollsamt *m.*

velo ['ve:lo] *m* **1.** *gener.* Schleier *m;* **2.** *fig* Schleier *m; (strato)* Schicht *f,* Überzug *m;* **3.** *fig (apparenza)* Deckmantel *m,* Schleier *m;* **4.** *bot* Häutchen *n,* Haut *f;* ~ **da sposa** (*o* **nuziale**) Brautschleier *m;* ~ **palatino** Gaumensegel *n.*

veloce [ve'lo:tʃe] *a* schnell.

velocipede [velo'tʃi:pede] *m* Hochrad *n.*

velocista [velo'tʃista] ‹-i *m,* -e *f*› *mf* Sprinter(in) *m(f).*

velocità [velotʃi'ta] ‹-› *f* **1.** *gener.* Geschwindigkeit *f,* Schnelligkeit *f;* **2.** *mot* Gang *m;* ~ **massima/ridotta** Höchstgeschwindigkeit *f*/verringerte Geschwindigkeit; ~ **di crociera** Reisegeschwindigkeit *f;* **eccesso di** ~ Geschwindigkeitsüberschreitung *f;* **aumentare/diminuire la** ~ die Geschwindigkeit erhöhen/drosseln (*o* verringern); **a tutta** ~ mit voller Geschwindigkeit.

velodromo [ve'lɔ:dromo] *m* Radrennbahn *f,* Radrennhalle *f.*

vena ['ve:na] *f* **1.** *anat* Vene *f,* Ader *f;* **2.** *geog, min* Ader *f;* **3.** *(di legno, marmo)* Maserung *f,* Ader *f;* **4.** *fig* Stimmung *f,* Laune *f; (poetica, musicale)* Ader *f;* ~ **cava/porta** Hohlvene *f*/Pfortader *f;* **avere la** ~ **poetica** eine dichterische Ader haben; **essere in** ~ **di generosità** in Spendierlaune sein; **essere in** ~ **di fare qc** zu etw. aufgelegt sein, in der Stimmung sein, etw. zu tun; **oggi mi sento in** ~ heute bin ich in Stimmung; **tagliarsi le -e** sich *(dat)* die Pulsadern aufschneiden.

venale [ve'na:le] *a* **1.** *com (merce)* verkäuflich; *(prezzo, valore)* Verkaufs-; **2.** *fig pej* käuflich; *(persona a.)* bestechlich.

venato, -a [ve'na:to] *a* **1.** *(legno)* gemasert; *(marmo)* geädert; **2.** *fig* durchzogen (*di* von).

venatorio, -a [vena'tɔ:ri̯o] ‹-i, -ie› *a* Jagd-; **stagione -a** Jagdzeit *f.*

venatura [vena'tu:ra] *f* **1.** *(di marmo, foglio)* Äderung *f; (di legno)* Maserung *f;* **2.** *fig* Anklang *m,* Hauch *m.*

vendemmia [ven'demmi̯a] ‹-ie› *f* Weinlese *f,* -ernte *f;* **fare la** ~ Weinlese halten, Wein ernten. **vendemmiare** [...'mi̯a:re] ‹vendemmio, vendemmi› **I.** *itr* Weinlese halten, Wein ernten; **II.** *tr* lesen, ernten. **vendemmiatore, -trice** [...mi̯a'to:re] *m, f* Winzer(in) *m(f).*

vendere ['vendere] **I.** *tr (a. fig)* verkaufen; ~ **all'asta** versteigern; **saper** ~ **la propria merce** *fig* sich gut verkaufen können; **averne da** ~ davon in Hülle und Fülle haben; **articoli che si vendono bene** gutgehende Artikel *m pl;* **II.** *rfl:* **-ersi** sich verkaufen; *(donna)* sich prostituieren.

vendetta [ven'detta] *f* Rache *f;* **fare** ~ **di ...** Rache üben für ...; **gridare** ~ **davanti a Dio** (*o* **al cielo**) zum Himmel schreien.

vendicare [vendi'ka:re] ‹vendico, vendichi› **I.** *tr* rächen; **II.** *rfl:* **-arsi** sich rächen (*su qu di qc* an jdm für etw.). **vendicativo, -a** [...ka'ti:vo] *a* rachsüchtig. **vendicatore, -trice** [...ka'to:re] *m, f* Rächer(in) *m(f).*

vendita ['vendita] *f* **1.** *com* Verkauf *m; (smercio)* Absatz *m;* **2.** *(bottega)* Geschäft *n,* Laden *m;* **3.** *pej* Handel *m;* ~ **di fine stagione** Schlußverkauf *m;* ~ **fallimentare** Liquidationsverkauf *m;* **reparto -e** Verkaufsabteilung *f;* **addetto alle -e** Sachbearbeiter *m* im Verkauf; **essere in** ~ im Handel sein, erhältlich sein; ~ **all'ingrosso/al minuto** Groß-/Einzelhandel *m.* **venditore, -trice** [...'to:re] *m, f* Verkäufer(in) *m(f);* ~ **ambulante** Straßenverkäufer *m.*

venduto, -a [ven'du:to] *a* **1.** *com* verkauft; **2.** *fig pej* bestochen, gekauft.

venefico, -a [ve'nɛ:fiko] ‹-ci, -che› *a* **1.** *(sostanza, aria)* giftig; **2.** *fig* böswillig.

venerabile, venerando, -a [vene'ra:bile, ...'rando] *a* ehrwürdig, verehrungswürdig.

venerare [vene'ra:re] *tr* verehren. **venerazione** [...rat'tsi̯o:ne] *f* Verehrung *f.*

venerdì [vener'di] ‹-› *m* Freitag *m;* **V~ Santo** Karfreitag *m;* **gli manca qualche** (*o* **un**) ~ *scherz* bei ihm ist eine Schraube locker *fam;* **non avere tutti i** ~ *scherz* nicht alle Tassen im Schrank haben *fam; v. a. lunedì.*

venere ['vɛ:nere] *f (dea, astr:* **V~***)* Venus *f.*

venereo, -a [ve'nɛ:reo] *a* geschlechtlich, Geschlechts-, venerisch; **malattie -e** Geschlechtskrankheiten *f pl.*

Veneto ['vɛ:neto] *m* Venetien *n.*

Venezia [ve'nɛttsi̯a] *f* Venedig *n;* **~-Giulia** Julisch-Venetien *n.* **veneziano, -a** [venet'tsi̯a:no] **I.** *a* venezianisch; **II.** *m, f* Venezianer(in) *m(f);* **III.** *f (tenda)* Jalousie *f.*

venire [ve'ni:re] ‹vengo, venni, venuto› **I.** *itr ‹essere›* **1.** *gener.* kommen; **2.** *(arrivare)* (an)kommen; **3.** *mat* herauskommen; **4.** *(ricorrere)* fallen (*di* auf); **5.** *(numeri estratti)* kommen, fallen; **6.** *(provenire)* kommen (*da* aus, von), abstammen (*da* aus, von); **7.** *(riuscire)* (heraus)kommen, werden, ausfallen; **andare**

e ~ Kommen und Gehen *n;* ~ **a costare** kommen auf, kosten; ~ **a sapere** erfahren; ~ **a trovare qu** jdn besuchen (kommen); ~ **a conoscenza di qc** von etw. Kenntnis bekommen; ~ **alla luce** *(bambino)* auf die Welt kommen; *fig* ans (Tages)licht kommen; ~ **al sodo** (*o* **nocciolo** *o* **dunque**) zur Sache (*o* zum Kern der Sache) kommen; ~ **a noia** langweilig werden; ~ **in possesso di qc** in den Besitz einer S. *(gen)* kommen (*o* gelangen); ~ **avanti** vortreten, nähertreten; *(entrare)* eintreten; ~ **dentro/dietro/dopo** hereinkommen, eintreten/hinterherkommen/nachkommen; ~ **fuori** *(sbucare)* herauskommen, hervorkommen; ~ **giù** herunterkommen; ~ **meno** ohnmächtig werden; ~ **su** *(montare)* heraufkommen; *(crescere)* wachsen, gedeihen; ~ **via** *(staccarsi)* abgehen; *(scomparire)* wegkommen, verschwinden; **far** ~ *(mandare a chiamare)* kommen lassen, holen; *(causare)* verursachen; **viene da Firenze** *(è di Firenze)* er (*o* sie) ist (*o* kommt *o* stammt) aus Florenz; *(arriva da Firenze)* er (*o* sie) kommt aus Florenz (an); **non mi viene** *fam* mir fällt's nicht ein, ich komme nicht drauf *fam;* **mi è venuta un'idea** mir ist eine Idee gekommen; **mi venne fatto/detto di ...** *inf* es ist über mich gekommen, ... zu tun/sagen; **cosa ti viene in mente?** was fällt dir ein?; **mi sta venendo il raffreddore** ich bekomme einen Schnupfen; **ora viene il bello** nun (*o* jetzt) kommt das Schönste; **Pasqua viene sempre di domenica** Ostern fällt immer auf einen Sonntag; **quanto viene?** wieviel kommt heraus?; **com'è venuto il lavoro?** wie ist die Arbeit geworden (*o* ausgefallen)?; **come viene, viene** wie's kommt, so kommt's; **a** ~ künftig, kommende(r, s), nächste(r, s); **II.** *rfl:* **venirsene 1.** *(camminare)* daherkommen, herankommen; **2.** *fam* herauskommen (*con* mit).

venoso, -a [ve'no:so] *a* venös, Venen-.

ventaglio [ven'taʎʎo] ‹-gli› *m* Fächer *m;* **a** ~ fächerartig.

ventata [ven'ta:ta] *f* **1.** *meteo* Windstoß *m;* **2.** *fig* Welle *f.*

ventennale [venten'na:le] **I.** *a* **1.** *(che dura 20 anni)* zwanzigjährig; **2.** *(che ricorre ogni 20 anni)* zwanzigjährlich, Zwanzigjahr-; **II.** *m* zwanzigster Jahrestag. **ventenne** [...'tɛnne] **I.** *a* zwanzigjährig; **II.** *mf* Zwanzigjährige(r) *mf.* **ventennio** [...'tɛnnio] ‹-i› *m* Zeitraum *m* von zwanzig Jahren, zwanzig Jahre *n pl.*

ventesimo, -a [ven'tɛ:zimo] **I.** *a* zwanzigste(r, s); **II.** *m, f* Zwanzigste(r, s) *mfn;* **III.** *m (frazione)* Zwanzigstel *n,* zwanzigster Teil; *v. a. quinto.*

venti ['venti] **I.** *a numerale* zwanzig; **II.** ‹-› *m* **1.** *(numero)* Zwanzig *f;* **2.** *(nelle date)* Zwanzigste(r) *m;* **III.** *f pl* zwanzig Uhr; *v. a. cinque.*

ventilare [venti'la:re] *tr* **1.** *(stanza, casa)* lüften; **2.** *agr* worfeln; **3.** *fig* vorschlagen, zur Diskussion stellen. **ventilato, -a** [...'la:to] *a* luftig. **ventilatore** [...la'to:re] *m* Ventilator *m.* **ventilazione** [...lat'tsio:ne] *f* **1.** *(il ventilare)* Ventilation *f,* Lüftung *f;* **2.** *(movimento dell'aria)* Ventilation *f,* Luftbewegung *f.*

ventina [ven'ti:na] *f:* **una** ~ **(di ...)** (etwa) zwanzig (...); **essere sulla** ~ an (*o* um) die Zwanzig sein.

ventiquattr'ore, ventiquattrore [ventikuat'tro:re] **I.** *f pl (periodo)* vierundzwanzig Stunden *f pl;* **II.** *f* **1.** *(valigia)* kleiner Reisekoffer; **2.** *sport* Vierundzwanzigstundenrennen *n.*

ventitré [venti'tre] **I.** *a numerale* dreiundzwanzig; **II.** ‹-› *m* **1.** *(numero)* Dreiundzwanzig *f;* **2.** *(nelle date)* Dreiundzwanzigste(r) *m;* **III.** *f pl* dreiundzwanzig Uhr; **portare il cappello sulle** ~ den Hut schräg tragen; *v. a. cinque.*

vento ['vɛnto] *m* Wind *m;* **navigare col** ~ **in poppa** Rückenwind haben; *fig* gut gehen; *(persona)* großen Erfolg haben; **parlare al** ~ *fig* in den Wind reden; **tira** ~ es zieht.

ventola ['vɛntola] *f* **1.** *(per il fuoco)* (Feuer)wedel *m;* **2.** *(del ventilatore)* Flügelrad *n.*

ventosa [ven'to:sa] *f* **1.** *med* Schröpfkopf *m;* **2.** *zoo* Saugnapf *m.*

ventoso, -a [ven'to:so] *a* windig.

ventotto [ven'tɔtto] **I.** *a numerale* achtundzwanzig; **II.** ‹-› *m* **1.** *(numero)* Achtundzwanzig *f;* **2.** *(nelle date)* Achtundzwanzigste(r) *m; v. a. cinque.*

ventre ['vɛntre] *m* **1.** *anat* Bauch *m,* Unterleib *m;* **2.** *fig* Bauch *m,* Leib *m,* Innere(s) *n.*

ventricolare [ventiko'la:re] *a* Herzkammer-, ventrikulär *scient.* **ventricolo** [...'tri:kolo] *m* Kammer *f,* Ventrikel *m scient.*

ventriera [ven'triɛ:ra] *f* Bauchbinde *f.*

ventriglio [ven'triʎʎo] ‹-gli› *m* Muskelmagen *m.*

ventriloquo, -a [ven'tri:lokuo] *m, f* Bauchredner(in) *m(f).*

ventunenne [ventu'nɛnne] **I.** *a* einundzwanzigjährig; **II.** *mf* Einundzwanzigjährige(r) *mf.* **ventunesimo, -a** [...'nɛ:zimo] **I.** *a* einundzwanzigste(r, s); **II.** *m, f* Einundzwanzigste(r, s) *mfn; v. a. quinto.* **ventuno** [...'tu:no] **I.** *a numerale* einundzwanzig; **II.** ‹-› *m* **1.** *(numero)* Einundzwanzig *f;* **2.** *(nelle date)* Einundzwanzigste(r) *m;* **III.** *f pl* einundzwanzig Uhr; *v. a. cinque.*

ventura [ven'tu:ra] *f (sorte)* Schicksal *n,* Los *n; (buona fortuna)* Glück *n;* **alla** ~

aufs Geratewohl, auf gut Glück; **compagnie di ~** Landsknechtscharen *f pl.*
venturo, -a [ven'tu:ro] *a* nächste(r, s), kommende(r, s).
venuta [ve'nu:ta] *f (arrivo)* Kommen *n,* Ankunft *f.*
venuto, -a [ve'nu:to] **I.** *pp di* **venire; II.** *a* (an)gekommen; **III.** *m, f* Angekommene(r) *mf,* Ankömmling *m;* **nuovo ~** Neuankömmling *m;* **il primo ~** der erste, der erste beste; **non essere il primo ~** *fig* nicht irgendwer sein.
vera ['ve:ra] *f* Ehe-, Trauring *m.*
verace [ve'ra:tʃe] *a lett* wahrhaftig; *(persona)* wahrhaft.
veramente [vera'mente] *adv* wirklich, tatsächlich; **io, ~, non ci andrei** ich würde allerdings nicht hingehen.
veranda [ve'randa] *f* Veranda *f.*
verbale [ver'ba:le] **I.** *a* **1.** *(orale)* mündlich, verbal; *(esame)* mündlich; **2.** *gram* verbal, Verbal-; **II.** *m adm* Protokoll *n,* Niederschrift *f;* **mettere qc a ~** etw. protokollieren.
verbena [ver'bɛ:na] *f* Eisenkraut *n,* Verbene *f.*
verbo ['vɛrbo] *m* Verb *n,* Zeitwort *n;* **il ~ divino** das Wort Gottes.
verbosità [verbosi'ta] ‹-› *f* Redseligkeit *f; (di oratore, discorso)* Weitschweifigkeit *f,* Langatmigkeit *f.* **verboso, -a** [...'bo:so] *a* redselig; *(oratore, discorso)* weitschweifig, langatmig.
verdastro, -a [ver'dastro] *a* schmutziggrün, grünlich.
verde ['verde] **I.** *a* grün; *(fig a.)* jung, unreif; **l'età ~, gli anni -i** die jungen Jahre *n pl;* **II.** *m* **1.** *(colore)* Grün *n;* **2.** *(zona, parte verde)* Grün *n,* Grüne(s) *n;* **essere** (*o* **ridursi** *o* **trovarsi) al ~** *fam* blank (*o* abgebrannt) sein *fam;* **passare col ~** bei Grün über die Ampel gehen (*o* fahren); **non c'è un filo di ~** es gibt kein bißchen Natur (*o* Grün); **III.** *mf pol* Grüne(r) *mf.* **verdeggiante** [-d'dʒante] *a* grün(end). **verdeggiare** [-d'dʒa:re] ‹verdeggio, verdeggi› *itr* grünen.
verderame [verde'ra:me] ‹-› *m* Grünspan *m.*
verdetto [ver'detto] *m* **1.** *jur* Urteilsspruch *m;* **2.** *sport* Spruch *m,* Entscheidung *f;* **3.** *(di gara, concorso)* Entscheidung *f;* **4.** *fig* Urteil *n;* **~ di assoluzione/di condanna** Freispruch *m*/Verurteilung *f.*
verdognolo, -a [ver'doɲɲolo] *a* grünlich. **verdolino, -a** [...do'li:no] *a* zartgrün. **verdone** [...'do:ne] *m* **1.** *(colore)* Knallgrün *n,* Giftgrün *n;* **2.** *zoo* Blauhai *m.*
verdura [ver'du:ra] *f* Gemüse *n.*
verecondia [vere'kondi̯a] ‹-ie› *f* Schamhaftigkeit *f.* **verecondo, -a** [...'kondo] *a* schamhaft.
verga ['verga] ‹-ghe› *f* **1.** *(d'oro, etc.)* Barren *m;* **2.** *(bacchetta)* Gerte *f,* Rute *f; (del rabdomante)* Wünschelrute *f;* **3.** *(rotaia)* Schiene *f,* Gleis *n;* **4.** *fam* Pimmel *m fam,* Schwanz *m vulg.*
vergare [ver'ga:re] ‹vergo, verghi› *tr* **1.** *(tessuto)* rippen; *(carta)* lin(i)ieren; **2.** *(lettera)* (mit der Hand) schreiben.
verginale [verdʒi'na:le] *a (a. fig)* jungfräulich. **vergine** ['verdʒine] **I.** *f* **1.** *(donna, fanciulla)* Jungfrau *f;* **2.** *rel:* **V~** Jungfrau *f* (Maria); **3.** *astr:* **V~** Jungfrau *f;* **sono della** (*o* **una) V~** *astr* ich bin Jungfrau; **la Beata V~** die Heilige Jungfrau (Maria); **II.** *a* unberührt, jungfräulich; *(fig a.)* rein, pur; **olio ~ d'oliva** reines Olivenöl; **pura lana ~** reine Schurwolle. **verginità** [...dʒini'ta] ‹-› *f* **1.** *(di donna)* Jungfräulichkeit *f;* **2.** *fig* Unberührtheit *f,* Keuschheit *f.*
vergogna [ver'goɲɲa] *f* **1.** *gener.* Scham *f;* **2.** *(disonore)* Schande *f;* **3.** *(timidezza)* Hemmungen *f pl;* **4.** ‹*pl*› *fam* Schamteile *n pl;* **essere la ~ della famiglia** der Schandfleck der Familie sein; **avere ~ di qu/qc** sich vor jdm/etw. schämen (*o* genieren); **senza ~** schamlos; **che ~!** welche Schande!, so eine Schande! **vergognarsi** [...'ɲarsi] *rfl* sich schämen, sich genieren; **~ come un ladro** sich in Grund und Boden schämen; **vergognati!** schäm dich! **vergognoso, -a** [...'ɲo:so] *a* **1.** *(persona)* schamhaft, verschämt; *(timido)* schüchtern; **2.** *(azione, etc.)* schändlich.
veridico, -a [ve'ri:diko] ‹-ci, -che› *a* wahrheitsgetreu, glaubwürdig.
verifica [ve'ri:fika] ‹-che› *f* (Nach-, Über)prüfung *f,* Kontrolle *f;* **~ contabile** Rechnungsprüfung *f;* **~ dei passaporti** Paßkontrolle *f.* **verificare** [verifi'ka:re] ‹verifico, verifichi› **I.** *tr* (nach-, über)prüfen, kontrollieren; **II.** *rfl:* **-arsi 1.** *(accadere)* sich ereignen, vorfallen; **2.** *(avverarsi)* eintreten.
verismo [ve'rizmo] *m* **1.** *lit* Verismus *m;* **2.** *fig (realismo)* Realismus *m.*
verità [veri'ta] ‹-› *f* **1.** *gener.* Wahrheit *f;* **2.** *rel* Offenbarung *f;* **la pura e semplice ~** die reine Wahrheit; **giuro di dire la ~, tutta la ~, nient'altro che la ~** *jur* ich schwöre, die Wahrheit zu sagen, nichts hinzuzufügen und nichts zu verschweigen; **in ~** in Wahrheit (*o* Wirklichkeit). **veritiero, -a** [...'ti̯ɛ:ro] *a* **1.** *(persona)* aufrichtig; **2.** *(notizia)* wahrheitsgetreu, richtig.
verme ['vɛrme] *m* **1.** *zoo, med* Wurm *m;* **2.** *fig* Würmchen *n,* Wurm *m;* **~ solitario** Bandwurm *m;* **essere nudo come un ~** splitternackt sein.
vermicelli [vermi'tʃɛlli] *m pl* Vermicelli *pl (etwas dünnere Spaghetti).*

vermifugo, -a [ver'mi:fugo] ‹-ghi, -ghe› **I.** *a* wurmtötend; **II.** *m* Wurmmittel *n.*
vermiglio, -a [ver'miʎʎo] ‹-gli, -glie› **I.** *a* leuchtendrot; **II.** *m* leuchtendes Rot.
vermouth, vermut ['vɛrmut] ‹-› *m* Wermut *m.*
vernacolo, -a [ver'na:kolo] **I.** *a* mundartlich; **II.** *m* Mundart *f;* **parlare in ~** Mundart sprechen.
vernice¹ [ver'ni:tʃe] *f* **1.** *gener.* Lack *m;* **2.** *(pelle)* Lackleder *n;* **scarpe di ~ marrone** braune Lackschuhe *m pl;* **dare una mano di ~ a qc** etw. lackieren (*o* streichen); **~ fresca!** frisch gestrichen!
vernice² [ver'ni:tʃe] *f (vernissage)* Vernissage *f.*
verniciare [verni'tʃa:re] ‹vernicio, vernici› *tr* lackieren, streichen; **~ a spruzzo** (lack)spritzen. **verniciatore, -trice** [...tʃa'to:re] **I.** *m, f* Lackierer(in) *m(f);* **II.** *m tec* Spritzpistole *f.* **verniciatura** [...tʃa'tu:ra] *f* **1.** *(operazione)* Lackieren *n,* (An)streichen *n;* **2.** *(strato)* Lackierung *f,* Lack *m.*
vernissage [vɛrni'sa:ʒ] ‹-› *m* Vernissage *f.*
vero, -a ['ve:ro] **I.** *a* **1.** *gener.* wahr; *(giusto, esatto)* richtig; **2.** *(genuino)* echt; **3.** *(persona)* aufrichtig; *(affetto a.)* tief; **4.** *(effettivo, reale)* wirklich, eigentlich; **tant'è ~ che ...** so (sehr), daß ...; **è incredibile, ma ~** (es ist) nicht zu glauben, aber wahr; **com'è ~ (che c'è) Dio** so wahr mir Gott helfe; **~ e proprio** regelrecht, ausgesprochen; **lo ama di ~ amore** er (*o* sie) liebt ihn wirklich; **non mi par ~!** das kann doch nicht wahr sein!; **se è ~?** ob das stimmt?; **non è ~?** ist es nicht so?, stimmt's nicht?; **fosse ~!** wenn es nur wahr wäre!, schön wär's!; **tu non c'eri, ~?** du warst nicht da, stimmt's (*o* oder)?; **lo sai, non è ~?** du weißt es, nicht wahr?; **II.** *m* **1.** *(verità)* Wahrheit *f,* Wahre(s) *n;* **2.** *(in arte)* Natur *f;* **a dire il ~** um die Wahrheit zu sagen, offen gestanden; **disegnare/dipingere dal ~** nach der Natur zeichnen/malen.
verosimiglianza [verosimiʎ'ʎantsa] *f* Wahrscheinlichkeit *f.* **verosimile** [...'si:mile] *a* wahrscheinlich.
verricello [veri'tʃɛllo] *m* Winde *f.*
verro ['vɛrro] *m* Eber *m.*
verrò [ver'rɔ] *v.* **venire.**
verruca [ver'ru:ka] ‹-che› *f* Warze *f.*
versaccio [ver'sattʃo] ‹-cci› *m* Fratze *f;* **fare i -cci** Fratzen schneiden.
versamento [versa'mento] *m* **1.** *com* Einzahlung *f;* **2.** *fin* Einlage *f;* **3.** *med* Erguß *m.*
versante [ver'sante] *m* Hang *m.*
versare [ver'sa:re] **I.** *tr* **1.** *(liquido, etc.)* (ein)gießen, einschenken; **2.** *(rovesciare)* verschütten, vergießen; **3.** *(sangue, lacrime)* vergießen; **4.** *(somma)* einzahlen; *com (caparra)* erbringen; *(anticipo)* leisten; **II.** *itr* **1.** *(perdere)* lecken, leck sein; **2.** *(trovarsi)* sich befinden, sein; **III.** *rfl:* **-arsi 1.** *(spargersi)* sich zerstreuen; **2.** *(fiume)* fließen, münden.
versatile [ver'sa:tile] *a* vielseitig, flexibel. **versatilità** [...satili'ta] ‹-› *f* Vielseitigkeit *f,* Flexibilität *f.*
versato, -a [ver'sa:to] *a* versiert.
verseggiare [versed'dʒa:re] ‹verseggio, verseggi› *tr, itr* dichten.
versetto [ver'setto] *m* Vers *m.*
versione [ver'sio:ne] *f* **1.** *(traduzione)* Übersetzung *f;* **2.** *(narrazione)* Darstellung *f,* Version *f;* **3.** *(film, lit, etc.)* Version *f,* Fassung *f;* **4.** *tec* Ausführung *f.*
verso¹ ['vɛrso] *prp* **1.** *(direzione)* in Richtung *gen,* in Richtung auf *acc,* nach *dat;* **2.** *(tempo)* gegen *acc;* **3.** *(dalle parti di)* an *dat,* bei *dat;* **4.** *(di età)* auf *acc* (... zu); **5.** *(nei confronti di)* zu *dat,* auf *acc,* gegen *acc,* mit *dat;* **6.** *com* gegen *acc;* **~ sera** gegen Abend; **andavo ~ la stazione** ich ging in Richtung Bahnhof; **veniva ~ di noi** er (*o* sie) kam auf uns zu; **abita ~ la periferia** er (*o* sie) wohnt am Stadtrand; **si avvia ~ la settantina** er (*o* sie) geht auf die Siebzig zu.
verso² ['vɛrso] *m* **1.** *lit* (*ab* **V.**) Vers *m;* **2.** *zoo* Schrei *m,* Ruf *m;* **3.** *(di persona)* Ruf *m;* **4.** *(di pelo, stoffa)* Strich *m,* Richtung *f;* **5.** *(movenza caratteristica)* Eigenart *f;* **6.** *(metodo)* Möglichkeit *f,* Weg *m;* **7.** *(parte, direzione)* Richtung *f;* **comporre -i** (Verse) dichten; **prendere qu per il suo ~/per il ~ sbagliato** jdn zu nehmen wissen/nicht zu nehmen wissen; **per un ~ o per un altro** irgendwie, auf die eine oder die andere Art.
verso³ ['vɛrso] *m (di foglio, medaglia, moneta)* Rückseite *f.*
vertebra ['vɛrtebra] *f* Wirbel *m.* **vertebrale** [verte'bra:le] *a* Wirbel-. **vertebrato, -a** [...'bra:to] **I.** *a* Wirbel-; **II.** *m* Wirbeltier *n.*
vertenza [ver'tɛntsa] *f* Streit *m,* Streitfall *m;* **~ sindacale** Tarifkonflikt *m.*
vertere ['vɛrtere] ‹*mancano il pp e le forme composte*› *itr* laufen, sich abspielen, im Gange sein; **~ su** betreffen; **~ intorno a** sich handeln um.
verticale [verti'ka:le] **I.** *a* senkrecht, vertikal, Vertikal-; **pianoforte ~** Giraffenklavier *n;* **II.** *f* **1.** *mat* Vertikale *f,* Senkrechte *f;* **2.** *sport* Handstand *m; (sulla testa)* Kopfstand *m.*
vertice ['vɛrtitʃe] *m* Spitze *f,* Höhepunkt *m,* Gipfel *m; (di montagna)* Gipfel *m,* Spitze *f; pol* Gipfel *m; mat* Scheitel(punkt) *m; (di piramide)* Spitze *f;* **conferenza/incontro al ~** Gipfelkonferenz *f*/-treffen *n;* **raggiungere il ~ della**

carriera den Höhepunkt der beruflichen Laufbahn erreichen.
vertigine [ver'ti:dʒine] *f* Schwindel(gefühl *n*) *m*; **ho le -i** mir ist schwind(e)lig. **vertiginoso, -a** [...tidʒi'no:so] *a (a. fig)* schwindelerregend, schwindelnd.
verve [vɛrv] ‹-› *f* Schwung *m*, Elan *m*.
verza ['verdza] *f* Wirsing *m*.
vescica [veʃ'ʃi:ka] ‹-che› *f* **1.** *anat* (Harn)blase *f*; **2.** *med* Blase *f*.
vescovado [vesko'va:do] *m* **1.** *(ufficio)* Bischofswürde *f*, Episkopat *n*; **2.** *(edificio)* Bischofssitz *m*, bischöfliche Residenz. **vescovile** [...'vi:le] *a* bischöflich, Bischofs-.
vescovo ['veskovo] *m* Bischof *m*.
vespa ['vɛspa] *f zoo* Wespe *f*; **vitino di ~** Wespentaille *f*.
Vespa® ['vɛspa] *f* Vespa® *f*, Motorroller *m*.
vespaio [ves'pa:i̯o] ‹-ai› *m (a. fig)* Wespennest *n*; **suscitare un ~** *fig* in ein Wespennest stechen.
vespasiano [vespa'zi̯a:no] *m* öffentliche Bedürfnisanstalt, Pissoir *n*.
vespro ['vɛspro] *m* **1.** *rel* Abendandacht *f*, Vesper *f*; **2.** *lett* Abend(stunde *f*) *m*.
vessare [ves'sa:re] *tr* schinden, schikanieren. **vessazione** [...sat'tsi̯o:ne] *f* Unterdrückung *f*; *(atto)* Schikane *f*.
vessillo [ves'sillo] *m (a. fig)* Fahne *f*, Banner *m*.
vestaglia [ves'taʎʎa] ‹-glie› *f* Hausrock *m*. **vestaglietta** [...'ʎetta] *f* leichtes Hauskleid (*o* Sommerkleid).
vestale [ves'ta:le] *f* Vestalin *f*.
veste ['vɛste] *f* **1.** *gener.* Kleidung *f*; *(da donna)* Kleid *n*; *(abito solenne, ampio)* Gewand *n*; **2.** *typ* Bild *n*, Aufmachung *f*; **~ da camera** *(da donna)* Morgenrock *m*; *(da uomo)* Hausrock *m*; **in ~ di** als, in der Eigenschaft *gen*.
Vestfalia [vest'fa:li̯a] *f* Westfalen *n*.
vestiario [ves'ti̯a:ri̯o] ‹-i› *m* Kleidung *f*, Garderobe *f*; **capo di ~** Kleidungsstück *n*.
vestibolo [ves'ti:bolo] *m* Vorhalle *f*, Vestibül *n*.
vestigio [ves'ti:dʒo] ‹*pl:* -gi *m o* -gia *f*› **1.** *fig* Überrest *m*; **2.** *(traccia)* (Fuß)spur *f*, -abdruck *m*.
vestire [ves'ti:re] ‹vesto› **I.** *tr* **1.** *(persona)* anziehen, (an)kleiden *geh*; **2.** *(abito: portare indosso)* anhaben, tragen; *(mettersi indosso)* anziehen; **3.** *(ricoprire)* überziehen (*di* mit); **II.** *itr* sich kleiden; **~ di nero** sich in Schwarz kleiden; **~ a lutto** Trauer(kleidung) tragen; **veste sempre di chiaro** er (*o* sie) ist immer hell gekleidet; **~ alla moda** sich modisch kleiden; **III.** *rfl:* **-irsi 1.** *gener.* sich anziehen; **2.** *(mascherarsi)* sich verkleiden (*da* als); **3.** *(indossare)* anziehen (*di qc* etw.), anlegen (*di qc* etw.); **4.** *fig* sich kleiden (*di* in), sich schmücken (*di* mit); **come ti vesti oggi?** was ziehst du heute an?; **-irsi di bianco/seta** Weiß/Seide tragen; **-irsi in maschera** sich maskieren; **IV.** *m* Kleidung *f*.
vestito [ves'ti:to] *m* Kleidung *f*, Bekleidung *f*; **~ da uomo/donna** Herrenanzug *m*/Damenkleid *n*; **cambiare ~** sich umziehen.
Vesuvio [ve'zu:vi̯o] *m* Vesuv *m*.
veterano, -a [vete'ra:no] **I.** *m, f* **1.** *fig* (Alt)meister(in) *m(f)*; **2.** *sport* Veteran(in) *m(f)*; **II.** *m mil* Veteran *m*.
veterinaria [veteri'na:ri̯a] ‹-ie› *f* Tier-, Veterinärmedizin *f*. **veterinario, -a** [...i̯o] ‹-i, -ie› **I.** *a* tierärztlich; **medico ~** Tierarzt *m*, -ärztin *f*; **II.** *m, f* Tierarzt *m*, -ärztin *f*, Veterinär(in) *m(f)*.
veto ['vɛ:to] ‹-› *m* Veto *n*, Einspruch *m*; **mettere** (*o* **porre** *o* **opporre**) **il ~** Widerspruch einlegen.
vetraio, -a [ve'tra:i̯o] ‹-ai, -aie› *m, f* Glasarbeiter(in) *m(f)*; *(per finestre)* Glaser(in) *m(f)*; *(artigiano)* Glasbläser(in) *m(f)*. **vetrario, -a** [ve'tra:ri̯o] ‹-i, -ie› *a* Glas-. **vetrata** [ve'tra:ta] *f* **1.** *(ampia finestra)* Glasfenster *n*; *(porta)* Glastür *f*; **2.** *(di chiesa)* Kirchenfenster *n*. **vetrato, -a** [...to] *a* Glas-, aus Glas, gläsern; **carta -a** Glaspapier *n*. **vetreria** [vetre'ri:a] ‹-ie› *f* **1.** *(fabbrica)* Glasfabrik *f*, -hütte *f*; **2.** *(oggetti)* Glas(waren *f pl*) *n*. **vetrificare** [vetrifi'ka:re] ‹vetrifico, vetrifichi› **I.** *tr* ‹*avere*› verglasen; **II.** *itr* ‹*essere*›, *rfl:* **-arsi** zu Glas werden.
vetrina [ve'tri:na] *f* **1.** *(di negozio)* Schaufenster *n*, Auslage *f*; **2.** *(mobile)* Vitrine *f*, Glasschrank *m*; **andare a vedere le -e** einen Schaufensterbummel machen. **vetrinista** [vetri'nista] ‹-i *m*, -e *f*› *mf* Schaufensterdekorateur(in) *m(f)*.
vetrino [ve'tri:no] *m* Objektträger *m*, -glas *n*.
vetriolo [vetri'ɔ:lo] *m* Sulfat *n*, Vitriol *n*.
vetro ['ve:tro] *m* Glas *n*; *(di finestra)* (Fenster)scheibe *f*; **~ infrangibile** bruchfestes Glas. **vetroso, -a** [ve'tro:so] *a* glasartig, Glas-.
vetta ['vetta] *f (a. fig)* Gipfel *m*.
vettore, -trice [vet'to:re] **I.** *a (razzo)* Träger-; **II.** *m* **1.** *(razzo ~)* Trägerrakete *f*; **2.** *phys, mat* Vektor *m*.
vettovagliamento [vettovaʎʎa'mento] *m* Lebensmittelversorgung *f*, Verpflegung *f*. **vettovaglie** [...'vaʎʎe] *f pl* Proviant *m*.
vettura [vet'tu:ra] *f* **1.** *mot* Wagen *m*, Auto(mobil) *n*, Fahrzeug *n*; **2.** *ferr* (Eisenbahn)wagen *m*, Waggon *m*; **~ da dimostrazione** Vorführwagen *m*.
vetturino [vettu'ri:no] *m* Kutscher *m*.
vezzeggiamento [vettseddʒa'mento] *m* Verhätschelung *f*. **vezzeggiare** [...'dʒa:re] ‹vezzeggio, vezzeggi› *tr*

verhätscheln. **vezzeggiativo, -a** [...dʒa'ti:vo] **I.** *a* zärtlich; *(parola)* Kose-; **II.** *m* Kosewort *n,* Kosename *m; gram* Koseform *f.*
vezzo ['vettso] *m* **1.** *(collana)* Halskette *f;* **2.** *(modo abituale)* Angewohnheit *f;* **3.** ‹*pl*› *(leggiadria)* Reize *m pl;* **4.** ‹*pl*› *(smancerie)* Getue *n fam.* **vezzosità** [-si'ta] ‹-› *f* Liebreiz *m,* Anmut *f.* **vezzoso, -a** [...'tso:so] *a* **1.** *(grazioso)* reizend, anmutig; **2.** *(lezioso)* geziert, affektiert.
vi [vi] **I.** *pron pers* **1.** 2^a *pers pl* euch; **2.** *(forma di cortesia a.:* **Vi***) (complemento di termine)* Ihnen; *(complemento oggetto)* Sie; **II.** *pron rfl* **1.** 2^a *pers pl* euch; **2.** *(forma di cortesia a.:* **Vi**) sich; **III.** *pron dimostrativo* daran; **IV.** *adv* **1.** *(qui)* hier; *(moto)* her; **2.** *(lì)* dort; *(moto)* hin; **3.** *(per questo luogo)* hier vorbei.
via[1] ['vi:a] ‹vie› *f* **1.** *gener.* Weg *m; (strada)* Straße *f;* **2.** *anat, jur* Weg *m;* **3.** *fig (maniera)* Weg *m,* Möglichkeit *f; (mezzo)* Mittel *n; (procedimento)* Vorgehen *n;* ~ **lattea** Milchstraße *f;* **V~ Crucis** Kreuzweg *m;* ~ **libera** freie Bahn; **dare ~ libera** den Weg frei machen; *fig* freie Hand lassen; **vie respiratorie** Atemwege *m pl;* ~ **d'uscita** Ausweg *m,* Möglichkeit *f;* **vie di comunicazione/trasporto** Kommunikations-/Transportmittel *n pl;* **foglio di ~** *adm* Ausreisegenehmigung *f; (per persona non grata)* Ausweisungsbescheid *m; mil* Entlassungsschein *m;* **per ~ aerea** auf dem Luftweg; *(lettere)* per Luftpost; **per ~ orale/rettale** oral/rektal; **per ~ di padre** väterlicherseits; **per vie traverse** auf Umwegen; **per ~ di** wegen, durch; **in ~ eccezionale** ausnahmsweise; **abitare in ~ Trento** in der Via Trento wohnen; **essere in ~ di guarigione** auf dem Weg der Besserung sein; **passare a vie di fatto** zu Tätlichkeiten übergehen, handgreiflich werden; **non vedo altra ~** ich sehe keine andere Möglichkeit.
via[2] ['vi:a] **I.** *adv* weg, weg-; **andare/buttare/correre/mandare ~** weggehen/-werfen/-laufen/-schicken; **e così ~, e ~ dicendo** und so weiter (*o* fort); **~ ~ che ...** (wie so) nach und nach ...; **va' ~!** geh weg!; **II.** *interj* **1.** *sport* los; **2.** *(incoraggiamento)* komm, los; **3.** *(per cacciare)* weg; **pronti, attenti, ~!** Achtung, fertig, los!; **~, facciamolo!** auf (geht's)!, packen wir's an!; **~ di lì!** weg da!; **III.** *m* Startzeichen *n;* **IV.** *prp* über *acc,* via *acc,* per *acc.*
viabilità [viabili'ta] ‹-› *f* **1.** *(transito)* Befahrbarkeit *f;* **2.** *(rete stradale)* Straßennetz *n.*
viadotto [via'dotto] *m* Viadukt *m,* Überführung *f.*
viaggiare [viad'dʒa:re] ‹viaggio, viaggi› **I.** *itr* reisen; *(mezzo, linea)* fahren; ~ **in automobile/aeroplano/treno** mit dem Auto/Flugzeug/Zug reisen; ~ **per diporto** eine Vergnügungsreise machen; **il treno viaggia con 3 ore di ritardo** der Zug hat 3 Stunden Verspätung; **II.** *tr* bereisen; **ho viaggiato mezzo mondo** ich habe die halbe Welt bereist.
viaggiatore, -trice [viaddʒa'to:re] **I.** *a* Reise-; **II.** *m, f* Passagier *m,* Fahrgast *m,* Reisende(r) *mf.*
viaggio [vi'addʒo] ‹-ggi› *m* **1.** *gener.* Reise *f,* Fahrt *f;* **2.** *fam* Gang *m; (con veicolo)* Fahrt *f;* **3.** *sl (dei drogati)* Trip *m sl;* ~ **aereo** Flugreise *f;* ~ **interplanetario** (*o* **spaziale**) Raumfahrt *f;* ~ **di piacere/nozze** Vergnügungs-/Hochzeitsreise *f;* ~ **di andata e ritorno** Hin- und Rückfahrt *f;* **essere in ~** auf Reisen sein, unterwegs sein; **mettersi in ~** sich auf den Weg machen; **buon ~!** gute Reise!
viale [vi'a:le] *m (ab* **V.le**) Allee *f,* Parkweg *m.*
viandante [vian'dante] *mf* Wanderer *m,* Wand(e)rerin *f.*
viavai [via'va:i] ‹-› *m* Kommen und Gehen *n,* Hin und Her *n.*
vibrare [vi'bra:re] **I.** *tr* versetzen; **II.** *itr* **1.** *phys* schwingen, vibrieren; **2.** *fig* zittern, (er)beben. **vibrato** [vi'bra:to] *m* Vibrato *n.* **vibratore** [vibra'to:re] **I.** *m* Vibrator *m;* **II.** *a* Schwing-; **cuscinetto ~** Massagekissen *n.* **vibratorio, -a** [...'tɔ:rio] ‹-i, -ie› *a* Schwing-, Vibrations-. **vibrazione** [...at'tsio:ne] *f* Vibration *f,* Schwingung *f.*
vicariato [vika'ria:to] *m* Vikariat *n.* **vicario** [vi'ka:rio] ‹-i› *m* Vikar *m.*
vice ['vi:tʃe] ‹-› *mf* Stellvertreter(in) *m(f),* Vize *m fam.*
vice- [vitʃe-] *(in parole composte)* Vize-, stellvertretend.
vicenda [vi'tʃɛnda] *f* **1.** *(caso)* Ereignis *n,* (Wechsel)fall *m;* **2.** *(successione)* Folge *f;* **con alterne -e** abenteuerlich, unter Schwierigkeiten; **a ~** abwechselnd, gegenseitig. **vicendevole** [vitʃen'de:vole] *a* gegenseitig.
viceversa [vitʃe'vɛrsa] **I.** *adv* umgekehrt; **II.** *con fam (e invece)* aber (dann).
vichingo, -a [vi'kiŋgo] ‹-ghi, -ghe› **I.** *a* wikingisch, Wikinger-; **II.** *m, f hist* Wikinger(in) *m(f);* **III.** *f scherz* Walküre *f.*
vicinanza [vitʃi'nantsa] *f* **1.** *gener., fig* Nähe *f;* **2.** ‹*pl*› *(dintorni)* Nähe *f,* Umgebung *f.* **vicinato** [...'na:to] *m* **1.** *(persone)* Nachbarschaft *f;* **2.** *(rapporti)* nachbarschaftliche Beziehungen *f pl.*
vicino, -a [vi'tʃi:no] **I.** *a* **1.** *(città, etc.)* nahe(liegend), nächste(r, s); *(case, etc.)* nah(e), umliegend; *(popolo, persone)* benachbart, Nachbar-; **2.** *(di tempo)*

nah(e), bevorstehend; **3.** *fig* nahe, nahestehend; *(somigliante)* ähnlich; **un parente** ~ ein naher Verwandter; **la stazione di rifornimento più -a** die nächste Tankstelle; **abitano nella casa -a** sie wohnen im Haus nebenan; **gli esami sono -i** die Prüfungen stehen bevor; **la fine è ormai -a** das Ende ist abzusehen; **è ~ ai sessant'anni** er geht auf die Sechzig zu; **essere/sentirsi ~ a qu** *fig* jdm nahe sein/sich jdm nahe fühlen; **II.** *m, f* Nachbar(in) *m(f)*; **III.** *adv* **1.** *(a poca distanza)* nah(e), in der Nähe; **2.** *(da poca distanza)* aus der Nähe; **3.** *fig* näher, genauer; ~ **a** neben *dat*, bei *dat*, an *dat*, in der Nähe von *dat*; **stare ~ ~** ganz nah(e) (*o* in der Nähe) sein; **conoscere qu da ~** jdn näher kennen; **guardare qc da ~** etw. aus der Nähe betrachten; **ci sei andato ~** du warst nah(e) daran; **vieni più ~** komm näher.

vicissitudini [vitʃissiˈtu:dini] *f pl* Wechselfälle *m pl.*

vicolo [ˈvi:kolo] *m (strada)* Gasse *f;* ~ **cieco** *(a. fig)* Sackgasse *f.*

video [ˈvi:deo] **I.** ‹-› *m* Video *n;* **II.** ‹*inv*› *a* Video-, video-.

video- [video-] *(in parole composte)* Video-. **videocassetta** [-kasˈsetta] *f* Videokassette *f.* **videoclip** [-ˈklip] *m* Videoclip *m.* **videodisco** [-ˈdisko] *m* Bildplatte *f.* **videogioco** [-ˈdʒɔ:ko] *m* Video-, Telespiel *n.* **videoregistratore** [-redʒistraˈto:re] *m* Videorecorder *m.* **Videotel®** [-ˈtɛl] ‹-› *m* Bildschirmtext *m.* **Videotex®** [-ˈtɛks] ‹-› *m* Bildschirmtext *m;* Videotext *m.*

vidi [ˈvi:di] *p rem di* **vedere.**

vidimare [vidiˈma:re] *tr* mit einem Sichtvermerk versehen. **vidimazione** [...matˈtsi̯o:ne] *f* Sichtvermerk *m.*

vie *pl di* **via**[1].

viene, vieni [ˈvi̯ɛ:ne, ...ni] *v.* **venire.**

Vienna [ˈvi̯ɛnna] *f* Wien *n.*

vietare [vi̯eˈta:re] *tr* verbieten; ~ **a qu di fare qc** jdm verbieten, etw. zu tun; **nulla vieta che ...** *conj* es steht dem nichts entgegen zu ...; **(è) vietato fumare/sporgersi dai finestrini** Rauchen/Hinauslehnen verboten; **vietato l'ingresso** Eintritt verboten; **sosta vietata** Parken verboten.

vieto, -a [ˈvi̯ɛ:to] *a* abgedroschen.

vigente [viˈdʒɛnte] *a jur* geltend; **in base alle -i leggi** nach den geltenden Gesetzen.

vigere [ˈvi:dʒere] ‹*usato solo nelle terze persone sing e pl*› *itr* gelten, in Kraft sein.

vigilante [vidʒiˈlante] *a* wachsam. **vigilantes** [-s] *m pl adm* Privatbewacher *m pl.* **vigilanza** [...ˈlantsa] *f* Überwachung *f.*

vigilare [vidʒiˈla:re] **I.** *tr* überwachen; **II.** *itr* wachen. **vigilato, -a** [...ˈla:to] **I.** *a* beaufsichtigt; **libertà -a** Polizeiaufsicht *f;* **II.** *m, f* unter Polizeiaufsicht Stehende(r) *mf.* **vigilatrice** [...laˈtri:tʃe] *f* Aufseherin *f;* ~ **scolastica** Schulaufseherin *f.*

vigile [ˈvi:dʒile] **I.** *a* wachsam, wachend; **II.** *mf* Schutzmann *m;* ~ **urbano** (Stadt)polizist *m;* **-i del fuoco** (*ab* **V.(d.)F.**) Feuerwehr *f.* **vigilessa** [vidʒiˈlessa] *f* Politesse *f.*

vigilia [viˈdʒi:li̯a] ‹-ie› *f* **1.** *gener.* Vortag *m,* Vorabend *m;* **2.** *rel* Fasten *n;* ~ **di Natale** Heiligabend *m.*

vigliaccheria [viʎʎakkeˈri:a] ‹-ie› *f* Feigheit *f; (cattiveria)* Gemeinheit *f.* **vigliacco, -a** [...ˈʎakko] ‹-cchi, -cche› **I.** *a* feige; *(cattivo)* gemein, niederträchtig; **II.** *m, f* Feigling *m; (cattivo)* Schuft *m.*

vigna [ˈviɲɲa] *f* Weinberg *m,* Weingarten *m.* **vigneto** [...ˈɲe:to] *m* Weinberg *m.*

vignetta [viɲˈɲetta] *f* Karikatur *f,* Witzzeichnung *f.* **vignettista** [...ˈtista] ‹-i *m,* -e *f*› *mf* Karikaturist(in) *m(f),* Witzzeichner(in) *m(f).*

vigogna [viˈgoɲɲa] *f* Vigogne *f.*

vigore [viˈgo:re] *m* Kraft *f;* **essere nel pieno ~ delle proprie forze** im Vollbesitz seiner Kräfte sein; **entrare/essere in ~** in Kraft treten/sein. **vigorosità** [...rosiˈta] ‹-› *f* Kraft *f,* Stärke *f.* **vigoroso, -a** [...ˈro:so] *a* kräftig, kraftvoll.

vile [ˈvi:le] **I.** *a* **1.** *(persona, azione)* gemein, niederträchtig; *(codardo)* feige; **2.** *fig* niedrig, nieder; **II.** *mf* gemeiner Mensch; *(codardo)* Feigling *m.*

vilipendio [viliˈpɛndi̯o] ‹-i› *m jur* Verunglimpfung *f.*

villa [ˈvilla] *f* Landhaus *n.*

Villaco [vilˈla:ko] *f* Villach *n.*

villaggio [vilˈladdʒo] ‹-ggi› *m* Dorf *n;* ~ **turistico/residenziale** Feriendorf *n*/ Wohnsiedlung *f.*

villanata [villaˈna:ta] *f fam* Flegelei *f.* **villania** [...ˈni:a] ‹-ie› *f* Flegelei *f,* Frechheit *f.* **villano, -a** [...ˈla:no] **I.** *a* ungehobelt, rüpelhaft; **II.** *m, f* Rüpel *m,* Grobian *m.* **villanzone, -a** [...nˈtso:ne] *m, f* Flegel *m.*

villeggiante [villedˈdʒante] *mf* Feriengast *m,* Urlauber(in) *m(f).* **villeggiare** [...ˈdʒa:re] ‹villeggio, villeggi› *itr* Urlaub machen. **villeggiatura** [...dʒaˈtu:ra] *f* (Sommer)urlaub *m,* -ferien *pl; (a. luogo)* Sommerfrische *f.*

villino [vilˈli:no] *m* kleine Villa.

villoso, -a [vilˈlo:so] *a* **1.** *(peloso)* behaart, haarig; **2.** *anat, bot* zottig.

viltà [vilˈta] ‹-› *f* Gemeinheit *f; (codardia)* Feigheit *f.*

viluppo [viˈluppo] *m* **1.** *(di capelli, cavi)* Wirrwarr *m;* **2.** *fig* Wust *m.*

vimine [ˈvi:mine] *m* Weidengerte *f;*

cesto di -i Weidenkorb *m;* **mobili di -i** Korbmöbel *n pl.*
vinaio, -a [vi'na:io] ‹-ai, -aie› *m, f* Weinhändler(in) *m(f).*
Vincenzo [vin'tʃɛntso] *(nome proprio maschile)* Vinzenz.
vincere ['vintʃere] ‹vinco, vinci, vinsi, vinto› **I.** *tr* **1.** *(guerra, gara, elezioni)* gewinnen; *(nemico)* besiegen; **2.** *fig (difficoltà, ostacolo)* überwinden, meistern; *(passione)* bezwingen; **II.** *itr* siegen (*a* bei, in), gewinnen (*a* bei, in); *(sport a.)* gewinnen; ~ **per tre a uno** drei zu eins gewinnen; **sicuro di** ~ siegessicher; **III.** *rfl:* **-ersi** sich überwinden.
vincita ['vintʃita] *f* **1.** *(vittoria)* Sieg *m;* **2.** *com* Gewinn *m; (al lotto, etc.)* Treffer *m.* **vincitore, -trice** [...'to:re] **I.** *a* siegreich, Sieger-; **II.** *m, f* Gewinner(in) *m(f); mil, sport* Sieger(in) *m(f).*
vincolante [viŋko'lante] *a* bindend, verbindlich.
vincolare [viŋko'la:re] *tr* **1.** *fig* binden; **2.** *com, fin (somma)* fest anlegen, festlegen; **3.** *(essere d'impaccio)* einengen. **vincolato, -a** [...'la:to] *a* fest angelegt, Fest-; **deposito** ~ Festgeld *n.*
vincolo ['viŋkolo] *m* **1.** *fig* Band *n;* **2.** *jur, tec* Bindung *f;* ~ **di sangue** Blutsbande *n pl.*
vinicolo, -a [vi'ni:kolo] *a* weinbaulich, Weinbau-, Wein-.
vinificazione [vinifikat'tsio:ne] *f* Weinherstellung *f.*
vino ['vi:no] *m* Wein *m;* ~ **bianco/rosso** (*o* **nero**) Weiß-/Rotwein *m;* ~ **brûlé** Glühwein *m;* ~ **da pesce/arrosto** Wein *m* zum Fisch/zum Braten.
vinsi ['vinsi] *p rem di* **vincere.**
vinto, -a ['vinto] **I.** *pp di* **vincere; II.** *a (battaglia, etc.)* gewonnen; *(nemico, etc.)* besiegt; **darsi per** ~ *(a. fig)* sich geschlagen geben; **averla -a** *fam* leichtes Spiel haben; **darla -a a qu** *fam* jdm nachgeben.
viola[1] [vi'ɔ:la] **I.** *f bot* Veilchen *n;* ~ **del pensiero** Stiefmütterchen *n;* **II.** ‹*inv*› *a* violett, veilchenblau; **III.** ‹-› *m* Violett *n,* Veilchenblau *n.*
viola[2] [vi'ɔ:la] *f mus* Bratsche *f,* Viola *f;* ~ **da gamba** Gambe *f,* Viola *f* da gamba.
violacciocca [violat'tʃɔkka] ‹-cche› *f* Levkoje *f.*
violare [vio'la:re] *tr* **1.** *(legge, etc.)* verletzen, brechen, verstoßen gegen; *(promessa)* brechen; **2.** *(territorio, etc.)* verletzen; *(chiesa)* entweihen; *(tomba)* schänden; **3.** *(donna)* vergewaltigen. **violazione** [...lat'tsio:ne] *f* **1.** *(di legge, etc.)* Verletzung *f,* Bruch *m,* Übertretung *f; (di promessa)* Bruch *m,* Nichteinhaltung *f;* **2.** *(di chiesa)* Entweihung *f; (di tomba)* Schändung *f;* ~ **di domicilio** Hausfriedensbruch *m.*
violentare [violen'ta:re] *tr (a. fig)* vergewaltigen.
violento, -a [vio'lɛnto] **I.** *a* **1.** *(persona)* gewalttätig; **2.** *fig (tempesta, sommossa)* heftig, schwer; *(passione)* ungestüm; **3.** *(rapina, morte)* gewaltsam; **II.** *m, f* gewalttätiger Mensch.
violenza [vio'lɛntsa] *f* **1.** Gewalt *f; (azione)* Gewalttätigkeit *f;* **2.** *fig (di tempesta)* Gewalt *f,* Heftigkeit *f; (di passione)* Ungestüm *n,* Heftigkeit *f;* ~ **carnale** Notzucht *f;* **far** ~ **ad una donna** einer Frau Gewalt antun; **ricorrere alla** ~ Gewalt anwenden.
violetto, -a [vio'letto] **I.** *a* violett; **II.** *m* Violett *n.*
violinista [violi'nista] ‹-i *m,* -e *f*› *mf* Geiger(in) *m(f),* Violinist(in) *m(f).* **violino** [...'li:no] *m* Geige *f,* Violine *f.*
violoncellista [violontʃel'lista] ‹-i *m,* -e *f*› *mf* Cellist(in) *m(f).* **violoncello** [...'tʃɛllo] *m* Cello *n,* Violoncello *n.*
viottola [vi'ɔttola] *f,* **viottolo** [...lo] *m* Pfad *m,* Weg *m.*
V.I.P. [vip] ‹-› *m* VIP *f o m,* V.I.P. *f o m.*
vipera ['vi:pera] *f* **1.** *zoo* Viper *f,* Otter *f;* **2.** *fig pej* (Gift)schlange *f.*
viraggio [vi'raddʒo] ‹-ggi› *m* Abdrehen *n.*
virago [vi'ra:go] ‹viragini› *f* Mannweib *n.*
virale [vi'ra:le] *a* Virus-, viral.
virare [vi'ra:re] **I.** *tr* wenden; **II.** *itr* abdrehen. **virata** [vi'ra:ta] *f* Abdrehen *n.*
virgola ['virgola] *f* **1.** *gram* Komma *n,* Beistrich *m;* **2.** *(di capelli)* Sechser(locke *f*) *m;* **doppie -e** Anführungszeichen *n pl;* **non modificare** (*o* **togliere**) **una** ~ **a qc** etw. buchstabengetreu wiedergeben. **virgolette** [...'lette] *f pl* Anführungszeichen *n pl,* Gänsefüßchen *n pl fam;* **aprire/chiudere le** ~ Anführungszeichen unten/oben.
virile [vi'ri:le] *a* **1.** *(maschile)* männlich, viril; **2.** *fig (forte)* mannhaft; *(saggezza, età, forza)* männlich, Mannes-. **virilità** [...li'ta] ‹-› *f* **1.** *biol* Virilität *f;* **2.** *fig* Männlichkeit *f; (coraggio)* Mannhaftigkeit *f.*
virologia [virolo'dʒi:a] ‹-gie› *f* Virologie *f.* **virologo, -a** [vi'rɔ:logo] ‹-gi, -ghe› *m, f* Virologe *m,* -login *f.*
virtù [vir'tu] ‹-› *f* **1.** *(pregio)* Tugend *f;* **2.** *fig* Tapferkeit *f,* Mut *m; (potere, qualità)* Kraft *f,* Wirkung *f;* **in** ~ **di** kraft *gen.*
virtuale [virtu'a:le] *a* virtuell, potentiell, möglich.
virtuosismo [virtuo'sizmo] *m* Virtuosität *f,* Meisterschaft *f,* Können *n.* **virtuoso, -a** [...u'o:so] **I.** *a* tugendhaft; **II.** *m, f* **1.** *(artista)* Meister(in) *m(f); mus* Virtuose *m,* Virtuosin *f;* **2.** *(chi ha virtù)* tugendhafter Mensch.

virulento, -a [viru'lɛnto] *a* virulent, ansteckend; *(velenoso)* giftig. **virulenza** [...'lɛntsa] *f* Ansteckungsfähigkeit *f,* Virulenz *f; (di veleno)* Giftigkeit *f.*
virus ['vi:rus] ⟨-⟩ *m* Virus *m o n.*
visagista [viza'dʒista] ⟨-i *m,* -e *f*⟩ *mf* Visagist(in) *m(f).*
viscerale [viʃʃe'ra:le] *a* **1.** *anat* Eingeweide-; **2.** *fig* innig, hingebungsvoll. **viscere** ['viʃʃere] **I.** *m anat* inneres Organ; **II.** *f pl* **1.** *zoo* Eingeweide *n pl;* **2.** *fig* Innere(s) *n.*
vischio ['viskio] ⟨-schi⟩ *m* Mistel *f.*
vischioso, -a [vis'kio:so] *a* klebrig; *(liquido)* zähflüssig, viskos.
viscidità [viʃʃidi'ta] ⟨-⟩ *f* **1.** *(di lumaca, pelle)* Glitschigkeit *f,* Schlüpfrigkeit *f;* **2.** *fig pej* schleimige (*o* schmierige) Art. **viscido, -a** ['viʃʃido] *a* **1.** *fig pej* schleimig, schmierig; **2.** *(lumaca, etc.)* glitschig; *(anguilla)* glatt; **3.** *(fondo stradale)* glatt, rutschig; **4.** *(sostanza)* klebrig.
visconte, -essa [vis'konte, ...'tessa] *m, f* Vicomte *m,* Vicomtesse *f.*
viscosa [vis'ko:sa] *f* Viskose *f.*
viscosità [viskosi'ta] ⟨-⟩ *f* Zähflüssigkeit *f,* Viskosität *f.* **viscoso, -a** [...'ko:so] *a* zähflüssig, viskos.
visibile [vi'zi:bile] *a (oggetto)* sichtbar; *(spettacolo, mostra)* anschaubar.
visibilio [vizi'bi:lio] ⟨-i⟩ *m:* **andare in** ~ *fig* ganz begeistert sein, in Entzücken geraten.
visibilità [vizibili'ta] ⟨-⟩ *f* Sicht *f.*
visiera [vi'ziɛ:ra] *f* **1.** *(dell'elmo)* Visier *n;* **2.** *(di berretto)* Schirm *m.*
visionare [vizio'na:re] *tr (film)* vorführen.
visionario, -a [vizio'na:rio] ⟨-i, -ie⟩ **I.** *a* **1.** *psych* Trugbild-, halluzinatorisch; **2.** *rel, gener.* Erscheinungs-, Visions-, visionär; **3.** *fig* traumtänzerisch; **II.** *m, f* **1.** *psych* Halluzinant(in) *m(f);* **2.** *rel* Seher(in) *m(f);* **3.** *fig* Traumtänzer(in) *m(f),* Phantast *m.*
visione [vi'zio:ne] *f* **1.** *(atto, capacità del vedere)* Sehen *n;* **2.** *(apparizione)* Vision *f,* Erscheinung *f;* **3.** *film* Vorführung *f;* **4.** *psych* Trugbild *n,* Halluzination *f;* **5.** *(percezione)* Anschauung *f,* Auffassung *f;* **6.** *(esame)* Einsicht *f;* **7.** *(scena)* Anblick *m;* **prima** ~ *film* Ur-, Erstaufführung *f;* **prendere** ~ **di qc** in etw. Einsicht nehmen.
visir [vi'zir] ⟨-⟩ *m* Wesir *m.*
visita ['vi:zita] *f* **1.** *gener.* Besuch *m;* **2.** *(di città, museo)* Besichtigung *f;* **3.** *med* Untersuchung *f;* **4.** *mil sl* Musterung *f;* **5.** *com* Prüfung *f,* Revision *f;* ~ **fiscale** Steuerprüfung *f;* **biglietto da** ~ Visitenkarte *f;* **andare in** ~ **da qu** bei jdm einen Besuch machen; **fare una** ~ **a qu** jdn besuchen, jdm einen Besuch abstatten; **marcar** ~ sich krank melden.
visitare [vizi'ta:re] *tr* **1.** *gener.* besuchen; **2.** *(città, museo)* besichtigen; **3.** *med* untersuchen. **visitatore, -trice** [...ta'to:re] *m, f* Besucher(in) *m(f).*
visivo, -a [vi'zi:vo] *a* visuell, Seh-, Blick-; **memoria -a** visuelle Erinnerung, visuelles Erinnerungsvermögen.
viso ['vi:zo] *m* Gesicht *n;* **far buon** ~ **a cattiva sorte** (*o* **cattivo gioco**) gute Miene zum bösen Spiel machen.
visone [vi'zo:ne] *m* Nerz *m.*
visore [vi'zo:re] *m* Diabetrachter *m.*
vispo, -a ['vispo] *a* aufgeweckt, munter, lebhaft.
vissi ['vissi] *p rem di* **vivere.**
vissuto, -a [vis'su:to] **I.** *pp di* **vivere; II.** *a* erfahren, reif.
vista ['vista] *f* **1.** *(facoltà)* Sicht *f,* Augenlicht *n geh;* **2.** *(spettacolo)* (Aus)sicht *f,* (Aus)blick *m;* **3.** *com* Sicht *f;* **a** ~ (*ab* **a v**) *com* bei (*o* nach) Sicht; **tratta a** ~ Sichtwechsel *m;* **a** ~ **d'occhio** soweit das Auge reicht; **a prima** ~ auf den ersten Blick; **una camera con** ~ **sul mare** ein Zimmer *n* mit Blick aufs Meer; **un personaggio molto in** ~ eine Persönlichkeit im Blickfeld der Öffentlichkeit; **avere una** ~ **buona/debole** gute/schlechte Augen haben; **ha la** ~ **corta** er (*o* sie) ist kurzsichtig; **perdere di** ~ aus den Augen verlieren; **in** ~ **di** in (*o* im) Hinblick auf.
vistare [vis'ta:re] *tr* mit einem Sichtvermerk (*o* Visum) versehen.
visto, -a ['visto] **I.** *pp di* **vedere; II.** *a* gesehen; **essere ben/mal** ~ gern/ungern gesehen sein; **mai** ~ einmalig, unglaublich; **-i i risultati** auf Grund der Ergebnisse; ~ **che ...** da ..., auf Grund dessen, daß ...; **III.** *m* Sichtvermerk *m; (permesso)* Visum *n.*
vistoso, -a [vis'to:so] *a* **1.** *(sgargiante)* auffällig; **2.** *fig (ingente)* ansehnlich, beachtlich.
visuale [vizu'a:le] **I.** *a* Sicht-, Seh-, visuell; *(angolo)* Gesichts-, Blick-; **II.** *f (veduta)* (Aus)sicht *f,* (Aus)blick *m.* **visualizzare** [vizualid'dza:re] *tr* sichtbar machen, visuell darstellen.
vita[1] ['vi:ta] *f* **1.** *biol* Leben *n;* **2.** *lit* Biographie *f,* Lebensgeschichte *f;* **l'altra** ~ das Jenseits; **la** ~ **di campagna/città** das Land-/Stadtleben; ~ **media** durchschnittliche Lebenserwartung; ~ **di relazione** zwischenmenschliche Beziehungen *f pl;* **il costo della** ~ die Lebenshaltungskosten; **ragazza** (*o* **donna**) **di** ~ Strichmädchen *n fam;* **ragazzi di** ~ Jugendliche *pl* auf der schiefen Bahn; **avere una doppia** ~ ein Doppelleben führen; **essere in** ~ am Leben sein; **essere in fin di** ~ im Sterben liegen; **non dare segno di** ~ kein Lebenszeichen (mehr) von sich *(dat)* geben; **guadagnarsi la** ~ sich *(dat)*

seinen Lebensunterhalt verdienen; **a** ~ auf Lebenszeit; *(a. jur)* lebenslänglich; ~ **natural durante** zeitlebens.

vita² ['vi:ta] *f anat* Taille *f;* **un vestito stretto in** ~ ein engtailliertes Kleid.

vitale [vi'ta:le] *a* lebenswichtig, Lebens-; **linfa** ~ *fig* Lebenselixier *n,* Energiequelle *f;* **spazio** ~ Lebensraum *m.* **vitalità** [vitali'ta] ‹-› *f* **1.** *(di persona)* Lebenskraft *f,* Vitalität *f;* **2.** *med, fig* Lebensfähigkeit *f.*

vitalizio [vita'littsio] ‹-i› *m* Rente *f* auf Lebenszeit.

vitamina [vita'mi:na] *f* Vitamin *n.* **vitaminico, -a** [...'mi:niko] ‹-ci, -che› *a* Vitamin-; **carenza -a** Vitaminmangel *m.* **vitaminizzare** [...minid'dza:re] *tr* mit Vitaminen anreichern, vitaminisieren.

vite¹ ['vi:te] *f bot* Weinstock *m,* Weinrebe *f.*

vite² ['vi:te] *f tec, aero, sport* Schraube *f;* ~ **senza fine** (*o* **perpetua)** Schnecke *f,* endlose Schraube; **dare un giro di** ~ *fig* die Schraube fester anziehen.

vitello [vi'tɛllo] *m* **1.** *zoo* Kalb *n;* **2.** *gastr* Kalbfleisch *n;* **3.** *(pelle)* Kalbsleder *n.* **vitellone** [vitel'lo:ne] *m* **1.** *zoo* Jungochse *m;* **2.** *fig pej* Nichtsnutz *m,* Müßiggänger *m.*

viticcio [vi'tittʃo] ‹-cci› *m* **1.** *bot* Ranke(npflanze) *f;* **2.** *(motivo ornamentale)* Rankenornament *n,* -werk *n.*

viticoltore, viticultore, -trice [vitikol'to:re, ...kul'to:re] *m, f* Weinbauer *m,* Winzer(in) *m(f).* **viticoltura, viticultura** [...'tu:ra] *f* Weinbau *m.*

vitreo, -a ['vi:treo] *a* **1.** *(di vetro)* gläsern, Glas-; *(trasparente)* durchsichtig; **2.** *(simile al vetro)* glasartig, glasig; **3.** *(occhi, sguardo)* starr, glasig.

vittima ['vittima] *f* Opfer *n;* **le -e del terremoto/dell'incidente** die Erdbeben-/Unfallopfer *n pl.* **vittimismo** [...'mizmo] *m* Neigung *f* zum Selbstmitleid.

vitto ['vitto] *m* Kost *f,* Verpflegung *f;* ~ **e alloggio** Kost und Logis.

vittoria [vit'tɔ:ria] ‹-ie› *f* Sieg *m;* **riportare la** ~ **sul nemico** den Sieg über den Feind davontragen.

Vittoria [vit'tɔ:ria] *(nome proprio femminile)* Viktoria.

Vittorio [vit'tɔ:rio] *(nome proprio maschile)* Viktor.

vittorioso, -a [vitto'rio:so] *a* siegreich, Sieger-.

vituperare [vitupe'ra:re] *tr* beschimpfen, verunglimpfen. **vituperio** [...'pɛ:rio] ‹-i› *m* **1.** *(ingiuria)* Beschimpfung *f,* schwere Beleidigung; **2.** *(disonore)* Schande *f,* Schandfleck *m.*

viuzza [vi'uttsa] *f* Gasse *f,* Gäßchen *n.*

viva ['vi:va] *interj* es lebe, hoch lebe; ~ **gli sposi!** hoch lebe das Brautpaar!

vivacchiare [vivak'kia:re] ‹vivacchio, vivacchi› *itr fam* recht und schlecht leben.

vivace [vi'va:tʃe] *a (persona, colore, conversazione)* lebhaft; *mus* vivace, lebhaft. **vivacità** [vivatʃi'ta] ‹-› *f* Lebhaftigkeit *f,* Lebendigkeit *f;* **con** ~ lebhaft.

vivaio [vi'va:io] ‹-ai› *m* **1.** *agr* Baumschule *f;* **2.** *(di pesci)* Fischteich *m;* **3.** *fig* Pflegestätte *f.*

vivanda [vi'vanda] *f* Speise *f.*

vivente [vi'vɛnte] **I.** *a* lebend, Lebe-; **gli esseri -i** die Lebewesen *n pl;* **II.** *m* Lebende(r) *mf.*

vivere ['vi:vere] ‹vivo, vissi, vissuto› **I.** *itr* ‹*essere*› **1.** leben; **2.** *fig* (weiter)leben; ~ **in campagna/città/all'estero** auf dem Land/in der Stadt/im Ausland leben; ~ **del proprio lavoro/di rendita** von seiner Arbeit/der Rendite leben; ~ **fino a tarda età** ein hohes Alter erreichen; **avere di che** ~ das Notwendige zum Leben haben; **chi vivrà, vedrà** *prov* abwarten und Tee trinken *fam;* **II.** *tr* ‹*avere*› leben, verleben; *(passare)* erleben; *(sentire)* fühlen; **III.** *m* Leben *n.*

viveri ['vi:veri] *m pl* Lebensmittel *n pl.*

vivido, -a ['vi:vido] *a (a. fig)* lebhaft; *(colore a.)* leuchtend; *(luce)* hell.

vivificare [vivifi'ka:re] ‹vivifico, vivifichi› *tr* **1.** *(rendere vivo)* beleben; **2.** *fig* erfrischen, beleben.

viviparo, -a [vi'vi:paro] *a* lebendgebärend.

vivisezione [viviset'tsio:ne] *f* Vivisektion *f.*

vivo, -a ['vi:vo] **I.** *a* **1.** *(vivente)* lebend, lebendig; *(lingua)* lebend; **2.** *fig (vivace)* lebendig, lebhaft; *(sentimenti)* stark, lebhaft; *(compassione)* tief; *(interesse, desiderio)* lebhaft; **3.** *(luce)* grell; *(carne)* roh; *(calce)* ungelöscht; **angolo** ~ scharfe Kante; **argento** ~ Quecksilber *n;* **o** ~ **o morto** tot oder lebendig; **farsi** ~ sich melden, ein Lebenszeichen geben; **cuocere a fuoco** ~ auf großer Flamme kochen; **vivissimi auguri** (aller)herzlichste Glückwünsche; **II.** ‹*pl*› *(persone)* Lebende(n) *pl,* Lebendige(n) *pl;* **III.** *m (carne viva)* rohes Fleisch; **colpire** (*o* **pungere** *o* **toccare) nel** (*o* **sul)** ~ an der empfindlichen Stelle treffen; **al** ~ naturgetreu; **trasmissione dal** ~ Live-Übertragung *f,* Live-Sendung *f.*

viziare [vit'tsia:re] ‹vizio, vizi› **I.** *tr* **1.** *(bambini, etc.)* verwöhnen, verziehen; **2.** *jur* ungültig machen; **3.** *fig* verderben; **II.** *rfl:* **-arsi** verdorben werden. **viziato, -a** [...'tsia:to] *a* **1.** *(persona)* verwöhnt, verzogen; **2.** *jur* fehlerhaft, ungültig; **3.** *fig* schlecht, verdorben.

vizio ['vittsio] ‹-i› *m* **1.** *pej* Laster *n,* schlechte Angewohnheit; **2.** *anat, jur*

Fehler *m; (a. tec)* Mangel *m;* ~ **cardiaco** Herzfehler *m;* **vivere nel** ~ lasterhaft leben. **vizioso, -a** [...'tsio:so] **I.** *a* **1.** *(persona, atto)* lasterhaft; **2.** *(errato)* fehlerhaft, Fehl-; **II.** *m, f* lasterhafter Mensch.

vizzo, -a ['vittso] *a* welk.

vocabolario [vokabo'la:rio] ‹-i› *m* **1.** *(dizionario)* Wörterbuch *n;* **2.** *(lessico)* Wortschatz *m,* Sprache *f.*

vocabolo [vo'ka:bolo] *m* Wort *n,* Vokabel *f.*

vocale[1] [vo'ka:le] *a* **1.** *anat* Stimm-, Sprach-; **2.** *mus* vokal, Vokal-.

vocale[2] [vo'ka:le] *f ling* Vokal *m,* Selbstlaut *m.*

vocalico, -a [vo'ka:liko] ‹-ci, -che› *a* vokalisch. **vocalizzare** [vokalid'dza:re] *tr, itr* vokalisieren.

vocativo, -a [voka'ti:vo] **I.** *a* Vokativ-, Anrede-; **II.** *m* Vokativ *m.*

vocazione [vokat'tsio:ne] *f* **1.** *gener., rel* Berufung *f;* **2.** *fig* Veranlagung *f,* Begabung *f;* **avere** ~ **per qc** für etw. eine Begabung haben.

voce ['vo:tʃe] *f* **1.** *gener., mus* Stimme *f; fig* Klang *m;* **2.** *gram* Form *f;* **3.** *ling (lemma)* Stichwort *n; (parola)* Wort *n,* Ausdruck *m;* **4.** *(su lista, bilancio)* Position *f,* Posten *m;* **5.** *fig* Gerücht *n,* Gerede *n;* **ad alta/a bassa** ~ mit lauter/leiser Stimme; **a quattro -i** vierstimmig; **parlare sotto** ~ flüstern, leise sprechen; **avere** ~ **in capitolo** mitzureden haben, etwas zu sagen haben; **dare una** ~ **a qu** *fam* jdn (herbei)rufen; **darsi la** ~ sich absprechen; **fare la** ~ **grossa** ein Machtwort sprechen; **corre** ~ **che** ... es geht das Gerücht, daß ...

vociare [vo'tʃa:re] ‹vocio, voci› **I.** *itr* krakeelen, herumschreien; **II.** ‹-› *m* Geschrei *n.*

vocio [vo'tʃi:o] ‹-cii› *m* Geschwätz *n.*

vodka ['vɔdka] ‹-› *f* Wodka *m.*

voga ['vo:ga] ‹-ghe› *f* **1.** *(moda, usanza)* Mode *f;* **2.** *naut* Rudern *n;* **essere in** ~ in Mode sein; *(persona)* beliebt (*o* in *fam*) sein.

vogare [vo'ga:re] ‹vogo, voghi› *itr* rudern. **vogata** [vo'ga:ta] *f* Ruderschlag *m,* Rudern *n.* **vogatore, -trice** [voga'to:re] **I.** *m, f* Ruderer *m,* Rud(r)erin *f;* **II.** *m* Ruderkasten *m.*

voglia ['vɔʎʎa] ‹-glie› *f* **1.** *(desiderio)* Lust *f* (*di* auf); *(desiderio sessuale)* Begierde *f,* Lust *f,* Verlangen *n; (durante la gravidanza)* Heißhunger *m* (*di* auf); **2.** *fam (macchia della pelle)* Muttermal *n;* **avere (una gran)** ~ **di fare qc** (große) Lust haben, etw. zu tun.

voglio ['vɔʎʎo] *pr di* **volere.**

voglioso, -a [voʎ'ʎo:so] *a* gierig (*di* auf), lüstern (*di* nach).

voi ['vo:i] *pron pers* **1.** 2^a *pers pl (soggetto)* ihr; *(oggetto)* euch; *(con preposizione)* euch, eurer; **2.** *(forma di cortesia a.:* **V~***) (soggetto)* Sie; *(oggetto)* Ihnen; *(con preposizione)* Sie, Ihnen, Ihrer. **voialtri** [vo'ialtri] *pron* ihr, ihr einerseits.

volano [vo'la:no] *m* **1.** *sport* Federball *m;* **2.** *tec* Schwungrad *n.*

volant [vɔ'lã] ‹-› *m* Rüsche *f,* Volant *m.*

volante[1] [vo'lante] **I.** *a (che vola)* fliegend, Flug-; **II.** *f (polizia)* Überfallkommando *n,* mobiles Einsatzkommando.

volante[2] [vo'lante] *m mot* Steuer(rad) *n,* Lenkrad *n.*

volantinaggio [volanti'naddʒo] ‹-ggi› *m* Flugblattverteilen *n.* **volantino** [...'ti:no] *m* **1.** *(manifestino)* Flugblatt *n,* Handzettel *m;* **2.** *tec* Handrad *n.*

volare [vo'la:re] *itr* ‹*essere o avere*› **1.** *(nell'aria)* fliegen; **2.** *fig (veicolo, etc.)* sausen, flitzen; *(persona)* eilen, rasen; *(tempo)* verfliegen, im Nu vergehen. **volata** [vo'la:ta] *f* **1.** *(volo)* Flug *m;* **2.** *fam (corsa veloce)* schnelle Fahrt; **3.** *sport* (End)spurt *m;* **fare qc di** ~ *fam* etw. im Eiltempo (*o* zack, zack *fam*) machen.

volatile [vo'la:tile] **I.** *a* **1.** *chem* flüchtig; **2.** *zoo* fliegend, Flug-; **II.** *m* Vogel *m.* **volatilizzare** [...lid'dza:re] **I.** *tr* ‹*avere*› verflüchtigen; **II.** *itr* ‹*essere*› sich verflüchtigen; **III.** *rfl:* **-arsi** **1.** *chem* sich verflüchtigen; **2.** *fam* sich in Luft auflösen *fam.*

vol-au-vent [vɔlo'vã] ‹-› *m* ≃ (Königin)pastete *f.*

volente [vo'lɛnte] *a:* ~ **o nolente** wohl oder übel, nolens volens *geh.* **volenteroso, -a** [volente'ro:so] *a* (bereit)willig. **volentieri** [...'tiɛ:ri] *adv* gern(e).

volere [vo'le:re] ‹voglio, volli, voluto› **I.** *tr* **1.** *(desiderare)* wollen, wünschen; *(gradire)* mögen; **2.** *(permettere)* wollen, erlauben; **3.** *(pretendere)* wollen (*da* von), verlangen (*da* von); **4.** *com* verlangen (*per* für), (haben) wollen (*per* für); **5.** *(cercare)* wollen, suchen; **6.** *(richiedere)* brauchen, verlangen, fordern; *(avere bisogno)* brauchen; **7.** *meteo* aussehen nach; ~ **dire** bedeuten; ~ **bene/male a qu** jdn gern haben/nicht mögen (*o* nicht leiden können); **ti voglio bene** ich hab' dich gern, ich mag dich; **farsi** ~ **bene** sich lieb Kind machen; ~ **o no** (*o* **o volare** *fam*) wohl oder übel, ob man will oder nicht; **non volendo, senza** ~ ohne zu wollen, ungewollt, unabsichtlich; **vorrei tre metri di stoffa blu** ich möchte drei Meter blauen Stoff; **vorrebbe che tu venissi** er (*o* sie) möchte, daß du kommst; **c'è un signore che ti vuole** da ist ein Herr für dich; da ist ein Herr, der dich sprechen will; **ti vogliono al telefono** du wirst am Telefon verlangt; **ci vuole/ci vogliono ...** es ist/sind ... nötig, man braucht ...; **qui ci**

vorrebbe un elettricista hier wäre ein Elektriker nötig; **ci vuole un bel coraggio** *fam* es gehört ganz schön Mut dazu *fam;* **non ci vuol niente** *fig* das ist doch keine Kunst; **ci vuol altro!** dazu bedarf es mehr!; **ce n'è voluto!** das war nötig; **quanto ci vuole per andare a Monaco?** wie lange braucht man bis (*o* nach) München?; **volevo ben dire!** das dachte ich mir!; **non volermene!** sei mir (deshalb) nicht böse, mach mir (deshalb) keine Vorwürfe; **II.** *rfl:* **-ersi bene** sich gern haben, sich lieben; **III.** *m* **1.** *(volontà)* Wille *m,* Wollen *n;* **2.** ‹*pl*› Wünsche *m pl,* Vorstellungen *f pl.*

Volga ['vɔlga] *m o f* Wolga *f.*

volgare [vol'ga:re] **I. 1.** *a ling* vulgär, Volks-; **2.** *pej* vulgär, ordinär; *(a. triviale)* gewöhnlich; **II.** *m* Vulgärsprache *f.* **volgarità** [...gari'ta] ‹-› *f* Vulgarität *f.* **volgarizzare** [...garid'dza:re] *tr* **1.** *(rendere accessibile)* popularisieren, allgemeinverständlich darstellen; **2.** *lit* in die Vulgärsprache übertragen. **volgarmente** [...gar'mente] *adv* **1.** *pej* vulgär, gewöhnlich; **2.** *(comunemente)* gewöhnlich.

volgere ['vɔldʒere] ‹volgo, volgi, volsi, volto› **I.** *tr* **1.** *(dirigere)* lenken (*verso* nach), wenden (*verso* gegen), richten (*verso* auf, *contro* gegen); **2.** *(voltare)* ab-, zukehren, ab-, zuwenden; **3.** *fig (mutare)* verkehren (*in* in); ~ **in fuga il nemico** den Feind in die Flucht schlagen; ~ **le cose in burla** die Dinge ins Lächerliche ziehen; **II.** *itr* **1.** *(strada)* abbiegen (*a* nach); **2.** *(persone)* sich abwenden, sich abkehren; **3.** *(tempo)* werden (*a* zu); **4.** *(colore)* (über)gehen (*a* in); **5.** *(evolversi)* sich kehren (*a* zu), zugehen (*a* auf); **6.** *(avvicinarsi al termine)* sich nähern; ~ **al termine** dem Ende zu gehen; **i nemici volsero in fuga** die Feinde ergriffen die Flucht; **il tempo volge al brutto** das Wetter wird schlecht; **III.** *rfl:* **-ersi** sich wenden, sich richten, sich drehen; **-ersi verso qu** sich jdm zuwenden; **IV.** *m* Verlauf *m,* Lauf *m;* **con il** ~ **degli anni** im Laufe der Jahre.

volgo ['volgo] ‹-ghi› *m* **1.** *(popolo)* Volk *n,* Volksmassen *f pl;* **2.** *pej* Pöbel *m,* Masse *f.*

voliera [vo'li̯ɛ:ra] *f* Vogelhaus *n,* Voliere *f.*

volli ['vɔlli] *p rem di* **volere.**

volo ['vo:lo] *m* Flug *m; (atto a.)* Fliegen *n; (caduta)* Fall *m;* ~ **spaziale** Raumflug *m;* ~ **senza scalo** Direkt-, Nonstopflug *m;* **colpire la palla al** ~ den Ball aus der Luft (*o* volley) nehmen; **al** ~ im Nu, sofort; **alzarsi in** ~ auf-, hochfliegen; *aero* abheben; **prendere il** ~ wegfliegen; *fig* die Flucht ergreifen; **spiccare il** ~ *(uccelli)* auf-, hochfliegen.

volontà [volon'ta] ‹-› *f* Wille *m; (a. gram)* Wollen *n;* **forza di** ~ Willenskraft *f;* **scrivere le ultime** ~ das Testament aufsetzen; **essere di buona** ~ guten Willens sein; **a** ~ nach Belieben, nach Wunsch; **contro la propria** ~ wider Willen; **privo di** ~ willenlos; **sia fatta la** ~ **di Dio** Gottes Wille geschehe.

volontariamente [volontari̯a'mente] *adv* freiwillig, aus freien Stücken. **volontariato** [...'ria:to] *m* **1.** *(prestazione di lavoro)* Volontariat *n;* **2.** *mil* freiwilliger Wehrdienst. **volontario, -a** [...'ta:ri̯o] ‹-i, -ie› **I.** *a* freiwillig; *anat* willkürlich; **II.** *m, f* Volontär(in) *m(f); (a. mil)* Freiwillige(r) *mf.*

volpe ['volpe] *f* **1.** *zoo* Fuchs *m;* **2.** *(pelliccia)* Fuchs(pelz) *m;* **3.** *fig* Fuchs *m.* **volpino, -a** [...'pi:no] **I.** *a* Fuchs-; **cane** ~ Spitz *m;* **II.** *m* Spitz *m.*

volsi ['vɔlsi] *p rem di* **volgere.**

volt [vɔlt] ‹-› *m* (*ab* **V**) Volt *n.*

volta[1] ['vɔlta] *f* **1.** *(momento, circostanza)* Mal *n; (turno a.)* Reihe *f;* **2.** *(giro)* Drehung *f; (svolta)* Biegung *f;* **una** ~ einmal; *(in un tempo passato)* einmal, früher, einst; **una** ~ **sola** einmal, ein einziges Mal; **una (buona)** ~ *(fam)* endlich (ein)mal; **una** ~ **tanto** ab und zu, gelegentlich; **una** ~ **per tutte** ein für allemal; **una** ~ **o l'altra** irgendwann, früher oder später; **un'altra** ~ ein andermal; **ancora una** ~ noch einmal; **molte** (*o* **spesse) -e** recht oft, öfter; **poche** (*o* **rare) -e** selten; **certe -e, delle -e** manchmal; *(spesso)* oft; **tutte le -e che ...** jedesmal (*o* immer) wenn ..., sooft ...; **tutto in una** ~ alles auf einmal, alles zusammen; **un po' alla** ~ nach und nach; **uno per** ~ jeweils einer; **di** ~ **in** ~ von Mal zu Mal; ~ **per** ~ je nach Fall; **a -e** manchmal, ab und zu; **a mia** ~ meinerseits, was mich angeht; **alla** ~ **di** in Richtung *gen,* nach *dat;* **c'era una** ~ es war einmal; **che sia la prima e l'ultima** ~ ich hoffe, das ist das erste und das letzte Mal; **tre -e tre fa nove** drei mal drei ist neun; **dar di** ~ **il cervello** *fam* durchdrehen *fam,* überschnappen *fam.*

volta[2] ['vɔlta] *f* **1.** *arch* Gewölbe *n;* **2.** *astr* Gewölbe *n,* Firmament *n;* **3.** *anat* Wölbung *f;* ~ **a crociera** Kreuzgewölbe *n;* **a** ~ gewölbt.

voltafaccia [volta'fattʃa] ‹-› *m (a. fig)* Kehrtwendung *f.*

voltagabbana [voltagab'ba:na] ‹-› *mf:* **è un(a)** ~ er (*o* sie) hängt sein (*o* ihr) Mäntelchen nach dem Wind.

voltaggio [vol'taddʒo] ‹-ggi› *m* Spannung *f.*

voltare [vol'ta:re] **I.** *tr* **1.** *(occhi, viso)* wenden, drehen; *(pagina, foglio)* umblättern, wenden; *(frittata)* wenden;

2. *(angolo)* biegen um; ~ **le spalle a qu** jdm den Rücken (zu)kehren; **II.** *itr* abbiegen; **III.** *rfl:* **-arsi** sich (um)drehen, sich wenden; **-arsi e rivoltarsi nel letto** sich im Bett hin- und herwälzen; **non sapere da quale parte -arsi** *fig* nicht mehr ein noch aus wissen.

voltastomaco [voltas'tɔ:mako] *m* Übelkeit *f;* **ho il** ~ mir ist übel; **mi dà il** ~ *fig* das dreht mir den Magen um.

volteggiare [volted'dʒa:re] ⟨volteggio, volteggi⟩ *itr* **1.** *(volare)* kreisen; **2.** *sport* voltigieren.

volto ['volto] *m* Gesicht *n; fig* Anblick *m;* **ha rivelato il suo vero** ~ er (*o* sie) hat sein (*o* ihr) wahres Gesicht gezeigt.

volto, -a ['vɔlto] **I.** *pp di* **volgere; II.** *a* gewendet, (um)gedreht.

volubile [vo'lu:bile] *a* unbeständig, flatterhaft. **volubilità** [volubili'ta] ⟨-⟩ *f* Unbeständigkeit *f,* Flatterhaftigkeit *f.*

volume [vo'lu:me] *m* **1.** *mat* Rauminhalt *m,* Volumen *n;* **2.** *com, fig* Umfang *m;* **3.** *(libro)* Band *m,* Buch *n;* **4.** *radio, TV* Lautstärke *f;* **5.** *(mole)* Ausmaß *n,* Umfang *m;* **abbassare/alzare il** ~ leiser/lauter stellen; **a tutto** ~ in voller Lautstärke. **volumetrico, -a** [volu'mɛ:triko] *a* **1.** *mat* Rauminhalts-, volumetrisch; **2.** *chem* Maß-. **voluminoso, -a** [volumi'no:so] *a* umfangreich, voluminös, groß.

voluta [vo'lu:ta] *f* **1.** *arch* Volute *f;* **2.** *(spira)* Windung *f.*

voluto, -a [vo'lu:to] *a* **1.** *(desiderato)* gewollt, gewünscht, beabsichtigt; **2.** *fig* gekünstelt, gewollt.

voluttà [volut'ta] ⟨-⟩ *f* **1.** *(sessuale)* Sinnlichkeit *f,* Wollust *f;* **2.** *(godimento)* Genuß *m.* **voluttuario, -a** [...tu'a:ri̯o] ⟨-i, -ie⟩ *a* Luxus-, Genuß-. **voluttuoso, -a** [...tu'o:so] *a* sinnlich.

vomere ['vɔ:mere] *m* Pflugschar *f.*

vomitare [vomi'ta:re] **I.** *tr* (er)brechen, (aus)brechen; **II.** *itr* (sich) erbrechen, brechen, sich übergeben; **da far** ~ zum Kotzen *vulg.* **vomito** ['vɔ:mito] *m* (Er)brechen *n;* **far venire il** ~ **a qu** *(a. fig)* jdm die Galle hochkommen lassen; **mi viene il** ~ ich muß brechen, mir wird übel.

vongola ['voŋgola] *f* Venusmuschel *f.*

vorace [vo'ra:tʃe] *a* gefräßig. **voracità** [voratʃi'ta] ⟨-⟩ *f* Gefräßigkeit *f.*

voragine [vo'ra:dʒine] *f* Erdloch *n,* Schlund *m.*

vorrò [vor'rɔ] *v.* **volere.**

vortice ['vɔrtitʃe] *m* Wirbel *m,* Strudel *m.* **vorticoso, -a** [vorti'ko:so] *a* voller (Wasser)strudel.

vostro, -a ['vɔstro] **I.** *a* (*ab* **vs., Vs.**) euer; *(forma di cortesia a.:* **V~***)* Ihr; **la -a speranza** eure Hoffnung; ~ **padre/zio** euer Vater/Onkel; **un** ~ **amico** ein Freund von euch; **ho ricevuto la Vostra del 21 c.m.** ich habe Ihr Schreiben vom 21. d. M. erhalten; **Vostra Eccellenza/Santità** Eure Exzellenz/Heiligkeit; **II.** *pron:* **il** ~, **la -a** eure(r, s); *(forma di cortesia a.:* **V~***)* Ihre(r, s); **III.** *m:* **il** ~ das Eur(ig)e; *(forma di cortesia a.:* **V~***)* das Ihr(ig)e; **i -i** die Euren *geh; (forma di cortesia a.:* **V~***)* die Ihren *geh.*

votante [vo'tante] *mf* Wahlberechtigte(r) *mf,* Wähler(in) *m(f).*

votare [vo'ta:re] **I.** *tr* **1.** *gener., jur* beschließen, abstimmen über; **2.** *rel* weihen; **II.** *itr* stimmen, wählen; *(mettere ai voti)* abstimmen; **III.** *rfl:* **-arsi** *rel* sich weihen, sich hingeben. **votazione** [votat'tsi̯o:ne] *f* **1.** *jur* Abstimmung *f; (dare il voto)* Stimmabgabe *f; (elezione)* Wahl *f;* **2.** *(nell'insegnamento)* Benotung *f,* Zensuren *f pl; (voto)* Note *f;* ~ **per alzata di mano** Abstimmung *f* durch Handaufheben; ~ **a scrutinio segreto** geheime Abstimmung; **passare alle -i** zur Abstimmung schreiten.

votivo, -a [vo'ti:vo] *a* Votiv-, Weih-.

voto ['vo:to] *m* **1.** *rel* Gelübde *n,* Gelöbnis *n; (oggetto)* Weihgabe *f;* **2.** *jur* Votum *n,* Stimme *f;* **3.** *(nell'insegnamento)* Note *f,* Zensur *f;* **4.** ⟨*pl*⟩ Wille *m,* Wunsch *m;* ~ **di castità** Keuschheitsgelübde *n;* ~ **di fiducia/sfiducia** Vertrauens-/Mißtrauensvotum *n;* **essere promosso a pieni -i** die Höchstpunktzahl erreichen, die beste Note bekommen; **fare un** ~ ein Gelübde ablegen; **mettere ai -i** zur Abstimmung bringen.

v.s. *ab di* **vedi sopra** s.o. (*ab di* siehe oben).

vs., Vs. *ab di* **vostro** ihr(e), Ihr(e).

V.T. *ab di* **Vecchio Testamento** A.T. (*ab di* Altes Testament).

vulcanico, -a [vul'ka:niko] ⟨-ci, -che⟩ *a* **1.** *geol* vulkanisch, Vulkan-; **2.** *fig (cervello, persona)* sprühend; **eruzione -a** Vulkanausbruch *m.*

vulcanizzazione [vulkaniddzat'tsi̯o:ne] *f* Vulkanisierung *f,* Vulkanisation *f.*

vulcano [vul'ka:no] *m* **1.** *geol* Vulkan *m;* **2.** *fig (persona)* Vulkan *m,* Naturereignis *n;* **essere seduto su un** ~ auf einem Pulverfaß sitzen.

vulnerabile [vulne'ra:bile] *a* verwundbar, verletzbar; **lato** ~ empfindliche Stelle, wunder Punkt. **vulnerabilità** [...rabili'ta] ⟨-⟩ *f* Verletzbarkeit *f,* Verwundbarkeit *f.*

vulva ['vulva] *f* Schamlippen *f pl,* Vulva *f.*

vuoi, vuole ['vu̯ɔ:i, 'vu̯ɔ:le] *v.* **volere.**

vuotare [vu̯o'ta:re] **I.** *tr* (ent-, aus)leeren, leer machen; **II.** *rfl:* **-arsi** sich leeren.

vuoto, -a ['vu̯ɔ:to] **I.** *a* leer; **a stomaco** ~ mit leerem Magen, auf leeren Magen; **II.** *m* **1.** *phys* Vakuum *n;* **2.** *(spazio)* Leere *f,* Hohlraum *m;* **3.** *(recipiente)* Leergut *n,* Pfandflasche *f;* **4.** *fig* Loch *n,*

Leere *f*, Lücke *f;* ~ **a perdere** Wegwerf-, Einwegflasche *f;* **restituzione dei -i** Leergutrückgabe *f;* **colmare un** ~ ein Loch (*o* eine Lücke) füllen; **a** ~ *fin* ungedeckt; *tec, mot* im Leerlauf; **sotto** ~ **spinto** vakuumverpackt.

Vurtemberga [vurtem'bɛrga] *f* Württemberg *n.*

W

W, w [vu d'doppi̯a] ‹-› *f* W, w *n;* **w come Washington** W wie Wilhelm.
W *ab di* **watt** W.
wafer ['va:fer] ‹-› *m* Waffel *f.*
wagon-lit [vagɔ̃'li] ‹-› *m* Schlafwagen *m.*
walkie-talkie ['wɔ:kɪ'tɔ:kɪ] ‹-› *m* Walkie-talkie *n.*
water-closet ['wɔ:təklɔzɪt] ‹-› *m* (*ab* **wc**) Wasserklosett *n.*
watt [vat] ‹-› *m* (*ab* **W**) Watt *n.* **wattora** [vat'to:ra] ‹-› *f* Wattstunde *f.*
wc [vi'tʃi] ‹-› *m* WC *n.*
week-end ['wi:kend] ‹-› *m* Wochenende *n.*
western ['wɛstern] **I.** ‹*inv*› *a* Western-; **II.** ‹-› *m* Western *m;* ~ **all'italiana** Italo-Western *m.*
whisky ['wɪskɪ] ‹-› *m* Whisky *m.*
windsurf ['wɪndsə:f] ‹-› *m* Windsurfen *n,* -surfing *n; (tavola)* Surfbrett *n.*
wurstel ['vurstəl] , **würstel** ['vʏrstəl] ‹-› *m* (Wiener) Würstchen *n,* Würstel *n dial.*

X

X, x [iks] ‹-› *f* X, x *n;* **x come xilofono** X wie Xanthippe; **gambe a x** X-Beine *n pl;* **il signor x** der Herr X; **l'ora/il giorno x** die Stunde/der Tag X; **raggi x** Röntgenstrahlen *m pl.*
xenofobia [ksenofo'bi:a] ‹-ie› *f* Fremdenhaß *m,* Ausländerfeindlichkeit *f,* Xenophobie *f geh.* **xenofobo, -a** [...'nɔ:fobo] **I.** *a* fremden-, ausländerfeindlich; **II.** *m, f* Fremdenhasser(in) *m(f),* Ausländerfeind(in) *m(f).*
xerografia [kserogra'fi:a] *f* Xerographie *f.*
xilofonista [ksilofo'nista] ‹-i *m,* -e *f*› *mf* Xylophonspieler(in) *m(f).*
xilofono [ksi'lɔ:fono] *m* Xylophon *n.*
xilografia [ksilogra'fi:a] *f* **1.** *(arte)* Holzschneidekunst *f,* Xylographie *f;* **2.** *(copia)* Holzschnitt *m.*

Y

Y, y ['ipsilon] ‹-› *f* Y, y *n;* **y come yacht** Y wie Ypsilon.
yacht [jɔt] ‹-› *m* Jacht *f,* Yacht *f.* **yachting** ['jɔtɪŋ] ‹-› *m* Jachtsport *m; (a vela)* Segelsport *m.*
yeti ['i̯ɛ:ti] *m* Yeti *m.*
yoga ['i̯ɔ:ga] **I.** ‹-› *m* Yoga *m o n;* **II.** ‹*inv*› *a* Yoga-.
yogurt ['i̯ɔ:gurt] *v.* **iogurt.**
yo yo [i̯o'i̯ɔ] ‹-› *m* Jo-Jo *n.*
yucca ['i̯ukka] ‹-cche› *f* Yucca *f,* Palmlilie *f.*

Z

Z, z ['dzɛ:ta] ‹-› *f* Z, z *n;* **z come Zara** Z wie Zacharias.
zabaione [dzaba'i̯o:ne] *m* Zabaione *f (Schaumcreme aus Ei, Zucker und Marsala).*
zaffata [tsaf'fa:ta] *f* übelriechende Dunstwolke.
zafferano [dzaffe'ra:no] *m* **1.** *bot* Safran *m;* **2.** *(colore)* Safran(gelb) *n.*
zaffiro [dzaf'fi:ro] *m* **1.** *min* Saphir *m;* **2.** *(colore)* Saphirblau *n.*
Zagabria [dza'ga:bri̯a] *f* Zagreb *n.*
zaino ['dza:ino] *m* Rucksack *m; mil* Tornister *m.*
zampa ['tsampa] *f* **1.** *zoo (gamba)* Bein *n,* Lauf *m;* **2.** *zoo (piede)* Fuß *m; (di cane, gatto)* Pfote *f; (di fiera)* Pranke *f,* Tatze *f;* **3.** *gastr* Hachse *f,* Haxe *f;* **4.** *(di mobile)* Fuß *m; (a. di tavolino, sedia)* Bein *n;* **5.** *fam pej* Pfote *f fam;* **-e di gallina** *fig (scrittura illeggibile)* Gekrakel *n,* Gekritzel *n;* **a quattro -e** auf allen vieren; **giù le -e!** *fam* Pfoten weg! *fam.* **zampata** [...'pa:ta] *f* Pfoten-, Prankenhieb *m.*
zampettare [tsampet'ta:re] *itr* (herum)trippeln.
zampillare [tsampil'la:re] *itr ‹essere o avere›* herausspritzen, -schießen. **zampillo** [...'pillo] *m* Strahl *m.*
zampino [tsam'pi:no] *m* kleine Pfote, Pfötchen *n;* **mettere** (*o* **ficcare** *fam*) **lo ~ in qc** *fig* seine Hand (*o* Hände) bei etw. im Spiel haben.
zampirone [dzampi'ro:ne] *m* Räucher-, Insektenvertilgungsspirale *f.*
zampogna [tsam'poɲɲa] *f* Sackpfeife *f.*
zampone [tsam'po:ne] *m* Pranke *f;* **~ di Modena** *gefüllter Schweinsfuß.*
zangola ['tsaŋgola *o* 'dza...] *f* Butterfaß *n.*
zanna ['tsanna] *f* **1.** *zoo* Stoßzahn *m,* Hauer *m;* **2.** ‹*pl*› *pej, scherz* Hauer *m pl.*
zanzara [dzan'dza:ra] *f* (Stech)mücke *f;* **sei peggio di una ~!** du bist lästiger als eine Fliege! **zanzariera** [...dza'ri̯ɛ:ra] *f* Mücken-, Moskitonetz *n.*
zappa ['tsappa] *f* Hacke *f;* **darsi la ~ sui piedi** *fig* sich *(dat)* ins eigene Fleisch schneiden. **zappare** [...'pa:re] *tr* hacken. **zappatore, -trice** [...pa'to:re] **I.** *m, f agr* Feldarbeiter(in) *m(f);* **II.** *m mil* Sappeur *m;* **III.** *f agr* Hackmaschine *f.* **zappatura** [...pa'tu:ra] *f* (Um)hacken *n.*
zar [tsar] ‹-› *m,* **zarina** [...'ri:na] *f* Zar(in) *m(f).*
zattera ['tsattera *o* 'dza...] *f* Floß *n.*
zavorra [dza'vɔrra] *f* **1.** *naut, aero* Ballast *m;* **2.** *fig pej (cosa)* unnützes Zeug, Ballast *m.* **zavorrare** [...vor'ra:re] *tr* mit Ballast versehen (*o* beschweren).
zazzera ['tsattsera] *f* **1.** *pej, scherz* (Löwen)mähne *f;* **2.** *(capigliatura)* Langhaarschnitt *m,* schulterlanges Haar.
zebra ['dzɛ:bra] *f* **1.** *zoo* Zebra *n;* **2.** ‹*pl*› Zebrastreifen *m.* **zebrato, -a** [dze'bra:to] *a* (schwarz und weiß) gestreift.
zebù [dze'bu] ‹-› *m* Zebu *m o n.*
zecca[1] ['tsekka] ‹-cche› *f (officina di conio)* Münzstätte *f,* Münze *f;* **nuovo di ~** *fig* nagelneu.
zecca[2] ['tsekka] ‹-cche› *f zoo* Zecke *f.*
zecchino [tsek'ki:no] *m* Zechine *f;* **oro ~** reinstes Gold, Dukatengold *n.*
zelante [dze'lante] *a* eifrig, dienstbeflissen, gewissenhaft.
zelo ['dzɛ:lo] *m* Eifer *m.*
zenit ['dzɛ:nit] ‹-› *m* Zenit *m.*
zenzero ['dzendzero] *m* Ingwer *m.*
zeppa ['tseppa] *f* Keil *m.*
zeppo, -a ['tseppo] *a* **1.** *(pieno)* vollgestopft (*di* mit), vollgepfropft (*di* mit); **2.** *fig* voll (*di* von), voller (*di cose* Dinge); **essere pieno ~** *fam* proppenvoll sein *fam.*
zerbino [dzer'bi:no] *m* Fußabtreter *m,* Fußmatte *f.*
zerbinotto [dzerbi'nɔtto] *m* Geck *m,* Stutzer *m obs.*
zero ['dzɛ:ro] **I.** ‹-› *m* **1.** *gener., mat* Null *f; (phys, fig a.)* Nullpunkt *m;* **2.** *(voto scolastico)* ≃ Ungenügend *n,* Sechs *f;* **3.** *(di capelli)* Kahlschnitt *m;* **essere ridotto a ~** *fam* völlig abgebrannt sein; **rapare a ~** kahlscheren; **3 gradi sotto ~** 3 Grad unter Null; **II.** *a numerale* null; **opzione ~** Nullösung *f;* **l'ora ~** null Uhr, Mitternacht *f; fig* die Stunde Null.
zeta ['dzɛ:ta] ‹-› *f v.* **Z, z.**
zia ['tsi:a] ‹zie› *f* Tante *f.*
zibaldone [dzibal'do:ne] *m* **1.** *lit* Notizen-, Aphorismensammlung *f;* **2.** *pej* Sammelsurium *n,* Mischmasch *m.*
zibellino [dzibel'li:no] *m* Zobel *m.*
zibibbo [dzi'bibbo] *m muskatellerartige Weintraubensorte.*
zie *pl di* **zia.**
zigano, -a [tsi'ga:no] **I.** *m, f* Zigeuner(in) *m(f);* **II.** *a* Zigeuner-.
zigoma ['dzi:goma] *m* Jochbogen *m,* Wangenbein *n.*
zigrinare [dzigri'na:re] *tr* **1.** *(pelle)* chagrinieren, narben; **2.** *(moneta)* rändeln.

zigzag, zig-zag [dzig'dzag] ‹-› *m* Zickzack *m,* Zickzacklinie *f.* **zigzagare** [...'ga:re] ‹zigzago, zigzaghi› *itr* **1.** *(andare a zigzag)* im Zickzack gehen; **2.** *(svolgersi a zigzag)* im Zickzack verlaufen.
zii *pl di* **zio.**
zimbello [tsim'bɛllo *o* dzi...] *m* **1.** *fig* Zielscheibe *f* des Spottes; **2.** *(uccello)* Lockvogel *m.*
zincare [tsiŋ'ka:re *o* dzi...] ‹zinco, zinchi› *tr* verzinken.
zinco ['tsiŋko *o* 'dzi...] *m* Zink *n.*
zingaresco, -a [tsiŋga'resko *o* dzi...] ‹-schi, -sche› *a* Zigeuner-.
zingaro, -a ['tsiŋgaro *o* 'dzi...] *m, f* Zigeuner(in) *m(f).*
zio ['tsi:o] ‹zii› *m* Onkel *m;* **gli zii** *(zio e zia)* Onkel und Tante.
zip [dzip] ‹-› *m* Reißverschluß *m,* Zippverschluß *m A.*
zircone [dzir'ko:ne] *m* Zirkon *m.*
zirlare [dzir'la:re *o* tsi...] *itr* singen, pfeifen.
zit(t)ella [tsi'tɛlla *o* dzi... (...t'tɛlla)] *f* **1.** *(donna nubile)* ledige Frau; **2.** *pej* alte Jungfer. **zit(t)ellone** [...tel'lo:ne] *m scherz* (eingefleischter) Junggeselle *m.*
zittire [tsit'ti:re] ‹zittisco› **I.** *itr* zischen; **II.** *tr* auspfeifen, auszischen.
zitto, -a ['tsitto] **I.** *a* still, ruhig; **sta' ~!** *fam* sei still!; **~ ~** *fam* mucksmäuschenstill *fam;* **II.** *interj* ruhig, Ruhe.
zizzania [dzid'dza:ni̯a] ‹-ie› *f* **1.** *fig* Zwietracht *f,* Unfrieden *m;* **2.** *bot* Taumellolch *m.*
zoccolo ['tsɔkkolo] *m* **1.** *(calzatura)* (Holz)pantine *f,* Holzschuh *m;* **2.** *zoo* Huf *m;* **3.** *arch* (Wand)sockel *m;* **4.** *(di colonna, monumento)* Fuß *m;* **5.** *geog* (Kontinental)sockel *m.*
zodiacale [dzodia'ka:le] *a* Tierkreis-. **zodiaco** [...'di:ako] ‹-ci› *m* Tierkreis *m;* **i segni dello ~** die Tierkreiszeichen *n pl.*
zolfanello [tsolfa'nɛllo] *m* Zünd-, Streichholz *n.*
zolfo ['tsolfo] *m* Schwefel *m.*
zolla ['dzɔlla *o* 'tsɔ...] *f* (Erd)scholle *f.* **zolletta** [dzol'letta *o* tso..] *f* Würfelchen *n,* Stückchen *n.*
zona ['dzɔ:na] *f* **1.** *(striscia)* Streifen *m,* Gürtel *m;* **2.** *(regione)* Gebiet *n,* Zone *f; geog* Region *f,* Gegend *f; (climatica)* Zone *f;* **3.** *adm (rione)* Stadtbezirk *m,* Stadtviertel *n;* **4.** *sport* (Spiel)bereich *m;* **5.** *tel (nastro ricevente)* Papierstreifen *m;* **6.** *radio* Bereich *m;* **~ di montagna/desertica/collinare** Bergregion *f*/Wüstengegend *f*/Hügelland *n;* **~ del silenzio** Zone *f* mit Hupverbot; **~ blu (***o* **disco)** blaue Zone; **~ calda** *fig* Krisengebiet *n;* **~ franca** Freizone *f;* **~ franca atomica** atomwaffenfreie Zone; **~ residenziale** Wohngebiet *n,* Wohnbezirk *m;* **~ pranzo/notte** Eß-/Schlafbereich *m;* **~ verde** Grünanlagen *f pl.*
zonzo ['dzondo]: **andare a ~** bummeln gehen.
zoo ['dzɔ:o] ‹-› *m* Zoo *m.*
zoologia [dzoolo'dʒi:a] ‹-gie› *f* Zoologie *f,* Tierkunde *f.* **zoologico, -a** [...'lɔ:dʒiko] *a* zoologisch. **zoologo, -a** [dzo'ɔ:logo] ‹-gi, -ghe› *m, f* Zoologe *m,* Zoologin *f.*
zoom [zu:m] ‹-› *m* Zoom(objektiv) *n.*
zootecnico, -a [dzoo'tɛkniko] *a* Vieh-, Viehzucht-.
zoppicante [tsoppi'kante] *a* hinkend, lahmend; *(verso, periodo)* holp(e)rig.
zoppicare [tsoppi'ka:re] ‹zoppico, zoppichi› *itr* **1.** *(persona)* hinken, humpeln; *(animale)* lahmen, hinken; **2.** *(mobile, tavolino)* wackeln; **3.** *fig fam (persona)* schwach sein; *(periodo, verso)* holp(e)rig sein, hinken; *(ragionamento)* hinken, nicht stimmen.
zoppo, -a ['tsɔppo] **I.** *m, f* Hinkende(r) *mf,* Lahme(r) *mf;* **II.** *a* **1.** *(persona, piede)* hinkend, lahm; **2.** *(tavolino, sedia)* wack(e)lig; **3.** *fig (verso, ragionamento, etc.)* nicht stimmig, hinkend.
zotico, -a ['dzɔ:tiko] ‹-ci, -che› *m, f* Grobian *m,* Flegel *m.*
zuavo, -a [dzu'a:vo] *a:* **pantaloni alla -a** (Knie)bundhosen *f pl,* Knickerbocker *pl.*
zucca ['tsukka] ‹-cche› *f* **1.** *bot* Kürbis *m;* **2.** *fam scherz* Rübe *f fam,* Birne *f fam.*
zuccherare [tsukke'ra:re] *tr* zuckern, süßen. **zuccherato, -a** [...'ra:to] *a* **1.** *(caffè, tè)* gezuckert, gesüßt; **2.** *fig* süßlich, honig-, zuckersüß.
zuccheriera [tsukke'ri̯ɛ:ra] *f* Zuckerdose *f.*
zuccherino, -a [tsukke'ri:no] **I.** *a* zukkerhaltig, Zucker-; *(dolce)* (zucker)süß; **II.** *m* **1.** *(pezzetto di zucchero)* Zuckerstück *n;* **2.** *fig* Trostpflaster *n.*
zucchero ['tsukkero] *m* **1.** *(sostanza)* Zucker *m;* **2.** *fig* gutmütiger Mensch; **~ di canna/barbabietola** Rohr-/Rübenzucker *m;* **~ vanigliato/filato** Vanillezucker *m*/Zuckerwatte *f;* **~ in polvere/zollette** Puder-/Würfelzucker *m;* **dolce come lo ~** *(a. fig)* zuckersüß. **zuccheroso, -a** [...'ro:so] *a* **1.** *(frutta)* zuckersüß; **2.** *fig (parole, etc.)* süßlich, (honig)süß; *(commedia, canzonetta, etc.)* schmalzig.
zucchina [tsuk'ki:na] *f,* **zucchino** [...no] *m* Zucchino *m;* **-e** *gastr* Zucchini *m pl.*
zuccone, -a [tsuk'ko:ne] **I.** *m, f (persona)* Hohlkopf *m fam,* Dummkopf *m; (testardo)* Dickkopf *m;* **II.** *m (testa grossa)* dicker (*o* großer) Kopf.
zuccotto [tsuk'kɔtto] *m Halbkugel aus Halbgefrorenem, gefüllt mit Sahne,*

kandierten Früchten und Schokoladenstückchen.
zuffa ['tsuffa] *f* Rauferei *f*, Handgemenge *n*.
zufolo ['tsu:folo] *m* Hirtenflöte *f*, -pfeife *f*.
zuppa ['tsuppa] *f* **1.** *gastr* Suppe *f*; **2.** *fig* Mischmasch *m fam.* **zuppiera** [...'piɛ:ra] *f* Suppenschüssel *f*, -terrine *f*.
zuppo, -a ['tsuppo] *a* klatschnaß *fam.*
Zurigo [dzu'ri:go] *f* Zürich *n*.
zuzzerellone, -a [dzuddzerel'lo:ne], **zuzzurullone, -a** [...dzurul'lo:ne] *m*, *f* *fam* Kindskopf *m fam.*

Anhang

Appendice

Unregelmäßige italienische Verben
Verbi irregolari italiani

Aufgeführt sind der Infinitiv und die unregelmäßigen Formen von Indikativ Präsens (*pr*), Indikativ Imperfekt (*imp*), Passato remoto (*p remoto*), Futur (*fut*), Konjunktiv Präsens (*conj pr*), Konjunktiv Imperfekt (*conj imp*), Konditional (*cond*), Imperativ (*imperat*), Gerundium (*ger*), Partizip Präsens (*p pr*), Partizip Perfekt und Passiv (*pp*).

accendere *p remoto* accesi, accendesti, accese, accendemmo, accendeste, accesero; *pp* acceso.
accludere *p remoto* acclusi, accludesti, accluse, accludemmo, accludeste, acclusero; *pp* accluso.
accorgersi *p remoto* mi accorsi, ti accorgesti, si accorse, ci accorgemmo, vi accorgeste, si accorsero; *pp* accorto.
addurre *v.* **condurre.**
affliggere *p remoto* afflissi, affliggesti, afflisse, affliggemmo, affliggeste, afflissero; *pp* afflitto.
alludere *p remoto* allusi, alludesti, alluse, alludemmo, alludeste, allusero; *pp* alluso.
andare *pr* vado, vai, va, andiamo, andate, vanno; *imp* andavo; *p remoto* andai, *fut* andrò; *conj pr* vada, vada, vada, andiamo, andiate, vadano; *conj imp* andassi; *cond* andrei; *imperat* va'! *o* vai!, vada!, andiamo!, andate!, vadano!; *ger* andando; *p pr* andante; *pp* andato.
annettere *p remoto* annettei *o* annessi, annettesti, annettè *o* annesse, annettemmo, annetteste, annetterono *o* annessero; *pp* annesso.
apparire *pr* appaio, appari, appare, appariamo, apparite, appaiono; *imp* apparivo; *p remoto* apparvi, apparisti, apparve, apparimmo, appariste, apparvero; *fut* apparirò; *conj pr* appaia, appaia, appaia, appariamo, appariate, appaiano; *conj imp* apparissi; *cond* apparirei; *imperat* appari!, appaia!, appariamo!, apparite!, appaiano!; *ger* apparendo; *p pr* apparente; *pp* apparso.
appendere *p remoto* appesi, appendesti, appese, appendemmo, appendeste, appesero; *pp* appeso.
aprire *p remoto* apersi *o* aprii, apristi, aperse *o* aprì, aprimmo, apriste, apersero *o* aprirono; *pp* aperto.
ardere *p remoto* arsi, ardesti, arse, ardemmo, ardeste, arsero; *pp* arso.
assistere *pp* assistito.
assolvere *p remoto* assolsi, assolvesti, assolse, assolvemmo, assolveste, assolsero; *pp* assolto.
assumere *p remoto* assunsi, assumesti, assunse, assumemmo, assumeste, assunsero; *pp* assunto.

bere *pr* bevo, bevi, beve, beviamo, bevete, bevono; *imp* bevevo; *p remoto* bevvi *o* bevei *o* bevetti, bevesti, bevve *o* bevè *o* bevette, bevemmo, beveste, bevvero *o* beverono *o* bevettero; *fut* berrò; *conj pr* beva; *conj imp* bevessi; *cond* berrei; *imperat* bevi!, beva!, beviamo!, bevete!, bevano!; *ger* bevendo; *p pr* bevente; *pp* bevuto.

cadere *p remoto* caddi, cadesti, cadde, cademmo, cadeste, caddero; *fut* cadrò; *cond* cadrei.
chiedere *p remoto* chiesi, chiedesti, chiese, chiedemmo, chiedeste, chiesero; *pp* chiesto.
chiudere *p remoto* chiusi, chiudesti, chiuse, chiudemmo, chiudeste, chiusero; *pp* chiuso.
cingere *p remoto* cinsi, cingesti, cinse, cingemmo, cingeste, cinsero; *pp* cinto.
cogliere *pr* colgo, cogli, coglie, cogliamo, cogliete, colgono; *imp* coglievo; *p remoto* colsi, cogliesti, colse, cogliemmo, coglieste, colsero; *fut* coglierò; *conj pr* colga, colga, colga, cogliamo, cogliate, colgano; *conj imp* cogliessi; *cond* coglierei; *pp* colto.
comparire *v.* **apparire.**
comprimere *p remoto* compressi, comprimesti, compresse, comprimemmo, comprimeste, compressero; *pp* compresso.

concedere *p remoto* concessi, concedesti, concesse, concedemmo, concedeste, concessero; *pp* concesso.
concludere *v.* **accludere.**
condurre *pr* conduco, conduci, conduce, conduciamo, conducete, conducono; *imp* conducevo; *p remoto* condussi, conducesti, condusse, conducemmo, conduceste, condussero; *fut* condurrò; *conj pr* conduca, conduca, conduca, conduciamo, conduciate, conducano; *conj imp* conducessi; *cond* condurrei; *imperat* conduci!, conduca!, conduciamo!, conducete!, conducano!, *ger* conducendo; *p pr* conducente; *pp* condotto.
connettere *pp* connesso.
conoscere *p remoto* conobbi, conoscesti, conobbe, conoscemmo, conosceste, conobbero; *pp* conosciuto.
consistere *pp* consistito.
coprire *v.* **aprire.**
correggere *v.* **leggere.**
correre *p remoto* corsi, corresti, corse, corremmo, correste, corsero; *pp* corso.
crescere *p remoto* crebbi, crescesti, crebbe, crescemmo, cresceste, crebbero; *pp* cresciuto.
cuocere *pr* cuocio, cuoci, cuoce, cociamo *o* cuociamo, cocete *o* cuocete, cuociono; *imp* cocevo *o* cuocevo; *p remoto* cossi, cocesti *o* cuocesti, cosse, cocemmo *o* cuocemmo, coceste *o* cuoceste, cossero; *fut* cocerò; *conj pr* cuocia, cuocia, cuocia, cociamo *o* cuociamo, cociate *o* cuociate, cuociano; *conj imp* cocessi *o* cuocessi; *cond* cocerei *o* cuocerei; *imperat* cuoci!, cuocia!, cociamo! *o* cuociamo!, cocete! *o* cuocete!, cuociano!; *ger* cocendo *o* cuocendo; *p pr* cocente; *pp* cotto.

dare *pr* do, dai, dà, diamo, date, danno; *imp* davo; *p remoto* diedi *o* detti, desti, diede *o* dette, demmo, deste, diedero *o* dettero; *fut* darò; *conj pr* dia, dia, dia, diamo, diate, diano; *conj imp* dessi; *cond* darei; *imperat* da'! *o* dai!, dia!, diamo!, date!, diano!; *ger* dando; *pp* dato.
decidere *p remoto* decisi, decidesti, decise, decidemmo, decideste, decisero; *pp* deciso.
dedurre *v.* **condurre.**
deludere *v.* **alludere.**
deprimere *v.* **comprimere.**
devolvere *pp* devoluto.
difendere *p remoto* difesi, difendesti, difese, difendemmo, difendeste, difesero; *pp* difeso.
dipendere *v.* **appendere.**
dipingere *p remoto* dipinsi, dipingesti, dipinse, dipingemmo, dipingeste, dipinsero; *pp* dipinto.
dire *pr* dico, dici, dice, diciamo, dite, dicono; *imp* dicevo; *p remoto* dissi, dicesti, disse, dicemmo, diceste, dissero; *fut* dirò; *conj pr* dica, dica, dica, diciamo, diciate, dicano; *conj imp* dicessi; *cond* direi; *imperat* di'!, dica!, diciamo!, dite!, dicano!; *ger* dicendo; *p pr* dicente; *pp* detto.
dirigere *p remoto* diressi, dirigesti, diresse, dirigemmo, dirigeste, diressero; *pp* diretto.
discutere *p remoto* discussi, discutesti, discusse, discutemmo, discuteste, discussero; *pp* discusso.
dissolvere *v.* **assolvere.**
dissuadere *v.* **persuadere.**
distinguere *p remoto* distinsi, distinguesti, distinse, distinguemmo, distingueste, distinsero; *pp* distinto.
dividere *p remoto* divisi, dividesti, divise, dividemmo, divideste, divisero; *pp* diviso.
dolere *pr* dolgo, duoli, duole, doliamo *o* dogliamo, dolete, dolgono; *p remoto* dolsi, dolesti, dolse, dolemmo, doleste, dolsero; *fut* dorrò; *conj pr* dolga, dolga, dolga, doliamo *o* dogliamo, doliate *o* dogliate, dolgano; *cond* dorrei; *imperat* duoli!, dolga!, doliamo! *o* dogliamo!, dolete!, dolgano!
dovere *pr* devo *ó* debbo, devi, deve, dobbiamo, dovete, devono *o* debbono; *p remoto* dovei *o* dovetti, dovesti *ecc.*; *fut* dovrò; *conj pr* deva *o* debba, deva, deva, dobbiamo, dobbiate, devano *o* debbano; *cond* dovrei; *imperat u. p pr fehlen.*

eccellere *p remoto* eccelsi, eccellesti, eccelse, eccellemmo, eccelleste, eccelsero; *pp* eccelso.
elidere *p remoto* elisi *o* elidei, elidesti, elise *o* elidè, elidemmo, elideste, elisero *o* elidero; *pp* eliso.
emergere *p remoto* emersi, emergesti, emerse, emergemmo, emergeste, emersero; *pp* emerso.
erigere *v.* **dirigere.**
escludere *v.* **accludere.**
esistere *pp* esistito.
espellere *p remoto* espulsi, espellesti, espulse, espellemmo, espelleste, espulsero; *pp* espulso.
esplodere *p remoto* esplosi, esplodesti, esplose, esplodemmo, esplodeste, esplosero; *pp* esploso.
esprimere *v.* **comprimere.**
estinguere *v.* **distinguere.**
evadere *p remoto* evasi, evadesti, evase, evademmo, evadeste, evasero; *pp* evaso.
evolvere *pp* evoluto.

fare *pr* faccio, fai, fa, facciamo, fate, fanno; *imp* facevo; *p remoto* feci, facesti, fece, facemmo, faceste, fecero; *fut* farò; *conj pr* faccia, faccia, faccia, facciamo, facciate, facciano; *conj imp* facessi; *cond* farei; *imperat* fa'! *o* fai!, faccia!, facciamo!, fate!, facciano!; *ger* facendo; *p pr* facente; *pp* fatto.
figgere *p remoto* fissi, figgesti, fisse, figgemmo, figgeste, fissero; *pp* fitto.
fingere *p remoto* finsi, fingesti, finse, fingemmo, fingeste, finsero; *pp* finto.
flettere *pp* flesso.
fondere *p remoto* fusi, fondesti, fuse, fondemmo, fondeste, fusero; *pp* fuso.
frangere *p remoto* fransi, frangesti, franse, frangemmo, frangeste, fransero; *pp* franto.
friggere *v.* **figgere.**
fungere *v.* **fingere.**

giacere *v.* **piacere.**
giungere *v.* **fingere.**
godere *fut* godrò; *cond* godrei.

immergere *v.* **emergere.**
imprimere *v.* **comprimere.**
incidere *v.* **decidere.**
includere *v.* **accludere.**
incutere *v.* **discutere.**
indurre *v.* **condurre.**
infliggere *v.* **affliggere.**
insistere *pp* insistito.
introdurre *v.* **condurre.**
invadere *v.* **evadere.**

ledere *p remoto* lesi, ledesti, lese, ledemmo, ledeste, lesero; *pp* leso.
leggere *p remoto* lessi, leggesti, lesse, leggemmo, leggeste, lessero; *pp* letto.

mettere *p remoto* misi, mettesti, mise, mettemmo, metteste, misero; *pp* messo.
mordere *p remoto* morsi, mordesti, morse, mordemmo, mordeste, morsero; *pp* morso.
morire *pr* muoio, muori, muore, moriamo, morite, muoiono; *fut* morrò *o* morirò; *conj pr* muoia, muoia, muoia, moriamo, moriate, muoiano; *conj imp* morissi; *cond* morrei *o* morirei; *imperat* muori!, muoia!, moriamo!, morite!, muoiano!; *pp* morto.
mungere *v.* **fingere.**
muovere *p remoto* mossi, movesti *o* muovesti, mosse, movemmo *o* muovemmo, moveste *o* muoveste, mossero; *pp* mosso.

nascere *p remoto* nacqui, nascesti, nacque, nascemmo, nasceste, nacquero; *pp* nato.
nascondere *p remoto* nascosi, nascondesti, nascose, nascondemmo, nascondeste, nascosero; *pp* nascosto.
nuocere *pr* noccio *o* nuoccio, nuoci, nuoce, nociamo *o* nuociamo, nocete, nocciono *o* nuocciono; *imp* nocevo *o* nuocevo; *p remoto* nocqui, nocesti, nocque, nocemmo, noceste, nocquero; *fut* nocerò *o* nuocerò; *conj pr* noccia, noccia, noccia, nociamo, nociate, nocciano; *conj imp* nocessi; *cond* nocerei *o* nuocerei; *imperat* nuoci!, noccia!, nociamo!, nocete!, nocciano!; *ger* nocendo *o* nuocendo; *p pr* nocente *o* nuocente; *pp* nociuto.

offendere *v.* **difendere.**
offrire *p remoto* offersi *o* offrii, offristi, offerse *o* offrì, offrimmo, offriste, offersero *o* offrirono; *pp* offerto.
opprimere *v.* **comprimere.**

parere *pr* paio, pari, pare, paiamo, parete, paiono; *p remoto* parvi, paresti, parve, paremmo, pareste, parvero; *fut* parrò; *conj pr* paia, paia, paia, paiamo, paiate, paiano; *cond* parrei; *imperat fehlt; pp* parso.
percuotere *v.* **scuotere.**
perdere *p remoto* persi *o* perdei *o* perdetti, perdesti, perse *o* perdè *o* perdette, perdemmo, perdeste, persero *o* perderono *o* perdettero; *pp* perso *o* perduto.
persuadere *p remoto* persuasi, persuadesti, persuase, persuademmo, persuadeste, persuasero; *pp* persuaso.
piacere *pr* piaccio, piaci, piace, piacciamo *o* piaciamo, piacete, piacciono; *p remoto* piacqui, piacesti, piacque, piacemmo, piaceste, piacquero; *conj pr* piaccia, piaccia, piaccia, piacciamo *o* piaciamo, piacciate *o* piaciate, piacciano; *imperat* piaci!, piaccia!, piacciamo!, piacete!, piacciano!; *pp* piaciuto.
piangere *p remoto* piansi, piangesti, pianse, piangemmo, piangeste, piansero; *pp* pianto.
piovere *p remoto* piovve.
porgere *p remoto* porsi, porgesti, porse, porgemmo, porgeste, porsero; *pp* porto.
porre *pr* pongo, poni, pone, poniamo, ponete, pongono; *imp* ponevo; *p remoto* posi, ponesti, pose, ponemmo, poneste, posero; *fut* porrò; *conj pr* ponga, ponga, ponga, poniamo, poniate, pongano; *conj imp* ponessi; *cond* porrei; *imperat* poni!, ponga!, poniamo!, ponete!, pongano!; *ger* ponendo; *p pr* ponente; *pp* posto.
possedere *v.* **sedere.**
potere *pr* posso, puoi, può, possiamo, potete, possono; *fut* potrò; *conj pr* possa, possa, possa, possiamo, possiate, possano; *cond* potrei; *imperat fehlt.*
prendere *p remoto* presi, prendesti, prese, prendemmo, prendeste, presero; *pp* preso.
presumere *v.* **assumere.**
produrre *v.* **condurre.**
proteggere *v.* **leggere.**
pungere *v.* **fingere.**

radere *p remoto* rasi, radesti, rase, rademmo, radeste, rasero; *pp* raso.
recidere *v.* **decidere.**
redigere *p remoto* redassi, redigesti, redasse, redigemmo, redigeste, redassero; *pp* redatto.
redimere *p remoto* redensi, redimesti, redense, redimemmo, redimeste, redensero; *pp* redento.
reggere *v.* **leggere.**
rendere *v.* **prendere.**
reprimere *v.* **comprimere.**
resistere *pp* resistito.
ridere *p remoto* risi, ridesti, rise, ridemmo, rideste, risero; *pp* riso.
ridurre *v.* **condurre.**
riflettere *pp* riflesso *o* riflettuto.

rimanere *pr* rimango, rimani, rimane, rimaniamo, rimanete, rimangono; *p remoto* rimasi, rimanesti, rimase, rimanemmo, rimaneste, rimasero; *fut* rimarrò; *conj pr* rimanga, rimanga, rimanga, rimaniamo, rimaniate, rimangano; *cond* rimarrei; *imperat* rimani!, rimanga!, rimaniamo!, rimanete!, rimangano!; *pp* rimasto.
risolvere *v.* **assolvere.**
rispondere *p remoto* risposi, rispondesti, rispose, rispondemmo, rispondeste, risposero; *pp* risposto.
rodere *p remoto* rosi, rodesti, rose, rodemmo, rodeste, rosero; *pp* roso.
rompere *p remoto* ruppi, rompesti, ruppe, rompemmo, rompeste, ruppero; *pp* rotto.

salire *pr* salgo, sali, sale, saliamo, salite, salgono; *conj pr* salga, salga, salga, saliamo, saliate, salgano; *imperat* sali!, salga!, saliamo!, salite!, salgano!
sapere *pr* so, sai, sa, sappiamo, sapete, sanno; *p remoto* seppi, sapesti, seppe, sapemmo, sapeste, seppero; *fut* saprò; *conj pr* sappia, sappia, sappia, sappiamo, sappiate, sappiano; *cond* saprei; *imperat* sappi!, sappia!, sappiamo!, sappiate!, sappiano!
scegliere *pr* scelgo, scegli, sceglie, scegliamo, scegliete, scelgono; *p remoto* scelsi, scegliesti, scelse, scegliemmo, sceglieste, scelsero; *conj pr* scelga, scelga, scelga, scegliamo, scegliate, scelgano; *imperat* scegli!, scelga!, scegliamo!, scegliete!, scelgano!; *pp* scelto.
scendere *p remoto* scesi, scendesti, scese, scendemmo, scendeste, scesero; *pp* sceso.
scindere *p remoto* scissi, scindesti, scisse, scindemmo, scindeste, scissero; *pp* scisso.
sciogliere *v.* **cogliere.**
scorgere *v.* **sorgere.**
scrivere *p remoto* scrissi, scrivesti, scrisse, scrivemmo, scriveste, scrissero; *pp* scritto.
scuotere *p remoto* scossi, scotesti *o* scuotesti, scosse, scotemmo *o* scuotemmo, scoteste *o* scuoteste, scossero; *pp* scosso.
sedere *pr* siedo, siedi, siede, sediamo, sedete, siedono; *conj pr* sieda, sieda, sieda, sediamo, sediate, siedano; *imperat* siedi!, sieda!, sediamo!, sedete!, siedano!
sedurre *v.* **condurre.**
soffrire *v.* **offrire.**
solere *pr* soglio, suoli, suole, sogliamo, solete, sogliono; *fut, cond, imperat fehlen; conj pr* soglia, soglia, soglia, sogliamo, sogliate, sogliano; *pp* solito.
sommergere *v.* **emergere.**
sopprimere *v.* **comprimere.**
sorgere *p remoto* sorsi, sorgesti, sorse, sorgemmo, sorgeste, sorsero; *pp* sorto.
sospendere *v.* **appendere.**
spargere *p remoto* sparsi, spargesti, sparse, spargemmo, spargeste, sparsero; *pp* sparso.
spegnere (spengere) *pr* spengo, spegni, spegne, spegniamo, spegniete, spengono; *p remoto* spensi, spegnesti (spengesti), spense, spegnemmo (spengemmo), spegneste (spengeste), spensero; *conj pr* spenga, spenga, spenga, spegniamo, spegniate, spengano; *pp* spento.
spendere *v.* **appendere.**
spingere *v.* **fingere.**
stare *pr* sto, stai, sta, stiamo, state, stanno; *p remoto* stetti, stesti, stette, stemmo, steste, stettero; *conj pr* stia, stia, stia, stiamo, stiate, stiano; *conj imp* stessi; *imperat* sta'! *o* stai!, stia!, stiamo!, state!, stiano!; *pp* stato.
stringere *p remoto* strinsi, stringesti, strinse, stringemmo, stringeste, strinsero; *pp* stretto.
struggere *v.* **leggere.**
succedere *v.* **concedere.**

tacere *pr* taccio, taci, tace, tacciamo *o* taciamo, tacete, tacciono; *p remoto* tacqui, tacesti, tacque, tacemmo, taceste, tacquero; *conj pr* taccia, taccia, taccia, tacciamo *o* taciamo, tacciate *o* taciate, tacciano; *imperat* taci!, taccia!, tacciamo!, tacete!, tacciano!; *pp* taciuto.
tendere *v.* **prendere.**
tenere *pr* tengo, tieni, tiene, teniamo, tenete, tengono; *p remoto* tenni, tenesti, tenne, tenemmo, teneste, tennero; *fut* terrò; *conj pr* tenga, tenga, tenga, teniamo, teniate, tengano; *cond* terrei; *imperat* tieni!, tenga!, teniamo!, tenete!, tengano!

tingere *v.* **fingere.**
togliere *v.* **cogliere.**
torcere *p remoto* torsi, torcesti, torse, torcemmo, torceste, torsero; *pp* torto.
tradurre *v.* **condurre.**
trarre *pr* traggo, trai, trae, traiamo, traete, traggono; *imp* traevo; *p remoto* trassi, traesti, trasse, traemmo, traeste, trassero; *fut* trarrò; *conj pr* tragga, tragga, tragga, traiamo, traiate, traggano; *conj imp* traessi; *cond* trarrei; *imperat* trai!, tragga!, traiamo!, traete!, traggano!; *ger* traendo; *p pr* traente; *pp* tratto.

uccidere *v.* **decidere.**
udire *pr* odo, odi, ode, udiamo, udite, odono; *fut* udirò *o* udrò; *conj pr* oda, oda, oda, udiamo, udiate, odano; *cond* udirei *o* udrei; *imperat* odi!, oda!, udiamo!, udite!, odano!
ungere *v.* **fingere.**
uscire *pr* esco, esci, esce, usciamo, uscite, escono; *conj pr* esca, esca, esca, usciamo, usciate, escano; *imperat* esci!, esca!, usciamo!, uscite!, escano!

valere *pr* valgo, vali, vale, valiamo, valete, valgono; *p remoto* valsi, valesti, valse, valemmo, valeste, valsero; *fut* varrò; *conj pr* valga, valga, valga, valiamo, valiate, valgano; *cond* varrei; *imperat* vali!, valga!, valiamo!, valete!, valgano!; *pp* valso.
vedere *p remoto* vidi, vedesti, vide, vedemmo, vedeste, videro; *fut* vedrò; *cond* vedrei; *pp* visto *o* veduto.
venire *pr* vengo, vieni, viene, veniamo, venite, vengono; *p remoto* venni, venisti, venne, venimmo, veniste, vennero; *fut* verrò; *conj pr* venga, venga, venga, veniamo, veniate, vengano; *cond* verrei; *imperat* vieni!, venga!, veniamo!, venite!, vengano!; *ger* venendo; *p pr* veniente *o* venente.
vincere *p remoto* vinsi, vincesti, vinse, vincemmo, vinceste, vinsero; *pp* vinto.
vivere *p remoto* vissi, vivesti, visse, vivemmo, viveste, vissero; *fut* vivrò; *cond* vivrei; *pp* vissuto.
volere *pr* voglio, vuoi, vuole, vogliamo, volete, vogliono; *p remoto* volli, volesti, volle, volemmo, voleste, vollero; *fut* vorrò; *conj pr* voglia, voglia, voglia, vogliamo, vogliate, vogliano; *cond* vorrei; *imperat* vogli!, voglia!, vogliamo!, vogliate!, vogliano!
volgere *p remoto* volsi, volgesti, volse, volgemmo, volgeste, volsero; *pp* volto.

Formenlehre der italienischen Sprache
Morfologia della lingua italiana

Die Nominalgruppe

Das Genus und der Numerus

Die Nominalgruppe hat zwei **Genusformen:**

Maskulinum *m*	il treno	der Zug
Femininum *f*	la strada	die Straße

- Das Genus ist eine Eigenschaft des Substantivs. Artikel und Adjektiv richten sich im Genus nach dem Substantiv.

Die Nominalgruppe hat zwei **Numerusformen:**

Singular *sing*	il treno	der Zug
Plural *pl*	i treni	die Züge

Das Substantiv

Plural der Substantive

1. Grundregel

	sing	*pl*
m	il tren**o**	i tren**i**
m, f	il mar**e** la torr**e**	i mar**i** le torr**i**
f	la strad**a**	le strad**e**

- Substantive auf *-o* (maskulin) und auf *-e* (maskulin oder feminin) bilden den Plural auf *-i;* Substantive auf *-a* (feminin) bilden den Plural auf *-e.*

2. Substantive auf *-co, -ca, -go, -ga*

sing	il buco	[-k-]	*pl*	i buchi	[-k-]
	la vacca			le vacche	
	il lago	[-g-]		i laghi	[-g-]
	il collega			i colleghi	
	la bottega			le botteghe	

- Vor allem bei den Substantiven mit Betonung auf der vorletzten Silbe wird hinter *-c-* und *-g-* des Singulars im Plural ein *-h-* geschrieben; die Aussprache [-k-] und [-g-] des Singulars bleibt erhalten.
  Ausnahme: l'amico [-k-] – gli amici [-tʃ-]

sing	il medico l'asparago	[-k-] [-g-]	*pl*	i medici gli asparagi	[-tʃ-] [-dʒ-]

- Vor allem bei den Substantiven mit Betonung auf der drittletzten Silbe wird hinter *-c-* und *-g-* des Singulars im Plural kein *-h-* geschrieben; es besteht Alternanz der Aussprache zwischen [-k-] und [-tʃ-] sowie [-g-] und [-dʒ-].

3. Substantive auf *-io, -ia*

sing	il pendio la bugia	*pl*	i pendii le bugie

- Bei Substantiven mit betontem *-i-* wird die regelmäßige Pluralendung angefügt.

sing	il negozio il bacio il figlio	[-tsi̯o] [-tʃo] [-ʎʎo]	*pl*	i negozi i baci i figli

- Bei Substantiven auf *-io* mit unbetontem *-i-* oder bei Substantiven auf *-cio, -gio, -glio* steht im Plural einfaches *-i*.

sing	l'arancia la goccia la spiaggia la camicia la valigia la figlia	*pl*	le arance le gocce le spiagge le camicie le valigie le figlie

- Bei Substantiven auf *-cia* und *-gia*, bei denen das *-i-* nicht betont ist, steht im Plural einfaches *-e*, wenn dem *-c-* oder dem *-g-* ein weiterer Konsonant vorausgeht; es steht meistens *-ie*, wenn ein Vokal vorausgeht. Bei Substantiven auf *-glia* steht *-ie*.

4. Maskuline Substantive auf *-a*

sing	il problema il geometra	*pl*	i problemi i geometri

- Maskuline Substantive auf *-a* bilden den Plural auf *-i*.

5. Substantive mit unveränderter Form des Plurals

sing	la città il film il cinema la foto la crisi la serie il re	*pl*	le città i film i cinema le foto le crisi le serie i re

- Ohne Kennzeichnung des Plurals bleiben: Substantive mit betontem Vokal im Auslaut, Substantive mit Konsonant im Auslaut, einige maskuline Substantive auf *-a*, einige feminine Substantive auf *-o*, Substantive auf *-i* und auf *-ie* (mit Ausnahmen wie *la moglie – le mogli*), Substantive auf Vokal mit nur einer Silbe.

6. Substantive mit mehreren Pluralformen

sing	il braccio	*pl*	i bracci	die Arme (eines Flusses) ...
			le braccia	die Arme (des Menschen) ...
	il labbro		i labbri	die Ränder (einer Vase) ...
			le labbra	die Lippen (des Menschen) ...
	il muro		i muri	die Mauern (eines Hauses) ...
			le mura	die Stadtmauern
	...		...	

7. Zusammengesetzte Substantive

sing	l'arcobaleno	*pl*	gli arcobalen**i**
	il francobollo		i francobolл**i**
	il grattacielo		i grattaciel**i**
	il capostazione		i cap**i**stazione
	la cassaforte		le cass**e**fort**i**

- Zusammengesetzte Substantive haben häufig dieselbe Pluralbildung wie einfache Substantive. In besonderen Fällen werden andere Formen gebraucht, zum Beispiel mit der Kennzeichnung des Plurals am ersten Bestandteils des Substantivs *(capistazione)* oder mit der Kennzeichnung beider Bestandteile *(casseforti)*.

Einzelfälle

sing	la mano	die Hand	*pl*	le mani
	l'uovo *m*	das Ei		le uova *f*
	l'uomo	der Mensch, der Mann		gli uomini

Das Adjektiv

Genus und Numerus des Adjektivs

sing		*pl*	
m	*f*	*m*	*f*
cald**o**	cald**a**	cald**i**	cald**e**
mit**e**		mit**i**	

- Das Adjektiv wird in Genus und Numerus verändert, und zwar in attributiver Stellung *(le belle case)*, und, im Unterschied zum Deutschen, auch in prädikativer Stellung *(Queste case sono belle)*.
- Auf die Adjektive auf *-co, -go, -io* sind im Plural die Regeln für die Schreibung der Substantive auf *-co*, ... anzuwenden.
- Sonderformen von **bello, buono, grande** und **santo:**
- **bello** hat vor maskulinen Substantiven die Formen **bel, bell', bello, bei, begli** in derselben Verteilung wie die Formen des Artikels **quello.**
- **buono** hat im Singular vor maskulinen Substantiven (außer vor *s + Konsonant, gn, pn, ps, x, z*) die Form **buon.**
- **grande** kann vor Konsonant des nachfolgenden Wortes (außer vor *s + Konsonant, gn, pn, ps, x, z*) zu **gran** verkürzt werden, vor Vokal zu **grand'.**
- **santo** wird vor Konsonant bei Namen männlicher Heiliger (außer vor *s + Konsonant*) zu **san** verkürzt, vor Vokal bei Heiligennamen zu **sant'.**

Steigerung des Adjektivs

Positiv *Komparativ* *relativer Superlativ*	una macchina veloce ein schnelles Auto una macchina più veloce ein schnelleres Auto la macchina più veloce del mondo das schnellste Auto der Welt
absoluter Superlativ	una macchina velocissima ein sehr schnelles Auto

- Einige Adjektive haben gelehrte absolute Superlative:
  celebre **celeberrimo**
  integro **integerrimo**
  misero **miserrimo**
  ...

  Im allgemeinen werden statt des absoluten Superlativs dieser Adjektive Kombinationen mit Adverbien gebraucht:
  celebre **molto celebre**
  integro **perfettamente integro**
  ...

- **buono, cattivo, grande** und **piccolo** haben außer den regelmäßigen Formen (wie *più buono – il più buono – buonissimo*) auch noch unregelmäßige Steigerungsformen:
  buono **migliore, il migliore, ottimo**
  cattivo **peggiore, il peggiore, pessimo**
  grande **maggiore, il maggiore, massimo**
  piccolo **minore, il minore, minimo**

Der Artikel

Der Artikel ist, im Unterschied zu dem selbständig auftretenden Pronomen, Begleiter von Substantiv und Adjektiv in der Nominalgruppe.
In anderen Terminologien als der hier verwendeten werden einige Typen des Artikels auch als „Adjektiv“ oder als „Pronomen“ bezeichnet.

1. Bestimmter Artikel

m	*sing*	*pl*
allgemein vor *Konsonant*	il treno	i treni
vor *s + Konsonant, gn, pn, ps, x, z, i + Vokal*	lo sciopero lo zio	gli scioperi gli zii
vor *Vokal*	l’anno	gli anni
f		
vor *Konsonant*	la strada	le strade
vor *Vokal*	l’ora	le ore

- Artikel vor einem Adjektiv variieren entsprechend dem Anlaut des Adjektivs: *l’ultimo treno – gli ultimi treni*.

2. Verschmelzung von Präpositionen mit dem bestimmten Artikel

	il	lo	l'	la	i	gli	le
a	al	allo	all'	alla	ai	agli	alle
da	dal	dallo	dall'	dalla	dai	dagli	dalle
di	del	dello	dell'	della	dei	degli	delle
in	nel	nello	nell'	nella	nei	negli	nelle
su	sul	sullo	sull'	sulla	sui	sugli	sulle

3. Unbestimmter Artikel und Teilungsartikel

m	*sing*		*pl*
	zählbar	nicht zählbar	zählbar
allgemein vor *Konsonant*	un treno ein Zug	del sale Salz	dei treni Züge
vor *s + Konsonant, gn, pn, ps, x, z, i + Vokal*	uno sciopero ein Streik	dello zucchero Zucker	degli scioperi Streiks
vor *Vokal*	un anno ein Jahr	dell'aceto Essig	degli anni Jahre
f			
vor *Konsonant*	una casa ein Haus	della frutta Obst	delle case Häuser
vor *Vokal*	un'ora eine Stunde	dell'acqua Wasser	delle ore Stunden

- Den unbestimmten Artikel **un,** ... gibt es, ähnlich wie im Deutschen *ein,* ..., nur im Singular bei zählbaren Substantiven. Im Singular bei nicht zählbaren Substantiven und im Plural bei zählbaren Substantiven (im Deutschen jeweils ohne Artikel) steht der „Teilungsartikel" – die Verschmelzungsform von *di* mit dem bestimmten Artikel.
- Im Plural kann das Substantiv auch, wie im Deutschen, ohne Artikel gebraucht werden:
  ho ancora dubbi ich habe noch Zweifel
  non ci sono treni per Milano es gibt keine Züge nach Mailand
- Die Formen von **nessun, nessuno,** ... kein einziger haben dieselbe Verteilung wie diejenigen von **un, uno,** ...

4. Demonstrativartikel

questo, ... der hier, dieser	*m*	*sing*	*pl*
	vor *Konsonant* vor *Vokal*	questo treno quest'anno	questi treni questi anni
	f		
	vor *Konsonant* vor *Vokal*	questa casa quest'ora	queste case queste ore

quel, ... der da, jener	*m*	*sing*	*pl*
	vor *Konsonant*	quel treno	quei treni
	vor *s + Konsonant, gn, pn, ps, x, z, i + Vokal*	quello zio	quegli zii
	vor *Vokal*	quell'anno	quegli anni
	f		
	vor *Konsonant*	quella casa	quelle case
	vor *Vokal*	quell'ora	quelle ore

5. Interrogativartikel

	sing		*pl*	
	m	*f*	*m*	*f*
welcher?	che			
	quale		quali	
wie viele?	quanto	quanta	quanti	quante

- *Beispiele:* Che libri leggi? Welche Bücher liest du?
  Quali intenzioni hai? Welche Absichten hast du?
  Quante persone sono? Wie viele Personen sind es?

6. Relativartikel

	sing		*pl*	
	m	*f*	*m*	*f*
dessen/deren	il cui	la cui	i cui	le cui

- *Beispiele:* La Toscana i cui vini sono ottimi ... Die Toskana, deren Weine sehr gut sind, ...

7. Possessivartikel

Person des Besitzers		**Genus und Numerus des Substantivs, das den Besitz bezeichnet**			
		m		*f*	
		sing	*pl*	*sing*	*pl*
sing	**1. pers**	il mio mein	i miei	la mia	le mie
	2. pers	il tuo dein	i tuoi	la tua	le tue
	3. pers	il suo sein, ihr	i suoi	la sua	le sue
pl	**1. pers**	il nostro unser	i nostri	la nostra	le nostre
	2. pers	il vostro euer	i vostri	la vostra	le vostre
	3. pers	il loro ihr	i loro	la loro	le loro

- Die **Höflichkeitsform** ist im Singular die 3. Person, oft mit Großschreibung: **il Suo, ...**; im Plural ist es die 2. Person, seltener die 3. Person: **il Vostro, ..., il Loro, ...**
- **Vor Verwandtschaftsbezeichnungen** wie *madre, padre, sorella, fratello, nonna, nonno, zia, zio, nipote, ...* stehen die Possessivartikel im Singular in einer verkürzten Form: *mia madre, nostro zio, ...* Die volle Form steht im Plural, bei affektiven Bezeichnungen, bei Präfix- oder Suffixerweiterungen, bei näherer Bestimmung und beim Artikel *loro: i suoi fratelli, la mia mamma, il tuo bisnonno, la nostra zietta, la tua nonna diletta / di Torino, la loro sorella, ...*
- Der Possessivartikel steht im allgemeinen **vor** dem Substantiv, in einigen Ausdrücken aber auch danach: *a casa mia, per colpa sua, ...*

Das Pronomen

Das Pronomen kann, im Unterschied zu dem unselbständigen Artikel, die Nominalgruppe allein ausfüllen.

1. Personalpronomen

Unbetontes Personalpronomen

<table>
<tr><td rowspan="3"></td><td colspan="5">sing</td><td colspan="5">pl</td></tr>
<tr><td>1. pers</td><td>2. pers</td><td colspan="3">3. pers</td><td>1. pers</td><td>2. pers</td><td colspan="3">3. pers</td></tr>
<tr><td></td><td></td><td>m</td><td>f</td><td>rfl</td><td></td><td></td><td>m</td><td>f</td><td>rfl</td></tr>
<tr><td>direktes Objekt (wen?)</td><td rowspan="2">mi</td><td rowspan="2">ti</td><td>lo</td><td>la</td><td rowspan="2">si</td><td rowspan="2">ci</td><td rowspan="2">vi</td><td>li</td><td>le</td><td rowspan="2">si</td></tr>
<tr><td>indirektes Objekt (wem?)</td><td>gli</td><td>le</td><td colspan="2">loro / gli</td></tr>
</table>

Betontes Personalpronomen

	sing					*pl*				
	1. pers	**2. pers**	**3. pers**			**1. pers**	**2. pers**	**3. pers**		
			m	*f*	*rfl*			*m*	*f*	*rfl*
Subjekt (wer?)	io	tu	lui esso	lei essa		noi	voi	loro essi	loro esse	
direktes Objekt (wen?)	me	te	lui	lei	sé	noi	voi	loro	loro	sé
indirektes Objekt (wem?)	a me	a te	a lui a esso	a lei a essa	a sé	a noi	a voi	a loro a essi	a loro a esse	a sé

- Die **Höflichkeitsform** ist im Singular die feminine 3. Person: **La, Le, Lei, a Lei;** im Plural ist es die 2. Person: **Vi, Voi, a Voi,** seltener die 3. Person: **Li, Le, Loro, a Loro.**
- Im allgemeinen steht in der Subjektstelle kein Personalpronomen und in der Objektstelle das unbetonte Personalpronomen.
- Das betonte Personalpronomen wird verwendet, wenn die Person besonders hervorgehoben werden soll:
  Tu vieni. Du kommst.
  Vedo te. Ich sehe dich.
  Scrivo a te. Ich schreibe dir.
- Das unbetonte Personalpronomen steht vor dem Verb (Ti vedo. Ich sehe dich. – Mi fate un piacere. Ihr tut mir einen Gefallen.) oder es wird beim Infinitv, beim Gerundium, beim Partizip und beim bejahten Imperativ der 2. Person Singular und der 1. und 2. Person Plural an das Verb angehängt (Bisogna farlo. Man muß es tun. – Fatemi un piacere! Tut mir einen Gefallen!). **Loro** steht immer nach dem Verb.

- Die Objektformen des betonten Personalpronomens stehen nach dem Verb:
  Vedo te. Ich sehe dich.
- Bei den betonten Formen wird **lui, lei, loro** für Personen und Tiere verwendet, **esso, ...** für Tiere und Sachen oder Sachverhalte.
- Die Form **lo** kann einen neutralen Wert haben:
  Lo so. Ich weiß es.
- Die Formen **lo** und **la** können vor *Vokal* oder *h* durch **l'** ersetzt werden:
  L'avete visto? Habt ihr ihn gesehen?
  L'ho salutato. Ich habe ihn gegrüßt.

Die Pronomen *ci* und *ne*

ci	Ci puoi contare. Du kannst damit rechnen. Andrò a Roma; ci vado spesso. Ich werde nach Rom fahren; ich fahre oft dorthin.
ne	Non ho più notizie di lui. Non ne ho più notizie. Ich habe nichts mehr von ihm gehört. Sei stato alla stazione? – Sì, ne vengo ora. Bist du am Bahnhof gewesen? – Ja, ich komme gerade von dort.

- *ci* wird statt der Verbindung von Präpositionen wie *a* und *su* mit dem Personalpronomen der 3. Person, vor allem mit neutralem Wert, in der Bedeutung „damit, davon, daran ...“ und als Lokaladverb in der Bedeutung „dort, dorthin“ verwendet.
- *ne* wird statt der Verbindung von Präpositionen wie *di* und *da* mit dem Personalpronomen der 3. Person in der Bedeutung „von ihm, von ihr, von ihnen“ und als Lokaladverb in der Bedeutung „von dort“ verwendet.

Kombinationsformen des unbetonten Personalpronomens

	lo	la	li	le	ne
mi	me lo	me la	me li	me le	me ne
ti	te lo	te la	te li	te le	te ne
gli / le	glielo	gliela	glieli	gliele	gliene
ci	ce lo	ce la	ce li	ce le	ce ne
vi	ve lo	ve la	ve li	ve le	ve ne
si	se lo	se la	se li	se le	se ne

- Zu **loro,** das immer nach dem Verb steht, gibt es keine Kombinationsformen.

2. Indefinitpronomen

	m	*f*	*neutral*
einer	uno	una	
irgendeiner	qualcuno	qualcuna	
etwas			qualche cosa / qualcosa
keiner	nessuno	nessuna	
nichts			niente / nulla

3. Demonstrativpronomen

	sing			*pl*	
	m	*f*	*neutral*	*m*	*f*
dieser (hier)	questo	questa	questo / ciò	questi	queste
der da	quello	quella	quello / ciò	quelli	quelle

- Weitere Demonstrativpronomen sind **tale, lo stesso, il medesimo.**

4. Relativpronomen

	sing		*pl*	
	m	*f*	*m*	*f*
als Subjekt / direktes Objekt	che			
nach Präpositionen	cui			
in jeder Position	il quale	la quale	i quali	le quali

- *Beispiele:* le donne che vengono die Frauen, die kommen
  le donne che vedo die Frauen, die ich sehe
  la donna di cui parliamo die Frau, von der wir sprechen
  le donne le quali si sono presentate die Frauen, die sich vorgestellt haben

5. Interrogativpronomen

Person	**Sache / Sachverhalt**	**Menge**			
		sing		*pl*	
		m	*f*	*m*	*f*
chi?	che cosa?	quanto?	quanta?	quanti?	quante?

- *Beispiele:* Chi è venuto? – A chi scrivi?
  Wer ist gekommen? Wem schreibst du?
  Che cosa vuoi? – A che cosa pensi?
  Was willst du? Woran denkst du?
  Quanto costa? – Delle arance. Quante sono?
  Wieviel kostet es? Apfelsinen. Wie viele sind es?

6. Possessivpronomen

Das Possessivpronomen **il mio, ...** entspricht in seinen Formen dem Possessivartikel **il mio, ...**

- *Beispiel:* La tua casa è molto grande, la nostra è più piccola.
  Dein Haus ist sehr groß, unseres ist kleiner.

Bei *essere* + Possessivpronomen in der Bedeutung „gehören" wird die verkürzte Form **mio, ...** verwendet.

- *Beispiel:* Di chi sono questi libri? Sono miei.
  Wem gehören diese Bücher? Es sind meine.

Die Verbalgruppe

Die Diathese, der Modus und das Tempus

Für die **Diathese** werden unterschieden:

Aktiv Passiv	amo ich liebe sono amato ich werde geliebt

Für den **Modus** werden unterschieden:

Finiter Modus	Indikativ Konjunktiv Konditional Imperativ	(lui) ama er liebt (lui) ami er liebe, er soll lieben amerebbe er würde lieben ama! liebe!
Infiniter Modus	Infinitiv Partizip Gerundium	amare lieben amante liebend amando beim Lieben

Für das **Tempus** werden unterschieden:

Präsens Imperfekt Passato remoto Futur Perfekt (Passato prossimo) Plusquamperfekt Futur II	ama er liebt amava er liebte, er hat geliebt amò er liebte, er hat geliebt amerà er wird lieben ha amato er hat geliebt, er liebte aveva amato er hatte geliebt avrà amato er wird geliebt haben

Das Verb

1. Aktiv Indikativ

Präsens

		-are	**-ere**	**-ire**	
		amare lieben	vendere verkaufen/ godere genießen	partire abreisen	capire verstehen
sing	**1. pers**	amo ich liebe	vendo	parto	capisco
	2. pers	ami du liebst	vendi	parti	capisci
	3. pers	ama er/sie/es liebt	vende	parte	capisce
pl	**1. pers**	amiamo wir lieben	vendiamo	partiamo	capiamo
	2. pers	amate ihr liebt	vendete	partite	capite
	3. pers	amano sie lieben	vendono	partono	capiscono

- Die **Höflichkeitsform** ist die 3. Person des Singulars, wenn nur eine Person angesprochen wird; es ist die 2. Person des Plurals, seltener die 3. Person des Plurals, wenn mehrere Personen angesprochen werden.

- Die Verben auf *-ere* werden im Infinitiv teils auf der drittletzten Silbe, teils auf der vorletzten Silbe betont *(vendere, godere)*; die übrigen Formen dieser Verben stimmen miteinander überein.

- Einige Verben auf *-ire* haben im Präsens Sonderformen mit Einschub von *-isc- (capire)*.
- Bei Verben auf *-care* und *-gare* wird vor *e* und *i* der Endung *-ch-* und *-gh-* geschrieben:
  mancare **manco, manchi, manca, manchiamo, ..., mancherò, ...**
  pagare **pago, paghi, paga, paghiamo, ..., pagherò, ...**

  Die Aussprache [-k-] und [-g-] bleibt erhalten.
- Bei Verben auf *-cere* und *-gere* variiert die Aussprache von *-c-* und *-g-* je nach der Endung. Beim Partizip wird vor der Endung *-uto* ein *i* als Schreibzeichen eingeschoben:
  vincere [-tʃ-] **vinco** [-k-], **vinci** [-tʃ-], ...
  conoscere [-ʃʃ-] **conosco** [-sk-], **conosci** [-ʃʃ-], ..., **conosciuto** [-ʃʃ-]
  leggere [-ddʒ-] **leggo** [-gg-], **leggi** [-ddʒ-], ...
- Bei Verben auf *-iare* entfällt unbetontes *i* vor dem *i* der Endung:
  studiare **studio, studi, studia, studiamo, ...**
  Betontes *i* bleibt erhalten:
  inviare **invio, invii, ...**
  sciare **scio, scii, ...**
- Bei Verben auf *-ciare* und *-giare* entfällt das Schreibzeichen *i* vor *i* und *e* der Endung:
  cominciare **comincio, cominci, comincia, ..., comincerò, ...**
  mangiare **mangio, mangi, mangia, ..., mangerò, ...**
- Einige Verben auf *-are* werden im Präsens Singular auf der drittletzten Silbe betont, in der 3. Person Plural auf der viertletzten:
  telefonare **telefono, telefoni, telefona, telefoniamo, telefonate, telefonano**

Imperfekt

sing	**1. pers**	amavo	vendevo	partivo
	2. pers	amavi	vendevi	partivi
	3. pers	amava	vendeva	partiva
pl	**1. pers**	amavamo	vendevamo	partivamo
	2. pers	amavate	vendevate	partivate
	3. pers	amavano	vendevano	partivano

Passato remoto

sing	**1. pers**	amai	vendei	partii
	2. pers	amasti	vendesti	partisti
	3. pers	amò	vendè / vendette	partì
pl	**1. pers**	amammo	vendemmo	partimmo
	2. pers	amaste	vendevate	partiste
	3. pers	amarono	venderono	partirono

Futur

sing	**1. pers**	amerò	venderò	partirò
	2. pers	amerai	venderai	partirai
	3. pers	amerà	venderà	partirà
pl	**1. pers**	ameremo	venderemo	partiremo
	2. pers	amerete	venderete	partirete
	3. pers	ameranno	venderanno	partiranno

Perfekt (Passato prossimo)

sing	**1. pers**	ho	amato / venduto / capito	sono	partito / partita
	2. pers	hai		sei	
	3. pers	ha		è	
pl	**1. pers**	abbiamo		siamo	partiti / partite
	2. pers	avete		siete	
	3. pers	hanno		sono	

Plusquamperfekt

sing	**1. pers**	avevo amato / venduto / capito	ero partito / partita
...		...	...

Futur II

sing	**1. pers**	avrò amato / venduto / capito	sarò partito / partita
...		...	...

- Perfekt, Plusquamperfekt und Futur II werden mit dem Hilfsverb *avere* gebildet *(ho amato, ...)*; bei Verben der Bewegung oder der Veränderung eines Zustands stehen die Formen von *essere (sono partito, ...)*, ebenso bei reflexiven Verben *(mi sono lavato, ...)* und dem Verb *essere* selbst *(sono stato, ...)*.

2. Aktiv Konjunktiv

Präsens

sing	**1. pers**	che io	ami	venda	parta	capisca
	2. pers	che tu	ami	venda	parta	capisca
	3. pers	che lui	ami	venda	parta	capisca
pl	**1. pers**	che noi	amiamo	vendiamo	partiamo	capiamo
	2. pers	che voi	amiate	vendiate	partiate	capiate
	3. pers	che loro	amino	vendano	partano	capiscano

Imperfekt

sing	**1. pers**	che io	amassi	vendessi	partissi
	2. pers	che tu	amassi	vendessi	partissi
	3. pers	che lui	amasse	vendesse	partisse
pl	**1. pers**	che noi	amassimo	vendessimo	partissimo
	2. pers	che voi	amaste	vendeste	partiste
	3. pers	che loro	amassero	vendessero	partissero

3. Aktiv Konditional

sing	**1. pers**	amerei	venderei	partirei
	2. pers	ameresti	venderesti	partiresti
	3. pers	amerebbe	venderebbe	partirebbe
pl	**1. pers**	ameremmo	venderemmo	partiremmo
	2. pers	amereste	vendereste	partireste
	3. pers	amerebbero	venderebbero	partirebbero

4. Aktiv Imperativ

sing	**2. pers**	ama! liebe!	vendi!	parti!	capisci!
	3. pers	ami! lieben Sie!	venda!	parta!	capisca!
pl	**1. pers**	amiamo! lieben wir!	vendiamo!	partiamo!	capiamo!
	2. pers	amate! liebt!, lieben Sie!	vendete!	partite!	capite!
	3. pers	amino! lieben Sie!	vendano!	partano!	capiscano!

5. Passiv

Das Passiv wird mit den Formen von *essere* und dem Partizip Passiv gebildet:

sono amato / amata ich werde geliebt
ero amato / amata ich wurde geliebt
. . .

Daneben gibt es die Formen mit *venire* und dem Partizip Passiv:

vengo informato ich werde informiert, ich bekomme eine Information
vengo aiutato mir wird geholfen, ich erhalte Hilfe

6. Infinitiv, Partizip und Gerundium

Infinitiv		amare	vendere	partire
Partizip	**Präsens**	amante	vendente	partente
	Perfekt und Passiv	amato	venduto	partito
Gerundium		amando	vendendo	partendo

Die Hilfsverben

avere

Indikativ					
		Präsens	**Imperfekt**	**Passato remoto**	**Futur**
sing	**1. pers**	ho	avevo	ebbi	avrò
	2. pers	hai	avevi	avesti	avrai
	3. pers	ha	aveva	ebbe	avrà
pl	**1. pers**	abbiamo	avevamo	avemmo	avremo
	2. pers	avete	avevate	aveste	avrete
	3. pers	hanno	avevano	ebbero	avranno
		Perfekt	**Plusquamperfekt**		**Futur II**
sing	**1. pers**	ho avuto	avevo avuto		avrò avuto
	...	...	...		...

		Konjunktiv		**Konditional**	**Imperativ**
		Präsens	**Imperfekt**		
sing	**1. pers**	abbia	avessi	avrei	
	2. pers	abbia	avessi	avresti	abbi!
	3. pers	abbia	avesse	avrebbe	abbia!
pl	**1. pers**	abbiamo	avessimo	avremmo	abbiamo!
	2. pers	abbiate	aveste	avreste	abbiate!
	3. pers	abbiano	avessero	avrebbero	abbiano!

Infinitiv	**Partizip**		**Gerundium**
	Präsens	**Perfekt**	
avere	avente	avuto	avendo

essere

Indikativ					
		Präsens	**Imperfekt**	**Passato remoto**	**Futur**
sing	**1. pers**	sono	ero	fui	sarò
	2. pers	sei	eri	fosti	sarai
	3. pers	è	era	fu	sarà
pl	**1. pers**	siamo	eravamo	fummo	saremo
	2. pers	siete	eravate	foste	sarete
	3. pers	sono	erano	furono	saranno
		Perfekt	**Plusquamperfekt**		**Futur II**
sing	**1. pers**	sono stato/stata	ero stato/stata		sarò stato/stata
	...	...	...		...

		Konjunktiv		Konditional	Imperativ
		Präsens	Imperfekt		
sing	**1. pers**	sia	fossi	sarei	
	2. pers	sia	fossi	saresti	sii!
	3. pers	sia	fosse	sarebbe	sia!
pl	**1. pers**	siamo	fossimo	saremmo	siamo!
	2. pers	siate	foste	sareste	siate!
	3. pers	siano	fossero	sarebbero	siano!

Infinitiv	**Partizip Perfekt**	**Gerundium**
essere	stato	essendo

Das Adverb

Adverb mit eigener Form:

oggi heute	qui hier	forse vielleicht	...

Adverb als Ableitung vom Adjektiv:

Adjektiv	auf **-o** / **-a**	auf **-e**	auf **-le, -re**
	perfetto / -a	veloce	facile
Adverb	perfettamente	velocemente	facilmente

- Sonderformen: **leggermente, violentemente** (zu **leggero / -a, violento / -a)**
  bene (zu **buono / -a)**

- Steigerung: **facilmente, più facilmente, facilissimamente**
  tardi, più tardi, tardissimo
  ...

  Ausnahmen: **bene** **meglio, benissimo, ottimamente**
  male **peggio, malissimo, pessimamente**
  molto **più, moltissimo**
  poco **meno, pochissimo**

Zahlwörter — Numerali

Grundzahlen / Numeri cardinali

0 zero *null*
1 uno *eins*
2 due *zwei*
3 tre *drei*
4 quattro *vier*
5 cinque *fünf*
6 sei *sechs*
7 sette *sieben*
8 otto *acht*
9 nove *neun*
10 dieci *zehn*
11 undici *elf*
12 dodici *zwölf*
13 tredici *dreizehn*
14 quattordici *vierzehn*
15 quindici *fünfzehn*
16 sedici *sechzehn*
17 diciassette *siebzehn*
18 diciotto *achtzehn*
19 diciannove *neunzehn*
20 venti *zwanzig*
21 ventuno *einundzwanzig*
22 ventidue *zweiundzwanzig*
23 ventitré *dreiundzwanzig*
24 ventiquattro *vierundzwanzig*
25 venticinque *fünfundzwanzig*
26 ventisei *sechsundzwanzig*
27 ventisette *siebenundzwanzig*
28 ventotto *achtundzwanzig*
29 ventinove *neunundzwanzig*
30 trenta *dreißig*
31 trentuno *einunddreißig*
32 trentadue *zweiunddreißig*
40 quaranta *vierzig*
50 cinquanta *fünfzig*
60 sessanta *sechzig*
70 settanta *siebzig*
80 ottanta *achtzig*
90 novanta *neunzig*
100 cento *(ein)hundert*
101 cent(o)uno
(ein)hunderteins, hundert(und)eins
102 centodue
(ein)hundertzwei, hundert(und)zwei
108 cent(o)otto
(ein)hundertacht, hundert(und)acht
120 centoventi
(ein)hundertzwanzig
200 duecento *zweihundert*
300 trecento *dreihundert*
543 cinquecentoquarantatré
fünfhundertdreiundvierzig
1000 mille *(ein)tausend*
1001 milleuno, mille e uno
(ein)tausendeins, tausend(und)eins
1100 mille cento
(ein)tausendeinhundert, elfhundert
2000 duemila *zweitausend*
2001 duemila (e) uno
zweitausend(und)eins
20000 ventimila *zwanzigtausend*
31616 trentunmila seicentosedici
einunddreißigtausendsechshundert-sechzehn
100000 centomila *(ein)hunderttausend*
1000000 un milione *eine Million*
2000000 due milioni *zwei Millionen*
1000000000 un miliardo *eine Milliarde*

Ordnungszahlen / Numeri ordinali

1° primo *erste*
2° secondo *zweite*
3° terzo *dritte*
4° quarto *vierte*
5° quinto *fünfte*
6° sesto *sechste*
7° settimo *siebte*
8° ottavo *achte*
9° nono *neunte*
10° decimo *zehnte*
11° undicesimo *elfte*
12° dodicesimo *zwölfte*
13° tredicesimo *dreizehnte*
14° quattordicesimo *vierzehnte*
15° quindicesimo *fünfzehnte*
16° sedicesimo *sechzehnte*
17° diciassettesimo *siebzehnte*
18° diciottesimo *achtzehnte*
19° diciannovesimo *neunzehnte*
20° ventesimo *zwanzigste*
21° ventunesimo *einundzwanzigste*
22° ventiduesimo *zweiundzwanzigste*
28° ventottesimo *achtundzwanzigste*
30° trentesimo *dreißigste*
40° quarantesimo *vierzigste*
100° centesimo *(ein)hundertste*
101° centunesimo *(ein)hunderterste*
102° centoduesimo *(ein)hundertzweite*
103° centotreesimo *(ein)hundertdritte*
200° duecentesimo *zweihundertste*

1000° millesimo *(ein)tausendste*
1001° millesimo primo *(ein)tausenderste*
2000° duemillesimo *zweitausendste*
100000° centomillesimo *(ein)hunderttausendste*
1000000° milionesimo *millionste*

Jahrhunderte / Secoli

il Novecento
il '900
il ventesimo secolo
il secolo XX *(ventesimo)*
} *das 20. Jahrhundert, das zwanzigste Jahrhundert*

Bruchzahlen / Numeri frazionari

½ mezzo *ein halb*
⅓ un terzo *ein Drittel*
¼ un quarto *ein Viertel*
1/20 un ventesimo *ein Zwanzigstel*
1/100 un centesimo *ein Hundertstel*
1/1000 un millesimo *ein Tausendstel*
2/5 due quinti *zwei Fünftel*
4/7 quattro settimi *vier Sieb(en)tel*
1½ uno e mezzo *eineinhalb, anderthalb*
2⅜ due e tre ottavi *zweidreiachtel*

Maße und Gewichte   Misure e pesi

Längenmaße / Misure di lunghezza

mm	millimetro *Millimeter*	**m**	metro *Meter*
cm	centimetro *Zentimeter*	**km**	chilometro *Kilometer*
dm	decimetro *Dezimeter*		

Flächenmaße / Misure di superficie

mm^2, mmq	millimetro quadrato *Quadratmillimeter*	**m^2, mq**	metro quadrato *Quadratmeter*
cm^2, cmq	centimetro quadrato *Quadratzentimeter*	**km^2, kmq**	chilometro quadrato *Quadratkilometer*
dm^2, dmq	decimetro quadrato *Quadratdezimeter*	**a**	ara *Ar*
		ha	ettaro *Hektar*

Raummaße / Misure di volume

mm^3, mmc	millimetro cubo *Kubikmillimeter*	**m^3, mc**	metro cubo *Kubikmeter*
cm^3, cmc	centimetro cubo *Kubikzentimeter*	**TSL**	tonnellata di stazza lorda *Bruttoregistertonne*
dm^3, dmc	decimetro cubo *Kubikdezimeter*		

Hohlmaße / Misure di capacità

cl	centilitro *Zentiliter*	**l**	litro *Liter*
dl	decilitro *Deziliter*	**hl**	ettolitro *Hektoliter*

Gewichte / Pesi

mg	milligrammo *Milligramm*	**q**	quintale *Doppelzentner*
cg	centigrammo *Zentigramm*	**mezzo quintale**	*Zentner*
dg	decigrammo *Dezigramm*	**t**	tonnellata *Tonne*
g	grammo *Gramm*	**100 g**	un etto(grammo)
kg	chilogrammo *Kilogramm*	**200 g**	due etti

Geläufige italienische Vornamen
Nomi propri italiani più frequenti

Frauen- und Mädchennamen / Nomi propri femminili

Ada ['a:da]	
Adriana [adri'a:na]	Adriane
Agnese [aɲ'ɲɛ:ze]	Agnes
Albertina [alber'ti:na]	Albertine
Alda ['alda]	
Alessandra [ales'sandra]	Alexandra
Alice [a'li:tʃe]	Alice
Andreina [andre'i:na]	Andrea
Angela ['andʒela]	Angela
Angelica [an'dʒɛ:lika]	Angelika
Anita [a'ni:ta]	Anita
Anna ['anna]	Anna, Anne
Antonia [an'tɔ:ni̯a]	Antonia, Antonie
Augusta [au'gusta]	Auguste
Barbara ['barbara]	Barbara
Beatrice [bea'tri:tʃe]	Beatrix
Carla ['karla]	Karla
Caterina [kate'ri:na]	Katharina, Käthe
Cecilia [tʃe'tʃi:li̯a]	Cäcilie
Chiara ['ki̯a:ra], Clara ['kla:ra]	Klara
Claudia ['kla:udi̯a]	Claudia
Cristina [kris'ti:na]	Christine
Daniela [da'ni̯ɛ:la]	Daniela, Daniele
Dina ['di:na]	
Elena ['ɛ:lena]	Helene
Eleonora [eleo'nɔ:ra]	Eleonore
Elisa [e'li:za]	El(i)se
Elisabetta [eliza'bɛtta]	Elisabeth
Emma ['ɛmma]	Emma
Eva ['ɛ:va]	Eva
Fabrizia [fa'brittsi̯a]	
Fausta ['fa:usta]	
Federica [fede'ri:ka]	Friederike
Ferdinanda [ferdi'nanda]	
Flavia ['fla:vi̯a]	
Flora ['flɔ:ra]	Flora
Franca ['fraŋka]	
Francesca [fran'tʃeska]	Franziska
Gabriella [gabri'ɛlla]	Gabriele, Gabriela
Gianna ['dʒanna]	Hanna(h)
Gina ['dʒi:na]	
Giorgia ['dʒordʒa]	
Giovanna [dʒo'vanna]	Johanna
Giulia ['dʒu:li̯a]	Julia, Julie
Giuliana [dʒu'li̯a:na]	Juliane
Giuseppina [dʒuzep'pi:na]	Josefine, Josephine
Grazia ['grattsi̯a]	
Guglielmina [guʎʎel'mi:na]	Wilhelmine
Ida ['i:da]	Ida
Irene [i'rɛ:ne]	Irene

Isotta [i'zɔtta]	Isolde
Laura ['la:ura]	Laura
Lina ['li:na]	Lina
Loredana [lore'da:na]	
Lucia [lu'tʃi:a]	Luzia, Luzie
Luisa [lu'i:za]	Luise
Maddalena [madda'le:na]	Magdalena, Magdalene
Marcella [mar'tʃɛlla]	
Margherita [marge'ri:ta]	Margarete, Margret
Maria [ma'ri:a]	Maria, Marie
Marisa [ma'ri:za]	
Marta ['marta]	Martha
Maura ['ma:ura]	
Michela [mi'kɛ:la]	Michaela
Milena [mi'lɛ:na]	
Mirella [mi'rɛlla]	
Monica ['mɔ:nika]	Monika
Nadia ['na:di̯a]	Nadja
Nicoletta [niko'letta]	
Olga ['ɔlga]	Olga
Ottavia [ot'ta:vi̯a]	Oktavia
Paola ['pa:ola]	Paula
Patrizia [pa'trittsi̯a]	Patrizia, Patricia
Rachele [ra'kɛ:le]	Rachel
Raffaella [raffa'ɛlla]	Raphaela, Rafaela
Renata [re'na:ta]	Renate
Rita ['ri:ta]	Rita
Roberta [ro'bɛrta]	Roberta
Rosa ['rɔ:za]	Rosa
Rosalia [roza'li:a]	Rosalie
Sabina [sa'bi:na]	Sabine
Sandra ['sandra]	Sandra
Sara ['sa:ra]	Sara(h)
Silvana [sil'va:na]	
Silvia ['silvi̯a]	Silvia, Sylvia
Simona [si'mo:na]	Simone
Simonetta [simo'netta]	
Stefania [ste'fa:ni̯a]	Stefanie, Stephanie
Susanna [su'zanna]	Susanne
Teresa [te'rɛ:za]	Therese
Valentina [valen'ti:na]	Valentine
Valeria [va'lɛ:ri̯a]	Valeria
Veronica [ve'rɔ:nika]	Veronika
Vilma ['vilma]	Wilma
Virginia [vir'dʒi:ni̯a]	Virginia
Vittoria [vit'tɔ:ri̯a]	Viktoria

Männer- und Jungennamen / Nomi propri maschili

Abramo [a'bra:mo]	Abraham
Adamo [a'da:mo]	Adam
Adriano [adri'a:no]	Adrian
Agostino [agos'ti:no]	Augustin
Alberto [al'bɛrto]	Albert
Aldo ['aldo]	
Alessandro [ales'sandro]	Alexander
Alfonso [al'fɔnso]	Alfons, Alphons

Andrea [an'drɛ:a]	Andreas
Angelo ['andʒelo]	
Annibale [an'ni:bale]	Hannibal
Antonino [anto'ni:no], Antonio [an'tɔ:ni̯o]	Anton, Antonius
Augusto [au'gusto]	August
Bartolomeo [bartolo'mɛ:o]	Bartholomäus
Benedetto [bene'detto]	Benedikt
Camillo [ka'millo]	
Carlo ['karlo]	Karl
Cesare ['tʃe:zare]	Cäsar
Claudio ['kla:udi̯o]	Claudius
Corrado [kor'ra:do]	Konrad
Cristiano [kris'ti̯a:no]	Christian
Daniele [da'ni̯ɛ:le]	Daniel
Dario ['da:ri̯o]	
Davide ['da:vide]	David
Dino ['di:no]	
Domenico [do'me:niko]	
Edoardo [edo'ardo]	Eduard
Elia [e'li:a], Elio ['ɛ:li̯o]	Elias
Emilio [e'mi:li̯o]	Emil
Enrico [en'ri:ko]	Heinrich
Enzo ['ɛntso]	Heinz
Ernesto [ɛr'nɛsto]	Ernst
Ettore ['ɛttore]	Hektor
Eugenio [eu'dʒɛ:ni̯o]	Eugen
Ezio ['ɛttsi̯o]	
Fabio ['fa:bi̯o]	
Fabrizio [fa'brittsi̯o]	Fabritius
Fausto ['fa:usto]	
Federico [fede'ri:ko]	Friedrich
Ferdinando [ferdi'nando], Fernando [fer'nando]	Ferdinand
Filippo [fi'lippo]	Philipp
Flavio ['fla:vi̯o]	
Francesco [fran'tʃesko]	Franz, Franziskus
Franco ['fraŋko]	Frank
Gabriele [gabri'ɛ:le]	Gabriel
Geremia [dʒere'mi:a]	Jeremias
Giacobbe [dʒa'kɔbbe], Giacomo ['dʒa:komo]	Jakob
Gianni ['dʒanni]	Hans
Gino ['dʒi:no] → Luigi	
Gioacchino [dʒoak'ki:no]	Joachim
Giorgio ['dʒordʒo]	Georg
Giovanni [dʒo'vanni]	Johann(es)
Giuglio ['dʒu:li̯o]	Julius
Giuliano [dʒu'li̯a:no]	Julian
Giuseppe [dʒu'zɛppe]	Josef, Joseph
Graziano [grat'tsi̯a:no]	
Gualtiero [gu̯al'ti̯ɛ:ro]	Walt(h)er
Guglielmo [guʎ'ʎɛlmo]	Wilhelm
Guido ['gu̯i:do]	Guido
Innocenzo [inno'tʃɛntso]	Innozenz
Italo ['i:talo]	
Ivo ['i:vo]	Ivo

Lanfranco [lan'fraŋko]	
Leonardo [leo'nardo]	Leon(h)ard
Lino ['li:no]	
Lodovico [lodo'vi:ko]	Ludwig
Lorenzo [lo'rɛntso]	Lorenz
Luca ['lu:ka]	Lukas
Luciano [lu'tʃa:no]	
Luigi [lu'i:dʒi]	Ludwig
Marcello [mar'tʃɛllo]	
Marco ['marko]	Markus
Mario ['ma:ri̯o]	Marius
Massimiliano [massimi'li̯a:no]	Maximilian
Massimo ['massimo]	Max
Matteo [mat'tɛ:o]	Matthäus
Mattia [mat'ti:a]	Matthias
Maurizio [mau'rittsi̯o]	Moritz
Mauro ['ma:uro]	
Michele [mi'kɛ:le]	Michael
Nicola [ni'kɔ:la], Nicolo [niko'lɔ]	Klaus
Oreste [o'rɛste]	Orest
Orlando [or'lando]	Roland
Otello [o'tɛllo]	Othello
Ottone [ot'to:ne]	Otto
Paolo ['pa:olo]	Paul, Paulus
Pasquale [pas'ku̯a:le]	Pascal
Patrizio [pa'trittsi̯o]	
Piero ['pi̯ɛ:ro]	Peter
Pietro ['pi̯ɛ:tro]	Peter, Petrus
Raffaele [raffa'ɛ:le]	Raphael, Rafael
Renato [re'na:to]	
Renzo ['rɛntso] → Lorenzo	
Riccardo [rik'kardo]	Richard
Roberto [ro'bɛrto]	Robert
Rocco ['rɔkko]	
Rodolfo [ro'dɔlfo]	Rudolf
Ruggero [rud'dʒɛ:ro]	Rüdiger
Sandro ['sandro]	
Sebastiano [sebas'ti̯a:no]	Sebastian
Sergio ['sɛrdʒo]	
Silvano [sil'va:no]	
Silvio ['silvi̯o]	
Simone [si'mo:ne]	Simon
Stefano ['ste:fano]	Stefan, Stephan
Tommaso [tom'ma:zo]	Thomas
Ugo ['u:go]	Hugo
Ulisse [u'lisse]	Odysseus
Umberto [um'bɛrto]	Humbert
Valentino [valen'ti:no]	Valentin
Valerio [va'lɛ:ri̯o]	Valerius
Vincenzo [vin'tʃɛntso]	Vinzenz
Vittorio [vit'tɔ:ri̯o]	Viktor

Italienische Regionen und Hauptstädte
Regioni italiane e loro capoluoghi

Abruzzo	L'Aquila
Basilicata	Potenza
Calabria	Catanzaro
Campania	Napoli
Emilia-Romagna	Bologna
Friuli-Venezia Giulia	Trieste
Lazio	Roma
Liguria	Genova
Lombardia	Milano
Marche	Ancona
Molise	Campobasso
Piemonte	Torino
Puglia	Bari
Sardegna	Cagliari
Sicilia	Palermo
Toscana	Firenze
Trentino – Alto Adige	Trento
Umbria	Perugia
Val d'Aosta	Aosta
Veneto	Venezia

Italienische Kraftfahrzeugkennzeichen
Targhe automobilistiche italiane

AG	Agrigento
AL	Alessandria
AN	Ancona
AO	Aosta
AP	Ascoli Piceno
AQ	L'Aquila
AR	Arezzo
AT	Asti
AV	Avellino
BA	Bari
BG	Bergamo
BL	Belluno
BN	Benevento
BO	Bologna
BR	Brindisi
BS	Brescia
BZ	Bolzano
CA	Cagliari
CB	Campobasso
CE	Caserta
CH	Chieti
CL	Caltanisetta
CN	Cuneo
CO	Como
CR	Cremona
CS	Cosenza
CT	Catania
CZ	Catanzaro
EN	Enna
FE	Ferrara
FG	Foggia
FI	Firenze
FO	Forlì
FR	Frosinone
GE	Genova
GO	Gorizia
GR	Grosseto
IM	Imperia
LE	Lecce
LI	Livorno
LT	Latina
LU	Lucca
MC	Macerata
ME	Messina
MI	Milano
MN	Mantova
MO	Modena
MS	Massa-Carrara
MT	Matera
NA	Napoli
NO	Novara
NU	Nuoro
PA	Palermo
PC	Piacenza
PD	Padova
PE	Pescara
PG	Perugia
PI	Pisa
PR	Parma
PS	Pesaro
PT	Pistoia
PV	Pavia
PZ	Potenza
RA	Ravenna
RC	Reggio Calabria
RE	Reggio Emilia
RG	Ragusa
RI	Rieti
RO	Rovigo
ROMA	Roma
SA	Salerno
SI	Siena
SO	Sondrio
SP	La Spezia
SR	Siracusa
SS	Sassari
SV	Savona
TA	Taranto
TE	Teramo
TN	Trento
TO	Torino
TP	Trapani
TR	Terni
TS	Trieste
TV	Treviso
UD	Udine
VA	Varese
VC	Vercelli
VI	Vicenza
VR	Verona
VT	Viterbo

Italienisches Alphabet Alfabeto italiano

	Benennung denominazione	italienisch italiano	international internazionale	Luftfahrt aviazione	NATO NATO
A, a	[a]	Ancona	Amsterdam	Alfa	Alfa
B, b	[bi]	Bologna	Baltimore	Bravo	Bravo
C, c	[tʃi]	Catania	Casablanca	Coca	Charlie
D, d	[di]	Domodossola	Danemark	Delta	Delta
E, e	[e]	Empoli	Edison	Echo	Echo
F, f	['ɛffe]	Firenze	Florida	Foxtrot	Foxtrot
G, g	[dʒi]	Genova	Gallipoli	Golf	Golf
H, h	['akka]	Hotel	Havana	Hotel	Hotel
I, i	[i]	Imola	Italia	India	India
J, j	[i l'luŋgɑ]	i lunga, Jersey	Jerusalem	Juliet	Juliet
K, k	['kappa]	kappa, Kursaal	Kilogramme	Kilo	Kilo
L, l	['ɛlle]	Livorno	Liverpool	Lima	Lima
M, m	['ɛmme]	Milano	Madagaskar	Metro	Mike
N, n	['ɛnne]	Napoli	New York	Nectar	November
O, o	[ɔ]	Otranto	Oslo	Oscar	Oscar
P, p	[pi]	Padova	Paris	Papa	Papa
Q, q	[ku]	Quarto	Quebec	Quebec	Quebec
R, r	['ɛrre]	Roma	Roma	Romeo	Romeo
S, s	['ɛsse]	Savona	Santiago	Sierra	Sierra
T, t	[ti]	Torino	Tripoli	Tango	Tango
U, u	[u]	Udine	Upsala	Union	Uniform
V, v	[vu *o* vi]	Venezia	Valencia	Victor	Victor
W, w	[vu d'doppi̯ɑ]	vu doppia, Washington	Washington	Whisky	Whisky
X, x	[iks]	Xilofono	Xanthippe	Extra	X-ray
Y, y	['ipsilon]	Yacht	Yokohama	Yankee	Yankee
Z, z	['dzɛ:ta]	Zara	Zürich	Zulu	Zulu

Notizen Appunti

Notizen

Appunti

Notizen Appunti

PONS

Kompaktwörterbuch

Deutsch - Italienisch
Tedesco - Italiano

von
a cura di
Birgit Klausmann-Molter

Carmelino Borelli
Marianne Koch
Veronika Schnorr

Ernst Klett Verlag für Wissen und Bildung
Stuttgart · Dresden

PONS-Kompaktwörterbuch Deutsch-Italienisch/Tedesco-Italiano

von/a cura di
Birgit Klausmann-Molter

und/e
Veronika Schnorr

basierend auf/sulla base del:
PONS-Globalwörterbuch Deutsch-Italienisch/Tedesco-Italiano
von/a cura di Birgit Klausmann-Molter
Mitarbeiter/Hanno collaborato: Carmelino Borelli, Marianne Koch
Phonetik/fonetica: Arthur Wagner
Grammatischer Anhang/appendici grammaticali: Wolfgang Rettig

Neuwörter/neologismi: Chiara de Manzini Himmrich
Koordination/coordinamento: Kornelia Kuhle

Unter Mitwirkung und Leitung der Verlagsredaktion Wörterbücher/
Con la collaborazione e la direzione della redazione lessicografica

Warenzeichen
Eingetragene Warenzeichen sind in der Regel als solche gekennzeichnet.
Allerdings berührt weder das Vorhandensein noch das Fehlen solcher Kennzeichnungen die Rechtslage hinsichtlich eingetragener Warenzeichen.

Marchi registrati
I marchi registrati vengono accolti nel dizionario come tali.
La loro presenza o omissione non incide comunque sulla situazione giuridica riguardante i marchi registrati.

SOMMARIO — INHALT

Guida all'uso del dizionario tedesco – italiano

Hinweise zur Benutzung des Wörterbuchs Deutsch – Italienisch

1. Caratteri usati

nero
per il lemma e per rimandi diretti ad un altro lemma

neretto
per gli esempi e modi di dire in tedesco e per le cifre

tondo
per le traduzioni in italiano

corsivo
per le categorie grammaticali, i generi ecc.

per spiegazioni e definizioni, marcature, sinonimi ed altre aggiunte
per rimandi indiretti alla fine della voce

1. Schriftarten

Fettdruck
für Stichwörter und direkte Verweise auf ein anderes Stichwort

Halbfettdruck
für deutsche Anwendungsbeispiele und Redewendungen und für Ziffern

Grundschrift
für die italienischen Übersetzungen

Kursivschrift
für grammatische Angaben wie Wortart, Genus, etc.
für Erklärungen und Definitionen, Markierungen, Synonyme und andere Zusätze
für indirekte Verweise am Ende eines Eintrags

Esempi: *Beispiele:*

rot [ro:t] ⟨-er *o* ¨er, -este *o* ¨este⟩ *a* rosso; *(Haar a.)* rossiccio; *(Gesicht a.)* rubicondo; **~e Bete** rapa rossa; **der ~e Faden** *fig* il filo conduttore; **das R~e Kreuz** la Croce Rossa; **das R~e Meer** il Mar Rosso; **~ werden** arrossire; **einen ~en Kopf kriegen** arrossire, diventare rosso come un peperone; *s. a. blau.*

geschwollen [gəˈʃvɔlən] **I.** *pp von* **schwellen; II.** *a* **1.** *med* gonfio, gonfiato; **2.** *(Stil)* gonfio, ampolloso.

2. Interpunzione e simboli

, divide diverse varianti di ugual valore, ordinate alfabeticamente
divide la forma maschile di una parola da quella femminile
divide diverse traduzioni di ugual valore

; tra diverse traduzioni, evidenzia una differenza di significato, che, di regola, viene ulteriormente commentata da un'aggiunta esplicativa

. sta alla fine di un articolo

2. Satzzeichen und Symbole

, trennt gleichwertige, alphabetisch aufeinanderfolgende Stichwortvarianten
trennt maskuline und feminine Form eines Wortes
trennt gleichwertige Übersetzungen

; zwischen Übersetzungen zeigt einen Bedeutungsunterschied an, der in der Regel durch einen erklärenden Zusatz erläutert ist

. steht am Ende eines Artikels

: quando precede una locuzione, segnala che la voce, di regola, viene usata solo in quella locuzione

/ indica strutture analoghe

~ sostituisce, negli esempi per l'uso ed in espressioni idiomatiche, la voce che precede; nel caso di voci con desinenza in parentesi, tale tilde sostituisce la parola fino alla parentesi esclusa. Nel caso ci siano dei cambiamenti dalla grafia maiuscola a quella minuscola, la lettera iniziale viene ulteriormente ripetuta.

- sostituisce una parte del lemma; se si trova in parentesi uncinate, lo sostituisce completamente

– negli esempi per l'uso, distingue tra due parlanti

= viene usato per indicare la fusione di due parole

≃ segnala una traduzione approssimativa nel caso di mancanza di una perfetta equivalenza culturale

¨ in parentesi uncinate, indica un raddolcimento della vocale radicale

ø indica un sostantivo tedesco senza plurale

· nei verbi tedeschi caratterizza un prefisso separabile

( ) in parentesi tonde vengono posti
- elementi la cui omissione non cambia il significato. In concomitanza con *o* indicano la sostituzione di uno o più elementi mediante altri.
- aggiunte e chiarificazioni in corsivo
- derivazioni femminili in *-in* di sostantivi tedeschi

⟨ ⟩ le parentesi uncinate racchiudono indicazioni grammaticali e morfologiche

[ ] le parentesi quadre vengono usate per le indicazioni fonetiche

: vor einer Wendung zeigt an, daß das Stichwort in der Regel nur in dieser Wendung gebraucht wird

/ zeigt analoge Strukturen an

~ ersetzt in Anwendungsbeispielen und Redewendungen das vorhergehende Stichwort, bei Stichwörtern mit geklammerter Endung das Wort bis zur Klammer. Bei Wechsel von Groß- und Kleinschreibung wird zusätzlich der Anfangsbuchstabe wiederholt.

- ersetzt einen Teil des Stichworts, in spitzen Klammern auch das vollständige Stichwort

– unterscheidet in Anwendungsbeispielen zwischen zwei Sprechern

= steht bei einer Zusammenziehung zweier Wörter

≃ steht bei einer ungefähren Entsprechung aufgrund kultureller Unterschiede

¨ zeigt in der spitzen Klammer einen Umlaut des Stammvokals an

ø steht, wenn ein deutsches Substantiv keinen Plural hat

· kennzeichnet bei deutschen Verben ein abtrennbares Präfix

( ) in runden Klammern stehen
- Elemente, durch deren Weglassen sich die Bedeutung nicht ändert. In Verbindung mit *o* zeigen sie den Ersatz eines oder mehrerer Elemente durch andere an.
- kursive Zusätze und Erklärungen
- feminine Ableitungen deutscher Substantive auf *-in*

⟨ ⟩ in spitzen Klammern stehen grammatische und morphologische Angaben

[ ] in eckigen Klammern stehen phonetische Angaben

3. Ordine dei lemmi – Macrostruttura

Tutti i lemmi sono **ordinati alfabeticamente.** Nell'ordine alfabetico, per i lemmi a più elementi, non si è tenuto conto degli spazi tra gli elementi stessi.

Le **vocali raddolcite** *ä, ö, ü* vengono considerate alla stessa stregua delle vocali semplici corrispondenti; così *ß* viene trattata come *ss*. Nelle coppie di lemmi che si distinguono fra loro solo per il raddolcimento della vocale, la parola con la vocale raddolcita segue quella con vocale semplice, la parola con *ß* quella con *ss*.
Nelle coppie di omografi la lettera iniziale minuscola precede quella maiuscola.

Se due **varianti ortografiche** di una stessa parola non si susseguono in ordine alfabetico, ciascuna viene presentata come lemma a sé. Di regola segue un **rimando** alla variante trattata con maggiore ampiezza.

Anche le lettere in **parentesi** di un lemma sottostanno all'ordine alfabetico. Così, per esempio, *neb(e)lig* si trova sotto la voce *nebelig, blöd(e)* sotto *blöde,* e *erste(r,s)* sotto *...ers*.

Nell'ordine alfabetico non si tiene conto delle desinenze in parentesi di sostantivi femminili del tipo *Schüler(in)*.

Nelle indicazioni di persona la **forma femminile** viene trattata di regola sotto quella maschile e viene poi ripresa nuovamente, seguendo l'ordine alfabetico, come lemma a sé e con un **rimando,** nel caso in cui essa disti più di due voci da quella maschile:

Autor(in) *m(f)* ...
Autoradio *n* ...
Autoreisezug *m* ...
Autorennen *n* ...
Autorin *f s.* **Autor.**

I **sostantivi composti** o i **lemmi a più elementi** mantengono la loro posizione in ordine alfabetico. **Sintagmi fissi** e **locuzioni,** come *blinder Passagier* o *Kost und Logis* vengono in genere registrati alla voce del primo elemento fraseologico più significativo.

3. Stichwortanordnung – Makrostruktur

Alle Stichwörter sind **alphabetisch angeordnet.** Wortzwischenräume bei mehrgliedrigen Stichwörtern bleiben dabei unberücksichtigt.

Die **Umlaute** *ä, ö, ü* werden wie die entsprechenden nicht umgelauteten Vokale behandelt, *ß* wie *ss*. Bei Wörtern mit ansonsten gleicher Schreibung folgt das Wort mit Umlaut dem ohne Umlaut, das Wort mit *ß* dem mit *ss*.
Stichwörter mit großen Anfangsbuchstaben folgen bei gleicher Schreibung solchen mit kleinen Anfangsbuchstaben.

Wo zwei **orthographische Varianten** eines Wortes alphabetisch nicht unmittelbar aufeinanderfolgen, wird jede als eigenes Stichwort behandelt. Es erfolgt in der Regel ein **Verweis** zu der ausführlich dargestellten Variante.

In **Klammern** stehende Buchstaben in einem Stichwort unterliegen ebenfalls der Alphabetisierung. So findet man z.B. *neb(e)lig* bei *nebelig* und *erste(r,s)* bei *...ers*.

In Klammern stehende Endungen femininer Substantive vom Typ *Schüler(in)* werden bei der Alphabetisierung ignoriert.

Bei Personenbezeichnungen ist die **feminine Form** in der Regel bei der maskulinen abgehandelt und an alphabetischer Stelle dann noch einmal als eigenes Stichwort mit **Verweis** aufgenommen, wenn sie alphabetisch mehr als zwei Einträge von der maskulinen Form entfernt stehen würde:

Komposita und **mehrgliedrige Stichwörter** stehen an ihrer Stelle im Alphabet. **Feste Syntagmen** und **mehrgliedrige Ausdrücke** wie *blinder Passagier* oder *Kost und Logis* sind im allgemeinen unter dem ersten wichtigen bedeutungstragenden Element in der Phraseologie des entsprechenden Stichworts eingeordnet.

Le **forme abbreviate,** le **abbreviazioni,** i **nomi propri** e le **denominazioni geografiche** vengono riportati come lemmi nel corpo del dizionario in ordine alfabetico. Nomi propri e denominazioni geografiche che sono intraducibili (p.es. *Birgit, Jürgen, Düsseldorf*) o uguali in entrambe le lingue (p.es. *Barbara*), non vengono qui riportati. Un elenco dei nomi propri più frequenti si trova nell'appendice.

Nelle **denominazioni geografiche** non vengono esplicitamente riportate le indicazioni degli abitanti delle singole città, bensì come esempio solamente quelle per gli abitanti di **Roma** e di **Bonn.** Fanno eccezione certe particolarità, p.es. termini gastronomici derivati, come *Wiener* o *Hamburger*.

Le **lingue** di regola non vengono registrate separatamente, poiché esse sono derivabili dall'aggettivo corrispondente. Fanno eccezione certe particolarità, come p.es. *Chinesisch*. Alla voce **Deutsch** e **Italienisch** vengono riportati esempi per l'uso generale dei nomi delle lingue.

Alle voci **September, Freitag, blau** e **vier, vier-, vierte(r,s), vierzig** vengono riportati esempi per l'uso generale di determinazioni di **mesi, giorni della settimana, colori** e **numeri.** Nelle altre voci analoghe poi è introdotto un rinvio.

Aggettivi e verbi sostantivati, avverbi tedeschi identici per forma all'aggettivo corrispondente ed aggettivi facilmente derivabili da una forma del participio del verbo spesso non vengono riportati come voci a sé stanti. In questi casi è possibile risalire alla traduzione per mezzo dell'aggettivo o verbo corrispondenti.

Le **forme irregolari** (forme irregolari del plurale del sostantivo, forme di comparazione dell'aggettivo e dell'avverbio, forme irregolari del verbo) che vengono riportate per esteso nelle parentesi uncinate, vengono riprese di regola ancora una volta, secondo l'ordine alfabetico, come lemma a sé, con un **rimando** alla forma di base, nel caso in cui non si trovino in posizione immediatamente vicina alla forma di base stessa:

Kurzwörter, Abkürzungen, Eigennamen und **geographische Bezeichnungen** sind an alphabetischer Stelle als Stichwörter im Wörterverzeichnis zu finden. Hier werden Vornamen und geographische Bezeichnungen, die unübersetzbar (z.B. *Birgit, Jürgen, Düsseldorf*) bzw. in beiden Sprachen gleich sind (z.B. *Barbara*), nicht berücksichtigt. Eine Liste geläufiger Vornamen befindet sich im Anhang.

Bei den **geographischen Bezeichnungen** sind Städtebewohner nicht gesondert aufgeführt, sondern exemplarisch bei **Bonn** und **Rom** dargestellt. Ausnahmen sind bestimmte Besonderheiten, z.B. abgeleitete gastronomische Begriffe wie *Wiener* oder *Hamburger*.

Sprachen sind in der Regel nicht gesondert aufgeführt, da sie sich vom entsprechenden Adjektiv ableiten lassen. Ausnahmen sind bestimmte Besonderheiten, wie z.B. bei *Chinesisch*. Sprachen sind mit ausführlicheren Anwendungsbeispielen exemplarisch bei **Deutsch** und **Italienisch** dargestellt.

Ausführlichere Anwendungsbeispiele von **Monaten, Wochentagen, Farben** und **Zahlen** sind exemplarisch bei **September, Freitag, blau** und **vier, vier-, vierte(r,s), vierzig** dargestellt, worauf in den entsprechenden analogen Einträgen verwiesen wird.

Substantivierte Adjektive und Verben, deutsche Adverbien, die formgleich mit dem entsprechenden Adjektiv sind, und Adjektive, die sich leicht aus einer Partizipform des Verbs ableiten lassen, sind oft nicht als eigenes Stichwort aufgeführt. Wo der Wörterbuchbenutzer ein solches Wort nicht als selbständigen Eintrag findet, sollte er auf die beim jeweiligen Adjektiv- oder Verbeintrag angegebene Übersetzung zurückgreifen.

Unregelmäßige Formen (unregelmäßige Plurale der Substantive, Steigerungsformen der Adjektive und Adverbien, unregelmäßige Verbformen), die in voller Form in der spitzen Klammer angegeben sind, werden in der Regel dann noch einmal an entsprechender Stelle als Stichwort mit einem **Verweis** auf ihre Grundform aufgenommen, wenn sie alphabetisch nicht unmittelbar neben dieser Form stehen würden:

Epen *pl von* **Epos.**
ging [gɪŋ] *imp von* **gehen.**

Gli **omografi** (parole diverse con la stessa grafia) vengono contrassegnati da un esponente in cifre arabe:

Homographen (verschiedene Wörter gleicher Schreibung) werden durch hochgestellte arabische Ziffern unterschieden:

Kiefer[1] ['ki:fɐ] ⟨-s, -⟩ *m anat* mascella *f*.
Kiefer[2] ['ki:fɐ] ⟨-, -n⟩ *f bot* pino *m*.

Schloß[1] [ʃlɔs] ⟨Schlosses, Schlösser⟩ *n* *(Gebäude)* castello *m*.
Schloß[2] [ʃlɔs] ⟨Schlosses, Schlösser⟩ *n* *(Verschluß)* serratura *f; ...*

um·fahren[1] ['ʊmfa:rən] ⟨*irr*⟩ *tr (niederfahren) ...*
umfahren[2] [ʊm'fa:rən] ⟨*irr, ohne ge-*⟩ *tr (herumfahren um) ...*

4. Sviluppo delle voci – Microstruttura

Le singole voci possono esser ulteriormente suddivise in capitoli, contrassegnati da numeri.
Le **cifre romane** contrassegnano diverse parti del discorso, diverse categorie grammaticali e diverse possibilità di costruzione di un verbo *(tr, itr, rfl)*:

4. Aufbau der Wörterbuchartikel – Mikrostruktur

Die einzelnen Artikel können durch Zahlen weiter untergliedert sein.
Dabei kennzeichnen **römische Ziffern** verschiedene Wortarten, verschiedene grammatische Kategorien und verschiedene Konstruktionsmöglichkeiten eines Verbs *(tr, itr, rfl)*:

schön [ʃø:n] **I.** *a* bello; ... **II.** *adv* bene; *fam (ziemlich)* abbastanza; ... **III.** *interj* bene, bravo; *(einverstanden)* d'accordo.

boxen ['bɔksən] **I.** *itr* boxare, fare del pugilato; **II.** *tr* dare dei pugni a; **III.** *rfl:* **sich ~** fare a pugni.

Le **cifre arabe** contrassegnano significati diversi del lemma:

Arabische Ziffern kennzeichnen verschiedene Bedeutungen des Stichworts:

Lösung ⟨-, -en⟩ *f* **1.** *(Los~)* distacco *m;* **2.** *chem, mat, fig* soluzione *f;* **3.** *(von Beziehungen)* scioglimento *m.*

Alla descrizione grammaticale e semantica di ogni categoria grammaticale, suddivisa in parti contrassegnate da cifre romane, segue la rispettiva descrizione fraseologica. Qui vengono riportati i **sintagmi fissi,** le **locuzioni,** gli **esempi,** i **modi di dire** ed i **proverbi** rilevanti per la categoria.

Di regola essi vengono registrati alla voce del primo elemento fraseologico più significativo. In casi dubbi si dovrebbe comunque cercare sotto le altre voci in questione.

Der grammatischen und semantischen Beschreibung jeder durch römische Ziffern gegliederten grammatischen Kategorie folgt ihre phraseologische Beschreibung. Hier sind die für die Kategorie relevanten **festen Syntagmen** und **mehrgliedrigen Ausdrücke, Anwendungsbeispiele, Redewendungen** und **Sprichwörter** aufgeführt.
In der Regel sind sie unter dem als erstes wichtiges bedeutungstragendes Element fungierenden Stichwort eingeordnet, im Zweifelsfall sollte der Benutzer aber auch unter den anderen möglichen Suchwörtern nachschlagen.

5. Aggiunte esplicative – Commenti

Sia nella lingua di partenza che in quella d'arrivo, il significato e l'uso di una parola possono venir chiariti ulteriormente da aggiunte esplicative:

aggiunte in parentesi per sinonimi e definizioni, per soggetti ed oggetti tipici e per altre spiegazioni integrative

indicazioni sui linguaggi specialistici quando si voglia distinguere tra diversi significati

indicazioni sulla diffusione regionale per evidenziare tutte le parole, significati e locuzioni di uso regionale. Se tale uso non può essere esattamente circoscritto (p.es. *A, CH, mer, tosc* ecc.) viene riportata l'indicazione più generale *dial.* Tali indicazioni sono presenti sia nella lingua di partenza che in quella d'arrivo.

indicazioni di stile per evidenziare tutte le parole, tutti i significati e le locuzioni che non appartengono ad un livello di stile neutro: *fam, sl, vulg, adm, geh, lett, poet, obs.* Le indicazioni sono presenti sia nella lingua di partenza che in quella d'arrivo. Le indicazioni di stile all'inizio di ogni registrazione o categoria si riferiscono a tutti i significati e locuzioni all'interno di esse.

indicazioni retoriche se viene marcato un particolare atteggiamento linguistico: *iron, pej, scherz.* Le indicazioni sono riportate solamente per la lingua di partenza, ma si riferiscono anche alla traduzione.

Nella lista delle abbreviazioni sono ampiamente riportate tutte le marcature.

5. Erklärende Zusätze – Kommentierungen

Sowohl in Ausgangs- als auch in Zielsprache können erklärende Zusätze Bedeutung und Anwendung eines Wortes näher bestimmen:

in Klammern stehende Zusätze für Synonyme und Definitionen, für typische Subjekte und Objekte und andere Erklärungen

Fachgebietsangaben, wenn verschiedene Bedeutungen unterschieden werden

Angaben zur regionalen Verbreitung zur Markierung aller Wörter, Bedeutungen und Wendungen, die einem regionalen Gebrauch unterliegen. Läßt sich dieser nicht genau abgrenzen (z.B. *A, CH, mer, tosc* etc.), steht die allgemeine Markierung *dial.* Die Angaben stehen in Ausgangs- und Zielsprache.

Stilangaben zur Markierung aller Wörter, Bedeutungen und Wendungen, die keiner neutralen Stilebene angehören: *fam, sl, vulg, adm, geh, lett, poet, obs.* Die Angaben stehen in Ausgangs- und Zielsprache. Stilangaben zu Beginn eines Eintrags oder einer Kategorie beziehen sich auf alle Bedeutungen und Wendungen innerhalb dieses Eintrags oder dieser Kategorie.

rhetorische Angaben, wenn eine besondere Sprechhaltung markiert wird: *iron, pej, scherz.* Die Angaben stehen nur auf der Ausgangssprachenseite, beziehen sich aber auch auf die Übersetzung.

Die vollständige Liste der Markierungen ist dem Abkürzungsverzeichnis zu entnehmen.

6. Indicazioni morfologiche

Sostantivi

Per tutti i sostantivi viene fornita un'**indicazione di genere.** L'attribuzione del genere grammaticale con *m* (maschile), *f* (femminile) o *n* (neutro) e mediante la loro combinazione indica che si tratta di un sostantivo.

6. Morphologische Angaben

Substantive

Alle Substantive sind mit einer **Genusangabe** versehen. Die Bezeichnung des grammatischen Geschlechts als *m* (Maskulinum), *f* (Femininum) oder *n* (Neutrum) bzw. deren Kombination kennzeichnet ein Wort als Substantiv.

Dopo il lemma o la sua trascrizione fonetica, in parentesi uncinate vengono riportate le **desinenze della flessione** e cioè il genitivo singolare ed il nominativo plurale. Nel caso che per i sostantivi composti e per quelli con prefisso tali indicazioni manchino, valgono anche qui le indicazioni grammaticali della voce semplice:

Nach dem Stichwort bzw. der Phonetikangabe werden in spitzen Klammern die **Flexionsendungen** im Genitiv Singular und im Nominativ Plural angegeben. Fehlen bei zusammengesetzten und präfigierten Substantiven diese Angaben, so gelten auch hier die grammatischen Angaben des Grundworts:

Hase ⟨-n, -n⟩ *m*
Staat ⟨-(e)s, -en⟩ *m*
Kuß ⟨Kusses, Küsse⟩ *m*
Globus ⟨- *o* -ses, Globen *o* -busse⟩ *m*
Couch ⟨-, -es *o fam* -en⟩ *f*
Zone ⟨-, -n⟩ *f*
Knautschzone *f*

Un - senza desinenza significa che la forma corrispondente è identica a quella del nominativo singolare:

Ein - ohne Endung bedeutet, daß die betreffende Form mit der im Nominativ gegebenen Grundform identisch ist:

Birne ⟨-, -n⟩ *f*
Knoten ⟨-s, -⟩ *m*

Se la vocale radicale del nominativo singolare presenta un raddolcimento nella forma del plurale, viene riportato il segno ⸚:

Wird der Stammvokal der Grundform bei der Pluralbildung umgelautet, steht das Zeichen ⸚:

Vogel ⟨-s, ⸚⟩ *m*
Haus ⟨-es, ⸚er⟩ *n*

Per sostantivi che non formano il plurale, viene riportato il segno ø:

Bei Substantiven, die keinen Plural bilden, steht das Zeichen ø:

Glück ⟨-(e)s, ø⟩ *n*
Ausgeglichenheit ⟨-, ø⟩ *f*

I singoli significati di un sostantivo con l'indicazione ⟨*sing*⟩ vengono usati solo al singolare:

Einzelne Bedeutungen eines Substantivs mit der Angabe ⟨*sing*⟩ werden nur im Singular gebraucht:

Mangel[1] ['maŋəl] ⟨-s, ⸚⟩ *m* **1.** ⟨*sing*⟩ *(Fehlen)* mancanza *f* (*an* di), insufficienza *f* (*an* di); **2.** ⟨*sing*⟩ *(Knappheit)* scarsità *f*, penuria *f*; *(a. med)* carenza *f*; **3.** *(Fehler)* difetto *m*; . . .

Sostantivi o singoli significati di un sostantivo con l'indicazione ⟨*pl*⟩ vengono usati solo al plurale:

Substantive oder einzelne Bedeutungen eines Substantivs mit der Angabe ⟨*pl*⟩ werden nur im Plural gebraucht:

Kosten ⟨*pl*⟩
Leute ⟨*pl*⟩

I sostantivi tedeschi che vengono declinati come aggettivi sono riportati nella loro forma determinata e così presentati:

Deutsche Substantive, die wie Adjektive dekliniert werden, werden in der bestimmten Form angegeben und so dargestellt:

Gute ⟨ein -s, -n, ø⟩ *n*
Beamte ⟨ein -r, -n, -n⟩ *m*

Angestellte ⟨ein -r, -n, -n⟩ *mf* per/für

der Angestellte, ein Angestellter *(nom sing)*
des/eines Angestellten *(gen sing)*
die Angestellten *(nom pl)*

La forma femminile è sempre:

die/eine Angestellte *(nom sing)*
der/einer Angestellten *(gen sing)*
die Angestellten *(nom pl)*

e non viene riportata in parentesi uncinate.

Per tutti i sostantivi tedeschi che abbiano un genere naturale e che designino persone, la **forma femminile** viene registrata accanto a quella **maschile.**
Tutti i sostantivi femminili con la desinenza *-in* presentano la flessione regolare ⟨-, -nen⟩ e perciò non rientrano nelle parentesi uncinate. Sostantivi del tipo *Schüler(in)* fanno al maschile *Schüler* e al femminile *Schülerin:*

Die feminine Form lautet dann immer:

und wird in der spitzen Klammer nicht berücksichtigt.

Für alle deutschen Substantive, die ein natürliches Geschlecht haben und Personen bezeichnen, wird die **feminine** neben der **maskulinen Form** angegeben.
Alle femininen Substantive mit der Endung *-in* haben die regelmäßige Flexion ⟨-, -nen⟩ und bleiben daher in der spitzen Klammer unberücksichtigt. Substantive vom Typ *Schüler(in)* lauten in der maskulinen Form *Schüler,* in der femininen *Schülerin:*

Friseur ⟨-s, -e⟩ *m,* **Friseuse** ⟨-, -n⟩ *f*
Arzt ⟨-es, ¨-e⟩ *m,* **Ärztin** *f*
Oberarzt *m,* **-ärztin** *f*
Schüler(in) ⟨-s, -⟩ *m(f)*

Di regola ambedue le forme vengono trattate sotto quella maschile. Nel caso in cui la forma femminile disti più di due voci da quella maschile nell'ordine alfabetico, essa viene registrata come lemma a sé con un rimando alla forma maschile.

In der Regel sind beide Formen unter der maskulinen Form abgehandelt. Wo die feminine Form in der alphabetischen Reihenfolge mehr als zwei Einträge von der maskulinen entfernt stehen würde, wird sie zusätzlich als eigenes Stichwort mit einem Verweis auf die maskuline Form angegeben.

Per i sostantivi che reggono determinate **preposizioni,** la preposizione in questione ed il suo corrispondente vengono riportati dopo la traduzione italiana:

Bei Substantiven, die mit bestimmten **Präpositionen** verbunden werden, sind die zugehörige präpositionale Ergänzung und ihre Entsprechung nach der italienischen Übersetzung angegeben:

Freude ['frɔydə] ⟨-, -n⟩ *f* gioia *f* (*über* per); *(Vergnügen)* piacere *m* (*über* di); *(Fröhlichkeit)* letizia *f* (*über* per); . . .

Aggettivi ed avverbi

Gli aggettivi tedeschi vengono registrati nella forma indeclinata. Quelli che non presentano una forma indeclinata vengono registrati secondo il modello *erste(r,s).*

Gli aggettivi invariati vengono registrati con ⟨*inv*⟩:

Adjektive und Adverbien

Deutsche Adjektive sind in ihrer unflektierten Form angegeben. Adjektive, die keine unflektierte Form haben, werden nach dem Muster *erste(r,s)* dargestellt.

Unveränderliche Adjektive werden mit ⟨*inv*⟩ gekennzeichnet:

rosa ⟨*inv*⟩

Le **forme irregolari del comparativo e del superlativo** e quelle che presentino particolarità morfologiche, come p.es. il raddolcimento della vocale radicale, vengono riportate in parentesi uncinate. La prima forma è quella del comparativo, la seconda quella del superlativo:

Unregelmäßige Steigerungsformen und solche mit morphologischen Besonderheiten wie z. B. Umlautung des Stammvokals werden in spitzen Klammern angegeben. Die erste der Formen bezeichnet dabei den Komparativ, die zweite den Superlativ:

gut ⟨besser, beste⟩
hoch ⟨höher, ¨ste⟩
rot ⟨-er *o* ¨er, -este *o* ¨este⟩
gern ⟨lieber, am liebsten⟩

Per gli aggettivi che reggono determinate **preposizioni,** la preposizione in questione ed il suo corrispondente vengono riportati dopo la traduzione italiana:

Bei Adjektiven, die mit bestimmten **Präpositionen** verbunden werden, sind die zugehörige präpositionale Ergänzung und ihre Entsprechung nach der italienischen Übersetzung angegeben:

gierig *a* avido (*nach* di), bramoso (*nach* di), cupido (*nach* di); ...

La definizione di aggettivo (*a*) in tedesco implica che la parola in questione possa venir usata nella stessa forma anche come avverbio (*adv*). Per questa ragione, qui gli avverbi sono stati registrati come lemma a sé solo nel caso in cui l'uso avverbiale sia più frequente, quando l'avverbio abbia un significato diverso da quello dell'aggettivo, o quando si tratti di un avverbio con forma autonoma come *gern, höchst, oft, sehr, wohl* ecc.

Die Bezeichnung eines deutschen Worts als Adjektiv (*a*) schließt ein, daß das Wort in gleicher Form auch als Adverb (*adv*) gebraucht werden kann. Deshalb sind Adverbien als eigene Einträge in der Regel nur da unterschieden worden, wo der adverbiale Gebrauch häufig ist, das Adverb vom Adjektiv abweichende Bedeutungen hat oder wo es sich um Adverbien mit autonomer Form wie *gern, höchst, oft, sehr, wohl,* etc. handelt.

Verbi

L'indicazione grammaticale *tr, itr* o *rfl* è caratteristica per il verbo. Se un verbo presenta diverse possibilità di costruzione, la voce risulta articolata in modo corrispondente:

Verben

Die grammatische Angabe *tr, itr* oder *rfl* kennzeichnet ein Stichwort als Verb. Wird ein Verb in mehreren dieser Konstruktionsmöglichkeiten gebraucht, ist der Eintrag entsprechend gegliedert:

boxen ['bɔksən] **I.** *itr* boxare, fare del pugilato; **II.** *tr* dare dei pugni a; **III.** *rfl:* **sich ~** fare a pugni.

Nei verbi tedeschi un prefisso separabile viene caratterizzato da · :

Bei deutschen Verben wird ein abtrennbares Präfix durch · gekennzeichnet:

ab·schirmen *tr*
auseinander·setzen I. *rfl:* **sich ~** ...; **II.** *tr* ...
wieder·gut·machen *tr*

Dopo il lemma o la sua trascrizione fonetica seguono in parentesi uncinate le indicazioni sulle **forme irregolari del verbo.** Vengono riportate la terza persona singolare del presente e dell'imperfetto ed il participio passato:

Auf das Stichwort bzw. die Phonetikangabe folgen in spitzen Klammern die Angaben zu **unregelmäßigen Verbformen.** Es werden die 3. Person Singular Präsens und Imperfekt und das Partizip Perfekt angegeben:

lesen[1] ⟨liest, las, gelesen⟩
gehen ⟨geht, ging, gegangen⟩
melken ⟨melkt, melkte *o rar* molk, gemolken *o rar* gemelkt⟩

Mancano invece indicazioni sulle forme di cui sopra per verbi composti e per quelli con prefisso che già siano registrati come lemma a sé nella forma semplice. Essi vengono segnalati con ⟨*irr*⟩ e le loro forme irregolari vengono riportate sotto il corrispondente verbo semplice:

Die Angabe der Stammformen fehlt bei zusammengesetzten und präfigierten Verben, die in ihrer einfachen Form als selbständiger Eintrag erscheinen. Sie werden mit ⟨*irr*⟩ gekennzeichnet, ihre Stammformen sind beim Simplex angegeben:

vor·lesen ⟨*irr*⟩
weg·gehen ⟨*irr*⟩
entgehen ⟨*irr, ohne ge-*⟩

L'indicazione ⟨*reg*⟩ caratterizza, nei verbi con coniugazione regolare ed irregolare, le forme regolari:

Die Bezeichnung ⟨*reg*⟩ kennzeichnet bei einem Verb mit regelmäßiger und unregelmäßiger Konjugation regelmäßige Formen:

ab·hängen I. ⟨*reg*⟩ *tr* ...; **II.** ⟨*irr*⟩ *itr* ...
auf·wenden ⟨*irr o reg*⟩ *tr* ...

Nell'appendice si trova una lista dei verbi irregolari tedeschi più frequenti. Le tabelle di coniugazione dei verbi possono esser consultate, sempre in appendice, nella parte dedicata alla morfologia tedesca.

Eine Liste der häufigsten unregelmäßigen deutschen Verben befindet sich im Anhang, Konjugationstabellen zu Verben ebenfalls dort in der deutschen Formenlehre.

I verbi tedeschi che formano il **participio** senza *ge-* o *-ge-* vengono registrati come segue:

Deutsche Verben, die das **Partizip** ohne *ge-* bzw. *-ge-* bilden, sind so dargestellt:

studieren ⟨*ohne ge-*⟩
beweisen ⟨*irr, ohne ge-*⟩
ab·gewinnen ⟨*irr, ohne ge-*⟩

Tutti i verbi tedeschi che non formino tutti i **tempi composti** esclusivamente con *haben* presentano, dopo l'indicazione della voce, l'aggiunta ⟨*sein*⟩, ⟨*haben o sein*⟩ oppure ulteriori spiegazioni. Talvolta la scelta tra *haben* o *sein* è legata a una differenza nella costruzione o nel significato. In questo caso l'indicazione viene di volta in volta riportata nella voce, secondo la suddivisione corrispondente. Se tale indicazione manca, la formazione dei tempi composti avviene con *haben*. I verbi riflessivi formano di regola i tempi composti con *haben;* per questa ragione nel lemma tale informazione non compare:

Alle deutsche Verben, die die **zusammengesetzten Zeiten** nicht ausschließlich mit *haben* bilden, haben nach der Wortartangabe den Zusatz ⟨*sein*⟩, ⟨*haben o sein*⟩ bzw. weitere Erklärungen. Gelegentlich ist die Bildung mit *haben* oder *sein* mit einem Unterschied in der Konstruktionsweise oder der Bedeutung verbunden. In diesem Fall steht die Angabe jeweils nach der entsprechenden Einteilung im Eintrag. Fehlt die Angabe, so erfolgt die Bildung mit *haben*. Reflexive Verben bilden die zusammengesetzten Zeiten regelmäßig mit *haben;* deshalb wird hier auf die Angabe verzichtet:

laufen ... **I.** *itr* ⟨*sein*⟩ ...; **II.** *tr* **1.** ⟨*sein*⟩ *(Strecke, etc.)* fare, percorrere; **2.** ⟨*haben*⟩*:* **sich** *(dat)* **etw.** ~ *(Blase, etc.)* farsi venire qc (dal gran camminare); ... **III.** *rfl:* **sich warm** ~ riscaldarsi.

schwimmen ... **I.** *itr* ⟨*sein*⟩ **1.** *sport* nuotare; **2.** *(Sachen)* galleggiare; ~ **gehen** andare a nuotare; **über einen Fluß** ~ attraversare un fiume a nuoto; **II.** *tr* ⟨*haben o sein*⟩ nuotare.

Il **pronome riflessivo** «sich» si intende in accusativo quando non venga ulteriormente caratterizzato; nel dativo esso viene segnalato con (*dat*).

Das **Reflexivpronomen** «sich» steht ohne Bezeichnung im Akkusativ, im Dativ wird es als (*dat*) gekennzeichnet.

Le **preposizioni** rette da verbi e la loro **reggenza** vengono registrate con i corrispondenti italiani, dopo la traduzione, nel caso che l'uso nelle due lingue sia divergente:

Die **Präpositionen,** mit denen Verben verbunden sein können, und ihre **Rektion** sind mit ihrer italienischen Entsprechung nach der Übersetzung dann angegeben, wenn der Gebrauch beider Sprachen voneinander abweicht:

verlieben ⟨*ohne ge-*⟩ *rfl:* **sich** ~ innamorarsi (*in* di).

applaudieren ... *itr* applaudire (*jdm* qu).

Preposizioni

Se una preposizione viene trattata come lemma a sé, viene dato il caso che essa regge:

Präpositionen

Ist eine Präposition Stichwort, wird der von ihr regierte Kasus angegeben:

angesichts *prp gen*
wegen *prp gen o dat*

Per le preposizioni *an, auf, hinter, in, neben, über, unter, vor* e *zwischen* che reggono il dativo o l'accusativo, i due casi vengono indicati come segue:

Bei den Präpositionen *an, auf, hinter, in, neben, über, unter, vor* und *zwischen,* die den Dativ oder den Akkusativ regieren, werden beide Kasus so angegeben:

unter *prp dat/acc*

Ortografia

Per l'ortografia tedesca in questo dizionario si è seguito il *Duden;* per l'ortografia italiana ci si è attenuti ai principi seguiti dai dizionari più usati.

Rechtschreibung

Grundlage für die deutsche Rechtschreibung in diesem Wörterbuch ist die Schreibweise des *Duden,* für die italienische Rechtschreibung die Schreibweise der gebräuchlichsten italienischen Wörterbücher.

Divisione in sillabe in tedesco

1. Una consonante semplice fa sillaba con la vocale che segue: *ge-ben, lie-ben, Ra-te*
   - Viene scritta con la vocale che segue anche *h,* indicatrice di lunghezza della vocale che precede: *nä-hen*
   - Hanno valore di consonante semplice i grafemi *ß, x, z: Grü-ße, bo-xen, rei-zen*
   - Seguono lo stesso modello anche le combinazioni di grafemi *ch, sch, st: Wa-che, Wä-sche, We-sten*
2. Nei gruppi di due o più consonanti (ad eccezione del gruppo *-st-* indivisibile) l'ultima va con la vocale che segue: *gel-ten, En-de, gest-rig; Fen-ster*
   - Ha valore di consonante unica *z: Kat-zen*
   - Seguono lo stesso modello anche le combinazioni di grafemi che rappresentano un solo suono (ad eccezione di *ch, sch* indivisibili): *Fin-ger, Was-ser, Städ-ter; man-cher, Wün-sche*
   - La combinazione *-ck-* diventa *-k-k-: Zucker* diventa *Zuk-ker*
3. I dittonghi non si dividono: *Mau-er*
4. Le parole derivate con prefisso o suffisso e le parole composte si dividono secondo il loro modello di derivazione e composizione: *be-streiten, ver-edeln, Häs-chen, liebes-toll, Lebens-art, Weihnachts-abend*
   - I suffissi che cominciano con vocale fanno eccezione a questo modello: *Freun-din* (suffisso *-in*), *Lüf-tung* (suffisso *-ung*)

Osservazioni sulla pronuncia tedesca

Si seguono in generale le norme ed il sistema di trascrizione fonetica del *DUDEN Aussprachewörterbuch, 2ª ed., Mannheim 1974.* I segni fonetici sono i simboli compresi nell'alfabeto dell'Associazione Fonetica Internazionale (si veda **Segni usati per la trascrizione fonetica**).

La trascrizione fonetica completa è indicata per tutte le parole semplici e le forme irregolari dei verbi. Per quanto riguarda determinate forme flessive, voci derivate e composte, è indicata la trascrizione parziale. Questa viene seguita o preceduta da un trattino quando un elemento è omesso per intero, p.es. **Blindschleiche** [-ʃlai̯çə], **Findelkind** ['fɪndəl-], mentre nelle voci derivate di cui è omessa solo una parte della parola, sono usati tre punti, p.es. **Skandal** [skan'da:l], **skandalös** [...da'lø:s].
La trascrizione fonetica è omessa nelle voci omofone della stessa famiglia di parole. Sono omesse anche le voci derivate con prefissi non accentati (si veda la lista a pagina XVII), parole terminanti in determinati suffissi e desinenze (si veda la lista a pagina XVII) accentate nella prima sillaba, e le parole composte di cui gli elementi sono registrati con trascrizione fonetica.

Nel caso delle **varianti di pronuncia** la seconda variante viene preceduta da *o*, p.es. **Kaffee** ['kafe *o* ka'fe:].

La trascrizione delle **desinenze femminili** viene indicata accanto a quella delle forme maschili, segnalando anche le modificazioni delle consonanti finali e dell'accento, p.es. **Artist(in)** [ar'tɪst(ɪn)], **König(in)** ['kø:nɪç (...gɪn)], **Professor(in)** [pro'fɛso:ɐ̯ (...'so:rɪn)].

Normalmente non è segnalata la trascrizione dei **plurali**, anche se comportano determinate modificazioni morfologiche o fonetiche: cambio della vocale *(«Umlaut»)*, cambio delle consonanti sonore che in posizione finale si realizzano come le sorde corrispondenti, cambio del suffisso *-ig* e cambio della *«r vocalizzata»* [ɐ̯] dopo vocale lunga o dittongo, p.es.:

Kalb [kalp]	**Kälber** ['kɛlbɐ]
Trog [tro:k]	**Tröge** ['trø:gə]
Mund [mʊnt]	**Münder** ['mʏndɐ]
Haus [hau̯s]	**Häuser** ['hɔy̯zɐ]
Archiv [ar'çi:f]	**Archive** [ar'çi:və]
König ['kø:nɪç]	**Könige** ['kø:nɪgə]
Meer [me:ɐ̯]	**Meere** ['me:rə].

Invece viene segnalata la trascrizione fonetica delle forme del plurale di quelle voci, in generale di origine straniera, per cui si possono avere incertezze, p.es.: **Adverb** [at'vɛrp, ... bi̯ən], **Demokratie** [demokra'ti:, ... i:ən], **Agitator(in)** [...'ta:to:ɐ̯ (...ta'to:rɪn), ...ta'to:rən].

Come s'è già notato, non viene indicata la trascrizione delle **voci composte** di cui gli elementi siano registrati con trascrizione fonetica. Come nei plurali, non si segnalano i cambi delle consonanti finali dei primi elementi e l'uso del «colpo di glottide» [ʔ] che precede ogni vocale iniziale dei secondi elementi, p.es.:

Meer [me:ɐ̯], **Arm** [arm] – **Meeresarm** ['me:rəsʔarm]
Maus [mau̯s], **Falle** ['falə] – **Mausefalle** ['mau̯zəfalə].

Per quanto riguarda **l'accento** di parola, viene segnalato solo l'accento principale delle voci polisillabe. Il segno d'accento ['] precede la sillaba accentata. Quando nella trascrizione parziale non è indicato l'accento tonico, questo cade sull'elemento omesso, p.es. **Karfreitag** [ka:ɐ̯-], **keilförmig** [-fœrmɪç].
Sono anche registrate le parole con due accenti tonici, ad eccezione di parole composte con *-falls, -maßen* e *-weise.*
Quando ci sono parole che si distinguono per la diversa accentazione, è indicata per intero la trascrizione fonetica delle due parole, p.es.:

über·setzen[1] ['y:bɐzɛt͜sən]
übersetzen[2] [y:bɐ'zɛt͜sən]

Lista dei prefissi non accentati

be-	[bə]	ge-	[gə]
ent-	[ɛnt]	ver-	[fɛɐ̯]
er-	[ɛɐ̯]	zer-	[t͜sɛɐ̯]

Lista dei suffissi e delle desinenze

-bar	[baːɐ̯]	-igte	[ɪçtə]
-e	[ə]	-in	[ɪn]
-el	[əl]	-isch	[ɪʃ]
-eln	[əln]	-keit	[ka͜it]
-elnd	[əlnt]	-ler(in)	[lɐ (lərɪn)]
-elt	[əlt]	-lich	[lɪç]
-en	[ən]	-los	[loːs]
-end	[ənt]	-lung	[lʊŋ]
-ende	[əndə]	-n	[n]
-ens	[əns]	-nis	[nɪs]
-erer(in)	[ərɐ (ərərɪn)]	-s	[s]
-er(in)	[ɐ (ərɪn)]	-sam	[zaːm]
-erisch	[ərɪʃ]	-schaft	[ʃaft]
-ern	[ɐn]	-st	[st]
-ernd	[ɐnt]	-ste	[stə]
-ert	[ɐt]	-stel	[stəl]
-erung	[ərʊŋ]	-stens	[stəns]
-es	[əs]	-t	[t]
-et	[ət]	-te	[tə]
-haft	[haft]	-tel	[təl]
-heit	[ha͜it]	-tens	[təns]
-ig	[ɪç]	-tum	[tuːm]
-ige	[ɪgə]	-tümer	[tyːmɐ]
-igen	[ɪgən]	-ung	[ʊŋ]
-igt	[ɪçt]		

Segni usati per la trascrizione fonetica

Liste der Lautschriftzeichen

Vocali/Vokale

[a] Kamm
[a:] Tag, Saal, Bahn
[ɐ] Leber
[ɐ̯] mehr
[ã] Chanson
[ã:] Chance, Ensemble
[ɑ:] Hardware
[æ] Gangway
[ʌ] Public Relations
[e] egal
[e:] Weg, Beet, gehen
[ɛ] fällen, Bett
[ɛ:] Bär, wählen
[ɛ̃:] Refrain, Pointe
[ə] Katze
[ɘ:] Callgirl
[i] privat, vielleicht
[i:] Bibel, bieten, ziehen, ihnen
[i̯] Studie
[ɪ] bitten
[o] Moral
[o:] Ofen, Boot, Bohne
[o̯] loyal
[õ] Fondue
[õ:] Bonbon
[ɔ] offen
[ɔ:] Callgirl
[ø] Ökologie
[ø:] Öl, Höhle
[œ] öffnen
[u] zuletzt
[u:] Pute, Kuh
[u̯] aktuell
[ʊ] Butter
[y] Büro, Physik
[y:] Tüte, früh, Typ
[y̆] Hyäne
[ʏ] Hütte, Hymne

Dittonghi/Diphthonge

[a͜i] Hai, mein, Reihe, Bayern
[a͜u] Maus, rauh
[ɔ͜y] Häuser, neu, Boiler, Boykott

Consonanti/Konsonanten

[b] Ball, Ebbe
[ç] ich, König
[d] doch, addieren
[d͜ʒ] Dschungel, Jazz
[f] auf, Affe, viel, Philologe
[g] geben, Roggen
[h] haben
[j] jagen
[k] kalt, Decke, Weg, Ochse, Qual, Café
[l] leben, alle
[m] mehr, Kammer
[n] nennen
[ŋ] fangen, Anker
[p] Pappe, gelb
[p͜f] Pfahl
[r] fahren, Narr
[s] aus, lassen, stoßen
[ʃ] schauen, Stein
[t] Hut, Gott, Bad, Stadt, Thron
[t͜s] Zoo, Lotse, Katze, Skizze
[t͜ʃ] Matsch
[θ] Thriller
[v] Wein, Vokal, Qual
[w] Gangway
[x] Nacht
[z] Hase
[ʒ] Genie

Altri segni/Sonstige Zeichen

[:] segno della lunghezza vocale/Längezeichen
[ˀ] occlusivo laringale («colpo di glottide»)/Knacklaut (precede ogni vocale iniziale delle parole e, all'interno delle voci derivate o composte, le vocali iniziali dei morfemi lessicali, p.es. *überall* [ˀy:bɐˈˀal]. Nella trascrizione questo suono non è indicato all'inizio di parola.)
[ˈ] accento tonico/Betonungszeichen

Abbreviazioni Abkürzungen

a	Adjektiv	*aggettivo*
a.	auch	*anche*
A	Österreich, österreichisch	*Austria, austriaco*
ab	Abkürzung	*abbreviazione*
acc	Akkusativ	*accusativo*
adm	Verwaltung, bürokratisch	*amministrazione, linguaggio burocratico*
adv	Adverb	*avverbio*
aero	Luftfahrt	*aeronautica*
agr	Landwirtschaft	*agricoltura*
allg.	allgemein	*generalmente*
anat	Anatomie	*anatomia*
arch	Architektur	*architettura*
astr	Astrologie, Astronomie	*astrologia, astronomia*
attr	attributiv	*attributivo, attributivamente*
bes.	besonders	*specialmente*
biol	Biologie	*biologia*
bot	Botanik	*botanica*
CH	Schweiz, schweizerisch	*Svizzera, svizzero*
chem	Chemie	*chimica*
com	Handel	*commercio*
con	Konjunktion	*congiunzione*
conj	Konjunktiv	*congiuntivo*
dat	Dativ	*dativo*
dial	mundartlich	*dialettale*
Eisenb.	Eisenbahn	*ferrovia*
el	Elektronik	*elettronica*
etc., etc.	et cetera, usw.	*ecc., eccetera*
etw., etw.	etwas	*qualcosa*
f	Femininum	*femminile*
fam	umgangssprachlich, familiär	*familiare, familiarmente*
fig	figurativ, übertragen	*figurato, figurativamente*
film	Film, Kino	*film, cinematografia*
fin	Finanzwesen	*finanza*
fior	florentinisch	*fiorentino*
fot	Fotografie	*fotografia*
gastr	Gastronomie	*gastronomia*
geh	gehobene Ausdrucksweise	*linguaggio elevato*
gen	Genitiv	*genitivo*
genov	genuesisch	*genovese*
geog	Geographie	*geografia*
geol	Geologie	*geologia*
gram	Grammatik	*grammatica*
hist	Geschichte, historisch	*storia, storico*

imp	Imperfekt	*imperfetto*
ind	Indikativ	*indicativo*
inf	Infinitiv	*infinito*
inform	(elektronische) Datenverarbeitung, Informatik	*elaborazione (elettronica) dei dati, informatica*
interj	Interjektion	*interiezione*
inv	unveränderlich	*invariabile*
iron	ironisch	*ironico, ironicamente*
irr	unregelmäßig	*irregolare*
itr	intransitiv	*intransitivo*
jd, jd	jemand	*qualcuno*
jdm, jdm	jemandem	*a qualcuno*
jdn, jdn	jemanden	*qualcuno*
jds, jds	jemandes	*di qualcuno*
jur	Recht(swissenschaft)	*giurisprudenza*
lett	literarische, gehobene Ausdrucksweise	*letterario, letterariamente*
ling	Linguistik	*linguistica*
lit	Literatur	*letteratura*
lomb	lombardisch	*lombardo*
m	Maskulinum	*maschile*
mat	Mathematik	*matematica*
med	Medizin	*medicina*
mer	süditalienisch	*meridionale*
meteo	Meteorologie	*meteorologia*
mil	Militär(wesen)	*militare (scienza e tecnica)*
min	Mineralogie	*mineralogia*
mot	Motor-, Kraftfahrwesen	*motori, traffico*
mus	Musik	*musica*
n	Neutrum	*neutro*
napol	neapolitanisch	*napoletano*
naut	Schiffahrt, Nautik	*navigazione, nautica*
nom	Nominativ	*nominativo*
o	oder	*o*
obs	obsolet, veraltet	*obsoleto, poco usato*
opt	Optik	*ottica*
parl	Parlament	*parlamento*
pej	pejorativ	*peggiorativo, peggiorativamente*
pers	Person, Personal-	*persona, personale*
philos	Philosophie	*filosofia*
phys	Physik	*fisica*
piem	piemontesisch	*piemontese*
pl	Plural	*plurale*
poet	poetisch, dichterisch, literarisch	*poetico, letterario*
pol	Politik	*politica*
pp	Partizip Perfekt	*participio passato*
pr	Präsens	*presente*
pron	Pronomen	*pronome*
prov	Sprichwort, sprichwörtlich	*proverbio, proverbiale*

prp	Präposition	*preposizione*
psych	Psychologie	*psicologia*
qc, qc	etwas	*qualcosa*
qu, qu	jemand	*qualcuno*
radio	Rundfunk	*radiofonia*
rar	selten	*raro, raramente*
reg	regelmäßig	*regolare*
rel	Religion	*religione*
rfl	reflexiv	*riflessivo*
s.	siehe	*vedi*
S., S.	Sache	*cosa*
scherz	scherzhaft	*scherzoso, scherzosamente*
scient	Wissenschaft, wissenschaftlich	*scienza, scientifico*
sett	norditalienisch	*settentrionale*
sicil	sizilianisch	*siciliano*
sing	Singular	*singolare*
sl	Slang, Jargon	*slang, gergo*
soc	Soziologie	*sociologia*
sport	Sport	*sport*
tec	Technik	*tecnica*
tel	Telefon, Nachrichtentechnik	*telefonia, telegrafia*
theat	Theater	*teatro*
tosc	toskanisch	*toscano*
tr	transitiv	*transitivo*
TV	Fernsehen, Bildschirmtechnik	*televisione*
typ	Druckwesen	*stampa, tipografia*
u., u.	und	*e*
venez	venezianisch	*veneziano*
vulg	vulgär	*volgare, volgarmente*
z. B.	zum Beispiel	*per esempio*
zoo	Zoologie	*zoologia*
®	eingetragenes Warenzeichen	*marchio registrato*

A

A, a [a:] ⟨-, -(s)⟩ *n* **1.** *(Buchstabe)* A, a *f;* **2.** *mus* la *m;* **A wie Anton** A come Ancona; **das A und (das) O** l'alfa e l'omega; **von A bis Z** dall'a alla zeta; **wer A sagt, muß auch B sagen** *prov* quando si è in ballo, bisogna ballare *prov.*

a *ab von* **Ar** a (*ab von* ara).

A 1. *ab von* **Ampere** A (*ab von* ampère); **2.** *ab von* **Autobahn** A (*ab von* autostrada); **3.** *ab von* **Austria** A.

Aa [a'ʔa] ⟨-, ø⟩ *n (Kindersprache)* cacca *f;* ~ **machen** fare la cacca.

AA *ab von* **Auswärtiges Amt** ≃ Aff. Est. (*ab von* Ministero degli Affari Esteri).

Aachen ['a:xən] *n* Aquisgrana *f.*

Aal [a:l] ⟨-(e)s, -e⟩ *m* anguilla *f.*

aalen *rfl:* **sich in der Sonne** ~ crogiolarsi al sole.

aalglatt *a* viscido, infido.

Aargau ['a:ɐgau̯] *m* Argovia *f.*

Aas [a:s] ⟨-es, -e⟩ *n (a. fig vulg)* carogna *f;* **es war kein** ~ **da** *vulg* non c'era anima viva. **Aasgeier** *m* **1.** *zoo* avvoltoio *m* perenottero; **2.** *fig* avvoltoio *m.*

ab [ap] **I.** *adv* **1.** *(~getrennt)* staccato; **2.** *(herunter, hinunter)* giù, abbasso; **3.** *theat* esce; **Köln** ~ **7.15** partenza da Colonia alle 7.15; **Jugendliche** ~ **16 (Jahren)** ragazzi dai 16 anni in poi; **von jetzt** ~ d'ora in poi; ~ **und zu** (*o* **an**) ogni tanto, di quando in quando; ~ **ins Bett!** avanti, a letto!; **II.** *prp dat (räumlich)* da; *(zeitlich)* (a partire) da, da ... in poi; *com* franco.

ab·ändern *tr* modificare, mutare, cambiare; *(umarbeiten)* rimaneggiare.

Abänderung *f* modifica *f,* cambiamento *m; (Umarbeitung)* rimaneggiamento *m.*

ab·arbeiten I. *tr (Schuld)* estinguere, ammortizzare lavorando; **II.** *rfl:* **sich** ~ esaurirsi (*o* logorarsi) lavorando.

Abart *f* varietà *f.* **abartig** *a* anormale, anomalo.

Abb. *ab von* **Abbildung** fig (*ab von* figura).

Abbau ⟨-(e)s, ø⟩ *m* **1.** *min* estrazione *f;* **2.** *(Auseinandernehmen)* smontaggio *m;* **3.** *(von Beständen, Preisen, Personal)* riduzione *f,* diminuzione *f;* **4.** *(von Maßnahme, Einrichtung)* soppressione *f;* **5.** *chem* decomposizione *f,* degradazione *f.*

ab·bauen I. *tr* **1.** *(Maschine, Zelt, etc.)* smontare; **2.** *min* estrarre; **3.** *(Bestände, Lohn)* ridurre, diminuire; **4.** *(Personal)* licenziare; **5.** *(Maßnahme, etc.)* sopprimere, abolire; **6.** *chem* decomporre, degradare; **II.** *itr* andare giù.

ab·beißen ⟨*irr*⟩ *tr* staccare con un morso; **sich** *(dat)* **lieber die Zunge** ~ **als ...** *fam* tagliarsi la lingua piuttosto che ... *fam.*

ab·beizen *tr* togliere con corrosivi.

ab·bekommen ⟨*irr, ohne ge-*⟩ *tr* **1.** *(erhalten)* ricevere; *(Schlag, etc.)* prendere; **2.** *(losbekommen)* riuscire a togliere; **etw.** ~ *(verletzt, beschädigt werden)* subire un danno.

ab·berufen ⟨*irr, ohne ge-*⟩ *tr* richiamare.

ab·bestellen ⟨*ohne ge-*⟩ *tr* disdire; *(Zeitung)* disdire l'abbonamento a; *com* annullare l'ordinazione di; **jdn** ~ dire a qu di non venire.

ab·bezahlen ⟨*ohne ge-*⟩ *tr* **1.** *(ganz)* finire di pagare, estinguere; **2.** *(in Raten)* pagare a rate.

ab·biegen ⟨*irr*⟩ **I.** *itr* ⟨*sein*⟩ svoltare, deviare; *(Straße)* diramarsi; **II.** *tr* ⟨*haben*⟩ **1.** *(biegen)* piegare; **2.** *fig* sviare.

Abbild *n* immagine *f.*

ab·bilden *tr (Personen)* ritrarre; *(Dinge)* rappresentare.

Abbildung *f* (*ab* **Abb.**) illustrazione *f,* rappresentazione *f;* **mit ~en** illustrato.

ab·binden ⟨*irr*⟩ **I.** *tr* **1.** *(losbinden)* slegare; **2.** *med (Arm)* legare; *(Arterie)* comprimere; **II.** *itr (Beton, etc.)* far presa.

Abbitte *f* scusa *f;* ~ **leisten** (*o* **tun**) porgere le proprie scuse.

ab·blasen ⟨*irr*⟩ *tr* **1.** *(mil, von Jagd)* suonare la fine di; **2.** *fig fam (Veranstaltung, Streik)* sospendere, annullare, revocare.

ab·blättern *itr* ⟨*sein*⟩ sfaldarsi.

ab·blenden I. *tr* **1.** *(Fenster, etc.)* schermare; **2.** *fot* diaframmare; **3.** *mot (Scheinwerfer)* abbassare; **II.** *itr* **1.** *mot* abbassare i fari abbaglianti; **2.** *film* chiudere in dissolvenza.

Abblendlicht *n* (fari *m pl*) anabbaglianti *m pl.*

ab·blitzen *itr* ⟨*sein*⟩ **: jdn** ~ **lassen** *fam* respingere qu.

ab·brechen ⟨*irr*⟩ **I.** *tr* ⟨*haben*⟩ **1.** *allg.* rompere, spezzare; **2.** *(Gebäude)* demolire; *(Zelt)* smontare; **3.** *fig (Verhandlungen, Beziehungen)* rompere; *(Tätigkeit)* interrompere; *(a. Streik)* sospendere; **II.** *itr* **1.** ⟨*sein*⟩ rompersi, spuntarsi; **2.** ⟨*haben*⟩ *fig (aufhören)* interrompersi.

ab·brennen ⟨*irr*⟩ **I.** *tr* ⟨*haben*⟩ incendiare, bruciare; *(Haus)* dar fuoco a; *(absen-*

gen) abbruciacchiare; *(Feuerwerk)* accendere; **II.** *itr* ‹*sein*› bruciare; *(Haus, etc.)* essere ridotto in cenere; *(Kerze)* consumarsi.

ab·bringen ‹*irr*› *tr:* **jdn von etw. ~** distogliere qu da qc; **jdn von seiner Meinung ~** far cambiare idea a qu.

ab·bröckeln *itr* ‹*sein*› scrostarsi.

Abbruch *m* **1.** *(von Lager, Zelt)* smontaggio *m; (von Gebäude)* demolizione *f;* **2.** *fig (von Beziehungen, Verhandlungen)* rottura *f; (von Wettkampf)* sospensione *f;* **einer S.** *(dat)* **~ tun** recar danno a qc, nuocere a qc. **abbruchreif** *a* da demolire, da abbattere.

ab·buchen *tr* defalcare, detrarre.

Abbuchung *f* detrazione *f,* defalco *m.*

ab·büßen *tr (bes. jur)* scontare; *(bes. rel)* espiare.

Abc [a:be:ˈtse:] ‹-, -› *n* alfabeto *m,* abbiccì *m;* **nach dem ~ ordnen** mettere in ordine alfabetico.

ab·checken [ˈaptʃɛkən] *tr* verificare, controllare.

Abc-Schütze *m* scolaretto *m* alle prime armi. **ABC-Waffen** *f pl* armi *f pl* atomiche, biologiche e chimiche.

ab·danken *itr* dimettersi; *(Herrscher, etc.)* abdicare.

Abdankung ‹-, -en› *f* dimissioni *f pl; (von Herrscher, etc.)* abdicazione *f.*

ab·decken *tr* **1.** *(freilegen)* levare la coperta da, scoprire; **2.** *(ab-, ver-, zudekken)* coprire; **3.** *(Haus)* scoperchiare.

ab·dichten *tr* turare; *(mit Dichtung)* applicare una guarnizione a; *(Tür, Fenster)* turare gli spifferi di.

Abdichtung *f* **1.** *(Vorgang)* render *m* stagno; **2.** *naut* calafataggio *m.*

ab·drehen I. *tr* ‹*haben*› **1.** *(Wasser, Gas)* chiudere; *(Licht, Radio)* spegnere; **2.** *(Film)* finire di girare; **II.** *itr* ‹*haben o sein*› cambiare rotta, virare.

Abdruck[1] ‹-(e)s, -drücke› *m (Finger~, etc.)* impronta *f; (Gips~)* calco *m.*

Abdruck[2] ‹-(e)s, -drucke› *m typ* stampa *f,* pubblicazione *f; (Gedrucktes)* copia *f.*

ab·drucken *tr* pubblicare, stampare.

ab·drücken I. *tr* **1.** *(Gewehr)* scaricare; **2.** *(nachbilden)* fare un calco di; **II.** *rfl:* **sich ~** *(in Weiches)* imprimersi.

ab·dunkeln *tr* oscurare.

ab·ebben *itr* ‹*sein*› **1.** *(Flut)* decrescere; **2.** *fig* diminuire.

abend [ˈa:bənt] *adv:* **heute/gestern/morgen/Freitag ~** questa/ieri/domani/venerdì sera; **bis heute ~!** a stasera!

Abend ‹-s, -e› *m* sera *f; (Veranstaltung)* serata *f;* **zu ~ essen** cenare; **am ~, des ~s** di (*o* (al)la) sera; **eines ~s** una sera; **jeden ~** ogni sera; **guten ~!** buona sera!; **der Heilige ~** la vigilia di Natale. **Abendbrot, -essen** *n* cena *f.* **abendfüllend** *a* che occupa l'intera serata. **Abendgymnasium** *n* liceo *m* serale. **Abendkasse** *f* cassa *f,* botteghino *m.* **Abendkleid** *n* abito *m* da sera. **Abendkurs** *m* corso *m* serale. **Abendland** *n:* **das ~** l'Occidente *m.* **abendländisch** [-lɛndɪʃ] *a* occidentale. **Abendmahl** *n rel* comunione *f; (in Kunst)* cenacolo *m.* **Abendrot** *n* rosso *m* di sera.

abends [ˈa:bənts] *adv* di (*o* la) sera.

Abendschule *f* scuola *f* serale.

Abenteuer [ˈa:bəntɔyɐ] ‹-s, -› *n* avventura *f.* **abenteuerlich** *a* **1.** *(gefährlich)* avventuroso; **2.** *(seltsam)* strano, fantastico. **Abenteuerroman** *m* romanzo *m* d'avventure. **Abenteuerspielplatz** *m* parco *m* Robinson. **Abenteurer(in)** [ˈa:bəntɔyrɐ (...ərɪn)] ‹-s, -› *m(f)* avventuriero, -a *m, f.*

aber [ˈa:bɐ] **I.** *con* **1.** *(Gegensatz)* ma, invece; **2.** *(Einschränkung)* però, tuttavia; **3.** *(Verstärkung)* ma; **II.** *adv:* **~ und ~mals** ripetutamente; **tausend und ~ tausend, Tausende und ~ Tausende** migliaia e migliaia. **Aber** ‹-s, -› *n* ma *m;* **nach vielen Wenn und ~** dopo molti se e ma.

Aberglaube *m* superstizione *f.*

abergläubisch [-glɔybɪʃ] *a* superstizioso.

ab·erkennen ‹*irr, ohne ge-*› *tr* non riconoscere (*jdm etw.* qc a qu); *jur* privare (*jdm etw.* qu di qc).

Aberkennung ‹-, -en› *f* disconoscimento *m; jur* privazione *f.*

abermals [-ma:ls] *adv* di nuovo, un'altra volta.

ab·fahren ‹*irr*› **I.** *itr* ‹*sein*› **1.** *allg.* partire (*nach* per); *(Schiff)* salpare; **2.** *(Skiläufer)* scendere; **II.** *tr* ‹*haben*› **1.** *(Last)* portare via; **2.** *(abtrennen)* troncare; **3.** *(Strecke)* percorrere; **4.** *(Reifen, Fahrkarte)* consumare.

Abfahrt *f* **1.** *allg.* partenza *f;* **2.** *(Ski~)* discesa *f; (Piste)* pista *f* di discesa; **3.** *(Autobahn~)* uscita *f.* **Abfahrt(s)zeit** *f* (orario *m* di) partenza *f.*

Abfall[1] ‹-(e)s, -fälle› *m (Reste)* residuo *m; (a. radioaktiver ~)* scoria *f; (Küchen~)* rifiuti *m pl* (domestici), immondizie *f pl.*

Abfall[2] ‹-(e)s, ø› *m* **1.** *(Glaubens~)* apostasia *f,* rinnegamento *m; (Partei~)* defezione *f,* abbandono *m;* **2.** *(Abnahme)* calo *m,* diminuzione *f;* **3.** *(Neigung)* pendenza *f,* pendio *m.*

Abfalleimer *m* secchio *m* della spazzatura, pattumiera *f.*

ab·fallen ‹*irr*› *itr* ‹*sein*› **1.** *(herunterfallen)* cadere, staccarsi; **2.** *(abnehmen)* calare, diminuire; *(bes. sport)* crollare; **3.** *(Gelände)* digradare; *(Straße)* scendere; **4.** *fig (a. von Partei)* abbandonare (*von jdm/etw.* qu/qc); *(von Glauben)* rinnegare (*von etw.* qc). **abfallend** *a* in declivio, in pendenza.

abfällig *a (Urteil, Kritik)* sfavorevole; *(Bemerkung)* sprezzante.

Abfallprodukt *n* prodotto *m* di scarto, sottoprodotto *m.*

ab·fangen ‹*irr*› *tr* **1.** *(Brief, Agenten)* intercettare; *(Funkspruch)* captare; **2.** *(Stoß)* attutire; *(Schlag)* parare.

ab·färben *itr* stingere, lasciare il colore (*auf* su); **auf jdn** ~ *fig* influenzare qu.

ab·fassen *tr* redigere, stendere.

ab·fertigen *tr* **1.** *(Briefe, Pakete)* spedire; **2.** *(zollamtlich)* ispezionare; **3.** *(Kunden)* servire; **4.** *fam (unfreundlich behandeln)* liquidare (con poche parole).

Abfertigung *f* **1.** *(Versand)* spedizione *f;* **2.** *(zollamtlich)* visita *f;* **3.** *fam* sbrigare *m,* liquidare *m.*

ab·feuern *tr (Waffe)* scaricare; *(Schuß)* sparare.

ab·finden ‹*irr*› **I.** *tr* compensare, indennizzare; **II.** *rfl:* **sich** ~ rassegnarsi (*mit* a).

Abfindung ‹-, -en› *f* indennizzo *m,* liquidazione *f.*

ab·flauen *itr* ‹*sein*› calare; *(Geschäfte)* ristagnare.

ab·fliegen ‹*irr*› **I.** *itr* ‹*sein*› *(Flugzeug)* decollare; *(Personen)* partire con l'aereo (*nach* per); **II.** *tr* ‹*haben*› **1.** *(mit Flugzeug)* sgomberare con l'aereo; **2.** *(einen Raum)* sorvolare.

ab·fließen ‹*irr*› *itr* ‹*sein*› scorrere fuori; *(a. Geld)* defluire.

Abflug *m aero* decollo *m.*

Abfluß *m* **1.** *(Vorgang)* deflusso *m; (Öffnung)* scarico *m;* **2.** *(von Kapital)* fuga *f.* **Abflußrohr** *n* tubo *m* di scarico.

ab·fragen *tr* interrogare (*jdn etw.* qu in *o* su qc).

Abfuhr ['apfu:ɐ̯] ‹-, -en› *f* **1.** sgombero *m,* rimozione *f;* **2.** *fig* rabbuffo *m;* **jdm eine** ~ **erteilen** opporre un rifiuto a qu.

ab·führen **I.** *tr* **1.** *(Gefangene)* condurre via; **2.** *(fig, a. Weg)* sviare (*von* da); *(vom Thema)* far deviare (*von* da); **II.** *itr med* purgare.

Abführmittel *n* purgante *m,* lassativo *m.*

ab·füllen *tr* travasare; *(in Flaschen)* imbottigliare.

Abfüllung *f* travaso *m; (in Flaschen)* imbottigliamento *m.*

Abgabe *f* **1.** *(Ablieferung)* consegna *f;* **2.** *(Verkauf)* vendita *f;* **3.** ‹*meist pl*› *(Steuern)* tasse *f pl,* imposte *f pl;* **4.** *sport* passaggio *m;* **5.** *(Ausströmen, Ausstrahlen)* emissione *f,* emanazione *f.* **abgabenfrei** *a* esente da tasse (*o* imposte). **abgabenpflichtig** *a* tassabile, imponibile.

Abgang *m* **1.** *(Abfahrt)* partenza *f;* **2.** *(Absendung)* invio *m;* **3.** *fig (von Stellung, Arbeit)* ritiro *m,* abbandono *m;* **4.** *theat* uscita *f;* **5.** *med* espulsione *f; (Fehlgeburt)* aborto *m;* **6.** *(Absatz)* smercio *m;* **7.** *com (Verlust)* calo *m.*

Abgangszeugnis *n* certificato *m* finale.

Abgas *n* gas *m* di scarico.

abgearbeitet *a* spossato, esaurito.

ab·geben ‹*irr*› *tr* **1.** *(Brief, Schriftstück)* consegnare; **2.** *(Erklärung)* rilasciare; **3.** *(Amt)* dimettersi da; **4.** *(Gepäck, etc.)* depositare; **5.** *(darstellen)* rappresentare; **6.** *sport* passare; **7.** *phys (Wärme)* emanare; *(Strahlungsenergie)* dare; *(Schuß)* sparare; **sich mit etw./jdm** ~ occuparsi di qc/qu; **abgegebene Stimmen** voti espressi (*o* dati); **sein Urteil über etw.** ~ esprimere il proprio giudizio su qc.

abgebrannt *a fig fam* al verde.

abgebrüht *a fig fam* smaliziato.

abgedroschen *a* vuoto, banale; **~e Redensart** luogo comune.

abgefeimt ['apgəfa͜imt] *a* furbo, matricolato.

abgegriffen *a* logoro.

abgehackt *a (Sprechweise)* stentato.

abgehärtet *a* resistente (*gegen* a), temprato (*gegen* a).

ab·gehen ‹*irr*› *itr* ‹*sein*› **1.** *(abfahren, a. Post)* partire; **2.** *(aus Amt)* ritirarsi; *(frühzeitig von Schule, abbrechen)* abbandonare (*von etw.* qc); **3.** *(Knopf, etc.)* staccarsi; **4.** *(Schauspieler)* uscire (di scena); **5.** *(Ware)* vendersi, smerciarsi; **6.** *(abzweigen)* diramarsi; **7.** *(von Prinzip)* derogare (*von* a); *(von Forderung)* rinunciare (*von* a); **er geht mir sehr ab** mi manca molto; **es gehen drei Mark ab** vanno dedotti tre marchi.

abgekämpft *a* esausto, spossato.

abgekartet ['apgəkartət] *a:* **~e Sache** cosa combinata; **~es Spiel** cosa concertata.

abgelegen *a* appartato, fuori mano.

abgemacht *a* concordato, convenuto, pattuito; **~!** d'accordo!

abgeneigt *a* avverso, sfavorevole, contrario.

abgenutzt *a* logoro, consumato.

Abgeordnete ['apgəˀɔrdnətə] ‹ein -r, -n, -n› *mf* delegato, -a *m, f; pol* deputato, -a *m, f.*

abgeschieden *a* appartato, solitario. **Abgeschiedenheit** ‹-, ø› *f* isolamento *m,* solitudine *f.*

abgeschlafft ['apgəʃlaft] *a sl* spompato *sl.*

abgesehen *adv:* ~ **von** a prescindere da, eccetto; **davon** ~ a parte questo; **von einigen Ausnahmen** ~ tranne qualche eccezione; **es auf etw./jdn** ~ **haben** aver preso di mira qc/qu.

abgespannt *a* spossato, esaurito. **Abgespanntheit** *f* spossatezza *f.*

abgestanden *a* guasto; *(Luft)* viziato; *(Wasser)* stantio.

abgestumpft *a* ottuso (*gegen* a), insensibile (*gegen* a).
ab·gewinnen ‹*irr, ohne ge-*› *tr* **1.** *(Geld)* vincere (*jdm etw.* qc a qu); **2.** *(Achtung, Vertrauen)* guadagnarsi; **einer S.** *(dat)* **Geschmack ~** provar gusto in qc; **jdm ein Lächeln ~** strappare un sorriso a qu.
ab·gewogen ['apgəvo:gən] *pp von* **abwägen, abwiegen.**
ab·gewöhnen ‹*ohne ge-*› *tr:* **jdm etw. ~** disabituare qu da qc, far perdere a qu l'abitudine (*o* il vizio) di qc; **sich** *(dat)* **das Rauchen ~** levarsi il vizio di fumare.
Abgott *m* idolo *m.*
ab·grasen *tr* **1.** *(abweiden)* brucare l'erba di, pascolare; **2.** *fig* sfruttare.
ab·grenzen *tr* **1.** *(begrenzen)* delimitare; **2.** *fig* determinare, definire.
Abgrenzung ‹-, -en› *f* **1.** *(Begrenzung)* delimitazione *f;* **2.** *fig* determinazione *f,* definizione *f.*
Abgrund *m* abisso *m,* precipizio *m.*
ab·gucken *tr* **1.** *(Trick)* apprendere (*jdm etw.* qc da qu); **2.** *(Schüler: abschreiben)* copiare (*von* da).
ab·hacken *tr* troncare, tagliare.
ab·halten ‹*irr*› *tr* **1.** *(fernhalten)* tenere lontano (*von* da); **2.** *(hindern)* impedire; *(von Arbeit)* distogliere (*von* da); **3.** *(Sitzung)* tenere; *(Gottesdienst)* celebrare; **4.** *(Kind)* far fare i bisogni a; **Unterricht ~** fare lezione.
ab·handeln *tr* **1.** *(abkaufen)* ottenere trattando (*jdm etw.* qc da qu); **2.** *(vom Preis)* ottenere una riduzione di; **3.** *fig (schriftlich)* trattare.
abhanden [ap'handən] *adv:* **~ kommen** andare smarrito (*o* perduto).
Abhandlung *f* trattato *m* (*über* su).
Abhang *m* pendio *m.*
ab·hängen I. ‹*reg*› *tr* **1.** *(herunternehmen)* staccare; **2.** *Eisenb., mot* sganciare; **3.** *fig, sport* distaccare; **II.** ‹*irr*› *itr* dipendere (*von* da); *(Fleisch)* frollare.
abhängig *a* dipendente (*von* da); **etw. ~ machen von** subordinare qc a; **von jdm ~ sein** dipendere da qu. **Abhängigkeit** ‹-, -en› *f* dipendenza *f* (*von* da); **gegenseitige ~** interdipendenza *f.*
ab·härten *tr* rendere resistente (*gegen* a); *(a. fig)* temprare (*gegen* contro).
ab·hauen ‹*irr*› *itr* ‹*sein*› *fam* andarsene, tagliare la corda *fam.*
ab·heben ‹*irr*› **I.** *tr* **1.** *(hochheben)* togliere; *(Hörer)* staccare; *(Spielkarten)* alzare; **2.** *fin* prelevare; **II.** *itr aero* decollare; **III.** *rfl:* **sich ~** delinearsi (*von* su, contro), distinguersi (*von* da).
ab·heften *tr* mettere in un classificatore.
ab·helfen ‹*irr*› *itr* rimediare; *(Schwierigkeit)* togliere di mezzo; **dem kann abgeholfen werden** per questo c'è rimedio.
ab·hetzen *rfl:* **sich ~** affannarsi, affaticarsi.
Abhilfe *f* rimedio *m,* riparo *m;* **~ schaffen** trovar rimedio (*in etw.* a qc).
ab·holen *tr (Person)* andare a prendere; *(Gegenstand)* ritirare.
ab·holzen *tr* disboscare.
ab·horchen *tr* **1.** *med* auscultare; **2.** *tel, radio* intercettare.
ab·hören *tr* **1.** *(aufsagen lassen)* far dire; **2.** *tel, radio* intercettare; **3.** *med* auscultare.
Abi ['abi] ‹-s, -s› *n fam,* **Abitur** [abi'tu:ɐ] ‹-s, -e› *n* maturità *f.*
Abiturient(in) [...tu'ri̯ɛnt(ɪn)] ‹-en, -en› *m(f)* **1.** *(vor, im Abitur)* maturando, -a *m, f;* **2.** *(nach Abitur)* maturato, -a *m, f.*
ab·kapseln I. *tr* incapsulare; **II.** *rfl:* **sich ~** isolarsi (*von* da).
ab·kaufen *tr* **1.** *com* acquistare (*jdm etw.* qc da qu); **2.** *fam (glauben)* credere (*jdm etw.* qc a qu); **diese Geschichte kaufe ich dir nicht ab!** non me la dai d'intendere! *fam.*
ab·kehren *rfl:* **sich ~** scostarsi (*von* da).
ab·klappern *tr fam* percorrere (*etw. nach etw.* qc in cerca di qc), battere (*etw. nach etw.* qc in cerca di qc).
ab·klären *tr fig* chiarire.
Abklatsch ‹-(e)s, -e› *m* imitazione *f.*
ab·klingen ‹*irr*› *itr* ‹*sein*› *(Schmerz, Erregung)* calmarsi; *(Krankheit)* essere in via di guarigione.
ab·knöpfen *tr* **1.** *(Kleidung)* sbottonare; **2.** *fig fam* spillare.
ab·kochen *tr (Wasser)* far bollire; *(Kartoffeln)* lessare.
ab·kommen ‹*irr*› *itr* ‹*sein*› **1.** *(vom Weg)* deviare (*von* da); **2.** *(loskommen)* liberarsi (*von* da); **vom Thema ~** deviare dall'argomento; **vom Weg ~** allontanarsi dalla strada, smarrirsi.
Abkommen ‹-s, -› *n* accordo *m; pol* convenzione *f* (*über* su), patto *m* (*über* su).
abkömmlich ['apkœmlɪç] *a* disponibile, libero.
Abkömmling ['apkœmlɪŋ] ‹-s, -e› *m* discendente *mf.*
ab·kratzen I. *tr* ‹*haben*› **1.** *(Schmutz, Farbe)* togliere grattando; **2.** *(Gegenstand)* raschiare; **II.** *itr* ‹*sein*› *vulg* tirare le cuoia *vulg.*
ab·kriegen *fam s.* **abbekommen.**
ab·kühlen I. *tr* fare (*o* lasciare) raffreddare; **II.** *rfl:* **sich ~** raffreddarsi; *(Wetter)* rinfrescare; *(Mensch: sich erfrischen)* rinfrescarsi.
Abkühlung *f* raffreddamento *m.*
ab·kürzen *tr* accorciare; *(Wort)* abbreviare.
Abkürzung *f* accorciamento *m; (kürzerer Weg)* accorciatoia *f; (Wort)* abbreviazione *f.*
ab·laden ‹*irr*› *tr* scaricare.

Ablage *f* **1.** *(von Akten)* archiviazione *f;* **2.** *(Ort)* deposito *m,* magazzino *m; (Akten~)* archivio *m; (Kleider~)* guardaroba *m.*
ab·lagern I. *tr* ⟨*haben*⟩ depositare; **II.** *itr* ⟨*sein*⟩ stagionare; *(Wein)* invecchiare; **III.** *rfl:* **sich ~** depositarsi.
Ablagerung *f* **1.** *geol* sedimentazione *f;* **2.** *(Abgelagertes)* deposito *m;* **3.** *(Lagerung)* stagionatura *f,* invecchiamento *m.*
Ablaß ['aplas] ⟨-lasses, -lässe⟩ *m* indulgenza *f.*
ab·lassen ⟨*irr*⟩ **I.** *tr* **1.** *(Flüssigkeit)* far defluire; *(Gas)* scaricare; **2.** *(Faß, Teich)* (s)vuotare; **3.** *com* scontare; **II.** *itr:* **von etw. ~** desistere da qc; **von jdm ~** lasciare qu.
Ablauf *m* **1.** *(das Ablaufen)* deflusso *m; (Ausguß)* scarico *m;* **2.** *(von Vorgang)* (de)corso *m; (von Frist, Vertrag)* scadenza *f,* termine *m;* **nach ~ der Frist** alla scadenza.
ab·laufen ⟨*irr*⟩ **I.** *itr* ⟨*sein*⟩ **1.** *(abfließen)* defluire, scorrere; **2.** *(sich entleeren)* svuotarsi; **3.** *(Vorgang, a. Tonband)* svolgersi; *(Film)* venir proiettato; **4.** *fig (zu Ende gehen)* andare a finire; *(Frist, Vertrag)* scadere, spirare; **II.** *tr* ⟨*haben*⟩ **1.** *(Schuhe)* consumare camminando; **2.** *(Strecke)* percorrere.
ab·legen I. *tr* **1.** *(hinlegen)* deporre; *(Kleider)* levarsi; **2.** *(Gewohnheit, etc.)* togliersi; **3.** *(Brief, Akten)* classificare; **4.** *(Eid)* prestare; *(Prüfung, Geständnis)* fare; **Rechenschaft ~** rendere conto (*über* di); **Zeugnis ~** prestare testimonianza (*über* di); **II.** *itr* levarsi (*o* togliersi) i vestiti.
Ableger ⟨-s, -⟩ *m bot* propaggine *f.*
ab·lehnen *tr* rifiutare; *(Einladung, Wahl, etc.)* declinare; *(Antrag)* respingere; **jdn ~** respingere qu. **ablehnend** *a* contrario, sfavorevole; *(Antwort)* negativo; **sich ~ verhalten** mostrarsi sfavorevole (*gegenüber* a).
Ablehnung ⟨-, -en⟩ *f* rifiuto *m; (von Antrag)* rigetto *m.*
ab·leiten *tr* **1.** *(umleiten)* deviare; **2.** *ling, mat, el, fig* derivare; **3.** *(folgern)* dedurre, trarre.
Ableitung *f* **1.** *(Vorgang)* deviazione *f;* **2.** *(Folgerung)* deduzione *f;* **3.** *ling, el, fig* derivazione *f; mat* derivata *f.*
ab·lenken *tr* **1.** *(zerstreuen)* distrarre; *(Gedanken, Aufmerksamkeit)* distogliere; *(Verdacht)* allontanare; **2.** *(Wasser, etc.)* deviare.
Ablenkung *f* **1.** *(Umleitung)* deviazione *f;* **2.** *(Zerstreuung)* distrazione *f,* svago *m.* **Ablenkungsmanöver** *n* manovra *f* diversiva.
ab·lesen ⟨*irr*⟩ *tr* leggere.
ab·liefern *tr* consegnare.
Ablieferung *f* consegna *f.*
ab·lösen I. *tr* **1.** *(entfernen)* staccare (*von* da); **2.** *(bei Arbeit)* dare il cambio (*mit* a), alternarsi (*mit* con); *(im Amt)* sostituire; **II.** *rfl:* **sich ~** *(Farbe)* staccarsi; *(Haut)* squamarsi.
Ablösesumme *f sport* riscatto *m.*
Ablösung *f* **1.** *(das Loslösen)* stacco *m;* **2.** *(bei Tätigkeit)* cambio *m; (a. mil)* rilevamento *m; (im Amt)* sostituzione *f.*
ab·machen[1] *tr (wegmachen)* togliere, staccare.
ab·machen[2] *tr (vereinbaren)* concordare; **das sollen sie unter sich ~!** si arrangino!; **abgemacht!** d'accordo!
Abmachung ⟨-, -en⟩ *f* accordo *m.*
ab·magern *itr* ⟨*sein*⟩ dimagrire.
Abmagerungskur *f* cura *f* dimagrante.
ab·malen *tr* dipingere; *(kopieren)* copiare.
ab·melden I. *tr* **1.** *(von Schule)* ritirare; **2.** *(Besuch, Zeitung, Telefon, etc.)* disdire; **II.** *rfl:* **sich ~ 1.** *(bes. mil)* congedarsi; **2.** *(polizeilich)* notificare il cambiamento di residenza (*bei* a, presso).
ab·messen ⟨*irr*⟩ *tr* misurare.
ab·montieren ⟨*ohne ge-*⟩ *tr* smontare.
ab·mühen *rfl:* **sich ~** darsi pena (*mit* con).
ab·nabeln I. *tr* tagliare il cordone ombelicale a; **II.** *rfl:* **sich ~** *fig* staccarsi.
Abnahme ['apna:mə] ⟨-, -n⟩ *f* **1.** *(Wegnahme)* asportazione *f,* rimozione *f;* **2.** *(Verringerung)* diminuzione *f,* calo *m;* **3.** *com* acquisto *m;* **4.** *(Prüfung)* collaudo *m;* **~ finden** trovare smercio.
ab·nehmen ⟨*irr*⟩ **I.** *tr* **1.** *(Bild, Telefonhörer)* staccare; *(Wäsche)* levare; *(Hut, Brille, Verband)* togliere; **2.** *med* amputare, asportare; **3.** *(rauben)* rubare; **4.** *(prüfen)* controllare; *(Neubau, Maschine)* collaudare; **5.** *(abkaufen)* acquistare; **6.** *(an Gewicht)* dimagrire (di); **die Parade ~** passare in rivista le truppe; **jdm ein Versprechen ~** far promettere qc a qu; **II.** *itr* **1.** *(kleiner werden)* diminuire; *(kürzer werden)* accorciarsi; *(Mond)* decrescere; **2.** *(an Gewicht)* dimagrire.
Abnehmer ⟨-s, -⟩ *m* acquirente *m,* compratore *m.*
Abneigung *f* avversione *f* (*gegen* per), antipatia *f* (*gegen* per).
abnorm [ap'nɔrm] *a* anormale, abnorme.
ab·nutzen I. *tr* consumare, logorare; **II.** *rfl:* **sich ~** consumarsi, logorarsi.
Abnutzung *f* usura *f,* logorio *m,* consumo *m.*
Abonnement [abɔnə'mã:] ⟨-s, -s⟩ *n* abbonamento *m* (*auf* a); **ein ~ haben** essere abbonato.
Abonnent(in) [...'nɛnt(ɪn)] ⟨-en, -en⟩ *m(f)* abbonato, -a *m, f.*
abonnieren [...'ni:rən] ⟨*ohne ge-*⟩ **I.** *tr* abbonare; **II.** *itr:* **etw. abonniert haben** essere abbonato a qc.

Abordnung *f* delegazione *f; pol* deputazione *f.*
Abort[1] [a'bɔrt] ‹-s, -e› *m obs (WC)* gabinetto *m,* ritirata *f.*
Abort[2] [a'bɔrt] ‹-s, -e› *m med* aborto *m.*
ab·passen *tr* **1.** *(Person)* appostare; **2.** *(Gelegenheit)* attendere.
ab·pfeifen ‹*irr*› *tr:* **das Spiel ~** fischiare la fine del gioco.
Abpfiff *m* fischio *m* finale.
ab·prallen *itr* ‹*sein*› **1.** *(Ball, etc.)* rimbalzare (*an, von* contro); **2.** *fig (Vorwürfe)* rimanere senza effetto.
ab·putzen *tr* pulire.
ab·rackern ['apraken] *rfl:* **sich ~** *fam* sfacchinare *fam.*
Abraham ['a:braham] *(männlicher Vorname)* Abramo.
ab·raten ‹*irr*› *itr* sconsigliare (*jdm von etw.* qc a qu), dissuadere (*jdm von etw.* qu da qc).
ab·räumen *tr* **1.** *(Sachen)* sgomb(e)rare; **2.** *(Tisch)* sparecchiare.
ab·reagieren ‹*ohne ge-*› **I.** *tr* sfogare (*an* su), scaricare (*an* su); **II.** *rfl:* **sich ~** scaricarsi (*an* su).
ab·rechnen I. *itr* chiudere il conto; **mit jdm ~** *fig* fare i conti con qu; **II.** *tr (abziehen)* detrarre, dedurre.
Abrechnung *f* **1.** *(Rechnungsabschluß)* liquidazione *f;* **2.** *fig* resa *f* dei conti; **3.** *(Abzug)* deduzione *f,* detrazione *f,* defalco *m;* **nach ~ von ...** dedotto ..., defalcato ...
ab·reiben ‹*irr*› *tr* **1.** *(beseitigen)* sfregare; **2.** *(säubern)* pulire (strofinando); **3.** *(trocknen)* frizionare.
Abreibung *f* **1.** *med* frizione *f;* **2.** *fam (Prügel)* bastonate *f pl.*
Abreise *f* partenza *f* (*nach* per).
ab·reisen *itr* ‹*sein*› partire (*nach* per).
ab·reißen ‹*irr*› **I.** *tr* ‹*haben*› **1.** *(Plakat, Blatt)* staccare, strappare; **2.** *(Gebäude)* abbattere; **II.** *itr* ‹*sein*› **1.** *(Knopf, Faden)* staccarsi, strapparsi; **2.** *(Verbindung)* interrompersi.
ab·richten *tr* addestrare.
Abriß *m* **1.** *(Abbruch)* demolizione *f;* **2.** *(Skizze)* schizzo *m,* abbozzo *m;* **3.** *(kurze Darstellung)* compendio *m.*
ab·rollen I. *tr* ‹*haben*› srotolare, svolgere; **II.** *itr* ‹*sein*› srotolarsi; *(Programm, Leben)* svolgersi.
abrufbar *a inform* disponibile in registro, registrato. **abrufbereit** *a* a disposizione.
ab·rufen ‹*irr*› *tr inform* richiamare.
ab·runden *tr* **1.** *(Summe)* arrotondare; **2.** *(vervollkommnen)* perfezionare.
abrupt [ap'rʊpt] *a* improvviso, repentino.
ab·rüsten *tr, itr* disarmare.
Abrüstung *f* disarmo *m.* **Abrüstungsgespräche** *n pl* trattative *f pl* per il disarmo. **Abrüstungskonferenz** *f* conferenza *f* per il (*o* sul) disarmo.
ab·rutschen *itr* ‹*sein*› scivolare giù (*o* via).
Abruzzen [a'brʊtsən] ‹*pl*› Abruzzo *m,* Abruzzi *m pl.*
Abs. *ab von* **Absender** mitt. (*ab von* mittente).
Absage *f* **1.** *(Antwort)* risposta *f* negativa; **2.** *(Ablehnung)* rifiuto *m.*
ab·sagen I. *tr* disdire; **II.** *itr* scusarsi di non poter venire (*jdm* da *o* presso qu).
ab·sägen *tr* **1.** *(Ast)* segare; **2.** *fig fam (Beamten, etc.)* liquidare, silurare.
ab·sahnen I. *tr* **1.** *(Milch)* scremare; **2.** *fam (Geld, etc.)* far man bassa di; **II.** *itr fam* far man bassa.
Absatz *m* **1.** *typ* paragrafo *m; (a. jur)* capoverso *m;* **2.** *(Treppen~)* pianerottolo *m;* **3.** *(Schuh~)* tacco *m;* **4.** *(Verkauf)* smercio *m,* vendita *f;* **~ finden** *com* trovare collocamento, vendersi; **reißenden ~ finden** andare a ruba; **neuer ~** *(beim Diktat)* a capo. **Absatzgebiet** *n* zona *f* di smercio. **Absatzmarkt** *m* mercato *m,* sbocco *m.*
ab·saugen *tr* **1.** *(wegsaugen)* aspirare; **2.** *(säubern)* pulire con l'aspirapolvere.
ab·schaffen *tr (aufheben)* abolire, sopprimere; *(Gesetz)* abrogare; *(Dinge)* rinunciare a, eliminare.
Abschaffung *f* abolizione *f,* soppressione *f; jur* abrogazione *f; (von Dingen)* eliminazione *f.*
ab·schalten I. *tr* disinserire; *(Radio, Motor)* spegnere; **II.** *itr fam* distrarsi.
ab·schätzen *tr* stimare; *(berechnend)* valutare.
abschätzig *adv:* **von jdm ~ sprechen** parlare con disprezzo di qu.
Abschaum *m* feccia *f.*
Abscheu ‹-(e)s, ø› *m* ripugnanza *f,* ripulsione *f.* **abscheulich** [ap'ʃɔylıç] *a* orribile, ripugnante; *(Verbrechen)* atroce; *(Mensch)* detestabile.
ab·schicken *tr* spedire, inviare.
ab·schieben ‹*irr*› *tr* **1.** *(abrücken)* scostare (*von* da); **2.** *(Verantwortung)* allontanare; **3.** *(Flüchtlinge, Ausländer)* espellere.
Abschied ['apʃi:t] ‹-(e)s, -e› *m* addio *m; (Trennung)* separazione *f; mil* congedo *m; (Ausscheiden aus Amt)* dimissioni *f pl;* **von jdm ~ nehmen** congedarsi da qu, accomiatarsi da qu; **zum ~** come addio. **Abschiedsfeier** *f* festa *f* d'addio. **Abschiedskuß** *m* bacio *m* d'addio.
ab·schießen ‹*irr*› *tr* **1.** *(Schuß)* sparare; *(Pfeil)* scoccare; *(Gewehr)* scaricare; *(Rakete)* lanciare; **2.** *(Flugzeug, Vogel)* abbattere; **3.** *fig fam* silurare.
ab·schirmen *tr* schermare (*gegen* da).
ab·schlagen ‹*irr*› *tr* **1.** *(entfernen)* staccare; **2.** *fig* rifiutare.

abschlägig ['apʃlɛ:gɪç] *a* negativo.

ab·schleifen ⟨*irr*⟩ *tr* **1.** *(entfernen)* togliere molando; **2.** *(glätten)* molare, levigare.

Abschleppdienst *m* servizio *m* ricovero officina.

ab·schleppen *tr* rimorchiare.

Abschleppseil *n* cavo *m* da rimorchio. **Abschleppwagen** *m* carro *m* attrezzi.

ab·schließen ⟨*irr*⟩ **I.** *tr* **1.** *(zuschließen)* chiudere a chiave; **2.** *fig (beenden)* terminare, finire; *(erledigen)* regolare; **3.** *(Geschäft, Rede, Brief)* concludere; *(Versicherung)* stipulare; *(Wette)* fare; **II.** *itr (enden)* chiudere, finire. **abschließend I.** *a* conclusivo; **II.** *adv* per concludere, in conclusione.

Abschluß *m* **1.** *(Ende)* fine *f*, termine *m*, conclusione *f*; **2.** *(Geschäfts~, Vertrags~)* conclusione *f*; **zum ~** a conclusione; **zum ~ bringen** portare a termine. **Abschlußprüfung** *f* **1.** *(in Schule)* esame *m* finale (*o* di licenza); **2.** *com* revisione *f* del bilancio di chiusura. **Abschlußzeugnis** *n* diploma *m* (di licenza).

ab·schmecken *tr* **1.** *(probieren)* assaggiare; **2.** *(würzen)* condire (*ein Gericht mit etw.* un piatto con qc).

ab·schminken I. *tr* togliere il trucco a; **II.** *rfl:* **sich ~** togliersi il trucco; **sich** *(dat)* **etw. ~** *sl* togliersi qc di testa.

ab·schmirgeln *tr* smerigliare.

ab·schnallen I. *tr (Schlittschuhe)* slacciare; *(Skier)* togliere; **II.** *itr sl* restar di stucco.

ab·schneiden ⟨*irr*⟩ **I.** *tr* tagliare; *fig (Wort)* troncare; **jdm den Weg ~** sbarrare la strada a qu; **II.** *itr:* **schlecht/gut ~** avere un cattivo/buon risultato.

Abschnitt *m* **1.** *(Teilstück)* parte *f*, (ri)taglio *m*; **2.** *typ* passaggio *m*, capitolo *m*; **3.** *(Kontroll~)* tagliando *m* di controllo; *fin* cedola *f*; **4.** *(Zeit~)* epoca *f*; *(Lebens~)* periodo *m*; **5.** *mat* segmento *m*; **6.** *(Bau~)* tronco *m*.

ab·schöpfen *tr* togliere, levare; **das Fett (von der Soße) ~** sgrassare il sugo; **den Rahm (von der Milch) ~** scremare il latte.

ab·schrauben *tr* svitare.

ab·schrecken *tr* **1.** *(Person)* intimorire, intimidire; **2.** *gastr* raffreddare in acqua; **sich durch nichts ~ lassen** non lasciarsi scoraggiare da nulla. **abschreckend** *a* scoraggiante; *(abscheuerregend)* repellente; **ein ~es Beispiel** un esempio ammonitore.

Abschreckung ⟨-, -en⟩ *f* intimidazione *f*; **nukleare/atomare ~** strategia *f* d'intimidazione nucleare/atomica.

ab·schreiben ⟨*irr*⟩ *tr* **1.** *(Text)* copiare; *(neu schreiben)* ricopiare; **2.** *com* disdire, dedurre; **3.** *fig (nicht mehr rechnen mit)* considerare perduto.

Abschreibung *f* deduzione *f*; *(Wertminderung)* deprezzamento *m*, ammortamento *m*.

Abschrift *f* copia *f*.

ab·schürfen *tr* escoriare.

Abschuß *m* **1.** *(Abfeuern)* sparo *m*; *(von Rakete, Torpedo, etc.)* lancio *m*; **2.** *(von Flugzeug)* abbattimento *m*.

abschüssig ['apʃʏsɪç] *a* erto, ripido.

Abschußrampe *f* rampa *f* di lancio.

ab·schütteln *tr* **1.** *(Obst)* far cadere (scuotendo); **2.** *fig* sbarazzarsi (*etw.* di qc); *(Müdigkeit, Verfolger, etc.)* scuotersi di dosso.

ab·schwächen *tr* attenuare, mitigare; *(Stoß, Geräusch, Farbe)* smorzare.

ab·schweifen *itr* ⟨*sein*⟩ *(vom Thema)* divagare (*von* da).

absehbar *a* prevedibile; **in ~er Zeit** in un prossimo futuro.

ab·sehen ⟨*irr*⟩ *tr, itr:* **es auf jdn/etw. abgesehen haben** prendere di mira qu/qc; **von etw. ~** prescindere da qc; **jdm etw. an den Augen ~** leggere qc negli occhi di qu; **es ist noch kein Ende abzusehen** non si vede ancora la fine.

abseits ['apzaits] **I.** *prp gen* lontano da; **II.** *adv* in disparte; *(Fußball)* fuori gioco. **Abseits** [-, ø] *n* fuorigioco *m*.

ab·senden ⟨*irr*⟩ *tr* inviare, spedire, mandare.

Absender(in) *m(f)* (*ab* **Abs.**) mittente *mf*.

ab·setzen I. *tr* **1.** *(hin~)* deporre, posare; **2.** *(Hut, Brille)* togliersi; **3.** *(Beamte)* dimettere; *(Minister, Monarch)* deporre; **4.** *(Passagier)* far scendere; **5.** *fin* dedurre (*von* da), detrarre (*von* da); **6.** *com* smerciare, svendere; **7.** *(von Tagesordnung, Haushaltsplan)* eliminare; *(von Spielplan)* togliere dal programma; **II.** *rfl:* **sich ~ 1.** *(sich ablagern)* depositarsi; *chem* precipitare; **2.** *(sich entfernen)* allontanarsi; **3.** *fig* contrastare.

Absetzung ⟨-, -en⟩ *f* destituzione *f*.

ab·sichern I. *tr* rendere sicuro (*gegen* contro); **II.** *rfl:* **sich ~** assicurarsi (*gegen* da).

Absicht ⟨-, -en⟩ *f* **1.** *(Vorsatz)* intenzione *f*; **2.** *(Ziel)* scopo *m*, fine *m*; **in der ~ zu ...** con l'intenzione di ..., a fine di ...; **mit ~** intenzionalmente, di proposito; **das war nicht meine ~** non l'ho fatto apposta. **absichtlich** *a* intenzionale; *(vorsätzlich)* premeditato.

absolut [apzo'lu:t] *a* **1.** *allg., mat, philos* assoluto; **2.** *(völlig, total)* totale.

Absolution [abzolu'tsio:n] ⟨-, -en⟩ *f* assoluzione *f*.

Absolutismus [...'tɪsmʊs] ⟨-, ø⟩ *m* assolutismo *m*.

absolutistisch [...'tɪstɪʃ] *a* assolutista.

absolvieren [apzɔl'vi:rən] ⟨*ohne ge-*⟩ *tr* *(Schule)* frequentare e concludere; *(Pensum)* sbrigare; *(Examen)* superare.

ab·sondern I. *tr* 1. *(Menschen)* isolare, separare; 2. *(Eiter)* secernere; II. *rfl:* **sich ~** segregarsi.

Absonderung ‹-, -en› *f* 1. *allg.* isolamento *m,* segregazione *f;* 2. *biol, med* secrezione *f.*

absorbieren [apzɔrˈbiːrən] ‹*ohne ge-*› *tr* assorbire.

abspenstig [ˈapʃpɛnstɪç] *a:* **~ machen** sottrarre; *(Freunde, etc.)* portare via.

ab·sperren *tr* 1. *(Straße)* sbarrare; 2. *(Tür, tec)* chiudere (a chiave).

ab·spielen I. *tr* 1. *(Platte)* (far) suonare; 2. *(vom Blatt)* suonare a vista; 3. *sport* passare; II. *rfl:* **sich ~** svolgersi.

Absprache *f* accordo *m,* intesa *f.*

ab·sprechen ‹*irr*› I. *tr* 1. *(verabreden)* accordarsi (*etw. mit jdm* con qu su qc), concordare (*etw. mit jdm* qc con qu); 2. *(aberkennen)* disconoscere, contestare; II. *rfl:* **sich ~** accordarsi.

ab·springen ‹*irr*› *itr* ‹*sein*› 1. *(von Pferd, Fahrzeug, etc.)* saltare (giù); 2. *(mit Fallschirm)* lanciarsi con il paracadute; 3. *(Lack, Knopf)* staccarsi; 4. *fig* distanziarsi, staccarsi.

Absprung *m* salto *m,* slancio *m; (mit Fallschirm)* lancio *m* con il paracadute.

ab·spülen *tr* sciacquare; *(Geschirr)* rigovernare, lavare.

ab·stammen *itr* ‹*sein*› discendere; *(Wort)* derivare.

Abstammung ‹-, -en› *f* discendenza *f,* origine *f.*

Abstand *m* 1. *(räumlich, fig)* distanza *f; (zeitlich)* intervallo *m;* 2. *fig (Unterschied)* differenza *f; (innerer ~)* distacco *m;* **von etw. ~ nehmen** desistere da qc; **mit ~** di gran lunga.

ab·statten [ˈapʃtatən] *tr geh:* **jdm einen Besuch ~** fare visita a qu; **jdm seinen Dank ~** rendere grazie a qu *lett.*

ab·stauben *tr* 1. *(Möbel)* spolverare; 2. *fig fam* grattare *fam.*

ab·stechen ‹*irr*› I. *tr* 1. *(Rasen)* tagliare (via); 2. *(Tier)* scannare; II. *itr (sich abheben)* contrastare (*gegen, von* con); *(bes. Farben)* spiccare (*von* su).

Abstecher ‹-s, -› *m* scappata *f.*

ab·stehen ‹*irr*› *itr (vorspringen)* sporgere, essere sporgente; **~de Ohren** orecchie a sventola.

Absteige ‹-, -n› *f fam pej* stamberga *f; (Stundenhotel)* albergo *m* a ore.

ab·steigen ‹*irr*› *itr* ‹*sein*› 1. *allg.* scendere; 2. *sport* retrocedere.

ab·stellen *tr* 1. *(hinstellen)* deporre, posare; *(Fahrzeug)* parcheggiare; 2. *(abschalten)* fermare, arrestare; *(Wasser, Gas)* chiudere; *(Radio, Motor)* spegnere; 3. *fig (unterbinden)* eliminare, sopprimere.

Abstellgleis *n* binario *m* morto. **Abstellraum** *m* ripostiglio *m.*

ab·stempeln *tr* 1. *(Briefmarke)* timbrare; 2. *fig (bezeichnen)* bollare (*als* come).

ab·sterben ‹*irr*› *itr* ‹*sein*› 1. *(Pflanzen)* morire, deperire; 2. *(Glieder)* intorpidirsi.

Abstieg [ˈapʃtiːk] ‹-(e)s, -e› *m* 1. *allg.* discesa *f;* 2. *fig (Niedergang)* decadenza *f,* declino *m;* 3. *sport* retrocessione *f.*

ab·stimmen I. *itr* votare (*über etw.* qc); **über etw. ~ lassen** mettere qc ai voti; II. *tr* 1. *(mus, fig, Farben)* accordare; 2. *(aufeinander ~)* armonizzare; *(Termine, etc.)* concordare.

Abstimmung *f* 1. *(bei Wahl)* votazione *f;* 2. *fig* adattamento *m,* armonizzazione *f; mus* accordatura *f; (von Farben, fig)* intonazione *f.*

abstinent [apstiˈnɛnt] *a* astinente; *(im Alkoholgenuß)* astemio.

Abstinenz [...ˈnɛnt͜s] ‹-, ø› *f* astinenza *f.*

Abstinenzler(in) [...ˈnɛnt͜slɐ (...ərɪn)] ‹-s, -› *m(f)* astemio, -a *m, f.*

ab·stoßen ‹*irr*› I. *tr* 1. *(wegstoßen)* scostare; 2. *(beschädigen)* rompere, danneggiare; *(Ecken)* smussare; 3. *(Fußball)* rinviare; 4. *com* smerciare; 5. *(anekeln)* ripugnare, disgustare; II. *rfl:* **sich ~** respingersi (*von* da). **abstoßend** *a* repellente, ripugnante.

ab·stottern *tr fam* pagare a rate.

abstrahieren [apstraˈhiːrən] ‹*ohne ge-*› *tr, itr* astrarre.

abstrakt [apˈstrakt] *a* astratto.

ab·streiten ‹*irr*› *tr* negare.

Abstrich *m* 1. *med* striscio *m;* 2. *fig* riduzione *f;* **~e machen** *fig* accontentarsi di poco.

ab·stufen *tr* 1. *(Gelände)* terrazzare; 2. *(Farben)* sfumare; *(Gehälter)* classificare.

Abstufung ‹-, -en› *f (von Farben)* sfumatura *f; (von Gehältern)* classificazione *f.*

ab·stumpfen I. *itr* ‹*sein*› 1. *(Schneide)* perdere il filo; 2. *(unempfindlich werden)* diventare insensibile; II. *tr* ‹*haben*› 1. *(Schneide)* smussare; 2. *fig (gefühllos machen)* rendere insensibile.

Absturz *m* caduta *f.*

ab·stürzen *itr* ‹*sein*› precipitare, cadere.

ab·stützen *tr* puntellare.

ab·suchen *tr (Menschen, Tier)* esaminare (*nach* alla ricerca di); *(Gelände)* perlustrare; *(Stadt, Geschäft)* girare (*nach etw.* per trovare qc); **etw. nach etw. ~** cercare dappertutto qc.

absurd [apˈzʊrt] *a* assurdo.

Abszeß [apsˈt͜sɛs] ‹Abszesses, Abszesse› *m* ascesso *m.*

Abt [apt] ‹-(e)s, ¨-e› *m* abate *m.*

ab·tasten *tr* frugare; *med* palpare.

ab·tauen I. *tr* ‹*haben*› 1. *(Kühlschrank)* sbrinare; 2. *(Eis)* far sciogliere; II. *itr* ‹*sein*› 1. *(Kühlschrank)* sbrinarsi; *(See,*

etc.) disgelare, disgelarsi; **2.** *(Eis)* sciogliersi.
Abtei [ap'tai̯] ‹-, -en› *f* abbazia *f.*
Abteil [ap'tai̯l] *n* scompartimento *m.*
ab·teilen *tr* **1.** *(aufteilen)* (sud)dividere; **2.** *(durch Zwischenwände)* separare.
Abteilung [ap'tai̯lʊŋ] *f* reparto *m; adm* dipartimento *m,* divisione *f.* **Abteilungsleiter(in)** *m(f) adm* caposezione *mf,* capodivisione *mf; com* caporeparto *mf.*
Äbtissin [ɛp'tɪsɪn] *f* badessa *f.*
ab·tragen ‹*irr*› *tr* **1.** *(Speisen)* levare; **2.** *(Schutt)* spalare; *(Gelände)* spianare; **3.** *(Kleidung)* logorare; **4.** *(Schulden)* estinguere.
abträglich ['aptrɛ:klɪç] *a geh* **1.** *(nachteilig)* svantaggioso *(einer S. (dat)* per qc), pregiudizievole *(einer S. (dat)* per qc); **2.** *(schädlich)* nocivo *(einer S. (dat)* per qc).
Abtransport *m* **1.** *(von Material)* sgombero *m,* rimozione *f;* **2.** *(von Gefangenen)* trasporto *m.*
ab·transportieren ‹*ohne ge-*› *tr* **1.** *(Material)* sgomberare, rimuovere; **2.** *(Gefangene)* trasportare.
ab·treiben ‹*irr*› **I.** *tr* ‹*haben*› **1.** *naut, aero* far deviare; **2.** *med* abortire; **II.** *itr* ‹*sein*› **1.** *naut, aero* andare alla deriva; **2.** *med* abortire.
Abtreibung ‹-, -en› *f* (procurato) aborto *m.*
ab·trennen *tr* **1.** *(loslösen)* staccare; **2.** *(abteilen)* separare.
ab·treten ‹*irr*› **I.** *tr* ‹*haben*› **1.** *(Schuhe)* pulire; **2.** *(überlassen)* cedere; **3.** *(abnutzen)* consumare; **II.** *itr* ‹*sein*› **1.** *(von Amt)* dimettersi; **2.** *theat* uscire di scena.
Abtretung ‹-, -en› *f* cessione *f.*
ab·trocknen *tr* asciugare.
ab·tropfen *itr* ‹*sein*› sgocciolare.
abtrünnig ['aptrʏnɪç] *a* infedele; *rel, pol* rinnegato.
ab·tun ‹*irr*› *tr* **1.** *fam (ablegen)* togliersi, levarsi; **2.** *(beiseite schieben)* liquidare; **etw. mit einer Handbewegung/einem Achselzucken** ~ non interessarsi di qc.
ab·wägen ['apvɛ:gən] ‹wägt ab, wog ab *o* wägte ab, abgewogen *o* abgewägt› *tr* ponderare, soppesare; **zwei Dinge gegeneinander** ~ confrontare due cose fra loro.
ab·wandeln *tr* variare.
Abwart ['apvart] ‹-s, -e› *m,* **Abwärtin** ['apvɛrtɪn] *f CH* portinaio, -a *m, f.*
ab·warten *tr, itr* attendere, aspettare; ~ **und Tee trinken** *fam* calma e sangue freddo!
abwärts ['apvɛrts̯] *adv* giù, in giù, verso il basso; ~ **fahren/gehen** scendere; **mit ihm geht's** ~ va di male in peggio. **Abwärtstrend** *m* trend *m* negativo.
Abwasch ['apvaʃ] ‹-(e)s, ø› *m (Geschirr)* stoviglie *f pl* sporche; *(Handlung)* rigovernatura *f.*
abwaschbar *a* lavabile.
ab·waschen ‹*irr*› **I.** *tr* **1.** *allg.* lavare; **2.** *(Geschirr)* rigovernare, lavare; **3.** *(Schmutz, etc.)* lavare via; **II.** *itr (Geschirr* ~*)* lavare i piatti.
Abwaschwasser *n* (acqua *f* di) rigovernatura *f.*
Abwasser ‹-s, Abwässer› *n* acqua *f* di scarico (*o* di scolo).
ab·wechseln **I.** *itr* alternare, variare; **II.** *rfl:* **sich** ~ alternarsi; *(sich ablösen)* darsi il cambio (*bei* in, a). **abwechselnd** **I.** *a* alternativo; **II.** *adv* alternativamente, a turno; ~ **reden** alternarsi nel discorso.
Abwechslung ['apvɛkslʊŋ] ‹-, -en› *f* cambiamento *m; (Mannigfaltigkeit)* varietà *f;* **zur** ~ per cambiare un po'; **in diesem Dorf gibt es wenig** ~ in questo paese la vita è monotona. **abwechslungsreich** *a* (s)variato, vario.
Abwege *m pl:* **auf** ~ **geraten** mettersi sulla cattiva strada.
abwegig *a* errato.
Abwehr ['apve:ɐ̯] ‹-, ø› *f* **1.** *allg., mil, sport* difesa *f;* **2.** *(Widerstand)* resistenza *f;* **3.** *(Ablehnung)* rifiuto *m.*
ab·wehren *tr (Schlag, Stoß)* parare; *(Angriff)* respingere; *(Besucher)* allontanare; *(Gefahr)* stornare.
Abwehrspieler(in) *m(f)* difensore, -a *m, f.*
ab·weichen ‹*irr*› *itr* ‹*sein*› *allg., fig, naut, aero* deviare; *(vom Thema)* allontanarsi; *(voneinander* ~*)* differire, essere differente.
Abweichung ‹-, -en› *f allg., fig, naut, aero* deviazione *f; (Unregelmäßigkeit)* irregolarità *f.*
ab·weisen ‹*irr*› *tr* rifiutare; *(a. jur)* respingere; *(Gesuch)* rigettare; *(Bewerber)* non ammettere; *(Besucher)* non ricevere. **abweisend** *a* brusco, poco affabile.
ab·wenden ‹*irr o reg*› **I.** *tr* **1.** *(Gesicht)* volgere altrove; *(Blick, Gedanken)* distogliere; **2.** *(Unheil)* evitare, impedire; **II.** *rfl:* **sich** ~ allontanarsi.
ab·werben ‹*irr*› *tr* sottrarre con allettamento.
ab·werfen ‹*irr*› *tr* **1.** *(Reiter)* disarcionare; **2.** *(Gegenstände)* lanciare; **3.** *com* fruttare, rendere; **4.** *(Geweih)* perdere, mutare; **5.** *(Nadeln, Blätter)* perdere; **mit dem Fallschirm** ~ paracadutare.
ab·werten *tr* **1.** *fin* svalutare; **2.** *fig* deprezzare.
Abwertung *f* **1.** *fin* svalutazione *f;* **2.** *fig* deprezzamento *m.*
abwesend ['apve:zənt] *a* assente; *fig (geistes~)* distratto. **Abwesende** ‹ein -r, -n, -n› *mf* assente *mf.*
Abwesenheit ['apve:zənhai̯t] ‹-, ø› *f*

assenza *f; fig (Zerstreutheit)* distrazione *f;* **in ~ verurteilt werden** essere condannato in contumacia.
ab·wickeln **1.** *allg.* srotolare; *(Wolle, Garn)* dipanare; *(Verband)* sfasciare; **2.** *fig (durchführen)* effettuare; *(Prozeß)* condurre; *(Geschäft)* sbrigare.
ab·wiegen ‹*irr*› *tr* pesare.
ab·wischen *tr* **1.** *(Gegenstand, Mund, etc.)* pulire; **2.** *(Staub)* togliere (*von* da); **sich** *(dat)* **die Stirn/die Tränen ~** asciugarsi la fronte/le lacrime.
Abwurf *m* **1.** *aero* lancio *m;* **2.** *sport* rinvio *m,* rimando *m.*
ab·zahlen *tr* saldare; *(in Raten)* pagare a rate.
ab·zählen *tr* contare (*an den Fingern* sulle dita); **das läßt sich an den Fingern ~** *fam* la cosa è evidente.
Abzahlung *f (Tilgung)* saldo *m; (Ratenzahlung)* pagamento *m* rateale.
Abzählvers *m* conta *f.*
Abzeichen *n* distintivo *m.*
ab·zeichnen **I.** *tr* **1.** *(abmalen)* ritrarre, disegnare; **2.** *(signieren)* firmare; **II.** *rfl:* **sich ~** **1.** *(sich abheben)* spiccare; **2.** *(erkennbar werden)* delinearsi.
Abziehbild *n* decalcomania *f.*
ab·ziehen ‹*irr*› **I.** *tr* ‹*haben*› **1.** *(wegziehen)* togliere, levare; **2.** *(Ring)* sfilarsi; **3.** *mat* detrarre, dedurre; **4.** *(Truppen)* ritirare; **5.** *fot* tirare; **6.** *(Tier)* scuoiare; **7.** *(Messer)* affilare; **das Bett ~** cambiare la biancheria del letto; **II.** *itr* ‹*sein*› *(Rauch, etc.)* uscire, fuoriuscire; *(Truppen)* ripiegare; *fam (gehen)* andarsene.
Abzug *m* **1.** *allg.* partenza *f; (a. mil)* ritiro *m;* **2.** *(von Rauch, etc.)* uscita *f;* **3.** *com* deduzione *f,* detrazione *f;* ‹*pl*› trattenute *f pl (vom Lohn* sullo stipendio); **4.** *fot* copia *f; typ* bozza *f;* **5.** *(~svorrichtung)* sfiato *m,* sfiatatoio *m;* **6.** *(Gewehr~)* grilletto *m.*
abzüglich ['aptsy:klıç] *prp gen* detratto.
ab·zweigen **I.** *itr* ‹*sein*› diramarsi, biforcarsi; **II.** *tr* ‹*haben*› *fig fam* mettere da parte (*o* via).
Abzweigung ‹-, -en› *f* diramazione *f.*
ach [ax] *interj* **1.** *(Klage)* ahimè; **2.** *(Erstaunen, Bedauern, etc.)* oh, ah; **~ nein!** *(Ablehnung)* ah no!; *(Erstaunen)* ma no!, veramente!; **~ so!** ah ecco, (ora) capisco!; **~ was!, ~ wo!** ma no!, macché!
Achat [a'xa:t] ‹-(e)s, -e› *m* agata *f.*
Achim ['axım] *s.* **Joachim.**
Achse ['aksə] ‹-, -n› *f* asse *m;* **auf ~ sein** *fam* essere in giro.
Achsel ['aksəl] ‹-, -n› *f* **1.** *(Schulter)* spalla *f;* **2.** *(~höhle)* ascella *f;* **die** (*o* **mit den**) **~n zucken** alzare le spalle. **Achselhöhle** *f* ascella *f.* **Achselzucken** ‹-s, ø› *n* alzata *f* di spalle.
acht [axt] *(Zahlwort)* otto; **alle ~ Tage** ogni settimana; **heute/Montag in ~ Tagen** oggi/lunedì a otto; *s. a. vier.*
Acht[1] [axt] ‹-, -en› *f (Zahl)* otto *m.*
Acht[2] [axt] ‹-, ø› *f:* **außer a~ lassen** non prendere in considerazione; **sich in a~ nehmen** stare in guardia (*vor* da).
Acht[3] [axt] ‹-, ø› *f (Bann)* bando *m.*
Acht-, acht- *s. a. Vier-, vier-.*
achtbar *a* rispettabile, degno di rispetto.
achte *s.* **achte(r, s).**
Achtel ['axtəl] ‹-s, -› *n* ottavo *m.*
achten ['axtən] **I.** *itr* badare (*auf* a); **darauf ~, daß ...** badare che ... *conj;* **II.** *tr (Eltern)* stimare; *(Gesetz, Gefühle)* rispettare.
ächten ['ɛçtən] *tr* **1.** *hist* bandire, proscrivere; **2.** *fig* esiliare, mettere al bando.
achtens ['axtəns] *adv* (in) ottavo (luogo).
Achterbahn *f* montagne *f pl* russe, otto *m* volante.
achte(r, s) *a* ottavo, -a; *(bei Datumsangaben)* otto; *s. a. vierte(r, s).*
acht·geben ‹*irr*› *itr* badare (*auf* a); **gib acht, daß du nicht fällst!** fa attenzione a non cadere!
achthundert ['axt'hʊndɐt] *(Zahlwort)* ottocento.
achtlos **I.** *a (unaufmerksam)* sbadato; *(gleichgültig)* indifferente; **II.** *adv* senza fare attenzione. **Achtlosigkeit** ‹-, ø› *f (Unaufmerksamkeit)* sbadataggine *f; (Gleichgültigkeit)* indifferenza *f.*
Acht-Minuten-Takt [-mi'nu:tən-] *m* tariffa *f* urbana e interurbana a tempo (otto minuti) ≃ TUT *f* (*ab von* Tariffa Urbana a Tempo). **Achtstundentag** [-'ʃtʊndən-] *m* giornata *f* (lavorativa) di otto ore. **achttägig** [-tɛ:gıç] *a* di otto giorni.
achttausend ['axt'taʊzənt] *(Zahlwort)* ottomila.
Achtung ‹-, ø› *f (Hochschätzung)* stima *f; (Respekt)* rispetto *m* (*vor* di); **~!** attenzione!; *mil* attenti!; **alle ~!** bravo!, congratulazioni!; **~, fertig, los!** ai vostri posti, pronti, via!; **~ Stufe!** attenzione al gradino!
achtzehn *(Zahlwort)* diciotto. **achtzehnte(r, s)** *a* diciottesimo, -a; *(bei Datumsangaben)* diciotto; *s. a. vierte(r, s).*
achtzig ['axtsıç] *(Zahlwort)* ottanta; *s. a. vierzig.* **achtzigjährig** *a* ottantenne, ottuagenario. **Achtzigjährige** ‹ein -r, -n, -n› *mf* ottantenne *mf.* **Achtzigstel** ‹-s, -› *n* ottantesimo *m.* **achtzigste(r, s)** *a* ottantesimo, -a; *s. a. vierte(r, s).*
ächzen ['ɛçtsən] *itr* **1.** *(Mensch)* gemere (*vor* da); **2.** *fig* scricchiolare.
Acker ['akɐ] ‹-s, ¨-› *m* campo *m* (coltivato). **Ackerbau** ‹-(e)s, ø› *m* agricoltura *f.*
ackern *itr fam* lavorare faticosamente.
a. D. [a:'de:] *ab von* **außer Dienst** a r. (*ab von* a riposo).

A. D. *ab von* **Anno Domini** A. D.
ADAC [a:de:ʔa:ˈtse:] ‹-(s), ø› *m ab von* **Allgemeiner Deutscher Automobil-Club** ≃ A.C.I. *m* (*ab von* Automobile Club d'Italia).
Adam [ˈa:dam] *(männlicher Vorname)* Adamo. **Adamsapfel** *m* pomo *m* d'Adamo. **Adamskostüm** *n fam scherz* costume *m* adamitico.
adäquat [adɛˈkva:t] *a* adeguato.
addieren [aˈdi:rən] ‹*ohne ge-*› *tr* addizionare, sommare.
Addition [adiˈtsi̯o:n] ‹-, -en› *f* somma *f.*
ade [aˈde:] *interj* addio.
Adel [ˈa:dəl] ‹-s, ø› *m* aristocrazia *f; (a. fig)* nobilità *f.*
ad(e)lig *a* aristocratico; *(a. fig)* nobile. **Ad(e)lige** ‹ein -r, -n, -n› *mf* nobile *mf.*
adeln *tr* nobilitare.
Ader [ˈa:dɐ] ‹-, -n› *f* **1.** *anat, min, fig* vena *f;* **2.** *(in Holz, Gestein)* venatura *f; bot* nervatura *f.* **Aderlaß** [-las] ‹-lasses, -lässe› *m* salasso *m.*
Adjektiv [ˈatjɛkti:f] ‹-s, -e› *n* aggettivo *m.*
adjektivisch [ˈatjɛkti:vɪʃ *o* ...ˈti:vɪʃ] *a* aggettivale.
Adler [ˈa:dlɐ] ‹-s, -› *m* aquila *f.* **Adlerauge** *n fig* occhio *m* di lince. **Adlernase** *f* naso *m* aquilino.
adlig *etc. s.* **ad(e)lig.**
Admiral [atmiˈra:l] ‹-s, -e *o* ¨-e› *m* ammiraglio *m.*
Admiralität [...raliˈtɛ:t] ‹-, -en› *f* ammiragliato *m.*
Adolf, Adolph [ˈa:dɔlf] *(männlicher Vorname)* Adolfo.
adoptieren [adɔpˈti:rən] ‹*ohne ge-*› *tr* adottare.
Adoption [...ˈtsi̯o:n] ‹-, -en› *f* adozione *f.*
Adoptiv- [...ˈti:f] *(in Zusammensetzungen)* adottivo.
Adressat(in) [adrɛˈsa:t(ɪn)] ‹-en, -en› *m(f)* destinatario, -a *m, f.*
Adreßbuch *n* elenco *m* degli indirizzi; *(privat)* agenda *f.*
Adresse [aˈdrɛsə] ‹-, -n› *f* indirizzo *m.*
adressieren [...ˈsi:rən] ‹*ohne ge-*› *tr* indirizzare.
adriatisch [adriˈa:tɪʃ] *a* adriatico; **A~es Meer** (mare *m*) Adriatico *m.*
Advent [atˈvɛnt] ‹-(e)s, -e› *m* Avvento *m.* **Adventskalender** *m* calendario *m* dell'Avvento. **Adventskranz** *m* corona *f* dell'Avvento.
Adverb [atˈvɛrp, ...bi̯ən] ‹-s, -ien› *n* avverbio *m.*
adverbial [...ˈbi̯a:l] *a* avverbiale.
Advokat [atvoˈka:t] ‹-en, -en› *m* avvocato *m.*
Aerobic [ɛˈro:bɪk] ‹-s, ø› *n* ginnastica *f* (*o* danza *f*) aerobica.
Aerodynamik [aero-] *f* aerodinamica *f.*
Affäre [aˈfɛ:rə] ‹-, -n› *f* **1.** *(Angelegenheit)* faccenda *f;* **2.** *(Liebschaft)* relazione *f* amorosa; **sich aus der ~ ziehen** tirarsi d'impiccio.
Affe [ˈafə] ‹-n, -n› *m* **1.** *zoo* scimmia *f;* **2.** *fig fam pej* damerino *m;* **du alter ~!** *fam pej* vecchia bertuccia! *fam;* **du eingebildeter ~!** *fam pej* pallone gonfiato! *fam.*
Affekt [aˈfɛkt] ‹-(e)s, -e› *m* eccitazione *f;* **im ~ handeln** *jur* compiere un delitto passionale.
affektiert [...ˈti:ɐ̯t] *a* affettato.
Affenschande *f* vergogna *f.* **Affentempo** *n,* **-zahn** *m fam:* **in** (*o* **mit**) **einem ~** come un fulmine.
affig *a fam (eitel)* vanitoso; *(affektiert)* affettato.
afghanisch [afˈga:nɪʃ] *a* afgano.
Afghanistan [...nɪsta:n] *n* Afganistan *m;* **in ~** nell'Afganistan.
Afrika [ˈa:frika] *n* Africa *f.*
Afrikaner(in) [afriˈka:nɐ (...ərɪn)] ‹-s, -› *m(f)* africano, -a *m, f.*
afrikanisch *a* africano.
After [ˈaftɐ] ‹-s, -› *m* ano *m.*
AG [a:ˈge:] ‹-, -s› *f* **1.** *ab von* **Aktiengesellschaft** S.p.A. (*ab von* Società per Azioni); **2.** *ab von* **Arbeitsgemeinschaft, Arbeitsgruppe** gruppo *m* di lavoro.
Agent(in) [aˈgɛnt(ɪn)] ‹-en, -en› *m(f)* **1.** *pol* agente *mf* segreto, -a; **2.** *com* agente *mf,* rappresentante *mf.*
Agentur [...ˈtu:ɐ̯] ‹-, -en› *f* agenzia *f.*
Aggregat [agreˈga:t] ‹-(e)s, -e› *n* aggregato *m.*
Aggression [agrɛˈsi̯o:n] ‹-, -en› *f* aggressione *f.*
aggressiv [...ˈsi:f] *a* aggressivo.
Aggressivität [...siviˈtɛ:t] ‹-, -en› *f* aggressività *f.*
agieren [aˈgi:rən] ‹*ohne ge-*› *itr* agire; *theat* sostenere la parte (*als* di).
Agitation [agitaˈtsi̯o:n] ‹-, -en› *f* agitazione *f.*
Agitator(in) [...ˈta:to:ɐ̯ (...taˈto:rɪn), ...taˈto:rən] ‹-s, -en› *m(f)* agitatore, -trice *m, f.*
Agnes [ˈagnɛs] *(weiblicher Vorname)* Agnese.
Agrarminister(in) [aˈgra:ɐ̯-] *m(f)* ministro *m* dell'agricoltura. **Agrarreform** *f* riforma *f* agraria. **Agrarstaat** *m* paese *m* agricolo; *(Staatsform)* stato *m* agrario.
Ägypten [ɛˈgʏptən] *n* Egitto *m;* **in ~** nell'Egitto.
ägyptisch *a* egiziano.
ah [a:] *interj* ah.
äh [ɛ:] *interj* **1.** *(Ausruf des Ekels)* puà, puh; **2.** *(bei Sprechpausen)* ehm.
aha [aˈha: *o* aˈha] *interj* ah, ecco. **Aha-Erlebnis** *n* illuminazione *f.*
Ahle [ˈa:lə] ‹-, -n› *f* lesina *f.*
Ahn [a:n] ‹-s *o* -en, -en› *m,* **Ahne** [ˈa:nə] ‹-, -n› *f* antenato, -a *m, f,* avo, -a *m, f.*

ahnden ['a:ndən] *tr* **1.** *(bestrafen)* punire; **2.** *(rächen)* vendicare.
ähneln ['ɛ:nəln] *itr* assomigliare.
ahnen ['a:nən] *tr* **1.** *(Vorgefühl haben)* presentire, avere il presentimento (*etw.* di qc); **2.** *(vermuten)* immaginare, sospettare; **das konnte ich nicht ~** non potevo prevederlo; **der Himbeergeschmack war nur zu ~** il sapore di lampone bisognava immaginarselo.
ähnlich ['ɛ:nlɪç] *a* **1.** *(teilweise übereinstimmend)* simile, analogo; **2.** *(gleichartig)* similare, affine; **3.** *(ähnelnd)* somigliante; **~ wie ...** simile a ...; **jdm ~ sehen** assomigliare a qu; **das sieht dir ~** questa è una delle tue! *fam.* **Ähnlichkeit** ‹-, -en› *f* (ras)somiglianza *f.*
Ahnung ‹-, -en› *f* **1.** *(Vorgefühl)* presentimento *m;* **2.** *(Vorstellung)* idea *f;* **(ich habe) keine ~!** non ne ho idea! **ahnungslos** **I.** *a* ignaro; **II.** *adv* senza rendersene conto. **Ahnungslosigkeit** ‹-, -en› *f* essere *m* ignaro, inconsapevolezza *f.*
Ahorn ['a:hɔrn] ‹-s, -e› *m* acero *m.*
Ähre ['ɛ:rə] ‹-, -n› *f* spiga *f.*
Aids, AIDS [eɪdz] ‹-, ø› *n* Aids *f,* AIDS *f.* **Aidskranke** *mf* malato, -a *m, f* di Aids.
Airbus ['ɛ:ɐ̯-] *m* airbus *m,* aerobus *m.*
Akademie [akade'mi:, ...i:ən] ‹-, -n› *f* accademia *f.*
Akademiker(in) [...'de:mikɐ (...ərɪn)] ‹-s, -› *m(f)* laureato, -a *m, f.*
akademisch *a* accademico.
Akazie [a'ka:tsi̯ə] ‹-, -n› *f* acacia *f.*
akklimatisieren [aklimati'zi:rən] ‹*ohne ge-*› *rfl:* **sich ~** acclimatarsi.
Akkord [a'kɔrt] ‹-(e)s, -e› *m* **1.** *mus* accordo *m;* **2.** *(~arbeit)* cottimo *m.* **Akkordarbeit** *f* lavoro *m* a cottimo. **Akkordarbeiter(in)** *m(f)* cottimista *mf.*
Akkordeon [a'kɔrdeɔn] ‹-s, -s› *n* fisarmonica *f.*
akkurat [aku'ra:t] *a* accurato, preciso.
Akkusativ ['akuzati:f] ‹-s, -e› *m* accusativo *m.*
Akne ['aknə] ‹-, -n› *f* acne *f.*
Akrobat(in) [akro'ba:t(ɪn)] ‹-en, -en› *m(f)* acrobata *mf.*
akrobatisch *a* acrobatico.
Akt [akt] ‹-(e)s, -e› *m* **1.** *allg.* azione *f;* *(a. theat)* atto *m;* **2.** *(Zirkus)* numero *m;* **3.** *(Geschlechts~)* coito *m;* **4.** *(Kunst)* nudo *m;* **ein feierlicher ~** una cerimonia solenne.
Akte ['aktə] ‹-, -n› *f* atto *m,* documento *m;* **zu den ~n legen** mettere agli atti; *(a. fig)* archiviare. **aktenkundig** *a* *(Person)* conosciuto dalla polizia; *(Fall)* registrato dalla polizia. **Aktennotiz** *f* promemoria *m.* **Aktenordner** *m* classificatore *m.* **Aktentasche** *f* cartella *f.*
Aktenzeichen *n* (*ab* **AZ, Az.**) numero *m* di protocollo.
Aktie ['aktsi̯ə] ‹-, -n› *f* azione *f.* **Aktiengesellschaft** *f* (*ab* **AG**) società *f* per azioni (*o* anonima). **Aktienkurs** *m* corso *m* delle azioni.
Aktion [ak'tsi̯o:n] ‹-, -en› *f* **1.** *allg., mil* azione *f;* **2.** *(Werbe~, etc.)* campagna *f;* **3.** *(bes. CH: Sonderangebot)* offerta *f* speciale.
Aktionär(in) [aktsi̯o'nɛ:ɐ̯ (...rɪn)] ‹-s, -e› *m(f)* azionista *mf.*
aktiv [ak'ti:f *o* 'akti:f] *a* **1.** *(tätig)* attivo; **2.** *(wirksam)* efficace.
Aktiv ['akti:f] ‹-s, -s *o* -e› *n* attivo *m.*
Aktiva [ak'ti:va] ‹*pl*› attivo *m.*
aktivieren [akti'vi:rən] ‹*ohne ge-*› *tr* **1.** *allg., a. chem* attivare; **2.** *pol* mobilitare; **3.** *com* portare in attivo.
Aktivität [...vi'tɛ:t] ‹-, -en› *f* attività *f.*
Aktualität [aktu̯ali'tɛ:t] ‹-, -en› *f* attualità *f.*
aktuell [ak'tu̯ɛl] *a* attuale; *(Buch)* d'attualità.
Akupunktur [akupʊŋk'tu:ɐ̯] ‹-, -en› *f* agopuntura *f.*
Akustik [a'kʊstɪk] ‹-, ø› *f* acustica *f.*
akustisch *a* acustico.
akut [a'ku:t] *a med* acuto; *(Problem, Frage)* scottante.
AKW [a:ka:'ve:] ‹-(s), -s› *n ab von* **Atomkraftwerk** centrale *f* atomica.
Akzent [ak'tsɛnt] ‹-(e)s, -e› *m* accento *m.*
akzeptabel [aktsɛp'ta:bəl] *a* accettabile.
akzeptieren [...'ti:rən] ‹*ohne ge-*› *tr* accettare.
Alarm [a'larm] ‹-(e)s, -e› *m* allarme *m;* **~ schlagen** dare l'allarme. **Alarmanlage** *f* impianto *m* d'allarme. **Alarmbereitschaft** *f:* **in ~ sein** essere in stato d'allarme.
alarmieren [...'mi:rən] ‹*ohne ge-*› *tr* dare l'allarme a; *(a. fig)* allarmare.
Albanien [al'ba:ni̯ən] *n* Albania *f.*
Albatros ['albatrɔs] ‹-, -se› *m* albatro *m.*
Alben *pl von* **Album.**
albern ['albɐn] **I.** *a* sciocco; **~es Zeug** sciocchezze *f pl;* **II.** *itr* fare sciocchezze.
Albert ['albɛrt] *(männlicher Vorname)* Alberto.
Album ['albʊm, ...bən] ‹-s, Alben› *n* album *m.*
Alemanne [alə'manə] ‹-n, -n› *m,* **Alemannin** [...nɪn] *f* alemanno, -a *m, f.*
alemannisch *a* alemannico.
Alexander [alɛ'ksandɐ] *(männlicher Vorname)* Alessandro.
Alfred ['alfre:t] *(männlicher Vorname)* Alfredo.
Alge ['algə] ‹-, -n› *f* alga *f.*
Algebra ['algebra] ‹-, ø› *f* algebra *f.*
algebraisch [...'bra:ɪʃ] *a* algebrico.
Algerien [al'ge:ri̯ən] *n* Algeria *f.*
algerisch *a* algerino.

Alibi ['a:libi] ‹-s, -s› *n* alibi *m.*
Alimente [ali'mɛntə] ‹*pl*› alimenti *m pl.*
Alkohol ['alkoho:l *o* ...'ho:l] ‹-s, -e› *m* alcol *m.* **alkoholfrei** *a* analcolico.
Alkoholiker(in) [...'ho:likɐ (...ərın)] ‹-s, -› *m(f)* alcolizzato, -a *m, f.*
alkoholisch *a* alcolico; **~e Getränke** alcolici *m pl.*
Alkoholspiegel *m* tasso *m* alcolico (nel sangue). **Alkoholsünder(in)** *m(f) fam* persona *f* sorpresa alla guida in stato di etilismo. **Alkoholtest** *m* prova *f* dell'alcol. **Alkoholverbot** *n* divieto *m* di consumare alcol. **Alkoholvergiftung** *f (akute)* intossicazione *f* da alcol; *(chronische)* etilismo *m.*
All [al] ‹-s, ø› *n* universo *m,* cosmo *m.*
alle ['alə] **I.** *adv fam* finito; **II.** *pron s.* **alle(r, s).**
Allee [a'le:, ...e:ən] ‹-, -n› *f* viale *m* (alberato).
allein [a'lain] **I.** ‹*inv*› *a* solo; *(ohne Hilfe, selbst)* da solo; *(einsam)* solitario; **von ~** da solo; **II.** *adv (nur)* solo, solamente; **~ der Gedanke** il solo pensiero; **nicht ~ . . ., sondern auch . . .** non solo . . ., ma anche . . .; **III.** *con poet (jedoch)* però, ma. **alleinerziehend** *a* solo. **Alleinerziehende** ‹ein -r, -n, -n› *mf* padre *m* solo, madre *f* sola. **Alleinerbe** *m,* **-erbin** *f* erede *mf* universale. **Alleingang** *m:* **im ~** da solo, senza aiuto.
alleinig *a* solo, unico.
Alleinsein *n* solitudine *f.* **alleinstehend** *a* **1.** *(Haus, etc.)* isolato; **2.** *(ohne Familie)* solo; *(unverheiratet) (Mann)* celibe; *(Frau)* nubile. **Alleinunterhalter(in)** *m(f)* showman *m,* showgirl *f; fig* istrione, -a *m, f.*
allenfalls *adv* **1.** *(höchstens)* tutt'al più; **2.** *(gegebenenfalls)* semmai, eventualmente.
aller *s.* **alle(r, s).**
aller- *(in Zusammensetzungen mit Superlativ zur Verstärkung)* (il, la) più . . . **allerbeste(r, s)** ['alɐ'bɛstə] *a* (il/la) migliore di tutti/tutte; **es ist das ~ zu . . .** è meglio . . . *inf.* **allerdings** ['alɐ'dıŋs] *adv* **1.** *(einschränkend)* ma, però, tuttavia; **2.** *(bekräftigend)* ma certo, certamente. **allererste(r, s)** ['alɐ'ˀɛrstə] **I.** *a* (il) primo/(la) prima di tutti/tutte, (il/la) primissimo, -a; **II.** *adv:* **zu allererst** per primo.
Allergie [alɛr'gi:, ...i:ən] ‹-, -n› *f* allergia *f* (*gegen* a).
Allergiker(in) [a'lɛrgikɐ (...ərın)] ‹-s, -› *m(f)* allergico, -a *m, f.*
allergisch *a* allergico (*gegen* a).
allerhand ['alɐ'hant] ‹*inv*› *a* **1.** *fam (viel)* molto, tanto; **2.** *s.* **allerlei; das ist ja ~!** questo è un po' troppo!
Allerheiligen ['alɐ'hailıgən] ‹-, ø› *n* Ognissanti *m.*
allerlei ['alɐ'lai] ‹*inv*› *a (attributiv)* di ogni genere (*o* specie), diverso; *(substantivisch)* molte cose. **Allerlei** ‹-s, -s› *n* miscuglio *m;* **Leipziger ~** *gastr* verdura *f* mista.
allerletzte(r, s) ['alɐ'lɛtstə] *a* ultimo, -a di tutti, -e, ultimissimo, -a. **allerliebst** ['alɐ'li:pst] *a (reizend)* graziosissimo; **am ~en** più di ogni altra cosa.
alle(r, s) ['alə] *pron* tutto, ogni; ‹*pl*› tutti, -e *m, f;* **~ zwei Wochen** ogni quindici giorni; **~ beide** entrambi, -e *m, f;* **~ fünf/zehn** tutti e cinque/dieci; **~s in ~m** tutto sommato; **mit ~r Deutlichkeit** con tutta chiarezza; **vor ~m** soprattutto; **er ist mein ein und ~s** è tutto per me; **wer war ~s da?** chi c'era?; **~s Gute!** buona fortuna! **Allerseelen** ['alɐ'ze:lən] ‹-, ø› *n* giorno *m* dei morti. **allerseits** ['alɐ'zaits] *adv* **1.** *(an alle)* a tutti (quanti); **2.** *(von allen)* da ogni parte. **allerwenigste(r, s)** ['alɐ've:nıçstə] *a* minimo, -a, (il) meno di tutto; **das wissen die ~n** lo sanno i meno. **Allerwerteste** ['alɐ've:ɐtəstə] ‹ein -r, -n, -n› *m scherz (Gesäß)* sedere *m.*
alles *s.* **alle(r, s).**
allesamt ['alə'zamt] *pron* tutti quanti.
Alleskleber ‹-s, -› *m* adesivo *m* universale, attaccatutto *m.*
allfällig *a CH* eventuale.
Allgäu ['algɔy] *n* Algovia *f.*
allgemein ['algə'main] (*ab* **allg.**) **I.** *a (alle betreffend)* generale, universale; *(allen gemeinsam)* comune; *(nicht speziell)* generale; **im ~en** generalmente, in generale; **II.** *adv* generalmente; *(überall)* dappertutto; **~ üblich/zugänglich/verbreitet** generalmente in uso/accessibile a tutti/comunemente diffuso. **Allgemeinbildung** *f* cultura *f* generale. **Allgemeinheit** ‹-, ø› *f* comunità *f.* **allgemeinverständlich** *a* comprensibile a tutti.
Allheilmittel [-'hail-] *n* toccasana *m.*
Allianz [a'liants] ‹-, -en› *f* alleanza *f.*
Alliierte [ali'i:ɐtə] ‹ein -r, -n, -n› *mf* alleato, -a *m, f.*
alljährlich ['al'jɛ:ɐlıç] **I.** *a* annuale; **II.** *adv* tutti gli anni.
Allmacht *f* onnipotenza *f.*
allmächtig [-'mɛçtıç] *a* onnipotente.
allmählich [-'mɛ:lıç] **I.** *a* graduale; **II.** *adv* a poco a poco.
Alltag *m* vita *f* di tutti i giorni, vita *f* quotidiana.
alltäglich [-'tɛ:klıç] *a* di ogni giorno, quotidiano; *fig* comune, ordinario; **nicht ~** fuori dal comune.
alltags ['alta:ks] *adv* nei giorni di lavoro (*o* feriali).
allwissend ['al'vısənt] *a* onnisciente.
allzu, allzusehr ['altsu, 'altsu'se:ɐ] *adv* troppo, eccessivamente. **allzuviel**

['altsu'fi:l] *a* troppo; ~ **ist ungesund** *prov* il troppo stroppia *prov.*
Allzweck- *(in Zusammensetzungen)* per tutti gli usi, pluriuso.
Alm [alm] ‹-, -en› *f* pascolo *m* montano.
Almosen ['almo:zən] ‹-s, -› *n* elemosina *f.*
Alpen ['alpən] ‹*pl*› Alpi *f pl.* **Alpenglühen** ‹-s, -› *n* rosseggiare *m* delle vette alpine. **Alpenpaß** *m* passo *m* alpino.
Alphabet [alfa'be:t] ‹-(e)s, -e› *n* alfabeto *m.*
alphabetisch I. *a* alfabetico; **II.** *adv:* ~ **geordnet** in ordine alfabetico.
alphanumerisch [alfanu'me:rıʃ] *a* alfanumerico.
Alphorn ['alp-] *n* corno *m* alpino.
alpin [al'pi:n] *a* alpino.
Alpinist(in) [alpi'nıst(ın)] ‹-en, -en› *m(f)* alpinista *mf.*
Alptraum ['alp-] *m* incubo *m.*
als [als] *con* **1.** *(Eigenschaft)* come, da; **2.** *(Vergleich)* di, che; **3.** *(gleichzeitig)* quando; *(vorzeitig)* dopo che, dopo *inf;* **4.** *(~ ob)* come se *conj;* ~ **Geschenk** in regalo; ~ **Kind** da bambino; **100 DM ~ Belohnung erhalten** ricevere 100 marchi quale compenso; **so tun, ~ ob man ...** fingere di ... *inf,* far finta di ... *inf;* **zu stolz, ~ daß ...** troppo fiero per ... *inf (o* perché ... *conj);* **erst ~** non prima di *inf (o* che *conj);* **eines Tages, ~ ...** un giorno che ...; **um so mehr, ~ ...** tanto più che ...
also ['alzo] *con* quindi, dunque, perciò; *(als Füllwort)* allora, dunque; **na ~!** ecco!
alt [alt] ‹¨er, ¨este› *a* vecchio; **mein älterer Bruder** il mio fratello maggiore; **ein älterer Herr** un signore anziano; **die ~en Römer** gli antichi romani; **alles beim ~en lassen** lasciare tutto immutato, non cambiare nulla; ~ **machen** invecchiare; ~ **werden** invecchiare, diventare vecchio; **20 Jahre ~ werden/sein** compiere/avere vent'anni; **er ist immer noch der ~e** è sempre il solito; **er ist so ~ wie ich** ha la mia età.
Alt [alt] ‹-s, -e› *m mus* contralto *m.*
Altar [al'ta:ɐ] ‹-(e)s, Altäre› *m* altare *m.*
Altbau ‹-(e)s, -ten› *m* vecchia costruzione *f.* **Altbier** *n* birra *f* scura.
Alte ‹ein -r, -n, -n› *mf* vecchio, -a *m, f.*
Alteisen *n* ferri *m pl* vecchi, rottami *m pl* di ferro.
Altenheim *n* casa *f* per anziani, ospizio *m* per vecchi, ricovero *m.*
Alter ['altɐ] ‹-s, -› *n* età *f;* *(hohes ~)* vecchiaia *f;* **im ~ von ...** all'età di ...; **im besten ~** nel fiore degli anni; **er ist in meinem ~** è della mia età, ha la mia età.
altern *itr* ‹*sein*› diventare vecchio, invecchiare.
alternativ [altɛrna'ti:f] *a* alternativo.
Alternativ- *(in Zusammensetzungen)* alternativo.
Alternative [...'ti:və] ‹-, -n› *f* alternativa *f.*
Alternative ‹ein -r, -n, -n› *mf* praticante *mf* di modelli di vita alternativi.
Altersgenosse *m,* **-genossin** *f* coetaneo, -a *m, f.* **Altersgrenze** *f* limite *m* d'età; **flexible ~** età *f* di pensionamento flessibile. **Altersheim** *s.* **Altenheim. Altersschwäche** *f* decrepitezza *f;* **an ~ sterben** morire di vecchiaia. **Altersunterschied** *m* differenza *f* d'età (*o* di anni).
Altertum ['altɐtu:m] ‹-s, ø› *n* antichità *f.*
Altertümer [...ty:mɐ] *n pl* oggetti *m pl* antichi, antichità *f pl.*
altertümlich ['altɐty:mlıç] *a* antiquato.
altklug *a* saputello.
ältlich ['ɛltlıç] *a* vecchiotto *fam.*
Altmetall *n* metallo *m* vecchio. **altmodisch** *a* fuori moda. **Altpapier** *n* carta *f* vecchia. **Altphilologe** *m,* **-philologin** *f* filologo, -a *m, f* di lingue classiche. **altsprachlich** *a* di (*o* delle) lingue classiche. **Altstadt** *f* città *f* vecchia, centro *m* storico. **Altstadtsanierung** *f* risanamento *m* della città vecchia. **Altstimme** *f* (voce *f* di) contralto *m.* **Altweiberfastnacht** [-'vaibɐ-] *f* giovedì *m* grasso. **Altweibersommer** [-'vaibɐ-] *m* estate *f* di San Martino.
Alufolie ['a:lu-] *f* foglio *m* d'alluminio.
Aluminium [alu'mi:nium] ‹-s, ø› *n* alluminio *m.*
am [am] = **an dem** *s.* **an;** ~ **Abend** di sera; ~ **Himmel** in cielo; ~ **Lager** in magazzino; ~ **Leben** in vita; ~ **11. September 1956** l'undici settembre 1956; **das ist ~ besten** è la cosa migliore.
a. M. *ab von* **am Main** sul Meno.
Amalgam [amal'ga:m] ‹-s, -e› *n* amalgama *f.*
Amateur(in) [ama'tø:ɐ (...rın)] ‹-s, -e› *m(f)* dilettante *mf;* *(Liebhaber)* amatore, -trice *m, f.*
Amboß ['ambɔs] ‹-bosses, -bosse› *m* incudine *f.*
ambulant [ambu'lant] *a* ambulante; ~ **behandeln** curare in ambulatorio.
Ambulanz [...'lants] ‹-, -en› *f* **1.** *(Krankenwagen)* (auto)ambulanza *f;* **2.** *(Station)* ambulatorio *m.*
Ameise ['amaizə] ‹-, -n› *f* formica *f.* **Ameisenbär** *m* formichiere *m.* **Ameisenhaufen** *m* formicaio *m.* **Ameisensäure** *f* acido *m* formico.
amen ['a:mɛn] *interj* amen, così sia; **zu allem ja und ~ sagen** acconsentire a tutto.
Amerika [a'me:rika] *n* America *f.*
Amerikaner(in) [ameri'ka:nɐ (...ərın)] ‹-s, -› *m(f)* americano, -a *m, f.*
amerikanisch *a* americano; *(in bezug auf USA)* statunitense.

Aminosäure [a'mi:no-] *f* amminoacido *m.*

Amme ['amə] ‹-, -n› *f* balia *f.*

Ammoniak [amo'ni̯ak *o* 'am...] ‹-s, ø› *n* ammoniaca *f.*

Amnestie [amnɛs'ti:, ...i:ən] ‹-, -n› *f* amnistia *f.*

Amöbe [a'mø:bə] ‹-, -n› *f* ameba *f.*

Amok ['a:mɔk *o* a'mɔk] ‹-s, ø› *m,* **Amoklaufen** ‹-s, ø› *n* furia *f* (*o* ossessione *f*) omicida. **Amokläufer(in)** *m(f)* folle *mf* omicida.

Ampel ['ampəl] ‹-, -n› *f* **1.** *(Verkehrs~)* semaforo *m;* **2.** *(Hängelampe)* lampada *f* sospesa; **3.** *(Blumen~)* vaso *m* da fiori sospeso.

Ampere [am'pɛ:e̯] ‹-(s), -› *n* (*ab* **A**) ampère *m.*

Amphibie [am'fi:bi̯ə] ‹-, -n› *f* anfibio *m.*

Ampulle [am'pʊlə] ‹-, -n› *f* fiala *f.*

Amputation [amputa'tsi̯o:n] ‹-, -en› *f* amputazione *f.*

amputieren [...'ti:rən] ‹*ohne ge-*› *tr* amputare.

Amsel ['amzəl] ‹-, -n› *f* merlo *m.*

Amt [amt] ‹-(e)s, ¨er› *n* **1.** *(Stellung)* carica *f; (a. ~spflicht)* ufficio *m;* **2.** *(Aufgabe)* funzione *f,* compito *m;* **3.** *(Behörde)* ufficio *m;* **4.** *tel* centralino *m;* **das Auswärtige ~** (*ab* **AA**) il Ministero Degli (Affari) Esteri; **im ~** in carica; **von ~s wegen** d'ufficio.

amtieren [am'ti:rən] ‹*ohne ge-*› *itr* adempiere la funzione (*als* di). **amtierend** *a* in carica.

amtlich *a* ufficiale; **das Fahrzeug mit dem ~en Kennzeichen VIE-M 953** la vettura con la targa VIE-M 953.

Amtsarzt *m,* **-ärztin** *f* ufficiale *m* sanitario. **Amtsgericht** *n* tribunale *m* di prima istanza; *(a. Gebäude)* pretura *f.* **Amtshandlung** *f* atto *m* ufficiale. **Amtsniederlegung** *f* dimissioni *f pl.* **Amtsrichter(in)** *m(f)* giudice *mf* di prima istanza, (donna *f*) pretore *m.* **Amtsweg** *m:* **den ~ einhalten** seguire l'iter burocratico; **auf dem ~** per via burocratica.

Amulett [amu'lɛt] ‹-(e)s, -e› *n* amuleto *m.*

amüsant [amy'zant] *a* divertente; *(Gesellschafter, Abend)* piacevole.

amüsieren [...'zi:rən] ‹*ohne ge-*› **I.** *tr* divertire; **II.** *rfl:* **sich ~** divertirsi; **sich über etw. ~** farsi beffe di qc.

an [an] **I.** *prp dat/acc* **1.** *(räumlich)* a, in, per; *(auf)* su; **2.** *(zeitlich)* a, di, in; **am Feuer** vicino al fuoco; **~ einer Stelle** in un punto; **~ der Straße** sul bordo della strada; **~ die See fahren** andare al mare; **am Tisch sitzen** sedere a tavola; **etw. ~ die Wand stellen/werfen** mettere/gettare qc contro la parete; **Frankfurt liegt am Main** Francoforte si trova sul Meno; **am Samstag** sabato; **ein Brief ~ jdn** una lettera per (*o* indirizzata a) qu; **der Gedanke ~ die Kinder** il pensiero dei bambini; **~ den Fingern abzählen** contare sulle dita; **~ Krücken gehen** camminare con le grucce; **~s Telefon gehen** rispondere al telefono; **~ etw. leiden/sterben** soffrire/morire di qc; **jdn ~ die Hand nehmen** prendere qu per la mano; **sich ~ jdn wenden** rivolgersi a qu; **das Schönste ~ der Sache ist ...** il più bello (della cosa) è ...; **viele Grüße ~ deine Frau** tanti saluti a tua moglie; **II.** *adv:* **~ die 100** circa cento; **von jetzt ~** d'ora in poi; **von morgen ~** a partire da domani; **von Anfang ~** fin dall'inizio; **~ Stuttgart** arrivo a Stoccarda; **~ (und für) sich** in fondo; *s. a. anhaben, ansein.*

analog [ana'lo:k] *a* analogo (*zu* a).

Analogie [...lo'gi:, ...i:ən] ‹-, -n› *f* analogia *f;* **in ~ zu** in analogia a.

Analphabet(in) [an?alfa'be:t(ɪn) *o* 'an...] ‹-en, -en› *m(f)* analfabeta *mf.*

Analyse [ana'ly:zə] ‹-, -n› *f* analisi *f.*

analysieren [...ly'zi:rən] ‹*ohne ge-*› *tr* analizzare.

analytisch [...'ly:tɪʃ] *a* analitico.

Ananas ['ananas] ‹-, - *o* -se› *f* ananas *m.*

Anarchie [anar'çi:, ...i:ən] ‹-, -n› *f* anarchia *f.*

Anarchist(in) [...'çɪst(ɪn)] ‹-en, -en› *m(f)* anarchico, -a *m, f.*

anarchistisch *a* anarchico.

Anatomie [anato'mi:, ...i:ən] ‹-, -n› *f* anatomia *f.*

anatomisch [...'to:mɪʃ] *a* anatomico.

an·bahnen **I.** *tr* avviare; **II.** *rfl:* **sich ~** profilarsi.

an·bändeln ['anbɛndəln] *itr fam (kokettieren)* tentare degli approcci.

Anbau[1] ‹-(e)s, -ten› *m (Gebäude)* fabbricato *m* aggiunto; *(Flügel)* ala *f.*

Anbau[2] ‹-(e)s, ø› *m agr* coltivazione *f.*

an·bauen[1] *tr arch* aggiungere.

an·bauen[2] *tr agr (Getreide)* coltivare; *(Pflanzen)* piantare.

anbei [an'bai̯] *adv* qui accluso, in allegato.

an·beißen ‹*irr*› **I.** *tr* dare un morso a; **II.** *itr* abboccare.

an·belangen ‹*ohne ge-*› *tr* concernere; **was mich anbelangt** per quanto mi concerne, quanto a me.

an·beraumen ['anbəraumən] ‹*ohne ge-*› *tr* fissare, stabilire.

an·beten *tr* adorare.

Anbetracht *m:* **in ~** *gen* in considerazione di, tenuto conto di; **in ~ dessen, daß ...** visto che ...

Anbetung ‹-, ø› *f* adorazione *f.*

an·bieten ‹*irr*› **I.** *tr* offrire; *(vorschlagen)* proporre; **II.** *rfl:* **sich ~** *(Gelegenheit)* presentarsi; *(Person)* offrirsi.

an·binden ‹*irr*› *tr* legare, attaccare; **kurz**

angebunden sein *fig* essere brusco e laconico.
Anblick *m (Anblicken)* vista *f; (Bild)* spettacolo *m.*
an·blicken *tr* guardare.
an·braten ‹*irr*› *tr* scottare, rosolare.
an·brechen ‹*irr*› **I.** *tr* ‹*haben*› *(Packung, etc.)* cominciare (ad usare); *(Vorräte)* intaccare; **II.** *itr* ‹*sein*› *(beginnen)* cominciare; *(Tag)* spuntare; *(a. Nacht)* farsi.
an·brennen ‹*irr*› *itr* ‹*sein*› accendersi; *(Speisen)* attaccarsi.
an·bringen ‹*irr*› *tr* **1.** *(befestigen)* fissare, attaccare; *tec* montare, installare; **2.** *(Unterschrift, Stempel, etc.)* apporre; **3.** *(Beschwerde)* presentare; *(Kenntnisse)* dare prova di; **4.** *fam (herbeibringen)* portare.
Anbruch *m* inizio *m,* principio *m;* **bei ~ des Tages** allo spuntar del giorno; **bei ~ der Nacht** sul fare della notte.
Andacht ['andaxt] ‹-, -en› *f* **1.** *(innere Haltung)* raccoglimento *m;* **2.** *(Gottesdienst)* funzione *f.*
andächtig ['andɛçtɪç] *a* **1.** *rel* devoto, pio; **2.** *fig (konzentriert)* (tutto) assorto; *(feierlich)* solenne.
an·dauern *itr* continuare, perdurare; *(Wetter)* mantenersi; *(hartnäckig)* persistere. **andauernd I.** *a* continuo, persistente; **II.** *adv* di continuo.
Andenken ‹-s, -› *n* **1.** *(Erinnerung)* ricordo *m;* **2.** *(Souvenir)* ricordino *m,* souvenir *m;* **zum ~ an** in memoria di.
anderenfalls *adv* in caso contrario, altrimenti, se no.
andere(r, s) ['andərə] **I.** *a* altro, -a; *(verschieden)* diverso, -a, differente; **am ~n Tag** il giorno dopo; **mit ~n Worten** con altre parole; **von ~r Seite** da altri; **ein ums ~ Mal** una volta su due; **II.** *pron* altro; **alles ~** tutto il resto; **alles ~ als ...** tutt'altro che ...; **der eine ..., der ~ ...** l'uno ..., l'altro ...; **einer nach dem ~n** uno dopo l'altro; *(abwechselnd)* a vicenda; **unter ~m** (*ab* **u. a.**) tra l'altro; **zum ~n** d'altra parte; **und vieles ~ mehr** (*ab* **u. v. a. m.**) e molte altre cose; **das ist etw. ganz ~s** è tutta un'altra cosa; **es verging ein Monat nach dem ~n** passavano mesi e mesi.
and(e)rerseits ['and(ə)rə'zaits] *adv* d'altra parte, d'altronde; **einerseits ..., ~ ...** da una parte ..., dall'altra ...
ändern ['ɛndɐn] **I.** *tr* cambiare; *(wechseln)* mutare; *(ver~)* alterare; *(ab~)* modificare; *(Kleidung)* apportare modifiche a; **seine Meinung ~** cambiare idea (*o* opinione); **daran ist nichts zu ~** non c'è più nulla da fare *fam;* **II.** *rfl:* **sich ~** cambiare, mutare.
anders ['andɐs] *adv* in altro modo, altrimenti; *(unterschiedlich)* diversamente; **~ ausgedrückt** in altre parole; **irgendwo/nirgendwo ~** in qualche altro/in nessun altro posto; **wer ~ (als er)?** chi altro (se non lui)?; **ich kann nicht ~, ich muß lachen** non posso fare a meno di ridere. **andersartig** *a* diverso, differente. **Andersdenkende** ‹ein -r, -n, -n› *mf* persona *f* che la pensa in modo diverso. **andersherum** *adv* dall'altra parte. **anderswo** ['andɐs'vo:] *adv* in altro luogo, altrove.
anderthalb ['andɐt'halp] *(Zahlwort)* uno e mezzo; **~ Jahre** un anno e mezzo.
Änderung ‹-, -en› *f* cambiamento *m,* mutamento *m; (Ab~)* modifica *f.*
anderweitig I. *a* altro, ulteriore; **II.** *adv* in altro modo, altrimenti.
an·deuten *tr* accennare; *(zu verstehen geben)* lasciare intendere, far capire.
Andeutung *f* (ac)cenno *m* (*auf* a), allusione *f.* **andeutungsweise** *adv* per accenni, per allusioni; *(indirekt)* indirettamente.
Andrang *m (Gedränge)* ressa *f.*
Andrea [an'dre:a] *(weiblicher Vorname)* Andreina.
Andreas [an'dre:as] *(männlicher Vorname)* Andrea.
an·drehen *tr (Licht, Radio)* accendere; *(Gas)* aprire; **jdm etw. ~** *fam* rifilare qc a qu *fam.*
andrerseits ['andrə'zaits] *s.* **andererseits.**
an·drohen *tr* minacciare (*jdm etw.* qu di qc).
an·eignen *rfl:* **sich** *(dat)* **etw. ~** appropriarsi di qc, impossessarsi di qc; *(widerrechtlich)* usurpare qc; *(Kenntnisse)* acquisire qc; *(Sprache)* impadronirsi di qc.
aneinander [an'ʔai'nandɐ] *adv* l'uno all'altro; *(räumlich)* l'uno accanto all'altro. **aneinander·reihen I.** *tr* mettere in fila, allineare; **II.** *rfl:* **sich ~** allinearsi. **aneinander·stoßen** ‹*irr*› *itr* ‹*sein*› scontrarsi.
Anekdote [anɛk'do:tə] ‹-, -n› *f* aneddoto *m.*
an·ekeln *tr* disgustare, nauseare.
Anemone [ane'mo:nə] ‹-, -n› *f* anemone *m.*
anerkannt ['anʔɛɐkant] *a* apprezzato, riconosciuto.
an·erkennen ‹*irr, ohne ge-*› *tr* riconoscere (*als* come, quale); *jur* legittimare; *(würdigen)* apprezzare. **anerkennend** *a* di lode, di approvazione.
Anerkennung ‹-, -en› *f jur* legittimazione *f; (Billigung, Zustimmung)* approvazione *f;* **~ finden** essere apprezzato.
an·fachen ['anfaxən] *tr* attizzare.
an·fahren ‹*irr*› **I.** *tr* ‹*haben*› **1.** *(her~)* trasportare; **2.** *(anstoßen: Fahrzeug)* urtare contro; *(Fußgänger)* investire;

3. *(ansteuern)* viaggiare verso; **4.** *fig (zurechtweisen)* sgridare; **II.** *itr* ‹*sein*› *(losfahren)* partire; *(Fahrzeug)* mettersi in moto.
Anfahrt *f (~szeit, ~sstrecke)* tragitto *m*.
Anfall *m med* attacco *m; fig* accesso *m*.
an·fallen ‹*irr*› **I.** *tr* ‹*haben*› aggredire, attentare a; **II.** *itr* ‹*sein*› risultare.
anfällig *a:* **für Erkältungen ~ sein** prendersi facilmente un raffreddore.
Anfang ['anfaŋ] ‹-(e)s, ¨-e› *m* principio *m*, inizio *m;* **~ Mai** ai primi di maggio; **den ~ machen mit** (in)cominciare con; **am** (*o* **im** *o* **zu**) **~** all'inizio, al principio; **aller ~ ist schwer** *prov* tutto sta nel cominciare *prov*.
an·fangen ‹*irr*› **I.** *tr* **1.** *(beginnen)* (in)cominciare, iniziare; **2.** *(tun)* fare; **Streit mit jdm ~** attaccare briga con qu; **II.** *itr* (in)cominciare (*zu* a); **das fängt ja gut an!** cominciamo bene! *fam;* **fang nicht wieder davon an!** *fam* cambia disco! *fam*.
Anfänger(in) ['anfɛŋɐ (...ərɪn)] ‹-s, -› *m(f)* principiante *mf*.
anfänglich ['anfɛŋlɪç] **I.** *a.* iniziale; **II.** *adv* dapprima, da principio.
anfangs ['anfaŋs] *adv* dapprima, da principio. **Anfangsbuchstabe** *m* (lettera *f*) iniziale *f;* **großer/kleiner ~** maiuscola *f*/minuscola *f*. **Anfangsstadium** *n* fase *f* iniziale, primo stadio *m*.
an·fassen *tr* **1.** *(berühren)* toccare; **2.** *(bei der Hand nehmen)* prendere per mano; **3.** *(in Angriff nehmen)* affrontare; **4.** *(behandeln)* trattare.
an·fechten ‹*irr*› *tr (Richtigkeit)* contestare; *(Meinung)* confutare; *jur* impugnare.
an·fertigen *tr* fare; *(Waren)* fabbricare; *(Anzug)* confezionare; *(Schriftstück)* stendere.
an·feuchten *tr* inumidire, umettare.
an·feuern *tr fig* incitare.
an·flehen *tr* implorare, supplicare.
an·fliegen ‹*irr*› **I.** *itr* ‹*sein*› avvicinarsi (volando); **II.** *tr* ‹*haben*› **1.** *(Ort)* volare verso, puntare su; **2.** *(landen auf, in)* atterrare su; **Rom wird von der Lufthansa angeflogen** Roma è servita dalla Lufthansa.
Anflug *m* **1.** *aero* avvicinamento *m*, arrivo *m;* **2.** *fig (Hauch)* ombra *f*, traccia *f*.
an·fordern *tr* richiedere.
Anforderung *f* **1.** *(Erfordernis)* richiesta *f*, ordinazione *f;* **2.** *(Anspruch)* esigenza *f;* **hohe ~en an jdn stellen** pretendere molto da qu.
Anfrage *f* domanda *f*, richiesta *f; parl* interpellanza *f*.
an·fragen *itr:* **bei jdm nach etw. ~** informarsi presso qu di qc.
an·freunden *rfl:* **sich ~** diventare amico (*mit* di); **sich mit etw. ~** *fig* abituarsi a qc.
an·fühlen *rfl:* **sich hart/weich ~** essere duro/morbido al tatto.
an·führen *tr* **1.** *(führen)* guidare, condurre; *mil* comandare; **2.** *fig (zitieren)* citare; *(Grund)* addurre; *(Beispiel)* dare; **3.** *(täuschen)* imbrogliare.
Anführer(in) *m(f)* capo *m*, guida *f; pej* caporione *m*.
Anführungszeichen *n pl* virgolette *f pl*.
Angabe[1] *f* **1.** *(Hinweis)* indicazione *f; (Auskunft)* informazione *f; (Behauptung)* affermazione *f; tec* dato *m;* **2.** *sport* battuta *f;* **nähere ~n zu ...** dettagli particolari su ...; **nach seinen ~n** a detta di lui.
Angabe[2] *f (Prahlerei)* vanteria *f*.
an·geben[1] ‹*irr*› *tr* **1.** *(Preis, etc.)* indicare; *(Namen)* dare; *(Wert, Einkommen)* dichiarare; *(Gründe)* addurre; *(Diebstahl, etc.)* denunciare; **2.** *sport* battere.
an·geben[2] ‹*irr*› *itr (prahlen)* vantarsi.
Angeber(in) *m(f)* spaccone, -a *m, f fam*, millantatore, -trice *m, f*.
Angeberei [ange:bə'rai̯] ‹-, -en› *f* **1.** *(Worte)* vanteria *f*, millanteria *f;* **2.** *(Taten)* spacconata *f fam*.
angeblich ['ange:plɪç] **I.** *a* **1.** *(vorgeblich)* preteso; **2.** *(vermeintlich)* presunto; **II.** *adv* secondo quel che si dice.
angeboren *a* innato; *(Fehler, Krankheit)* congenito.
Angebot *n* offerta *f*.
angebracht *a* opportuno, conveniente.
angegossen *a:* **wie ~ sitzen** stare a pennello *fam*.
angeheitert ['angəhai̯tɐt] *a* brillo, alticcio.
an·gehen ‹*irr*› **I.** *tr* ‹*haben*› **1.** *(betreffen)* riguardare, concernere; **2.** *(anpacken: Problem)* affrontare; **was mich angeht** quanto a me; **das geht mich nichts an** non è affare mio; **II.** *itr* ‹*sein*› **1.** *fam (beginnen)* (in)cominciare; **2.** *(Feuer, Licht)* accendersi; **3.** *(bekämpfen)* lottare (*gegen* contro); **4.** *(erträglich sein)* essere sopportabile; *(leidlich sein)* essere passabile. **angehend** *a* principiante, esordiente.
an·gehören ‹*ohne ge-*› *itr* appartenere (*dat* a).
Angehörige ‹ein -r, -n, -n› *mf* **1.** *(Verwandte)* parente *mf*, congiunto, -a *m, f;* **2.** *(Mitglied)* appartenente *mf*, membro *m*.
Angeklagte ‹ein -r, -n, -n› *mf* accusato, -a *m, f*, imputato, -a *m, f*.
Angel[1] ['aŋəl] ‹-, -n› *f (~rute)* canna *f* da pesca.
Angel[2] ['aŋəl] ‹-, -n› *f (Tür~, etc.)* cardine *m;* **aus den ~n heben** scardinare.
Angelegenheit *f* affare *m*, faccenda *f*.

angelernt *a:* **~er Arbeiter** operaio qualificato.
Angelhaken *m* amo *m.*
angeln ['aŋəln] *tr, itr* pescare (con l'amo); **sich** *(dat)* **einen Mann** ~ *fam* accalappiare un marito *fam.* **Angeln** ‹-, ø› *n* pesca *f* (con l'amo).
Angelrute *f* canna *f* da pesca.
Angelsachse ['aŋəl-] *m,* **-sächsin** *f* anglosassone *mf.*
Angelschein *m* licenza *f* di pesca. **Angelschnur** *f* lenza *f.*
angemessen *a* adeguato, conveniente.
angenehm ['angəne:m] *a* gradito, piacevole; *(Mensch)* simpatico; **~e Reise!** buon viaggio!; **sehr ~!** piacere!, molto lieto!
angenommen **I.** *a* **1.** *(hypothetisch)* supposto, ipotetico; **2.** *(Name)* falso; *(Kind)* adottato; **II.** *con:* **~, daß ...** supposto che ... *conj.*
angeregt *a* animato, vivace.
angesehen *a* stimato, rispettabile.
Angesicht *n geh, poet* volto *m;* **von ~ zu ~** faccia a faccia; **im Schweiße seines ~s** col sudore della propria fronte.
angesichts ['angəzıçts] *prp gen* considerato, in considerazione di.
Angestellte ['angəʃtɛltə] ‹ein -r, -n, -n› *mf* impiegato, -a *m, f;* **die ~n** il personale; **leitender ~r** dirigente *m.*
angestrengt *adv* intensamente, assiduamente.
angetrunken *a* brillo, alticcio.
angewiesen *a:* **auf jdn/etw. ~ sein** dipendere da qu/qc.
an·gewöhnen ‹*ohne ge-*› *rfl:* **sich** *(dat)* **~ zu ...** abituarsi a ..., prendere l'abitudine di ...
Angewohnheit *f* abitudine *f;* **aus ~** per abitudine.
Angina [aŋ'gi:na, ...nən] ‹-, -ginen› *f* angina *f.*
an·gleichen ‹*irr*› **I.** *tr (anpassen)* adattare (*an* a), conformare (*an* a); **II.** *rfl:* **sich ~** adattarsi.
Angler(in) ['aŋlɐ (...ərın)] ‹-s, -› *m(f)* pescatore, -trice *m, f* (con la lenza).
an·gliedern *tr* annettere, aggregare.
Anglist(in) [aŋ'glıst(ın)] ‹-en, -en› *m(f)* anglista *mf.*
Anglistik [aŋ'glıstık] ‹-, ø› *f* anglistica *f.*
Angorawolle [aŋ'go:ra-] *f* lana *f* d'angora.
an·greifen ‹*irr*› *tr* **1.** *allg., fig, sport, mil* attaccare, assalire; **2.** *(schwächen)* indebolire; *(ermüden)* affaticare; **3.** *(Reserven, Vorrat)* intaccare; **4.** *(Problem)* affrontare; **5.** *chem* corrodere.
Angreifer(in) ‹-s, -› *m(f) sport, mil* attaccante *mf; pol* aggressore *m,* aggreditrice *f.*
an·grenzen *itr* confinare (*an* con); *(Zimmer)* essere attiguo.
Angriff *m allg., sport, fig, mil* attacco *m;* *(a. pol)* aggressione *f; mil* assalto *m,* carica *f;* **in ~ nehmen** porre mano a, (in)cominciare. **angriffslustig** *a* aggressivo.
Angst [aŋst] ‹-, ¨-e› *f* paura *f* (*vor* di), timore *m* (*vor* di); *(innere Unruhe)* ansia *f;* **~ haben vor/um** avere paura di/per. **Angsthase** *m fam scherz* fifone, -a *m, f fam.*
ängstigen ['ɛŋstıgən] **I.** *tr* spaventare; **II.** *rfl:* **sich ~** aver paura (*vor* di); *(sich sorgen)* stare in pensiero (*um* per); **sich zu Tode ~** morire di paura.
ängstlich ['ɛŋstlıç] *a* timoroso, pauroso; *(besorgt)* ansioso.
Angstschweiß *m* sudore *m* freddo.
an·gucken *s.* **ansehen.**
an·haben¹ ‹*irr*› *tr (Kleidungsstück)* portare addosso.
anhaben² ‹*irr*› *tr:* **jdm etw./nichts ~ können** poter/non poter danneggiare qu; *fig* non poter toccare qu.
an·halten ‹*irr*› **I.** *itr* **1.** *(stehenbleiben)* fermarsi, arrestarsi; **2.** *(andauern)* continuare, (per)durare; **um jdn ~** chiedere la mano di qu; **II.** *tr* **1.** *(stoppen)* fermare, arrestare; *(Atem)* trattenere; **2.** *(ermahnen)* esortare, sollecitare (*jdn zu etw.* qu a qc); **halt die Luft an!** *fam* stai zitto! **anhaltend** *a* continuo, incessante, durevole.
Anhalter(in) *m(f)* autostoppista *mf;* **per ~ fahren** fare l'autostop.
Anhaltspunkt ['anhalts-] *m* punto *m* di riferimento.
anhand [an'hant] *prp gen* in base a.
Anhang *m* **1.** *(zu Buch)* appendice *f;* *(zu Vertrag)* allegato *m;* **2.** *(Familie)* famiglia *f;* **ohne ~** senza congiunti.
an·hängen *tr* **1.** *allg.* appendere (*an* a), attaccare (*an* a); *mot* agganciare (*an* a); **2.** *(hinzufügen)* aggiungere (*an* a); **jdm etwas ~** *fam* diffamare qu, denigrare qu.
Anhänger ‹-s, -› *m* **1.** *(Schmuck)* pendente *m,* ciondolo *m;* **2.** *mot* rimorchio *m.*
Anhänger(in) ‹-s, -› *m(f)* aderente *mf;* *(Befürworter)* sostenitore, -trice *m, f;* *(von Lehre)* discepolo, -a *m, f; rel, philos* seguace *mf.*
Anhängerkupplung *f* gancio *m* di traino.
Anhängerschaft ‹-, -en› *f* aderenti *m pl,* sostenitori *m pl; rel, philos* seguaci *m pl.*
anhänglich ['anhɛŋlıç] *a* attaccato; *(treu)* fedele.
an·häufen **I.** *tr* ammucchiare; *(a. fig)* accumulare; **II.** *rfl:* **sich ~** accumularsi.
Anhäufung ‹-, -en› *f* accumulamento *m;* *(Ergebnis)* accumulo *m.*
an·heben ‹*irr*› *tr* sollevare; *(Preis)* rialzare.

anheim·stellen [an'haim-] *tr geh (überlassen)* rimettere; **das stelle ich Ihnen anheim** mi rimetto al Suo giudizio.

an·heizen *tr fam:* **die Stimmung ~** riscaldare l'atmosfera.

an·heuern ['anhɔyən] *tr naut* ingaggiare.

Anhieb *m:* **auf ~** di primo acchito, subito.

an·himmeln *tr fam* ammirare perdutamente.

Anhöhe *f* altura *f,* collina *f.*

an·hören **I.** *tr* **1.** *(zuhören)* ascoltare; **2.** *(anmerken)* riconoscere, sentire (dalla voce); **II.** *rfl:* **sich gut/schlecht ~** suonare bene/male; **das hört sich (so) an, als ob ...** si direbbe che ... *conj.*

Anhörung ‹-, -en› *f parl* hearing *m.*

Anilin [ani'li:n] ‹-s, ø› *n* anilina *f.*

Animateur(in) [anima'tø:ɐ (...rɪn)] ‹-s, -e› *m(f)* animatore, -trice *m, f.*

Animierdame *f* entraîneuse *f.*

animieren [ani'mi:rən] ‹*ohne ge-*› *tr* incitare, stimolare.

Anis [a'ni:s] ‹-es, -e› *m* anice *m.*

Ankauf *m* acquisto *m,* compera *f.*

an·kaufen *tr* acquistare, comperare.

ankehrig ['anke:rɪç] *a CH* abile.

Anker ['aŋkɐ] ‹-s, -› *m* ancora *f;* **vor ~ liegen** essere ancorato.

ankern *itr* **1.** *(vor Anker gehen)* ancorarsi; **2.** *(vor Anker liegen)* essere ancorato.

an·ketten *tr* incatenare.

Anklage *f* accusa *f.* **Anklagebank** ‹-, -bänke› *f* banco *m* degli accusati.

an·klagen *tr* accusare (*wegen* di).

Ankläger(in) *m(f)* accusatore, -trice *m, f;* **öffentlicher ~** Pubblico Ministero *m.*

Anklageschrift *f* atto *m* d'accusa.

Anklang *m* **1.** *fig (Erinnerung)* reminiscenza *f poet* (*an* di); **2.** *(Zustimmung, Beifall)* approvazione *f,* consenso *m;* **~ finden** incontrare il favore (*bei* di).

an·kleben *tr* appiccicare, incollare; **A~ verboten!** vietata l'affissione!

Ankleidekabine *f* spogliatoio *m.*

an·kleiden *geh* **I.** *tr* vestire; **II.** *rfl:* **sich ~** vestirsi.

an·klopfen *itr* bussare.

an·kommen[1] ‹*irr*› *itr* ‹*sein*› **1.** *(eintreffen)* giungere, arrivare; **2.** *fig (Anklang finden)* incontrare favore; *(Erfolg haben)* incontrare successo; *(Witz)* fare ridere.

an·kommen[2] ‹*irr*› *itr* ‹*sein*› **1.** *(wichtig sein)* essere importante (*darauf, daß ...* che ... *conj*); **2.** *(abhängig sein)* dipendere (*auf* da); **es darauf ~ lassen** affidarsi al caso; **darauf soll es nicht ~** non sarà questa la difficoltà; **es kommt darauf an** dipende.

Ankömmling ['ankœmlɪŋ] ‹-s, -e› *m* nuovo, -a arrivato, -a (*o* venuto, -a) *m, f.*

an·kotzen *tr vulg* **1.** *(anspeien)* sputare (*o* vomitare) addosso a; **2.** *fig (anwidern)* ripugnare a.

an·kreuzen *tr* segnare con una crocetta.

an·kündigen **I.** *tr* annunciare, rendere noto; **II.** *rfl:* **sich ~** annunciarsi, manifestarsi.

Ankündigung *f* annuncio *m,* avviso *m.*

Ankunft ['ankʊnft] ‹-, ø› *f* arrivo *m,* venuta *f.*

an·kurbeln *tr* **1.** *(Motor)* avviare, mettere in moto; **2.** *fig* incrementare.

Ankurbelung ‹-, -en› *f fig* rilancio *m.*

an·lachen *tr* sorridere a; **sich** *(dat)* **jdn ~** *fam* abbordare qu *fam.*

Anlage *f* **1.** *(Anordnung)* disposizione *f,* impostazione *f,* piano *m;* **2.** *(Bau)* costruzione *f; (Einrichtung)* impianto *m,* installazione *f;* **3.** *(Grün~)* parco *m,* giardini *m pl;* **4.** *(Veranlagung)* disposizione *f; (Begabung)* attitudine *f* (*zu* a), talento *m* (*zu* per); *med* predisposizione *f* (*zu* a); **5.** *fin* investimento *m,* capitale *m* d'impiego; **6.** (*ab* **Anl.**) *(in Schreiben)* allegato *m;* **als ~** qui (*o* in) accluso, in allegato.

Anlaß ['anlas] ‹-lasses, -lässe› *m* **1.** *(Ursache)* causa *f; (Beweggrund)* motivo *m;* **2.** *(Gelegenheit)* occasione *f;* **3.** *CH* manifestazione *f;* **aus ~** *s.* **anläßlich; ~ geben zu** dar luogo (*o* origine) a; **~ haben zu** avere tutte le ragioni di (*o* per) *inf.*

an·lassen ‹*irr*› *tr* **1.** *(Kleidung)* tenere addosso; *(Licht, Radio)* lasciare acceso; **2.** *tec, mot* mettere in moto, avviare.

Anlasser ‹-s, -› *m* starter *m.*

anläßlich ['anlɛslɪç] *prp gen* in occasione di.

Anlauf *m allg., sport* rincorsa *f,* slancio *m; fig (Versuch)* tentativo *m; (Ansatz)* inizio *m;* **(einen) ~ nehmen** prendere la rincorsa.

an·laufen ‹*irr*› **I.** *itr* ‹*sein*› **1.** *(her~)* accorrere; **2.** *sport* prendere la rincorsa; **3.** *fig (beginnen)* incominciare, iniziare; **4.** *(beschlagen)* appannarsi; *(Metall)* ossidarsi; **blau/rot ~** diventare livido/rosso (*vor* di, per); **II.** *tr* ‹*haben*› *naut* far scalo a, toccare.

Anlaut *m* (suono *m*) iniziale *f.*

an·läuten *itr CH* telefonare (*jdm* a qu).

an·legen **I.** *tr* **1.** *(Schmuck)* mettere; *(Kleidung)* indossare; *(Verband)* applicare; **2.** *(Stadt)* fondare; *(Gebäude)* erigere; *(Garten, Fabrik)* impiantare; *(Weg)* tracciare; *(Kanal)* scavare; *(Sammlung, Kartei)* costituire; **3.** *fin* investire, impiegare; **4.** *(Gewehr)* puntare (*auf* su); **es darauf ~ zu ...** aver di mira ...; **II.** *itr naut* approdare (*an* a); **in einem Hafen ~** far scalo in un porto.

Anlegeplatz *m,* **-stelle** *f* approdo *m.*

an·lehnen **I.** *tr* **1.** *(Gegenstand)* appoggiare (*an* a), addossare (*an* a); **2.** *(Tür,*

Fenster) accostare, socchiudere; **II.** *rfl:* **sich ~** appoggiarsi, addossarsi.
Anleihe ['anlaiə] ⟨-, -n⟩ *f* prestito *m; (gewährte)* credito *m.*
an·leiten *tr* istruire.
Anleitung *f (Unterweisung)* istruzione *f;* **unter ~ von** sotto la guida di.
an·lernen *tr* istruire, addestrare.
an·liegen ⟨*irr*⟩ *itr* **1.** *(Programmpunkt sein)* essere in programma; **2.** *(Kleidungsstück)* aderire (*an* a); **eng ~** essere attillato.
Anliegen ⟨-s, -⟩ *n (Wunsch)* desiderio *m; (Bitte)* preghiera *f,* richiesta *f.*
Anlieger(in) ⟨-s, -⟩ *m(f)* persona *f* che abita in una strada; *(Nachbar)* confinante *mf.*
an·locken *tr* attirare; *(in böser Absicht, a. fig)* adescare.
an·lügen ⟨*irr*⟩ *tr* mentire a.
an·machen *tr* **1.** *(einschalten)* avviare, mettere in moto; *(Licht, Radio)* accendere; *(Wasser)* aprire; **2.** *(Salat)* condire; *(Mörtel, etc.)* impastare; **3.** *fig sl (erregen)* invogliare; *(aggressiv)* non lasciare in pace; *(aufdringlich)* abbordare.
an·malen *tr* dipingere.
an·maßen ['anma:sən] *rfl:* **sich** *(dat)* **etw. ~** usurpare qc, arrogarsi qc; **ich maße mir nicht an, darüber zu urteilen** non pretendo di pronunciare un giudizio in merito. **anmaßend** *a* presuntuoso; *(unverschämt)* arrogante.
Anmeldeformular *n* modulo *m* di notifica.
an·melden I. *tr* **1.** *(ankündigen)* annunciare; **2.** *(bei Schule, Kurs)* iscrivere; **3.** *(geltend machen)* far valere; **Konkurs ~** dichiarare fallimento; **II.** *rfl:* **sich ~ 1.** *(sich ankündigen)* annunciarsi; **2.** *(bei Schule, Kurs)* iscriversi; **sich polizeilich ~** notificare la propria residenza.
Anmeldung *f* **1.** *(Ankündigung)* annuncio *m;* **2.** *adm* notifica *f;* **3.** *(~szimmer)* ufficio *m* di ricezione.
an·merken *tr (schriftlich)* annotare; *(mündlich)* osservare; **sich** *(dat)* **nichts ~ lassen** far finta di nulla; **man merkt ihm seine Verlegenheit an** il suo imbarazzo è visibile.
Anmerkung ⟨-, -en⟩ *f (schriftlich)* annotazione *f,* nota *f; (mündlich)* osservazione *f.*
Anmut ['anmu:t] ⟨-, ø⟩ *f geh* grazia *f.* **anmutig** *a* grazioso.
an·nähen *tr* attaccare (cucendo).
annähernd I. *a* approssimativo; **II.** *adv* approssimativamente, press'a poco.
Annäherung ⟨-, -en⟩ *f* avvicinarsi *m* (*an* a); *(a. fig)* avvicinamento *m* (*an* a). **Annäherungsversuch** *m* tentativo *m* di avvicinamento, approccio *m.*
Annahme ['anna:mə] ⟨-, -n⟩ *f* **1.** *(das Annehmen)* accettazione *f; (von Kind, Namen, Lehre)* adozione *f;* **2.** *(Vermutung)* supposizione *f,* ipotesi *f;* **in der ~, daß ...** supponendo che ... *conj;* **~ verweigert!** respinto!
annehmbar *a* accettabile; *(Preis, Bedingung)* conveniente; *(leidlich)* passabile.
an·nehmen ⟨*irr*⟩ **I.** *tr* **1.** *allg.* accettare; *(Kind, Namen)* adottare; *(Antrag)* accogliere; *(Rat)* seguire; *(Farbe, Haltung)* prendere; *(Gewohnheit)* contrarre; **2.** *(vermuten)* supporre, presumere; **II.** *rfl:* **sich jds ~** prendersi cura di qu; **sich einer S.** *(gen)* **~** interessarsi di una cosa.
Annehmlichkeit ⟨-, -en⟩ *f* agio *m,* comodità *f.*
annektieren [anɛk'ti:rən] ⟨*ohne ge-*⟩ *tr* annettere.
Annette [a'nɛtə] *(weiblicher Vorname)* Annetta.
Annonce [a'nõ:sə] ⟨-, -n⟩ *f* annuncio *m,* inserzione *f.*
annoncieren [anõ'si:rən] ⟨*ohne ge-*⟩ **I.** *itr* mettere (*o* fare) un annuncio (*o* un'inserzione) (sul giornale); **II.** *tr* fare un inserzione per vendere.
annullieren [anʊ'li:rən] ⟨*ohne ge-*⟩ *tr* annullare.
Annullierung ⟨-, -en⟩ *f* annullamento *m.*
an·öden ['anʔø:dən] *tr fam* annoiare, stuccare.
anomal ['anoma:l *o* ...'ma:l] *a* anomalo.
Anomalie [...ma'li:, ...i:ən] ⟨-, -n⟩ *f* anomalia *f.*
anonym [ano'ny:m] *a* anonimo.
Anonymität [...nymi'tɛ:t] ⟨-, ø⟩ *f* anonimato *m.*
Anorak ['anorak] ⟨-s, -s⟩ *m* giacca *f* a vento.
an·ordnen *tr* ordinare, disporre.
Anordnung *f* ordine *m,* disposizione *f;* **auf ~ von ...** per ordine di ...
anorganisch *a* inorganico.
an·packen *tr* afferrare; *(Arbeit, Problem)* affrontare.
an·passen I. *tr* adattare (*an* a), adeguare (*an* a); **II.** *rfl:* **sich ~** adattarsi (*an* a), conformarsi (*an* a).
Anpassung ⟨-, -en⟩ *f* adattamento *m; (a. fig)* adeguamento *m.* **anpassungsfähig** *a* capace di adattarsi.
an·peilen *tr* **1.** *radio* reperire, rilevare; *naut* puntare verso; **2.** *fig fam* guardare.
an·pfeifen ⟨*irr*⟩ **I.** *tr* **1.** *sport* fischiare l'inizio di; **2.** *fam (zurechtweisen)* sgridare; **II.** *itr sport* fischiare l'inizio.
Anpfiff *m* **1.** *sport* fischio *m* d'inizio; **2.** *fam* rabbuffo *m,* sgridata *f.*
an·pflanzen *tr* piantare.
an·prangern *tr (a. fig)* mettere alla gogna.
an·preisen ⟨*irr*⟩ *tr* lodare, vantare; **jdm**

etw. ~ vantare qc a qu, lodare qc con qu.

Anprobe *f* prova *f.*

an·probieren ⟨*ohne ge-*⟩ *tr* provare.

an·pumpen *tr fig fam* spillare denaro a.

an·rechnen *tr* **1.** *(berechnen)* mettere in conto, conteggiare; **2.** *(gutschreiben)* accreditare (*auf* su); **3.** *(abziehen)* detrarre; **4.** *fig (werten)* ascrivere (*als* a); **jdm etw. hoch** ~ dare un gran merito a qu di qc.

Anrecht *n* diritto *m* (*auf* di).

Anrede *f* **1.** *(das Anreden)* (modo *m* di) rivolgere *m* la parola; **2.** *(Titel)* titolo *m;* **„Signora" ist die italienische** ~ **für eine Frau** Signora è l'appellativo italiano per una donna.

an·reden *tr* rivolgere la parola a, rivolgersi a; **jdn mit du/Sie** ~ dare del tu/Lei a qu.

an·regen *tr* **1.** *biol* stimolare; *(Phantasie)* eccitare; **2.** *(vorschlagen)* proporre. **anregend** *a* stimolante; *(Buch, Gespräch)* interessante.

Anregung *f* **1.** *biol* stimolazione *f;* **2.** *(Anstoß)* impulso *m,* stimolo *m;* *(Denkanstoß)* ispirazione *f,* spunto *m;* **3.** *(Vorschlag)* proposta *f.*

an·reichern ['anraịçɐn] *tr* arricchire.

Anreiz *m* impulso *m,* stimolo *m.*

an·rempeln ['anrɛmpəln] *tr fam* urtare.

Anrichte ['anrɪçtə] ⟨-, -n⟩ *f* credenza *f.*

an·richten *tr* **1.** *(Speise)* preparare; *(Platte)* guarnire; *(Salat)* condire; **2.** *(verursachen)* causare; **da hast du aber etwas Schönes angerichtet!** l'hai combinata bella! *fam.*

anrüchig ['anrʏçɪç] *a* equivoco.

Anruf *m* chiamata *f;* *(bes. tel)* telefonata *f.* **Anrufbeantworter** ⟨-s, -⟩ *m* segreteria *f* telefonica.

an·rufen ⟨*irr*⟩ *tr* **1.** *allg.* chiamare; **2.** *tel* telefonare a; **3.** *(Gott)* invocare; *(um Gnade, Hilfe)* implorare; **4.** *(Gericht)* appellarsi a.

an·rühren *tr* **1.** *(berühren, a. fig)* toccare; **2.** *(Farbe)* mescolare; *(Mörtel, etc.)* impastare; *gastr* rimestare.

Ansage *f* annuncio *m.*

an·sagen *tr* annunciare; **jdm den Kampf** ~ dichiarare guerra a qu.

Ansager(in) ⟨-s, -⟩ *m(f)* annunciatore, -trice *m, f.*

an·sammeln **I.** *tr* accumulare, ammassare; **II.** *rfl:* **sich** ~ accumularsi; *(sich versammeln)* adunarsi, raccogliersi.

Ansammlung *f* accumulo *m,* ammasso *m;* *(Menschen~)* assembramento *m,* folla *f.*

ansässig ['anzɛsɪç] *a* domiciliato, residente.

Ansatz *m* **1.** *(Schicht)* deposito *m;* **2.** *(Haar~)* attaccatura *f;* **3.** *(Beginn)* inizio *m;* *(Versuch)* prova *f.*

an·schaffen *tr* procurare; *(kaufen)* acquistare.

Anschaffung ⟨-, -en⟩ *f* acquisto *m.* **Anschaffungskosten** ⟨*pl*⟩ costi *m pl* d'acquisto.

an·schalten *tr* accendere.

an·schauen *s.* **ansehen.**

an·schaulich *a* chiaro, evidente; *(lebendig)* vivo.

Anschauung ⟨-, -en⟩ *f* *(Überzeugung)* idea *f;* *(Meinung)* opinione *f;* *(Auffassung)* concezione *f;* **aus eigener** ~ per propria esperienza. **Anschauungsmaterial** *n* materiale *m* illustrativo; *(Lehrmittel)* materiale *m* didattico.

Anschein *m* apparenza *f;* **dem** ~ **nach** a quanto pare; **es hat den** ~**, als ob ...** sembra che ... *conj.*

anscheinend *adv* evidentemente, a quanto pare.

an·schicken *rfl:* **sich** ~ accingersi (*etw. zu tun* a fare qc).

an·schieben ⟨*irr*⟩ *tr* spingere.

an·schießen ⟨*irr*⟩ *tr* ferire (leggermente).

Anschlag *m* **1.** *(~zettel)* avviso *m,* affisso *m;* **2.** *(Attentat)* attentato *m;* **3.** *(bei Schreibmaschine)* battuta *f;* *(bei Klavier)* tocco *m.*

an·schlagen ⟨*irr*⟩ **I.** *tr* **1.** *(Bekanntmachung)* affiggere; **2.** *(Klavier, Saite)* toccare; *fig (Ton)* assumere; **3.** *(Faß)* spillare; **4.** *(beschädigen)* ammaccare; **40 Maschen** ~ iniziare il primo ferro con 40 maglie; **II.** *itr* **1.** *(Hund)* abbaiare; **2.** *(wirken)* fare effetto (*bei* su).

an·schließen ⟨*irr*⟩ **I.** *tr* **1.** *tec* allacciare; *el* collegare; **2.** *(hinzufügen)* aggiungere; **II.** *rfl:* **sich** ~ associarsi; **sich einer Partei** ~ aderire ad un partito; **III.** *itr* far seguito (*an* a). **anschließend** *a* successivo; *(räumlich)* adiacente.

Anschluß *m* **1.** *(Wasser~, Gas~, etc.)* allacciamento *m;* *el* collegamento *m;* **2.** *tel (Verbindung)* collegamento *m;* *(Apparat)* giunto *m,* raccordo *m;* **3.** *Eisenb., aero* coincidenza *f;* **4.** *fig, pol* annessione *f;* **im** ~ **an** in seguito a; ~ **suchen** cercare di far conoscenza.

anschmiegsam *a* affettuoso.

an·schnallen *tr* allacciare; **sich** ~ *mot, aero* allacciare la cintura.

an·schneiden ⟨*irr*⟩ *tr* **1.** *(Brot, Braten)* incominciare a tagliare; **2.** *fig (Frage)* intavolare; *(Thema)* toccare; **3.** *fig (Kurve)* tagliare.

an·schrauben *tr* avvitare.

an·schreiben ⟨*irr*⟩ *tr* **1.** *(an Tafel, etc.)* scrivere; **2.** *(auf Kredit)* mettere in conto; **3.** *(jdn ~)* scrivere a.

an·schreien ⟨*irr*⟩ *tr* apostrofare, rimproverare gridando.

Anschrift *f* indirizzo *m.*

Anschuldigung ['anʃʊldɪgʊŋ] ⟨-, -en⟩ *f* accusa *f,* imputazione *f.*

an·schwellen ‹*irr*› *itr* ‹*sein*› **1.** *allg., med* gonfiarsi; **2.** *fig (Lärm, etc.)* crescere.
an·sehen ‹*irr*› *tr* **1.** *(anblicken)* guardare; *(lange)* contemplare; *(besichtigen)* visitare; **2.** *(halten für)* considerare; *(beurteilen)* giudicare; **etw. mit ~** *(dabeisein)* assistere a qc; *(dulden)* tollerare qc; **man sieht es ihm an, daß ...** gli si legge in faccia che ...; **sieh mal (einer) an!** *fam* ma guarda un po! *fam.*
Ansehen ‹-s, ø› *n (Achtung)* considerazione *f,* stima *f; (Ruf)* reputazione *f,* credito *m;* **jdn vom ~ her kennen** conoscere qu di vista.
ansehnlich ['anse:nlıç] *a* **1.** *(gutaussehend)* di bell'aspetto; *(stattlich)* prestante; **2.** *(beträchtlich)* considerevole.
an·seilen *rfl:* **sich ~** legarsi in cordata.
an·sein ‹*irr*› *itr* ‹*sein*› essere acceso.
an·setzen I. *tr* **1.** *(an Mund, etc.)* mettere (*an* a); *(Glas, etc.)* accostare (*an* a); *(Flöte)* imboccare; **2.** *(anfügen)* aggiungere; **3.** *(veranschlagen)* preventivare; *(vorausberechnen)* calcolare; *(festsetzen)* fissare, stabilire; **Fett ~** ingrassare; **Schimmel ~** ammuffire; **jdn auf etw. ~** far intervenire qu per qc; **II.** *itr* **1.** *(beginnen)* apprestarsi (*zu* a), accingersi (*zu* a); **2.** *(anbrennen)* attaccarsi.
Ansicht ‹-, -en› *f* **1.** *(Meinung)* opinione *f,* parere *m;* **2.** *(Anblick)* veduta *f;* **3.** *(Prüfung)* esame *m;* **der ~ sein, daß ...** essere dell'avviso che ... *conj;* **meiner ~ nach** a mio avviso, secondo me; **zur ~** *com* in visione. **Ansichtskarte** *f* cartolina *f* illustrata. **Ansichtssache** *f:* **das ist ~** qui siamo nel campo dell'opinabile.
an·siedeln ['anzi:dəln] *rfl:* **sich ~** insediarsi; *(sich niederlassen)* stabilirsi, domiciliarsi.
Ansiedlung *f* insediamento *m; (Stelle)* colonia *f.*
an·spannen *tr* tendere; *(Pferde)* attaccare.
Anspannung *f (Einsatz)* impiego *m; (Anstrengung)* sforzo *m.*
Anspiel *n* inizio *m* del gioco.
an·spielen I. *itr* **1.** *sport* iniziare il gioco; *(beim Kartenspiel)* giocare di prima mano; **2.** *fig (hinweisen)* alludere (*auf* a); **II.** *tr sport* passare la palla a.
Anspielung ‹-, -en› *f* allusione *f* (*auf* a).
an·spitzen *tr* **1.** *(Bleistift, etc.)* fare la punta a; **2.** *fig fam (antreiben)* incitare.
Ansporn *m* stimolo *m,* incitamento *m.*
an·spornen *tr* stimolare, incitare.
Ansprache *f* discorso *m,* allocuzione *f.*
ansprechbar *a* abbordabile.
an·sprechen ‹*irr*› **I.** *tr* **1.** *(reden mit)* rivolgere la parola a; **2.** *(erwähnen)* trattare, affrontare; **3.** *(gefallen)* piacere a; **jdn auf etw. ~** interpellare qu su qc; **II.** *itr (reagieren)* reagire, rispondere (*auf* a). **ansprechend** *a* piacevole, gradevole, attraente.
an·springen ‹*irr*› **I.** *itr* ‹*sein*› **1.** *(her~)* arrivare saltando; **2.** *mot* avviarsi; **II.** *tr* ‹*haben*› saltare addosso a.
Anspruch *m* **1.** *(Recht)* diritto *m* (*auf* di, a); **2.** *(Forderung)* pretesa *f,* esigenza *f; jur* rivendicazione *f;* **~ auf etw. erheben** rivendicare un diritto a (*o* di) qc; **hohe Ansprüche stellen** avere grandi pretese; **jdn in ~ nehmen** ricorrere a qu; **etw. in ~ nehmen** servirsi di qc; *(Person)* rivolgersi a; **sehr in ~ genommen sein** essere molto occupato. **anspruchslos** *a* senza pretese, modesto. **Anspruchslosigkeit** ‹-, ø› *f* modestia *f,* semplicità *f.* **anspruchsvoll** *a* esigente, pretenzioso.
an·spucken *tr* sputare addosso a.
Anstalt ['anʃtalt] ‹-, -en› *f* istituto *m; (Heil~)* sanatorio *m; (Irren~)* manicomio *m.*
Anstalten *f pl (Vorbereitungen)* preparativi *m pl,* disposizioni *f pl;* **~ machen** (*o* **treffen**) **zu ...** accingersi a ..., prepararsi a ...
Anstand[1] ['anʃtant] ‹-(e)s, ø› *m (gutes Benehmen)* educazione *f,* buona creanza *f; (Schicklichkeit)* decenza *f,* decoro *m.*
Anstand[2] ['anʃtant] ‹-(e)s, ¨-e› *m (Jagd~)* posta *f.*
anständig ['anʃtɛndıç] **I.** *a* **1.** *(schicklich)* decente; **2.** *(ehrbar)* onesto; **3.** *fam (zufriedenstellend)* sufficiente, discreto; *(beträchtlich)* considerevole; **habt Ihr kein ~es Glas?** *fam* non avete un bicchiere decente?; **II.** *adv* decentemente, come conviene. **Anständigkeit** ‹-, ø› *f* **1.** *(Schicklichkeit)* decenza *f,* decoro *m;* **2.** *(Ehrlichkeit)* onestà *f,* correttezza *f.*
Anstandsbesuch *m* visita *f* di cortesia. **anstandshalber** *adv* per la forma, per il decoro. **anstandslos** *adv* senza esitazione, senza far storie.
an·starren *tr* guardare fisso, fissare.
anstatt [an'ʃtat] **I.** *prp gen o dat* invece di, al posto di; **II.** *con:* **~ zu ...** *inf,* **~ daß ...** invece di ... *inf.*
an·stechen ‹*irr*› *tr* pungere; *(Faß)* spillare.
an·stecken I. *tr* **1.** *(feststecken)* fermare (con spilli); *(Brosche)* appuntare; *(Ring)* infilare; **2.** *(anzünden)* accendere; *(in Brand stecken)* appiccare il fuoco a; **3.** *med, fig* contagiare; **II.** *rfl:* **sich ~** contagiarsi (*bei* da); **III.** *itr (a. fig)* essere contagioso. **ansteckend** *a* contagioso.
Ansteckung ‹-, -en› *f* contagio *m.*
an·stehen ‹*irr*› *itr* **1.** *(Schlange stehen)* fare la coda; **2.** *(auf dem Programm stehen)* essere in programma.
an·steigen ‹*irr*› *itr* ‹*sein*› **1.** *(Straße,*

Wasser, Temperatur) salire; **2.** *fig (zunehmen)* aumentare, crescere.
anstelle [an'ʃtɛlə] *prp gen s.* **Stelle.**
an·stellen I. *tr* **1.** *(einschalten: Maschine)* avviare, mettere in moto; *(Radio)* accendere; *(Wasser)* aprire; **2.** *(beschäftigen)* impiegare; **3.** *(anlehnen)* mettere (*an* contro), appoggiare (*an* a); **4.** *(Vergleich, Versuch, Dummheit)* fare; **was hast du da wieder angestellt?** che hai combinato di nuovo?; **wie hast du das angestellt?** come hai fatto?; **II.** *rfl:* **sich ~ 1.** *(Schlange stehen)* fare la coda; **2.** *(sich verhalten)* comportarsi; **sich dumm ~** fare lo sciocco; **stell dich doch nicht so an!** *fam* non fare tante storie!
Anstellung *f* impiego *m,* posto *m.*
Anstieg ['anʃti:k] ‹-(e)s, -e› *m* **1.** *(auf Berg)* salita *f,* ascesa *f;* **2.** *fig* aumento *m.*
an·stiften *tr* spingere, istigare, sobillare.
Anstiftung *f* sobillazione *f; jur* istigazione *f.*
an·stimmen *tr* intonare; **ein Geschrei ~** prorompere in grida.
Anstoß *m* **1.** *sport* calcio *m* d'inizio; **2.** *fig (Antrieb)* impulso *m,* spinta *f; (Ärgernis)* scandalo *m;* **zu etw. den ~ geben** dare l'avvio a qc; **an etw. ~ nehmen** scandalizzarsi di qc.
an·stoßen ‹*irr*› **I.** *itr* **1.** ‹*sein*› urtare (*an* contro); **2.** ‹*haben*› *(angrenzen)* confinare (*an* con); **3.** ‹*haben*› *sport* dare il calcio d'inizio; **4.** ‹*haben*› *(mit Gläsern)* brindare (*auf* a); **II.** *tr* urtare; *(in Bewegung setzen)* mettere in movimento.
Anstösser ['anʃtø:sɐ] ‹-s, -› *m CH* confinante *m.*
anstößig ['anʃtø:sɪç] *a* indecente, scandaloso. **Anstößigkeit** ‹-, -en› *f* indecenza *f.*
an·strahlen *tr* **1.** *(beleuchten)* illuminare; **2.** *(strahlend anblicken)* guardare con occhi raggianti.
an·streichen ‹*irr*› *tr* **1.** *(mit Farbe)* pitturare, verniciare; **2.** *(kennzeichnen)* segnare.
Anstreicher(in) ‹-s, -› *m(f)* imbianchino, -a *m, f.*
an·strengen I. *tr* **1.** *(ermüden)* affaticare; *(Augen)* stancare; **2.** *(Geist, Verstand)* sforzare; *(Prozeß)* intentare; **II.** *rfl:* **sich ~** sforzarsi, applicarsi. **anstrengend** *a* faticoso.
Anstrengung ‹-, -en› *f* **1.** *(Bemühung)* sforzo *m,* fatica *f;* **2.** *(Strapaze)* strapazzo *m.*
Anstrich *m* **1.** *(Farbschicht)* tinta *f; (Überzug)* mano *m;* **2.** *(Anschein)* apparenza *f,* aria *f.*
Ansturm *m (Andrang)* ressa *f; (von Kunden)* affluenza *f.*
an·stürmen *itr* ‹*sein*› assalire (*gegen etw.* qc), scagliarsi (*gegen* su, contro).
Antarktis [ant'ʔarktɪs] *f* Antartide *f.*
antarktisch *a* antartico.
Anteil *m* **1.** *allg.* parte *f,* quota *f; com* partecipazione *f;* **2.** *(Teilnahme)* partecipazione *f;* **an etw. ~ nehmen** prender parte a qc; *fig (Mitgefühl haben)* partecipare a qc. **anteilig** *a* proporzionale. **anteilmäßig** *adv* proporzionalmente. **Anteilnahme** [-na:mə] ‹-, ø› *f* partecipazione (*an* a).
Antenne [an'tɛnə] ‹-, -n› *f* antenna *f.*
Antialkoholiker(in) [antiʔalko'ho:likɐ (...ərɪn) *o* 'anti-] *m(f)* antialcolista *mf.* **antiautoritär** [antiʔa̯utori'tɛ:ɐ̯] *a* antiautoritario. **Antibabypille** [anti'be:bi-] *f* pillola *f* anticoncezionale. **Antibiotikum** [anti'bi̯o:tikʊm, ...ka] ‹-s, -tika› *n* antibiotico *m.*
antik [an'ti:k] *a* antico.
Antike ‹-, ø› *f* antichità *f.*
Antiklopfmittel [anti'klɔpf-] *n* antidetonante *m.* **Antikörper** ['anti-] *m* anticorpo *m.*
Antipathie [antipa'ti:, ...i:ən] ‹-, -n› *f* antipatia *f* (*gegen* per).
Antiquariat [antikva'ri̯a:t] ‹-s, -e› *n* antiquariato *m; (Buchladen)* libreria *f* d'antiquariato.
antiquarisch [...'kva:rɪʃ] *a* d'occasione, di seconda mano.
Antiquität [...kvi'tɛ:t] ‹-, -en› *f* antichità *f,* oggetto *m* antico. **Antiquitätenhändler(in)** *m(f)* antiquario, -a *m, f.*
Antisemitismus [antizemi'tɪsmʊs] ‹-, ø› antisemitismo *m.* **antistatisch** [anti'ʃta:tɪʃ] *a* antistatico.
Antlitz ['antlɪts] ‹-es, -e› *n poet* volto *m.*
Anton ['anto:n] *(männlicher Vorname)* Antonio.
Antrag ['antra:k] ‹-(e)s, ⸚e› *m (Gesuch)* domanda *f,* istanza *f; (parlamentarisch)* mozione *f; (Heirats~)* proposta *f* (di matrimonio); *(Formular)* modulo *m* (di domanda); **auf ~** su proposta. **Antragsteller(in)** ‹-s, -› *m(f)* richiedente *mf.*
an·treffen ‹*irr*› *tr* **1.** *(treffen)* incontrare; **2.** *(vorfinden)* trovare.
an·treiben ‹*irr*› **I.** *tr* ‹*haben*› **1.** *(vor~, a. fig)* incitare; **2.** *fig (veranlassen)* indurre (*zu* a); **3.** *(in Bewegung setzen)* mettere in moto, azionare; **II.** *itr* ‹*sein*› essere portato dall'acqua.
an·treten ‹*irr*› **I.** *tr* ‹*haben*› *(Dienst)* entrare; *(Erbschaft)* adire; *(Beweis)* presentare; *(Reise)* cominciare; **II.** *itr* ‹*sein*› *(a. mil)* presentarsi.
Antrieb *m* **1.** *tec* forza *f* motrice; *(bes. mot, naut, aero)* propulsione *f;* **2.** *fig (Impuls)* impulso *m; (Beweggrund)* movente *m;* **aus eigenem ~** di propria iniziativa (*o* volontà). **Antriebswelle** *f* albero *m* di trasmissione.
Antritt *m* **1.** *(Beginn: Reise~, etc.)* inizio *m;* **2.** *(Amts~, Regierungs~)* assunzione

f. **Antrittsbesuch** *m* visita *f* di presentazione. **Antrittsrede** *f* discorso *m* inaugurale.
an·tun ‹*irr*› *tr* fare; *(zufügen)* cagionare; **es jdm ~** affascinare qu; **sich** *(dat)* **etw. ~** suicidarsi, uccidersi.
Antwerpen [ant'vɛrpən] *n* Anversa *f.*
Antwort ['antvɔrt] ‹-, -en› *f* risposta *f;* **als ~ auf** in risposta a; **um ~ wird gebeten** (*ab* **u. A. w. g.**) si prega di rispondere.
antworten *itr* rispondere, dare una risposta.
Antwortschein *m:* **internationaler ~** ricevuta *f* di ritorno internazionale.
an·vertrauen ‹*ohne ge-*› **I.** *tr* **1.** *(geben)* affidare; **2.** *(mitteilen)* confidare; **II.** *rfl:* **sich jdm ~** confidarsi con qu.
an·wachsen ‹*irr*› *itr* ‹*sein*› **1.** *(Pflanze)* mettere radici, attecchire; *(festwachsen)* attaccarsi; **2.** *(zunehmen)* aumentare, crescere.
Anwalt ['anvalt] ‹-(e)s, ¨-e› *m,* **Anwältin** ['anvɛltın] *f* **1.** *(Rechts~)* avvocato, -essa *m, f; (Staats~)* procuratore, -trice *m, f;* **2.** *fig (Fürsprecher)* difensore *m.* **Anwaltskosten** ‹*pl*› spese *f pl* legali.
Anwandlung *f* accesso *m; (Laune)* capriccio *m.*
Anwärter(in) *m(f)* candidato, -a *m, f* (*auf* a), aspirante *mf* (*auf* a).
Anwartschaft ['anvartʃaft] ‹-, -en› *f* candidatura *f* (*auf* a).
an·weisen ‹*irr*› *tr* **1.** *(zuweisen)* assegnare; **2.** *(anleiten)* avviare; *(belehren)* istruire; **3.** *(befehlen)* ordinare, comandare; **4.** *fin* dare ordine di pagare.
Anweisung *f* **1.** *(Anordnung)* disposizione *f;* **2.** *(Bank~)* ordine *m* di pagamento, assegno *m* bancario; *(Post~)* vaglia *m;* **3.** *(Anleitung)* istruzione *f,* guida *f;* **4.** *(Zuweisung)* assegnazione *f;* **auf ärztliche ~** su (*o* dietro) prescrizione medica; **auf ~ von** su ordine di.
an·wenden ‹*irr o reg*› *tr* utilizzare, adoperare, usare; *(a. Gewalt)* impiegare; *(Gesetz, Prinzip)* applicare (*auf* a).
Anwendung *f* utilizzazione *f,* uso *m,* impiego *m; (von Bestimmung, Gesetz)* applicazione *f;* **~ finden, zur ~ kommen** essere utilizzato (*bei, in* per), trovare applicazione (*bei, in* in).
an·werben ‹*irr*› *tr (Arbeiter)* ingaggiare; *(Mitglieder, a. mil)* reclutare.
Anwerbung *f* assunzione *f,* ingaggio *m; (a. mil)* reclutamento *m.*
Anwesen *n* podere *m,* tenuta *f.*
anwesend ['anve:zənt] *a* presente. **Anwesende** ‹*pl*› presenti *m pl;* **(sehr) verehrte ~!** signore e signori!
Anwesenheit ‹-, ø› *f* presenza *f;* **in ~ von** alla presenza di.
an·widern ['anvi:dɐn] *tr* disgustare, ripugnare.
Anzahl *f* numero *m,* quantità *f.*
an·zahlen *tr (Betrag)* dare un acconto di (*auf* per); *(Gegenstand)* dare un acconto per.
Anzahlung *f* acconto *m.*
an·zapfen *tr* **1.** *(Faß)* spillare; **2.** *tel* inserirsi abusivamente su.
Anzeichen *n* segno *m,* indizio *m.*
Anzeige ['antsaigə] ‹-, -n› *f* **1.** *allg., tec* indicazione *f;* **2.** *(bei Behörde)* dichiarazione *f,* notifica *f; jur* denuncia *f;* **3.** *(Zeitungs~)* inserzione *f,* annuncio *m; (Werbung)* comunicato *m,* pubblicità *f;* **~ gegen jdn erstatten** denunciare qu.
an·zeigen *tr* **1.** *(bezeichnen)* indicare; **2.** *(bei Behörde)* dichiarare, notificare; *jur* denunciare; **3.** *(ankündigen, a. in Zeitung)* annunciare; *(Familienereignis)* partecipare.
Anzeigenteil *m* parte *f* pubblicitaria.
an·zetteln *tr* ordire.
an·ziehen ‹*irr*› **I.** *tr* **1.** *(Kleidung)* mettere; *(Person, etc.)* vestire; **2.** *(spannen)* tirare; *(Schraube, Bremse)* serrare; **3.** *fig, phys* attirare; **II.** *rfl:* **sich ~** vestirsi; **III.** *itr com, fin* salire. **anziehend** *a* attraente, seducente, avvincente.
Anziehung *f* attrazione *f.* **Anziehungskraft** *f* **1.** *phys* forza *f* d'attrazione; **2.** *fig* attrazione *f,* attrattiva *f.*
Anzug *m* vestito *m,* abito *m,* completo *m;* **im ~ sein** avvicinarsi; **ein Gewitter ist im ~** si prepara un temporale.
anzüglich ['antsy:klıç] *a* equivoco, indecente.
an·zünden *tr* accendere; *(in Brand stekken)* dar fuoco a, incendiare.
an·zweifeln *tr* mettere in dubbio, dubitare di.
apart [a'part] *a* attraente, speciale.
Apathie [apa'ti:, ...i:ən] ‹-, -n› *f* apatia *f.*
apathisch [a'pa:tıʃ] *a* apatico.
Apennin [apɛ'ni:n] *m* Appennino *m;* **die ~en** gli Appennini.
aper ['a:pɐ] *a (süddeutsch, CH, A: schneefrei)* senza neve, libero dalla neve.
Aperitif [aperi'ti:f] ‹-s, -s *o* -e› *m* aperitivo *m.*
Apfel ['apfəl] ‹-s, ¨› *m* mela *f;* **in den sauren ~ beißen** inghiottire la pillola; **der ~ fällt nicht weit vom Stamm** *prov* quale il padre, tale il figlio *prov.* **Apfelbaum** *m* melo *m.* **Apfelmus** *n* purè *m* di mele. **Apfelsaft** *m* succo *m* di mele.
Apfelsine [apfəl'zi:nə] ‹-, -n› *f* arancia *f.*
APO, Apo ['a:po] ‹-, ø› *f ab von* **außerparlamentarische Opposition** opposizione *f* extraparlamentare.
Apostel [a'pɔstəl] ‹-s, -› *m* apostolo *m.*
Apostroph [apo'stro:f] ‹-s, -e› *m* apostrofo *m.*
apostrophieren [...stro'fi:rən] ‹*ohne ge-*› *tr gram* apostrofare.
Apotheke [apo'te:kə] ‹-, -n› *f* farmacia *f.*

Apotheker(in) ‹-s, -› *m(f)* farmacista *mf.*

Apparat [apa'ra:t] ‹-(e)s, -e› *m* **1.** *allg.* macchina *f; (a. tel, fot)* apparecchio *m;* **2.** *(Ausrüstung, a. ling, anat)* apparato *m;* **am ~!** *tel* sono io!; **bleiben Sie am ~!** rimanga in linea!

Apparatur [...ra'tu:ɐ̯] ‹-, -en› *f* apparecchiatura *f.*

Appell [a'pɛl] ‹-s, -e› *m* appello *m* (*an* a).

appellieren [apɛ'li:rən] ‹*ohne ge-*› *itr geh* appellarsi (*an* a).

Appetit [ape'ti:t] ‹-(e)s, ø› *m* appetito *m* (*auf* di); **der ~ kommt beim Essen** *prov* l'appetito vien mangiando *prov.* **appetitlich** *a* appetitoso. **Appetitlosigkeit** ‹-, ø› *f* inappetenza *f.* **Appetitzügler** [-t͡sy:glɐ] ‹-s, -› *m* anoressizzante *m.*

applaudieren [aplau̯'di:rən] ‹*ohne ge-*› *itr* applaudire (*jdm* qu).

Applaus [a'plau̯s] ‹-es, ø› *m* applauso *m.*

Aprikose [apri'ko:zə] ‹-, -n› *f* albicocca *f.*

April [a'prɪl] ‹-(s), -e› *m* aprile *m;* **jdn in den ~ schicken** fare un pesce d'aprile a qu; *s. a. September.* **Aprilscherz** *m* pesce *m* d'aprile. **Aprilwetter** *n* tempo *m* di marzo.

apropos [apro'po:] *adv* parlando di ...

Apsis ['apsɪs, a'psi:dən] ‹-, Apsiden› *f* abside *f.*

Apulien [a'pu:li̯ən] *n* Puglia *f.*

Aquädukt [akvɛ'dʊkt] ‹-(e)s, -e› *m o n* acquedotto *m.*

Aquaplaning [akva'pla:nɪŋ] ‹-s, ø› *n* acquaplaning *m.*

Aquarell [akva'rɛl] ‹-s, -e› *n* acquerello *m.*

Aquarium [a'kva:ri̯ʊm, ...i̯ən] ‹-s, -rien› *n* acquario *m.*

Äquator [ɛ'kva:to:ɐ̯] ‹-s, ø› *m* equatore *m.*

Ar [a:ɐ̯] ‹-s, -e *o bei Maßangaben:* -› *m o n* (*ab* **a**) ara *f.*

Ära ['ɛ:ra, 'ɛ:rən] ‹-, *rar* Ären› *f* era *f.*

Araber(in) ['a:rabɐ (...ərɪn) *o* 'ar...] ‹-s, -› *m(f)* arabo, -a *m, f.*

Arabien [a'ra:bi̯ən] *n* Arabia *f.*

arabisch *a* arabo.

Arbeit ['arbai̯t] ‹-, -en› *f* **1.** *(a. ~sstelle, ~serzeugnis)* lavoro *m;* **2.** *(Beschäftigung)* impiego *m;* **3.** *(Mühe)* fatica *f; (Anstrengung)* sforzo *m;* **4.** *(Werk)* opera *f;* **5.** *(Klassen~)* tema *m,* compito *m;* **etw. in ~ geben/haben** dare/avere qc in lavorazione; **jdm ~ machen** dar da fare a qu.

arbeiten **I.** *itr* lavorare; *(beschäftigt sein)* essere occupato; *(Maschine)* essere in moto; *(Organ)* funzionare; *(Holz)* incurvarsi, imbarcarsi; *(Kapital)* fruttare; **die ~de Bevölkerung** la popolazione attiva; **II.** *tr* fare.

Arbeiter(in) ‹-s, -› *m(f)* lavoratore, -trice *m, f; (Fabrik~, Standesangehöriger)* operaio, -a *m, f.* **Arbeiterbewegung** *f* movimento *m* operaio. **Arbeiterschaft** ‹-, -en› *f* lavoratori *m pl; (Belegschaft)* personale *m* dipendente; *(Stand)* classe *f* operaia. **Arbeiterviertel** *n* quartiere *m* operaio.

Arbeitgeber *m* datore *m* di lavoro. **Arbeitgeberverband** *m* sindacato *m* dei datori di lavoro. **Arbeitnehmer(in)** ‹-s, -› *m(f)* prestatore, -trice *m, f* d'opera, salariato, -a *m, f.*

Arbeitsamt *n* ufficio *m* del lavoro (*o* di collocamento). **Arbeitsbedingungen** *f pl* condizioni *f pl* di lavoro. **Arbeitsbeschaffungsmaßnahme** *f* (*ab* **ABM**) misure *f pl* occupazionali. **Arbeitserlaubnis** *f* permesso *m* di lavoro. **arbeitsfähig** *a* atto (*o* abile) al lavoro. **Arbeitsfähigkeit** *f* idoneità *f* (*o* abilità *f*) al lavoro. **Arbeitsgang** *m* fase *f* (*o* processo *m*) di lavoro. **Arbeitsgemeinschaft** *f* (*ab* **AG**) gruppo *m* di lavoro; *(an Schule, Universität)* gruppo *m* di studio. **Arbeitsgericht** *n* tribunale *m* del lavoro. **Arbeitskleidung** *f* vestito *m* (*o* tuta *f*) da lavoro. **Arbeitsklima** *n* ambiente *m* di lavoro. **Arbeitskraft** *f* **1.** *(von Mensch)* capacità *f* lavorativa; *(von Maschine)* potenza *f;* **2.** *(Arbeiter)* lavoratore, -trice *m, f;* ‹*pl*› manodopera *f.* **Arbeitskreis** *m s.* **Arbeitsgemeinschaft. Arbeitslager** *n* campo *m* di lavoro. **arbeitslos** *a* senza lavoro, disoccupato. **Arbeitslose** ‹ein -r, -n, -n› *mf* disoccupato, -a *m, f.* **Arbeitslosengeld** *n* indennità *f* (*o* sussidio *m*) di disoccupazione,. **Arbeitslosenhilfe** *f* assistenza *f* ai disoccupati. **Arbeitslosigkeit** ‹-, ø› *f* disoccupazione *f.* **Arbeitsmarkt** *m* mercato *m* del lavoro. **Arbeitsniederlegung** *f* sospensione *f* del lavoro. **Arbeitsordnung** *f* regolamento *m* del lavoro. **Arbeitsplatz** *m* **1.** *(räumlich)* posto *m* di lavoro; **2.** *(Stelle)* posto *m,* impiego *m.* **Arbeitsrecht** *n* diritto *m* del lavoro. **arbeitsscheu** *a* restio a lavorare. **Arbeitstag** *m* giornata *f* lavorativa. **Arbeitsteilung** *f* divisione *f* del lavoro. **arbeitsunfähig** *a* inabile al lavoro. **Arbeitsunfähigkeit** *f* inabilità *f* al lavoro. **Arbeitsweise** *f (von Person)* modo *m* di lavorare; *tec* funzionamento *m.* **Arbeitszeit** *f* orario *m* di lavoro; *(Arbeitsstunden)* ore *f pl* lavorative. **Arbeitszeitverkürzung** *f* riduzione *f* dell'orario lavorativo. **Arbeitszimmer** *n* stanza *f* da lavoro, studio *m.*

archaisch [ar'ça:ɪʃ] *a* arcaico.

Archäologe [arçɛo'lo:gə] ‹-n, -n› *m,* **Archäologin** [...gɪn] *f* archeologo, -a *m, f.*

Archäologie [...lo'gi:] ‹-, ø› *f* archeologia *f.*

Arche ['arçə] ‹-, -n› *f:* ~ **(Noah)** arca *f* (di Noè).
Architekt(in) [arçi'tɛkt(ɪn)] ‹-en, -en› *m(f)* architetto, -a *m, f.*
architektonisch [...'to:nɪʃ] *a* architettonico.
Architektur [...'tu:ɐ̯] ‹-, -en› *f* architettura *f.*
Archiv [ar'çi:f] ‹-s, -e› *n* archivio *m.*
Arena [a're:na, ...nən] ‹-, Arenen› *f* arena *f.*
arg [ark] **I.** ‹¨er, ¨ste› *a* **1.** *(schlimm)* grave; *(böse)* cattivo; **2.** *(stark)* grande; **mein ärgster Feind** il mio peggior nemico; **im ~en liegen** trovarsi in cattive condizioni; **II.** ‹¨er, am ¨sten› *adv* molto, gravemente; **es zu ~ treiben** esagerare.
Argentinien [argɛn'ti:ni̯ən] *n* Argentina *f.*
Ärger ['ɛrgɐ] ‹-s, ø› *m* **1.** *(Verdruß)* dispiacere *m; (Unwillen)* irritazione *f; (Zorn)* rabbia *f;* **2.** *(Unannehmlichkeiten)* noie *f pl,* contrarietà *f pl.*
ärgerlich *a* **1.** *(Mensch)* irritato, arrabbiato (*auf* con, *über* per); **2.** *(Sache)* spiacevole, incresciosо; **wie ~!** che seccatura!
ärgern I. *tr* irritare, far arrabbiare; **II.** *rfl:* **sich ~** irritarsi, arrabbiarsi (*über* per).
Ärgernis ‹-ses, -se› *n* **1.** *(Ärger)* dispiacere *m,* contrarietà *f;* **2.** *(Anstoß)* scandalo *m;* **Erregung öffentlichen ~ses** oltraggio *m* al pudore.
Arglist ['arklɪst] *f* malignità *f,* perfidia *f.* **arglistig** *a* maligno, perfido.
arglos ['arklo:s] *a* **1.** *(harmlos)* privo di malizia; **2.** *(vertrauensselig)* ingenuo.
Argument [argu'mɛnt] ‹-(e)s, -e› *n* argomento *m.*
argumentieren [...'ti:rən] ‹*ohne ge-*› *itr* argomentare, ragionare.
Argwohn ['arkvo:n] ‹-(e)s, ø› *m* diffidenza *f; (Verdacht)* sospetto *m.* **argwöhnisch** ['arkvø:nɪʃ] *a* sospettoso, diffidente.
a. Rh. *ab von* **am Rhein** sul Reno.
Arie ['a:ri̯ə] ‹-, -n› *f* aria *f.*
Aristokrat(in) [arɪsto'kra:t(ɪn)] ‹-en, -en› *m(f)* aristocratico, -a *m, f.*
Aristokratie [arɪstokra'ti:, ...i:ən] ‹-, -n› *f* aristocrazia *f.*
aristokratisch *a* aristocratico.
Arithmetik [arɪt'me:tɪk] ‹-, ø› *f* aritmetica *f.*
arithmetisch *a* aritmetico.
Arkade [ar'ka:də] ‹-, -n› *f* arcata *f;* ‹*pl*› *(Bogengang)* portico *m.*
Arktis ['arktɪs] *f* Artide *f.*
arktisch *a* artico.
arm [arm] ‹¨er, ¨ste› *a* povero (*an* di); *(bedürftig)* indigente, bisognoso; *fig (bedauernswert)* misero.
Arm [arm] ‹-(e)s, -e› *m* braccio *m; (von Polyp)* tentacolo *m; (Fluß~)* ramo *m;* ~ **in ~** a braccetto; **jdm unter die ~e greifen** *fig* aiutare qu; **jdn auf den ~ nehmen** prendere in braccio qu; *fig* prendere in giro qu; **jdn in die ~e nehmen** abbracciare qu.
Armatur [arma'tu:ɐ̯] ‹-, -en› *f* armatura *f; (Hahn, Leitung, etc.)* rubinetteria *f.* **Armaturenbrett** *n* cruscotto *m; (aero, naut a.)* pannello *m* portastrumenti.
Armband ‹-(e)s, -bänder› *n* braccialetto *m.* **Armbanduhr** *f* orologio *m* da polso.
Armee [ar'me:, ...e:ən] ‹-, -n› *f* esercito *m,* armata *f.*
Ärmel ['ɛrməl] ‹-s, -› *m* manica *f;* **etw. aus dem ~ schütteln** fare qc con la più grande facilità. **Ärmelkanal** *m* (canale *m* della) Manica *f.*
Armenviertel *n* quartiere *m* dei poveri.
Armlehne *f* bracciolo *m.* **Armleuchter** *m* **1.** *(Kerzenleuchter)* candelabro *m;* **2.** *sl* cretino, -a *m, f.*
ärmlich ['ɛrmlɪç] *a* povero; *(schäbig)* misero.
Armreif *m* braccialetto *m.*
Armut ['armu:t] ‹-, ø› *f* povertà *f,* miseria *f.* **Armutszeugnis** *n:* **sich** *(dat)* **ein ~ ausstellen** dimostrare la propria incapacità.
Aroma [a'ro:ma, ...mən *o* ...mas] ‹-s, -men *o* -mas› *n* aroma *m.*
aromatisch [aro'ma:tɪʃ] *a* aromatico.
Arrest [a'rɛst] ‹-(e)s, -e› *m jur* sequestro *m; mil* arresti *m pl.*
arrogant [aro'gant] *a* arrogante. **Arroganz** [aro'gants] ‹-, ø› *f* arroganza *f.*
Arsch [arʃ] ‹-(e)s, ¨e› *m vulg* culo *m fam;* **leck mich am ~!** va far in culo! **Arschkriecher(in)** ‹-s, -› *m(f) vulg* leccapiedi *mf.* **Arschloch** *n vulg* buco *m* del culo *fam;* **du ~!** *vulg* faccia da culo! *vulg.*
Arsen [ar'ze:n] ‹-s, ø› *n* arsenico *m.*
Art [a:ɐ̯t] ‹-, -en› *f* **1.** *(Weise)* modo *m,* maniera *f;* **2.** *(Wesen)* natura *f,* carattere *m;* **3.** *(Sorte)* sorta *f; zoo, bot* specie *f;* **aller ~** di ogni genere; **auf diese (***o* **in dieser) ~** in questa maniera, così; **das ist sonst nicht ihre ~** non è nel suo carattere; **Steak nach ~ des Hauses** bistecca alla maniera della casa.
Arterie [ar'te:ri̯ə] ‹-, -n› *f* arteria *f.* **Arterienverkalkung** *f* arteriosclerosi *f.*
artig *a* ubbidiente, buono, bravo; **sei schön ~!** fa il bravo!
Artikel [ar'ti:kəl] ‹-s, -› *m* articolo *m; (Aufsatz)* saggio *m.*
artikulieren [artiku'li:rən] ‹*ohne ge-*› *tr* articolare.
Artillerie [artɪlə'ri:, ...i:ən] ‹-, -n› *f* artiglieria *f.*
Artischocke [arti'ʃɔkə] ‹-, -n› *f* carciofo *m.* **Artischockenböden** *m pl* fondi *m pl* di carciofi.

Artist(in) [arˈtɪst(ɪn)] ‹-en, -en› *m(f)* artista *mf* (di circo *o* di varietà).
artistisch *a* artistico.
Arznei [a:ɐ̯tsˈnai̯] ‹-, -en› *f*, **Arzneimittel** *n* farmaco *m*, medicina *f*, medicamento *m*. **Arzneimittelmißbrauch** *m* abuso *m* di medicinali.
Arzt [a:ɐ̯tst] ‹-es, ⸚e› *m*, **Ärztin** [ˈɛ:ɐ̯tstɪn] *f* medico *mf*, dottore, -essa *m*, *f*.
Ärztekammer [ˈɛ:ɐ̯tstə-] *f* Ordine *m* dei medici. **Ärztemuster** *n* campione *m* medico. **Ärzteschaft** ‹-, ø› *f* corpo *m* dei medici.
Arzthelferin *f* aiuto *m* medico.
Ärztin *f s.* **Arzt.**
ärztlich [ˈɛ:ɐ̯tstlɪç] *a* medico; **in ~er Behandlung sein** essere in cura da un medico.
As [as] ‹-ses, -se› *n* asso *m*.
Asbest [asˈbɛst] ‹-(e)s, -e› *m* amianto *m*, asbesto *m*.
Asche [ˈaʃə] ‹-, *rar* -n› *f* cenere *f*; *(von Toten)* ceneri *f pl*. **Aschenbahn** *f* pista *f* di carbonella. **Aschenbecher** *m* portacenere *m*. **Aschenbrödel** [-brø:dəl] ‹-s, -›, **-puttel** [-pʊtl] ‹-s, -› *n* Cenerentola *f*. **Aschermittwoch** [aʃɐˈmɪtvɔx] *m* (mercoledì *m* delle) Ceneri *f pl*.
Asiate [aˈzi̯a:tə] ‹-n, -n› *m*, **Asiatin** [...tɪn] *f* asiatico, -a *m*, *f*.
asiatisch *a* asiatico.
Asien [ˈa:zi̯ən] *n* Asia *f*.
asozial [ˈazotsi̯a:l] *a* asociale.
Aspekt [asˈpɛkt] ‹-(e)s, -e› *m* aspetto *m*.
Asphalt [asˈfalt] ‹-(e)s, -e› *m* asfalto *m*. **Asphaltdecke** *f* manto *m* di asfalto.
asphaltieren [...ˈti:rən] ‹*ohne ge-*› *tr* asfaltare.
Aspirin® [aspiˈri:n] ‹-s, ø› *n* aspirina® *f*.
aß [a:s] *imp von* **essen.**
Assistent(in) [asɪsˈtɛnt(ɪn)] ‹-en, -en› *m(f)* assistente *mf*.
Assistenzarzt [...ˈtɛnts-] *m*, **-ärztin** *f* assistente *mf* medico.
assistieren [...ˈti:rən] ‹*ohne ge-*› *itr* assistere *(bei in)*.
Assoziation [asotsi̯aˈtsi̯o:n] ‹-, -en› *f* associazione *f*.
Ast [ast] ‹-(e)s, ⸚e› *m* ramo *m*; *(im Holz)* nodo *m*.
AStA [ˈasta, ...tən] ‹-(s), Asten› *ab von* **Allgemeiner Studentenausschuß** *comitato generale studentesco*.
Aster [ˈastɐ] ‹-, -n› *f* astro *m*.
Ästhet(in) [ɛsˈte:t(ɪn)] ‹-en, -en› *m(f)* esteta *mf*.
Ästhetik [ɛsˈte:tɪk] ‹-, -en› *f* estetica *f*.
ästhetisch *a* estetico.
Asthma [ˈastma] ‹-s, ø› *n* asma *f*.
Asthmatiker(in) [...ˈma:tikɐ (...ərɪn)] ‹-s, -› *m(f)* asmatico, -a *m*, *f*.
asthmatisch *a* asmatico.
astrein *a fam (prima)* perfetto.
Astrologe [astroˈlo:gə] ‹-n, -n› *m*, **Astrologin** [...gɪn] *f* astrologo, -a *m*, *f*.
Astrologie [...loˈgi:] ‹-, ø› *f* astrologia *f*.
Astronaut(in) [astroˈnau̯t(ɪn)] ‹-en, -en› *m(f)* astronauta *mf*.
Astronomie [astronoˈmi:] ‹-, ø› *f* astronomia *f*.
astronomisch [...ˈno:mɪʃ] *a* astronomico.
Asyl [aˈzy:l] ‹-s, -e› *n* asilo *m*; *(Heim)* ospizio *m*, ricovero *m*.
Asylant(in) [azyˈlant(ɪn)] ‹-en, -en› *m(f)* persona *f* che richiede l'asilo (politico).
Asylrecht *n* diritto *m* d'asilo.
Asymmetrie [azʏmeˈtri:] *f* asimmetria *f*.
asymmetrisch [ˈazʏme:trɪʃ] *a* asimmetrico.
A. T. *ab von* **Altes Testament** A.T. (*ab von* Antico Testamento).
Atelier [ateˈli̯e:] ‹-s, -s› *n* studio *m*, atelier *m*.
Atem [ˈa:təm] ‹-s, ø› *m (Atmung)* respirazione *f*; *(~zug)* respiro *m*; *(Luft)* fiato *m*; **außer ~** senza fiato; **jdn in ~ halten** tenere (in) sospeso qu. **atemberaubend** *a* che mozza il respiro. **atemlos** *a* **1.** *(keuchend)* ansante, trafelato; **2.** *(schnell)* vertiginoso; **~e Stille** silenzio di morte. **Atemnot** *f* difficoltà *f* di respiro, affanno *m*. **Atempause** *f* intervallo *m* nella respirazione; *fig* pausa *f*. **Atemwege** *m pl* vie *f pl* respiratorie. **Atemzug** *m* respiro *m*; **in einem ~** *fig* nello stesso momento.
Atheismus [ateˈɪsmʊs] ‹-, ø› *m* ateismo *m*.
Atheist(in) [...ˈɪst(ɪn)] ‹-en, -en› *m(f)* ateo, -a *m*, *f*.
atheistisch *a* ateo.
Athen [aˈte:n] *n* Atene *f*.
Äther [ˈɛ:tɐ] ‹-s, -› *m* etere *m*.
ätherisch [ɛˈte:rɪʃ] *a* etereo; **~e Öle** oli essenziali.
Athlet(in) [atˈle:t(ɪn)] ‹-en, -en› *m(f)* atleta *mf*.
Atlanten *pl von* **Atlas.**
Atlantik [atˈlantɪk] *m* oceano *m* Atlantico.
atlantisch *a* atlantico.
Atlas [ˈatlas, ...sə *o* atˈlantən] ‹- *o* -ses, -se *o* Atlanten› *m* atlante *m*.
atmen [ˈa:tmən] *tr*, *itr* respirare.
Atmosphäre [atmoˈsfɛ:rə] ‹-, -n› *f* atmosfera *f*.
atmosphärisch *a* atmosferico.
Atmung ‹-, ø› *f* respirazione *f*.
Ätna [ˈɛ:tna] *m* Etna *m*.
Atoll [aˈtɔl] ‹-s, -e› *n* atollo *m*.
Atom [aˈto:m] ‹-s, -e› *n* atomo *m*.
Atom- *(in Zusammensetzungen)* atomico, nucleare; *s. a. Kern-*.
atomar [atoˈma:ɐ̯] *a* atomico, nucleare.
Atombombe *f* bomba *f* atomica, bomba *f* A. **Atombunker** *m* rifugio *m* antiatomico. **Atomenergie** *f* energia *f* ato-

mica (*o* nucleare). **Atomexplosion** *f* esplosione *f* atomica. **Atomforschung** *f* ricerca *f* nucleare. **Atomgewicht** *n* peso *m* atomico.

atomisieren [atomi'zi:rən] ‹*ohne ge-*› *tr* atomizzare.

Atomkern *m* nucleo *m* atomico. **Atomkraftwerk** *n* (*ab* **AKW**) centrale *f* atomica (*o* nucleare). **Atomkrieg** *m* guerra *f* atomica. **Atommacht** *f* potenza *f* atomica. **Atommüll** *m* scorie *f pl* radioattive, rifiuti *m pl* nucleari. **Atompilz** *m* fungo *m* atomico. **Atomreaktor** *m* reattore *m* nucleare. **Atomsprengkopf** *m* testata *f* nucleare. **Atomwaffen** *f pl* armi *f pl* atomiche. **atomwaffenfrei** *a* denuclearizzato. **Atomzeitalter** *n* era *f* atomica.

ätsch [ɛ:tʃ] *interj fam* ben ti sta *fam.*

Attentat ['atənta:t] ‹-(e)s, -e› *n* attentato *m* (*auf* contro).

Attentäter(in) *m(f)* attentatore, -trice *m, f.*

Attest [a'tɛst] ‹-(e)s, -e› *n* certificato *m*, attestato *m.*

Attraktion [atrak'tsio:n] ‹-, -en› *f* attrazione *f.*

attraktiv [...'ti:f] *a* attraente.

Attrappe [a'trapə] ‹-, -n› *f* imitazione *f.*

Attribut [atri'bu:t] ‹-(e)s, -e› *n* attributo *m.*

attributiv [...bu'ti:f] *a* attributivo.

ätzen ['ɛtsən] *tr* **1.** *chem* corrodere; **2.** *med* cauterizzare.

au [au] *interj* ahi.

Au *s.* **Aue.**

aua ['aua] *s.* **au.**

Aubergine [obɛr'ʒi:nə] ‹-, -n› *f* melanzana *f.*

auch [aux] **I.** *con* anche, pure; **ohne ~ nur zu fragen** senza neppur domandare; **wie dem ~ sei** comunque sia; **wo er ~ sein mag** dovunque sia; **wenn er ~ reich ist** sebbene sia ricco; **so reich du ~ sein magst** per quanto tu sia ricco; **stimmt das ~ wirklich?** è proprio vero?; **und wenn ~!** che importa!; **II.** *adv* persino; **ich ~** anch'io; **ich ~ nicht** neanch'io; **ich kenne ihn ~ nicht** non lo conosco nemmeno io; **~ das noch!** ci mancava anche questa! *fam;* **~ gut!** e va bene!

Audienz [au'diɛnts] ‹-, -en› *f* udienza *f.*

audiovisuell [audiovi'zuɛl] *a* audiovisivo.

Au(e) ['au(ə)] ‹-, -en› *f poet* prato *m* lungo un fiume.

Auerhahn ['auɐ-] *m* gallo *m* cedrone. **Auerochse** *m* uro *m.*

auf [auf] **I.** *prp dat/acc* **1.** *(örtlich)* a, in, per, sopra, su; **2.** *(zeitlich)* a, di, per; **3.** *(Art und Weise)* in, di, per; **~ dem Bahnhof/der Post** alla stazione/posta; **~ dem Boden** in (*o* per) terra; **~ den Boden** a terra; **~ dem Land** in campagna; **~ der Straße** in strada; **~ der Welt** *(am Leben)* al mondo; **~ der ganzen Welt** in tutto il mondo; **~ dem Zimmer** in camera; **~ einmal** *(plötzlich)* improvvisamente; *(alles)* d'un tratto; **bis ~ ihn** tranne lui; **~ eine Tasse Kaffee hereinkommen** venire a prendere una tazza di caffè; **~ Wiedersehen!** arrivederci!; **~ diese Art** in questo modo; **~ deutsch** in tedesco; **~ Anfrage/Befehl** su domanda/per ordine; **~ Besuch/der Flucht/der Reise** in visita/fuga/viaggio; **~ jeden Fall** in ogni caso; **~ dem Klavier spielen** suonare al pianoforte; **~ sechs Jungen kommt ein Mädchen** c'è una ragazza ogni sei ragazzi; **II.** *adv* **1.** *(offen)* aperto; **2.** *(nicht liegend)* alzato; **~!** *(los!)* avanti!; **~ und ab** su e giù; **sich ~ und davon machen** *fam* tagliare la corda *fam;* **III.** *con:* **~ daß** ... affinché ... *conj*, perché ... *conj.*

auf·arbeiten *tr* rinnovare.

auf·atmen *itr* mandare un sospiro di sollievo, sentirsi sollevato.

auf·bahren *tr* comporre nella bara.

Aufbau ‹-(e)s, -ten› *m* **1.** *(Tätigkeit)* costruzione *f; tec* montaggio *m;* **2.** *fig (Schaffung)* organizzazione *f;* **3.** *(Gefüge, Struktur)* struttura *f; chem, biol* composizione *f;* **4.** *(Teil)* sovrastruttura *f.*

auf·bauen I. *tr* **1.** *(bauen)* costruire; *(errichten)* erigere; *tec* montare; **2.** *fig* creare, organizzare; *(aufstellen)* disporre; **3.** *(strukturieren, gliedern)* strutturare; **4.** *(Existenz)* fondare; *(Beziehungen)* creare; **II.** *itr* fondarsi, basarsi (*auf* su); **III.** *rfl:* **sich ~** comporsi; *fam (sich aufstellen)* piantarsi (*vor* davanti a).

auf·bäumen ['aufbɔymən] *rfl:* **sich ~ 1.** *(Pferd)* impennarsi; **2.** *fig* ribellarsi (*gegen* a).

auf·bauschen *tr fig* esagerare.

auf·begehren ‹*ohne ge-*› *itr* insorgere.

auf·behalten ‹*irr, ohne ge-*› *tr:* **den Hut ~** tenere il cappello in capo.

auf·bereiten ‹*ohne ge-*› *tr (Erze, Kohle)* preparare, trattare; *(a. Trinkwasser)* depurare; *(Statistiken)* elaborare.

auf·bessern *tr* aumentare.

auf·bewahren ‹*ohne ge-*› *tr* conservare; *(bewachen)* custodire; *(lagern)* immagazzinare.

Aufbewahrung ‹-, ø› *f* **1.** conservazione *f; (Verwahrung)* custodia *f;* **2.** *(~sort)* deposito *m.*

auf·bieten ‹*irr*› *tr* mobilitare; *(Kraft, Eifer, Einfluß)* impiegare.

auf·blähen *tr* gonfiare.

aufblasbar *a* gonfiabile.

auf·blasen ‹*irr*› *tr* gonfiare.

auf·bleiben ‹*irr*› *itr* ‹*sein*› *fam* **1.** *(nicht zu Bett gehen)* rimanere alzato; **2.** *(offenbleiben)* rimanere aperto.

auf·blenden *itr* **1.** *mot* accendere gli abbaglianti; **2.** *film* aprire in dissolvenza.

auf·blicken *itr* **1.** *(nach oben)* levare gli occhi, sollevare lo sguardo; **2.** *fig* ammirare (*zu jdm* qu).

auf·blühen *itr* ⟨*sein*⟩ **1.** *(Blume)* sbocciare; **2.** *fig (Handel)* fiorire; *(Mensch)* diventar bello.

auf·bocken *tr* sollevare con il cric.

auf·brausen *itr* ⟨*sein*⟩ *fig (Mensch)* andare in bestia *fam* (*o* in collera).

auf·brechen ⟨*irr*⟩ **I.** *tr* ⟨*haben*⟩ *(Schloß, Tür)* forzare; *(Kiste, Auto)* scassinare; **II.** *itr* ⟨*sein*⟩ **1.** *(aufreißen)* screpolarsi; *(Wunde)* aprirsi; *(Knospe)* sbocciare; **2.** *(weggehen)* mettersi in cammino, avviarsi.

auf·bringen ⟨*irr*⟩ *tr* **1.** *(Geld)* procurare; *(Mut)* trovare; *(Verständnis)* mostrare; **2.** *(Mode)* introdurre, lanciare; **3.** *(in Wut bringen)* irritare; **jdn gegen einen anderen ~** mettere su qu contro uno *fam.*

Aufbruch *m* partenza *f.*

auf·brummen *tr:* **jdm etw. ~** *fam* appioppare qc a qu *fam.*

auf·bürden *tr:* **jdm etw. ~** caricare (*o* addossare) qc a qu.

auf·decken *tr* scoprire.

auf·donnern *rfl:* **sich ~** *fam* mettersi in ghingheri *fam.*

auf·drängen I. *tr* imporre; **II.** *rfl:* **sich ~** essere invadente (*jdm* presso *o* con qu); *(a. fig: Gedanke, Erinnerung, etc.)* imporsi.

auf·drehen I. *tr* **1.** *(Wasserhahn, etc.)* aprire; **2.** *(Haar)* mettere in piega; **3.** *(Uhr)* caricare; **II.** *itr fam* accelerare, aumentare la velocità; *(in Stimmung kommen)* andare su di giri *fam.*

aufdringlich *a* importuno, invadente. **Aufdringlichkeit** ⟨-, -en⟩ *f* importunità *f,* invadenza *f.*

Aufdruck ⟨-(e)s, -e⟩ *m* dicitura *f;* *(Firmen~)* intestazione *f.*

auf·drücken *tr* **1.** *(Stempel, Siegel)* imprimere, apporre; **2.** *(öffnen)* aprire (premendo).

aufeinander [au̯fʔai̯'nandɐ] *adv* **1.** *(räumlich)* l'uno sopra l'altro; **2.** *(zeitlich)* l'uno dopo l'altro. **aufeinander·legen** *tr* sovrapporre. **aufeinander·prallen** *itr* ⟨*sein*⟩ *(a. fig)* scontrarsi (l'uno contro l'altro).

Aufenthalt ['au̯fʔenthalt] ⟨-(e)s, -e⟩ *m* **1.** *(Zeit)* soggiorno *m,* permanenza *f;* **2.** *Eisenb.* fermata *f;* **wir haben 5 Minuten ~** ci fermiamo 5 minuti. **Aufenthaltsgenehmigung** *f* permesso *m* di soggiorno. **Aufenthaltsort** *m* luogo *m* di soggiorno. **Aufenthaltsraum** *m* soggiorno *m.*

auf·erlegen ⟨*ohne ge-*⟩ *tr (Verpflichtung)* imporre; *(Strafe)* infliggere.

auf·erstehen ⟨*irr, ohne ge-*⟩ *itr* ⟨*sein*⟩ risorgere, risuscitare.

Auferstehung ⟨-, ø⟩ *f* resurrezione *f.*

auf·essen ⟨*irr*⟩ *tr:* **alles ~** mangiare tutto; **die Suppe ~** mangiare tutta la minestra.

auf·fahren ⟨*irr*⟩ **I.** *tr* ⟨*haben*⟩ **1.** *(Geschütz)* mettere in postazione; **2.** *fam (Getränke, Speisen)* portare in tavola; **II.** *itr* ⟨*sein*⟩ **1.** *mot* urtare (*auf* contro); *(auf anderes Auto)* tamponare (*auf etw.* qc); *(dicht ~)* tallonare; **2.** *(hochschrecken)* sobbalzare; *(aus Schlaf)* svegliarsi di soprassalto; **3.** *(zum Himmel)* ascendere.

Auffahrt *f* **1.** *(Aufstieg)* ascesa *f,* salita *f;* **2.** *(~sstraße)* rampa *f* d'accesso; *(Autobahn~)* raccordo *m* (autostradale); **3.** *CH (Himmelfahrt)* Ascensione *f.*

Auffahrunfall *m* tamponamento *m.*

auf·fallen ⟨*irr*⟩ *itr* ⟨*sein*⟩ **1.** *(ins Auge fallen)* dare nell'occhio *fam;* **2.** *(hervorstechen)* farsi notare, essere vistoso; **das ist mir noch nicht aufgefallen** non me ne sono ancora accorto.

auffällig *a (Farbe, Kleidung, etc.)* vistoso; *(Benehmen)* sorprendente.

auf·fangen ⟨*irr*⟩ *tr* **1.** *(Ball, etc.)* prendere al volo, afferrare; **2.** *(Flüssigkeit)* raccogliere; **3.** *(Erschütterung)* smorzare, attutire.

auf·fassen *tr (begreifen)* comprendere, afferrare; *(deuten)* interpretare.

Auffassung *f* opinione *f,* parere *m.* **Auffassungsgabe** *f* (facoltà *f* di) comprensione *f,* intelligenza *f.*

auf·fliegen ⟨*irr*⟩ *itr* ⟨*sein*⟩ **1.** *(Tür)* spalancarsi all'improvviso; **2.** *fig fam (entdeckt werden)* essere scoperto.

auf·fordern *tr* **1.** *(bitten)* pregare (*zu* di), invitare (*zu* a); **2.** *(ermahnen)* esortare (*zu* a); **3.** *(anhalten)* sollecitare (*zu* a); **4.** *(befehlen)* intimare, ingiungere.

Aufforderung *f* preghiera *f,* invito *m;* *(Ermahnung)* esortazione *f;* *(Befehl)* intimazione *f.*

auf·forsten *tr* rimboscare.

Aufforstung ⟨-, -en⟩ *f* rimboschimento *m.*

auf·fressen ⟨*irr*⟩ *tr:* **alles ~** mangiare (*o* divorare) tutto.

auf·frischen *tr* ⟨*haben*⟩ rinnovare; *(Farben, Erinnerungen)* ravvivare; *(Kenntnisse)* rinfrescare; *(Vorräte)* completare.

auf·führen I. *tr* **1.** *theat* rappresentare; *mus* eseguire; **2.** *(anführen)* citare, addurre; *(Beispiel)* portare; *(nennen)* produrre; *(aufzählen)* enumerare; **II.** *rfl:* **sich ~** comportarsi.

Aufführung *f* **1.** *theat* rappresentazione *f;* *mus* esecuzione *f;* **2.** *(Betragen)* comportamento *m,* condotta *f;* **zur ~ bringen** *theat* mettere in scena; *mus* eseguire.

auf·füllen *tr* **1.** *(Gefäß)* riempire; **2.** *(Loch, Lücke)* colmare.
Aufgabe *f* **1.** *(Pflicht)* dovere *m; (Auftrag)* incarico *m,* incombenza *f; (Tätigkeit)* funzione *f;* **2.** *(Schul~: schriftlich)* compito *m; (mündlich)* lezione *f; mat* problema *m;* **3.** *(Verzicht, Beendigung, a. sport)* abbandono *m; (Amts~, Besitz~)* rinuncia *f; (Geschäfts~)* cessazione *f;* liquidazione *f;* **4.** *(Gepäck~, Post~)* consegna *f.*
auf·gabeln *tr fam* scovare *fam,* pescare *fam.*
Aufgabenbereich *m* sfera *f* di competenza.
Aufgang *m* **1.** *astr* sorgere *m;* **2.** *(Treppen~)* scala *f.*
auf·geben ⟨*irr*⟩ **I.** *tr* **1.** *(Paket, Telegramm)* spedire; *(Brief)* impostare; *(Inserat)* pubblicare; *(a. Bestellung)* fare; *(Gepäck)* consegnare; **2.** *(Schulaufgabe)* assegnare; *(Rätsel)* proporre; **3.** *(verzichten auf)* rinunciare a; *(a. Hoffnung)* abbandonare; *(Amt, Stelle)* dimettersi da; *(Geschäft)* chiudere; **II.** *itr (a. sport)* darsi per vinto.
Aufgebot *n* **1.** *(Aufbietung)* impiego *m* (*an* di); *(von Menschen, a. Polizei~)* spiegamento *m* (*an* di); **2.** *(zur Eheschließung)* pubblicazioni *f pl* di matrimonio; **unter ~ aller Kräfte** con il massimo sforzo.
aufgebracht *a* adirato, irritato, indignato.
aufgedonnert *a pej* agghindato.
aufgedreht *a:* **~ sein** *fam* essere su di giri *fam.*
aufgedunsen ['aufgədʊnzən] *a* tumefatto, gonfio.
auf·gehen ⟨*irr*⟩ *itr* ⟨*sein*⟩ **1.** *astr* sorgere, levarsi; **2.** *(Vorhang)* alzarsi; **3.** *(Teig)* lievitare; **4.** *(Samen)* germinare; *(Knospe)* germogliare; *(Blume)* sbocciare; **5.** *(Geschwür)* aprirsi; **6.** *(Haar, Knoten)* sciogliersi; **7.** *(Naht)* sdrucirsi, scucirsi; **8.** *mat* essere divisibile (senza resto); **9.** *(Knopf)* sbottonarsi; **in der Arbeit ~** essere assorbito dal lavoro; **in Flammen ~** andare in fiamme.
aufgeklärt *a* **1.** *hist, philos* illuminato; **2.** *(sexualkundlich)* che ha avuto un'educazione sessuale.
aufgekratzt *a fam* euforico.
Aufgeld *n:* **gegen (geringes) ~ von ...** dietro un (modico) supplemento di ...
aufgelegt *a:* **~ sein, etw. zu tun** avere voglia di fare qc *fam;* **gut/schlecht ~ sein** essere di buon/cattivo umore.
aufgeregt *a* eccitato, agitato. **Aufgeregtheit** ⟨-, ø⟩ *f* eccitazione *f,* agitazione *f.*
aufgeschlossen *a (empfänglich)* ricettivo (*für* a); *(zugänglich)* accessibile; **~ für** sensibile a.
aufgeschmissen *a fam* spacciato.
aufgeweckt *a* sveglio.
auf·gießen ⟨*irr*⟩ *tr:* **Kaffee/Tee ~** fare il caffè/tè.
auf·greifen ⟨*irr*⟩ *tr* **1.** *(festnehmen)* acciuffare, catturare; **2.** *(Thema, Gedanken)* cogliere; *(wiederaufnehmen)* riprendere.
aufgrund [auf'grʊnt] *prp gen s.* **Grund.**
Aufguß *m* infusione *f,* infuso *m; (in Sauna)* vaporizzazione *f.*
auf·haben ⟨*irr*⟩ **I.** *tr* **1.** *(Kopfbedeckung)* avere sul capo (*o* in testa); **2.** *(offen haben)* avere aperto; **3.** *(Schularbeiten)* dover fare; **II.** *itr (Geschäft)* essere aperto.
auf·halten ⟨*irr*⟩ **I.** *tr* **1.** *(offenhalten)* tenere aperto; **2.** *(anhalten)* fermare, arrestare; **3.** *fig (hemmen)* frenare, impedire; **II.** *rfl:* **sich ~ 1.** *(sich befinden)* trovarsi, soggiornare; **2.** *fig (verweilen)* soffermarsi (*bei* su).
auf·hängen *tr* **1.** *(an Haken)* appendere, attaccare; *(an Decke)* sospendere; *(Wäsche)* stendere; **2.** *fam (erhängen)* impiccare.
Aufhänger ⟨-s, -⟩ *m* **1.** *(an Kleidung)* laccetto *m;* **2.** *fig* appiglio *m.*
auf·heben ⟨*irr*⟩ **I.** *tr* **1.** *(vom Boden)* raccogliere, raccattare; *(hochheben)* alzare; **2.** *(aufbewahren)* conservare, serbare; **3.** *(abbrechen, beenden)* porre fine a; *(Sitzung, etc.)* levare, togliere; **4.** *(abschaffen)* abolire, sopprimere; *(ungültig machen)* revocare; *(Urteil)* annullare; *(Gesetz)* abrogare; **II.** *rfl:* **sich ~** *(sich ausgleichen)* compensarsi; *(a. chem.)* neutralizzarsi.
Aufheben ⟨-s, ø⟩ *n:* **viel ~(s) um** (*o* **von**) **etw. machen** dare grande importanza a qc.
Aufhebung *f* **1.** *(Beendigung)* porre *m* termine; **2.** *(Abschaffung)* abolizione *f,* soppressione *f;* **3.** *(Außerkraftsetzen)* revoca *f; (von Urteil)* annullamento *m; (von Gesetz)* abrogazione *f.*
auf·heitern I. *tr* allietare, rasserenare; **II.** *rfl:* **sich ~** rasserenarsi.
Aufheiterung ⟨-, -en⟩ *f* rasserenamento *m.*
auf·hellen I. *tr* **1.** *(heller machen)* schiarire; **2.** *(klären)* chiarire; **II.** *rfl:* **sich ~ 1.** *(Himmel)* schiarirsi; **2.** *(Gesicht)* illuminarsi.
auf·hetzen *tr* istigare, aizzare, sobillare.
auf·holen I. *tr* ricuperare; **II.** *itr sport* riguadagnare terreno.
auf·horchen *itr:* **jdn ~ lassen** attirare l'attenzione di qu.
auf·hören *itr* **1.** *(nicht weitermachen)* smettere, finire; **2.** *(enden)* terminare; **mit etw. ~** finire qc; **da hört doch alles auf!** è il colmo!; **hör auf damit!** smettila!; **hör auf zu weinen!** smettila di piangere!

auf·kaufen *tr* acquistare in blocco; *(hamstern)* incettare, accaparrare.

auf·keimen *itr* ⟨*sein*⟩ *fig* nascere, sorgere.

auf·klappen *tr (Messer, Buch)* aprire; *(Verdeck)* decappottare.

auf·klären **I.** *tr* **1.** *(erhellen)* chiarire; *(Geheimnis, Verbrechen)* fare luce su; **2.** *(erklären)* informare (*über* su); *(sexuell)* dare un'educazione sessuale a; **3.** *mil* esplorare; *mil aero* passare in ricognizione; **ist euer Sohn schon aufgeklärt?** vostro figlio è già stato informato in materia di sesso?; **II.** *rfl:* **sich ~ 1.** *(Irrtum, Geheimnis)* chiarirsi; *(Himmel, Gesicht)* schiarirsi; **2.** *meteo* tornare sereno.

Aufklärer ⟨-s, -⟩ *m* **1.** *hist* illuminista *m;* **2.** *mil aero* ricognitore *m.*

Aufklärung *f* **1.** *(Klärung)* schiarimento *m,* spiegazione *f; (von Verbrechen)* scoprire *m* l'autore di un delitto; **2.** *(Unterrichtung)* informazione *f;* **3.** *(sexuelle ~)* educazione *f* sessuale; **4.** *hist* illuminismo *m;* **5.** *mil* esplorazione *f,* ricognizione *f.*

auf·kleben *tr* incollare (*auf* su), attaccare (*auf* su).

Aufkleber ⟨-s, -⟩ *m* (auto)adesivo *m.*

auf·knöpfen *tr* sbottonare.

auf·kochen *tr (kurz kochen lassen)* far bollire, portare all'ebollizione; *(nochmals kochen)* ricuocere.

auf·kommen ⟨*irr*⟩ *itr* ⟨*sein*⟩ **1.** *(Gewitter, Wind)* levarsi; **2.** *(Zweifel)* sorgere; **3.** *(Mode)* diventare di moda; **für etw. ~** rispondere di qc; **für den Schaden ~** pagare il danno; **keinen Zweifel ~ lassen** dileguare ogni dubbio; **für jdn ~ müssen** avere qu a carico.

auf·krempeln *tr* rimboccare.

auf·kreuzen *itr* ⟨*sein*⟩ *fam* capitare.

auf·laden ⟨*irr*⟩ *tr* **1.** *allg., el* caricare; **2.** *fig (aufbürden)* addossare.

Auflage *f* **1.** *(Buch~)* edizione *f; (~nhöhe)* tiratura *f;* **2.** *(Bedingung)* condizione *f; (amtlich)* ordine *m;* **jdm etw. zur ~ machen** obbligare qu a far qc. **Auflagenhöhe** *f* tiratura *f.*

auf·lassen ⟨*irr*⟩ *tr* **1.** *(offenlassen)* lasciar aperto; **2.** *(Hut)* tenere in testa.

auf·lauern *itr:* **jdm ~** appostare qu.

Auflauf *m* **1.** *(Menschen~)* affollamento *m;* **2.** *gastr* sformato *m.*

auf·laufen ⟨*irr*⟩ *itr* ⟨*sein*⟩ incagliarsi (*auf* in).

Auflaufform *f* pirofila *f* (*o* stampo *m*) per sformati.

auf·leben *itr* ⟨*sein*⟩ rivivere; **wieder ~** *fig* rinascere; *(Gespräch)* rianimarsi; **Erinnerungen wieder ~ lassen** far rivivere i ricordi; **in letzter Zeit ist er richtig aufgelebt** negli ultimi tempi si è proprio ripreso.

auf·legen *tr* **1.** *(Gedeck, Platte, etc.)* mettere; *(Telefonhörer)* riattaccare; *(Pflaster)* applicare; **2.** *(Buch)* stampare; **3.** *(Wertpapiere)* emettere.

auf·lehnen *rfl:* **sich ~** rivoltarsi (*gegen* contro), ribellarsi (*gegen* a).

auf·lesen ⟨*irr*⟩ *tr* **1.** *(sammeln)* raccogliere; **2.** *fam (aufgabeln)* scovare.

auf·leuchten *itr* ⟨*haben o sein*⟩ accendersi; *(a. fig)* risplendere.

auf·lockern *tr* **1.** *allg.* sciogliere; *(Boden)* smuovere; **2.** *(Muskeln)* sciogliere; *fig (Programm)* alleggerire; **in aufgelockerter Atmosphäre** in un'atmosfera rilassata.

auf·lösen **I.** *tr* sciogliere; *(Beziehungen)* troncare; *(Geschäft)* liquidare; *(Konto)* chiudere; *phys* disintegrare; **in Tränen aufgelöst** sciolto in lacrime; **II.** *rfl:* **sich ~** sciogliersi; *(chem, a. Nebel)* dissolversi.

Auflösung *f* **1.** *allg.* scioglimento *m; (von Beziehungen)* rottura *f; (von Geschäft)* liquidazione *f; (von Konto)* chiusura *f;* **2.** *mat, chem* soluzione *f; mus* risoluzione *f; TV (Bild~)* definizione *f;* **3.** *(von Rätsel)* soluzione *f.* **Auflösungszeichen** *n* bequadro *m.*

auf·machen **I.** *tr* aprire; *(Flasche)* stappare; *(Verschnürtes)* slacciare; **II.** *rfl:* **sich ~** mettersi in cammino (*nach* per andare in *o* a), partire (*nach* per).

Aufmachung ⟨-, -en⟩ *f* **1.** *(von Person)* modo *m* di presentarsi; **2.** *(von Ware)* presentazione *f;* **in großer ~** con gran pompa.

auf·marschieren ⟨*ohne ge-*⟩ *itr* ⟨*sein*⟩ schierarsi; *(zum Gefecht)* spiegarsi; *(bei Parade)* sfilare; **~ lassen** far comparire.

aufmerksam ['au̯fmɛrkza:m] *a* attento (*auf* a); *(zuvorkommend)* premuroso, gentile; **jdn auf etw. ~ machen** richiamare l'attenzione di qu su qc, far notare qc a qu. **Aufmerksamkeit** ⟨-, -en⟩ *f* **1.** ⟨*sing*⟩ attenzione *f; (Höflichkeit)* cortesia *f,* premura *f;* **2.** *(Geschenk)* regalino *m,* pensierino *m;* **eine ~ des Hauses** un omaggio della casa.

auf·muntern *tr* **1.** *(aufheitern)* rallegrare, sollevare; **2.** *(ermutigen)* incoraggiare, esortare.

Aufmunterung ⟨-, -en⟩ *f* incoraggiamento *m,* esortazione *f.*

aufmüpfig ['au̯fmʏpfɪç] *a fam* disubbidiente, indocile.

Aufnahme ['au̯fna:mə] ⟨-, -n⟩ *f* **1.** *(Empfang)* accoglienza *f;* **2.** *(Zulassung)* ammissione *f; (Eingliederung)* integrazione *f; (a. in Liste)* inserimento *m;* **3.** *(Beginn)* inizio *m; (von Verhandlungen a.)* apertura *f; (von Beziehungen)* allacciamento *m;* **4.** *(~zimmer)* sala *f* d'accettazione; **5.** *(von Protokoll)* stesura *f,* redazione *f;* **6.** *film* ripresa *f; fot* fotografia *f; radio* incisione *f;* **Achtung, ~!** ciac, si gira! **aufnahmefähig** *a*

ricettivo. **Aufnahmegebühr** *f* tassa *f* d'ammissione. **Aufnahmeprüfung** *f* esame *m* d'ammissione. **Aufnahmestudio** *n* studio *m* di registrazione.
auf·nehmen ‹*irr*› *tr* **1.** *(hochnehmen)* alzare, sollevare; **2.** *(empfangen)* accogliere; *(unterbringen)* ospitare; *(einreihen)* includere; *(in Schule, Verein)* ammettere; *(Klausel)* inserire; **3.** *(aufsaugen)* assorbire; *(Eindrücke)* ricevere; **4.** *(beginnen)* iniziare; *(wieder~)* riprendere; *(Verhandlungen)* avviare; *(Beziehungen)* stabilire, allacciare; **5.** *fin (Geld)* prendere in prestito; *(Anleihe)* contrarre; *(Hypothek, Schulden)* accendere; **6.** *(Protokoll)* stendere, redigere; **7.** *film* riprendere, girare; *fot* fotografare; *radio* incidere; **8.** *(Maschen)* riprendere; **9.** *(Menge)* contenere; **es mit jdm ~** tener testa a qu.
auf·opfern *rfl:* **sich ~** sacrificarsi.
auf·passen *itr* **1.** *(aufmerksam, vorsichtig sein)* stare attento; *(achtgeben)* far attenzione (*auf etw.* a qc); **2.** *(beaufsichtigen)* badare (*auf* a); **aufgepaßt!** attenzione!
Aufpasser(in) ‹-s, -› *m(f)* sorvegliante *mf.*
auf·peitschen *tr* **1.** *(Meer)* sollevare, agitare; **2.** *(erregen)* eccitare; *(Kaffee)* stimolare.
Aufprall ['aufpral] ‹-(e)s, -e› *m* *(von Ball)* rimbalzo *m;* *(Stoß)* urto *m.*
auf·prallen *itr* ‹*sein*› *(aufschlagen)* rimbalzare; *(dagegenprallen)* urtare (*auf* contro).
Aufpreis *m* soprapprezzo *m;* **gegen ~ von** con un supplemento di.
auf·pumpen *tr* gonfiare.
auf·putschen *tr* eccitare. **Aufputschmittel** *n* eccitante *m,* stimolante *m.*
auf·raffen *rfl:* **sich ~** decidersi (*zu* a).
auf·räumen I. *tr* (ri)mettere in ordine; *(Zimmer a.)* fare *fam;* *(wegräumen)* mettere via; **II.** *itr* fare ordine; **mit etw. ~** far piazza pulita di qc, farla finita con qc.
Aufräumungsarbeiten *f pl* lavori *m pl* di sgombero.
aufrecht *a* d(i)ritto, eretto. **aufrecht·-erhalten** ‹*irr, ohne ge-*› *tr* *(Kontakt)* mantenere; *(Behauptung)* sostenere.
auf·regen I. *tr* eccitare, agitare; *(beunruhigen)* turbare, allarmare; *(ärgern)* irritare; **II.** *rfl:* **sich ~** agitarsi, allarmarsi.
Aufregung *f* eccitazione *f;* *(Unruhe)* turbamento *m;* *(Verwirrung)* confusione *f.*
aufreibend *a* snervante, estenuante.
auf·reißen ‹*irr*› **I.** *tr* ‹*haben*› **1.** *(zerreißen)* lacerare, strappare; *(Straße)* disfare **2.** *(Fenster, Augen)* spalancare; **jdn ~** *sl* rimorchiare qu *sl;* **II.** *itr* ‹*sein*› *(Naht)* scucirsi; *(Wunde)* aprirsi.
auf·reizen *tr* *(erregen)* eccitare. **aufreizend** *a* eccitante, provocante.
auf·richten I. *tr* **1.** *(in die Höhe)* sollevare, (ri)alzare; **2.** *(errichten)* erigere; **3.** *(moralisch)* confortare, rinfrancare; **II.** *rfl:* **sich ~** alzarsi.
aufrichtig *a* sincero. **Aufrichtigkeit** *f* sincerità *f.*
Aufriß *m* prospetto *m.*
auf·rollen *tr* **1.** *(zusammenrollen)* arrotolare; **2.** *(auseinanderrollen)* spiegare, srotolare; **3.** *fig (Prozeß)* rifare.
auf·rücken *itr* ‹*sein*› avanzare; *(Platz machen)* serrare le file.
Aufruf *m* chiamata *f;* *(Appell)* appello *m* (*an* a), invito *m* (*an* a).
auf·rufen ‹*irr*› *tr* chiamare; *(auffordern)* invitare (*zu* a), esortare (*zu* a); *(Zeugen)* citare a deporre.
Aufruhr ['aufru:e̯] ‹-(e)s, -e› *m* **1.** *(Auflehnung)* rivolta *f;* **2.** *(Erregung)* tumulto *m,* agitazione *f.*
auf·rühren *tr* rimestare, rimescolare; *(aufwühlen, -wiegeln)* sollevare.
Aufrührer(in) ‹-s, -› *m(f)* rivoltoso, -a *m, f,* ribelle *mf.* **aufrührerisch** *a* **1.** *(Ideen)* sovversivo; **2.** *(Volksmenge)* ribelle.
auf·runden *tr* *(Zahl)* arrotondare (*auf* a).
auf·rüsten *tr, itr* riarmare.
Aufrüstung *f* riarmo *m.*
auf·rütteln *tr* scuotere.
auf·sagen *tr* recitare.
auf·sammeln *tr* raccogliere.
aufsässig ['aufzɛsıç] *a* rivoltoso, sedizioso; *(bes. Kind)* ostinato, caparbio.
Aufsatz *m* **1.** *(Schul~)* componimento *m,* tema *m;* *(Abhandlung)* saggio *m;* **2.** *(an Möbeln)* alzata *f.*
auf·schauen *s.* **aufblicken.**
auf·scheuchen *tr* spaventare.
auf·schieben ‹*irr*› *tr* rimandare, aggiornare.
Aufschlag *m* **1.** *(Hosen~, Mantel~, etc.)* risvolto *m;* **2.** *(Aufprall)* urto *m,* colpo *m;* **3.** *(Preis~)* aumento *m;* **4.** *sport* servizio *m.*
auf·schlagen ‹*irr*› **I.** *itr* **1.** ‹*sein*› *(beim Fall)* battere (cadendo) (*auf* su), picchiare (*auf* contro), urtare (*auf* contro); **2.** ‹*haben*› *(Preise)* aumentare, rincarare; **3.** ‹*haben*› *sport* servire; **II.** *tr* ‹*haben*› **1.** *(Nuß, Ei)* spaccare; **2.** *(Buch, Augen)* aprire; **3.** *(Zelt)* montare; *(Lager)* impiantare; *(Wohnsitz)* prendere; **4.** *(Ärmel)* rimboccare; *(Kragen)* alzare; **sich** *(dat)* **das Knie ~** scorticarsi il ginocchio.
auf·schließen ‹*irr*› *tr* aprire (con la chiave).
Aufschluß *m:* **jdm über etw. ~ geben** spiegare qc a qu, fornire schiarimenti a qu su qc. **aufschlußreich** *a* istruttivo, informativo.
auf·schneiden¹ ‹*irr*› *tr* **1.** *(öffnen)* ta-

gliare; *med* incidere; **2.** *(in Scheiben)* affettare.

auf·schneiden² ⟨*irr*⟩ *itr fam (prahlen)* fare lo spaccone.

Aufschneider(in) *m(f) fam* spaccone, -a *m, f fam.*

Aufschnitt *m* affettato *m.*

auf·schnüren *tr (Schuhe, Korsett)* slacciare; *(Paket)* slegare.

auf·schrauben *tr* svitare.

auf·schrecken I. *tr* ⟨*haben*⟩ far sobbalzare; **II.** *itr* ⟨*sein*⟩ sobbalzare; **aus dem Schlaf ~** svegliarsi di soprassalto.

Aufschrei *m* grido *m* (improvviso).

auf·schreiben ⟨*irr*⟩ *tr* scrivere, mettere per iscritto; *(notieren)* prendere nota di; **jdn ~** *mot* prendere le generalità di qu.

auf·schreien ⟨*irr*⟩ *itr* gridare, mandare un urlo.

Aufschrift *f* scritta *f,* iscrizione *f.*

Aufschub *m* **1.** *(Verschieben)* rinvio *m; (Fristverlängerung)* proroga *f,* dilazione *f;* **2.** *(Verzögerung)* ritardo *m,* indugio *m.*

auf·schütten *tr* gettare; *(anhäufen)* ammassare; *(Damm)* rialzare.

Aufschwung *m* **1.** *fig* miglioramento *m; (Fortschritt)* progresso *m; com* incremento *m,* boom *m;* **2.** *sport* volata *f.*

auf·sehen ⟨*irr*⟩ *s.* **aufblicken.**

Aufsehen ⟨-s, ø⟩ *n* sensazione *f;* **~ erregen** suscitare la curiosità e l'interesse; *(bes. Lärm, Entrüstung)* far scalpore; **um (jedes) ~ zu vermeiden** per evitare uno scandalo. **aufsehenerregend** *a* sensazionale.

Aufseher(in) *m(f)* sorvegliante *mf; (Gefängnis~)* guardiano, -a *m, f; (Museums~)* custode *mf.*

auf·sein ⟨*irr*⟩ *itr* ⟨*sein*⟩ **1.** *(geöffnet sein)* essere aperto; **2.** *(aufgestanden sein)* essere alzato.

auf·setzen I. *tr* **1.** *(Brille, Hut, etc.)* mettere; **2.** *(Miene)* assumere; **3.** *(Fuß)* appoggiare; **4.** *(abfassen)* scrivere; *(a. jur)* redigere, stendere; **II.** *itr aero* atterrare.

Aufsicht *f* controllo *m,* sorveglianza *f; (polizeiliche ~)* vigilanza *f; (Mensch)* custode *mf;* **über etw. ~ führen** soprintendere a qc, sorvegliare qc; **unter ~** sotto controllo. **Aufsichtsrat** *m* consiglio *m* d'amministrazione.

auf·sitzen ⟨*irr*⟩ *itr* ⟨*sein*⟩ **1.** *(auf Pferd)* montare a cavallo; *(auf Fahrzeug)* montare; **2.** *fig fam* lasciarsi abbindolare (*jdm* da qu).

auf·spannen *tr* tendere; *(Schirm)* aprire.

auf·sparen *tr* serbare, riservare.

auf·sperren *tr* **1.** *(aufreißen)* spalancare; **2.** *fam (Tür, etc)* aprire; **Mund und Nase ~** *fam* rimanere a bocca aperta.

auf·spielen *rfl:* **sich ~** *fam* darsi delle arie *fam; (sich ausgeben)* atteggiarsi (*als* a).

auf·spießen *tr* infilzare; *(durchbohren)* trafiggere; *(mit Gabel)* inforcare; *(auf Hörner)* incornare.

auf·springen ⟨*irr*⟩ *itr* ⟨*sein*⟩ **1.** *(hochspringen)* balzare in piedi, saltare su; *(Ball)* rimbalzare; **2.** *(auf etw. ~)* saltare (*auf* su); **3.** *(sich öffnen: Tür)* aprirsi di scatto; *(Haut)* screpolarsi.

auf·spüren *tr* rintracciare; *(Wild)* braccare.

auf·stacheln *tr* aizzare, incitare (*zu* a).

Aufstand *m* sollevazione *f,* insurrezione *f.*

Aufständische ['aufʃtɛndɪʃə] ⟨ein -r, -n, -n⟩ *mf* ribelle *mf,* insorto, -a *m, f.*

auf·stapeln *tr* accatastare, ammucchiare.

auf·stehen ⟨*irr*⟩ *itr* **1.** ⟨*sein*⟩ alzarsi; **2.** ⟨*haben*⟩ *(offen sein)* essere aperto.

auf·steigen ⟨*irr*⟩ *itr* ⟨*sein*⟩ **1.** *(auf Pferd)* montare in sella; *(auf Fahrzeug)* salire; **2.** *(in Luft)* alzarsi; *(Flugzeug)* alzarsi in volo, prendere quota; *(Nebel, etc.)* levarsi; **3.** *(Gefühl)* nascere; *(Erinnerungen)* affiorare; **4.** *(beruflich)* far carriera, avanzare (*zu* a); *sport* passare di categoria; **in mir stieg der Verdacht auf, daß ...** mi venne il sospetto che ...

auf·stellen I. *tr* **1.** *(anordnen, zusammenstellen)* disporre, collocare, mettere; *(Posten)* appostare; *(Mannschaft)* formare; *(Liste, Rechnung)* compilare; *(Programm)* formulare; *(Kandidat)* presentare; **2.** *(aufbauen)* erigere, costruire; *(Bett)* montare; *(Maschine)* installare; *(Leiter)* alzare; *(Falle)* tendere; **3.** *fig (Rekord)* stabilire; *(Lehrsatz)* enunciare; **4.** *(wieder ~)* rialzare; **II.** *rfl:* **sich ~** mettersi; *mil* schierarsi; **sich im Halbkreis ~** disporsi a mezzo cerchio.

Aufstellung *f* **1.** *(von Denkmal, etc.)* erezione *f,* innalzamento *m;* **2.** *(Anordnung)* disposizione *f,* collocazione *f;* **3.** *(von Liste, etc.)* compilazione *f; (von Programm)* formulazione *f; (von Kandidat)* presentazione *f; sport* formazione *f;* **4.** *(Liste)* lista *f.*

Aufstieg ['aufʃti:k] ⟨-(e)s, -e⟩ *m* **1.** *(Weg)* salita *f; (auf Berg)* ascensione *f;* **2.** *fig* ascesa *f; (beruflich, sport)* promozione *f* (*zu* a, *in* in). **Aufstiegsspiel** *n* incontro *m* per la promozione.

auf·stöbern *tr* scovare.

auf·stoßen ⟨*irr*⟩ **I.** *tr* ⟨*haben*⟩ **1.** *(öffnen)* aprire con una spinta; **2.** *(verletzen)* escoriare; **II.** *itr* **1.** ⟨*sein*⟩ battere (*auf* contro); **2.** ⟨*haben*⟩ *(rülpsen)* ruttare.

auf·stützen I. *tr* appoggiare; **II.** *rfl:* **sich ~** appoggiarsi.

auf·suchen *tr* andare a trovare; *(Arzt)* consultare.

Auftakt *m* **1.** *fig* inizio *m* (*zu* di), preludio *m* (*zu* a); **2.** *mus* arsi *f.*
auf·tanken I. *itr* fare il pieno; **II.** *tr* rifornire di carburante.
auf·tauchen *itr* ‹*sein*› **1.** *(emportauchen)* emergere, venir a galla; *(U-Boot)* riemergere; **2.** *fig (sichtbar werden)* apparire; *(unerwartet)* saltare fuori; **wieder ~** ricomparire.
auf·tauen I. *tr* ‹*haben*› disgelare; *(Tiefkühlkost)* scongelare; **II.** *itr* ‹*sein*› sciogliersi.
auf·teilen *tr* **1.** *(einteilen)* (sud)dividere, spartire; **2.** *(verteilen)* distribuire.
Aufteilung *f* **1.** *(Verteilung)* spartizione *f,* divisione *f,* distribuzione *f;* **2.** *(Einteilung)* distribuzione *f,* suddivisione *f.*
auf·tischen *tr* **1.** *(Speisen, Getränke)* mettere in tavola; **2.** *fig (Lügen)* scodellare *fig.*
Auftrag ['auftra:k] ‹-(e)s, ⸚e› *m* **1.** *(Aufgabe)* incarico *m;* *(a. Verpflichtung)* compito *m;* **2.** *(Anweisung, Bestellung)* ordine *m;* **3.** *(das Auftragen)* applicazione *f;* **bei jdm etw. in ~ geben** ordinare (*o* commissionare) qc presso qu; **im ~ von ...** (*ab* **i. A.**) per incarico di ..., incaricato da ...
auf·tragen ‹*irr*› *tr* **1.** *(Speisen)* portare in tavola, servire; **2.** *(Farbe, Salbe)* applicare; **jdm etw. ~** incaricare qu di fare qc; **dick ~** *fam* caricare le tinte *fam.*
Auftraggeber(in) *m(f) com* committente *mf; jur* mandante *mf.*
auf·treiben ‹*irr*› *tr fam (finden)* pescare *fam; (beschaffen)* procurarsi.
auf·treten ‹*irr*› **I.** *itr* ‹*sein*› **1.** *(erscheinen)* presentarsi; *theat (Bühne betreten)* entrare in scena; *(in einer Rolle)* prodursi *(als* nella parte di); **2.** *(sich benehmen)* comportarsi (*wie* da); **3.** *fig (Krankheit)* comparire; *(Schwierigkeit, Zweifel)* sorgere; **4.** *(mit Fuß)* poggiare (il piede) a terra, camminare; **als Zeuge ~** comparire come testimone; **II.** *tr* ‹*haben*› aprire con una pedata. **Auftreten** ‹-s, ø› *n* **1.** *(Benehmen)* condotta *f,* contegno *m;* **2.** *(Vorkommen)* presenza *f;* *(von Krankheit)* manifestarsi *m.*
Auftrieb *m* **1.** *phys* spinta *f* aereostatica; *aero* forza *f* ascensionale, portanza *f;* **2.** *fig (Schwung)* impulso *m,* slancio *m.*
Auftritt *m theat (Erscheinen)* entrata *f* in scena; *(Szene)* scena *f.*
auf·tun ‹*irr*› **I.** *tr* **1.** *(öffnen)* aprire; **2.** *fam (ausfindig machen)* trovare, pescare *fam;* **II.** *rfl:* **sich ~ 1.** *(Abgrund)* aprirsi; **2.** *(Möglichkeit)* offrirsi.
auf·wachen *itr* ‹*sein*› svegliarsi.
auf·wachsen ‹*irr*› *itr* ‹*sein*› crescere.
Aufwand ['aufvant] ‹-(e)s, ø› *m* **1.** *(Kosten)* spesa *f;* **2.** *(Einsatz)* dispendio *m* (*an* di); **3.** *(Luxus, Pomp)* lusso *m,* pompa *f.* **Aufwandsentschädigung** *f* indennità *f* (per spese).
auf·wärmen I. *tr* riscaldare; *fig fam (alte Geschichten)* rivangare; **II.** *rfl:* **sich ~** riscaldarsi.
aufwärts ['aufvɛrts] *adv* verso l'alto, in alto; *(a. fig)* in su; **von fünf Personen ~** dalle 5 persone in su. **Aufwärtstrend** *m* trend *m* positivo.
Aufwasch ['aufvaʃ] ‹-(e)s, ø› *m* stoviglie *f pl* (*o* piatti *m pl*) da lavare; **in einem ~** *fig* in una volta.
auf·wecken *tr* svegliare.
auf·weisen ‹*irr*› *tr* presentare.
auf·wenden ‹*irr o reg*› *tr* impiegare; *(Geld)* spendere; *(Sorgfalt)* usare.
aufwendig *a (kostspielig)* dispendioso; *(üppig)* rigoglioso.
Aufwendung *f* **1.** *(Aufbietung)* impiego *m;* **2.** ‹*pl*› *(Ausgaben)* spese *f pl.*
auf·werfen ‹*irr*› *tr* **1.** *(Damm, etc.)* rialzare, costruire; **2.** *(Tür, etc.)* spalancare; **3.** *fig (Frage, etc.)* sollevare, avanzare.
auf·werten *tr* rivalutare.
Aufwertung *f* rivalutazione *f.*
auf·wickeln *tr* avvolgere, arrotolare.
auf·wiegeln ['aufvi:gəln] *tr* sobillare, istigare.
auf·wiegen ‹*irr*› *tr* compensare, pareggiare.
Aufwind *m* corrente *f* ascendente.
auf·wirbeln *tr* sollevare in vortice; **(viel) Staub ~** *fig* suscitare scalpore.
auf·wischen *tr* pulire (con lo strofinaccio).
auf·wühlen *tr* **1.** *(Erde)* scavare; *(See)* agitare; **2.** *fig* scuotere.
auf·zählen *tr* enumerare.
Aufzählung *f* enumerazione *f.*
auf·zeichnen *tr* **1.** *(aufschreiben)* annotare, segnare; *(Plan, Weg)* disegnare; **2.** *radio, TV* registrare.
Aufzeichnung *f* **1.** *(Notiz)* annotazione *f;* **2.** *radio, TV* registrazione *f;* *(keine Live-Sendung)* trasmissione *f* differita.
auf·ziehen ‹*irr*› **I.** *tr* ‹*haben*› **1.** *(her~)* tirare su, alzare, sollevare; **2.** *(öffnen)* aprire (tirando); **3.** *(großziehen)* allevare; **4.** *(Uhr)* caricare; *(Perlen)* infilare; *(Foto)* montare, incollare; **5.** *fam (veranstalten)* organizzare, allestire; **6.** *fam (hänseln)* prendere in giro; **II.** *itr* ‹*sein*› **1.** *(Wolken)* alzarsi; *(Gewitter)* avvicinarsi; **2.** *mil* montare.
Aufzug *m* **1.** *(Fahrstuhl)* ascensore *m;* **2.** *(Aufmarsch)* corteo *m;* **3.** *theat* atto *m;* **4.** *pej (Kleidung)* abito *m.*
auf·zwingen ‹*irr*› *tr* imporre.
Augapfel *m* globo *m* oculare; **etw. wie seinen ~ hüten** custodire qc come la pupilla dei propri occhi.
Auge ['augə] ‹-s, -n› *n* **1.** *anat* occhio *m;* **2.** *(Punkt bei Spielen)* punto *m;* **3.** *bot* gemma *f;* **mit einem blauen ~ davonkommen** *fam* cavarsela a buon mercato *fam;* **blaue/graue ~n haben** avere gli occhi azzurri/grigi; **gute/schlechte**

~n haben avere occhi buoni/deboli; **große ~n machen** fare tanto d'occhi *fam*, sgranare gli occhi; **jdm etw. vor ~n führen** far vedere qc a qu, dimostrare qc a qu; **etw. im ~ haben** *fig* mirare a qc; **jdn nicht aus den ~n lassen** non perdere di vista qu; **einer Gefahr ins ~ sehen** affrontare un pericolo; **etw. mit anderen ~n sehen** vedere qc con tutt'altri occhi; **in die ~n springen** dare nell'occhio, saltare all'occhio; **jdn aus den ~n verlieren** perdere di vista qu; **mit bloßem ~** a occhio nudo; **unter vier ~n** a quattr'occhi; **so weit das ~ reicht** a perdita d'occhio. **Augenarzt** *m*, **-ärztin** *f* oculista *mf*. **Augenaufschlag** *m* battito *m* di ciglia.

Augenblick *m* momento *m*, istante *m*, attimo *m*; **sie muß jeden ~ kommen** deve venire da un momento all'altro.

augenblicklich **I.** *a* **1.** *(derzeitig)* attuale; **2.** *(sofortig)* istantaneo, immediato; **3.** *(plötzlich)* improvviso; **4.** *(vorübergehend)* momentaneo; **II.** *adv* **1.** *(gegenwärtig)* al (*o* per il) momento; **2.** *(sofort)* subito.

Augenbraue *f* sopracciglio *m*. **Augenbrauenstift** *m* matita *f* per sopracciglia. **Augenhöhe** *f*: **in ~** all'altezza degli occhi. **Augenklappe** *f* benda *f* (di protezione per gli occhi). **Augenlicht** *n* vista *f*. **Augenmaß** *n* misura *f* ad occhio; *fig* senso *m* delle proporzioni; **ein gutes ~ haben** avere buon occhio; **nach ~** ad occhio. **Augenmerk** [-mɛrk] ‹-(e)s, ø› *n*: **sein ~ auf etw. richten** rivolgere l'attenzione a (*o* su) qc. **Augenschein** *m* apparenza *f*; **etw. in ~ nehmen** esaminare qc; *jur* fare il sopralluogo di qc. **augenscheinlich** *a* manifesto, ovvio, evidente. **Augentropfen** *m pl* collirio *m*, gocce *f pl* per gli occhi. **Augenweide** *f* delizia *f* degli occhi. **Augenwinkel** *m* coda *f* dell' occhio. **Augenwischerei** [-vɪʃərai̯] ‹-, -en› *f fam* bidonata *f fam*. **Augenzeuge** *m*, **-zeugin** *f* testimone *mf* oculare. **Augenzeugenbericht** *m* testimonianza *f* oculare. **Augenzwinkern** ‹-s, ø› *n* strizzata *f* d'occhi.

Augsburg ['au̯ksbʊrk] *n* Augusta *f*.

August[1] ['au̯gʊst] *(männlicher Vorname)* Augusto; **dummer ~** pagliaccio *m*.

August[2] [au̯'gʊst] ‹-(e)s *o* -, -e› *m* *(Monat)* agosto *m*; *s. a. September*.

Auktion [au̯k'tsi̯o:n] ‹-, -en› *f* asta *f* pubblica, incanto *m*.

Auktionator [...tsi̯o'na:to:ɐ̯, ...na'to:rən] ‹-s, -en› *m* ufficiale *m* (*o* commissario *m*) delle aste pubbliche.

Aula ['au̯la, ...lən *o* ...las] ‹-, Aulen *o* -s› *f* aula *f* magna.

aus **I.** *prp dat* **1.** *(räumlich)* da; **2.** *(zeitlich)* di; **3.** *(Beschaffenheit)* di; **4.** *(Abstammung)* da, di; **5.** *(Ursache)* per; **ich komme ~ Deutschland/Rom** vengo dalla Germania/da Roma; **~ dem Italienischen** dall'italiano; **ich bin ~ Krefeld** sono di Krefeld; **~ Erfahrung/Überzeugung/Versehen** per esperienza/convinzione/sbaglio; **~ Leibeskräften** a più non posso; **~ dem Gebrauch** fuori uso; **~ der Mode** fuori moda; **was ist ~ ihm geworden?** che ne è stato di lui?; **II.** *adv* **1.** *(zu Ende)* finito; **2.** *(gelöscht: Feuer, Licht)* spento; **3.** *fam (~gegangen)* uscito; **4.** *sport* fuori (campo); **von Haus ~** originalmente; **von hier ~** da qui; **von mir ~** per conto mio, per me.

Aus ‹-, ø› *n* fuori campo *m*.

aus·arbeiten *tr* elaborare.

Ausarbeitung ‹-, -en› *f* elaborazione *f*.

aus·arten *itr* ‹*sein*› degenerare (*in* in).

aus·atmen **I.** *tr* espirare; **II.** *itr* spirare.

aus·baggern *tr* dragare, scavare con la draga.

Ausbau ‹-(e)s, -ten› *m* **1.** *arch (Erweiterung)* ampliamento *m*; *(Umbau)* trasformazione *f*; **2.** *tec* smontaggio *m*; **3.** ‹*sing*› *fig (Erweiterung)* potenziamento *m*; *(Entwicklung)* sviluppo *m*.

aus·bauen *tr* **1.** *arch (erweitern)* ampliare; *(umbauen)* trasformare (*zu* in); **2.** *(herausnehmen)* smontare; **3.** *fig (erweitern)* potenziare, estendere; *(entwickeln)* sviluppare.

ausbaufähig *a* ampliabile; *fig (Talent)* coltivabile.

aus·bedingen ‹bedingt aus, bedingte aus, ausbedungen› *tr*: **sich** *(dat)* **etw. ~** riservarsi qc.

aus·bessern *tr* accomodare, aggiustare; *(flicken)* rattoppare; *(stopfen)* rammendare.

aus·beulen *tr* spianare.

Ausbeute *f* rendimento *m* (*an* in).

aus·beuten *tr* sfruttare.

Ausbeutung ‹-, ø› *f* sfruttamento *m*.

aus·bezahlen ‹*ohne ge-*› *tr* **1.** *(Geld)* pagare; **2.** *(Menschen)* tacitare.

aus·bilden **I.** *tr* addestrare, formare, istruire; *(Fähigkeiten)* sviluppare; **II.** *rfl*: **sich ~** formarsi; *(sich entwikkeln)* svilupparsi; **er läßt sich in Gesang ~** studia canto.

Ausbilder(in) ‹-s, -› *m(f)* istruttore, -trice *m*, *f*.

Ausbildung *f* addestramento *m*; *(beruflich, a. Herausbildung)* formazione *f* professionale; *(Schul~)* istruzione *f*; *(Lehrzeit)* tirocinio *m*.

aus·bitten ‹*irr*› *tr*: **sich** *(dat)* **etw. ~** esigere qc.

aus·blasen ‹*irr*› *tr* spegnere (soffiando); *(Ei)* vuotare (soffiando).

aus·bleiben ‹*irr*› *itr* ‹*sein*› **1.** *(nicht eintreten)* non verificarsi, mancare; **2.** *(fernbleiben)* non venire; **lange ~** *(überfällig sein)* ritardare; **es konnte**

nicht ~, daß ... era inevitabile che ... *conj.*
Ausblick *m* **1.** *(Aussicht)* panorama *m* (*auf* di), vista *f* (*auf* su); **2.** *fig (Vorausschau)* previsione *f* (*auf* per).
aus·borgen *s.* **borgen.**
aus·brechen ‹*irr*› **I.** *itr* ‹*sein*› **1.** *(aus Gefängnis, Käfig)* evadere, scappare; **2.** *(Feuer, Krieg, Krankheit)* scoppiare; *(Vulkan)* erompere, entrare in eruzione; *(Schweiß)* venire; **in Gelächter/Tränen ~** scoppiare a ridere/in lacrime; **II.** *tr* ‹*haben*› **1.** *(Steine, etc.)* cavare; **2.** *(Nahrung)* vomitare.
Ausbrecher(in) ‹-s, -› *m(f)* evaso, -a *m, f.*
aus·breiten I. *tr (Gefaltetes)* stendere; *(Flügel, Waren)* spiegare; *(Arme)* allargare; **II.** *rfl:* **sich ~** allargarsi; *(sich erstrecken)* estendersi; *(Geruch, Rauch)* espandersi; *(Feuer)* propagarsi; *(Krankheit, Unsitte, Nachricht)* diffondersi.
Ausbreitung ‹-, ø› *f* propagazione *f.*
Ausbruch *m* **1.** *(Flucht)* evasione *f;* **2.** *fig (Krankheits~)* insorgenza *f,* comparsa *f; (Kriegs~)* scoppio *m; (Gefühls~)* sfogo *m,* impeto *m; (Fieber~, Zornes~)* accesso *m; (Freuden~)* trasporto *m; (Vulkan~)* eruzione *f.*
aus·brüten *tr (a. fig)* covare.
Ausbund *m:* **ein ~ an Bosheit** un abisso di malvagità; **ein ~ an Tugend** un modello di virtù.
aus·bürgern *tr* privare della cittadinanza.
Ausbürgerung ‹-, -en› *f* privazione *f* della cittadinanza.
aus·bürsten *tr* **1.** *(Anzug, etc.)* spazzolare; **2.** *(Staub)* togliere con la spazzola.
Ausdauer *f* costanza *f,* perseveranza *f.* **ausdauernd** *a* perseverante, costante; *(zäh)* tenace.
aus·dehnen I. *tr* **1.** *(vergrößern)* estendere; *phys* dilatare; *(verlängern)* allungare; *(zeitlich)* prolungare; **2.** *fig (einbeziehen)* estendere (*auf* su); **II.** *rfl:* **sich ~** estendersi; *phys* dilatarsi; *(sich verlängern)* allungarsi.
Ausdehnung ‹-, -en› *f* estensione *f; (Vorgang)* distensione *f; (Vergrößerung)* espansione *f; phys* dilatazione *f; (zeitlich)* prolungamento *m.*
aus·denken ‹*irr*› *tr:* **sich** *(dat)* **etw. ~** *(sich vorstellen)* immaginarsi qc; *(erfinden)* escogitare qc, inventare qc.
aus·drehen *tr (Licht)* spegnere; *(Gas)* chiudere.
Ausdruck[1] ‹-(e)s, ⸚e› *m* **1.** *(allg., fig, Gesichts~)* espressione *f;* **2.** *(Wort)* parola *f,* termine *m,* voce *f;* **zum ~ bringen** esprimere, manifestare; **zum ~ kommen** manifestarsi, esprimersi; **das ist gar kein ~!** *fam* non ci sono parole per esprimere questo!
Ausdruck[2] ‹-(e)s, -e› *m (Computer~)* tabulato *m,* elaborato *m.*
aus·drücken I. *tr* **1.** *(Zitrone, Saft)* spremere; *(Zigarette)* spegnere (premendo); **2.** *(zum Ausdruck bringen)* esprimere, manifestare; **anders ausgedrückt** in altre parole; **II.** *rfl:* **sich ~ 1.** *(verbal)* esprimersi; **2.** *(Gefühl)* manifestarsi.
ausdrücklich *a* esplicito.
ausdruckslos I. *a* inespressivo; **II.** *adv* senza espressione. **ausdrucksvoll I.** *a* espressivo; **II.** *adv* con espressione.
Ausdrucksweise *f* modo *m* di esprimersi (*o* di parlare); *(Stil)* stile *m,* linguaggio *m.*
auseinander [aus?ai'nande] *adv (entfernt)* lontani (*o* discosti) l'uno dall'altro; *(getrennt)* separatamente, a parte; **~ schreiben** scrivere staccato; **wir sind 10 Jahre ~** tra di noi c'è una differenza d'età di dieci anni. **auseinander·-brechen** ‹*irr*› **I.** *itr* ‹*sein*› rompersi, spezzarsi; **II.** *tr* ‹*haben*› rompere, spezzare. **auseinander·bringen** ‹*irr*› *tr* riuscire a separare (*o* staccare) l'uno dall'altro; *(Freundschaft)* separare. **auseinander·fallen** ‹*irr*› *itr* ‹*sein*› disfarsi, cadere in pezzi. **auseinander·-gehen** ‹*irr*› *itr* ‹*sein*› **1.** *(sich trennen)* separarsi, lasciarsi; **2.** *(Meinungen)* divergere, differire; **3.** *(aus den Fugen gehen)* disfarsi; **4.** *fam (dick werden)* ingrassare. **auseinander·halten** ‹*irr*› *tr* distinguere. **auseinander·nehmen** ‹*irr*› *tr* disfare, scomporre; *tec* smontare. **auseinander·setzen I.** *rfl:* **sich ~** *(sich befassen)* occuparsi (*mit* di); **sich mit jdm ~** avere una discussione con qu; **II.** *tr* spiegare, esporre.
Auseinandersetzung ‹-, -en› *f* discussione *f; (Streit)* contrasto *m,* diverbio *m; (Kampfhandlung)* conflitto *m.*
auserlesen *a* scelto, eletto; *(Speise)* squisito, eccellente.
auserwählt ['aus?ɛɐvɛ:lt] *a* (pre)scelto; *(bes. rel)* eletto.
aus·fahren ‹*irr*› **I.** *itr* ‹*sein*› uscire (in macchina); *(spazierenfahren)* uscire a passeggio; **II.** *tr* ‹*haben*› **1.** *(spazierenfahren)* condurre (*o* portare) a passeggio, portare fuori; **2.** *(Waren)* distribuire; **3.** *(Fahrgestell)* far uscire; **ein Auto (voll) ~** sfruttare una macchina.
Ausfahrt *f* **1.** *(Hinausfahren, Autobahn~, Garagen~)* uscita *f;* **2.** *(Abfahrt)* partenza *f;* **3.** *(Spazierfahrt)* gita *f* (in macchina), passeggiata *f* (in macchina).
Ausfall *m* **1.** *(Verlust)* perdita *f; (Einbuße)* mancanza *f; (Haar~)* caduta *f; tec, mot* guasto *m;* **2.** *(Nichtstattfinden)* soppressione *f;* **3.** *mil* sortita *f;* **4.** *(Beleidigung)* affronto *m,* insulto *m.*
aus·fallen ‹*irr*› *itr* ‹*sein*› **1.** *(Haare, Zähne)* cadere; **2.** *tec, mot* arrestarsi, fer-

marsi; **3.** *(Veranstaltung)* non aver luogo, cadere; *(a. Zug)* essere soppresso; **4.** *(fehlen)* mancare, essere assente; **5.** *(ein Ergebnis zeigen)* andare, riuscire; **heute fällt die Schule aus** oggi non c'è scuola.

ausfallend, ausfällig *a* offensivo, ingiurioso.

Ausfallstraße *f* strada *f* d'uscita.

aus·feilen *tr fig* perfezionare.

aus·fertigen *tr (Paß, Quittung)* rilasciare; *(Vertrag)* redigere, stendere.

Ausfertigung *f* **1.** *(von Vertrag)* redazione *f,* stesura *f; (von Paß)* rilascio *m;* **2.** *(Exemplar)* esemplare *m; (Abschrift)* copia *f;* **in doppelter/dreifacher ~** in due/tre copie, in duplice/triplice copia.

ausfindig *a:* **~ machen** trovare, scoprire.

aus·flippen ['au̲sflɪpən] *itr* ‹*sein*› *sl* **1.** *(durch Drogen)* partire, fare un viaggio; **2.** *(aus Gesellschaft)* essere sballati *sl;* **3.** *(die Nerven verlieren)* andare in tilt *sl.*

Ausflucht ‹-, ⸚e› *f* scusa *f,* pretesto *m.*

Ausflug *m* gita *f,* escursione *f.*

Ausflügler(in) ['au̲sfly:glɐ (...ərɪn] ‹-s, -› *m(f)* escursionista *mf,* gitante *mf.*

Ausfluß *m* **1.** *(das Ausfließen)* efflusso *m,* scolo *m;* **2.** *(~stelle, Abfluß)* scarico *m;* **3.** *med* perdita *f.*

aus·fragen *tr:* **jdn über etw. ~** cercare di sapere qc da qu.

aus·fransen *itr* ‹*sein*› sfilacciare, sfilacciarsi.

aus·fressen ‹*irr*› *tr* vuotare (mangiando), ripulire; **etw. ~** *fig* combinare qc *fam.*

Ausfuhr ['au̲sfu:ɐ̯] ‹-, -en› *f* esportazione *f.* **Ausfuhrbeschränkung** *f* limitazione *f* (*o* restrizione *f*) all'esportazione. **Ausfuhrbestimmungen** *f pl* disposizioni *f pl* per l'esportazione.

aus·führen *tr* **1.** *(spazierenführen)* portare fuori; **2.** *com* esportare; **3.** *(durchführen)* effettuare, attuare; *(Auftrag, Bestellung, etc.)* eseguire; *(Plan)* realizzare; **4.** *(darlegen)* esporre, svolgere; *(erläutern)* spiegare.

ausführlich ['au̲sfy:ɐ̯lɪç *o* ...'fy:ɐ̯lɪç] *a* dettagliato; **über etw. ~ sprechen** parlare per esteso di qc. **Ausführlichkeit** ‹-, ø› *f:* **in aller ~** dettagliatamente, per esteso.

Ausführung *f* **1.** *(Durchführung)* effettuazione *f; (von Auftrag)* esecuzione *f; (von Plan)* realizzazione *f;* **2.** *(Fertigstellung)* compimento *m;* **3.** *(Anfertigung)* confezione *f; (Typ)* modello *m;* **4.** *(Darlegung)* esposizione *f;* ‹*pl*› argomentazioni *f pl.*

Ausfuhrverbot *n* divieto *m* d'esportazione. **Ausfuhrzoll** *m* dazio *m* d'esportazione.

aus·füllen *tr* **1.** *(Loch, Lücke)* riempire, colmare; **2.** *(Posten)* occupare, ricoprire; **3.** *(Formular)* compilare, riempire; **4.** *(befriedigen)* soddisfare.

Ausgabe *f* **1.** *(Verteilung)* distribuzione *f; (Aushändigung)* consegna *f; (von Banknoten, Briefmarken)* emissione *f; (Fahrkarten~)* vendita *f;* **2.** *(Geld~)* spesa *f;* **3.** *(von Zeitschrift, Buch, Fernsehsendung)* edizione *f;* **4.** *inform* uscita *f;* **5.** *(Modell)* modello *m.*

Ausgang *m* uscita *f; (Ende)* fine *f,* termine *m; (Ergebnis)* esito *m,* risultato *m;* **~ haben** avere libera uscita; *(Hausangestellte)* avere una giornata libera. **Ausgangsbasis** *f* base *f* di partenza. **Ausgangspunkt** *m* punto *m* di partenza. **Ausgangssprache** *f* lingua *f* di partenza. **Ausgangsstellung** *f* posizione *f* iniziale.

aus·geben ‹*irr*› **I.** *tr* **1.** *(verteilen)* distribuire; *(aushändigen)* consegnare; **2.** *(Geld)* spendere; **einen ~** *fam* pagare da bere, offrire un bicchiere; **II.** *rfl:* **sich ~** spacciarsi, farsi passare.

ausgedehnt *a* esteso, vasto, ampio; *(zeitlich)* lungo.

ausgedient *a* fuori uso; *(Kleidungsstück)* smesso.

ausgefallen *a* stravagante, strano.

ausgeglichen *a* **1.** *(Mensch)* equilibrato; *(seelisch)* posato; **2.** *(Bilanz, Spiel)* pareggiato. **Ausgeglichenheit** ‹-, ø› *f* equilibrio *m; (seelisch)* posatezza *f.*

aus·gehen ‹*irr*› *itr* ‹*sein*› **1.** *(weggehen)* andare fuori; *(a. abends)* uscire; *(spazierengehen)* andare a passeggio; **2.** *(Haare, Zähne)* cadere; **3.** *(Feuer)* spegnersi; **4.** *(Vorrat)* esaurirsi; *(Geld)* venire a mancare; *(Kräfte, Strom)* venir meno; **5.** *(enden)* finire, concludersi; **leer ~** rimanere a mani vuote *fam* (*o* a bocca asciutta *fam*); **von falschen Voraussetzungen ~** partire da presupposti sbagliati.

ausgehungert *a* affamato; **ich bin total ~** ho una fame da lupi.

ausgeklügelt ['au̲sgəkly:gəlt] *a* ingegnoso, ben congegnato.

ausgekocht *a fig fam* scaltro, furbo.

ausgelassen *a* allegro; *(wild)* scatenato. **Ausgelassenheit** ‹-, ø› *f* allegria *f,* sfrenatezza *f.*

ausgemacht *a* **1.** *(abgemacht)* convenuto, pattuito; **2.** *fam (vollkommen)* perfetto.

ausgenommen **I.** *prp acc* eccetto, tranne, ad eccezione di; **Anwesende ~** presenti esclusi; **II.** *con:* **~, daß ...** a meno che ... *conj,* sempre che ... *conj.*

ausgeprägt *a* spiccato, marcato.

ausgerechnet *adv* proprio.

ausgeschlossen *a (unmöglich)* escluso, impossibile; **~!** nemmeno per sogno! *fam.*

ausgeschnitten *a (Kleid)* scollato.
ausgesprochen **I.** *a* spiccato, particolare; **II.** *adv* particolarmente.
ausgestorben *a (Art)* estinto; **wie ~** *fig* deserto.
ausgewachsen *a* adulto, sviluppato; **ein ~er Blödsinn** una stupidaggine bell'e buona *fam.*
ausgewogen *a* equilibrato, armonioso.
ausgezeichnet *a* eccellente, ottimo; *(köstlich)* squisito; **mir geht es ~** sto benissimo.
ausgiebig ['ausgi:bıç] *a (reichlich)* abbondante, copioso; *(ausgedehnt)* lungo.
aus·gießen ‹*irr*› *tr* **1.** *(Flüssigkeit)* versare; **2.** *(Gefäß)* vuotare.
Ausgleich ['ausglaiç] ‹-(e)s, -e› *m* **1.** *(von Gegensätzlichkeiten)* appianamento *m,* accomodamento *m; (Gegengewicht)* correttivo *m;* **2.** *jur* aggiustamento *m;* **3.** *(Steuer~, Lohn~)* conguaglio *m;* **4.** *(Entschädigung)* risarcimento *m,* indennizzo *m;* **5.** *sport* pareggio *m;* **zum ~ für** in compenso di.
aus·gleichen ‹*irr*› **I.** *tr* **1.** *(Unterschiede)* livellare, appianare; **2.** *(Gleichgewicht)* equilibrare, bilanciare; **3.** *(wettmachen)* compensare; **4.** *com* saldare; **II.** *itr* **1.** *sport* pareggiare; **2.** *(vermitteln)* accomodare, comporre; **III.** *rfl:* **sich ~** *(sich aufheben)* equilibrarsi, bilanciarsi.
Ausgleichssport *m* sport *m* che serve da correttivo (*für* a). **Ausgleichstor** *n,* **-treffer** *m* rete *f* del pareggio.
aus·graben ‹*irr*› *tr* dissotterrare; *(a. archäologisch)* disseppelire; *(a. Loch)* scavare.
Ausgrabungen *f pl* scavi *m pl.*
Ausguß *m (Becken)* acquaio *m; (Abfluß)* scarico *m.*
aus·haben ‹*irr*› *tr fam* **1.** *(Kleidung, Schuhe)* essersi tolto (*o* levato); **2.** *(Buch, etc.)* aver finito di leggere; **3.** *(Teller)* aver finito di mangiare; *(Glas)* aver finito di bere; **4.** *(Schule)* aver finito.
aus·halten ‹*irr*› **I.** *tr* **1.** *(ertragen)* sopportare; **2.** *(standhalten)* reggere a; **3.** *(unterhalten)* mantenere; **ich halte es nicht mehr aus** non ne posso più; **es ist nicht zum A~** è insopportabile; **II.** *itr (durchhalten)* resistere.
aus·handeln *tr* negoziare.
aus·händigen ['aushɛndıgən] *tr* consegnare.
Aushang *m* avviso *m,* comunicato *m.*
aus·hängen **I.** *tr* ‹*reg*› **1.** *(Bekanntmachung)* esporre; **2.** *(Tür, Fenster)* scardinare; **II.** ‹*irr*› *itr* essere affisso. **Aushängeschild** *n* insegna *f; fig* richiamo *m.*
aus·heben ‹*irr*› *tr* **1.** *(Graben)* scavare; **2.** *(Tür)* scardinare; **3.** *(Nest)* depredare; *fig (Verbrechernest)* snidare; **4.** *(Truppen)* arruolare, reclutare.
aus·hecken ['aushɛkən] *tr fam* ideare.
aus·helfen ‹*irr*› *itr* **1.** aiutare (*jdm* qu); **2.** *(einspringen)* supplire, sostituire (*jdm* qu); **er hat mir mit zehn Mark ausgeholfen** mi ha prestato dieci marchi.
Aushilfe *f* supplente *mf;* **eine Stenotypistin zur ~** una dattilografa ausiliaria. **Aushilfskellner** *m* aiuto cameriere *m.* **Aushilfskraft** *f* supplente *mf.* **aushilfsweise** *adv* per supplire.
aus·höhlen *tr* scavare, incavare; *fig* minare.
aus·holen *itr (mit Arm)* sollevare (*o* alzare) il braccio (per colpire); **weit ~** *fig* cominciare da lontano, pigliarla larga.
aus·horchen *tr:* **jdn (über etw.) ~** cercare di sapere qc da qu.
aus·kennen ‹*irr*› *rfl:* **sich ~** **1.** *(an Ort)* conoscere bene un posto, essere pratico di un luogo; **2.** *fig (auf Gebiet)* intendersi (*in, mit* di), essere esperto (*in, mit* in); **sich nicht mehr ~** non saper più che partito prendere.
aus·klammern *tr* escludere, non prendere in considerazione.
Ausklang *m* fine *f,* conclusione *f;* **zum ~ des Abends** a conclusione della serata.
ausklappbar *a* pieghevole, ribaltabile.
aus·kleiden *tr* **1.** *geh (entkleiden)* svestire, spogliare; **2.** *(Fläche, Raum)* ricoprire, rivestire.
aus·klingen ‹*irr*› *itr* ‹*sein*› **1.** *(Ton)* smorzarsi, svanire; **2.** *fig* concludersi, finire.
aus·kochen *tr* far bollire; *(steril machen)* sterilizzare.
aus·kommen ‹*irr*› *itr* ‹*sein*›: **mit jdm ~** andare d'accordo con qu; **mit etw. ~** arrivare (*o* campare) con qc; *(mit Geld)* farcela *fam;* **ohne etw. nicht ~ können** non poter fare a meno di qc; **wir kommen mit den Vorräten nicht aus** le provviste non ci bastano. **Auskommen** *n:* **sein ~ haben** aver di che vivere; **sein gutes ~ haben** essere in condizioni agiate; **es ist kein ~ mit ihm** con lui non si può andare d'accordo.
aus·kosten *tr* gustare, assaporare.
aus·kratzen *tr (wegkratzen)* grattare via; *(leerkratzen)* vuotare (grattando); **jdm die Augen ~** cavare gli occhi a qu.
aus·kundschaften *tr (Gebiet, a. mil)* esplorare; *(Geheimnis)* indagare su.
Auskunft ['auskunft] ‹-, ⸚e› *f* **1.** *(Mitteilung)* informazione *f; (nähere ~)* particolari *m pl;* **2.** *(~sstelle)* centro *m* informazioni; *tel* servizio *m* informazioni; **nähere ~ erteilt/erteilen ...** per maggiori ragguagli rivolgersi a ...
aus·lachen *tr* deridere.
aus·laden[1] ‹*irr*› *tr (Ladung)* scaricare; *(Passagiere)* sbarcare.
aus·laden[2] ‹*irr*› *tr (Gast)* ritirare (*o* disdire) l'invito a.
ausladend *a arch* aggettante; *(Handbewegung)* ampio.

Auslage *f* **1.** *(Waren)* merce *f* esposta; **2.** *(Schaufenster)* vetrina *f.*
Auslagen *f pl (Unkosten)* spese *f pl.*
Ausland *n* estero *m.*
Ausländer(in) ['ausl̩ɛndɐ (...ərɪn)] ‹-s, -› *m(f)* straniero, -a *m, f.* **ausländerfeindlich** *a* xenofobo.
ausländisch *a* estero; *(a. Mensch)* straniero.
Auslandsaufenthalt *m* soggiorno *m* all'estero. **Auslandsbeziehungen** *f pl* relazioni *f pl* (*o* rapporti *m pl*) con l'estero. **Auslandskorrespondent(in)** *m(f)* corrispondente *mf* dall'estero. **Auslandskrankenschein** *m* modulo *m* di cassa malattia per l'estero. **Auslandsvertretung** *f* rappresentanza *f* all'estero.
aus·lassen ‹*irr*› **I.** *tr* **1.** *(weglassen)* omettere, tralasciare; **2.** *(Fett)* struggere, sciogliere; **3.** *(Kleidung)* allargare, allungare; *(nicht anziehen)* non indossare; **seine Wut an jdm ~** sfogare la propria ira su qu; **II.** *rfl:* **sich über etw. ~** *fam* pronunciarsi su qc, esprimersi su qc.
Auslassungspunkte *m pl* puntini *m pl* di sospensione. **Auslassungszeichen** *n* apostrofo *m.*
Auslauf *m (Bewegungsfreiheit)* movimento *m.*
aus·laufen ‹*irr*› *itr* ‹*sein*› **1.** *(Flüssigkeit)* scolare, fuoriuscire; *(Farben)* spargersi, dilatarsi; **2.** *(Behälter)* svuotarsi; **3.** *naut* uscire dal porto; **4.** *(zum Stillstand kommen)* fermarsi, arrestarsi; *sport* smorzare lentamente la velocità; **5.** *(enden)* finire; *(Vertrag)* scadere; *(Produktion)* esaurirsi.
Ausläufer *m bot* stolone *m; (von Gebirge)* contrafforte *m; meteo* diramazione *f.*
Auslaut *m* finale *f.*
aus·lecken *tr* vuotare leccando; *(Speise)* mangiare tutto (leccando).
aus·leeren *tr* vuotare.
aus·legen *tr* **1.** *(Waren)* esporre; *(Köder)* collocare; **2.** *(auskleiden)* rivestire; *(mit Fliesen)* piastrellare; *(mit Holz)* intarsiare; **3.** *(Geld)* sborsare; **4.** *(deuten)* interpretare; *(erklären)* spiegare.
Auslegung ‹-, -en› *f* interpretazione *f,* commento *m.*
aus·leiern **I.** *itr* slargarsi; **II.** *tr* slargare.
Ausleihe ‹-, -n› *f* **1.** *(Tätigkeit)* prestito *m;* **2.** *(Raum)* servizio *m* prestito.
aus·leihen ‹*irr*› *tr* **1.** *(verleihen)* (im)prestare, dare in prestito; **2.** *(entleihen)* prendere in (*o* a) prestito (*bei* da); *(von Person)* farsi prestare (*bei, von* da).
Auslese *f* **1.** *(Auswahl)* scelta *f; (a. biol)* selezione *f;* **2.** *(Elite)* élite *f;* **3.** *(Wein)* vino *m* scelto.
aus·lesen ‹*irr*› *tr* **1.** *(aussondern)* selezionare, assortire; *(auswählen)* scegliere; **2.** *(zu Ende lesen)* finire (di leggere).
aus·liefern *tr* **1.** *(Ware)* consegnare; **2.** *(Verbrecher)* consegnare nelle mani della giustizia; **jdm/einer S.** *(dat)* **ausgeliefert sein** essere in balia di qu/qc.
Auslieferung *f* **1.** *(von Waren)* consegna *f,* distribuzione *f;* **2.** *jur* estradizione *f.*
aus·liegen ‹*irr*› *itr* **1.** *(Waren)* essere esposto; **2.** *(zur Einsichtnahme)* essere per visione.
aus·losen *tr* estrarre (*o* tirare) a sorte, sorteggiare.
aus·lösen *tr* **1.** *(hervorrufen)* suscitare, destare; **2.** *(verursachen)* causare, provocare; **3.** *(Knochen)* togliere.
Auslöser ‹-s, -› *m* **1.** *fot* (dispositivo *m* di) scatto *m;* **2.** *fig* molla *f.*
Auslosung *f* sorteggio *m,* estrazione *f.*
aus·machen *tr* **1.** *(Feuer, Licht, Radio)* spegnere; **2.** *(verabreden)* convenire, pattuire; *(vereinbaren)* stabilire, fissare; **3.** *(betragen)* ammontare a; *(einen Teil bilden)* formare, costituire; *(a. zum Inhalt haben)* rappresentare; **würde es Ihnen etw. ~, wenn ...?** Le spiacerebbe se ...?; **es macht (gar) nichts aus, wenn ...** non fa niente se ...
aus·malen **I.** *tr* **1.** *(mit Farbe)* colorare; **2.** *fig (schildern)* dipingere, descrivere; **II.** *rfl:* **sich** *(dat)* **etw. ~** immaginarsi qc, raffigurarsi qc.
Ausmaß *n* **1.** misura *f; (a. fig)* dimensione *f;* **2.** *fig* proporzione *f; (von Liebe)* grandezza *f;* **in geringem ~** in misura minima.
aus·merzen ['ausmɛrt͡sən] *tr (Fehler, etc.)* eliminare, estirpare.
aus·messen ‹*irr*› *tr* misurare, prendere le misure di.
Ausnahme ['ausna:mə] ‹-, -n› *f* eccezione *f;* **mit ~ von** ad eccezione di, eccetto. **Ausnahmefall** *m* caso *m* eccezionale. **Ausnahmezustand** *m* stato *m* d'emergenza. **ausnahmslos** *a, adv* senza eccezione. **ausnahmsweise** *adv* in via eccezionale, eccezionalmente.
aus·nehmen ‹*irr*› **I.** *tr* **1.** *(Nest)* depredare; **2.** *(Wild, Fisch)* sventrare; *(Geflügel)* svuotare; **3.** *fam (schröpfen)* pelare *fam;* **4.** *(ausschließen)* escludere; **II.** *rfl:* **sich ~** presentarsi.
aus·nutzen *tr (Gelegenheit)* approfittare di; *(Sache)* trarre vantaggio da; *(Person)* sfruttare.
aus·packen **I.** *tr (Eingepacktes)* levare (*aus* da); *(Koffer)* disfare; **II.** *itr fam (alles sagen)* spifferare, spiattellare.
aus·pfeifen ‹*irr*› *tr* fischiare.
aus·plaudern *tr* propalare.
aus·plündern *tr (Person)* depredare, derubare; *(Land, Häuser)* saccheggiare; *(Geschäft)* svaligiare.
aus·posaunen ‹*ohne ge-*› *tr fig fam*

strombazzare, gridare ai quattro venti.
aus·probieren ‹*ohne ge-*› *tr* provare, tentare; *(erproben)* sperimentare.
Auspuff ['auspʊf] ‹-(e)s, -e› *m* scappamento *m*. **Auspuffrohr** *n* tubo *m* di scappamento. **Auspufftopf** *m* marmitta *f*.
aus·pumpen *tr (Wasser)* pompare; *(Behälter)* vuotare con la pompa; **den Magen ~** fare la lavanda gastrica.
aus·quartieren ‹*ohne ge-*› *tr* sloggiare.
aus·quetschen *tr* **1.** *(Frucht)* spremere; **2.** *fig fam (ausfragen)* torchiare.
aus·radieren ‹*ohne ge-*› *tr* cancellare; *fig (völlig zerstören)* radere al suolo.
aus·rangieren ‹*ohne ge-*› *tr* eliminare, scartare.
aus·rauben *s.* **ausplündern.**
aus·räumen *tr* **1.** *(Möbel, etc.)* rimuovere, sgomberare; **2.** *(Schrank, etc.)* vuotare; **3.** *fig (Bedenken, etc.)* eliminare.
aus·rechnen *tr* calcolare; **das kannst du dir leicht ~** te lo puoi ben immaginare.
Ausrede *f (Entschuldigung)* scusa *f*; *(Vorwand)* pretesto *m*.
aus·reden I. *tr:* **jdm etw. ~** sconsigliare qc a qu, dissuadere qu dal fare qc; **II.** *itr* finire di parlare.
aus·reichen *itr* bastare, essere sufficiente. **ausreichend** *a* sufficiente; *(Schulnote)* ≃ sei.
Ausreise *f* **1.** *(Grenzübertritt)* passaggio *m* di confine; **2.** *(Verlassen des Landes)* espatrio *m*. **Ausreiseerlaubnis** *f*, **-genehmigung** *f* permesso *m* d'espatrio.
aus·reisen *itr* ‹*sein*› andare all' estero.
aus·reißen ‹*irr*› **I.** *tr* ‹*haben*› *(Haare, Unkraut)* strappare; *(mit Wurzeln)* sradicare; *(Zähne)* cavare, estrarre; **II.** *itr* ‹*sein*› **1.** *(sich abtrennen)* staccarsi; *(einreißen)* strapparsi; **2.** *fam (weglaufen)* scappare.
Ausreißer(in) *m(f)* scappato, -a *m, f* di casa.
aus·reiten ‹*irr*› *itr* ‹*sein*› uscire a cavallo.
aus·renken ['ausrɛŋkən] *tr* slogare, lussare.
aus·richten I. *tr* **1.** *(in eine Reihe stellen)* allineare; **2.** *(übermitteln)* portare; **3.** *(veranstalten)* allestire; **4.** *(erreichen)* ottenere; *(zuwege bringen)* concludere, riuscire a fare; **kann ich etw. ~?** posso fare un'ambasciata?; **richte ihm aus, daß ...** digli da parte mia che ...; **II.** *rfl:* **sich ~** *mil, fig* allinearsi, schierarsi.
Ausritt *m* passeggiata *f* a cavallo.
aus·rollen *tr* srotolare; *(Teig)* spianare.
aus·rotten ['ausrɔtən] *tr* **1.** *(Pflanze, etc.)* estirpare; **2.** *fig (vernichten)* sterminare.
Ausrottung ‹-, ø› *f* **1.** *(von Pflanze, etc.)* estirpazione *f*; **2.** *fig (Vernichtung)* sterminio *m*, eliminazione *f*.
aus·rücken I. *tr* ‹*haben*› disinserire, disinnestare; **II.** *itr* ‹*sein*› **1.** *mil* mettersi in marcia, partire; *(Polizei)* entrare in azione; **2.** *fam (weglaufen)* scappare.
Ausruf *m* esclamazione *f*.
aus·rufen ‹*irr*› *tr* **1.** *(bekanntgeben)* annunciare; **2.** *(Waren, Zeitungen)* offrire ad alta voce; **3.** *(proklamieren)* proclamare.
Ausrufe-, Ausrufungszeichen *n* punto *m* esclamativo.
aus·ruhen I. *tr* riposare; **II.** *rfl:* **sich ~** riposarsi; *(ausspannen)* rilassarsi.
aus·rüsten *tr* equipaggiare (*mit* di); *fig* munire (*mit* di).
Ausrüstung *f* equipaggiamento *m*.
aus·rutschen *itr* ‹*sein*› sdrucciolare, scivolare.
Ausrutscher ‹-s, -› *m fam* scivolone *m fam.*
Aussaat *f* semina *f*.
Aussage *f* **1.** *(Behauptung)* dichiarazione *f*, affermazione *f*; **2.** *jur* deposizione *f*; **3.** *fig (von Kunstwerk, etc.)* messaggio *m*; **~ gegen ~** la parola di uno contro quella di un altro; **nach jds ~** a detta di qu. **Aussagekraft** *f* forza *f* espressiva.
aus·sagen *tr* **1.** *(ausdrücken)* esprimere; *(a. Kunstwerk)* dire; **2.** *jur* deporre (*über* su), testimoniare (*über* su); **3.** *(Meinung)* dichiarare, affermare.
Aussatz ['auszats] ‹-es, ø› *m* lebbra *f*.
aussätzig ['auszɛtsɪç] *a* lebbroso.
aus·schalten *tr* **1.** *(Licht, Radio)* spegnere; *(Strom)* interrompere; *mot* disinserire; **2.** *fig* escludere; *(Gegner, Fehlerquelle)* eliminare.
Ausschank ['ausʃaŋk] ‹-(e)s, ¨-e› *m* **1.** *(Ausschenken)* mescita *f*; **2.** *(Schanktisch)* banco *m* di mescita.
Ausschau *f:* **nach jdm/etw. ~ halten** cercare qu/qc con gli occhi.
aus·schauen *itr* **1.** *(Ausschau halten):* **nach jdm ~** cercare qu con gli occhi; **2.** *dial s.* **aussehen.**
aus·scheiden ‹*irr*› **I.** *tr* ‹*haben*› **1.** *(Körper)* espellere; *(Drüsen)* secernere; **2.** *(aussondern)* eliminare; **II.** *itr* ‹*sein*› **1.** *(aus Verein)* uscire, ritirarsi; *(aus Firma)* lasciare; **2.** *sport* essere eliminato; **3.** *(nicht in Betracht kommen)* essere fuori discussione.
Ausscheidung *f* **1.** *biol* escrezione *f*; *(Aussondern)* eliminazione *f*; **2.** *sport (~skampf)* gara *f* eliminatoria *f*; **3.** ‹*pl*› escrementi *m pl*. **Ausscheidungskampf** *m* gara *f* eliminatoria.
aus·schenken *tr* versare; *(im Lokal)* vendere.
aus·scheren *itr* ‹*sein*› uscire dalla colonna.
aus·schimpfen *tr* sgridare.

aus·schlafen ⟨*irr*⟩ **I.** *itr, rfl:* **sich ~** dormire abbastanza, fare una bella dormita; **II.** *tr:* **seinen Rausch ~** smaltire la sbornia.

Ausschlag *m* **1.** *med (Haut~)* eruzione *f* (cutanea); **2.** *(von Pendel)* oscillazione *f; (von Kompaß)* deviazione *f;* **einer S.** *(dat)* **den ~ geben** essere decisivo per qc.

aus·schlagen ⟨*irr*⟩ **I.** *tr* ⟨*haben*⟩ **1.** *(Zahn, etc.)* cavare; **2.** *(mit Stoff, etc.)* rivestire (*mit* di), foderare (*mit* di); **3.** *fig (ablehnen)* respingere, rifiutare; **II.** *itr* **1.** ⟨*haben*⟩ *(Pferd)* tirare calci; **2.** ⟨*haben o sein*⟩ *(Zeiger)* deviare; *(Pendel)* oscillare; **3.** ⟨*haben o sein*⟩ *bot* germogliare, spuntare.

ausschlaggebend *a* decisivo, determinante.

aus·schließen ⟨*irr*⟩ *tr* **1.** *allg.* chiudere (*o* lasciar) fuori; **2.** *(nicht teilhaben lassen)* escludere; *(ausstoßen)* espellere, scacciare; **3.** *(Zweifel, etc.)* eccettuare, evitare.

ausschließlich I. *a* esclusivo; **II.** *adv (nur)* esclusivamente, soltanto, solamente.

aus·schlüpfen *itr* ⟨*sein*⟩ *(aus Ei)* sgusciare, uscire dall'uovo.

Ausschluß *m* esclusione *f; (Partei~)* espulsione *f;* **unter ~ der Öffentlichkeit** a porte chiuse.

aus·schmücken *tr* ornare, adornare; *fig (Erzählung)* infiorare, abbellire.

aus·schneiden ⟨*irr*⟩ *tr (her~)* tagliare fuori; *(a. durch Her~ herstellen)* ritagliare.

Ausschnitt *m* **1.** *(Teil)* frammento *m,* squarcio *m; (Film~)* sequenza *f; (Gemälde~)* dettaglio *m; (Zeitungs~)* ritaglio *m;* **2.** *(Kleider~)* scollatura *f.*

aus·schöpfen *tr* **1.** *(Wasser)* cavar fuori; **2.** *(Gefäß)* vuotare; **3.** *fig (Thema)* esaurire; *(Möglichkeiten)* sfruttare.

aus·schreiben ⟨*irr*⟩ *tr* **1.** *(Wort, Zahl)* scrivere in (tutte) lettere; *(Namen)* scrivere per intero; **2.** *(Rechnung, Wechsel)* emettere; **3.** *(Stelle, Amt)* mettere a concorso; *(Wahlen)* indire; *(Wettbewerb)* bandire.

Ausschreibung *f (von Wettbewerb)* bando *m; (von Stelle)* concorso *m; (von Bauvorhaben)* appalto *m.*

Ausschreitungen *f pl* eccessi *m pl* (*o* atti *m pl*) di violenza.

Ausschuß *m* **1.** *(Kommission)* commissione *f; (Komitee)* comitato *m;* **2.** *(minderwertige Ware)* merce *f* di scarto.

aus·schütten *tr* **1.** *(Flüssigkeit)* versare; *(verschütten)* rovesciare; **2.** *(Gefäß)* vuotare; **3.** *fin* distribuire, pagare; **jdm sein Herz ~** aprire il cuore a qu, sfogarsi con qu; **sich (vor Lachen) ~** sganasciarsi dalle risa *fam.*

Ausschüttung ⟨-, -en⟩ *f* distribuzione *f.*

ausschweifend *a* sfrenato; *(sittenlos)* licenzioso, dissoluto.

Ausschweifung ⟨-, -en⟩ *f* **1.** *(Maßlosigkeit)* sfrenatezza *f;* **2.** *(Sittenlosigkeit)* dissolutezza *f,* sregolatezza *f.*

aus·sehen ⟨*irr*⟩ *itr* apparire; *(scheinen)* sembrare (*wie jd/etw* qu/qc), parere (*wie/als ob* qualche *conj); (ähnlich sein)* (ras)somigliare (*wie* a); **gesund ~** aver l'aspetto sano; **sie sieht gut aus** è una bella donna; **vergnügt ~** aver l'aria allegra; **es sieht ganz danach aus, als ob ...** pare proprio che ... *conj;* **es sieht nicht gut für ihn aus** le cose non gli vanno bene; **so siehst du aus!** *fam iron* ti piacerebbe!

Aussehen ⟨-s, ø⟩ *n* **1.** *(äußere Erscheinung)* aspetto *m;* **2.** *(Anschein)* apparenza *f.*

aus·sein ⟨*irr*⟩ *itr* ⟨*sein*⟩ *fam* **1.** *(zu Ende sein)* essere finito; **2.** *(Licht, Ofen, Radio, etc.)* essere spento; **3.** *(ausgegangen sein)* essere uscito; **4.** *sport* essere fuori (campo); **auf etw. ~** mirare a qc.

außen ['ausən] *adv* (di) fuori, all'esterno. **Außenaufnahmen** *f pl* esterni *m pl.* **Außenbezirk** *m* quartiere *m* di periferia. **Außenbordmotor** *m* (motore *m*) fuoribordo *m.*

aus·senden ⟨*irr o reg*⟩ *tr* inviare; *(Strahlen)* emanare; *(Signal)* emettere.

Außendienst *m* servizio *m* esterno. **Außendienstmitarbeiter(in)** *m(f)* collaboratore, -trice *m, f* esterno, -a. **Außenhandel** *m* commercio *m* estero. **Außenminister(in)** *m(f)* ministro *m* degli (affari) esteri. **Außenministerium** *n* ministero *m* degli (affari) esteri. **Außenpolitik** *f* politica *f* estera. **Außenseite** *f* lato *m* esterno; *(von Haus, fig)* facciata *f.* **Außenseiter(in)** ⟨-s, -⟩ *m(f) allg.* persona *f* che fa parte a sé; *sport* outsider *m; soc* persona *f* fuori dalla società. **Außenspiegel** *m* specchietto *m* (*o* retrovisore *m*) esterno. **Außenstände** [-ʃtɛndə] ⟨*pl*⟩ crediti *m pl.* **Außenstehende** ⟨ein -r, -n, -n⟩ *mf* estraneo, -a *m, f.* **Außentemperatur** *f* temperatura *f* esterna.

außer ['ausɐ] **I.** *prp dat, rar gen* **1.** *(ausgenommen)* all'infuori di, eccetto, tranne; **2.** *(neben)* oltre; *(zusätzlich zu)* in aggiunta a; **3.** *(örtlich)* fuori; **~ sich** *(dat)* **sein** essere fuori di sé (*vor Freude* dalla gioia); *(vor Zorn)* essere fuori dai gangheri *fam;* **~ Betrieb, ~ Dienst** fuori servizio; **II.** *con:* **~ wenn ...** a meno che (non) ... *conj;* **~ daß ...** salvo (*o* tranne) che ... *conj.* **außerdem** ['ausɐde:m *o* ...'de:m] *adv* oltre a ciò, inoltre, in più. **außerdienstlich** *a, adv* fuori servizio.

Äußere ['ɔysərə] ⟨ein -s, -n, ø⟩ *n* aspetto *m* (esteriore), apparenza *f.*

außerehelich *a* extraconiugale; *(Kind)* illegittimo, naturale.
äußere(r, s) ['ɔysərə] *a* **1.** *(von, nach draußen)* esteriore; **2.** *(außen befindlich, von außen kommend)* esterno, -a; **3.** *(auswärtig)* estero, -a.
außergewöhnlich ['ausɐgə'vø:nlıç] *a* insolito, eccezionale, straordinario. **außerhalb I.** *adv (draußen)* fuori; ~ **wohnen** abitare fuori città; **II.** *prp gen* fuori di; *(zeitlich)* al di fuori di.
äußerlich *a* esteriore; *(scheinbar)* apparente. **Äußerlichkeit** ‹-, -en› *f* esteriorità *f*, formalità *f*.
äußern ['ɔysɐn] **I.** *tr* esprimere, esternare; **II.** *rfl:* **sich** ~ **1.** *(sich zeigen)* manifestarsi; **2.** *(seine Meinung sagen)* esprimersi, pronunciarsi.
außerordentlich ['ausɐ'ʔɔordəntlıç] **I.** *a* straordinario; **II.** *adv* molto, oltremodo. **außerparlamentarisch** *a* extraparlamentare. **außerplanmäßig** *a* fuori programma; *(Professor)* fuori organico.
äußerst ['ɔysɐst] *adv* molto, oltremodo.
außerstande [-'ʃtandə] *adv:* ~ **sein, etw. zu tun** non essere in grado di fare qc.
Äußerste ‹ein -s, -n, ø› *n* estremo *m;* **aufs** ~ **gefaßt sein** aspettarsi il peggio; **jdn zum** ~**n treiben** fare perdere la pazienza a qu.
äußerste(r, s) ‹*Superlativ von* äußere› *a* estremo, -a.
Äußerung ‹-, -en› *f* **1.** *(Ausspruch)* dichiarazione *f; (Bemerkung)* osservazione *f;* **2.** *(Zeichen)* espressione *f*, manifestazione *f*.
aus·setzen I. *tr* **1.** *(Kind, a. preisgeben)* esporre, abbandonare; **2.** *(Belohnung)* istituire; *(Erbe)* destinare; **3.** *jur* sospendere; **4.** *(bemängeln)* criticare (*etw. an jdm* qu per qc), avere da ridire su (*etw. an jdm* qc di qu); **die Strafe zur Bewährung** ~ sospendere condizionalmente la pena; **auf seinen Kopf sind 10.000 DM ausgesetzt** sulla sua testa pende una taglia di 10.000 DM; **II.** *itr* **1.** *(stocken)* arrestarsi, fermarsi; *mot* perdere colpi; **2.** *(unterbrechen)* cessare (*mit etw.* qc), smettere (*mit etw.* qc); *(zeitweise)* sospendere (*mit etw.* qc).
Aussicht *f* **1.** *(Blick)* vista *f* (*auf* su), veduta *f* (*auf* su); **2.** *(Fernsicht)* panorama *m;* **3.** *fig (Zukunftsmöglichkeit)* prospettiva *f; (Chance)* probabilità *f; (Hoffnung)* speranza *f;* **etw. in** ~ **haben** avere in vista qc, aspettarsi qc; **jdm etw. in** ~ **stellen** fare sperare qc a qu. **aussichtslos** *a* senza speranza; *(Lage)* disperato; *(ohne Zukunftsmöglichkeit)* senza prospettive per l'avvenire. **Aussichtslosigkeit** ‹-, ø› *f* condizione *f* disperata; *(ohne Möglichkeiten)* mancanza *f* di prospettive; *(Vergeblichkeit)* inutilità *f*. **aussichtsreich** *a* promettente, che promette bene. **Aussichtsturm** *m* torre *f* panoramica, belvedere *m*.
Aussiedler(in) *m(f)* evacuato, -a *m, f*.
aus·söhnen ['auszø:nən] **I.** *rfl:* **sich** ~ riconciliarsi, fare la pace; *fig* rassegnarsi; **II.** *tr* conciliare, pacificare.
aus·sortieren ‹*ohne ge-*› *tr* **1.** *(ausscheiden)* scartare; **2.** *(auswählen)* selezionare, scegliere.
aus·spannen I. *tr* (di)stendere; **II.** *itr (ausruhen)* concedersi un po' di riposo; *(sich entspannen)* rilassarsi.
aus·sperren *tr* chiudere fuori; *(Arbeiter)* fare la serrata di.
Aussperrung *f* serrata *f*.
aus·spielen I. *tr* **1.** *(Karte)* giocare; **2.** *(Pokal)* mettere in palio; **3.** *(zu Ende spielen)* finire di giocare; *mus* finire di suonare; **4.** *(Erfahrung, etc.)* far valere; **jdn gegen jdn** ~ servirsi di qu contro qu; **II.** *itr (im Kartenspiel)* avere la mano; **wer spielt aus?** a chi tocca la mano?
aus·spionieren ‹*ohne ge-*› *tr* venir a sapere (a forza di spiare); *(Person)* spiare.
Aussprache *f* **1.** *ling* pronuncia *f; (Tonfall)* accento *m;* **2.** *(klärendes Gespräch)* spiegazione *f*, discussione *f*.
aus·sprechen ‹*irr*› **I.** *tr* **1.** *(äußern)* esprimere, manifestare; **2.** *(ling, a. Urteil)* pronunciare; *(artikulieren)* articolare; **II.** *itr (zu Ende sprechen)* finire di parlare; **III.** *rfl:* **sich** ~ **1.** *(seine Meinung sagen)* esprimersi, esprimere un giudizio; **2.** *(sein Herz ausschütten)* aprire il cuore, sfogarsi; **sich für/gegen etw.** ~ dichiararsi a favore di/contro qc; **sich mit jdm** ~ avere una spiegazione con qu.
Ausspruch *m* **1.** *(Sinnspruch)* detto *m*, massima *f;* **2.** *(Bemerkung)* osservazione *f*.
aus·spucken *tr* **1.** sputare; **2.** *fig fam (Produkte, etc.)* sfornare *fam*, buttare fuori *fam*.
aus·spülen *tr* sciacquare, risciacquare.
aus·staffieren ['ausʃtafi:rən] ‹*ohne ge-*› *tr (ausstatten)* fornire (*mit* di), munire (*mit* di); *(herausputzen)* azzimare.
Ausstand *m (Streik)* sciopero *m;* **seinen** ~ **feiern** festeggiare il congedo dal posto di lavoro; **in den** ~ **treten** scendere in sciopero.
aus·statten ['ausʃtatən] *tr* **1.** *(ausrüsten)* attrezzare (*mit* di), equipaggiare (*mit* con); **2.** *(versehen)* fornire (*mit* di), provvedere (*mit* di); **3.** *(einrichten)* arredare.
Ausstattung ‹-, -en› *f* **1.** *(Ausrüstung)* equipaggiamento *m; (mit Geräten, Werkzeugen)* dotazione *f;* **2.** *(Einrichtung)* arredamento *m; (von Auto)* car-

rozzeria *f;* **3.** *(von Buch)* veste *f* tipografica.
aus·stechen ‹*irr*› *tr* **1.** *(Graben)* scavare; *(Rasen, Teig)* tagliare; **2.** *fig (übertreffen)* superare; *(verdrängen)* soppiantare.
aus·stehen ‹*irr*› **I.** *tr* sopportare, soffrire; **große Angst ~** provare grande paura; **II.** *itr* mancare.
aus·steigen ‹*irr*› *itr* ‹*sein*› **1.** *(aus Fahrzeug)* scendere (*aus* da), smontare (*aus* da); **2.** *fam (aus Geschäft, Gesellschaft)* uscire (*aus* da).
Aussteiger(in) ‹-s, -› *m(f)* drop-out *mf.*
aus·stellen *tr* **1.** *(Waren, Kunstwerke)* esporre; **2.** *(ausschalten)* spegnere; **3.** *(Paß, Zeugnis, Quittung)* rilasciare; *(Rechnung, Scheck)* emettere; *(Rezept)* fare; *(Urkunde)* stendere, redigere; *(Wechsel)* trarre, emettere (*auf* sopra).
Aussteller(in) ‹-s, -› *m(f)* **1.** *(auf Messe, Ausstellung)* espositore, -trice *m, f;* **2.** *(von Scheck, Wechsel)* emittente *mf,* traente *mf.*
Ausstellung *f* **1.** *(von Waren, etc.)* esposizione *f,* mostra *f;* **2.** *(von Schriftstück)* stesura *f; (von Paß)* rilascio *m; (von Scheck, Wechsel)* emissione *f.* **Ausstellungshalle** *f* sala *f* d'esposizione. **Ausstellungsstück** *n* oggetto *m* di esposizione.
aus·sterben ‹*irr*› *itr* ‹*sein*› estinguersi, scomparire; **wie ausgestorben** come morto.
Aussteuer ‹-, -n› *f* dote *f; (Wäsche)* corredo *m.*
Ausstieg ['aus∫ti:k] ‹-(e)s, -e› *m* uscita *f; fig* rinuncia *f,* fuoriuscita *f.*
aus·stopfen *tr (Tiere)* impagliare; *(Kissen)* imbottire.
aus·stoßen ‹*irr*› *tr* **1.** *(hin~)* gettare fuori; **2.** *(Seufzer)* mandare; *(Fluch)* prorompere in; *(Drohung)* proferire; *(Schrei)* emettere; **3.** *(herstellen)* produrre, mandar fuori; **4.** *(ausschließen)* espellere.
aus·strahlen *tr* **1.** *(Wärme, Licht, a. fig)* irradiare; **2.** *radio, TV* trasmettere, mettere in onda; **3.** *fig* emanare, diffondere.
Ausstrahlung *f* **1.** *allg.* emanazione *f; (von Licht, Wärme)* diffusione *f; phys* (ir)radiazione *f;* **2.** *radio, TV* trasmissione *f,* messa *f* in onda, diffusione *f;* **3.** *fig (Wirkung)* influsso *m,* influenza *f.*
aus·strecken **I.** *tr (Arm, Bein)* (di)stendere, allungare; *(Hand)* stendere; *(Fühler)* tendere, allungare; **II.** *rfl:* **sich ~** sdraiarsi, (di)stendersi.
aus·strömen **I.** *itr* ‹*sein*› **1.** *(Wasser)* sgorgare; *(Gas)* fuoriuscire; *(Duft, Dampf)* esalare; **2.** *fig* emanare; **II.** *tr* ‹*haben*› **1.** *(Wärme)* emettere, emanare; *(Licht)* diffondere; **2.** *fig* emanare.
aus·suchen *tr* scegliere.
Austausch *m* scambio *m; tec* sostituzione *f.* **austauschbar** *a* intercambiabile.
aus·tauschen *tr* **1.** *(ersetzen)* sostituire (*durch* con); **2.** *(tauschen)* scambiare (*gegen* contro, per).
Austauschmotor *m* motore *m* di ricambio. **Austauschschüler(in)** *m(f)* studente, -essa *m, f* medio, -a che partecipa ad uno scambio internazionale.
aus·teilen *tr* distribuire.
Auster ['auste] ‹-, -n› *f* ostrica *f.*
aus·toben *rfl:* **sich ~** sfogarsi.
aus·tragen ‹*irr*› *tr* **1.** *(Brot, Milch)* portare nelle case; *(Briefe)* recapitare; *(Zeitungen)* distribuire; **2.** *sport* disputare; *(Streit)* decidere; **ein Kind ~** portare a compimento una gravidanza.
Australien [aus'tra:liən] *n* Australia *f.*
Australier(in) ‹-s, -› *m(f)* australiano, -a *m, f.*
australisch *a* australiano.
aus·treiben ‹*irr*› **I.** *tr* scacciare; **ich werde dir deine Frechheit schon ~!** ti farò passare la tua insolenza!; **II.** *itr (Pflanzen)* germogliare.
aus·treten ‹*irr*› **I.** *itr* ‹*sein*› **1.** *(aus Gemeinschaft)* uscire, ritirarsi; **2.** *(zur Toilette gehen)* andare al gabinetto; **3.** *(Flüssigkeit)* sgorgare, travasarsi; *(Gas)* fuoriuscire; **II.** *tr* ‹*haben*› **1.** *(Feuer, etc.)* spegnere con i piedi; **2.** *(Schuhe)* allargare (camminando); *(Treppe)* consumare (a furia di camminarvi sopra); *(Pfad)* battere.
Austritt *m* **1.** *(Verlassen)* ritiro *m;* **2.** *(von Gas)* fuoruscita *f,* fuga *f; (von Blut)* travaso *m.*
aus·trocknen **I.** *tr* ‹*haben*› (dis)seccare, asciugare; **II.** *itr* ‹*sein*› asciugarsi, (dis)seccarsi.
aus·tüfteln *tr fam* escogitare.
aus·üben *tr* esercitare; *(Wirkung)* avere; *(Einfluß)* usare.
Ausübung *f* esercizio *m,* pratica *f;* **in ~ seines Dienstes** nell'adempimento del proprio ufficio.
Ausverkauf *m* liquidazione *f,* svendita *f.*
aus·verkaufen ‹*ohne ge-*› *tr* liquidare. **ausverkauft** *a* esaurito.
Auswahl *f* **1.** *(Wahl)* scelta *f; (a. sport)* selezione *f;* **2.** *(Warenangebot)* assortimento *m* (*an* di); **zur ~ stehen** essere a scelta.
aus·wählen *tr* scegliere (*unter* fra).
Auswanderer *m,* **Auswanderin** *f* emigrante *mf.* **aus·wandern** *itr* ‹*sein*› emigrare (*nach* in). **Auswanderung** *f* emigrazione *f.*
auswärtig ['ausvεrtıç] *a* esterno; *(ausländisch)* estero; *(von auswärts)* da fuori; **das A~e Amt** (*ab* **AA**) il ministero degli (affari) esteri.
auswärts ['ausvεrts] *adv* **1.** *(nicht zu Hause)* fuori (casa); **2.** *(nicht am Ort)* in

(un) altro luogo. **Auswärtsspiel** *n* partita *f* (*o* incontro *m*) in trasferta.

aus·waschen ‹*irr*› *tr* **1.** *(Kleidung, Wunde)* lavare; *(ausspülen)* sciacquare; **2.** *geol* dilavare; *(Gestein)* erodere; **3.** *(Farben)* scolorire; *(ausbleichen)* schiarire.

aus·wechseln *tr* cambiare (*gegen* con); *(a. ersetzen)* sostituire (*gegen* con).

Auswechselspieler(in) *m(f)* riserva *f*.

Auswechs(e)lung ‹-, -en› *f* (ri)cambio *m; (Ersatz)* sostituzione *f*.

Ausweg *m* via *f* d'uscita (*o* di scampo), espediente *m*. **ausweglos** *a* senza via d'uscita; *(Lage)* disperato.

aus·weichen ‹*irr*› *itr* ‹*sein*› schivare (*jdm* qu), scansare (*jdm* qu); *(meiden)* evitare (*jdm* qu); *(einer Frage)* eludere (*einer S. (dat)* qc); **auf etw. anderes ~** ripiegare su un'altra cosa; **nach rechts ~** piegare a destra. **ausweichend** *a* evasivo.

Ausweichmanöver *n* **1.** *mot* manovra *f* di scansamento; **2.** *fig* manovra *f* diversiva. **Ausweichmöglichkeit** *f* **1.** *mot* possibilità *f* di scansamento; **2.** *(Alternative)* alternativa *f*.

aus·weinen *rfl:* **sich ~** sfogarsi nel piangere; **sich** *(dat)* **die Augen ~** piangere a calde lacrime; **sich bei jdm ~** sfogarsi piangendo con qu.

Ausweis ['au̯svai̯s] ‹-es, -e› *m* documento *m; (Personal~)* carta *f* (*o* documento *m*) d'identità.

aus·weisen ‹*irr*› **I.** *tr* **1.** *(hin~)* cacciare; *(aus Land)* espellere, esiliare; **2.** *(identifizieren)* identificare; **II.** *rfl:* **sich ~** legittimarsi (*als* come).

Ausweiskontrolle *f* controllo *m* passaporti (*o* documenti). **Ausweispapiere** *n pl* documenti *m pl* di legittimazione.

Ausweisung *f* espulsione *f*.

aus·weiten I. *tr* allargare; *fig* estendere; *(Produktion)* aumentare; **II.** *rfl:* **sich ~** allargarsi; *fig* svilupparsi (*auf* su), trasformarsi (*zu* in).

auswendig *a:* **~ können/lernen** sapere/imparare a memoria; **in- und ~** *fam* a fondo.

aus·werfen ‹*irr*› *tr* **1.** *(hin~)* gettar fuori; **2.** *(Angel, Netz)* gettare; *(Anker)* calare; **3.** *(Schleim)* espettorare, sputare; **4.** *(Prämien)* assegnare; **5.** *(produzieren)* sfornare, buttare fuori.

aus·werten *tr* **1.** *(Angaben)* analizzare, interpretare; **2.** *(verwerten)* utilizzare; *com* sfruttare.

Auswertung *f* **1.** *(Bewertung)* analisi *f*, interpretazione *f;* **2.** *(Verwertung)* utilizzazione *f; com* sfruttamento *m*.

aus·wirken *rfl:* **sich ~** ripercuotersi (*auf* su), influire *(auf* su).

Auswirkung *f* effetto *m*, ripercussione *f*.

aus·wischen *tr* **1.** *(säubern)* pulire; **2.** *(an Tafel)* cancellare; **jdm eins ~** *fam* giocare un brutto tiro a qu *fam*.

aus·wringen ['au̯svrɪŋən] ‹wringt aus, wrang aus, ausgewrungen› *tr* strizzare, torcere.

Auswuchs *m* **1.** *(Wucherung)* escrescenza *f;* **2.** ‹*pl*› *fig* aberrazioni *f pl*, eccessi *m pl*.

Auswurf *m* sputo *m; med* espettorazione *f*.

aus·zahlen I. *tr* pagare; *(Arbeiter)* liquidare; **II.** *rfl:* **sich ~** valere la pena.

aus·zählen *tr* contare; *(Stimmen)* fare lo spoglio di; *(Boxer)* dichiarare fuori combattimento.

aus·zeichnen I. *tr* **1.** *(Waren)* contrassegnare, marcare; **2.** *(ehren)* onorare; **3.** *typ* porre in evidenza; **jdn mit einem Preis ~** conferire un premio a qu; **II.** *rfl:* **sich ~** eccellere (*durch* in), distinguersi (*durch* per).

Auszeichnung *f* **1.** *(von Waren)* contrassegno *m;* **2.** *(Ehrung)* distinzione *f*, onorificenza *f; mil* decorazione *f;* **die Prüfung mit ~ bestehen** passare gli esami con lode.

aus·ziehen ‹*irr*› **I.** *tr* ‹*haben*› **1.** *(her~)* tirar fuori, cavare; *(chem, Zähne, etc.)* estrarre; *(Haar)* strappare; **2.** *(Tisch, etc.)* allungare; **3.** *(Kleider)* togliersi, levarsi; **II.** *itr* ‹*sein*› partire; *(aus Wohnung)* sloggiare *(aus* da); **III.** *rfl:* **sich ~** spogliarsi, svestirsi.

Ausziehtisch *m* tavola *f* allungabile.

Auszubildende ['au̯stsubɪldəndə] ‹ein -r, -n, -n› *mf* (*ab* **Azubi**) tirocinante *mf*, apprendista *mf*.

Auszug *m* **1.** *(chem, Konto~, etc.)* estratto *m; (Buch~)* passo *m*, brano *m;* **2.** *(Abriß)* sommario *m; (Zusammenfassung)* riassunto *m;* **3.** *(aus Wohnung)* sgombero *m*, trasloco *m;* **4.** *(Ausmarsch)* partenza *f*.

autark [au̯'tark] *a* autarchico.

authentisch [au̯'tɛntɪʃ] *a* autentico.

Auto ['au̯to] ‹-s, -s› *n* auto *f*, macchina *f;* **ein ~ fahren** guidare una macchina; **mit dem ~ fahren** andare in macchina. **Autoatlas** *m* atlante *m* stradale (per automobilisti). **Autobahn** *f* (*ab* **A**) autostrada *f*. **Autobahnauffahrt** *f* raccordo *m* di entrata. **Autobahnausfahrt** *f* uscita *f* autostradale. **Autobahndreieck** *n* svincolo *m* autostradale. **Autobahnkreuz** *n* crocevia *m* autostradale. **Autobahnraststätte** *f* posto *m* di ristoro sull'autostrada, autogrill *m*. **Autobahnzubringer** *m* raccordo *m* autostradale.

Autobiographie [au̯tobiogra'fi:] *f* autobiografia *f*.

Autobus *m (in der Stadt)* autobus *m; (zwischen Städten)* corriera *f*, pullman *m*.

Autodidakt(in) [autodi'dakt(ɪn)] ‹-en, -en› *m(f)* autodidatta *mf.*
autodidaktisch *a* autodidattico.
Autofähre *f* nave *f* traghetto, ferry-boat *m.* **Autofahrer(in)** *m(f)* automobilista *mf.* **Autofahrt** *f* viaggio *m* in automobile. **Autofriedhof** *m* cimitero *m* delle automobili.
autogen [auto'ge:n] *a* autogeno.
Autogramm [auto'gram] ‹-s, -e› *n* autografo *m.*
Autohändler *m* concessionario *m* di automobili. **Autokino** *n* cineparco *m,* autocinema *m,* drive-in *m.*
Automat [auto'ma:t] ‹-en, -en› *m* apparecchio *m* automatico; *(Waren~)* distributore *m* a gettone.
Automatik [...'ma:tɪk] ‹-, -en› *f* automatismo *m; mot* cambio *m* automatico. **Automatikgurt** *m* cintura *f* di sicurezza automatica.
automatisch [...'ma:tɪʃ] *a* automatico.
automatisieren [...mati'zi:rən] ‹*ohne ge-*› *tr* automatizzare.
Automechaniker(in) *s.* **Autoschlosser(in).**
Automobil [automo'bi:l] ‹-s, -e› *n* automobile *f.* **Automobilindustrie** *f* industria *f* automobilistica.
autonom [auto'no:m] *a* autonomo.
Autonomie [...no'mi:] ‹-, ø› *f* autonomia *f.*
Autonummer *f* numero *m* di targa.
Autor(in) ['auto:ɐ (au'to:rɪn), au'to:rən] ‹-s, -en› *m(f)* autore *m,* autrice *f.*
Autoradio *n* autoradio *f.* **Autoreisezug** *m* treno auto-passeggeri *m.* **Autorennen** *n* corsa *f* (*o* gara *f*) automobilistica.
Autorin *f s.* **Autor.**
autorisieren [autori'zi:rən] ‹*ohne ge-*› *tr* autorizzare (*zu* a).
autoritär [autori'tɛ:ɐ] *a* autoritario.
Autorität [autori'tɛ:t] ‹-, -en› *f* autorità *f.*
Autoschalter *m* sportello *m* (di una banca) a cui il cliente accede in automobile. **Autoschlosser(in)** *m(f)* meccanico, -a *m, f* d'automobili. **Autoschlüssel** *m* chiave *f* della macchina. **Autoskooter** ['autosku:tɐ] ‹-s, -› *m* autoscontro *m.* **Autostrich** *m sl* viale *m* delle puttane *sl.*
Autosuggestion [autozʊgɛs'tio:n] *f* autosuggestione *f.*
Autovermietung *f* noleggio *m* di automobili. **Autowaschanlage** *f* (impianto *m* di) lavaggio *m* auto.
avancieren [avã'si:rən] ‹*ohne ge-*› *itr* ‹*sein*› avanzare (*zu* a).
Avantgarde [avã'gardə] ‹-, -n› *f* avanguardia *f.*
avantgardistisch [...'dɪstɪʃ] *a* avanguardista, d'avanguardia.
Axt [akst] ‹-, ⸚e› *f* ascia *f,* scure *f.*
Azubi [a'tsu:bi] ‹-s, -s› *m u.* ‹-, -s› *f fam ab von* **Auszubildende(r)** apprendista *mf,* tirocinante *mf.*

B

B, b [be:] ‹-, -(s)› *n* **1.** *(Buchstabe)* B, b *f;* **2.** *mus* si *m* bemolle; **B wie Berta** B come Bologna.
B *ab von* **Bundesstraße** ≃ S. S. (*ab von* Strada Statale).
Baby ['be:bi] ‹-s, -s› *n* bebè *m,* neonato, -a *m, f.*
Babylon ['ba:bylɔn] *n* Babilonia *f.*
babylonisch [...'lo:nɪʃ] *a* babilonese.
babysitten [-sɪtən *o* -zɪtən] *itr* custodire i bambini, fare da baby-sitter (*bei* a). **Babysitter(in)** ‹-s, -› *m(f)* baby-sitter *mf.* **Babyspeck** *m fam* ciccia *f fam.* **Babystrich** *m sl* prostituzione *f* infantile.
Bach [bax] ‹-(e)s, ¨-e› *m* ruscello *m.* **Bachstelze** *f* ballerina *f.*
Backblech *n* piastra *f* del forno.
Backbord ['bak-] *n* babordo *m.*
Backe ['bakə] ‹-, -n› *f (Wange)* guancia *f; (Gesäß~)* natica *f.*
backen ['bakən] ‹bäckt *o* backt, backte *o obs* buk, gebacken› *tr (im Ofen)* cuocere (in forno); *(in der Pfanne)* friggere.
Backenzahn *m* molare *m.*
Bäcker(in) ['bɛkɐ (. . . ərɪn)] ‹-s, -› *m(f)* fornaio, -a *m, f,* panettiere, -a *m, f.*
Bäckerei [bɛkə'rai̯] ‹-, -en› *f* panetteria *f.*
Backfisch *m* **1.** *gastr* pesce *m* fritto; **2.** *fig fam* ragazza *f,* adolescente *f.* **Backobst** *n* frutta *f* secca (*o* essiccata). **Backofen** *m* forno *m.* **Backpfeife** *f dial* schiaffo *m,* ceffone *m,* scapaccione *m.* **Backpflaume** *f* prugna *f* secca. **Backpulver** *n* lievito *m* (in polvere). **Backstein** *m* mattone *m,* laterizio *m.*
backt, bäckt [bakt, bɛkt] *pr von* **backen.**
backte ['baktə] *imp von* **backen.**
Bad [ba:t] ‹-(e)s, ¨-er› *n* **1.** *(das Baden, fot: Entwicklungs~)* bagno *m;* **2.** *(~ewanne)* vasca *f; (~ezimmer)* bagno *m;* **3.** *(Schwimm~)* piscina *f;* **4.** *(~eort)* stazione *f* termale; *(See~)* stazione *f* balneare; **ein ~ nehmen** fare il bagno. **Badeanstalt** *f* stabilimento *m* balneare, piscina *f.* **Badeanzug** *m* costume *m* da bagno. **Badegast** *m* **1.** *(im Kurort)* ospite *m* di una stazione termale; **2.** *(im Schwimmbad)* bagnante *m.* **Badehose** *f* calzoncini *m pl* da bagno. **Badekappe** *f* cuffia *f* da bagno. **Bademantel** *m* accappatoio *m.* **Bademeister(in)** *m(f)* bagnino, -a *m, f.* **Bademütze** *s.* **Badekappe.**
baden ['ba:dən] **I.** *tr* fare il bagno a; **II.** *itr, rfl:* **sich ~** fare il bagno; *(im Freien)* bagnarsi.
Badeort *m* località *f* balneare. **Badetuch** *n* asciugamano *m* da bagno. **Badewanne** *f* vasca *f* da bagno. **Badezimmer** *n* bagno *m,* stanza *f* da bagno. **Badezusatz** *m* prodotto *m* per il bagno.
baff [baf] *a fam:* **~ sein** rimanere di stucco.
Bafög, BAFÖG ['ba:fœk] ‹-(s), ø› *n ab von* **Bundesausbildungsförderungsgesetz** *legge per il sostegno dell'istruzione scolastica ed universitaria nella R.F.T.;* **~ bekommen** *fam* ≃ ricevere il presalario.
Bagatelle [baga'tɛlə] ‹-, -n› *f* bagatella *f,* inezia *f.*
bagatellisieren [...li'zi:rən] ‹*ohne ge-*› *tr* minimizzare.
Bagatellschaden *m* danno *m* lieve.
Bagger ['bagɐ] ‹-s, -› *m* escavatore *m,* escavatrice *f; (Schwimm~)* draga *f.*
baggern *itr* scavare, dragare.
Baggersee *m* laghetto *m* di cava.
Bahn [ba:n] ‹-, -en› *f* **1.** *(Weg, a. fig)* via *f,* strada *f; (Fahr~)* carreggiata *f; sport* pista *f; (eines einzelnen Wettkämpfers)* corsia *f;* **2.** *(Eisen~)* treno *m,* ferrovia *f; (Straßen~)* tram *m; (~hof)* stazione *f; (Verkehrsnetz, Strecke)* linea *f;* **3.** *astr* orbita *f; phys* percorso *m; (Elektronen~)* orbita *f; (Flug~)* traiettoria *f;* **4.** *(Stoff~)* telo *m; (Tapeten~)* lista *f;* **freie ~ haben** avere via libera. **Bahnbeamte** *m,* **-beamtin** *f* impiegato, -a *m, f* delle ferrovie, ferroviere *m.* **bahnbrechend** *a* che apre una nuova strada, che spiana la via. **Bahndamm** *m* argine *m* (*o* terrapieno *m*) della ferrovia.
bahnen ['ba:nən] *tr* aprire, spianare.
Bahnfahrt *f* viaggio *m* in treno.
Bahnhof *m* (*ab* **Bhf.**) stazione *f.* **Bahnhofshalle** *f* atrio *m* (*o* hall *f*) della stazione. **Bahnhofsmission** *f* organizzazione *f* (*o* centro *m*) assistenziale operante nelle stazioni. **Bahnhofsvorsteher(in)** *m(f)* capostazione *mf.*
bahnlagernd *adv* fermo (*o* giacente) in stazione. **Bahnpolizei** *f* polizia *f* ferroviaria. **Bahnsteig** [-ʃtai̯k] ‹-(e)s, -e› *m* marciapiede *m.* **Bahnübergang** *m:* **schienengleicher ~** passaggio *m* a livello; **beschrankter/unbeschrankter ~** passaggio *m* a livello custodito/incusto-

dito. **Bahnverbindung** *f* collegamento *m* ferroviario.

Bahre ['ba:rə] ‹-, -n› *f* barella *f*, lettiga *f*; *(Toten~)* bara *f*.

Bai [bai̯] ‹-, -en› *f (Bucht)* baia *f*, golfo *m*; *(kleine)* insenatura *f*.

Baiser [bɛ:'ze:] ‹-s, -s› *n* meringa *f*.

Baisse ['bɛsə] ‹-, -n› *f fin* ribasso *m*.

Bakterie [bak'te:ri̯ə] ‹-, -n› *f* batterio *m*, microbo *m*.

bakteriell [...te'ri̯ɛl] *a* batterico.

Bakteriologe [bakteri̯o'lo:gə] ‹-n, -n› *m*, **Bakteriologin** [...gɪn] *f* batteriologo, -a *m, f*.

Bakteriologie [...lo'gi:] ‹-, ø› *f* batteriologia *f*.

bakteriologisch [...'lo:gɪʃ] *a* batteriologico.

Balance [ba'lã:sə] ‹-, -n› *f* equilibrio *m*. **Balanceakt** *m fig* gioco *m* di equilibrio.

balancieren [balã'si:rən] ‹*ohne ge-*› **I.** *tr* ‹*haben*› bilanciare, equilibrare; *(Ball)* far stare in equilibrio; **II.** *itr* ‹*sein*› stare in equilibrio.

bald [balt] *adv* **1.** *(in naher Zukunft, früh, schnell)* presto; **2.** *(beinahe)* quasi; ~ **. . .,** ~ **. . .** ora . . ., ora . . .; ~ **da,** ~ **dort** talvolta qui, talvolta là; un po' dovunque; ~ **darauf** poco dopo; **möglichst ~, so ~ als** (*o* **wie) möglich** il più presto possibile; **ich wäre ~ hingefallen** ci è mancato poco che cadessi.

Baldachin ['baldaxi:n] ‹-s, -e› *m* baldacchino *m*.

Baldrian ['baldria:n] ‹-s, -e› *m* valeriana *f*.

Balg[1] [balk] ‹-(e)s, ¨-e› *m* **1.** *(Tierhaut)* pelle *f*; **2.** *(Blase~, Orgel~)* mantice *m*.

Balg[2] [balk] ‹-(e)s, ¨-er› *m o n pej fam (Kind)* marmocchio *m*, monello *m*.

balgen ['balgən] *rfl:* **sich** ~ accapigliarsi, azzuffarsi.

Balgerei [balgə'rai̯] ‹-, -en› *f* zuffa *f*, rissa *f*.

Balkan ['balka:n] *m* Balcani *m pl*; **auf dem** ~ nei Balcani. **Balkanhalbinsel** *f* penisola *f* balcanica.

Balken ['balkən] ‹-s, -› *m* trave *f*, traversa *f*; *(von Waage)* giogo *m* (della bilancia).

Balkon [bal'kɔŋ, ...'kɔŋs *o* ...'ko:nə] ‹-s, -s *o* -e› *m* balcone *m*, terrazzo *m*; *theat, film* balconata *f*, galleria *f*. **Balkontür** *f* porta *f* finestra.

Ball[1] [bal] ‹-(e)s, ¨-e› *m (zum Spielen)* palla *f*; *(großer, Fuß~)* pallone *m*; ~ **spielen** giocare a palla; **am ~ bleiben** non perdere il treno, non essere tagliati fuori.

Ball[2] [bal] ‹-(e)s, ¨-e› *m (Tanz)* ballo *m*; **auf dem** ~ al ballo.

Ballade [ba'la:də] ‹-, -n› *f* ballata *f*.

Ballast [ba'last *o* 'ba...] ‹-(e)s, ø *o rar* -e› *m* zavorra *f*. **Ballaststoffe** *m pl* sostanze *f pl* non assimilabili.

ballen ['balən] **I.** *tr (Faust)* serrare; **II.** *rfl:* **sich** ~ ammassarsi, accumularsi; *(Wolken)* addensarsi.

Ballen ‹-s, -› *m* **1.** *com* balla *f*; **2.** *anat (Hand~)* eminenza *f*; *(Fuß~)* soprosso *m*.

Ballerina [balə'ri:na, ...nən] ‹-, -rinen› *f* ballerina *f*, danzatrice *f*.

ballern ['balɐn] *itr fam (schießen)* sparare, tirare.

Ballett [ba'lɛt] ‹-(e)s, -e› *n* balletto *m*. **Ballettänzer(in)** *m(f)* ballerino, -a *m, f*. **Ballettkorps** [-ko:ɐ̯ *o* ...s] ‹-, -› *n* corpo *m* di ballo. **Ballettröckchen** [-rœkçən] ‹-s, -› *n* tutù *m*. **Ballettschuhe** *m pl* scarpette *f pl* da ballo. **Balletttruppe** *f s.* **Ballettkorps.**

Ballistik [ba'lɪstɪk] ‹-, ø› *f* balistica *f*.

Balljunge *m* raccattapalle *m*.

Ballon [ba'lɔŋ, ...'lɔŋs *o* ...'lo:nə] ‹-s, -s *o* -e› *m* **1.** *(Luftfahrzeug)* pallone *m* aerostatico, aerostato *m*; **2.** *(Luft~)* pallone *m*; **3.** *(~flasche)* damigiana *f*.

Ballsaal *m* sala *f* da ballo.

Ballspiel *n* gioco *m* della (*o* con la) palla.

Ballungsgebiet *n* regione *f* ad alta concentrazione urbana ed industriale, agglomerato *m* urbano.

Ballwechsel *m* cambio *m* delle palle.

Balsam ['balza:m] ‹-s, -e› *m (a. fig)* balsamo *m*.

Balustrade [balʊs'tra:də] ‹-, -n› *f* balaustra *f*.

Balz [balts̮] ‹-, -en› *f*, **Balzzeit** *f* stagione *f* degli accoppiamenti.

balzen *itr* essere in amore.

Bambus ['bambʊs] ‹- *o* -ses, -se› *m* bambù *m*. **Bambussprossen** *f pl* germogli *m pl* di bambù.

Bammel ['baməl] ‹-s, ø› *m fam* fifa *f fam*.

banal [ba'na:l] *a* banale.

Banalität [banali'tɛ:t] ‹-, -en› *f* banalità *f*.

Banane [ba'na:nə] ‹-, -n› *f* banana *f*. **Bananenstecker** *m el* spina *f* a banana.

Banause [ba'nau̯zə] ‹-n, -n› *m* uomo *m* gretto e limitato, borghesuccio *m*.

band [bant] *imp von* **binden.**

Band[1] [bant] ‹-(e)s, ¨-er› *n* **1.** *(aus Stoff, etc.)* nastro *m*; **2.** *(Förder~)* nastro *m* (trasportatore); **3.** *(Ton~)* nastro *m* (magnetico); **4.** *radio (Bereich)* banda *f*; **5.** *anat (Gelenk~)* legamento *m* articolare, tendine *m*; **am laufenden ~** a catena; *fig fam* ininterrottamente.

Band[2] [bant] ‹-(e)s, -e› *n fig (innere Bindung)* legame *m*, vincolo *m*.

Band[3] [bant] ‹-(e)s, ¨-e› *m* (*ab* **Bd.**) *(Buch~)* volume *m*, tomo *m*; **das spricht Bände** *fig* questo dice tutto.

Band[4] [bɛnt] ‹-, -s› *f (Kapelle)* orchestra *f*, band *f*.

Bandage [ban'da:ʒə] ‹-, -n› *f* bendaggio *m*, fasciatura *f*, benda *f*.

bandagieren [...da'ʒi:rən] ‹*ohne ge-*› *tr* bendare, fasciare.

Bandaufnahme *f* registrazione *f* su nastro. **Bandbreite** *f radio* larghezza *f* di banda; *fig (von Gehältern)* margine *m* di fluttuazione (*o* variazione); *(von Meinungen)* gamma *f*.

Bande[1] ['bandə] ‹-, -n› *f fam (Gruppe, Schar)* banda *f fam*, compagnia *f*; *(Verbrecher~)* banda *f*, masnada *f*.

Bande[2] ['bandə] ‹-, -n› *f sport (von Stadion)* margine *m*; *(von Eisbahn)* barriera *f*; *(beim Billard)* sponda *f*, mattonella *f*.

Banderole [bandə'ro:lə] ‹-, -n› *f* banderuola *f*, bandierina *f*; *(Zigarren~)* fascetta *f* fiscale.

Bänderriß ['bɛndɐ-] *m med* strappo *m* ai legamenti. **Bänderzerrung** *f med* distorsione *f* ai legamenti.

bändigen ['bɛndɪgən] *tr (zähmen)* domare, addomesticare; *fig (Leidenschaft)* contenere, dominare.

Bandit [ban'di:t] ‹-en, -en› *m* bandito *m*, brigante *m*; *(Räuber)* rapinatore *m*.

Bandmaß *n* metro *m* a nastro. **Bandnudeln** *f pl* tagliatelle *f pl*. **Bandscheibe** *f anat* disco *m* intervertebrale. **Bandwurm** *m* verme *m* solitario, tenia *f*.

bang(e) ['baŋ(ə)] ‹banger *o* bänger, bangste *o* bängste› *a* pauroso, timoroso; *(besorgt)* preoccupato, inquieto, ansioso; **in ~er Erwartung** in ansiosa attesa; **davor ist mir nicht ~e** di ciò non ho paura.

Bange *f*: **(haben Sie) keine ~!** non abbia paura!, non si preoccupi!

bangen ['baŋən] *itr* aver paura (*vor* di), temere (*vor etw.* qc); *(sich sorgen)* trepidare, temere (*um* per).

Bank[1] [baŋk] ‹-, ⁻e› *f* **1.** *(Sitz~)* panchina *f*; *(Schul~, Kirchen~, im Parlament, Anklage~)* banco *m*; **2.** *(Werk~)* banco *m* di lavoro; *(Dreh~)* tornio *m*; **3.** *(Wolken~, Sand~, Austern~, etc.)* banco *m*; **durch die ~** tutti, nessuno eccettuato.

Bank[2] [baŋk] ‹-, -en› *f fin* banca *f*; *(Spiel~)* casinò *m*, casa *f* da gioco.

-bank *f (in Zusammensetzungen) med* banca *f*.

Bankangestellte *mf* impiegato, -a *m*, *f* di banca. **Bankbeamte** *m*, **-beamtin** *f* impiegato, -a *m*, *f* di banca. **Bankfach** *n* **1.** *(Beruf)* ramo *m* bancario; **2.** *(Schließfach)* cassetta *f* di sicurezza. **Bankgeheimnis** *n* segreto *m* bancario.

Bankier [baŋ'ki̯e:] ‹-s, -s› *m* banchiere *m*, finanziere *m*.

Bankkaufmann *m*, **-kauffrau** *f* impiegato, -a *m*, *f* di banca, bancario, -a *m*, *f*. **Bankkonto** *n* conto *m* bancario. **Bankleitzahl** *f* (*ab* **BLZ**) codice *m* di istituto di credito. **Banknote** *f* banconota *f*, biglietto *m* di banco.

Bankomat [baŋko'ma:t] ‹-s, -en› *m* bancomat *m*, sportello *m* automatico.

Bankraub *m* rapina *f* a una banca. **Bankräuber(in)** *m(f)* rapinatore, -trice *m*, *f* di (una) banca.

bankrott [baŋ'krɔt] *a* fallito. **Bankrott** ‹-(e)s, -e› *m* bancarotta *f*; *(a. fig)* fallimento *m*; **~ machen** *(a. fig)* fare fallimento. **Bankrotterklärung** *f com* dichiarazione *f* di fallimento; *fig* fallimento *m*.

Bankschalter *m* sportello *m* di banca. **Bankschließfach** *n* cassetta *f* di sicurezza. **Banküberfall** *m* rapina *f* a una banca. **Bankverbindung** *f* relazione *f* bancaria.

Bann [ban] ‹-(e)s, -e› *m* **1.** *hist* bando *m*, esilio *m*; *rel* scomunica *f*; **2.** *fig (Zauber)* incantesimo *m*, fascino *m*.

bannen ['banən] *tr* **1.** *(Geister, Teufel)* scacciare, esorcizzare; *(Gefahr)* allontanare; **2.** *(fesseln)* immobilizzare, inchiodare; **(wie) gebannt auf etw. starren** guardare fisso qc.

Banner ['banɐ] ‹-s, -› *n* stendardo *m*, vessillo *m*; *(a. fig)* bandiera *f*.

Bannkreis *m* sfera *f* di influenza.

bar [ba:ɐ̯] **I.** *a* **1.** *poet (unbedeckt)* nudo; **2.** *poet (mit gen)* privo di, senza; **3.** *fin* contante, in contanti; **~es Geld** (denaro *m*) contante *m*; **~er Unsinn** pure sciocchezze *f pl*; **II.** *adv fin* in contanti; **gegen ~, in ~** in contanti, in natura.

Bar [ba:ɐ̯] ‹-, -s› *f (Theke)* bar *m*, banco *m*; *(Nachtlokal)* night(-club) *m*.

Bär(in) [bɛ:ɐ̯ ('bɛ:rɪn)] ‹-en, -en› *m(f)* orso, -a *m*, *f*; **der Große/Kleine ~** *astr* l'Orsa maggiore/minore; **jdm einen ~en aufbinden** darla ad intendere a qu.

Baracke [ba'rakə] ‹-, -n› *f* baracca *f*.

Barbar(in) [bar'ba:ɐ̯ (...rɪn)] ‹-en, -en› *m(f)* barbaro, -a *m*, *f*.

Barbarei [barba'rai̯] ‹-, -en› *f* barbarie *f*.

barbarisch *a* barbaro.

Barbiturat [barbitu'ra:t] ‹-s, -e› *n* barbiturato *m*.

Bardame *f* barmaid *f*.

Bärendienst *m*: **jdm/einer S.** *(dat)* **einen ~ erweisen** rendere un cattivo servizio a qu/qc. **Bärenhaut** *f*: **auf der ~ liegen** *fam* fare una vita da poltrone. **Bärenhunger** *m fam* fame *f* da lupo *fam*; **einen ~ haben** avere una fame da lupo *fam*. **Bärenkräfte** *f pl* forza *f* da leone.

barfuß, barfüßig ['ba:ɐ̯fu:s, ...fy:sɪç] *a* a piedi nudi.

barg [bark] *imp von* **bergen.**

Bargeld *n* denaro *m* contante (*o* in contanti). **bargeldlos** *a* con assegno;

~er Zahlungsverkehr pagamenti *m pl* a mezzo assegno (*o* accreditamento).
Barhocker *m* sgabello *m* di bar.
Bärin *f s.* **Bär.**
Bariton ['ba:ritɔn, ...to:nə] ‹-s, -e› *m* baritono *m.*
Barkasse [bar'kasə] ‹-, -n› *f* barcaccia *f.*
Barke ['barkə] ‹-, -n› *f* barca *f.*
Barkeeper [-ki:pɐ] ‹-s, -› *m,* **Barmann** *m* barman *m,* barista *m.*
barmherzig [barm'hɛrtsɪç] *a* misericordioso, caritatevole; **~er Gott!** misericordia!, santo Iddio! **Barmherzigkeit** ‹-, ø› *f* misericordia *f,* pietà *f,* carità *f;* **~ üben** avere misericordia.
barock [ba'rɔk] *a (Kunst)* barocco; *fig (überladen)* barocco; *fig (bizarr: Ideen)* bizzarro, stravagante; **eine ~e Figur** *scherz* una figura abbondante. **Barock** ‹-s, ø *o* -› *n o m* barocco *m.*
Barometer [baro'me:tɐ] ‹-s, -› *n* barometro *m.*
Baron(in) [ba'ro:n(ɪn)] ‹-s, -e› *m(f)* barone *m,* baronessa *f.*
Barren ['barən] ‹-s, -› *m* **1.** *(Metall~)* lingotto *m,* barra *f;* **2.** *sport* parallele *f pl.*
Barriere [ba'riɛ:rə] ‹-, -n› *f* barriera *f.*
Barrikade [bari'ka:də] ‹-, -n› *f* barricata *f;* **auf die ~n gehen** *fig* ribellarsi, arrabbiarsi.
barsch [barʃ] *a (Mensch, Antwort, Umgangston)* sgarbato; *(Ablehnung, Befehl)* brusco.
Barsch [ba:ɐʃ] ‹-(e)s, -e› *m* pesce *m* persico.
Barscheck *m* assegno *m* ordinario (*o* pagabile in contanti).
barst [barst] *imp von* **bersten.**
Bart [ba:ɐt] ‹-(e)s, ⸚e› *m* **1.** *(von Mensch, Tier)* barba *f;* **2.** *bot* filamento *m* di radice; **3.** *(Schlüssel~)* ingegno *m;* **jdm um den ~ gehen** adulare qu, lisciare qu.
bärtig ['bɛ:ɐtɪç] *a* barbuto.
Barzahlung *f* pagamento *m* in contanti.
Basalt [ba'zalt] ‹-(e)s, -e› *m* basalto *m.*
Basar [ba'za:ɐ] ‹-s, -e› *m* bazar *m.*
Base[1] ['ba:zə] ‹-, -n› *f dial (Kusine)* cugina *f.*
Base[2] ['ba:zə] ‹-, -n› *f chem* base *f.*
Baseball ['beɪsbɔ:l] ‹-s, ø› *m* baseball *m.*
Basel ['ba:zəl] *n* Basilea *f.*
Basen *pl von* **Base** *u.* **Basis.**
basieren [ba'zi:rən] ‹*ohne ge-*› **I.** *tr* basare (*auf* su), fondare (*auf* su); **II.** *itr* basarsi (*auf* su), fondarsi (*auf* su).
Basilika [ba'zi:lika, ...kən] ‹-, -liken› *f* basilica *f.*
Basilikum [ba'zi:likʊm] ‹-s, ø› *n* basilico *m.*
Basis ['ba:zɪs, ...zən] ‹-, Basen› *f* **1.** *arch* base *f,* zoccolo *m;* **2.** *mat, fig, pol* base *f.*
basisch ['ba:zɪʃ] *a chem* basico.
Basisgruppe *f pol* gruppo *m* di base. **Basiswissen** *n* cognizioni *f pl* di base.
Baske ['baskə] ‹-n, -n› *m,* **Baskin** [...kɪn] *f* basco, -a *m, f.* **Baskenland** *n* Paesi *m pl* baschi. **Baskenmütze** *f* basco *m,* berretto *m* basco.
Basketball ['ba:skət-] *m* basket *m,* pallacanestro *f.*
Baskin *f s.* **Baske.**
baskisch ['baskɪʃ] *a* basco.
Baß [bas] ‹Basses, Bässe› *m* **1.** *(Stimme, Sänger)* basso *m;* **2.** *(Instrument)* contrabbasso *m.*
Bassin [ba'sɛ̃:] ‹-s, -s› *n* **1.** *geol, geog* bacino *m;* **2.** *(Schwimmbecken)* piscina *f.*
Bassist(in) [ba'sɪst(ɪn)] ‹-en, -en› *m(f)* **1.** *(Spieler)* contrabbassista *mf;* **2.** *(Sänger)* basso *m.*
Baßschlüssel *m* chiave *f* di basso.
Bast [bast] ‹-(e)s, -e› *m* rafia *f.*
Bastard ['bastart] ‹-(e)s, -e› *m* bastardo *m,* figlio *m* illegittimo; *(Mischling)* meticcio *m,* ibrido *m.*
Bastelei [bastə'laɪ] ‹-, -en› *f,* **Basteln** ‹-s, ø› *n* fare *m* piccoli lavori manuali per passatempo.
basteln ['bastəln] **I.** *itr* fare lavori manuali per passatempo; **II.** *tr* fare.
Bastion [bas'tio:n] ‹-, -en› *f* bastione *m.*
bat [ba:t] *imp von* **bitten.**
BAT [be:ʔa:'te:] *ab von* **Bundesangestelltentarif** *retribuzione del pubblico impiego nella R.F.T.*
Bataillon [batal'jo:n] ‹-s, -e› *n* battaglione *m.*
Batik ['ba:tɪk] ‹-, -en› *f* batik *m.*
Batist [ba'tɪst] ‹-(e)s, -e› *m* tela *f* batista.
Batterie [batə'ri:, ...i:ən] ‹-, -n› *f el* batteria *f,* pila *f; mot* batteria *f* (per accensione). **batteriebetrieben** *a* alimentato a batteria.
Bau [baʊ, 'baʊtən] *m* **1.** ‹-(e)s, ø› *(Tätigkeit)* costruzione *f,* edificazione *f;* **2.** ‹-(e)s, -ten› *(Gebäude)* edificio *m,* fabbricato *m,* costruzione *f;* **3.** ‹-(e)s, -e› *zoo* tana *f;* **4.** ‹-(e)s, ø› *(Gefüge, Gliederung)* architettura *f,* struttura *f,* organizzazione *f;* **5.** ‹-(e)s, ø› *(Körper~)* corporatura *f;* **auf dem ~ arbeiten** lavorare in cantiere; **im ~ (befindlich)** in corso (*o* via) di costruzione (*o* edificazione), in cantiere. **Bauabschnitt** *m* lotto *m* dei lavori. **Bauarbeiten** *f pl* lavori *m pl* edili; **(Achtung) ~!** attenzione, lavori in corso! **Bauarbeiter(in)** *m(f)* lavoratore, -trice *m, f* edile, muratore *m.* **Bauart** *f* sistema *m* (*o* tipo *m*) di costruzione; *tec* costruzione *f.*
Bauch [baʊx] ‹-(e)s, ⸚e› *m* ventre *m,* pancia *f; (Unterleib)* addome *m; (dikker ~)* pancione *m; (von Gefäß, Instrument)* pancia *f;* **einen ~ haben** avere la pancia; **sich** *(dat)* **den ~ vollschlagen** *fam* mangiare a quattro palmenti *fam.* **Bauchbinde** *f* **1.** *med* panciera *f,* ven-

triera *f;* **2.** *(für Frack)* fascia *f* di seta; **3.** *fam (von Zigarre)* fascetta *f.* **Bauchfell** *n* peritoneo *m.* **Bauchhöhle** *f* cavità *f* addominale. **bauchig** *a* panciuto, convesso. **Bauchladen** *m* cassetta *f* da venditore ambulante. **Bauchlandung** *f aero* atterraggio *m* senza carrello; *(im Schwimmbad, etc.)* panciata *f fam.* **Bauchnabel** *m* ombelico *m.* **Bauchredner(in)** *m(f)* ventriloquo, -a *m, f.* **Bauchspeicheldrüse** *f* pancreas *m.* **Bauchtanz** *m* danza *f* del ventre. **Bauchtänzerin** *f* danzatrice *f* del ventre. **Bauchweh** ‹-s, ø› *n* mal *m* di pancia.

bauen [ˈbaʊ̯ən] **I.** *tr* **1.** *(er~)* costruire, fabbricare; *(errichten)* erigere; *(Tunnel)* scavare; *(Nest)* fare; **2.** *fam (Unfall)* avere; **II.** *itr (ein Haus ~)* fare (*o* costruire) una casa; **auf jdn ~** *(vertrauen)* contare su qu, fare affidamento su qu.

Bauer[1] [ˈbaʊ̯ɐ] ‹-n *o rar* -s, -n› *m* **1.** *(Landmann)* contadino *m; (Landwirt)* agricoltore *m,* coltivatore *m* diretto; **2.** *fig pej* villano *m;* **3.** *(Schach)* pedone *m;* **4.** *(Spielkarte)* fante *m.*

Bauer[2] [ˈbaʊ̯ɐ] ‹-s, -› *n o m (Käfig)* gabbia *f* (per uccelli).

Bäuerin [ˈbɔyərɪn] *f* contadina *f.*

bäuerlich [ˈbɔy̯ɐlɪç] *a* contadinesco, campagnolo; *(ländlich)* rurale.

Bauernbrot *n* pane *m* casereccio. **Bauernfängerei** [-fɛŋəˈraɪ̯] ‹-, ø› *f fam* gabbamento *m.* **Bauernfrühstück** *n colazione a base di patate arrostite, uova strapazzate e pancetta.* **Bauernhaus** *n,* **-hof** *m* podere *m,* fattoria *f.* **Bauernkriege** *m pl hist* guerre *f pl* dei contadini. **Bauernmöbel** *n pl* mobili *m pl* rustici. **bauernschlau** *a* scaltro, furbo, malizioso.

baufällig *a* cadente, pericolante. **Baufälligkeit** *f* essere *m* pericolante. **Baufirma** *f* ditta *f* costruttrice. **Bauführer(in)** *m(f)* assistente *mf* edile, capocantiere *m.* **Baugelände** *n* terreno *m* fabbricabile. **Baugenehmigung** *f* permesso *m* di costruzione. **Baugerüst** *n* impalcatura *f,* armatura *f,* ponte(ggio) *m.* **Baugesellschaft** *f* società *f* immobiliare. **Bauherr** *m* committente *m* (*o* proprietario *m*) della costruzione. **Baujahr** *n* anno *m* di costruzione; *(von Auto)* anno *m* di fabbricazione. **Baukasten** *m* scatola *f* (*o* gioco *m*) delle costruzioni. **Baukastensystem** *n* sistema *m* modulare. **Baukostenzuschuß** *m* contributo *m* per le spese di costruzione. **Bauland** *n* terreno *m* fabbricabile. **Bauleitung** *f* direzione *f* dei lavori. **baulich** *a* architettonico, costruttivo.

Baum [baʊ̯m] ‹-(e)s, ⸚e› *m* albero *m;* **ich könnte Bäume ausreißen** mi sento un leone (*o* ercole). **Baumbestand** *m* patrimonio *m* forestale. **baumbestanden** *a* piantato ad alberi, alberato.

Baumeister(in) *m(f)* costruttore *m* edile; *(Erbauer)* architetto, -a *m. f.*

baumeln [ˈbaʊ̯məln] *itr* penzolare, ciondolare.

Baumgrenze *f* limite *m* della vegetazione arborea. **Baumgruppe** *f* boschetto *m.* **Baumkrone** *f* chioma *f* (*o* corona *f*) dell'albero. **baumlang** *a:* **ein ~er Kerl** un tipo molto alto, un tipo lungo come una pertica *fam.* **baumlos** *a* senza alberi. **Baumschule** *f* vivaio *m* di piante arboree. **Baumstamm** *m* tronco *m* (d'albero), fusto *m.* **Baumstumpf** *m* ceppo *m.* **Baumwolle** *f* cotone *m.* **baumwollen** *a* di cotone.

Bauplan *m* progetto *m* (*o* disegno *m*) di costruzione. **Bauplatz** *m* terreno *m* (*o* area *f*) fabbricabile; *(nach Beginn der Arbeiten)* cantiere *m* edile. **Baupolizei** *f* genio *m* civile.

Bausch [baʊ̯ʃ] ‹-(e)s, -e *o* ⸚e› *m (Watte~)* batuffolo *m;* **in ~ und Bogen** in blocco.

Bauschutt *m* calcinacci *m pl.*

bau·sparen *itr* risparmiare sulla base di un contratto di risparmio immobiliare. **Bausparer(in)** *m(f)* persona *f* che ha stipulato un contratto di risparmio immobiliare. **Bausparkasse** *f* cassa *f* di risparmio per la costruzione edilizia. **Bausparvertrag** *m* contratto *m* di risparmio immobiliare.

Baustein *m* pietra *f* da costruzione; *fig* elemento *m* costitutivo. **Baustelle** *f* cantiere *m;* **~!** lavori in corso!; **Betreten der ~ verboten!** vietato l'ingresso ai non addetti ai lavori. **Baustoff** *m* materiale *m* da costruzione. **Baustopp** *m* blocco *m* dell'edilizia. **Bausubstanz** *f* struttura *f* muraria. **Bauunternehmer(in)** *m(f)* imprenditore, -trice *m, f* edile. **Bauvorhaben** *n* progetto *m* di costruzione. **Bauweise** *f* sistema *m* costruttivo. **Bauwerk** *n* edificio *m,* fabbricato *m,* costruzione *f.*

Bauxit [baʊ̯ˈksiːt *o* ...ˈksɪt] ‹-s, -e› *m* bauxite *f.*

Bauzaun *m* palizzata *f.*

Bayer(in) [ˈbaɪ̯ɐ (...ərɪn)] ‹-n, -n› *m(f)* bavarese *mf.*

bay(e)risch [ˈbaɪ̯(ə)rɪʃ] *a* bavarese.

Bayern [ˈbaɪ̯ɐn] *n* Baviera *f.*

bayrisch *s.* **bayerisch.**

Bazillus [baˈt͡sɪlʊs, ...lən] ‹-, -zillen› *m* bacillo *m.*

Bd. *ab von* **Band** vol. (*ab von* volume).

BDA [beːdeːˈʔaː] *ab von* **Bund Deutscher Architekten** *associazione degli architetti tedeschi.*

Bde. *ab von* **Bände** voll. (*ab von* volumi).

BDÜ [beːdeːˈʔyː] *ab von* **Bundesverband**

der Dolmetscher und Übersetzer *associazione degli interpreti e traduttori tedeschi.*

BE *ab von* **Broteinheit** *unità di misura idrati di carbonio (nelle diete).*

beabsichtigen [bəˈʔapzɪçtɪgən] ⟨*ohne ge-*⟩ *tr* avere l'intenzione (*etw. zu tun* di fare qc); **das hatte ich nicht beabsichtigt** non l'ho fatto apposta. **beabsichtigt** *a* intenzionale; **die ~e Wirkung** l'effetto voluto.

beachten ⟨*ohne ge-*⟩ *tr* **1.** *(bemerken)* fare attenzione a, badare a; **2.** *(berücksichtigen)* tener conto di, considerare; **3.** *(Rat)* seguire, ascoltare; *(Regel, Vorschrift)* osservare, rispettare; **etw. nicht ~** ignorare qc, non osservare qc. **beachtlich** *a* apprezzabile, considerevole.

Beachtung *f* **1.** *(Aufmerksamkeit)* attenzione *f;* **2.** *(Berücksichtigung)* considerazione *f;* **3.** *(von Rat)* seguire *m,* ascoltare *m; (von Regel, Vorschrift)* osservanza *f,* rispetto *m;* **~ finden** essere considerato.

Beamte [bəˈʔamtə] ⟨ein -r, -n, -n⟩ *m,* **Beamtin** [...tɪn] *f* impiegato, -a *m, f,* agente *mf; (Staats~)* funzionario, -a *m, f,* impiegato, -a *m, f* statale.

Beamtenlaufbahn *f* carriera *f* del pubblico impiego. **Beamtentum** ⟨-s, ø⟩ *n* **1.** *(Vertreter, Stand)* funzionari *m pl;* **2.** *(Eigenschaft)* mentalità *f* dei funzionari; *(Beamtetsein)* carica *f* di funzionario. **Beamtenverhältnis** *n:* **im ~ sein** essere di ruolo; **ins ~ übernommen werden** diventare di ruolo. **beamtet** *a* impiegato.

Beamtin *f s.* **Beamte.**

beängstigend *a* inquietante, allarmante.

beanspruchen ⟨*ohne ge-*⟩ *tr* **1.** *(fordern: Recht)* rivendicare, reclamare; **2.** *(erfordern: Zeit, Geld)* richiedere; *(Geduld)* richiedere, esigere; *(Platz)* occupare; *(Kraft, Aufmerksamkeit)* esigere; **3.** *(ausnutzen: Einrichtungen)* sfruttare; *(Gastfreundschaft, Geduld, Hilfe)* approfittare di; **4.** *(strapazieren: Material, Stoff, Maschine)* usare; *(Menschen)* strapazzare; *(Nerven)* logorare; **etw. ~ können** *(berechtigt sein)* poter pretendere qc; **jdn stark ~** tenere qu molto occupato, pretendere molto da qu.

Beanspruchung ⟨-, *rar* -en⟩ *f* **1.** *(Forderung)* rivendicazione *f;* **2.** *(Ausnutzung)* sfruttamento *m;* **3.** *(Belastung, Abnutzung)* uso *m; (von Menschen)* sfruttamento *m; (beruflich)* strapazzo *m; (nervlich)* logoramento *m.*

beanstanden ⟨*ohne ge-*⟩ *tr* criticare.

Beanstandung ⟨-, -en⟩ *f* reclamo *m,* critica *f;* **ohne ~** senza obiezioni.

beantragen ⟨*ohne ge-*⟩ *tr* chiedere; *jur* proporre.

beantworten ⟨*ohne ge-*⟩ *tr* rispondere a.

Beantwortung ⟨-, -en⟩ *f* risposta *f* (*einer S. (gen)* a qc).

bearbeiten ⟨*ohne ge-*⟩ *tr* **1.** *(arbeiten an)* lavorare a, trattare; *(ausarbeiten)* elaborare; *(gestalten)* formare; *(redigieren)* redigere; *(überarbeiten)* rielaborare, rimaneggiare, rifare; *theat, film, radio, TV* adattare (*für* per); **2.** *tec* lavorare, foggiare; *agr* coltivare; **3.** *(Fall)* trattare; *(Akte, Antrag)* evadere, (di)sbrigare; *(Bestellung)* sbrigare; **4.** *fig fam (zu überreden suchen)* cercare di convincere, lavorare *fam.*

Bearbeitung ⟨-, -en⟩ *f* **1.** *(Arbeit an)* lavorazione *f; (Redigieren)* redazione *f; (Überarbeiten)* revisione *f; theat, film, radio, TV (Vorgang)* adattamento *m; (bearbeitete Fassung)* nuova versione *f;* **2.** *tec* lavorazione *f; agr* coltivazione *f;* **3.** *(von Fall, Akte, Antrag, Bestellung)* disbrigo *m,* evasione *f;* **in ~** in preparazione. **Bearbeitungsgebühr** *f* tassa *f* di cancelleria.

Beat [biːt] ⟨-(s), ø⟩ *m* musica *f* beat.

Beate [beˈaːtə] *(weiblicher Vorname)* Beata.

beatmen ⟨*ohne ge-*⟩ *tr (künstlich)* praticare la respirazione artificiale su.

Beatmung *f:* **künstliche ~** respirazione *f* artificiale.

beaufsichtigen [bəˈʔaufzɪçtɪgən] ⟨*ohne ge-*⟩ *tr* sorvegliare, controllare, ispezionare.

Beaufsichtigung ⟨-, -en⟩ *f* sorveglianza *f,* ispezione *f,* controllo *m.*

beauftragen ⟨*ohne ge-*⟩ *tr* **1.** *(Auftrag erteilen)* incaricare (*jdn mit etw.* qu di qc); **2.** *(anweisen)* delegare (*jdn mit etw.* qu a qc). **Beauftragte** ⟨ein -r, -n, -n⟩ *mf* incaricato, -a *m, f* (d'affari), mandatario, -a *m, f,* delegato, -a *m, f.*

bebauen ⟨*ohne ge-*⟩ *tr* **1.** *arch* costruire su; **2.** *(Acker)* coltivare. **bebaut** *a* edificato.

Bebauungsplan *m* piano *m* regolatore.

beben [ˈbeːbən] *itr* tremare, fremere.

Becher [ˈbɛçɐ] ⟨-s, -⟩ *m (ohne Henkel)* calice *m,* coppa *f; (mit Henkel)* tazza *f,* ciotola *f; (Glas~, Plastik~)* bicchiere *m; (Joghurt~)* vasetto *m; (Würfel~)* bossolo *m.*

bechern *itr scherz fam* trincare *fam.*

Becken [ˈbɛkən] ⟨-s, -⟩ *n* **1.** *(flaches Gefäß)* catino *m;* **2.** *(Bassin, a. Hafen~, geog)* bacino *m;* **3.** *(Schwimm~)* piscina *f;* **4.** *(Wasch~)* lavandino *m;* **5.** *anat* bacino *m;* **6.** *mus* piatti *m pl.*

bedächtig [bəˈdɛçtɪç] **I.** *a (besonnen)* riflessivo; *(gesetzt)* posato; *(vorsichtig)* prudente; **II.** *adv* con cautela.

bedanken ⟨*ohne ge-*⟩ *rfl:* **sich ~** ringraziare (*bei jdm für etw.* qu di (*o* per) qc).

Bedarf [bəˈdarf] ⟨-(e)s, ø⟩ *m (Bedürfnis)* fabbisogno *m;* **~ haben an** avere bisogno di; **bei ~** in caso di bisogno, se occorre; **nach ~** a seconda del fabbisogno.

bedauerlich [bəˈdauɐlɪç] *a* spiacevole, deplorevole.

bedauern [bəˈdauɐn] ‹*ohne ge-*› *tr* **1.** *(Sache)* dispiacersi per; *(beklagen)* deplorare; **2.** *(Menschen)* compiangere, compatire; **(ich) bedau(e)re** spiacente!; **ich bedau(e)re (es), daß sie nicht gekommen ist** mi rincresce che non sia venuta. **Bedauern** ‹-s, ø› *n* dispiacere *m.* **bedauernswert** *a (Mensch)* che desta compassione; *(Lage)* spiacevole, pietoso; *(Zustand)* deplorevole, pietoso.

bedecken ‹*ohne ge-*› **I.** *tr* **1.** *allg.* (ri)coprire (*mit* di); **2.** *(verbergen)* nascondere; **3.** *(schützen)* proteggere; **II.** *rfl:* **sich ~** coprirsi.

bedenken ‹*irr, ohne ge-*› *tr* **1.** *(erwägen)* considerare, pensare a, riflettere su; **2.** *(beachten)* tener conto di; **wenn man bedenkt, daß . . .** e dire che . . .

Bedenken ‹-s, -› *n* **1.** ‹*sing*› *(Erwägung)* riflessione *f,* considerazione *f;* **2.** *(Zweifel, Befürchtung)* dubbi *m pl,* scrupoli *m pl;* **ohne ~** senza esitazione. **bedenklich** *a (besorgniserregend)* inquietante; *(ernst)* serio, grave. **Bedenkzeit** *f* tempo *m* per riflettere; **drei Tage ~** tre giorni per riflettere.

bedeuten ‹*ohne ge-*› *tr* significare, voler dire; **etwas ~** *(wichtig sein)* essere importante; **jdm etwas ~** *(wert sein)* significare qc per qu; **das bedeutet nichts Gutes** questo non fa prevedere nulla di buono. **bedeutend I.** *a* **1.** *(wichtig)* importante; *(hervorragend)* eminente, illustre; **2.** *(beachtlich, beträchtlich)* notevole, ragguardevole; **II.** *adv* considerevolmente, sensibilmente. **bedeutsam** *a* significativo, rivelatore.

Bedeutung *f* **1.** *(Sinn)* significato *m,* senso *m;* **2.** *(Vorbedeutung)* auspicio *m;* **3.** *(Wichtigkeit)* importanza *f;* *(Tragweite)* portata *f;* **~ haben** importare (*für etw.* per qc). **bedeutungslos** *a* insignificante. **Bedeutungslosigkeit** ‹-, ø› *f* irrilevanza *f.*

bedienen ‹*ohne ge-*› **I.** *tr* **1.** *(Menschen, a. bei Tisch)* servire; *tec (Apparat, Maschine)* manovrare; **2.** *(Kartenspiel)* rispondere a; **II.** *rfl:* **sich ~** servirsi (*einer S. (gen)* di qc).

Bedienstete [bəˈdiːnstətə] ‹ein -r, -n, -n› *mf* impiegato, -a *m, f.*

Bedienung ‹-, -en› *f* **1.** ‹*sing*› *(Tätigkeit)* servizio *m; tec* manovra *f,* maneggio *m;* **2.** *(Personal)* servitù *f,* personale *m* di servizio; *(Kellnerin)* cameriera *f.* **Bedienungsanleitung, -vorschrift** *f* istruzioni *f pl* per l'uso.

bedingen [bəˈdɪŋən] ‹*ohne ge-*› *tr* **1.** *(voraussetzen)* presupporre; **2.** *(verursachen)* causare, determinare, avere come conseguenza. **bedingt I.** *a* condizionato; *(jur)* condizionale; *(beschränkt)* limitato; **~ durch** dovuto a; **II.** *adv* con riserva; **~ gültig** valido (solo) in parte.

Bedingung ‹-, -en› *f* **1.** *(Voraussetzung)* condizione *f;* **2.** *(Erfordernis)* esigenza *f;* **3.** ‹*pl*› *(Verhältnisse)* condizioni *f pl,* circostanze *f pl,* modalità *f pl;* **unter der ~, daß . . .** a condizione di . . . *inf* (*o* che . . . *conj*). **bedingungslos** *a (Kapitulation, Liebe)* incondizionato; *(Gehorsam)* assoluto.

bedrängen ‹*ohne ge-*› *tr (Gegner)* incalzare; *(belästigen)* assillare.

Bedrängnis ‹-, -se› *f* situazione *f* penosa; *(Notlage)* difficoltà *f pl;* **in äußerster ~ sein** non avere via di scampo.

bedrohen ‹*ohne ge-*› *tr* minacciare.

bedrohlich *a* minaccioso.

Bedrohung *f* minaccia *f.*

bedrucken ‹*ohne ge-*› *tr* stampare.

bedrücken ‹*ohne ge-*› *tr* opprimere.

bedürfen ‹*irr, ohne ge-*› *itr geh* aver bisogno (*einer S. (gen)* di qc); *(erfordern)* occorrere (*einer S. (gen)* qc), richiedere (*einer S. (gen)* qc), esigere (*einer S. (gen)* qc); **es bedarf nur eines Wortes** basta una parola.

Bedürfnis ‹-ses, -se› *n* bisogno *m.* **Bedürfnisanstalt** *f adm* gabinetto *m* pubblico.

bedürftig *a* indigente, bisognoso.

Beefsteak [ˈbiːf-] *n* bistecca *f.*

beehren ‹*ohne ge-*› **I.** *tr* onorare; **II.** *rfl:* **sich ~** avere l'onore (*etw. zu tun* di fare qc), pregiarsi (*etw. zu tun* di fare qc).

beeilen ‹*ohne ge-*› *rfl:* **sich ~** affrettarsi, spicciarsi (*etw. zu tun* a fare qc).

beeindrucken ‹*ohne ge-*› *tr* impressionare.

beeinflussen ‹*ohne ge-*› *tr* influenzare, influire su.

Beeinflussung ‹-, -en› *f* influenza *f* (*gen* su).

beeinträchtigen [bəˈʔaintrɛçtɪgən] ‹*ohne ge-*› *tr* pregiudicare, nuocere a.

Beeinträchtigung ‹-, -en› *f* pregiudizio *m,* danno *m.*

beenden ‹*ohne ge-*› *tr* **1.** *(Schluß machen mit)* terminare, finire; **2.** *(vollenden)* compiere, completare, ultimare.

Beendigung ‹-, ø› *f (Beenden)* finire *m;* *(Fertigstellung)* ultimazione *f,* completamento *m;* *(Ende)* fine *f.*

beengen ‹*ohne ge-*› *tr (Kleidung)* stringere; *(Raum)* limitare; *fig (Menschen)* opprimere; **~de Kleidung** vestiti *m pl* stretti; **beengt leben** vivere ristretto.

Beengtheit ‹-, ø› *f (räumlich)* ristrettezza *f; fig* oppressione *f.*

beerben ‹*ohne ge-*› *tr:* **jdn ~** ereditare da qu, essere l'erede di qu.

beerdigen [bə'ʔe:ɐ̯dɪgən] ‹*ohne ge-*› *tr* seppellire.

Beerdigung ‹-, -en› *f* seppellimento *m*, sepoltura *f*; *(feierliche Handlung)* funerali *m pl*. **Beerdigungsinstitut** *n* (impresa *f* di) pompe *f pl* funebri.

Beere ['be:rə] ‹-, -n› *f* bacca *f*; *(Wein~)* acino *m* (dell'uva). **Beerenauslese** *f* *(Wein)* vino *m* pregiato.

Beet [be:t] ‹-(e)s, -e› *n* aiola *f*; *(Rabatte)* bordura *f* (di aiola).

befähigen [bə'fɛ:ɪgən] ‹*ohne ge-*› *tr* rendere atto, abilitare. **befähigt** *a* atto (*zu* a), capace (*zu* di), qualificato (*zu* per).

befahl [bə'fa:l] *imp von* **befehlen.**

befahrbar *a (Straße)* praticabile, carrozzabile.

befahren ‹*irr, ohne ge-*› **I.** *tr* percorrere; *naut* navigare in; **II.** *a (Straße)* battuto, percorso.

befallen ‹*irr, ohne ge-*› *tr* **1.** *(Ungeziefer)* infestare; **2.** *(Krankheit)* colpire; **3.** *(Furcht)* cogliere.

befangen *a* **1.** *(schüchtern, verlegen)* imbarazzato, intimidito; **2.** *(voreingenommen)* prevenuto; **in einem Irrtum ~ sein** essere prigioniero di un errore. **Befangenheit** ‹-, ø› *f* **1.** *(Verlegenheit)* imbarazzo *m*, timidezza *f*,; **2.** *(Voreingenommenheit)* prevenzione *f*.

befassen ‹*ohne ge-*› *rfl*: **sich ~ 1.** *(sich beschäftigen)* occuparsi (*mit* di), dedicarsi (*mit* a); **2.** *(handeln von)* trattare (*mit* di).

Befehl [bə'fe:l] ‹-(e)s, -e› *m* ordine *m*, comando *m*; **auf ~** per ordine.

befehlen ‹befiehlt, befahl, befohlen› **I.** *tr* ordinare (*jdm etw.* qc a qu), comandare (*jdm etw.* qc a qu), dare (l')ordine (*etw. zu tun* di fare qc); **II.** *itr (den Befehl haben)* avere il comando (*über* di), essere (il) padrone (*über* di); **wie Sie ~!** come vuole!

Befehlsform *f* imperativo *m*. **Befehlshaber** [-ha:bɐ] ‹-s, -› *m* comandante *m*.

befestigen [bə'fɛstɪgən] ‹*ohne ge-*› *tr* **1.** *(festmachen)* fissare (*an* a), attaccare (*an* a); **2.** *mil* fortificare.

Befestigung ‹-, -en› *f* **1.** *(Festmachen)* fissaggio *m*; *tec* serraggio *m*; **2.** *mil* fortificazione *f*.

befeuchten ‹*ohne ge-*› *tr* inumidire, umettare.

befiehlt [bə'fi:lt] *pr von* **befehlen.**

befinden ‹*irr, ohne ge-*› **I.** *tr geh (erachten)* stimare, giudicare; **II.** *itr jur (entscheiden)* giudicare (*über jdn/etw.* qu/qc), decidere (*über etw.* qc); **III.** *rfl*: **sich ~ 1.** *(örtlich)* trovarsi, essere; *geog* essere situato; **2.** *(gesundheitlich)* stare, sentirsi.

Befinden ‹-s, ø› *n* **1.** *geh (Meinung)* parere *m*, stima *f*, opinione *f*; **2.** *(gesundheitlich)* (stato *m* di) salute *f*.

befindlich *a*: **im Bau ~** in costruzione.

beflaggen ‹*ohne ge-*› *tr* pavesare.

beflecken ‹*ohne ge-*› *tr* macchiare (*mit* di); *(beschmutzen)* sporcare; *fig* contaminare, insudiciare.

beflissen [bə'flɪsən] *a* zelante, diligente, solerte.

beflügeln ‹*ohne ge-*› *tr fig* mettere le ali a; *(Schritte)* accelerare.

befohlen [bə'fo:lən] *pp von* **befehlen.**

befolgen ‹*ohne ge-*› *tr (Rat)* seguire; *(Anweisung)* osservare, eseguire.

Befolgung ‹-, ø› *f* osservanza *f*.

befördern ‹*ohne ge-*› *tr* **1.** *(transportieren)* trasportare; *(Post, Waren, Gepäck)* spedire; **2.** *(im Rang, beruflich)* promuovere (*zu(m)* a); **befördert werden** essere promosso, avanzare.

Beförderung *f* **1.** *(Transport)* trasporto *m*; *(von Post, Waren, Gepäck)* spedizione *f*; **2.** *(in Rang, beruflich)* promozione *f* (*zu* a), avanzamento *m*. **Beförderungsmittel** *n* mezzo *m* di trasporto.

befragen ‹*ohne ge-*› *tr* **1.** *(Menschen)* interrogare; *(Zeugen a.)* sentire; *(Wörterbuch)* consultare; **2.** *(um Rat fragen)* consultare.

Befragung ‹-, -en› *f* **1.** *(von Menschen)* interrogazione *f*; *(von Zeugen a.)* interrogatorio *m*; **2.** *(um Rat)* consultazione *f* (*gen* di); **3.** *(Umfrage)* sondaggio *m*, inchiesta *f*.

befreien ‹*ohne ge-*› **I.** *tr* **1.** *(frei machen)* liberare; *(Sklaven)* affrancare; *(Gefangene)* scarcerare, rilasciare; *(aus Abhängigkeit)* emancipare; *(aus Gefahr, Zwangslage)* salvare (*aus* da); **2.** *(erlassen)* dispensare (*von* da); *(freistellen)* esentare (*von* da); **3.** *(von Schmerzen, Sorgen)* liberare, sollevare; *(von Last)* liberare, sgravare; **ein ~des Lachen** una risata liberatrice; **II.** *rfl*: **sich ~** liberarsi (*aus, von* di), sbarazzarsi (*von, aus* di).

Befreiung ‹-, -en› *f* **1.** *(allg., fig, von Menschen)* liberazione *f*; **2.** *(Erlassen)* dispensa *f* (*von* da); *(Freistellung)* esenzione *f* (*von* da); *mil* esonero *m* (*von* da); **3.** *(von Schmerzen, Sorgen)* sollievo *m*; *(von Last)* sgravio *m*; *(Erleichterung)* sollievo *m*.

befremden ‹*ohne ge-*› *tr* stupire, sconcertare. **Befremden** ‹-s, ø› *n*, **Befremdung** ‹-, ø› *f* disagio *m* pieno di stupore. **befremdend, befremdlich** *a* strano.

befreunden ‹*ohne ge-*› *rfl*: **sich ~** fare amicizia (*mit* con). **befreundet** *a (Familien, Länder)* amico; **ein ~es Land** un paese amico; **ich bin mit ihm ~** sono suo amico.

befriedigen [bə'fri:dɪgən] ‹*ohne ge-*› **I.** *tr* soddisfare; **II.** *rfl*: **sich (selbst) ~** masturbarsi. **befriedigend** *a* **1.** *allg.* soddisfacente; **2.** *(Schulnote)* ≃ sette.

Befriedigung ‹-, ø› *f* soddisfazione *f; (von Begierde, Neugier, etc.)* soddisfazione *f,* appagamento *m; (von Gläubiger)* soddisfare *m.*

befristen ‹*ohne ge-*› *tr* fissare un termine per. **befristet** *a* a scadenza fissa, a termine; **kurz ~** a breve termine.

befruchten ‹*ohne ge-*› *tr* fecondare.

Befruchtung ‹-, -en› *f* fecondazione *f,* inseminazione *f.*

Befugnis [bəˈfuːknɪs] ‹-, -se› *f (Recht)* diritto *m,* facoltà *f; (Zuständigkeit)* competenza *f.*

befugt [bəˈfuːkt] *a* autorizzato (*zu* a).

befühlen ‹*ohne ge-*› *tr* palpare, tastare.

Befund *m* risultato *m;* **ohne ~** (*ab* **o. B.**) risultato negativo.

befürchten ‹*ohne ge-*› *tr* temere, aver paura di.

Befürchtung ‹-, -en› *f* timore *m,* paura *f.*

befürworten ‹*ohne ge-*› *tr (empfehlen)* consigliare, raccomandare; *(gut finden)* approvare.

Befürworter(in) ‹-s, -› *m(f)* sostenitore, -trice *m, f,* fautore, -trice *m, f.*

begabt [bəˈgaːpt] *a* dotato (*für* per).

Begabung [bəˈgaːbʊŋ] ‹-, -en› *f* talento *m.*

begann [bəˈgan] *imp von* **beginnen.**

Begattung ‹-, -en› *f* accoppiamento *m.*

begeben ‹*irr, ohne ge-*› *rfl geh:* **sich ~** **1.** *(gehen, fahren)* recarsi (*nach* a, in), andare (*nach* a, in); **2.** *(sich ereignen)* accadere; **sich in Gefahr ~** incorrere in un pericolo; **sich zur Ruhe ~** andare a letto; **sich in ärztliche Behandlung ~** mettersi in trattamento medico.

Begebenheit ‹-, -en› *f* avvenimento *m,* evento *m.*

begegnen [bəˈgeːgnən] ‹*ohne ge-*› *itr* ‹*sein*› **1.** *(treffen)* incontrare (*jdm* qu); *(Schwierigkeiten)* urtare (*einer S. (dat)* contro qc); **2.** *fig (entgegentreten)* prevenire (*einer S. (dat)* qc), ovviare (*einer S. (dat)* a qc).

Begegnung ‹-, -en› *f (a. sport)* incontro *m.*

begehen ‹*irr, ohne ge-*› *tr* **1.** *(Weg)* percorrere; **2.** *(Tat, Verbrechen)* compiere; *(a. Sünde)* commettere; **3.** *(Fest)* celebrare, festeggiare; **eine Dummheit/einen Fehler ~** fare una sciocchezza/commettere un errore; **feierlich ~** *(Tag)* commemorare; **Selbstmord ~** suicidarsi.

begehren [bəˈgeːrən] ‹*ohne ge-*› *tr* desiderare, bramare. **Begehren** ‹-s, *rar* -› *n* desiderio *m.* **begehrenswert** *a* desiderabile.

begeistern ‹*ohne ge-*› **I.** *tr* entusiasmare, appassionare; **II.** *rfl:* **sich ~** entusiasmarsi, appassionarsi. **begeistert** *a (Mensch)* entusiasta, appassionato; *(Brief, Bericht)* entusiasta.

Begeisterung ‹-, ø› *f* entusiasmo *m* (*über, für* per).

Begierde [bəˈgiːɐ̯də] ‹-, -n› *f (Wunsch, sexuell)* desiderio *m,* voglia *f; (nach Macht, Einfluß, etc.)* brama *f* (*nach* di), sete *f* (*nach* di).

begierig *a (Blicke, Mensch)* voglioso, desideroso; *(lüstern)* concupiscente; *(Leser, Zuhörer)* avido, zelante; *(gespannt)* curioso.

begießen ‹*irr, ohne ge-*› *tr* **1.** *(mit Flüssigkeit)* annaffiare; *(Braten)* pillottare; **2.** *fam (feiern)* festeggiare con una bevuta.

Beginn [bəˈgɪn] ‹-(e)s, ø› *m (Anfang)* inizio *m,* principio *m; (Ursprung)* origine *f; (Ausgangspunkt)* (punto *m* di) partenza *f.*

beginnen ‹beginnt, begann, begonnen› *tr, itr* **1.** *(anfangen)* cominciare, iniziare; **2.** *(unternehmen)* intraprendere, fare; **mit der Arbeit ~** cominciare il lavoro.

beglaubigen [bəˈglaʊ̯bɪgən] ‹*ohne ge-*› *tr* attestare, autenti(fi)care, certificare; *(Unterschrift)* vidimare, legalizzare; *(Diplomaten)* accreditare.

Beglaubigung ‹-, -en› *f* attestazione *f; (von Unterschrift)* vidimazione *f,* autenticazione *f; (von Diplomaten)* accreditamento *m.*

begleichen ‹*irr, ohne ge-*› *tr* pagare, regolare, saldare.

begleiten ‹*ohne ge-*› *tr (a. mus)* accompagnare *(auf dem Klavier* al piano).

Begleiter(in) ‹-s, -› *m(f) (a. mus)* accompagnatore, -trice *m, f;* **ständiger ~** *(Freund)* l'accompagnatore fisso.

Begleiterscheinung *f* fenomeno *m* concomitante. **Begleitmusik** *f* musica *f* d'accompagnamento. **Begleitschein** *m* bolletta *f* di transito (*o* cauzione *f* doganale).

Begleitung ‹-, -en› *f* **1.** *(a. mus)* accompagnamento *m;* **2.** *(Gefolge)* compagnia *f,* scorta *f,* seguito *m.*

beglücken ‹*ohne ge-*› *tr* rendere felice.

beglückwünschen [bəˈglʏkvʏnʃən] ‹*ohne ge-*› *tr:* **jdn ~** felicitarsi con qu (*zu* per).

begnadet *a* dotato (*mit* di).

begnadigen [bəˈgnaːdɪgən] ‹*ohne ge-*› *tr* graziare, amnistiare.

Begnadigung ‹-, -en› *f* grazia *f; (Straferlaß)* condono *m.*

begnügen [bəˈgnyːgən] ‹*ohne ge-*› *rfl:* **sich ~** (ac)contentarsi (*mit* di).

begonnen [bəˈgɔnən] *pp von* **beginnen.**

begraben ‹*irr, ohne ge-*› *tr* **1.** *(beerdigen)* seppellire, sotterrare; **2.** *fig (bes. Hoffnungen)* abbandonare, perdere; *(Streit)* dimenticare; **dort möchte ich nicht ~ sein** non ci starei neanche da morto.

Begräbnis [bəˈgrɛːpnɪs] ‹-ses, -se› *n* sepoltura *f; (~feier)* funerale *m.*

begreifen ‹*irr, ohne ge-*› *tr, itr* comprendere, capire, afferrare; **~, daß ...** *(einsehen)* realizzare (*o* capire) che ... **begreiflich** *a* comprensibile, intelligibile; **jdm etw. ~ machen** far capire qc a qu.

begrenzen ‹*ohne ge-*› *tr* **1.** *(Gebiet)* limitare, tracciare i confini di; **2.** *(einschränken)* limitare.

Begrenzung ‹-, -en› *f* **1.** *(Grenzziehung)* demarcazione *f;* **2.** *(Einschränkung)* limitazione *f; (Geschwindigkeits~)* limite *m;* **3.** *(Grenze)* confine *m,* delimitazione *f.*

Begriff ‹-(e)s, -e› *m* **1.** *(Ausdruck)* concetto *m;* **2.** *(Vorstellung)* idea *f,* immagine *f;* **sich** *(dat)* **keinen ~ von etw. machen** non avere la minima idea di qc; **schwer von ~ sein** *fam* essere duro di comprendonio *fam;* **im ~ zu ...** in procinto di ... *inf,* sul punto di ... *inf;* **ist dir das ein ~?** questo ti dice qualcosa? **begriffsstutzig** *a fam* duro di comprendonio *fam.*

begründen ‹*ohne ge-*› *tr* **1.** *(gründen)* fondare, costituire, creare; **2.** *(den Grund angeben für)* motivare; *(bes. Anspruch)* giustificare (*damit, daß ...* dicendo che ...). **begründet** *a* motivato; *(bewiesen)* fondato; *(berechtigt)* giustificato.

Begründung *f* **1.** *(Gründung)* fondazione *f;* **2.** *(Erklärung)* spiegazione *f,* giustificazione *f.*

begrünen ‹*ohne ge-*› *tr (Stadtteil, etc.)* creare spazi verdi in.

begrüßen ‹*ohne ge-*› *tr* **1.** *(Gast, etc.)* salutare; **2.** *(gutheißen)* approvare, accogliere (*o* vedere) con (molto) favore.

Begrüßung ‹-, -en› *f* saluto *m.*

begünstigen [bə'gʏnstɪgən] ‹*ohne ge-*› *tr* **1.** *(gut sein für)* favorire, avvantaggiare, privilegiare; **2.** *(fördern)* promuovere; *(unterstützen)* appoggiare; **3.** *jur (Verbrechen)* favoreggiare.

Begünstigung ‹-, -en› *f* **1.** *(Bevorteilung)* favorire *m,* avvantaggiare *m,* privilegiare *m;* **2.** *(Förderung)* incremento *m,* appoggio *m;* **3.** *jur* favoreggiamento *m.*

begutachten ‹*ohne ge-*› *tr* esaminare; *(fachmännisch)* fare una perizia di (*o* su).

Begutachtung ‹-, -en› *f* parere *m,* giudizio *m; (fachmännisch)* perizia *f.*

behaart *a (a. bot)* peloso.

behäbig [bə'hɛ:bɪç] *a (Mensch: dick)* grasso, corpulento; *(langsam)* lento; *(Redeweise)* flemmatico.

behagen [bə'ha:gən] ‹*ohne ge-*› *itr* piacere. **Behagen** ‹-s, ø› *n* piacere *m.*

behaglich *a (Zuhause)* confortevole, accogliente; *(Wärme)* piacevole, gradito; *(Leben, Möbel)* comodo; **sich ~ fühlen** sentirsi a proprio agio. **Behaglichkeit** ‹-, ø› *f* comodità *f; (Gemütlichkeit)* atmosfera *f (o* ambiente *m)* accogliente (*o* confortevole).

behalten ‹*irr, ohne ge-*› *tr (nicht weggeben)* tenere; *(Wert, Farbe)* conservare; *(im Gedächtnis)* tenere a mente; *(Stellung, Namen, Nationalität, Ruhe)* mantenere; *(nicht wegwerfen)* serbare; *(Schaden, Schock)* riportare; **etw. für sich ~** *(nicht weitersagen)* tenere qc per sé.

Behälter [bə'hɛltɐ] ‹-s, -› *m* contenitore *m; (a. für Flüssigkeiten)* recipiente *m.*

behandeln ‹*ohne ge-*› *tr* **1.** *(Menschen, Thema)* trattare; **2.** *(Kranke, Wunde)* curare; **3.** *(Material)* lavorare; *(handhaben)* maneggiare.

Behandlung *f* **1.** *allg.* trattamento *m;* **2.** *med* cura *f* (*o* assistenza *f*) medica, terapia *f;* **3.** *(Handhabung)* maneggio *m,* uso *m,; (von Material)* lavorazione *f;* **in ~** in cura.

beharren [bə'harən] ‹*ohne ge-*› *itr* persistere (*auf, in* in), perseverare (*auf, in* in); *(auf Meinung)* insistere (*auf* in, su), ostinarsi (*auf* a). **beharrlich** *a (Mensch)* perseverante, costante; *(Fragen, Arbeiten)* insistente, tenace; *(Liebe, Glauben)* tenace, ostinato. **Beharrlichkeit** ‹-, ø› *f* perseveranza *f,* costanza *f,* continuità *f.*

behaupten [bə'hauptən] ‹*ohne ge-*› **I.** *tr* **1.** *(die Behauptung aufstellen)* pretendere, asserire; **2.** *(erfolgreich verteidigen)* mantenere, conservare; *(Markt)* sostenere; *(Recht)* difendere; *(Ansichten)* sostenere; **II.** *rfl:* **sich ~** affermarsi.

Behauptung ‹-, -en› *f* **1.** *(Aussage)* affermazione *f,* asserzione *f;* **2.** ‹*sing*› *(Haltung, Wahrung)* mantenimento *m,* ordine *m;* **die ~ aufstellen, daß ...** affermare (*o* pretendere) che ... *conj.*

Behausung ‹-, -en› *f* abitazione *f,* dimora *f;* **ärmliche ~** tugurio *m.*

beheben ‹*irr, ohne ge-*› *tr* eliminare; *(Mißstand a.)* togliere; *(Schaden)* riparare.

beheizen ‹*ohne ge-*› *tr* riscaldare.

Behelf [bə'hɛlf] ‹-(e)s, -e› *m* espediente *m,* ripiego *m.*

behelfen ‹*irr, ohne ge-*› *rfl:* **sich ~** arrangiarsi (*mit* con).

Behelfs- *(in Zusammensetzungen)* provvisorio, di fortuna.

beherbergen ‹*ohne ge-*› *tr* alloggiare, ospitare.

beherrschen ‹*ohne ge-*› **I.** *tr* **1.** *pol* dominare, regnare su; **2.** *fig (großen Einfluß haben)* esercitare un forte ascendente su; **3.** *(in der Gewalt haben)* dominare, vincere, controllare; **4.** *(Kunst, Sprache)* padroneggiare, possedere; **II.** *rfl:* **sich ~** dominarsi, controllarsi. **Beherrschtheit** ‹-, ø› *f* dominio *m* di se stesso, autocontrollo *m.*

Beherrschung ‹-, ø› *f (Macht über)* dominio *m* (*gen* su); *(Selbst~)* autocontrollo *m; (von Gefühlen, etc.)* controllo *m* (*gen* di), dominio *m* (*gen* su); *(von Markt)* controllo *m* (*gen* di); *(Können)* padronanza *f* (*gen* di), conoscenza *f* perfetta (*gen* di).

beherzigen [bə'hɛrtsɪɡən] ‹*ohne ge-*› *tr* prendere a cuore; *(Rat)* seguire.

behilflich [bə'hɪlflɪç] *a* di aiuto, utile; **jdm ~ sein** aiutare qu (*bei etw.* in qc).

behindern ‹*ohne ge-*› *tr* ostacolare; *(Sportler)* trattenere; *(Verkehr)* intralciare, congestionare, bloccare. **behindert** *a:* **geistig/körperlich ~** minorato mentalmente/fisicamente. **Behinderte** ‹ein -r, -n, -n› *mf* handicappato, -a *m, f,* minorato, -a *m, f,* invalido, -a *m, f.* **Behindertenausweis** *m* tessera *f* di invalidità.

Behinderung ‹-, -en› *f* **1.** *(Erschwerung)* impedimento *m; (von Sportler)* trattenimento *m; (von Verkehr)* intralcio *m,* congestionamento *m;* **2.** *(körperliche ~, geistige ~)* handicap *m.*

Behörde [bə'hø:ɐ̯də] ‹-, -n› *f* autorità *f,* amministrazione *f;* **~n** pubblici poteri *m pl.*

behördlich *a* ufficiale, amministrativo.

behüten ‹*ohne ge-*› *tr* **1.** *(bewachen)* custodire, sorvegliare, badare a; **2.** *(beschützen)* proteggere (*vor* da); **Gott behüte!** Dio ci guardi!

behutsam [bə'hu:tza:m] **I.** *a* cauto, circospetto, prudente; **II.** *adv* con cautela (*o* precauzione).

bei [bai̯] *prp dat* **1.** *(örtlich)* presso, vicino a, nei pressi di; **2.** *(zeitlich)* a, durante, al momento di; **3.** *(in Hinblick, mit Rücksicht auf)* in considerazione di, tenendo conto di, dato; **4.** *(trotz)* malgrado, nonostante, a dispetto di, con; **~ jdm (in der Wohnung)** presso qu; **die Schlacht ~ Marathon** la battaglia di Maratona; **~ Paris** nei pressi di Parigi; **etw. ~ sich** *(dat)* **haben** avere qc con sé; **~ meiner Ankunft** al mio arrivo; **~ meinem Besuch** durante la mia visita; **~m Lesen** leggendo; **~m Mittagessen** a (*o* durante il) pranzo; **~ Tag/Nacht** di giorno/notte; **er ist ~ einem Unfall ums Leben gekommen** è morto in un incidente; **~ deiner Erkältung** raffreddato come sei; **~ so vielen Schwierigkeiten** con tante difficoltà; **~m besten Willen** con tutta la buona volontà; **~m Bäcker** dal panettiere; **~ den Chinesen** presso i cinesi; **~ Dante** in Dante; **~ guter/schlechter Laune** di buon/cattivo umore; **~ gutem/schlechtem Wetter** col (*o* in caso di) bel/brutto tempo; **ich dachte ~ mir** pensavo fra me e me.

bei·bringen ‹*irr*› *tr* **1.** *(lehren)* insegnare; **2.** *(Unterlagen)* fornire, presentare; *(Zeugen)* produrre; **3.** *(zufügen)* cagionare, procurare, infliggere.

Beichte ['bai̯çtə] ‹-, -n› *f* confessione *f.*

beichten I. *tr* confessare; **II.** *itr* confessarsi.

Beichtgeheimnis *n* segreto *m* confessionale. **Beichtstuhl** *m* confessionale *m.* **Beichtvater** *m* confessore *m.*

beide ['bai̯də] *a, pron* tutti, -e e due, entrambi, -e; **die ~n** i due; **alle ~** tutt'e due; **wir ~** noi due; **meine ~n Brüder** i miei due fratelli; **~s** tutt'e due le cose, entrambe le cose; **einer/eins von ~n** o l'uno o l'altro, uno dei due; **keiner von ~n** nessuno dei due, né l'uno né l'altro. **beidemal** *adv* tutt'e due le volte. **beiderlei** ['bai̯dɐ'lai̯] ‹*inv*› *a* di entrambe le specie; **~ Geschlechts** di ambo i sessi, dell'uno e dell'altro sesso. **beiderseitig** [-zai̯tɪç] *a (von beiden Seiten)* da entrambe le parti; *(bes. Vertrag)* bilaterale; *(gegenseitig)* reciproco, vicendevole. **beiderseits** ['bai̯dɐ'zai̯ts] *adv* da ambedue le parti; *(gegenseitig)* reciprocamente. **beides** *s.* **beide.**

beieinander [bai̯ʔai̯'nandɐ] *adv (zusammen)* insieme; *(nebeneinander)* l'uno vicino all'altro.

Beifahrer(in) *m(f) (im Auto)* passeggero, -a *m, f* (accanto al conducente); *(in LKW, bei Autorennen)* secondo, -a autista *mf; (auf Motorrad)* compagno, -a *m, f.* **Beifahrersitz** *m (in Auto)* sedile *m* del compagno di guida; *(auf Motorrad)* sedile *m* (*o* sellino *m*) posteriore.

Beifall *m (durch Klatschen)* applauso *m,* applausi *m pl; (durch Zurufe)* acclamazione *f; (Zustimmung)* approvazione *f,* consenso *m;* **~ klatschen** (*o* **spenden**) applaudire.

beifällig *a:* **~ nicken** fare un cenno d'approvazione col capo.

bei·fügen *tr* aggiungere; *(bes. im Brief)* allegare, annettere.

beige [be:ʃ *o* 'bɛ:ʒə] ‹*inv*› *a* beige.

bei·geben ‹*irr*› **I.** *tr* aggiungere, allegare; **II.** *itr:* **klein ~** cedere, darsi per vinto.

Beigeschmack *m* **1.** *gastr* sapore *m* strano e poco convincente; *(von Wein)* retrogusto *m;* **2.** *fig* sfumatura *f.*

Beiheft *n* supplemento *m.*

Beihilfe *f* **1.** *(finanzielle Unterstützung)* sussidio *m;* **2.** *jur* concorso *m,* complicità *f;* **~ zum Mord** concorso *m* in omicidio.

bei·kommen ‹*irr*› *itr* ‹*sein*› *(Schwierigkeiten)* vincere (*einer S. (dat)* qc), venire a capo (*einer S. (dat)* di qc).

Beil [bai̯l] ‹-(e)s, -e› *n* scure *f.*

Beilage *f* allegato *m; (zur Zeitung)* supplemento *m; gastr* contorno *m.*

beiläufig ['bai̯lɔyfɪç] **I.** *a* detto per inciso (*o* fra parentesi), casuale; **II.** *adv* incidentalmente, per inciso.

bei·legen *tr* **1.** *(dazulegen)* accludere, allegare; **2.** *(zuschreiben, beimessen)* attribuire; **3.** *(Titel)* conferire; **4.** *(Streit)* comporre.

beileibe [bai̯'lai̯bə] *adv:* ~ **nicht!** niente affatto!

Beileid *n* condoglianze *f pl;* **(mein) herzliches** ~! *(a. iron)* le (mie) più sincere condoglianze!

bei·liegen ‹*irr*› *itr* essere accluso.

beiliegend **I.** *a* allegato; **II.** *adv* in allegato, qui unito.

beim [bai̯m] = **bei dem.**

bei·messen ‹*irr*› *tr (Bedeutung, Wert)* attribuire, ascrivere.

bei·mischen *tr* mescolare.

Bein [bai̯n] ‹-(e)s, -e› *n* **1.** *(von Mensch, Tisch, Stuhl)* gamba *f; (von Tier)* zampa *f;* **2.** ‹*sing*› *(Knochensubstanz)* osso *m;* **wieder auf die ~e bringen** *(Kranken)* far guarire; **wieder auf den ~en sein** essere ristabilito; **immer auf den ~en sein** essere sempre in piedi; **jdm ~e machen** *fam* far correre (*o* filare *fam*) qu; **auf eigenen ~en stehen** essere indipendente; **mit beiden ~en auf der Erde stehen** *fig* stare coi piedi sulla (*o* per) terra; **jdm ein** ~ **stellen** *(a. fig)* fare lo sgambetto a qu; **etw. auf die ~e stellen** mettere in piedi qc.

beinah(e) ['bai̯na:(ə) *o* ...'na:(ə)] *adv* quasi; **ich wäre** ~ **gefallen** è mancato poco che cadessi.

Beiname *m* soprannome *m.*

Beinbruch *m* frattura *f* della gamba; **das ist kein** ~ *fig fam* non è così terribile, non è poi la morte.

beinhalten [bə'ʔɪnhaltən] ‹*ohne ge-*› *tr* contenere, comprendere.

bei·pflichten *itr:* **jdm/einer S.** (*dat*) ~ essere d'accordo con qu/su qc, concordare con qu/qc.

Beirat *m (Person)* consigliere *m* aggiunto; *(Gremium)* comitato *m* consultivo.

beisammen [bai̯'zamən] *adv* insieme. **Beisammensein** *n* riunione *f.*

Beischlaf *m* coito *m.*

Beisein *n:* **im** ~ **von** alla presenza di.

beiseite [bai̯'zai̯tə] *adv* da parte, in disparte; ~ **lassen** lasciare da parte; ~ **legen** *(a. sparen)* mettere da parte; ~ **schaffen** mettere in disparte, far sparire; *(ermorden)* sopprimere; **Scherz** (*o* **Spaß**) ~! bando agli scherzi!

bei·setzen *tr* seppellire.

Beisetzung ‹-, -en› *f* seppellimento *m.*

Beisitzer(in) ‹-s, -› *m(f) (in Ausschuß)* (donna *f*) membro *m* di commissione; *(bei Prüfung)* assistente *mf.*

Beispiel *n* esempio *m;* **sich** *(dat)* **an jdm ein** ~ **nehmen** prendere esempio da qu; **mit gutem** ~ **vorangehen** dare il buon esempio; **zum** ~ (*ab* **z. B.**) per esempio. **beispielhaft** *a* esemplare. **beispiellos** *a* senza pari, senza precedenti; *(unvergleichlich)* incomparabile, inaudito. **beispielsweise** *adv* a mo' d'esempio, per esempio.

beißen ['bai̯sən] ‹**beißt, biß, gebissen**› **I.** *tr, itr* **1.** *(mit Zähnen)* mordere, morsicare; *(kauen)* masticare; **2.** *(brennen)* bruciare; **der Hund hat ihn** (*o* **ihm**) **ins Bein gebissen** il cane gli ha morso una gamba; **in etw.** ~ addentare qc, dare un morso a qc; **in den Augen** ~ bruciare gli occhi; **sich** *(dat)* **auf die Zunge/Lippen** ~ mordersi la lingua/le labbra; **II.** *rfl:* **sich** ~ *(Farben)* stonare, stridere. **beißend** *a* **1.** *(Geruch, etc.)* mordente, pungente; **2.** *fig* mordace, pungente, caustico.

Beistand *m* **1.** *(Hilfe)* aiuto *m,* assistenza *f;* **2.** *jur* patrocinatore *m,* difensore *m; (Rechts~)* consulente *m* legale; **jdm** ~ **leisten** soccorrere qu.

bei·stehen ‹*irr*› *itr* assistere (*jdm* qu), aiutare (*jdm* qu), soccorrere (*jdm* qu).

bei·steuern **I.** *tr (Summe)* contribuire con; **II.** *itr* contribuire (*zu* a).

bei·stimmen *itr* acconsentire (*jdm* a qu), essere d'accordo (*jdm* con qu).

Beistrich *m (Komma)* virgola *f.*

Beitrag ['bai̯tra:k] ‹-(e)s, ¨-e› *m* **1.** *(Anteil)* contributo *m; (Aufsatz, bes. in Zeitung)* articolo *m;* **2.** *(Mitglieds~)* quota *f,* contributo *m; (Versicherungs~)* premio *m;* **einen** ~ **zu etw. leisten** contribuire a qc.

bei·tragen ‹*irr*› *tr, itr* contribuire (*zu* a).

beitragspflichtig *a* contribuente.

bei·treten ‹*irr*› *itr* ‹*sein*› aderire (*dat* a), entrare (*dat* in).

Beitritt *m* adesione *f* (*zu* a), entrata *f* (*zu* in).

Beiwagen *m (am Motorrad)* carrozzino *m,* side-car *m.*

bei·wohnen *itr* assistere, essere presente, partecipare.

Beiz [bai̯ts] ‹-, -en› *f (A, CH, süddeutsch)* osteria *f.*

Beize ['bai̯tsə] ‹-, -n› *f* **1.** *chem* mordente *m; (für Metall)* decapaggio *m; (Holz~)* verniciatura *f; (Gerberei, Tabak~)* concia *f;* **2.** *gastr* marinata *f.*

beizeiten [bai̯'tsai̯tən] *adv* **1.** *(früh)* presto, di buon'ora; **2.** *(rechtzeitig)* a tempo (debito), tempestivamente.

beizen ['bai̯tsən] *tr* **1.** *chem* corrodere; *(Metall)* decapare; *(Gerberei, Tabak)* conciare; *(Holz)* verniciare; **2.** *gastr* marinare.

bejahen [bə'ja:ən] ‹*ohne ge-*› *tr* rispondere affermativamente a. **bejahend** *a* affermativo.

bejahrt [bə'ja:ɐt] *a geh* avanzato negli anni, attempato.

bekämpfen ‹*ohne ge-*› **I.** *tr (a. fig: Meinung)* combattere; *(a. fig: Verbrechen)*

lottare contro; **II.** *rfl:* **sich ~** combattersi, lottare l'uno contro l'altro.
Bekämpfung ⟨-, ø⟩ *f* lotta *f* (*gen* contro).
bekannt [bə'kant] *a* **1.** *(Person)* noto, conosciuto (*als* come, *für* per, *bei* da); *(Sache)* notorio, pubblicamente noto; **2.** *(berühmt)* celebre, famoso, rinomato; **jdn mit jdm ~ machen** presentare qu a qu; **jdn mit etw. ~ machen** *(mit Aufgabe, Problem, Gebiet)* mettere al corrente qu di qc; **dafür ~ sein, daß ...** essere conosciuto per ... *inf;* **mit jdm ~ sein/werden** conoscere qu/fare la conoscenza di qu; **das ist mir nicht ~** non lo so, non mi risulta. **Bekannte** ⟨ein -r, -n, -n⟩ *mf* conoscente *mf.* **Bekanntenkreis** *m* cerchia *f* di conoscenze, conoscenti *m pl.* **Bekanntgabe** *f* comunicazione *f,* notificazione *f.* **bekannt·geben** ⟨*irr*⟩ *tr* comunicare, notificare, annunciare. **bekanntlich** *adv* com'è noto. **bekannt·machen** *tr* comunicare, pubblicare, rendere noto. **Bekanntmachung** ⟨-, -en⟩ *f* comunicato *m,* avviso *m,* pubblicazione *f.* **Bekanntschaft** ⟨-, -en⟩ *f* **1.** *(Kennen)* conoscenza *f;* **2.** *(Personenkreis)* conoscenti *m pl,* conoscenze *f pl.*
bekehren ⟨*ohne ge-*⟩ *tr rel* convertire (*zu* a); *fig* convincere (*zu* a).
Bekehrung ⟨-, -en⟩ *f rel, fig* conversione *f* (*zu* a).
bekennen ⟨*irr, ohne ge-*⟩ **I.** *tr* confessare; **II.** *rfl:* **sich ~** professare (*zu etw.* qc); **sich schuldig ~** riconoscersi colpevole.
Bekenntnis [bə'kɛntnɪs] ⟨-ses, -se⟩ *n* **1.** *(a. rel)* confessione *f;* **2.** *(Schuld~)* ammissione *f* (di una colpa).
beklagen ⟨*ohne ge-*⟩ **I.** *tr* rammaricarsi di, deplorare; **II.** *rfl:* **sich ~** lamentarsi.
beklagenswert *a (Mensch)* commiserevole; *(Los, Zustand)* deplorevole.
Beklagte ⟨ein -r, -n, -n⟩ *mf jur* imputato, -a *m, f.*
bekleiden ⟨*ohne ge-*⟩ *tr* **1.** *(mit Kleidung, Stoff, etc.)* vestire; **2.** *fig (Amt)* ricoprire, occupare, detenere.
Bekleidung *f* abbigliamento *m.*
beklemmen ⟨*ohne ge-*⟩ *tr* opprimere, angosciare.
Beklemmung ⟨-, -en⟩ *f,* **Beklommenheit** [bə'klɔmənhait] ⟨-, ø⟩ *f* oppressione *f,* angoscia *f.*
bekloppt [bə'klɔpt] *a sl* picchiato *sl,* picchiatello *sl.*
bekommen ⟨*irr, ohne ge-*⟩ **I.** *tr* ⟨*haben*⟩ **1.** *(erhalten)* ricevere; *(durch Bemühung)* ottenere; **2.** *(Mann, Stellung)* trovare; **3.** *(Krankheit)* prendere, prendersi, contrarre; **4.** *(Zug, etc.)* riuscire a prendere; **graue Haare ~** diventar grigio di capelli; **ein Kind ~** *(schwanger sein)* aspettare un bambino; **Zähne ~** mettere i denti; **er bekommt Fieber/Hunger** gli viene la febbre/fame; **ich habe es geschenkt ~** l'ho avuto in regalo; **es ist nirgends zu ~** non lo si trova in nessun posto; **was ~ Sie?** *(wünschen)* che cosa desidera?; **was** (*o* **wieviel) ~ Sie?** quanto Le devo?; **II.** *itr* **1.** ⟨*sein*⟩*:* **jdm ~** far bene a qu; **2.** ⟨*haben*⟩*:* **~ Sie schon?** è già servito?; **wohl bekomm's!** salute!, buon pro'!
bekömmlich [bə'kœmlɪç] *a* sano; *(Speise a.)* digeribile. **Bekömmlichkeit** ⟨-, ø⟩ *f* digeribilità *f.*
beköstigen [bə'kœstɪgən] ⟨*ohne ge-*⟩ *tr* dare il vitto a. **Beköstigung** ⟨-, ø⟩ *f* vitto *m,* mantenimento *m.*
bekräftigen ⟨*ohne ge-*⟩ *tr* confermare, convalidare. **Bekräftigung** ⟨-, ø⟩ *f* conferma *f,* convalida *f.*
bekreuzigen ⟨*ohne ge-*⟩ *rfl:* **sich ~** farsi il segno della croce.
bekriegen ⟨*ohne ge-*⟩ *tr* fare la guerra a.
bekümmern ⟨*ohne ge-*⟩ *tr (besorgt machen)* preoccupare, inquietare; *(traurig machen)* affliggere, rattristare. **bekümmert** *a (besorgt)* preoccupato; *(traurig)* triste, afflitto.
bekunden [bə'kʊndən] ⟨*ohne ge-*⟩ *tr* **1.** *(zeigen)* manifestare, (di)mostrare; **2.** *(sagen)* dichiarare, deporre.
beladen ⟨*irr, ohne ge-*⟩ *tr* caricare (*mit* di).
Belag [bə'la:k] ⟨-(e)s, ⸚e⟩ *m (Schicht)* strato *m; (Straßen~)* rivestimento *m; (auf Spiegel, Zahn~, Zungen~)* patina *f; (auf Pizza, Brot)* ripieno *m; (auf Torte)* farcia *f,* guarnizione *f; (Brems~)* guarnizione *f.*
belagern ⟨*ohne ge-*⟩ *tr* assediare.
Belagerung *f* assedio *m.*
Belang [bə'laŋ] ⟨-(e)s, -e⟩ *m:* **~e** *pl* interessi *m pl;* **von ~** importante; **nicht von ~, ohne ~** senza importanza.
belangen ⟨*ohne ge-*⟩ *tr:* **gerichtlich ~** citare in giudizio.
belanglos *a* senza importanza, insignificante, irrilevante. **Belanglosigkeit** ⟨-, -en⟩ *f* banalità *f; (belanglose Sache)* cosa *f* di poca importanza.
belassen ⟨*irr, ohne ge-*⟩ *tr* lasciare; **es dabei ~** lasciar perdere (*o* stare).
belastbar *a* **1.** *(Brücke, Fahrzeug)* che ha una portata (*mit* di); **2.** *(Mensch)* resistente; *(mit Arbeit)* che ha (una) capacità lavorativa; **3.** *(Organismus)* resistente; *(Leitungsnetz)* caricabile; *(Umwelt)* che ha un limite d'inquinamento.
belasten ⟨*ohne ge-*⟩ **I.** *tr* **1.** *(mit Gewicht)* caricare (*mit* di); **2.** *(Menschen)* caricare; *(körperlich, nervlich)* logorare; *(a. Organe, etc)* sforzare; *(Gedächtnis)* gravare; **3.** *(bedrücken)* opprimere; *(Gewissen)* opprimere, pesare su; **4.** *(Leitungsnetz, mit Strahlung, etc.)* caricare; *(Umwelt)* inquinare; *(Budget, etc.)* gravare; **5.** *jur* far cadere in sospetto, deporre a carico di; **6.** *(Konto,*

Kontoinhaber) gravare, addebitare; *(mit Hypothek)* ipotecare; **II.** *rfl:* **sich ~ 1.** *(mit Arbeit)* caricarsi; *(nervlich)* logorarsi; *(körperlich a.)* sforzarsi; *(mit Sorgen)* preoccuparsi; **2.** *jur* accusarsi, incriminarsi. **belastend** *a:* **~es Material** *jur* prove *f pl* a carico.

belästigen [bə'lɛstɪgən] ⟨*ohne ge-*⟩ *tr* **1.** *(behelligen)* importunare, incomodare, molestare; **2.** *(stören)* disturbare.

Belästigung ⟨-, -en⟩ *f* molestare *m,* disturbare *m.*

Belastung ⟨-, -en⟩ *f* **1.** *(mit Gewicht)* carico *m;* **2.** *(von Menschen, Körper)* carico *m; (körperlich, nervlich)* logorio *m; (durch Verantwortung)* peso *m; (von Gedächtnis)* gravare *m;* **3.** *(Gewissen, Sorge)* peso *m,* oppressione *f;* **4.** *(von Leitungsnetz, durch Radioaktivität, etc.)* carico *m; (von Umwelt)* inquinamento *m; (Budget, etc.)* onere *m;* **5.** *fin (von Konto)* addebito *m; (mit Hypothek)* onere *m;* **erbliche ~** tara *f* ereditaria. **Belastungsprobe** *f* prova *f* di carico. **Belastungszeuge** *m,* **-zeugin** *f* testimone *mf* a carico.

belaufen ⟨*irr, ohne ge-*⟩ *rfl:* **sich ~ auf** ammontare a.

belauschen ⟨*ohne ge-*⟩ *tr* origliare, ascoltare di nascosto.

beleben ⟨*ohne ge-*⟩ **I.** *tr* animare; **II.** *rfl:* **sich ~** (ri)animarsi. **belebend** *a* vivificante, stimolante.

belebt *a (verkehrsreich)* animato, movimentato.

Belebung ⟨-, ø⟩ *f* animazione *f; com* ripresa *f.*

Beleg [bə'le:k] ⟨-(e)s, -e⟩ *m* **1.** *(für Zahlung)* ricevuta *f,* quietanza *f;* **2.** *(Beweis)* prova *f; (Beweisstück)* pezza *f* d'appoggio (*o bes. com* giustificativa), documento *m;* **3.** *(Beispiel)* esempio *m.*

belegen ⟨*ohne ge-*⟩ *tr* **1.** *(bedecken)* coprire (*mit* di); *(verkleiden, überziehen)* rivestire (*mit* di); *(Brötchen)* imbottire (*mit* di); **2.** *(Platz)* riservare, occupare; *(Vorlesung)* iscriversi a; **3.** *fig (durch Schriftstück beweisen)* dimostrare, documentare; **den zweiten Platz ~** *sport* piazzarsi secondo.

Belegexemplar *n* copia *f* dell'autore.

Belegschaft ⟨-, -en⟩ *f* personale *m* (dipendente), maestranze *f pl.*

belegt *a* **1.** *(Platz)* riservato; *(a. tel)* occupato; **2.** *(Stimme)* velato; *(Zunge)* patinoso, sporco.

belehren ⟨*ohne ge-*⟩ *tr* **1.** *(unterweisen)* istruire; **2.** *(aufklären)* informare (*jdn über etw.* qu di qc).

Belehrung ⟨-, -en⟩ *f* **1.** *(Instruktion)* insegnamento *m,* istruzione *f;* **2.** *jur (von Zeugen, Angeklagten)* ammonimento *m,* avvertimento *m;* **3.** *pej (Zurechtweisung)* lezione *f,* rimprovero *m.*

beleibt [bə'la͜ipt] *a geh* corpulento, pingue.

beleidigen [bə'la͜idɪgən] ⟨*ohne ge-*⟩ *tr* offendere; *(mündlich)* insultare. **beleidigt** *a* offeso; **gleich** (*o* **leicht**) **~ sein** offendersi per niente.

Beleidigung ⟨-, -en⟩ *f* offesa *f; (mündlich)* insulto *m.*

beleihen ⟨*irr, ohne ge-*⟩ *tr (Geldgeber)* prestare (*o* anticipare) su; *(Geldnehmer)* fare un prestito su, dare in pegno.

belesen *a* erudito, colto.

beleuchten ⟨*ohne ge-*⟩ *tr* **1.** *(mit Licht)* illuminare; **2.** *fig (Thema, Problem)* illustrare.

Beleuchtung ⟨-, -en⟩ *f* illuminazione *f.*

Belgien ['bɛlgi̯ən] *n* Belgio *m;* **in ~** nel Belgio.

Belgier(in) ⟨-s, -⟩ *m(f)* belga *mf.*

belgisch *a* belga.

Belgrad ['bɛlgra:t] *n* Belgrado *f.*

belichten ⟨*ohne ge-*⟩ *tr* impressionare, esporre (alla luce).

Belichtung ⟨-, -en⟩ *f* esposizione *f,* posa *f.* **Belichtungsmesser** ⟨-s, -⟩ *m* esposimetro *m.* **Belichtungszeit** *f* tempo *m* di posa.

belieben ⟨*ohne ge-*⟩ *itr geh* degnarsi (*zu tun* di fare), accondiscendere (*zu tun* a fare); **wie es Ihnen beliebt** come Lei vuole, con Suo comodo. **Belieben** ⟨-s, ø⟩ *n* piacimento *m,* gradimento *m;* **nach ~** a piacere, a volontà.

beliebig I. *a* qualsiasi; *(wahlfrei)* facoltativo; **jeder ~e** chiunque sia; **II.** *adv (nach Belieben)* a piacere, a volontà; **~ oft** tanto si vuole.

beliebt *a (Mensch)* benvoluto, amato; *(Sache)* richiesto, preferito; **sich ~ machen** farsi benvolere (*bei jdm* da qu). **Beliebtheit** ⟨-, ø⟩ *f* popolarità *f.*

beliefern ⟨*ohne ge-*⟩ *tr* fornire (*jdn mit etw.* qc a qu).

bellen ['bɛlən] *itr* abbaiare.

Belletristik [bɛle'trɪstɪk] ⟨-, ø⟩ *f* letteratura *f* amena.

belohnen ⟨*ohne ge-*⟩ *tr* ricompensare (*für* per), retribuire (*für* per).

Belohnung ⟨-, -en⟩ *f* ricompensa *f;* **zur ~** come ricompensa; **zur ~ für** in ricompensa per.

belügen ⟨*irr, ohne ge-*⟩ *tr* mentire a, dire bugie a; **sich selbst ~** ingannare se stesso.

belustigen [bə'lʊstɪgən] ⟨*ohne ge-*⟩ *tr* divertire, rallegrare, allietare.

Belustigung ⟨-, -en⟩ *f* divertimento *m.*

bemächtigen [bə'mɛçtɪgən] ⟨*ohne ge-*⟩ *rfl:* **sich einer S.** *(gen)* **~** impossessarsi di qc; **sich jds ~** *(fangen)* catturare qu; *fig (Schlaf, Gedanke)* impadronirsi di qu.

bemalen ⟨*ohne ge-*⟩ *tr* dipingere.

bemängeln [bə'mɛŋəln] ⟨*ohne ge-*⟩ *tr*

criticare (*etw. an jdm* qc in qu), trovare da ridire (*etw. an jdm* qc in qu).

bemannt *a* con equipaggio.

bemerkbar *a* sensibile, percettibile; **sich ~ machen** farsi notare.

bemerken ‹*ohne ge-*› *tr* **1.** *(wahrnehmen)* notare, osservare; *(plötzlich)* accorgersi di; **2.** *(äußern)* dire; *(erwähnen)* menzionare. **bemerkenswert** *a* notevole, degno di nota.

Bemerkung ‹-, -en› *f* osservazione *f.*

bemitleiden ‹*ohne ge-*› *tr* avere (*o* provare) compassione (*o* pietà) per, compiangere.

bemühen ‹*ohne ge-*› **I.** *tr* incomodare, disturbare; *(Arzt, Anwalt)* rivolgersi a; **etw. ~** *(anführen)* citare qc, riferirsi a qc; **II.** *rfl:* **sich ~** sforzarsi (*um* di), impegnarsi (*um* per); **~ Sie sich nicht!** non s'incomodi!

Bemühung ‹-, -en› *f* sforzo *m,* premura *f;* **ärztliche ~en** assistenza *f* medica.

bemuttern ‹*ohne ge-*› *tr* coccolare *fam.*

benachbart *a* vicino (di casa); *(Land)* confinante; *(Gebiet)* limitrofo.

benachrichtigen [bəˈna:xrɪçtɪgən] ‹*ohne ge-*› *tr* informare, avvertire, avvisare.

Benachrichtigung ‹-, -en› *f* informazione *f,* avviso *m;* **ohne vorherige ~** senza preavviso.

benachteiligen [bəˈna:xtaılıgən] ‹*ohne ge-*› *tr* svantaggiare, danneggiare.

Benachteiligung ‹-, -en› *f* svantaggio *m,* pregiudizio *m.*

benebeln ‹*ohne ge-*› *tr* annebbiare.

Benefizvorstellung [beneˈfi:ts-] *f* spettacolo *m* di beneficenza.

benehmen ‹*irr, ohne ge-*› *rfl:* **sich ~** comportarsi (*wie, als* come, da). **Benehmen** ‹-s, ø› *n* comportamento *m,* condotta *f; (Manieren)* buone maniere *f pl;* **er hat kein ~** è maleducato.

beneiden ‹*ohne ge-*› *tr* invidiare (*jdn um etw.* qu per qc); **er beneidet dich um dein Glück** invidia la tua felicità. **beneidenswert** *a* invidiabile.

Beneluxländer [ˈbe:nelʊks-] *n pl,* **-staaten** *m pl* paesi *m pl* del Benelux, (stati *m pl*) Benelux *m.*

benennen ‹*irr, ohne ge-*› *tr* **1.** *(Menschen, Dinge)* denominare, dare un nome a; *(Straße, Platz)* intitolare; **2.** *(vorschlagen)* proporre (*als* come).

Bengel [ˈbɛŋəl] ‹-s, - *o* -s› *m fam* monello *m,* birba *f fam.*

Benjamin [ˈbɛnjami:n] *(männlicher Vorname)* Beniamino.

benommen [bəˈnɔmən] *a* stordito, intontito, intorpidito. **Benommenheit** ‹-, ø› *f* stordimento *m,* intontimento *m.*

benötigen ‹*ohne ge-*› *tr* aver bisogno di, necessitare di.

Benotung ‹-, -en› *f (Benoten)* valutazione *f; (Noten)* voto *m.*

benutzen, benützen ‹*ohne ge-*› *tr* **1.** *(gebrauchen)* utilizzare, usare; **2.** *(Gebrauch machen von)* servirsi di; **3.** *(Weg, Fahrzeug)* prendere; **4.** *(ausnutzen)* approfittare di.

Benutzer(in) ‹-s, -› *m(f)* utente *mf.*

Benutzung *f* utilizzazione *f,* uso *m,* impiego *m.* **Benutzungsgebühr** *f* tassa *f* per l'uso; *(Straßen~)* pedaggio *m.*

Benzin [bɛnˈtsi:n] ‹-s, -e› *n* benzina *f.* **Benzingutschein** *m* buono *m* per la benzina. **Benzinkanister** *m* tanica *f* di riserva. **Benzinstand** *m* livello *m* della benzina.

Benzol [bɛnˈtso:l] ‹-s, -e› *n* benzolo *m,* benzene *m.*

beobachten [bəˈʔo:baxtən] ‹*ohne ge-*› *tr* **1.** *(sehen, überwachen, a. Patienten)* osservare; *(genau)* esaminare, scrutare; *(heimlich)* spiare; *(polizeilich)* sorvegliare; **2.** *(bemerken)* notare; *(feststellen)* constatare.

Beobachter(in) ‹-s, -› *m(f)* osservatore, -trice *m, f.*

Beobachtung ‹-, -en› *f* osservazione *f; (polizeilich)* sorveglianza *f; (Feststellung)* constatazione *f;* **eine** (*o* **die**) **~ machen** osservare; **unter ~** *med* in osservazione; **unter ~ stehen** essere sorvegliato.

bepacken ‹*ohne ge-*› *tr* caricare.

bepflanzen ‹*ohne ge-*› *tr* piantare (*mit* a).

bequem [bəˈkve:m] *a (Sache)* comodo; *(behaglich)* confortevole; *(Weg)* agevole; *(Ausrede)* (troppo) facile, comodo; *(Mensch: umgänglich)* affabile; *fam (träge)* pigro; **es sich** *(dat)* **~ machen** mettersi comodo; **machen Sie es sich ~!** si accomodi!

bequemen ‹*ohne ge-*› *rfl:* **sich ~** acconsentire (*zu* a).

Bequemlichkeit ‹-, -en› *f* **1.** *(Angenehmheit)* comodità *f,* agio *m; (Behaglichkeit)* comfort *m;* **2.** ‹*sing*› *(Trägheit)* pigrizia *f,* indolenza *f.*

beraten ‹*irr, ohne ge-*› **I.** *tr* **1.** *(Rat geben)* consigliare; **2.** *(besprechen)* discutere, consigliarsi su; **II.** *itr, rfl:* **sich ~** *(beratschlagen)* discutere (*über* di), deliberare (*über* su). **beratend** *a (Stimme, Funktion, Ausschuß)* consultivo; *(Arzt)* consulente.

Berater(in) ‹-s, -› *m(f)* consigliere, -a *m, f.*

beratschlagen ‹*ohne ge-*› *s.* **beraten.**

Beratung ‹-, -en› *f* discussione *f,* deliberazione *f,* dibattito *m; (bes. jur)* consultazione *f;* **ärztliche ~** consulto *m* medico. **Beratungsstelle** *f* ufficio *m* di consulenza; *med* consultorio *m.*

berauben ‹*ohne ge-*› *tr* derubare, spogliare; *fig (eines Rechts, eines Vorteils)* privare.

berauschen ‹*ohne ge-*› **I.** *tr* ubriacare,

inebriare; *fig* entusiasmare, appassionare; **II.** *rfl:* **sich** ~ *(a. fig)* ubriacarsi (*an* di), inebriarsi (*an* di). **berauschend** *a (a. fig)* inebriante; **nicht (gerade)** ~ *iron* non proprio sconvolgente.

berechenbar [bəˈrɛçənbaːɐ̯] *a (Kosten, etc.)* calcolabile; *(Mensch, Verhalten)* prevedibile.

berechnen ‹*ohne ge-*› *tr* **1.** *(Kosten, Größe, etc.)* calcolare; **2.** *fig* misurare; **3.** *(anrechnen)* mettere in conto; **4.** *(vorsehen, kalkulieren)* calcolare. **berechnend** *a* calcolatore, interessato.

Berechnung *f* **1.** *(von Kosten, Größe, etc.)* calcolo *m;* **2.** *(Anrechnung)* conteggio *m;* **3.** *(Absicht, Eigeninteresse)* calcolo *m;* **gegen** ~ a pagamento.

berechtigen [bəˈrɛçtɪgən] ‹*ohne ge-*› **I.** *tr* autorizzare, dare il diritto a; **II.** *itr* dare diritto (*zu* a). **berechtigt** *a* giusto, fondato, giustificato; *(befugt)* autorizzato (*zu* a).

Berechtigung ‹-, -en› *f* **1.** *(Befugnis)* autorizzazione *f (zu* a), diritto *m* (*zu* di); **2.** *(Rechtmäßigkeit)* fondatezza *f.*

bereden ‹*ohne ge-*› **I.** *tr* **1.** *(besprechen)* parlare di, discutere di (*o* su); **2.** *(überreden)* persuadere; **II.** *rfl:* **sich** ~ conferire (*mit jdm über etw.* con qu su qc).

Beredsamkeit ‹-, ø› *f* eloquenza *f.*

beredt [bəˈreːt] *a (Mensch)* eloquente; *(vielsagend)* significativo, espressivo.

Bereich [bəˈraɪ̯ç] ‹-(e)s, -e› *m* **1.** *(Gebiet)* regione *f,* zona *f;* **2.** *(Sachgebiet)* campo *m,* ramo *m,* materia *f;* **3.** *(Aufgaben~)* ambito *m,* sfera *f;* **im** ~ **des Möglichen liegen** rientrare nell'ambito delle possibilità.

bereichern [bəˈraɪ̯çɐn] ‹*ohne ge-*› **I.** *tr* arricchire; **II.** *rfl:* **sich** ~ arricchirsi (*an jdm* a spese di qu).

Bereicherung ‹-, -en› *f (a. fig)* arricchimento *m.*

bereifen ‹*ohne ge-*› *tr mot* munire di pneumatici; *(Fässer)* cerchiare.

Bereifung ‹-, -en› *f mot* pneumatici *m pl.*

bereinigen ‹*ohne ge-*› *tr (Angelegenheit)* sistemare; *(Mißverständnisse)* chiarire.

bereisen ‹*ohne ge-*› *tr:* **ein Land** ~ viaggiare in un paese.

bereit [bəˈraɪ̯t] *a (Mensch)* pronto (*zu* a), disposto (*zu* a); *(Sache: verfügbar)* disponibile.

bereiten ‹*ohne ge-*› *tr* **1.** *(vor-, zu~)* preparare; *(herstellen)* fare, fabbricare; **2.** *(verursachen)* causare, recare, procurare; **jdm Kummer** ~ affliggere qu.

bereit·halten ‹*irr*› *tr* tenere pronto. **bereit·legen** *tr* preparare. **bereit·liegen** ‹*irr*› *itr* essere a disposizione. **bereit·machen** *s.* **bereithalten.**

bereits [bəˈraɪ̯ts] *adv* già.

Bereitschaft ‹-, ø› *f* disposizione *f,* disponibilità *f;* ~ **haben** *mil* essere di picchetto; **in** ~ in allarme. **Bereitschaftsarzt** *m* medico *m* di turno (*o* di servizio). **Bereitschaftsdienst** *m mil* servizio *m* di picchetto (*o* di riserva); **ärztlicher** ~ turno *m* medico.

bereit·stehen ‹*irr*› *itr* essere pronto (*zu* a); *(verfügbar sein)* essere disponibile. **bereit·stellen** *tr* preparare (*jdm* per qu); *(zur Verfügung stellen)* mettere a disposizione (*jdm* di qu). **bereitwillig** *a* pronto, premuroso. **Bereitwilligkeit** ‹-, ø› *f* premura *f,* prontezza *f.*

bereuen ‹*ohne ge-*› *tr* pentirsi di.

Berg [bɛrk] ‹-(e)s, -e› *m* **1.** monte *m;* **2.** *fig (Menge)* montagna *f;* **die ~e** *(Gebirge)* la montagna; **über den** ~ **sein** *fig* aver superato il peggio, essere a cavallo; **er ist über alle ~e** è già lontano un miglio. **bergab** [-ˈʔap] *adv* all'ingiù, in discesa; *(beim Abstieg)* durante la discesa; ~ **gehen** *(Geschäft)* essere (*o* andare) alla deriva. **Bergarbeiter** *m* minatore *m.* **bergauf** [-ˈʔaʊ̯f] *adv* in salita, in su; *(beim Aufstieg)* durante la salita; **es geht mit ihm** ~ *(geschäftlich)* i suoi affari vanno bene; *(gesundheitlich)* è in via di guarigione. **Bergbau** ‹-(e)s, ø› *m* industria *f* mineraria.

bergen [ˈbɛrgən] ‹birgt, barg, geborgen› *tr* **1.** *(retten)* salvare; *(in Sicherheit bringen)* mettere al sicuro (*o* al riparo); *(Tote, Verschüttete)* ricuperare, estrarre; **2.** *fig (enthalten)* contenere, racchiudere, comportare.

Bergführer(in) *m(f)* guida *f* alpina. **bergig** *a* montagnoso, montuoso. **Bergkette** *f* catena *f* di montagne. **Bergkristall** *m* cristallo *m* di rocca. **Bergmann** ‹-(e)s, -leute *o rar* -männer› *s.* **Bergarbeiter. Bergpredigt** *f* sermone *m* (*o* discorso *m*) della montagna. **Bergschuhe** *m pl* scarpe *f pl* da montagna. **Bergstation** *f* stazione *f* a monte. **Bergsteigen** ‹-s, ø› *n* alpinismo *m.* **Bergsteiger(in)** *m(f)* alpinista *mf.* **Bergtour** *f* escursione *f* in montagna.

Bergung ‹-, -en› *f* salvataggio *m; (von Toten, Verschütteten)* ricupero *m.* **Bergungsarbeiten** *f pl* opera *f* di ricupero; *(bei Menschen)* operazioni *f pl* di salvataggio. **Bergungsmannschaft** *f* squadra *f* di soccorso.

Bergwacht [-vaxt] ‹-, -en› *f* servizio *m* di soccorso alpino. **Bergwerk** *n* miniera *f.*

Bericht [bəˈrɪçt] ‹-(e)s, -e› *m* rapporto *m; (längerer)* relazione *f; (Zeitungs~)* cronaca *f; (Korrespondenten~)* corrispondenza *f; radio* (radio)cronaca *f.*

berichten ‹*ohne ge-*› **I.** *tr* riferire; *(erzählen)* raccontare; *(amtlich)* comunicare; **II.** *itr* riferire (*über etw.* qc); *(mündlich)* raccontare.

Berichterstatter(in) [-ʔɛɐ̯ʃtatɐ (...ərɪn)]

‹-s, -› *m(f)* cronista *mf; (im Ausland)* corrispondente *mf.* **Berichterstattung** *f* rapporto *m,* relazione *f; (in Zeitung)* corrispondenza *f; radio* radiocronaca *f.*

berichtigen [bəˈrɪçtɪgən] ‹*ohne ge-*› *tr* correggere, rettificare; *tec* mettere a punto (*o* in ordine), regolare.

Berichtigung ‹-, -en› *f* correzione *f,* rettifica *f; tec* messa *f* a punto, regolazione *f.*

berieseln ‹*ohne ge-*› *tr* irrigare; *fig (mit Musik, Reklame)* inondare (*mit* di).

beritten *a* a cavallo.

Berlin [bɛrˈliːn] *n* Berlino *f.*

Berliner ‹*inv*› *a attr* berlinese.

Bern [bɛrn] *n (Stadt)* Berna *f; (Kanton)* Berna *m.*

Bernd [bɛrnt], **Bernhard** [ˈbɛrnhart] *(männlicher Vorname)* Bernardo.

Bernhardiner(hund) [bɛrnharˈdiːnɐ] ‹-s, -› *m* cane *m* (di) san Bernardo.

Bernstein [ˈbɛrn-] *m* ambra *f* (gialla).

bersten [ˈbɛrstən] ‹birst *o obs* berstet, barst, geborsten› *itr* ‹*sein*› *(brechen)* spaccarsi; *(auf-, zerbrechen)* rompere, spezzare; *(zerplatzen)* scoppiare; *(zerspringen)* fendersi; **zum B~ voll** strapieno.

berüchtigt [bəˈrʏçtɪçt] *a* famigerato.

berücksichtigen [bəˈrʏkzɪçtɪgən] ‹*ohne ge-*› *tr* considerare; *(Alter, Krankheit a.)* considerare; *(Bewerber, Antrag a.)* prendere in considerazione; **berücksichtigt werden** *(bedacht)* entrare in considerazione.

Berücksichtigung ‹-, ø› *f* considerazione *f;* **ohne ~ von** senza riguardo per; **unter ~ von** in considerazione di, tenendo conto di, con riguardo a.

Beruf [bəˈruːf] ‹-(e)s, -e› *m* professione *f; (Gewerbe)* mestiere *m;* **von ~** di professione.

berufen[1] ‹*irr, ohne ge-*› **I.** *tr* nominare (*zu etw.* qu), designare (*zu etw.* qu); **II.** *rfl:* **sich ~ auf** richiamarsi a, appellarsi a.

berufen[2] *a* **1.** *(befähigt)* qualificato; **2.** *(zuständig)* competente; *(befugt)* autorizzato; **zu etw. ~ sein** essere chiamato a qc, avere la vocazione per qc.

beruflich *a* professionale; **er ist ~ viel unterwegs** è molto in giro per lavoro.

Berufsaussichten *f pl* prospettive *f pl* (*o* sbocchi *m pl*) professionali. **Berufsberater(in)** *m(f)* orientatore, -trice *m, f* professionale. **Berufsberatung** *f* orientamento *m* professionale. **Berufsbezeichnung** *f* denominazione *f* della professione. **Berufsgeheimnis** *n* segreto *m* professionale. **Berufsgruppe** *f* categoria *f* professionale. **Berufsheer** *n* esercito *m* professionale. **Berufskrankheit** *f* malattia *f* professionale. **Berufsleben** *n* vita *f* professionale. **Berufsschule** *f* scuola *f* d'avviamento professionale. **berufstätig** *a:* **~e Bevölkerung** popolazione attiva; **~ sein** lavorare, esercitare una professione. **Berufsverbot** *n* divieto *m* di esercitare una professione. **Berufsverkehr** *m* traffico *m* (delle ore) di punta. **Berufswahl** *f* scelta *f* della professione.

Berufung ‹-, -en› *f* **1.** *(innere)* vocazione *f;* **2.** *(Ernennung)* nomina *f,* designazione *f;* **3.** *jur* appello *m,* ricorso *m;* **eine ~ als Professor annehmen** accettare una cattedra; **~ einlegen, in die ~ gehen** *jur* interporre ricorso, ricorrere in appello; **unter** (*o* **mit**) **~ auf** in riferimento a. **Berufungsgericht** *n* corte *f* d'appello.

beruhen ‹*ohne ge-*› *itr:* **~ auf** fondarsi su, basarsi su, essere fondato su; *(seine Ursache haben in)* dipendere da; **auf einem Irrtum ~** nascere da un errore; **die Sache auf sich ~ lassen** lasciare la cosa com'è; **das beruht auf Gegenseitigkeit** è reciproco.

beruhigen [bəˈruːɪgən] ‹*ohne ge-*› **I.** *tr* calmare; *(Zorn, Naturgewalten)* placare; *(weinendes Kind, besorgten Menschen)* tranquillizzare, rassicurare; **dann bin ich ja beruhigt!** allora sono tranquillo!; **II.** *rfl:* **sich ~** calmarsi, tranquillizzarsi; *(Wind)* cadere. **beruhigend** *a* tranquillizzante; *(Wissen)* rassicurante; *med* calmante, sedativo.

Beruhigung ‹-, ø› *f (von Zorn, Sturm, etc.)* placamento *m; (von Baby, besorgtem Menschen)* consolazione *f,* conforto *m; (von Nerven)* rilassamento *m,* distensione *f; (von Gewissen)* tranquillizzare *m; (von Lärm, Verkehr)* acquietamento *m;* **zu Ihrer ~ kann ich Ihnen sagen ...** per tranquillizzarLa posso dirLe ... **Beruhigungsmittel** *n* tranquillante *m,* sedativo *m.*

berühmt [bəˈryːmt] *a* celebre, famoso, noto. **berühmt-berüchtigt** *a* malfamato. **Berühmtheit** ‹-, -en› *f* celebrità *f.*

berühren ‹*ohne ge-*› **I.** *tr* **1.** *(anfassen)* toccare; *mat* essere tangente a; **2.** *(grenzen an)* confinare con; **3.** *(kurz erwähnen)* accennare a, menzionare; **4.** *(bewegen)* commuovere; *(betreffen)* toccare, riguardare, concernere; **II.** *rfl:* **sich ~** toccarsi; *fig* incontrarsi.

Berührung ‹-, -en› *f* toccare *m,* contatto *m;* **mit etw. in ~ kommen** venire a contatto con qc.

bes. *ab von* **besonders** spec. (*ab von* specialmente).

besagen ‹*ohne ge-*› *tr* voler dire, significare. **besagt** *a* summenzionato, suddetto.

besänftigen [bəˈzɛnftɪgən] ‹*ohne ge-*› *tr* calmare, placare.

Besatz *m* guarnizione *f.*

Besatzung *f* **1.** *(Garnison)* guarnigione *f; (Truppen)* truppe *f pl* d'occupazione; **2.** *naut, aero* equipaggio *m.* **Besatzungsmacht** *f* potenza *f* occupante. **Besatzungszone** *f* zona *f* d'occupazione.

besaufen ‹*irr, ohne ge-*› *rfl fam:* **sich** ~ ubriacarsi, prendersi una sbronza *fam.*

beschädigen ‹*ohne ge-*› *tr* danneggiare.

Beschädigung ‹-, -en› *f* **1.** *(Vorgang)* danneggiamento *m,* deterioramento *m;* **2.** *(Zustand)* danno *m,* avaria *f.*

beschaffen[1] ‹*ohne ge-*› *tr* procurare, fornire; **sich** *(dat)* **etw.** ~ procurarsi qc.

beschaffen[2] *a:* **gut/schlecht** ~ in buone/cattive condizioni; **so** ~, **daß ...** tale da ... *inf* (*o* che ... *conj*). **Beschaffenheit** ‹-, ø› *f (von Material)* caratteristica *f,* natura *f,* qualità *f; (Zusammensetzung)* composizione *f; (von Mensch)* costituzione *f,* fisico *m.*

Beschaffung ‹-, ø› *f* procurare *m.*

beschäftigen [bəˈʃɛftɪgən] ‹*ohne ge-*› **I.** *tr* occupare (*mit* in, con); *(als Arbeitskraft)* impiegare; *fig (geistig)* impegnare; **II.** *rfl:* **sich** ~ occuparsi (*mit* di); *(sich befassen)* interessarsi (*mit* di). **beschäftigt** *a* occupato (*mit* con), impegnato (*mit* in); *(angestellt)* impiegato; **sehr** ~ assorbito (*mit* da).

Beschäftigung ‹-, -en› *f* occupazione *f; (durch Arbeitgeber)* impiego *m; (Arbeit)* lavoro *m,* attività *f; (Befassen)* interessamento *m.* **Beschäftigungstherapie** *f med* ergoterapia *f; fig* terapia *f* occupazionale.

beschämen ‹*ohne ge-*› *tr* svergognare, umiliare, confondere. **beschämt** *a* vergognoso.

beschatten ‹*ohne ge-*› *tr* **1.** *geh (Schatten werfen auf)* ombreggiare, fare ombra a; *fig (trüben)* gettare un'ombra su; **2.** *(überwachen)* pedinare, tallonare.

beschaulich *a* contemplativo; *(ruhig)* pacifico.

Bescheid [bəˈʃait] ‹-(e)s, -e› *m* informazione *f; (Mitteilung)* avviso *m,* comunicazione *f; (Antwort)* risposta *f;* **jdm** ~ **geben** avvisare qu, informare qu, dare una risposta a qu; **jdm gehörig** (*o* **tüchtig**) ~ **sagen** *fam* dire il fatto suo a qu *fam,* dirne quattro a qu *fam;* ~ **wissen** essere informato (*über* di).

bescheiden[1] [bəˈʃaidən] *a* modesto; *(anspruchslos)* semplice; *(mäßig)* moderato.

bescheiden[2] [bəˈʃaidən] ‹*irr, ohne ge-*› *rfl:* **sich** ~ *geh* accontentarsi (*mit* di), limitarsi (*mit* a).

Bescheidenheit ‹-, ø› *f* modestia *f,* umiltà *f,* discrezione *f; (Mäßigung)* moderazione *f;* **in aller** ~ in tutta umiltà.

bescheinigen [bəˈʃainɪgən] ‹*ohne ge-*› *tr* attestare, certificare; **den Empfang eines Briefes** ~ accusare ricevuta di una lettera.

Bescheinigung ‹-, -en› *f* **1.** *(Vorgang)* attestazione *f;* **2.** *(Schriftstück)* attestato *m,* certificato *m.*

bescheißen ‹*irr, ohne ge-*› *vulg tr* **1.** sporcare di merda *vulg;* **2.** *fig (betrügen)* fregare *fam.*

beschenken ‹*ohne ge-*› *tr* fare un regalo a.

bescheren ‹*ohne ge-*› *tr* **1.** *(beschenken)* **jdn (mit etw.)** ~ regalare qc a qu (per Natale); **2.** *(zuteil werden lassen):* **jdm etw.** ~ concedere (*o* accordare) qc a qu.

Bescherung ‹-, -en› *f* distribuzione *f* dei regali (di Natale); **das ist ja eine schöne** ~**!, da haben wir die** ~**!** *iron fam* che bel regalo!, che guaio!

bescheuert [bəˈʃɔyɐt] *a sl* tonto *fam.*

beschießen ‹*irr, ohne ge-*› *tr* far fuoco contro, tirare su.

beschimpfen ‹*ohne ge-*› *tr* insultare, ingiuriare.

Beschimpfung ‹-, -en› *f* insulto *m,* ingiuria *f.*

beschissen [bəˈʃɪsən] *a vulg* **1.** sporco di merda *vulg;* **2.** *fig (Lage)* di merda *vulg; (Person)* stronzo *vulg.*

Beschlag *m* **1.** *(Metall)* borchia *f,* guarnizione *f;* **2.** *(Hufeisen)* ferratura *f;* **3.** *(Feuchtigkeit)* appannamento *m;* **mit** ~ **belegen** *jur, naut, mil* confiscare, sequestrare; *fig* requisire.

beschlagen[1] ‹*irr, ohne ge-*› **I.** *tr* ‹*haben*› **1.** *(Möbel, etc.)* guarnire; *(mit Nägeln)* chiodare; **2.** *(Pferd)* ferrare; **II.** *itr* ‹*sein*› *(Glas)* appannarsi.

beschlagen[2] *a fig (Mensch)* versato (*in* in), ferrato (*in* in); **in seinem Fach/auf seinem Gebiet sehr** ~ **sein** essere molto in gamba nel proprio mestiere/essere esperto in materia.

beschlagnahmen [-na:mən] ‹*ohne ge-*› *tr* confiscare, sequestrare; *fig fam* tenere occupato.

Beschlagnahmung [-na:mʊŋ] ‹-, -en› *f* confisca *f,* sequestro *m.*

beschleunigen [bəˈʃlɔynɪgən] ‹*ohne ge-*› *tr, itr* accelerare.

Beschleunigung ‹-, -en› *f* accelerazione *f.*

beschließen ‹*irr, ohne ge-*› **I.** *tr* **1.** *(beenden)* terminare, concludere; *(Reihe)* chiudere; **2.** *(entscheiden)* decidere, deliberare; **II.** *itr* decidere (*über etw* qc), deliberare (*über* su); *(übereinstimmen)* convenire (*zu* di); *jur* decretare.

Beschluß *m* decisione *f.* **beschlußfähig** *a* atto a deliberare, in numero legale.

beschmieren ‹*ohne ge-*› *tr* imbrattare *fam.*

beschmutzen ⟨*ohne ge-*⟩ *tr* insudiciare, sporcare.

beschneiden ⟨*irr, ohne ge-*⟩ *tr* **1.** *(zurechtschneiden)* tagliare; **2.** *rel* circoncidere; **3.** *fig* restringere, ridurre.

Beschneidung ⟨-, -en⟩ *f* **1.** *rel* circoncisione *f;* **2.** *fig* restrizione *f,* riduzione *f.*

beschnüffeln ⟨*ohne ge-*⟩ **I.** *tr (beriechen)* annusare, fiutare; *fig fam (untersuchen)* ficcare il naso in *fam; (kennenlernen)* imparare a conoscere; **II.** *rfl:* **sich ~** *(Hunde)* annusarsi; *fig fam (Menschen)* imparare a conoscersi.

beschnuppern ⟨*ohne ge-*⟩ **I.** *tr* annusare; **II.** *rfl:* **sich ~** annusarsi.

beschönigen [bəˈʃøːnɪgən] ⟨*ohne ge-*⟩ *tr* abbellire, far apparire migliore.

Beschönigung ⟨-, -en⟩ *f* abbellimento *m.*

beschränken [bəˈʃrɛŋkən] ⟨*ohne ge-*⟩ **I.** *tr* limitare (*auf* a), restringere (*auf* a); **II.** *rfl:* **sich ~** limitarsi.

beschrankt [bəˈʃraŋkt] *a* con sbarre.

beschränkt *a* limitato, ristretto; *(geistig)* ottuso.

Beschränkung ⟨-, -en⟩ *f* limitazione *f,* restrizione *f.*

beschreiben ⟨*irr, ohne ge-*⟩ *tr* **1.** *(Papier)* scrivere su; **2.** *(schildern)* descrivere, dipingere.

Beschreibung *f* descrizione *f.*

beschriften ⟨*ohne ge-*⟩ *tr* mettere una scritta (*o* iscrizione) su.

Beschriftung ⟨-, -en⟩ *f* **1.** *(Tätigkeit)* mettere *m* una scritta (*gen* su); **2.** *(Aufschrift)* scritta *f,* iscrizione *f.*

beschuldigen [bəˈʃʊldɪgən] ⟨*ohne ge-*⟩ *tr* incolpare (*einer S. (gen)* di qc), accusare (*einer S. (gen)* di qc).

Beschuldigung ⟨-, -en⟩ *f* imputazione *f,* accusa *f.*

beschummeln ⟨*ohne ge-*⟩ *fam* **I.** *tr* infinocchiare *fam;* **II.** *itr* barare.

Beschuß *m* fuoco *m,* tiro *m;* **unter ~ geraten** *fig* capitare sotto tiro; **jdn unter ~ nehmen** *fig* prendere di mira qu.

beschützen ⟨*ohne ge-*⟩ *tr* proteggere.

Beschützer(in) ⟨-s, -⟩ *m(f)* protettore, -trice *m, f.*

Beschwerde [bəˈʃveːɐ̯də] ⟨-, -n⟩ *f* **1.** *obs, geh (Mühe)* fatica *f; (Bürde)* peso *m;* **2.** *(Klage)* lagnanza *f,* lamentela *f; (a. com)* reclamo *m; jur* ricorso *m;* **3.** ⟨*pl*⟩ *(körperliche)* disturbi *m pl,* malanni *m pl.*

beschweren [bəˈʃveːrən] ⟨*ohne ge-*⟩ **I.** *tr* mettere un peso su; *fig* (ag)gravare, appesantire; **II.** *rfl:* **sich ~** lamentarsi (*bei* presso, con, *über* di), lagnarsi (*bei* presso, *über* di); *(a. com)* reclamare (*bei* presso, *über* contro).

beschwerlich *a (lästig, mühsam)* penoso; *(ermüdend)* faticoso, gravoso.

beschwichtigen [bəˈʃvɪçtɪgən] ⟨*ohne ge-*⟩ *tr* calmare, placare.

beschwingt *a* allegro, gaio; *(Gang)* leggero.

beschwipst [bəˈʃvɪpst] *a fam* brillo, alticcio.

beschwören ⟨*irr, ohne ge-*⟩ *tr* **1.** *jur* giurare; **2.** *(Geister)* esorcizzare; *(Schlangen)* incantare; **3.** *(anflehen)* supplicare, implorare.

besehen ⟨*irr, ohne ge-*⟩ *tr* guardare; *(genau)* esaminare.

beseitigen [bəˈzai̯tɪgən] ⟨*ohne ge-*⟩ *tr* **1.** *(wegschaffen)* rimuovere; **2.** *(entfernen)* allontanare; *(Flecken)* togliere; *(Fehler)* eliminare; **3.** *(beheben)* eliminare; *(Zweifel)* dissipare; *(Schwierigkeiten)* appianare; **4.** *(töten)* uccidere, far fuori *fam.*

Beseitigung ⟨-, ø⟩ *f* **1.** *(Wegschaffen, Entfernen)* rimozione *f;* **2.** *(Behebung)* eliminazione *f; (von Schwierigkeiten)* appianamento *m.*

Besen [ˈbeːzən] ⟨-s, -⟩ *m* scopa *f;* **ich fresse einen ~, wenn ...** *fam* che mi venga un accidente se ... *vulg.* **Besenschrank** *m* portascope *m.*

besessen [bəˈzɛsən] *a* **1.** *(innerlich erfüllt)* ossessionato (*von* da); *pej* maniaco; **2.** *(vom bösen Geist)* posseduto (dal demonio), indemoniato. **Besessene** ⟨ein -r, -n, -n⟩ *mf* ossesso, -a *m, f;* **wie ein ~r arbeiten** lavorare come un dannato. **Besessenheit** ⟨-, ø⟩ *f* ossessione *f.*

besetzen ⟨*ohne ge-*⟩ *tr* **1.** *(mit Besatz)* guarnire (*mit* di); **2.** *(Platz)* occupare; **3.** *mil* occupare (militarmente); **4.** *(Posten)* affidare (*mit* a), assegnare (*mit* a); **5.** *theat, film (Rollen)* distribuire (*o* assegnare) le parti di (*mit* a). **besetzt** *a* occupato; *(Fahrzeug, Hotel)* completo. **Besetztzeichen** *n* segnale *m* di occupato.

Besetzung ⟨-, -en⟩ *f* **1.** ⟨*sing*⟩ *(von Stelle)* affidare *m; (von Rolle)* distribuzione *f* (*o* assegnazione *f)* delle parti; **2.** *theat (Schauspieler)* interpreti *m pl; sport (Mannschaft)* formazione *f,* schieramento *m;* **3.** *mil* occupazione *f.*

besichtigen [bəˈzɪçtɪgən] ⟨*ohne ge-*⟩ *tr* **1.** *(Sehenswürdigkeit)* visitare; **2.** *(prüfend)* esaminare, controllare.

Besichtigung ⟨-, -en⟩ *f* **1.** *(von Sehenswürdigkeit)* visita *f;* **2.** *(Prüfung)* verifica *f,* esame *m.*

besiedeln [bəˈziːdəln] ⟨*ohne ge-*⟩ *tr* colonizzare; *(bevölkern)* popolare.

Besied(e)lung *f* colonizzazione *f,* popolamento *m.*

besiegeln ⟨*ohne ge-*⟩ *tr* suggellare; *(entscheiden)* decidere; **sein Schicksal ist besiegelt** il suo destino è segnato.

besiegen ⟨*ohne ge-*⟩ *tr* vincere; *fig* superare, dominare.

besingen ‹*irr, ohne ge-*› *tr* **1.** *fig (rühmen)* (de)cantare, celebrare; **2.** *(Schallplatte)* incidere una canzone su; *(Band)* registrare una canzone su.
besinnlich *a (Mensch)* pensoso, meditativo; *(Abend)* intimo, raccolto.
Besinnung ‹-, ø› *f:* **jdn zur ~ bringen** ricondurre qu alla ragione; **(wieder) zur ~ kommen** riprendere conoscenza; *(a. fig)* tornare in sé; **die ~ verlieren** perdere i sensi (*o* la conoscenza); *fig* perdere la testa; **die ~ auf alte Werte** il riflettere su vecchi valori. **besinnungslos** *a* privo di sensi, svenuto.
Besitz ‹-es, ø› *m* possesso *m*, proprietà *f; (Vermögen)* patrimonio *m*, fortuna *f;* **von etw. ~ ergreifen, etw. in ~ nehmen** prendere possesso di qc. **besitzanzeigend** *a:* **~es Fürwort** pronome possessivo.
besitzen ‹*irr, ohne ge-*› *tr* possedere, essere in possesso di; *(innehaben, haben)* avere.
Besitzer(in) ‹-s, -› *m(f)* proprietario, -a *m, f; (Inhaber)* portatore, -trice *m, f.*
Besitztum ‹-s, ¨-er› *n* proprietà *f.*
besoffen [bəˈzɔfən] *a fam* sbronzo *fam;* **total ~** ubriaco fradicio *fam.*
besohlen ‹*ohne ge-*› *tr* ris(u)olare.
besolden [bəˈzɔldən] ‹*ohne ge-*› *tr* stipendiare, retribuire; *mil* pagare il soldo a.
Besoldung ‹-, -en› *f* retribuzione *f; mil* soldo *m.*
besondere(r, s) [bəˈzɔndərə] *a* **1.** *(speziell)* speciale, particolare; **2.** *(gesondert)* separato, -a, individuale; **3.** *(unterschiedlich)* distinto, -a, differente; **4.** *(eigentümlich)* singolare; **5.** *(ungewöhnlich)* eccezionale; **etwas B~s** qualcosa di speciale; **im ~n** in particolare.
Besonderheit ‹-, -en› *f* specialità *f*, particolarità *f; (einzelne)* caratteristica *f*, singolarità *f; (Ungewöhnlichkeit)* eccezionalità *f.*
besonders [bəˈzɔndɐs] *adv* (*ab* **bes.**) *(insbesondere)* specialmente, particolarmente; *(hauptsächlich)* soprattutto, principalmente; *(außerordentlich)* eccezionalmente, straordinariamente; *(ausdrücklich)* espressamente; **nicht ~ (gut)** non tanto (buono *o* bene).
besonnen [bəˈzɔnən] *a* riflessivo; *(vernünftig)* ragionevole; *(vorsichtig)* prudente, circospetto; *(umsichtig)* avveduto, accorto. **Besonnenheit** ‹-, ø› *f* posatezza *f; (Umsichtigkeit)* avvedutezza *f*, accortezza *f.*
besorgen ‹*ohne ge-*› *tr* **1.** *(beschaffen)* procurare; *(einkaufen)* comprare; **2.** *(erledigen)* sbrigare, eseguire, fare; **3.** *(betreuen)* aver cura di, attendere a, occuparsi di.
Besorgnis ‹-, -se› *f* apprensione *f*, inquietudine *f*, preoccupazione *f.* **besorgniserregend** *a* inquietante, preoccupante.
besorgt *a* inquieto, preoccupato. **Besorgtheit** ‹-, ø› *f* inquietudine *f*, apprensione *f*, preoccupazione *f.*
Besorgung ‹-, -en› *f* **1.** *(Erledigung)* disbrigo *m;* **2.** *(Beschaffung)* produrre *m*, fornitura *f; (Einkauf)* acquisto *m*, spesa *f;* **~en machen** fare la spesa.
Bespannung *f* **1.** ‹*sing*› *(mit Stoff)* rivestire *m; (mit Saiten)* incordatura *f;* **2.** *(Material)* rivestimento *m*, copertura *f; (Saiten)* corde *f pl; (Fäden)* fili *m pl.*
bespielen ‹*ohne ge-*› *tr* **1.** *(Schallplatte, Tonband)* incidere su (*mit etw.* qc); **2.** *sport (Platz)* giocare in.
besprechen ‹*irr, ohne ge-*› **I.** *tr* **1.** *(sprechen über)* parlare, discutere di; *(rezensieren)* recensire, fare la critica di; **2.** *(beraten)* consigliarsi su, deliberare su; **3.** *(Schallplatte, Tonband)* incidere su (*mit etw.* qc); **wie besprochen** come d'accordo; **II.** *rfl:* **sich ~** consultarsi.
Besprechung ‹-, -en› *f* **1.** *(Unterredung)* colloquio *m; (Konferenz)* conferenza *f;* **2.** *(Rezension)* critica *f*, recensione *f.*
besser [ˈbɛsɐ] ‹*Komparativ von* **gut**› **I.** *a* migliore; **jdn eines B~en belehren** far ricredere qu; **~ werden** migliorare, migliorarsi; **es ist ~, du kommst sofort** è meglio che tu venga subito; **~ ist ~** non si sa mai, lasciamo stare così; **II.** *adv* meglio; **um so ~** tanto meglio; **~ gesagt** per meglio dire; **~ (daran) tun** far meglio; **tu das ~ nicht!** è meglio che tu non lo faccia. **besser·gehen** ‹*irr*› *itr* ‹*sein*›*:* **es geht ihm/der Firma besser** lui sta meglio/la ditta va meglio.
bessern I. *tr (sittlich)* emendare; **II.** *rfl:* **sich ~** migliorarsi; *(bes. sittlich)* emendarsi, correggersi; *(Wetter)* rimettersi al bello.
Besserung ‹-, -ø› *f* miglioramento *m; (gesundheitlich)* guarigione *f*, ristabilimento *m;* **gute ~!** pronta guarigione!
Besserwisser ‹-s, -› *m* saccente *mf.*
Bestand *m* **1.** *(Bestehen)* esistenza *f; (Fortdauer)* continuità *f*, durata *f;* **2.** *(Tier~, Forst~)* patrimonio *m; (Lager~)* giacenza *f*, riserva *f; (Kassen~)* fondo *m* cassa; **(den) ~ aufnehmen** fare l'inventario, inventariare; **~ haben, von ~ sein** avere durata.
beständig I. *a* **1.** *(dauerhaft)* durevole; *tec* resistente, inattaccabile; *(Farbe)* indelebile, inalterabile; **2.** *(andauernd)* continuo, persistente; **3.** *(gleichbleibend)* costante; *chem, meteo, fin* stabile; **II.** *adv (immer)* costantemente, continuamente. **Beständigkeit** ‹-, ø› *f* **1.** *(Dauerhaftigkeit)* durevolezza *f; tec* resistenza *f;* **2.** *(Dauer)* continuità *f*, persistenza *f;* **3.** *(Gleichheit)* costanza *f; chem, meteo, fin* stabilità *f.*
Bestandsaufnahme *f* inventario *m.*

Bestandteil *m (Element)* elemento *m; (Bau-, Einzelteil)* parte *f; chem* componente *m o f;* **etw. in seine ~e zerlegen** smontare qc, scomporre qc.
bestärken ‹*ohne ge-*› *tr:* **jdn in etw. ~** rafforzare (*o* confermare) qu in qc.
bestätigen [bəˈʃtɛːtɪgən] ‹*ohne ge-*› **I.** *tr* **1.** *allg.* confermare; **2.** *(bescheinigen)* attestare, certificare; **3.** *(anerkennen)* riconoscere; **4.** *com (Brief)* accusare ricevuta di; **II.** *rfl:* **sich ~** risultare vero; **sich selbst ~** confermarsi.
Bestätigung ‹-, -en› *f* **1.** *(von Verdacht, etc.)* conferma *f,* convalida *f;* **2.** *(Bescheinigung)* attestazione *f; (Dokument)* certificato *m;* **3.** *(Anerkennung)* riconoscimento *m;* **4.** *com* accusare *m* ricevuta.
bestatten [bəˈʃtatən] ‹*ohne ge-*› *tr* inumare, seppellire.
Bestattung ‹-, -en› *f* inumazione *f,* sepoltura *f; (Feier)* funerale *m,* esequie *f pl.*
Bestäubung [bəˈʃtɔ͜ybʊŋ] ‹-, *rar* -en› *f bot* impollinazione *f.*
bestaunen ‹*ohne ge-*› *tr* guardare con stupore.
beste *s.* **beste(r, s).**
bestechen ‹*irr, ohne ge-*› *tr* **1.** *(mit Geld, etc.)* corrompere; *(Zeugen)* comprare; **2.** *fig (beeindrucken)* sedurre, affascinare.
bestechlich *a* corruttibile, venale. **Bestechlichkeit** ‹-, ø› *f* corruttibilità *f,* venalità *f.*
Bestechung ‹-, -en› *f* corruzione *f; (von Zeugen)* subornazione *f.* **Bestechungsgelder** *n pl* bustarelle *f pl,* tangenti *f pl.*
Besteck [bəˈʃtɛk] ‹-(e)s, -e› *n* **1.** *(Eß~)* posate *f pl;* **2.** *med* ferri *m pl* chirurgici.
bestehen ‹*irr, ohne ge-*› **I.** *tr (Kampf, Probe)* sostenere; *(Prüfung)* passare, superare; **II.** *itr (existieren)* esistere, essere, esserci; **auf etw. ~** insistere su qc, ostinarsi in qc; **~ aus** constare di, essere costituito da. **bestehend** *a* esistente; *(gegenwärtig)* attuale; *(Gesetz)* vigente, in vigore.
bestehlen ‹*irr, ohne ge-*› *tr* derubare (*um* di).
bestellen ‹*ohne ge-*› **I.** *tr* **1.** *(Ware, in Restaurant)* ordinare; *(reservieren lassen)* (far) riservare, prenotare; *(kommen lassen: Ware, Menschen)* far venire; *(abonnieren)* abbonare; **2.** *(Grüße)* portare, trasmettere; *(Nachricht)* comunicare; **3.** *(ernennen)* nominare; **4.** *agr (Land)* coltivare, lavorare; **auf 2 Uhr bestellt sein** avere un appuntamento alle 2; **ich stand da wie bestellt und nicht abgeholt** *fam* me ne stavo là imbambolato; **bestell ihm (von mir), daß ...** riferiscigli che ...; **es ist schlecht um sie bestellt** le cose vanno male per lei; **II.** *itr (in Restaurant)* ordinare.
Bestellschein *m* bolletta *f* d'ordinazione.
Bestellung *f* **1.** *(Bestellen)* ordine *m,* ordinazione *f; (Sendung)* consegna *f,* distribuzione *f;* **2.** *(Nachricht)* ambasciata *f;* **3.** *(Ernennung)* nomina *f;* **4.** *agr* coltivazione *f;* **auf ~** su ordinazione.
bestenfalls *adv* nel migliore dei casi; *(höchstens)* tutt'al più, al massimo.
bestens [ˈbɛstəns] *adv* nel modo migliore; *(sehr gut)* benissimo; **wir danken Ihnen ~** La ringraziamo tanto (*o* infinitamente).
beste(r, s) [ˈbɛstə] ‹*Superlativ von* gut› **I.** *a* migliore, ottimo, -a; **der/die B~** il/la migliore; **das B~** il meglio; **der/die/das erste** (*o* **nächste**) **~** il/la primo/-a venuto/-a, il/la primo/-a che capita; **meine ~ Freundin** la mia miglior amica; **etw. zum ~n geben** *(erzählen)* raccontare qc; **jdn zum ~n halten** (*o* **haben**) canzonare qu; **sein B~s tun** (*o* **geben**) fare del proprio meglio; **es wäre das ~, jetzt zu gehen** la cosa migliore sarebbe andarsene adesso; **ich will nur dein B~s** voglio solo il tuo bene; **wollen wir das B~ hoffen!** speriamo bene!; **~n Dank!** *(a. iron)* tante grazie!; **II.** *adv:* **am ~n** meglio, la cosa migliore; **es ist am ~n, wenn ich gehe, am ~n gehe ich** è meglio che me ne vada.
besteuern ‹*ohne ge-*› *tr* tassare, mettere un'imposta su.
Bestform *f (bes. sport)* ottima forma *f.*
Bestie [ˈbɛstiə] ‹-, -n› *f* bestia *f* feroce; *(a. fig)* belva *f.*
bestimmen ‹*ohne ge-*› **I.** *tr* **1.** *(festsetzen)* decidere, fissare; **2.** *(anordnen)* stabilire, ordinare; **3.** *(genau festlegen)* precisare; *(Begriff)* definire; *(Pflanze)* classificare; **4.** *(prägen: Landschaft)* caratterizzare; *(beeinflussen: Preis, Zahl)* determinare, stabilire; *(Entwicklung, Stil)* influenzare, caratterizzare; **5.** *(ernennen)* nominare, designare; **6.** *(zudenken)* destinare (*für* a); *(zuweisen)* assegnare; **II.** *itr* **1.** *(verfügen)* disporre (*über* di); **2.** *(entscheiden)* decidere (*über* di, su).
bestimmt **I.** *a* **1.** *(festgelegt)* stabilito; *(a. Zeitpunkt, Preis)* fissato; **2.** *gram (Artikel)* determinato; **3.** *(entschieden)* deciso, risoluto, fermo; **4.** *(gewiß)* certo; **5.** *(zugedacht)* destinato (*für* a), previsto (*für* per); **II.** *adv (sicherlich)* certamente, di certo, senz'altro; *(wahrscheinlich)* probabilmente; **ich werde es ganz ~ tun** lo farò di sicuro. **Bestimmtheit** ‹-, ø› *f* **1.** *(Sicherheit)* certezza *f;* **2.** *(Entschiedenheit)* fermezza *f.*
Bestimmung ‹-, -en› *f* **1.** *(Vorschrift)* disposizione *f,* norma *f; (Vertrags~)*

convenzione *f;* **2.** *(Verwendungszweck)* scopo *m,* fine *m;* **3.** *(Schicksal)* destino *m,* sorte *f;* **4.** *gram* complemento *m;* **5.** ‹*sing*› *(Bestimmen)* stabilire *m; (Festlegen)* fissare *m; (Begriffs~)* definizione *f; (von Pflanzen)* classificazione *f; (Ernennung)* designazione *f; (Beeinflussung)* influsso *m,* influenza *f.* **Bestimmungsort** *m* (luogo *m* di) destinazione *f.*

Bestleistung *f* prestazione *f* migliore, primato *m,* record *m.* **bestmöglich** ['bɛst'mø:klɪç] **I.** *a* il (la) miglior possibile; **II.** *adv* nel migliore dei modi.

Best.-Nr. *ab von* **Bestellnummer** numero *m* di ordinazione.

bestrafen ‹*ohne ge-*› *tr* punire.

Bestrafung ‹-, -en› *f* punizione *f.*

bestrahlen ‹*ohne ge-*› *tr* illuminare; *med* curare con i raggi; *phys* irradiare.

Bestrahlung *f* irradiazione *f; (med a.)* cura *f* dei raggi.

Bestreben *n* sforzo *m,* premura *f,* aspirazione *f.*

bestrebt *a:* ~ **sein, etw. zu tun** cercare (*o* sforzarsi) di fare qc.

bestreichen ‹*irr, ohne ge-*› *tr* spalmare (*mit* di); **mit Butter** ~ imburrare.

bestreiken ‹*ohne ge-*› *tr (Betrieb)* scioperare in.

bestreiten ‹*irr, ohne ge-*› *tr* **1.** *(streitig machen)* contestare, confutare; **2.** *(abstreiten)* negare, smentire; **3.** *(Kosten)* sostenere, provvedere a; *(Unterhalt)* far fronte (*etw.* a qc); **die Unterhaltung** ~ sostenere la conversazione.

bestreuen ‹*ohne ge-*› *tr:* **etw. mit Sand** *etc.* ~ spargere sabbia *etc.* su qc; **etw. mit Salz/Zucker/Mehl** ~ cospargere qc di sale/zucchero/farina.

Bestseller ['bɛstzɛlɐ] ‹-s, -› *m* best seller *m.*

bestürmen ‹*ohne ge-*› *tr* assalire, dare l'assalto a; *fig* assediare, tempestare.

bestürzen ‹*ohne ge-*› *tr* costernare, sgomentare.

Bestürzung ‹-, ø› *f* costernazione *f,* sgomento *m.*

Bestzeit *f* tempo *m* migliore (*o* di record).

Besuch [bə'zu:x] ‹-(e)s, -e› *m (a. Besichtigung)* visita *f; (regelmäßiger)* frequenza *f; (Gast)* ospite *mf;* **auf** (*o* **zu**) ~ in visita.

besuchen ‹*ohne ge-*› *tr* fare visita a, andare a trovare; *(a. med, com)* visitare; *(häufig, eifrig)* frequentare; **die Schule** ~ frequentare la scuola.

Besucher(in) *m(f)* visitatore, -trice *m, f; (Gast)* ospite *mf; theat, film, etc.* spettatore, -trice *m, f.*

Besuchszeit *f* orario *m* delle visite.

betagt [bə'ta:kt] *a* attempato, anziano.

betätigen ‹*ohne ge-*› **I.** *tr* azionare; **II.** *rfl:* **sich** ~ *(sich beschäftigen)* svolgere un'attività, occuparsi; **sich politisch** ~ essere attivo in politica.

Betätigung ‹-, -en› *f* **1.** ‹*sing*› *tec* comando *m,* azionamento *m;* **2.** *(Beschäftigung)* attività *f,* occupazione *f.* **Betätigungsfeld** *n* campo *m* d'attività.

betäuben [bə'tɔybən] ‹*ohne ge-*› *tr (durch Lärm)* assordare, stordire; *(Schmerz, Gefühl)* attenuare, attutire; *(Gewissen)* far tacere; *med* anestetizzare, narcotizzare.

Betäubung ‹-, -en› *f (a. fig)* stordimento *m; med* anestesia *f,* narcosi *f.* **Betäubungsmittel** *n* narcotico *m,* anestetico *m.*

beteiligen [bə'tailɪgən] ‹*ohne ge-*› **I.** *tr* far partecipare (*an* a), (co)interessare (*an* a); *(finanziell)* interessare, associare; **II.** *rfl:* **sich** ~ partecipare (*an* a), prender parte (*an* a). **Beteiligte** ‹ein -r, -n, -n› *mf* partecipante *mf; (Teilhaber)* interessato, -a *m, f; (an Verbrechen)* complice *mf.*

Beteiligung ‹-, -en› *f* partecipazione *f* (*an* a); *com* interessenza *f* (*an* a); *(Mitwirkung)* collaborazione *f,* cooperazione *f; (an Verbrechen)* complicità *f.*

beten ['be:tən] **I.** *itr* dire le preghiere, pregare; **zu Gott** ~ pregare Dio; **II.** *tr (Gebet)* dire, recitare.

beteuern [bə'tɔyɐn] ‹*ohne ge-*› *tr (Unschuld)* affermare; *(Liebe)* dichiarare.

Bethlehem ['be:tlehɛm] *n* Betlemme *f.*

betiteln ‹*ohne ge-*› *tr (Werk)* intitolare, dare un titolo a; *(Menschen)* chiamare, dare del ... a *fam.*

Beton [be'tɔŋ *o* bə'tõ: *o* be'to:n] ‹-s, -s› *m* calcestruzzo *m.*

betonen [bə'to:nən] ‹*ohne ge-*› *tr* accentare, porre l'accento su; *(hervorheben)* accentuare, sottolineare, mettere in rilievo; *(sagen)* insistere su.

betonieren [beto'ni:rən] ‹*ohne ge-*› *tr* betonare.

Betonmischmaschine *f* betoniera *f,* impastatrice *f* per calcestruzzo.

betont I. *a* marcato, accentuato; **II.** *adv* marcatamente.

Betonung ‹-, -en› *f (von Wort)* accentazione *f; (Akzent)* accento *m; (Hervorhebung, Gewicht)* rilievo *m,* risalto *m; (Beteuerung)* enfasi *f.*

betören [bə'tø:rən] ‹*ohne ge-*› *tr (bezaubern)* incantare, affascinare; *(verführen)* sedurre.

betr. *ab von* **betreffend** ogg. (*ab von* oggetto).

Betracht [bə'traxt] ‹-(e)s, ø› *m:* **etw. außer ~ lassen** non tener conto di qc; **in ~ kommen** essere in questione, interessare; **etw. in ~ ziehen** prendere in considerazione qc, tener conto di qc.

betrachten ‹*ohne ge-*› *tr* **1.** *(ansehen)* guardare, contemplare; **2.** *(halten für)* ritenere, considerare (*als* come); **genau**

betrachtet tutto sommato (*o* considerato).
Betrachter(in) ‹-s, -› *m(f)* spettatore, -trice *m, f.*
beträchtlich [bəˈtrɛçtlɪç] *a* considerevole, rilevante, notevole.
Betrachtung ‹-, -en› *f* **1.** *(Ansehen)* contemplazione *f,* osservazione *f; (Prüfen)* esame *m;* **2.** *(Überlegung)* considerazione *f,* riflessione *f;* **~en anstellen** riflettere; **bei näherer ~** a un esame più attento.
Betrag [bəˈtraːk] ‹-(e)s, ⸚e› *m* importo *m,* somma *f;* **im ~ von** dell'importo di; **~ erhalten** *(Quittungsformel)* per quietanza.
betragen ‹*irr, ohne ge-*› **I.** *itr* essere di, ammontare a; **II.** *rfl:* **sich ~** comportarsi. **Betragen** ‹-s, ø› *n* comportamento *m; (a. im Schulzeugnis)* condotta *f.*
betreffen ‹*irr, ohne ge-*› *tr* concernere, riguardare; **betrifft** *(im Brief)* oggetto; **was das betrifft** in quanto a ciò; **was mich betrifft** per quanto mi concerne; **das betrifft mich nicht** ciò non mi riguarda. **betreffend** *a* (*ab* **betr.**) in questione; **~ Ihren Brief vom ...** in riferimento alla Sua (lettera) del ...
betreiben ‹*irr, ohne ge-*› *tr (Beruf, etc.)* esercitare; *(Geschäft)* condurre; *(Politik)* fare; *(Studien)* proseguire.
betreten[1] ‹*irr, ohne ge-*› *tr (Raum)* entrare, mettere piede in; *(Rasen)* calpestare; **B~ verboten!** vietato l'ingresso; **B~ des Rasens verboten!** è proibito calpestare il prato.
betreten[2] *a fig (verlegen)* imbarazzato, confuso.
betreuen [bəˈtrɔyən] ‹*ohne ge-*› *tr* curare, aver cura di; *(beaufsichtigen)* sorvegliare, controllare; *(leiten)* occuparsi di.
Betreuer(in) ‹-s, -› *m(f) (von Kindern, Gruppen)* accompagnatore, -trice *m, f; (von Alten, Kranken)* assistente *mf; (von Sportlern)* allenatore, -trice *m, f.*
Betreuung ‹-, ø› *f* assistenza *f.*
Betrieb [bəˈtriːp] *m* **1.** *(Firma)* azienda *f; (a. Handwerks~)* impresa *f;* **2.** *(Tätigkeit)* attività *f; (von Maschine)* funzionamento *m,* esercizio *m;* **3.** *(Betriebsamkeit)* movimento *m; (Verkehr)* traffico *m,* movimento *m;* **landwirtschaftlicher ~** azienda agricola; **außer ~** fuori esercizio (*o* servizio); *(nicht betriebsfähig)* in panna. **Betriebsangehörige** *mf* dipendente *mf* d'azienda. **Betriebsausflug** *m* gita *f* aziendale. **betriebsblind** *a pej* che non vede i difetti nel proprio ambito professionale. **betriebseigen** *a* (di proprietà) dell'azienda. **Betriebsferien** ‹*pl*› ferie *f pl* annuali, chiusura *f* annuale. **betriebsintern** *a, adv* all'interno dell'azienda. **Betriebsklima** *n* ambiente *m* di lavoro. **Betriebskosten** ‹*pl*› spese *f pl* d'esercizio. **Betriebsnudel** *f scherz fam* anima *f* della compagnia. **Betriebsprüfung** *f* revisione *f* della contabilità aziendale, verifica *f* dei conti. **Betriebsrat** *m (Gremium)* consiglio *m* di fabbrica, commissione *f* interna. **Betriebsrat** *m,* **-rätin** *f,* **Betriebsratsmitglied** *n* consigliere, -a *m, f* di fabbrica, (donna *f*) membro *m* della commissione interna. **Betriebsunfall** *m* infortunio *m* sul lavoro. **Betriebsversammlung** *f* riunione *f* aziendale. **Betriebswirt(in)** *m(f)* specialista *mf* di economia aziendale. **Betriebswirtschaft** *f* economia *f* aziendale.
betrinken ‹*irr, ohne ge-*› *rfl:* **sich ~** ubriacarsi.
betroffen [bəˈtrɔfən] *a* **1.** *(in Frage kommend)* interessato, in questione; **2.** *(Reaktion, Schweigen)* compreso, sbigottito; *(Blick)* turbato. **Betroffene** ‹ein -r, -n, -n› *mf* vittima *f.* **Betroffenheit** ‹-, ø› *f* sbigottimento *m,* turbamento *m.*
betrüben ‹*ohne ge-*› *tr* rattristare, affliggere. **betrüblich** *a* triste, doloroso; *(bedauerlich)* spiacevole. **betrübt** *a* triste, afflitto.
Betrug *m* inganno *m,* imbroglio *m; (Täuschung)* frode *f,* truffa *f; (im Spiel)* barare *m; jur* dolo *m.*
betrügen ‹*irr, ohne ge-*› *tr (a. in der Liebe)* ingannare; *(geschäftlich)* truffare, frodare (*jdn um etw.* qc a qu); *(im Spiel)* barare.
Betrüger(in) ‹-s, -› *m(f) (geschäftlich)* imbroglione, -a *m, f,* impostore, -a *m, f; (im Spiel)* baro, -a *m, f; (Hochstapler)* truffatore, -trice *m, f.*
betrügerisch *a (Mensch)* ingannatore, imbroglione; *(Praktiken, a. jur)* doloso, fraudolento.
betrunken *a* ubriaco. **Betrunkene** ‹ein -r, -n, -n› *mf* ubriaco, -a *m, f.*
Bett [bɛt] ‹-(e)s, -en› *n* **1.** *(zum Schlafen)* letto *m; (~decke)* coperta *f;* **2.** *(Fluß~)* letto *m,* alveo *m;* **zu ~ bringen** mettere a letto; **zu** (*o* **ins**) **~ gehen** andare a letto; **mit jdm ins ~ gehen** *fig* andare a letto con qu; **im ~** a letto. **Bettbezug** *m* biancheria *f* da letto. **Bettcouch** *f* divano-letto *m.* **Bettdecke** *f* coperta *f* da letto.
bettelarm [ˈbɛtəlˈʔarm] *a* poverissimo, povero in canna *fam.*
Bettelei [bɛtəˈlai̯] ‹-, *rar* -en› *f* mendicità *f,* accattonaggio *m.*
Bettelmönch *m* frate *m* mendicante (*o* questuante).
betteln [ˈbɛtəln] *itr* **1.** *(um Geld)* mendicare (*um etw.* qc), chiedere l'elemosina; **2.** *(bitten)* chiedere insistentemente.
betten **I.** *tr (legen)* mettere (a letto); *(Verletzten)* adagiare; *(Kopf)* appog-

giare; **II.** *rfl:* **sich ~** stendersi, coricarsi; **wie man sich bettet, so liegt man** *prov* ciascuno è artefice della propria fortuna *prov.*

Bettgestell *n* lettiera *f.* **Betthupferl** [-hʊpfɐl] ‹-s, -› *n* dolcetto *m* della buona notte. **bettlägerig** [-lɛ:gərɪç] *a* costretto a letto. **Bettlägerigkeit** ‹-, ø› *f* stare *m* a letto per malattia. **Bettlaken** *n* lenzuolo *m.* **Bettlektüre** *f* lettura *f* prima di addormentarsi.

Bettler(in) ['bɛtlɐ (...ərɪn)] ‹-s, -› *m(f)* mendicante *mf,* accattone, -a *m, f.*

Bettnässen ‹-s, ø› *n* enuresi *f* notturna. **Bettnässer(in)** ‹-s, -› *m(f)* affetto, -a *m, f* da enuresi. **bettreif** *a* stanco morto *fam.* **Bettruhe** *f* riposo *m* a letto. **Bettschwere** ‹-, ø› *f fam:* **die nötige ~ haben/bekommen** essersi conciliato/conciliarsi lo stato di sonnolenza.

Bettuch *s.* **Bettlaken.**

Bettwäsche *f* biancheria *f* da letto. **Bettzeug** *n* lenzuola *f pl* e coperte *f pl.*

betucht [bə'tu:xt] *a fam* agiato, abbiente.

beugen ['bɔygən] **I.** *tr* piegare; *gram* flettere; **II.** *rfl:* **sich ~** piegarsi; *(sich ver~)* chinarsi (*vor* davanti a, di fronte a, *zu* su, verso); *(sich unterwerfen)* sottomettersi.

Beugung ‹-, -en› *f* **1.** *(von Körper, etc.)* piegamento *m,* flessione *f; (Krümmung)* incurvamento *m;* **2.** *gram* flessione *f.*

Beule ['bɔylə] ‹-, -n› *f (Schwellung)* gonfiore *m,* rigonfiamento *m; (Delle)* ammaccatura *f.*

beunruhigen [bə'ʔʊnru:ɪgən] ‹*ohne ge-*› **I.** *tr* inquietare; **II.** *rfl:* **sich ~** inquietarsi (*über* per), preoccuparsi (*über* di, per).

Beunruhigung ‹-, -en› *f* inquietudine *f.*

beurkunden ‹*ohne ge-*› *tr (schriftlich)* certificare, attestare; *(urkundlich belegen)* comprovare, certificare con documento; **~ lassen** far autenticare.

beurlauben ‹*ohne ge-*› *tr* **1.** *(Urlaub geben)* mandare in congedo (*o* licenza); **2.** *(suspendieren: Beamten)* sospendere (temporaneamente).

beurteilen ‹*ohne ge-*› *tr* giudicare; *(abschätzen)* stimare, valutare.

Beurteilung ‹-, -en› *f* giudizio *m; (Kritik)* critica *f.*

Beute ['bɔytə] ‹-, ø› *f allg., mil* bottino *m; (Raub)* rapina *f; (von Raubtieren)* preda *f; (Fang)* cattura *f; naut* preda *f,* cattura *f; fig (Opfer)* vittima *f.*

Beutel ['bɔytəl] ‹-s, -› *m* **1.** *(Tasche, a. Trage~)* borsa *f,* sacchetto *m; (Geld~)* borsellino *m; (zur Verpackung)* sacchetto *m; (Tabaks~)* borsa *f; (Tee~)* bustina *f;* **2.** *zoo* marsupio *m.*

bevölkern [bə'fœlkɐn] ‹*ohne ge-*› *tr* popolare.

Bevölkerung ‹-, *rar* -en› *f* **1.** ‹*sing*› *(Besiedlung)* popolamento *m;* **2.** *(Einwohner)* popolazione *f,* abitanti *m pl;* **eingesessene ~** indigeni *m pl.* **Bevölkerungsdichte** *f* densità *f* di popolazione. **Bevölkerungsexplosion** *f* esplosione *f* demografica. **Bevölkerungszahl** *f* numero *m* degli abitanti. **Bevölkerungszunahme** *f* incremento *m* demografico.

bevollmächtigen [bə'fɔlmɛçtɪgən] ‹*ohne ge-*› *tr* dare la procura (*o* il mandato) a; *com* conferire una procura a; *(ermächtigen)* autorizzare. **Bevollmächtigte** ‹ein -r, -n, -n› *mf* mandatario, -a *m, f; com* procuratore, -trice *m, f; pol* plenipotenziario, -a *m, f.*

bevor [bə'fo:ɐ̯] *con* prima che *conj,* prima di *inf.* **bevormunden** [-mʊndən] ‹*ohne ge-*› *tr* esercitare la tutela su; *fig* trattare come un bambino. **Bevormundung** ‹-, -en› *f* tutela *f.* **bevor·stehen** ‹*irr*› *itr* essere imminente; **ihm steht eine Überraschung bevor** lo attende (*o* aspetta) una sorpresa. **bevorzugen** [-tsu:gən] ‹*ohne ge-*› *tr* preferire, prediligere; *(begünstigen)* favorire. **Bevorzugung** ‹-, -en› *f* preferenza *f,* predilezione *f.*

bewachen ‹*ohne ge-*› *tr* sorvegliare, custodire; **bewachter Parkplatz** posteggio custodito (*o* a pagamento).

bewachsen *a* ricoperto (*mit* di).

Bewachung ‹-, -en› *f* custodia *f,* sorveglianza *f.*

bewaffnen [bə'vafnən] ‹*ohne ge-*› *tr* armare (*mit* di), equipaggiare (*mit* di). **bewaffnet** *a* armato; *(Überfall)* a mano armata.

Bewaffnung ‹-, -en› *f* **1.** ‹*sing*› *(Vorgang)* armamento *m;* **2.** *(Waffen)* armi *f pl.*

bewahren ‹*ohne ge-*› *tr* **1.** *(schützen)* proteggere (*vor* da), preservare (*vor* da); **2.** *(auf~)* custodire; **3.** *(erhalten, nicht verlieren)* conservare, mantenere; **etw. in guter Erinnerung ~** avere un buon ricordo di qc; **(Gott) bewahre!** Dio ce ne guardi!

bewähren [bə'vɛ:rən] ‹*ohne ge-*› *rfl:* **sich ~** dare buona prova; **sich nicht ~** non resistere alla prova.

bewahrheiten ‹*ohne ge-*› *rfl:* **sich ~** risultare vero, avverarsi.

bewährt *a* **1.** *(Methode, Produkt, etc.)* sperimentato, provato; **2.** *(Mitarbeiter)* esperto.

Bewährung ‹-, -en› *f* prova *f; jur* (sospensione *f*) condizionale *f.* **Bewährungsfrist** *f jur* periodo *m* di prova (*o* di sospensione) condizionale della pena. **Bewährungshelfer(in)** *m(f)* persona *f* che assume la tutela di un condannato durante la sospensione della pena.

bewältigen [bə'vɛltɪgən] ‹*ohne ge-*› *tr*

1. *(Arbeit)* venire a capo di, portare a compimento; 2. *(Schwierigkeit)* superare; 3. *(Strecke)* compiere.
bewandert [bəˈvandɐt] *a (Mensch)* versato (*in* in), esperto (*in* di).
Bewandtnis [bəˈvantnɪs] ‹-, -se› *f*: **damit hat es folgende ~** la cosa sta così.
bewässern ‹*ohne ge-*› *tr* irrigare.
Bewässerung ‹-, -en› *f* irrigazione *f*.
bewegen[1] [bəˈveːgən] ‹*ohne ge-*› **I.** *tr* 1. *(regen, fort~)* muovere; *(a. fig)* agitare; 2. *(in Gang bringen, bes. tec)* azionare, mettere in moto (*o* in movimento *o* in azione); 3. *fig* commuovere, toccare; *(erregen)* agitare, eccitare, irritare; **II.** *rfl:* **sich ~** muoversi; *(Fahrzeug, etc.)* mettersi in moto; *(sich fort~)* far moto, spostarsi; *(Preise)* aggirarsi; **sich frei ~ können** avere libertà di movimento; **sich nicht von der Stelle ~** non muoversi, restare sul posto; **in den Verhandlungen bewegt sich nichts** le trattative stagnano (*o* sono in fase di stasi).
bewegen[2] [bəˈveːgən] ‹bewegt, bewog, bewogen› *tr (zu einem Entschluß bringen)* spingere (*zu* a).
Beweggrund *m* motivo *m*, motivazione *f*; *jur* movente *m*.
beweglich *a* 1. *(Sache)* mobile, movibile; *(transportierbar)* trasportabile, ambulante; *jur* mobile; 2. *(Mensch: gelenkig, flexibel)* flessibile, agile; *(geistig)* vivo, vivace, versatile; *(Geist)* vivo, vivace, attivo; 3. *tec* articolato. **Beweglichkeit** ‹-, ø› *f* 1. *(von Gegenstand)* mobilità *f*; 2. *(Gelenkigkeit)* agilità *f*; *(Flexibilität a.)* flessibilità *f*; *(geistig)* vivacità *f*, versatilità *f*.
bewegt *a* 1. *(unruhig: Wasser, See)* mosso, agitato; *(Zeit, Leben)* movimentato, agitato; 2. *(gerührt)* commosso.
Bewegung ‹-, -en› *f* 1. *(Regung, Fort~, a. pol, soc)* movimento *m*; *(Hand~)* gesto *m*; *phys, tec* moto *m*; 2. *(Unruhe)* agitazione *f*; 3. *(Ergriffenheit)* emozione *f*, commozione *f*; **in ~** in movimento (*o* in moto); **bei der geringsten ~** al minimo gesto; **keine ~!** fermo! nessun movimento! **Bewegungsfreiheit** *f* libertà *f* di movimento; *fig* libertà *f* di azione (*o* di manovra). **bewegungslos** *a* immobile, immoto.
Beweis [bəˈvais] ‹-es, -e› *m* prova *f*; *mat, philos* dimostrazione *f*; *(~stück)* documento *m* probatorio; *(Zeichen)* testimonianza *f*, segno *m*; **etw. unter ~ stellen** dare (*o* fare) prova di qc; **als** (*o* **zum**) **~ für** a prova di. **Beweisaufnahme** *f* istruzione *f* probatoria.
beweisen ‹*irr, ohne ge-*› *tr* provare; *(a. mat)* dimostrare; *(zeigen)* dare prova di, mostrare, manifestare.
beweiskräftig *a* probativo, probante, convincente.
bewerben ‹*irr, ohne ge-*› *rfl:* **sich ~** aspirare (*um* a); *(um Amt, Stelle)* far domanda (*um* per), concorrere (*um* a).
Bewerber(in) ‹-s, -› *m(f)* aspirante *mf*; *(um Stelle)* concorrente *mf*; *(Freier)* pretendente *m*.
Bewerbung *f* aspirazione *f*; *(um Stelle)* concorso *m*; *(~sschreiben)* domanda *f* d'impiego. **Bewerbungsunterlagen** *f pl* documenti *m pl* allegati alla domanda di concorso.
bewerfen ‹*irr, ohne ge-*› *tr (Fassade)* coprire (*mit* di); **jdn/etw. mit Steinen/Schmutz ~** gettare sassi/sporcizia contro qu/qc.
bewerkstelligen [bəˈvɛrkʃtɛlɪgən] ‹*ohne ge-*› *tr* effettuare, realizzare, attuare.
bewerten ‹*ohne ge-*› *tr* valutare, stimare; *(in Schule)* dare un voto a; *(a. sport)* classificare.
Bewertung *f* stima *f*, valutazione *f*; *(in Schule)* voto *m*; *sport* graduatoria *f*.
bewilligen [bəˈvɪlɪgən] ‹*ohne ge-*› *tr (Urlaub, fin, allg.)* accordare, concedere; *(Antrag)* accogliere, accettare; *adm, parl* approvare.
Bewilligung ‹-, -en› *f* concessione *f*; *(von Antrag)* accettazione *f*; *adm, parl* approvazione *f*.
bewirken ‹*ohne ge-*› *tr* 1. *(verursachen)* causare, provocare; 2. *(erreichen)* raggiungere, ottenere.
bewirten ‹*ohne ge-*› *tr* invitare a (*mit etw.* qc); *(zu Hause)* ospitare; *(als Kellner)* servire.
bewirtschaften ‹*ohne ge-*› *tr* 1. *agr* coltivare, lavorare; 2. *(Betrieb)* amministrare, dirigere; *(Gaststätte)* gestire.
Bewirtung ‹-, ø› *f (das Bewirten)* servizio *m*, servire *m*; *(Essen und Getränke)* mangiare *m* e bere *m*.
bewog [bəˈvoːk] *imp von* **bewegen**[2].
bewogen [bəˈvoːgən] *pp von* **bewegen**[2].
bewohnen ‹*ohne ge-*› *tr* abitare (in).
Bewohner(in) ‹-s, -› *m(f)* abitante *mf*; *(von Haus)* inquilino, -a *m, f*.
bewölken [bəˈvœlkən] ‹*ohne ge-*› *rfl:* **sich ~** *(a. fig)* (r)annuvolarsi. **bewölkt** *a* nuvoloso, rannuvolato.
Bewölkung ‹-, ø› *f* nuvolosità *f*.
Bewunderer(in) ‹-s, -› *m(f)* ammiratore, -trice *m, f*.
bewundern ‹*ohne ge-*› *tr* ammirare. **bewundernswert** *a* ammirevole.
Bewunderung ‹-, ø› *f* ammirazione *f*.
bewußt [bəˈvʊst] **I.** *a* 1. *philos, psych* cosciente; 2. *(Leben)* consapevole, cosciente; *(Mensch)* conscio, consapevole; 3. *(bekannt, besagt)* in questione; 4. *(absichtlich)* intenzionale, voluto; **sich** *(dat)* **einer S.** *(gen)* **~ sein** aver coscienza di qc; **am ~en Tag** quel certo giorno; **II.** *adv* 1. *(wissend, überlegt)* consapevolmente, coscientemente;

2. *(absichtlich)* di proposito, apposta, con intenzione. **bewußtlos** *a* privo di sensi, svenuto; ~ **werden** perdere la conoscenza (*o* i sensi), svenire. **Bewußtlosigkeit** ‹-, ø› *f* svenimento *m*. **bewußt·machen** *tr:* **jdm etw.** ~ rendere cosciente qu di qc. **Bewußtsein** *n* coscienza *f; (Wissen a.)* consapevolezza *f;* **jdm etw. zum** ~ **bringen** rendere qu cosciente di qc; **wieder zu(m)** ~ **kommen** riprendere i sensi; **das** ~ **verlieren** perdere la conoscenza, svenire; **bei vollem** ~ in piena coscienza; **es kam mir zum** ~ me ne resi conto.

bezahlen ‹*ohne ge-*› *tr* **1.** *(a. fig)* pagare; *(Rechnung, Schuld)* regolare, saldare, liquidare; **2.** *(entlohnen)* rimunerare, retribuire, compensare; **sich bezahlt machen** valere la pena, convenire; **bitte** ~**!** il conto, per favore!

Bezahlung *f* **1.** *(Bezahlen)* pagamento *m; (von Rechnung)* saldo *m*, liquidazione *f*, rimborso *m;* **2.** *(Lohn)* rimunerazione *f*, retribuzione *f*, compenso *m*.

bezaubern ‹*ohne ge-*› *tr* incantare, affascinare. **bezaubernd** *a* affascinante, incantevole.

bezeichnen ‹*ohne ge-*› *tr* **1.** *(kennzeichnen)* (contras)segnare; *(mit Zeichen a.)* marcare; **2.** *(benennen, bedeuten)* denominare, designare; **3.** *(nennen)* chiamare (*als etw.* qc), definire (*als* come). **bezeichnend** *a* significativo, caratteristico, tipico.

Bezeichnung *f* **1.** *(Zeichen)* contrassegno *m*, marcatura *f; (a. mat, mus)* segno *m;* **2.** *(Ausdruck)* denominazione *f*, designazione *f*, nome *m;* **3.** *(Benennung)* qualifica *f* (*als* di); **4.** *(Angabe)* indicazione *f*.

bezeugen ‹*ohne ge-*› *tr* testimoniare di (*o* su), attestare.

bezichtigen [bəˈt͜sɪçtɪgən] ‹*ohne ge-*› *s.* **beschuldigen.**

beziehen ‹*irr, ohne ge-*› **I.** *tr* **1.** *(überziehen, bedecken)* ricoprire (*mit* di), rivestire (*mit* di); *(Bett)* cambiare le lenzuola di; *(Kopfkissen)* mettere una federa a; **2.** *(Wohnung, Haus)* andare ad abitare in, entrare in; **3.** *(bekommen)* percepire, riscuotere; *(Ware)* acquistare; *(Zeitung)* essere abbonato a; **etw. auf etw.** ~ riferire qc a qc; **II.** *rfl:* **sich** ~ *(Himmel)* coprirsi, rannuvolarsi; **sich auf etw.** ~ *(a. gram)* riferirsi a qc; *(Sache)* concernere qc, riguardare qc.

Beziehung *f* **1.** *(Zusammenhang)* relazione *f* (*zwischen* fra), rapporto *m* (*zwischen* fra); **2.** *(Verhältnis, a. mat, philos)* rapporto *m* (*zu* con), relazione *f* (*zu* con); *(Liebes~)* relazione *f* (amorosa); **3.** ‹*pl*› *(Verbindungen)* relazioni *f pl*, appoggi *m pl;* **4.** *(Hinsicht)* riguardo *m*, aspetto *m;* **(diplomatische)** ~**en unterhalten mit** intrattenere relazioni (diplomatiche) con; **ich habe keine** ~ **zur modernen Kunst/Musik** l'arte/la musica moderna non mi dice niente. **beziehungslos** *a* incoerente, senza connessione (*o* legame). **beziehungsweise** *con* (*ab* **bzw.**) **1.** *(im anderen Fall)* rispettivamente; **2.** *(oder aber)* o, oppure; **3.** *(besser gesagt)* o meglio.

Bezirk [bəˈt͜sɪrk] ‹-(e)s, -e› *m (Verwaltungs~)* distretto *m*, circoscrizione *f; (Gebiet)* zona *f*, regione *f; (Stadt~)* quartiere *m*, rione *m*.

Bezug *m* **1.** *(Überzug)* rivestimento *m*, guarnizione *f; (Hülle)* fodera *f; (Kissen~)* federa *f; (Bett~)* coperta *f;* **2.** *(Erhalt)* percezione *f*, esazione *f*, riscossione *f; (von Waren)* acquisto *m; (von Zeitung)* abbonamento *m;* **3.** ‹*pl*› *(Einkommen)* entrate *f pl*, reddito *m; (Gehalt)* stipendio *m; (Lohn)* salario *m*, paga *f;* **4.** *(Zusammenhang) s.* **Beziehung 1.; auf etw.** ~ **nehmen** riferirsi a qc; **den** ~ **zur Wirklichkeit verlieren** perdere il contatto con la realtà; **bei** ~ **von** *com* acquistando; **in b~ auf** riguardo a, in relazione a.

bezüglich [bəˈt͜syːklɪç] **I.** *a* concernente (*auf etw.* qc); *gram* relativo; **II.** *prp gen* (*ab* **bzgl.**) per quanto riguarda, per quanto a.

Bezugsperson *f* persona *f* di riferimento.

bezwecken ‹*ohne ge-*› *tr* avere per scopo (*o* meta), mirare a, tendere a.

bezweifeln ‹*ohne ge-*› *tr* dubitare di, mettere in dubbio.

BGB [beːgeːˈbeː] ‹-(s), ø› *n ab von* **Bürgerliches Gesetzbuch** ≃ C.C. (*ab von* Codice Civile).

BH [beˈhaː] ‹-(s), -(s)› *m fam ab von* **Büstenhalter** reggiseno *m*.

Bhf. *ab von* **Bahnhof** staz. (*ab von* stazione).

Bibel [ˈbiːbəl] ‹-, -n› *f:* **die** ~ la Bibbia, la Sacra scrittura; *fig* la bibbia, il Vangelo. **bibelfest** *a* ferrato in materia di Bibbia.

Biber [ˈbiːbɐ] ‹-s, -› *m (a. Pelz)* castoro *m*.

Bibliographie [bibliograˈfiː, ...iːən] ‹-, -n› *f* bibliografia *f*.

Bibliothek [biblioˈteːk] ‹-, -en› *f* biblioteca *f*.

Bibliothekar(in) [...teˈkaːɐ̯ (...rɪn)] ‹-s, -e› *m(f)* bibliotecario, -a *m, f*.

biblisch [ˈbiːblɪʃ] *a* biblico.

bieder [ˈbiːdɐ] *a* bravo, onesto, probo; *pej* convenzionale, conservativo.

biegen [ˈbiːgən] ‹biegt, bog, gebogen› **I.** *tr* ‹*haben*› piegare; *(krümmen)* (in)curvare; *tec* centinare; **II.** *itr* ‹*sein*› (s)voltare (*um etw.* qc), girare (*um etw.* qc); **auf B~ oder Brechen** ad ogni costo; **III.** *rfl:* **sich** ~ piegarsi, curvarsi;

sich ~ vor Lachen sbellicarsi dalle risate.

biegsam *a* flessibile, pieghevole; *(Körper, Gelenke)* flessuoso.

Biegung ‹-, -en› *f (Krümmung)* piegamento *m; (Kurve)* curva *f,* svolta *f.*

Biel [bi:l] *n* Bienne *f.*

Biene ['bi:nə] ‹-, -n› *f* ape *f.* **Bienenhaus** *n* alveare *m.* **Bienenhonig** *m* miele *m* d'api. **Bienenkönigin** *f* ape *f* regina. **Bienenkorb** *m* arnia *f.* **Bienenstich** *m* **1.** *(von Biene)* puntura *f* d'ape; **2.** *(Gebäck) pasta lievitata con ripieno di crema e ricoperta da uno strato di mandorle finemente tritate.* **Bienenwachs** *n* cera *f* d'api.

Bier [bi:ɐ̯] ‹-(e)s, -e *o bei Mengenangabe* -› *n* birra *f.* **Bierbrauerei** *f* birrificio *m.* **Bierdeckel** *m,* **Bierfilz** *m* sottobicchiere *m.* **Bierflasche** *f* bottiglia *f* di birra. **Biergarten** *m* birreria *f* all'aperto. **Bierglas** *n* bicchiere *m* da birra. **Bierhefe** *f* lievito *m* di birra. **Bierkrug** *m* brocca *f* per la birra. **Bierzelt** *n* capannone *m* per la mescita di birra.

Biest [bi:st] ‹-(e)s, -er› *n fam pej* **1.** *(Tier)* bestia(ccia) *f;* **2.** *(Mensch)* carogna *f fam.*

bieten ['bi:tən] ‹bietet, bot, geboten› **I.** *tr* **1.** *(an~)* offrire; *(Gelegenheit)* presentare, offrire; **2.** *(geben)* dare, offrire; **3.** *(zeigen: Anblick)* presentare, offrire; *(Leistung)* dare; **4.** *(bei Versteigerungen)* fare un'offerta di; **II.** *itr (bei Versteigerung)* fare un'offerta (*auf* per); **höher ~ als jd** fare un'offerta maggiore di qu; **III.** *rfl:* **sich ~** offrirsi, presentarsi; **sich** *(dat)* **etw. ~ lassen** tollerare qc, sopportare qc; **das lasse ich mir nicht ~** questo non lo accetto.

Bigamie [biga'mi:, ...i:ən] ‹-, -n› *f* bigamia *f.*

Bikini [bi'ki:ni] ‹-s, -s› *m* bikini *m,* due pezzi *m.*

Bilanz [bi'lant͜s] ‹-, -en› *f (a. fig)* bilancio *m;* **die ~ ziehen** *(a. fig)* fare il bilancio.

bilateral [bilate'ra:l *o* 'bi:...] *a* bilaterale.

Bild [bɪlt] ‹-(e)s, -er› *n* **1.** *(a. fot, film, TV)* immagine *f; (Gemälde)* quadro *m,* dipinto *m; (Abbildung)* illustrazione *f; (a. auf Spielkarten)* figura *f; (Licht~)* fotografia *f;* **2.** *theat* quadro *m;* **3.** *(Sinn~)* simbolo *m; (Gleichnis)* parabola *f; (Metapher)* metafora *f;* **4.** *(Vorstellung)* idea *f;* **ein ~ des Jammers bieten** offrire (*o* presentare) una scena desolante; **im ~e sein** essere informato (*über* su, di), vederci chiaro; **sich** *(dat)* **ein ~ von etw. machen** farsi un'idea di qc; **du machst dir kein ~ davon** non puoi immaginartelo. **Bildband** ‹-(e)s, ¨-e› *m* volume *m* illustrato.

bilden ['bɪldən] **I.** *tr* **1.** *(gestalten)* formare, plasmare, modellare; **2.** *(schaffen)* creare; **3.** *gram (Wort, Satz)* formare, fare; **4.** *(zusammenstellen, organisieren)* costituire, comporre, combinare; **5.** *(Menschen)* educare, istruire; *(Geist, Verstand)* formare; **6.** *(darstellen, sein)* costituire, essere; **II.** *rfl:* **sich ~ 1.** *(entstehen)* formarsi, svilupparsi; **2.** *(Mensch)* farsi una cultura; *(lernen)* istruirsi. **bildend** *a* **1.** *(gestaltend)* formativo; **2.** *(belehrend, erzieherisch)* istruttivo, educativo; **die ~en Künste** le arti figurative.

Bilderbogen *m* foglio *m* illustrato. **Bilderbuch** *n* libro *m* illustrato. **Bilderbuchkarriere** *f* carriera *f* esemplare. **Bilderrahmen** *m* cornice *f.* **Bilderrätsel** *n* rebus *m.*

Bildfläche *f* piano *m* (dell'immagine); *film* schermo *m;* **auf der ~ erscheinen** *fig* apparire in scena. **bildhaft** *a* metaforico. **Bildhauer(in)** ‹-s, -› *m(f)* scultore, -trice *m, f.* **Bildhauerei** [-hau̯ərai̯] ‹-, ø› *f* scultura *f.* **bildhübsch** ['bɪlt'hʏpʃ] *a* bellissimo.

bildlich I. *a* figurato, simbolico, metaforico; **~er Ausdruck** espressione metaforica, metafora *f;* **~e Darstellung** figurazione *f;* **II.** *adv* in senso figurato (*o* metaforico), metaforicamente.

Bildmischer(in) ‹-s, -› *m(f)* tecnico *m* del missaggio. **Bildplatte** *f* videodisco *m.* **Bildplattenspieler** *m* riproduttore *m* di videodischi. **Bildröhre** *f* tubo *m* catodico. **Bildschirm** *m* schermo *m; TV* teleschermo *m.* **Bildschirmtext** *m* (*ab* **Btx**) Videotex® *m,* Videotel® *m.* **bildschön** ['bɪlt'ʃø:n] *a* bellissimo. **Bildstörung** *f* interferenza *f.*

Bildung ‹-, -en› *f* **1.** *(Vorgang, Zustand)* formazione *f; (Entwicklung)* sviluppo *m,* evoluzione *f; (Schaffung)* creazione *f,* costituzione *f; (Gründung)* fondazione *f;* **2.** *(Erziehung)* educazione *f,* cultura *f; (allgemeine ~)* cultura *f* generale; *(Wissen)* istruzione *f,* conoscenze *f pl.* **Bildungsbürgertum** *n* borghesia *f* culturale. **Bildungsgut** *n* bagaglio *m* culturale. **Bildungshunger** *m* sete *f* di cultura. **Bildungslücke** *f* lacuna *f* culturale. **Bildungsurlaub** *m* vacanze *f pl* culturali. **Bildungsweg** *m* corso *m* di studi; **der zweite ~** la via di formazione per adulti, le scuole superiori serali; **er hat sein Abitur auf dem zweiten ~ gemacht** ha conseguito la maturità frequentando le scuole superiori serali.

Billard ['bɪljart] ‹-s, -e› *n* biliardo *m.* **Billardkugel** *f* palla *f* da biliardo. **Billardtisch** *m* biliardo *m.*

Billet [bɪl'jɛt] ‹-(e)s, -s *o* -e› *n CH* biglietto *m.*

Billeteur [bɪljɛ'tø:ɐ̯] ‹-s, -e› *m,* **Billeteuse** [...'tø:zə] ‹-, -n› *f CH* bigliettaio, -a *m, f; (im Zug)* controllore *m.*

Billiarde [bɪˈli̯ardə] ‹-, -n› *f* quadrilione *m.*
billig [ˈbɪlɪç] *a* **1.** *(nicht teuer)* a buon mercato, modico; **2.** *fig (Ausrede, Trost)* magro; *(Trick)* meschino; *(Kleidung)* scadente; **3.** *(gerecht)* giusto.
billigen [ˈbɪlɪgən] *tr* approvare.
Billigung ‹-, ø› *f* approvazione *f,* accettazione *f.*
Billion [bɪˈli̯oːn] ‹-, -en› *f* bilione *m.*
Bimetall [ˈbiː-] *n* bimetallo *m.*
Bimsstein [ˈbɪms-] *m* pietra *f* pomice.
bin [bɪn] *pr von* **sein**[1].
binär [biˈnɛːɐ̯] *a* binario.
Binde [ˈbɪndə] ‹-, -n› *f* **1.** *med* benda *f; (Verband)* fasciatura *f; (Arm~)* fascia *f,* bracciale *m; (Augen~)* benda *f; (Monats~)* assorbente *m* (igienico); **2.** *(Band)* nastro *m,* fascia *f;* **sich** *(dat)* **einen hinter die ~ gießen** *fam* bere un bicchierino.
Bindegewebe *n* tessuto *m* connettivo. **Bindeglied** *n* anello *m* (*o* elemento *m*) di collegamento. **Bindehaut** *f* congiuntiva *f.* **Bindehautentzündung** *f* congiuntivite *f.*
binden ‹bindet, band, gebunden› **I.** *tr* **1.** *(zusammen~, a. chem, mus, ling)* legare; *(befestigen)* attaccare; *(Besen, Schleife)* fare; *(Krawatte)* fare il nodo a, annodare; *(Blumen)* fare un mazzo di; *(Buch)* rilegare; **2.** *gastr* far legare (*o* ispessire); **3.** *(Kräfte, Geldmittel, Menschen)* impegnare; **II.** *rfl:* **sich ~** *fig* impegnarsi (*jdm gegenüber* con qu), vincolarsi (*jdm gegenüber* con qu); **sich an jdn ~** legarsi a qu. **bindend** *a fig* impegnativo, vincolante; **~ sein** far legge (*o* testo).
Bindestrich *m* lineetta *f.* **Bindewort** ‹-(e)s, ¨-er› *n* congiunzione *f.*
Bindfaden *m* spago *m.*
Bindung ‹-, -en› *f* **1.** *(Beziehung)* legame *m* (*an* con); **2.** *(Verpflichtung)* obbligo *m* (*an* di), impegno *m* (*an* di); **3.** *(Ski~)* attacchi *m pl;* **4.** *chem* legame *m.*
binnen [ˈbɪnən] *prp dat o geh gen* entro, fra, nello spazio di. **Binnenhafen** *m* porto *m* interno (*o* fluviale). **Binnenmeer** *n* mare *m* interno. **Binnenschifffahrt** *f* navigazione *f* interna (*o* fluviale). **Binnensee** *m* lago *m* interno.
Binse [ˈbɪnzə] ‹-, -n› *f* giunco *m;* **in die ~n gehen** *fig fam* andare a monte (*o* rotoli *fam*). **Binsenwahrheit** *f* verità *f* lapalissiana.
Bio- [bio-] *(in Zusammensetzungen)* bio-. **Biochemie** [-çeˈmiː] *f* biochimica *f.* **biodynamisch** [-dyˈnaːmɪʃ] *a* biodinamico. **Biogemüse** [ˈbiːo-] *n* verdura *f* coltivata senza concimi chimici. **biogenetisch** [-geˈneːtɪʃ] *a* biogenetico.
Biographie [-grafiː, ...iːən] ‹-, -n› *f* biografia *f.*
biographisch [-ˈgraːfɪʃ] *a* biografico.
Biologe [-ˈloːgə] ‹-n, -n› *m,* **Biologin** [...gɪn] *f* biologo, -a *m, f.*
Biologie [-loˈgiː] ‹-, ø› *f* biologia *f.*
biologisch [-ˈloːgɪʃ] *a* biologico.
Biophysik [biofyˈziːk] *f* biofisica *f.* **Biorhythmus** [ˈbiːo-] *m* bioritmo *m.* **Biotechnik** [bioˈtɛçnɪk] *f* biotecnica *f.* **Biotop** [bioˈtoːp] ‹-s, -e› *n* biotopo *m.*
birgt [bɪrkt] *pr von* **bergen.**
Birke [ˈbɪrkə] ‹-, -n› *f* betulla *f.*
Birnbaum *m (a. Holz)* pero *m.*
Birne [ˈbɪrnə] ‹-, -n› *f* **1.** *(Frucht)* pera *f;* **2.** *el* lampadina *f;* **3.** *fam (Kopf)* zucca *f.*
birst [bɪrst] *pr von* **bersten.**
bis [bɪs] **I.** *prp, adv* fino, sino a; **~ jetzt** finora; **~ jetzt noch nicht** non ancora; **von Anfang ~ Ende** dal principio alla fine; **von ... ~** da ... a; **~ wann?** fino a quando?; **~ bald/gleich!** a presto/dopo!; **~ hier(her)** *(a. fig)* fin qui; **~ auf** *(außer)* tranne, eccetto, salvo; **~ zu** *(Reihenfolge)* fino a; **II.** *con (a.:* **~ daß)** finché, fino al momento in cui, fino a che.
Bisamratte [ˈbiːzam-] *f* topo *m* muschiato.
Bischof [ˈbɪʃɔf *o* ˈbɪʃoːf] ‹-s, ¨-e› *m* vescovo *m.*
bischöflich [ˈbɪʃœflɪç *o* ˈbɪʃøːf...] *a* vescovile.
Bischofsmütze *f* mitra *f.* **Bischofssitz** *m* sede *f* vescovile, vescovado *m.* **Bischofsstab** *m* pastorale *m.*
bisexuell [bizɛˈksu̯ɛl *o* ˈbiː...] *a* bisessuale.
bisher [bɪsˈheːɐ̯] *adv* finora, fino adesso; **~ noch nicht** non ancora. **bisherig** *a attr* finora; **der ~e Minister** il ministro in carica finora.
Biskuit [bɪsˈkviːt] ‹-(e)s, -s *o* -e› *n o m* biscotto *m.*
bislang [bɪsˈlaŋ] *s.* **bisher.**
Bison [ˈbiːzɔn] ‹-s, -s› *m* bisonte *m.*
biß [bɪs] *imp von* **beißen.**
Biß [bɪs] ‹Bisses, Bisse› *m* morso *m.*
bißchen [ˈbɪsçən] **I.** ‹*inv*› *a:* **ein ~ ...** un poco di ..., un po' di ...; **das ~ ...** quel po' di ...; **ein klein(es) ~ ...** un pochettino di ...; **kein ~ ..., nicht ein ~ ...** nemmeno un po' di ...; **II.** *adv:* **ein ~** un po'; **III.** *n:* **ein ~** un po'; **kein ~** nemmeno un po'.
Bissen [ˈbɪsən] ‹-s, -› *m (a. fig)* boccone *m.*
bissig *a* **1.** *(Hund)* mordace; **2.** *(Bemerkung)* pungente, caustico.
Bißwunde *f* morsicatura *f,* morso *m.*
bist [bɪst] *pr von* **sein**[1].
Bistum [ˈbɪstuːm] ‹-s, ¨-er› *n* episcopato *m; (Diözese)* diocesi *f.*
bisweilen [bɪsˈva̯ilən] *adv* talvolta, a volte, di tanto in tanto.
Bit [bɪt] ‹-(s), -(s)› *n* bit *m.*
bitte [ˈbɪtə] *interj* **1.** *(bittend, auffordernd)* per favore, per piacere, prego;

2. *(als Antwort auf danke)* prego; 3. *(fragend)* per favore, per piacere; 4. *(sarkastisch, wütend: na gut)* ecco, visto; ~ ~ **machen** *fam (Kind)* giungere le mani in segno di preghiera per chiedere qc; **(wie)** ~? come (ha detto)?; ~ **(, Sie wünschen)?** prego (, desidera)?; ~ **schön!** prego!; **ja** ~! si, prego.

Bitte ⟨-, -n⟩ *f (Wunsch)* preghiera *f; (Aufforderung, Anliegen)* domanda *f,* richiesta *f;* **ich habe eine ~ an Sie** vorrei chiederLe un favore.

bitten ⟨bittet, bat, gebeten⟩ *tr, itr* 1. *(Wunsch äußern)* pregare (*jdn, etw. zu tun* qu di fare qc); 2. *(fragen)* domandare (*jdn um etw.* qc a qu), chiedere (*jdn um etw.* qc a qu); **jdn dringend** (*o* **inständig** *o* **flehentlich)** ~ implorare qu, supplicare qu, scongiurare qu, sollecitare da qu (*um etw.* qc); **ich lasse** ~ fate passare; **ich bitte (Sie) darum** La prego; **darf ich** ~? *(zum Tanz)* posso invitarLa a questo ballo?; **darf ich (Sie) um das Salz** ~? per favore, mi passa il sale?; **wenn ich** ~ **darf** per favore.

bitter ['bɪtɐ] *a* 1. *(Geschmack)* amaro; 2. *fig* amaro; *(Ernst)* grande; *(Hohn, Spott)* crudele; *(Kälte, Frost)* pungente; *(Not)* duro; **etw.** ~ **nötig haben** avere assolutamente (*o* estremo) bisogno di qc; **es ist** ~ **kalt** fa un freddo terribile. **bitterböse** ['bɪtɐ'bø:zə] *a* molto adirato. **bitterernst** ['bɪtɐ'ʔɛrnst] *a* molto serio. **bitterlich** *adv* amaramente.

Bittschrift *f* supplica *f.*

Biwak ['bi:vak] ⟨-s, -s *o* -e⟩ *n* bivacco *m.*

bizarr [bi'tsar] *a* bizzarro, stravagante.

Bizeps ['bi:tsɛps] ⟨-es, -e⟩ *m* bicipite *m.*

blähen ['blɛ:ən] **I.** *tr* gonfiare; **II.** *itr* provocare meteorismo (*o* flatulenza); **III.** *rfl:* **sich** ~ *(a. fig)* gonfiarsi.

Blähungen *f pl* flatulenze *f pl.*

blamabel [bla'ma:bəl] *a* umiliante, vergognoso.

Blamage [...'ma:ʒə] ⟨-, -n⟩ *f* mortificazione *f,* vergogna *f.*

blamieren [...'mi:rən] ⟨*ohne ge-*⟩ **I.** *tr* far fare una brutta figura a, rendere ridicolo; **II.** *rfl:* **sich** ~ rendersi ridicolo, fare una brutta figura.

blanchieren [blã'ʃi:rən] ⟨*ohne ge-*⟩ *tr* sbollentare.

blank [blaŋk] *a* 1. *(glänzend)* lucido, lustro, luccicante; 2. *(sauber)* pulito; 3. *(rein: Hohn, Neid)* puro; ~ **sein** *fig fam* essere al verde (*o* in bolletta *fam*).

blanko ['blaŋko] ⟨*inv*⟩ *a* in bianco, allo scoperto. **Blankoscheck** *m* assegno *m* in bianco.

Blase ['bla:zə] ⟨-, -n⟩ *f* 1. *(Luft~)* bolla *f;* 2. *anat, med* vescica *f;* **sich** *(dat)* ~**n laufen** camminare fino a farsi venire le vesciche ai piedi.

Blasebalg ⟨-(e)s, ⸚e⟩ *m* soffietto *m,* mantice *m.*

blasen ['bla:zən] ⟨bläst, blies, geblasen⟩ *tr, itr* 1. *allg. (a. Glas)* soffiare; 2. *mus* s(u)onare.

Blasenentzündung *f* cistite *f.*

Bläser(in) ['blɛ:zɐ (...ərɪn)] ⟨-s, -⟩ *m(f)* 1. *mus* sonatore, -trice *m, f* (di strumento a fiato); 2. *tec* soffiatore, -trice *m, f.*

blasiert [bla'zi:ɐt] *a* blasé, indifferente, altezzoso.

Blasinstrument *n* strumento *m* a fiato. **Blaskapelle** *f,* **-orchester** *n* orchestra *f* di fiati.

Blasphemie [blasfe'mi:, ...i:ən] ⟨-, -n⟩ *f* bestemmia *f.*

blaß [blas] ⟨blasser *o rar* blässer, blasseste *o rar* blässeste⟩ *a* 1. *(Haut, Gesichtsfarbe)* pallido; 2. *(Farbe, Inschrift, etc.)* smorto, sbiadito; 3. *fig (schwach)* pallido; *(farblos: Schilderung)* incolore, scialbo; ~ **werden** impallidire; **vor Neid** ~ **werden** essere verde (*o* livido) d'invidia.

Blässe ['blɛsə] ⟨-, ø⟩ *f* pallore *m.*

bläst [blɛ:st] *pr von* **blasen.**

Blatt [blat] ⟨-(e)s, ⸚er⟩ *n* 1. *bot* foglia *f;* 2. *(Papier)* foglio *m; (Seite)* pagina *f;* 3. *(Zeitung)* giornale *m;* 4. *(Säge~)* lama *f; (Ruder~, Propeller~)* pala *f;* 5. *(Kartenspiel)* carta *f;* **ein gutes** ~ **haben** avere una buona combinazione di carte; **kein** ~ **vor den Mund nehmen** non avere peli sulla lingua; **ein unbeschriebenes** ~ **sein** *fig* essere un'incognita; **vom** ~ *mus* a prima vista; **das steht auf einem anderen** ~ è un'altra faccenda, è un altro paio di maniche *fam;* **das** ~ **hat sich gewendet** la situazione è cambiata.

blättern ['blɛtɐn] *itr* sfogliare (*in einem Buch* un libro).

Blätterteig *m* pasta *f* sfoglia.

Blattgold *n* oro *m* in foglie. **Blattgrün** *n* clorofilla *f.*

blau [blau] *a* 1. azzurro; *(marine~, Blut)* blu; *(himmelblau)* celeste; 2. *(Auge, Lippen)* livido; 3. *fig fam (betrunken)* sbronzo *fam;* ~**er Anton** *fam* tuta *f* blu (da meccanico); ~**es Auge** *fig* occhio livido (*o* pesto); ~**er Brief** *fam (von Schule) lettera che informa i genitori che il loro figlio (o la loro figlia) deve ripetere un anno;* ~**er Fleck** *med* livido *m;* **Forelle** ~ *gastr* trota al blu; ~ **anlaufen** illividire, diventare livido; ~ **färben** tingere di blu; **sein** ~**es Wunder erleben** avere una brutta sorpresa. **Blau** ⟨-(s), - *o fam* -s⟩ *n* blu *m;* **die Farbe** ~ il colore blu; **in** ~ **gekleidet** vestito di blu; *s. a. Blaue.* **blauäugig** [-ʔɔygɪç] *a* dagli occhi azzurri (*o* blu); *fig (naiv)* ingenuo, credulone. **Blaubeere** *f* mirtillo *m.* **blaublütig** [-bly:tɪç] *a* di sangue blu.

Blaue ⟨-n, ø⟩ *n:* **ins** ~ **hinein reden**

parlare a vanvera; **Fahrt ins ~** gita *f* senza meta; **das ~ vom Himmel versprechen** promettere mari e monti.

bläulich ['blɔylɪç] *a* bluastro, azzurrognolo.

Blaulicht *n* luce *f* lampeggiante. **blau·machen** *fam* **I.** *itr* stare a casa; *(in Schule)* far sega; **II.** *tr:* **den Montag ~** non andare a lavorare il lunedì. **Blausäure** *f* acido *m* cianidrico (*o* prussico). **Blaustrumpf** *m fig* bas bleu *f.*

Blazer ['ble:zɐ] ‹-s, -› *m* blazer *m.*

Blech [blɛç] ‹-(e)s, -e› *n* **1.** *(Material)* latta *f; (Weiß~)* lamiera *f* stagnata; *(von Auto)* lamiera *f;* **2.** *(Kuchen~)* piastra *f;* **3.** *fig fam (Quatsch)* sciocchezze *f pl.* **Blechbüchse** *f,* **-dose** *f* barattolo *m* di latta.

blechen *tr fam (bezahlen)* sborsare, pagare.

Blechinstrument *n* strumento *m* a fiato d'ottone. **Blechlawine** *f fam* fila *f* interminabile (di automezzi). **Blechnapf** *m* gamella *f.* **Blechschaden** *m* danni *m pl* alla carrozzeria.

Blei [blai̯] ‹-(e)s, -e› *n* **1.** *(Metall)* piombo *m;* **2.** *(Lot)* filo *m* a piombo, piombino *m; naut* sonda *f;* **das liegt wie ~ im Magen** è un mattone sullo stomaco.

Bleibe ['blai̯bə] ‹-, ø *o rar* -n› *f* **1.** *(Zuflucht)* rifugio *m;* **2.** *(Unterkunft)* alloggio *m,* dimora *f.*

bleiben ['blai̯bən] ‹bleibt, blieb, geblieben› *itr* ‹*sein*› **1.** *(nicht gehen, sich nicht ändern)* restare, rimanere; **2.** *(andauern)* permanere; **3.** *(beharren)* persistere (*bei* in); **4.** *(übrig~)* avanzare; **dabei ~, daß ...** rimanere intesi che ...; **gesund ~** stare bene, mantenersi sano; **bei der Wahrheit ~** attenersi al vero; **das bleibt abzuwarten** stiamo a vedere; **wo bleibt er nur?** dove sarà?; **wo bleibt mein Kaffee?** e il mio caffè?; **wo ist mein Hut geblieben?** dov'è andato a finire il mio cappello?; **dabei bleibt's!, es bleibt dabei!** siamo intesi!; **~ wir dabei!** restiamo così! **bleibend** *a* durevole, duraturo, permanente. **bleiben·lassen** ‹*irr*› *tr* lasciare stare, smettere; **laß das bleiben!** smettila!

bleich [blai̯ç] *a* smorto, smunto; *(blaß)* pallido; **~ werden** impallidire.

bleichen *tr* imbiancare; *(Haare)* ossigenare.

Bleichgesicht *n scherz* viso *m* pallido.

bleiern *a (a. fig)* di piombo.

bleifrei *a (Benzin)* senza piombo. **bleihaltig** [-haltɪç] *a* piombifero. **bleischwer** ['blai̯'ʃve:ɐ̯] *a fig* pesante come il piombo. **Bleistift** *m* matita *f,* lapis *m.* **Bleistiftspitzer** *m* appuntalapis *m,* temperalapis *m.*

Blende ['blɛndə] ‹-, -n› *f* **1.** *(Lichtschirm)* schermo *m,* paralume *m;* **2.** *fot* diaframma *m;* **3.** *(Mineral)* blenda *f.*

blenden ['blɛndən] *tr* **1.** *(blind machen, a. fig)* accecare; *(vorübergehend durch Licht, fig)* abbagliare; **2.** *fig (täuschen)* ingannare. **blendend** *a* **1.** *(Licht, etc.)* accecante, abbagliante; **2.** *fig* brillante; *fam (ausgezeichnet)* formidabile, eccezionale.

Blesse ['blɛsə] ‹-, -n› *f* macchia *f* bianca.

Blick [blɪk] ‹-(e)s, -e› *m* **1.** *(Blicken)* sguardo *m; (kurzer, rascher)* colpo *m* d'occhio; *(Augen, Augenausdruck)* occhiata *f;* **2.** *(An~, Aus~)* vista *f,* veduta *f;* **3.** *(Urteilsfähigkeit)* giudizio *m;* **böser ~** malocchio *m;* **einen ~ werfen auf** dare un'occhiata a; **auf den ersten ~** a prima vista, alla prima occhiata; **mit ~ auf** con vista su; **mit einem (*o* auf einen) ~** con un solo sguardo.

blicken *itr* guardare (*auf jdn, nach jdm* qu); **sich ~ lassen** farsi vedere; **tief ~ lassen** far capire tante cose.

Blickfang *m* attrazione *f,* richiamo *m.* **Blickkontakt** *m* contatto *m* visivo. **Blickpunkt** *m (Gesichtspunkt)* punto *m* di vista; **im ~ stehen** *fig* essere al centro dell'attenzione. **Blickwinkel** *m fig* angolatura *f.*

blieb [bli:p] *imp von* **bleiben.**

blies [bli:s] *imp von* **blasen.**

blind [blɪnt] **I.** *a* **1.** *(nicht sehend, a. fig)* cieco (*gegen, für* per); **2.** *(glanzlos)* opaco, appannato; **3.** *(Alarm)* falso; **~ werden** perdere la vista; **~er Passagier** passeggero clandestino; **II.** *adv s.* **blindlings.**

Blinddarm *m* intestino *m* cieco; *fam (Wurmfortsatz)* appendice *f.* **Blinddarmentzündung** *f* appendicite *f.*

Blinde ‹ein -r, -n, -n› *mf* cieco, -a *m, f.*

Blindekuh(spiel *n*) *f* mosca *f* cieca.

Blindenhund *m* cane *m* (guida) per ciechi. **Blindenschrift** *f* scrittura *f* Braille.

Blindflug *m* **1.** *aero* volo *m* cieco (*o* strumentale); **2.** *fig* salto *m* nel buio. **Blindgänger** [-gɛŋɐ] ‹-s, -› *m mil* proiettile *m* inesploso. **Blindheit** ‹-, ø› *f (a. fig)* cecità *f;* **mit ~ geschlagen** *fig* accecato. **blindlings** ['blɪntlɪŋs] *adv* alla cieca; *(aufs Geratewohl)* a caso. **Blindschleiche** [-ʃlai̯çə] ‹-, -n› *f* orbettino *m.*

blinken ['blɪŋkən] *itr* luccicare, scintillare; *(Blinkzeichen geben)* fare segnali ottici; *(Auto)* mettere la freccia, lampeggiare.

Blinker ‹-s, -› *m* segnalatore *m* luminoso; *mot* lampeggiatore *m.*

Blinklicht *n* luce *f* intermittente.

blinzeln ['blɪnts̮əln] *itr* socchiudere gli occhi; *(schelmisch, verliebt)* ammiccare.

Blitz [blɪts̮] ‹-es, -e› *m* fulmine *m,* lampo *m; fot* flash *m;* **ein ~ aus heiterem Himmel** un fulmine a ciel sereno; **wie der ~** *fam* come un fulmine. **Blitzab-**

leiter *m (a. fig)* parafulmine *m.* **blitzartig I.** *a* fulmineo; **II.** *adv* con velocità fulminea.
blitzen *itr (funkeln)* scintillare, luccicare; *(Augen)* brillare; **es blitzt** lampeggia.
Blitzgerät *n fot* flash *m.* **Blitzlicht** *n fot* flash *m.* **blitzsauber** ['blɪts'zaube] *a fam* pulitissimo. **Blitzschlag** *m* colpo *m* di fulmine. **blitzschnell** ['blɪts'ʃnɛl] **I.** *a* fulmineo; **II.** *adv* in un lampo.
Block[1] [blɔk] ‹-(e)s, ¨-e› *m* blocco *m.*
Block[2] [blɔk] ‹-(e)s, ¨-e *o* -s› *m* **1.** *(Notiz-, Zeichen~)* blocco *m,* taccuino *m; (Briefmarken~)* foglio *m; (Fahrkarten~)* blocchetto *m;* **2.** *(Häuser~)* isolato *m;* **3.** *pol* blocco *m.*
Blockade [blɔ'ka:də] ‹-, -n› *f* blocco *m.*
Blockflöte *f* flauto *m* a becco, flauto *m* dolce. **blockfrei** *a pol* non allineato. **Blockfreiheit** *f pol* non allineamento *m.* **Blockhaus** *n* casa *f* in legno.
blockieren [blɔ'ki:rən] ‹*ohne ge-*› *tr, itr* bloccare.
Blockschrift *f* (scrittura *f* in) stampatello *m.*
blöd(e) ['blø:t (...də)] *a* **1.** *(dumm)* imbecille, scemo; *(albern)* sciocco; **2.** *(schwachsinnig)* deficiente, debole di mente; **3.** *CH (schüchtern)* timido, goffo; **4.** *fam (dumm, ärgerlich)* spiacevole, fastidioso.
blödeln *itr* dire sciocchezze.
Blödheit ‹-, -en› *f* **1.** *(Dummheit)* sciocchezza *f,* scemenza *f;* **2.** *(Schwachsinn)* deficienza *f,* imbecillità *f.* **Blödsinn** *m* **1.** *(Schwachsinn)* imbecillità *f,* deficienza *f;* **2.** *(Unsinn)* sciocchezze *f pl,* nonsenso *m;* **so ein ~!** che idiozia! **blödsinnig** *a* **1.** *(schwachsinnig)* imbecille, idiota; **2.** *(dumm)* stupido, sciocco.
blöken ['blø:kən] *itr (Schaf)* belare; *(Rind)* muggire.
blond [blɔnt] *a* biondo.
blondieren [blɔn'di:rən] ‹*ohne ge-*› *tr* ossigenare.
Blondine [blɔn'di:nə] ‹-, -n› *f* bionda *f,* biondina *f.*
bloß [blo:s] **I.** *a* **1.** *(nackt)* nudo; *(unbedeckt)* scoperto; **2.** *(rein, nichts als)* puro, solo, semplice; **~er Anblick/Verdacht** semplice vista/sospetto; **der ~e Gedanke** già solo il pensiero; **mit ~em Auge** ad occhio nudo; **mit ~en Füßen** a piedi nudi (*o* scalzi), scalzo; **II.** *adv* **1.** *(nur)* solamente, semplicemente, puramente; **2.** *(in abgeschwächter Bedeutung)* proprio, mai *o unübersetzt;* **wo bleibst du ~?** ma dove sei?; **~ jetzt nicht!** proprio adesso no!
Blöße ['blø:sə] ‹-, -n› *f* nudità *f; fig* punto *m* debole; **sich** *(dat)* **eine ~ geben** *fig* mostrare il proprio lato debole.
bloß·stellen *tr* far fare una brutta figura a, compromettere.
Bluejeans ['blu:dʒi:ns] ‹*pl*› blue-jeans *m pl.*
Bluff [blʊf] ‹-s, -s› *m* bluff *m.*
bluffen *itr* bluffare.
blühen ['bly:ən] *itr (a. fig)* fiorire; **wer weiß, was uns noch blüht!** chissà che cosa ci aspetta. **blühend** *a* fiorito, in fiore; *fig* florido, fiorente; *(Schönheit)* splendente; *(Phantasie)* fervido.
Blühet ['bly:ət] ‹-, -› *m CH* fioritura *f.*
Blume ['blu:mə] ‹-, -n› *f* **1.** *bot* fiore *m;* **2.** *(Bierschaum)* schiuma *f; (des Weines)* bouquet *m;* **durch die ~** metaforicamente, velatamente; **danke für die ~n!** *fig iron* grazie! **Blumenbeet** *n* aiola *f* di fiori. **Blumenkasten** *m* fioriera *f.* **Blumenkohl** *m* cavolfiore *m.* **Blumenstrauß** *m* mazzo *m* di fiori; *(großer)* fascio *m* di fiori. **Blumentopf** *m* vaso *m* da fiori. **Blumenvase** *f* vaso *m* da fiori; *(kleine)* portafiori *m.* **Blumenzwiebel** *f* bulbo *m.*
blumig *a (Parfüm)* di fiori; *(Wein)* profumato; *(Stil)* fiorito, ornato.
Bluse ['blu:zə] ‹-, -n› *f* camicetta *f,* blusa *f.*
Blut [blu:t] ‹-(e)s, ø› *n* sangue *m;* **~ geleckt haben** *fig fam* provarci gusto; **~ und Wasser schwitzen** sudare sangue; **bis aufs ~** a sangue, a morte; **(immer) ruhig ~!** calma e sangue freddo!; **das liegt mir im ~** ce l'ho nel sangue. **blutarm** *a* anemico. **Blutarmut** *f* anemia *f.* **Blutbank** ‹-, -en› *f* banca *f* del sangue. **blutbildend** *a* emopoietico. **Blutdruck** ‹-(e)s, ø› *m* pressione *f* (sanguigna), tensione *f* arteriosa *scient;* **hoher ~** ipertensione *f;* **niedriger ~** ipotensione *f.*
Blüte ['bly:tə] ‹-, -n› *f* **1.** *bot* fiore *m;* **2.** *(Zeit)* fioritura *f;* **3.** *fig (Höhepunkt)* periodo *m* aureo (*o* di maggior splendore); **4.** *fam (falscher Geldschein)* banconota *f* falsa.
Blutegel [-ˀe:gəl] ‹-s, -› *m* sanguisuga *f.*
bluten *itr* sanguinare (*aus* da), perdere sangue (*aus* da); *(Bäume)* colare, lacrimare; **meine Nase blutet** mi esce sangue dal naso.
Blütenblatt *n* petalo *m.* **Blütenstaub** *m* polline *m.*
Blutentnahme *f* prelievo *m* di sangue.
Bluter ‹-s, -› *m* emofiliaco *m.*
Bluterguß *m* travaso *m* di sangue, ematoma *m.*
Bluterkrankheit *f* emofilia *f.*
Blütezeit *f* (periodo *m* di) fioritura *f; fig* periodo *m* aureo (*o* di massimo splendore), apogeo *m.*
Blutgefäß *n* vaso *m* sanguigno. **Blutgerinnsel** *n* coagulo *m,* trombo *m.* **Blutgruppe** *f* gruppo *m* sanguigno. **Bluthund** *m* bracco *m.*

blutig *a* **1.** *(blutbefleckt)* insanguinato, macchiato di sangue; **2.** *(Kampf)* sanguinoso; **~er Anfänger** *fam* semplice principiante.
blutjung ['blu:tjʊŋ] *a* giovanissimo. **Blutkonserve** *f* **1.** *(Blut)* sangue *m* conservato (per trasfusioni); **2.** *(Behälter)* flacone *m* della banca del sangue. **Blutkörperchen** [-kœrpeçən] ‹-s, -› *n* globulo *m* (del sangue). **Blutlache** *f* pozza *f* di sangue. **blutleer** *a* esangue, dissanguato. **Blutorange** *f* arancia *f* sanguigna. **Blutprobe** *f* prelievo *m* (*o* esame *m*) del sangue. **Blutrache** *f* vendetta *f* di sangue. **blutreinigend** *a* depurativo del sangue. **blutrot** ['blu:t'ro:t] *a* rosso sanguigno. **blutrünstig** [-rʏnstɪç] *a* sanguinario. **Blutschande** *f* incesto *m*. **Blutsenkung** *f* sedimentazione *f* sanguigna. **Blutspender(in)** *m(f)* donatore, -trice *m, f* di sangue. **blutstillend** *a* emostatico.
blutsverwandt *a* consanguineo. **Blutsverwandte** *mf* consanguineo, -a *m, f*.
blutüberströmt [-ˀy:bɐʃtrø:mt] *a* intriso di sangue. **Blutübertragung** *f* trasfusione *f* di sangue.
Blutung ‹-, -en› *f* emorragia *f; (Monats~)* mestruazione *f*.
blutunterlaufen *a* ecchimotico. **Blutvergießen** ‹-s, ø› *n* spargimento *m* di sangue. **Blutvergiftung** *f* avvelenamento *m* del sangue; *scient* setticemia *f*. **Blutverlust** *m* perdita *f* di sangue. **Blutwurst** *f* sanguinaccio *m*.
BLZ *ab von* **Bankleitzahl** numero chiave per il riconoscimento di banche.
Bö [bø:] ‹-, -en› *f* raffica *f* di vento, folata *f*.
Boa ['bo:a] ‹-, -s› *f* boa *m*.
Bob [bɔp] ‹-s, -s› *m sport* bob *m*.
Bock [bɔk] ‹-(e)s, ⁻̈e› *m* **1.** *(Ziegen~)* caprone *m*, becco *m; (Schafs~)* montone *m; (Reh~)* capriolo *m* (maschio); **2.** *tec (Gestell)* cavalletto *m; (a. Säge~)* supporto *m;* **3.** *(Turngerät)* cavallina *f;* **4.** *(Kutsch~)* cassetta *f;* **geiler ~** *sl* tipo caldo (*o* arrapato); **einen ~ schießen** *fig fam* pigliare un granchio (*o* una cantonata). **Bockbier** *n* birra *f* forte (*o* di marzo).
bocken *itr (Pferd)* impennarsi; *fig* impuntarsi.
bockig *a fam* cocciuto.
Bockshorn *n:* **jdn ins ~ jagen** intimidire qu; **sich nicht ins ~ jagen lassen** non lasciarsi intimidire. **Bockspringen** ‹-s, ø› *n* salto *m* della cavallina. **Bockwurst** *f* würstel *m* gigante.
Boden ['bo:dən] ‹-s, ⁻̈› *m* **1.** *(Erd~)* suolo *m; (a. Fläche, Acker~)* terreno *m;* **2.** *(Meeres~, von Gefäß)* fondo *m;* **3.** *(Fuß~)* pavimento *m;* **4.** *(Dach~)* soffitta *f*, granaio *m; (Heu~)* fienile *m;* **5.** *fig (Grundlage)* base *f;* **zu ~ gehen** *sport* andare al tappeto; **(an) ~ gewinnen/verlieren** guadagnare/perdere terreno; **sich auf den ~ der Tatsachen stellen** attenersi ai fatti; **den ~ unter den Füßen verlieren** sentirsi mancare il terreno sotto i piedi; **auf festem ~** sulla terra ferma; **auf französischem ~** sul territorio francese; **mit doppeltem ~** a doppio fondo; *fig* a due facce. **Bodenbelag** *m* (copertura *f* del) pavimento *m*. **Bodenfrost** *m* gelo *m*. **bodenlos** *a* senza fondo; *fig (unerhört)* inaudito. **Bodenpersonal** *n* personale *m* a terra (*o* non navigante). **Bodenreform** *f* riforma *f* agraria. **Bodensatz** *m* **1.** *chem* residuo *m*, sedimento *m;* **2.** *(in Faß)* fondiglio *m; (von Wein, Bier)* deposito *m*, feccia *f*. **Bodenschätze** *m pl* risorse *f pl* minerarie (*o* del sottosuolo). **Bodensee** *m* Lago *m* di Costanza. **Bodenstation** *f* stazione *f* di terra. **Bodenturnen** *n* ginnastica *f* a terra.
Bodybuilding ['bɔdibɪldɪŋ] ‹-s, ø› *n* culturismo *m*.
Böe ['bø:ə] ‹-, -n› *s.* **Bö.**
bog [bo:k] *imp von* **biegen.**
Bogen ['bo:gən] ‹-s, - *o* ⁻̈› *m* **1.** *mat, arch, sport, mil* arco *m; arch (Gewölbe~)* arcata *f; (Kurve)* curva *f; (Biegung)* curvatura *f*, gomito *m; (beim Skilaufen)* voltata *f;* **2.** *(Geigen~)* archetto *m;* **3.** *(Papier)* foglio *m;* **einen (großen) ~ um jdn machen** girare al largo da qu, evitare qu; **den ~ überspannen** *fig* tirare troppo la corda, esagerare. **bogenförmig** [-fœrmɪç] *a* ad arco, a volta. **Bogengang** *m* arcata *f*, portico *m*. **Bogenschießen** ‹-s, ø› *n* tiro *m* con l'arco. **Bogenschütze** *m*, **-schützin** *f mil* arciere, -a *m, f; sport* tiratore, -trice *m, f* d'arco.
Bohle ['bo:lə] ‹-, -n› *f* pancone *m*, tavolone *m*.
Böhmen ['bø:mən] *n* Boemia *f*.
böhmisch *a* boemo; **das sind ~e Dörfer für mich** *fam* questo per me è turco *fam* (*o* arabo *fam*).
Bohne ['bo:nə] ‹-, -n› *f* **1.** *bot* fagiolo *m;* **2.** *(Kaffee~)* chicco *m;* **grüne ~n** fagiolini *m pl;* **nicht die ~!** *fam* niente affatto! **Bohnenkaffee** *m* caffè *m* in chicchi. **Bohnenkraut** *n* santoreggia *f*. **Bohnenstange** *f* bastoncino *m* di sostegno per piante di fagioli; *fig fam* spilungone *m*.
bohnern ['bo:nɐn] *tr* lustrare con la cera.
Bohnerwachs *n* cera *f* per pavimenti.
bohren ['bo:rən] **I.** *tr* **1.** *(Material)* perforare, trapanare; **2.** *(Brunnen, Tunnel)* scavare; **3.** *(hinein~)* far penetrare; **II.** *itr* **1.** *tec* trapanare (*an (o in) etw.* qc); *(nach Erdöl)* trivellare; **2.** *fig (quälen)* tormentare (*in jdm* qu); **ein Loch ~** fare un foro (*in* in), forare; **(mit dem**

Finger) in der Nase ~ mettersi le dita nel naso. **bohrend** *a (Schmerz)* acuto, pungente, penetrante; *(Fragen)* indagatore; *(Blick)* penetrante, indagatore; *(Reue, Zweifel)* tormentoso, che rode.

Bohrer ⟨-s, -⟩ *m (Gerät)* trapano *m.*

Bohrinsel *f* piattaforma *f* per trivellazioni. **Bohrloch** *n* foro *m* (di trivellazione). **Bohrmaschine** *f* trapano *m* meccanico, perforatrice *f.* **Bohrprobe** *f* carota *f,* carotaggio *m.* **Bohrturm** *m* torre *f* di trivellazione.

Bohrung ⟨-, -en⟩ *f* trapanazione *f,* perforazione *f; (Erdöl~)* trivellazione *f; (Probe~)* prospezione *f.*

böig ['bø:ɪç] *a* a raffiche.

Boiler ['bɔ͜ylɐ] ⟨-s, -⟩ *m* boiler *m.*

Boje ['bo:jə] ⟨-, -n⟩ *f* boa *f,* gavitello *m.*

Bollwerk ['bɔl-] *n (a. fig)* baluardo *m.*

Bolschewist(in) [bolʃe'vɪst(ɪn)] ⟨-en, -en⟩ *m(f)* bolscevico, -a *m, f.*

Bolzen ['bɔlt͜sən] ⟨-s, -⟩ *m* bullone *m; (mit Gewinde)* vite *f.*

bombardieren [bɔmbar'di:rən] ⟨*ohne ge-*⟩ *tr* bombardare.

Bombardierung ⟨-, -en⟩ *f* bombardamento *m.*

bombastisch [bɔm'bastɪʃ] *a* ampolloso; *(überladen)* sovraccarico.

Bombe ['bɔmbə] ⟨-, -n⟩ *f* bomba *f.* **Bombenangriff** *m* bombardamento *m,* incursione *f* aerea. **Bombenanschlag** *m,* **-attentat** *n* attentato *m* dinamitardo. **Bombenerfolg** *m fam* successone *m fam.* **Bombengeschäft** *n fam:* **~e machen** fare affari d'oro. **bombensicher** ['bɔmbən'zɪçɐ] *a* **1.** *tec* a prova di bomba; **2.** *fig fam* certissimo, fuor d'ogni dubbio.

Bomber ⟨-s, -⟩ *m* aereo *m* da bombardamento, bombardiere *m.*

Bon [bɔŋ *o* bõ:] ⟨-s, -s⟩ *m* **1.** *(Gutschein)* buono *m;* **2.** *(Kassenzettel)* scontrino *m.*

Bonbon [bɔŋ'bɔŋ *o* bõ'bõ:] ⟨-s, -s⟩ *m o n* caramella *f.*

Bonn [bɔn] *n* Bonn *f.*

Bonner ⟨*inv*⟩ *a* di Bonn.

Bonner(in) ⟨-s, -⟩ *m(f)* abitante *mf* di Bonn.

Bonus ['bo:nʊs] ⟨- *o* -ses, - *o* -se⟩ *m* **1.** *com* premio *m;* **2.** *(Versicherungs~)* bonus *m* assicurativo; **3.** *(für Studienplatz)* condizioni *f pl* preferenziali di accesso al posto di studio.

Boot [bo:t] ⟨-(e)s, -e⟩ *n* barca *f,* imbarcazione *f;* **wir sitzen alle in einem ~** *fig* siamo tutti nella stessa barca.

Bor [bo:ɐ̯] ⟨-s, ø⟩ *n* boro *m.*

Bord¹ [bɔ͡rt] ⟨-(e)s, -e⟩ *n dial (Bücherbrett)* mensola *f.*

Bord² [bɔrt] ⟨-(e)s, -e⟩ *m (Schiffsrand)* bordo *m;* **an ~** a bordo; **an ~ bringen** imbarcare; **über ~ gehen** (*o* **fallen**) cadere in mare; **über ~ werfen** gettare in mare; *fig* rinunciare (*etw.* a qc).

Bordell [bɔr'dɛl] ⟨-s, -e⟩ *n* bordello *m,* casa *f* chiusa.

Bordpersonal *n naut, aero* equipaggio *m.* **Bordstein** *m* (pietra *f* del) cordone *m.*

borgen ['bɔrgən] *tr* **1.** *(leihen)* prestare, dare in prestito; **2.** *(entleihen)* farsi prestare.

Borke ['bɔrkə] ⟨-, -n⟩ *f* corteccia *f,* scorza *f.*

borniert [bɔr'ni:ɐ̯t] *a* limitato, ottuso.

Börse ['bœrzə] ⟨-, -n⟩ *f* **1.** *fin (a. Gebäude)* borsa *f;* **2.** *(Geldbeutel)* borsellino *m,* portamonete *m.* **Börsenbericht** *m* bollettino *m (o* listino *m)* di borsa.

Borste ['bɔrstə] ⟨-, -n⟩ *f* setola *f.*

Borte ['bɔrtə] ⟨-, -n⟩ *f* passamano *m,* gallone *m.*

Borwasser *n* acqua *f* borica.

bösartig *a* **1.** *(Mensch, Bemerkung)* cattivo, malvagio; **2.** *med* maligno. **Bösartigkeit** ⟨-, -en⟩ *f* **1.** *(von Mensch, Bemerkung)* cattiveria *f,* malvagità *f;* **2.** *med* carattere *m* maligno.

Böschung ['bœʃʊŋ] ⟨-, -en⟩ *f (Straßen~)* scarpata *f; (Fluß~)* argine *m.*

böse ['bø:zə] *a* **1.** *(bösartig)* cattivo, maligno, malvagio; *(unartig)* maleducato; **2.** *(ärgerlich)* arrabbiato, irritato; **3.** *(schlimm)* brutto; *(Krankheit)* pericoloso; **~r Geist** spirito maligno, demone *m;* **~ Zunge** malalingua *f,* linguaccia *f;* **auf jdn** (*o* **mit jdm**) **~ sein** essere arrabbiato con qu, avercela con qu; **~ werden** arrabbiarsi, montare in collera.

Böse¹ ⟨ein -r, -n, -n⟩ *mf* cattivo, -a *m, f,* malvagio, -a *m, f.*

Böse² ⟨ein -s, -n, ø⟩ *n* male *m;* **sich** *(dat)* **bei etw. nichts ~s denken** non pensar male di qc.

Bösewicht ⟨-(e)s, -er *o* -e⟩ *m* **1.** *(Schurke)* malvagio *m,* scellerato *m;* **2.** *fam scherz (Schlingel)* briccone, -a *m, f,* furfante *mf.*

boshaft ['bo:shaft] *a* cattivo, maligno, malvagio.

Bosheit ['bo:sha͜it] ⟨-, -en⟩ *f* malignità *f; (a. Handlung)* malvagità *f,* cattiveria *f.*

Boß [bɔs] ⟨Bosses, Bosse⟩ *m fam* capo *m.*

böswillig **I.** *a* malevolo, malintenzionato; *jur* intenzionale; **II.** *adv* con malevolenza, in malafede; **~ verlassen** *jur* abbandonare intenzionalmente. **Böswilligkeit** ⟨-, -en⟩ *f* malevolenza *f.*

bot [bo:t] *imp von* **bieten.**

Botanik [bo'ta:nɪk] ⟨-, ø⟩ *f* botanica *f.*

Botaniker(in) ⟨-s, -⟩ *m(f)* botanico, -a *m, f.*

botanisch *a* botanico.

Bote ['bo:tə] ⟨-n, -n⟩ *m,* **Botin** ['bo:tɪn] *f* messaggero, -a *m, f; (~njunge)* fattorino, -a *m, f; (Dienstmann)* facchino, -a *m, f.*

Botschaft ‹-, -en› *f* **1.** *(Nachricht)* messaggio *m;* **2.** *pol (a. Gebäude)* ambasciata *f.*

Botschafter(in) ‹-s, -› *m(f)* ambasciatore, -trice *m, f.*

Bottich ['bɔtɪç] ‹-(e)s, -e› *m (Bade~)* tinozza *f; (Wasch~)* mastello *m.*

Bouillon [bʊl'jɔŋ *o* ...'jõ:] ‹-, -s› *f* brodo *m,* consommé *m.*

Boulevardpresse [bulə'va:ɐ̯-] *f* stampa *f* scandalistica.

Bowle ['bo:lə] ‹-, -n› *f bevanda a base di vino, frutta e spumante.*

Box [bɔks] ‹-, -en› *f* box *m.*

boxen ['bɔksən] **I.** *itr* boxare, fare del pugilato; **II.** *tr* dare dei pugni a; **III.** *rfl:* **sich ~** fare a pugni. **Boxen** ‹-s, ø› *n* boxe *f.*

Boxer ‹-s, -› *m (Hund)* boxer *m.*

Boxer(in) ‹-s, -› *m(f) (Sportler)* pugile *mf.*

Boxhandschuh *m* guanto *m* da pugilato, guantone *m.* **Boxkampf** *m* incontro *m* di pugilato (*o* boxe). **Boxsport** *m* pugilato *m,* boxe *f.*

Boykott [bɔy̯'kɔt] ‹-(e)s, -s *o* -e› *m* boicottaggio *m.*

boykottieren [...'ti:rən] ‹*ohne ge-*› *tr* boicottare.

Bozen ['bo:t̯sən] *n* Bolzano *f.*

brach [bra:x] *imp von* **brechen.**

brach·liegen ‹*irr*› *itr* **1.** *(Feld)* stare a maggese; **2.** *fig* rimanere improduttivo (*o* inattivo *o* inadoperato).

brachte ['braxtə] *imp von* **bringen.**

Branche ['brã:ʃə] ‹-, -n› *f* **1.** *com* ramo *m,* branca *f;* **2.** *(Fach)* campo *m.* **Branchenkenntnis** *f* cognizioni *f pl* del ramo. **Branchenverzeichnis** *n* elenco *m* (telefonico) per categorie.

Brand [brant] ‹-(e)s, ⸚e› *m* **1.** *(Feuer)* fuoco *m; (Feuersbrunst)* incendio *m;* **2.** *med* cancrena *f;* **3.** *fam* gran sete *f,* arsura *f;* **in ~ geraten** prendere fuoco, infiammarsi; **etw. in ~ setzen** (*o* **stekken**) incendiare qc. **Brandblase** *f* vescica *f* ustoria. **Brandbombe** *f* bomba *f* incendiaria. **brandeilig** ['brant'ʔai̯lɪç] *a fam* bruciante *fam;* **es ~ haben** avere una gran fretta.

branden ['brandən] *itr (Wellen)* infrangersi (*gegen* contro); *(tosen)* scrosciare.

Brandmal ‹-(e)s, -e *o rar* ⸚er› *n* segno *m* di bruciatura; *(bei Tier)* marchio *m* a fuoco; *fig* marchio *m* d'infamia. **brandmarken** ['brantmarkən] *tr (a. fig)* bollare. **Brandstifter(in)** *m(f)* incendiario, -a *m, f.* **Brandstiftung** *f* incendio *m* colposo (*o* doloso).

Brandung ‹-, -en› *f* frangente *m,* risacca *f.*

Brandwunde *f* ustione *f* da scottatura.

brannte ['brantə] *imp von* **brennen.**

Branntwein ['brant-] *m* acquavite *f.*

Brasilianer(in) [brazi'li̯a:nɐ (...ərɪn)] ‹-s, -› *m(f)* brasiliano, -a *m, f.*

brasilianisch *a* brasiliano.

Brasilien [bra'zi:li̯ən] *n* Brasile *m;* **in ~** nel Brasile.

brät [brɛ:t] *pr von* **braten.**

Bratapfel *m* mela *f* al forno.

braten ['bra:tən] ‹brät, briet, gebraten› *tr, itr (Fleisch)* arrostire; *(in der Pfanne)* friggere; *(im Ofen)* far cuocere; *(auf dem Rost)* fare ai ferri; **braun ~** arrostire bene; **(in der Sonne) ~** arrostirsi.

Braten ‹-s, -› *m* arrosto *m.* **Bratensaft** *m* sugo *m* dell'arrosto.

Brathähnchen *n* pollo *m* arrosto. **Brathering** *m* aringa *f* fritta. **Bratkartoffeln** *f pl* patate *f pl* arrosto. **Bratpfanne** *f* padella *f.* **Bratrost** *m* griglia *f,* gratella *f.*

Bratsche ['bra:t̯ʃə] ‹-, -n› *f* viola *f.*

Bratwurst *f* salsiccia *f* arrostita; *(roh)* salsiccia *f* da arrostire.

Brauch [brau̯x] ‹-(e)s, ⸚e› *m* uso *m,* usanza *f;* **das ist so ~** questo è l'uso.

brauchbar *a* **1.** *(benutzbar: Gerät, Material)* utilizzabile, usabile; *(Plan)* utilizzabile; *(nützlich: Material, Gegenstand)* utile; **2.** *(tauglich: Schüler, Mitarbeiter)* abile, capace; *(Idee)* ragionevole.

brauchen ['brau̯xən] *tr* **1.** *(benutzen)* servirsi di, usare; **2.** *(nötig haben)* aver bisogno di; **3.** *(verbrauchen)* consumare; **4.** *(müssen)* dovere; **lange ~, um zu ...** metterci molto per ... *inf;* **zwei Stunden ~, um zu ...** impiegare due ore per ... *inf;* **ich brauche Ihnen nicht zu sagen, daß ...** non devo dirLe che ..., è inutile che Le dica che ...; **man braucht nur (zu) läuten** basta suonare.

Braue ['brau̯ə] ‹-, -n› *f* sopracciglio *m.*

brauen ['brau̯ən] *tr (Bier)* produrre; *fam (Getränk)* preparare.

Brauerei [brau̯ə'rai̯] ‹-, -en› *f,* **Brauhaus** *n* fabbrica *f* di birra, birrificio *m.*

braun [brau̯n] *a* bruno, marrone; *(Haar)* scuro; *(Augen)* marrone, scuro; *(kastanien~)* castano; *(Pferd)* baio; *(~gebrannt)* abbronzato; *s. a. blau.*

Bräune ['brɔy̯nə] ‹-, ø› *f* tinta *f* bruna; *(Sonnen~)* abbronzatura *f.*

bräunen **I.** *tr* **1.** *(Haut)* abbronzare; **2.** *gastr* rosolare; **II.** *itr (in der Sonne)* abbronzarsi.

braungebrannt *a* abbronzato.

Brause ['brau̯zə] ‹-, -n› *f* **1.** *(Dusche)* doccia *f;* **2.** *(~kopf)* fungo *m;* **3.** *(Getränk)* gassosa *f.*

brausen ['brau̯zən] **I.** *itr* **1.** ‹*haben*› *(lärmen)* rumoreggiare; *(Wasser, Beifall)* scrosciare; *(Meer)* mugghiare; **2.** ‹*sein*› *(Fahrzeug)* sfrecciare, correre; **II.** *rfl:* **sich ~** fare la doccia.

Braut [brau̯t] ‹-, ⸚e› *f* fidanzata *f; (am Hochzeitstag)* sposa *f.*

Bräutigam ['brɔy̯tɪgam] ‹-s, -e› *m* fidanzato *m; (am Hochzeitstag)* sposo *m.*
Brautjungfer *f* damigella *f* d'onore della sposa. **Brautkleid** *n* abito *m* da sposa (*o* nuziale). **Brautpaar** *n* (coppia *f* di) sposi *m pl.*
brav [bra:f] *a* **1.** *(lieb)* bravo, buono; **2.** *(rechtschaffen)* onesto, retto.
bravo ['bra:vo] *interj* bravo. **Bravoruf** *m* bravo *m.*
BRD [be:ʔɛr'de:] ‹-, ø› *f ab von* **Bundesrepublik Deutschland** R.F.T. *f* (*ab von* Repubblica Federale Tedesca).
Brechbohnen *f pl* fagiolini *m pl.*
brechen ['brɛçən] ‹bricht, brach, gebrochen› **I.** *tr* ‹*haben*› **1.** *(entzwei~)* spezzare, rompere; *(in Stücke ~)* frantumare; **2.** *(Steine)* cavare; **3.** *(Blumen, Obst)* cogliere; **4.** *med (Knochen)* fratturare; **5.** *(sich übergeben)* vomitare; **6.** *opt* rifrangere; **7.** *fig (Frieden, Eid, Gesetz)* violare; *(Vertrag)* rompere; *(Gelübde)* infrangere; *(Versprechen, sein Wort)* non mantenere; *(Widerstand)* vincere; **die Ehe~** commettere adulterio; **den Rekord ~** battere il record; **den Streik ~** non prendere parte allo sciopero, fare il crumiro; **II.** *itr* **1.** ‹*sein*› *(zer~)* rompersi, spezzarsi; *(Stoff)* trinciarsi, lacerarsi; **2.** ‹*haben*› *(sich übergeben)* vomitare; **3.** ‹*haben*› *fig (sich entzweien)* rompere (*mit jdm* con qu); **zum B~** (*o* **~d**) **voll sein** essere pieno come un uovo; **III.** *rfl:* **sich ~** *(Wellen)* infrangersi (*an* contro); *(Licht)* rifrangersi.
Brechmittel *n* emetico *m;* **er/das ist ein ~ für mich** lui/questo mi fa schifo (*o* senso). **Brechreiz** *m* conato *m* di vomito, nausea *f.* **Brechstange** *f* piede *m* di porco.
Bregenz ['bre:gɛnts] *n* Bregenza *f.*
Brei [brai̯] ‹-(e)s, -e› *m* **1.** *(Speise)* pappa *f; (fester ~)* pastone *m; (Kartoffel-, Erbs~)* purè *m,* purea *f; (bes. von Obst)* passato *m;* **2.** *tec (Masse)* pasta *f;* **um den heißen ~ herumreden** non venire al dunque; **jdm ~ ums Maul schmieren** adulare qu, arruffianarsi qu *vulg;* **zu ~ schlagen** *fig fam* fare polpette di *fam.* **breiig** *a* pastoso.
Breisgau ['brai̯sgau̯] *m* Brisgovia *f.*
breit [brai̯t] *a* largo; *(weit, ausgedehnt)* ampio, vasto; *(Publikum)* vasto; *(a. Angebot, Interessen)* grande; *(Lachen)* sguaiato; **1 m ~ liegen** *(Stoff)* essere largo 1 m. **breitbeinig** *adv* a gambe larghe.
Breite ‹-, -n› *f* larghezza *f; (Weite, Ausdehnung)* ampiezza *f,* vastezza *f,* estensione *f; (Stoff~)* altezza *f; geog, astr* latitudine *f;* **etw. in aller ~ erklären** spiegare qc dettagliatamente; **in die ~ gehen** *fam (dick werden)* ingrassare. **Breitengrad** *m* grado *m* di latitudine.
breit·machen *rfl:* **sich ~** *fam (viel Platz beanspruchen)* occupare molto posto; *(sich häuslich niederlassen)* installarsi. **breit·schlagen** ‹*irr*› *tr fam:* **sich ~ lassen** lasciarsi convincere (*o* persuadere). **breitschult(e)rig** *a* dalle spalle larghe. **breit·treten** ‹*irr*› *tr fig* trattare per le lunghe.
Bremen ['bre:mən] *n* Brema *f.*
Bremsbelag *m* pastiglie *f pl* dei freni.
Bremse[1] ['brɛmzə] ‹-, -n› *f tec, fig* freno *m.*
Bremse[2] ['brɛmzə] ‹-, -n› *f (Insekt)* tafano *m.*
bremsen ['brɛmzən] *tr, itr (a. fig)* frenare; **er ist nicht zu ~** *fam* non si riesce a fermarlo.
Bremsflüssigkeit *f* fluido *m* per freni. **Bremsklotz** *m* ceppo *m* del freno. **Bremslicht** *n* luce *f* di arresto, stop *m.* **Bremspedal** *n* pedale *m* del freno. **Bremsspur** *f* traccia *f* della frenata. **Bremsweg** *m* spazio *m* di frenata.
brennbar *a* combustibile; *(entzündlich)* infiammabile.
brennen ['brɛnən] ‹brennt, brannte, gebrannt› **I.** *itr* **1.** *(Feuer, Material)* bruciare, ardere; *(Licht, Ofen)* essere acceso; **2.** *(Haut, Wunde, Augen, etc.)* bruciare; **3.** *(heiß sein)* scottare; **darauf ~, etw. zu tun** ardere dal desiderio di fare qc; **das Streichholz brennt nicht** (*o* **will nicht ~**) il fiammifero non si accende; **es brennt!** al fuoco!; **wo brennt's?** *fig fam* cos'è successo?; **II.** *tr* bruciare; *(Porzellan, Kalk, Ton)* cuocere; *(Kaffee)* torrefare, tostare; *(Branntwein)* distillare. **brennend** *a* **1.** *(Haus)* in fiamme; *(Feuer, Holz)* ardente, che brucia; *(Zigarette, Licht)* acceso; **2.** *(Wunde, Augen, etc.)* che brucia; *(Schmerz)* cocente; **3.** *fig (Durst)* terribile; *(Haß)* che consuma (*o* rode); *(Interesse)* vivo.
Brenner[1] ['brɛnɐ] *m geog* Brennero *m.*
Brenner[2] ['brɛnɐ] ‹-s, -› *m (Gerät)* bruciatore *m; (Gas~)* becco *m* a gas.
Brennerei [brɛnə'rai̯] ‹-, -en› *f (Schnaps~)* distilleria *f.*
Brennessel *f* ortica *f.*
Brennglas *n* lente *f* convergente. **Brennholz** *n* legna *f* da ardere. **Brennpunkt** *m phys, fig* fuoco *m; fig* centro *m;* **im ~ stehend** *fig* centrale. **Brennspiritus** *m* spirito *m* da ardere. **Brennstoff** *m* combustibile *m; mot, aero* carburante *m.*
Brett [brɛt] ‹-(e)s, -er› *n* **1.** *(Holz~)* asse *m,* tavola *f; (Regal~)* mensola *f; (Bücher~)* (ri)piano *m;* **2.** ‹*pl*› *(Skier)* sci *m pl; (Boxring)* ring *m; theat (Bühne)* palcoscenico *m,* scena *f;* **3.** *(Schach~)* scacchiera *f; (Dame~)* damiera *f;* **Schwarzes ~** albo *m,* quadro *m;* **ein ~ vor dem Kopf haben** *fig* non veder più

in là del proprio naso. **Brettspiel** *n* gioco *m* da tavola.
Brevier [bre'vi:ɐ̯] ‹-s, -e› *n* breviario *m*.
bricht [brɪçt] *pr von* **brechen.**
Brief [bri:f] ‹-(e)s, -e› *m* lettera *f*. **Briefbeschwerer** ‹-s, -› *m* fermacarte *m*. **Briefbogen** *m* foglio *m* di carta da lettere. **Briefbombe** *f* pacco *m* esplosivo. **Briefdrucksache** *f* lettera *f* inviata come stampe. **Brieffreund(in)** *m(f)* amico, -a *m, f* di penna. **Briefgeheimnis** *n* segreto *m* epistolare. **Briefkasten** *m (der Post)* cassetta *f* postale, buca *f* delle lettere; *(Haus~)* cassetta *f* della posta; **in den ~ stecken** (*o* **werfen**) imbucare. **Briefkopf** *m* intestazione *f* della lettera. **Briefmarke** *f* francobollo *m*. **Briefmarkensammler(in)** *m(f)* filatelista *mf*. **Briefmarkensammlung** *f* collezione *f* di francobolli. **Brieföffner** *m* aprilettere *m*. **Briefpapier** *n* carta *f* da lettere. **Briefschreiber(in)** *m(f)* persona *f* che scrive lettere; **ein eifriger ~** un fervido corrispondente. **Brieftasche** *f* portafoglio *m*. **Brieftaube** *f* piccione *m* viaggiatore. **Briefträger(in)** *m(f)* portalettere *mf*. **Briefumschlag** *m* busta *f* (da lettera). **Briefwaage** *f* bilancia *f* per corrispondenza. **Briefwahl** *f* votazione *f* per corrispondenza. **Briefwechsel** *m* corrispondenza *f* (epistolare).
briet [bri:t] *imp von* **braten.**
Brigade [bri'ga:də] ‹-, -n› *f* brigata *f*.
Brigitte [bri'gɪtə] *(weiblicher Vorname)* Brigida, Brigitta.
Brikett [bri'kɛt] ‹-s, -s *o rar* -e› *n* bricchetta *f*, mattonella *f* di carbone.
brillant [brɪl'jant] *a* brillante, splendido, eccellente.
Brillant ‹-en, -en› *m* brillante *m*.
Brille ['brɪlə] ‹-, -n› *f* (paio *m* di) occhiali *m pl; (Klosett~)* sedile *m*. **Brillenetui** *n* astuccio *m* per occhiali. **Brillenschlange** *f* **1.** *zoo* serpente *m* dagli occhiali, naia *f;* **2.** *fig fam* donna *f* occhialuta. **Brillenträger(in)** *m(f)* persona *f* con gli occhiali, persona *f* che porta gli occhiali; **~ sein** portare gli occhiali.
bringen ['brɪŋən] ‹bringt, brachte, gebracht› *tr* **1.** *(transportieren, befördern)* (tras)portare; *(herbei~, mit~)* portare; *(begleiten)* accompagnare; *(im Auto fahren)* portare; **2.** *(ein~: Geld, Gewinn)* rendere, fruttare; *(Sorgen, Vorteile)* causare, portare; **3.** *(veröffentlichen)* pubblicare; *(senden)* trasmettere; **4.** *(in Zustand versetzen)* rendere; **Glück ~** portare fortuna; **in Gang ~** mettere in moto, avviare; **in Sicherheit ~** mettere al sicuro; **jdn zum Lachen/Weinen ~** far ridere/piangere qu; **jdn um etw. ~** far perdere qc a qu; *(berauben)* derubare (*o* frodare) qu di qc; **jdn um den Verstand ~** far perdere il senno a qu; **es dahin** (*o* **so weit**) **~, daß ...** arrivare a ..., far sì che ...; **mit sich** *(dat)* **~** *(zur Folge haben)* avere come conseguenza, comportare; **es über sich ~, etw. zu tun** decidersi a fare qc; **was ~ die Zeitungen darüber?** cosa ne dicono i giornali?; **wir ~ Nachrichten** abbiamo notizie; **das bringt nichts** *fam* non serve a niente; **er bringt es nicht** *fam (taugt nichts)* è un buono a nulla.
brisant [bri'zant] *a* di scottante attualità, esplosivo.
Brisanz [...'zants] ‹-, ø› *f* esplosività *f*.
Brise ['bri:zə] ‹-, -n› *f* brezza *f*.
Britannien [bri'taniən] *n* Britannia *f*.
Brite ['brɪtə *o* 'bri:tə] ‹-n, -n› *m*, **Britin** [...tɪn] *f* britanno, -a *m, f*.
britisch *a* britannico.
Brixen ['brɪksən] *n* Bressanone *f*.
bröckeln ['brœkəln] *itr* ‹*sein*› sbriciolarsi, sgretolarsi.
Brocken ['brɔkən] ‹-s, -› *m (a. fig)* briciolo *m; (Stückchen)* pezzo *m*, frammento *m;* **harter ~** *fig* osso *m* duro *fam;* **ein paar ~ Latein** qualche parola di latino.
brodeln ['bro:dəln] *itr (a. fig)* ribollire.
Brokat [bro'ka:t] ‹-(e)s, -e› *m* broccato *m*.
Brom [bro:m] ‹-s, ø› *n* bromo *m*.
Brombeere ['brɔm-] *f* mora *f*.
Bronchitis [brɔn'çi:tɪs, ...çi'ti:dən] ‹-, -tiden› *f* bronchite *f*.
Bronchien ['brɔnçiən] *f pl* bronchi *m pl*.
Bronze ['brõ:sə] ‹-, -n› *f* bronzo *m*. **Bronzemedaille** *f* medaglia *f* di bronzo. **bronzen** *a* di bronzo, bronzeo. **Bronzezeit** *f* età *f* del bronzo.
Brosche ['brɔʃə] ‹-, -n› *f* fermaglio *m*, spilla *f*.
Broschüre [brɔ'ʃy:rə] ‹-, -n› *f* brossura *f*, opuscolo *m*.
Brot [bro:t] ‹-(e)s, -e› *n* pane *m; (~laib a.)* pagnotta *f; (~scheibe)* fetta *f* di pane; *(belegtes ~)* tartina *f; (zusammengeklappt)* panino *m* imbottito.
Brötchen ['brø:tçən] ‹-s, -› *n* panino *m;* **belegtes ~** panino imbottito, sandwich *m*.
Broteinheit *f* (*ab* **BE**) *unità di misura idrati di carbonio (nelle diete).* **Brotmesser** *n* coltello *m* per il pane. **Brotrinde** *f* crosta *f* del pane.
BRT *ab von* **Bruttoregistertonne** T.S.L. (*ab von* tonnellata di stazza lorda).
Bruch [brʊx] ‹-(e)s, ¨-e› *m* **1.** *(Brechen, a. fig)* rottura *f;* **2.** *(Zerbrochenes)* frantumi *m pl;* **3.** *(~stelle)* frattura *f;* **4.** *med (Knochen~)* frattura *f; (Eingeweide~)* ernia *f;* **5.** *mat* frazione *f;* **6.** *(Spaltung, Zerwürfnis)* scissione *f;* **zu ~ gehen** rompersi, andare in pezzi; **in die Brüche gehen** *fig* fallire. **Bruchbude** *f fam* catapecchia *f*.
brüchig ['brʏçɪç] *a* **1.** *(zerbrechlich)* fra-

gile; *(bröckelig)* friabile, sfaldabile; **2.** *fig* fatiscente; *(Stimme)* stridulo.
Bruchlandung *f* atterraggio *m* di fortuna. **Bruchrechnen** *n* calcolo *m* con numeri frazionari. **Bruchstrich** *m* segno *m* di frazione. **Bruchstück** *n* frammento *m*. **bruchstückhaft** *adv* a frammenti, frammentariamente. **Bruchteil** *m* frazione *f*. **Bruchzahl** *f* frazione *f*.
Brücke ['brʏkə] ‹-, -n› *f* **1.** *(arch, med, sport, tec, el)* ponte *m; (Fußgänger~, naut)* passerella *f;* **2.** *(Teppich)* passatoia *f;* **alle ~n hinter sich** *(dat)* **abbrechen** tagliare i ponti; **eine ~ schlagen** *(a. fig)* gettare un ponte.
Bruder ['bru:dɐ] ‹-s, ⸚› *m* **1.** *(a. allg.: Mitmensch, Freund)* fratello *m; rel (Ordens~)* frate(llo) *m;* **2.** *fam pej* soggetto *m,* tipo *m*.
brüderlich ['bry:dɐlɪç] *a* fraterno.
Bruderschaft ‹-, -en› *f* confraternita *f,* congregazione *f*. **Brüderschaft** ‹-, ø› *f* fraternità *f,* fratellanza *f;* **mit jdm ~ trinken** bere insieme per darsi del "tu" con qu.
Brühe ['bry:ə] ‹-, -n› *f* **1.** *(Fleisch~)* brodo *m;* **2.** *pej (Schmutzwasser)* acque *f pl* luride; *(Getränk)* brodaglia *f*.
Brühwürfel *m* dado *m* per (*o* da) brodo.
brüllen ['brʏlən] *itr (Rind)* muggire; *(Löwe)* ruggire; *(Mensch)* urlare; *(weinen)* piangere forte.
brummen ['brʊmən] **I.** *itr* **1.** *(Bär, Mensch)* brontolare; *(Insekt, Kreisel, Flugzeug)* ronzare; *mot* rombare; **2.** *fam (in Gefängnis)* stare al fresco *fam;* **mir brummt der Schädel** (*o* **Kopf**) la testa mi ronza; **II.** *tr (Mensch)* borbottare, mormorare.
brummig *a* brontolone, borbottone.
Brummschädel *m fam:* **einen ~ haben** avere la testa stordita.
Brunch ['bran(t)ʃ] ‹-(e)s, -(e)s *o* -(e)› *m* colazione *f* all'americana.
Bruneck [bru'nɛk] *n* Brunico *f*.
brünett [bry'nɛt] *a* bruno, moro.
Brunnen ['brʊnən] ‹-s, -› *m (Spring~)* fontana *f; (Zieh~)* pozzo *m; (Heilquelle)* (sorgente *f* di) acque *f pl* minerali.
Brunst [brʊnst] ‹-, ⸚e› *f* calore *m,* fregola *f*.
brünstig ['brʏnstɪç] *a* in calore, in fregola.
brüsk [brʏsk] *a* brusco, sgarbato.
brüskieren [...'ki:rən] ‹*ohne ge-*› *tr* bistrattare, offendere.
Brüssel ['brʏsəl] *n* Bruxelles *f*.
Brust [brʊst] ‹-, ⸚e› *f* petto *m; (Busen)* seno *m; (~korb, ~kasten, von Insekt)* torace *m;* **sich in die ~ werfen** *fig* andare pettoruto, darsi delle arie; **aus voller ~** a squarciagola. **Brustbein** *n* sterno *m*. **Brustbeutel** *m* borsellino *m* appeso al collo.
brüsten ['brʏstən] *rfl:* **sich ~** darsi delle arie; **sich mit etw. ~** vantarsi di qc.
Brustfell *n* pleura *f*. **Brustkorb** *m* gabbia *f* toracica, torace *m*. **Brustkrebs** *m* carcinoma *m* mammario, cancro *m* al seno. **Brustschwimmen** *n* nuoto *m* a rana.
Brüstung ‹-, -en› *f* parapetto *m,* balaustrata *f*.
Brustwarze *f* capezzolo *m*.
Brut [bru:t] ‹-, -en› *f* **1.** *(das Brüten)* cova(tura) *f; (maschinell, fig)* incubazione *f;* **2.** *(Eier, Vogeljunge)* covata *f,* nidiata *f; (Fisch~)* avannotti *m pl;* **3.** *fig pej (von Menschen)* razza *f,* genia *f*.
brutal [bru'ta:l] *a* brutale.
Brutalität [...tali'tɛ:t] ‹-, -en› *f* brutalità *f*.
brüten ['bry:tən] *itr* covare; **über etw. ~** meditare su qc.
Brüter ‹-s, -› *m:* **schneller ~** reattore *m* autofertilizzante.
Brutkasten *m* incubatrice *f*.
brutto ['brʊto] *adv* lordo. **Bruttoeinkommen** *n* reddito *m* lordo. **Bruttoregistertonne** *f* (*ab* **BRT**) tonnellata *f* di stazza lorda. **Bruttosozialprodukt** *n* reddito *m* nazionale lordo, prodotto *m* sociale.
Btx [be:te:'ʔɪks] *ab von* **Bildschirmtext** Videotel® *m,* Videotex® *m*.
Bub [bu:p] ‹-en, -en› *m dial* ragazzo *m,* ragazzetto *m*.
Bubikopf ['bu:bi-] *m (Frisur)* caschetto *m*.
Buch [bu:x] ‹-(e)s, ⸚er› *n* **1.** libro *m;* **2.** ‹*meist pl*› *com* registro *m,* libro *m;* **3.** *(zu einer Oper)* libretto *m; (Dreh~)* copione *m;* **über etw. ~ führen** registrare qc; **reden wie ein ~** parlare come un libro stampato; **zu ~e schlagen** avere il proprio peso; **wie es/er/sie im ~ steht** come si deve, coi fiocchi *fam*.
Buchbinder(in) ‹-s, -› *m(f)* (ri)legatore, -trice *m, f* di libri. **Buchbinderei** [-bɪndə'rai̯] ‹-, -en› *f* **1.** *(Werkstatt)* legatoria *f;* **2.** *(Gewerbe)* rilegatura *f*. **Buchdruck** ‹-(e)s, ø› *m* stampa *f* di libri. **Buchdrucker(in)** *m(f)* stampatore, -trice *m, f,* tipografo, -a *m, f*. **Buchdruckerei** *f* tipografia *f,* stamperia *f*.
Buche ['bu:xə] ‹-, -n› *f* faggio *m*.
Buchecker ['bu:xʔɛkɐ] ‹-, -n› *f* faggiola *f*.
buchen ['bu:xən] *tr* registrare, contabilizzare; *(Platz, Zimmer)* prenotare, riservare.
Bücherbus *m* bibliobus *m*.
Bücherei [by:çə'rai̯] ‹-, -en› *f* biblioteca *f*.
Bücherregal *n* scaffale *m*. **Bücherschrank** *m* libreria *f*. **Bücherwurm** *m* **1.** *zoo* tarlo *m* dei libri; **2.** *scherz* topo *m* di biblioteca *fam*.
Buchfink *m* fringuello *m*.

Buchführung *f* contabilità *f.* **Buchhalter(in)** *m(f)* contabile *mf,* ragioniere, -a *m, f.* **Buchhaltung** *s.* **Buchführung. Buchhandel** *m* commercio *m* librario. **Buchhändler(in)** *m(f)* libraio, -a *m, f.* **Buchhandlung** *f* libreria *f.* **Buchmacher** ‹-s, -› *m sport* allibratore *m.* **Buchmesse** *f* fiera *f* del libro. **Buchprüfung** *f* revisione *f* contabile, verifica *f* dei conti. **Buchrücken** *m* costola *f.*

Buchs(baum) ['bʊks(baum)] ‹-es, -e› *m* bosso *m.*

Buchse ['bʊksə] ‹-, -n› *f tec* manicotto *m.*

Büchse ['bʏksə] ‹-, -n› *f* **1.** *(Behälter)* barattolo *m,* vasetto *m; (Dose)* lattina *f; (Sammel~)* bossolo *m;* **2.** *(Jagdgewehr)* fucile *m,* schioppo *m.* **Büchsenmilch** *f* latte *m* condensato. **Büchsenöffner** *m* apriscatole *m.*

Buchstabe ['bu:xʃta:bə] ‹-ns *o rar* -n, -n› *m* lettera *f,* carattere *m.*

buchstabieren [...ʃta'bi:rən] ‹*ohne ge-*› *tr* compitare, sillabare.

buchstäblich ['bu:xʃtɛ:plɪç] **I.** *a* letterale; **II.** *adv fig (geradezu)* letteralmente, alla lettera.

Buchstütze *f* reggilibri *m.*

Bucht [bʊxt] ‹-, -en› *f* baia *f; (kleine)* insenatura *f.*

Buchung ‹-, -en› *f* **1.** *com (Eintrag)* registrazione *f;* **2.** *(Vorbestellung)* prenotazione *f.*

Buchweizen *m* grano *m* saraceno.

Buckel ['bʊkəl] ‹-s, -› *m* **1.** *fam (Rükken)* dorso *m,* schiena *f;* **2.** *(Höcker, a. med)* gobba *f,* gibbosità *f;* **du kannst mir den ~ runterrutschen!** *fam* me ne infischio *fam.* **buck(e)lig** *a (Fläche, etc.)* gibboso; *(Mensch)* gobbo.

bücken ['bʏkən] *rfl:* **sich ~** piegarsi (*nach etw.* per raccogliere qc), chinarsi (*nach etw.* per raccogliere qc).

bucklig *s.* **buckelig.**

Buddhismus [bʊ'dɪsmʊs] ‹-, ø› *m* buddismo *m.*

buddhistisch *a* buddista.

Bude ['bu:də] ‹-, -n› *f* **1.** *pej* baracca *f;* **2.** *(Verkaufsstand)* bancarella *f;* **3.** *fam (Zimmer)* stanza *f,* camera *f.*

Budget [bʏ'dʒe:] ‹-s, -s› *n* bilancio *m,* budget *m.*

Büfett [by'fɛt] ‹-(e)s, -s *o* -e› *n* **1.** *(Anrichte)* credenza *f,* buffet *m;* **2.** *(Schanktisch)* banco *m;* **kaltes ~** buffet freddo.

Büffel ['bʏfəl] ‹-s, -› *m* bufalo *m.*

büffeln *fam* **I.** *itr* sgobbare; **II.** *tr* sgobbare su, studiare.

Buffet [by'fe:] ‹-s, -s› *n* **1.** *s.* **Büfett;** **2.** *CH* buffet *m* della stazione.

Bug¹ [bu:k] ‹-(e)s, ¨-e *o rar* -e› *m (Schulterteil)* spalla *f.*

Bug² [bu:k] ‹-(e)s, -e› *m naut* prua *f.*

Bügel ['by:gəl] ‹-s, -› *m* **1.** *(Kleider~)* gruccia *f,* ometto *m;* **2.** *(von Handtasche)* cerniera *f; (Griff)* manico *m; (Brillen~)* stanghetta *f; (von Gewehr)* ponticello *m; (am Skilift, Steig~)* staffa *f.*

Bügelbrett *n* asse *m* da stiro. **Bügeleisen** *n* ferro *m* da stiro. **Bügelfalte** *f* piega *f* dei calzoni. **bügelfrei** *a* che non si stira.

bügeln ['by:gəln] *tr, itr* stirare.

buhlen ['bu:lən] *itr obs:* **um jds Gunst ~** cattivarsi il favore di qu.

Bühne ['by:nə] ‹-, -n› *f* **1.** *theat, fig* scena *f;* **2.** *(Theater)* teatro *m;* **3.** *(~nbretter)* palcoscenico *m;* **4.** *(Gerüst)* palco *m,* tribuna *f;* **5.** *(Hebe~)* ponte *m* sollevatore; **über die ~ gehen** *fig fam* svolgersi, aver luogo. **Bühnenbild** *n* scenografia *f,* scenario *m.* **Bühnenbildner(in)** [-bɪldnɐ (...ərɪn)] ‹-s, -› *m(f)* scenografo, -a *m, f.*

Buhruf ['bu:-] *m* borbottio *m* (*o* rumorio *m*) di disapprovazione.

buk [bu:k] *obs imp von* **backen.**

Bukarest ['bu:karɛst] *n* Bucarest *f.*

Bulgare [bʊl'ga:rə] ‹-n, -n› *m,* **Bulgarin** [...rɪn] *f* bulgaro, -a *m, f.*

Bulgarien [...ri̯ən] *n* Bulgaria *f.*

bulgarisch *a* bulgaro.

Bullauge ['bʊl-] *n* **1.** *arch* occhio *m* di bue; **2.** *naut, aero* oblò *m.*

Bulldogge ['bʊl-] *f* bulldog *m.*

Bulldozer ['bʊldo:zɐ] ‹-s, -› *m* bulldozer *m.*

Bulle ['bʊlə] ‹-n, -n› *m* **1.** *(Stier)* toro *m; (männliches Tier)* maschio *m;* **2.** *fam pej (Polizist)* piedipiatti *m sl.*

Bulletin [bʏl'tɛ̃:] ‹-s, -s› *n* bollettino *m.*

Bumerang ['bu:məraŋ *o* 'bʊm...] ‹-s, -e *o* -s› *m (a. fig)* bumerang *m.*

Bummel ['bʊməl] ‹-s, -› *m* giretto *m.*

bummeln *itr* **1.** ‹*sein*› *(umherschlendern)* bighellonare, gironzolare; **2.** ‹*haben*› *(trödeln)* gingillarsi.

Bummelstreik *m* sciopero *m* bianco. **Bummelzug** *m fam* treno *m* accelerato.

bums [bʊms] *interj* patatrac.

bumsen ['bʊmzən] **I.** *itr* **1.** ‹*sein*› *fam (prallen)* cozzare; **2.** ‹*haben*› *fam:* **als er fiel, bumste es fürchterlich** quando cadde si udì un tonfo terribile; **es hat gebumst** *(Autounfall)* c'è stato un tamponamento; **3.** ‹*haben*› *sl* chiavare *vulg;* **II.** *tr sl:* **jdn ~** chiavare qu *vulg.*

Bund¹ [bʊnt] ‹-(e)s, ¨-e› *m* **1.** *(Freundschafts~)* legame *m,* vincolo *m; (Vereinigung, Bündnis)* unione *f,* alleanza *f; (Staaten~)* confederazione *f; (zu einem bestimmten Zweck)* coalizione *f;* **2.** *pol (Bundesstaat)* governo *m* federale; **3.** *fam (~eswehr)* esercito *m;* **4.** *(an Kleid, Hose)* cintura *f;* **im ~e mit** unito a, alleato con.

Bund² [bʊnt] ‹-(e)s, -e› *n* **1.** *(Stroh~,*

Gemüse~) fascio *m;* 2. *(Garn~)* matassa *f;* 3. *(Holz~)* fastello *m.*
Bündchen ['bʏntçən] ‹-s, -› *n (Arm~)* polsino *m; (Hals~)* collo *m; (unterer Pulloverrand)* bordo *m.*
Bündel ['bʏndəl] ‹-s, -› *n* 1. *(Heu~, Stroh~)* fardello *m; (Reisig~)* fascina *f;* 2. *(Packen)* fagotto *m; (von Banknoten)* rotolo *m; (Akten~)* incartamento *m,* dossier *m.*
bündeln *tr (Zeitungen)* legare; *(Garben, Stroh, etc.)* affastellare; *(Karotten, Radieschen)* fare mazzetti di; *(Strahlen)* proiettare.
Bundes- ['bʊndəs-] *(in Zusammensetzungen)* federale. **Bundesangestelltentarif** *m* (*ab* **BAT**) *retribuzione del pubblico impiego nella R.F.T.* **Bundesausbildungsförderungsgesetz** *n* (*ab* **BAFÖG, Bafög**) *legge per il sostegno dell'istruzione scolastica ed universitaria nella R.F.T.* **Bundesbahn** *f* ferrovie *f pl* dello Stato. **Bundesbank** ‹-, -en› *f* banca *f* centrale della R.F.T. **Bundesbürger(in)** *m(f)* cittadino, -a *m, f* della R.F.T. **Bundesebene** *f:* **auf ~** a livello nazionale (della R.F.T.). **Bundesgrenzschutz** *m* guardia *f* statale di confine. **Bundeskanzler** *m (BRD, Österreich)* cancelliere *m* federale; *(Schweiz)* cancelliere *m* della Confederazione elvetica. **Bundesland** *n (BRD)* Land *m; (Österreich)* provincia *f.* **Bundesliga** *f (BRD)* massima divisione *f* calcistica della R.F.T. **Bundesminister(in)** *m(f)* ministro *m.* **Bundesnachrichtendienst** *m* (*ab* **BND**) *organo della R.F.T. competente per i servizi segreti.* **Bundespost** *f:* **die (Deutsche) ~** (*ab* **DBP**) *le poste statali della R.F.T.* **Bundespräsident** *m (BRD, Österreich)* presidente *m* della Repubblica federale; *(Schweiz)* presidente *m* della Confederazione. **Bundesrat** *m (BRD, Österreich)* camera *f* alta; *(Schweiz)* consiglio *m* federale. **Bundesregierung** *f* governo *m* federale. **Bundesrepublik** *f* repubblica *f* federale; **die ~ Deutschland** (*ab* **BRD**) la Repubblica Federale Tedesca. **Bundesstaat** *m* stato *m* federale. **Bundesstraße** *f* strada *f* federale. **Bundestag** *m (BRD)* camera *f* bassa (*o* dei deputati); Bundestag *m,* parlamento *m.* **Bundestrainer** *m (BRD)* commissario *m* (*o* tecnico *m*) della nazionale della R.F.T. **Bundesverfassungsgericht** *n (BRD)* corte *f* costituzionale federale. **Bundeswehr** *f (BRD)* forze *f pl* armate della R.F.T.
Bundhose *f* pantaloni *m pl* alla zuava.
bündig ['bʏndɪç] *a* 1. *(kurz u. ~)* conciso, stringato; 2. *(überzeugend)* convincente, concludente.
Bündnis ['bʏntnɪs] ‹-ses, -se› *n* alleanza *f.*
Bungalow ['bʊŋgalo] ‹-s, -s› *m* bungalow *m.*
Bunker ['bʊŋkɐ] ‹-s, -› *m* 1. *naut (Kohlen~)* carbonaia *f;* 2. *mil* bunker *m,* casamatta *f; (Luftschutz~)* rifugio *m.*
bunt [bʊnt] **I.** *a* 1. *(mehrfarbig)* variopinto, multicolore; *scient* policromo; *(farbig)* colorato, a colori; 2. *fig (verschiedenartig, gemischt)* (s)variato, mischiato; *(verworren)* confuso; **~er Abend** serata di varietà (*o* con passatempi vari); **~es Programm** programma vario; **in ~er Reihenfolge** in successione disordinata; **das wird mir zu ~!** questo è troppo!; **II.** *adv (~ durcheinander)* alla rinfusa; **es zu ~ treiben** eccedere (*o* passare) la misura, trascendere. **Buntstift** *m* matita *f* colorata. **Buntwäsche** *f* biancheria *f* colorata.
Bürde ['bʏrdə] ‹-, -n› *f* carico *m; (a. fig)* peso *m.*
Bureau [by'ro:] ‹-s, -s› *n CH* studio *m.*
Burg [bʊrk] ‹-, -en› *f* rocca(forte) *f,* castello *m.*
Bürge ['bʏrgə] ‹-n, -n› *m allg.* garante *m,* mallevadore *m; fin* fideiussore *m.*
bürgen *itr* garantire (*für* per), rispondere (*für* di), farsi garante (*für* di); **für einen Wechsel ~** avallare una cambiale.
Bürger(in) ['bʏrgɐ (...ərɪn)] ‹-s, -› *m(f)* cittadino, -a *m, f.* **Bürgerinitiative** *f* iniziativa *f* civica. **Bürgerkrieg** *m* guerra *f* civile. **bürgerlich** *a allg., jur* civile; *hist, soc* borghese; *pej* da piccolo borghese; **B~es Gesetzbuch** (*ab* **BGB**) codice civile; **gut ~e Küche** cucina *f* alla casalinga. **Bürgermeister(in)** *m(f)* sindaco *m; (BRD)* borgomastro *m.* **Bürgerrecht** *n* diritto *m* di cittadinanza. **Bürgerrechtsbewegung** *f* movimento *m* per la difesa dei diritti civili. **Bürgerschaft** ‹-, *rar* -en› *f* cittadinanza *f,* cittadini *m pl.* **Bürgersteig** [-ʃtaɪk] ‹-(e)s, -e› *m* marciapiede *m.* **Bürgertum** ‹-s, ø› *n* borghesia *f.*
Bürgschaft ‹-, -en› *f* garanzia *f; fin* fideiussione *f.*
Büro [by'ro:] ‹-s, -s› *n* ufficio *m; (Geschäftsstelle)* agenzia *f.* **Büroangestellte** *mf* impiegato, -a *m, f* d'ufficio. **Büroarbeit** *f* lavoro *m* d'ufficio. **Bürobedarf** *m* materiale *m* per ufficio. **Bürohaus** *n* palazzo *m* per uffici. **Büroklammer** *f* grappetta *f.* **Bürokommunikation** *f* comunicazione *f* aziendale.
Bürokratie [byrokra'ti:, ...i:ən] ‹-, -n› *f* burocrazia *f.*
bürokratisch [...'kra:tɪʃ] *a* burocratico.
Bursche ['bʊrʃə] ‹-n, -n› *m* 1. *(Knabe, Junge)* ragazzo *m; (junger Mann)* giovane *m;* 2. *(Lauf~)* fattorino *m,* galoppino *m;* 3. *fam pej (Kerl)* tipo *m fam.*

burschikos [bʊrʃiˈko:s] *a* **1.** *(jungenhaft)* da maschiaccio; **2.** *(unbekümmert, lässig)* trascurato, noncurante.
Bürste [ˈbʏrstə] ‹-, -n› *f* spazzola *f*.
bürsten *tr* spazzolare.
Bürzel [ˈbʏrtsəl] ‹-s, -› *m* codrione *m*.
Bus [bʊs] ‹-ses, -se› *m* (auto)bus *m*. **Busbahnhof** *m* stazione *f* autolinee.
Busch [bʊʃ] ‹-es, ¨-e› *m* **1.** *(Strauch)* arbusto *m; (Gebüsch)* cespuglio *m;* **2.** *(in den Tropen)* savana *f;* **3.** *(Feder~)* ciuffo *m;* **mit etw. hinter dem ~ halten** *fam* tenere nascosto qc; **sich in die Büsche schlagen** *fam* sparire dalla circolazione; **auf den ~ klopfen** *fig fam* tastare (*o* sondare) il terreno.
Büschel [ˈbʏʃəl] ‹-s, -› *n* ciuffo *m*.
buschig *a* folto; *(Augenbrauen)* cespuglioso.
Buschmann ‹-(e)s, -männer *o* -leute› *m* boscimano *m*. **Buschmesser** *n* coltello *m* da boscaglia, machete *m*. **Buschwindröschen** [-vɪntrø:sçən] ‹-s, -› *n* anemone *m*.
Busen [ˈbu:zən] ‹-s, -› *m* **1.** *(weiblicher)* seno *m*, petto *m;* **2.** *(Meer~)* insenatura *f*, golfo *m*. **Busenfreund(in)** *m(f)* amico, -a *m, f* intimo, -a (*o* del cuore).
Bussard [ˈbʊsart] ‹-s, -e› *m* poiana *f*.
Buße [ˈbu:sə] ‹-, -n› *f (bes. rel)* penitenza *f; (Sühne)* espiazione *f; jur (Geld~)* ammenda *f*, multa *f*.
büßen [ˈby:sən] *tr, itr* espiare; **das sollst du mir ~!** me la pagherai!
Büßer(in) ‹-s, -› *m(f)* penitente *mf*.
Bußgeld *n* multa *f*, contravvenzione *f*.
Bußgeldbescheid *m* notifica *f* di contravvenzione.
Büste [ˈbʏstə] ‹-, -n› *f (Brust)* petto *m*, seno *m; (in Kunst)* busto *m*. **Büstenhalter** *m* (*ab* **BH** *fam*) reggiseno *m*.
Butangas [buˈta:n-] *n* butano *m*.
Butt [bʊt] ‹-(e)s, -e› *m* rombo *m*.
Bütte [ˈbʏtə] ‹-, -n› *f* mastello *m*, tinozza *f*. **Büttenpapier** *n* carta *f* a mano.
Butter [ˈbʊtɐ] ‹-, ø› *f* burro *m;* **mit ~ bestreichen** imburrare; **es ist alles in ~** *fam* tutto è a posto. **Butterberg** *m scherz* montagna *f* di burro. **Butterblume** *f* ranuncolo *m*. **Butterbrot** *n* pane *m* imburrato; **für ein ~** *fig fam* per un tozzo di pane *fam*. **Butterbrotpapier** *n* carta *f* oleata. **Butterdose** *f* burriera *f*. **Butterfaß** *n* zangola *f*. **Butterkeks** *m* petit beurre *m (biscotto a base di burro)*. **Butterkrem** [-kre:m] ‹-, -s› *f* crema *f* al burro. **Buttermilch** *f* latticello *m*.
buttern **I.** *tr* imburrare; **Geld in etw. ~** *fam* investire soldi in qc; **II.** *itr* fare il burro.
butterweich [ˈbʊtɐˈvaiç] *a* molle come il burro.
Butzenscheibe [ˈbʊtsən-] *f* vetro *m* a tondi (*o* a occhi).
b. w. *ab von* **bitte wenden** v. r. (*ab von* vedi retro).
Byte [bait] ‹-s, -s› *n* byte *m*.
bzgl. *ab von* **bezüglich** per quanto riguarda, per quanto a.
bzw. *ab von* **beziehungsweise** risp. (*ab von* rispettivamente).

C

C, c [tse:] ‹-, -(s)› *n* **1.** *(Buchstabe)* C, c *f;* **2.** *mus* do *m;* **C wie Cäsar** C come Catania.
C *ab von* **Celsius** C.
ca. *ab von* **circa** *(ungefähr)* c (*ab von* circa).
Café [ka'fe:] ‹-s, -s› *n* caffè *m,* bar *m.*
Cafeteria [kafetə'ri:a] ‹-, -s› *f* self-service *m,* tavola *f* calda.
cal *ab von* **Kalorie** cal (*ab von* piccola caloria).
Callgirl ['kɔ:lgə:l] ‹-s, -s› *n* ragazza *f* squillo, callgirl *f.* **Callgirlring** *m* giro *m* di ragazze squillo.
Camion ['kami̯õ:] ‹-s, -s› *m CH* camion *m.*
Camionneur ['kami̯ɔnø:ɐ̯] ‹-s, -e› *m Ch* spedizioniere *m.*
campen ['kɛmpən] *itr* campeggiare.
Camper(in) ‹-s, -› *m(f)* campeggiatore, -trice *m, f.*
Camping ['kɛmpɪŋ] ‹-s, ø› *n* camping *m,* campeggio *m.* **Campingplatz** *m* campeggio *m,* camping *m.*
Caravan ['karavan *o* ...'va:n] ‹-s, -s› *m* roulotte *f.*
CB-Funker(in) [tse̯'be:-] *m(f)* radioamatore, -trice *m, f.*
cbm *ab von* **Kubikmeter** mc (*ab von* metro cubo).
ccm *ab von* **Kubikzentimeter** cc (*ab von* centimetro cubo).
CD(-Platte) [tse̯'de:-] *f* compact disc *m.* **CD-Spieler** *m* lettore *m* compact disc.
CDU [tse:de:'ʔu:] ‹-, ø› *f ab von* **Christlich-Demokratische Union** *partito democristiano nella R.F.T.*
Celli *pl von* **Cello.**
Cellist(in) [tʃɛ'lɪst(ɪn) *o* ʃɛ...] ‹-en, -en› *m(f)* violoncellista *mf.*
Cello ['tʃɛlo *o* 'ʃɛlo, ...los *o* ...li] ‹-s, -s *o* Celli› *n* violoncello *m.*
Cellophan® [tsɛlo'fa:n] ‹-s, ø› *n* cellofan *m.*
Celsius ['tsɛlzi̯ʊs] *n* (*ab* **C**) Celsius, grado *m* centigrado.
CH *ab von* **Confoederatio Helvetica** CH.
Chamäleon [ka'mɛ:leɔn] ‹-s, -s› *n* camaleonte *m.*
Champagner [ʃam'panjɐ] ‹-s, -› *m* (vino *m*) champagne *m.*
Champignon ['ʃampɪnjɔŋ] ‹-s, -s› *m* champignon *m; (Wiesen~)* prataiolo *m.*
Chance ['ʃã:sə *o* ʃã:s] ‹-, -n› *f (Gelegenheit)* occasione *f* (favorevole), chance *f; (Aussicht)* prospettiva *f,* possibilità *f.* **Chancengleichheit** *f* uguaglianza *f* di prospettive, parità *f* di condizioni.
Chanson [ʃã'sõ:] ‹-s, -s› *n* canzone *f.*
Chaos ['ka:ɔs] ‹-, ø› *n* caos *m.*
Chaot(in) [ka'o:t(ɪn)] ‹-en, -en› *m(f)* **1.** *fam* confusionario, -a *m, f,* persona *f* caotica; **2.** *pol sl* anarchico, -a *m, f* radicale.
chaotisch *a* caotico.
Charakter [ka'rakte, ...'te:rə] ‹-s, -e› *m* carattere *m,* natura *f.* **charakterfest** *a* di carattere fermo.
charakterisieren [...teri'zi:rən] ‹*ohne ge-*› *tr* caratterizzare.
Charakterisierung ‹-, -en› *f* caratterizzazione *f.*
Charakteristikum [...te'rɪstɪkʊm, ...ka] ‹-s, -ka› *n* caratteristica *f,* tratto *m* caratteristico.
charakteristisch [...te'rɪstɪʃ] *a* caratteristico (*für* di).
Charlotte [ʃar'lɔtə] *(weiblicher Vorname)* Carlotta.
charmant [ʃar'mant] *a* affascinante.
Charme [ʃarm] ‹-s, ø› *m* fascino *m,* charme *m.*
Charta ['karta] ‹-, -s› *f* carta *f* (costituzionale).
Charterflug ['tʃarte- *o* 'ʃa...] *m* volo *m* charter. **Charterflugzeug** *n,* **-maschine** *f* charter *m.*
chartern ['tʃarten *o* 'ʃa...] *tr* noleggiare, prendere a noleggio.
Chauffeur [ʃɔ'fø:ɐ̯] ‹-s, -e› *m* autista *m* (personale).
Chauvinismus [ʃovi'nɪsmʊs] ‹-, ø› *m* sciovinismo *m; pej (männlicher ~)* fallocrazia *f.*
Chauvinist(in) [...'nɪst(ɪn)] ‹-en, -en› *m(f)* sciovinista *mf; pej (männlicher ~)* fallocrate *m.*
chauvinistisch *a* sciovinistico; *pej* fallocratico.
Checkliste ['tʃɛk-] *f* lista *f* di controllo.
Chef(in) ['ʃɛf(ɪn)] ‹-s, -s› *m(f)* padrone, -a *m, f,* principale *mf; (Vorgesetzte)* capo *mf.* **Chefarzt** *m,* **-ärztin** *f* (medico) primario, -a *m, f.* **Chefkoch** *m,* **-köchin** *f* capocuoco, -a *m, f;* chef *m.* **Chefredakteur(in)** *m(f)* redattore, -trice *m, f* capo. **Chefsekretär(in)** *m(f)* segretario, -a *m, f* del principale (*o* del direttore), primo, -a segretario, -a *m, f.*
Chemie [çe'mi:] ‹-, ø› *f* chimica *f.* **Chemiefaser** *f* fibra *f* sintetica.

Chemikalien [çemiˈkaːli̯ən] *f pl* prodotti *m pl* chimici.
Chemiker(in) [ˈçeːmikɐ (...ərɪn)] ‹-s, -› *m(f)* chimico, -a *m, f.*
Cheminée [ˈʃmɪne] ‹-s, -s› *n CH* camino *m.*
chemisch [ˈçeːmɪʃ] *a* chimico; ~**e Reinigung** pulitura *f* (*o* lavaggio *m*) a secco; *(Geschäft)* lavanderia *f* a secco, lavasecco *f.*
Chemotherapie [çemo-] *f* chemioterapia *f.*
chic [ʃɪk] *s.* **schick.**
Chicorée [ʃikoˈreː *o* ˈʃɪk...] ‹-, ø› *f o* ‹-s, ø› *m* cicoria *f.*
Chiffon [ˈʃɪfõ *o* ʃɪˈfõː] ‹-s, -s *o A* -e› *m* chiffon *m.*
Chiffre [ˈʃɪfrə *o* ˈʃɪfɐ] ‹-, -n› *f* cifra *f; (Anzeige~)* numero *m.*
chiffrieren [ʃɪˈfriːrən] ‹*ohne ge-*› *tr* cifrare, tradurre in cifra.
China [ˈçiːna] *n* Cina *f.*
Chinese [çiˈneːzə] ‹-n, -n› *m,* **Chinesin** [...zɪn] *f* cinese *mf.*
chinesisch *a* cinese.
Chinesisch *n* cinese *m;* **das ist für mich** ~ per me è arabo; *s. a. Deutsch.*
Chip [t͜ʃɪp] ‹-s, -s› *m* **1.** *(Spielmarke)* gettone *m;* **2.** ‹*meist pl*› *(Kartoffel~)* patatine *f pl* fritte; **3.** *el, inform* chip *m.*
Chirurg(in) [çiˈrʊrk (...gɪn)] ‹-en, -en› *m(f)* chirurgo, -a *m, f.*
Chirurgie [çirʊrˈgiː, ...iːən] ‹-, -n› *f* chirurgia *f.*
chirurgisch *a* chirurgico.
Chlor [kloːɐ̯] ‹-s, ø› *n* cloro *m.*
chlorhaltig [-haltɪç] *a* contenente cloro.
Chloroform [kloroˈfɔrm] ‹-s, ø› *n* cloroformio *m.*
Chlorophyll [kloroˈfʏl] ‹-s, ø› *n* clorofilla *f.*
Choke [tʃoʊk] ‹-s, -s› *m* valvola *f* dell'aria, starter *m.*
Cholera [ˈkoːlera] ‹-, ø› *f* colera *m.*
Choleriker(in) [koˈleːrikɐ (...ərɪn)] ‹-s, -› *m(f)* collerico, -a *m, f.*
cholerisch *a med* collerico; *fig* irascibile.
Cholesterin [çolesteˈriːn *o* ko...] ‹-s, ø› *n* colesterina *f,* colesterolo *m.*
Chor [koːɐ̯] ‹-(e)s, ¨-e› *m* coro *m;* **im** ~ in coro; **im** ~ **sprechen** far coro.
Choral [koˈraːl] ‹-s, ¨-e› *m* corale *m.*
Choreograph(in) [...ˈgraːf(ɪn)] ‹-en, -en› *m(f)* coreografo, -a *m, f.*
Choreographie [koreograˈfiː, ...iːən] ‹-, -n› *f* coreografia *f.*
Chr. *ab von* **Christus** C (*ab von* Cristo); **600 v.** ~ 600 a.C. (avanti Cristo).
Christ(in) [ˈkrɪst(ɪn)] ‹-en, -en› *m(f)* cristiano, -a *m, f.*
Christa [ˈkrɪsta] *weiblicher Vorname.*
Christbaum *m* albero *m* di Natale.
Christenheit ‹-, ø› *f* cristianità *f,* cristiani *m pl.* **Christentum** ‹-s, ø› *n* cristianesimo *m.*
Christian [ˈkrɪsti̯aːn] *(männlicher Vorname)* Cristiano.
Christiane [krɪsˈti̯aːnə] *(weiblicher Vorname)* Cristiana.
Christin *f s.* **Christ.**
Christine [krɪsˈtiːnə] *(weiblicher Vorname)* Cristina.
Christkind *n* Gesù Bambino *m.* **christlich** *a* cristiano. **Christmesse** *f,* **Christmette** *f* messa *f* di mezzanotte.
Christoph [ˈkrɪstɔf] *(männlicher Vorname)* Cristoforo.
Christrose *f* rosa *f* di Natale. **Christstollen** *m dolce natalizio con mandorle, uvette e cedro di forma bassa e allungata.*
Christus [ˈkrɪstʊs, ...ti, ...to, ...tʊm] ‹*gen* Christi, *dat - o geh* Christo, *acc - o geh* Christum, ø› *m* Cristo *m.*
Chrom [kroːm] ‹-s, ø› *n* cromo *m.*
Chromosom [kromoˈzoːm] ‹-s, -en› *n* cromosoma *m.*
Chronik [ˈkroːnɪk] ‹-, -en› *f* cronaca *f.*
chronisch *a* cronico.
Chronologie [kronoloˈgiː, ...iːən] ‹-, -n› *f* cronologia *f.*
chronologisch [...ˈloːgɪʃ] *a* cronologico.
Chur [kuːɐ̯] *n* Coira *f.*
circa [ˈt͜sɪrka] *adv* (*ab* **ca.**) circa, press'a poco.
cl *ab von* **Zentiliter** cl (*ab von* centilitro).
Clique [ˈklɪkə *o* ˈkliːkə] ‹-, -n› *f* cricca *f,* combriccola *f.*
Clou [kluː] ‹-s, -s› *m fam* punto *m* culminante, clou *m.*
Clown [kla͜un] ‹-s, -s› *m* clown *m,* pagliaccio *m.*
cm *ab von* **Zentimeter** cm (*ab von* centimetro).
Co, Co. *ab von* **Kompanie** *(Gesellschaft)* C.ia (*ab von* compagnia).
Cockpit [ˈkɔkpɪt] ‹-s, -s› *n* cabina *f* di pilotaggio.
Cocktail [ˈkɔkteɪl] ‹-s, -s› *m* cocktail *m.*
Coiffeur [ko̯aˈføːɐ̯] ‹-s, -e› *m,* **Coiffeuse** [...øːzə] ‹-, -en› *f CH* parucchiere, -a *m, f.*
Collagen *s.* **Kollagen.**
Comeback [kamˈbɛk] ‹-(s), -s› *n* rentrée *f;* **ein** ~ **erleben** ritornare alla ribalta.
Comics [ˈkɔmɪks] *m pl* fumetti *m pl.*
Computer [kɔmˈpjuːtɐ] ‹-s, -› *m* computer *m,* calcolatore *m* elettronico. **computergesteuert** *a* computerizzato. **Computertomographie** *f (ab* **CTG**) tomografia *f* assiale computerizzata.
Conférencier [kõferãˈsi̯eː] ‹-s, -s› *m* presentatore *m,* annunciatore *m.*
Container [kɔnˈteːnɐ] ‹-s, -› *m* container *m,* contenitore *m.*
Contergan® [kɔntɛrˈgaːn] ‹-s, ø› *n* Con-

tergan® *m.* **Contergankind** *n fam* bambino *m* focomelico.

Copyright ['kɔpirait] ‹-s, -s› *n* copyright *m.*

Corner ['kɔ:nə] ‹-s, -› *m A sport (Eckball)* calcio *m* d'angolo.

Cornflakes ['kɔ:nfleɪks] ‹*pl*› fiocchi *m pl* di granturco.

Cornichon [kɔrni'ʃõ:] ‹-s, -s› *n* ‹*meist pl*› cetriolino *m.*

Couch [kautʃ, ...tʃɪs *o* ...tʃən] ‹-, -es *o fam* -en› *f* divano *m.*

Countdown ['kaunt'daun] ‹-(s), -s› *m o n* conto *m* alla rovescia, count down *m.*

Coupon [ku'põ:] ‹-s, -s› *m* cedola *f,* tagliando *m,* coupon *m;* buono *m; fin* cedola *f.*

Cousin [ku'zɛ̃:] ‹-s, -s› *m* cugino *m.*

Cousine [ku'zi:nə] ‹-, -n› *f* cugina *f.*

Covergirl ['kavegø:gl] ‹-s, -s› *n* ragazza-copertina *f.*

Creme [kre:m *o* krɛ:m] ‹-, -s› *f (a. fig)* crema *f;* **die ~** *fig (das Beste)* il fior fiore. **cremefarben** *a* color crema.

Crew [kru:] ‹-, -s› *f naut, aero* equipaggio *m; fig* équipe *f.*

Cromargan® [kromar'ga:n] ‹-s, ø› *n* acciaio *m* inossidabile.

Croupier [kru'pie:] ‹-s, -s› *m* croupier *m.*

Crux [krʊks] ‹-, ø› *f:* **das ist die ~ an der Sache** questo è il punto dolente; **es ist eine ~ mit ihm** è una vera croce.

CSU [tse:ʔɛs'ʔu:] ‹-, ø› *f ab von* **Christlich-Soziale Union** *partito Cristiano-Sociale nella R.F.T.*

Currywurst ['kœri-] *f* salsiccia *f* con salsa al curry.

Cut(away) ['kœt(əve) *o* 'kat...] ‹-s, -s› *m* tight *m.*

cutten ['katən] *tr film, radio, TV* tagliare.

Cutter(in) ‹-s, -› *m(f) film, radio, TV* montatore, -trice *m, f.*

CVJM [tse:faujɔt'ʔɛm] ‹-(s), ø› *ab von* **Christlicher Verein Junger Männer** (*o* **Menschen**) *Associazione cristiana dei giovani.*

D

D, d [deː] ‹-, -(s)› *n* **1.** *(Buchstabe)* D, d *f;* **2.** *mus* re *m;* **D wie Dora** D come Domodossola.

D *ab von* **Deutschland** D.

da [daː] **I.** *adv* **1.** *(örtlich: dort)* lì, là; *(hier)* qui, qua; **2.** *(zeitlich: damals)* allora, in quel tempo; *(dann)* allora; **3.** *fam (in diesem Fall, dieser Lage)* allora, in quel (questo) caso; **4.** *(vorhanden)* presente; **~ draußen** là fuori; **~ hinaus** fuori di lì; **~ drüben** di là, da quella parte; **~ oben** lassù; **~ unten** laggiù; **~, wo** laddove; **hier und ~, ~ und dort** qua e là; **~ ist/sind** c'è/ci sono; **~ ist er** eccolo; **~ (hast du)** qua (prendi); **ich bin gleich wieder ~** torno subito; **es ist niemand ~** non c'è nessuno; **hallo, du ~!** ehi, tu, ciao! *fam;* **weg ~!** via di qua!; **sieh ~!** toh, guarda!; **wer ist ~?** chi c'è?; **von ~ an** fin da allora, da allora in poi; **~ kann man nichts machen** in questo caso non c'è niente da fare; **~ fragst du noch?** e domandi ancora?; **II.** *con (weil)* poiché, perché, siccome.

DAAD [deːʔaːʔaːˈdeː] ‹-(s), ø› *m ab von* **Deutscher Akademischer Austauschdienst** *organismo delle università della R.F.T. per lo scambio internazionale di ricercatori e studenti.*

dabei [daˈbai̯, *hinweisend:* ˈdaːbai̯] *adv* **1.** *(örtlich)* accanto, vicino, appresso; **2.** *(gleichzeitig)* nello stesso tempo; **3.** *(damit, daran, darin, etc.)* con (*o* in) questo, ci, vi; **4.** *fam (außerdem)* oltre a ciò, per di più; **er aß und arbeitete ~** mangiava e lavorava contemporaneamente; **es bleibt ~, daß ...** resta inteso (*o* stabilito) che ...; **ich bleibe ~, daß ...** insisto nel dire che ...; **was ist (denn) schon ~!** *fam* che male c'è!; **es ist nichts ~** *(es ist nicht schwer)* non è difficile, non ci vuole nulla; **es ist zu laut, ~ kann ich nicht arbeiten** è troppo rumoroso, così non posso lavorare; **wir haben ihn ~ gesehen, wie ...** l'abbiamo visto come ...; **ist die Gebrauchsanweisung ~?** ci sono anche le istruzioni per l'uso?; **was hast du dir ~ gedacht?** ma cosa ti è venuto in mente? (*o* saltato in testa? *fam*); **er ist schön und ~ noch reich** è bello e per di più (*o* per giunta) ricco; **ich bin zu spät gekommen, ~ habe ich mich so beeilt!** sono arrivato troppo tardi malgrado mi fossi affrettato. **dabei·sein** ‹*irr*› *itr* ‹*sein*› **1.** esserci; *(anwesend)* essere presente; **2.** *(im Begriff sein):* **(gerade) ~ zu ...** stare per ...; **ich bin schon dabei, zu ...** ho già cominciato a ...

Dach [dax] ‹-(e)s, ⸚er› *n* tetto *m;* **unter ~ und Fach bringen** mandare in porto; **kein ~ über dem Kopf haben** essere senza tetto; **eins aufs ~ kriegen** *fig fam* prendersi una lavata di capo *fam;* **jdm aufs ~ steigen** *fig fam* dare una lavata di capo a qu *fam;* **mit jdm unter einem ~ wohnen** vivere sotto lo stesso tetto con qu. **Dachbalken** *m* trave *f* maestra. **Dachboden** *m* soffitta *f,* solaio *m.* **Dachdecker(in)** ‹-s, -› *m(f)* copritetto *mf.* **Dachfenster** *n* abbaino *m,* lucernario *m.* **Dachfirst** *m* comignolo *m.* **Dachgarten** *m* giardino *m* pensile. **Dachgepäckträger** *m* portabagagli *m.* **Dachkammer** *f* soffitta *f,* mansarda *f.* **Dachrinne** *f* grondaia *f.*

Dachs [daks] ‹-es, -e› *m* tasso *m.*

Dachschaden *m fam:* **du hast wohl einen ~!** ma sei matto! *fam.* **Dachstuhl** *m* cavalletto *m* del tetto.

dachte [ˈdaxtə] *imp von* **denken.**

Dachwohnung *f* mansarda *f.* **Dachziegel** *m* tegola *f.*

Dackel [ˈdakəl] ‹-s, -› *m* bassotto *m.*

dadurch [daˈdʊrç, *hinweisend:* ˈdaːdʊrç] *adv* **1.** *(örtlich)* per di là, per (*o* attraverso) quel luogo; **2.** *(kausal)* per questa ragione, per questo; **3.** *(durch diese Art und Weise)* in tal modo, così, con ciò; **~, daß ...** per il fatto che ...; **er rettete sich ~, daß er aus dem Fenster sprang** si salvò saltando dalla finestra.

dafür [daˈfyːɐ̯, *hinweisend:* ˈdaːfyːɐ̯] *adv* **1.** *(für das)* per questo; **2.** *(zum Ersatz)* in cambio; *(als Gegenleistung)* in compenso; **3.** *(statt dessen)* ma invece; **~ sein** essere favorevole (a qc); *(bei Abstimmungen)* votare in favore (di qc); **ich bin ~, daß ...** *(ich bin der Meinung)* credo (*o* sono dell'avviso) che ... *conj;* **alles spricht ~, daß ...** tutto sembra indicare che ...; **~, daß ...** *(wenn man bedenkt, daß ...)* se si tien conto che ...; **er kann nichts ~** non ne ha colpa.

dagegen [daˈgeːgən, *hinweisend:* ˈdaːgeːgən] **I.** *adv* **1.** *(örtlich, fig)* contro; **2.** *(Ablehnung)* (in) contrario; **3.** *(verglichen damit)* in confronto; **4.** *(als Gegenwert)* in cambio, in compenso; **etw. ~ haben** avere qc in contrario; **nichts ~ tun können** non poter farci niente; ~ **sein** essere contrario, opporsi; ~ **stimmen** votare contro; **wenn Sie nichts ~ haben** se non Le dispiace, se permette; **II.** *con* al contrario, invece. **dagegen·halten** ‹*irr*› *tr* **1.** *(vergleichen)* mettere a confronto con ..., contrapporre a ...; **2.** *(einwenden)* replicare.

daheim [da'haim] *adv* a casa.

daher [da'he:ɐ, *hinweisend:* 'da:he:ɐ] **I.** *adv* **1.** *(örtlich)* di lì, da quella parte; **2.** *fig (Ursache)* da ciò; ~ **kommt es, daß ...** è questo il motivo per cui ...; **II.** *con (deshalb)* perciò, per questo motivo. **daher·reden** *tr, itr* parlare a vanvera.

dahin [da'hın, *hinweisend:* 'da:hın] *adv* **1.** *(örtlich)* lì, là; **2.** *(zeitlich: bis ~) (Vergangenheit)* fino a quel tempo; *(a. Futur)* fino allora; **3.** *(vorbei)* passato, finito; *poet (tot)* morto; **jdn ~ bringen, daß ...** indurre qu a ... *inf.* **dahingehend** ['da:hın-] *adv:* **sich ~ äußern, daß ...** esprimersi in tal senso che ... **dahin·stellen** *tr:* **das mag dahingestellt bleiben** questo è ancora da vedere.

dahinten [da'hıntən, *hinweisend:* 'da:hıntən] *adv* là dietro.

dahinter [da'hıntɐ, *hinweisend:* 'da:hıntɐ] *adv* (lì *o* là) dietro; *fig* sotto. **dahinter·kommen** ‹*irr*› *itr* ‹*sein*› *fam* scoprire (qc). **dahinter·stecken** *itr fam:* **da (*o* es) steckt etw. dahinter** qui gatta ci cova *fam;* **es steckt nichts dahinter** non c'è sotto nulla.

Dahlie ['da:li̯ə] ‹-, -n› *f* dalia *f.*

Daktylo ['daktylo] ‹-s, -s› *f CH* dattilografa *f.*

damalig ['da:ma:lıç] *a* di allora, di quel tempo.

damals ['da:ma:ls] *adv* allora, a quel tempo.

Damast [da'mast] ‹-(e)s, -e› *m* damasco *m.*

Dame ['da:mə] ‹-, -n› *f* **1.** *allg.* signora *f;* **2.** *(beim Sport)* donna *f;* **3.** *(Karte, Schach)* regina *f;* **4.** *(im ~spiel)* dama *f;* **junge ~** signorina; **die ~ des Hauses** la padrona di casa; **meine ~n und Herren!** signore e signori! **Damenbegleitung** *f:* **in ~** in compagnia di una signora. **Damenbesuch** *m* visita *f* femminile. **Damendoppel** *n* doppio *m* femminile. **Dameneinzel** *n* singolo *m* femminile. **Damen(fahr)rad** *n* bicicletta *f* da donna. **Damenmode** *f* moda *f* femminile. **Damensitz** *m:* **im ~ reiten** cavalcare all'amazzone. **Damentoilette** *f* toilette *f* per signora. **Damenwahl** *f:* **~!** ora scelgono le dame.

Damespiel *n* gioco *m* della dama, dama *f.*

damit [da'mıt, *hinweisend:* 'da:mıt] **I.** *adv* con ciò, con questo; **ich bin ~ zufrieden** ne sono contento; **das hat nichts ~ zu tun** questo non c'entra; **was soll ich ~?** che cosa me ne faccio?; **was wollen Sie ~ sagen?** come sarebbe a dire?, cosa vuole dire con questo?; **wie wäre es ~, wenn ...?** come sarebbe se ...?; **hör auf ~!** piantala!, finiscila!; **II.** *con* affinché *conj,* perché *conj.*

dämlich ['dɛ:mlıç] *a fam* sciocco, imbecille.

Damm [dam] ‹-(e)s, ¨-e› *m* **1.** *(Deich)* argine *m; (am Meer)* diga *f;* **2.** *(Bahn~, Straßen~)* terrapieno *m;* **3.** *anat* perineo *m;* **nicht auf dem ~ sein** *fig fam* non essere in buona salute.

dämmerig ['dɛmərıç] *a* semibuio, in penombra; *(Licht)* crepuscolare.

dämmern ['dɛmɐn] *itr* **1.** *(abends)* imbrunire; **2.** *(morgens)* albeggiare; **jetzt dämmert es (bei) mir** *fig fam* ora incomincio a capire (a ricordarmi).

Dämmerung ‹-, -en› *f* crepuscolo *m; (Abend~)* imbrunire *m; (Morgen~)* alba *f;* **in der ~** *(abends)* sull'imbrunire; *(morgens)* all'alba.

Dämon ['dɛ:mɔn, dɛ'mo:nən] ‹-s, -en› *m* demone *m.*

dämonisch [dɛ'mo:nıʃ] *a* demoniaco.

Dampf [dampf] ‹-(e)s, ¨-e› *m* vapore *m;* **~ hinter etw. machen** *fig fam* sollecitare qc. **Dampfbad** *n* bagno *m* a vapore.

dampfen *itr* esalare vapori, fumare.

dämpfen ['dɛmpfən] *tr* **1.** *gastr* cucinare a vapore; **2.** *(bügeln)* stirare con panno umido; **3.** *fig (Ton, Licht)* smorzare, mitigare; *(Stimme)* abbassare; *(Stoß)* attutire; **mit gedämpfter Stimme** sottovoce.

Dampfer ‹-s, -› *m* piroscafo *m,* vapore *m.*

Dämpfer ‹-s, -› *m mus* sordina *f;* **jdm einen ~ aufsetzen** *fam* smorzare qu.

Dampfkochtopf *m* pentola *f* a pressione. **Dampflokomotive** *f* locomotiva *f* a vapore. **Dampfmaschine** *f* macchina *f* a vapore. **Dampfschiff** *n s.* **Dampfer. Dampfschiffahrt** *f* navigazione *f* a vapore. **Dampfwalze** *f* rullo *m* a vapore.

danach [da'na:x, *hinweisend:* 'da:na:x] *adv* **1.** *(zeitlich: dann)* poi, quindi; *(später)* dopo; **2.** *(dementsprechend)* in conformità a ciò, in modo corrispondente a ciò; **3.** *(Reihenfolge)* dopo; **~ aussehen** averne l'aria (*o* l'aspetto); **sich ~ richten** prenderlo per norma; **~ habe ich nicht gefragt** questo non l'ho chiesto.

Däne ['dɛ:nə] ‹-n, -n› *m,* **Dänin** [...nın] *f* danese *mf.*

daneben [da'ne:bən, *hinweisend:* 'da:ne:bən] *adv* **1.** *(örtlich)* accanto, lì vicino; **2.** *(zusätzlich)* inoltre, oltre a ciò; **3.** *(im Vergleich damit)* in confronto a ciò. **daneben·benehmen** ‹*irr, ohne ge-*› *rfl:* **sich ~** *fam* comportarsi male. **daneben·gehen** ⟨*irr*⟩ *itr* ⟨*sein*⟩ **1.** *(Schuß)* non cogliere il bersaglio; **2.** *fig fam (fehlschlagen)* fallire, andare a vuoto.

Dänemark *n* Danimarca *f.*

Daniel ['da:ni̯e:l *o* ...i̯ɛl] *(männlicher Vorname)* Daniele.

Daniela, Daniele [da'ni̯e:la, ...lə] *(weiblicher Vorname)* Daniela.

Dänin *f s.* **Däne.**

dänisch *a* danese.

dank [daŋk] *prp gen o dat* grazie a.

Dank ⟨-(e)s, ø⟩ *m* ringraziamento *m; (~barkeit)* gratitudine *f; (Erkenntlichkeit)* riconoscenza *f;* **zum ~ für** in ricompensa per; **vielen** (*o* **schönen** *o* **besten) ~!** molte (*o* tante) grazie!

dankbar I. *a* **1.** *(Mensch)* grato, riconoscente; **2.** *(lohnend)* gratificante, che dà soddisfazione; *(Publikum)* eccellente; *(Rolle)* di molto effetto; **II.** *adv* con gratitudine, con riconoscenza. **Dankbarkeit** ⟨-, ø⟩ *f* gratitudine *f,* riconoscenza *f;* **aus ~ für** in riconoscenza per.

danke *interj* grazie; **~ schön** (*o* **sehr** *o* **vielmals)!** grazie!, grazie tanto!

danken I. *itr* **1.** *(sich bedanken)* ringraziare (*jdm für etw.* qu di (*o* per) qc); **2.** *(ablehnen)* rifiutare ringraziando (*für etw.* qc); **Betrag ~d erhalten** *com* somma ricevuta, per quietanza; **nichts zu ~!** non c'è di che; **II.** *tr* **1.** *(verdanken)* dovere; **2.** *(lohnen)* ricompensare; **jdm etw. schlecht ~** ripagare male qu per qc.

Danksagung ⟨-, -en⟩ *f* **1.** *(Schreiben)* biglietto *m* di ringraziamento; **2.** *rel* preghiera *f* di ringraziamento.

dann [dan] *adv* **1.** *(später, danach)* dopo, poi, quindi; *(zu dem Zeitpunkt)* allora; **2.** *(außerdem)* poi, inoltre; **3.** *(in diesem Fall)* allora, in questo (*o* quel) caso; **~ und wann** di quando in quando; **~ (eben) nicht!** allora no!; **und** (*o* **was) ~?** e poi?; **wenn nicht er, wer ~?** se non lui, chi allora?

daran [da'ran, *hinweisend:* 'da:ran], *fam* **dran** *adv* **1.** *(örtlich)* ci, vi, ne; **2.** *fig* in questo; **3.** *(zeitlich):* **im Anschluß ~** in seguito a ciò; **wenn du ~ vorbeikommst, ...** se ci passi, ...; **~ denken/glauben** pensarci/crederci; **ich bin ~ zu ...** tocca a me (di) ...; **ich bin nicht ~ schuld** non ne ho colpa; **ich war nahe ~ zu fallen** ci mancava poco che io cadessi; **das Beste ~ ist, daß ...** la cosa migliore di ciò è che ... **daran·gehen** ⟨*irr*⟩ *itr* ⟨*sein*⟩ mettersi (*etw. zu tun* a fare qc), cominciare (*etw. zu tun* a fare qc). **daran·setzen I.** *tr (einsetzen)* metterci, mettere in gioco; **alles ~ zu ...** fare ogni sforzo possibile per ...; **II.** *rfl:* **sich ~** *s.* **darangehen.**

darauf [da'rau̯f, *hinweisend:* 'da:rau̯f], *fam* **drauf** *adv* **1.** *(örtlich)* su questo, sopra questo, (qua) sopra; **2.** *(zeitlich)* dopo, poi, quindi; **3.** *(infolgedessen)* perciò, quindi, così; **4.** *(als Reaktion auf)* come reazione a; **gleich ~** subito dopo; **am Tag ~** il giorno dopo (*o* seguente); **~ achten** badarci; **stolz ~ sein** esserne fiero; **sich ~ verlassen** contarci; **das kommt ~ an** dipende; **~ kommt es nicht an** questo non importa; **~ steht die Todesstrafe** è soggetto a pena di morte; **ich freue mich schon ~!** me ne rallegro già!; **wie kommst du ~?** come mai ti viene quest'idea? **daraufhin** [-'hɪn, *hinweisend:* 'da:r ...] *adv* **1.** *(infolgedessen)* in conseguenza di ciò, in seguito a ciò; **2.** *(danach)* dopo, poi, quindi; **3.** *(unter diesem Gesichtspunkt)* sotto questo aspetto.

daraus [da'rau̯s, *hinweisend:* 'da:rau̯s], *fam* **draus** *adv* **1.** *(räumlich)* da ciò, di qui; **2.** *(aus Material)* da questo; **3.** *fig* ne; **kann man ~ trinken?** si può bere da qui?; **~ folgt, daß ...** ne (con)segue che ...; **~ wird nichts** non se ne farà nulla.

darben ['darbən] *itr poet* penare; *(hungern)* stentare la vita.

dar·bieten ['da:ɐ̯-] ⟨*irr*⟩ **I.** *tr* (rap)presentare; **II.** *rfl:* **sich ~** *(sichtbar werden)* offrirsi; *(sich anbieten)* presentarsi.

Darbietung ⟨-, -en⟩ *f* **1.** *(Angebot)* offerta *f;* **2.** *(Veranstaltung)* spettacolo *m; theat* rappresentazione *f,* recita *f; (von Musikstücken)* esecuzione *f.*

darein [da'rai̯n, *hinweisend:* 'da:rai̯n], *fam* **drein** *adv* là (*o* qua) dentro, dentro, ci, vi.

darf [darf] *pr von* **dürfen.**

darin [da'rɪn, *hinweisend:* 'da:rɪn], *fam* **drin** *adv* **1.** *(örtlich)* qua (*o* là) dentro, dentro, vi, ci; **2.** *fig* in questo, in ciò; *(in dieser Hinsicht)* in questo senso; **~ inbegriffen** ivi compreso; **~ haben Sie recht/irren Sie sich** in quanto a ciò ha ragione/si sbaglia; **der Unterschied liegt ~, daß ...** la differenza consiste nel ... *inf;* **ich stimme mit Ihnen ~ überein, daß ...** sono d'accordo con Lei che ...

dar·legen [da:ɐ̯le:gən] *tr* esporre; *(erklären)* spiegare.

Darlehen ['da:ɐ̯-] ⟨-s, -⟩ *n* prestito *m,* mutuo *m.*

Darm [darm] ⟨-(e)s, ⸚e⟩ *m* **1.** *anat* intestino *m;* **2.** *(Wursthaut)* budello *m.* **Darmflora** [-flo:ra, ...rən] ⟨-, -floren⟩ *f* flora *f* intestinale. **Darmverschluß** *m* ileo *m.*

dar·reichen ['da:ɐ̯-] *tr poet* offrire, presentare.

dar·stellen ['da:ɐ̯-] *tr* **1.** *(abbilden)* rappresentare; **2.** *(wiedergeben)* raffigurare, rappresentare; *theat* interpretare (la parte di); **3.** *(beschreiben)* descrivere; **4.** *fam (bedeuten)* rappresentare; **dieses Bild stellt ihn als König dar** questo quadro lo ritrae nelle vesti di re. **Darsteller(in)** ‹-s, -› *m(f)* interprete *mf,* attore, -trice *m, f.*

Darstellung *f* **1.** *(Schilderung)* descrizione *f; (von Sachverhalt)* esposizione *f;* **2.** *(Wiedergabe)* raffigurazione *f; (a. theat)* rappresentazione *f.*

darüber [da'ry:bɐ, *hinweisend:* 'da:ry:bɐ], *fam* **drüber** *adv* **1.** *(räumlich)* al di sopra, qua (*o* là) sopra, (di) sopra; **2.** *(in dieser Hinsicht, über diese Angelegenheit)* in quanto a ciò, su ciò, ne; **3.** *(über ein Maß hinaus)* (di) più, oltre; **sich ~ freuen** rallegrarsene; **es geht nichts ~** non c'è niente di meglio.

darum [da'rʊm, *hinweisend:* 'da:rʊm], *fam* **drum** *adv* **1.** *(räumlich)* intorno (a ciò), attorno (a ciò); **2.** *(deshalb)* perciò, per questo; **3.** *fig* di questo, ne; **warum hast du das getan? – ~!** *fam* perché hai fatto questo? – perché sì!; **ich bitte dich ~** te ne prego; **es geht ~, daß ...** si tratta di ... *inf,* il problema è che ...

darunter [da'rʊntɐ, *hinweisend:* 'da:rʊntɐ], *fam* **drunter** *adv* **1.** *(räumlich)* (di) sotto, qua (*o* lì) sotto, sotto questo; **2.** *(weniger)* meno; **3.** *(unter einer Anzahl)* fra cui; **~ leiden** soffrirne; **was verstehen Sie ~?** cosa intende con ciò?

das [das] **I.** *(nom u. acc von bestimmtem Artikel n) s.* **der; II.** *(Relativpronomen n) s.* **der; III.** *pron* ciò, questo, quello; *(Demonstrativpronomen)* questo, quello; **~ bin ich** questo sono io; **auch ~ noch!** ci mancava solo questo!; **~, was ...** quel(lo) che ...

da·sein ‹*irr*› *itr* ‹*sein*› **1.** *(anwesend sein)* essere presente, esserci; **2.** *(vorhanden sein)* esserci, esistere; **für jdn ~** *(vorhanden sein)* essere a disposizione di qu; *(sorgen)* badare a qu; **da bin ich!** eccomi qua! *fam;* **das ist noch nicht dagewesen!** non si è mai vista una cosa simile!; **es ist alles schon (einmal) dagewesen** sono cose già capitate; **ist jemand dagewesen?** è venuto qualcuno?; *s. a. da.* **Dasein** *n* **1.** *(Anwesenheit)* presenza *f;* **2.** *(Leben)* vita *f,* esistenza *f.* **Daseinsberechtigung** *f (von Dingen)* ragione *f* d'essere; *(von Personen)* diritto *m* all'esistenza.

dasjenige *s.* **derjenige.**

daß [das] *con* **1.** *allg.* che; *(bei Subjektgleichheit)* di *inf;* **2.** *fam (damit)* affinché *conj,* perché *conj,* per *inf;* **als ~** perché *conj,* per *inf;* **bis ~** finché *conj;* **so ~** cosicché, in modo che, in modo da *inf;* **es sei denn, ~** a meno che *conj;* **entschuldigen Sie, ~ ich Sie störe** mi scusi se La disturbo; **~ du mir ja nicht drangehst!** guai (a te) se lo tocchi!

dasselbe *s.* **derselbe.**

da·stehen ‹*irr*› *itr* ‹*haben o sein*› **1.** *(Mensch)* starsene lì; **2.** *(in Buch)* trovarsi.

Datei [da'tai̯] ‹-, -en› *f* file *m,* archivio *m.*

Daten *pl von* **Datum. Datenbank** ‹-, -en› *f* banca *f* dei dati. **Datenerfassung** *f* raccolta *f* dei dati. **Datenschutz** *m* protezione *f* dati, segretezza *f* dei dati. **Datenschutzgesetz** *n* legge *f* sulla protezione dei dati. **Datenträger** *m* supporto *m* dati, volume *m.* **Datenverarbeitung** *f* (*ab* **DV**) elaborazione *f* (dei) dati; **elektronische ~** (*ab* **EDV**) elaborazione elettronica (dei) dati.

datieren [da'ti:rən] ‹*ohne ge-*› **I.** *tr* datare; **II.** *itr* **1.** *(Datum tragen)* portare la data (*von* di); **2.** *(bestehen)* datare (*von* da).

Dativ ['da:ti:f] ‹-s, -e› *m* (caso *m*) dativo *m.*

Dattel ['datəl] ‹-, -n› *f* dattero *m.*

Datum ['da:tʊm, ...tən] ‹-s, Daten› *n* data *f;* **technische Daten** dati tecnici; **welches ~ haben wir heute?** quanti ne abbiamo oggi?

Dauer ['dau̯ɐ] ‹-, ø› *f* durata *f; (Zeitspanne)* periodo *m,* tempo *m;* **von ~ sein** essere duraturo; **auf die ~** a lungo andare. **Dauerauftrag** *m* ordine *m* (*o* incarico *m*) permanente. **Dauerbrenner** *m fig fam* prodotto *m* sempre di moda; *(Film o Buch)* film *m* (*o* libro *m*) di costante successo. **dauerhaft** *a* duraturo, durevole. **Dauerlauf** *m* corsa *f* di resistenza (*o* di fondo). **Dauerlutscher** *m* caramella *f* da succhiare.

dauern *itr* durare; **es dauerte lange, bis er kam** ci voleva molto prima che venisse; **es dauert mir zu lange** l'attesa per me è troppo lunga; **wie lange dauert es, bis Sie ...?** quanto Le manca (*o* ci vuole) per ...? *inf.* **dauernd I.** *a (an~)* permanente; *(ständig)* continuo, costante; **II.** *adv* in continuazione, continuamente.

Dauerwelle(n *pl*) *f* permanente *f.* **Dauerzustand** *m* stato *m* (*o* condizione *f*) permanente.

Daumen ['dau̯mən] ‹-s, -› *m* pollice *m;* **jdm die ~ drücken** incrociare le dita per qu *fam;* **ich drücke dir die ~!** in bocca al lupo! *fam.*

Daunen ['dau̯nən] *f pl* piume *f pl.*

davon [da'fɔn, *hinweisend:* 'da:fɔn] *adv* **1.** *(Teil, etc.)* di questo, di ciò, ne; **2.** *(räumlich)* di là, di lì; **3.** *(dadurch)* da questo, da ciò, ne; **4.** *(Trennung)* via; **das kommt ~, wenn ...** ecco quel che succede, se ...; **was habe ich ~?** che vantaggio ne ho io? **davon·kommen** ‹*irr*› *itr* ‹*sein*› scamparla, cavarsela; *(sich retten)* salvarsi; **mit heiler Haut/dem Leben ~** salvare la pelle *fam*/la vita. **davon·laufen** ‹*irr*› *itr* ‹*sein*› scappare (via), fuggire; **es ist zum D~!** *fam* è una disperazione! **davon·machen** *rfl:* **sich** ~ svignarsela *fam,* scappare. **davon·-tragen** ‹*irr*› *tr* **1.** *(wegtragen)* portare via; **2.** *fig (Verletzungen, Sieg)* riportare; *(Krankheit)* contrarre.

davor [da'fo:ɐ̯, *hinweisend:* 'da:fo:ɐ̯] *adv* **1.** *(örtlich)* davanti (a questo), dinanzi (a questo); **2.** *(zeitlich)* prima (di ciò); **3.** *(vor dieser Sache)* di ciò, ne; **ich habe Angst** ~ ne ho paura.

dazu [da'tsu:, *hinweisend:* 'da:tsu:] *adv* **1.** *(zu diesem Zweck)* per questo, a questo scopo; **2.** *(darüber, zu diesem Thema)* su ciò (*o* questo); **3.** *(dabei, damit)* con ciò (*o* questo), insieme a ciò; **4.** *(außerdem)* oltre a ciò; **5.** *(räumlich)* a questo, vi; ~ **gehört ...** ci vuole ..., è necessario ... *inf;* ~ **kommt, daß ...** a ciò si aggiunge che ...; **im Gegensatz** ~ invece, al contrario; **klug und schön** ~ non solo intelligente ma anche bello; **ich habe keine Lust/Zeit** ~ non ne ho voglia/il tempo; **endlich komme ich** ~ **zu ...** finalmente arrivo a ...; **was sagen Sie** ~**?** cosa ne dice?; **wie kommen Sie** ~**?** *(wieso haben Sie das?)* come l'ha avuto?; *(was erlauben Sie sich?)* come si permette? **dazu·-gehören** *itr* appartenere. **dazugehörig** *a* rispettivo, relativo.

dazumal ['da:tsuma:l] *adv:* **anno** ~ *scherz* a quei tempi.

dazu·tun ‹*irr*› *tr* aggiungere. **Dazutun** *n:* **ohne mein** ~ senza il mio intervento.

dazwischen [da'tsvɪʃən, *hinweisend:* 'da:tsvɪʃən] *adv* **1.** *(örtlich)* in mezzo; *(a. darunter)* tra questi; **2.** *(zeitlich)* nel frattempo; **3.** *(Beziehung)* fra loro. **dazwischen·kommen** ‹*irr*› *itr* ‹*sein*› capitare; *(Person)* sopraggiungere; **wenn nichts dazwischenkommt** se tutto va bene, salvo imprevisti; **mir ist etw. dazwischengekommen** c'è stato un imprevisto per me.

DB [de:'be:] ‹-, ø› *f ab von* **Deutsche Bundesbahn** ≃ FF. SS. (*ab von* Ferrovie dello Stato).

DDR [de:de:'ʔɛr] ‹-, ø› *f ab von* **Deutsche Demokratische Republik** R.D.T. *f* (*ab von* Repubblica Democratica Tedesca).

Dealer(in) ['di:lɐ (...ərɪn)] ‹-s, -› *m(f)* spacciatore, -trice *m, f.*

Debatte [de'batə] ‹-, -n› *f* discussione *f; (bes. pol)* dibattito *m;* **etw. steht zur** ~ qc è in discussione; **das steht überhaupt nicht zur** ~ è ovvio, non se ne discute proprio.

Debüt [de'by:] ‹-s, -s› *n* debutto *m; (a. fig)* esordio *m;* **sein** ~ **geben als** debuttare come.

Deck [dɛk] ‹-(e)s, -s *o rar* -e› *n* ponte *m,* coperta *f;* **alle Mann an** ~**!** tutti in coperta!

Decke ['dɛkə] ‹-, -n› *f* **1.** *(Bett~)* coperta *f; (Tisch~)* tovaglia *f;* **2.** *(Zimmer~)* soffitto *m;* **3.** *(Überzug)* rivestimento *m; (Schicht)* strato *m;* **an die** ~ **gehen** *fig fam* andare (*o* montare) su tutte le furie; **mit jdm unter einer** ~ **stecken** *fig* essere in combutta con qu; **sich nach der** ~ **strecken** *fig* fare il passo secondo la gamba; **mir fällt die** ~ **auf den Kopf** *fam* mi sento in gabbia.

Deckel ['dɛkəl] ‹-s, -› *m* **1.** *allg.* coperchio *m; (zum Aufschrauben)* chiusino *m;* **2.** *(Buch~)* copertina *f;* **einen auf den** ~ **kriegen** *fig fam* ricevere una lavata di capo *fam.*

decken I. *tr* **1.** *(be~)* coprire; *(überziehen)* ricoprire (*mit* con), rivestire (*mit* di); **2.** *(Bedarf, Kosten, etc.)* coprire; **3.** *mil* coprire; *sport* marcare; **einen Schaden/Verlust** ~ riparare ad un danno/compensare una perdita; **den Tisch** ~ apparecchiare la tavola; **II.** *rfl:* **sich** ~ coincidere.

Deckmantel *m fig:* **unter dem** ~ **von** sotto il manto di. **Deckname** *m* pseudonimo *m.*

Deckung ‹-, -en› *f* **1.** *allg., fig, fin* copertura *f;* **2.** *mil* riparo *m,* protezione *f;* **3.** *sport (Spieler, von Spieler)* difesa *f; (von Raum)* marcatura *f; (Boxen, Fechten)* guardia *f;* **4.** *(Übereinstimmung)* accordo *m;* **5.** *mat* coincidenza *f;* **jdm** ~ **geben** coprire qu; **in** ~ **gehen** *mil* mettersi al coperto (*o* al riparo); *sport* mettersi in guardia. **deckungsgleich** *a* congruente.

defekt [de'fɛkt] *a* difettoso, guasto. **Defekt** ‹-(e)s, -e› *m* danno *m; mot* guasto *m.*

defensiv [defɛn'zi:f] *a* difensivo.

Defensive [...'zi:və] ‹-, -n› *f* difensiva *f;* **in der** ~ sulla difensiva.

definieren [defi'ni:rən] ‹*ohne ge-*› *tr* definire.

Definition [...ni'tsio:n] ‹-, -en› *f* definizione *f.*

definitiv [...ni'ti:f] *a* definitivo.

Defizit ['de:fitsɪt] ‹-s, -e› *n* deficit *m* (*an* su), disavanzo *m* (*an* su).

Defloration [deflora'tsio:n] ‹-, -en› *f* deflorazione *f.*

Degen ['de:gən] ‹-s, -› *m* spada *f.*

degenerieren [degene'ri:rən] ‹*ohne ge-*› *itr* ‹*sein*› degenerare.

dehnbar *a* estendibile, estensibile; *(elastisch, a. fig: Begriff)* elastico; *phys* dilatabile; *(Metall)* duttile.

dehnen ['de:nən] **I.** *tr (Material)* tendere; *(Glieder)* stirare; *(Laut)* allungare; **II.** *rfl:* **sich** ~ *(Material, etc.)* dilatarsi; *(Mensch)* distendersi; *(Strekke, Zeit)* prolungarsi.

Deich [daiç] ‹-(e)s, -e› *m* diga *f,* argine *m.*

dein [dain] *(adjektivisches Possessivpronomen von* du*)* tuo, -a *m, f,* tuoi *m pl,*

tue *f pl;* **herzliche Grüße, D~ Otto** cari saluti dal tuo Otto.
deiner *pers pron (gen von* du*)* di te; *s. a. deine(r, s).*
deine(r, s) *(substantivisches Possessivpronomen von* du*)* il tuo, la tua, i tuoi *pl,* le tue *pl.*
deinerseits ['daine'zaits] *adv* da parte tua.
deinesgleichen ['dainəs'glaiçən] ‹*inv*› *pron* tuo pari, uno *m* (*o* gente *f, etc.*) come te.
deinetwegen ['dainət've:gən] *adv* per causa tua, per te; *(negativ)* per colpa tua.
deinetwillen ['dainət'vılən] *adv:* **um ~** per te, per amor tuo.
deins *s.* **deine(r, s).**
dekadent [deka'dɛnt] *a* decadente.
Dekadenz [...'dɛnts] ‹-, ø› *f* decadenza *f.*
Dekan [de'ka:n] ‹-s, -e› *m* **1.** *rel* decano *m;* **2.** *(an Universität)* preside *m* di facoltà.
Dekanat [deka'na:t] ‹-(e)s, -e› *n* decanato *m.*
deklamieren [dekla'mi:rən] ‹*ohne ge-*› *tr* declamare.
deklarieren [dekla'ri:rən] ‹*ohne ge-*› *tr* dichiarare.
Deklination [deklina'tsio:n] ‹-, -en› *f* declinazione *f.*
deklinieren [...'ni:rən] ‹*ohne ge-*› *tr* declinare.
Dekolleté [dekɔl'te:] ‹-s, -s› *n* scollatura *f,* décolleté *m.*
Dekorateur(in) [dekora'tø:ɐ (...rın)] ‹-s, -e› *m(f)* decoratore, -trice *m, f; (Schaufenster~)* vetrinista *mf; theat* scenografo, -a *m, f.*
Dekoration [...'tsio:n] ‹-, -en› *f* decorazione *f; (Schaufenster~)* decorazione *f* di vetrina; *theat* scenario *m.*
dekorativ [...'ti:f] *a* decorativo, esornativo.
dekorieren [...'ri:rən] ‹*ohne ge-*› *tr* decorare.
Dekret [de'kre:t] ‹-(e)s, -e› *n* decreto *m.*
Delegation [delega'tsio:n] ‹-, -en› *f* delegazione *f.*
delegieren [...'gi:rən] ‹*ohne ge-*› *tr* delegare.
delikat [deli'ka:t] *a* **1.** *(lecker)* delizioso; **2.** *(auserlesen, fein)* squisito, prelibato; **3.** *(heikel)* delicato, scabroso.
Delikatesse [...ka'tɛsə] ‹-, -n› *f* **1.** *(Lekkerbissen)* leccornia *f;* **2.** *fig (Zartgefühl)* delicatezza *f,* tatto *m.* **Delikatessengeschäft** *n* negozio *m* di specialità gastronomiche.
Delikt [de'lıkt] ‹-(e)s, -e› *n* reato *m.*
Delirium [de'li:rium, ...iən] ‹-s, -rien› *n* delirio *m.*
Delphin [dɛl'fi:n] ‹-s, -e› *m* delfino *m.*
dem [de:m] *(dat von bestimmtem Artikel* der, das*)* **wenn ~ so ist** se è così; **wie ~ auch sei** comunque sia.
Demagoge [dema'go:gə] ‹-n, -n› *m,* **Demagogin** [...gın] demagogo, -a *m, f.*
demagogisch *a* demagogico.
demaskieren [demas'ki:rən] ‹*ohne ge-*› *tr* smascherare.
dementieren [demɛn'ti:rən] ‹*ohne ge-*› *tr* smentire.
dementsprechend ['de:mʔɛnt'ʃprɛçənt] **I.** *a* corrispondente, conforme; **II.** *adv* in corrispondenza, come tale.
demnächst ['de:m'nɛ:çst] *adv* prossimamente, fra poco.
Demokrat(in) [demo'kra:t(ın)] ‹-en, -en› *m(f)* democratico, -a *m, f.*
Demokratie [demokra'ti:, ...i:ən] ‹-, -n› *f* democrazia *f.*
demokratisch *a* democratico.
demolieren [demo'li:rən] ‹*ohne ge-*› *tr* demolire.
Demonstrant(in) [demɔn'strant(ın)] ‹-en, -en› *m(f)* dimostrante *mf,* manifestante *mf.*
Demonstration [...stra'tsio:n] ‹-, -en› *f* **1.** *(Kundgebung)* dimostrazione *f,* manifestazione *f;* **2.** *(Bekundung)* prova *f; (Darstellung)* dimostrazione *f.* **Demonstrationsmaterial** *n* materiale *m* illustrativo.
demonstrativ [...stra'ti:f] *a* **1.** *(anschaulich)* dimostrativo; **2.** *(auffallend)* ostentato. **Demonstrativpronomen** *n* pronome *m* dimostrativo.
demonstrieren [...'stri:rən] ‹*ohne ge-*› **I.** *tr* dimostrare; **II.** *itr* dimostrare, manifestare.
demoralisieren [demorali'zi:rən] ‹*ohne ge-*› *tr* demoralizzare, scoraggiare.
Demoskopie [demosko'pi:, ...i:ən] ‹-, -n› *f* demoscopia *f.*
demoskopisch [...'sko:pıʃ] *a* demoscopico.
demselben *pron* (*dat von* derselbe, dasselbe).
Demut ['de:mu:t] ‹-, ø› *f* umiltà *f.*
demütig ['de:my:tiç] *a* umile.
demütigen **I.** *tr* umiliare, mortificare; **II.** *rfl:* **sich ~** umiliarsi, abbassarsi.
Demütigung ‹-, -en› *f* umiliazione *f,* mortificazione *f.*
den [de:n] (*acc von bestimmtem Artikel* der *u. dat von* die *pl*).
denen [de:nən] **I.** *(Demonstrativpronomen) (dat von* die *pl);* **II.** *(Relativpronomen) (dat von* die *pl).*
Den Haag [de:n 'ha:k] *n* L'Aia *f.*
denkbar **I.** *a (möglich)* possibile; **II.** *adv (sehr)* oltremodo; **auf die ~ einfachste Art** nel modo più semplice possibile.
denken ['dɛnkən] ‹denkt, dachte, gedacht› **I.** *itr* **1.** *(nach~, meinen)* pensare (*an* a, *über, von* di); *(logisch ~)* ragionare; **2.** *(sich erinnern)* pensare (*an* a); **3.** *(nicht vergessen)* tenere in (*o* a)

mente, ricordare (*an etw.* qc); **gar nicht daran ~ zu ...** non pensare minimamente di ...; **wenn ich bloß daran denke zu ...!** al solo pensiero di ...!; **wo ~ Sie hin!** ma no!, ma che dice; **denkste!** *fam* stai fresco! *fam;* **II.** *tr* pensare; **das hast du dir so gedacht!** *fam* ti sarebbe piaciuto!; **wer hätte das gedacht?** chi l'avrebbe immaginato?; **III.** *rfl:* **sich** *(dat)* ~ *(sich vorstellen)* immaginarsi, credere; **ich habe mir nichts Böses dabei gedacht** l'ho fatto in buona fede; **das habe ich mir gedacht!** me l'aspettavo, c'era da immaginarselo *fam.* **Denken** ‹-s, ø› *n* pensiero *m; (Nach~)* riflessione *f; (logisches ~)* ragionamento *m; (Denkart)* modo *m* di pensare, mentalità *f.*

Denkmal ‹-s, ¨-er *o rar* -e› *n* monumento *m.* **Denkmal(s)schutz** *m* tutela *f* dei monumenti; **unter ~ stehen** essere monumento nazionale.

Denksport(aufgabe *f*) *m* rompicapo *m.* **Denkzettel** *m* lezione *f;* **jdm einen ~ geben** (*o* **verpassen**) dare una bella lezione a qu.

denn [dɛn] **I.** *con (kausal)* perché, poiché; **es sei ~, daß ...** tranne che ... *conj,* a meno che ... *conj;* **mehr ~ je** più che mai; **II.** *adv (in Fragesätzen verstärkend)* mai, poi, ma, allora, *manchmal unübersetzt;* **warum ~ nicht?** e perché no?; **wieso ~?** e come mai?; **wo bist du ~?** ma dove sei?

dennoch ['dɛnɔx] *adv* tuttavia, ciò nondimeno, però.

denselben *pron (acc von* derselbe, *dat von* dieselben).

Denunziant(in) [denʊn'tsi̯ant(ɪn)] ‹-en, -en› *m(f)* delatore, -trice *m, f.*

denunzieren [...'tsi:rən] ‹*ohne ge-*› *tr* denunciare.

Deo ['de:o] ‹-s, -s› *n,* **Deodorant** [deˀodo'rant] ‹-s, -e *o* -s› *n* deodorante *m.* **Deospray** *n* deodorante *m* spray.

Departement [departə'mã:] ‹-s, -s› *n CH* dipartimento *m.*

deponieren [depo'ni:rən] ‹*ohne ge-*› *tr* depositare.

Depot [de'po:] ‹-s, -s› *n* deposito *m.*

Depression [deprɛ'si̯o:n] ‹-, -en› *f* depressione *f.*

deprimieren [depri'mi:rən] ‹*ohne ge-*› *tr* deprimere, abbattere.

der [de:ɐ̯] *(gen von bestimmtem Artikel* die *sing u. pl, dat von* die *sing).*

der, die, das, *pl* **die** [de:ɐ̯, di:, das] **I.** *(bestimmter Artikel)* il *m,* lo *m;* la *f;* l' *m, f; pl* i, gli, le; **II.** *(Demonstrativpronomen) s.* **diese(r, s), jene(r, s), derjenige; III.** *(Relativpronomen) s.* **welche(r, s).**

derart ['de:ɐ̯'ˀa:ɐ̯t] *adv* tanto, così, talmente; **~, daß ...** di modo che ...

derartig *a* siffatto, tale.

derb [dɛrp] *a* **1.** *(fest)* solido, sodo; *(kräftig)* robusto, vigoroso; **2.** *fig (grob)* rozzo, grossolano.

deren ['de:rən] **I.** *(Demonstrativpronomen) (gen von* die *pl);* **II.** *(Relativpronomen) (gen von* die *sing u. pl).*

derentwegen ['de:rənt've:gən] *adv* per cui, a causa di cui.

derentwillen ['de:rənt'vɪlən] *adv:* **um ~** *(sing)* per cui (*o* il/la quale); *(pl)* per i (*o* le quali).

derer ['de:rɐ] *pron (gen von* die *pl).*

dergleichen ['de:ɐ̯'glai̯çən] ‹*inv*› (*ab* **dgl.**) **I.** *a* tale, simile, siffatto; **II.** *pron (derartiges)* qualcosa di simile (*o* del genere); **nichts ~** nulla di tutto questo; **und ~ (mehr)** e simili.

derjenige, diejenige, dasjenige, *pl* **diejenigen** ['de:ɐ̯je:nɪgə, 'di:..., 'das...] *pron* colui, colei, quello, quella; *pl* coloro, quelli, quelle; **~, welcher ...** quello che ...

dermaßen *adv* tanto; **~, daß** talmente che.

derselbe, dieselbe, dasselbe, *pl* **dieselben** [de:ɐ̯'zɛlbə, di:..., das...] *pron* il medesimo, la medesima, lo stesso, la stessa; *pl* i medesimi, le medesime, gli stessi, le stesse; **das ist ein und dasselbe** è lo stesso.

derzeit *adv (jetzt)* attualmente, (per) ora. **derzeitig** *a* **1.** *(gegenwärtig)* attuale, del momento; **2.** *(damalig)* di allora, di quel tempo.

des [dɛs] *(gen von bestimmtem Artikel* der, das*).*

Deserteur(in) [dezɛr'tø:ɐ̯ (...rɪn)] ‹-s, -e› *m(f)* disertore, -trice *m, f.*

desertieren [...'ti:rən] ‹*ohne ge-*› *itr* ‹*haben o sein*› disertare.

desgleichen ['dɛs'glai̯çən] *adv* (*ab* **dgl.**) parimenti.

deshalb ['dɛs'halp] *adv* perciò; **eben ~** proprio per questo; **~, weil** perché.

Desinfektion [dɛsˀɪnfɛk'tsi̯o:n *o* dezɪ...] *f* disinfezione *f.* **Desinfektionsmittel** *n* disinfettante *m.*

desinfizieren [...fi'tsi:rən] ‹*ohne ge-*› *tr* disinfettare.

Desinteresse ['dɛsˀɪntərɛsə] *n* disinteresse *m.*

desodorieren [dɛsˀodo'ri:rən *o* dezo..] ‹*ohne ge-*› *tr* deodorare.

Despot(in) [dɛs'po:t(ɪn)] ‹-en, -en› *m(f)* despota *mf.*

desselben *pron (gen von* der, das*).*

dessen ['dɛsən] **I.** *(Demonstrativpronomen) (gen von* der, das*);* **II.** *(Relativpronomen) (gen von* der, das); **ich bin mir ~ bewußt** ne sono consapevole, me ne rendo conto.

dessenungeachtet ['dɛsənˀʊngə'ˀaxtət] *adv* malgrado ciò, ciò nonostante, nondimeno.

Dessert [dɛ'sɛ:ɐ̯ *o* dɛ'sɛrt] ‹-s, -s› *n*

dolce *m*, dessert *m*. **Dessertteller** *m* piatto *m* da frutta (*o* da dolce).
Dessin [dɛˈsɛ̃:] ‹-s, -s› *n* motivo *m*.
destillieren [dɛstɪˈli:rən] ‹*ohne ge-*› *tr* distillare.
Destillierkolben *m* alambicco *m*, storta *f*.
desto [ˈdɛsto] *con* tanto; **je ..., ~** (quanto) più ..., (tanto) più.
destruktiv [destrʊkˈti:f] *a* distruttivo.
deswegen [ˈdɛsˈve:gən] *s.* **deshalb.**
Detail [deˈtai̯ *o* deˈta:j] ‹-s, -s› *n* dettaglio *m*, particolare *m*; **ins ~ gehen** entrare nei dettagli.
Detonation [detonaˈtsi̯o:n] ‹-, -en› *f* detonazione *f*.
detonieren [...ˈni:rən] ‹*ohne ge-*› *itr* ‹*sein*› detonare.
deuten [ˈdɔytən] **I.** *tr (auslegen)* interpretare; *(erklären)* spiegare; **II.** *itr* **1.** *(mit Finger, Hand)* indicare (*auf etw.* qc); **2.** *fig (hinweisen)* far presagire; **alles deutet darauf (hin), daß ...** tutto fa supporre che ...
deutlich *a* chiaro; *(gut unterscheidbar)* distinto; *(spürbar)* sensibile; *(ausgeprägt)* marcato; **sich ~ ausdrücken** parlare chiaramente; **jdm etw. ~ machen** far capire qc a qu. **Deutlichkeit** ‹-, -en› *f* chiarezza *f*.
deutsch [dɔytʃ] *a* tedesco; *(bes. hist)* germanico; *(a. pej)* teutonico; **D~e Mark** (*ab* **DM**) marco tedesco; **~-italienisch** tedesco-italiano; *(in bezug auf Tirol)* italo-tedesco; **auf ~** in tedesco.
Deutsch ‹ø, ø› *n*, **Deutsche** ‹-n, ø› *n* tedesco *m*; **die Schwierigkeiten des ~en** le difficoltà del tedesco; **(kein) ~ sprechen/verstehen** (non) parlare/capire il tedesco; **das ~e ist schwer** il tedesco è (una lingua) difficile; **er hat in ~ eine Zwei** ha un otto in tedesco.
Deutsche ‹ein -r, -n, -n› *mf* tedesco, -a *m, f*.
Deutschland *n* (*ab* **D**) Germania *f*.
deutschsprachig *a (Mensch, Land)* di lingua tedesca; *(Literatur)* in lingua tedesca.
Deutung ‹-, -en› *f* interpretazione *f*, spiegazione *f*.
Devise [deˈvi:zə] ‹-, -n› *f* massima *f*, motto *m*.
Devisen [deˈvi:zən] ‹*pl*› valuta *f* estera. **Devisenhandel** *m* commercio *m* delle divise.
Dezember [deˈtsɛmbɐ] ‹-(s), -› *m* dicembre *m*; *s. a. September.*
dezent [deˈtsɛnt] **I.** *a (Farbe, etc.)* discreto; *(Musik)* smorzato; **II.** *adv (leicht)* leggermente, appena.
Dezernent(in) [detsɛrˈnɛnt(ɪn)] ‹-en, -en› *m(f)* caposervizio *mf*.
Deziliter [detsiˈli:tɐ *o* ˈde:tsi...] *m* (*ab* **dl**) decilitro *m*.
dezimal [detsiˈma:l] *a* decimale. **Dezimalstelle** *f* (posto *m*) decimale *m*; **auf zwei ~n genau** esatto al centesimo. **Dezimalsystem** *n* sistema *m* decimale.
Dezimeter [detsiˈme:tɐ *o* ˈde:tsi...] *m* (*ab* **dm**) decimetro *m*.
DFB [de:ˀɛfˈbe:] ‹-(s), ø› *m ab von* **Deutscher Fußball-Bund** ≃ FEDERCALCIO *f* (*ab von* Federazione Italiana Gioco Calcio).
DGB [de:ge:ˈbe:] ‹-(s), ø› *m ab von* **Deutscher Gewerkschaftsbund** *federazione dei sindacati della R.F.T.*
dgl. *ab von* **der-, desgleichen** e sim. (*ab von* e simili).
d. h. *ab von* **das heißt** cioè.
Dia [ˈdi:a] ‹-s, -s› *n* diapositiva *f*.
Diabetes [diaˈbe:tɛs] ‹-, ø› *m* diabete *m*.
Diabetiker(in) [...ˈbe:tɪkɐ (...ərɪn)] ‹-s, -› *m(f)* diabetico, -a *m, f*.
diabolisch [diaˈbo:lɪʃ] *a* diabolico.
Diadem [diaˈde:m] ‹-s, -e› *n* diadema *m*.
Diagnose [diaˈgno:zə] ‹-, -n› *f* diagnosi *f*.
diagonal [diagoˈna:l] *a* diagonale; **ein Buch ~ lesen** dare una scorsa ad un libro. **Diagonale** ‹-, -n› *f* diagonale *f*.
Dialekt [diaˈlɛkt] ‹-(e)s, -e› *m* dialetto *m*.
Dialektik [diaˈlɛktɪk] ‹-, ø› *f* dialettica *f*.
Dialog [diaˈlo:k] ‹-(e)s, -e› *m* dialogo *m*.
Diamant [diaˈmant] ‹-en, -en› *m* diamante *m*.
Diät [diˈɛ:t] ‹-, -en› *f* dieta *f*, regime *m*; **nach (einer) ~ leben, ~ halten** stare a dieta.
Diäten ‹*pl*› indennità *f* parlamentare.
Diätmargarine *f* margarina *f* dietetica.
Diavortrag *m* conferenza *f* con diapositive.
dich [dɪç] **I.** *pers pron (acc von* du*)* *(betont)* te; *(unbetont)* ti; **II.** *rfl pron* ti.
dicht [dɪçt] **I.** *a* **1.** *(gedrängt)* fitto, folto, serrato; **2.** *(Nebel, Wald, Stoff)* fitto; *(Haar, Laub)* folto; *(Bevölkerung, Verkehr)* denso; **3.** *(undurchlässig)* ermetico, a tenuta stagna; *(wasser~)* impermeabile; *(luft~)* a tenuta d'aria; **du bist wohl nicht ganz ~!** *fam* non hai tutti i venerdì *fam*; **II.** *adv* **1.** *(nahe)* vicinissimo; **2.** *(stark)* molto; **~ auffahren** avvicinarsi troppo alla macchina che precede; **~ gefolgt von** seguito a ruota da.
Dichte *f* **1.** ‹-, ø› fittezza *f*, foltezza *f*; *(Undurchlässigkeit)* tenuta *f* stagna; *(Wasserundurchlässigkeit)* impermeabilità *f*; **2.** ‹-, -n› *phys* densità *f*.
dichten [ˈdɪçtən] **I.** *tr* comporre, scrivere; **II.** *itr* comporre (*o* scrivere) versi.
Dichter(in) ‹-s, -› *m(f)* poeta, -tessa *m, f*.
dichterisch *a* poetico.
dicht·halten ‹*irr*› *itr fam* tenere il becco chiuso *fam*. **dicht·machen** *tr, itr fam* chiudere.

Dichtung[1] ‹-, -en› *f lit* poesia *f.*
Dichtung[2] ‹-, -en› *f tec* guarnizione *f.*
dick [dɪk] *a* **1.** *allg.* grasso, grosso; *(dem Durchmesser nach)* spesso; *(dem Umfang nach)* voluminoso; **2.** *(korpulent)* corpulento; **3.** *(geschwollen)* gonfio; **4.** *(~flüssig)* denso; **~e Freunde** *fam* amici per la pelle *fam;* **ein ~es Lob** *fam* una gran lode; **~ machen** ingrassare. **Dickdarm** *m* intestino *m* crasso.
Dicke ‹-, -n› *f* **1.** *allg.* grassezza *f,* grossezza *f;* **2.** *(Stärke, Durchmesser)* spessore *m.*
Dickerchen ['dɪkɐçən] ‹-s, -› *n fam* cicciottino *m fam.*
dickflüssig *a* denso, viscoso. **Dickhäuter** [-hɔ̯ytɐ] ‹-s, -› *m zoo, fig* pachiderma *m.*
Dickicht ['dɪkɪçt] ‹-s, -e› *n* bosco *m* folto, boscaglia *f.*
Dickkopf *m (Mensch)* testone *m,* testardo *m;* **einen ~ haben** avere la testa dura.
Didaktik [di'daktɪk] ‹-, ø› *f* didattica *f.*
didaktisch *a* didattico; *(belehrend, bes. Theater)* didascalico.
die [di:] **I.** *(nom u. acc von bestimmtem Artikel f sing u. pl) s.* **der; II.** *(Relativpronomen) s.* **der; III.** *(Demonstrativpronomen) s.* **diese(r, s), jene(r, s).**
Dieb(in) [di:p (...bɪn)] ‹-(e)s, -e› *m(f)* ladro, -a *m, f;* **haltet den ~!** al ladro! **diebisch** *a* **1.** *(Mensch)* ladresco; **2.** *fig (Freude, etc.)* pazzesco, matto. **Diebstahl** ‹-(e)s, ⸚e› *m* furto *m.*
diejenige(n) *s.* **derjenige.**
Diele ['di:lə] ‹-, -n› *f* **1.** *(Brett)* asse *f;* **2.** *(Hausflur)* ingresso *m.*
dienen ['di:nən] *itr* **1.** *allg.* servire (*jdm* qu, *zu* a); **2.** *(in Stellung sein)* essere in servizio (*bei* presso); **3.** *mil* fare il servizio militare; **als etw. ~** servire da qc; **damit ist mir nicht gedient** ciò non mi giova a nulla; **womit kann ich (Ihnen) ~?** in che cosa posso servirLa?
Diener ‹-s, -› *m (Verbeugung)* inchino *m,* reverenza *f.*
Diener(in) ‹-s, -› *m(f)* domestico, -a *m, f; fig* servo, -a *m, f.*
Dienerschaft ‹-, -en› *f* servitù *f.*
dienlich *a (nützlich)* conveniente.
Dienst [di:nst] ‹-(e)s, -e› *m* **1.** *allg., mil* servizio *m;* **2.** *(Amt)* ufficio *m,* carica *f; (Stelle)* posto *m,* impiego *m;* **öffentlicher ~** servizio pubblico; **~ haben** essere di servizio; **jdm einen ~ erweisen** rendere un servizio a qu; **außer ~** fuori servizio; *(im Ruhestand, ab* **a. D.***)* a riposo, in pensione; **Chef/Offizier vom ~** segretario di redazione/ufficiale di servizio (*o* di picchetto); **seine Beine versagten ihm den ~** le gambe non gli reggevano; **was steht zu ~en?** in che cosa posso servirLa?
Dienstag ['di:nsta:k] *m* martedì *m; s. a. Freitag.*
Dienstbote *m,* **-botin** *f* domestico, -a *m, f.* **diensteifrig** *a* zelante, premuroso. **Dienstgeheimnis** *n* segreto *m* d'ufficio. **Dienstgrad** *m* grado *m* (di servizio). **diensthabend** *a* **1.** *(Arzt)* di turno; **2.** *mil* di picchetto. **Dienstleistung** *f* **1.** *(Tätigkeit)* (prestazione *f* di) servizio *m;* **2.** *(~sgewerbe)* servizi *m pl.* **Dienstleistungsgewerbe** *n* terziario *m.* **dienstlich I.** *a* di servizio, di ufficio, ufficiale; **II.** *adv* per ragioni di servizio (*o* di ufficio). **Dienstmädchen** *n* domestica *f,* collaboratrice *f* domestica. **Dienstreise** *f* viaggio *m* (per ragioni) di servizio. **Dienststelle** *f* ufficio *m.* **Dienststunden** *f pl* ore *f pl* d'ufficio. **Dienstwagen** *m* vettura *f* di servizio. **Dienstweg** *m* via *f* gerarchica. **Dienstwohnung** *f* abitazione *f* di servizio. **Dienstzeit** *f* orario *m* di servizio.
dies [di:s] *(Demonstrativpronomen)* questo; **~ ist/sind ...** ecco ...
diesbezüglich I. *a* relativo (a ciò); **II.** *adv* al riguardo.
diese *s.* **diese(r, s).**
Diesel ['di:zəl] ‹-s, -› *m* diesel *m.*
dieselbe(n) *s.* **derselbe.**
Dieselmotor *m* motore *m* diesel.
diese(r, s) ['di:zə] *(Demonstrativpronomen)* questo, -a; **am 21. dieses Monats** il 21 del corrente mese; **von diesem und jenem sprechen** parlare del più e del meno.
diesig ['di:zɪç] *a* nebbioso, caliginoso.
diesjährig *a* di quest'anno. **diesmal** *adv* questa volta. **diesseits** [-za̯its̯] **I.** *adv* da questa parte; **II.** *prp gen* al di qua di.
Dieter, Dietrich ['di:tɐ, 'di:trɪç] *(männlicher Vorname)* Teodorico.
Dietrich ['di:trɪç] ‹-s, -e› *m (Nachschlüssel)* grimaldello *m.*
Differential [dɪfərɛn'ts̯i̯a:l] ‹-s, -e› *n* differenziale *m.* **Differentialrechnung** *f* calcolo *m* differenziale.
Differenz [dɪfə'rɛnts̯] ‹-, -en› *f* **1.** differenza *f; com* ammanco *m;* **2.** *(Meinungsverschiedenheit)* contrasto *m,* divergenza *f.*
differenzieren [...'ts̯i:rən] ‹*ohne ge-*› *tr* differenziare; *(unterscheiden)* distinguere.
digital [digi'ta:l] *a* digitale.
Diktat [dɪk'ta:t] ‹-(e)s, -e› *n* **1.** *(Nachschrift)* dettato *m; (Diktieren)* dettatura *f;* **2.** *fig (Befehl)* imposizione *f;* **ein ~ aufnehmen** scrivere sotto dettatura.
Diktator(in) [dɪk'ta:to:ɐ̯ (...ta'to:rɪn), ...ta'to:rən] ‹-s, -en› *m(f)* dittatore *m.*
diktatorisch [...ta'to:rɪʃ] *a* dittatoriale.
Diktatur [...ta'tu:ɐ̯] ‹-, -en› *f* dittatura *f.*
diktieren [dɪk'ti:rən] ‹*ohne ge-*› *tr* dettare. **Diktiergerät** *n* dittafono *m.*

Dilemma [di'lɛma, -s *o* -ta] ‹-s, -s *o* -ta› *n* dilemma *m.*
Dill [dɪl] ‹-s, -e› *m* aneto *m.*
Dimension [dimɛn'zi̯o:n] ‹-, -en› *f* dimensione *f.*
DIN® [di:n] *ab von* **Deutsche Industrie-Norm(en)** *norma industriale tedesca;* **ein ~-A4-Blatt** un foglio di protocollo.
Ding [dɪŋ] *n* **1.** ‹-(e)s, -e› cosa *f; (Gegenstand)* oggetto *m;* **2.** ‹-s, -er› *fam (unbestimmtes Etwas)* coso *m;* **dummes/junges ~** *fam* sciocchina *f*/ragazzetta *f;* **ein ~ drehen** *sl* fare un bel colpo; **guter ~e sein** essere di buon umore; **vor allen ~en** innanzitutto; **das ist ein ~ der Unmöglichkeit** è una cosa impossibile.
dingfest *a:* **jdn ~ machen** arrestare qu.
Dings [dɪŋs] ‹-, ø› *n,* **Dingsbums** [-bʊms] ‹-, ø› *n,* **Dingsda** ‹-, ø› *n fam* tizio *m.*
Diphtherie [dɪfte'ri:, ...i:ən] ‹-, -n› *f* difterite *f.*
Diphthong [dɪf'tɔŋ] ‹-s, -e› *m* dittongo *m.*
Dipl.-Ing. *ab von* **Diplomingenieur** ingegnere *m* (diplomato).
Diplom [di'plo:m] ‹-(e)s, -e› *n* diploma *m.*
Diplomat(in) [...'ma:t(ɪn)] ‹-en, -en› *m(f)* diplomatico *m.*
Diplomatie [diploma'ti:] ‹-, ø› *f* diplomazia *f.*
diplomatisch *a* diplomatico.
Diplomingenieur *m* (*ab* **Dipl.-Ing.**) ingegnere *m* (diplomato).
dir [di:ɐ̯] *pers pron (dat von* du*) (betont)* (a) te; *(unbetont)* ti.
direkt [di'rɛkt] **I.** *a* diretto; *(unmittelbar)* immediato; *(unverblümt)* nudo e crudo, vero e proprio; **es war kein ~er Streit, aber ...** *fam* non è stata proprio una lite, ma ...; **II.** *adv* direttamente; *(sofort)* immediatamente; *(geradezu)* veramente, proprio.
Direktion [dirɛk'tsi̯o:n] ‹-, -en› *f* direzione *f.*
Direktor(in) [di'rɛkto:ɐ̯ (...'to:rɪn), ...'to:rən] ‹-s, -en› *m(f)* direttore, -trice *m, f; (Geschäftsführer)* gerente *mf; (von Schule)* preside *mf;* **stellvertretender ~** vicedirettore *m.*
Direktübertragung *f radio* trasmissione *f* diretta; *TV* ripresa *f* diretta.
Dirigent(in) [diri'gɛnt(ɪn)] ‹-en, -en› *m(f)* direttore, -trice *m, f* (d'orchestra).
dirigieren [...'gi:rən] ‹*ohne ge-*› *tr* dirigere.
Dirndl(kleid) ['dɪrndəl(klaɪ̯t)] ‹-s, -› *n* costume *m* (*o* vestito *m*) tirolese.
Dirne ['dɪrnə] ‹-, -n› *f* prostituta *f.*
Disken *pl von* **Diskus.**
Diskette [dis'kɛtə] ‹-, -n› *f* dischetto *m.*
Diskjockey ['dɪsk-] *m* disc-jockey *m.*
Diskont [dɪs'kɔnt] ‹-s, -e› *m* sconto *m.*
Diskothek [dɪsko'te:k] ‹-, -en› *f* discoteca *f.*
Diskrepanz [dɪskre'pants̯] ‹-, -en› *f* discrepanza *f.*
diskret [dɪs'kre:t] *a* discreto.
Diskretion [...kre'ts̯i̯o:n] ‹-, -en› *f* discrezione *f.*
diskriminieren [dɪskrimi'ni:rən] ‹*ohne ge-*› *tr* discriminare.
Diskriminierung ‹-, -en› *f* discriminazione *f.*
Diskus ['dɪskʊs, ...kən *o* ...kʊsə] ‹- *o* -ses, Disken *o* -se› *m* disco *m.*
Diskussion [dɪskʊ'si̯o:n] ‹-, -en› *f* discussione *f,* dibattito *m;* **zur ~ stehen** essere in discussione; **zur ~ stellen** mettere in discussione.
Diskuswerfen ‹-s, ø› *n* (lancio *m* del) disco *m.*
diskutieren [dɪsku'ti:rən] ‹*ohne ge-*› *tr, itr* discutere (*über* su, di).
disponieren [dɪspo'ni:rən] ‹*ohne ge-*› *itr* disporre (*über* di).
Disposition [...pozi'ts̯i̯o:n] ‹-, -en› *f* **1.** *(Verfügung, Maßnahme)* disposizione *f;* **2.** *(Gliederung, Plan)* suddivisione *f;* **3.** *med (Anlage)* predisposizione *f.*
Disqualifikation [dɪs-] ‹-, -en› *f* squalifica *f.*
disqualifizieren ‹*ohne ge-*› *tr* squalificare.
Dissertation [dɪsɛrta'ts̯i̯o:n] ‹-, -en› *f* tesi *f* (di laurea).
Dissident(in) [dɪsi'dɛnt(ɪn)] ‹-en, -en› *m(f)* dissidente *m, f.*
Dissonanz [dɪso'nants̯] ‹-, -en› *f* dissonanza *f.*
Distanz [dɪs'tants̯] ‹-, -en› *f* distanza *f.*
distanzieren [...'ts̯i:rən] ‹*ohne ge-*› *rfl:* **sich von jdm/etw. ~** *fig* prendere le distanze da qu/qc.
Distel ['dɪstəl] ‹-, -n› *f* cardo *m.*
Distrikt [dɪs'trɪkt] ‹-(e)s, -e› *m* distretto *m.*
Disziplin [dɪsts̯i'pli:n] ‹-, -en› *f* disciplina *f; (Gebiet)* branca *f.*
disziplinarisch [...pli'na:rɪʃ] *a* disciplinare.
Disziplinarstrafe [...pli'na:ɐ̯-] *f* sanzione *f* (*o* pena *f*) disciplinare.
diszipliniert [...pli'ni:ɐ̯t] *a* disciplinato.
disziplinlos *a* indisciplinato.
Diva ['di:va, ...vas *o* ...vən] ‹-, -s *o* -ven› *f* diva *f.*
divers [di'vɛrs] *a* diverso.
Dividend [divi'dɛnt] ‹-en, -en› *m* dividendo *m.*
Dividende [...'dɛndə] ‹-, -n› *f* dividendo *m.*
dividieren [...'di:rən] ‹*ohne ge-*› *tr* dividere (*durch* per).
Division [...'zi̯o:n] ‹-, -en› *f* divisione *f.*
Diwan ['di:va:n] ‹-s, -e› *m* divano *m.*
DKP [de:ka:'pe:] ‹-, ø› *f ab von* **Deut-**

sche **Kommunistische Partei** *partito comunista della R.F.T.*
dl *ab von* **Deziliter** dl (*ab von* decilitro).
DLRG [de:ʔɛlʔɛr'ge:] ‹-, ø› *f ab von* **Deutsche Lebens-Rettungs-Gesellschaft** *società tedesca per il salvataggio a nuoto.*
dm *ab von* **Dezimeter** dm (*ab von* decimetro).
DM *ab von* **Deutsche Mark** DM.
DNS [de:ʔɛn'ʔɛs] ‹-, ø› *f ab von* **Desoxyribonukleinsäure** D.N.A. *m* (*ab von* acido deossiribonucleico).
doch [dɔx] *adv, con* **1.** *(dennoch, jedoch)* però, ciò nonostante, tuttavia; **2.** *(aber)* ma, pure, eppure; **3.** *(bei negativer Frage)* ma sì!; **du weißt ~, daß ...** ma tu lo sai che ...; **hast du das nicht gewußt? – ~!** non lo sapevi? – certo!; **also ~!** ma allora sì!, lo sapevo!; **ja ~!** ma sì!; **nicht ~!** ma no!; **tu's ~!** fallo dunque!; **kommen Sie ~ herein!** entri pure!; **wenn er ~ käme!** almeno venisse!
Docht [dɔxt] ‹-(e)s, -e› *m* stoppino *m,* lucignolo *m.*
Dock [dɔk] ‹-s, -s *o rar* -e› *n* dock *m,* cantiere *m* navale; *(Trocken~)* bacino *m* di carenaggio.
Dogge ['dɔgə] ‹-, -n› *f* alano *m.*
Dogma ['dɔgma, ...mən] ‹-s, -men› *n* dogma *m.*
dogmatisch [...'ma:tɪʃ] *a* dogmatico.
Doktor(in) ['dɔkto:ɐ̯ (...'to:rɪn), ...'to:rən] ‹-s, -en› *m(f)* (*ab* **Dr.**) dottore, -essa *m, f;* **~ der Medizin** (*ab* **Dr. med.**)/**der Philosophie** (*ab* **Dr. phil.**) dottore *m* in medicina/in filosofia; **den** (*o* **seinen**) **~ machen** laurearsi; **Frau ~!** dottoressa!; **Herr ~!** dottore!
Doktorand(in) [dɔkto'rant (...dɪn)] ‹-en, -en› *m(f)* laureando, -a *m, f.*
Doktorarbeit *f* tesi *f* di laurea. **Doktorvater** *m* professore *m* rilasciante la tesi.
Doktrin [dɔk'tri:n] ‹-, -en› *f* dottrina *f.*
Dokument [doku'mɛnt] ‹-(e)s, -e› *n* documento *m.*
Dokumentarfilm [...'ta:ɐ̯-] *m* documentario *m.*
dokumentarisch [...'ta:rɪʃ] *a* documentario.
Dokumentation [...ta'tsio:n] ‹-, -en› *f* documentazione *f; (Beweis)* dimostrazione *f.*
dokumentenecht *a (Papier)* uso protocollo; *(Tinte)* indelebile.
dokumentieren [...'ti:rən] ‹*ohne ge-*› *tr* documentare, dimostrare.
Dolch [dɔlç] ‹-(e)s, -e› *m* pugnale *m.*
Dolde ['dɔldə] ‹-, -n› *f* ombrella *f.*
Dollar ['dɔla:ɐ̯] ‹-(s), -s› *m* dollaro *m.*
dolmetschen ['dɔlmɛtʃən] **I.** *tr* interpretare, tradurre (a voce); **II.** *itr* fare da interprete.
Dolmetscher(in) ‹-s, -› *m(f)* interprete *mf.*
Dolomiten [dolo'mi:tən] ‹*pl*› Dolomiti *f pl.*
Dom [do:m] ‹-(e)s, -e› *m* duomo *m.*
Domäne [do'mɛ:nə] ‹-, -n› *f fig* campo *m* di competenza.
dominant [domi'nant] *a* dominante.
Dominante ‹-, -n› *f* nota *f* dominante.
Domino ['do:mino] ‹-s, -s› *n* domino *m.*
Dompfaff ['do:mpfaf] ‹-en *o* -s, -en› *m* ciuffolotto *m.*
Dompteur [dɔmp'tø:ɐ̯] ‹-s, -e› *m,* **Dompteuse** [...'tø:zə] ‹-, -n› *f* domatore, -trice *m, f.*
Donau ['do:nau] *f* Danubio *m.*
Donner ['dɔnɐ] ‹-s, -› *m* tuono *m;* **wie vom ~ gerührt** come fulminato.
donnern *itr (a. fig)* tuonare.
Donnerstag *m* giovedì *m; s. a. Freitag.*
Donnerwetter *n:* **(zum) ~!** accidenti!
doof [do:f] *a fam* stupido, scemo, ottuso. **Doofmann** *m fam* scemo *m.*
dopen ['dɔpən *o* 'do:pən] *tr* drogare.
Doping ['dɔpɪŋ *o* 'do:pɪŋ] ‹-s, -s› *n* doping *m,* drogaggio *m.*
Doppel ['dɔpəl] ‹-s, -› *n* **1.** *(Duplikat)* duplicato *m,* copia *f;* **2.** *sport* doppio *m.* **Doppelagent(in)** *m(f)* doppiogiochista *mf.* **Doppelbelastung** *f* doppio peso *m.* **Doppelbeschluß** *m* doppia risoluzione *f.* **Doppelbett** *n* (letto *m*) matrimoniale *m.* **Doppeldecker** ‹-s, -› **1.** *aero* biplano *m;* **2.** *(Bus)* autobus *m* a due piani. **Doppelgänger(in)** [-gɛŋɐ (...ərɪn)] ‹-s, -› *m(f)* sosia *mf.* **Doppelhaus** *n* doppia casa *f.* **Doppelkinn** *n* doppio mento *m.* **Doppelmord** *m* duplice omicidio *m.* **Doppelname** *m* doppio nome *m.* **Doppelpunkt** *m* due punti *m pl.* **Doppelrolle** *f* doppione *m,* doppia parte *f.* **Doppelstecker** *m* spina *f* doppia.
doppelt I. *a* doppio; **ein ~es Spiel treiben** fare il doppio gioco; **II.** *adv* il doppio, doppiamente; **~ soviel** due volte tanto; **~ soviel bezahlen** pagare il doppio; **~ und dreifach** due e tre volte; **~ genäht** (*o fam* **gemoppelt**) **hält besser** *prov* la prudenza non è mai troppa *prov.*
Doppelverdiener *m pl (Ehepaar)* coppia *f* con doppio reddito. **Doppelzentner** *m* quintale *m.* **Doppelzimmer** *n (Zweibettzimmer)* camera *f* doppia (*o* a due letti); *(mit Doppelbett)* (camera *f*) matrimoniale *f.*
Dorf [dɔrf] ‹-(e)s, ⸚er› *n* villaggio *m; (Ortschaft)* paese *m.* **Dorfbewohner(in)** *m(f)* paesano, -a *m, f.* **Dorfschaft** ‹-, -en› *f CH* villaggio *m.*
Dorn [dɔrn] *m* **1.** ‹-(e)s, -en *o fam* ⸚er› *bot, fig* spina *f;* **2.** ‹-(e)s, -e› *(an Schnalle)* puntale *m;* **jdm ein ~ im Auge sein** essere una spina nell'occhio per qu.

dornig *a* spinoso.
Dornröschen [-'rø:sçən] ‹-s, ø› *n* bella *f* addormentata nel bosco.
dörren ['dœrən] **I.** *tr ‹haben›* (dis)seccare; **II.** *itr ‹sein›* (dis)seccarsi. **Dörrobst** *n* frutta *f* secca (*o* essiccata).
Dorsch [dɔrʃ] ‹-(e)s, -e› *m* merluzzo *m.*
dort [dɔrt] *adv* là, lì; **da und ~** qua e là; **~ drüben/hinten** là dietro/là in fondo. **dorther** ['dɔrt'he:ɐ̯, *hinweisend:* 'dɔrthe:ɐ̯] *adv* di là, di lì. **dorthin** ['dɔrt'hɪn, *hinweisend:* 'dɔrthɪn] *adv* lì, là. **dorthinaus** [dɔrthɪ'naus, *hinweisend:* 'dɔrthɪnaus] *adv* là fuori; **er ist unverschämt bis ~** *fam* è smisuratamente sfacciato. **dorthinein** ['dɔrthɪ'nain, *hinweisend:* 'dɔrthɪnain] *adv* là dentro. **dortig** *a* di là, del luogo.
Dose ['do:zə] ‹-, -n› *f* **1.** *(Büchse)* scatola *f,* barattolo *m; (Blech~)* latta *f;* **2.** *el (Steck~)* presa *f* (di corrente).
Dosen *pl von* **Dose** *und* **Dosis.**
dösen ['dø:zən] *itr fam* sonnecchiare.
Dosenmilch *f* latte *m* (condensato) in scatola. **Dosenöffner** *m* apriscatole *m.*
dosieren [do'zi:rən] *‹ohne ge-› tr* dosare.
Dosierung ‹-, -en› *f* dosaggio *m.*
Dosis ['do:zɪs, ...zən] ‹-, Dosen› *f* dose *f.*
dotieren [do'ti:rən] *‹ohne ge-› tr* dotare (*mit* di).
Dotter ['dɔtɐ] ‹-s, -› *m o n* tuorlo *m* (d'uovo). **Dotterblume** *f* calta *f* palustre.
Double ['du:bəl] ‹-s, -s› *n film* controfigura *f.*
Dozent(in) [do'tsɛnt(ɪn)] ‹-en, -en› *m(f)* docente *mf.*
dozieren [do'tsi:rən] *‹ohne ge-› tr, itr* insegnare (*über etw.* qc).
Dr. *ab von* **Doktor** Dr. (*ab von* Dottore, Dottoressa); **~ jur./med./phil./rer. pol.** dottore in giurisprudenza/medicina/filosofia/scienze politiche.
Drache ['draxə] ‹-n, -n› *m (Fabeltier)* drago *m.*
Drachen ['draxən] ‹-s, -› *m* **1.** *(Papier~)* aquilone *m,* cervo *m* volante; *sport* deltaplano *m;* **2.** *fam pej (Frau)* megera *f.* **Drachenfliegen** ‹-s, ø› *n* volo *m* a delta.
Draht [dra:t] ‹-(e)s, ⸚e› *m* filo *m* metallico; **per ~** per telegrafo, telegraficamente; **auf ~ sein** *fam* essere all'erta. **Drahtesel** *m fam scherz* bici *f fam.* **drahtlos** **I.** *a* senza fili; **II.** *adv* via (*o* per) radio. **Drahtseil** *n* fune *f* metallica. **Drahtseilakt** *m* **1.** *(im Zirkus, etc.)* esercizio *m* acrobatico; **2.** *fig* impresa *f* azzardata. **Drahtzieher(in)** ‹-s, -› *m(f) (Hintermann)* mandante *m;* **der ~ sein** tirare i fili.
drall [dral] *a (Person)* robusto, rotondetto; *(Körperteil)* sodo.
Drama ['dra:ma, ...mən] ‹-s, -men› *n* dramma *m.*
Dramatiker(in) [dra'ma:tɪkɐ (...ərɪn)] ‹-s, -› *m(f)* drammaturgo, -a *m, f.*
dramatisch *a* drammatico.
dramatisieren [dramati'zi:rən] *‹ohne ge-› tr* drammatizzare.
dran [dran] *fam s. a. daran;* **gut ~ sein** essere in buone condizioni; **schlecht ~ sein** essere a mal partito; **man weiß nicht, wie man mit ihm ~ ist** non si sa cosa attendersi da lui; **jetzt bist du (aber) ~!** *sl* adesso tocca a te (morire), è la tua ora!; **wer ist ~?** a chi tocca?
drang [draŋ] *imp von* **dringen.**
Drang ‹-(e)s, ⸚e› *m* **1.** *(Trieb, Streben)* (impellente) necessità *f,* impulso *m* (*nach* a, di); **2.** *(Druck, Bedrängnis)* pressione *f,* spinta *f.*
Drängelei [drɛŋə'lai] ‹-, -en› *f fam* **1.** *(Schubsen)* pigia pigia *m;* **2.** *(Bettelei)* insistenze *f pl.*
drängeln ['drɛŋəln] *tr, itr fam* **1.** *(vor~)* spingere; **2.** *(betteln)* insistere (con).
drängen ['drɛŋən] **I.** *itr* **1.** *(antreiben)* insistere (*auf* per); **2.** *(schieben, drükken)* spingere; **die Sache drängt** la cosa urge; **die Zeit drängt** il tempo stringe; **II.** *tr* **1.** *(schieben, drücken)* spingere; **2.** *(antreiben)* incitare (*zu* a), sollecitare (*zu* a); **III.** *rfl:* **sich ~** spingersi, far ressa (*um* attorno a, *an* su). **Drängen** ‹-s, ø› *n (Bitten)* insistenza *f,* sollecitazione *f,* pressione *f.*
Drangsal ['draŋza:l] ‹-, -e› *f poet* tormento *m,* tribolazione *f.*
dran·kommen *‹irr› itr ‹sein› fam (beim Arzt)* venir trattato; *(im Unterricht)* venir interrogato; **ich komme dran** tocca a me. **dran·nehmen** *‹irr› tr fam (Schüler)* interrogare; *(Patienten)* prendere.
drastisch ['drastɪʃ] *a* **1.** *(wirksam)* drastico; **2.** *(anschaulich)* crudo.
drauf [drauf] *fam s. a. darauf;* **~ und dran sein zu ...** essere sul punto di ... **Draufgänger(in)** [-gɛŋɐ (... ərɪn)] ‹-s, -› *m(f)* persona *f* spavalda (*o* impetuosa). **drauf·gehen** *‹irr› itr ‹sein›* **1.** *fam (Sache)* esaurirsi, consumarsi; *(Geld)* spendersi; **2.** *sl (sterben)* crepare *vulg.*
drauflos·reden [drauf'lo:s-] *itr fam* parlare a vanvera.
drauf·machen *tr:* **einen ~** *fam* fare baldoria. **drauf·zahlen** *itr fam* pagare in più.
draus [draus] *fam s.* **daraus.**
draußen ['drausən] *adv* fuori; **weit ~** molto fuori.
drechseln ['drɛksəln] *tr* tornire.
Dreck [drɛk] ‹-(e)s, ø› *m* **1.** *(Schmutz)* sudiciume *m,* sporcizia *f; (Straßenschmutz)* fango *m,* melma *f;* **2.** *fam (Kleinigkeit)* bazzecola *f;* **~ am Stecken haben** *fig* averne fatte di cotte e di crude *fam;* **jdn durch den ~ ziehen** *fig* trascinare qu nel fango; **jdn wie den**

letzten ~ behandeln *fam* trattare qu come una pezza da piedi *fam;* **das geht dich einen ~ an!** *vulg* che te ne frega! *vulg.*

dreckig *a* **1.** *(schmutzig)* sporco, sudicio; *(Straße, etc.)* melmoso, fangoso; **2.** *(unanständig)* volgare; *(Bemerkung, Lachen)* perfido; **es geht mir ~** *fam* sto male; **lach nicht so ~!** *fam* non ridere in modo così perfido!

Dreck(s)kerl *m vulg* porco *m vulg.* **Dreckspatz** *m fam* sudicione *m fam.*

Dreharbeiten *f pl film* riprese *f pl.* **Drehbank** ⟨-, ⸚e⟩ *f* tornio *m.* **Drehbuch** *n* sceneggiatura *f.* **Drehbuchautor(in)** *m(f)* sceneggiatore, -trice *m, f.*

drehen ['dre:ən] **I.** *tr* (far) girare; *(Kopf, etc.)* volgere; *(Zigarette)* farsi; *(Film)* girare; **jdm den Rücken ~** voltare le spalle a qu; **II.** *itr* girare, girarsi; **III.** *rfl:* **sich ~** girare, girarsi (*um* attorno a); **sich um etw. ~** *(Gespräch, etc.)* trattarsi di qc; **alles drehte sich (nur) um sie** *fig* era il perno di tutto, tutto ruotava intorno a lei; **mir dreht sich alles (im Kopf)** mi gira la testa, ho il capogiro.

Dreher(in) ⟨-s, -⟩ *m(f)* tornitore, -trice *m, f.*

Drehkreuz *n* tornella *f.* **Drehorgel** *f* organino *m.*

Drehung ⟨-, -en⟩ *f* giro *m; (um Achse)* rotazione *f.*

Drehwurm *m fam:* **einen** (*o* **den**) **~ haben** avere le vertigini. **Drehzahlmesser** ⟨-s, -⟩ *m* contagiri *m.*

drei [dra̯i] *(Zahlwort)* tre; **nicht bis ~ zählen können** *fig* non saper contare fino a dieci (*o* sulle dita della mano); *s. a. vier.*

Drei ⟨-, -en⟩ *f* tre *m; (Schulnote: befriedigend)* ≃ sette *m; (Buslinie, etc.)* tre *m.*

Drei-, drei- *s. a. Vier-, vier-.* **dreidimensional** [-dimɛnzi̯o̯na:l] *a* a tre dimensioni; **~er Film** film tridimensionale. **Dreieck** *n* triangolo *m.* **dreieckig** *a* triangolare. **Dreiecksverhältnis** *n* ménage *m* a tre. **Dreieinigkeit** [-'ʔa̯inıçka̯it] *f* Trinità *f.* **dreifach** *a* triplo; *s. a. vierfach.* **Dreifaltigkeit** [-'faltıçka̯it] *s.* **Dreieinigkeit.**

dreihundert ['dra̯i'hʊndɐt] *(Zahlwort)* trecento.

dreijährig *a* **1.** *(drei Jahre alt)* di tre anni; **2.** *(drei Jahre lang)* triennale. **Dreikampf** *m* triatlon *m.* **Dreikäsehoch** [-'kɛ:zəho:x] ⟨-s, -(s)⟩ *m scherz:* **ein ~ sein** essere alto come tre soldi di cacio. **Dreikönigsfest** [-'kø:nıçs-] *n* epifania *f.*

drein [dra̯in] *fam s.* **darein.**

Dreirad *n* **1.** *(Kinderfahrrad)* triciclo *m;* **2.** *(Lieferwagen)* furgoncino *m.* **Dreisatz** *m* regola *f* del tre semplice.

dreißig ['dra̯isıç] *(Zahlwort)* trenta; *s. a. vierzig.* **dreißigjährig** *a* **1.** *(dreißig Jahre alt)* di trent'anni, trentenne; **2.** *(dreißig Jahre lang)* trentennale; **der D~e Krieg** la guerra dei trent'anni. **Dreißigjährige** ⟨ein -r, -n, -n⟩ *mf* uomo *m* (donna *f*) sulla trentina, trentenne *mf.*

Dreißigstel ⟨-s, -⟩ *n* trentesimo *m.*

dreißigste(r, s) *a* trentesimo, -a; *(bei Datumsangaben)* trenta; *s. a. vierte(r, s).*

dreist [dra̯ist] *a (frech)* sfacciato, impertinente, impudente.

dreistellig *a* di tre cifre.

Dreistigkeit ⟨-, -en⟩ *f (Frechheit)* sfacciataggine *f,* sfrontatezza *f,* impudenza *f.*

dreistöckig [-ʃtœkıç] *a* a (*o* di) tre piani. **dreitägig** [-tɛ:gıç] *a* di tre giorni.

dreitausend ['dra̯i'ta̯uzənt] *(Zahlwort)* tremila.

dreiteilig *a (Kleid, Set)* in tre pezzi; *(Roman)* in tre parti.

Dreivierteltakt [-'fırtəl-] *m* misura *f* di tre quarti.

Dreizack [-t̯sak] ⟨-(e)s, -e⟩ *m* tridente *m.*

dreizehn *(Zahlwort)* tredici; **jetzt schlägt's aber ~!** *fam* questo è il colmo! *fam.* **Dreizehntel** *n* tredicesimo *m.* **dreizehnte(r, s)** *a* tredicesimo, -a; *(bei Datumsangaben)* tredici; *s. a. vierte(r, s).*

Dreizimmerwohnung [-'t̯sımɐ-] *f* appartamento *m* di tre camere.

dreschen ['drɛʃən] ⟨drischt, drosch, gedroschen⟩ *tr* trebbiare.

dressieren [drɛ'si:rən] ⟨*ohne ge-*⟩ *tr* addestrare; *(für Kunststücke)* ammaestrare.

Dressman ['drɛsmən, ...mən] ⟨-s, Dressmen⟩ *m* indossatore *m.*

Dressur [drɛ'su:ɐ̯] ⟨-, -en⟩ *f* addestramento *m; (für Kunststücke)* ammaestramento *m.*

dribbeln ['drıbəln] *itr* dribblare.

Drill [drıl] ⟨-(e)s, ø⟩ *m* addestramento *m.*

Drillich ['drılıç] ⟨-s, -e⟩ *m* traliccio *m,* fustagno *m.*

Drilling ['drılıŋ] ⟨-s, -e⟩ *m* **1.** *(Kind)* trigemino *m;* **2.** *(Jagdgewehr)* fucile *m* a tre canne; **~e** gemelli trigemini.

drin [drın] *fam s. a. darin, drinnen;* **das ist nicht ~** *fam* non è possibile.

dringen ['drıŋən] ⟨dringt, drang, gedrungen⟩ *itr* **1.** ⟨*sein*⟩: **in etw. ~** penetrare in qc; **durch etw. ~** penetrare qc, passare attraverso qc; **in jdn ~** *fig* far pressione su qu, sollecitare qu; **2.** ⟨*haben*⟩: **auf etw. ~** insistere su qc (*o* per avere qc). **dringend** *a* urgente, stringente, impellente; *(Bitte)* pressante; *(Verdacht)* grave; *(Rat)* importante; **in ~en Fällen** in casi d'urgenza; **es** (*o* **die Sache) ist (sehr) ~** la cosa urge.

drinnen ['drınən] *adv* dentro.

drischt [drıʃt] *pr von* **dreschen.**

dritte *s.* **dritte(r, s).**
Dritte ⟨ein -r, -n, -n⟩ *mf* terzo, -a *m, f;* **der lachende ~** il terzo che gode; **der ~ im Bunde sein** essere il terzo; **wenn zwei sich streiten, freut sich der ~** *prov* fra due litiganti il terzo gode *prov; s. a. Vierte.*
Drittel ⟨-s, -⟩ *n* terzo *m.*
drittens *adv* (in) terzo (luogo).
dritte(r, s) ['drɪtə] *a* terzo, -a; *(bei Datumsangaben)* tre; **aus ~r Hand** da terzi; *s. a. vierte(r, s).* **Dritte-Welt-Laden** [-'vɛlt-] *m* negozio *m* di articoli del terzo mondo.
DRK [de:ˀɛr'ka:] ⟨-(s), ø⟩ *n ab von* **Deutsches Rotes Kreuz** ≃ C.R.I. *f* (*ab von* Croce Rossa Italiana).
droben ['dro:bən] *adv obs, poet* lassù, in alto.
Droge ['dro:gə] ⟨-, -n⟩ *f* droga *f.* **drogenabhängig** *a* tossicodipendente. **Drogenabhängige** ⟨ein -r, -n, -n⟩ *mf* tossicodipendente *mf.* **Drogenabhängigkeit** *f* tossicomania *f.* **Drogenhandel** *m* traffico *m* della droga. **Drogenmißbrauch** *m* abuso *m* di droga. **Drogenszene** *f* mondo *m* della droga.
Drogerie [drogə'ri:, ...i:ən] ⟨-, -n⟩ *f* drogheria *f.*
Drogist(in) [dro'gɪst(ɪn)] ⟨-en, -en⟩ *m(f)* droghiere, -a *m, f.*
drohen ['dro:ən] *itr* minacciare (*jdm* qu).
Drohne ['dro:nə] ⟨-, -n⟩ *f* fuco *m.*
dröhnen ['drø:nən] *itr* rimbombare; *(a. fig)* rintronare.
Drohung ⟨-, -en⟩ *f* minaccia *f.*
drollig ['drɔlɪç] *a* buffo.
Dromedar [drome'da:ɐ̯] ⟨-s, -e⟩ *n* dromedario *m.*
Drops [drɔps] ⟨-, -⟩ *m o n:* **saure ~** caramelle *f pl* alla frutta.
drosch [drɔʃ] *imp von* **dreschen.**
Droschke ['drɔʃkə] ⟨-, -n⟩ *f (Pferde~)* vettura *f* di piazza, fiacchere *m.*
Drossel ['drɔsəl] ⟨-, -n⟩ *f* tordo *m.*
drosseln *tr tec* strozzare; *(Tempo)* diminuire; *(Einfuhr)* limitare.
drüben ['dry:bən] *adv* dall'altra parte, (al) di là; **hier/da ~** di qua, da questa parte/di là, da quella parte.
drüber ['dry:bɐ] *fam s.* **darüber.**
Druck[1] [drʊk] ⟨-(e)s, ⸚e⟩ *m* **1.** *phys, tec, fig* pressione *f;* **2.** *(Zwang)* oppressione *f;* **jdn unter ~ setzen** mettere qu sotto pressione; **ich bin unheimlich in ~** *fam* sono molto sotto pressione *fam.*
Druck[2] [drʊk] ⟨-(e)s, -e⟩ *m typ* impressione *f; (Vorgang, Kunst~)* stampa *f; (Auflage)* edizione *f;* **etw. in ~ geben** dare qc alle stampe.
Druckausgleich *m* compensazione *f* della pressione.
Druckbuchstabe *m* carattere *m* tipografico.
Drückeberger ['drʏkəbɛrgɐ] ⟨-s, -⟩ *m* *fam* scansafatiche *m; (Feigling)* vigliacco *m.*
drucken ['drʊkən] *tr* stampare; **neu ~** ristampare.
drücken ['drʏkən] **I.** *tr* **1.** *(pressen)* premere (*auf* su); *(zusammen~)* spremere; *(Knopf, etc.)* schiacciare; *fam (umarmen)* stringere, abbracciare; **2.** *(Kleidung, Schuh)* stringere; **3.** *fig (Preise)* ribassare; *(Rekord)* abbassare; **4.** *fig (bedrücken)* opprimere, angustiare; **jdm die Hand ~** stringere la mano a qu; **II.** *itr* **1.** *(lasten)* pesare (*auf* su); **2.** *(Kleidung, Schuh)* stringere; **III.** *rfl:* **sich ~** *fam* svignarsela *fam,* squagliarsela *fam;* **sich vor etw. ~** sottrarsi a qc.
drückend *a* opprimente; *(Hitze)* soffocante.
Drucker(in) ⟨-s, -⟩ *m(f)* stampatore, -trice *m, f; (für Bücher, etc.)* tipografo, -a *m, f.*
Drücker ⟨-s, -⟩ *m (Türklinke)* maniglia *f,* saliscendi *m;* **am ~ sitzen** *fig fam* stare nella stanza dei bottoni; **auf den letzten ~** *fig fam* all'ultimo momento.
Druckerei [drʊkə'ra̯i] ⟨-, -en⟩ *f* stamperia *f; (für Bücher, etc.)* tipografia *f.*
Druckerin *f s.* **Drucker.**
Druckerlaubnis *f* imprimatur *m.*
Druckerschwärze *f* inchiostro *m* da stampa.
Druckfehler *m* errore *m* di stampa.
druckfertig *a* pronto per la stampa.
Druckknopf *m* **1.** *(an Kleidung)* (bottone *m*) automatico *m;* **2.** *tec* pulsante *m.*
Drucklegung ⟨-, -en⟩ *f* messa *f* in macchina.
Druckmittel *n* mezzo *m* di pressione (*o* coercitivo).
druckreif *s.* **druckfertig. Drucksache** *f* stampa *f;* **„~"** "stampe". **Druckschrift** *f* **1.** *typ (Schriftart)* stampatello *m;* **2.** *(Werk)* stampato *m;* **in ~** in stampatello.
drum [drʊm] *fam s. a. darum;* **das D~ und Dran** *fam* gli annessi e connessi *m pl;* **sei's ~!** e sia.
drunten ['drʊntən] *adv obs, poet* laggiù.
drunter ['drʊntɐ] *fam s. a. darunter;* **es geht alles ~ und drüber** tutto va a catafascio.
Drüse ['dry:zə] ⟨-, -n⟩ *f* ghiandola *f.*
Dschungel ['d͡ʒʊŋəl] ⟨-s, -⟩ *m* giungla *f.*
Dschunke ['d͡ʒʊŋkə] ⟨-, -n⟩ *f* giunca *f.*
dt. *ab von* **deutsch** tedesco.
Dtzd. *ab von* **Dutzend** dozz. (*ab von* dozzina).
du [du:] *pers pron 2. pers sing* tu; **jdn mit ~ anreden** dare del tu a qu; **mit jdm per ~ sein** darsi del tu con qu; **~, ich muß dich was fragen** (tu) senti, devo chiederti qc; **wenn ich ~ wäre, ...** se fossi in te, ...; **~ Ärmste/Ekel!** o che poveretta/essere odioso!

d. U. *ab von* **der Unterzeichnete** il sottoscritto.
Dübel ['dy:bəl] ‹-s, -› *m* tassello *m*.
Dublin ['dablın] *n* Dublino *f*.
ducken ['dʊkən] **I.** *rfl:* **sich ~** *allg., fig* piegarsi; *(niederkauern)* accovacciarsi, rannicchiarsi; **II.** *tr* **1.** *(senken)* abbassare, piegare; **2.** *fig pej (demütigen)* umiliare.
Duckmäuser ['dʊkmɔyzɐ] ‹-s, -› *m fam* vigliacco *m*.
Dudelsack ['du:dəl-] *m* cornamusa *f*, zampogna *f*.
Duell [du'ɛl] ‹-s, -e› *n* duello *m*.
duellieren [...'li:rən] ‹*ohne ge-*› *rfl:* **sich ~** battersi a duello.
Duett [du'ɛt] ‹-(e)s, -e› *n* duetto *m*.
Duft [dʊft] ‹-(e)s, ¨-e› *m* profumo *m*, fragranza *f*.
duften *itr* **1.** *(Duft verbreiten)* odorare; **2.** *(nach etw. riechen)* avere un profumo (*nach* di). **duftend** *a* profumato, odoroso, aromatico. **duftig** *a* arioso.
dulden ['dʊldən] *tr* **1.** *(zulassen)* ammettere; *(bes. rel, pol)* tollerare; **2.** *(ertragen)* sopportare; *(über sich ergehen lassen)* subire.
dumm [dʊm] ‹¨-er, ¨-ste› *a* **1.** *(Mensch)* stupido; *(unwissend)* ignorante; *(einfältig, albern)* sciocco; **2.** *(Bemerkung, etc.)* sciocco; *(ärgerlich)* seccante; **eine ~e Geschichte** una brutta faccenda; **ein ~es Gesicht machen** fare una faccia da stupido *fam;* **der D~e sein** essere lo stupido di turno *fam;* **das ist (aber) ~!** peccato!; **das wird mir zu ~!** ne ho abbastanza! **Dummheit** ‹-, -en› *f* **1.** *(Mangel an Intelligenz)* stupidità *f;* *(Unwissenheit)* ignoranza *f;* **2.** *(Handlung)* stupidaggine *f*, sciocchezza *f*. **Dummkopf** *m fam* stupido *m*, sciocco *m*.
dumpf [dʊmpf] *a (Ton, etc.)* cupo, sordo; *(Ahnung, Erinnerung)* vago.
Düne ['dy:nə] ‹-, -n› *f* duna *f*.
Dung [dʊŋ] ‹-(e)s, ø› *m* letame *m*, concime *m* (animale).
Düngemittel *n s.* **Dünger.**
düngen ['dʏŋən] **I.** *tr* concimare; **II.** *itr* dare concime.
Dünger ‹-s, -› *m* concime *m*.
dunkel ['dʊŋkəl] *a* **1.** *allg.* buio; *(a. fig)* oscuro; *(Farbe)* scuro; *(Vokal)* sordo; **2.** *fig (unbestimmt)* vago, indistinto; **3.** *fig (verdächtig)* losco; **jdn im ~n lassen** lasciare qu all'oscuro; **bei etw. im ~n tappen** *fig* essere all'oscuro di qc.
dunkel- *(in Zusammensetzungen)* scuro; **dunkelblau** blu scuro.
Dunkel ‹-s, ø› *n* oscurità *f;* *(a. fig)* tenebre *f pl*.
dunkelblond *a* castano. **dunkelhäutig** [-hɔytıç] *a* moro, di carnagione scura.
Dunkelheit ‹-, -en› *f* oscurità *f*, buio *m*. **Dunkelkammer** *f* camera *f* oscura.
Dunkelziffer *f* dati *m pl* non rilevati dalle statistiche.
dünn [dʏn] *a* **1.** *allg.* sottile, fine; *(Stoff, Luft)* leggero; **2.** *(schlank)* snello; *(mager)* magro, scarno; **3.** *(fein)* fino; *(schwach, brüchig)* tenue; *(spärlich)* rado; **4.** *(Getränk)* lungo; **~ werden** assottigliarsi; *(abmagern)* dimagrire. **Dünndarm** *m* intestino *m* tenue. **dünnflüssig** *a* fluido.
Dunst [dʊnst] ‹-(e)s, ¨-e› *m* **1.** *(Nebel)* foschia *f*, nebbia *f;* **2.** *(Dampf)* vapore *m;* **3.** *(Rauch)* fumo *m*. **Dunstabzugshaube** *f* cappa *f* di estrazione.
dünsten ['dʏnstən] *tr* cucinare a vapore.
Dunstglocke *f* cappa *f* di smog.
dunstig *a (neblig)* nebbioso, caliginoso; *(verräuchert)* fumoso, pieno di fumo.
Duplikat [dupli'ka:t] ‹-(e)s, -e› *n* duplicato *m*.
Dur [du:ɐ̯] ‹-, ø› *n* modo *m* (*o* tono *m*) maggiore; **F-~** fa *m* maggiore.
durch [dʊrç] **I.** *prp acc* **1.** *(örtlich)* attraverso, per; **2.** *(vermittels)* per mezzo di; *(dank)* grazie a; **3.** *(infolge)* in seguito a; **~ den Fluß schwimmen** attraversare il fiume a nuoto; **~ die Nase sprechen** parlare col naso; **~ Zufall** per caso; **16 (geteilt) ~ 4** 16 diviso (per) 4; **II.** *adv:* **~ und ~** completamente; **~ sein** *(fertig)* aver finito (*mit etw.* qc); *(Hose, etc.)* essere logorato; *(Fleisch)* essere cotto; **es ist zwei Uhr ~** sono già le due passate; **Sie dürfen hier nicht ~** non può passare per di qua.
durch·arbeiten I. *tr* **1.** *(Buch)* studiare a fondo; **2.** *(ausarbeiten)* elaborare; **II.** *itr (ohne Unterbrechung)* lavorare senza interruzione; **die (ganze) Nacht ~** lavorare tutta la notte. **durch·atmen** *itr* respirare profondamente.
durchaus [dʊrç'ʔaus *o* 'dʊrç'ʔaus] *adv* **1.** *(vollständig)* del tutto; **2.** *(unbedingt)* assolutamente; **~ nicht** non ... affatto, per niente; **ich bin ~ Ihrer Meinung** sono perfettamente d'accordo con Lei.
durch·blättern ['dʊrçblɛtən], **durchblättern** [dʊrç'blɛtən] ‹*ohne ge-*› *tr* sfogliare, scorrere (leggendo).
Durchblick *m fig fam (Überblick)* visione *f*.
durch·blicken *itr* **1.** *(durch etw. hindurch)* guardare attraverso; **2.** *fam (etw. verstehen)* capire; **~ lassen** lasciare intravedere, far capire.
Durchblutung [dʊrç'blu:tʊŋ] *f* irrorazione *f* sanguigna. **Durchblutungsstörungen** *f pl* disturbi *m pl* d'irrorazione sanguigna.
durch·bohren¹ ['dʊrçbo:rən] **I.** *tr* forare da parte a parte, perforare; **II.** *rfl:* **sich ~** penetrare forando.
durchbohren² [dʊrç'bo:rən] ‹*ohne ge-*› *tr* trafiggere; *(Kugel)* traforare.

durch·braten ⟨*irr*⟩ *tr* arrostire (*o* cuocere) bene; **durchgebraten** ben cotto.

durch·brechen[1] ['dʊrçbrɛçən] ⟨*irr*⟩ **I.** *tr* ⟨*haben*⟩ rompere (in due parti), spezzare in due; **II.** *itr* ⟨*sein*⟩ **1.** *(entzweibrechen)* rompersi, spezzarsi; **2.** *fig (sich zeigen)* svelarsi, mostrarsi; *(Sonne, Zahn)* spuntare, apparire.

durchbrechen[2] [dʊrç'brɛçən] ⟨*irr, ohne ge-*⟩ *tr* **1.** *(durchstoßen)* forzare, sfondare; *(Wand, etc.)* aprire un passaggio in; **2.** *fig (Prinzip, Konvention, etc.)* trasgredire, violare.

durch·brennen ⟨*irr*⟩ *itr* ⟨*sein*⟩ **1.** *(Sicherung, etc.)* fulminarsi; **2.** *fig fam (ausreißen)* scappare.

durch·bringen ⟨*irr*⟩ *tr* **1.** *(Kranke)* salvare; *(ernähren)* sostentare, mantenere; **2.** *(Geld)* sperperare, scialacquare.

durchbrochen [dʊrç'brɔxən] *a* traforato, a giorno.

Durchbruch *m* apertura *f*, breccia *f; (von Zahn)* spuntare *m;* **zum ~ kommen** farsi strada, affermarsi.

durch·denken ['dʊrçdɛŋkən] ⟨*irr*⟩, **durchdenken** [dʊrç'dɛŋkən] ⟨*irr, ohne ge-*⟩ *tr* ponderare bene, approfondire.

durch·drehen **I.** *tr* *(Fleisch)* tritare; **II.** *itr* **1.** *fam (Mensch)* impazzire; **2.** *(Räder)* slittare.

durchdringen[1] [dʊrç'drɪŋən] ⟨*irr, ohne ge-*⟩ *tr* penetrare, trapassare; *(ganz eindringen in)* infiltrarsi in, impregnare; **von etw. durchdrungen** *fig* pervaso da qc.

durch·dringen[2] ['dʊrçdrɪŋən] ⟨*irr*⟩ *itr* ⟨*sein*⟩ penetrare, spingersi; *(Gerücht)* trapelare.

durch·drücken *tr* **1.** *allg.* far passare spremendo; **2.** *fig fam (durchsetzen)* far accettare; *(Plan)* far valere; *(Willen)* imporre; **die Knie ~** stendere le gambe.

durcheinander [dʊrçʔai̯'nandɐ] *adv* **1.** *(ungeordnet)* sottosopra, disordinato; **2.** *fam (verwirrt)* confuso. **Durcheinander** ⟨-s, ø⟩ *n* **1.** *(Verwirrung)* confusione *f;* **2.** *(Unordnung)* disordine *m.*

durcheinander·bringen ⟨*irr*⟩ *tr* **1.** *(in Unordnung bringen)* mettere in disordine, scompigliare; **2.** *(verwirren)* confondere; **3.** *(verwechseln)* scambiare, confondere.

durchfahren[1] [dʊrç'fa:rən] ⟨*irr, ohne ge-*⟩ *tr* **1.** *(durchqueren)* attraversare; *(Strecke)* percorrere; **2.** *fig (Schreck)* assalire, cogliere; *(Gedanke)* passare per la mente di.

durch·fahren[2] ['dʊrçfa:rən] ⟨*irr*⟩ *itr* ⟨*sein*⟩ **1.** *(hin~)* passare attraverso; **2.** *(nicht anhalten)* passare senza fermarsi; *(nicht umsteigen)* passare senza scendere; **3.** *(ohne Unterbrechung fahren)* viaggiare senza interruzione.

Durchfahrt *f* **1.** *(das Durchfahren)* passaggio *m;* **2.** *(Durchreise)* transito *m;* **3.** *(Torweg)* portone *m;* **auf der ~ sein** essere di passaggio.

Durchfall *m* diarrea *f.*

durch·fallen ⟨*irr*⟩ *itr* ⟨*sein*⟩ **1.** *(hin~)* cadere; **2.** *fig (versagen)* non avere successo; *(bei Prüfung)* essere bocciato; *theat* fare fiasco.

durch·fließen[1] ['dʊrçfli:sən] ⟨*irr*⟩ *itr* ⟨*sein*⟩ scorrere (*durch* attraverso).

durchfließen[2] [dʊrç'fli:sən] ⟨*irr, ohne ge-*⟩ *tr* **1.** *(Fluß)* attraversare scorrendo; **2.** *phys* percorrere.

durchforschen [dʊrç'fɔrʃən] ⟨*ohne ge-*⟩ *tr* studiare, esaminare.

durch·fragen *rfl:* **sich ~** trovare la strada chiedendo.

durchführbar *a* eseguibile, attuabile, realizzabile.

durch·führen **I.** *tr* **1.** *(durchleiten)* guidare, condurre; **2.** *(ausführen)* eseguire, effettuare; *(verwirklichen)* realizzare; *(veranstalten)* organizzare; **3.** *(vollenden)* compiere, portare a termine; **II.** *itr* passare attraverso.

Durchführung *f* **1.** *(Ausführung)* esecuzione *f; (Verwirklichung)* attuazione *f,* realizzazione *f;* **2.** *(Vollendung)* compimento *m.*

Durchgang *m* **1.** *(Passage)* passaggio *m;* **2.** *(von Versuch, etc.)* prova *f; (bei Wahl)* tornata *f.*

durchgängig *a* generale, corrente; *(konstant)* senza eccezioni.

Durchgangsstraße *f* strada *f* di transito. **Durchgangsverkehr** *m* (traffico *m* di) transito *m.*

durch·geben ⟨*irr*⟩ *tr* trasmettere.

durch·gehen ⟨*irr*⟩ **I.** *itr* ⟨*sein*⟩ **1.** *allg.* passare (*durch* per); **2.** *Eisenb., aero* andare senza fermarsi (*bis* fino a); **3.** *(Pferd)* sfuggir di mano; *(ausreißen)* scappare; **4.** *(Antrag)* essere approvato; **jdm etw. ~ lassen** lasciar passare qc a qu; **der Schrank geht nicht durch die Tür (durch)** l'armadio non passa dalla porta; **sein Temperament ging mit ihm durch** perse il controllo, non riuscì a dominarsi; **II.** *tr* ⟨*haben o sein*⟩ *(Buch, etc.)* percorrere; *(prüfend ~)* esaminare, controllare. **durchgehend** *a* continuato, ininterrotto; *(Zug)* diretto; **~ geöffnet** ad orario continuato.

durch·greifen ⟨*irr*⟩ *itr* intervenire (energicamente).

durch·halten ⟨*irr*⟩ **I.** *itr* tener duro, resistere; **II.** *tr* resistere a.

durch·kämmen[1] ['dʊrçkɛmən] *tr* *(Haar)* pettinare bene.

durchkämmen[2] [dʊrç'kɛmən] ⟨*ohne ge-*⟩ *tr (Gegend)* rastrellare.

durch·kommen ⟨*irr*⟩ *itr* ⟨*sein*⟩ (riuscire a) passare; *(Zahn, Sonne)* spuntare; *(hin~)* passare attraverso; *(erfolgreich sein)* spuntarla; *(genesen)* scamparla.

durch·kreuzen[1] ['durçkrɔytsən] *tr* cancellare con una croce.
durchkreuzen[2] [durç'krɔytsən] ⟨*ohne ge-*⟩ *tr (Plan, etc.)* intralciare, contrastare.
durch·lassen ⟨*irr*⟩ *tr* **1.** *(hin~)* lasciar passare; **2.** *fig fam (nicht rügen)* lasciar correre.
durchlässig *a (wasser~)* che lascia passare l'acqua; *(a. fig)* permeabile, poroso; *(licht~)* trasparente, diafano.
durch·laufen[1] ['durçlaufən] ⟨*irr*⟩ **I.** *itr* ⟨*sein*⟩ **1.** *(hin~)* passare correndo (*durch* attraverso); **2.** *(Flüssigkeit)* passare, colare; **II.** *tr* ⟨*haben*⟩ *(Schuhe, etc.)* consumare (a furia di camminare).
durchlaufen[2] [durç'laufən] ⟨*irr, ohne ge-*⟩ *tr* **1.** *(Strecke)* (per)correre; *(Gebiet)* attraversare; **2.** *fig (Schauder)* pervadere, assalire; **3.** *fig (absolvieren)* compiere.
Durchlauferhitzer ⟨-s, -⟩ *m* scaldaacqua *m* istantaneo.
durch·lesen ⟨*irr*⟩ *tr* leggere.
durchleuchten [durç'lɔyçtən] ⟨*ohne ge-*⟩ *tr* **1.** *allg.* illuminare; **2.** *med* fare una radiografia di; **3.** *fig (analysieren)* esaminare.
durch·machen **I.** *tr* **1.** *(durchlaufen)* fare, compiere; **2.** *(erdulden)* soffrire, patire; **viel** ~ *fam* passarne tante; **II.** *itr* **1.** *(durcharbeiten)* lavorare ininterrottamente; **2.** *fam (durchfeiern)* festeggiare.
Durchmesser ⟨-s, -⟩ *m* diametro *m.*
durchnäßt [durç'nɛst] *a* bagnato fradicio.
durch·nehmen ⟨*irr*⟩ *tr (im Unterricht)* trattare.
durchqueren [durç'kve:rən] ⟨*ohne ge-*⟩ *tr* attraversare.
Durchreise *f* passaggio *m;* **auf der** ~ di passaggio.
durch·reißen ⟨*irr*⟩ **I.** *tr* ⟨*haben*⟩ strappare, stracciare; **II.** *itr* ⟨*sein*⟩ spezzarsi.
durch·ringen ⟨*irr*⟩ *rfl:* **sich zu einer Überzeugung/einem Entschluß** ~ arrivare con sforzo a una convinzione/decisione.
Durchsage *f* comunicato *m.*
durch·sagen *tr* trasmettere, comunicare.
durch·sägen *tr* segare in due.
durchschauen [durç'ʃauən] ⟨*ohne ge-*⟩ *tr (Absichten, Motive)* capire; *(Personen)* capire (*o* indovinare) le intenzioni di.
durch·scheinen ⟨*irr*⟩ *itr* trasparire.
durchscheinend *a* traslucido; *(transparent)* trasparente; *fig* diafano.
durch·schlafen ⟨*irr*⟩ *itr* dormire senza interruzione.
Durchschlag *m* **1.** *(Kopie)* copia *f;* **2.** *(Sieb)* setaccio *m.*
durch·schlagen[1] ['durçʃla:gən] ⟨*irr*⟩ **I.** *tr* ⟨*haben*⟩ **1.** *(entzweischlagen)* spaccare; **2.** *(Nagel, etc.)* conficcare (*durch* in); **3.** *(durch Sieb)* passare; **II.** *itr* ⟨*sein*⟩ **1.** *(Geschoß)* passare (*durch* attraverso), sfondare (*durch etw.* qc); **2.** *(Nässe, Farbe)* penetrare (*durch etw.* in qc), passare (*durch etw.* qc); *fig (Temperament, Charakter, Untugend)* mostrarsi (*bei jdm* in qu); **3.** *el (Sicherung)* bruciarsi, fondersi; **III.** *rfl:* **sich** ~ cavarsela.
durchschlagen[2] [durç'ʃla:gən] ⟨*irr, ohne ge-*⟩ *tr (Geschoß)* perforare, sfondare.
durchschlagend *a (wirksam)* efficace; *(entscheidend)* decisivo, determinante; *(überzeugend)* convincente.
durch·schleusen *tr fig* far passare.
durch·schneiden ⟨*irr*⟩ *tr* tagliare (in due).
Durchschnitt *m* media *f;* **im** ~ in media.
durchschnittlich **I.** *a* medio; *(gewöhnlich)* ordinario; **II.** *adv* in media.
Durchschnittsalter *n* età *f* media.
Durchschnittseinkommen *n* reddito *m* medio. **Durchschnittsgeschwindigkeit** *f* velocità *f* media.
Durchschrift *f* copia *f* (carbone).
durch·schwitzen *tr* bagnare di sudore.
durch·sehen ⟨*irr*⟩ **I.** *itr* guardare attraverso; **II.** *tr* **1.** *(flüchtig ~)* scorrere, dare un'occhiata a; **2.** *(prüfen)* verificare, controllare.
durch·setzen[1] ['durçzɛtsən] **I.** *tr (Willen)* imporre; *(Gesetz)* far approvare (*o* passare); **es ~, daß ...** ottenere che ... *conj;* **II.** *rfl:* **sich** ~ **1.** *(Mensch)* imporsi, affermarsi; **2.** *fig* farsi strada.
durchsetzen[2] [durç'zɛtsən] ⟨*ohne ge-*⟩ *tr:* **etw. mit etw.** ~ mescolare qc con qc.
Durchsicht *f* verifica *f; (Prüfung)* esame *m;* **zur** ~ in esame.
durchsichtig *a* trasparente; *(Flüssigkeit)* limpido.
durch·sickern *itr* ⟨*sein*⟩ *fig (Nachricht, Geheimnis)* trapelare.
durch·sprechen ⟨*irr*⟩ *tr* discutere, trattare.
durch·stehen ⟨*irr*⟩ *tr* resistere a.
durch·stoßen[1] ['durçʃto:sən] ⟨*irr*⟩ **I.** *itr* ⟨*sein*⟩ penetrare, avanzare; **II.** *tr* ⟨*haben*⟩ *(abnutzen)* consumare, logorare.
durchstoßen[2] [durç'ʃto:sən] ⟨*irr, ohne ge-*⟩ *tr* sfondare, rompere.
durch·streichen ⟨*irr*⟩ *tr* **1.** *(Geschriebenes)* cancellare; **2.** *(durch Sieb)* passare.
durchsuchen [durç'zu:xən] ⟨*ohne ge-*⟩ *tr* frugare; *(bes. amtlich)* perquisire (*nach* in cerca di).
Durchsuchung [durç'zu:xuŋ] ⟨-, -en⟩ *f* perquisizione *f.*
durch·treten ⟨*irr*⟩ *tr (Schuhsohlen, Fußboden)* consumare; *(Gaspedal)* premere a fondo.
durchtrieben [durç'tri:bən] *a* scaltro,

astuto. **Durchtriebenheit** ‹-, ø› *f* scaltrezza *f,* astuzia *f.*

durchwachsen [dʊrç'vaksən] *a* **1.** *(Fleisch)* misto di grasso e di magro; **2.** *fam scherz (mittelmäßig)* così così *fam.*

Durchwahlnummer *f* numero *m* diretto.

durchweg(s) ['dʊrçvɛk (...ve:ks) *o* ...'vɛk (...'ve:ks)] *adv* **1.** *(in allen Fällen)* sempre e dappertutto; **2.** *(gänzlich)* del tutto, completamente; **3.** *(ausnahmslos)* senza eccezione.

durch·ziehen[1] ['dʊrçtsi:ən] ‹*irr*› *tr* **1.** infilare, (far) passare; **2.** *fam (beenden, erledigen)* terminare, fare.

durchziehen[2] [dʊrç'tsi:ən] ‹*irr, ohne ge-*› *tr (Land)* percorrere; *(linienförmig)* solcare.

Durchzug *m* **1.** *(Passage)* passaggio *m;* **2.** *(Zugluft)* corrente *f* d'aria.

dürfen ['dʏrfən] ‹darf, durfte, gedurft *o modales Hilfsverb* dürfen› *itr* potere; *(in verneinten Sätzen)* dovere; *(Erlaubnis haben)* essere permesso; *(berechtigt sein)* essere autorizzato; **das dürfte stimmen** dovrebbe essere giusto; **wenn ich bitten darf** per favore; **das darf doch (wohl) nicht wahr sein!** non è possibile!; **darf ich?** è permesso?, permette?; **was darf es sein?** (cosa) desidera?

dürftig ['dʏrftɪç] *a* **1.** *(armselig)* misero, povero; **2.** *(ungenügend)* scarso, insufficiente.

dürr [dʏr] *a* **1.** *(vertrocknet)* secco; **2.** *pej (mager)* magro, scarno.

Dürre ‹-, -n› *f (Trockenheit)* secchezza *f; (Periode)* siccità *f.*

Durst [dʊrst] ‹-(e)s, ø› *m* sete *f* (*nach* di); **einen über den ~ trinken** *fam* alzare un po' il gomito.

dürsten ['dʏrstən] *tr, itr (a. fig)* avere sete (*nach* di).

durstig *a* assetato (*nach* di); **~ machen** metter sete a.

durstlöschend, durststillend *a* dissetante. **Durststrecke** *f fig* tempi *m pl* di magra.

Dusche ['dʊʃə *o* 'du:ʃə] ‹-, -n› *f* doccia *f;* **kalte ~** *(a. fig)* doccia fredda; **eine ~ nehmen** fare (*o* farsi) una doccia.

duschen I. *itr, rfl:* **sich ~** fare (*o* farsi) la doccia; **II.** *tr* fare la doccia a.

Duschhaube *f* cuffia *f* (per fare la doccia). **Duschkabine** *f* cabina *f* della doccia.

Düse ['dy:zə] ‹-, -n› *f* **1.** *(von Rohrleitung)* ugello *m;* **2.** *mot* iniettore *m;* **3.** *(Zerstäubungs~)* spruzzatore *m.*

Düsenantrieb *m aero* propulsione *f* a reazione; **mit ~** a reazione. **Düsenflugzeug** *n* aereo *m* a reazione.

düster ['dy:stɐ] *a* **1.** *(dunkel)* (o)scuro; *(Farben, fig)* cupo; **2.** *fig (Gedanken)* fosco; *(Zukunft)* triste.

Dutzend ['dʊtsənt] ‹-s, -e› *n* (*ab* **Dtzd.**) dozzina *f;* **~e** *(viele)* molti; **im ~ billiger** con sconto sulla dozzina; **zu ~en** a dozzine. **dutzendemal** ['dʊtsəndə'ma:l] *adv* decine di volte. **dutzendweise** *adv* a dozzine.

duzen ['du:tsən] *tr* dare del tu a; **sich ~** darsi del tu.

DV [de:'fau] ‹-, ø› *f ab von* **Datenverarbeitung** ED (*ab von* elaborazione dati).

Dynamik [dy'na:mɪk] ‹-, ø› *f* dinamica *f.*

dynamisch *a* dinamico.

Dynamit [dyna'mi:t *o* ...'mɪt] ‹-s, ø› *n* dinamite *f.*

Dynamo(maschine *f*) [dy'na:mo- *o* 'dy:namo-] ‹-s, -s› *m* dinamo *f.*

dz *ab von* **Doppelzentner** q (*ab von* quintale).

D-Zug ['de:-] *m* ≃ Espr. (*ab von* espresso).

E

E, e [e:] ‹-, -(s)› *n* **1.** *(Buchstabe)* E, e *f;* **2.** *mus* mi *m;* **E wie Emil** E come Empoli.

E 1. *ab von* **Eilzug** ≃ D, Dir. (*ab von* diretto); **2.** *ab von* **Europastraße** E (*ab von* itinerario europeo).

Ebbe ['ɛbə] ‹-, -n› *f* bassa marea *f;* **es ist ~** la marea è bassa.

eben ['e:bən] **I.** *a* piano; *(flach)* piatto; **zu ~er Erde** a pianterreno; **II.** *adv* **1.** *(zeitlich: so~)* appena, proprio ora; **2.** *(genau, nun einmal)* proprio; **3.** *(gerade noch)* appunto, proprio, infatti; **ich konnte den Bus ~ noch erreichen** presi l'autobus proprio per un pelo; **ich wollte ~ sagen ...** stavo per dire ...; **komm mal ~** vieni appunto; **(na) ~!** appunto!

Ebenbild *n* immagine *f,* ritratto *m;* **er ist das ~ seines Vaters** è il ritratto vivente di suo padre. **ebenbürtig** [-bʏrtɪç] *a* **1.** *(von gleicher Geburt)* eguale per nascita; **2.** *(gleichwertig)* eguale, pari; **sie ist ihm ~** vale quanto lui.

Ebene ['e:bənə] ‹-, n› *f* pianura *f; fig* livello *m; mat* piano *m.*

ebenerdig *a* a livello del suolo; *(im Erdgeschoß)* a pianterreno. **ebenfalls** *adv* **1.** *(auch)* anche; *(bei Verneinungen)* neanche, nemmeno; **2.** *(gleichfalls)* altrettanto. **Ebenholz** *n* (legno *m* di) ebano *m.*

ebenso *adv* **1.** *(genauso)* allo stesso modo, ugualmente; **2.** *(ebenfalls)* altrettanto; **~ wie** così come; **~ ... wie ...** tanto ... quanto ... **ebensogut** *adv* altrettanto bene; **~ könnte man sagen, daß** tanto varrebbe dire che. **ebensooft** *adv* così spesso. **ebensosehr, ebensoviel** *adv* altrettanto (*wie* che). **ebensowenig** *adv* tanto poco (*wie* quanto).

Eber ['e:bɐ] ‹-s, -› *m* cinghiale *m.* **Eberesche** *f* sorbo *m.*

Eberhard ['e:bɐhart] *(männlicher Vorname)* Everardo.

ebnen ['e:bnən] *tr* appianare, livellare; **jdm den Weg ~** spianare la strada a qu.

Echo ['ɛço] ‹-s, -s› *n* eco *f o m.*

Echse ['ɛksə] ‹-, -n› *f* sauro *m.*

echt [ɛçt] **I.** *a* **1.** *allg.* vero; *(Haar)* naturale; *(Urkunde)* autentico; **2.** *fig* schietto; *(Gefühle)* sincero; *(typisch)* tipico, vero, autentico; **II.** *adv fam* veramente, realmente; **(meinst du das) ~?** lo dici sul serio? **Echtheit** ‹-, ø› *f* **1.** *allg.* genuinità *f; (von Urkunde)* autenticità *f;* **2.** *fig* sincerità *f,* schiettezza *f.*

Eck [ɛk] ‹-(e)s, -e *o süddeutsch, A* -en› *n s.* **Ecke; über ~** in senso diagonale. **Eckball** *m* calcio *m* d'angolo.

Ecke ‹-, -n› *f* **1.** *allg.* angolo *m; sport (Fußball)* calcio *m* d'angolo; **2.** *(Spitze)* spigolo *m;* **3.** *(Käse~, Kuchen~, etc.)* pezzo *m;* **Bismarckstraße ~ Kaiserstraße** angolo Bismarckstraße – Kaiserstraße; **an allen ~n und Enden** dappertutto, ovunque; **jdn um die ~ bringen** *fig fam* far fuori qu *fam.*

eckig *a* angolare; *(bes. Körper)* angoloso; *fig (Bewegung, etc.)* goffo; **~e Klammern** *typ* parentesi *f* quadra.

Eckstein *m* **1.** *arch* pietra *f* angolare; **2.** *(Kartenfarbe)* quadri *m pl.* **Eckzahn** *m* (dente *m*) canino *m.*

Economyklasse [ɪ'kɔnəmɪ-] *f* classe *f* turistica.

edel ['e:dəl] *a* **1.** *(Mensch, Tat)* nobile; **2.** *(kostbar)* pregiato. **Edelgas** *n* gas *m* nobile. **Edelmann** ‹-es, -leute› *m* nobile *m,* gentiluomo *m.* **Edelmetall** *n* metallo *m* prezioso. **Edelmut** *m* nobilità *f* (di animo *o* di cuore). **Edelstahl** *m* acciaio *m* temperato. **Edelstein** *m* pietra *f* preziosa; *(geschliffener ~)* gemma *f.* **Edelweiß** ‹-(es), -(e)› *n* stella *f* alpina.

Edikt [e'dɪkt] ‹-(e)s -e› *n* editto *m.*

Edition [edi'tsi̯o:n] ‹-, -en› *f* (*ab* **Ed.**) edizione *f.*

Eduard ['e:du̯art] *(männlicher Vorname)* Edoardo.

EDV [e:de:'fau̯] ‹-, ø› *f ab von* **Elektronische Datenverarbeitung** E.E.D. (*ab von* elaborazione elettronica dati). **EDV-Anlage** *f* impianto *m* di E.E.D.

Efeu ['e:fɔy̯] ‹-s, ø› *m* edera *f.*

Effeff [ɛf'ʔɛf] ‹-, ø› *n fam:* **etw. aus dem ~ beherrschen** (*o* **können**) conoscere qc a menadito.

Effekt [ɛ'fɛkt] ‹-(e)s, -e› *m* effetto *m.* **Effekthascherei** [-haʃə'rai̯] ‹-, -en› *f pej* pura ricerca *f* dell'effetto.

effektiv [ɛfɛk'ti:f] **I.** *a* **1.** *(wirksam)* efficace; **2.** *(wirklich, tatsächlich)* effettivo, reale; **II.** *adv* veramente. **Effektivität** [...tivi'tɛ:t] ‹-, ø› *f* effettività *f.*

EG [e:'ge:] ‹-, ø› *f ab von* **Europäische Gemeinschaft** C.E. *f* (*ab von* Comunità Europea).

egal [e'ga:l] *a* **1.** *(gleichartig)* uguale, identico; **2.** *fam (gleichgültig)* non importante; **das ist ~** *fam* è lo stesso; **das**

ist mir ganz ~ *fam* non me ne importa nulla.

Egge ['ɛgə] ‹-, -n› *f* erpice *m.*

Egoismus [ego'ɪsmʊs] ‹-, ø› *m* egoismo *m.*

Egoist(in) [...'ɪst(ɪn)] ‹-en, -en› *m(f)* egoista *mf.*

egoistisch *a* egoistico, egoista.

ehe ['e:ə] *con* prima che *conj,* prima di *inf.*

Ehe ‹-, -n› *f* matrimonio *m;* **wilde** ~ concubinato *m;* **ein Kind aus erster/zweiter** ~ un figlio di primo/secondo letto; **die** ~ **brechen** commettere adulterio. **Eheberater(in)** *m(f)* consulente *mf* matrimoniale. **Eheberatung** *f* **1.** *(das Beraten)* consulenza *f* (pre)matrimoniale; **2.** *(~sstelle)* consultorio *m* matrimoniale. **Ehebett** *n* letto *m* matrimoniale. **Ehebrecher(in)** ‹-s, -› *m(f)* adultero, -a *m, f.* **Ehebruch** *m* adulterio *m.* **Ehefrau** *f* moglie *f.* **Eheleute** ‹*pl*› coniugi *m pl.* **ehelich** *a* coniugale; *(bes. jur, in bezug auf den Ehemann)* maritale; *(Kind)* legittimo.

ehemalig *a* ex, di una volta; **mein E~er** *scherz* il mio ex. **ehemals** *adv* un tempo, in passato.

Ehemann *m* marito *m.* **Ehepaar** *n* (coppia *f* di) coniugi *m pl,* sposi *m pl.* **Ehepartner** *m* consorte *mf,* sposo, -a *m, f.*

eher ['e:ɐ] *adv* **1.** *(früher)* prima, più presto; **2.** *(lieber)* meglio; *(a. vielmehr)* piuttosto; **je** ~, **desto besser** quanto prima, tanto meglio; **nicht** ~ **als** (*o* **bis**) non prima che *conj.*

Ehering *m* fede *f.* **Ehescheidung** *f* divorzio *m.* **Eheschließung** *f geh* (celebrazione *f* del) matrimonio *m.* **Ehevermittlungsinstitut** *n* agenzia *f* matrimoniale.

ehrbar *a* **1.** *(Mensch)* onorato, stimato, rispettato; *(ehrenwert)* rispettabile; **2.** *(Benehmen)* onesto, decente, dignitoso.

Ehre ['e:rə] ‹-, -n› *f* onore *m; (Ruhm)* onori *m pl; (Berufs~, Ehrgefühl)* prestigio *m;* **sich** *(dat)* **die** ~ **geben** avere l'onore, pregiarsi; **der Wahrheit die** ~ **geben** rendere omaggio alla verità; **jdn in** ~**n halten** tenere qu in grande considerazione; **auf** ~ **und Gewissen** sull'onore ed in piena coscienza; **jdm zu** ~**n** in onore di qu; **zu** ~**n von ...** in onore di ...; **seine Meinung in allen** ~**n, aber ...** sarà come dice lui, ma ...; **was verschafft mir die** ~**?** a che debbo l'onore?; **mit wem habe ich die** ~**?** con chi ho l'onore di parlare?

ehren *tr* **1.** *(ver~)* onorare, rendere onore a; **2.** *(achten)* onorare, rispettare.

Ehrenamt *n* carica *f* onorifica. **ehrenamtlich I.** *a* onorario; **II.** *adv* a titolo onorario. **Ehrenbürger(in)** *m(f)* cittadino, -a *m, f* onorario, -a. **Ehrendoktor** *m* dottore *m* honoris causa. **ehrenhaft I.** *a* onesto; **II.** *adv* con onore. **Ehrenmann** *m* uomo *m* d'onore, galantuomo *m.* **Ehrenplatz** *m* posto *m* d'onore. **Ehrenrettung** *f* riabilitazione *f.* **Ehrenrunde** *f* giro *m* d'onore. **Ehrensache** *f* questione *f* d'onore; ~! *fam* parola d'onore! **Ehrentag** *m* **1.** *(Gedenktag)* giornata *f* commemorativa; **2.** *(besonderer Tag)* gran giorno *m.* **Ehrenurkunde** *f* attestato *m* di benemerenza. **ehrenwert** *a* onorato, rispettabile, stimato. **Ehrenwort** ‹-(e)s, -e› *n* parola *f* (d'onore); ~! *fam* parola (d'onore)!

ehrerbietig ['e:ɐ̯ʔɛɐ̯bi:tɪç] *a geh* rispettoso. **Ehrfurcht** *f* **1.** *(Verehrung)* venerazione *f* (*vor* per); **2.** *(Achtung)* (profondo) rispetto *m* (*vor* di, per); **aus** ~ **vor** per rispetto di. **ehrfürchtig** ['e:ɐ̯fʏrçtɪç], **ehrfurchtsvoll** *a* rispettoso, riverente. **Ehrgefühl** *n* (senso *m* dell') onore *m; (Stolz)* amor *m* proprio. **Ehrgeiz** *m* ambizione *f.* **ehrgeizig** *a* ambizioso.

ehrlich I. *a* onesto; *(rechtschaffen)* retto, leale; *(aufrichtig)* sincero; ~ **währt am längsten** *prov* chi va diritto non fallisce strada *prov;* **II.** *adv* onestamente, francamente, sinceramente; **es** ~ **meinen** essere in buona fede; ~ **gesagt** (*o* **gestanden**) a dire il vero; **das ist** ~ **wahr** *fam* è proprio vero. **Ehrlichkeit** ‹-, ø› *f* onestà *f,* probità *f; (Aufrichtigkeit)* sincerità *f,* schiettezza *f,* franchezza *f.*

ehrlos *a* disonesto; *(gemein)* vile. **Ehrlosigkeit** ‹-, ø› *f* disonestà *f; (Gemeinheit)* viltà *f.*

Ehrung ‹-, -en› *f* onore *m,* omaggio *m.*

Ehrwürden: Euer ~! reverendo! **ehrwürdig** *a* venerabile, rispettabile; *(Alter)* venerando; *(Geistlicher)* reverendo.

Ei [a̯i] ‹-(e)s, -er› *n* **1.** uovo *m;* **2.** *biol* ovulo *m;* **3.** ‹*pl*› *sl (Mark)* marchi *m pl;* **4.** ‹*pl*› *sl (Hoden)* palle *f pl sl;* **jdn wie ein rohes** ~ **behandeln** trattare qu coi guanti; **sich gleichen wie ein** ~ **dem anderen** assomigliarsi come due gocce d'acqua; **wie aus dem** ~ **gepellt sein** *fam* essere tutto agghindato; **ach, du dickes** ~! *fam* accidenti! *fam.*

Eibe ['a̯ibə] ‹-, -n› *f* tasso *m.*

Eichamt *n* ufficio *m* di (verifica di) pesi e misure.

Eiche ['a̯içə] ‹-, -n› *f* quercia *f.*

Eichel ['a̯içəl] ‹-, -n› *f* **1.** *bot* ghianda *f;* **2.** *anat* glande *m.* **Eichelhäher** [-hɛ:ɐ] ‹-s, -› *m* ghiandaia *f.*

eichen ['a̯içən] *tr (Meßgeräte)* tarare; *(Gefäße)* stazzare; *(Maß)* verificare.

Eichhörnchen ['a̯içhœrnçən] ‹-s, -› *n* scoiattolo *m.*

Eid [ait] ‹-(e)s, -e› *m* giuramento *m;* **an ~es Statt** in vece (*o* in luogo) del giuramento. **eidbrüchig** *a* spergiuro.
Eidechse ['aidɛksə] *f* lucertola *f.*
eidesstattlich *a:* **~e Erklärung** dichiarazione *f* in luogo del giuramento.
Eidgenossenschaft *f:* **Schweizerische ~** Confederazione *f* elvetica.
Eierbecher *m* portauovo *m.* **Eierbrikett** *n* mattonella *f* di carbone ovale. **Eierkocher** *m* apparecchio *m* per far bollire le uova. **Eierkohle** *f* carbone *m* a forma ovale. **Eierkopf** *m fam pej* **1.** *(Intellektueller)* testa *f* d'uovo; **2.** *(eiförmiger Kopf)* pera *f fam.* **Eierkuchen** *m* omelette *f.* **Eierlikör** *m* liquore *m* all'uovo. **Eierlöffel** *m* cucchiaino *m* per uova.
eiern *itr fam* **1.** ‹*haben*› *(Rad, Schallplatte)* girare oscillando; **2.** ‹*sein*› *(wackelnd gehen)* barcollare.
Eierschale *f* guscio *m* d'uovo. **Eierstock** *m* ovaia *f.* **Eieruhr** *f* clessidra *f* per uova.
Eifer ['aifɐ] ‹-s, ø› *m* zelo *m; (Inbrunst)* fervore *m; (Begeisterung)* entusiasmo *m;* **im ~ des Gefechts** nel calore della mischia; **blinder ~ schadet nur** *prov* il troppo zelo nuoce *prov.*
Eifersucht *f* gelosia *f.* **eifersüchtig** *a* geloso (*auf* di); **jdn ~ machen** far ingelosire qu.
eifrig ['aifrɪç] **I.** *a* zelante, diligente; *(inbrünstig)* fervido; *(unermüdlich)* assiduo, instancabile; **II.** *adv* con zelo.
Eigelb *n* tuorlo *m* (*o* rosso *m*) d'uovo.
eigen ['aigən] *a* **1.** *(gehörig zu)* proprio; **2.** *(gesondert)* a parte, separato; *(selbständig)* indipendente; **3.** *(typisch)* tipico (*jdm/einer S. (dat)* di qu/qc), particolare (*jdm/einer S. (dat)* di qu/qc); **4.** *(~artig)* singolare, strano; **sich** *(dat)* **etw. zu ~ machen** appropriarsi di qc; **etw. sein ~ nennen** *geh* possedere qc; **mit der ihr ~en Disziplin** con la disciplina che le è propria.
Eigenart *f* particolarità *f,* tratto *m* caratteristico; *(Sonderbarkeit)* stranezza *f.* **eigenartig** *a (sonderbar)* strano, singolare. **Eigenbedarf** *m* fabbisogno *m.* **Eigenbrötler(in)** [-brø:tlɐ (...ərɪn)] ‹-s, -› *m(f) pej* misantropo *m.* **eigenhändig** [-hɛndɪç] *a, adv* di propria mano; *(Schriftstück)* di proprio pugno. **Eigenheim** *n* casa *f* in proprietà. **Eigenliebe** *f* amor *m* proprio. **eigenmächtig** **I.** *a* arbitrario; **II.** *adv* di propria iniziativa, arbitrariamente. **Eigenname** *m* nome *m* proprio. **eigennützig** [-nʏtsɪç] **I.** *a* interessato, egoistico; **II.** *adv* per interesse, egoisticamente.
eigens *adv* appositamente, espressamente.
Eigenschaft ‹-, -en› *f* qualità *f; (Merkmal)* caratteristica *f; scient* proprietà *f; biol* carattere *m;* **in seiner ~ als** in qualità di. **Eigenschaftswort** ‹-(e)s, ¨er› *n* aggettivo *m.*
Eigensinn *m* caparbietà *f,* ostinazione *f.* **eigensinnig** *a* caparbio, ostinato.
eigentlich ['aigəntlɪç] **I.** *a* **1.** *(wirklich, wahr)* vero, proprio; *(Bedeutung)* letterale; **2.** *(ursprünglich)* originale; **II.** *adv* propriamente, veramente; *(in Wirklichkeit a.)* in realtà; *(im Grunde)* in fondo; *(überhaupt)* insomma; **was willst du ~?** insomma, cosa vuoi?
Eigentor *n* autorete *f,* autogol *m;* **ein ~ schießen** *fig* darsi la zappa sui piedi.
Eigentum ‹-s, ø› *n* proprietà *f;* **geistiges ~** proprietà intellettuale. **Eigentümer(in)** ['aigənty:mɐ (...ərɪn)] ‹-s, -› *m(f)* proprietario, -a *m, f.*
eigentümlich ['aigənty:mlıç] *a* strano, peculiare. **Eigentümlichkeit** ‹-, -en› *f* **1.** *(Charakterzug)* particolarità *f,* caratteristica *f;* **2.** *(Merkwürdigkeit)* stranezza *f.*
Eigentumswohnung *f* appartamento *m* in condominio.
eigenwillig *a* **1.** *(eigensinnig)* ostinato, caparbio; **2.** *(unkonventionell)* eccentrico.
eignen ['aignən] *rfl:* **sich ~** essere adatto (*o* idoneo) (*für, zu* a, *als* come).
Eignung ‹-, -en› *f* idoneità *f.* **Eignungsprüfung** *f,* **-test** *m* esame *m* di idoneità.
Eilbote *m* fattorino *m* degli espressi; **per ~n!** per espresso. **Eilbrief** *m* (lettera *f*) espresso *m.*
Eile ['ailə] ‹-, ø› *f* **1.** *(Hast)* fretta *f;* **2.** *(Schnelligkeit)* velocità *f;* **3.** *(Dringlichkeit)* urgenza *f;* **~ haben** *(Personen)* avere fretta; *(Sachen)* essere urgente.
Eileiter *m* ovidotto *m,* tuba *f.*
eilen *itr* **1.** ‹*sein*› *(Mensch)* andare in fretta, andare di corsa *fam; poet (Zeit)* passare in fretta; **2.** ‹*haben*› *(dringend sein)* premere, essere urgente; **jdm zu Hilfe ~** accorrere in aiuto di qu; **damit eilt es nicht** non c'è fretta (per questo); **eilt!** *(auf Postsendungen)* urgente.
Eilgut *n* merce *f* a grande velocità.
eilig *a* **1.** *(schnell)* frettoloso, affrettato; **2.** *(dringend)* urgente; **es ~ haben** avere fretta (*mit* di).
Eilsendung *f* spedizione *f* per espresso. **Eilzug** *m* (treno *m*) diretto *m.*
Eimer ['aimɐ] ‹-s, -› *m* secchio *m;* **im ~** *fam* andato a monte *fam.*
ein¹, eine, ein [ain, 'ainə] **I.** *(Zahlwort)* uno, -a *m, f; s. a. eins;* **~ und derselbe/dieselbe/dasselbe** lo stesso/la stessa/lo stesso, la stessa cosa; **~ für allemal** una volta per sempre; **jds ~ und alles sein** essere tutto per qu; **in ~em fort** continuamente; **es ist ~ Uhr** è l'una; **II.** *pron:* **~e(r), ~(e)s** uno, -a *m, f;* **~en trinken** *fam* bersi un bicchierino *fam;* **jdm ~e**

kleben *fam* dare uno schiaffo a qu; **was für ~er/~e/~(e)s?** *fam* quale?; **du bist (mir) ~er!** *fam* sei un bel tipo! *fam;* **darauf soll ~er kommen!** *fam* ci si deve proprio arrivare!; **sieh mal ~er an!** *fam* guarda qua! *fam;* **~s sag' ich dir!** *fam* ti dico una cosa; **noch ~s, bevor ich's vergesse!** ancora una cosa, prima che me ne dimentichi!; **III.** *(unbestimmter Artikel)* un(o) *m;* una *f,* un' *f.*

ein² [ain] *adv* **1.** *(auf Geräten)* acceso; **2.** *(hin~, etc.)* avanti; **bei jdm ~ und aus gehen** essere di casa da qu; **nicht mehr ~ noch aus wissen** non saper che pesci pigliare.

Ein-, ein- *s. a. Vier-, vier-.* **Einakter** ⟨-s, -⟩ *m* atto *m* unico.

einander [aiˈnandɐ] *pron* l'uno l'altro, l'uno all'altro, reciprocamente.

ein·arbeiten I. *tr* **1.** *(Lehrlinge, etc.)* iniziare (*in* in), introdurre (*in* in); **2.** *(einfügen)* inserire, introdurre; **II.** *rfl:* **sich ~** far pratica (*in* in), impratichirsi (*in* di).

Einarbeitungszeit *f* periodo *m* di rodaggio.

einarmig *a* a un (solo) braccio; *(Mensch)* monco di un braccio.

ein·äschern [ˈainˀɛʃɐn] *tr* cremare.

Einäscherung ⟨-, -en⟩ *f* cremazione *f.*

ein·atmen *tr* inspirare, respirare.

einäugig [ˈainˀɔygɪç] *a* monocolo, con un occhio solo.

Einbahnstraße *f* strada *f (o* via *f)* a senso unico.

Einband ⟨-(e)s, ⸚e⟩ *m* copertina *f.*

einbändig [ˈainbɛndɪç] *a* in un solo volume.

Einbau ⟨-(e)s, -ten⟩ *m* montaggio *m,* installazione *f; fig* inserimento *m.*

ein·bauen *tr (hin~)* installare; *fig* inserire; *(montieren)* montare.

Einbauküche *f* cucina *f* americana.

Einbaum *m* piroga *f.*

Einbaumöbel *n pl* mobilia *f* a muro. **Einbauschrank** *m* armadio *m* a muro.

ein·berufen ⟨*irr, ohne ge-*⟩ *tr* convocare; *mil* chiamare alle armi.

Einberufung *f* convocazione *f; mil* chiamata *f* alle armi.

ein·betonieren ⟨*ohne ge-*⟩ *tr* incassare.

Einbettzimmer *n* camera *f* ad un letto, singola *f.*

ein·beulen *tr* ammaccare, acciaccare.

ein·biegen ⟨*irr*⟩ **I.** *itr* ⟨*sein*⟩ svoltare; **II.** *tr* ⟨*haben*⟩ *(verbiegen)* piegare in dentro.

ein·bilden *rfl:* **sich** *(dat)* **~ 1.** *(sich vorstellen)* immaginarsi, figurarsi; **2.** *(glauben)* credere, pensare; **ein eingebildeter Kranker** un malato immaginario; **sich** *(dat)* **etw./nichts auf etw. ~** darsi/non darsi delle arie per qc *fam;* **ich bilde mir nicht ein, die beste Ehefrau zu sein** non pretendo di essere la moglie migliore; **was bildest du dir eigentlich ein?** *fam* ma cosa credi?; **bilde dir nicht ein, daß ...** non illuderti che ... *conj.*

Einbildung *f* **1.** *(Vorstellung)* immaginazione *f; (falsche Vorstellung)* idea *f,* fissazione *f; (Trugbild)* illusione *f;* **2.** *(Überheblichkeit)* presunzione *f.* **Einbildungskraft** *f* immaginazione *f,* fantasia *f.*

ein·blenden *tr* aprire in dissolvenza.

Einblick *m:* **sich** *(dat)* **~ in etw. verschaffen** prendere visione di qc; **einen ~ in etw. gewinnen** farsi un'idea di qc; **~ in etw. haben** avere conoscenza di qc.

ein·brechen ⟨*irr*⟩ **I.** *itr* **1.** ⟨*sein*⟩ *(einstürzen)* crollare; *(durchbrechen)* sprofondare; **2.** ⟨*a. haben*⟩ *(Einbruch verüben)* fare un furto, rubare; **3.** ⟨*sein*⟩ *(einfallen)* irrompere, far irruzione; **4.** ⟨*sein*⟩ *(beginnen)* calare; **bei uns ist eingebrochen worden** hanno rubato da noi; **II.** *tr* ⟨*haben*⟩ sfondare, bucare.

Einbrecher(in) ⟨-s, -⟩ *m(f)* scassinatore, -trice *m, f.*

ein·bringen ⟨*irr*⟩ *tr* **1.** *(Ernte)* mettere al riparo; **2.** *(Gewinn)* fruttare, rendere; **3.** *parl (Antrag)* presentare.

ein·brocken *tr (Brot)* spezzettare; **sich** *(dat)* **eine schöne Suppe ~** *fam* mettersi in un bell'impiccio.

Einbruch *m* **1.** *(in Haus)* scasso *m; (in Land)* invasione *f;* **2.** *(Einsturz)* crollo *m;* **3.** *fig (von Nacht)* calare *m.*

ein·bürgern I. *tr* naturalizzare; **II.** *rfl:* **sich ~** naturalizzarsi; *fig* diventare corrente (*o* di uso comune).

Einbuße *f* perdita *f* (*an* di).

ein·büßen *tr, itr* perdere, rimetterci.

ein·cremen *tr* spalmare la crema su; **sich** *(dat)* **die Hände ~** spalmarsi le mani di crema.

ein·dämmen [ˈaindɛmən] *tr* arginare.

ein·decken I. *tr fam (überhäufen)* caricare (*mit* di); **II.** *rfl:* **sich ~** rifornirsi (*mit* di), approvvigionarsi (*mit* di).

Eindecker ⟨-s, -⟩ *m* monoplano *m.*

eindeutig [ˈaindɔytɪç] *a (klar)* chiaro; *(offensichtlich)* evidente; *(nicht mehrdeutig)* univoco.

ein·dringen ⟨*irr*⟩ *itr* ⟨*sein*⟩ penetrare, entrare; *(Wasser, Gas)* infiltrarsi; *mil* invadere; **auf jdn ~** *fig* far pressione su qu.

eindringlich *a* insistente; *(überzeugend)* convincente.

Eindringling ⟨-s, -e⟩ *m* intruso, -a *m, f.*

Eindruck ⟨-(e)s, ⸚e⟩ *m* impressione *f; (Spur)* pronta *f;* **auf jdn ~ machen** impressionare qu.

ein·drücken *tr* imprimere; *(einbeulen)* ammaccare; *(Abdrücke hinterlassen)* imprimere.

eindrucksvoll *a* impressionante, imponente; *(überzeugend)* convincente.

eine *s.* **ein¹.**

eineiig *a* uniovulare; **~e Zwillinge** gemelli monocoriali.
eineinhalb ['ain?ain'halp] *s.* **anderthalb.**
ein·engen *tr* stringere; *fig* limitare.
einer *s.* **ein**[1].
Einer ‹-s, -› *m sport* singolo *m; (Boot)* monoposto *m.*
einerlei ['ainɐ'lai] ‹*inv*› *a* **1.** *(gleichgültig)* indifferente, uguale; **2.** *(dasselbe)* lo stesso, la stessa cosa; **~, was/wann/wo/wie** non importa cosa/quando/dove/come. **Einerlei** ‹-s, ø› *n* monotonia *f,* uniformità *f.*
einerseits ['ainɐ'zaits] *adv* da un lato, da una parte.
ein(e)s *s.* **ein**[1], **eins.**
einfach ['ainfax] **I.** *a* **1.** *(nicht doppelt, schlicht)* semplice; **2.** *(leicht)* facile; **II.** *adv (verstärkend)* davvero; **etw. ~ tun** fare senz'altro qc; *s. a. vierfach.* **Einfachheit** ‹-, ø› *f* semplicità *f;* facilità *f;* **der ~ halber** per semplificare.
ein·fädeln ['ainfɛ:dəln] **I.** *tr* **1.** *(Nadel, Faden)* infilare; **2.** *fig fam* avviare; **II.** *rfl:* **sich ~** *mot* infilarsi.
ein·fahren ‹*irr*› **I.** *tr* ‹*haben*› **1.** *(Ernte)* mettere al coperto; **2.** *(Fahrgestell)* retrarre; **3.** *(Auto)* rodare; **II.** *itr* ‹*sein*› **1.** *min* scendere (nel pozzo); **2.** *Eisenb.* entrare (in stazione).
Einfahrt *f* entrata *f; (Tor)* ingresso *m;* **~ freihalten!** passo carrabile, lasciar libero il passo.
Einfall *m* **1.** *(Gedanke)* idea *f; (witziger ~)* arguzia *f;* **2.** *(Licht~)* incidenza *f;* **3.** *mil* invasione *f,* calata *f;* **er kommt auf den ~, etw. zu tun** gli viene l'idea di fare qc.
ein·fallen ‹*irr*› *itr* ‹*sein*› **1.** *(in den Sinn kommen)* venire in mente; **2.** *(einstürzen)* crollare, rovinare; **3.** *(Licht)* cadere; **4.** *mil* invadere (*in etw.* qc); **5.** *(Wangen, Augen, etc.)* infossarsi; **6.** *(einstimmen)* entrare (*in* in); *mus* attaccare (*in etw.* qc); **sich** *(dat)* **etw. ~ lassen** farsi venire una buona idea; **sein Name fällt mir nicht mehr ein** non mi ricordo più il suo nome; **was fällt dir (überhaupt) ein?** cosa ti salta in mente?
Einfallslosigkeit ‹-, ø› *f* povertà *f* di idee. **Einfallswinkel** *m* angolo *m* d'incidenza.
einfältig ['ainfɛltɪç] *a* **1.** *(naiv)* ingenuo; **2.** *(dumm)* sempliciotto.
Einfaltspinsel ['ainfalts-] *m pej* minchione, -a *m, f fam,* babbeo, -a *m, f.*
Einfamilienhaus *n* casetta *f* unifamiliare.
einfarbig *a* in tinta unita.
ein·fassen *tr (umgeben)* circondare (*mit* di), cingere (*mit* di); *(Naht, Knopfloch, etc.)* bordare, orlare; *(Schmuck)* incastonare.
Einfassung *f* **1.** *allg.* recinto *m;* **2.** *(Saum)* guarnizione *f;* **3.** *(von Edelstein)* montatura *f.*
ein·fetten *tr* ungere; *tec* lubrificare.
ein·finden ‹*irr*› *rfl:* **sich ~** trovarsi.
ein·flößen ['ainflø:sən] *tr* **1.** *(Flüssigkeit)* somministrare a gocce; **2.** *fig (Angst)* incutere; *(Vertrauen)* ispirare; *(Bewunderung)* suscitare.
Einflugschneise *f* corridoio *m* aereo.
Einfluß *m* influsso *m,* influenza *f; (Wirkung)* azione *f,* effetto *m;* **unter dem ~ von jdm stehen** subire l'influsso di qu. **Einflußbereich** *m* zona *f* (*o* sfera *f*) d'influenza. **einflußreich** *a* influente, potente.
einförmig ['ainfœrmɪç] *a* uniforme; *fig* monotono. **Einförmigkeit** ‹-, ø› *f* uniformità *f; fig* monotonia *f.*
ein·frieren ‹*irr*› **I.** *itr* ‹*sein*› gelare; **II.** *tr* ‹*haben*› congelare; **das E~ der Preise/Löhne** il blocco dei prezzi/dei salari.
ein·fügen **I.** *tr* inserire; **II.** *rfl:* **sich ~** inserirsi; *(sich anpassen)* adattarsi.
ein·fühlen *rfl:* **sich ~** *(in Dinge)* immedesimarsi; *(in Personen)* mettersi nei panni (*in* di), mettersi al posto (*in* di). **Einfühlungsvermögen** *n* capacità *f* di immedesimazione; *(Verständnis)* comprensione *f.*
Einfuhr ['ainfu:ɐ] ‹-, -en› *f* importazione *f.*
ein·führen *tr* **1.** *(Waren)* importare; **2.** *(vorstellen: Menschen)* presentare (*bei* a), introdurre (*bei* in); *com* lanciare; **3.** *(anleiten)* avviare, iniziare; *(in Amt)* insediare; **4.** *(hineinstecken)* introdurre, infilare; **ein paar ~de Worte** due parole d'introduzione.
Einführung *f* **1.** *(Einleitung)* introduzione *f,* presentazione *f;* **2.** *(Anleitung)* avviamento *m;* **3.** *(Amts~)* insediamento *m;* **4.** *(Vorstellung)* introduzione *f,* presentazione *f;* **5.** *(Hineinstecken)* introduzione *f* (*in* in).
Einfuhrzoll *m* dazio *m* d'importazione.
Eingabe *f* **1.** *(Antrag)* petizione *f,* domanda *f;* **2.** *inform (Daten~)* entrata *f,* immissione *f; (durch Tasten)* digitalizzazione *f.*
Eingang *m* **1.** *(von Gebäude, etc.)* ingresso *m,* entrata *f;* **2.** *(Eintreffen)* arrivo *m,* ricevimento *m;* **wir bestätigen den ~ Ihres Schreibens vom ...** accusiamo ricevuta della Sua/Vostra (lettera) del ... **Eingangsbestätigung** *f* conferma *f* di ricevuta.
ein·geben ‹*irr*› *tr* **1.** *(Arznei)* somministrare; **2.** *inform (Daten)* immettere, introdurre; **3.** *(Gesuch)* presentare; **4.** *fig (Gedanken)* suggerire.
eingebildet *a* **1.** *(nicht wirklich)* immaginario, irreale; **2.** *(hochmütig)* presuntuoso; *(eitel)* vanitoso.
eingeboren *a* indigeno, originario. **Ein-**

geborene ⟨ein -r, -n, -n⟩ *mf* indigeno, -a *m, f.*
Eingebung ⟨-, -en⟩ *f* ispirazione *f,* suggerimento *m.*
eingefallen *a (Augen)* infossato; *(Gesicht)* smunto.
eingefleischt ['ai̯ngəflai̯ʃt] *a* per la pelle *fam;* **~er Junggeselle** scapolo *m* impenitente.
ein·gehen ⟨*irr*⟩ **I.** *itr* ⟨*sein*⟩ **1.** *(ankommen)* arrivare, giungere; **2.** *(einlaufen, schrumpfen)* restringersi, ritirarsi; **3.** *(sterben)* morire (*an* per); *fam (Geschäft)* cessare di esistere, sciogliersi; **4.** *(sich auseinandersetzen mit)* entrare (*auf* in); *(Verständnis zeigen für)* dare ascolto (*auf* a); **5.** *(zustimmen)* accettare (*auf etw.* qc); **6.** *fig (einfließen)* penetrare (*in* in); **dieser Wahlkampf wird in die Geschichte ~** questa campagna elettorale entrerà nella storia; **es will mir einfach nicht ~, daß ...** *fam* non mi vuole entrare in testa che ...; **bei dieser Hitze geht man ja ein!** *fam* con questo caldo si muore!; **II.** *tr* ⟨*sein*⟩ concludere; *(Verpflichtung, Ehe)* contrarre; *(Wette)* fare; *(Risiko)* correre. **eingehend** **I.** *a* **1.** *(eintreffend)* in arrivo; **2.** *(gründlich)* approfondito, minuzioso; **3.** *(sorgfältig)* accurato, attento; **II.** *adv* **1.** *(gründlich)* a fondo; **2.** *(sorgfältig)* accuratamente, attentamente.
Eingemachte ['ai̯ngəmaxtə] ⟨ein -s, -n, ø⟩ *n* conserva *f; (in Essig)* sottaceti *m pl.*
ein·gemeinden ⟨*ohne ge-*⟩ *tr* incorporare in un comune.
eingenommen *a:* **für/gegen etw. ~ sein** essere favorevole a qc/essere prevenuto contro qc; **von sich** *(dat)* **~ sein** essere presuntuoso.
eingeschnappt *a:* **immer gleich ~ sein** *fam* prendersela per un nonnulla.
eingeschrieben *a* **1.** *(Brief)* raccomandato; **2.** *(Mitglied)* iscritto.
eingesessen *a* del luogo.
ein·gestehen ⟨*irr, ohne ge-*⟩ *tr* ammettere, riconoscere, confessare.
eingetragen *a* registrato, depositato; **~ Verein** (*ab* **e. V.**) associazione registrata.
Eingeweide ['ai̯ngəvai̯də] ⟨-s, -⟩ *n* viscere *f pl; zoo* interiora *f pl.*
eingeweiht *a* iniziato (*in* in), addentro (*in* a). **Eingeweihte** ⟨ein -r, -n, -n⟩ *mf* iniziato, -a *m, f.*
eingleisig *a* ad un binario.
ein·gliedern **I.** *tr* includere, incorporare; *(einordnen)* inserire, integrare, inquadrare; **II.** *rfl:* **sich ~** inserirsi, inquadrarsi.
ein·graben ⟨*irr*⟩ **I.** *tr* **1.** *(vergraben)* sotterrare; **2.** *(hin~)* interrare; **II.** *rfl:* **sich ~ 1.** *(sich vergraben)* interrarsi, nascondersi sotto terra; **2.** *fig* incidersi, scolpirsi.
eingreifen ⟨*irr*⟩ *itr* **1.** *fig (einschreiten)* intervenire (*in* in); **2.** *tec* ingranare, innestarsi.
Eingriff *m* **1.** *med* operazione *f; (a. mil)* intervento *m;* **2.** *fig (Einmischung)* intromissione *f.*
ein·gruppieren ⟨*ohne ge-*⟩ *tr* classificare.
ein·haken **I.** *tr* agganciare; **II.** *itr fig fam (in Rede, etc.)* intervenire; **III.** *rfl:* **sich bei jdm ~** prendere a braccetto qu.
Einhalt *m:* **einer S.** *(dat)* **~ gebieten** *geh* contenere qc, arrestare qc.
ein·halten ⟨*irr*⟩ **I.** *tr (allg., a. Versprechen)* mantenere; *(Bedingung, Vertrag, etc.)* adempi(e)re; *(Frist)* osservare; **II.** *itr* fermarsi.
Einhaltung *f* mantenimento *m; (von Frist)* osservanza *f; (von Bedingung, Vertrag)* adempimento *m.*
ein·handeln *tr:* **sich** *(dat)* **etw. ~** *fig fam* fare un bell'acquisto (*o* affare) *fam.*
ein·hängen **I.** *tr (Hörer)* appendere; *(Tür, etc.)* incardinare; **II.** *itr* riattaccare (il ricevitore); **III.** *rfl:* **sich bei jdm ~** prendere a braccetto qu.
einheimisch *a* indigeno, nativo; *(Ware)* nazionale. **Einheimische** ⟨ein -r, -n, -n⟩ *mf* nativo, -a *m, f.*
ein·heimsen ['ai̯nhai̯mzən] *tr fam* raccogliere, mietere.
ein·heiraten *itr:* **in eine Firma ~** divenire col matrimonio proprietario di un'azienda.
Einheit ⟨-, -en⟩ *f* unità *f; (Gesamtheit)* totalità *f.*
einheitlich *a* **1.** *(eine Einheit bildend)* unito, unitario; **2.** *(unterschiedslos)* uniforme; **3.** *(genormt)* unificato. **Einheitlichkeit** ⟨-, ø⟩ *f* **1.** unità *f,* unitarietà *f;* **2.** uniformità *f;* **3.** unificazione *f.*
Einheitspreis *m* prezzo *m* unico.
einhellig ['ai̯nhɛlɪç] **I.** *a* unanime, concorde; **II.** *adv* all'unanimità, di comune accordo.
ein·holen *tr* **1.** *(erreichen)* raggiungere; *(aufholen, ausgleichen)* ricuperare; **2.** *(her~)* raccogliere; *(Fahne, Segel)* ammainare; *(Netze)* tirare; **3.** *(Genehmigung)* (ri)chiedere; *(Auskünfte)* raccogliere; **4.** *dial s.* **einkaufen; ärztlichen Rat ~** consultare un medico.
Einhorn *n* liocorno *m.*
einhundert ['ai̯n'hʊndɐt] *(Zahlwort)* cento.
einig ['ai̯nɪç] *a* **1.** *(einer Meinung)* unanime; **2.** *(geeint)* unito; **sich ~ sein** essere d'accordo (*über* su, in).
einigen ['ai̯nɪgən] **I.** *tr* unire; *pol* unificare; **II.** *rfl:* **sich ~** accordarsi (*auf* su); **sich dahin(gehend) ~, daß ...** accordarsi sul fatto che ... *conj.*
einigermaßen [ai̯nɪgɐ'ma:sən] *adv* **1.** *(ziemlich)* piuttosto, alquanto; **2.** *(un-*

gefähr) in certo qualmodo, circa; **wie geht es dir? – so ~!** come stai? – mica male.

einige(r, s) ['ainɪgə] *pron* **1.** ‹*sing*› *(etwas)* qualche ‹*inv, sing*›; **2.** : **~s** qualcosa, qualche cosa; **3.** ‹*pl*› qualche ‹*inv, sing*›, alcuni, -e *m, f pl;* **dazu gehört (schon) ~ Energie/~r Mut** ci vuole una certa energia/un certo coraggio.

Einigkeit ‹-, ø› *f* unità *f,* unanimità *f; (Übereinstimmung)* concordia *f.*

Einigung ‹-, -en› *f* unificazione *f; (Versöhnung)* conciliazione *f; (Einmütigkeit)* unanimità *f.*

ein·impfen *tr* inculcare.

einjährig *a* **1.** *(ein Jahr alt)* di un anno; **2.** *(ein Jahr dauernd, a. bot)* annuale, annuo.

ein·kalkulieren ‹*ohne ge-*› *tr* mettere in conto; *(a. fig)* tener conto di.

ein·kassieren ‹*ohne ge-*› *tr* incassare, riscuotere.

Einkauf *m* **1.** *(Einkaufen)* compera *f; (a. Gekauftes)* acquisto *m;* **2.** ‹*sing*› *(~sabteilung)* servizio *m* (*o* reparto *m*) acquisti; **Einkäufe machen** fare la spesa.

ein·kaufen I. *tr* comprare, acquistare; **II.** *itr* fare la spesa; *com* fare acquisti; **~ gehen** andare a far la spesa.

Einkäufer(in) *m(f)* agente *mf* compratore, -trice.

Einkaufsbummel *m:* **einen ~ machen** fare il giro dei negozi. **Einkaufspreis** *m* prezzo *m* di costo (*o* d'acquisto). **Einkaufswagen** *m* carrello *m* da supermercato. **Einkaufszentrum** *n* shopping center *m.*

Einkehr ['ainke:ɐ̯] ‹-, ø› *f* **1.** *(in Gasthaus)* sosta *f;* **2.** *(innere)* raccoglimento *m.*

ein·kehren *itr* ‹*sein*› **1.** *(in Gasthaus)* fermarsi (in un locale); **2.** *(Ruhe, Frieden, etc.)* venire.

ein·kellern *tr* mettere in cantina.

ein·klammern *tr* mettere fra parentesi.

Einklang *m* armonia *f,* accordo *m.*

ein·kleiden *tr* vestire; **sich neu ~** rivestirsi.

ein·klemmen *tr* incastrare, rinserrare.

ein·kochen I. *tr* ‹*haben*› cuocere; **II.** *itr* ‹*sein*› *(Soße, etc.)* ispessirsi cuocendo.

Einkommen ‹-s, -› *n* reddito *m,* entrata *f.* **einkommensschwach** *a* di basso reddito. **einkommensstark** *a* di alto reddito. **Einkommen(s)steuer** *f* imposta *f* sul reddito. **Einkommenssteuererklärung** *f* denuncia *f* dei redditi.

ein·kreisen *tr* accerchiare.

Einkünfte ['ainkʏnftə] ‹*pl*› entrate *f pl,* redditi *m pl.*

ein·laden[1] ‹*irr*› *tr (Gäste)* invitare.

ein·laden[2] ‹*irr*› *tr (Ladung)* caricare.

einladend *a* invitante; *(verführerisch)* seducente.

Einladung *f* invito *m* (*zu* a).

Einlage *f* **1.** *allg.* inserimento *m; (Zahn~)* otturazione *f; (Schuh~)* supporto *m,* rinforzo *m;* **2.** *theat* intermezzo *m;* **3.** *(Spar~)* deposito *m; (Kapital~)* quota *f* di investimento; **Suppe mit ~** pastina in brodo.

Einlaß ['ainlas] ‹-lasses, -lässe› *m (Zutritt)* accesso *m.*

ein·lassen ‹*irr*› **I.** *tr* **1.** *(her~)* lasciar entrare (*o* passare), ammettere; *(Wasser)* far scorrere; **2.** *(einfügen)* incastrare, inserire, incassare; **sich** *(dat)* **ein Bad ~** prepararsi un bagno; **II.** *rfl:* **sich auf etw. ~** mettersi in qc; **sich mit jdm in ein Gespräch ~** impegolarsi in una discussione con qu; **ich lasse mich auf keine Diskussion mehr ein!** di discussioni non voglio saperne più (niente)!

ein·laufen ‹*irr*› **I.** *itr* ‹*sein*› **1.** *(Zug)* essere in arrivo; *(Schiff)* entrare in porto; *sport* entrare in campo; **2.** *(Wasser)* scorrere; **3.** *(Stoff)* restringersi; **II.** *tr* ‹*haben*› *(Schuhe)* abituarsi a portare; **III.** *rfl:* **sich ~** *sport* scaldarsi correndo.

ein·leben *rfl:* **sich ~ in** ambientarsi in, abituarsi a.

ein·legen *tr* **1.** *(hin~)* mettere; *(Film)* introdurre; **2.** *(Gurken)* mettere sotto aceto; *(Heringe a.)* marinare; **3.** *(Haare)* mettere in piega; **4.** *fin (Geld)* depositare, versare; **eine Pause ~** fare una pausa; **den Rückwärtsgang ~** *mot* inserire la retromarcia; **ein gutes Wort für jdn ~** dire una buona parola in favore di qu.

ein·leiten *tr* **1.** *(einführen)* introdurre; **2.** *(Verhandlungen, etc.)* avviare; *(Geburt)* pilotare, avviare; **3.** *(beginnen)* cominciare; *(a. Rede)* iniziare. **einleitend I.** *a* introduttivo, preliminare; **II.** *adv:* **~ möchte ich sagen ...** per cominciare vorrei dire ...

Einleitung *f* introduzione *f; (von Buch)* prefazione *f; (Vorrede)* preambolo *m; mus, fig* preludio *m.*

ein·lenken *itr* (s)voltare; *fig* cedere, far marcia indietro.

ein·leuchten *itr* essere (*o* apparire) chiaro (*o* evidente); **das leuchtet mir ein** mi convince. **einleuchtend** *a* evidente, plausibile.

ein·liefern *tr* consegnare; *(ins Krankenhaus)* ricoverare; *(ins Gefängnis)* tradurre.

Einlieferung *f* consegna *f; (ins Krankenhaus)* ricovero *m; (ins Gefängnis)* traduzione *f.*

ein·lösen *tr* liberare, svincolare; *(bes. Pfand)* disimpegnare; *(Scheck)* riscuotere; *(Wechsel)* onorare, pagare; *(Wort, Versprechen)* mantenere.

ein·machen *tr* mettere in conserva; *(in Essig)* mettere sotto aceto. **Einmachglas** *n* vaso *m* per conserve.

einmal *adv* una volta; *(einst)* un tempo; *(irgendwann)* un giorno; **auf ~** *(zugleich)* in una volta, insieme; *(plötzlich)* improvvisamente; **nicht ~** nemmeno; **noch ~** ancora una volta; **wenn ~** una volta che; **es war ~ ...** c'era una volta ...; **~ drei ist drei** tre per uno tre; **~ sagt er dies, ~ das** una volta dice questo, una volta quell'altro; **warst du schon ~ in Florenz?** sei già stato a Firenze?

Einmaleins ['ainma:l'ʔains] ‹-, ø› *n* tavola *f* pitagorica.

einmalig *a* **1.** *(nur einmal vorkommend)* unico; *(nur einmal nötig)* solo; **2.** *(einzigartig)* unico, eccezionale. **Einmaligkeit** ‹-, ø› *f* unicità *f*, eccezionalità *f*.

Einmarsch *m* entrata *f*.

ein·marschieren ‹*ohne ge-*› *itr* ‹*sein*› entrare (marciando) (*in* in).

ein·mischen *rfl:* **sich ~** immischiarsi.

Einmischung *f* intromissione *f*, ingerenza *f*.

einmotorig *a* monomotore.

ein·münden *itr* ‹*sein*› sboccare.

einmütig ['ainmy:tɪç] **I.** *a* unanime, comune; **II.** *adv* all'unanimità, di comune accordo. **Einmütigkeit** ‹-, ø› *f* **1.** *(Einstimmigkeit)* unanimità *f;* **2.** *(Eintracht)* concordia *f*, armonia *f*.

Einnahme ['ainna:mə] ‹-, -n› *f* **1.** ‹*meist pl*› *com, fin* entrata *f*, incasso *m;* **2.** ‹*sing*› *med* prendere *m;* **3.** ‹*sing*› *mil (von Stadt)* conquista *f*, presa *f*. **Einnahmequelle** *f* fonte *f* di guadagno.

ein·nehmen ‹*irr*› *tr* **1.** *(Mahlzeit, Arznei, a. mil)* prendere; **2.** *(Geld)* incassare; **3.** *(Raum, Stellung)* occupare; *(Haltung)* assumere; **jdn für sich ~** accattivarsi le simpatie di qu, conquistare qu; **jds Stelle ~** rimpiazzare qu; **von sich** *(dat)* **eingenommen sein** *pej* essere presuntuoso. **einnehmend** *a* attraente, affascinante; **~es Wesen** modi *m pl* piacevoli.

ein·nicken *itr* ‹*sein*› *fam* appisolarsi.

ein·nisten *rfl:* **sich ~** annidarsi.

Einöde *f* luogo *m* deserto.

ein·ordnen I. *tr* ordinare, classificare; **II.** *rfl:* **sich ~ 1.** *(sich anpassen)* inserirsi, integrarsi; **2.** *mot* mettersi in corsia (*o* in fila).

ein·packen I. *tr* impacchettare; *(bes. zum Versand)* imballare; **jdn warm ~** *fam* coprire ben bene qu; **II.** *itr fam* far fagotto *fam*.

ein·parken *tr, itr* parcheggiare.

ein·passen *tr* incastrare (*in* in), adattare (*in* a).

einphasig *a* monofase.

ein·prägen I. *tr* imprimere; *fig* inculcare; **sich** *(dat)* **etw. ~** imprimersi qc nella mente; **II.** *rfl:* **sich ~** imprimersi.

einprägsam *a* facilmente ricordabile.

ein·quartieren ‹*ohne ge-*› **I.** *tr* alloggiare; **II.** *rfl:* **sich ~** prendere alloggio.

ein·rahmen *tr* incorniciare.

ein·rasten *itr* ‹*sein*› scattare.

ein·räumen *tr* **1.** *(Bücher, Wäsche, etc.)* disporre; *(a. Schrank)* mettere in ordine; **2.** *fig (Recht, Kredit)* concedere; *(Frist)* accordare; **3.** *(zugeben)* ammettere.

ein·reden I. *tr:* **jdm etw. ~** far credere (*o* dare ad intendere) qc a qu; **sich** *(dat)* **~, daß ...** mettersi in testa che ... *fam;* **II.** *itr:* **auf jdn ~** parlare ininterrottamente a qu.

ein·reiben ‹*irr*› *tr* sfregare; *med* frizionare.

ein·reichen *tr* presentare; *(Abschied)* dare, rassegnare.

Einreise *f* entrata *f*. **Einreiseerlaubnis, -genehmigung** *f* permesso *m* d'entrata.

ein·reisen *itr* ‹*sein*› entrare.

Einreiseverbot *n* divieto *m* d'entrata.

ein·reißen ‹*irr*› **I.** *tr* ‹*haben*› **1.** *(Häuser, etc.)* demolire; **2.** *(Stoff)* lacerare, fare uno strappo a; *(Papier)* strappare; *(Fingernagel)* rompere; **II.** *itr* ‹*sein*› **1.** *(Stoff, Papier)* strapparsi; *(Fingernagel)* rompersi; **2.** *fig fam (Unsitte)* diventare un'abitudine.

ein·renken ['ainrɛŋkən] *tr* rimettere a posto; *med* ridurre; **das renkt sich schon wieder ein** si rimette a posto.

ein·richten I. *tr* **1.** *(Wohnung)* arredare; *(Werkstatt)* impiantare, installare; **2.** *(gründen)* fondare, istituire; *(Konto)* aprire; **3.** *tec (justieren)* aggiustare; *(einstellen, vorbereiten)* preparare, allestire; **4.** *med* ridurre; **5.** *fig (möglich machen, arrangieren)* fare in modo che *conj* (*o* di *inf*); **II.** *rfl:* **sich ~ 1.** *(sich möblieren)* arredare la casa (*o* l'appartamento); **2.** *(sich vorbereiten)* prepararsi (*auf* a); **sie ist sehr modern eingerichtet** ha arredato la casa con mobili moderni.

Einrichtung *f* **1.** *(Wohnungs~)* arredamento *m;* **2.** *(das Einrichten)* allestimento *m;* **3.** *(Institution)* istituzione *f*, istituto *m;* **4.** *(Gründung)* istituzione *f*, fondazione *f; (von Konto)* apertura *f;* **5.** *tec (Justierung)* aggiustamento *m; (Einstellung)* messa *f* a punto.

ein·ritzen *tr* scalfire (*in* su).

ein·rollen I. *tr* arrotolare, avvolgere; *(Haar)* piegare in dentro; **II.** *rfl:* **sich ~** arrotolarsi.

ein·rosten *itr* ‹*sein*› arrugginire; *(a. fig)* arrugginirsi.

ein·rücken I. *itr* ‹*sein*› *(einmarschieren)* entrare, far ingresso; **II.** *tr* ‹*haben*› *(Anzeige)* mettere, inserire; *(Zeile)* arretrare, far rientrare.

eins [ains] *(Zahlwort)* uno; **~ a** (*geschrieben* **Ia**) di prima qualità; **die**

beiden Begriffe sind ~ i due concetti sono identici; *s. a. ein', vier.*
Eins ‹-, -en› *f* (numero *m*) uno *m; (Schulnote: sehr gut)* ≃ nove *m; (Buslinie, etc.)* uno *m.*
ein·sacken *itr* ‹*sein*› *(einsinken)* sprofondare.
einsam *a* **1.** *(Mensch)* solo, solitario; *(verlassen)* abbandonato; **2.** *(Ort)* deserto; **~e Spitze!** *fam* che cima! **Einsamkeit** ‹-, ø› *f* solitudine *f.*
ein·sammeln *tr* raccogliere.
Einsatz *m* **1.** *(Teil)* aggiunta *f,* inserto *m; (Topf~, Koffer~)* parte *f* intercambiabile (*o* scomponibile); **2.** *(Spiel~)* puntata *f,* posta *f;* **3.** *(An-, Aufwendung)* impiego *m; (Engagement)* dedizione *f;* **4.** *mil* azione *f,* operazione *f; aero* missione *f;* **5.** *mus* attacco *m; (theat a.)* entrata *f;* **im ~ sein** essere in azione; **unter ~ des (eigenen) Lebens** a rischio della vita. **einsatzbereit** *a* pronto all'azione. **Einsatzbereitschaft** *f* prontezza *f* all'azione; *mil* approntamento *m.*
ein·schalten I. *tr* **1.** *(dazwischenschieben)* inserire, intercalare; **2.** *(Licht, Radio)* accendere; *(Motor)* avviare; *(Strom)* inserire, mettere in circuito; *(Gang, Maschine)* innestare, ingranare; **jdn** ~ far intervenire qu (*bei etw.* per qc); **II.** *rfl:* **sich** ~ intervenire.
Einschaltquote *f* indice *m* di ascolto.
Einschaltung *f* **1.** *(Einschub)* inserimento *m;* **2.** *(von Licht, Radio)* accensione *f; (von Motor)* avviamento *m; (von Strom)* inserzione *f; (von Maschine)* innesto *m;* **3.** *fig (Hinzuziehung)* interessamento *m.*
ein·schärfen *tr* inculcare.
ein·schätzen *tr* stimare; *(a. bewerten)* valutare.
ein·schenken I. *tr* versare; **die Gläser/Tassen** ~ riempire i bicchieri/le tazze; **II.** *itr* versare da bere.
ein·schicken *tr* inviare, spedire.
ein·schieben ‹*irr*› *tr* **1.** *(hin~)* infilare, introdurre; **2.** *(einfügen)* inserire, intercalare.
ein·schiffen I. *tr* imbarcare; **II.** *rfl:* **sich** ~ imbarcarsi.
Einschiffung ‹-, -en› *f* imbarco *m.*
ein·schlafen ‹*irr*› *itr* ‹*sein*› **1.** *(Mensch)* addormentarsi; *(Arm, Bein)* intorpidirsi, addormentarsi *fam;* **2.** *(allmählich aufhören)* raffreddarsi, spegnersi; *(nachlassen)* scemare, diminuire.
ein·schläfern ['ainʃlɛ:fərn] *tr* **1.** *(zum Schlafen bringen, a. fig)* (far) addormentare; **2.** *(Tiere)* uccidere (con un iniezione mortale). **einschläfernd** *a* che fa venir sonno; *med* narcotico; *(a. fig)* soporifero.
Einschlag *m* **1.** *(von Blitz)* colpo *m,* caduta *f; (von Geschoß)* impatto *m,* scoppio *m;* **2.** *fig (Anteil, Zusatz)* impronta *f,* vena *f; ling* inflessione *f.*
ein·schlagen ‹*irr*› **I.** *tr* **1.** *(Nagel, Pfahl)* (con)ficcare, piantare; **2.** *(Tür)* sfondare; *(Scheibe)* frantumare; *(a. Zähne, Schädel, etc.)* rompere; **3.** *(Stoff, etc.)* ripiegare; **4.** *(einwickeln)* avvolgere, imballare; **5.** *fig (Weg, Richtung)* prendere, imboccare; *(Laufbahn)* intraprendere; **6.** *(Steuer)* girare; **II.** *itr (Blitz, Geschoß)* colpire (*in etw.* qc); *fig (Erfolg haben)* avere successo; **auf jdn** ~ bastonare qu; **die Nachricht schlug wie eine Bombe ein** la notizia arrivò come un fulmine a ciel sereno; **schlag ein!** qua la mano! *fam.*
einschlägig ['ainʃlɛgɪç] *a* relativo, sull'argomento; *(Geschäft)* del ramo.
ein·schleichen ‹*irr*› *rfl:* **sich** ~ introdursi, penetrare; *fig* insinuarsi; *(Fehler)* sfuggire.
ein·schließen ‹*irr*› *tr* **1.** *(in Zimmer, etc.)* chiudere (a chiave); **2.** *(umgeben)* circondare; *(umzäunen)* recingere; *(Festung)* assediare; **3.** *fig (enthalten)* includere, comprendere.
einschließlich I. *adv* compreso; **bis Sonntag** ~ fino a domenica compresa; **II.** *prp gen* compreso.
ein·schmeicheln *rfl:* **sich bei jdm** ~ cattivarsi le simpatie di qu. **einschmeichelnd** *a* insinuante; *(angenehm)* carezzevole.
ein·schmieren *tr (mit Fett)* ungere (*mit* di); *tec, mot* lubrificare.
ein·schmuggeln *tr* introdurre clandestinamente (*o* di contrabbando).
ein·schnappen *itr* ‹*sein*› **1.** *tec* scattare, chiudersi a scatto; **2.** *fig fam (beleidigt sein)* prendersela *fam.*
ein·schneiden ‹*irr*› **I.** *tr (a. fig)* incidere (*in* su), intagliare (*in* in); **II.** *itr* entrare (*in* in), penetrare (*in* in). **einschneidend** *a* incisivo, decisivo; *(Maßnahme)* radicale, energico.
Einschnitt *m* **1.** intaglio *m; (a. med)* incisione *f;* **2.** *fig (Zäsur)* solco *m* profondo.
ein·schränken ['ainʃrɛŋkən] **I.** *tr* limitare; **~d muß ich allerdings sagen ...** restrittivamente devo comunque dire ...; **II.** *rfl:* **sich** ~ limitarsi.
Einschränkung ‹-, -en› *f* **1.** *(Beschränkung)* limitazione *f,* riduzione *f;* **2.** *(Vorbehalt)* riserva *f.*
Einschreib(e)brief *m* (lettera *f*) raccomandata *f;* **als** ~ per raccomandata.
ein·schreiben ‹*irr*› **I.** *tr* **1.** *(hin~)* scrivere (*in* in); **2.** *(in Liste, etc.)* iscrivere; **3.** *(Post)* spedire raccomandato; **II.** *rfl:* **sich** ~ iscriversi.
Einschreiben *n s.* **Einschreib(e)brief.**
Einschreibung *f* iscrizione *f.*
ein·schreiten ‹*irr*› *itr* ‹*sein*› intervenire, prendere delle misure.

ein·schrumpfen *itr* ‹*sein*› raggrinzirsi.
ein·schüchtern *tr* intimidire.
Einschuß *m* **1.** *(~stelle)* foro *m* d'entrata; *(~wunde)* ferita *f;* **2.** *(beim Weben)* trama *f.*
ein·schütten *tr* versare.
ein·sehen ‹*irr*› *tr* **1.** *(hin~)* guardar dentro a, dare un'occhiata a; *(Akten)* prendere visione di; **2.** *fig (begreifen)* comprendere, capire; *(Fehler)* riconoscere. **Einsehen** ‹-s, ø› *n:* **ein ~ haben mit** avere comprensione per.
ein·seifen *tr* insaponare.
einseitig *a allg., jur, med* unilaterale; *(parteiisch)* parziale. **Einseitigkeit** ‹-, ø› *f* unilateralità *f; fig* parzialità *f,* ristrettezza *f* di vedute.
ein·senden ‹*irr*› *tr* inviare, spedire. **Einsender** *m* mittente *m.* **Einsendeschluß** *m* ultimo termine *m* di consegna.
ein·setzen I. *tr* **1.** *(hin~)* mettere dentro (*in* a); *(Pflanze)* piantare; *(Flicken)* applicare; *(Fensterscheibe, etc.)* montare; **2.** *(Person in Amt)* insediare; *(Erben)* istituire; **3.** *(verwenden)* impiegare; **II.** *itr* cominciare; *mus* attaccare; **III.** *rfl:* **sich für etw./jdn ~** adoperarsi per qc/qu.
Einsetzung ‹-, -en› *f (in Amt)* insediamento *m; (von Erben)* istituzione *f.*
Einsicht *f* **1.** *(Sicht)* vista *f;* **2.** *(Verständnis)* comprensione *f,* discernimento *m; (Vernunft)* giudizio *m; (Erkenntnis)* convinzione *f;* **3.** *(~nahme)* visione *f* (*in* di), esame *m* (*in* di); **zur ~** *adm* in visione; **zu der ~ kommen, daß ...** convincersi che ... **einsichtig** *a* **1.** *(vernünftig)* ragionevole; *(verständnisvoll)* comprensivo; **2.** *(verständlich)* ragionevole, comprensibile. **Einsichtnahme** [-na:mə] ‹-, -n› *s.* **Einsicht.**
Einsiedler(in) *m(f)* eremita *mf.*
einsilbig *a* **1.** *gram* monosillab(ic)o; **2.** *fig (wortkarg)* di poche parole.
ein·sinken ‹*irr*› *itr* ‹*sein*› sprofondare.
ein·spannen *tr* **1.** *(in Rahmen, Maschine, etc.)* mettere; **2.** *fig fam (Menschen)* mettere sotto *fam;* **jdn für etw. ~** incaricare qu di collaborare a qc.
ein·sparen *tr* risparmiare.
ein·sperren *tr* **1.** *allg.* (rin)chiudere; **2.** *fam (ins Gefängnis)* imprigionare.
ein·spielen I. *tr* **1.** *film, theat (Geld)* rendere; **2.** *(Gerät, a. mus)* provare; **II.** *rfl:* **sich ~** *sport* allenarsi; *mus, theat* esercitarsi, provare; **sich aufeinander ~** affiatarsi.
ein·springen ‹*irr*› *itr* ‹*sein*› aiutare; **für jdn ~** rimpiazzare (*o* sostituire) qu.
Einspruch *m* obiezione *f,* opposizione *f,* protesta *f; jur* ricorso *m,* reclamo *m; parl* veto *m;* **(ich erhebe) ~! – (~) abgelehnt!/(dem ~ wird) stattgegeben!** *jur* protesto! – obiezione respinta!/obiezione accolta!
einspurig *a* a una corsia.
einst [a̱inst] *adv* in passato, una volta.
Einstand *m sport* punteggio *m* pari; **seinen ~ geben** festeggiare l'entrata in servizio.
ein·stecken *tr* **1.** *(hin~)* mettere dentro (*in* a), introdurre (*in* in); **2.** *(in Tasche, etc.)* intascare; **3.** *(Brief)* imbucare, impostare; **4.** *fig fam (hinnehmen müssen)* subire; *(Schläge)* incassare *fam; (Beleidigung, Kritik)* mandar giù *fam,* sopportare.
ein·stehen ‹*irr*› *itr* ‹*sein o haben*› rispondere (*für* di); *(garantieren)* garantire (*für* per).
ein·steigen ‹*irr*› *itr* ‹*sein*› **1.** *(in Fahrzeug)* salire; **2.** *(in Schiff, Flugzeug)* salire a bordo (*in* di), imbarcarsi (*in* su); **3.** *fam (in Geschäft)* imbarcarsi (*in su, in*).
ein·stellen I. *tr* **1.** *(hin~)* mettere dentro (*in* a); **2.** *tec (regulieren)* sintonizzare (*auf* su), mettere a punto; *(bes. radio, TV)* regolare; *(Zündung)* mettere in fase; *fot* mettere a fuoco; *(Fernglas)* puntare; **3.** *(Arbeiter)* assumere; *(Angestellte)* impiegare; **4.** *(beenden)* terminare, cessare; *(Verfahren, Zahlung)* sospendere; *(Rekord)* battere; **II.** *rfl:* **sich ~** manifestarsi; **sich auf etw. ~** prepararsi a qc, aspettare qc.
einstellig *a* di una (sola) cifra.
Einstellung *f* **1.** *tec* registrazione *f,* regolazione *f;* **2.** *(Anstellung)* impiego *m,* assunzione *f;* **3.** *(Beendigung)* cessazione *f,* sospensione *f;* **4.** *(Haltung)* atteggiamento *m* (*zu* verso).
Einstieg ['a̱inʃti:k] ‹-(e)s, -e› *m* **1.** *(das Einsteigen)* entrata *f;* **2.** *(~sstelle)* accesso *m;* **3.** *(geistiger Zugang)* approccio *m.*
ein·stimmen *itr* intonare (*in etw.* qc).
einstimmig I. *a* **1.** *mus* per una sola voce, monodico; **2.** *(ohne Gegenstimme)* all'unisono; *(einmütig)* concorde, unanime; **II.** *adv* all'unanimità. **Einstimmigkeit** ‹-, ø› *f* unanimità *f.*
einstöckig ['a̱inʃtœkıç] *a* di (*o* a) un (solo) piano.
Einstrahlung *f (Sonnen~)* irradiazione *f.*
ein·strömen *itr* ‹*sein*› affluire.
ein·studieren ‹*ohne ge-*› *tr* provare.
ein·stufen *tr* **1.** *(einordnen, a. fig)* classificare; **2.** *(bewerten)* valutare.
Einstufung ‹-, -en› *f* **1.** *(Einordnung)* classificazione *f;* **2.** *(Bewertung)* valutazione *f.*
einstündig ['a̱inʃtʏndıç] *a* (della durata) di un'ora.
Einsturz *m* crollo *m.*
ein·stürzen *itr* ‹*sein*› crollare; **auf jdn ~**

(Eindrücke) colpire qu; *(Ereignis)* travolgere qu.
Einsturzgefahr *f* pericolo *m* di crollo; ~! attenzione, edificio pericolante!
einstweilen ['ainst'vailən] *adv* **1.** *(vorläufig)* per ora, per il momento; **2.** *(unterdessen)* intanto.
einstweilig ['ainst'vailıç] *a* *(vorläufig)* temporaneo; *(provisorisch)* provvisorio.
eintägig ['aintɛ:gıç] *a* di un giorno.
Eintagsfliege *f* **1.** *zoo* mosca *f* effimera; **2.** *fig* cosa *f* effimera.
ein·tauchen **I.** *tr* ‹*haben*› **1.** *(untertauchen)* immergere, tuffare; **2.** *(eintunken)* intingere; **II.** *itr* ‹*sein*› immergersi.
ein·tauschen *tr* cambiare (*gegen* con), dare in cambio (*gegen* di).
eintausend ['ain'tauzənt] *(Zahlwort)* mille.
ein·teilen *tr* **1.** *(unterteilen)* (sud)dividere; *(in Klassen)* classificare; **2.** *(haushalten mit)* disporre; **3.** *(für Aufgabe)* assegnare.
Einteilung *f* **1.** *(Unterteilung)* (sud)divisione *f; (in Klassen)* classificazione *f;* **2.** *(Organisation)* economia *f;* **3.** *(Zuweisung)* assegnazione *f.*
eintönig ['aintø:nıç] *a* monotono. **Eintönigkeit** ‹-, ø› *f* monotonia *f.*
Eintopf(gericht *n)* *m* minestrone *m* (con svariati ingredienti); *(Gemüse)* misto *m* (di verdure).
Eintracht ['aintraxt] ‹-, ø› *f* concordia *f;* ~ **(Frankfurt/Braunschweig,** *etc.***)** *sport* unione *f* (Frankfurt/Braunschweig, *etc.*).
einträchtig [...trɛçtıç] **I.** *a* concorde; **II.** *adv* in concordia, in buon'armonia.
Eintrag ['aintra:k] ‹-(e)s, ⸚e› *m* **1.** *(in Liste, etc.)* registrazione *f,* iscrizione *f; (in Wörterbuch)* entrata *f;* **2.** *adm (Vermerk, Notiz)* nota *f.*
ein·tragen ‹*irr*› **I.** *tr* **1.** *(in Buch, Liste)* registrare, iscrivere; **2.** *(einbringen)* rendere, portare, fruttare; **II.** *rfl:* **sich ~** iscriversi.
einträglich ['aintrɛ:klıç] *a* fruttuoso, redditizio.
Eintragung ‹-, -en› *f s.* **Eintrag.**
ein·treffen ‹*irr*› *itr* ‹*sein*› **1.** *(ankommen)* arrivare; **2.** *(Prophezeiung)* avverarsi; *(Katastrophe)* accadere.
ein·treiben ‹*irr*› *tr (Geld)* riscuotere.
ein·treten ‹*irr*› **I.** *itr* ‹*sein*› **1.** *(hineingehen)* entrare (*in* in); **2.** *(beitreten)* aderire (*in* a); **3.** *(geschehen)* verificarsi; *(einsetzen, beginnen)* iniziare, cominciare; **für jdn/etw. ~** *(sich einsetzen)* prendere le parti di qu/sostenere qc; *(verteidigen)* difendere (la causa di) qu/ difendere qc; **treten Sie (bitte) ein!** si accomodi (*o* entri), prego!; **II.** *tr* ‹*haben*› sfondare (con un calcio).
ein·trichtern *tr:* **jdm etw. ~** *fam* propinare qc a qu.
Eintritt *m* **1.** *(das Eintreten)* entrata *f; (in Partei, ~sgeld)* ingresso *m;* **2.** *(Beginn)* inizio *m.* **Eintrittskarte** *f* biglietto *m* d'ingresso.
ein·üben *tr* studiare; *theat* provare.
ein·verleiben ['ainfɛɐlaibən] ‹*ohne ge-*› *tr* incorporare (*dat* in), inglobare (*dat* in); **sich** *(dat)* **etw. ~** *scherz (Nahrung)* mangiarsi qc; *fig* imparare qc.
Einvernehmen *n* concordia *f,* armonia *f,* accordo *m;* **im ~ mit** d'accordo con; **in gutem ~** in buoni rapporti.
einverstanden *a:* **mit etw./jdm ~ sein** essere d'accordo su qc/con qu, approvare qc/qu; ~! d'accordo!, intesi!
Einverständnis *n* **1.** *(Billigung)* approvazione *f,* assenso *m;* **2.** *(Übereinstimmung)* consenso *m,* accordo *m.*
Einwand ['ainvant] ‹-(e)s, ⸚e› *m* obiezione *m.*
Einwanderer *m,* **Einwandrerin** *f* immigrante *mf; (Eingewanderter)* immigrato, -a *m, f.*
ein·wandern *itr* ‹*sein*› immigrare.
einwandfrei *a (Benehmen)* irreprensibile, impeccabile; *(Gegenstand)* senza difetti.
einwärts ['ainvɛrts] *adv* in dentro.
Einwegflasche *f* vuoto *m* a perdere.
ein·weichen *tr* mettere a bagno; *(Wäsche)* mettere a mollo; *(Brot)* inzuppare.
ein·weihen *tr* inaugurare; *rel* consacrare; **jdn in etw. ~** *(einführen)* iniziare qu a qc; *(in Geheimnis)* mettere a parte qu di qc.
Einweihung ‹-, -en› *f* **1.** *(Eröffnung)* inaugurazione *f;* **2.** *(in Geheimnis)* iniziazione *f* (*in* a).
ein·weisen ‹*irr*› *tr* **1.** *(in Krankenhaus)* ricoverare; *(in Anstalt)* internare; **2.** *(in Amt)* insediare; **3.** *(in Tätigkeit)* addestrare; **4.** *(in Parklücke)* dirigere (nella manovra).
Einweisung *f* **1.** *(in Krankenhaus)* ricovero *m; (in Anstalt)* internamento *m;* **2.** *(in Amt)* insediamento *m;* **3.** *(in Tätigkeit)* addestramento *m;* **4.** *mot* dirigere *m.*
ein·wenden ‹*irr*› *tr* obiettare (*gegen* su), ridire (*gegen* su).
ein·werfen ‹*irr*› **I.** *tr* **1.** *(Brief)* imbucare; *(Geld)* introdurre; **2.** *(Fenster, etc.)* frantumare; **3.** *(Ball)* rimettere in gioco; **4.** *(Bemerkung)* uscirsene con *fam,* buttar lì *fam;* **II.** *itr* rimettere in gioco la palla.
ein·wickeln *tr* avvolgere, incartare.
ein·willigen *itr* (ac)consentire (*in* a), accettare (*in etw.* qc).
Einwilligung ‹-, -en› *f* consenso *m.*
ein·wirken *itr* agire (*auf* su); *(beeinflussen)* influire (*auf* su), influenzare (*auf etw.* qc).
Einwirkung *f* azione *f* (*auf* su), effetto (*auf* su).

Einwohner(in) ‹-s, -› *m(f)* abitante *mf.* **Einwohnermeldeamt** *n* anagrafe *m.*

Einwurf *m* **1.** *(für Briefe)* buca *f; (Münz~)* fessura *f;* **2.** *(das Einwerfen)* impostazione *f;* **3.** *fig (Bemerkung)* osservazione *f;* **4.** *sport (Ball~)* rimessa *f* in gioco.

Einzahl *f* singolare *m.*

ein·zahlen *tr* pagare, versare. **Einzahlung** *f* versamento *m.* **Einzahlungsbeleg** *m* ricevuta *f* di versamento. **Einzahlungsformular** *n* modulo *m* di versamento.

ein·zäunen ['aintsɔynən] *tr* recintare.

Einzel ['aintsəl] ‹-s, -› *n* singolo *m.* **Einzelfall** *m* caso *m* singolo (*o* particolare). **Einzelgänger(in)** [-gɛŋɐ (...ərın)] ‹-s, -› *m(f)* solitario, -a *m, f,* outsider *mf.* **Einzelhaft** *f* segregazione *f* cellulare. **Einzelhandel** *m* commercio *m* al minuto (*o* dettaglio). **Einzelhändler(in)** *m(f)* commerciante *mf* al minuto. **Einzelheit** ‹-, -en› *f* particolare *m,* dettaglio *m.* **Einzelkind** *n* figlio, -a *m, f* unico, -a.

einzellig *a* unicellulare, monocellulare.

einzeln **I.** *a* **1.** *(alleinig)* solo, unico; **2.** *(Sonder-)* particolare, speciale; **3.** *(getrennt)* separato, distinto; **der ~e** l'individuo; **~e** *(einige, wenige)* alcuni, qualche *(mit sing);* **ein ~er Strumpf** una calza sola; **im ~en** in particolare; **II.** *adv* **1.** *(für sich betrachtet)* singolarmente, ad uno ad uno; **2.** *(getrennt)* separatamente; **bitte ~ eintreten** per favore, entrare uno alla (*o* per) volta.

Einzelstück *n* pezzo *m* unico. **Einzelteil** *n* pezzo *m* staccato. **Einzelzimmer** *n* camera *f* singola.

ein·ziehen ‹*irr*› **I.** *tr* ‹*haben*› **1.** *(Faden, Band)* infilare; **2.** *(Krallen)* ritirare; *(Kopf, Bauch, Antenne, Fahrgestell)* far rientrare; *(Fahne, Segel)* ammainare; **3.** *(Gelder)* riscuotere; **4.** *(beschlagnahmen)* confiscare, sequestrare; **5.** *(Rekruten)* arruolare; **Erkundigungen über jdn ~** prendere informazioni su qu; **II.** *itr* ‹*sein*› **1.** *(Einzug halten)* entrare; **2.** *(in Wohnung, Haus)* andare ad abitare; **3.** *(Flüssigkeit, Creme, etc.)* penetrare (*in* in), essere assorbito (*in* da).

Einziehung *f* **1.** *mil* coscrizione *f,* richiamo *m* alle armi; **2.** *(von Außenständen)* riscossione *f,* ricupero *m; (von Steuern)* esazione *f;* **3.** *(Beschlagnahmung)* confisca *f,* sequestro *m.*

einzig **I.** *a* unico, solo; *(~artig)* eccezionale; **das ~e, was wir tun können** la sola cosa che possiamo fare; **es war eine ~e Katastrophe** *fam* è stata una vera e propria catastrofe; **II.** *adv:* **~ (und allein)** unicamente. **einzigartig** *a* unico (nel suo genere), straordinario.

Einzug *m* ingresso *m.*

Eis [ais] ‹-es, ø› *n* ghiaccio *m; (Speise~)* gelato *m;* **etw. auf ~ legen** mettere qc in ghiaccio; *fig (zurückstellen)* accantonare qc. **Eisbahn** *f* pista *f* di pattinaggio. **Eisbär** *m* orso *m* bianco. **Eisbecher** *m* coppa *f* di gelato. **Eisbein** *n* zampetto *m* di porco. **Eisberg** *m* iceberg *m.* **Eisblumen** *f pl* fiori *m pl* di ghiaccio (sui vetri delle finestre). **Eisbombe** *f* bomba *f* di gelato. **Eisbrecher** ‹-s, -› *m* (nave *f*) rompighiaccio *m.* **Eisdiele** *f* gelateria *f.*

Eisen ['aizən] ‹-s, -› *n* ferro *m;* **ein heißes ~ anfassen** *fig* toccare una questione scottante; **zwei ~ im Feuer haben** *fig* mettere molta carne al fuoco *fig;* **zum alten ~ gehören** *fig* essere un rottame; **man muß das ~ schmieden, solange es heiß ist** *prov* bisogna battere il ferro finché è caldo *prov.*

Eisenbahn *f* ferrovia *f; (Zug)* treno *m.* **Eisenbahner** ‹-s, -› *m* ferroviere *m.* **Eisenbahngesellschaft** *f* compagnia *f* ferroviaria. **Eisenbahnunglück** *n* sciagura *f* ferroviaria. **Eisenbahnwagen** *m* carrozza *f* ferroviaria.

Eisendraht *m* filo *m* di ferro. **Eisenerz** *n* minerale *m* di ferro. **eisenhaltig** *a* ferruginoso. **Eisenmangel** *m* carenza *f* di ferro. **Eisenoxyd** *n* ossido *m* ferrico. **Eisenwarenhändler** *m* negoziante *m* di ferramenta. **Eisenwarenhandlung** *f* negozio *m* di ferramenta.

eisern *a* di ferro; *fig* ferreo; **~e Lunge** polmone d'acciaio; **~e Ration** razione *f* d'emergenza; **E~er Vorhang** *pol* cortina di ferro; **~ bleiben** essere inflessibile (*o* irremovibile).

eisfrei *a* libero dal ghiaccio. **eisgekühlt** *a* ghiacciato. **Eisheilige** *m pl* gelo *m* di maggio. **Eishockey** [-hɔki *o* -hɔke] ‹-s, ø› *n* hockey *m* su ghiaccio. **eisig** ['aiziç] *a* gelido. **Eiskaffee** *m* caffè *m* freddo con gelato e panna. **eiskalt** *a* gelido, freddissimo. **Eiskübel** *m* secchiello *m* del ghiaccio. **Eiskunstlauf** *m* pattinaggio *m* artistico. **eis·laufen** ‹*irr*› *itr* ‹*sein*› pattinare. **Eisläufer(in)** *m(f)* pattinatore, -trice *m, f.* **Eismeer** *n* mare *m* di ghiaccio. **Eispickel** *m* piccozza *f* alpina.

Eisprung *m* ovulazione *f.*

Eisschnellauf *m* pattinaggio *m* di velocità. **Eisscholle** *f* lastrone *m* di ghiaccio. **Eisschrank** *m* frigorifero *m.* **Eisstadion** *n* stadio *m* del ghiaccio. **Eisverkäufer(in)** *m(f)* gelataio, -a *m, f.* **Eiswürfel** *m* cubetto *m* di ghiaccio. **Eiszapfen** *m* ghiacciolo *m.* **Eiszeit** *f* epoca *f* glaciale.

eitel ['aitəl] *a* **1.** *(Mensch)* vanitoso; **2.** *poet (rein)* puro. **Eitelkeit** ‹-, -en› *f* vanità *f.*

Eiter ['aitɐ] ‹-s, ø› *m* pus *m.* **eit(e)rig** *a* purulento. **eitern** *itr* suppurare.

Eiweiß ‹-es, -e› *n* bianco *m* dell'uovo;

scient albume *m; chem* albumina *f; biol* proteina *f.* **Eizelle** *f* ovulo *m.*
ejakulieren [ejaku'li:rən] ⟨*ohne ge-*⟩ *itr* eiaculare.
Ekel[1] ['e:kəl] ⟨-s, ø⟩ *m* nausea *f* (*vor* di); *(Widerwille)* schifo *m* (*vor* di); ~ **erregen** nauseare.
Ekel[2] ['e:kəl] ⟨-s, -⟩ *n fam* persona *f* schifosa; **du ~!** odioso, -a!
ekelerregend, ekelhaft, ek(e)lig *a* schifoso, nauseante. **ekeln I.** *tr, itr:* **mich** (*o* **mir**) **ekelt (es) vor etw.** ho nausea di qc, qc mi fa schifo, qc mi disgusta; **II.** *rfl:* **sich ~** sentirsi disgustato (*vor* di).
EKG, Ekg [e:ka:'ge:] ⟨-(s), -s⟩ *n ab von* **Elektrokardiogramm** E.C.G. (*ab von* elettrocardiogramma).
eklatant [ekla'tant] *a* eclatante.
Ekstase [ɛk'sta:zə] ⟨-, -n⟩ *f* estasi *f.*
Ekzem [ɛk'tse:m] ⟨-s, -e⟩ *n* eczema *m.*
Elan [e'la:n *o* e'lã:] ⟨-s, ø⟩ *m* slancio *m.*
elastisch [e'lastɪʃ] *a* elastico.
Elastizität [...titsi'tɛ:t] ⟨-, ø⟩ *f* elasticità *f.*
Elbe ['ɛlbə] *f* Elba *f.*
Elch [ɛlç] ⟨-(e)s, -e⟩ *m* alce *m.*
Elefant [ele'fant] ⟨-en, -en⟩ *m* elefante *m.*
elegant [ele'gant] *a* elegante.
Eleganz [...'gants] ⟨-, ø⟩ *f* eleganza *f.*
Elektriker(in) [e'lɛktrikɐ (...ərɪn)] ⟨-s, -⟩ *m(f)* elettricista *mf,* elettrotecnico, -a *m, f.*
elektrisch [e'lɛktrɪʃ] *a* elettrico.
elektrisieren [...tri'si:rən] ⟨*ohne ge-*⟩ *tr* elettrizzare.
Elektrizität [...tritsi'tɛ:t] ⟨-, ø⟩ *f* elettricità *f.* **Elektrizitätswerk** *n* centrale *f* elettrica.
Elektroauto [e'lɛktro-] *n* veicolo *m* elettrico.
Elektrode [elɛk'tro:də] ⟨-, -n⟩ *f* elettrodo *m.*
Elektrogerät *n* apparecchio *m* elettrico; *(Haushalts~)* elettrodomestico *m.* **Elektrogeschäft** *n* negozio *m* di elettrodomestici. **Elektroherd** *m* cucina *f* elettrica. **Elektroingenieur(in)** *m(f)* (donna *f*) ingegnere *m* elettrotecnico. **Elektroinstallateur** *m* elettricista *m.*
Elektrolyse [-'ly:zə] ⟨-, -n⟩ *f* elettrolisi *f.*
Elektromotor *m* motore *m* elettrico, elettromotore *m.*
Elektron ['e:lɛktrɔn *o* elɛk'tro:n, ...'tro:nən] ⟨-s, -en⟩ *n* elettrone *m.*
Elektronen- *(in Zusammensetzungen)* elettronico. **Elektronenblitz** *m* lampo *m* elettronico, flash *m.* **Elektronenmikroskop** *n* microscopio *m* elettronico.
Elektronik [elɛk'tro:nɪk] ⟨-, ø⟩ *f* elettronica *f.*
elektronisch *a* elettronico.
Elektrorasierer ⟨-s, -⟩ *m* rasoio *m* elettrico. **Elektroschock** *m* elettroshock *m,* elettrochoc *m.* **Elektrotechnik** *f* elettrotecnica *f.*
Element [ele'mɛnt] ⟨-(e)s, -e⟩ *n* elemento *m.*
elementar [...'ta:ɐ] *a* elementare; *(grundlegend a.)* fondamentale.
elend ['e:lɛnt] *a* **1.** *(armselig)* misero, povero; **2.** *(kümmerlich)* miserabile, infelice; **3.** *fam (kränklich)* malaticcio; **4.** *pej (gemein)* infame; **du ~er Betrüger!** *fam* misero imbroglione! **Elend** ⟨-(e)s, ø⟩ *n* miseria *f,* indigenza *f;* **wie das leibhaftige ~ aussehen** *fam* sembrare la morte in vacanza *fam;* **wie ein Häufchen ~** *fam* come uno straccio *fam.* **Elendsviertel** *n* quartiere *m* povero.
elf [ɛlf] *(Zahlwort)* undici; *s. a. vier.*
Elf ⟨-, -en⟩ *f (Zahl)* undici *m; (Buslinie, etc.)* undici *m; sport* undici *m,* squadra *f* di calcio.
Elf-, elf- *s. a. Vier-, vier-.*
Elfe ['ɛlfə] ⟨-, -n⟩ *f* silfide *f.*
Elfenbein ['ɛlfənbain] *n* avorio *m.* **elfenbeinfarben** *a* color avorio.
Elfmeter [-'me:tɐ] ⟨-s, -⟩ *m* tiro *m* (*o* calcio *m*) di rigore. **Elfmeterschießen** ⟨-, ø⟩ *n* calci *m pl* di rigore.
elfte *s.* **elfte(r, s).**
Elfte ⟨ein -r, -n, -n⟩ *mf* undicesimo, -a *m, f; s. a. Vierte.*
Elftel ⟨-s, -⟩ *n* undicesimo *m.*
elftens *adv* (in) undicesimo (luogo).
elfte(r, s) *a* undicesimo, -a; *(bei Datumsangaben)* undici; *s. a. vierte(r, s).*
eliminieren [elimi'ni:rən] ⟨*ohne ge-*⟩ *tr* eliminare.
Elisabeth [e'li:zabɛt] *(weiblicher Vorname)* Elisabetta.
Elite [e'li:tə] ⟨-, -n⟩ *f* élite *f,* fior fiore *m.*
Elixier [elɪ'ksi:ɐ] ⟨-s, -e⟩ *n* elisir *m.*
Ellbogen *s.* **Ellenbogen.**
Elle ['ɛlə] ⟨-, -n⟩ *f anat* ulna *f; (a. Maß)* cubito *m.*
Ell(en)bogen ⟨-s, -⟩ *m* gomito *m.* **Ell(en)bogenfreiheit** *f fig* libertà *f* di movimento. **ellenlang** *a fam* lunghissimo.
Ellipse [ɛ'lɪpsə] ⟨-, -n⟩ *f* **1.** *mat* ellisse *f;* **2.** *ling* ellissi *f.*
elliptisch [ɛ'lɪptɪʃ] *a* ellittico.
Elster ['ɛlstɐ] ⟨-, -n⟩ *f* gazza *f.*
elterlich *a* **1.** *(von den Eltern kommend)* dei genitori, parentale; **2.** *(den Eltern gehörend)* paterno.
Eltern ['ɛltɐn] ⟨*pl*⟩ genitori *m pl.* **Elternabend** *m* riunione *f* dei genitori. **Elternhaus** *n* **1.** *(Vaterhaus)* casa *f* paterna; **2.** *fig* famiglia *f.* **Elterninitiative** *f* iniziativa *f* di genitori. **Elternliebe** *f* amore *m* dei genitori. **elternlos I.** *a* orfano (di padre e di madre); **II.** *adv* senza genitori. **Elternsprechtag** *m* giorno *m* per il colloquio con i genitori.

Email [e'mai̯ *o* e'ma:j] ‹-s, -s› *n,* **Emaille** [e'maljə *o* e'mai̯] ‹-, -n› *f* smalto *m.*
emaillieren [ema'ji:rən *o* emal'ji:rən] ‹*ohne ge-*› *tr* smaltare.
Emanzipation [emantsipa'tsi̯o:n] ‹-, -en› *f* emancipazione *f.*
emanzipatorisch [...'to:rɪʃ] *a* emancipatore.
emanzipieren [...'pi:rən] ‹*ohne ge-*› **I.** *tr* emancipare; **II.** *rfl:* **sich ~** emanciparsi.
Embargo [ɛm'bargo] ‹-s, -s› *n* embargo *m.*
Embolie [ɛmbo'li:, ...i:ən] ‹-, -n› *f* embolia *f.*
Embryo ['ɛmbryo, ...y'o:nən] ‹-s, -nen› *m* embrione *m.*
Emigrant(in) [emi'grant(ɪn)] ‹-en, -en› *m(f) (Auswanderer)* emigrante *mf; (Ausgewanderter)* emigrato, -a *m, f.*
Emigration [...gra'tsi̯o:n] ‹-, -en› *f* emigrazione *f.*
emigrieren [...'gri:rən] ‹*ohne ge-*› *itr* ‹*sein*› emigrare.
Emil ['e:mi:l] *(männlicher Vorname)* Emilio.
Emission [emɪ'si̯o:n] ‹-, -en› *f* **1.** *phys, fin* emissione *f;* **2.** *CH (Rundfunksendung)* trasmissione *f.*
Emotion [emo'tsi̯o:n] ‹-, -en› *f* emozione *f.*
emotional, emotionell [emotsi̯o'na:l, ...'nɛl] *a* emozionale, emotivo.
empfahl [ɛm'pfa:l] *imp von* **empfehlen.**
empfand [ɛm'pfant] *imp von* **empfinden.**
Empfang [ɛm'pfaŋ] ‹-(e)s, ⸚e› *m* **1.** *allg., radio, TV* ricezione *f; (a. festliche Veranstaltung)* ricevimento *m;* **2.** *(Aufnahme)* accoglienza *f; (von Briefen, etc.)* ricevimento *m,* ricevere *m;* **3.** *(im Hotel)* reception *f;* **etw. in ~ nehmen** prendere in consegna qc, ricevere qc; **jdn in ~ nehmen** accogliere qu.
empfangen ‹empfängt, empfing, empfangen› *tr* **1.** *allg., fig, radio, TV* ricevere; *(Person)* accogliere; **2.** *geh (schwanger werden)* concepire.
Empfänger [ɛm'pfɛŋɐ] ‹-s, -› *m (Gerät)* apparecchio *m* ricevente, ricevitore *m.*
Empfänger(in) ‹-s, -› *m(f) (von Post)* destinatario, -a *m, f; (von Ware)* consegnatario, -a *m, f; (von Summe)* ricevitore, -trice *m, f;* **~ unbekannt** *(auf Briefen)* sconosciuto all'indirizzo.
empfänglich [ɛm'pfɛŋlɪç] *a* sensibile (*für* a).
Empfängnis [ɛm'pfɛŋnɪs] ‹-, -se› *f* concepimento *m,* concezione *f.* **Empfängnisverhütung** *f* contraccezione *f.*
Empfangsbescheinigung *f,* **-bestätigung** *f* ricevuta *f,* quietanza *f.* **Empfangschef(in)** *m(f)* direttore, -trice *m, f,* maître, -tresse *m, f.* **Empfangszimmer** *n* salotto *m* da ricevimento.
empfängt [ɛm'pfɛŋt] *pr von* **empfangen.**
empfehlen [ɛm'pfe:lən] ‹empfiehlt, empfahl, empfohlen› **I.** *tr* raccomandare, consigliare; **II.** *rfl:* **sich ~** *(sich verabschieden)* prendere congedo, accomiatarsi; **es empfiehlt sich zu ...** conviene ... *inf.* **empfehlenswert** *a* raccomandabile.
Empfehlung ‹-, -en› *f* raccomandazione *f; (Referenz)* referenze *f pl;* **auf ~ von** dietro raccomandazione di; **meine ~ an Ihre Frau Mutter!** *geh* i miei saluti (*o* rispetti) a Sua madre!
empfiehlt [ɛm'pfi:lt] *pr von* **empfehlen.**
empfinden [ɛm'pfɪndən] ‹empfindet, empfand, empfunden› *tr* sentire; *(Zuneigung, etc.)* provare.
empfindlich *a* **1.** *allg., fot, tec* sensibile (*für, gegen* a); **2.** *(zart, leicht zu beschädigen)* delicato; **3.** *(leicht verletzbar)* suscettibile; *(reizbar)* irritabile; **4.** *(spürbar, schmerzlich)* doloroso. **Empfindlichkeit** ‹-, ø› *f* **1.** *allg., tec, fot* sensibilità *f;* **2.** *fig* suscettibilità *f,* irritabilità *f.*
empfindsam *a* sensibile, delicato d'animo; *(gefühlvoll)* emotivo, sentimentale. **Empfindsamkeit** ‹-, ø› *f* sensibilità *f,* emotività *f,* sentimentalità *f.*
Empfindung ‹-, -en› *f* **1.** *(Sinnes~)* sensazione *f;* **2.** *fig* sentimento *m.*
empfing [ɛm'pfɪŋ] *imp von* **empfangen.**
empfohlen [ɛm'pfo:lən] *pp von* **empfehlen.**
empfunden [ɛm'pfʊndən] *pp von* **empfinden.**
empor [ɛm'po:ɐ̯] *adv poet* verso l'alto, all'insù.
Empore [ɛm'po:rə] ‹-, -n› *f (in Kirche)* cantoria *f,* matroneo *m; (in Theater)* galleria *f.*
empören [ɛm'pø:rən] ‹*ohne ge-*› **I.** *tr* indignare; **II.** *rfl:* **sich ~ 1.** *(sich entrüsten)* indignarsi, arrabbiarsi; **2.** *(sich auflehnen)* ribellarsi (*gegen* a), rivoltarsi (*gegen* contro). **empörend** *a* vergognoso.
Emporkömmling [-kœmlɪŋ] ‹-s, -e› *m* arrivista *mf,* parvenu *m.*
Empörung ‹-, -en› *f* indignazione *f* (*über* per).
emsig ['ɛmzɪç] *a* **1.** *(fleißig)* diligente; **2.** *(unermüdlich)* assiduo.
Emu ['e:mu] ‹-s, -s› *m* emù *m.*
Endausscheidung *f* finalissima *f.*
Ende ['ɛndə] ‹-s, -n› *n* fine *f; (Endpunkt)* estremità *f; (von Weg, etc.)* termine *m; (Ausgang)* esito *m;* **~ Mai** alla fine di maggio; **letzten ~s** alla fin fine; **zu ~ gehen** stare per finire; *(Frist)* scadere; **zu ~ sein** essere finito, finire; **am ~** alla fine; *(schließlich, im Grunde)* in fin dei conti, finalmente, dopo tutto; *(vielleicht,*

etwa) magari; **am ~ der Welt** in capo al mondo; **er ist ~ dreißig** è alla fine dei trenta; **~ gut, alles gut** *prov* tutto è bene quel che finisce bene *prov.*
Endeffekt *m:* **im** *~fam* alla fin fine.
enden *itr* finire; *(a. ausgehen)* terminare; *(Frist)* scadere; *gram* terminare (*auf* in).
Endergebnis *n* risultato *m* finale. **endgültig** *a* definitivo.
Endivie [ɛnˈdiːvi̯ə] ‹-, -n› *f* indivia *f,* cicoria *f.*
Endkampf *m* finale *f.* **Endlagerung** *f* deposito *m* definitivo.
endlich I. *a* finito; **II.** *adv* in fine, alla fine; **na, ~!** *fam* finalmente!
endlos *a* **1.** *(räumlich)* infinito; **2.** *(zeitlich)* interminabile; **das dauert ja ~ lange** non finisce più.
Endprodukt *n* prodotto *m* finito. **Endrunde** *f* girone *m* finale, ultima ripresa *f.* **Endspiel** *n* finale *f.* **Endspurt** *m* sprint *m; (Radsport)* volata *f.* **Endstadium** *n* fase *f* finale. **Endstation** *f* stazione *f* terminale, capolinea *m.*
Endung ‹-, -en› *f* desinenza *f.*
Endverbraucher *m* consumatore, -trice *m, f* (finale).
Energie [enɛrˈgiː, ...iːən] ‹-, -n› *f* energia *f.* **Energiequelle** *f* fonte *f* (*o* sorgente *f*) energetica. **Energieträger** *m* fonte *f* energetica. **Energieversorgung** *f* distribuzione *f* energetica, rifornimento *m* energetico.
energisch [eˈnɛrgɪʃ] *a* energico; *(entschlossen)* fermo, risoluto, deciso.
eng [ɛŋ] *a* **1.** *allg.* stretto; **2.** *(~anliegend)* attillato, aderente; **3.** *fig (eingeschränkt)* limitato, ristretto; **4.** *(Beziehungen)* intimo, stretto; **~er machen** restringere; **in die ~ere Wahl kommen** entrare in ballottaggio; **im ~sten Familienkreis** nell'intimità della famiglia; **das darf man nicht so ~ sehen** *fam* non si devono prendere le cose troppo alla lettera.
Engadin [ˈɛŋgadiːn] *n* Engadina *f.*
Engagement [ãgaʒəˈmãː] ‹-s, -s› *n* **1.** *(Einsatz, Bindung)* impegno *m;* **2.** *theat* scrittura *f,* ingaggio *m.*
engagieren [...ˈʒiːrən] ‹*ohne ge-*› **I.** *tr theat* scritturare, ingaggiare; *(anstellen)* assumere; **II.** *rfl:* **sich ~** impegnarsi, adoperarsi. **engagiert** *a* impegnato.
Enge [ˈɛŋə] ‹-, -n› *f* **1.** *(Engsein)* strettezza *f,* angustia *f lett;* **2.** *(Stelle)* strettoia *f; (Meeres~, Land~)* stretto *m;* **jdn in die ~ treiben** mettere qu alle strette.
Engel [ˈɛŋəl] ‹-s, -› *m* angelo *m.* **Engelsgeduld** *f* pazienza *f* di un santo (*o* di Giobbe).
engherzig *a* gretto, meschino. **Engherzigkeit** ‹-, -en› *f* grettezza *f,* meschinità *f.*
England [ˈɛŋlant] *n* Inghilterra *f.*
Engländer [ˈɛŋlɛndɐ] ‹-s, -› *m tec* chiave *f* inglese.
Engländer(in) ‹-s, -› *m(f)* inglese *mf.*
englisch [ˈɛŋlɪʃ] **I.** *a* inglese; **II.** *adv* **1.** *allg.* inglese, all'inglese; **2.** *gastr* al sangue.
englischsprechend *a* anglofono.
engmaschig *a* fitto, a maglie fitte.
Engpaß *m* **1.** *geog* passo *m* (*o* valico *m*) stretto; *(verengte Stelle)* strettoia *f;* **2.** *fig* difficoltà *f,* impasse *f.*
en gros [ãˈgro] *adv com* all'ingrosso.
engstirnig *a* **1.** *(einseitig)* di vedute limitate; **2.** *(kleinlich)* gretto, meschino. **Engstirnigkeit** ‹-, ø› *f* **1.** *(Einseitigkeit)* limitatezza *f* di vedute; **2.** *(Kleinlichkeit)* meschinità *f.*
Enkel(in) [ˈɛŋkəl(ɪn)] ‹-s, -› *m(f),* **Enkelkind** *n* nipote *mf* (di nonno, -a).
enorm [eˈnɔrm] *a* enorme.
Ensemble [ãˈsãːbəl] ‹-s, -s› *n* **1.** *theat* ensemble *m,* complesso *m;* **2.** *(Kleidung)* completo *m.*
entarten ‹*ohne ge-*› *itr* ‹*sein*› degenerare (*in, zu* in).
entbehren [ɛntˈbeːrən] ‹*ohne ge-*› *tr* **1.** *(vermissen)* sentire la mancanza di, mancare di; **2.** *(verzichten)* fare a meno di.
entbehrlich *a* superfluo, non necessario.
Entbehrung ‹-, -en› *f* **1.** *(Verzicht)* privazione *f;* **2.** *(Not)* bisogno *m.*
entbinden ‹*irr, ohne ge-*› **I.** *tr* **1.** *(von Pflicht, etc.)* liberare (*von* da), sciogliere (*von* da); **2.** *med* far partorire; **II.** *itr* partorire.
Entbindung *f* **1.** *fig* dispensa *f* (*von* da), esenzione *f* (*von* da); **2.** *med* parto *m.* **Entbindungsklinik** *f* clinica *f* ostetrica. **Entbindungsstation** *f* (reparto *m*) maternità *f.*
entblößen [ɛntˈbløːsən] ‹*ohne ge-*› *tr* scoprire, mettere a nudo.
entbrennen ‹*irr, ohne ge-*› *itr* ‹*sein*› *fig:* **er entbrannte in Liebe zu ihr** *geh* si accese d'amore per lei *lett.*
entdecken ‹*ohne ge-*› *tr* scoprire.
Entdecker(in) ‹-s, -› *m(f)* scopritore, -trice *m, f.*
Entdeckung *f* scoperta *f.* **Entdekkungsreise** *f* viaggio *m* di esplorazione.
Ente [ˈɛntə] ‹-, -n› *f* **1.** *zoo* anatra *f;* **2.** *fig (Zeitungs~)* canard *m,* frottola *f;* **3.** *fig fam (Citroën 2 CV)* due cavalli *f;* **kalte ~** *bevanda con vino, spumante e limone.*
entehren ‹*ohne ge-*› *tr* **1.** disonorare; *(entwürdigen)* degradare; **2.** *(entjungfern)* violare, sedurre.
enteignen ‹*ohne ge-*› *tr* espropriare.
Enteignung *f* espropriazione *f,* esproprio *m.*
enterben ‹*ohne ge-*› *tr* diseredare.
Enterich [ˈɛntərɪç] ‹-s, -e› *m* maschio *m* dell'anatra.

entern ['ɛntɐn] **I.** *tr* ‹*haben*› arrembare; **II.** *itr* ‹*sein*› arrampicarsi (all'arrembaggio).

entfachen [ɛnt'faxən] ‹*ohne ge-*› *tr* accendere, attizzare.

entfahren ‹*irr, ohne ge-*› *itr* ‹*sein*› sfuggire.

entfallen ‹*irr, ohne ge-*› *itr* ‹*sein*› **1.** *geh* sfuggire (*den Händen* di mano); *(aus Gedächtnis a.)* uscire di mente; **2.** *(Anteil, etc.)* spettare (*auf* a), toccare (*auf* a); **3.** *(wegfallen)* venir meno, venire a mancare; **entfällt** *(auf Formularen)* non interessa, tralasciare.

entfalten ‹*ohne ge-*› **I.** *tr* (di)spiegare; *(fig a.)* sviluppare, svolgere; **II.** *rfl:* **sich ~ 1.** *(Blume)* schiudersi, sbocciare; **2.** *fig* svilupparsi.

Entfaltung ‹-, ø› *f* **1.** *allg.* spiegamento *m;* **2.** *fig* sviluppo *m,* svolgimento *m.*

entfärben ‹*ohne ge-*› **I.** *tr* decolorare, scolorire; **II.** *rfl:* **sich ~** scolorirsi.

entfernen ‹*ohne ge-*› **I.** *tr (wegnehmen, -tun)* togliere; *(wegräumen)* rimuovere; *(Personen)* allontanare; **II.** *rfl:* **sich ~ 1.** *(räumlich)* allontanarsi (*von* da); *(weggehen)* andarsene, partire; **2.** *fig (abweichen)* (di)scostarsi (*von* da). **entfernt** *a* lontano, distante; **~e Ähnlichkeit** vaga somiglianza.

Entfernung ‹-, -en› *f* **1.** *(Abstand)* distanza *f;* **2.** *(das Entfernen)* allontanamento *m; (Wegschaffen)* eliminazione *f; (aus Amt)* licenziamento *m;* **auf eine ~ von** a una distanza di; **aus der ~** da lontano. **Entfernungsmesser** ‹-s, -› *m* telemetro *m.*

entfesseln ‹*ohne ge-*› *tr* scatenare, suscitare.

entfremden ‹*ohne ge-*› **I.** *tr* straniare, alienare; **II.** *rfl:* **sich ~** allontanarsi.

Entfremdung ‹-, ø› *f* estraniamento *m,* alienazione *f.*

entführen ‹*ohne ge-*› *tr* rapire, sequestrare.

Entführer(in) *m(f)* rapitore, -trice *m, f.*

Entführung *f* rapimento *m.*

entgegen [ɛnt'ge:gən] **I.** *adv* (in)contro, verso; **II.** *prp dat* contrariamente a, in opposizione a. **entgegen·bringen** ‹*irr*› *tr* portare (incontro), presentare; *fig* (di)mostrare; *(Gefühle)* nutrire (*jdm etw.* qc per qu). **entgegen·fiebern** *itr* aspettare con ansia (*einer S. (dat)* qc); **sie fiebert seiner Ankunft entgegen** non vede l'ora che arrivi. **entgegen·gehen** ‹*irr*› *itr* ‹*sein*› *(a. fig)* andare incontro; **seinem Ende ~** avvicinarsi alla fine. **entgegengesetzt** *a* contrario, opposto. **entgegen·halten** ‹*irr*› *tr* **1.** *(Gegenstand)* (s)tendere; **2.** *(einwenden)* obiettare. **entgegen·kommen** ‹*irr*› *itr* ‹*sein*› venire incontro; *(fig a.)* mostrarsi premuroso (*o* compiacente) (*jdm* con, verso qu); **das kommt mir sehr entgegen** ciò mi conviene. **Entgegenkommen** *n* compiacenza *f,* accondiscendenza *f;* cortesia *f.* **entgegenkommend** *a* cortese, gentile. **entgegen·nehmen** ‹*irr*› *tr* ricevere. **entgegen·sehen** ‹*irr*› *itr:* **einer S.** *(dat)* **~** *(erwarten)* attendere qc. **entgegen·setzen** *tr* opporre. **entgegen·stehen** ‹*irr*› *itr:* **dem steht nichts entgegen** non c'è nulla in contrario. **entgegen·treten** ‹*irr*› *itr* ‹*sein*› farsi incontro, opporsi.

entgegnen [ɛnt'ge:gnən] ‹*ohne ge-*› *tr* rispondere, replicare.

Entgegnung ‹-, -en› *f* risposta *f,* replica *f.*

entgehen ‹*irr, ohne ge-*› *itr* ‹*sein*› sfuggire; **sich** *(dat)* **etw. ~/nicht ~ lassen** lasciarsi/non lasciarsi sfuggire qc.

entgeistert *a* allibito, sbigottito.

Entgelt [ɛnt'gɛlt] ‹-(e)s, -e› *n* compenso *m; (Lohn)* paga *f; (Gebühr)* contributo *m.*

entgleisen ‹*ohne ge-*› *itr* ‹*sein*› **1.** *Eisenb.* deragliare; **2.** *fig (Mensch)* sviarsi, traviarsi.

Entgleisung ‹-, -en› *f* **1.** *Eisenb.* deragliamento *m;* **2.** *fig* sbandamento *m,* traviamento *m.*

entgräten ‹*ohne ge-*› *tr* spinare, togliere le spine a.

enthaaren ‹*ohne ge-*› *tr* depilare.

Enthaarungsmittel *n* depilatorio *m.*

enthalten ‹*irr, ohne ge-*› **I.** *tr* contenere; **II.** *rfl:* **sich ~** astenersi; **sich einer S.** *(gen)* **nicht ~ können** non potersi trattenere dal fare qc.

enthaltsam *a* morigerato, astinente; *(im Essen)* sobrio; *(im Trinken)* astemio; *(geschlechtlich)* continente, casto. **Enthaltsamkeit** ‹-, ø› *f* morigeratezza *f,* astinenza *f; (im Essen)* sobrietà *f; (im Trinken)* essere *m* astemio; *(geschlechtlich)* continenza *f.*

enthaupten ‹*ohne ge-*› *tr* decapitare.

Enthauptung ‹-, -en› *f* decapitazione *f.*

entheben ‹*irr, ohne ge-*› *tr:* **jdn seines Amtes ~** destituire qu dalla sua carica; **jdn einer Verpflichtung ~** esentare qu da un obbligo.

enthemmen ‹*ohne ge-*› *tr* disinibire.

enthüllen ‹*ohne ge-*› *tr* **1.** *(Denkmal, etc.)* scoprire; **2.** *fig (Geheimnis, etc.)* svelare, rivelare.

Enthüllung ‹-, -en› *f* **1.** *(von Denkmal)* scoprimento *m,* inaugurazione *f;* **2.** *fig* rivelazione *f.*

Enthusiasmus [ɛntu'ziasmʊs] ‹-, ø› *m* entusiasmo *m.*

enthusiastisch [...'ziastɪʃ] *a* entusiasta (*über* di, per).

entjungfern ‹*ohne ge-*› *tr* deflorare, sverginare.

entkalken ‹*ohne ge-*› *tr* decalcificare.

entkleiden ‹*ohne ge-*› *geh* **I.** *tr* **1.** spogliare, svestire; **2.** *fig (entheben)* destituire; **II.** *rfl:* **sich ~** spogliarsi, svestirsi.

entkommen ⟨*irr, ohne ge-*⟩ *itr* ⟨*sein*⟩ (s)fuggire, scappare.

entkorken ⟨*ohne ge-*⟩ *tr* stappare.

entkräften [ɛnt'krɛftən] ⟨*ohne ge-*⟩ *tr* **1.** *(Mensch)* estenuare; **2.** *fig (Argument)* confutare; *jur* infirmare.

Entkräftung ⟨-, -en⟩ *f* **1.** *(von Mensch)* estenuazione *f;* **2.** *fig* confutazione *f; jur* invalidamento *m.*

entladen ⟨*irr, ohne ge-*⟩ **I.** *tr* scaricare; **II.** *rfl:* **sich ~** scaricarsi.

entlang [ɛnt'laŋ] *adv, prp (nachgestellt acc, rar dat; vorgestellt dat, rar gen)* lungo; **hier ~** per di qua. **entlang·fahren** ⟨*irr*⟩ *itr* ⟨*sein*⟩, **entlang·gehen** ⟨*irr*⟩ *itr* ⟨*sein*⟩ percorrere (*an etw.* qc), costeggiare (*an etw.* qc).

entlarven [ɛnt'larfən] ⟨*ohne ge-*⟩ *tr* smascherare.

entlassen ⟨*irr, ohne ge-*⟩ *tr (Schüler, Arbeitnehmer)* licenziare; *(Beamte)* destituire, sollevare dalle (sue) funzioni; *(aus Krankenhaus)* dimettere; *(aus Haft)* rilasciare, liberare; *mil* congedare.

Entlassung ⟨-, -en⟩ *f* dimissioni *f pl; (a. mil)* congedo *m; (von Arbeitnehmer, Schüler)* licenziamento *m; (von Gefangenen)* rilascio *m,* scarcerazione *f; (von Beamten)* destituzione *f.* **Entlassungszeugnis** *n* licenza *f.*

entlasten ⟨*ohne ge-*⟩ *tr* **1.** *(von Last befreien)* alleviare (*von* da), alleggerire (*von* da); **2.** *fig, tec, arch* scaricare; **3.** *(von Verpflichtung, etc.)* liberare (*von* da), esonerare (*von* da); **4.** *(Angeklagte)* deporre a discarico (*o* a favore) di.

Entlastung ⟨-, -en⟩ *f* **1.** *allg.* alleggerimento *m; (a. fig)* sgravio *m;* **2.** *jur* discarico *m,* discolpa *f.* **Entlastungszeuge** *m,* **-zeugin** *f* testimone *mf* a discarico.

entleeren ⟨*ohne ge-*⟩ *tr* (s)vuotare.

entlegen *a* distante, fuor di mano.

entleihen ⟨*irr, ohne ge-*⟩ *tr* prendere a prestito (*von* da), farsi prestare (*von* da).

entlocken ⟨*ohne ge-*⟩ *tr* **1.** *(Töne einem Instrument)* trarre (*dat* da); **2.** *(Geheimnis, etc.)* strappare (*dat* a).

entlohnen ⟨*ohne ge-*⟩ *tr, CH* **entlöhnen** [ɛnt'løːnən] ⟨ohne ge-⟩ *tr* pagare, rimunerare.

Entlohnung ⟨-, -en⟩ *f, CH* **Entlöhnung** ⟨-, -en⟩ *f* pagamento *m,* rimunerazione *f.*

Entlüftung *f* aerazione *f,* ventilazione *f; phys, chem* disaerazione *f.*

entmachten ⟨*ohne ge-*⟩ *tr* esautorare.

entmündigen [ɛnt'mʏndɪgən] ⟨*ohne ge-*⟩ *tr* interdire, mettere sotto curatela.

Entmündigung ⟨-, -en⟩ *f* interdizione *f,* messa *f* sotto curatela.

entmutigen [ɛnt'muːtɪgən] ⟨*ohne ge-*⟩ *tr* scoraggiare.

Entmutigung ⟨-, -en⟩ *f* scoraggiamento *m.*

Entnahme [ɛnt'naːmə] ⟨-, -n⟩ *f* prelevamento *m; (a. Blut~)* prelievo *m.*

entnehmen ⟨*irr, ohne ge-*⟩ *tr* **1.** *(wegnehmen)* prendere (*dat* da); **2.** *(Probe)* prelevare (*dat* da); **3.** *(ersehen)* apprendere (*aus* da), desumere (*aus* da); *(folgern)* dedurre (*aus* da).

entpuppen ⟨*ohne ge-*⟩ *rfl:* **er entpuppte sich als ...** si rivelò un ...

entreißen ⟨*irr, ohne ge-*⟩ *tr* **1.** strappare (di mano); **2.** *fig (Geständnis, etc.)* estorcere.

entrichten ⟨*ohne ge-*⟩ *tr* **1.** *(Betrag)* pagare, versare; **2.** *geh (Dank, Gruß)* porgere.

entrinnen ⟨*irr, ohne ge-*⟩ *itr* ⟨*sein*⟩ sfuggire.

entrosten ⟨*ohne ge-*⟩ *tr* togliere la ruggine a.

entrümpeln [ɛnt'rʏmpəln] ⟨*ohne ge-*⟩ *tr* sgomberare (da robe vecchie).

entrüsten ⟨*ohne ge-*⟩ **I.** *tr* indignare; **II.** *rfl:* **sich ~** indignarsi (*über* per). **entrüstet** *a* indignato, sdegnato.

Entrüstung *f* indignazione *f,* sdegno *m.*

Entsafter ⟨-s, -⟩ *m* centrifuga *f.*

entsagen ⟨*ohne ge-*⟩ *itr geh* rinunciare; *rel* abiurare; *pol* abdicare.

entsann [ɛnt'zan] *imp von* **entsinnen.**

entschädigen ⟨*ohne ge-*⟩ *tr* **1.** *allg., fin* risarcire (*für* di); **2.** *fig* ripagare (*für* di), ricompensare (*für* di).

Entschädigung ⟨-, -en⟩ *f* **1.** *(Vorgang)* risarcimento *m,* indennizzo *m;* **2.** *(Schadenersatz)* risarcimento *m,* danni *m pl;* **3.** *(Summe)* indennità *f;* **als ~ für** a titolo d'indennizzo per.

entschärfen ⟨*ohne ge-*⟩ *tr* **1.** *(Mine, Bombe)* disinnescare; **2.** *fig* appianare.

Entscheid [ɛnt'ʃait] ⟨-(e)s, -e⟩ *m* decisione *f.* **entscheiden** ⟨*irr, ohne ge-*⟩ **I.** *tr* decidere; **II.** *itr* decidere (*über* di), deliberare (*über etw.* qc); **III.** *rfl:* **sich ~** decidersi. **entscheidend** *a* decisivo, determinante; **der ~e Augenblick** il momento cruciale; **das E~e dabei ist ...** l'essenziale è che ...

Entscheidung *f* decisione *f; (Entschluß)* deliberazione *f,* risoluzione *f.* **entscheidungsfreudig** *a* facile alle decisioni. **Entscheidungsspiel** *n* partita *f* decisiva, bella *f.*

entschieden [ɛnt'ʃiːdən] *a* **1.** *(Sache)* deciso; **2.** *(Person: energisch)* energico, fermo; *(entschlossen)* risoluto, determinato; **3.** *(Ton)* perentorio; **4.** *(eindeutig)* netto, evidente; **das geht ~ zu weit** le cose stanno andando decisamente troppo in là. **Entschiedenheit** ⟨-, ø⟩ *f* risolutezza *f,* fermezza *f.*

entschlafen ‹*irr, ohne ge-*› *itr* ‹*sein*› *geh* spirare.
entschließen ‹*irr, ohne ge-*› *rfl:* **sich ~** decidersi (*zu* a), risolversi (*zu* a); **sich anders ~** cambiare idea.
entschlossen [ɛnt'ʃlɔsən] *a* fermo, energico; **kurz ~** senza esitare; **zu allem ~ sein** essere pronto a tutto. **Entschlossenheit** ‹-, ø› *f* risolutezza *f,* fermezza *f.*
Entschluß *m* decisione *f,* risoluzione *f.*
entschlüsseln ‹*ohne ge-*› *tr* decifrare.
entschuldbar *a* scusabile, perdonabile.
entschuldigen [ɛnt'ʃʊldɪgən] ‹*ohne ge-*› **I.** *tr* scusare; *(verzeihen)* perdonare; *(rechtfertigen)* giustificare; **sein Verhalten ist durch nichts zu ~** il suo comportamento non è affatto giustificabile (*o* scusabile); **II.** *itr* scusare; **~ Sie (bitte)!** (mi) scusi!; **III.** *rfl:* **sich ~** scusarsi (*wegen* di); *(sich rechtfertigen)* giustificarsi.
Entschuldigung ‹-, -en› *f* scusa *f; (Rechtfertigung)* giustificazione *f; (Vorwand)* pretesto *m; (~sschreiben)* lettera *f* di scuse; **als ~ für** a giustificazione di; **jdm um ~ bitten** chiedere scusa a qu; **zu seiner ~ kann man sagen ...** a suo discarico si può dire ...
entsetzen ‹*ohne ge-*› **I.** *tr (erschrecken)* far inorridire, spaventare; *(schockieren)* indignare; **II.** *rfl:* **sich ~** inorridire (*über* per), spaventarsi (*über* per). **Entsetzen** ‹-s, ø› *n* spavento *m,* orrore *m.*
entsetzlich I. *a* **1.** spaventoso, orribile; **2.** *fam* terribile; **II.** *adv fam (sehr)* terribilmente.
entsichern ‹*ohne ge-*› *tr (Waffe)* togliere la sicura a; *(Bombe, etc.)* disinnescare.
entsinnen [ɛnt'zɪnən] ‹**entsinnt, entsann, entsonnen**› *rfl:* **sich ~** ricordarsi, rammentarsi.
Entsorgung ‹-, ø› *f* eliminazione *f,* smaltimento *m.*
entspannen ‹*ohne ge-*› **I.** *tr* **1.** *(Lage, Atmosphäre, etc.)* distendere, appianare; **2.** *(Körper, Muskeln)* rilasciare; **II.** *rfl:* **sich ~ 1.** *(Mensch)* rilasciarsi; *(sich ausruhen)* riposarsi; **2.** *(Lage, etc.)* distendersi.
Entspannung *f (a. pol)* distensione *f;* rilassamento *m; fig* riposo *m,* relax *m.* **Entspannungspolitik** *f* politica *f* di distensione.
entspinnen ‹*irr, ohne ge-*› *rfl:* **sich ~** svilupparsi.
entsprechen ‹*irr, ohne ge-*› *itr* **1.** *(übereinstimmen)* corrispondere (*dat* a); **2.** *(einem Wunsch)* (ac)condiscendere (*dat* a), soddisfare (*einer S. (dat)* qc); **3.** *(genügen)* soddisfare (*einer S. (dat)* qc). **entsprechend I.** *a (übereinstimmend)* corrispondente; *(angemessen)* conforme; *(gleichwertig)* equivalente; **II.** *adv* conformemente; adeguatamente; **III.** *prp dat (in Übereinstimmung mit)* conformemente a; *(in bezug auf)* in relazione a.
Entsprechung ‹-, -en› *f (Übereinstimmung)* corrispondenza *f,* conformità *f; (Analogie)* analogia *f; (Äquivalent)* equivalente *m.*
entspringen ‹*irr, ohne ge-*› *itr* ‹*sein*› **1.** *(Fluß)* nascere; **2.** *fig (herrühren)* provenire (*dat* da), derivare (*dat* da).
entstehen ‹*irr, ohne ge-*› *itr* ‹*sein*› **1.** *allg.* nascere (*aus* da); **2.** *(sich bilden)* formarsi; **3.** *(sich ergeben)* risultare (*aus* da), derivare (*aus* da); **4.** *(verursacht werden: Feuer)* svilupparsi (*durch* per); *(Schaden, Krieg)* essere causato (*durch* da); *(Kosten)* derivare (*durch* da), provocare (*durch* da); **im E~ begriffen** in via di formazione (*o* di sviluppo).
Entstehung ‹-, -en› *f* **1.** *allg.* nascita *f,* inizio *m;* **2.** *(Ursprung)* origine *f;* **3.** *(Bildung)* formazione *f.*
entsteinen ‹*ohne ge-*› *tr* snocciolare.
entstellen ‹*ohne ge-*› *tr* **1.** *(verunstalten)* sfigurare, deformare; **2.** *fig* alterare, travisare.
Entstellung *f* **1.** *(von Menschen, etc.)* deformazione *f,* deturpazione *f;* **2.** *fig (von Sachverhalten)* travisamento *m,* alterazione *f.*
entstören ‹*ohne ge-*› *tr* schermare; **das Radio ~** eliminare radiodisturbi; **das Telefon/die Leitung ~** sopprimere l'eco.
enttäuschen ‹*ohne ge-*› *tr* deludere; *(desillusionieren)* disilludere; **angenehm enttäuscht sein** essere piacevolmente sorpreso.
Enttäuschung *f* delusione *f,* disinganno *m.*
entthronen ‹*ohne ge-*› *tr* detronizzare.
entwaffnen [ɛnt'vafnən] ‹*ohne ge-*› *tr* disarmare; **ein ~des Lächeln** un sorriso disarmante.
entwarnen ‹*ohne ge-*› *itr* dare il segnale di cessato allarme.
Entwarnung *f* segnale *m* di cessato allarme.
entwässern ‹*ohne ge-*› *tr (Boden)* prosciugare; *(Sumpf)* bonificare; *(a. med)* drenare; *chem* disidratare.
Entwässerung ‹-, -en› *f* prosciugamento *m,* bonifica *f; (a. med)* drenaggio *m; chem* disidratazione *f.*
entweder ['ɛntveːdɐ *o* ɛnt'veːdɐ] *con:* **~ ... oder ...** o ... o (*o* oppure) ...; **~ oder!** *fam* o l'uno o l'altro!
entweichen ‹*irr, ohne ge-*› *itr* ‹*sein*› *(ausströmen)* fuoriuscire.
entweihen ‹*ohne ge-*› *tr* profanare.
Entweihung ‹-, -en› *f* profanazione *f.*
entwenden ‹*ohne ge-*› *tr geh* sottrarre, rubare.
entwerfen ‹*irr, ohne ge-*› *tr* **1.** *(gedank-*

lich) progettare; *(Modell)* ideare; **2.** *(Vertrag)* abbozzare; **3.** *(zeichnerisch)* schizzare.
entwerten ‹*ohne ge-*› *tr* **1.** *(ungültig machen)* annullare; **2.** *(im Wert mindern)* svalorizzare, deprezzare; **3.** *fin* svalutare.
Entwertung *f* annullamento *m; fig* svalorizzazione *f; fin* svalutazione *f.*
entwickeln ‹*ohne ge-*› **I.** *tr* **1.** *allg., fig, fot, chem* sviluppare; **2.** *(erfinden, erarbeiten)* realizzare; *(Plan)* concepire, elaborare; **3.** *(Phantasie, Energie, etc.)* mostrare; **II.** *rfl:* **sich ~ 1.** *allg., chem, fig* svilupparsi (*aus* da); **2.** *biol* evolversi (*aus* da); **3.** *(sich bilden)* diventare (*aus* da); **sich zu etw. ~** farsi qc.
Entwickler ‹-s, -› *m fot* rivelatore *m,* sviluppatore *m.*
Entwicklung ‹-, -en› *f* **1.** *allg., fig, fot, chem* sviluppo *m;* **2.** *(Verwirklichung)* realizzazione *f; (von Plan, etc.)* concezione *f,* elaborazione *f;* **3.** *biol* evoluzione *f.* **Entwicklungshelfer(in)** *m(f)* cooperatore, -trice *m, f* tecnico, -a per i paesi in via di sviluppo. **Entwicklungshilfe** *f* aiuto *m* ai paesi in via di sviluppo. **Entwicklungsland** *n* paese *m* in via di sviluppo. **Entwicklungsstadium** *n* stadio *m* di sviluppo. **Entwicklungsstufe** *f* stadio *m* di sviluppo.
entwirren ‹*ohne ge-*› *tr* districare, sbrogliare.
entwischen ‹*ohne ge-*› *itr* ‹*sein*› *fam* scappare, sfuggire.
entwöhnen [ɛnt'vø:nən] ‹*ohne ge-*› *tr* disabituare; *(Süchtige)* disintossicare; *(Säugling)* svezzare, slattare.
Entwurf *m* abbozzo *m; (Plan)* piano *m,* progetto *m; (Zeichnung)* disegno *m; (Skizze)* schizzo *m; (das Entwerfen)* progettazione *f,* ideazione *f.*
entwurzeln ‹*ohne ge-*› *tr* sradicare, estirpare.
entziehen ‹*irr, ohne ge-*› **I.** *tr* **1.** *(wegnehmen)* sottrarre; *(Führerschein)* ritirare; *(Alkohol, etc.)* privare (*jdm etw.* qu di qc); *(Freundschaft, Hilfe)* rifiutare, negare; **2.** *chem* estrarre; **II.** *rfl:* **sich ~** sottrarsi; *(einer Verpflichtung a.)* schivare (*einer S. (dat)* qc); **das entzieht sich meiner Kenntnis** *geh* ciò sfugge alla mia conoscenza.
Entziehung *f* **1.** *(das Entziehen)* sottrazione *f; (von Medikamenten, Rauschgift, Alkohol)* disassuefazione *f;* **2.** *(Wegnahme)* privazione *f; (bes. von Führerschein)* ritiro *m.* **Entziehungskur** *f* cura *f* di disassuefazione.
entziffern ‹*ohne ge-*› *tr* decifrare; **nicht zu ~** indecifrabile.
entzücken ‹*ohne ge-*› *tr* affascinare, estasiare; *(begeistern)* entusiasmare; **entzückt sein über** (*o* **von**) **etw.** essere rapito (*o* estasiato) da qc. **Entzücken** ‹-s, ø› *n* rapimento *m,* estasi *f;* **jdn in (helles) ~ versetzen** mandare qu in visibilio. **entzückend** *a* affascinante, delizioso.
Entzug *m* **1.** *(Führerschein~)* ritiro *m;* **2.** *(Alkohol~)* divieto *m; (Medikamenten~, Rauschgift~)* disassuefazione *f.* **Entzugserscheinung** *f* sintomo *m* di disassuefazione.
entzündbar *a* infiammabile.
entzünden ‹*ohne ge-*› **I.** *tr* **1.** dar fuoco a; *(a. fig)* accendere; **2.** *med* infiammare; **II.** *rfl:* **sich ~ 1.** *allg.* incendiarsi, prender fuoco; *(a. fig)* accendersi; **2.** *med* infiammarsi. **entzündet** *a* infiammato. **entzündlich** *a* **1.** *(a. fig)* infiammabile; **2.** *med* infiammatorio.
Entzündung *f* infiammazione *f.*
entzwei [ɛnt'tsvai̯] *adv* **1.** *(in Stücke)* a (*o* in) pezzi; **2.** *(zerbrochen)* rotto; **3.** *(zerrissen)* strappato, lacerato. **entzwei·brechen** ‹*irr*› **I.** *itr* ‹*sein*› spezzarsi, rompersi; **II.** *tr* ‹*haben*› spezzare, rompere. **entzweien** ‹*ohne ge-*› **I.** *tr* separare, dividere; **II.** *rfl:* **sich ~** separarsi, dividersi. **entzwei·gehen** ‹*irr*› *itr* ‹*sein*› andare in pezzi, rompersi.
Enzian ['ɛntsi̯a:n] ‹-s, -e› *m* genziana *f.*
Enzyklopädie [ɛntsyklopɛ'di:, ...i:ən] ‹-, -n› *f* enciclopedia *f.*
Epen *pl von* **Epos.**
Epidemie [epide'mi:, ...i:ən] ‹-, -n› *f* epidemia *f.*
Epilepsie [epilɛ'psi:, ...i:ən] ‹-, -n› *f* epilessia *f.*
Epileptiker(in) [...'lɛptikɐ (...ərɪn)] ‹-s, -› *m(f)* epilettico, -a *m, f.*
Epilog [epi'lo:k] ‹-s, -e› *m* epilogo *m.*
episch ['e:pɪʃ] *a* epico.
Episode [epi'zo:də] ‹-, -n› *f* episodio *m.*
Epoche [e'pɔxə] ‹-, -n› *f* epoca *f.* **epochemachend** *a* che fa epoca, d'importanza storica.
Epos ['e:pɔs, 'e:pən] ‹-, Epen› *n* poema *m* epico.
er [e:ɐ̯] *pers pron (3. pers sing)* **1.** *(in bezug auf Menschen) (unbetont) meist nicht übersetzt;* egli; *(betont)* lui; **2.** *(in bezug auf Dinge) (unbetont) meist nicht übersetzt;* esso; *(betont)* lui; **da ist ~** eccolo.
erachten ‹*ohne ge-*› *tr:* **~ für** (*o* **als**) giudicare. **Erachten** ‹-s, ø› *n:* **meines ~s** (*ab* **m. E.**) a mio avviso (*o* giudizio), secondo me.
erarbeiten ‹*ohne ge-*› *rfl:* **sich** *(dat)* **etw. ~** guadagnarsi (*o* farsi) qc col proprio lavoro.
Erbanlage ['ɛrp-] *f* carattere *m* (*o* fattore *m*) ereditario.
erbarmen [ɛɐ̯'barmən] ‹*ohne ge-*› *rfl:* **sich jds ~** avere pietà di (*o* compassione per) qu; **zum E~** da far pietà.

Erbarmen ‹-s, ø› *n* pietà *f*, compassione *f*.
erbärmlich [ɛɐ̯'bɛrmlɪç] **I.** *a* **1.** *(erbarmenswert)* miserevole, misero; *(Zustand)* pietoso; **2.** *pej (unzulänglich, schlecht)* scarso, cattivo, pessimo; **3.** *pej (gemein)* meschino, riprovevole; **II.** *adv fam (sehr)* terribile, enorme.
erbarmungslos *a* spietato, crudele.
erbauen ‹*ohne ge-*› **I.** *tr* edificare; **von etw. erbaut sein** essere entusiasta di qc; **II.** *rfl:* **sich ~** edificarsi, elevarsi.
Erbauer ‹-s, -› *m* costruttore *m*.
erbaulich *a* edificante.
Erbauung ‹-, -en› *f* **1.** costruzione *f*; *(Gründung)* fondazione *f*; **2.** *fig* edificazione *f*.
Erbe[1] ['ɛrbə] ‹-s, ø› *n* eredità *f*.
Erbe[2] ['ɛrbə] ‹-n, -n› *m*, **Erbin** ['ɛrbɪn] *f* erede *mf*.
erbeben ‹*ohne ge-*› *itr* ‹*sein*› tremare; *fig* fremere (*vor* di).
erben *tr, itr* ereditare.
erbeuten ‹*ohne ge-*› *tr* far bottino di, predare.
Erbfaktor ['ɛrp-] *m* fattore *m* ereditario. **Erbfolge** *f* (ordine *m* di) successione *f*. **Erbgut** *n* patrimonio *m* ereditario.
Erbin *f s.* **Erbe**[2].
erbitten ‹*irr, ohne ge-*› *tr* chiedere.
erbittert *a* esasperato; *(Kampf, etc.)* accanito.
Erbkrankheit ['ɛrp-] *f* malattia *f* ereditaria.
erblassen [ɛɐ̯'blasən] ‹*ohne ge-*› *itr* ‹*sein*› impallidire (*vor* per).
Erblasser(in) ['ɛrplasɐ (...ərɪn)] ‹-s, -› *m(f)* testatore, -trice *m, f*.
erblich ['ɛrplɪç] *a* ereditario; **~ belastet** affetto da una tara ereditaria.
erblicken ‹*ohne ge-*› *tr* scorgere, vedere; *(entdecken)* scoprire.
erblinden ‹*ohne ge-*› *itr* ‹*sein*› diventare cieco, perdere la vista.
Erblindung ‹-, -en› *f* perdita *f* della vista; *(Blindheit)* cecità *f*.
erblühen ‹*ohne ge-*› *itr* ‹*sein*› fiorire, schiudersi; *(a. fig)* sbocciare.
Erbmasse ['ɛrp-] *f* **1.** *jur* asse *m* ereditario; **2.** *biol* genotipo *m*.
erbrechen ‹*irr, ohne ge-*› **I.** *tr* **1.** *(Tür, etc.)* aprire a forza, forzare; *(Schloß)* scassinare; **2.** *(Mageninhalt)* vomitare; **bis zum E~** *fig fam* fino alla nausea *fam*; **II.** *rfl:* **sich ~** vomitare.
Erbrecht ['ɛrp-] *n* diritto *m* ereditario (*o* all'eredità).
erbringen [ɛɐ̯'brɪŋən] ‹*irr, ohne ge-*› *tr:* **den Beweis ~** fornire la prova.
Erbschaft ['ɛrp-] ‹-, -en› *f* eredità *f*, successione *f*. **Erbschaft(s)steuer** *f* imposta *f* di successione. **Erbschleicher(in)** ‹-s, -› *m(f)* (pro)cacciatore, -trice *m, f* di eredità.
Erbse ['ɛrpsə] ‹-, -n› *f* pisello *m*.
Erbstück ['ɛrp-] *n* oggetto *m* ereditato. **Erbsünde** *f* peccato *m* originale.
Erdachse *f* asse *m* della terra. **Erdanziehung** *f* gravitazione *f* (*o* attrazione *f*) terrestre. **Erdatmosphäre** *f* atmosfera *f* terrestre. **Erdbeben** *n* terremoto *m*. **Erdbeere** *f* fragola *f*. **Erdboden** *m* suolo *m*, terra *f*; **dem ~ gleichmachen** radere al suolo; **wie vom ~ verschluckt** come inghiottito dalla terra.
Erde ['e:ɐ̯də] ‹-, -n› *f* **1.** *(Welt)* terra *f*, mondo *m*; **2.** *(Erdboden)* terra *f*, suolo *m*; **3.** *el, radio* presa *f* di terra, collegamento *m* a terra; **auf die ~ fallen** cadere per (*o* a) terra; **unter der ~** sottoterra.
erden *tr* mettere (*o* collegare) a terra (*o* massa).
Erdenbürger(in) *m(f)* abitante *mf* della terra; *poet* mortale *mf*.
erdenken ‹*irr, ohne ge-*› *tr* escogitare, inventare.
erdenklich *a:* **alles ~ Gute** tutto il bene possibile; **alles E~e tun** fare tutto il possibile.
Erdgas *n* gas *m* naturale. **Erdgeschoß** *n* pianterreno *m*. **Erdkunde** *f* geografia *f*. **Erdmittelpunkt** *m* centro *m* della terra. **Erdnuß** *f* arachide *f*, nocciolina *f* americana. **Erdoberfläche** *f* superficie *f* terrestre. **Erdöl** *n* petrolio *m* (greggio). **Erdölindustrie** *f* industria *f* petrolifera. **Erdölvorkommen** *n* giacimento *m* petrolifero. **Erdreich** *n* terra *f*, terreno *m*.
erdreisten [ɛɐ̯'draɪ̯stən] ‹*ohne ge-*› *rfl:* **sich ~, etw. zu tun** avere l'ardire (*o* l'impudenza) di fare qc.
erdrosseln ‹*ohne ge-*› *tr* strangolare, strozzare.
erdrücken ‹*ohne ge-*› *tr* schiacciare.
Erdrutsch *m* frana *f*, smottamento *m*. **Erdstoß** *m* scossa *f* tellurica (*o* sismica). **Erdteil** *m* continente *m*.
erdulden ‹*ohne ge-*› *tr* subire, patire; *(aushalten)* sopportare.
Erdumdrehung *f* rotazione *f* della terra. **Erdumkreisung** ‹-, -en› *f* volo *m* orbitale. **Erdumlaufbahn** *f* orbita *f* terrestre. **Erdumseg(e)lung** ‹-, -en› *f* circumnavigazione *f* della terra.
ereifern [ɛɐ̯'ʔaɪ̯fɐn] ‹*ohne ge-*› *rfl:* **sich ~** infervorarsi, accalorarsi.
ereignen [ɛɐ̯'ʔaɪ̯gnən] ‹*ohne ge-*› *rfl:* **sich ~** avvenire, accadere, succedere.
Ereignis ‹-ses, -se› *n* avvenimento *m*, evento *m*. **ereignisreich** *a* ricco di avvenimenti (*o* eventi), movimentato.
Eremit [ere'mi:t] ‹-en, -en› *m* eremita *m*.
erfahren[1] ‹*irr, ohne ge-*› *tr* **1.** *(hören)* venire a sapere, apprendere; **2.** *(erleben)* provare, vivere; *(erleiden)* subire.
erfahren[2] *a (bewandert)* esperto, versato; *(geübt)* pratico.

Erfahrung ⟨-, -en⟩ *f* esperienza *f; (praktische ~)* pratica *f;* **etw. in ~ bringen** venire a sapere qc; **aus (eigener) ~** per esperienza. **erfahrungsgemäß** *adv* per esperienza.

erfassen ⟨*ohne ge-*⟩ *tr* **1.** *(mit Händen)* prendere, afferrare; **2.** *(Angst, etc.)* cogliere, prendere; **3.** *(verstehen)* capire, comprendere, afferrare; **4.** *(registrieren)* registrare; *(a. inform)* rilevare; **5.** *(berücksichtigen)* considerare; *(einbeziehen)* includere, comprendere; **von einem Lastwagen erfaßt werden** essere investito (*o* travolto) da un camion.

Erfassung *f* registrazione *f; (a. Daten~)* rilevamento *m.*

erfinden ⟨*irr, ohne ge-*⟩ *tr* inventare.

Erfinder(in) *m(f)* inventore, -trice *m, f.*

erfinderisch *a* inventivo; *(findig)* ingegnoso.

Erfindung ⟨-, -en⟩ *f* invenzione *f.*

Erfolg [ɛɐ̯'fɔlk] ⟨-(e)s, -e⟩ *m* successo *m;* **mit dem ~, daß ...** con il risultato che ...; **viel ~!** buona fortuna!

erfolgen ⟨*ohne ge-*⟩ *itr* ⟨*sein*⟩ **1.** *(geschehen)* avvenire, succedere; *(stattfinden)* aver luogo; *(Zahlung)* essere effettuato; **2.** *(als Folge eintreten)* seguire, risultare.

erfolglos *a (Mensch)* sfortunato; *(Versuch)* infruttuoso; *(nutzlos)* inutile. **Erfolglosigkeit** ⟨-, ø⟩ *f (von Mensch)* insuccesso *m; (von Versuch, etc.)* inutilità *f,* vanità *f.*

erfolgreich **I.** *a (Person)* di successo; *(Versuch)* felice; *(Unternehmen)* coronato di successo, fortunato; **II.** *adv* con successo.

Erfolgsaussichten *f pl* possibilità *f pl* di successo. **Erfolgsautor(in)** *m(f)* autore, -trice *m, f* di successo. **Erfolgsdenken** *n* logica *f* del successo. **Erfolgserlebnis** *n* esperienza *f* gratificante. **Erfolgskontrolle** *f* verifica *f.* **Erfolgsmeldung** *f* annuncio *m* di un successo.

erfolgversprechend *a* promettente, che promette bene.

erforderlich *a* occorrente, necessario; **soweit ~** in caso di bisogno, se necessario.

erfordern ⟨*ohne ge-*⟩ *tr* esigere, rendere necessario.

Erfordernis ⟨-ses, -se⟩ *n* esigenza *f,* necessità *f; (Voraussetzung)* requisito *m,* condizione *f.*

erforschen ⟨*ohne ge-*⟩ *tr* ricercare, studiare; *(Land)* esplorare; *(Meinung, Geheimnis)* sondare; *(Gewissen)* interrogare.

Erforschung *f* indagine *f,* ricerca *f,* studio *m; (von Land)* esplorazione *f; (von Meinung, etc.)* sondaggio *m.*

erfragen ⟨*ohne ge-*⟩ *tr* informarsi di (*o* su); **zu ~ bei** per informazioni rivolgersi a.

erfreuen ⟨*ohne ge-*⟩ **I.** *tr* rallegrare, far piacere a; **ich bin darüber sehr erfreut** me ne rallegro molto; **sehr erfreut!** piacere!; **II.** *rfl:* **sich an etw. ~** rallegrarsi di qc; **sich guter Gesundheit ~** godere di buona salute.

erfreulich *a* lieto; *(angenehm)* gradito, piacevole; **es ist ~ zu ...** fa piacere ... *inf.* **erfreulicherweise** *adv* fortunatamente.

erfrieren ⟨*irr, ohne ge-*⟩ *itr* ⟨*sein*⟩ **1.** *(Mensch, Tier)* morire assiderato (*o* di freddo); **2.** *(Körperteil)* congelarsi; **3.** *(Pflanze)* gelare.

erfrischen ⟨*ohne ge-*⟩ **I.** *tr* rinfrescare; *(beleben)* ristorare, ricreare; **II.** *rfl:* **sich ~** rinfrescarsi; *(sich erholen)* ristorarsi. **erfrischend** *a* rinfrescante; *fig* vivificante.

Erfrischung ⟨-, -en⟩ *f* **1.** *(das Erfrischen)* rinfrescata *f;* **2.** *(Speise, Getränk)* rinfresco *m;* **3.** *(Erholung)* ristoro *m.* **Erfrischungsraum** *m* buvette *f,* bar *m.*

erfüllen ⟨*ohne ge-*⟩ **I.** *tr* **1.** *(aus-, anfüllen)* riempire, colmare; **2.** *(Pflicht, Aufgabe)* adempiere; *(Versprechen)* mantenere; *(Wunsch, Bitte)* esaudire; *(Zweck)* raggiungere; *(Bedingung, Voraussetzung)* soddisfare; **II.** *rfl:* **sich ~** adempiersi, avverarsi.

Erfüllung *f* **1.** *(von Aufgabe, Pflicht)* adempimento *m; (von Wunsch, Hoffnung)* appagamento *m,* realizzazione *f; (von Versprechen)* mantenimento *m; (Befriedigung)* soddisfazione *f;* **2.** *(Vollendung)* compimento *m;* **in ~ gehen** avverarsi, realizzarsi.

ergänzen [ɛɐ̯'gɛnt͜sən] ⟨*ohne ge-*⟩ **I.** *tr* completare, integrare; **~d** per completare; **II.** *rfl:* **sich** (*o* **einander**) **~** completarsi.

Ergänzung ⟨-, -en⟩ *f* **1.** *(Vervollständigung)* completamento *m; (Zusatz)* supplemento *m;* **2.** *gram* complemento *m.*

ergattern [ɛɐ̯'gatɐn] ⟨*ohne ge-*⟩ *tr fam* pescare *fam.*

ergeben[1] ⟨*irr, ohne ge-*⟩ **I.** *tr* produrre, generare; *(einbringen)* rendere, fruttare; *mat* dare come risultato; **II.** *rfl:* **sich ~** **1.** *(kapitulieren)* arrendersi; *(a. fig)* capitolare; *(in Schicksal)* rassegnarsi (*in* a); **2.** *(dem Laster, etc.)* abbandonarsi, cedere; **3.** *(folgen)* risultare (*aus* da), derivare (*aus* da); **daraus ergibt sich, daß ...** ne (con)segue che ...; **die Umfrage hat ~, daß ...** il sondaggio ha rivelato che ...

ergeben[2] *a (demütig)* devoto; *(gehorsam)* ubbidiente; *(unterwürfig)* sottomesso, umile; *(gefaßt)* rassegnato; **einem Laster ~ sein** essere incline ad un vizio. **Ergebenheit** ⟨-, ø⟩ *f* **1.** *(Hingabe)*

devozione *f*, attaccamento *m;* **2.** *(Gefaßtheit)* rassegnazione *f*.
Ergebnis ‹-ses, -se› *n* risultato *m; (Ausgang)* esito *m; sport* punteggio *m; (Folge)* conseguenza *f*. **ergebnislos** *a* senza risultato, infruttuoso.
ergehen ‹*irr, ohne ge-*› **I.** *itr* ‹*sein*› *(geschickt werden)* essere inviato; *(erlassen werden)* essere diramato; *(bekanntgegeben werden)* essere pubblicato; **etw. über sich ~ lassen** sopportare (*o* subire) qc; **wie ist es dir ergangen?** come ti è andata?; **II.** *rfl:* **sich ~** diffondersi (*in* in), abbandonarsi (*in* a).
ergiebig [ɛɐ̯'gi:bɪç] *a* fertile, produttivo; *(Thema)* vasto; *(ertragreich)* abbondante, copioso; *(einträglich)* redditizio; *(bes. Geschäft)* lucroso.
ergrauen ‹*ohne ge-*› *itr* ‹*sein*› incanutire; *fig* invecchiare.
ergreifen ‹*irr, ohne ge-*› *tr* **1.** *(fassen)* afferrare; *fig (Wort, Initiative, Maßnahmen, Flucht)* prendere; *(Beruf)* abbracciare; *(Gelegenheit)* cogliere; **2.** *(festnehmen)* arrestare, catturare; **3.** *fig (rühren)* toccare, commuovere; *(erschüttern)* scuotere. **ergreifend** *a* commovente, toccante.
Ergreifung ‹-, ø› *f (Festnahme)* cattura *f*, arresto *m*.
ergriffen [ɛɐ̯'grɪfən] *a* commosso.
Erguß [ɛɐ̯'gʊs] *m* **1.** *med* versamento *m; (Blut~)* travaso *m;* **2.** *(Samen~)* eiaculazione *f;* **3.** *fig pej (Gefühls~)* effusione *f*, sfogo *m; (Wortschwall)* fiume *m* di parole.
erhaben [ɛɐ̯'ha:bən] *a* **1.** *(erhöht)* rialzato, saliente; **2.** *fig* eminente, sublime; **über jeden Verdacht ~ sein** essere al di sopra di ogni sospetto. **Erhabenheit** ‹-, ø› *f* sublimità *f*, eminenza *f*.
erhalten ‹*irr, ohne ge-*› *tr* **1.** *(bekommen)* ricevere; *(durch Bemühungen)* ottenere; **2.** *(bewahren)* conservare; *(a. unterhalten)* mantenere; **gut/schlecht ~** in buono/cattivo stato (di conservazione).
erhältlich [ɛɐ̯'hɛltlɪç] *a* in vendita.
Erhaltung *f (Bewahrung)* conservazione *f; (a. Versorgung)* mantenimento *m*.
erhängen ‹*ohne ge-*› **I.** *tr* impiccare; **II.** *rfl:* **sich ~** impiccarsi.
erhärten ‹*ohne ge-*› **I.** *tr fig* convalidare, rafforzare; *(These)* avvalorare, corroborare; **II.** *rfl:* **sich ~** indurirsi; *fig* convalidare, rafforzarsi, venire rafforzato.
erheben ‹*irr, ohne ge-*› **I.** *tr* **1.** *(hochheben)* alzare, levare; **2.** *(Gebühr, Steuern)* riscuotere; *(Betrag)* esigere; **II.** *rfl:* **sich ~ 1.** *(aufstehen)* alzarsi; *(a. emporragen)* levarsi; **2.** *(aufkommen)* nascere, sorgere; *(Wind)* alzarsi; **3.** *(sich empören)* insorgere, sollevarsi. **erhebend** *a* edificante.
erheblich *a* considerevole, notevole; *(bedeutend)* importante.
Erhebung *f* **1.** *(Boden~)* elevazione *f;* **2.** *(Umfrage)* rilevamento *m*, indagine *f;* **3.** *(Aufstand)* insurrezione *f*, sommossa *f*.
erheitern ‹*ohne ge-*› **I.** *tr* rallegrare, rasserenare; **II.** *rfl:* **sich ~** rasserenarsi (*über* per). **erheiternd** *a* divertente.
erhitzen ‹*ohne ge-*› **I.** *tr* riscaldare; **II.** *rfl:* **sich ~** riscaldarsi.
erhoffen ‹*ohne ge-*› *tr* sperare in, aspettarsi.
erhöhen ‹*ohne ge-*› **I.** *tr* **1.** *(höher machen)* (ri)alzare; **2.** *(steigern, vermehren)* aumentare (*um* di); **II.** *rfl:* **sich ~** aumentare (*um* di); *(Anzahl)* salire (*auf* a).
Erhöhung ‹-, -en› *f* **1.** *(a. fig)* elevazione *f; (a. arch)* rialzamento *m;* **2.** *(Anhöhe)* altura *f;* **3.** *fig (Vermehrung)* accrescimento *m; (Preis~)* aumento *m*.
erholen ‹*ohne ge-*› *rfl:* **sich ~ 1.** *(von Krankheit)* ristabilirsi, rimettersi; *(von Schreck, Überraschung)* riaversi (*von* da); **2.** *(sich ausruhen)* riposarsi; **3.** *fig (Preise, Markt)* riprendersi; *(Börse)* essere in ripresa.
erholsam *a* riposante.
Erholung ‹-, ø› *f* **1.** *(von Krankheit, etc.)* ristabilimento *m;* **2.** *(Ruhe)* riposo *m; (Entspannung)* distensione *f*, rilassamento *m;* **gute ~!** buon riposo! **erholungsbedürftig** *a* bisognoso di riposo. **Erholungsgebiet** *n* luogo *m* di villeggiatura. **Erholungsheim** *n* casa *f* di riposo.
erhören ‹*ohne ge-*› *tr* esaudire.
Erich ['e:rɪç] *(männlicher Vorname)* Erico.
erinnern [ɛɐ̯'ʔɪnen] ‹*ohne ge-*› **I.** *tr:* **jdn an etw. ~** (far) ricordare qc a qu; **jdn daran ~, etw. zu tun** ricordare a qu di fare qc; **II.** *rfl:* **sich an etw. ~** ricordarsi (di) qc; **sich nur noch dunkel ~** ricordarsi solo vagamente; **wenn ich mich recht erinnere** se ho buona memoria; **III.** *itr:* **an etw. ~** ricordare qc.
Erinnerung ‹-, -en› *f* **1.** *(Gedächtnis)* memoria *f* (*an* di); **2.** *(Andenken)* ricordo *m* (*an* di); **in ~ an** a ricordo di; **zur ~ an** in memoria di.
erkälten ‹*ohne ge-*› *rfl:* **sich ~** raffreddarsi; **erkältet sein** essere raffreddato.
Erkältung ‹-, -en› *f* raffreddore *m*, infreddatura *f*.
erkämpfen ‹*ohne ge-*› *tr* ottenere (combattendo); *(a. fig)* conquistare; *(Sieg)* riportare.
erkennbar *a* riconoscibile; *(wahrnehmbar)* percettibile; *(mit bloßem Auge)* discernibile, distinguibile; **ohne ~en Grund** senza ragione apparente.

erkennen ‹*irr, ohne ge-*› **I.** *tr* **1.** riconoscere (*an* da); **2.** *(wahrnehmen)* distinguere; **3.** *(erfassen)* comprendere; **4.** *(einsehen)* ammettere (*als, für* per); **sich zu ~ geben** farsi (ri)conoscere; **jdm zu ~ geben, daß ...** fare capire a qu che ...; **II.** *itr:* **~ auf** *jur* emettere la sentenza di.

erkenntlich *a:* **sich ~ zeigen** mostrarsi riconoscente.

Erkenntnis *f* **1.** *(Erkennen)* conoscenza *f;* **2.** *(Einsicht)* riconoscimento *m;* **3.** *(Kenntnis)* cognizione *f,* nozione *f.*

Erkennungsdienst *m* (polizia *f*) scientifica *f.* **Erkennungszeichen** *n* (contras)segno *m* di riconoscimento.

Erker ['ɛrkɐ] ‹-s, -› *m* bow-window *m.*

erklären ‹*ohne ge-*› **I.** *tr* **1.** *(erläutern)* spiegare; *(auslegen, deuten)* interpretare; **2.** *(begründen)* provare, motivare; **3.** *(aussagen)* dichiarare; *(verkünden a.)* proclamare; **jdm den Krieg ~** dichiarare guerra a qu; **II.** *rfl:* **sich ~ 1.** *(begründen)* spiegarsi; **2.** *(sich aussprechen)* dichiararsi, pronunciarsi (*für* a favore di, *gegen* contro). **erklärt** *a* dichiarato, esplicito.

Erklärung *f* **1.** *(das Erklären)* spiegazione *f;* **2.** *(Erläuterung)* commento *m,* illustrazione *f;* **3.** *(Bekanntgabe)* dichiarazione *f; (Verkündung a.)* proclamazione *f.*

erklingen ‹*irr, ohne ge-*› *itr* ‹*sein*› (ri)sonare.

erkranken ‹*ohne ge-*› *itr* ‹*sein*› ammalarsi (*an* di).

Erkrankung ‹-, -en› *f* malattia *f.*

erkunden ‹*ohne ge-*› *tr* esplorare; **das Gelände ~** *mil, fig* sondare il terreno.

erkundigen [ɛɐ̯'kʊndɪgən] ‹*ohne ge-*› *rfl:* **sich bei jdm nach etw. ~** informarsi di qc presso qu.

Erkundigung ‹-, -en› *f* informazione *f* (*über* su).

Erkundung ‹-, -en› *f* esplorazione *f.*

erlangen ‹*ohne ge-*› *tr (erreichen)* raggiungere; *(durch Bemühungen)* ottenere; *(Ruhm, Bedeutung, etc.)* acquisire.

Erlaß [ɛɐ̯'las] ‹-lasses, -lasse› *m* **1.** *(Verfügung)* emanazione *f; pol* decreto *m,* ordinanza *f;* **2.** *(Straf~, Schulden~)* condono *m,* remissione *f.*

erlassen ‹*irr, ohne ge-*› *tr* **1.** *(verordnen)* emanare; **2.** *(Steuer, etc.)* esonerare (*jdm etw.* qu da qc); *(Strafe, Schuld)* condonare (*jdm etw.* qc a qu), rimettere (*jdm etw.* qc a qu).

erlauben [ɛɐ̯'laʊbən] ‹*ohne ge-*› **I.** *tr* permettere; **~ Sie (bitte)!** scusi!; **II.** *rfl:* **sich** *(dat)* **~** permettersi; **was erlaubst du dir (eigentlich)?** come ti permetti?

Erlaubnis ‹-, ø› *f* permesso *m.*

erläutern ‹*ohne ge-*› *tr* spiegare; *(Text)* interpretare, commentare.

Erläuterung ‹-, -en› *f* spiegazione *f; (Kommentar)* commento *m,* interpretazione *f.*

Erle ['ɛrlə] ‹-, -n› *f* ontano *m.*

erleben ‹*ohne ge-*› *tr* **1.** *(durchmachen)* vivere, vedere; *(erfahren)* fare l'esperienza di, provare; **2.** *(kennenlernen, dabeisein)* vedere, conoscere; **das möchte ich noch ~** non voglio morire senza averlo visto; **der kann was ~!** *fam* la vedrà brutta *fam;* **so habe ich dich noch nie erlebt** così non sei mai stato; **hat man so was schon erlebt?** *fam* si è mai visto una cosa simile?

Erlebnis ‹-ses, -se› *n* esperienza *f; (aufregendes ~)* avventura *f.*

erledigen [ɛɐ̯'le:dɪgən] ‹*ohne ge-*› **I.** *tr* **1.** *(Arbeit)* compiere, sbrigare; *(Auftrag)* eseguire; *(Angelegenheit)* regolare, risolvere; **2.** *fam (ermüden)* sfinire, spossare; **3.** *sl (ruinieren)* rovinare; **4.** *sl (umbringen)* togliere di mezzo *sl;* **du bist für mich erledigt!** *fam* per me sei finito *fam* (*o* spacciato); **II.** *rfl:* **sich (von selbst) ~** sbrigarsela.

Erledigung ‹-, -en› *f* compimento *m,* esecuzione *f; (Besorgung)* disbrigo *m.*

erlegen ‹*ohne ge-*› *tr (Wild)* abbattere.

erleichtern ‹*ohne ge-*› *tr fig* facilitare, agevolare; *(Gewissen)* sgravare; **jdn um etw. ~** *scherz* alleggerire qu di qc; **erleichtert sein** essere sollevato.

Erleichterung ‹-, -en› *f* **1.** *(das Erleichtern)* alleggerimento *m; fig* facilitazione *f,* agevolazione *f;* **2.** *(Gefühl der ~)* sollievo *m.*

erleiden ‹*irr, ohne ge-*› *tr* sopportare; *fig (Niederlage, Verlust, etc.)* subire.

erlernen ‹*ohne ge-*› *tr* imparare, apprendere.

erlesen *a* squisito.

erleuchten ‹*ohne ge-*› *tr* illuminare.

Erleuchtung ‹-, -en› *f* illuminazione *f;* **eine plötzliche ~ haben** avere un lampo di genio *fam.*

erliegen ‹*irr, ohne ge-*› *itr* ‹*sein*› *(einer Krankheit, etc.)* soccombere; *(einer Versuchung)* cedere; *(einem Irrtum)* cadere (*dat* in).

erlischt [ɛɐ̯'lɪʃt] *pr von* **erlöschen.**

Erlös [ɛɐ̯'lø:s] ‹-es, -e› *m* ricavato *m.*

erlöschen (ɛɐ̯'lœʃən] ‹erlischt, erlosch, erloschen› *itr* ‹*sein*› **1.** *(Feuer, Gefühle)* spegnersi; **2.** *(Visum)* scadere.

erlösen ‹*ohne ge-*› *tr* liberare; *rel* redimere.

Erlösung *f* liberazione *f; rel* redenzione *f.*

ermächtigen [ɛɐ̯'mɛçtɪgən] ‹*ohne ge-*› *tr* autorizzare (*zu* a); *jur* delegare (*zu* a).

Ermächtigung ‹-, -en› *f* autorizzazione *f; jur* delega *f.*

ermahnen ‹*ohne ge-*› *tr* ammonire.

Ermahnung *f* ammonizione *f; (Worte)* rimproveri *m pl.*

Ermangelung ⟨-, ø⟩ *f:* **in ~** in mancanza (*gen* di).

ermäßigen ⟨*ohne ge-*⟩ *tr* ribassare, ridurre; *(Preise)* scontare.

Ermäßigung ⟨-, -en⟩ *f* riduzione *f,* ribasso *m; (Preisnachlaß)* sconto *m.*

ermatten ⟨*ohne ge-*⟩ *geh* **I.** *tr* ⟨*haben*⟩ stancare, affaticare; *(erschöpfen)* spossare; **II.** *itr* ⟨*sein*⟩ stancarsi, affaticarsi.

ermessen ⟨*irr, ohne ge-*⟩ *tr* misurare, valutare. **Ermessen** ⟨-s, ø⟩ *n* giudizio *m;* **nach jds ~** a giudizio di qu. **Ermessensfrage** *f* questione *f* giudicabile a discrezione.

ermitteln [ɛɐ̯'mɪtəln] ⟨*ohne ge-*⟩ **I.** *tr* **1.** *(erforschen)* ricercare, indagare; **2.** *(herausfinden)* rintracciare, scoprire; **3.** *(feststellen)* determinare, rilevare; **II.** *itr* indagare (*gegen* su).

Ermittlung ⟨-, -en⟩ *f* ricerca *f,* indagine *f; (polizeiliche ~)* rilevamento *m.* **Ermittlungsausschuß** *m* commissione *f* d'inchiesta. **Ermittlungsverfahren** *n* istruttoria *f.*

ermöglichen ⟨*ohne ge-*⟩ *tr* rendere possibile; **jdm ~, etw. zu tun** permettere a qu di fare qc.

ermorden ⟨*ohne ge-*⟩ *tr* assassinare.

Ermordung ⟨-, -en⟩ *f* assassinio *m.*

ermüden ⟨*ohne ge-*⟩ **I.** *tr* ⟨*haben*⟩ stancare, affaticare; **II.** *itr* ⟨*sein*⟩ stancarsi, affaticarsi. **ermüdend** *a* faticoso; *(a. fig)* stancante.

Ermüdung ⟨-, ø⟩ *f* fatica *f; (a. fig)* affaticamento *m.* **Ermüdungserscheinung** *f* sintomo *m* di stanchezza.

ermuntern ⟨*ohne ge-*⟩ *tr* **1.** *(aufmuntern)* rallegrare; **2.** *(auffordern)* esortare; *(ermutigen)* incoraggiare (*zu* a).

ermutigen [ɛɐ̯'muːtɪgən] ⟨*ohne ge-*⟩ *tr* incoraggiare (*zu* a).

Ermutigung ⟨-, -en⟩ *f* incoraggiamento *m.*

ernähren ⟨*ohne ge-*⟩ **I.** *tr* **1.** nutrire; *(verpflegen)* alimentare; **2.** *fig (versorgen)* mantenere, sostentare; **II.** *rfl:* **sich ~** nutrirsi (*von* di); *fig* mantenersi (*von* con, a), vivere (*von* di).

Ernährer(in) ⟨-s, -⟩ *m(f)* sostegno *m* (della famiglia).

Ernährung ⟨-, ø⟩ *f* **1.** *(das Ernähren)* nutrizione *f;* **2.** *(Nahrung)* alimentazione *f;* **3.** *fig (Versorgung)* mantenimento *m,* sostentamento *m.* **Ernährungswissenschaft** *f* scienza *f* dell'alimentazione. **Ernährungswissenschaftler(in)** *m(f)* alimentarista *mf.*

ernennen ⟨*irr, ohne ge-*⟩ *tr* nominare; *(bes. Beamte)* designare; *(Erben)* istituire.

Ernennung ⟨-, -en⟩ *f* nomina *f; (bes. von Beamten)* designazione *f.*

erneuern [ɛɐ̯'nɔ̯yɐn] ⟨*ohne ge-*⟩ *tr* rinnovare; *(ersetzen, auswechseln)* cambiare, sostituire; *(wiederherstellen)* riparare, riaggiustare.

Erneuerung *f* rinnovo *m,* rinnovamento *m.*

erneut [ɛɐ̯'nɔ̯yt] **I.** *a* rinnovato, nuovo; *(wiederholt)* ripetuto; **II.** *adv* di nuovo.

erniedrigen [ɛɐ̯'niːdrɪgən] ⟨*ohne ge-*⟩ **I.** *tr* umiliare; *(a. mus)* abbassare; **II.** *rfl:* **sich ~** umiliarsi, abbassarsi.

Erniedrigung ⟨-, -en⟩ *f* umiliazione *f,* avvilimento *m.*

ernst [ɛrnst] *a* serio; *(Lage)* grave; *(Absicht)* fermo; *(Gesicht, Worte)* severo; **es ~ meinen** fare sul serio; **~ nehmen** prendere sul serio.

Ernst[1] [ɛrnst] ⟨-es, ø⟩ *m* serietà *f; (Würde, Gefährlichkeit)* gravità *f; (Aufrichtigkeit)* sincerità *f;* **allen ~es** in tutta serietà; **der ~ des Lebens** il lato serio della vita; **das ist mein (voller** *o* **völliger) ~** dico proprio sul serio; **im ~** sul serio.

Ernst[2] [ɛrnst] *(männlicher Vorname)* Ernesto.

Ernstfall *m* caso *m* di emergenza.

ernsthaft *a* serio. **Ernsthaftigkeit** ⟨-, ø⟩ *f* serietà *f.*

ernstlich *adv* seriamente, sul serio.

Ernte ['ɛrntə] ⟨-, -n⟩ *f* **1.** *(das Ernten)* raccolta *f;* **2.** *(~ertrag)* raccolto *m; (von Getreide)* mietitura *f,* messe *f.* **Erntedankfest** *n* festa *f* di ringraziamento per il raccolto.

ernten **I.** *tr (a. fig)* raccogliere; **II.** *itr* fare la raccolta.

ernüchtern ⟨*ohne ge-*⟩ *tr* far passare la sbornia a; *fig* disincantare, disilludere.

Ernüchterung ⟨-, -en⟩ *f* uscire *m* dallo stato d'ubriachezza; *fig* disincantamento *m,* disinganno *m.*

Eroberer ⟨-s, -⟩ *m,* **Eroberin** *f* conquistatore, -trice *m, f.*

erobern [ɛr'ʔoːbɐn] ⟨*ohne ge-*⟩ *tr* conquistare.

Eroberung ⟨-, -en⟩ *f* conquista *f.*

eröffnen ⟨*ohne ge-*⟩ *tr* **1.** *(öffnen)* aprire; *(feierlich)* inaugurare; **2.** *(mitteilen)* far sapere, rivelare.

Eröffnung *f* **1.** *(Öffnung)* apertura *f,* inizio *m; (feierliche ~)* inaugurazione *f;* **2.** *(Mitteilung)* comunicazione *f,* rivelazione *f.*

erörtern [ɛɐ̯'ʔœrtɐn] ⟨*ohne ge-*⟩ *tr* discutere, dibattere.

Erörterung ⟨-, -en⟩ *f* discussione *f,* dibattito *m.*

Erotik [e'roːtɪk] ⟨-, ø⟩ *f* erotismo *m.*

erotisch *a* erotico.

Erpel ['ɛrpəl] ⟨-s, -⟩ *m* maschio *m* dell'anatra.

erpicht [ɛɐ̯'pɪçt] *a:* **auf etw.** *(acc)* **~ sein** essere avido di qc.

erpressen ⟨*ohne ge-*⟩ *tr* **1.** *(Personen)* ricattare; **2.** *(Geld, etc.)* estorcere (*von* a); *(Geständnis)* strappare (*von* a).

Erpresser(in) ‹-s, -› *m(f)* ricattatore, -trice *m, f.*
Erpressung ‹-, -en› *f* ricatto *m.*
erproben ‹*ohne ge-*› *tr* provare; *tec* collaudare; *fig* mettere alla prova.
Erprobung ‹-, -en› *f* prova *f; tec* collaudo *m.*
erquicken [ɛɐ̯'kvɪkən] ‹*ohne ge-*› *tr* ristorare.
erraten ‹*irr, ohne ge-*› *tr* indovinare.
errechnen ‹*ohne ge-*› *tr* calcolare.
erregbar *a* eccitabile, irritabile.
erregen ‹*ohne ge-*› **I.** *tr* **1.** *(emotional, sexuell)* eccitare; **2.** *(hervorrufen)* suscitare, provocare, causare; *(Begierde, Neid)* destare; *(Mitleid, Aufsehen)* fare; **II.** *rfl:* **sich ~** eccitarsi (*über* per), irritarsi (*über* per).
Erreger ‹-s, -› *m* agente *m* patogeno.
erregt *a* eccitato; *(zornig)* irritato; *(Diskussion)* vivace, infocato.
Erregung *f* eccitazione *f.*
erreichbar *a* raggiungibile; *(Mensch)* reperibile; *(zugänglich)* accessibile; **telefonisch ~** raggiungibile per telefono.
erreichen ‹*ohne ge-*› *tr* **1.** *allg.* raggiungere; *(heranreichen, hinkommen)* arrivare a; *(Ziel, etc.)* ottenere, conseguire; **2.** *(durchsetzen)* far valere, imporre; **3.** *(gleichkommen)* eguagliare; **den Zug ~** riuscire a prendere il treno.
errichten ‹*ohne ge-*› *tr* **1.** *(Gebäude)* costruire, edificare; *(Denkmal)* erigere; **2.** *fig* fondare.
Errichtung *f* **1.** *(von Gebäude)* costruzione *f,* edificazione *f; (von Denkmal)* erezione *f;* **2.** *fig* fondazione *f.*
erringen ‹*irr, ohne ge-*› *tr* conseguire; *(Sieg)* riportare.
erröten ‹*ohne ge-*› *itr* ‹*sein*› arrossire (*über, vor* per, di).
Errungenschaft [ɛɐ̯'rʊŋənʃaft] ‹-, -en› *f* conquista *f.*
Ersatz [ɛɐ̯'zats] ‹-es, ø› *m* **1.** *(Auswechslung)* sostituzione *f;* **2.** *(Erstattung)* restituzione *f; (Schaden~)* risarcimento *m,* indennizzo *m;* **als** (*o* **zum**) **~ für** in sostituzione di. **Ersatzdienst** *m* servizio *m* ausiliario. **Ersatzkasse** *f* cassa *f* malattia ausiliaria. **Ersatzmann** ‹-s, -leute *o* -männer› sostituto *m,* supplente *m; sport* riserva *m.* **Ersatzreifen** *m* pneumatico *m* di ricambio (*o* riserva *o* scorta). **Ersatzteil** *n* (pezzo *m* di) ricambio *m.* **ersatzweise** *adv* in cambio (*für* di).
ersaufen ‹*irr, ohne ge-*› *itr* ‹*sein*› *vulg (ertrinken)* annegare.
ersäufen [ɛɐ̯'zɔyfən] ‹*ohne ge-*› *tr* annegare.
erschaffen ‹*irr, ohne ge-*› *tr* creare.
Erschaffung ‹-, -en› *f* creazione *f.*
erschallen ‹*reg, ohne ge- o* erschallt, erscholl, erschollen› *itr* ‹*sein*› *geh* risonare.
erscheinen ‹*irr, ohne ge-*› *itr* ‹*sein*› apparire; *(an bestimmtem Ort)* comparire; *(vor Gericht)* presentarsi; *(Buch)* essere pubblicato, uscire; **es erscheint mir merkwürdig, daß ...** mi sembra strano che ... **Erscheinen** ‹-s, ø› *n* apparizione *f; (a. jur)* comparsa *f; (von Buch)* pubblicazione *f,* uscita *f.*
Erscheinung ‹-, -en› *f* **1.** *(Geister~)* apparizione *f; (Vision)* visione *f;* **2.** *(Tatsache)* fatto *m,* fenomeno *m;* **3.** *(Gestalt)* figura *f;* **äußere ~** aspetto *m* esteriore; **in ~ treten** mostrarsi, presentarsi, manifestarsi.
erschießen ‹*irr, ohne ge-*› *tr* uccidere (con un colpo di arma da fuoco); *(hinrichten)* fucilare; **erschossen sein** *fig fam* essere stanco morto *fam.*
Erschießung ‹-, -en› *f* fucilazione *f;* **standrechtliche ~** esecuzione militare.
erschlaffen ‹*ohne ge-*› *itr* ‹*sein*› divenire floscio, afflosciarsi; .
Erschlaffung ‹-, ø› *f* afflosciamento *m.*
erschlagen ‹*irr, ohne ge-*› *tr* ammazzare; **vom Blitz ~ werden** essere colpito dal fulmine; **~ sein** *fam* essere sfinito.
erschließen ‹*irr, ohne ge-*› *tr* **1.** *(zugänglich machen)* aprire; *(Land)* esplorare; *(Reisegebiet)* rendere accessibile; *(Baugelände)* sfruttare; *(Einnahmequelle)* scoprire; **2.** *(folgern)* dedurre.
Erschließung *f* apertura *f; (von Land, etc.)* esplorazione *f; (von Bauland)* sfruttamento *m.*
erscholl, erschollen [ɛɐ̯'ʃɔl, -ən] *imp, pp von* **erschallen.**
erschöpfen ‹*ohne ge-*› **I.** *tr* esaurire; **II.** *rfl:* **sich ~ 1.** esaurirsi; **2.** *fig* limitarsi (*in* a). **erschöpfend** *a* esauriente; **etw. ~ behandeln** trattare qc a fondo. **erschöpft** *a* **1.** *(Mensch)* esausto; **2.** *fig (Geduld)* finito; *(Kräfte, Mittel, etc.)* esaurito.
Erschöpfung ‹-, ø› *f* **1.** *(Müdigkeit)* esaurimento *m,* spossatezza *f;* **2.** *fig* impoverimento *m.*
erschrecken ‹*ohne ge-*› **I.** ‹*reg*› *tr* ‹*haben*› spaventare; **II.** ‹*reg*› *rfl:* **sich ~** spaventarsi (*über, vor* per, di); **III.** ‹erschrickt, erschrak, erschrocken› *itr* ‹*sein*› spaventarsi (*über, vor* per, di).
erschreckend *a* spaventoso, spaventevole.
erschüttern [ɛɐ̯'ʃʏtɐn] ‹*ohne ge-*› *tr* **1.** *(erzittern lassen)* scuotere, far tremare; **2.** *fig (ergreifen)* sconvolgere, scuotere. **erschütternd** *a* sconvolgente.
Erschütterung ‹-, -en› *f* **1.** scossa *f; (a. phys)* vibrazione *f;* **2.** *fig (Ergriffenheit)* choc *m,* sconvolgimento *m.*
erschweren ‹*ohne ge-*› *tr* aggravare, rendere più difficile.
erschwinglich [ɛɐ̯'ʃvɪŋlɪç] *a* accessibile.

ersehen ⟨*irr, ohne ge-*⟩ *tr* desumere (*aus* da).

ersetzen ⟨*ohne ge-*⟩ *tr* **1.** *(auswechseln)* sostituire, cambiare; **2.** *(als Ersatz dienen)* sostituire; **3.** *(Geld)* rimborsare; *(Verlust, Schaden)* risarcire, riparare; **jdm etw. ~** risarcire qu (di) qc.

ersichtlich *a* chiaro, evidente.

ersparen ⟨*ohne ge-*⟩ *tr* **1.** *(Geld)* risparmiare; **2.** *fig (Arbeit, Mühe)* (far) risparmiare, evitare.

Ersparnis ⟨-, -se⟩ *f* risparmio *m*, economia *f*.

ersprießlich [ɛɐ̯ˈʃpriːslɪç] *a* utile, profittevole.

erst [eːɐ̯st] *adv* **1.** *(zuerst)* prima; *(als erstes)* in primo luogo; **2.** *(anfangs)* all'inizio; **3.** *(nicht mehr als)* solo, appena, soltanto; **eben** (*o* **gerade**) **~** appena, or ora, proprio in questo momento; **~ gestern** non più tardi di ieri; **~ als ...** non prima che ..., solo quando ...; **~ wenn ...** solo se ...; **ich kann ~ morgen kommen** posso venire solo domani, non posso venire prima di domani; **wenn ich ~ mal weg bin** quando sarò partito; **jetzt ~ recht!** ora più che mai!; *s. a. erste(r, s).*

erstarren ⟨*ohne ge-*⟩ *itr* ⟨*sein*⟩ **1.** *allg., fig* irrigidirsi (*vor* da, per); *(vor Kälte)* intirizzire (*vor* per); **2.** *(Flüssiges, Weiches)* solidificarsi, rapprendersi; *(bes. Blut, Milch)* coagularsi; **3.** *fig (Blut)* gelare; *(Mensch)* agghiacciare (*vor Schreck* per lo spavento); *(Lächeln)* gelarsi.

erstatten [ɛɐ̯ˈʃtatən] ⟨*ohne ge-*⟩ *tr* **1.** *(Kosten)* rimborsare; **2.** *(Bericht, Meldung)* fare.

Erstattung ⟨-, -en⟩ *f* rimborso *m*.

Erstaufführung *f* prima *f*.

erstaunen ⟨*ohne ge-*⟩ **I.** *tr* ⟨*haben*⟩ stupire; **II.** *itr* ⟨*sein*⟩ stupirsi (*über* di). **Erstaunen** ⟨-s, ø⟩ *n* stupore *m*; **zu meinem größten ~** con mia somma sorpresa. **erstaunlich** *a (Staunen erregend)* sorprendente; *(Bewunderung erregend)* stupendo.

Erstausgabe *f* prima edizione *f*.

erstbeste(r, s) [ˈeːɐ̯stˈbɛstə] *s.* **erste(r, s)**.

erste *s.* **erste(r, s)**.

Erste ⟨ein -r, -n, -n⟩ *mf* primo, -a *m, f*; *s. a. Vierte.*

erstechen ⟨*irr, ohne ge-*⟩ *tr* trafiggere, pugnalare.

erstehen ⟨*irr, ohne ge-*⟩ **I.** *tr* ⟨*haben*⟩ comperare, acquistare; **II.** *itr* ⟨*sein*⟩ *geh* **1.** *(entstehen)* sorgere; **2.** *(auf~)* risorgere.

ersteigern ⟨*ohne ge-*⟩ *tr* acquistare all'asta.

Ersteigung *f* scalata *f*, ascensione *f*.

erstellen ⟨*ohne ge-*⟩ *tr* fare, eseguire; *(Gutachten, etc.)* compilare.

erstens *adv* (in) primo (luogo).

erste(r, s) [ˈeːɐ̯stə] *a* primo, -a; **E~ Hilfe** pronto soccorso; **der ~ beste** il primo venuto; **als ~s** per prima cosa, in primo luogo; **fürs ~** per ora; **zum ~n, zum zweiten, zum dritten!** *(bei Auktion)* per la prima, per la seconda, per la terza volta; *s. a. vierte(r, s).*

ersticken [ɛɐ̯ˈʃtɪkən] ⟨*ohne ge-*⟩ **I.** *tr* ⟨*haben*⟩ soffocare, asfissiare; **II.** *itr* ⟨*sein*⟩ soffocare, asfissiare; *(a. fig)* essere soffocato (*an* per, *in* da). **Ersticken** ⟨-s, ø⟩ *n*, **Erstickung** ⟨-, ø⟩ *f* soffocamento *m*, asfissia *f*.

erstklassig *a* eccellente. **erstmalig** **I.** *a* primo; **II.** *adv* per la prima volta. **erstmals** *adv* per la prima volta.

erstrebenswert *a* desiderabile, auspicabile.

erstrecken ⟨*ohne ge-*⟩ *rfl:* **sich ~** estendersi (*bis (an)* fino a, *über* su (un arco di)); **sich auf etw. ~** *fig* riguardare qc, concernere qc.

ersuchen ⟨*ohne ge-*⟩ *tr geh* **1.** *(bitten)* chiedere (*jdn um etw.* qc a qu); **2.** *(auffordern)* invitare (*jdn, etw. zu tun* qu a fare qc). **Ersuchen** ⟨-s, ø⟩ *n* domanda *f*, richiesta *f*.

ertappen [ɛɐ̯ˈtapən] ⟨*ohne ge-*⟩ *tr* sorprendere, cogliere; **jdn dabei ~, wie ...** sorprendere qu mentre ...

erteilen ⟨*ohne ge-*⟩ *tr* dare; *(Befehl, Unterricht)* impartire; *(Erlaubnis)* dare, concedere; *(Auftrag)* trasmettere; *(Vollmacht)* conferire.

ertönen ⟨*ohne ge-*⟩ *itr* ⟨*sein*⟩ risonare.

Ertrag [ɛɐ̯ˈtraːk] ⟨-(e)s, ⸚e⟩ *m* rendita *f*; *(Gewinn)* rendimento *m*, guadagno *m*; *(Einnahme)* provento *m*, utile *m*.

ertragen ⟨*irr, ohne ge-*⟩ *tr* **1.** *(aushalten)* sopportare; **2.** *(dulden)* tollerare; **nicht zu ~** insopportabile, intollerabile.

ertragfähig *a* produttivo. **Ertragfähigkeit** *f* produttività *f*.

erträglich [ɛɐ̯ˈtrɛːklɪç] *a* sopportabile.

ertragreich *a* produttivo, fruttifero.

ertränken ⟨*ohne ge-*⟩ **I.** *tr* annegare; *(a. fig)* affogare; **II.** *rfl:* **sich ~** annegarsi.

ertrinken ⟨*irr, ohne ge-*⟩ *itr* ⟨*sein*⟩ annegare, affogare, morire annegato. **Ertrinken** ⟨-s, ø⟩ *n* annegamento *m*.

Ertüchtigung [ɛɐ̯ˈtʏçtɪgʊŋ] ⟨-, -en⟩ *f* irrobustimento *m*, invigorimento *m*; *sport* allenamento *m*.

erübrigen [ɛɐ̯ˈʔyːbrɪgən] ⟨*ohne ge-*⟩ **I.** *tr (Geld)* risparmiare, economizzare; *(Zeit)* tenere libero (*o* riservare); **II.** *rfl:* **sich ~** essere superfluo (*o* inutile).

erwachen ⟨*ohne ge-*⟩ *itr* ⟨*sein*⟩ svegliarsi (*aus dem Schlaf* dal sonno). **Erwachen** ⟨-s, ø⟩ *n (a. fig)* risveglio *m*; **beim ~** al risveglio.

erwachsen *a* cresciuto, adulto. **Erwachsene** ⟨ein -r, -n, -n⟩ *mf* adulto, -a *m, f*. **Erwachsenenbildung** *f* istruzione *f* per adulti, formazione *f* permanente.

erwägen [ɛɐ̯ˈvɛːgən] ⟨erwägt, erwog, erwogen⟩ *tr* ponderare; *(prüfen)* esaminare (attentamente).

Erwägung ⟨-, -en⟩ *f* riflessione *f*, considerazione *f*; **etw. in ~ ziehen** prendere in considerazione qc.

erwähnen [ɛɐ̯ˈvɛːnən] ⟨*ohne ge-*⟩ *tr* menzionare. **Erwähnung** ⟨-, -en⟩ *f* menzione *f*.

erwärmen ⟨*ohne ge-*⟩ **I.** *tr* riscaldare; **II.** *rfl:* **sich ~** riscaldarsi.

Erwärmung ⟨-, -en⟩ *f* riscaldamento *m*.

erwarten ⟨*ohne ge-*⟩ *tr* **1.** *(warten auf)* aspettare, attendere; **2.** *(rechnen mit)* contare su; **wider E~** contro ogni aspettativa; **ich kann es kaum ~, daß ich ...** non vedo l'ora di ... *inf;* **es ist zu ~, daß ...** è probabile che ...

Erwartung ⟨-, -en⟩ *f* attesa *f*; *(Hoffnung)* speranza *f*, aspettativa *f*. **Erwartungshorizont** *m* aspettative *f pl*. **erwartungsvoll** *a* impaziente (per l'attesa).

erwecken ⟨*ohne ge-*⟩ *tr* svegliare; *(Vertrauen)* ispirare; *(Mitleid)* fare; *(Eindruck)* dare; *(Hoffnung)* suscitare.

erwehren ⟨*ohne ge-*⟩ *rfl:* **sich ~** difendersi (*gen* da); *fig* trattenere (*einer S. (gen)* qc); **sich des Eindrucks nicht ~ können, daß ...** non riuscire a reprimere l'impressione che ... *conj*.

erweichen ⟨*ohne ge-*⟩ *tr fig* intenerire, commuovere.

erweisen ⟨*irr, ohne ge-*⟩ **I.** *tr* **1.** *(beweisen)* dimostrare, provare; **2.** *(Dankbarkeit)* mostrare, manifestare; *(Dienst, Ehre)* rendere; *(Gefallen)* fare; **II.** *rfl:* **sich ~** mostrarsi (*als etw.* qc, come qc); *(sich herausstellen)* risultare (*als etw.* qc, come qc).

erweitern ⟨*ohne ge-*⟩ **I.** *tr* **1.** *(weiter machen)* allargare, slargare, ampliare; **2.** *fig (ausdehnen)* estendere, ampliare; *(Kenntnisse, etc.)* allargare; *(Geschäft)* ingrandire; *(Sammlung)* arricchire; **II.** *rfl:* **sich ~** allargarsi; *fig* estendersi, ampliarsi, ingrandirsi.

Erweiterung ⟨-, -en⟩ *f* allargamento *m*, slargamento *m; fig* ampliamento *m*.

Erwerb [ɛɐ̯ˈvɛrp] ⟨-(e)s, -e⟩ *m* **1.** *(Anschaffung, Kauf)* acquisto *m;* **2.** *(Lohn, Verdienst)* guadagno *m*, profitto *m;* **3.** *(Beruf)* lavoro *m*, mestiere *m*.

erwerben ⟨*irr, ohne ge-*⟩ *tr* **1.** *(kaufen)* acquistare; **2.** *(Recht, Kenntnisse)* acquisire; **3.** *(verdienen)* guadagnare.

erwerbslos *a* disoccupato. **erwerbstätig** *a* che esercita una professione. **erwerbsunfähig** *a* inabile al lavoro.

Erwerbung *f* **1.** *(das Erwerben)* acquisizione *f;* **2.** *(Kauf)* acquisto *m*.

erwidern [ɛɐ̯ˈvɪːdɐn] ⟨*ohne ge-*⟩ **I.** *tr* **1.** *(antworten)* rispondere, replicare; **2.** *(Besuch)* ricambiare; *(Liebe)* corrispondere a; *(Beleidigung)* ritorcere; **II.** *itr* rispondere (*auf* a), replicare (*auf* a).

Erwiderung ⟨-, -en⟩ *f* **1.** *(Antwort)* risposta *f;* **2.** *fig* ricambio *m; (a. von Gruß)* restituzione *f*.

erwiesenermaßen [ɛɐ̯ˈviːzənɐˈmaːsən] *adv* come dimostrato.

Erwin [ˈɛrviːn] *(männlicher Vorname)* Ervino.

erwischen ⟨*ohne ge-*⟩ *tr fam* **1.** *(fassen, ergreifen)* acciuffare; **2.** *(ertappen)* sorprendere, cogliere; **3.** *(gerade noch erreichen)* (riuscire a) prendere; **ihn hat's erwischt** *(er ist verliebt)* s'è preso una cotta (*o* beccata) *fam; (er ist krank)* se l'è presa *fam; (er ist gestorben)* c'è rimasto *fam*.

erwog, erwogen [ɛɐ̯ˈvoːk, ɛɐ̯ˈvoːgən] *imp, pp von* **erwägen.**

erwünscht *a* desiderato; *(angenehm)* gradito.

erwürgen ⟨*ohne ge-*⟩ *tr* strozzare, strangolare.

Erz [eːɐ̯ts] ⟨-es, -e⟩ *n* minerale *m* metallico.

Erz- [ˈɛrts-] *(in Zusammensetzungen) rel, hist* arci-.

erzählen ⟨*ohne ge-*⟩ *tr* raccontare, narrare; **erzähl mir nichts** (*o* **keine Märchen)!** *fam* non raccontarmi frottole! *fam*, ma a chi vuoi darla d'intendere? *fam;* **dem werd' ich was ~!** *fam* mi sentirà!

Erzähler(in) *m(f)* narratore, -trice *m, f*.

Erzählung *f* racconto *m*.

Erzbischof *m* arcivescovo *m*. **Erzengel** *m* arcangelo *m*.

erzeugen ⟨*ohne ge-*⟩ *tr* **1.** *(herstellen)* produrre; **2.** *fig (hervorrufen)* creare, far nascere; *(verursachen)* causare.

Erzeuger ⟨-s, -⟩ *m* **1.** *biol* procreatore *m*, genitore *m;* **2.** *agr, com* produttore *m*.

Erzeugnis ⟨-ses, -se⟩ *n* prodotto *m*.

Erzeugung *f* produzione *f*.

Erzfeind(in) *m(f)* nemico, -a *m, f* giurato, -a (*o* mortale). **Erzherzog(in)** *m(f)* arciduca, -duchessa *m, f*.

erziehbar *a:* **schwer ~** difficile da educare.

erziehen ⟨*irr, ohne ge-*⟩ *tr* allevare; *(a. geistig)* educare.

Erzieher(in) ⟨-s, -⟩ *m(f)* educatore, -trice *m, f; (Lehrer)* maestro, -a *m, f; (Hauslehrer)* precettore, -trice *m, f*, istitutore, -trice *m, f*.

Erziehung *f* educazione *f*. **Erziehungsberechtigte** ⟨ein -r, -n, -n⟩ *mf adm* persona *f* che esercita la patria potestà. **Erziehungsgeld** *n* indennità *f* concessa durante l' "Erziehungsurlaub". **Erziehungsmethode** *f* metodo *m* educativo. **Erziehungsurlaub** *m* congedo *m* per la nascita di un figlio.

Erziehungswesen *n* istruzione *f* pubblica. **Erziehungswissenschaft** *f* pedagogia *f.* **Erziehungswissenschaftler(in)** *m(f)* pedagogista *mf.*
erzielen ⟨*ohne ge-*⟩ *tr* raggiungere, ottenere; *(Gewinn)* realizzare; *(Erfolg)* ottenere; *(Tor)* segnare, fare.
erzürnen [ɛɐ̯'tsʏrnən] ⟨*ohne ge-*⟩ **I.** *tr* fare andare (*o* mandare) in collera, (far) adirare; **II.** *rfl:* **sich** ~ adirarsi (*über jdn* con qu, *über etw.* per qc), andare in collera (*über jdn* con qu, *über etw.* per qc).
erzwingen ⟨*irr, ohne ge-*⟩ *tr* ottenere con la forza; *(Entscheidung, Versprechen)* estorcere (*etw. von jdm* qc a qu).
es [ɛs] *pers pron* **1.** *nom 3. pers sing (in bezug auf Menschen) (unbetont) meist nicht übersetzt;* egli *m,* ella *f; (betont)* lui *m,* lei *f; (in bezug auf Dinge) (unbetont) meist nicht übersetzt;* esso, -a *m, f; (betont)* lui *m,* lei *f;* **2.** *acc von* es *(unbetont)* lo *m,* la *f,* l' *m, f; (betont)* lui *m,* lei *f;* **3.** *(in unpersönlichen Ausdrücken) meist nicht übersetzt;* ~ **gut haben** stare bene; ~ **gibt ...** *(sing)* c'è ...; *(pl)* ci sono ...; ~ **klopft** bussano; ~ **regnet** piove; ~ **ist zwei Uhr** sono le due; ~ **freut mich, daß ...** mi fa piacere che ... *conj;* ~ **lebe die Gerechtigkeit!** evviva la giustizia!; **sind Sie der Vater/die Mutter? – ja, ich bin** ~ Lei è il padre/la madre? – sì, lo sono; **wer ist da? – ich bin** ~ chi è? – sono io.
Esche ['ɛʃə] ⟨-, -n⟩ *f* frassino *m.*
Esel(in) ['ezəl(ɪn)] ⟨-s, -⟩ *m(f)* asino, -a *m, f;* **(du/Sie)** ~**!** *fam pej* pezzo *m* d'asino! *fam.* **Eselsbrücke** *f fam* ponte *m* dell'asino. **Eselsohr** *n (im Buch)* orecchia *f.*
Eskalation [ɛskala'tsi̯o:n] ⟨-, -en⟩ *f* escalation *f.*
eskalieren [...'li:rən] ⟨*ohne ge-*⟩ *itr* ⟨*sein o haben*⟩ sfociare (*zu* in).
Eskimo ['ɛskimo] ⟨-s, -s⟩ *m* eschimese *m.*
Eskorte [ɛs'kɔrtə] ⟨-, -n⟩ *f* scorta *f.*
Espe ['ɛspə] ⟨-, -n⟩ *f* (pioppo *m*) tremulo *m.* **Espenlaub** *n:* **zittern wie** ~ tremare come una foglia.
eßbar *a* mangiabile; *(genießbar, bes. Pilz)* mangereccio, commestibile.
essen ['ɛsən] ⟨ißt, aß, gegessen⟩ *tr, itr* mangiare; **zu Abend/Mittag** ~ cenare/desinare (*o* pranzare).
Essen ⟨-s, -⟩ *n* **1.** *allg.* mangiare *m;* **2.** *(Nahrung)* cibo *m,* alimento *m;* **3.** *(Mahlzeit)* pasto *m; (Mittag~)* pranzo *m; (Abend~)* cena *f;* **4.** *(Gericht)* piatto *m,* pietanza *f.* **Essen(s)marke** *f* buono *m* pranzo. **Essenszeit** *f* ora *f* di mangiare (*o* del pasto).
Essenz [ɛ'sɛnts] ⟨-, -en⟩ *f* essenza *f.*
Eßgewohnheiten *f pl* abitudini *f pl* alimentari.
Essig ['ɛsɪç] ⟨-s, -e⟩ *m* aceto *m.* **Essiggurke** *f* cetriolino *m* sott'aceto. **Essigsäure** *f* acido *m* acetico.
Eßkastanie *f* castagna *f,* marrone *m.*
Eßlöffel *m* cucchiaio *m* da tavola; **ein** ~ **(voll von) ...** una cucchiaiata di ...
Eßtisch *m* tavola *f,* tavolo *m* da pranzo. **Eßwaren** *f pl* commestibili *m pl,* derrate *f pl* (alimentari). **Eßzimmer** *n* sala *f* da pranzo.
Estragon ['ɛstragɔn] ⟨-s, ø⟩ *m* dragoncello *m.*
etablieren [eta'bli:rən] ⟨*ohne ge-*⟩ **I.** *tr* stabilire; **II.** *rfl:* **sich** ~ stabilirsi. **etabliert** *a* solido, stabile; *(gesellschaftlich)* arrivato.
Etage [e'ta:ʒə] ⟨-, -n⟩ *f* piano *m.* **Etagenbett** *n* letto *m* a castello. **Etagenheizung** *f* riscaldamento *m* autonomo (per un piano). **Etagenwohnung** *f* appartamento *m.*
Etappe [e'tapə] ⟨-, -n⟩ *f* tappa *f.*
Etat [e'ta:] ⟨-s, -s⟩ *m* bilancio *m,* budget *m.*
etc. *ab von* **et cetera** *(und so weiter)* ecc., etc. (*ab von* eccetera, et cetera).
etepetete [e:təpe'te:tə] ⟨*inv*⟩ *a fam* affettato.
Ethik ['e:tɪk] ⟨-, ø *o rar* -en⟩ *f* etica *f.*
ethisch *a* etico.
Ethnologie [ɛtnolo'gi:, ...i:ən] ⟨-, -n⟩ *f* etnologia *f.*
Etikett [eti'kɛt] ⟨-(e)s, -e(n) *o* -s⟩ *n* etichetta *f,* cartellino *m; com* marchio *m.*
Etikette [eti'kɛtə] ⟨-, -n⟩ *f* etichetta *f.*
etikettieren [...'ti:rən] ⟨*ohne ge-*⟩ *tr* etichettare; *(a. fig)* mettere un'etichetta su.
etliche(r, s) ['ɛtlɪçə] *pron (sing)* parecchio, -a; *(pl)* alcuni, parecchi.
Etsch [ɛtʃ] *f* Adige *m.*
Etui [ɛt'vi:] ⟨-s, -s⟩ *n* fodero *m,* guaina *f.*
etwa ['ɛtva] *adv* **1.** *(ungefähr)* circa, all'incirca; **2.** *(vielleicht)* forse; *(womöglich)* per caso; **3.** *(zum Beispiel)* per esempio, diciamo; ~ **hundert** un centinaio.
etwaig ['ɛtvaɪç *o* ɛt'va:ɪç] *a* eventuale.
etwas ['ɛtvas] **I.** *pron* **1.** *(substantivisch)* qualcosa; **2.** *(adjektivisch)* un po' di; **das gewisse E~** quel certo non so che; ~ **Schönes** qualcosa di bello; **das ist** ~ **anderes** è un'altra cosa; **so** ~ una cosa simile (*o* del genere); **II.** *adv* alquanto, un po'.
Etymologie [etymolo'gi:, ...i:ən] ⟨-, -n⟩ *f* etimologia *f.*
etymologisch [...'lo:gɪʃ] *a* etimologico.
euch [ɔʏç] **I.** *pers pron* **1.** *(acc von* ihr *2. pers pl) (betont)* voi; *(unbetont)* vi; **2.** *(dat von* ihr *2. pers pl) (betont)* a voi; *(unbetont)* vi; **II.** *rfl pron* vi; **freut ihr** ~**?** siete contenti?

euer ['ɔyɐ] **1.** *pers pron (gen von* ihr *2. pers pl)* di voi; **2.** *(adjektivisches Possessivpronomen von* ihr *2. pers pl)* vostro, -a *m, f,* vostri, -e *m pl, f pl.*
eu(e)re(r, s) ['ɔy(ə)rə] *(substantivisches Possessivpronomen von* ihr *2. pers pl)* il vostro, la vostra, i vostri *m pl,* le vostre *f pl.*
Eule ['ɔylə] ‹-, -n› *f* civetta *f,* gufo *m.*
eurerseits ['ɔyrɐ'zaits] *adv* da parte vostra.
euresgleichen ['ɔyrəs'glaiçən] ‹*inv*› *pron* vostro pari, gente *f, etc.* come voi.
euretwegen ['ɔyrət've:gən] *adv* per causa vostra, per voi; *(negativ)* per colpa vostra.
euretwillen [ˌɔyrət'vɪlən] *adv:* **um ~** per voi, per amor vostro.
Europa [ɔy'ro:pa] *n* Europa *f.*
Europäer(in) [ɔyro'pɛ:ɐ (...ərɪn)] ‹-s, -› *m(f)* europeo, -a *m, f.*
europäisch *a* europeo; **E~e Wirtschaftsgemeinschaft** (*ab* **EWG**) Comunità Economica Europea; **E~e Gemeinschaft** (*ab* **EG**) Comunità Europea.
Europameister(in) *m(f)* campione, -essa *m, f* d'Europa. **Europameisterschaft** *f* campionato *m* europeo. **Europapokal** *m* coppa *f* europea. **Europarat** *m* Consiglio *m* d'Europa. **Europastraße** *f* (*ab* **E**) itinerario *m* europeo.
Euroscheck ['ɔyro-] *m* eurocheque *m.* **Eurovision** [ɔyrovi'zio:n] ‹-, ø› *f* eurovisione *f.*
Euter ['ɔytɐ] ‹-s, -› *n* mammella *f.*
Euthanasie [ɔytana'zi:] ‹-, ø› *f* eutanasia *f.*
e. V. [e:'fau] *ab von* **eingetragener Verein** associazione registrata.
evakuieren [evaku'i:rən] ‹*ohne ge-*› *tr* **1.** *(Gebiet)* evacuare; **2.** *(Menschen)* sfollare.
Evakuierung ‹-, -en› *f* **1.** *(von Gebiet)* evacuazione *f;* **2.** *(von Menschen)* sfollamento *m.*
evangelisch [evaŋ'ge:lɪʃ] *a* evangelico; *(protestantisch)* protestante.
Evangelist [...ge'lɪst] ‹-en, -en› *m* evangelista *m.*
Evangelium [...'ge:liʊm, ...iən] ‹-s, -lien› *n* Vangelo *m.*
Eventualität [evɛntuali'tɛ:t] ‹-, -en› *f* eventualità *f.*
eventuell [...'tuɛl] *a* (*ab* **evtl.**) eventuale.
evtl. *ab von* **eventuell** eventualmente.
EWG [e:ve:'ge:] ‹-, ø› *f ab von* **Europäische Wirtschaftsgemeinschaft** C.E.E. *f* (*ab von* Comunità Economica Europea).
ewig ['e:vɪç] *a* **1.** *rel, philos* eterno; **2.** *fam (dauernd)* continuo; **auf ~** in eterno, per sempre; **das dauert ja ~!** *fam* dura un'eternità!
Ewigkeit ‹-, *rar* -en› *f* eternità *f;* **in (alle) ~** in eterno.
exakt [ɛ'ksakt] *a* esatto, preciso. **Exaktheit** ‹-, ø› *f* esattezza *f,* precisione *f.*
Examen [ɛ'ksa:mən, ...mina] ‹-s, - *o rar* -mina› *n* esame *m.* **Examensangst** *f* paura *f* degli esami. **Examenskandidat(in)** *m(f)* esaminando, -a *m, f.*
examinieren [ɛksami'ni:rən] ‹*ohne ge-*› *tr* esaminare.
Exekution [ɛkseku'tsio:n] ‹-, -en› *f* esecuzione *f.*
Exekutive [ɛkseku'ti:və] ‹-, -n› *f* (potere *m*) esecutivo *m.*
Exemplar [ɛksɛm'pla:ɐ] ‹-s, -e› *n* esemplare *m; (Buch)* copia *f.*
exemplarisch **I.** *a* esemplare; **II.** *adv* in modo esemplare.
exerzieren [ɛksɛr'tsi:rən] ‹*ohne ge-*› **I.** *tr* esercitare; **II.** *itr* esercitarsi, fare le esercitazioni.
Exhibitionist(in) [ɛkshibitsio'nɪst(ɪn)] ‹-en, -en› *m(f)* esibizionista *mf.*
exhumieren [ɛkshu'mi:rən] ‹*ohne ge-*› *tr* riesumare.
Exil [ɛ'ksi:l] ‹-s, -e› *n* esilio *m.*
Existenz [ɛksɪs'tɛnts] ‹-, -en› *f* **1.** *(Dasein, Leben)* esistenza *f;* **2.** *(Lebensunterhalt)* sostentamento *m;* **3.** *(Mensch)* figura *f.* **Existenzangst** *f* angoscia *f* esistenziale. **Existenzberechtigung** *f* ragione *f* d'essere. **Existenzgrundlage** *f* base *f* di sostentamento. **Existenzkampf** *m* lotta *f* per l'esistenza. **Existenzminimum** *n* minimo *m* di vita.
existieren [...'ti:rən] ‹*ohne ge-*› *itr* esistere, esserci.
exklusiv [ɛksklu'zi:f] *a* esclusivo.
exkommunizieren [ɛkskɔmuni'tsi:rən] ‹*ohne ge-*› *tr* scomunicare.
Exkremente [ɛkskre'mɛntə] *n pl geh* escrementi *m pl.*
Exkurs [ɛks'kʊrs] ‹-es, -e› *m* excursus *m.*
Exmatrikulation [ɛksmatrikula'tsio:n] ‹-, -en› *f* cancellazione *f* dal registro dell'università.
exmatrikulieren [...'li:rən] ‹*ohne ge-*› **I.** *tr* cancellare dalla matricola (universitaria); **II.** *rfl:* **sich ~** farsi cancellare dalla matricola (universitaria).
exotisch [ɛ'kso:tɪʃ] *a* esotico.
Expansion [ɛkspan'zio:n] ‹-, -en› *f* espansione *f.*
Expedition [ɛkspedi'tsio:n] ‹-, -en› *f* spedizione *f.*
Experiment [ɛksperi'mɛnt] ‹-(e)s, -e› *n* esperimento *m; fig* esperienza *f.*
experimentell [...'tɛl] *a* sperimentale.
experimentieren [...'ti:rən] ‹*ohne ge-*› *itr* sperimentare (*mit etw.* qc, *an etw.* su qc).
Experte [ɛks'pɛrtə] ‹-n, -n› *m,* **Expertin** [...tɪn] *f* esperto, -a *m, f,* perito, -a *m, f.*
Expertise [...'ti:zə] ‹-, -n› *f* perizia *f.*
explodieren [ɛksplo'di:rən] ‹*ohne ge-*› *itr* ‹*sein*› esplodere; *(a. fig)* scoppiare.

Explosion [...'zio:n] ‹-, -en› *f* esplosione *f; (a. fig)* scoppio *m.*
explosiv [...'zi:f] *a* esplosivo.
Exponent [ɛkspo'nɛnt] ‹-en, -en› *m* esponente *m.*
exponieren [...'ni:rən] ‹*ohne ge-*› **I.** *tr* esporre; **II.** *rfl:* **sich ~** esporsi.
Export [ɛks'pɔrt] ‹-(e)s, -e› *m* esportazione *f.* **Exportfirma** *f* ditta *f* esportatrice. **Exporthandel** *m* commercio *m* delle esportazioni.
exportieren [...'ti:rən] ‹*ohne ge-*› *tr* esportare.
Expreß [ɛks'prɛs] ‹-presses, Expreßzüge› *m* rapido *m;* **per ~** per espresso.
Expressionismus [ɛksprɛsio'nɪsmʊs] ‹-, ø› *m* espressionismo *m.*
exquisit [ɛkskvi'zi:t] *a* squisito, eccellente.
extra ['ɛkstra] ‹*inv*› **I.** *a fam (gesondert, separat)* separato, a parte; **II.** *adv* **1.** *(eigens)* proprio; **2.** *(gesondert)* speciale, extra; **3.** *(zusätzlich)* in più, in aggiunta; **4.** *fam (absichtlich)* appositamente. **Extraausstattung** *f* optional *m pl.*
Extrablatt *n* edizione *f* straordinaria.
extrafein *a* extrafino, sopraffino.
Extrakt [ɛks'trakt] ‹-(e)s, -e› *m o n* estratto *m.*
extravagant [-va'gant *o* 'ɛkstra-] *a* stravagante.
Extravaganz [-va'gants *o* 'ɛkstra-] ‹-, -en› *f* stravaganza *f.*
extravertiert [-vɛr'ti:ɐt] *a* estroverso.
extrem [ɛks'tre:m] *a* estremo. **Extrem** ‹-s, -e› *n* estremo *m;* **von einem ~ ins andere fallen** passare da un estremo all'altro.
Extremist(in) [ɛkstre'mɪst(ɪn)] ‹-en, -en› *m(f)* estremista *mf.*
Extremitäten [ɛkstremi'tɛ:tən] *f pl* estremità *f pl.*
extrovertiert [ɛkstrovɛr'ti:ɐt] *s.* **extravertiert.**
Exzellenz [ɛkstse'lɛnts] ‹-, -en› *f* eccellenza *f.*
exzentrisch [ɛks'tsɛntrɪʃ] *a* eccentrico.
Exzeß [ɛks'tsɛs] ‹-zesses, -zesse› *m* eccesso *m.*
exzessiv [...'si:f] *a* eccessivo.

F

F, f [ɛf] ‹-, -(s)› *n* **1.** *(Buchstabe)* F, f *f;* **2.** *mus* fa *m;* **F wie Friedrich** F come Firenze.

F *ab von* **Fahrenheit** F.

Fabel ['fa:bəl] ‹-, -n› *f* favola *f.* **fabelhaft** *a* fantastico, incredibile; *(wunderbar)* magnifico, stupendo. **Fabeltier** *n* animale *m* favoloso.

Fabian ['fa:bi̯a:n] *(männlicher Vorname)* Fabiano.

Fabrik [fa'bri:k] ‹-, -en› *f* **1.** *(allg., a. Belegschaft)* fabbrica *f;* **2.** *(~gebäude)* stabilimento *m.*

Fabrikant(in) [fabri'kant(ɪn)] ‹-en, -en› *m(f)* fabbricante *mf.*

Fabrikat [fabri'ka:t] ‹-(e)s, -e› *n* prodotto *m,* manufatto *m.*

Fabrikation [...ka'ts̮i̯o:n] ‹-, -en› *f* fabbricazione *f,* manifattura *f.* **Fabrikationsfehler** *m* difetto *m* di fabbricazione (*o* di fabbrica).

fabrizieren [fabri'ts̮i:rən] ‹*ohne ge-*› *tr (a. fam)* fabbricare.

Fach [fax] ‹-(e)s, ¨-er› *n* **1.** *(in einem Behälter, bes. einer Tasche, einem Koffer)* (s)compartimento *m,* scomparto *m; (in Büchergestell)* scaffale *m,* ripiano *m; (Schub~)* cassetto *m; (Post~)* casella *f;* **2.** *(Berufszweig)* mestiere *m; (Zweig)* ramo *m; (Gebiet)* campo *m,* settore *m; (Lehr-, Unterrichts~)* materia *f;* **vom ~ sein** essere del mestiere. **Facharbeiter(in)** *m(f)* operaio, -a *m, f* specializzato, -a. **Facharzt** *m,* **-ärztin** *f* specialista *mf.* **Fachausdruck** *m* termine *m* tecnico.

Fächer ['fɛçɐ] ‹-s, -› *m* ventaglio *m.*

Fachgeschäft *n* negozio *m* specializzato. **fachkundig I.** *a* esperto, competente; **II.** *adv* da esperto, in modo competente. **fachlich** *a* professionale, tecnico; **die ~en Voraussetzungen erfüllen** essere qualificato. **Fachliteratur** *f* letteratura *f* specializzata. **Fachmann** ‹-(e)s, -leute *o rar* -männer› *m* esperto *m,* specialista *m.* **fachmännisch** [-mɛnɪʃ] **I.** *a* specialistico; *(fachgerecht)* a regola d'arte; **II.** *adv* da specialista; *(fachgerecht)* a regola d'arte. **Fachschule** *f* istituto *m* tecnico (*o* professionale). **fachsimpeln** [-zɪmpəln] *itr fam* parlare di questioni tecniche (*o* professionali) (annoiando i presenti). **Fachsprache** *f* linguaggio *m* tecnico.

Fachwerk *n* traliccio *m.* **Fachwerkhaus** *n* casa *f* con travature a traliccio.

Fackel ['fakəl] ‹-, -n› *f* fiaccola *f.*

fackeln *itr fam:* **nicht lange ~** non perdere tempo, non aver scrupoli.

fad(e) [fa:t ('fa:də)] *a* **1.** *(Speise)* insipido; **2.** *fig (langweilig, geistlos)* noioso, scialbo, insulso.

Faden ['fa:dən] ‹-s, ¨-› *m* **1.** *allg., bot, fig* filo *m;* **2.** *(Faser)* filo *m; (a. el)* filamento; **3.** *med:* **Fäden** punti *m pl;* **den ~ verlieren** *fig* perdere il filo; **die Fäden in der Hand haben** (*o* **halten)** *fig* manovrare i fili, tenere in mano le fila; **keinen trockenen ~ am Leibe haben** *fam* essere bagnato fradicio; **an einem (seidenen) ~ hängen** *fig* essere sospeso a un filo. **fadenscheinig** *a (Vorwand)* magro, scarso.

Fadheit ‹-, ø› *f* **1.** *(von Essen)* insipidezza *f;* **2.** *(Langweiligkeit)* noiosità *f.*

fähig ['fɛ:ɪç] *a* **1.** *(tüchtig, tauglich)* capace (*zu* di), bravo; *(imstande)* capace (*zu* di); **2.** *(begabt)* dotato (*zu* di); **3.** *(geschickt)* abile; **4.** *(befähigt)* qualificato (*zu* a); **5.** *(geeignet)* atto, adatto, idoneo (*zu* a); **er ist zu allem ~!** è capace di tutto. **Fähigkeit** ‹-, -en› *f* **1.** *(das Imstandesein)* capacità *f,* abilità *f;* **2.** *(Begabung)* dote *f,* talento *m; (geistig)* facoltà *f.*

fahnden ['fa:ndən] *itr:* **nach jdm ~** ricercare qu.

Fahndung ‹-, -en› *f* ricerca *f* (*nach* di), indagini *f pl* (*nach* su).

Fahne ['fa:nə] ‹-, -n› *f* **1.** *(Flagge, etc.)* bandiera *f;* **2.** *typ* bozza *f* (in colonna); **eine ~ haben** *fam* puzzare di alcool; **mit fliegenden ~n** a bandiere spiegate. **Fahnenflucht** *f* diserzione *f.*

Fahrbahn *f,* **Fahrdamm** *m dial* carreggiata *f.*

Fähre ['fɛ:rə] ‹-, -n› *f* traghetto *m.*

fahren ['fa:rən] ‹fährt, fuhr, gefahren› **I.** *itr* ‹*sein*› **1.** *allg.* andare; **2.** *(ab~)* partire; **3.** *(reisen)* viaggiare; **rechts ~** tenere la destra; **rückwärts ~** fare marcia indietro; **über Mailand ~** passare per Milano; **zur See ~** navigare; *(Seemann sein)* fare il marinaio; **durch eine Stadt ~** attraversare una città; **mit dem Auto/der Bahn/dem Schiff ~** andare in macchina/in treno/in (*o* con la) nave; **sich** *(dat)* **mit der Hand über die Stirn ~** passarsi la mano sulla fronte; **der Schreck fuhr ihm in die Glieder** lo spavento gli entrò nelle ossa; **Sie ~ billiger dabei** *fam* in questo modo spende (di) meno; **was ist bloß in dich gefahren?** ma che ti piglia? *fam;* **II.** *tr*

1. ‹*haben*› *(lenken)* guidare; 2. ‹*haben*› *(befördern)* trasportare; 3. ‹*haben o sein*› *(zurücklegen)* percorrere; **Ski ~** sciare; **jdn nach Hause ~** portare qu a casa (in macchina).

Fahrer(in) ‹-s, -› *m(f)* 1. *(als Beruf)* autista *mf;* 2. *(Auto~)* conducente *mf,* automobilista *mf; (Motorrad~)* motociclista *mf; (Rad~)* ciclista *mf.* **Fahrerflucht** *f* fuga *f* del conducente (dopo l'incidente).

Fahrgast *m* passeggero *m.* **Fahrgeld** *n* prezzo *m* del biglietto. **Fahrgestell** *n* 1. *mot* telaio *m;* 2. *aero* carrello *m.* **Fahrkarte** *f* biglietto *m.* **Fahrkartenautomat** *m* distributore *m* automatico di biglietti.

fahrlässig *a* trascurato, negligente; **~e Körperverletzung** lesione colposa. **Fahrlässigkeit** ‹-, -en› *f* 1. *allg.* negligenza *f,* trascuratezza *f;* 2. *jur* colpa *f.*

Fahrlehrer(in) *m(f)* istruttore, -trice *m, f* (*o* maestro, -a *m, f*) di guida. **Fahrplan** *m* orario *m.* **fahrplanmäßig** *a* in orario, puntuale. **Fahrpreis** *m* prezzo *m* del biglietto (*o* della corsa). **Fahrpreisermäßigung** *f* riduzione *f* sul prezzo del biglietto. **Fahrprüfung** *f* esame *m* di guida. **Fahrrad** *n* bicicletta *f.* **Fahrradständer** *m* posteggio *m* per biciclette. **Fahrschein** *m s.* **Fahrkarte. Fahrschule** *f* autoscuola *f,* scuolaguida *f.* **Fahrschüler(in)** *m(f)* allievo, -a *m, f* di una scuolaguida (*o* di un'autoscuola). **Fahrstuhl** *m* ascensore *m.*

Fahrt [fa:ɐ̯t] ‹-, -en› *f* 1. *(Fahren)* marcia *f;* 2. *(Ausflug)* gita *f,* escursione *f; (Reise)* viaggio *m;* **auf der ~** in viaggio (*nach* per); **in voller ~** in piena corsa; **in ~** *fam (in guter Stimmung)* in vena; *(in Wut)* in collera; **gute ~!** buon viaggio!

fährt [fɛ:ɐ̯t] *pr von* **fahren.**

Fährte ['fɛ:ɐ̯tə] ‹-, -n› *f* traccia *f,* pista *f;* **jdn auf die richtige ~ bringen** mettere qu sulla pista giusta.

Fahrtrichtungsanzeiger *m* indicatore *m* di direzione.

Fahrzeug ‹-(e)s, -e› *n* veicolo *m,* vettura *f.* **Fahrzeugbrief** *m* carta *f* di circolazione. **Fahrzeugpapiere** *n pl* documenti *m pl* di circolazione.

fair [fɛ:ɐ̯] *a* leale.

Fakten *pl von* **Faktum.**

Faktor ['fakto:ɐ, ...'to:rən] ‹-s, -en› *m* fattore *m.*

Faktum ['faktʊm, ...tən] ‹-s, Fakten› *n* fatto *m.*

Fakultät [fakʊl'tɛ:t] ‹-, -en› *f* facoltà *f.*

fakultativ [...ta'ti:f] *a* facoltativo.

Falke ['falkə] ‹-n, -n› *m* falco *m.*

Fall [fal] ‹-(e)s, ¨-e› *m* 1. *(das Fallen, a. phys, fig)* caduta *f;* 2. *(Angelegenheit, a. gram, jur)* caso *m;* **jdn zu ~ bringen** far cadere qu; **auf alle Fälle, auf jeden ~** in ogni caso, in tutti i casi; *(unbedingt)* assolutamente; **auf keinen ~** in nessun caso; **für alle Fälle** per ogni eventualità; **für den ~** (*o* **im Falle**), **daß ...** nel caso in cui ... *conj* (*o* che ... *conj*); **gesetzt den ~, daß ...** poniamo il caso che ... *conj;* **in diesem** (*o* **dem**) **~** in questo caso; **von ~ zu ~** caso per caso, secondo le circostanze; **das ist der ~** è così, le cose stanno così; **das ist nicht mein ~** *fam* questo non fa al caso mio; **klarer ~!** *fam* chiaro!

Falle ['falə] ‹-, -n› *f* trappola *f;* **jdm eine ~ stellen** tendere una trappola a qu; **jdm in die ~ gehen** cadere nella trappola tesa da qu.

fallen ['falən] ‹fällt, fiel, gefallen› *itr* ‹*sein*› 1. *(allg., fig, mil, Blick, Verdacht, Wahl, Regen, Schnee, etc.)* cadere; 2. *(sinken)* diminuire; 3. *(Licht)* penetrare (*in* in); 4. *(unter Gesetz)* essere contemplato (*unter* da); *(unter Begriff)* rientrare (*unter* in); 5. *(Entscheidung)* essere preso; 6. *(Schuß)* partire; **über etw. ~** cadere su qc, inciampare in qc; **zu Boden ~** cadere a terra; **auf einen Sonntag ~** cadere di domenica; **immer auf den gleichen Tag ~** cadere sempre nello stesso giorno; **jdm ins Wort ~** interrompere qu; **jdm um den Hals ~** gettarsi al collo di qu; **einen Teller/eine Masche ~ lassen** lasciar cadere un piatto/perdere una maglia; **das fällt mir schwer** mi riesce difficile; **sie ist nicht auf den Kopf/Mund gefallen** *fam* non è una stupida/ha sempre la risposta pronta; **es fielen nur zwei Tore** furono segnati solo due go(a)l; *s. a. fallenlassen.*

fällen ['fɛlən] *tr* 1. *(Baum)* abbattere; 2. *(Urteil)* pronunciare.

fallen·lassen ‹*irr, mit o ohne ge-*› *tr* 1. *(verlassen)* lasciare, abbandonare; 2. *(Sache, Wort)* lasciar cadere.

fällig ['fɛlɪç] *a* 1. *fin* che scade, scaduto; *(zahlbar)* pagabile; *(Schuld, Steuern, Kredite)* esigibile; 2. *(notwendig, erforderlich)* necessario; **~ werden** scadere; **das war schon lange ~!** *fam* era necessario da tempo! **Fälligkeit** ‹-, ø› *f fin* scadenza *f; (von Zinsen)* maturazione *f.*

falls [fals] *con* nel caso che (*o* in cui) *conj,* qualora *conj.*

Fallschirm *m* paracadute *m;* **etw. mit dem ~ abwerfen** paracadutare qc, lanciare qc col paracadute. **Fallschirmjäger** *m* paracadutista *m.* **Fallschirmspringen** ‹-s, ø› *n* paracadutismo *m.* **Fallschirmspringer(in)** *m(f)* paracadutista *mf.*

fällt [fɛlt] *pr von* **fallen.**

falsch [falʃ] *a* 1. *allg.* falso; 2. *(verkehrt)* sbagliato; *(irrtümlich)* erroneo; *(unkorrekt u. unvorschriftsmäßig)* scorretto; *(unzutreffend)* improprio; 3. *(nachge-*

macht, unecht: Haare, Bart, etc.) posticcio; *(Zähne)* finto; *(künstlich)* artificiale; *(gefälscht)* falsificato, contraffatto; **4.** *(unaufrichtig)* bugiardo, insincero; *(heuchlerisch)* ipocrita; *(hinterhältig)* subdolo; *(heimtückisch)* perfido; ~ **schreiben** sbagliare nello scrivere; ~ **spielen** *mus* stonare; *(beim Kartenspiel)* barare; **etw.** ~ **anfangen** cominciare male qc; **etw.** ~ **machen** sbagliare qc; **etw.** ~ **aussprechen/verstehen** pronunciare/capire male qc; **an den F~en geraten** rivolgersi alla persona sbagliata; **meine Uhr geht** ~ il mio orologio non va bene (*o* non è esatto).

fälschen ['fɛlʃən] *tr* falsificare; *(bes. Banknoten, Unterschrift)* falsificare, contraffare.

Fälscher(in) ‹-s, -› *m(f)* falsario, -a *m, f*, falsificatore, -trice *m, f*.

Falschgeld *n* moneta *f* falsa.

Falschheit ‹-, ø› *f* **1.** *(das Falschsein)* falsità *f*; **2.** *(Unaufrichtigkeit, Unwahrheit)* falsità *f*; *(Heuchelei)* ipocrisia *f*; *(Hinterhältigkeit)* perfidia *f*.

fälschlich *a* falso, erroneo.

Fälschung ‹-, -en› *f* **1.** *(Tätigkeit)* falsificazione *f*, contraffazione *f*; **2.** *(Ergebnis)* falso *m*.

Faltblatt *n* dépliant *m*.

Falte ['faltə] ‹-, -n› *f* **1.** *allg.* piega *f*; **2.** *(Haut~)* ruga *f*; **~n bekommen** fare (brutte) pieghe; *(vom Alter)* divenire rugoso; **in ~n legen** pieghettare.

falten *tr* (ri)piegare; *(Hände)* congiungere.

Faltenrock *m* gonna *f* a pieghe.

Falter ['falte] ‹-s, -› *m* farfalla *f*.

faltig *a* **1.** *(Stoff, etc.)* a pieghe; **2.** *(Gesicht, etc.)* rugoso.

Falz [falt̮s] ‹-es, -e› *m* **1.** *tec* aggraffatura *f*; **2.** *(Buchbinderei)* piega *f*.

falzen *tr* **1.** *tec* aggraffare; **2.** *(Papier)* piegare.

familiär [famiˈli̯ɛːɐ̯] *a* familiare.

Familie [faˈmiːli̯ə] ‹-, -n› *f* famiglia *f*; *(Verwandtschaft, bes. scherz)* parentado *m fam*; ~ **Schmitz** la famiglia Schmitz; **das liegt in der** ~ è di famiglia. **Familienanschluß** *m*: **mit** ~ possibilità di convivere con la famiglia. **Familienkreis** *m*: **im** ~ in seno alla famiglia; **im engsten** ~ nell'intimità. **Familienleben** *n* vita *f* di famiglia. **Familienname** *m* cognome *m*. **Familienoberhaupt** *n* capofamiglia *mf*. **Familienplanung** *f* pianificazione *f* della famiglia. **Familienstand** *m* stato *m* civile.

Fan [fɛn] ‹-s, -s› *m film, mus* fan *mf*; *(Fußball~)* tifoso, -a *m, f*.

fanatisch [faˈnaːtɪʃ] *a* fanatico.

Fanatismus [fanaˈtɪsmʊs] ‹-, ø› *m* fanatismo *m*.

fand [fant] *imp von* **finden.**

Fanfare [fanˈfaːrə] ‹-, -n› *f* fanfara *f*.

Fang[1] [faŋ] ‹-(e)s, ø› *m* **1.** *(Tätigkeit)* cattura *f*, presa *f*; **2.** *(Beute)* preda *f*; *(beim Fischen)* pesca *f*; **einen guten** ~ **machen** fare buona preda; *fig* fare un buon acquisto.

Fang[2] [faŋ] ‹-(e)s, ¨-e› *m zoo (Zahn)* zanna *f*; *(Kralle)* artiglio *m*.

Fangarm *m* tentacolo *m*.

fangen ‹fängt, fing, gefangen› **I.** *tr* **1.** *(Ball, etc.)* prendere, pigliare; **2.** *(festnehmen)* catturare, acchiappare; **II.** *rfl:* **sich** ~ **1.** *(das Gleichgewicht wiederfinden)* riprendere l'equilibrio; *(seelisch)* riprendersi, riaversi; **2.** *(sich ver~)* impigliarsi, imbrogliarsi.

Fangfrage *f* domanda *f* a tranello.

fängt [fɛŋt] *pr von* **fangen.**

Farbband ‹-(e)s, -bänder› *n (von Schreibmaschine)* nastro *m*.

Farbe ['farbə] ‹-, -n› *f* **1.** *allg.* colore *m*; *(Gesichts~)* colorito *m*; **2.** *(Färbemittel)* tinta *f*; **3.** *(Mal~, Anstreich~)* pittura *f*; *(Lack~)* vernice *f*; **4.** *(Farbstoff)* colorante *m*; **5.** *(Spielkarten~)* seme *m*; ~ **bekennen** *fam* mettere le carte in tavola.

farbecht *a* indelebile.

färben ['fɛrbən] **I.** *tr* tingere; **II.** *itr (ab~)* stingere; **III.** *rfl:* **sich** ~ tingersi, colorarsi; **sich blau/rot** ~ tingersi di blu/di rosso; **sich gelb** ~ ingiallire.

farbenblind *a* daltonico. **farbenfroh** *a* dai colori vivaci. **Farbenpracht** *f* sfarzo *m* dei colori. **farbenprächtig** *a* dai colori vistosi.

Färberei [fɛrbəˈrai̯] ‹-, -en› *f* tintoria *f*.

Farbfernsehen *n* televisione *f* a colori. **Farbfilm** *m* pellicola *f* a colori. **Farbfoto** *n* foto *f* a colori.

farbig *a* **1.** *(bunt)* colorato; **2.** *(Hautfarbe)* di colore; **3.** *fig (anschaulich)* colorito. **Farbige** ‹ein -r, -n, -n› *mf* uomo *m* (donna *f*) di colore.

farblos *a* incolore. **Farbstift** *m* matita *f* colorata, pastello *m*. **Farbstoff** *m* (sostanza *f*) colorante *m*. **Farbton** *m* tinta *f*.

Färbung ‹-, -en› *f* **1.** *(das Färben)* colorazione *f*; **2.** *(Tönung)* tonalità *f*.

Farm [farm] ‹-, -en› *f* fattoria *f*.

Farn [farn] ‹-s, -e› *m* felce *f*.

Fasan [faˈzaːn] ‹-(e)s, -e(n)› *m* fagiano *m*.

Fasching ['faʃɪŋ] ‹-s, -e *o* -s› *m* carnevale *m*.

Faschismus [faˈʃɪsmʊs] ‹-, ø› *m* fascismo *m*.

faschistisch [faˈʃɪstɪʃ] *a* fascista.

faseln ['faːzəln] *fam* **I.** *itr* vaneggiare, sragionare; **II.** *tr* fantasticare.

Faser ['faːze] ‹-, -n› *f* fibra *f*.

fas(e)rig *a* fibroso, filamentoso.

fasern *itr* sfilacciarsi.

Faß [fas] ‹Fasses, Fässer› *n* **1.** *(großes)*

botte *f;* **2.** *(kleines)* barile *m;* **3.** *(für Industrie, aus Stahlblech)* fusto *m;* **Bier vom ~** birra alla spina; **Wein vom ~** vino sciolto; **ein ~ ohne Boden** *fig* una botte senza fondo; **das schlägt dem ~ den Boden aus!** *fam* questo è il colmo!

Fassade [fa'sa:də] ‹-, -n› *f* facciata *f.*

faßbar *a* comprensibile.

fassen ['fasən] **I.** *tr* **1.** *(ergreifen)* afferrare, prendere; **2.** *(festnehmen)* arrestare; **3.** *(aufnehmen)* contenere; **4.** *(ein~)* incastonare; *(einrahmen)* incorniciare; **5.** *(verstehen)* capire, comprendere; **ich kann es nicht ~** non riesco a capacitarmene; **das ist nicht zu ~!** è incredibile!; **II.** *rfl:* **sich ~** calmarsi; **sich kurz ~** essere breve.

Fässer *pl von* **Faß.**

Fassung ‹-, -en› *f* **1.** *(Ein~)* montatura *f; (von Edelsteinen)* incastonatura *f;* **2.** *(Gestaltung, Bearbeitung)* stesura *f; (Übersetzung, a. film)* versione *f;* **3.** *(Ruhe, Beherrschung)* calma *f,* controllo *m;* **die ~ bewahren** conservare la padronanza di sé; **die ~ verlieren** perdere la pazienza (*o* la calma); **jdn aus der ~ bringen** far perdere la calma a qu; **in dieser ~** sotto questa forma. **fassungslos** *a* sconcertato, esterrefatto. **Fassungsvermögen** *n* **1.** *(räumlich)* volume *m,* capacità *f;* **2.** *(intellektuell)* capacità *f* intellettiva.

fast [fast] *adv* quasi, pressoché; **ich wäre ~ gefallen** a momenti cadevo.

fasten ['fastən] *itr* digiunare. **Fastenzeit** *f* quaresima *f.*

Fastnacht ‹-, ø› *f* **1.** *(Fasching)* carnevale *m;* **2.** *(~sdienstag)* martedì *m* grasso.

Faszination [fastsina'tsio:n] ‹-, -en› *f* fascino *m.*

faszinieren [...'ni:rən] ‹*ohne ge-*› *tr* affascinare; **~d** affascinante.

fatal [fa'ta:l] *a* fatale.

faul [faul] *a* **1.** *(träge)* pigro, poltrone; **2.** *(verdorben)* guasto, marcio, putrido; **3.** *fig fam (verdächtig)* sospetto, dubbioso; *(fragwürdig)* dubbio, incerto; **eine ~e Ausrede** *fam* una magra scusa; **auf der ~en Haut liegen** *fam* poltrire nell'ozio; **an der Sache ist was ~** *fig fam* c'è qc di sospetto nella faccenda.

faulen *itr* ‹*sein o haben*› marcire, imputridire.

faulenzen ['faulɛntsən] *itr* poltrire.

Faulenzer(in) ‹-s, -› *m(f)* poltrone, -a *m, f,* fannullone, -a *m, f.*

Faulenzerei [...ə'rai] ‹-, -en› *f,* **Faulheit** ‹-, ø› *f* pigrizia *f,* poltroneria *f.*

faulig *a* putrido, marcio.

Fäulnis ['fɔylnɪs] ‹-, ø› *f* putrefazione *f,* marciume *m.*

Faust [faust] ‹-, ⸚e› *f* pugno *m;* **auf eigene ~** di propria iniziativa; **das paßt wie die ~ aufs Auge** *fam (paßt nicht)* è un pugno in un occhio *fam.*

Fäustchen ['fɔystçən] ‹-s, -› *n:* **sich** *(dat)* **ins ~ lachen** *fam* ridersela sotto i baffi *fam.*

faustdick ['faust'dɪk] *a:* **es ~ hinter den Ohren haben** *fam* essere un furbo matricolato *fam.* **Fausthandschuh** *m* (guanto *m* a) manopola *f.*

Favorit(in) [favo'ri:t(ɪn)] ‹-en, -en› *m(f)* favorito, -a *m, f.*

Fazit ['fa:tsɪt] ‹-s, -e *o* -s› *n* **1.** *(Ergebnis)* risultato *m* (finale); **2.** *(Schlußfolgerung)* conclusione *f.*

FDJ [ɛfde:'jɔt] ‹-, ø› *f ab von* **Freie Deutsche Jugend** *(DDR) associazione della gioventù nella R.D.T.*

FDP, F.D.P. [ɛfde:'pe:] ‹-, ø› *f ab von* **Freie Demokratische Partei** *partito liberal-democratico nella R.F.T.*

Februar ['fe:brua:ɐ] ‹-(s), -e› *m* febbraio *m; s. a. September.*

fechten ['fɛçtən] ‹ficht, focht, gefochten› *itr* tirare di scherma. **Fechten** ‹-s, ø› *n* scherma *f.* **Fechter(in)** ‹-s, -› *m(f)* schermitore, -trice *m, f.*

Feder ['fe:dɐ] ‹-, -n› *f* **1.** *(Vogel~, Stahl~, Schreib~)* penna *f; (Flaum~)* piuma *f;* **2.** *tec* molla *f;* **sich mit fremden ~n schmücken** coprirsi con le penne del pavone. **Federball** *m* **1.** *(Ball)* palla *f* del volano; **2.** *(Spiel)* (gioco *m* del) volano *m.* **Federbett** *n* piumino *m.* **Federhalter** *m* portapenne *m.* **Federkernmatratze** *f* materasso *m* a molle. **federleicht** ['fe:dɐ'laiçt] *a* leggero come una piuma.

federn I. *itr sport* molleggiarsi, flettersi; **II.** *tr tec* molleggiare. **federnd** *a* elastico.

Federung ‹-, -en› *f* molleggio *m; (von Fahrzeug)* sospensione *f* (elastica), sospensioni *f pl.*

Fee [fe:, 'fe:ən] ‹-, -n› *f* fata *f.*

Fegefeuer *n* purgatorio *m.*

fegen ['fe:gən] **I.** *tr* ‹*haben*› *(a. Schornstein)* spazzare, scopare; **II.** *itr* **1.** ‹*haben*› passare la scopa, scopare; **2.** ‹*sein*› *fam (rasen)* sfrecciare.

Fehde ['fe:də] ‹-, -n› *f* faida *f.*

fehl [fe:l] *adv:* **~ am Platz** fuori luogo, inopportuno. **Fehlanzeige** *f* rapporto *m* negativo. **Fehlbetrag** *m* deficit *m,* disavanzo *m.* **Fehleinschätzung** *f* valutazione *f* errata.

fehlen ['fe:lən] *itr* **1.** *(mangeln)* mancare; **2.** *(nicht anwesend sein)* essere assente, mancare; **es an nichts ~ lassen** non far mancare nulla; **es fehlt mir an Erfahrung** manco di esperienza; **es hätte nicht viel gefehlt und er hätte verloren** poco ci mancava (*o* mancò) che perdesse, per poco non avrebbe perso; **mir fehlt nichts** sto bene; **du fehlst mir sehr** mi manchi molto; **was**

fehlt dir?, wo fehlt es? cosa c'è che non va?; **das hat gerade noch gefehlt!** *fam iron* ci voleva anche questo!; **weit gefehlt!** sbagliato in pieno!

Fehler ⟨-s, -⟩ *m* **1.** *allg., gram, mot* errore *m; (Irrtum a.)* sbaglio *m; (grober ~, Schnitzer)* strafalcione *m;* **2.** *(Mangel, Defekt, a. Charakter~, Körper~)* difetto *m; (menschliche Schwäche)* vizio *m;* **3.** *(Schuld)* colpa *f;* **null ~** nessun errore. **fehlerfrei** *a* **1.** *(ohne Fehler)* corretto, senza errori; **2.** *(einwandfrei)* senza difetti. **fehlerhaft** *a* **1.** *(mangelhaft)* difettoso, imperfetto; **2.** *(unrichtig)* scorretto, errato. **Fehlerquelle** *f* fonte *f* di errori.

Fehlgeburt *f* aborto *m.* **Fehlgriff** *m* sbaglio *m.* **Fehlkalkulation** *f* calcolo *m* sbagliato. **Fehlkonstruktion** *f* costruzione *f* sbagliata. **Fehlschlag** *m (Mißerfolg)* insuccesso *m,* fiasco *m.* **fehl·schlagen** ⟨*irr*⟩ *itr* ⟨*sein*⟩ *(mißlingen)* fallire, non riuscire. **Fehlstart** *m sport* falsa partenza *f.* **Fehltritt** *m* passo *m* falso. **Fehlzündung** *f* accensione *f* difettosa.

Feier ['faiɐ] ⟨-, -n⟩ *f* **1.** *(Festlichkeit)* festa *f;* **2.** *(feierliche Handlung)* festeggiamento *m,* cerimonia *f,* celebrazione *f;* **zur ~ des Tages** per celebrare il giorno. **Feierabend** *m* **1.** *(abendliche Freizeit)* riposo *m* serale; **2.** *(Arbeitsschluß)* cessazione *f* del lavoro; **~ machen** cessare di lavorare; **am** (*o* **nach**) **~** dopo il lavoro, nel tempo libero; **schönen ~!** buona serata!; **jetzt ist aber ~!** *fam* adesso basta!

feierlich *a* **1.** *(festlich)* festivo; **2.** *(würdevoll)* solenne; **3.** *(förmlich)* ufficiale, formale; **das ist nicht mehr ~** *fam* questo è troppo!

feiern I. *tr (Fest, Menschen, etc.)* festeggiare; *(festlich begehen)* celebrare; **II.** *itr* far festa.

Feiertag *m* **1.** *allg.* (giorno *m* di) festa *f; (freier Tag a.)* vacanza *f;* **2.** *rel* festa *f* religiosa; **gesetzlicher ~** festa ufficiale.

feig(e) [faik ('faigə)] *a* vigliacco; *(gemein)* infame.

Feige ['faigə] ⟨-, -n⟩ *f* fico *m.* **Feigenblatt** *n* foglia *f* di fico.

Feigheit ⟨-, ø⟩ *f* vigliaccheria *f.*

Feigling ['faiklɪŋ] ⟨-s, -e⟩ *m* vigliacco, -a *m, f,* vile *mf.*

Feile ['failə] ⟨-, -n⟩ *f* lima *f.*

feilen *tr* limare (*an etw.* qc).

feilschen ['failʃən] *itr* mercanteggiare (*um* su).

fein [fain] *a* **1.** *(dünn, zart, ~sinnig)* sottile; *(von zartem Aussehen)* fine, grazioso, aggraziato; *(einfühlsam)* sensibile; **2.** *(nicht grob)* fino, raffinato; **3.** *(Sinn: scharf)* acuto, fine; **4.** *(Instrument: genau)* preciso, esatto, di precisione; **5.** *(sorgfältig)* esatto, accurato; **6.** *(exquisit)* squisito, ottimo; *(erlesen)* scelto, pregiato; **7.** *(vornehm)* distinto; **8.** *(anständig)* garbato; **9.** *fam (erfreulich, lobenswert)* splendido, grandioso; **ein ~er Kerl** *fam* un tipo garbato; **~ (he)raussein** *fam* essersela cavata bene; **sich ~ machen** farsi bello.

Feind(in) [faint (...dɪn)] ⟨-(e)s, -e⟩ *m(f)* nemico, -a *m, f; (Gegner)* avversario, -a *m, f.* **feindlich** *a (bes. mil)* nemico; *(gegnerisch)* contrario; *(feindselig)* ostile. **Feindschaft** ⟨-, -en⟩ *f* inimicizia *f,* ostilità *f.* **feindselig** *a* nemico, ostile. **Feindseligkeit** ⟨-, -en⟩ *f* ostilità *f.*

feinfühlig [-fy:lɪç] *a* sensibile. **Feingefühl** *n* sensibilità *f; (Takt)* tatto *m.*

Feinheit ⟨-, -en⟩ *f* **1.** *(Zartheit)* finezza *f;* **2.** *(Spitzfindigkeit)* sottigliezza *f;* **3.** *(Genauigkeit)* esattezza *f,* precisione *f;* **4.** *(Vornehmheit)* distinzione *f;* **5.** *(Anständigkeit)* garbatezza *f.*

Feinkostgeschäft *n* negozio *m* di specialità gastronomiche. **Feinschmecker(in)** ⟨-s, -⟩ *m(f)* buongustaio, -a *m, f.*

feist [faist] *a* grasso.

Feld [fɛlt] ⟨-(e)s, -er⟩ *n* **1.** *allg., fig* campo *m;* **2.** *(auf Spielbrett)* casella *f;* **das ~ räumen** cedere il campo; **Gründe ins ~ führen** accampare ragioni; **das ist ein weites ~** questo è un argomento vasto. **Feldbett** *n* branda *f.* **Feldflasche** *f* borraccia *f.* **Feldherr** *m* generale *m.* **Feldsalat** *m* lattughella *f,* dolcetta *f.* **Feldspat** [-ʃpa:t] ⟨-(e)s, -e *o* ¨-e⟩ *m* feldspato *m.* **Feldstecher** ⟨-s, -⟩ *m* binocolo *m,* cannocchiale *m.* **Feldwebel** [-ve:bəl] ⟨-s, -⟩ *m* maresciallo *m.* **Feldzug** *m* campagna *f* militare.

Felge ['fɛlgə] ⟨-, -n⟩ *f* cerchione *m.*

Felix ['fe:lɪks] *(männlicher Vorname)* Felice.

Fell [fɛl] ⟨-(e)s, -e⟩ *n (allg., a. ~besatz)* pelo *m; (a. Pelz)* pelliccia *f; (von Pferd)* mantello *m;* **ein dickes ~ haben** *fig fam* avere la pelle dura *fam;* **jdm das ~ über die Ohren ziehen** *fam* imbrogliare qu.

Fels [fɛls] ⟨-en, -en⟩ *m,* **Felsen** ['fɛlzən] ⟨-s, -⟩ *m* roccia *f; (~hang, ~wand)* rupe *f; (~block, ~gestein)* masso *m.* **felsenfest** *a fig* irrevocabile; **~ an etw. glauben** credere fermamente in qc.

felsig *a* roccioso.

Femininum [femi'ni:nʊm *o* 'fe:m..., ...na] ⟨-s, -nina⟩ *n* (genere *m*) femminile *m.*

Feminismus [femi'nɪsmʊs] ⟨-, ø⟩ *m* femminismo *m.*

Feminist(in) [...'nɪst(ɪn)] ⟨-en, -en⟩ *m(f)* femminista *mf.*

Fenchel ['fɛnçəl] ⟨-s, ø⟩ *m* finocchio *m.*

Fenster ['fɛnstɐ] ⟨-s, -⟩ *n* **1.** finestra *f;* **2.** *(Eisenbahn~, Auto~, etc.)* finestrino *m;* **zum ~ hinausschauen** guardare dalla finestra. **Fensterbank** ‹-, ⸚e› *f* davanzale *m.* **Fensterbriefumschlag** *m* busta *f* con finestrino. **Fensterglas** *n* vetro *m* per finestra. **Fensterladen** *m* persiana *f.* **Fensterleder** *n* pelle *f* di daino (per vetri). **Fensterplatz** *m* posto *m* al (*o* vicino al) finestrino. **Fensterputzer(in)** ‹-s, -› *m(f)* pulitore, -trice *m, f* di vetri. **Fensterscheibe** *f* vetro *m* della finestra.

Ferdinand ['fɛrdinant] *(männlicher Vorname)* Fernando, Ferdinando.

Ferien ['fe:ri̯ən] ‹*pl*› vacanze *f pl; (jur a.)* ferie *f pl;* **die großen ~** le vacanze estive; **in die ~ fahren** andare in ferie. **Ferienhaus** *n* casa *f* per le vacanze. **Ferienheim** *n* casa *f* per le vacanze; *(Kinder~)* colonia *f.* **Ferienkurs** *m* corso *m* estivo. **Ferienzeit** *f* periodo *m* di vacanza, vacanze *f pl.*

Ferkel ['fɛrkəl] ‹-s, -› *n* **1.** *zoo* porcellino *m,* maialetto *m;* **2.** *fig fam* sudicione *m fam,* porcellone *m.*

Ferment [fɛr'mɛnt] ‹-(e)s, -e› *n* fermento *m.*

fern [fɛrn] **I.** *a* **1.** *allg.* lontano; **2.** *(weit zurückliegend)* remoto; **3.** *(in weiter Zukunft liegend)* in un lontano futuro; **II.** *adv* lontano, alla lontana; **~ von** lontano da. **Fernamt** *n* ufficio *m* telefonico interurbano. **Fernbedienung** *f* telecomando *m.*

Ferne ‹-, ø› *f* lontananza *f;* **aus der ~** da lontano; **in der ~** *(räumlich)* in lontananza; **das liegt noch in weiter ~** è ancora di là da venire.

ferner ‹*Komparativ von* fern› **I.** *a* più lontano, più distante; **II.** *adv (außerdem)* inoltre, in più; **unter „~ liefen" kommen** non classificarsi fra i primi.

Fernfahrer(in) *m(f)* camionista *mf.* **ferngelenkt** *a* teleguidato, telecomandato. **Ferngespräch** *n* comunicazione *f* (*o* telefonata *f*) interurbana. **ferngesteuert** *s.* **ferngelenkt. Fernglas** *n* binocolo *m,* cannocchiale *m.* **fern·halten** ‹*irr*› *tr* tener lontano (*von* di); **sich von jdm ~** schivare qu. **Fernheizung** *f* riscaldamento *m* centrale (per più edifici o quartieri). **Fernleitung** *f* linea *f* interurbana. **Fernlenkung** *f* teleguida *f,* telecomando *m.* **fern·liegen** ‹*irr*› *itr:* **das liegt mir fern** lungi da me un simile pensiero. **Fernmeldewesen** *n* telecomunicazioni *f pl.* **fernmündlich I.** *a* telefonico; **II.** *adv* telefonicamente, per telefono. **Fernost** ['fɛrn'ʔɔst] *m:* **aus/in/nach ~** dall'/in/in Estremo Oriente. **Fernrohr** *n (Teleskop)* telescopio *m.* **Fernschreiben** *n* telex *m.* **Fernschreiber** *m (Apparat)* telescrivente *f.*

Fernsehansager(in) *m(f)* annunciatore, -trice *m, f* della televisione. **Fernsehantenne** *f* antenna *f* televisiva. **Fernsehapparat** *m* televisore *m.* **fern·sehen** ‹*irr*› *itr* guardare la televisione. **Fernsehen** ‹-s, ø› *n* televisione *f;* **im ~ übertragen** teletrasmettere, trasmettere per televisione; **heute abend kommt ein Krimi im ~** stasera c'è un film giallo alla televisione. **Fernseher** *m (Gerät)* televisore *m.* **Fernsehfilm** *m* telefilm *m.* **Fernsehgebühren** *f pl* canone *m* televisivo. **Fernsehnachrichten** *f pl* telegiornale *m.* **Fernsehprogramm** *n* programma *m* televisivo. **Fernsehsender** *m* stazione *f* televisiva, teletrasmittente *f.* **Fernsehsendung** *f* trasmissione *f* televisiva. **Fernsehspiel** *n* dramma *m* televisivo. **Fernsehteilnehmer(in)** *m(f)* abbonato, -a *m, f* alla televisione. **Fernsehturm** *m* torre *f* della televisione. **Fernsehübertragung** *f* trasmissione *f* televisiva.

Fernsicht *f* **1.** *allg.* vista *f;* **2.** *(klare Sicht)* visibilità *f.*

Fernsprechamt *n* centralino *m* (telefonico). **Fernsprechanlage** *f* impianto *m* telefonico. **Fernsprechapparat** *m,* **Fernsprecher** *m* telefono *m,* apparecchio *m* telefonico. **Fernsprechgebühr** *f* tariffa *f* telefonica. **Fernsprechteilnehmer(in)** *m(f)* abbonato, -a *m, f* al telefono. **Fernsprechverkehr** *m* servizio *m* telefonico.

fern·stehen ‹*irr*› *itr:* **jdm/einer S.** *(dat)* **~** essere estraneo a qu/qc. **Fernsteuerung** *f* telecomando *m,* telecontrollo *m.* **Fernstudium** *n* corsi *m pl* (universitari) per corrispondenza. **Fernverkehr** *m* **1.** *(Eisenbahn- und Fahrzeug~)* trasporti *m pl* interurbani; **2.** *tel* traffico *m* interurbano. **Fernwärme** *f* riscaldamento *m* a distanza. **Fernweh** ‹-(e)s, ø› *n* nostalgia *f* di terre lontane.

Ferse ['fɛrzə] ‹-, -n› *f anat* calcagno *m; (Strumpf~, Schuh~ a.)* tallone *m;* **jdm auf den ~n sein** stare alle calcagna di qu, tallonare qu.

fertig ['fɛrtɪç] *a* **1.** *(beendet)* finito, terminato; *(vollendet)* compiuto; **2.** *(bereit)* pronto (*zu* per); **3.** *fam (erschöpft)* sfinito, esausto; **4.** *fam (erledigt)* finito, rovinato; **mit etw. ~ sein** aver finito qc; **mit etw. ~ werden** *(beenden)* finire qc; *fig (darüber hinwegkommen)* superare qc; **mit jdm ~ werden** tenere testa a qu *fam;* **das Essen ist ~** il mangiare è pronto; **ich bin gleich ~** ho subito finito; **sieh zu, wie du damit ~ wirst** arrangiati *fam;* **damit wären wir ~** ecco fatto; **bist du ~?** sei pronto?; **du bleibst zu Hause und ~!** *fam* resti a casa e basta!; **mit dir bin ich endgültig ~!** *fam* di te non ne voglio più sapere.

Fertigbau(weise *f*) ‹-s, -ten› *m* costruzione *f* ad elementi prefabbricati.

fertig·bringen ‹*irr*› *tr* **1.** *(zum Abschluß*

bringen) finire; **2.** *(schaffen)* concludere, combinare; *(zustande bringen)* riuscire (*etw.* in qc *o* a fare qc); **3.** *(imstande sein)* essere capace di; **sie bringt es doch glatt fertig und ...** *fam* ci riesce facilmente e ...

fertigen *tr* fabbricare, produrre.

Fertiggericht *n* precotto *m*. **Fertighaus** *n* casa *f* prefabbricata.

Fertigkeit ‹-, -en› *f* **1.** *(Geschicklichkeit)* abilità *f*, capacità *f*; **2.** *(Kenntnis)* conoscenza *f*, cognizione *f*; *(Fähigkeit)* capacità *f*.

fertig·machen *tr* **1.** *(fertigstellen)* terminare, completare, ultimare; **2.** *(bereit machen)* preparare; **3.** *fig fam (müde, nervös, etc. machen)* sfinire, esaurire; *(zurechtweisen)* sgridare, riprendere; *(ruinieren)* rovinare; *(umbringen)* far fuori *fam*.

Fertigprodukt *n* prodotto *m* finito.

fertig·stellen *tr* ultimare, finire.

Fertigteil *n* elemento *m* prefabbricato.

Fertigung ‹-, -en› *f allg.* produzione *f*, fabbricazione *f*.

Fessel ['fɛsəl] ‹-, -n› *f* **1.** *anat* caviglia *f*; *(von Tieren)* pastoia *f*; **2.** *(Kette)* catena *f*; **jdn in ~n legen** incatenare qu, mettere qu in catene. **Fesselballon** *m* pallone *m* frenato.

fesseln *tr* **1.** *(Gefangene etc.)* mettere in catene, incatenare; *(binden)* legare; **2.** *fig (faszinieren)* avvincere; **jdn an Händen und Füßen ~** legare a qu mani e piedi; **durch die Krankheit war er vier Wochen ans Bett gefesselt** la malattia lo costrinse a letto per quattro settimane. **fesselnd** *a* **1.** *(spannend)* avvincente; **2.** *(faszinierend)* affascinante.

fest [fɛst] *a* **1.** *(nicht flüssig)* solido; **2.** *(nicht weich)* forte; *(hart)* duro, sodo; *(schwer zerreißbar)* robusto; **3.** *(nicht lose)* compatto, fitto; *(schwer lösbar)* forte; *(stramm)* sodo; **4.** *(ständig, festliegend: Wohnung, Arbeitsplatz, Preise)* fisso; *(Gewohnheiten)* inveterato, radicato; *(Freund)* fisso; **5.** *fig (energisch)* energico; *(unerschütterlich, bestimmt)* fermo; **~ bleiben** tener duro; **~ schlafen** dormire profondamente; **etw. ~ versprechen** promettere fermamente qc; **die Tür ~ schließen** chiudere bene la porta; **~ davon überzeugt sein, daß ...** avere la ferma convinzione che ... *conj*; **sich** *(dat)* **~ vornehmen, etw. zu tun** avere il fermo proposito di fare qc.

Fest [fɛst] ‹-(e)s, -e› *n* festa *f*; **frohes ~!** buona festa! **Festakt** *m* cerimonia *f*.

festangestellt *a* (impiegato) fisso, in pianta stabile.

fest·binden ‹*irr*› *tr* legare saldamente.

Festessen *n* banchetto *m*.

fest·fahren ‹*irr*› *rfl:* **sich ~** *naut, fig* arenarsi; **festgefahren sein** essere affondato.

festgesetzt *a:* **zur ~en Zeit** all'ora fissata.

fest·halten ‹*irr*› **I.** *tr* **1.** *(nicht loslassen)* tener fermo (*o* stretto), reggere; **2.** *(gefangen-, zurückhalten)* trattenere; **3.** *fig (in Bild, Ton, etc.)* fissare, registrare; *(notieren)* annotare; **II.** *itr* attenersi (*an* a); *(beharren)* perseverare (*an* in); **III.** *rfl:* **sich ~** tenersi, reggersi.

festigen I. *tr* consolidare; *(stählen, stärken)* rafforzare, fortificare; **II.** *rfl:* **sich ~** consolidarsi, stabilizzarsi.

Festiger ‹-s, -› *m (Haar~)* fissativo *m*.

Festigkeit ‹-, ø› *f* **1.** *allg.* solidità *f*, saldezza *f*; **2.** *fin, fig* stabilità *f*; **3.** *(Widerstandsfähigkeit)* resistenza *f*; **4.** *fig (Standfestigkeit)* fermezza *f*; *(Entschlossenheit)* risolutezza *f*.

Festigung ‹-, ø› *f* consolidamento *m*; *fig* rafforzamento *m*; *fin* stabilizzazione *f*.

Festland *n* **1.** *(nicht Meer)* terraferma *f*; **2.** *(Kontinent)* continente *m*.

fest·legen I. *tr* **1.** *(festsetzen)* fissare, stabilire; **2.** *(bestimmen)* stabilire, definire; **II.** *rfl:* **sich ~** *(sich binden)* vincolarsi (*auf* a), impegnarsi (*auf* a).

festlich I. *a* festivo, di festa; *(feierlich)* solenne; *(glanzvoll)* grandioso, splendido; **II.** *adv:* **etw. ~ begehen** festeggiare qc; **~ gekleidet** vestito a festa.

fest·machen *tr* **1.** *(befestigen)* fermare, fissare; **2.** *(binden)* legare; **3.** *(abmachen, vereinbaren)* combinare, fissare, stabilire; **4.** *naut* attraccare.

Festmahl *s.* **Festessen.**

fest·nageln *tr* fissare con chiodi; *(a. fig)* inchiodare (*auf* a).

Festnahme [-na:mə] ‹-, -n› *f* arresto *m*; *(vorläufige ~)* fermo *m*; *(Gefangennahme)* cattura *f*.

fest·nehmen ‹*irr*› *tr (verhaften)* prendere, arrestare, fermare; *(gefangennehmen)* catturare.

fest·schrauben *tr* avvitare.

fest·setzen I. *tr* **1.** *(gefangennehmen)* arrestare, imprigionare; **2.** *(festlegen)* fissare (*auf, bei* a); **3.** *(schätzen)* valutare; **II.** *rfl:* **sich ~ 1.** *(Staub, etc.)* infiltrarsi; **2.** *fig (Gedanke)* fissarsi.

fest·sitzen ‹*irr*› *itr* **1.** *(haften)* essere fisso (*o* fermo); **2.** *(nicht von der Stelle kommen)* essere bloccato; *naut* essere incagliato; *fig fam (keine Lösung mehr wissen)* non (saper più) andare avanti.

Festspiele *n pl* festival *m*. **Festspielhaus** *n* teatro *m* del festival.

fest·stehen ‹*irr*› *itr* **1.** *fig (bestimmt, festgelegt sein)* essere fissato; **2.** *(unumstößlich sein)* essere certo; **es steht fest, daß ...** è certo che ...

fest·stellen *tr* **1.** *tec (arretieren)* bloccare, arrestare; **2.** *fig (konstatieren)* constatare, rendersi conto di; *(beobach-*

ten) osservare; *(ermitteln)* accertare, verificare; **jds Personalien ~** accertare le generalità di qu.

Feststellung *f (Ermittlung)* accertamento *m; (bes. com, jur)* verifica *f; (Konstatierung)* constatazione *f; (Beobachtung)* osservazione *f; (Aussage)* dichiarazione *f.*

Festtag *m* giorno *m* festivo (*o* di festa); *rel* festa *f.*

Festung ‹-, -en› *f* fortezza *f.*

festverzinslich *a* a tasso fisso.

Festzug *m* corteo *m.*

Feten *pl von* **Fetus.**

Fetisch ['fe:tɪʃ] ‹-(e)s, -e› *m* feticcio *m.*

Fetischismus [fetɪ'ʃɪsmʊs] ‹-, ø› *m* feticismo *m.*

fett [fɛt] *a* **1.** *allg.* grasso; **2.** *fig (üppig)* ricco, abbondante; **3.** *fig fam (gewinnbringend)* redditizio; **4.** *typ* (in) nero; **~ kochen** cucinare con molti grassi.

Fett ‹-(e)s, -e› *n* **1.** *allg.* grasso *m;* **2.** *chem* lipide *m;* **~ ansetzen** ingrassare; **sein ~ (ab)bekommen** (*o* **(ab)kriegen)** *fam* ricevere una punizione (meritata). **Fettauge** *n* occhio *m* (di grasso).

fetten *tr* ingrassare; *(ein~)* ungere.

Fettfleck *m* macchia *f* di grasso (*o* di unto). **Fettgehalt** *m* contenuto *m* di grassi. **fetthaltig** *a* grasso; *(Gewebe, etc.)* adiposo. **fettleibig** *a* grasso, pingue; *med* obeso. **Fettnäpfchen** [-nɛp͜fçən] ‹-s, -› *n:* **ins ~ treten** *fig fam* fare una gaffe *fam.* **Fettsäure** *f* acido *m* grasso. **Fettschicht** *f* strato *m* di grasso. **Fettsucht** *f* obesità *f.*

Fetus ['fe:tʊs, ...tʊsə *o* ...tən *o* 'fɛ:tən] ‹- *o* -ses, -se *o* Feten› *m* feto *m.*

Fetzen ['fɛt͜sən] ‹-s, -› *m* **1.** *(abgerissenes Stück)* pezzetto *m;* **2.** *(zerschlissener Stoff)* straccio *m;* **3.** *(zusammenhangloses Stück)* frammento *m.*

feucht [fɔ͜yçt] *a* umido; *(angefeuchtet)* inumidito. **Feuchtigkeit** ‹-, ø› *f* umidità *f.* **Feuchtigkeitscreme** *f* crema *f* idratante.

feudal [fɔ͜y'da:l] **I.** *a* **1.** *hist, pol* feudale; **2.** *fig fam (prächtig)* magnifico, splendido; **II.** *adv fam (vornehm)* da gran signore; **wir waren gestern ganz ~ essen** *fam* ieri siamo andati a mangiare in un locale di lusso.

Feuer ['fɔ͜yɐ] ‹-s, -› *n* fuoco *m;* **~ fangen** prendere fuoco; *fig (sich begeistern)* infiammarsi, entusiasmarsi; **jdm ~ geben** dare del fuoco a qu; **für jdn durchs ~ gehen** gettarsi nel fuoco per qu; **mit dem ~ spielen** scherzare col fuoco; **~ und Flamme für etw. sein** essere entusiasta per qc; **haben Sie ~?** ha da accendere?, mi fa accendere? **Feueralarm** *m* allarme *m* in caso di incendio. **Feuerbefehl** *m* ordine *m* di aprire il fuoco. **feuerbeständig** *a* resistente al fuoco; *scient* refrattario. **Feuerbestattung** *f* cremazione *f.* **Feuereifer** *m* zelo *m,* fervore *m.* **feuerfest** *a* resistente al fuoco, refrattario. **Feuergefahr** *f* pericolo *m* d'incendio. **feuergefährlich** *a* infiammabile. **Feuerleiter** *f* scala *f* d'emergenza. **Feuerlöscher** ‹-s, -› *m* estintore *m.* **Feuermelder** ‹-s, -› *m* segnalatore *m* d'incendio.

feuern **I.** *itr* **1.** *(heizen)* fare il fuoco (*mit* con); **2.** *mil* sparare (*auf* su); **II.** *tr* **1.** *(Ofen)* accendere; **2.** *fam (entlassen)* buttare fuori *fam,* mandar via; **du kriegst gleich eine gefeuert!** *fam* ti arriva subito una sberla! *fam.*

Feuerpause *f* interruzione *f* (*o* sospensione *f*) del fuoco. **feuerrot** ['fɔ͜yɐ'ro:t] *a* **1.** *(Farbbezeichnung)* rosso fuoco; **2.** *(errötet)* rosso come il fuoco. **Feuerschlucker(in)** ‹-s, -› *m(f)* mangiafuoco *mf.* **feuerspeiend** *a (Berg)* che vomita fuoco; *(Drache)* che sputa fuoco. **Feuerstein** *m* **1.** *(Zündstein)* pietra *f* focaia; **2.** *geol* selce *f.* **Feuerversicherung** *f* assicurazione *f* contro gli incendi. **Feuerwehr** ‹-, -en› *f* corpo *m* dei vigili del fuoco, pompieri *m pl.* **Feuerwehrauto** *n* macchina *f* dei pompieri, autopompa *f.* **Feuerwehrmann** ‹-(e)s, -männer *o* -leute› *m* pompiere *m,* vigile *m* del fuoco. **Feuerwerk** *n* fuochi *m pl* d'artificio. **Feuerwerker(in)** ‹-s, -› *m(f)* pirotecnico, -a *m, f.* **Feuerwerkskörper** *m* razzo *m* pirotecnico. **Feuerzeug** ‹-(e)s, -e› *n* accendino *m.*

Feuilleton ['fœjətõ *o* ...'tõ:] ‹-s, -s› *n* **1.** *(Zeitungsteil)* terza pagina *f;* **2.** *(Zeitungsartikel, TV)* feuilleton *m.*

feurig ['fɔ͜yrɪç] *a* **1.** *(brennend)* infocato, di fuoco; **2.** *fig (temperamentvoll)* focoso; *(inbrünstig)* ardente; *(leidenschaftlich)* appassionato.

Fiaker ['fi̯akɐ] ‹-s, -› *m* **1.** *(Droschke)* fiacre *m;* **2.** *(Kutscher)* fiaccheraio *m.*

Fiasko ['fi̯asko] ‹-s, -s› *n* fiasco *m,* insuccesso *m;* **ein ~ erleben** fare fiasco.

Fibel ['fi:bəl] ‹-, -n› *f* **1.** *(Lesebuch)* abbiccì *m;* **2.** *(Lehrbuch)* manuale *m.*

ficht [fɪçt] *pr von* **fechten.**

Fichte ['fɪçtə] ‹-, -n› *f* abete *m* rosso.

ficken ['fɪkən] *tr vulg* chiavare *vulg.*

fidel [fi'de:l] *a fam* allegro.

Fieber ['fi:bɐ] ‹-s, *rar* -› *n* febbre *f;* **(39 Grad) ~ haben** avere la febbre (a 39). **fieberfrei** *a* senza febbre, sfebbrato. **fieberhaft** *a* febbrile. **fieb(e)rig** ['fi:b(ə)rɪç] *a* febbrile; *(fiebernd)* febbricitante. **Fieberkurve** *f* diagramma *m* della febbre. **Fieberthermometer** *n* termometro *m.*

fiebrig *s.* **fieberig.**

fiel [fi:l] *imp von* **fallen.**

Figur [fi'gu:ɐ̯] ‹-, -en› *f* figura *f; (in Film, Buch)* personaggio *m;* **eine gute ~**

haben avere una bella figura; **keine/eine gute ~ machen** fare (una) brutta/bella figura.

Filet [fi'le:] ‹-s, -s› *n* filetto *m.* **Filetsteak** *n* bistecca *f* di filetto.

Filiale [fi'li̯a:lə] ‹-, -n› *f* filiale *f,* succursale *f.* **Filialleiter(in)** *m(f)* gerente *mf* di una succursale.

Film [fɪlm] ‹-(e)s, -e› *m* **1.** *fot* pellicola *f;* **2.** *film* film *m,* pellicola *f* cinematografica; *(~wesen)* cinematografia *f,* cinema *m;* **3.** *(dünne Schicht)* film *m,* strato *m* sottile; **in einen ~ gehen** andare a vedere un film; **sie ist beim ~** è nel cinema. **Filmarchiv** *n* cineteca *f.* **Filmaufnahme** *f* ripresa *f* cinematografica. **Filmemacher(in)** ‹-s, -› *m(f)* cineasta *mf.*

filmen I. *tr* filmare, riprendere; **II.** *itr* girare un film.

Filmfestspiele *n pl* festival *m* cinematografico (*o* del cinema). **Filmkamera** *f* cinepresa *f,* macchina *f* da presa. **Filmkunst** *f* arte *f* cinematografica. **Filmproduzent(in)** *m(f)* produttore, -trice *m, f* cinematografico, -a. **Filmreportage** *f* cinereportage *m.* **Filmschauspieler(in)** *m(f)* attore, -trice *m, f* cinematografico, -a. **Filmstar** *m* divo, -a *m, f* del cinema. **Filmverleih** *m* casa *f* di distribuzione cinematografica.

Filter ['fɪltɐ] ‹-s, -› *m o n* filtro *m.* **Filtermundstück** *n* bocchino *m* con filtro.

filtern *tr* filtrare, passare al filtro.

Filterpapier *n* carta *f* da filtro. **Filterzigarette** *f* sigaretta *f* con filtro.

Filz [fɪlts] ‹-es, -e› *m* **1.** *(Gewebe)* feltro *m;* **2.** *fig (in der Politik, etc.)* corruzione *f* e nepotismo *m.*

filzen I. *itr (Wolle, etc.)* feltrare; **II.** *tr fam (durchsuchen)* frugare.

Filzlaus *f* pidocchio *m* del pube, piattola *f.* **Filzschreiber** *m,* **Filzstift** *m* pennarello *m.*

Fimmel ['fɪməl] ‹-s, -› *m fam* mania *f,* pallino *m fam;* **einen ~ haben** avere il pallino (*für* di) *fam.*

Finale [fi'na:lə] ‹-s, - *o* -s› *n* finale *m.*

Finanz [fi'nants] ‹-, -en› *f* finanza *f.* **Finanzamt** *n* ufficio *m* tasse (*o* finanziario). **Finanzbeamte** *m,* **-beamtin** *f* impiegato, -a *m, f* di finanza.

finanziell [...'tsi̯ɛl] *a* finanziario.

finanzieren [...'tsi:rən] ‹*ohne ge-*› *tr* finanziare.

Findelkind ['fɪndəl-] *n* trovatello, -a *m, f.*

finden ['fɪndən] ‹findet, fand, gefunden› **I.** *tr* trovare; **nicht zu ~ sein** essere irreperibile; **das finde ich nicht nett von dir** non lo trovo gentile da parte tua; **II.** *rfl:* **sich ~ 1.** *(zum Vorschein kommen)* ritrovarsi; **2.** *(in Ordnung kommen)* rientrare nell'ordine; **3.** *geh (sich fügen)* adattarsi (*in* a), rassegnarsi (*in* a); **das wird sich schon ~** la cosa si accomoderà; **es fand sich niemand, der ...** non si trovò nessuno che ... *conj.*

Finder(in) ‹-s, -› *m(f)* ritrovatore, -trice *m, f.* **Finderlohn** *m* ricompensa *f.*

findig *a* ingegnoso; *(gewitzt)* furbo.

fing [fɪŋ] *imp von* **fangen.**

Finger ['fɪŋɐ] ‹-s, -› *m* dito *m;* **kleiner ~** (dito *m*) mignolo *m;* **die ~ von etw./jdm lassen** *fam* lasciare stare qc/qu, non toccare qc/qu; **keinen ~ krumm machen** non muovere un dito; **sich** *(dat)* **die ~ verbrennen** scottarsi le dita; *fig* rimaner scottato; **sich** *(dat)* **die ~ nach etw. lecken** *fam* morire dalla voglia di avere qc; **sich** *(dat)* **(mit etw.) nicht die ~ schmutzig machen** *fam* non immischiarsi in qc; **sich** *(dat)* **etw. aus den ~n saugen** *fam* inventare qc di sana pianta; **jdm auf die ~ klopfen** redarguire qu; **jdm auf die ~ sehen** tener d'occhio qu; **etw. an den ~n abzählen** contare qc sulle dita; **etw. mit spitzen ~n anfassen** prendere qc con la punta delle dita; *fig* trattare qc coi guanti bianchi; **mit dem ~ auf jdn zeigen** additare qu; **den kann man um den ~ wickeln** *fig fam* si può far di lui quello che si vuole; **wenn ich den noch mal in die ~ kriege!** *fam* se mi capita a tiro un'altra volta! *fam;* **~ weg!** *fam* via le mani! **Fingerabdruck** *m* impronta *f* digitale. **fingerfertig** *a* dalle dita agili (*o* svelte). **Fingerhut** *m* **1.** *(zum Nähen)* ditale *m;* **2.** *bot* digitale *f.* **Fingernagel** *m* unghia *f.* **Fingerspitze** *f* punta *f* del dito. **Fingerspitzengefühl** *n* sensibilità *f* raffinata, tatto *m.*

fingieren [fɪŋ'gi:rən] ‹*ohne ge-*› *tr* fingere, simulare.

Fink [fɪnk] ‹-en, -en› *m* fringuello *m.*

Finne ['fɪnə] ‹-n, -n› *m,* **Finnin** ['fɪnɪn] *f* finlandese *mf.*

finnisch *a* finlandese.

Finnland ['fɪnlant] *n* Finlandia *f.*

finster ['fɪnstɐ] *a* **1.** *(dunkel)* buio, oscuro; **2.** *fig (zwielichtig)* ambiguo; **3.** *fig (mürrisch)* burbero, scontroso; **4.** *fig (unheimlich)* sinistro, losco, sospetto; **das ~e Mittelalter** l'oscuro Medioevo; **~e Nacht** notte fonda. **Finsternis** ‹-, -se› *f* oscurità *f; (a. fig)* tenebre *f pl; astr* eclissi *f.*

Finte ['fɪntə] ‹-, -n› *f* **1.** *(Vorwand)* pretesto *m; (Täuschung)* finzione *f;* **2.** *sport* finta *f.*

Firma ['fɪrma, ...mən] ‹-, Firmen› *f* (*ab* **Fa.**) **1.** *(Betrieb)* ditta *f,* azienda *f;* **2.** *(Name)* ragione *f* sociale.

Firmament [fɪrma'mɛnt] ‹-(e)s, -e› *n* firmamento *m.*

firmen ['fɪrmən] *tr* cresimare.

Firmen *pl von* **Firma.**

Firmling ['fɪrmlɪŋ] ‹-s, -e› *m* cresimando, -a *m, f.*
Firmung ‹-, -en› *f* cresima *f.*
Firnis ['fɪrnɪs] ‹-ses, -se› *m* vernice *f.*
First [fɪrst] ‹-es, -e› *m (Dach~)* colmo *m,* sommità *f* del tetto.
Fisch [fɪʃ] ‹-(e)s, -e› *m* pesce *m;* **~e** *astr* Pesci *m pl;* **weder ~ noch Fleisch** né carne né pesce; **munter wie ein ~ im Wasser sein** essere contento come una Pasqua *fam;* **er** (*o* **sie) ist (ein) ~** è dei Pesci. **Fischbein** *n* osso *m* di balena.
fischen *tr, itr* pescare.
Fischer(in) ‹-s, -› *m(f)* pescatore, -trice *m, f.*
Fischerei [fɪʃe'rai] ‹-, ø› *f* pesca *f.*
Fischfang *m* pesca *f.* **Fischgeschäft** *n* pescheria *f.* **Fischgräte** *f* lisca *f.* **Fischhändler(in)** *m(f)* pescivendolo, -a *m, f.* **Fischlaich** *m* uova *f pl* di pesce. **Fischotter** *m* lontra *f.* **Fischsuppe** *f* zuppa *f* di pesce. **Fischteich** *m* vivaio *m.* **Fischzucht** *f* pescicoltura *f.*
Fiskus ['fɪskʊs, ...kən *o* ...kʊsə] ‹-, *rar* Fisken *o* -se› *m* fisco *m.*
Fisole [fi'zo:lə] ‹-, -n› *A (grüne Bohne)* fagiolino *m.*
fit [fɪt] *a* in forma.
Fitneß ['fɪtnɛs] ‹-, ø› *f* salute *f* fisica. **Fitneßcenter** [-sɛnte] ‹-s, -› *n* centro *m* fitness.
fix [fɪks] *a* **1.** *(fest)* fisso; **2.** *fam (schnell)* svelto, veloce; *(flink, gewandt)* svelto; **~ und fertig** *fam* bell'e pronto; *(erschöpft)* sfinito.
Fixa *pl von* **Fixum.**
fixen ['fɪksən] *itr sl* bucarsi *sl.*
Fixer(in) ‹-s, -› *m(f) sl* drogato, -a *m, f.*
Fixierbad *n* bagno *m* fissatore.
fixieren [fɪ'ksi:rən] ‹*ohne ge-*› *tr* fissare; **auf etw. fixiert sein** essere fissato su qc.
Fixum ['fɪksʊm, ...sa] ‹-s, Fixa› *n* (stipendio *m*) fisso *m.*
FKK [ɛfka:'ka:] *ab von* **Freikörperkultur** nudismo *m;* **~-Strand** *m* spiaggia *f* riservata ai nudisti; **~-Anhänger(in)** *m(f)* nudista *mf.*
flach [flax] *a* **1.** *(eben)* piano; *(a. platt)* piatto; **2.** *(nicht tief)* basso; **3.** *fig (oberflächlich)* superficiale; *(nichtssagend)* scialbo, piatto; **~es Land** pianura *f;* **mit der ~en Hand** con la mano aperta. **Flachdach** *n* tetto *m* piano.
Fläche ['flɛçə] ‹-, -n› *f* **1.** *(Oberfläche, Gebiet, mat)* superficie; **2.** *(Ebene)* pianura *f.* **Flächenmaß** *n* misura *f* di superficie.
Flachland *n* pianura *f.*
Flachs [flaks] ‹-es, ø› *m* lino *m.*
flackern ['flaken] *itr (Flamme)* guizzare; *(Licht)* vacillare, tremolare.
Fladen ['fla:dən] ‹-s, -› *m* **1.** *gastr* focaccia *f;* **2.** *(Kuh~)* sterco *m* di vacca.
Flagge ['flagə] ‹-, -n› *f* bandiera *f;* **die italienische ~ führen, unter italienischer ~ segeln** navigare battendo bandiera italiana.
Flaggschiff *n* nave *f* ammiraglia.
flagranti [fla'granti] *adv:* **in ~** in flagrante.
Flak [flak] ‹-, -(s)› *f* **1.** *(Waffe)* cannone *m* antiaereo; **2.** *(Einheit)* artiglieria *f* contraerea.
flambieren [flam'bi:rən] ‹*ohne ge-*› *tr* flambare.
Flamingo [fla'mɪŋgo] ‹-s, -s› *m* fiammingo *m,* fenicottero *m.*
Flamme ['flamə] ‹-, -n› *f* fiamma *f;* **eine alte ~ von mir** *fam* una mia vecchia fiamma; **in ~n aufgehen** incendiarsi, andare in fiamme; **in ~n stehen** essere in fiamme, ardere. **flammend** *a* **1.** *(brennend)* ardente; **2.** *(~rot)* fiammante; **3.** *fig (Rede, etc.)* infiammato. **Flammenwerfer** ‹-s, -› *m* lanciafiamme *m.*
Flanell [fla'nɛl] ‹-s, -e› *m* flanella *f.*
Flanke ['flaŋkə] ‹-, -n› *f* **1.** *allg., anat* fianco *m;* **2.** *sport (Fußball)* cross *m.*
flankieren [...'ki:rən] ‹*ohne ge-*› *tr* fiancheggiare, stare di fianco a.
Flansch [flanʃ] ‹-(e)s, -e› *m* flangia *f.*
Flasche ['flaʃə] ‹-, -n› *f* **1.** *(Gefäß)* bottiglia *f; (Saug~)* biberon *m;* **2.** *fam pej* schiappa *f fam;* **zur ~ greifen** darsi al bere. **Flaschenbier** *n* birra *f* in bottiglia. **Flaschenkürbis** *m* zucca *f* da vino. **Flaschenöffner** *m* apribottiglie *m.* **Flaschenpfand** *n* cauzione *f* per il vuoto. **Flaschenpost** *f* messaggio *m* in bottiglia. **Flaschenzug** *m* paranco *m.*
flatterhaft *a* volubile.
flattern ['flaten] *itr* **1.** ‹*sein*› *(Tier)* svolazzare; **2.** ‹*haben*› *(Fahne, etc.)* sventolare; **3.** ‹*haben*› *(Augenlider)* tremolare; *(Hände)* tremare.
flau [flau] *a* **1.** *(schlaff, weich)* fiacco, molle; **2.** *(schwach)* debole, spento; *(Wind)* debole, leggero; **3.** *fin* stagnante, calmo; **mir wird ~** mi sento male.
Flaum [flaum] ‹-(e)s, ø› *m* **1.** *(~federn)* piume *f pl;* **2.** *(~haare)* peluria *f.* **flaumig** *a* **1.** *(aus, mit Flaum)* coperto di lanugine; **2.** *(flaumweich)* morbido come una piuma, piumoso.
Flausch [flauʃ] ‹-(e)s, -e› *m* rattina *f.* **flauschig** *a* morbido, soffice.
Flausen ['flauzən] *f pl fam* frottole *f pl; (Unsinn)* idee *f pl* bizzarre; **er hat nur ~ im Kopf** ha solo stupidaggini per la testa *fam.*
Flaute ['flautə] ‹-, -n› *f* **1.** *naut* bonaccia *f,* calma *f;* **2.** *fin* ristagno *m.*
Flechte ['flɛçtə] ‹-, -n› *f* **1.** *bot* lichene *m;* **2.** *med* erpete *m,* psoriasi *f.*
flechten ‹flicht, flocht, geflochten› *tr* **1.** *(Zopf)* intrecciare; **2.** *(Flechtwerk)* intessere; *(Stuhl)* impagliare.

Fleck [flɛk] ‹-(e)s, -e *o* -en› *m*, **Flecken** ‹-s, -› *m* **1.** *(Flicken, Stück)* pezza *f*, toppa *f*; **2.** *(Schmutz~, Farb~)* macchia *f*, chiazza *f*; **3.** *(Stelle, Ort)* punto *m*, luogo *m*, posto *m*; **blauer ~** livido *m*; **nicht vom ~ kommen** non muoversi di un pollice *fam*; **das Herz auf dem rechten ~ haben** aver buon cuore. **Fleckenwasser** *n* smacchiatore *m*.

Fleckfieber *n* febbre *f* petecchiale.

fleckig *a* picchiettato; *(schmutzig)* macchiato.

Fledermaus ['fle:dɐ-] *f* pipistrello *m*.

Flegel ['fle:gəl] ‹-s, -› *m pej* villano *m*.

Flegelei [...'la̯i] ‹-, -en› *f* villania *f*.

flegelhaft *a* zotico, villano. **Flegeljahre** *n pl* pubertà *f*, età *f* ingrata; **in den ~n sein** essere nell'età ingrata.

flehen ['fle:ən] *itr* supplicare (*zu jdm um etw.* qu per qc), implorare (*zu jdm um etw.* qc da qu). **Flehen** ‹-s, ø› *n* preghiera *f*, supplica *f*.

Fleisch [fla̯iʃ] ‹-(e)s, ø› *n* carne *f*; *(Frucht~)* polpa *f*; **sich ins eigene ~ schneiden** *fig* darsi la zappa sui piedi. **Fleischbrühe** *f* brodo *m* di carne.

Fleischer(in) ‹-s, -› *m(f)* macellaio, -a *m*, *f*.

Fleischerei [fla̯iʃə'ra̯i] ‹-, -en› *f* macelleria *f*, salumeria *f*.

fleischfarben *a* color carne, incarnato. **fleischfressend** *a* carnivoro. **fleischig** *a* carnoso; *bot* polposo. **Fleischklößchen** [-klø:sçən] ‹-s, -› *n* polpetta *f* (di carne). **fleischlos** *a (Kost)* senza carne; *rel* di magro. **Fleischvergiftung** *f* intossicazione *f* da carne. **Fleischwolf** *m* tritacarne *m*. **Fleischwunde** *f* ferita *f* nella carne.

Fleiß [fla̯is] ‹-es, ø› *m* diligenza *f*; *(Eifer)* zelo *m*; **ohne ~ kein Preis** *prov* chi non semina non raccoglie *prov*. **fleißig** *a* diligente; *(eifrig)* assiduo, zelante, sollecito.

fletschen ['flɛtʃən] *tr*: **die Zähne ~** digrignare i denti.

flexibel [flɛ'ksi:bəl] *a* flessibile.

Flexion [flɛ'ksi̯o:n] ‹-, -en› *f* flessione *f*.

flicht [flɪçt] *pr von* **flechten.**

flicken ['flɪkən] *tr* **1.** *(ausbessern)* raccomodare; *(Schuhe, Kleider)* rattoppare; *(stopfen)* rammendare; **2.** *fig* abborracciare.

Flicken ‹-s, -› *m* rappezzo *m*.

Flickzeug ‹-(e)s, -e› *n* corredo *m* per riparazioni.

Flieder ['fli:dɐ] ‹-s, -› *m* lillà *m*.

Fliege ['fli:gə] ‹-, -n› *f* **1.** *zoo* mosca *f*; **2.** *(Krawatte)* (cravatta *f* a) farfalla *f*; **zwei ~n mit einer Klappe schlagen** *fam* prendere due piccioni con una fava; **keiner ~ etw. zuleide tun (können)** non far male a una mosca; **sie fielen um wie die ~n** morirono come mosche.

fliegen ['fli:gən] ‹fliegt, flog, geflogen› **I.** *itr* ‹*sein*› **1.** *allg.* volare; **2.** *(mit Flugzeug)* andare in aereo; **3.** *(geworfen werden)* essere scagliato (*o* scaraventato); **4.** *fam (hinausgeworfen werden)* venire licenziato; **auf jdn/etw. ~** *fam* essere attratto da qu/qc; **in die Luft ~** *(explodieren)* saltare in aria, esplodere; **II.** *tr* ‹*haben*› pilotare, guidare; *(Person)* trasportare in aereo.

Fliegenfänger ‹-s, -› *m* pigliamosche *m*. **Fliegengitter** *n* retina *f* metallica contro le mosche. **Fliegenpilz** *m* ovolaccio *m*.

Flieger(in) ‹-s, -› *m(f)* pilota *mf*, aviatore, -trice *m*, *f*; *mil* aviere *m*. **Fliegeralarm** *m* allarme *m* aereo.

fliehen ['fli:ən] ‹flieht, floh, geflohen› *itr* ‹*sein*› fuggire (*vor* di fronte a); *(von zu Hause)* scappare (*aus*, *von* da); *(aus Gefängnis)* evadere (*aus*, *von* da). **fliehend** *a (Stirn, etc.)* sfuggente.

Fliehkraft *f* forza *f* centrifuga.

Fliese ['fli:zə] ‹-, -n› *f* piastrella *f*, mattonella *f*. **Fliesenleger(in)** ‹-s, -› *m(f)* piastrellista *mf*.

Fließband ‹-(e)s, ⸚er› *n* catena *f* di montaggio.

fließen ['fli:sən] ‹fließt, floß, geflossen› *itr* ‹*sein*› (s)correre; *(münden)* sboccare (*in* in); *(hervorquellen)* sgorgare; **der Schweiß floß mir von der Stirn** la fronte mi grondava di sudore. **fließend** *a allg.* scorrente; *(Wasser)* corrente; *(Grenze)* fluttuante; **~ Italienisch sprechen** parlare italiano correntemente.

flimmern ['flɪmɐn] *itr* **1.** *(Licht, Luft)* tremolare; **2.** *film, TV* sfarfallare; **es flimmert mir vor den Augen** mi trema la vista.

flink [flɪŋk] *a* **1.** *(schnell)* svelto, lesto; **2.** *(geschickt)* abile, agile; **3.** *(munter, lebhaft)* sveglio, vispo.

Flinte ['flɪntə] ‹-, -n› *f* fucile *m*, schioppo *m fam*; **die ~ ins Korn werfen** *fam* abbandonare la lotta.

Flipper ['flɪpɐ] ‹-s, -› *m* flipper *m*.

flippern *itr* giocare a flipper.

Flirt [flœrt *o* flɪrt] ‹-(e)s, -s› *m* flirt *m*.

flirten *itr* flirtare.

Flittchen ['flɪtçən] ‹-s, -› *n fam pej* puttanella *f fam*.

Flitter ['flɪtɐ] ‹-s, -› *m (Tand)* orpello *m*. **Flitterwochen** *f pl* luna *f* di miele.

flitzen ['flɪts̯ən] *itr* ‹*sein*› *fam* sfrecciare.

flocht [flɔxt] *imp von* **flechten.**

Flocke ['flɔkə] ‹-, -n› *f* fiocco *m*. **flockig** *a* fioccoso.

flog [flo:k] *imp von* **fliegen.**

floh [flo:] *imp von* **fliehen.**

Floh [flo:] ‹-(e)s, ⸚e› *m* pulce *f*; **jdm einen ~ ins Ohr setzen** mettere una pulce nell'orecchio a qu. **Flohmarkt** *m* mercato *m* delle pulci.

Florenz [flo'rɛnts̯] *n* Firenze *f*.

Florett [flo'rɛt] ‹-(e)s, -e› *n* fioretto *m.*
Florian ['flo:ri̯a:n] *(männlicher Vorname)* Floriano.
florieren [flo'ri:rən] ‹*ohne ge-*› *itr* fiorire, prosperare.
Floskel ['flɔskəl] ‹-, -n› *f* frase *f* retorica (*o* vuota).
floß [flɔs] *imp von* **fließen.**
Floß [flo:s] ‹-es, ⸚e› *n* zattera *f.*
Flosse ['flɔsə] ‹-, -n› *f zoo, sport* pinna *f; aero* (piano *m*) stabilizzatore *m.*
Flöte ['flø:tə] ‹-, -n› *f* flauto *m.*
flöten *itr* suonare il flauto.
flöten·gehen ‹*irr*› *itr* ‹*sein*› *fam* andar perduto, andare a farsi friggere *fam.* **Flötenspieler(in), Flötist(in)** [flø'tɪst(ɪn)] ‹-en, -en› *m(f)* flautista *mf.* **Flötenton** *m:* **jdm die Flötentöne beibringen** *fam* fare una paternale a qu.
flott [flɔt] *a* **1.** *(schnell)* svelto; **2.** *(schick)* carino; **3.** *(lebenslustig)* spensierato; **4.** *naut* galleggiante.
Flotte ['flɔtə] ‹-, -n› *f* flotta *f.* **Flottenstützpunkt** *m* base *f* navale.
flott·machen *tr (Schiff)* disincagliare; *(Auto)* rimettere a posto.
Flöz [flø:ts̯] ‹-es, -e› *n* strato *m*, filone *m* orizzontale.
Fluch [flu:x] ‹-(e)s, ⸚e› *m* **1.** *(Verwünschung, Unheil)* maledizione *f;* **2.** *(Schimpfwort)* bestemmia *f.*
fluchen *itr* bestemmiare, imprecare (*auf* contro).
Flucht [flʊxt] ‹-, -en› *f* **1.** *(Fliehen)* fuga *f; (Ausbrechen)* evasione *f* (*aus* da); **2.** *arch (Häuser~)* serie *f*, fila *f; (Zimmer~)* fuga *f;* **die ~ ergreifen** prendere la fuga; **auf der ~ sein** essere in fuga. **fluchtartig** *adv* precipitosamente, in fretta e furia.
flüchten ['flʏçtən] *itr* ‹*sein*› **1.** *(fliehen)* fuggire (*vor* davanti a); **2.** *(a. rfl:* **sich ~***) (Schutz suchen)* rifugiarsi.
Fluchthelfer(in) *m(f)* complice *mf* dell'evasione. **Fluchthilfe** *f* complicità *f* dell'evasione.
flüchtig *a* **1.** *(fliehend)* fuggente, fuggitivo; **2.** *(schnell vergehend)* fugace, fuggevole; **3.** *(oberflächlich)* superficiale; *(Eindruck)* vago; *(nachlässig)* impreciso; **4.** *chem* volatile; **etw. ~ lesen** scorrere qc. **Flüchtigkeit** ‹-, ø› *f* **1.** *(Oberflächlichkeit)* superficialità *f;* **2.** *(Ungenauigkeit)* imprecisione *f;* **3.** *chem* volatilità *f.* **Flüchtigkeitsfehler** *m* disattenzione *f*, svista *f.*
Flüchtling ['flʏçtlɪŋ] ‹-s, -e› *m* profugo, -a *m, f.* **Flüchtlingslager** *n* campo *m* (di) profughi.
Fluchtversuch *m* tentativo *m* di fuga. **Fluchtweg** *m* via *f* di scampo.
Flug [flu:k] ‹-(e)s, ⸚e› *m* volo *m;* **die Zeit verging (wie) im ~(e)** il tempo volò via. **Flugangst** *f* paura *f* di volare. **Flugblatt** *n* volantino *m.*
Flügel ['fly:gəl] ‹-s, -› *m* **1.** *zoo, aero, sport, pol, mil, arch* ala *f;* **2.** *(Windmühlen~)* pala *f; (Tür-, Fenster~)* battente *m; (Altar~)* sportello *m* (di trittico); **3.** *mus* pianoforte *m* a coda. **Flügelmutter** *f* dado *m* ad alette (*o* a farfalla). **Flügelschlag** *m* colpo *m* d'ala, batter *m* d'ali. **Flügelschraube** *f* vite *f* ad alette. **Flügeltür** *f* porta *f* a battenti.
Fluggast *m* passeggero *m* (d'aereo).
flügge ['flʏgə] *a* atto a volare; **~ werden** *fig* diventare indipendente.
Fluggesellschaft *f* compagnia *f* aerea. **Flughafen** *m* aeroporto *m*, scalo *m* aereo. **Flughöhe** *f* quota *f*, altezza *f* di volo. **Flugkapitän** *m* capitano *m* pilota. **Fluglinie** *f* linea *f* aerea, aerolinea *f.* **Fluglotse** *m* controllore *m* di volo. **Flugobjekt** *n:* **unbekanntes ~** (*ab* **Ufo, UFO**) ufo *m.* **Flugpersonal** *n* personale *m* navigante. **Flugplan** *m* orario *m* aereo. **Flugplatz** *m* **1.** *(Flugfeld)* campo *m* d'aviazione, aerodromo *m;* **2.** *(Flughafen)* aeroporto *m.* **Flugroute** *f* rotta *f.* **Flugschein** *m* **1.** *(von Pilot)* brevetto *m* di pilota; **2.** *(von Passagier)* biglietto *m* aereo. **Flugsicherung** *f* controllo *m* del traffico aereo. **Flugverkehr** *m* traffico *m* aereo. **Flugzeit** *f* durata *f* del volo.
Flugzeug ‹-(e)s, -e› *n* aereo *m*, aeroplano *m*, aviogetto *m.* **Flugzeugabsturz** *m* caduta *f* di un aereo. **Flugzeugbau** ‹-(e)s, ø› *m* costruzioni *f pl* aeronautiche. **Flugzeugentführer(in)** *m(f)* dirottatore, -trice *m, f* (di un aereo), pirata *mf* dell'aria. **Flugzeugentführung** *f* dirottamento *m* (di un aereo). **Flugzeughalle** *f* aviorimessa *f*, hangar *m.* **Flugzeugmechaniker(in)** *m* meccanico *m* di aeroplani. **Flugzeugträger** *m* portaerei *f;* **auf einem ~ landen** appontare. **Flugzeugunglück** *n* sciagura *f* aerea.
Fluktuation [flʊktu̯a'ts̯i̯o:n] ‹-, -en› *f* fluttuazione *f.*
fluktuieren [...tu'i:rən] ‹*ohne ge-*› *itr (schwanken)* oscillare; *(Zahl, Preise)* fluttuare.
flunkern ['flʊŋkɐn] *itr fam* raccontar frottole.
Fluor ['flu:ɔr] ‹-s, ø› *n* fluoro *m.*
fluoreszieren [fluorɛs'ts̯i:rən] ‹*ohne ge-*› *itr* essere fluorescente.
Flur [flu:ɐ̯] ‹-(e)s, -e› *m (Haus~)* ingresso *m; (Korridor)* corridoio *m.*
Flurbereinigung *f* ricomposizione *f* fondiaria. **Flurschaden** *m* danno *m* alle colture.
Fluß [flʊs] ‹Flusses, Flüsse› *m* **1.** *(Gewässer)* fiume *m;* **2.** *(Fließen)* scorrere *m;* **3.** *fig, med, phys* flusso *m;* **im ~ sein** essere nel vago. **flußabwärts** [-'ʔapvɛrts̯] *adv* a valle. **flußaufwärts** [-'ʔau̯fvɛrts̯] *adv* a monte. **Flußbett** *n*

letto *m* (*o* alveo *m*) di fiume. **Flußdiagramm** *n* diagramma *m* di flusso.
flüssig ['flʏsɪç] *a* **1.** *allg., fin* liquido; *(Stil)* fluido; **2.** *(geschmolzen, bes. Metall)* fuso; **ich bin im Moment nicht ~** al momento non ho soldi. **Flüssigkeit** ‹-, -en› *f* **1.** *(Stoff)* liquido *m;* **2.** *(Zustand)* fluidità *f.* **flüssig·machen** *tr* rendere disponibile.
Flußkrebs *m* gambero *m* di fiume. **Flußlauf** *m* corso *m* del fiume. **Flußpferd** *n* ippopotamo *m.* **Flußschiffahrt** *f* navigazione *f* fluviale. **Flußufer** *n* riva *f* del fiume.
flüstern ['flʏstɐn] *tr, itr* bisbigliare, sussurrare; **das kann ich dir ~!** *fam* puoi starne certo!; **dem werd' ich was ~!** *sl* gliene dirò quattro! *fam.* **Flüsterpropaganda** *f* propaganda *f* in sordina.
Flut [flu:t] ‹-, -en› *f* **1.** *(Gezeitenstand)* alta marea *f,* marea *f* montante; **2.** ‹*pl*› *(Wassermassen)* acque *f pl,* flutti *m pl;* **3.** *fig (Menge)* diluvio *m,* torrente *m,* marea *f; (von Tränen, Worten)* torrente *m,* diluvio *m;* **eine ~ von Briefen/Anrufen/Blumen** una valanga di lettere/telefonate/una marea di fiori; **es ist ~** c'è l'alta marea. **Flutlicht** *n* luce *f* a largo fascio luminoso (*o* da proiettori). **Flutwelle** *f* onda *f* di alta marea.
focht [fɔxt] *imp von* **fechten.**
Föderalismus [fødera'lɪsmʊs] ‹-, ø› *m* *pol* federalismo *m.*
föderalistisch [...'lɪstɪʃ] *a* federalistico, federativo.
Fohlen ['fo:lən] ‹-s, -› *n* puledro, -a *m, f.*
Föhn [fø:n] ‹-(e)s, -e› *m* föhn *m.*
Föhre ['fø:rə] ‹-, -n› *f* pino *m* silvestre.
Folge ['fɔlgə] ‹-, -n› *f* **1.** *(Ergebnis)* seguito *m,* conseguenza *f,* risultato *m;* **2.** *(Wirkung)* effetto *m;* **3.** *(Reihen~, Ab~)* successione *f,* serie *f;* **4.** *TV, radio (von Sendung)* puntata *f; (von Zeitschrift: Nummer)* numero *m;* **~n haben** avere un seguito; **etw. zur ~ haben** avere come conseguenza; **einer S.** *(dat)* **~ leisten** *geh* seguire qc; **er starb an den ~n des Unfalls** morì per le conseguenze dell'incidente. **Folgeerscheinung** *f* effetto *m,* conseguenza *f.*
folgen *itr* **1.** ‹*sein*› *(a. fig: geistig)* seguire (*jdm* qu, *einer S. (dat)* qc); *(zeitlich)* venire dopo (*auf etw.* qc); **2.** ‹*haben*› *(gehorchen)* ubbidire; **3.** ‹*haben*› *(resultieren)* risultare (*aus* da); **daraus folgt, daß ...** ne segue che ...; **wie folgt** come segue. **folgend** *a* seguente, successivo; **~es** quanto segue, le cose seguenti; **er schreibt ~es** ecco ciò che scrive; **im ~en** in seguito. **folgendermaßen** *adv* nel modo seguente.
folgenlos *a* senza conseguenze. **folgenschwer** *a* grave, gravido di conseguenze.
folgerichtig *a* conseguente, logico.
folgern *tr* dedurre (*aus* da), concludere (*aus* da).
Folgerung ‹-, -en› *f* conclusione *f* (*aus* da), deduzione *f* (*aus* da).
folglich *adv* per conseguenza, perciò; *(also)* quindi.
folgsam *a* ubbidiente, docile.
Folie ['fo:li̯ə] ‹-, -n› *f* (s)foglio *m,* lamina *f.*
Folklore [fɔlk'lo:rə *o* 'fɔlk...] ‹-, ø› *f* folclore *m.*
Folter ['fɔltɐ] ‹-, -n› *f* **1.** *(~bank)* cavalletto *m* di tortura; **2.** *(Folterung)* tortura *f; fig* supplizio *m,* tormento *m;* **jdn auf die ~ spannen** mettere qu alla tortura.
foltern *tr* torturare.
Folterung ‹-, -en› *f* tortura *f.*
Fön® [fø:n] ‹-(e)s, -e› *m* asciugacapelli *m,* fon *m.*
Fonds [fõ:, fõ:s] ‹-, -› *m* fondo *m,* capitale *m.*
Fondue [fõ'dy:] ‹-s, -s› *n* fonduta *f.*
Fönfestiger *m* fissativo *m* per il fon.
Fontäne [fɔn'tɛ:nə] ‹-, -n› *f* fontana *f* zampillante, zampillo *m.*
foppen ['fɔpən] *tr* schernire, beffare.
forcieren [fɔr'si:rən] ‹*ohne ge-*› *tr* forzare.
Förderer ‹-s, -› *m,* **Förderin** *f* promotore, -trice *m, f,* fautore, -trice *m, f.*
Förderkorb *m* gabbia *f* d'estrazione. **Förderkurs** *m* corso *m* di perfezionamento. **Förderleistung** *f* produzione *f* di una miniera.
förderlich *a* propizio; *(nützlich)* utile.
fordern ['fɔrdɐn] *tr* **1.** *(verlangen)* (ri)chiedere, domandare; *(Anspruch erheben auf)* rivendicare; **2.** *(er~)* esigere; **von jdm Rechenschaft ~** chiedere ragione (*o* conto) a qu; **viele Opfer ~** costare molte vittime.
fördern ['fœrdɐn] *tr* **1.** *(weiterbringen, unterstützen)* promuovere, favorire; **2.** *min* estrarre.
Förderturm *m* torre *f* d'estrazione.
Forderung ‹-, -en› *f* **1.** *(Verlangen)* domanda *f* (*nach* di), richiesta *f* (*nach* di); **2.** *(Anspruch)* pretesa *f* (*auf* di); **3.** *com* credito *m;* **hohe ~en an jdn stellen** esigere molto da qu.
Förderung ‹-, -en› *f* **1.** *(Voranbringen)* promozione *f,* incremento *m; (Unterstützung)* sostegno *m,* incoraggiamento *m;* **2.** *min* estrazione *f.*
Forelle [fo'rɛlə] ‹-, -n› *f* trota *f.*
Form [fɔrm] ‹-, -en› *f* **1.** *allg.* forma *f;* **2.** *tec* modello *m,* stampo *m;* **die ~ wahren** salvare le apparenze; **einer S.** *(dat)* **~ geben** dare forma a qc; **(feste) ~(en) annehmen** prender corpo; **gefährliche ~en annehmen** prendere una piega pericolosa; **in ~** in forma; **in ~ von ...** in (*o* a *o* sotto) forma di ..; **in aller ~** con tutte le regole.
formal [fɔr'ma:l] *a* formale.

Formalität [...mali'tɛ:t] ‹-, -en› *f* formalità *f.*
Format [fɔr'ma:t] ‹-(e)s, -e› *n* **1.** *(Bild~, Buch~, etc.)* formato *m;* **2.** *typ* sesto *m;* **3.** *fig* statura *f,* levatura *f;* **ein Mann von ~** un uomo di gran levatura (*o* di rilievo).
formbar *a* plasmabile. **Formblatt** *n* modulo *m.*
Formel ['fɔrməl] ‹-, -n› *f* formula *f.*
formell [fɔr'mɛl] *a (Sache)* formale; *(Person)* formalista; **er ist immer sehr ~** è sempre molto formale.
formen *tr* formare; *(modellieren)* modellare, plasmare.
Formfehler *m* errore *m* (*o jur* vizio *m*) di forma.
formieren [fɔr'mi:rən] ‹*ohne ge-*› *tr* formare; *mil* schierare.
förmlich ['fœrmlɪç] **I.** *a* **1.** *(in den gehörigen Formen)* formale, fatto con tutte le regole; **2.** *(steif)* formalistico; **3.** *(regelrecht, wirklich)* vero e proprio; **II.** *adv (fast)* addirittura, letteralmente. **Förmlichkeit** ‹-, -en› *f* formalità *f;* **ohne ~en** senza cerimonie.
formlos *a* **1.** *(unförmig)* informe; **2.** *(zwanglos)* non formale, senza cerimonie; **ein ~er Antrag** una richiesta non formale. **Formsache** *f* questione *f* di forma, formalità *f.*
Formular [fɔrmu'la:ɐ̯] ‹-s, -e› *n* modulo *m,* formulario *m.*
formulieren [...'li:rən] ‹*ohne ge-*› *tr* formulare; *(ausdrücken)* esprimere.
Formulierung ‹-, -en› *f* formulazione *f.*
formvollendet *a* di forma perfetta.
forsch [fɔrʃ] *a (mutig)* audace; *(resolut)* risoluto; *(energisch)* energico.
forschen ['fɔrʃən] *itr* ricercare (*nach etw.* qc), indagare (*nach etw.* qc), fare indagini (*nach etw.* su qc); *(wissenschaftlich)* ricercare.
Forscher(in) ‹-s, -› *m(f)* ricercatore, -trice *m, f.*
Forschung ‹-, -en› *f* indagine *f,* ricerca *f.* **Forschungsreise** *f* viaggio *m* di esplorazione. **Forschungssatellit** *m* satellite *m* scientifico. **Forschungssemester** *n* semestre *m* di ricerca. **Forschungszentrum** *n* centro *m* di ricerche.
Forst [fɔrst] ‹-(e)s, -e(n)› *m* foresta *f.* **Forstamt** *n* ufficio *m* forestale.
Förster(in) ['fœrstɐ (...ərɪn)] ‹-s, -› *m(f)* guardaboschi *mf.*
Forstwirtschaft *f* selvicoltura *f.*
fort [fɔrt] *adv* **1.** *(weg)* via; **2.** *(verschwunden)* perduto; **in einem ~** ininterrottamente; **und so ~** e così via; **~ (mit dir)!** vattene!
Fortbestand ['fɔrt-] *m* continuità *f,* continuazione *f,* ulteriore durata *f.*
fort·bestehen ‹*irr, ohne ge-*› *itr* continuare ad esistere (*o* a sussistere).
fort·bewegen ‹*ohne ge-*› **I.** *tr* rimuovere, spostare; **II.** *rfl:* **sich ~** muoversi, avanzare.
Fortbewegung *f* avanzamento *m.*
fort·bilden I. *tr* perfezionare; **II.** *rfl:* **sich ~** perfezionarsi.
Fortbildung *f* aggiornamento *m,* perfezionamento *m.* **Fortbildungskurs** *m* corso *m* di perfezionamento.
fort·bringen ‹*irr*› *tr* **1.** *(wegbringen)* portar via; **2.** *(bewegen)* rimuovere.
Fortdauer *f* continuità *f,* durata *f.*
fort·dauern *itr* continuare, durare.
fort·fahren ‹*irr*› **I.** *itr* **1.** ‹*sein*› *(wegfahren)* partire; **2.** ‹*haben o sein*› *(weitermachen)* continuare (*mit etw.* qc, *etw. zu tun* a fare qc), proseguire (*mit etw.* qc, *etw. zu tun* a fare qc); **II.** *tr* ‹*haben*› portar via.
fort·fallen ‹*irr*› *itr* ‹*sein*› **1.** *(wegfallen)* cadere; *(aufhören)* cessare; **2.** *(abgeschafft werden)* essere soppresso.
fort·führen I. *tr* **1.** *(fortsetzen)* continuare, proseguire; **2.** *(wegführen)* condurre via; **II.** *itr* continuare.
Fortgang *m* **1.** *(Weggang)* partenza *f;* **2.** *fig (Verlauf)* sviluppo *m.*
fortgeschritten *a* progredito, avanzato; **Kurs für F~e** corso superiore; **zu ~er Stunde** tardi, a tarda ora.
fortgesetzt *a* continuo, continuato.
fort·kommen ‹*irr*› *itr* ‹*sein*› **1.** *(wegkommen)* andar via; *(weggebracht werden)* essere portato via; **2.** *(vorwärtskommen)* avanzare; **3.** *(abhanden kommen)* andare smarrito; **machen Sie, daß Sie ~!** se ne vada! **Fortkommen** *n (Weiterkommen)* avanzamento *m; fig (Laufbahn)* carriera *f.*
fort·laufen ‹*irr*› *itr* ‹*sein*› *(weglaufen)* correr via; *(entlaufen)* scappare. **fortlaufend** *a* continuo; *(numerieren)* progressivamente.
fort·pflanzen *rfl:* **sich ~ 1.** *biol* riprodursi; **2.** *phys, fig* propagarsi.
Fortpflanzung *f* riproduzione *f.* **fortpflanzungsfähig** *a* riproduttivo.
fort·schaffen *tr* portare via, evacuare.
fort·schicken *tr (Personen)* mandare via; *(Dinge)* spedire.
fortschreitend *a* progressivo.
Fortschritt *m* progresso *m,* sviluppo *m;* **~e machen** fare progressi, progredire. **fortschrittlich** *a (Mensch)* progressista; *(Dinge)* progressivo. **Fortschrittlichkeit** ‹-, ø› *f* progressismo *m.*
fort·setzen *tr* continuare, proseguire.
Fortsetzung ‹-, -en› *f* **1.** *(Vorgang)* continuazione *f;* **2.** *(Folge)* puntata *f,* seguito *m;* **in ~en** a puntate; **~ folgt** continua. **Fortsetzungsroman** *m* romanzo *m* a puntate.
fortwährend I. *a* continuo, ininterrotto; **II.** *adv* continuamente.
fort·werfen ‹*irr*› *tr* gettare via.

fossil [fɔ'si:l] *a* fossile.
Fossil [fɔ'si:l, -i̯ən] ‹-s, -ien› *n* fossile *m.*
Foto[1] ['fo:to] ‹-s, -s› *n (~grafie)* foto *f.*
Foto[2] ['fo:to] ‹-s, -s› *m (~apparat)* macchina *f* fotografica.
Fotoalbum *n* album *m* di fotografie. **Fotoapparat** *m* macchina *f* fotografica.
fotogen [foto'ge:n] *a* fotogenico.
Fotograf(in) [foto'gra:f(ɪn)] ‹-en, -en› *m(f)* fotografo, -a *m, f.*
Fotografie [fotogra'fi:, ...i:ən] ‹-, -n› *f* fotografia *f.*
fotografieren [...'fi:rən] ‹*ohne ge-*› *tr, itr* fotografare; **sich ~ lassen** farsi fotografare.
fotografisch *a* fotografico.
Fotokopie [fotoko'pi:, ...i:ən] *f* fotocopia *f.*
fotokopieren [...'pi:rən] ‹*ohne ge-*› *tr* fare una fotocopia di, fotocopiare.
Fotolabor *n* laboratorio *m* fotografico. **Fotomodell** *n* fotomodello, -a *m, f.* **Fotomontage** *f* fotomontaggio *m.*
Fr. *ab von* **Frau** Sig.ra (*ab von* Signora).
Fracht [fraxt] ‹-, -en› *f* **1.** *(Ladung)* carico *m;* **2.** *(~gebühr)* porto *m; naut* nolo *m.* **Frachtbrief** *m* lettera *f* di vettura; *naut* polizza *f* di carico.
Frachter ‹-s, -› *m* nave *f* da carico.
Frachtgut *n* merce *f* a piccola velocità; **als ~ schicken** spedire a piccola velocità. **Frachtkahn** *m* chiatta *f* da carico. **Frachtkosten** ‹*pl*› spese *f pl* di trasporto. **Frachtstück** *n* collo *m.* **Frachtverkehr** *m* movimento *m* di merci.
Frack [frak] ‹-(e)s, ¨-e *o* -s› *m* frac *m.*
Frage ['fra:gə] ‹-, -n› *f* domanda *f; (bes. gram)* interrogazione *f; (Problem, Angelegenheit)* problema *m,* questione *f;* **in ~ kommen** essere preso in considerazione; **etw. in ~ stellen** mettere qc in dubbio (*o* in forse); **ohne ~** senza dubbio, certamente; **das ist die ~** è questa la questione; **das ist noch die ~** questo è ancora dubbio; **das kommt (überhaupt) nicht in ~!** non se ne parla nemmeno, nemmeno per sogno (*o* idea *fam*); **das ist eine andere ~** questa è un'altra questione; **das steht außer ~** su questo non c'è dubbio, è fuori discussione; **es ist nur eine ~ der Zeit, ob ...** è solo (una) questione di tempo se ... **Fragebogen** *m* questionario *m.*
fragen I. *tr* domandare (*jdn nach etw.* qc a qu), chiedere (*jdn nach etw.* qc a qu); *(be~)* interrogare; **jdn nach dem Weg ~** domandare la strada a qu; **darf ich Sie etwas ~?** posso farLe una domanda?; **da fragst du mich zuviel!** *fam* mi chiedi troppo!; **II.** *itr* domandare, chiedere, porre (*o* fare) domande; **III.** *rfl:* **sich ~** domandarsi, chiedersi; **es fragt sich, ob ...** si tratta di vedere se ...
Fragesatz *m* (proposizione *f*) interrogativa *f.* **Fragestellung** *f* **1.** *(Formulierung)* formulazione *f* della domanda; **2.** *(Problem)* problematica *f.* **Fragezeichen** *n* punto *m* interrogativo.
fraglich *a* **1.** *(in Frage kommend)* in questione; **2.** *(ungewiß)* dubbio, incerto; *(zweifelhaft)* discutibile.
fraglos *adv* indubbiamente.
Fragment [fra'gmɛnt] ‹-(e)s, -e› *n* frammento *m.*
fragmentarisch [...'ta:rɪʃ] *a* frammentario.
fragwürdig *a* dubbio, problematico.
Fraktion [frak'ts̮io:n] ‹-, -en› *f* frazione *f,* gruppo *m* parlamentare. **Fraktionsführer(in)** *m(f)* capo *m* di un gruppo parlamentare.
Frank [fraŋk] *(männlicher Vorname)* Franco.
Franken ['fraŋkən] ‹-s, -› *m (Währungseinheit)* franco *m* svizzero.
Frankfurt ['fraŋkfʊrt] *n* Francoforte *f.*
frankieren [fraŋ'ki:rən] ‹*ohne ge-*› *tr* affrancare.
franko ['fraŋko] *adv* franco (di porto).
Frankreich ['fraŋkra̯iç] *n* Francia *f.*
Franse ['franzə] ‹-, -n› *f* frangia *f.*
fransig *a* **1.** *(mit Fransen)* frangiato; **2.** *(ausgefranst)* sfilacciato.
Franz [frants̮] *(männlicher Vorname)* Francesco.
Franziska [fran'ts̮ɪska] *(weiblicher Vorname)* Francesca.
Franzose [fran'ts̮o:zə] ‹-n, -n› *m,* **Französin** [...'ts̮ø:zɪn] *f* francese *mf.*
französisch *a* francese; **die ~e Schweiz** la Svizzera francese; **~es Bett** letto ad una piazza e mezza; **sich (auf) ~ empfehlen (*o* verabschieden)** filare all'inglese *fam.* **französischsprechend** *a* francofono.
fräsen ['frɛ:zən] *tr* fresare. **Fräsmaschine** *f* fresatrice *f.*
fraß [fra:s] *imp von* **fressen.**
Fraß ‹-es, -e› *m fam* roba *f* da porci *fam,* porcheria *f fam.*
Fratze ['frats̮ə] ‹-, -n› *f* **1.** *(häßliches Gesicht)* grinta *f;* **2.** *(Grimasse)* smorfia *f;* **~n schneiden** fare smorfie.
Frau [fra̯u] ‹-, -en› *f* (*ab* **Fr.**) **1.** *allg.* donna *f;* **2.** *(Ehe~)* moglie *f;* **3.** *(Anrede)* signora *f;* **~ X** la signora X; *(Anrede)* signora X; **~ Doktor/Direktor X!** (signora) dottoressa/direttrice!; **meine/Ihre ~** mia/Sua moglie.
Frauenarzt *m,* **-ärztin** *f* ginecologo, -a *m, f.* **Frauenbewegung** *f* movimento *m* di liberazione della donna. **frauenfeindlich** *a* misogino. **Frauenhaus** *n* casa *f* per le donne maltrattate. **Frauenheld** *m* dongiovanni *m.* **Frauenklinik** *f* clinica *f* ginecologica. **Frauen-**

rechtler(in) ‹-s, -› *m(f)* femminista *mf.* **Frauenwahlrecht** *n* diritto *m* di voto della donna. **Frauenzeitschrift** *f* rivista *f* femminile. **Frauenzimmer** *n (meist pej)* donna *f,* donnetta *f pej.*

Fräulein ['frɔylain] ‹-s, -› *n* (*ab* **Frl.**) signorina *f;* ~ **X** la signorina X; *(Anrede)* signorina X; ~, **bitte zahlen!** signorina, il conto per favore!

fraulich *a* femminile, da donna.

frech [frɛç] *a* impertinente, sfacciato, insolente; ~ **wie Dreck** (*o* **Oskar**) *fam* molto sfacciato. **Frechdachs** *m fam* sfacciato *m,* facciatosta *f fam.* **Frechheit** ‹-, -en› *f* sfacciataggine *f,* insolenza *f,* impertinenza *f;* **so eine** ~! che sfacciataggine!

Fregatte [fre'gatə] ‹-, -n› *f* fregata *f.*

frei [frai] *a* **1.** *allg.* libero (*von* da); *(in Freiheit)* in libertà; **2.** *(unabhängig)* indipendente; **3.** *(befreit)* esente (*von* da); *(von Sorgen)* privo (*von* di); **4.** *(offen, unbedeckt)* aperto; **5.** *(verfügbar)* disponibile; *(Arbeitsplatz)* vacante; **6.** *(kostenlos)* gratuito; **7.** *(Ansichten, Kunst)* liberale; *(Benehmen)* disinvolto; **8.** *(~mütig, offen)* franco, aperto; **~er Mitarbeiter** libero collaboratore; **~er Tag** giornata libera (*o* di congedo); ~ **lassen** *(nicht beschreiben)* lasciare in bianco; ~ **werden** *(Energie, etc.)* liberarsi; **(die) ~e Wahl haben** avere libera scelta; **sich** ~ **machen** *(ausziehen)* svestirsi, spogliarsi; *(von Idee, Vorstellung, etc.)* liberarsi (*von* da); **unter ~em Himmel** all'aperto; ~ **nach Schiller** tratto liberamente da Schiller; **ich habe erst um 3 Uhr** ~ prima delle 3 non sono libero; **wir liefern** ~ **Haus** consegnamo franco domicilio; **haben Sie noch ein Zimmer** ~? ha ancora una camera libera?; **Verzeihung, ist der Stuhl noch** ~? mi scusi, è ancora libera questa sedia?; **ich bin so** ~! permette?

Freibad *n* piscina *f* all'aperto. **freiberuflich** *a, adv:* ~ **tätig sein** fare il libero professionista. **Freibetrag** *m* reddito *m* non imponibile. **Freibier** *n* birra *f* gratis.

Freiburg ['fraiburk] Friburgo *f.*

Freie ‹ein -s, -n, ø› *n:* **im ~en** all'aperto; **im ~n schlafen** dormire all'addiaccio.

Freier ‹-s, -› *m* **1.** *obs* corteggiatore *m;* **2.** *sl (von Prostituierter)* cliente *m.*

Freiexemplar *n* copia *f* gratuita (*o* in omaggio). **frei·geben** ‹*irr*› **I.** *tr* **1.** *(Gefangene)* rilasciare; *fig (Ehepartner, etc.)* lasciare libero; **2.** *(Eigentum)* liberare, sbloccare; **3.** *(Film)* lasciar passare, approvare; **für den Verkehr** ~ aprire al traffico; **II.** *itr:* **jdm** ~ lasciare libero qu. **freigebig** *a* liberale, generoso; **sehr** ~ munifico; **mit etw. sehr** ~ **sein** non lesinare qc. **Freigebigkeit** ‹-, -en› *f* liberalità *f,* generosità *f;* **große** ~ munificenza *f.* **Freigeist** *m* libero pensatore *m.* **Freigepäck** *n* bagaglio *m* in franchigia. **frei·haben** ‹*irr*› *itr (bei Arbeit)* esser libero, non lavorare; *(in Schule)* non aver scuola. **frei·halten** ‹*irr*› **I.** *tr (Einfahrt, etc.)* lasciare libero (*o* sgombro); *(Stuhl, Platz)* tenere libero, riservare; **II.** *rfl:* **sich** ~ *(von Verpflichtung, etc.)* tenersi libero (*von* da); *(von Vorurteil, etc.)* essere libero (*von* da).

Freiheit ‹-, -en› *f* libertà *f;* **jdm volle** ~ **lassen** lasciare a qu completa libertà; **jdn in** ~ **setzen** mettere qu in libertà; **sich** *(dat)* **die** ~ **nehmen, etw. zu tun** prendersi la libertà di fare qc. **freiheitlich** *a* liberale. **Freiheitsdrang** *m* desiderio *m* ardente di libertà. **Freiheitskrieg** *m* guerra *f* d'indipendenza. **Freiheitsstrafe** *f* pena *f* detentiva.

Freikarte *f* biglietto *m* gratuito. **frei·kaufen** *tr* riscattare. **Freikörperkultur** *f* (*ab* **FKK**) nudismo *m.* **Freilandgemüse** *n* verdura *f* in pieno campo. **frei·lassen** ‹*irr*› *tr* (ri)mettere in libertà, rilasciare (*aus* da). **Freilassung** ‹-, -en› *f* liberazione *f,* rilascio *m.* **Freilauf** *m* ruota *f* libera. **frei·legen** *tr allg.* mettere allo scoperto (*o* a nudo); *(bei Ausgrabungen)* esumare. **Freileitung** *f* linea *f* aerea.

freilich *adv* **1.** *(allerdings)* a dire il vero, è vero che; *(einschränkend)* però; **2.** *(selbstverständlich)* certo, naturalmente.

Freilichtbühne *f,* **-theater** *n* teatro *m* all'aperto. **Freilos** *n* biglietto *m* di lotteria gratuito. **frei·machen** **I.** *tr* **1.** *(frankieren)* affrancare; **2.** *fam (nicht arbeiten)* prendere vacanze; **ich habe eine Woche freigemacht** *fam* ho preso una settimana di vacanze; **II.** *itr fam* fare vacanza; **III.** *rfl:* **sich** ~ *(freie Zeit finden)* rendersi libero. **Freimaurer** *m* (fram)massone *m.* **Freimaurerei** [-mauro'rai] ‹-, ø› *f* massoneria *f.* **freimütig** [-my:tıç] *a* franco, aperto, sincero. **frei·nehmen** ‹*irr*› *tr:* **(sich** *dat***)** **(einen Tag)** ~ prendersi (un giorno) libero. **Freischärler(in)** [-ʃɛ:gle (...ərın)] ‹-s, -› *m(f)* franco, -a tiratore, -trice *m, f.* **frei·sprechen** ‹*irr*› *tr jur* assolvere (*jdn von etw.* qu da qc). **Freispruch** *m* assoluzione *f.* **frei·stehen** ‹*irr*› *itr (leerstehen)* essere vuoto; **es stehen Ihnen frei zu ...** (Lei) è libero di ... **frei·stellen** *tr* **1.** *(anheimstellen)* rimettere (*jdm etw.* qc a qu), lasciare decidere (*jdm etw.* qc a qu); **2.** *(befreien, ausnehmen)* dispensare (*jdn von etw.* qu da qc). **Freistoß** *m* (calcio *m* di) punizione *f.*

Freitag *m* venerdì *m;* ~ **abend/morgen/nachmittag** venerdì sera/mattina/pomeriggio; ~ **abends/morgens/nachmittags** le sere/le mattine/i pomeriggi del venerdì, il venerdì sera/venerdì mattina/venerdì pomeriggio; **eines ~s** un venerdì; **jeden ~** ogni venerdì; **letzten ~** venerdì scorso; **~ in acht Tagen** venerdì fra otto giorni; **~ vor 14 Tagen** due settimane fa, venerdì; **die Nacht von ~ auf Samstag** la notte dal venerdì al sabato; **am ~** venerdì; **den ganzen ~ (über)** durante tutto il venerdì; **heute ist ~, der 11. November** oggi è venerdì undici novembre. **freitags** *adv* di (*o* il) venerdì.

Freitod *m* suicidio *m.* **Freitreppe** *f* scalinata *f.* **Freiumschlag** *m* busta *f* affrancata.

freiwillig *a* volontario; *(Veranstaltung, bes. Unterricht)* facoltativo. **Freiwilligkeit** ‹-, ø› *f* libera volontà *f,* spontaneità *f.*

Freizeichen *n pl* segnale *m* di libero.

Freizeit *f* tempo *m* libero, ore *f pl* libere. **Freizeit(be)kleidung** *f* abbigliamento *m* sportivo. **Freizeitgestaltung** *f* impiego *m* del tempo libero.

freizügig [-t͡sy:gɪç] *a* **1.** *(großzügig)* elastico, libero; **2.** *(moralisch)* non rigido, libero.

fremd [frɛmt] *a* **1.** *(ausländisch)* straniero; **2.** *(~artig)* strano, singolare; **3.** *(unbekannt)* estraneo, sconosciuto; **4.** *(anderen gehörend)* altrui, d'altri; **~es Eigentum** proprietà di terzi (*o* altrui); **sich ~ fühlen** sentirsi estraneo; **sich** *(dat)* (*o* **einander**) **~ werden** diventare estranei (l'uno all'altro). **fremdartig** *a (ungewöhnlich)* strano; *(fremd)* estraneo.

Fremde[1] ['frɛmdə] ‹-, ø› *f (nicht Heimat)* estero *m.*

Fremde[2] ['frɛmdə] ‹ein -r, -n, -n› *mf* straniero, -a *m, f.*

Fremdenführer(in) *m(f)* guida *f* turistica, cicerone *m.* **Fremdenverkehr** *m* turismo *m.* **Fremdenverkehrszentrum** *n* centro *m* turistico.

Fremdkörper *m* corpo *m* estraneo. **Fremdling** ['frɛmtlɪŋ] ‹-s, -e› *m* straniero, -a *m, f,* forestiero, -a *m, f.* **Fremdsprache** *f* lingua *f* straniera. **Fremdsprachenkorrespondent(in)** *m(f)* corrispondente *mf* in lingue straniere. **fremdsprachig** *a* di lingua straniera; *(Literatur)* in lingua straniera. **fremdsprachlich** *a* di lingua straniera. **Fremdwort** ‹-(e)s, ¨er› *n* parola *f* straniera.

Frequenz [fre'kvɛnt͡s] ‹-, -en› *f* frequenza *f.*

Fresko ['frɛsko, ...kən] ‹-s, Fresken› *n* affresco *m.*

Fresse ['frɛsə] ‹-, -n› *f vulg* **1.** *(Mund)* bocca *f;* **2.** *(Gesicht)* muso *m sl;* **halt die ~!** chiudi il becco! *fam.*

fressen ‹frißt, fraß, gefressen› *tr, itr* **1.** *(Tier, a. vulg: Menschen)* mangiare; **2.** *fig (Neid, Rost)* corrodere; **Löcher in etw. ~** fare buchi in qc; **jdn zum F~ gern haben** *fam* essere innamorato pazzo di qu; **an jdm einen Affen (***o* **Narren) gefressen haben** *fam* aver preso una cotta per qu *fam;* **er frißt wie ein Scheunendrescher** *fam pej* mangia a quattro palmenti. **Fressen** ‹-s, ø› *n* pasto *m,* cibo *m;* **das war ein gefundenes ~ für mich** non chiedevo di meglio.

Freßnapf *m* scodella *f.*

Frettchen ['frɛtçən] ‹-s, -› *n* furetto *m.*

Freude ['frɔ͜ydə] ‹-, -n› *f* gioia *f* (*über* per); *(Vergnügen)* piacere *m* (*über* di); *(Fröhlichkeit)* letizia *f* (*über* per); **die kleinen ~n des Alltags** le piccole gioie della vita quotidiana; **~ an etw. haben** trovar diletto in qc; **jdm ~ machen (***o* **bereiten)** far piacere a qu; **mit ~n** con piacere; **geteilte ~ ist doppelte ~** *prov* gioia comune è doppia gioia. **Freudenhaus** *n* bordello *m,* casa *f* chiusa. **Freudenmädchen** *n* prostituta *f,* ragazza *f* di vita. **freudestrahlend** *a* raggiante di gioia.

freudig *a* **1.** *(froh)* gioioso; *(fröhlich)* allegro; **2.** *(beglückend)* lieto; *(Nachricht, Überraschung)* bello.

freuen ['frɔ͜yən] **I.** *rfl:* **sich ~** essere contento (*o* lieto) (*auf, über* di, per), rallegrarsi (*auf, über* di, per); **er freut sich wie ein Kind** gioisce come un bambino; **ich freue mich für dich, daß ...** sono contento per te che ... *conj;* **da hast du dich zu früh gefreut!** ti sei rallegrato troppo presto!; **II.** *tr:* **das freut mich** questo mi fa piacere; **es hat mich gefreut, Sie kennenzulernen** è stato un piacere conoscerLa.

Freund(in) [frɔ͜ynt ('frɔ͜yndɪn)] ‹-(e)s, -e› *m(f)* **1.** *(Kamerad)* amico, -a *m, f;* **2.** *(Anhänger)* amante *mf;* **ein guter ~ von mir** un mio buon amico; **kein ~ von etw. sein** non amare qc; **unter ~en** fra amici.

freundlich *a* **1.** *(liebenswürdig, nett)* gentile, cortese; *(herzlich)* cordiale; **2.** *(Wohnung)* accogliente; **3.** *(Gegend)* ridente; **das ist sehr ~ von Ihnen** è molto gentile da parte Sua; **seien Sie so ~ und ...** abbia la cortesia di ... *inf.* **Freundlichkeit** ‹-, -en› *f* **1.** *(Verhalten)* cortesia *f;* gentilezza *f;* **2.** *(Handlung)* favore *m,* piacere *m.*

Freundschaft ‹-, -en› *f* amicizia *f;* **mit jdm ~ schließen** stringere (*o* fare) amicizia con qu. **freundschaftlich** *a* amichevole, da amico; **~e Beziehungen, ~es Verhältnis** rapporti *m pl* d'amicizia. **Freundschaftsspiel** *n* partita *f* amichevole.

Frevel ['fre:fəl] ‹-s, -› *m geh* misfatto *m* (*gegen* contro); *rel* sacrilegio *m* (*gegen* contro); *(Verbrechen)* delitto *m* (*an* contro).

Friaul [fri'aul] *n* Friuli *m.*
Friede ['fri:də] ‹-ns, -n› *m geh, obs,* **Frieden** ‹-s, -› *m* pace *f;* **Frieden schließen** concludere (*o* fare) la pace; **um des lieben Friedens willen** *fam* per amor di pace; **Friede sei mit euch!** la pace sia con voi; **laß mich in Frieden!** *fam* lasciami in pace! **Friedensbewegung** *f* movimento *m* pacifista. **Friedensforschung** *f* ricerca *f* per la pace. **Friedenskonferenz** *f* conferenza *f* per la pace. **Friedensnobelpreis** *m* premio *m* Nobel per la pace. **Friedenspfeife** *f* pipa *f* della pace. **Friedensverhandlungen** *f pl* trattative *f pl* di pace. **Friedenszeit** *f:* **in ~en** in tempi di pace.
Friederike [fri:də'ri:kə] *(weiblicher Vorname)* Federica.
Friedhof *m* cimitero *m,* camposanto *m.*
friedlich *a* **1.** *(friedfertig)* pacifico; **2.** *(ruhig)* calmo, tranquillo.
friedliebend *a* pacifico, amante della pace.
Friedrich ['fri:drɪç] *(männlicher Vorname)* Federico.
frieren ['fri:rən] ‹friert, fror, gefroren› *itr* **1.** ‹*sein*› *(ge~)* gelarsi, congelarsi; **2.** ‹*haben*› *(Mensch, Tier)* gelare, aver freddo; **es friert** gela; **ich friere, mich friert, es friert mich** ho freddo.
Fries [fri:s] ‹-es, -e› *m arch* fregio *m.*
friesisch ['fri:zɪʃ] *a* frisone.
Friesland ['fri:slant] *n* Frisia *f.*
frigid(e) [fri'gi:t (...i:də)] *a* frigido.
Frikadelle [frika'dɛlə] ‹-, -n› *f* (bistecca *f* alla) svizzera *f,* hamburger *m.*
frisch [frɪʃ] *a* **1.** *(Nahrungsmittel, etc., a. kühl)* fresco; **2.** *(munter)* vivace, vispo; **3.** *(unverbraucht, neu)* nuovo; **~e Luft** aria aperta; **~e Wäsche** biancheria pulita; **das Bett ~ beziehen** cambiare le lenzuola (*o* la biancheria del letto); **jdn auf ~er Tat ertappen** cogliere qu in flagrante (*o* sul fatto); **~, fromm, fröhlich, frei** *fam scherz* sano, credente, allegro e libero; **~ gewagt ist halb gewonnen** *prov* chi ben comincia è a metà dell'opera *prov.*
Frische ‹-, ø› *f* **1.** *(allg., a. Kühle)* freschezza *f;* **2.** *(Munterkeit)* vivacità *f.* **frischgebacken** *a fig fam* fresco fresco; **ein ~es Ehepaar** una coppia di sposini novelli. **Frischgemüse** *n* verdura *f* fresca. **Frischhaltefolie** *f* carta *f* cellofanata.
Friseur [fri'zø:ɐ̯] ‹-s, -e› *m,* **Friseuse** [...ø:zə] ‹-, -n› *f* parrucchiere, -a *m, f,* barbiere *m.*
frisieren [...'zi:rən] ‹*ohne ge-*› *tr* **1.** *(kämmen)* pettinare, acconciare; **2.** *fig (Auto, Bilanzen)* truccare.
frißt [frɪst] *pr von* **fressen.**
Frist [frɪst] ‹-, -en› *f* **1.** *(Zeitpunkt)* termine *m;* **2.** *(Zeitraum)* tempo *m* (determinato *o* stabilito); **3.** *com, fin (Aufschub)* proroga *f,* dilazione *f; jur* rinvio *m;* **einen Monat ~ haben** avere un mese di tempo; **innerhalb kürzester ~** al più presto; **nach Ablauf der ~** dopo la scadenza; **die ~ läuft (am 12.) ab** il termine scade (il 12).
fristen *tr:* **kümmerlich sein Leben ~** vivacchiare.
fristlos *a, adv* senza (pre)avviso.
Frisur [fri'zu:ɐ̯] ‹-, -en› *f* pettinatura *f,* acconciatura *f.*
Fritz [frɪts] *s.* **Friedrich.**
frivol [fri'vo:l] *a* **1.** *(leichtfertig)* frivolo; **2.** *(schlüpfrig)* indecente.
Frl. *ab von* **Fräulein** Sig.na (*ab von* signorina).
froh [fro:] *a* **1.** *(heiter)* allegro; *(erfreut)* lieto, contento, felice; **2.** *(erfreulich)* piacevole; **seines Lebens nicht mehr ~ werden** non avere più voglia di vivere; **ich bin ~ (darüber), daß . . .** sono lieto che ... *conj;* **~e Ostern/Weihnachten!** buona Pasqua!/buon Natale!
fröhlich ['frø:lɪç] *a* allegro, lieto, gaio. **Fröhlichkeit** ‹-, ø› *f* allegria *f,* allegrezza *f.*
frohlocken [-'lɔkən] ‹*ohne ge-*› *itr* gioire, esultare.
Frohsinn *m* gaiezza *f.*
fromm [frɔm] ‹-er *o* ¨-er, -ste *o* ¨-ste› *a* pio, devoto, religioso.
Frömmigkeit ['frœmɪçkait] ‹-, ø› *f* pietà *f,* devozione *f,* religiosità *f.*
Fron ['fro:n] ‹-, -en› *f* corvée *f.*
frönen ['frø:nən] *itr* essere schiavo (*dat* di).
Fronleichnam [fro:n'laiçna:m] *m* Corpus Domini *m.*
Front [frɔnt] ‹-, -en› *f* **1.** *arch* facciata *f;* **2.** *mil, pol, fig, meteo* fronte *m;* **die ~en wechseln** *(a. fig)* fare un voltafaccia; **klare ~en schaffen** mettere in chiaro le cose; **auf breiter ~** su largo (*o* ampio) fronte.
frontal [...'ta:l] *a* frontale. **Frontalzusammenstoß** *m* urto *m* frontale.
Frontantrieb *m* trazione *f* anteriore.
fror [fro:ɐ̯] *imp von* **frieren.**
Frosch [frɔʃ] ‹-(e)s, ¨-e› *m* rana *f;* **einen ~ im Hals haben** *fam* essere rauco; **sei kein ~!** *fam* non fare la femminuccia! *fam.* **Froschmann** *m* uomo *m* rana, sommozzatore *m.* **Froschperspektive** *f* prospettiva *f* da sotto in su. **Froschschenkel** *m* coscia *f* di rana.
Frost [frɔst] ‹-(e)s, ¨-e› *m* gelo *m;* **eisiger (*o* klirrender) ~** gelo intenso, gran freddo. **Frostbeule** *f* gelone *m.*
frösteln ['frœstəln] *itr* aver freddo; **mich fröstelt** ho (i) brividi di freddo.
frostempfindlich *a* sensibile al gelo. **frostig** *a* glaciale, freddo. **Frostschaden** *m* danno *m* causato dal gelo. **Frostschutzmittel** *n* antigelo *m.*

Frottee [frɔ'te:] ‹-(s), -s› *n o m* spugna *f.*
frottieren [frɔ'ti:rən] ‹*ohne ge-*› *tr* fregare, frizionare.
Frucht [frʊxt] ‹-, ⸚e› *f* frutto *m;* **Früchte tragen** *(a. fig)* fruttare.
fruchtbar *a* fertile, fecondo, produttivo. **Fruchtbarkeit** ‹-, ø› *f* fertilità *f,* fecondità *f.*
fruchten *itr* fruttare, giovare; **nichts ~** non servire a nulla.
Fruchtfleisch *n* polpa *f* del frutto. **fruchtig** *a* aromatico, che sa di frutta fresca. **fruchtlos** *a* infruttuoso, inutile, inefficace. **Fruchtpresse** *f* spremifrutta *m.* **Fruchtsaft** *m* succo *m* (*o* spremuta *f*) di frutta.
früh [fry:] **I.** *a* **1.** *(nicht spät)* presto, primo; **2.** *(vorzeitig)* precoce, prematuro; **3.** *(Gemüse, Obst)* primaticcio; **~e Kindheit** prima infanzia; **am ~en Morgen** di prima mattina, al mattino presto; **II.** *adv* presto, di buon'ora; **gestern ~** ieri mattina; **heute ~** stamattina; **von ~ bis spät** dalla mattina alla sera; **zu ~** troppo presto.
Frühe ‹-, ø› *f:* **in der ~** il (*o* al) mattino, di mattina; **in aller ~** di buon mattino.
früher ‹*Komparativ von* früh› **I.** *a* **1.** *(eher)* prima; **2.** *(ehemalig)* ex, di prima, precedente; **der ~e Besitzer des Schlosses** l'ex proprietario del castello; **in ~en Zeiten** in tempi passati; **II.** *adv* **1.** *(eher)* prima; **2.** *(damals)* prima, una volta, un tempo; **wie ~** come prima; **~ habe ich jeden Tag Tennis gespielt** una volta giocavo a tennis tutti i giorni; **~ oder später** prima o poi.
frühestens *adv* al più presto.
früheste(r, s) ‹*Superlativ von* früh› *a* primo, -a, remoto, -a.
Frühgeburt *f* **1.** *(Vorgang)* parto *m* prematuro; **2.** *(Kind)* (neonato *m*) prematuro *m.* **Frühgemüse** *n* primizie *f pl.* **Frühjahr** *n* primavera *f.* **Frühjahrsmüdigkeit** *f* stanchezza *f* primaverile.
Frühling ['fry:lɪŋ] ‹-s, -e› *m* primavera *f.* **Frühlingsrolle** *f* rotolo *m* farcito di carne e verdure.
frühmorgens [-'mɔrgəns] *adv* di buon mattino, di buon'ora. **Frühobst** *n* frutta *f* primaticcia. **frühreif** *a* primaticcio; *(a. fig)* precoce. **Frühschicht** *f* **1.** *(Arbeit)* primo turno *m;* **2.** *(Mannschaft)* squadra *f* del primo turno.
Frühstück *n* colazione *f.*
frühstücken **I.** *itr* far colazione; **II.** *tr* mangiare per (*o* a) colazione.
Frust [frʊst] ‹-(e)s, ø› *m fam* frustrazione *f.*
frustrieren [...'tri:rən] ‹*ohne ge-*› *tr* frustrare.
Fuchs [fʊks] ‹-es, ⸚e› *m,* **Füchsin** ['fʏksɪn] *f* **1.** *(Tier, Pelz)* volpe *f,* volpe *f* femmina; **2.** *(Pferd)* sauro *m;* **alter** (*o* **schlauer**) **~** volpone *m fam.* **Fuchsschwanz** *m* **1.** *bot, zoo* coda *f* di volpe; **2.** *(Säge)* saracco *m.* **fuchsteufelswild** ['fʊks'tɔʏfəls'vɪlt] *a fam* furioso, furibondo.
fuchteln ['fʊxtəln] *itr fam:* **mit den Armen ~** agitare le braccia, gesticolare.
Fuge[1] ['fu:gə] ‹-, -n› *f tec, arch, ling* commettitura *f;* **aus den ~n gehen** sconnettersi, scompaginarsi.
Fuge[2] ['fu:gə] ‹-, -n› *f mus* fuga *f.*
fügen ['fy:gən] **I.** *tr (setzen)* aggiungere, disporre; *tec* commettere, congiungere; **II.** *rfl:* **sich ~ 1.** *(sich ein~)* conformarsi (*in* a); **2.** *(sich unterordnen)* sottomettersi; **es fügte sich, daß ...** *geh* successe (*o* avvenne) che ...
fügsam *a* docile.
fühlbar *a* sensibile.
fühlen ['fy:lən] **I.** *tr* **1.** *(tasten)* palpare, tastare; **2.** *(empfinden)* sentire, provare; **II.** *rfl:* **sich ~** sentirsi; **sich nicht wohl ~** non sentirsi bene; **wie fühlst du dich?** come stai?, come ti senti?
Fühler ‹-s, -› *m* antenna *f;* **die ~ ausstrecken** *fig fam* tastare il terreno.
fuhr [fu:ɐ̯] *imp von* **fahren.**
Fuhre ['fu:rə] ‹-, -n› *f* **1.** *(Ladung)* carrata *f;* **2.** *(Fahrt)* trasporto *m.*
führen ['fy:rən] **I.** *tr* **1.** *(geleiten)* guidare, portare, accompagnare; **2.** *(leiten)* condurre; *(Betrieb, Geschäft)* dirigere; **3.** *adm (Auto)* guidare; *(Flugzeug)* pilotare; **4.** *(transportieren)* avere (*o* portare) con sé; *(Fluß: Geröll, Eis)* trascinare; **5.** *com (Artikel)* avere, tenere; **6.** *(Ehe, Namen, Titel)* avere; *(Prozeß)* fare; **den Haushalt ~** attendere al governo della casa; **Verhandlungen ~** negoziare; **etw. zu Ende ~** terminare (*o* finire) qc; **was führt Sie zu mir?** in che cosa posso esserLe utile?; **II.** *itr* **1.** *(an erster Stelle stehen)* essere in testa; *sport* condurre; **2.** *(verlaufen, hin~)* portare; **das führt zu nichts** questo non porta a nessun risultato (*o* a niente); **das würde zu weit ~** questo porterebbe troppo lontano; **wohin soll das (noch) ~?** dove si va a finire?; **III.** *rfl:* **sich ~** *adm, geh* comportarsi. **führend** *a* **1.** *(Persönlichkeit)* di primo piano, eminente; **2.** *(Geschäft)* (il) più rinomato (*o* conosciuto); *(Hotel)* (il) migliore.
Führer(in) ‹-s, -› *m(f)* **1.** *allg.* guida *f; pol* capo *m; mil* conduttore *m,* capitano *m; (Geschäfts~)* direttore, -trice *m, f;* **2.** *adm (von Auto)* autista *mf; (von öffentlichen Verkehrsmitteln)* conducente *mf;* **3.** *(Reise~, Fremden~, a. Buch)* guida *f;* **der ~** *hist* il Führer. **Führerschein** *m* patente *f* (di guida); **seinen ~ machen** prendere la patente.
Fuhrmann ‹-(e)s, -leute *o rar* -männer› *m* carrettiere *m.* **Fuhrpark** *m* parco *m* rotabile (*o* di vetture).
Führung ‹-, -en› *f* **1.** *(das Führen)* tenuta

f; (Handhaben) maneggio *m*, uso *m*; **2.** *(Leitung, a. pol)* guida *f*, direzione *f*; *pol* leadership *f*; *(Verwaltung)* amministrazione *f*; **3.** *(Besichtigung)* visita *f* guidata; **4.** *(von Fahrzeugen)* guida *f*; **5.** *(Benehmen)* condotta *f*, comportamento *m*; **6.** *(führende Position)* primo posto *m*; **die ~ übernehmen** assumere la direzione; *sport* passare in testa; **in ~ liegen** essere in testa. **Führungskraft** *f* dirigente *mf*; ⟨*pl*⟩ quadri *m pl*. **Führungszeugnis** *n* certificato *m* di buona condotta.

Fülle ['fʏlə] ⟨-, ø⟩ *f* **1.** *(Menge)* quantità *f*; *(Überfluß)* abbondanza *f*, profusione *f*; **2.** *(Körper~)* corpulenza *f*; **eine ~ von Eindrücken** un mucchio di impressioni.

füllen *tr* **1.** *(Gefäß, etc.)* riempire; **2.** *(Flüssigkeit)* versare; **3.** *gastr* farcire; **4.** *(Zahn)* otturare, piombare; **in Flaschen ~** imbottigliare; **in einen Sack (*o* in Säcke) ~** insaccare.

Füller ⟨-s, -⟩ *m*, **Füllfederhalter** *m* penna *f* stilografica.

Füllung ⟨-, -en⟩ *f* **1.** *(das Füllen)* riempimento *m*, riempitura *f*; *(mit Luft, Gas)* gonfiatura *f*; **2.** *(Füllmaterial)* riempitivo *m*; *gastr* ripieno *m*; *(von Zahn)* (im)piombatura *f*.

fummeln ['fʊməln] *itr fam* lavoricchiare *fam*, abborracciare.

Fund [fʊnt] ⟨-(e)s, -e⟩ *m* **1.** *(Finden)* ritrovamento *m*; *(archäologischer ~)* scoperta *f*; **2.** *(~stück)* oggetto *m* ritrovato; *(archäologischer ~)* reperto *m*; **einen ~ machen** fare una scoperta.

Fundament [fʊnda'mɛnt] ⟨-(e)s, -e⟩ *n* **1.** *arch* fondamenta *f pl*; **2.** *fig* base *f*, fondamento *m*; **das ~ legen** *(a. fig)* gettare le basi (*zu* di, per).

fundamental [...'ta:l] *a* fondamentale.

Fundbüro *n* ufficio *m* (degli) oggetti smarriti (*o* rinvenuti). **Fundgrube** *f* miniera *f*, fonte *f* inesauribile.

fundieren [fʊn'di:rən] ⟨*ohne ge-*⟩ *tr* consolidare, fondare.

fünf [fʏnf] *(Zahlwort)* cinque; **~(e) gerade sein lassen** *fam* non guardar troppo per il sottile *fam*; *s. a. vier*.

Fünf ⟨-, -en⟩ *f* cinque *m*; *(Schulnote: ungenügend)* ≃ cinque *m*; *(Buslinie etc.)* cinque *m*; *s. a. Vier*.

Fünf-, fünf- *s. a. Vier-, vier-*. **Fünfeck** *n* pentagono *m*.

fünfhundert ['fʏnf'hʊndɐt] *(Zahlwort)* cinquecento.

Fünfjahresplan [-'ja:rəs-] *m* piano *m* quinquennale.

Fünfkampf *m* pentathlon *m*.

fünfmal *adv* cinque volte.

Fünfmarkstück [-'mark-] *n* moneta *f* da cinque marchi.

Fünftagewoche [-'ta:gə-] *f* settimana *f* corta.

fünftausend ['fʏnf'tauzənt] *(Zahlwort)* cinquemila.

Fünftel ⟨-s, -⟩ *n* quinto *m*.

fünftens *adv* (in) quinto (luogo).

fünfte(r, s) *a* quinto, -a; *(bei Datumsangaben)* cinque; **das ~ Rad am Wagen sein** essere l'ultima (*o* la quinta) ruota del carro *fam*; *s. a. vierte(r, s)*.

fünfzehn *(Zahlwort)* quindici.

Fünfzehntel *n* quindicesimo *m*.

fünfzehnte(r, s) *a* quindicesimo, -a; *(bei Datumsangaben)* quindici; *s. a. vierte(r, s)*.

fünfzig ['fʏnftsɪç] *(Zahlwort)* cinquanta; *s. a. vierzig*.

Fünfziger(in) ⟨-s, -⟩ *m(f)* cinquantenne *mf*.

Fünfzigmarkschein [-'mark-] *m* biglietto *m* da cinquanta marchi.

fünfzigste(r, s) *a* cinquantesimo, -a; *s. a. vierte(r, s)*.

fungieren [fʊŋ'gi:rən] ⟨*ohne ge-*⟩ *itr* fare le funzioni (*als* di).

Funk [fʊŋk] ⟨-s, ø⟩ *m* radio *f*.

Funke ['fʊŋkə] ⟨-ns, -n⟩ *m*, **Funken** ⟨-s, -⟩ *m* scintilla *f*; **der zündende Funke** la scintilla; **Funken sprühen** fare scintille.

funkeln *itr* luccicare, scintillare.

funkelnagelneu ['fʊŋkəl'na:gəl'nɔy] *a fam* nuovo di zecca.

funken I. *tr* radiotrasmettere; **II.** *itr (senden)* trasmettere per radio; **na, hat es endlich bei dir gefunkt?** *fam* hai capito finalmente?; **zwischen den beiden hat es gefunkt** *fam* i due si sono innamorati.

Funken *s.* **Funke.**

Funker(in) ⟨-s, -⟩ *m(f)* radiotelegrafista *mf*.

Funkgerät *n* apparecchio *m* radiotrasmittente (*o für Empfang:* radioricevente). **Funkhaus** *n* stazione *f* radio; *(Gebäude)* studi *m pl* radio. **Funksignal** *n* segnale *m* radio. **Funkspruch** *m* radiomessaggio *m*. **Funkstation** *f* stazione *f* radio, emittente *f*. **Funkstille** *f* interruzione *f* delle trasmissioni radio. **Funkstreife** *f* pattuglia *f* radioequipaggiata. **Funkstreifenwagen** *m* autoradio *f* (*o* auto *f* radiocomandata) della polizia. **Funktaxi** *n* radiotassì *m*.

Funktion [fʊŋk'tsio:n] ⟨-, -en⟩ *f* funzione *f*; **in ~ treten** entrare in funzione.

Funktionär(in) [...tsio'nɛ:ɐ (...rɪn)] ⟨-s, -e⟩ *m(f)* funzionario, a *m, f*.

funktionieren [...tsio'ni:rən] ⟨*ohne ge-*⟩ *itr* funzionare; **gut ~** *tec* essere a punto.

Funkturm *m* torre *f* della radio. **Funkverbindung** *f* collegamento *m* radio; **in ~ stehen** essere in contatto radio.

für [fy:ɐ] *prp acc* **1.** *(zugunsten von)* per, a favore di; **2.** *(in bezug auf)* per; quanto a; **3.** *(im Verhältnis zu)* per; **4.** *(gegen, bes. von Medikamenten)* per, contro; **5.** *(anstelle von)* al posto di, invece di, in cambio di; **6.** *(als)* per; **ich ~ meine Person ...** quanto a (*o* per) me ...; **an und ~ sich** di per sé; **~ diesmal** per questa volta; **~ mich genügt es** per me basta; **das ist das beste ~ dich** è la miglior soluzione per te; **~ jdn bezahlen** pagare al posto di qu; **ich habe ihm ein Buch ~ das Bild gegeben** gli ho dato un libro in cambio dell'immagine; **Schritt ~ Schritt** passo passo; **Tag ~ Tag** giorno per giorno; **ich halte ihn ~ ein Genie** lo ritengo un genio; **das halte ich ~ richtig** mi sembra giusto; **~ einen Ausländer spricht er gut Deutsch** per essere straniero parla bene tedesco; **was ~ ein Glück!** che fortuna! **Für** *n:* **das ~ und (das) Wider** il pro e il contro.

Furche ['fʊrçə] ‹-, -n› *f* **1.** *(Acker~)* solco *m; (Wagenspur a.)* scanalatura *f;* **2.** *(Gesichts~)* ruga *f.*

Furcht [fʊrçt] ‹-, ø› *f (Angst)* paura *f; (Ängstlichkeit)* timore *m; (Befürchtung)* apprensione *f,* ansia *f;* **aus ~ vor** per paura di.

furchtbar *a* **1.** *(schrecklich)* terribile, spaventoso; **2.** *fam (sehr, groß, unangenehm)* enorme, tremendo; **das ist ~ einfach** *fam* è la cosa più semplice del mondo; **das ist ~ nett von Ihnen** *fam* è veramente molto gentile da parte Sua.

fürchten ['fʏrçtən] **I.** *tr* temere, aver paura di; **II.** *itr (sich Sorgen machen)* essere in apprensione (*um* per); **III.** *rfl:* **sich ~** aver paura (*vor* di).

fürchterlich *s.* **furchtbar.**

furchtlos *a* impavido, intrepido. **furchtsam** *a* pauroso, timoroso.

füreinander [-ʔai̯'nandɐ] *adv* l'uno per l'altro.

Furie ['fu:ri̯ə] ‹-, -n› *f* furia *f.*

Furnier [fʊr'ni:ɐ̯] ‹-s, -e› *n* (foglio *m* per) impiallacciatura *f.*

Fürsorge *f* **1.** *(Betreuung)* cure *f pl,* sollecitudine *f;* **2.** *(Sozialhilfe)* assistenza *f;* **von der ~ leben** vivere della previdenza sociale.

Fürsprache *f* intercessione *f;* **~ für jdn einlegen** intercedere per qu.

Fürst(in) ['fʏrst(ɪn)] ‹-en, -en› *m(f)* principe, -essa *m, f.* **Fürstentum** ‹-s, ¨-er› *n* principato *m.* **fürstlich I.** *a* principesco; **II.** *adv* da principe.

Furunkel [fu'rʊŋkəl] ‹-s, -› *m o n* foruncolo *m.*

Fürwort ‹-(e)s, ¨-er› *n* pronome *m.*

Furz [fʊrts] ‹-es, ¨-e› *m vulg* peto *m vulg.*

furzen *itr vulg* fare un peto *vulg.*

Fusel ['fu:zəl] ‹-s, -› *m fam pej* acquavite *f* di qualità scadente.

Fusion [fu'zi̯o:n] ‹-, -en› *f* fusione *f.*

fusionieren [fuzi̯o'ni:rən] ‹*ohne ge-*› **I.** *tr* fondere; **II.** *itr* fondere.

Fuß [fu:s] ‹-es, ¨-e› *m* piede *m; (zoo a.)* zampa *f;* **(festen) ~ fassen** prender piede; **kalte Füße bekommen** *fig fam* tirarsi indietro (da un'impresa); **auf großem ~(e) leben** fare una vita da gran signore; **jdn auf freien ~ setzen** mettere qu in libertà; **auf eigenen Füßen stehen** essere indipendente; **mit jdm auf gutem ~ stehen** essere in buoni rapporti con qu; **jdn/etw mit Füßen treten** *fig* trattare male qu/qc; **zu ~ gehen** andare a piedi; **gut/schlecht zu ~ sein** essere un buon/cattivo camminatore; **am ~e des Berges** ai piedi della montagna; **alle Männer lagen ihr zu Füßen** aveva tutti gli uomini ai suoi piedi.

Fußball *m* **1.** *(Spiel)* (gioco *m* del) calcio *m;* **2.** *(Ball)* pallone *m.* **Fußballmannschaft** *f* squadra *f* di calcio. **Fußballplatz** *m* campo *m* di calcio. **Fußballspiel** *n* (gioco *m* del) calcio *m.* **Fußballspieler(in)** *m(f)* calciatore, -trice, *m, f.*

Fußbank ‹-, ¨-e› *f* poggiapiedi *m.* **Fußboden** *m* pavimento *m.* **Fußbodenheizung** *f* riscaldamento *m* a pannelli radianti dal pavimento. **Fußbremse** *f* freno *m* a pedale.

fußen ['fu:sən] *itr* basarsi (*auf* su).

Fußende *n (von Bett)* piedi *m pl* del letto. **Fußgänger(in)** [-gɛŋɐ (...ərɪn)] ‹-s, -› *m(f)* pedone *mf.* **Fußgängerüberweg** *m* strisce *f pl* pedonali. **Fußgängerzone** *f* zona *f* (*o* isola *f*) pedonale. **Fußgelenk** *n* articolazione *f* del piede. **Fußmatte** *f* stoino *m,* zerbino *m.* **Fußnote** *f* nota *f* in calce. **Fußpflege** *f* pedicure *m o f.* **Fußspitze** *f* punta *f* del piede. **Fußspur** *f* orma *f* (del piede). **Fuß(s)tapfen** [-(ʃ)tap͡fən] ‹-s, -› *m* orma *f* del piede; **in jds ~ treten** *fig* seguire le orme di qu. **Fußtritt** *m* calcio *m,* pedata *f; fig* schiaffo *m* morale. **Fußweg** *m* **1.** *(Weg)* via *f* pedonale; **2.** *(Entfernung)* cammino *m;* **5 Minuten ~** 5 minuti a piedi.

futsch [fʊtʃ] *a fam* perduto, sparito.

Futter[1] ['fʊtɐ] ‹-s, ø› *n (Fressen)* foraggio *m,* pastura *f; (für kleinere Haustiere)* becchime *m,* mangime *m.*

Futter[2] ['fʊtɐ] ‹-s, -› *n (von Kleidungsstücken)* fodera *f; tec* rivestimento *m.*

Futteral [fʊtə'ra:l] ‹-s, -e› *n* astuccio *m; (Brillen~ a.)* custodia *f.*

füttern[1] ['fʏtɐn] *tr* **1.** *(Menschen)* imboccare; **2.** *(Tier)* dare da mangiare a.

füttern[2] ['fʏtɐn] *tr (Kleid)* foderare.

Futternapf *m* scodella *f.* **Futterneid** *m* **1.** invidia *f* del cibo altrui; **2.** *fig* gelosia *f,* invidia *f.*

Fütterung ‹-, -en› *f* dare *m* da mangiare; **die ~ der Raubtiere beginnt um 10.30 Uhr** alle 10,30 si comincia a dare da mangiare agli animali rapaci.

Futur [fu'tu:ɐ̯] ‹-s, -e› *n* futuro *m.*

futuristisch [futu'rɪstɪʃ] *a* futurista.

G

G, g [ge:] ⟨-, -(s)⟩ *n* **1.** *(Buchstabe)* G, g *f;* **2.** *mus* sol *m;* **G wie Gustav** G come Genova.

g *ab von* **Gramm** g (*ab von* grammo).

gab [ga:p] *imp von* **geben.**

Gabe ['ga:bə] ⟨-, -n⟩ *f* **1.** *(Geschenk)* dono *m; (Opfer~)* offerta *f; (milde ~)* carità *f,* piccola offerta *f;* **2.** *fig (Talent)* dote *f,* dono *m.*

Gabel ['ga:bəl] ⟨-, -n⟩ *f* **1.** *(Eß~)* forchetta *f;* **2.** *(von Telefon, Ast~, Rad~)* forcella *f;* **3.** *(Heu~, Mist~)* forcone *m.* **Gabelfrühstück** *n* colazione *f.*

gabeln *rfl:* **sich ~** biforcarsi.

Gabelstapler [-ʃta:plɐ] ⟨-s, -⟩ *m* (carrello *m*) elevatore *m* a forca.

Gabi ['ga:bi] *s.* **Gabriele, Gabriela.**

Gabriele, Gabriela [gabri'e:lə, ...la] *(weiblicher Vorname)* Gabriella.

gackern ['gakɐn] *itr (Henne)* schiamazzare.

gaffen ['gafən] *itr* guardare a bocca aperta.

Gaffer(in) ⟨-s, -⟩ *m(f)* curioso, -a *m, f.*

Gag [gɛk] ⟨-s, -s⟩ *m (im Film)* gag *m; (Werbe~)* trovata *f* pubblicitaria; *fam (Witz)* frizzo *m,* arguzia *f.*

Gage ['ga:ʒə] ⟨-, -n⟩ *f* cachet *m,* compenso *m.*

gähnen ['gɛ:nən] *itr* **1.** *(Mensch)* sbadigliare; **2.** *fig (Abgrund)* spalancarsi; **~de Leere** vuoto assoluto.

Gala ['gala *o* 'ga:la] ⟨-, ø⟩ *f:* **in ~** in gran gala, in ghingheri *fam.*

galaktisch [ga'laktɪʃ] *a* galattico.

galant [ga'lant] *a* galante, cavalleresco.

Galavorstellung *f* serata *f* di gala.

Galeere [ga'le:rə] ⟨-, -n⟩ *f* galera *f.*

Galerie [galə'ri:, ...i:ən] ⟨-, -n⟩ *f* galleria *f.*

Galgen ['galgən] ⟨-s, -⟩ *m* **1.** *(zur Hinrichtung)* patibolo *m;* **2.** *(für Mikrophon)* giraffa *f.* **Galgenfrist** *f* ultima dilazione *f.* **Galgenhumor** *m* umorismo *m* amaro.

Galle ['galə] ⟨-, -n⟩ *f (Organ)* cistifellea *f; (Flüssigkeit)* bile *f,* fiele *m; fig (Bosheit)* rabbia *f,* collera *f.* **Gallenblase** *f* cistifellea *f.* **Gallenkolik** *f* colica *f* biliare. **Gallenleiden** *n* affezione *f* biliare. **Gallenstein** *m* calcolo *m* biliare.

Galopp [ga'lɔp] ⟨-s, -s *o* -e⟩ *m* galoppo *m;* **im ~** al galoppo.

galoppieren [...'pi:rən] ⟨*ohne ge-*⟩ *itr* ⟨*sein*⟩ galoppare, andare al galoppo; **~de Inflation** inflazione galoppante.

galt [galt] *imp von* **gelten.**

galvanisieren [galvani'zi:rən] ⟨*ohne ge-*⟩ *tr* galvanizzare.

Gamasche [ga'maʃə] ⟨-, -n⟩ *f* ghetta *f; (hohe)* gambale *m.*

Gammastrahlen ['gama-] *m pl* raggi *m pl* gamma.

gammelig *a fam (Eßwaren)* avariato; *(Äußeres)* trasandato.

gammeln ['gaməln] *itr fam* fare il capellone.

gang [gaŋ] *a:* **~ und gäbe** corrente.

Gang ⟨-(e)s, ⸚e⟩ *m* **1.** *(~art)* andatura *f,* modo *m* di camminare; **2.** *(einzelner ~, Besorgung)* commissione *f;* **3.** *fig (Verlauf)* moto *m,* corso *m; (von Geschäften)* andamento *m;* **4.** *(mot, von Fahrrad)* marcia *f; tec (von Maschine)* funzionamento *m;* **5.** *(Flur)* corridoio *m; (offener Durch~)* passaggio *m; (in Eisenbahnwagen, im Flugzeug)* corridoio *m; (zwischen Sitzreihen)* corsia *f; (in Kirche)* navata *f;* **6.** *sport* ripresa *f; (Fechten)* assalto *m;* **7.** *gastr* piatto *m,* portata *f;* **in ~ bringen** avviare, mettere in moto; **in ~ kommen** iniziare, mettersi in moto; **in den ersten/zweiten ~ schalten** innestare la prima/seconda; **im ~(e)** in corso; **in vollem ~(e)** in pieno corso; **es geht alles seinen ~** ogni cosa segue il suo corso. **Gangart** *f* passo *m,* andatura *f.*

gängeln ['gɛŋəln] *tr fig* tenere al guinzaglio.

gängig ['gɛŋɪç] *a* **1.** *(gebräuchlich)* usato, comune; **2.** *(Ware)* richiesto.

Gangschaltung *f mot* cambio *m* di marcia; *(am Fahrrad)* cambio *m.*

Gangway ['gæŋweɪ] ⟨-, -s⟩ *f* passerella *f.*

Ganove [ga'no:və] ⟨-n, -n⟩ *m fam* malfattore *m,* furfante *m.*

Gans [gans] ⟨-, ⸚e⟩ *f (a. fig pej)* oca *f.*

Gänseblümchen ['gɛnzəbly:mçən] ⟨-s, -⟩ *n* margheritina *f,* pratolina *f.* **Gänsehaut** *f* pelle *f* d'oca. **Gänseklein** ⟨-s, ø⟩ *n* rigaglie *f pl* d'oca. **Gänseleberpastete** *f* pasticcio *m* di fegato d'oca. **Gänsemarsch** *m:* **im ~ gehen** camminare in fila indiana. **Gänserich** ['gɛnzərɪç] ⟨-s, -e⟩ *m* maschio *m* dell'oca.

ganz [gants] **I.** *a* **1.** *(ungeteilt, in der Gesamtheit)* tutto, intero; *(vollständig)* completo; *mat (Zahl)* intero; *mus (Note, Pause)* semibreve; *(alles: Zeit, Kraft, Freude, Geld)* tutto; **2.** *fam (unbeschädigt)* intero, intatto; **3.** *fam (nur)* solo, soltanto; **die ~e Belegschaft** tutti i dipendenti; ~ **Europa/Rom** tutta l'Europa/Roma; **mein ~es Geld** tutti i miei soldi; **ein ~er Kuchen** un dolce intero; **eine ~e Menge** un bel po' *fam;* **die ~e Zeit** *(andauernd)* continuamente; **~e zwei Wochen** *(nicht kürzer)* due settimane intere; *(nur)* solo due settimane; **etwas ~ Schönes** qualcosa di bellissimo; **etw. wieder ~ machen** *fam* mettere qc a posto; **im ~en genommen** tutto sommato, in fondo; **II.** *adv* **1.** *(völlig)* completamente; **2.** *(ausnahmslos, vollständig)* completamente, del tutto, interamente; **3.** *(ziemlich)* abbastanza; **4.** *(sehr: traurig, froh, etc.)* molto; ~ **allein** tutto solo, solo soletto; ~ **gewiß** (*o* **sicher**) certamente, sicuramente; ~ **vorn/hinten** molto avanti/indietro; ~ **wenig/viel** pochissimo/moltissimo; ~ **und gar** del tutto, assolutamente; ~ **und gar nicht** per niente, nient'affatto; **nicht** ~ non completamente, non del tutto; **er ist ~ der Vater** è tutto suo padre; **ich bin ~ Ihrer Meinung** la penso esattamente come Lei; ~ **wie Sie meinen** come crede; ~ **genau!** esattamente!; ~ **richtig!** esatto!, giusto!

Ganze ⟨ein -s, -n, ø⟩ *n (Ungeteiltes)* intero *m,* tutto *m; (alles zusammen)* tutto *m;* **aufs ~ gehen** *fam* mirare al tutto; **es geht ums ~** è in gioco tutto.

Ganzheit ⟨-, -en⟩ *f (Einheit)* tutto *m,* totalità *f; (Vollständigkeit)* completezza *f,* interezza *f.*

ganzheitlich *a* complessivo.

gänzlich ['gɛntslɪç] *adv* del tutto.

ganztägig [-tɛ:gɪç] *a, adv* full time.

gar¹ [ga:ɐ̯] *a (Speise)* cotto, pronto.

gar² [ga:ɐ̯] *adv (so~)* addirittura, persino; *(vor Negationen)* non ... affatto; *(etwa)* magari, forse; *(nicht etwa: vor Negationen)* mica; ~ **keiner** nessuno; ~ **kein** non ... affatto; ~ **nicht** per niente, nient'affatto; **(rein) ~ nichts** proprio nulla, niente di niente *fam.*

Garage [ga'ra:ʒə] ⟨-, -n⟩ *f* (auto)rimessa *f,* garage *m.*

Garant [ga'rant] ⟨-en, -en⟩ *m* garante *mf (für* per).

Garantie [...'ti:, ...'ti:ən] ⟨-, -n⟩ *f* garanzia *f* (*für* per).

garantieren [...'ti:rən] ⟨*ohne ge-*⟩ **I.** *tr* garantire; **II.** *itr:* **für etw. ~** garantire per qc.

Garantieschein *m* certificato *m* di garanzia.

Garbe ['garbə] ⟨-, -n⟩ *f (Getreide~)* covone *m; (Geschoß~)* raffica *f.*

Gardasee ['gardaze:] *m* lago *m* di Garda.

Garde ['gardə] ⟨-, -n⟩ *f* guardia *f.*

Garderobe [gardə'ro:bə] ⟨-, -n⟩ *f* guardaroba *m; theat* camerino *m.* **Garderobenfrau** *f* guardarobiera *f.* **Garderobenmarke** *f* marchetta *f* guardaroba.

Garderobenständer *m* attaccapanni *m.*

Gardine [gar'di:nə] ⟨-, -n⟩ *f* tenda *f,* tendina *f,* cortina *f;* **hinter schwedischen ~n sitzen** *fam* essere in gattabuia *fam.*

gären ['gɛ:rən] ⟨gärt, gärte *o* gor, gegärt *o* gegoren⟩ *itr* ⟨*haben o sein*⟩ fermentare, essere in fermentazione.

Garn [garn] ⟨-(e)s, -e⟩ *n* filo *m.*

Garnele [gar'ne:lə] ⟨-, -n⟩ *f* gamberetto *m.*

garnieren [gar'ni:rən] ⟨*ohne ge-*⟩ *tr* guarnire (*mit* con).

Garnitur [garni'tu:ɐ̯] ⟨-, -en⟩ *f* **1.** *(zusammengehörige Teile)* insieme *m,* completo *m; (von Tischen)* set *m; (von Bettwäsche)* parure *f;* **2.** *(Unterwäsche)* coordinato *m* di biancheria intima; **die erste ~** *fig* la prima scelta.

garstig ['garstɪç] *a* **1.** *(häßlich)* brutto; *(abstoßend)* schifoso; **2.** *(böse)* cattivo.

Garten ['gartən] ⟨-s, ⸚⟩ *m allg.* giardino *m; (Nutz~)* orto *m; (Obst~)* frutteto *m.* **Gartenbau** ⟨-(e)s, ø⟩ *m* giardinaggio *m; (von Nutzgärten)* orticoltura *f.* **Gartenfest** *n* festa *f* in giardino, garden-party *m.* **Gartenhaus** *n* padiglione *m* nel giardino. **Gartenmöbel** *n pl* mobili *m pl* da giardino. **Gartenschere** *f* cesoie *f pl* per potare, forbici *f pl* da giardiniere. **Gartenzaun** *m* recinto *m* del giardino. **Gartenzwerg** *m* nanetto *m* (per ornamento di giardini).

Gärtner(in) ['gɛrtnɐ (...ərɪn)] ⟨-s, -⟩ *m(f)* giardiniere, -a *m, f.*

Gärtnerei [gɛrtnə'rai̯] ⟨-, -en⟩ *f* **1.** *(Unternehmen)* azienda *f* di floricoltura; **2.** *(Gartenbau)* giardinaggio *m.*

Gärung ⟨-, -en⟩ *f* fermentazione *f.*

Gas [ga:s] ⟨-es, -e⟩ *n* gas *m;* ~ **geben** *mot* accelerare; ~ **wegnehmen** *mot* togliere il gas. **Gasanzünder** *m* accendigas *m.* **Gasfeuerzeug** *n* accendino *m* a gas. **Gasflasche** *f* bombola *f* del gas. **gasförmig** [-fœrmɪç] *a* gassoso, aeriforme. **Gashahn** *m* rubinetto *m* del gas; **den ~ aufdrehen** *fig* suicidarsi col gas. **Gasheizung** *f* riscaldamento *m* a gas. **Gasherd** *m* cucina *f* a gas. **Gaskammer** *f* camera *f* a gas. **Gasmann** *m* letturista *m* (del gas). **Gasmaske** *f* maschera *f* antigas. **Gaspedal** *n* pedale *m* dell'acceleratore.

Gasse ['gasə] ⟨-, -n⟩ *f* viuzza *f,* vicolo *m;* **etw. über die ~ verkaufen** *A* vendere qc da portar via.

Gast [gast] ⟨-es, ⸚e⟩ *m* ospite *mf,* invitato, -a *m, f; (Tisch~)* convitato, -a *m, f; (Fremder)* forestiero, -a *m, f; (Besucher)* frequentatore, -trice *m, f; (in Gaststätte, Hotel)* cliente *mf; (in Pension)* pensionante *mf; (Hospitant)* uditore, -trice *m, f;* **bei jdm zu ~ sein, jds ~ sein** essere ospite di qu. **Gastar-**

beiter(in) *m(f)* lavoratore, -trice *m, f* straniero, -a.
Gästebuch ['gɛstə-] *n* libro *m* degli ospiti. **Gästezimmer** *n* camera *f* degli ospiti.
gastfreundlich **I.** *a* ospitale; **II.** *adv* in modo ospitale. **Gastgeber(in)** *m(f)* ospite *mf*, ospitante *mf*, chi invita. **Gasthaus** *n*, **-hof** *m* locanda *f*, albergo *m*. **Gasthörer(in)** *m(f)* uditore, -trice *m, f*.
gastieren [gas'ti:rən] ‹*ohne ge-*› *itr* fare una recita straordinaria.
gastlich **I.** *a* ospitale; **II.** *adv* in maniera ospitale.
Gastronomie [gastrono'mi:] ‹-, ø› *f* gastronomia *f*.
Gastspiel *n theat* spettacolo *m* straordinario; *sport* gioco *m* straordinario. **Gaststätte** *f* ristorante *m*, trattoria *f*. **Gastwirt(in)** *m(f)* oste, -essa *m, f; (bes. Schankwirt)* albergatore, -trice *m, f; (Speisewirt)* trattore, -trice *m, f*.
Gasuhr *f* contatore *m* del gas. **Gasvergiftung** *f* avvelenamento *m* da gas. **Gaswerk** *n* officina *f* del gas.
Gatte ['gatə] ‹-n, -n› *m*, **Gattin** ['gatɪn] *f geh, adm* coniuge *mf adm*, consorte *mf lett*.
Gatter ['gatɐ] ‹-s, -› *n* steccato *m*.
Gattung ['gatʊŋ] ‹-, -en› *f* genere *m*.
GAU [gau̯] ‹-(s), -s› *m ab von* **größter anzunehmender Unfall** catastrofe *f* atomica.
Gaul [gau̯l] ‹-(e)s, ⸚e› *m pej* ronzino *m*; **einem geschenkten ~ schaut man nicht ins Maul** *prov* a caval donato non si guarda in bocca *prov*.
Gaumen ['gau̯mən] ‹-s, -› *m* palato *m*.
Gauner(in) ['gau̯nɐ (...ərɪn)] ‹-s, -› *m(f)* **1.** *(Betrüger)* imbroglione, -a *m, f*; **2.** *fam (durchtriebener Mensch)* furfante *mf*.
geb. *ab von* **geboren(e)** nato, -a.
Gebäck [gə'bɛk] ‹-(e)s, -e› *n* biscotti *m pl*, paste *f pl*, dolci *m pl*.
Gebälk [gə'bɛlk] ‹-(e)s, ø› *n* impalcatura *f*, travatura *f*.
geballt *a (Faust)* serrato, chiuso; *fig (Energie, Ladung)* concentrato.
gebar [gə'ba:ɐ̯] *imp von* **gebären.**
Gebärde [gə'bɛ:ɐ̯də] ‹-, -n› *f* gesto *m*.
gebären [gə'bɛ:rən] ‹gebiert, gebar, geboren› *tr* partorire; **geboren werden** nascere, essere nato.
Gebärmutter *f* utero *m*.
Gebäude [gə'bɔy̯də] ‹-s, -› *n* **1.** *(Bau)* edificio *m*, fabbricato *m*; **2.** *fig (Aufbau)* sistema *m*.
Gebein [gə'bai̯n] *n (Glieder)* ossa *f pl*.
geben ['ge:bən] ‹gibt, gab, gegeben› **I.** *tr* **1.** *allg.* dare; *(reichen)* porgere (*jdm etw.* qc a qu); *(schenken)* regalare (*jdm etw.* qc a qu), donare (*jdm etw.* qc a qu); **2.** *(zuteilen, gewähren, verleihen)* dare; *(Rabatt, Kredit)* fare; **3.** *(ergeben)* dare come risultato, produrre; **4.** *(veranstalten)* dare; *TV* dare, trasmettere; **5.** *(unterrichten: Fach, Nachhilfeunterricht)* insegnare; *(Unterricht)* dare; **6.** *fam (irgendwohin tun)* mettere; **viel/nicht viel auf etw. ~** tenere molto/non molto a qc; **etw. von sich** *(dat)* **~** *(Laut)* proferire qc; *(Meinung)* esprimere qc; *(Lebenszeichen)* dare qc; *(Nahrung)* vomitare qc, rimettere qc; **~ Sie mir bitte ein Pfund Äpfel** mi dia mezzo chilo di mele, per favore; **~ Sie mir bitte Frau Schnorr** *tel* mi passi la signora Schnorr, per favore; **es gibt jemanden, der ...** c'è qualcuno che ...; **es gibt viele Menschen, die ...** ci sono molte persone che ...; **es wird Regen/Ärger ~** pioverà/ci saranno noie; **was gibt's?** *fam* che c'è?; **was gibt's zum Mittagessen/im Kino?** che c'è a pranzo?/che cosa danno al cinema?; **das gibt's (doch) nicht** non è possibile; **da gibt's nichts!** *fam* non c'è niente da dire; **Sachen gibt's, die gibt's gar nicht!** *fam* incredibile!, inaudito!; **gib's ihm!** *fam* dagliele! *fam*; **II.** *itr (Karten ~)* distribuire, dare; **wer gibt?** chi distribuisce?; **G~ ist seliger denn Nehmen** *prov* è meglio dare che prendere *prov*; **III.** *rfl:* **sich ~ 1.** *(nachlassen: Kälte, Eifer, Wut)* diminuire; *(Schmerzen)* calmarsi, placarsi; *(aufhören: Probleme)* smettere; **2.** *(sich benehmen)* comportarsi; **sich gelassen/heiter ~** mostrarsi tranquillo/sereno; **sich geschlagen ~** darsi per vinto; **sich zu erkennen ~** farsi riconoscere; **das wird sich schon ~** la cosa si risolverà.
Geber(in) ‹-s, -› *m(f)* donatore, -trice *m, f; (bes. in Zusammensetzungen)* datore, -trice *m, f*.
Gebet [gə'be:t] ‹-(e)s, -e› *n* preghiera *f*.
gebeten *pp von* **bitten.**
gebiert [gə'bi:ɐ̯t] *pr von* **gebären.**
Gebiet [gə'bi:t] ‹-(e)s, -e› *n* **1.** *(Region)* regione *f*, zona *f; adm, pol* territorio *m*; **2.** *fig (Fach~)* campo *m*, materia *f*; *(Bereich)* sfera *f*; **auf allen ~en** *fig* in tutti i campi.
Gebilde [gə'bɪldə] ‹-s, -› *n (Ding, Gegenstand)* cosa *f*, oggetto *m; (Form, Struktur)* forma *f*, struttura *f; (Schöpfung, Werk)* creazione *f*, opera *f; (Konstruktion)* costruzione *f; (Einrichtung)* arredamento *m*.
gebildet *a* colto, istruito.
Gebirge [gə'bɪrgə] ‹-s, -› *n* montagna *f*, montagne *f pl*, monti *m pl*; **ins ~ fahren** andare in montagna; **im ~** in montagna. **Gebirgsjäger** *m mil* alpino *m; hist* cacciatore *m* delle Alpi.
Gebiß [gə'bɪs] ‹-bisses, -bisse› *n (natürliches)* dentatura *f*, denti *m pl*; *(künstliches)* dentiera *f*.

gebissen [gə'bɪsən] *pp von* **beißen.**
Gebläse [gə'blɛ:zə] ⟨-s, -⟩ *n* compressore *m; mot* ventilatore *m.*
geblieben [gə'bli:bən] *pp von* **bleiben.**
gebogen [gə'bo:gən] **I.** *pp von* **biegen; II.** *a* piegato, curvato, curvo.
geboren [gə'bo:rən] **I.** *pp von* **gebären; II.** *a* (*ab* **geb.**) nato; **~er Deutscher** tedesco di nascita; **Frau X, ~e Y** la signora X, nata Y; **sie ist die ~e Lehrerin** è nata per fare l'insegnante.
geborgen [gə'bɔrgən] **I.** *pp von* **bergen; II.** *a* al sicuro (*vor* da), al coperto (*vor* di); **sich (bei jdm) ~ fühlen** sentirsi sicuro da (*o* presso) qu. **Geborgenheit** ⟨-, ø⟩ *f* sicurezza *f.*
geborsten [gə'bɔrstən] *pp von* **bersten.**
Gebot [gə'bo:t] ⟨-(e)s, -e⟩ *n* **1.** *(Befehl)* comando *m,* ordine *m;* **2.** *rel* comandamento *m; (gesetzlich)* precetto *m;* **3.** *(bei Auktion)* offerta *f.*
geboten [gə'bo:tən] *pp von* **bieten.**
Gebr. *ab von* **Gebrüder** F.lli (*ab von* fratelli).
gebracht [gə'braxt] *pp von* **bringen.**
gebrannt [gə'brant] **I.** *pp von* **brennen; II.** *a:* **~e Mandeln** mandorle tostate; **ein ~es Kind scheut das Feuer** *prov* can scottato all'acqua calda ha paura della fredda *prov.*
Gebrauch [gə'braux] *m* **1.** ⟨*sing*⟩ *(Anwendung)* uso *m,* impiego *m;* **2.** *(Brauch)* usanza *f,* costume *m;* **außer ~** fuori uso; **in ~** in uso; **von etw. ~ machen** usare qc.
gebrauchen ⟨*ohne ge-*⟩ *tr (Werkzeug, etc.)* utilizzare, usare; *(Waffe, Gewalt, Verstand, List, Wort, Wendung)* usare; **jdn zu etw. ~** *(mißbrauchen)* approfittare di qu per qc; **zu nichts zu ~ sein** non essere buono a nulla; **nicht mehr zu ~** inservibile; **das könnte ich gut ~** mi farebbe comodo; **ich könnte jetzt etwas zu essen ~** mangerei volontieri qc.
gebräuchlich [gə'brɔyçlɪç] *a (üblich)* usato, in uso; *(Ausdruck)* corrente; *(gewöhnlich)* comune, usuale; **nicht mehr ~** fuori uso.
Gebrauchsanweisung *f* istruzioni *f pl* per l'uso. **Gebrauchsartikel** *m* articolo *m* di prima necessità. **Gebrauchsgegenstand** *m* oggetto *m* d'uso comune.
gebraucht *a* usato; *(Kleider)* smesso; **etw. ~ kaufen** comprare qc di seconda mano. **Gebrauchtwagen** *m* automobile *f* usata (*o* di seconda mano).
gebrechlich [gə'brɛçlɪç] *a (schwächlich)* malaticcio, debole; *(altersschwach)* decrepito; *(zerbrechlich)* fragile.
gebrochen [gə'brɔxən] **I.** *pp von* **brechen; II.** *a* **1.** *(niedergedrückt: Mensch)* affranto, abbattuto; *(Stimme)* rotto, spezzato; **2.** *(fehlerhaft: Deutsch, etc.)* stentato.
Gebrüder [gə'bry:dɐ] ⟨*pl*⟩ (*ab* **Gebr.**) fratelli *m pl;* **~ Müller** fratelli Müller.
Gebrüll [gə'brʏl] ⟨-(e)s, ø⟩ *n (von Rind)* muggito *m; (von Menschen)* grida *f pl,* urli *m pl; (von wildem Tier)* ruggito *m.*
Gebühr [gə'by:ɐ] ⟨-, -en⟩ *f* ⟨*meist pl*⟩ *(Abgabe)* tassa *f; (Telefon~)* tariffa *f; (Fernseh~, Rundfunk~)* canone *m; (Straßenbenutzungs~)* pedaggio *m; (Beitrag)* contributo *m,* quota *f; (Vermittlungs~)* provvigione *f; (Honorar)* onorario *m,* competenze *f pl;* **nach ~** a dovere, secondo il merito; **über ~** più del giusto; **~ bezahlt Empfänger** tassa a carico del destinatario.
gebühren ⟨*ohne ge-*⟩ *geh* **I.** *itr:* **jdm ~** spettare a qu, essere dovuto a qu; **II.** *rfl:* **sich ~** convenirsi, addirsi; **wie es sich gebührt** come si deve. **gebührend** *a* **1.** *(verdient)* dovuto; **2.** *(gehörig)* conveniente.
Gebühreneinheit *f tel* scatto *m.* **gebührenfrei** *a* esente da tasse; *(Postsendung)* franco di porto. **Gebührenordnung** *f* tariffario *m.* **gebührenpflichtig** *a* soggetto a tassa, tassabile; *(Straße, Brücke)* a pagamento. **Gebührenzähler** *m tel* contatore *m* telefonico.
gebunden [gə'bʊndən] **I.** *pp von* **binden; II.** *a* **1.** *(verpflichtet)* vincolato (*an* a), legato (*an* a); **2.** *(Kapital)* vincolato; *(Preise)* controllato.
Geburt [gə'bu:ɐt] ⟨-, -en⟩ *f* **1.** *(von Lebewesen)* nascita *f; (Entbindung)* parto *m;* **2.** *(Abstammung, Ursprung)* origine *f;* **Deutscher von ~** tedesco di nascita; **von ~ an** dalla nascita; **das war eine schwere ~** *(a. fig)* è stato un parto laborioso. **Geburtenkontrolle** *f,* **-regelung** *f* controllo *m* delle nascite. **geburtenschwach** *a (Jahrgang)* con basso tasso di natalità. **geburtenstark** *a (Jahrgang)* con alto tasso di natalità. **Geburtenziffer** *f* natalità *f.*
gebürtig [gə'bʏrtɪç] *a:* **~er Römer** romano di nascita.
Geburtsanzeige *f (Karte)* partecipazione *f; (in Zeitung)* annuncio *m* di nascita. **Geburtsdatum** *n* data *f* di nascita. **Geburtsfehler** *m* difetto *m* congenito (*o* di nascita). **Geburtshelfer(in)** *m(f)* ostetrico, -a *m, f.* **Geburtshilfe** *f* ostetricia *f.* **Geburtsjahr** *n* anno *m* di nascita. **Geburtsort** *m* luogo *m* di nascita.
Geburtstag *m* **1.** *(Tag der Geburt)* data *f* di nascita; **2.** *(Fest)* compleanno *m;* **ich habe heute ~** oggi è il mio compleanno; **herzlichen Glückwunsch zum ~!** tanti auguri di buon compleanno. **Geburtstagskind** *n* festeggiato, -a *m, f.*

Geburtsurkunde *f* atto *m* di nascita.
Gebüsch [gəˈbʏʃ] ‹-(e)s, -e› *n* cespuglio *m*, boscaglia *f*.
gedacht [gəˈdaxt] **I.** *pp von* **denken; II.** *a* immaginario, fittizio.
Gedächtnis [gəˈdɛçtnɪs] ‹-ses, -se› *n* **1.** *(Erinnerungsvermögen)* memoria *f;* **2.** *(Andenken)* ricordo *m;* **aus dem ~** a memoria; **zum ~** in ricordo (*an* di), in memoria (*an* di).
gedämpft *a (Schall, Farbe, Licht, Stimme)* smorzato.
Gedanke [gəˈdaŋkə] ‹-ns, -n› *m* **1.** *(Überlegung, Erinnerung)* pensiero *m;* **2.** *(Einfall, Vorstellung, Plan, Absicht)* idea *f;* **3.** *(Begriff)* concetto *m;* **4.** *(Absicht)* intenzione *f;* **5.** *(~ngang)* ragionamento *m;* **der bloße ~, schon der ~** solo a pensarci; **~n lesen** leggere nel pensiero; **sich** *(dat)* **~n machen** preoccuparsi (*über* di, per); **auf den ~n kommen zu** avere l'idea di; **jdn auf andere ~n bringen** distrarre qu; **jdn auf den ~n bringen, daß ...** fare pensare a qu che ...; **mit dem ~n umgehen** (*o* **spielen**) **zu ...** rimuginare l'idea di ... *inf;* **in ~n (versunken)** assorto in pensieri; **mir kam der ~ zu ...** mi venne l'idea di ... *inf.* **Gedankenaustausch** *m* scambio *m* di idee (*o* di vedute). **Gedankengut** *n* pensiero *m; (ideologisch)* bagaglio *m* ideologico. **gedankenlos** *a (zerstreut)* distratto; *(unüberlegt)* sconsiderato; *(mechanisch)* meccanico. **Gedankenstrich** *m* lineetta *f*, trattino *m*. **Gedankenübertragung** *f* telepatia *f*.
Gedärm [gəˈdɛrm] ‹-(e)s, -e› *n* intestino *m*, visceri *m pl.*
Gedeck [gəˈdɛk] ‹-(e)s, -e› *n* coperto *m*.
Gedeih [gəˈdai̯] *m:* **auf ~ und Verderb** nella buona e nella cattiva sorte.
gedeihen ‹gedeiht, gedieh, gediehen› *itr ‹sein› allg.* crescere (bene), prosperare; *(sich gut entwickeln)* prosperare; *(Pflanze)* attecchire; *(gut vorangehen)* progredire, andare avanti bene; **die Sache ist so weit gediehen, daß ...** la cosa è giunta al punto che ... **Gedeihen** ‹-s, ø› *n (von Firma, Wirtschaft)* prosperare *m; (von Pflanze, Kind)* crescita *f; (Gelingen)* riuscita *f*.
gedenken ‹*irr, ohne ge-*› *itr* **1.** *(feiern):* **jds ~** commemorare qu; **2.** *(beabsichtigen):* **etw. zu tun ~** avere l'intenzione di fare qc. **Gedenken** ‹-s, ø› *n* memoria *f;* **zum ~ an jdn** in memoria di qu.
Gedicht [gəˈdɪçt] ‹-(e)s, -e› *n* **1.** *(Werk)* poesia *f*, poema *m;* **2.** *fam (etwas besonders Schönes)* sogno *fam; (bes. kulinarisch)* squisitezza *f*.
gediegen [gəˈdiːgən] *a* **1.** *(rein: Metall)* puro; **2.** *(zuverlässig)* saldo, fermo; **3.** *(qualitativ gut)* di buona qualità; *(sorgfältig)* accurato.
gedieh [gəˈdiː] *imp von* **gedeihen.**
gediehen [gəˈdiːən] *pp von* **gedeihen.**
Gedränge [gəˈdrɛŋə] ‹-s, ø› *n (Menschenmenge)* folla *f; (Drängelei)* pigia pigia *m fam;* **ins ~ kommen** *fig* essere messo alle strette.
gedroschen [gəˈdrɔʃən] *pp von* **dreschen.**
gedrungen [gəˈdrʊŋən] **I.** *pp von* **dringen; II.** *a* tarchiato.
Geduld [gəˈdʊlt] ‹-, ø› *f* pazienza *f; (Nachsicht)* indulgenza *f* (*mit* con); *(Ausdauer)* perseveranza *f;* **~ haben** *(warten)* pazientare.
gedulden ‹*ohne ge-*› *rfl:* **sich ~** pazientare, aver pazienza.
geduldig *a* paziente; *(nachsichtig)* indulgente, tollerante.
Geduldsprobe *f:* **jdn auf eine (harte) ~ stellen** mettere a (dura) prova la pazienza di qu. **Geduldsspiel** *n* gioco *m* di pazienza.
gedurft [gəˈdʊrft] *pp von* **dürfen.**
geehrt *a* stimato, onorato; *(geachtet)* riverito; **sehr geehrter Herr Schmidt** *(Briefanrede)* egregio signor Schmidt; **sehr geehrte Frau/geehrtes Fräulein Müller** *(Briefanrede)* gentile signora/signorina Müller; **sehr ~e Damen und Herren** gentili signore e signori; **sehr ~e Damen, sehr ~e Herren** *(in Brief)* gentili Signore, egregi Signori.
geeignet *a* **1.** *(Mensch)* adatto (*zu, für* a, per), idoneo (*zu, für* a, per); **2.** *(zweckmäßig)* opportuno, appropriato.
Gefahr [gəˈfaːɐ̯] ‹-, -en› *f* pericolo *m*, rischio *m; (Bedrohung)* minaccia *f* (*für* di); **~ laufen** correre il rischio (*zu* di); **auf die ~ hin, daß ...** a costo di ... *inf;* **auf eigene ~** a proprio rischio e pericolo; **außer ~** fuori pericolo; **bei ~** in caso di pericolo.
gefährden [gəˈfɛːɐ̯dən] ‹*ohne ge-*› *tr* mettere in pericolo; *(Ruf, Stellung)* compromettere; *(aufs Spiel setzen)* mettere a repentaglio. **gefährdet** *a* in pericolo, minacciato.
Gefährdung ‹-, ø› *f* minaccia *f*.
gefährlich [gəˈfɛːɐ̯lɪç] *a* pericoloso; *(riskant)* rischioso; *(gewagt)* azzardato; *(ernst)* serio, grave. **Gefährlichkeit** ‹-, ø› *f* pericolosità *f*, rischio *m; (von Krankheit)* gravità *f*.
Gefährte [gəˈfɛːɐ̯tə] ‹-n, -n› *m*, **Gefährtin** [...tɪn] *f geh* compagno, -a *m, f*.
gefahrvoll *a* rischioso.
Gefälle [gəˈfɛlə] ‹-s, -› *n (Neigung)* pendenza *f; (von Straße)* discesa *f; phys* gradiente *m; (Unterschied)* differenza *f*.
gefallen[1] ‹*irr, ohne ge-*› *itr* piacere (*dat* a), andare a genio (*dat* a); **sich** *(dat)* **~ in** compiacersi di; **sich** *(dat)* **alles ~ lassen** sopportare ogni cosa; **das gefällt mir (gut)** mi piace; **das gefällt mir gar nicht** non mi piace per niente (*o*

affatto); *(paßt mir nicht)* la cosa non mi va; *(ist verdächtig)* la faccenda puzza *fam;* **wie gefällt Ihnen der Film?** come trova il film?

gefallen[2] *a (Soldat, Engel)* caduto; *(Mädchen)* caduto, traviato.

Gefallen[1] ⟨-s, -⟩ *m (Freundschaftsdienst)* piacere *m,* favore *m.*

Gefallen[2] ⟨-s, ø⟩ *n (Freude)* piacere *m,* diletto *m;* **an etw. ~ finden** trovare piacere (*o* diletto) in qc.

Gefallene ⟨ein -r, -n, -n⟩ *m* caduto *m.*

gefällig *a* **1.** *(angenehm)* piacevole, gradevole; **2.** *(hilfsbereit)* cortese, gentile; *(zuvorkommend)* premuroso; **jdm ~ sein** fare un favore a qu; **Kaffee ~?** desidera un caffè? **Gefälligkeit** ⟨-, -en⟩ *f* **1.** *(Freundschaftsdienst)* piacere *m,* favore *m;* **2.** ⟨*sing*⟩ *(Hilfsbereitschaft)* compiacenza *f,* cortesia *f;* **3.** ⟨*sing*⟩ *(ansprechende Art)* piacevolezza *f;* **aus ~** per far piacere. **gefälligst** *adv fam* per piacere.

Gefangene ⟨ein -r, -n, -n⟩ *mf* prigioniero, -a *m, f; (Inhaftierter)* detenuto, -a *m, f.*

gefangen·halten ⟨*irr*⟩ *tr* tenere prigioniero; *fig (bannen)* avvincere. **Gefangennahme** [-na:mə] ⟨-, -n⟩ *f* cattura *f.* **gefangen·nehmen** ⟨*irr*⟩ *tr* prendere; *(a. mil)* catturare; *(verhaften)* arrestare; *fig (fesseln)* avvincere. **Gefangenschaft** ⟨-, ø⟩ *f (bes. mil)* prigionia *f; (Haft)* detenzione *f; (von Tieren)* cattività *f;* **in ~ geraten** cadere prigioniero.

Gefängnis [gəˈfɛŋnɪs] ⟨-ses, -se⟩ *n (Ort)* prigione *f; (a. Strafe)* carcere *m;* **ins ~ kommen** finire in prigione; **jdn zu einem Jahr ~ verurteilen** condannare qu ad un anno di reclusione. **Gefängnisstrafe** *f* pena *f* detentiva; **zu einer ~ von zwei Jahren verurteilen** condannare a due anni di reclusione.

Gefasel [gəˈfa:zəl] ⟨-s, ø⟩ *n pej* discorsi *m pl* insulsi.

Gefäß [gəˈfɛ:s] ⟨-es, -e⟩ *n* **1.** *(Behälter)* recipiente *m,* vaso *m;* **2.** *anat* vaso *m.*

gefaßt *a (ruhig)* calmo, tranquillo; **auf etw. ~ sein** aspettarsi qc; **auf alles** (*o* **aufs Schlimmste) ~ sein** rassegnarsi al peggio; **sich auf etw. ~ machen** aspettarsi qc; **du kannst dich auf was ~ machen!** *fam* stai fresco! *fam.*

Gefecht [gəˈfɛçt] ⟨-(e)s, -e⟩ *n (Kampf)* combattimento *m; (Zusammenstoß)* scontro *m.* **Gefechtskopf** *m* testa *f* esplosiva.

gefeit [gəˈfai̯t] *a:* **gegen etw. ~ sein** essere immune da qc.

Gefieder [gəˈfi:dɐ] ⟨-s, -⟩ *n* piumaggio *m,* penne *f pl.*

geflochten [gəˈflɔxtən] *pp von* **flechten.**

geflogen [gəˈflo:gən] *pp von* **fliegen.**

geflohen [gəˈflo:ən] *pp von* **fliehen.**

geflossen [gəˈflɔsən] *pp von* **fließen.**

Geflügel [gəˈfly:gəl] ⟨-s, ø⟩ *n* volatili *m pl,* pollame *m.*

geflügelt [gəˈfly:gəlt] *a* alato; **~e Worte** parole alate.

Geflügelzucht *f* pollicoltura *f.*

Geflüster [gəˈflʏstɐ] ⟨-s, ø⟩ *n* bisbiglio *m,* mormorio *m.*

gefochten [gəˈfɔxtən] *pp von* **fechten.**

Gefolge [gəˈfɔlgə] ⟨-s, *rar* -⟩ *n* seguito *m.*

Gefolgschaft ⟨-, -en⟩ *f* seguito *m; pol (Anhänger)* seguaci *m pl; (Schüler, Jünger)* discepoli *m pl.*

gefragt *a (begehrt)* richiesto.

gefräßig [gəˈfrɛ:sɪç] *a* ingordo, vorace.

gefrieren ⟨*irr, ohne ge-*⟩ *itr* ⟨*sein*⟩ (con)gelare, ghiacciare.

Gefrierfach *n* freezer *m,* congelatore *m.* **Gefrierfleisch** *n* carne *f* congelata. **gefriergetrocknet** *a* liofilizzato. **Gefrierpunkt** *m* punto *m* di congelamento; **auf/über/unter dem ~** al/sopra/sotto il punto di congelamento. **Gefriertruhe** *f* congelatore *m.*

gefroren [gəˈfro:rən] **I.** *pp von* **frieren; II.** *a* (con)gelato.

Gefühl [gəˈfy:l] ⟨-(e)s, -e⟩ *n* **1.** *(körperliche Wahrnehmung)* sensazione *f;* **2.** *(seelische Empfindung)* sentimento *m,* emozione *f; (Empfindsamkeit)* sentimento *m,* sensibilità *f;* **3.** *(Ahnung)* sensazione *f;* **4.** *(Gespür, Verständnis)* senso *m* (*für* di); *(Takt)* tatto *m;* **mit ~** con sentimento; **ich habe das ~, daß er uns nicht mag** ho l'impressione che non gli piacciamo; **das ist das höchste der ~e** *fam (prima)* è fantastico; *(Grenze)* questo è il massimo. **gefühllos** *a* **1.** *(Gliedmaßen)* intorpidito, insensibile; **2.** *(hartherzig)* insensibile, senza cuore; *(grausam)* crudele.

gefühlsbetont *a (Mensch)* sentimentale; *(Rede)* carico di emozioni. **Gefühlsduselei** [-du:zəˈlai̯] ⟨-, -en⟩ *f fam pej* sentimentalismo *m.* **Gefühlsleben** *n* vita *f* sentimentale. **gefühlsmäßig I.** *a (Reaktion)* emotivo; **II.** *adv* sul piano dei sentimenti; **etw. rein ~ erfassen** cogliere qc intuitivamente.

gefüllt *a* **1.** *(voll)* pieno, riempito; **2.** *gastr* farcito, ripieno.

gefunden [gəˈfʊndən] *pp von* **finden.**

gegangen [gəˈgaŋən] *pp von* **gehen.**

gegeben *a (bestimmt)* determinato; **unter ~en Umständen** in determinate circostanze; **zu ~er Zeit** a tempo debito. **gegebenenfalls** *adv* eventualmente, in caso.

gegen [ˈge:gən] *prp acc* **1.** *(feindlich, entgegen, angelehnt, im Verhältnis zu)* contro; **2.** *(in Beziehung zu Personen)* verso, con; **3.** *(im Austausch)* dietro, contro; **4.** *(als Entgelt für)* per, in cambio di; **5.** *(auf ... zu)* verso, in direzione di; *(zeitlich)* verso; **6.** *(etwa)* all'incirca, circa; **7.** *(im Gegensatz zu)* contrariamente a; **8.** *(im Vergleich zu)* in confronto a; **9.** *(~ eine Krankheit)* per, contro; **~ etw. sein** essere contrario a (*o* contro) qc; **~ Quittung** dietro ricevuta; **~ 4 Uhr** verso le 4; **ich wette zehn ~ eins** scommetto dieci contro uno.

Gegenangriff *m* contrattacco *m.* **Gegenbeweis** *m* controprova *f;* **den ~ liefern** provare il contrario.

Gegend ['ge:gənt] ‹-, -en› *f* **1.** *(Landschaft)* paesaggio *m;* **2.** *(Gebiet)* regione *f,* contrada *f,* paese *m; (Körper~)* regione *f;* **3.** *(Wohn~)* quartiere *m;* **4.** *(nähere Umgebung)* vicinanze *f pl,* paraggi *m pl.*

gegeneinander [-ˀai̯'nandɐ] *adv* l'un l'altro; *(im Austausch)* l'uno per l'altro.

Gegenfahrbahn *f* corsia *f* contromano. **Gegengewicht** *n* contrappeso *m* (*zu* a); **das ~ zu etw. sein** controbilanciare qc. **Gegengift** *n* antidoto *m,* contravveleno *m.* **Gegenleistung** *f* contraccambio *m,* compenso *m;* **als ~ für** in compenso di. **Gegenlicht** *n* controluce *f.* **Gegenlichtaufnahme** *f* fotografia *f* in controluce. **Gegenliebe** *f* amore *m* ricambiato; *(Anklang)* simpatia *f.* **Gegenmaßnahme** *f* contromisura *f; (vorbeugend)* misura *f* preventiva; *(Vergeltung)* rappresaglia *f.* **Gegenmittel** *n med* rimedio *m* (*gegen* contro); *fig* antidoto *m* (*gegen* a). **Gegenoffensive** *f (a. fig)* controffensiva *f.* **Gegenrichtung** *f* direzione *f* opposta.

Gegensatz *m (Unterschied)* contrasto *m* (*zu* con); *(Widerspruch)* contraddizione *f* (*zu* con); **im ~ stehen** contrastare (*zu* con); **im ~ zu** in contrasto con, a differenza di; **Gegensätze ziehen sich an** gli opposti si attraggono.

gegensätzlich [-zɛtslɪç] *a (entgegengesetzt)* contrario, opposto; *(widersprüchlich)* contradditorio.

Gegenschlag *m* contrattacco *m.* **Gegenseite** *f* **1.** *(räumlich)* parte *f* opposta, lato *m* opposto; **2.** *pol* opposizione *f;* **3.** *jur* controparte *f.* **gegenseitig** *a* reciproco, mutuo; **sich ~ helfen** aiutarsi a vicenda; **in ~em Einvernehmen** di comune accordo. **Gegenseitigkeit** ‹-, ø› *f* reciprocità *f;* **auf ~ beruhen** essere reciproco. **Gegensprechanlage** *f* citofono *m.*

Gegenstand *m* **1.** *(Ding)* oggetto *m,* cosa *f; fig (des Hasses, etc.)* oggetto *m;* **2.** *(Thema)* soggetto *m,* materia *f.*

gegenständlich [-ʃtɛntlɪç] *a* concreto.

gegenstandslos *a (ungültig)* nullo; *(unbegründet)* infondato.

Gegenstück *n* **1.** *(Pendant)* pendant *m,* oggetto *m* (*o* pezzo *m*) di riscontro; **2.** *(Gegensatz)* opposto *m* (*zu* di).

Gegenteil *n* contrario *m* (*von* di), opposto *m* (*von* di); **im ~** al contrario, anzi. **gegenteilig** *a* contrario.

gegenüber [ge:gən'ˀy:bɐ] **I.** *adv* di fronte (*von* a); **II.** *prp dat* **1.** *(örtlich)* di fronte a, di faccia a, dirimpetto a; **2.** *(im Vergleich mit)* in confronto a, paragonato a; **3.** *(in bezug auf)* nei confronti (*o* riguardi) di, relativamente a; *(angesichts)* in vista di; **mir ~** *(im Umgang mit mir)* con me, nei miei confronti. **Gegenüber** ‹-s, -› *n (Mensch)* persona *f* di fronte. **gegenüberliegend** *a* di fronte, di faccia. **gegenüber·stehen** ‹*irr*› **I.** *rfl:* **sich** *(dat)* **~** star di fronte; **II.** *itr:* **jdm feindlich/freundlich ~** essere ostile a/ben disposto verso qu. **gegenüber·stellen** *tr* **1.** *(räumlich)* mettere di fronte (*dat* a); **2.** *(konfrontieren, bes. jur)* confrontare (*dat* con), mettere a confronto (*dat* con); **3.** *(vergleichen)* confrontare (*dat* con), paragonare (*dat* a); **4.** *(entgegensetzen)* contrapporre (*dat* a). **Gegenüberstellung** *f* confronto *m.*

Gegenverkehr *m* traffico *m* in senso opposto (*o* contrario).

Gegenwart ['ge:gənvart] ‹-, ø› *f* **1.** *(Anwesenheit)* presenza *f;* **2.** *(jetzige Zeit, a. gram)* presente *m.*

gegenwärtig ['ge:gənvɛrtɪç *o* ...'vɛrtɪç] **I.** *a* **1.** *(anwesend)* presente; **2.** *(jetzig)* presente, attuale; **3.** *(aus dieser Zeit)* contemporaneo; **4.** *(vorherrschend)* prevalente; **5.** *(heutig)* odierno; **II.** *adv* **1.** *(momentan)* al momento, attualmente; **2.** *(heutzutage)* oggigiorno.

Gegenwert *m* controvalore *m,* equivalente *m.* **Gegenwind** *m* vento *m* contrario. **gegen·zeichnen** *tr* controfirmare.

gegessen [gə'gɛsən] *pp von* **essen.**

geglichen [gə'glɪçən] *pp von* **gleichen.**

geglitten [gə'glɪtən] *pp von* **gleiten.**

geglommen [gə'glɔmən] *pp von* **glimmen.**

Gegner(in) ['ge:gnɐ (...ərɪn)] ‹-s, -› *m(f)* avversario, -a *m, f,* antagonista *mf; (Feind)* nemico, -a *m, f; sport* avversario, -a *m, f; (von Meinung, Methode, a. jur)* oppositore, -trice *m, f* (*gen* di). **gegnerisch** *a* avversario; *(feindlich)* ostile, nemico.

gegolten [gə'gɔltən] *pp von* **gelten.**

gegoren [gə'go:rən] *pp von* **gären.**

gegossen [gə'gɔsən] *pp von* **gießen.**

gegriffen [gə'grɪfən] *pp von* **greifen.**

Gehackte [gə'haktə] ‹ein -s, -n, ø› *n gastr* carne *f* tritata (*o* macinata).

Gehalt[1] [gə'halt] ‹-(e)s, -e› *m* **1.** *(Anteil)* contenuto *m* (*an* di); *(Alkohol~)* percentuale *f; (von Edelmetall)* titolo *m,* tenore *m;* **2.** *fig (geistiger Inhalt)* contenuto *m; (innerer Wert)* valore *m* intrinseco.

Gehalt[2] [gə'halt] ‹-(e)s, ¨-er› *n* stipendio *m.*

Gehaltsempfänger(in) *m(f)* stipendiato, -a *m, f.* **Gehaltserhöhung** *f* aumento *m* dello stipendio. **Gehaltsstufe** *f* categoria *f* (*o* classe *f*) di stipendio. **Gehaltszulage** *f* supplemento *m* di stipendio.

gehangen [gə'haŋən] *pp von* **hängen.**

gehässig [gə'hɛsɪç] *a* maligno.

Gehäuse [gə'hɔyzə] ‹-s, -› *n* **1.** *(Umhüllung)* involucro *m; (Uhr~)* cassa *f; (von technischen Geräten)* scatola *f,* rivestimento *m,* involucro *m,* alloggiamento *m; (von Motor)* basamento *m; (von Radio)* alloggiamento *m; (von Kamera)* custodia *f;* **2.** *(Kern~)* torsolo *m.*

geheim [gə'haim] *a* segreto; **im ~en** in segreto; **streng ~!** segreto!; *(auf Dokumenten)* riservato. **Geheimagent(in)** *m(f)* agente *mf* segreto, -a. **Geheimdienst** *m* servizio *m* segreto. **geheim·halten** ‹*irr*› *tr* tenere segreto (*o* nascosto); *(verheimlichen)* celare (*vor jdm* a qu).

Geheimnis ‹-ses, -se› *n* segreto *m; (nicht Erforschbares)* mistero *m,* arcano *m;* **ein offenes ~** un segreto di Pulcinella. **geheimnisvoll** *a* misterioso; **~ tun** fare il misterioso.

Geheimpolizei *f* polizia *f* segreta.

gehemmt *a (Mensch, Benehmen)* inibito.

gehen ['ge:ən] ‹geht, ging, gegangen› ‹*sein*› **I.** *itr* **1.** *allg.* andare; *(zu Fuß)* camminare, andare a piedi; **2.** *(weg~)* andar via, andarsene; *(Zug, Schiff: abfahren)* partire; **3.** *tec (Maschine)* funzionare; *(Uhr)* andare; **4.** *(Ware)* vendersi; *(Geschäft)* andare bene; **5.** *(Teig)* crescere, alzarsi; **6.** *(reichen)* arrivare (*bis* fino a); **7.** *(hinein~, passen)* entrare (*in* in); **8.** *(andauern)* durare; **9.** *(möglich sein)* essere possibile; **~ auf** *(Fenster)* dare su; **essen ~** andare a mangiare; **gut ~** *com* vendersi bene, trovare smercio; **bei jdm aus und ein ~** frequentare qu; **in sich ~** *(sein Gewissen prüfen)* fare l'esame di coscienza; **mit jdm ~** *(begleiten)* accompagnare qu; *(mit einem Mädchen)* andare con qu, frequentare qu; **nach dem Äußeren ~** giudicare dalle apparenze; **zu jdm ~** *(besuchen)* andare da qu, fare una visita a qu; **zum Arzt ~** andare dal medico; **zum Friseur/Bäcker ~** andare dal parrucchiere/dal panettiere; **endlich geht er an die Arbeit** finalmente si mette al lavoro; **nach dem, was er sagt, kann man nicht ~** non ci si può regolare in base a quello che dice; **es geht** *(a. gesundheitlich)* va bene; *(ich brauche keine Hilfe)* ce la faccio da solo; **es geht mir gut** sto bene; **es geht mir schlecht** sto male; **es geht schon, es wird schon ~** andrà bene; **es geht (so** *o* **einigermaßen)** *fam* non c'è male, va così così; **es geht nicht anders** non si può fare diversamente; **wenn es nach mir ginge** se dipendesse da me; **das geht nicht** non si può fare così, così non va; **das geht zu weit** questo è troppo; **so gut es geht** il meglio possibile; **es geht sich schlecht hier** qui si cammina male; **es geht nichts über ...** non c'è di meglio che ...; **es geht um ...** *(es handelt sich darum)* si tratta di ...; *(steht auf dem Spiel)* è in gioco; **geht es so/morgen?** va bene così/domani?; **wie geht es Ihnen?** come sta?; **II.** *tr (Strecke)* percorrere.

gehen·lassen ‹*irr*› **I.** *tr* lasciar andare; **II.** *rfl:* **sich ~** *(im Benehmen)* perdere il controllo di se stesso; *(in der Kleidung)* lasciarsi andare, trascurarsi.

geheuer [gə'hɔyɐ] *a:* **nicht ~ sein** *(verdächtig)* essere sospetto; *(gruselig, beängstigend)* essere sinistro (*o* pauroso); *(unbehaglich)* essere spiacevole; **das ist mir nicht ~** ciò mi insospettisce, ciò non mi piace.

Gehilfe [gə'hɪlfə] ‹-n, -n› *m,* **Gehilfin** [...fɪn] *f* **1.** *(Helfer)* aiuto *m,* assistente *mf;* **2.** *(nach Lehre)* garzone *m;* **3.** *(Komplize)* complice *mf.*

Gehirn [gə'hɪrn] ‹-(e)s, -e› *n* cervello *m.* **Gehirnerschütterung** *f* commozione *f* cerebrale. **Gehirnhautentzündung** *f* meningite *f.* **Gehirnwäsche** *f* lavaggio *m* del cervello.

gehoben [gə'ho:bən] **I.** *pp von* **heben; II.** *a* **1.** *(Stil, Ausdrucksweise)* elevato, sostenuto; **2.** *(anspruchsvoll)* sofisticato; **3.** *(Stellung)* elevato; **4.** *(Stimmung)* allegro, brioso.

geholfen [gə'hɔlfən] *pp von* **helfen.**

Gehör [gə'hø:ɐ] ‹-(e)s, ø› *n* **1.** *(~sinn)* udito *m;* **2.** *(Tonempfindung)* orecchio *m;* **3.** *(Beachtung)* ascolto *m;* **~ finden** trovare ascolto (*bei jdm* presso qu); **sich** *(dat)* **~ verschaffen** farsi ascoltare; **ein gutes ~ haben** aver l'udito fine; **nach ~** a orecchio.

gehorchen ‹*ohne ge-*› *itr* ubbidire (*jdm* a qu); **jdm nicht ~** disubbidire a qu.

gehören ‹*ohne ge-*› **I.** *itr* **1.** *(als Eigentum)* appartenere (*dat* a), essere (*dat* di); **2.** *(als Teil)* fare parte (*zu* di); *(zu einer Zahl)* essere (*zu* di, tra); **3.** *(an bestimmten Platz)* andare messo, dover stare; **4.** *(zustehen: Achtung, etc.)* spettare (*jdm* a qu); **das gehört mir** questo è mio; **du gehörst ins Bett** dovresti essere a letto; **diese Frage gehört nicht hierher** questo non c'entra; **sie gehört zu denen, die ...** è tra quelle che ...; **dazu gehört nicht viel** non ci vuole molto; **II.** *rfl:* **sich ~** convenire, addirsi; **das gehört sich nicht** non si fa; **wie es**

sich gehört *(sich schickt)* come si addice; *(ordentlich)* come si deve.
gehörig I. *a* **1.** *(gehörend)* appartenente (*jdm* a qu, *zu etw.* a qc); **2.** *(gebührend)* dovuto, spettante; **3.** *(erforderlich)* necessario, richiesto; **4.** *fam (gründlich)* bello, grande; *(bes. Strafe, Prügel)* forte; **II.** *adv* **1.** *(gebührend)* a dovere, doverosamente; **2.** *(gründlich)* per bene.
gehorsam [gə'ho:ɐza:m] *a* ubbidiente. **Gehorsam** ‹-s, ø› *m* ubbidienza *f*, obbedienza *f*.
Gehsteig ['ge:ʃtaik] ‹-(e)s, -e› *m*, **-weg** *m* marciapiede *m*.
Geier ['gaiɐ] ‹-s, -› *m* avvoltoio *m*; **weiß der ~!** *sl* ma che ne so io! *fam*.
Geige ['gaigə] ‹-, -n› *f* violino *m*; **die erste ~ spielen** *fig* essere il numero uno.
Geigenbauer(in) ‹-s, -› *m(f)* litaio, -a *m, f*, violinaio, -a *m, f*.
Geiger(in) ‹-s, -› *m(f)* violinista *mf*.
Geigerzähler *m* contatore *m* (di) Geiger.
geil [gail] *a (lüstern)* lussurioso, libidinoso, lascivo; **er ist ~ nach Erfolg** è avido di successo; **das ist echt ~!** *sl* è fantastico! **Geilheit** ‹-, ø› *f* libidine *f*.
Geisel ['gaizəl] ‹-, -n› *f* ostaggio *m*. **Geiselnahme** [-na:mə] ‹-, -n› *f* presa *f* in ostaggio. **Geiselnehmer(in)** ‹-s, -› *m(f)* persona *f* che tiene in ostaggio qu, sequestratore *m*.
Geißel ['gaisəl] ‹-, -n› *f* flagello *m*.
geißeln *tr* **1.** *(mit Geißel schlagen)* frustare; *rel* flagellare; **2.** *fig (anprangern)* criticare severamente, stimmatizzare.
Geist [gaist] ‹-(e)s, -er› *m* **1.** ‹*sing*› *(Denken, Vernunft)* spirito *m*, ingegno *m*; **2.** ‹*sing*› *(Intellekt, Witz)* spirito *m*; **3.** *(Denker, Genie)* spirito *m*; **4.** ‹*sing*› *(Seele)* anima *f*, spirito *m*; **5.** *(Gespenst)* spirito *m*, fantasma *m*, spettro *m*; **6.** *(Gesinnung, Sinn)* spirito *m*, intenzione *f*; **der Heilige ~** lo Spirito Santo; **kleine ~er** *(ungebildet)* gli ignoranti; *(engstirnig)* la gente limitata; **seinen ~ aufgeben** *(sterben)* rendere l'anima a Dio; *fam (nicht mehr funktionieren)* smettere di funzionare; **in jds ~e handeln** operare secondo le intenzioni di qu; **etw. im ~(e) vor sich** *(dat)* **sehen** vedere qc davanti a sé col pensiero; **von allen guten ~ern verlassen sein** *fam* aver perso la testa *fam*.
Geisterbahn *f* galleria *f* degli orrori. **Geisterfahrer(in)** *m(f)* automobilista *mf* che imbocca l'autostrada contromano.
Geistesabwesenheit *f* distrazione *f*. **Geistesblitz** *m* lampo *m* di genio. **Geistesgegenwart** *f* presenza *f* di spirito. **geistesgestört** *a* alienato (di mente), malato di mente. **geisteskrank** *a* malato di mente. **Geisteskrankheit** *f* malattia *f* mentale; *(Psychose)* psicosi *f*. **geistesverwandt** *a* spiritualmente affine (*mit* a). **Geisteswissenschaften** *f pl* lettere *f pl*, scienze *f pl* umane. **Geisteszustand** *m* stato *m* mentale.
geistig *a* **1.** *(gedanklich)* intellettuale; *(verstandesmäßig)* mentale; **2.** *(innerlich)* spirituale, interiore; **3.** *(unkörperlich)* immateriale.
geistlich *a* spirituale; *mus* sacro; *(kirchlich)* ecclesiastico; *(klerikal)* clericale. **Geistliche** ‹ein -r, -n, -n› *m* ecclesiastico *m*; *(Priester)* prete *m*, sacerdote *m*; *(Pastor)* pastore *m*.
geistlos *a (einfallslos)* privo d'ingegno; *(dumm)* stupido, sciocco; *(fade)* insulso, piatto, insipido; *(langweilig)* noioso. **Geistlosigkeit** ‹-, -en› *f* **1.** ‹*sing*› *(Einfallslosigkeit)* futilità *f*; *(Dummheit)* sciocchezza *f*; *(Fadheit)* scipitaggine *f*; *(Langweiligkeit)* monotonia *f*; **2.** *(Äußerung)* insulsaggine *f*. **geistreich** *a* spiritoso; *(einfallsreich)* ingegnoso, geniale. **geisttötend** *a* noioso, monotono. **geistvoll** *a (Mensch)* spiritoso; *(Unterhaltung)* brillante; *(Äußerung)* arguto.
Geiz [gaits] ‹-es, ø› *m* avarizia *f*.
geizen *itr* essere avaro (*mit* con), lesinare (*mit* su); *fig* lesinare (*mit etw.* qc), essere parco (*mit* di).
Geizhals *m* avaro *m*, spilorcio *m*.
geizig *a* avaro (*mit* di); *(zu sparsam)* parsimonioso (*mit* di).
Gejammer [gə'jamɐ] ‹-s, ø› *n* lamenti *m pl*, lamentele *f pl*, lagna *f fam*.
gekannt [gə'kant] *pp von* **kennen.**
geklungen [gə'klʊŋən] *pp von* **klingen.**
geknickt *a fam* abbacchiato *fam*, avvilito.
gekniffen [gə'knɪfən] *pp von* **kneifen.**
gekonnt [gə'kɔnt] **I.** *pp von* **können; II.** *a* ben fatto, azzeccato; **etw. ~ machen** fare qc magistralmente.
Gekritzel [gə'krɪtsəl] ‹-s, ø› *n* scarabocchi *m pl*.
gekrochen [gə'krɔxən] *pp von* **kriechen.**
gekünstelt [gə'kʏnstəlt] *a (unnatürlich, geziert)* affettato; *(Sprache, Stil)* ricercato.
Gel [ge:l] ‹-s, -e› *n* gel *m*.
Gelächter [gə'lɛçtɐ] ‹-s, -› *n* risata *f*.
gelackmeiert [gə'lakmaiɐt] *a fam* fregato *fam*.
Gelage [gə'la:gə] ‹-s, -› *n* banchetto *m*; *(bes. Zech~)* gozzoviglia *f*.
gelähmt *a* paralizzato; *(Mensch)* paralitico.
Gelände [gə'lɛndə] ‹-s, -› *n* **1.** *(freies Land, bes. mil: Terrain)* terreno *m*; **2.** *(Grundstück)* terreno *m*, area *f*; *(Fabrik~)* zona *f (o* area *f)* di un'industria/una ditta; *(Schul~)* area *f* della scuola; *(Bau~)* terreno *m* fabbricabile; **mitten**

im ~ in un posto impensato. **geländegängig** *a* adatto per tutti i terreni.
Geländer [gəˈlɛndɐ] ‹-s, -› *n (Treppen~)* ringhiera *f; (Brüstung)* balaustra *f,* parapetto *m.*
Geländewagen *m* fuoristrada *m.*
gelang [gəˈlaŋ] *imp von* **gelingen.**
gelangen [gəˈlaŋən] ‹*ohne ge-*› *itr* ‹*sein*› arrivare (*zu, nach* a), giungere (*zu, nach* a), pervenire (*zu, nach* a); **in den Besitz einer S.** *(gen)* ~ entrare in possesso di qc.
gelangweilt *a* annoiato.
gelassen I. *a (ruhig)* calmo, pacato, tranquillo; *(gleichmütig)* imperturbabile; *(gefaßt)* composto; ~ **bleiben** mantenere la calma; **II.** *adv* con calma, tranquillamente.
Gelatine [ʒelaˈti:nə] ‹-, ø› *f* gelatina *f.*
geläufig [gəˈlɔyfɪç] *a* corrente; **jdm** ~ **sein** essere familiare a qu.
gelaunt [gəˈlaunt] *a* disposto; **gut/schlecht** ~ di buon/cattivo umore.
gelb [gɛlp] *a* giallo; *s. a. blau.*
Gelb ‹-(s), - *o fam* -s› *n* giallo *m;* **bei** ~ **über die Ampel fahren** passare col giallo; **die Ampel springt auf** ~ il semaforo diventa giallo; *s. a. Blau.*
Gelbe [ˈgɛlbə] ‹ein -s, -n, ø› *n (Eigelb)* tuorlo *m;* **das ist nicht das** ~ **vom Ei** *fig* non è il non plus ultra.
Gelbfieber *n* febbre *f* gialla.
gelblich *a* giallognolo, giallastro.
Gelbsucht *f* itterizia *f,* ittero *m.*
Geld [gɛlt] ‹-(e)s, -er› *n* denaro *m,* soldi *m pl; (Klein~)* spiccioli *m pl,* moneta *f; (Vermögen, Kapital)* denaro *m,* capitale *m,* fondi *m pl;* **öffentliche** ~**er** fondi pubblici; **ins** ~ **gehen** diventar caro (*o* costoso); **zu** ~ **machen** vendere; ~ **regiert die Welt** *prov* il denaro è il re del mondo *prov.* **Geldautomat** *m* sportello *m* automatico. **Geldbeutel** *m* borsellino *m.* **Geldbuße** *f* multa *f,* contravvenzione *f.* **Geldgeber(in)** *m(f)* finanziatore, -trice *m, f.* **geldgierig** *a* avido di denaro. **Geldinstitut** *n* istituto *m* finanziario. **Geldquelle** *f* risorsa *f* finanziaria; *(Verdienstquelle)* fonte *f* di guadagno. **Geldspende** *f* offerta *f* in denaro. **Geldstrafe** *f* multa *f,* contravvenzione *f;* **jdn mit einer** ~ **belegen** multare qu. **Geldstück** *n* moneta *f.* **Geldverlegenheit** *f* difficoltà *f pl* finanziarie. **Geldverschwendung** *f* spreco *m* di denaro. **Geldwechsel** *m* cambio *m* (monetario); *(Stelle)* ufficio *m* di cambio. **Geldwechsler** [-vɛkslɐ] ‹-s, -› *m* automatico *m* per cambio di monete.
Gelee [ʒeˈle: *o* ʒəˈle:] ‹-s, -s› *n o m* gelatina *f.*
gelegen [gəˈle:gən] **I.** *pp von* **liegen; II.** *a* **1.** *(örtlich)* situato, posto; **2.** *(passend)* comodo, opportuno; **mir ist daran** ~, **daß** ... mi importa (*o* preme) che ... *conj.*
Gelegenheit ‹-, -en› *f* **1.** *(Anlaß, günstige* ~*)* occasione *f* (*zu* di); **2.** *(Möglichkeit)* occasione *f,* possibilità *f,* modo *m* (*zu* di); **3.** *(Ort)* posto *m* (*zu* per); ~ **haben zu** aver l'occasione (*o* modo) di; **bei** ~ all'occasione, al momento opportuno; **bei dieser** ~ in quest'occasione; ~ **macht Diebe** *prov* l'occasione fa l'uomo ladro *prov.* **Gelegenheitsarbeiter(in)** *m(f)* avventizio, -a *m, f.*
gelegentlich [gəˈle:gəntlɪç] **I.** *a* occasionale; *(zeitweilig)* temporario; **II.** *adv (bei Gelegenheit)* all'occasione, occasionalmente; *(manchmal)* ogni tanto.
gelehrt *a* dotto, erudito. **Gelehrte** ‹ein -r, -n, -n› *mf* erudito, -a *m, f; (Wissenschaftler)* studioso, -a *m, f,* scienziato, -a *m, f.*
Geleit [gəˈlait] ‹-(e)s, -e› *n (Begleitung)* accompagnamento *m; (zum Schutz)* scorta *f; naut, mil* convoglio *m;* **jdm das** ~ **geben** scortare qu; **jdm freies** (*o* **sicheres**) ~ **geben** dare a qu un salvacondotto; *(bei Geiselnahme)* dare via libera a qu.
Gelenk [gəˈlɛŋk] ‹-(e)s, -e› *n* **1.** *anat* giuntura *f,* articolazione *f;* **2.** *tec* giunto *m,* snodo *m.* **Gelenkentzündung** *f* artrite *f.* **gelenkig** *a (beweglich)* agile, sciolto.
gelernt *a (Arbeiter)* qualificato.
geliebt *a* amato, caro. **Geliebte** ‹ein -r, -n, -n› *mf* amante *mf; geh (Anrede)* amore *m.*
geliefert *a fam:* ~ **sein** essere spacciato.
geliehen [gəˈli:ən] *pp von* **leihen.**
gelingen [gəˈlɪŋən] ‹gelingt, gelang, gelungen› *itr* ‹*sein*› *(Unternehmen)* riuscire; **es gelingt mir** riesco (*zu* a).
gelitten [gəˈlɪtən] *pp von* **leiden.**
gellen [ˈgɛlən] *itr* risuonare. **gellend** *a* squillante, stridulo, acuto.
Gelöbnis [gəˈlø:pnɪs] ‹-ses, -se› *n* promessa *f* (solenne), voto *m.*
gelogen [gəˈlo:gən] *pp von* **lügen.**
Gelse [ˈgɛlzə] ‹-, -n› *f A* zanzara *f.*
gelten [ˈgɛltən] ‹gilt, galt, gegolten› **I.** *itr (gültig sein)* essere valido; *(Gesetz, Regel)* essere in vigore, valere, vigere; ~ **als** *(angesehen werden als)* passare per; **jdm** ~ *(betreffen)* riguardare (*o* concernere) qu; **einer S.** *(dat)* ~ *(gewidmet sein)* essere dedicato a qc; **für jdn** ~ *(zutreffen)* valere per qu; **für etw.** ~ valere per qc; **jdn/etw.** ~ **lassen** riconoscere qu/qc; **was er sagt, das gilt** quello che dice, si fa; **das gilt nicht!** *(ist unerlaubt)* non vale!, non è corretto!; **das gilt mir** questo tocca a me; **dasselbe gilt für** ... lo stesso vale per ...; **II.** *tr* **1.** *(wert sein)* valere, aver valore; **2.** *(nötig sein)* essere necessario; **bei jdm viel/wenig/etwas/nichts** ~ avere

molta/poca/un po' di/(non) ... nessuna influenza su qu. **geltend** *a (gültig)* valido; *(Gesetz, Bestimmung)* vigente; *(Preise)* corrente; *(herrschend, allgemein)* dominante, generale; ~ **machen** far valere; *(durchsetzen)* affermare; **sich ~ machen** *(bemerkbar werden)* manifestarsi.

Geltung ‹-, ø› *f* **1.** *(Gültigkeit)* validità *f;* **2.** *(Ansehen)* considerazione *f;* **3.** *(Bedeutung)* evidenza *f,* risalto *m;* **sich** *(dat)* **~ verschaffen** farsi valere; **zur ~ bringen** mettere in risalto; **zur ~ kommen** farsi valere; *(hervorstechen)* risaltare. **Geltungsbedürfnis** *n* ambizione *f,* desiderio *m* di mettersi in luce.

Gelübde [gəˈlʏpdə] ‹-s, -› *n* voto *m.*

gelungen [gəˈlʊŋən] **I.** *pp von* **gelingen; II.** *a* **1.** *(geglückt)* riuscito (bene); **2.** *(zum Lachen)* buffo, comico.

GEMA [ˈgeːma] ‹-, ø› *f ab von* **Gesellschaft für musikalische Aufführungs- und mechanische Vervielfältigungsrechte** *società per i diritti di riproduzione meccanica e di esecuzione delle opere musicali.*

gemacht *a:* **für etw. ~ sein** *(geschaffen)* essere fatto per qc; **ein ~er Mann sein** *(erfolgreich)* essere un uomo arrivato; **sich ins ~e Bett legen** trovare la pappa scodellata; **(ist) ~!** *(einverstanden)* d'accordo!

Gemahl(in) [gəˈmaːl(ɪn)] ‹-(e)s, -e› *m(f) geh* marito *m,* consorte *mf lett;* **Ihre Frau Gemahlin** la Sua signora.

Gemälde [gəˈmɛːldə] ‹-s, -› *n* quadro *m,* dipinto *m.*

gemasert [gəˈmaːzɐt] *a* marezzato.

gemäß [gəˈmɛːs] **I.** *prp dat* **1.** *(entsprechend)* secondo, in conformità a, conformemente a; **2.** *(laut, bes. jur)* ai sensi di, a norma di; **Ihrem Wunsch ~** secondo il Suo/Vostro desiderio; **~ den bestehenden Bestimmungen** in conformità alle vigenti disposizioni; **II.** *a (würdig)* degno (*dat* di).

gemäßigt *a* moderato; *(Klima)* temperato.

gemein [gəˈmai̯n] *a* **1.** *(böse)* cattivo, malvagio, perfido; *(niederträchtig)* meschino; **2.** *(ordinär)* volgare; *(unanständig)* sporco, indecente; **3.** *(verbreitet)* comune, corrente; *(all~)* comune, generale; *(öffentlich)* pubblico; **4.** *(einfach)* semplice; *(niedrigen Standes)* basso, comune, popolare; *(Soldat, mat: Bruch)* semplice; **5.** *fam (unangenehm)* terribile, orribile; **~er Kerl** villano *m;* **etw. mit jdm ~ haben** avere qc in comune con qu.

Gemeinde [gəˈmai̯ndə] ‹-, -n› *f* **1.** *(Kommune)* comune *m; (bes. Dorf)* municipio *m;* **2.** *(Einwohner)* abitanti *m pl* di un comune; **3.** *rel* comunità *f; (beim Gottesdienst)* fedeli *m pl; (Pfarr~)* parrocchia *f.* **Gemeinderat** *m* **1.** *(Körperschaft)* consiglio *m* comunale; **2.** *(Person)* consigliere *m* comunale. **Gemeindeschwester** *f* diaconessa *f.* **Gemeindewahl** *f* elezioni *f pl* comunali.

gemeingefährlich *a* che costituisce un pericolo pubblico; **~er Mensch** pericolo pubblico.

Gemeingut *n* bene *m* pubblico.

Gemeinheit ‹-, -en› *f* **1.** ‹*sing*› *(Gesinnung)* perfidia *f,* malvagità *f; (Niedertracht)* meschinità *f;* **2.** *(gemeine Handlung)* cattiveria *f,* malvagità *f.*

gemeinnützig [-nʏt̮sɪç] *a* di pubblica utilità, di interesse collettivo.

Gemeinplatz *m* luogo *m* comune.

gemeinsam **I.** *a* comune; **II.** *adv (mehrere betreffend)* in comune; *(zusammen)* insieme, assieme. **Gemeinsamkeit** ‹-, -en› **1.** ‹*sing*› *(Übereinstimmung)* sintonia *f;* **2.** *(gemeinsame Eigenschaft)* comunanza *f.*

Gemeinschaft ‹-, -en› *f* **1.** ‹*sing*› *(Zusammensein)* comunità *f; (Verbundenheit)* unione *f;* **2.** *(Personengruppe)* comunità *f,* associazione *f,* società *f; (religiöse ~)* comunità *f;* **die Europäische ~** (*ab* **EG**) la Comunità europea; **in ~ mit** in cooperazione con. **Gemeinschaftsantenne** *f* antenna *f* collettiva. **Gemeinschaftskunde** *f* educazione *f* civica. **Gemeinschaftspraxis** *f* studio *m* comunitario. **Gemeinschaftsproduktion** *f* coproduzione *f.*

Gemeinwohl *n* bene *m* comune.

Gemenge [gəˈmɛŋə] ‹-s, -› *n* **1.** *(Gemisch)* miscuglio *m,* mescolanza *f,* misto *m;* **2.** *fig (Durcheinander)* confusione *f;* **3.** *(Hand~)* mischia *f.*

Gemetzel [gəˈmɛt̮səl] ‹-s, -› *n* massacro *m,* strage *f.*

gemieden [gəˈmiːdən] *pp von* **meiden.**

Gemisch [gəˈmɪʃ] ‹-(e)s, -e› *n allg., mot* miscela *f; (a. fig)* miscuglio *m.*

gemischt *a* mescolato, misto, mischiato; *(männlich u. weiblich)* misto; *fig (Gefühle)* contrastante; **ein ~er Salat** un'insalata mista; **es war ~** *fam (nicht sehr gut)* è stato così così *fam;* **mit ~en Gefühlen** con sentimenti contrastanti.

gemocht [gəˈmɔxt] *pp von* **mögen.**

gemolken [gəˈmɔlkən] *pp von* **melken.**

Gemse [ˈgɛmzə] ‹-, -n› *f* camoscio *m.*

Gemüse [gəˈmyːzə] ‹-s, -› *n* verdura *f,* legumi *m pl,* ortaggi *m pl;* **gemischtes ~** verdura mista; **junges ~** *fig fam* i giovani. **Gemüsegarten** *m* orto *m.* **Gemüsehändler(in)** *m(f)* erbivendolo, -a *m, f.* **Gemüsesuppe** *f* minestra *f* di verdura.

gemußt [gəˈmʊst] *pp von* **müssen.**

gemustert *a* a disegni.

Gemüt [gəˈmyːt] ‹-(e)s, -er› *n (Psyche)* animo *m,* cuore *m; (Gefühl)* sentimento *m; (Seele)* anima *f; (Veranlagung)* indole *f,* natura *f,* temperamento *m;* **die ~er** gli animi; **sich** *(dat)* **etw. zu ~e führen** *(essen, trinken)* mangiare/bere qc con gusto; *(Buch, etc.)* concedersi qc; *(beherzigen)* prendersi qc a cuore; **sie hat zuviel ~** è tutta sentimento; **du hast ein sonniges ~** *iron* sei proprio ingenuo!

gemütlich *a (behaglich)* accogliente; *(bequem)* comodo, confortevole; *(in aller Ruhe)* calmo, tranquillo; *(angenehm)* piacevole; *(familiär)* intimo, caldo; *(Mensch)* affabile, gioviale, alla buona; **es sich** *(dat)* **~ machen** mettersi a proprio agio. **Gemütlichkeit** ‹-, ø› *f (Behaglichkeit)* comodità *f; (Traulichkeit)* aria *f* di casa; *(Ruhe)* quiete *f,* tranquillità *f; (Familiarität)* familiarità *f,* intimità *f; (von Menschen)* affabilità *f,* cordialità *f,* giovialità *f.*

Gemütsbewegung *f* emozione *f; (Rührung)* commozione *f.* **gemütskrank** *a* nevrotico; *(schwermütig)* malinconico; *(wahnsinnig)* pazzo. **Gemütskrankheit** *f* psicosi *f* emotiva. **Gemütsmensch** *m* persona *f* di cuore, buona pasta *f fam;* **du bist vielleicht ein ~!** *fam iron* sai che sei un bel tipo?

Gen [ge:n] ‹-s, -e› *n* gene *m.*

genannt [gəˈnant] *pp von* **nennen.**

genau [gəˈnau̯] **I.** *a* **1.** *(exakt)* esatto; *(a. bestimmt)* preciso; **2.** *(sorgfältig)* accurato; **3.** *(ausführlich)* dettagliato; **4.** *(pünktlich)* puntuale; **5.** *(streng)* severo, rigoroso; **peinlich ~** pignolo, pedante; **II.** *adv* **1.** *(exakt)* esattamente, precisamente; **2.** *(pünktlich)* in punto; **3.** *(gerade)* proprio, esattamente; **~ gehen** *(Uhr)* andare bene, essere preciso; **~ passen** andare bene, stare a pennello; **jdn ~ kennen** conoscere bene qu; **es mit etw. ~ nehmen** prendere qc alla lettera (*o* sul serio); **es mit etw. nicht so ~ nehmen** prendere qc sottogamba; **~ um drei Uhr** alle tre precise (*o* in punto); **das ist ~ dasselbe** è proprio la stessa cosa; **~!** *(stimmt)* esatto! **genaugenommen** *adv* a rigore.

Genauigkeit ‹-, ø› *f* **1.** *(Exaktheit)* precisione *f,* esattezza *f;* **2.** *(Sorgfalt)* accuratezza *f;* **3.** *(Strenge)* rigore *m;* **4.** *(peinliche ~)* meticolosità *f;* **5.** *(in der Wiedergabe)* fedeltà *f.*

genauso *adv* altrettanto.

genehmigen [gəˈne:mɪgən] ‹*ohne ge-*› **I.** *tr (Antrag, Änderung, Bau, Bauplan, etc.)* approvare; *(Veröffentlichung, Durchreise, Einfuhr, etc.)* autorizzare; *(Bitte)* acconsentire a; *(erlauben: Ausgang, Besuch, etc.)* permettere; *(zugestehen: Recht, Gefühle, etc.)* riconoscere; **genehmigt** *(auf Antrag)* approvato; *(gesprochen)* permesso, concesso; **II.** *rfl:* **sich** *(dat)* **etw. ~** concedersi qc.

Genehmigung ‹-, -en› *f* **1.** ‹*sing*› *(Erlaubnis)* permesso *m; (von Antrag, Änderung, Bau, etc.)* approvazione *f; (von Veröffentlichung, Durchreise, Einfuhr, etc.)* autorizzazione *f; (von Bitte)* approvazione *f; (behördliche Zulassung)* ammissione *f;* **2.** *(Schriftstück)* permesso *m,* autorizzazione *f.*

geneigt *a* **1.** *(abfallend)* inclinato; *(abschüssig)* in pendenza; **2.** *(gebeugt)* chino, chinato; *(gesenkt)* abbassato; **3.** *fig (wohlgesonnen)* ben disposto (*zu* a), incline (*zu* a).

General [genəˈra:l] ‹-s, -e *o* ¨-e› *m* generale *m.* **Generalkonsulat** *n* consolato *m* generale. **Generalprobe** *f* prova *f* generale. **Generalsekretär(in)** *m(f)* segretario, -a *m, f* generale. **Generalstaatsanwalt** *m,* **-anwältin** *f* [-ˈʃta:t͡s-] procuratore, -trice *m, f* generale. **Generalstab** *m* stato *m* maggiore. **Generalversammlung** *f* assemblea *f* generale.

Generation [genəraˈt͡si̯o:n] ‹-, -en› *f* generazione *f.* **Generationenkonflikt** *m* conflitto *m* generazionale.

Generator [genəˈra:to:ɐ̯, ...raˈto:rən] ‹-s, -en› *m* generatore *m.*

generell [genəˈrɛl] *a* generale, generico.

Genesung [gəˈne:zʊŋ] ‹-, ø› *f geh* guarigione *f,* convalescenza *f.*

Genetik [geˈne:tɪk] ‹-, ø› *f* genetica *f.*

Genetiker(in) ‹-s, -› *m(f)* genetista *mf.*

genetisch *a* genetico.

Genf [gɛnf] *n* Ginevra *f.*

Genfer ‹*inv*› *a attr* di Ginevra; **der ~ See** il Lago Lemano (*o* di Ginevra).

genial [geˈni̯a:l] *a* geniale, ingegnoso; *(Sache)* ingegnoso.

Genialität [geni̯aliˈtɛ:t] ‹-, ø› *f* genialità *f,* genio *m.*

Genick [gəˈnɪk] ‹-(e)s, -e› *n* nuca *f; fig fam* collo *m;* **sich** *(dat)* **das ~ brechen** rompersi l'osso del collo; *fig* rovinarsi.

Genie [ʒeˈni:] ‹-s, -s› *n* genio *m.*

genieren [ʒeˈni:rən] ‹*ohne ge-*› **I.** *rfl:* **sich ~** *(Hemmungen haben)* sentirsi imbarazzato (*o* a disagio); *(sich schämen)* vergognarsi; **II.** *tr (peinlich berühren)* dar fastidio a, infastidire; **das geniert mich nicht** *fam* questo non mi interessa *fam.*

genießbar *a (Speise)* mangiabile, commestibile, mangereccio; *(Getränk)* bevibile; **nicht ~** *fig (unausstehlich)* insopportabile.

genießen [gəˈni:sən] ‹genießt, genoß, genossen› *tr (Speise)* gustare; *fig* godere; *(Erziehung)* avere; **nicht zu ~** *(Speise)* immangiabile; *(Getränk)* imbevibile; *(Mensch)* insopportabile.

Genießer(in) ‹-s, -› *m(f)* gaudente *mf; (Feinschmecker)* buongustaio, -a *m, f.*

genießerisch *a* godereccio, voluttuoso.

Genitalien [geniˈta:li̯ən] ‹*pl*› (organi *m pl*) genitali *m pl.*

Genitiv ['ge:niti:f *o* geni'ti:f] ‹-s, -e› *m* genitivo *m.*
genommen [gə'nɔmən] *pp von* **nehmen.**
genormt *a* standardizzato.
genoß [gə'nɔs] *imp von* **genießen.**
Genosse [gə'nɔsə] ‹-n, -n› *m*, **Genossin** [...sɪn] *f* **1.** *(Gefährte, a. pol)* compagno, -a *m, f;* **2.** *(Mitglied einer ~nschaft)* membro *m;* **3.** *(Komplize)* complice *mf.*
genossen [gə'nɔsən] *pp von* **genießen.**
Genossenschaft ‹-, -en› *f* cooperativa *f.*
genötigt *a:* ~ **sein, etw. zu tun** essere costretto a fare qc.
Gentechnik *f* ingegneria *f* genetica.
Genua ['ge:nu̯a] *n* Genova *f.*
genug [gə'nu:k] *adv* abbastanza, a sufficienza; ~ **haben von ...** averne abbastanza di ...; **laß es ~ sein!** finiscila!; ~ **davon!** basta!
Genüge [gə'ny:gə] ‹-, ø› *f:* **zur ~** abbastanza, a sufficienza.
genügen ‹*ohne ge-*› *itr* bastare, essere sufficiente; **den Anforderungen ~** (cor)rispondere alle esigenze; **das genügt!** questo basta! **genügend** *adv* sufficientemente, abbastanza.
Genugtuung [-tu:ʊŋ] ‹-, ø› *f* soddisfazione *f.*
Genuß [gə'nʊs] ‹-nusses, -nüsse› *m* **1.** ‹*sing*› *(Verzehr, von Drogen, Tabak, etc.)* consumo *m;* **2.** *(Vergnügen)* piacere *m*, godimento *m*, gioia *f;* **3.** ‹*sing*› *(Nutznießung)* beneficio *m; (von Rechten)* **in den ~ einer S.** *(gen)* **kommen** beneficiare di qc.
genüßlich [gə'nʏslɪç] *a* con voluttà.
Geographie [geogra'fi:] ‹-, ø› *f* geografia *f.*
geographisch [...'gra:fɪʃ] *a* geografico.
Geologe [geo'lo:gə] ‹-n, -n› *m*, **Geologin** [...gɪn] *f* geologo, -a *m, f.*
Geologie [...lo'gi:] ‹-, ø› *f* geologia *f.*
geologisch [...'lo:gɪʃ] *a* geologico.
Geometrie [geome'tri:, ...i:ən] ‹-, -n› *f* geometria *f.*
geometrisch [...'me:trɪʃ] *a* geometrico.
Geophysik [geofy'zi:k] *f* geofisica *f.*
geordnet *a (Leben)* ordinato; *(Zustände, Verhältnisse)* stabile.
Georg [ge'ɔrk *o* 'ge:ɔrk] *(männlicher Vorname)* Giorgio.
Gepäck [gə'pɛk] ‹-(e)s, ø› *n* bagaglio *m; mil* equipaggiamento *m;* **diplomatisches ~** valigia *f* diplomatica. **Gepäckabfertigung** *f* spedizione *f* bagagli. **Gepäckannahme** *f* accettazione *f* bagagli. **Gepäckaufbewahrung** *f* deposito *m* bagagli. **Gepäckausgabe** *f* consegna *f* bagagli. **Gepäcknetz** *n* rete *f* portabagagli. **Gepäckstück** *n* collo *m.* **Gepäckträger** *m* **1.** *(Person)* facchino *m*, portabagagli *m;* **2.** *(an Fahrzeugen, etc.)* portabagagli *m.* **Gepäckwagen** *m* bagagliaio *m.*
gepfeffert *a fam* **1.** *(Preise, Mieten, Rechnung)* salato *fam;* **2.** *(grob: Brief, Antwort, Kritik)* grossolano; **3.** *(schwierig)* difficile.
gepfiffen [gə'p͜fɪfən] *pp von* **pfeifen.**
gepflegt I. *a* **1.** *(nicht vernachlässigt)* curato; **2.** *(kultiviert: Atmosphäre, Unterhaltung)* raffinato, sofisticato; *(Restaurant)* raffinato; *(Ausdrucksweise, Stil)* scelto, accurato; **II.** *adv (kultiviert)* in modo raffinato; **ich will mal wieder ~ essen/tanzen gehen** *fam* voglio andare a mangiare/ballare in un bel locale. **Gepflegtheit** ‹-, ø› *f* **1.** *(Ordentlichkeit)* cura *f;* **2.** *(Kultiviertheit)* raffinatezza *f.*
Geplänkel [gə'plɛŋkəl] ‹-s, -› *n* **1.** *mil* scaramuccia *f;* **2.** *fig (Wortgefecht)* schermaglia *f.*
Geplapper [gə'plapɐ] ‹-s, ø› *n* chiacchierio *m*, cicaleccio *m.*
Geplätscher [gə'plɛtʃɐ] ‹-s, ø› *n* mormorio *m*, gorgoglio *m.*
gepriesen [gə'pri:zən] *pp von* **preisen.**
gequält *a (Lachen, Miene, Gesang, Stimme)* sforzato; ~ **lächeln/zuhören** sforzarsi di sorridere/di ascoltare.
gequollen [gə'kvɔlən] *pp von* **quellen.**
gerade [gə'ra:də] **I.** *a* **1.** *(geradlinig)* diritto; **2.** *(aufrecht)* eretto; **3.** *fig (unmittelbar)* diretto; **4.** *(Charakter)* schietto, leale, onesto; **5.** *(Zahl)* pari; **II.** *adv* **1.** *(soeben)* appena; *(im Moment, jetzt)* adesso, in questo momento; **2.** *(genau, besonders, ausgerechnet)* proprio; **3.** *(knapp)* appena; ~ **zur rechten Zeit** giusto in tempo; **ich bin ~ gekommen** sono appena arrivato; **ich will ~ gehen** sto per andarmene; **das fällt mir ~ ein** a proposito, mi viene in mente; **das ist es ja ~!** proprio di questo si tratta!; **das fehlte ~ noch!** ci mancava anche questo!; ~ **darum!** proprio per questo; **nun ~!** ora più che mai; **nun ~ nicht!** a questo punto proprio no!, questa non ci voleva!
Gerade ‹-n, -n› *f* **1.** *(gerade Linie)* linea *f* retta; **2.** *sport* rettilineo *m; (Boxhieb)* diretto *m.*
geradeaus [-'ʔau̯s] *adv* d(i)ritto.
geradeheraus [-hɛ'rau̯s] *adv* francamente, chiaro e tondo *fam.*
gerade·stehen ‹*irr*› *itr (aufrecht stehen)* stare diritto (*o* eretto); **für etw. ~** *fig* rispondere di qc.
geradewegs [-ve:ks] *adv (ohne Umweg)* d(i)ritto; *(ohne Umschweife)* direttamente, chiaramente.
geradezu *adv* **1.** *(beinahe)* quasi; **2.** *(tatsächlich)* veramente, proprio; **3.** *(ohne Umschweife)* direttamente.
Geradheit ‹-, ø› *f (a. fig)* dirittura *f; (Rechtschaffenheit)* rettitudine *f.*

Geranie [ge'ra:niə] ‹-, -n› *f* geranio *m.*
gerannt [gə'rant] *pp von* **rennen.**
Gerät [gə'rɛ:t] ‹-(e)s, -e› *n (Werkzeug)* attrezzo *m,* strumento *m; (bes. für Feinmechanik)* utensile *m,* arnese *m; (Vorrichtung)* congegno *m; (Apparat)* apparecchio *m; (Ausrüstung)* equipaggiamento *m.*
geraten ‹*irr, ohne ge-*› *itr* ‹*sein*› **1.** *(zufällig gelangen)* capitare (*in, nach* in), finire (*in, nach* a, in); **2.** *(gelingen)* riuscire; *(gedeihen)* prosperare, crescere; **gut/schlecht ~** *(Sache)* riuscire bene/male; *(Kind)* crescer bene/male; **an etw. ~** *(bekommen)* ricevere qc; **an jdn ~** imbattersi in qu, incontrare qu; **außer sich** *(dat)* **~** essere fuori di sé; **in Gefahr ~** trovarsi in pericolo; **in Schulden ~** indebitarsi; **in Wut ~** infuriarsi; **in schlechte Gesellschaft ~** frequentare cattive compagnie; **nach jdm ~** assomigliare a qu.
Geratewohl [gəra:tə'vo:l *o* gə'ra:tə...] *n:* **aufs ~** a caso, a casaccio *fam.*
geräumig [gə'rɔymıç] *a* spazioso, ampio, vasto.
Geräusch [gə'rɔyʃ] ‹-(e)s, -e› *n* rumore *m.* **geräuscharm** *a* tranquillo, silenzioso. **geräuschempfindlich** *a* sensibile al rumore. **Geräuschkulisse** *f film, radio* fondo *m* (*o* sottofondo *m*) sonoro; *fig* rumori *m pl* di sottofondo. **geräuschlos** *a* silenzioso.
gerben ['gɛrbən] *tr* conciare.
Gerbsäure *f* acido *m* tannico.
Gerd [gɛrt] *s.* **Gerhard.**
gerecht [gə'rɛçt] *a* **1.** *(rechtgemäß)* giusto; *(~fertigt)* giustificato; *(rechtschaffen)* onesto, probo; **2.** *(berechtigt)* giustificato, fondato; **3.** *(verdient)* meritato; **~ urteilen** giudicare secondo giustizia; **jdm ~ werden** rendere giustizia a qu; **einer S.** *(dat)* **~ werden** *(bewältigen)* essere all'altezza di qc.
Gerechtigkeit ‹-, ø› *f* giustizia *f; (Rechtschaffenheit)* onestà *f.*
Gerede [gə're:də] ‹-s, ø› *n (Geschwätz)* chiacchiere *f pl; (Klatsch)* pettegolezzi *m pl.*
geregelt *a (Arbeits-, Mahlzeit)* regolare; *(Leben)* regolato.
gereizt *a* irritato, arrabbiato.
Gerhard ['ge:ɐhart] *(männlicher Vorname)* Gerardo.
Gericht[1] [gə'rıçt] ‹-(e)s, -e› *n jur (Behörde)* tribunale *m; (bes. ~sstand)* foro *m; (~shof)* corte *f,* tribunale *m; (Gebäude)* tribunale *m,* palazzo *m* di giustizia; *(die Richter)* giudici *m pl,* corte *f;* **jdn vor ~ bringen** citare qu in giudizio; **mit jdm ins ~ gehen** *fig (kritisieren)* criticare aspramente qu; *(bestrafen)* giudicare severamente qu; **Hohes ~!** *(Anrede)* signori della Corte.
Gericht[2] [gə'rıçt] ‹-(e)s, -e› *n (Speise)* piatto *m.*
gerichtlich I. *a* **1.** *(rechtlich)* legale, giudiziario; **2.** *(des Gerichts)* del tribunale, della corte; **II.** *adv* legalmente, per vie legali; **jdn ~ belangen** (*o* **verfolgen)** procedere per via legale contro qu.
Gerichtsbarkeit ‹-, ø› *f* giurisdizione *f,* competenza *f* giudiziaria. **Gerichtsdiener** *m* usciere *m* del tribunale. **Gerichtshof** *m* corte *f* di giustizia. **Gerichtskosten** ‹*pl*› spese *f pl* giudiziarie. **Gerichtsmedizin** *f* medicina *f* legale. **Gerichtssaal** *m* sala *f* delle udienze. **Gerichtsstand** *m* foro *m.* **Gerichtstermin** *m* data *f* d'udienza. **Gerichtsverfahren** *n* procedimento *m* legale. **Gerichtsverhandlung** *f* dibattimento *m,* udienza *f.* **Gerichtsvollzieher** ‹-s, -› *m* ufficiale *m* giudiziario.
gerieben [gə'ri:bən] *pp von* **reiben.**
gering [gə'rıŋ] *a* **1.** *(klein)* piccolo; *(knapp)* scarso; *(beschränkt)* limitato; *(wenig)* poco; *(schwach)* debole; *(niedrig: Preis, Temperatur)* basso; **2.** *(unbedeutend)* insignificante, futile; **3.** *(minderwertig)* scadente, cattivo; **kein G~erer als ...** nientemeno che ...; **nicht im ~sten** per niente, minimamente.
geringfügig [-fy:gıç] **I.** *a (unbedeutend)* insignificante; *(klein)* esiguo, scarso; *(leicht)* leggero; **II.** *adv* poco, scarsamente; *(leicht)* leggermente.
geringschätzig [-ʃɛtsıç] **I.** *a* sprezzante; **II.** *adv* con disprezzo.
gerinnen ‹*irr, ohne ge-*› *itr* ‹*sein*› coagulare, coagularsi; *(Milch)* cagliare; **zum G~ bringen** coagulare.
Gerinnsel [gə'rınzəl] ‹-s, -› *n (Blut~)* coagulo *m,* grumo *m.*
Gerinnung ‹-, ø› *f* coagulazione *f.*
Gerippe [gə'rıpə] ‹-s, -› *n* **1.** *(Skelett, magerer Mensch)* scheletro *m; (die Knochen)* ossatura *f;* **2.** *(von Schiff, Flugzeug)* ossatura *f;* **3.** *fig (Grundplan)* schema *m.*
gerissen [gə'rısən] **I.** *pp von* **reißen; II.** *a (schlau)* scaltro, furbo.
geritten [gə'rıtən] *pp von* **reiten.**
Germ [gɛrm] ‹-, ø› *f A* lievito *m.*
Germane [gɛr'ma:nə] ‹-n, -n› *m,* **Germanin** [...nın] *f* germano, -a *m, f.*
germanisch *a* germanico.
Germanist(in) [gɛrma'nıst(ın)] ‹-en, -en› *m(f)* germanista *mf.*
Germanistik [...'nıstık] ‹-, ø› *f* germanistica *f.*
germanistisch *a* germanistico.
gern [gɛrn] ‹lieber, am liebsten› *adv* volentieri, con piacere; **jdn ~ haben** voler bene a qu; **ich mag/tue das ~** mi piace/lo faccio volentieri; **ich glaube es ~** lo credo bene; **ich reise ~** mi piace viaggiare; **ich hätte ~ ...** vorrei ...; **~ geschehen!** non c'è di che; **du kannst**

mich mal ~ haben! *fam* me ne infischio di te *fam.*

gerochen [gə'rɔxən] *pp von* **riechen.**

Geröll [gə'rœl] ‹-(e)s, -e› *n* detriti *m pl.*

geronnen [gə'rɔnən] *pp von* **rinnen.**

Gerste ['gɛrstə] ‹-, ø› *f* orzo *m.* **Gerstenkorn** *n med* orzaiolo *m.*

Gerte ['gɛrtə] ‹-, -n› *f (Stock)* verga *f; (Peitsche)* frusta *f; (Reit~)* frustino *m.*

Gertrud ['gɛrtru:t] *(weiblicher Vorname)* Geltrude, Gertrude.

Geruch [gə'rʊx] ‹-(e)s, ⸚e› *m* **1.** *(Sinneseindruck)* odore *m;* **2.** *(~ssinn)* odorato *m,* olfatto *m.* **geruchlos** *a* inodoro, senza odore; *(duftlos)* senza profumo. **Geruchssinn** *m* (senso *m* dell')olfatto *m,* odorato *m.*

Gerücht [gə'rʏçt] ‹-(e)s, -e› *n* voce *f;* **das halte ich für ein ~!** *fam* secondo me è una diceria.

Gerümpel [gə'rʏmpəl] ‹-s, ø› *n* ciarpame *m.*

gerungen [gə'rʊŋən] *pp von* **ringen.**

Gerüst [gə'rʏst] ‹-(e)s, -e› *n* **1.** *(Bau~)* impalcatura *f,* armatura *f;* **2.** *(Aufbau, a. fig: Grundplan)* struttura *f.*

gesalzen *a fig fam (Preis)* salato *fam; (Witz)* piccante, spinto.

gesamt [gə'zamt] *a* **1.** *(ganz)* tutto; **2.** *(völlig)* totale, intero, globale; **3.** *(vollständig)* completo.

Gesamt- *(in Zusammensetzungen)* complessivo, totale. **Gesamtausgabe** *f* edizione *f* completa. **gesamtdeutsch** *a* pangermanico. **gesamthaft** *CH* **I.** *a* totale; **II.** *adv* in totale. **Gesamtheit** ‹-, ø› *f* totalità *f,* totale *m; (von Menschen)* collettività *f;* **in seiner ~** nel suo complesso. **Gesamthochschule** *f* università *f* unificata. **Gesamtschule** *f modello di scuola media e media superiore che attua l'integrazione di Haupt-, Realschule e Gymnasium.* **Gesamtübersicht** *f* vista *f* d'insieme, prospetto *m* generale. **Gesamtwert** *m* valore *m* complessivo.

gesandt [gə'zant] *pp von* **senden. Gesandte** ‹ein -r, -n, -n› *m,* **Gesandtin** *f* inviato, -a *m, f,* delegato, -a *m, f; (Botschafter)* ambasciatore, -trice *m, f;* **päpstlicher ~r** legato *m* pontificio. **Gesandtschaft** ‹-, -en› *f* legazione *f.*

Gesang [gə'zaŋ] ‹-(e)s, ⸚e› *m* canto *m.*

Gesäß [gə'zɛ:s] ‹-es, -e› *n* sedere *m,* posteriore *m.* **Gesäßtasche** *f* tasca *f* posteriore.

Geschäft [gə'ʃɛft] ‹-(e)s, -e› *n* **1.** *(Gewerbe, Handel)* affare *m;* **2.** *(~sabschluß)* affare *m;* **3.** *(Firma)* ditta *f,* impresa *f,* azienda *f; (Laden)* negozio *m;* **4.** *(Beruf)* mestiere *m,* professione *f;* **5.** *(Aufgabe)* dovere *m,* mansione *f;* **6.** *fam (Notdurft)* bisogno *m;* **ein (gutes) ~ machen** fare un buon affare; **ein schlechtes ~ gemacht haben** aver fatto un cattivo affare; **mit jdm ins ~ kommen** entrare in rapporti d'affari con qu; **sein ~ verstehen** sapere il fatto proprio; **wie geht das ~?** come vanno gli affari?; **~ ist ~** gli affari sono affari.

geschäftlich **I.** *a* d'affari; *(beruflich)* professionale; **II.** *adv* per affari; **jdn ~ sprechen** parlare a qu d'affari; **~ verreisen** partire per affari; **~ verhindert** impedito per ragioni d'affari.

Geschäftsabschluß *m* **1.** *(Abschluß eines Geschäfts)* conclusione *f* di un affare; **2.** *(Abschluß eines Geschäftsjahres)* resoconto *m* annuale. **Geschäftsbedingungen** *f pl* condizioni *f pl* contrattuali. **Geschäftsbericht** *m* resoconto *m.* **Geschäftsbeziehungen** *f pl* relazioni *f pl* commerciali. **Geschäftsbrief** *m* lettera *f* commerciale. **Geschäftsfreund** *m* amico *m* d'affari. **geschäftsführend** *a (leitend)* gerente; *(amtierend)* in carica. **Geschäftsführer(in)** *m(f)* gerente *mf; (von Fabrik)* direttore, -trice *m, f; (von Gesellschaft)* amministratore, -trice *m, f,* delegato, -a *m, f.* **Geschäftsführung** *f* **1.** ‹*sing*› *(Vorgang)* gestione *f* (*o* amministrazione *f*) d'affari; **2.** *(Personal)* dirigenti *m pl.* **Geschäftsjahr** *n* anno *m* d'esercizio (*o* finanziario), esercizio *m.* **Geschäftsleitung** *s.* **Geschäftsführung. Geschäftsmann** ‹-(e)s, -leute *o* -männer› *m* uomo *m* d'affari. **geschäftsmäßig** *a* secondo la prassi commerciale; *fig (sachlich)* distaccato. **Geschäftsordnung** *f* regolamento *m* interno. **Geschäftspartner(in)** *m(f)* socio, -a *m, f* (d'affari). **Geschäftsreise** *f* viaggio *m* d'affari; **auf ~** in viaggio d'affari. **Geschäftsschluß** *m* chiusura *f* (di negozi e uffici); **nach ~** dopo l'ora di chiusura. **Geschäftsstelle** *f* ufficio *m.* **Geschäftsstunden** *f pl* ore *f pl* d'ufficio. **Geschäftsträger** *m* incaricato *m* d'affari. **geschäftstüchtig** *a* abile negli affari. **Geschäftsviertel** *n* quartiere *m* commerciale. **Geschäftszeit** *f (von Büro)* ore *f pl* d'ufficio; *(von Laden)* orario *m* d'apertura.

geschah [gə'ʃa:] *imp von* **geschehen.**

geschätzt *a (geachtet)* stimato; *(Brief)* pregiato.

geschehen [gə'ʃe:ən] ‹geschieht, geschah, geschehen› *itr* ‹*sein*› **1.** *(passieren)* succedere, accadere; *(zufällig)* capitare; **2.** *(getan werden)* esser (*o* venir) fatto; **als wenn nichts ~ wäre** come se non fosse successo nulla; **es muß etwas ~** bisogna fare qualcosa; **was auch ~ mag** qualunque cosa avvenga (*o* succeda); **ist ihm etw. ~?** gli è successo qc?; **(das ist) gern ~!** non c'è di che; **das geschieht dir (ganz) recht (so)!** ti sta bene, ben ti sta; **was ~ ist, ist ~** cosa fatta capo ha *prov.*

gescheit [gəˈʃait] *a (klug)* intelligente; *fam (vernünftig)* ragionevole, assennato; **nichts G~es** *fam* niente di buono.
Geschenk [gəˈʃɛŋk] ‹-(e)s, -e› *n* dono *m*, regalo *m*.
Geschichte [gəˈʃıçtə] ‹-, -n› *f* storia *f*; **Alte/Mittlere/Neuere/Neueste ~** storia antica/medievale/moderna/contemporanea; **Biblische ~** Sacra Scrittura. **geschichtlich** *a* storico. **Geschichtsschreiber** *m* storiografo *m*.
Geschick[1] [gəˈʃık] ‹-(e)s, -e› *n geh (Schicksal)* destino *m*, sorte *f*.
Geschick[2] [gəˈʃık] ‹-(e)s, ø› *n (Begabung)* talento *m*.
Geschicklichkeit ‹-, ø› *f* destrezza *f*; *(a. fig)* abilità *f*.
geschickt *a (gewandt)* abile; *(tüchtig)* bravo (*in* in), capace (*in* in).
geschieden [gəˈʃi:dən] **I.** *pp von* **scheiden; II.** *a* divorziato; **wir sind ~e Leute** *fig* non abbiamo più niente a che fare l'uno con l'altro.
geschieht [gəˈʃi:t] *pr von* **geschehen.**
geschienen [gəˈʃi:nən] *pp von* **scheinen.**
Geschirr [gəˈʃır] ‹-(e)s, -e› *n* **1.** *(Küchen~)* stoviglie *f pl*, piatti *m pl*; *(Tafel~)* vasellame *m*, servizio *m* (da tavola); **2.** *(Pferde~)* finimenti *m pl*. **Geschirrschrank** *m* credenza *f*. **Geschirrspülmaschine** *f* lavastoviglie *f*, lavapiatti *f fam*. **Geschirrtuch** *n* canovaccio *m*.
geschissen [gəˈʃısən] *pp von* **scheißen.**
Geschlecht [gəˈʃlɛçt] ‹-(e)s, -er› *n* **1.** *biol (a. ~sorgan)* sesso *m*; **2.** *(Gattung, a. gram)* genere *m*; **3.** *(Generation)* generazione *f*; **4.** *(Familie)* stirpe *f*, famiglia *f*; **das schöne ~** il gentil sesso; **das schwache/starke ~** il sesso debole/forte; **beiderlei ~s** di entrambi i sessi. **geschlechtlich** *a* sessuale. **Geschlechtskrankheit** *f* malattia *f* venerea. **Geschlechtsorgan** *n* organo *m* genitale. **Geschlechtsreife** *f* maturità *f* sessuale. **Geschlechtsteile** *n pl* (organi *m pl*) genitali *m pl*. **Geschlechtsverkehr** *m* rapporti *m pl* sessuali. **Geschlechtswort** ‹-(e)s, ¨-er› *n* articolo *m*.
geschlichen [gəˈʃlıçən] *pp von* **schleichen.**
geschliffen [gəˈʃlıfən] *pp von* **schleifen**[1].
geschlossen [gəˈʃlɔsən] **I.** *pp von* **schließen; II.** *a* **1.** *(zu)* chiuso; **2.** *(Front, Reihe)* compatto; **3.** *(ohne Ausnahme)* compatto; *(einstimmig)* all'unanimità; **~e Gesellschaft** riunione privata; **~e Ortschaft** centro abitato; **~ hinter jdm stehen** sostenere solidariamente qu.
geschlungen [gəˈʃlʊŋən] *pp von* **schlingen**[1] *und* **schlingen**[2].
Geschmack [gəˈʃmak] ‹-(e)s, ¨-e *o scherz* ¨-er› *m* gusto *m* (*nach* di); **~ haben** aver gusto; **an etw. ~ finden** trovare gusto in qc; **mit Himbeer-/Vanille~** al sapore (*o* gusto) di lampone/vaniglia; **das ist nicht mein ~** questo non è di mio gusto; **über ~ läßt sich (nicht) streiten** *prov* tutti i gusti sono gusti *prov*.
geschmacklos *a* **1.** *(Speise)* insapore, privo di gusto; *(fade)* insipido; **2.** *fig (Kleidung, etc.)* di cattivo gusto; *(Bemerkung)* senza tatto; *(Witz)* che non sa di niente; **sich ~ anziehen** (*o* **kleiden**) vestirsi senza gusto. **Geschmacklosigkeit** ‹-, -en› *f* **1.** ‹*sing*› *(von Speise, Bemerkung)* mancanza *f* di gusto; *(Fadheit)* insipidezza *f*; *(Taktlosigkeit)* mancanza *f* di tatto; **2.** *(Gegenstand)* cosa *f* (*o* oggetto *m*) di cattivo gusto; *(Bemerkung)* osservazione *f* di cattivo gusto; *(Handlung)* azione *f* di cattivo gusto.
geschmackvoll **I.** *a* di buon gusto; **II.** *adv* con buon gusto; **~ gekleidet** vestito con gusto.
geschmeidig [gəˈʃmaidıç] *a* **1.** *(glatt und weich)* liscio e morbido; **2.** *(elastisch)* elastico; *(Haar)* soffice; *(Körper)* agile; **3.** *fig (anpassungsfähig)* flessibile, duttile.
geschmissen [gəˈʃmısən] *pp von* **schmeißen.**
geschmolzen [gəˈʃmɔltsən] *pp von* **schmelzen.**
Geschnatter [gəˈʃnatɐ] ‹-s, ø› *n (von Gänsen)* schiamazzo *m*; *(von Menschen)* cicaleccio *m*.
geschnitten [gəˈʃnıtən] *pp von* **schneiden.**
geschoben [gəˈʃo:bən] *pp von* **schieben.**
gescholten [gəˈʃɔltən] *pp von* **schelten.**
Geschöpf [gəˈʃœpf] ‹-(e)s, -e› *n (Lebewesen, Mensch)* creatura *f*; *fig (Produkt)* creazione *f*, frutto *m*.
geschoren [gəˈʃo:rən] *pp von* **scheren**[1].
Geschoß[1] [gəˈʃɔs] ‹-schosses, -schosse› *n (Wurf~, Rakete, etc.)* proiettile *m*; *(Gewehr~)* pallottola *f*.
Geschoß[2] [gəˈʃɔs] ‹-schosses, -schosse› *n (Stockwerk)* piano *m*.
geschossen [gəˈʃɔsən] *pp von* **schießen.**
Geschrei ‹-s, ø› *n* grida *f pl*, urli *m pl*.
geschrieben [gəˈʃri:bən] *pp von* **schreiben.**
geschrie(e)n [gəˈʃri:(ə)n] *pp von* **schreien.**
geschritten [gəˈʃrıtən] *pp von* **schreiten.**

geschunden [gə'ʃʊndən] *pp von* **schinden.**

Geschütz [gə'ʃʏts] ‹-es, -e› *n* pezzo *m* d'artiglieria, cannone *m;* **schwere ~e auffahren** *fig* usare la maniera forte.

geschützt *a* protetto.

Geschwätz [gə'ʃvɛts] ‹-es, ø› *n* chiacchiere *f pl.* **geschwätzig** *a* chiacchierone, pettegolo, linguacciuto.

geschweige [gə'ʃvaigə] *con:* **~ denn** tanto meno, meno che mai.

geschwiegen [gə'ʃvi:gən] *pp von* **schweigen.**

geschwind [gə'ʃvɪnt] *a (obs, süddeutsch: schnell)* veloce, rapido.

Geschwindigkeit ‹-, -en› *f (bes. phys, mot)* velocità *f; (Schnelligkeit)* rapidità *f;* **mit einer ~ von ...** ad una velocità di ... **Geschwindigkeitsbegrenzung** *f* limite *m* di velocità. **Geschwindigkeitsüberschreitung** ‹-, -en› *f* eccesso *m* di velocità.

Geschwister [gə'ʃvɪstɐ] ‹*pl*› fratelli *m pl* e sorelle *f pl.*

geschwollen [gə'ʃvɔlən] **I.** *pp von* **schwellen; II.** *a* **1.** *med* gonfio, gonfiato; **2.** *(Stil)* gonfio, ampolloso.

geschwommen [gə'ʃvɔmən] *pp von* **schwimmen.**

geschworen [gə'ʃvo:rən] *pp von* **schwören. Geschworene** ‹ein -r, -n, -n› *mf* giurato, -a *m, f.*

Geschwulst [gə'ʃvʊlst] ‹-, ¨-e› *f med (Anschwellung)* gonfiore *m,* tumefazione *f; (Tumor)* tumore *m.*

geschwunden [gə'ʃvʊndən] *pp von* **schwinden.**

geschwungen [gə'ʃvʊŋən] *pp von* **schwingen.**

Geschwür [gə'ʃvy:ɐ] ‹-(e)s, -e› *n med* ulcera *f,* ascesso *m; fig* piaga *f.*

Geselle [gə'zɛlə] ‹-n, -n› *m,* **Gesellin** [...lɪn] *f* **1.** *(Handwerks~)* garzone *m,* lavorante *mf* (artigiano, -a); **2.** *(Kerl)* tipo *m,* persona *f.*

gesellen ‹*ohne ge-*› *rfl:* **sich ~ zu ...** unirsi a ...

gesellig *a (Mensch, Tier)* socievole; *(unterhaltsam)* lieto, gaio; **~es Beisammensein** riunione amichevole. **Geselligkeit** ‹-, ø› *f* **1.** *(Verkehr mit Menschen)* vita *f* di società; **2.** *(Beisammensein)* trattenimento *m.*

Gesellschaft ‹-, -en› *f* **1.** *allg., soc* società *f;* **2.** *(Vereinigung)* società *f,* associazione *f,* unione *f;* **3.** *(Umgang)* compagnia *f;* **4.** *(Fest)* trattenimento *m; (Abend~)* ricevimento *m* serale; *(Gäste)* invitati *m pl;* **~ mit beschränkter Haftung** (*ab* **GmbH**) società a responsabilità limitata; **jdm ~ leisten** fare compagnia a qu; **in guter/schlechter ~** in buona /cattiva compagnia.

gesellschaftlich *a* sociale; *(die höhere Gesellschaft betreffend)* mondano, di società.

Gesellschaftsreise *f* viaggio *m* in comitiva. **Gesellschaftsschicht** *f* strato *m* sociale. **Gesellschaftsspiel** *n* gioco *m* di società.

gesessen [gə'zɛsən] *pp von* **sitzen.**

Gesetz [gə'zɛts] ‹-es, -e› *n (a. fig)* legge *f.* **Gesetzbuch** *n* codice *m.* **Gesetzentwurf** *m* progetto *m* (*o* disegno *m*) di legge. **Gesetzesvorlage** *f* progetto *m* (*o* disegno *m*) di legge. **gesetzgebend** *a* legislativo. **Gesetzgeber** *m* legislatore *m.* **Gesetzgebung** ‹-, ø› *f* legislazione *f.*

gesetzlich *a* legale, di legge; *(gesetzmäßig)* conforme alla legge; *(rechtmäßig)* legittimo, legale; **~er Erbe** erede legittimo; **~er Feiertag** festa ufficiale; **~ geschützt** (*ab* **ges. gesch.**) brevettato.

gesetzmäßig *a* **1.** *jur* conforme alla legge, legale; *(rechtmäßig)* legittimo; **2.** *scient* regolare. **Gesetzmäßigkeit** ‹-, -en› *f* **1.** ‹*sing*› *jur* legalità *f; (Rechtmäßigkeit)* legittimità *f;* **2.** *scient* regolarità *f.*

gesetzt I. *a (ruhig, besonnen)* posato, composto, calmo; *(ernst)* serio; **II.** *con:* **~ den Fall, daß ...** poniamo il caso che ... *conj.*

gesetzwidrig *a* illegale.

ges. gesch. *ab von* **gesetzlich geschützt** brev. (*ab von* brevettato).

Gesicht [gə'zɪçt] ‹-(e)s, -er› *n* **1.** *(vordere Kopfseite)* faccia *f,* viso *m;* **2.** *(~sausdruck, Miene)* viso *m,* volto *m;* **3.** *fig (Aussehen)* aspetto *m,* volto *m;* **das ~ verlieren** perdere la faccia; **das ~ wahren** salvare la faccia; **ein langes ~ machen** fare un viso lungo, fare la faccia lunga *fam;* **jdm etw. ins ~ sagen** dire qc in faccia a qu; **den Tatsachen ins ~ sehen** guardare in faccia la realtà; **zu ~ bekommen** riuscire a vedere; **jdm zu ~ kommen** capitare sotto gli occhi di qu; **jdm wie aus dem ~ geschnitten sein** essere il ritratto di qu.

Gesichtsausdruck *m* espressione *f* del volto. **Gesichtspunkt** *m* punto *m* di vista, aspetto *m.* **Gesichtswasser** *n* lozione *f* (*o* tonico *m*) per il viso. **Gesichtszüge** [-tsy:gə] *m pl* lineamenti *m pl.*

Gesindel [gə'zɪndəl] ‹-s, ø› *n* gentaglia *f,* canaglia *f.*

gesinnt *a (nur in Zusammensetzungen)* disposto, intenzionato; **wohl/übel ~** ben/mal intenzionato; **jdm feindlich ~ sein** essere ostile a qu.

Gesinnung [gə'zɪnʊŋ] ‹-, -en› *f (Denkweise)* modo *m* di pensare, idee *f pl,* opinione *f; (Grundeinstellung)* principi *m pl;* **politische ~** idee politiche.

gesoffen [gə'zɔfən] *pp von* **saufen.**

gesogen [gə'zo:gən] *pp von* **saugen.**

gesondert [gə'zɔndɐt] *a* separato.
gesotten [gə'zɔtən] *pp von* **sieden.**
gespalten *a* **1.** *(Lippen, Rachen)* spaccato; *(Huf)* fesso; *(Zunge, a. fig)* biforcuto; **2.** *(Bewußtsein)* diviso; *(Verhältnis)* contrastato.
Gespann [gə'ʃpan] ‹-(e)s, -e› *n* **1.** *(Zugtiere, Gefährt)* tiro *m; (Wagen)* carrozza *f;* **2.** *fig (Paar)* coppia *f.*
gespannt *a* **1.** *(an~, a. fig)* teso; *(Feder)* sotto carico; **2.** *fig (neugierig)* curioso (*auf* di); **3.** *(aufmerksam: Zuhörer, Zuhören)* attento; **ich bin ~, was er berichten wird** sono curioso di sapere cosa racconterà.
Gespenst [gə'ʃpɛnst] ‹-(e)s, -er› *n* spettro *m,* fantasma *m,* spirito *m; (von Toten)* spirito *m; fig* spettro *m;* **~er sehen** *fig fam* avere timori infondati.
gespenstisch *a* spettrale, tetro, sinistro.
gespie(e)n [gə'ʃpi:(ə)n] *pp von* **speien.**
gesponnen [gə'ʃpɔnən] *pp von* **spinnen.**
Gespött [gə'ʃpœt] ‹-(e)s, ø› *n* beffa *f,* burla *f,* scherno *m; (Gegenstand des Spottes)* zimbello *m.*
Gespräch [gə'ʃprɛ:ç] ‹-(e)s, -e› *n* conversazione *f; (Unterredung, bes. pol)* colloquio *m; (Zwie~)* dialogo *m; tel* conversazione *f,* comunicazione *f; (Sprechen)* discorso *m;* **das ~ auf etw. bringen** far cadere il discorso su qc; **mit jdm ein ~ führen** avere un colloquio con qu.
gesprächig *a* loquace, comunicativo.
gespritzt *a (Obst, etc.)* trattato.
gesprochen [gə'ʃprɔxən] *pp von* **sprechen.**
gesprossen [gə'ʃprɔsən] *pp von* **sprießen.**
gesprungen [gə'ʃprʊŋən] *pp von* **springen.**
Gespür [gə'ʃpy:ɐ̯] ‹-s, ø› *n* fiuto *m.*
gest. *ab von* **gestorben** morto.
Gestagen [gɛsta'ge:n] ‹-s, -e› *n* gestagene *m.*
Gestalt [gə'ʃtalt] ‹-, -en› *f* forma *f; (a. lit)* figura *f; (äußere Erscheinung)* aspetto *m; (Körperbau)* corporatura *f; (Wuchs)* statura *f; (Persönlichkeit)* personaggio *m;* **in ~ von** in forma di, sotto l'aspetto di; *(Person)* in veste di.
gestalten ‹*ohne ge-*› **I.** *tr* dare forma a; *(entwerfen)* progettare; *(Programm)* preparare; *(Schaufenster)* allestire; *(einrichten)* disporre; *(Vorstellung, Freizeit, Leben)* organizzare; *(schöpferisch ~)* creare; **II.** *rfl:* **sich ~** prendere forma; *(sich entwickeln)* svilupparsi.
Gestaltpsychologie *f* gestaltismo *m.*
Gestaltung ‹-, -en› *f (Formgebung)* forma *f; (Entwurf)* progetto *m; (von Programm)* preparazione *f; (von Schaufenster)* allestimento *m; (Einrichtung)* disposizione *f; (von Veranstaltung, Freizeit, Leben)* organizzazione *f; (schöpferische ~)* creazione *f.*
gestanden [gə'ʃtandən] *pp von* **stehen.**
Geständnis [gə'ʃtɛntnɪs] ‹-ses, -se› *n* confessione *f.*
Gestank [gə'ʃtaŋk] ‹-(e)s, ø› *m* puzzo *m,* cattivo odore *m.*
gestatten [gə'ʃtatən] ‹*ohne ge-*› *tr* permettere (*jdm etw.* qc a qu); *(gewähren)* accordare (*jdm etw.* qc a qu); **~ (Sie)?** permette?, permesso?
Geste ['gɛstə *o* 'ge:stə] ‹-, -n› *f (a. fig)* gesto *m.*
gestehen ‹*irr, ohne ge-*› *tr (bekennen)* confessare; *(zugeben)* ammettere; *(Gefühle)* dichiarare.
Gestein ‹-(e)s, -e› *n* roccia *f.*
Gestell [gə'ʃtɛl] ‹-(e)s, -e› *n (Stütze)* supporto *m; (Regal)* scaffale *m; (Bock)* cavalletto *m; (Bett~)* lettiera *f; mot* telaio *m; aero* carrello *m* (d'atterraggio); *(Brillen~)* montatura *f.*
gestern ['gɛstɐn] *adv* ieri; **~ früh** (*o* **morgen)/abend** ieri mattina/sera; **~ vor acht Tagen** nove giorni fa; **nicht von ~ sein** *fig fam* non essere nato ieri *fam.*
gestiegen [gə'ʃti:gən] *pp von* **steigen.**
gestikulieren [gɛstiku'li:rən] ‹*ohne ge-*› *itr* gesticolare.
Gestirn [gə'ʃtɪrn] ‹-(e)s, -e› *n (Himmelskörper)* astro *m; (Stern)* stella *f; (Sternbild)* costellazione *f.*
gestoben [gə'ʃto:bən] *pp von* **stieben.**
gestochen [gə'ʃtɔxən] *pp von* **stechen.**
gestohlen [gə'ʃto:lən] *pp von* **stehlen.**
gestorben [gə'ʃtɔrbən] (*ab* **gest.**) *pp von* **sterben.**
gestört *a allg., radio* disturbato; *(belastet)* turbato; *(geistig ~)* squilibrato; **ein ~es Verhältnis zu jdm/etw. haben** avere un rapporto difficile con qu/qc.
gestrichen [gə'ʃtrɪçən] **I.** *pp von* **streichen; II.** *a (Löffel)* pieno; **~ voll** *(Maß)* pieno raso (*o* colmo).
gestritten [gə'ʃtrɪtən] *pp von* **streiten.**
gestunken [gə'ʃtʊŋkən] *pp von* **stinken.**
Gestüt [gə'ʃty:t] ‹-(e)s, -e› *n* scuderia *f.*
Gesuch [gə'zu:x] ‹-(e)s, -e› *n* domanda *f; jur* istanza *f; (Bittschrift)* petizione *f.*
gesucht *a* ricercato.
gesund [gə'zʊnt] ‹¨er *o rar* -er, ¨este *o rar* -este› *a* sano; *(Luft, Klima)* sano, salubre; *(heilsam: Erfahrung, Lehre)* salutare; **~ machen** guarire; **(wieder) ~ werden** guarire; **jdn ~ schreiben** dichiarare qu guarito; **~ und munter** sano e vegeto; **das ist für ihn ganz ~** questo gli fa molto bene.
Gesundheit ‹-, ø› *f* salute *f; (Zuträglich-*

keit) salubrità *f; fig (von Wirtschaft, etc.)* prosperità *f;* ~! salute!
gesundheitlich *a (die Gesundheit betreffend)* della salute, igienico; *(der Gesundheit dienend)* salutare; **aus ~en Gründen** per ragioni di salute.
Gesundheitsamt *n* ufficio *m* d'igiene.
Gesundheitszustand *m* stato *m* di salute; **schlechter** ~ condizioni *f pl* di salute precarie.
gesund·schrumpfen I. *tr* ‹*haben*› risanare; **II.** *itr* ‹*sein*› risanarsi.
gesungen [gəˈzʊŋən] *pp von* **singen.**
gesunken [gəˈzʊŋkən] *pp von* **sinken.**
getan [gəˈta:n] *pp von* **tun.**
Getöse [gəˈtø:zə] ‹-s, ø› *n* frastuono *m,* fracasso *m; (von Wellen)* fragore *m.*
Getrampel [gəˈtrampəl] ‹-s, ø› *n* scalpiccio *m.*
Getränk [gəˈtrɛŋk] ‹-(e)s, -e› *n* bevanda *f,* bibita *f.*
Getreide [gəˈtrai̯də] ‹-s, -› *n* cereali *m pl,* granaglie *f pl; (Korn)* grano *m.* **Getreideanbau** *m* cerealicoltura *f.* **Getreidemühle** *f* mulino *m* per cereali.
getrennt I. *a* separato; **II.** *adv* separatamente; *(bezahlen)* alla romana; *(berechnen)* a parte.
Getriebe [gəˈtri:bə] ‹-s, -› *n* **1.** *tec* meccanismo *m; (Räder~)* rotismo *m; (Triebwerk)* trasmissione *f; mot* cambio *m* di velocità; **2.** *fig (lebhaftes Treiben)* viavai *m,* movimento *m.*
getrieben [gəˈtri:bən] *pp von* **treiben.**
getroffen [gəˈtrɔfən] *pp von* **treffen, triefen.**
getrogen [gəˈtro:gən] *pp von* **trügen.**
getrost [gəˈtro:st] **I.** *a (zuversichtlich)* fiducioso; **II.** *adv (ohne Bedenken)* tranquillamente.
getrunken [gəˈtrʊŋkən] *pp von* **trinken.**
Getue [gəˈtu:ə] ‹-s, ø› *n (Wichtigtuerei)* arie *f pl; (Geziertheit)* smancerie *f pl;* **vornehmes** ~ arie aristocratiche.
Getümmel [gəˈtʏməl] ‹-s, -› *n* trambusto *m,* tafferuglio *m; (Tumult)* tumulto *m,* baraonda *f.*
geübt *a* pratico, esperto.
Gewächs [gəˈvɛks] ‹-es, -e› *n* **1.** *(Pflanze)* pianta *f,* vegetale *m;* **2.** *(Geschwulst)* tumore *m.*
gewachsen *a:* **jdm/einer S.** *(dat)* ~ **sein** essere all'altezza di qu/qc.
Gewächshaus *n* serra *f.*
gewagt *a* **1.** *(kühn)* audace, arrischiato; *(gefährlich)* rischioso; **2.** *(unanständig)* spinto.
gewählt *a* scelto, ricercato; *(elegant)* raffinato.
Gewähr [gəˈvɛ:ɐ̯] ‹-, ø› *f* garanzia *f,* assicurazione *f;* **ohne** ~ senza garanzia.
gewähren ‹*ohne ge-*› *tr* **1.** *(Kredit, Rabatt)* accordare, concedere; **2.** *fig (geben, verschaffen)* dare *(jdm etw.* qc a qu), procurare *(jdm etw.* qc a qu); **3.** *(Bitte)* esaudire.
gewährleisten ‹*ohne ge-*› *tr* garantire.
Gewahrsam [gəˈva:ɐ̯za:m] ‹-s, -e› *m* **1.** *(Obhut)* custodia *f;* **2.** *(Haft)* arresto *m;* **in** ~ **nehmen** *(Sache)* prendere in custodia; *(Person)* arrestare.
Gewalt [gəˈvalt] ‹-, -en› *f* **1.** ‹*sing*› *(Zwang)* costrizione *f; (~tätigkeit, ~samkeit)* violenza *f;* **2.** *(Macht)* potere *m; (Machtbefugnis, Autorität)* autorità *f* (*über* su); *(Kontrolle)* controllo *m* (*über* di); **3.** *(Heftigkeit)* forza *f,* violenza *f,* furia *f; (Natur~)* forza *f,* furia *f;* **elterliche** ~ patria potestà; ~ **anwenden** impiegare la forza; **jdm** ~ **antun** usare violenza a qu; *(vergewaltigen)* violentare qu; **jdn in seine** ~ **bringen** impadronirsi di qu; **in jds** ~ **sein** essere in potere di qu; **sich in der** ~ **haben** dominarsi, controllarsi; **mit** ~ con la forza; **mit aller** ~ con tutta forza; *fig* a tutti i costi. **Gewaltenteilung** *f* divisione *f* dei poteri. **Gewaltherrschaft** *f* tirannia *f,* dispotismo *m.*
gewaltig I. *a* **1.** *(riesig)* enorme, gigantesco; **2.** *(heftig)* violento; *(a. stark)* forte; **3.** *(mächtig)* potente; **4.** *(eindrucksvoll)* impressionante; **5.** *(großartig)* grandioso; **6.** *(groß)* grande, forte; **II.** *adv* **1.** *(riesig)* enormemente; **2.** *(heftig, stark)* violentemente, fortemente; **3.** *(großartig)* straordinariamente; **4.** *fam (sehr)* fortemente, molto; **da irren Sie sich** ~ qui si sbaglia di grosso.
gewaltlos *a* non violento.
gewaltsam I. *a* violento; **~er Umsturz** rivoluzione sanguinosa; **II.** *adv* violentemente, con la forza; ~ **öffnen** *(Tür, etc.)* forzare.
gewalttätig *a* violento, brutale. **Gewalttätigkeit** *f* **1.** ‹*sing*› *(Eigenschaft)* violenza *f;* **2.** *(Tat)* atto *m* di violenza. **Gewaltverbrechen** *n* crimine *m* di violenza.
Gewand [gəˈvant] ‹-(e)s, ¨er *o poet* -e› *n* *geh* veste *f,* abbigliamento *m.*
gewandt[1] [gəˈvant] *pp von* **wenden.**
gewandt[2] [gəˈvant] *a (geschickt)* abile (*in* in); *(flink)* agile; *(Stil)* elegante, raffinato.
gewann [gəˈvan] *imp von* **gewinnen.**
Gewässer [gəˈvɛsɐ] ‹-s, -› *n* acqua *f; (bes. naut)* acque *f pl.*
Gewebe [gəˈve:bə] ‹-s, -› *n* tessuto *m.*
Gewehr [gəˈve:ɐ̯] ‹-(e)s, -e› *n* fucile *m;* ~ **bei Fuß stehen** *fig fam* stare sul chi va là *fam.*
Geweih [gəˈvai̯] ‹-(e)s, -e› *n* corna *f pl.*
Gewerbe [gəˈvɛrbə] ‹-s, -› *n allg.* lavoro *m,* attività *f; (Beruf)* professione *f; (Handwerk)* mestiere *m; (kleiner Betrieb)* commercio *m.* **Gewerbeschein** *m* licenza *f* d'esercizio. **Gewerbeschule** *f* scuola *f* industriale. **Gewerbe-**

steuer *f* imposta *f* su industrie e commerci.
gewerblich *a* commerciale; *(industriell)* industriale; *(beruflich)* professionale; ~ **nutzen** utilizzare ad uso industriale o commerciale.
Gewerkschaft [gə'vɛrkʃaft] ‹-, -en› *f* sindacato *m.* **Gewerkschaft(l)er(in)** ‹-s, -› *m(f)* sindacalista *mf.* **gewerkschaftlich** *a* sindacale. **Gewerkschaftsbund** ‹-(e)s, ⸚e› *m* confederazione *f* sindacale. **Gewerkschaftsmitglied** *n* iscritto, -a *m, f* al sindacato.
gewesen [gə've:zən] *pp von* **sein**[1].
gewichen [gə'vɪçən] *pp von* **weichen**[1].
Gewicht [gə'vɪçt] ‹-(e)s, -e› *n* peso *m; fig (Wichtigkeit)* importanza *f;* **ins ~ fallen** essere importante, aver peso; **nach ~** a peso.
Gewichtung ‹-, -en› *f* ponderazione *f.*
gewieft, gewiegt [gə'vi:ft] *a fam (schlau)* furbo, scaltro.
gewiesen [gə'vi:zən] *pp von* **weisen.**
gewillt [gə'vɪlt] *a:* ~ **sein** essere intenzionato (*zu* a).
Gewimmel [gə'vɪməl] ‹-s, ø› *n* brulichio *m,* formicolio *m.*
Gewinde [gə'vɪndə] ‹-s, -› *n tec* filetto *m.*
Gewinn [gə'vɪn] ‹-(e)s, -e› *m* **1.** *(Vorteil)* vantaggio *m; (Nutzen)* profitto *m;* **2.** *(Verdienst)* guadagno *m; (Ertrag)* utile *m,* provento *m,* ricavo *m; (im Spiel, durch Spekulation)* vincita *f; (in der Lotterie)* premio *m;* ~ **und Verlust** profitti e perdite; ~ **bringen** dare un utile, rendere. **Gewinnanteil** *m* partecipazione *f* agli utili, dividendo *m.* **Gewinnbeteiligung** *f* partecipazione *f* agli utili. **gewinnbringend** *a* redditizio, lucrativo.
gewinnen ‹gewinn, gewann, gewonnen› **I.** *tr* **1.** *(Spiel, Kampf, etc.)* vincere; **2.** *(erlangen: Preis, Medaille)* vincere; *(Sympathie, Vorteil, etc.)* ottenere; *(jds Herz)* conquistare; **3.** *(verdienen)* guadagnare; **4.** *(erzeugen: Strom, Energie, etc.)* ricavare; *(Erz, Kohle)* estrarre; *(durch Verarbeitung)* ricavare; **Zeit ~** guadagnar tempo; **jdn für etw. ~** ottenere l'adesione di qu a qc; **damit ist nicht viel gewonnen** non se ne ricava molto; **wie gewonnen, so zerronnen** *prov* tanti presi, tanti spesi *prov;* **II.** *itr* **1.** *(siegen)* vincere (*bei, in* in); **2.** *(profitieren)* approfittare; *(besser werden)* migliorare; **an etw. ~** guadagnare in qc.
gewinnend *a (Äußeres)* attraente; *(Wesen)* simpatico.
Gewinner(in) ‹-s, -› *m(f)* vincitore, -trice *m, f.*
Gewinnung ‹-, -en› *f min, chem* estrazione *f.*
Gewinnzahl *f* numero *m* vincente.
Gewirr [gə'vɪr] ‹-(e)s, ø› *n (von Fäden)* garbuglio *m; (von Straßen)* labirinto *m; (von Stimmen)* brusio *m; (von Paragraphen)* guazzabuglio *m; fig (Durcheinander)* confusione *f.*
gewiß [gə'vɪs] **I.** *a* **1.** *(sicher)* sicuro; **2.** *attr (bestimmt)* certo; **ein gewisser N.** un certo N.; **II.** *adv (sicher)* certamente, sicuramente, di sicuro; *(zweifellos)* indubbiamente, senza dubbio; **ganz ~** non c'è dubbio; ~ **nicht** certamente no; ~! ma certo!
Gewissen [gə'vɪsən] ‹-s, -› *n* coscienza *f* (morale); **ein schlechtes ~ haben** avere la coscienza sporca; **jdn/etw. auf dem ~ haben** avere qu/qc sulla coscienza; **ein gutes ~ ist ein sanftes Ruhekissen** *prov* chi ha la coscienza a posto dorme sonni tranquilli. **gewissenhaft** *a* coscienzioso, scrupoloso; *(peinlich genau)* meticoloso. **Gewissensbisse** *m pl* rimorsi *m pl.*
gewissermaßen *adv* in certo qual modo, per così dire.
Gewißheit ‹-, -en› *f* certezza *f,* sicurezza *f; (innere ~)* convinzione *f;* **sich** *(dat)* ~ **über etw. verschaffen** accertarsi di qc.
Gewitter [gə'vɪtɐ] ‹-s, -› *n* temporale *m.* **gewitt(e)rig** [gə'vɪt(ə)rɪç] *a* temporalesco. **gewittern** ‹*ohne ge-*› *itr* esserci un temporale. **Gewitterwolke** *f* nuvola *f* temporalesca.
gewitzt [gə'vɪtst] *a* smaliziato.
gewoben [gə'vo:bən] *pp von* **weben.**
gewogen [gə'vo:gən] *pp von* **wiegen**[1].
gewöhnen [gə'vø:nən] ‹*ohne ge-*› **I.** *tr* abituare (*an* a); **II.** *rfl:* **sich ~ an** abituarsi a.
Gewohnheit [gə'vo:nhait] ‹-, -en› *f* abitudine *f;* **aus ~** per abitudine. **Gewohnheitsmensch** *m* abitudinario, -a *m, f,* consuetudinario, -a *m, f.* **Gewohnheitsrecht** *n* diritto *m* consuetudinario. **Gewohnheitsverbrecher(in)** *m(f)* delinquente *mf* abituale.
gewöhnlich **I.** *a* **1.** *(gewohnt)* abituale, consueto; *(üblich)* solito; **2.** *(alltäglich)* ordinario; **3.** *(mittelmäßig)* comune; **4.** *pej (unfein, gemein)* grossolano, volgare; **II.** *adv (normalerweise)* di solito, di consueto.
gewohnt [gə'vo:nt] *a* abituale, usuale; **etw. ~ sein** essere abituato a qc.
Gewöhnung ‹-, ø› *f* assuefazione *f.*
Gewölbe [gə'vœlbə] ‹-s, -› *n* volta *f; (Raum)* ambiente *m* a volta.
gewollt *pp von* **wollen**[1].
gewonnen [gə'vɔnən] *pp von* **gewinnen.**
geworben [gə'vɔrbən] *pp von* **werben.**
geworden [gə'vɔrdən] *pp von* **werden.**
geworfen [gə'vɔrfən] *pp von* **werfen.**
Gewühl [gə'vy:l] ‹-(e)s, ø› *n (Durcheinander)* confusione *f,* trambusto *m; (Ge-*

dränge) ressa *f,* calca *f; (a. sport)* mischia *f.*
gewunden [gə'vʊndən] **I.** *pp von* **winden**[1]; **II.** *a* **1.** *(gedreht* contorto; **2.** *(Weg)* tortuoso; *(Fluß)* sinuoso; **3.** *fig* contorto.
gewunken [gə'vʊŋkən] *pp von* **winken.**
Gewürz [gə'vʏrts] ‹-es, -e› *n* **1.** *(Substanz)* spezie *f pl,* droghe *f pl;* **2.** *(Kräutersorte)* erbe *f pl* aromatiche; **3.** *(Würze)* condimento *m.* **Gewürzgurke** *f* cetriolo *m* sott'aceto.
gewußt [gə'vʊst] *pp von* **wissen.**
Gezeiten [gə'tsaitən] ‹*pl*› maree *f pl.* **Gezeitenkraftwerk** *n* centrale *f* mareomotrice.
Gezeter [gə'tse:tɐ] ‹-s, ø› *n* grida *f pl.*
gezielt *a (Frage, Vorgehen)* specifico; *(Hilfe)* ben diretto; *(Indiskretion, Beleidigung)* voluto, intenzionale; ~ **fragen** domandare allusivamente.
geziert *a* affettato, lezioso.
gezogen [gə'tso:gən] *pp von* **ziehen.**
Gezwitscher [gə'tsvɪtʃɐ] ‹-s, ø› *n* cinguettio *m.*
gezwungen [gə'tsvʊŋən] **I.** *pp von* **zwingen; II.** *a* forzato; ~ **lachen/lächeln** ridere/sorridere forzamente.
ggf(s). *ab von* **gegebenenfalls** eventualmente.
gibt [gi:pt] *pr von* **geben.**
Gicht [gɪçt] ‹-, ø› *f* gotta *f.*
Giebel ['gi:bəl] ‹-s, -› *m* frontone *m.*
Gier [gi:ɐ] ‹-, ø› *f (Begierde)* avidità *f (nach* di), brama *f (nach* di); *(Freß~)* voracità *f.*
gieren *itr:* **nach etw.** ~ bramare qc, essere avido di qc.
gierig *a* avido *(nach* di), bramoso *(nach* di), cupido *(nach* di); *(freß~)* vorace; ~ **essen/trinken** mangiare/bere avidamente.
gießen ['gi:sən] ‹gießt, goß, gegossen› **I.** *tr* **1.** *(schütten)* versare, rovesciare; *(verschütten)* versare; **2.** *(Blumen, Rasen)* annaffiare; **3.** *(Glas, Metall)* fondere, colare; *(Bildwerk)* gettare; **II.** *itr* piovere dirottamente; **es gießt wie aus Kübeln** (*o* **in Strömen**) piove a dirotto (*o* a catinelle).
Gießerei [gi:sə'rai] ‹-, -en› *f* **1.** ‹*sing*› *(Vorgang)* fusione *f;* **2.** *(Betrieb)* fonderia *f.*
Gießkanne *f* annaffiatoio *m.*
Gift [gɪft] ‹-(e)s, -e› *n (a. fig)* veleno *m;* ~ **und Galle speien** *fam* sputare veleno *fam;* **darauf können Sie ~ nehmen** *fam* può starne certo.
giften *itr fam* inveire *(gegen* contro).
Giftgas *n* gas *m* tossico. **giftgrün** *a* verde bandiera (*o* brillante). **giftig** *a (a. fig)* velenoso; *zoo* velenifero; *bot, min* venefico. **Giftmüll** *m* rifiuti *m pl* tossici. **Giftpilz** *m* fungo *m* velenoso. **Giftschlange** *f* serpente *m* velenoso. **Giftstoff** *m* sostanza *f* velenosa (*o* tossica); *med* tossina *f.* **Giftzahn** *m* dente *m* del veleno.
gilt [gɪlt] *pr von* **gelten.**
ging [gɪŋ] *imp von* **gehen.**
Ginster ['gɪnstɐ] ‹-s, -› *m* ginestra *f.*
Gipfel ['gɪpfəl] ‹-s, -› *m* **1.** *(von Berg)* cima *f,* vetta *f;* **2.** *fig (Höhepunkt)* apice *m,* culmine *m,* apogeo *m;* **der ~ der Frechheit** il colmo dell'insolenza; **das ist (doch) der ~!** questo è il colmo. **Gipfelkonferenz** *f* conferenza *f* al vertice. **gipfeln** *itr fig* culminare (*in* in).
Gips [gɪps] ‹-es, -e› *m* gesso *m.* **Gipsabdruck** *m* calco *m* in gesso. **Gipsbein** *n fam* gamba *f* ingessata.
gipsen *tr (a. med)* ingessare.
Gipser(in) ‹-s, -› *m(f)* stuccatore, -trice *m, f.*
Gipsfigur *f* figurina *f* di gesso. **Gipsverband** *m* ingessatura *f.*
Giraffe [gi'rafə] ‹-, -n› *f* giraffa *f.*
girieren [ʒi'ri:rən] ‹*ohne ge-*› *tr* girare.
Girlande [gɪr'landə] ‹-, -n› *f* ghirlanda *f.*
Giro ['ʒi:ro] ‹-s, -s› *n* giro *m,* girata *f.* **Girokonto** *n* giroconto *m,* conto *m* corrente. **Giroverkehr** *m* bancogiro *m.* **Girozentrale** *f* ufficio *m* di compensazione (*o* trasferimento).
Gischt [gɪʃt] ‹-(e)s, *rar* -e› *m o* ‹-, *rar* -en› *f (Wellenschaum)* schiuma *f; (spritzendes Wasser)* spruzzi *m pl.*
Gisela ['gi:zəla] *(weiblicher Vorname)* Gisella.
Gitarre [gi'tarə] ‹-, -n› *f* chitarra *f.*
Gitter ['gɪtɐ] ‹-s, -› *n (an Fenster)* inferriata *f; (an Ablauf, Straßen)* grata *f; (für Pflanzen)* graticcio *m; (Draht~)* reticolato *m; (Schutz~)* griglia *f* (di protezione); *chem (Kristall~)* reticolo *m; el* rete *f;* **hinter ~n** *fam* dietro le sbarre *fam.*
Glace ['glasə] ‹-, -n› *f CH* gelato *m.*
Glacéhandschuhe [gla'se:-] *m pl* guanti *m pl* di pelle lucida; **jdn mit ~n anfassen** trattare qu coi guanti.
Glanz [glants] ‹-es, ø› *m* **1.** *(blendender, a. fig)* splendore *m; (von glatter Fläche, Haaren, Seide)* lucentezza *f; (Schimmer)* luccichio *m,* scintillio *m;* **2.** *fig (Pracht, Herrlichkeit)* splendore *m,* fulgore *m; (Pomp)* magnificenza *f,* pompa *f.*
glänzen ['glɛntsən] *itr* **1.** *(Glanz haben)* brillare; *(schimmern, leuchten)* luccicare, scintillare; *(strahlen)* splendere; **2.** *fig (in einem Fach)* eccellere *(durch, mit* per), brillare *(durch, mit* per). **glänzend** *a* **1.** *(Glanz habend)* brillante; *(schimmernd)* luccicante, scintillante; *(leuchtend)* splendente; *(Metall, Papier, Leder, etc.)* lucido; **2.** *fig* splendido, brillante; **eine ~e Idee** un'idea formidabile; **mir geht es ~** sto magnificamente bene.

Glarus ['gla:rus] *n (Stadt)* Glarona *f; (Kanton)* Glarona *m.*

Glas [gla:s] ‹-es, ¨-er *o bei Maßangabe* -› *n* 1. *(Material, Fenster~, Spiegel~)* vetro *m;* 2. *(Trink~)* bicchiere *m; (~behälter)* recipiente *m; (Marmeladen~, etc.)* vasetto *m;* 3. *(Brillen~)* lente *f; (Fern~, Opern~)* binocolo *m;* **zu tief ins ~ gucken (*o* schauen)** alzare il gomito. **Glasauge** *n* occhio *m* di vetro (*o* artificiale). **Glasbläser** *m* soffiatore *m* del vetro. **Glasbläserei** [-blɛ:zə'rai] ‹-, -en› *f* 1. ‹*sing*› *(Handwerk)* soffiatura *f* del vetro; 2. *(Betrieb)* vetreria *f.*

Glaser ['gla:zɐ] ‹-s, -› *m* vetraio *m.*

gläsern ['glɛ:zɐn] *a* di vetro; *fig (Blick)* vitreo.

Glasfaser *f* fibra *f* di vetro. **Glasfaserkabel** *n* cavo *m* a fibre ottiche. **Glashaus** *n* serra *f;* **wer (selbst) im ~ sitzt, soll nicht mit Steinen werfen** *prov* chi ha la testa di vetro non vada a battaglia di sassi *prov.*

glasieren [gla'zi:rən] ‹*ohne ge-*› *tr* 1. *tec* smaltare, invetriare; 2. *gastr* glassare.

glasig *a* vitreo.

glasklar *a (Wasser, etc.)* limpido; *fig (offensichtlich)* palese. **Glasscheibe** *f* lastra *f* di vetro. **Glastür** *f* (porta *f*) vetrata *f.*

Glasur [gla'zu:ɐ̯] ‹-, -en› *f* 1. *tec* smaltatura *f,* smalto *m; (von Porzellan)* vetrina *f;* 2. *gastr* glassa(tura) *f.*

glatt [glat] I. ‹-er *o fam* ¨-er, -este *o fam* ¨-este› *a* 1. *(eben)* piano, piatto; *(nicht rauh, nicht gewellt, ohne Falten, Knicke)* liscio; *(nicht kompliziert: Bruch)* semplice; 2. *(rutschig)* scivoloso; 3. *(komplikationslos: Landung, Ablauf)* perfetto; 4. *pej (Worte)* mellifluo; *(Manieren)* viscido, strisciante; *(Mensch)* viscido; 5. *fam (eindeutig: Lüge, Provokation, Unsinn)* bell' e buono *fam; (Absage, Weigerung)* netto, categorico; **das kostet ~e 100 Mark** *fam* costa 100 marchi tondi *fam;* II. ‹-er *o fam* ¨-er, am -esten *o fam* am ¨-esten› *adv* 1. *(gewandt, geschickt)* abilmente, destramente; 2. *(völlig, ganz)* completamente, del tutto; 3. *(rundheraus: leugnen, ablehnen)* apertamente; **das habe ich ~ vergessen** l'ho proprio dimenticato.

Glätte ['glɛtə] ‹-, -n› *f* 1. *(Ebenheit)* esser *m* piano (*o* piatto); *(mangelnde Rauheit, von Haaren)* esser *m* liscio; *(Faltenlosigkeit)* mancanza *f* di rughe (*o* pieghe); 2. *(Rutschigkeit)* scivolosità *f.*

Glatteis *n* vetrato *m;* **jdn aufs ~ führen** *fig* tendere un'insidia a qu, raggirare qu; **bei ~** in caso di ghiaccio. **Glatteisgefahr** *f* pericolo *m* di strada ghiacciata.

glätten I. *tr (glattmachen)* lisciare, levigare; *(Kleidung)* stirare; *(Falten, Holz)* spianare; II. *rfl:* **sich ~** *(Stirn, Gesicht)* spianarsi; *(Meer, Wellen)* calmarsi.

Glatze ['glatsə] ‹-, -n› *f* testa *f* calva, calvizie *f,* pelata *f scherz;* **eine ~ haben** essere calvo.

Glaube ['glaubə] ‹-ns, *rar* -n› *m* 1. *(Vertrauen, a. rel)* credenza *f* (*an* in), fede *f* (*an* in); 2. *(Überzeugung)* convinzione *f; (Meinung)* opinione *f;* 3. *(Zuversicht)* fiducia *f* (*an* in); **in gutem ~n** in buona fede; **im ~n, daß ...** credendo che ...

glauben I. *tr* 1. *(für wahr halten)* credere a; 2. *(vermuten, annehmen)* pensare, credere, ritenere; **das ist nicht (*o* kaum) zu ~** è incredibile; II. *itr* 1. *(a. rel)* credere (*an* in, a); 2. *(Glauben schenken)* prestar fede (*dat, an* a); 3. *(vertrauen auf)* aver fiducia (*an* in); **dran ~ müssen** *fig fam (sterben)* andarci di mezzo *fam;* **man könnte ~, daß ...** si direbbe che ...

glaubhaft *a* credibile, attendibile.

gläubig ['glɔybɪç] *a* 1. *rel* credente; *(fromm)* pio; 2. *(vertrauend)* fiducioso. **Gläubige** ‹ein -r, -n, -n› *mf rel* fedele *mf,* credente *mf.*

Gläubiger(in) ‹-s, -› *m(f) com* creditore, -trice *m, f.*

glaubwürdig *a* credibile, attendibile.

gleich [glaiç] I. *a (~wertig, a. mat)* uguale; *(identisch)* identico, stesso; *(~artig)* affine; *(ähnlich)* simile; **das ~e tun** fare la medesima cosa; **jdm/einer S.** *(dat)* **~ sein** essere uguale a qu/qc; **G~es mit G~em vergelten** rendere pan per focaccia; **im ~en Augenblick** nello stesso momento; **es ist mir ~** per me fa lo stesso; **er ist mir ~** mi è indifferente; **2 mal 5 ~ 10** 2 per 5 uguale 10; **das läuft aufs ~e hinaus** fa lo stesso; **~ und ~ gesellt sich gern** *prov* Dio li fa e poi li accompagna *prov;* II. *adv* 1. *(vor Adjektiven: ebenso)* altrettanto, ugualmente; 2. *(sofort)* subito, immediatamente; 3. *(bald)* presto, fra poco; **~ breit/groß/hoch** della stessa larghezza/grandezza (*o* statura)/altezza; **~ viel** *(die ~e Menge)* altrettanto; **~ wie** non importa come; **~ darauf** subito dopo; **~ heute** oggi stesso; **~ zu Anfang** fin dal principio; **~ als ...** appena ...; **~ bei/an ...** proprio a ..; **~, ob er kommt** che venga o no; **wie war doch ~ Ihr Name?** come ha detto che si chiama?; **das dachte ich mir ~** c'era da immaginarselo, lo sospettavo; **~!** un momento!; **bis ~!** a presto!

gleichaltrig [-altrɪç] *a* coetaneo, della stessa età. **gleichartig** *a* simile, affine. **gleichbedeutend** *a* equivalente (*mit* a), sinonimo (*mit* di). **Gleichberechtigung** *f* equiparazione *f* dei diritti. **gleich·bleiben** ‹*irr, sein*› I. *itr (Situation, Mensch, Temperaturen, Kurse)* rimanere inalterato; II. *rfl:* **sich** *(dat)* **~**

rimanere tale quale; **das bleibt sich gleich** è lo stesso, è uguale.
gleichen ⟨gleicht, glich, geglichen⟩ *itr (ähneln)* assomigliare.
gleichermaßen, gleicherweise *adv* ugualmente, allo stesso modo.
gleichfalls *adv* parimenti, altrettanto; **danke, ~!** grazie, altrettanto! **gleichgesinnt** *a* che ha affinità di vedute e interessi.
Gleichgewicht *n* equilibrio *m;* **aus dem ~ bringen** squilibrare; **ins ~ bringen** equilibrare. **Gleichgewichtsstörung** *f* alterazione *f* dell'equilibrio.
gleichgültig *a* **1.** *(ohne Anteilnahme)* indifferente (*gegenüber* a); **2.** *(belanglos, unwichtig)* insignificante; **3.** *(uninteressiert)* disinteressato; **das ist mir ~** per me è indifferente, non m'importa. **Gleichgültigkeit** *f* **1.** *(mangelnde Anteilnahme)* indifferenza *f* (*gegenüber* nei confronti di); **2.** *(Desinteresse)* disinteressamento *m* (*gegenüber* nei confronti di, per).
Gleichheit ⟨-, ø⟩ *f* uguaglianza *f; (Gleichberechtigung)* parità *f; (Gleichartigkeit)* affinità *f.* **Gleichheitszeichen** *n* segno *m* d'uguaglianza.
gleich·kommen ⟨*irr*⟩ *itr* ⟨*sein*⟩ uguagliare (*jdm an etw.* qu in qc); *(entsprechen, fast gleich sein)* equivalere (*einer S. (dat)* a qc). **gleich·machen** *tr* render uguale, livellare; **dem Erdboden ~** radere al suolo.
gleichmäßig *a* **1.** *(zu gleichen Teilen)* uguale, uniforme; **2.** *(regelmäßig, nicht variierend)* regolare, stabile; **3.** *(ausgeglichen)* equilibrato; **4.** *(ebenmäßig)* simmetrico; **~ verteilt** distribuito uniformemente. **Gleichmäßigkeit** *f* **1.** *(gleiche Verteilung)* uniformità *f;* **2.** *(Regelmäßigkeit)* regolarità *f;* **3.** *(Ausgeglichenheit)* equilibrio *m;* **4.** *(Ebenmaß)* simmetria *f.*
Gleichnis ⟨-ses, -se⟩ *n* parabola *f.*
Gleichrichter *m el* raddrizzatore *m* di corrente; *radio* rettificatore *m.*
gleichsam *adv* per così dire.
gleichschenk(e)lig *a mat* isoscele. **Gleichschritt** *m* passo *m* cadenzato; **im ~** al passo. **gleichseitig** *a mat* equilatero. **gleich·stellen** *tr* equiparare. **Gleichstrom** *m* corrente *f* continua. **gleich·tun** ⟨*irr*⟩ *tr:* **es jdm ~** uguagliare qu.
Gleichung ⟨-, -en⟩ *f* equazione *f.*
gleichwertig *a* di ugual valore; *(a. chem)* equivalente.
gleichwink(e)lig *a* equiangolo.
gleichzeitig I. *a* contemporaneo, simultaneo; **II.** *adv* contemporaneamente, nello stesso tempo. **Gleichzeitigkeit** ⟨-, ø⟩ *f* simultaneità *f,* sincronismo *m.*
Gleis [glai̯s] ⟨-es, -e⟩ *n* binario *m;* **aus dem ~ kommen** *fig* uscire dalla carreggiata (*o* dalla retta via); **etw. wieder ins (rechte) ~ bringen** *fig* rimettere qc in carreggiata.
gleiten ['glai̯tən] ⟨gleitet, glitt, geglitten⟩ *itr* ⟨*sein*⟩ **1.** *(schweben: Vogel, Flugzeug)* planare; *(sich fortbewegen)* scivolare; *(Hand)* passare (*über* su); *(Blick)* scorrere (*über* su); *tec (in Vorrichtung, entlang Schiene)* scorrere; **2.** *(rutschen)* slittare, scivolare; *(Auto)* slittare; **3.** *(ent~)* scivolare (*aus* di), sfuggire (*aus* di); **~de Arbeitszeit** orario flessibile; **~de Löhne** salari mobili (*o* a scala mobile); **aus der Hand ~** scivolare di mano.
Gletscher ['glɛtʃɐ] ⟨-s, -⟩ *m* ghiacciaio *m.* **Gletscherspalte** *f* crepaccio *m.*
glich [glɪç] *imp von* **gleichen.**
Glied [gli:t] ⟨-(e)s, -er⟩ *n* **1.** *anat* membro *m,* arto *m; (Finger~, Zehen~)* falange *f; (Penis)* membro *m;* **2.** *(Ketten~)* maglia *f,* anello *m;* **3.** *(Teil)* parte *f,* sezione *f,* segmento *m; mat (von Gleichung)* termine *m;* **4.** *(Mit~)* membro *m.*
gliedern I. *tr (ordnen)* ordinare (*in* in), organizzare (*in* in), strutturare (*in* in); *(einteilen, unter~)* (sud)dividere (*in* in); **II.** *rfl:* **sich ~ in** *(zerfallen in)* (sud)dividersi in; *(bestehen aus)* articolarsi in, consistere in.
Gliederung ⟨-, -en⟩ *f* **1.** ⟨*sing*⟩ *(Einteilung)* divisione *f; (Unterteilung)* suddivisione *f;* **2.** *(Aufbau)* struttura *f.*
Gliedmaßen ⟨*pl*⟩ membra *f pl,* arti *m pl.*
glimmen ['glɪmən] ⟨glimmt, glomm *o rar* glimmte, geglommen *o rar* geglimmt⟩ *itr* ardere senza fiamma; *(unter Asche)* covare.
glimpflich ['glɪmpflɪç] *adv:* **~ davonkommen** cavarsela a buon mercato *fam;* **das ist noch ~ ausgegangen** è finita bene, è andata a finir bene.
glitt [glɪt] *imp von* **gleiten.**
glitzern ['glɪtsərn] *itr* scintillare.
Globus ['glo:bʊs, ...bən *o* ...bʊsə] ⟨- *o* -ses, Globen *o* -busse⟩ *m* globo *m,* mappamondo *m.*
Glocke ['glɔkə] ⟨-, -n⟩ *f* **1.** *(Kirchturm~)* campana *f;* **2.** *(Klingel)* campanello *m;* **3.** *(Käse~, Kuchen~)* campana *f; fig (Dunst~)* campana *f,* calotta *f;* **etw. an die große ~ hängen** strombazzare qc ai quattro venti. **Glockenblume** *f* campanula *f,* campanella *f.* **Glockenschlag** *m* (rin)tocco *m* della campana; **auf den ~, mit dem ~** *fam* puntualissimo. **Glockenspiel** *n* carillon *m.* **Glockenturm** *m* campanile *m,* torre *f* campanaria.
glomm [glɔm] *imp von* **glimmen.**
glotzen ['glɔtsən] *itr (starr)* guardare con gli occhi fissi; *(dumm)* sgranare gli occhi.
Glück [glʏk] ⟨-(e)s, ø⟩ *n (~sfall, Zufall)* fortuna *f; (Erfolg)* successo *m; (Glücklichsein)* felicità *f;* **~ bringen**

portare fortuna; ~ **haben** essere fortunato, avere fortuna; **von ~ sagen können, daß** ... potersi dire fortunato che ... *conj;* **auf gut ~** a caso; **zum ~** per fortuna; **viel ~!** buona fortuna!; **~ und Glas, wie leicht bricht das!** *prov* la fortuna è fragile.

glücken *itr ‹sein›* riuscire; **es ist mir geglückt** sono riuscito (*zu* a); **das ist nicht geglückt** non è riuscito.

gluckern ['glʊkɐn] *itr* gorgogliare.

glücklich I. *a* 1. *(vom Glück gesegnet, erfolgreich)* fortunato; *(erfreulich)* buono, piacevole; 2. *(froh)* felice; **~ machen** rendere felice; **sich ~ schätzen** ritenersi fortunato; II. *adv* 1. *(mit Glück)* fortunatamente; *(erfreulich)* bene, piacevolmente; 2. *(froh, beglückt)* felicemente; 3. *fam (endlich)* finalmente. **glücklicherweise** *adv* fortunatamente, per fortuna.

Glücksfall *m* caso *m* fortunato, colpo *m* di fortuna. **Glückspilz** *m* fortunato, -a *m, f,* figlio, -a *m, f* della fortuna. **Glückssache** *f:* **das ist ~** è questione di fortuna. **Glücksspiel** *n* gioco *m* d'azzardo.

Glückwunsch *m* augurio *m,* felicitazione *f,* congratulazione *f;* **herzlichen ~!, herzliche Glückwünsche!** tanti (*o* cordiali) auguri! **Glückwunschkarte** *f* cartolina *f* (*o* biglietto *m*) d'auguri. **Glückwunschtelegramm** *m* telegramma *m* d'auguri.

Glühbirne *f* lampadina *f* a incandescenza.

glühen ['gly:ən] *itr* 1. *(Metall)* essere incandescente; *(Kohle)* essere ardente; *(Feuer, Zigarette)* ardere; 2. *fig (vor Fieber)* bruciare; *(Gesicht)* essere in fiamme (*o* infiammato). **glühend** *a* 1. *(Metall)* incandescente; *(Feuer, Kohle)* ardente; *(Zigarette)* accesa; 2. *(Gesicht, Augen)* sfavillante; 3. *(heiß)* scottante; 4. *fig* ardente.

Glühwein *m* vino *m* brûlé. **Glühwürmchen** [-vʏrmçən] ‹-s, -› *n* lucciola *f.*

Glut [glu:t] ‹-, -en› *f* 1. *(Feuer)* brace *f; (von Zigarette, etc.)* cenere *f* ardente; *(Hitze)* calura *f,* gran caldo *m;* 2. *geh (Leidenschaft)* ardore *m,* fervore *m.*

Glyzerin [glyt̮se'ri:n] ‹-s, ø› *n* glicerina *f.*

GmbH [ge:ɛmbe:'ha:] ‹-, -s› *f ab von* **Gesellschaft mit beschränkter Haftung** S.r.l. (*ab von* Società a responsabilità limitata).

Gnade ['gna:də] ‹-, -n› *f* 1. *allg., jur, rel* grazia *f;* 2. *(Gunst)* favore *m;* 3. *(Erbarmen)* misericordia *f; (Milde, Nachsicht)* clemenza *f;* **um ~ bitten** chiedere grazia (*jdn* a qu); **~ vor Recht ergehen lassen** usare clemenza; **ohne ~** senza pietà (*o* misericordia); **~!** pietà! **Gnadengesuch** *n* domanda *f* di grazia.

gnadenlos *a* spietato. **Gnadenstoß** *m (a. fig)* colpo *m* di grazia.

gnädig ['gnɛ:dɪç] *a* 1. *(gütig)* benigno; *(barmherzig)* misericordioso; 2. *(wohlwollend)* benevolo; *(mild, nachsichtig)* indulgente, clemente; *(günstig gesinnt)* bendisposto; 3. *(herablassend)* condiscendente; **~e Frau/~es Fräulein** gentile signora/signorina; **~er Herr** gentile (*o* egregio) signore.

Gneis [gnai̯s] ‹-es, -e› *m* gneis *m.*

Gold [gɔlt] ‹-(e)s, ø› *n* oro *m;* **nicht mit ~ aufzuwiegen sein, ~ wert sein** valere tant'oro quanto pesa; **es ist nicht alles ~, was glänzt** *prov* non è tutto oro quel che luccica *prov.*

golden *a (aus Gold)* d'oro; *(goldfarbig, vergoldet)* dorato; *fig* d'oro; **der ~e Mittelweg** il giusto mezzo.

Goldfasan *m* fagiano *m* dorato. **Goldfisch** *m* pesce *m* rosso. **Goldgehalt** *m* titolo *m* dell'oro, fino *m.* **goldgelb** *a* giallo oro; *gastr* dorato.

goldig *a fam (niedlich)* carino.

Goldmedaille *f* medaglia *f* d'oro; *(olympische ~)* oro *m.* **goldrichtig** [-'rɪçtɪç] *a fam* giusto, adeguato. **Goldschmied(in)** *m(f)* orafo, -a *m, f.* **Goldschnitt** *m* taglio *m* dorato. **Goldstück** *n* 1. *(Goldmünze)* moneta *f* d'oro; 2. *fig scherz* tesoro *m.* **Goldwaage** *f* bilancina *f* dell'orafo; **jedes Wort auf die ~ legen** *(sich vorsichtig ausdrücken)* pesare ogni parola; *(überempfindlich sein)* essere ipersensibile. **Goldwährung** *f* valuta *f* aurea.

Golf[1] [gɔlf] ‹-(e)s, -e› *m geog* golfo *m.*

Golf[2] [gɔlf] ‹-s, ø› *n sport* golf *m.*

Golfplatz *m* campo *m* da golf. **Golfspieler(in)** *m(f)* giocatore, -trice *m, f* di golf, golfista *mf.*

Golfstaaten *m pl* stati *m pl* del Golfo. **Golfstrom** *m* corrente *f* del Golfo.

Gondel ['gɔndəl] ‹-, -n› *f* gondola *f.*

gönnen ['gœnən] I. *tr* non invidiare (*jdm etw.* qc a qu), concedere (*jdm etw.* qc a qu); **jdm etw. nicht ~** invidiare qc a qu; **ich gönne es dir** te lo auguro di cuore; II. *rfl:* **sich** *(dat)* **~** *(sich leisten)* concedersi, permettersi.

Gönner(in) ‹-s, -› *m(f) (Wohltäter)* benefattore, -trice *m, f; (von Künstler)* mecenate *mf.* **gönnerhaft** I. *a* condiscendente; II. *adv* con condiscendenza.

Gonorrhö(e) [gonɔ'rø:, ...ø:ən] ‹-, -en› *f med* genorrea *f,* blenorragia *f.*

gor [go:ɐ̯] *imp von* **gären.**

Gör [gø:ɐ̯] ‹-(e)s, -en› *n,* **Göre** ['gø:rə] ‹-, -n› *f pej (kleines Kind)* marmocchio *m; (freches Mädchen)* saputella *f.*

Gorilla [go'rɪla] ‹-s, -s› *m* gorilla *m.*

goß [gɔs] *imp von* **gießen.**

Gosse ['gɔsə] ‹-, -n› *f (Straßenrinne)* cunetta *f; fig (Verkommenheit)* fango *m;* **in der ~ enden** finire nel fango.

Gotik ['go:tɪk] ‹-, ø› *f* (stile *m*) gotico *m*.
gotisch *a* gotico.
Gott [gɔt] ‹-es *o rar* -s, ⁻̈er› *m (christlich)* Dio *m; (heidnisch)* dio *m*, divinità *f;* **ein Bild für die Götter** *fam* uno spettacolo unico; **den lieben ~ einen guten Mann sein lassen** *fam* tirare a campare; **über ~ und die Welt reden** *fam* parlare di tutto; **wie ~ in Frankreich leben** vivere (*o* stare) come un papa *fam;* **leider ~es** purtroppo, disgraziatamente; **so ~ will** se Dio vuole; **um ~es willen** per l'amor di Dio; **~ und die Welt waren unterwegs** *fam* tutti erano in giro; **er spielt Tennis wie ein junger ~** *fam* gioca a tennis come un dio *fam* (*o* divinamente); **großer ~!, mein ~!** Dio mio!; **weiß ~!** Dio sa!; **das wissen die Götter!** *fam* lo sa Iddio; **~ sei Dank!** grazie a Dio.
Gottesanbeterin *f (Insekt)* mantide *f* religiosa. **Gottesdienst** *m* messa *f*. **Gotteshaus** *n* casa *f* di Dio. **Gotteslästerung** ‹-, -en› *f* blasfemia *f*, bestemmia *f*.
Gottfried ['gɔtfri:t] *(männlicher Vorname)* Goffredo.
Göttin ['gœtɪn] *f* dea *f*, divinità *f*.
Göttingen ['gœtɪŋən] *n* Gottinga *f*.
göttlich ['gœtlɪç] *a* divino.
gottlob [-'lo:p] **I.** *interj* Dio sia lodato; **II.** *adv (glücklicherweise)* per fortuna.
gottlos *a (Gott leugnend)* senza Dio, ateo; *(Gott nicht achtend)* empio; *(ruchlos)* scellerato. **gottverlassen** ['gɔtfɛɐ̯'lasən] *a fam (abgelegen)* desolato. **Gottvertrauen** *n* fiducia *f* (*o* fede *f*) in Dio.
Grab [gra:p] ‹-(e)s, ⁻̈er› *n* tomba *f; (~denkmal)* sepolcro *m;* **sich** *(dat)* **sein (eigenes) ~ schaufeln** *fig* scavarsi la fossa con le proprie mani; **mit einem Bein** (*o* **Fuß**) **im ~e stehen** *fam* avere un piede nella fossa *fam;* **jdn zu ~e tragen** seppellire qu; **schweigen wie ein ~** essere (muto come) una tomba.
graben ['gra:bən] ‹gräbt, grub, gegraben› **I.** *tr* scavare; **II.** *itr* scavare, vangare; **nach etw. ~** *(nach Kohle, Erz)* scavare alla ricerca di qc; *(nach archäologischen Funden)* scavare qc; **III.** *rfl:* **sich in etw. ~** *(Tier)* scavarsi un buco in qc; *(Fingernägel, Zähne, Baggerschaufeln)* affondare in qc.
Graben ‹-s, ⁻̈› *m (Wasser~, Festungs~)* fossato *m*, fosso *m; mil* trincea *f; geol* fossa *f*.
Grabmal ‹-(e)s, ⁻̈er *o geh* -e› *n* monumento *m* sepolcrale; *(Grabstein)* lapide *f* sepolcrale. **Grabrede** *f* orazione *f* funebre. **Grabstein** *m* pietra *f* tombale, lapide *f* sepolcrale.
gräbt [grɛ:pt] *pr von* **graben.**
Grabung ‹-, -en› *f* scavo *m*.
Grad [gra:t] ‹-(e)s, -e *o bei Maßangaben* -› *m* grado *m; (Stärke)* intensità *f;* **akademischer ~** titolo *m* accademico; **bis zu einem gewissen ~** fino a un certo punto; **in hohem ~(e)** in abbondanza; **im höchsten ~e** al massimo (*o* in sommo) grado; **bei drei ~ Celsius/Wärme/Kälte** a tre gradi centigradi/sopra zero/sotto zero. **Gradeinteilung** *f* graduazione *f*.
Graf [gra:f] ‹-en, -en› *m*, **Gräfin** ['grɛ:fɪn] *f* conte *m*, contessa *f*. **Grafschaft** ‹-, -en› *f* contea *f*.
grämen ['grɛ:mən] *rfl:* **sich ~** affliggersi (*über* per), crucciarsi (*über* per, di).
Gramm [gram] ‹-s, -e *o bei Maßangaben* -› *n* (*ab* **g**) grammo *m*.
Grammatik [gra'matɪk] ‹-, -en› *f* grammatica *f*.
grammatikalisch [...ti'ka:lɪʃ] *a* grammaticale.
Granat [gra'na:t] ‹-(e)s, -e› *m* granato *m*. **Granatapfel** *m* melagrana *f*.
Granate [gra'na:tə] ‹-, -n› *f* granata *f; (Hand~)* bomba *f* a mano.
Granit [gra'ni:t] ‹-s, -e› *m* granito *m*.
Grapefruit ['gre:pfru:t] ‹-, -s› *f* pompelmo *m*.
Graphik ['gra:fɪk] ‹-, -en› *f* grafica *f*.
Graphiker(in) ‹-s, -› *m(f) (Zeichner, Techniker)* grafico, -a *m, f*, disegnatore, -trice *m, f* grafico, -a; *(Künstler)* artista *mf* dedito, -a all'arte grafica.
graphisch *a* grafico; **~es Gewerbe** industria poligrafica.
Graphit [gra'fi:t] ‹-(e)s, -e› *m* grafite *f*, piombaggine *f*.
Graphologie [grafolo'gi:] ‹-, ø› *f* grafologia *f*.
Gras [gra:s] ‹-es, ⁻̈er› *n* erba *f;* **ins ~ beißen (müssen)** *sl* morire; **das ~ wachsen hören** *scherz* fare il sapientone; **über etw. ~ wachsen lassen** *fig* mettere una pietra sopra qc; **darüber ist längst ~ gewachsen** *fam* è acqua passata.
grasen ['gra:zən] *itr* pascolare.
grassieren [gra'si:rən] ‹*ohne ge-*› *itr* imperversare.
gräßlich ['grɛslɪç] *a* **1.** *(abscheulich, schrecklich)* atroce, orrendo; **2.** *fam (sehr schlecht, schlimm)* terribile.
Grat [gra:t] ‹-(e)s, -e› *m (Berg~)* cresta *f; (Dach~)* linea *f* di colmo.
Gräte ['grɛ:tə] ‹-, -n› *f* lisca *f*, spina *f* di pesce.
gratinieren [grati'ni:rən] ‹*ohne ge-*› *tr gastr* gratinare.
gratis ['gra:tɪs] *adv* gratuitamente, gratis.
Gratulant(in) [gratu'lant(ɪn)] ‹-en, -en› *m(f)* persona *f* che si congratula.
Gratulation [...la'tsi̯o:n] ‹-, -en› *f* congratulazioni *f pl*, felicitazioni *f pl*.
gratulieren [...'li:rən] ‹*ohne ge-*› *itr:* **jdm**

zu etw. ~ congratularsi con qu per qc; **jdm zum Geburtstag** ~ fare a qu gli auguri di buon compleanno; **ich gratuliere Ihnen herzlich** Le faccio le mie più sentite congratulazioni.

grau [grau̯] *a* grigio; *fig (trostlos, öde)* triste, tetro; **darüber lasse ich mir keine ~en Haare wachsen** non mi dispero per questo; *s. a. blau.* **Grau** ‹-(s), - *o fam* -s› *n (graue Farbe)* grigio *m; (Trostlosigkeit, Ödheit)* grigiore *m; s. a. Blau.* **Graubrot** *n* pane *m* misto.

Graubünden [grau̯'bʏndən] *n* Grigioni *m pl.*

grauen ['grau̯ən] *itr:* **mir graut davor, zu ...** provo orrore (*o* inorridisco) all'idea di ... *inf.* **Grauen** ‹-s, ø› *n* orrore *m.* **grauenhaft, grauenvoll** *a* orribile, orrendo, spaventoso; *(übertreibend)* terribile.

grauhaarig *a* dai capelli grigi.

gräulich ['grɔy̯lɪç] *a* grigiastro.

graumeliert *a (Haar)* brizzolato.

Graupe ['grau̯pə] ‹-, -n› *f* orzo *m* mondato.

Graupeln ['grau̯pəln] *f pl* gragnola *f.*

grausam ['grau̯za:m] *a* **1.** *(gefühllos)* crudele, spietato; **2.** *(schrecklich, furchtbar)* terribile, atroce; **3.** *fam (schlimm)* terribile. **Grausamkeit** ‹-, -en› *f* crudeltà *f.*

grausen ['grau̯zən] *itr:* **mir graust, es graust mir** ho orrore (*vor* di).

Graveur(in) [gra'vø:ɐ̯ (...rɪn)] ‹-s, -e› *m(f)* incisore *mf.*

gravieren [gra'vi:rən] ‹*ohne ge-*› *tr* incidere. **gravierend** *a (Umstände)* aggravante; *(Fehler)* grave.

Gravur [gra'vu:ɐ̯] ‹-, -en› *f* incisione *f.*

Grazie ['gra:tsi̯ə] ‹-, -n› *f* **1.** ‹*sing*› *(Anmut)* grazia *f,* leggiadria *f;* **2.** *(Mythologie)* Grazia *f.*

graziös [gra'tsi̯ø:s] *a* grazioso, leggiadro.

Gregor ['gre:gɔr] *(männlicher Vorname)* Gregorio.

greifbar *a* **1.** *(zur Hand)* a portata di mano; **2.** *fig (konkret, real)* concreto, tangibile.

greifen ['grai̯fən] ‹greift, griff, gegriffen› **I.** *tr* prendere, pigliare; *(packen)* afferrare; **II.** *itr* **1.** *(die Hand ausstrekken)* stendere la mano (*nach* per prendere, per toccare); **2.** *(einrasten, nicht rutschen)* fare presa; **3.** *fig (wirksam werden)* essere efficace, convincere; **um sich** ~ *fig* propagarsi, estendersi; **zu etw.** ~ *fig* ricorrere a qc; **zum G~ nahe** *fig* vicinissimo.

Greis(in) [grai̯s (...zɪn)] ‹-es, -e› *m(f)* vecchio, -a *m, f,* vegliardo, -a *m, f lett.*

grell [grɛl] *a (Farbe)* vivo, stridente; *(Licht)* abbagliante, accecante; *(Ton)* stridulo, acuto, penetrante; *fig (scharf)* netto.

Gremium ['gre:mi̯ʊm, ...i̯ən] ‹-s, Gremien› *n* organo *m,* commissione *f.*

Grenze ['grɛntsə] ‹-, -n› *f* confine *m; (Landes~)* frontiera *f; fig* limite *m;* **keine ~n kennen** *fig* non conoscere limiti; **sich in ~n halten** stare nei limiti; **an der** ~ alla frontiera; *fig* al limite; **alles hat seine ~n** tutto ha un limite.

grenzen *itr:* ~ **an** confinare con, essere vicino (*o* attiguo) a; *fig* rasentare (*an etw.* qc), avvicinarsi a.

grenzenlos *a (Land, Weite)* sconfinato; *fig* smisurato.

Grenzfall *m* caso *m* limite. **Grenzgänger** [-gɛŋɐ] ‹-s, -› *m* frontaliere *m.* **Grenzschutz** *m* **1.** *(Vorgang)* protezione *f* del confine; **2.** *(Truppen)* guardie *f pl* confinarie. **Grenzübergang** *m (Ort)* valico *m.* **Grenzübertritt** *m* passaggio *m* del confine. **Grenzverkehr** *m* traffico *m* di frontiera. **Grenzwert** *m* valore *m* limite; *mat* limite *m.*

Greuel ['grɔy̯əl] ‹-s, -› *m* **1.** *(Abscheu)* orrore *m* (*vor* di); **2.** ‹*meist pl*› *(Gewalttat)* orrori *m pl,* atrocità *f pl;* **er/das ist mir ein** ~ lui/ciò mi ripugna.

greulich ['grɔy̯lɪç] *a (gräßlich, entsetzlich)* orribile, atroce; *(ekelhaft)* raccapricciante; *(furchtbar)* terribile.

Griebe ['gri:bə] ‹-, -n› *f* cicciolo *m.*

Grieche ['gri:çə] ‹-n, -n› *m,* **Griechin** [...çɪn] *f* greco, -a *m, f.*

Griechenland *n* Grecia *f.*

griechisch *a* greco, ellenico *lett.*

griesgrämig ['gri:sgrɛ:mɪç] *a* burbero, scontroso, tetro.

Grieß [gri:s] ‹-es, -e› *m* **1.** *gastr* semolino *m;* **2.** *med* renella *f.*

griff [grɪf] *imp von* **greifen.**

Griff ‹-(e)s, -e› *m* **1.** *(Stiel, Messer~, an Saiteninstrument)* manico *m; (Knauf)* pomo *m; (Klinke)* maniglia *f; (von Lenkstange, Pistolen~)* impugnatura *f;* **2.** ‹*sing*› *(das Greifen)* prendere *m* (*nach* qc), afferrare *m* (*nach* qc); **3.** *(Hand~)* presa *f; sport* mossa *f,* appiglio *m;* **4.** *mus (Fingerstellung)* diteggiatura *f;* **einen guten ~ tun mit** fare un bel colpo con *fam;* **jdn/etw. im ~ haben** avere qu/qc sotto controllo; *(geistig)* conoscere bene qu/qc; **jdn/etw. in den ~ bekommen** avere in mano qu/qc.

griffbereit *a* a portata di mano.

Griffel ['grɪfəl] ‹-s, -› *m (a. bot)* stilo *m.*

Grill [grɪl] ‹-s, -s› *m* griglia *f;* **vom** ~ ai ferri.

Grille ['grɪlə] ‹-, -n› *f (zoo, fig: Laune)* grillo *m.*

grillen I. *tr* cuocere sulla griglia, fare ai ferri; **II.** *itr* fare il barbecue.

Grimasse [gri'masə] ‹-, -n› *f* smorfia *f.*

grimmig ['grɪmɪç] *a* **1.** *(Mensch)* rabbioso, stizzoso; *(Gesicht)* truce; **2.** *fig (Kälte)* atroce.

grinsen ['grɪnzən] *itr* (sog)ghignare; *(mit breitem Mund)* sghignazzare. **Grinsen** ⟨-s, ø⟩ *n* ghigno *m.*
grippal [grɪ'pa:l] *a* influenzale.
Grippe ['grɪpə] ⟨-, -n⟩ *f* influenza *f.* **Grippeschutzimpfung** *f* vaccinazione *f* antinfluenza.
grob [gro:p] ⟨¨er, ¨ste⟩ *a* **1.** *(nicht fein: Leinen, Papier)* grosso, grossolano; *(Sand, Zucker)* grosso; *(Arbeit)* pesante, faticoso; **2.** *(schlimm: Verstoß, Fahrlässigkeit)* grave; *(Fehler)* grossolano, madornale; **3.** *(brutal: Behandlung, Mensch)* brutale, rude, rozzo; *(unhöflich)* sgarbato; **4.** *(ungefähr)* approssimativo; **~e Beleidigung** offesa spudorata; **~e Fahrlässigkeit** *jur* colpa grave; **gegen jdn ~ werden** *(brutal)* diventare brutale con qu; *(ausfällig)* inveire contro qu; **das Gröbste ist getan** il grosso è fatto.
Grobheit ⟨-, -en⟩ *f* **1.** ⟨*sing*⟩ *(Roheit)* grossolanità *f,* rozzezza *f;* **2.** *(Unhöflichkeit)* villania *f,* sgarbatezza *f; (grobe Äußerung, Handlung)* sgarbo *m;* **jdm ~en an den Kopf werfen** dire delle sgarbataggini a qu.
Gröden ['grø:dn̩] *n* Gardena *f.*
grölen ['grø:lən] *itr fam (schreien)* gridare, vociare; *(singen)* cantare a squarciagola.
Groll [grɔl] ⟨-(e)s, ø⟩ *m* rancore *m; (Verbitterung)* risentimento *m* (*gegen* nei confronti di, per).
grollen *itr geh* **1.** *(Groll haben)* avere (*o* portare) rancore (*jdm* verso *o* a qu); **2.** *(donnern)* rimbombare.
Grönland ['grø:nlant] *n* Groenlandia *f.*
Gros [gro:, gro:s] ⟨-, -⟩ *n* massa *f; mil, sport* grosso *m.*
Groschen ['grɔʃən] ⟨-s, -⟩ *m* **1.** *A (Münze)* groschen *m;* **2.** *fam (10 Pfennig)* monetina *f; fig (Geld)* quattrini *m pl,* soldi *m pl;* **der ~ ist gefallen** *fig* ci è arrivato.
groß [gro:s] ⟨¨er, ¨te⟩ *a* **1.** *allg.* grande; *(~ u. dick)* grosso; *(ausgedehnt)* vasto, ampio; *(geräumig)* spazioso; **2.** *(lang, zeitlich)* lungo; **3.** *(hoch)* alto; *(hochgewachsen)* di alta statura; **4.** *(erwachsen)* cresciuto, adulto; **5.** *(wichtig, bedeutend)* importante; *(berühmt)* famoso; **6.** *(älter)* maggiore; **7.** *(~ geschrieben)* maiuscolo; **8.** *(~mütig, selbstlos)* magnanimo; **eine größere Summe** una somma piuttosto grossa; **~ und klein** grandi e piccoli (*o* piccini); **G~es leisten** fare grandi cose; **jdn ~ ansehen** guardare qu con tanto d'occhi *fam;* **~ (*o* größer) werden** diventare più grande, crescere; **größer machen** ingrandire; *(weiten)* allargare; **nur ~es Geld haben** non avere moneta; **im ~en (und) ganzen** nell'insieme, in generale; **wie ~ bist du?** quanto sei alto?; **was soll man da ~ machen/sagen?** *fam* non c'è molto da fare/dire.
großartig *a* grandioso, imponente; *(herrlich)* magnifico; *(ausgezeichnet)* eccellente; **das ist (ja) ~!** *(a. iron)* è magnifico.
Großaufnahme *f* primo piano *m.* **Großbritannien** [gro:sbri'tanḭən] *n* Gran Bretagna *f.* **Großbuchstabe** *m* (lettera *f*) maiuscola *f.*
Größe ['grø:sə] ⟨-, -n⟩ *f* **1.** *allg., fig, mat, phys, astr* grandezza *f; (Ausdehnung, Umfang)* estensione *f; (Weite)* ampiezza *f; (Fassungsvermögen)* capienza *f;* **2.** *(Länge, a. zeitlich)* lunghezza *f;* **3.** *(Höhe)* altezza *f; (Körper~)* statura *f;* **4.** *(Kleidungs~)* taglia *f; (Hut~, Handschuh~, Schuh~)* misura *f,* numero *m;* **5.** *(Stärke)* forza *f,* intensità *f;* **6.** *(Erhabenheit)* sublimità *f,* magnificenza *f;* **7.** *(berühmte Person)* celebrità *f;* **unbekannte ~** *mat* incognita *f.*
Großeltern ⟨*pl*⟩ nonni *m pl.*
großenteils ['gro:sən'tai̯ls] *adv* in gran parte.
Größenwahn *m* mania *f* di grandezza, megalomania *f.* **größenwahnsinnig** *a* megalomane.
Großglockner [gro:s'glɔknɐ *o* 'gro:s...] *m* Gran Campanaro *m.*
Großgrundbesitzer(in) *m(f)* latifondista *mf.* **Großhandel** *m* commercio *m* all'ingrosso. **Großhändler(in)** *m(f)* commerciante *mf* all'ingrosso, grossista *mf.* **Großhandlung** *f* negozio *m* all'ingrosso. **großherzig** *a* magnanimo, generoso. **Großmacht** *f* grande potenza *f.* **Großmaul** *n fam* spaccone *m,* fanfarone *m.* **Großmut** ⟨-, ø⟩ *f* magnanimità *f,* generosità *f.* **großmütig** [-my:tɪç] *a* magnanimo, generoso.
Großmutter *f* nonna *f.* **Großneffe** *m* pronipote *m.* **Großnichte** *f* pronipote *f.* **Großonkel** *m* prozio *m.*
Großraum *m:* **im ~ Stuttgart** nella zona che gravita attorno a Stoccarda. **Großraumbüro** *n* grande locale *m* d'ufficio suddiviso a scomparti. **Großraumflugzeug** *n* aereo *m* tipo jumbo. **Großraumwagen** *m* grande vagone *m* (senza scompartimenti). **großspurig I.** *a* tronfio; **II.** *adv* in modo tronfio. **Großstadt** *f* grande città *f,* metropoli *f.* **Großstädter(in)** *m(f)* abitante *mf* di una grande città. **großstädtisch** *a* di (una) grande città, metropolitano.
Großtante *f* prozia *f.*
größtenteils ['grø:stən'tai̯ls] *adv* in massima parte.
Großvater *m* nonno *m.*
groß·ziehen ⟨*irr*⟩ *tr (aufziehen)* allevare, tirar su *fam.*
großzügig *a* **1.** *(in der Form, Gestaltung)* in grande stile, grandioso; **2.** *(in*

den Ansichten) di larghe vedute; **3.** *(freigebig)* generoso. **Großzügigkeit** ‹-, ø› *f* **1.** *(von Form, Gestaltung)* grandiosità *f;* **2.** *(von Gesinnung)* larghezza *f* di vedute; **3.** *(Freigebigkeit)* generosità *f.*

grotesk [gro'tɛsk] *a* grottesco.

grub [gru:p] *imp von* **graben.**

Grübchen ['gry:pçən] ‹-s, -› *n* fossetta *f.*

Grube ['gru:bə] ‹-, -n› *f* fossa *f; min* miniera *f; (offene ~)* cava *f;* **wer andern eine ~ gräbt, fällt selbst hinein** *prov* l'inganno va a casa dell'ingannatore *prov.*

grübeln ['gry:bəln] *itr* fantasticare (*über* su), almanaccare (*über* su).

grüezi ['gry:ɛtsi] *interj CH* ciao, salve.

Gruft [grʊft] ‹-, ⸚e› *f* tomba *f,* sepolcro *m; (Krypta)* cripta *f.*

grün [gry:n] *a* **1.** *(Farbe, etc.)* verde; **2.** *pol* verde, ecologista; **3.** *(unreif: Obst)* verde, acerbo; *pej (unerfahren)* inesperto; **~er Junge** sbarbatello *m fam;* **~es Licht** *(von Ampel)* il verde; *fig (Zustimmung)* il permesso; **die ~e Minna** *fam* la cellulare (della polizia); **~e Welle** *(von Ampeln)* onda verde; **~ im Gesicht werden** farsi pallido; **jdn ~ und blau schlagen** *fam* bastonare qu di santa ragione; **auf keinen ~en Zweig kommen** non avere fortuna (*o* successo); *s. a. blau.*

Grün ‹-(s), - *o fam* -s› *n* (colore *m*) verde *m;* **bei ~ über die Ampel fahren** passare col verde; **die Ampel steht auf ~** il semaforo è verde; **das ist dasselbe in ~** *fam* è la stessa cosa; *s. a. Grüne, Blau.*

Grund [grʊnt] ‹-(e)s, ⸚e› *m* **1.** ‹*sing*› *(tiefste Stelle, Boden)* fondo *m;* **2.** ‹*sing*› *(Erdboden)* suolo *m,* terreno *m;* **3.** ‹*sing*› *(~lage)* fondamento *m,* base *f;* **4.** *fig (Ursache)* causa *f; (Beweg~, Anlaß)* motivo *m,* ragione *f; (Beweis~)* argomento *m,* prova *f;* **(allen) ~ haben zu ...** aver motivo di ...; **einer S.** *(dat)* **auf den ~ gehen** andare fino in fondo a qc; **auf ~ von** in base a, a causa di; **auf eigenem ~ und Boden** sul proprio (fondo); **aus diesem ~(e)** per questa ragione, perciò; **im ~e (genommen)** in fondo, in sostanza, in fin dei conti; **von ~ auf** (*o* **aus**) interamente, del tutto, radicalmente; **es besteht ~ zu ...** c'è motivo di ...; **das ist kein ~ zum Lachen** c'è poco da ridere; **ich habe meine Gründe (dafür)** ho le mie buone ragioni. **Grundausstattung** *f* attrezzatura *f* elementare. **Grundbedeutung** *f* **1.** *(wesentlichste Bedeutung)* significato *m* fondamentale; **2.** *ling* significato *m* originario (*o* primitivo). **Grundbedingung** *f* condizione *f* principale (*o* essenziale). **Grundbegriff** *m* **1.** *(elementarer Begriff)* concetto *m* fondamentale; **2.** ‹*meist pl*› *(Basiswissen)* principi *m pl* basilari. **Grundbesitz** *m* proprietà *f* terriera (*o* fondiaria). **Grundbestandteil** *m* elemento *m* fondamentale.

gründen ['grʏndən] **I.** *tr* **1.** *(Stadt, Unternehmen, Verein, Partei, etc.)* fondare; *(stiften)* istituire; *(ins Leben rufen)* creare; **2.** *fig (stützen)* basare (*auf* su); **II.** *itr* basarsi (*in* su); **III.** *rfl:* **sich ~ auf** basarsi su, poggiare su.

Gründer(in) ‹-s, -› *m(f)* fondatore, -trice *m, f.*

Grundform *f (Hauptform)* forma *f* fondamentale (*o* tipica); *(ursprüngliche Form)* forma *f* primitiva (*o* originaria); *gram* infinito *m.* **Grundgebühr** *f* tassa *f* fissa. **Grundgesetz** *n (Verfassung)* costituzione *f.*

grundieren [grʊn'di:rən] ‹*ohne ge-*› *tr tec* dare la mano di fondo a.

Grundlage *f* **1.** *(Basis)* fondamento *m,* base *f;* **2.** *(Voraussetzung)* presupposto *m.* **grundlegend** *a* basilare; *(wichtig)* fondamentale.

gründlich ['grʏntlɪç] **I.** *a (tiefgehend)* profondo; *(sorgfältig)* accurato; *(gewissenhaft)* coscienzioso; **II.** *adv* a fondo; **er hat sich ~ blamiert** *fam* ha fatto una figuraccia.

grundlos *a* **1.** *(Tiefe)* senza fondo; **2.** *fig (unbegründet)* infondato.

Gründonnerstag [-'dɔnɐsta:k] *m* giovedì *m* santo.

Grundriß *m* **1.** *mat* proiezione *f* orizzontale; **2.** *arch* pianta *f;* **3.** *(Schema)* compendio *m.*

Grundsatz *m* principio *m.*

grundsätzlich [-zɛtslɪç] **I.** *a* **1.** *(aus Prinzip)* di principio, di massima; **2.** *(wesentlich)* fondamentale; **II.** *adv* **1.** *(aus Prinzip)* per principio, per massima; **2.** *(im Prinzip)* essenzialmente, sostanzialmente.

Grundschule *f* scuola *f* elementare (*o* primaria). **Grundstein** *m* prima pietra *f;* **den ~ legen zu** *(a. fig)* porre la prima pietra per. **Grundstoff** *m* **1.** *chem (Element)* elemento *m;* **2.** *tec (Rohstoff)* materia *f* prima. **Grundstück** *n* fondo *m,* terreno *m.* **Grundstücksmakler(in)** *m(f)* agente *mf* immobiliare.

Gründung ‹-, -en› *f* fondazione *f; (Schaffung)* creazione *f; (Stiftung)* istituzione *f.*

grundverschieden ['grʊntfɛɐ'ʃi:dən] *a* totalmente diverso.

Grundwasser *n* acqua *f* freatica (*o* del sottosuolo). **Grundzug** *m (Charakteristikum)* tratto *m* fondamentale, caratteristica *f.*

Grüne[1] ‹ein -r, -n, -n› *mf pol* appartenente *mf* al movimento dei verdi; **die ~n** i verdi.

Grüne[2] ‹ein -s, -n, ø› *n* **1.** *(von Gemüse)* verde *m; (Gemüse u. Salat)* verdura *f;* **2.** *(Natur)* verde *m,* natura *f;* **im ~n** nel verde; **ins ~ fahren** andare in campagna.
Grünfläche *f* zona *f* verde. **Grünfutter** *n* foraggio *m* fresco. **Grünkohl** *m* cavolo *m* riccio. **grünlich** *a* verdastro. **Grünschnabel** *m* sbarbatello *m,* pivello *m.* **Grünspan** *m* verderame *m;* **~ ansetzen** dare il verderame. **Grünstreifen** *m* spartitraffico *m* (verde).
grunzen ['grʊntsən] *itr* grugnire.
Gruppe ['grʊpə] ‹-, -n› *f* **1.** *allg.* gruppo *m; (von Arbeitern, Sportlern)* squadra *f;* **2.** *(Klasse)* classe *f,* categoria *f;* **in der ~** in gruppo; **in ~n** a gruppi. **Gruppenreise** *f* viaggio *m* in comitiva. **Gruppensex** *m* sesso *m* (*o* amori *f pl*) di gruppo. **Gruppentherapie** *f* terapia *f* di gruppo.
gruppieren [grʊ'pi:rən] ‹*ohne ge-*› **I.** *tr* disporre in gruppi, raggruppare; *(klassifizieren)* classificare; **II.** *rfl:* **sich ~** raggrupparsi.
Gruppierung ‹-, -en› *f* **1.** ‹*sing*› *(Anordnen)* disposizione *f* in gruppi, raggruppamento *m;* **2.** *(Konstellation, bes. pol)* raggruppamento *m; (Gruppe)* gruppo *m.*
gruselig ['gru:zəlɪç] *a* raccapricciante.
gruseln ['gru:zəln] **I.** *tr, itr:* **mir** (*o* **mich**) **gruselt es** rabbrividisco (*vor* a, per); **II.** *rfl:* **ich grus(e)le mich** rabbrividisco (*vor* a, per).
Gruß [gru:s] ‹-es, ¨-e› *m* saluto *m;* **~ aus X** *(auf Andenken)* saluti da X; **viele Grüße** tanti saluti (*an* a); **mit freundlichen Grüßen** *(Briefschluß)* distinti (*o* cordiali) saluti.
grüßen ['gry:sən] *tr* salutare; *mil* fare il saluto militare a; **jdn ~ lassen** mandare i saluti a qu; **~ Sie ihn von mir!** gli porti i miei saluti!; **grüß Gott!** *(süddeutsch)* buon giorno.
Grütze ['grʏtsə] ‹-, -n› *f (Brei)* pappa *f* di tritello; **rote ~** dolce *m* di semolino e succo di frutta.
gucken ['gʊkən] *itr fam* guardare; **guck mal!** guarda un po'!
Guckloch *n* spioncino *m.*
Guerilla[1] [ge'rɪlja] ‹-, -s› *f* **1.** *(~krieg)* guerriglia *f;* **2.** *(~einheit)* bande *f pl* di guerriglieri.
Guerilla[2] [ge'rɪlja] ‹-(s), -s› *m,* **Guerillakämpfer(in)** *m(f)* guerrigliero, -a *m, f.*
Güggeli ['gʏgəli] ‹-s, -› *n CH* pollo *m* allo spiedo.
Gulasch ['gʊlaʃ] ‹-(e)s, -e *o* -s› *n o m* gulasch *m,* spezzatino *m.*
Gully ['gʊli] ‹-s, -s› *m o n* tombino *m.*
gültig ['gʏltɪç] *a allg., jur* valido; *(Fahrschein)* valevole; *(gesetzlich)* in vigore, vigente; **für ~ erklären** dichiarare valido, convalidare. **Gültigkeit** ‹-, ø› *f* validità *f; jur* forza *f* legale, validità *f.*
Gummi ['gʊmi] ‹-s, -(s)› *n o m* gomma *f.* **Gummiband** ‹-(e)s, ¨-er› *n* (nastro *m*) elastico *m.*
gummieren [gʊ'mi:rən] ‹*ohne ge-*› *tr* gommare.
Gummihandschuh *m* guanto *m* di gomma. **Gummiknüppel** *m* manganello *m* (di gomma). **Gummistiefel** *m pl* stivali *m pl* di gomma. **Gummistrumpf** *m* calza *f* elastica. **Gummizug** *m* elastico *m.*
Gunst [gʊnst] ‹-, ø› *f* favore *m; (Wohlwollen)* benevolenza *f; (von Schicksal)* favore *m;* **zu jds ~en** a favore di qu.
günstig ['gʏnstɪç] *a* **1.** *(geeignet, gut)* favorevole; *(bes. Moment)* propizio; **2.** *(vorteilhaft)* vantaggioso; *(bes. Preis)* conveniente. **günstigstenfalls** *adv* nella migliore delle ipotesi.
Gurgel ['gʊrgəl] ‹-, -n› *f* gola *f.*
gurgeln *itr* **1.** *(bes. med)* fare i gargarismi; **2.** *(gluckern)* gorgogliare.
Gurke ['gʊrkə] ‹-, -n› *f* cetriolo *m; (kleine ~)* cetriolino *m;* **saure ~n** cetriolini sott'aceto.
gurren ['gʊrən] *itr* tubare.
Gurt [gʊrt] ‹-(e)s, -e› *m (Riemen)* cintura *f,* cinghia *f; (Sicherheits~)* cintura *f; (Sattel~)* sottopancia *m; mil* cinturone *m; (Trag~)* spallaccio *m.*
Gürtel ['gʏrtəl] ‹-s, -› *m* **1.** *(an Kleidung)* cintura *f,* cinghia *f;* **2.** *(geog, fig: Zone)* zona *f; (Absperrung)* cordone *m;* **den ~ enger schnallen** *fig* stringere la cinghia. **Gürtellinie** *f* cintola *f;* **ein Schlag unter die ~** un colpo basso. **Gürtelreifen** *m* (pneumatico *m*) cinturato *m.* **Gürtelrose** *f* erpete *m* zoster. **Gürteltier** *n* armadillo *m.*
Guru ['gu:ru] ‹-s, -s› *m* guru *m.*
Guß [gʊs] ‹Gusses, Güsse› *m* **1.** *(Gießen)* colata *f;* **2.** *(Wasserstrahl)* getto *m;* **3.** *(Regen~)* acquazzone *m,* rovescio *m;* **aus einem ~** di un solo pezzo; *fig* tutto d'un pezzo. **Gußeisen** *n* ghisa *f.* **gußeisern** *a* di ghisa. **Gußform** *f* forma *f* da fonderia.
Gustav ['gʊstaf] *(männlicher Vorname)* Gustavo.
gut [gu:t] **I.** ‹besser, beste› *a* **1.** *allg.* buono; **2.** *(sittlich ~, rechtschaffen a.)* probo, virtuoso; **3.** *(richtig)* corretto, giusto; **4.** *(nützlich)* utile; **5.** *(förderlich, heilsam)* giovevole (*für* a), salutare (*für* per); **6.** *(vorteilhaft)* vantaggioso; **7.** *(~ erhalten)* in buono stato; **8.** *(reichlich)* abbondante; **9.** *(Schulnote)* ≃ otto; **sehr ~** *(Schulnote)* ≃ nove; **ein ~es Gewissen** la coscienza pulita (*o* a posto); **~es Wetter** bel tempo; **mehr als ~ ist** più del ragionevole; **es ist ~, daß ...** meno male che ..., per fortuna che ...; **seien Sie so ~, und ...** abbia la cortesia

di ... *inf;* **wozu ist das ~** (*o* **soll das ~ sein)?** a che serve?; **lassen wir es ~ sein!** lasciamo perdere; **II.** ‹besser, am besten› *adv* **1.** *allg.* bene; **2.** *(günstig)* favorevolmente; **3.** *(richtig, einwandfrei)* correttamente; **4.** *(ausreichend)* sufficientemente, esaurientemente; **5.** *(reichlich)* abbondantemente, ampiamente; **~ riechen** avere un buon odore; **es ~ haben** star bene; **~ (daran) tun zu ...** fare bene a ...; **~ und gern** per lo meno; **so ~ wie** quasi, pressoché; **so ~ wie möglich** nel miglior modo possibile; **mir ist nicht ~** non sto bene; **Sie haben ~ reden/lachen** ha un bel dire/ridere; **~ (so)!** bene così; *(es genügt)* basta così!; **(es ist ja) schon ~!** va bene; *s. a. Gute.*

Gut ‹-(e)s, ¨-er› *n* **1.** *(Besitz)* proprietà *f;* *(a. geistig)* bene *m;* **2.** *(Land~)* proprietà *f* terriera; *(Pacht~)* podere *m* in affitto; **3.** ‹*pl*› *(Waren)* merci *f pl.*

Gutachten ‹-s, -› *n* perizia *f.* **Gutachter(in)** ‹-s, -› *m(f)* perito, -a *m, f,* esperto, -a *m, f.*

gutartig *a* **1.** *(Tier)* mansueto; *(Mensch, Wesen)* buono; **2.** *med* benigno.

gutaussehend *a* di bell'aspetto, bello.

Gutdünken ‹-s, ø› *n:* **nach ~** a discrezione.

Gute ‹ein -s, -n, ø› *n (gute Seite)* lato *m* buono; *(gute Taten)* bene *m,* buone azioni *f pl;* **des ~n zuviel sein/tun** essere troppo/esagerare; **im g~n** *(sich trennen)* amichevolmente, con le buone; **alles ~!** *(für Zukunft)* buona fortuna!; *(Glückwunsch)* auguri!; **es hat alles sein ~s** non tutto il male vien per nuocere *prov.*

Güte ['gy:tə] ‹-, ø› *f* **1.** *(von Menschen, Gefälligkeit)* bontà *f;* **2.** *(von Ware)* qualità *f;* **in aller ~** con le buone; **(ach) du meine ~!** Dio mio!

Gutenachtgeschichte [-'naxt-] *f* fiaba *f* della buona notte.

Güterbahnhof *m* scalo *m* merci. **Gütergemeinschaft** *f* comunione *f* dei beni. **Gütertrennung** *f* (regime *m* della) separazione *f* dei beni. **Güterwagen** *m* carro *m* (*o* vagone *m*) merci. **Güterzug** *m* treno *m* merci.

gut·gehen ‹*irr*› *itr* ‹*sein*› andar bene; **es geht jdm gut** qu sta bene; **wenn das (mal) gutgeht** se funzionerà, speriamo che vada bene. **gutgehend** *a (Geschäft)* ben avviato.

gutgemeint *a* detto (*o* fatto) con buone intenzioni. **gutgläubig** *a* in buona fede; *(leichtgläubig)* ingenuo, credulo.

gut·haben ‹*irr*› *tr* avere un credito di. **Guthaben** ‹-s, -› *n* credito *m.*

gut·heißen ‹*irr*› *tr* approvare.

gütig *a* buono, benevolo; *(freundlich)* gentile; *(nachsichtig)* indulgente.

gütlich *a* amichevole; **sich an etw. ~ tun** gustare qc, godersi qc.

gut·machen *tr (Fehler, Schaden)* riparare; **das kann ich gar nicht wieder ~** non potrò mai ripagare.

gutmütig [-my:tɪç] *a* bonario, buono; **ein ~er Mensch** una pasta d'uomo *fam.* **Gutmütigkeit** ‹-, *rar* -en› *f* bonarietà *f,* bontà *f.*

Gutschein *m* buono *m.* **gut·schreiben** ‹*irr*› *tr:* **jdm etw. ~** accreditare qc a qu. **Gutschrift** *f* accredito *m.*

Gutsverwalter(in) *m(f)* fattore, -essa *m, f* (*o* amministratore, -trice *m, f*) di una tenuta.

gut·tun ‹*irr*› *itr* far bene, giovare; **jdm ~** far del bene a qu.

Gymnasiast(in) [gʏmna'zi̯ast(ɪn)] ‹-en, -en› *m(f)* liceale *mf.*

Gymnasium [...'na:zi̯ʊm, ...i̯ən] ‹-s, -sien› *n* liceo *m,* ginnasio *m.*

Gymnastik [gʏm'nastɪk] ‹-, ø› *f* ginnastica *f.*

gymnastisch *a* ginnico.

Gynäkologe [gynɛko'lo:ge] ‹-n, -n› *m,* **Gynäkologin** [...gɪn] *f* ginecologo, -a *m, f.*

Gynäkologie [...lo'gi:] ‹-, ø› *f* ginecologia *f.*

gynäkologisch [...'lo:gɪʃ] *a* ginecologico.

H

H, h [ha:] ‹-, -(s)› *n* **1.** *(Buchstabe)* H, h *f;* **2.** *mus* si *m;* **H wie Heinrich** H come hotel.

ha *interj* ah, oh.

Haar [ha:ɐ̯] ‹-(e)s, -e› *n* **1.** *(Kopf~)* capello *m;* **2.** *(Bart~, Körper~, Tier~, Pflanzen~)* pelo *m;* **immer ein ~ in der Suppe finden** trovare sempre qc da ridire; **an jdm kein gutes ~ lassen** tagliare i panni addosso a qu; **um ein ~** per un pelo; **da stehen einem die ~e zu Berge** si rizzano i capelli; **das ist an den ~en herbeigezogen** questo è tirato per i capelli; **sie gleichen sich aufs ~** si assomigliano come due gocce d'acqua. **Haaransatz** *m* attaccatura *f* dei capelli. **Haarausfall** *m* caduta *f* dei capelli.

haaren *itr, rfl:* **sich ~** perdere il pelo.

Haarfestiger *m* fissatore *m.* **haargenau** ['ha:ɐ̯gə'nau̯] *adv* esattamente.

haarig *a* **1.** *(behaart)* peloso; **2.** *fam (schwierig)* difficile; *(heikel)* scabroso; *(schlimm)* brutto.

Haarklammer *f* fermaglio *m* per capelli. **Haarnadel** *f* forcina *f.* **Haarnadelkurve** *f* tornante *m.* **haarscharf** ['ha:ɐ̯'ʃarf] **I.** *a* esattissimo; **II.** *adv* **1.** *(sehr genau)* con la massima precisione; **2.** *(ganz dicht)* a un pelo; **der Schuß ging ~ an ihm vorbei** il colpo lo rasentò. **Haarschleife** *f* fiocco *m.* **Haarschnitt** *m* taglio *m.* **Haarspalterei** [ha:ɐ̯ʃpaltə'rai̯] ‹-, -en› *f pej* cavillosità *f;* **~ treiben** cavillare. **Haarspray** *n o m* lacca *f* per capelli. **haarsträubend** *a* che fa rizzare i capelli, orripilante, raccapricciante. **Haartrockner** ‹-s, -› *m* asciugacapelli *m,* fon *m.* **Haarwaschmittel** *n* shampoo *m.* **Haarwasser** *n* lozione *f* per capelli. **Haarwuchs** *m* **1.** *(Vorgang: von Kopfhaar)* crescita *f* dei capelli; *(von Körperhaar)* crescita *f* dei peli; **2.** *(Zustand: beim Menschen)* capigliatura *f; (bei Tieren)* pelo *m.*

Hab [ha:p] *n:* **mein (ganzes) ~ und Gut** tutti i miei averi.

haben ['ha:bən] ‹hat, hatte, gehabt› **I.** *tr* avere; *(besitzen)* possedere; *(erhalten ~)* ricevere (*von* da); **lieber ~** preferire; **Zeit ~** avere tempo; **nichts dagegen ~** non aver nulla in contrario; **etw. ~ wollen** desiderare qc; *(fordern)* richiedere qc, esigere qc; **gegen jdn etwas ~** essere contro qu, avercela con qu *fam;* **mit jdm etwas ~** *fam* filare con qu *fam;* **es mit jdm zu tun ~** aver a che fare con qu; **jdn zum Freund ~** aver qu per amico; **noch zu ~ sein** essere ancora libero (*o* scapolo); **bei sich** *(dat)* **~** avere con sé; **etw. für sich ~** avere i propri lati positivi (*o* vantaggi); **es im Hals ~** avere mal di gola; **wir ~ jetzt Winter** siamo in inverno ora; **wir ~ den 10. Juni** è il 10 giugno; **er hat es sehr gern** gli piace molto; **am liebsten hat er Gemüse** più di tutto gli piace la verdura; **ich hätte gern ...** vorrei ...; **beinahe hätte ich ...** ci è mancato poco che ... *conj;* **ich habe zu tun** ho da fare; **dafür bin ich immer zu ~** ci sto sempre *fam;* **was habe ich (denn) davon?** che vantaggio ne ho?, cosa ci guadagno?; **welche Größe/Nummer ~ Sie?** che taglia/numero porta?; **ich hab's!** ci sono!, ho capito!; **da ~ wir's!** ci siamo!, lo sapevo!; **II.** *rfl:* **sich ~** *fam* **1.** *(sich anstellen)* fare lo smorfioso; **2.** *(Aufhebens machen)* essere esagerato; **und damit hat sich's** non c'è altro da dire, amen *fam.*

Haben ‹-s, ø› *n* avere *m.*

Habgier *f* avidità *f,* cupidigia *f.*

Habicht ['ha:bɪçt] ‹-s, -e› *m* astore *m.*

Habseligkeiten *f pl* quisquilie *f pl.*

Hackbraten *m* polpettone *m.*

Hacke[1] ['hakə] ‹-, -n› *f (Ferse)* calcagno *m.*

Hacke[2] ['hakə] ‹-, -n› *f (Picke)* zappa *f.*

hacken **I.** *tr* **1.** *(Boden)* zappare; **2.** *(Holz)* spaccare, tagliare; **3.** *(Petersilie, Zwiebeln)* tritare; **II.** *itr (mit Schnabel)* beccare.

Hackfleisch *n* carne *f* tritata (*o* macinata).

hadern ['ha:dɐn] *itr geh:* **mit jdm ~** prendersela con qu; **mit seinem Schicksal ~** lamentarsi della propria sorte.

Hafen ['ha:fən] ‹-s, ⸚› *m* porto *m.* **Hafenarbeiter(in)** *m(f)* lavoratore, -trice *m, f* del porto, portuale *mf.* **Hafenrundfahrt** *f* giro *m* turistico del porto. **Hafenstadt** *f* città *f* portuale, porto *m.*

Hafer ['ha:fɐ] ‹-s, ø› *m* avena *f;* **ihn sticht der ~** *fam* diventa spavaldo. **Haferflocken** *f pl* fiocchi *m pl* d'avena.

Haft [haft] ‹-, ø› *f* **1.** *(Gefängnis~)* detenzione *f,* reclusione *f;* **2.** *(Verhaftung)* arresto *m;* **jdn aus der ~ entlassen** rilasciare qu; **jdn in ~ nehmen**

arrestare qu. **Haftanstalt** *f* penitenziario *m*, prigione *f*.
haftbar *a* responsabile; **jdn für etw. ~ machen** rendere qu responsabile di qc.
Haftbefehl *m* mandato *m* di cattura.
haften[1] *itr* **1.** *(festsitzen)* aderire (*an* a), rimanere attaccato (*an* a); **2.** *fig (Blikke)* essere fisso (*auf* su).
haften[2] *itr* **1.** *(bürgen)* garantire (*für* per); **2.** *(verantwortlich sein)* rispondere (*für* di).
Häftling ['hɛftlɪŋ] ‹-s, -e› *m* detenuto, -a *m, f*.
Haftpflicht *f* responsabilità *f* civile (*für* per). **Haftpflichtversicherung** *f* assicurazione *f* della responsabilità civile (verso terzi).
Haftung ‹-s, ø› *f* **1.** *(Verantwortlichkeit)* responsabilità *f*; **2.** *(Bürgschaft)* garanzia *f*.
Hagebutte ['ha:gəbʊtə] ‹-, -n› *f* frutto *m* di rosa canina, cinorrodo *m*.
Hagel ['ha:gəl] ‹-s, ø› *m* grandine *f*. **Hagelkorn** *n* chicco *m* di grandine.
hageln *tr, itr* grandinare; **es hagelte Vorwürfe** piovvero rimproveri.
hager ['ha:gɐ] *a* magro, secco, scarno.
Hahn [ha:n] ‹-(e)s, ⸚e› *m* **1.** *zoo* gallo *m*; **2.** *tec* rubinetto *m*; *(Gewehr~)* grilletto *m*; **~ im Korb sein** fare il gallo nel pollaio; **danach kräht kein ~** *fam* non se ne cura nessuno.
Hähnchen ['hɛ:nçən] ‹-s, -› *n* galletto *m*; *gastr* pollo *m*.
Hahnenfuß *m* ranuncolo *m*.
Hai(fisch) ['hai̯-] ‹-(e)s, -e› *m* pescecane *m*, squalo *m*.
häkeln ['hɛ:kəln] *tr* lavorare all'uncinetto. **Häkelnadel** *f* uncinetto *m*.
Haken ['ha:kən] ‹-s, -› *m* **1.** *tec, sport* gancio *m*; **2.** *(Kleider~)* attaccapanni *m*; **3.** *(Angel~)* amo *m*; **einen ~ schlagen** fare uno scarto; **die Sache hat einen ~** *fam* c'è un intoppo. **Hakenkreuz** *n* croce *f* uncinata, svastica *f*.
halb [halp] **I.** *a* mezzo, metà *f* (di); **eine ~e Note** una mezza nota; **~ Rom** mezza Roma; **um ~ drei** alle due e mezza; **das ist nichts H~es und nichts Ganzes** non è né carne né pesce; **II.** *adv* mezzo, (a) metà; **~ und ~** mezzo e mezzo, a metà; **~ Mann, ~ Frau** mezzo uomo, mezza donna; **~ öffnen** *(Tür)* socchiudere; **ich habe mich ~ totgelacht** *fam* sono quasi morto dal ridere *fam*; **das ist ~ so schlimm** non e poi così grave; **das ist nicht ~ so gut wie ...** non è di gran lunga così buono come ... **halbamtlich** *a* ufficioso, semiufficiale. **Halbdunkel** *n* penombra *f*, chiaroscuro *m*.
Halbe ['halbə] ‹-n, -› *f (Bier)* mezzo litro *m* di birra.
-halber [-halbɐ] *adv, prp gen* per, a causa di; **der Ehre ~** per l'onore; **vorsichts~** per precauzione.
Halbfabrikat *n* prodotto *m* semilavorato (*o* semifinito). **Halbfinale** *n* semifinale *f*. **Halbgott** *m* semidio *m*. **Halbheit** ‹-, -en› *f* imperfezione *f*, insufficienza *f*; *(halbe Maßnahmen)* mezze misure *f pl*. **halbherzig** *a* tiepido, poco entusiasta.
halbieren [hal'bi:rən] ‹*ohne ge-*› *tr* dividere in due, fare a metà.
Halbinsel *f* penisola *f*. **Halbjahr** *n* semestre *m*. **halbjährlich** **I.** *a* semestrale; **II.** *adv* ogni sei mesi. **Halbkreis** *m* semicerchio *m*. **Halbkugel** *f* semisfera *f*, mezza sfera *f*; *geog* emisfero *m*. **Halbleiter** *m* semiconduttore *m*. **halbmast** *adv*: **auf ~** a mezz'asta; **~ flaggen** alzare la bandiera a mezz'asta. **Halbmesser** ‹-s, -› *m* raggio *m*. **Halbmond** *m* mezzaluna *f*. **halbnackt** *a* seminudo, mezzo nudo. **halboffen** *a* semiaperto, socchiuso. **Halbpension** *f* mezza pensione *f*. **Halbschlaf** *m* dormiveglia *m*. **Halbschuh** *m* scarpa *f* bassa. **Halbtagsbeschäftigung** *f* lavoro *m* (*o* impiego *m*) a mezza giornata. **Halbwaise** *f* orfano, -a *m, f* di padre (*o* di madre). **halbwegs** ['halp've:ks] *adv* press'a poco, più o meno, abbastanza. **Halbwelt** *f* demimonde *m*. **Halbwert(s)zeit** *f* tempo *m* di dimezzamento, periodo *m* radioattivo. **Halbzeit** *f* tempo *m*; **erste ~** primo tempo; **zweite ~** ripresa *f*.
Halde ['haldə] ‹-, -n› *f* **1.** *geol* ghiaione *m*; **2.** *min* discarica *f*.
half [half] *imp von* **helfen.**
Hälfte ['hɛlftə] ‹-, -n› *f* metà *f*; **meine bessere ~** *scherz* la mia dolce metà; **zur ~** a metà.
Halle ['halə] ‹-, -n› *f (Hotel~)* hall *f*; *theat* foyer *m*; *(Bahnhofs~)* atrio *m*; *arch* galleria *f*; *(Fabrik~, Lager~)* capannone *m*; *(Sport~)* palestra *f*.
hallen ['halən] *itr* risonare, rimbombare, riecheggiare.
Hallenbad *n* piscina *f* coperta. **Hallensport** *m* sport *m* da palestra.
hallo [ha'lo: *o* 'halo] *interj* **1.** *(Zuruf)* ohé, ehi; **2.** *(am Telefon)* pronto; **3.** *(Begrüßung)* ciao.
Halluzination [halut̮sina't̮si̯o:n] ‹-, -en› *f* allucinazione *f*.
Halm [halm] ‹-(e)s, -e› *m* gambo *m*, stelo *m*; *(Getreide~)* fuscello *m*; *(Gras~)* filo *m* d'erba.
Halogenscheinwerfer [halo'ge:n-] *m* proiettore *m* allo iodio.
Hals [hals] ‹-es, ⸚e› *m* **1.** *(anat, Flaschen~, Noten~)* collo *m*; **2.** *(Kehle)* gola *f*; **3.** *(Geigen~)* manico *m*; **sich jdm an den ~ werfen** gettarsi al collo di qu; **jdn/etw. auf dem ~ haben** avere qu sulle spalle/avere qc alle costole (*o* alle calcagna); **sich** *(dat)* **etw./jdn vom ~ schaffen** levarsi di dosso qc/liberarsi

di qu; **aus vollem ~ lachen** ridere di gusto (*o* cuore); **~ über Kopf** a precipizio, a rotta di collo, a rompicollo; **aus vollem ~(e)** a squarciagola, a piena gola; **bis an den ~, bis zum ~** fino al collo, sopra i capelli; **das hängt mir zum ~ heraus** *fig fam* ne ho fin sopra i capelli. **Halsabschneider** *m fam pej* strozzino *m.* **Halsband** ‹-(e)s, ¨-er› *n (Schmuck)* collana *f; (Hunde~)* collare *m.* **Halsentzündung** *f* infiammazione *f* della gola. **Halskette** *f* collana *f.* **Hals-Nasen-Ohren-Arzt** ['hals'na:zən'ʔo:rən-] *m,* **-Ärztin** *f* (*ab* **HNO-Arzt**) otorinolaringoiatra *mf.* **Halsschlagader** *f* carotide *f.* **Halsschmerzen** *m pl* mal *m* di gola. **halsstarrig** [-ʃtarıç] *a* ostinato, testardo. **Halstuch** *n* fazzoletto *m* (da collo), foulard *m.* **Halswirbel** *m* vertebra *f* cervicale.

halt [halt] *interj* **1.** *(stehenbleiben)* fermo; **2.** *(genug)* basta, stop; **3.** *(Moment mal)* un momento, aspetta.

Halt ‹-(e)s, -e *o* -s› *m* **1.** *(Stillstand)* arresto *m;* **2.** *(Anhalten)* fermata *f;* **3.** *(für Hände)* appiglio *m; (für Füße)* appoggio *m;* **4.** *(Stütze, Unterstützung)* sostegno *m; (a. fig: Rück~)* appoggio *m;* **den ~ verlieren** *fig* perdere il controllo; **ohne ~** senza sosta, senza fermarsi.

hält [hɛlt] *pr von* **halten.**

haltbar *a* **1.** *(Lebensmittel)* non deperibile, che si mantiene; **2.** *(beständig)* durevole, duraturo; **3.** *(widerstandsfähig)* resistente; **4.** *fig (Argument, etc.)* sostenibile; **Lebensmittel ~ machen** conservare alimenti. **Haltbarkeit** ‹-, ø› *f* **1.** *(von Lebensmitteln)* inalterabilità *f,* durata *f,* conservibilità *f;* **2.** *(Beständigkeit, Dauerhaftigkeit)* durevolezza *f,* durata *f;* **3.** *(Widerstandsfähigkeit)* resistenza *f;* **4.** *fig (von Argument, etc.)* sostenibilità *f;* **geringe ~** deperibilità *f.* **Haltbarkeitsdatum** *n* data *f* di scadenza.

halten ['haltən] ‹hält, hielt, gehalten› **I.** *tr* **1.** *allg., mil, mus* tenere; **2.** *(stützen, fest~)* sostenere, sorreggere; **3.** *(an~)* fermare; **4.** *(zurück~)* trattenere; **5.** *(Rekord)* detenere; **6.** *(Versprechen)* mantenere; **7.** *(besitzen, unter~)* avere; **8.** *(meinen)* ritenere, credere; **9.** *(betrachten)* considerare; **eine Predigt ~** fare una predica; **etwas auf sich ~** tenere alla propria persona; **jdn für etw./jdn ~** considerare (*o* prendere) qu per qc/qu; *(irrtümlich)* prendere qu per qc/qu; **jdn für zwanzig ~** *fam* dare vent'anni a qu; **etw. für recht/wahr/nötig ~** ritenere (*o* credere) qc giusto/vero/necessario; **nichts von etw. ~** tenere in poco (*o* nessun) conto qc; **von Höflichkeit hält er nicht viel** non è un esempio d'educazione; **was ~ Sie davon?** che ne pensa?; **halt den Mund!** chiudi la bocca!, taci!; **II.** *itr* **1.** *(an~, stehenbleiben)* fermarsi; *(mit Auto)* sostare; **2.** *(fest~, zusammen~)* tenere; *(nicht zusammenbrechen)* reggere; **3.** *(dauern)* durare; **4.** *(widerstandsfähig sein)* essere resistente; **5.** *(Wert legen)* tenere (*auf* a); **an sich ~** controllarsi, dominarsi; **zu jdm ~** stare dalla parte di qu; **III.** *rfl:* **sich ~ 1.** *(sich aufrecht ~)* sorreggersi; **2.** *(dauern)* conservarsi; *(bleiben)* mantenersi; **3.** *(sich fest~)* tenersi (*an* a); **4.** *(sich stützen)* reggersi; **5.** *(sich richten)* attenersi (*an* a); **sich gerade ~** stare d(i)ritto; **sich nicht** (*o* **schlecht) ~** *(Lebensmittel)* non conservarsi bene.

Halter ‹-s, -› *m* **1.** *(Halterung, Haltegriff)* sostegno *m,* supporto *m; (Handtuch~)* portasciugamani *m;* **2.** *(Feder~)* cannello *m;* **3.** *(Kerzen~)* candeliere *m.*

Halter(in) ‹-s, -› *m(f) jur (Kraftfahrzeug~)* proprietario, -a *m, f; (Tier~)* allevatore, -trice *m, f.*

Haltestelle *f* fermata *f; (Zug~)* stazione *f.* **Halteverbot** *n* divieto *m* di sosta; *(Stelle)* zona *f* di sosta vietata.

haltlos *a* **1.** *(Mensch)* instabile, volubile, incostante; **2.** *(Behauptung: unbegründet)* infondato, inconsistente; *(unhaltbar)* insostenibile.

halt·machen *itr* fermarsi.

Haltung ‹-, -en› *f* **1.** *(Körper~)* portamento *m; (Stellung)* posizione *f;* **2.** *(Auftreten, Einstellung)* atteggiamento *m* (*gegenüber* di fronte a); **3.** *(Benehmen)* comportamento *m,* condotta *f;* **4.** ‹*sing*› *(Fassung)* contegno *m,* controllo *m;* **(stramme) ~ annehmen** mettersi sull'attenti. **Haltungsschäden** *m pl* difetti *m pl* di portamento.

Halunke [ha'lʊŋkə] ‹-n, -n› *m* **1.** *fig* mascalzone *m,* furfante *m;* **2.** *scherz* briccone *m,* birbante *m.*

Hamburg ['hambʊrk] *n* Amburgo *f.*

Hamburger ['hambʊrgɐ] ‹-s, -› *m gastr* hamburger *m.*

Hamburger(in) ‹-s, -› *m(f)* amburghese *mf.*

hämisch ['hɛ:mıʃ] *a* **1.** *(schadenfroh)* maligno; **2.** *(hinterhältig)* perfido.

Hammel ['haməl] ‹-s, - *o* ¨-› *m* **1.** *zoo* montone *m;* **2.** *fig pej (Dummkopf)* babbeo *m,* scemo *m.* **Hammelherde** *f (a. pej)* branco *m* di pecore. **Hammelsprung** *m parl* votazione *f* per divisione.

Hammer ['hamɐ] ‹-s, ¨-› *m* martello *m; (Schmiede~)* maglio *m;* **~ und Sichel** falce e martello; **unter den ~ kommen** essere messo all'asta; **das ist ja ein ~!** *sl (positiv)* che bella sorpresa!, è magnifico; *(negativ)* che vergogna!

hämmern ['hɛmɐn] **I.** *tr* martellare, la-

vorare col martello; **II.** *itr* martellare; *(bes. Herz, Puls)* battere.
Hammerwerfen ⟨-s, ø⟩ *n* lancio *m* del martello.
Hammondorgel ['hæmənd-] *f* organo *m* Hammond.
Hämorrhoiden [hɛmɔro'i:dən] *f pl* emorroidi *m pl.*
Hampelmann ['hampəl-] *m* marionetta *f; (a. fig)* burattino *m.*
Hamster ['hamstɐ] ⟨-s, -⟩ *m* criceto *m.*
hamstern **I.** *tr* incettare, accaparrare; **II.** *itr* accaparrarsi.
Hand [hant] ⟨-, ⸚e⟩ *f* mano *f;* **hohle/flache ~** cavo/palmo della mano; **rechter/linker ~** a destra/a sinistra; **meine rechte ~** *fig* il mio braccio destro; **letzte ~ an etw. legen** dare l'ultima mano a qc; **seine ~ für etw. ins Feuer legen** mettere la mano sul fuoco per qc; **die Hände über dem Kopf zusammenschlagen** alzare le braccia al cielo; **die Hände in den Schoß legen** *fig* stare con le mani in mano; **alle Hände voll zu tun haben** essere molto affaccendato, avere molto da fare; **sich** *(dat)* **die Hände schmutzig machen** sporcarsi le mani; **an etw. mit ~ anlegen** dare una mano a qc; **jdn an** (*o* **bei) der ~ nehmen** prendere qu per mano; **jdm an die** (*o* **zur) ~ gehen** dare una mano a qu; **jdm aus der ~ fressen** mangiare dalla mano di qu; *fig* essere succube di qu; **etw. aus der ~ geben** dar via qc; **jdn in der ~ haben** avere in mano qu; **um jds ~ anhalten** chiedere la mano di qu; **von der ~ in den Mund leben** vivere alla giornata; **von langer ~ vorbereiten** preparare da lungo tempo; **etw. zur ~ haben/nehmen** avere qc sottomano (*o* a portata di mano)/prendere qc in mano; **jdn auf Händen tragen** *fig* tenere qu in palmo di mano; **mit Händen und Füßen reden** *fam* parlare gesticolando; **sich mit Händen und Füßen dagegen wehren, daß ...** difendersi con le unghie e con i denti per non ... *inf;* **an ~ von** *(o gen)* in base a, sulla scorta di; **aus erster/zweiter ~** di prima/seconda mano; **von ~ zu ~** di mano in mano; **zu Händen von ...** (*ab* **z. H., z. Hd.**) all'attenzione di ...; **man kann die ~ nicht vor den Augen sehen** non si vede più in là del proprio naso; **das hat weder ~ noch Fuß** non ha né capo né coda; **das liegt auf der ~** è evidente; **er hat es in der ~ zu ...** è sua facoltà ... *inf;* **die Arbeit geht ihm leicht von der ~** il lavoro gli riesce facilmente; **Hände hoch!** mani in alto!; **Hände weg!** giù le mani!; **eine ~ wäscht die andere** *prov* una mano lava l'altra *prov.*
Handarbeit *f* **1.** *(Tätigkeit)* lavoro *m* manuale; **2.** *(Produkt)* lavoro *m* (fatto) a mano, lavorazione *f* a mano; manufatto *m;* **3.** *(Nadelarbeit)* lavori *m pl* femminili; *(Schulfach)* attività *f pl* manuali e pratiche. **Handbewegung** *f* movimento *m* della mano, gesto *m.* **Handbremse** *f* freno *m* a mano. **Handbuch** *n* manuale *m,* prontuario *m.*
Handel ['handəl] ⟨-s, ø⟩ *m* **1.** *(Gewerbe)* commercio *m;* **2.** *(einzelner Vorgang)* affare *m,* transazione *f;* **3.** *(Tausch~)* commercio *m* di scambio, baratto *m;* **mit jdm ~ treiben** commerciare con qu, esercitare il commercio con qu.
Händel ['hɛndəl] ⟨*pl*⟩ lite *f;* **mit jdm ~ suchen** attaccare lite con qu.
handeln *itr* **1.** *(agieren, verfahren)* agire, operare; **2.** *(Handel treiben)* commerciare (*mit* in, con); **3.** *(feilschen)* contrattare (*um* su), trattare (*um* su); **4.** *(Buch, etc.)* trattare (*von* di), avere per argomento; **es handelt sich um ...** si tratta di ... **Handeln** ⟨-s, ø⟩ *n* **1.** *(Feilschen)* contrattazione *f;* mercanteggiamento *m;* **2.** *(Handeltreiben)* commerciare *m;* **3.** *(Verhalten)* comportamento *m.*
Handelsbeziehungen *f pl* relazioni *f pl* commerciali. **handelseinig** *a:* **mit jdm ~ sein/werden** essere d'accordo/accordarsi con qu. **Handelsgesellschaft** *f* società *f* commerciale; **offene ~** (*ab* **OHG**) società a (*o* in) nome collettivo. **Handelskammer** *f* camera *f* di commercio. **Handelsschule** *f* scuola *f* commerciale. **handelsüblich** *a* (d'uso) commerciale. **Handelsware** *f* articolo *m* di commercio, merce *f.*
Handeltreibende ⟨ein -r, -n, -n⟩ *mf* commerciante *mf.*
händeringend **I.** *a* disperato; **II.** *adv* *(flehentlich)* implorando; *(verzweifelt)* disperatamente.
Handfeger ⟨-s, -⟩ *m* scopetta *f.* **Handfeuerwaffe** *f* arma *f* da fuoco portatile. **Handfläche** *f* palma *f* della mano. **Handgelenk** *n* (articolazione *f* del) polso *m;* **etw. aus dem ~ schütteln** *fam* fare qc facilmente (*o* senza difficoltà). **handgemacht** *a* fatto a mano. **Handgemenge** *n* rissa *f,* zuffa *f,* tafferuglio *m.* **Handgepäck** *n* bagaglio *m* a mano. **handgeschrieben** *a* scritto a mano. **Handgranate** *f* bomba *f* a mano.
handgreiflich *a* **1.** *(offensichtlich)* evidente, manifesto; **2.** *(Auseinandersetzung, Streit)* violento; **~ werden** venire alle mani.
Handgriff *m* **1.** *(zum Anfassen, Festhalten, Tragen)* maniglia *f,* manico *m;* **2.** *(Bewegung)* movimento *m* (della mano); **3.** *(kleine Verrichtung)* lavoretto *m;* **mit einem ~, mit ein paar ~en** *fig* in quattro e quattr'otto *fam.*
Handhabe ⟨-, -n⟩ *f* pretesto *m* (*gegen* per), motivo *m* (*gegen* di).

handhaben *tr* **1.** *(behandeln)* maneggiare, impiegare; **2.** *(bedienen)* far funzionare, manovrare, azionare; **3.** *(gebrauchen)* adoperare, usare; **4.** *(anwenden)* applicare; *(Recht)* amministrare.

Handikap ['hɛndikɛp] ‹-s, -s› *n* handicap *m.*

Handkuß *m* baciamano *m;* **jdm einen ~ geben** baciare la mano a qu, fare il baciamano a qu; **mit ~** *fig fam* con gran piacere. **Handlanger** [-laŋɐ] ‹-s, -› *m* **1.** *(Arbeiter)* manovale *m;* **2.** *pej* tirapiedi *m.*

Händler(in) ['hɛndlɐ (...ərın)] ‹-s, -› *m(f)* commerciante *mf,* negoziante *mf; (ambulanter ~)* venditore, -trice *m, f* ambulante.

handlich *a* maneggevole, pratico, comodo. **Handlichkeit** ‹-, ø› *f* maneggevolezza *f,* comodità *f.*

Handlung ['handlʊŋ] ‹-, -en› *f* **1.** *(Tat)* azione *f;* **2.** *theat, film* trama *f,* storia *f;* **3.** *(Laden)* negozio *m,* bottega *f.* **Handlungsbevollmächtigte** *mf* mandatario, -a *m, f,* procuratore, -trice *m, f.* **handlungsfähig** *a* capace d'agire. **Handlungsfreiheit** *f* libertà *f* d'azione. **handlungsunfähig** *a* incapace d'agire. **Handlungsweise** *f* modo *m* d'agire.

Handrücken *m* dorso *m* della mano. **Handschellen** *f pl* manette *f pl.* **Handschrift** *f* **1.** *(von Mensch)* scrittura *f,* calligrafia *f;* **2.** *fig (Charakteristik)* mano *f,* stile *m;* **3.** *(handgeschriebener Text)* manoscritto *m.* **handschriftlich I.** *a* scritto a mano, manoscritto; **II.** *adv* per iscritto. **Handschuh** *m* guanto *m.* **Handschuhfach** *n* cassetto *m* portaoggetti (*o* ripostiglio). **Handstand** *m* verticale *f* (sulle mani). **Handtasche** *f* borsetta *f.* **Handtuch** *n* asciugamano *m;* **das ~ werfen** *fig* gettare la spugna. **Handtuchhalter** *m* portasciugamani *m.* **Handumdrehen** ‹-s, ø› *n:* **im ~** in un batter d'occhio, in quattro e quattr'otto *fam.* **Handvoll** ‹-, -› *f:* **eine ~** *gen* una manciata di.

Handwerk *n* **1.** *(Tätigkeit)* artigianato *m;* **2.** *fig (Beruf)* mestiere *m;* **jdm das ~ legen** *fig* mettere fine ai maneggi (*o* alle malefatte) di qu; **jdm ins ~ pfuschen** (*o* **reden**) immischiarsi nei fatti altrui. **Handwerker(in)** ‹-s, -› *m(f)* **1.** *(Kunst~)* artigiano, -a *m, f;* **2.** *(Arbeiter)* operaio, -a *m, f.* **Handwerksbetrieb** *m* azienda *f* artigiana. **Handwerkskammer** *f* camera *f* dell' artigianato. **Handwerkszeug** *n* arnesi *m pl* (o utensili *m pl*) dell'artigiano.

hanebüchen ['ha:nəby:çən] *a* inaudito, incredibile, scandaloso.

Hanf [hanf] ‹-(e)s, ø› *m* canapa *f.*

Hänfling ['hɛnflıŋ] ‹-s, -e› *m* fanello *m.*

Hang [haŋ] ‹-(e)s, ¨-e› *m* **1.** *(Ab~)* pendio *m,* declivio *m;* **2.** ‹*sing*› *fig (Neigung, Tendenz)* inclinazione *f* (*zu* a), tendenza *f* (*zu* a), disposizione *f* (*zu* a); **3.** ‹*sing*› *fig (Vorliebe)* predilezione *f* (*für* per).

Hängematte *f* amaca *f.*

hängen ['hɛŋən] **I.** *tr* ‹hängt, hängte, gehängt› **1.** *(auf~* appendere; **2.** *(befestigen)* attaccare, fissare; *(an Haken)* agganciare; **3.** *(henken)* impiccare; **II.** *itr* ‹hängt, hing, gehangen› **1.** *(herunter~)* pendere; **2.** *(befestigt sein)* essere appeso (*an* a); **3.** *(haften)* essere attaccato (*o* fisso); **4.** *(schief sein)* pendere (*nach einer Seite* da una parte), essere inclinato; **5.** *(gehenkt werden)* venire impiccato; **sehr an etw. ~** tenere molto a qc; **mit H~ und Würgen** *fam* a stento, a malapena.

hängen·bleiben ‹*irr*› *itr* ‹*sein*› **1.** *(sich verhaken)* rimanere attaccato (*an* a), impigliarsi (*an* in); **2.** *(haftenbleiben)* rimanere attaccato; *fig (Verdacht)* gravare; **3.** *(in Erinnerung bleiben)* rimanere impresso; **4.** *fam (nicht wegfinden)* fermarsi, arenarsi; **an mir bleibt wieder alles ~!** *fam* devo fare tutto io!

hängend *a* pendente, sospeso.

hängen·lassen ‹*irr, a. ohne ge-*› **I.** *tr* **1.** *(vergessen)* dimenticare; **2.** *fam (im Stich lassen)* piantare in asso; **II.** *rfl:* **sich ~** buttarsi giù.

Hängeschrank *m* (mobiletto *m*) pensile *m.*

Hanna(h), Hanne ['hana, 'hanə] *(weiblicher Vorname)* Gianna.

Hannover [ha'no:fɐ] *n* Annover *f.*

Hans [hans] *(männlicher Vorname)* Gianni; **~ im Glück** persona nata con la camicia.

Hansdampf [hans'dampf *o* 'hans...] ‹-(e)s, -e› *m:* **~ in allen Gassen** faccendone, -a *m, f.*

Hanse ['hanzə] ‹-, ø› *f* Ansa *f.*

hänseln ['hɛnzəln] *tr* prendere in giro.

Hansestadt *f* città *f* anseatica.

Hanswurst [hans'vʊrst *o* 'hans...] ‹-(e)s, -e *o scherz* -würste› *m* **1.** *theat* arlecchino *m;* **2.** *fig* buffone *m,* pagliaccio *m.*

Hantel ['hantəl] ‹-, -n› *f* manubrio *m.*

hantieren [han'ti:rən] ‹*ohne ge-*› *itr* **1.** *(handhaben)* maneggiare *(mit etw.* qc), manipolare (*mit* con); **2.** *(sich zu schaffen machen)* darsi da fare (*an etw.* intorno a qc).

hapern ['ha:pɐn] *itr* mancare (*an o mit etw.* qc); **es hapert bei ihm mit der Rechtschreibung** zoppica in ortografia; **woran hapert es?** dov'è l'intoppo?

Happen ['hapən] ‹-s, -› *m* boccone *m; (bes. leckerer ~)* bocconcino *m.*

Happy-End ['hɛpi'ʔɛnt] ‹-(s), -s› *n* lieto fine *m,* happy end *m.*

Hardware ['hɑ:dvɛə] ‹-, -s› *f* hardware *m.*
Harfe ['harfə] ‹-, -n› *f* arpa *f.*
Harke ['harkə] ‹-, -n› *f* rastrello *m.*
harmlos ['harmlo:s] *a* **1.** *(arglos, unschuldig)* innocente; **2.** *(ungefährlich)* innocuo.
Harmonie [harmo'ni:, ...i:ən] ‹-, -n› *f* armonia *f.*
harmonieren [...'ni:rən] ‹*ohne ge-*› *itr* armonizzare, andare d'accordo, accordarsi; *mus* essere armonizzato.
harmonisch [har'mo:nɪʃ] *a* **1.** *mus, phys* armonico; **2.** *fig* armonioso.
Harmonium [har'mo:nium, ...iums *o* ...iən] ‹-s, -s *o* -nien› *n* armonium *m.*
Harn [harn] ‹-(e)s, -e› *m* urina *f,* orina *f.* **Harnblase** *f* vescica *f.*
Harnisch ['harnɪʃ] ‹-(e)s, -e› *m* armatura *f;* *(Brust~)* corazza *f;* **in ~ geraten** uscire dai gangheri *fam.*
Harnleiter *m* uretere *m.* **Harnröhre** *f* uretra *f.* **Harnsäure** *f* acido *m* urico.
Harpune [har'pu:nə] ‹-, -n› *f* arpione *m,* fiocina *f.*
hart [hart] **I.** ‹¨er, ¨este› *a* **1.** *allg., fig* duro; **2.** *(fest)* solido; *(bes. Eier)* sodo; *(Brot)* raffermo; *(Wasser)* calcareo; **3.** *(widerstandsfähig)* resistente; **4.** *(streng)* severo, rigido; **5.** *(~herzig)* duro, insensibile; **6.** *(schwer, mühsam)* difficile, duro; *(anstrengend)* faticoso; *(Kampf)* accanito; **~e Droge** droga pesante; **~e Landung** atterraggio duro; **eine ~e Währung** una valuta dura; **~ machen** indurire; *(a. fig)* rendere duro; **~ werden** indurirsi; *(a. fig)* diventare duro; **sie ist ~ im Nehmen** è una buona incassatrice; **II.** ‹¨er, am ¨esten› *adv* **1.** *allg., fig* duramente; **2.** *(streng)* severamente; **3.** *(~herzig)* duramente; **4.** *(schwer, mühsam)* duramente; **~ arbeiten** lavorare sodo; **~ an** rasente a, vicino a; **es geht ~ auf ~** si combatte accanitamente.
Härte ['hɛrtə] ‹-, -n› *f* **1.** *allg., fig, phys* durezza *f;* *(von Stahl)* tempra *f;* **2.** *(Widerstandsfähigkeit)* resistenza *f;* **3.** *(Strenge)* rigore *m,* severità *f;* **4.** *(Gefühllosigkeit)* insensibilità *f;* *(Grausamkeit)* crudeltà *f;* **5.** *(Heftigkeit)* violenza *f.* **Härtefall** *m* caso *m* di rigore.
härten **I.** *tr* indurire; *(Stahl)* temp(e)rare; **II.** *rfl:* **sich ~** indurirsi, diventare duro.
Hartfaserplatte *f* lastra *f* di truciolato. **hartgefroren** *a* ghiacciato. **hartgekocht** *a* sodo. **Hartgeld** *n* moneta *f* metallica. **hartgesotten** *a* indurito, incallito. **hartherzig** *a* duro d'animo, inumano, spietato.
hartnäckig [-nɛkɪç] *a* **1.** *(eigensinnig)* testardo, caparbio; **2.** *(Krankheit)* ostinato; **3.** *(verbissen)* accanito; **4.** *(ausdauernd)* resistente, tenace; **~ auf etw. bestehen** ostinarsi in qc. **Hartnäckigkeit** ‹-, ø› *f* **1.** *(Eigensinn)* testardaggine *f,* caparbietà *f;* **2.** *(von Krankheit)* persistenza *f;* **3.** *(Verbissenheit)* accanimento *m;* **4.** *(Ausdauer)* resistenza *f,* tenacia *f.*
Harz[1] [ha:ɐ̯ts] ‹-es, -e› *n* *(Baum~)* resina *f.*
Harz[2] [ha:ɐ̯ts] *m geog* Selva *f* Ercinia.
harzig *a* resinoso.
Hasch [haʃ] ‹-s, ø› *n fam* hascisc *m.*
Haschee [ha'ʃe:] ‹-s, -s› *n* (piatto *m* di) carne *f* macinata.
Häschen ['hɛ:sçən] ‹-s, -› *n* **1.** *zoo* leprotto *m;* **2.** *(Kosename)* tesoro *m.*
Haschisch ['haʃɪʃ] ‹-(s), ø› *n o m* hascisc *m.*
Hase ['ha:zə] ‹-n, -n› *m* lepre *f;* **alter ~** *fig* vecchia volpe; **falscher ~** *gastr* polpettone *m;* **da liegt der ~ im Pfeffer!** *fam* qui casca l'asino! *fam.*
Hasel(busch *m*) ['ha:zəl] ‹-, -n› *f* nocciolo *m.* **Haselnuß** *f* nocciola *f.*
Hasenfuß *m pej* vigliacco *m,* coniglio *m.* **Hasenpfeffer** *m* lepre *f* in salmì. **Hasenscharte** *f* labbro *m* leporino.
Haß [has] ‹Hasses, ø› *m* **1.** *(Gefühl)* odio *m* (*gegen* contro); **2.** *fam (Zorn)* collera *f;* **einen ~ auf jdn haben** *fam* essere in collera con qu.
hassen **I.** *tr* odiare; *(verabscheuen)* detestare; **II.** *rfl:* **sich ~** odiarsi.
häßlich ['hɛslɪç] *a* **1.** *(a. fig)* brutto; *(abstoßend)* orribile, ripugnante; **2.** *(gemein, böse)* cattivo; **~ wie die Nacht** brutto come il peccato. **Häßlichkeit** ‹-, -en› *f* **1.** *(a. fig)* bruttezza *f;* **2.** *(von Gesinnung)* cattiveria *f.*
Haßliebe *f* amore-odio *m* (*zu* per).
Hast [hast] ‹-, ø› *f* **1.** *(Eile)* fretta *f,* furia *f;* **2.** *(Überstürzung)* precipitazione *f;* **in wilder ~** in fretta e furia.
hasten *itr* ‹*sein*› *geh* precipitarsi.
hastig *a* **1.** *(eilig)* affrettato; *(a. flüchtig)* frettoloso; **2.** *(überstürzt)* precipitoso.
hat [hat] *pr von* **haben.**
hatschi [ha'tʃi: *o* 'hatʃi] *interj* ecci(ù), atciù, etciù.
hatte ['hatə] *imp von* **haben.**
Haube ['haubə] ‹-, -n› *f* **1.** *(Kopfbedekkung)* cuffia *f;* **2.** *(bei Vögeln)* ciuffo *m;* **3.** *(Motor~)* cofano *m;* **jdn unter die ~ bringen** *(Mann)* maritare qu; *(Mädchen)* dar marito a qu.
Hauch [haux] ‹-(e)s, *rar* -e› *m* **1.** *(Atem)* fiato *m,* alito *m;* **2.** *(Luft~)* aria *f,* soffio *m* (*o* alito *m*) di vento; **3.** *(Duft)* profumo *m;* **4.** *(Anflug, Andeutung)* ombra *f,* parvenza *f,* traccia *f;* **5.** *(Flair)* aria *f,* atmosfera *f.*
hauchdünn ['haux'dʏn] *a* sottilissimo, leggerissimo.
hauchen **I.** *itr* **1.** *(mit Atem)* respirare; **2.** *(Wind)* alitare; **II.** *tr* sussurare a fior di labbra.
Haudegen *m* spadaccino *m* provetto.

Haue ['haʊ̯ə] ⟨-, -n⟩ *f* **1.** *(A, süddeutsch: Hacke)* zappa *f;* **2.** ⟨*sing*⟩ *fam (Schläge)* botte *f pl.*

hauen ⟨haut, haute *o* hieb, gehauen *o dial* gehaut⟩ **I.** *tr* **1.** *(schlagen)* battere, colpire; *(Holz)* spaccare; *(Loch)* scavare; *(Nagel)* piantare, conficcare; **2.** *(prügeln)* bastonare; *(mit Peitsche)* frustare; **II.** *rfl:* **sich ~** *(sich schlagen)* picchiarsi.

Haufen ['haʊ̯fən] ⟨-s, -⟩ *m* **1.** *(Anhäufung)* mucchio *m; (Stapel)* pila *f; (bes. Holz~)* catasta *f;* **2.** *fig fam (Menge)* montagna *f,* sacco *m;* **3.** *(Schar)* massa *f;* **einen ~ ausgeben** *fam* spendere un sacco (di soldi); **über den ~ werfen** mandare a monte, buttare all'aria; **jdn über den ~ fahren** *fam* stendere a terra qu con un veicolo *fam.*

häufen ['hɔʏ̯fən] **I.** *tr* ammucchiare, accumulare, ammassare; **ein gehäufter Eßlöffel Mehl** un cucchiaio pieno di farina; **II.** *rfl:* **sich ~** accumularsi, ammucchiarsi; **diese Vorfälle ~ sich** questi casi sono in aumento.

häufig ['hɔʏ̯fɪç] **I.** *a* **1.** *(oft)* frequente; **2.** *(wiederholt)* ripetuto; **3.** *(weitverbreitet)* diffuso; **II.** *adv* spesso, frequentemente. **Häufigkeit** ⟨-, *rar* -en⟩ *f* frequenza *f.*

Haupt [haʊ̯pt] ⟨-(e)s, ⸚er⟩ *n* **1.** *geh (Kopf)* capo *m;* **2.** *fig* capo *m,* testa *f.*

Haupt- *(in Zusammensetzungen)* **1.** *(hauptsächlich)* principale, centrale, generale; **2.** *(wesentlich)* fondamentale, essenziale. **Hauptaltar** *m* altar(e) *m* maggiore. **hauptamtlich** *a* a tempo pieno. **Hauptbahnhof** *m* (*ab* **Hbf.**) stazione *f* centrale. **Hauptberuf** *m* professione *f* principale. **hauptberuflich** **I.** *a* professionale principale; **II.** *adv* come professione principale. **Hauptdarsteller(in)** *m(f)* protagonista *mf,* interprete *mf* principale. **Haupteingang** *m* entrata *f* principale. **Hauptfach** *n* materia *f* principale. **Hauptgericht** *n* piatto *m* principale. **Hauptgeschäftsstelle** [-gəˈʃɛfts̮-] *f* sede *f* centrale. **Hauptgeschäftszeit** [-gəˈʃɛfts̮-] *f* ore *f pl* di punta. **Hauptgewinn** *m* primo premio *m.*

Häuptling ['hɔʏ̯ptlɪŋ] ⟨-s, -e⟩ *m* capo *m* (di una tribù).

Hauptperson *f* **1.** *film, theat* protagonista *mf;* **2.** *fig* personaggio *m* principale. **Hauptpost(amt** *n*) *f* posta *f* centrale. **Hauptquartier** *n* quartiere *m* generale. **Hauptrolle** *f film, theat* parte *f* del protagonista; *fig* parte *f* principale.

Hauptsache *f* cosa *f* principale, essenziale *m;* **das ist die ~** questa è la cosa più importante; **die ~ dabei ist zu ...** il tutto sta nel ... *inf;* **~, es geht dir gut** la cosa principale è che tu stia bene.

hauptsächlich **I.** *a* **1.** *(wichtig)* principale, fondamentale; **2.** *(wesentlich)* essenziale, sostanziale; **II.** *adv* principalmente, soprattutto.

Hauptsaison *f* alta stagione *f.* **Hauptsatz** *m* **1.** *gram* proposizione *f* principale; **2.** *mus* tema *m* principale. **Hauptschlagader** *f* aorta *f.* **Hauptschlüssel** *m* passe-partout *m.* **Hauptschuld** *f* colpa *f* maggiore. **Hauptschule** *f* scuola *f* secondaria inferiore. **Hauptseminar** *n* seminario *m.* **Hauptstadt** *f* capitale *f.* **Hauptstraße** *f* **1.** *(Geschäftsstraße)* corso *m;* **2.** *(Durchgangsstraße)* strada *f* principale. **Haupttreffer** *m* primo premio *m.* **Hauptverhandlung** *f* dibattimento *m.* **Hauptverkehrsstraße** *f* strada *f* principale. **Hauptverkehrszeit** *f* ore *f pl* di punta. **Hauptversammlung** *f* assemblea *f* generale. **Hauptverwaltung** *f* amministrazione *f* generale. **Hauptwaschgang** *m* fase *f* principale di lavaggio. **Hauptwaschmittel** *n* detersivo *m* principale. **Hauptwort** ⟨-(e)s, ⸚er⟩ *n* sostantivo *m.*

Haus [haʊ̯s] ⟨-es, ⸚er⟩ *n* **1.** *allg.* casa *f;* **2.** *(Gebäude a.)* edificio *m;* **3.** *parl (Kammer)* camera *f;* **4.** *(Schnecken~)* guscio *m;* **5.** *astr* casa *f;* **6.** *fam scherz (Person)* tipo *m;* **ein Freund des ~es** un amico di famiglia; **jdm das ~ verbieten** proibire a qu di frequentare la propria casa; **außer ~ essen** mangiare fuori (di) casa; **jdm ins ~ stehen** *fig* prospettarsi a qu; **sich (ganz) wie zu ~e fühlen** sentirsi come a casa propria; **in etw. zu ~e sein** *fig* essere versato in qc; **in Rom zu ~ sein** abitare a Roma; **vor vollem ~ spielen** *theat* recitare davanti ad un teatro pieno; **aus gutem ~(e)** di buona famiglia; **frei ~** franco domicilio; **nach ~e** a casa; **von ~ aus** *(von der Familie her)* di casa, di famiglia; *(seinem Wesen nach)* per natura; *(ursprünglich)* originariamente; **von ~ zu ~** di casa in casa; **zu ~e** a casa; **tun Sie (ganz), als ob Sie zu ~e wären** faccia come a casa Sua; **wo sind Sie zu ~?** dove sta di casa?; **hallo, Raimund/Bärbel, (du) altes ~!** *fam* ciao Raimondo/Barbara, vecchio/-a mio/-a! *fam.*

Hausangestellte *mf* domestico, -a *m, f.* **Hausapotheke** *f* farmacia *f* domestica. **Hausarbeit** *f* **1.** *(im Haushalt)* lavori *m pl* di casa, faccende *f pl* domestiche; **2.** *(für Schule)* compito *m* (a casa). **Hausarrest** *m* arresto *m* domiciliare. **Hausarzt** *m,* **-ärztin** *f* medico *m* di famiglia (*o* di casa). **Hausaufgabe** *f* compito *m* (a casa). **hausbacken** *a* terra terra *fam,* mediocre. **Hausbesetzer(in)** ⟨-s, -⟩ *m(f)* occupante *mf* abusivo, -a di edifici. **Hausbesetzung** *f* occupazione *f* abusiva di edifici. **Hausbesitzer(in)** *m(f)* proprietario, -a *m, f* di una casa, padrone, -a *m, f* di una casa. **Hausbewohner(in)** *m(f)* inquilino, -a *m, f.* **Hausboot** *n* cabinato *m.*

Häuschen ['hɔysçən] ‹-s, - *o scherz* Häuserchen› *n* **1.** *(kleines Haus)* casetta *f;* **2.** *fam (Toilette)* posticino *m fam;* **ganz aus dem ~ sein** *fig fam* essere fuori dei gangheri.

hausen ['hauzən] *itr* **1.** *(wohnen)* alloggiare, abitare; **2.** *fig (wüten)* devastare (*in etw.* qc).

Hausfrau *f* casalinga *f,* donna *f* di casa. **Hausfriedensbruch** *m* violazione *f* di domicilio. **Hausgehilfin** *f* colf *f,* collaboratrice *f* domestica.

Haushalt [-halt] ‹-(e)s, -e› *m* **1.** *(Hausgemeinschaft)* casa *f,* ménage *m;* **2.** *(~sführung)* (governo *m* della) casa *f;* **3.** *com (Etat)* bilancio *m;* **jds ~** (*o* **jdm den ~**) **führen** accudire alla casa di qu.

haus·halten ‹*irr*› *itr* far economia (*mit* di), risparmiare (*mit etw.* qc).

Haushälterin [-hɛltərɪn] *f* governante *f.*

Haushalt(s)artikel *m pl* articoli *m pl* per la casa. **Haushaltsdebatte** *f* discussione *f* del bilancio pubblico. **Haushalt(s)geld** *n* denaro *m* per le spese di casa. **Haushalt(s)gerät** *n* utensile *m* domestico. **Haushaltsjahr** *n* anno *m* (*o* esercizio *m*) finanziario. **Haushaltsplan** *m* bilancio *m* preventivo.

Hausherr(in) *m(f)* padrone, -a *m, f* di casa.

haushoch ['haus'ho:x] *a* altissimo, enorme; *(Sieg)* netto; *(überragend)* nettamente superiore; **~ gewinnen** riportare una brillante vittoria; **~ verlieren** perdere in modo clamoroso.

hausieren [hau'zi:rən] ‹*ohne ge-*› *itr* **1.** *(~ gehen)* vendere di casa in casa (*mit etw.* qc); **2.** *fig* raccontare a tutti (*mit etw.* qc); **H~ verboten!** vietato l'ingresso ai venditori ambulanti!

Hausierer(in) ‹-s, -› *m(f)* venditore, -trice *m, f* ambulante.

häuslich ['hɔyslɪç] *a* **1.** *(das Zuhause betreffend)* domestico, di casa, della casa; *(die Familie betreffend)* familiare; **2.** *(das Zuhause, das Familienleben liebend)* che ama stare in casa, casalingo; **sich ~ einrichten** installarsi comodamente; **sich ~ bei jdm einrichten** *fam* piantare le tende in casa di qu *fam.*

Hausmädchen *n* donna *f* di servizio, domestica *f.* **Hausmann** *m* casalingo *m.* **Hausmannskost** *f* cucina *f* casalinga. **Hausmeister(in)** *m(f)* **1.** *(in Wohnblock, etc.)* portinaio, -a *m, f,* portiere, -a *m, f;* **2.** *CH (Eigentümer)* padrone, -a *m, f* di casa. **Hausmittel** *n* rimedio *m* casalingo. **Hausnummer** *f* numero *m* di casa. **Hausordnung** *f* regolamento *m* della casa; *(für Anstalten, Betriebe)* regolamento *m* interno. **Hausputz** *m* pulizia *f* della casa. **Hausratversicherung** *f* assicurazione *f* sulle suppellettili domestiche. **Hausschlüssel** *m* chiave *f* di casa. **Hausschuhe** *m pl* pantofole *f pl.*

Hausse ['ho:sə *o* o:s] ‹-, -n› *f* rialzo *m.*

Hausstand *m* casa *f,* famiglia *f;* **einen ~ gründen** mettere su casa. **Haussuchung** ‹-, -en› *f* perquisizione *f* domiciliare. **Haustelefon** *n* telefono *m* interno. **Haustier** *n* animale *m* domestico. **Haustür** *f* porta *f* di casa. **Hauswirt(in)** *m(f)* padrone, -a *m, f* di casa. **Hauszelt** *n* tenda *f* a casetta.

Haut [haut] ‹-, ¨-e› *f* **1.** *(Tier~, Menschen~)* pelle *f,* cute *f;* **2.** *(von Frucht)* buccia *f;* **3.** *(Schicht)* pellicola *f;* **aus der ~ fahren** *fam* uscire dai gangheri, andare in bestia *fam;* **mit heiler ~ davonkommen** *fam (unverletzt)* salvare la pelle *fam,* uscirne illeso; *(ungestraft)* passarla liscia; **mit ~ und Haaren** *fam* completamente, tutto quanto; **sie ist bloß noch ~ und Knochen** *fam* è ridotta pelle ed ossa; **niemand kann aus seiner ~ (heraus)** *fam* non si può essere diversi da quello che si è; **mir ist nicht wohl in meiner ~** *fam* non sono tranquillo; **ich möchte nicht in seiner ~ stecken** non vorrei essere nei suoi panni. **Hautabschürfung** *f* escoriazione *f.* **Hautarzt** *m,* **-ärztin** *f* dermatologo, -a *m, f.*

Häutchen ['hɔytçən] ‹-s, -› *n* **1.** *(Überzug)* pellicina *f;* **2.** *(auf Flüssigkeit)* velo *m,* pellicola *f;* **3.** *anat* membrana *f;* *(Nagel~)* pellicina *f,* pipita *f.*

Hautcreme *f* crema *f* per la pelle.

häuten ['hɔytən] **I.** *tr* spellare, scuoiare, scorticare; **II.** *rfl:* **sich ~** spellarsi, cambiare pelle; *(Schlange)* gettare la spoglia.

hauteng *a* attillato, aderente.

Hautevolee [ho:tvo'le: *o* o:t...] ‹-, ø› *f* alta società *f.*

Hautfarbe *f* colore *m* della pelle, carnagione *f.* **Hautkrankheit** *f* malattia *f* della pelle, dermatosi *f.* **Hautpflege** *f* cura *f* della pelle.

Häutung ‹-, -en› *f* spellatura *f;* *zoo* muta *f;* *(bes. von Schlangen)* getto *m* della spoglia.

Havarie [hava'ri:, ...i:ən] ‹-, -n› *f* avaria *f.*

Hbf. *ab von* **Hauptbahnhof** C (*ab von* stazione centrale).

h. c. [ha:'tse:] *ab von* **honoris causa** *(ehrenhalber)* h. c.

he [he:] *interj* eh, ehi.

Hebamme ['he:pˀamə *o* 'he:bamə] ‹-, -n› *f* levatrice *f,* ostetrica *f.*

Hebel ['he:bəl] ‹-s, -› *m* leva *f;* **alle ~ in Bewegung setzen** *fig fam* muovere cielo e terra; **am längeren ~ sitzen** essere in vantaggio.

heben ['he:bən] ‹hebt, hob, gehoben› **I.** *tr* **1.** *(hoch~)* (sol)levare; **2.** *(Stimme, Augen, Hände)* alzare; **3.** *(Schiff)* ricuperare; **4.** *(Schatz)* scavare; **5.** *fig (vermehren)* aumentare, elevare; *(verbessern)* migliorare; *(Stimmung)* accrescere; **einen ~** *fam* bere un bicchierino; **II.** *rfl:* **sich ~** *(steigen)* salire; *(sich aufrichten)* alzarsi; *(sich emporheben)* sollevarsi.

hebräisch [he'brɛ:ɪʃ] *a* ebreo.

Hebräisch *n* ebraico *m*, lingua *f* ebraica; *s. a. Deutsch.*

Hebung ‹-, -en› *f* **1.** *(von Schiff)* ricupero *m; (von Schatz)* scavo *m;* **2.** *fig (Steigern)* incremento *m*, aumento *m*, crescita *f;* **3.** *fig (Förderung)* promozione *f;* **4.** *lit* arsi *f.*

Hecht [hɛçt] ‹-(e)s, -e› *m* luccio *m.* **Hechtsprung** *m* tuffo *m.*

Heck [hɛk] ‹-(e)s, -e *o* -s› *n naut* poppa *f; aero* coda *f; mot* parte *f* posteriore. **Heckantrieb** *m* trazione *f* posteriore.

Hecke ['hɛkə] ‹-, -n› *f* siepe *f.* **Heckenrose** *f* rosa *f* selvatica. **Heckenschere** *f* cesoie *f pl* (per siepi). **Heckenschütze** *m* franco tiratore *m.*

Heckfenster *n* finestrino *m* posteriore. **Heckklappe** *f* portellone *m* posteriore. **Heckmotor** *m mot* motore *m* posteriore. **Heckscheibe** *f* lunotto *m.* **Heckscheibenheizung** *f* lunotto *m* termico. **Heckscheibenwischer** *m* tergilunotto *m.*

heda ['he:da] *interj* ehi.

Hedwig ['he:tvɪç] *(weiblicher Vorname)* Edvige.

Heer [he:ɐ̯] ‹-(e)s, -e› *n* esercito *m.* **Heerscharen** *f pl* esercito *m*, legioni *f pl;* **die himmlischen ~** le legioni celesti.

Hefe ['he:fə] ‹-, -n› *f* lievito *m*, fermento *m.* **Hefeteig** *m* pasta *f* lievitata.

Heft[1] [hɛft] ‹-(e)s, -e› *n* **1.** *(Schreib~)* quaderno *m; (Notiz~)* taccuino *m;* **2.** *(Büchlein)* libretto *m;* **3.** *(Broschüre)* fascicolo *m.*

Heft[2] [hɛft] ‹-(e)s, -e› *n (Griff)* manico *m.*

heften *tr* **1.** *(befestigen)* attaccare, fissare; *(mit Klammern)* agganciare; *(mit Stecknadeln, Reißzwecken)* appuntare; **2.** *(beim Nähen)* imbastire; **3.** *(beim Buchbinden)* rilegare; **4.** *(in einen Ordner ab~)* mettere in un classificatore; **sich an jds Fersen ~** stare alle calcagna di qu.

Hefter ‹-s, -› *m* raccoglitore *m.*

heftig ['hɛftɪç] *a* **1.** *(stark, gewaltig)* forte; *(wuchtig)* violento, veemente; *(Schmerz)* acuto, atroce; *(Kälte)* intenso; *(Worte)* aspro; *(Regen, Weinen)* dirotto; **2.** *(stürmisch, leidenschaftlich)* impetuoso, appassionato; **~ werden** adirarsi, infiammarsi. **Heftigkeit** ‹-, -en› *f* **1.** *(Wucht, Gewalt)* violenza *f*, veemenza *f;* **2.** *(heftiges Wesen)* impetuosità *f;* **3.** *(Schärfe)* asprezza *f.*

Heftpflaster *n* cerotto *m.* **Heftzwekke** *f* puntina *f* da disegno.

hegen ['he:gən] *tr* **1.** *(Wild)* conservare; *(Pflanzen)* curare; **2.** *fig (Gefühle, Hoffnung, Verdacht)* nutrire, avere; *(Groll, Haß)* nutrire, serbare; **jdn ~ und pflegen** avere gran cura di qu.

Hehl [he:l] ‹-s, ø› *n o m:* **kein(en) ~ aus etw. machen** non nascondere qc, non fare un mistero di qc.

Hehler(in) ['he:lɐ (...ərɪn)] ‹-s, -› *m(f)* ricettatore, -trice *m, f.*

Hehlerei [he:lə'rai̯] ‹-, -en› *f* ricettazione *f.*

Heide[1] ['hai̯də] ‹-, -n› *f* **1.** *bot (~kraut)* erica *f;* **2.** *(~land)* brughiera *f.*

Heide[2] ['hai̯də] ‹-n, -n› *m*, **Heidin** [...dɪn] *f rel* pagano, -a *m, f.*

Heidekraut *n* erica *f.*

Heidelbeere ['hai̯dəl-] *f (Pflanze)* mirtillo *m; (Frucht)* mirtillo *m* nero.

Heidenangst ['hai̯dən'ʔaŋst] *f fam* paura *f* matta *fam*, fifa *f fam.* **Heidenarbeit** ['hai̯dən'ʔarbai̯t] *f:* **das ist eine ~** *fam* è un lavoro faticoso. **Heidengeld** ['hai̯dən'gɛlt] *n:* **ein ~ kosten** *fam* costare un sacco di soldi. **Heidenlärm** ['hai̯dən'lɛrm] *m fam* fracasso *m* infernale. **Heidenspaß** ['hai̯dən'ʃpa:s] *m fam* piacere *m* folle.

Heidentum ‹-s, ø› *n* paganesimo *m.*

Heidin *f s.* **Heide**[2].

heidnisch ['hai̯dnɪʃ] *a* pagano.

heikel ['hai̯kəl] *a* **1.** *(Angelegenheit)* scabroso, spinoso; *(Frage, Thema)* delicato; **2.** *dial (Person)* schizzinoso.

heil [hai̯l] *a* **1.** *(unversehrt)* illeso; *(~ und gesund)* sano e salvo; *(geheilt)* guarito; **2.** *(ganz)* intero, intatto; **die ~e Welt** un mondo ideale; **sie hat den Unfall ~ überstanden** è uscita illesa dall'incidente.

Heil ‹-(e)s, ø› *n* **1.** *(Rettung)* salvezza *f;* **2.** *(Wohlergehen)* benessere *m*, prosperità *f; (a. Glück)* fortuna *f;* **3.** *rel (Gnade)* grazia *f;* **~ dem König!** evviva il re!; **Ski/Petri ~!** in bocca al lupo!/buona pesca!

Heiland ['hai̯lant] ‹-(e)s, -e› *m* Salvatore *m*, Redentore *m.*

Heilanstalt *f* **1.** *(Sanatorium)* sanatorio *m*, casa *f* di cura; **2.** *(Nerven~)* manicomio *m.* **heilbar** *a* guaribile, curabile.

Heilbutt ['hai̯lbʊt] ‹-(e)s, -e› *m* ippoglosso *m.*

heilen **I.** *tr* ‹*haben*› guarire (*von* da); **II.** *itr* ‹*sein*› guarire.

heilig ['hai̯lɪç] *a* (*ab* **hl.**) **1.** *rel* santo; *(vor männlichen Eigennamen)* San; *(geweiht)* sacro; *(unverletzlich)* inviolabile, sacro, sacrosanto; **2.** *fig (ernst)* solenne;

(Pflicht) sacrosanto; *(Ernst, Eifer, Zorn)* grande; **3.** *fig fam (groß)* grande, incredibile; **h~er Antonius** Sant'Antonio; **H~e Jungfrau Maria** Santa Maria Vergine; **der H~e Vater** il Santo Padre; **(ach du) ~er Strohsack** (*o* **Bimbam)!** *fam* Dio mio!

Heiligabend [-ˈʔa:bənt] *m* vigilia *f* di Natale.

Heilige ‹ein -r, -n, -n› *mf* santo, -a *m, f.*

Heiligenschein *m* aureola *f,* nimbo *m.*

Heiligkeit ‹-, ø› *f rel, fig* santità *f; (Unverletzlichkeit)* inviolabilità *f.*

heilig·sprechen ‹*irr*› *tr* canonizzare.

Heiligtum ‹-s, ¨-er› *n* **1.** *(Stätte)* luogo *m* sacro, santuario *m;* **2.** *(Gegenstand)* cosa *f* sacra.

Heilkraft *f* virtù *f* terapeutica, potere *m* curativo. **Heilkräuter** *n pl* erbe *f pl* medicinali (*o* officinali). **Heilkunde** *f* medicina *f,* scienza *f* medica.

heillos *a* terribile, inaudito; **im Zimmer herrscht ~es Durcheinander** nella stanza c'è un putiferio.

Heilmittel *n* rimedio *m,* farmaco *m,* medicina *f.* **Heilpflanze** *f* pianta *f* medicinale (*o* officinale). **Heilpraktiker(in)** *m(f)* medico *m* naturalista. **heilsam** *a* salutare, utile.

Heilsarmee *f* esercito *m* della salvezza.

Heilung ‹-, -en› *f* **1.** ‹*sing*› *(Heilen)* cura *f;* **2.** *(Gesundwerden)* guarigione *f; (von Wunde)* cicatrizzazione *f.*

heim [haim] *adv* **1.** *(nach Hause)* a casa; **2.** *(ins Heimatland)* in patria.

Heim ‹-(e)s, -e› *n (Zuhause, öffentliche Einrichtung)* casa *f; (Waisen~)* orfanotrofio *m; (Alten~)* ricovero *m; (Erziehungs~)* istituto *m.*

Heimarbeit *f* lavoro *m* a domicilio.

Heimat [ˈhaima:t] ‹-, *rar* -en› *f* **1.** *(~land)* patria *f;* **2.** *(~ort)* città *f* (*o* paese *m*) natale. **Heimatdichter(in)** *m(f)* poeta *m* regionale. **Heimatfilm** *m* film *m* a sfondo regionale e patriottico. **Heimatland** *n* patria *f,* terra *f* natale. **heimatlich** *a* **1.** *(zur Heimat gehörend)* natale, natio, della patria, del proprio paese; **2.** *(an die Heimat erinnernd)* familiare, che ricorda il proprio paese. **Heimatlose** [-lo:zə] ‹ein -r, -n, -n› *mf* persona *f* senza patria; *(Staatenlose)* apolide *mf.* **Heimatstadt** *f* città *f* natale. **Heimatvertriebene** [-fɛɐ̯tri:bənə] ‹ein -r, -n, -n› *mf* profugo, -a *m, f.*

heim·fahren ‹*irr*› *itr* ‹*sein*› andare a casa. **Heimfahrt** *f* viaggio *m* verso casa; *(Rückfahrt)* viaggio *m* di ritorno; **auf der ~** nel viaggio di ritorno.

Heimkehr [ˈhaimke:ɐ̯] ‹-, ø› *f* **1.** *(nach Hause)* ritorno *m* a casa; **2.** *(in die Heimat)* ritorno *m* in patria. **heim·kehren** *itr* ‹*sein*› **1.** *(nach Hause)* tornare a casa, rincasare, rientrare; **2.** *(in die Heimat)* tornare in patria, rimpatriare.

Heimkind *n* bambino *m* affidato a istituto. **Heimleiter(in)** *m(f)* direttore, -trice *m, f* di un istituto.

heimlich I. *a* **1.** *(geheim, unerlaubt)* segreto; **2.** *(verborgen)* nascosto; *(Gedanken, Wünsche)* recondito; **3.** *(verstohlen)* furtivo; **II.** *adv* **1.** *(geheim, unerlaubt)* segretamente; **2.** *(verborgen)* di nascosto; **3.** *(verstohlen)* furtivamente. **Heimlichkeit** ‹-, -en› *f* **1.** ‹*sing*› segretezza *f;* **2.** *(Geheimnis)* segreto *m;* **3.** *(Verborgenheit)* clandestinità *f;* **in aller ~ weggehen** andarsene di nascosto.

Heimreise *f* viaggio *m* di ritorno (*o* a casa), rientro *m.* **heim·schicken** *tr* **1.** *(nach Hause)* mandare a casa; **2.** *(in Heimat)* rimpatriare. **Heimspiel** *n* incontro *m* in casa. **heim·suchen** *tr (Katastrophen)* colpire; *(Krankheiten)* affliggere.

heimtückisch *a* subdolo, perfido, falso; *(Krankheit)* maligno.

Heimweg *m* ritorno *m* a casa; **auf dem ~** ritornando a casa; **sich auf den ~ machen** mettersi sulla via del ritorno. **Heimweh** ‹-s, ø› *n* nostalgia *f* (*nach* di). **heim·zahlen** *tr:* **jdm etw. ~** farla pagare cara a qu.

Heinrich, Heinz [ˈhainrɪç, haints] *(männlicher Vorname)* Enrico, Enzo.

Heirat [ˈhaira:t] ‹-, -en› *f* matrimonio *m.*

heiraten I. *tr* sposare; **II.** *itr* sposarsi; *(Frau a.)* maritarsi; *(Mann a.)* ammogliarsi.

Heiratsantrag *m* proposta *f* di matrimonio. **Heiratsanzeige** *f* **1.** *(Mitteilung)* partecipazione *f* di matrimonio; **2.** *(in Zeitung)* annuncio *m* matrimoniale. **Heiratsschwindler(in)** *m(f)* corteggiatore, -trice *m, f* a scopo di lucro. **Heiratsurkunde** *f* atto *m* di matrimonio. **Heiratsvermittler(in)** *m(f)* mediatore, -trice *m, f* di matrimonio.

heiser [ˈhaizɐ] *a* rauco, roco, fioco; **sich ~ schreien** gridare tanto da diventare rauco; **~ werden** arrochire, diventare rauco. **Heiserkeit** ‹-, *rar* -en› *f* raucedine *f.*

heiß [hais] *a* **1.** *allg.* (molto) caldo, caldissimo; *(Flüssigkeiten)* bollente; *geog* torrido; *(Sonne)* cocente; *(glühend)* che scotta; **2.** *fig (innig)* fervido; *(a. leidenschaftlich)* ardente; **3.** *fig (Thema)* scottante; **4.** *fig (Auseinandersetzung)* acceso; *(Kampf)* accanito; **5.** *fig (geil)* libidinoso; **~er Draht** linea calda; **~e Musik** *fam* musica eccitante; **~e Spur** traccia (*o* indizio) importante; **~ machen** (ri)scaldare; **~ werden** (ri)scaldarsi; **es ist ~** fa un gran caldo; **mir ist ~** ho molto caldo; **beim Fußballspiel**

ging es ~ her la partita di calcio fu molto combattuta. **heißblütig** [-bly:tıç] *a* focoso, impetuoso.

heißen ['haisən] ‹heißt, hieß, geheißen› **I.** *itr* **1.** *(Namen haben)* chiamarsi; **2.** *(Bedeutung haben)* significare, voler dire; **das heißt** (*ab* **d. h.**) *(mit anderen Worten)* cioè, vale a dire; *(einschränkend)* o meglio, s'intende; **das soll nicht ~, daß ...** non significa che ...; **es heißt, daß ...** si dice che ..., corre voce che ... *conj;* **was soll das ~?** che significa questo?; **wie heißt das auf italienisch?** come si dice questo in italiano?; **wie heißt es noch (so schön) bei Dante?** com'è che dice Dante?; **II.** *tr geh* **1.** *(nennen)* chiamare, nominare; **2.** *obs (befehlen)* ordinare; **hier heißt es schnell handeln** qui bisogna agire in fretta.

Heißhunger *m* voglia *f* matta (*auf etw.* di mangiare qc). **heiß·laufen** ‹*irr*› *itr* ‹*sein*› (sur)riscaldarsi. **Heißluft** *f* aria *f* calda. **Heißwasserspeicher** *m* scaldacqua *m.*

heiter ['haitɐ] *a (Mensch, Wetter)* sereno; *(bes. Abend, Gesellschaft)* gaio; *(bes. Musik)* allegro; **aus ~em Himmel** a ciel sereno; **das kann ja ~ werden!** *fam* ne vedremo delle belle! *fam.* **Heiterkeit** ‹-, ø› *f* **1.** *(Fröhlichkeit)* allegria *f,* gaiezza *f;* **2.** *(Gelächter)* ilarità *f.*

Heizdecke *f* termocoperta *f.*

heizen ['haitsən] **I.** *tr* (ri)scaldare; **II.** *itr* (ri)scaldare (*mit* con, a); **wir ~ mit Erdöl** abbiamo il riscaldamento a petrolio.

Heizkissen *n* termoforo *m.* **Heizkörper** *m* radiatore *m,* calorifero *m.* **Heizlüfter** ‹-s, -› *m* termoventilatore *m.* **Heizmaterial** *n* combustibile *m.* **Heizöl** *n* olio *m* combustibile. **Heizsonne** *f* radiatore *m* parabolico.

Heizung ‹-, -en› *f* **1.** ‹*sing*› *(Heizen)* riscaldamento *m;* **2.** *(Anlage)* impianto *m* di riscaldamento; **3.** *(Heizkörper)* radiatore *m.*

Hektar ['hɛkta:ɐ̯ *o* ...'ta:ɐ̯] ‹-s, -e *o bei Maßangaben* -› *n o m* ettaro *m.*

Hektik ['hɛktık] ‹-, ø› *f* attività *f* febbrile, corri corri *m fam.*

hektisch *a* febbrile, nervoso.

Hektoliter [hɛkto'li:tɐ *o* 'hɛkto-] *n o m* (*ab* **hl**) ettolitro *m.*

Held(in) ['hɛlt (...dın)] ‹-en, -en› *m(f)* **1.** *allg.* eroe *m,* eroina *f;* **2.** *theat, lit, etc.* protagonista *mf;* **3.** *fam scherz (Könner)* campione, -essa *m, f,* cannone *m.* **heldenhaft, heldenmütig** [-my:tıç] *a* eroico. **Heldensage** *f* leggenda *f* epica, saga *f.* **Heldentat** *f* atto *m* eroico, impresa *f* eroica. **Heldentum** ‹-s, ø› *n* eroismo *m.*

Helene [he'le:nə] *(weiblicher Vorname)* Elena.

helfen ['hɛlfən] ‹hilft, half, geholfen› *itr* **1.** *(Hilfe leisten)* aiutare (*jdm* qu), soccorrere (*jdm* qu); *(beistehen)* assistere (*jdm* qu); *(behilflich sein)* dare una mano (*jdm* a qu); **2.** *(nützen)* giovare (*jdm* a qu), servire (*jdm* qu); **3.** *(fördern)* promuovere, favorire; **4.** *(heilsam sein)* fare bene (*gegen* per), essere un buon rimedio (*gegen* contro); **sich** *(dat)* **zu ~ wissen** sapersi arrangiare; **ich weiß mir nicht mehr zu ~** non so che pesci pigliare; **das hilft nichts** non serve a nulla; **es hilft nichts, du mußt ...** non c'è niente da fare, devi ...; **hilf dir selbst, so hilft dir Gott** *prov* chi si aiuta, Dio l'aiuta *prov.*

Helfer(in) ‹-s, -› *m(f)* **1.** *(Gehilfe)* assistente *mf,* aiuto *m;* **2.** *(Retter)* soccorritore, -trice *m, f.* **Helfershelfer** *m fig* complice *m.*

Helga ['hɛlga] *(weiblicher Vorname)* Elga.

hell [hɛl] *a* **1.** *(Licht, Farbe, Stimme, Feuer, Bier)* chiaro; *(Haar)* chiaro, biondo; *(Hautfarbe)* chiaro; **2.** *(voller Licht)* luminoso, pieno di luce; *(beleuchtet)* illuminato; **3.** *(Töne)* limpido, sonoro; **4.** *fig (groß, stark)* grande, forte; *(Verzweiflung, Freude)* il colmo di, grandissimo; **ein ~er Kopf** *fam* un tipo intelligente; **seine ~e Freude an etw. haben** provare una gran gioia per qc; **am ~en Tag** in pieno giorno; **es ist schon ~** si è già fatto giorno; **ein H~es, bitte!** una birra chiara, per favore!

hell- *(in Zusammensetzungen vor Farbbezeichnungen)* chiaro. **hellblau** *a* azzurro chiaro, celeste. **hellblond** *a* biondo chiaro. **Helldunkel** *n* chiaroscuro *m.* **hellhörig** *a* **1.** *(Mensch)* di udito fine; **2.** *(Wohnung, etc.)* senza insonorizzazione; **als Sie davon sprach, wurde ich ~** quando ne parlò, tesi le orecchie.

hellicht ['hɛl'lıçt] *a:* **am ~en Tage** a giorno fatto, in pieno giorno.

Helligkeit ‹-, *astr* -en› *f* **1.** *allg., astr* chiarezza *f;* **2.** *(Lichtfülle)* luminosità *f;* **3.** *(Lichtstärke)* intensità *f* luminosa.

Hellseher(in) *m(f)* chiaroveggente *mf.*

Helm [hɛlm] ‹-(e)s, -e› *m* **1.** *mil* elmo *m,* elmetto *m;* **2.** *(Schutz~, Sturz~)* casco *m;* **3.** *arch* cupola *f.*

Hemd [hɛmt] ‹-(e)s, -en› *n* **1.** *(Ober~)* camicia *f;* **2.** *(Unter~)* maglia *f; (für Männer)* canottiera *f; (für Frauen)* camiciola *f.* **Hemdbluse** *f* camicetta *f.* **hemdsärm(e)lig** [-ˀɛrm(ə)lıç] *a* in maniche di camicia; *fig (salopp)* sbracato, sguaiato.

Hemisphäre [hemi'sfɛ:rə] *f* emisfero *m.*

hemmen ['hɛmən] *tr* **1.** *(bremsen, anhalten)* frenare, arrestare, bloccare; **2.** *(verlangsamen)* rallentare, ritardare; **3.** *fig (hindern)* ostacolare, impedire, intralciare; **4.** *fig (Widerstand entge-*

gensetzen) resistere (*etw.* a qc); **5.** *psych* inibire.

Hemmung ‹-, -en› *f* **1.** *(Verlangsamung)* rallentamento *m;* **2.** *(Verhinderung)* ostacolamento *m,* impedimento *m;* **3.** *(Bedenken)* scrupolo *m;* **4.** *psych* inibizione *f;* ‹*pl*› *(Schüchternheit)* timidezza *f;* **~en/keine ~en haben** avere/non avere scrupoli. **hemmungslos** *a* **1.** *(zügellos)* sfrenato; **2.** *(leidenschaftlich)* appassionato; **3.** *(ohne Bedenken)* senza scrupoli; **~ weinen** piangere senza ritegno.

Hengst [hɛŋst] ‹-es, -e› *m (Pferd)* stallone *m; (Esel)* asino *m.*

Henkel ['hɛŋkəl] ‹-s, -› *m* manico *m.*

henken ['hɛŋkən] *tr* impiccare.

Henker ‹-s, -› *m* carnefice *m,* boia *m.*

Henne ['hɛnə] ‹-, -n› *f* gallina *f.*

Henriette [hɛnri'ɛtə] *(weiblicher Vorname)* Enrichetta.

her [he:ɐ̯] *adv* **1.** *(örtlich)* qui, qua; **2.** *(kausal)* per, a causa di; **um ... ~** attorno a; **von ... ~** da; *(zeitlich)* da, fin da; **es ist ein Jahr ~, daß ...** è (passato) un anno che ...; **wie lange ist es ~, daß ...?** quanto tempo è che ...?; **wo hast du (denn) das ~?** come l'hai avuto?; **Geld ~!** *fam* fuori i soldi!; **~ damit!** *fam* dà (*o* date) qua!

herab [hɛ'rap] *adv* giù, in basso. **herab·-blicken** *itr (a. fig)* guardare dall'alto in basso (*auf etw./jdn* qc/qu). **herab·-fallen** ‹*irr*› *itr* ‹*sein*› cadere giù. **herab·-lassen** ‹*irr*› **I.** *tr (Vorhang, Seil)* calare, abbassare; **II.** *rfl:* **sich ~ 1.** *(an Seil, etc.)* calarsi giù; **2.** *fig:* **sich ~, etw. zu tun** degnarsi di fare qc. **herablassend** *a* presuntuoso, borioso. **herab·sehen** ‹*irr*› *s.* **herabblicken. herab·setzen** *tr* **1.** *fig (Preis, Strafe)* diminuire, ridurre; **2.** *fig (schmälern)* sminuire.

Heraldik [he'raldɪk] ‹-, ø› *f* araldica *f.*

heran [hɛ'ran] *adv* **1.** *(örtlich)* vicino, avanti; **2.** *(zeitlich)* vicino; **rechts/links ~** a destra/sinistra; **immer ~!** avanti! **heran·kommen** ‹*irr*› *itr* ‹*sein*› **1.** *allg., fig* avvicinarsi (*an* a); **2.** *fig (sich vergleichen können)* raggiungere (*an jdn* qu); **3.** *fig (bekommen)* ottenere (*an etw.* qc); **die Dinge an sich ~ lassen** prendere tempo, temporeggiare. **heran·reichen** *itr fig (gleichkommen)* uguagliare (*an jdn* qu). **heran·-wachsen** ‹*irr*› *itr* ‹*sein*› crescere, diventare grande; **die ~de Generation** la generazione che viene su ora; **zum Mann ~** diventare (*o* farsi) uomo. **Heranwachsende** ‹ein -r, -n, -n› *mf* adolescente *mf.* **heran·ziehen** ‹*irr*› **I.** *tr* ‹*haben*› **1.** *(näher holen)* avvicinare (tirando); **2.** *(großziehen)* allevare; **3.** *(ausbilden)* formare, educare; **4.** *(einsetzen)* impiegare; *(Arzt, Sachverständigen)* consultare, chiamare; **5.** *(geltend machen)* far valere, citare; **II.** *itr* ‹*sein*› avvicinarsi.

herauf [hɛ'rau̯f] *adv* su, sopra; **den Berg ~** su per la montagna; **die Treppe ~** su per la scala. **herauf·beschwören** ‹*irr, ohne ge-*› *tr* **1.** *(wachrufen)* evocare; **2.** *(verursachen)* provocare, causare, suscitare. **herauf·holen** *tr* fare venire su, portare su. **herauf·kommen** ‹*irr*› *itr* ‹*sein*› salire, venire su.

heraus [hɛ'rau̯s] *adv* fuori; **aus ... ~** fuori da ...; **von innen ~** dal di dentro; **das ist noch nicht ~** non è ancora sicuro; **~ damit!** fuori!, dà (*o* date) qua! **heraus·bekommen** ‹*irr, ohne ge-*› *tr* **1.** *(Fleck, etc.)* togliere, levare; **2.** *fig (herausfinden)* venire a sapere; *(Geheimnis)* riuscire a scoprire; *(Rätsel)* riuscire a risolvere; *(entziffern)* riuscire a decifrare; *(Rechenaufgabe)* trovare; **3.** *(Wechselgeld)* ricevere di resto; **aus ihm bekommt man nichts ~** non gli si cava una parola di bocca; **ich bekomme drei Mark ~** mi spettano tre marchi di resto. **heraus·bringen** ‹*irr*› *tr* **1.** *(nach draußen bringen)* portare fuori; **2.** *fam (Fleck)* riuscire a togliere (*o* a levare); **3.** *(Ware)* lanciare (sul mercato); *(Buch)* pubblicare; **4.** *fam (in Erfahrung bringen)* venire a sapere, riuscire a scoprire; **aus jdm kein Wort ~** non riuscire a cavare una parola di bocca a qu *fam;* **kein Wort ~** non riuscire a proferire parola.

heraus·fordern *tr* **1.** *allg., sport* sfidare (*zu* a); **2.** *(Schicksal, etc.)* provocare. **herausfordernd** *a* provocatorio; *(bes. Blicke)* provocante.

Herausforderung *f* **1.** *allg., sport* sfida *f;* **2.** *fig* provocazione *f.*

heraus·geben ‹*irr*› *tr* **1.** *(herausreichen)* passare fuori, porgere; **2.** *(zurückgeben)* restituire; **3.** *(Garderobe, Gefangene)* consegnare; **4.** *(Wechselgeld)* dare di resto; **5.** *(Buch)* curare l'edizione di; *(veröffentlichen)* pubblicare; **6.** *(Münzen, Aktien)* emettere; *(Vorschriften)* emanare.

Herausgeber(in) *m(f)* (*ab* **Hg., Hrsg.**) **1.** *(von Buch)* curatore, -trice *m, f; (Verleger)* editore, -trice *m, f;* **2.** *(von Zeitung)* direttore, -trice *m, f.*

heraus·gehen ‹*irr*› *itr* ‹*sein*› **1.** *(nach draußen gehen)* uscire; **2.** *(sich herausziehen lassen)* venir fuori; **3.** *(Fleck)* andare via; **aus sich** *(dat)* **~** aprirsi, sbottonarsi *fam.*

heraus·holen *tr* **1.** *(nach draußen holen)* portare fuori (*aus* da); **2.** *(befreien)* far uscire (*aus* da); **3.** *fig fam (verdienen)* ricavare (*aus* da); **4.** *fig (durch Fragen)* far dire (*aus jdm* a qu); *(Geheimnis)* strappare (*aus jdm* a qu); **das Letzte aus sich** *(dat)* **~** dare il massimo di se stesso.

heraus·kommen ‹*irr*› *itr* ‹*sein*› **1.** *(nach draußen kommen)* venire fuori, uscire (*aus* da); **2.** *(sich ergeben)* risultare (*aus* di); **3.** *(Wahrheit)* venire a galla; **4.** *(Buch)* venire pubblicato; **ganz groß ~** avere un gran successo; **das kommt auf eins (*o* dasselbe) heraus** è la stessa cosa; **dabei kommt nichts heraus** non se ne ricava nulla.

heraus·kriegen *fam s.* **herausbekommen.**

heraus·nehmen ‹*irr*› **I.** *tr* **1.** *(aus dem Inneren holen)* prendere (*o* levare) fuori (*aus* da); **2.** *(entfernen)* togliere; *(operativ)* asportare; **II.** *rfl:* **sich** *(dat)* **(jdm gegenüber) etw. ~** permettersi qc (nei confronti di qu); **sich** *(dat)* **ein Recht ~** arrogarsi un diritto.

heraus·rücken I. *tr* ‹*haben*› **1.** *(Stuhl, etc.)* mettere fuori; **2.** *fig fam (Geld)* sborsare; **II.** *itr* ‹*sein*› **1.** *(räumlich)* spostare; **2.** *fig fam:* **mit etw. ~** tirare fuori qc.

heraus·stellen I. *tr* **1.** *(nach draußen stellen)* mettere fuori; **2.** *fig (hervorheben)* mettere in luce (*o* in risalto); **II.** *rfl:* **sich ~** rivelarsi (*als etw.* qc); **es hat sich herausgestellt, daß ...** è risultato che ...

heraus·ziehen ‹*irr*› *tr* tirare fuori (*aus* da), estrarre (*aus* da).

herb [hɛrp] *a* **1.** *(Geschmack)* acerbo; *(Wein)* aspro; **2.** *fig (Worte, Schönheit)* duro; *(Enttäuschung)* amaro; *(Verlust)* doloroso.

herbei [hɛɐ̯'bai̯] *adv* qui, qua. **herbei·führen** *tr (bewirken)* causare, provocare. **herbei·rufen** ‹*irr*› *tr* chiamare, far venire.

Herberge ['hɛrbɛrgə] ‹-, -n› *f allg.* alloggio *m,* locanda *f; (Jugend~)* ostello *m* (della gioventù).

Herbert ['hɛrbɛrt] *(männlicher Vorname)* Erberto.

Herbst [hɛrpst] ‹-(e)s, -e› *m* autunno *m.* **herbstlich** *a* d'autunno, autunnale. **Herbstzeitlose** ‹-n, -n› *f* colchico *m.*

Herculaneum [hɛrku'la:neʊm] *n* Ercolano *m.*

Herd [he:ɐ̯t] ‹-(e)s, -e› *m* **1.** *(Feuerstelle)* focolare *m;* **2.** *(Küchen~)* cucina *f;* **3.** *fig* focolaio *m;* **am häuslichen ~** nell'intimità della famiglia; **eigener ~ ist Goldes wert** *prov* casa mia, casa mia, per piccina che tu sia, tu mi sembri una badia *prov.*

Herde ['he:ɐ̯də] ‹-, -n› *f* gregge *m.*

Herdplatte *f* piastra *f* della cucina.

herein [hɛ'rai̯n] *adv* dentro; **~!** avanti!; **hier ~, bitte!** per di qua! **herein·brechen** ‹*irr*› *itr* ‹*sein*› *(Unglück)* colpire (*über jdm* qu); *(Nacht)* calare. **herein·fallen** ‹*irr*› *itr* ‹*sein*› **1.** *(nach innen fallen)* cadere dentro; *(Licht)* penetrare; **2.** *fig fam (betrogen werden)* cascarci *fam,* farsi imbrogliare; **auf jdn ~** *fam* lasciarsi abbindolare da qu. **herein·holen** *tr* portare dentro; *(Person)* far entrare. **herein·kommen** ‹*irr*› *itr* ‹*sein*› entrare. **herein·lassen** ‹*irr*› *tr* lasciare (*o* fare) entrare. **herein·legen** *tr* **1.** *(nach innen legen)* mettere dentro; **2.** *fig fam (betrügen)* imbrogliare.

her·fallen ‹*irr*› *itr* ‹*sein*›*:* **über jdn ~** aggredire qu; *(mit Fragen)* tempestare qu; **über etw. ~** gettarsi su qc.

Hergang *m* **1.** *(Verlauf)* svolgimento *m;* **2.** *(Einzelheiten)* particolari *m pl.*

her·geben ‹*irr*› **I.** *tr* **1.** *(geben)* dare; **2.** *(weggeben)* dare via; **3.** *(zurückgeben)* restituire; **das Thema gibt viel/nichts her** il tema offre molto/non offre niente; **II.** *rfl:* **sich zu etw. ~** prestarsi per qc.

her·halten ‹*irr*› **I.** *tr* porgere; **II.** *itr* dover scontare (*für* per).

Hering ['he:rɪŋ] ‹-s, -e› *m* **1.** *zoo* aringa *f;* **2.** *(Zeltpflock)* picchetto *m.*

her·kommen ‹*irr*› *itr* ‹*sein*› **1.** *(hierhin kommen)* venire qui; *(sich nähern)* avvicinarsi; **2.** *(herrühren)* derivare (*von* da); *(herstammen)* provenire.

herkömmlich ['he:ɐ̯kœmlɪç] *a* tradizionale.

Herkunft ['he:ɐ̯kʊnft] ‹-, *rar* ¨-e› *f* **1.** *(Abstammung)* nascita *f,* discendenza *f; (soziale ~)* estrazione *f;* **2.** *(Ursprung)* origine *f; (com a.)* provenienza *f.*

her·leiten I. *tr* **1.** *fig (ableiten)* derivare (*von* da); **2.** *(an diesen Ort leiten)* condurre qua; **II.** *rfl:* **sich ~** trarre origine (*von* da).

Hermann ['hɛrman] *(männlicher Vorname)* Ermanno.

hermetisch [hɛr'me:tɪʃ] *a* ermetico.

Herold ['he:rɔlt] ‹-(e)s, -e› *m* **1.** *hist* araldo *m;* **2.** *fig* messaggero *m.*

Herr [hɛr] ‹-n *o rar* -en, -en› *m* (*ab* **Hr.**) **1.** *allg., hist* signore *m;* **2.** *(vor Eigennamen)* signor *m;* **3.** *(beim Tanz)* cavaliere *m;* **4.** *(Gebieter, Eigentümer, Arbeitgeber)* padrone *m; (Vorgesetzter)* superiore *m;* **5.** *(Herrscher)* sovrano *m;* **(Gott) der ~** Signore *m,* Dio *m;* **~ im Hause sein** essere padrone in casa; **~ der Lage sein** essere padrone della situazione; **sein eigener ~ sein** non dipendere da nessuno; **einer S.** *(gen)* **~ werden** riuscire a dominare qc; **mein ~!** signore!; **meine ~en!** signori!; **~ General!** signor generale!; **~ Doktor** (signor) dottore; **~ Müller** il signor Müller; *(als Anrede)* signor Müller; **niemand kann zwei ~en dienen** *prov* non si possono servire due padroni *prov.*

Herrenausstatter ‹-s, -› *m (Geschäft)* negozio *m* di articoli da uomo. **Herrenbegleitung** *f:* **in ~** in compagnia maschile. **Herrenbesuch** *m* visita *f* maschile. **Herrendoppel** *n* doppio *m* maschile. **Herreneinzel** *n* singolo *m* maschile. **herrenlos** *a* abbandonato, non reclamato; *(Tier)* randagio; **~es Gut** res nullius. **Herrenmode** *f* moda *f* maschile. **Herrentoilette** *f* gabinetto *m* per uomini. **Herrenwitz** *m* barzelletta *f* spinta.

Herrgott *m dial, fam* Signore *m*, Dio *m*; **~ noch mal!** *fam* accidenti! *fam.*

her·richten *tr* **1.** *(vorbereiten)* preparare; **2.** *(instand setzen)* sistemare.

Herrin ['hɛrın] *f* **1.** *(Gebieterin)* signora *f*, padrona *f*; **2.** *(Haus~)* padrona *f.*

herrisch *a* imperioso, dispotico; **ein ~es Auftreten** un'aria arrogante.

herrlich *a (großartig)* magnifico, splendido; *(wunderbar)* meraviglioso; *(ausgezeichnet)* eccellente.

Herrschaft ⟨-, -en⟩ *f* **1.** ⟨*sing*⟩ *(Beherrschung)* dominio *m* (*über* su); *(a. fig)* controllo *m* (*über* di); *(Befehlsgewalt)* potere *m*, autorità *f* (*über* su); *(Herrschergewalt)* sovranità *f* (*über* su); **2.** *obs (Dienst~)* padroni *m pl*, signori *m pl*; **meine ~en!** signore e signori!; **was wünschen die ~en?** che cosa desiderano i signori?

herrschen ['hɛrʃən] *itr* **1.** *(Herr sein)* dominare (*über* su); *(Fürst)* regnare (*über* su); **2.** *fig* esserci; *(Krankheit, Not)* infuriare; *(Ordnung, Ruhe)* regnare; *(Angst, Ungewißheit)* esserci, regnare; *(Meinung, Ansicht)* predominare.

Herrscher(in) ⟨-s, -⟩ *m(f)* **1.** *(Gebieter)* dominatore, -trice *m, f*; **2.** *(Landesherr)* sovrano, -a *m, f*; **3.** *(regierender Fürst)* principe, -essa *m, f* (regnante).

herrschsüchtig *a* avido di potere.

her·rühren *itr* provenire (*von* da).

her·sein ⟨*irr*⟩ *itr* ⟨*sein*⟩ **1.** *(zeitlich)* essere già (da); **2.** *(herstammen)* essere (*von, aus* di); **es ist 10 Jahre her, daß ...** sono già 10 anni che ...; **hinter jdm/etw. ~** rincorrere qu/qc.

her·stellen *tr* **1.** *(an einen Platz)* mettere qua; **2.** *(produzieren)* produrre, fabbricare; **3.** *(schaffen)* creare; **4.** *(Verbindung, Beziehung)* stabilire; **5.** *fig (wieder~)* ristabilire.

Hersteller(in) ⟨-s, -⟩ *m(f)* fabbricante *mf*, produttore, -trice *m, f.*

Herstellung *f* fabbricazione *f*, produzione *f.* **Herstellungsland** *n* paese *m* produttore.

herüber [hɛ'ry:bɐ] *adv* di qua, da questa parte. **herüber·kommen** ⟨*irr*⟩ *itr* ⟨*sein*⟩ venire di qua.

herum [hɛ'rʊm] *adv* intorno, attorno; **um ... ~** *(räumlich)* intorno a ...; *(zeitlich)* verso; *(bei Zahlenangaben)* circa; **im Kreise ~** in cerchio.

herum·drehen I. *tr* girare; **den Schlüssel zweimal ~** dare due giri di chiave; **II.** *rfl:* **sich ~** girarsi.

herum·fahren ⟨*irr*⟩ *itr* ⟨*sein*⟩ **1.** *(um etw. ~)* girare (*um* intorno a); *(um Kap)* doppiare (*um etw.* qc); **2.** *(ohne Ziel)* girare, andare in giro; **3.** *(sich herumdrehen)* girarsi di scatto.

herum·gehen ⟨*irr*⟩ *itr* ⟨*sein*⟩ **1.** *(um etw. ~)* girare (*um etw.* qc); **2.** *(ziellos)* girellare; **3.** *(Pokal, etc.)* fare il giro; **4.** *(Zeit)* passare; **etw. ~ lassen** far circolare qc; **das geht mir im Kopf herum** ci penso e ripenso.

herum·irren *itr* ⟨*sein*⟩ girovagare.

herum·kommen ⟨*irr*⟩ *itr* ⟨*sein*⟩ *fam* **1.** *(um Ecke, etc.)* voltare (*um etw.* qc), girare (*um etw.* qc); **2.** *(herumgehen können)* poter girare; **3.** *(reisen)* girare, andare in giro; **um etw. ~** *(vermeiden können)* poter evitare qc.

herum·kriegen *tr fam* riuscire a convincere.

herum·laufen ⟨*irr*⟩ *itr* ⟨*sein*⟩ *fam* **1.** *(ziellos)* correre (*o* andare) in giro; **2.** *(um etw. ~)* circondare (*um etw.* qc); **so kannst du doch nicht ~!** non puoi andare in giro così!

herum·liegen ⟨*irr*⟩ *itr fam* **1.** *(um etw. ~)* giacere (*um* attorno a); **2.** *(unordentlich)* essere sparso (dappertutto).

herum·lungern [-lʊŋɐn] *itr fam* bighellonare, andare a zonzo.

herum·reichen *tr* far circolare.

herum·schlagen ⟨*irr*⟩ *rfl:* **sich mit jdm/etw. ~** *fig* essere alle prese con qu/qc.

herum·schnüffeln *itr fam* ficcare il naso (*in* in) *fam.*

herum·sitzen ⟨*irr*⟩ *itr fam* ⟨*haben o sein*⟩ **1.** *(um etw. ~)* sedere (*um* intorno a); **2.** *fig (nichts tun)* starsene (seduto) senza far niente.

herum·sprechen ⟨*irr*⟩ *rfl:* **sich ~** diffondersi, spargersi.

herum·stehen ⟨*irr*⟩ *itr* ⟨*sein*⟩ **1.** *(um etw. ~)* stare (*um* attorno a); **2.** *(lässig)* starsene senza far niente (*o* in ozio); **3.** *(Sachen)* essere fuori posto.

herum·stöbern *itr fam* frugare (*in* in).

herum·treiben ⟨*irr*⟩ *rfl:* **sich ~** *fam* bighellonare.

herum·werfen ⟨*irr*⟩ *tr* **1.** *(achtlos)* gettare qua e là, sparpagliare; **2.** *(Steuer, etc.)* dare un giro a.

herunter [hɛ'rʊntɐ] *adv* giù; **von ... ~** giù da ...; **von oben ~** dall'alto in basso; **ich kann nicht ~** non posso scendere. **herunter·fallen** ⟨*irr*⟩ *itr* ⟨*sein*⟩ cadere (giù); *(Haare)* scendere. **herunter·gehen** ⟨*irr*⟩ *itr* ⟨*sein*⟩ **1.** *(räumlich)* scendere, andare giù; **2.** *(Fieber)* diminuire; **mit den Preisen ~** ribassare i prezzi. **herunter·handeln** *tr fam* tirare sul prezzo (*um* di). **herunter·hauen** ⟨*irr*⟩ *tr fam:* **jdm eine ~** mollare (*o* dare) un ceffone a qu *fam.* **herunter·klappen** *tr* abbassare. **herunter·kommen** ⟨*irr*⟩ *itr* ⟨*sein*⟩ **1.** *(von oben)* venire giù, scendere; **2.** *fam (gesundheitlich)* deperire; *(sittlich)* decadere, cadere in basso. **herunter·schlucken** *tr* **1.** *(Bissen, Pille)* inghiottire; **2.** *fig fam (Vorwürfe, Kritik)* ingoiare, mandar giù *fam.* **herunter·wirtschaften** *tr fam* mandare in rovina.

hervor [hɛɐ̯'fo:ɐ̯] *adv* (in) fuori; **unter dem Bett ~** fuori da sotto il letto.

hervor·bringen ⟨*irr*⟩ *tr* **1.** *(erzeugen)* produrre; *(a. fig)* dare; *(schaffen)* creare; **2.** *(Ton, Wort)* dire, proferire; **3.** *(bewirken)* causare.

hervor·gehen ⟨*irr*⟩ *itr* ⟨*sein*⟩ **1.** *(sich ergeben)* risultare; **2.** *(überstehen)* uscire (*aus* da); **daraus geht hervor, daß ...** da ciò risulta che ...

hervor·heben ⟨*irr*⟩ *tr* **1.** *(räumlich)* dare rilievo a, far spiccare; **2.** *fig (betonen)* accentuare, sottolineare.

hervor·holen *tr* tirare fuori.

hervor·ragen *itr* **1.** *(räumlich)* sporgere fuori (*aus* da), emergere (*aus* da); **2.** *fig* emergere, distinguersi. **hervorragend** *a* **1.** *(räumlich)* sporgente, prominente; **2.** *fig* straordinario, eccezionale; *(Wissenschaftler)* eminente; *(Wein)* eccellente.

hervor·rufen ⟨*irr*⟩ *tr (verursachen)* suscitare; *(Bewunderung)* causare; *(a. med)* provocare.

hervor·treten ⟨*irr*⟩ *itr* ⟨*sein*⟩ **1.** *(räumlich)* uscire, sporgere; **2.** *(sich abheben)* staccarsi; *(a. fig)* spiccare; **3.** *(erscheinen)* apparire; *(sich hervortun)* manifestarsi; **~ lassen** dare risalto a.

hervor·tun ⟨*irr*⟩ *rfl:* **sich ~** distinguersi, segnalarsi; *(bewußt)* mettersi in mostra (*mit* per).

Herz [hɛrt͜s] ⟨-ens, -en⟩ *n* **1.** *anat, fig* cuore *m;* **2.** ⟨*sing*⟩ *fig (Gemüt, Seele a.)* animo *m;* **3.** *(Kern, Mittelpunkt a.)* centro *m;* **4.** ⟨*sing*⟩ *(beim Kartenspiel)* cuori *m pl;* **das ~ auf der Zunge haben** avere il cuore sulle labbra; **ein ~ und eine Seele sein** essere un cuore e un'anima sola; **alle ~en gewinnen** guadagnarsi l'affetto di tutti; **jdm ans ~ gewachsen sein** essere molto affezionato a qu; **etw. auf dem ~en haben** avere un peso sul cuore; **jdn in sein ~ geschlossen haben** nutrire un grande affetto per qu; **es nicht übers ~ bringen zu ...** non avere il coraggio di ...; **sich** *(dat)* **etw. zu ~en nehmen** prendersi a cuore qc; **im ~en Deutschlands** nel cuore della Germania; **von ~en gern** molto volentieri. **Herzanfall** *m* attacco *m* cardiaco. **Herzbeschwerden** *f pl* disturbi *m pl* cardiaci.

Herzensbrecher(in) ⟨-s, -⟩ *m(f)* rubacuori *mf.* **Herzenslust** *f:* **nach ~** a piacere. **Herzenswunsch** *m* desiderio *m* profondo.

herzerfrischend *a* gradevole. **herzergreifend** *a* commovente, toccante. **Herzfehler** *m* vizio *m* (*o* difetto *m*) cardiaco, insufficienza *f* cardiaca. **Herzflattern** ⟨-s, ø⟩ *n* flutter *m* cardiaco. **herzförmig** [-fœrmɪç] *a* cuoriforme. **herzhaft** *a* **1.** *(kräftig)* forte; **2.** *(tüchtig, gehörig)* bello, buono; **~ lachen** ridere di cuore.

her·ziehen ⟨*irr*⟩ **I.** *itr* ⟨*sein*⟩ *(herankommen)* avvicinarsi; **über jdn ~** ⟨*haben*⟩ *fam* tagliare i panni addosso a qu; **II.** *tr* ⟨*haben*⟩ *(heranziehen)* tirare (*zu* verso).

herzig *a* grazioso, carino.

Herzinfarkt *m* infarto *m* cardiaco. **Herzkammer** *f* ventricolo *m* (del cuore). **Herzklappe** *f* valvola *f* cardiaca. **Herzklappenfehler** *m* vizio *m* valvolare. **Herzklopfen** ⟨-s, ø⟩ *n* batticuore *m; med* palpitazioni *f pl.* **herzkrank** *a* cardiopatico. **Herzkrankheit** *f* malattia *f* di cuore; *scient* cardiopatia *f.*

herzlich I. *a* **1.** *(in Gruß- u. Wunschformeln)* cordiale; **2.** *(aufrichtig)* sincero; **3.** *(Mensch, Wesen)* affettuoso; **4.** *(Bitte)* fervido; *(Gruß)* cordiale; *(Empfang)* affettuoso; **(mit) ~e(n) Grüße(n)** cordiali saluti; **~e Grüße an deine Mutter** cari saluti a tua madre; **II.** *adv* cordialmente, di cuore; **~ gern** ben volentieri, di cuore. **Herzlichkeit** ⟨-, ø⟩ *f* cordialità *f.*

herzlos *a* senza cuore, insensibile; *(grausam)* spietato, crudele. **Herz-Lungen-Maschine** ['hɛrt͜s'lʊŋən-] *f* macchina *f* cuore-polmoni. **Herzmuskel** *m* miocardio *m.*

Herzog(in) ['hɛrt͜so:k (...gɪn)] ⟨-(e)s, ¨-e *o* -e⟩ *m(f)* duca *m,* duchessa *f.* **Herzogtum** ⟨-(e)s, ¨-er⟩ *n* ducato *m.*

Herzschlag *m* **1.** *(einzelner Schlag)* battito *m* del cuore; **2.** *(Herztätigkeit)* pulsazioni *f pl* (cardiache); **3.** *(Herzstillstand)* colpo *m* apoplettico, sincope *f* cardiaca. **Herzstillstand** *m* arresto *m* cardiaco. **Herzstück** *n* parte *f* vitale. **Herzton** *m* tono *m* cardiaco. **Herztransplantation** *f* trapianto *m* cardiaco. **herzzerreißend** *a* straziante.

Hesse ['hɛsə] ⟨-n, -n⟩ *m,* **Hessin** ['hɛsɪn] *f* assiano, -a *m, f.*

Hessen ['hɛsən] *n* Assia *f.*

hessisch *a* assiano.

heterosexuell *a* eterosessuale.

Hetze ['hɛt͜sə] ⟨-, -n⟩ *f* **1.** ⟨*sing*⟩ *(Eile)* fretta *f,* furia *f;* **2.** ⟨*sing*⟩ *(Hetzkampagne)* campagna *f* d'odio.

hetzen I. *tr* ⟨*haben*⟩ **1.** *(Wild)* dare la caccia a; **2.** *(Hund)* aizzare (*auf* contro); **3.** *(Menschen)* inseguire, perseguitare; **4.** *fig (zur Eile antreiben)* fare fretta a, sollecitare; **II.** *itr* **1.** ⟨*sein*⟩ *(ei-*

len) correre; **2.** ‹*haben*› *(sich beeilen)* affrettarsi; **3.** ‹*haben*› *pej* sobillare (*gegen* contro), aizzare (*gegen* contro); **4.** ‹*haben*› *(hastig vorgehen, agieren)* fare in fretta.

Heu [hɔy] ‹-(e)s, ø› *n bot* fieno *m;* **Geld wie ~ haben** avere soldi a palate.

Heuchelei [hɔyçə'lai] ‹-, -en› *f* ipocrisia *f; (Scheinheiligkeit)* fariseismo *m; (Verstellung)* (dis)simulazione *f.*

heucheln ['hɔyçəln] **I.** *tr* simulare, fingere; **II.** *itr* fare l'ipocrita.

Heuchler(in) ‹-s, -› *m(f)* ipocrita *mf; (Scheinheilige)* fariseo, -a *m, f; (jd, der sich verstellt)* (dis)simulatore, -trice *m, f.* **heuchlerisch** *a* ipocrita; *(scheinheilig)* farisaico; *(vorgetäuscht)* finto, (dis)simulato.

heuer ['hɔyɐ] *adv (süddeutsch, A, CH)* quest'anno.

heulen ['hɔylən] *itr* **1.** *(Sirenen, etc.)* urlare; *(Wölfe, Hunde)* ululare; **2.** *fam (heftig weinen)* piangere.

Heurige ['hɔyrɪgə] ‹ein -r, -n, -n› *m (bes. A)* vino *m* nuovo.

Heuschnupfen *m* raffreddore *m* da fieno. **Heuschober** *m,* **-stadel** [-ʃta:dəl] ‹-s, -› *m (süddeutsch, A, CH)* fienile *m.* **Heuschrecke** [-ʃrɛkə] ‹-, -n› *f* cavalletta *f,* locusta *f.*

heute ['hɔytə] *adv* oggi; **die Jugend von ~** la gioventù d'oggi; **~ abend/nacht** stasera/stanotte; **~ morgen** stamattina; **~ (nach)mittag** questo pomeriggio; **~ vormittag** stamattina; **~ in acht/vierzehn Tagen** oggi tra otto/quindici giorni; **ab ~, von ~ ab** (*o* **an**) a partire da oggi, da oggi in poi; **noch ~** oggi stesso; *(noch immer)* ancora oggi; **von ~ auf morgen** dall'oggi al domani.

heutig *a* di oggi; *(gegenwärtig)* odierno; *(modern)* moderno.

heutzutage ['hɔyttsuta:gə] *adv* oggi (giorno).

Hexe ['hɛksə] ‹-, -n› *f* strega *f.*

hexen *itr* fare stregonerie; **ich kann doch nicht ~** *fam* non posso fare miracoli.

Hexenschuß *m* lombaggine *f.* **Hexenverbrennung** *f* rogo *m* delle streghe.

hg. *ab von* **herausgegeben von** Ed. (*ab von* editore).

hieb [hi:p] *rar imp von* **hauen.**

Hieb ‹-(e)s, -e› *m* **1.** *(Schlag)* colpo *m;* **2.** *(Wunde, Narbe)* taglio *m;* **3.** ‹*pl*› *(Prügel)* botte *f pl;* **4.** *fig (bissige Bemerkung)* frecciata *f.* **hieb- und stichfest** *a* inconfutabile.

hielt [hi:lt] *imp von* **halten.**

hier [hi:ɐ] *adv* **1.** *(an diesem Ort)* qui, qua, in questo posto; *(auf Erden)* in questo mondo; **2.** *(in diesem Augenblick)* a questo punto; *(bei diesen Worten)* a queste parole; **dieser ~** questo qui; **der** (*o* **dieser**) **Brief ~** questa lettera qui; **~ und da** qua e là; **von ~** da qui; **von ~ an** da qui in poi; **~ ist/sind ...** ecco ...; **~ bin ich** eccomi qua; **ich bin nicht von ~** non sono di qui.

Hierarchie [hierar'çi:, ...i:ən] ‹-, -n› *f* gerarchia *f.*

hierarchisch [...'rarçɪʃ] *a* gerarchico.

hierauf ['hi:'rauf, *hinweisend:* 'hi:rauf] *adv* **1.** *(räumlich)* qui, su di ciò; **2.** *(zeitlich)* dopo di ciò, poi; *(infolgedessen)* quindi.

hierdurch ['hi:ɐ'dʊrç, *hinweisend:* 'hi:ɐdʊrç] *adv* **1.** *(örtlich)* per di qua; **2.** *fig* da ciò, con ciò, così.

hierfür ['hi:ɐ'fy:ɐ, *hinweisend:* 'hi:ɐfy:ɐ] *adv* per ciò, per questo; *(als Gegenleistung)* in cambio di ciò.

hierher ['hi:ɐ'he:ɐ, *hinweisend:* 'hi:ɐhe:ɐ] *adv* qua, qui; **bis ~** *(örtlich)* fin qui; *(zeitlich)* finora, fino adesso; **das gehört nicht ~** questo non c'entra; **~!** (vieni) qua!, a me!

hierhin ['hi:ɐ'hɪn, *hinweisend:* 'hi:ɐhɪn] *adv* qui; **bis ~** fin qui.

hiermit ['hi:ɐ'mɪt, *hinweisend:* 'hi:ɐmɪt] *adv* con questo, con ciò; *(im Brief)* con la presente.

hierzu ['hi:ɐ'tsu:, *hinweisend:* 'hi:ɐtsu:] *adv* **1.** *(zu diesem)* a ciò, a questo; **2.** *(zu diesem Zweck)* a questo scopo; **3.** *(zu diesem Punkt)* a questo proposito; **~ kommt noch, daß ...** a ciò si aggiunge che ...; **vgl. ~ Seite 87** cfr. in merito pagina 87.

hierzulande ['hi:ɐtsu'landə] *adv* (qui) da noi, in questo paese.

hiesig ['hi:zɪç] *a* locale, di qui; *(einheimisch)* indigeno, nativo.

hieß [hi:s] *imp von* **heißen.**

Hi-Fi ['haifi *o* 'haɪ'faɪ] *ab von* **High-Fidelity** hi-fi. **Hi-Fi-Anlage** *f* impianto *m* hi-fi.

high [haɪ] ‹*inv*› *a sl* flippato, high *sl.*

Hildegard ['hɪldəgart] *(weiblicher Vorname)* Ildegarda.

Hilfe ['hɪlfə] ‹-, -n› *f (a. Hilfsperson, Hilfsmittel)* aiuto *m; (Unterstützung)* appoggio *m; (Beistand, bes. med)* assistenza *f;* **Erste ~** pronto soccorso; **jdn um ~ bitten** chiedere aiuto a qu; **um ~ rufen** invocare aiuto; **jdm zu ~ kommen** venire in aiuto (*o* soccorso) a qu; **mit ~ von** con l'aiuto di, per mezzo di; **(zu) ~!** aiuto! **Hilferuf** *m* **1.** *(Schrei)* grido *m* di aiuto; **2.** *fig (Bitte um Hilfe)* chiamata *f* di soccorso.

hilflos *a* **1.** *(allein)* privo d'aiuto, impotente; **2.** *(ratlos)* perplesso. **hilfreich** *a* caritatevole.

Hilfsarbeiter(in) *m(f)* manovale *mf,* bracciante *mf,* operaio, -a *m, f* ausiliario, -a. **hilfsbedürftig** *a* bisognoso d'aiuto, indigente. **hilfsbereit** *a* pronto ad aiutare, servizievole. **Hilfskraft** *f* aiuto *m*, assistente *mf;* **wissenschaftliche** ~ assistente *mf* ricercatore, -trice. **Hilfsmittel** *n* aiuto *m*, ausilio *m*, mezzo *m*. **Hilfsverb** *n* (verbo *m*) ausiliare *m*.

hilft [hɪlft] *pr von* **helfen.**

Himbeere ['hɪm-] *f* lampone *m*. **Himbeergeist** *m* distillato *m* di lamponi. **Himbeerstrauch** *m* lampone *m*.

Himmel ['hɪməl] ‹-s, *rar* -› *m* **1.** *(a. fig)* cielo *m;* **2.** *(Thron~, Altar~)* baldacchino *m;* **der ~ auf Erden** il paradiso (*o* il cielo) in terra; **~ und Erde** (*o* **Hölle**) **in Bewegung setzen** muovere cielo e terra, far fuoco e fiamme *fam;* **jdn/etw. in den ~ heben** (*o* **loben**) portare qu/qc alle stelle; **am ~** in cielo; **im ~** in paradiso; **das schreit zum ~** grida vendetta; **das stinkt zum ~** *fam* è uno scandalo, ciò grida vendetta davanti a Dio; **(das) weiß der ~!** *fam* lo sa il cielo; **du lieber ~!** santo cielo!; **um ~s willen!** per l'amor del cielo (*o* di Dio)!

himmelangst ['hɪməl'ʔaŋst] *a:* **mir ist ~** ho una paura del diavolo *fam*. **Himmelbett** *n* letto *m* a cielo (*o* a baldacchino). **himmelblau** *a* celeste. **Himmelfahrt** *f rel:* **Christi ~** Ascensione *f;* **Mariä ~** Assunzione *f*. **himmelhoch** ['hɪməl'hoːx] *a* altissimo; **~ jauchzend, zu Tode betrübt sein** alternare momenti di esaltazione a fasi depressive. **Himmelreich** *n* regno *m* dei cieli. **Himmelskörper** *m* corpo *m* celeste; *(Gestirn)* stella *f*. **Himmelsrichtung** *f* punto *m* cardinale.

himmlisch ['hɪmlɪʃ] *a* **1.** *(göttlich)* celeste, del cielo; **2.** *fig (wunderbar)* celestiale.

hin [hɪn] **I.** *adv* **1.** *(örtlich)* là, verso quel luogo; **2.** *(zeitlich)* per; **das H~ und Her** il viavai, l'andirivieni; **~ und her gehen** andare qua e là; **~ und her überlegen** riflettere a lungo, ponderare; **~- und hergerissen werden** *fig* essere sospeso tra sentimenti opposti; **~ und her** qua e là, su e giù; **~ und wieder** di quando in quando, di tanto in tanto; **~ und zurück** *(Fahrkarte)* andata e ritorno; **auf ihre Aussage ~** alla sua dichiarazione; **auf ihre Veranlassung ~** per sua iniziativa; **auf ihre Vermittlung ~** in seguito al suo intervento; **auf die Gefahr ~, daß ...** a rischio di ... *inf;* **nach langem** (*o* **vielem**) **H~ und Her** *fam* dopo un lungo tiremmolla *fam;* **wo gehst du ~?** *fam* dove vai?; **wo ist er ~?** dov'è andato?; **Dankbarkeit ~, Dankbarkeit her!** gratitudine o non gratitudine!; **II.** *a fam* **1.** *(verflossen)* finito, passato; **2.** *(kaputt)* rotto; **3.** *(begeistert)* senza parole.

hinab [hɪ'nap] *s.* **hinunter.**

hin·arbeiten *itr:* **auf etw. ~** mirare a qc, sforzarsi di raggiungere qc.

hinauf [hɪ'naʊ̯f] *adv* in su, in alto; **da ~** su per di qua. **hinauf·fahren** ‹*irr*› **I.** *itr* ‹*sein*› andare su, salire; *(einen Fluß)* risalire; **II.** *tr* ‹*haben*› portare su. **hinauf·gehen** ‹*irr*› *itr* ‹*sein*› andare su; *(Preis, Fieber)* salire.

hinaus [hɪ'naʊ̯s] *adv* fuori; **da** (*o* **hier**) **~** fuori (per) di qua; **darüber ~** oltre, più in là; *fig* oltre a ciò; **über ... ~** *(räumlich)* al di là di ...; *(zeitlich, mehr als)* oltre; **zum Fenster/zur Tür ~** fuori dalla finestra/porta; **wo geht es ~?** dov'è l'uscita?; **~ mit Ihnen!** esca!, fuori!, se ne vada! **hinaus·begleiten** ‹*ohne ge-*› *tr* accompagnare fuori. **hinaus·gehen** ‹*irr*› *itr* ‹*sein*› **1.** *(nach draußen gehen)* andare fuori, uscire; **2.** *(Zimmer, Fenster)* dare (*auf, nach* su); **3.** *fig (überschreiten)* superare (*über etw.* qc). **hinaus·laufen** ‹*irr*› *itr* ‹*sein*› *(nach draußen laufen)* correre fuori, uscire di corsa; **auf etw. ~** *fig* andare a finire in qc, portare a qc; **auf eins** (*o* **dasselbe**) **~** essere la stessa cosa. **hinaus·lehnen** *rfl:* **sich ~** sporgersi. **hinaus·werfen** ‹*irr*› *tr* **1.** *(Sache)* gettare (*o* buttare) fuori; **2.** *fam (unliebsame Person)* buttare fuori; *(entlassen)* licenziare; *(kündigen)* sfrattare, sbatter fuori *fam*. **hinaus·wollen** ‹*irr*› *itr (nach draußen wollen)* voler uscire (*aus* da); **hoch ~** mirare in alto; **auf etw. ~** *fig* mirare a qc, tendere a qc; **worauf wollen Sie hinaus?** dove vuole andare a parare?

Hinblick *m:* **in** (*o* **im**) **~ auf** riguardo a, in considerazione di; **im ~ darauf, daß ...** in considerazione del fatto che ...

hindern ['hɪndɐn] *tr* **1.** *(abhalten)* impedire (*an* di); **2.** *(hemmen)* ostacolare (*bei* in).

Hindernis ‹-ses, -se› *n* **1.** *allg., fig, sport* ostacolo *m;* **2.** *(Behinderung, a. jur)* impedimento *m*.

Hindu ['hɪndu] ‹-(s), -(s)› *m* indù *m*.

hindurch [hɪn'dʊrç] *adv* **1.** *(örtlich)* attraverso; **2.** *(zeitlich)* per, durante; **das ganze Jahr ~** per (*o* durante) tutto l'anno; **Jahre ~** per anni.

hinein [hɪ'naɪ̯n] *adv* dentro; **mitten in etw. ~** dentro/in mezzo a qc, nel bel mezzo di qc; **bis tief in die Nacht ~** fino a notte avanzata.

hinein·gehen ‹*irr*› *itr* ‹*sein*› **1.** *(in etw. ~)* andare dentro, entrare; **2.** *(nach innen gehen)* penetrare; **3.** *(hineinpassen)* starci.

hinein·legen *tr* **1.** *(nach innen legen)* mettere dentro; **2.** *fig (Gefühl, Ehrgeiz, etc.)* metterci.

hinein·passen *itr* **1.** *(Platz haben)* trovar posto (*in* in); **2.** *fig* essere adatto (*in* a, per).

hinein·stecken *tr* **1.** *(hineinlegen, -setzen, -stellen)* mettere dentro; *(Stekker, Nadel)* infilare; **2.** *fam (Geld)* investire; *(Zeit, Mühe, Arbeit, etc.)* investire, impiegare.

hinein·steigern *rfl:* **sich in etw. ~** lasciarsi trasportare a qc.

hinein·versetzen ⟨*ohne ge-*⟩ *rfl:* **sich in jdn** (*o* **jds Lage**) **~** mettersi nei panni di qu.

hin·fahren ⟨*irr*⟩ **I.** *itr* ⟨*sein*⟩ andare là, andarci; *(wegfahren)* andare via; **II.** *tr* ⟨*haben*⟩ condurre, portare là.

Hinfahrt *f* (viaggio *m* di) andata *f;* **Hin- und Rückfahrt** andata e ritorno; **auf der ~** all'andata.

hin·fallen ⟨*irr*⟩ *itr* ⟨*sein*⟩ cadere (per terra); **lang** (*o* **der Länge nach**) **~** cadere lungo disteso.

hinfällig *a* **1.** *(altersschwach)* cadente; *(kränklich)* malaticcio, debole; **2.** *(ungültig)* non valido, nullo.

hing [hɪŋ] *imp von* **hängen.**

Hingabe *f (Widmung)* dedizione *f; (Begeisterung)* fervore *m; (Leidenschaft)* passione *f; (Eifer)* zelo *m;* **mit ~ tanzen** ballare con passione.

hin·geben ⟨*irr*⟩ **I.** *tr* sacrificare; **II.** *rfl:* **sich einer S.** *(dat)* **~** dedicarsi a qc; **sich jdm ~** darsi a qu.

hingegen [hɪn'ge:gən] *adv* invece.

hin·gehen ⟨*irr*⟩ *itr* ⟨*sein*⟩ **1.** *(räumlich)* andare là, andarci; **2.** *(Zeit)* passare; **diesmal mag es noch ~, aber ...** per questa volta passi, ma ...

hingerissen *a* entusiasta, incantato.

hin·halten ⟨*irr*⟩ *tr* **1.** *(entgegenstrecken)* tendere, porgere; **2.** *fig (warten lassen)* tenere a bada. **Hinhaltetaktik** *f* tattica *f* di rinvio.

hin·hauen ⟨*irr*⟩ *fam* **I.** *tr (Arbeit)* buttar giù *fam;* **II.** *itr* **1.** *(klappen)* riuscire; **2.** *(gutgehen)* andare bene; **3.** *(ausreichen)* bastare; **das haut hin!** è a posto, è in ordine.

hin·hören *itr* ascoltare.

hinken ['hɪŋkən] *itr* ⟨*haben o bei Fortbewegung sein*⟩ essere zoppo, zoppicare; **mit** (*o* **auf**) **dem linken Fuß ~** zoppicare dal piede sinistro.

hin·knien *itr* ⟨*sein*⟩, *rfl:* **sich ~** inginocchiarsi, mettersi in ginocchio.

hinlänglich **I.** *a* bastante, sufficiente; **II.** *adv* abbastanza, sufficientemente.

hin·legen **I.** *tr* (de)porre, posare; **II.** *rfl:* **sich ~** sdraiarsi; *(zu Bett gehen)* coricarsi.

hin·nehmen ⟨*irr*⟩ *tr (Tatsache, etc.)* accettare, prendere; *(erdulden)* sopportare; *(Beleidigung)* ingoiare.

Hinreise *f* (viaggio *m* d')andata *f;* **auf der ~** all'andata.

hin·reißen ⟨*irr*⟩ *tr:* **sich zu etw. ~ lassen** lasciarsi trasportare (*o* trascinare) a fare qc. **hinreißend** *a* affascinante, meraviglioso.

hin·richten *tr* giustiziare.

Hinrichtung *f* esecuzione *f* capitale.

Hinschied ['hɪnʃi:t] ⟨-(e)s, -e⟩ *m CH* decesso *m.*

hin·schmeißen ⟨*irr*⟩ *tr fam* buttare (*o* gettare) là (*o* per terra); *(Arbeit)* mandare a quel paese *fam.*

hin·sehen ⟨*irr*⟩ *itr* guardare (*zu* verso).

hin·setzen **I.** *rfl:* **sich ~** sedersi; **II.** *tr* mettere (*o* porre) là.

Hinsicht *f:* **in ~ auf** riguardo (*o* quanto) a; **in dieser ~** sotto questo aspetto; **in gewisser ~** sotto certi aspetti; **in jeder ~** sotto tutti gli aspetti. **hinsichtlich** *prp gen* riguardo a, per quanto concerne, quanto a.

hin·stellen **I.** *tr* **1.** *(Gegenstand)* mettere, porre lì, collocare; **2.** *fig (darstellen)* presentare (*als* come); **II.** *rfl:* **sich ~ 1.** *(Mensch)* mettersi (*vor* davanti a); **2.** *fig* darsi (*als* per).

hinten ['hɪntən] *adv* **1.** *(räumlich)* (di) dietro; **2.** *(im Hintergrund)* sullo sfondo; **3.** *(hinter anderen)* indietro; **4.** *(am Ende)* in coda, alla fine; **5.** *(weit entfernt)* lontano; **6.** *(auf der Rückseite)* di dietro; **nach ~** indietro, all'indietro; **das stimmt ~ und vorne nicht** *fam* non è affatto vero; **das Geld reicht ~ und vorn(e) nicht** *fam* i soldi non bastano assolutamente.

hinter ['hɪntɐ] *prp dat/acc* **1.** *(örtlich)* dietro; **2.** *(in der Reihenfolge)* dopo; **~ die Wahrheit kommen** scoprire la verità; **~ sich** *(dat)* dietro di sé; **~ sich** *(dat)* **lassen** *(überholen)* sorpassare; *(übertreffen)* superare; **etw. ~ sich bringen** compiere (*o* superare) qc; **etw. ~ sich** *(dat)* **haben** aver passato (*o* superato) qc; **sie hat ein bewegtes Leben ~ sich** *(dat)* ha avuto una vita movimentata. **Hinterachse** *f* assale *m* posteriore. **Hinterbein** *n* gamba *f* (*o* zampa *f*) posteriore; **sich auf die ~e stellen** impennarsi; *fig* impuntarsi, puntare i piedi. **Hinterbliebene** [-'bli:bənə] ⟨ein -r, -n, -n⟩ *mf* superstite *mf.*

hintereinander [-ˀaɪ'nandɐ] *adv* **1.** *(örtlich)* uno dietro l'altro, in fila; **2.** *(zeitlich)* uno dopo l'altro; *(Reihenfolge)* successivamente; **~ gehen** andare in fila; **sich ~ aufstellen** mettersi in fila; **fünfmal ~** cinque volte di fila; **zwei Jahre ~** due anni di fila (*o* consecutivi).

hintere(r, s) *a* posteriore, di dietro, ultimo, -a.

Hintergedanke *m* pensiero *m* segreto, secondo fine *m.*

Hintergrund *m* sfondo *m; theat, fig* retroscena *m; (sozialer, kultureller)* retroterra *m,* background *m;* **im ~ bleiben** *fig* restare nell'ombra; **in den ~ treten** *fig* passare in seconda linea (*o* in secondo piano). **hintergründig** [-grʏndɪç] *a* recondito, nascosto.

Hinterhalt *m* imboscata *f,* agguato *m.* **hinterhältig** [-hɛltɪç] *a* subdolo, perfido.
hinterher [-ˈheːɐ̯ *o* ˈhɪntɐ-] *adv* **1.** *(räumlich)* (di) dietro; **2.** *(zeitlich)* dopo, poi, in seguito. **hinterher·laufen** ‹*irr*› *itr* ‹*sein*›*:* **jdm ~** correr dietro a qu.
Hinterhof *m* cortile *m* interno. **Hinterkopf** *m* occipite *m.* **Hinterland** *n* retroterra *m,* entroterra *m.*
hinterlegen [-ˈleːgən] ‹*ohne ge-*› *tr* depositare.
Hinterlist *f* perfidia *f,* malignità *f.*
Hintern ‹-s, -› *m fam* didietro *m fam.*
Hinterrad *n* ruota *f* posteriore. **Hinterradantrieb** *m* trazione *f* posteriore.
hinterste(r, s) ‹*Superlativ von* hintere› *a* ultimo, -a.
Hinterteil *n* **1.** *allg.* parte *f* posteriore; **2.** *scherz (Gesäß)* sedere *m.*
hintertreiben [-ˈtraɪ̯bən] ‹*irr, ohne ge-*› *tr* mandare a monte, render vano.
Hintertupfing(en) [-ˈtʊp͡fɪŋ(ən)] ‹-s, ø› *n fam* paesetto *m* sperduto.
Hintertür *f* porta *f* posteriore; *fig* scappatoia *f;* **sich** *(dat)* **eine ~** (*o* **ein Hintertürchen) offenlassen** lasciarsi aperta una via di scampo.
hinterziehen [-ˈt͡siːən] ‹*irr, ohne ge-*› *tr (Geld)* sottrarre; *(Steuern, Zoll)* frodare, evadere.
hinüber [hɪˈnyːbɐ] *adv* di là, dall'altra parte; **da ~** per di qua; **über etw. ~** al di sopra di qc, dall'altra parte di qc. **hinüber·springen** ‹*irr*› *itr* ‹*sein*› saltare di là, passare di là con un salto.
hinunter [hɪˈnʊntɐ] *adv* giù, abbasso; **den Berg ~** giù per la montagna. **hinunter·fahren** ‹*irr*› *itr* ‹*sein*› scendere (con un veicolo). **hinunter·fallen** ‹*irr*› *itr* ‹*sein*› cadere giù. **hinunter·gehen** ‹*irr*› *itr* ‹*sein*› scendere. **hinunter·schlucken** *s.* **herunterschlucken. hinunter·werfen** ‹*irr*› *tr* gettare (*o* buttare) giù; **jdn die Treppe ~** gettare qu giù dalle scale.
Hinweg [ˈhɪnveːk] *m* andata *f;* **auf dem ~** all'andata.
hinweg·gehen [hɪnˈwɛk-] ‹*irr*› *itr* ‹*sein*›*:* **über etw. ~** *fig* ignorare qc, passare sopra a qc. **hinweg·kommen** ‹*irr*› *itr* ‹*sein*›*:* **über etw. ~** *fig* superare qc, non pensare più a qc. **hinweg·sehen** ‹*irr*› *itr* **1.** *(räumlich)* guardare (*über* al di sopra di); **2.** *fig (ignorieren)* passare (*über* sopra). **hinweg·setzen** *rfl:* **sich über etw. ~** non tener conto di qc.
Hinweis [ˈhɪnvaɪ̯s] ‹-es, -e› *m* **1.** *(Rat, Anhaltspunkt)* indicazione *f,* informazione *f,* avvertimento *m;* **2.** *(Verweis)* rimando *m* (*auf* a); **3.** *(Anspielung)* allusione *f* (*auf* a), accenno *m* (*auf* a); **unter ~ auf** accennando a, facendo presente.
hin·weisen ‹*irr*› **I.** *tr:* **jdn auf etw. ~** far notare qc a qu, richiamare l'attenzione di qu su qc; **II.** *itr:* **auf etw. ~** indicare qc, accennare qc, segnalare qc; **darauf ~, daß ...** far notare che ...
hin·ziehen ‹*irr*› *rfl:* **sich ~** *(zeitlich)* protrarsi, andare per le lunghe; **sich zu jdm hingezogen fühlen** sentirsi attratto da qu; **sich zu etw. hingezogen fühlen** avere inclinazione per qc.
hinzu [hɪnˈt͡suː] *adv* **1.** *(örtlich)* vi; **2.** *(außerdem)* inoltre; **3.** *(obendrein)* per di più. **hinzu·fügen** *tr* aggiungere (*zu* a). **hinzu·kommen** ‹*irr*› *itr* ‹*sein*› **1.** *(Personen)* sopraggiungere; *(Dinge, Tatsachen)* aggiungersi.
Hiobsbotschaft [ˈhiːɔps-] *f* annuncio *m* funesto, notizia *f* infausta.
Hirn [hɪrn] ‹-(e)s, -e› *n* cervello *m.* **Hirngespinst** [-gəʃpɪnst] ‹-(e)s, -e› *n* fantasticheria *f,* fantasia *f,* chimera *f.* **Hirnhaut** *f* meninge *f.* **Hirnhautentzündung** *f* meningite *f.* **hirnrissig, hirnverbrannt** [-fɛɐ̯brant] *a fam* pazzo, folle.
Hirsch [hɪrʃ] ‹-(e)s, -e› *m* cervo *m.* **Hirschkuh** *f* cerva *f.*
Hirse [ˈhɪrzə] ‹-, *rar* -n› *f* miglio *m.*
Hirt(in) [ˈhɪrt(ɪn)] ‹-en, -en› *m(f)* pastore, -a *m, f.* **Hirtenbrief** *m* lettera *f* pastorale.
hissen [ˈhɪsən] *tr (Fahne)* issare; *(Segel)* alzare.
Historiker(in) [hɪsˈtoːrɪkɐ (...ərɪn)] ‹-s, -› *m(f)* storico, -a *m, f.*
historisch *a* storico.
Hit [hɪt] ‹-s, -s› *m* hit *m.* **Hitliste** *f* classifica *f* delle canzoni di successo. **Hitparade** *f* hitparade *f.*
Hitze [ˈhɪt͡sə] ‹-, ø› *f* **1.** *allg.* gran caldo *m,* gran calura *f;* **2.** *fig (Leidenschaft)* ardore *m; (Eifer)* fervore *m;* **bei mittlerer ~ backen** cuocere in forno a temperatura media. **hitzebeständig** *a* resistente al calore, refrattario. **Hitzebläschen** [-blɛːsçən] ‹-s, -› *n* sudamina *f.* **hitzeempfindlich** *a* sensibile al calore.
hitzig *a* **1.** *(leicht erregbar)* irritabile, irascibile; *(heftig)* violento; **2.** *(Debatte)* acceso.
Hitzschlag *m* colpo *m* di calore.
Hiwi [ˈhiːvi] ‹-(s), -s› *m sl (an Universität)* assistente *m* universitario.
hl. *ab von* **heilig** S. (*ab von* santo).
hm *interj* ehm.
H-Milch [ˈhaː-] *f* latte *m* pastorizzato a lunga conservazione.
HNO-Arzt [haːˀɛnˈˀoː-] *m,* **-Ärztin** *f* otorinolaringoiatra *mf.*
hob [hoːp] *imp von* **heben.**
Hobby [ˈhɔbi] ‹-s, -s› *n* hobby *m,* svago *m* preferito.
Hobel [ˈhoːbəl] ‹-s, -› *m* pialla *f.*
hobeln *tr* piallare; **wo gehobelt wird, da fallen Späne** *prov* non si fanno frittate senza rompere le uova *prov.*

hoch [ho:x] **I.** ‹höher, ¨ste› *a* **1.** *(räumlich)* alto; **2.** *(Ton)* acuto; **3.** *(Zahl, Preis)* elevato; *(Alter)* avanzato; **4.** *(Strafe)* duro; *(Geldstrafe)* forte; **5.** *(erhaben)* sublime; *(Ehre)* grande; **6.** *(hervorragend)* eminente; **hoher Feiertag** festa solenne; **das Hohe Gericht** l'Alta corte; **hoher Offizier** ufficiale superiore; **im hohen Norden** all'estremo nord; **in hohem Maße** in alto grado; **das ist mir zu ~** *fam* questo è troppo difficile per me; **II.** ‹höher, am ¨sten› *adv* molto, altamente, ben; **~ erfreut sein** essere molto lieto; **~ und heilig versprechen** promettere solennemente; **6 ~ 4** sei elevato alla quarta potenza; **~ oben** su in alto; **~ am Himmel** alto nel cielo; **wenn es ~ kommt** *fam* tutt'al più, al massimo; **es geht ~ her** si fa baldoria; **wie ~ schätzen Sie ...?** quanto vale secondo Lei ...?; **~ lebe der König!** (ev)viva il re!; **er lebe ~!** viva!

Hoch ‹-s, -s› *n* **1.** *meteo* zona *f* di alta pressione, anticiclone *m;* **2.** *(Ruf)* evviva *m.*

Hochachtung *f* stima *f,* rispetto *m,* considerazione *f;* **mit vorzüglicher ~** *geh* con la massima stima. **hochachtungsvoll** *adv* distinti saluti.

Hochaltar *m* altar(e) *m* maggiore. **Hochamt** *n* messa *f* grande (*o* solenne). **hoch·arbeiten** *rfl:* **sich ~** farsi strada (lavorando). **hochbegabt** *a attr* molto dotato. **Hochbetrieb** *m* massima attività *f.* **Hochburg** *f* roccaforte *f.* **hochdeutsch** *a* alto tedesco, tedesco puro (*o* scritto). **hochdotiert** *a* rimunerato lautamente. **Hochdruck** ‹-(e)s, ø› *m phys, meteo* alta pressione *f; fig* pressione *f.* **Hochebene** *f* altopiano *m.* **hochfliegend** *a fig* ambizioso. **Hochform** *f* ottima forma *f.* **Hochgebirge** *n* alta montagna *f.* **Hochgefühl** *n* euforia *f.*

hoch·gehen ‹*irr*› *itr* ‹*sein*› **1.** *(nach oben gehen)* salire; *(Vorhang)* alzarsi, levarsi; *(Mine)* esplodere; **2.** *fam (zornig werden)* montare su tutte le furie *fam.*

Hochgenuß *m* godimento *m* ineffabile, voluttà *f.* **hochgradig** *a* forte, intenso. **Hochhaus** *n* grattacielo *m.* **hoch·heben** ‹*irr*› *tr* alzare, sollevare. **hochkant** [-kant] *adv* per (*o* a) coltello, di costa. **Hochkonjunktur** *f* congiuntura *f* favorevole. **Hochland** ‹-(e)s, -ër *o* -e› *n* altopiano *m.* **hochmodern** *a* modernissimo.

Hochmut *m* superbia *f,* arroganza *f.*

hochmütig [-my:tıç] *a* superbo, arrogante.

Hochofen *m* altoforno *m.* **hochprozentig** *a* ad alta percentuale; *(Alkohol)* ad alta gradazione alcolica. **hochqualifiziert** *a* altamente qualificato.

hoch·rechnen I. *tr* prevedere (sulla base di proiezioni parziali); **II.** *itr* fare delle previsioni. **Hochrechnung** *f* previsione *f* (in base a proiezioni parziali).

Hochsaison *f* alta stagione *f.*

Hochschule *f* istituto *m* superiore, università *f.* **Hochschüler(in)** *m(f)* studente, -essa *m, f* universitario, -a. **Hochschullehrer(in)** *m(f)* professore, -essa *m, f* universitario, -a. **Hochschulreife** *f* maturità *f,* licenza *f* liceale.

hochschwanger *a* negli ultimi mesi di gravidanza.

Hochsee *f* alto mare *m.* **Hochsommer** *m* piena estate *f.* **Hochspannung** *f* alta tensione *f.* **Hochspannungsmast** *m* traliccio *m* di elettrodotto d'alta tensione. **Hochsprung** *m* salto *m* in alto.

höchst [hø:çst] *adv* molto, assai, estremamente, sommamente.

Höchst- *(in Zusammensetzungen)* massimo.

Hochstapler(in) [-ʃta:plɐ (...ərın)] ‹-s, -› *m(f)* cavaliere *m* d'industria, filibustiere, -a *m, f,* imbroglione, -a *m, f.*

Höchstbetrag *m* importo *m* massimo; **bis zum ~ von** fino all'ammontare di.

höchstens *adv* al massimo, tutt'al più.

höchste(r, s) ['hø:çstə] ‹*Superlativ von* hoch› *a* **1.** *(räumlich)* (il, la) più alto, -a; **2.** *fig (äußerste)* estremo, -a, massimo, -a; **es ist ~ Zeit** è proprio ora.

Höchstgeschwindigkeit *f* velocità *f* massima. **höchstpersönlich** ['hø:çstpɛr'zø:nlıç] *adv* in (*o* di) persona. **höchstwahrscheinlich** ['hø:çstva:ɐ'ʃainlıç] *adv* con tutta probabilità.

hochtrabend ['ho:xtra:bənt] *a* pomposo, ampolloso. **Hochverrat** *m* alto tradimento *m.* **Hochwasser** *n* **1.** *(bei Flut)* alta marea *f;* **2.** *(von Fluß)* piena *f;* **3.** *(Überschwemmung)* inondazione *f.* **hochwertig** *a* di gran valore (*o* pregio), prezioso.

Hochzeit ['hɔxtsait] *f* nozze *f pl,* sposalizio *m;* **silberne/goldene/diamantene ~** nozze d'argento/d'oro/di diamante. **Hochzeitsnacht** *f* prima notte *f* di matrimonio. **Hochzeitsreise** *f* viaggio *m* di nozze. **Hochzeitstag** *m* **1.** *(Tag der Eheschließung)* giorno *m* delle nozze; **2.** *(Jahrestag)* anniversario *m* delle nozze.

hocken ['hɔkən] *itr* **1.** *(in Hocke)* essere accoccolato, stare accovacciato; **2.** *fam (sitzen)* stare (seduto).

Hocker ‹-s, -› *m* sgabello *m.*

Höcker ['hœkɐ] ‹-s, -› *m* **1.** *(Buckel)* gobba *f;* **2.** *med* gibbosità *f;* **3.** *(Auswuchs)* protuberanza *f,* escrescenza *f.*

Hode ['ho:də] ‹-, -n› *f,* **Hoden** ‹-s, -› *m* testicolo *m.* **Hodensack** *m* scroto *m.*

Hof [ho:f] ‹-(e)s, ¨e› *m* **1.** *(Innen~,*

Schul~, etc.) cortile *m;* **2.** *(Bauern~)* fattoria *f;* **3.** *(Gerichts~, Fürsten~)* corte *f;* **4.** *astr* alone *m;* **jdm den ~ machen** fare la corte a qu, corteggiare qu.

hoffen ['hɔfən] *tr, itr* sperare (*auf* in); **ich hoffe es** lo spero; **ich hoffe nicht** spero di no; **~ wir das Beste!** speriamo (in) bene.

Hoffnung ['hɔfnʊŋ] ‹-, -en› *f* speranza *f* (*auf* in); *(Erwartung)* attesa *f* (*auf* di); *(Aussicht)* probabilità *f* (*auf* di); **guter ~ sein** *geh* essere in stato interessante; **sich** *(dat)* **~en machen** farsi illusioni; **jdm ~ auf etw. machen** far sperare qc a qu; **seine ~ auf etw./jdn setzen** riporre le proprie speranze in qc/qu; **in der ~** nella speranza (*zu* di), sperando (*daß* ... che ...). **hoffnungslos** *a* senza speranza; *(aussichtslos)* disperato. **Hoffnungsschimmer** *m* barlume *m* di speranza.

höflich ['hø:flɪç] *a* cortese, gentile. **Höflichkeit** ‹-, -en› *f* cortesia *f*, gentilezza *f*.

hohe *s.* **hoch.**

Höhe ['hø:ə] ‹-, -n› *f* **1.** *allg., mat, mus* altezza *f; aero* quota *f;* **2.** *(An~)* altura *f*, elevazione *f; (Gipfel~)* vetta *f;* **3.** *(von Betrag)* ammontare *m; (von Steuer, Satz)* tasso *m;* **nicht auf der ~ sein** *fig fam* non essere in forma; **wieder auf der ~ sein** *fig* essere ristabilito; **auf der ~ von** all'altezza di; **auf** (*o* **in**) **halber ~** a mezza costa; **in der** (*o* **die**) **~** in alto; **das ist (doch) die ~!** *fam* è il colmo! *fam.*

Hoheit ['ho:hait] ‹-, -en› *f* **1.** ‹*sing*› *(Erhabenheit)* maestà *f* (*über* su); **2.** *(Majestät)* altezza *f; (Anrede)* Sua Altezza. **Hoheitsgebiet** *n* territorio *m* nazionale. **Hoheitsgewässer** *n pl* acque *f pl* territoriali.

Höhenmesser ‹-s, -› *m* altimetro *m.* **Höhensonne** *f* lampada *f* al quarzo. **Höhenunterschied** *m* dislivello *m.*

Höhepunkt *m* **1.** *allg.* punto *m* culminante; **2.** *(Gipfel)* cima *f*, vetta *f*, culmine *m;* **3.** *fig* apice *m*, vertice *m; (bes. med)* acme *f;* **4.** *fam* colmo *m fam.*

höher ['hø:ɐ] ‹*Komparativ von* hoch› *a* più alto (*als* di); *(~liegend)* più elevato (*als* di); *fig* superiore (*als* a); **~e Gewalt** forza maggiore; **~e Schule** scuola secondaria (*o* superiore).

hohe(r, s) ['ho:ə] *s.* **hoch.**

hohl [ho:l] *a* **1.** *(leer)* cavo; **2.** *(Augen)* infossato; *(Wangen)* incavato; **3.** *(Klang)* cupo; **4.** *fig* vuoto, vacuo; *(nichtssagend)* insulso; *(Gerede)* vuoto, insulso; *(Blick)* vuoto; **aus der ~en Hand trinken** bere dal cavo della mano.

Höhle ['hø:lə] ‹-, -n› *f* **1.** *(Erd~, Fels~)* caverna *f*, grotta *f;* **2.** *(Hohlraum, a. med)* cavità *f; (Augen~)* orbita *f;* **3.** *(Tier~)* tana *f.* **Höhlenbewohner(in)** *m(f)* cavernicolo, -a *m, f.* **Höhlenforscher(in)** *m(f)* speleologo, -a *m, f.* **Höhlenforschung** *f*, **-kunde** *f* speleologia *f.* **Höhlenmalerei** *f* pittura *f* parietale.

Hohlheit ‹-, *rar* -en› *f* vacuità *f.* **Hohlkörper** *m* corpo *m* cavo. **Hohlkreuz** *n* lordosi *f* lombosacrale. **Hohlmaß** *n* misura *f* di capacità. **Hohlraum** *m* cavità *f; geol* vacuolo *m.*

Hohn [ho:n] ‹-(e)s, ø› *m* scherno *m; (Spott)* derisione *f; (feiner ~)* ironia *f; (bitterer ~)* sarcasmo *m.*

höhnen ['hø:nən] **I.** *itr* farsi beffe (*über* di); **II.** *tr geh* schernire.

höhnisch I. *a* derisorio, beffardo, sarcastico; *(Lachen)* sardonico; **II.** *adv* in modo canzonatorio.

Hokuspokus [ho:kʊs'po:kʊs] ‹-, ø› *m* **1.** *(Zauberformel)* abracadabra *m;* **2.** *pej (fauler Zauber)* raggiro *m;* **3.** *pej (Getue)* sciocchezze *f pl.*

holen ['ho:lən] *tr* andare (*o* venire) a prendere; **Atem ~** prender fiato; **etw. ~ lassen** mandare a prendere qc; **jdn ~ lassen** mandare a chiamare qu, far venire qu; **sich** *(dat)* **eine Abfuhr ~** ricevere un rabbuffo; **sich** *(dat)* **eine Krankheit ~** *fam* buscarsi (*o* beccarsi) una malattia; **sich** *(dat)* **einen Schnupfen ~** *fam* pigliarsi (*o* prendersi) un raffreddore *fam;* **sich** *(dat)* **bei jdm Rat ~** chiedere consiglio a qu; **da ist nichts zu ~** non se ne ricava nulla.

Holland ['hɔlant] *n* Olanda *f.*

Holländer(in) ['hɔlɛndɐ (...ərɪn)] ‹-s, -› *m(f)* olandese *mf.*

holländisch *a* olandese.

Hölle ['hœlə] ‹-, *rar* -n› *f* inferno *m;* **in die ~ kommen** andare all'inferno; **jdm das Leben zur ~ machen** *fam* rendere la vita insopportabile a qu; **jdm die ~ heiß machen** *fam* non dar tregua a qu; **das ist die ~ auf Erden** è un inferno; **in der Chefetage ist die ~ los** sul piano del capo sta succedendo un pandemonio. **Höllenlärm** ['hœlən'lɛrm] *m* baccano *m* infernale. **Höllenstein** *m* pietra *f* infernale.

höllisch *a* **1.** *(die Hölle betreffend)* infernale, dell'inferno, d'inferno; **2.** *fam (riesig)* enorme; **~ aufpassen** *fam* stare attentissimo; **das tut ~ weh** *fam* fa un male cane *fam.*

Hollywoodschaukel ['hɔlɪwʊd-] *f* divano *m* a dondolo.

holp(e)rig ['hɔlp(ə)rɪç] *a* **1.** *(Weg)* accidentato, ineguale; **2.** *fig (Stil)* scabro; *(Vers)* zoppicante.

Holunder [ho'lʊndɐ] ‹-s, -› *m*, **Holunderbaum** *m* sambuco *m.*

Holz [hɔlts] ‹-es, ¨-er› *n (Material, Stück)* legno *m; (Brenn~)* legna *f; (Nutz~)* legname *m;* **aus einem ande-**

ren ~ (geschnitzt) sein *fig* essere di (ben) altra tempra; **aus demselben ~ (geschnitzt) sein** *fig* essere della stessa tempra; **(viel) ~ vor der Hütte haben** *fam scherz* avere un bel davanzale *fam*. **Holzbein** *n* gamba *f* di legno.

hölzern ['hœltsṇ] *a* **1.** *(aus Holz)* di legno, ligneo; **2.** *(holzartig)* legnoso; **3.** *fig (Haltung)* rigido; *(schwerfällig)* pesante.

Holzfäller ‹-s, -› *m* boscaiolo *m*. **holzfrei** *a* che non contiene cellulosa. **Holzhammer** *m* mazzuolo *m*.

holzig *a* legnoso.

Holzklotz *m* ceppo *m*. **Holzkohle** *f* carbone *m* di legna. **Holzscheit** *n* (pezzo *m* di) legno *m*. **Holzschnitt** *m* silografia *f*. **Holzschuh** *m* zoccolo *m*. **Holzstich** *m* silografia *f*. **Holzstoß** *m* catasta *f* di legna. **Holzweg** *m*: **auf dem ~ sein** *fam* sbagliarsi di grosso. **Holzwolle** *f* lana *f* di legno. **Holzwurm** *m* tarlo *m*.

homogen [homo'ge:n] *a* omogeneo.

homogenisieren [...geni'zi:rən] ‹*ohne ge-*› *tr* omogeneizzare.

homonym [homo'ny:m] *a* omonimo. **Homonym** ‹-(e)s, -e› *n* omonimo *m*.

Homöopathie [homøopa'ti:] ‹-, ø› *f* omeopatia *f*.

homöopathisch *a* omeopatico.

homosexuell [homo-] *a* omosessuale.

Honig ['ho:nɪç] ‹-s, *rar* -e› *m* miele *m*; **jdm ~ ums Maul schmieren** *fam* essere tutto miele con qu; **mit ~ gesüßt** mielato. **Honigkuchen** *m* panpepato *m*. **Honigwabe** *f* favo *m*.

Honorar [hono'ra:ɐ̯] ‹-s, -e› *n* onorario *m*.

Honoratioren [honora'tsi̯o:rən] ‹*pl*› notabili *m pl*.

honorieren [hono'ri:rən] ‹*ohne ge-*› *tr* **1.** *(Anwalt, Arzt)* pagare un onorario a, retribuire; *(Wechsel)* onorare; **2.** *fig (würdigen)* onorare.

Hopfen ['hɔp͜fən] ‹-s, -› *m* luppolo *m*; **da ist ~ und Malz verloren** *fam* è fatica sprecata.

hoppeln ['hɔpəln] *itr* ‹*sein*› saltellare.

hoppla ['hɔpla] *interj fam* opplà.

hörbar *a* udibile, percettibile.

horchen ['hɔrçən] *itr* ascoltare (*auf etw./jdn* qc/qu); *(heimlich)* stare in ascolto (*o* a sentire); **an der Tür ~** origliare; **horch!** ascolta!

Horde ['hɔrdə] ‹-, -n› *f* orda *f*.

hören ['hø:rən] **I.** *tr* **1.** *allg.* udire, sentire; **2.** *(hin~, zu~)* ascoltare; **3.** *(erfahren)* apprendere, sentire (parlare), venire a sapere; **eine Vorlesung ~** assistere a una lezione universitaria; **ich will nichts mehr von Fußball ~** non ne voglio più sapere del calcio; **II.** *itr* **1.** *allg.* udire, sentire; **2.** *(hin~, zu~)* ascoltare (*auf etw./jdn* qc/qu); **3.** *(gehorchen)* ubbidire (*auf* a), dar retta (*auf* a); **gut ~** sentire bene, avere un udito fine; **schwer** (*o* **schlecht**) **~** essere sordo (*o* duro d'orecchi); **nur auf einem Ohr ~** essere sordo da un orecchio; **nichts von sich** *(dat)* **~ lassen** non dare notizie di sé, non farsi vivo; **sie hört auf den Namen Maria** si chiama Maria; **er hört sich gern reden** gli piace parlare; **dabei wird ihm H~ und Sehen vergehen** rimarrà senza fiato; **das läßt sich (schon) ~** questo è positivo; **Sie werden (noch) von mir ~** avrete mie notizie; *(als Drohung)* sentirete (ancora) parlare di me!; **hör mal!** senti un po'!; **(na) ~ Sie mal!** che cosa Le salta in mente!; **wer nicht ~ will, muß fühlen** *prov* chi non vuole ascoltare consigli, dovrà imparare a sue spese.

Hörensagen *n*: **vom ~** per sentito dire.

Hörer ‹-s, -› *m (Telefon~)* ricevitore *m*; *(Kopf~)* ricevitore *m* a cuffia.

Hörer(in) ‹-s, -› *m(f) (Radio~)* ascoltatore, -trice *m, f*; *(Universitäts~)* uditore, -trice *m, f*. **Hörerschaft** ‹-, *rar* -en› *f* uditorio *m*.

Hörgerät *n* apparecchio *m* acustico.

hörig *a* **1.** *hist* asservito, soggetto a servitù; **2.** *psych* succubo; **jdm ~ sein** dipendere (sessualmente) da qu.

Horizont [hori'tsɔnt] ‹-(e)s, -e› *m* orizzonte *m*; **am ~** all'orizzonte; **das geht über meinen ~** non ci arrivo *fam*.

horizontal [...'ta:l] *a* orizzontale. **Horizontale** ‹-, -n› *f* (linea *f*) orizzontale *f*.

Hormon [hɔr'mo:n] ‹-s, -e› *n* ormone *m*. **Hormonhaushalt** *m* equilibrio *m* ormonale.

Horn [hɔrn] ‹-(e)s, ⸚er› *n* corno *m*; **jdm Hörner aufsetzen** *fam* mettere le corna a qu *fam*; **sich** *(dat)* **die Hörner abstoßen** *fig fam* rompersi le corna *fam*; **ins gleiche ~ stoßen** *fig fam* avere grande affinità d'idee.

Hornhaut *f* **1.** *(Schwiele)* callosità *f*, durone *m*; **2.** *(am Auge)* cornea *f*.

Hornisse [hɔr'nɪsə] ‹-, -n› *f* calabrone *m*.

Hornist(in) [hɔr'nɪst(ɪn)] ‹-en, -en› *m(f)* suonatore, -trice *m, f* di corno.

Horoskop [horo'sko:p] ‹-s, -e› *n* oroscopo *m*.

Horror ['hɔrɔr] ‹-s, ø› *m* orrore *m* (*vor* di, per). **Horrorfilm** *m* film *m* dell'orrore. **Horrortrip** *m sl* **1.** *(Rauschgift~)* viaggio *m* allucinante; **2.** *fig* esperienza *f* allucinante.

Hörsaal *m* uditorio *m*. **Hörspiel** *n* radiodramma *m*.

Horst [hɔrst] ‹-(e)s, -e› *m* **1.** *(Adler~, etc.)* nido *m* (di uccello rapace); **2.** *(Flieger~)* base *f* aerea.

Hörsturz *m* ipoacusia *f* improvvisa.

horten ['hɔrtən] *tr* accumulare.

Höschen ['hø:sçən] ‹-s, -› *n* mutandine *f pl*, slip *m*.

Hose ['ho:zə] ‹-, -n› *f* pantaloni *m pl*, calzoni *m pl; (kurze ~, Knie~)* calzoncini *m pl*, pantaloni *m pl* corti; *(Unter~)* mutande *f pl;* **die ~n anhaben** *fig fam* portare i calzoni, comandare; **sich** *(dat)* **(vor Angst) in die ~n machen** *fig fam* farsela addosso (per la paura) *vulg;* **das Baby hat in die ~ gemacht** (*o* **hat die ~ voll**) il bambino se l'è fatta addosso *fam;* **die Prüfung ist in die ~n gegangen** *sl* l'esame è andato male. **Hosenanzug** *m* tailleur *m* pantalone. **Hosenrock** *m* gonna-pantalone *f.* **Hosenträger** *m pl* bretelle *f pl.*

Hostess, Hosteß [hɔs'tɛs *o* 'hɔs...] ‹-, -stessen› *f* hostess *f.*

Hostie ['hɔsti̯ə] ‹-, -n› *f* ostia *f*, particola *f.*

Hotel [ho'tɛl] ‹-s, -s› *n* albergo *m*, hotel *m*. **Hotelboy** [-bɔy̯] ‹-s, -s› *m* ragazzo *m* d'albergo. **Hotelfachschule** *f* scuola *f* alberghiera. **Hotelzimmer** *n* camera *f* d'albergo.

Hr. *ab von* **Herr** Sig. (*ab von* signore).

hü [hy:] *interj* uh; **einmal ~ und einmal hott sagen** *fam* cambiare continuamente idea.

Hubert ['hu:bɛrt] *(männlicher Vorname)* Uberto.

Hubraum ['hu:p-] *m* cilindrata *f.*

hübsch [hʏpʃ] **I.** *a* bello; *(niedlich)* carino; *(reizend)* grazioso; **eine (ganz) ~e Summe** *fam* una bella somma; **sich ~ machen** farsi bello; **na, ihr beiden H~en!** *fam* allora, bellezze! *fam;* **II.** *adv fam (ziemlich)* abbastanza; **es ~ bleibenlassen** *fam* guardarsene bene.

Hubschrauber ['hu:pʃrau̯bɐ] ‹-s, -› *m* elicottero *m.*

Huf [hu:f] ‹-(e)s, -e› *m* zoccolo *m*, unghia *f.* **Hufeisen** *n* ferro *m* di cavallo. **Hufschmied** *m* maniscalco *m.*

Hüfte ['hʏftə] ‹-, -n› *f* anca *f;* **mit den ~n wackeln** ancheggiare; **bis an die ~** fino ai fianchi. **Hüftgelenk** *n* articolazione *f* dell'anca. **Hüfthalter** *m* guaina *f.*

Hügel ['hy:gəl] ‹-s, -› *m* colle *m; (kleiner)* collina *f; (Grab~)* tumulo *m*. **hügelig** *a* collinoso.

Hugo ['hu:go] *(männlicher Vorname)* Ugo.

Huhn [hu:n] ‹-(e)s, ⸚er› *n (Art)* pollo *m; (Gattung)* pollame *m; (Henne)* gallina *f;* **mit den Hühnern aufstehen** *fam* alzarsi con i polli; **du verrücktes/dummes ~!** *fam* (sei) pazzo/(sei un) imbecille!

Hühnchen ['hy:nçən] ‹-s, -› *n* pollastro *m; gastr* pollo *m;* **mit jdm (noch) ein ~ zu rupfen haben** *fam* avere dei conti da regolare con qu.

Hühnerauge ['hy:nɐ-] *n* callo *m*. **Hühnerei** *n* uovo *m* di gallina. **Hühnerfarm** *f* stabilimento *m* avicolo. **Hühnerhof** *m* bassa corte *f.* **Hühnerleiter** *f* scaletta *f* del pollaio. **Hühnerstall** *m* pollaio *m.*

Hülle ['hʏlə] ‹-, -n› *f allg.* involucro *m; (Schallplatten~)* copertina *f*, custodia *f; (Cellophan~)* custodia *f;* **in ~ und Fülle** in gran quantità, a bizzeffe.

hüllen *tr* avvolgere (*in* in), coprire (*in* di); **sich in Schweigen (über etw.) ~** chiudersi nel silenzio (riguardo a qc).

Hülse ['hʏlzə] ‹-, -n› *f* **1.** *bot* baccello *m; (Schale)* buccia *f;* **2.** *(Geschoß~)* bossolo *m*. **Hülsenfrüchte** *f pl* **1.** *(Pflanzen)* leguminose *f pl;* **2.** *(Früchte)* legumi *m pl.*

human [hu'ma:n] *a* **1.** *(menschlich)* umano; **2.** *(menschenfreundlich)* umanitario.

Humanismus [huma'nɪsmʊs] ‹-, ø› *m* umanesimo *m.*

humanistisch *a* umanista; *hist* umanistico; *(Bildung)* classico.

Humanität [...ni'tɛ:t] ‹-, ø› *f* umanità *f.*

Hummel ['hʊməl] ‹-, -n› *f* bombo *m.*

Hummer ['hʊmɐ] ‹-s, -› *m* gambero *m* di mare.

Humor [hu'mo:ɐ̯] ‹-s, *rar* -e› *m* umorismo *m; (Sinn für ~)* senso *m* dell'umorismo, humour *m;* **~ haben** avere il senso dell'umorismo. **humorlos** *a* privo di umorismo. **humorvoll** *a* ricco di umorismo; *(witzig)* spiritoso.

humpeln ['hʊmpəln] *itr* ‹*haben o bei Fortbewegung sein*› zoppicare.

Hund [hʊnt] ‹-(e)s, -e› *m*, **Hündin** ['hʏndɪn] *f* cane *m*, cagna *f;* **auf den ~ kommen** *fam* cadere in miseria; **vor die ~e gehen** *fam* andare in rovina; **bekannt sein wie ein bunter ~** *fam* essere conosciuto dappertutto; **wie ~ und Katze leben** *fam* vivere come cane e gatto; **damit lockt man keinen ~ hinterm Ofen hervor** *fam* con ciò non si cava un ragno dal buco; **das ist ein dicker ~!** *fam* è un'indecenza; **Vorsicht, bissiger ~!** attenti al cane!, (attenzione,) cane mordace!; **du gemeiner ~!** *sl* vigliacco!, cane!; **~e, die bellen, beißen nicht** *prov* can che abbaia non morde *prov.*

hundeelend ['hʊndə'ˀe:lɛnt] *a:* **mir ist ~** *fam* mi sento da cani *fam*. **Hundehütte** *f* canile *m*. **Hundekuchen** *m* biscotto *m* per cani. **Hundeleben** *n fam* vita *f* da cani *fam*. **Hundeleine** *f* guinzaglio *m*. **hundemüde** ['hʊndə'my:də] *a fam* stanco morto *fam*, stracco *tosc.*

hundert ['hʊndɐt] *(Zahlwort)* cento; **ungefähr ~** un centinaio; **einige/mehrere ~** alcune/parecchie centinaia; *s. a. vier, vierzig.*

Hundert¹ ‹-s, -e› *n (Maßeinheit)* cento *m*, centinaio *m;* **zu ~en** a centinaia; **vom ~** (*ab* **v. H.**) per cento.

Hundert² ‹-, -en› *f (Zahl)* cento *m.*

Hunderter ⟨-s, -⟩ *m* **1.** *mat* centinaio *m;* **2.** *fam (Geldschein)* biglietto *m* da cento.
Hundertjahrfeier [-'ja:ɐ̯-] *f* centenario *m.* **hundertjährig** *a* centenario, secolare; **der H~e Krieg** la guerra dei cent'anni. **Hundertjährige** ⟨ein -r, -n, -n⟩ *mf* centenario, -a *m, f.*
hundertmal *adv* cento volte.
hundertprozentig *a, adv* al (*o* del) cento per cento.
Hundertstel ⟨-s, -⟩ *n* centesimo *m,* centesima parte *f.*
hundertste(r, s) *a* centesimo, -a; **vom H~n ins Tausendste kommen** saltare di palo in frasca *fam.*
hunderttausend ['hʊndɐt'taʊ̯zənt] *(Zahlwort)* centomila; **H~e** centinaia di migliaia.
Hündin *f s.* **Hund.**
hündisch ['hʏndɪʃ] *a fig* servile.
Hunger ['hʊŋɐ] ⟨-s, ø⟩ *m* fame *f; fig (Verlangen)* sete *f* (*nach* di); **~/keinen ~ haben** avere/non avere fame; **~ auf etw. haben** avere voglia di qc; **~ ist der beste Koch** *prov* la fame è il miglior cuoco *prov.* **Hungerkur** *f* cura *f* del digiuno. **Hungerlohn** *m* paga *f* di fame; **für einen ~ arbeiten** lavorare per una miseria.
hungern *itr* **1.** *(Hunger leiden)* patire la fame; **2.** *(fasten)* digiunare; **3.** *fig geh (verlangen)* aver fame (*nach* di).
Hungersnot *f* carestia *f.* **Hungerstreik** *m* sciopero *m* della fame.
hungrig ['hʊŋrɪç] *a* che ha fame (*nach* di), affamato (*nach* di); *fig geh (gierig)* assetato (*nach* di).
Hupe ['hu:pə] ⟨-, -n⟩ *f* clacson *m.*
hupen *itr* sonare il clacson.
hüpfen ['hʏpfən] *itr* ⟨*sein*⟩ saltellare.
Hürde ['hʏrdə] ⟨-, -n⟩ *f sport, fig* ostacolo *m.*
Hure ['hu:rə] ⟨-, -n⟩ *f* puttana *f vulg.*
hurra [hʊ'ra: *o* 'hʊra] *interj* urrà; **~ rufen** gridare evviva.
huschen ['hʊʃən] *itr* ⟨*sein*⟩ guizzare; *fig* scivolare (*über* su).
hüsteln ['hy:stəln] *itr* tossicchiare.
husten ['hu:stən] *itr* tossire, avere la tosse. **Husten** ⟨-s, *rar* -⟩ *m* tosse *f.* **Hustenanfall** *m* colpo *m* di tosse. **Hustenreiz** *m* stimolo *m* della tosse. **Hustensaft** *m* sciroppo *m* per la tosse.
Hut[1] [hu:t] ⟨-(e)s, ¨-e⟩ *m* cappello *m;* **etw. unter einen ~ bringen** *fig* mettere d'accordo qc; **das ist ein alter ~** *fig fam* non è nulla di nuovo; **dein Geld kannst du dir an den ~ stecken!** *fam* i tuoi soldi puoi tenerteli!
Hut[2] [hu:t] ⟨-, ø⟩ *f geh:* **auf der ~ (vor etw.) sein** stare in guardia (da qc).
hüten ['hy:tən] **I.** *tr* sorvegliare, guardare; *(Geheimnis)* custodire; *(Vieh)* pascolare; **II.** *rfl:* **sich ~ vor** guardarsi da; **sich ~, etw. zu tun** guardarsi bene dal fare qc *fam;* **das Bett ~ (müssen)** (dover) stare a letto (per malattia); **das Haus ~** stare in casa, non uscire di casa.
Hutgeschäft *n* cappelleria *f.* **Hutmacher(in)** *m(f)* cappellaio, -a *m, f,* modista *f.*
Hütte ['hʏtə] ⟨-, -n⟩ *f* **1.** *(Haus)* capanna *f,* casupola *f; (elende)* baracca *f,* catapecchia *f; (im Gebirge)* baita *f,* rifugio *m; (Jagd~)* capanna *f; (Hunde~)* canile *m,* cuccia *f;* **2.** *tec (~nwerk)* stabilimento *m* metallurgico; *(Eisen~)* ferriera *f; (Schmelz~)* fonderia *f.* **Hüttenkäse** *m* specie *f* di ricotta, cottage cheese *m.*
Hyäne ['hy̆ɛ:nə] ⟨-, -n⟩ *f* iena *f.*
Hyazinthe [hy̆a'tsɪntə] ⟨-, -n⟩ *f* giacinto *m.*
Hydrant [hy'drant] ⟨-en, -en⟩ *m* idrante *m,* bocca *f* d'acqua (*o* antincendio).
hydraulisch [hy'draulɪʃ] *a* idraulico.
Hydrokultur [hydrokʊl'tu:ɐ̯] *f* idrocoltura *f.*
Hygiene [hy'gi̯e:nə] ⟨-, ø⟩ *f* igiene *f.*
hygienisch *a* igienico.
Hymne ['hʏmnə] ⟨-, -n⟩ *f* inno *m.*
Hyperbel [hy'pɛrbəl] ⟨-, -n⟩ *f* iperbole *f.*
Hypnose [hʏp'no:zə] ⟨-, -n⟩ *f* ipnosi *f.*
hypnotisieren [...noti'zi:rən] ⟨*ohne ge-*⟩ *tr* ipnotizzare.
Hypochonder [hypo'xɔndɐ] ⟨-s, -⟩ *m* ipocondriaco *m.*
Hypothek [hypo'te:k] ⟨-, -en⟩ *f* ipoteca *f* (*auf* su).
Hypothese [hypo'te:zə] ⟨-, -n⟩ *f* ipotesi *f.*
hypothetisch [...'te:tɪʃ] *a* ipotetico.
Hysterie [hʏste'ri:, ...i:ən] ⟨-, -n⟩ *f* isteria *f,* isterismo *m.*
hysterisch [...'te:rɪʃ] *a* isterico.

I

I, i [iː] ⟨-, -(s)⟩ *n* I, i *f;* **I wie Ida** I come Imola.
i [iː] *interj* oh, eh; ~ **bewahre!** niente affatto!, macché!; ~ **wo!** ma va! *fam.*
I *ab von* **Italien** I.
i. A. *ab von* **im Auftrag** per incarico di.
IC [iːˈtseː] ⟨-(s), -(s)⟩ *m ab von* **Intercity-Zug** ≃ R. (*ab von* rapido).
ich [ıç] *pers pron 1. pers sing* io; ~ **auch nicht** neppure io; ~ **für meine Person** quanto a me, per me; ~ **selbst** io stesso; ~ **bin's** sono io; **hier bin** ~**!** eccomi!; ~ **Ärmster!** povero me!; ~ **Idiot!** che stupido sono! **Ich** ⟨-(s), -(s)⟩ *n:* **das** ~ l'io *m;* **mein zweites** ~ il mio alter ego.
ideal [ideˈaːl] *a* ideale. **Ideal** ⟨-s, -e⟩ *n* ideale *m.* **Idealfall** *m* caso *m* ideale.
Idealismus [...ˈlısmʊs] ⟨-, ø⟩ *m* idealismo *m.*
idealistisch *a* idealistico, idealista.
Idee [iˈdeː, ...eːən] ⟨-, -n⟩ *f* idea *f;* **eine** ~ **(Salz)** un'idea (*o* un po') (di sale); **das bringt mich auf eine** ~**!** mi fa venire un'idea!
identifizieren [idɛntifiˈtsiːrən] ⟨*ohne ge-*⟩ *tr* identificare.
identisch [iˈdɛntıʃ] *a* identico (*mit* a).
Identität [...tiˈtɛːt] ⟨-, ø⟩ *f* identità *f.*
Ideologie [ideoloˈgiː, ...iːən] ⟨-, -n⟩ *f* ideologia *f.*
idiomatisch [idioˈmaːtıʃ] *a* idiomatico.
Idiot(in) [iˈdioːt(ın)] ⟨-en, -en⟩ *m(f)* idiota *mf; fam* stupido, -a *m, f.* **Idiotenhügel** *m fam scherz* pendio *m* per principianti. **idiotensicher** *a fam scherz* di semplicissimo impiego.
idiotisch *a* idiota; *fam* stupido.
Idol [iˈdoːl] ⟨-s, -e⟩ *n* idolo *m.*
Idyll [iˈdʏl] ⟨-s, -e⟩ *n* idillio *m.*
idyllisch *a* idilliaco.
Igel [ˈiːgəl] ⟨-s, -⟩ *m* riccio *m.*
igitt [iˈgıt] *interj* oh, che schifo.
ignorieren [ıgnoˈriːrən] ⟨*ohne ge-*⟩ *tr* **1.** *(nicht wissen wollen)* ignorare; **2.** *(nicht beachten)* trascurare.
IHK [iːhaːˈkaː] ⟨-, ø⟩ *f ab von* **Industrie- und Handelskammer** camera dell'industria e del commercio.
ihm [iːm] *pers pron (dat von* er, es) *(betont)* a lui; *(unbetont)* gli.
ihn [iːn] *pers pron (acc von* er*) (betont)* lui; *(unbetont)* lo, l'.
ihnen [ˈiːnən] *pers pron (dat von* sie *pl) (betont)* a loro; *(unbetont)* loro, gli.
Ihnen *pers pron* **1.** *(dat von* Sie *sing) (betont)* a Lei; *(unbetont)* Le; **2.** *(dat von* Sie *pl) (betont)* a Loro; *(unbetont)* Loro, Vi.
ihr [iːɐ̯] **I.** *pers pron* **1.** *(2. pers pl)* voi; **2.** *(dat von* sie *sing) (betont)* a lei; *(unbetont)* le; **II.** *(adjektivisches Possessivpronomen)* **1.** *(von* sie *sing)* suo, -a *m, f,* suoi *m pl,* sue *f pl;* **2.** *(von* sie *pl)* loro.
Ihr *(adjektivisches Possessivpronomen)* **1.** *(von* Sie *sing)* Suo, -a *m, f,* Suoi *m pl,* Sue *f pl;* **2.** *(von* Sie *pl)* Loro, Vostro.
ihrer *pers pron* **1.** *(gen von* sie *sing)* di lei; **2.** *(gen von* sie *pl)* di essi *m,* di esse *f s. a. ihre(r, s).*
Ihrer *pers pron* **1.** *(gen von* Sie *sing)* di Lei; **2.** *(gen von* Sie *pl)* di Loro, di Voi *s. a. Ihre(r, s).*
ihre(r, s) [ˈiːrə] *(substantivisches Possessivpronomen)* **1.** *(von* sie *sing)* il suo, la sua, i suoi *pl,* le sue *pl;* **2.** *(von* sie *pl)* il loro, la loro, i loro *pl,* le loro *pl.*
Ihre(r, s) *(substantivisches Possessivpronomen)* **1.** *(von* Sie *sing)* il Suo, la Sua, i Suoi *pl,* le Sue *pl;* **2.** *(von* Sie *pl)* il Loro (*o* Vostro), la Loro (*o* Vostra), i Loro (*o* Vostri) *pl,* le Loro (*o* Vostre) *pl;* **auf das** ~**!** *(Trinkspruch entgegnend)* alla Sua!
ihrerseits [-zaits] *adv* **1.** ⟨*sing*⟩ da parte sua; **2.** ⟨*pl*⟩ da parte loro.
Ihrerseits *adv* da parte Sua.
ihresgleichen [ˈiːrəsˈglaiçən] ⟨*inv*⟩ *pron* **1.** ⟨*sing*⟩ suo pari, gente *f, etc.* come lei; **2.** ⟨*pl*⟩ loro pari, gente *f, etc.* come loro.
Ihresgleichen ⟨*inv*⟩ *pron* pari Suo, gente *f, etc.* come Lei.
ihretwegen [ˈiːrətˈveːgən] *adv* **1.** ⟨*sing*⟩ per causa sua, per lei; *(negativ)* per colpa sua; **2.** ⟨*pl*⟩ per (causa) loro; *(negativ)* per colpa loro.
Ihretwegen *adv* per causa Sua, per Lei; *(negativ)* per colpa Sua.
ihretwillen [ˈiːrətˈvılən] *adv:* **um** ~ **1.** ⟨*sing*⟩ per lei, per amor suo; **2.** ⟨*pl*⟩ per loro, per amor loro.
Ihretwillen *adv:* **um** ~ per Lei, per amor Loro.
illegal [ˈılegaːl *o* ...ˈgaːl] *a* illegale.
Illegalität [ılegaliˈtɛːt *o* ˈıl...] *f* illegalità *f.*
Illusion [ıluˈzioːn] ⟨-, -en⟩ *f* illusione *f;* **sich** *(dat)* ~**en machen über** farsi illusioni su, illudersi su.
Illustration [ılʊstraˈtsioːn] ⟨-, -en⟩ *f* illustrazione *f.*
illustrieren [...ˈtriːrən] ⟨*ohne ge-*⟩ *tr* illustrare. **Illustrierte** ⟨-n, -n⟩ *f* giornale *m* illustrato.

Iltis ['ɪltɪs] ‹-ses, -se› *m* puzzola *f.*

im [ɪm] = **in dem.**

Image ['ɪmɪtʃ *o* 'ɪmɪdʒ, ...ɪtʃs *o* ...ɪdʒiz] ‹-(s), -s› *n* immagine *f.* **Imagepflege** *f* cura *f* della propria immagine.

Imbiß ['ɪmbɪs] ‹-bisses, -bisse› *m* spuntino *m.* **Imbißstube** *f* tavola *f* calda.

Imitation [imita'tsi̯o:n] ‹-, -en› *f* imitazione *f.*

imitieren [...'ti:rən] ‹*ohne ge-*› *tr* imitare.

Imker(in) ['ɪmkɐ (...ərɪn)] ‹-s, -› *m(f)* apicoltore, -trice *m, f.*

Immatrikulation [ɪmatrikula'tsi̯o:n] ‹-, -en› *f* immatricolazione *f.*

immatrikulieren [...'li:rən] ‹*ohne ge-*› **I.** *tr* immatricolare, iscrivere; **II.** *rfl:* **sich ~ (lassen)** immatricolarsi.

immer ['ɪmɐ] *adv* sempre; **was auch ~** qualunque cosa *conj;* **wer auch ~** chiunque *conj;* **wie auch ~** in qualunque modo *conj;* **wo auch ~** dovunque *conj;* **für ~** per sempre; **noch ~, ~ noch** ancora (sempre); **schon ~** da sempre; **~ mehr** sempre più; **~, wenn ...** ogni volta che ..., tutte le volte che ...; **~ wieder** sempre; **er kommt ~ noch nicht** non giunge ancora; **es waren ~ zehn in einer Packung** *fam* ce n'erano sempre dieci in un pacchetto; **~ schön ruhig bleiben!** *fam* mantenersi sempre calmi!, restare calmi!

immerhin ['ɪmɐ'hɪn] *adv (jedenfalls)* comunque, in ogni caso; *(wenigstens)* almeno; **das ist ~ etwas** è qualcosa; **er hat sich ~ entschuldigt** comunque si è scusato.

immerzu ['ɪmɐ'tsu:] *adv* sempre, continuamente, ininterrottamente.

Immigrant(in) [ɪmi'grant(ɪn)] ‹-en, -en› *m(f)* immigrante *mf,* immigrato, -a *m, f.*

Immigration [...gra'tsi̯o:n] ‹-, -en› *f* immigrazione *f.*

immigrieren [...'gri:rən] ‹*ohne ge-*› *itr* ‹*sein*› immigrare.

Immobilien [ɪmo'bi:li̯ən] *f pl* immobili, beni *m pl* immobili (*o* immobiliari *o* fondiari).

immun [ɪ'mu:n] *a* immune (*gegen* da).

Immunität [...'tɛ:t] ‹-, ø› *f* immunità *f.*

Imperativ ['ɪmperati:f] ‹-s, -e› *m* imperativo *m.*

Imperfekt ['ɪmperfɛkt] *n* imperfetto *m.*

Imperialismus [ɪmperi̯a'lɪsmʊs] ‹-, ø› *m* imperialismo *m.*

impfen ['ɪmpfən] *tr* vaccinare.

Impfling ['ɪmpflɪŋ] ‹-s, -e› *m* persona *f* che deve essere vaccinata. **Impfpflicht** *f* vaccinazione *f* obbligatoria. **Impfpistole** *f* pistola *f* per vaccinazione. **Impfstoff** *m* vaccino *m.*

Impfung ‹-, -en› *f* vaccinazione *f.*

imponieren [ɪmpo'ni:rən] ‹*ohne ge-*› *itr* colpire, fare effetto (*jdm* su qu). **imponierend** *a* imponente.

Import [ɪm'pɔrt] ‹-(e)s, -e› *m* importazione *f.*

importieren [...'ti:rən] ‹*ohne ge-*› *tr* importare.

impotent ['ɪmpotɛnt] *a* impotente.

Impotenz [...nts] ‹-, ø› *f* impotenza *f.*

Impressionismus [ɪmprɛsi̯o'nɪsmʊs] ‹-, ø› *m* impressionismo *m.*

improvisieren [ɪmprovi'zi:rən] ‹*ohne ge-*› *tr, itr* improvvisare.

Impuls [ɪm'pʊls] ‹-es, -e› *m* impulso *m.*

impulsiv [...'zi:f] *a* impulsivo.

imstande [ɪm'ʃtandə] *a:* **~ sein, etw. zu tun** *(fähig)* essere capace di fare qc; *(in der Lage)* essere in grado di fare qc.

in¹ [ɪn] *a fam:* **~ sein** essere in.

in² [ɪn] *prp acc/dat* in, a; **ins Kino/Museum/Theater gehen** andare al cinema/al museo/a teatro; **~ der Mühlenstraße wohnen** abitare in Mühlenstraße; **im Regen** sotto la pioggia; **im ersten Stock** al primo piano; **~ der Hand/Tasse/Kiste** in mano/nella tazza/nella cassa; **~ dem** (*o* **im) Zimmer/Haus/Gebiet/Land** in camera/in casa/nella regione/nel paese; **~ der Stadt** *allg.* nella città; *(nicht zu Hause)* in città; **~ Rom** a Roma; **~ Deutschland** in Germania; **im Deutschland der Nachkriegszeit** nella Germania del dopoguerra; **im Anfang** all'inizio, al principio; **im Alter von ...** all'età di ...; **~ der Nacht** nella (*o* durante la *o* di) notte; **~ der nächsten Woche** la settimana prossima; **im Mai** in (*o* a) maggio; **im Frühling** in (*o* a) primavera; **im Sommer/Herbst/Winter** d'(*o* in) estate/autunno/inverno; **~ diesem Jahr** quest'anno; **~ zehn Jahren** *(nach Ablauf von)* tra dieci anni; *(während)* in dieci anni; **im Jahre 1970** nel 1970; **~ drei Teile teilen** dividere in tre (parti); **~ strengem Ton** con tono severo; **dieses Rätsel hat es ~ sich** *(dat)* questo enigma è difficile; **der Schnaps hat es ~ sich** *(dat)*! *fam* l'acquavite è forte.

inaktiv ['ɪnˀakti:f *o* ...'ti:f] *a* inattivo.

Inanspruchnahme [ɪn'ˀanʃprʊxna:mə] ‹-, -n› *f* **1.** *(von Gegenstand)* utilizzazione *f* (*von* di); *(von Geld)* utilizzo *m* (*von* di); *(von Hilfsquellen)* fruizione *f* (*von* di); **2.** *(von Menschen)* ricorso *m* (*von* a).

Inbegriff *m* incarnazione *f,* modello *m;* **der ~ der Dummheit** la stupidità personificata (*o* in persona).

inbegriffen *a* compreso, incluso.

inbrünstig ['ɪnbrʏnstɪç] *a* fervido, ardente.

indem [ɪn'de:m] *con* **1.** *(während)* mentre; **2.** *(dadurch, daß):* **er bleibt in Form, ~ er ständig trainiert** si mantiene in forma allenandosi continuamente; **~ er das sagte, ...** dicendo ciò ...

Inder(in) ['ɪndɐ (...ərɪn)] ‹-s, -› *m(f)* indiano, -a *m, f,* indù *mf.*

indes(sen) [ɪn'dɛs(ən)] *adv* **1.** *(zeitlich)* intanto, nel frattempo; **2.** *(einräumend)* tuttavia, nondimeno; **3.** *geh (jedoch)* ma, però, invece.

Index ['ɪndɛks, ...dɛksə *o* ...dit͡se:s] ‹-(es), -e *o* Indizes› *m* **1.** *mat, com* indice *m;* **2.** *rel* elenco *m.*

Indianer(in) [ɪn'di̯a:nɐ (...ərɪn)] ‹-s, -› *m(f)* indiano, -a *m, f.*

Indien ['ɪndi̯ən] *n* India *f,* Indie *f pl.*

Indikation [ɪndika't͡si̯o:n] ‹-, -en› *f* indicazione *f;* **medizinische/soziale ~** indicazione clinica/sociale.

Indikativ ['ɪndikati:f] ‹-s, -e› *m* indicativo *m.*

indirekt ['ɪndirɛkt *o* ...'rɛkt] *a* indiretto; **~e Rede** discorso indiretto.

indisch ['ɪndɪʃ] *a* indiano, indù, delle Indie; **der I~e Ozean** l'Oceano *m* Indiano.

indiskret ['ɪndɪskre:t *o* ...'kre:t] *a* indiscreto.

Indiskretion [ɪndɪskre't͡si̯o:n *o* 'ɪn...] ‹-, -en› *f* indiscrezione *f.*

Individualist(in) [ɪndividu̯a'lɪst(ɪn)] ‹-en, -en› *m(f)* individualista *mf.*

Individualität [...li'tɛ:t] ‹-, -en› *f* individualità *f.*

individuell [...'du̯ɛl] *a* individuale.

Indizes *pl von* **Index.**

Indizien [ɪn'di:t͡si̯ən] *n pl* indizi *m pl.* **Indizienbeweis** *m* prova *f* indiziaria.

indogermanisch ['ɪndogɛr'ma:nɪʃ] *a* indoeuropeo.

industrialisieren [ɪndʊstriali'zi:rən] ‹*ohne ge-*› *tr* industrializzare.

Industrie [ɪndʊs'tri:, ...i:ən] ‹-, -n› *f* industria *f;* **eisen-/holzverarbeitende ~** industria siderurgica/della lavorazione del legno. **Industriebetrieb** *m* azienda *f* industriale. **Industrieerzeugnis** *n* prodotto *m* industriale, manufatto *m.* **Industriegebiet** *n* zona *f* industriale. **Industrieland** *n* paese *m* industriale.

industriell [...tri'ɛl] *a* industriale.

Industrie- und Handelskammer *f* (*ab* **IHK**) camera *f* dell'industria e del commercio.

ineinander [ɪnʔai̯'nandɐ] *adv* l'uno, -a nell'altro; gli, le uni, -e negli, nelle altri, -e.

Infanterie ['ɪnfantəri: *o* ...'ri:, ...i:ən] ‹-, -n› *f* fanteria *f.*

Infanterist [...rɪst] ‹-en, -en› *m* fante *m,* soldato *m* di fanteria.

Infarkt [ɪn'farkt] ‹-(e)s, -e› *m* infarto *m.*

Infektion [ɪnfɛk't͡si̯o:n] ‹-, -en› *f* infezione *f.* **Infektionskrankheit** *f* malattia *f* infettiva.

Infinitiv ['ɪnfɪniti:f *o* ...'ti:f] ‹-s, -e› *m* infinito *m.*

infizieren [ɪnfi't͡si:rən] ‹*ohne ge-*› *tr* infettare.

Inflation [ɪnfla't͡si̯o:n] ‹-, -en› *f* inflazione *f.* **Inflationsrate** *f* tasso *m* d'inflazione.

infolge [ɪn'fɔlgə] *prp gen* in seguito a, a causa di.

infolgedessen [-'dɛsən] *adv* perciò, per questa ragione.

Informatik [ɪnfɔr'ma:tɪk] ‹-, ø› *f* informatica *f.*

Informatiker(in) ‹-s, -› *m(f)* informatico *m.*

Information [ɪnfɔrma't͡si̯o:n] ‹-, -en› *f* informazione *f; (Nachricht)* notizia *f.*

informieren [...'mi:rən] ‹*ohne ge-*› **I.** *tr* informare (*über* di), mettere al corrente (*über* di); **über etw. informiert sein** essere a conoscenza di qc; **II.** *rfl:* **sich ~** informarsi (*über* su).

infrarot ['ɪnfraro:t] *a* infrarosso. **Infrarotbestrahlung** *f* applicazione *f* di raggi infrarossi.

Infrastruktur ['ɪnfra-] *f* infrastruttura *f.*

Ingenieur(in) [ɪnʒe'ni̯ø:ɐ̯ (...rɪn)] ‹-s, -e› *m(f)* (*ab* **Ing.**) ingegnere *m.*

Ingwer ['ɪŋvɐ] ‹-s, ø› *m* zenzero *m.*

Inhaber(in) ‹-s, -› *m(f)* (*ab* **Inh.**) **1.** *allg.* proprietario, -a *m, f; (Besitzer)* possessore *m,* posseditrice *f;* **2.** *(von Amt, Titel, Urkunde, Ausweis, etc.)* titolare *mf; (von Berechtigung, Aktie, etc.)* detentore, -trice *m, f; fin* portatore, -trice *m, f.*

inhaftieren [ɪnhaf'ti:rən] ‹*ohne ge-*› *tr* arrestare, imprigionare.

inhalieren [ɪnha'li:rən] ‹*ohne ge-*› **I.** *tr* inalare; **II.** *itr* fare inalazioni.

Inhalt ['ɪnhalt] ‹-(e)s, -e› *m* **1.** *allg.* contenuto *m; mat (Raum~)* volume *m; (Flächen~)* area *f;* **2.** *(~sverzeichnis)* indice *m;* **zum ~ haben** avere per soggetto. **inhaltlich I.** *a* contenutistico; **II.** *adv* per quanto riguarda il contenuto, di contenuto. **Inhaltsangabe** *f* sommario *m,* riassunto *m.* **inhalt(s)los** *a* vuoto, superficiale. **Inhaltsverzeichnis** *n* indice *m.*

Initiative [init͡si̯a'ti:və] ‹-, -n› *f* **1.** *(Anstoß)* iniziativa *f;* **2.** ‹*sing*› *(Unternehmungsgeist)* spirito *m* d'iniziativa; **3.** *CH (Volksbegehren)* iniziativa *f* popolare.

Injektion [ɪnjɛk't͡si̯o:n] ‹-, -en› *f* iniezione *f,* puntura *f.*

injizieren [ɪnji't͡si:rən] ‹*ohne ge-*› *tr* iniettare.

inklusive [ɪnklu'zi:və] *prp gen* (*ab* **inkl.**) incluso, compreso.

inkognito [ɪn'kɔgnito] *adv* in incognito. **Inkognito** ‹-s, -s› *n* incognito *m.*

inkonsequent *a* inconseguente.

Inkrafttreten [ɪn'kraft-] ‹-s, ø› *n* entrata *f* in vigore.

Inkubationszeit [ɪnkuba't͡si̯o:ns-] *f* periodo *m* d'incubazione.

Inland *n* interno *m* (del paese).

inländisch ['ɪnlɛndɪʃ] *a* interno; *(Erzeugnis)* nazionale, del paese.
inmitten [ɪn'mɪtən] *prp gen* in mezzo a.
Inn [ɪn] *m* Eno *m.*
inne·haben ['ɪnə-] ‹*irr*› *tr allg.* avere; *(Titel)* detenere; *(Amt, Stellung a.)* occupare. **inne·halten** ‹*irr*› *itr* arrestarsi; **~ mit ...** cessare di ... *inf.*
innen ['ɪnən] *adv* all'interno, dentro; **nach/von ~** verso/dall'interno. **Innenarchitekt(in)** *m(f)* architetto, -a *m, f,* arredatore, -trice *m, f.* **Innenausstattung** *f* arredamento *m* interno. **Innendienst** *m* servizio *m* interno. **Innenleben** *n* vita *f* interiore. **Innenminister(in)** *m(f)* ministro *m* degli interni. **Innenministerium** *n* ministero *m* degli interni. **Innenpolitik** *f* politica *f* interna. **Innenseite** *f* faccia *f* interna, lato *m* interno. **Innenspiegel** *m* retrovisore *m* (*o* specchietto *m*) interno. **Innenstadt** *f* centro *m* (della città).
innerbetrieblich ['ɪnɐ-] *a* interaziendale; *(a. adv)* all'interno dell'azienda.
Innere ‹ein -s, -n, ø› *n* **1.** *(räumlich)* interno *m;* **2.** *fig (von Mensch)* cuore *m,* anima *f;* **im ~n von** all'interno di; **in meinem ~n** nel mio intimo.
Innereien [ɪnə'raiən] *f pl* interiora *f pl.*
innere(r, s) ['ɪnərə] *a* **1.** *(räumlich, adm, med)* interno, -a; **2.** *(körperlich)* interno, -a; **3.** *(geistig, seelisch)* intimo, -a; **~r Monolog** monologo interiore; **~r Wert** valore intrinseco; **vor meinem ~n Auge** alla mia vista interiore.
innerhalb *prp gen* **1.** *(örtlich)* all'interno di, entro, in; **2.** *(zeitlich)* nello spazio di, entro, in.
innerlich **I.** *a* **1.** *(körperlich)* interiore, interno; **2.** *(seelisch)* intimo; **II.** *adv* nel proprio intimo, intimamente; **~ anzuwenden** per uso interno.
Innerste ‹ein -s, -n, ø› *n:* **das ~** il centro, il nucleo; **tief im ~n** nel più profondo, nell'intimo.
innerste(r, s) ‹*Superlativ von* innere› *a* **1.** *(räumlich)* (il, la) più profondo, -a; **2.** *fig* intimo, -a; (il, la) più profondo, -a (*o* segreto, -a).
innig ['ɪnɪç] *a* **1.** *(tief, herzlich)* cordiale; **2.** *(stark, heiß)* fervido, ardente; **3.** *(zärtlich)* tenero.
Innung ['ɪnʊŋ] ‹-, -en› *f* corporazione *f* (artigianale *o* d'arti e mestieri).
inoffiziell ['ɪnʔɔfitsiɛl *o* ...'tsiɛl] *a* non ufficiale.
ins [ɪns] = **in das.**
Insasse ['ɪnzasə] ‹-n, -n› *m,* **Insassin** [...sɪn] *f* **1.** *(von Anstalt)* pensionante *mf,* ospite *mf;* **2.** *(von Fahrzeug)* occupante *mf.*
insbesondere [ɪnsbə'zɔndərə] *adv* soprattutto, particolarmente.
Inschrift *f* iscrizione *f.*
Insekt [ɪn'zɛkt] ‹-(e)s, -en› *n* insetto *m.*
Insektenkunde *f* entomologia *f.* **Insektenvertilgungsmittel** *n* insetticida *m.*
Insel ['ɪnzəl] ‹-, -n› *f* isola *f;* **auf einer ~** in (*o* su) un'isola.
Inserat [ɪnze'ra:t] ‹-(e)s, -e› *n* inserzione *f,* annuncio *f.*
inserieren [...'ri:rən] ‹*ohne ge-*› *itr* fare un'inserzione.
insgesamt [ɪnsgə'zamt] *adv* **1.** *(zusammen)* (tutti) insieme, complessivamente; **2.** *(im ganzen)* in tutto.
Insider ['ɪnsaɪdə] ‹-s, -› *m sl* iniziato, -a *m, f.*
insofern, insoweit [ɪnzo'fɛrn, *hinweisend:* ɪn'zo:..., ɪnzo'vait, *hinweisend:* ɪn'zo:...] **I.** *adv* fino a questo punto, a tale riguardo; **~, als ...** nella misura in cui ..., in quanto ...; **II.** *con* per quanto, nella misura in cui.
Inspektion [ɪnspɛk'tsio:n] ‹-, -en› *f* ispezione *f; (Prüfung, mot)* controllo *m.*
Inspiration [ɪnspira'tsio:n] ‹-, -en› *f* ispirazione *f.*
inspirieren [...'ri:rən] ‹*ohne ge-*› *tr* ispirare.
Installateur(in) [ɪnstala'tø:ɐ (...rɪn)] ‹-s, -e› *m(f)* installatore, -trice *m, f.*
Installation [...'tsio:n] ‹-, -en› *f* installazione *f.*
installieren [...'li:rən] ‹*ohne ge-*› *tr* installare; *tec* equipaggiare.
instand [ɪn'ʃtant] *a* a posto, in ordine; **etw. ~ halten** tenere qc in buono stato, provvedere alla manutenzione di qc; **etw. ~ setzen** ripristinare qc, rimettere a nuovo qc, riparare qc.
inständig ['ɪnʃtɛndɪç] **I.** *a* pressante, insistente; **II.** *adv:* **~ bitten** pregare insistentemente (*jdn um etw.* qu di *o* per qc), implorare (*jdn um etw.* qc da qu); **~ hoffen** sperare intensamente.
Instanz [ɪn'stants] ‹-, -en› *f* **1.** *jur* istanza *f;* **2.** *adm* autorità *f.*
Instinkt [ɪn'stɪŋkt] ‹-(e)s, -e› *m* istinto *m;* **aus ~** per istinto, istintivamente.
instinktiv [...'ti:f] *a* istintivo.
Institut [ɪnsti'tu:t] ‹-(e)s, -e› *n (a. Lehr~)* istituto *m,* istituzione *f; (Anstalt)* ente *m.*
Institution [...tu'tsio:n] ‹-, -en› *f* istituzione *f.*
Instruktion [ɪnstrʊk'tsio:n] ‹-, -en› *f* istruzione *f.*
Instrument [ɪnstru'mɛnt] ‹-(e)s, -e› *n* strumento *m; (Werkzeug a.)* attrezzo *m.*
inszenieren [ɪnstse'ni:rən] ‹*ohne ge-*› *tr* **1.** *theat, film* mettere in scena; **2.** *fig* montare, inscenare.
Inszenierung ‹-, -en› *f* **1.** *theat, film* allestimento *m,* messa *f* in scena; **2.** *fig* montatura *f,* messa *f* in scena.
intakt [ɪn'takt] *a* intatto.

Integralrechnung [ɪnte'gra:l-] *f* calcolo *m* integrale.
integrieren [ɪnte'gri:rən] ‹*ohne ge-*› *tr* integrare.
Intellekt [ɪntɛ'lɛkt] ‹-(e)s, ø› *m* intelletto *m*.
intellektuell [...'tu̯ɛl] *a* intellettuale.
intelligent [ɪntɛli'gɛnt] *a* intelligente.
Intelligenz [...'gɛnts] ‹-, -en› *f* intelligenza *f*. **Intelligenzquotient** *m* (*ab* **IQ**) quoziente *m* d'intelligenza.
Intendant(in) [ɪntɛn'dant(ɪn)] ‹-en, -en› *m(f)* intendente *mf*.
Intensität [ɪntɛnzi'tɛ:t] ‹-, ø› *f* intensità *f*.
intensiv [...'zi:f] *a* intenso; *(bes. agr, tec)* intensivo.
intensivieren [...zi'vi:rən] ‹*ohne ge-*› *tr* intensificare.
Intensivkurs *m* corso *m* intensivo. **Intensivstation** *f* reparto *m* cure intensive.
Intercity(-Zug) [ɪnte'sɪti] ‹-s, -s› *m* (*ab* **IC**) ≃ rapido *m*.
interessant [ɪntərɛ'sant] *a* interessante.
Interesse [...'rɛsə] ‹-s, -n› *n* interesse *m* (*an* a, *für* per); **an (*o* für) etw. ~ haben** interessarsi di qc, essere interessato a qc; **das ~ an etw. verlieren** disinteressarsi di qc; **jds ~n vertreten** difendere gli interessi di qu; **in jds ~ liegen** essere nell'interesse di qu. **Interessengemeinschaft** *f* comunione *f* d'interessi.
Interessent(in) [ɪntərɛ'sɛnt(ɪn)] ‹-en, -en› *m(f)* interessato, -a *m, f*.
interessieren [...'si:rən] ‹*ohne ge-*› *tr* interessare; **sich für jdn/etw. ~** interessarsi di qu/qc.
Interjektion [ɪntejɛk'tsi̯o:n] ‹-, -en› *f* interiezione *f*.
intern [ɪn'tɛrn] *a* interno.
Internat [ɪnte'na:t] ‹-(e)s, -e› *n* internato *m*, collegio *m*, convitto *m*.
international [ɪnte-] *a* internazionale.
Internierung [ɪnte'ni:rʊŋ] ‹-, -en› *f* internamento *m*.
Internist(in) [ɪnte'nɪst(ɪn)] ‹-en, -en› *m(f)* internista *mf*.
Interpret(in) [ɪnte'pre:t(ɪn)] ‹-en, -en› *m(f)* interprete *mf*.
Interpretation [...preta'tsi̯o:n] ‹-, -en› *f* interpretazione *f*.
interpretieren [...'ti:rən] ‹*ohne ge-*› *tr* interpretare.
Interpunktion [ɪntepʊŋk'tsi̯o:n] *f* interpunzione *f*.
Intervall [ɪnte'val] ‹-s, -e› *n* intervallo *m*.
intervenieren [ɪnteve'ni:rən] ‹*ohne ge-*› *itr* intervenire.
Intervention [...vɛn'tsi̯o:n] ‹-, -en› *f* intervento *m*.
Interview ['ɪntevju *o* ...'vju:] ‹-s, -s› *n* intervista *f*.
interviewen ‹*ohne ge-*› *tr* intervistare.
Interviewer(in) ‹-s, -› *m(f)* intervistatore, -trice *m, f*.
intim [ɪn'ti:m] *a* intimo; *(vertraut)* familiare; *(sexuell)* sessuale.
Intimität [ɪntimi'tɛ:t] ‹-, -en› *f* intimità *f*.
Intimsphäre *f* intimo *m*.
intolerant ['ɪntolerant *o* ...'rant] *a* intollerante. **Intoleranz** [...nts] *f* intolleranza *f*.
intransitiv ['ɪn-] *a* intransitivo.
Intrige [ɪn'tri:gə] ‹-, -n› *f* intrigo *m*, cabala *f*.
intrigieren [ɪntri'gi:rən] ‹*ohne ge-*› *itr* intrigare, brigare.
introvertiert [ɪntrovɛr'ti:ɐt] *a* introverso.
Invalide [ɪnva'li:də] ‹-n, -n› *m*, **Invalidin** [...dɪn] *f* invalido, -a *m, f*; *mil* mutilato, -a *m, f*.
Invasion [ɪnva'zi̯o:n] ‹-, -en› *f* invasione *f*.
Inventar [ɪnvɛn'ta:ɐ] ‹-s, -e› *n* inventario *m*.
Inventur [...'tu:ɐ] ‹-, -en› *f* inventario *m*; **~ machen** fare l'inventario.
investieren [ɪnvɛs'ti:rən] ‹*ohne ge-*› *tr* investire.
Investition [...ti'tsi̯o:n] ‹-, -en› *f* investimento *m*. **Investitionsgüter** *n pl* beni *m pl* d'investimento.
inwiefern, inwieweit [ɪnvi'fɛrn, ...'vai̯t] *adv* quanto, fino a che punto.
Inzest [ɪn'tsɛst] ‹-(e)s, -e› *m* incesto *m*.
Inzucht *f* **1.** *(bei Tieren)* riproduzione *f* fra consanguinei; **2.** *(bei Menschen)* unione *f* consanguinea.
inzwischen [ɪn'tsvɪʃən] *adv* intanto, frattanto, nel frattempo.
Ion [i̯o:n] ‹-s, -en› *n* ione *m*.
I-Punkt ['i:-] *m* puntino *m* sulla i.
IQ [i:'ku: *o* aɪ'kju:] ‹-(s), -s› *m ab von* **Intelligenzquotient** Q.I. (*ab von* quoziente d'intelligenza).
Irak [i'ra:k] *m*: **(der) ~** l'Iraq *m*; **im ~** nell'Iraq.
irakisch *a* iracheno.
Iran [i'ra:n] *m*: **(der) ~** l'Iran *m*; **im ~** nell'Iran.
iranisch *a* iraniano, iranico.
irdisch ['ɪrdɪʃ] *a* terrestre; *(nicht himmlisch)* terreno.
Ire ['i:rə] ‹-n, -n› *m*, **Irin** ['i:rɪn] *f* irlandese *mf*.
irgend ['ɪrgənt] *adv*: **~ etwas** qualunque cosa; **~ jemand** qualcuno, uno qualunque; **... oder ~ so etwas ...** o qualcosa del genere; **so gut es ~ geht** il meglio possibile; **wenn ~ möglich, wenn es ~ geht** se mai è possibile. **irgendein** *pron (adjektivisch)* uno, -a qualunque, uno, -a qualsiasi. **irgendeine(r, s)** ['ɪrgənt'ʔai̯nə] *pron* qualcuno, -a, uno, -a. **irgendwann** ['ɪrgənt'van] *adv* una volta o l'altra, prima o poi. **irgendwie** ['ɪrgənt'vi:] *adv* in qualche modo, in un modo o nell'altro. **irgendwo**

['ɪrgənt'vo:] *adv* in qualche posto, da qualche parte.

Iriden *pl von* **Iris**[1].

Irin *f s.* **Ire.**

Iris[1] ['i:rɪs, ˌi:rɪs *o* i'ri:dən] ‹-, - *o* Iriden› *f anat, opt* iride *f.*

Iris[2] ['i:rɪs] ‹-, -› *f bot* iris *f.*

irisch ['i:rɪʃ] *a* irlandese.

Irland ['ɪrlant] *n* Irlanda *f.*

Ironie [iro'ni:, ...i:ən] ‹-, -n› *f* ironia *f.*

ironisch [i'ro:nɪʃ] *a* ironico.

irrational ['ɪratsiona:l *o* ...'na:l] *a* irrazionale.

irr(e) ['ɪr(ə)] *a* **1.** *(verrückt)* folle, pazzo, alienato; **2.** *sl (ausgefallen, toll)* straordinario, pazzesco; **ein ~er Typ** *sl* un tipo stravagante (*o* originale); **an jdm ~ werden** perdere la fiducia in qu.

Irre[1] ‹-, ø› *f:* **in die ~ führen** fuorviare; *fig (täuschen)* sviare, ingannare.

Irre[2] ‹ein -r, -n, -n› *mf* pazzo, -a *m, f,* demente *mf,* alienato, -a *m, f.*

irreal ['ɪrea:l] *a* irreale.

irre·führen *tr fig* trarre in inganno; **irreführend** *a* che trae in inganno; *(Werbung)* menzognero. **Irreführung** *f* sviamento *m.*

irrelevant ['ɪrelevant *o* ...'vant] *a* irrilevante, trascurabile.

irre·machen *tr* confondere.

irren I. *itr* **1.** ‹*sein*› *(umher~)* errare; *fig (Gedanken)* vagare; **2.** ‹*haben*› *(sich täuschen)* errare, sbagliare; **~ ist menschlich** *prov* errare è umano *prov;* **II.** *rfl:* **sich ~** sbagliarsi (*in etw.* in qc, *in jdm* sul conto di qu), ingannarsi (*in etw.* su qc, *in jdm* su qu); **sich gewaltig** (*o* **schwer**) **~** *fam* prendere un granchio enorme; **wenn ich mich nicht irre** se non erro, se non mi sbaglio.

Irrenanstalt *f,* **-haus** *n* manicomio *m.*

Irrfahrt *f* peregrinazione *f,* odissea *f.* **Irrgarten** *m* labirinto *m,* dedalo *m.*

irrig *a geh* erroneo, falso.

irritieren [ɪri'ti:rən] ‹*ohne ge-*› *tr* **1.** *(verwirren)* confondere; **2.** *geh (reizen)* irritare, molestare.

Irrsinn *m* follia *f.* **irrsinnig** *a* **1.** *(verrückt)* folle; **2.** *(groß, stark)* grande; *(Schmerzen)* tremendo.

Irrtum ‹-s, ¨-er› *m* **1.** *(falsche Meinung)* errore *m;* **2.** *(Mißverständnis)* malinteso *m,* equivoco *m; (Versehen)* svista *f,* sbaglio *m;* **sich im ~ befinden, im ~ sein** essere in errore; **da sind Sie im ~** Lei si sbaglia; **das ist ein ~** vi è un malinteso; **~!** *fam* è uno sbaglio!

irrtümlich ['ɪrty:mlɪç] *a* erroneo.

Ischias ['ɪʃias *o* 'ɪsçias] ‹-, ø› *m o n o rar f* sciatica *f.*

Islam [ɪs'la:m *o* 'ɪslam] ‹-s, ø› *m* islam(ismo) *m.*

islamisch *a* islamico.

Island ['i:slant] *n* Islanda *f.*

isländisch ['i:slɛndɪʃ] *a* islandese.

Isolation [izola'tsio:n] ‹-, -en› *f* isolamento *m.* **Isolationshaft** *f* segregazione *f* cellulare.

Isolde [i'zɔldə] *(weiblicher Vorname)* Isotta.

Isolierband ‹-(e)s, ¨-er› *n* nastro *m* isolante.

isolieren [izo'li:rən] ‹*ohne ge-*› *tr* isolare.

Isolierstation *f* reparto *m* di isolamento.

Israel ['ɪsrae:l *o* ...aɛl] *n* Israele *m;* **in ~** nell'Israele.

Israeli [...'e:li] ‹-(s), -(s)› *mf,* **Israelin** [...lɪn] *f* israeliano, -a *m, f.*

israelisch *a* israeliano.

Israelit(in) [...e'li:t(ɪn)] ‹-en, -en› *m(f)* israelita *mf.*

israelitisch *a* israelitico, ebraico.

ist [ɪst] *pr von* **sein**[1].

ißt [ɪst] *pr von* **essen.**

Italien [i'ta:liən] *n* Italia *f.*

Italiener(in) [ita'lie:nɐ (...ərɪn)] ‹-s, -› *m(f)* italiano, -a *m, f.*

italienisch *a* italiano.

Italienisch ‹ø, ø› *n,* **Italienische** ‹-n, ø› *n* italiano *m;* **die Schwierigkeiten des Italienischen** le difficoltà dell'italiano; **Italienisch sprechen/verstehen** parlare/capire l'italiano; **kein Italienisch sprechen/verstehen** non parlare/capire l'italiano; **das ~(e) ist schwer** l'italiano è (una lingua) difficile; **er hat in Italienisch eine Zwei** ha un otto in italiano.

I-Tüpfelchen ['i:tʏpfəlçən] ‹-s, -› *n* puntino *m* sulla i; *fig* cacio *m* sui maccheroni *fam.*

i. V. [i:'fau] *ab von* **in Vertretung** p. (*ab von* per).

J

J, j [jɔt] ‹-, -(s)› *n* J, j *f;* **J wie Julius** i lunga.

J *ab von* **Joule** J (*ab von* joule).

ja [ja:] *adv* **1.** *(zustimmend)* sì; **2.** *(fragend: wirklich?)* ah sì; *fam* eh, vero; **3.** *(nachdrücklich)* ma; **4.** *(sogar)* anzi, perfino; **~ sagen** dire di sì; **zu allem ~ und amen sagen** *fam* acconsentire a tutto; **mit Ja antworten** rispondere affermativamente; **mit Ja stimmen** votare per ...; **ich glaube ~** penso di sì; **ich habe es ~ gesagt** ma l'ho detto; **sie wissen ~, daß ...** Lei sa bene che ...; **glaube ~ nicht, daß ...** e non credere che...; **da bist du ~!** eccoti qua!; **das ist ~ furchtbar!** ma è terribile!; **das ist ~ eine schöne Geschichte!** *iron* bell'affare!; **aber ~!** *fam,* **~ doch!** ma sì!; **na ~!** *fam* sì, sì; **nun ~!** e va bene.

Jacht [jaxt] ‹-, -en› *f* yacht *m.*

Jacke ['jakə] ‹-, -n› *f* giacca *f; (Woll~)* cardigan *m.*

Jackett [ʒa'kɛt] ‹-(e)s, -s *o rar* -e› *n* giacca *f,* giacchetto *m.*

Jagd [ja:kt] ‹-, -en› *f* caccia *f; (Verfolgung a.)* inseguimento *m* (*auf* a); **auf die ~ gehen** andare a caccia; **auf etw. ~ machen** dare la caccia a qc. **Jagdbeute** *f* cacciagione *f.* **Jagdbomber** *m* cacciabombardiere *m.* **Jagdschein** *m* licenza *f* di caccia. **Jagdzeit** *f* stagione *f* venatoria (*o* della caccia).

jagen ['ja:gən] **I.** *tr* ‹*haben*› **1.** *(Wild)* cacciare; **2.** *fig (verfolgen)* inseguire, dare la caccia a; **damit kannst du mich ~!** *fam* mi fa schifo *fam;* **II.** *itr* **1.** ‹*haben*› *(auf die Jagd gehen)* cacciare, andare a caccia; **2.** ‹*sein*› *(dahin~)* correre.

Jäger(in) ['jɛ:gɐ (...ərɪn)] ‹-s, -› *m(f)* **1.** *allg., mil* cacciatore, -trice *m, f;* **2.** *mil aero* pilota *m* da caccia.

Jaguar ['ja:gu̯a:ɐ̯] ‹-s, -e› *m* giaguaro *m.*

jäh [jɛ:] *a* **1.** *(steil)* ripido, erto, scosceso; **2.** *(plötzlich)* improvviso, repentino; **3.** *(überstürzt)* precipitato.

Jahr [ja:ɐ̯] ‹-(e)s, -e› *n (Zeiteinheit)* anno *m; (in bezug auf Verlauf)* annata *f;* **jedes ~** ogni anno, annualmente; **ein dreiviertel/halbes ~** nove/sei mesi; **alle zwei ~e** ogni due anni; **die dreißiger ~e** gli anni trenta; **die besten ~e (des Lebens)** gli anni più belli (della vita); **ein Mann in den besten ~en** un uomo nel fiore degli anni; **in die ~e kommen** cominciare a invecchiare; **viele ~e lang** per anni; **~ für ~** anno per anno; **das ganze ~ (hindurch** *o* **über)** (per) tutto l'anno; **in einem ~** *(ab jetzt)* fra un anno; *(im Verlauf eines ~es)* in un anno, nel corso di un anno; **im ~e 1981** nel(l'anno) 1981; **einmal im ~** una volta all'anno; **von ~ zu ~** di anno in anno; **im Alter von 3 ~en** a 3 anni; **vor einem ~** un anno fa; **vor ~en** anni fa.

jahraus [-'ʔau̯s] *adv:* **~, jahrein** anno per anno.

Jahrbuch *n* annuario *m,* almanacco *m.*

jahrelang I. *a* di anni, che dura da anni; **II.** *adv* per anni.

Jahresdurchschnitt *m* media *f* annua. **Jahreseinkommen** *n* reddito *m* annuo. **Jahrestag** *m* anniversario *m.* **Jahresurlaub** *m* vacanze *f pl* annuali. **Jahreswechsel** *m,* **-wende** *f* capodanno *m.* **Jahreszahl** *f* data *f.* **Jahreszeit** *f* stagione *f.*

Jahrgang *m* **1.** *(von Geburt)* generazione *f;* **2.** *(in Schule, etc.)* classe *f;* **3.** *(von Wein, Zeitschrift)* annata *f.*

Jahrhundert [-'hʊndɐt] ‹-s, -e› *n* (*ab* **Jh.**) secolo *m.* **Jahrhundertwende** *f* passaggio *m* da un secolo all'altro.

-jährig [-jɛ:rɪç] *a (in Zusammensetzungen)* di ... anni.

Jahrmarkt *m* fiera *f.*

Jahrtausend [-'tau̯zənt] ‹-s, -e› *n* millennio *m.*

Jahrzehnt [-'tse:nt] ‹-(e)s, -e› *n* decennio *m.*

Jähzorn *m* **1.** *(Eigenschaft)* temperamento *m* collerico, irascibilità *f;* **2.** *(Ausbruch)* accesso, impeto *m* di collera. **jähzornig** *a* irascibile, iracondo, collerico.

Jakob ['ja:kɔp] *(männlicher Vorname)* Giacomo; *(in Bibel)* Giacobbe.

Jalousie [ʒalu'zi:, ...i:ən] ‹-, -n› *f* imposta *f,* persiana *f.*

Jammer ['jamɐ] ‹-s, ø› *m* **1.** *(Elend)* miseria *f,* indigenza *f;* **2.** *(Klagen)* lamenti *m pl;* **es ist ein ~, daß ...** è un peccato che ... *conj.*

jämmerlich ['jɛmɐlɪç] *a (elend)* misero; *(erbärmlich)* miserabile, pietoso; *(mitleiderregend)* compassionevole.

jammern *itr* lamentarsi (*über* di, *um* per); *(klagen)* lagnarsi (*über* di, *um* per); **nach jdm/etw. ~** reclamare qu/qc con tono lamentoso.

jammerschade ['jamɐ'ʃa:də] *a fam:* **das ist ~!** è un gran peccato!

Januar ['janu̯a:ɐ̯] ‹-(s), -e› *m* gennaio *m;* *s. a. September.*

Japan ['ja:pan] *n* Giappone *m;* **in** ~ nel Giappone.
Japaner(in) [ja'pa:nɐ (...ərɪn)] ‹-s, -› *m(f)* giapponese *mf.*
japanisch *a* giapponese.
Jargon [ʒar'gõ:] ‹-s, -s› *m* gergo *m.*
Jasmin [jas'mi:n] ‹-s, -e› *m* gelsomino *m.*
Jastimme *f* voto *m* favorevole.
Jauche ['jauxə] ‹-, -n› *f* liquame *m,* colaticcio *m.*
jauchzen ['jauxtsən] *itr* levare grida di gioia, esultare, giubilare.
jaulen ['jaulən] *itr* guaire, mugolare.
Jause ['jauzə] ‹-, -n› *f (A, süddeutsch)* merenda *f,* spuntino *m.*
jawohl [ja'vo:l] *adv* sì certo, sissignore.
Jawort *n:* **jdm das** (*o* **sein**) ~ **geben** *(bei Trauung)* pronunciare il sì.
Jazz [dʒɛs *o* jats] ‹-, ø› *m* jazz *m.*
je[1] [je:] **I.** *adv* **1.** *(~mals)* mai; **2.** *(~weils)* ogni, alla volta; *(bei Personen)* ciascuno *(nachgestellt);* **seit eh und** ~ da sempre; **ich gebe euch** ~ **2 Mark** vi do 2 marchi ciascuno; **es ist schlimmer denn** ~ è peggio che mai; **II.** *con:* ~ **. . ., desto . . .** quanto . . . tanto . . .; ~ **eher, desto lieber** quanto prima tanto meglio; ~ **mehr, desto besser** più ce n'è tanto meglio; ~ **nach . . .** secondo . . .; ~ **nachdem** a seconda delle circostanze; ~ **nachdem, ob . . .** a seconda se . . .; **III.** *prp acc (pro)* per, a.
je[2] [je:] *interj:* **ach** (*o* **oh**) ~**!** ahimè!, oh Dio!, mamma mia!
Jeans [dʒi:nz] ‹*pl*› jeans *m pl.*
jedermann *pron* ognuno, tutti.
jede(r, s) ['je:də] *pron* **1.** *(adjektivisch)* ogni; **2.** *(substantivisch)* ognuno, -a, tutti; ~ **zweite/dritte . . .** ogni . . . due/tre . . .; ~**r von uns** ognuno di noi; **ohne** ~**n Grund/Sinn** senza alcun motivo/senso; **er kann** ~**n Augenblick hereinkommen** può entrare da un momento all'altro.
jederzeit ['je:dɐ'tsait] *adv* in qualsiasi momento, sempre.
jedesmal ['je:dəs'ma:l] *adv* ogni volta.
jedoch [je'dɔx] **I.** *adv* però, tuttavia; **II.** *con* ma, però.
jeher ['je:he:ɐ *o* 'je:'he:ɐ] *adv:* **von** ~ da sempre, da molto tempo.
jemals ['je:ma:ls] *adv* mai; **hat man** ~ **so etwas gesehen?** si è mai visto qualcosa di simile?
jemand ['je:mant] *pron* qualcuno; *(verneinend)* nessuno; ~ **anders** qualcun altro; **ohne** ~**en zu fragen** senza chiedere a nessuno; **es ist** ~ **da** c'è qualcuno.
jene(r, s) ['je:nə] *(Demonstrativpronomen) geh* **1.** *(adjektivisch)* quel(lo) *m,* quella *f,* quei *m pl,* quegli *m pl,* quelle *f pl;* **2.** *(substantivisch)* quello *m,* quella *f,* quelli *m pl,* quelle *f pl.*
jenseits ['je:nzaits *o* 'jɛn...] **I.** *adv* di là, dall'altra parte; **II.** *prp gen* al di là di, di là da. **Jenseits** ‹-, ø› *n:* **das** ~ l'al di là *m,* l'altro mondo *m.*
Jerusalem [je'ru:zalɛm] *n* Gerusalemme *f.*
Jesuit [je'zui:t] ‹-en, -en› *m* gesuita *m.*
Jesus ['je:zʊs, ...zu, ...zʊm] ‹Jesu, *dat* - *o* Jesu, *acc* - *o* Jesum› *(männlicher Vorname)* Gesù.
Jet-set ['dʒɛtsɛt] ‹-s, ø› *m* jet-set *m.*
jetzig ['jɛtsɪç] *a* attuale, presente.
jetzt [jɛtst] *adv* adesso, ora, attualmente; *(dann)* allora; **bis** ~ finora; **erst** ~ solo ora, soltanto adesso; **gerade** ~ proprio ora; **von** ~ **an** d'ora in poi, d'ora innanzi; ~ **oder nie!** ora o mai!
jeweilig ['je:'vailɪç] *a* rispettivo, vigente; *(betreffend)* in questione.
jeweils ['je:'vails] *adv (jedesmal)* ogni volta; **es können** ~ **8 Personen teilnehmen** possono prendervi parte 8 persone per volta.
Jh. *ab von* **Jahrhundert** sec. (*ab von* secolo).
Joachim ['jo:axɪm *o* jo'axɪm] *(männlicher Vorname)* Gioacchino.
Job [dʒɔp] ‹-s, -s› *m fam* lavoro *m.*
jobben ['dʒɔbən] *itr fam* lavorare (occasionalmente).
Jobsharing [-ʃɛ:rɪŋ] ‹-(s), ø› *n* jobsharing *m,* lavoro *m* part time a turno.
Joch [jɔx] ‹-(e)s, -e› *n allg., fig* giogo *m.*
Jockei, Jockey ['dʒɔke *o* -ki] ‹-s, -s› *m* jockey *m,* fantino *m.*
Jod [jo:t] ‹-(e)s, ø› *n* iodio *m.*
jodeln ['jo:dəln] *itr* fare lo jodel.
Joga ['jo:ga] ‹-(s), ø› *m o n* yoga *m.*
joggen ['dʒɔgən] **I.** *itr* ‹*sein*› praticare il jogging; **II.** *tr* ‹*haben o sein*› **er ist** (*o* **hat**) **2000 Meter gejoggt** ha corso per 2000 metri.
Jogging ['dʒɔgɪŋ] ‹-(s), ø› *n* jogging *m.* **Jogginganzug** *m* tuta *f* da jogging.
Joghurt ['jo:gʊrt] ‹-(s), -(s)› *m o n* iogurt *m.*
Johanna [jo'hana] *(weiblicher Vorname)* Giovanna; **(die heilige)** ~ **von Orléans** la Pulzella d'Orléans.
Johann(es) [jo'han(əs) *o* 'jo:han] *(männlicher Vorname)* Giovanni; ~ **der Täufer** San Giovanni Battista.
Johannisbeere [jo'hanɪs-] *f* ribes *m;* **schwarze/rote** ~ ribes nero/rosso.
johlen ['jo:lən] *itr* urlare, gridare.
Joint [dʒɔɪnt] ‹-s, -s› *m sl* spinello *m.*
Jongleur [ʒõ'glø:ɐ] ‹-s, -e› *m* giocoliere *m.*
jonglieren [ʒõ'gli:rən] ‹*ohne ge-*› *itr* fare giochi di destrezza.
Josef, Joseph ['jo:zɛf] *(männlicher Vorname)* Giuseppe.
Joule [dʒu:l *o* dʒaul] ‹-(s), -› *n* (*ab* **J**) joule *m.*
Journalismus [ʒurna'lɪsmʊs] ‹-, ø› *m* giornalismo *m.*

Journalist(in) [...'lɪst(ɪn)] ‹-en, -en› *m(f)* giornalista *mf.*
jovial [jo'vi̯a:l] *a* gioviale.
jr. *ab von* **junior** jr.
Jubel ['ju:bəl] ‹-s, ø› *m* giubilo *m,* esultanza *f; (~schreie)* grida *f pl* di giubilo; **~, Trubel, Heiterkeit** *fam* confusione ed allegria.
jubeln *itr* giubilare, esultare.
Jubilar(in) [jubi'la:ɐ̯ (...rɪn)] ‹-s, -e› *m(f)* festeggiato, -a *m, f,* chi festeggia un anniversario.
Jubiläum [...'lɛ:ʊm, ...ɛ:ən] ‹-s, -läen› *n* giubileo *m;* **fünfzigjähriges ~** cinquantenario *m.*
jucken ['jʊkən] **I.** *itr, tr (Körperstelle)* prudere (*jdn* a qu); **es juckt mich** mi prude; **II.** *rfl fam:* **sich ~** grattarsi.
Juckreiz *m* prurito *m.*
Jude ['ju:də] ‹-n, -n› *m,* **Jüdin** ['jy:dɪn] *f* ebreo, -a *m, f.* **Judentum** ‹-s, ø› *n* ebraismo *m.* **Judenverfolgung** *f* persecuzione *f* degli ebrei.
jüdisch ['jy:dɪʃ] *a* ebreo, ebraico, giudaico.
Judith ['ju:dɪt] *(weiblicher Vorname)* Giuditta.
Judo ['ju:do] ‹-(s), ø› *n* judo *m.*
Jugend ['ju:gənt] ‹-, ø› *f* **1.** *(Jungsein)* gioventù *f,* giovinezza *f;* **2.** *(Kindheit)* infanzia *f; (~alter)* adolescenza *f;* **die ~ von heute** la gioventù d'oggi; **von (früher) ~ an** dalla (prima) giovinezza. **Jugendarbeitslosigkeit** *f* disoccupazione *f* giovanile. **Jugendbuch** *n* libro *m* per ragazzi. **Jugendfreund(in)** *m(f)* amico, -a *m, f* di gioventù. **jugendgefährdend** *a:* **~e Schriften** *jur* scritti pericolosi per la gioventù. **Jugendherberge** *f* ostello *m* della gioventù. **Jugendkriminalität** *f* delinquenza *f* minorile.
jugendlich *a* **1.** *(jung wirkend)* giovanile; **2.** *(jung)* giovane, adolescente. **Jugendliche** ‹ein -r, -n, -n› *mf* minorenne *mf;* **~ unter 16 Jahren haben keinen Zutritt** vietata l'entrata ai minori di sedici anni.
Jugendschutz *m* protezione *f* della gioventù. **Jugendstil** *m* liberty *m.* **Jugendzeit** *f* gioventù *f,* adolescenza *f.* **Jugendzentrum** *n* centro *m* per la gioventù.
Juli ['ju:li] ‹-(s), -s› *m* luglio *m; s. a. September.*
jun. *ab von* **junior** jr.
jung [jʊŋ] ‹¨er, ¨ste› *a* giovane; *fig* nuovo; **~ und alt** giovani e vecchi; **in ~en Jahren** in giovane età; **von ~ auf** fin da giovane.
Junge[1] ‹-n, -n *o fam* Jungs *o* -ns› *m* ragazzo *m,* giovane *m;* **kleiner ~** ragazzino *m;* **~, ~!** *fam* ahi ahi ahi! *fam.*
Junge[2] ‹ein -s, -n, -n› *n* piccolo *m;* **~ werfen** *itr* figliare.
jünger ['jʏŋɐ] ‹*Komparativ von* jung› *a* più giovane; *(bei Geschwistern)* minore; **Cranach der J~e** Cranach il giovane; **er ist fünf Jahre ~ als ich** ha cinque anni meno di me; **er sieht ~ aus, als er ist** non dimostra la sua età, sembra più giovane.
Jünger ‹-s, -› *m* discepolo *m.*
Jungfer ['jʊŋfɐ] ‹-, -n› *f pej:* **alte ~** vecchia zitella *f.* **Jungfernfahrt** *f* viaggio *m* inaugurale. **Jungfernhäutchen** *n* imene *m.*
Jungfrau *f* **1.** *allg.* vergine *f;* **2.** *astr* Vergine *f;* **er/sie ist ~** è (della *o* una) Vergine.
jungfräulich [-frɔ̯ʏlɪç] *a* vergine, verginale.
Junggeselle *m,* **-gesellin** *f* scapolo *m,* celibe *m,* nubile *f.*
Jüngling ['jʏŋlɪŋ] ‹-s, -e› *m obs, poet* adolescente *m,* efebo *m poet,* giovincello *m poet, scherz.*
jüngste(r, s) ['jʏŋstə] ‹*Superlativ von* jung› *a* (il, la) più giovane; *(letzter)* ultimo, -a; **der/die J~** *(Bruder o Schwester)* il/la più piccolo/-a; **das J~ Gericht, der J~ Tag** il giudizio universale.
Juni ['ju:ni] ‹-(s), -s› *m* giugno *m; s. a. September.*
junior ['ju:ni̯ɔr] *a (nachgestellt)* (*ab* **jr., jun.**) junior *m,* figlio *m.* **Juniorchef(in)** *m(f)* figlio, -a *m, f* del principale.
Jupe [ʒʏ:p] ‹-, -s› *f o* ‹-s, -s› *m CH* gonna *f.*
Jura[1] ['ju:ra] *(ohne Artikel) (die Rechte):* **~ studieren** studiare legge.
Jura[2] ['ju:ra] *m geog:* **der ~** il Giura; **der Schweizer ~** il Giura franco-svizzero.
Jura[3] ['ju:ra] ‹-s, ø› *m geol* giurassico *m.*
Jurist(in) [ju'rɪst(ɪn)] ‹-en, -en› *m(f)* giurista *mf,* legista *mf; (Student)* studente, -essa *m, f* in legge.
juristisch *a* giuridico; **~e Fakultät** facoltà di legge.
Jury [ʒy'ri: *o* 'ʒy:ri:] ‹-, -s› *f* giurì *m,* giuria *f.*
Jus [ʒy:] ‹-, -› *m CH* succo *m* di frutta (*o* di verdura).
Justiz [jʊs'ti:t͜s] ‹-, ø› *f* giustizia *f.* **Justizbeamte** *m,* **-beamtin** *f* magistrato *m* (giudiziario), donna *f* magistrato. **Justizgebäude** *n* palazzo *m* di giustizia. **Justizirrtum** *m* errore *m* giudiziario. **Justizminister(in)** *m(f)* ministro *m* della giustizia.
Juwel [ju've:l] ‹-s, -en *o fig* -e› *m o fig n* gioiello *m.*
Juwelier [juve'li:ɐ̯] ‹-s, -e› *m* gioielliere *m.* **Juweliergeschäft** *n,* **-laden** *m* gioielleria *f.*
Jux [jʊks] ‹-es, -e› *m fam* scherzo *m,* celia *f;* **aus ~** per scherzo.

K

K, k [ka:] ‹-, -(s)› *n* K, k *f;* **K wie Kaufmann** kappa.

Kabel ['ka:bəl] ‹-s, -› *n* cavo *m.* **Kabelfernsehen** *n* televisione *f* via cavo.

Kabeljau ['ka:bəljau̯] ‹-s, -e *o* -s› *m* merluzzo *m.*

Kabine [ka'bi:nə] ‹-, -n› *f* cabina *f.*

Kabinett [kabi'nɛt] ‹-s, -e› *n pol* gabinetto *m.* **Kabinettssitzung** *f* seduta *f* dei ministri. **Kabinettsumbildung** *f* rimpasto *m* ministeriale.

Kabrio ['ka:brio] ‹-s, -s› *n,* **Kabriolett** [kabrio'lɛt] ‹-s, -s› *n* decappottabile *f.*

Kachel ['kaxəl] ‹-, -n› *f* piastrella *f.*

kacheln *tr* piastrellare.

Kachelofen *m* stufa *f* di ceramica.

Kadaver [ka'da:vɐ] ‹-s, -› *m* carogna *f.*

Kader ['ka:dɐ] ‹-s, -› *m* quadri *m pl.*

Kadmium ['katmi̯ʊm] ‹-s, ø› *n* cadmio *m.*

Käfer ['kɛ:fɐ] ‹-s, -› *m* coleottero *m.*

Kaff [kaf] ‹-s, -s *o* -e› *n fam pej* buco *m fam.*

Kaffee ['kafe *o* ka'fe:] ‹-s, -s *o bei Mengenangaben* -› *m* caffè *m;* **jdn zum ~ einladen** *(zu sich nach Hause)* invitare qu a prendere il caffè; **das ist kalter ~!** *fam* è vecchia! **Kaffeebohne** *f* chicco *m* di caffè. **Kaffee-Ersatz** *m* surrogato *m* di caffè. **Kaffeefilter** *m* filtro *m* per il caffè. **Kaffeehaus** [ka'fe:-] *n (bes. A)* caffè *m.* **Kaffeekanne** *f* caffettiera *f.* **Kaffeeklatsch** *m fam* riunione *f* (di signore) per il caffè. **Kaffeelöffel** *m* cucchiaino *m* da caffè. **Kaffeemaschine** *f* macchina *f* del caffè. **Kaffeemühle** *f* macinacaffè *m.* **Kaffeesatz** *m* fondo *m* del caffè. **Kaffeetasse** *f* tazza *f* (*o* tazzina *f*) da caffè.

Käfig ['kɛ:fɪç] ‹-s, -e› *m* gabbia *f.*

kahl [ka:l] *a* **1.** *(haarlos)* pelato, calvo; **2.** *(unbewachsen, schmucklos)* brullo, spoglio; *(Wand)* nudo; **~ scheren** rasare (*o* rapare *fam*) a zero; **~ werden** *(Kopf)* stempiarsi. **kahl·fressen** ‹*irr*› *tr* divorare il fogliame di. **Kahlheit** ‹-, ø› *f* **1.** *(Kahlköpfigkeit)* calvizie *f;* **2.** *(Kahlsein)* nudità *f.*

Kahn [ka:n] ‹-(e)s, ⸚e› *m* barca *f;* *(Schlepp~)* chiatta *f.*

Kai [kai̯] ‹-s, -e *o* -s› *m naut* banchina *f,* molo *m.*

Kaiser(in) ['kai̯zɐ (...ərɪn)] ‹-s, -› *m(f)* imperatore, -trice *m, f.* **kaiserlich** *a* imperiale. **Kaiserreich** *n* impero *m.* **Kaiserschmarren** *m A gastr frittata dolce sminuzzata.* **Kaiserschnitt** *m* taglio *m* cesareo.

Kajüte [ka'jy:tə] ‹-, -n› *f* cabina *f,* camerino *m.*

Kakao [ka'kau̯ *o* ka'ka:o] ‹-s, ø› *m* **1.** *(Pflanze, Pulver)* cacao *m;* **2.** *(Getränk)* cioccolata *f;* **jdn durch den ~ ziehen** *fig fam* prendere in giro qu. **Kakaobaum** *m* cacao *m.*

Kakerlak ['ka:kɐlak] ‹-s *o* -en, -en› *m* scarafaggio *m.*

Kaktee [kak'te:ə] ‹-, -n› *f,* **Kaktus** ['kaktʊs] ‹- *o* -ses, -teen *o* -se› *m* cactus *m.*

Kalabrien [ka'la:briən] *n* Calabria *f.*

Kalb [kalp] ‹-(e)s, ⸚er› *n* vitello *m.* **Kalbfleisch** *n* carne *f* di vitello. **Kalb(s)leder** *n* (pelle *f* di) vitello *m.*

Kaldaunen [kal'dau̯nən] *f pl* trippa *f.*

Kalender [ka'lɛndɐ] ‹-s, -› *m* calendario *m.* **Kalenderjahr** *n* anno *m* civile.

Kali ['ka:li] ‹-s, -s› *n* **1.** *chem* potassio *m;* *(~lauge)* potassa *f* caustica; **2.** *min* sale *m* potassico.

Kaliber [ka'li:bɐ] ‹-s, -› *n* calibro *m.*

Kalium ['ka:li̯ʊm] ‹-s, ø› *n* potassio *m.*

Kalk [kalk] ‹-(e)s, -e› *m* **1.** *allg.* calce *f;* **2.** *(~stein)* calcare *m;* **3.** *anat* calcio *m;* **ungelöschter/gelöschter ~** calce viva/spenta. **Kalkbildung** *f* calcificazione *f.*

kalken *tr* imbiancare.

kalkhaltig *a* calcareo. **Kalkmangel** *m* **1.** *med* mancanza *f* di calcio; **2.** *(von Boden)* mancanza *f* di carbonato di calcio. **Kalkstein** *m* pietra *f* calcarea.

Kalkulation [kalkula'tsi̯o:n] ‹-, -en› *f* **1.** *(a. fig)* calcolo *m;* **2.** *(Kostenvoranschlag)* preventivo *m.*

kalkulieren [...'li:rən] ‹*ohne ge-*› *tr* calcolare; *(a. fig: abschätzen)* valutare.

Kalorie [kalo'ri:, ...i:ən] ‹-, -n› *f* (*ab* **cal**) caloria *f.* **kalorienarm** *a* ipocalorico. **kalorienreich** *a* ipercalorico.

kalt [kalt] ‹⸚er, ⸚este› *a* **1.** *allg.* freddo; *(eisig~)* freddissimo, ghiacciato; **2.** *fig* freddo; *(unempfindlich, gefühllos)* insensibile; *(gleichgültig)* indifferente; *(unfreundlich)* duro, secco; **~er Krieg** guerra fredda; **~ werden** *(Wetter)* fare freddo; *(Speise, etc.)* raffreddarsi; **es ist ~** fa freddo; **mir ist ~** ho freddo; **es lief mir ~ über den Rücken, es überlief mich ~** mi vennero i brividi. **kaltblütig** [-bly:tɪç] *a, adv* a sangue freddo.

Kälte ['kɛltə] ‹-, ø› *f* **1.** *allg.* freddo *m;* **2.** *fig (Gefühls~)* freddezza *f;* *(Gleich-*

gültigkeit) indifferenza *f;* **bei dieser ~** con questo freddo. **kältebeständig** *a* resistente al freddo. **kälteempfindlich** *a* sensibile al freddo. **Kälteschutzmittel** *n* anticongelante *m; (bes. mot)* antigelo *m.*

kalt·lassen ‹*irr*› *tr:* **das läßt mich kalt** ciò non mi fa né caldo né freddo. **kaltschnäuzig** [-ʃnɔytsɪç] *a fam* freddo, insensibile. **Kaltstartautomatik** *f* starter *m.*

Kalzium ['kaltsiʊm] ‹-s, ø› *n* calcio *m.*

kam [ka:m] *imp von* **kommen.**

Kamel [ka'me:l] ‹-(e)s, -e› *n* **1.** *zoo* cammello *m;* **2.** *fam pej* imbecille *m.* **Kamelhaar** *n* pelo *m* di cammello.

Kamera ['kamǝra] ‹-, -s› *f* **1.** *film* cinepresa *f; TV* telecamera *f;* **2.** *fot* apparecchio *m* fotografico.

Kamerad(in) [kamǝ'ra:t (...dɪn)] ‹-en, -en› *m(f)* **1.** *(bes. Mitschüler, Lebensgefährte)* compagno, -a *m, f,* camerata *m;* **2.** *mil* commilitone *m.* **Kameradschaft** ‹-, ø› *f* cameratismo *m.* **kameradschaftlich** *a* cameratesco.

Kameramann ‹-(e)s, -männer *o* -leute› *m* cameraman *m,* operatore *m* cinematografico.

Kamille [ka'mɪlǝ] ‹-, -n› *f* camomilla *f.*

Kamin [ka'mi:n] ‹-s, -e› *m* camino *m,* caminetto *m;* **am ~** accanto al camino. **Kaminfeger** ‹-s, -› *m* spazzacamino *m.*

Kamm [kam] ‹-(e)s, ¨-e› *m* **1.** *(Haar~)* pettine *m;* **2.** *(Hahnen~, Wellen~, Gebirgs~)* cresta *f;* **alles über einen ~ scheren** fare di ogni erba un fascio.

kämmen ['kɛmǝn] **I.** *tr* pettinare; **II.** *rfl:* **sich ~** pettinarsi.

Kammer ['kamɐ] ‹-, -n› *f* camera *f.*

Kampanien [kam'pa:niǝn] *n* Campania *f.*

Kampf [kampf] ‹-(e)s, ¨-e› *m* **1.** *allg.* lotta *f* (*um* per); **2.** *(~handlung)* combattimento *m; (Schlacht)* battaglia *f;* **3.** *(Streit)* controversia *f; (Schlägerei)* rissa *f;* **4.** *(Wett~)* gara *f,* competizione *f;* **jdm den ~ ansagen** dichiarare guerra a qu.

kämpfen ['kɛmpfǝn] *itr* **1.** *allg.* lottare (*für, um* per); **2.** *(bes. mil)* combattere (*gegen* contro), essere alle prese (*mit* con); **3.** *(im Wettkampf)* gareggiare (*mit* con); **mit den Tränen ~** cercare di trattenere le lacrime; **mit Schwierigkeiten zu ~ haben** essere alle prese con delle difficoltà.

Kampfer ['kampfɐ] ‹-s, ø› *m* canfora *f.*

Kämpfer(in) ‹-s, -› *m(f) mil* combattente *mf; (a. fig, sport)* lottatore, -trice *m, f.*

kämpferisch *a* combattivo.

Kampfflugzeug *n* aereo *m* da combattimento. **Kampfgeist** *m* spirito *m* combattivo. **Kampfhandlung** *f* operazione *f* militare. **Kampfpause** *f* tregua *f.* **Kampfrichter(in)** *m(f)* arbitro, -a *m, f.*

kampieren [kam'pi:rǝn] ‹*ohne ge-*› *itr* accamparsi.

Kanada ['kanada] *n* Canada *m;* **in ~** nel Canada.

kanadisch [ka'na:dɪʃ] *a* canadese.

Kanal [ka'na:l] ‹-s, ¨-e› *m* **1.** *allg.* canale *m;* **2.** *(Abwasser~)* canale *m* di scolo; **3.** *geog (Ärmel~)* Canale *m* della Manica.

Kanalisation [kanaliza'tsio:n] ‹-, -en› *f* canalizzazione *f* di scarico, fognatura *f.*

kanalisieren [...'zi:rǝn] ‹*ohne ge-*› *tr* canalizzare.

Kanarienvogel [ka'na:riǝn-] *m* canarino *m.*

Kanarische Inseln [ka'na:rɪʃǝ 'ɪnzǝln] *f pl* Canarie *f pl.*

Kandidat(in) [kandi'da:t(ɪn)] ‹-en, -en› *m(f)* candidato, -a *m, f* (*für* a).

Kandidatur [...da'tu:ɐ] ‹-, -en› *f* candidatura *f.*

kandidieren [...'di:rǝn] ‹*ohne ge-*› *itr* presentare la propria candidatura.

kandieren [kan'di:rǝn] ‹*ohne ge-*› *tr gastr* candire; **kandierte Früchte** *f pl* frutta *f* candita.

Kandis(zucker) ['kandɪs] ‹-, ø] *m* zucchero *m* candito.

Känguruh ['kɛŋguru] ‹-s, -s› *n* canguro *m.*

Kaninchen [ka'ni:nçǝn] ‹-s, -› *n* coniglio *m.*

Kanister [ka'nɪstɐ] ‹-s, -› *m* bidone *m.*

kann [kan] *pr von* **können.**

Kännchen ['kɛnçǝn] ‹-s, -› *n* bricchetto *m.*

Kanne ['kanǝ] ‹-, -n› *f (Kaffee~, Tee~)* bricco *m; (große ~)* bidone *m.*

kannte ['kantǝ] *imp von* **kennen.**

Kanone [ka'no:nǝ] ‹-, -n› *f* **1.** *(Geschütz)* cannone *m,* pezzo *m* d'artiglieria; **2.** *fig fam (bes. sport)* asso *m,* campione *m;* **3.** *sl (Revolver)* pistola *f,* revolver *m;* **mit ~n auf Spatzen schießen** *fig* sparare ai passeri col cannone; **das ist unter aller ~** *fam* è pessimo.

Kante ['kantǝ] ‹-, -n› *f* spigolo *m; (Rand)* bordo *m; (Saum)* orlo *m;* **Geld auf die hohe ~ legen** *fam* mettere soldi da parte, risparmiare soldi.

kantig *a* angoloso; *(bes. Gesicht)* spigoloso.

Kantine [kan'ti:nǝ] ‹-, -n› *f (Werks~)* mensa *f; (Kasernen~, Internats~)* refettorio *m.*

Kanton [kan'to:n] ‹-s, -e› *m (Verwaltungsbezirk)* cantone *m.*

Kanu ['ka:nu *o* ka'nu:] ‹-s, -s› *n* canoa *f.*

Kanüle [ka'ny:lǝ] ‹-, -n› *f* **1.** *(an Spritze)* ago *m* (della siringa); **2.** *(Röhrchen)* cannula *f.*

Kanusport *m* canottaggio *m.*

Kanzel ['kantsəl] ‹-, -n› *f* **1.** *rel* pulpito *m;* **2.** *aero* cabina *f* (di pilotaggio).
Kanzlei [kants'lai] ‹-, -en› *f* **1.** *(von Rechtsanwalt)* ufficio *m,* studio *m;* **2.** *(von Behörde)* cancelleria *f,* segreteria *f.*
Kanzler(in) ['kantslɐ (...ərın)] ‹-s, -› *m(f)* **1.** *pol* (donna *f*) cancelliere *m;* **2.** *(von Universität)* economo, -a *m, f.* **Kanzleramt** *n* cancellierato *m; (Gebäude)* cancelleria *f.*
Kap [kap] ‹-s, -s› *n* capo *m.*
Kapazität [kapatsi'tɛ:t] ‹-, -en› *f* **1.** *(Fassungsvermögen)* capacità *f;* **2.** *(Experte a.)* esperto *m,* autorità *f.*
Kapelle [ka'pɛlə] ‹-, -n› *f* **1.** *rel* cappella *f;* **2.** *mus* banda *f,* orchestrina *f,* complesso *m* (musicale). **Kapellmeister** *m* **1.** *(Orchesterdirigent)* direttore *m* d'orchestra; **2.** *(Leiter einer Kapelle)* capobanda *m.*
Kaper ['ka:pɐ] ‹-, -n› *f* cappero *m.*
kapieren [ka'pi:rən] ‹*ohne ge-*› *tr fam* capire, comprendere, afferrare; **kapiert?** ci siamo intesi?
Kapital [kapi'ta:l, ...lə *o* ...liən] ‹-s, -e *o* -ien› *n* **1.** *allg., fig* capitale *m;* **2.** *(Geldmittel)* capitali *m pl,* fondi *m pl;* ~ **aus etw. schlagen** *fig* trarre profitto da qc. **Kapitalanlage** *f* investimento *m* (di capitale). **Kapitalertrag** *m* reddito *m* di capitale. **Kapitalflucht** *f* fuga *f* dei capitali.
Kapitalismus [kapita'lısmʊs] ‹-, ø› *m* capitalismo *m.*
kapitalistisch *a* capitalista, capitalistico.
Kapitän [kapi'tɛ:n] ‹-s, -e› *m* **1.** *naut, sport* capitano *m;* **2.** *aero* comandante *m;* ~ **zur See** capitano di vascello.
Kapitel [ka'pıtəl] ‹-s, -› *n* capitolo *m; fig (Angelegenheit)* questione *f,* faccenda *f;* **das ist ein ~ für sich** questa è una questione a parte; **ein dunkles ~ in seinem Leben** un capitolo oscuro nella sua vita.
Kapitell [kapi'tɛl] ‹-s, -e› *n* capitello *m.*
kapitulieren [kapitu'li:rən] ‹*ohne ge-*› *itr* capitolare; *(a. fig)* arrendersi.
Kaplan [ka'pla:n] ‹-s, ⸚e› *m* cappellano *m.*
Kappe ['kapə] ‹-, -n› *f* **1.** *(Kopfbedekkung)* berretto *m,* berretta *f;* **2.** *(am Schuh)* punta *f;* **3.** *(Deckel)* coperchio *m;* **etw. auf seine ~ nehmen** assumersi la responsabilità di qc.
Kapsel ['kapsəl] ‹-, -n› *f* **1.** *bot, anat* capsula *f;* **2.** *(Tablette)* cachet *m;* **3.** *(Behälter)* scatoletta *f.*
kaputt [ka'pʊt] *a fam* **1.** *(zerbrochen)* rotto, scassato *fam; (beschädigt)* rovinato; *(defekt)* guasto; **2.** *fig (erschöpft)* sfinito, stanco morto *fam;* **ein ~er Typ** *sl* un relitto (umano). **kaputt·gehen** ‹*irr*› *itr* ‹*sein*› *fam* **1.** *(entzweigehen)* rompersi, scassarsi *fam; (verderben)* rovinarsi, guastarsi; *(Pflanzen: eingehen)* morire; **2.** *fig (zugrunde gehen)* rovinarsi, andare in rovina. **kaputt·lachen** *rfl:* **sich** ~*fam* sbellicarsi dalle risa. **kaputt·machen** *fam* **I.** *tr* **1.** *(zerbrechen)* rompere, scassare *fam;* **2.** *(ruinieren, a. wirtschaftlich)* rovinare; **II.** *rfl:* **sich** ~ rovinarsi.
Kapuze [ka'pu:tsə] ‹-, -n› *f* cappuccio *m.*
Karambolage [karambo'la:ʒə] ‹-, -n› *f* **1.** *(Zusammenstoß)* collisione *f,* scontro *m;* **2.** *(Billard)* carambola *f.*
Karamel [kara'mɛl] ‹-s, ø› *m* caramello *m.*
Karat [ka'ra:t] ‹-(e)s, -e› *n* carato *m.*
Karate [ka'ra:tə] ‹-(s), ø› *n* karatè *m.*
-karätig [-karɛ:tıç] *a* di ... carati.
Karawane [kara'va:nə] ‹-, -n› *f* carovana *f.*
Kardanwelle [kar'da:n-] *f* albero *m* cardanico.
Kardinal [kardi'na:l] ‹-s, ⸚e› *m* cardinale *m.*
Kardinal- *(in Zusammensetzungen)* fondamentale, sostanziale. **Kardinalzahl** *f* numero *m* cardinale.
Karfiol [kar'fio:l] ‹-s, ø› *m A (Blumenkohl)* cavolfiore *m.*
Karfreitag [ka:ɐ-] *m* venerdì *m* santo.
karg [kark] ‹-er *o rar* ⸚er, -ste *o rar* ⸚ste› *a* **1.** *(gering bemessen)* scarso, magro; *(bes. Worte)* parco (*mit* di); **2.** *(armselig)* misero, povero; **3.** *(unfruchtbar)* povero.
kärglich ['kɛrklıç] *a (dürftig)* magro; *(Mahl)* frugale; *(a. armselig)* misero; povero; **in ~en Verhältnissen leben** vivere poveramente.
kariert [ka'ri:ɐt] *a (Papier)* a quadretti; *(Stoff)* a quadri.
Karies ['ka:riɛs] ‹-, ø› *f* carie *f.*
Karikatur [karika'tu:ɐ] ‹-, -en› *f* caricatura *f; (in Zeitung, etc.)* vignetta *f.*
karikieren [...'ki:rən] ‹*ohne ge-*› *tr* fare la caricatura di.
Karl [karl] *(männlicher Vorname)* Carlo; ~ **der Große** Carlo Magno.
Karneval ['karnəval] ‹-s, -e *o* -s› *m* carnevale *m.*
Kärnten ['kɛrntən] *n* Carinzia *f.*
Karo ['ka:ro] ‹-s, -s› *n* **1.** *(Quadrat)* quadrato *m;* **2.** *(Raute)* losanga *f,* rombo *m;* **3.** *(von ~muster)* quadro *m;* **4.** ‹*sing*› *(beim Kartenspiel)* quadri *m pl.*
Karosserie [karɔsə'ri:, ...i:ən] ‹-, -n› *f* carrozzeria *f.*
Karotte [ka'rɔtə] ‹-, -n› *f* carota *f.*
Karpfen ['karpfən] ‹-s, -› *m* carpa *f.*
Karren ['karən] ‹-s, -› *m* carretto *m,* carrello *m; (Schub~)* carriola *f;* **den ~ aus dem Dreck ziehen** *fig fam* sbrogliare la matassa.
Karriere [ka'riɛ:rə] ‹-, -n› *f (Laufbahn)* carriera *f;* ~ **machen** fare carriera.

Karte ['kartə] ‹-, -n› *f* **1.** *allg.* carta *f;* **2.** *(Fahr~, Eintritts~)* biglietto *m; (Visiten~)* biglietto *m* da visita; *(Kartei~)* scheda *f;* **3.** *(Speise~)* menù *m*, carta *f; (Wein~)* lista *f* dei vini; **4.** *(Ansichts~, Post~)* cartolina *f* (illustrata, postale); **~n spielen** giocare a carte; **alles auf eine ~ setzen** *fig* puntare tutto su una carta.

Kartei [kar'tai̯] ‹-, -en› *f* schedario *m*. **Karteikarte** *f* scheda *f*, cartellino *m*. **Karteikasten** *m* schedario *m*.

Kartell [kar'tɛl] ‹-s, -e› *n* cartello *m*.

Kartenhaus *n* **1.** *naut* sala *f* nautica; **2.** *(aus Spielkarten, fig)* castello *m* di carte; **wie ein ~ zusammenfallen** crollare come un castello di carte. **Kartenleger(in)** ‹-s, -› *m(f)* cartomante *mf*. **Kartenspiel** *n* **1.** *(Spiel)* partita *f* a (*o* di) carte; **2.** *(Spielkarten)* mazzo *m* di carte. **Kartenvorverkauf** *m theat* vendita *f* anticipata, prenotazione *f* dei biglietti.

Kartoffel [kar'tɔfəl] ‹-, -n› *f* patata *f*. **Kartoffelbrei** *m* purè *m* di patate. **Kartoffelchips** *m pl* patatine *f pl*. **Kartoffelkäfer** *m* dorifora *f* della patata. **Kartoffelpuffer** *m* frittella *f* di patate. **Kartoffelpüree** *n s.* **Kartoffelbrei. Kartoffelsalat** *m* insalata *f* di patate.

Karton [kar'tɔŋ *o* ...'to:n] ‹-s, -s *o* -e› *m* **1.** *(Pappe)* cartone *m; (leichter ~)* cartoncino *m;* **2.** *(Schachtel)* scatola *f* di cartone.

Karussell [karʊ'sɛl] ‹-s, -s *o* -e› *n* giostra *f*, carosello *m*.

Karwoche ['ka:ɐ̯-] *f* settimana *f* santa.

Käse ['kɛ:zə] ‹-s, -› *m* **1.** *gastr* formaggio *m*, cacio *m;* **2.** *fig fam (Unsinn)* sciocchezze *f pl*, cretinate *f pl fam*. **Käseglocke** *f* campana *f* per formaggio. **Käsekuchen** *m* torta *f* di ricotta.

Kaserne [ka'zɛrnə] ‹-, -n› *f* caserma *f*.

Kasino [ka'zi:no] ‹-s, -s› *n* **1.** *(Spiel~)* casinò *m;* **2.** *(Speiseraum)* mensa *f; (Offiziers~)* mensa *f* ufficiali.

Kaskoversicherung ['kasko-] *f* assicurazione *f* contro tutti i rischi.

Kaspar ['kaspar] *(männlicher Vorname)* Gaspare.

Kasperle ['kaspɐlə] ‹-s, -› *n o m* **1.** *(im ~theater)* ≃ Arlecchino *m;* **2.** *fam* pagliaccio *m*, buffone *m*. **Kasper(le)theater** *n* teatrino *m* dei burattini.

Kasse ['kasə] ‹-, -n› *f* **1.** *allg.* cassa *f;* **2.** *(Zahlstelle)* ufficio *m* cassa; **3.** *(für Eintritts-, Fahrkarten)* biglietteria *f; theat, film* botteghino *m;* **4.** *(Bank)* banca *f;* **5.** *(Kranken~)* mutua *f*, cassa *f* malati; **(gut) bei ~ sein** *fam* stare bene a quattrini *fam;* **knapp bei ~ sein** *fam* essere a corto di quattrini *fam;* **jdn zur ~ bitten** chiedere il pagamento a qu. **Kassenarzt** *m*, **-ärztin** *f* medico *m* (dottoressa *f*) della mutua. **Kassenbestand** *m* giacenza *f* (*o* fondo *m o* effettivo *m*) di cassa. **Kassenbon** *m* scontrino *m*. **Kassenpatient(in)** *m(f)* (paziente *mf*) mutuato, -a *m, f*. **Kassensturz** *m:* **~ machen** verificare la cassa.

Kassette [ka'sɛtə] ‹-, -n› *f* **1.** *allg.* cassetta *f; (Musik~)* musicassetta *f;* **2.** *fot (Filmbehälter)* caricatore *m*. **Kassettenrecorder** [-rekɔrdɐ] ‹-s, -› *m* registratore *m* a cassette.

kassieren [ka'si:rən] ‹*ohne ge-*› **I.** *tr* **1.** *(ein~)* incassare (*bei jdm* da qu); **2.** *fig fam (wegnehmen)* sottrarre; *(beschlagnahmen)* sequestrare; **II.** *itr* **1.** *(abrechnen)* fare i conti; **2.** *sl (verdienen, Geld machen)* far soldi *fam;* **darf ich ~, bitte?** posso chiederLe di pagare?

Kassierer(in) ‹-s, -› *m(f)* cassiere, -a *m, f*.

Kastanie [kas'ta:ni̯ə] ‹-, -n› *f* **1.** *(Baum: Edel~)* castagno *m; (Roß~)* ippocastano *m*, castagno *m* d'India; **2.** *(Frucht)* castagna *f;* **für jdn die ~n aus dem Feuer holen** *fig* cavare le castagne dal fuoco per qu *fam*. **kastanienbraun** *a* castano.

Kästchen ['kɛstçən] ‹-s, -› *n* **1.** *(Behälter)* cassettina *f; (Schmuck~)* scrigno *m;* **2.** *(Viereck)* quadretto *m*.

Kasten ['kastən] ‹-s, ̈- *o* -› *m* **1.** *(Kiste)* cassa *f; (großer ~, Truhe)* cassone *m; (Schachtel)* scatola *f;* **2.** *sport (Turngerät)* plinto *m;* **3.** *fam (häßliches Gebäude)* catapecchia *f*.

kastrieren [kas'tri:rən] ‹*ohne ge-*› *tr* castrare.

Katakombe [kata'kɔmbə] ‹-, -n› *f* catacomba *f*.

Katalog [kata'lo:k] ‹-(e)s, -e› *m* catalogo *m*.

Katalysator [kataly'za:to:ɐ̯, ...za'to:rən] ‹-s, -en› *m chem, fig* catalizzatore *m; mot* marmitta *f* catalitica.

Katapult [kata'pʊlt] ‹-(e)s, -e› *n o m* catapulta *f*.

katapultieren [...'ti:rən] ‹*ohne ge-*› *tr aero, fig* catapultare.

Katarrh [ka'tar] ‹-s, -e› *m* catarro *m*.

katastrophal [katastro'fa:l] *a* catastrofico.

Katastrophe [...'tro:fə] ‹-, -n› *f* catastrofe *f*, disastro *m*. **Katastrophengebiet** *n* zona *f* sinistrata. **Katastrophenschutz** *m* **1.** *(Organisation)* protezione *f* civile; **2.** *(Maßnahme)* misure *f pl* anticatastrofe.

Katechismus [katɛ'çɪsmʊs, ...mən] ‹-, -men› *m* catechismo *m*.

Kategorie [katego'ri:, ...i:ən] ‹-, -n› *f* categoria *f*.

kategorisch [...'go:rɪʃ] *a* categorico.

Kater ['ka:tɐ] ‹-s, -› *m* **1.** *zoo* gatto *m;*

2. *fig fam (Katzenjammer)* malessere *m*, mal *m* di testa dopo una sbornia. **Katerfrühstück** *n fam* colazione *f* per smaltire la sbornia.

Katharina, Käthe [kata'ri:na, 'kɛ:tə] *(weiblicher Vorname)* Caterina.

Kathedrale [kate'dra:lə] ‹-, -n› *f* cattedrale *f*.

Kathode [ka'to:də] ‹-, -n› *f* catodo *m*.

Katholik(in) [kato'li:k(ɪn)] ‹-en, -en› *m(f)* cattolico, -a *m, f*.

katholisch [ka'to:lɪʃ] *a* cattolico.

Katholizismus [katoli'tsɪsmʊs] ‹-, ø› *m* cattolicesimo *m*.

Katze ['katsə] ‹-, -n› *f* gatto *m; (nur weiblich)* gatta *f;* **die ~ im Sack kaufen** comprare a occhi chiusi (*o* a scatola chiusa); **die ~ aus dem Sack lassen** spiattellare il segreto; **wie die ~ um den heißen Brei herumgehen** rigirare le parole per non venire al sodo; **das ist für die Katz** *fam* è fatica sprecata; **die ~ läßt das Mausen nicht** *prov* il lupo perde il pelo ma non il vizio *prov;* **in der Nacht** (*o* **nachts**) **sind alle ~n grau** *prov* di notte non si vedono i particolari. **katzenartig** *a* felino. **Katzenauge** *n (Rückstrahler)* catarifrangente *m*. **Katzenjammer** *m fam* **1.** *(nach Alkoholgenuß)* postumi *m pl* di una sbornia; **2.** *(depressive Stimmung)* abbattimento *m*. **Katzensprung** *m fam:* **das ist nur ein ~ (von hier)** è a due passi (da qui).

Kauderwelsch ['kaudɐvɛlʃ] ‹-(s), ø› *n* linguaggio *m* incomprensibile e scorretto; **ein ~ aus Italienisch und Deutsch** un miscuglio di italiano e tedesco.

kauen ['kauən] **I.** *tr* masticare; **II.** *itr* masticare; **an den Nägeln ~** rosicchiarsi (*o* mangiarsi) le unghie.

kauern ['kauɐn] **I.** *itr* stare accovacciato; **II.** *rfl:* **sich ~** accovacciarsi, rannicchiarsi.

Kauf [kauf] ‹-(e)s, ⸚e› *m* acquisto *m*, comp(e)ra *f;* **etw. in ~ nehmen** accettare qc.

kaufen *tr* comp(e)rare, acquistare.

Käufer(in) ['kɔyfɐ (...ərɪn)] ‹-s, -› *m(f)* compratore, -trice *m, f*, acquirente *mf*.

Kauffrau *f* commerciante *f*. **Kaufhaus** *n* grande magazzino *m*. **Kaufkraft** *f* potere *m* d'acquisto.

käuflich ['kɔyflɪç] *a* **1.** *(zum Verkauf angeboten)* da vendersi, in vendita; **2.** *fig (Liebe)* venale; *(a. bestechlich)* corruttibile; **~ erwerben** *adm* comp(e)rare, acquistare.

Kaufmann ‹-(e)s, -leute› *m* (*ab* **Kfm.**) **1.** *(a. Geschäftsmann)* commerciante *m;* **2.** *(Krämer)* bottegaio *m;* **3.** *(Einzelhandels~)* negoziante *m*.

kaufmännisch [-mɛnɪʃ] *a* commerciale, di commercio; **~er Angestellter** impiegato di commercio.

Kaugummi *m o n* gomma *f* da masticare.

Kaulquappe ['kaulkvapə] ‹-, -n› *f* girino *m*.

kaum [kaum] *adv* **1.** *(fast nicht)* appena; *(noch nicht einmal)* non appena; **2.** *(nur mit Mühe)* a malapena; **3.** *(wahrscheinlich nicht)* probabilmente non ...; **ich glaube ~** non credo; **ich kann es ~ glauben** stento a crederlo, pare impossibile; **ich kann es ~ erwarten** non (ne) vedo l'ora; **~ hatte er ..., als ...** aveva appena ... che ...

Kaution [kau'tsio:n] ‹-, -en› *f* cauzione *f*.

Kautschuk ['kautʃʊk] ‹-s, -e› *m* caucciù *m*, gomma *f* elastica.

Kauz [kauts] ‹-es, ⸚e› *m* civetta *f;* **komischer ~** *fam* tipo *m* strano.

Kavalier [kava'li:ɐ] ‹-s, -e› *m* cavaliere *m*. **Kavaliersdelikt** *n* peccatuccio *m*.

Kaviar ['ka:viar] ‹-s, -e› *m* caviale *m*.

kcal *ab von* **Kilokalorie** kcal, Cal (*ab von* grande caloria).

Kegel ['ke:gəl] ‹-s, -› *m* **1.** *mat* cono *m;* **2.** *(Spiel~)* birillo *m;* **3.** *(Berg~)* conoide *m*. **Kegelbahn** *f* pista *f* dei birilli, bowling *m*. **kegelförmig** [-fœrmɪç] *a* conico.

kegeln *itr* giocare ai birilli.

Kehle ['ke:lə] ‹-, -n› *f* **1.** *anat* gola *f;* **2.** *arch* scanalatura *f*.

Kehlkopf *m* laringe *f*.

kehren[1] ['ke:rən] *tr, itr (fegen)* scopare.

kehren[2] ['ke:rən] **I.** *tr, itr (wenden)* voltare, girare; **das Oberste zuunterst ~** mettere tutto sottosopra (*o* a soqquadro); **in sich gekehrt** rinchiuso in se stesso; **II.** *rfl:* **sich ~ 1.** *(sich wenden)* voltarsi, girarsi; **2.** *(sich kümmern)* occuparsi (*an* di).

Kehricht ['ke:rɪçt] ‹-s, ø› *m o n* spazzatura *f*.

Kehrmaschine *f* (macchina *f*) spazzatrice *f*.

Kehrreim *m* ritornello *m*.

Kehrseite *f* **1.** *(Rückseite)* retro *m*, rovescio *m;* **2.** *fam scherz (Rücken)* spalle *f pl; (Gesäß)* didietro *m fam;* **die ~ der Medaille** il rovescio della medaglia.

kehrt·machen ['ke:ɐt-] *itr* fare dietrofront. **Kehrtwendung** *f* **1.** *mil* dietrofront *m;* **2.** *fig* voltafaccia *m*.

keifen ['kaifən] *itr* strillare, gridare.

Keil [kail] ‹-(e)s, -e› *m* **1.** *allg., tec* cuneo *m*, chiavetta *f;* **2.** *(Bremsklotz)* ceppo *m* del freno. **keilförmig** [-fœrmɪç] *a* cuneiforme. **Keilriemen** *m* cinghia *f* trapezoidale.

Keim [kaim] ‹-(e)s, -e› *m* germe *m;* **etw. im ~ ersticken** soffocare qc sul nascere. **Keimdrüse** *f* ghiandola *f* germinale (*o* genitale).

keimen *itr* **1.** *(Pflanzen)* germogliare, germinare; **2.** *fig (Verdacht)* sorgere.
keimfrei *a (Milch)* sterilizzato; *(aseptisch)* asettico. **Keimling** ['kaimlɪŋ] ‹-s, -e› *m bot* germoglio *m.* **keimtötend** *a* antisettico, germicida. **Keimzelle** *f* cellula *f* germinale.
kein, keine, kein [kain] *pron* non ... (un, una); *(~ einziger)* nessuno, -a, alcuno, -a; *(nicht einmal)* nemmeno; **~ Mensch** *fam* nessuno, non anima viva *fam;* **~e 20 Leute/2 Mark/4 Stunden** neanche 20 persone/2 marchi/4 ore; **~ anderer als ...** nessun altro che ...; **~ bißchen** *fam* per niente, neanche un pò; **~ einziges Mal** neanche una volta; **~ ... mehr** non più ...
keinerlei ['kainɐ'lai] ‹*inv*› *a* non ... alcuno, non ... di sorta.
keine(r, s) ['kainə] nessuno, -a *m, f;* **~r von beiden** nessuno dei due.
keinesfalls ['kainəs'fals] *adv* in nessun caso.
keineswegs ['kainəs've:ks] *adv* in nessun modo, non ... affatto.
keins *s.* **keine(r, s).**
Keks [ke:ks] ‹-(es), -(e)› *m o n* biscotto *m,* biscottino *m.*
Kelch [kɛlç] ‹-(e)s, -e› *m* calice *m;* **der ~ ist (noch einmal) an mir vorübergegangen** l'ho scampata bella.
Kelle ['kɛlə] ‹-, -n› *f* **1.** *(Schöpf~)* mestolo *m,* ramaiolo *m;* **2.** *(Maurer~)* cazzuola *f;* **3.** *(Signalstab)* paletta *f.*
Keller ['kɛlɐ] ‹-s, -› *m* cantina *f;* *(~geschoß)* scantinato *m.* **Kellerassel** [-asəl] ‹-, -n› *f* onisco *m* delle cantine.
Kellner(in) ['kɛlnɐ (...ərɪn)] ‹-s, -› *m(f)* cameriere, -a *m, f.*
Kelter ['kɛltɐ] ‹-, -n› *f* torchio *m.*
keltern *tr* pigiare.
kennen ['kɛnən] ‹kennt, kannte, gekannt› *tr* **1.** *allg.* conoscere; *(wissen a.)* sapere; **2.** *fig (Grenzen, Mitleid, etc.)* avere; **keine Rücksicht ~** non avere riguardo; **sich vor Wut nicht mehr ~** essere fuori di sé dalla rabbia; **~ Sie sich schon?** Vi conoscete già? **kennen·lernen** *tr* conoscere, fare la conoscenza di; **sich ~** conoscersi; **es freut mich, Sie kennenzulernen** lieto di fare la Sua conoscenza; **du wirst** (*o* **sollst) mich noch ~!** *fam* ancora non mi conosci!
Kenner(in) ‹-s, -› *m(f)* conoscitore, -trice *m, f,* intenditore, -trice *m, f;* *(a. Fachmann)* esperto, -a *m, f.*
kenntlich ['kɛntlɪç] *a* riconoscibile (*an* da); **~ machen** *(kennzeichnen)* contrassegnare; *(erkennbar machen)* far riconoscere.
Kenntnis ['kɛntnɪs] ‹-, -se› *f* **1.** *allg.* conoscenza *f;* **2.** ‹*pl*› *(Fach~)* cognizioni *f pl,* nozioni *f pl;* **von etw. ~ erhalten** venir a conoscenza di qc, avere notizia di qc; **etw. zur ~ nehmen** prendere atto di qc.
Kennwort ‹-(e)s, ¨er› *n* parola *f* di riconoscimento; *mil* parola *f* d'ordine.
Kennzeichen *n* **1.** *(Merkmal)* segno *m* (particolare) (*für* di), caratteristica *f* (*für* di); **2.** *(Unterscheidungszeichen)* contrassegno *m;* **3.** *(Abzeichen)* distintivo *m;* **4.** *mot* targa *f;* **besondere ~** *(Paßvermerk)* segni particolari; **ein Auto mit Münchner ~** un'auto targata Monaco.
kennzeichnen *tr* **1.** *(mit Zeichen, etc.)* contrassegnare; *(schriftlich)* segnare; **2.** *(charakterisieren)* caratterizzare; *(erkennen lassen)* evidenziare; **3.** *(bezeichnen)* definire. **kennzeichnend** *a* caratteristico (*für* di).
Kennziffer *f* numero *m* di riferimento.
kentern ['kɛntɐn] *itr* ‹*sein*› ribaltarsi, capovolgersi.
Keramik [ke'ra:mɪk] ‹-, -en› *f* ceramica *f;* *(Erzeugnisse)* ceramiche *f pl.*
keramisch *a* ceramico; *(aus Ton)* di (*o* in) ceramica.
Kerbe ['kɛrbə] ‹-, -n› *f* tacca *f,* intaccatura *f;* *(bes. tec)* intaglio *m.*
Kerker ['kɛrkɐ] ‹-s,-› *m* carcere *m.*
Kerl [kɛrl] ‹-(e)s, -e *o* -s› *m* **1.** *fam (Mann)* uomo *m;* *(a. pej)* tipo *m;* **2.** *pej* individuo *m,* soggetto *m;* **armer ~** poveraccio *m,* povero diavolo; **blöder** (*o* **dämlicher** *o* **dummer,** *etc.*) **~** cretino *m,* imbecille *m;* **gemeiner ~** vigliacco *m.*
Kern [kɛrn] ‹-(e)s, -e› *m* **1.** *allg., fig* nocciolo *m;* *(von Birnen, Äpfeln)* seme *m;* *(von Trauben)* acino *m,* chicco *m;* *(Nuß~)* gheriglio *m;* **2.** *(Zell~, Atom~)* nucleo *m;* **3.** *(~punkt)* centro *m,* cuore *m;* **4.** *fig (Wesen)* sostanza *f,* essenza *f;* **5.** *fig (bester, wichtigster Teil)* anima *f,* nerbo *m;* **der harte ~** il nucleo duro; **zum ~ der Sache vordringen** venire al dunque (*o* al nocciolo) della questione; **er hat einen guten ~** in fondo è buono. **Kernenergie** *f* energia *f* nucleare. **Kernforschung** *f* ricerca *f* nucleare. **Kerngehäuse** *n* torsolo *m.* **kerngesund** ['kɛrngə'zʊnt] *a* sano come un pesce *fam,* sanissimo.
kernig *a* **1.** *(Frucht)* granuloso; **2.** *(kräftig)* vigoroso, forte, robusto; **3.** *(markig, bes. Ausspruch)* incisivo.
Kernkraft *f* energia *f* atomica (*o* nucleare). **Kernkraftgegner(in)** *m(f)* antinucleare *mf.* **Kernkraftwerk** *n* (*ab* **KKW**) centrale *f* nucleare.
Kernobst *n* frutta *f* con semi. **Kernphysik** *f* fisica *f* nucleare. **Kernreaktor** *m* reattore *m* nucleare. **Kernspaltung** *f* fissione *f* (*o* scissione *f*) nucleare. **Kernstück** *n* parte *f* essenziale, anima *f.* **Kernteilung** *f* mitosi *f.* **Kernwaffen** *f pl* armi *f pl* nucleari.
Kerze ['kɛrtsə] ‹-, -n› *f allg., mot, sport*

candela *f; (Altar~)* cero *m.* **kerzengerade** ['kɛrtsəngə'ra:də] *a* diritto come un fuso. **Kerzenhalter** *m* candeliere *m,* portacandele *m.* **Kerzenleuchter** *m* candeliere *m.*

keß [kɛs] *a* **1.** *(Mensch)* spigliato; **2.** *(Kleidung)* chic, carino; **3.** *(frech)* impertinente.

Kessel ['kɛsəl] ‹-s, -› *m* **1.** *(Wasser~, Heiz~)* caldaia *f; (großer ~)* calderone *m; (Kupfer~)* paiolo *m; (kleiner ~, Tee~)* bollitore *m;* **2.** *(Tal~)* conca *f;* **3.** *mil* sacca *f.*

Ketchup ['kɛtʃap *o* 'kɛtʃəp] ‹-(s), -s› *m o n* ketchup *m.*

Kette ['kɛtə] ‹-, -n› *f* **1.** *allg., fig* catena *f;* **2.** *(Schmuck~)* catenina *f; (Hals~)* collana *f;* **3.** *(von Raupenfahrzeugen)* cingolo *m;* **4.** *fig (Reihe)* serie *f,* fila *f.*

ketten *tr* incatenare (*an* a); *fig* legare (*an* a).

Kettenfahrzeug *n* (veicolo *m*) cingolato *m.* **Kettenraucher(in)** *m(f)* fumatore, -trice *m, f* accanito, -a. **Kettenreaktion** *f* reazione *f* a catena.

Ketzer(in) ['kɛtsɐ (...ərɪn)] ‹-s, -› *m(f)* eretico, -a *m, f.*

Ketzerei [kɛtsə'rai] ‹-, -en› *f* eresia *f.*

ketzerisch *a* eretico.

keuchen ['kɔyçən] *itr* **1.** ‹*haben*› *(geräuschvoll, schwer atmen)* ansimare; **2.** ‹*sein*› *(sich fortbewegen)* muoversi ansimando. **Keuchhusten** *m* pertosse *f,* tosse *f* canina (*o* asinina).

Keule ['kɔylə] ‹-, -n› *f* **1.** *(Waffe, Sportgerät)* clava *f;* **2.** *(Rinds~, Schweine~, Geflügel~, etc.)* coscia *f; (Lamm~, Hammel~, Wild~)* cosciotto *m.*

keusch [kɔyʃ] *a* casto; *(schamhaft)* pudico. **Keuschheit** ‹-, ø› *f* castità *f; (Schamhaftigkeit)* pudicizia *f.*

Kfm. *ab von* **Kaufmann** commerciante *m.*

Kfz [ka:ˀɛf'tsɛt] ‹-(s), -(s)› *n ab von* **Kraftfahrzeug** autoveicolo *m.*

kg *ab von* **Kilogramm** kg (*ab von* chilogrammo).

KG [ka:'ge:] ‹-, -s› *f ab von* **Kommanditgesellschaft** S.acc. (*ab von* Società in accomandita).

Khaki ['ka:ki] ‹-(s), ø› *n (Farbe)* color *m* cachi.

Kichererbse ['kɪçɐ-] *f* cece *m.*

kichern ['kɪçɐn] *itr* ridacchiare, ridere sotto i baffi.

Kiefer[1] ['ki:fɐ] ‹-s, -› *m anat* mascella *f.*

Kiefer[2] ['ki:fɐ] ‹-, -n› *f bot* pino *m.*

Kiel[1] [ki:l] ‹-(e)s, -e› *m (Schiffs~)* chiglia *f,* carena *f.*

Kiel[2] [ki:l] ‹-(e)s, -e› *m (Feder~)* cannello *m* della penna.

Kieme ['ki:mə] ‹-, -n› *f* ‹*meist pl*› branchia *f.*

Kies [ki:s] ‹-es, -e› *m* ghiaia *f; (grober ~)* pietrisco *m.*

Kiesel ['ki:zəl] ‹-s, -› *m* ciottolo *m.*

kiffen ['kɪfən] *itr sl* farsi uno spinello *sl.*

kikeriki [kikəri'ki:] *interj* chicchirichì.

Killer ['kɪlɐ] ‹-s, -› *m sl* sicario *m,* killer *m.*

Kilo ['ki:lo] ‹-s, -s *o bei Maßangaben* -› *n* chilo *m.*

Kilogramm [-'gram] *n* (*ab* **kg**) chilogrammo *m.*

Kilojoule [-'dʒu:l *o* -'dʒaul] *n* (*ab* **kJ**) chilo *m* joule.

Kilokalorie [-kalo'ri:] *f* (*ab* **kcal**) grande caloria *f,* chilocaloria *f.*

Kilometer [-'me:tɐ] *m* (*ab* **km**) chilometro *m;* ~ **pro Stunde** (*ab* **km/h, km/st**) chilometri orari; **mit 100 ~n in der Stunde fahren** andare a 100 (chilometri) all'ora. **Kilometergeld** *n* indennità *f* per chilometro. **Kilometerzähler** *m* contachilometri *m.*

Kilowatt [-'vat] *n* (*ab* **kW**) chilowatt *m.* **Kilowattstunde** *f* (*ab* **kWh**) chilowattora *m.*

Kind [kɪnt] ‹-(e)s, -er› *n* **1.** *(a. Klein~)* bambino *m; (a. Koseform)* bimbo *m;* **2.** *(Sohn, Tochter)* figlio, -a *m, f;* **sich bei jdm lieb ~ machen** *fam* entrare nelle grazie di qu; **mit ~ und Kegel** *fam scherz* con tutta la famiglia; **von ~ auf** fin dall'infanzia, (fin) da piccolo; **das weiß jedes ~** lo sanno tutti; **so, ~er, jetzt . . .!** *fam (so, Leute . . .)* allora, ragazzi, adesso . . .! *fam;* **das ~ mit dem Bade ausschütten** *prov* buttare via il buono col cattivo; **aus ~ern werden Leute** *prov* i figli crescono. **Kinderarzt** *m,* **-ärztin** *f* pediatra *mf.* **Kinderbuch** *n* libro *m* per ragazzi.

Kinderei [kɪndə'rai] ‹-, -en› *f* **1.** *(Streich)* bambinata *f;* **2.** *(albernes Benehmen)* comportamento *m* sciocco.

kinderfeindlich *a* ostile ai bambini. **Kindergarten** *m* scuola *f* materna, giardino *m* d'infanzia, asilo *m.* **Kindergärtner(in)** *m(f)* maestro, -a *m, f* di scuola materna. **Kindergeld** *n* assegno *m* familiare. **Kinderheim** *n* **1.** *(für Waisenkinder)* orfanotrofio *m;* **2.** *(Erholungsheim)* colonia *f.* **Kinderhort** [-hɔrt] ‹-(e)s, -e› *m* doposcuola *m.* **Kinderklinik** *f* clinica *f* pediatrica. **Kinderkrankheit** *f* malattia *f* d'infanzia (*o* dei bambini). **Kinderlähmung** *f* poliomielite *f.* **kinderleicht** ['kɪndɐ'laiçt] *a* facilissimo; **das ist ~** è un gioco da ragazzi. **kinderlieb** *a:* **~ sein** essere amante dei bambini. **kinderlos** *a* senza figli. **Kindermädchen** *n* bambinaia *f.* **kinderreich** *a:* **~e Familie** famiglia numerosa. **Kindersitz** *m* seggiolino *m* (per bambini). **Kinderspiel** *n* gioco *m* per bambini; **das ist ein ~** è un giochetto *fam.* **Kindersterblichkeit** *f* mortalità *f* infantile. **Kinderstube** *f fig:* **eine gute/schlech-**

te ~ **haben** essere ben/mal educato. **Kinderwagen** *m* carrozzina *f.* **Kinderzimmer** *n* stanza *f* dei bambini.
Kindesalter *n* infanzia *f.* **Kindesmißhandlung** *f* maltrattamento *m* di bambini.
Kindheit ‹-, ø› *f* infanzia *f; (von 6 bis 13)* fanciullezza *f.*
kindisch *a* infantile, puerile; **sei nicht ~!** non fare il bambino!
kindlich *a* infantile; *(Gesicht)* di (*o* da) bambino; *fig (naiv)* ingenuo.
kinetisch [ki'ne:tɪʃ] *a* cinetico.
Kinn [kɪn] ‹-(e)s, -e› *m* mento *m.* **Kinnlade** [-la:də] ‹-, -n› *f (Unterkiefer)* mandibola *f; (Kiefer)* mascella *f.*
Kino ['ki:no] ‹-s, -s› *n* cinema *m.*
Kiosk ['ki:ɔsk *o* ki̯ɔsk] ‹-(e)s, -e› *m (Verkaufsbude)* chiosco *m; (Zeitungsstand)* edicola *f.*
Kipferl ['kɪpfəl] ‹-s, -n› *n (A, süddeutsch)* chifel *m,* cornetto *m.*
Kippe ['kɪpə] ‹-, -n› *f* **1.** *fam (Zigarettenstummel)* mozzicone *m,* cicca *f;* **2.** *sport* kippe *f;* **3.** *(Ablagerungsstelle, Müll~)* scarico *m;* **auf der ~ stehen** *fig (unsicher sein)* essere incerto.
kippen I. *tr ‹haben›* **1.** *(um~)* rovesciare, ribaltare; **2.** *(schütten)* versare; **einen ~** *fam* bere un bicchierino; **II.** *itr ‹sein› (um~)* rovesciarsi, ribaltarsi; *(fallen)* cadere.
Kirche ['kɪrçə] ‹-, -n› *f* **1.** *(Gebäude, Einrichtung)* chiesa *f;* **2.** *(Gottesdienst)* funzione *f; (Messe)* messa *f;* **in die ~ gehen** andare in chiesa; **die ~ im Dorf lassen** *prov* non esagerare. **Kirchenchor** *m* coro *m* parrocchiale. **Kirchendiener** *m* sagrestano *m.* **Kirchenjahr** *n* anno *m* ecclesiastico. **Kirchenlied** *n* canto *m* liturgico. **Kirchenstaat** *m hist* stato *m* pontificio; *(Vatikanstaat)* Stato *m* del Vaticano. **Kirchensteuer** *f* imposta *f* per la Chiesa.
kirchlich *a* **1.** *(die Kirche betreffend)* ecclesiastico, della chiesa; *(a. religiös)* religioso; **2.** *(geistlich)* sacro; **3.** *(klerikal)* clericale; **~e Trauung** matrimonio religioso; **sich ~ trauen lassen** sposarsi in chiesa.
Kirchturm *m* campanile *m.* **Kirchweih** [-vai̯] ‹-, -en› *f* sagra *f.*
Kirschbaum *m* ciliegio *m.* **Kirschblüte** *f* fiore *m* di ciliegio; *(Blütezeit)* fioritura *f* dei ciliegi.
Kirsche ['kɪrʃə] ‹-, -n› *f* ciliegia *f;* **mit ihm ist nicht gut ~n essen** è meglio non aver a che fare con lui. **Kirschwasser** *n* kirsch *m,* acquavite *f* di ciliegie.
Kissen ['kɪsən] ‹-s, -› *n* cuscino *m; (bes. Kopf~)* guanciale *m.* **Kissenbezug** *m* federa *f.*
Kiste ['kɪstə] ‹-, -n› *f* **1.** *(Truhe)* cassa *f; (Bier~, etc.)* cassetta *f; (Zigarren~, etc.)* scatola *f;* **2.** *fam (Auto)* trabiccolo *m fam,* macinino *m fam; (Schiff, Flugzeug)* carcassa *f;* **3.** *fam (Bett)* letto *m; (Sarg)* bara *f;* **4.** *fam (Fernseher)* tivù *f fam.*
Kitsch [kɪtʃ] ‹-(e)s, ø› *m* arte *f* di cattivo gusto, kitsch *m; (Werk)* opera *f* di cattivo gusto. **kitschig** *a* di poco gusto, pacchiano; *(rührselig)* sdolcinato, sentimentale, lacrimevole.
Kitt [kɪt] ‹-(e)s, -e› *m (Glaser~, etc.)* mastice *m,* stucco *m; (Bindemittel)* cemento *m.*
Kittchen ['kɪtçən] ‹-s, -› *n fam* gattabuia *f fam,* galera *f fam.*
Kittel ['kɪtəl] ‹-s, -› *m* **1.** *(Arbeits~)* camice *m;* **2.** *(weite Bluse)* camiciotto *m; (langes Hemd)* casacca *f.* **Kittelschürze** *f* camice *m* senza maniche.
kitten *tr* **1.** *(Fenster, etc.)* stuccare, applicare il mastice a; **2.** *(kleben)* incollare; **3.** *fig (Ehe, etc.)* accomodare.
Kitz [kɪts] ‹-es, -e› *n (Reh~)* caprioletto *m; (Ziegen~)* capretto *m.*
kitz(e)lig ['kɪts(ə)lɪç] *a* **1.** *(Mensch)* che soffre il solletico; *(Stelle)* sensibile al solletico; **2.** *fam (heikel)* scabroso, delicato.
kitzeln I. *tr* fare il solletico a; *(a. fig)* solleticare; **es kitzelt mich, etw. zu machen** ho voglia di fare qc; **II.** *itr (jucken)* dare prurito; **hör auf, das kitzelt!** smettila, fa il solletico!
Kiwi ['ki:vi] ‹-, -s› *f* kiwi *m.*
KKW [ka:ka:'ve:] ‹-(s), -s› *n ab von* **Kernkraftwerk** centrale *f* nucleare.
klaffen ['klafən] *itr* spalancarsi.
kläffen ['klɛfən] *itr* abbaiare, latrare.
klaffend *a (Wunde)* aperto; *(Abgrund)* spalancato.
Klage ['kla:gə] ‹-, -n› *f* **1.** *(Weh~)* lamento *m;* **2.** *(Beschwerde)* lagnanza *f* (*über* su), lamento *m* (*über* contro); *(bes. jur)* querela *f;* **3.** *jur (~ verfahren)* causa *f* (*wegen* per), azione *f* (*wegen* per); **gegen jdn ~ erheben** sporgere querela contro qu, intentare un'azione contro qu; **das ist kein Grund zur ~** non è un motivo per lamentarsi.
klagen *itr* **1.** *(sich beschweren, jammern)* lamentarsi (*über* di); **2.** *(trauern)* piangere (*um jdn/etw.* qu/qc), lamentare (*um jdn/etw.* qu/qc); **3.** *jur* sporgere querela (*auf etw.* per qc), intentare un'azione legale (*auf etw.* per qc); **auf Schadenersatz ~** chiedere il risarcimento dei danni; **über Kopfschmerzen ~** accusare mal di testa.
Kläger(in) ['klɛ:gɐ (...ərɪn)] ‹-s, -› *m(f)* querelante *mf,* attore, -trice *m, f.*
kläglich ['klɛ:klɪç] *a* **1.** *(beklagenswert)* pietoso; **2.** *(jämmerlich)* misero, miserabile; **der Versuch ist ~ mißlungen** il tentativo è fallito miseramente.
klamm [klam] *a* **1.** *(kalt und feucht)*

umido e freddo; **2.** *(starr vor Kälte)* irrigidito (per il freddo).
Klammer ['klamɐ] ‹-, -n› *f* **1.** *(Wäsche~, Haar~)* molletta *f; (Büro~)* fermaglio *m; (Heft~, Wund~, Zahn~)* graffetta *f; (Hosen~)* molletta *f*, fermapantaloni *m; (Bau~)* grappa *f;* **2.** *typ* parentesi *f; (geschweifte ~)* graffa *f;* **runde/eckige ~** parentesi tonda/quadra; **~ auf/zu** aperta/chiusa parentesi.
klammern **I.** *tr* **1.** *(befestigen)* fissare (con graffe, *etc.*); **2.** *med* chiudere con graffette; **II.** *rfl:* **sich ~** aggrapparsi (*an* a).
klammheimlich ['klam'haimlɪç] *fam* **I.** *a* furtivo; **II.** *adv* di soppiatto.
klang [klaŋ] *imp von* **klingen.**
Klang [klaŋ] ‹-(e)s, ¨-e› *m* suono *m; (bes. von Stimme)* timbro *m; (Ton)* tono *m; (Klingen)* tintinnio *m;* **beim ~ seiner Schritte** al rumore dei suoi passi. **Klang(farbe)regler** *m* regolatore *m* di suono (*o* di tonalità). **klangvoll** *a* sonoro; *fig (berühmt)* altisonante.
Klappe ['klapə] ‹-, -n› *f* **1.** *(Deckel)* coperchio *m* (ribaltabile); *mus* chiavetta *f; tec (Drossel)* (valvola *f* a) farfalla *f;* **2.** *(Herz~)* valvola *f;* **3.** *film* ciac *m;* **4.** *fam (Mund)* becco *m fam;* **eine große ~ haben** *fam* fare lo sbruffone (*o* smargiasso); **~ zu, Affe tot!** *fam* è fatta! *fam.*
klappen **I.** *tr (nach oben, unten, vorn, hinten ~)* ribaltare; **II.** *itr* sbattere; *(gelingen)* andare bene; *(funktionieren)* funzionare.
Klapper ['klapɐ] ‹-, -n› *f* sonaglio *m; (Knarre)* raganella *f.*
klapp(e)rig ['klap(ə)rɪç] *a* **1.** *(Fahrzeug)* scassato *fam;* **2.** *(Mensch, Tier)* decrepito; **3.** *(wenig solide)* fragile.
klappern *itr* strepitare (*mit* con); *(Tür, Fenster)* sbattere; *(Geschirr)* acciottolare; **mit den Zähnen ~** battere i denti.
Klapperschlange *f* **1.** *zoo* serpente *m* a sonagli; **2.** *fam* vipera *f fam.* **Klapperstorch** *m* cicogna *f.*
Klappfahrrad *n* bicicletta *f* pieghevole, Graziella® *f fam.* **Klappsitz** *m* sedile *m* ribaltabile, strapuntino *m.* **Klappstuhl** *m* sedia *f* pieghevole; *(kleiner)* seggiolino *m* pieghevole.
Klaps [klaps] ‹-es, -e› *m fam* pacca *f;* **einen ~ haben** essere un po' tocco *fam.*
klar [kla:ɐ̯] *a* **1.** *allg.* chiaro; **2.** *(Wetter, Himmel)* sereno; *(Farben)* schietto; *(durchsichtig)* limpido, trasparente; **3.** *(bei vollem Bewußtsein)* lucido; **4.** *(fertig)* pronto; **eine ~e Ochsenschwanzsuppe** un brodo lungo di coda di bue; **mit etw. ins ~e kommen** venire a capo di qc; **sich** *(dat)* **über etw. im ~en sein** rendersi conto di qc; **~ wie Kloßbrühe** *fam* chiaro come il sole; **~ zum Gefecht/Start** pronto al (*o* per il) combattimento/alla (*o* per la) partenza; **na ~!** *fam* certo!, chiaro!
Klara ['kla:ra] *(weiblicher Vorname)* Chiara, Clara.
Kläranlage *f* impianto *m* di depurazione.
klären ['klɛ:rən] **I.** *tr* **1.** *(reinigen)* chiarificare; *(bes. Luft)* purificare; *(bes. Wasser)* depurare; **2.** *(Frage, Sachlage)* chiarire, mettere in chiaro; **II.** *rfl:* **sich ~** chiarirsi.
Klarheit ‹-, ø› *f* **1.** *(Deutlichkeit)* chiarezza *f;* **2.** *(Reinheit, Schärfe)* limpidezza *f;* **3.** *(von Verstand)* lucidità *f.*
Klarinette [klari'nɛtə] ‹-, -n› *f* clarinetto *m.*
klar·kommen ‹*irr*› *itr* ‹*sein*› *fam* venire a capo (*mit* di). **klar·machen** **I.** *tr* **1.** *(erklären)* spiegare, esporre; **2.** *naut* approntare; **jdm etw. ~** far capire qc a qu; **II.** *itr naut* essere pronto.
Klärschlamm *m* deposito *m* di filtrazione.
Klarsichtfolie *f* foglio *m* trasparente. **Klarsichthülle** *f* involucro *m* trasparente. **klar·stellen** *tr* chiarire, mettere in chiaro.
Klärung ‹-, -en› *f* **1.** *(Reinigung)* chiarificazione *f; (von Luft)* purificazione *f; (von Abwasser)* depurazione *f;* **2.** *(von Frage, etc.)* chiarimento *m.*
Klasse ['klasə] ‹-, -n› *f* **1.** *allg.* classe *f;* **2.** *(Kategorie, a. sport)* categoria *f; (Rang)* ordine *m;* **3.** *(Qualität)* qualità *f;* **erster/zweiter ~ fahren** viaggiare in prima/seconda classe; **in ~n einteilen** classificare; **(das ist) ~!** (è) magnifico! **Klassenarbeit** *f* compito *m* in classe. **Klassenkampf** *m* lotta *f* di classe. **Klassenlehrer(in)** *m(f)* docente *mf* di classe. **Klassenzimmer** *n* aula *f*, classe *f.*
klassifizieren [klasifi'tsi:rən] ‹*ohne ge-*› *tr* classificare.
Klassik ['klasɪk] ‹-, ø› *f* **1.** *(klassisches Altertum)* periodo *m* classico, epoca *f* classica; **2.** *(Kunstperiode)* classicismo *m;* **3.** *(klassische Ausführung)* classicità *f.* **Klassiker(in)** ‹-s, -› *m(f)* classicista *mf.* **klassisch** *a* classico.
Klatsch [klatʃ] ‹-(e)s, -e› *m* **1.** *fam (Tratsch)* pettegolezzi *m pl;* **2.** *(Plauderei)* chiacchiere *f pl.* **Klatschbase** *f* pettegola *f.*
klatschen ['klatʃən] **I.** *itr* **1.** ‹*haben*› *(mit den Händen)* battere le mani; **2.** ‹*sein*› *(aufschlagen)* battere; *(Regen)* scrosciare; **3.** ‹*haben*› *fam (tratschen)* spettegolare (*über* di), sparlare (*über* di); **in die Hände ~** battere le mani; **II.** *tr:* **jdm Beifall ~** applaudire qu; **den Takt ~** battere il tempo (con le mani).
Klatschmohn *m* papavero *m* selvatico. **klatschnaß** ['klatʃ'nas] *a* bagnato fradicio; *(Mensch)* bagnato come un pul-

cino *fam* (*o* fino alle ossa *fam*). **Klatschspalte** *f* cronaca *f* mondana (*o* rosa).

Klaue ['klauə] ‹-, -n› *f* **1.** *(von Tier)* artiglio *m;* **2.** *fam pej (Handschrift)* scrittura *f* illeggibile.

klauen ['klauən] *tr fam* sgraffignare *fam.*

Klaus [klaus] *(männlicher Vorname)* Nicola, Nicolo.

Klausel ['klauzəl] ‹-, -n› *f* clausola *f.*

Klavier [kla'vi:ɐ] ‹-s, -e› *n* pianoforte *m,* piano *m.* **Klavierspieler(in)** *m(f)* pianista *mf.*

kleben ['kle:bən] **I.** *itr* **1.** *(haften)* essere attaccato; **2.** *(klebefähig sein)* attaccare; **3.** *(an~)* appiccicarsi, attaccarsi; **nicht ~** non rimanere attaccato; **II.** *tr* incollare, attaccare; *(Anschlagzettel)* affiggere; **jdm eine ~** *fam* mollare uno schiaffo a qu *fam.*

Kleb(e)streifen *m* nastro *m* adesivo.

klebrig ['kle:brɪç] *a* colloso.

Klebstoff *m* adesivo *m,* colla *f.*

kleckern ['klɛkɐn] *itr* **1.** *(Flecken machen)* macchiare; *(sich be~)* sbrodolarsi; **2.** *fam (stückchenweise tun)* procedere lentamente.

Klecks [klɛks] ‹-es, -e› *m* **1.** *(Fleck)* macchia *f; (Farb~)* schizzo *m* di colore; **2.** *fam (kleine Menge)* cucchiaiata *f.* **klecksen** *itr* fare macchie; **der Füller kleckst** la penna perde.

Klee [kle:] ‹-s, ø› *m* trifoglio *m;* **jdn über den grünen ~ loben** portare qu alle stelle. **Kleeblatt** *n* (foglia *f* di) trifoglio *m; (vierblättriges ~)* quadrifoglio *m.*

Kleid [klait] ‹-(e)s, -er› *n* **1.** *(Damen~)* vestito *m;* **2.** ‹*pl*› *(Kleidungsstücke)* vestiti *m pl;* **~er machen Leute** *prov* vesti un ciocco pare un fiocco *prov.*

Kleiderablage *f* guardaroba *m.* **Kleiderbügel** *m* gruccia *f.* **Kleiderschrank** *m* armadio *m* (per vestiti). **Kleiderständer** *m* attaccapanni *m.*

Kleidung ‹-, -en› *f* vestiti *m pl,* vestiario *m,* abbigliamento *m.* **Kleidungsstück** *n* vestito *m.*

Kleie ['klaiə] ‹-, -n› *f* crusca *f.*

klein [klain] *a* **1.** *allg., fig* piccolo; *(Buchstabe)* minuscolo; **2.** *(kurz)* breve; *(~gewachsen)* basso; **3.** *(eng)* stretto; **4.** *(jünger)* minore; **5.** *fig (unbedeutend)* insignificante; *(bescheiden)* modesto; *(beschränkt)* limitato; **~ anfangen** cominciare con poco (*o* dal basso); **~ beigeben** cedere (*o* piegare) la testa; **die Flamme auf ~ stellen** abbassare la fiamma; **von ~ auf** fin da piccolo; **ein ~ wenig** un pochino; **~, aber oho** *fam* piccolo, ma in gamba *fam.* **Kleinanzeigen** *f pl* annunci *m pl* (*o* avvisi *m pl*) economici. **Kleinasien** [-'ʔa:ziən] *n* Asia *f* Minore. **Kleinbildkamera** *f* microcamera *f.* **Kleinbuchstabe** *m* (lettera *f*) minuscola *f.* **Kleingeld** *n* moneta *f* spicciola, spiccioli *m pl.* **Kleinheit** ‹-, ø› *f* piccolezza *f,* minutezza *f.*

Kleinigkeit ‹-, -en› *f* **1.** *(Gegenstand)* piccolezza *f,* sciocchezza *f;* **2.** *(Bagatelle)* inezia *f,* bagattella *f;* **3.** *(ein bißchen)* un poco, un po'; **eine ~ essen** mangiare un boccone; **sich über jede ~ aufregen** irritarsi per un nonnulla; **das ist keine ~** *(das ist wichtig)* è una cosa importante; *(das ist nicht so einfach)* non è una sciocchezza; **(das ist eine) ~!** è un gioco da bambini *fam.*

kleinkariert *a* **1.** *(Stoff)* a quadrettini; **2.** *fam pej (kleinlich)* meschino, gretto. **Kleinkind** *n* bambino *m,* bimbo *m.* **kleinlaut** *a* mogio mogio.

kleinlich *a* **1.** *(engherzig)* gretto, meschino; *(knauserig)* avaro; **2.** *(engstirnig)* limitato; **3.** *(pedantisch)* pedante, meticoloso.

klein·schneiden ‹*irr*› *tr* sminuzzare. **Kleinstadt** *f* cittadina *f.* **Kleinwagen** *m* utilitaria *f.*

Kleister ['klaistɐ] ‹-s, -› *m* colla *f* (d'amido).

kleistern *tr* incollare.

Klemme ['klɛmə] ‹-, -n› *f* **1.** *(bes. Haar~)* molletta *f; el* morsetto *m; med* graffetta *f;* **2.** *fig* guaio *m,* impiccio *m,* pasticcio *m;* **in der ~ sein** (*o* **sitzen**) *fam* essere nei guai.

klemmen **I.** *tr* **1.** *(Draht, etc.)* serrare; **2.** *(Bücher, etc.)* stringere (*unter den Arm* sotto il braccio); *(Monokel, etc.)* applicare; **3.** *(quetschen)* incastrare; **II.** *itr* incepparsi, bloccarsi; **III.** *rfl:* **sich ~** schiacciarsi, incepparsi; **sich** *(dat)* **den Finger ~** schiacciarsi il dito; **sich hinter etw. ~** *fam* arrabattarsi dietro a (*o* per) qc.

Klempner ['klɛmpnɐ] ‹-s, -› *m* idraulico *m,* lattoniere *m.*

Kleptomane [klɛpto'ma:nə] ‹-n, -n› *m,* **Kleptomanin** [...nɪn] *f* cleptomane *mf.*

klerikal [kleri'ka:l] *a* clericale.

Klerus ['kle:rʊs] ‹-, ø› *m* clero *m.*

Klette ['klɛtə] ‹-, -n› *f* **1.** *bot* lappola *f;* **2.** *fam pej (Mensch)* piattola *f fam.*

klettern ['klɛtɐn] *itr* ‹*sein*› arrampicarsi (*auf* su), scalare (*auf etw.* qc); *(steigen, a. fig)* salire.

Klettverschluß ['klɛt-] *m* chiusura *f* a strappo.

Klima ['kli:ma, ...mas *o* kli'ma:tə] ‹-s, -s *o* -te› *n* clima *m.* **Klimaanlage** *f* impianto *m* di aria condizionata, climatizzazione *f;* **mit (einer) ~ (ausgestattet)** ad aria condizionata.

klimatisch [kli'ma:tɪʃ] *a* climatico.

klimatisieren [...mati'zi:rən] ‹*ohne ge-*› *tr* dotare di condizionamento d'aria, climatizzare.

klimpern ['klɪmpɐn] *itr* **1.** *(Geld, etc.)*

tintinnare; **2.** *mus pej* strimpellare (*auf* qc); **mit den Wimpern ~** *fam* sbattere gli occhi.

Klinge ['klɪŋə] ‹-, -n› *f* lama *f.*

Klingel ['klɪŋəl] ‹-, -n› *f* campanello *m.*

klingeln *itr* suonare; **es klingelt** suonano (il campanello *o* alla porta); **das Telefon klingelt** squilla il telefono.

klingen ['klɪŋən] ‹klingt, klang, geklungen› *itr* **1.** *(Töne hervorbringen)* mandare un suono, sonare; **2.** *(sich anhören)* avere un suono; **es klingt ja, als ob du ...** sentendoti si ha l'impressione che ... *conj;* **das klingt wie ein Vorwurf** ha l'aria di un rimprovero; **mir ~ die Ohren** mi fischiano le orecchie.

Klinik ['kli:nɪk] ‹-, -en› *f* clinica *f.*

klinisch *a* clinico.

Klinke ['klɪŋkə] ‹-, -n› *f (Tür~)* maniglia *f.*

klipp [klɪp] *adv:* **~ und klar** chiaro e tondo *fam.*

Klippe ['klɪpə] ‹-, -n› *f* scoglio *m.*

klirren ['klɪrən] *itr (Glas)* tintinnare; *(Metall, Waffen)* stridere; **~de Kälte** freddo intenso (*o* pungente).

Klischee [kli'ʃe:] ‹-s, -s› *n typ, fig* cliché *m.*

Klitoris ['kli:torɪs, ...rɪs *o* kli'to:ride:s] ‹-, - *o* -torides› *f* clitoride *m o f.*

Klo [klo:] ‹-s, -s› *n fam* gabinetto *m.*

klobig ['klo:bɪç] *a (Möbel)* massiccio; *(Mensch)* tozzo.

klopfen ['klɔpfən] **I.** *itr* **1.** *(an Tür)* bussare (*an* a); *(bes. hauen)* picchiare; *(a. Herz)* battere; **2.** *mot* battere in testa; **es klopft** bussano (alla porta); **II.** *tr* **1.** *(Steine)* spaccare; **2.** *(Teppich, Fleisch)* battere.

Klops [klɔps] ‹-es, -e› *m dial (Kloß)* polpetta *f* (di carne).

Klosett [klo'zɛt] ‹-s, -e *o* -s› *f* gabinetto *m.* **Klosettbürste** *f* spazzola *f* per il gabinetto. **Klosettpapier** *n* carta *f* igienica.

Kloß [klo:s] ‹-es, ¨-e› *m gastr (Mehl~, Kartoffel~)* gnocco *m; (Fisch~, Fleisch~)* polpetta *f;* **einen ~ im Hals haben** *fam* avere un nodo alla gola.

Kloster ['klo:stɐ] ‹-s, ¨-› *n* convento *m,* monastero *m.*

Klotz [klɔts] ‹-es, ¨-e *o* ¨-er› *m* **1.** *(Holz~)* ceppo *m; (zur Bearbeitung, Beton~)* blocco *m; (Spielzeug~)* pezzo *m* di legno (per gioco di costruzioni); **2.** *fam pej (grober Mensch)* zoticone, -a *m, f;* **ein ~ am Bein sein** *fam* essere una palla al piede *fam.*

Klub [klʊp] ‹-s, -s› *m* circolo *m,* club *m.* **Klubsessel** *m* poltrona *f* in pelle.

Kluft [klʊft] ‹-, ¨-e› *f* **1.** *(Felsspalte)* crepaccio *m; (Schlucht)* gola *f;* **2.** *fig* abisso *m.*

klug [klu:k] ‹¨-er, ¨-ste› *a allg.* intelligente; *(scharfsinnig)* sagace, perspicace; *(vernünftig)* sensato, ragionevole; *(schlau)* astuto; *(erfinderisch)* ingegnoso; **daraus werde ich nicht ~** non ci capisco niente; **das war sehr ~ von dir** hai fatto bene (*zu* a); **der Klügere gibt nach** *prov* chi ha più senno cede.

Klugheit ‹-, ø› *f allg.* intelligenza *f; (Scharfsinn)* sagacia *f; (Verständigkeit)* giudizio *m; (Schlauheit)* astuzia *f.*

Klumpen ['klʊmpən] ‹-s, -› *m* **1.** *(Erd~)* zolla *f;* **2.** *(Blut~)* grumo *m* (di sangue); **3.** *(Gold~)* massello *m;* **~ bilden** raggrumarsi.

km *ab von* **Kilometer** km (*ab von* chilometro).

km/h *ab von* **Kilometer pro Stunde** km/h (*ab von* chilometri orari).

knabbern ['knabɐn] *tr, itr* sgranocchiare; **an etw. zu ~ haben** *fam* aver da penare per qc.

Knabe ['kna:bə] ‹-n, -n› *m lit, geh, obs* ragazzo *m,* fanciullo *m;* **na, alter ~!** *fam* allora, vecchio mio! *fam.*

Knäckebrot ['knɛkə-] *n* pane *m* croccante (di segale).

knacken ['knakən] **I.** *itr* **1.** ‹*haben*› *(geräuschvoll ~)* scricchiolare; *(Radio, Holz)* crepitare; **2.** ‹*sein*› *(brechen, reißen)* spezzarsi; **II.** *tr* ‹*haben*› **1.** *(Nüsse)* schiacciare; **2.** *fam (Geldschrank)* scassinare; *(Auto)* forzare; **3.** *fig fam (Rätsel, Code, etc.)* sciogliere, risolvere.

Knacks [knaks] ‹-es, -e› *m fam* incrinatura *f;* **er hat einen seelischen ~** ha un disturbo psichico; **diese Ehe hatte schon vorher einen ~** questo matrimonio era già incrinato prima.

Knall [knal] ‹-(e)s, -e› *m* scoppio *m; (bes. von Geschoß)* colpo *m; (von Peitsche)* schiocco *m; (von Explosion)* detonazione *f;* **einen ~ haben** *fam* essere tocco *fam;* **~ und Fall** *fam* su due piedi.

knallen **I.** *itr* **1.** ‹*haben*› *(Geräusch machen)* scoppiare; *(Peitsche)* schioccare; *(Tür)* sbattere; *(Explosion)* detonare; *(Sektkorken)* schioccare, scoppiare; **2.** ‹*haben*› *fam (Sonne)* picchiare *fam;* **3.** ‹*sein*› *(prallen)* andare a sbattere; **II.** *tr* ‹*haben*› tirare, sbattere; **jdm eine ~** *fam* mollare uno schiaffo a qu *fam.* **Knallerbse** *f* pisello *m* fulminante. **Knallfrosch** *m* petardo *m.* **knallhart** ['knal'hart] *a fam (rücksichtslos)* brutale, spietato. **knallig** *a fam (Farben)* acceso, vivace. **knallrot** ['knal'ro:t] *a* rosso sgargiante.

knapp [knap] **I.** *a* **1.** *(nicht ausreichend)* scarso; *(dürftig)* misero; **2.** *(Sieg, Mehrheit)* di stretta misura; *(beschränkt)* limitato; *(vor Zahlen)* poco meno di; **3.** *(nicht ganz, kaum)* scarso; **4.** *(Stil)* conciso; **eine ~e Stunde** un'ora scarsa; **~ werden** *(Ware, etc.)* cominciare a scarseggiare; **II.** *adv* **1.** *(nicht reichlich)* scarsamente; **2.** *(gerade so eben)* appena; **3.** *(nicht ganz)* meno di; **4.** *(kurz und bündig)* concisamente, in modo conciso; **er ist ~ an mir vorbeigefahren** mi è passato vicinissimo; **meine Zeit/mein Geld ist ~ bemessen** ho poco tempo/ho pochi soldi; **(aber) nicht zu ~!** *fam* e parecchio!

Knappheit ⟨-, ø⟩ *f* **1.** *(Mangel)* scarsità *f* (*an* di), mancanza *f* (*an* di), penuria *f* (*an* di); **2.** *(Dürftigkeit)* ristrettezza *f;* **3.** *(Enge)* strettezza *f;* **4.** *(von Stil)* concisione *f.*

knarren ['knarən] *itr* scricchiolare.

Knast [knast] ⟨-(e)s, ¨-e *o* -e⟩ *m sl* galera *f fam,* gattabuia *f fam.*

Knäuel ['knɔy̯əl] ⟨-s, -⟩ *m o n (Garn~)* gomitolo *m.*

Knauf [knau̯f] ⟨-(e)s, ¨-e⟩ *m (Tür~, etc.)* pomello *m; (Degen~)* pomo *m.*

knaus(e)rig ['knau̯z(ə)rɪç] *a fam* spilorcio, taccagno.

knausern *itr fam* fare lo (*o* essere) spilorcio (*mit etw.* con qc), lesinare (*mit etw.* (su) qc).

knautschen ['knau̯tʃən] **I.** *tr (bes. Kleid)* sgualcire, spiegazzare; **II.** *itr* sgualcirsi. **Knautschzone** *f* zona *f* di assorbimento.

knebeln ['kne:bəln] *tr* imbavagliare.

kneifen ['knai̯fən] ⟨kneift, kniff, gekniffen⟩ **I.** *tr (zwicken)* pizzicare; *(a. zusammenpressen)* stringere; **II.** *itr* **1.** *(Kleidungsstücke)* stringere, essere (troppo) stretto; **2.** *fam pej (sich drücken)* sottrarsi (*vor* a).

Kneipe ['knai̯pə] ⟨-, -n⟩ *f fam* osteria *f,* bettola *f.*

kneten ['kne:tən] *tr* impastare. **Knetmasse** *f* plastilina *f.*

Knick [knɪk] ⟨-(e)s, -e⟩ *m* **1.** *(Falte, bes. in Papier)* piega *f; (in Metall)* gomito *m;* **2.** *(Biegung)* svolta *f.*

knicken **I.** *tr* ⟨haben⟩ **1.** *(falten)* piegare; **2.** *(brechen)* spezzare; **II.** *itr* ⟨sein⟩ *(brechen)* spezzarsi.

Knicks [knɪks] ⟨-es, -e⟩ *m* inchino *m.*

Knie [kni:] ⟨-s, -⟩ *n* **1.** *anat* ginocchio *m;* **2.** *(Fluß~)* ansa *f;* **weiche ~ haben** avere le ginocchia che fanno giacomo giacomo *fam;* **jdn übers ~ legen** sculacciare qu; **etw. übers ~ brechen** *fig* precipitare qc; **auf den ~n** in ginocchio. **Kniebundhose** *f* pantaloni *m pl* alla zuava.

knien [kni:n *o* 'kni:ən] **I.** *itr* stare in ginocchio; **II.** *rfl:* **sich ~** inginocchiarsi, mettersi in ginocchio.

Kniescheibe *f* rotula *f* del ginocchio, patella *f.* **Kniestrumpf** *m* calzettone *m.*

kniff [knɪf] *imp von* **kneifen.**

Kniff [knɪf] ⟨-(e)s, -e⟩ *m* **1.** *(Kneifen)* pizzico *m,* pizzicotto *m;* **2.** *(Falte)* piega *f,* piegatura *f;* **3.** *fig (Kunstgriff)* artificio *m; (Trick)* trucco *m.*

kniff(e)lig ['knɪf(ə)lɪç] *a fam (schwierig)* difficoltoso; *(heikel)* spinoso.

knipsen ['knɪpsən] **I.** *tr* **1.** *(Schalter)* far scattare; **2.** *fam fot* scattare una fotografia (*jdn* a qu); **3.** *(lochen)* forare; **II.** *itr fot fam* fare (*o* scattare) fotografie.

Knirps [knɪrps] ⟨-es, -e⟩ *m (kleiner Junge)* bambino *m* piccolo, bambinetto *m; (kleiner Mann)* omino *m; pej (unbedeutender ~)* omiciattolo *m.*

knirschen ['knɪrʃən] *itr* scricchiolare, stridere; **mit den Zähnen ~** digrignare i denti.

knistern ['knɪstɐn] *itr (Feuer)* crepitare; *(Papier)* scricchiolare; *(Haar, Stoff)* frusciare.

knitterfrei *a* ingualcibile.

knittern ['knɪtɐn] *itr* sgualcirsi, spiegazzarsi.

knobeln ['kno:bəln] *itr* **1.** *(würfeln)* giocare ai dadi; **2.** *(losen)* tirare a sorte.

Knoblauch ['kno:plau̯x] *m* aglio *m.* **Knoblauchpresse** *f* schiacciaaglio *m.*

Knöchel ['knœçəl] ⟨-s, -⟩ *m (Fuß~)* caviglia *f,* malleolo *m; (Finger~)* nocca *f.*

Knochen ['knɔxən] ⟨-s, -⟩ *m* osso *m;* **ihm sitzt die Angst noch in den ~** ha ancora paura. **Knochenbruch** *m* frattura *f* ossea. **Knochengerüst** *n* scheletro *m,* ossatura *f.* **Knochenmark** *n* midollo *m* osseo.

knöchern ['knœçɐn] *a* osseo, d'osso.

knochig *a* scarno.

Knödel ['knø:dəl] ⟨-s, -⟩ *m* gnocco *m.*

Knolle ['knɔlə] ⟨-, -n⟩ *f bot* bulbo *m,* tubero *m.* **Knollenblätterpilz** *m* amanita *f,* tignosa *f.*

Knopf [knɔp͡f] ⟨-(e)s, ¨-e⟩ *m* bottone *m.*

knöpfen ['knœp͡fən] *tr* abbottonare.

Knopfloch *n* occhiello *m.*

Knorpel ['knɔrpəl] ⟨-s, -⟩ *m* cartilagine *f.* **knorp(e)lig** *a* cartilaginoso.

Knospe ['knɔspə] ⟨-, -n⟩ *f (Blatt~)* gemma *f; (Blüten~)* boccio *m,* bocciolo *m;* **~n treiben** germogliare.

knoten ['kno:tən] *tr* fare un nodo a; *(zusammen~)* annodare. **Knoten** ⟨-s, -⟩ *m* **1.** *allg.* nodo *m;* **2.** *(Haar~)* crocchia *f.* **Knotenpunkt** *m* nodo *m,* punto *m* di congiunzione (*o* di incrocio); *mot* nodo *m* stradale; *Eisenb.* nodo *m* ferroviario.

knotig *a* a nodi, nodoso.

Knüller ['knʏlɐ] ⟨-s, -⟩ *m fam* sensazione *f.*

knüpfen ['knʏp͡fən] **I.** *tr* **1.** *(Schuhbänder, a. fig: Freundschaft)* stringere; *(Knoten)* annodare; *(Netz)* intrecciare; *(Teppiche)* tessere; **2.** *fig (Bedingungen, Hoffnungen)* collegare (*an* a), far dipendere (*an* da); **3.** *fig (ver~)* unire (*an* a); **etw. an eine Bedingung ~** far dipendere qc da una condizione; **II.** *rfl:* **sich ~** essere legato (*an* a).

Knüppel ['knʏpəl] ‹-s, -› *m* **1.** *(Rundholz)* tondello *m;* **2.** *(Stock)* bastone *m,* randello *m; (Polizei~)* manganello *m;* **3.** *aero (Steuer~)* barra *f* di comando; *mot (Schalt~)* leva *f* del cambio; **jdm (einen) ~ zwischen die Beine werfen** *fig* mettere a qu i bastoni fra le ruote. **Knüppelschaltung** *f* cambio *m* a cloche.

knurren ['knʊrən] *itr* **1.** *(Tier)* ringhiare; **2.** *(Magen, Mensch)* brontolare.

knusp(e)rig ['knʊsp(ə)rɪç] *a* **1.** *(Braten, Brötchen)* croccante; **2.** *fam (Mädchen)* appetitoso *fam.*

knutschen ['knu:tʃən] *itr fam* sbaciucchiarsi. **Knutschfleck** *m fam* succhiotto *m sl.*

k.o. [ka:'ʔo:] *a* **1.** *sport* k.o., fuori combattimento; **2.** *fam (erschöpft)* sfinito; **jdn ~ schlagen** mettere qu k.o. (*o* fuori combattimento).

koalieren [koa'li:rən] ‹*ohne ge-*› *itr pol* coalizzarsi.

Koalition [...li'tsi̯o:n] ‹-, -en› *f* coalizione *f.*

Kobalt ['ko:balt] ‹-s, ø› *n* cobalto *m.*

Koblenz ['ko:blɛnts] *n* Coblenza *f.*

Kobold ['ko:bɔlt] ‹-(e)s, -e› *m* coboldo *m,* folletto *m.*

Koch [kɔx] ‹-(e)s, ⸚e› *m,* **Köchin** ['kœçɪn] *f* cuoco, -a *m, f;* **viele Köche verderben den Brei** *prov* troppi cuochi guastano la minestra. **Kochbuch** *n* libro *m* di cucina, ricettario *m.*

kochen I. *itr* **1.** *(Flüssigkeit, fig)* bollire; *(Speise)* cuocere; **2.** *(Speisen zubereiten)* cucinare, far da mangiare *fam;* **vor Wut ~** bollire di rabbia; **II.** *tr* **1.** *(Flüssigkeit, Wäsche)* far bollire; *(Speise)* cuocere, far cuocere; **2.** *(zubereiten)* cucinare, preparare; *(Kaffee)* fare. **kochend** *a (a. fig)* bollente; *(~heiß)* molto caldo, che scotta.

Kocher ‹-s, -› *m* fornello *m.*

Köcher ['kœçɐ] ‹-s, -› *m* faretra *f.*

Köchin *f s.* **Koch.**

Kochkunst *f* arte *f* culinaria. **Kochlöffel** *m* ramaiolo *m.* **Kochnische** *f* cucinino *m.* **Kochsalz** *n* sale *m* da cucina. **Kochtopf** *m* pentola *f,* casseruola *f.*

Köder ['kø:dɐ] ‹-s, -› *m* esca *f.*

ködern *tr* adescare; *(a. fig)* allettare.

Koexistenz ['ko:- *o* koʔɛksɪs'tɛnts] *f* coesistenza *f.*

Koffein [kɔfe'i:n] ‹-s, ø› *n* caffeina *f.*

Koffer ['kɔfɐ] ‹-s, -› *m (Hand~)* valigia *f; (Schrank~)* baule *m;* **seine ~ packen** fare le valigie; *fig fam* andarsene. **Kofferradio** *n* radio *f* portatile. **Kofferraum** *m* portabagagli *m.*

Kohl¹ [ko:l] ‹-(e)s, -e› *m* **1.** *bot* cavolo *m;* **2.** *(~gericht)* cavoli *m pl;* **das macht den ~ auch nicht fett** *fam* questo non cambia nulla.

Kohl² [ko:l] ‹-(e)s, ø› *m fam (Geschwätz, Unsinn)* sciocchezze *f pl.*

Kohle ['ko:lə] ‹-, -n› *f* **1.** *allg.* carbone *m;* **2.** *(Zeichen~)* carboncino *m;* **3.** *sl (Geld)* grana *f sl;* **(wie) auf (glühenden** *o* **heißen) ~n sitzen** stare sulle spine.

Kohlendioxid [-'di:ʔɔksi:t] *n* anidride *f* carbonica. **Kohle(n)hydrate** [-hydra:tə] *n pl* idrati *m pl* di carbonio. **Kohlenkeller** *m* carbonaia *f.* **Kohlenmonoxid** [-'mo:nɔksi:t] *n* ossido *m* di carbone. **Kohlenofen** *m* stufa *f* a carbone. **Kohlenpott** [-pɔt] ‹-(e)s, ø› *m fam* bacino *m* carbonifero della Ruhr. **Kohlensäure** *f* acido *m* carbonico. **Kohlenstoff** *m* carbonio *m.* **Kohlenwasserstoff** *m* idrocarburo *m.* **Kohlepapier** *n* carta *f* carbone. **Kohlezeichnung** *f* disegno *m* a carboncino.

Kohlkopf *m* testa *f* di cavolo.

kohl(raben)schwarz ['ko:l('ra:bən)-'ʃvarts] *a* nero come il carbone.

Kohlrabi [-'ra:bi] ‹-(s), -(s)› *m* cavolo *m* rapa.

Kohlrübe *f* navone *m,* rapa *f* da foraggio.

Kohlsprossen *f pl A (Rosenkohl)* cavolino *m* di Bruxelles. **Kohlweißling** [-vai̯slɪŋ] ‹-s, -e› *m* cavolaia *f.*

Koitus ['ko:itʊs] ‹-, -› *m* coito *m.*

Koje ['ko:jə] ‹-, -n› *f* **1.** *naut* cuccetta *f;* **2.** *sl (Bett)* cuccia *f fam.*

Kokain [koka'i:n] ‹-s, ø› *n* cocaina *f.*

kokett [ko'kɛt] *a* civettuolo.

kokettieren [...'ti:rən] ‹*ohne ge-*› *itr* civettare; *(flirten)* flirtare.

Kokolores [koko'lo:rɛs] ‹-, ø› *m fam (Unsinn)* scemenze *f pl,* stupidaggini *f pl.*

Kokon [ko'kõ:] ‹-s, -s› *m* bozzolo *m.*

Kokosfett ['ko:kɔs-] *n* grasso *m* di cocco. **Kokosnuß** *f* noce *f* di cocco. **Kokospalme** *f* (palma *f* del) cocco *m.*

Koks [ko:ks] ‹-es, -e› *m* coke *m.*

Kolben ['kɔlbən] ‹-s, -› *m* **1.** *tec (Motor~)* stantuffo *m,* pistone *m;* **2.** *chem (Destillier~)* alambicco *m;* **3.** *(Gewehr~)* calcio *m* (del fucile); **4.** *bot* pannocchia *f.* **Kolbenfresser** ‹-s, -› *m mot fam* grippaggio *m* del pistone.

Kolibakterien [koli-] *f pl* colibacilli *m pl.*

Kolik ['ko:lɪk *o* ko'li:k] ‹-, -en› *f* colica *f.*

Kollagen [kɔla'ge:n] ‹-s, -e› *n* collageno *m.*

Kollaps ['kɔlaps *o* kɔ'laps] ‹-es, -e› *m* collasso *m.*

Kollege [kɔ'le:gə] ‹-n, -n› *m,* **Kollegin** [...gɪn] *f* collega *mf;* **Herr ~!** caro collega!

kollegial [kɔle'gi̯a:l] *a* collegiale.

Kollegium [kɔ'le:gi̯ʊm, ...i̯ən] ‹-s, -ien› *n*

collegio *m; (Lehrer~)* corpo *m* insegnante.

Kollektion [kɔlɛk'tsi̯o:n] ‹-, -en› *f* collezione *f.*

Kollektiv [...'ti:f] ‹-s, -e *o* -s› *n* **1.** *pol* collettivo *m;* **2.** *(Gemeinschaft)* comunità *f; (Produktionsgemeinschaft)* gruppo *m* di produzione.

Kollision [kɔli'zi̯o:n] ‹-, -en› *f* scontro *m; (von Schiffen, fig)* collisione *f.*

Köln [kœln] *n* Colonia *f.*

kolonial [kolo'ni̯a:l] *a* coloniale. **Kolonialherrschaft** *f* dominio *m* coloniale. **Kolonialmacht** *f* potenza *f* coloniale.

Kolonie [kolo'ni:, ...i:ən] ‹-, -n› *f* colonia *f.*

Kolonne [ko'lɔnə] ‹-, -n› *f* **1.** *mil, mat, typ* colonna *f;* **2.** *(Auto~)* (auto)colonna *f;* ~ **fahren** marciare (*o* andare) in colonna (*o* fila).

Kolorit [kolo'ri:t *o* ...'rɪt] ‹-(e)s, -e› *n* colorito *m,* colore *m; (Lokal~)* atmosfera *f,* carattere *m.*

Koloß [ko'lɔs] ‹-losses, -losse› *m* colosso *m.*

kolossal [...'sa:l] **I.** *a* colossale; **II.** *adv* moltissimo.

Kolumne [ko'lʊmnə] ‹-, -n› *f* **1.** *typ* colonna *f;* **2.** *(in Zeitung)* rubrica *f.*

Koma ['ko:ma, -s *o* -ta] ‹-s, -s *o* -ta› *n* coma *m.*

Kombination [kɔmbina'tsi̯o:n] ‹-, -en› *f* **1.** *(Verbindung)* combinazione *f;* **2.** *(Vermutung)* supposizione *f;* **3.** *(Kleidung)* completo *m; (Arbeitsanzug)* tuta *f; (Unterwäsche)* pagliaccetto *m.*

kombinieren [...'ni:rən] ‹*ohne ge-*› **I.** *tr* combinare; **II.** *itr (folgern)* dedurre.

Kombiwagen ['kɔmbi-] *m* vettura *f* familiare, giardinetta *f.*

Komfort [kɔm'fo:ɐ̯] ‹-s, ø› *m* comfort *m,* comodità *f;* **mit allem** ~ con tutte le comodità.

komfortabel [...fɔr'ta:bəl] *a* comodo, confortevole.

Komfortwohnung *f* appartamento *m* con tutti i comfort.

Komik ['ko:mɪk] ‹-, ø› *f* comicità *f.*

Komiker(in) ‹-s, -› *m(f)* attore *m,* -trice *f* comico, -a; *fig pej* buffone, -a *m, f.*

komisch *a* **1.** *(lustig)* comico; *(bes. Aussehen)* buffo; **2.** *(seltsam)* strano; **3.** *(lächerlich)* ridicolo.

Komitee [komi'te:] ‹-s, -s› *n* comitato *m.*

Komma ['kɔma, -s *o* -ta] ‹-s, -s *o* -ta› *n* virgola *f.*

kommandieren [kɔman'di:rən] ‹*ohne ge-*› *tr, itr* comandare.

Kommanditgesellschaft [kɔman'di:t-] *f* (*ab* **KG**) *com* società *f* in accomandita.

Kommando [kɔ'mando] ‹-s, -s› *n* comando *m.*

kommen ['kɔmən] ‹kommt, kam, gekommen› **I.** *itr* ‹*sein*› **1.** *allg.* venire; *(an~)* arrivare; **2.** *(hin~, gelangen)* giungere (*nach* a); *(erreichen können)* raggiungere, arrivare; **3.** *(herbei~)* avvicinarsi; **4.** *(besuchen ~)* venire a trovare (*zu jdm* qu); **5.** *(hingehören: Gegenstände)* andare (messo); **6.** *(stammen, her~)* venire (*aus* da); *(Ware a.)* provenire (*aus* da); **7.** *(herrühren)* provenire, essere dovuto (*von* a); **8.** *(sich zutragen)* succedere, accadere; **9.** *(an der Reihe sein)* toccare; **10.** *sl (einen Orgasmus haben)* arrivare *sl;* **gegangen/gefahren/geflogen/gelaufen** ~ arrivare a piedi/in macchina/in aereo (*o* in volo)/di corsa; **jdn/etw.** ~ **lassen** chiamare (*o* far venire) qu/ordinare qc; **auf jdn nichts** ~ **lassen** non permettere che si parli male di qu; **ans Licht** (*o* **an den Tag**) ~ venire alla luce; **durch Mailand** ~ passare per Milano; **hinter etw.** ~ *fam* scoprire qc; **ums Leben** ~ perdere la vita; **zu nichts** ~ non combinare nulla; **(wieder) zu sich** *(dat)* ~ tornare in sé; **auf etw. zu sprechen** ~ venire a parlare di qc; **das habe ich** ~ **sehen** *fam* l'ho sempre detto; **als nächstes komme ich (dran)** *fam* il prossimo sono io, poi tocca a me; **ich komme (einfach) nicht auf seinen Namen** *fam* non mi viene in mente il suo nome; **das Beste kommt (erst) noch** *fam* non è ancora tutto; **daher kommt es, daß ...** ecco perché ...; **es kommt noch soweit, daß ...** si arriverà (fino) al punto che ...; **das kommt von ...** ciò viene (*o* deriva *o* dipende) da ...; **ich komme nicht dazu zu ...** non trovo il tempo di ...; **wenn Sie mir so ~ ...** se mi parla (*o* tratta) così ...; **wie kommst du darauf?** come ti è venuta quest'idea?; **wie kommt es, daß ...?** come mai ...?, com'è che ...?; **wie komme ich zu ...?** come faccio ad arrivare a ...?; **komm, komm!** andiamoci piano!; **komm (her)!** vieni qui (*o* qua)!; **da kommt er!** eccolo che arriva!; **das mußte ja so ~!** non poteva essere altrimenti; **das kommt davon!** *fam* ecco cosa succede!; ~ **Sie mir nicht damit!** *fam* non cominci con questa storia!, non voglio sentire queste cose!; **darauf wäre ich nie gekommen!** non ci sarei mai arrivato!; **II.** *tr* ‹*sein*› *fam (kosten)* venire; **das kommt 5 Mark** questo viene 5 marchi.

Kommen ‹-s, ø› *n* venuta *f;* **ein ständiges ~ und Gehen** un continuo viavai (*o* andirivieni).

kommend *a* **1.** *(nächste)* prossimo; **2.** *(zukünftig)* a venire, futuro.

Kommentar [kɔmɛn'ta:ɐ̯] ‹-s, -e› *m* commento *m* (*zu* a).

kommentieren [...'ti:rən] ‹*ohne ge-*› *tr* commentare; *(Bemerkungen machen zu)* far commenti su.

kommerziell [kɔmɛr'tsi̯ɛl] *a* commerciale.

Kommissar(in) [kɔmɪ'saːɐ̯ (...rɪn)] ‹-s, -e› *m(f)* commissario, -a *m, f.*
Kommissariat [kɔmɪsa'ri̯aːt] ‹-(e)s, -e› *n* commissariato *m.*
kommissarisch [...'saːrɪʃ] **I.** *a* commissariale, provvisorio; **II.** *adv* per incarico.
Kommode [kɔ'moːdə] ‹-, -n› *f* comò *m,* cassettone *m.*
kommunal [kɔmu'naːl] *a* comunale, municipale. **Kommunalpolitik** *f* politica *f* comunale.
Kommune [kɔ'muːnə] ‹-, -n› *f* **1.** *(Gemeinde)* comune *m;* **2.** *(Wohngemeinschaft)* comune *f.*
Kommunikation [kɔmunika'ts̮i̯oːn] ‹-, -en› *f* comunicazione *f.* **Kommunikationsmittel** *n* mezzo *m* di comunicazione.
Kommunion [kɔmu'ni̯oːn] ‹-, -en› *f* *(Abendmahl)* eucarestia *f; (~feier a.)* comunione *f.*
Kommuniqué [kɔmyni'keː *o* kɔmun...] ‹-s, -s› *n* comunicato *m.*
Kommunismus [kɔmu'nɪsmʊs] ‹-, ø› *m* comunismo *m.*
Kommunist(in) [...'nɪst(ɪn)] ‹-en, -en› *m(f)* comunista *mf.*
kommunistisch *a* comunista.
Komödie [ko'møːdi̯ə] ‹-, -n› *f* **1.** *allg.* commedia *f;* **2.** *(~nhaus)* teatro *m* di prosa.
Kompagnon [kɔmpan'jõː *o* 'kɔmpanjõ] ‹-s, -s› *m* socio *m.*
Kompanie [kɔmpa'niː, ...iːən] ‹-, -n› *f* compagnia *f.*
Komparativ ['kɔmparatiːf *o* ...'tiːf] ‹-s, -e› *m* comparativo *m.*
Kompaß ['kɔmpas] ‹-passes, -passe› *m* bussola *f.*
Kompensation [kɔmpɛnza'ts̮i̯oːn] ‹-, -en› *f* **1.** *(Ausgleich)* compensazione *f;* **2.** *(Entschädigung)* compenso *m.*
kompensieren [...'ziːrən] ‹*ohne ge-*› *tr* compensare.
kompetent [kɔmpe'tɛnt] *a* competente.
Kompetenz [...'tɛnts̮] ‹-, -en› *f* competenza *f; jur* giurisdizione *f.*
komplett [kɔm'plɛt] *a* **1.** *(vollständig)* completo; **2.** *(vollzählig)* al completo; **3.** *(völlig, absolut)* perfetto, completo.
komplex [kɔm'plɛks] *a* complesso.
Komplex ‹-es, -e› *m* complesso *m.*
Komplikation [kɔmplika'ts̮i̯oːn] ‹-, -en› *f* complicazione *f.*
Kompliment [kɔmpli'mɛnt] ‹-(e)s, -e› *n* complimento *m;* **jdm wegen etw. ~e machen** fare i complimenti a qu per qc; **mein ~!** complimenti!
Komplize [kɔm'pliːts̮ə] ‹-n, -n› *m,* **Komplizin** [ts̮ɪn] *f* complice *mf.*
komplizieren [kɔmpli'ts̮iːrən] ‹*ohne ge-*› *tr* complicare. **kompliziert** *a* complicato.
Komponente [kɔmpo'nɛntə] ‹-, -n› *f* componente *f.*
komponieren [kɔmpo'niːrən] ‹*ohne ge-*› *tr, itr* comporre.
Komponist(in) [...'nɪst(ɪn)] ‹-en, -en› *m(f)* compositore, -trice *m, f.*
Komposition [...zi'ts̮i̯oːn] ‹-, -en› *f* composizione *f.*
Kompost [kɔm'pɔst] ‹-(e)s, -e› *m* composta *f,* terricciato *m.*
Kompott [kɔm'pɔt] ‹-(e)s, -e› *n* frutta *f* cotta, conserva *f* di frutta.
komprimieren [kɔmpri'miːrən] ‹*ohne ge-*› *tr* comprimere.
Kompromiß [kɔmpro'mɪs] ‹-misses, -misse› *m* compromesso *m;* **einen ~ schließen** venire ad un compromesso. **Kompromißbereitschaft** *f* atteggiamento *m* conciliante.
kompromittieren [...mɪ'tiːrən] ‹*ohne ge-*› **I.** *tr* compromettere; **II.** *rfl:* **sich ~** compromettersi.
Kondensator [kɔn'dɛn'zaːtoːɐ̯, ...za'toːrən] ‹-s, -en› *m* condensatore *m.*
Kondensmilch [kɔn'dɛns-] *f* latte *m* condensato. **Kondensstreifen** *m* scia *f* di condensazione. **Kondenswasser** *n* condensa *f,* acqua *f* di condensazione.
Kondition [kɔndi'ts̮i̯oːn] ‹-, -en› **1.** *geh (Bedingung)* condizione *f;* **2.** ‹*sing*› *(sport, etc.)* forma *f.*
Konditor [kɔn'diːtoːɐ̯, ...di'toːrən] ‹-s, -en› *m* pasticciere *m.*
Konditorei [...dito'rai̯] ‹-, -en› *f* pasticceria *f.*
Kondom [kɔn'doːm] ‹-s, -e *o* -s› *n o m* preservativo *m.*
Kondukteur [kɔndʊk'tøːɐ̯] ‹-s, -e› *m CH* controllore *m.*
Konfektion [kɔnfɛk'ts̮i̯oːn] ‹-, -en› *f* **1.** *(Herstellung)* confezione *f* di abiti in serie; **2.** *(Kleidung)* confezioni *f pl,* abiti *m pl* confezionati. **Konfektionsgröße** *f* taglia *f.*
Konferenz [kɔnfe'rɛnts̮] ‹-, -en› *f* conferenza *f,* congresso *m; (Besprechung)* consiglio *m; (Lehrer~)* consiglio *m* di classe. **Konferenzschaltung** *f* collegamento *m* in ponte radio.
Konfession [kɔnfɛ'si̯oːn] ‹-, -en› *f* confessione *f.*
konfessionell [...si̯o'nɛl] *a* confessionale, religioso.
konfessionslos *a* senza confessione.
Konfetti [kɔn'fɛti] ‹*pl*› coriandoli *m pl.*
Konfirmand(in) [kɔnfɪr'mant (...dɪn)] ‹-en, -en› *m(f)* cresimando, -a *m, f.*
Konfirmation [...ma'ts̮i̯oːn] ‹-, -en› *f* cresima *f,* confermazione *f.*
konfirmieren [...'miːrən] ‹*ohne ge-*› *tr* cresimare, confermare.
Konfiserie [kõfizə'riː *o* kɔn..., ...iːən] ‹-, -n› *f CH* pasticceria *f.*
konfiszieren [kɔnfɪs'ts̮iːrən] ‹*ohne ge-*› *tr* confiscare, sequestrare.
Konfitüre [kɔnfi'tyːrə] ‹-, -n› *f* confettura *f,* conserva *f,* marmellata *f.*

Konflikt [kɔn'flɪkt] ‹-(e)s, -e› *m* conflitto *m;* **in ~ mit jdm/etw. geraten** entrare in conflitto con qu/qc.

konform [kɔn'fɔrm] *a* conforme (*mit* a), in conformità (*mit* con); **~ gehen mit** essere d'accordo con.

konfrontieren [kɔnfrɔn'ti:rən] ‹*ohne ge-*› *tr* mettere di fronte (*mit* a).

konfus [kɔn'fu:s] *a* confuso; *(Person)* sconcertato; **jdn ~ machen** confondere qu.

Kongreß [kɔn'grɛs] ‹-gresses, -gresse› *m* congresso *m.*

K.-o.-Niederlage *f* sconfitta *f* k.o.

König(in) ['kø:nɪç (...gɪn)] ‹-(e)s, -e› *m(f)* re *m,* regina *f;* **die Heiligen Drei ~e** i re Magi.

königlich ['kø:nɪklɪç] **I.** *a* reale, regio; *(einem König gemäß)* regale; *(a. hoheitsvoll)* maestoso; **II.** *adv fig fam (außerordentlich)* moltissimo; **sich ~ amüsieren** divertirsi un mondo *fam.*

Königreich ['kø:nɪk-] *n* regno *m.*

Konjugation [kɔnjuga'tsi̯o:n] ‹-, -en› *f* coniugazione *f.*

konjugieren [...'gi:rən] ‹*ohne ge-*› *tr* coniugare.

Konjunktion [kɔnjʊŋk'tsi̯o:n] ‹-, -en› *f* congiunzione *f.*

Konjunktiv ['kɔnjʊŋkti:f *o* ...'ti:f] ‹-s, -e› *m* congiuntivo *m.*

Konjunktur [kɔnjʊŋk'tu:ɐ̯] ‹-, -en› *f* congiuntura *f.*

konkret [kɔn'kre:t] *a* concreto, reale.

Konkurrent(in) [kɔnkʊ'rɛnt(ɪn)] ‹-en, -en› *m(f) (a. sport)* concorrente *mf; com* rivale *mf.*

Konkurrenz [...'rɛnts] ‹-, -en› *f* **1.** *(~kampf)* concorrenza *f;* **2.** *(Wettbewerb)* concorso *m; (a. sport)* competizione *f,* gara *f;* **3.** *(Konkurrenten)* concorrenti *m pl;* **jdm ~ machen** fare concorrenza a qu; **außer ~** fuori concorso.

konkurrieren [...'ri:rən] ‹*ohne ge-*› *itr* **1.** *com* concorrere (*um* a, *mit* con); **2.** *sport* competere; *(sich messen)* misurarsi (*mit* con); **miteinander ~** farsi concorrenza.

Konkurs [kɔn'kʊrs] ‹-es, -e› *m* **1.** *(Bankrott)* fallimento *m,* bancarotta *f;* **2.** *(~verfahren)* procedimento *m* fallimentare; **in ~ gehen** fallire, fare fallimento.

können ['kœnən] ‹kann, konnte, gekonnt *o modales Hilfsverb* können› *tr, itr* **1.** *(imstande sein, vermögen)* potere; *(in der Lage sein)* essere in grado di; **2.** *(beherrschen)* sapere; **3.** *(dürfen)* essere autorizzato a, avere il permesso di; *(erlaubt sein)* essere permesso che *conj;* **4.** *(die Möglichkeit haben)* avere la possibilità di; *(möglich sein)* essere possibile che *conj;* **nicht anders ~ als ...** non poter fare a meno di ... *inf;* **so gut ich (es) kann** come meglio posso; **ich kann nicht mehr** *(nicht mehr aushalten)* non ne posso più *fam,* non ce la faccio più *fam; (nicht weitermachen)* non posso continuare; *fam (nichts mehr essen)* non posso mandar giù più niente *fam;* **ich kann es Ihnen nicht sagen** non glielo so dire; **das hätte ich Ihnen gleich sagen ~** Gliel'avrei potuto dire subito; **ich kann nichts dafür** *fam* non è colpa mia; **kann sein** *fam* può darsi *fam;* **er kann kein Italienisch** non sa l'italiano; **er kann sich noch so anstrengen ...** per quanto si sforzi ...; **man könnte meinen, daß ...** si direbbe che ... *conj;* **was kannst du alles?** quante cose sai?; **wer kann das getan haben?** chi può averlo fatto?; **du kannst mich mal!** *sl* va a fare un culo! *vulg.*

Können ‹-s, ø› *n* **1.** *(Fähigkeit)* capacità *f,* bravura *f;* **2.** *(Kunstfertigkeit)* arte *f.*

konnte ['kɔntə] *imp von* **können.**

Konrad ['kɔnra:t] *(männlicher Vorname)* Corrado.

konsequent [kɔnze'kvɛnt] *a* coerente, conseguente; **~ durchgreifen** intervenire di conseguenza.

Konsequenz [...'kvɛnts] ‹-, -en› *f* **1.** *(Folgerichtigkeit)* logicità *f,* coerenza *f;* **2.** *(Unbeirrbarkeit)* costanza *f,* perseveranza *f;* **3.** *(Folge)* conseguenza *f;* **4.** *(Schlußfolgerung)* conclusione *f;* **die ~en ziehen** tirare le conseguenze, agire di conseguenza.

konservativ [kɔnzɛrva'ti:f] *a* **1.** *(am Hergebrachten festhaltend)* tradizionalista; **2.** *pol* conservatore.

Konserve [kɔn'zɛrvə] ‹-, -n› *f* conserva *f.* **Konservenbüchse** *f,* **-dose** *f* scatola *f* di conserva.

konservieren [...'vi:rən] ‹*ohne ge-*› *tr* conservare; *(Lebensmittel a.)* mettere in conserva.

Konservierungsmittel *n* mezzo *m* di conservazione.

Konsonant [kɔnzo'nant] ‹-en, -en› *m* consonante *f.*

konstant [kɔn'stant] *a* costante.

Konstantin ['kɔnstanti:n] *(männlicher Vorname)* Costantino.

Konstanz ['kɔnstants] *n* Costanza *f.*

Konstitution [kɔnstitu'tsi̯o:n] ‹-, -en› *f* costituzione *f.*

konstruieren [kɔnstru'i:rən] ‹*ohne ge-*› *tr* **1.** *(bauen)* costruire; **2.** *(entwerfen)* ideare, progettare.

Konstruktion [...'tsi̯o:n] ‹-, -en› *f* **1.** *(Bau)* costruzione *f;* **2.** *(Entwurf)* progetto *m.*

Konsul(in) ['kɔnzʊl(ɪn)] ‹-s, -n› *m(f)* console *mf.*

Konsulat [kɔnzu'la:t] ‹-(e)s, -e› *n* consolato *m.*

Konsum [kɔn'zu:m] ‹-s, ø› *m* **1.** *(Ver-*

brauch) consumo *m;* **2.** *(~genossenschaft)* cooperativa *f* di consumo.

Konsumation [kɔnzuma'tsi̯o:n] ‹-, -en› *f CH* consumazione *f.*

Konsument(in) [...'mɛnt(ɪn)] ‹-en, -en› *m(f)* consumatore, -trice *m, f.*

Kontakt [kɔn'takt] ‹-(e)s, -e› *m* contatto *m;* **mit jdm ~ aufnehmen, mit jdm in ~ treten** prendere (*o* entrare in) contatto con qu; **mit jdm ~ haben, mit jdm in ~ stehen** essere in contatto con qu. **kontaktarm** *a* poco comunicativo. **Kontaktlinsen** *f pl* lenti *f pl* a contatto. **Kontaktperson** *f* intermediario, -a *m, f; med* persona *f* sospetta di contagio.

Konten *pl von* **Konto.**

Kontinent [kɔnti'nɛnt *o* 'kɔn...] ‹-(e)s, -e› *m* continente *m.*

kontinental [...'ta:l] *a* continentale.

Kontingent [kɔntɪŋ'gɛnt] ‹-(e)s, -e› *n* contingente *m,* quota *f.*

kontinuierlich [kɔntinu'i:ɐ̯lɪç] *a* continuo, continuativo.

Konto ['kɔnto, ...tən] ‹-s, Konten› *n* conto *m;* **das geht auf sein ~** *fam* è colpa sua. **Kontoauszug** *m* estratto *m* conto. **Kontoinhaber(in)** *m(f)* intestatario, -a *m, f* (*o* titolare *mf*) del conto. **Kontonummer** *f* numero *m* del conto. **Kontostand** *m* situazione *f* del conto.

Kontraindikation ['kɔntraʔɪndikatsi̯o:n] *f* controindicazione *f.*

Kontrast [kɔn'trast] ‹-(e)s, -e› *m* contrasto *m.*

kontrastieren [...'ti:rən] ‹*ohne ge-*› *itr* contrastare (*mit* con); *(sich abheben)* staccarsi (*mit* da).

Kontrollabschnitt *m* tagliando *m* di controllo.

Kontrollampe *f* spia *f.*

Kontrolle [kɔn'trɔlə] ‹-, -n› *f* **1.** *(Beherrschung)* controllo *m* (*über* di); **2.** *(Prüfung)* verifica *f; (Paß~, Polizei~)* controllo *m; (Zoll~)* controllo *m* (*o* ispezione *f*) (doganale).

Kontrolleur(in) [...'lø:ɐ̯ (...rɪn)] ‹-s, -e› *m(f)* controllore *m.*

kontrollieren [...'li:rən] ‹*ohne ge-*› *tr* **1.** *allg.* controllare; **2.** *(überwachen)* sorvegliare; **3.** *(prüfen)* verificare, esaminare; *(überprüfen)* ispezionare.

Kontur [kɔn'tu:ɐ̯] ‹-, -en› *f o* ‹-s, -en› *m* profilo *m,* sagoma *f,* contorno *m.*

Konvention [kɔnvɛn'tsi̯o:n] ‹-, -en› *f* convenzione *f.*

Konventionalstrafe [...tsi̯o'na:l-] *f* (multa *f*) penale *f.*

konventionell [...tsi̯o'nɛl] *a* convenzionale.

Konversation [kɔnvɛrza'tsi̯o:n] ‹-, -en› *f* conversazione *f.* **Konversationslexikon** *n* enciclopedia *f,* dizionario *m* enciclopedico.

konvex [kɔn'vɛks] *a* convesso.

Konzentration [kɔntsɛntra'tsi̯o:n] ‹-, -en› *f* concentrazione *f.* **Konzentrationslager** *n* (*ab* **KZ**) campo *m* di concentramento.

konzentrieren [...'tri:rən] ‹*ohne ge-*› **I.** *tr* concentrare (*auf* su); **II.** *rfl:* **sich ~** concentrarsi (*auf* su).

konzentrisch [kɔn'tsɛntrɪʃ] *a* concentrico.

Konzept [kɔn'tsɛpt] ‹-(e)s, -e› *n* **1.** *(von Rede, etc.)* abbozzo *m,* traccia *f;* **2.** *(Entwurf)* progetto *m; (Rohentwurf)* minuta *f,* brutta copia *f;* **3.** *(Begriff, Vorstellung)* concetto *m,* idea *f;* **jdn aus dem ~ bringen** far perdere il filo a qu; **das paßt mir nicht ins ~** non mi va *fam.*

Konzern [kɔn'tsɛrn] ‹-(e)s, -e› *m* gruppo *m* industriale (*o* commerciale).

Konzert [kɔn'tsɛrt] ‹-(e)s, -e› *n* concerto *m.*

Konzession [kɔntsɛ'si̯o:n] ‹-, -en› *f* **1.** *(Zugeständnis)* concessione *f;* **2.** *(Gewerbeerlaubnis)* licenza *f,* permesso *m.*

Konzil [kɔn'tsi:l, -ə *o* -i̯ən] ‹-s, -e *o* -ien› *n* concilio *m.*

Koordination [koʔɔrdina'tsi̯o:n] ‹-, -en› *f* coordinazione *f.*

koordinieren [...'ni:rən] ‹*ohne ge-*› *tr* coordinare.

Kopenhagen [ko:pən'ha:gən] *n* Copenaghen *f.*

Kopf [kɔpf] ‹-(e)s, ¨-e› *m* **1.** *allg., fig, tec* testa *f; (a. fig: Anführer)* capo *m;* **2.** *(Spitze, Ende)* punta *f,* estremità *f; (Brief~)* intestazione *f; (Nadel~, Nagel~)* capocchia *f; (von Münze)* testa *f; (Zeitungs~)* testata *f;* **3.** *fig (Person)* uomo *m,* persona *f;* **4.** *fig (Verstand)* mente *f,* testa *f;* **den ~ hängen lassen** *fig* avvilirsi, perdersi d'animo; **den ~ verlieren** perdere la testa; **~ und Kragen riskieren** *fam* rischiare la pelle; **jdm den ~ verdrehen** far perdere la testa a qu; **jdm den ~ waschen** *fig fam* fare una lavata di capo a qu *fam;* **einen ~ größer sein als jd** superare qu di una testa; **ein kluger ~ sein** essere un tipo capace; **einen klaren (*o* kühlen) ~ behalten (*o* bewahren)** conservare la calma, non perdere la testa; **einen schweren ~ haben** sentirsi la testa pesante; **nicht wissen, wo einem der ~ steht** non sapere dove sbattere la testa; **auf dem ~ stehen** *(umgekehrt sein)* essere sottosopra; **auf den ~ stellen** *(umkehren)* capovolgere; *(in Unordnung bringen)* mettere a soqquadro; **Geld auf den ~ hauen** *sl* spendere un sacco di quattrini *fam;* **jdm etw. auf den ~ zusagen** dire qc in faccia a qu; **jdm etw. an den ~ werfen** *fig fam* rinfacciare qc a qu; **im ~ behalten** tenere a mente; **im ~ haben** *fam* avere in mente; **im ~ rechnen** calcolare a mente; **jdn vor den ~ stoßen** *fig* offendere qu; **wie vor den ~ geschlagen sein** *fam* rimanere di stucco *fam;* **sich** *(dat)* **etw. durch den ~ gehen lassen** (ri)pensare a qc; **sich** *(dat)* **etw. in den ~ setzen** mettersi qc in mente; **sich** *(dat)* **etw. aus dem ~ schlagen** *fam* levarsi (*o* togliersi) qc dalla testa; **am ~ von** *fig* alla testa di; **~ an ~** stretti stretti *fam,* testa a testa; **aus dem ~** *(auswendig)* a memoria; **pro ~** a testa, pro capite; **von ~ bis Fuß** da capo a piedi; **er hat nur Autos im ~** *fam* ha solo automobili in (*o* per la) testa; **die Arbeit wächst ihm über den ~** è carico di lavoro fin sopra i capelli *fam;* **~ hoch!** animo!, coraggio!

Kopf-an-Kopf-Rennen *n* corsa *f* testa a testa. **Kopfbahnhof** *m* stazione *f* di testa. **Kopfball** *m* tiro *m* di testa. **Kopfbedeckung** *f* copricapo *m.*

Köpfchen ['kœpfçən] ‹-s, -› *n fam scherz:* **~!** ci vuole un po' di cervello.

köpfen ['kœpfən] *tr* **1.** *(enthaupten)* decapitare; **2.** *(Ball)* tirare di testa.

Kopfende *n (von Bett)* testata *f; (von Tisch)* capotavola *m.* **Kopfgeld** *n* taglia *f.* **Kopfhaut** *f* cuoio *m* capelluto. **Kopfhörer** *m* cuffia *f.* **Kopfkissen** *n* guanciale *m,* cuscino *m.* **kopflos** *a* sbadato, sventato. **Kopfrechnen** *n* calcolo *m* mentale. **Kopfsalat** *m* lattuga *f.* **Kopfschmerzen** *m pl* mal *m* di testa (*o* di capo); **~ haben** avere mal di testa; **sich** *(dat)* **um etw. ~ machen** preoccuparsi di qc. **Kopfsprung** *m* tuffo *m* (con la testa in avanti); **einen ~ machen** tuffarsi a capofitto. **kopf·stehen** ‹*irr*› *itr* ‹*haben o sein*› **1.** *(auf dem Kopf stehen)* fare la verticale; **2.** *fig (durcheinander sein)* essere sottosopra (*vor* per). **Kopfstütze** *f* poggiatesta *m.* **Kopftuch** *n* fazzoletto *m* (da testa), foulard *m.* **kopfüber** [-'ʔy:bɐ] *adv* a capofitto. **Kopfzerbrechen** ‹-s, ø› *n* rompicapo *m;* **das bereitet mir ~** ciò mi dà dei grattacapi.

Kopie [ko'pi:, ...i:ən] ‹-, -n› *f* **1.** *allg.* copia *f;* **2.** *(Nachahmung)* imitazione *f.*

kopieren [ko'pi:rən] ‹*ohne ge-*› *tr* **1.** *allg.* copiare; **2.** *(abschreiben)* trascrivere; **3.** *(Fotokopie machen)* fotocopiare; **4.** *(imitieren)* imitare.

Kopiergerät *n* copiatrice *f.*

koppeln ['kɔpəln] *tr* **1.** *allg.* accoppiare (*mit* con, a); *(a. fig: verbinden)* abbinare (*mit* a); **2.** *(anhängen)* attaccare; *(Fahrzeuge)* agganciare.

Kopp(e)lung ‹-, -en› *f* **1.** *(Verbindung, a. el)* accoppiamento *m;* **2.** *(von Fahrzeugen)* agganciamento *m;* **3.** *tec* collegamento *m;* **4.** *fig* abbinamento *m.*

Koralle [ko'ralə] ‹-, -n› *f* corallo *m.*

Koran [ko'ra:n] ‹-s, -e› *m* Corano *m.*

Korb [kɔrp] ‹-(e)s, ¨-e› *m* **1.** *(Behälter)* cesto *m; (a. Brot~, Wäsche~)* cesta *f; (bes. Henkel~)* paniere *m,* canestro *m; (Trag~)* gerla *f;* **2.** *(~geflecht)* vimini *m pl;* **3.** *sport (Gerät, ~wurf)* canestro *m;* **4.** *fam (Ablehnung)* rifiuto *m;* **jdm einen ~ geben** dire di no a qu. **Korbball** *m* pallacanestro *f.* **Korbflasche** *f* fiasco *m; (große ~)* damigiana *f.* **Korbmöbel** *n pl* mobili *m pl* di vimini.

Kordel ['kɔrdəl] ‹-, -n› *f* cordoncino *m,* cordicella *f.*

Korinthe [ko'rɪntə] ‹-, -n› *f* uvetta *f,* uva *f* passa.

Kork [kɔrk] ‹-(e)s, -e› *m* sughero *m.*

Korken ‹-s, -› *m* turacciolo *m,* tappo *m* di sughero. **Korkenzieher** ‹-s, -› *m* cavatappi *m.*

Korn [kɔrn] ‹-(e)s, ¨-er› *n* **1.** *allg.* chicco *m; (Samen~)* seme *m,* grano *m; (Pfeffer~)* grano *m; (Salz~)* grano *m,* granello *m; (Sand~, Staub~)* granello *m;* **2.** *(Getreide)* grano *m,* cereali *m pl,* granaglie *f pl;* **3.** *(an Gewehr)* mirino *m;* **jdn aufs ~ nehmen** tener d'occhio qu. **Kornblume** *f* fiordaliso *m.*

Körper ['kœrpɐ] ‹-s, -› *m* corpo *m.* **Körperbau** ‹-(e)s, -ten› *m* corpo *m,* corporatura *f.* **körperbehindert** *a* minorato fisico, handicappato; *(invalide)* invalido.

körperlich *a* **1.** *(leiblich)* corporeo, corporale; *(a. geschlechtlich)* fisico; **2.** *(Arbeit)* manuale; **~e Ertüchtigung** allenamento fisico.

Körperpflege *f* cura *f* (*o* igiene *f*) del corpo.

Körperschaft ‹-, -en› *f* corporazione *f,* organo *m,* ente *m,* corpo *m;* **gesetzgebende ~** corpo legislativo; **~ des öffentlichen Rechts** ente pubblico. **Körperschaft(s)steuer** *f* imposta *f* sul reddito delle società (*o* sugli enti collettivi).

Körperteil *m* parte *f* del corpo. **Körperverletzung** *f* lesione *f* corporale; **fahrlässige/schwere ~** lesione colposa/grave.

korpulent [kɔrpu'lɛnt] *a* corpulento, obeso.

korrekt [kɔ'rɛkt] *a* **1.** *(richtig)* giusto; **2.** *(Normen entsprechend)* corretto. **Korrektheit** ‹-, ø› *f* **1.** *(Richtigkeit)* esattezza *f;* **2.** *(von Benehmen)* correttezza *f.*

Korrektor(in) [kɔ'rɛkto:ɐ (...'to:rɪn), ...'to:rən] ‹-s, -en› *m(f)* correttore, -trice *m, f* di bozze.

Korrektur [...'tu:ɐ] ‹-, -en› *f* correzione *f;* **~ lesen** correggere le bozze.

Korrespondent(in) [kɔrɛspɔn'dɛnt(ɪn)] ‹-en, -en› *m(f)* corrispondente *mf.*

Korrespondenz [...'dɛnts] ‹-, -en› *f* corrispondenza *f.*

korrespondieren [...'di:rən] ‹*ohne ge-*› *itr* **1.** *(in Briefwechsel stehen)* corrispondere (*mit* con), essere in corrispondenza (*mit* con); **2.** *(übereinstimmen)* corrispondere (*mit* con).

korrigieren [kɔri'gi:rən] ‹*ohne ge-*› *tr (Text)* correggere; *(berichtigen)* modificare, rettificare; *(Ansichten)* rivedere.

Korruption [kɔrʊp'tsio:n] ‹-, -en› *f* corruzione *f.*

Korsett [kɔr'zɛt] ‹-(e)s, -e *o* -s› *n* busto *m,* corsetto *m.*

Korsika ['kɔrzika] *n* Corsica *f.*

korsisch *a* corso.

koscher ['ko:ʃɐ] *a rel* kasher; **nicht ~** *fam (bedenklich)* losco, sospetto.

Kosinus ['ko:zinʊs] *m* coseno *m.*

Kosmetik [kɔs'me:tɪk] ‹-, ø› *f* cosmesi *f,* cosmetica *f.*

Kosmetika [...ka] *n pl* cosmetici *m pl,* prodotti *m pl* di bellezza.

Kosmetiker(in) ‹-s, -› *m(f)* estetista *mf.*

kosmetisch *a* cosmetico.

kosmisch ['kɔsmɪʃ] *a* cosmico.

Kosmos ['kɔsmɔs] ‹-, ø› *m* cosmo *m.*

Kost [kɔst] ‹-, ø› *f* **1.** *(Nahrung)* cibo *m,* cibi *m pl,* cucina *f;* **2.** *(Verpflegung)* vitto *m;* **schwere ~** cucina grassa; *fig* cosa difficile da capire; **~ und Logis** vitto e alloggio.

kostbar *a* prezioso; *(teuer)* caro. **Kostbarkeit** ‹-, -en› *f* **1.** *(Gegenstand)* cosa *f* preziosa; **2.** ‹*sing*› *(Wert)* pregio *m,* valore *m.*

kosten[1] ['kɔstən] *tr, itr (Preis haben, fig: erfordern)* costare; **es sich** *(dat)* **etwas ~ lassen** non badare a spese; **was kostet das?** quanto costa questo?; **koste es, was es wolle!** costi quel che costi!

kosten[2] ['kɔstən] *tr, itr (Speisen)* assaggiare, provare.

Kosten ‹*pl*› *(Un~)* costo *m,* spesa *f; (Auslagen)* spese *f pl;* **~ mit sich** *(dat)* **bringen** comportare delle spese; **auf seine ~ kommen** *fig* essere soddisfatto (*bei* di); **auf ~ von** a spese di; *fig* a scapito di; **auf eigene ~** a proprie spese. **kostenlos** *a* gratuito. **Kostenvoranschlag** *m* preventivo *m.*

köstlich ['kœstlɪç] *a* **1.** *(Genuß)* delizioso; *(Speise)* squisito, eccellente; **2.** *(herrlich)* splendido; **3.** *(amüsant)* divertente; **sich ~ amüsieren** divertirsi un mondo *fam.*

Kostprobe *f (a. fig)* assaggio *m; (von Wein)* degustazione *f.*

kostspielig *a* costoso, dispendioso.

Kostüm [kɔs'ty:m] ‹-s, -e› *n* **1.** *(Damen~)* tailleur *m;* **2.** *(Verkleidung)* costume *m.* **Kostümball** *m,* **-fest** *n* ballo *m* in maschera.

Kot [ko:t] ‹-(e)s, ø› *m (Exkremente)* feci *f pl,* escrementi *m pl; (Tier~)* sterco *m.*

Kotelett [kotə'lɛt] ‹-s, -s *o* -e› *n* costoletta *f,* cotoletta *f.*

Koteletten ‹*pl*› basette *f pl.*

Köter ['kø:tɐ] ‹-s, -› *m* cagnaccio *m.*

Kotflügel *m* parafango *m.*

kotzen ['kɔtsən] *itr vulg* vomitare; **es ist zum K~** è uno schifo *fam.*

KP [ka:'pe:] ‹-, -s› *f ab von* **Kommunstische Partei** P.C. *m* (*ab von* Partito comunista).

Krabbe ['krabə] ‹-, -n› *f zoo (Taschenkrebs)* granchio *m; (Garnele)* gambero *m.*

krabbeln ['krabəln] *itr* ‹*sein*› *(Tiere)* strisciare; *(Kleinkinder)* camminare carponi.

Krach [krax] ‹-(e)s, -e *o* -s *o* ¨-e› *m* **1.** ‹*sing*› *(Lärm)* chiasso *m,* baccano *m,* fracasso *m; (Schlag)* schianto *m;* **2.** *fam (Streit)* lite *f;* **~ machen** *fam* fare chiasso; **~ schlagen** *fam* protestare.

krachen *itr* **1.** ‹*haben*› *(Donner)* tuonare; *(Schuß)* scoppiare; *(Holz)* scricchiolare; *(Tür)* sbattere; **2.** ‹*sein*› *fam (platzen)* scoppiare; *(brechen: Eis)* spaccarsi; **3.** ‹*sein*› *fam (aufprallen)* schiantarsi (*gegen* su); **auf dieser Kreuzung kracht es dauernd** *fam* a questo incrocio succedono sempre incidenti.

krächzen ['krɛçtsən] *itr* gracchiare, gracidare.

kraft [kraft] *prp gen geh* in forza di.

Kraft [kraft] ‹-, ¨-e› *f* **1.** *allg.* forza *f;* **2.** *(Wirksamkeit)* efficacia *f; (Gültigkeit)* vigore *m;* **3.** *(Hilfs~, Arbeits~)* elemento *m,* operaio *m; (Lehr~)* insegnante *mf;* **in ~ sein/treten** *jur* essere/entrare in vigore; **außer ~ setzen** annullare, dichiarare invalido; *(Gesetz)* abolire, abrogare; *(zeitweilig)* sospendere; **wieder zu Kräften kommen** rimettersi in forze; **aus eigener ~** con le proprie forze, da solo; **mit aller ~** con tutte le forze; **mit letzter ~** con le ultime forze; **nach Kräften** facendo tutto il possibile; **volle ~ voraus!** *naut* avanti a tutta forza! **Kraftausdruck** *m* parolaccia *f; (Fluch)* bestemmia *f.* **Kraftbrühe** *f* consommé *m.*

Kraftfahrer(in) *m(f)* conducente *mf,* autista *mf.* **Kraftfahrzeug** *n* (*ab* **Kfz**) autoveicolo *m.* **Kraftfahrzeugbrief** *m* libretto *m* di circolazione. **Kraftfahrzeugkennzeichen** *n* (*ab* **Kfz-Kennzeichen**) targa *f.* **Kraftfahrzeugschein** *m* carta *f* di circolazione. **Kraftfahrzeugsteuer** *f* tassa *f* di circolazione. **Kraftfahrzeugversicherung** *f* assicurazione *f* automobilistica.

kräftig ['krɛftɪç] **I.** *a* **1.** *(stabil gebaut)* robusto, forte; *(kraftvoll, stark)* forte; *(groß)* grande; **2.** *(Farben)* violento; **3.** *(Nahrung)* sostanzioso; **einen ~en Schluck nehmen** *fam* bere un bel sorso; **II.** *adv* **1.** *(stark)* forte, fortemente; **2.** *(sehr)* molto; **~ regnen** piovere forte; **~ schütteln** agitare bene.

kräftigen *tr* rinforzare, rinvigorire.

Kraftprobe *f* prova *f* (*o* atto *m*) di forza.

Kraftrad *n* motociclo *m*. **Kraftstoff** *m mot* carburante *m*. **kraftvoll** *a* pieno di forza, forte. **Kraftwagen** *m* automobile *f*, autoveicolo *m*. **Kraftwerk** *n* centrale *f* elettrica.

Kragen ['kra:gən] ⟨-s, - *o* ¨-⟩ *m (Hemd~)* colletto *m*, collo *m*; *(Kleider~, Mantel~)* bavero *m*; **jdn beim ~ packen** prendere qu per il collo; **da platzt einem ja der ~** *fam* questo mi fa andare in bestia *fam*. **Kragenweite** *f* misura *f* del collo.

Krähe ['krɛ:ə] ⟨-, -n⟩ *f* cornacchia *f*.

krähen ['krɛ:ən] *itr (Hahn)* cantare; *fig (Mensch)* gracidare.

Kralle ['kralə] ⟨-, -n⟩ *f (von Raubtieren, Vögeln, a. fam pej: Fingernägel)* artiglio *m*; *(von Katzen)* unghia *f*.

Kram [kra:m] ⟨-(e)s, ø⟩ *m fam pej* **1.** *(Zeug)* cose *f pl*, roba *f fam*; *(Plunder, Schund)* ciarpame *m fam*; **2.** *(Angelegenheit)* faccenda *f*, storia *f*; **den ganzen ~ hinschmeißen** mandare tutto all'aria; **das paßt mir nicht in den ~** non mi va a genio.

kramen I. *itr* frugare (*in* in, *nach etw.* per trovare qc), rovistare (*in* in, *nach etw.* per trovare qc); **II.** *tr*: **etw. aus etw. ~** tirare fuori qc da qc.

Krampf [krampf] ⟨-(e)s, ¨-e⟩ *m* **1.** *med* crampo *m*, spasmo *m*, convulsioni *f pl*; **2.** *fam pej (Unsinn)* sciocchezze *f pl*. **Krampfader** *f* vena *f* varicosa, varice *f*.

krampfen I. *rfl*: **sich ~ 1.** *med* contrarsi (convulsivamente); **2.** *(sich festhalten)* aggrapparsi (*an* a); *(Finger, etc.)* stringersi (*um* a); **II.** *itr CH (hart arbeiten)* lavorare sodo, sgobbare *fam*.

krampfhaft *a* **1.** *med* spasmodico, convulsivo; **2.** *fam (unnatürlich)* forzato; *(angestrengt)* sforzato; *(Anstrengungen)* disperato.

Kran [kra:n] ⟨-(e)s, ¨-e *o* -e⟩ *m* gru *f*. **Kranführer** *m* gruista *m*.

Kranich ['kra:nıç] ⟨-s, -e⟩ *m* gru *f*.

krank [kraŋk] ⟨¨-er, ¨-(e)ste⟩ *a* ammalato (*an* di); *(bes. Organe)* malato; *(dauernd)* infermo; *(leidend)* sofferente (*an* di); **~ machen** far ammalare; **~ werden** ammalarsi; **sich ~ melden** mettersi in mutua; *mil* marcare visita; **jdn ~ schreiben** rilasciare un certificato di malattia a qu; **~ geschrieben sein** essere in mutua; **deine Fragen machen mich noch ~** *fam* le tue domande mi danno sui nervi *fam*.

Kranke ⟨ein -r, -n, -n⟩ *mf* (am)malato, -a *m, f*, infermo, -a *m, f*; *(Patient)* paziente *mf*.

kränkeln ['krɛŋkəln] *itr* essere malaticcio.

kranken *itr fig* risentire (*an* di); **das krankt daran, daß ...** (ciò) risente del fatto che ...

kränken ['krɛŋkən] *tr* offendere.

Krankengymnastik *f* fisioterapia *f*. **Krankenhaus** *n* ospedale *m*; *(Klinik)* clinica *f*. **Krankenkasse** *f* mutua *f*, cassa *f* malati. **Krankenpflege** *f* assistenza *f* al malato. **Krankenpfleger(in)** *m(f)* infermiere, -a *m, f*. **Krankenschein** *m* modulo *m* per la mutua, foglio *m* di malattia. **Krankenschwester** *f* infermiera *f*. **Krankenversicherung** *f* assicurazione *f* malattia (*o* contro le malattie). **Krankenwagen** *m* ambulanza *f*.

krank·feiern *itr fam* darsi malato.

krankhaft *a* patologico; *(a. fig)* morboso.

Krankheit ⟨-, -en⟩ *f* malattia *f*; *(Erkrankung)* affezione *f*; *(Schmerz, Leiden)* male *m*; **eine ~ bekommen, sich** *(dat)* **eine ~ zuziehen** prendere una malattia. **Krankheitsbild** *n* quadro *m* clinico. **Krankheitserreger** *m* agente *m* patogeno.

krank·lachen *rfl*: **sich ~** *fam* morire dal ridere *fam*.

kränklich ['krɛnklıç] *a* malaticcio.

Kränkung ⟨-, -en⟩ *f* offesa *f*.

Kranz [krants] ⟨-es, ¨-e⟩ *m* corona *f*; *(aus Blumen a.)* ghirlanda *f*.

kraß [kras] *a* **1.** *(extrem)* estremo; *(Egoist)* grande; **2.** *(auffallend)* sorprendente; *(Widerspruch)* stridente; *(Unterschied)* grande; **3.** *(unerhört)* incredibile, inaudito.

Krater ['kra:tɐ] ⟨-s, -⟩ *m* cratere *m*.

kratzen ['kratsən] **I.** *tr* **1.** *allg.* grattare; *(mit Nägeln, Krallen)* graffiare; **2.** *(ab~)* raschiare, raspare; **3.** *(einritzen)* incidere; **4.** *fam (stören)* irritare, disturbare; **es kratzt mich (*o* mir) im Hals** sento un raschio alla gola; **II.** *itr* **1.** *(Geräusch)* scricchiolare; **2.** *(Pullover, etc.)* dare prurito; **III.** *rfl*: **sich ~** grattarsi.

Kratzer ⟨-s, -⟩ *m (a. Kratzspur)* graffiatura *f*; *(a. Kratzwunde)* graffio *m*.

kraulen[1] ['kraulən] *tr (streicheln)* accarezzare, lisciare.

kraulen[2] ['kraulən] *tr, itr* ⟨*haben o sein*⟩ *(schwimmen)* nuotare a crawl; **sie hat (*o* ist) die 100 m in Rekordzeit gekrault** ha percorso a crawl i 100 m in tempo di record.

kraus [kraus] *a* **1.** *(Haar)* riccio, crespo; *(Stirn)* rugoso; *(Stoff)* sgualcito; **2.** *fig (Gedanken)* confuso; **die Nase/Stirn ~ ziehen** arricciare il naso/corrugare la fronte.

kräuseln ['krɔyzəln] *tr (Haare)* arricciare; *(Stoff, Wasser)* increspare; *(Stirn)* corrugare.

Kraut [kraut] ⟨-(e)s, ¨-er⟩ *n* **1.** *(Pflanze)* erba *f*; **2.** *(von Rüben, etc.)* foglie *f pl*; **3.** ⟨*sing*⟩ *(Kohl)* cavolo *m*; *(Sauer~)* crauti *m pl*; **4.** *pej fam (Tabak)* tabacco *m* scadente; **mit Kräutern** *gastr* alle erbe; **wie ~ und Rüben** *fam* sottosopra, alla rinfusa; **dagegen ist kein ~ gewachsen** non c'è rimedio, non si può far nulla.

Kräuterbutter ['krɔyte-] *f* burro *m* aromatizzato. **Kräuterlikör** *m* liquore *m* alle erbe. **Kräutertee** *m* infuso *m* d'erbe; *(bes. Beruhigungs~)* tisana *f.*

Krawall [kra'val] ‹-s, -e› *m* **1.** *(Aufruhr)* tumulto *m,* disordine *m;* **2.** *fam pej (Lärm)* baccano *m.*

Krawatte [kra'vatə] ‹-, -n› *f* cravatta *f.*

Krebs [kre:ps] ‹-es, -e› *m* **1.** *zoo* gambero *m; (Taschen~)* granchio *m;* **2.** *med, bot* cancro *m;* **3.** *astr* Cancro *m;* **er/sie ist (ein) ~** è (del *o* un) Cancro. **krebserregend** *a* cancerogeno. **Krebserreger** *m* cancerogeno *m.* **Krebsforschung** *f* cancerologia *f.* **Krebsfrüherkennung** ‹-, ø› *f* diagnosi *f* precoce del cancro. **Krebsgang** *m:* **den ~ gehen** fare come i gamberi. **Krebsgeschwür** *n* ulcerazione *f* cancerosa. **krebskrank** *a* malato di cancro. **krebsrot** *a* rosso come un gambero. **Krebsvorsorge** *f* prevenzione *f* del cancro. **Krebsvorsorgeuntersuchung** *f* visita *f* preventiva di controllo del cancro.

Kredit [kre'di:t *o* ...'dɪt] ‹-(e)s, -e› *m (fin, a. Glaubwürdigkeit)* credito *m;* **auf ~** a credito. **Kreditkarte** *f* carta *f* di credito. **kreditwürdig** *a* solvibile.

Kreide ['kraidə] ‹-, -n› *f* **1.** *min* creta *f;* **2.** *(Schreib~)* gesso *m;* **ein Stück ~** un gessetto; **bei jdm (tief) in der ~ stehen** (*o* **sein**) *fam* essere indebitato (fino al collo) con qu. **kreidebleich** ['kraidə'blaiç] *a* bianco come un panno lavato (*o* un cencio). **Kreidefelsen** *m* roccia *f* cretacea. **Kreidezeichnung** *f* disegno *m* a gessetto. **Kreidezeit** *f* cretaceo *m.*

Kreis [krais] ‹-es, -e› *m* **1.** *allg.* circolo *m; (a. fig, mat)* cerchio *m; (~linie)* circonferenza *f;* **2.** *(Lebens~, Bereich)* ambito *m;* **3.** *fig (Personen~)* cerchia *f;* **4.** *(Verwaltungsbezirk)* distretto *m;* **(weite) ~e ziehen** *fig* estendersi; **sich im ~ drehen** girare, rotare; **im ~** in cerchio; **im ~e von** in seno a; **in gutunterrichteten ~en** in ambienti (*o* circoli) ben informati. **Kreisbahn** *f* orbita *f* (circolare).

kreischen ['kraiʃən] *itr* strillare; *(Vögel, Bremsen)* stridere; **~d** *(Stimme)* stridulo; *(Bremsen)* stridente.

Kreisel ['kraizəl] ‹-s, -› *m* trottola *f.*

kreisen ['kraizən] *itr* ‹*haben o sein*› **1.** *allg.* girare (*um* intorno), ruotare (*um* intorno a); **2.** *(Vögel, aero)* volteggiare; **3.** *(Blut, Geld)* circolare; **in der Runde ~** *(Becher)* fare il giro; **das Gespräch kreiste um ...** la conversazione si incentrava su ...

kreisförmig [-fœrmɪç] **I.** *a* circolare; **II.** *adv* in cerchio, in circolo. **Kreislauf** *m* **1.** *(Blut~, Geld~)* circolazione *f;* **2.** *(Natur~)* ciclo *m.* **Kreislaufstörungen** *f pl* disturbi *m pl* circolatori. **Kreissäge** *f* sega *f* circolare.

Kreißsaal ['krais-] *m* sala *f* parto.

Kreisstadt *f* capoluogo *m* distrettuale. **Kreisverkehr** *m* circolazione *f* rotatoria.

Kreml ['kre:məl *o* 'krɛməl] ‹-(s), -› *m* Cremlino *m.*

Krempe ['krɛmpə] ‹-, -n› *f* tesa *f.*

Krempel ['krɛmpəl] ‹-s, ø› *m fam pej* roba *f,* cianfrusaglie *f pl;* **den ganzen ~ hinwerfen** *fig* buttare tutto all'aria.

Kren [kre:n] ‹-(e)s, ø› *m A (Meerrettich)* rafano *m,* crèn *m.*

krepieren [kre'pi:rən] ‹*ohne ge-*› *itr* ‹*sein*› **1.** *(Tiere, vulg: Menschen)* crepare; **2.** *(Granate, etc.)* scoppiare.

Krepp [krɛp] ‹-s, -s *o* -e› *m* crespo *m.*

Kresse ['krɛsə] ‹-, -n› *f* crescione *m.*

kreuz [krɔyts] *adv:* **~ und quer** a destra e sinistra, in tutti i sensi.

Kreuz [krɔyts] ‹-es, -e› *n* **1.** *allg., rel* croce *f; (~zeichen a.)* segno *m* della croce; **2.** *mus* diesis *m;* **3.** ‹*sing*› *(beim Kartenspiel)* fiori *m pl;* **4.** *fig (Leid)* tormento *m,* afflizione *f;* **5.** *anat* schiena *f,* reni *m pl;* **jdn aufs ~ legen** *fig sl* gabbare qu; **etw. über ~ legen** mettere in croce qc; **zu ~e kriechen** umiliarsi (*vor* davanti a), andare a Canossa; **es ist ein ~** *fam* è un calvario; **es ist ein ~ mit ihm** *fam* è una croce con lui *fam.*

kreuzen **I.** *tr* ‹*haben*› **1.** *(Arme, Beine, Wege, Blicke, bot)* incrociare; **2.** *(überschreiten)* attraversare; **II.** *itr* ‹*haben o sein*› *naut* incrociare; *(beim Segeln)* bordeggiare; **III.** *rfl:* **sich ~** *(Straßen)* tagliarsi; *(Wege, Blicke)* incrociarsi.

Kreuzer ‹-s, -› *m naut* incrociatore *m.*

Kreuzfahrt *f* crociera *f.* **Kreuzfeuer** *n* **1.** *mil* fuoco *m* incrociato; **2.** *fig* fuoco *m* di fila; **im ~ der Kritik stehen** essere al centro della critica. **Kreuzgang** *m* chiostro *m.*

kreuzigen *tr* crocifiggere.

Kreuzigung ‹-, -en› *f* crocifissione *f.*

Kreuzotter *f* vipera *f* comune.

Kreuzung ‹-, -en› *f* incrocio *m.*

Kreuzverhör *n* interrogatorio *m* in contradditorio; **jdn ins ~ nehmen** interrogare qu in contradditorio. **Kreuzweg** *m* **1.** *(Wegkreuzung)* incrocio *m,* crocicchio *m;* **2.** *rel, fig* via *f* crucis. **Kreuzworträtsel** *n* parole *f pl* incrociate, cruciverba *m.* **Kreuzzug** *m* crociata *f.*

kribbeln ['krɪbəln] **I.** *itr* **1.** ‹*haben*› *(jukken)* prudere; *(prickeln)* essere frizzante; **II.** *tr* ‹*haben*› *fam (kitzeln)* fare il solletico a.

kriechen ['kri:çən] ‹kriecht, kroch, gekrochen› *itr* ‹*sein*› strisciare; *fig (Fahrzeuge, etc.)* procedere lentamente; **vor jdm ~** *fig* leccare i piedi a qu.

Kriechspur *f* corsia *f* lenta.

Krieg [kri:k] ‹-(e)s, -e› *m* guerra *f*; **gegen jdn ~ führen** fare la guerra contro qu; **im ~** in guerra.

kriegen ['kri:gən] *tr fam (bekommen, erhalten)* ricevere, ottenere; *(Krankheit)* prendersi, buscarsi; **ein Kind ~** *(erwarten)* aspettare un bambino; **nicht genug ~ (können)** non averne mai abbastanza; **ich kriege Hunger/Durst** mi viene fame/sete; **sie hat ein Kind gekriegt** ha avuto un bambino; **da kriegst du es mit mir zu tun** avrai a che fare con me; **wenn ich das sehe, kriege ich zuviel** quando vedo ciò mi sento male.

kriegführend *a* belligerante. **Kriegführung** *f* condotta *f* di guerra; *(Strategie)* strategia *f*, tattica *f*. **Kriegsbeschädigte** ‹ein -r, -n, -n› *mf* invalido, -a *m, f* di guerra. **Kriegsdienstverweigerer** ‹-s, -› *m* obiettore *m* di coscienza. **Kriegsfall** *m*: **im ~** in caso di guerra. **Kriegsfuß** *m*: **mit jdm auf (dem) ~ stehen** *scherz* essere sul piede di guerra con qu; **mit etw. auf (dem) ~ stehen** *scherz* non conoscere bene qc, avere difficoltà con qc. **Kriegsgefangene** *mf* prigioniero, -a *m, f* di guerra. **Kriegsgefangenschaft** *f* prigionia *f* (di guerra). **Kriegsopfer** *n* vittima *f* della guerra. **Kriegszustand** *m* stato *m* di guerra; **sich im ~ befinden** essere in guerra.

Krimi ['kri:mi *o* 'krɪmi] ‹-s, -s› *m fam* giallo *m fam.*

Kriminalbeamte [krimi'na:l-] *m*, **-beamtin** *f* funzionario, -a *m, f* della polizia giudiziaria. **Kriminalfilm** *m* (film *m*) giallo *m*.

Kriminalistik [krimina'lɪstɪk] ‹-, ø› *f* criminologia *f*.

Kriminalität [...li'tɛ:t] ‹-, ø› *f* criminalità *f*, delinquenza *f*.

Kriminalpolizei *f* polizia *f* giudiziaria. **Kriminalroman** *m* romanzo *m* poliziesco (*o* giallo), giallo *m*.

kriminell [krimi'nɛl] *a* criminale.

Krimskrams ['krɪmskrams] ‹-(es), ø› *m fam* cianfrusaglie *f pl.*

Kripo ['kri:po] ‹-, -s› *f fam ab von* **Kriminalpolizei** polizia *f* giudiziaria.

Krippe ['krɪpə] ‹-, -n› *f* **1.** *(Futter~)* mangiatoia *f*, greppia *f*; **2.** *(Weihnachts~)* presepio *m*; **3.** *(Kinder~)* asilo *m* nido.

Krise ['kri:zə] ‹-, -n› *f* crisi *f*.

kriseln *itr*: **es kriselt** c'è (in vista) una crisi.

krisenfest *a* stabile. **Krisengebiet** *n* focolaio *m* di crisi. **Krisenherd** *m* focolaio *m*. **Krisenstab** *m* comitato *m* d'emergenza.

Kristall¹ [krɪs'tal] ‹-s, -e› *m (Körper)* cristallo *m*.

Kristall² [krɪs'tal] ‹-s, ø› *n (Glas)* cristallo *m*. **Kristallglas** *n* **1.** *(Material)* cristallo *m*; **2.** *(Gefäß)* bicchiere *m* di cristallo.

kristallisieren [...li'zi:rən] ‹*ohne ge-*› **I.** *tr, itr* cristallizzare; **II.** *rfl*: **sich ~** cristallizzarsi.

Kriterium [kri'te:ri̯ʊm, ...i̯ən] ‹-s, -rien› *n* criterio *m*.

Kritik [kri'ti:k] ‹-, -en› *f* critica *f* (*an* a, di); **unter aller ~ sein** *fam* essere molto scadente.

Kritiker(in) ['kri:tikɐ (...ərɪn)] ‹-s, -› *m(f)* critico *mf*, recensore *m*.

kritiklos *a* acritico.

kritisch ['kri:tɪʃ] *a* critico.

kritisieren [kriti'zi:rən] ‹*ohne ge-*› *tr* criticare.

kritzeln ['krɪtsəln] *tr, itr* scarabocchiare.

kroch [krɔx] *imp von* **kriechen.**

Krokette [kro'kɛtə] ‹-, -n› *f (Kartoffel~, Reis~)* crocchetta *f*; *(Fisch~, Fleisch~)* polpettina *f*.

Krokodil [kroko'di:l] ‹-s, -e› *n* coccodrillo *m*. **Krokodilstränen** *f pl* lacrime *f pl* di coccodrillo.

Krokus ['kro:kʊs] ‹-, -(se)› *m* croco *m*.

Krone ['kro:nə] ‹-, -n› *f* **1.** *(allg., fin, tec, Zahn~)* corona *f*; *(Baum~)* chioma *f*; **2.** *fig (Krönung, Höhepunkt)* colmo *m*, massimo *m*, coronamento *m*; **die ~ der Schöpfung** la corona del creato; **einen in der ~ haben** *fam* essere sbronzo *fam*; **dabei fällt dir keine Perle** (*o* **kein Stein) aus der ~** *fam* non ci rimetti niente; **das setzt doch allem die ~ auf!** *fam* questo è il colmo.

krönen ['krø:nən] *tr* **1.** *(a. fig)* incoronare; **2.** *(abschließen)* coronare; **der ~de Abschluß** la fine in gloria; **von Erfolg gekrönt sein** essere coronato dal successo.

Kronleuchter *m* lampadario *m* a corona.

Krönung ‹-, -en› *f* incoronazione *f*; *fig (Höhepunkt)* coronamento *m*.

Kronzeuge *m*, **-zeugin** *f* teste *mf* principale.

Kropf [krɔpf] ‹-(e)s, ⸚e› *m* gozzo *m*.

Kröte ['krø:tə] ‹-, -n› *f* **1.** *zoo, fig pej* rospo *m*; **2.** ‹*pl*› *sl (Geld)* quattrini *m pl fam.*

Krücke ['krʏkə] ‹-, -n› *f* **1.** *(zum Gehen)* gruccia *f*, stampella *f*; **2.** *sl pej (Versager)* schiappa *f*; **an ~n gehen** camminare con le grucce.

Krug ['kru:k] ‹-(e)s, ⸚e› *m* brocca *f*; **der ~ geht so lange zum Brunnen, bis er bricht** *prov* tanto va la gatta al lardo che ci lascia lo zampino *prov.*

Krümel ['kry:məl] ‹-s, -› *m* briciola *f.* **krüm(e)lig** *a* friabile. **krümeln** *itr* sbriciolarsi.

krumm [krʊm] *a* **1.** *(schief, a. Beine)* storto; *(Nase)* adunco; *(verkrümmt)* contorto; *(bogenförmig)* curvo; **2.** *fig sl (unrechtmäßig)* disonesto; *(Geschäfte)* losco, poco pulito; **~e Dinger drehen** *sl* far qc di proibito; **~ werden** piegarsi, incurvarsi; **auf die ~e Tour** *sl* in modo poco pulito, per vie traverse.

krümmen ['krʏmən] **I.** *tr* *(biegen)* (in)curvare, piegare; **ihm wurde kein Haar gekrümmt** non gli è stato torto un capello; **II.** *rfl:* **sich ~ 1.** *(sich beugen)* (in)curvarsi, piegarsi; *(Straße, Fluß)* (in)curvare, piegare; **2.** *(sich winden)* (con)torcersi; **sich vor Schmerzen ~** piegarsi in due dai dolori.

krumm·nehmen ‹*irr*› *tr fam (übelnehmen)* prendere in mala parte.

Krümmung ‹-, -en› *f* incurvamento *m; (Biegung, a. anat, mat)* curvatura *f; (Straßen~, Fluß~)* curva *f.*

Krüppel ['krʏpəl] ‹-s, -› *m* storpio *m;* **jdn zum ~ machen** storpiare qu.

Kruste ['krʊstə] ‹-, -n› *f* crosta *f.* **Krustentier** *n* crostaceo *m.*

Kruzifix [krut͜si'fɪks *o* 'kru:t͜s...] ‹-es, -e› *n* crocifisso *m.*

Krypta ['krʏpta, ...tən] ‹-, -ten› *f* cripta *f.*

Kübel ['ky:bəl] ‹-s, -› *m* mastello *m,* tinozza *f; (Eimer)* secchio *m.*

Kubikmeter [ku'bi:k-] *n o m* (*ab* **cbm**) metro *m* cubo. **Kubikzahl** *f* potenza *f* cubica. **Kubikzentimeter** *n o m* (*ab* **ccm**) centimetro *m* cubo.

Küche ['kʏçə] ‹-, -n› *f* cucina *f;* **gutbürgerliche ~** cucina casalinga; **kalte ~** piatti freddi.

Kuchen ['ku:xən] ‹-s, -› *m* dolce *m,* torta *f,* focaccia *f.* **Kuchenblech** *n* piastra *f* del forno.

Küchenchef *m* chef *m,* capocuoco *m.*

Kuchenform *f* forma *f* per torte. **Kuchengabel** *f* forchetta *f* da dessert.

Küchenmesser *n* coltello *m* da cucina. **Küchenschabe** *f* scarafaggio *m,* blatta *f.*

Kuchenteig *m* pasta *f* per (*o* da) torte (*o* dolci).

kuckuck ['kʊkʊk] *interj* cucù. **Kuckuck** ‹-s, -e› *m* cuculo *m;* **das weiß der ~!** *fam* lo sa il diavolo *fam;* **zum ~ (noch mal)!** *fam* al diavolo! *fam.* **Kuckucksuhr** *f* (orologio *m* a) cucù *m.*

Kufe ['ku:fə] ‹-, -n› *f* pattino *m; (Schlittschuh~)* lama *f.*

Kugel ['ku:gəl] ‹-, -n› *f* **1.** *allg.* palla *f;* **2.** *mat* sfera *f;* **3.** *(Gewehr~)* pallottola *f; (Kanonen~)* palla *f;* **4.** *(Kegel~)* boccia *f; (Billard~)* biglia *f; sport (Stoß~)* peso *m;* **sich** *(dat)* **eine ~ durch den Kopf jagen** *fam* bruciarsi le cervella. **Kugelkopfschreibmaschine** *f* macchina *f* da scrivere a testina rotante. **Kugellager** *n* cuscinetto *m* a sfere. **kugelrund** ['ku:gəl'rʊnt] *a* sferico, tondo. **Kugelschreiber** *m* penna *f* a sfera, biro *f fam.* **kugelsicher** *a* a prova di proiettile. **Kugelstoßen** ‹-s, ø› *n* lancio *m* del peso.

Kuh [ku:] ‹-, ¨-e› *f* **1.** *(Tier)* vacca *f,* mucca *f;* **2.** *fig pej (weibliche Person)* stupida *f,* cretina *f.* **Kuhhandel** *m fam pej* mercanteggiamento *m,* mercimonio *m.*

kühl [ky:l] *a* **1.** *(Wetter, etc.)* fresco; **2.** *fig (Empfang, Blick)* freddo; **~ aufbewahren** (*o* **lagern**) tenere al fresco, conservare in luogo fresco. **Kühlanlage** *f* impianto *m* frigorifero (*o* di refrigerazione). **Kühlbox** *f* freezer *m.*

Kühle ‹-, ø› *f* **1.** *(Kälte)* fresco *m,* frescura *f;* **2.** *fig* freddezza *f.*

kühlen *tr* **1.** *(~ lassen)* raffreddare; *(kalt stellen)* mettere in ghiaccio; **2.** *(erfrischen)* rinfrescare; **3.** *phys, tec* refrigerare.

Kühler ‹-s, -› *m* **1.** *mot* radiatore *m; (~haube)* cofano *m;* **2.** *(Sekt~, etc.)* secchiello *m.*

Kühlhaus *n* magazzino *m* frigorifero. **Kühlraum** *m* cella *f* frigorifera. **Kühlschrank** *m* frigorifero *m,* frigo *m fam.* **Kühltruhe** *f* congelatore *m.* **Kühlturm** *m* torre *f* di raffreddamento.

Kühlung ‹-, ø› *f* **1.** *(Vorgang)* raffreddamento *m;* **2.** *(Vorrichtung)* dispositivo *m* di raffreddamento.

kühn [ky:n] *a* audace, ardito; *(toll~)* temerario; *(riskant)* rischioso; *fig (Behauptung)* avventato. **Kühnheit** ‹-, -en› *f* audacia *f,* ardimento *m,* temerarietà *f; fig (von Gedanke, Theorie)* arditezza *f.*

Kuhstall *m* stalla *f* delle mucche.

Küken ['ky:kən] ‹-s, -› *n* **1.** *(Tier)* pulcino *m;* **2.** *fam (junges Mädchen)* pollastrella *f fam;* **das ~** *(Nesthäkchen)* il (*o* la) più giovane della famiglia.

Kukuruz ['kʊkurʊt͜s *o* 'ku:k...] ‹-(es), ø› *m A (Mais)* mais *m,* gran(o)turco *m.*

kulant [ku'lant] *a* accomodante.

kulinarisch [kuli'na:rɪʃ] *a* culinario.

Kulisse [ku'lɪsə] ‹-, -n› *f* quinta *f;* **hinter den ~n** *(a. fig)* dietro le quinte.

Kult [kʊlt] ‹-(e)s, -e› *m* culto *m;* **einen ~ mit etw. treiben** avere un culto per qc, idolatrare qc.

kultivieren [kʊlti'vi:rən] ‹*ohne ge-*› *tr* **1.** *agr, fig* coltivare; **2.** *fig (verfeinern)* affinare. **kultiviert** *a fig (vornehm, gebildet)* colto, istruito; *(Geschmack, Sprache)* raffinato; **ein ~er Herr** un uomo colto; **könnt Ihr Euch nicht etwas ~er unterhalten?** non potreste discutere un po' più educatamente?

Kultur [kʊl'tu:ɐ̯] ‹-, -en› *f* **1.** *agr, biol* coltura *f;* **2.** *(geistige, künstlerische ~)* cultura *f; (Lebensform)* civiltà *f.* **Kul-**

turaustausch *m* scambi *m pl* culturali. **Kulturbanause** *m* zotico *m*. **Kulturbeutel** *m* nécessaire *m* da toeletta.
kulturell [kʊltu'rɛl] *a* culturale.
Kulturgeschichte *f* storia *f* della civiltà. **Kulturrevolution** *f* rivoluzione *f* culturale. **Kulturvolk** *n* popolo *m* civile. **Kulturzentrum** *n* centro *m* culturale.
Kultusminister(in) ['kʊltʊs-] *m(f)* ministro *m* della pubblica istruzione.
Kümmel ['kʏməl] ‹-s, -› *m* **1.** *bot* comino *m;* **2.** *(Branntwein)* Kümmel *m*.
Kummer ['kʊmɐ] ‹-s, ø› *m* dispiacere *m*, pena *f*, afflizione *f;* **jdm ~ bereiten** (*o* **machen**) dare dei dispiaceri a qu; **ich bin (an) ~ gewöhnt** *fam* sono abituato a soffrire; **hast du ~?** hai preoccupazioni?
kümmerlich ['kʏmɐlɪç] *a* **1.** *(elend)* misero; *(erbärmlich)* pietoso; *(ärmlich, dürftig)* povero, scarso; **2.** *(schwächlich)* deboluccio.
kümmern ['kʏmɐn] **I.** *rfl:* **sich ~ 1.** *(sich annehmen)* prendersi cura (*um* di); **2.** *(sich befassen)* preoccuparsi (*um* di); **~ Sie sich (doch) um Ihre eigenen Angelegenheiten!** badi (*o* pensi) ai fatti Suoi!; **~ Sie sich nicht um ...** non pensi a ..., non si impicci di ...; **II.** *tr* interessare (*jdn* a qu), importare (*jdn* a qu); **was kümmert mich das?** che me ne importa?
kummervoll *a* afflitto.
kündbar ['kʏntba:ɐ̯] *a* **1.** *(Vertrag)* denunciabile; **2.** *(Geld)* rimborsabile, revocabile; **3.** *(Arbeitnehmer)* licenziabile.
Kunde[1] ['kʊndə] ‹-, -n› *f* **1.** *geh, obs (Nachricht)* notizia *f;* **2.** *(Lehre)* scienza *f*.
Kunde[2] ['kʊndə] ‹-n, -n› *m*, **Kundin** [...dɪn] *f* cliente *mf*, avventore, -trice *m, f*. **Kundendienst** *m* servizio *m* di assistenza ai clienti. **Kundennummer** *f* codice *m* clienti.
Kundgebung ‹-, -en› *f* **1.** *pol* manifestazione *f*, dimostrazione *f;* **2.** *obs (Äußerung)* espressione *f*.
kündigen ['kʏndɪgən] **I.** *tr (allg., a. Freundschaft)* disdire, rifiutare; *(Vertrag)* denunciare; *(Darlehen)* chiedere la restituzione di; *(Hypothek)* denunciare il rimborso di; **II.** *itr* **1.** *(Arbeitgeber)* licenziare (*jdm* qu); *(Arbeitnehmer)* licenziarsi; **2.** *(Mieter, Vermieter)* dare la disdetta (*jdm* a qu); **ihm ist gekündigt worden** è stato licenziato.
Kündigung ‹-, -en› *f* **1.** *(von Vertrag)* disdetta *f*, rescissione *f;* **2.** *(von Darlehen, Hypothek)* riscatto *m;* **3.** *(von Arbeitgeber)* licenziamento *m; (von Arbeitnehmer)* dimissioni *f pl;* **mit monatlicher ~** con preavviso di un mese. **Kündigungsfrist** *f* **1.** *(Zeitpunkt)* termine *m* di disdetta; **2.** *(Zeitraum)* preavviso *m*.
Kundin *f s.* **Kunde**[2].
Kundschaft ‹-, ø› *f com* clientela *f*, clienti *m pl*.
kundschaften *itr* andare in ricognizione.
künftig ['kʏnftɪç] **I.** *a* futuro; **II.** *adv* in avvenire; *(von jetzt ab)* d'ora innanzi.
Kunst [kʊnst] ‹-, ¨-e› *f* **1.** *allg.* arte *f;* **2.** *(Geschicklichkeit)* abilità *f*, destrezza *f;* **die schönen Künste** le belle arti; **die Schwarze ~** la negromanzia, la magia nera; **das ist keine ~!** non è difficile. **Kunstakademie** *f* accademia *f* di (*o* delle) belle arti. **Kunstausstellung** *f* mostra *f* (*o* esposizione *f*) d'arte.
Kunstdünger *m* concime *m* chimico. **Kunstfaser** *f* fibra *f* sintetica.
Kunstgegenstand *m* oggetto *m* d'arte. **Kunstgeschichte** *f* storia *f* dell'arte. **Kunstgewerbe** *n* arte *f* applicata (*o* industriale). **Kunstgriff** *m* artificio *m*, stratagemma *m*.
Kunstleder *n* cuoio *m* artificiale.
Künstler(in) ['kʏnstlɐ (...ərɪn)] ‹-s, -› *m(f)* artista *mf*. **künstlerisch** *a* artistico. **Künstlername** *m* nome *m* d'arte.
künstlich ['kʏnstlɪç] *a* **1.** *(nicht natürlich)* artificiale; **2.** *chem* sintetico; **3.** *(gekünstelt)* artificioso; *(geheuchelt)* affettato; **jdn ~ ernähren** nutrire qu artificialmente.
Kunstseide *f* seta *f* artificiale. **Kunststoff** *m* materia *f* sintetica, plastica *f*. **kunststoffbeschichtet** *a* plastificato.
kunst·stopfen *tr* rammendare in modo invisibile.
Kunststück *n* gioco *m* di prestigio; **~e vorführen** fare giochi di destrezza; **das ist kein ~!** *fam* bell'abilità!
Kunstverständnis *n* sensibilità *f* artistica, senso *m* dell'arte. **Kunstwerk** *n* opera *f* d'arte.
kunterbunt ['kʊntɐ-] *a* **1.** *(bunt)* multicolore, variopinto; **2.** *fig (abwechslungsreich)* vario; *(ungeordnet)* disordinato, confuso.
Kupfer ['kʊp̲fɐ] ‹-s, ø› *n* rame *m*. **kupfern** *a* di rame. **Kupferschmied** *m* ramaio *m*. **Kupferstich** *m* incisione *f* su rame. **Kupfervitriol** [-vitrio:l] ‹-s, -e› *n* solfato *m* di rame.
Kuppel ['kʊpəl] ‹-, -n› *f* cupola *f*.
Kuppelei [kʊpə'la̲i] ‹-, -en› *f* lenocinio *m*.
kuppeln ['kʊpəln] **I.** *tr* **1.** *fig, tec* accoppiare, appaiare; **2.** *Eisenb.* agganciare; **II.** *itr* **1.** *mot* innestare la frizione; **2.** *(als Kuppler)* fare da mezzano.
Kuppler(in) ‹-s, -› *m(f)* mezzano, -a *m, f*, lenone, -a *m, f*.
Kupplung ['kʊplʊŋ] ‹-, -en› *f* **1.** *tec* accoppiamento *m; Eisenb.* agganciamento *m;* **2.** *tec (Vorrichtung)* giunto *m; mot* frizione *f*.

Kur [ku:ɐ̯] ‹-, -en› *f* cura *f*, trattamento *m*.
Kurbel ['kʊrbəl] ‹-, -n› *f* manovella *f*.
kurbeln I. *itr* girare la manovella; **II.** *tr* tirare girando una manovella.
Kurbelwelle *f* albero *m* a gomiti.
Kürbis ['kʏrbɪs] ‹-ses, -se› *m* zucca *f*.
Kurgast *m* ospite *m* di un luogo di cura. **Kurhaus** *n* stabilimento *m* termale (*o* di cura).
Kurie ['ku:ri̯ə] ‹-, ø› *f* curia *f*.
kurieren [ku'ri:rən] ‹*ohne ge-*› *tr* **1.** *(ärztlich behandeln)* curare; **2.** *(heilen)* guarire.
kurios [ku'ri̯o:s] *a* curioso, strano.
Kuriosität [kuri̯ozi'tɛ:t] ‹-, -en› *f* **1.** *(Eigenart)* curiosità *f*, stranezza *f*; **2.** *(Gegenstand)* rarità *f*.
Kurlaub ['ku:ɐ̯laup] *m* vacanza *f* abbinata ad un soggiorno di cura.
Kurort *m* luogo *m* di cura, stazione *f* climatica (*o* balneare *o* termale).
Kurpfuscher(in) [-pfʊʃɐ (...ərɪn)] ‹-s, -› *m(f)* *fam pej* medicastro, -a *m, f*, ciarlatano, -a *m, f*.
Kurpfuscherei [-pfʊʃə'rai̯] ‹-, ø› *f* ciarlataneria *f*.
Kurs [kʊrs] ‹-es, -e› *m* **1.** *naut, aero* rotta *f*; **2.** *fig, pol* corso *m*; **3.** *(Aktien~)* quotazione *f*; *(Wechsel~)* cambio *m*; **4.** *(Lehrgang)* corso *m* (*für, in* di, per); **hoch im ~ stehen** *(a. fig)* essere molto quotato; **vom ~ abkommen** andare fuori corso; **zum ~ von** *fin* al cambio di. **Kursbuch** *n* orario *m* ferroviario.
kursieren [kʊr'zi:rən] ‹*ohne ge-*› *itr* circolare.
kursiv [kʊr'zi:f] *a typ* corsivo.
Kursverlust *m* perdita *f* sul cambio. **Kurswagen** *m* carrozza *f* diretta. **Kurszettel** *m* listino *m* di borsa.
Kurtaxe *f* tassa *f* di soggiorno.
Kurve ['kʊrvə *o* 'kʊrfə] ‹-, -n› *f* **1.** *allg., mat* curva *f*; **2.** *(Straßen~)* svolta *f*; **3.** *fig* parabola *f*; **die ~ kratzen** *fam* svignarsela *fam*; **nicht die ~ kriegen** *fam* non farcela.
kurven *itr* ‹*sein*› curvare.
kurz [kʊrts] **I.** ‹¨er, ¨este› *a* **1.** *(räumlich)* corto; **2.** *(zeitlich)* breve; **kürzer machen** (r)accorciare; **kürzer werden** (r)accorciarsi; **den kürzeren ziehen** avere la peggio; **(bis) vor ~em** (fino a) poco (tempo) fa; **~ danach** poco dopo; **über ~ oder lang** presto o tardi, prima o poi; **II.** ‹¨er, am ¨esten› *adv* in breve, brevemente, (per) poco; **sich ~ fassen** essere breve; **etw. ~ und klein schlagen** fracassare qc, fare a pezzi qc; **bei etw. zu ~ kommen** scapitarci in qc; **~ gesagt, ~ und gut** per farla breve, in poche parole, insomma; **~ und bündig** brevemente, in modo conciso; **mach's ~!** falla breve!, taglia corto! *fam*. **Kurzarbeit** *f* lavoro *m* a orario ridotto.
Kürze ['kʏrtsə] ‹-, -n› *f* **1.** *(räumlich)* cortezza *f*; *(a. zeitlich)* brevità *f*; **2.** *(des Ausdrucks)* concisione *f*, stringatezza *f*; **3.** *lit* breve *f*; **in ~** tra poco (*o* breve); **in aller ~** brevemente, succintamente.
kürzen *tr* **1.** *(Kleid, etc.)* (r)accorciare; **2.** *(ab~)* abbreviare; **3.** *(verringern: Gehälter, Ausgaben)* diminuire; *(a. mat)* ridurre; *(Kredit)* tagliare.
kurzerhand ['kʊrtsɐ'hant] *adv* senza esitare (*o* pensarci troppo).
Kurzfassung *f* edizione *f* ridotta. **Kurzfilm** *m* cortometraggio *m*. **kurzfristig I.** *a* **1.** *(kurze Zeit dauernd)* a breve termine; **2.** *(ohne lange Vorbereitung)* dell'ultimo momento; **3.** *(in kurzer Zeit)* sollecito; **II.** *adv* **1.** *(ohne lange Vorbereitung)* all'ultimo momento; **2.** *(in kurzer Zeit)* in breve tempo. **Kurzgeschichte** *f* storia *f* breve. **kurzlebig** *a* dalla vita breve; *fig* di breve durata, effimero.
kürzlich *adv* recentemente, l'altro giorno.
Kurzschluß *m* corto circuito *m*. **Kurzschlußhandlung** *f* azione *f* avventata. **Kurzschrift** *f* stenografia *f*. **kurzsichtig** *a* miope. **Kurzsichtigkeit** ‹-, ø› *f* miopia *f*.
Kürzung ‹-, -en› *f* **1.** *allg.* (r)accorciamento *m*; **2.** *(Ab~)* abbreviazione *f*; **3.** *(Verringerung)* diminuzione *f*; **4.** *(mat, a. von Buch)* riduzione *f*.
Kurzwaren *f pl* mercerie *f pl*. **kurzweilig** *a* divertente. **Kurzwelle** *f* (*ab* KW) **1.** *phys* onda *f* corta; **2.** *radio* onde *f pl* corte. **Kurzzeitgedächtnis** *n* memoria *f* corta.
kuscheln ['kʊʃəln] *rfl*: **sich ~** raggomitolarsi (*an* su, *in* in).
Kusine [ku'zi:nə] ‹-, -n› *f* cugina *f*.
Kuß [kʊs] ‹Kusses, Küsse› *m* bacio *m*. **kußecht** *a* indelebile.
küssen ['kʏsən] *tr* baciare.
Küste ['kʏstə] ‹-, -n› *f* costa *f*, litorale *m*, riva *f* del mare; **an der ~** sulla costa. **Küstengebiet** *n* territorio *m* costiero, litorale *m*. **Küstenschiffahrt** *f* navigazione *f* costiera, cabotaggio *m*.
Küster ['kʏstɐ] ‹-s, -› *m* sagrestano *m*.
Kutsche ['kʊtʃə] ‹-, -n› *f* carrozza *f*.
Kutscher ‹-s, -› *m* cocchiere *m*.
Kutte ['kʊtə] ‹-, -n› *f* saio *m*.
Kutteln ['kʊtəln] ‹*pl*› trippa *f*.
Kuvert [ku've:ɐ̯ *o* ku'vɛ:ɐ̯] ‹-(e)s, -e *o* -s› *n* busta *f*.
kW *ab von* **Kilowatt** kW (*ab von* chilowatt).
KW *ab von* **Kurzwelle** OC (*ab von* onde corte).
kwh *ab von* **Kilowattstunde** kWh.
Kybernetik [kybɛr'ne:tɪk] ‹-, ø› *f* cibernetica *f*.
KZ [ka:'tsɛt] ‹-(s), -s› *n ab von* **Konzentrationslager** campo *m* di concentramento.

L

L, l [ɛl] ‹-, -(s)› *n* L, l *f;* **L wie Ludwig** L come Livorno.
l *ab von* **Liter** l (*ab von* litro).
labil [la'bi:l] *a* labile.
Labilität [labili'tɛ:t] ‹-, ø› *f* labilità *f,* instabilità *f.*
Labor [la'bo:ɐ̯] ‹-s, -s *o* -e› *n* laboratorio *m.*
Laborant(in) [labo'rant(ɪn)] ‹-en, -en› *m(f)* assistente *mf* di laboratorio.
Labyrinth [laby'rɪnt] ‹-(e)s, -e› *n* labirinto *m.*
Lache ['laxə *o* 'la:xə] ‹-, -n› *f* pozza *f; (Wasser~)* pozzanghera *f.*
lächeln ['lɛçəln] *itr* sorridere; *fig (Glück)* arridere (*jdm* a qu). **Lächeln** ‹-s, ø› *n* sorriso *m.*
lachen ['laxən] *itr* **1.** *allg.* ridere (*über* di, per); **2.** *(jdm günstig sein)* arridere (*jdm* a qu); **hämisch ~** (sog)ghignare; **nichts zu ~ haben** aver poco da ridere; **da gibt's nichts zu ~** c'è poco da ridere; **daß ich nicht lache!** non farmi ridere, mi fai proprio ridere; **Sie haben gut ~!** ha un bel ridere; **das wäre ja gelacht, wenn ...!** sarebbe davvero da ridere se ...; **wer zuletzt lacht, lacht am besten** *prov* ride bene chi ride ultimo *prov.* **Lachen** ‹-s, ø› *n* riso *m; (Gelächter)* risata *f;* **sich** *(dat)* **das ~ nicht verbeißen** (*o* **verkneifen) können** non potersi trattenere dal ridere; **sich biegen** (*o* **kugeln) vor ~** ridere a crepapelle, piegarsi in due dal ridere (*o* dalle risate); **jdn zum ~ bringen** far ridere qu; **das ist nicht zum ~** non son cose da ridere; **mir ist (gar) nicht zum ~ (zumute)** non ho affatto voglia di ridere; **dir wird das ~ (schon) noch vergehen** ti passerà la voglia di ridere.
lächerlich ['lɛçɐlɪç] *a* ridicolo; *(Preis)* irrisorio; **sich ~ machen** rendersi ridicolo; **jdn ~ machen** rendere ridicolo qu, ridicolizzare qu; **etw. ~ machen** volgere qc al ridicolo.
Lachgas *n* gas *m* esilarante.
Lachs [laks] ‹-es, -e› *m* salmone *m.* **Lachsforelle** *f* trota *f* salmonata. **Lachsschinken** *m* arista *f* di maiale affumicata.
Lack [lak] ‹-(e)s, -e› *m* **1.** *(~farbe)* vernice *f; (Nagel~)* smalto *m;* **2.** *(~ierung)* verniciatura *f.* **Lackaffe** *m fam* bellimbusto *m.*
lackieren [la'ki:rən] ‹*ohne ge-*› *tr* laccare; *(Auto, Möbel)* verniciare.
Lackmus ['lakmʊs] ‹-, ø› *m o n* tornasole *m.* **Lackmuspapier** *n* carta *f* al tornasole.
Lackschuh *m* scarpa *f* di vernice.
laden ['la:dən] ‹lädt, lud, geladen› *tr* **1.** *allg., el, phys, mil, fig* caricare; **2.** *geh (ein~)* invitare; **3.** *(vor~) jur* citare; **(schwere) Schuld auf sich ~** addossarsi una (grave) colpa; **geladen sein** *fig fam* essere furibondo.
Laden ['la:dən] ‹-s, ⸚› *m* **1.** *(Kauf~)* negozio *m,* bottega *f;* **2.** *(Fenster~)* imposta *f; (Rolladen)* avvolgibile *m;* **den ~ schmeißen** *fam* mandare avanti la baracca *fam;* **wie läuft der ~?** *fam* come vanno le cose? **Ladendieb(in)** *m(f)* taccheggiatore, -trice *m, f.* **Ladendiebstahl** *m* taccheggio *m.* **Ladenhüter** ‹-s, -› *m fig* fondo *m* di bottega. **Ladenpreis** *m* prezzo *m* (di vendita) al minuto. **Ladenschluß** *m* chiusura *f* dei negozi. **Ladenschlußgesetz** *n* legge *f* sull'orario di chiusura dei negozi. **Ladentisch** *m* banco *m* di vendita.
Laderampe *f* rampa *f* di carico.
lädt [lɛ:t] *pr von* **laden.**
Ladung ‹-, -en› *f* **1.** *(Fracht)* carico *m;* **2.** *(Munition, a. el, fig)* carica *f;* **3.** *jur (Vor~)* citazione *f.*
lag [la:k] *imp von* **liegen.**
Lage ['la:gə] ‹-, -n› *f* **1.** *(Position, geog, Ton~)* posizione *f;* **2.** *(Situation, Umstände)* situazione *f,* condizioni *f pl;* **3.** *(Schicht)* strato *m;* **4.** *fam (Runde)* giro *m;* **5.** *mus (Stimm~)* registro *m;* **die ~ erkunden** (*o* **peilen** *fam)* tastare il terreno; **in der ~ sein, etw. zu tun** essere in grado (*o* condizione) di fare qc; **in einer schwierigen ~ sein** essere in una situazione precaria; **sich in jds ~ versetzen** mettersi nei panni di qu; **nach ~ der Dinge** date le circostanze.
Lager ['la:gɐ] ‹-s, -› *n* **1.** *allg. (Unterkunft)* campo *m;* **2.** *(Vorrats~)* deposito *m,* magazzino *m; (gelagerter Vorrat)* stock *m;* **3.** *geh, poet (Schlafstätte)* giaciglio *m,* letto *m;* **4.** *fig (Partei, Seite)* campo *m,* schieramento *m,* partito *m;* **5.** *tec* cuscinetto *m;* **sein ~ aufschlagen** piantare il campo; **etw. auf ~ haben** avere qc in magazzino; *fig fam (Witz, etc.)* avere in serbo qc; **ab ~** franco magazzino. **Lagerbestand** *m* stock *m,* scorta *f* disponibile. **Lagerfeuer** *n* fuoco *m* da campo, bivacco *m.* **Lagerhalle** *f* capannone *m.* **Lagerhaltung** *f* stoccaggio *m,* magazzinaggio *m.*
lagern I. *itr* **1.** *(liegen)* essere sdraiato (*o*

coricato); **2.** *(kampieren, a. mil)* essere accampato; **3.** *(Vorrat, Waren)* essere depositato (*o* immagazzinato); *(Wein)* stagionare; **II.** *tr* **1.** *(legen)* posare, adagiare; **2.** *(aufbewahren)* immagazzinare; **dieser Fall ist ähnlich gelagert** questo caso presenta analogie.

Lagerung ‹-, -en› *f* **1.** *(Lagern)* immagazzinamento *m;* **2.** *(Gelagertsein)* magazzinaggio *m.*

lahm [la:m] *a* **1.** *(gelähmt)* paralitico; *(a. fig)* paralizzato; *(hinkend)* zoppo; **2.** *fam (kraftlos, schlaff)* debole, fiacco; **3.** *fig fam* magro, insufficiente; *(Entschuldigung)* misero.

lahmen *itr* essere zoppo; *(hinken)* zoppicare.

lähmen ['lɛ:mən] *tr* paralizzare.

lahm·legen *tr* paralizzare.

Lähmung ‹-, -en› *f* paralisi *f.*

Laib [laip] ‹-(e)s, -e› *m* **1.** *(Brot~)* pagnotta *f;* **2.** *(Käse~)* forma *f.*

Laich [laiç] ‹-(e)s, -e› *m* uova *f pl* di pesci e anfibi. **laichen** *itr* deporre le uova.

Laie ['laiə] ‹-n, -n› *m* **1.** *(Nichtfachmann)* profano *m;* **2.** *rel* laico *m.* **laienhaft** *a, adv* da profano, da incompetente.

Lake ['la:kə] ‹-, -n› *f* salamoia *f.*

Laken ['la:kən] ‹-s, -› *n* lenzuolo *m.*

Lakritze [la'krɪtsə] ‹-, -n› *f* liquirizia *f.*

lallen ['lalən] *itr, tr* balbettare.

Lama ['la:ma] ‹-s, -s› *n* lama *m.*

Lamelle [la'mɛlə] ‹-, -n› *f* **1.** *bot* lamella *f;* **2.** *tec* aletta *f.*

Lamm [lam] ‹-(e)s, ¨-er› *n* agnello *m; (gastr. a.)* abbacchio *m.* **Lammfell** *n* pelliccia *f* d'agnello, agnellino *m.* **lammfromm** ['lam'frɔm] *a* docile come un agnello.

Lampe ['lampə] ‹-, -n› *f* lampada *f.* **Lampenfieber** *n* febbre *f* della ribalta. **Lampenschirm** *m* paralume *m,* abatjour *m.*

Lampion [lam'piɔŋ *o* 'lam...] ‹-s, -s› *m* lampioncino *m* (alla veneziana).

lancieren [lɑ̃'si:rən] ‹*ohne ge-*› *tr* lanciare.

Land [lant] ‹-(e)s, ¨-er› *n* **1.** *(nicht Wasser)* terra *f;* **2.** *(Staat)* paese *m;* **3.** *(Bundesland der BRD)* regione *f,* Land *m;* **4.** *(nicht Stadt)* campagna *f;* **5.** *(Akker~)* terreno *m;* **das Gelobte** (*o* **Heilige**) ~ la terra promessa (*o* santa); ~ **und Leute** il paese e i suoi abitanti; **jdn des ~es verweisen** esiliare qu; **wieder im ~e sein** *fam* essere tornato; **an ~ gehen** toccare terra, approdare; **sich** *(dat)* **etw./jdn an ~ ziehen** *fig fam* conquistare qc/qu; **auf dem ~(e)** in campagna; **zu ~e und zu Wasser** per mare e per terra; **aus aller Herren Länder** da tutti i paesi del mondo. **Landbesitz** *m* proprietà *f* terriera. **Landbevölkerung** *f* popolazione *f* rurale.

Landebahn *f* pista *f* di atterraggio.

landeinwärts [-'ʔainvɛrts] *adv* verso l'interno del paese.

landen ['landən] **I.** *itr* ‹*sein*› **1.** *naut* toccare terra, approdare, sbarcare; **2.** *aero* atterrare; *(auf Flugzeugträger)* appontare; *(auf Mond)* allunare; **3.** *fam (ankommen)* arrivare, giungere; *(unvorhergesehen ankommen)* capitare, andare a finire; **nach seinem Sturz landete er auf dem Bauch** *fam* dopo la sua caduta cadde bocconi; **damit kannst du bei mir nicht ~!** *fam* con me non attacca! *fam;* **du landest noch einmal im Gefängnis, wenn du so weitermachst!** *fam* finirai in galera se continui a comportarti così!; **II.** *tr* ‹*haben*› *fam (Schlag)* assestare; *(Sieg, Erfolg)* conseguire, riportare.

Landeplatz *m* **1.** *naut* approdo *m;* **2.** *aero* terreno *m* d'atterraggio; *(kleiner Flugplatz)* campo *m* d'aviazione; ~ **für Hubschrauber** eliporto *m.*

Ländereien [lɛndə'raiən] ‹*pl*› proprietà *f* terriera, terre *f pl.*

Landeshauptstadt *f (von Staat)* capitale *f; (von Region)* capoluogo *m.* **Landeskunde** *f* corografia *f.* **Landesregierung** *f* **1.** *(von Staat)* governo *m* nazionale; **2.** *(von Bundesland)* governo *m* regionale (*o* del Land). **Landessprache** *f* lingua *f* nazionale (*o* del paese).

Landesteg *m* pontile *m* d'approdo.

Landflucht *f* esodo *m* dalla campagna. **Landfriedensbruch** *m jur* violazione *f* dell'ordine pubblico. **Landgut** *n* proprietà *f* terriera, podere *m* (rurale). **Landhaus** *n* casa *f* di campagna, villa *f.* **Landkarte** *f* carta *f* geografica. **Landkreis** *m* distretto *m* rurale. **landläufig** [-lɔyfɪç] *a* corrente, usuale, comune.

ländlich ['lɛntlɪç] *a* rurale, campagnolo, rustico.

Landschaft ‹-, -en› *f* paesaggio *m.* **landschaftlich** *a* paesistico; *(regional)* regionale. **Landschaftsgärtner(in)** *m(f)* architetto *mf* paesaggista. **Landschaftsschutz** *m* tutela *f* del paesaggio naturale.

Landsmann ‹-(e)s, -leute› *m,* **-männin** [-mɛnɪn] *f* compatriota *mf,* connazionale *mf,* compaesano, -a *m, f;* **was für ein ~ sind Sie?** di che paese è Lei?; **wir sind Landsleute** siamo dello stesso Paese.

Landstraße *f* strada *f* maestra. **Landstreicher(in)** ‹-s, -› *m(f)* vagabondo, -a *m, f,* girovago, -a *m, f.* **Landstreicherei** [-ʃtraiçə'rai] ‹-, *rar* -en› *f* vagabondaggio *m.* **Landstrich** *m* regione *f,* zona *f.* **Landtag** *m* **1.** *(Institution)* dieta *f* regionale; **2.** *(~sgebäude)* sede *f* della dieta.

Landung ‹-, -en› *f* **1.** *aero* atterraggio *m; (Mond~)* allunaggio *m;* **2.** *naut* approdo *m.*

Landvermessung *f* agrimensura *f.* **Landweg** *m:* **auf dem ~** via terra.

Landwirt(in) *m(f)* agricoltore, -trice *m, f,* coltivatore, -trice *m, f.* **Landwirtschaft** *f* agricoltura *f,* economia *f* rurale. **landwirtschaftlich** *a* agricolo, agrario.

Landzunge *f* lingua *f* di terra.

lang [laŋ] **I.** ‹¨er, ¨ste› *a* **1.** *allg.* lungo; **2.** *(hochgewachsen)* alto; **~er Samstag** *s.* **verkaufsoffen; des ~en und (des) breiten** per le lunghe, minutamente; **vor ~er Zeit** tanto tempo fa; **gleich/verschieden ~** *(räumlich)* della stessa/di diversa lunghezza; *(zeitlich)* della stessa/di diversa durata; **II.** *adv* ‹¨er, am ¨sten›: **~ erwartet** lungamente (*o* a lungo) atteso; **den ganzen Tag ~** per tutta la giornata; **zehn Jahre ~** per dieci anni; *s. a. entlang.*

lange ['laŋə] ‹¨er, am ¨sten› *adv* **1.** *(~ Zeit)* (a) lungo, lungamente, per molto tempo; **2.** *(längst, bei weitem)* molto; **~ dauern** durare a lungo; **~ brauchen, um etw. zu tun** impiegare molto (tempo) per fare qc; **nicht ~ darauf** poco dopo; **schon ~** da molto tempo; **so ~ wie** (per tanto tempo) quanto; **es ist schon ~ her** è già da un pezzo; **es ist noch ~ nicht gesagt, daß ...** non è detto che ... *conj;* **wie ~?** (per) quanto (tempo)?; **warten Sie schon ~?** è molto che aspetta?; **was er kann, (das) kann ich schon ~!** *fam* quello che sa fare lui, lo so fare già da un pezzo.

Länge ['lɛŋə] ‹-, -n› *f* **1.** *allg. sport* lunghezza *f;* **2.** *geog, astr, mat* longitudine *f;* **3.** *(Dauer)* durata *f;* **4.** *(lange Silbe)* (sillaba *f*) lunga *f;* **5.** *fig (langweilige Stelle)* lungaggine *f;* **der ~ nach** per il lungo, in lunghezza; **etw. in die ~ ziehen** *fig* tirare in lungo qc; **von zehn Meter ~** lungo dieci metri; **der ~ nach hinfallen** cadere lungo disteso; **sich in die ~ ziehen** andare per le lunghe.

langen *fam dial* **I.** *itr* **1.** *(ausreichen)* bastare; **2.** *(greifen)* prendere (*nach etw.* qc), allungare la mano (*nach etw.* verso qc); **3.** *(sich erstrecken)* allungarsi; **mir langt's!, jetzt langt's (mir) aber!** *fam* ne ho abbastanza!, ora basta!; **das langt** basta così; **II.** *tr* **1.** *(reichen)* porgere; **2.** *(nehmen, holen)* prendere; **jdm eine ~** *fam* mollare un ceffone a qu *fam.*

Längengrad *m* grado *m* di longitudine. **Längenmaß** *n* misura *f* di lunghezza.

länger ['lɛŋɐ] **I.** ‹*Komparativ von* lang› *a* **1.** più lungo; **2.** *(ziemlich lang)* prolungato; **etw. ~ machen** allungare qc; **~ werden** allungarsi; **II.** ‹*Komparativ von* lange› *adv* più (a lungo), per lungo tempo; **einen Tag ~** un giorno in più; **je ~, desto besser** più dura meglio è.

Langeweile ‹- *o* Langenweile, *dat* - *o* Langerweile, ø› *f* noia *f;* **~ haben** annoiarsi; **aus (***o* **vor) ~** per la noia.

langfristig *a, adv* a lunga scadenza, a lungo termine. **langhaarig** *a (Mensch)* con i capelli lunghi; *(Tier)* a pelo lungo. **Langlauf** *m* sci *m* di fondo. **Langlaufski** *m* sci *m* di fondo. **langlebig** *a* **1.** *(lange lebend)* longevo; **2.** *(lange Zeit dauernd)* duraturo, durevole.

länglich ['lɛŋlɪç] *a* allungato, oblungo.

längs [lɛŋs] **I.** *prp gen o dat* lungo *nom;* **II.** *adv* per (il) lungo.

langsam **I.** *a* lento; **II.** *adv* **1.** *(nicht schnell)* lentamente, a poco a poco; **2.** *fam (allmählich, endlich)* piano piano; **~er fahren/gehen** rallentare (il passo); **~, aber sicher** *fam* lento, ma sicuro; **~ wird es Zeit, daß ...** *fam* è quasi ora che ... *conj;* **immer schön ~!** *fam* adagio!, con calma! **Langsamkeit** ‹-, ø› *f* lentezza *f.*

Langschläfer(in) *m(f)* dormiglione, -a *m, f.* **Langspielplatte** *f* (*ab* **LP**) long-playing *m.*

längst [lɛŋst] *adv:* **schon ~** già da molto tempo (*o* da un pezzo); **~ nicht so wie ...** molto meno di ..., di gran lunga non così come ...; **noch ~ nicht** molto meno.

längstens ['lɛŋstəns] *adv* **1.** *(höchstens)* al massimo; **2.** *(spätestens)* al più tardi.

Languste [laŋ'gʊstə] ‹-, -n› *f* aragosta *f.*

langweilen **I.** *tr* annoiare; **II.** *rfl:* **sich ~** annoiarsi.

langweilig *a* noioso; *(eintönig)* monotono.

Langwelle *f* (*ab* **LW**) onda *f* lunga. **langwierig** [-vi:rɪç] *a* lungo e complicato. **Langzeitwirkung** *f* effetto *m* prolungato.

Lanze ['lantsə] ‹-, -n› *f* lancia *f.*

Lappalie [la'pa:li̯ə] ‹-, -n› *f* bagatella *f,* bazzecola *f,* inezia *f.*

Lappen ['lapən] ‹-s, -› *m (Stück Stoff)* cencio *m,* straccio *m; (Wisch~)* strofinaccio *m; (Wasch~)* manopola *f* (per lavarsi); **jdm durch die ~ gehen** *fam* sfuggire a qu.

läppisch ['lɛpɪʃ] *a* sciocco, ridicolo; *(kindisch)* infantile.

Lärche ['lɛrçə] ‹-, -n› *f bot* larice *m.*

Lärm [lɛrm] ‹-(e)s, ø› *m* rumore *m; (Krach)* chiasso *m,* baccano *m;* **viel ~ um nichts** molto rumore per nulla. **Lärmbekämpfung** *f* lotta *f* contro i rumori. **Lärmbelästigung** *f* inquinamento *m* fonico.

lärmen *itr* far chiasso (*o* rumore).

Lärmpegel *m* decibel *m.*

Larve ['larfə] ‹-, -n› *f zoo* larva *f.*

las [la:s] *imp von* **lesen.**
lasch [laʃ] *a (schlaff)* molle; *(a. fig)* fiacco.
Lasche ['laʃə] ‹-, -n› *f* **1.** *tec* coprigiunto *m;* **2.** *(Schuh~)* linguetta *f.*
Laser ['leɪzə] ‹-s, -› *m* laser *m.* **Laserstrahl** *m* raggio *m* laser.
lassen ['lasən] ‹läßt, ließ, gelassen *o modales Hilfsverb* lassen› *tr, itr* **1.** *allg.* lasciare; **2.** *(zu~, gestatten)* permettere (*etw. tun* di fare qc); **3.** *(veran~)* fare (*etw. tun* fare qc); **4.** *(nicht tun)* non fare; *(unter~)* smettere; *(verzichten auf)* rinunciare (*etw.* a qc); **5.** *(ver~, zurück~)* abbandonare; **jdn kommen/warten ~** far venire/aspettare qu; **etw. (einfach) nicht ~ können** non poter fare a meno di qc; **sich** *(dat)* **die Haare schneiden/wachsen ~** farsi tagliare/crescere i capelli; **er läßt nicht mit sich** *(dat)* **reden/handeln** con lui non si può ragionare/trattare; **das muß man ihr ~** questo bisogna concederglielo; **laß das (sein)!** lascia perdere!, smettila!, piantala!; **laß(t) uns gehen** andiamo; **~ wir das!** non parliamone più!; **~ Sie sich nicht stören!** non si disturbi!
lässig ['lɛsɪç] *a* **1.** *(ungezwungen)* disinvolto; **2.** *(gleichgültig)* indolente; **3.** *(nach~)* negligente, trascurato.
läßt [lɛst] *pr von* **lassen.**
Last [last] ‹-, -en› *f* **1.** *allg., el, fig* carico *m;* **2.** *(Gewicht, a. fig)* peso *m;* **3.** *(undankbare Arbeit)* corvé *f,* sfacchinata *f;* **4.** ‹*pl*› *(Abgaben)* oneri *m pl; (Steuern)* imposte *f pl;* **jdm zur ~ fallen** *(lästig sein)* molestare qu; **jdm etw. zur ~ legen** imputare qu di qc; **zu ~en von** a carico di.
lasten *itr* gravare (*auf* su).
Laster[1] ['lastɐ] ‹-s, -› *m fam s.* **Last(kraft)wagen.**
Laster[2] ['lastɐ] ‹-s, -› *n* vizio *m.*
lasterhaft *a* vizioso, depravato.
Lästermaul *n fam* malalingua *f.*
lästern ['lɛstɐn] **I.** *itr* sparlare (*über* di); **II.** *tr (Gott)* bestemmiare.
lästig ['lɛstɪç] *a (unangenehm)* fastidioso, noioso, molesto; *(unbequem)* scomodo; **jdm ~ fallen** (*o* **sein**) dare fastidio a qu, importunare qu.
Last(kraft)wagen *m* (*ab* **LKW, Lkw**) autocarro *m,* camion *m.* **Lastschrift** *f* addebitamento *m,* addebito *m.* **Lastwagenfahrer(in)** *m(f)* camionista *mf.*
Latein [la'taɪn] ‹-s, ø› *n* latino *m;* **mit seinem ~ am Ende sein** *fam* non saper più andare avanti.
lateinisch *a* latino.
Laterne [la'tɛrnə] ‹-, -n› *f* lanterna *f; (Straßen~)* lampione *m.* **Laternenpfahl** *m* palo *m* del lampione.
Latium ['la:tsɪʊm] *n* Lazio *m.*
Latsche ['latʃə] ‹-, -n› *f* pino *m* mugo.
latschen ['la:tʃən] *itr* ‹*sein*› *fam (schlurfen)* ciabattare; *(gehen)* andare.
Latschen ‹-s, -› *m* ciabatta *f;* **aus den ~ kippen** *fam* perdere le staffe.
Latte ['latə] ‹-, -n› *f* **1.** *(Holz~)* assicella *f;* **2.** *sport (Hand-, Fußball)* traversa *f; (Leichtathletik)* asticella *f;* **3.** *fam (großer Mensch)* stanga *f fam;* **eine lange ~ von ...** *fam* una lunga lista di ... **Lattenzaun** *m* staccionata *f,* steccato *m.*
Latz [lats] ‹-es, ⸚e› *m* **1.** *(Brust~)* pettorina *f;* **2.** *(Hosen~)* patta *f.*
Lätzchen ['lɛtsçən] ‹-s, -› *n* bavaglino *m.*
Latzhose *f* pantaloni *m pl* con pettorina (*o* con patta), salopette *f.*
lau [laʊ] *a* tiepido.
Laub [laʊp] ‹-(e)s, ø› *n* fogliame *m.* **Laubbaum** *m* latifoglia *f,* albero *m* a foglie caduche. **Laubfrosch** *m* raganella *f.* **Laubsäge** *f* sega *f* da traforo.
Lauch [laʊx] ‹-(e)s, -e› *m* porro *m.*
Lauer ['laʊɐ] ‹-, ø› *f:* **auf der ~ liegen** (*o* **sein**) stare in agguato; **sich auf die ~ legen** appostarsi.
lauern *itr* **1.** *(warten)* fare la posta; *(bes. auf Wild)* appostare (*auf etw.* qc); **2.** *(angespannt warten)* attendere (*auf etw./jdn* qc/qu).
Lauf [laʊf] ‹-(e)s, ⸚e› *m* **1.** *(das Laufen, a. Wett~)* corsa *f;* **2.** *(Ver~, a. Fluß~)* corso *m;* **3.** *tec* funzionamento *m; (a. mot)* marcia *f;* **4.** *astr* orbita *f;* **5.** *(Gewehr~)* canna *f;* **6.** *(Jägersprache)* zampa *f,* gamba *f;* **seinen ~ nehmen** compiersi, svolgersi; **den Dingen ihren ~ lassen** lasciare andare le cose per il loro verso; **einer S.** *(dat)* **freien ~ lassen** dare libero corso a qc; **im ~(e) des Gesprächs/des Jahres** nel corso del colloquio/dell'anno; **im ~(e) der Zeit** col tempo.
Laufbahn *f* **1.** *(Karriere)* carriera *f;* **2.** *(Sport)* pista *f.*
laufen ['laʊfən] ‹läuft, lief, gelaufen› **I.** *itr* ‹*sein*› **1.** *allg.* correre; **2.** *fam (gehen)* camminare, andare a piedi; **3.** *(in Betrieb sein)* funzionare; *(a. Motor)* marciare; *(Fahrzeug)* andare; **4.** *(fließen)* scorrere; **5.** *(undicht sein)* perdere; **6.** *(Film)* essere in programma; *(als Vorführung)* venire proiettato; **7.** *fig (im Gange sein)* essere in corso, svolgersi; **8.** *(ver~)* andare, correre, passare; **9.** *jur, fin* decorrere (*ab* da); **auf** (*o* **unter**) **jds Namen ~** essere a nome di qu, essere intestato a qu; **gelaufen kommen** venire di corsa; **die Sache ist gelaufen** *sl* la cosa è andata *fam;* **ich weiß genau, wie das läuft** *fam* so esattamente come vanno le cose; **ihm läuft die Nase** gli cola il naso *fam;* **im Kino läuft ein neuer Film** al cinema è in programma un nuovo film; **II.** *tr* **1.** ‹*sein*› *(Strecke, etc.)* fare, percorrere;

2. ⟨*haben*⟩: **sich** *(dat)* **etw.** ~ *(Blase, etc.)* farsi venire qc (dal gran camminare); **Rollschuh/Schlittschuh** ~ pattinare; **Ski** ~ sciare; **hundert Meter** ~ fare i cento metri piani; **Gefahr** ~, **etw. zu tun** correre il pericolo di fare qc; **III.** *rfl:* **sich warm** ~ riscaldarsi. **laufend I.** *a* corrente; **auf dem ~en bleiben** essere aggiornato; **auf dem ~en sein** essere al corrente (*über* su); **jdn auf dem ~en halten** tenere qu al corrente; **II.** *adv* continuamente, in continuazione.

Läufer ['lɔyfɐ] ⟨-s, -⟩ *m* **1.** *(beim Schach)* alfiere *m;* **2.** *(Teppich)* passatoia *f;* **3.** *tec* rotore *m.*

Läufer(in) ['lɔyfɐ (...ərɪn)] ⟨-s, -⟩ *m(f) (Leichtathletik)* corridore, -trice *m, f; (Fußball)* mediano, -a *m, f.*

läufig ['lɔyfɪç] *a* in calore.

Laufmasche *f* smagliatura *f;* **~n bekommen** smagliarsi. **Laufpaß** *m:* **jdm den ~ geben** *fam* mandare a spasso qu *fam.* **Laufstall** *m* box *m* (per bambini). **Laufsteg** *m* passerella *f.*

läuft [lɔyft] *pr von* **laufen.**

Lauge ['laugə] ⟨-, -n⟩ *f* **1.** *(Seifen~)* lisciva *f;* **2.** *chem* soluzione *f* caustica.

Laune ['launə] ⟨-, -n⟩ *f* **1.** *(Stimmung)* umore *m;* **2.** *(spontaner Einfall)* capriccio *m;* **gute/schlechte ~ haben, guter/schlechter ~ sein** essere di buon/cattivo umore; **jdm die ~ verderben** far passare il buon umore a qu. **launenhaft, launisch** *a* **1.** *(von Stimmungen abhängig)* lunatico; **2.** *(unberechenbar)* imprevedibile.

Laus [laus] ⟨-, ⸚e⟩ *f* pidocchio *m;* **ist dir eine ~ über die Leber gelaufen?** *fam* sei di cattivo umore?

Lausanne [lo'zan] *n* Losanna *f.*

lauschen ['lauʃən] *itr* **1.** *(zuhören)* ascoltare attentamente (*einer S. (dat)* qc); **2.** *(heimlich)* origliare.

lauschig *a* intimo, romantico.

Lausebengel *m,* **-junge** *m fam* monello *m,* briccone *m.*

lausig *a fam (schäbig)* misero; *(armselig)* miserabile; **es ist ~ kalt** fa un freddo cane *fam.*

laut[1] [laut] **I.** *a* **1.** *(nicht leise)* alto; *(~stark, kräftig)* forte, intenso; **2.** *(lärmerfüllt)* rumoroso, chiassoso; ~ **werden** *(bekanntwerden)* diventare noto, divulgarsi; **das Radio ~er stellen** alzare il volume della radio; **II.** *adv* **1.** *(vernehmlich)* chiaramente, distintamente; **2.** *(kräftig)* forte; **3.** *(mit ~er Stimme)* ad alta voce; ~ **denken** parlare da solo; **~er sprechen** parlare più forte; **etw. ~ vorlesen** leggere a voce alta qc.

laut[2] [laut] *prp gen o dat* secondo, conformemente a.

Laut ⟨-(e)s, -e⟩ *m* suono *m; (Geräusch)* rumore *m.*

lauten *itr* **1.** *(klingen)* (ri)sonare; **2.** *(einen Wortlaut, Inhalt haben)* essere; *(besagen)* dire; **der Titel lautet ...** il titolo è ...; **das Urteil lautet auf ...** è una sentenza di ...

läuten ['lɔytən] *itr* **1.** *(a. tr) (Glocken)* s(u)onare; **2.** *(Telefon, Wecker)* squillare; **es hat geläutet** hanno s(u)onato; **er hat davon (etw.) ~ hören** *fam* ne ha sentito parlare.

lauter ['lautɐ] *adv (nur)* solo, non ... (altro) che; **vor ~ Angst/Freude/Glück** per la gran paura/gioia/fortuna; **das sind ~ Lügen** sono tutte bugie.

läutern ['lɔytɐn] *tr* **1.** *chem* depurare, chiarificare; *tec* (r)affinare; **2.** *fig geh* purificare, nobilitare.

Lautlehre *f* fonetica *f.* **Lautschrift** *f* trascrizione *f* fonematica.

Lautsprecher *m* altoparlante *m.* **Lautsprecherbox** *f* cassa *f* acustica.

lautstark I. *a* alto, forte; *(heftig)* violento; **II.** *adv* ad alta voce. **Lautstärke** *f* livello *m* sonoro, sonorità *f; radio, TV* volume *m.* **Lautstärkeregler** *m* regolatore *m* del volume.

lauwarm *a* tiepido.

Lava ['la:va, ...vən] ⟨-, *rar* -ven⟩ *f* lava *f.*

Lawine [la'vi:nə] ⟨-, -n⟩ *f* valanga *f.* **Lawinengefahr** *f* pericolo *m* di valanghe.

lax [laks] *a* molle; *(a. fig)* rilassato.

Layout [leɪ'aut *o* 'leɪ...] ⟨-s, -s⟩ *n* lay-out *m.*

Lazarett [latsa'rɛt] ⟨-(e)s, -e⟩ *n* ospedale *m* militare.

leasen ['li:zən] *tr* noleggiare.

Leasing ['li:zɪŋ] ⟨-s, -s⟩ *n* leasing *m.*

leben ['le:bən] *tr, itr* vivere; **gut/schlecht** ~ vivere bene/male; **noch/nicht mehr** ~ essere ancora/non essere più in vita; **lebst du (auch) noch?** *fam scherz* sei ancora vivo! *fam;* ~ **Sie wohl!** *obs, geh* addio! *lett;* **man lebt nur einmal!** si vive una volta sola; **es lebe die Freiheit!** viva la libertà!

Leben ⟨-s, -⟩ *n* vita *f; (Lebhaftigkeit, Betriebsamkeit a.)* animazione *f,* vivacità *f,* vitalità *f;* **sich** *(dat)* **das ~ nehmen** togliersi la vita, suicidarsi; **am ~ bleiben/sein** restare/essere in vita; **etw. ins ~ rufen** dare vita a qc; **ums ~ bringen** uccidere, ammazzare; **ums ~ kommen** perdere la vita; **auf ~ und Tod** per la vita e la morte; **aus dem ~ gegriffen** tratto dal vivo; **nie im ~** *fam* mai e poi mai; **für mein ~ gern würde ich ...** pagherei non so che per ... **lebend** *a* vivente; *(Sprache)* vivo; **die L~en** i vivi; **das ist der ~e Beweis** è la prova lampante, è l'esempio vivo.

lebendig [le'bɛndɪç] *a* **1.** *(lebend, a. Erinnerung)* vivo; **2.** *(lebhaft)* vivace; **bei**

~em Leib verbrennen essere bruciato vivo. **Lebendigkeit** ‹-, ø› *f* vitalità *f; (Lebhaftigkeit)* vivacità *f.*

Lebensdauer *f* (durata *f* della) vita *f; tec* durata *f.* **Lebenserwartung** *f* vita *f* media. **lebensfähig** *a* vitale. **Lebensgefahr** *f* pericolo *m* di vita; **außer ~ sein** essere fuori pericolo; **unter ~** a rischio della vita; **Vorsicht, ~!** pericolo di morte! **lebensgefährlich** *a* pericolosissimo, rischioso; *(Brücke, Auto, etc.)* pericolosissimo; *(Verletzung, Unfall, etc.)* mortale. **Lebenshaltungsindex** *m* indice *m* del costo della vita. **Lebenshaltungskosten** ‹*pl*› costo *m* della vita. **Lebenslage** *f* situazione *f* (della vita); **in jeder ~** in ogni situazione. **lebenslänglich** *a* a vita; *(Rente, etc. a.)* vitalizio; **~e Haft** ergastolo *m;* **sie bekam „~"** *fam* è stata condannata all'ergastolo. **Lebenslauf** *m* **1.** *(Verlauf)* corso *m* della vita; **2.** *(geschriebener)* curriculum *m* vitae. **lebenslustig** *a* gaio, allegro. **Lebensmittel** *n pl* generi *m pl* alimentari, viveri *m pl.* **lebensmüde** *a* stanco della vita (*o* di vivere). **Lebensretter(in)** *m(f)* salvatore, -trice *m, f* (chi salva la vita a qu). **Lebensstandard** *m* tenore *m* di vita. **Lebensunterhalt** *m* sostentamento *m;* **sich** *(dat)* **seinen ~ verdienen** guadagnare la propria vita. **Lebensversicherung** *f* assicurazione *f* sulla vita. **Lebenswandel** *m* (condotta *f* di) vita *f.* **Lebensweise** *f* modo *m* di vivere, costume *m* di vita. **lebenswert** *a* degno di essere vissuto. **lebenswichtig** *a* (di importanza) vitale. **Lebenszeichen** *n* segno *m* di vita; **kein ~ von sich** *(dat)* **geben** non dare segni di vita. **Lebenszeit** *f:* **auf ~** a vita.

Leber ['le:bɐ] ‹-, -n› *f* fegato *m;* **frisch von der ~ weg** *fam* francamente. **Leberfleck** *m* macchia *f* epatica. **Leberkäse** *m* ≃ polpettone *m.* **Leberknödel** *m* gnocchetto *m* di fegato. **Leberpastete** *f* pasticcio *m* di fegato. **Lebertran** *m* olio *m* di fegato di merluzzo. **Leberwurst** *f* salsiccia *f* di fegato; **die beleidigte ~ spielen** *fam* fare l'offeso.

Lebewesen *n* essere *m* vivente; *(einzelliges ~ a.)* organismo *m.*

Lebewohl [-'vo:l] ‹-(e)s, -s *o* -e› *n* addio *m.*

lebhaft *a* **1.** *(Mensch, Unterhaltung, etc.)* vivace; **2.** *(Phantasie, Farbe, Erinnerung)* vivo; **3.** *(Handel, Verkehr)* intenso; **4.** *(deutlich, klar)* chiaro; **ich kann mir ~ vorstellen, wie ...** mi posso ben immaginare come ... **Lebhaftigkeit** ‹-, ø› *f* **1.** *(Munterkeit)* vivacità *f;* **2.** *(Bewegtheit)* animazione *f;* **3.** *(Deutlichkeit)* vivezza *f.*

Lebkuchen ['le:p-] *m* panpepato *m.*

leblos *a* **1.** *(wie tot)* senza vita, inanimato; **2.** *fig* inerte, languido.

Lebzeiten *f pl:* **zu ~ von** ai tempi di; **zu seinen ~** quand'era vivo.

leck [lɛk] *a:* **~ sein** *(undicht sein)* perdere; *(Schiff)* fare acqua. **Leck** ‹-(e)s, -s› *n* perdita *f; (naut a.)* fuga *f.*

lecken[1] ['lɛkən] **I.** *tr (mit Zunge, etc.)* leccare; **II.** *itr* leccare (*an etw.* qc).

lecken[2] ['lɛkən] *itr (undicht sein)* perdere, colare; *(Schiff)* fare acqua.

lecker ['lɛkɐ] *a (a. fig)* gustoso, appetitoso. **Leckerbissen** *m,* **Leckerei** [lɛkə'rai̯] ‹-, -en› *f* ghiottoneria *f,* leccornia *f.*

led. *ab von* **ledig** *(Frauen)* nubile; *(Männer)* celibe.

Leder ['le:dɐ] ‹-s, -› *n* **1.** *allg.* cuoio *m,* pelle *f;* **2.** *fam sport (Fußball)* pallone *m.*

Leder- *(in Zusammensetzungen)* di pelle. **Lederhose** *f* pantaloni *m pl* di pelle. **Lederindustrie** *f* industria *f* del cuoio. **Lederwaren** *f pl* pelletterie *f pl,* articoli *m pl* di pelle.

ledig ['le:dɪç] *a* **1.** (*ab* **led.**) *(unverheiratet)* celibe, scapolo; *(Frau)* nubile; **2.** *geh* libero (*gen* da).

lediglich ['le:dɪklɪç] *adv* soltanto, solamente, unicamente.

leer [le:ɐ̯] **I.** *a* **1.** *allg.* vuoto; **2.** *(unbeschrieben)* bianco; **3.** *el (Batterie)* scarico; **4.** *(nicht möbliert)* non ammobiliato; **5.** *(unbesetzt)* libero, vacante; **6.** *fig (nichtssagend, ausdruckslos)* inespressivo; *(Worte)* vuoto; *(Versprechung)* vano; **~ ausgehen** andarsene (*o* restare) a mani vuote; **~ machen** svuotare; **~ stehen** essere vuoto (*o* libero *o* sfitto); **mit ~en Händen** a mani vuote; **II.** *adv tec* al minimo; *mot* in folle; *fig* a vuoto.

Leere ['le:rə] ‹-, ø› *f* **1.** *(das Leersein)* vuoto *m;* **2.** *fig* vacuità *f.*

leeren I. *tr* vuotare; **II.** *rfl:* **sich ~** svuotarsi.

Leergut *n* (recipienti *m pl*) vuoti *m pl.* **Leerlauf** *m tec* funzionamento *m* a vuoto (*o* al minimo); *mot* marcia *f* in folle.

Leerung ‹-, -en› *f allg.* svuotamento *m; (von Briefkasten)* levata *f* della posta.

legal [le'ga:l] *a* legale.

legalisieren [legali'zi:rən] ‹*ohne ge-*› *tr* legalizzare.

Legalität [...i'tɛ:t] ‹-, ø› *f* legalità *f.*

Legasthenie [legaste'ni:] ‹-, ø› *f* legastenia *f.*

legen ['le:gən] **I.** *tr* **1.** *allg.* mettere, adagiare; **2.** *(nieder~)* posare, deporre; **3.** *(ausbreiten)* stendere (*über* su); **4.** *(Eier)* deporre; **einen Brand ~** appiccare il fuoco a qc; **II.** *rfl:* **sich ~ 1.** *(sich ausstrecken, ausruhen)* distendersi; *(zu Bett)* coricarsi; **2.** *(nachlassen)* calmarsi, placarsi; **sich auf den Bauch/die Seite ~** coricarsi sulla pancia/sul fianco.

legendär [legɛn'dɛ:ɐ̯] *a* leggendario, favoloso.

Legende [le'gɛndə] ‹-, -n› *f* **1.** *(Sage)* leggenda *f;* **2.** *(erklärender Text a.)* didascalia *f.*

legieren [le'gi:rən] ‹*ohne ge-*› *tr* legare.

Legierung ‹-, -en› *f* lega *f.*

Legislative [legɪsla'ti:və] ‹-, -n› *f* **1.** *(gesetzgebende Gewalt)* potere *m* legislativo; **2.** *(Versammlung)* assemblea *f* legislativa.

Legislaturperiode [...'tu:ɐ̯-] *f* legislatura *f.*

Legitimation [legitima'tsi̯o:n] ‹-, -en› *f* legittimazione *f.*

legitimieren [...'mi:rən] ‹*ohne ge-*› **I.** *tr* legittimare; **II.** *rfl:* **sich ~** *(sich ausweisen)* dimostrare la propria identità.

Lehm [le:m] ‹-(e)s, -e› *m* argilla *f,* creta *f.* **lehmig** *a* argilloso.

Lehne ['le:nə] ‹-, -n› *f allg. (Stütze)* appoggio *m,* sostegno *m; (Rücken~)* spalliera *f; (Arm~)* bracciolo *m.*

lehnen I. *tr* appoggiare (*an* a); **II.** *itr* poggiare (*an* a), essere appoggiato (*an* a); **III.** *rfl:* **sich ~** appoggiarsi (*an* a); **sich aus dem Fenster ~** sporgersi dal finestrino; *(von Haus)* sporgersi dalla finestra.

Lehnsessel *m,* **-stuhl** *m* poltrona *f.*

Lehramt *n* insegnamento *m.* **Lehramtsanwärter(in)** *m(f)* candidato, -a *m, f* all'insegnamento. **Lehranstalt** *f* istituto *m* scolastico. **Lehrbuch** *n* (libro *m* di) testo *m,* manuale *m.*

Lehre[1] ['le:rə] ‹-, -n› *f* **1.** *(Unterweisung)* insegnamento *m; (Handwerks~)* apprendistato *m,* tirocinio *m;* **2.** *scient* scienza *f;* **3.** *(Theorie, Lehrmeinung)* teoria *f; rel, philos* dottrina *f;* **4.** *(Erfahrung)* lezione *f; (Warnung)* monito *m;* **jdm eine ~ sein** servire di lezione (*o* di regola) a qu; **aus etw. eine ~ ziehen** trarre un insegnamento da qc; **bei jdm in die ~ gehen** andare a fare (il) tirocinio presso qu.

Lehre[2] ['le:rə] ‹-, -n› *f tec* calibro *m.*

lehren *tr, itr* insegnare.

Lehrer(in) ‹-s, -› *m(f) allg.* insegnante *mf; (Volksschul~)* maestro, -a *m, f; (Gymnasial~, Universitäts~)* professore, -essa *m, f.* **Lehrerschaft** ‹-, -en› *f* corpo *m* insegnante, insegnanti *m pl.* **Lehrerzimmer** *n* sala *f* dei docenti (*o* professori).

Lehrgang *m* corso *m.* **Lehrjahr** *n* anno *m* di tirocinio (*o* di apprendistato); ‹*pl*› *fig* tirocinio *m,* noviziato *m.* **Lehrkörper** *m adm* corpo *m* insegnante. **Lehrkraft** *f adm* insegnante *mf.* **Lehrling** ['le:ɐ̯lɪŋ] ‹-s, -e› *m* apprendista *mf.* **Lehrmittel** *n* ‹*meist pl*› materiale *m* didattico. **Lehrmittelfreiheit** *f* gratuità *f* dei libri scolastici. **Lehrplan** *m* piano *m* di studi. **lehrreich** *a* istruttivo. **Lehrsatz** *m allg.* tesi *f; mat, phys* teorema *m.* **Lehrstelle** *f* posto *m* di apprendistato. **Lehrstuhl** *m* cattedra *f* (*für* di).

Leib [la̯ip] ‹-(e)s, -er› *m geh* **1.** *(Körper)* corpo *m;* **2.** *(Bauch)* ventre *m,* pancia *f;* **etw. am eigenen ~(e) erfahren** imparare qc a proprie spese; **am ganzen ~(e) zittern** tremare da capo a piedi; **sich** *(dat)* **jdn vom ~e halten** tenere alla larga qu; **einer S.** *(dat)* **zu ~e gehen** (*o* **rücken**) affrontare qc; **mit ~ und Seele** anima e corpo.

leibhaftig [-'haftɪç] *a* in persona, in carne ed ossa.

leiblich *a* **1.** *(körperlich)* corporale, fisico; **2.** *(blutsverwandt)* consanguineo; **sein ~er Sohn** suo figlio carnale.

Leiche ['la̯içə] ‹-, -n› *f* cadavere *m,* salma *f;* **über ~n gehen** *fig* essere senza scrupoli; **nur über meine ~!** *fam* dovranno prima passare sul mio cadavere!

leichenblaß ['la̯içən'blas] *a* pallido come un morto. **Leichenhalle** *f,* **-haus** *n* camera *f* mortuaria. **Leichenschauhaus** *n* obitorio *m.* **Leichenwagen** *m* carro *m* funebre.

Leichnam ['la̯içna:m] ‹-(e)s, -e› *m geh* salma *f* , cadavere *m.*

leicht [la̯içt] **I.** *a* **1.** *(nicht schwer, geringfügig)* leggero; **2.** *(nicht schwierig)* facile; **es nicht ~ haben** non avere una vita facile; **II.** *adv (schnell, unversehens, mühelos)* facilmente; **etw. ~ salzen** salare qc leggermente; **das ist ~ möglich** è possibilissimo; **das ist ~er gesagt als getan** tra il dire ed il fare c'è di mezzo il mare *prov.*

Leichtathletik *f* atletica *f* leggera.

leicht·fallen ‹*irr*› *itr* ‹*sein*› essere (*o* riuscire) facile; **es fällt mir nicht ~, das zu tun** non mi riesce facile fare ciò.

leichtfertig I. *a* **1.** *(unbekümmert)* spensierato; **2.** *(leichtsinnig)* leggero, sconsiderato; **II.** *adv* **1.** *(unbekümmert)* spensieratamente; **2.** *(unbedacht)* alla leggera.

leichtgläubig *a* credulone.

leichthin ['la̯içt'hɪn] *adv* **1.** *(ohne lange zu überlegen)* senza riflettere, alla leggera; **2.** *(flüchtig)* di sfuggita.

Leichtigkeit ‹-, ø› *f* **1.** *(Leichtsein)* leggerezza *f;* **2.** *(Mühelosigkeit)* facilità *f;* **mit ~** facilmente.

leicht·machen *tr:* **jdm etw. ~** agevolare qc a qu; **es sich** *(dat)* **~** prendersela comoda.

Leichtmetall *n* metallo *m* leggero.

leicht·nehmen ‹*irr*› *tr* prendere alla leggera.

Leichtsinn *m* **1.** *(Unvorsichtigkeit)* leggerezza *f,* sventatezza *f; (Unbesonnenheit)* irriflessione *f,* sconsideratezza *f;* **2.** *(Unbekümmertheit)* spensieratezza *f.*

leichtsinnig *a* 1. *(unvorsichtig)* leggero; *(unbesonnen)* sventato; *(unbedacht)* sconsiderato; 2. *(sorglos)* spensierato.
leid [ˈlai̯t] *a:* ~ **tun** (di)spiacere; **er tut mir** ~ mi fa pena; **es tut mir ~, daß ...** mi spiace che ...; **ich bin es ~ zu ...** ne ho abbastanza di ...
Leid ‹-(e)s, ø› *n* 1. *(seelischer Schmerz)* pena *f*, afflizione *f*, sofferenza *f*; *(Schmerz)* dolore *m*; *(Kummer)* dispiacere *m*; 2. *(Unrecht)* torto *m*, ingiustizia *f*; **jdm ein ~ (an)tun** (*o* **zufügen**) fare un torto a qu; **jdm sein ~ klagen** sfogare il proprio dolore con qu; **geteiltes ~ ist halbes ~** *prov* mal comune, mezzo gaudio *prov*.
leiden [ˈlai̯dən] ‹leidet, litt, gelitten› I. *itr* soffrire (*an, unter* di); **an Krebs ~** soffrire di cancro; II. *tr* 1. *(erdulden, ertragen)* patire; 2. *geh (zulassen)* tollerare; **Not ~** essere in miseria; **jdn nicht ~ können** non poter soffrire qu; **ich mag ihn gut ~** mi è simpatico, mi piace.
Leiden ‹-s, -› *n* 1. *allg.* sofferenza *f*; 2. *(Schmerz)* dolore *m*; 3. *(Krankheit)* malattia *f*; *(Erkrankung)* affezione *f*.
Leidenschaft ‹-, -en› *f* passione *f*. **leidenschaftlich** *a* 1. *(begeistert)* appassionato; 2. *(emotional)* passionale; **etw. ~ gern tun** fare qc molto volentieri.
leider [ˈlai̯dɐ] *adv* purtroppo; *(unglücklicherweise)* disgraziatamente, sfortunatamente; ~ **muß ich sagen, daß ...** mi dispiace di dover dire che ...; ~ **Gottes** sfortunatamente.
Leidtragende ‹ein -r, -n, -n› *mf* 1. *(Hinterbliebene)* familiare *mf* del defunto; 2. *(Benachteiligte)* vittima *f*. **Leidwesen** *n:* **zu meinem ~** con mio rincrescimento.
Leier [ˈlai̯ɐ] ‹-, -n› *f* lira *f*; *(Dreh~)* organetto *m*; **das ist immer die alte ~** *fam* è sempre la solita solfa. **Leierkasten** *m* organetto *m* (di Barberia).
Leihbibliothek *f*, **-bücherei** *f* biblioteca *f* di prestito.
leihen [ˈlai̯ən] ‹leiht, lieh, geliehen› *tr* I. prestare (*jdm etw.* qc a qu); II. *rfl:* **sich** *(dat)* ~ farsi prestare (*etw. von jdm* qc da qu).
Leihmutter *f* mamma *f* per conto terzi.
Leim [lai̯m] ‹-(e)s, -e› *m* 1. *(Klebstoff)* colla *f*; 2. *(Vogel~)* vischio *m*; **jdm auf den ~ gehen** *fam* farsi abbindolare da qu.
leimen *tr* 1. *(kleben)* incollare; 2. *sl (hereinlegen)* abbindolare.
Leine [ˈlai̯nə] ‹-, -n› *f allg.* funicella *f*; *(a. Wäsche~)* corda *f*; *(Hunde~)* guinzaglio *m*; *(Angel~)* lenza *f*; ~ **ziehen** *fam* tagliar la corda *fam*.
Leinen [ˈlai̯nən] ‹-s, -› *n* 1. *(Gewebe)* lino *m*; 2. *(Bucheinband)* tela *f*.
Leinsamen *m* seme *m* di lino.
Leintuch *n* lenzuolo *m*. **Leinwand** *f* 1. *allg.* tela *f*; *(Malerei a.)* lino *m*; 2. *film* schermo *m*.
Leipzig [ˈlai̯ptsɪç] *n* Lipsia *f*.
leise [ˈlai̯zə] I. *a* 1. *(still)* basso, sommesso; 2. *(leicht, schwach)* leggero; 3. *(sanft)* delicato; **~r stellen** abbassare; **nicht die ~ste Ahnung haben** non avere la più pallida idea; II. *adv* 1. *(mit leiser Stimme)* sottovoce, piano; *(nicht laut)* silenziosamente; 2. *(leicht)* leggermente; 3. *(sanft)* delicatamente.
Leiste [ˈlai̯stə] ‹-, -n› *f* 1. *allg.* lista *f*, listello *m*; 2. *arch* modanatura *f*; 3. *anat* inguine *m*.
leisten [ˈlai̯stən] I. *tr* 1. *(tun, schaffen)* fare; *(hervorbringen)* compiere; 2. *tec* rendere; *(a. mot)* avere un rendimento; 3. *(Zahlung)* effettuare; 4. *(Hilfe, Eid)* prestare; **jdm Gesellschaft ~** far compagnia a qu; II. *rfl:* **sich** *(dat)* ~ 1. *(gönnen)* concedersi; 2. *(finanziell)* permettersi (il lusso di); 3. *(sich herausnehmen)* prendersi la libertà di, permettersi.
Leistenbruch *m* ernia *f* inguinale.
Leistung ‹-, -en› *f* 1. *allg.* prestazione *f*; *(sport a.)* exploit *m*; *(von Arbeiter)* rendimento *m*; *(von Schüler)* profitto *m*; 2. *(Geleistetes)* lavoro *m*, opera *f*; 3. *(von Maschine, Fabrik)* capacità *f* di produzione, efficienza *f*; 4. *(Zahlung)* pagamento *m*; *(Beitrag)* contributo *m*; **große ~** grande opera; *sport* prodezza *f*, exploit *m*; **soziale ~en** prestazioni sociali. **Leistungsdruck** ‹-(e)s, ø› *m* ansia *f* del rendimento. **Leistungsgesellschaft** *f* società *f* efficientistica. **Leistungskurs** *m* seminario *m*. **Leistungssport** *m* sport *m* di competizione.
leiten [ˈlai̯tən] *tr* 1. *(führen)* condurre, guidare; 2. *(verantwortlich ~)* dirigere; *(den Vorsitz haben von)* presiedere; 3. *(lenken)* dirigere; *(um~)* deviare; *(Gewässer, fig)* incanalare; 4. *el, phys* condurre; **sich von etw. ~ lassen** lasciarsi guidare da qc. **leitend** *a* 1. *(Stellung)* direttivo; *(Angestellter)* dirigente; 2. *fig (Gedanke)* dominante; 3. *el, phys* conduttore; **~e(r) Angestellte(r)** dirigente *mf*.
Leiter[1] [ˈlai̯tɐ] ‹-, -n› *f* scala *f* (a pioli).
Leiter[2] [ˈlai̯tɐ] ‹-s, -› *m el, phys* conduttore *m*.
Leiter(in) [ˈlai̯tɐ (...ərɪn)] ‹-s, -› *m(f) allg.* guida *f*, capo *m*; *(Betriebs~, Schul~, Orchester~)* direttore, -trice *m, f*; *(Geschäfts~)* gerente *mf*; *(Abteilungs~)* caporeparto *mf*.
Leitplanke *f* guardrail *m*.
Leitung ‹-, -en› *f* 1. *(Führung)* guida *f*, conduzione *f*; *(von Betrieb, Schule, Orchester, etc.)* direzione *f*; 2. *(Verwaltung)* gestione *f*, amministrazione *f*;

3. *(Vorsitz)* direzione *f;* 4. *(die Leitenden)* direzione *f; (von Parteien)* direttivo *m;* 5. *tec (Gas~, Wasser~)* tubazione *f;* 6. *el, tel* linea *f; (Kabel)* cavo *m;* **eine lange ~ haben** *fig fam* essere duro di comprendonio *fam;* **unter der ~ von** sotto la direzione di. **Leitungsrohr** *n* tubazione *f,* conduttura *f.* **Leitungswasser** *n* acqua *f* di rubinetto.

Lektion [lɛk'tsi̯o:n] ‹-, -en› *f* lezione *f;* **jdm eine ~ erteilen** dare una lezione a qu.

Lektor(in) ['lɛkto:ɐ̯ (...rɪn), ...'to:rən] ‹-s, -en› *m(f)* 1. *(Universitäts~)* lettore, -trice *m, f;* 2. *(Verlags~)* consulente *mf* editoriale.

Lektüre [lɛk'ty:rə] ‹-, -n› *f* lettura *f.*

Lende ['lɛndə] ‹-, -n› *f* lombo *m.* **Lendenschurz** [-ʃʊrts̮] ‹-es, -e› *m* perizoma *m.*

lenken ['lɛŋkən] *tr* 1. *allg., fig* guidare; *aero* pilotare; *naut* governare; 2. *(führen)* condurre; 3. *(adm, Wirtschaft)* pianificare; 4. *(Gedanken, Blick)* volgere; **auf sich ~** attirare su di sé; **jds Aufmerksamkeit auf etw. ~** richiamare l'attenzione di qu su qc.

Lenker ‹-s, -› *m (Lenkstange)* manubrio *m; (Lenkrad)* volante *m.*

Lenkrad *n* volante *m* (di guida). **Lenkradschaltung** *f* cambio *m* al volante. **Lenkradschloß** *n* bloccasterzo *m.*

Lenkstange *f* manubrio *m.*

Lenkung ‹-, -en› *f* 1. *allg., mot* guida *f;* 2. *(Führung)* direzione *f,* conduzione *f;* 3. *mot (Vorrichtung)* sterzo *m.*

Leon(h)ard ['le:ɔn(h)art] *(männlicher Vorname)* Leonardo.

Leopard [leo'part] ‹-en, -en› *m* leopardo *m.*

Lepra ['le:pra] ‹-, ø› *f* lebbra *f.*

Lerche ['lɛrçə] ‹-, -n› *f* allodola *f.*

lernen ['lɛrnən] I. *tr* imparare (*etw. von jdm* qc da qu, *etw. zu tun* a fare qc, *aus etw.* da qc), apprendere (*etw. von jdm* qc da qu, *etw. zu tun* a fare qc, *aus etw.* da qc); **von ihr kannst du noch etw. ~** lei ti può insegnare qc; II. *itr* 1. *(Kenntnisse erwerben)* studiare; 2. *(in der Lehre sein)* imparare come apprendista.

Lesart *f* 1. *(Fassung)* versione *f; (andere ~)* variante *f;* 2. *(Deutung)* interpretazione *f.*

lesbisch ['lɛsbɪʃ] *a* lesbico.

Lese ['le:zə] ‹-, -n› *f* raccolta *f; (Wein~)* vendemmia *f.*

lesen[1] ['le:zən] ‹liest, las, gelesen› I. *tr* 1. *allg.* leggere; 2. *fig (Gedanke)* indovinare, leggere; II. *itr* 1. *allg.* leggere; 2. *(an Universität)* tenere un corso (*über* su).

lesen[2] ['le:zən] ‹liest, las, gelesen› *tr* 1. *(sammeln)* raccogliere; *(Ähren)* spigolare; 2. *(pflücken)* cogliere; *(Trauben)* vendemmiare; 3. *(aus~, ver~)* cernere.

Leser(in) ‹-s, -› *mf* lettore, -trice *m, f.* **Leserbrief** *m* lettera *f* al direttore.

leserlich *a* leggibile.

Leserschaft ‹-, ø› *f* lettori *m pl.*

Lesung ‹-, -en› *f* lettura *f.*

Letzt [lɛts̮t] *f:* **zu guter ~** alla fin fine.

letzte *s.* **letzte(r, s).**

letztendlich ['lɛts̮t'ʔɛntlɪç] *adv* alla fin fine.

letztens *adv* 1. *(kürzlich)* recentemente; 2. *(als letzter Punkt)* infine, in ultimo luogo.

letztere(r, s) ['lɛts̮tərə] *a* quest'ultimo, -a.

letzte(r, s) ['lɛts̮tə] *a* 1. *(in Reihenfolge)* ultimo, -a; *(abschließend)* finale; 2. *(neueste)* (il/la) più recente; 3. *(äußerste)* estremo, -a; **der ~ Schrei** l'ultimo grido; **der L~ Wille** le ultime volontà; **~ Woche** la settimana scorsa; **jdn wie den ~n Dreck behandeln** *fam* trattare qu come una pezza da piedi; **~n Endes** in fin dei conti; **bis aufs ~** fino in fondo; **in den ~n Jahren/Tagen** negli ultimi anni/giorni; **das wäre das L~!** sarebbe la fine; **den ~n beißen die Hunde** *prov* chi tardi arriva male alloggia *prov.*

letztlich *adv* alla fine.

Leuchtbake [-ba:kə] ‹-, -n› *f,* **-boje** *f* boa *f* luminosa.

Leuchte ['lɔ̯yçtə] ‹-, -n› *f* 1. *(Licht)* lume *m; (Lampe)* lampada *f;* 2. *fig fam (kluger Mensch)* luminare *m.*

leuchten ['lɔ̯yçtən] *itr* 1. *(Licht abgeben)* dar luce; 2. *(be~)* far luce, illuminare; 3. *(glänzen)* splendere; *(a. strahlen)* brillare; *(Augen)* luccicare, essere raggianti. **leuchtend** *a* luminoso; *(Farbe)* vivo; *(strahlend)* raggiante; **~es Vorbild** esempio luminoso.

Leuchter ‹-s, -› *m (Kerzen~)* candeliere *m; (Arm~)* candelabro *m; (Wand~)* applique *f; (Kron~)* lampadario *m.*

Leuchtfarbe *f* colore *m* luminescente. **Leuchtrakete** *f* razzo *m* illuminante. **Leuchtreklame** *f* insegna *f* luminosa. **Leuchtstoffröhre** *f* tubo *m* fluorescente. **Leuchtturm** *m* faro *m.* **Leuchtzifferblatt** *n* quadrante *m* luminoso.

leugnen ['lɔ̯ygnən] *tr* negare; *(bestreiten)* contestare; **es kann nicht geleugnet werden, daß ...** è innegabile che ...

Leumund ['lɔ̯ymʊnt] ‹-(e)s, ø› *m* reputazione *f,* nome *m.*

Leute ['lɔ̯ytə] ‹*pl*› 1. *allg.* gente *f;* 2. *(Arbeitskräfte, Soldaten)* uomini *m pl;* **alle ~** tutti; **junge/alte ~** i giovani/i vecchi; **kleine ~** *fig* la gente semplice; **meine ~** *fam (Familie)* i miei *fam; (Mannschaft, Arbeiter, etc.)* i miei uomini *m pl,* i miei operai *m pl;* **unter**

die ~ bringen diffondere, divulgare; **unter/wieder unter (die) ~ gehen** andare/ritornare in società; **ich kenne meine ~** conosco i miei polli *fam;* **es waren mindestens zehn ~ da** c'erano per lo meno dieci persone; **liebe ~!** *fam* miei cari!

Leutnant ['lɔytnant] ‹-s, -s *o rar* -e› *m* tenente *m.*

leutselig *a* affabile, alla mano.

Leviten [le'vi:tən] ‹*pl*› : **jdm die ~ lesen** *fam* dare una lavata di capo a qu.

Lexika *pl von* **Lexikon.**

lexikalisch [lɛksi'ka:lɪʃ] *a* lessicale.

Lexikographie [lɛksikogra'fi:] ‹-, ø› *f* lessicografia *f.*

Lexikon ['lɛksikɔn, ...ka *o* ...kən] ‹-s, -ka *o* -ken› *n (Nachschlagewerk)* enciclopedia *f.*

lfd. *ab von* **laufend** c. (*ab von* corrente).

Libelle [li'bɛlə] ‹-, -n› *f* **1.** *zoo* libellula *f;* **2.** *tec* livella *f.*

liberal [libe'ra:l] *a* liberale.

liberalisieren [...rali'zi:rən] ‹*ohne ge-*› *tr* liberarizzare.

Liberalismus [...ra'lɪsmʊs] ‹-, ø› *m* liberalismo *m.*

Libero ['li:bero] ‹-s, -s› *m sport* (battitore *m*) libero *m.*

licht [lɪçt] *a* **1.** *(hell)* chiaro; **2.** *(dünn, spärlich)* rado.

Licht [lɪçt] ‹-(e)s, -er› *n* luce *f; (Helligkeit, ~schein)* chiarore *m;* **~ machen** accendere la luce; **~ in etw. bringen** far luce su qc; **das ~ der Welt erblicken** schiudere gli occhi alla luce, nascere; **ans ~ kommen** essere scoperto (*o* svelato); **etw. gegen das ~ halten** tenere qc contro luce; **jdn hinters ~ führen** imbrogliare qu, abbindolare qu; **bei ~** alla luce; **bei ~ besehen** (*o* **betrachtet)** esaminato più da vicino; **jetzt geht mir ein ~ auf** ora comincio a capire; **er ist kein großes ~** *fam* non è una cima. **Lichtbild** *n* **1.** *adm (Paßbild)* fotografia *f;* **2.** *obs (Diapositiv)* diapositiva *f.* **Lichtbildervortrag** *m* conferenza *f* con diapositive. **Lichtblick** *m fig* (barlume *m* di) speranza *f.* **lichtdurchlässig** *a* trasparente, diafano. **lichtecht** *a* resistente (*o* solido) alla luce. **lichtempfindlich** *a* **1.** *allg.* sensibile alla luce; **2.** *fot, biol* fotosensibile.

lichten[1] **I.** *tr (ausdünnen, a. fig)* diradare; **II.** *rfl:* **sich ~** *(Nebel, Wald, Wolken, Haare)* diradarsi; *(Dunkelheit, Angelegenheit)* rischiararsi; *(Bestände)* diminuire.

lichten[2] *tr:* **den Anker ~** levare l'ancora.

lichterloh ['lɪçtɐ'lo:] *adv:* **~ brennen** essere in fiamme.

Lichtermeer *n* mare *m* di luci.

Lichtgeschwindigkeit *f* velocità *f* della luce. **Lichthof** *m* **1.** *arch* cortile *m* a lucernario; **2.** *fot, astr* alone *m.* **Lichthupe** *f* lampeggiatore *m.* **Lichtjahr** *n* anno *m* luce. **Lichtmaschine** *f* dinamo *f.* **Lichtmeß** ['lɪçtmɛs] *(ohne Artikel)* Candelora *f.* **Lichtschacht** *m* lucernario *m.* **Lichtschalter** *m* interruttore *m* della luce. **lichtscheu** *a* che teme la luce; *fig* losco, sinistro; **~es Gesindel** *fam* losca canaglia *fam.* **Lichtschutzfaktor** *m* coefficiente *m* di filtrazione.

Lichtung ‹-, -en› *f* radura *f.*

Lid [li:t] ‹-(e)s, -er› *n* palpebra *f.* **Lidschatten** *m* ombretto *m.*

lieb [li:p] *a* **1.** *(geschätzt, teuer)* caro; **2.** *(geliebt)* diletto; **3.** *(angenehm)* piacevole; **4.** *(nett)* gentile; *(liebenswürdig)* amabile; **5.** *(artig, brav)* bravo, buono; **den ~en langen Tag** *fam* tutto il santo giorno *fam;* **das ist mir ganz ~** mi va proprio bene; **es wäre mir ~(er), wenn ...** preferirei che ... *conj;* **wenn dir dein Leben ~ ist** se ti è cara la vita; **seien Sie so ~ und ...** abbiate la cortesia di ... *inf;* **mein L~er!** mio caro!; **~e Birgit/Verwandte/Gäste!** cara Birgit/cari parenti/cari ospiti!; **(ach,) du ~er Himmel** (*o* **~e Zeit** *o* **~es bißchen)!** *fam* oh cielo!, oh Dio!; *s. a. lieber, liebste(r, s).*

liebäugeln [-ʔɔygəln] *itr:* **mit etw. ~** vagheggiare qc.

Liebe ['li:bə] ‹-, *rar* -n› *f* **1.** *(Gefühl)* amore *m* (*zu* per); **2.** *(Gefallen)* favore *m;* **3.** *fam (geliebter Mensch)* amato, -a *m, f;* **aus ~ zu** per amore di; **meine erste ~** il mio primo amore; **~ macht blind** *prov* l'amore è cieco *prov;* **~ geht durch den Magen** *prov* il marito si prende per la gola; **alte ~ rostet nicht** *prov* il primo amore non si scorda mai *prov;* **wo die ~ hinfällt ...** *prov* al cuore non si comanda *prov.*

Liebelei [li:bə'lai] ‹-, -en› *f* flirt *m.*

lieben *tr* amare; **etw. ~d gern tun** far qc con gran piacere; **was sich liebt, das neckt sich** *prov* l'amore non è bello se non è stuzzicarello *prov.* **Liebende** ‹ein -r, -n, -n› *mf* innamorato, -a *m, f.*

liebenswert *a* amabile, piacevole. **liebenswürdig** *a* gentile; **das ist sehr ~ von Ihnen** è molto gentile da parte Sua; **wären Sie so ~ und ...?** mi farebbe la cortesia di ... *inf*? **Liebenswürdigkeit** ‹-, -en› *f* gentilezza *f,* cortesia *f.*

lieber ['li:bɐ] **I.** *Komparativ von* **lieb; II.** ‹*Komparativ von* gern› *adv* **1.** *(eher, vorzugsweise)* piuttosto; **2.** *(besser, klugerweise)* meglio; **~ haben** preferire; **etw. ~ tun** preferire fare qc; **~ nicht** è meglio di no; **nichts ~ als das** *fam* niente di meglio; **je länger, je ~** più dura, meglio è; **das habe ich ~, das ist mir ~** preferisco questo; **ich würde ~ gehen** preferirei andare; **ich hätte ~ gehen sollen** avrei fatto meglio ad andarmene; **tu es ~ nicht!** è meglio che tu non lo faccia.

Liebesbrief *m* lettera *f* d'amore. **Liebeserklärung** *f* dichiarazione *f* d'amore; **jdm eine ~ machen** dichiararsi a qu. **Liebesgeschichte** *f* storia *f* d'amore. **Liebeskummer** *m* dispiaceri *m pl* amorosi, pene *f pl* d'amore. **Liebesleben** *n* vita *f* sessuale. **Liebesmüh(e)** *f*: **verlorene** (*o* **vergebliche**) **~** fatica *f* sprecata. **Liebespaar** *n* coppia *f* d'innamorati.

liebevoll *a* **1.** *(zärtlich)* amoroso, affettuoso; **2.** *(sorgfältig)* con cura (*o* amore).

lieb·gewinnen ‹*irr, ohne ge-*› *tr* affezionarsi a.

lieb·haben ‹*irr*› *tr* amare.

Liebhaberei [-ha:bəˈrai̯] ‹-, -en› *f* passione *f*, hobby *m*.

Liebhaber(in) ‹-s, -› *m(f)* **1.** *(Geliebte)* amante *mf;* **2.** *(Interessent, Kenner)* amatore, -trice *m, f* (*von* di); **3.** *(Sammler)* collezionista *mf* (*von* di); **4.** *theat* amoroso, -a *m, f.* **Liebhaberwert** *m* valore *m* d'affezione.

lieblich *a (Mensch)* grazioso; *(Duft, Töne)* soave; *(Landschaft)* ameno.

Liebling [ˈli:plɪŋ] ‹-s, -e› *m* **1.** *(bevorzugter Mensch)* beniamino, -a *m, f*, idolo *m;* **2.** *(Kosewort)* tesoro *m*.

Lieblings- *(in Zusammensetzung)* preferito, prediletto.

lieblos *a (ohne Liebe)* senza amore (*o* cuore); *(ohne Sorgfalt)* senza cura; *(herzlos)* freddo.

liebste(r, s) [ˈli:pstə] **I.** *Superlativ von* **lieb; II.** ‹*Superlativ von* gern› *adv:* **am ~n** più di tutto; **am ~n spiele ich Tennis** giocare a tennis mi piace più di tutto; **am ~n würde ich jetzt schlafen** adesso avrei proprio voglia di dormire.

Liechtenstein [ˈlɪçtənʃtai̯n] *n* Liechtenstein *m;* **in ~** nel Liechtenstein.

Lied [li:t] ‹-(e)s, -er› *n allg.* canzone *f; (a. Volks~)* canto *m; (Kunst~)* lied *m;* **davon kann ich ein ~ singen** *fig fam* ne so qualcosa; **es ist immer das alte ~** *fig fam* è sempre la solita musica *fam;* **das ist das Ende vom ~** *fig fam* doveva finire così. **Liederabend** *m* serata *f* liederistica. **Liederbuch** *n* raccolta *f* di canzoni.

liederlich [ˈli:dɐlɪç] *a (unmoralisch)* dissoluto, sregolato; *(unordentlich)* disordinato; *(Arbeit)* raffazzonato, abborracciato.

Liedermacher(in) ‹-s, -› *m(f)* cantautore, -trice *m, f.*

lief [li:f] *imp von* **laufen.**

Lieferant(in) [lifəˈrant(ɪn)] ‹-en, -en› *m(f)* fornitore, -trice *m, f.*

lieferbar *a* disponibile; **jederzeit** (*o* **sofort**) **~** pronto alla consegna. **Lieferbedingungen** *f pl* condizioni *f pl* di consegna. **Lieferfrist** *f* termine *m* di consegna.

liefern [ˈli:fɐn] *tr* **1.** *(Ware)* fornire, consegnare; **2.** *(Wasser, Strom)* erogare.

Lieferschein *m* bolletta *f* (*o* buono *m*) di consegna.

Lieferung ‹-, -en› *f allg.* fornitura *f*, consegna *f;* **bei/nach ~** alla consegna/dopo la consegna.

Lieferwagen *m* furgone *m; (kleiner ~)* furgoncino *m.*

Liege [ˈli:gə] ‹-, -n› *f* **1.** *(Couch)* divano *m;* **2.** *(Garten~, etc.)* sedia *f* a sdraio.

liegen [ˈli:gən] ‹liegt, lag, gelegen› *itr* **1.** *(flach ~, etc.)* essere disteso (*o* coricato *o* sdraiato), giacere; **2.** *(sich befinden)* trovarsi, essere, esserci; **3.** *(gelegen sein, geog)* essere situato; *(Zimmer)* dare *(nach* su), essere esposto (*nach* a); **4.** *fig (lasten)* pesare (*auf jdm* qu), gravare (*auf* su); **5.** *(abhängen)* dipendere (*an* da); **6.** *(zusagen, gefallen)* piacere (*jdm* a qu), essere del gusto (*jdm* di qu); **hart/weich ~** stare sul duro/morbido; **im Bett ~** essere a letto; **über/unter dem Durchschnitt ~** essere superiore/inferiore alla media; **das liegt mir nicht** non è di mio gusto; **das liegt an Ihnen** dipende da Lei; **das liegt ganz bei dir (zu ...)** sta a te (di ... *inf*); **daran soll's nicht ~** *fam* non sarà questo a impedirlo; **das liegt daran, daß ...** questo dipende dal fatto che ...; **es liegt mir viel/wenig daran, daß ...** mi preme molto/poco che ...; **es liegt mir (viel) daran, Ihnen zu sagen ...** ci tengo molto a dirLe ...; **das lag nicht in meiner Absicht** non era mia intenzione; **(so) wie die Dinge ~ ...** (così) come stanno le cose ...; **zehn Jahre ~ zwischen ... und ...** dieci anni separano ... da ...; **woran liegt das?** da che dipende?; **wo liegt Regensburg?** dove si trova Ratisbona?

liegen·bleiben ‹*irr*› *itr* ‹*sein*› **1.** *(nicht aufstehen)* rimanere disteso; *(im Bett)* restare coricato (*o* a letto); **2.** *(vergessen werden)* essere dimenticato; **3.** *(unerledigt bleiben)* rimanere interrotto (*o* incompiuto); **4.** *(nicht verkauft werden)* rimanere invenduto; **5.** *(Auto, etc.)* rimanere per strada.

liegen·lassen ‹*irr, meist ohne ge-*› *tr* **1.** *allg.* lasciare lì; **2.** *(vergessen)* dimenticare, lasciare; **3.** *(unerledigt lassen: Arbeit)* interrompere; *(Briefe, etc.)* non scrivere; **jdn links ~** *fam* trascurare qu; **alles stehen- und ~** *fam* lasciare tutto com'è.

Liegesitz *m* **1.** *mot* sedile *m* ribaltabile; **2.** *Eisenb.* cuccetta *f.* **Liegewagen** *m* carrozza *f* con cuccette; *(~platz)* cuccetta *f.*

lieh [li:] *imp von* **leihen.**

ließ [li:s] *imp von* **lassen.**

liest [li:st] *pr von* **lesen.**
Lift [lɪft] ‹-(e)s, -e *o* -s› *m* **1.** *(Aufzug)* ascensore *m*, lift *m;* **2.** *(Ski~)* sciovia *f.*
Liga ['li:ga, ...gən] ‹-, Ligen› *f* **1.** *pol* lega *f;* **2.** *sport* serie *f*, lega *f.*
Ligurien [li'gu:ri̯ən] *n* Liguria *f.*
Ligurisches Meer *n* Mare *m* Ligure.
Likör [li'kø:ɐ̯] ‹-s, -e› *m* liquore *m.*
lila ['li:la] ‹*inv*› *a* lilla; *s. a. blau.* **Lila** ‹-(s), - *o fam* -s› *n* (colore *m*) lilla *m; s. a. Blau.*
Lilie ['li:li̯ə] ‹-, -n› *f* giglio *m.*
Liliputaner(in) [lilipu'ta:nɐ (...ərɪn)] ‹-s, -› *m(f)* lillipuziano, -a *m, f.*
Limit ['lɪmɪt] ‹-s, -s *o* -e› *n* limite *m.*
Limonade [limo'na:də] ‹-, -n› *f* gassosa *f.*
Linde ['lɪndə] ‹-, -n› *f* tiglio *m.*
lindern ['lɪndɐn] *tr* alleviare; *(Schmerz)* lenire.
Linderung ‹-, ø› *f* **1.** *(Milderung)* mitigazione *f;* **2.** *(Erleichterung)* sollievo *m*, alleviamento *m;* **jdm ~ verschaffen** dare sollievo a qu.
Lineal [line'a:l] ‹-s, -e› *n* riga *f.*
Linguist(in) [lɪŋ'gu̯ɪst(ɪn)] ‹-en, -en› *m(f)* linguista *mf.*
Linguistik [lɪŋ'gu̯ɪstɪk] ‹-, ø› *f* linguistica *f.*
linguistisch *a* linguistico.
Linie ['li:ni̯ə] ‹-, -n› *f* linea *f;* **auf die schlanke ~ achten** badare alla linea; **auf der ganzen ~** su tutta la linea; **in erster/zweiter ~** in primo/secondo luogo. **Linienblatt** *n* falsariga *f.*
lin(i)ieren [li'ni:rən (lini'i:rən)] ‹*ohne ge-*› *tr* rigare.
link [lɪŋk] *a sl* sinistro *fam;* **ein ~es Ding drehen** farne una grossa *fam;* **auf die (ganz) ~e Tour** in modo (molto) sinistro; *s. a. linke(r, s).*
Linke[1] ‹ein -r, -n, -n› *mf (Mensch)* uno, -a *m, f* di sinistra.
Linke[2] ‹-n, -n› *f (Seite, a. pol)* sinistra *f;* **zur ~n** a sinistra.
linke(r, s) ['lɪŋkə] *a* sinistro, -a; *pol (Mensch)* di (*o* della) sinistra; **~ Seite** *(von Stoff, etc.)* rovescio *m;* **mein ~r Nebenmann** il mio vicino di sinistra.
linkisch *a* maldestro, impacciato.
links ['lɪŋks] *adv* a (*o* sulla) sinistra; **~ sein** (*o* **stehen**) *pol* essere (*o* stare) a sinistra; **sich ~ einordnen** disporsi sulla corsia di sinistra; **sich ~ halten** mantenersi sulla (*o* a) sinistra; **~ vom** (*o* **neben dem**) **Haus** a sinistra della casa; **~ gehen** (*o* **fahren**) andare a (*o* tenere la) sinistra; **etw. mit ~ machen** *fam* fare qc ad occhi chiusi *fam;* **den Pullover (auf) ~ anziehen** mettersi il pullover alla rovescia; **~ von mir** alla mia sinistra; **nach/von ~** a (*o* verso)/da sinistra. **Linksabbieger** ‹-s, -› *m* persona *f* che svolta a sinistra. **Linksabbiegerspur** *f* preselezione *f* a sinistra.
Linksaußen [-'ˀau̯sən] ‹-, -› *m* ala *f* sinistra. **Linksdrehung** *f* rotazione *f* sinistrorsa. **Linksextremist(in)** *m(f)* estremista *mf* di sinistra. **Linkshänder(in)** [-hɛndɐ (...ərɪn)] ‹-s, -› *m(f)* mancino, -a *m, f.* **linksherum** *adv* a sinistra. **Linkskurve** *f* curva *f* a sinistra. **linksradikal** *a* radicale di (estrema) sinistra. **Linksverkehr** *m* circolazione *f* a sinistra.
Linoleum [li'no:leʊm] ‹-s, ø› *n* linoleum *m.*
Linse ['lɪnzə] ‹-, -n› *f* **1.** *bot, gastr* lenticchia *f;* **2.** *opt* lente *f;* **3.** *fam fot (Objektiv)* obiettivo *m;* **4.** *anat* cristallino *m.*
Liparische Inseln [li'pa:rɪʃə 'ɪnzəln] *f pl* Eolie *f pl*, (isole *f pl)* Lipari *f pl.*
Lippe ['lɪpə] ‹-, -n› *f* labbro *m;* **kein Wort über die ~n bringen** non (riuscire a) proferire parola. **Lippenbekenntnis** *n* professione *f* (di fede) formale. **Lippenstift** *m* rossetto *m* (per le labbra).
lispeln ['lɪspəln] *itr* bisbigliare, avere la lisca; *(a. tr: flüstern)* sussurrare.
Lissabon ['lɪsabɔn *o* ...'bɔn] *n* Lisbona *f.*
List [lɪst] ‹-, *rar* -en› *f* **1.** *(Schlauheit)* astuzia *f*, furbizia *f;* **2.** *(listige Handlung)* stratagemma *m;* **zu einer ~ greifen** ricorrere a un'astuzia; **mit ~ und Tücke** *fam* a gran fatica.
Liste ['lɪstə] ‹-, -n› *f* lista *f*, elenco *m; (Wahl~)* lista *f* elettorale; *(Preis~)* listino *m.*
listig *a* astuto, furbo.
Litanei [lita'nai̯] ‹-, -en› *f* litania *f.*
Liter ['li:tɐ *o* 'lɪtɐ] ‹-s, -› *m o n* (*ab* **l**) litro *m.*
literarisch [lɪtə'ra:rɪʃ] *a* letterario.
Literatur [...ra'tu:ɐ̯] ‹-, -en› *f* letteratura *f; (einschlägige ~)* bibliografia *f.* **Literaturangaben** *f pl* bibliografia *f.* **Literaturpreis** *m* premio *m* letterario. **Literaturwissenschaft** *f* lettere *f pl.*
Litfaßsäule ['lɪtfas-] *f* colonna *f* delle affissioni.
litt [lɪt] *imp von* **leiden.**
Liturgie [litʊr'gi:, ...i:ən] ‹-, -n› *f* liturgia *f.*
liturgisch [li'tʊrgɪʃ] *a* liturgico.
Litze ['lɪt͡sə] ‹-, -n› *f* cordoncino *m*, passamano *m; tec* liccio *m; el* cavetto *m.*
live [lai̯f] ‹*inv*› *a, adv TV, radio* in diretta. **Live-Sendung** *f* trasmissione *f* in diretta.
Lizenz [li't͡sɛnt͡s] ‹-, -en› *f* licenza *f;* **in ~** in concessione.
LKW, Lkw [ɛlka:'ve: *o* 'ɛl...] ‹-(s), -(s)› *m ab von* **Lastkraftwagen** autocarro *m*, TIR *m.*
Lob [lo:p] ‹-(e)s, ø› *n* lode *f*, elogi *m pl; (~rede)* elogio *m;* **ein ~ verdient haben** essere degno di lode; **voll des ~es über etw. sein** lodare qc con entusiasmo; **zu jds ~** in lode di qu.

Lobby ['lɔbi] ‹-, -s *o* Lobbies› *f* lobby *f.*
loben ['lo:bən] *tr* lodare, elogiare; *(überschwenglich)* vantare, esaltare; *(Gott)* glorificare; **da lobe ich mir doch mein eigenes Bett** benedico proprio il mio letto; **das lob' ich mir!** questo sì che mi piace! **lobend** *a* laudativo; **etw. ~ erwähnen** citare qc in modo lusinghiero. **lobenswert, löblich** ['lø:plıç] *a* lodevole, degno di lode.
Loch [lɔx] ‹-(e)s, ⸚er› *n* **1.** *allg.* buco *m; (Öffnung)* apertura *f;* **2.** *(Höhle)* tana *f;* **3.** *(Erd~, Schlag~)* buca *f;* **4.** *(Riß)* strappo *m; (in Reifen)* foro *m;* **5.** *(beim Billard)* bilia *f;* **6.** *sl pej (schlechte Wohnung)* buco *m;* **7.** *sl (Gefängnis)* galera *f fam;* **Löcher in die Luft gucken** *fam* guardare nel vuoto; **jdm ein ~ (*o* Löcher) in den Bauch fragen** *fam* riempire gli orecchi a qu; **auf (*o* aus) dem letzten ~ pfeifen** *fam* essere allo stremo.
lochen *tr* **1.** *allg.* bucare, forare; **2.** *inform* perforare.
Locher ‹-s, -› *m* perforatore *m.*
Lochstreifen *m* nastro *m* perforato.
Locke ['lɔkə] ‹-, -n› *f* riccio *m,* ciocca *f.*
locken[1] ['lɔkən] *tr* **1.** *(Tier)* chiamare; **2.** *fig (reizen, anziehen)* attirare, allettare; **jdm das Geld aus der Tasche ~** *fam* spillare soldi a qu; **jdn in einen Hinterhalt ~** tendere un agguato a qu.
locken[2] ['lɔkən] **I.** *tr (Haar)* arricciare; **II.** *rfl:* **sich ~** arricciarsi.
Lockenstab *m* ferro *m* arricciante (per capelli). **Lockenwickler** ‹-s, -› *m* bigodino *m.*
locker ['lɔkɐ] *a* **1.** *(Schraube, Knoten, Seil)* lento; *(wackelnd)* traballante; **2.** *(Teig, Backware, Boden)* molle, soffice; **3.** *fig (Lebenswandel)* sregolato, libertino; *(leichtfertig)* leggero; **4.** *sl (lässig)* comodo; **~ sitzen** *tec* avere gioco; **~ werden** *(schlaff)* rilassarsi; *(sich lockern, a. fig)* allentarsi; *(Zahn)* scalzarsi; **das mach' ich doch ~!** *sl* lo faccio ad occhi chiusi *fam.* **locker·-lassen** ‹*irr*› *itr fam:* **nicht ~** non mollare, tener duro.
lockern *tr* **1.** *allg., fig* allentare; **2.** *(Erde)* smuovere; **3.** *(Muskeln)* rilassare.
lockig *a* ricciuto.
Lockmittel *n* richiamo *m,* esca *f.*
Lockung ‹-, -en› *f* **1.** *(Reiz)* allettamento *m,* attrazione *f;* **2.** *(Versuchung)* tentazione *f.*
Lodenmantel ['lo:dən-] *m* (cappotto *m* di) loden *m.*
Löffel ['lœfəl] ‹-s, -› *m* **1.** *(Eß~, med)* cucchiaio *m;* **2.** *(~ voll)* cucchiaiata *f;* **3.** *(fam, Jägersprache)* orecchio *m;* **den ~ abgeben (*o* aus der Hand legen)** *sl (sterben)* tirare il calzino *sl.*
löffeln *tr, itr* mangiare col cucchiaio.
log [lo:k] *imp von* **lügen.**

Logarithmus [loga'rıtmʊs, ...mən] ‹-, -men› *m* logaritmo *m.*
Loge ['lo:ʒə] ‹-, -n› *f* **1.** *theat* palco *m;* **2.** *(Pförtner~)* portineria *f;* **3.** *(Freimaurer~)* loggia *f* (massonica). **Logenplatz** *m* palco *m.*
Logik ['lo:gık] ‹-, ø› *f* logica *f.*
Logis [lo'ʒi:, ...i:s] ‹-, -› *n* alloggio *m.*
logisch ['lo:gıʃ] *a* logico.
Logopäde [logo'pɛ:də] ‹-n, -n› *m,* **Logopädin** [...dın] *f* logopedista *mf.*
Lohn [lo:n] ‹-(e)s, ⸚e› *m* **1.** *allg.* salario *m; (von Arbeiter a.)* paga *f;* **2.** *fig (Belohnung)* ricompensa *f;* **zum ~ für** in ricompensa per. **Lohnabbau** *m* riduzione *f* salariale. **Lohnabrechnung** *f* busta *f* paga. **Lohnausgleich** *m* conguaglio *m* salariale. **Lohnempfänger(in)** *m(f)* salariato, -a *m, f.*
lohnen I. *tr* **1.** *(be~)* ricompensare (*jdm etw.* qu di qc); **2.** *(wert sein, rechtfertigen)* valere, compensare; **das Ergebnis lohnt die Mühe** il risultato compensa la fatica; **II.** *rfl:* **sich ~** rendere; *fig* valere la pena; **es lohnt sich nicht** non ne vale la pena. **lohnend** *a* **1.** *(vorteilhaft)* vantaggioso, proficuo; **2.** *(einträglich)* redditizio.
Lohnerhöhung *f* aumento *m* salariale. **Lohngefälle** *n* disparità *f* salariale. **Lohnsteuer** *f* imposta *f* sul salario. **Lohnsteuerjahresausgleich** *m* conguaglio *m* annuale dell'imposta sul salario. **Lohnvereinbarung** *f* accordo *m* salariale. **Lohnverhandlungen** *f pl* trattative *f pl* (sindacali) sui salari.
Loipe ['lɔypə] ‹-, -n› *f* pista *f* (per sci) di fondo.
Lok [lɔk] ‹-, -s› *f ab von* **Lokomotive.**
lokal [lo'ka:l] *a* locale.
Lokal ‹-(e)s, -e› *n* locale *m* pubblico.
lokalisieren [lokali'zi:rən] ‹*ohne ge-*› *tr* localizzare.
Lokalität [...i'tɛ:t] ‹-, -en› *f* località *f.*
Lokalnachrichten *f pl* cronaca *f* locale. **Lokalpatriotismus** *m* campanilismo *m.* **Lokaltermin** *m jur* sopralluogo *m.*
Lokomotive [lokomo'ti:və] ‹-, -n› *f* locomotiva *f;* **elektrische ~** locomotrice *f,* locomotore *m.* **Lokomotivführer(in)** *m(f)* macchinista *mf.*
Lombardei [lɔmbar'dai] *f* Lombardia *f.*
London ['lɔndɔn] *n* Londra *f.*
Look [lʊk] ‹-s, -s› *m* stile *m,* moda *f;* **ein Kleid im Trachten-~** vestito *m* di foggia folcloristica.
Lorbeer ['lɔrbe:ɐ] ‹-s, -en› *m* alloro *m; poet* lauro *m;* **~en ernten** *fig* raccogliere allori; **(sich) auf seinen ~en ausruhen** riposare (*o* dormire) sugli allori. **Lorbeerbaum** *m* alloro *m.* **Lorbeerkranz** *m* corona *f* d'alloro.
Lore ['lo:rə] ‹-, -n› *f* vagoncino *m.*
los [lo:s] **I.** *a* **1.** *(abgegangen, -gerissen,*

-gebrochen) staccato, strappato; **2.** *(lokker) s.* **lose; etw./jdn ~ sein** *fam* essersi liberato (*o* sbarazzato *fam)* di qc/qu; **~ sein** *fam (geschehen)* succedere; *(nicht in Ordnung sein)* non essere in ordine, non andare; **in dieser Stadt ist nach 10 Uhr nichts mehr ~** *fam* questa città dopo le 10 di sera è un mortorio; **mit dem ist nicht viel ~** *fam pej* non vale molto, non è un gran che; **was ist mit dir ~?** *fam* che cosa hai? *fam;* **was ist (denn) hier ~?** che cosa succede?; **II.** *adv* **1.** *(Aufforderung):* **~!** avanti!, forza!, via!; **2.** *(weg)* libero, staccato; **wir müssen heute früh ~** *fam* dobbiamo andare (via) presto oggi; **na, ~!** *fam (zier dich nicht)* su, coraggio!

Los [lo:s] ‹-es, -e› *n* **1.** ‹*sing*› *geh (Schicksal)* sorte *f,* destino *m;* **2.** *(Lotterie~)* biglietto *m* della lotteria; **das Große ~ ziehen** vincere il primo premio; *fig* vincere un terno al lotto; **das ~ entscheiden lassen** tirare a sorte, sorteggiare; **sie hat ein schweres ~** ha un duro destino.

los·binden ‹*irr*› *tr* sciogliere, slegare.

los·brechen ‹*irr*› **I.** *itr* ‹*sein*› scoppiare, scatenarsi; **II.** *tr* ‹*haben*› rompere.

Löschblatt *n* carta *f* assorbente.

löschen[1] ['lœʃən] **I.** *tr* **1.** *(Feuer, Licht, Durst)* spegnere; **2.** *(Schrift, Namen, Tonband)* cancellare; **II.** *itr (Feuerwehr)* spegnere il fuoco.

löschen[2] ['lœʃən] *tr naut* sbarcare.

Löschfahrzeug *n* autopompa *f.* **Löschmannschaft** *f* squadra *f* antincendi. **Löschpapier** *n* carta *f* assorbente.

lose ['lo:zə] *a* **1.** *(locker)* lento, allentato; **2.** *(unverpackt)* sciolto; **3.** *(leichtfertig)* leggero, frivolo; **4.** *(frech, dreist)* impertinente, sfacciato; **~ Reden führen** fare discorsi frivoli; **das Band hing ~ herunter** la fascia pendeva giù sciolta.

Lösegeld *n* riscatto *m.*

losen ['lo:zən] *itr* tirare a sorte (*um etw.* qc), sorteggiare (*um etw.* qc).

lösen ['lø:zən] **I.** *tr* **1.** *(allg., chem, losmachen, auf~)* sciogliere; *(aufbinden)* slegare; **2.** *(abtrennen)* staccare (*von* da); **3.** *(Problem, Rätsel, Gleichung)* risolvere; **4.** *(Fahrkarte)* comp(e)rare; **II.** *rfl:* **sich ~ 1.** *allg., chem* sciogliersi; **2.** *(ab-, losgehen)* staccarsi; *(Schuß)* partire; **3.** *(sich frei machen)* liberarsi (*von, aus* da); **4.** *(sich aufklären)* risolversi.

los·gehen ‹*irr*› *itr* ‹*sein*› **1.** *(aufbrechen)* mettersi in cammino; *(weggehen)* andarsene; **2.** *(Schuß)* partire; **3.** *fam (anfangen)* cominciare; **auf jdn ~** *(angreifen)* gettarsi su qu; **gleich geht's los!** *fam* comincia subito!

los·lassen ‹*irr*› *tr* **1.** *(nicht mehr festhalten)* lasciare andare, mollare; **2.** *(freilassen)* rilasciare; *(Hunde)* sguinzagliare (*auf* contro); **3.** *fam (verlauten lassen)* raccontare, dire, annunciare; **jdn auf jdn ~** *fig fam* aizzare qu contro qu; **das Buch/die Frage läßt mich nicht mehr los** il libro/la domanda non mi dà più pace; **wehe, wenn sie losgelassen!** *fam scherz* guai a lasciarli liberi.

löslich *a* solubile.

los·machen I. *tr* sciogliere, slegare; **II.** *rfl:* **sich ~** svincolarsi; *(a. fig)* liberarsi.

los·reißen ‹*irr*› **I.** *tr* strappare (*von* da); *(a. fig)* staccare; **II.** *rfl:* **sich ~** strapparsi; *(a. fig)* staccarsi.

los·sagen *rfl:* **sich ~** separarsi (*von* da), staccarsi (*von* da).

Losung ['lo:zʊŋ] ‹-, -en› *f* parola *f* d'ordine.

Lösung ‹-, -en› *f* **1.** *(Los~)* distacco *m;* **2.** *chem, mat, fig* soluzione *f;* **3.** *(von Beziehungen)* scioglimento *m.* **Lösungsmittel** *n chem* solvente *m.*

los·werden ‹*irr*› *tr* ‹*sein*› **1.** *allg.* liberarsi di, sbarazzarsi di; **2.** *fam (verkaufen)* vendere; **ich werde den Gedanken nicht los** non riesco a togliermi quest'idea dalla testa.

Lot [lo:t] ‹-(e)s, -e› *n* **1.** *(Senkblei)* filo *m* a piombo, piombino *m;* **2.** *naut* scandaglio *m;* **3.** *mat (Senkrechte)* perpendicolare *f,* verticale *f;* **etw. wieder ins rechte ~ bringen** sistemare (*o* accomodare) qc.

löten ['lø:tən] *tr* saldare; *(hart ~)* brasare.

Lothar ['lo:tar] *(männlicher Vorname)* Lotario.

Lotion [lo'tsio:n] ‹-, -en› *f* lozione *f.*

Lötkolben *m* saldatoio *m.*

Lotse ['lo:tsə] ‹-n, -n› *m naut* pilota *m; aero (Flug~)* radioassistente *m.*

lotsen *tr* **1.** *naut* pilotare; *aero* dirigere; **2.** *fig fam* trascinare.

Lotsenboot *n* pilotina *f.* **Lotsendienst** *m* servizio *m* di pilotaggio.

Lötstelle *f* (punto *m* di) saldatura *f.*

Lotterie [lɔtə'ri:, ...i:ən] ‹-, -n› *f* lotteria *f.*

Lotterleben ['lɔtɐ-] *n* vita *f* sregolata (*o* dissoluta).

Lotto ['lɔto] ‹-s, -s› *n* lotto *m.* **Lottoschein** *m* schedina *f* del lotto.

Löwe ['lø:və] ‹-n, -n› *m* **1.** *zoo* leone *m;* **2.** *astr* Leone *m;* **sich in die Höhle des ~n wagen (***o* **begeben)** *fig fam* osare entrare nella tana del lupo *fam;* **er/sie ist (ein) ~** è (del *o* un) Leone. **Löwenanteil** *m:* **sich** *(dat)* **den ~ nehmen** *fig fam* assicurarsi la parte *f* del leone. **Löwenmaul** *n,* **-mäulchen** [-mɔylçən] ‹-s, -› *n bot* bocca *f* di leone. **Löwenzahn** *m bot* dente *m* di leone. **Löwin** ['lø:vɪn] *f* leonessa *f.*

loyal [loa'ja:l] *a* leale.

Loyalität [...jali'tɛ:t] ‹-, ø› *f* lealtà *f.*

LP [ɛl'pe:] ‹-, -s› *f ab von* **Langspielplatte** LP *m* (*ab von* long-playing).

Lübeck ['ly:bɛk] *n* Lubecca *f.*

Luchs [lʊks] ‹-es, -e› *m* lince *f.*

Lücke ['lʏkə] ‹-, -n› *f* **1.** *(leere Stelle, a. fig)* vuoto *m;* **2.** *fig* lacuna *f; (Mangel)* carenza *f,* difetto *m.* **Lückenbüßer** *m* **1.** *(Person)* tappabuchi *m;* **2.** *(Sache)* riempitivo *m.* **lückenhaft** *a* **1.** *(voller Lücken)* pieno di lacune, lacunoso; **2.** *fig (unvollständig)* incompleto.

lud [lu:t] *imp von* **laden.**

Luder ['lu:dɐ] ‹-s, -› *n fam* carogna *f.*

Ludwig ['lu:tvɪç] *(männlicher Vorname)* Lodovico, Luigi.

Luft [lʊft] ‹-, *poet, geh* ¨-e› *f* **1.** *allg.* aria *f;* **2.** ‹*sing*› *(Atem)* fiato *m,* respiro *m;* **3.** *fam (Platz, Spielraum)* spazio *m;* **dicke ~** *fam* aria di tempesta *fam,* atmosfera tesa; **~ holen** prendere fiato; **tief ~ holen** respirare profondamente; **keine ~ kriegen** soffocare; **die ~ aus etw. herauslassen** sgonfiare qc; **seinem Ärger ~ machen** sfogare la propria rabbia; **für jdn ~ sein** non esistere per qu; **an die (frische) ~ gehen** andare all'aria aperta; **jdn an die ~ setzen** *fam* mettere qu alla porta; **in die ~ jagen** *(sprengen)* far saltare; **in der ~ liegen** essere nell'aria; **(völlig) in der ~ hängen** *fam* essere in una situazione molto incerta; **schnell** (*o* **leicht) in die ~ gehen** *fam* andare in bestia facilmente *fam;* **sich in ~ auflösen** *fam (Person)* svanire nel nulla; *(Ding)* andare in fumo; **nach ~ schnappen** boccheggiare; **die ~ ist rein** *fig fam* è tutto a posto; **das ist völlig aus der ~ gegriffen** è inventato di sana pianta. **Luftangriff** *m* attacco *m* aereo, incursione *f* aerea. **Luftballon** *m* **1.** *(Spielzeug)* palloncino *m;* **2.** *aero* aerostato *m.* **Luftblase** *f* bolla *f* d'aria. **Luftbrücke** *f* ponte *m* aereo. **luftdicht** *a* ermetico. **Luftdruck** ‹-(e)s, ø› *m* pressione *f* atmosferica.

lüften ['lʏftən] *tr* **1.** *(a. itr) (Zimmer)* aerare; *(Bett, Kleidung)* dare aria a, mettere all'aria; **2.** *(Vorhang)* sollevare; *(Hut)* alzare; **3.** *fig (Geheimnis)* svelare.

Luftfahrt *f* aviazione *f,* aeronautica *f.* **Luftfahrtgesellschaft** *f* compagnia *f* di navigazione aerea. **Luftfeuchtigkeit** *f* umidità *f* atmosferica. **Luftgewehr** *n* fucile *m* ad aria compressa.

luftig *a* **1.** *(Raum)* arioso; *(frisch)* aerato; **2.** *(Kleidung)* vaporoso.

Luftkissenboot *n* hovercraft *m.* **Luftkühlung** *f* raffreddamento *m* ad aria. **Luftkurort** *m* stazione *f* climatica. **luftleer** *a* vuoto *m* d'aria; **~er Raum** vuoto *m.* **Luftlinie** *f* linea *f* d'aria. **Luftloch** *n* **1.** *tec* foro *m* d'aerazione; **2.** *fam* vuoto *m* d'aria. **Luftmatratze** *f* materasso *m* pneumatico, materassino *m* (gonfiabile). **Luftpirat(in)** *m(f)* pirata *mf* dell'aria. **Luftpost** *f* posta *f* aerea; **mit ~** per posta aerea. **Luftpostbrief** *m* lettera *f* per posta aerea. **Luftreiniger** ‹-s, -› *m* depuratore *m* (*o* filtro *m*) dell'aria. **Luftröhre** *f* trachea *f.* **Luftschacht** *m* pozzo *m* di ventilazione. **Luftschiff** *n* dirigibile *m,* aeronave *f.* **Luftschlange** *f* stella *f* filante. **Luftschloß** *n* castello *m* in aria; **Luftschlösser bauen** fare castelli in aria. **Luftschutz** *m* protezione *f* antiaerea; **ziviler ~** difesa *f* antiaerea civile. **Luftschutzbunker** *m,* **-keller** *m,* **-raum** *m* rifugio *m* antiaereo. **Luftspieg(e)lung** *f* miraggio *m.* **Luftsprung** *m* salto *m* di gioia. **Luftstreitkräfte** *f pl* forze *f pl* aeree. **Lufttaxi** *n* aerotaxi *m.*

Lüftung ‹-, -en› *f* aerazione *f,* ventilazione *f.*

Luftveränderung *f* cambiamento *m* d'aria. **Luftverkehr** *m* traffico *m* aereo. **Luftverschmutzung** *f* inquinamento *m* atmosferico. **Luftwaffe** *f* aeronautica *f* (*o* aviazione *f*) militare. **Luftweg** *m:* **auf dem ~** per via aerea.

Lüge ['ly:gə] ‹-, -n› *f* bugia *f,* menzogna *f;* **jdn ~n strafen** smentire qu; **~n haben kurze Beine** *prov* le bugie hanno le gambe corte *prov.*

lügen ‹lügt, log, gelogen› *itr* mentire, dire una bugia; **~ wie gedruckt** *fam* spararle grosse *fam,* mentire spudoratamente; **wer einmal lügt, dem glaubt man nicht, und wenn er auch die Wahrheit spricht** *prov* il bugiardo conosciuto, da nessuno è mai creduto *prov.*

Lügendetektor [-detɛktɔr, ...to:rən] ‹-s, -en› *m* macchina *f* della verità, lie detector *m.*

Lügner(in) ['ly:gnɐ (...ərɪn)] ‹-s, -› *m(f)* bugiardo, -a *m, f,* mentitore, -trice *m, f.*

lügnerisch *a* bugiardo, menzognero.

Luise ['lu̯i:zə] *(weiblicher Vorname)* Luisa.

Lukas ['lu:kas] *(männlicher Vorname)* Luca.

Luke ['lu:kə] ‹-, -n› *f (Dach~)* abbaino *m; naut* boccaporto *m.*

lukrativ [lukra'ti:f] *a* lucrativo.

Lümmel ['lʏməl] ‹-s, -› *m* villano *m.*

Lump [lʊmp] ‹-en, -en› *m* farabutto *m,* mascalzone *m.*

Lumpen ['lʊmpən] ‹-s, -› *m* straccio *m,* cencio *m.* **Lumpensammler** *m* **1.** *(Mensch)* cenciaiolo *m;* **2.** *fig scherz (Bahn, Bus)* ultima corsa *f.*

lumpig *a* **1.** *(niederträchtig)* meschino, vile; **2.** *(zerlumpt)* cencioso; **3.** *fam (unbedeutend)* misero.

Lüneburg ['ly:nəbʊrk] *n* Luneburgo *f;* **~er Heide** Lande *f pl* di Luneburgo.

Lunge ['lʊŋə] ‹-, -n› *f* polmone *m, meist* polmoni *m pl.* **Lungenentzündung** *f* polmonite *f.* **Lungenfellentzündung** *f* pleurite *f.* **Lungenkrankheit** *f* affezione *f* polmonare. **Lungenkrebs** *m* cancro *m* ai polmoni.

Lupe ['lu:pə] ‹-, -n› *f* lente *f;* **etw./jdn unter die ~ nehmen** *fam* esaminare qc/qu attentamente.

Lurch [lʊrç] ‹-(e)s, -e› *m* anfibio *m.*

Lust [lʊst] ‹-, ⸚e› *f* **1.** *(Freude)* gioia *f; (Vergnügen)* piacere *m;* **2.** *(Verlangen)* voglia *f (auf, nach* di), desiderio *m (auf, nach* di); **3.** *(Sinnes~)* voluttà *f;* **~/keine ~ haben zu arbeiten** avere/non avere voglia di lavorare; **mit ~ und Liebe** con piacere, con grande entusiasmo; **nach ~ und Laune** a capriccio; **wenn Sie ~ dazu haben** se ne ha voglia.

lüstern ['lʏstɐn] *a* **1.** *(begierig)* avido *(auf, nach* di), bramoso *(auf, nach* di); **2.** *(geil)* cupido, lascivo.

lustig *a* **1.** *(vergnügt)* allegro, gaio; **2.** *(erheiternd)* divertente, piacevole; **sich über jdn ~ machen** prendere in giro qu; **sich über etw. ~ machen** burlarsi di qc.

Lüstling ['lʏstlɪŋ] ‹-s, -e› *m* libertino *m.*

lustlos *a* **1.** *(Mensch)* svogliato; **2.** *fig (Geschäfte, Börse)* fiacco. **Lustmolch** *m fam scherz* libidinoso *m.* **Lustmord** *m* omicidio *m* con violenza carnale *(o* sadico). **Lustmörder(in)** *m(f)* omicida *mf* sessuale. **Lustobjekt** *n* oggetto *m* di piacere. **Lustschloß** *n* castello *m* di campagna. **Lustspiel** *n* commedia *f.*

lutschen ['lʊt͡ʃən] *tr, itr* succhiare *(an etw.* qc).

Lutscher ‹-s, -› *m* lecca-lecca *m.*

Luxemburg ['lʊksəmbʊrk] *n* Lussemburgo *m;* **in ~** nel Lussemburgo.

Luxemburger(in) ‹-s, -› *m(f)* lussemburghese *mf.*

luxemburgisch *a* lussemburghese.

luxuriös [lʊksu'ri̯ø:s] *a* lussuoso, di lusso.

Luxus ['lʊksʊs] ‹-, ø› *m* lusso *m.*

Luxus- *(in Zusammensetzungen)* di lusso. **Luxusausführung** *f* modello *m* di lusso.

Luzern [lu't͡sɛrn] *n* Lucerna *f.*

LW *ab von* **L**ang**w**elle OL *(ab von* onde lunghe).

Lymphdrüse *f* ghiandola *f* linfatica.

Lymphe ['lʏmfə] ‹-, -n› *f* linfa *f.*

Lymphknoten *m* linfoghiandola *f.*

lynchen ['lʏnçən] *tr* linciare.

Lyrik ['ly:rɪk] ‹-, ø› *f* lirica *f.*

Lyriker(in) ‹-s, -› *m(f)* poeta, -essa *m, f* lirico, -a.

lyrisch *a* lirico.

M

M, m [ɛm] ‹-, -(s)› *n* M, m *f;* **M wie Martha** M come Milano.
m *ab von* **Meter** m (*ab von* metro).
MA *ab von* **Mittelalter** M.E. (*ab von* medioevo).
M. A. *ab von* **Magister Artium** *titolo di studio universitario per le materie umanistiche.*
Machart *f* fattura *f,* confezione *f.* **machbar** *a* fattibile; *(Plan)* realizzabile.
machen ['maxən] **I.** *tr* **1.** *(tun)* fare; **2.** *(herstellen)* produrre, fabbricare; **3.** *(bewirken, verursachen)* causare; **4.** *(in einen Zustand versetzen)* rendere; **5.** *(veranstalten)* organizzare; **6.** *(ernennen)* nominare (*zu etw.* qc); **7.** *fam (ergeben)* fare; *(kosten)* costare; **Licht ~** accendere la luce; **Mühe ~** costare fatica; **das macht nichts** non fa niente; **was macht deine Arbeit/dein Mann?** come va il tuo lavoro/come sta tuo marito?; **mach's gut!** *fam* ciao, stammi bene!; **du machst mich ganz nervös!** mi rendi nervoso!; **wird gemacht!** *fam* sarà fatto; **II.** *rfl:* **sich ~ 1.** *fam (gedeihen)* crescere, svilupparsi; **2.** *(passen, aussehen)* stare; **sich gut ~** stare bene; **sich an etw. ~** mettersi (*o* accingersi) a fare qc; **ich mache mir nichts aus Kuchen** i dolci non mi piacciono; **ich mache mir nichts/viel daraus** non me ne importa niente/me ne importa molto; **mach dir nichts draus!** *fam* non te la prendere; **mach dich nicht schmutzig!** non sporcarti!; **in die Hose ~** *fam* farsela addosso *fam;* **nun mach schon!** *fam* sbrigati!, spicciati!
Machenschaften *f pl* manovre *f pl,* intrighi *m pl.*
Macho ['matʃo] ‹-s, -s› *m pej* maschilista *mf.*
Macht [maxt] ‹-, ¨-e› *f (Gewalt)* potere *m; (Stärke)* forza *f;* **in jds ~ liegen** dipendere da qu; **alles, was in meiner ~ steht** tutto quello che posso. **Machtergreifung** *f* presa *f* (*o* conquista *f*) del potere. **Machthaber(in)** ‹-s, -› *m(f)* uomo *m* (donna *f*) al potere, potente *mf.*
mächtig ['mɛçtɪç] **I.** *a* **1.** *(machtvoll)* potente, possente; **2.** *(sehr groß)* enorme; **einer Sprache ~ sein** *geh* possedere (*o* padroneggiare) una lingua; **seiner Sinne ~ sein** *geh* dominare i propri sensi; **II.** *adv fam (sehr)* molto, assai.
Machtkampf *m* lotta *f* per il potere. **machtlos** *a* impotente; **dagegen ist man ~** non ci si può far nulla. **Machtprobe** *f* prova *f* di forza. **Machtübernahme** *f* avvento *m* al potere. **machtvoll** *a* potente. **Machtwort** ‹-(e)s, -e› *n:* **ein ~ sprechen** fare la voce grossa *fam.*
Mädchen ['mɛːtçən] ‹-s, -› *n* **1.** *(Kind)* bambina *f; (Jugendliche)* ragazza *f;* **2.** *(Haus~)* domestica *f; (Zimmer~)* cameriera *f;* **~ für alles** ragazza, -o *f, m* tuttofare, factotum *m.* **mädchenhaft I.** *a* da fanciulla; *(Kleid, etc.)* govanile; **II.** *adv* come una fanciulla. **Mädchenname** *m* **1.** *(weiblicher Vorname)* nome *m* di ragazza; **2.** *(von verheirateter Frau)* nome *m* da ragazza.
Made ['maːdə] ‹-, -n› *f* verme *m; (bes. Obst~)* baco *m;* **wie die ~ im Speck leben** *fam* far vita da papi.
mag [maːk] *pr von* **mögen.**
Magazin [magaˈt͡siːn] ‹-s, -e› *n* **1.** *(fot, Lager)* magazzino *m;* **2.** *(Zeitschrift)* rivista *f; TV, radio* programma *m* d'attualità; **3.** *(von Waffe)* caricatore *m.*
Magd [maːkt] ‹-, ¨-e› *f obs* serva *f.*
Magen ['maːgən] ‹-s, ¨ *o* -› *m* stomaco *m;* **auf nüchternen ~** a stomaco vuoto, a digiuno. **Magenbitter** ‹-s, -› *m* amaro *m* (digestivo). **Magengeschwür** *n* ulcera *f* gastrica. **Magengrube** *f* bocca *f* dello stomaco, epigastrio *m scient.* **Magenknurren** ‹-s, ø› *n* borborismo *m.* **Magenschmerzen** *m pl* dolori *m pl* (*o* mal *m*) di stomaco.
mager ['maːgɐ] *a* magro; *(fig a.)* scarso; **~ werden** dimagrire. **Magerkeit** ‹-, ø› *f* magrezza *f.* **Magermilch** *f* latte *m* magro (*o* scremato). **Magerquark** *m* ricotta *f* magra. **Magersucht** *f* anoressia *f* (nervosa). **magersüchtig** *a* anoressico.
Magie [maˈgiː] ‹-, ø› *f* magia *f.*
Magier ['maːgi̯ɐ] ‹-s, -› *m* mago *m.*
magisch *a* magico.
Magistrat [magɪsˈtraːt] ‹-(e)s, -e› *m hist* magistrato *m; (Amt)* magistratura *f; (Stadtverwaltung)* municipalità *f.*
Magnesium [maˈgneːzi̯ʊm] ‹-s, ø› *n* magnesio *m.*
Magnet [maˈgneːt] ‹-(e)s *o* -en, -e *o rar* -en› *m* magnete *m.* **Magnetband** ‹-(e)s, ¨-er› *n* nastro *m* magnetico. **Magnetfeld** *n* campo *m* magnetico.
magnetisch *a* magnetico.

magnetisieren [magneti'zi:rən] ⟨*ohne ge-*⟩ *tr* magnetizzare.
Mahagoni [maha'go:ni] ⟨-s, ø⟩ *n* mogano *m*.
Mähdrescher ⟨-s, -⟩ *m* mietitrebbiatrice *f*.
mähen ['mɛ:ən] *tr* mietere, falciare.
Mahl [ma:l] ⟨-(e)s, -e *o* ⸚er⟩ *n obs, geh* pasto *m*, pranzo *m*; *(Fest~)* banchetto *m*.
mahlen ['ma:lən] ⟨mahlt, mahlte, gemahlen⟩ *tr* triturare, tritare; *(Körner)* macinare.
Mahlzeit *f* pasto *m*; **(gesegnete) ~!** buon appetito!
Mähmaschine *f* falciatrice *f*, mietitrice *f*.
Mähne ['mɛ:nə] ⟨-, -n⟩ *f* criniera *f*; *pej (von Mensch a.)* zazzera *f*.
mahnen ['ma:nən] *tr* **1.** *(zurechtweisen)* ammonire; **2.** *(erinnern)* rammentare (*an a)*; **3.** *(Schuldner)* sollecitare; **4.** *jur* intimare.
Mahnmal ⟨-(e)s, -e *o rar* ⸚er⟩ *n* monumento *m* commemorativo.
Mahnung ⟨-, -en⟩ *f* **1.** *(Er~)* ammonimento *m*; **2.** *(von Schuldner)* sollecitazione *f*; *(Mahnbrief)* sollecito *m*; **3.** *jur* intimazione *f*, diffida *f*.
Mai [mai̯] ⟨-(e)s *o* -, -e⟩ *m* maggio *m*; *s. a. September.* **Maiglöckchen** [-glœkçən] ⟨-s, -⟩ *n* mughetto *m*. **Maikäfer** *m* maggiolino *m*.
Mailand ['mai̯lant] *n* Milano *f*.
Main [mai̯n] *m* Meno *m*.
Mainz [mai̯nts] *n* Magonza *f*.
Mais [mai̯s] ⟨-es, *rar* -e⟩ *m* mais *m*, gran(o)turco *m*. **Maiskolben** *m* pannocchia *f*.
Majestät [majɛs'tɛ:t] ⟨-, -en⟩ *f* maestà *f*.
majestätisch *a* maestoso.
Major [ma'jo:ɐ̯] ⟨-s, -e⟩ *m* maggiore *m*.
Majoran ['ma:joran *o* majo'ra:n] ⟨-s, -e⟩ *m* maggiorana *f*.
Majorität [majori'tɛ:t] ⟨-, -en⟩ *f* maggioranza *f*.
makaber [ma'ka:bɐ] *a* macabro.
Makel ['ma:kəl] ⟨-s, -⟩ *m geh* difetto *m*. **makellos** *a* senza difetto (*o* macchia); *fig* impeccabile.
Makler(in) ['ma:klɐ (...ərɪn)] ⟨-s, -⟩ *m(f)* mediatore, -trice *m, f*; *(Börsen~, Grundstücks~)* agente *mf*. **Maklergebühr** *f* diritti *m pl* di mediazione.
Makrele [ma'kre:lə] ⟨-, -n⟩ *f* sgombro *m*.
Makrone [ma'kro:nə] ⟨-, -n⟩ *f* ≃ amaretto *m*.
Makulatur [makula'tu:ɐ̯] ⟨-, -en⟩ *f* carta *f* da macero.
mal[1] [ma:l] *adv fam s. a. einmal;* **sieh ~!, schau ~!** guarda!; **versuchen Sie es ~!** ci provi un po'!
mal[2] [ma:l] *adv* per; **2 ~ 2 ist 4** 2 per 2 fa 4.
Mal[1] ⟨-(e)s, -e⟩ *n (zeitlich)* volta *f*; **mit einem ~** ad un tratto; **es wird von ~ zu ~ komplizierter** diventa di volta in volta più complicato.
Mal[2] ⟨-(e)s, -e *o* ⸚er⟩ *n* **1.** *(Merk~)* segno *m*; **2.** *(Mutter~)* voglia *f*.
malen ['ma:lən] *tr* dipingere; *(zeichnen)* disegnare; *(porträtieren)* fare il ritratto a.
Maler(in) ⟨-s, -⟩ *m(f)* **1.** *(Kunst~)* pittore, -trice *m, f*; **2.** *(Anstreicher)* imbianchino, -a *m, f*.
Malerei [ma:lə'rai̯] ⟨-, -en⟩ *f* pittura *f*.
malerisch *a* pittoresco.
Malkasten *m* cassetta *f* dei colori.
mal·nehmen ⟨*irr*⟩ *tr, itr* moltiplicare (*mit* per).
Malta ['malta] *n* Malta *f*.
Malz [malts] ⟨-es, ø⟩ *n* malto *m*. **Malzbier** *n* birra *f* di malto. **Malzkaffee** *m* caffè *m* d'orzo (*o* di malto).
Mama [ma'ma: *o* 'mama] ⟨-, -s⟩ *f fam* mamma *f*.
Mami ['mami] ⟨-, -s⟩ *f fam* mammina *f*.
Mammographie [mamogra'fi:, ...i:ən] ⟨-, -n⟩ *f* mammografia *f*.
Mammut ['mamʊt] ⟨-s, -e *o* -s⟩ *n* mammut *m*.
mampfen ['mampfən] *tr, itr fam* mangiare a quattro palmenti.
man [man] *pron* si.
Management ['mænɪdʒmənt] ⟨-s, -s⟩ *n* management *m*.
managen ['mɛnɪdʒən] *tr fam* organizzare, sistemare; *(Person)* essere il manager di.
Manager(in) ⟨-s, -⟩ *m(f)* (donna *f*) manager *m*. **Managerkrankheit** *f* surmenage *m*.
manche(r, s) ['mançə] **I.** *pron* qualcuno, -a *m, f*, alcuni, -e *m pl, f pl*, parecchi, -cchie *m pl, f pl*; **~s** alcune (*o* parecchie) cose; **II.** *a* qualche, alcuni, -e *m pl, f pl*.
manchmal *adv* talvolta, qualche volta.
Mandant(in) [man'dant(ɪn)] ⟨-en, -en⟩ *m(f)* mandante *mf*.
Mandarine [manda'ri:nə] ⟨-, -n⟩ *f* mandarino *m*.
Mandat [man'da:t] ⟨-(e)s, -e⟩ *n* mandato *m*.
Mandel ['mandəl] ⟨-, -n⟩ *f* **1.** *bot* mandorla *f*; **2.** *anat* tonsilla *f*. **Mandelentzündung** *f* tonsillite *f*. **mandelförmig** [-fœrmɪç] *a* a forma di mandorla. **Mandelkleie** *f* polvere *f* di mandorle.
Mandoline [mando'li:nə] ⟨-, -n⟩ *f* mandolino *m*.
Manege [ma'ne:ʒə] ⟨-, -n⟩ *f* maneggio *m*; *(im Zirkus)* arena *f*.
Mangel[1] ['maŋəl] ⟨-s, ⸚⟩ *m* **1.** ⟨*sing*⟩ *(Fehlen)* mancanza *f* (*an* di), insufficienza *f* (*an* di); **2.** ⟨*sing*⟩ *(Knappheit)* scarsità *f*, penuria *f*; *(a. med)* carenza *f*; **3.** *(Fehler)* difetto *m*; **~ haben an** mancare di; **aus ~ an** per insufficienza di.
Mangel[2] ['maŋəl] ⟨-, -n⟩ *f (Wäsche~)*

mangano *m;* **jdn in die ~ nehmen** *fam* spremere ben bene qu *fam.*
Mangelerscheinung *f* fenomeno *m* di carenza. **mangelhaft** *a (unzureichend)* insufficiente; *(fehlerhaft)* difettoso, manchevole; *(Schulnote)* ≃ cinque.
mangeln[1] *itr geh:* **es mangelt ihm an etw.** gli manca qc.
mangeln[2] *tr, itr (Wäsche)* manganare.
Mängelrüge ['mɛŋəl-] *f* reclamo *m.*
mangels *prp gen geh* per mancanza (*o* insufficienza) di.
Manie [ma'ni:, ...i:ən] ‹-, -n› *f* mania *f.*
Manier [ma'ni:ɐ̯] ‹-, -en› *f* modo *m,* maniera *f;* **keine ~en haben** essere maleducato. **manierlich** *adv* educatamente, come si deve.
Manifest [mani'fɛst] ‹-es, -e› *n* manifesto *m.*
Maniküre [mani'ky:rə] ‹-, -n› *f* manicure *f.*
maniküren ‹*ohne ge-*› *tr* fare la manicure a.
Manipulation [manipula'tsi̯o:n] ‹-, -en› *f* manipolazione *f.*
manipulieren [...'li:rən] ‹*ohne ge-*› *tr* manipolare.
Manko ['maŋko] ‹-s, -s› *n* mancanza *f,* difetto *m; (Fehlbetrag)* ammanco *m,* deficit *m.*
Mann [man] ‹-(e)s, ⸚er *o Teilnehmer von Mannschaft:* Leute› *m* uomo *m; (Ehe~)* marito *m;* **seinen ~ stehen** sapere il fatto suo; **seine Ware an den ~ bringen** *fam* piazzare la propria merce; **~ gegen ~** corpo a corpo; **pro ~** a testa; **von ~ zu ~** da uomo a uomo; **(mein lieber) ~!** *fam* caro mio!; **ein ~, ein Wort!** ogni promessa è debito *prov.*
Männchen ['mɛnçən] ‹-s, -› *n* **1.** *(Männlein)* ometto *m,* omino *m;* **2.** *zoo* maschio *m;* **~ machen** drizzarsi sulle zampe posteriori.
Mannequin ['manəkɛ̃ *o* ...'kɛ̃:] ‹-s, -s› *n* mannequin *f,* indossatrice *f.*
mannigfach, mannigfaltig ['manıç-] *a geh* **1.** *(vielfach)* molteplice; **2.** *(abwechslungsreich)* vario, svariato.
männlich ['mɛnlıç] *a* virile; *biol, bot* maschio; *(a. gram)* maschile. **Männlichkeit** ‹-, ø› *f* virilità *f.*
Mannsbild *n fam* uomo *m.*
Mannschaft ‹-, -en› *f* **1.** *sport* squadra *f;* **2.** *aero, naut* equipaggio *m.*
mannshoch *a* dell'altezza di un uomo. **mannstoll** *a* ninfomane. **Mannweib** *n* virago *f.*
Manometer [mano'me:tɐ] ‹-s, -› *n* manometro *m;* **~!** *fam* accidenti! *fam.*
Manöver [ma'nø:vɐ] ‹-s, -› *n* **1.** *mar, aero, mot* manovra *f;* **2.** *mil* manovre *f pl;* **3.** *fig pej (Kunstgriff)* stratagemma *m.*
manövrieren [manø:'vri:rən] ‹*ohne ge-*› *tr, itr* manovrare.
Mansarde [man'zardə] ‹-, -n› *f* mansarda *f.*
Manschette [man'ʃɛtə] ‹-, -n› *f* **1.** *(an Kleidung)* polsino *m;* **2.** *tec* manicotto *m.* **Manschettenknopf** *m* gemello *m.*
Mantel ['mantəl] ‹-s, ⸚› *m* **1.** *(Kleidung)* cappotto *m;* **2.** *tec* rivestimento *m,* involucro *m; (Reifen~)* copertone *m.* **Manteltarif(vertrag)** *m* contratto *m* collettivo di lavoro. **Manteltasche** *f* tasca *f* del cappotto.
manuell [ma'nu̯ɛl] **I.** *a* manuale; **II.** *adv* a mano.
Manuskript [manu'skrıpt] ‹-(e)s, -e› *n* (*ab* **Ms., Mskr.**) manoscritto *m.*
Mappe ['mapə] ‹-, -n› *f* **1.** *(Akten~, Schul~, Zeichen~)* cartella *f;* **2.** *(Sammel~)* raccoglitore *m.*
Märchen ['mɛ:ɐ̯çən] ‹-s, -› *n* **1.** *lit* fiaba *f,* favola *f;* **2.** *fig pej* storia *f,* frottola *f.* **Märchenbuch** *n* libro *m* di fiabe. **märchenhaft** *a* fiabesco; *fig (schön, zauberhaft)* favoloso, fantastico. **Märchenprinz** *m* principe *m* azzurro.
Marder ['mardɐ] ‹-s, -› *m* martora *f.*
Margarete [marga're:tə] *(weiblicher Vorname)* Margherita.
Margarine [marga'ri:nə] ‹-, -n› *f* margarina *f.*
Margerite [margə'ri:tə] ‹-, -n› *f* margherita *f* (dei campi).
Margret ['margre:t] *s.* **Margarete.**
Marienkäfer [ma'ri:ən-] *m* coccinella *f.*
Marihuana [mari'hu̯a:na] ‹-s, ø› *n* marijuana *f.*
Marille [ma'rılə] ‹-, -n› *f A (Aprikose)* albicocca *f.*
Marine [ma'ri:nə] ‹-, -n› *f* marina *f.* **marineblau** *a* blu *m* marino.
marinieren [mari'ni:rən] ‹*ohne ge-*› *tr* marinare.
Marionette [mari̯o'nɛtə] ‹-, -n› *f* marionetta *f.* **Marionettentheater** *n* teatro *m* delle marionette.
Mark[1] [mark] ‹-(e)s, ø› *n anat, bot, fig* midollo *m;* **durch ~ und Bein gehen** penetrare nelle ossa.
Mark[2] [mark] ‹-, - *o* -stücke› *f (Währung)* marco *m;* **Deutsche ~** (*ab* **DM**) marco tedesco.
markant [mar'kant] *a (auffallend)* notevole; *(ausgeprägt)* spiccato, marcato.
Marke ['markə] ‹-, -n› *f* **1.** *(Fabrikat)* marca *f; (Schutz~)* marchio *m* (di fabbrica); **2.** *(Brief~)* francobollo *m;* **3.** *(Lebensmittel~, Essens~)* bollino *m;* **4.** *(Erkennungs~)* contrassegno *m; mil* piastrina *f* di riconoscimento; **5.** *(Spiel~, Automaten~)* gettone *m.*
Marken ‹*pl*› *geog* Marche *f pl.*
Markenartikel *m* articolo *m* di marca.
markerschütternd *a* straziante.
markieren [mar'ki:rən] ‹*ohne ge-*› *tr*

1. *(kennzeichnen)* marcare; *(Weg)* (contras)segnare; 2. *fam (vortäuschen, spielen)* simulare, fingere.

Markierung ⟨-, -en⟩ *f* 1. *(Kennzeichnung)* marcatura *f;* 2. *(Zeichen)* (contras)segno *m.*

markig *a* energico, vigoroso.

Markise [mar'ki:zə] ⟨-, -n⟩ *f* tenda *f* avvolgibile per finestre.

Markknochen *m* osso *m* ricco di midollo.

Markstein *m fig* pietra *f* miliare.

Markstück *n* (pezzo *m* da un) marco *m.*

Markt [markt] ⟨-(e)s, ⸚e⟩ *m* mercato *m.* **Marktanteil** *m* partecipazione *f* al mercato. **Marktbude** *f* bancarella *f,* chiosco *m.* **Marktflecken** *m geh, obs* borgo *m,* borgata *f.* **Marktforschung** *f* ricerche *f pl* di mercato. **Marktfrau** *f* rivenditrice *f* del mercato. **Markthalle** *f* mercato *m* coperto. **Marktlage** *f* situazione *f* del mercato. **Marktlücke** *f* vuoto *m* di mercato. **Marktplatz** *m* piazza *f* del mercato. **Marktwirtschaft** *f* economia *f* di mercato.

Markus ['markʊs] *(männlicher Vorname)* Marco.

Marlene [mar'le:nə] *(weiblicher Vorname)* Marilena.

Marmelade [marmə'la:də] ⟨-, -n⟩ *f* marmellata *f.*

Marmor ['marmo:ɐ̯] ⟨-s, -e⟩ *m* marmo *m.*

marmorieren [...mo'ri:rən] ⟨*ohne ge-*⟩ *tr* marmorizzare.

Marmorierung ⟨-, ø⟩ *f* marmorizzatura *f.*

Marokko [ma'rɔko] *n* Marocco *m;* **in ~** nel Marocco.

Marotte [ma'rɔtə] ⟨-, -n⟩ *f* mania *f,* fissazione *f.*

Mars [mars] ⟨-, ø⟩ *m* Marte *m.*

Marsch [marʃ] ⟨-(e)s, ⸚e⟩ *m* marcia *f;* **sich in ~ setzen** mettersi in marcia, avviarsi.

Marschall ['marʃal] ⟨-s, ⸚e⟩ *m* maresciallo *m.*

Marschbefehl *m* ordine *m* di marcia. **marschbereit** *a* pronto a partire. **Marschgepäck** *n* equipaggiamento *m* da marcia.

marschieren [mar'ʃi:rən] ⟨*ohne ge-*⟩ *itr* ⟨*sein*⟩ marciare.

Marschmusik *f* musica *f* militare. **Marschordnung** *f* ordine *m* di marcia; **sich in ~ aufstellen** mettersi in colonna. **Marschverpflegung** *f* razioni *f pl* di marcia.

Marsmensch *m* marziano, -a *m, f.*

Marter ['martɐ] ⟨-, -n⟩ *f* tormento *m.*

martern *tr geh* torturare; *(seelisch)* tormentare.

Marterpfahl *m* palo *m* della tortura.

Martin ['marti:n] *(männlicher Vorname)* Martino.

Märtyrer(in) ['mɛrtyrɐ (...ərɪn)] ⟨-s, -⟩ *m(f)* martire *mf.*

Martyrium [mar'ty:ri̯ʊm, ...iən] ⟨-s, -rien⟩ *n* martirio *m.*

Marxismus [mar'ksɪsmʊs] ⟨-, ø⟩ *m* marxismo *m.*

marxistisch *a* marxista.

März [mɛrt͜s] ⟨-(en), -e⟩ *m* marzo *m; s. a. September.*

Marzipan [mart͜si'pa:n *o* 'mar...] ⟨-s, -e⟩ *n o m* marzapane *m.*

Masche ['maʃə] ⟨-, -n⟩ *f* 1. *(bei Handarbeit)* maglia *f;* 2. *fam (Trick)* trucco *m;* **rechte/linke ~** maglia diritta/rovescia; **das ist seine neueste ~** *fam* è la sua ultima trovata. **Maschendraht** *m* rete *f* metallica.

Maschine [ma'ʃi:nə] ⟨-, -n⟩ *f* 1. *(Schreib~, Näh~, Wasch~)* macchina *f;* 2. *(Flugzeug)* apparecchio *m;* 3. *fam (Motorrad)* moto *f;* **auf** (*o* **mit**) **der ~ schreiben** scrivere a macchina.

maschinell [maʃi'nɛl] I. *a* meccanico; II. *adv* meccanicamente, a macchina.

Maschinenbau ⟨-(e)s, ø⟩ *m* 1. *(das Bauen)* costruzione *f* di macchine; 2. *(Lehrfach)* (ingegneria *f*) meccanica *f.* **Maschinenfabrik** *f* fabbrica *f* di macchine. **maschinengeschrieben** *a* scritto *a* macchina. **Maschinengewehr** *n* (*ab* **MG**) mitragliatrice *f.* **maschinenlesbar** *a* leggibile dalla macchina. **Maschinenpistole** *f* pistola *f* mitragliatrice. **Maschinenraum** *m* sala *f* macchine. **Maschinenschlosser(in)** *m(f)* meccanico *m,* donna *f* meccanico, aggiustatore, -trice *m, f.* **Maschinenschrift** *f* scrittura *f* a macchina; **in ~** dattiloscritto.

Maschinerie [maʃinə'ri:, ...i:ən] ⟨-, -n⟩ *f* 1. *tec* macchinario *m;* 2. *fig* meccanismo *m.*

Maschinist(in) [...'nɪst(ɪn)] ⟨-en, -en⟩ *m(f)* macchinista *mf.*

Masern ['ma:zɐn] ⟨*pl*⟩ morbillo *m.*

Maserung ['ma:zərʊŋ] ⟨-, -en⟩ *f* marezzatura *f.*

Maske ['maskə] ⟨-, -n⟩ *f* maschera *f.* **Maskenball** *m* ballo *m* in maschera. **Maskenbildner(in)** [-bɪldnɐ (...ərɪn)] ⟨-s, -⟩ *m(f)* truccatore, -trice *m, f.*

Maskerade [maskə'ra:də] ⟨-, -n⟩ *f* mascherata *f.*

maskieren [mas'ki:rən] ⟨*ohne ge-*⟩ I. *tr* mascherare; II. *rfl:* **sich ~** mascherarsi (*als* da).

Maskierung ⟨-, -en⟩ *f* mascheramento *m.*

Maskottchen [mas'kɔtçən] ⟨-s, -⟩ *n* mascotte *f.*

Maskulinum [masku'li:nʊm *o* 'mas..., ...na] ⟨-s, -na⟩ *n* (genere *m*) maschile *m.*

Masochismus [mazɔ'xɪsmʊs] ⟨-, ø⟩ *m* masochismo *m.*

Masochist(in) [...ˈxɪst(ɪn)] ‹-en, -en› *m(f)* masochista *mf.*
maß [ma:s] *imp von* **messen.**
Maß [ma:s] ‹-es, -e› *n* misura *f;* **ein gewisses ~ an** ... una certa quantità di ...; **~ nehmen** prender le misure; **etw. in (*o* mit) ~en tun** fare qc con moderazione; **nach ~** su misura; **in hohem ~** in alto grado, in larga scala; **in vollem ~e** molto, grandemente; **in dem ~e, daß ...** a tal punto che ...; **das ~ ist voll!** questo è il colmo!
Massage [maˈsa:ʒə] ‹-, -n› *f* massaggio *m.*
Massaker [maˈsa:ke] ‹-s, -› *n* massacro *m.*
Maßanzug *m* abito *m* su misura. **Maßarbeit** *f* lavorazione *f* su misura.
Masse [ˈmasə] ‹-, -n› *f* **1.** *allg., el, phys, jur* massa *f;* **2.** *(Menge)* gran quantità *f; (Menschen)* folla *f; (oft pej)* massa *f;* **die breite (*o* große) ~** la massa.
Maßeinheit *f* unità *f* di misura.
Massenandrang *m* affluenza *f* in massa. **Massenartikel** *m* articolo *m* in serie (*o* di gran consumo). **Massenbewegung** *f* movimento *m* di massa. **Massenentlassung** *f* licenziamento *m* in massa (*o* in blocco). **Massenfabrikation** *f* produzione *f* in massa. **Massengrab** *n* fossa *f* comune. **massenhaft** *a, adv* in gran numero, in massa. **Massenkarambolage** *f* tamponamento *m* a catena. **Massenkundgebung** *f* manifestazione *f* (*o* dimostrazione *f*) di massa. **Massenmedien** *n pl* mass media *m pl.* **Massenmord** *m* eccidio *m,* strage *f.*
Masseur [maˈsø:ɐ̯] ‹-s, -e› *m,* **Masseurin** [...ø:rɪn] *f* massaggiatore, -trice *m, f.*
maßgebend, maßgeblich *a* determinante.
maßgeschneidert *a* fatto su misura.
maß·halten ‹*irr*› *itr* moderarsi, osservare la misura.
massieren [maˈsi:rən] ‹*ohne ge-*› *tr* massaggiare.
massig I. *a* massiccio; **II.** *adv fam* in massa, in gran quantità.
mäßig [ˈmɛ:sɪç] *a* **1.** *(gemäßigt)* moderato; *(niedrig, bes. Preis)* modico; **2.** *(genügsam)* sobrio; **3.** *(mittel~)* mediocre.
mäßigen I. *tr* moderare; **II.** *rfl:* **sich ~** moderarsi.
Mäßigkeit ‹-, ø› *f* **1.** *(Maßhalten)* moderazione *f; (Genügsamkeit)* sobrietà *f;* **2.** *(Mittel~)* mediocrità *f.*
Mäßigung ‹-, ø› *f* moderazione *f.*
massiv [maˈsi:f] *a* massiccio.
Maßkrug *m* boccale *m* (da un litro).
maßlos I. *a* smisurato; *(unmäßig)* smodato; *(übermäßig)* eccessivo; **II.** *adv (außerordentlich)* molto. **Maßlosigkeit** ‹-, ø› *f* smisuratezza *f; (Unmäßigkeit, Übermaß)* eccesso *m.*
Maßnahme [-na:mə] ‹-, -n› *f* misura *f,* provvedimento *m.*
maßregeln *tr* **1.** *(tadeln)* biasimare; **2.** *(strafen)* punire (disciplinarmente).
Maßstab *m* **1.** *(Karten~)* scala *f;* **2.** *fig* metro *m,* norma *f,* criterio *m;* **im ~ 1 : 100.000** scala 1 : 100.000; **in großem/kleinem ~** su vasta/piccola scala. **maßstab(s)gerecht, maßstab(s)getreu I.** *a* conforme alla scala; **II.** *adv* in scala.
maßvoll *a* moderato.
Mast¹ [mast] ‹-(e)s, -en *o* -e› *m naut* albero *m; el, tel* pilone *m,* traliccio *m.*
Mast² [mast] ‹-, -en› *f (von Tieren)* ingrasso *m.*
Mastdarm *m* (intestino *m*) retto *m.*
mästen [ˈmɛstən] *tr* ingrassare.
Mastkorb *m* coffa *f.*
Matchball [ˈmɛtʃ-] *m* palla *f* partita.
Material [mateˈri̯a:l, -i̯ən] ‹-s, -ien› *n* **1.** *allg.* materiale *m;* **2.** *fig (Unterlagen)* documenti *m pl,* documentazione *f;* **3.** *jur (Beweis~)* prove *f pl.* **Materialfehler** *m* difetto *m* di materiale.
Materialismus [materi̯aˈlɪsmʊs] ‹-, ø› *m* materialismo *m.*
materialistisch *a* materialistico, materialista.
Materialkosten ‹*pl*› costo *m* del materiale.
Materie [maˈte:ri̯ə] ‹-, -n› *f* materia *f; (Thema)* soggetto *m.*
materiell [mateˈri̯ɛl] *a* materiale; *(oft pej: materialistisch)* materialistico, materialista.
Mathematik [matemaˈti:k] ‹-, ø› *f* matematica *f.*
mathematisch [...ˈma:tɪʃ] *a* matematico.
Matjeshering [ˈmatjəs-] *m* aringa *f* giovane.
Matratze [maˈtratsə] ‹-, -n› *f* materasso *m.*
Mätresse [mɛˈtrɛsə] ‹-, -n› *f* amante *f.*
Matriarchat [matriarˈça:t] ‹-(e)s, -e› *n* matriarcato *m.*
Matrize [maˈtri:tsə] ‹-, -n› *f* matrice *f.*
Matrone [maˈtro:nə] ‹-, -n› *f* matrona *f.*
Matrose [maˈtro:zə] ‹-n, -n› *m* marinaio *m; mil* soldato *m* di marina.
Matsch [matʃ] ‹-(e)s, ø› *m fam* poltiglia *f; (Schlamm)* fanghiglia *f.* **matschig** *a fam* poltiglioso; *(schlammig)* fangoso.
matt [mat] *a* **1.** *(Blick, Augen, Stimme)* spento; *(Metall, Spiegel)* opaco; *(Glas)* smerigliato; **2.** *(schwach)* debole; *(schlaff, abgespannt)* stanco, spossato; **jdn ~ setzen** *(Schach, fig)* dare scacco matto a qu.
Matte [ˈmatə] ‹-, -n› *f* **1.** *allg.* stuoia *f; (Fuß~)* stoino *m,* zerbino *m;* **2.** *sport* tappeto *m;* **3.** *CH, poet, obs (Bergwiese)* prato *m* alpino.

Matterhorn ['matɐhɔrn] *n* (Monte *m*) Cervino *m.*
Matthäus [ma'tɛ:ʊs] *(männlicher Vorname)* Matteo.
Matthias [ma'ti:as] *(männlicher Vorname)* Mattia.
Mattigkeit ‹-, ø› *f (Müdigkeit, Erschöpfung)* stanchezza *f,* spossatezza *f; (Schwäche)* debolezza *f,* fiacchezza *f.*
Mattscheibe *f fam (Fernseher)* tivù *fam;* ~ **haben** *fam* avere la mente annebbiata.
Matura [ma'tu:ra] ‹-, ø› *f A, CH (Abitur)* maturità *f.*
Maturand(in) [matu'rant (...dɪn)] ‹-en, -en› *m(f) CH* maturando, -a *m, f.*
Mauer ['maʊ̯ɐ] ‹-, -n› *f* muro *m.* **Mauerblümchen** [-bly:mçən] ‹-s, -› *n:* ~ **sein** *fam* far da tappezzeria.
mauern *tr, itr* costruire (un muro).
Mauervorsprung *m* sporto *m.*
Maul [maʊ̯l] ‹-(e)s, ¨-er› *n* muso *m;* **ein großes ~ haben** *vulg* essere uno spaccone; **halt's ~!** *vulg* chiudi il becco! *vulg.*
maulen *itr fam* brontolare.
Maulesel *m* mulo *m.* **Maulkorb** *m* museruola *f.* **Maultier** *n* mulo *m.* **Maulwurf** *m* talpa *f.*
Maurer(in) ['maʊ̯rɐ (...ərɪn)] ‹-s, -› *m(f)* (donna *f*) muratore *m.*
Maus [maʊ̯s] ‹-, ¨-e› *f* **1.** *(Tier)* topo *m;* **2.** ‹*pl*› *sl (Geld)* grana *f sl.*
Mausefalle *f* trappola *f* per i topi. **Mauseloch** *n* buco *m* di topi.
mausen ['maʊ̯zən] **I.** *tr fam scherz (stibitzen)* sgraffignare *fam;* **II.** *itr dial, obs (Mäuse fangen)* pigliare i topi.
Mauser ['maʊ̯zɐ] ‹-, ø› *f* muda *f.*
mausern *rfl:* **sich** ~ mutare le penne; **sich zu etw.** ~ diventare (*o* farsi) qc.
mausetot ['maʊ̯zə'to:t] *a fam* (morto) stecchito *fam.*
Mausoleum [maʊ̯zo'le:ʊm, ...e:ən] ‹-s, -leen› *n* mausoleo *m.*
Maut(gebühr) [maʊ̯t] ‹-, -en› *f (A, süddeutsch)* pedaggio *m.*
Max [maks] *(männlicher Vorname)* Massimo.
Maxima *pl von* **Maximum.**
maximal [maksi'ma:l] **I.** *a* massimo; **II.** *adv (höchstens)* al massimo.
Maxime [ma'ksi:mə] ‹-, -n› *f* massima *f.*
Maximum ['maksimʊm, ...ma] ‹-s, Maxima› *n* massimo *m* (*an* di).
Mayonnaise [majɔ'nɛ:zə] ‹-, -n› *f* maionese *f.*
Mäzen [mɛ'ts̮e:n] ‹-s, -e› *m,* **Mäzenin** *f* [mɛ'ts̮e:nɪn], **Mäzenatin** [mɛts̮e'na:tɪn] *f* mecenate *mf.*
m. E. *ab von* **meines Erachtens** a mio parere.
Mechanik [me'ça:nɪk] ‹-, -en› *f* meccanica *f.*
Mechaniker(in) ‹-s, -› *m(f)* meccanico *m,* donna *f* meccanico.
mechanisch *a* meccanico.
Mechanismus [meça'nɪsmʊs, ...mən] ‹-, -men› *m* meccanismo *m.*
meckern ['mɛkɐn] *itr* **1.** *(Ziege)* belare; **2.** *fam pej* brontolare , trovare da ridire (*über* su).
Medaille [me'daljə] ‹-, -n› *f* medaglia *f.*
Medaillon [medal'jõ:] ‹-s, -s› *n* medaglione *m.*
Medien *pl von* **Medium. Medienforschung** *f* scienza *f* dei mass media.
Medikament [medika'mɛnt] ‹-(e)s, -e› *n* medicamento *m,* farmaco *m.*
Meditation [medita'ts̮i̯o:n] ‹-, -en› *f* meditazione *f.*
meditieren [...'ti:rən] ‹*ohne ge-*› *itr* meditare (*über* su).
Medium ['me:di̯ʊm, ...i̯ən] ‹-s, -dien› *n* **1.** *allg., phys, chem* mezzo *m;* **2.** ‹*pl*› *(Massenmedien)* media *m pl;* **3.** *(Parapsychologie)* medium *m.*
Medizin [medi'ts̮i:n] ‹-, -en› *f* medicina *f.* **Medizinball** *m* palla *f* medica.
Mediziner(in) ‹-s, -› *m(f)* **1.** *(Arzt)* dottore, -essa *m, f;* **2.** *(Student)* studente, -essa *m, f* di medicina.
medizinisch *a* **1.** *(ärztlich)* (del) medico; **2.** *(arzneilich)* medicinale.
Medizinmann *m* stregone *m.*
Meer [me:ɐ̯] ‹-(e)s, -e› *n* mare *m;* **ein ~ von Blumen** un mare di fiori. **Meerbusen** *m* golfo *m.* **Meerenge** *f* stretto *m* di mare, canale *m.*
Meeresarm *m* braccio *m* di mare. **Meeresboden** *m* fondo *m* marino. **Meeresfrüchte** *f pl* frutti *m pl* di mare. **Meeresgrund** *m poet* fondo *m* marino. **Meereskunde** *f* oceanografia *f.* **Meeresspiegel** *m* livello *m* del mare; **36 m über dem** ~ a 36 m sul livello del mare.
Meerrettich *m* rafano *m.* **Meerschweinchen** [-ʃvaɪ̯nçən] ‹-s, -› *n* porcellino *m* d'India, cavia *f.* **Meerwasser** *n* acqua *f* marina.
Megahertz [mega-] *n* (*ab* **MHz**) megaciclo *m* al secondo.
Megaphon [-'fo:n] ‹-s, -e› *n* megafono *m.*
Megawatt [-'vat] *n* (*ab* **MW**) megawatt *m.*
Mehl [me:l] ‹-(e)s, *rar* -e› *n* farina *f.* **mehlig** *a* farinoso, farinaceo. **Mehlschwitze** [-ʃvɪts̮ə] ‹-, -n› *f* soffritto *m* di farina. **Mehlspeise** *f* dolce *m.* **Mehltau** *m* oidio *m.*
mehr [me:ɐ̯] ‹*Komparativ von* viel› *adv, pron* **1.** *(vor Substantiv)* più; **2.** *(nach Substantiv)* in più, di più; **3.** *(alleinstehend)* (di) più; ~ **als ...** più di ...; ~ **... als ...** più ... che ...; ~ **und ~, immer** ~ sempre più; **um so ~, als ...** tanto più che ..; **je ~ ..., desto ...** (quanto) più ..., (tanto) più ...; **nichts/etw./viel** ~ più nulla/un po' di più/molto di più; **es**

war ~ oder weniger dasselbe era più o meno la stessa cosa; **es war niemand/ nichts ~ da** non c'era più nessuno/ niente; **was wollen Sie ~?** che altro vuole?

Mehr ‹-(s), ø› *n* soprappiù *m*, eccedenza *f*. **Mehrbelastung** *f* sovraccarico *m*. **Mehrbetrag** *m* importo *m* eccedente, eccedenza *f*. **mehrdeutig** [-dɔytɪç] *a* ambiguo, equivoco. **Mehrdeutigkeit** ‹-, ø› *f* ambiguità *f*.

mehren ['me:rən] *rfl:* **sich ~** aumentare, accrescersi.

mehrere ['me:rərə] *pron pl* parecchi, -cchie *m pl*, *f pl*.

mehrfach **I.** *a* molteplice; *(a. tec)* multiplo; *(wiederholt)* ripetuto; **II.** *adv* ripetutamente, a più riprese. **Mehrfachstecker** *m* spina *f* multipla. **mehrgleisig** *a (a. fig)* a più binari.

Mehrheit ‹-, -en› *f* maggioranza *f*; **in der ~** maggioritario. **Mehrheitsbeschluß** *m* deliberazione *f* presa a maggioranza. **Mehrheitswahlrecht** *n* sistema *m* maggioritario.

mehrjährig *a* di più anni, pluriennale; *bot* plurienne. **Mehrkosten** ‹*pl*› spese *f pl* eccedenti, sovraccosto *m*. **mehrmalig** *a* ripetuto, reiterato. **mehrmals** *adv* più volte, ripetutamente. **Mehrparteiensystem** *n* sistema *m* a più partiti. **mehrphasig** *a* polifase. **mehrpolig** *a* multipolare. **mehrsilbig** *a* polisillabo. **mehrsprachig** *a* plurilingue; *(Person)* poliglotta. **mehrstellig** *a* di (*o* a) più cifre. **mehrstimmig** *a* polifonico; *(adv a.)* a più voci. **mehrstündig** [-ʃtʏndɪç] *a* di parecchie ore. **mehrtägig** [-tɛ:gɪç] *a* di parecchi giorni. **Mehrwert** *m* **1.** *(marxistisch)* plusvalore *m*; **2.** *fin* valore *m* aggiunto. **mehrwertig** *a* polivalente. **Mehrwertsteuer** *f* (*ab* **MwSt., MWSt.**) imposta *f* sul valore aggiunto.

Mehrzahl *f* **1.** *(Mehrheit)* maggioranza *f*, maggior parte *f*; **2.** *gram* plurale *m*. **Mehrzweck-** *(in Zusammensetzungen)* universale, per vari usi.

meiden ['maidən] ‹meidet, mied, gemieden› *tr* evitare, (s)fuggire.

Meile ['mailə] ‹-, -n› *f* miglio *m*. **Meilenstein** *m* pietra *f* miliare.

mein [main] *(adjektivisches Possessivpronomen von* ich*)* mio, -a *m*, *f*, miei *m pl*, mie *f pl*; **~e Damen und Herren!** Signore e Signori!

meine *s.* **meine(r, s).**

Meineid ['main?ait] *m* spergiuro *m*. **meineidig** *a* spergiuro; **~ werden** spergiurare.

meinen ['mainən] *tr* **1.** *(denken)* pensare; *(glauben)* credere; **2.** *(sagen wollen)* volere dire; **etw. ernst ~** dire qc sul serio; **das war nicht so gemeint** non volevo dire questo; **es war nicht böse gemeint** non c'era alcuna cattiva intenzione; **damit sind Sie gemeint** questo è per Lei; **was ~ Sie damit?** cosa intende dire?; **wen ~ Sie?** a chi si riferisce?; **das will ich ~!** *fam* lo credo bene!; **man könnte** (*o* **sollte**) **~ ...** si direbbe ...; **wie Sie ~!** come pare a Lei.

meiner *pers pron (gen von* ich*)* di me; *s. a.* *meine(r, s).*

meine(r, s) ['mainə] *(substantivisches Possessivpronomen von* ich*)* il mio, la mia, i miei *pl*, le mie *pl*.

meinerseits ['maine'zaits] *adv* da parte mia, per conto mio; **ganz ~!** il piacere è tutto mio!

meinesgleichen ['mainəs'glaiçən] *pron* mio pari, uno *m* (*o* gente *f*, *etc.*) come me.

meinetwegen ['mainət've:gən] *adv* **1.** *(wegen mir)* per causa mia; *(negativ)* per colpa mia; **2.** *(von mir aus)* per me.

meinetwillen ['mainət'vɪlən] *adv:* **um ~** per me, per amor mio.

meins *s.* **meine(r, s).**

Meinung ‹-, -en› *f* **1.** *(Ansicht)* opinione *f*, parere *m*; **2.** *(Standpunkt)* punto *m* di vista; **3.** *(Urteil)* giudizio *m*; **seine ~ ändern** cambiare opinione (*o* parere); **jdm die ~ sagen** *fam* dire il fatto suo a qu *fam*; **anderer ~ sein** essere di altro avviso; **der gleichen ~ sein wie, einer ~ sein mit** condividere il parere di; **meiner ~ nach** a mio parere (*o* giudizio), secondo la mia opinione. **Meinungsäußerung** *f* manifestazione *f* della propria opinione. **Meinungsaustausch** *m* scambio *m* di opinioni (*o* di idee). **Meinungsforschung** *f* sondaggio *m* dell'opinione pubblica, indagine *f* demoscopica. **Meinungsverschiedenheit** *f* **1.** *(Unterschiedlichkeit)* divergenza *f* (*o* contrasto *m*) d'opinioni; **2.** *(Streit)* controversia *f*, dissidio *m*.

Meise ['maizə] ‹-, -n› *f* cinciallegra *f*.

Meißel ['maisəl] ‹-s, -› *m* scalpello *m*.

meißeln **I.** *itr* lavorare con lo scalpello; **II.** *tr* **1.** *(bearbeiten)* scalpellare; **2.** *(schaffen)* scolpire.

meist [maist] *s.* **meistens.**

meistbietend *a* che offre di più; **der M~e** il maggior offerente.

meiste *s.* **meiste(r, s).**

meisten *adv:* **am ~** più di tutto (*o* tutti).

meistens *adv* per lo più, di solito.

meister *s.* **meiste(r, s).**

Meister(in) ['maiste (...ərɪn)] ‹-s, -› *m(f)* **1.** *(Handwerks~)* mastro, -a *m*, *f*; **2.** *(in Betrieb)* capo *m*; **3.** *fig (Könner)* maestro, -a *m*, *f*; **4.** *sport* campione, -essa *m*, *f*; **es ist noch kein ~ vom Himmel gefallen** *prov* maestri non si nasce *prov*, nessuno nasce maestro *prov*. **Meisterbrief** *m* diploma *m* di maestro (*o* di mastro). **meisterhaft** **I.** *a* magistrale, perfetto; **II.** *adv* da maestro, magistralmente. **Meisterin** *f* *s.* **Meister**; *obs*

(Frau von Meister) moglie *f* del principale.
meistern *tr* venire a capo di; *(Schwierigkeit)* superare.
Meisterprüfung *f* esame *m* di maestro (*o* di mastro).
meiste(r, s) ['maistə] ‹*Superlativ von* viel› *pron* **1.** *(adjektivisch):* **die ~n Leute** la maggior parte delle persone; **2.** *(meist)* per lo più; **in den ~n Fällen** nella maggior parte dei casi; **3.** *(substantivisch):* **der/die/das ~** il/la/il più; **die ~n** i più, la maggior parte.
Meisterschaft ‹-, -en› *f* **1.** *(Können)* maestria *f;* **2.** *sport (Veranstaltung)* campionato *m.* **Meisterstück** *n,* **-werk** *n* capolavoro *m.*
Melancholie [melaŋko'li:, ...i:ən] ‹-, -n› *f* malinconia *f.*
melancholisch [...'ko:lɪʃ] *a* malinconico.
Meldefrist *f* termine *m* di denuncia.
melden ['mɛldən] **I.** *tr* **1.** *(ankündigen)* annunciare; **2.** *adm* notificare, denunciare; **3.** *(mitteilen)* informare (*jdm etw.* qu di qc), comunicare (*jdm etw.* qc a qu); **er hat hier nichts zu ~** *fam* non ha voce in capitolo; **II.** *rfl:* **sich ~ 1.** *(an~)* annunciarsi (*bei* presso, *zu* per); **2.** *(vorstellen)* presentarsi (*für* per); **3.** *(in Schule)* alzare la mano; **4.** *(am Telefon)* rispondere (al telefono); **5.** *(von sich hören lassen)* farsi vivo; **es meldet sich niemand** non risponde nessuno; **wenn du etw. brauchst, mußt du dich ~** se hai bisogno di qualcosa, dillo.
Meldepflicht *f* **1.** *(für Person)* iscrizione *f* obbligatoria; **2.** *(für Dinge)* obbligo *m* di notifica. **meldepflichtig** *a* **1.** *(Person)* soggetto a iscrizione; **2.** *(Dinge)* da dichiarare (*o* notificare).
Meldung ‹-, -en› *f* **1.** *allg.* annuncio *m;* **2.** *(Mitteilung)* comunicazione *f;* **3.** *TV, radio* notizia *f;* **4.** *(Angabe)* notifica *f,* denuncia *f;* **5.** *mil* rapporto *m;* **6.** *sport* iscrizione *f.*
meliert [me'li:ɐ̯t] *a* screziato; *(Haar)* brizzolato.
melken ['mɛlkən] ‹melkt, melkte *o rar* molk, gemolken *o rar* gemelkt› *tr* mungere.
Melker(in) ‹-s, -› *m(f)* mungitore, -trice *m, f.*
Melodie [melo'di:, ...i:ən] ‹-, -n› *f* melodia *f.*
melodiös [...'di̯ø:s] *a* melodioso.
melodisch [me'lo:dɪʃ] *a* melodico.
Melone [me'lo:nə] ‹-, -n› *f* **1.** *bot* melone *m; (Wasser~)* cocomero *m;* **2.** *fam scherz (Hut)* bombetta *f.*
Membran [mɛm'bra:n] ‹-, -en› *f,* **Membrane** [...nə] ‹-, -n› *f* membrana *f; (bes. tel)* diaframma *m.*
Memoiren [me'mo̯a:rən] ‹*pl*› memorie *f pl.*
Menagerie [menaʒə'ri:, ...i:ən] ‹-, -n› *f* serraglio *m.*
Menge ['mɛŋə] ‹-, -n› *f* quantità *f; (große Anzahl)* moltitudine *f,* gran numero *m; (Menschen~)* folla *f;* **eine (ganze) ~ ...** *fam* (tutt')un mucchio di ... *fam;* **in großen** (*o fam* **rauhen) ~n** a mucchi *fam,* a profusione; **in kleinen ~n** in piccole quantità; **davon gibt es jede ~** *fam* ce n'è a non finire.
Mengenlehre *f* teoria *f* degli insiemi. **Mengenrabatt** *m* sconto *m* per grandi quantità.
Mensa ['mɛnza, ...zas *o* ...zən] ‹-, -s *o* Mensen› *f* mensa *f.*
Mensch [mɛnʃ] ‹-en, -en› *m* **1.** *(Gattung)* uomo *m,* essere *m* umano; **2.** *(Person)* persona *f; (Mann)* uomo *m; (Frau)* donna *f;* **kein ~** nessuno; **~ (Meier)!** *fam* accidenti! *fam;* **~, das habe ich ganz vergessen!** *fam* accidenti, l'ho completamente dimenticato! *fam.*
Menschenaffe *m* antropoide *m.* **Menschenfresser** ‹-s, -› *m* antropofago *m,* cannibale *m.* **menschenfreundlich** *a* filantropico. **Menschengedenken** *n:* **seit ~** a memoria d'uomo. **Menschenhandel** *m* mercato *m* illegale di persone, tratta *f.* **Menschenkenner(in)** *m(f)* conoscitore, -trice *m, f* dell'animo umano. **Menschenkenntnis** *f* conoscenza *f* degli uomini. **Menschenleben** *n* vita *f* umana. **menschenleer** *a* spopolato, deserto. **Menschenmasse** *f,* **-menge** *f* massa *f,* folla *f.* **menschenmöglich** ['mɛnʃən'mø:klɪç] *a* umanamente possibile; **das ~e tun** fare tutto il possibile. **Menschenrechte** *n pl* diritti *m pl* dell'uomo. **menschenscheu** *a (ungesellig)* insocievole; *(schüchtern)* timido. **Menschenschlag** *m* specie *f (o* razza *f)* di uomini. **Menschenseele** *f:* **es war keine ~ zu sehen** non c'era anima viva. **Menschenskind** *n:* **~!** *fam* figlio mio! *fam.* **Menschenverstand** *m:* **der gesunde ~** il buon senso.
Menschheit ‹-, ø› *f* umanità *f.*
menschlich *a* umano. **Menschlichkeit** ‹-, ø› *f* umanità *f.*
Menschwerdung ‹-, ø› *f* incarnazione *f.*
Mensen *pl von* **Mensa.**
Menstruation [mɛnstrua'tsi̯o:n] ‹-, -en› *f* mestruazione *f.*
Mentalität [mɛntali'tɛ:t] ‹-, -en› *f* mentalità *f.*
Menü [me'ny:] ‹-s, -s› *n* **1.** *gastr* menu *m,* lista *f* delle vivande; **2.** *inform* menu *m.*
Menuett [me'nu̯ɛt] ‹-(e)s, -e *o* -s› *n* minuetto *m.*
Meran [me'ra:n] *n* Merano *f.*
Merkblatt *n* **1.** *(mit Verordnungen)* (foglio *m* d')istruzioni *f pl;* **2.** *(Notizzettel)* foglio *m* d'appunti.

merken ['mɛrkən] *tr* **1.** *(be~, an~)* notare; **2.** *(wahrnehmen)* accorgersi di; **3.** *(spüren)* sentire; **4.** *(erkennen)* riconoscere (*an* da); **jdn etw. ~ lassen** far capire qc a qu; **sich** *(dat)* **etw. ~** ritenere qc, tenere a mente qc.
merklich *a* **1.** *(fühlbar)* sensibile; **2.** *(sichtlich)* visibile; **3.** *(beträchtlich)* notevole.
Merkmal ⟨-(e)s, -e⟩ *n* segno *m* caratteristico, caratteristica *f; biol* carattere *m; (Unterscheidungs~)* criterio *m.*
merkwürdig *a* strano, singolare. **Merkwürdigkeit** ⟨-, -en⟩ *f* stranezza *f,* singolarità *f.*
meßbar *a* misurabile. **Meßbecher** *m* misurino *m.*
Meßbuch *n* messale *m.* **Meßdiener(in)** *m(f)* chierichetto *m.*
Messe[1] ['mɛsə] ⟨-, -n⟩ *f rel* messa *f;* **in die** (*o* **zur**) **~ gehen** andare a messa.
Messe[2] ['mɛsə] ⟨-, -n⟩ *f com (Ausstellung)* fiera *f.*
Messe[3] ['mɛsə] ⟨-, -n⟩ *f naut (Speiseraum)* mensa *f.*
Messegelände *n* area *f* della fiera.
messen ['mɛsən] ⟨mißt, maß, gemessen⟩ **I.** *tr, itr* misurare; **II.** *rfl:* **sich mit jdm ~** misurarsi con qu, cimentarsi con qu.
Messer ['mɛsɐ] ⟨-s, -⟩ *n* coltello *m; tec* lama *f;* **jdn jdm ans ~ liefern** *fam* consegnare qu nelle mani di qu. **Messerheld** *m* accoltellatore *m.* **Messerklinge** *f* lama *f* del coltello. **Messerrücken** *m* costa *f* del coltello. **Messerspitze** *f:* **eine ~ . . .** un pizzico di . . . **Messerstecher** ⟨-s, -⟩ *s.* **Messerheld.**
Messestand *m* stand *m* di una fiera.
Meßfehler *m* errore *m* di misurazione. **Meßgerät** *n* strumento *m* (*o* apparecchio *m*) di misura.
Messias [mɛ'si:as] ⟨-, ø⟩ *m* Messia *m.*
Messing ['mɛsıŋ] ⟨-s, ø⟩ *n* ottone *m.*
Meßinstrument *n* strumento *m* di misurazione. **Meßlatte** *f* mira *f.*
Meßopfer *n* sacrificio *m* della messa.
Messung ⟨-, -en⟩ *f* **1.** *(Tätigkeit)* misurazione *f;* **2.** *(Ergebnis)* rilevamento *m.*
Meßwein *m* vino *m* da messa.
Metall [me'tal] ⟨-s, -e⟩ *n* metallo *m.*
metallic [me'talık] *a* metallizzato.
metallisch *a* metallico.
Metamorphose [metamɔr'fo:zə] ⟨-, -n⟩ *f* metamorfosi *f.*
Metapher [me'tafɐ] ⟨-, -n⟩ *f* metafora *f.*
metaphysisch [meta'fy:zıʃ] *a* metafisico.
Metastase [meta'sta:zə] ⟨-, -n⟩ *f* metastasi *f.*
Meteor [mete'o:ɐ̯] ⟨-s, -e⟩ *m o rar n* meteora *f.*
Meteorologe [meteoro'lo:gə] ⟨-n, -n⟩ *m,* **Meteorologin** [...gın] *f* meteorologo, -a *m, f.*
Meteorologie [...lo'gi:] ⟨-, ø⟩ *f* meteorologia *f.*
Meter ['me:tɐ] ⟨-s, -⟩ *m o n* (*ab* **m**) metro *m;* **am laufenden ~** *fam* a metri. **Metermaß** *n* metro *m.*
Methode [me'to:də] ⟨-, -n⟩ *f* metodo *m.*
methodisch *a* metodico.
Metrik ['me:trık] ⟨-, -en⟩ *f* metrica *f.*
Metropole [metro'po:lə] ⟨-, -n⟩ *f* metropoli *f.*
Mett [mɛt] ⟨-(e)s, ø⟩ *n* carne *f* di maiale macinata.
Mette ['mɛtə] ⟨-, -n⟩ *f (Früh~)* mattutino *m; (Mitternachts~)* messa *f* di mezzanotte.
Metzger(in) ['mɛtsgɐ (...ərın)] ⟨-s, -⟩ *m(f)* macellaio, -a *m, f.*
Metzgerei [mɛtsgə'rai̯] ⟨-, -en⟩ *f* macelleria *f.*
Meuchelmord ['mɔy̯çəl-] *m pej* assassinio *m* proditorio.
Meute ['mɔy̯tə] ⟨-, -n⟩ *f* **1.** *(bei Jagd)* muta *f;* **2.** *fig pej* masnada *f fam,* orda *f.*
Meuterei [mɔy̯tə'rai̯] ⟨-, -en⟩ *f* ammutinamento *m.*
Meuterer ['mɔy̯tərɐ] ⟨-s, -⟩ *m* ammutinato *m.*
meutern ['mɔy̯tɐn] *itr* ammutinarsi.
Mexikaner(in) [mɛksi'ka:nɐ (...ərın)] ⟨-s, -⟩ *m(f)* messicano, -a *m, f.*
mexikanisch *a* messicano.
Mexiko ['mɛksiko] *n* Messico *m;* **in ~** nel Messico.
MEZ *ab von* **mitteleuropäische Zeit** tempo dell'Europa centrale.
mg *ab von* **Milligramm** mg (*ab von* milligrammo).
MG [ɛm'ge:] ⟨-(s), -s⟩ *n ab von* **Maschinengewehr** mitragliatrice *f.*
MHz *ab von* **Megahertz** MHz.
miau [mi'au̯] *interj* miao.
miauen ⟨*ohne ge-*⟩ *itr* miagolare.
mich [mıç] **I.** *pers pron (acc von* ich*) (betont)* me; *(unbetont)* mi; **II.** *rfl pron* mi.
Michael ['mıçae:l *o* ...aɛl] *(männlicher Vorname)* Michele.
mick(e)rig ['mık(ə)rıç] *a fam* scarso, magro.
mied [mi:t] *imp von* **meiden.**
Mieder ['mi:dɐ] ⟨-s, -⟩ *n* **1.** *(Unterwäsche)* busto *m,* corsetto *m;* **2.** *(an Kleid)* corsetto *m.* **Miederwaren** *f pl* corsetteria *f.*
Mief [mi:f] ⟨-(e)s, ø⟩ *m fam pej* aria *f* cattiva (*o* viziata).
miefen *itr fam pej* puzzare (*nach* di); **hier mieft's** qui puzza di stantio.
Miene ['mi:nə] ⟨-, -n⟩ *f* (espressione *f* del) viso *m,* faccia *f;* **gute ~ zum bösen Spiel machen** far buon viso a cattiva

sorte; **keine ~ verziehen** restare impassibile. **Mienenspiel** *n* mimica *f* facciale.
mies [mi:s] *a fam* brutto, cattivo.
Miesepeter ['mi:zəpe:tɐ] ‹-s, -› *m*, **Miesmacher(in)** *m(f) fam* disfattista *mf*, criticone, -a *m, f*.
Miesmuschel ['mi:s-] *f* mitilo *m*, cozza *f*.
Miete[1] ['mi:tə] ‹-, -n› *f (Wohnungs~)* affitto *m*, locazione *f jur;* **zur ~ wohnen** essere in affitto.
Miete[2] ['mi:tə] ‹-, -n› *f agr* silo *m* (sotterraneo).
mieten *tr (Wohnung)* affittare (*von* da), prendere in affitto (*von* da); *(Auto, Boot)* noleggiare.
Mieter(in) ‹-s, -› *m(f) (von Wohnung)* locatario, -a *m, f*, inquilino, -a *m, f; (von Auto, Boot, etc.)* noleggiatore, -trice *m, f*.
Mieterhöhung *f* aumento *m* dell'affitto.
Mieterschutz *m* tutela *f* degli inquilini.
Mietshaus *n* casa *f* d'affitto. **Mietskaserne** *f pej* casermone *m*. **Mietvertrag** *m* contratto *m* d'affitto (*o* di locazione). **Mietwagen** *m* automobile *f* da noleggio; *(Taxi)* tassì *m*. **Mietwohnung** *f* appartamento *m* d'affitto.
Mieze ['mi:t̮sə] ‹-, -n› *f* **1.** *fam (Katze)* micio *m fam;* **2.** *sl (Mädchen)* donna *f*.
Migräne [mi'grɛ:nə] ‹-, -n› *f* emicrania *f*.
Mikroelektronik [mikro-] *f* microelettronica *f*.
Mikrofilm ['mi:kro-] *m* microfilm *m*.
Mikrofon, Mikrophon [-'fo:n] ‹-s, -e› *n* microfono *m*.
Mikroprozessor [-pro't̮sɛso:ɐ̯, ...'so:rən] ‹-s, -en› *m* microprocessore *m*.
Mikroskop [-'sko:p] ‹-s, -e› *n* microscopio *m*.
mikroskopisch [-'sko:pɪʃ] *a* microscopico.
Mikrowellenherd ['mi:kro-] *m* forno *m* a microonde.
Milbe ['mɪlbə] ‹-, -n› *f* acaro *m*.
Milch [mɪlç] ‹-, ø› *f* latte *m; bot* lattice *m*. **Milchbar** *f* milk-bar *m*. **Milchflasche** *f* bottiglia *f* del latte; *(für Babies)* poppatoio *m*, biberon *m*. **Milchgebiß** *n* denti *m pl* di latte. **Milchglas** *n* **1.** *(Glasscheibe)* vetro *m* smerigliato; **2.** *(zum Trinken)* bicchiere *m* da latte.
milchig *a* latteo, lattiginoso.
Milchkaffee *m* caffellatte *m*. **Milchkanne** *f* bidone *m* del latte. **Milchkuh** *f* mucca lattifera (*o* da latte). **Milchmann** *m* lattaio *m*. **Milchpulver** *n* latte *m* in polvere. **Milchreis** *m* riso *m* al latte. **Milchschokolade** *f* cioccolato *m* al latte. **Milchstraße** *f* via *f* lattea. **Milchsuppe** *f* pappa *f* di latte. **Milchzahn** *m* dente *m* di latte.
mild(e) [mɪlt ('mɪldə)] *a* **1.** *(sanft)* dolce; *(Klima)* mite; *(Farbe)* tenue; *(Strafe)* lieve; **2.** *(~tätig)* mite, caritatevole; *(gütig)* benevolo, benigno; *(nachsichtig)* clemente, indulgente; **3.** *(Käse)* dolce; *(Tabak)* leggero; *(Wein)* soave; **~e Gabe** elemosina *f*.
Milde ‹-, ø› *f* **1.** *(Sanftheit)* dolcezza *f; (von Klima a.)* mitezza *f; (von Farben)* tenuità *f; (von Strafe)* lievità *f;* **2.** *(Güte)* mitezza *f*, benevolenza *f; (Nachsicht)* clemenza *f*, indulgenza *f*.
mildern *tr (Urteil, Strafe)* attenuare; *(Schmerz)* lenire.
Milderung ‹-, ø› *f (von Urteil, etc.)* attenuazione *f; (von Schmerzen)* lenimento *m*.
mildtätig *a* caritatevole.
Milieu [mi'li̯ø:] ‹-s, -s› *n* ambiente *m*.
militant [mili'tant] *a* militante.
Militär[1] [mili'tɛ:ɐ̯] ‹-s, ø› *n* **1.** *(Soldaten)* militari *m pl;* **2.** *(Heer)* forze *f pl* armate; **3.** *(~dienst)* servizio *m* militare; **beim ~ sein** essere sotto le armi.
Militär[2] [mili'tɛ:ɐ̯] ‹-s, -s› *m* militare *m*, ufficiale *m*.
Militärdienst *m* servizio *m* militare. **Militärdiktatur** *f* dittatura *f* militare. **Militärgericht** *n* tribunale *m* militare.
militärisch *a* militare.
Militarismus [milita'rɪsmʊs] ‹-, ø› *m* militarismo *m*.
militaristisch [...'rɪstɪʃ] *a* militaristico.
Militärkapelle *f* banda *f* militare. **Militärregierung** *f* governo *m* militare.
Miliz [mi'li:t̮s] ‹-, -en› *f* milizia *f*.
Milliardär(in) [mɪli̯ar'dɛ:ɐ̯ (...rɪn)] ‹-s, -e› *m(f)* miliardario, -a *m, f*.
Milliarde [mɪ'li̯ardə] ‹-, -n› *f* (*ab* **Mia., Mrd.**) miliardo *m*.
Millibar [mɪli'ba:ɐ̯] ‹-s, -› *n* (*ab* **mb**) millibar *m*.
Milligramm [mɪli'gram] *n* (*ab* **mg**) milligrammo *m*.
Millimeter [mɪli'me:tɐ] *m o n* (*ab* **mm**) millimetro *m*. **Millimeterpapier** *n* carta *f* millimetrata.
Million [mɪ'li̯o:n] ‹-, -en› *f* (*ab* **Mill., Mio.**) milione *m*.
Millionär(in) [mɪli̯o'nɛ:ɐ̯ (...rɪn)] ‹-s, -e› *m(f)* milionario, -a *m, f*.
Millionengeschäft *n* affare *m* di milioni. **Millionengewinn** *m* guadagno *m* di milioni. **millionenschwer** *a fam* straricco *fam*. **Millionenstadt** *f* città *f* di milioni di abitanti.
Milz [mɪlt̮s] ‹-, -en› *f* milza *f*.
Mimik ['mi:mɪk] ‹-, ø› *f* mimica *f*.
mimisch *a* mimico.
Mimose [mi'mo:zə] ‹-, -n› *f* **1.** *bot* mimosa *f;* **2.** *fig* persona *f* ipersensibile.
min, Min. *ab von* **Minute** min. (*ab von* minuto).
minder ['mɪndɐ] *adv* meno. **minderbemittelt** *a* meno abbiente; **geistig ~** *sl pej* deficiente.

mindere(r, s) ['mɪndərə] *a* minore, inferiore; *(Ware, Qualität)* scadente.
Minderheit ⟨-, -en⟩ *f* minoranza *f.*
minderjährig *a* minorenne. **Minderjährige** ⟨ein -r, -n, -n⟩ *mf* minorenne *mf.* **Minderjährigkeit** ⟨-, ø⟩ *f* minorità *f.*
mindern *tr* **1.** *(verringern)* diminuire; *(abschwächen)* attenuare, mitigare; **2.** *(herabsetzen)* ridurre, abbassare.
Minderung ⟨-, -en⟩ *f* **1.** *(Verringerung)* diminuzione *f; (Abschwächung)* attenuazione *f;* **2.** *(Herabsetzung)* riduzione *f; (im Wert)* deprezzamento *m.*
minderwertig *a* inferiore; *(Ware, etc.)* scadente. **Minderwertigkeit** *f* inferiorità *f; (von Qualität, Ware, etc.)* qualità *f* scadente. **Minderwertigkeitskomplex** *m* complesso *m* di inferiorità.
Mindestabstand ['mɪndəst-] *m* distanza *f* minima. **Mindestalter** *n* età *f* minima. **Mindestanforderung** *f* requisito *m* minimo. **Mindesteinkommen** *n* reddito *m* minimo.
mindestens *adv* per lo meno, almeno.
mindeste(r, s) ['mɪndəstə] *a* minimo, -a, (il, la) più piccolo, -a; **nicht im ~n** per niente, non ... affatto; **zum ~n** per lo meno.
Mindestmaß *n* minimo *m* (*an* di). **Mindeststrafe** *f* minimo *m* della pena.
Mine ['mi:nə] ⟨-, -n⟩ *f* **1.** *(mil, Bleistift~)* mina *f; (Kugelschreiber~)* ricambio *m;* **2.** *min* miniera *f.* **Minenfeld** *n* campo *m* minato. **Minensuchgerät** *n* cercamine *m.* **Minenwerfer** ⟨-s, -⟩ *m* lanciamine *m.*
Mineral [mine'ra:l, -ə *o* -i̯ən] ⟨-s, -e *o* -ien⟩ *n* minerale *m.* **Mineralbad** *n* bagno *m* d'acque minerali.
Mineralogie [mineralo'gi:] ⟨-, ø⟩ *f* mineralogia *f.*
Mineralöl *n* olio *m* minerale; *(Erdöl)* petrolio *m.* **Mineralwasser** *n* acqua *f* minerale.
Miniatur [mini̯a'tu:ɐ̯] ⟨-, -en⟩ *f* miniatura *f.*
Minigolf ['mɪni-] *n* minigolf *m.* **Minikleid** *n* vestito *m* mini.
Minima *pl von* **Minimum.**
minimal [mini'ma:l] *a* minimale, minimo.
Minimum ['mi:nimʊm, ...ma] ⟨-s, -nima⟩ *n* minimo *m* (*an* di).
Minipille ['mɪni-] *f* minipillola *f.* **Minirock** *m* minigonna *f.*
Minister(in) [mi'nɪste (...ərɪn)] ⟨-s, -⟩ *m(f)* ministro *m.*
ministeriell [minɪste'ri̯ɛl] *a* ministeriale.
Ministerium [minɪs'te:ri̯ʊm, ...i̯ən] ⟨-s, -rien⟩ *n* ministero *m.*
Ministerpräsident(in) *m(f)* primo ministro *m; (in Italien)* presidente *m* del consiglio. **Ministerrat** *m* consiglio *m* dei ministri.
Minorität [minori'tɛ:t] ⟨-, -en⟩ *f* minoranza *f.*
minus ['mi:nʊs] *adv* **1.** *mat* meno; **2.** *el* negativo; **bei ~ 10 Grad** a 10 gradi sotto zero. **Minus** ⟨-, -⟩ *n* **1.** *com* ammanco *m,* deficit *m;* **2.** *el* polo *m* negativo; **3.** *fig (Nachteil)* svantaggio *m.* **Minuspunkt** *m* punto *m* a sfavore (*o* a svantaggio). **Minuszeichen** *n* (segno *m* di) meno *m.*
Minute [mi'nu:tə] ⟨-, -n⟩ *f* (*ab* **min, Min.**) minuto *m; (Augenblick)* attimo *m,* istante *m;* **auf die letzte** (*o* **in letzter**) **~** all'ultimo minuto (*o* momento). **minutenlang I.** *a* di alcuni minuti; **II.** *adv* per alcuni minuti. **Minutenzeiger** *m* lancetta *f* dei minuti.
Minze ['mɪnt͜sə] ⟨-, -n⟩ *f* menta *f.*
mir [mi:ɐ̯] *pers pron (dat von* ich*) (betont)* (a) me; *(unbetont)* mi; **von ~ aus** per me, per conto mio; **~ nichts, dir nichts** *fam* di punto in bianco.
Mischbatterie *f* (rubinetto *m*) miscelatore *m.* **Mischbrot** *n* pane *m* misto.
mischen ['mɪʃən] **I.** *tr* **1.** mescolare; *(Karten a.)* mischiare; *(Gift)* preparare; *(Cocktail)* fare; *(Wein)* tagliare; **2.** *film, radio, TV* missare; **II.** *rfl:* **sich ~ 1.** mischiarsi, mescolarsi; **2.** *(sich ein~)* immischiarsi (*in* in); **III.** *itr (beim Kartenspiel)* mischiare.
Mischling ['mɪʃlɪŋ] ⟨-s, -e⟩ *m (Mensch)* meticcio, -a *m, f; (Tier)* bastardo, -a *m, f.*
Mischmasch ['mɪʃmaʃ] ⟨-(e)s, -e⟩ *m fam pej* miscuglio *m.* **Mischpult** *n* tavolo *m* di missaggio.
Mischung ⟨-, -en⟩ *f* **1.** ⟨*sing*⟩ *(das Mischen)* mescolamento *m,* mescolatura *f;* **2.** *(Gemisch)* miscuglio *m,* mescolanza *f.*
Mischwald *m* bosco *m* misto.
miserabel [mizə'ra:bəl] *a* **1.** *(schlecht)* pessimo; *(Zustand)* pietoso, miserabile; **2.** *(nichtswürdig)* ignobile.
Misere [mi'ze:rə] ⟨-, -n⟩ *f* situazione *f* precaria.
Mispel ['mɪspəl] ⟨-, -n⟩ *f* **1.** *(Frucht)* nespola *f;* **2.** *(Baum)* nespolo *m.*
mißachten [mɪs'ʔaxtən] ⟨*ohne ge-*⟩ *tr* **1.** *(ignorieren)* trascurare, non osservare; **2.** *(verachten)* disprezzare.
Mißachtung *f* **1.** *(Nichteinhaltung)* mancato rispetto *m; (von Gesetz a.)* inosservanza *f;* **2.** *(Geringschätzung)* disprezzo *m,* spregio *m.*
Mißbehagen *n* disagio *m.*
Mißbildung *f* malformazione *f,* deformità *f.*
mißbilligen [mɪs'bɪlɪgən] ⟨*ohne ge-*⟩ *tr* disapprovare.
Mißbilligung *f* disapprovazione *f.*
Mißbrauch *m* abuso *m.*
mißbrauchen [mɪs'brau̯xən] ⟨*ohne ge-*⟩

tr (Vertrauen, etc.) abusare di; *(Dinge)* fare uso indebito (*o* cattivo uso) di.
missen ['mɪsən] *tr:* **etw. nicht ~ mögen** (*o* **können**) *geh* non voler (*o* non poter) fare a meno di qc.
Mißerfolg *m* insuccesso *m,* fallimento *m.*
Missetat ['mɪsəta:t] *f geh* misfatto *m; (Streich)* tiro *m* birbone *fam.*
Missetäter(in) *m(f) geh* malfattore, -trice *m, f.*
mißfallen [mɪs'falən] ‹*irr, ohne ge-*› *itr* non piacere, spiacere. **Mißfallen** ['mɪs-] ‹-s, ø› *n* malcontento *m,* disapprovazione *f.*
Mißgeburt *f* essere *m* deforme.
Mißgeschick *n* sfortuna *f,* disavventura *f.*
mißglücken [mɪs'glʏkən] ‹*ohne ge-*› *itr* ‹*sein*› non riuscire, fallire.
Mißgriff *m* passo *m* falso, mossa *f* sbagliata.
Mißgunst *f* invidia *f,* gelosia *f.*
mißgünstig *a* invidioso, geloso.
mißhandeln [mɪs'handəln] ‹*ohne ge-*› *tr* maltrattare.
Mißhandlung [mɪs'handlʊŋ] *f* maltrattamento *m.*
Mission [mɪ'si̯o:n] ‹-, -en› *f* missione *f.*
Missionar(in) [mɪsi̯o'na:ɐ̯ (...rɪn)] ‹-s, -e› *m(f)* missionario, -a *m, f.*
missionarisch *a* missionario.
Mißklang *m* **1.** *mus* dissonanza *f,* stonatura *f;* **2.** *ling* cacofonia *f;* **3.** *fig* disaccordo *m.*
Mißkredit *m* discredito *m;* **jdn in ~ bringen** screditare qu.
mißlang [mɪs'laŋ] *imp von* **mißlingen.**
mißlich ['mɪslɪç] *a geh* spiacevole, sgradevole.
mißlingen [mɪs'lɪŋən] ‹mißlingt, mißlang, mißlungen› *itr* ‹*sein*› non riuscire, fallire.
Mißmut *m* malumore *m,* malcontento *m.* **mißmutig** *a* di malumore, di cattivo umore.
mißraten[1] [mɪs'ra:tən] ‹*irr, ohne ge-*› *itr* ‹*sein*› non riuscire, fallire.
mißraten[2] [mɪs'ra:tən] *a* non riuscito; *(Mensch)* maleducato, screanzato.
Mißstand *m* male *m,* inconveniente *m.*
Mißstimmung *f* malumore *m.*
mißt [mɪst] *pr von* **messen.**
mißtrauen [mɪs'trau̯ən] ‹*ohne ge-*› *itr* non fidarsi (*jdm/einer S. (dat)* di qu/qc), diffidare (*jdm/einer S. (dat)* di qu/qc). **Mißtrauen** ['mɪstrau̯ən] ‹-s, ø› *n* diffidenza *f* (*gegen* verso), sfiducia *f* (*gegen* verso). **Mißtrauensantrag** *m* mozione *f* di sfiducia. **Mißtrauensvotum** [-vo:tʊm, ...tən *o* ...ta] ‹-s, -ten *o* -ta› *n* voto *m* di sfiducia.
mißtrauisch *a* diffidente; *(argwöhnisch)* sospettoso.
Mißverhältnis *n* sproporzione *f,* squilibrio *m,* disparità *f.*
mißverständlich *a* equivoco, ambiguo.
Mißverständnis *n* malinteso *m,* equivoco *m.*
mißverstehen ‹*irr, ohne ge-*› *tr* capire male, fraintendere.
Mißwahl ['mɪs-] *f* concorso *m* di bellezza.
Mißwirtschaft *f* cattiva amministrazione *f.*
Mist [mɪst] ‹-(e)s, ø› *m* **1.** *(Tier~)* letame *m; (~haufen)* letamaio *m;* **2.** *fig (Schund)* porcheria *f,* robaccia *f;* **3.** *fig (Unsinn)* sciocchezze *f pl,* stupidaggini *f pl;* **da hat einer ~ gemacht** (*o* **gebaut**) *sl* qualcuno ha fatto un pasticcio; **das ist nicht auf seinem ~ gewachsen** *fam* non è farina del suo sacco.
Mistel ['mɪstəl] ‹-, -n› *f* vischio *m.*
Mistgabel *f* forcone *m* (da letame). **Misthaufen** *m* letamaio *m.* **Miststück** *n,* **-vieh** *n vulg* farabutto, -a *m, f.*
mit [mɪt] **I.** *prp dat* **1.** *(in Begleitung von)* (insieme) con, assieme a; **2.** *(mit Hilfe von)* con, per; *(Verkehrsmittel a.)* a, in; **3.** *(versehen mit, Eigenschaft)* con, a, da; *(Alter)* a, all'età di; **4.** *(auf Art und Weise)* con, a; **eine Pizza ~ Salami** una pizza al salame; **~ dem Auto/Flugzeug/Zug** in automobile/aereo/treno; **~ blauen Augen** dagli occhi blu; **~ leiser Stimme** a voce bassa; **~ zwanzig Jahren** a (*o* all'età di) venti anni; **II.** *adv:* **etw. ~ berücksichtigen** tenere conto anche di qc; **~ dabeisein** esserci; **ich habe keinen Schirm ~** *fam* non ho con me l'ombrello.
Mitangeklagte *mf* coimputato, -a *m, f.*
Mitarbeit *f* collaborazione *f,* cooperazione *f;* **unter ~ von ...** con la collaborazione di ..., hanno collaborato ...
mit·arbeiten *itr* collaborare (*an* a), cooperare (*an* a).
Mitarbeiter(in) *m(f)* collaboratore, -trice *m, f,* cooperatore, -trice *m, f.*
mit·bekommen ‹*irr, ohne ge-*› *tr* **1.** *(Verpflegung, etc.)* ricevere (da portar via); *(als Mitgift)* ricevere in dote; **2.** *fam (bemerken, wahrnehmen)* notare, accorgersi di; *(verstehen)* comprendere.
mit·benutzen ‹*ohne ge*› *tr* usare in comune.
Mitbestimmung *f* cogestione *f.*
Mitbewerber(in) *m(f)* concorrente *mf.*
Mitbewohner(in) *m(f) (von Wohnung)* coabitatore, -trice *m, f; (von Haus)* coinquilino, -a *m, f.*
mit·bringen ‹*irr*› *tr* portare (con sé).
Mitbringsel ['mɪtbrɪŋzəl] ‹-s, -› *n fam* regalino *m; (von Reise)* pensierino *m.*
Mitbürger(in) *m(f)* concittadino, -a *m, f.*
Miteigentümer(in) *m(f)* comproprietario, -a *m, f.*

miteinander [mɪtʔai̯'nandɐ] *adv* **1.** *(einer mit dem anderen)* l'uno con l'altro; **2.** *(gemeinsam)* insieme, assieme.
mit·erleben ‹*ohne ge-*› *tr* **1.** *(erleben)* vivere, vedere; **2.** *(dabeisein)* assistere a, partecipare a.
Mitesser ‹-s, -› *m med* comedone *m.*
mit·fahren ‹*irr*› *itr* ‹*sein*› andare (*mit* con *o* insieme a); **jdn ~ lassen** *(im Auto)* dare un passaggio a qu.
Mitfahrerzentrale *f organizzazione che procura passaggi in macchina.* **Mitfahrgelegenheit** *f* passaggio *m.*
mit·fühlen **I.** *tr* condividere, partecipare; **II.** *itr:* **mit jdm ~** condividere i sentimenti di qu. **mitfühlend** *a* compassionevole.
mit·geben ‹*irr*› *tr* dare.
Mitgefühl *n* **1.** *(Verständnis)* simpatia *f* (*mit* per); **2.** *(Mitleid)* compassione *f* (*mit* per).
mit·gehen ‹*irr*› *itr* ‹*sein*› **1.** andare (*mit* insieme a); *(begleiten)* accompagnare (*mit jdm* qu); **2.** *fig (sich mitreißen lassen)* venire trasportato (*mit* con); **etw. ~ lassen** *fam* far sparire qc.
mitgenommen *a allg.* deperito, patito; *(Sache)* consunto, logoro; *(körperlich, seelisch)* colpito, provato.
Mitgift ['mɪtgɪft] ‹-, -en› *f* dote *f.*
Mitglied *n* membro *m.* **Mitgliedsausweis** *m* tessera *f* di socio. **Mitgliedsbeitrag** *m* quota *f* sociale. **Mitgliedschaft** ‹-, *rar* -en› *f* appartenenza *f.*
mit·helfen ‹*irr*› *itr* collaborare (*bei* a), cooperare (*bei* a).
Mithilfe *f* collaborazione *f,* cooperazione *f.*
mit·hören **I.** *tr* ascoltare; *(belauschen)* ascoltare di nascosto, origliare; **II.** *itr* stare in ascolto; *(lauschen)* origliare; **Feind hört mit!** il nemico è in ascolto.
Mitinhaber(in) *m(f)* comproprietario, -a *m, f,* contitolare *mf.*
mit·kommen ‹*irr*› *itr* ‹*sein*› **1.** venire (*mit* insieme a); *(begleiten)* accompagnare (*mit jdm* qu); **2.** *fig (Schritt halten)* tener dietro; *(geistig)* seguire; **da komme ich nicht mehr mit** *fig fam* non riesco a capire.
mit·kriegen *fam s.* **mitbekommen.**
Mitläufer *m* seguace *m* pedissequo, pecorone *m.*
Mitlaut *m* consonante *f.*
Mitleid *n* compassione *f* (*mit* per), pietà *f* (*mit* per).
Mitleidenschaft *f:* **etw. in ~ ziehen** danneggiare qc.
mitleiderregend *a* che suscita compassione, pietoso.
mitleidig *a* pietoso, compassionevole.
mit·machen **I.** *tr* **1.** *(Veranstaltung)* partecipare a, prendere parte a; *(Kurs, Mode)* seguire; **2.** *(durchmachen, erleiden)* passare, subire; **das mache ich nicht länger mit!** *fam* non ci sto più! *fam;* **II.** *itr (sich beteiligen)* partecipare (*bei* a); **ich mache mit** ci sto.
Mitmensch *m* prossimo *m,* simile *m.*
Mitnahmepreis ['mɪtna:mə-] *m* prezzo *m* del ritiratelo da voi.
mit·nehmen ‹*irr*› *tr* **1.** *allg.* prendere (*o* portare) con sé; *(fortnehmen)* portare via; **2.** *fam (stehlen)* sgraffignare *fam;* **3.** *fig (körperlich, seelisch)* affaticare, esaurire; **Pizza zum M~** pizza da portar via; **bis Köln (im Auto) ~** portare (in macchina) fino a Colonia.
mitnichten [mɪt'nɪçtən] *adv geh* niente affatto.
mit·reden *itr* partecipare alla discussione; **da habe ich auch noch ein Wort mitzureden** *fam* anch'io ho voce in capitolo.
Mitreisende *mf* compagno, -a *m, f* di viaggio.
mitsamt [mɪt'zamt] *prp dat* insieme a.
mit·schicken *tr* spedire (*o* mandare) (*mit* insieme a); *(beifügen)* allegare.
mit·schreiben ‹*irr*› **I.** *itr* prendere appunti; **schreiben Sie mit: ...** scriva: ...; **II.** *tr* **1.** *(Diktat, etc.)* scrivere; **2.** *(Klassenarbeit)* partecipare a.
Mitschuld *f* correità *f* (*an* in), complicità *f* (*an* in). **mitschuldig** *a* correo (*an* di), complice (*an* di).
Mitschüler(in) *m(f)* compagno, -a *m, f* di scuola.
mit·spielen *itr* **1.** *(bei Spiel)* prendere parte a un gioco; *(sport a.)* giocare (*mit* insieme a); *theat* recitare (*mit* insieme a); *mus* sonare (*mit* insieme a); **2.** *fig (Gründe, etc.)* concorrere, essere in gioco; **jdm übel ~** giocare un brutto tiro a qu.
Mitsprache *f* parola *f.* **Mitspracherecht** *n* diritto *m* di essere interpellato.
mittag ['mɪta:k] *adv* a mezzogiorno; **Freitag ~** venerdì a mezzogiorno. **Mittag** *m* mezzogiorno *m;* **zu ~ essen** pranzare. **Mittagessen** *n* pranzo *m.*
mittags *adv* a mezzogiorno; **(um) 12 Uhr ~** a mezzogiorno; **(um) 1 Uhr ~** alle 1 di pomeriggio. **Mittagspause** *f* pausa *f* (*o* intervallo *m*) di mezzogiorno. **Mittagsruhe** *f* riposo *m* pomeridiano, siesta *f.* **Mittagsschlaf** *m* pisolino *m* pomeridiano. **Mittagszeit** *f* mezzogiorno *m;* **in der ~** sul mezzogiorno.
Mittäter(in) *m(f)* correo, -a *m, f,* complice *mf.*
Mitte ['mɪtə] ‹-, -n› *f* **1.** *allg.* mezzo *m,* metà *f;* **2.** *(pol, Mittelpunkt)* centro *m;* **~ Januar** a metà gennaio; **in der ~** nel mezzo, al centro; **er ist ~ Vierzig** è sui quarantacinque anni.
mit·teilen *tr* comunicare, informare (*jdm etw.* qu di qc); *adm* notificare.
mitteilsam *a* comunicativo, espansivo.

Mitteilung *f* comunicazione *f; (a. adm)* comunicato *m; (Bekanntmachung)* avviso *m; adm* notifica(zione) *f; (vertraulich)* confidenza *f.*

Mittel ['mɪtəl] ‹-s, -› *n* **1.** *allg.* mezzo *m;* **2.** *(Hilfs~, Heil~)* rimedio *m;* **3.** *mat* media *f;* **4.** ‹*pl*› *fin* mezzi *m pl* (finanziari), fondi *m pl;* ~ **und Wege finden** trovare mezzo e modo; **ihm ist jedes ~ recht** a lui va bene ogni mezzo.

Mittelalter *n* (*ab* **MA**) medioevo *m.* **mittelalterlich** *a* medievale. **Mittelamerika** *n* America *f* centrale. **mittelbar** *a* mediato, indiretto. **Mittelding** *n fam* cosa *f (o* via *f)* di mezzo. **Mitteleuropa** *n* Europa *f* centrale. **mitteleuropäisch** *a:* **~e Zeit** (*ab* **MEZ**) tempo dell'Europa centrale. **Mittelfeld** *n* centro campo *m.* **Mittelfinger** *m* (dito *m*) medio *m.* **mittelfristig I.** *a* a medio termine; **II.** *adv* nei tempi brevi. **Mittelgebirge** *n* media montagna *f.* **Mittelgewicht** *n* peso *m* medio. **Mittelklassewagen** *m* autovettura *f* di media cilindrata. **mittellos** *a* privo di mezzi; *adm* nullatenente. **Mittelmaß** *n (Durchschnitt)* media *f.* **mittelmäßig** *a* medio; *(pej a.)* mediocre. **Mittelmäßigkeit** *f* mediocrità *f.* **Mittelmeer** *n* (Mare *m*) Mediterraneo *m.* **Mittelpunkt** *m* punto *m* centrale; *(mat, fig a.)* centro *m;* **im ~ stehen** essere al centro.

mittels *prp gen geh* mediante, per mezzo di, con.

Mittelscheitel *m* riga *f* (*o* scriminatura *f*) in mezzo. **Mittelschicht** *f* ceto *m* medio.

Mittelsmann ‹-(e)s, -männer *o* -leute› *m* intermediario *m,* mediatore *m.*

Mittelstand *m* ceto *m* medio. **Mittelstreckenrakete** *f* missile *m* a medio raggio. **Mittelstreifen** *m* spartitraffico *m.* **Mittelwelle** *f* (*ab* **MW**) onde *f pl* medie.

mitten ['mɪtən] *adv:* ~ **durchbrechen** rompere a metà; ~ **durch** attraverso; ~ **in** in mezzo a, al centro di; ~ **in der Nacht** in piena notte.

Mitternacht ['mɪtɐ-] *f* mezzanotte *f.*

mittlere(r, s) ['mɪtlərə] *a* **1.** *(im Mittelpunkt)* centrale; **2.** *(dazwischen befindlich)* intermediario, -a; **3.** *(durchschnittlich)* medio, -a; **~n Alters** di mezza età.

mittlerweile ['mɪtlɐ'vailə] *adv* intanto, nel frattempo, frattanto.

Mittwoch ['mɪtvɔx] ‹-(e)s, -e› *m* mercoledì *m; s. a. Freitag.*

mitunter [mɪt'ʔʊntɐ] *adv* talvolta, a volte, di quando in quando.

mitverantwortlich *a* corresponsabile.

mit·wirken *itr* cooperare (*an, bei* a), collaborare (*an, bei* a); *film, theat* prendere parte (*bei, in* a, in).

Mitwirkung *f* cooperazione *f* (*von* di), collaborazione *f* (*von* di); **unter ~ von** con la partecipazione di.

Mitwisser(in) ‹-s, -› *m(f)* persona *f* che è a conoscenza; *(in Geheimnis)* iniziato, -a *m, f; (Vertrauter)* confidente *mf; jur* connivente *mf.*

mit·zählen I. *tr* includere (nel conto); **II.** *itr* contare.

mixen ['mɪksən] *tr* mescolare; *(im Mixer)* frullare.

Mixer ‹-s, -› *m (Gerät)* frullatore *m.*

Mixtur [mɪks'tu:ɐ̯] ‹-, -en› *f* mistura *f.*

mm *ab von* **Millimeter** mm (*ab von* millimetro).

Möbel ['mø:bəl] ‹-s, -› *n* ‹*meist pl*› mobile *m.* **Möbelpacker** *m* facchino *m.* **Möbelpolitur** *f* lucido *m* per mobili. **Möbelwagen** *m* furgone *m* per traslochi.

mobil [mo'bi:l] *a* **1.** *allg., jur, mil, com* mobile; **2.** *fam (flink)* svelto, lesto; ~ **machen** mobilitare.

Mobiliar [mobi'li̯a:ɐ̯] ‹-s, -e› *n* mobilia *f,* mobili *m pl.*

mobilisieren [mobili'zi:rən] ‹*ohne ge-*› *tr* mobilitare.

Mobilmachung ‹-, ø› *f* mobilitazione *f.*

möblieren [mø'bli:rən] ‹*ohne ge-*› *tr* ammobiliare, arredare; **möbliert wohnen** abitare in una stanza ammobiliata.

mochte ['mɔxtə] *imp von* **mögen.**

möchte ['mœçtə] *conj von* **mögen.**

Mode ['mo:də] ‹-, -n› *f* moda *f;* **(in) ~ sein** essere di moda (*o* in voga). **Modeheft** *n,* **-journal** [-ʒʊrna:l] ‹-s, -e› *n* giornale *m* di moda.

Modell [mo'dɛl] ‹-s, -e› *n* **1.** *allg.* modello *m;* **2.** *(Foto~)* modello, -a *m, f;* ~ **stehen** posare. **Modellflugzeug** *n* aeromodello *m.*

modellieren [modɛ'li:rən] ‹*ohne ge-*› *tr, itr* modellare. **Modelliermasse** *f* pasta *f* per modellare.

Modellkleid *n* modello *m.* **Modellversuch** *m* sperimentazione *f* pilota.

Modemacher(in) ‹-s, -s› *m(f)* stilista *mf.*

Mode(n)schau *f* sfilata *f* di moda.

Moderation [modera'tsi̯o:n] ‹-, -en› *f:* **die ~ einer Sendung übernehmen** condurre una trasmissione.

Moderator(in) [mode'ra:to:ɐ̯ (...'to:rɪn) ...ra'to:rən] ‹-s, -en› *m(f)* moderatore, -trice *m, f.*

modern[1] ['mo:dɐn] *itr* marcire, ammuffire.

modern[2] [mo'dɛrn] *a* **1.** *(zeitgemäß)* moderno; **2.** *(modisch)* alla (*o* di) moda.

Moderne ‹-, ø› *f:* **die ~** i tempi moderni *m pl; (in Kunst)* l'arte moderna.

modernisieren [...ni'zi:rən] ‹*ohne ge-*› *tr* modernizzare; *(Wohnung, Kleid)* rimodernare.

Modernisierung ‹-, ø› *f* modernizzazione *f;* rimodernamento *m.*
Modeschmuck *m* bigiotteria *f,* bijoux *m pl.* **Modeschöpfer(in)** *m(f)* creatore, -trice *m, f* di moda.
modisch *a, adv* alla moda.
Mofa ['mo:fa] ‹-s, -s› *n* ciclomotore *m.*
mogeln ['mo:gəln] *itr fam* imbrogliare.
mögen ['mø:gən] ‹mag (*conj* möchte), mochte, gemocht *o modales Hilfsverb* mögen› **I.** *tr* piacere; *(gern haben)* amare; **lieber ~** preferire; **II.** *itr:* **ich mag nicht (mehr)** non voglio (più); **III.** *(modales Hilfsverb)* **1.** *(Wunsch)* volere, desiderare, avere voglia di; **2.** *(Vermutung)* potere; **ich möchte (gern) ...** vorrei ...; **es mag sein, daß ...** è possibile che ... *conj.*
möglich ['mø:klıç] *a* possibile; **alles ~e** di tutto; **so gut/bald wie ~** il meglio/il più presto possibile; **das ist durchaus** (*o* **wohl**) **~** è possibilissimo.
möglicherweise *adv* forse, eventualmente.
Möglichkeit ‹-, -en› *f* possibilità *f; (möglicher Fall a.)* eventualità *f; (Gelegenheit, Chance)* occasione *f;* ‹*pl*› *(Mittel)* mezzi *m pl;* **nach ~** per quanto possibile; **ich hatte keine andere ~** non avevo altra scelta.
möglichst *adv:* **~ gut/viel/oft** il meglio/il più/il più spesso possibile.
Mohammedaner(in) [mohame'da:nɐ (...ərın)] ‹-s, -› *m(f)* maomettano, -a *m, f.*
mohammedanisch *a* musulmano, maomettano.
Mohn [mo:n] ‹-(e)s, -e› *m* **1.** *bot* papavero *m;* **2.** *(~samen)* semi *m pl* di papavero.
Möhre ['mø:rə] ‹-, -n›, **Mohrrübe** ['mo:ɐ̯-] *f* carota *f.*
mokieren [mo'ki:rən] ‹*ohne ge-*› *rfl:* **sich ~** canzonare (*über jdn* qu).
Mokka ['mɔka] ‹-s, -s› *m* moca *m.*
Molch [mɔlç] ‹-(e)s, -e› *m* tritone *m.*
Mole ['mo:lə] ‹-, -n› *f* molo *m.*
Molekül [mole'ky:l] ‹-s, -e› *n* molecola *f.*
molk [mɔlk] *rar imp von* **melken.**
Molkerei [mɔlkə'ra̯i] ‹-, -en› *f* latteria *f,* caseificio *m.*
Moll [mɔl] ‹-, ø› *n* modo *m* (*o* tono *m*) minore; **d-~** re minore.
mollig ['mɔlıç] *a fam* **1.** *(warm)* piacevole, piacevolmente caldo; *(Kleidung)* soffice, morbido; **2.** *(rundlich)* grassottello.
Moment[1] [mo'mɛnt] ‹-(e)s, -e› *m (Augenblick)* momento *m,* istante *m,* attimo *m;* **im ~** *(jetzt)* al (*o* per il) momento, momentaneamente; *(gerade)* in quest'istante, in questo momento; **im letzten ~** all'ultimo minuto; **er kann jeden ~ kommen** può arrivare da un momento all'altro; **~ (mal)!** un momento!
Moment[2] [mo'mɛnt] ‹-(e)s, -e› *n (Umstand)* momento *m.*
momentan [...'ta:n] **I.** *a* momentaneo; *(aktuell a.)* attuale; **II.** *adv* momentaneamente, per il momento.
Momentaufnahme *f* istantanea *f.*
Monarch(in) [mo'narç(ın)] ‹-en, -en› *m(f)* monarca *m (nur scherz:* -chessa *f).*
Monarchie [monar'çi:, ...i:ən] ‹-, -n› *f* monarchia *f.*
Monarchist(in) [...'çıst(ın)] ‹-en, -en› *m(f)* monarchico, -a *m, f.*
Monat ['mo:nat] ‹-(e)s, -e› *m* mese *m;* **im achten ~ (schwanger) sein** essere all'ottavo mese; **am 10. dieses ~s** (*ab* **d. M.**) *adm* il 10 corrente mese.
monatelang **I.** *a* di mesi; **II.** *adv* (per) molti mesi, (per) mesi e mesi.
Monatsbinde *f* assorbente *m* igienico. **Monatskarte** *f* tessera *f* mensile. **Monatsrate** *f* rata *f* mensile.
Mönch [mœnç] ‹-(e)s, -e› *m* monaco *m.*
Mond [mo:nt] ‹-(e)s, -e› *m* luna *f;* **auf dem ~ landen** allunare; **hinter dem ~ leben** *fam* vivere sulla luna *fam;* **meine Uhr geht nach dem ~** *fam* il mio orologio è impazzito. **Mondbahn** *f* orbita *f* lunare. **Mondfähre** *f* modulo *m* lunare. **Mondfinsternis** *f* eclissi *f* lunare. **Mondlandefähre** *f* navetta *f* spaziale. **Mondlandschaft** *f* paesaggio *m* lunare. **Mondlandung** *f* allunaggio *m.* **Mondlicht** *n* luce *f* lunare. **Mondschein** *m* chiaro *m* di luna. **Mondscheintarif** *m* tariffa *f* notturna. **Mondsichel** *f* falce *f* di luna. **mondsüchtig** *a* sonnambulo. **Mondumlaufbahn** *f* orbita *f* lunare. **Mondwechsel** *m* cambiamento *m* della luna.
Moneten [mo'ne:tən] ‹*pl*› *fam* quattrini *m pl fam.*
Mongole [mɔŋ'go:lə] ‹-n, -n› *m,* **Mongolin**[...lın] *f* mongolo, -a *m, f.*
Mongolei [...go'la̯i] *f:* **die ~** (la) Mongolia *f.*
Monogramm [mono'gramm] ‹-s, -e› *n* monogramma *m.*
Monokel [mo'nɔkəl] ‹-s, -› *n* monocolo *m.*
Monolog [mono'lo:k] ‹-s, -e› *m* monologo *m.*
Monopol [mono'po:l] ‹-s, -e› *n* monopolio *m.*
monoton [mono'to:n] *a* monotono.
Monotonie [...to'ni:, ...i:ən] ‹-, *rar* -en› *f* monotonia *f.*
Monster ['mɔnstɐ] ‹-s, -› *n* mostro *m.*
Monstranz [mɔn'strants̯] ‹-, -en› *f* ostensorio *m.*
Monstrum ['mɔnstrʊm, ...rən] ‹-s, Monstren› *n* mostro *m.*
Montag ['mo:nta:k] *m* lunedì *m;* **blauen**

~ **machen** *fam* far festa di lunedì; *s. a. Freitag.*

Montage [mɔn'taːʒə] ‹-, -n› *f* montaggio *m.*

Monteur(in) [mɔn'tøːɐ̯ (...rɪn)] ‹-s, -e› *m(f)* montatore, -trice *m, f.*

montieren [...'tiːrən] ‹*ohne ge-*› *tr* montare.

Monument [monu'mɛnt] ‹-(e)s, -e› *n* monumento *m.*

monumental [...'taːl] *a* monumentale. **Monumentalfilm** *m* colossal *m.*

Moor [moːɐ̯] ‹-(e)s, -e› *n* palude *f.*

Moos [moːs] ‹-es, -e› *n* **1.** *bot* muschio *m;* **2.** ‹*sing*› *sl (Geld)* grana *f fam.*

Mop [mɔp] ‹-s, -s› *m* scopa *f* a frange.

Moped ['moːpɛt *o* ...peːt] ‹-s, -s› *n* ciclomotore *m,* motorino *m.*

Mops [mɔps] ‹-es, ⸚e› *m* carlino *m.*

Moral [mo'raːl] ‹-, *rar* -en› *f* **1.** *(Lehre, Geist)* morale *f;* **2.** *(Sittlichkeit)* moralità *f.* **Moralapostel** *m pej* moralista *mf.*

moralisch *a* morale.

Moralpredigt *f pej:* **jdm eine ~ halten** fare una ramanzina a qu.

Moräne [mo'rɛːnə] ‹-, -n› *f* morena *f.*

Morast [mo'rast] ‹-(e)s, -e *o* ⸚e› *m* *(Sumpf)* pantano *m,* palude *f;* *(Schlamm)* fango *m.*

Morchel ['mɔrçəl] ‹-, -n› *f* morchella *f,* spugnola *f.*

Mord [mɔrt] ‹-(e)s, -e› *m* assassinio *m* (*an* di), omicidio *m* (*an* di); **das gibt ~ und Totschlag** *fam* succede un putiferio. **Mordanschlag** *m* attentato *m* alla vita (*auf* di). **Morddrohung** *f* minaccia *f* di morte.

morden ['mɔrdən] **I.** *tr* assassinare; **II.** *itr* commettere un assassinio.

Mörder(in) ['mœrdɐ (...ərɪn)] ‹-s, -› *m(f)* assassino, -a *m, f,* omicida *mf.*

mörderisch *a* **1.** *(mordend)* assassino, omicida; **2.** *fig fam* feroce, atroce; *(Hitze, Kälte)* terribile; *(Geschwindigkeit)* pazzo.

Mordkommission *f* sezione *f* omicidi. **Mordprozeß** *m* processo *m* per omicidio.

Mordshunger ['mɔrts̮'hʊŋɐ] *m fam* fame *f* da lupi. **Mordskerl** ['mɔrts̮'kɛrl] *m fam (tüchtig)* tipo *m* in gamba *fam;* *(stark)* pezzo *m* d'uomo *fam.* **mordsmäßig** *a fam* enorme, terribile. **Mordsschreck(en)** ['mɔrts̮'ʃrɛk(ən)] *m fam* paura *f* infernale. **Mordsspaß** ['mɔrts̮'ʃpaːs] *m:* **es gab einen ~** *fam* ci siamo divertiti un mondo. **Mordswut** ['mɔrts̮'vuːt] *f fam* rabbia *f* feroce.

Mordverdacht *m* sospetto *m* di omicidio. **Mordversuch** *m* tentato omicidio *m.* **Mordwaffe** *f* arma *f* del delitto.

morgen ['mɔrgən] *adv* domani; ~ **früh/mittag/abend** domani mattina/a mezzogiorno/sera; **heute ~** stamattina.

Morgen ‹-s, -› *m* **1.** *(Tageszeit)* mattino *m;* *(Vormittag)* mattina *f,* mattinata *f;* **2.** *(Feldmaß)* iugero *m;* **am ~** di (*o* la) mattina; **guten ~!** buon giorno!

Morgen- *(in Zusammensetzungen)* del mattino.

morgendlich ['mɔrgəntlɪç] *a* mattutino, del mattino.

Morgenessen *n CH* prima colazione *f.* **Morgengrauen** *n:* **im** (*o* **beim**) **~** all'alba. **Morgenmantel** *m,* **-rock** *m* vestaglia *f.* **Morgenmuffel** [-mʊfəl] ‹-s, -› *m fam* grugnone *m,* persona *f* che appena alzata è di cattivo umore. **Morgenrot** *n,* **-röte** *f geh* aurora *f.*

morgens *adv* di (*o* la) mattina, il mattino; *(nach Zeitangabe)* di mattino.

morgig *a* di domani.

Moritz ['moːrɪts̮] *(männlicher Vorname)* Maurizio.

Morphium ['mɔrfi̯ʊm] ‹-s, ø› *n* morfina *f.*

morsch [mɔrʃ] *a (Holz)* marcio, fradicio; *(Gestein)* friabile; *(Brücke)* decrepito.

Morsealphabet *n* alfabeto *m* Morse.

morsen ['mɔrzən] *itr, tr* telegrafare.

Mörser ['mœrzɐ] ‹-s, -› *m* mortaio *m.*

Mörtel ['mœrtəl] ‹-s, -› *m* malta *f.*

Mosaik [moza'iːk] ‹-s, -en *o* -e› *n* mosaico *m.*

Moschee [mɔ'ʃeː, ...eːən] ‹-, -n› *f* moschea *f.*

Moschus ['mɔʃʊs] ‹-, ø› *m* muschio *m.*

Mosel ['moːzəl] *f* Mosella *f.*

Moskau ['mɔskau̯] *n* Mosca *f.*

Moskito [mɔs'kiːto] ‹-s, -s› *m* moschito *m,* zanzara *f.* **Moskitonetz** *n* zanzariera *f.*

Moslem ['mɔslɛm] ‹-s, -s› *m,* **Moslime** [...'liːmə] ‹-, -n› *f* musulmano, -a *m, f.*

Most [mɔst] ‹-(e)s, -e› *m (Trauben~)* mosto *m;* *(Apfel~)* sidro *m.*

Motel ['moːtəl *o* mo'tɛl] ‹-s, -s› *n* motel *m.*

Motiv [mo'tiːf] ‹-s, -e› *n* motivo *m;* *jur* movente *m.*

Motivation [motiva'ts̮i̯oːn] ‹-, -en› *f,* **Motivierung** ‹-, -en› *f* motivazione *f.*

motivieren [...'viːrən] ‹*ohne ge-*› *tr* motivare.

Motor ['moːtɔr *o* mo'toːɐ̯, ...'toːrən] ‹-s, -en› *m* motore *m.* **Motorantrieb** *m* trazione *f* a motore; **mit ~** a motore. **Motorboot** *n* motoscafo *m,* barca *f* a motore.

Motorenbau ‹-(e)s, ø› *m* costruzione *f* di motori.

Motorfahrzeug *n* veicolo *m* a motore. **Motorhaube** *f* cofano *m* (del motore).

motorisch [mo'toːrɪʃ] *a* motorio.

Motorjacht *f* motoscafo *m* da crociera. **Motorpumpe** *f* motopompa *f.*

Motorrad *n* motocicletta *f.* **Motorradfahrer(in)** *m(f)* motociclista *mf.*

Motorraum *m* vano *m* motore. **Motor-**

roller *m* (moto)scooter *m*. **Motorsäge** *f* sega *f* a motore. **Motorschaden** *m* guasto *m* al motore. **Motorsport** *m* motorismo *m*. **Motorwäsche** *f* lavaggio *m* del motore.

Motte ['mɔtə] ‹-, -n› *f* tarma *f*, tignola *f*; **ich krieg' die ~n!** *sl* mi vengono nervi! *fam*. **Mottenkugel** *f* pallina *f* antitarmica.

Motto ['mɔto] ‹-s, -s› *n* motto *m*.

motzen ['mɔtsən] *itr sl* brontolare.

Möwe ['mø:və] ‹-, -n› *f* gabbiano *m*.

Ms., Mskr. *ab von* **Manuskript** ms. (*ab von* manoscritto).

MTA [ɛmte:'ʔa:] ‹-, -s› *f ab von* **medizinisch-technische Assistentin** ≃ tecnico *mf* di laboratorio analisi, analista *mf*.

Mücke ['mʏkə] ‹-, -n› *f* moscerino *m*, moschino *m*; *(Stech~)* zanzara *f*. **Mückenstich** *m* puntura *f* di zanzara.

müde ['my:də] *a (ermüdet)* stanco, affaticato; *(schläfrig)* assonnato; ~ **werden** stancarsi, affaticarsi.

Müdigkeit ‹-, ø› *f* stanchezza *f*; *(Schläfrigkeit)* sonnolenza *f*; **vor ~ umfallen** essere stanco morto *fam*.

Muff [mʊf] ‹-(e)s, -e› *m* manicotto *m*.

muffig *a*: ~ **riechen** sapere di muffa.

Mühe ['my:ə] ‹-, -n› *f* fatica *f*, pena *f*; *(Anstrengung)* sforzo *m*; *(Schwierigkeit)* difficoltà *f*; **der ~ wert sein** valere la pena; **sich** *(dat)* **~ geben, zu ...** darsi la pena (*o* briga) di ...; **mit Müh(e) und Not** a stento, a mala pena; **das ist verlorene** (*o* **vergebliche**) ~ è fatica sprecata; **wenn es Ihnen keine ~ macht** se non La incomoda. **mühelos I.** *a* facile, senza fatica; **II.** *adv* con facilità, facilmente. **mühevoll** *a* **1.** *(anstrengend)* faticoso; **2.** *(schwierig)* difficile.

Mühle ['my:lə] ‹-, -n› *f* **1.** *(Korn~, etc.)* mulino *m*, macina *f*; *(Kaffee~, Pfeffer~, etc.)* macinino *m*; **2.** ‹*pl*› *fig (der Justiz, Bürokratie, etc.)* ingranaggi *m pl*; **3.** *fam pej (altes Auto)* macinino *m fam*.

Mühlrad *n* ruota *f* del mulino. **Mühlstein** *m* mola *f*, macina *f*.

Mühsal ['my:za:l] ‹-, -e› *f geh* pene *f pl*, affanni *m pl*. **mühsam I.** *a* faticoso; **II.** *adv* a fatica. **mühselig** *a* penoso.

Mulatte [mu'latə] ‹-n, -n› *m*, **Mulattin** [...tɪn] *f* mulatto, -a *m*, *f*.

Mulde ['mʊldə] ‹-, -n› *f* avvallamento *m*.

Mull [mʊl] ‹-(e)s, -e› *m* **1.** *(Gewebe)* mussola *f*; *med* garza *f*; **2.** *(Torf~)* terriccio *m*.

Müll [mʏl] ‹-(e)s, ø› *m* immondizia *f*, rifiuti *m pl*; ~ **abladen verboten!** divieto di scarico! **Müllabfuhr** *f* **1.** *(Abtransport)* trasporto *m* delle immondizie; **2.** *(Unternehmen)* nettezza *f* urbana. **Müllbeutel** *m* sacco *m* della spazzatura.

Mullbinde *f* fascia *f* di garza.

Mülldeponie [-deponi:, ...iən] ‹-, -n› *f* deposito *m* delle immondizie. **Mülleimer** *m* secchio *m* delle immondizie, pattumiera *f*.

Müller(in) ['mʏlɐ (...ərɪn)] ‹-s, -› *m(f)* mugnaio, -a *m*, *f*.

Müllmann *m*, ‹-(e)s, -männer *o rar* Mülleute› *m* addetto *m* al trasporto delle immondizie. **Müllschlucker** ‹-s, -› *m* tromba *f* per le immondizie. **Mülltonne** *f* bidone *m* delle immondizie. **Müllverbrennungsanlage** *f* inceneritore *m* di rifiuti. **Müllverwertung** *f* sfruttamento *m* dei rifiuti. **Müllwagen** *m* autocarro *m* della nettezza urbana.

mulmig ['mʊlmɪç] *a fam (Situation)* compromettente; **mir ist ganz ~ (zumute)** *fam* mi sento a disagio.

multilateral [mʊltilate'ra:l] *a* multilaterale.

Multimillionär(in) [mʊlti-] *m(f)* multimilionario, -a *m*, *f*.

Multiplikation [mʊltiplika'tsio:n] ‹-, -en› *f* moltiplicazione *f*.

multiplizieren [...'tsi:rən] ‹*ohne ge-*› *tr* moltiplicare.

Mumie ['mu:miə] ‹-, -n› *f* mummia *f*.

mumifizieren [mumifi'tsi:rən] ‹*ohne ge-*› *tr* mummificare.

Mumm [mʊm] ‹-s, ø› *m fam* **1.** *(Mut)* fegato *m fam*; **2.** *(Kraft)* forza *f*.

Mumps [mʊmps] ‹-, ø› *m o dial f* parotite *f*.

München ['mʏnçən] *n* Monaco *f* (di Baviera).

Mund [mʊnt] ‹-(e)s, ¨-er› *m* bocca *f*; **einen großen ~ haben** *fig fam* fare lo spaccone; **sich** *(dat)* **den ~ verbrennen** *fig fam* tradirsi con una parola; **jdm den ~ verbieten** impedire a qu di parlare; **nicht auf den ~ gefallen sein** *fam* avere sempre la risposta pronta; **in aller ~e sein** *geh* correre sulla bocca di tutti.

Mundart *f* dialetto *m*. **Mundartdichter(in)** *m(f)* poeta, -tessa *m*, *f* dialettale. **mundartlich** *a* dialettale.

Munddusche *f* doccia *f* orale.

Mündel ['mʏndəl] ‹-s, -› *n* pupillo *m*.

munden ['mʊndən] *itr geh* piacere.

münden ['mʏndən] *itr* ‹*haben o sein*› **1.** *(Fluß)* sfociare, gettarsi (*in* in); *(Straße a.)* sboccare; **2.** *fig (enden)* finire.

mundfaul *a fam* taciturno, poco loquace. **Mundgeruch** *m* alito *m* cattivo. **Mundharmonika** *f* armonica *f* a bocca.

mündig ['mʏndɪç] *a* **1.** *jur* maggiorenne; **2.** *fig, allg.* emancipato. **Mündigkeit** ‹-, ø› *f* **1.** *jur* maggiore età *f*; **2.** *fig, allg.* emancipazione *f*.

mündlich ['mʏntlɪç] *a* orale; **alles weitere ~!** il resto a voce!
Mundpflege *f* igiene *f* della bocca. **Mundpropaganda** *f* pubblicità *f* verbale. **Mundraub** *m* furto *m* lieve di generi alimentari per consumo immediato. **Mundstück** *n* bocchino *m.* **mundtot** *a fam:* **jdn ~ machen** ridurre qu al silenzio.
Mündung ‹-, -en› *f* **1.** *(von Fluß)* foce *f; (von Straße a.)* sbocco *m;* **2.** *(von Gewehr)* bocca *f.*
Mundwasser *n* acqua *f* dentifricia; *med* collutorio *m.* **Mundwerk** *n fam:* **ein loses/freches ~ haben** avere la lingua lunga. **Mundwinkel** *m* angolo *m* della bocca. **Mund-zu-Mund-Beatmung** *f* respirazione *f* bocca a bocca.
Munition [muni'tsi̯o:n] ‹-, -en› *f* munizione *f.*
munkeln ['mʊŋkəln] *tr, itr fam* mormorare.
Münster ['mʏnstɐ] ‹-s, -› *n* cattedrale *f.*
munter ['mʊntɐ] *a* **1.** *(wach, aufgeweckt)* sveglio; **2.** *(lebhaft)* vivace, vivo; **3.** *(fröhlich)* allegro, gaio; **4.** *(rüstig)* vegeto; **~ machen** (ri)svegliare. **Munterkeit** ‹-, ø› *f (Lebhaftigkeit)* vivacità *f; (Fröhlichkeit)* allegria *f.* **Muntermacher** ‹-s, -› *m fam* stimolante *m.*
Münzamt *n s.* **Münzstätte.**
Münze ['mʏntsə] ‹-, -n› *f* moneta *f;* **etw. für bare ~ nehmen** prendere qc per oro colato.
Münzeinwurf *m* fessura *f* per l'introduzione della moneta.
münzen I. *itr* battere (*o* coniare) moneta; **II.** *tr* coniare; **das ist auf mich gemünzt** è diretto a me.
Münzfernsprecher *m* telefono *m* pubblico a gettoni. **Münzgeld** *n* spiccioli *m pl.* **Münzstätte** *f* zecca *f.* **Münztankstelle** *f* distributore *m* di benzina a gettoni.
mürbe ['mʏrbə] *a* **1.** *(Fleisch)* tenero, frollo; *(~ gebraten, gekocht)* ben cotto; *(Gebäck)* friabile; **2.** *(bröckelig)* friabile; *(brüchig)* fragile; *(morsch)* fradicio; **~ machen** *(Fleisch)* rendere tenero; *fig (Menschen)* rendere docile, fiaccare. **Mürbeteig** *m* pasta *f* frolla.
Murmel ['mʊrməl] ‹-, -n› *f* bilia *f.*
murmeln ['mʊrməln] *tr, itr* mormorare, borbottare.
Murmeltier *n* marmotta *f.*
murren ['mʊrən] *itr* brontolare (*über* per).
mürrisch ['mʏrɪʃ] *a (griesgrämig)* scontroso; *(brummig)* brontolone.
Mus [mu:s] ‹-es, -e› *n* passato *m,* purè *m.*
Muschel ['mʊʃəl] ‹-, -n› *f* **1.** *zoo* conchiglia *f; (Mies~)* mitilo *m,* cozza *f;* **2.** *(~schale)* guscio *m;* **3.** *(Ohr~)* padiglione *m* auricolare; **4.** *tel (Hör~)* ricevitore *m; (Sprech~)* microfono *m.*
Muse ['mu:zə] ‹-, -n› *f* musa *f.*
Museum [mu'ze:ʊm, ...e:ən] ‹-s, -seen› *n* museo *m.* **Museumswärter(in)** *m(f)* guardiano, -a *m, f* di museo.
Musik [mu'zi:k] ‹-, *rar* -en› *f* musica *f.*
musikalisch [muzi'ka:lɪʃ] *a* musicale.
Musikant(in) [muzi'kant(ɪn)] ‹-en, -en› *m(f)* musicante *mf.*
Musikbegleitung *f* accompagnamento *m* musicale. **Musikbox** *f* juke-box *m.*
Musiker(in) ['mu:zikɐ (...ərɪn)] ‹-s, -› *m(f)* musicista *mf.*
Musikhochschule *f* conservatorio *m* musicale. **Musikinstrument** *n* strumento *m* musicale. **Musikkapelle** *f* orchestra *f; mil* banda *f* musicale. **Musikkassette** *f* musicassetta *f.* **Musiklehrer(in)** *m(f)* insegnante *mf* (*o* maestro, -a *m, f*) di musica. **Musikstück** *n* brano *m* (*o* pezzo *m*) musicale.
musisch ['mu:zɪʃ] *a* **1.** *(Fächer, Schule, etc.)* artistico; **2.** *(Mensch)* dotato artisticamente.
musizieren [muzi'tsi:rən] ‹*ohne ge-*› *itr* fare della musica.
Muskel ['mʊskəl] ‹-s, -n› *m* muscolo *m.* **Muskelkater** *m* dolori *m pl* muscolari. **Muskelprotz** [-prɔts] ‹-en *o* -es, -e(n)› *m fam* maciste *m.*
muskulös [mʊsku'lø:s] *a* muscoloso.
Müsli ['my:sli] ‹-s, -› *n,* **Müesli** ['my:ɛsli] ‹-s, -› *n CH* zuppa al latte con frutta e cereali.
muß [mʊs] *pr von* **müssen. Muß** ‹-, ø› *n* necessità *f* (assoluta).
Muße ['mu:sə] ‹-, ø› *f* ozio *m.*
Mußehe ['mʊs-] *f* matrimonio *m* di necessità.
müssen ['mʏsən] ‹muß, mußte, gemußt *o modales Hilfsverb* müssen› **I.** *(modales Hilfsverb)* **1.** *(Notwendigkeit, Wunsch)* dovere; **2.** *(Zwang)* essere costretto a *inf; (Verpflichtung)* essere obbligato a *inf;* **3.** *(Vermutung)* dovere; **man müßte mehr Geld/Zeit haben!** si dovrebbe avere più soldi/più tempo libero!; **ich muß es tun** *(Zwang)* devo farlo; *(Notwendigkeit, Wunsch)* bisogna (*o* è necessario) che lo faccia; **drei Jahre mußten vergehen, bis ...** ci sono voluti tre anni prima che ... *conj;* **II.** *itr:* **ich muß in die Stadt** devo andare in città; **ich muß mal** *fam* devo andare al gabinetto.
Mußestunden *f pl* tempo *m* libero.
müßig ['my:sɪç] *a* **1.** *(untätig)* ozioso, inoperoso; **2.** *(unnütz, zwecklos)* inutile, vano. **Müßiggang** *m:* **~ ist aller Laster Anfang** *prov* l'ozio è il padre dei vizi *prov.*
mußte ['mʊstə] *imp von* **müssen.**
Muster ['mʊstɐ] ‹-s, -› *n* **1.** *(Vorlage, a. Vorbild)* modello *m;* **2.** *(Vorbild)* esem-

pio *m* (*an* di); **3.** *(~ung)* disegno *m*, motivo *m*; **4.** *(Probestück)* campione *m*; **nach dem ~ von** sull'esempio di. **Musterbrief** *m* lettera *f* tipo. **Musterexemplar** *n* esemplare *m*, modello *m*. **mustergültig, musterhaft** *a* esemplare. **Musterknabe** *m* ragazzo *m* modello. **Mustermesse** *f* fiera *f* campionaria.

mustern ['mʊstɐn] *tr* **1.** *(betrachten)* squadrare, scrutare; *mil* ispezionare; *(Truppen)* passare in rassegna; *(Wehrpflichtige)* sottoporre alla visita di leva; **2.** *(mit Mustern versehen)* decorare (con disegni).

Musterschüler(in) *m(f)* scolaro, -a *m, f* modello.

Musterung ‹-, -en› *f* **1.** *(Prüfung, Betrachtung)* esame *m*; **2.** *(von Wehrpflichtigen)* visita *f* di leva; **3.** *(Muster)* motivo *m*, disegno *m*.

Mut [mu:t] ‹-(e)s, ø› *m* coraggio *m*; **den ~ verlieren** perdersi d'animo; **jdm ~ machen** far coraggio a qu, incoraggiare qu; **frohen ~es** di buon animo.

Mutation [muta'tsi̯o:n] ‹-, -en› *f* mutazione *f*.

mutig *a* coraggioso.

mutlos *a* scoraggiato, abbattuto.

mutmaßen ['mu:tma:sən] *tr geh (vermuten)* presumere, congetturare.

mutmaßlich *a adm* presunto.

Mutter[1] ['mʊtɐ] ‹-, ¨› *f* madre *f*; **werdende und stillende Mütter** donne incinte e allattanti; **keine ~ mehr haben** essere orfano di madre.

Mutter[2] ['mʊtɐ] ‹-, -n› *f tec* madrevite *f*, dado *m*.

Mütterchen ['mʏtɐçən] ‹-s, -› *n*: **altes ~** nonnina *f*, vecchietta *f*.

Mutterkuchen *m* placenta *f*.

mütterlich ['mʏtɐlɪç] *a* materno.

mütterlicherseits *adv* materno, da parte di madre.

Mutterliebe *f* amore *m* materno. **Muttermal** ‹-s, -e› *n* neo *m*; *(größeres)* voglia *f*; *med* angioma *m*. **Muttermilch** *f* latte *m* materno. **Muttermund** *m* orifizio *m* dell'utero. **Mutterschaft** ‹-, ø› *f* maternità *f*. **Mutterschaftsgeld** *n* sussidio *m* di maternità. **Mutterschaftsurlaub** *m* vacanza *f* per maternità. **Mutterschiff** *n* nave *f* appoggio. **Mutterschutz** *m* protezione *f* della maternità. **mutterseelenallein** ['mʊtɐ'ze:lənʔa'lai̯n] *a, adv fam* solo soletto *fam*. **Muttersöhnchen** [-zø:nçən] ‹-s, -› *n fam* cocco *m* di mamma *fam*. **Muttersprache** *f* lingua *f* madre (*o* materna). **Muttertag** *m* festa *f* della mamma. **Mutterwitz** *m* astuzia *f* genuina.

Mutti ['mʊti] ‹-, -s› *f fam* mammina *f*.

mutwillig *a* **1.** *(absichtlich)* intenzionale, volontario; **2.** *(böswillig)* malizioso; **3.** *(übermutig)* spavaldo.

Mütze ['mʏtsə] ‹-, -n› *f* berretto *m*.

MW **1.** *ab von* **Mittelwelle** OM (*ab von* onde medie); **2.** *ab von* **Megawatt** MW (*ab von* megawatt).

MwSt., MWSt. *ab von* **Mehrwertsteuer** I.V.A. *f* (*ab von* Imposta sul Valore Aggiunto).

Myrte ['mʏrtə] ‹-, -n› *f* mirto *m*.

mysteriös [mʏste'ri̯ø:s] *a* misterioso.

Mysterium [...'te:ri̯ʊm, ...i̯ən] ‹-s, -rien› *n* mistero *m*.

Mystik ['mʏstɪk] ‹-, ø› *f* mistica *f*.

Mythologie [mytolo'gi:, ...i:ən] ‹-, -n› *f* mitologia *f*.

Mythos, Mythus ['my:tɔs, 'my:tʊs, ...tən] ‹-, Mythen› *m* mito *m*.

N

N, n [ɛn] ‹-, -(s)› *n* N, n *f;* **N wie Nordpol** N come Napoli.

N *ab von* **Nord(en)** N. (*ab von* nord).

na [na] *interj fam* **1.** *(fragend)* va bene; **2.** *(auffordernd)* allora, su; **3.** *(beschwichtigend)* suvvia; **4.** *(zweifelnd)* ma; **5.** *(ermahnend)* attenzione; **~, Kleiner?** ehi, tu?; **~ also!, ~ eben!, ~ bitte!** allora!, appunto!, dunque!; **~ gut!, ~ schön!** va bene!; **~ warte!** aspetta!

Nabel ['na:bəl] ‹-s, -› *m* ombelico *m.* **Nabelschnur** *f* cordone *m* ombelicale.

nach [na:x] **I.** *prp dat* **1.** *(räumlich)* verso; *(bei Ortsnamen)* a; *(bei Ländernamen)* in; **2.** *(zeitlich, a. Reihenfolge)* dopo; **3.** *(zufolge, gemäß)* secondo, in conformità di; **~ ... fahren** partire per ...; **~ Hause gehen** andare a casa; **~ der Straße liegen** dare sulla strada; **von links ~ rechts** da sinistra a destra; **Viertel ~ fünf** le cinque e un quarto; **der Reihe ~** per (*o* in) ordine, di seguito; **~ etw. riechen/schmecken** sapere di qc; **~ (französischer,** *etc.*) **Art** alla (francese, *etc.*); **II.** *adv* **1.** *(zeitlich):* **~ wie vor** come prima; **~ und ~** un pò alla volta, a poco a poco; **2.** *(räumlich):* **mir ~!** dietro a me!, seguitemi!

nach·äffen ['na:xˀɛfən] *tr pej* contraffare, scimmiottare.

nach·ahmen ['na:xˀa:mən] *tr* imitare, copiare; *(in Gestik, Sprache, etc. a.)* contraffare. **nachahmenswert** *a* esemplare. **Nachahmung** ‹-, -en› *f* imitazione *f; (Fälschung)* contraffazione *f.*

Nachbar(in) ['naxba:ɐ̯ (...rın)] ‹-n *o rar* -s, -n› *m(f)* vicino, -a *m, f.* **Nachbarhaus** *n* casa *f* vicina. **Nachbarland** *n* paese *m* confinante. **nachbarlich I.** *a* (del) vicino; **II.** *adv* di vicinato. **Nachbarschaft** ‹-, ø› *f* **1.** *(Verhältnis)* vicinato *m;* **2.** *(Nachbarn)* vicini *m pl;* **3.** *(Nähe)* vicinanza *f.*

nach·bereiten ‹*ohne ge-*› *tr* rielaborare, rimeditare.

nach·bestellen ‹*ohne ge-*› *tr* ordinare ancora. **Nachbestellung** *f* ordinazione *f* supplementare.

nach·beten *tr fam* ripetere pappagallescamente.

Nachbildung *f* **1.** *(Vorgang)* imitazione *f;* **2.** *(Werk)* copia *f.*

nachdem [na:x'de:m] **I.** *con* **1.** *(zeitlich)* dopo *inf,* dopo che; **2.** *(kausal)* poiché, siccome; **II.** *adv:* **je ~, ob .../wie ...** secondo se .../come ...

nach·denken ‹*irr*› *itr* riflettere (*über* su), meditare (*über* su).

nachdenklich *a* **1.** *(momentan)* pensieroso, meditabondo; **2.** *(generell)* riflessivo.

Nachdichtung *f* versione *f* libera.

Nachdruck[1] ‹-(e)s, ø› *m* **1.** *(Betonung)* accento *m,* enfasi *f;* **2.** *(Festigkeit)* energia *f,* forza *f.*

Nachdruck[2] ‹-(e)s, -e› *m typ* riproduzione *f; (Neuauflage)* ristampa *f;* **~ verboten** tutti i diritti riservati.

nach·drucken *tr* ristampare.

nachdrücklich ['na:xdrʏklıç] *a* energico, fermo.

nach·eifern *itr:* **jdm ~** emulare qu.

nacheinander [na:xˀai̯'nandɐ] *adv* l'uno dopo (*o* dietro) l'altro; *(zeitlich a.)* di seguito.

nach·empfinden ‹*irr, ohne ge-*› *tr:* **jdm etw. ~** sentire qc come qu, condividere qc di qu.

nach·erzählen ‹*ohne ge-*› *tr* ripetere con proprie parole. **Nacherzählung** *f* ripetizione *f* (con proprie parole).

Nachfolge *f* successione *f.*

nach·folgen *itr* ‹*sein*› **1.** *(hinterhergehen)* seguire (*jdm* qu); **2.** *(im Amt)* succedere (*jdm* a qu).

Nachfolger(in) ‹-s, -› *m(f)* successore *m.*

nach·forschen *itr* ricercare (*einer S. (dat)* qc). **Nachforschung** *f* ricerca *f* (*nach* su), indagine *f* (*nach* su).

Nachfrage *f* domanda *f.*

nach·fragen *itr* **1.** *(sich erkundigen)* informarsi (*nach* su, di); **2.** *(erbitten)* chiedere il permesso (*um* di); **3.** *(noch einmal fragen)* ridomandare.

nach·fühlen *s.* **nachempfinden.**

nach·füllen *tr* riempire (di nuovo).

nach·geben ‹*irr*› *itr* cedere.

Nachgebühr *f* soprattassa *f.*

Nachgeburt *f* **1.** *(Mutterkuchen)* placenta *f;* **2.** *(Vorgang)* secondina *f.*

nach·gehen ‹*irr*› *itr* ‹*sein*› **1.** *(folgen)* andare dietro (*jdm* a qu); *(a. fig: Spur, Gedanken)* seguire (*einer S. (dat)* qc); **2.** *fig (sich widmen)* dedicarsi; **3.** *(nachforschen)* studiare a fondo (*einer S. (dat)* qc), approfondire (*einer S. (dat)* qc); **4.** *(Uhr)* ritardare, essere indietro.

Nachgeschmack *m* sapore *m.*

nachgiebig ['na:xgi:bıç] *a* **1.** *(Boden, etc.)* cedevole; *(Material)* elastico, flessibile; **2.** *(Mensch)* arrendevole, accon-

discendente. **Nachgiebigkeit** ⟨-, ø⟩ *f* **1.** cedevolezza *f; tec* elasticità *f,* flessibilità *f;* **2.** *fig* arrendevolezza *f,* compiacenza *f.*
nachhaltig ['na:xhaltɪç] *a* persistente, durevole. **Nachhaltigkeit** ⟨-, ø⟩ *f* persistenza *f,* durata *f.*
Nachhauseweg [na:x'hauzə-] *m* via *f* di casa.
nach·helfen ⟨*irr*⟩ *itr* aiutare (*jdm* qu).
nachher [na:x'he:ɐ *o* 'na:x...] *adv (danach)* dopo, poi; *(später)* più tardi.
Nachhilfe *f,* **Nachhilfestunden** *f pl,* **-unterricht** *m* ripetizioni *f pl.*
Nachholbedürfnis *n* bisogno *m* di ricuperare (*an etw.* qc).
nach·holen *tr* ricuperare.
nach·jagen *itr* ⟨*sein*⟩ correre dietro.
nach·kaufen *tr* completare, ricostituire; comprare successivamente. **Nachkaufgarantie** *f* garanzia *f* di produzione.
Nachkomme ['na:xkɔmə] ⟨-n, -n⟩ *m* discendente *mf.*
nach·kommen ⟨*irr*⟩ *itr* ⟨*sein*⟩ **1.** *(später kommen)* venire dopo; **2.** *(einer Vorschrift)* conformarsi; *(einem Befehl)* obbedire; *(einer Forderung)* dar seguito; *(einer Verpflichtung)* adempiere; **ich komme (euch) nach** vi raggiungerò.
Nachkommenschaft ⟨-, ø⟩ *f* discendenza *f,* posteri *m pl.*
Nachkömmling ['na:xkœmlɪŋ] ⟨-s, -e⟩ *m* ultimo figlio *m* (con grande differenza di età rispetto ai fratelli).
Nachkriegs- *(in Zusammensetzungen)* del dopoguerra, postbellico. **Nachkriegszeit** *f* dopoguerra *m.*
Nachlaß ['na:xlas] ⟨-lasses, -lasse *o* -lässe⟩ *m* **1.** *com* riduzione *f,* sconto *m; (Rabatt)* ribasso *m;* **2.** *(Hinterlassenschaft)* eredità *f.*
nach·lassen ⟨*irr*⟩ **I.** *tr* **1.** *(lockern)* allentare; **2.** *(vom Preis)* ribassare; **II.** *itr* diminuire; *(Sturm, Lärm)* placarsi; *(Schmerz)* calmarsi; *(Gefühl)* raffreddarsi, intiepidirsi.
nachlässig *a* **1.** *(ohne Sorgfalt)* negligente; *(a. Kleidung)* trascurato *f;* **2.** *(gleichgültig)* incurante. **Nachlässigkeit** ⟨-, *rar* -en⟩ *f* **1.** *(Unordentlichkeit)* negligenza *f; (a. in Kleidung)* trascuratezza *f;* **2.** *(Gleichgültigkeit)* noncuranza *f.*
Nachlaßverwalter(in) *m(f)* amministratore, -trice *m, f* d'eredità.
nach·laufen ⟨*irr*⟩ *itr* ⟨*sein*⟩ correre dietro.
Nachlese *f* spigolatura *f.*
nach·lösen *itr* fare un biglietto in viaggio.
nach·machen *tr* **1.** *(nachahmen)* imitare, copiare; *(parodieren)* contraffare; **2.** *(fälschen)* contraffare; **3.** *(nachträglich machen)* fare dopo.
nach·messen ⟨*irr*⟩ *tr, itr* rimisurare.
Nachmieter(in) *m(f)* inquilino, -a *m, f* subentrante.
Nachmittag *m* pomeriggio *m.* **nachmittags** *adv* di pomeriggio. **Nachmittagsvorstellung** *f* rappresentazione *f* pomeridiana.
Nachnahme ['na:xna:mə] ⟨-, -n⟩ *f:* **gegen ~** contrassegno.
Nachname *m* cognome *m.*
Nachporto *n* soprattassa *f.*
nach·prüfen *tr* controllare, verificare; *(noch einmal prüfen)* riesaminare. **Nachprüfung** *f* controllo *m,* verifica *f; (erneute Prüfung)* riesame *m; (in Schule)* esame *m* di riparazione.
nach·rechnen I. *tr* verificare il calcolo di; **II.** *itr* verificare il calcolo.
Nachrede *f:* **üble ~** maldicenza *f,* diffamazione *f.*
Nachricht ['na:xrɪçt] ⟨-, -en⟩ *f* **1.** *(Meldung, Information)* notizia *f; (Mitteilung)* informazione *f,* comunicazione *f;* **2.** ⟨*pl*⟩ *radio* giornale *m* radio, notiziario *m; TV* telegiornale *m;* **ich habe keine ~ von ihm** non ho sue notizie; **wir geben Ihnen ~, sobald die Möbel da sind** non appena arrivano i mobili, glielo facciamo sapere. **Nachrichtenagentur** *f* agenzia *f* d'informazioni (*o* di stampa). **Nachrichtendienst** *m* servizio *m* d'informazioni; *mil* servizio *m* di ricognizione. **Nachrichtensendung** *f radio* giornale *m* radio, notiziario *m; TV* telegiornale *m.* **Nachrichtensperre** *f* censura *f* sulle informazioni. **Nachrichtensprecher(in)** *m(f)* annunciatore, -trice *m, f.* **Nachrichtentechnik** *f* telecomunicazioni *f pl.*
Nachruf *m* necrologio *m* (*auf* di).
Nachruhm *m* fama *f* postuma.
Nachrüstung *f* riarmo *m.*
nach·sagen *tr* ripetere; **jdm etw. Gutes/Schlechtes ~** dire bene/male di qu.
Nachsaison *f* bassa stagione *f.*
nach·schauen *itr:* **jdm ~** seguire qu con lo sguardo; **~, ob ...** andare a vedere se ...
nach·schicken *tr (Post)* mandare dopo, rispedire; *(Leute)* mandare dietro.
nach·schlagen ⟨*irr*⟩ **I.** *tr* ⟨*haben*⟩ cercare; **II.** *itr* **1.** ⟨*haben*⟩ consultare (*in etw.* qc); **2.** ⟨*sein*⟩: **jdm ~** *geh* assomigliare a qu.
Nachschlagewerk *n* opera *f* di consultazione.
Nachschlüssel *m* chiave *f* falsa.
Nachschrift *f* **1.** *(Aufzeichnungen)* appunti *m pl;* **2.** *(Nachtrag)* poscritto *m.*
Nachschub *m* **1.** *(Versorgung)* rifornimento *m;* **2.** *(Material)* rifornimenti *m pl.*
nach·sehen ⟨*irr*⟩ **I.** *itr* **1.** *(hinterhersehen)* seguire con lo sguardo (*jdm/einer S. (dat)* qu/qc); **2.** *(gucken)* andare a vedere; *(in Buch)* consultare (*in etw.*

qc); **II.** *tr* **1.** *(prüfen)* verificare, controllare; **2.** *(entschuldigen)* perdonare, lasciar passare. **Nachsehen** ⟨-s, ø⟩ *n:* **das ~ haben** restare a bocca asciutta.

nach·senden ⟨*irr*⟩ *s.* **nachschicken.**

Nachsicht *f* indulgenza *f,* condiscendenza *f;* **~ mit jdm haben** essere indulgente con qu. **nachsichtig** *a* indulgente.

Nachsilbe *f* suffisso *m.*

nach·sitzen ⟨*irr*⟩ *itr* rimanere a scuola per castigo.

Nachspann ['na:xʃpan] ⟨-(e)s, -e⟩ *m* titoli *m pl* di chiusura.

Nachspeise *f* dessert *m,* dolce *m.*

Nachspiel *n* **1.** *theat* epilogo *m; mus* postludio *m;* **2.** *fig (Folgen)* strascico *m.*

nach·spionieren ⟨*ohne ge-*⟩ *itr:* **jdm ~** spiare qu.

nach·sprechen ⟨*irr*⟩ *tr* ripetere.

nächst [nɛ:çst] *prp dat geh* **1.** *(örtlich)* accanto, dopo; **2.** *(außer)* oltre a.

nächstbeste(r, s) ['nɛ:çst'bɛstə] *a* primo, -a che capita; *(Mensch)* primo, -a venuto, -a *m, f.*

nächste *s.* **nächste(r, s).**

Nächste[1] ⟨ein -r, -n, -n⟩ *m (Mitmensch)* prossimo *m.*

Nächste[2] ⟨ein -s, -n, ø⟩ *n* prima cosa *f.*

nach·stellen I. *tr* posporre; *(Uhr)* mettere indietro; **II.** *itr:* **jdm ~** inseguire qu, perseguitare qu. **Nachstellung** *f* **1.** *(Verfolgung)* persecuzione *f; (a. von Tier)* caccia *f; (Aufdringlichkeit)* invadenza *f;* **2.** *gram* posposizione *f.*

Nächstenliebe *f* amore *m* del prossimo, carità *f.*

nächste(r, s) ['nɛ:çstə] ⟨*Superlativ von* nah(e)⟩ *a* **1.** *(räumlich)* (il, la) più vicino, -a; *(a. zeitlich)* prossimo, -a; *(Weg)* (il, la) più breve; **2.** *(Reihenfolge)* seguente, prossimo, -a; **am ~n** più vicino; **im ~n Augenblick** un momento dopo; **der ~, bitte!** avanti il prossimo!

Nächstliegende ⟨ein -s, -n, ø⟩ *n:* **das ~** *fig* la cosa più evidente. **nächstmögliche(r, s)** ['nɛ:çst'mø:klıçə] *a* prossimo, -a.

Nacht [naxt] ⟨-, ¨-e⟩ *f* notte *f; (Dauer)* nottata *f;* **heute n~** stanotte; **bei ~, in der ~** *geh* di notte; **bei ~ und Nebel** furtivamente; **in der ~ vom 21. auf den 22. April** nella notte fra il 21 ed il 22 aprile; **über ~** *fig* durante la notte; *(von heute auf morgen)* da un giorno all'altro; **schwarz wie die ~** nero come il carbone; **gute ~!** buona notte! **Nachtblindheit** *f* emeralopia *f.* **Nachtdienst** *m* servizio *m* notturno.

Nachteil *m* svantaggio *m,* sfavore *m; (Schaden a.)* danno *m,* pregiudizio *m;* **sich zu seinem ~ verändern** cambiare in peggio; **zum ~ von** a svantaggio di. **nachteilig** *a (ungünstig)* svantaggioso; *(abträglich)* sfavorevole.

Nachtessen *(CH, süddeutsch) s.* **Abendessen. Nachtfalter** *m* farfalla *f* notturna, falena *f.* **Nachtfrost** *m* gelo *m* notturno. **Nachthemd** *n* camicia *f* da notte.

Nachtigall ['naxtıgal] ⟨-, -en⟩ *f* usignolo *m.*

nächtigen ['nɛçtıgən] *itr geh* passare la notte.

Nachtisch *m* dessert *m,* dolce *m.*

Nachtleben *n* vita *f* notturna.

nächtlich ['nɛçtlıç] *a* notturno.

Nachtlokal *n* locale *m* notturno, night *m.* **Nachtportier** *m* portiere *m* di notte. **Nachtquartier** *n* alloggio *m* per la notte.

Nachtrag ['na:xtra:k] ⟨-(e)s, ¨-e⟩ *m* supplemento *m,* aggiunta *f; (Anhang)* appendice *f; (in Brief)* poscritto *m.*

nach·tragen ⟨*irr*⟩ *tr* **1.** *(hinterhertragen)* portare dietro; **2.** *(hinzufügen)* aggiungere; **3.** *(nachtragend sein)* serbare (*o* portare) rancore (*jdm etw.* a qu per qc). **nachtragend** *a* permaloso.

nachträglich ['na:xtrɛ:klıç] **I.** *a* **1.** *(ergänzend)* supplementare, suppletivo; **2.** *(später eingehend)* ulteriore, posteriore; **3.** *(später nachfolgend)* ritardato, tardivo; **II.** *adv* più tardi, in seguito; *(verspätet)* in ritardo.

nach·trauern *itr:* **jdm/einer S.** *(dat)* **~** rimpiangere qu/qc.

Nachtruhe *f* riposo *m* notturno.

nachts *adv* di notte.

Nachtschattengewächs *n* solanacee *f pl.* **Nachtschicht** *f* turno *m* di notte. **Nachtschwärmer** *m* **1.** *zoo* falena *f;* **2.** *scherz* nottambulo *m.* **Nachtschwester** *f* infermiera *f* di notte. **Nachtspeicherofen** *m* stufa *f* d'accumulazione di calore. **Nachttarif** *m* tariffa *f* notturna. **Nachttisch** *m* comodino *m.* **Nachttopf** *m* vaso *m* da notte. **Nachtwache** *f* veglia *f.* **Nachtwächter** *m* guardiano *m* notturno.

Nachuntersuchung *f* controllo *m.*

nach·vollziehen ⟨*irr, ohne ge-*⟩ *tr* ripercorrere.

nach·wachsen ⟨*irr*⟩ *itr* ⟨*sein*⟩ ricrescere.

Nachwahl *f* elezione *f* suppletiva.

Nachwehen *f pl* **1.** *med* morsi *m pl* uterini; **2.** *fig geh* effetti *m pl* dolorosi.

Nachweis ['na:xvais] ⟨-es, -e⟩ *m* **1.** *(Beweis)* prova *f,* dimostrazione *f;* **2.** *(Bescheinigung)* attestato *m,* pezza *f* d'appoggio; **zum ~ von** a sostegno di.

nachweisbar *a* **1.** *(beweisbar)* dimostrabile; **2.** *(belegbar)* documentabile; **3.** *(auffindbar: Fehler, etc.)* trovabile.

nach·weisen ⟨*irr*⟩ *tr* **1.** *(beweisen)* provare, dimostrare; **2.** *(belegen, bescheinigen)* attestare, certificare.

nachweislich *adv* come si può dimostrare.

Nachwelt *f* posterità *f,* posteri *m pl.*

nach·wirken *itr tec, med* produrre un effetto secondario; *(Einfluß haben)* ripercuotersi (*auf* su). **Nachwirkung** *f* 1. *tec, med* effetto *m* secondario; 2. *fig (Einfluß)* ripercussione *f* (*auf* su).
Nachwort ‹-(e)s, -e› *n* postfazione *f*, epilogo *m*.
Nachwuchs *m (Kinder)* figli *m pl*, bambini *m pl; (beruflich)* giovani leve *f pl*.
nach·zahlen *tr, itr* 1. *(später zahlen)* pagare dopo (*o* successivamente); 2. *(zusätzlich zahlen)* pagare in più.
nach·zählen *tr, itr* (ri)contare.
Nachzahlung *f* 1. *(später)* pagamento *m* successivo; *(zusätzlich)* pagamento *m* supplementare; 2. *(Summe)* arretrato *m*.
nach·ziehen ‹*irr*› *tr* 1. *(hinterherziehen)* tirare dietro; *(Bein)* trascinare; 2. *(Schraube, etc.)* serrare; 3. *(Strich)* ricalcare; *(Augenbrauen, Lippen, etc.)* ritoccare.
Nachzügler(in) ['na:xtsy:klɐ (...ərɪn)] ‹-s, -› *m(f)* ritardatario, -a *m, f*.
Nackedei ['nakədai] ‹-s, -s› *m fam scherz* nudità *f; (Kind)* bambino *m* nudo.
Nacken ['nakən] ‹-s, -› *m* nuca *f; gastr* lombata *f*. **Nackenstütze** *f* poggiacapo *m*.
nackt [nakt] *a* 1. *(unbekleidet, a. fig)* nudo; 2. *(kahl a.)* spoglio; 3. *fig (unverhüllt a.)* nudo e crudo; *(nichts anderes als)* puro; **sich ~ ausziehen** spogliarsi completamente. **Nacktbadestrand** *m* spiaggia *f* per nudisti. **Nacktheit** ‹-, ø› *f* nudità *f*. **Nackttänzer(in)** *m(f)* ballerino, -a *m, f* nudo, -a.
Nadel ['na:dəl] ‹-, -n› *f* 1. *(Näh~, bot)* ago *m; (Steck~)* spillo *m; (Häkel~)* uncinetto *m; (Strick~ a.)* ferro *m* (da calza); 2. *(ohne Öhr)* spilla *f; (Haar~, Hut~)* spillone *m;* 3. *(Grammophon~)* puntina *f*. **Nadelbaum** *m* conifera *f*. **Nadelkissen** *n* puntaspilli *m*. **Nadelöhr** *n* cruna *f* dell'ago. **Nadelstich** *m* 1. *(Einstich)* puntura *f;* 2. *(Nähstich)* punto *m* di cucito; 3. *fig* punzecchiatura *f*, frecciata *f*. **Nadelstreifen** *m pl* righe *f pl* sottilissime di una stoffa gessata. **Nadelstreifenanzug** *m* gessato *m*. **Nadelwald** *m* bosco *m* di conifere.
Nagel ['na:gəl] ‹-s, ⸚› *m* 1. *tec* chiodo *m;* 2. *anat* unghia *f;* **den ~ auf den Kopf treffen** *fam* cogliere nel segno; **Nägel mit Köpfen machen** *fam* fare le cose come si deve; **sich** *(dat)* **etw. unter den ~ reißen** *fam* grattare (*o* sgraffignare) qc *fam;* **er hat das Klavierspielen an den ~ gehängt** *fam* ha smesso di suonare il pianoforte. **Nagelbürste** *f* spazzolino *m* per le unghie. **Nagelfeile** *f* limetta *f* per le unghie. **Nagelhaut** *f* pipita *f*. **Nagellack** *m* smalto *m* per le unghie.
nageln *tr* inchiodare; *(Schuhe)* chiodare.
nagelneu ['na:gəl'nɔy] *a fam* nuovo fiammante.
Nagelreiniger ‹-s, -› *m* nettaunghie *m*. **Nagelschere** *f* forbici *f pl* per le unghie.
nagen ['na:gən] I. *itr* 1. *(knabbern, zer~)* (cor)rodere (*an etw.* qc), rosicchiare (*an etw.* qc); 2. *fig (Kummer)* struggere (*an jdm* qu); *(Gewissen)* rimordere; II. *tr* rodere.
Nager ‹-s, -› *m*, **Nagetier** *n* roditore *m*.
Nahaufnahme *f* primo piano *m*.
nah(e) ['na:(ə)] I. ‹⸚er, nächste› *a* 1. *(räumlich)* vicino; 2. *(zeitlich)* prossimo, imminente; 3. *fig (eng)* stretto; **von ~ und fern** da tutte le parti, da ogni dove; **ich war ~e daran zu ...** ero sul punto di ...; II. *prp dat* vicino a.
Nähe ['nɛ:ə] ‹-, ø› *f* vicinanza *f*, prossimità *f; (Umgebung)* vicinanze *f pl*, dintorni *m pl;* **aus nächster ~, ganz aus der ~** da molto vicino; **in der ~ (von)** vicino (a), nelle vicinanze (di).
nahe·gehen ‹*irr*› *itr* ‹*sein*› toccare da vicino (*jdm* qu). **nahe·kommen** ‹*irr*› *itr* ‹*sein*› avvicinarsi. **nahe·legen** *tr* far capire, raccomandare. **nahe·liegen** ‹*irr*› *itr* essere ovvio; **die Vermutung liegt nahe, daß ...** è facile supporre che ... *conj*. **naheliegend** *a* evidente, ovvio.
nahen ['na:ən] *itr* ‹*sein*›, *geh* avvicinarsi.
nähen ['nɛ:ən] *tr, itr* cucire.
näher ['nɛ:ɐ] ‹*Komparativ von* nah(e)› *a* 1. *(örtlich)* più vicino; 2. *(zeitlich)* prossimo, più vicino; 3. *(genauer)* preciso, dettagliato; **~ bestimmen** determinare; **jdn ~ kennen** conoscere bene qu; **N~e(s)** particolari *m pl;* **treten Sie ~!** venga avanti! **näher·bringen** ‹*irr*› *tr:* **jdm etw. ~** far capire qc a qu.
Naherholungsgebiet *n* zona *f* di villeggiatura limitrofa al centro urbano.
Näherin ['nɛ:ərɪn] *f* cucitrice *f*.
näher·kommen ‹*irr*› *itr* ‹*sein*› avvicinarsi.
nähern *rfl:* **sich ~** avvicinarsi.
Näherungswert *m* valore *m* approssimativo.
nahe·stehen ‹*irr*› *itr* essere vicino (*dat* a), essere in stretto rapporto (*dat* con).
nahezu ['na:ə'tsu:] *adv* quasi.
Nahkampf *m* corpo a corpo *m*.
nahm [na:m] *imp von* **nehmen.**
Nähmaschine *f* macchina *f* da cucire. **Nähnadel** *f* ago *m* per cucire.
Nährboden *m* 1. *biol* terreno *m* di coltura; 2. *fig* terreno *m* propizio.
nähren ['nɛ:rən] I. *tr* nutrire; II. *itr* essere nutriente; III. *rfl:* **sich ~** nutrirsi.
nahrhaft ['na:ɐhaft] *a* nutriente, nutritivo.

Nahrung ['na:rʊŋ] ⟨-, ø⟩ *f* alimentazione *f*, nutrizione *f*; **einem Gerücht neue ~ geben** alimentare una voce. **Nahrungsmittel** *n* alimento *m*, prodotto *m* alimentare; ⟨*pl*⟩ derrate *f pl* (alimentari). **Nahrungsmittelindustrie** *f* industria *f* alimentare. **Nahrungsmittelvergiftung** *f* intossicazione *f* da alimenti.

Nährwert *m* valore *m* nutritivo.

Naht [na:t] ⟨-, ¨-e⟩ *f* cucitura *f*; *tec* saldatura *f*; *anat, bot, med* sutura *f*; **aus allen Nähten platzen** *fam* scoppiare. **nahtlos** *a* *(Textil)* senza cucitura; *tec* senza saldatura; **Vorlesung und Diskussion gingen ~ ineinander über** si passò dalla lezione alla discussione senza difficoltà.

Nahverkehr *m* traffico *m* locale (*o* a breve distanza). **Nahverkehrsmittel** *n* mezzo *m* di trasporto intercomunale.

Nähzeug ⟨-(e)s, -e⟩ *n* occorrente *m* per cucire.

naiv [na'i:f] *a* ingenuo, semplice; *(Kunst)* naïf.

Naivität [naivi'tɛ:t] ⟨-, ø⟩ *f* ingenuità *f*, semplicità *f*.

Name ['na:mə] ⟨-ns, -n⟩ *m*, **Namen** ['na:mən] ⟨-s, -⟩ *m* nome *m*; *(Bezeichnung a.)* denominazione *f*; *(Ruf)* reputazione *f*; **beim ~n nennen** chiamare per nome; **auf den ~n ... lautend** nominativo ...; **im ~n von** a nome (*o* da parte) di; **im ~n des Gesetzes** in nome della legge; **wie ist Ihr ~?** come si chiama?; **in Gottes ~n!** *fam* va bene! **namenlos** *a* **1.** *(Mensch)* senza nome, anonimo; **2.** *fig geh (unsagbar)* indicibile, inesprimibile.

namens **I.** *adv (mit Namen)* di nome, chiamato; **II.** *prp gen adm* in nome (*o* da parte) di.

Namensänderung *f* cambiamento *m* di nome. **Namenstag** *m* onomastico *m*. **Namensvetter** *m* omonimo *m*.

namentlich ['na:məntlɪç] **I.** *a* nominale, nominativo; **II.** *adv* **1.** *(mit Namen)* nominalmente, per nome; **2.** *(insbesondere)* segnatamente, specialmente.

namhaft *a* **1.** *(bekannt)* noto, conosciuto; **2.** *(beträchtlich)* considerevole, notevole.

nämlich ['nɛ:mlɪç] **I.** *a geh:* **der ~e** lo stesso; **das ~e** la stessa cosa; **II.** *adv* **1.** *(und zwar)* cioè, vale a dire; **2.** *(denn)* poiché, infatti.

nannte ['nantə] *imp von* **nennen.**

nanu [na'nu:] *interj* beh, tò, ma guarda un po'!

Napf [napf] ⟨-(e)s, ¨-e⟩ *m* scodella *f*, gamella *f*; *(für Tiere)* ciotola *f*. **Napfkuchen** *m* focaccia *f*.

Narbe ['narbə] ⟨-, -n⟩ *f* **1.** *med* cicatrice *f*; **2.** *bot* stigma *m*. **narbig** *a* pieno di cicatrici, butterato; *(Leder)* granito.

Narkose [nar'ko:zə] ⟨-, -n⟩ *f* narcosi *f*, anestesia *f*.

narkotisieren [...koti'zi:rən] ⟨*ohne ge-*⟩ *tr* narcotizzare.

Narr [nar] ⟨-en, -en⟩ *m*, **Närrin** ['nɛrɪn] *f* pazzo, -a *m, f*, folle *mf*, matto, -a *m, f*; *theat, hist* buffone *m*; **an jdm einen ~en gefressen haben** *fam* andare pazzo per qu; **jdn zum ~en halten** farsi (*o* prendersi) gioco di qu. **Narrenfreiheit** *f* libertà *f* di dire o fare cose altrimenti proibite. **Narrenkappe** *f* berretto *m* da buffone.

närrisch ['nɛrɪʃ] *a* **1.** *(töricht)* folle, matto; **2.** *(verrückt, skurril)* pazzo, buffo; **3.** *(karnevalistisch)* carnevalesco, buffonesco.

Narzisse [nar'tsɪsə] ⟨-, -n⟩ *f* narciso *m*.

Narzißmus [nar'tsɪsmʊs] ⟨-, ø⟩ *m* narcisismo *m*.

narzißtisch *a* narcisistico.

nasal [na'za:l] *a* nasale. **Nasallaut** *m* suono *m* nasale.

naschen ['naʃən] *tr, itr (heimlich)* spizzicare (di nascosto) (*an, von etw.* qc); *(Süßigkeiten)* mangiare.

Nascherei [naʃə'rai] ⟨-, -en⟩ *f* *(Naschwerk)* dolciume *m*.

naschhaft *a* ghiotto, goloso. **Naschkatze** *f* ghiottone, -a *m, f*, goloso, -a *m, f*.

Nase ['na:zə] ⟨-, -n⟩ *f* **1.** *allg.* naso *m*; **2.** *(Geruchssinn a.)* odorato *m*, olfatto *m*; **3.** *(Spürsinn a.)* fiuto *m*; **4.** *fam (von Farbe, etc.)* lacrima *f*; **die ~ davon voll haben** *fam* averne le tasche piene *fam*; **jdn an der ~ herumführen** menare qu per il naso; **jdm auf der ~ herumtanzen** mettersi qu sotto i piedi; **jdm etw. auf die ~ binden** *fam* dare d'intendere qc a qu; **durch die ~ sprechen** parlare col naso; **jdn mit der ~ auf etw. stoßen** *fam* far toccare con mano qc a qu; **jdm etw. vor der ~ wegschnappen** *fam* portar via qc a qu sotto il naso; **jdm die Tür vor der ~ zuschlagen** *fam* sbattere la porta in faccia a qu; **pro ~** *fam scherz* a testa, per persona; **immer der ~ nach** *fam* sempre diritto.

Nasenbein *n* osso *m* nasale. **Nasenbluten** ⟨-s, ø⟩ *n* epistassi *f*; **~ haben** perdere sangue dal naso. **Nasenflügel** *m* ala *f* (*o* pinna *f*) nasale. **Nasenlänge** *f*: **jdm um eine ~ voraus sein** precedere qu di un palmo. **Nasenloch** *n* narice *f*. **Nasenrücken** *m* dorso *m* del naso. **Nasenschleimhaut** *f* mucosa *f* nasale. **Nasenspitze** *f* punta *f* del naso. **Nasenspray** *m o n* nebulizzatore *m* (*o* spray *m*) per il naso. **Nasentropfen** *m pl* gocce *f pl* per il naso.

naseweis ['na:zəvais] *a* **1.** *(vorlaut)* saputello, saccente; **2.** *(vorwitzig)* saccente.

Nashorn *n* rinoceronte *m*.

naß [nas] ⟨**nasser** *o* **nässer, nasseste** *o* **nässeste**⟩ *a* bagnato; *(durchnäßt a.)* zuppo, fradicio; *(Wetter, a. med)* umido; *(regenreich)* piovoso; **sich ~ machen, ~ werden** bagnarsi; **~ bis auf die Haut** (*o* **Knochen**) bagnato fino alle ossa.
Nässe ['nɛsə] ⟨-, ø⟩ *f* umidità *f.*
nässen *itr* colare.
naßkalt *a* freddo umido; **es ist ~** fa un freddo umido. **Naßrasur** *f* rasatura *f* con pennello. **Naßzelle** *f* servizi *m pl.*
Nastuch *n CH* fazzoletto *m.*
Nation [na'tsi̯o:n] ⟨-, -en⟩ *f* nazione *f.*
national [natsi̯o'na:l] *a* nazionale. **Nationalelf** *f* squadra *f* nazionale di calcio. **Nationalfeiertag** *m* festa *f* nazionale. **Nationalgericht** *n* piatto *m* nazionale. **Nationalgetränk** *n* bevanda *f* nazionale. **Nationalheld(in)** *m(f)* eroe, eroina *m, f* nazionale. **Nationalhymne** *f* inno *m* nazionale.
Nationalismus [natsi̯ona'lɪsmʊs] ⟨-, ø⟩ *m* nazionalismo *m.*
nationalistisch *a* nazionalista, nazionalistico.
Nationalität [...li'tɛ:t] ⟨-, -en⟩ *f* nazionalità *f.* **Nationalitätskennzeichen** *n* targa *f* di nazionalità.
Nationalmannschaft *f* (squadra *f*) nazionale *f.* **Nationalsozialismus** *m* (*ab* **NS**) nazionalsocialismo *m,* nazismo *m.* **Nationalsozialist(in)** *m(f)* nazionalsocialista *mf,* nazista *mf.* **nationalsozialistisch** *a* nazionalsocialista, nazionalsocialistico. **Nationalspieler(in)** *m(f)* giocatore, -trice *m, f* della nazionale. **Nationalversammlung** *f* assemblea *f* nazionale.
Nato, NATO ['na:to] ⟨-, ø⟩ *f* N.A.T.O. *f.*
Natrium ['na:tri̯ʊm] ⟨-s, ø⟩ *n* sodio *m.* **Natriumchlorid** *n* cloruro *m* di sodio.
Natron ['na:trɔn] ⟨-s, ø⟩ *n* soda *f.*
Natter ['natɐ] ⟨-, -n⟩ *f* colubro *m.*
Natur [na'tu:ɐ̯] ⟨-, -en⟩ *f* natura *f; (Körperverfassung a.)* fisico *m,* complessione *f; (Veranlagung a.)* indole *f,* carattere *m;* **in der ~ der Sache liegen** essere nella natura delle cose; **von ~ aus** di carattere.
Naturalien [natu'ra:li̯ən] ⟨*pl*⟩ prodotti *m pl* naturali; **in ~ bezahlen** pagare in natura.
Naturalismus [natura'lɪsmʊs] ⟨-, ø⟩ *m* naturalismo *m.*
naturalistisch [...'lɪstɪʃ] *a* naturalistico.
Naturell [natu'rɛl] ⟨-s, -e⟩ *n* temperamento *m,* carattere *m.*
Naturereignis *n,* **-erscheinung** *f* fenomeno *m* naturale. **Naturfaser** *f* fibra *f* naturale. **Naturforscher(in)** *m(f)* naturalista *mf.* **naturgemäß I.** *a* conforme alla natura, naturale; **II.** *adv* per (sua) natura. **Naturgesetz** *n* legge *f* naturale (*o* di natura). **naturgetreu** *a* conforme all'originale. **Naturheilkunde** *f* medicina *f* naturalista. **Naturkatastrophe** *f* cataclisma *m.* **Naturkunde** *f* scienze *f pl* naturali. **Naturlehrpfad** *m* sentiero *m* botanico.
natürlich [na'ty:ɐ̯lɪç] **I.** *a* **1.** *(der Natur entsprechend)* naturale; **2.** *(nicht künstlich)* genuino; **3.** *(selbstverständlich)* ovvio, logico; **II.** *adv* **1.** *(der Natur entsprechend)* naturalmente, in modo naturale; **2.** *(selbstverständlich)* naturalmente. **Natürlichkeit** ⟨-, ø⟩ *f* naturalezza *f.*
Naturrecht *n* diritto *m* naturale. **naturrein** *a* genuino, naturale. **Naturschutz** *m* tutela *f* delle bellezze naturali; **unter ~ stehen** essere protetto dalle leggi per la tutela della natura. **Naturschutzgebiet** *n* zona *f* protetta, parco *m* nazionale. **naturverbunden** [-fɛɐ̯bʊndən] *a* amante della natura. **Naturvolk** *n* popolo *m* primitivo. **Naturwissenschaften** *f pl* scienze *f pl* naturali. **Naturwissenschaftler(in)** *m(f)* naturalista *mf.* **Naturwunder** *n* meraviglie *f pl* della natura.
Navigation [naviga'tsi̯o:n] ⟨-, ø⟩ *f* navigazione *f.*
Nazi ['na:tsi] ⟨-s, -s⟩ *m pej* nazista *mf.*
NC [ɛn'tse:] ⟨-(s), -s⟩ *m ab von* **Numerus clausus** numero chiuso, numerus clausus.
n. Chr. *ab von* **nach Christus** d.C. (*ab von* dopo Cristo).
'ne [nə] *unbestimmter Artikel fam dial s.* **eine.**
Neapel [ne'a:pəl] *n* Napoli *f.*
Nebel ['ne:bəl] ⟨-s, -⟩ *m* nebbia *f.* **Nebelbank** ⟨-, ¨-e⟩ *f* banco *m* di nebbia.
neb(e)lig *a* nebbioso; **es ist ~** c'è nebbia.
Nebelscheinwerfer *m* (faro *m*) fendinebbia *m.* **Nebelschlußleuchte** *f* faro *m* fendinebbia posteriore. **Nebelwand** *f* cortina *f* di nebbia.
neben ['ne:bən] *prp* **1.** *dat/acc (örtlich)* accanto a, vicino a; **2.** *dat (außer)* oltre a; **3.** *dat (verglichen mit)* al confronto di. **nebenamtlich I.** *a* collaterale; **II.** *adv* come attività collaterale. **nebenan** [-'ʔan] *adv* accanto. **Nebenanschluß** *m* apparecchio *m* telefonico supplementare.
nebenbei [-'bai̯] *adv* **1.** *(gleichzeitig)* contemporaneamente; **2.** *(außerdem)* inoltre; **3.** *(beiläufig)* tra parentesi, incidentalmente.
Nebenberuf *m* secondo impiego *m.* **nebenberuflich I.** *a* secondario; **II.** *adv* come secondo impiego. **Nebenbeschäftigung** *f* occupazione *f* (*o* attività *f*) secondaria. **Nebenbuhler(in)** ⟨-s, -⟩ *m(f)* rivale *mf.*
nebeneinander [-ʔai̯'nandɐ] *adv* **1.** *(räumlich)* l'uno accanto all'altro, fianco a fianco; **2.** *(zeitlich)* insieme, contemporaneamente. **Nebeneinan-**

der ‹-s, ø› *n* **1.** *(räumlich)* vicinanza *f;* **2.** *(zeitlich)* coesistenza *f,* simultaneità *f.* **nebeneinander·legen, nebeneinander·setzen, nebeneinander·stellen** *tr* mettere l'uno accanto all'altro, giustapporre.

Nebeneinnahmen *f pl* entrate *f pl* secondarie. **Nebenfach** *n* materia *f* secondaria. **Nebenfluß** *m* affluente *m.* **Nebengebäude** *n* edificio *m* annesso, dépendance *f.* **Nebengeräusch** *n* rumore *m* estraneo; *radio* disturbo *m,* rumore *m* parassita. **Nebenhandlung** *f* trama *f* collaterale.

nebenher [-'he:ɐ̯] *adv* **1.** *(gleichzeitig)* contemporaneamente; **2.** *(außerdem)* inoltre; **3.** *(beiläufig)* incidentalmente.

Nebenklage *f* costituzione *f* di parte civile. **Nebenkläger(in)** *m(f)* parte *f* civile. **Nebenkosten** ‹*pl*› spese *f pl* accessorie. **Nebenmann** ‹-(e)s, -männer *o* -leute› *m* vicino *m.* **Nebenprodukt** *n* sottoprodotto *m.* **Nebenraum** *m* stanza *f* attigua. **Nebenrolle** *f* parte *f* secondaria. **Nebensache** *f* questione *f* marginale, bagatella *f;* **das ist ~** ciò ha poca importanza. **nebensächlich** *a* accessorio, secondario, marginale. **Nebensatz** *m* proposizione *f* subordinata (*o* secondaria). **Nebenstraße** *f* strada *f* secondaria; *(Seitenstraße)* (strada *f*) laterale *f.* **Nebenstrecke** *f* linea *f* secondaria. **Nebentisch** *m* tavolo *m* vicino. **Nebenverdienst** *m* secondo guadagno *m,* guadagno *m* accessorio.

neblig *s.* **nebelig.**

nebst [ne:pst] *prp dat obs (mit)* (insieme) con; *(einschließlich)* compreso.

necken ['nɛkən] *tr* punzecchiare, stuzzicare.

neckisch *a* **1.** *(schelmisch)* malizioso; **2.** *(kokett, keß)* civettuolo; *(Kleidung)* chic, carino.

nee [ne:] *fam dial s.* **nein.**

Neffe ['nɛfə] ‹-n, -n› *m* nipote *m* (di zio e zia).

negativ ['ne:gati:f *o* nega'ti:f] *a* negativo; *(ungünstig a.)* sfavorevole. **Negativ** ‹-s, -e› *n* negativa *f,* negativo *m.*

Neger(in) ['ne:gɐ (...ərɪn)] ‹-s, -› *m(f)* negro, -a *m, f.* **Negerkuß** *m gastr* moretto *m.*

nehmen ['ne:mən] ‹nimmt, nahm, genommen› *tr, itr* **1.** *(auf~, ein~, fassen, etc.)* prendere; **2.** *(an~)* accettare; **3.** *(weg~)* togliere, levare; **es sich** *(dat)* **nicht ~ lassen, etw. zu tun** non rinunciare a fare qc; **etw. an sich ~** prendere (possesso di) qc; **etw. auf sich ~** *fig* assumersi qc; *(Entbehrungen)* sottoporsi a qc; **etw. zu sich** *(dat)* **~** mangiare qc; **man nehme: 500 g Mehl, 200 g Butter** ... prendere (*o* si prendano): mezzo chilo di farina, 2 etti di burro ...; **wie man es nimmt!** *fam* dipende.

Neid [nai̯t] ‹-(e)s, ø› *m* invidia *f;* **aus ~** per invidia; **das muß ihm der ~ lassen** *fam* questo bisogna riconoscerglielo.

neiden ['nai̯dən] *tr:* **jdm etw. ~** *geh* invidiare qc a qu.

Neider(in) ‹-s, -› *m(f)* invidioso, -a *m, f.*

neidisch *a* invidioso (*auf* di); *(Blick, etc.)* d'invidia.

neidlos *adv* senza invidia.

Neige ['nai̯gə] ‹-, -n› *f geh* **1.** *(Ende)* fine *f,* declino *m;* **2.** *(Rest)* fondo *m;* **zur ~ gehen** volgere alla fine (*o* al termine); **bis zur bitteren ~** fino all'ultima goccia.

neigen I. *tr* inclinare; *(beugen)* chinare, abbassare; **II.** *itr (aus Veranlagung)* tendere (*zu* a), aver disposizione (*o* attitudine) (*zu* per, a); *(tendenziell)* essere incline (*zu* a), propendere (*zu* per); **III.** *rfl:* **sich ~ 1.** *(Körper, Kopf)* piegarsi (*zu* verso); *(Gegenstand)* inclinarsi (*zu* verso); **2.** *geh (zu Ende gehen)* volgere al termine.

Neigung ‹-, -en› *f* **1.** *(Richtung)* inclinazione *f;* **2.** *fig (Veranlagung)* attitudine *f* (*zu* per), disposizione *f* (*zu* per, a); *(Tendenz)* tendenza *f* (*zu* a); **3.** *(Zu~)* simpatia *f,* affetto *m.* **Neigungswinkel** *m* angolo *m* d'inclinazione.

nein [nai̯n] *adv* no; **~ sagen** dire di no; **ich glaube/fürchte ~** credo/temo di no; **~, so was!** ma guarda un po'! **Nein** ‹-s, ø› *n* no *m;* **mit ~ antworten** rispondere di no. **Neinstimme** *f* voto *m* contrario, no *m.*

Nektar ['nɛktar] ‹-s, ø› *m* nettare *m.*

Nektarine [nɛkta'ri:nə] ‹-, -n› *f* pesca noce *f.*

Nelke ['nɛlkə] ‹-, -n› *f* **1.** *(Blume)* garofano *m;* **2.** *(Gewürz)* chiodo *m* di garofano.

nennen ['nɛnən] ‹nennt, nannte, genannt› **I.** *tr* **1.** *(be~)* chiamare, dare un nome a; **2.** *(erwähnen)* menzionare; **3.** *(bezeichnen)* qualificare (*als* come); **nenne mir drei europäische Hauptstädte!** dimmi tre capitali europee!; **II.** *rfl:* **sich ~** chiamarsi. **nennenswert** *a* degno di nota (*o* di menzione), notevole; *(beträchtlich)* considerevole.

Nenner ‹-s, -› *m* denominatore *m.*

Nennwert *m* valore *m* nominale; **zum ~** alla pari.

Neon ['ne:ɔn] ‹-s, ø› *n* neon *m.* **Neonlicht** *n* luce *f* al neon. **Neonreklame** *f* réclame *f* luminosa. **Neonröhre** *f* tubo *m* al neon.

Nepp [nɛp] ‹-s, ø› *m fam pej* buggeratura *f fam.*

neppen *tr fam pej* buggerare *fam.*

Nerv [nɛrf] ‹-s, -en› *m* nervo *m;* **die ~en verlieren** perdere la calma; **~en wie Drahtseile haben** avere i nervi d'acciaio; **jdm auf die ~en fallen** (*o* **gehen**) dare ai nervi a qu; **mit den ~en fertig** (*o* **runter**) **sein** essere giù di nervi, avere i nervi a pezzi; **Sie haben (vielleicht) ~en!** *fam* Lei ha un bel coraggio!

nerven *tr sl* scocciare *fam.*

Nervenarzt *m,* **-ärztin** *f* neurologo, -a *m, f.* **nervenaufreibend** *a* snervante. **Nervenbündel** fascio *m* nervoso; **ein ~ sein** *fam* avere i nervi a fior di pelle. **Nervenheilanstalt** *f* clinica *f* neurologica. **Nervenkitzel** *m fam* brivido *m.* **Nervenkrankheit** *f* nevrosi *f.* **Nervensäge** *f fam pej* rompiscatole *mf fam.* **Nervensystem** *n* sistema *m* nervoso. **Nervenzentrum** *n* centro *m* nervoso. **Nervenzusammenbruch** *m* esaurimento *m* nervoso.

nervös [nɛrˈvø:s] *a* nervoso; **jdn ~ machen** far venire i nervi a qu; **~ werden** irritarsi.

Nervosität [...voziˈtɛ:t] ‹-, ø› *f* nervosismo *m.*

Nerz [nɛrts] ‹-es, -e› *m* visone *m.*

Nessel [ˈnɛsəl] ‹-, -n› *f* ortica *f;* **sich in die ~n setzen** *fig fam* mettersi nei pasticci. **Nesselfieber** *n* orticaria *f.*

Nest [nɛst] ‹-(e)s, -er› *n* **1.** *zoo* nido *m;* **2.** *fam pej (kleiner Ort)* buco *m fam;* **3.** *fig (Diebes~)* covo *m;* **sich ins gemachte ~ setzen** *fig* trovare la pappa scodellata; *(durch Heirat)* sposare un buon partito, sposare bene.

nesteln [ˈnɛstəln] *itr:* **an etw. ~** armeggiare con qc.

Nesthäkchen [-hɛ:kçən] ‹-s, -› *n* ultimogenito *m.* **Nestwärme** *f* calore *m* familiare.

nett [nɛt] *a* **1.** *(freundlich)* gentile; **2.** *(hübsch)* carino, grazioso; **3.** *(angenehm)* piacevole; **4.** *fam (groß), iron (unangenehm)* bello; **sei so ~, und mach die Tür zu** fammi il piacere di chiudere la porta.

netto [ˈnɛto] *adv* netto. **Nettogehalt** *n* stipendio *m* netto. **Nettogewicht** *n* peso *m* netto. **Nettopreis** *m* prezzo *m* netto.

Netz [nɛts] ‹-es, -e› *n* rete *f; (Spinnen~)* ragnatela *f; (Haar~)* retina *f.* **netzartig** *a* reticolare, reticolato. **Netzball** *m* palla *f* in rete. **Netz(fahr)karte** *f* biglietto *m* di rete. **Netzhaut** *f* retina *f.* **Netzhemd** *n* canottiera *f* a rete. **Netzkarte** *s.* **Netzfahrkarte. Netzstrumpf** *m* calza *f* a rete. **Netzwerk** *n* **1.** *allg.* reticolo *m;* **2.** *inform, tec* rete *f;* **3.** *fig* intreccio *m.*

neu [nɔy] *a allg.* nuovo; *(jung a.)* novello; *(frisch a.)* fresco; *(kürzlich geschehen a.)* recente; *(Sprache, Geschichte)* moderno; **die ~(e)ste Mode** l'ultima moda; **die N~e Welt** il Nuovo Mondo; **das N~(e)ste vom Tage** le ultime notizie; **~ anfangen** ricominciare; **aufs ~e** di nuovo; **von ~em** un'altra volta, da capo; **das ist mir ~** questa mi giunge nuova; **glückliches ~es Jahr!** buon anno! **Neuankömmling** [-ˀankœmlɪŋ] ‹-s, -e› *m* nuovo, -a arrivato, -a *m, f.* **Neuanschaffung** *f* nuovo acquisto *m.* **neuartig** *a* inedito. **Neuauflage** *f* ristampa *f,* riedizione *f.* **Neubau** ‹-(e)s, -ten› *m* nuova costruzione *f.* **Neubaugebiet** *n* area *f* di nuova urbanizzazione. **Neubauwohnung** *f* appartamento *m* di recente costruzione.

Neue ‹ein -r, -n, -n› *mf* nuovo, -a *m, f* (arrivato, -a).

Neuenburg [ˈnɔyənbʊrk] *n* Neuchâtel *f.*

neuerdings [ˈnɔyɐˈdɪŋs] *adv* recentemente, da poco.

Neueröffnung *f* apertura *f.* **Neuerscheinung** *f* novità *f* editoriale (*o* libraria).

Neuerung ‹-, -en› *f* innovazione *f.*

Neuerwerbung *f* nuovo acquisto *m.*

neugeboren *a* neonato; **ich fühle mich wie ~** mi sento (come) rinato. **Neugeborene** ‹ein -s, -n, -n› *n* neonato, -a *m, f.*

Neugier(de) [ˈnɔygi:ɐ̯(də)] ‹-, ø› *f* curiosità *f* (*auf* di). **neugierig** *a* curioso (*auf* di); **ich bin ~, ob ...** sono curioso di sapere se ...

Neuheit ‹-, -en› *f* novità *f.*

Neuigkeit ‹-, -en› *f* novità *f.*

Neujahr *n* capodanno *m;* **prosit ~!** buon anno! **Neuland** *n* **1.** terra *f* di bonifica; **2.** *fig* terreno *m* vergine; **~ betreten** *fig* muoversi in un campo nuovo.

neulich *adv* recentemente; **~ abend(s)** l'altra sera.

Neuling [ˈnɔylɪŋ] ‹-s, -e› *m* principiante *mf,* novellino, -a *m, f.*

neumodisch *a* moderno; *(adv a.)* all'ultima moda. **Neumond** *m* luna *f* nuova.

neun [nɔyn] *(Zahlwort)* nove; *s. a. vier.*

Neun ‹-, -en› *f* nove *m.*

Neun-, neun- *s. a. Vier-, vier-.*

neunhundert [ˈnɔynˈhʊndɐt] *(Zahlwort)* novecento.

neunmal *adv* nove volte. **neunmalklug** *a iron* saccente.

neuntausend [ˈnɔynˈtauzənt] *(Zahlwort)* novemila.

neunte *s.* **neunte(r, s).**

Neunte ‹ein -r, -n, -n› *mf* nono, -a *m, f; s. a. Vierte.*

Neuntel ‹-s, -› *n* nono *m,* nona parte *f.*

neuntens *adv* (in) nono (luogo).

neunte(r, s) *a* nono, -a; *(bei Datumsangabe)* nove; *s. a. vierte(r, s).*

neunzehn *(Zahlwort)* diciannove.

neunzehnte(r, s) *a* diciannovesimo, -a; *(bei Datumsangabe)* diciannove; *s. a. vierte(r, s).*

neunzig [ˈnɔyntsɪç] *(Zahlwort)* novanta.

neunzigste(r, s) *a* novantesimo, -a.

Neuralgie [nɔy̯ralˈgiː, ...iːən] ‹-, -n› *f* nevralgia *f.*
neureich *a* nuovo ricco. **Neureiche** ‹ein -r, -n, -n› *mf* nuovo, -a ricco, -a *m, f.*
Neurose [nɔy̯ˈroːzə] ‹-, -n› *f* nevrosi *f.*
Neurotiker(in) [...ˈroːtɪkɐ (...ərɪn)] ‹-s, -› *m(f)* nevrotico, -a *m, f.*
neurotisch *a* nevrotico.
Neuschnee *m* neve *f* fresca.
Neuseeland [nɔy̯ˈzeːlant] *n* Nuova Zelanda *f.*
neusprachlich *a* di (*o* delle) lingue moderne.
Neutra *pl von* **Neutrum.**
neutral [nɔy̯ˈtraːl] *a* **1.** *(unbeteiligt, unparteiisch, a. pol)* neutrale; **2.** *chem, gram, el* neutro.
neutralisieren [nɔytraliˈziːrən] ‹*ohne ge-*› *tr* neutralizzare.
Neutralisierung ‹-, ø› *f* neutralizzazione *f.*
Neutralität [...ˈtɛːt] ‹-, ø› *f pol, chem, el* neutralità *f; (von Schiedsrichter)* imparzialità *f.*
Neutren *pl von* **Neutrum.**
Neutron [ˈnɔy̯trɔn, ...ˈtroːnən] ‹-s, -en› *n* neutrone *m.* **Neutronenbombe** *f* bomba *f* al neutrone.
Neutrum [ˈnɔy̯trʊm, ...ra *o* ...rən] ‹-s, Neutra *o* Neutren› *n* neutro *m.*
Neuwahl *f* nuova elezione *f.* **neuwertig** *a* come nuovo. **Neuzeit** *f* tempi *m pl* moderni. **neuzeitlich** *a* moderno.
New York [ˈnjuːˈjɔːk] *n* New (*o* Nuova) York *f.*
nicht [nɪçt] *adv* **1.** *(Verneinung)* non; **2.** *(nach Fragesätzen)* no; ~ **einmal** nemmeno; ~ **mehr** non più; ~ **mehr und** ~ **weniger** né più né meno; **ich auch** ~ neanch'io; **bestimmt** ~ non di certo; **durchaus** (*o* **ganz und gar**) ~ non ... affatto; ~ **wahr?** nevvero?, no?; ~ **doch!** ma no! *fam;* **was du** ~ **sagst!** che mi dici!
Nichtachtung *f* **1.** *(Mangel an Respekt)* mancanza *f* di rispetto; **2.** *(Nichtbeachtung)* inosservanza *f.* **Nichtanerkennung** *f fin, pol* non riconoscimento *m; jur* disconoscimento *m.* **Nichtangriffspakt** *m* patto *m* di non aggressione. **Nichtbeachtung** *f* inosservanza *f.*
Nichte [ˈnɪçtə] ‹-, -n› *f* nipote *f* (di zio e zia).
Nichteinhaltung *f (von Vorschrift, Anordnung)* inosservanza *f; (von Vertrag)* inadempimento *m.* **Nichteinmischung** *f* non intervento *m.*
nichtig [ˈnɪçtɪç] *a* **1.** *(ungültig)* nullo; **2.** *geh (unbedeutend)* futile, vano, insignificante; **für** ~ **erklären** annullare; *jur* abrogare. **Nichtigkeit** ‹-, ø› *f* **1.** *(Ungültigkeit)* nullità *f;* **2.** *(Bedeutungslosigkeit)* futilità *f,* vanità *f.*
Nichtraucher(in) *m(f)* non fumatore, -trice *m, f.* **Nichtraucherabteil** *n* scompartimento *m* per non fumatori. **nichtrostend** *a* inossidabile.
nichts [nɪçts] *pron* niente, nulla; ~ **Neues** niente di nuovo; **für** ~ **und wieder** ~ *fam* per niente; **mir** ~, **dir** ~ come se niente fosse; **ganz und gar** ~ nient'affatto; **ich kann** ~ **dafür** non è colpa mia; **das ist** ~ **für mich** non fa per me; **sie haben mit ihr** ~ **als Sorgen** con lei non hanno altro che preoccupazioni; ~ **zu danken!** non c'è di che!; ~ **da!** *fam* nemmeno per sogno! (*o* per idea!); **jetzt aber** ~ **wie weg!** *fam* via, veloci! **Nichts** ‹-, ø› *n* **1.** *allg., philos* nulla *m;* **2.** *(Leere)* vuoto *m;* **3.** *(Geringfügigkeit)* nonnulla *m;* **4.** *(Mensch)* nullità *f;* **vor dem** ~ **stehen** essere sull'orlo della rovina (*o* del crollo). **nichtsahnend** *a* non sospettando di niente.
Nichtschwimmer(in) *m(f)* non nuotatore, -trice *m, f.*
nichtsdestoweniger [-ˈveːnɪgɐ] *adv* ciò nonostante, nondimeno.
Nichtsnutz [-nʊts] ‹-es, -e› *m* buono, -a *m, f* a nulla, inetto, -a *m, f.* **nichtsnutzig** *a* buono a nulla, inetto.
nichtssagend *a* insignificante, insulso, futile; *(Gesicht)* inespressivo. **Nichtstun** ‹-s, ø› *n* **1.** *(Muße)* oziosità *f;* **2.** *(Faulheit)* pigrizia *f,* poltroneria *f;* **das süße** ~ il dolce far niente. **nichtswürdig** *a geh* vile, spregevole, abietto.
Nichtzutreffende ‹ein -s, -n, ø› *n:* ~**s bitte streichen!** cancellare ciò che non interessa.
Nickel [ˈnɪkəl] ‹-s, ø› *n* nichel *m,* nichelio *m.* **Nickelbrille** *f* occhiali *m pl* con montatura nichelata.
nicken [ˈnɪkən] *itr* fare cenno col capo; *(zustimmend)* annuire.
Nickerchen [ˈnɪkɐçən] ‹-s, -› *n fam* pisolino *m.*
nie [niː] *adv* (non ...) mai; ~ **und nimmer** mai e poi mai; ~ **mehr** mai più.
nieder [ˈniːdɐ] **I.** *a attr* **1.** *dial (niedrig, gering)* basso; **2.** *(Rang)* inferiore; **3.** *(Gesinnung)* vile; **von** ~**er Herkunft** di umili natali; **II.** *adv* giù, abbasso; ~ **mit ...** abbasso ...
nieder·brennen *s.* **abbrennen. nieder·fallen** ‹*irr*› *itr* ‹*sein*›: **vor jdm** ~ *geh* gettarsi ai piedi di qu, prostrarsi dinanzi a qu.
Niedergang *m* **1.** *(Untergang)* decadenza *f; (Sonnen~, etc.)* tramonto *m;* **2.** *naut* scaletta *f* di boccaporto.
niedergeschlagen *a* **1.** *(Augen)* abbassato; **2.** *fig (bedrückt)* depresso, scoraggiato, avvilito. **Niedergeschlagenheit** ‹-, ø› *f* abbattimento *m,* scoraggiamento *m,* avvilimento *m.*
nieder·knien *itr* ‹*sein*›, *rfl:* **sich** ~ inginocchiarsi.
nieder·kommen ‹*irr*› *itr* ‹*sein*› *geh* par-

torire (*mit einem Mädchen* una bambina).

Niederkunft [-kʊnft] ⟨-, ¨-e⟩ *f geh* parto *m.*

Niederlage *f mil* disfatta *f; (fig a.)* sconfitta *f.*

Niederlande ['ni:dɐlandə] ⟨*pl*⟩ *:* **die ~** i Paesi Bassi.

Niederländer(in) [...lɛndɐ (...ərɪn)] ⟨-s, -⟩ *m(f)* olandese *mf.*

niederländisch *a* olandese.

nieder·lassen ⟨*irr*⟩ *rfl:* **sich ~ 1.** *geh (sich setzen)* sedersi; **2.** *(seinen Wohnsitz nehmen)* stabilirsi; *(als Artzt, etc.)* aprire uno studio.

Niederlassung ⟨-, -en⟩ *f* **1.** *(das Sichniederlassen)* stabilimento *m;* **2.** *(als Arzt, etc.)* apertura *f* di uno studio; **3.** *com* sede *f; (Zweigstelle)* filiale *f,* succursale *f.*

nieder·legen I. *tr* **1.** *geh (hinlegen)* mettere giù, posare; **2.** *(Waffen)* deporre; **3.** *(Arbeit)* interrompere; **4.** *(Amt)* dimettersi (dal suo ufficio); **schriftlich ~** fissare, registrare; **II.** *rfl:* **sich ~** coricarsi.

Niederlegung ⟨-, -en⟩ *f* **1.** *(Kranz~)* deposizione *f;* **2.** *(Arbeits~)* interruzione *f; (Amts~)* dimissioni *f pl;* **3.** *(schriftlich)* registrazione *f.*

nieder·reißen ⟨*irr*⟩ *tr* abbattere, demolire.

Niederrhein *m* Basso Reno *m,* Reno *m* inferiore.

Niedersachsen *n* Bassa Sassonia *f.*

nieder·schießen ⟨*irr*⟩ **I.** *tr* ⟨*haben*⟩ abbattere, stendere; **II.** *itr* ⟨*sein*⟩ piombare.

Niederschlag *m* **1.** *meteo* precipitazioni *f pl; chem* precipitato *m;* **seinen ~ in etw. finden** riflettersi in (*o* su) qc.

nieder·schlagen ⟨*irr*⟩ **I.** *tr* **1.** *allg.* abbattere, atterrare; *(töten)* uccidere; **2.** *fig (Aufstand)* reprimere; **3.** *(Kragen, Augen)* abbassare; **II.** *rfl:* **sich ~ 1.** *(Dampf)* depositarsi; *chem* precipitare; **2.** *fig* riflettersi (*in* su, in), ripercuotersi (*in* su).

nieder·schmettern *tr* scaraventare a terra; *(a. fig)* abbattere. **niederschmetternd** *a* costernante.

nieder·schreiben ⟨*irr*⟩ *tr* mettere per iscritto, scrivere, stendere.

Niederschrift *f* scritto *m.*

nieder·setzen I. *tr* posare; **II.** *rfl:* **sich ~** sedersi.

Niedertracht ⟨-, ø⟩ *f* bassezza *f,* infamia *f,* viltà *f.* **niederträchtig** [-trɛçtɪç] *a* basso, infame, vile. **Niederträchtigkeit** ⟨-, -en⟩ *s.* **Niedertracht.**

Niederung ⟨-, -en⟩ *f* bassopiano *m.*

nieder·werfen ⟨*irr*⟩ **I.** *tr* **1.** *allg.* gettare a terra; **2.** *(Aufstand)* reprimere; **3.** *(Feind)* vincere; **II.** *rfl:* **sich vor jdm ~** gettarsi ai piedi di qu.

niedlich ['ni:tlɪç] *a* carino, grazioso.

niedrig ['ni:drɪç] *a* **1.** *(klein, gering)* basso; *(Preis)* modico; **2.** *(Stand)* umile; **3.** *fig (Gesinnung)* vile. **Niedrigkeit** ⟨-, -en⟩ *f* bassezza *f.*

niemals ['ni:ma:ls] *adv* (non ...) mai.

niemand ['ni:mant] *pron* (non ...) nessuno; **sonst ~, ~ anders** nessun altro (*als* che). **Niemandsland** *n* terra *f* di nessuno.

Niere ['ni:rə] ⟨-, -n⟩ *f* **1.** *anat* rene *m;* **2.** ⟨*pl*⟩ *gastr* rognoni *m pl.* **Nierenbekken** *n* bacinetto *m* renale. **nierenförmig** [-fœrmɪç] *a* reniforme. **Nierengurt** *m* fascia *f* renale. **nierenkrank** *a* nefritico. **Nierenstein** *m* **1.** *(Stein)* calcolo *m* renale, nefrolito *m;* **2.** ⟨*pl*⟩ *(Krankheit)* calcolosi *f,* litiasi *f.* **Nierentisch** *m* tavola *f* reniforme. **Nierentransplantation** *f* trapianto *m* renale.

nieseln ['ni:zəln] *itr:* **es nieselt** piovigginа. **Nieselregen** *m* pioggerella *f* minuta.

niesen ['ni:zən] *itr* starnutire. **Niesen** ⟨-s, ø⟩ *n* starnuto *m.*

Nießbrauch ['ni:s-] *m jur* usufrutto *m.*

Niet [ni:t] ⟨-(e)s, -e)⟩ *m o n,* **Niete**[1] ['ni:tə] ⟨-, -n⟩ *f tec* chiodo *m* da ribadire, rivetto *m.*

Niete[2] ['ni:tə] ⟨-, -n⟩ *f* **1.** *(Los)* biglietto *m* non vincente; **2.** *fam (Mißerfolg)* fiasco *m;* **3.** *fam (Versager)* schiappa *f fam.*

nieten *tr* rivettare.

niet- und nagelfest *a:* **alles, was nicht ~ ist** *fam* tutto quello che si può portar via.

Nihilismus [nihi'lɪsmʊs] ⟨-, ø⟩ *m* nichilismo *m.*

Nihilist(in) [...'lɪst(ɪn)] ⟨-en, -en⟩ *m(f)* nichilista *mf.*

nihilistisch *a* nichilista.

Nikolaus ['ni:kolaus *o* 'nɪk...] *m* **1.** *(männlicher Vorname)* Nicola; **2.** ⟨-, -e *o scherz* -läuse⟩ *(Gestalt)* San Niccolo.

Nikotin [niko'ti:n] ⟨-s, ø⟩ *n* nicotina *f.* **nikotinfrei** *a* denicotinizzato, senza nicotina.

Nil [ni:l] *m* Nilo *m.* **Nilpferd** *n* ippopotamo *m.*

nimmer ['nɪmɐ] *dial, poet s.* **nie. nimmermüde** ['nɪmɐ'my:də] *a* instancabile, indefesso. **Nimmersatt** ⟨-(e)s, -e⟩ *m fam* ingordo, -a *m, f.* **Nimmerwiedersehen** *n fam:* **auf ~!** addio per sempre; **auf ~ verschwinden** sparire per sempre.

nimmt [nɪmt] *pr von* **nehmen.**

nippen ['nɪpən] *itr* sorseggiare (*an etw.* qc), centellinare (*an etw.* qc).

Nippes ['nɪpəs *o* nɪps] ⟨*pl*⟩, **Nippsachen** ['nɪp-] *f pl* ninnoli *m pl,* chincaglie *f pl.*

nirgends, nirgend(s)wo ['nɪrgənts] *adv* da nessuna parte.

Nische ['ni:ʃə] ‹-, -n› *f* nicchia *f.*
nisten ['nɪstən] *itr* nidificare, fare il nido. **Nistkasten** *m* nido *m* artificiale.
Nitrat [ni'tra:t] ‹-(e)s, -e› *n* nitrato *m.*
Niveau [ni'vo:] ‹-s, -s› *n* livello *m;* **mit ~** di livello. **niveauvoll** *a* ad alto livello.
nivellieren [nivɛ'li:rən] ‹*ohne ge-*› *tr* livellare.
Nivellierung ‹-, -en› *f* livellamento *m.*
nix [nɪks] *fam s.* **nichts.**
Nixe ['nɪksə] ‹-, -n› *f* ondina *f.*
NO *ab von* **Nordost(en)** N.E. (*ab von* nord-est).
nobel ['no:bəl] *a* **1.** *geh (vornehm, edel)* nobile; **2.** *iron (luxuriös)* signorile; **3.** *fam (freigebig)* generoso.
Nobelpreis [no'bɛl-] *m* premio *m* Nobel.
noch [nɔx] **I.** *adv* ancora; **~ dazu** *(außerdem)* per giunta, oltre tutto; **~ einmal so groß wie** il doppio di; **~ einmal so viel** due volte tanto; **~ heute, heute ~** oggi stesso, ancora oggi; **~ immer, immer ~** ancora, sempre; **~ mehr** ancora di più; **~ nicht** non ancora; **~ nie** non mai; **~ und ~** a palate *fam;* **~ nicht einmal** non ... neanche; **wäre er auch ~ so reich . . .** per ricco che sia . . .; **wie hieß sie (doch) ~?** com'è che si chiama?; **(darf es) sonst ~ etwas (sein)?** che altro?; **auch das ~!** ci mancava anche questo!; **II.** *con:* **weder . . . ~ . . .** né . . . né . . .
nochmalig *a* nuovo; *(wiederholt)* ripetuto.
nochmals *adv* ancora una volta, di nuovo.
Nomade [no'ma:də] ‹-n, -n› *m,* **Nomadin** [...dɪn] *f* nomade *mf.* **Nomadentum** ‹-s, ø› *n* nomadismo *m.*
Nomenklatur [nomɛnkla'tu:ɐ̯] ‹-, -en› *f* nomenclatura *f.*
Nominativ ['no:minati:f *o* nomina'ti:f] ‹-s, -e› *m* nominativo *m.*
nominieren [nomi'ni:rən] ‹*ohne ge-*› *tr* nominare.
Nominierung ‹-, -en› *f* nomina *f.*
nonkonformistisch [nɔnkɔnfɔr'mɪstɪʃ] *a* nonconformista.
Nonne ['nɔnə] ‹-, -n› *f* monaca *f.*
Nonstopflug [nɔn'stɔp-] *m* volo *m* senza scalo.
Nord- [nɔrt-] *(in Zusammensetzungen)* del nord, settentrionale. **Nordamerika** ['nɔrtʔa'me:rika] *n* America *f* settentrionale, America *f* del Nord, Nordamerica *m.* **norddeutsch** *a* della Germania settentrionale. **Norddeutsche** *mf* tedesco, -a *m, f* settentrionale. **Norddeutschland** *n* Germania *f* del Nord (*o* settentrionale).
Norden ['nɔrdən] ‹-s, ø› *m* (*ab* **N**) nord *m,* settentrione *m;* **im ~ von** a nord di.
Nordeuropa ['nɔrtʔɔy̯'ro:pa] *n* Europa *f* del Nord.
nordisch *a* nordico.
Norditalien *n* Italia *f* del Nord (*o* settentrionale). **Norditaliener(in)** *m(f)* (italiano, -a *m, f*) settentrionale *mf.* **norditalienisch** *a* dell'Italia settentrionale.
nördlich ['nœrtlɪç] **I.** *a* del nord, settentrionale; **~ von** a nord di; **II.** *prp gen* a nord (*gen* di).
Nordlicht *n* **1.** *meteo* aurora *f* boreale; **2.** *fam scherz* persona *f* della Germania settentrionale. **Nordost(en)** [-'ʔɔst(ən)] *m* (*ab* **NO**) nord-est *m.* **nordöstlich** [-'ʔœstlɪç] *a* a nord-est (*von* di).
Nordpol *m* polo *m* nord.
Nordrhein-Westfalen ['nɔrtra̯invɛst-'fa:lən] *n* Renania *f* Settentrionale-Vestfalia.
Nordsee *f* mare *m* del Nord.
Nordwest(en) [-'vɛstən] *m* (*ab* **NW**) nord-ovest *m.* **nordwestlich** [-'vɛstlɪç] *a* a nord-ovest (*von* di). **Nordwind** *m* vento *m* del nord.
Nörgelei [nœrgə'la̯i] ‹-, -en› *f* continuo criticare *m,* brontolio *m.*
nörgeln ['nœrgəln] *itr* criticare (*an etw.* qc), trovar sempre da ridire (*an* su).
Nörgler(in) ‹-s, -› *m(f)* criticone, -a *m, f.*
Norm [nɔrm] ‹-, -en› *f* norma *f,* regola *f.*
normal [nɔr'ma:l] *a* normale. **normalerweise** *adv* normalmente. **Normalfall** *m* caso *m* normale; **im ~** normalmente.
normalisieren [nɔrmali'zi:rən] ‹*ohne ge-*› **I.** *tr* normalizzare; **II.** *rfl:* **sich ~** normalizzarsi.
Normalisierung ‹-, -en› *f* normalizzazione *f.*
Normalnull ‹-s, ø› *n* (*ab* **NN**) quota *f* zero, livello *m* mare. **Normalverbraucher** *m* consumatore *m* medio; **Otto ~** *fam pej* l'uomo *m* qualunque.
Normanne [nɔr'manə] ‹-n, -n› *m,* **Normannin** [...nɪn] *f* normanno, -a *m, f.*
normannisch *a* normanno.
normen ['nɔrmən] *tr,* **normieren** [nɔr'mi:rən] ‹*ohne ge-*› *tr* normalizzare, standardizzare, unificare.
Normierung ‹-, -en› *f,* **Normung** ‹-, -en› *f* normalizzazione *f,* standardizzazione *f.*
Norwegen ['nɔrve:gən] *n* Norvegia *f.*
Norweger(in) ‹-s, -› *m(f)* norvegese *mf.*
norwegisch *a* norvegese.
Nostalgie [nɔstal'gi:, ...i:ən] ‹-, -n› *f* nostalgia *f.*
nostalgisch [...'talgɪʃ] *a* nostalgico.
Not [no:t] ‹-, ¨-e› *f* **1.** *(~lage)* bisogno *m,* necessità *f;* **2.** *(Mangel)* penuria *f,* mancanza *f;* **3.** *(Bedürftigkeit)* indigenza *f;* *(Armut)* povertà *f;* **4.** *(Elend)* miseria *f;* **mit knapper ~** a malapena; **aus der ~ eine Tugend machen** fare di necessità virtù; **zur ~** se è necessario.

Notar(in) [no'ta:ɐ̯ (...rɪn)] ‹-s, -e› *m(f)* notaio *m.*
Notariat [nota'ri̯a:t] ‹-(e)s, -e› *n* studio *m* notarile.
notariell [...'ri̯ɛl] **I.** *a* notarile; **II.** *adv* dal notaio.
Notarzt *m,* **-ärztin** *f* medico *m* di servizio (*o* di turno). **Notausgang** *m* uscita *f* di sicurezza. **Notbehelf** *m* espediente *m,* ripiego *m.* **Notbeleuchtung** *f* illuminazione *f* d'emergenza. **Notbremse** *f* freno *m* d'emergenza. **Notbremsung** ‹-, -en› *f* frenata *f* d'emergenza. **Notdurft** [-dʊrft] ‹-, ø› *f geh* bisogno *m,* necessità *f pl.* **notdürftig I.** *a* **1.** *(kaum ausreichend)* appena sufficiente, scarso; **2.** *(behelfsmäßig)* provvisorio, di fortuna; **II.** *adv* alla meno peggio.
Note ['no:tə] ‹-, -n› *f* **1.** *mus* nota *f;* **2.** *(Bank~)* banconota *f;* **3.** *(Schul~)* voto *m;* **4.** *fig (Wesenszug)* impronta *f;* **ganze ~** semibreve *f;* **halbe ~** minima *f;* **~n lesen** leggere la musica. **Notenbank** ‹-, -en› *f* banca *f* d'emissione. **Notenblatt** *n* foglio *m* di musica. **Notenständer** *m* leggio *m.*
Notfall *m* caso *m* di bisogno (*o* d'emergenza); **im ~** in caso di bisogno; *(zur Not)* se è necessario. **notfalls** *adv* all'occorrenza, in caso di bisogno. **notgedrungen** *adv* per necessità, costretto dalla necessità.
notieren [no'ti:rən] ‹*ohne ge-*› *tr* **1.** *(aufschreiben)* annotare, prendere nota di; **2.** *fin* quotare.
Notierung ‹-, -en› *f fin* quotazione *f.*
nötig ['nø:tɪç] *a* necessario; **etw. ~ haben** avere bisogno di qc; **es ist ~, daß ...** è necessario che ... *conj,* occorre che ... *conj.*
nötigen *tr* costringere.
Nötigung ‹-, -en› *f* costrizione *f.*
Notiz [no'ti:ts] ‹-, -en› *f* nota *f,* appunto *m;* *(Zeitungs~)* notizia *f;* **sich** *(dat)* **~en machen** prendere appunti; **von etw./jdm ~ nehmen** prendere nota di qc/qu. **Notizblock** ‹-(e)s, ⸚e› *m* blocco *m* per appunti. **Notizbuch** *n* taccuino *m,* agenda *f.*
Notlage *f* situazione *f* di emergenza, necessità *f.* **not·landen** *itr* ‹*sein*› effettuare un atterraggio di fortuna. **Notlandung** *f* atterraggio *m* di fortuna. **notleidend** *a* bisognoso, indigente. **Notlösung** *f* soluzione *f* di fortuna. **Notlüge** *f* bugia *f* ufficiosa.
notorisch [no'to:rɪʃ] *a* notorio, pubblicamente noto.
Notruf *m* **1.** *(Anruf)* chiamata *f* d'emergenza; **2.** *(~nummer)* numero *m* per chiamate d'emergenza. **Notrufsäule** *f* colonnina *f* per chiamate di soccorso. **Notstand** *m* stato *m* di emergenza. **Notstandsgebiet** *n* zona *f* sinistrata. **Notstandsgesetz** *n* legge *f* per lo stato di emergenza. **Nottaufe** *f* battesimo *m* d'urgenza. **Notwehr** ‹-, ø› *f* legittima difesa *f;* **aus** (*o* **in**) **~** per legittima difesa.
notwendig ['no:tvɛndɪç] *a* necessario; *(unerläßlich)* indispensabile. **Notwendigkeit** ‹-, -en› *f* necessità *f.*
Notzucht *f* stupro *m,* violenza *f* carnale.
Nougat ['nu:gat] ‹-s, -s› *m o n* gianduia *f.*
Novelle [no'vɛlə] ‹-, -n› *f* novella *f.*
November [no'vɛmbɐ] ‹-(s), -› *m* novembre *m;* *s. a. September.*
Nr. *ab von* **Nummer** n. (*ab von* numero).
NS *ab von* **Nationalsozialismus** nazionalsocialismo *m.*
N.T. *ab von* **Neues Testament** N.T. (*ab von* Nuovo Testamento).
Nu [nu:] *m:* **im ~** in un attimo (*o* battibaleno).
Nuance ['nÿã:sə] ‹-, -n› *f* sfumatura *f.*
nüchtern ['nʏçtɐn] *a* **1.** *(ohne Essen)* digiuno; **2.** *(ohne Alkohol)* sobrio; **3.** *(einfach)* sobrio; **4.** *(schmucklos)* disadorno, semplice; **5.** *(sachlich)* obiettivo, spassionato. **Nüchternheit** ‹-, ø› *f* **1.** *(ohne Essen)* essere *m* a digiuno; **2.** *(ohne Alkohol)* sobrietà *f;* **3.** *(Einfachheit)* sobrietà *f;* **4.** *(Schmucklosigkeit)* semplicità *f;* **5.** *(Sachlichkeit)* obiettività *f.*
Nudel ['nu:dəl] ‹-, -n› *f* pasta *f;* **vier ~n** quattro spaghetti/maccheroni/penne, *ecc.;* **eine komische/dicke ~** *fig fam* una macchietta/un grassone, una grassona. **Nudelholz** *n* matterello *m.* **Nudelsuppe** *f* pastina *f* in brodo.
nuklear [nukle'a:ɐ̯] *a* nucleare. **Nuklearmacht** *f* potenza *f* nucleare.
null [nʊl] *(Zahlwort)* zero; **~ Ahnung/Bock haben** *sl* non avere idea/nessuna voglia; **~ und nichtig** nullo; **~ Uhr** *adm* mezzanotte. **Null** ‹-, -en› *f* **1.** *(mat, phys, etc.)* zero *m;* **2.** *fam pej* nullità *f;* **in ~ Komma nichts** *fam* in un batter d'occhio.
Nullachtfuffzehn-, Nullachtfünfzehn- [-'fʊf-, -'fʏnf-] *(in Zusammensetzungen) fam pej* dozzinale.
Nulldiät *f* dieta *f* zero (*o* assoluta). **Nullösung** *f* opzione *f* zero. **Nullpunkt** *m* punto *m* nullo (*o* zero). **Nullserie** *f* serie *f* sperimentale. **Nulltarif** *m* tariffa *f* zero; **zum ~ fahren** andare gratis.
numerieren [nume'ri:rən] ‹*ohne ge-*› *tr* numerare.
Numerierung ‹-, -en› *f* numerazione *f.*
Numerus clausus ['nʊmerʊs 'klaʊ̯zʊs] ‹-, -› *m* (*ab* **NC**) numero *m* chiuso.
Nummer ['nʊmɐ] ‹-, -n› *f* (*ab* **Nr.**) **1.** *allg.* numero *m;* **2.** *fam (Typ)* tipo *m;* **auf ~ Sicher gehen** andare sul sicuro.

Nummernkonto *n* conto *m* cifrato. **Nummernschild** *n* targa *f.*

nun [nu:n] **I.** *adv* ora, adesso; **das ist ~ einmal so!** è (ormai) così; **II.** *interj* **1.** *(beschwichtigend)* e; **2.** *(entrüstet)* però; **3.** *(auffordernd, fragend)* be', e, (e) allora; **~ ja** ebbene; **~ gut!** e va bene!

nunmehr ['nu:n'me:ɐ̯] *adv geh* ora, adesso, ormai.

nur [nu:ɐ̯] *adv* solo, solamente, soltanto; *(bei Verben a.)* non ... che; **nicht ~ ..., sondern auch ...** non solo ..., ma anche ...; **wenn ich ~ wüßte, ob ...** se solo sapessi se ...; **ich weiß es ~ zu gut** lo so fin troppo bene; **er ist nicht dumm, ~ faul** non è stupido, solo pigro; **~ zu!** avanti!, coraggio!; **sollen sie sich ~ über mich lustig machen!** e che si prendano pure gioco di me!; **wie konntest du ~ so dumm sein!** come hai potuto essere così stupido!

Nürnberg ['nʏrnbɛrk] *n* Norimberga *f.*

nuscheln ['nʊʃəln] *tr, itr fam* farfugliare.

Nuß [nʊs] ‹-, Nüsse› *f* **1.** *bot, gastr* noce *f; (Hasel~ a.)* nocciola *f;* **2.** *fam (Kopf~)* nocchino *m;* **du dumme** (*o* **doofe**) **~!** *fam* imbecille!, cretino!; **harte ~** *fig fam* osso duro *fam.* **Nußbaum** *m* noce *m.* **nußbraun** *a* color noce.

Nüsse *pl von* **Nuß.**

Nußknacker ‹-s, -› *m* schiaccianoci *m.*

Nüster ['nʏstɐ *o* 'ny:stɐ] ‹-, -n› *f* ‹*meist pl*› frogia *f.*

Nut [nu:t] ‹-, -en› *f,* **Nute** ['nu:tə] ‹-, -n› *f* scanalatura *f.*

Nutte ['nʊtə] ‹-, -n› *f vulg* puttana *f vulg.*

nutzbar *a* utilizzabile; **~ machen** utilizzare, mettere a profitto; *(Boden)* coltivare. **Nutzbarmachung** ‹-, ø› *f* utilizzazione *f,* sfruttamento *m; (von Boden)* coltivazione *f.*

nütze ['nʏtsə] *a:* **(zu) nichts ~ sein** non essere buono a nulla; **(zu) etw. ~ sein** servire a qc.

nutzen, nützen ['nʊtsən, 'nʏtsən] **I.** *itr* essere utile, servire; **II.** *tr* sfruttare; *(Situation, etc.)* approfittare di; **das nützt nichts** ciò non serve a nulla.

Nutzen ‹-s, ø› *m* **1.** *(Nützlichkeit)* utilità *f;* **2.** *(Gewinn)* profitto *m,* guadagno *m;* **3.** *(Vorteil)* vantaggio *m;* **4.** *(Ertrag)* utile *m,* frutto *m;* **von ~ sein** essere utile.

Nutzfahrzeug *n* veicolo *m* utilitario. **Nutzfläche** *f* superficie *f* utile. **Nutzlast** *f* carico *m* utile.

nützlich *a* utile, giovevole. **Nützlichkeit** ‹-, ø› *f* utilità *f.*

nutzlos *a* inutile; *(vergeblich)* vano, infruttuoso. **Nutzlosigkeit** ‹-, ø› *f* inutilità *f; (Vergeblichkeit)* vanità *f.* **Nutznießer(in)** [-ni:sɐ (...ərɪn)] ‹-s, -› *m(f)* usufruttuario, -a *m, f.* **Nutzpflanze** *f* pianta *f* utile.

Nutzung ‹-, *rar* -en› *f* **1.** *(Be~)* utilizzazione *f,* uso *m;* **2.** *(Aus~)* sfruttamento *m; (von Boden)* coltivazione *f.* **Nutzungsrecht** *n* diritto *m* d'usufrutto (*o* di godimento).

NW *ab von* **Nordwest(en)** N.O. (*ab von* nord-ovest).

Nymphe ['nʏmfə] ‹-, -n› *f* ninfa *f.*

Nymphomanin [nʏmfo'ma:nɪn] *f* ninfomane *f.*

O

O, o [oː] ‹-, -(s)› *n* O, o *f*; **O wie Otto** O come Otranto.
o [oː] *s.* **oh.**
O *ab von* **Ost(en)** E. (*ab von* est).
o. ä. *ab von* **oder ähnliche(s)** o sim. (*ab von* o simili, -e).
Oase [o'aːzə] ‹-, -n› *f* oasi *f.*
ob [ɔp] *con* **1.** *(indirekte Frage einleitend)* se; **2.** *(vergleichend):* **als ~** come se; **3.** *(verstärkend):* **und ~!** eccome!, altro che!; **es ist, als ~ . . .** si direbbe che . . .; **so tun, als ~ . . .** far finta di . . . *inf;* **~ das wohl stimmt?** sarà poi vero?; **~ . . . oder** che . . . o *conj.*
OB [oː'beː] ‹-(s), -s› *m ab von* **Oberbürgermeister** sindaco *m.*
o. B. *ab von* **ohne Befund** risultato negativo.
Obdach ['ɔpdax] *n* ricovero *m,* rifugio *m.* **obdachlos** *a* senza casa, senza tetto. **Obdachlose** ‹ein -r, -n, -n› *mf* senzatetto *mf.*
Obduktion [ɔpdʊk'tsi̯oːn] ‹-, -en› *f* autopsia *f.*
obduzieren [ɔpdu'tsiːrən] ‹*ohne ge-*› *tr* fare l'autopsia di.
O-Beine *n pl fam* gambe *f pl* storte *fam.*
oben ['oːbən] *adv* **1.** *(in der Höhe)* in alto, su; **2.** *(an der Oberfläche)* alla superficie; **3.** *(in Schriftstück, Buch)* sopra; **jdn von ~ herab behandeln** trattare qu dall'alto in basso; **~ ohne** *fam* topless; **da** (*o* **dort**) **~** lassù; **von ~** dall'alto; **von ~ bis unten** da cima a fondo; *(bei Personen)* da capo a piedi; **mir steht's bis hier ~!** *fam* ne ho fin sopra i capelli *fam.*
obendrein ['oːbən'drai̯n] *adv* per giunta, per di più, inoltre.
obenhin ['oːbən'hɪn] *adv* superficialmente, di sfuggita.
oben-ohne ['oːbən'ʔoːnə] ‹*inv*› *fam* **I.** *a* topless; **II.** *adv* in topless.
Ober ['oːbɐ] ‹-s, -› *m* cameriere *m.*
Oberarzt ['oːbɐ-] *m,* **-ärztin** *f* medico *m* capo, dottoressa *f* capo. **Oberbefehlshaber** *m* comandante *m* supremo (*o* in capo). **Oberbekleidung** *f* abiti *m pl,* vestiti *m pl.* **Oberbett** *n* piumino *m.* **Oberbürgermeister(in)** *m(f)* (*ab* **OB**) sindaco *m.*
obere(r, s) ['oːbərə] *a* superiore, (più) alto, -a.
Oberfeldwebel *m* maresciallo *m* maggiore. **Oberfläche** *f* superficie *f.* **oberflächlich** *a* superficiale. **Oberflächlichkeit** ‹-, -en› *f* superficialità *f.* **Obergeschoß** *n* piano *m* superiore. **oberhalb I.** *prp gen* al di sopra di; **II.** *adv* (di) sopra. **Oberhand** *f* sopravvento *m* (*über* su, *bei* in). **Oberhaupt** *n* capo *m.* **Oberhaus** *n* camera *f* alta. **Oberhemd** *n* camicia *f.*
Oberin ['oːbərɪn] *f* (madre *f*) superiora *f.*
Oberkellner(in) *m(f)* capocameriere, -a *m, f.* **Oberkiefer** *m* mascella *f* superiore. **Oberkommando** *n* comando *m* supremo. **Oberkörper** *m* parte *f* superiore del corpo, busto *m.* **Oberleder** *n* tomaia *f.* **Oberleitung** *f* **1.** *(Führung)* direzione *f* generale; **2.** *el* linea *f* aerea. **Oberleutnant** *m* tenente *m.* **Oberlicht** *n* lucernario *m.* **Oberrhein** *m* Reno *m* superiore.
Obers ['oːbɐs] ‹-, ø› *n A (Sahne)* panna *f* (montata).
Oberschenkel *m* coscia *f.* **Oberschicht** *f* **1.** *allg.* strato *m* superiore; **2.** *soc* strato *m* superiore, ceto *m* elevato. **Oberschwester** *f* capoinfermiera *f.* **Oberseite** *f* lato *m* superiore.
Oberst ['oːbɐst] ‹-en *o* -s, -en, *o rar* -e› *m* colonnello *m.*
Oberstaatsanwalt *m,* **-anwältin** *f* procuratore *m* della Repubblica.
oberste(r, s) ‹*Superlativ von* obere(r, s)› *a* **1.** *(räumlich)* (il/la) più alto, -a; *(Stockwerk)* ultimo, -a; **2.** *fig, adm* supremo, -a, superiore, sommo, -a.
Oberstufe *f* classi *f pl* superiori. **Oberteil** *n* parte *f* superiore. **Oberweite** *f* (giro *m* del) petto *m.*
obgleich [ɔp'glai̯ç] *s.* **obwohl.**
Obhut ['ɔphuːt] *f* custodia *f;* **jdn in seine ~ nehmen** prendere qu sotto la sua protezione.
obige(r, s) ['oːbɪgə] *a* suddetto, -a, summenzionato, -a.
Objekt [ɔp'jɛkt] ‹-(e)s, -e› *n* **1.** *allg.* oggetto *m;* **2.** *gram* complemento *m.*
objektiv [ɔpjɛk'tiːf] *a* obiettivo.
Objektiv ‹-s, -e› *n* obiettivo *m.*
Objektivität [...tivi'tɛːt] ‹-, ø› *f* obiettività *f.*
Oblate [o'blaːtə] ‹-, -n› *f* ostia *f.*
ob·liegen ['ɔpliːgən] ‹*irr, mit ge-*›, **obliegen** [ɔp'liːgən] ‹*irr, ohne ge-*› *itr geh:* **jdm ~** spettare a qu.
obligatorisch [obliga'toːrɪʃ] *a* obbligatorio.
Obmann ['ɔpman] ‹-(e)s, -männer *o* -leute› *m,* **Obmännin** ['ɔpmɛnɪn] *f*

direttore, -trice *m, f; sport* arbitro, -a *m, f.*
Oboe [o'bo:ə] ‹-, -n› *f* oboe *m.*
Obrigkeit ['o:brıçkait] ‹-, -en› *f* autorità *f,* potere *m* pubblico.
obschon [ɔp'ʃo:n] *geh s.* **obwohl.**
Observatorium [ɔpzɛrva'to:rium, ...iən] ‹-s, -rien› *n* osservatorio *m.*
obskur [ɔps'ku:ɐ] *a* oscuro.
Obst [o:pst] ‹-(e)s, ø› *n* frutta *f.* **Obstbau** ‹-(e)s, ø› *m* frutticoltura *f.* **Obstbaum** *m* albero *m* da frutto. **Obstgeschäft** *n,* **-handlung** *f* negozio *m* di frutta. **Obsthändler(in)** *m(f)* fruttivendolo, -a *m, f.* **Obstkuchen** *m* dolce *m* di frutta. **Obstmesser** *n* coltello *m* da frutta (*o* da dessert). **Obstplantage** *f* piantagione *f* di alberi da frutto. **Obstsalat** *m* macedonia *f* di frutta. **Obsttorte** *f* torta *f* alla frutta.
obszön [ɔps'tsø:n] *a* osceno.
obwohl [ɔp'vo:l] *con* sebbene *conj,* benché *conj,* anche se.
Ochse ['ɔksə] ‹-n, -n› *m* **1.** *zoo* bue *m;* **2.** *fig fam (Dummkopf)* stupido *m,* sciocco *m;* **dastehen wie der ~ vorm Berg** non sapere che pesci pigliare *fam.*
ochsen *itr fam (pauken)* sgobbare *fam.*
Ochsenschwanzsuppe *f* brodo *m* di coda di bue.
Ocker ['ɔkɐ] ‹-s, -› *m o n* ocra *f.*
öd(e) [ø:t ('ø:də)] *a* **1.** *(verlassen)* deserto; *(kahl)* brullo; *(unbebaut)* incolto; *(unbewohnt)* disabitato; **2.** *fig (langweilig)* monotono, noioso, triste.
Ode ['o:də] ‹-, -n› *f* ode *f.*
Öde ['ø:də] ‹-, -n› *f* **1.** *(Wüste)* deserto *m;* **2.** *fig* monotonia *f.*
oder ['o:dɐ] *con* **1.** *allg.* o, oppure; **2.** *(nachgestellt: ~ nicht)* o no; *(~ doch?)* o sbaglio; **~ auch** oppure, ovvero; **entweder ... ~ ...** o ... o ...
Ödipuskomplex ['ø:dipus-] *m* complesso *m* di Edipo.
Ofen ['o:fən] ‹-s, ¨-› *m (Heiz~)* stufa *f; (Back~)* forno *m.* **Ofenrohr** *n* tubo *m* della stufa.
offen ['ɔfən] *a* **1.** *allg., fig* aperto; *(Gelände, Wagen)* scoperto; **2.** *(Stelle)* vacante, libero; **3.** *(Frage)* aperto, in sospeso; **4.** *(freimütig)* franco, sincero; *(unmißverständlich)* palese, manifesto; **Tag der ~en Tür** giorno di apertura per il pubblico; **~er Wein** vino sfuso; **~ gesagt** (*o* **gestanden**) a dire il vero; **~ und ehrlich** *adv* schiettamente, chiaro e tondo; **weit ~** spalancato; **auf ~er Straße** in mezzo alla strada.
offenbar ['ɔfənba:ɐ *o* ...'ba:ɐ] **I.** *a* evidente; **II.** *adv* apparentemente.
offenbaren [...'ba:rən] ‹*mit o ohne ge-*› **I.** *tr* manifestare; *(bes. rel)* rivelare; **II.** *rfl:* **sich ~ 1.** *(sich erweisen)* mostrarsi; **2.** *(kundtun)* rivelarsi.
Offenbarung ‹-, -en› *f* rivelazione *f,* manifestazione *f.* **Offenbarungseid** *m* giuramento *m* dichiarativo.
offen·bleiben ‹*irr*› *itr* ‹*sein*› **1.** *(Tür, etc.)* rimanere aperto; **2.** *fig (unentschieden bleiben)* rimanere indeciso (*o* in sospeso). **offen·halten** ‹*irr*› *tr* **1.** *(Tür, etc.)* lasciare aperto; **2.** *fig* riservare.
Offenheit ‹-, *rar* -en› *f* franchezza *f,* sincerità *f.*
offenherzig *a* franco, sincero; *fig scherz (Kleid)* molto scollato. **offenkundig** *a* manifesto, evidente.
offen·lassen ‹*irr*› *tr* **1.** *(Tür, etc.)* lasciare aperto; **2.** *fig* lasciare in sospeso.
offensichtlich I. *a* evidente, manifesto, palese; **II.** *adv* evidentemente.
offensiv [ɔfən'zi:f] *a* offensivo. **Offensive** [...'zi:və] ‹-, -n› *f* offensiva *f.*
offen·stehen ‹*irr*› *itr* **1.** *(geöffnet sein)* essere aperto; **2.** *(Rechnung)* non essere pagato, essere scoperto; **3.** *(zugänglich sein)* essere accessibile; **es steht dir offen zu ...** sei libero di ... *inf,* sta a te decidere se ... *inf.*
öffentlich ['œfəntlıç] **I.** *a* pubblico; **~-rechtlich** di diritto pubblico; **II.** *adv* pubblicamente, in pubblico.
Öffentlichkeit ‹-, ø› *f* pubblico *m;* **in der ~** in pubblico; **unter Ausschluß der ~** *jur* a porte chiuse. **Öffentlichkeitsarbeit** *f* relazioni *f pl* pubbliche.
offerieren [ɔfe'ri:rən] ‹*ohne ge-*› *tr geh* offrire.
Offerte [ɔ'fɛrtə] ‹-, -n› *f* offerta *f.*
offiziell [ɔfi'tsiɛl] *a* ufficiale.
Offizier [ɔfi'tsi:ɐ] ‹-s, -e› *m* ufficiale *m.*
öffnen ['œfnən] **I.** *tr* aprire; **mit Gewalt ~** forzare; **hier ~!** lato da aprire!; **II.** *rfl:* **sich ~** aprirsi.
Öffner ‹-s, -› *m (Dosen~)* apriscatole *m; (Flaschen~)* apribottiglie *m; (Brief~)* tagliacarte *m; (Tür~)* apriporta *m.*
Öffnung ‹-, -en› *f* apertura *f; (Loch)* buco *m,* foro *m.* **Öffnungszeit** *f* ore *f pl* di apertura.
Offsetdruck ['ɔfsɛt-] ‹-(e)s, -e› *m* stampa *f* offset.
oft [ɔft] ‹¨-er, *rar* am ¨-esten› *adv* spesso; **des öfteren** di frequente; **wie ~?** quante volte?
öfters ['œftɐs] *adv* di frequente, più volte.
oh [o:] *interj* o, oh, ah; **~ doch!** ma sì!; **~, wie schön!** oh, che bello!; **~, wie furchtbar!** terribile!
OHG [o:ha:'ge:] ‹-, -s› *f ab von* **offene Handelsgesellschaft** s.n.c. (*ab von* società in (*o* a) nome collettivo).
ohne ['o:nə] **I.** *prp acc* senza; *(frei von)* privo di; **nicht (so) ~ sein** *fam* non essere niente male; **~ weiteres** senz'altro; **ich werde auch ~ ihn fertig** farò anche a meno di lui; **II.** *con:* **~ daß ...** senza che ... *conj;* **~ etw. zu sagen** senza dir nulla.

ohnedies [-'di:s] *adv* in ogni caso, comunque.
ohnegleichen [-'glaiçən] ‹*inv*› *a (nachgestellt)* senza pari, unico (nel suo genere).
ohnehin [-'hɪn] *s.* **ohnedies.**
Ohnmacht ['o:nmaxt] ‹-, -en› *f* **1.** *med* svenimento *m;* **2.** ‹*sing*› *geh (Machtlosigkeit)* impotenza *f,* debolezza *f;* **in ~ fallen** svenire, perdere la conoscenza. **ohnmächtig** ['o:nmɛçtɪç] *a* **1.** *med* svenuto, senza conoscenza; **2.** *fig geh* impotente; **~ werden** svenire.
Ohr [o:ɐ] ‹-(e)s, -en› *n* orecchio *m;* **ganz ~ sein** essere tutt'orecchi; **die ~en steifhalten** *fam* farsi forza e coraggio; **auf einem ~ taub sein** essere sordo da un orecchio; **ins ~ gehen** essere facilmente orecchiabile (di melodia); **jdn übers ~ hauen** *fam* imbrogliare qu; **auf den ~en sitzen** *fam* fare orecchi da mercante; **sich** *(dat)* **etw. hinter die ~en schreiben** *fig fam* ficcarsi bene in mente qc *fam;* **jdm mit etw. in den ~en liegen** *fam* importunare qu con qc; **jdm zu ~en kommen** giungere all'orecchio di qu; **bis über die ~en** fin sopra i capelli; **ich habe im Moment furchtbar viel um die ~en** *fam* al momento ho un sacco di lavoro (*o* di problemi) *fam.*
Öhr [ø:ɐ] ‹-(e)s, -e› *n (Nadel~)* cruna *f; tec* occhiello *m.*
Ohrenarzt *m,* **-ärztin** *f* otoiatra *mf.* **ohrenbetäubend** *a* assordante. **Ohrenentzündung** *f* otite *f.* **Ohrensausen** ‹-s, ø› *n* ronzio *m* auricolare. **Ohrenschmalz** *n* cerume *m.* **Ohrenschmaus** *m* godimento *m* (*o* delizia *f*) per gli orecchi. **Ohrenschützer** ‹-s, -› *m* paraorecchie *m.* **Ohrensessel** *m* poltrona *f* a orecchioni.
Ohrfeige *f* schiaffo *m,* ceffone *m.* **ohrfeigen** *tr* schiaffeggiare.
Ohrläppchen [-lɛpçən] ‹-s, -› *n* lobo *m* auricolare. **Ohrmuschel** *f* padiglione *m* auricolare. **Ohrring** *m* orecchino *m.* **Ohrwurm** *m* **1.** *zoo* forbicina *f;* **2.** *fig fam* motivo *m* orecchiabile.
okay [o'ke: *o* 'oʊ'keɪ] ‹*inv*› *fam* **I.** *interj* va bene, d'accordo; **II.** *a* a posto, in ordine.
okkult [ɔ'kʊlt] *a* occulto.
Okkultismus [...'tɪsmʊs] ‹-, ø› *m* occultismo *m.*
Ökologie [økolo'gi:] ‹-, ø› *f* ecologia *f.*
ökologisch [...'lo:gɪʃ] *a* ecologico.
Ökonomie [økono'mi:, ...i:ən] ‹-, -en› *f* economia *f.*
ökonomisch [...'no:mɪʃ] *a* economico.
Oktanzahl [ɔk'ta:n-] *f* numero *m* di ottani.
Oktave [ɔk'ta:və] ‹-, -n› *f* ottava *f.*
Oktober [ɔk'to:bɐ] ‹-(s), -› *m* ottobre *m; s. a. September.*
ökumenisch [øku'me:nɪʃ] *a* ecumenico.
Okzident ['ɔkt̮sidɛnt *o* ...'dɛnt] ‹-s, ø› *m* occidente *m.*
Öl [ø:l] ‹-(e)s, -e› *n* **1.** *(allg., Speise~)* olio *m;* **2.** *(Heiz~)* nafta *f;* **3.** *(Erd~)* petrolio *m;* **in ~ malen** dipingere a olio.
Ölbaum *m* olivo *m.* **Ölbild** *n* dipinto *m* a olio, olio *m.*
Oldtimer ['oʊldtaɪmə] ‹-s, -› *m (Auto)* auto *f* d'epoca.
Oleander [ole'andɐ] ‹-s, -› *m* oleandro *m.*
ölen *tr* oliare, lubrificare.
Ölfarbe *f* colore *m* ad olio. **Ölgemälde** *s.* **Ölbild. Ölgesellschaft** *f* compagnia *f* petrolifera. **Ölheizung** *f* riscaldamento *m* a nafta (*o* gasolio).
ölig *a* oleoso.
Olive [o'li:və] ‹-, -n› *f* oliva *f.* **Olivenbaum** *m* olivo *m.* **Olivenöl** *n* olio *m* d'oliva.
olivgrün *a* verde oliva, olivastro.
Ölkännchen *n* oliatore *m.* **Ölleitung** *f* oleodotto *m; mot* tubo *m* dell'olio. **Ölpest** *f* inquinamento *m* da petrolio. **Ölpresse** *f* frantoio *m.* **Ölpumpe** *f* pompa *f* dell'olio. **Ölquelle** *f* pozzo *m* di petrolio. **Ölraffinerie** *f* raffineria *f* di petrolio. **Ölsardine** *f* sardina *f* sott'olio. **Ölscheich** *m* sceicco *m* del petrolio. **Ölschicht** *f* strato *m* d'olio. **Ölstand** *m* livello *m* dell'olio. **Öltanker** *m* petroliera *f.* **Ölteppich** *m* chiazza *f* di petrolio.
Ölung ‹-, -en› *f* **1.** *allg.* oleazione *f,* lubrificazione *f; mot* grassagio *m;* **2.** *rel* unzione *f;* **die Letzte ~** l'estrema unzione.
Ölverbrauch *m* consumo *m* d'olio. **Ölvorkommen** *n* giacimento *m* petrolifero (*o* di petrolio). **Ölwechsel** *m* cambio *m* dell'olio.
Olympiade [olʏm'pia:də] ‹-, -n› *f hist* olimpiade *f; sport* olimpiadi *f pl.*
Olympiasieger(in) [o'lʏmpia-] *m(f)* campione, -essa *m, f,* vincitore, -trice *m, f* olimpico, -a.
olympisch [o'lʏmpɪʃ] *a* olimpico.
Ölzeug *n* indumenti *m pl* di tela cerata.
Oma ['o:ma] ‹-, -s› *f fam* nonna *f; (Kindersprache)* nonnina *f.*
Omelett [ɔmə'lɛt *o* ɔm'lɛt] ‹-(e)s, -s *o* -e› *n,* **Omelette** ‹-, -n› *f* omelette *f,* frittata *f.*
Omen ['o:mən, 'o:mən *o* 'o:mina] ‹-s, - *o* Omina› *n* segno *m,* augurio *m,* presagio *m.*
ominös [omi'nø:s] *a* dubbio.
Omnibus ['ɔmnibʊs] *m* omnibus *m,* autobus *m.* **Omnibushaltestelle** *f* fermata *f* dell'autobus. **Omnibuslinie** *f* linea *f* d'autobus.
onanieren [ona'ni:rən] ‹*ohne ge-*› *itr* masturbarsi.
Onkel ['ɔŋkəl] ‹-s, - *o fam* -s› *m* zio *m.*
Onyx ['o:nʏks] ‹-(es), -e› *m* onice *f.*

OP [oːˈpeː] ‹-(s), -s› *m ab von* **Operationssaal** sala *f* operatoria.
Opa [ˈoːpa] ‹-s, -s› *m fam* nonno *m.*
Opal [oˈpaːl] ‹-s, -e› *m* opale *m o f.*
Oper [ˈoːpɐ] ‹-, -n› *f* opera *f.*
Operation [opəraˈtsi̯oːn] ‹-, -en› *f* operazione *f.* **Operationssaal** *m* (*ab* **OP**) sala *f* operatoria. **Operationstisch** *m* tavolo *m* operatorio.
operativ [...ˈtiːf] **I.** *a* operatorio; **~er Eingriff** intervento chirurgico; **II.** *adv* per via operatoria; **~ entfernen** resecare.
Operette [opəˈrɛtə] ‹-, -n› *f* operetta *f.*
operieren [opəˈriːrən] ‹*ohne ge-*› *tr, itr* operare; **sich ~ lassen** sottoporsi a un'operazione.
Opernball *m* ballo *m* dell'opera. **Opernführer** *m (Buch)* guida *f* dell'opera. **Opernglas** *n* binocolo *m.* **Opernhaus** *n* teatro *m* dell'opera, opera *f.* **Opernsänger(in)** *m(f)* cantante *mf* d'opera.
Opfer [ˈɔpfɐ] ‹-s, -› *n* **1.** *(~gabe, a. fig)* offerta *f; (Verzicht)* sacrificio *m; rel* immolazione *f;* **2.** *(Mensch)* vittima *f;* **ein ~ bringen** fare un sacrificio; **jdm/ einer S.** *(dat)* **zum ~ fallen** essere vittima di qu/qc.
opfern I. *tr (geben)* offrire; *(aufgeben)* sacrificare; **II.** *rfl:* **sich ~** sacrificarsi.
Opferung ‹-, -en› *f* sacrificio *m.*
Opium [ˈoːpi̯ʊm] ‹-s, ø› *n* oppio *m.*
Opponent(in) [ɔpoˈnɛnt(ɪn)] ‹-en, -en› *m(f)* oppositore, -trice *m, f.*
opponieren [...ˈniːrən] ‹*ohne ge-*› *itr* opporsi (*gegen* a), fare opposizione (*gegen* a).
Opportunismus [ɔpɔrtuˈnɪsmʊs] ‹-, ø› *m* opportunismo *m.*
Opportunist(in) [...ˈnɪst(ɪn)] ‹-en, -en› *m(f)* opportunista *mf.*
opportunistisch *a* opportunista, opportunistico.
Opposition [ɔpoziˈtsi̯oːn] ‹-, -en› *f* opposizione *f.* **Oppositionspartei** *f* partito *m* d'opposizione.
OP-Schwester *f* infermiera *f* di sala operatoria.
Optik [ˈɔptɪk] ‹-, ø› *f* ottica *f; fig (Eindruck)* aspetto *m* ottico.
Optiker(in) ‹-s, -› *m(f)* ottico, -a *m, f.*
optimal [ɔptiˈmaːl] *a* ottimale.
Optimismus [ɔptiˈmɪsmʊs] ‹-, ø› *m* ottimismo *m.*
Optimist(in) [...ˈmɪst(ɪn)] ‹-en, -en› *m(f)* ottimista *mf.*
optimistisch *a* ottimista, ottimistico.
optisch [ˈɔptɪʃ] *a* ottico.
Orakel [oˈraːkəl] ‹-s, -› *n* oracolo *m.*
orakeln ‹*ohne ge-*› *itr fig* parlare come un oracolo.
orange [oˈrãːʒ *o* ...ʒə] ‹*inv*› *a* arancione; *s. a. blau.*
Orange[1] [oˈrãːʒə] ‹-, -n› *f (Apfelsine)* arancia *f.*
Orange[2] [oˈrãːʒ *o* ...ʒə] ‹-, - *o fam* -s› *n (Farbe)* (colore *m*) arancione *m; s. a. Blau.*
Orangeat [orãˈʒaːt] ‹-s, -e› *n* buccia *f* d'arancia candita.
Orangensaft *m* succo *m* (*o* spremuta *f*) d'arancia. **Orangenschale** *f* buccia *f* (*o* scorza *f*) d'arancia.
Orang-Utan [ˈoːraŋˈʔuːtan] ‹-s, -s› *m* orangutan *m,* orango *m.*
Orchester [ɔrˈkɛstɐ *o* ɔrˈçɛ...] ‹-s, -› *n* orchestra *f.* **Orchestergraben** *m* fossa *f* dell'orchestra.
Orchidee [ɔrçiˈdeːə] ‹-, -n› *f* orchidea *f.*
Orden [ˈɔrdən] ‹-s, -› *m* **1.** *rel* ordine *m* (religioso); **2.** *(Auszeichnung)* onorificenza *f; (mil a.)* decorazione *f,* medaglia *f;* **jdm einen ~ verleihen** decorare qu (con medaglia). **Ordensgeistliche** *m* chierico *m* regolare. **Ordensträger(in)** *m(f)* insignito, -a *m, f* di un ordine.
ordentlich [ˈɔrdəntlɪç] *a* **1.** *(aufgeräumt)* ordinato, in ordine; **2.** *(ordnungsliebend)* ordinato, ammodo; **3.** *(ordnungsgemäß)* ordinario; *(Mitglied)* effettivo; **4.** *fam (reichlich)* abbondante; **5.** *fam (einigermaßen gut)* buono, come si deve, conveniente.
Order [ˈɔrdɐ] ‹-, -s *o* -n› *f* **1.** *(Befehl)* ordine *m;* **2.** *com (Auftrag)* ordinazione *f,* commissione *f.*
Ordinalzahl [ɔrdiˈnaːl-] *f* numero *m* ordinale.
ordinär [ɔrdiˈnɛːɐ̯] *a* **1.** *pej (gemein)* comune, volgare; **2.** *geh (alltäglich)* ordinario, comune.
ordnen [ˈɔrdnən] *tr* ordinare, mettere in ordine.
Ordner ‹-s, -› *m (Akten~)* raccoglitore *m.*
Ordner(in) ‹-s, -› *m, f* organizzatore, -trice *m, f,* ordinatore, -trice *m, f.*
Ordnung ‹-, -en› *f* **1.** *(Zustand, allg.)* ordine *m,* (buono) stato *m;* **2.** ‹*sing*› *(Handlung)* disposizione *f,* sistemazione *f,* regolamento *m;* **3.** *(Regelung)* regolamento *m,* statuto *m;* **4.** *biol, mat* ordine *m;* **der ~ halber** per la regolarità, per la buona regola; **in ~** in (buon) ordine; *tec, fig* a posto; **(geht) in ~!** *fam* d'accordo! **ordnungsgemäß** *a* regolare. **Ordnungsliebe** *m* amore *f* dell'ordine. **Ordnungsstrafe** *f* pena *f* disciplinare. **Ordnungszahl** *f mat* numero *m* ordinale; *chem* numero *m* atomico.
Organ [ɔrˈgaːn] ‹-s, -e› *n* **1.** *allg., anat, fig* organo *m;* **2.** *fig adm* istituzione *f;* **3.** *fig (Zeitung)* organo *m;* **4.** *fam (Stimme)* voce *f.* **Organbank** ‹-, -en› *f* banca *f* degli organi.
Organisation [ɔrganizaˈtsi̯oːn] ‹-, -en› *f* organizzazione *f.*
Organisator(in) [...ˈzaːtoːɐ̯ (...zaˈtoːrɪn),

...za'to:rən] ‹-s, -en› *m(f)* organizzatore, -trice *m, f.*
organisatorisch [...'to:rɪʃ] *a* organizzativo.
organisch [ɔr'ga:nɪʃ] *a* organico.
organisieren [ɔrgani'zi:rən] ‹*ohne ge-*› *tr* organizzare.
Organismus [ɔrga'nɪsmʊs, ...mən] ‹-, -men› *m* organismo *m.*
Organist(in) [ɔrga'nɪst(ɪn)] ‹-en, -en› *m(f)* organista *mf.*
Organspende *f* donazione *f* di un organo.
Orgasmus [ɔr'gasmʊs, ...mən] ‹-, -men› *m* orgasmo *m.*
Orgel ['ɔrgəl] ‹-, -n› *f* organo *m.*
Orgelpfeife *f* canna *f* dell'organo; **wie die ~n** *scherz* in fila.
Orgie ['ɔrgi̯ə] ‹-, -n› *f* orgia *f.*
Orient ['o:ri̯ɛnt *o* o'ri̯ɛnt] ‹-s, ø› *m* oriente *m,* levante *m.*
Orientale [ori̯ɛn'ta:lə] ‹-n, -n› *m,* **Orientalin** [...lɪn] *f* orientale *mf.*
orientalisch *a* orientale, levantino.
orientieren [ori̯ɛn'ti:rən] ‹*ohne ge-*› *rfl:* **sich ~** orientarsi; *fig* raccapezzarsi.
Orientierung ‹-, ø› *f* orientamento *m.* **Orientierungshilfe** *f* guida *f.* **Orientierungsstufe** *f (in der Schule)* classi *f pl* di orientamento.
original [origi'na:l] *a* originale; *(echt)* autentico.
Original ‹-s, -e› *n* originale *m; (Urschrift)* testo *m* originale.
Originalität [...nali'tɛ:t] ‹-, *o rar* -en› *f* originalità *f.*
Originalübertragung *f* trasmissione *f* in diretta.
originell [origi'nɛl] *a* originale.
Orkan [ɔr'ka:n] ‹-(e)s, -e› *m* uragano *m.*
Ornament [ɔrna'mɛnt] ‹-(e)s, -e› *n* ornamento *m.*
Ornat [ɔr'na:t] ‹-(e)s, -e› *m* veste *f* ufficiale; *rel* paramenti *m pl* sacerdotali.
Ort [ɔrt] ‹-(e)s, -e› *m* **1.** *(Stelle)* luogo *m,* posto *m;* **2.** *(~schaft)* località *f;* **an ~ und Stelle** sul posto.
orten *tr* localizzare.
orthodox [ɔrto'dɔks] *a* ortodosso.
Orthographie [ɔrtogra'fi:, ...i:ən] ‹-, -n› *f* ortografia *f.*
orthographisch [...'gra:fɪʃ] *a* ortografico.
Orthopäde [ɔrto'pɛ:də] ‹-n, -n› *m,* **Orthopädin** [...dɪn] *f* (donna *f*) ortopedico *m.*
orthopädisch *a* ortopedico.
örtlich ['œrtlɪç] *a* locale.
Ortsangabe *f* indicazione *f* del luogo. **ortsansässig** *a* residente nel luogo.
Ortschaft ‹-, -en› *f* località *f,* villaggio *m.*
ortsfremd *a* forestiero. **Ortsgespräch** *n tel* telefonata *f* urbana. **ortskundig** *a* esperto del posto. **Ortsname** *m* nome *m* di luogo. **Ortsnetz** *n tel* rete *f* locale. **Ortsschild** *n* segnale *m* di località. **Ortsteil** *m* quartiere *m,* sobborgo *m.* **ortsüblich** *a* di uso locale. **Ortszeit** *f* ora *f* locale. **Ortszuschlag** *m* indennità *f* di residenza.
Ortung ‹-, -en› *f* orientamento *m; (mit Radar)* localizzazione *f.*
Öse ['ø:zə] ‹-, -n› *f* occhiello *m.*
Ost-Berlin *n* Berlino-Est *f.* **Ostblock** *m* blocco *m* orientale. **Ostblockstaaten** *m pl* paesi *m pl* dell'Est (*o* del blocco orientale).
Osten ['ɔstən] ‹-s, ø› *m* (*ab* **O**) est *m;* **der Nahe/Mittlere/Ferne ~** il vicino/il medio/l'estremo oriente.
Osterei *n* uovo *m* di Pasqua. **Osterglocke** *f bot* narciso *m.* **Osterhase** *m* coniglio *m* di Pasqua. **Osterlamm** *n* agnello *m* pasquale.
österlich ['ø:stelɪç] *a* pasquale.
Ostermontag ['o:stɐ'mo:nta:k] *m* Pasquetta *f.*
Ostern ['o:stɐn] ‹-, ø› *n* Pasqua *f;* **frohe ~!** buona Pasqua!
Österreich ['ø:stəra̯ɪç] *n* Austria *f.*
Österreicher(in) ‹-s, -› *m(f)* austriaco, -a *m, f.*
österreichisch *a* austriaco.
Ostersonntag ['o:stɐ'zɔnta:k] *m* domenica *f* di Pasqua. **Osterwoche** *f* settimana *f* di Pasqua.
östlich ['œstlɪç] **I.** *a* dell'est, orientale; **~ von** a est di; **II.** *prp gen* a est (*gen* di).
Ostpolitik *f* politica *f* con i paesi dell'Est, Ostpolitik *f.*
Östrogen [œstro'ge:n] ‹-s, -e› *n* estrogeno *m.*
Ostsee *f* (Mar *m*) Baltico *m.* **Ostverträge** *m pl* trattati *m pl* con i paesi dell'Est. **Ostwind** *m* vento *m* dell'est.
Otter[1] ['ɔtɐ] ‹-, -n› *f (Schlange)* vipera *f.*
Otter[2] ['ɔtɐ] ‹-s, -› *m (Fisch~)* lontra *f.*
Otto ['ɔto] *(männlicher Vorname)* Ottone.
Ouvertüre [uvɛr'ty:rə] ‹-, -n› *f* ouverture *f.*
oval [o'va:l] *a* ovale. **Oval** ‹-s, -e› *n* ovale *m.*
Ovation [ova'tsi̯o:n] ‹-, -en› *f* ovazione *f.*
Overall ['oʊvərɔ:l] ‹-s, -s› *m* tuta *f,* overall *m.*
Ovulation [ovula'tsi̯o:n] ‹-, -en› *f scient* ovulazione *f.* **Ovulationshemmer** ‹-s, -› *m geh* pillola *f* anticoncezionale.
Oxyd [ɔ'ksy:t], *fachsprachlich:* **Oxid** [ɔ'ksi:t] ‹-(e)s, -e› *n* ossido *m.*
Oxydation [ɔksyda'tsi̯o:n] ‹-, -en› *f* ossidazione *f.*
Oxydierung ‹-, -en› *f* ossidazione *f.*
Ozean ['o:tsea:n] ‹-s, -e› *m* oceano *m.* **Ozeandampfer** *m* transatlantico *m.*
Ozeanien [otse'a:ni̯ən] *n* Oceania *f.*
Ozon [o'tso:n] ‹-s, ø› *m o n* ozono *m.*

P

P, p [pe:] ‹-, -(s)› *n* P, p *f;* **P wie Paula** P come Padova.

paar [pa:ɐ̯] ‹*inv*› *a:* **ein ~ ...** un paio di ..., alcuni ..., qualche ...; **in den ~ Stunden konnte ich nichts lernen** in quelle poche ore non sono riuscito a studiare niente.

Paar ‹-(e)s, -e› *n* paio *m; (Personen, Tiere)* coppia *f.*

paaren ['pa:rən] **I.** *tr (Zuchttiere)* appaiare; *(a. fig)* accoppiare; **II.** *rfl:* **sich ~** accoppiarsi.

paarig *a* geminato.

Paarlauf *m,* **-laufen** ‹-s, ø› *n* pattinaggio *m* artistico a coppie.

paarmal *adv:* **ein ~** un paio di volte.

Paarung ‹-, -en› *f* **1.** *biol* accoppiamento *m;* **2.** *allg., fig, sport* mettere *m* insieme.

paarweise *adv* a coppie, a paia.

Pacht [paxt] ‹-, -en› *f* affitto *m; (von Geschäften)* gestione *f.*

pachten *tr* **1.** *com* prendere in affitto, affittare; *(Geschäft)* prendere la gestione di; **2.** *fam (für sich beanspruchen)* monopolizzare.

Pächter(in) ['pɛçtɐ (...ərɪn)] ‹-s, -› *m(f)* affittuario, -a *m, f; (Geschäftsleiter)* gerente *mf.*

Pachtung ‹-, -en› *f* locazione *f; (von Geschäft)* gestione *f.*

Pack[1] [pak] ‹-(e)s, -e *o* ¨-e› *m (Bündel)* pacco *m.*

Pack[2] [pak] ‹-(e)s, ø› *n pej (Gesindel)* gentaglia *f.*

Päckchen ['pɛkçən] ‹-s, -› *n* pacchetto *m.*

Packeis *n* banchisa *f,* pack *m.*

packen ['pakən] **I.** *tr* **1.** *(ergreifen)* afferrare (*an* per), pigliare (*an* per); **2.** *fig (Schrecken, etc.)* cogliere; **3.** *fig (fesseln)* avvincere; **4.** *(ein~)* mettere; *(Koffer, Paket)* fare; **5.** *sl (verstehen)* capire; **es ~** *fam (schaffen)* farcela; **ihn hat es ganz schön gepackt** *fam (er ist krank)* s'è beccato una malattia *fam; (er ist verliebt)* s'è preso una cotta *fam;* **II.** *itr (die Koffer ~)* fare le valigie. **Packen** ‹-s, -› *m* pacco *m.*

packend *a* avvincente.

Packer(in) ‹-s, -› *m(f)* impaccatore, -trice *m, f.*

Packesel *m fam* mulo *m;* **ich bin nicht dein ~** non sono il tuo facchino. **Packpapier** *n* carta *f* da pacchi.

Packung ‹-, -en› *f* **1.** *(Paket)* pacchetto *m;* **2.** *med* impacco *m.*

Pädagoge [pɛda'go:gə] ‹-n, -n› *m,* **Pädagogin** [...gɪn] *f (Erzieher)* pedagogo, -a *m, f; (Wissenschaftler)* pedagogista *mf.*

Pädagogik [...'go:gɪk] ‹-, ø› *f* pedagogia *f.*

pädagogisch *a* pedagogico; *(~ richtig)* pedagogicamente giusto; **P~e Hochschule** (*ab* **PH**) *istituto universitario per la formazione di insegnanti per la scuola.*

Paddel ['padəl] ‹-s, -› *n* pagaia *f.* **Paddelboot** *n* canoa *f.*

paddeln *itr* ‹*haben o bei Fortbewegung sein*› andare in canoa.

Padua ['pa:dṷa] *n* Padova *f.*

Page ['pa:ʒə] ‹-n, -n› *m* **1.** *(Hotel~)* fattorino *m* d'albergo; **2.** *hist* paggio *m.* **Pagenkopf** *m* capelli *m pl* alla paggio.

Paillette [pa̯i'jɛtə] ‹-, -n› *f* lustrino *m,* paglietta *f.*

Paket [pa'ke:t] ‹-(e)s, -e› *n* pacco *m.* **Paketannahme** *f* (sportello *m* di) accettazione *f* pacchi. **Paketausgabe** *f* (sportello *m* di) consegna *f* pacchi. **Paketkarte** *f* bollettino *m* di spedizione. **Paketpost** *f* servizio *m* pacchi postali. **Paketschalter** *m* sportello *m* per i pacchi postali. **Paketzustellung** *f* consegna *f* dei pacchi.

Pakt [pakt] ‹-(e)s, -e› *m* patto *m.*

paktieren [...'ti:rən] ‹*ohne ge-*› *itr* fare un patto (*mit* con).

Palast [pa'last] ‹-(e)s, Paläste› *m* palazzo *m.*

Palaver [pa'la:vɐ] ‹-s, -› *n fam pej* chiacchiere *f pl.*

Palette [pa'lɛtə] ‹-, -n› *f* **1.** *(Maler~)* tavolozza *f;* **2.** *fig* gamma *f.*

Palisade [pali'za:də] ‹-, -n› *f* palizzata *f.*

Palme ['palmə] ‹-, -n› *f* palma *f;* **auf die ~ gehen** *fam* andare in bestia *fam.* **Palmsonntag** [-'zɔnta:k] *m* Domenica *f* delle Palme.

Pampelmuse ['pampəlmu:zə *o* ...'mu:zə] ‹-, -n› *f* pompelmo *m.*

Pamphlet [pam'fle:t] ‹-(e)s, -e› *n* libello *m,* pamphlet *m.*

pampig ['pampɪç] *a* **1.** *dial (breiig)* poltiglioso; **2.** *fam pej (frech)* sfacciato.

panieren [pa'ni:rən] ‹*ohne ge-*› *tr* impanare. **Paniermehl** *n* pangrattato *m.*

Panik ['pa:nɪk] ‹-, -en› *f* panico *m.* **panikartig** **I.** *a* dettato dal panico; **II.** *adv* come in preda al panico. **Panikmache** ‹-, ø› *f fam pej* creare *m* del panico. **Panikstimmung** *f* atmosfera *f* di panico.

panisch *a* panico.

Panne ['panə] ‹-, -n› *f* **1.** *(Schaden)* guasto *m; (Auto~)* panna *f;* **2.** *fig (Fehler)* errore *m.* **Pannendienst** *m* soccorso *m* stradale.
Panorama [pano'ra:ma, ...mən] ‹-s, -men› *n* panorama *m.*
panschen ['panʃən] **I.** *tr (Wein)* adulterare; *(mit Wasser)* annacquare; **II.** *itr fam (planschen)* sguazzare *fam.*
Panther ['pantɐ] ‹-s, -› *m* pantera *f.*
Pantoffel [pan'tɔfəl] ‹-s, -n› *m* ‹*meist pl*› pantofola *f,* ciabatta *f;* **er steht unter dem ~** *fam* si fa mettere sotto i piedi dalla moglie. **Pantoffelheld** *m fam pej* marito *m* in gonnella. **Pantoffelkino** *n fam scherz* tele(visione) *f.*
Pantomime[1] [panto'mi:mə] ‹-, -n› *f (Darbietung)* pantomima *f.*
Pantomime[2] [panto'mi:mə] ‹-n, -n› *m (Künstler)* pantomimo *m.*
Panzer ['pantsɐ] ‹-s, -› *m* **1.** *zoo, hist, fig* corazza *f;* **2.** *mil* carro *m* armato. **Panzerfaust** *f* lanciarazzi *m* anticarro. **Panzerglas** *n* vetro *m* blindato. **Panzerkreuzer** *m* incrociatore *m* corazzato.
panzern **I.** *tr* corazzare; **II.** *rfl:* **sich ~** corazzarsi.
Panzerschrank *m* cassaforte *f* blindata.
Panzerung ‹-, -en› *f* corazzatura *f.*
Panzerwagen *m* carro *m* armato.
Papa ['papa *o* pa'pa:] ‹-s, -s› *m fam* papà *m,* babbo *m.*
Papagei [papa'gai] ‹-en *o* -s, -en *o rar* -e› *m* pappagallo *m.*
Papeterie [papɛtə'ri:, ...i:ən] ‹-, -n› *f CH* cartoleria *f.*
Papi ['papi] ‹-s, -s› *s.* **Papa.**
Papier [pa'pi:ɐ] ‹-s, -e› *n* **1.** *(Material, Schriftstück)* carta *f;* **2.** *(Wert~)* titolo *m;* **3.** ‹*pl*› *(Ausweis)* carte *f pl,* documenti *m pl.* **Papiergeld** *n* cartamoneta *f.* **Papierkorb** *m* cestino *m.* **Papierkrieg** *m fam* lungaggine *f* burocratica. **Papiertaschentuch** *n* fazzoletto *m* di carta.
Pappbecher *m* bicchiere *m* di carta. **Pappdeckel** *s.* **Pappendeckel.**
Pappe ['papə] ‹-, -n› *f* cartone *m.*
Pappel ['papəl] ‹-, -n› *f* pioppo *m.*
Papp(en)deckel *m* cartone *m.*
Pappenheimer ['papənhaimɐ] *m pl:* **ich kenne meine ~** *fam* conosco i miei polli *fam.* **Pappenstiel** *m:* **das ist kein ~** non è un'inezia.
papperlapapp [papəla'pap] *interj* sciocchezze!
pappig ['papɪç] *a fam* **1.** *(klebrig)* appiccicoso; **2.** *(breiig, a. Schnee)* poltiglioso.
Pappmaché [-ma'ʃe:] ‹-s, -s› *n* cartapesta *f.*
Paprika ['paprika] ‹-s, -(s)› *m* **1.** *bot (Pflanze, ~schote)* peperone *m;* **2.** ‹*sing*› *gastr (~gemüse)* peperoni *m pl;* **3.** ‹*sing*› *(Gewürz)* paprica *f.* **Paprikaschote** *f* peperone *m.*
Papst [pa:pst] ‹-(e)s, ⸚e› *m* papa *m.*
päpstlich ['pɛ:pstlɪç] *a* papale.
Parabel [pa'ra:bəl] ‹-, -n› *f* parabola *f.*
Parade [pa'ra:də] ‹-, -n› *f* **1.** *sport* parata *f;* **2.** *mil* rivista *f* militare, rassegna *f; (Vorbeimarsch)* sfilata *f.* **Paradebeispiel** *n* esempio *m* paradigmatico. **Paradeuniform** *f* grande uniforme *f.*
Paradies [para'di:s] ‹-es, -e› *n* paradiso *m.* **paradiesisch** *a* paradisiaco. **Paradiesvogel** *m* uccello *m* del paradiso.
paradox [para'dɔks] *a* paradossale.
Paragraph [para'gra:f] ‹-en, -en› *m* paragrafo *m.* **Paragraphendschungel** *m* labirinto *m* della legge.
parallel [para'le:l] *a* parallelo (*zu* a). **Parallele** ‹-, -n› *f* **1.** *mat* parallela *f;* **2.** *fig (Vergleich)* parallelo *m.*
Parallelogramm [paralelo'gram] ‹-s, -e› *n* parallelogramma *m.*
Parallelstraße *f* strada *f* parallela.
Parapsychologie [para-] *f* parapsicologia *f.*
Parasit [para'zi:t] ‹-en, -en› *m* parassita *m.*
parat [pa'ra:t] *a* pronto.
Pärchen ['pɛ:rçən] ‹-s, -› *n* coppia *f.*
Parfüm [par'fy:m] ‹-s, -e *o* -s› *n* profumo *m.*
Parfümerie [...fymə'ri:, ...i:ən] ‹-, -n› *f* profumeria *f.*
parfümieren [parfy'mi:rən] ‹*ohne ge-*› **I.** *tr* profumare; **II.** *rfl:* **sich ~** profumarsi.
Paria ['pa:ria] ‹-s, -s› *m* paria *m.*
parieren [pa'ri:rən] ‹*ohne ge-*› **I.** *tr* parare; **II.** *itr fam* ubbidire.
Paris [pa'ri:s] *n* Parigi *f.*
Pariser [pa'ri:zɐ] ‹-s, -› *m sl (Präservativ)* preservativo *m.*
Pariser(in) ‹-s, -› *m(f)* parigino, -a *m, f.*
paritätisch [pari'tɛ:tɪʃ] *a* paritetico.
Park [park] ‹-s, -s *o rar* -e› *m* parco *m.*
Parka ['parka] ‹-, -s› *f o* ‹-(s), -s› *m* eskimo *m,* parka *m.*
Parkbank ‹-, ⸚e› *f* panchina *f* del parco. **Parkdeck** *n* piano *m* di autosilo. **Parkebene** *f* area *f* di parcheggio.
parken ['parkən] *tr, itr* parcheggiare; **P~ verboten!** parcheggio vietato!
Parkett [par'kɛt] ‹-(e)s, -e› *n* **1.** *(Fußboden)* parquet *m;* **2.** *theat* platea *f;* **3.** *(Tanzfläche)* pista *f* (da ballo).
Parkgebühr *f* tassa *f* di parcheggio (*o* posteggio). **Parkhaus** *n* autosilo *m.*
parkieren [par'ki:rən] ‹*ohne ge-*› *tr, itr CH* parcheggiare.
Parkkralle *f* blocca-ruota *m.* **Parklücke** *f* buco *m* (per posteggiare) *fam.* **Parkplatz** *m* parcheggio *m,* posteggio *m; (Parklücke)* buco *m fam.* **Parkscheibe** *f* disco *m* orario. **Parkstreifen** *m* corsia *f* di sosta. **Parkstudium** *n fam*

studi *m pl* di parcheggio. **Parksünder** *m fam* parcheggiatore, -trice *m, f* abusivo, -a. **Parkuhr** *f* parchimetro *m.* **Parkverbot** *n* divieto *m* di parcheggio (*o* di posteggio).

Parlament [parla'mɛnt] ‹-(e)s, -e› *n* parlamento *m.*

Parlamentarier(in) [...'ta:ri̯ɐ (...ərın)] ‹-s, -› *m(f)* parlamentare *mf,* membro *m* del parlamento.

parlamentarisch *a* parlamentare.

Parlamentsbeschluß *m* voto *m* (*o* decisione *f*) del parlamento. **Parlamentssitzung** *f* seduta *f* parlamentare.

Parmesan(käse) [parme'za:n] ‹-s, ø› *m* parmigiano *m.*

Parodie [paro'di:, ...i:ən] ‹-, -n› *f* parodia *f* (*auf* di).

parodieren [...'di:rən] ‹*ohne ge-*› *tr* parodiare, fare la parodia di.

Parole [pa'ro:lə] ‹-, -n› *f* **1.** *mil* parola *f* d'ordine; **2.** *fig* motto *m.*

Partei [par'tai̯] ‹-, -en› *f* **1.** *pol* partito *m;* **2.** *jur, fig* parte *f;* **3.** *(Miet~)* inquilino *m* pigionale; **für jdn ~ ergreifen** (*o* **nehmen**) prendere partito per qu. **Parteibuch** *n* tessera *f* del partito; **das richtige/falsche ~ haben** *fig fam* stare dalla parte giusta/sbagliata. **Parteiführung** *f* presidenza *f* del partito. **parteiisch** *a* parziale. **parteilos** *a* apartitico, senza partito. **Parteimitglied** *n* membro *m* del partito. **Parteinahme** [-na:mə] ‹-, -n› *f* presa *f* di posizione. **Parteipolitik** *f* politica *f* di partito. **Parteiprogramm** *n* programma *m* di partito. **Parteitag** *m* congresso *m* del partito.

parterre [par'tɛr] *adv* a (*o* al) pianterreno. **Parterre** ‹-s, -s› *n* pianterreno *m.*

Partie [par'ti:, ...i:ən] ‹-, -n› *f* **1.** *(Teil, Abschnitt, a. mus, theat)* parte *f;* **2.** *sport, com* partita *f;* **eine gute ~ machen** fare un buon matrimonio; **(mit) von der ~ sein** *fam* starci.

partiell [par'tsi̯ɛl] *a* parziale.

Parties *pl von* **Party.**

Partisan(in) [parti'za:n(ın)] ‹-s *o* -en, -en› *m(f)* partigiano, -a *m, f.*

Partitur [parti'tu:ɐ̯] ‹-, -en› *f* partitura *f.*

Partizip [parti'tsi:p, ...pi̯ən] ‹-s, -pien› *n,* **Partizipium** [...pi̯um, ...pi̯a] ‹-s, -pia› *n* participio *m.*

Partner(in) ['partnɐ (...ərın)] ‹-s, -› *m(f)* *(film, Tanz~, Lebens~)* partner *mf;* *(Spiel~)* compagno, -a *m, f* di gioco; *(Vertrags~)* contraente *mf;* *(Gesprächs~)* interlocutore, -trice *m, f;* *com* socio, -a *m, f.* **Partnerschaft** ‹-, -en› *f* **1.** *(Mitarbeit)* collaborazione *f;* *com* compartecipazione *f;* **2.** *(Zusammenleben)* convivenza *f;* **3.** *(Städte~)* gemellaggio *m.* **partnerschaftlich** *a* di partecipazione. **Partnerstadt** *f* città *f* gemellata. **Partnertausch** *m* scambio *m* di partner.

partout [par'tu:] *adv fam* a tutti costi, assolutamente.

Party ['pa:ɐ̯ti] ‹-, -s *o* Parties› *f* festa *f,* party *m.* **Partyservice** *m* servizio *m* ristoro.

Parzelle [par'tsɛlə] ‹-, -n› *f* parcella *f.*

parzellieren [...'li:rən] ‹*ohne ge-*› *tr* lottizzare, dividere in parcelle.

Pascha ['paʃa] ‹-s, -s› *m* pascià *m.*

Paß [pas] ‹Passes, Pässe› *m* **1.** *(Reise~)* passaporto *m;* **2.** *(Gebirgs~)* passo *m,* valico *m;* **3.** *sport* passaggio *m.*

passé [pa'se:] ‹*inv*› *a fam* tramontato, passato.

Passagier [pasa'ʒi:ɐ̯] ‹-s, -e› *m* passeggero, -a *m, f,* viaggiatore, -trice *m, f.* **Passagierdampfer** *m* nave *f* passeggeri. **Passagierflugzeug** *n* aereo *m* passeggeri.

Paßamt *n* ufficio *m* passaporti.

Passant(in) [pa'sant(ın)] ‹-en, -en› *m(f)* passante *mf.*

Paßbild *n* fotografia *f* formato tessera (*o* per passaporto).

Pässe *pl von* **Paß.**

passen ['pasən] **I.** *itr* **1.** *(harmonieren)* andare (bene) (*zu* a); *(sich eignen)* adattarsi (*zu* a); **2.** *(in Größe, Form, etc.)* andare (bene), stare (bene); *(Schuhe)* calzare bene; *(in etw. hinein~)* entrare; **3.** *(genehm sein)* andare *fam;* **4.** *(beim Kartenspiel)* passare; *(bei Fragen)* non saper rispondere; **genau ~** essere giusto; **der Zeitpunkt paßt mir nicht** il momento non mi va bene; **sie paßt nicht zu ihm** non è fatta per lui; **paßt es dir am Samstag um elf Uhr?** ti va bene sabato alle undici?; **das könnte dir so ~!** *fam* ti piacerebbe, eh!; **II.** *tr* **1.** *tec* adattare; **2.** *sport (Ball)* passare. **passend** *a* **1.** *(in Größe, Form)* che va bene; *(zusammen~, geeignet)* adatto (*für* a); **2.** *(angemessen)* adeguato, buono; **3.** *(treffend)* appropriato, giusto; **4.** *(günstig)* opportuno.

passierbar *a (Weg)* praticabile, transitabile; *(Paß)* valicabile.

passieren [pa'si:rən] ‹*ohne ge-*› **I.** *tr* ‹*haben*› *(Grenze, Zensur, gastr)* passare; *(Fluß)* attraversare; *(Paß)* valicare; **II.** *itr* ‹*sein*› **1.** *(geschehen)* succedere, accadere; **2.** *(widerfahren)* capitare.

Passierschein *m* lasciapassare *m.*

Passion [pa'si̯o:n] ‹-, -en› *f* passione *f.*

passioniert [pasi̯o'ni:ɐ̯t] *a* appassionato.

Passionszeit *f* quaresima *f.*

passiv ['pasi:f *o* pa'si:f] *a* passivo. **Passiv** ‹-s, *rar* -e› *n* passivo *m,* forma *f* passiva.

Passiva [pa'si:va] ‹*pl*› passivo *m.*

Passivität [pasivi'tɛ:t] ‹-, ø› *f* passività *f.*

Paßkontrolle *f* controllo *m* dei passa-

porti. **Paßstraße** *f* strada *f* di un passo.
Passus ['pasʊs] ‹-, -› *m* passo *m*.
Pasta ['pasta, ...tən] ‹-, Pasten› *f*, **Paste** ['pastə] ‹-, -n› *f* pasta *f*.
Pastell [pas'tɛl] ‹-(e)s, -e› *n* pastello *m*. **Pastellfarbe** *f* (colore *m*) pastello *m*. **pastellfarben** *a* color pastello.
Pasten *pl von* **Pasta, Paste.**
Pastete [pas'te:tə] ‹-, -n› *f (Leber~, etc.)* pasticcio *m*; *(Blätterteig~)* vol-au-vent *m*.
pasteurisieren [pastøri'zi:rən] ‹*ohne ge-*› *tr* pastorizzare.
Pastille [pas'tɪlə] ‹-, -n› *f* pasticca *f*, pastiglia *f*.
Pastor(in) ['pasto:ɐ̯ *o* ...'to:ɐ̯ (...'to:rɪn), ...'to:rən] ‹-s, -en› *m(f)* pastore *m*.
Pate ['pa:tə] ‹-n, -n› *m* padrino *m*. **Patenkind** *n* figlioccio, -a *m, f*. **Patenonkel** *m* padrino *m*. **Patenschaft** ‹-, -en› *f* paternità *f* spirituale; **die ~ für jdn übernehmen** fare da padrino/madrina a qu.
patent [pa'tɛnt] *a fam (Mensch)* in gamba; *(Lösung, Idee)* formidabile.
Patent ‹-(e)s, -e› *n* brevetto *m*. **Patentamt** *n* ufficio *m* brevetti.
Patentante *f* madrina *f*.
patentieren [patɛn'ti:rən] ‹*ohne ge-*› *tr* brevettare; **etw. ~ lassen** chiedere il brevetto per qc.
Patentinhaber(in) *m(f)* detentore, -trice *m, f* (*o* titolare *mf*) di brevetto. **Patentlösung** *f* ricetta *f*, formula *f* magica.
Pater ['pa:tɐ, 'patre:s] ‹-s, Patres *o* -› *m* padre *m*.
Paternoster [patɐ'nɔstɐ] ‹-s, -› *m (Aufzug)* ascensore *m* a paternoster.
pathetisch [pa'te:tɪʃ] *a* patetico.
pathologisch [pato'lo:gɪʃ] *a* patologico.
Pathos ['pa:tɔs] ‹-, ø› *n* pathos *m*.
Patient(in) [pa'tsi̯ɛnt(ɪn)] ‹-en, -en› *m(f)* paziente *mf*.
Patin ['pa:tɪn] *f* madrina *f*.
Patina ['pa:tina] ‹-, ø› *f* patina *f*.
Patisserie [patɪsə'ri:, ...i:ən] ‹-, -n› *f CH* pasticceria *f*.
Patres *pl von* **Pater.**
Patriarch [patri'arç] ‹-en, -en› *m* patriarca *m*.
patriarchalisch [...'ça:lɪʃ] *a* patriarcale.
Patriot(in) [patri'o:t(ɪn)] ‹-en, -en› *m(f)* patriota *mf*.
patriotisch *a* patriottico.
Patriotismus [...o'tɪsmʊs] ‹-, ø› *m* patriottismo *m*.
Patron(in) [pa'tro:n(ɪn)] ‹-s, -e› *m(f)* **1.** *rel, hist* patrono, -a *m, f*; **2.** *fam pej* tipo *m*.
Patrone [pa'tro:nə] ‹-, -n› *f* cartuccia *f*. **Patronentasche** *f* giberna *f*.
Patrouille [pa'trʊljə] ‹-, -n› *f* **1.** *(Kontrollgang)* ronda *f*; **2.** *(Spähtrupp)* pattuglia *f*; **auf ~ gehen** pattugliare.
patrouillieren [...'ji:rən] ‹*ohne ge-*› *itr* ‹*haben o bei Fortbewegung sein*› pattugliare.
patsch [pat͜ʃ] *interj* paf(fete).
Patsche ['pat͜ʃə] ‹-, -n› *f* **1.** *fam (Händchen)* manina *f*; **2.** *fam (Matsch)* fanghiglia *f*; **3.** *(Fliegen~)* acchiappamosche *m*; **in der ~ sitzen (***o* **stecken)** essere (*o* trovarsi) nei guai (*o* nei pasticci).
patsch(e)naß ['pat͜ʃ(ə)'nas] *a fam* bagnato fradicio *fam*. **Patschhändchen** [-hɛntçən] ‹-s, -› *n (Kindersprache)* manina *f*.
Patt [pat] ‹-s, -s› *n* **1.** *(beim Schach)* patta *f*; **2.** *fig pol* stallo *m*.
patzen ['pat͜sən] *itr fam* commettere delle imperfezioni (*bei* in).
Patzer ‹-s, -› *m fam* errore *m* di esecuzione; *mus* stecca *f*.
patzig *a fam* sfacciato.
Pauke ['pau̯kə] ‹-, -n› *f* timpano *m*; **auf die ~ hauen** *fam (feiern)* fare baldoria; *(angeben)* sballarle grosse *fam*; **mit ~n und Trompeten** *fam* con tutti gli onori.
pauken I. *itr* **1.** *(Pauke spielen)* s(u)onare il timpano; **2.** *fam (büffeln)* sgobbare *fam*; **II.** *tr fam* studiare.
Paukenschlag *m* colpo *m* di timpano.
Pauker ‹-s, -› *m* **1.** *(Paukist)* timpanista *m*; **2.** *sl (Lehrer)* insegnante *m*.
Paul [pau̯l] *(männlicher Vorname)* Paolo.
Paula ['pau̯la] *(weiblicher Vorname)* Paola.
pausbäckig ['pau̯sbɛkɪç] *a* paffuto.
pauschal [pau̯'ʃa:l] **I.** *a* **1.** *fin* globale, forfettario; **2.** *fig (generell)* generale; **II.** *adv* globalmente, in blocco.
Pausch(al)betrag *m*, **Pauschale** [pau̯'ʃa:lə, ...lən *o* ...li̯ən] ‹-, -n› *f o rar* ‹-s, -lien› *n* importo *m* (*o* somma *f*) globale.
Pauschalpreis *m* prezzo *m* globale (*o* forfettario). **Pauschalreise** *f* viaggio *m* tutto compreso. **Pauschalurteil** *n pej* giudizio *m* troppo generico.
Pauschbetrag *s.* **Pauschalbetrag.**
Pause[1] ['pau̯zə] ‹-, -n› *f* **1.** *allg., mus* pausa *f*; *theat, film* intervallo *m*; *(Schul~)* ricreazione *f*; **2.** *(Rast)* sosta *f*, fermata *f*.
Pause[2] ['pau̯zə] ‹-, -n› *f (Durchzeichnung)* calco *m*, lucido *m*.
pausen *tr* fare un calco di, lucidare.
Pausenbrot *n* panino *m*. **pausenfüllend** *a* che fa da intermezzo. **pausenlos** *a* ininterrotto. **Pausenzeichen** *n* segnale *m* d'intervallo.
pausieren [pau̯'zi:rən] ‹*ohne ge-*› *itr* fare una pausa.
Pauspapier *n* carta *f* lucida.
Pavian ['pa:vi̯a:n] ‹-s, -e› *m* babbuino *m*.

Pavillon ['pavıljõ *o* ...'jõ:] ‹-s, -s› *m* padiglione *m.*
Pazifik [pa'tsi:fık] *m* Pacifico *m.*
Pazifist(in) [patsi'fıst(ın)] ‹-en, -en› *m(f)* pacifista *mf.*
pazifistisch *a* pacifista.
PC [pe:'tse:] ‹-(s), -s› *m ab von* **Personalcomputer** personal computer *m.*
Pech [pɛç] ‹-s *o rar* -es, -e› *n* **1.** *(Material)* pece *f;* **2.** ‹*sing*› *fig (Unglück)* sfortuna *f,* scalogna *f fam.* **pech(raben)schwarz** ['pɛç('ra:bən)'ʃvarts] *a fam* nero come la pece. **Pechsträhne** *f fam* serie *f* (*o* sequela *f*) di disgrazie; **eine ~ haben** essere perseguitato dalla scalogna *fam.* **Pechvogel** *m* scalognato, -a *m, f fam.*
Pedal [pe'da:l] ‹-s, -e› *n* pedale *m.*
Pedant(in) [pe'dant(ın)] ‹-en, -en› *m(f)* pedante *mf,* pignolo, -a *m, f.*
Pedanterie [pedantə'ri:, ...i:ən] ‹-, -n› *f* pedanteria *f,* pignoleria *f.*
pedantisch *a* pedante, pignolo.
Pedell [pe'dɛl] ‹-s, -e› *m obs* bidello *m.*
Peep-Show ['pi:p-] *f* peep-show *m.*
Pegel ['pe:gəl] ‹-s, -› *m (Meer~)* mareografo *m; (Fluß~)* idrometro *m.* **Pegelstand** *m* livello *m* dell'acqua.
peilen ['pailən] *tr* rilevare, determinare; *(a. fig)* sondare; **über den Daumen ~** *fam* calcolare approssimativamente; **über den Daumen gepeilt** *fam* a occhio e croce.
Peilgerät *n* apparecchio *m* di rilevamento.
Pein [pain] ‹-, ø› *f geh* pena *f.*
peinigen ['painıgən] *tr geh* tormentare.
Peiniger(in) ‹-s, -› *m(f) geh* tormentatore, -trice *m, f; (Folterer)* torturatore, -trice *m, f.*
peinlich *a* **1.** *(unangenehm)* penoso, imbarazzante; **2.** *(übergenau, gewissenhaft)* meticoloso, preciso; **3.** *(sorgfältig)* scrupoloso; **~e Sauberkeit/Ordnung** massima pulizia/ordine scrupoloso; **von etw. ~ berührt sein** essere imbarazzato per qc; **es ist mir sehr ~, daß ...** mi dispiace molto che ... *conj.*
Peitsche ['paitʃə] ‹-, -n› *f* frusta *f; (a. fig)* sferza *f.*
peitschen I. *tr* frustare; *(a. fig u. aus~)* sferzare; **II.** *itr (Regen)* battere.
Peitschenhieb *m* frustata *f,* sferzata *f.*
Pelikan ['pe:lika:n] ‹-s, -e› *m* pellicano *m.*
Pelle ['pɛlə] ‹-, -n› *f (Kartoffel~, Obst~)* buccia *f; (Wurst~)* pelle *f;* **jdm auf der ~ sitzen** (*o* **liegen**) *fam* essere sempre alle costole di qu.
pellen I. *tr (Obst)* pelare, sbucciare; *(Kartoffeln, Wurst)* pelare; **II.** *rfl:* **sich ~** pelarsi.
Pellkartoffeln *f pl* patate *f pl* lesse con la buccia.
Pelz [pɛlts] ‹-es, -e› *m* pelliccia *f.* **pelzbesetzt** *a* guarnito di pelliccia. **Pelzgeschäft** *n* pellicceria *f.* **Pelzmantel** *m* pelliccia *f.*
Pendant [pã'dã] ‹-s, -s› *n* pendant *m* (*zu* di).
Pendel ['pɛndəl] ‹-s, -› *n* pendolo *m.*
pendeln *itr* **1.** ‹*haben*› *(schwingen)* pendolare; *(a. fig)* oscillare; **2.** ‹*sein*› *(hin- u. herfahren)* fare la spola (*von ... nach* tra ... e, *zwischen* tra).
Pendelverkehr *m* traffico *m* pendolare.
Pendler(in) ‹-s, -› *m(f)* pendolare *mf.*
penetrant [pene'trant] *a (Geruch)* penetrante; *pej (Person)* invadente.
peng [pɛŋ] *interj* pam.
penibel [pe'ni:bəl] *a (peinlich genau)* meticoloso, preciso; *(kleinlich)* pignolo.
Penis ['pe:nıs, ...nısə *o* ...ne:s] ‹-, -se *o* Penes› *m* pene *m.*
Penizillin, *A* **Penicillin** [penitsı'li:n] ‹-s, -e› *n* penicillina *f.*
Pennäler(in) [pɛ'nɛ:lɐ (...ərın)] ‹-s, -› *m(f) fam obs* studente, -essa *m, f* di scuola superiore.
Penne ['pɛnə] ‹-, -n› *f sl* scuola *f* (superiore).
pennen ['pɛnən] *itr sl* dormire.
Penner(in) ‹-s, -› *m(f) sl pej* **1.** *(Pennbruder)* vagabondo, -a *m, f;* **2.** *(Schlafmütze)* persona *f* disattenta.
Pensa, Pensen *pl von* **Pensum.**
Pension [pã'zio:n *o* pɛn'zio:n] ‹-, -en› *f* pensione *f.*
Pensionär(in) [pãzio'nɛ:ɐ (...rın) *o* pɛnz...] ‹-s, -e› *m(f)* **1.** *(im Ruhestand)* pensionato, -a *m, f;* **2.** *obs, CH (Pensionsgast)* pensionante *mf.*
Pensionat [...'na:t] ‹-(e)s, -e› *n* collegio *m,* pensionato *m.*
pensionieren [...'ni:rən] ‹*ohne ge-*› *tr* mandare in pensione; **sich ~ lassen** andare in pensione. **pensioniert** *a* pensionato, a riposo.
Pensionierung ‹-, -en› *f* pensionamento *m.*
Pensionsalter *n* età *f* di pensionamento. **Pensionsgast** *m* pensionante *mf.*
Pensum [pɛnzʊm, ...zən *o* ...za] ‹-s, Pensen *o* Pensa› *n (Arbeits~)* lavoro *m,* compito *m; (Unterrichts~)* programma *m.*
Peperoni [pepe'ro:ni] ‹-, -› *f* ‹*meist pl*› peperoncino *m.*
per [pɛr] *prp* **1.** *(mittels, durch)* per, con; **2.** *com (pro)* per, a; **mit jdm ~ du sein** darsi del tu con qu; **~ Bahn** per ferrovia; **~ Flugzeug** via aerea; **~ Stück** il pezzo.
perfekt [pɛr'fɛkt] *a* **1.** *(vollkommen)* perfetto; **2.** *(abgeschlossen)* concluso; **einen Kauf ~ machen** perfezionare un acquisto; **damit war die Blamage ~** in tal modo la figuraccia era completa.

Perfekt ['pɛrfɛkt] ‹-(e)s, -e› *n* perfetto *m.*
Perfektion [pɛrfɛk'tsi̯o:n] ‹-, -en› *f* perfezione *f,* compiutezza *f.*
Perfektionist(in) [...tsi̯o'nɪst(ɪn)] ‹-en, -en› *m(f)* perfezionista *mf.*
perfid(e) [pɛr'fi:t (...i:də)] *a geh* perfido.
Perforation [pɛrfora'tsi̯o:n] ‹-, -en› *f* perforazione *f.*
perforieren [...'ri:rən] ‹*ohne ge-*› *tr* perforare.
Pergament [pɛrga'mɛnt] ‹-(e)s, -e› *n* pergamena *f.* **Pergamentpapier** *n* carta *f* pergamena.
Periode [pe'ri̯o:də] ‹-, -n› *f* periodo *m; (Menstruation)* mestruazione *f.* **Periodensystem** *n* sistema *m* periodico.
periodisch *a* periodico.
Peripherie [perife'ri:, ...i:ən] ‹-, -n› *f* **1.** *(Rand)* margine *m;* **2.** *mat* circonferenza *f;* **3.** *(Stadtrand)* periferia *f.*
Perle ['pɛrlə] ‹-, -n› *f* perla *f.*
perlen *itr (Schweiß, Tau)* imperlare; *(Sekt)* spumeggiare.
Perlhuhn *n* (gallina *f*) faraona *f.* **Perlmutt** [pɛrl'mʊt] ‹-s, ø› *n,* **Perlmutter** ‹-, ø› *f o* ‹-s, ø› *n* madreperla *f.*
permanent [pɛrma'nɛnt] *a* permanente.
perplex [pɛr'plɛks] *a* perplesso.
Perron [pɛ'rõ:] ‹-s, -s› *m CH* marciapiede *m.*
Perser(in) ['pɛrzɐ (...ərɪn)] ‹-s, -› *m(f)* persiano, -a *m, f.* **Perserteppich** *m* tappeto *m* persiano.
Persianer [pɛr'zi̯a:nɐ] ‹-s, -› *m* persiano *m.*
Persien ['pɛrzi̯ən] *n* Persia *f.*
persisch *a* persiano; *(geog a.)* persico.
Person [pɛr'zo:n] ‹-, -en› *f allg., gram* persona *f; theat, film, lit* personaggio *m; (Einzel~)* individuo *m;* **pro ~** a testa, a persona; **in ~** in persona, personalmente; **in (eigener) ~ erscheinen** presentarsi di persona; **ich für meine ~** in quanto a me.
Personal [pɛrzo'na:l] ‹-s, ø› *n* personale *m.* **Personalabteilung** *f* ufficio *m* del personale. **Personalakte** *f* cartella *f* personale. **Personalausweis** *m* carta *f* d'identità. **Personalbüro** *n s.* **Personalabteilung. Personalchef** *m* capo *m* del personale.
Personalcomputer *m (ab* **PC***)* personal computer *m.*
Personalien [pɛrzo'na:li̯ən] ‹*pl*› generalità *f pl.*
Personalkosten ‹*pl*› spese *f pl* per il personale. **Personalpolitik** *f* politica *f* del personale. **Personalpronomen** *n* pronome *m* personale.
personell [pɛrzo'nɛl] *a* **1.** *(die Person betreffend)* personale; **2.** *(das Personal betreffend)* del personale.
Personenaufzug *m* ascensore *m* (per persone). **Personenbeschreibung** *f* connotati *m pl* di una persona. **Personen(kraft)wagen** *m (ab* **PKW, Pkw***)* autovettura *f.* **Personenkreis** *m* cerchia *f* di persone. **Personenschaden** *m* danno *m* alle persone. **Personenverkehr** *m* traffico *m* viaggiatori. **Personenwaage** *f* bilancia *f* per persone. **Personenwagen** *s.* **Personenkraftwagen.**
personifizieren [pɛrzonifi'tsi:rən] ‹*ohne ge-*› *tr* personificare.
persönlich [pɛr'zø:nlɪç] **I.** *a* personale; *(individuell)* individuale; *(privat)* privato; **II.** *adv* personalmente, di persona; **etw. ~ nehmen** prendere qc personalmente. **Persönlichkeit** ‹-, -en› *f* personalità *f.*
Perspektive [pɛrspɛk'ti:və] ‹-, -n› *f* prospettiva *f; (Blickwickel a.)* punto *m* di vista.
Perücke [pe'rʏkə] ‹-, -n› *f* parrucca *f.*
pervers [pɛr'vɛrs] *a* perverso.
Perversion [...r'zi̯o:n] ‹-, -en› *f* perversione *f.*
Pessar [pɛ'sa:ɐ̯] ‹-s, -e› *n* pessario *m.*
Pessimismus [pɛsi'mɪsmʊs] ‹-, ø› *m* pessimismo *m.*
Pessimist(in) [...'mɪst(ɪn)] ‹-en, -en› *m(f)* pessimista *mf.*
pessimistisch *a* pessimista, pessimistico.
Pest [pɛst] ‹-, ø› *f* peste *f;* **etw. hassen wie die ~** *fam* odiare qc come il peccato.
Peter ['pe:tɐ] *(männlicher Vorname)* Pietro, Piero.
Petersilie [petɐ'zi:li̯ə] ‹-, -n› *f* prezzemolo *m.*
Petra ['pe:tra] *(weiblicher Vorname)* Piera.
Petroleum [pe'tro:leʊm] ‹-s, ø› *n* petrolio *m,* greggio *m.* **Petroleumlampe** *f* lampada *f* a petrolio.
petzen ['pɛtsən] *fam* **I.** *itr* fare la spia; **II.** *tr* riportare (*jdm etw.* qc a qu).
Pf *ab von* **Pfennig(e)** pfennig.
Pfad [pfa:t] ‹-(e)s, -e› *m* sentiero *m.*
Pfader ['pfa:dɐ] ‹-s, -› *m CH,* **Pfadfinder(in)** *m(f)* giovane esploratore, -trice *m, f,* (boy) scout *(m)f.*
Pfaffe ['pfafə] ‹-n, -n› *m pej* pretaccio *m.*
Pfahl [pfa:l] ‹-(e)s, ⸚e› *m* palo *m.* **Pfahlbauten** *m pl hist* palafitte *f pl.*
Pfalz [pfalts] *f* Palatinato *m.*
pfälzisch ['pfɛltsɪʃ] *a* del Palatinato.
Pfand [pfant] ‹-(e)s, ⸚er› *n* pegno *m; (Flaschen~)* deposito *m* per il vuoto; **gegen ~** su pegno. **Pfandbrief** *m* obbligazione *f* ipotecaria.
pfänden ['pfɛndən] *tr* **1.** *(Dinge)* pignorare, sequestrare; **2.** *(Personen)* pignorare (*o* sequestrare) i beni di.
Pfandflasche *f* bottiglia *f* con resa. **Pfandhaus** *n,* **-leihe** ‹-, -n› *f* monte *m*

di pietà. **Pfandschein** *m* polizza *f* di pegno.

Pfändung ‹-, -en› *f* pignoramento *m.*

Pfanne ['pfanə] ‹-, -n› *f* **1.** *(Stiel~)* padella *f; (Henkel~)* tegame *m;* **2.** *(Dach~)* tegola *f* fiamminga.

Pfannkuchen *m* frittata *f.*

Pfarramt ['pfar-] *n* parrocchia *f.* **Pfarrbezirk** *m,* **Pfarre** [pfarə] ‹-, -n› *f,* **Pfarrei** [pfa'rai] ‹-, -en› *f* parrocchia *f.*

Pfarrer(in) ['pfarɐ (...ərɪn)] ‹-s, -› *m(f) (katholisch)* parrocco *m; (evangelisch)* pastore *m.*

Pfarrhaus *n* canonica *f.* **Pfarrkirche** *f* chiesa *f* parrocchiale.

Pfau [pfau] ‹-(e)s *o A* -en, -en *o A* -e› *m* pavone *m.* **Pfauenauge** *n* pavonia *f.*

Pfd. *ab von* **Pfund** lb (*ab von* libbra).

Pfeffer ['pfɛfɐ] ‹-s, -› *m* pepe *m;* **geh hin, wo der ~ wächst!** *fam* va' all'inferno! *fam.* **Pfefferkorn** *n* grano *m* di pepe. **Pfefferkuchen** *m* panpepato *m.* **Pfefferminz(bonbon** *m o n)* ‹-es, -e› *n* (caramella *f* di) menta *f.* **Pfefferminze** *f* menta *f* piperita. **Pfeffermühle** *f* macinapepe *m.*

pfeffern *tr* **1.** *gastr* pepare; **2.** *sl (schleudern)* scaraventare; **jdm eine ~** *sl* dare una sberla a qu.

Pfeffersteak *n* bistecca *f* al pepe. **Pfefferstreuer** ‹-s, -› *m* spargipepe *m.*

Pfeife ['pfaifə] ‹-, -n› *f* **1.** *mus* piffero *m,* zufolo *m; (Signal~)* fischio *m,* fischietto *m; (Orgel~)* canna *f* (d'organo); **2.** *(Tabaks~)* pipa *f.*

pfeifen ‹pfeift, pfiff, gepfiffen› *tr, itr* fischiare; **auf etw./jdn ~** *fam* infischiarsene di qc/qu *fam.*

Pfeifenreiniger ‹-s, -› *m* scovolino *m.* **Pfeifenstopfer** ‹-s, -› *m* curapipe *m.*

Pfeifkonzert *n* salva *f* di fischi.

Pfeil [pfail] ‹-(e)s, -e› *m* freccia *f;* **~e des Spotts** *geh* frecciate *f pl* ironiche.

Pfeiler ['pfailɐ] ‹-s, -› *m (Stütz~)* pila *f; (a. Brücken~)* pilone *m; arch, min, fig* pilastro *m; (Fenster~, Tür~)* montante *m.*

pfeilgerade ['pfailgə'ra:də] *a* dritto come una freccia. **pfeilschnell** ['pfail'ʃnɛl] *a* veloce come una freccia.

Pfennig ['pfɛnɪç] ‹-s, -e *o bei Mengenangaben* -› *m* (*ab* **Pf**) pfennig *m;* **keinen ~ (Geld) haben** non avere un soldo; **jeden ~ (dreimal) umdrehen** *fig fam* badare al centesimo. **Pfennigabsatz** *m* tacco *m* a spillo. **Pfennigfuchser** [-fʊksɐ] ‹-s, -› *m fam pej* spilorcio *m.*

pferchen ['pfɛrçən] *tr* stipare.

Pferd [pfe:ɐt] ‹-(e)s, -e› *n* cavallo *m;* **das beste ~ im Stall** *fam* l'elemento migliore; **das ~ am** (*o* **beim) Schwanz aufzäumen** *fig* mettere il carro innanzi ai buoi; **wie ein ~ arbeiten** *fam* lavorare come una bestia *fam;* **zu ~** a cavallo; **keine zehn ~e brächten mich dazu, das zu tun** *fam* non c'è barba d'uomo che possa convincermi a farlo; **ich glaub', mich tritt ein ~!** *sl* (è) incredibile! **Pferdeapfel** *m* sterco *m* equino. **Pferdefuß** *m* **1.** *zoo* piede *m* di cavallo; **2.** *fig (Nachteil)* inconveniente *m.* **Pferderennen** *n* corsa *f* di cavalli. **Pferdeschwanz** *m* coda *f* di cavallo. **Pferdestall** *m* scuderia *f.* **Pferdestärke** *f* (*ab* **PS**) cavallo *m* vapore; **ein Motor mit 20 ~n** un motore da 20 cavalli. **Pferdezucht** *f* allevamento *m* di cavalli.

pfiff [pfɪf] *imp von* **pfeifen.**

Pfiff ‹-(e)s, -e› *m* fischio *m;* **ein Hut mit ~** un cappello chic; **die Sache hat ~** è una cosa speciale.

Pfifferling ['pfɪfɐlɪŋ] ‹-s, -e› *m* gallinaccio *m,* cantarello *m;* **keinen ~ wert sein** *fam* non valere un fico secco *fam.*

pfiffig *a* furbo, astuto.

Pfingsten ['pfɪŋstən] ‹-, -› *n* Pentecoste *f.* **Pfingstrose** *f* peonia *f.*

Pfirsich ['pfɪrzɪç] ‹-s, -e› *m* pesca *f.* **Pfirsichbaum** *m* pesco *m.*

Pflanze ['pflantsə] ‹-, -n› *f* pianta *f.*

pflanzen *tr* piantare.

Pflanzenfett *n* grasso *m* vegetale. **Pflanzenfresser** ‹-s, -› *m* fitofago *m,* erbivoro *m.* **Pflanzenkunde** *f* botanica *f.* **Pflanzenöl** *n* olio *m* vegetale. **Pflanzenschutzmittel** *n* fitofarmaco *m.*

Pflanzer(in) ‹-s, -› *m(f)* piantatore, -trice *m, f.*

Pflanzung ‹-, -en› *f* **1.** *(Plantage)* piantagione *f;* **2.** ‹*sing*› *(Anbau)* coltivazione *f.*

Pflaster ['pflastɐ] ‹-s, -› *n* **1.** *(Wund~, Heft~)* cerotto *m;* **2.** *(Straßen~)* pavimentazione *f,* lastrico *m;* **ein gefährliches** (*o* **heißes) ~** *fam* una zona pericolosa (*o* calda); **ein teures ~** *fam* un posto caro. **Pflastermaler(in)** *m(f)* madonnaro, -a *m, f.*

pflastern *tr* lastricare, selciare.

Pflasterstein *m* cubetto *m* per lastrico.

Pflaume ['pflaumə] ‹-, -n› *f* prugna *f,* susina *f.* **Pflaumenbaum** *m* prugno *m,* susino *m.* **Pflaumenkuchen** *m* torta *f* di prugne.

Pflege ['pfle:gə] ‹-, -n› *f* **1.** *(Körper~, etc.)* cura *f; (Kranken~)* assistenza *f; tec* manutenzione *f;* **2.** *(von Interessen, Beziehungen)* cura *f,* coltivare *m;* **3.** *(Fürsorge)* cure *f pl;* **in ~ geben/nehmen** affidare alle cure/prendersi cura di. **pflegebedürftig** *a* bisognoso di cure. **Pflegeeltern** *pl* genitori *m pl* che hanno in custodia un bambino. **Pflegefall** *m* assistito, -a *m, f.* **Pflegekind** *n* pupillo, -a *m, f.* **pflegeleicht** *a* che non richiede cure speciali; **ein ~es Kleidungsstück** un (indumento) lava e

indossa. **Pflegemutter** *f* donna *f* che fa le veci di madre.
pflegen I. *tr* curare, avere cura di; *(Kranke)* assistere; *(Freundschaft, Interessen)* coltivare; *(Sport, etc.)* praticare; **II.** *itr* essere abituato (*zu* a); **wie man zu sagen pflegt** come si suol dire; **III.** *rfl:* **sich ~ 1.** *(äußerlich)* curarsi, aver cura di sé; **2.** *(sich schonen)* riguardarsi.
Pflegepersonal *n* personale *m* sanitario.
Pfleger(in) ‹-s, -› *m(f)* *(Kranken~)* infermiere, -a *m, f; (Tier~)* allevatore, -trice *m, f.*
Pflegesatz *m* retta *f.* **Pflegevater** *m* uomo *m* che fa le veci di padre.
Pflegschaft ‹-, -en› *f* curatela *f; (Vormundschaft)* tutela *f.*
Pflicht [p͜flɪçt] ‹-, -en› *f* **1.** dovere *m; (Verpflichtung a.)* obbligo *m;* **2.** *sport* esercizi *m pl* obbligatori. **pflichtbewußt** *a* consapevole del proprio dovere. **Pflichtbewußtsein** *n* coscienza *f* del dovere. **Pflichtfach** *n* materia *f* obbligatoria. **Pflichtgefühl** *n* senso *m* del dovere. **Pflichtübung** *f* esercizio *m* obbligatorio. **Pflichtverteidiger(in)** *m(f)* difensore *m* d'ufficio.
Pflock [p͜flɔk] ‹-(e)s, ⸚e› *m* palo *m.*
pflücken ['p͜flʏkən] *tr (Obst)* raccogliere; *(Blumen)* cogliere.
Pflug [p͜flu:k] ‹-(e)s, ⸚e› *m* aratro *m.*
pflügen ['p͜fly:gən] *tr, itr* arare.
Pforte ['p͜fɔrtɛ] ‹-, -n› *f* porta *f.*
Pförtner(in) ['p͜fœrtnɐ (...ərɪn)] ‹-s, -› *m(f)* portinaio, -a *m, f,* custode *mf; adm* portiere, -a *m, f.* **Pförtnerloge** *f* portineria *f.*
Pfosten ['p͜fɔstən] ‹-s, -› *m* palo *m; (Fenster~, Tür~, Tor~)* montante *m.*
Pfote ['p͜fo:tə] ‹-, -n› *f* zampa *f.*
Pfropf [p͜frɔp͜f] ‹-(e)s, -e› *m* tampone *m; (Blut~)* grumo *m.*
pfropfen ['p͜frɔp͜fən] *tr* **1.** *(Pflanzen)* innestare; **2.** *(Flaschen)* tappare, turare; **3.** *fam (hineinzwängen)* stipare; **gepfropft voll** *fam* pieno zeppo.
Pfropfen ‹-s, -› *m* turacciolo *m.*
Pfründe ['p͜frʏndə] ‹-, -n› *f* prebenda *f.*
pfui [p͜fʊɪ] *interj* puh, puah; *(zu Hunden)* via; **~ Teufel!** *fam* che schifo!
Pfund [p͜fʊnt] ‹-(e)s, -e *o bei Maßangaben* -› *n* **1.** (*ab* **Pfd.**) *(Gewicht)* libbra *f,* mezzo chilo *m;* **2.** *(Währung)* sterlina *f.*
Pfundskerl *m fam* tipo *m* in gamba.
Pfusch [p͜fʊʃ] ‹-(e)s, ø› *m,* **Pfuscharbeit** *f fam pej* lavoro *m* fatto male.
pfuschen *itr fam pej* **1.** *(bei Arbeit)* abborracciare, acciarpare; **2.** *(bei Spiel, in Schule)* imbrogliare; **jdm ins Handwerk ~** guastare il mestiere a qu.
Pfütze ['p͜fʏt͜sə] ‹-, -n› *f* pozzanghera *f.*
PH [pe:'ha:] ‹-, -s› *f ab von* **Pädagogische Hochschule** *istituto universitario per la formazione di insegnanti per la scuola.*
Phallus ['falʊs, ...li *o* ...lən] ‹-, Phalli *o* Phallen *o* -se› *m* fallo *m.*
Phänomen [fɛno'me:n] ‹-s, -e› *n* fenomeno *m.*
phänomenal [...me'na:l] *a* **1.** *philos* fenomenico; **2.** *(einzigartig)* fenomenale.
Phantasie [fanta'zi:, ...i:ən] ‹-, -n› *f* fantasia *f,* immaginazione *f.* **phantasielos I.** *a* pedestre; **II.** *adv* senza fantasia. **Phantasielosigkeit** ‹-, ø› *f* mancanza *f* di fantasia.
phantasieren [...'zi:rən] ‹*ohne ge-*› *itr* fantasticare (*von* su); *med* delirare.
phantasievoll I. *a* pieno di immaginazione; **II.** *adv* in modo colorito.
phantastisch [fan'tastɪʃ] *a* fantastico.
Phantom [fan'to:m] ‹-s, -e› *n* fantasma *m.* **Phantombild** *n* identikit *m.*
pharmazeutisch [farma't͜sɔʏtɪʃ] *a* farmaceutico.
Pharmazie [...'t͜si:] ‹-, ø› *f* farmaceutica *f.*
Phase ['fa:zə] ‹-, -n› *f* fase *f.*
Philatelie [filate'li:] ‹-, ø› *f* filatelia *f.*
Philharmonie [fɪlharmo'ni:] *f* filarmonica *f.*
Philipp ['fi:lɪp] *(männlicher Vorname)* Filippo.
Philologe [filo'lo:gə] ‹-n, -n› *m,* **Philologin** [...gɪn] *f* filologo, -a *m, f.*
Philologie [...lo'gi:, ...i:ən] ‹-, -n› *f* filologia *f.*
Philosoph(in) [...'zo:f(ɪn)] ‹-en, -en› *m(f)* filosofo, -a *m, f.*
Philosophie [filozo'fi:, ...i:ən] ‹-, -n› *f* filosofia *f.*
philosophieren [...'fi:rən] ‹*ohne ge-*› *itr* filosofare (*über* su, di).
philosophisch *a* filosofico.
phlegmatisch [flɛ'gma:tɪʃ] *a* flemmatico.
Phobie [fo'bi:, ...i:ən] ‹-, -n› *f* fobia *f* (*vor* di).
Phon [fo:n] ‹-s, -s *o bei Maßangaben* -› *n* fon *m.*
Phonetik [fo'ne:tɪk] ‹-, ø› *f* fonetica *f.*
Phönix ['fø:nɪks] ‹-(es), -e› *m* fenice *f.*
Phonotypistin [fonoty'pɪstɪn] *f* dattilografa *f* addetta al dittafono.
Phosphat [fɔs'fa:t] ‹-(e)s, -e› *n* fosfato *m.*
Phosphor ['fɔsfɔr] ‹-s, ø› *m* fosforo *m.*
phosphoreszierend [fɔsforɛs't͜si:rənt] *a* fosforescente.
Photo- *s. a. Foto-.* **Photosynthese** [fotozʏn'te:zə] *f* fotosintesi *f.* **Photozelle** ['fo:to-] *f* cellula *f* fotoelettrica.
Phrase ['fra:zə] ‹-, -n› *f* frase *f;* **(leere) ~n** discorsi vuoti.
Physik [fʏ'zi:k] ‹-, ø› *f* fisica *f.*
physikalisch [fyzi'ka:lɪʃ] *a* fisico.
Physiker(in) ['fy:zikɐ (...ərɪn)] ‹-s, -› *m(f)* fisico, -a *m, f.*

Physiognomie [fyziogno'mi:, ...i:ən] ‹-, -n› *f* fisionomia *f.*

Physiologie [fyziolo'gi:] ‹-, ø› *f* fisiologia *f.*

physisch ['fy:zɪʃ] *a* fisico.

Pianist(in) [pia'nɪst(ɪn)] ‹-en, -en› *m(f)* pianista *mf.*

Picke ['pɪkə] ‹-, -n› *f,* **Pickel**[1] ['pɪkəl] ‹-s, -› *m (Spitzhacke)* piccone *m; (Eis~)* piccozza *f* per ghiaccio.

Pickel[2] ['pɪkəl] ‹-s, -› *m med* brufolo *m,* pustoletta *f.* **pick(e)lig** *a* pieno di brufoli.

picken ['pɪkən] *tr, itr* beccare.

Picknick ['pɪknɪk] ‹-s, -e *o* -s› *n* picnic *m;* ~ **machen** fare un picnic. **picknikken** *itr* fare un picnic.

picobello ['pi:ko'bɛlo] *a fam* impeccabile.

piekfein ['pi:k'fain] *a fam* extra, finissimo.

Piemont [pie'mɔnt] *n* Piemonte *m.*

piep [pi:p] *interj* pio, pio.

piepe, piepegal ['pi:pə, 'pi:pʔe'ga:l] *a fam:* **das ist mir** ~**!** me ne impipo *fam.*

piep(s)en ['pi:p(s)ən] *itr (Vogel)* pigolare; *(Maus)* squittire; *(Gerät)* emettere segnali; **bei dir piept's wohl?** *fam* ti manca un venerdì? *fam;* **das war zum P~!** *fam* c'era da scoppiare dalle risa.

piesacken ['pi:zakən] *tr fam* tormentare.

Pietät [pie'tɛ:t] ‹-, ø› *f geh* pietà *f.* **pietätlos** *a geh* senza pietà, irriverente. **Pietätlosigkeit** ‹-, -en› *f geh* mancanza *f* di rispetto, irriverenza *f.*

Pigment [pɪ'gmɛnt] ‹-(e)s, -e› *n* pigmento *m.*

Pik [pi:k] ‹-s, -s› *n* picche *f pl.*

pikant [pi'kant] *a* piccante.

Pike ['pi:kə] ‹-, -n› *f* picca *f;* **etw. von der ~ auf lernen** *fam* cominciare qc dai primi rudimenti.

piken ['pi:kən] *s.* **piksen.**

pikiert [pi'ki:ɐt] *a* offeso.

Pikkolo ['pɪkolo] ‹-s, -s› *m* **1.** *(Kellner)* aiuto *m* cameriere; **2.** *fam (~flasche)* bottiglietta *f* di spumante (per una persona). **Pikkoloflöte** *f* ottavino *m.*

pik(s)en ['pi:k(s)ən] *tr, itr* pungere.

Pilger(in) ['pɪlgɐ (...ərɪn)] ‹-s, -› *m(f)* pellegrino, -a *m, f.* **Pilgerfahrt** *f* pellegrinaggio *m.*

pilgern *itr* ‹*sein*› andare in pellegrinaggio.

Pille ['pɪlə] ‹-, -n› *f* pillola *f.* **Pillenknick** *m* calo *m* demografico dovuto alla pillola.

Pilot(in) [pi'lo:t(ɪn)] ‹-en, -en› *m(f)* pilota *mf.* **Pilotfilm** *m* film *m* pilota. **Pilotstudie** *f* studio *m* pilota.

Pilz [pɪlts] ‹-es, -e› *m* fungo *m.* **Pilzvergiftung** *f* avvelenamento *m* (*o* intossicazione *f*) da funghi.

Pimmel ['pɪməl] ‹-s, -› *m fam* uccello *m sl.*

pingelig ['pɪŋəlɪç] *a fam pej* pedante; *(empfindlich)* schizzinoso, schifiltoso.

Pinguin ['pɪŋgui:n] ‹-s, -e› *m* pinguino *m.*

Pinie ['pi:niə] ‹-, -n› *f* pino *m.*

pink [pɪŋk] ‹*inv*› *a* color rosa.

pinkeln ['pɪŋkəln] *itr fam* pisciare *vulg.*

Pinnwand ['pɪn-] *f fam* pannello *m* d'affissione.

Pinsel ['pɪnzəl] ‹-s, -› *m* pennello *m.*

pinseln *tr, itr* spennellare.

Pinzette [pɪn'tsɛtə] ‹-, -n› *f* pinzetta *f.*

Pionier [pio'ni:ɐ] ‹-s, -e› *m* pioniere *m; (mil. a.)* geniere *m.*

Pipette [pi'pɛtə] ‹-, -n› *f* pipetta *f.*

Pipi [pi'pi:] ‹-s, ø› *m o n (Kindersprache)* pipì *f.*

Pirat [pi'ra:t] ‹-en, -en› *m* pirata *m,* corsaro *m.*

Pirouette [pi'ruɛtə] ‹-, -n› *f* piroetta *f.*

Pirsch [pɪrʃ] ‹-, ø› *f* caccia *f.*

pissen ['pɪsən] *itr vulg* pisciare *vulg.*

Pistazie [pɪs'ta:tsiə] ‹-, -n› *f* pistacchio *m.*

Piste ['pɪstə] ‹-, -n› *f* pista *f.* **Pistenschreck** *m fam* terrore *m* delle piste.

Pistole [pɪs'to:lə] ‹-, -n› *f* pistola *f;* **wie aus der ~ geschossen** *fam* di botto.

PKW, Pkw ['pe:ka:ve: *o* ...'ve:] ‹-(s), -(s)› *m ab von* **Personenkraftwagen** autovettura *f.*

Plackerei [plakə'rai] ‹-, -en› *f fam* faticaccia *f.*

plädieren [plɛ'di:rən] ‹*ohne ge-*› *itr* **1.** *jur (beantragen)* chiedere (*auf etw.* qc); **2.** *(sich einsetzen)* battersi (*für* per).

Plädoyer [plɛdoa'je:] ‹-s, -s› *n (von Verteidiger)* arringa *f; (von Staatsanwalt)* requisitoria *f.*

Plage ['pla:gə] ‹-, -n› *f* **1.** *(Qual)* tormento *m; (Übel, Unheil)* piaga *f;* **2.** *(Mühe)* fatica *f.*

plagen I. *tr* tormentare; **II.** *rfl:* **sich ~** affaticarsi.

Plagiat [pla'gia:t] ‹-(e)s, -e› *n* plagio *m.*

Plagiator [pla'gia:to:ɐ, ...ia'to:rən] ‹-s, -en› *m* plagiario *m.*

Plakat [pla'ka:t] ‹-(e)s, -e› *n* affisso *m,* manifesto *m; (bes. Werbe~)* cartellone *m* (pubblicitario).

plakativ [...ka'ti:f] *a* ostentato; *(wie Plakat)* suggestivo.

Plakette [pla'kɛtə] ‹-, -n› *f* targhetta *f,* placca *f; (Abzeichen)* distintivo *m.*

plan [pla:n] *a* piano, piatto.

Plan [pla:n] ‹-(e)s, ¨-e› *m* **1.** *(Vorhaben)* progetto *m,* piano *m; (Absicht)* intenzione *f;* **2.** *(Entwurf)* progetto *m;* **3.** *(Karte)* pianta *f; (Übersichts~)* piano *m* d'insieme; **4.** *(Zeit~, Fahr~)* orario *m;* **auf dem ~ stehen** *fig* essere in programma; **auf den ~ rufen** chiamare in causa; **auf den ~ treten** entrare in

scena; **ich habe den ~ (gefaßt), zu ...** ho in progetto di ...
Plane ['pla:nə] ‹-, -n› *f* telone *m.*
planen *tr* **1.** *(entwerfen)* progettare; **2.** *(vorhaben)* aver intenzione *(etw. zu tun* di fare qc); *(vorbereiten)* programmare; *(Ausflug, Essen, etc.)* progettare; *(Wirtschaft, Entwicklung)* pianificare; **habt ihr für heute abend schon etw. geplant?** avete già in progetto qc per stasera?
Planer(in) ‹-s, -› *m(f)* progettista *mf; (von Wirtschaft, Entwicklung)* pianificatore, -trice *m, f.*
Planet [pla'ne:t] ‹-en, -en› *m* pianeta *m.*
Planetarium [plane'ta:rium, ...iən] ‹-s, -rien› *n* planetario *m.*
Planke ['plaŋkə] ‹-, -n› *f* tavolone *m,* asse *m.*
Plankton ['plaŋktɔn] ‹-s, ø› *n* plancton *m.*
planlos *a, adv* senza metodo (*o* sistema).
planmäßig I. *a* **1.** *(nach Plan)* sistematico; **2.** *(pünktlich)* puntuale; **3.** *(wie vorgesehen)* come (pre)stabilito; **II.** *adv* **1.** *(nach Plan)* secondo il piano; **2.** *(pünktlich)* in orario; **3.** *(wie vorgesehen)* come (pre)stabilito.
Planschbecken *n* piscina *f* per bambini.
planschen ['planʃən] *itr* sguazzare (nell'acqua).
Planstelle *f* posto *m* in organico.
Plantage [plan'ta:ʒə] ‹-, -n› *f* piantagione *f.*
Planung ‹-, -en› *f* progettazione *f; (von Wirtschaft, Entwicklung)* pianificazione *f,* programmazione *f.*
Planwagen *m* carro *m* coperto.
Planwirtschaft *f* economia *f* pianificata.
Plappermaul *n fam* ciarlone, -a *m, f fam.*
plappern ['plapen] **I.** *itr fam* ciarlare *fam;* **II.** *tr* dire.
plärren ['plɛrən] *itr* **1.** *fam (weinen)* piangere; **2.** *(Radio, etc.)* gracchiare *fam.*
Plastik[1] ['plastɪk] ‹-s, ø› *n (Kunststoff)* plastica *f.*
Plastik[2] ['plastɪk] ‹-, -en› *f (Skulptur)* scultura *f.*
Plastikfolie *f* carta *f* plastificata.
plastisch *a* plastico; *(die Bildhauerei betreffend)* scultoreo; **das kann ich mir ~ vorstellen** *fam* me lo posso immaginare chiaramente.
Platane [pla'ta:nə] ‹-, -n› *f* platano *m.*
Platin ['pla:ti:n] ‹-s, ø› *n* platino *m.*
platinblond *a* biondo platino.
Platitüde [plati'ty:də] ‹-, -n› *f* banalità *f.*
platonisch [pla'to:nɪʃ] *a* platonico.
platsch [platʃ] *interj* ciac, ciaf(fete).
plätschern ['plɛtʃen] *itr* gorgogliare.
platt [plat] *a* **1.** *(flach)* piatto; *(eben)* piano; *(abgeplattet)* appiattito; **2.** *fig pej (geistlos)* piatto; **~ sein** *fam* rimanere di stucco; **einen ~en Reifen** (*o* **einen P~en** *fam*) **haben** avere un pneumatico sgonfio (*o* una gomma a terra *fam*).
platt(deutsch) *a* basso tedesco.
Platte ['platə] ‹-, -n› *f* **1.** *allg., fot* lastra *f; (tec, arch, Herd~)* piastra *f; (Tisch~)* piano *m; (Kachel)* piastrella *f;* **2.** *(Schall~)* disco *m;* **3.** *gastr* piatto *m.*
Plätteisen *dial s.* **Bügeleisen.**
plätten ['plɛtən] *tr* **1.** *dial (bügeln)* stirare; **2.** *(platt machen)* appiattire.
Plattenfirma *f* casa *f* discografica.
Plattenspieler *m* giradischi *m.* **Plattenteller** *m* piatto *m* girevole per i dischi. **Plattenwechsler** ‹-s, -› *m* cambiadischi *m.*
Plattform *f* piattaforma *f.* **Plattfuß** *m* **1.** *med* piede *m* piatto; **2.** *fam (Reifenpanne)* gomma *f* a terra *fam.*
Platz [plats] ‹-es, ⸚e› *m* posto *m; (öffentlicher ~)* piazza *f; (Sport~)* campo *m;* **das beste Hotel am ~(e)** il miglior albergo del luogo; **~ nehmen** accomodarsi, sedersi; **den dritten ~ belegen** piazzarsi terzo; **fehl am ~(e) sein** essere fuori luogo; **~!** *(zum Hund)* (a) cuccia!; **~ (da)!** *fam* largo!, (fate) posto!; **auf die Plätze, fertig, los!** ai vostri posti, pronti, via! **Platzangst** *f* **1.** *med* agorafobia *f;* **2.** *fam* claustrofobia *f.* **Platzanweiser(in)** ‹-s, -› *m(f)* maschera *f.* **Platzdeckchen** [-dɛkçən] ‹-s, -› *n* set *m* da tavola.
platzen ['platsən] *itr ‹sein›* **1.** *(bersten)* scoppiare; *(zerreißen)* spaccarsi; *(Naht)* aprirsi, rompersi; **2.** *fig fam* esplodere (*vor* da); *(a. vor Ärger)* scoppiare (*vor* da); *(vor Lachen)* spanciarsi; **3.** *fig fam (nicht zustande kommen)* andare a monte, essere scoperto; **(jdm) ins Haus ~** *fam* piombare in casa di qu.
Platzkarte *f* (biglietto *m* di) prenotazione *f.* **Platzkonzert** *n* concerto *m* pubblico all'aperto. **Platzmangel** *m* mancanza *f* di posto (*o* spazio). **Platzpatrone** *f* cartuccia *f* a salva. **Platzregen** *m* acquazzone *m.* **platzsparend** *a* che fa guadagnare spazio. **Platzwart** [-vart] ‹-(e)s, -e› *m* custode *m* di un campo sportivo. **Platzwette** *f* scommessa *f* sui favoriti. **Platzwunde** *f* sbucciatura *f.*
Plauderei [plaudə'rai] ‹-, -en› *f* chiacchierata *f,* conversazione *f* piacevole.
plaudern ['plauden] *itr* fare quattro chiacchiere (*über* su), chiacchierare (*über* di).
Plausch [plauʃ] ‹-(e)s, -e› *m* **1.** *fam* chiacchierata *f;* **2.** *CH (Spaß)* divertimento *m.*
plausibel [plau'zi:bəl] *a* plausibile.
Playback ['pleɪbæk] ‹-s, -s› *n* playback *m;* **mit ~ singen** cantare in playback.

Playboy ['pleɪbɔɪ] ‹-s, -s› *m* playboy *m*.
plazieren [pla'tsi:rən] ‹*ohne ge-*› **I.** *tr* **1.** *(Personen)* mettere; *(Dinge)* collocare; **2.** *(Ball, Treffer)* piazzare; *(Schlag)* assestare; **II.** *rfl:* **sich ~** *sport* piazzarsi.
Plazierung ‹-, -en› *f* piazzamento *m*.
pleite ['plaitə] *a fam* **1.** *(bankrott)* fallito; **2.** *scherz (mittellos)* al verde *fam*, senza quattrini *fam*; **~ gehen** fare fallimento. **Pleite** ‹-, -n› *f fam* bancarotta *f*; *(fig a.)* fallimento *m*; **~ machen** fare fallimento.
plemplem [plɛm'plɛm] ‹*inv*› *a sl* rimbambito.
Plenarsaal [ple'na:ɐ-] *m* sala *f* per assemblee plenarie. **Plenarsitzung** *f* seduta *f* plenaria.
Plenum ['ple:nʊm] ‹-s, ø› *n* plenum *m*.
Plissee [plɪ'se:] ‹-s, -s› *n* plissé *m*.
plissieren [...'si:rən] ‹*ohne ge-*› *tr* pieghettare.
Plombe ['plɔmbə] ‹-, -n› *f* piombo *m*; *(Zahn~)* otturazione *f*.
plombieren [...'bi:rən] ‹*ohne ge-*› *tr* piombare; *(Zahn)* otturare.
plötzlich ['plœtslɪç] **I.** *a* improvviso, repentino; *(unvermittelt)* brusco; **II.** *adv* all'improvviso, di colpo; **aber etwas ~!** su, presto!
plump [plʊmp] *a* **1.** *(unförmig)* tozzo; **2.** *(ungeschickt)* goffo; *(schwerfällig)* pesante; **3.** *(grob)* rozzo; *(Scherz, Lügen)* grossolano; *(taktlos)* sgarbato.
plumps [plʊmps] *interj* patapumfete.
plumpsen ['plʊmpsən] *itr* ‹*sein*› *fam* cadere con un tonfo. **Plumpsklo** *n fam* wc *m* a caduta.
Plunder ['plʊndɐ] ‹-s, ø› *m fam pej* ciarpame *m*.
plündern ['plʏndɐn] *tr* saccheggiare.
Plünderung ‹-, -en› *f* sacco *m*; *(a. fig)* saccheggio *m*.
Plural ['plu:ra:l] ‹-s, -e› *m* plurale *m*.
pluralistisch [plura'lɪstɪʃ] *a* pluralistico.
plus [plʊs] **I.** *con, adv, prp gen* più; **~ zehn Grad, zehn Grad ~** dieci gradi sopra zero. **Plus** ‹-, -› *n* **1.** *(Überschuß)* eccedenza *f*; *(bes. com)* sopravanzo *m*; **2.** *(~punkt)* (punto *m* di) vantaggio *m*; **3.** *mat (~zeichen)* più *m*; **im ~ sein** avere un bilancio positivo.
Plüsch [ply:ʃ *o* plʏʃ] ‹-(e)s, -e› *m* felpa *f*, peluche *f*.
Pluspunkt *m* punto *m* di vantaggio. **Plusquamperfekt** ['plʊskvampɛrfɛkt] *n* piuccheperfetto *m*, trapassato *m* prossimo. **Pluszeichen** *n* (segno *m* di) più *m*.
Po *s.* **Popo.**
Pöbel ['pø:bəl] ‹-s, ø› *m pej* plebe *f*, volgo *m*. **pöbelhaft** *a* plebeo, volgare; *(gemein)* villano.
pochen ['pɔxən] *itr* battere; *(an Tür)* bussare (*an* a); **auf etw. ~** *fig* insistere su qc.
Pocke ['pɔkə] ‹-, -n› *f* pustula *f* (del vaiolo); **die ~en** il vaiolo.
Podest [po'dɛst] ‹-(e)s, -e› *n o m* *(Podium)* podio *m*; *(Sockel)* piedestallo *m*.
Podium ['po:diʊm, ...iən] ‹-s, Podien› *n* podio *m*. **Podiumsdiskussion** *f* tavola *f* rotonda.
Poesie [poe'zi:, ...i:ən] ‹-, -n› *f* poesia.
Poet(in) [po'e:t(ɪn)] ‹-en, -en› *m(f)* poeta, -tessa *m, f*.
poetisch *a* poetico.
Pointe ['poɛ̃:tə] ‹-, -n› *f* effetto *m* finale.
pointiert [poɛ̃'ti:ɐt] **I.** *a* arguto; **II.** *adv* con arguzia.
Pokal [po'ka:l] ‹-s, -e› *m* coppa *f*. **Pokalsieger** *m* vincitore *m* di coppa. **Pokalspiel** *n* gara *f* di coppa.
pökeln ['pø:kəln] *tr* mettere in salamoia.
Poker ['po:kɐ] ‹-s, ø› *n* poker *m*.
pokern *itr* **1.** giocare a poker; **2.** *fig* puntare alto.
Pol [po:l] ‹-s, -e› *m* polo *m*.
polar [po'la:ɐ] *a* polare. **Polarexpedition** *f* spedizione *f* polare. **Polarforscher** *m* esploratore *m* polare. **Polarfront** *f* fronte *m* polare.
polarisieren [polari'zi:rən] ‹*ohne ge-*› **I.** *tr* polarizzare; **II.** *rfl:* **sich ~** polarizzarsi.
Polarkreis *m* circolo *m* polare. **Polarlicht** *n* aurora *f* boreale. **Polarstern** *m* stella *f* polare.
Pole ['po:lə] ‹-n, -n› *m*, **Polin** [...lɪn] *f* polacco, -a *m, f*.
Polemik [po'le:mɪk] ‹-, -en› *f* polemica *f*.
polemisch *a* polemico.
Polen ['po:lən] *n* Polonia *f*.
Polente [po'lɛntə] ‹-, ø› *f sl* madama *f sl*.
Police [po'li:sə] ‹-, -n› *f* polizza *f* (d'assicurazione).
Polier [po'li:ɐ] ‹-s, -e› *m* capomastro *m*.
polieren [po'li:rən] ‹*ohne ge-*› *tr (Möbel, Fußboden)* lucidare, lustrare; *(Marmor, Holz)* levigare; *(Metall)* brunire; **dem polier' ich (noch mal) die Fresse** *vulg* lo picchierò di santa ragione *fam*.
Polin *f s.* **Pole.**
Politesse [poli'tɛsə] ‹-, -n› *f* donna *f* poliziotto ausiliaria.
Politik [poli'ti:k] ‹-, *rar* -en› *f* politica *f*.
Politiker(in) [po'li:tikɐ (...ərɪn)] ‹-s, -› *m(f)* uomo *m* politico, politico, -a *m, f*.
Politikum [po'li:tikʊm, ...ka] ‹-s, -tika› *n* questione *f* politica.
politisch *a* politico.
politisieren [politi'zi:rən] ‹*ohne ge-*› **I.** *itr* parlare di politica; **II.** *tr* politicizzare.
Politur [poli'tu:ɐ] ‹-, -en› *f* **1.** *(das Polieren)* lucidatura *f*; **2.** *(Glanz, Mittel)* lucido *m*.
Polizei [poli'tsai] ‹-, *rar* -en› *f* polizia *f*; **er ist dümmer, als die ~ erlaubt** *fam*

scherz è stupidissimo. **Polizeiaufgebot** *n* spiegamento *m* di forze di polizia (*o* dell'ordine). **Polizeiaufsicht** *f* sorveglianza *f (o* vigilanza *f)* speciale. **Polizeibeamte** *m*, **-beamtin** *f* funzionario, -a *m, f* (*o* agente *mf*) di polizia. **Polizeidienststelle** *f adm* posto *m* di polizia. **Polizeifunk** *m* radio *m* della polizia. **polizeilich** *a* di (*o* della) polizia; ~ **verboten** vietato dalla polizia. **Polizeipräsident** *m* capo *m* della polizia, questore *m*. **Polizeipräsidium** *n* questura *f*. **Polizeirevier** *n* commissariato *m* di polizia; *(Bezirk)* distretto *m* di polizia. **Polizeistaat** *m* stato *m* poliziesco. **Polizeistreife** *f* pattuglia *f* di polizia.

Polizist(in) [poli'tsɪst(ɪn)] ‹-en, -en› *m(f)* agente *mf* di polizia, poliziotto, -a *m, f*.

Pollen ['pɔlən] ‹-s, -› *m* polline *m*.

polnisch ['pɔlnɪʃ] *a* polacco.

Polohemd ['po:lo-] *n* polo *f*.

Polster ['pɔlstɐ] ‹-s, -› *n o A m* **1.** *(Polsterung, in Kleidungsstück)* imbottitura *f*; **2.** *A (Kissen)* cuscino *m*. **Polstergarnitur** *f* salotto *m*. **Polstermöbel** *n pl* mobili *m pl* imbottiti.

polstern *tr* imbottire.

Polstersessel *m* poltrona *f* imbottita.

Polsterung ‹-, -en› *f* imbottitura *f*.

Polterabend *m* festa *f* alla vigilia delle nozze.

poltern ['pɔltɐn] *itr* **1.** ‹*haben*› *(laute Geräusche machen)* far chiasso, strepitare; **2.** ‹*sein*› *(sich bewegen)* muoversi con rumore; *(fallen)* cadere rumorosamente; **3.** ‹*haben*› *fam (Polterabend feiern)* festeggiare la vigilia delle nozze.

Polyäthylen [polyʔɛty'le:n] ‹-s, -e› *n* polietilene *m*.

Polyester [poly'ʔɛstɐ] ‹-s, -› *m* poliestere *m*.

Polygamie [polyga'mi:] ‹-, ø› *f* poligamia *f*.

Polyp [po'ly:p] ‹-en, -en› *m* **1.** *zoo, med* polipo *m*; **2.** *sl pej (Polizist)* piedi *m* piatti *sl*.

Pomade [po'ma:də] ‹-, -n› *f* brillantina *f*.

Pommes frites [pɔm'frɪt] ‹*pl*› patate *f pl* fritte.

Pomp [pɔmp] ‹-(e)s, ø› *m* pompa *f*.

pompös [pɔm'pø:s] *a* pomposo.

Pond [pɔnt] ‹-s, -› *n* grammo *m* peso.

Pontifikat [pɔntifi'ka:t] ‹-(e)s, -e› *n (von Papst)* pontificato *m*, papato *m*; *(von Bischof)* episcopato *m*.

Ponton [põ'tõ:] ‹-s, -s› *m* pontone *m*, barcone *m*.

Pony[1] ['pɔni] ‹-s, -s› *n zoo* pony *m*.

Pony[2] ['pɔni] ‹-s, -s› *m (an Frisur)* frangia *f*.

Popanz ['po:pants] ‹-es, -e› *m* spauracchio *m*.

Popcorn ['pɔpkɔrn] ‹-s, ø› *n* pop-corn *m*.

Popelin [popə'li:n] ‹-s, -e› *m*, **Popeline** [popə'li:n *o* ...nə] ‹-s, -› *m o* ‹-, -› *f* popelin *m*, popeline *f*.

Popgruppe ['pɔp-] *f* complesso *m* pop. **Popmusik** *f* musica *f* pop.

Po(po) [po: (po'po:)] ‹-s, -s› *m fam* sedere *m fam*, culetto *m fam*.

Popper ['pɔpɐ] ‹-s, -› *m* ≃ paninaro, -a *m, f*.

poppig ['pɔpɪç] *a* pop.

Popsänger(in) *m(f)* cantante *mf* pop. **Popszene** *f* scena *f* pop.

populär [popu'lɛ:ɐ] *a* popolare.

Popularität [...lari'tɛ:t] ‹-, ø› *f* popolarità *f*.

populärwissenschaftlich *a* (di/a carattere) divulgativo.

Pore ['po:rə] ‹-, -n› *f* poro *m*.

Pornofilm ['pɔrno-] *m* film *m* porno.

Pornographie [-gra'fi:, ...i:ən] ‹-, -n› *f* pornografia *f*.

pornographisch [-'gra:fɪʃ] *a* pornografico.

porös [po'rø:s] *a* poroso.

Porree ['pɔre] ‹-s, -s› *m* porro *m*.

Portal [pɔr'ta:l] ‹-s, -e› *n* portale *m*.

Portemonnaie [pɔrtmɔ'ne:] ‹-s, -s› *n* portamonete *m*.

Porti *pl von* **Porto.**

Portier [pɔr'tje:] ‹-s, -s› *m* portinaio *m*; *(bes. Hotel~)* portiere *m*.

Portion [pɔr'tsio:n] ‹-, -en› *f* **1.** *(beim Essen)* porzione *f*; **2.** *fig fam (von Mut, etc.)* dose *f*, bel po' *m fam*.

Porto ['pɔrto, ...tos *o* ...ti] ‹-s, -s *o* Porti› *n* affrancatura *f*. **portofrei** *a* franco di porto, in franchigia (postale). **portopflichtig** *a* soggetto ad affrancatura.

Portrait, Porträt [pɔr'trɛ:] ‹-s, -s› *n* ritratto *m*.

portraitieren, porträtieren [pɔrtrɛ'ti:rən] ‹*ohne ge-*› *tr* fare il ritratto di.

Portugal ['pɔrtugal] *n* Portogallo *m*; **in** ~ nel Portogallo.

Portugiese [pɔrtu'gi:zə] ‹-n, -n› *m*, **Portugiesin** [...zɪn] *f* portoghese *mf*.

portugiesisch *a* portoghese.

Portwein ['pɔrt-] *m* porto *m*.

Porzellan [pɔrtsɛ'la:n] ‹-s, -e› *n* porcellana *f*.

Posaune [po'zaunə] ‹-, -n› *f* trombone *m*.

posaunen ‹*ohne ge-*› **I.** *itr* s(u)onare il trombone; **II.** *tr fam pej (aus~)* spargere ai quattro venti.

Pose ['po:zə] ‹-, -n› *f* posa *f*.

posieren [po'zi:rən] ‹*ohne ge-*› *itr* posare.

Position [pozi'tsio:n] ‹-, -en› *f* **1.** *allg.* posizione *f*; **2.** *com* voce *f*.

positiv ['po:ziti:f] *a* positivo.

Positiv ‹-s, -e› *n* positivo *m*.

Posse ['pɔsə] ‹-, -n› *f* farsa *f*.

Possessivpronomen ['pɔsesi:f- *o* ...'si:f-] *n* aggettivo *m* (*o* pronome *m*) possessivo.
possierlich [pɔ'si:ɐ̯lɪç] *a* scherzoso, grazioso.
Post [pɔst] ‹-, *rar* -en› *f* posta *f*; **etw. mit der ~ schicken** spedire qc per posta; **mit gleicher/mit getrennter/mit der nächsten ~** con lo stesso giro di posta/con plico separato/ col prossimo giro di posta; **ab die ~!** *fam* muoviti!
postalisch [pɔs'ta:lɪʃ] *a* postale.
Postamt *n* ufficio *m* postale. **Postanweisung** *f* vaglia *m* (postale). **Postbeamte** *m*, **-beamtin** *f* impiegato, -a *m*, *f* delle poste. **Postbote** *m*, **-botin** *f* portalettere *mf*, postino, -a *m*, *f*.
Posten ['pɔstən] ‹-s, -› *m* **1.** *(Stellung)* posto *m*, impiego *m*; **2.** *mil (Wach~)* sentinella *f*, guardia *f*; **3.** *com* partita *f*; **4.** *(Streik~)* picchetto *m*; **auf dem ~ sein** *fam (gesund sein)* stare bene di salute; *(wachsam sein)* stare all'erta.
Poster ['po:stɐ *o* 'poʊstə] ‹-s, - *o* -s› *n o m* poster *m*.
Postfach *n* casella *f* postale. **Postgeheimnis** *n* segreto *m* postale.
post(h)um [pɔs'tu:m (pɔst'hu:m)] *a*, *adv* postumo.
Postkarte *f* cartolina *f* (postale). **Postkutsche** *f* diligenza *f* (postale). **postlagernd** *adv* fermo posta. **Postleitzahl** *f* codice *m* di avviamento postale.
postmodern [pɔstmo'dɛrn] *a* postmoderno. **Postmoderne** *f* movimento *m* postmoderno.
Postscheckamt *n* ufficio *m* dei conti correnti postali. **Postscheckkonto** *n* conto *m* corrente postale.
Postskript [pɔst'skrɪpt] ‹-(e)s, -e› *n*, **Postskriptum** [...tʊm, ...ta] ‹-s, -skripta› *n* (*ab* **PS**) poscritto *m*.
Postsparbuch *n* libretto *m* postale di risparmio. **Postsparkasse** *f* cassa *f* di risparmio postale. **Poststempel** *m* timbro *m* postale.
postulieren [pɔstu'li:rən] ‹*ohne ge-*› *tr* postulare.
postum *s.* **posthum.**
postwendend *adv* a giro di posta; *fig* subito, immediatamente. **Postwertzeichen** *n adm* francobollo *m*. **Postwurfsendung** *f* spedizione *f* postale cumulativa di stampati.
potent [po'tɛnt] *a* potente.
Potential [potɛn'ts̯ia:l] ‹-s, -e› *n* potenziale *m*.
potentiell [...'ts̯iɛl] *a* potenziale.
Potenz [po'tɛnts̯] ‹-, -en› *f* potenza *f*.
Präambel [prɛ'ʔambəl] ‹-, -n› *f* preambolo *m* (*zu* a).
Pracht [praxt] ‹-, ø› *f* magnificenza *f*, pompa *f*, fasto *m*.
prächtig ['prɛçtɪç] *a* **1.** *(prunkvoll)* sontuoso, pomposo; **2.** *(großartig)* magnifico, formidabile.
Prachtkerl *m fam* tipo *m* formidabile. **Prachtstück** *n fam* esemplare *m* magnifico. **prachtvoll** *s.* **prächtig.**
prädestinieren [prɛdɛsti'ni:rən] ‹*ohne ge-*› *tr* predestinare (*zu* a).
Prädikat [prɛdi'ka:t] ‹-(e)s, -e› *n* **1.** *(Bewertung)* voto *m*, qualifica *f*; **2.** *gram*, *philos* predicato *m*. **Prädikatsnomen** [-no:mən, ...ina] ‹-s, -nomina› *n* predicato *m* nominale.
Präfekt [prɛ'fɛkt] ‹-en, -en› *m* prefetto *m*.
Präfektur [...'tu:ɐ̯] ‹-, -en› *f* prefettura *f*.
Präferenz [prɛfe'rɛnts̯] ‹-, -en› *f* preferenza *f*.
Präfix [prɛ'fɪks] ‹-es, -e› *n* prefisso *m*.
Prag [pra:k] *n* Praga *f*.
prägen ['prɛ:gən] *tr (Münzen, Begriffe)* coniare; *(Charakter)* formare; *(Metall)* imprimere; *(Papier)* stampare; **die moderne Architektur ist durch ... geprägt worden** l'architettura moderna ha subito l'influenza di ...
prägnant [prɛ'gnant] *a* conciso. **Prägnanz** [...'gnants̯] ‹-, ø› *f* concisione *f*.
Prägung ‹-, -en› *f* **1.** *(von Münzen)* coniazione *f*; *(von Wort a.)* conio *m*; **2.** *fig (Art)* tipo *m*, stampo *m*.
prähistorisch [prɛhɪs'to:rɪʃ *o* 'prɛ:...] *a* preistorico.
prahlen ['pra:lən] *itr* vantarsi (*mit* di).
Prahlerei [...ə'rai̯] ‹-, -en› *f* vanteria *f*; *(Äußerung)* spacconata *f*.
prahlerisch *a (Mensch)* millantatore; *(Haltung)* ostentato.
Praktik ['praktɪk, ...kən] ‹-, -en› *f* **1.** *(Methode)* pratica *f*; **2.** ‹*meist pl*› *pej* artifizi *m pl*, manovre *f pl*.
Praktika *pl von* **Praktikum.**
praktikabel [prakti'ka:bəl] *a* praticabile.
Praktikant(in) [prakti'kant(ɪn)] ‹-en, -en› *m(f)* tirocinante *mf*.
Praktiken *pl von* **Praktik, Praktikum.**
Praktiker(in) ‹-s, -› *m(f)* persona *f* pratica.
Praktikum ['praktɪkʊm, ...ka *o* ...kən] ‹-s, -ka *o* -ken› *n* tirocinio *m*, pratica *f*.
praktisch *a* pratico; **~er Arzt** medico generico; **~es Jahr** anno di pratica.
praktizieren [prakti'ts̯i:rən] ‹*ohne ge-*› *itr* praticare (*als* la professione di).
Praline [pra'li:nə] ‹-, -n› *f*, *A*, *CH* **Praliné, Pralinee** [prali'ne:] ‹-s, -s› *n* cioccolatino *m*.
prall [pral] *a (Segel)* teso, tirato; *(Wangen)* gonfio; *(Arme)* sodo; **~ gefüllt** pieno zeppo; **in der ~en Sonne** in pieno sole.
prallen ['pralən] *itr* ‹*sein*› cozzare (*an*, *gegen* contro), urtare (*an*, *gegen* contro); *(Ball)* rimbalzare (*gegen* su); *fig (Sonne)* picchiare (*auf* su).
Prämie ['prɛ:mi̯ə] ‹-, -n› *f* **1.** *(Preis, Ver-*

sicherungs~, com) premio *m;* **2.** *(Belohnung)* ricompensa *f;* **3.** *(Zulage)* indennità *f.* **Prämiensparen** ‹-s, ø› *n* risparmio *m* a premio.
präm(i)ieren [prɛ'mi:rən (prɛmi'i:rən)] ‹*ohne ge-*› *tr* premiare.
Präm(i)ierung ‹-, -en› *f* premiazione *f.*
Prämisse [prɛ'mɪsə] ‹-, -n› *f* premessa *f,* presupposto *m;* **unter** (*o* **mit**) **der ~, daß ...** a condizione che ... *conj.*
prangen ['praŋən] *itr* spiccare (*an* su).
Pranger ['praŋɐ] ‹-s, -› *m* berlina *f,* gogna *f.*
Pranke ['praŋkə] ‹-, -n› *f* **1.** *zoo* zampa *f;* **2.** *fam pej* manaccia *f.*
Präparat [prɛpa'ra:t] ‹-(e)s, -e› *n* preparato *m.*
präparieren [...'ri:rən] ‹*ohne ge-*› *tr* preparare.
Präposition [prɛpozi'tsi̯o:n] ‹-, -en› *f* preposizione *f.*
Prärie [prɛ'ri:, ...i:ən] ‹-, -n› *f* prateria *f.*
Präsens ['prɛ:zɛns] ‹-, ø› *n* presente *m.*
Präsentation [prɛzɛnta'tsi̯o:n] ‹-, -en› *f* presentazione *f.*
präsentieren [...'ti:rən] ‹*ohne ge-*› *tr* presentare.
Präservativ [prɛzɛrva'ti:f] ‹-s, -e› *n* preservativo *m.*
Präsident(in) [prɛzi'dɛnt(ɪn)] ‹-en, -en› *m(f)* presidente, -essa *m, f.* **Präsidentschaft** ‹-, *rar* -en› *f* presidenza *f.* **Präsidentschaftskandidat(in)** *m(f)* candidato, -a *m, f* alla presidenza.
präsidieren [prɛzi'di:rən] ‹*ohne ge-*› *itr* presiedere.
Präsidium [prɛ'zi:di̯ʊm, ...i̯ən] ‹-s, -dien› *n* **1.** *(Gremium)* comitato *m* direttivo; **2.** *(Vorsitz, Leitung)* presidenza *f;* **3.** *(Polizei~)* questura *f.*
prasseln ['prasəln] *itr* **1.** ‹*haben*› *(Feuer)* scoppiettare, crepitare; **2.** ‹*sein*› *(herunter~)* scrosciare, grandinare; *(Regen)* battere (*an* su); **3.** ‹*sein*› *fig (Fragen, etc.)* piovere.
prassen ['prasən] *itr* **1.** *(üppig leben)* scialare; **2.** *(schlemmen)* gozzovigliare.
Präteritum [prɛ'te:ritʊm, ...ta] ‹-s, -rita› *n* preterito *m.*
Praxis ['praksɪs, ...ksən] ‹-, Praxen› *f* **1.** ‹*sing*› *(keine Theorie)* pratica *f;* **2.** ‹*sing*› *(Handlungsweise)* prassi *f; (Erfahrung)* esperienza *f;* **3.** *(Arzt~)* studio *m* medico, ambulatorio *m; (Anwalts~)* studio *m.*
Präzedenzfall [prɛtse'dɛnts-] *m* precedente *m.*
präzis(e) [prɛ'tsi:s (...i:zə)] *a* preciso, esatto.
präzisieren [prɛtsi'zi:rən] ‹*ohne ge-*› *tr* precisare.
Präzision [...'zi̯o:n] ‹-, ø› *f* precisione *f,* esattezza *f.*
predigen ['pre:dɪgən] *tr, itr* predicare.
Prediger(in) ‹-s, -› *m(f)* predicatore, -trice *m, f.*
Predigt ‹-, -en› *f* predica *f.*
Preis [prai̯s] ‹-es, -e› *m* **1.** *com, fig* prezzo *m;* **2.** *(bei Wettbewerb)* premio *m;* **3.** *(Belohnung)* ricompensa *f,* premio *m;* **4.** ‹*sing*› *poet (Lob)* lode *f* (*auf* a); **um jeden/keinen ~** a ogni/nessun costo; **zum ~ von ...** al prezzo di ... **Preisabsprache** *f* accordo *m* sul prezzo. **Preisanstieg** *m* aumento *m* (*o* rialzo *m*) dei prezzi. **Preisausschreiben** *n* concorso *m* a premi. **preisbewußt** *a* attento al prezzo. **Preisbindung** *f* accordo *m* sui prezzi.
Preiselbeere ['prai̯zəl-] *f* mirtillo *m* rosso.
Preisempfehlung *f* prezzo *m* indicativo; **unverbindliche ~** prezzo indicativo senza impegno.
preisen ['prai̯zən] ‹preist, pries, gepriesen› *tr geh* lodare, elogiare; **sich glücklich ~** considerarsi fortunato.
Preiserhöhung *f* aumento *m* di prezzo. **Preisfrage** *f* questione *f* di prezzo; *(bei Preisausschreiben)* quesito *m* a premi.
Preisgabe ['prai̯s-] *f geh* abbandono *m,* rinuncia *f; (von Geheimnis)* rivelazione *f.*
preis·geben ‹*irr*› *tr geh* abbandonare; *(aufgeben a.)* rinunciare (*etw.* a qc); *(verraten)* rivelare; **jdm preisgegeben sein** essere in balia di qu.
preisgekrönt *a* premiato. **Preisgericht** *n* giuria *f.* **preisgünstig** *a* conveniente, a buon prezzo (*o* mercato). **Preislage** *f* prezzo *m;* **in welcher ~?** a che prezzo? **Preisliste** *f* listino *m* dei prezzi. **Preisrichter(in)** *m(f)* (donna *f*) giudice *m.* **Preisschild** *n* cartellino *m* del prezzo. **Preisschlager** *m fam* offerta *f* speciale. **Preissturz** *m* crollo *m* dei prezzi. **Preisträger(in)** *m(f)* premiato, -a *m, f.* **preiswert** *a* a buon mercato, conveniente.
prekär [pre'kɛ:ɐ̯] *a* precario.
Prellbock *m* paraurti *m,* fermacarri *m.*
prellen ['prɛlən] *tr* **1.** *(Ball, etc.)* rimbalzare; **2.** *med* farsi un livido a; **3.** *fig (betrügen)* defraudare; **die Zeche ~** non pagare il conto.
Prellung ‹-, -en› *f* contusione *f.*
Premier [prə'mi̯e: *o* pre...] ‹-s, -s› *m* premier *m.*
Premiere [prə'mi̯e:rə *o* ...'mi̯ɛ:rə] ‹-, -n› *f* prima *f.*
Premierminister(in) *m(f)* primo ministro *m.*
Presse ['prɛsə] ‹-, -n› *f* **1.** *tec* pressa *f,* torchio *m;* **2.** ‹*sing*› *(~wesen)* stampa *f.* **Presseagentur** *f* agenzia *f* di stampa. **Pressechef(in)** *m(f)* capo *m* dell'ufficio stampa. **Presseerklärung** *f* comunicato *m* stampa. **Pressefreiheit**

f libertà *f* di stampa. **Pressekonferenz** *f* conferenza *f* stampa. **Pressemeldung** *f* comunicato *m* stampa.

pressen ['prɛsən] *tr* pressare; *(Schallplatten* stampare; *(zusammen~)* comprimere; *(aus~)* spremere; *(drücken a.)* schiacciare; *fig (zwingen)* costringere (*zu* a).

Pressesprecher(in) *m(f)* addetto, -a *m, f* stampa.

pressieren [prɛ'si:rən] ‹*ohne ge-*› *itr (A, CH, süddeutsch)* essere urgente.

Preßluft *f* aria *f* compressa. **Preßluftbohrer** *m* perforatore *m* pneumatico.

Prestige [prɛs'ti:ʒə] ‹-s, ø› *n* prestigio *m.* **Prestigedenken** *n* mentalità *f* legata al proprio status sociale.

Preußen ['prɔ̯ysən] *n* Prussia *f.*

preußisch *a* prussiano.

prickeln ['prɪkəln] *itr* **1.** *(Haut, etc.)* prudere, pizzicare; **2.** *(Getränk)* frizzare.

prickelnd *a* **1.** *(kribbelnd, a. fig)* pruriginoso; **2.** *(Luft, Sekt)* frizzante; **3.** *fig (erregend)* eccitante, piccante.

pries [pri:s] *imp von* **preisen.**

Priester(in) ['pri:stɐ (...ərɪn)] ‹-s, -› *m(f)* sacerdote, -essa *m, f,* prete *m.* **Priesteramt** *n* sacerdozio *m.* **Priesterweihe** *f* ordinazione *f* sacerdotale.

prima ['pri:ma] ‹*inv*› *a* **1.** *fam (klasse)* eccellente, ottimo, formidabile; **2.** *com* di prima qualità.

Primaballerina [prima-] *f* prima ballerina *f.*

Primadonna [prima'dɔna, ...nən] ‹-, -donnen› *f* prima donna *f.*

primär [pri'mɛ:ɐ̯] *a* primario.

Primarschule [pri:'ma:ɐ̯-] *f CH* scuola *f* elementare.

Primat [pri'ma:t] ‹-(e)s, -e› *m o n* primato *m.*

Primaten [pri'ma:tən] *m pl zoo* primati *m pl.*

Primel ['pri:məl] ‹-, -n› *f* primula *f.*

primitiv [primi'ti:f] *a* primitivo.

Primzahl ['pri:m-] *f* numero *m* primo.

Prinz(essin) [prɪnt͡s (...'t͡sɛsɪn)] ‹-en, -en› *m(f)* principe, -essa *m, f.*

Prinzip [prɪn't͡si:p, ...pi̯ən] ‹-s, -ien› *n* principio *m;* **ein Mensch mit ~ien** un uomo di principio; **aus ~** per principio; **im ~** in linea di massima.

prinzipiell [...tsi'pi̯ɛl] **I.** *a* di principio; **II.** *adv* per principio.

Priorität [priori'tɛ:t] ‹-, -en› *f* priorità *f.*

Prise ['pri:zə] ‹-, -n› *f* **1.** *(Salz, Pfeffer)* pizzico *m; (Tabak)* presa *f;* **2.** *naut* preda *f.*

Prisma ['prɪsma, ...mən] ‹-s, Prismen› *n* prisma *m.*

Pritsche ['prɪt͡ʃə] ‹-, -n› *f* **1.** *(Liege)* branda *f;* **2.** *(Narren~)* spatola *f* (di Arlecchino).

privat [pri'va:t] *a* privato.

Privat- *(in Zusammensetzungen)* privato. **Privataudienz** *f* udienza *f* particolare. **Privatdozent(in)** *m(f)* libero, -a docente *mf.* **Privatleben** *n* vita *f* privata, privacy *f.* **Privatsekretär(in)** *m(f)* segretario, -a *m, f* personale. **Privatsphäre** *f* sfera *f* privata, privacy *f.*

Privileg [privi'le:k, ...e:gi̯ən *o* ...e:gə] ‹-(e)s, -ien *o* -e› *n* privilegio *m.*

privilegieren [...le'gi:rən] ‹*ohne ge-*› *tr* privilegiare.

pro [pro:] *prp acc* a, per.

Probe ['pro:bə] ‹-, -n› *f* **1.** *allg.* prova *f;* **2.** *com* campione *m;* **jdn/etw. auf die ~ stellen** mettere alla prova qu/qc; **auf** (*o* **zur)** ~ in prova. **Probealarm** *m* allarme *m* di prova. **Probeaufnahme** *f* prova *f* di registrazione. **Probefahrt** *f* prova *f* su strada. **Probelauf** *m* **1.** *tec* prova *f* di funzionamento; **2.** *sport* corsa *f* di prova.

proben *tr, itr* provare.

probeweise *adv* in prova. **Probezeit** *f* periodo *m* di prova.

probieren [pro'bi:rən] ‹*ohne ge-*› *tr* provare; *(Speise)* assaggiare; *(Getränk)* degustare; **P~ geht über Studieren** *prov* val più la pratica che la grammatica *prov.*

Problem [pro'ble:m] ‹-s, -e› *n* problema *m;* **das ist nicht mein ~** *fam* ciò non è affar mio.

Problematik [proble'ma:tɪk] ‹-, ø› *f* problematica *f,* problematicità *f.*

problematisch *a* problematico.

problemlos *a, adv* senza problemi.

Produkt [pro'dʊkt] ‹-(e)s, -e› *n* prodotto *m.*

Produktion [produk't͡si̯o:n] ‹-, -en› *f* produzione *f.* **Produktionskosten** ‹*pl*› costi *m pl* di produzione. **Produktionsmittel** *n pl* mezzi *m pl* di produzione.

produktiv [produk'ti:f] *a* **1.** *(ergiebig)* produttivo; **2.** *(schöpferisch)* creativo.

Produktivität [...tivi'tɛ:t] ‹-, ø› *f* **1.** *(Ergiebigkeit)* produttività *f;* **2.** *(Schaffenskraft)* creatività *f.*

Produzent(in) [produ't͡sɛnt(ɪn)] ‹-en, -en› *m(f)* produttore, -trice *m, f.*

produzieren [...'t͡si:rən] ‹*ohne ge-*› **I.** *tr* produrre; **II.** *rfl:* **sich ~** *fam pej* prodursi, esibirsi.

Prof. *ab von* **Professor** prof. (*ab von* professore).

profan [pro'fa:n] *a* profano.

professionell [profɛsi̯o'nɛl] *a* di professione, professionale.

Professor(in) [pro'fɛso:ɐ̯ (...'so:rɪn), ...'so:rən] ‹-s, -en› *m(f)* (*ab* **Prof.**) professore, -essa *m, f* (universitario, -a).

Professur [...'su:ɐ̯] ‹-, -en› *f* professorato *m* (*für* di).

Profi ['pro:fi] ‹-s, -s› *m fam* professionista *mf.*

Profil [pro'fi:l] ‹-s, -e› *n* **1.** *allg., tec* profilo *m;* **2.** *fig (Persönlichkeit)* personalità *f,* carattere *m;* **im ~** di profilo.
profilieren [...fi'li:rən] ‹*ohne ge-*› **I.** *tr* profilare; **II.** *rfl:* **sich ~** profilarsi.
Profilsohle *f* suola *f* di gomma intagliata.
Profit [pro'fi:t] ‹-(e)s, -e› *m* profitto *m.*
profitieren [profi'ti:rən] ‹*ohne ge-*› *itr* profittare (*von, bei* di), trarre profitto (*o* vantaggio) (*von, bei* da).
Prognose [pro'gno:zə] ‹-, -n› *f* previsione *f* (*über* di), prognosi *f* (*über* di).
prognostizieren [...gnɔsti'tsi:rən] ‹*ohne ge-*› *tr* pronosticare.
Programm [pro'gram] ‹-s, -e› *n* programma *m;* **auf dem ~ stehen** essere in programma. **Programmänderung** *f* modifica *f* del programma. **programmgemäß** *a, adv* secondo il programma. **Programmgestaltung** *f* programmazione *f.* **Programmhinweis** *m* informazione *f* sui programmi.
programmieren [progra'mi:rən] ‹*ohne ge-*› *tr* programmare.
Programmierer(in) ‹-s, -› *m(f)* programmatore, -trice *m, f.*
Programmiersprache *f* linguaggio *m* di programmazione.
Programmierung ‹-, -en› *f* programmazione *f.*
Programmpunkt *m* punto *m* del programma. **Programmvorschau** *f* rassegna *f* dei programmi. **Programmzeitschrift** *f* rivista *f* dei programmi radiotelevisivi.
Progression [progrɛ'sio:n] ‹-, -en› *f* progressione *f.*
progressiv [...'si:f] *a* **1.** *(fortschreitend)* progressivo; **2.** *(fortschrittlich)* progressista.
Projekt [pro'jɛkt] ‹-(e)s, -e› *n* progetto *m.*
Projektil [projɛk'ti:l] ‹-s, -e› *n* proiettile *m.*
Projektion [projɛk'tsio:n] ‹-, -en› *f* proiezione *f.*
Projektor [pro'jɛkto:ɐ, ...'to:rən] ‹-s, -en› *m* proiettore *m.*
Projektleiter(in) *m(f)* capocommissione *mf.*
projizieren [proji'tsi:rən] ‹*ohne ge-*› *tr* proiettare.
Proklamation [proklama'tsio:n] ‹-, -en› *f,* **Proklamierung** ‹-, -en› *f* proclamazione *f.*
proklamieren [...'mi:rən] ‹*ohne ge-*› *tr* proclamare.
Prokurist(in) [proku'rɪst(ɪn)] ‹-en, -en› *m(f)* procuratore, -trice *m, f.*
Prolet [pro'le:t] ‹-en, -en› *m* zotico *m.*
Proletariat [proleta'ria:t] ‹-s, -e› *n* proletariato *m.*
Proletarier(in) [...'ta:riɐ (...ərɪn)] ‹-s, -› *m(f)* proletario, -a *m, f.*
Prolog [pro'lo:k] ‹-(e)s, -e› *m* prologo *m.*
Promenade [promə'na:də] ‹-, -n› *f* passeggiata *f.* **Promenadenmischung** *f scherz* bastardo *m.*
Promille [pro'mɪlə] ‹-(s), -› *n* per mille *m;* **sie ist mit 0,8 ~ gefahren** *fam* ha viaggiato con un tasso alcolico (nel sangue) di 0,8 per mille.
prominent [promi'nɛnt] *a* famoso, celebre. **Prominente** ‹ein -r, -n, -n› *mf* persona *f* famosa (*o* celebre).
Prominenz [...'nɛnts] ‹-, -en› *f* **1.** ‹*sing*› *(Prominentsein)* celebrità *f;* **2.** ‹*sing*› *(Gesamtheit von Prominenten)* personalità *f pl;* **3.** *(prominente Person)* personalità *f.*
Promotion [promo'tsio:n] ‹-, -en› *f* laurea *f.*
promovieren [promo'vi:rən] ‹*ohne ge-*› **I.** *tr* conferire la laurea a; **II.** *itr* **1.** *(Doktorwürde erlangen)* laurearsi; **2.** *(Dissertation schreiben)* scrivere la tesi (di laurea).
prompt [prɔmpt] *a* pronto.
Pronomen [pro'no:mən, ...mən *o* ...mina] ‹-s, - *o* -mina› *n* pronome *m.*
Propaganda [propa'ganda] ‹-, ø› *f* propaganda *f.*
propagieren [propa'gi:rən] ‹*ohne ge-*› *tr* propagare.
Propan(gas) [pro'pa:n] ‹-s, ø› *n* propano *m.*
Propeller [pro'pɛlɐ] ‹-s, -› *m* elica *f* (di propulsione).
Prophet(in) [pro'fe:t(ɪn)] ‹-en, -en› *m(f)* profeta, -tessa *m, f.* **prophetisch** *a* profetico.
prophezeien [profe'tsaiən] ‹*ohne ge-*› *tr* profetare.
Prophezeiung ‹-, -en› *f* profezia *f;* *(Voraussage a.)* predizione *f.*
prophylaktisch [profy'laktɪʃ] **I.** *a* profilattico, preventivo; **II.** *adv* preventivamente.
Proportion [propɔr'tsio:n] *f* proporzione *f.*
proportional [propɔrtsio'na:l] *a* proporzionale (*zu* a).
proportioniert [...'ni:ɐt] *a* proporzionato.
Prosa ['pro:za] ‹-, ø› *f* prosa *f.*
prosaisch [pro'za:ɪʃ] *a* **1.** *rar lit* prosastico; **2.** *fig (nüchtern)* prosaico.
Proseminar ['pro:-] *n* proseminario *m.*
pros(i)t [pro:st ('pro:zɪt)] *interj* (alla) salute; **ein Prosit auf ...** un (ev)viva a ...; **prost Mahlzeit!** *fam,* **na denn prost!** *fam* bell'affare!, c'è da stare allegri!
Prospekt [pro'spɛkt] ‹-(e)s, -e› *m* prospetto *m.*
prost *s.* **prosit.**
Prostata ['prɔstata, ...tɛ] ‹-, -tatae› *f* prostata *f.*

prostituieren [prostitu'i:rən] ‹*ohne ge-*› *rfl:* **sich** ~ prostituirsi.
Prostituierte ‹-n, -n› *f* prostituta *f.*
Prostitution [...'tsi̯o:n] ‹-, ø› *f* prostituzione *f.*
Protagonist(in) [protago'nɪst(ɪn)] ‹-en, -en› *m(f)* protagonista *mf.*
protegieren [prote'ʒi:rən] ‹*ohne ge-*› *tr* proteggere, patrocinare.
Protein [prote'i:n] ‹-s, -e› *n* proteina *f.*
Protest [pro'tɛst] ‹-(e)s, -e› *m* **1.** *allg.* protesta *f;* **2.** *fin* protesto *m;* **aus** ~ per protesta; **unter** ~ protestando. **Protestaktion** *f* azione *f* di protesta.
Protestant(in) [protɛs'tant(ɪn)] ‹-en, -en› *m(f)* protestante *mf.*
protestantisch *a* protestante.
protestieren [protɛs'ti:rən] ‹*ohne ge-*› *itr, tr* protestare.
Protestkundgebung *f* manifestazione *f* di protesta. **Protestwelle** *f* ondata *f* di protesta.
Prothese [pro'te:zə] ‹-, -n› *f* protesi *f.*
Protokoll [proto'kɔl] ‹-s, -e› *n* **1.** *(Niederschrift)* verbale *m;* **2.** *pol (Etikette)* protocollo *m;* **3.** *(Strafmandat)* multa *f.*
protokollarisch [...'la:rɪʃ] *a* protocollare.
Protokollführer(in) *m(f)* protocollista *mf.*
protokollieren [...'li:rən] ‹*ohne ge-*› *tr* protocollare, verbalizzare.
Prototyp ['pro:to-] *m* prototipo *m.*
protzen ['prɔtsən] *itr fam pej* fare sfoggio (*mit* di); *(mit Worten)* vantarsi (*mit* di).
protzig *a fam* vistoso.
Proviant [pro'vi̯ant] ‹-s, *rar* -e› *m* viveri *m pl,* provviste *f pl* (di cibo).
Provinz [pro'vɪnts] ‹-, -en› *f* provincia *f.*
Provinzler(in) ‹-s, -› *m(f) fam pej* provinciale *mf.*
Provinzzeitung *f* giornale *m* provinciale.
Provision [provi'zi̯o:n] ‹-, -en› *f* provvigione *f;* **auf** ~ a provvigione.
provisorisch [provi'zo:rɪʃ] *a* provvisorio.
Provokation [provoka'tsi̯o:n] ‹-, -en› *f* provocazione *f.*
provokativ, provokatorisch [...a'ti:f, ...a'to:rɪʃ] *a* provocatorio.
provozieren [...vo'tsi:rən] ‹*ohne ge-*› *tr* provocare.
Prozedur [protse'du:ɐ] ‹-, -en› *f* procedura *f.*
Prozent [pro'tsɛnt] ‹-(e)s, -e *o bei Mengenangaben* -› *n* percento *m;* **in ~en** in percentuale; **in diesem Geschäft bekomme ich ~e** *fam* in questo negozio mi fanno lo sconto.
prozentual [...'tu̯a:l] *a* percentuale.
Prozeß [pro'tsɛs] ‹-zesses, -zesse› *m* processo *m;* **mit jdm/etw. kurzen ~ machen** *fam* tagliar corto con qu/qc.
Prozeßakten *f pl* atti *m pl* processuali. **Prozeßgegner(in)** *m(f)* parte *f* avversaria.
prozessieren [...'si:rən] ‹*ohne ge-*› *itr* fare un processo (*mit, gegen* a), processare (*gegen jdn* qu).
Prozession [protsɛ'si̯o:n] ‹-, -en› *f* processione *f.*
Prozeßkosten ‹*pl*› spese *f pl* processuali. **Prozeßordnung** *f* codice *m* di procedura.
prüde ['pry:də] *a* prude.
Prüderie [...ə'ri:] ‹-, ø› *f* pruderie *f.*
prüfen ['pry:fən] *tr* **1.** *(untersuchen, Kenntnisse abfragen)* esaminare; *(nach~, über~)* controllare, verificare; **2.** *fig geh (durch Schicksal, etc.)* provare; **staatlich geprüfte Dolmetscherin** interprete qualificata.
Prüfer(in) ‹-s, -› *m(f)* esaminatore, -trice *m, f.*
Prüfgerät *n* apparecchio *m* di collaudo (*o* prova).
Prüfling ['pry:flɪŋ] ‹-s, -e› *m* esaminando, -a *m, f.*
Prüfstand *m* banco *m* di prova.
Prüfung ‹-, -en› *f* **1.** *(Untersuchung, a. Schul~, etc.)* esame *m; (Über~)* controllo *m,* verifica *f;* **2.** *(Erprobung, Heimsuchung)* prova *f.* **Prüfungsangst** *f* paura *f* degli esami. **Prüfungsausschuß** *m* commissione *f* d'esame. **Prüfungsgegenstand** *m* oggetto *m* (*o* tema *m*) d'esame. **Prüfungskommission** *f s.* **Prüfungsausschuß.**
Prügel ['pry:gəl] ‹-s, -› *m* **1.** *(Stock)* bastone *m;* **2.** ‹*pl*› *fam (Schläge)* bastonate *f pl,* legnate *f pl fam.*
Prügelei [...'lai̯] ‹-, -en› *f* rissa *f.*
Prügelknabe *m fam* capro *m* espiatorio.
prügeln I. *tr* bastonare, picchiare; **II.** *rfl:* **sich** ~ darsele *fam.*
Prügelstrafe *f* pena *f* corporale.
Prunk [prʊŋk] ‹-(e)s, ø› *m* fasto *m,* sfarzo *m.* **prunkvoll** *a* sfarzoso.
prusten ['pru:stən] *itr* stronfiare.
PS [pe:'ʔɛs] ‹-, -› *n* **1.** *ab von* **Pferdestärke** C.V. (*ab von* Cavallo Vapore); **2.** *ab von* **Postskriptum** P.S. (*ab von* poscritto).
Psalm [psalm] ‹-s, -en› *m* salmo *m.*
Pseudo-, pseudo- [psɔy̯do-] *(in Zusammensetzungen)* pseudo-.
Pseudonym [psɔy̯do'ny:m] ‹-s, -e› *n* pseudonimo *m.*
pst [pst] *interj* pss, pst.
Psyche ['psy:çə] ‹-, -n› *f* psiche *f.*
Psychiater(in) [psy'çi̯a:tɐ (...ərɪn)] ‹-s, -› *m(f)* psichiatra *mf.*
Psychiatrie [...çi̯a'tri:] ‹-, ø› *f* psichiatria *f.*
psychisch ['psy:çɪʃ] *a* psichico.

Psychoanalyse [psyço'ʔana'ly:zə] *f* psicanalisi *f*.
Psychologe [-'lo:gə] ‹-n, -n› *m*, **Psychologin** [...gɪn] *f* psicologo, -a *m, f*.
Psychologie [-lo'gi:] ‹-, ø› *f* psicologia *f*.
psychologisch [-'lo:gɪʃ] *a* psicologico.
Psychopath(in) [-'pa:t(ɪn)] ‹-en, -en› *m(f)* psicopatico, -a *m, f*. **Psychopharmaka** [-'farmaka] *n pl* psicofarmaci *m pl*. **Psychose** [psy'ço:zə] ‹-, -n› *f* psicosi *f*. **psychosomatisch** [-zo'ma:tɪʃ] *a* psicosomatico. **Psychoterror** ['psy:ço-] *m* terrorismo *m* psicologico.
PTA [pe:te:'ʔa:] ‹-, -s› *f ab von* **pharmazeutisch-technische Assistentin** assistente *mf* farmaceutico, -a.
pubertär [pubɛr'tɛ:ɐ̯] *a (Probleme, etc.)* puberale; *(Mensch)* nell'età puberale.
Pubertät [...'tɛ:t] ‹-, ø› *f* pubertà *f*.
Publicity [pʌ'blɪsɪtɪ] ‹-, ø› *f* **1.** *(Bekanntheit)* notorietà *f;* **2.** *(Reklame)* pubblicità *f*.
Public Relations ['pʌblɪk rɪ'leɪʃənz] ‹*pl*› (*ab* **PR**) public relations *f pl*, pubbliche relazioni *f pl*.
publik [pu'bli:k] *a* pubblico.
Publikation [publika'ts̮io:n] ‹-, -en› *f* pubblicazione *f*.
Publikum ['pu:blikʊm] ‹-s, ø› *n* pubblico *m*. **Publikumserfolg** *m* successo *m* presso il pubblico; *(Film)* film *m* di cassetta. **Publikumsliebling** *m* beniamino *m* del pubblico. **publikumswirksam** *a* che fa presa sul pubblico.
publizieren [publi'tsi:rən] ‹*ohne ge-*› *tr* pubblicare.
Publizistik [...'tsɪstɪk] ‹-, ø› *f* pubblicistica *f*.
Puck [pʊk] ‹-s, -s› *m sport* disco *m*.
Pudding ['pʊdɪŋ] ‹-s, -e *o* -s› *m* budino *m*. **Puddingpulver** *n* polvere *f* da budino.
Pudel ['pu:dəl] ‹-s, -› *m* (cane *m*) barbone *m;* **wie ein begossener ~ dastehen** *fam* starsene lì come un cane bastonato. **Pudelmütze** *f* berretto *m* di lana. **pudelnackt** ['pu:dəl'nakt] *a fam* nudo come un verme. **pudelnaß** ['pu:dəl'nas] *a fam* bagnato come un pulcino. **pudelwohl** ['pu:dəl'vo:l] *a fam:* **sich ~ fühlen** sentirsi magnificamente bene.
Puder ['pu:dɐ] ‹-s, -› *m o fam, dial n* cipria *f; (Körper~)* talco *m*. **Puderdose** *f* portacipria *m*.
pudern I. *tr* incipriare; **II.** *rfl:* **sich ~** incipriarsi.
Puderquaste *f* piumino *m* per la cipria. **Puderzucker** *m* zucchero *m* a velo.
Puff[1] [pʊf] ‹-s, -s› *m (Sitzkissen)* puf *m*, cuscino *m*.
Puff[2] [pʊf] ‹-s, -s› *m o n fam pej (Bordell)* bordello *m*.
Puffärmel *m* manica *f* a palloncino.
Puffer ['pʊfɐ] ‹-s, -› *m* **1.** *Eisenb.* respingente *m;* **2.** *(Kartoffel~)* frittella *f* di patate. **Pufferstaat** *m* stato *m* cuscinetto.
Puffmutter *f fam* tenutaria *f* di un bordello.
pulen ['pu:lən] *(norddeutsch)* **I.** *itr* grattare; *(in Nase)* mettere le dita nel naso; **II.** *tr (heraus~)* sgranare.
Pulle ['pʊlə] ‹-, -n› *f sl* bottiglia *f;* **volle ~ fahren** andare a tutta birra *fam*.
Pulli ['pʊli] ‹-s, -s› *m fam*, **Pullover** [pʊ'lo:vɐ] ‹-s, -› *m* pullover *m*, maglione *m*.
Pullunder [pʊ'lʊndɐ] ‹-s, -› *m* pull *m* senza maniche.
Puls [pʊls] ‹-es, -e› *m* polso *m*. **Pulsader** *f* arteria *f* radiale, vena *f* del polso; **sich** *(dat)* **die ~n aufschneiden** svenarsi.
pulsieren [pʊl'zi:rən] ‹*ohne ge-*› *itr* pulsare.
Pulsschlag *m* **1.** *anat* battito *m* del polso; **2.** *fig* pulsare *m*, palpito *m*. **Pulswärmer** ‹-s, -› *m* scaldapolsi *m*.
Pult [pʊlt] ‹-(e)s, -e› *n (Schreib~)* scrivania *f; (in Schule)* cattedra *f; (Redner~)* tribuna *f; (Noten~, Lese~)* leggio *m; (Schalt~)* quadro *m* di comando.
Pulver ['pʊlfɐ *o* ...lvɐ] ‹-s, -› *n* polvere *f;* **sein ~ verschossen haben** *fig fam* aver sparato tutte le cartucce. **Pulverfaß** *n* barile *m* di polvere; **einem ~ gleichen** essere una polveriera; **auf einem ~ sitzen** *fig* star seduti su un vulcano.
pulverisieren [pʊlveri'zi:rən] ‹*ohne ge-*› *tr* polverizzare.
Pulverschnee *m* neve *f* polverosa. **pulvertrocken** ['pʊlfɐ'trɔkən] *a* molto secco.
Puma ['pu:ma] ‹-s, -s› *m* puma *m*.
pumm(e)lig ['pʊm(ə)lɪç] *a fam* grassoccio.
Pumpe ['pʊmpə] ‹-, -n› *f* pompa *f*.
pumpen *tr* **1.** *(Wasser)* pompare; **2.** *sl (entleihen)* farsi prestare; *(Geld)* scroccare *sl; (verleihen)* prestare.
puncto ['pʊŋkto] *adv:* **in ~ ...** riguardo a ...
Punker(in) ['paŋkɐ, ...kərɪn] ‹-s, -› *m(f)* punk *mf*.
Punkt [pʊŋkt] ‹-(e)s, -e› *m* punto *m;* **ohne ~ und Komma reden** *fam* parlare come una mitragliatrice; **~ 12 Uhr** mezzogiorno in punto; **~ für ~** punto per punto; **in diesem ~** a questo riguardo; **dunkler ~** *fig* punto nero; **nun mach aber mal 'nen ~!** *fam* ora però basta!
punktieren [pʊŋk'ti:rən] ‹*ohne ge-*› *tr* **1.** *(Linie, Fläche, etc.)* punteggiare; **2.** *mus* puntare; **3.** *med* fare una puntura a.
Punktion [...'ts̮io:n] ‹-, -en› *f* puntura *f*.
pünktlich ['pʏŋktlɪç] *a* puntuale. **Pünktlichkeit** ‹-, ø› *f* puntualità *f*.

Punktrichter(in) *m(f)* giudice *mf* di gara. **Punktsieg** *m* vittoria *f* ai punti.

punktuell [pʊŋk'tu̯ɛl] **I.** *a* puntuale; **II.** *adv* per sommi capi.

Punsch [pʊnʃ] ⟨-(e)s, -e *o* ¨-e⟩ *m* ponce *m.*

Pupille [pu'pɪlə] ⟨-, -n⟩ *f* pupilla *f.*

Puppe ['pʊpə] ⟨-, -n⟩ *f* **1.** *(Spielzeug)* bambola *f;* **2.** *zoo* crisalide *f.* **Puppenhaus** *n* casa *f* delle bambole. **Puppenspieler(in)** *m(f)* burattinaio, -a *m, f.* **Puppentheater** *n* teatro *m* di burattini. **Puppenwagen** *m* carrozzina *f* delle bambole.

pur [pu:ɐ̯] *a* puro; **Whisky** ~ whisky liscio.

Püree [py're:] ⟨-s, -s⟩ *n* purea *f.*

pürieren [py'ri:rən] ⟨*ohne ge-*⟩ *tr* passare.

Purpur ['pʊrpʊr] ⟨-s, ø⟩ *m* porpora *f.* **purpurfarben, -rot** *a* (color) porpora, porporino.

Purzelbaum *m* capriola *f.*

purzeln ['pʊrt͜səln] *itr* ⟨*sein*⟩ fare un capitombolo; *(herunter~)* ruzzolare.

Puste ['pu:stə] ⟨-, ø⟩ *f fam* fiato *m.* **Pusteblume** *f fam* soffione *m.* **Pustekuchen** *m:* **(ja)** ~! *fam* te lo sogni!

Pustel ['pʊstəl] ⟨-, -n⟩ *f* pustola *f.*

pusten ['pu:stən] *itr* soffiare.

Pute ['pu:tə] ⟨-, -n⟩ *f* **1.** *(Truthenne)* tacchina *f;* **2.** *fam pej* oca *f fam.*

Puter ['pu:tɐ] ⟨-s, -⟩ *m* tacchino *m.* **puterrot** ['pu:tɐ'ro:t] *a* rosso come un tacchino (*o* un peperone).

Putsch [pʊt͜ʃ] ⟨-(e)s, -e⟩ *m* golpe *m.*

Putschist(in) [pʊ't͜ʃɪst(ɪn)] ⟨-en, -en⟩ *m(f)* golpista *mf.*

Putte ['pʊtə] ⟨-, -n⟩ *f* putto *m,* amorino *m.*

Putz [pʊt͜s] ⟨-es, ø⟩ *m* **1.** *obs (Accessoires)* guarnizioni *f pl;* **2.** *arch (Ver~)* intonaco *m;* **auf den ~ hauen** *fam (angeben)* darsi delle arie; *(ausgelassen sein)* essere sfrenato.

putzen ['pʊt͜sən] **I.** *tr (reinigen)* nettare; *(a. Gemüse)* pulire; *(polieren)* lucidare; *(Schuhe a.)* lustrare; *(Nase)* pulire, soffiare; *(Zähne)* pulire, lavare; **II.** *rfl:* **sich ~ 1.** *(sich säubern)* pulirsi; **2.** *obs (sich schmücken)* ornarsi.

Putzfrau *f* donna *f* delle pulizie.

putzig ['pʊt͜sɪç] *a fam (niedlich)* carino, grazioso; *(seltsam, komisch)* buffo, bizzarro.

Putzkolonne *f* squadra *f* di addetti alle pulizie. **Putzlappen** *m* strofinaccio *m.* **Putzmacherin** *f* modista *f.* **putzmunter** ['pʊt͜s'mʊntɐ] *a fam* vispo. **Putzwut** *f* mania *f* della pulizia.

Puzzle(spiel) ['pazəl *o* 'pasəl] ⟨-s, -s⟩ *n* puzzle *m.*

PVC [pe:fau̯'t͜se:] ⟨-(s), ø⟩ *n ab von* **Polyvinylchlorid** P.V.C.

Pyjama [py'dʒa:ma *o* py'ʒa:ma] ⟨-s, -s⟩ *m* pigiama *m.*

Pyramide [pyra'mi:də] ⟨-, -n⟩ *f* piramide *f.*

Pyrenäen [pyre'nɛ:ən] ⟨*pl*⟩ Pirenei *m pl.*

Pyromane [pyro'ma:nə] ⟨-n, -n⟩ *m,* **Pyromanin** [...nɪn] *f* piromane *mf.*

Pyrotechniker(in) [pyro-] *m(f)* pirotecnico *m.*

Python(schlange *f)* ['py:tɔn, ...tɔns *o* py'to:nən] ⟨-s, -s *o* Pythonen⟩ *m* pitone *m.*

Q

Q, q [ku:] ‹-, -(s)› *n* Q, q *f;* **Q wie Quelle** Q come quarto.
q *CH, A ab von* **Zentner** quintale.
quabb(e)lig ['kvab(ə)lıç] *a* molliccio; *(weich und glitschig)* viscido; *(weich und dick)* grasso e flaccido.
Quacksalber ['kvakzalbɐ] ‹-s, -› *m* ciarlatano *m.*
Quader ['kva:dɐ] ‹-s, -› *m o* ‹-, -n› *f* **1.** *arch* quadrone *m;* **2.** *mat* parallelepipedo *m.*
Quadrant [kva'drant] ‹-en, -en› *m* quadrante *m.*
Quadrat [kva'dra:t] ‹-(e)s, -e› *n* quadrato *m;* **sechzehn zum ~** sedici al quadrato. **quadratisch** *a* **1.** *mat* quadratico; **2.** *(quadratförmig)* quadr(at)o; **~e Gleichung** equazione di secondo grado. **Quadratlatschen** *m pl fam* **1.** *(Schuhe)* barche *f pl fam;* **2.** *(Füße)* piedoni *m pl fam.* **Quadratmeter** *m o n* metro *m* quadrato.
Quadratur [kvadra'tu:ɐ̯] ‹-, -en› *f* quadratura *f.*
Quadratwurzel *f* radice *f* quadrata. **Quadratzentimeter** *m o n* centimetro *m* quadrato.
Quadrophonie [kvadrofo'ni:, ...i:ən] ‹-, -n› *f* quadrifonia *f.*
quak [kva:k] *interj* qua, quac.
quaken ['kva:kən] *itr* **1.** *(Ente)* schiamazzare; *(Frosch)* gracidare; **2.** *fam pej* blaterare.
Quäker(in) ['kvɛ:kɐ (...ərın)] ‹-s, -› *m(f)* quacchero, -a *m, f.*
Qual [kva:l] ‹-, -en› *f* tormento *m,* pena *f.*
quälen ['kvɛ:lən] **I.** *tr* tormentare; *(fig a.)* seccare, annoiare; *(Tiere)* maltrattare; **II.** *rfl:* **sich ~ 1.** *(seelisch)* tormentarsi; **2.** *(sich abmühen)* affaticarsi.
Quälerei [...ə'rai̯] ‹-, -en› *f* tormento *m; (a. fig)* supplizio *m; (von Tieren)* maltrattamenti *m pl.*
Quälgeist *m fam* scocciatore *m fam.*
Qualifikation [kvalifika'tsi̯o:n] ‹-, -en› *f* **1.** *allg., sport* qualificazione *f;* **2.** *(Eignung)* qualifica *f,* attitudine *f.*
qualifizieren [...'tsi:rən] ‹*ohne ge-*› **I.** *tr* qualificare (*als, zu* come); **II.** *rfl:* **sich ~** qualificarsi.
Qualität [kvali'tɛ:t] ‹-, -en› *f* qualità *f.*
qualitativ [...ta'ti:f] *a* qualitativo.
Qualitätsarbeit *f* lavoro *m* di qualità. **Qualitätserzeugnis** *n* prodotto *m* di qualità. **Qualitätskontrolle** *f* controllo *m* della qualità.
Qualle ['kvalə] ‹-, -n› *f* medusa *f.*
Qualm [kvalm] ‹-(e)s, ø› *m* fumo *m* denso.
qualmen *tr, itr* fumare.
qualvoll *a* straziante, penoso.
Quant [kvant] ‹-s, -en› *n* quanto *m.*
Quanten ‹*pl*› **1.** *pl von* **Quant, Quantum; 2.** *sl (Füße)* piedacci *m pl fam.* **Quantentheorie** *f* teoria *f* dei quanti.
Quantität [kvanti'tɛ:t] ‹-, -en› *f* quantità *f.*
quantitativ [...ta'ti:f] *a* quantitativo.
Quantum ['kvantʊm, ...tən] ‹-s, Quanten› *n* **1.** *(Menge)* dose *f;* **2.** *(Anteil)* parte *f,* porzione *f.*
Quarantäne [karan'tɛ:nə] ‹-, -n› *f* quarantena *f;* **unter ~** in quarantena.
Quark [kvark] ‹-s, ø› *m* **1.** *gastr* (formaggio *m* tipo) ricotta *f;* **2.** *fam pej (Unsinn)* sciocchezze *f pl.* **Quarkspeise** *f* dolce *m* di ricotta.
Quart [kvart] ‹-, -en› *f mus, sport* quarta *f.*
Quarta ['kvarta, ...tən] ‹-, Quarten› *f* terza classe *f* ginnasiale.
Quartal [kvar'ta:l] ‹-s, -e› *n* trimestre *m.*
Quartals- *(in Zusammensetzungen)* trimestrale. **Quartal(s)säufer** *m fam* dipsomane *m.*
Quarte ['kvartə] ‹-, -n› *f* quarta *f.*
Quartett [kvar'tɛt] ‹-(e)s, -e› *n* quartetto *m.*
Quartier [kvar'ti:ɐ̯] ‹-s, -e› *n* **1.** *(Unterkunft)* alloggio *m; mil* alloggiamento *m,* acquartieramento *m;* **2.** *obs, CH, A (Stadtteil)* quartiere *m.*
Quarz [kva:ɐ̯ts] ‹-es, -e› *m* quarzo *m.* **Quarzuhr** *f* orologio *m* al quarzo.
quasi ['kva:zi] *adv* **1.** *(gewissermaßen)* in un certo senso; **2.** *(fast)* quasi.
quasseln ['kvasəln] *itr fam pej* cianciare *fam,* blaterare; **dummes Zeug ~** dire ciance *fam.*
Quaste ['kvastə] ‹-, -n› *f* nappa *f; (Puder~)* piumino *m.*
Quatsch [kvatʃ] ‹-(e)s, ø› *m fam* sciocchezze *f pl,* stupidaggini *f pl.*
quatschen *fam itr* **1.** *pej (dumm daherschwätzen)* dire sciocchezze *fam;* **2.** *(plaudern)* cianciare *fam,* blaterare.
Quatschkopf *m fam pej* ciancione, -a *m, f fam,* blaterone, -a *m, f fam.*
QbA *ab von* **Qualitätswein aus bestimmten Anbaugebieten** D.O.C. (*ab von* Denominazione di Origine Controllata).
Quecksilber ['kvɛk-] *n* **1.** *chem* mercu-

rio *m;* **2.** *fig fam* argento *m* vivo. **Quecksilbersäule** *f* colonna *f* di mercurio.

Quell [kvɛl] ‹-(e)s, -e› *m* fonte *f.*

Quelle ['kvɛlə] ‹-, -n› *f* **1.** *(von Fluß)* sorgente *f; (fig a.)* fonte *f;* **2.** *(Öl~)* pozzo *m* (petrolifero); **an der ~ sitzen** *fig fam* avere una buona fonte di rifornimento.

quellen ‹quillt, quoll, gequollen› *itr* ‹*sein*› **1.** *(heraus~)* sgorgare, scaturire; **2.** *(auf~, anschwellen)* gonfiarsi.

Quellenangabe *f* indicazione *f* delle fonti. **Quellenforschung** *f* studio *m* delle fonti. **Quellentext** *m* fonte *f.*

Quellgebiet *n* bacino *m* sorgentifero.

Quengelei [kvɛŋə'lai̯] ‹-, -en› *f fam* piagnisteo *m fam.*

queng(e)lig *a fam* brontolone; *(Kind)* piagnucoloso.

quengeln ['kvɛŋəln] *itr fam* brontolare, criticare; *(Kind)* piagnucolare.

quer [kve:ɐ̯] *adv* di traverso; **~ durch** (*o* **über**) attraverso. **Querbalken** *m* traversa *f.* **querbeet** [-'be:t] *adv fam* a casaccio *fam.*

Quere ['kve:rə] ‹-, ø› *f:* **der ~ nach** di traverso; **jdm in die ~ kommen** *fam* contrariare i progetti di qu.

querfeldein [-fɛlt'ʔai̯n] *adv* attraverso i campi. **Querfeldeinrennen** *n* corsa *f* campestre.

Querflöte *f* flauto *m* traverso. **Querkopf** *m fam pej* bastian *m* contrario. **Querschläger** *m* colpo *m* di rimbalzo.

Querschnitt *m* **1.** *(Schnitt)* sezione *f* trasversale; **2.** *fig (Überblick)* panorama *m,* rassegna *f.* **querschnitt(s)gelähmt** *a* paraplegico. **Querschnitt(s)gelähmte** *mf* paraplegico, -a *m, f.*

Querstraße *f* traversa *f.* **Quersumme** *f* somma *f* delle cifre di un numero. **Quertreiber** ‹-s, -› *m fam pej* oppositore, -trice *m, f.*

Querulant(in) [kveru'lant(ɪn)] ‹-en, -en› *m(f) pej* brontolone, -a *m, f.*

quetschen ['kvɛtʃən] **I.** *tr* schiacciare; *(in Koffer, etc.)* stipare; **II.** *rfl:* **sich ~** schiacciarsi; *(sich zwängen)* accalcarsi. **Quetschfalte** *f* piega *f* piatta.

Quetschung ‹-, -en› *f,* **Quetschwunde** *f* contusione *f.*

quicklebendig ['kvɪkle'bɛndɪç] *a* vivacissimo.

quieken ['kvi:kən] *itr* **1.** *(Tiere)* squittire; **2.** *fig (vor Vergnügen, etc.)* emettere piccoli gridi striduli, stridere.

quietschen ['kvi:tʃən] *itr* **1.** *(Tür, Schloß, etc.)* cigolare, stridere; **2.** *fam (Menschen)* strillare.

quietschfidel ['kvi:tʃfi'de:l], **quietschvergnügt** ['kvi:tʃfɛɐ̯'gny:kt] *a fam* contento come una Pasqua *fam.*

quillt [kvɪlt] *pr von* **quellen.**

Quinta ['kvinta, ...tən] ‹-, Quinten› *f* seconda classe *f* ginnasiale.

Quinte ['kvɪntə] ‹-, -n› *f* quinta *f.*

Quintessenz ['kvɪntɛsɛnts̮] *f* quintessenza *f.*

Quintett [kvɪn'tɛt] ‹-(e)s, -e› *n* quintetto *m.*

Quirl [kvɪrl] ‹-(e)s, -e› *m* **1.** *(Küchengerät)* frullino *m;* **2.** *bot* verticillo *m.*

quirlen *tr* frullare.

quitt [kvɪt] *a:* **(mit jdm) ~ sein** essere pari (con qu).

Quitte ['kvɪtə] ‹-, -n› *f* **1.** *(Baum)* (melo *m*) cotogno *m;* **2.** *(Frucht)* (mela *f*) cotogna *f.*

quittieren [kvɪ'ti:rən] ‹*ohne ge-*› *tr* **1.** *(bescheinigen)* quietanzare; *(Rechnung)* saldare; **2.** *(Dienst)* lasciare, abbandonare.

Quittung ['kvɪtʊŋ] ‹-, -en› *f* **1.** *com* ricevuta *f,* quietanza *f;* **2.** *fig (Lohn)* ricompensa *f;* **das ist die ~ für deine Voreiligkeit** ecco il risultato della tua fretta.

Quiz [kvɪs] ‹-, -› *n* (gioco *m* a) quiz *m.* **Quizmaster** [-ma:stɐ] ‹-s, -› *m* presentatore, -trice *m, f* di un gioco a quiz.

quoll [kvol] *imp von* **quellen.**

Quote ['kvo:tə] ‹-, -n› *f* quota *f; (bei Statistik)* percentuale *f.*

Quotient [kvo'ts̮i̯ɛnt] ‹-en, -en› *m* quoziente *m.*

R

R, r [ɛr] ‹-, -(s)› *n* R, r *f*; **R wie Richard** R come Roma.
R *ab von* **Réaumur** R.
Rabatt [ra'bat] ‹-(e)s, -e› *m* sconto *m*, riduzione *f*, ribasso *m*; **mit 10 % ~** con uno sconto del 10 %; **ich bekam 5 Mark ~** mi fecero uno sconto di 5 marchi.
rabattieren [...'ti:rən] ‹*ohne ge-*› *tr* fare uno sconto su.
Rabattmarke *f* buono *m* (di) sconto.
Rabbi ['rabi, ra'bi:nən *o* 'rabis] ‹-(s), Rabbinen *o* -s› *m* rabbi *m*.
Rabbiner [ra'bi:nɐ] ‹-s, -› *m* rabbino *m*.
Rabe ['ra:bə] ‹-n, -n› *m* corvo *m*. **Rabeneltern** ‹*pl*› *pej* genitori *m pl* degeneri. **Rabenmutter** *f pej* madre *f* snaturata. **rabenschwarz** ['ra:bən-'ʃvart͡s] *a* corvino, nero come un corvo. **Rabenvater** *m pej* padre *m* snaturato.
rabiat [ra'bi̯a:t] *a* brutale; *(Methoden, etc.)* rozzo, grossolano.
Rache ['raxə] ‹-, ø› *f* vendetta *f*; **(an jdm für etw.) ~ nehmen** vendicarsi (di qc su qu); **aus ~** per vendetta. **Racheakt** *m* atto *m* di vendetta. **Racheengel** *m* angelo *m* vendicatore.
Rachen ['raxən] ‹-s, -› *m* faringe *f*; *(fig, von Raubtier)* fauci *f pl*.
rächen ['rɛçən] **I.** *tr* vendicare; **II.** *rfl*: **sich ~** vendicarsi; **sich an jdm für etw. ~** vendicarsi su qu per (*o* di) qc.
Rächer(in) ‹-s, -› *m(f)* vendicatore, -trice *m, f*.
Rachitis [ra'xi:tɪs] ‹-, ø› *f* rachitide *f*, rachitismo *m*.
Rachsucht *f* sete *f* di vendetta. **rachsüchtig** *a* avido di vendetta, vendicativo.
Rad [ra:t] ‹-(e)s, ¨er› *n* **1.** *tec, sport* ruota *f*; **2.** *(Fahr~)* bicicletta *f*, bici *f fam*; **ein ~ schlagen** *sport* fare una ruota; **unter die Räder kommen** *fam* rovinarsi. **Radachse** *f* asse *m* (della ruota).
Radar [ra'da:ɐ̯ *o* 'ra:da:ɐ̯] ‹-s, ø› *m o n* radar *m*. **Radarfalle** *f fam* radar *m*. **Radargerät** *n* (apparecchio *m*) radar *m*. **Radarkontrolle** *f* controllo *m* radar. **Radarwagen** *m* veicolo *m* radar.
Radau [ra'dau̯] ‹-s, ø› *m fam* chiasso *m*, baccano *m*.
Radaufhängung ‹-, -en› *f* sospensione *f* delle ruote.
Rädchen ['rɛ:tçən] ‹-s, -› *n* rotella *f*, rotellina *f*.
Raddampfer *m* piroscafo *m* a ruote.
radebrechen ['ra:dəbrɛçən] *tr, itr*: **(in) Italienisch ~** masticare male l'italiano.
radeln ['ra:dəln] *fam s.* **radfahren.**
Rädelsführer(in) ['rɛ:dəls-] *m(f)* caporione, -a *m, f*.
rädern ['rɛ:dɐn] *tr hist* giustiziare sulla ruota; **sich wie gerädert fühlen** avere le ossa rotte.
rad·fahren ‹fährt Rad, fuhr Rad, radgefahren› *itr* ‹*sein*› **1.** *allg.* andare in bicicletta; **2.** *fam pej (kriechen)* fare il ruffiano *fam*. **Radfahrer(in)** *m(f)* **1.** *allg.* ciclista *mf*; **2.** *fam pej (Kriecher)* ruffiano, -a *m, f fam*. **Rad(fahr)weg** *m* pista *f* (*o* corsia *f*) ciclabile.
Radien *pl von* **Radius.**
radieren [ra'di:rən] ‹*ohne ge-*› *tr* **1.** *(aus~)* cancellare; **2.** *(in Kunst)* incidere (all'acquaforte).
Radiergummi *m* gomma *f* (per cancellare).
Radierung ‹-, -en› *f* (disegno *m o* incisione *f* all')acquaforte *f*.
Radieschen [ra'di:sçən] ‹-s, -› *n* ravanello *m*.
radikal [radi'ka:l] *a* radicale; *(a. pol)* estremista; *(Maßnahme, etc.)* drastico. **Radikale** ‹ein -r, -n, -n› *mf* radicale *mf*, estremista *mf*. **Radikalenerlaß** *m* decreto *m* contro gli estremisti.
Radio ['ra:di̯o] ‹-s, -s› *n* radio *f*; **im ~** alla radio.
radioaktiv [radi̯oʔak'ti:f] *a* radioattivo.
Radioaktivität [...tivi'tɛ:t] *f* radioattività *f*.
Radiologe [radi̯o'lo:gə] ‹-n, -n› *m*, **Radiologin** [...gɪn] *f* radiologo, -a *m, f*.
Radiorecorder [-re'kɔrdɐ] ‹-s, -› *m* radioregistratore *m*. **Radiowecker** *m* radiosveglia *f*.
Radium ['ra:di̯ʊm] ‹-s, ø› *n* radio *m*.
Radius ['ra:di̯ʊs, ...i̯ən] ‹-, Radien› *m* raggio *m*.
Radkappe *f* coppa *f* della ruota.
Radler(in) ‹-s, -› *m(f) fam* ciclista *mf*.
Radrennbahn *f* velodromo *m*. **Radrennen** *n* corsa *f* ciclistica. **Radrennfahrer(in)** *m(f)* corridore, -trice *m, f* (ciclista).
rad·schlagen ‹schlägt Rad, schlug Rad, radgeschlagen› *itr* fare la ruota.
Radsport *m* ciclismo *m*. **Radtour** *f*, **-wanderung** *f* gita *f* in bicicletta. **Radwechsel** *m* cambio *m* della ruota. **Radweg** *s.* **Radfahrweg.**
RAF [ɛrʔa:'ʔɛf] ‹-, ø› *f ab von* **Rote-**

Armee-Fraktion Frazione Armata Rossa.

raffen ['rafən] *tr* **1.** *(Rock, etc.)* sollevare, tirare su; *(Stoff)* pieghettare; **2.** *(kürzen)* comprimere; **3.** *sl (kapieren)* afferrare.

Raffgier *f* rapacità *f*, avidità *f*. **raffgierig** *a* rapace, avido.

Raffinade [rafi'na:də] ‹-, -n› *f* zucchero *m* raffinato.

Raffinerie [rafinə'ri:, ...i:ən] ‹-, -n› *f* raffineria *f*.

Raffinesse [rafi'nɛsə] ‹-, -n› *f* **1.** *(Durchtriebenheit)* astuzia *f*; **2.** *(Feinheit)* raffinatezza *f*.

raffinieren [rafi'ni:rən] ‹*ohne ge-*› *tr* raffinare. **raffiniert** *a* **1.** *(durchtrieben)* furbo; *(ausgeklügelt)* sofisticato; **2.** *(verfeinert)* raffinato; **3.** *fam (Kleid, Frisur, etc.)* raffinato.

Rage ['ra:ʒə] ‹-, ø› *f* rabbia *f*, furore *m*.

ragen ['ra:gən] *itr* protendersi.

Ragout [ra'gu:] ‹-s, -s› *n* ragù *m*.

Rahm [ra:m] ‹-(e)s, ø› *m dial* panna *f*, crema *f*.

rahmen ['ra:mən] *tr* incorniciare, mettere in cornice.

Rahmen ‹-s, -› *m* **1.** *(Bilder~, a. fig)* cornice *f*; **2.** *(Tür~, Fenster~)* telaio *m*; **3.** *fig (Bereich)* quadro *m*, ambito *m*; **aus dem ~ fallen** *fig* essere fuori dell'ordinario; **im ~ des Möglichen** nell'ambito delle possibilità. **Rahmenhandlung** *f* trama *f* che fa da cornice. **Rahmenrichtlinien** *f pl* linee *f pl* programmatiche.

Raimund ['raimʊnt] *(männlicher Vorname)* Raimondo.

Rainer ['rainɐ] *(männlicher Vorname)* Ranieri.

räkeln ['rɛ:kəln] *s.* **rekeln.**

Rakete [ra'ke:tə] ‹-, -n› *f* razzo *m*; *(a. mil)* missile *m*. **Raketenabschußrampe** *f* rampa *f* lanciamissili.

Rallye ['rali *o* 'rɛli] ‹-, -s› *f* rally *m*. **Rallyefahrer(in)** *m(f)* campione, -essa *m, f* di rally.

rammen ['ramən] *tr* **1.** *(Pfähle, etc.)* conficcare (con il battipalo), battere; **2.** *(Fahrzeuge)* tamponare; *(Schiffe)* speronare.

Rampe ['rampə] ‹-, -n› *f* **1.** *tec* rampa *f*; *(Lade~)* piano *m* caricatore; **2.** *theat* ribalta *f*. **Rampenlicht** *n* luci *f pl* della ribalta.

ramponieren [rampo'ni:rən] ‹*ohne ge-*› *tr fam* rovinare, guastare.

Ramsch [ramʃ] ‹-(e)s, *rar* -e› *m fam pej* **1.** *com* merce *f* di scarto; **2.** *fig* cianfrusaglie *f pl*, robaccia *f*.

ran [ran] *fam s.* **heran.**

Rand [rant] ‹-(e)s, ¨er› *m* **1.** *(a. Saum)* orlo *m*; *(a. Kante)* bordo *m*; **2.** *(Umrandung)* sponda *f*; **3.** *(Hut~)* tesa *f*; **4.** *(von Abgrund, a. fig)* orlo *m*; **5.** *(Wald~, Straßen~)* margini *m pl*; *(Stadt~)* periferia *f*; **6.** *(Schmutz~)* alone *m*; **7.** *typ* margine *m*; **Ränder unter den Augen haben** avere le occhiaie; **am ~e bemerken** *fig* notare a margine; **außer ~ und Band sein** essere scatenato; **mit etw. nicht zu ~e kommen** *fam* non venire a capo di qc; **halt den ~!** *sl* chiudi il becco! *sl*.

randalieren [randa'li:rən] ‹*ohne ge-*› *itr* **1.** *(Lärm machen)* far baccano; **2.** *(zerstören)* compiere atti di vandalismo.

Randbemerkung *f* *(schriftlich)* nota *f* a margine; *(mündlich)* osservazione *f*, commento *m*.

Rande ['randə] ‹-, -n› *f CH* barbabietola *f*.

Randerscheinung *f* fenomeno *m* di importanza secondaria. **Randgebiet** *n* territorio *m* periferico; *(einer Stadt)* periferia *f*. **Randgruppe** *f* emarginati *m pl*. **Randstreifen** *m mot* corsia *f* di sosta (*o* d'emergenza).

rang [raŋ] *imp von* **ringen.**

Rang [raŋ] ‹-(e)s, ¨e› *m* **1.** *(Grad)* rango *m*; *(bes. mil)* grado *m*; *(Stand)* condizione *f*, stato *m*; *(Stellung)* posizione *f*; *(Stellenwert)* importanza *f*; *(Güte)* qualità *f*; **2.** *theat* galleria *f*; **jdm den ~ ablaufen** superare qu; **ersten ~es** di prima qualità; *(von Bedeutung a.)* di prim'ordine. **Rangfolge** *f* gerarchia *f*; *(Wertordnung)* ordine *m*.

Rangierbahnhof *m* stazione *f* di smistamento.

rangieren [raŋ'ʒi:rən *o* rã'ʒi:rən] ‹*ohne ge-*› **I.** *tr* manovrare; **II.** *itr* venire.

Rangliste *f* **1.** *sport* classifica *f*; **2.** *mil* annuario *m* militare. **Rangordnung** *s.* **Rangfolge.**

rank [raŋk] *a*: **~ und schlank** slanciato.

Ranke ['raŋkə] ‹-, -n› *f* viticcio *m*, cirro *m*; *(von Rebe)* tralcio *m*.

Ränke ['rɛŋkə] ‹*pl*› *poet*: **~ schmieden** ordire intrighi.

ranken *itr* ‹*haben o sein*›, *rfl*: **sich ~** avviticchiarsi, arrampicarsi.

rann [ran] *imp von* **rinnen.**

rannte ['rantə] *imp von* **rennen.**

Ranzen ['rantsən] ‹-s, -› *m* **1.** *(Schul~)* cartella *f*; **2.** *(Rucksack)* zaino *m*.

ranzig ['rantsɪç] *a* rancido; **~ werden** irrancidire.

Rappe ['rapə] ‹-n, -n› *m* morello *m*.

rappeln ['rapəln] *itr fam* sbattere, fare rumore.

Rappen ['rapən] ‹-s, -› *m* centesimo *m*.

Raps [raps] ‹-es, *rar* -e› *m* colza *f*.

rar [ra:ɐ] *a* raro; **sich ~ machen** *fam* farsi vedere di rado.

Rarität [rari'tɛ:t] ‹-, -en› *f* rarità *f*.

rasant [ra'zant] *a* velocissimo.

rasch [raʃ] *a* rapido, veloce; *(flink)* svelto.

rascheln ['raʃəln] *itr* frusciare; **mit etw.**

~ fare un fruscio con qc. **Rascheln** ‹-s, ø› *n* fruscio *m.*

rasen ['ra:zən] *itr* **1.** ‹*haben*› essere fuori di sé, fremere (*vor* da); *(im Wahnsinn)* delirare; *(vor Wut)* impazzire; **2.** ‹*sein*› correre all'impazzata, sfrecciare.

Rasen ['ra:zən] ‹-s, -› *m* prato *m.*

rasend **I.** *a* **1.** *(Geschwindigkeit)* pazzo, folle; **2.** *(Schmerzen)* violento; **3.** *(Wut, Eifersucht, etc.)* furioso, furibondo; **4.** *(Beifall)* frenetico; **ich könnte ~ werden** c'è da impazzire; **II.** *adv fam (sehr)* da matti *fam.*

Rasenmäher ‹-s, -› *m* tosatrice *f,* tosaerba *f.*

Raserei [ra:zə'rai] ‹-, ø› *f* **1.** *fam, mot* corsa *f* pazza; **2.** *(vor Wut)* furia *f,* rabbia *f; (Wahnsinn)* pazzia *f.*

Rasierapparat *m* rasoio *m* (di sicurezza). **Rasiercreme** *f* crema *f* da barba.

rasieren [ra'zi:rən] ‹*ohne ge-*› **I.** *tr* radere; *(jdn a.)* fare la barba a; **sich ~ lassen** farsi fare la barba; **II.** *rfl:* **sich ~** radersi, farsi la barba.

Rasierklinge *f* lametta *f* da barba. **Rasiermesser** *n* rasoio *m.* **Rasierpinsel** *m* pennello *m* da barba. **Rasierseife** *f* sapone *m* da barba. **Rasierzeug** *n* servizio *m* da barba.

Raspel[1] ['raspəl] ‹-, -n› *f (Feile)* raspa *f; (Küchen~)* grattugia *f* per verdure.

Raspel[2] ['raspəl] ‹-s, -› *m* ‹*meist pl*› *(Geraspeltes)* raspatura *f.*

raspeln *tr* raspare; *(Gemüse)* grattugiare.

Rasse ['rasə] ‹-, -n› *f* razza *f.*

Rassel ['rasəl] ‹-, -n› *f* sonaglio *m.* **Rasselbande** *f fam* brigata *f* di ragazzi.

rasseln *itr (Ketten)* fare strepito; *(Wekker)* (ri)sonare con fragore; **er ist durch die Prüfung gerasselt** *fam* è stato bocciato all'esame.

Rassendiskriminierung *f* discriminazione *f* razziale. **Rassenhaß** *m* odio *m* razziale. **Rassenunruhen** *f pl* disordini *m pl* razziali.

rassig *a* tutto fuoco.

rassisch *a* razziale.

Rassismus [ra'sɪsmʊs] ‹-, ø› *m* razzismo *m.*

rassistisch [ra'sɪstɪʃ] *a* razzista, razzistico.

Rast [rast] ‹-, -en› *f* sosta *f,* fermata *f.*

rasten *itr* fermarsi, sostare; **wer rastet, der rostet** *prov* chi si ferma è perduto *prov.*

Raster ['rastɐ] ‹-s, -› *m* **1.** *typ* retino *m;* **2.** *(in Fragebogen)* griglia *f;* **3.** *fig* categoria *f* (del pensiero). **Raster(elektronen)mikroskop** *n* microscopio *m* elettronico a scansione lineare. **Rasterfahndung** *f* investigazione *f* computerizzata.

rastlos *a* **1.** *(unermüdlich)* incessante, continuo; **2.** *(ruhelos)* instancabile, infaticabile; **3.** *(unstet)* irrequieto. **Rastplatz** *m* luogo *m* di sosta; *(Autobahn~)* piazzola *f* di sosta. **Raststätte** *f* autogrill *m.*

Rasur [ra'zu:ɐ] ‹-, -en› *f* rasatura *f.*

Rat [ra:t, -ʃlɛ:gə *o* 'rɛ:tə] *m* **1.** ‹-(e)s, -schläge› *(~schlag)* consiglio *m;* **2.** ‹-(e)s, ¨-e› *(Kollegium)* consiglio *m; (Person)* consigliere *m;* **sich** *(dat)* **keinen (anderen) ~ mehr wissen, als ...** non saper far altro che ...; **jdn/etw. zu ~e ziehen** consultare qu/qc; **jdm mit ~ und Tat zur Seite stehen** assistere qu a parole e a fatti.

rät [rɛ:t] *pr von* **raten.**

Rate ['ra:tə] ‹-, -n› *f* **1.** *com* rata *f;* **2.** *(Verhältniszahl)* quota *f;* **in ~n, auf ~n** a rate.

raten ['ra:tən] ‹rät, riet, geraten› *tr, itr* **1.** *(Ratschläge geben)* consigliare; *(vorschlagen)* suggerire; *(empfehlen)* raccomandare; **2.** *(er~)* indovinare; **jdm zu etw. ~** consigliare qu per qc; **dreimal darfst du ~!** *fam* puoi rispondere tre volte, puoi dare tre risposte.

Ratenzahlung *f* pagamento *m* rateale (*o* a rate).

Ratgeber *m (Buch)* manualetto *m.*

Ratgeber(in) *m(f)* consigliere, -a *m, f.*

Rathaus *n* municipio *m.*

Ratifikation [ratifika'tsio:n] ‹-, -en› *f,* **Ratifizierung** ‹-, -en› *f* ratifica *f.*

ratifizieren [...'tsi:rən] ‹*ohne ge-*› *tr* ratificare.

Ration [ra'tsio:n] ‹-, -en› *f* razione *f.*

rational [ratsio'na:l] *a* razionale.

rationalisieren [...nali'zi:rən] ‹*ohne ge-*› *tr, itr* razionalizzare.

Rationalisierung ‹-, -en› *f* razionalizzazione *f.*

rationell [...'nɛl] *a* razionale; *(haushälterisch)* economico.

rationieren [...'ni:rən] ‹*ohne ge-*› *tr* razionare.

Rationierung ‹-, -en› *f* razionamento *m.*

ratlos *a* perplesso, confuso, disorientato. **Ratlosigkeit** ‹-, ø› *f* perplessità *f,* confusione *f,* disorientamento *m.*

rätoromanisch [rɛtoro'ma:nɪʃ] *a* retoromano, romancio.

ratsam *a* consigliabile; *(zu empfehlen)* raccomandabile; *(angezeigt)* opportuno.

ratsch [ratʃ] *interj* zaff.

Ratschlag ['ra:t-] *m* consiglio *m.*

Rätsel ['rɛ:tsəl] ‹-s, -› *n* enigma *m; (Denkaufgabe a.)* indovinello *m;* **jdm ein ~ aufgeben** porre un problema a qu; **es ist mir ein ~, wie das passieren konnte** non so come sia successo. **rätselhaft** *a* enigmatico, misterioso, oscuro; *(unerklärlich)* inesplicabile.

rätseln *itr* cercare di indovinare.

Rätselraten ‹-s, ø› *n* **1.** *(von Kreuz-*

worträtseln, etc.) indovinare *m* indovinelli; **2.** *fig (das Rätseln)* supposizioni *f pl*, congetture *f pl*.
Ratssitzung *f* seduta *f* del consiglio.
Ratte ['ratə] ‹-, -n› *f* ratto *m*. **Rattengift** *n* topicida *m*. **Rattenschwanz** *m* coda *f* di ratto; **der Skandal zog einen ~ von Enthüllungen nach sich** lo scandalo sollevò molti veli.
rattern ['ratɐn] *itr* fare strepito.
Raub [raup] ‹-(e)s, ø› *m* **1.** *(Rauben)* rapina *f*; **2.** *(Entführung)* rapimento *m*; **3.** *(Beute)* bottino *m*, preda *f*; **der ~ der Sabinerinnen** il ratto delle Sabine. **Raubbau** ‹-(e)s, ø› *m* sfruttamento *m* abusivo; **~ treiben** sfruttare senza criterio; **mit seiner Gesundheit ~ treiben** rovinarsi la salute. **Raubdruck** ‹-(e)s, -e› *m* stampa *f* pirata.
rauben ['raubən] *tr* rubare, rapinare; *(entführen)* rapire; **den Atem ~** togliere il fiato.
Räuber(in) ['rɔybɐ (...ərın)] ‹-s, -› *m(f)* rapinatore, -trice *m, f*; *(Straßen~)* brigante *m*, bandito *m*; **~ und Gendarm spielen** giocare a guardie e ladri. **Räuberhauptmann** *m* capobanda *m*. **Räuberhöhle** *f* covo *m* di briganti; **hier sieht es ja aus wie in einer ~!** *fam* sembra una stalla.
Raubkatze *f* felino *m*. **Raubmord** *m* assassinio *m* per rapina. **Raubmörder(in)** *m(f)* assassino, -a *m, f* rapinatore, -trice. **Raubpressung** ‹-, -en› *f* *(von Schallplatten)* registrazione *f* pirata. **Raubritter** *m* cavaliere *m* predone. **Raubtier** *n* animale *m* rapace. **Raubüberfall** *m* rapina *f*. **Raubvogel** *m* uccello *m* rapace.
Rauch [raux] ‹-(e)s, ø› *m* fumo *m*; **sich in ~ auflösen** andare in fumo.
rauchen *itr, tr* fumare.
Raucher(in) ‹-s, -› *m(f)* fumatore, -trice *m, f*. **Raucherabteil** *n* scompartimento *m* per fumatori. **Raucherhusten** *m* tosse *f* dei fumatori.
Räucherlachs *m* salmone *m* affumicato.
räuchern ['rɔyçɐn] *tr* affumicare.
Räucherstäbchen [-ʃtɛ:pçən] ‹-s, -› *n* bastoncini *m pl* d'incenso.
Rauchfang *m* cappa *f* del camino. **Rauchfleisch** *n* carne *f* affumicata.
rauchig *a* **1.** *(voll Rauch)* pieno di fumo, fumoso; **2.** *(Stimme)* profondo e rauco; *(Whisky)* che sa di fumo.
Rauchsäule *f* colonna *f* di fumo, fumata *f*. **Rauchverbot** *n* divieto *m* di fumare.
Rauchwaren[1] *f pl (Tabakwaren)* tabacchi *m pl*.
Rauchwaren[2] *f pl (Pelze)* pellicceria *f*.
Rauchwolke *f* nuvola *f* di fumo. **Rauchzeichen** *n* fumata *f*.
rauf [rauf] *fam s.* **herauf, hinauf.**
Raufbold [-bɔlt] ‹-(e)s, -e› *m* rissaiolo *m*.
raufen ['raufən] *rfl:* **sich ~** azzuffarsi, accapigliarsi; **sich um etw. ~** far rissa per qc; **sich** *(dat)* **die Haare ~** strapparsi i capelli.
Rauferei [...ə'rai] ‹-, -en› *f* zuffa *f*, baruffa *f*, rissa *f*.
rauh [rau] *a* **1.** *(nicht glatt)* ruvido, scabro; *(bot, borstig)* irto, ispido; **2.** *(Stimme, Hals)* rauco, roco; *(Haut)* screpolato; **3.** *(Klima)* rigido, inclemente; *(Wind)* tagliente; **4.** *(Gegend)* selvaggio; **5.** *(Manieren, Mensch)* ruvido; *(grob)* rozzo, rude, aspro; **in ~en Mengen** *fam* in grande quantità. **Rauhbein** *n fam* orso *m*. **Rauhfasertapete** *f* carta *f* da pareti ruvida.
Rauhreif *m* brina *f*.
Raum [raum] ‹-(e)s, ¨-e› *m* **1.** *astr, philos, phys, mat* spazio *m*; **2.** *(Platz a.)* posto *m*; **3.** *(Räumlichkeit)* locale *m*, vano *m*; *(Zimmer)* stanza *f*, camera *f*; **4.** *(Gebiet)* zona *f*, area *f*; **im ~ stehen** *fig* esserci, esistere. **Raumanzug** *m* tuta *f* spaziale.
räumen ['rɔymən] *tr* **1.** sgombrare; *(weg~)* togliere, levare; *(leeren)* vuotare; **2.** *(verlassen)* lasciare; *(aufgeben)* abbandonare; *(evakuieren)* evacuare; **beiseite ~** mettere da parte; **etw. in einen/aus einem Schrank ~** riordinare qc in un armadio/prendere fuori qc da un armadio.
Raumfähre *f* navetta *f* spaziale. **Raumfahrer(in)** *m(f)* astronauta *mf*. **Raumfahrt** *f* navigazione *f* spaziale, astronautica *f*. **Raumfahrtbehörde** *f* ente *m* per la ricerca spaziale. **Raumfahrzeug** *n* veicolo *m* spaziale.
Räumfahrzeug *n* mezzo *m* di sgombero.
Raumflug *m* volo *m* (*o* viaggio *m*) spaziale. **Raumgestaltung** *f* architettura *f* interna, arredamento *m*. **Rauminhalt** *m* volume *m*, cubatura *f*. **Raumkapsel** *f* capsula *f* spaziale.
Räumkommando *n* squadra *f* di sgombero.
Raumlehre *f* geometria *f*.
räumlich ['rɔymlıç] *a* **1.** *(den Raum betreffend)* spaziale; *(im Raum)* nello spazio; *(des Raumes)* di (*o* dello) spazio; **2.** *(dreidimensional)* tridimensionale; **~es Sehen** vista stereoscopica. **Räumlichkeiten** *f pl* vani *m pl*, locali *m pl*.
Raummeter *m o n* stero *m*. **Raumpflegerin** *f* donna *f* delle pulizie. **Raumschiff** *n* nave *f* spaziale. **Raumstation** *f* stazione *f* spaziale. **Raumteiler** ‹-s, -› *m* divisorio *m* di ambienti.
Räumung ‹-, -en› *f* *(Wohnungs~, etc.)* sgombero *m*; *(zwangsweise ~)* sfratto *m*; *(Verlassen)* abbandono *m*; *(Evaku-*

ierung) evacuazione *f; (Leerung)* vuotamento *m; com* svendita *f,* liquidazione *f.* **Räumungsarbeiten** *f pl* lavori *m pl* di sgombero. **Räumungsbefehl** *m* **1.** *mil* ordine *m* di evacuazione; **2.** *jur* ordine *m* di sfratto. **Räumungsklage** *f* azione *f* per sfratto. **Räumungsverkauf** liquidazione *f* totale.

raunen ['raunən] *itr* mormorare, sussurrare.

Raupe ['raupə] ‹-, -n› *f* **1.** *zoo* bruco *m;* **2.** *tec* apripista *m,* bulldozer *m.* **Raupenschlepper** *m* trattore *m* a cingoli.

raus [raus] *fam s.* **heraus, hinaus.**

Rausch [rauʃ] ‹-(e)s, ¨-e› *m* **1.** *(Alkohol~)* ubriacatura *f,* sbornia *f; (Drogen~)* ebbrezza *f* da droga; **2.** *(Ekstase)* estasi *f; (Begeisterung)* ebbrezza *f.*

rauschen ['rauʃən] *itr (Sturm, Wogen)* muggire; *(Wald, Blätter)* stormire; *(Bach)* mormorare; *(Regen, Beifall)* scrosciare; *(Wind)* sibilare; *(Seide, Kleider)* frusciare.

Rauschgift *n* droga *f,* stupefacente *m.* **Rauschgifthandel** *m* traffico *m* di droga (*o* di stupefacenti). **Rauschgifthändler(in)** *m(f)* trafficante *mf* di droga (*o* di stupefacenti). **Rauschgiftring** *m* rete *f* di spacciatori. **rauschgiftsüchtig** *a* tossicodipendente, tossicomane. **Rauschgiftsüchtige** *mf* tossicodipendente *mf.*

Rauschgoldengel *m* angioletto *m* natalizio di latta.

räuspern ['rɔyspɐn] *rfl:* **sich ~** raschiarsi la gola.

Raute ['rautə] ‹-, -n› *f* **1.** *mat* rombo *m;* **2.** *bot* ruta *f.*

Razzia ['ratsia, ...iən *o* ...ias] ‹-, -ien *o rar* -s› *f* retata *f,* rastellamento *m.*

rd. *ab von* **rund** c. (*ab von* circa).

Reagenzglas [rea'gɛnts-] *n* provetta *f.*

reagieren [rea'gi:rən] ‹*ohne ge-*› *itr* reagire (*auf* a).

Reaktion [reak'tsio:n] ‹-, -en› *f* reazione *f* (*auf* a).

reaktionär [...tsio'nɛ:ɐ] *a* reazionario.

Reaktionsfähigkeit *f* reattività *f.*

Reaktor [re'akto:ɐ, ...'to:rən] ‹-s, -en› *m* reattore *m* (nucleare). **Reaktorkern** *m* nucleo *m* del reattore.

real [re'a:l] *a (wirklich)* reale; *(konkret)* concreto.

realisieren [reali'zi:rən] ‹*ohne ge-*› *tr* realizzare; *(verwirklichen a.)* attuare.

Realisierung ‹-, ø› *f* realizzazione *f; (Verwirklichung a.)* attuazione *f.*

Realismus [rea'lɪsmʊs] ‹-, ø› *m* realismo *m.*

realistisch *a* realistico.

Realität [reali'tɛ:t] ‹-, -en› *f* realtà *f.*

Realschule *f* scuola *f* secondaria inferiore.

Rebe ['re:bə] ‹-, -n› *f* **1.** *(Weinstock)* vite *f;* **2.** *(Ranke)* viticcio *m.*

Rebell(in) [re'bɛl(ɪn)] ‹-en, -en› *m(f)* ribelle *mf.*

rebellieren [rebɛ'li:rən] ‹*ohne ge-*› *itr* ribellarsi (*gegen* contro, a).

Rebellion [...'lio:n] ‹-, -en› *f* ribellione *f.*

rebellisch *a* ribelle.

Rebhuhn ['re:p- *o* 'rɛp-] *n* pernice *f.* **Reblaus** ['re:p-] *f* fillossera *f.*

Rechaud [re'ʃo:] ‹-s, -s› *m o n* scaldavivande *m.*

Rechen ['rɛçən] ‹-s, -› *m* rastrello *m.*

Rechenart *f* operazione *f* matematica. **Rechenaufgabe** *f* problema *m* di aritmetica. **Rechenbuch** *n* libro *m* di aritmetica. **Rechenexempel** *n* esempio *m* di calcolo. **Rechenfehler** *m* errore *m* di calcolo. **Rechenmaschine** *f* calcolatrice *f.*

Rechenschaft ‹-, ø› *f* conto *m,* ragione *f;* **jdn für etw. zur ~ ziehen** chiedere conto (*o* ragione) di qc a qu. **Rechenschaftsbericht** *m* rendiconto *m,* resoconto *m.*

Rechenschieber ‹-s, -› *m* regolo *m* calcolatore. **Rechenzentrum** *n* centro *m* di calcolo.

Recherchen [re'ʃɛrʃən] *f pl* ricerche *f pl,* indagini *f pl.*

recherchieren [...'ʃi:rən] ‹*ohne ge-*› **I.** *tr* ricercare, fare una ricerca su; **II.** *itr* fare una ricerca (su qc).

rechnen ['rɛçnən] **I.** *tr* **1.** *mat* calcolare; **2.** *(einbeziehen)* annoverare (*zu, unter* fra); **II.** *itr* **1.** *mat* calcolare; **2.** *(sich verlassen)* contare (*auf, mit* su); **3.** *(erwarten)* aspettarsi (*mit etw.* qc), prevedere (*mit etw.* qc); **mit dem Schlimmsten ~** temere il peggio; **damit habe ich nicht gerechnet** non me l'aspettavo. **Rechnen** ‹-s, ø› *n* calcolo *m.*

Rechner ‹-s, -› *m (Gerät)* calcolatore *m.*

Rechner(in) ‹-s, -› *m(f)* calcolatore, -trice *m, f.*

rechnerisch **I.** *a* aritmetico; **II.** *adv* per via di calcolo.

Rechnung ‹-, -en› *f* **1.** *(das Rechnen)* calcolo *m;* **2.** *(Ab~, Be~)* conto *m;* **auf eigene ~** per conto proprio. **Rechnungsführer(in)** *m(f)* ragioniere, -a *m, f,* contabile *mf.* **Rechnungsjahr** *n* anno *m* (*o* esercizio *m*) finanziario. **Rechnungsprüfer** *m* revisore *m* dei conti.

recht [rɛçt] **I.** *a* **1.** *(richtig)* giusto; **2.** *(wirklich)* vero; **3.** *(passend)* adatto; *(gelegen)* opportuno; **4.** *(~mäßig)* legittimo; **~ haben** avere ragione; **~ daran tun zu ...** far bene a ... *inf;* **an den R~en kommen** capitare bene; **nach dem R~en sehen** guardare se tutto va bene; **zur ~en Zeit** a tempo (*o* al momento) buono; **alles, was ~ ist, aber ...** *fam* va bene tutto, ma ...; **das ist mir ~** per me va bene; **II.** *adv* **1.** *(sehr)* molto; **2.** *(ziemlich)* abbastanza;

3. *(richtig, gehörig)* bene; **es jdm ~ machen** accontentare qu; **~ und schlecht** alla (meno) peggio; **das geschieht dir ~** ti sta bene; **wenn ich mich ~ entsinne, hieß er Dirk** se ben ricordo (*o* se non erro) si chiamava Dirk; **nun erst ~!** ora più che mai!; **nun erst ~ nicht!** ora meno che mai!

Recht ‹-(e)s, -e› *n* **1.** *allg., jur* diritto *m* (*auf* a); *(Berechtigung)* ragione *f; (Befugnis)* facoltà *f* (*zu* di); **2.** ‹*pl*› *(Wissenschaft)* giurisprudenza *f,* legge *f;* **~ sprechen** amministrare la giustizia; **im ~ sein** aver ragione; **mit** (*o* **zu**) **~** a diritto, a ragione; **von ~s wegen** di diritto; **das ist mein gutes ~** è mio pieno diritto; **gleiches ~ für alle!** la legge è uguale per tutti.

rechte *s.* **rechte(r, s).**

Rechte[1] ‹ein -r, -n, -n› *mf pol* uno, -a *m, f* di destra.

Rechte[2] ‹-n, -n› *f allg., pol* destra *f;* **zur ~n** a destra.

Rechteck *n* rettangolo *m.* **rechteckig** *a* rettangolare.

rechte(r, s) ['rɛçtə] *a* **1.** *(Seite, a. pol)* destro, -a; **2.** *mat (Winkel)* retto, -a; **mein ~r Nebenmann** il mio vicino di destra; **~ Seite** *(von Stoff, etc.)* dritto *m.*

rechtfertigen I. *tr* giustificare; **II.** *rfl:* **sich ~** giustificarsi.

Rechtfertigung *f* giustificazione *f.*

Rechthaberei [-ha:bə'rai̯] ‹-, ø› *f* pretesa *f* di aver sempre ragione. **rechthaberisch** *a* che vuol sempre avere ragione.

rechtlich *a* giuridico, legale.

rechtlos *a* privo di diritti. **Rechtlosigkeit** ‹-, ø› *f* privazione *f* di diritti.

rechtmäßig *a* legittimo. **Rechtmäßigkeit** *f* legittimità *f.*

rechts [rɛçts] *adv* a (*o* sulla) destra; **~ gehen** (*o* **fahren**) andare a (*o* tenere la) destra; **~ überholen** sorpassare a destra; **sich ~ einordnen** *mot* disporsi sulla corsia di destra; **~ vor links** la destra prima della sinistra; **~ vom** (*o* **neben dem**) **Haus** a destra della casa; **nach/von ~** a (*o* verso)/da destra. **Rechtsabbieger** ‹-s, -› *m* persona *f* che svolta a destra. **Rechtsabbiegerspur** *f* preselezione *f* a destra.

Rechtsabteilung *f* sezione *f* giuridica. **Rechtsanwalt** *m,* **-anwältin** *f* avvocato, -tessa *m, f,* legale *mf.* **Rechtsauskunft** *f* informazione *f* legale.

Rechtsaußen [-'ʔausən] ‹-, -› *m* ala *f* destra.

Rechtsberater(in) *m(f)* consigliere, -a *m, f* giuridico, -a. **Rechtsbruch** *m* violazione *f* del diritto.

rechtschaffen I. *a* retto, probo; **II.** *adv (sehr)* molto. **Rechtschaffenheit** ‹-, ø› *f* rettitudine *f,* probità *f.*

Rechtschreibfehler *m* errore *m* d'ortografia. **Rechtschreibung** *f* ortografia *f.*

Rechtsdrehung *f* rotazione *f* destrorsa. **Rechtsextremist(in)** *m(f)* estremista *mf* di destra.

rechtsfähig *a* giuridicamente capace. **Rechtsfall** *m* caso *m* giuridico, causa *f.* **Rechtsfrage** *f* questione *f* giuridica. **rechtsgültig** *a* giuridicamente valido, conforme alla legge. **Rechtsgültigkeit** *f* validità *f* giuridica, legalità *f.*

Rechtshänder(in) [-hɛndɐ (...ərɪn)] ‹-s, -› *m(f)* persona *f* che adopera (normalmente) la mano destra. **rechtsherum** *adv* a destra.

Rechtshilfe *f* assistenza *f* legale. **Rechtskraft** *f:* **~ erlangen** entrare in vigore; **~ haben** avere forza di legge; *(Urteil)* passare in giudicato. **rechtskräftig** *a* che ha valore di legge; *(Urteil)* esecutivo, passato in giudicato. **Rechtskunde** *f* giurisprudenza *f.*

Rechtskurve *f* curva *f* a destra.

Rechtslage *f* situazione *f* giuridica (*o* legale). **Rechtsmittelbelehrung** *f* indicazione *f* delle possibilità di ricorso. **Rechtspfleger(in)** *m(f)* giurista *mf.*

Rechtsprechung ‹-, -en› *f* giurisdizione *f.*

rechtsradikal *a* radicale di (estrema) destra. **Rechtsrutsch** *m pol* slittamento *m* a destra.

Rechtsschutz *m* protezione *f* giuridica. **Rechtsschutzversicherung** *f* assicurazione *f* della protezione giuridica (*o* della tutela legale). **Rechtsstaat** *m* stato *m* di diritto. **Rechtsstreit** *m* controversia *f* giudiziaria, causa *f.*

Rechtsverkehr *m* circolazione *f* a destra.

Rechtsverletzung *f* violazione *f* del diritto. **Rechtsweg** *m* via *f* legale; **auf dem ~** per via legale. **rechtswidrig** *a* illegale.

rechtwink(e)lig *a* rettangolo.

rechtzeitig I. *a* tempestivo; **II.** *adv* in tempo.

Reck [rɛk] ‹-(e)s, -e *o* -s› *n* sbarra *f* fissa.

recken ['rɛkən] **I.** *tr* stirare, (di)stendere; *(Hals)* allungare; **II.** *rfl:* **sich ~** stirarsi.

Redakteur(in) [redak'tø:ɐ̯ (...rɪn)] ‹-s, -e› *m(f)* redattore, -trice *m, f.*

Redaktion [...'tsi̯o:n] ‹-, -en› *f* redazione *f.* **Redaktionsschluß** *m* chiusura *f* del giornale.

Redaktor [re'dakto:ɐ̯, ...'to:rən] ‹-s, -en› *m CH* redattore *m.*

Rede ['re:də] ‹-, -n› *f* **1.** *(Vortrag, a. gram)* discorso *m; (Ansprache)* allocuzione *f;* **2.** *(Gespräch)* conversazione *f;* **jdm ~ und Antwort stehen** rendere conto (*o* ragione) a qu; **jdn wegen etw. zur ~ stellen** chiedere conto (*o* ragione) a qu di qc; **die ~ kam auf ...** il discorso cadde su ...; **es ist die ~ von ...** si parla di …; **davon kann nicht die ~ sein** è fuori discussione; **das ist nicht der ~ wert** non vale la pena parlarne; **nicht der ~ wert!** *fam (keine Ursache)* non c'è di che! **redegewandt** *a* eloquente. **Redegewandtheit** *f* facilità *f* di parola, eloquenza *f.*

reden I. *itr* **1.** *(sprechen)* parlare (*über, von* di); *(ausführlich)* discorrere; **2.** *(eine Rede halten)* tenere un discorso; **mit sich** *(dat)* **~ lassen** intendere ragione; **II.** *tr* parlare, dire.

Redensart *f* modo *m* di dire.

Redeschwall *m* profluvio *m* (*o* mare *m*) di parole. **Redewendung** *f* locuzione *f.*

redigieren [redi'gi:rən] ‹*ohne ge-*› *tr* redigere.

redlich ['re:tlıç] *a* onesto, probo; *(aufrichtig)* sincero; **sich ~ bemühen** darsi ogni premura. **Redlichkeit** ‹-, ø› *f* onestà *f,* rettitudine *f; (Aufrichtigkeit)* sincerità *f.*

Redner(in) ['re:dnɐ (...ərın)] ‹-s, -› *m(f)* oratore, -trice *m, f.* **Rednerpult** *n* podio *m* dell'oratore.

redselig ['re:tze:lıç] *a* loquace, verboso. **Redseligkeit** *f* loquacità *f,* verbosità *f.*

reduzieren [redu'tsi:rən] ‹*ohne ge-*› *tr* ridurre.

Reede ['re:də] ‹-, -n› *f* rada *f.*

Reeder ‹-s, -› *m* armatore *m.*

Reederei [re:də'rai] ‹-, -en› *f* compagnia *f* armatrice.

reell [re'ɛl] *a* **1.** *(ehrlich)* onesto; *(Geschäft)* serio; *(Chance a.)* solido; **2.** *(real)* reale.

Referat [refe'ra:t] ‹-(e)s, -e› *n* **1.** *(Bericht)* relazione *f,* rapporto *m;* **2.** *(Dienststelle)* reparto *m,* sezione *f.*

Referendar(in) [referɛn'da:ɐ (...rın)] ‹-s, -e› *m(f)* praticante *mf.*

Referendariat [...da'ria:t] ‹-(e)s, -e› *n periodo in cui un insegnante non è ancora di ruolo.*

Referent(in) [refe'rɛnt(ın)] ‹-en, -en› *m(f)* **1.** *(Berichterstatter)* relatore, -trice *m, f;* **2.** *(Sachbearbeiter)* addetto, -a *m, f.*

Referenzen [...'rɛntsən] *f pl* referenze *f pl.*

referieren [...'ri:rən] ‹*ohne ge-*› *itr* fare una relazione, riferire.

reflektieren [reflɛk'ti:rən] ‹*ohne ge-*› *tr, itr* riflettere (*über* su).

Reflex [re'flɛks] ‹-es, -e› *m* riflesso *m.*

Reflexion [reflɛ'ksio:n] ‹-, -en› *f* **1.** *phys* riflesso *m;* **2.** *(Nachdenken)* riflessione *f.*

reflexiv [...'ksi:f] *a* riflessivo. **Reflexivpronomen** *n* pronome *m* riflessivo.

Reform [re'fɔrm] ‹-, -en› *f* riforma *f.*

Reformation [...ma'tsio:n] *f* Riforma *f.*

Reformhaus *n* negozio *m* di prodotti dietetici.

reformieren [...'mi:rən] ‹*ohne ge-*› *tr* riformare.

Refrain [rə'frɛ̃:] ‹-s, -s› *m* ritornello *m.*

Regal [re'ga:l] ‹-s, -e› *n* scaffale *m.*

Regatta [re'gata, ...tən] ‹-, -gatten› *f* regata *f.*

rege ['re:gə] *a (lebhaft)* vivace, vivo; *(Verkehr)* animato, intenso.

Regel ['re:gəl] ‹-, -n› *f* **1.** *allg., gram, mat* regola *f;* **2.** *(Norm)* norma *f;* **3.** *(Menstruation)* regole *f pl;* **in der** (*o* **aller**) **~** di regola, normalmente; **nach allen ~n der Kunst** a regola d'arte. **regelmäßig** *a* regolare. **Regelmäßigkeit** *f* regolarità *f.*

regeln *tr* regolare; *(Angelegenheit, etc.)* sistemare.

regelrecht *a* **1.** *(vorschriftsmäßig)* regolare; **2.** *fam (richtiggehend)* vero (e proprio). **Regelstudienzeit** *f* tempo *m* regolamentare per un corso di studi.

Regelung ‹-, -en› *f* regolazione *f; (von Angelegenheit, etc.)* sistemazione *f.*

regen ['re:gən] *rfl:* **sich ~** muoversi.

Regen ['re:gən] ‹-s, -› *m* pioggia *f;* **bei ~** con la pioggia; **im ~** sotto la pioggia; **vom ~ in die Traufe kommen** *fig* cadere dalla padella nella brace. **Regenbogen** *m* arcobaleno *m.* **Regenmantel** *m* impermeabile *m.* **Regenrinne** *f* grondaia *f.* **Regenschauer** *m* scroscio *m* di pioggia. **Regenschirm** *m* ombrello *m.*

Regent(in) [re'gɛnt(ın)] ‹-en, -en› *m(f) (Herrscher)* regnante *mf; (Stellvertreter)* reggente *mf.* **Regentschaft** ‹-, -en› *f* reggenza *f.*

Regenwald *m* foresta *f* pluviale. **Regenwasser** *n* acqua *f* piovana. **Regenwetter** *n* tempo *m* piovoso (*o* di pioggia). **Regenwurm** *m* lombrico *m.* **Regenzeit** *f* stagione *f* delle piogge.

Regie [re'ʒi:, ...i:ən] ‹-, -n› *f* **1.** *film, theat, radio, TV* regia *f;* **2.** *fig* direzione *f;* **unter der ~ von …** con la regia di … **Regieanweisung** *f* didascalia *f.* **Regieassistent(in)** *m(f)* aiuto *mf* regista.

regieren [re'gi:rən] ‹*ohne ge-*› **I.** *tr* **1.** *(beherrschen)* governare; *(a. fig, Monarch)* regnare su; **2.** *gram* reggere; **II.** *itr* governare, regnare (*über* su).

Regierung ‹-, -en› *f* governo *m; (~szeit)* regno *m.* **Regierungsbezirk** *m* (*ab* **Reg.-Bez.**) circoscrizione *f* amministrativa. **Regierungsbildung** *f* formazione *f* del governo. **Regierungschef(in)** *m(f)* capo *m* del governo. **Regierungserklärung** *f* dichiarazione *f* del governo. **Regierungspartei** *f* partito *m* governativo. **Regierungsrat** *m,* **-rätin** *f* consigliere, -a *m, f.* **Regierungssprecher(in)** *m(f)* portavoce *m* del governo. **Regierungsumbildung** *f* rimpasto *m* ministeriale. **Regierungs-**

wechsel *m* cambiamento *m* di governo.

Regime [re'ʒi:m] ‹-s, - *o rar* -s› *n* regime *m.* **Regimekritiker(in)** *m(f)* dissidente *mf.*

Regiment[1] [regi'mɛnt] ‹-(e)s, -e› *n* *(Herrschaft)* governo *m; fig (Führung)* comando *m.*

Regiment[2] [regi'mɛnt] ‹-(e)s, -er› *n mil* reggimento *m.*

Region [re'gi̯o:n] ‹-, -en› *f* regione *f.*

regional [regi̯o'na:l] *a* regionale.

Regisseur(in) [reʒɪ'sø:ɐ̯ (...rɪn)] ‹-s, -e› *m(f)* regista *mf.*

Register [re'gɪstɐ] ‹-s, -› *n* registro *m;* *(Buch~)* indice *m;* **alle ~ ziehen** *fig* ricorrere ad ogni mezzo. **Registertonne** *f* (*ab* **RT**) tonnellata *f* di stazza.

Registratur [regɪstra'tu:ɐ̯] ‹-, -en› *f* **1.** *(Tätigkeit)* registrazione *f;* **2.** *(~büro)* ufficio *m* di registrazione; **3.** *mus* registratura *f.*

registrieren [...'tri:rən] ‹*ohne ge-*› *tr* registrare.

Registrierkasse *f* registratore *m* di cassa.

reglementieren [reglemɛn'ti:rən] ‹*ohne ge-*› *tr* regolamentare.

Regler ['re:glɐ] ‹-s, -› *m* regolatore *m.*

reglos ['re:klo:s] *a* immobile, inerte.

regnen ['re:gnən] *itr, tr* piovere.

regnerisch *a* piovoso.

Regreß [re'grɛs] ‹-gresses, -gresse› *m* regresso *m.* **regreßpflichtig** *a* obbligato a rivalsa.

regulär [regu'lɛ:ɐ̯] *a* regolare.

regulieren [regu'li:rən] ‹*ohne ge-*› *tr* regolare.

Regulierung ‹-, -en› *f* regolazione *f.*

Regung ‹-, -en› *f* **1.** *(Bewegung)* moto *m;* **2.** *(Gefühls~)* sentimento *m* (nascente). **regungslos** *s.* **reglos.**

Reh [re:] ‹-(e)s, -e› *n* capriolo *m.*

Rehabilitation [rehabilita'tsi̯o:n] ‹-, -en› *f,* **Rehabilitierung** ‹-, -en› *f* riabilitazione *f; med* rieducazione *f.*

rehabilitieren [...'ti:rən] ‹*ohne ge-*› *tr (in Ehre, etc.)* riabilitare; *soc, jur, med* reinserire. **Rehabilitierung** *s.* **Rehabilitation.**

Rehbock *m* capriolo *m* (maschio). **Rehkitz** *n* caprioletto *m.* **Rehrücken** *m* *gastr* lombata *f* di capriolo.

Reibe ['rai̯bə] ‹-, -n› *f* grattugia *f.*

reiben ‹reibt, rieb, gerieben› *tr* **1.** *(ab~)* (s)fregare; *(Augen)* stropicciare; **2.** *(ein~)* frizionare; **3.** *(zerkleinern)* grattugiare.

Reibereien [...ə'rai̯ən] *f pl* attriti *m pl.*

Reibung ‹-, -en› *f* **1.** *(das Reiben)* sfregamento *m,* strofinamento *m;* **2.** *fig, phys* attrito *m,* frizione *f.* **reibungslos** **I.** *a* liscio; **II.** *adv* senza difficoltà.

reich [rai̯ç] *a* **1.** ricco (*an* di); **2.** *fig (umfassend)* vasto; **~ werden** arricchirsi; **in ~em Maße** abbondantemente.

Reich ‹-(e)s, -e› *n* regno *m; (großes ~, Kaiser~)* impero *m.*

Reiche ‹ein -r, -n, -n› *mf* ricco, -a *m, f.*

reichen ['rai̯çən] **I.** *tr* porgere, dare; *(am Tisch a.)* passare; **II.** *itr* **1.** *(gehen, sich erstrecken)* arrivare (*bis* fino a), giungere (*bis* fino a); *(nach oben)* elevarsi; *(nach unten)* scendere; **2.** *(genügen)* bastare; **mir reicht's** *fam* ne ho abbastanza *fam.*

reichhaltig *a* ricco, abbondante.

reichlich **I.** *a* ricco, abbondante; **II.** *adv* **1.** *(sehr)* molto; **2.** *(mehr als genügend)* abbondantemente; **3.** *fam (ziemlich)* abbastanza; **~ vorhanden sein** abbondare.

Reichtum ‹-s, ¨er› *m* ricchezza *f* (*an* di).

Reichweite *f* portata *f; radio* raggio *m* d'azione; **außer/in ~** fuori/a portata (*gen* di).

reif [rai̯f] *a* maturo; **eine ~e Leistung** *fam* una prestazione brillante; **~ werden** maturare.

Reif[1] [rai̯f] ‹-(e)s, ø› *m (Rauh~)* brina(ta) *f.*

Reif[2] [rai̯f] ‹-(e)s, -e› *m geh, poet (Finger~)* anello *m; (Arm~)* bracciale *m; (Stirn~)* diadema *m.*

Reife ‹-, ø› *f* **1.** *(Reifen)* maturazione *f;* **2.** *(Reifsein)* maturità *f;* **mittlere ~** diploma *m* di scuola media.

reifen *itr* ‹*sein*› maturare.

Reifen ['rai̯fən] ‹-s, -› *m* **1.** *(Ring)* cerchio *m;* **2.** *(Fahrzeug~)* pneumatico *m.* **Reifendecke** *f* copertone *m.* **Reifenpanne** *f* foratura *f.* **Reifenwechsel** *m* cambio *m* di pneumatico.

Reifeprüfung *f* esame *m* di maturità. **Reifezeugnis** *n* diploma *m* di maturità.

reiflich **I.** *a* maturo;. **II.** *adv* bene.

Reigen ['rai̯gən] ‹-s, -› *m* ridda *f,* girotondo *m.*

Reihe ['rai̯ə] ‹-, -n› *f* **1.** *allg.* fila *f;* **2.** *(Folge, Anzahl)* serie *f; (Buch~)* collana *f; mat* progressione *f;* **3.** *(Aufeinanderfolge)* successione *f;* **außer der ~** fuori turno; **in einer ~** in fila; **der ~ nach** *(räumlich)* l'uno dopo l'altro; *(ordnungsgemäß)* per ordine; **ich bin an der ~** tocca a me, è il mio turno. **Reihenfolge** *f* ordine *m;* **der ~ nach** in ordine. **Reihenhaus** *n* casa *f* a schiera. **Reihenhaussiedlung** *f* agglomerato *m* di case a schiera. **reihenweise** *adv* in fila.

Reiher ['rai̯ɐ] ‹-s, -› *m* airone *m.*

reihum [rai̯'ʔʊm] *adv* in giro, in cerchio.

Reim [rai̯m] ‹-(e)s, -e› *m* rima *f;* **ich kann mir keinen ~ darauf machen** *fam* non riesco a spiegarmelo.

reimen *itr, rfl:* **sich ~** fare rima (*auf* con); *(tr a.)* rimare (*auf* con).

Reimund ['raimʊnt] *s.* **Raimund.**
rein[1] [rain] **I.** *a* **1.** *allg., mus, fig* puro; *(Freude)* vero; **2.** *(sauber, a. fig: Gewissen)* pulito; **3.** *(Gewinn)* netto; **ins ~e schreiben** scrivere in bella (copia); **etw. ins ~e bringen** mettere in chiaro qc; **ist die Luft ~?** *fam* non c'è nessuno?; **II.** *adv* **1.** *(völlig)* assolutamente; **2.** *(ausschließlich)* esclusivamente; **~ gar nichts** proprio niente; **~ zufällig** per puro caso.
rein[2] [rain] *fam s.* **herein, hinein.**
Reiner ['rainɐ] *s.* **Rainer.**
Reinerlös *m,* **-ertrag** *m* ricavo *m* netto.
Reinfall *m fam* bidonata *f fam,* fregatura *f fam.* **rein·fallen** ‹*irr*› *itr* ‹*sein*› *fig fam* prendere una bidonata *fam,* rimanere fregato *fam.*
Reingewinn *m* guadagno *m* (*o* utile *m*) netto.
rein·hauen ‹*irr*› *itr sl* abbuffarsi *fam.*
Reinheit ‹-, ø› *f* **1.** *(a. fig)* purezza *f; (Unverfälschtheit)* genuinità *f;* **2.** *(Sauberkeit)* pulizia *f.*
reinigen ['rainɪgən] *tr* pulire; *(chemisch)* pulire a secco; *tec* depurare; *tec, rel, fig* purificare; *med* purgare.
Reinigung ‹-, -en› *f* **1.** *(das Reinigen)* pulitura *f; tec* depurazione *f; tec, rel, fig* purificazione *f; med* purgazione *f;* **2.** *(~sgeschäft)* lavanderia *f* a secco. **Reinigungsmilch** *f* latte *m* detergente.
rein·legen *tr fam* bidonare *fam.*
reinlich *a (auf Sauberkeit bedacht)* amante della pulizia; *(sauber)* pulito. **Reinlichkeit** ‹-, ø› *f* amore *m* per la pulizia; *(Sauberkeit)* pulizia *f.*
reinrassig *a* di razza pura; *(bes. Pferd)* purosangue.
rein·schneien *itr fam* **1.** ‹*haben*› *(Schnee)* nevicare dentro; **2.** ‹*sein*› *fig (Menschen)* piombare in ...
Reinschrift *f* **1.** *(Tätigkeit)* trascrizione *f* in bella (copia); **2.** *(Ergebnis)* bella *f* (copia *f*).
rein·würgen *tr fam (Essen)* trangugiare; **jdm eins ~** *sl* farla a qu *fam.*
Reis [rais] ‹-es, -e› *m* riso *m.*
Reise ['raizə] ‹-, -n› *f* viaggio *m; (Rund~)* giro *m;* **auf ~n** in viaggio. **Reiseandenken** *n* ricordo *m* (di viaggio), souvenir *m.* **Reiseapotheke** *f* farmacia *f* portatile. **Reisebekanntschaft** *f* conoscenza *f* fatta in viaggio. **Reisebüro** *n* agenzia *f* (*o* ufficio *m*) viaggi. **Reisebus** *m* pullman *m.* **reisefertig** *a* pronto per il viaggio. **Reisefieber** *n* febbre *f* della partenza. **Reiseführer(in)** *m(f)* guida *f.* **Reisegefährte** *m,* **-gefährtin** *f* compagno, -a *m, f* di viaggio. **Reisegepäck** *n* bagagli *m pl.* **Reisegesellschaft** *f* comitiva *f.* **Reisekosten** ‹*pl*› spese *f pl* di viaggio. **Reiseleiter(in)** *m(f)* responsabile *mf* (di una comitiva). **reiselustig** *a* che ha voglia di viaggiare.
reisen *itr* ‹*sein*› **1.** *(Reisen unternehmen)* viaggiare; **2.** *(eine Reise machen)* fare un viaggio; *(fahren, fliegen, gehen)* andare (*nach* in); **3.** *(ab~)* partire; **~ über** passare per; **nach Rom/Italien ~** andare a Roma/in Italia; **er reist in Oberhemden** *sl com* fa il rappresentante di camicie da uomo. **Reisende** ‹ein -r, -n, -n› *mf* viaggiatore, -trice *m, f; (Fahrgast)* passeggero, -a *m, f.*
Reisenecessaire [-nesɛ'sɛːɐ̯] ‹-s, -s› *n* nécessaire *m* (*o* astuccio *m*) da viaggio. **Reisepaß** *m* passaporto *m.* **Reiseprospekt** *m* dépliant *m* turistico. **Reiseproviant** *m* provviste *f pl* per il viaggio. **Reisescheck** *m* assegno *m* turistico. **Reiseschreibmaschine** *f* macchina *f* da scrivere portatile. **Reisetasche** *f* borsa *f* da viaggio. **Reisewecker** *m* sveglia *f* da viaggio. **Reisewelle** *f* ondata *f* turistica. **Reisewetterbericht** *m* bollettino *m* meteorologico per chi viaggia. **Reisezeit** *f* stagione *f* turistica. **Reiseziel** *n* meta *f* del viaggio.
Reisfeld *n* risaia *f.*
Reisig ['raizɪç] ‹-s, ø› *n* rami *m pl* secchi, sterpi *m pl.*
Reißaus [rais'ʔaus] *m:* **~ nehmen** *fam* darsela a gambe *fam.*
Reißbrett *n* tavola *f* da disegno.
reißen ['raisən] ‹reißt, riß, gerissen› **I.** *tr* ‹*haben*› **1.** *(ab~, ent~)* strappare; **2.** *(zer~)* stracciare, lacerare; *(in zwei Teile a.)* strappare in due; **3.** *(zerren)* trascinare; *(ziehen)* tirare; **etw. an sich ~** tirare qc a sé; *fig* impadronirsi di qc; **hin und her gerissen sein** non riuscire a decidersi; **II.** *itr* **1.** ‹*sein*› *(zer~)* strapparsi, andare in pezzi; *(Stoff)* stracciarsi; *(Faden, Seil)* rompersi; *(bersten)* spaccarsi; *(Risse bekommen)* screpolarsi; **2.** ‹*haben*› *(zerren)* tirare (*an etw.* qc); **III.** *rfl:* **sich um etw./jdn ~** *fam* fare di tutto per qc/qu. **reißend** *a (Tier)* feroce; *(Wasser)* impetuoso; **~en Absatz finden** andare a ruba.
Reißer ‹-s, -› *m fam (Film)* film *m* di cassetta; *(Buch)* romanzo *m* nero. **reißerisch** *a pej* sensazionale.
Reißnagel *m s.* **Reißzwecke. Reißverschluß** *m* chiusura *f* lampo. **Reißverschlußsystem** *n mot* sistema *m* a senso alternato. **Reißwolf** *m* sfilacciatrice *f.* **Reißzwecke** *f* puntina *f* da disegno.
Reitbahn *f* maneggio *m.*
reiten ['raitən] ‹reitet, ritt, geritten› **I.** *itr* ‹*sein*› *(auf Pferd)* andare a cavallo; *(auf Tierrücken)* cavalcare (*auf etw.* qc); *(rittlings sitzen)* stare a cavallo (*auf* su); **II.** *tr* ‹*haben*› cavalcare. **Reiten** ‹-s, ø› *n* **1.** *mil* cavalleria *f;* **2.** *sport* equitazione *f.*

Reiter(in) ‹-s, -› *m(f)* cavaliere *m*, amazzone *f*; *sport* cavallerizzo, -a *m, f*.
Reiterstandbild *n* statua *f* equestre.
Reithose *f* calzoni *m pl* alla cavallerizza. **Reitpeitsche** *f* scudiscio *m*. **Reitpferd** *n* cavallo *m* da sella. **Reitschule** *f* scuola *f* di equitazione. **Reitsport** *m* ippica *f*, equitazione *f*. **Reitstall** *m* scuderia *f*. **Reitstiefel** *m* stivale *m* da cavallerizzo. **Reitstunde** *f* lezione *f* di equitazione.
Reiz ['raits] ‹-es, -e› *m* **1.** *(physiologisch)* stimolo *m*; **2.** *(Anziehungskraft)* attrattiva *f*; *(Verlockung)* fascino *m*; **3.** *(Anmut)* grazia *f*, bellezza *f*.
reizbar *a* irritabile, eccitabile; *(jähzornig)* irascibile. **Reizbarkeit** ‹-, ø› *f* irritabilità *f*, eccitabilità *f*; *(Jähzorn)* irascibilità *f*.
reizen **I.** *tr* **1.** *(erregen)* eccitare; **2.** *(herausfordern)* provocare, stuzzicare; *(ärgern)* irritare, far arrabbiare; **3.** *med* irritare; **4.** *(anregen)* stimolare, stuzzicare; *(Neugier, etc.)* suscitare; **5.** *(anziehen)* attrarre; **II.** *itr (beim Kartenspiel)* invitare.
reizend *a* *(entzückend)* grazioso; *(hübsch)* carino; **das ist ja ~!** *iron* questa è bella.
Reizhusten *m* tosse *f* nervosa. **Reizklima** *n* clima *m* stimolante. **Reizschwelle** *f* soglia *f* dello stimolo. **Reizüberflutung** ‹-, -en› *f* bombardamento *m* di stimoli esterni.
Reizung ‹-, -en› *f* stimolazione *f*, eccitamento *m*; *med* irritazione *f*.
reizvoll *a* **1.** *(attraktiv)* affascinante; **2.** *(verlockend)* allettante, interessante. **Reizwäsche** *f* *fam* biancheria *f* erotica.
rekapitulieren [rekapitu'li:rən] ‹*ohne ge-*› *tr* ricapitolare.
rekeln ['re:kəln] *rfl*: **sich ~** stirarsi.
Reklamation [reklama'tsio:n] ‹-, -en› *f* reclamo *m*.
Reklame [re'kla:mə] ‹-, -n› *f* pubblicità *f* *(für* a).
reklamieren [rekla'mi:rən] ‹*ohne ge-*› *tr, itr* reclamare.
rekonstruieren [rekɔnstru'i:rən] ‹*ohne ge-*› *tr* ricostruire.
Rekonstruktion [...trʊk'tsio:n] *f* ricostruzione *f*.
Rekonvaleszent(in) [rekɔnvalɛs'tsɛnt(ɪn)] ‹-en, -en› *m(f)* convalescente *mf*. **Rekonvaleszenz** [...'tsɛnts] ‹-, ø› *f* convalescenza *f*.
Rekord [re'kɔrt] ‹-(e)s, -e› *m* record *m*, primato *m*.
Rekord- *(in Zusammensetzungen)* record. **Rekordinhaber(in)** *m(f)* primatista *mf*, detentore, -trice *m, f* del primato. **Rekordzeit** *f* tempo *m* record.
Rekrut(in) [re'kru:t(ɪn)] ‹-en, -en› *m(f)* recluta *mf*.
rekrutieren [rekru'ti:rən] ‹*ohne ge-*› **I.** *tr* reclutare; **II.** *rfl*: **sich ~** *fig* comporsi (*aus* di).
Rektor(in) ['rɛkto:ɐ̯ (...'to:rɪn), ...'to:rən] ‹-s, -en› *m(f)* *(Schul~)* direttore, -trice *m, f*; *(Universitäts~)* rettore, -trice *m, f*.
Rektorat [rɛkto'ra:t] ‹-(e)s, -e› *n* rettorato *m*.
Relais [rə'lɛ:, ...ɛ:s] ‹-, -› *n* relè *m*.
relativ [rela'ti:f] *a* relativo.
Relativität [...tivi'tɛ:t] ‹-, ø› *f* relatività *f*. **Relativitätstheorie** *f* teoria *f* della relatività.
Relativpronomen *n* pronome *m* relativo. **Relativsatz** *m* proposizione *f* relativa.
relevant [rele'vant] *a* rilevante, importante.
Relief [re'li̯ɛf] ‹-s, -s *o* -e› *n* rilievo *m*.
Religion [reli'gi̯o:n] ‹-, -en› *f* religione *f*. **Religionsbekenntnis** *n* professione *f* di fede. **Religionsfreiheit** *f* libertà *f* religiosa (*o* di culto). **Religionsgemeinschaft** *f* comunità *f* religiosa. **Religionskrieg** *m* guerra *f* di religione. **Religionszugehörigkeit** *f* confessione *f*.
religiös [reli'gi̯ø:s] *a* **1.** *(die Religion betreffend)* religioso; **2.** *(fromm)* pio, devoto; **~e Kunst** arte *f* sacra.
Religiosität [...gi̯ozi'tɛ:t] ‹-, ø› *f* **1.** religiosità *f*; **2.** *(Frömmigkeit)* devozione *f*.
Reling ['re:lɪŋ] ‹-, -s *o* -e› *f* impavesata *f*.
Reliquie [re'li:kvi̯ə] ‹-, -n› *f* reliquia *f*.
Remoulade(nsoße) [remu'la:də] ‹-, -n› *f* salsa *f* remoulade.
Ren [rɛn *o* re:n] ‹-s, -s *o* -e› *n* renna *f*.
Renaissance [rənɛ'sã:s] ‹-, -n› *f* **1.** *(Stil, Epoche)* rinascimento *m*; **2.** *fig* rinascita *f*.
Renate [re'na:tə] *(weiblicher Vorname)* Renata.
Rendezvous [rãde'vu:, ...u:s] ‹-, -› *n* appuntamento *m*.
Rendite [rɛn'di:tə] ‹-, -n› *f* rendita *f*.
Rennbahn *f* pista *f*; *(Pferde~)* ippodromo *m*; *(Rad~)* velodromo *m*; *(Auto~)* autodromo *m*.
rennen ['rɛnən] ‹rennt, rannte, gerannt› *itr* ‹*sein*› correre; **gegen etw. ~** andare a urtare (*o* cozzare) contro qc. **Rennen** ‹-s, -› *n* corsa *f*; **das ~ aufgeben** *fig* abbandonare la partita; **das ~ machen** *fam* vincere, essere vincitore; **gut im ~ liegen** essere in buona posizione; **das ~ ist gelaufen** *fig* la faccenda è sistemata.
Renner ‹-s, -› *m* *fam (Verkaufsschlager)* articolo *m* che va a ruba.
Rennfahrer(in) *m(f)* corridore *m*, corritrice *f*. **Rennpferd** *n* cavallo *m* da corsa. **Rennplatz** *m* *s.* **Rennbahn.** **Rennrad** *n* bicicletta *f* da corsa. **Rennreiter(in)** *m(f)* fantino, -a *m, f*. **Renn-**

sport *m* corse *f pl; (Pferde~)* ippica *f.* **Rennstrecke** *f* percorso *m; (Rundstrecke)* circuito *m.* **Rennwagen** *m* vettura *f* da corsa.
Renommee [renɔ'me:] ‹-s, -s› *n* reputazione *f; (gutes ~)* buon nome *m.*
renommiert [...'mi:ɐ̯t] *a* rinomato.
renovieren [reno'vi:rən] ‹*ohne ge-*› *tr, itr* rimettere a nuovo.
Renovierung ‹-, -en› *f* rimessa *f* a nuovo.
rentabel [rɛn'ta:bəl] *a* redditizio, rimunerativo.
Rentabilität [...tabili'tɛ:t] ‹-, ø› *f* redditività *f.*
Rente ['rɛntə] ‹-, -n› *f* **1.** *(Alters~, Waisen~, Invaliden~)* pensione *f;* **2.** *fin* rendita *f,* reddito *m.* **Rentenversicherung** *f* assicurazione *f* invalidità e vecchiaia.
Rentier *s.* **Ren.**
rentieren [rɛn'ti:rən] ‹*ohne ge-*› *rfl:* **sich** ~ rendere, fruttare.
Rentner(in) ['rɛntnɐ (...ərın)] ‹-s, -› *m(f)* pensionato, -a *m, f.*
reparabel [repa'ra:bəl] *a* riparabile.
Reparatur [...'tu:ɐ̯] ‹-, -en› *f* riparazione *f;* **etw. in ~ geben** fare riparare qc. **reparaturanfällig** *a* delicato. **Reparaturwerkstatt** *f* officina *f* (di) riparazioni.
reparieren [repa'ri:rən] ‹*ohne ge-*› *tr* riparare.
Repertoire [repɛr'to̯a:ɐ̯] ‹-s, -s› *n* repertorio *m.*
Report [re'pɔrt] ‹-(e)s, -e› *m* **1.** *(Bericht)* rapporto *m;* **2.** *fin* riporto *m.*
Reportage [...'ta:ʒə] ‹-, -n› *f* reportage *m,* servizio *m.*
Reporter(in) ‹-s, -› *m(f)* reporter *mf,* cronista *mf.*
Repräsentant(in) [reprɛzɛn'tant(ın)] ‹-en, -en› *m(f)* rappresentante *mf.*
repräsentativ [...ta'ti:f] *a* **1.** *(stellvertretend)* rappresentativo; **2.** *(eindrucksvoll)* di (grande) effetto.
repräsentieren [...'ti:rən] ‹*ohne ge-*› *tr* rappresentare.
Repressalie [reprɛ'sa:li̯ə] ‹-, -n› *f* rappresaglia *f.*
Reproduktion [reproduk'tsi̯o:n] *f* riproduzione *f.*
reproduzieren [...du'tsi:rən] ‹*ohne ge-*› *tr* riprodurre.
Reptil [rɛp'ti:l, ...li̯ən *o* ...lə] ‹-s, -ien *o rar* -e› *n* rettile *m.*
Republik [repu'bli:k] ‹-, -en› *f* repubblica *f.*
Republikaner(in) [...bli'ka:nɐ (...ərın)] ‹-s, -› *m(f)* repubblicano, -a *m, f.*
republikanisch *a* repubblicano.
Requiem ['re:kvi̯ɛm, ...i̯ɛms *o* ...i̯ən] ‹-s, -s *o A* Requien› *n* requiem *m.*
Requisiten [rekvi'zi:tən] *n pl* accessori *m pl.*

Reservat [rezɛr'va:t] ‹-(e)s, -e› *n* riserva *f.*
Reserve [re'zɛrvə] ‹-, -n› *f* **1.** *com, fig* riserva *f;* **2.** *(Zurückhaltung)* riservatezza *f,* riserbo *m;* **etw. in ~ haben** avere qc in serbo; **jdn aus der ~ locken** fare uscire qu dalla riservatezza.
Reserve- *(in Zusammensetzungen)* di riserva (*o* ricambio). **Reservekanister** *m* tanica *f* di riserva. **Reserverad** *n* ruota *f* di scorta. **Reservespieler(in)** *m(f)* riserva *f.*
reservieren [rezɛr'vi:rən] ‹*ohne ge-*› *tr* riservare; *(Zimmer, Tisch a.)* prenotare. **reserviert** *a* riservato. **Reserviertheit** ‹-, ø› *f* riservatezza *f.*
Reservist [...'vıst] ‹-en, -en› *m* riservista *m.*
Reservoir [...'vo̯a:ɐ̯] ‹-s, -e› *n* **1.** *(Bekken)* serbatoio *m;* **2.** *fig* riserva *f.*
Residenz(stadt) [rezi'dɛnts] ‹-, -en› *f* (città *f* di) residenza *f.*
residieren [...'di:rən] ‹*ohne ge-*› *itr* risiedere.
Resignation [rezıgna'tsi̯o:n] ‹-, -en› *f* rassegnazione *f.*
resignieren [...'gni:rən] ‹*ohne ge-*› *itr* rassegnarsi.
resolut [rezo'lu:t] *a* risoluto, deciso.
Resolution [...lu'tsi̯o:n] ‹-, -en› *f* risoluzione *f.*
Resonanz [rezo'nants] ‹-, -en› *f* risonanza *f.* **Resonanzkörper** *m* cassa *f* armonica (*o* di risonanza).
Resopal® [rezo'pa:l] ‹-s, ø› *n* formica® *f.*
resozialisieren [rezotsi̯ali'zi:rən] ‹*ohne ge-*› *tr* reinserire nella società.
Respekt [re'spɛkt *o* rɛs'pɛkt] ‹-(e)s, ø› *m* **1.** *(Achtung)* rispetto *m* (*vor* per); **2.** *(Scheu)* soggezione *f* (*vor* di), timore *m* (*vor* di); **sich** *(dat)* **~ verschaffen** farsi rispettare; **bei allem ~ vor ..., aber ...** con tutto il rispetto per ..., ma ...
respektabel [...'ta:bəl] *a* ragguardevole, stimato.
respektieren [...'ti:rən] ‹*ohne ge-*› *tr* rispettare.
respektlos *a* irrispettoso (*gegenüber* verso), irriverente (*gegenüber* verso). **Respektlosigkeit** ‹-, -en› *f* irriverenza *f.* **Respektsperson** *f* persona *f* di riguardo. **respektvoll** *a* pieno di rispetto (*gegenüber* verso), rispettoso (*gegenüber* verso).
Ressort [rɛ'so:ɐ̯] ‹-s, -s› *n* **1.** *(Zuständigkeitsbereich)* competenza *f;* **2.** *(Abteilung)* sezione *f,* divisione *f.*
Rest [rɛst] ‹-(e)s, -e› *m* **1.** *allg., mat* resto *m; (Flüssigkeits~)* fondo *m;* **2.** ‹*pl*› *(von Stoff)* scampoli *m pl;* **3.** *(~betrag)* rimanenza *f;* **4.** ‹*pl*› *(Essens~e)* avanzi *m pl;* **jdm den ~ geben** *fam* dare a qu il colpo di grazia; **zehn geteilt durch drei**

ist drei, ~ eins dieci diviso tre fa tre col resto di uno.
Restaurant [rɛsto'rã:] ‹-s, -s› *n* ristorante *m.*
Restaurator(in) [restau'ra:to:ɐ (...ra'to:rɪn), ...ra'to:rən] ‹-s, -en› *m(f)* restauratore, -trice *m, f.*
restaurieren [...'ri:rən] ‹*ohne ge-*› *tr* restaurare.
Restbetrag *m* resto *m,* importo *m* restante. **restlich** *a* restante, rimanente; *(übrig)* residuo. **restlos I.** *a* intero, totale; **II.** *adv fam* perfettamente. **Restposten** *m* rimanenza *f,* saldo *m.*
Resultat [rezʊl'ta:t] ‹-(e)s, -e› *n* risultato *m.*
resultieren [...'ti:rən] ‹*ohne ge-*› *itr* risultare (*aus* da).
Resümee [rezy'me:] ‹-s, -s› *n* riassunto *m;* **das ~ ziehen** trarre il succo.
Retorte [re'tɔrtə] ‹-, -n› *f* storta *f,* alambicco *m;* **eine Stadt/Mahlzeit aus der ~** una città/un pasto che non ha più niente di naturale. **Retortenbaby** *n* bambino, -a *m, f* in provetta.
retten ['rɛtən] **I.** *tr* **1.** *(aus Gefahr)* salvare; **2.** *(bewahren)* preservare; **bist du noch zu ~?** *fam* sei impazzito?; **II.** *rfl:* **sich ~** salvarsi. **rettend** *a* salvatore.
Retter(in) ‹-s, -› *m(f)* salvatore, -trice *m, f.*
Rettich ['rɛtɪç] ‹-s, -e› *m* rafano *m.*
Rettung ‹-, -en› *f* **1.** *(aus Gefahr)* salvataggio *m,* salvezza *f;* **2.** *(Befreiung)* liberazione *f.* **Rettungsboot** *n* **1.** *(Motorboot)* battello *m* di salvataggio; **2.** *(Beiboot)* scialuppa *f* di salvataggio. **Rettungshubschrauber** *m* elicottero *m* di salvataggio. **rettungslos** *adv* senza scampo, irrimediabilmente. **Rettungsmannschaft** *f* squadra *f* di salvataggio. **Rettungsring** *m* salvagente *m.* **Rettungsschwimmer(in)** *m(f)* nuotatore, -trice *m, f* di salvataggio. **Rettungswagen** *m* mezzo *m* di soccorso.
Retusche [re'tʊʃə] ‹-, -n› *f* ritocco *m.*
retuschieren [...'ʃi:rən] ‹*ohne ge-*› *tr* ritoccare.
Reue ['rɔyə] ‹-, ø› *f* pentimento *m* (*über* per), rimorso *m* (*über* di).
reuig *geh,* **reumütig** [-my:tɪç] *a* pentito.
Reuse ['rɔyzə] ‹-, -n› *f* nassa *f.*
Revanche [re'vã:ʃə] ‹-, -n› *f* rivincita *f.*
revanchieren [revã'ʃi:rən] ‹*ohne ge-*› *rfl:* **sich ~ 1.** *(sich rächen)* vendicarsi (*bei* su, *für* di), rendere la pariglia (*bei* a, *für* per); **2.** *(sich erkenntlich zeigen)* contraccambiare (*für etw.* qc).
Revers [re'vɛ:ɐ *o* re've:ɐ] ‹-, -› *n o m* risvolto *m.*
revidieren [revi'di:rən] ‹*ohne ge-*› *tr* rivedere.
Revier [re'vi:ɐ] ‹-s, -e› *n* **1.** *allg.* distretto *m;* **2.** *zoo* territorio *m;* **3.** *(Polizei~)* commissariato *m* (di polizia); **4.** *(Jagd~)* bandita *f.*
Revision [revi'zio:n] ‹-, -en› *f* **1.** *(von Meinung, etc.)* rivedere *m; (von Vertrag, etc.)* revisione *f;* **2.** *(von Kasse, etc.)* verifica *f,* controllo *m;* **3.** *typ* revisione *f;* **4.** *jur* ricorso *m.*
Revolte [re'vɔltə] ‹-, -n› *f* rivolta *f,* insurrezione *f.*
revoltieren [...'ti:rən] ‹*ohne ge-*› *itr* rivoltarsi (*gegen* contro), insorgere (*gegen* contro).
Revolution [revolu'tsio:n] ‹-, -en› *f* rivoluzione *f.*
revolutionär [...tsio'nɛ:ɐ] *a* rivoluzionario. **Revolutionär(in)** ‹-s, -e› *m(f)* rivoluzionario, -a *m, f.*
Revolver [re'vɔlvɐ] ‹-s, -› *m* revolver *m.* **Revolverheld** *m pej* uomo *m* dal grilletto facile.
Revue [rə'vy:, ...y:ən] ‹-, -n› *f* rivista *f.*
Rezensent(in) [retsɛn'zɛnt(ɪn)] ‹-en, -en› *m(f)* recensore, -a *m, f,* critico *m.*
rezensieren [...'zi:rən] ‹*ohne ge-*› *tr* recensire.
Rezension [...'zio:n] ‹-, -en› *f* recensione *f,* critica *f.*
Rezept [re'tsɛpt] ‹-(e)s, -e› *n* **1.** *med, gastr* ricetta *f;* **2.** *fig* rimedio *m.* **rezeptfrei** *a* non soggetto a prescrizione medica.
Rezeption [retsɛp'tsio:n] ‹-, -en› *f* **1.** *(Hotel~)* réception *f;* **2.** *lit* ricezione *f.*
rezeptpflichtig *a* da vendersi dietro prescrizione medica.
rezitieren [retsi'ti:rən] ‹*ohne ge-*› *tr* recitare.
rh, RH *ab von* **Rhesusfaktor** Rh (*ab von* Rhesus; fattore antigene del sangue).
Rhabarber [ra'barbɐ] ‹-s, ø› *m* rabarbaro *m.*
Rhein [rain] *m* Reno *m.* **Rheinland** *n* Renania *f.* **Rheinland-Pfalz** *n* Renania-Palatinato *f.*
Rhesusfaktor ['re:zʊs-] *m* (fattore *m*) RH *m.*
Rhetorik [re'to:rɪk] ‹-, ø› *f* retorica *f.*
rhetorisch *a* retorico.
Rheuma ['rɔyma] ‹-s, ø› *n,* **Rheumatismus** [-'tɪsmus, ...mən] ‹-, -men› *m* reumatismo *m.*
Rhinozeros [ri'no:tserɔs] ‹- *o* -ses, -se› *n* rinoceronte *m.*
rhythmisch ['rʏtmɪʃ] *a* ritmico.
Rhythmus ['rʏtmʊs, ...mən] ‹-, -men› *m* ritmo *m.*
Ribisel ['ri:bi:zəl] ‹-, -(n)› *f A (Johannisbeere)* ribes *m.*
Richard ['rɪçart] *(männlicher Vorname)* Riccardo.
richten ['rɪçtən] **I.** *tr* **1.** *(lenken)* dirigere (*auf* verso); *(Waffe, Fernglas)* puntare (*auf* contro, su); *(Worte, Bitte)* rivolgere (*an* a); *(Aufmerksamkeit, Blicke)* volgere (*auf* a); **2.** *(her~)* preparare; *(in*

Ordnung bringen) mettere in ordine, assettare; *(Haare)* farsi; *(reparieren)* riparare; **3.** *jur* giudicare; **II.** *rfl:* **sich nach etw. ~** orientarsi su qc, regolarsi secondo qc; *(folgen)* seguire qc; *gram* concordare con qc; **sich nach jdm ~** conformarsi a qu, regolarsi su qu; **unsere Urlaubspläne ~ sich nach dem Wetter** i nostri progetti per le vacanze dipendono dal tempo.

Richter(in) ['rɪçtɐ (...ərɪn)] ‹-s, -› *m(f)* giudice *mf,* (donna *f*) magistrato *m.* **Richteramt** *n* magistratura *f.* **richterlich** *a* giudiziario.

Richtgeschwindigkeit *f* velocità *f* consigliata.

richtig ['rɪçtɪç] **I.** *a* **1.** *(zutreffend, nicht verkehrt)* giusto, corretto, esatto; **2.** *(echt)* vero; *(wirklich a.)* autentico; **3.** *(geeignet, passend)* giusto; **sechs R~e (im Lotto) haben** *fam* avere sei numeri esatti al lotto; **das ist genau das R~e für mich** è proprio quello che ci vuole per me; **sehr ~!** giustissimo!; **II.** *adv* **1.** *(korrekt)* correttamente; **2.** *(in der Tat)* effettivamente; **3.** *fam (nicht falsch)* bene; *(~gehend)* proprio, veramente.

richtiggehend *adv* proprio, veramente.

Richtigkeit ‹-, ø› *f* giustezza *f,* esattezza *f;* **seine ~ haben** essere in ordine.

richtig·stellen *tr* rettificare, correggere.

Richtlinien *f pl* direttive *f pl,* norme *f pl.* **Richtpreis** *m* prezzo *m* indicativo (*o* normativo); **unverbindlicher ~** prezzo raccomandato. **Richtschnur** *f fig* norma *f,* regola *f.*

Richtung ‹-, -en› *f* **1.** *allg.* direzione *f,* senso *m;* **2.** *fig (Strömung)* corrente *f;* *(Tendenz)* tendenza *f;* **in jeder ~** in ogni direzione; *fig (in jeder Hinsicht)* da ogni punto di vista, in ogni caso. **richtungweisend** *a fig* direttivo, normativo.

Richtwert *m* valore *m* indicativo.

Ricke ['rɪkə] ‹-, -n› *f* capriola *f.*

rieb [ri:p] *imp von* **reiben.**

riechen ['ri:çən] ‹riecht, roch, gerochen› **I.** *tr* odorare, sentire l'odore di; *(Tiere)* annusare; **jdn nicht ~ können** *fig fam* non poter soffrire qu; **das konnte ich doch nicht ~!** *fig fam* non potevo mica prevederlo (*o* saperlo); **II.** *itr* **1.** *(Geruch wahrnehmen)* odorare (*an etw.* qc); *(Tiere)* annusare (*an etw.* qc); **2.** *(Geruch verbreiten)* sapere (*nach* di), odorare (*nach* di); **aus dem Mund ~** avere l'alito cattivo.

Riecher ‹-s, -› *m:* **einen guten ~ haben** *fam* avere buon naso (*o* fiuto).

Riechkolben *m sl scherz* nappa *f sl.* **Riechsalz** *n* sali *m pl.*

rief [ri:f] *imp von* **rufen.**

Riege ['ri:gə] ‹-, -n› *f* squadra *f.*

Riegel ['ri:gəl] ‹-s, -› *m* **1.** *(Tür~)* catenaccio *m,* chiavistello *m;* *(am Türschloß)* stanghetta *f;* **2.** *(Schokoladen~)* stecca *f;* **3.** *(an Kleidung)* linguetta *f;* **einer S.** *(dat)* **einen ~ vorschieben** *fig* mettere un freno a qc.

Riemen ['ri:mən] ‹-s, -› *m* cinghia *f,* correggia *f;* *(Gürtel)* cintura *f;* *(Schuh~)* stringa *f;* **sich am ~ reißen** *fam* dominarsi, contenersi.

Riese ['ri:zə] ‹-n, -n› *m* gigante *m;* **das macht nach Adam ~ ...** *scherz* per l'esattezza sono ...

rieseln ['ri:zəln] *itr* ‹*sein*› *(Schnee, Sand)* cadere; *(Regen)* cadere, piovigginare.

Riesen- *(in Zusammensetzungen)* gigantesco, (da) gigante. **Riesengebirge** *n* Monti *m pl* Giganti. **riesengroß** ['ri:zən'gro:s], **riesenhaft** *a* gigante, gigantesco. **Riesenrad** *n* ruota *f* panoramica. **Riesenschritt** *m fam:* **mit ~en** a passi da gigante. **Riesenslalom** *m* slalom *m* gigante.

riesig **I.** *a s.* **riesengroß; II.** *adv fam (sehr)* molto; **sich ~ amüsieren** divertirsi un mondo *fam.*

Riesin ['ri:zɪn] *f* gigantessa *f.*

riet [ri:t] *imp von* **raten.**

Riff [rɪf] ‹-(e)s, -e› *n* scogliera *f.*

rigoros [rigo'ro:s] *a* rigoroso, severo.

Rille ['rɪlə] ‹-, -n› *f* rigatura *f;* *(arch a.)* scanalatura *f;* *(Platten~)* solco *m.*

Rind ['rɪnt] ‹-(e)s, -er› *n* **1.** *(Art)* bovino *m;* **2.** *(Tier)* bue *m;* **3.** *(~fleisch)* manzo *m.*

Rinde ['rɪndə] ‹-, -n› *f* **1.** *(von Baum, Gehirn)* corteccia *f;* **2.** *(von Brot, Käse)* crosta *f.*

Rinderbraten *m* arrosto *m* di manzo.

Rindfleisch *n* (carne *f* di) manzo *m.* **Rindvieh** *n* **1.** *zoo* bovini *m pl;* **2.** *fam pej* bue *m.*

Ring [rɪŋ] ‹-(e)s, -e› *m* **1.** *allg.* anello *m;* **2.** *sport (Box~)* ring *m;* ‹*pl*› *(Turn~)* anelli *m pl;* **3.** *fig (Menschengruppe, Theater~)* circolo *m;* *(Verbrecher~)* organizzazione *f.* **Ringbuch** *n* quaderno *m* a fermagli.

Ringel ['rɪŋəl] ‹-s, -› *m* cerchietto *m,* voluta *f.*

ringeln **I.** *tr* arricciare, inanellare; **II.** *rfl:* **sich ~** *(Haare)* arricciarsi; *(Schlange)* arrotolarsi.

Ringelnatter *f* natrice *f* (dal collare). **Ringelspiel** *n A (Karussell)* giostra *f,* carosello *m.*

ringen ['rɪŋən] ‹ringt, rang, gerungen› **I.** *itr* lottare; **um Anerkennung ~** far di tutto per essere apprezzato; **II.** *tr:* **die Hände ~** torcersi le mani.

Ringfinger *m* anulare *m.* **ringförmig** [-fœrmɪç] *a* anulare, circolare. **Ringkampf** *m* lotta *f.* **Ringkämpfer(in)** *m(f)* lottatore, -trice *m, f.* **Ringrichter(in)** *m(f)* giudice-arbitro, -a *m, f.*

rings [rɪŋs] *adv* intorno (*um* a).

rings(her)um ['rɪŋshɛ'rʊm ('riŋs'ʔʊm)] *adv* tutt'intorno, in giro.

Rinne ['rɪnə] ‹-, -n› *f* **1.** *(allg., Fahr~)* canale *m;* **2.** *(Rinnstein)* cunetta *f;* **3.** *(Rille)* scanalatura *f.*

rinnen ['rɪnən] ‹rinnt, rann, geronnen› *itr* **1.** ‹*sein*› *(Flüssigkeit)* stillare; *(Sand, Zeit)* scorrere; **2.** ‹*haben*› *(undicht sein)* perdere.

Rinnsal ['rɪnza:l] ‹-(e)s, -e› *n geh* rigagnolo *m.* **Rinnstein** *m* cunetta *f.*

Rippchen ['rɪpçən] ‹-s, -› *n* costoletta *f.*

Rippe ['rɪpə] ‹-, -n› *f* **1.** *anat, bot* costa *f; (a. arch)* costola *f;* **2.** *tec (von Heizkörper)* aletta *f.* **Rippenfellentzündung** *f* pleurite *f.*

Risiko ['ri:ziko, ...kos *o* ...kən] ‹-s, -s *o* -siken› *n* rischio *m;* **auf eigenes ~** a proprio rischio e pericolo. **Risikogruppe** *f* gruppo *m* a rischio.

riskant [rɪs'kant] *a* arrischiato, rischioso.

riskieren [...'ki:rən] ‹*ohne ge-*› *tr* (ar)rischiare.

riß [rɪs] *imp von* **reißen.**

Riß ‹Risses, Risse› *m* **1.** *(in Stoff, Papier)* strappo *m; (in Fels)* fenditura *f; (in Porzellan, Freundschaft)* incrinatura *f; (in Wand)* crepa *f; (a. in Haut)* screpolatura *f;* **2.** *tec (Zeichnung)* tracciato *m,* pianta *f.*

rissig *a (Haut, Mauer)* screpolato; *(Erde, Fels)* pieno di crepacci; *(Porzellan)* incrinato.

Rist [rɪst] ‹-es, -e› *m (Fuß~)* collo *m* del piede; *(Hand~)* dorso *m* della mano.

Riten *pl von* **Ritus.**

ritt [rɪt] *imp von* **reiten.**

Ritt ‹-(e)s, -e› *m* cavalcata *f.*

Ritter ['rɪtɐ] ‹-s, -› *m* cavaliere *m.* **Ritterburg** *f* maniero *m.* **ritterlich** *a* cavalleresco. **Ritterlichkeit** ‹-, ø› *f* cavalleria *f.* **Ritterorden** *m* ordine *m* cavalleresco. **Ritterrüstung** *f* armatura *f* da cavaliere. **Ritterschlag** *m* accollata *f.* **Rittersporn** ‹-(e)s, -e› *m* speronella *f.*

rittlings ['rɪtlɪŋs] *adv* a cavallo (*auf* di), a cavalcioni (*auf* di).

Ritual [ri'tu̯a:l, ...lə *o* ...li̯ən] ‹-s, -e *o* -ien› *n* rituale *m.*

Ritus ['ri:tʊs, ...tən] ‹-, Riten› *m* rito *m.*

Ritze ['rɪts̮ə] ‹-, -n› *f* fessura *f.*

Rivale [ri'va:lə] ‹-n, -n› *m,* **Rivalin** [...lɪn] *f* rivale *mf.*

rivalisieren [rivali'zi:rən] ‹*ohne ge-*› *itr* rivaleggiare (*mit* con, *um* per).

Rivalität [...i'tɛ:t] ‹-, -en› *f* rivalità *f.*

Rizinus ['ri:ts̮inʊs] ‹-, - *o* -se› *m* ricino *m.* **Rizinusöl** *n* olio *m* di ricino.

RNS [ɛrʔɛn'ʔɛs] ‹-, ø› *f ab von* **Ribonukleinsäure** R.N.A. *m* (*ab von* acido ribonucleico).

Roastbeef ['ro:stbi:f] ‹-s, -s› *n* rosbif *m.*

Robbe ['rɔbə] ‹-, -n› *f* foca *f.*

robben ['rɔbən] *itr* ‹*sein*› strisciare carponi.

Robe ['ro:bə] ‹-, -n› *f* **1.** *(Abend~)* abito *m* da sera; **2.** *(Amts~)* toga *f; (von Geistlichen)* abito *m* talare.

Robert ['ro:bɛrt] *(männlicher Vorname)* Roberto.

Roboter ['rɔbɔtɐ *o* ro'bɔtɐ] ‹-s, -› *m* robot *m.*

robust [ro'bʊst] *a* **1.** *(kräftig)* robusto; **2.** *(widerstandsfähig)* resistente, solido.

roch [rɔx] *imp von* **riechen.**

röcheln ['rœçəln] *itr* rantolare.

Rock[1] [rɔk] ‹-(e)s, ⸚e› *m* **1.** *(Damen~)* gonna *f;* **2.** *(Herrenjacke)* giacca *f* (da uomo).

Rock[2] [rɔk] ‹-(s), -(s)› *m (Musik)* musica *f* rock. **Rockband** [-bɛnt] ‹-, -s› *f* complesso *m* rock.

Rocker ['rɔkɐ] ‹-s, -› *m* rocker *m.*

Rockfestival [-fɛstival *o* ...vəl] ‹-s, -s› *n* festival *m* rock.

Rodelbahn *f* pista *f* per slitte.

rodeln ['ro:dəln] *itr* ‹*haben o bei Fortbewegung sein*› andare in slitta, slittare.

roden ['ro:dən] *tr* dissodare.

Rogen ['ro:gən] ‹-s, -› *m* uova *f pl* di pesce.

Roggen ['rɔgən] ‹-s, -› *m* segale *f.*

roh [ro:] *a* **1.** *(ungekocht, ungebraten)* crudo; **2.** *(nicht be-, verarbeitet)* grezzo, greggio; **3.** *(gefühllos, grob)* rozzo; *(brutal)* brutale. **Rohbau** ‹-(e)s, -ten› *m* costruzione *f* rustica (*o* grezza). **Rohkost** *f* crudità *f pl; (~ernährung)* alimentazione *f* a base di crudità.

Rohling ['ro:lɪŋ] ‹-s, -e› *m* **1.** *pej (Mensch)* bruto *m;* **2.** *tec (Werkstück)* pezzo *m* grezzo.

Rohmaterial *n* materiale *m* grezzo. **Rohöl** *n* (petrolio *m*) greggio *m.*

Rohr [ro:ɐ̯] ‹-(e)s, -e› *n* **1.** *bot* canna *f;* **2.** *tec* tubo *m.* **Rohrbruch** *m* scoppio *m* di un tubo.

Rohrdommel [-dɔməl] ‹-, -n› *f* tarabuso *m.*

Röhre ['rø:rə] ‹-, -n› *f* **1.** *tec, el, TV, radio* tubo *m;* **2.** *(Brat~)* forno *m;* **3.** *fam pej (Fernsehgerät)* televisore *m;* **in die ~ gucken** *fam (leer ausgehen)* rimanere a mani vuote (*o* a bocca asciutta).

röhren ['rø:rən] *itr* bramire.

Rohrleitung *f* tubazione *f,* conduttura *f.* **Rohrpost** *f* posta *f* pneumatica. **Rohrspatz** *m:* **wie ein ~ schimpfen** *fam* imprecare. **Rohrstock** *m* canna *f.* **Rohrzucker** *m* zucchero *m* di canna.

Rohseide *f* seta *f* grezza (*o* cruda). **Rohstoff** *m* materia *f* prima. **Rohwolle** *f* lana *f* grezza.

Rokoko ['rɔkoko *o* ro'kɔko] ‹-(s), ø› *n* rococò *m.*

Roland ['ro:lant] *(männlicher Vorname)* Orlando, Rolando.

Rolf [rɔlf] *s.* **Rudolf.**

Rolladen ‹-s, Rolläden *o rar* -› *m* avvolgibile *m.*

Rollbahn *f* pista *f* di rullaggio. **Rollbraten** *m* rollè *m.* **Rollbrett** *n* skate-board *m.*

Rolle ['rɔlə] ‹-, -n› *f* **1.** *(Gerolltes)* rotolo *m; (Garn~)* rocchetto *m;* **2.** *tec (Lauf~)* carrucola *f; (Walze)* rullo *m; (unter Möbeln)* rotella *f;* **3.** *sport* capriola *f;* **4.** *fig* ruolo *m; (theat a.)* parte *f;* **eine ~ spielen** *theat* fare (*o* sostenere) una parte; *fig (wichtig sein)* avere importanza; **aus der ~ fallen** *fig* sfigurare.

rollen ['rɔlən] **I.** *tr* ‹*haben*› **1.** *(drehen)* (far) girare, rotolare; **2.** *(auf~, ein~)* arrotolare; **3.** *gastr (aus~)* spianare; **II.** *rfl:* **sich ~ 1.** *(sich drehen)* rotolarsi; **2.** *(sich auf~)* arrotolarsi; *(sich ein~)* arrotolare; **III.** *itr* **1.** ‹*sein*› rotolare; *(Räder)* girare; **2.** ‹*sein*› *(Auto, Zug)* passare; *(Flugzeug)* rullare; **3.** ‹*haben*› *(Donner)* rimbombare; **ins R~ kommen** *fig* cominciare, avviarsi; **mit den Augen ~** roteare gli occhi.

Rollenbesetzung *f,* **-verteilung** *f* distribuzione *f* delle parti. **Rollenklischee** *n* cliché *m.* **Rollentausch** *m* scambio *m* di ruolo.

Roller ['rɔlɐ] ‹-s, -› *m* **1.** *(Spielzeug)* monopattino *m;* **2.** *(Motor~)* (moto)scooter *m.*

Rollfeld *n* campo *m* di atterraggio e di decollo. **Rollkragen** *m* collo *m* alto. **Rollmops** *m* aringa *f* arrotolata.

Rollo ['rɔlo *o* rɔ'lo:] ‹-s, -s› *n* avvolgibile *m.*

Rollschrank *m* armadio *m* con avvolgibile. **Rollschuh** *m* pattino *m* a rotelle; **~ laufen** fare il pattinaggio a rotelle. **Rollsplitt** *m* pietrisco *m* catramato. **Rollstuhl** *m* sedia *f* a rotelle. **Rollstuhlfahrer(in)** *m(f)* persona *f* che va con la sedia a rotelle. **Rolltreppe** *f* scala *f* mobile.

Rom [ro:m] *n* Roma *f.*

Roman [ro'ma:n] ‹-s, -e› *m* romanzo *m.*

romanisch [ro'ma:nɪʃ] *a* **1.** *ling* romanzo, neolatino; **2.** *(Kunst)* romanico; **3.** *geog* latino.

Romanist(in) [roma'nɪst(ɪn)] ‹-en, -en› *m(f)* romanista *mf.*

Romanistik [...'nɪstɪk] ‹-s, ø› *f* romanistica *f.*

Romanschriftsteller(in) *m(f)* romanziere, -a *m, f.*

Romantik [ro'mantɪk] ‹-, ø› *f* romanticismo *m.*

romantisch *a* romantico.

Romanze [ro'mant͜sə] ‹-, -n› *f* romanza *f.*

Römer ‹*inv*› *a* di Roma, romano.

Römer(in) ['rø:mɐ (...ərɪn)] ‹-s, -› *m(f)* romano, -a *m, f,* abitante *mf* di Roma.

Römertopf *m* teglia *f* in terracotta.

römisch *a* romano.

Rommé ['rɔme *o* rɔ'me:] ‹-s, -s› *n* ramino *m.*

röntgen ['rœntgən] *tr* radiografare; *(Körperteil, etc.)* fare una radiografia di; **sich ~ lassen** farsi fare una radiografia. **Röntgenaufnahme** *f,* **-bild** *n* radiografia *f.* **Röntgenstrahlen** *m pl* raggi *m pl* X. **Röntgenuntersuchung** *f* esame *m* radioscopico, radioscopia *f.*

rosa ['ro:za] ‹*inv*› *a* rosa; *s. a. blau.*

Rose ['ro:zə] ‹-, -n› *f* rosa *f.*

rosé [ro'ze:] ‹*inv*› *a* rosato; *s. a. blau.*

Rosé ‹-s, -s› *m* rosé *m,* rosato *m.*

Rosenkohl *m* cavolino *m* di Bruxelles. **Rosenkranz** *m* (corona *f* del) rosario *m.* **Rosenmontag** [-'mo:nta:k] *m* lunedì *m* grasso.

Rosette [ro'zɛtə] ‹-, -n› *f* rosetta *f; arch* rosone *m.*

rosig ['ro:zɪç] *a* roseo.

Rosine [ro'zi:nə] ‹-, -n› *f* uva *f* passa.

Rosmarin ['ro:smari:n *o* ...'ri:n] ‹-s, ø› *m* rosmarino *m.*

Roß [rɔs] ‹Rosses, Rosse *o dial* Rösser› *n geh, CH* cavallo *m,* destriero *m poet;* **sich aufs hohe ~ setzen** *fig* montare in superbia. **Roßhaar** *n* crine *m* (di cavallo). **Roßkastanie** *f* **1.** *(Baum)* castagno *m* d'India, ippocastano *m;* **2.** *(Frucht)* frutto *m* dell'ippocastano. **Roßkur** *f fam* cura *f* da cavallo *fam.*

Rost[1] [rɔst] ‹-(e)s, -e› *m (Gitter, Brat~)* griglia *f;* **vom ~** ai ferri, alla griglia.

Rost[2] [rɔst] ‹-(e)s, ø› *m chem, bot* ruggine *f.*

Rostbraten *m* arrosto *m* fatto sulla graticola. **Rostbratwurst** *f* salsiccia *f* alla brace.

rostbraun *a* color ruggine, rugginoso.

rosten ['rɔstən] *itr* ‹*haben o sein*› arrugginire; *scient* inossidarsi.

rösten ['rø:stən *o* 'rœstən] *tr* arrostire, cuocere ai ferri; *(Brot)* tostare; *(Kaffee)* torrefare; *(Hanf, Flachs)* macerare.

rostfrei *a* **1.** *(ohne Rost)* non arrugginito; **2.** *(nicht rostend)* inossidabile.

rostig *a* arrugginito.

Rostschutzmittel *n* antiruggine *m.* **Rostumwandler** ‹-s, -› *m* inibitore *m* di ruggine.

rot [ro:t] ‹-er *o* ¨-er, -este *o* ¨-este› *a* rosso; *(Haar a.)* rossiccio; *(Gesicht a.)* rubicondo; **~e Bete** rapa rossa; **der ~e Faden** *fig* il filo conduttore; **das R~e Kreuz** la Croce Rossa; **das R~e Meer** il Mar Rosso; **~ werden** arrossire; **einen ~en Kopf kriegen** arrossire, diventare rosso come un peperone; *s. a. blau.*

Rot ‹-s, - *o fam* -s› *n* (colore *m*) rosso *m;* **bei ~ über die Straße gehen** passare col rosso; **die Ampel steht auf ~** il semaforo è rosso; *s. a. Blau.*

Rotbarsch *m* pesce *m* persico. **rotblond** *a* fulvo. **rotbraun** *a* rosso bruno; *(Haar)* bruno rossiccio.

Röte ['rø:tə] ‹-, ø› *f* (colore *m*) rosso *m; (im Gesicht)* rossore *m.*
Röteln ['rø:təln] ‹*pl*› rosolia *f.*
röten I. *tr geh* tingere di rosso, arrossare; **II.** *rfl:* **sich ~** arrossare, arrossarsi; *(im Gesicht)* arrossirsi; *(Himmel)* tingersi di rosso.
rotglühend *a* arroventato (rosso), rovente. **rothaarig** *a* dai capelli rossi. **Rothaut** *f scherz* pellirossa *m.*
rotieren [ro'ti:rən] ‹*ohne ge-*› *itr* **1.** *(drehen)* rotare (*um* intorno a); **2.** *sl (hektisch werden)* agitarsi.
Rotkäppchen [-kɛpçən] ‹-s, ø› *n* Cappuccetto *m* rosso. **Rotkehlchen** [-kɛ:lçən] ‹-s, -› *n* pettirosso *m.* **Rotkohl** *m,* **-kraut** *n (süddeutsch, A)* cavolo *m* rosso.
rötlich *a* rossastro; *(Haar a.)* rossiccio.
rot·sehen ‹*irr*› *itr fam* vedere rosso. **Rotstift** *m* matita *f* rossa.
Rötung ‹-, -en› *f* arrossamento *m.*
Rotwein *m* vino *m* rosso. **Rotwild** *n* cervi *m pl.*
rotzfrech ['rɔts'frɛç] *a sl* sfacciato. **rotzig** *a* **1.** *vulg (Nase, etc.)* moccioso; **2.** *pej (frech)* sfacciato; *(provozierend)* provocatorio. **Rotznase** *f sl* **1.** *(Nase)* naso *m* pieno di moccio; **2.** *(Kind)* moccioso, -a *m, f fam.*
Roulade [ru'la:də] ‹-, -n› *f* involtino *m* (di carne).
Roulett ‹-(e)s, -e *o* -s› *n,* **Roulette** [ru'lɛt] ‹-s, -s› *n* roulette *f.*
Route ['ru:tə] ‹-, -n› *f* percorso *m; (Reise~)* itinerario *m.*
Routine [ru'ti:nə] ‹-, ø› *f* **1.** *(Gewandtheit)* pratica *f;* **2.** *pej* routine *f.* **routinemäßig** *a, adv* di routine. **Routineuntersuchung** *f* visita *f* di controllo.
Rübe ['ry:bə] ‹-, -n› *f* **1.** *(Futter~, Gemüse~)* rapa *f; (Zucker~)* barbabietola *f;* **2.** *fam (Kopf)* zucca *f fam;* **gelbe ~** *(süddeutsch)* carota *f.*
Rubel ['ru:bəl] ‹-s, -› *m* rublo *m.*
Rubin [ru'bi:n] ‹-s, -e› *m* rubino *m.*
Rubrik [ru'bri:k] ‹-, -en› *f* rubrica *f;* **unter der ~ ...** alla rubrica ...
ruchlos ['ru:xlo:s] *a* scellerato, empio, infame.
Ruck [rʊk] ‹-(e)s, -e› *m* scossone *m; pol* spostamento *m,* slittamento *m;* **sich** *(dat)* **einen ~ geben** *fam* (ri)scuotersi; **mit einem ~** di colpo. **ruckartig** *a* brusco.
rückbezüglich ['rʏk-] *a* riflessivo. **Rückblende** *f* flashback *m.* **Rückblick** *m* sguardo *m* retrospettivo. **rückblickend** *a* retrospettivo; **~ kann man sagen, daß ...** a posteriori si può dire che ...
rücken ['rʏkən] **I.** *tr* ‹*haben*› spingere; *(weg~)* scostare (*von* da); **II.** *itr* ‹*sein*› spostarsi; *(vorwärts)* avanzare; *(rückwärts)* indietreggiare; *(näher)* avvicinarsi; **der Zeiger rückte auf 6** la lancetta andò sul 6; **rück mal ein bißchen!** *fam* spostati un po'!
Rücken ['rʏkən] ‹-s, -› *m* **1.** schiena *f,* dorso *m;* **2.** *gastr (Schweine~)* arista *f; (Hammel~)* sella *f;* **3.** *(Berg~)* dorsale *f; (Hand~, Nasen~)* dorso *m; (Messer~)* costa *f; (Buch~)* costa *f,* dorso *m;* **jdm den ~ stärken** infondere coraggio a qu; **jdm/einer S.** *(dat)* **den ~ kehren** voltare le spalle a qu/qc; **jdm in den ~ fallen** piombare alle spalle di qu; **~ an ~** schiena a schiena; **hinter jds ~** *(a. fig)* alle spalle di qu. **Rückendeckung** *f* copertura *f* alle spalle. **Rückenlehne** *f* schienale *m,* spalliera *f.* **Rückenmark** *n* midollo *m* spinale. **Rückenschwimmen** *n* (nuoto *m* sul) dorso *m.* **Rükkenwind** *m* vento *m* da dietro.
rück·erstatten ‹*ohne ge-*› *tr* rimborsare. **Rückfahrkarte** *f* biglietto *m* di andata e ritorno. **Rückfahrscheinwerfer** *m* fanale *m* di retromarcia. **Rückfahrt** *f* (viaggio *m* di) ritorno *m.* **Rückfall** *m med, fig* ricaduta *f; (a. jur)* recidiva *f.* **rückfällig** *a:* **~ werden** *jur* essere recidivo. **Rückfenster** *n* lunotto *m.* **Rückfrage** *f* (ulteriore) richiesta *f* di spiegazioni. **Rückgabe** *f* restituzione *f.* **Rückgang** *m* diminuzione *f,* regresso *m; com, fin* recessione *f,* flessione *f.* **rückgängig** *a:* **~ machen** *(Beschluß)* revocare; *(Vertrag)* rescindere; *(Geschäft)* annullare. **Rückgewinnung** *f* ricupero *m.*
Rückgrat ['rʏkgra:t] ‹-(e)s, -e› *n* spina *f* dorsale, colonna *f* vertebrale; **kein ~ haben** *fig* essere uno smidollato *fam.*
Rückgriff *m* ricorso *m* (*auf* a).
rückhaltlos *a, adv* senza riserve.
Rückkehr [-ke:ɐ̯] ‹-, ø› *f* ritorno *m,* rientro *m.* **Rückkopp(e)lung** *f* reazione *f.* **Rücklage** *f* **1.** *fin* (fondo *m* di) riserva *f;* **2.** *(von Körper)* posizione *f* all'indietro del corpo. **rückläufig** *a* retrogrado, regressivo. **Rücklicht** *n* luce *f* posteriore.
rücklings ['rʏklɪŋs] *adv* **1.** *(rückwärts)* all'indietro; **2.** *(auf dem Rücken)* sulla schiena; **3.** *(von hinten)* da dietro, alle spalle.
Rückmarsch *m* ritirata *f.* **Rückporto** *n* affrancatura *f* per la risposta. **Rückreise** *f* (viaggio *m* di) ritorno *m.* **Rückrufaktion** *f* contrordine *m.* **Rückrufautomatik** *f* sistema *m* automatico di richiamo.
Rucksack ['rʊk-] *m* sacco *m* da montagna. **Rucksacktourist(in)** *m(f)* saccopelista *mf.*
Rückschau *f* sguardo *m* retrospettivo. **Rückschlag** *m* **1.** *sport* rimbalzo *m;* **2.** *(Fehlschlag)* ricaduta *f.* **Rückschluß** *m* conclusione *f.* **Rückschritt** *m* passo *m* indietro, regresso *m.* **Rückseite** *f*

retro *m; (von Stoff, Medaille)* rovescio *m; (von Blatt)* verso *m; (von Haus, etc.)* parte *f* posteriore.
Rücksicht *f* riguardo *m* (*auf* per, di), rispetto *m* (*auf* per, di); ~ **nehmen auf** avere riguardo per. **rücksichtslos** *a* senza riguardo, spietato. **Rücksichtslosigkeit** ‹-, -en› *f* **1.** mancanza *f* di riguardo; **2.** *(Schonungslosigkeit)* brutalità *f.* **rücksichtsvoll** *a* pieno di riguardo (*gegen* verso).
Rücksitz *m (von Auto)* sedile *m* posteriore; *(von Motorrad)* sellino *m* posteriore. **Rückspiegel** *m* specchietto *m* retrovisore. **Rücksprache** *f* abboccamento *m,* colloquio *m;* **nach ~ mit** d'intesa con.
Rückstand *m* **1.** *(Rest)* resto *m,* rimanente *m; chem* residuo *m;* **2.** ‹*meist pl*› *fin* arretrati *m pl;* **3.** *sport, fig* ritardo *m;* **im ~ sein** essere indietro (*o* in arretrato). **rückständig** *a* arretrato; *(rückschrittlich)* retrivo, retrogrado. **Rückständigkeit** ‹-, ø› *f* arretratezza *f.*
Rückstau *m* **1.** *tec* ristagno *m;* **2.** *mot* ingorgo *m.* **Rückstrahler** *m* catarifrangente *m.*
Rücktritt *m* **1.** *(vom Amt)* dimissioni *f pl,* ritiro *m; (von Vertrag)* recesso *m;* **2.** *fam s.* **Rücktrittbremse. Rücktrittbremse** *f* freno *m* a contropedale. **Rücktrittsrecht** *n* diritto *m* di recesso.
rück·vergüten ‹*ohne ge-*› *tr* rimborsare. **Rückvergütung** *f* rimborso *m.* **rück·versichern** ‹*ohne ge-*› *rfl:* **sich ~** riassicurarsi. **Rückwand** *f* parete *f* posteriore.
rückwärtig [-vɛrtɪç] *a* di dietro, posteriore. **rückwärts** [-vɛrts] *adv* **1.** *(nach hinten, von hinten nach vorne)* (all')indietro; **2.** *(hinten)* (di) dietro. **Rückwärtsgang** *m* retromarcia *f.*
Rückweg *m* (via *f* del) ritorno *m.*
ruckweise *adv* a scossoni.
rückwirkend *a* **1.** *adm* retroattivo; **2.** *phys* reattivo. **Rückzahlung** *f* rimborso *m.* **Rückzieher** ‹-s, -› *m fam* marcia *f* indietro *fam,* dietro front *m fam.*
ruck, zuck [rʊk'tsʊk] **I.** *interj* su, in fretta; **II.** *adv* in un baleno.
Rückzug *m* ritirata *f;* **den ~ antreten, zum ~ blasen** *fig* battere in ritirata.
rüde ['ry:də] *a* rozzo, rude.
Rüde ['ry:də] ‹-n, -n› *m* maschio *m.*
Rudel ['ru:dəl] ‹-s, -› *n* branco *m.*
Ruder ['ru:dɐ] ‹-s, -› *n naut* remo *m; (Steuer~, aero, fig)* timone *m.* **Ruderboot** *n* barca *f* a remi.
Rud(e)rer ‹-s, -› *m,* **Rud(r)erin** *f* rematore, -trice *m, f.*
rudern I. *itr* ‹*haben o bei Fortbewegung sein*› remare; *(Ruderboot fahren)* andare in barca a remi; *sport* fare del canottaggio; **mit den Armen ~** *fig fam* agitare le braccia come un mulino a vento *fam;* **II.** *tr* ‹*haben*› trasportare.
Rudersport *m* canottaggio *m.*
Rudi ['ru:di] *s.* **Rudolf.**
rudimentär [rudimɛn'tɛ:ɐ̯] *a* rudimentale.
Rudolf ['ru:dɔlf] *(männlicher Vorname)* Rodolfo.
Rudrer(in) *m(f) s.* **Ruderer.**
Ruf [ru:f] ‹-(e)s, -e› *m* **1.** *(Schrei, Aus~)* grido *m;* **2.** *(Auf~)* chiamata *f; (des Herzens, etc.)* voce *f,* richiamo *m;* **3.** ‹*sing*› *(Leumund, Ansehen)* reputazione *f; (Ruhm)* fama *f;* **einen ~ an die Universität Köln erhalten** essere chiamato quale professore all'università di Colonia; **er ist besser als sein ~** è migliore di quel che si dice.
rufen ‹ruft, rief, gerufen› **I.** *tr* chiamare; **sich** *(dat)* **etw. ins Gedächtnis ~** farsi venire in mente qc; **wie gerufen kommen** *fam* venire (*o* giungere) a proposito; **II.** *itr (a. auf~)* chiamare (*zu* a); *(aus~)* gridare.
Rüffel ['rʏfəl] ‹-s, -› *m fam* rabbuffo *m,* sgridata *f.*
Rufmord *m* grave calunnia *f.* **Rufname** *m* nome *m.* **Rufnummer** *f* numero *m* telefonico. **Rufweite** *f:* **in/außer ~** a portata/fuori della portata di voce. **Rufzeichen** *n* segnale *m* di libero.
Rüge ['ry:gə] ‹-, -n› *f* biasimo *m,* rimprovero *m.*
rügen *tr* biasimare, rimproverare.
Ruhe ['ru:ə] ‹-, ø› *f* **1.** *(Unbewegtheit)* calma *f; (a. Stille, Stillstand, Gelassenheit)* quiete *f;* **2.** *(Schweigen)* silenzio *m;* **3.** *(Entspannung, Bett~)* riposo *m;* **4.** *(Friede)* pace *f; (innere ~)* tranquillità *f;* **die ewige ~** *geh* la pace eterna; **die ~ vor dem Sturm** *fig* la calma prima della tempesta; **~ geben** dar pace; **jdn in ~ lassen** lasciare in pace qu; **sich zur ~ setzen** *(Geschäftsmann)* ritirarsi dagli affari; *(Angestellter)* andare in pensione; **in (aller) ~** con calma, in tutta tranquillità; **angenehme ~!** buon riposo!; **immer mit der ~!** *fam* calma e sangue freddo! **ruhelos** *a* irrequieto, agitato; *(innerlich)* inquieto. **Ruhelosigkeit** ‹-, ø› *f* irrequietezza *f,* agitazione *f; (innerlich)* inquietudine *f.*
ruhen *itr* **1.** *(aus~)* riposare, riposarsi; **2.** *fig (Blick)* essere fissato (*auf* su); *(Verdacht)* gravare (*auf* su); **3.** *(sich stützen)* poggiare (*auf* su); **4.** *(Arbeit, etc.)* essere fermo; *(Angelegenheit)* essere sospeso; **nicht eher ~, als bis ...** non aver pace fin quando non ...; **hier ruht ...** qui riposa ...
Ruhepause *f* pausa *f.* **Ruhestand** *m* **1.** *(Lebensabschnitt)* riposo *m;* **2.** *(Stellung)* pensione *f;* **im ~** (*ab* **i. R.**) a

riposo, in pensione; **in den ~ treten** andare in pensione; **jdn in den ~ versetzen** pensionare qu. **Ruhestellung** *f* posizione *f* di riposo. **Ruhestörung** *f* perturbazione *f* della quiete pubblica; **nächtliche ~** schiamazzi *m pl* notturni. **Ruhetag** *m* giorno *m* di riposo; *(von Geschäft)* riposo *m* settimanale.

ruhig **I.** *a* **1.** *(unbewegt, a. fig)* calmo; **2.** *(geräuschlos)* silenzioso; **3.** *(still, gelassen)* tranquillo; **4.** *(geruhsam)* tranquillo; **II.** *adv* **1.** *(unbesorgt)* tranquillamente; **2.** *(nur)* pure.

Ruhm [ru:m] ‹-(e)s, ø› *m* gloria *f*, fama *f*.

rühmen ['ry:mən] **I.** *tr* **1.** *(preisen)* glorificare, esaltare; **2.** *(loben)* lodare, elogiare; *(übermäßig)* magnificare; **II.** *rfl:* **sich einer S.** *(gen)* **~** gloriarsi di qc, vantarsi di qc.

rühmlich *a* degno di lode, lodevole.

ruhmlos *a* inglorioso. **ruhmreich** *a* glorioso.

Ruhr[1] ['ru:ɐ̯] *f geog* Ruhr *f*.

Ruhr[2] ['ru:ɐ̯] ‹-, *rar* -en› *f med* dissenteria *f*.

Rührei *n* uova *f pl* strapazzate.

rühren ['ry:rən] **I.** *tr* **1.** *(um~)* rimestare; *(mischen)* mescolare; **2.** *(bewegen)* muovere; **3.** *(emotional)* commuovere, toccare; **II.** *itr* mescolare; **an etw. ~** *(im Gespräch)* accennare a qc; **von etw. ~** *geh* dipendere da qc; **III.** *rfl:* **sich ~** **1.** *(sich bewegen)* muoversi; **2.** *(sich melden: Gewissen, etc.)* svegliarsi; **rührt euch!** *mil* riposo! **rührend** *a* commovente, toccante.

Ruhrgebiet *n* regione *f* della Ruhr; *(Kohlenpott)* bacino *m* carbonifero della Ruhr.

rührig *a* attivo, dinamico; *(emsig)* operoso.

rührselig *a* **1.** *(Mensch)* emotivo, sentimentale; **2.** *(Buch, Film)* lacrimoso, commovente.

Rührung ‹-, ø› *f* commozione *f*.

Ruin [ru'i:n] ‹-s, ø› *m* rovina *f*.

Ruine [ru'i:nə] ‹-, -n› *f* rovina *f*.

ruinieren [rui'ni:rən] ‹*ohne ge-*› *tr* rovinare; *fig (unbrauchbar machen)* guastare.

rülpsen ['rʏlpsən] *itr fam* ruttare.

rum [rʊm] *fam s.* **herum.**

Rum [rʊm] ‹-s, -s› *m* rum *m*.

Rumäne [ru'mɛ:nə] ‹-n, -n› *m*, **Rumänin** [...nɪn] *f* romeno, -a *m, f*, rumeno, -a *m, f*.

Rumänien [...ni̯ən] *n* Romania *f*.

rumänisch *a* romeno, rumeno.

rum·kriegen *s.* **herumkriegen.**

Rummel ['rʊməl] ‹-s, ø› *m fam* **1.** *(Lärm)* frastuono *m*, baccano *m; (Betrieb)* viavai *m*, movimento *m;* **2.** *(~platz)* fiera *f*. **Rummelplatz** *m fam* parco *m* dei divertimenti.

rumoren [ru'mo:rən] ‹*ohne ge-*› *itr (poltern)* fare fracasso; *(im Magen)* brontolare.

Rumpelkammer *f fam* ripostiglio *m*.

rumpeln ['rʊmpəln] *itr fam* fare fracasso, strepitare.

Rumpf [rʊmp͡f] ‹-(e)s, ¨-e› *m* **1.** *anat* tronco *m;* **2.** *naut* scafo *m; aero* fusoliera *f*.

rümpfen ['rʏmp͡fən] *tr:* **die Nase (über etw.) ~** arricciare il naso (per qc).

Rumpsteak ['rʊmp-] *n* costata *f* di manzo.

rund [rʊnt] **I.** *a* **1.** (ro)tondo; *(Gesicht)* pieno; *(Zahl)* tondo; **ein ~es Dutzend** *fam* una dozzina o più; **II.** *adv* **1.** (*ab* **rd.**) *(ungefähr)* (all'in)circa; **2.** *(herum)* intorno (*um* a); **~ um die Uhr** senza interruzione; **auf dieser Party ging es ~** *fam* quella festa è stata molto divertente; **wenn ihr zu spät kommt, geht's ~!** *fam* se arrivate troppo tardi, succede un putiferio. **Rundblick** *m* panorama *m*. **Rundbrief** *m* (lettera *f*) circolare *f*.

Runde ['rʊndə] ‹-, -n› *f* **1.** *allg.* giro *m;* **2.** *(Gesellschaft)* circolo *m*, cerchia *f;* **3.** *(beim Boxen)* ripresa *f*, round *m;* **über die ~n kommen** *fam* farcela a stento *fam*.

rund·erneuern ‹*ohne ge-*› *tr (Reifen)* vulcanizzare. **Rundfahrt** *f* giro *m*. **Rundflug** *m* giro *m* in aereo. **Rundfrage** *f* inchiesta *f*.

Rundfunk *m* radio *f;* **im ~** alla radio.

Rundfunk- *(in Zusammensetzungen)* radiofonico. **Rundfunkanstalt** *f* stazione *f* radiofonica. **Rundfunkgebühren** *f pl* canone *m* radiofonico. **Rundfunkgerät** *n* (apparecchio *m*) radio *f*. **Rundfunksender** *m* emittente *f* radiofonica. **Rundfunksprecher(in)** *m(f)* annunciatore, -trice *m, f* radiofonico, -a. **Rundfunkstation** *f* stazione *f* radiofonica.

Rundgang *m* giro *m; mil* ronda *f*.

rundheraus ['rʊnthɛ'ra͡us] *adv* francamente, apertamente, chiaro e tondo.

rundherum ['rʊnthɛ'rʊm] *adv* **1.** *(räumlich)* (tutt')intorno; **2.** *fig fam* completamente, pienamente.

rundlich *a* (ro)tondeggiante; *(Mensch)* grassottello.

Rundreise *f* viaggio *m* circolare. **Rundschreiben** *n* (lettera *f*) circolare *f*. **Rundstricknadel** *f* ferro *m* circolare.

Rundung ‹-, -en› *f* rotondità *f*.

rundweg ['rʊnt'vɛk] *adv* nettamente, chiaro e tondo.

Rune ['ru:nə] ‹-, -n› *f* runa *f*. **Runenschrift** *f* caratteri *m pl* runici.

runter ['rʊntɐ] *fam s.* **herunter, hinunter.**

runter·hauen ‹*irr*› *tr fam:* **jdm eine ~** mollare una sberla a qu *fam*.

Runzel ['rʊnt͡səl] ‹-, -n› *f* ruga *f*.

runz(e)lig *a (Mensch)* pieno di rughe, rugoso; *(Frucht)* raggrinzito.
runzeln I. *tr* corrugare; **II.** *rfl:* **sich ~** (r)aggrinzarsi.
Rüpel ['ry:pəl] ‹-s, -› *m* villano *m,* zotico(ne) *m.*
rupfen ['rʊpf͜ən] *tr (zupfen)* strappare; *(Geflügel, a. fig fam: übervorteilen)* spennare *fam; (Gras, Unkraut)* strappare.
ruppig ['rʊpɪç] *a* sgarbato, villano.
Rüsche ['ry:ʃə] ‹-, -n› *f* ruche *f.*
Ruß [ru:s] ‹-es, *rar* -e› *m* fuliggine *f.*
Russe ['rʊsə] ‹-n, -n› *m,* **Russin** ['rʊsɪn] *f* russo, -a *m, f.*
Rüssel ['rʏsəl] ‹-s, -› *m* proboscide *f.*
rußen ['ru:sən] *itr* produrre fuliggine; *(Lampe)* far fumo.
rußig *a* fuligginoso.
Russin *f s.* **Russe.**
russisch *a* russo.
Rußland ['rʊslant] *n* Russia *f.*
rüsten ['rʏstən] **I.** *itr mil* armare; **II.** *rfl:* **sich ~** *geh* prepararsi (*zu* a).
rüstig ['rʏstɪç] *a* arzillo.
Rüstung ['rʏstʊŋ] ‹-, -en› *f* **1.** ‹*sing*› *(Auf~)* armamento *m;* **2.** *hist (Ritter~)* armatura *f.*
Rüstzeug *n fig (Kenntnisse)* requisiti *m pl.*
Rute ['ru:tə] ‹-, -n› *f* **1.** *(Gerte)* verga *f; (zur Züchtigung)* bacchetta *f;* **2.** *(Tierschwanz)* coda *f.* **Rutengänger(in)** [-gɛŋɐ (...ərɪn)] ‹-s, -› *m(f)* rabdomante *mf.*
Rutsch [rʊtʃ] ‹-(e)s, -e› *m* **1.** *(Ab~)* scivolone *m,* scivolata *f; pol* scivolare *m;* **2.** *(Erd~)* smottamento *m;* **in einem ~** *fam* in una volta; **guten ~ (ins neue Jahr)!** *fam* buon anno! **Rutschbahn** *f,* **Rutsche** ‹-, -n› *f* scivolo *m.*
rutschen *itr* ‹*sein*› **1.** *(gleiten, aus~)* scivolare; *(a. Kupplung, Reifen)* slittare; **2.** *fam (Essen)* andare giù *fam;* **3.** *fam (auf~)* spostarsi.
rutschig *a* scivoloso, sdrucciolevole.
rütteln ['rʏtəln] *tr, itr* scuotere (*an etw.* qc); **daran gibt's nichts zu ~!** *fam* non ci si può fare più nulla!

S

S, s [ɛs] ‹-, -› *n* S, s *f*; **S wie Samuel** S come Savona.

s. *ab von* **siehe** v. (*ab von* vedi).

S 1. *ab von* **Süd(en)** S. (*ab von* sud); **2.** *ab von* **Schilling** Sch.

Saal ['za:l] ‹-(e)s, Säle› *m* sala *f*.

Saat [za:t] ‹-, -en› *f* **1.** *(Aus~, ~zeit)* semina *f*; **2.** *(~gut)* semenza *f*. **Saatgut** *n* semenza *f*, semente *f*.

Sabbat ['zabat] ‹-s, -e› *m* sabato *m*.

sabbern ['zabɐn] *fam itr* sbavare.

Säbel ['zɛ:bəl] ‹-s, -› *m* sciabola *f*.

Sabine [za'bi:nə] *(weiblicher Vorname)* Sabina.

Sabotage [zabo'ta:ʒə] ‹-, -n› *f* sabotaggio *m*.

Saboteur(in) [...'tø:ɐ̯ (...rɪn)] ‹-s, -e› *m(f)* sabotatore, -trice *m, f*.

sabotieren [...'ti:rən] ‹*ohne ge-*› *tr* sabotare.

Sachbearbeiter(in) *m(f)* incaricato, -a *m, f*, addetto, -a *m, f*. **Sachbeschädigung** *f adm* danno *m* alle cose. **Sachbuch** *n* (libro *m*) saggio *m*. **sachdienlich** *a adm* utile, giovevole, opportuno; **~e Hinweise nimmt jede Polizeidienststelle entgegen** informazioni al riguardo da inoltrare al più vicino posto di polizia.

Sache ['zaxə] ‹-, -n› *f* **1.** *(Ding)* cosa *f*; *(Gegenstand)* oggetto *m*; **2.** *fig (Angelegenheit)* faccenda *f*; *jur* causa *f*; **seiner ~ sicher sein** essere sicuro del fatto proprio; **nicht (ganz) bei der ~ sein** essere distratto; **zur ~ kommen** venire al fatto (*o* al dunque); **nicht zur ~ gehören** non entrarci; **mit 100 ~n** *fam (Tempo)* a 100 all'ora; **in ~en ...** *jur, adm* nella causa ...; **es ist Ihre ~ zu ...** spetta a Lei ... *inf*; **das tut nichts zur ~** non c'entra; **zur ~!** veniamo ai fatti!

Sachgebiet *n* campo *m*, ramo *m*. **sachgemäß** *a* appropriato, adeguato. **Sachkenntnis** *f (Fachwissen)* competenza *f*; *(Kenntnis der Sachlage)* conoscenza *f* di causa. **sachkundig** *a* esperto, competente. **Sachlage** *f* stato *m* delle cose; *(bestehende Situation)* situazione *f* di fatto.

sachlich *a (sachbezogen)* concreto, positivo; *(objektiv)* obiettivo; *(unparteiisch)* imparziale; *arch* funzionale; *(Stil)* sobrio, disadorno; **~ bleiben/sein** attenersi ai fatti.

sächlich ['zɛçlɪç] *a* neutro.

Sachlichkeit ‹-, ø› *f* obiettività *f*.

Sachregister *n* indice *m* analitico. **Sachschaden** *m* danno *m* materiale.

Sachsen ['zaksən] *n* Sassonia *f*.

sächsisch ['zɛksɪʃ] *a* sassone.

sacht [zaxt] *a (vorsichtig)* cauto; *(sanft)* delicato; *(leicht)* leggero; *(unmerklich)* impercettibile.

sachte ['zaxtə] *adv* **1.** *(nicht so heftig)* piano; **2.** *(allmählich)* pian piano.

Sachverhalt ‹-(e)s, -e› *m* stato *m* di cose, fatti *m pl*. **Sachverständige** ‹ein -r, -n, -n› *mf* esperto, -a *m, f*, perito, -a *m, f*. **Sachzwang** *m* condizionamento *m*.

Sack [zak] ‹-(e)s, ⸚e› *m* sacco *m*; **mit ~ und Pack** con armi e bagagli; **fauler ~!** *fam* poltrone!

Säckchen ['zɛkçən] ‹-s, -› *n* sacchetto *m*.

Sackgasse *f (a. fig)* vicolo *m* cieco. **Sackhüpfen** ‹-s, ø› *n* corsa *f* nei sacchi. **Sackleinen** *n* tela *f* da sacchi. **Sacktuch** *n (A, süddeutsch)* fazzoletto *m*.

Sadismus [za'dɪsmʊs] ‹-, ø› *m* sadismo *m*.

Sadist(in) [za'dɪst(ɪn)] ‹-en, -en› *m(f)* sadico, -a *m, f*.

sadistisch *a* sadico.

säen ['zɛ:ən] *tr (a. fig)* seminare; **dünn gesät sein** *fig* essere scarso.

Safari [za'fa:ri] ‹-, -s› *f* safari *m*. **Safaripark** *m* zoo *m* safari.

Safe [seɪf] ‹-s, -s› *m o n* cassaforte *f*.

Safran ['zafran] ‹-s, -e› *m* zafferano *m*.

Saft [zaft] ‹-(e)s, ⸚e› *m* **1.** *(Obst~)* succo *m*; *(Pflanzen~)* linfa *f*; *(Braten~)* sugo *m*; **2.** *fam (Strom)* corrente *f*. **saftig** *a* **1.** *(Obst)* succoso; *(a. Fleisch)* sugoso; *(Wiese)* grasso; **2.** *fam (Rechnung)* salato *fam*; *(Ohrfeige)* solenne; *(Brief, Antwort)* potente. **Saftpresse** *f* spremifrutta *m*.

Sage ['za:gə] ‹-, -n› *f* leggenda *f*; *(Götter~, Helden~)* mito *m*.

Säge ['zɛ:gə] ‹-, -n› *f* sega *f*. **Sägefisch** *m* pesce *f* sega. **Sägemehl** *n* segatura *f*.

sagen ['za:gən] *tr* dire; *(ausdrücken: Gesicht, Geste)* dire, esprimere; **nichts zu ~ haben** non avere voce in capitolo; **sich** *(dat)* **etw. gesagt sein lassen** tenere a mente qc; **unter uns gesagt** detto fra noi; **wie (schon) gesagt** come già detto; **gesagt, getan** detto fatto; **sage und schreibe** veramente, realmente; **das ist leicht gesagt** è facile a dirsi; **das hat nichts zu ~** questo non ha alcuna importanza; **dagegen ist nichts zu** (*o* **läßt sich nichts**) ~ non c'è che dire; **Sie haben mir nichts zu ~** non ricevo ordini da Lei; **was wollen Sie damit ~?** cosa intende dire con ciò?; **sag mal, ...** di' un po', ...; **sag bloß!** *fam* non dirmi!; **was Sie nicht (alles) ~!** che dice mai!; **das sagt (mir) alles!** questo spiega tutto!; **das kann man wohl ~!** è proprio il caso di dirlo.

sägen ['zɛ:gən] **I.** *itr* **1.** *(mit Säge)* segare; **2.** *fam (schnarchen)* russare; **II.** *tr* segare.

sagenhaft *a* **1.** *(legendär)* leggendario; **2.** *fam (wunderbar)* favoloso.

Sägespäne *m pl* segatura *f.* **Sägewerk** *n* segheria *f.*

sah [za:] *imp von* **sehen.**

Sahne ['za:nə] ‹-, ø› *f* crema *f,* panna *f.* **sahnig** *a* cremoso.

Saison [zɛ'zõ: *o* zɛ'zɔŋ] ‹-, -s› *f* stagione *f.* **Saisonarbeiter(in)** *m(f)* stagionale *mf.* **saisonbedingt** *a* stagionale.

Saite ['zai̯tə] ‹-, -n› *f* corda *f;* **andere ~n aufziehen** *fam* cambiar musica *fam.* **Saiteninstrument** *n* strumento *m* a corda.

Sakko ['zako] ‹-s, -s› *m o n* giacca *f* da uomo.

sakral [za'kra:l] *a* sacrale, sacro.

Sakrament [zakra'mɛnt] ‹-(e)s, -e› *n* sacramento *m.*

Sakrileg [zakri'le:k] ‹-s, -e› *n* sacrilegio *m.*

Sakristei [zakrɪs'tai̯] ‹-, -en› *f* sagrestia *f.*

Salamander [zala'mandɐ] ‹-s, -› *m* salamandra *f.*

Salami [za'la:mi] ‹-, -s› *f* salame *m.*

Salär [za'lɛ:ɐ̯] ‹-s, -e› *n CH* paga *f.*

Salat [za'la:t] ‹-(e)s, -e› *m* **1.** *(Speise)* insalata *f;* **2.** *(Pflanze)* lattuga *f;* **da haben wir den ~!** *fam* che bel pasticcio! **Salatbesteck** *n* posate *f pl* da insalata. **Salatschleuder** *f* centrifuga *f* per l'insalata. **Salatschüssel** *f* insalatiera *f.* **Salatsoße** *f* condimento *m* (per l'insalata).

Salbe ['zalbə] ‹-, -n› *f* pomata *f,* unguento *m.*

Salbei ['zalbai̯] ‹-s, ø› *m o* ‹-, ø› *f* salvia *f.*

salben *tr* consacrare (*zu* a).

salbungsvoll *a* untuoso, mellifluo.

Saldo ['zaldo, ...dos *o* ...dən *o* ...di] ‹-s, -s *o* Salden *o* Saldi› *m* saldo *m.*

Säle *pl von* **Saal.**

Saline [za'li:nə] ‹-, -n› *f* salina *f.*

Salm [zalm] ‹-(e)s, -e› *m* salmone *m.*

Salmiak [zal'mi̯ak *o* 'zal...] ‹-s, ø› *m* cloruro *m* d'ammonio. **Salmiakgeist** *m* ammoniaca *f.*

Salmonellen [zalmo'nɛlən] *f pl* salmonelle *f pl.*

Salon [za'lõ: *o* za'lɔŋ] ‹-s, -s› *m* **1.** *allg.* salone *m;* **2.** *(Wohnzimmer)* salotto *m;* **3.** *(Kunst~)* esposizione *f.* **salonfähig** *a* presentabile (in società). **Salonlöwe** *m scherz* uomo *m* salottiero.

salopp [za'lɔp] *a (Kleidung)* trasandato; *(Haltung)* disinvolto; *(Ausdrucksweise)* sciatto.

Salpeter [zal'pe:tɐ] ‹-s, ø› *m* nitrato *m,* salnitro *m.* **Salpetersäure** *f* acido *m* nitrico.

Salto ['zalto, ...tos *o* ...ti] ‹-s, -s *o* Salti› *m* salto *m.*

Salut [za'lu:t] ‹-(e)s, -e› *m* saluto *m.*

salutieren [zalu'ti:rən] ‹*ohne ge-*› *tr, itr* salutare (militarmente).

Salve ['zalvə] ‹-, -n› *f* salva *f.*

Salz [zalts̮] ‹-es, -e› *n* sale *m.*

Salzburg ['zalts̮burk] *n* Salisburgo *f.*

salzen ‹salzt, salzte, gesalzen› *tr* salare.

Salzgurke *f* cetriolino *m.* **Salzhering** *m* aringa *f* salata.

salzig *a* salino, salso; *gastr* salato.

Salzkartoffeln *f pl* patate *f pl* lesse. **Salzlake** *f* salamoia *f.* **Salzsäule** *f:* **zur ~ erstarren** rimanere di sale. **Salzsäure** *f* acido *m* cloridrico. **Salzsee** *m* lago *m* salato. **Salzstange** *f* salatino *m.* **Salzstreuer** ‹-s, -› *m* saliera *f.* **Salzwasser** *m* acqua *f* salata.

Samariter [zama'ri:tɐ] ‹-s, -› *m* samaritano *m;* **der Barmherzige ~** il buon samaritano.

Samen ['za:mən] ‹-s, -› *m* **1.** *bot, fig* seme *m;* **2.** *(Saat)* semente *f;* **3.** *(Sperma)* sperma *m.* **Samenerguß** *m* eiaculazione *f.* **Samenkorn** *n* grano *m.*

Sammelbecken *n* bacino *m* collettore; *fig* ricettacolo *m.* **Sammelbegriff** *m* nome *m* collettivo. **Sammelbestellung** *f* ordinazione *f* collettiva. **Sammelbüchse** *f* bossolo *m* (per oboli). **Sammelmappe** *f* raccoglitore *m.*

sammeln ['zaməln] **I.** *tr* (rac)cogliere; *(aus Liebhaberei)* collezionare; *(Erfahrungen)* acquisire; *(versammeln)* radunare; *(Kräfte)* concentrare; **II.** *rfl:* **sich ~ 1.** *(Sachen)* accumularsi, ammassarsi; *(Personen)* radunarsi; **2.** *(sich konzentrieren)* raccogliersi, concentrarsi; **III.** *itr:* **für etw. ~** fare una colletta per qc.

Sammelsurium [zaməl'zu:ri̯ʊm, ...i̯ən] ‹-s, -rien› *n* guazzabuglio *m.*

Sammler(in) ‹-s, -› *m(f)* raccoglitore, -trice *m, f;* *(Liebhaber)* collezionista *mf.*

Sammlung ‹-, -en› *f* **1.** *(Sammeln)* raccolta *f;* *(von Spenden)* colletta *f;* **2.** *(Kunst~, etc.)* collezione *f;* **3.** *fig (innere ~)* raccoglimento *m,* concentrazione *f.*

Samstag ['zamsta:k] *m* sabato *m; s. a. Freitag.* **samstags** *adv* di (*o* il) sabato.

samt [zamt] *prp dat* (insieme) con, unitamente a.
Samt [zamt] ‹-(e)s, -e› *m* velluto *m.* **Samthandschuh** *m:* **jdn mit ~en anfassen** *fig* trattare qu coi guanti.
sämtlich ['zɛmtlɪç] *a* tutto; *(vollständig)* completo.
Sanatorium [zana'to:ri̯ʊm, ...i̯ən] ‹-s, -rien› *n* sanatorio *m.*
Sand [zant] ‹-(e)s, *rar* -e› *m* sabbia *f;* **jdm ~ in die Augen streuen** *fig* gettare polvere negli occhi di qu; **auf ~ bauen** *fig* costruire sulla sabbia; **im ~e verlaufen** *fig* insabbiarsi, perdersi nel nulla; **den Kopf in den ~ stecken** *fig* fare lo struzzo; **wie ~ am Meer** *fam* in grande quantità.
Sandale [zan'da:lə] ‹-, -n› *f* sandalo *m.*
Sandalette [...da'lɛtə] ‹-, -n› *f* sandaletto *m.*
Sandbank ‹-, ¨-e› *f* banco *m* di sabbia. **Sanddorn** ‹-s, -e› *m* olivello *m* spinoso.
Sandelholz ['zandəl-] *n* sandalo *m.*
sandig *a* sabbioso.
Sandkasten *m* recinto *m* con sabbia. **Sandmann** *m,* **-männchen** *n* mago *m* Sabbiolino. **Sandpapier** *n* carta *f* vetrata. **Sandsack** *m* sacco *m* di sabbia; *sport* punching ball *m.* **Sandstein** *m* (pietra *f*) arenaria *f.* **Sandstrand** *m* spiaggia *f* sabbiosa. **Sandsturm** *m* tempesta *f* di sabbia.
sandte ['zantə] *imp von* **senden.**
Sanduhr *f* clessidra *f.*
sanft [zanft] *a (Gemüt, Mensch)* dolce, mite; *(leicht, sacht)* leggero; *(a. nicht steil)* lieve.
Sänfte ['zɛnftə] ‹-, -n› *f* lettiga *f,* portantina *f.*
sang [zaŋ] *imp von* **singen.**
Sänger(in) ['zɛŋɐ (...ərɪn)] ‹-s, -› *m(f)* cantore *m,* cantatrice *f; (berufsmäßig)* cantante *mf.*
sang- und klanglos *adv:* **~ verschwinden** scomparire inosservato; **jdm ~ kündigen** licenziare qu su due piedi.
sanieren [za'ni:rən] ‹*ohne ge-*› *tr* risanare.
Sanierung ‹-, ø› *f* risanamento *m.*
sanitär [zani'tɛ:ɐ̯] *a* sanitario.
Sanitäter [...'tɛ:tɐ] ‹-s, -› *m* infermiere *m; mil* soldato *m* di sanità.
sank [zaŋk] *imp von* **sinken.**
Sankt [zaŋkt] ‹*inv*› *a* (*ab* **St.**) San(to). **Sankt Gallen** [zaŋkt 'galən] *n* San Gallo *f.*
Sanktion [zaŋk'tsi̯o:n] ‹-, -en› *f* **1.** *jur (Bestätigung)* ratifica *f;* **2.** ‹*meist pl*› *com, pol* sanzioni *f pl.*
sanktionieren [...tsi̯o'ni:rən] ‹*ohne ge-*› *tr* sanzionare.
Saphir ['za:fiɐ̯ *o* za'fi:ɐ̯] ‹-s, -e› *m* zaffiro *m.*
Sarde ['zardə] ‹-n, -n› *m,* **Sardin** [...dɪn] *f* sardo, -a *m, f.*
Sardelle [zar'dɛlə] ‹-, -n› *f* acciuga *f.*
Sardine [zar'di:nə] ‹-, -n› *f* sardina *f.*
Sardinien [zar'di:ni̯ən] *n* Sardegna *f.*
sard(in)isch ['zardɪʃ (...'di:nɪʃ)] *a* sardo.
Sarg [zark] ‹-(e)s, ¨-e› *m* bara *f.*
Sarkasmus [zar'kasmʊs, ...mən] ‹-, -men› *m* sarcasmo *m.*
sarkastisch [...'kastɪʃ] *a* sarcastico.
Sarkophag [zarko'fa:k] ‹-s, -e› *m* sarcofago *m.*
saß [za:s] *imp von* **sitzen.**
Satan ['za:tan] ‹-s, -e› *m* Satana *m; fig (Mensch)* demonio *m,* diavolo *m.*
satanisch [za'ta:nɪʃ] *a* satanico, diabolico.
Satellit [zatɛ'li:t] ‹-en, -en› *m* satellite *m.* **Satellitenfernsehen** *n* televisione *f* via satellite.
Satin [za'tɛ̃:] ‹-s, -s› *m* satin *m.*
Satire [za'ti:rə] ‹-, -n› *f* satira *f* (*auf* di).
satirisch *a* satirico.
satt [zat] *a* **1.** *(gesättigt, a. fig)* sazio; **2.** *(Farbe)* intenso, scuro; **~ machen** saziare; **sich ~ essen** mangiare a sazietà; **etw. ~ haben** (*o* **sein**) essere stufo di qc *fam;* **sich an etw. nicht ~ sehen können** non stancarsi di guardare qc.
Sattel ['zatəl] ‹-s, ¨-› *m* sella *f.* **sattelfest** *a:* **in etw. ~ sein** essere ferrato in qc.
satteln *tr* sellare.
Sattelschlepper *m* motrice *f* per semirimorchio. **Satteltasche** *f* bisaccia *f; (an Zweirad)* borsetta *f* portaccessori.
Sattheit ‹-, ø› *f* sazietà *f.*
sättigen ['zɛtɪgən] **I.** *tr* saziare; *fig (stillen)* soddisfare, appagare; *chem, phys, com* saturare; **II.** *itr* saziare. **sättigend** *a* che sazia.
Sättigung ‹-, -en› *f (Sättigen)* satollamento *m; (Sattsein)* sazietà *f; chem, phys* saturazione *f.*
Sattler(in) ['zatlɐ (...ərɪn)] ‹-s, -› *m(f)* sellaio, -a *m, f.*
Saturn [za'tʊrn] ‹-s, ø› *m* Saturno *m.*
Satz [zats] ‹-es, ¨-e› *m* **1.** *gram* frase *f,* proposizione *f;* **2.** *(Lehr~)* principio *m; mat* teorema *m; (Grund~)* assioma *m;* **3.** *mus* movimento *m;* **4.** *(Tennis~)* set *m;* **5.** *(Quote)* tasso *m; (Gebühren~)* tariffa *f;* **6.** *(zusammengehörige Dinge)* serie *f; com* assortimento *m;* **7.** *typ* composizione *f;* **8.** *(Sprung)* salto *m,* balzo *m;* **9.** *(Boden~)* fondo *m,* sedimento *m; (a. Kaffee~)* fondo *m.* **Satzbau** ‹-(e)s, ø› *m* costruzione *f* della frase. **Satzlehre** *f* sintassi *f.* **Satzteil** *m* parte *f* della proposizione.
Satzung ['zatsʊŋ] ‹-, -en› *f* ordinamento *m,* regolamento *m; (von Körperschaft)* statuti *m pl.* **satzungsgemäß** *a* statutario.
Satzzeichen *n* segno *m* d'interpunzione.
Sau [zau̯] ‹-, ¨-e *o Jagd* -en› *f* **1.** *zoo* scrofa *f,* troia *f; (Wild~)* cinghiala *f;*

2. *fig vulg* porco *m fam;* **jdn zur ~ machen** *sl* strapazzare qu; **unter aller ~** *sl* pessimo.
sauber ['zaubɐ] *a* **1.** *(nicht schmutzig)* pulito; **2.** *(gut u. sorgfältig)* accurato; **3.** *(anständig)* perbene; **4.** *fam iron* bello; **~ sein** *(Kind)* non farla più addosso *fam.* **Sauberkeit** ‹-, ø› *f* **1.** *(Reinlichkeit)* pulizia *f;* **2.** *(sorgfältiger Zustand)* accuratezza *f,* precisione *f.*
säuberlich ['zɔybɐlɪç] *adv* accuratamente.
sauber·machen **I.** *tr* pulire; **II.** *itr* fare le pulizie.
säubern ['zɔybɐn] *tr* pulire.
Säuberung ‹-, -en› *f* **1.** *(Reinigung)* pulizia *f;* **2.** *fig* ripulita *f; pol* epurazione *f.*
Sauce ['zo:sə] *s.* **Soße.**
Sauciere [zo'sjɛ:rə] ‹-, -n› *f* salsiera *f.*
saudumm ['zau'dʊm] *a fam* stupidissimo.
sauer ['zauɐ] *a* **1.** *(nicht süß)* acido, aspro; **2.** *(verdorben: Milch)* acido; **3.** *gastr* agro; *(Gurke)* sott'aceto; *(Hering)* all'agro; **4.** *(chem, Boden, Regen)* acido; **5.** *(Pflicht)* amaro, spiacevole; *(Arbeit)* duro, faticoso; **6.** *fam (Mensch)* arrabbiato; *(Gesicht)* accigliato; **~ werden** *(Milch)* inacidirsi; *fam (Mensch)* andare in bestia *fam;* **auf jdn ~ sein** *fam* avercela con qu. **Sauerampfer** [-ˀampfɐ] ‹-s, -› *m* romice *f.* **Sauerbraten** *m* arrosto *m* all'agro.
Sauerei [zauə'rai] ‹-, -en› *f fam* porcheria *f.*
Sauerkirsche *f* amarena *f.* **Sauerkraut** *n* crauti *m pl.*
säuerlich ['zɔyɐlɪç] *a (a. chem)* acidulo; *(herb, a. Wein)* asprigno.
Sauermilch *f* latte *m* acido (*o* cagliato).
Sauerstoff *m* ossigeno *m.* **Sauerstoffgerät** *n* respiratore *m* a ossigeno. **Sauerstoffzelt** *n* tenda *f* a ossigeno.
Sauerteig *m* lievito *m.*
saufen ['zaufən] ‹säuft, soff, gesoffen› **I.** *tr* **1.** *(Tier)* bere; **2.** *sl (Mensch)* trincare *fam;* **II.** *itr* **1.** *(Tier)* bere; **2.** *sl (Mensch)* sbevazzare *fam.*
Säufer(in) ['zɔyfɐ (...ərɪn)] ‹-s, -› *m(f) fam* beone, -a *m, f.* **Säufernase** *f fam* naso *m* paonazzo.
säuft [zɔyft] *pr von* **saufen.**
saugen ['zaugən] **I.** *itr* **1.** ‹saugt, sog *o* saugte, gesogen *o* gesaugt› *(Milch, Daumen)* succhiare (*an etw.* qc); **2.** ‹saugt, saugte, gesaugt› *(ein~, Staub ~)* aspirare; **II.** *tr* **1.** ‹saugt, sog *o* saugte, gesogen *o* gesaugt› *(Milch)* succhiare; **2.** ‹saugt, saugte, gesaugt› *(auf~)* assorbire; *(Luft)* aspirare; *(Teppich)* passare l'aspirapolvere su; **Staub ~** passare l'aspirapolvere.
säugen ['zɔygən] *tr* allattare.
Sauger ‹-s, -› *m* **1.** *(auf Babyfläschchen)* ciuccio *m; (Schnuller)* succhiotto *m;* **2.** *fam (Staub~)* aspirapolvere *f.*
Säugetier *n* mammifero *m.*
Säugling ['zɔyklɪŋ] ‹-s, -e› *m* lattante *mf,* poppante *mf.* **Säuglingsschwester** *f* puericultrice *f.*
Säule ['zɔylə] ‹-, -n› *f* colonna *f.*
Saum [zaum] ‹-(e)s, ¨-e› *m* **1.** *(Näh~)* orlo *m;* **2.** *fig (Rand)* bordo *m,* margine *m.*
saumäßig *sl* **I.** *a* cane *sl;* **II.** *adv* da cani *sl.*
säumen ['zɔymən] *tr* **1.** *(Rock)* fare l'orlo a; **2.** *fig geh (Straße, etc.)* fiancheggiare.
säumig ['zɔymɪç] *a geh (Schuldner)* moroso; *(Zahlung)* insoluto, arretrato.
Sauna ['zauna, ...nas *o* ...nən] ‹-, -s *o* Saunen› *f* sauna *f.*
saunieren [...'ni:rən] ‹*ohne ge-*› *itr* fare la sauna.
Säure ['zɔyrə] ‹-, -n› *f* **1.** ‹*sing*› *(Sauersein, Magen~)* acidità *f;* **2.** *chem* acido *m.*
Sauregurkenzeit [zaurə'gʊrkən-] *f fam scherz* stagione *f* morta.
Saurier ['zaurjɐ] ‹-s, -› *m* sauro *m.*
Saus [zaus] *m:* **in ~ und Braus leben** fare la bella vita.
säuseln ['zɔyzəln] *itr (Blätter)* stormire, mormorare; *(Wind)* sussurrare.
sausen ['zauzən] *itr* **1.** ‹*sein*› *(Geschoß)* fendere l'aria; *fam (Mensch)* correre, volare; *fam (Fahrzeug)* filare; **2.** ‹*haben*› *(Ohren, Wind)* fischiare; **etw. ~ lassen** *fig fam* lasciar perdere (*o* andare) qc.
Saustall *m fam* porcile *m.* **Sauwetter** *n fam* tempaccio *m,* tempo *m* da cani *fam.* **sauwohl** ['zau'vo:l] *a fam:* **sich ~ fühlen** sentirsi proprio bene.
Saxophon [zakso'fo:n] ‹-(e)s, -e› *n* sassofono *m.*
S-Bahn ['ɛs-] *f* metropolitana *f* scoperta.
SB-Tankstelle [ɛs'be:-] *f* distributore *m* automatico, distributore *m* self-service. **SB-Warenhaus** *n* grande magazzino *m* (a) self-service.
Schabe ['ʃa:bə] ‹-, -n› *f* blatta *f; (Küchen~)* scarafaggio *m.*
schaben ['ʃa:bən] *tr (ab~)* raschiare; *(Gemüse)* grattugiare, grattare; *(Fleisch)* tritare, macinare.
Schabernack ['ʃa:bɐnak] ‹-(e)s, -e› *m:* **jdm einen ~ spielen** fare uno scherzo a qu.
schäbig ['ʃɛ:bɪç] *a* **1.** *(fadenscheinig)* liso, logoro, consunto; **2.** *fig (Charakter)* gretto, meschino; **3.** *(armselig)* misero.
Schablone [ʃa'blo:nə] ‹-, -n› *f* modello *m,* forma *f; fig* schema *m* fisso, cliché *m.*
Schach [ʃax] ‹-s, -s› *n (Spiel)* (gioco *m* degli) scacchi *m pl; (Stellung)* scacco *m.*

Schachbrett *n* scacchiera *f.* **schachbrettartig** *a* a scacchiera. **Schachfigur** *f* figura *f* degli scacchi; *fig* fantoccio *m.* **schachmatt** ['ʃax'mat] *a* scacco matto; *fig (erschöpft)* sfinito. **Schachspiel** *n* (gioco *m* degli) scacchi *m pl.* **Schachspieler(in)** *m(f)* scacchista *mf.*

Schacht [ʃaxt] ‹-(e)s, ¨-e› *m* pozzo *m; (Kanal)* tombino *m; (Einsteig~)* pozzo *m* (d'ispezione); *(Fahrstuhl~)* tromba *f.*

Schachtel ['ʃaxtəl] ‹-, -n› *f* scatola *f;* **alte ~** *fam (alte Frau)* vecchia *f;* **eine ~ Zigaretten** un pacchetto di sigarette. **Schachtelhalm** *m* equiseto *m.*

Schachzug *m (a. fig)* mossa *f.*

schade ['ʃa:də] *a* peccato; **zu ~ für** sprecato per; **es ist ~, daß ...** è un peccato che ... *conj;* **wie ~!** che peccato!

Schädel ['ʃɛ:dəl] ‹-s, -› *m* cranio *m.* **Schädelbruch** *m* frattura *f* cranica.

schaden ['ʃa:dən] *itr:* **jdm/einer S.** *(dat)* **~** nuocere a qu/qc, recare danno a qu/qc; **das schadet dir gar nichts** *fam* ben ti sta *fam;* **das kann nicht(s) ~** non fa male.

Schaden ‹-s, ¨-› *m* **1.** *(Beschädigung)* danno *m; tec* guasto *m;* **2.** *(Nachteil)* svantaggio *m,* pregiudizio *m;* **3.** *(Verlust)* perdita *f;* **4.** *(körperlich)* lesione *f; (Verletzung)* ferita *f;* **~ anrichten** causare danni; **zu ~ kommen, ~ leiden** (*o* **nehmen)** subire un danno, essere danneggiato; **durch ~ wird man klug** *prov* sbagliando s'impara *prov.* **Schadenersatz** *m* risarcimento *m* (dei) danni; **(jdm) ~ leisten** risarcire (a qu) i danni. **Schadenfreude** *f* gioia *f* (*o* soddisfazione *f*) maligna. **schadenfroh** *a* malignamente soddisfatto.

schadhaft *a (beschädigt)* danneggiato; *(Material)* difettoso.

schädigen ['ʃɛ:dɪgən] *tr* nuocere a, danneggiare.

schädlich ['ʃɛ:tlɪç] *a* dannoso; *(a. gesundheitlich)* nocivo.

Schädling ['ʃɛ:tlɪŋ] ‹-s, -e› *m* parassita *m.* **Schädlingsbekämpfung** *f* lotta *f* antiparassitaria.

Schadstoff *m* sostanza *f* nociva, agente *m* inquinante. **schadstoffarm** *a (Auto)* a basso tasso di inquinamento.

Schaf [ʃa:f] ‹-(e)s, -e› *n* **1.** *(Tier)* pecora *f;* **2.** *pej fam (Dummkopf)* minchione, -a *m, f fam.* **Schafbock** *m* montone *m.*

Schäfchen ['ʃɛ:fçən] ‹-s, -› *n* pecorella *f.* **Schäfchenwolken** *f pl* pecorelle *f pl.*

Schäfer(in) ['ʃɛ:fɐ (...ərɪn)] ‹-s, -› *m(f)* pecoraio, -a *m, f.* **Schäferhund** *m* (cane *m*) pastore *m.* **Schäferstündchen** [-ʃtyntçən] ‹-s, -› *n* convegno *m* amoroso.

Schaffell *n* pelle *f* di pecora.

schaffen[1] ['ʃafən] ‹schafft, schuf, geschaffen› **1.** *(allg., er~)* creare; **2.** ‹*a.* schafft, schaffte, geschafft› *(bewirken, herstellen)* fare; *(Ruhe)* imporre; *(Unruhe, Ärger)* causare; **für etw. wie geschaffen sein** essere fatto apposta per qc.

schaffen[2] ['ʃafən] ‹schafft, schaffte, geschafft› *tr* **1.** *(bewältigen)* fare; *(Prüfung)* superare; **2.** *fam (mitnehmen)* sfinire; **3.** *(befördern)* portare; **4.** *dial (a. itr) (arbeiten)* lavorare; **es ~** farcela *fam;* **jdm (sehr) zu ~ machen** dar (molto) da fare a qu; **sich** *(dat)* **an etw. zu ~ machen** darsi da fare attorno a qc.

Schaffensdrang *m* impulso *m* creatore. **Schaffenskraft** *f* forza *f* creatrice.

Schaffhausen [ʃaf'hauzən] *n* Sciaffusa *f.*

Schaffner(in) ['ʃafnɐ (...ərɪn)] ‹-s, -› *m(f)* bigliettaio, -a *m, f.*

Schafgarbe *f* achillea *f.*

Schafott [ʃa'fɔt] ‹-(e)s, -e› *n* patibolo *m.*

Schafskäse *m* pecorino *m.*

Schaft [ʃaft] ‹-(e)s, ¨-e› *m (von Baum, Säule, Waffe)* fusto *m; bot* gambo *m; (Stiefel~)* gambale *m.*

Schafzucht *f* allevamento *m* di pecore.

Schah [ʃa:] ‹-s, -s› *m* scià *m.*

Schakal [ʃa'ka:l] ‹-s, -e› *m* sciacallo *m.*

schäkern ['ʃɛ:kɐn] *itr (scherzen)* scherzare; *(flirten)* flirtare.

schal [ʃa:l] *a (a. fig)* insipido.

Schal [ʃa:l] ‹-s, -s› *m (länglich: Woll~)* sciarpa *f; (quadratisch: Seiden~, etc.)* foulard *m; (Umschlagetuch)* scialle *m.*

Schälchen ['ʃɛ:lçən] ‹-s, -› *n* scodellina *f,* ciotolina *f.*

Schale[1] ['ʃa:lə] ‹-, -n› *f* **1.** *(Gefäß)* coppa *f; (Schüssel)* scodella *f,* ciotola *f;* **2.** *(Waag~)* piatto *m.*

Schale[2] ['ʃa:lə] ‹-, -n› *f (Obst~, Kartoffel~)* buccia *f; (Eier~, Nuß~, von Hülsenfrucht, Schalentier)* guscio *m; (Zitronen~, Orangen~, fig: Äußeres)* scorza *f;* **sich in ~ werfen** (*o* **schmeißen)** *fam* mettersi in ghingheri *fam.*

schälen ['ʃɛ:lən] **I.** *tr (Apfel, Orange)* sbucciare; *(Tomaten, Kartoffeln)* pelare; *(Eier, Kastanien)* sgusciare; *(Reis)* brillare; *(Baum)* scortecciare; **II.** *rfl:* **sich ~** *(a. Schlangen)* sbucciarsi; *(Haut, Gesicht)* spellarsi.

Schall [ʃal] ‹-(e)s, -e *o rar* ¨-e› *m* suono *m;* **Name ist ~ und Rauch** il nome è fumo. **Schalldämmung** ‹-, -en› *f* assorbimento *m* sonoro. **Schalldämpfer** *m* assorbente *m* acustico; *(von Auto, Waffe)* silenziatore *m; mus* sordina *f.* **schalldicht** *a* a isolamento acustico, insonorizzato.

schallen *itr* (ri)sonare. **schallend** *a* risonante; *(Gelächter)* sonoro.

Schallgeschwindigkeit *f* velocità *f* sonica (*o* del suono). **Schallmauer** *f* muro *m* del suono; **die ~ durchbrechen**

superare il muro del suono. **Schallplatte** *f* disco *m.*
schalt [ʃalt] *imp von* **schelten.**
Schaltanlage *f* impianto *m* di distribuzione. **Schaltbild** *n* schema *m* dell'impianto elettrico. **Schaltbrett** *n* quadro *m* di distribuzione (*o* di comando).
schalten ['ʃaltən] **I.** *tr* regolare; *el* inserire; *mot (Gang)* innestare; **II.** *itr* **1.** *(verfügen)* disporre (*mit* di); **2.** *fam (kapieren)* comprendere; *(reagieren)* reagire; **3.** *mot* cambiare marcia; ~ **und walten** fare e disfare.
Schalter ‹-s, -› *m* **1.** *(~knopf)* commutatore *m,* interruttore *m;* **2.** *(~fenster)* sportello *m.* **Schalterbeamte** *m,* **-beamtin** *f* impiegato, -a *m, f* allo sportello. **Schalterhalle** *f* sala *f* degli sportelli. **Schalterstunden** *f pl* orario *m* per il pubblico.
Schalthebel *m* leva *f* di comando; *mot* leva *f* del cambio. **Schaltjahr** *n* anno *m* bisestile. **Schaltknüppel** *m* cloche *f.* **Schaltplan** *m* schema *m* (dell'impianto) elettrico. **Schalttafel** *f s.* **Schaltbrett. Schalttag** *m* giorno *m* intercalare.
Schaltung ‹-, -en› *f* **1.** *el* inserimento *m,* accoppiamento *m;* **2.** *mot* cambio *m* di marcia.
Scham [ʃa:m] ‹-, ø› *f* **1.** *(Sichschämen)* vergogna *f;* **2.** *(~haftigkeit)* pudore *m;* **3.** *s.* **Schamteile.**
schämen ['ʃɛ:mən] *rfl:* **sich** ~ vergognarsi (*vor* di).
Schamgefühl *n* pudore *m.* **Schamhaar** *n* peli *m pl* del pube. **schamhaft** *a (züchtig)* modesto; *(verschämt)* vergognoso, pudico. **Schamhaftigkeit** ‹-, ø› *f (Züchtigkeit)* modestia *f; (Verschämtheit)* vergogna *f,* pudizia *f.* **schamlos** *a* svergognato; *(Lüge, Frechheit a.)* spudorato. **Schamteile** *n pl* (parti *f pl*) pudende *f pl.*
Schande ['ʃandə] ‹-, ø› *f* vergogna *f; (a. Unehre)* disonore *m; (Schmach)* infamia *f,* ignominia *f.*
schänden ['ʃɛndən] *tr (entehren)* disonorare; *(entweihen)* profanare; *obs (vergewaltigen)* violentare.
Schandfleck *m* marchio *m* d'infamia, macchia *f.*
schändlich *a* infame, ignobile.
Schandtat *f* infamia *f,* scelleratezza *f.*
Schändung ‹-, -en› *f* disonorare *m; (Entweihung)* profanazione *f; obs (Vergewaltigung)* violenza *f* carnale, stupro *m.*
Schanktisch ['ʃaŋk-] *m* banco *m* di mescita.
Schanze ['ʃantsə] ‹-, -n› *f* **1.** *mil* trincea *f;* **2.** *sport (Sprung~)* trampolino *m* (di salto).
Schar [ʃa:ɐ̯] ‹-, -en› *f (Menge)* schiera *f,* frotta *f; (Vogel~)* stormo *m.*
scharen ['ʃa:rən] **I.** *tr* radunare, raccogliere; **II.** *rfl:* **sich** ~ schierarsi.
scharenweise *adv* a schiere, a frotte.
scharf [ʃarf] ‹¨er, ¨ste› *a* **1.** *(Schneide)* affilato, tagliente; *(Kante)* vivo; **2.** *(Speise)* piccante; *(Getränk)* forte; *chem* corrosivo; *(Geruch)* acre, penetrante; **3.** *(Wind)* pungente, sferzante; **4.** *(Ton)* stridulo; **5.** *(Foto)* nitido; *(Umrisse)* netto, marcato; **6.** *(Augen)* buono; *(Gehör)* fine; *(Verstand)* acuto, sottile; **7.** *(Kurve)* brusco; **8.** *(Worte)* pungente, aspro; *(Kritik, Hund)* mordace; **9.** *(Disziplin)* rigido, rigoroso, severo; *(Be-, Überwachung)* stretto; **10.** *mil (Munition)* caricato a palla; *(Handgranate)* innescato; **11.** *sl (geil)* lascivo; ~ **bremsen** frenare bruscamente; ~ **nachdenken** pensare intensamente; **auf etw.** ~ **sein** *fam* andare pazzo per qc *fam.* **Scharfblick** *m* perspicacia *f,* acume *m.*
Schärfe ['ʃɛrfə] ‹-, -n› *f* **1.** *(von Schneide)* taglio *m;* **2.** *(von Speise)* (sapore *m*) piccante *m;* **3.** *(von Wind)* rigidità *f; (von Ton, Stimme)* acutezza *f;* **4.** *(von Bild, Umrissen)* nitidezza *f,* precisione *f; (von Sinnesorgan)* acutezza *f,* acume *m;* **5.** *(Verstandes~)* acume *m,* sottigliezza *f;* **6.** *(von Worten)* asprezza *f; (von Kritik)* mordacità *f;* **7.** *(Härte, Strenge)* durezza *f,* severità *f.*
schärfen *tr* affilare; *(Sinne, Verstand)* acuire.
Scharfrichter *m* giustiziere *m.* **Scharfschütze** *m,* **-schützin** *f* tiratore, -trice *m, f* scelto, -a. **scharfsichtig** *a* perspicace, acuto. **Scharfsinn** *m* acume *m,* perspicacia *f.* **scharfsinnig** *a* acuto, perspicace.
Scharlach[1] ['ʃarlax] ‹-s, *rar* -e› *m (Farbe)* (colore *m*) scarlatto *m.*
Scharlach[2] ['ʃarlax] ‹-s, ø› *m med* scarlattina *f.*
Scharlatan ['ʃarlatan] ‹-s, -e› *m* ciarlatano *m.*
Scharnier [ʃar'ni:ɐ̯] ‹-s, -e› *n* cerniera *f.*
Schärpe ['ʃɛrpə] ‹-, -n› *f (an Uniform)* sciarpa *f; (an Kleidung)* fusciacca *f.*
scharren ['ʃarən] **I.** *itr* raschiare, raspare; *(Hühner)* razzolare; **mit den Füßen** ~ stropicciare i piedi per terra; **II.** *tr (Boden)* raschiare; *(Loch)* scavare (raspando).
Scharte ['ʃartə] ‹-, -n› *f* tacca *f.*
Schaschlik ['ʃaʃlɪk] ‹-s, -s› *m o n* spiedino *m.*
Schatten ['ʃatən] ‹-s, -› *m* ombra *f;* **jdn in den** ~ **stellen** *fig* mettere in ombra qu. **Schattendasein** *n:* **ein** ~ **führen** rimanere nell'ombra. **Schattenriß** *m* silhouette *f.* **Schattenseite** *f* parte *f* ombrosa; *fig (Kehrseite)* rovescio *m*

della medaglia; *(das Negative)* lato *m* oscuro.
schattieren [ʃa'ti:rən] ‹*ohne ge-*› *tr* ombr(eggi)are.
Schattierung ‹-, -en› *f (Vorgang)* ombreggiatura *f; (schattierte Stelle)* ombratura *f; fig* sfumatura *f.*
schattig *a (Schatten spendend)* ombroso; *(im Schatten liegend)* ombreggiato.
Schatulle [ʃa'tʊlə] ‹-, -n› *f* cassetta *f,* scrignetto *m.*
Schatz [ʃats] ‹-es, ¨-e› *m* **1.** *(a. Mensch)* tesoro *m;* **2.** ‹*pl*› *(Reichtum, Bodenschätze)* ricchezza *f.*
schätzen ['ʃɛtsən] **I.** *tr* **1.** *(Wert festlegen)* valutare, stimare (*auf* qc); *(veranschlagen, annehmen)* calcolare (*auf* qc); **2.** *(würdigen)* stimare, apprezzare; **sich glücklich ~** dirsi (*o* ritenersi) fortunato; **was schätzt du, wieviel/wie lange ...?** quanto pensi che ... *conj*?; **II.** *itr* indovinare. **schätzenswert** *a* stimabile, apprezzabile.
Schatzkammer *f* tesoro *m* pubblico. **Schatzkästchen** [-kɛstçən] ‹-s, -› *n* scrignetto *m.* **Schatzmeister(in)** *m(f)* tesoriere, -a *m, f.*
Schätzung ‹-, -en› *f* stima *f,* valutazione *f;* **nach meiner ~** secondo il mio calcolo. **schätzungsweise** *adv* approssimativamente.
Schätzwert *m* valore *m* di stima.
Schau [ʃau] ‹-, -en› *f* **1.** *(Vorführung)* esibizione *f; (Ausstellung)* mostra *f,* esposizione *f;* **2.** *fam (Spektakel, Theater)* spettacolo *m;* **eine ~ abziehen** *fam* mettersi in scena; **jdm die ~ stehlen** *fam* rubare la scena a qu *fam;* **etw. zur ~ stellen** *(ausstellen)* mettere in mostra qc; *fig (Gefühle, etc.)* mostrare qc; *(protzen mit)* ostentare qc. **Schaubild** *n* diagramma *m.*
Schauder ['ʃaudɐ] ‹-s, -› *m (Kälte~)* brivido *m; (Grauen)* orrore *m.*
schauderhaft *a* orribile; *fam (Hitze, Kälte)* terribile.
schaudern *itr* **1.** *(frösteln)* rabbrividire; **2.** *(Grauen empfinden)* inorridire.
schauen ['ʃauən] *itr dial* guardare.
Schauer ['ʃauɐ] ‹-s, -› *m* **1.** *(Regen~)* scroscio *m; (Hagel~)* grandinata *f;* **2.** *poet (Grauen)* brivido *m.*
schauerlich *a* orribile.
Schaufel ['ʃaufəl] ‹-, -n› *f* pala *f.*
schaufeln **I.** *tr* spalare; *(Loch)* scavare; **II.** *itr* spalare.
Schaufenster *n* vetrina *f.* **Schaufensterbummel** *m:* **einen ~ machen** fare un giro per vedere le vetrine. **Schaukasten** *m* teca *f.*
Schaukel ['ʃaukəl] ‹-, -n› *f* altalena *f.*
schaukeln *itr* **1.** *(mit Schaukel)* fare l'altalena, andare in altalena; *(mit Stuhl)* dondolarsi; **2.** *(Boot)* ballare; *(Fahrzeug)* oscillare.
Schaukelpferd *n* cavallo *m* a dondolo. **Schaukelstuhl** *m* sedia *f* (*o* poltrona *f*) a dondolo.
schaulustig *a* curioso.
Schaum [ʃaum] ‹-(e)s, ¨-e› *m* schiuma *f.* **Schaumbad** *n* bagnoschiuma *m.*
schäumen ['ʃɔymən] *itr* schiumare, far schiuma; *(Flüssigkeit)* spumeggiare.
Schaumgummi *m* gomma *f* piuma.
schaumig *a* schiumoso, spumoso; **~ schlagen** battere a schiuma.
Schaumkrone *f* cresta *f* spumosa dell'onda. **Schaumschläger** *m fig (Prahler)* spaccone *m.* **Schaumstoff** *s.* **Schaumgummi.** **Schaumwein** *m* spumante *m.*
Schauplatz *m* luogo *m,* teatro *m.*
schaurig ['ʃaurɪç] *a* **1.** *(unheimlich)* raccapricciante; **2.** *fig fam (schlimm)* terribile; **~ schön** *fam* terribilmente bello.
Schauspiel *n (a. fig)* spettacolo *m; (als Literaturgattung)* dramma *m.*
Schauspieler(in) *m(f)* attore, -trice *m, f; fig* commediante *mf.*
schauspielern *itr* recitare in teatro; *fig* fare l'attore, recitare.
Schauspielhaus *n* teatro *m* (di prosa). **Schauspielschule** *f* scuola *f* di arte drammatica.
Schausteller ‹-s, -› *m* baracconista *m.* **Schautafel** *f* tabellone *m.*
Scheck [ʃɛk] ‹-s, -s› *m* assegno *m* (*über* di). **Scheckbuch** *n,* **-heft** *n* libretto *m* degli assegni.
scheckig ['ʃɛkɪç] *a* pezzato, chiazzato.
Scheckkarte *f* carta *f* assegni.
scheel [ʃe:l] *a fam* sbieco, storto.
Scheffel ['ʃɛfəl] ‹-s, -› *m* staio *m;* **sein Licht unter den ~ stellen** mettere la fiaccola sotto il moggio.
scheffeln *tr* ammassare, accumulare.
Scheibe ['ʃaibə] ‹-, -n› *f* **1.** *(runde)* disco *m;* **2.** *(Fenster~)* vetro *m;* **3.** *(Brot~, Wurst~, Zitronen~)* fetta *f;* **in ~n schneiden** affettare. **Scheibenbremse** *f* freno *m* a disco. **Scheibenschießen** ‹-s, ø› *n* tiro *m* al bersaglio. **Scheibenwaschanlage** *f* lavavetro *m.* **Scheibenwischer** ‹-s, -› *m* tergicristallo *m.*
Scheich [ʃaiç] ‹-s, -e *o* -s› *m* sceicco *m.*
Scheide ['ʃaidə] ‹-, -n› *f* **1.** *anat* vagina *f;* **2.** *(von Waffe)* fodero *m,* guaina *f.*
scheiden ['ʃaidən] ‹scheidet, schied, geschieden› **I.** *tr* ‹*haben*› *(trennen)* dividere; *(a. chem)* separare; *(Ehe)* sciogliere; **sich ~ lassen** divorziare (*von* da); **II.** *itr* ‹*sein*› *geh (auseinandergehen)* separarsi; *(weggehen)* andare via.
Scheideweg *m* bivio *m.*
Scheidung ‹-, -en› *f* divorzio *m;* **die ~ einreichen** chiedere il divorzio; **in ~ leben** stare per divorziare. **Scheidungsgrund** *m* motivo *m* di divorzio.

Schein¹ [ʃain] ‹-(e)s, -e› *m* **1.** *(Bescheinigung)* attestato *m*, certificato *m*; *(Gepäck~)* scontrino *m* bagagli; *(Zins~)* cedola *f*, tagliando *m*; **2.** *(Fahr~, Geld~)* biglietto *m*; **3.** *(an Universität)* certificato *m* di fine semestre *(nelle università tedesche)*.
Schein² [ʃain] ‹-s, ø› *m* **1.** *(Licht~)* luce *f*, chiarore *m*; *(Glanz)* splendore *m*, luccichio *m*; **2.** *(An~)* apparenza *f*; *(Aussehen)* aspetto *m*; **zum ~** per finta, per la forma.
scheinbar *a (anscheinend)* apparente; *(vorgeblich)* finto, simulato.
scheinen ['ʃainən] ‹scheint, schien, geschienen› *itr* **1.** *(Licht)* splendere; *(glänzen)* brillare; **2.** *(den Anschein haben)* sembrare, parere; **es scheint nur so** è solo un'apparenza.
scheinheilig *a* ipocrita. **scheintot** *a* morto in apparenza.
Scheinwerfer ‹-s, -› *m* riflettore *m*, faro *m*; *theat, film* proiettore *m*; *(mot, Such~)* faro *m*.
Scheiße ['ʃaisə] ‹-, ø› *f vulg* merda *f vulg*; *(Unsinn)* cretinate *f pl fam*.
scheißen ‹scheißt, schiß, geschissen› *itr vulg* cacare *vulg*; **auf etw. ~** *fig* fregarsene di qc *vulg*.
scheißfreundlich ['ʃais'frɔyntlɪç] *a sl* untuoso. **Scheißkerl** *m vulg* stronzo *m vulg*.
Scheit [ʃait] ‹-(e)s, -e› *n* ceppo *m*, ciocco *m*.
Scheitel ['ʃaitəl] ‹-s, -› *m* **1.** *(im Haar)* riga *f*, scriminatura *f*; **2.** *(höchster Punkt)* cima *f*, sommità *f*; **vom ~ bis zur Sohle** da capo a piedi; *fig* da cima a fondo. **scheiteln** *tr* fare la riga a.
Scheitelpunkt *m* punto *m* culminante; *(a. fig)* culmine *m*; *astr* zenit *m*.
Scheiterhaufen ['ʃaite-] *m* rogo *m*.
scheitern ['ʃaiten] *itr* ‹*sein*› fallire (*an* per), naufragare (*an* per).
Schellack ['ʃɛlak] *m* gommalacca *f*.
Schelle ['ʃɛlə] ‹-, -n› *f* **1.** *(Klingel)* campanello *m*; **2.** *tec* fascetta *f*.
schellen *itr* suonare.
Schellenbaum *m* cappello *m* cinese (*o* turco).
Schellfisch ['ʃɛl-] *m* eglefino *m*.
Schelm [ʃɛlm] ‹-(e)s, -e› *m* birbante *mf*, briccone *m*. **schelmisch** *a* burlone, scherzoso.
Schelte ['ʃɛltə] ‹-, -n› *f* rimprovero *m*, sgridata *f*.
schelten ‹schilt, schalt, gescholten› *tr* rimproverare (*mit jdm* qu), sgridare (*mit jdm* qu).
Schema ['ʃe:ma, ...mas *o* ...mata *o* ...mən] ‹-s, -s *o* Schemata *o* Schemen› *n* schema *m*.
schematisch [ʃe'ma:tɪʃ] *a* schematico.
Schemel ['ʃe:məl] ‹-s, -› *m* sgabello *m*.
Schemen *pl von* **Schema**.
Schenke ['ʃɛnkə] ‹-, -n› *f* osteria *f*, mescita *f*.
Schenkel ['ʃɛŋkəl] ‹-s, -› *m* **1.** *anat* coscia *f*; **2.** *(von Zirkel)* asta *f*; *(von Winkel)* lato *m*.
schenken ['ʃɛnkən] **I.** *tr* **1.** *(Geschenk)* regalare; **2.** *(erlassen)* condonare; **3.** *fig (Vertrauen, etc.)* dare; *(Aufmerksamkeit, Glauben)* prestare; **etw. geschenkt bekommen** ricevere qc in regalo; **II.** *rfl*: **sich** *(dat)* **etw. ~** regalarsi qc; *fig (darauf verzichten)* risparmiarsi qc, rinunciare a qc.
Schenkung ‹-, -en› *f* donazione *f*.
Scherbe ['ʃɛrbə] ‹-, -n› *f* coccio *m*, frantume *m*; **~n bringen Glück** *prov* cocci di bottiglia, fortuna chi ti piglia *prov*.
Schere ['ʃe:rə] ‹-, -n› *f* **1.** *(Werkzeug)* (paio *m* di) forbici *f pl*; **2.** *zoo (Krebs~)* pinza *f*.
scheren¹ ['ʃe:rən] ‹schert, schor, geschoren› *tr (Tier)* tosare; *(Mensch)* tagliare i capelli a; *(Haar)* tagliare.
scheren² ['ʃe:rən] ‹schert, scherte, geschert› *fam* **I.** *tr (kümmern)* importare, preoccupare; **II.** *rfl*: **sich um jdn/etw. ~** curarsi (*o* occuparsi) di qu/qc; **scher dich weg!** *fam* vattene!
Scherenschleifer(in) ‹-s, -› *m(f)* arrotino, -a *m, f*. **Scherenschnitt** *m* silhouette *f*.
Scherereien [ʃe:rə'raiən] *f pl* seccature *f pl*, noie *f pl*.
Scherz [ʃɛrts] ‹-es, -e› *m* scherzo *m*. **Scherzartikel** *m* articolo *m* per scherzi.
scherzen *itr* scherzare.
scheu [ʃɔy] *a (schüchtern)* timido; *(menschen~)* schivo; *(Tier)* pauroso; *(Pferd)* ombroso. **Scheu** ‹-, ø› *f* timidezza *f*.
scheuchen ['ʃɔyçən] *tr* scacciare.
scheuen ['ʃɔyən] **I.** *tr* scansare, evitare, sfuggire; **II.** *rfl*: **sich vor etw. ~** avere paura (*o* timore) di qc, temere qc; **III.** *itr (Pferd)* adombrarsi.
Scheuerlappen *m* strofinaccio *m*.
scheuern ['ʃɔyen] **I.** *tr* **1.** *(reinigen)* pulire strofinando; **2.** *(ab~, auf~)* sfregare; **jdm eine ~** *fam* mollare un ceffone a qu *fam*; **II.** *rfl*: **sich ~** sfregarsi (*an* contro).
Scheuklappe *f* ‹*meist pl*› *(a. fig)* paraocchi *m pl*.
Scheune ['ʃɔynə] ‹-, -n› *f* granaio *m*.
Scheusal ['ʃɔyza:l] ‹-s, -e› *n* mostro *m*.
scheußlich ['ʃɔyslɪç] *a* orribile, orrendo; *(Verbrechen)* atroce. **Scheußlichkeit** ‹-, -en› *f* atrocità *f*.
Schi *s.* **Ski**.
Schicht [ʃɪçt] ‹-, -en› *f* **1.** *allg., geol, soc* strato *m*; *(Farb~)* mano *f*; **2.** *(Arbeits~)* turno *m* (di lavoro); *(die Arbeiter)*

squadra *f;* ~ **arbeiten** fare i turni. **Schichtarbeit** *f* lavoro *m* a turni.
schichten ['ʃɪçtən] *tr* disporre a strati.
Schichtwechsel *m* cambio *m* di turno. **schichtweise** *adv* a strati; *(Arbeit)* a turni.
schick [ʃɪk] *a* chic, elegante. **Schick** ‹-(e)s, ø› *m* chic *m,* eleganza *f.*
schicken ['ʃɪkən] **I.** *tr* mandare; *(versenden a.)* spedire; **II.** *rfl:* **sich** ~ *(sich geziemen)* addirsi *(für* a), confarsi *(für* a); **sich in etw.** ~ *(fügen)* rassegnarsi a qc; *(sich anpassen)* adattarsi a qc.
Schickeria [ʃɪkə'ri:a] ‹-, ø› *f* gente *f* bene; **die Münchener** ~ la Monaco bene.
schicklich *a (anständig)* decente; *(angemessen)* adeguato, appropriato.
Schicksal ['ʃɪkza:l] ‹-s, -e› *n* destino *m,* fato *m; (persönliches Geschick)* sorte *f.* **schicksalhaft** *a* fatale, fatidico. **Schicksalsschlag** *m* rovescio *m* di fortuna, colpo *m* del destino.
Schiebedach *n* tetto *m* scorrevole; *mot* tetto *m* apribile.
schieben ['ʃi:bən] ‹schiebt, schob, geschoben› **I.** *tr (fortbewegen)* spingere; *fig (Schuld, etc.)* addossare *(auf* a); *com pej* trafficare; **II.** *itr (bewegen)* spingere; **mit etw.** ~ *fam* fare traffici con qc.
Schiebetür *f* porta *f* scorrevole.
Schieblehre *f* calibro *m* a corsoio.
Schiebung ‹-, -en› *f* camorra *f; sport* scorrettezza *f* (nel gioco).
schied [ʃi:t] *imp von* **scheiden.**
Schiedsgericht ['ʃi:ts-] *n* tribunale *m* arbitrale. **Schiedsrichter(in)** *m(f)* giudice *mf* arbitrale; *sport* arbitro, -a *m, f.* **Schiedsspruch** *m* arbitrato *m,* sentenza *f* (*o* giudizio *m*) arbitrale.
schief [ʃi:f] *a* storto; *(schräg)* obliquo; *(Ebene)* inclinato; *(Turm)* pendente; *fig (falsch)* falso, sbagliato; ~ **ansehen** guardare di traverso; **auf die ~e Bahn geraten** mettersi sulla strada sbagliata.
Schiefer ['ʃi:fɐ] ‹-s, -› *m* scisto *m; (Ton~)* ardesia *f.* **Schiefertafel** *f* lavagna *f.*
schief·gehen ‹*irr*› *itr* ‹*sein*› *fam* andare storto (*o* male *fam*), fallire. **schief·lachen** *rfl:* **sich** ~ *fam* crepare dalle risate *fam.*
schielen ['ʃi:lən] *itr* essere strabico; **nach etw.** ~ *fam* sbirciare qc. **Schielen** ‹-s, ø› *n* strabismo *m.*
schien [ʃi:n] *imp von* **scheinen.**
Schienbein *n* tibia *f.*
Schiene ['ʃi:nə] ‹-, -n› *f* **1.** *Eisenb.* rotaia *f;* **2.** *(Lauf~)* guida *f;* **3.** *med* stecca *f.*
schienen *tr* steccare.
Schienenbus *m* elettromotrice *f.* **Schienenstrang** *m* (tronco *m* di) rotaie *f pl.* **Schienenverkehr** *m* traffico *m* ferroviario.
schier [ʃi:ɐ̯] **I.** *a (Fleisch)* magro; *fig (Hohn, etc.)* puro, mero; **II.** *adv* quasi.
Schießbude *f* baraccone *m* del tiro a segno.
schießen ['ʃi:sən] ‹schießt, schoß, geschossen› **I.** *tr* ‹*haben*› *(Geschoß)* sparare; *(Ball)* tirare; *(Wild)* uccidere, abbattere; *(Foto)* fare, scattare; **ein Tor** ~ segnare una rete, fare un goal; **II.** *itr* **1.** ‹*haben*› *(Schütze)* sparare, tirare; *(Fußballer)* tirare; **2.** ‹*sein*› *(schnell wachsen)* crescere rapidamente; *(Gemüse)* mettere troppe foglie; **3.** ‹*sein*› *(sich schnell bewegen)* sfrecciare; *(Gedanke)* passare; **4.** ‹*sein*› *(Flüssigkeit)* scaturire, zampillare; **aus dem Boden** ~ spuntare; **zum S~ sein** *fam* essere uno spasso *fam;* **das Blut schoß ihr ins Gesicht** il sangue le salì al viso.
Schießerei [...ə'raj] ‹-, -en› *f* sparatoria *f.*
Schießpulver *n* polvere *m* da sparo. **Schießscharte** *f* feritoia *f.* **Schießstand** *m* poligono *m* (di tiro).
Schiff [ʃɪf] ‹-(e)s, -e› *n* **1.** *naut* nave *f,* bastimento *m;* **2.** *arch (Kirchen~)* navata *f.* **Schiffahrt** *f* navigazione *f.* **schiffbar** *a* navigabile. **Schiffbau** ‹-(e)s, ø› *m* costruzioni *m pl* navali, navalmeccanica *f.* **Schiffbruch** *m (a. fig)* naufragio *m;* ~ **erleiden** *(a. fig)* naufragare. **schiffbrüchig** *a* naufrago. **Schiffbrüchige** ‹ein -r, -n, -n› *mf* naufrago, -a *m, f.*
Schiffchen ['ʃɪfçən] ‹-s, -› *n* **1.** *(kleines Schiff)* piccola nave *f;* **2.** *tec* navetta *f;* **3.** *(Kopfbedeckung)* bustina *f.*
Schiffer(in) ‹-s, -› *m(f)* battelliere, -a *m, f.*
Schiffschaukel *f* altalena *f.*
Schiffsjunge *m* mozzo *m.* **Schiffskoch** *m* cuoco *m* di bordo. **Schiffsschraube** *f* elica *f* della nave.
Schikane [ʃi'ka:nə] ‹-, -n› *f* **1.** *(Erschwerung)* angheria *f,* vessazione *f;* **2.** *sport* chicane *f;* **mit allen ~n** *fam* con tutti i confort.
schikanieren [ʃika'ni:rən] ‹*ohne ge-*› *tr* vessare, angariare, tormentare.
Schild[1] [ʃilt] ‹-(e)s, -er› *n (Aushänge~)* insegna *f; (Hinweis~)* segnale *m* d'indicazione; *(Nummern~, Tür~)* targa *f; (Etikett)* etichetta *f; (Preis~)* cartellino *m* del prezzo.
Schild[2] [ʃilt] ‹-(e)s, -e› *m hist, mil, fig* scudo *m; (Wappen~)* stemma *m; (von Mütze)* visiera *f;* **etw. im ~e führen** tramare qc.
Schilddrüse *f* (ghiandola *f*) tiroide *f.*
schildern ['ʃɪldɐn] *tr* descrivere.
Schilderung ‹-, -en› *f* descrizione *f; (literarische ~)* narrazione *f,* racconto *m.*
Schildkröte *f* tartaruga *f.* **Schildpatt**

[-pat] ‹-(e)s, ø› *n* (placca *f* cornea della) tartaruga *f*.
Schilf [ʃɪlf] ‹-(e)s, -e› *n (~pflanze)* canna *f* palustre; *(~fläche)* canneto *m*.
schillern ['ʃɪlɐn] *itr* avere riflessi, cangiare di colore. **schillernd** *a* iridescente, cangiante; *fig* ambiguo.
Schilling ['ʃɪlɪŋ] ‹-s, - *o* -e› *m* (*ab* S) scellino *m*.
schilt [ʃɪlt] *pr von* **schelten.**
Schimmel[1] ['ʃɪməl] ‹-s, ø› *m bot* muffa *f*.
Schimmel[2] ['ʃɪməl] ‹-s, -› *m zoo* cavallo *m* bianco.
schimm(e)lig *a* ammuffito; ~ **riechen** sapere di muffa.
schimmeln *itr* ‹*sein o haben*› ammuffire.
Schimmelpilz *m* ficomiceto *m*.
Schimmer ['ʃɪmɐ] ‹-s, ø› *m (Licht)* lume *m*, chiarore *m*; *(Glanz)* splendore *m*; **keinen (blassen) ~ von etw. haben** *fam* non avere la più pallida idea di qc.
schimmern *itr (Licht)* rilucere, mandare un bagliore; *(Gegenstand)* splendere.
schimmlig *s.* **schimmelig.**
Schimpanse [ʃɪm'panzə] ‹-n, -n› *m* scimpanzé *m*.
schimpfen ['ʃɪmpfən] **I.** *itr (ärgerlich sein)* imprecare (*auf, über* contro), inveire (*auf, über* contro); *(sich beklagen)* lamentarsi (*über* per); *(schelten)* sgridare (*mit jdm* qu), rimbrottare (*mit jdm* qu); **II.** *tr (aus~)* sgridare.
Schimpfname *m* nomignolo *m* (*o* epiteto *m*) ingiurioso. **Schimpfwort** ‹-(e)s, -e *o* ¨-er› *n* insulto *m*, imprecazione *f*.
Schindel ['ʃɪndəl] ‹-, -n› *f* scandola *f*.
schinden ['ʃɪndən] ‹schindet, schund, geschunden› **I.** *tr* strapazzare; **Eindruck** ~ *fam* cercare di far colpo; **II.** *rfl:* **sich** ~ affaticarsi, arrabattarsi.
Schinderei [ʃɪndə'rai̯] ‹-, -en› *f* angheria *f*, vessazione *f*; *(Qual, Strapaze)* strapazzo *m*.
Schindluder *n:* **mit jdm/etw. ~ treiben** *fam* maltrattare qu/qc.
Schinken ['ʃɪnkən] ‹-s, -› *m* **1.** *gastr* prosciutto *m*; **2.** *fam pej (Gemälde)* crosta *f*; *(Buch, Film)* mattone *m fam*, pizza *f fam*.
Schippe ['ʃɪpə] ‹-, -n› *f* pala *f*; **eine ~ ziehen** *fam* fare il broncio; **jdn auf die ~ nehmen** *fam* prendere in giro qu.
Schirm [ʃɪrm] ‹-(e)s, -e› *m* **1.** *(Regen~)* ombrello *m*; *(Sonnen~)* parasole *m*; **2.** *(Wand~)* paravento *m*; *(Lampen~)* paralume *m*; *(Mützen~)* visiera *f*; **3.** *(Bild~, Röntgen~)* schermo *m*.
Schirmbildaufnahme *f* radiografia *f*.
Schirmherr(in) *m(f)* patrocinatore, -trice *m, f*. **Schirmherrschaft** *f* patronato *m*. **Schirmmütze** *f* berretto *m* con visiera. **Schirmständer** *m* portaombrelli *m*.
schiß [ʃɪs] *imp von* **scheißen.**
Schiß ‹Schisses, ø› *m sl (Angst)* fifa *f fam*; ~ **haben** farsela addosso *fam*.
schizophren [ʃit̮so'fre:n] *a* schizofrenico.
Schizophrenie [...fre'ni:] ‹-, ø› *f* schizofrenia *f*.
Schlacht [ʃlaxt] ‹-, -en› *f (a. fig)* battaglia *f*.
schlachten ['ʃlaxtən] *tr* macellare.
Schlachtenbummler(in) ‹-s, -› *m(f)* tifoso, -a *m, f* che segue la propria squadra nelle trasferte.
Schlachter(in) ‹-s, -› *m(f) dial* macellaio, -a *m, f*.
Schlächter ['ʃlɛçtɐ] ‹-s, -› *m fig* macellatore *m*.
Schlachterei [ʃlaxtə'rai̯] ‹-, -en› *f dial* macelleria *f*.
Schlachtfeld *n* campo *m* di battaglia. **Schlachthof** *m* macello *m*, mattatoio *m*. **Schlachtplan** *m* piano *m* di battaglia. **Schlachtruf** *m* grido *m* di battaglia.
Schlachtung ‹-, -en› *f* macellazione *f*.
Schlachtvieh *n* animali *m pl* da macello.
Schlacke ['ʃlakə] ‹-, -n› *f* scoria *f*.
Schlaf [ʃla:f] ‹-(e)s, ø› *m* sonno *m*. **Schlafanzug** *m* pigiama *m*.
Schläfe ['ʃlɛ:fə] ‹-, -n› *f* tempia *f*.
schlafen ['ʃla:fən] ‹schläft, schlief, geschlafen› *itr* dormire. **Schlafengehen** ‹-s, ø› *n:* **vor dem ~** prima di coricarsi.
Schläfer(in) ['ʃlɛ:fɐ (...ərɪn)] ‹-s, -› *m(f)* dormiente *mf*.
schlaff [ʃlaf] *a (Seil)* lento, allentato; *(Muskeln, Haut)* flaccido, floscio; *(Disziplin)* rilassato; *fig (kraftlos)* fiacco, molle. **Schlaffheit** ‹-, ø› *f (von Seil)* essere *m* lento; *(von Muskeln, Haut)* essere *m* flaccido (*o* floscio); *(Kraftlosigkeit)* mollezza *f*.
Schlafgelegenheit *f* posto *m* letto. **Schlaflied** *n* ninnananna *f*. **schlaflos** *a* **1.** *(Mensch)* insonne; **2.** *(Nacht)* in bianco. **Schlaflosigkeit** ‹-, ø› *f* insonnia *f*. **Schlafmittel** *n* sonnifero *m*. **Schlafmütze** *f* **1.** *(Kopfbedeckung)* berretto *m* da notte; **2.** *fig fam (Langschläfer)* dormiglione, -a *m, f*; *fig pej (träger Mensch)* poltrone, -a *m, f*.
schläfrig ['ʃlɛ:frɪç] *a (Mensch)* assonnato; *(a. Tag)* sonnolento; **jdn ~ machen** far venire sonno a qu.
Schlafsaal *m* dormitorio *m*. **Schlafsack** *m* sacco *m* a pelo. **Schlafstadt** *f* città *f* dormitorio. **Schlafstörung** *f* disturbo *m* del sonno.
schläft [ʃlɛ:ft] *pr von* **schlafen.**
Schlaftablette *f* sonnifero *m*. **schlaftrunken** *a* sonnolento. **Schlafwagen** *m* vagone-letto *m*. **schlafwandeln** *itr* ‹*sein o haben*› essere sonnambulo. **Schlafwandler(in)** ‹-s, -› *m(f)* son-

nambulo, -a *m, f.* **schlafwandlerisch** *a:* **mit ~er Sicherheit** con la sicurezza del sonnambulo. **Schlafzimmer** *n* camera *f* da letto.

Schlag [ʃla:k] ‹-(e)s, ¨-e› *m* **1.** *allg., fig* colpo *m;* **2.** ‹*pl*› *(Prügel)* botte *f pl;* **3.** *(Wagentür)* porta *f,* portiera *f;* **4.** *(Herz~)* battito *m; (Puls~)* pulsazione *f;* **5.** *med (~anfall)* colpo *m* apoplettico; **6.** *(elektrischer ~)* scossa *f;* **7.** *(Blitz~)* fulmine *m; (Donner~)* tuono *m;* **8.** *(Art, Wesen)* razza *f,* specie *f,* sorta *f;* **9.** *fam (Portion)* porzione *f;* **ein ~ ins Gesicht** *fig* uno schiaffo; **ein ~ ins Kontor** *fam* un brutto colpo; **ein ~ ins Wasser** *fam* un buco nell'acqua; **~ 8 Uhr** alle otto in punto; **auf einen ~** d'un sol colpo; **mit einem ~** *fam* di colpo. **Schlagader** *f* arteria *f.* **Schlaganfall** *m* colpo *m* apoplettico. **schlagartig I.** *a* fulmineo; **II.** *adv* di colpo. **Schlagbaum** *m* sbarra *f,* barriera *f.* **Schlagbohrmaschine** *f* trapano *m* a percussione.

schlagen ['ʃla:gən] ‹schlägt, schlug, geschlagen› **I.** *tr* **1.** *allg.* battere; *(Sahne a.)* montare; **2.** *(besiegen)* vincere, sconfiggere; **3.** *(Instrument, Alarm)* suonare; **4.** *(Kreis, Bogen)* fare, tracciare; *(Purzelbaum)* fare; *fam (Profit)* trarre; **jdm etw. aus der Hand ~** far cadere qc di mano a qu; **etw. in Papier ~** *(einwikkeln)* avvolgere qc nella carta, incartare qc; **einen Nagel in die Wand ~** piantare (*o* conficcare) un chiodo nel muro; **jdn in die Flucht ~** mettere in fuga qu; **die Hände vors Gesicht ~** coprirsi la faccia con le mani; **II.** *itr* battere; **nach jdm ~** cercare di colpire (*o* battere) qu; *fig (ähneln)* assomigliare a qu; **Flammen schlugen aus dem Haus** le fiamme si levarono dalla casa; **III.** *rfl:* **sich ~** battersi, picchiarsi; **sich gut** (*o* **tapfer**) **~** battersi bene (*o* coraggiosamente); **sich um etw. ~** *(a. fig)* battersi per qc.

schlagend *a (Argumentation)* stringente; *(Beweis)* convincente.

Schlager ‹-s, -› *m* **1.** *mus* canzone *f* di successo; **2.** *fig fam (Erfolg)* successo *m; com* articolo *m* di successo.

Schläger ['ʃlɛ:gɐ] ‹-s, -› *m (Tennis~)* racchetta *f; (Golf~)* mazza *f* (da golf); *(Hockey~)* bastone *m* (da hockey).

Schläger(in) ['ʃlɛ:gɐ (...ərın)] ‹-s, -› *m(f)* **1.** *sport (Spieler)* picchiatore, -trice *m, f;* **2.** *fig (Raufbold)* litigone, -a *m, f fam,* tipo, -a *m, f* rissoso, -a.

Schlägerei [ʃlɛ:gə'rai̯] ‹-, -en› *f* rissa *f,* baruffa *f,* zuffa *f.*

Schlagersänger(in) *m(f)* cantante *mf* di musica leggera.

schlagfertig *a* pronto. **Schlagfertigkeit** *f* prontezza *f* di parola. **Schlagkraft** *f* forza *f,* potenza *f; fig (Wirkungskraft)* efficacia *f,* efficienza *f.* **schlagkräftig** *a (Argument)* convincente. **Schlaglicht** *n fot* effetto *m* di luce; *fig* sprazzo *m* di luce. **Schlagloch** *n* buca *f.* **Schlagsahne** *f* panna *f;* **(geschlagene) ~** panna *f* montata. **Schlagseite** *f* sbandamento *m;* **~ haben** *fam scherz* essere sbronzo *fam.* **Schlagstock** *m* manganello *m.*

schlägt [ʃlɛ:kt] *pr von* **schlagen.**

Schlagwerk *n* soneria *f.* **Schlagwort** ‹-(e)s, -e *o rar* ¨-er› *n* **1.** *(Parole)* motto *m,* slogan *m;* **2.** ‹-(e)s, ¨-er› *(in Katalog)* voce *f.* **Schlagzeile** *f* titolo *m* di prima pagina. **Schlagzeug** ‹-(e)s, -e› *n* batteria *f.* **Schlagzeuger(in)** ‹-s, -› *m(f)* batterista *mf.*

Schlamassel [ʃla'masəl] ‹-s, -› *m o n fam (Durcheinander)* confusione *f; (schwierige Lage)* pasticcio *m,* guaio *m.*

Schlamm [ʃlam] ‹-(e)s, *rar* -e *o* ¨-e› *m* fango *m,* melma *f.* **schlammig** *a (Weg, Schuhe)* fangoso; *(Wasser)* limaccioso.

Schlampe ['ʃlampə] ‹-, -n› *f fam* sciattona *f fam.*

Schlamperei [...ə'rai̯] ‹-, -en› *f* **1.** ‹*sing*› *(Verhalten)* sciatteria *f,* trascuratezza *f;* **2.** *(Arbeit)* abborracciatura *f.*

schlampig *a (Mensch)* disordinato, sciatto; *(Arbeit)* abborracciato.

schlang [ʃlaŋ] *imp von* **schlingen.**

Schlange ['ʃlaŋə] ‹-, -n› *f* **1.** *zoo* serpente *m,* biscia *f;* **2.** *(Menschen~)* coda *f; (a. Auto~)* fila *f;* **~ stehen** fare la coda.

schlängeln ['ʃlɛŋəln] *rfl:* **sich ~** serpeggiare.

Schlangenbiß *m* morso *m* di serpente. **Schlangengift** *n* veleno *m* di serpente. **Schlangenlinie** *f* serpentina *f.* **Schlangenmensch** *m* contorsionista *mf.*

schlank [ʃlaŋk] *a* slanciato, snello; **~ werden** snellirsi; **~ machen** *(Diät)* far dimagrire; *(Kleidung)* snellire. **Schlankheit** ‹-, ø› *f* snellezza *f,* figura *f* slanciata. **Schlankheitskur** *f* cura *f* dimagrante.

schlapp [ʃlap] *a* **1.** *(müde)* spossato, esausto; **2.** *(schlaff)* floscio.

Schlappe ['ʃlapə] ‹-, -n› *f fam* sconfitta *f,* scacco *m.*

Schlapphut *m* cappello *m* floscio. **schlapp·machen** *itr fam* crollare, essere cotto *fam.* **Schlappschwanz** *m fam* smidollato *m.*

Schlaraffenland [ʃla'rafən-] *n* paese *m* della Cuccagna (*o* di Bengodi).

schlau [ʃlau̯] *a* scaltro; *(pfiffig a.)* furbo; *(listig a.)* astuto. **Schlauberger** [-bɛrgɐ] ‹-s, -› *s.* **Schlaumeier.**

Schlauch [ʃlau̯x] ‹-(e)s, ¨-e› *m* **1.** *(Garten~)* pompa *f,* sistola *f; (Wein)* otre *m; (Reifen~)* camera *f* d'aria; **2.** *fam (Anstrengung)* faticata *f fam.* **Schlauchboot** *n* canotto *m* pneumatico.

schlauchen ['ʃlauxən] *tr fam (körperlich)* strapazzare; *(seelisch, nervlich)* snervare.
Schlaufe ['ʃlaufə] ‹-, -n› *f (Schleife)* fiocco *m; (Aufhänger)* cappio *m; (Halte~)* sostegno *m.*
Schlauheit ‹-, ø› *f* furbizia *f,* astuzia *f,* scaltrezza *f.*
Schlaumeier [-maiɐ] ‹-s, -› *m fam* furbastro *m.*
Schlawiner [ʃla'vi:nɐ] ‹-s, -› *m fam* furbo *m* matricolato *fam.*
schlecht [ʃlɛçt] **I.** *a* **1.** *(nicht gut)* cattivo; **2.** *(verdorben)* guasto; *(Luft)* viziato; **3.** *(gemein)* cattivo, brutto; **4.** *(Zeiten)* duro, difficile; *(Ende)* brutto; **mir ist ~** mi sento male; **II.** *adv* male; **immer ~er** di male in peggio; **es geht mir ~** sto male; **nicht ~!** mica male! **schlechtgelaunt** *a attr* di cattivo umore.
Schlechtheit ‹-, -en› *f,* **Schlechtigkeit** ['ʃlɛçtıçkait] ‹-, -en› *f* **1.** *(Wesen, Tat)* cattiveria *f;* **2.** *(von Ware)* cattiva qualità *f.*
schlecht·machen *tr:* **jdn ~** sparlare di qu, diffamare qu.
schlecken ['ʃlɛkən] **I.** *itr (Süßigkeiten essen)* mangiare dolciumi; **II.** *itr, tr dial (lecken)* leccare.
Schlegel ['ʃle:gəl] ‹-s, -› *m* **1.** *(Trommel~)* bacchetta *f; (Glocken~)* martelletto *m;* **2.** *min* mazzuolo *m;* **3.** *dial (Keule)* coscia *f; (Reh~)* cosciotto *m.*
Schlehe ['ʃle:ə] ‹-, -n› *f* **1.** *(Frucht)* prugnola *f;* **2.** *(Strauch)* prugnolo *m.*
schleichen ['ʃlaiçən] ‹schleicht, schlich, geschlichen› *itr* ‹*sein*› andare striscioni (*o* di soppiatto). **schleichend** *a (Zerfall, Inflation)* strisciante; *(Krankheit, Gift)* lento.
Schleichweg *m* via *f* nascosta, sentiero *m* segreto; **auf ~en** *fig* per vie traverse. **Schleichwerbung** *f* pubblicità *f* occulta.
Schleie ['ʃlaiə] ‹-, -n› *f* tinca *f.*
Schleier ['ʃlaiɐ] ‹-s, -› *m (a. fig)* velo *m; (am Hut)* veletta *f.* **Schleiereule** *f* barbagianni *m.* **schleierhaft** *a:* **es ist mir völlig ~, wie ...** *fam* mi è assolutamente incomprensibile come ... *conj.*
Schleife ['ʃlaifə] ‹-, -n› *f* **1.** *(Schlinge)* fiocco *m;* **2.** *(von Straße)* curva *f* a S; *(von Fluß)* ansa *f;* **3.** *aero* gran volta *f;* **4.** *inform* ciclo *m* di programma (*o* di istruzioni).
schleifen[1] ['ʃlaifən] ‹schleift, schliff, geschliffen› *tr (schärfen)* arrotare, affilare; *(Glas, Diamanten)* molare; *tec* rettificare.
schleifen[2] ['ʃlaifən] *tr* **1.** *(auf Boden, fam: mit~)* trascinare; **2.** *mil* radere al suolo, smantellare; **die Kupplung ~ lassen** far slittare la frizione.
Schleiflack *m* vernice *f* a pulimento. **Schleifstein** *m* cote *f.*
Schleim [ʃlaim] ‹-(e)s, -e› *m* **1.** *(Substanz)* muco *m; (krankhaft)* catarro *m; (von Schnecke)* bava *f; (von Pflanze)* mucillagine *f;* **2.** *gastr* pappa *f.* **schleimig** *a* **1.** *(Flüssigkeit)* vischioso; *(Absonderung)* di muco; *(Pflanze, Tier)* viscido; **2.** *pej (Mensch, Art)* viscido, servile; *(Reden)* mellifluo.
schlemmen ['ʃlɛmən] *itr* banchettare.
Schlemmer(in) ‹-s, -› *m(f)* ghiottone, -a *m, f.*
Schlemmerei [...ə'rai] ‹-, -en› *f* banchetto *m.*
schlendern ['ʃlɛndɐn] *itr* ‹*sein*› bighellonare.
Schlendrian ['ʃlɛndria:n] ‹-(e)s, ø› *m fam* (solito) tran-tran *m fam.*
schlenkern ['ʃlɛŋkɐn] *tr, itr* ciondolare (*etw., mit etw.* qc).
Schleppe ['ʃlɛpə] ‹-, -n› *f* strascico *m.*
schleppen ['ʃlɛpən] **I.** *tr* **1.** *(hinter sich her~)* trainare; **2.** *(tragen)* trascinare; **II.** *rfl:* **sich ~** *(a. fig)* trascinarsi. **schleppend** *a* lento; *(Gang)* strascicato; *(Sprache, Unterhaltung)* stentato; *(Nachfrage)* stentato, difficile.
Schlepper ‹-s, -› *m* **1.** *mot* trattore *m;* **2.** *naut* rimorchiatore *m.*
Schlepplift *m* sciovia *f,* skilift *m.* **Schlepptau** *n* cavo *m* da rimorchio; **in jds ~** *fig* a rimorchio di qu.
Schlesien ['ʃle:ziən] *n* Slesia *f.*
Schleswig-Holstein ['ʃle:svıç'hɔlʃtain] *n* Slesvig-Holstein *m.*
Schleuder ['ʃlɔydɐ] ‹-, -n› *f* **1.** *(Waffe)* fionda *f;* **2.** *(Zentrifuge)* centrifuga *f;* **3.** *aero* catapulta *f.*
schleudern I. *tr* ‹*haben*› **1.** *(werfen)* scagliare, scaraventare; **2.** *(tec, Wäsche)* centrifugare; **II.** *itr* ‹*sein o haben*› sbandare.
Schleuderpreis *m* prezzo *m* di svendita. **Schleudersitz** *m* seggiolino *m* eiettabile.
schleunigst ['ʃlɔynıkst] *adv* il più presto possibile.
Schleuse ['ʃlɔyzə] ‹-, -n› *f* chiusa *f.*
schleusen *tr* far passare.
Schleusenkammer *f* conca *f* di navigazione.
schlich [ʃlıç] *imp von* **schleichen.**
Schliche ['ʃlıçə] ‹*pl*›: **jdm auf** (*o* **hinter**) **die ~ kommen** scoprire le astuzie di qu.
schlicht [ʃlıçt] *a* semplice.
schlichten ['ʃlıçtən] *tr* **1.** *(Streit)* appianare, conciliare; **2.** *(glätten)* levigare, lisciare.
Schlichter(in) ‹-s, -› *m(f)* conciliatore, -trice *m, f.*
Schlichtheit ‹-, ø› *f* semplicità *f.*
Schlichtung ‹-, -en› *f* composizione *f,* conciliazione *f.*

Schlick [ʃlɪk] ‹-(e)s, -e› *m* limo *m,* melma *f.*
schlief [ʃli:f] *imp von* **schlafen.**
Schließe ['ʃli:sə] ‹-, -n› *f* fibbia *f,* fermaglio *m.*
schließen ['ʃli:sən] ‹schließt, schloß, geschlossen› **I.** *tr* **1.** *(zumachen)* chiudere; *(Lücke)* colmare; **2.** *(beenden)* terminare, finire; *(Sitzung)* togliere; **3.** *(Vertrag)* concludere; *(Ehe)* contrarre; *(Frieden, Freundschaft)* fare; **4.** *(folgern)* dedurre, desumere; **II.** *itr* **1.** *(zugehen)* chiudere, chiudersi; **2.** *(Geschäft)* chiudere; **3.** *(aufhören)* concludersi (*mit* con); **4.** *(folgern)* desumere, dedurre, concludere.
Schließfach *n* cassetta *f* di sicurezza; *(Gepäck~)* deposito *m* bagagli (a cassette).
schließlich *adv (am Ende)* alla fine; *(im Grunde)* in fondo, in fin dei conti; *(an letzter Stelle)* da ultimo.
Schließmuskel *m* muscolo *m* costrittore.
Schließung ‹-, -en› *f* **1.** *allg.* chiusura *f;* **2.** *(Beendigung)* conclusione *f.*
schliff [ʃlɪf] *imp von* **schleifen**[1].
Schliff ‹-(e)s, -e› *m* **1.** *tec* affilatura *f; (von Diamant)* taglio *m;* **2.** *fig fam (Lebensart)* buone maniere *f pl,* garbo *m;* **einer S.** *(dat)* **den letzten ~ geben** dare l'ultimo tocco a qc.
schlimm [ʃlɪm] **I.** *a* **1.** *(schlecht)* brutto; *(a. böse)* cattivo; **2.** *(schwer, ernst)* grave; **das ist nicht ~** non è grave, non fa niente; **~er** peggiore; **II.** *adv* male; **~er** peggio; **am ~sten** peggio di tutto. **schlimmstenfalls** *adv* nel peggiore dei casi.
Schlinge ['ʃlɪŋə] ‹-, -n› *f* **1.** *(Schlaufe)* cappio *m,* nodo *m* scorsoio; *med* benda *f* ad armacollo; **2.** *(Jagd)* laccio *m;* **seinen Kopf aus der ~ ziehen** *fig* tirarsi fuori da un guaio.
Schlingel ['ʃlɪŋəl] ‹-s, -› *m* birbante *m,* monello *m.*
schlingen[1] ['ʃlɪŋən] ‹schlingt, schlang, geschlungen› **I.** *tr (winden)* stringere, cingere; **II.** *rfl:* **sich ~** stringersi.
schlingen[2] ['ʃlɪŋən] ‹schlingt, schlang, geschlungen› *itr (schlucken)* inghiottire.
schlingern ['ʃlɪŋɐn] *itr* rollare.
Schlingpflanze *f* pianta *f* rampicante.
Schlips [ʃlɪps] ‹-es, -e› *m* cravatta *f;* **jdm auf den ~ treten** *fam* offendere qu.
Schlitten ['ʃlɪtən] ‹-s, -› *m* slitta *f,* slittino *m.* **Schlittenfahrt** *f* corsa *f* (*o* gita *f*) in slitta.
schlittern ['ʃlɪtɐn] *itr ‹haben o sein›* scivolare.
Schlittschuh *m* pattino *m* (per ghiaccio); **~ laufen** pattinare. **Schlittschuhlaufen** ‹-s, ø› *n* pattinaggio *m.*
Schlittschuhläufer(in) *m(f)* pattinatore, -trice *m, f.*
Schlitz [ʃlɪts] ‹-es, -e› *m* **1.** *(Ritze)* fessura *f,* fenditura *f; (Einwurf~)* buca *f;* **2.** *(Hosen~)* patta *f* dei calzoni; *(im Kleid)* spacco *m.* **Schlitzaugen** *n pl* occhi *m pl* a mandorla. **Schlitzohr** *n fam* dritto(ne) *m fam.*
schloß [ʃlɔs] *imp von* **schließen.**
Schloß[1] [ʃlɔs] ‹Schlosses, Schlösser› *n (Gebäude)* castello *m.*
Schloß[2] [ʃlɔs] ‹Schlosses, Schlösser› *n (Verschluß)* serratura *f; (Vorhänge~)* catenaccio *m;* **ins ~ fallen** chiudersi di scatto; **hinter ~ und Riegel bringen** mettere sotto chiave; **hinter ~ und Riegel sitzen** essere in prigione.
Schlosser(in) ['ʃlɔsɐ (...ərɪn)] ‹-s, -› *m(f)* (donna *f*) fabbro *m* ferraio.
Schlosserei [ʃlɔsə'raɪ] ‹-, -en› *f* officina *f* del fabbro.
Schloßherr(in) *m(f)* castellano, -a *m, f.*
Schlot [ʃlo:t] ‹-(e)s, -e *o rar* ¨-e› *m* ciminiera *f.*
schlottern ['ʃlɔtɐn] *itr* **1.** *(zittern)* tremare; **2.** *(Kleidung)* ballare addosso.
Schlucht [ʃlʊxt] ‹-, -en› *f* gola *f.*
schluchzen ['ʃlʊxtsən] *itr* singhiozzare.
Schluck [ʃlʊk] ‹-(e)s, -e *o rar* ¨-e› *m* sorso *m.*
Schluckauf ‹-s, ø› *m* singhiozzo *m,* singulto *m.*
schlucken **I.** *tr* **1.** *(hinunter~)* inghiottire; *(a. fig)* mandar giù; **2.** *fam (kosten, brauchen)* inghiottire, divorare; *(Benzin)* consumare; *(Schall)* assorbire; **II.** *itr* inghiottire, deglutire; *sl (Alkohol trinken)* trincare *fam.*
Schluckimpfung *f* vaccinazione *f* per via orale. **schluckweise** *adv* a sorsi.
schludern ['ʃlu:dɐn] *tr, itr* abborracciare.
schlug [ʃlu:k] *imp von* **schlagen.**
Schlummer ['ʃlʊmɐ] ‹-s, ø› *m* sonno *m* (leggero).
schlummern *itr* sonnecchiare; *fig (Kräfte, Pläne)* essere sopito.
Schlund [ʃlʊnt] ‹-(e)s, ¨-e› *m* **1.** *anat* faringe *f; (Rachen)* gola *f; (bei Tieren)* fauci *f pl;* **2.** *fig geh (Öffnung)* bocca *f; (Abgrund)* abisso *m.*
schlüpfen ['ʃlʏpfən] *itr ‹sein›* **1.** *(gleiten)* scivolare, sgusciare; **2.** *(in Kleidung)* infilarsi (*in etw.* qc); **aus dem Ei ~** uscire dall'uovo.
Schlüpfer ‹-s, -› *m* slip *m,* mutandine *f pl.*
schlüpfrig ['ʃlʏpfrɪç] *a* **1.** *(rutschig)* sdrucciolevole, scivoloso; **2.** *fig (anzüglich)* salace, scurrile.
schlurfen ['ʃlʊrfən] *itr ‹sein›* ciabattare.
schlürfen ['ʃlʏrfən] *tr, itr (beim Essen/Trinken)* mangiare/bere rumorosamente; *(mit Genuß)* centellinare.
Schluß [ʃlʊs] ‹Schlusses, Schlüsse› *m (Ende)* fine *f,* termine *m; (Ab~, ~folge-*

rung) conclusione *f; (von Debatte, Sitzung)* chiusura *f;* **mit jdm/etw. ~ machen** farla finita con qu/qc; **am ~, zum ~** alla fine; **~!** basta!; **~ damit!** finiamola! **Schlußbemerkung** *f* osservazione *f* finale.

Schlüssel ['ʃlʏsəl] ‹-s, -› *m* chiave *f.* **Schlüsselbein** *n* clavicola *f.* **Schlüsselblume** *f* primula *f.* **Schlüsselbund** ‹-(e)s, -e› *m o n* mazzo *m* di chiavi. **Schlüsselerlebnis** *n* evento *m* chiave. **schlüsselfertig** *a* pronto per la consegna. **Schlüsselloch** *n* buco *m* della serratura. **Schlüsselposition** *f,* **-stellung** *f* posizione *f* chiave.

Schlußfolgerung *f* conclusione *f,* deduzione *f.*

schlüssig ['ʃlʏsɪç] *a (Beweis)* conclusivo; *(Argumentation)* concludente; **sich** *(dat)* **~ werden** decidersi (*über* su).

Schlußlicht *n* luce *f* posteriore; *fig fam* fanalino *m* di coda. **Schlußstrich** *m:* **einen ~ unter etw. ziehen** *fig* porre fine a qc. **Schlußverkauf** *m* svendita *f* (di fine stagione).

Schmach [ʃma:x] ‹-, ø› *f (Schande)* vergogna *f; (Entehrung)* ignominia *f,* infamia *f; (Demütigung)* umiliazione *f.*

schmachten ['ʃmaxtən] *itr (vor Durst, Hunger)* languire (*vor* da); *fig (sich sehnen)* struggersi (*nach* per). **schmachtend** *a (Mensch)* innamorato; *(Blick)* languido.

schmächtig ['ʃmɛçtɪç] *a* esile, gracile.

schmackhaft ['ʃmakhaft] *a* gustoso; **jdm etw. ~ machen** *fig* rendere qc gradevole a qu.

schmählich ['ʃmɛ:lɪç] *a* vergognoso, ignominioso.

schmal [ʃma:l] ‹-er *o* ¨-er, -ste *o rar* ¨-ste› *a* stretto; *(Hände, Gesicht)* sottile; *(mager, a. fig)* magro.

schmälern ['ʃmɛ:lɐn] *tr (verringern)* ridurre, diminuire; *fig (Verdienste)* sminuire; *(Bedeutung)* scemare.

Schmalfilm *m* pellicola *f* a passo ridotto. **Schmalspur** *f* scartamento *m* ridotto.

Schmalz[1] [ʃmalts] ‹-es, -e› *n* **1.** *(Schweine~)* strutto *m;* **2.** *(Ohren~)* cerume *m.*

Schmalz[2] [ʃmalts] ‹-es, ø› *m fam pej (Sentimentalität)* sentimentalismo *m; (Werk)* opera *f* sdolcinata. **schmalzig** *a fam pej* sdolcinato.

schmarotzen [ʃma'rɔtsən] ‹*ohne ge-*› *itr* **1.** *bot, zoo* vivere da parassita; **2.** *pej (Mensch)* scroccare.

Schmarotzer ‹-s, -› *m* **1.** *bot, zoo* parassita *m;* **2.** *pej (Mensch)* scroccone *m,* parassita *m.*

Schmarren ['ʃmarən] ‹-s, -› *m* **1.** *dial (Mehlspeise)* frittata *f* dolce sminuzzata; **2.** *fam pej (Unsinn)* sciocchezza *f.*

schmatzen ['ʃmatsən] *itr* mangiare rumorosamente.

Schmaus [ʃmaus] ‹-es, ¨-e› *m* banchetto *m.*

schmausen I. *itr* bisbocciare, banchettare; **II.** *tr* mangiare.

schmecken ['ʃmɛkən] **I.** *tr (Geschmack wahrnehmen)* sentire il sapore di; *(kosten)* assaggiare; **II.** *itr* avere sapore (*nach* di), sapere (*nach* di); *(gut ~)* essere buono; **jdm ~** *fig fam* piacere a qu; **es sich** *(dat)* **~ lassen** mangiare qc di gusto; **wie schmeckt es Ihnen? — danke, sehr gut!** Le piace? — sì, è molto buono.

Schmeichelei [ʃmaiçə'lai] ‹-, -en› *f* lusinga *f; pej* adulazione *f.*

schmeichelhaft *a* lusinghevole, lusinghiero.

schmeicheln ['ʃmaiçəln] *itr* **1.** *(mit Worten)* lusingare (*jdm* qu); *pej* adulare (*jdm* qu); **2.** *fig (vorteilhaft aussehen lassen)* donare.

Schmeichler(in) ‹-s, -› *m(f)* lusingatore, -trice *m, f; pej* adulatore, -trice *m, f.*

schmeißen ['ʃmaisən] ‹schmeißt, schmiß, geschmissen› *tr fam* gettare, buttare, scagliare.

Schmeißfliege ['ʃmais-] *f* moscone *m.*

Schmelz [ʃmɛlts] ‹-es, -e› *m* smalto *m; (Klang)* timbro *m* dolce.

Schmelze ['ʃmɛltsə] ‹-, -n› *f* **1.** *(Vorgang)* scioglimento *m; tec* fusione *f;* **2.** *(Masse)* massa *f* fusa.

schmelzen ‹schmilzt, schmolz, geschmolzen› **I.** *tr* ‹*haben*› sciogliere; *tec* fondere; **II.** *itr* ‹*sein*› sciogliersi; *tec* fondersi.

Schmelzkäse *m* formaggio *m* fuso. **Schmelzpunkt** *m* punto *m* di fusione. **Schmelztiegel** *m (a. fig)* crogiolo *m.* **Schmelzwasser** *n* acqua *f* derivata dallo scioglimento di neve e ghiaccio.

Schmerz [ʃmɛrts] ‹-es, -en› *m* dolore *m; (Kummer)* afflizione *f,* pena *f.*

schmerzen *geh* **I.** *itr med, fig* dolere; **II.** *tr med* far male a; *fig* addolorare, affliggere.

Schmerzensgeld *n* risarcimento *m* dei danni morali. **Schmerzensschrei** *m* grido *m* di dolore.

schmerzhaft *a (a. fig)* doloroso. **schmerzlich** *a (Verlust)* doloroso; *(Verlangen)* ardente. **Schmerztablette** *f* analgesico *m.*

Schmetterling ['ʃmɛtɐlɪŋ] ‹-s, -e› *m* farfalla *f.*

schmettern ['ʃmɛtɐn] **I.** *tr* **1.** *(werfen)* scaraventare; *(Ball)* schiacciare; **2.** *(Lied)* cantare a squarciagola; **II.** *itr* **1.** *(Trompete)* squillare; **2.** *sport* fare una schiacciata.

Schmied [ʃmi:t] ‹-(e)s, -e› *m* fabbro *m* ferraio; *(Huf~)* maniscalco *m.* **Schmiede** ['ʃmi:də] ‹-, -n› *f* fucina *f,*

forgia *f.* **Schmiedeeisen** *n* ferro *m* fucinato (*o* battuto). **schmiedeeisern** *a* di (*o* in) ferro battuto.
schmieden *tr* **1.** *tec* battere, forgiare, fucinare; *(herstellen)* fabbricare; **2.** *fig (Plan)* ideare.
schmiegen ['ʃmi:gən] *rfl:* **sich ~** fare le fusa; *(Kleid)* aderire.
Schmiere ['ʃmi:rə] ‹-, -n› *f fam* **1.** *(Fett)* grasso *m,* lubrificante *m; (Schmutz)* unto *m,* untume *m;* **2.** *pej (Theater)* teatro *m* di guitti; **~ stehen** fare il palo.
schmieren I. *tr* **1.** *tec (mit Fett)* ingrassare, lubrificare; *(mit Öl)* oliare; **2.** *(streichen)* spalmare (*auf* su); *(Brot)* spalmare (*mit* di); **3.** *(schlecht schreiben)* scarabocchiare; **4.** *fam (bestechen)* corrompere; **jdm eine ~** *fam* mollare un ceffone a qu *fam;* **es geht** (*o* **läuft) wie geschmiert** *fam* va liscio come l'olio; **II.** *itr* **1.** *(Stift)* macchiare; **2.** *(schlecht schreiben)* imbrattare; **3.** *(Fett)* ungere.
Schmierfett *n* grasso *m* lubrificante. **Schmierfink** *m fam pej* **1.** *(Autor)* imbrattacarte *m;* **2.** *(Kind)* sudicione *m fam.* **Schmiergeld** *n fam* bustarella *f.*
schmierig *a* **1.** *(fettig)* unto, untuoso, grasso; **2.** *fig fam (kriecherisch)* viscido.
Schmierseife *f* sapone *m* tenero. **Schmierzettel** *m* brutta copia *f,* minuta *f; (Zettel für Notizen)* foglietto *m* per appunti.
schmilzt [ʃmɪltst] *pr von* **schmelzen.**
Schminke ['ʃmɪŋkə] ‹-, -n› *f* trucco *m,* belletto *m.*
schminken I. *tr* truccare; **II.** *rfl:* **sich ~** truccarsi.
schmirgeln ['ʃmɪrgəln] *tr* smerigliare. **Schmirgelpapier** *n* carta *f* smerigliata.
schmiß [ʃmɪs] *imp von* **schmeißen.**
schmissig ['ʃmɪsɪç] *a fam* pieno di brio (*o* di slancio).
Schmöker ['ʃmø:kɐ] ‹-s, -› *m fam* librone *m.*
schmökern *itr fam* immergersi nella lettura; **in einem Buch ~** leggere un libro.
schmollen ['ʃmɔlən] *itr* tenere il broncio (*mit jdm* a qu). **Schmollmund** *m* muso *m,* broncio *m.*
schmolz [ʃmɔlts] *imp von* **schmelzen.**
Schmorbraten *m* stufato *m.*
schmoren ['ʃmo:rən] **I.** *tr* stufare; **II.** *itr* cuocere a fuoco lento; **in der Sonne ~** *fam* crogiolarsi al sole.
schmuck [ʃmʊk] *a* leggiadro, grazioso.
Schmuck ‹-(e)s, *rar* -e› *m* **1.** *(Juwelen)* gioielli *m pl; (~stück)* gioiello *m;* **2.** *(Verzierung)* ornamento *m; (Zierrat)* decorazione *f.*
schmücken ['ʃmʏkən] *tr* (ad)ornare (*mit* di), decorare (*mit* di).
Schmuckkästchen *n* portagioie *m,* portagioielli *m.* **schmucklos** *a* disadorno. **Schmucklosigkeit** ‹-, ø› *f* mancanza *f* di ornamenti, semplicità *f; fig* sobrietà *f.* **Schmuckstück** *n (a. fig)* gioiello *m.*
Schmuggel ['ʃmʊgəl] ‹-s, ø› *m* contrabbando *m.*
schmuggeln I. *itr* fare contrabbando; **II.** *tr* contrabbandare.
Schmuggler(in) ‹-s, -› *m(f)* contrabbandiere, -a *m, f.*
schmunzeln ['ʃmʊntsəln] *itr* sorridere compiaciuto.
schmusen ['ʃmu:zən] *itr fam* amoreggiare.
Schmutz [ʃmʊts] ‹-es, ø› *m* sporco *m,* sporcizia *f,* sudiciume *m;* **in den ~ ziehen** *fig* trascinare nel fango. **Schmutzfink** *m fam* sudicione *m fam.*
schmutzig *a* **1.** *(unsauber)* sporco; *(Arbeit)* sudicio; *(beschmiert)* imbrattato; **2.** *(Geschäft, Mittel)* losco; *(unanständig)* indecente; *(obszön)* osceno; **~ werden** sporcarsi, insudiciarsi.
Schnabel ['ʃna:bəl] ‹-s, ¨› *m* becco *m.*
Schnake ['ʃna:kə] ‹-, -n› *f* **1.** *(Weberknecht)* tipula *f;* **2.** *fam (Stechmücke)* zanzara *f.*
Schnalle ['ʃnalə] ‹-, -n› *f* fibbia *f.*
schnallen *tr* allacciare; **es ~** *sl (kapieren)* capire.
schnappen ['ʃnapən] **I.** *tr* ‹*haben*› **1.** *(greifen)* prendere, afferrare; **2.** *fig fam (erwischen)* acchiappare *fam,* acciuffare; **II.** *itr* **1.** ‹*haben*› *(beißen)* cercare di addentare (*nach etw.* qc); **2.** ‹*sein*› *(Schloß, Feder)* scattare.
Schnappschuß *m* (fotografia *f*) istantanea *f.*
Schnaps [ʃnaps] ‹-es, ¨e› *m* acquavite *f.* **Schnapsbrennerei** *f* distilleria *f* di acquavite. **Schnapsidee** *f fam* idea *f* balorda (*o* stramba).
schnarchen ['ʃnarçən] *itr* russare.
schnattern ['ʃnatɐn] *itr* schiamazzare.
schnauben ['ʃnaubən] **I.** *itr* **1.** *(Pferd)* sbuffare; **2.** *(vor Wut, etc.)* fremere; **II.** *rfl:* **sich ~, sich** *(dat)* **die Nase ~** soffiarsi il naso.
schnaufen ['ʃnaufən] *itr* **1.** *(schwer atmen)* ansimare; **2.** *dial (atmen)* respirare.
Schnauze ['ʃnautsə] ‹-, -n› *f (Tier~, a. fig: Flugzeug~, Fahrzeug~)* muso *m; vulg (von Mensch)* grugno *m;* **die ~ voll haben** *vulg* averne piene le tasche *vulg;* **frei (nach) ~** *fam* a naso *fam.*
schnauzen *itr fam* gridare, inveire.
Schnecke ['ʃnɛkə] ‹-, -n› *f* **1.** *(Nackt~, gastr, fig)* lumaca *f; (mit Haus, anat)* chiocciola *f;* **jdn zur ~ machen** *fam* sgridare qu. **Schneckenhaus** *n* guscio *m* della chiocciola.
Schnee [ʃne:] ‹-s, ø› *m* neve *f;* **~ von gestern** *fig* acqua passata; **zu ~ schlagen** *gastr* montare a neve. **Schneeball**

m **1.** *(aus Schnee)* palla *f* di neve; **2.** *bot* viburno *m.* **Schneeballschlacht** *f* battaglia *f* a palle di neve. **Schneebesen** *m* frusta *f.* **schneeblind** *a* sofferente di oftalmia da neve. **Schneefall** *m* nevicata *f.* **Schneeflocke** *f* fiocco *m* di neve. **Schneefräse** ‹-, -n› *f* sgombraneve *f* (a fresa). **schneefrei** *a* sgomberato da neve, libero dalla neve. **Schneegestöber** [-gəʃtø:bɐ] ‹-s, -› *n* bufera *f* di neve. **Schneeglöckchen** [-glœkçən] ‹-s, -› *n* bucaneve *m.* **Schneegrenze** *f* limite *m* delle nevi perenni. **Schneekette** *f* catena *f* da neve. **Schneemann** *m* pupazzo *m* di neve. **Schneematsch** *m* poltiglia *f* (*o* fanghiglia *f*) di neve. **Schneepflug** *m* spazzaneve *m.* **Schneeschmelze** *f* (periodo *m* del) disgelo *m.* **schneesicher** *a* a innevamento sicuro. **Schneesturm** *m* bufera *f* (*o* tempesta *f*) di neve. **Schneetreiben** *s.* **Schneegestöber. Schneeverhältnisse** *n pl* stato *m* di innevamento. **Schneewehe** *f* duna *f* di neve. **schneeweiß** *a* bianco come la neve. **Schneewittchen** [-'vɪtçən] ‹-, ø› *n* Biancaneve *f.*

Schneid [ʃnai̯t] ‹-(e)s, ø› *m fam* coraggio *m,* fegato *m.*

Schneide ['ʃnai̯də] ‹-, -n› *f* filo *m; (Klinge)* lama *f.*

schneiden ‹schneidet, schnitt, geschnitten› **I.** *tr* **1.** *allg.* tagliare; **2.** *(kreuzen)* incrociare; *mat (Linie, Kreis)* intersecare; **3.** *fig (meiden)* ignorare, snobbare; **Grimassen ~** fare smorfie; **die Luft ist zum S~** *fam* l'aria è pesante; **II.** *itr* **1.** *(Messer)* essere affilato; **2.** *fig (Kälte, bei Operation)* tagliare; **III.** *rfl:* **sich ~ 1.** *(verletzen)* tagliarsi, farsi un taglio; **2.** *(sich kreuzen)* incrociarsi; *mat (Linien)* intersecarsi; **3.** *fam (sich irren)* sbagliarsi. **schneidend** *a (Wind, Kälte)* pungente; *(Schmerz)* lancinante; *(Hohn, Bemerkung)* mordace, caustico; *(Stimme, Ton)* acuto.

Schneider(in) ‹-s, -› *m(f)* sarto, -a *m, f.*

Schneiderei [ʃnai̯də'rai̯] ‹-, -en› *f* sartoria *f.*

schneidern *tr* cucire, confezionare.

Schneidezahn *m* (dente *m*) incisivo *m.*

schneidig *a* risoluto, deciso, energico.

schneien ['ʃnai̯ən] *itr:* **es schneit** nevica.

Schneise ['ʃnai̯zə] ‹-, -n› *f* **1.** *(Wald~)* pista *f* tagliata nel bosco; **2.** *(Flug~)* corridoio *m* aereo.

schnell [ʃnɛl] *a* veloce, rapido; *(flink, fix)* pronto, svelto; **möglichst ~, so ~ wie möglich, auf dem ~sten Weg** il più presto possibile; **~, ~!** presto, presto!

Schnelle ‹-, -n› *f:* **auf die ~** *fam* di corsa, di volata.

schnellebig *a* febbrile.

schnellen *itr* ‹*sein*› balzare; *(Feder)* scattare.

Schnellgericht *n jur* tribunale *m* per direttissima. **Schnellhefter** ‹-s, -› *m* classificatore *m.*

Schnelligkeit ‹-, ø› *f* velocità *f,* rapidità *f.*

Schnellimbiß *m* snack-bar *m.*

schnellstens *adv* al più presto; *(möglichst schnell)* quanto prima.

Schnellstraße *f* superstrada *f.* **Schnellverfahren** *n* **1.** *tec* procedimento *m* rapido; **2.** *jur* procedimento *m* per direttissima. **Schnellzug** *m* (treno *m*) direttissimo *m.*

Schnepfe ['ʃnɛpf̯ə] ‹-, -n› *f* beccaccia *f.*

schneuzen ['ʃnɔy̯tsən] *rfl:* **sich ~** soffiarsi il naso.

schnippeln ['ʃnɪpəln] *itr fam* tagliuzzare (*an etw.* qc).

schnippisch ['ʃnɪpɪʃ] *a* sfacciatello, impertinente.

Schnipsel ['ʃnɪpsəl] ‹-s, -› *m o n fam* ritaglio *m,* pezzetto *m.*

schnitt [ʃnɪt] *imp von* **schneiden.**

Schnitt ‹-(e)s, -e› *m* taglio *m; (Öffnung)* intaglio *m;* **im ~** *(im Durch~)* in media. **Schnittblumen** *f pl* fiori *m pl* da taglio.

Schnitte ‹-, -n› *f (Scheibe)* fetta *f; (von Fisch, Fleisch)* trancia *f; (belegtes Brot)* tartina *f.*

Schnittfläche *f* superficie *f* di taglio; *mat* sezione *f.*

schnittig *a (Sportwagen)* slanciato; *(Tempo)* veloce.

Schnittlauch *m* erba *f* cipollina. **Schnittmuster** *n* cartamodello *m.* **Schnittpunkt** *m mat* punto *m* d'intersezione; *(von Straßen, Strecken)* (punto *m* d')incrocio *m.* **Schnittstelle** *f* interfaccia *f.* **Schnittwunde** *f* ferita *f* da taglio.

Schnitzel[1] ['ʃnɪtsəl] ‹-s, -› *n gastr* fettina *f,* scaloppina *f.*

Schnitzel[2] ['ʃnɪtsəl] ‹-s, -› *n o m (Papier~)* ritaglio *m,* pezzetto *m.*

schnitzen ['ʃnɪtsən] *tr, itr* intagliare.

Schnitzer ‹-s, -› *m fam (Fehler)* strafalcione *m; (a. im Benehmen)* sbaglio *m.*

Schnitzer(in) ‹-s, -› *m(f) (Holz~)* intagliatore, -trice *m, f.*

Schnitzerei [ʃnɪtsə'rai̯] ‹-, -en› *f* intaglio *m.*

schnodd(e)rig ['ʃnɔd(ə)rɪç] *a fam* irrispettoso, incivile.

Schnorchel ['ʃnɔrçəl] ‹-s, -› *m (von U-Boot)* schnorchel *m; (von Taucher)* respiratore *m* di superficie.

Schnörkel ['ʃnœrkəl] ‹-s, -› *m arch* arabesco *m; (in Schrift, a. fig)* svolazzo *m.*

schnorren ['ʃnɔrən] *fam* **I.** *itr* scroccare (*bei jdm* qu); **II.** *tr* scroccare (*bei jdm* a qu).

schnüffeln ['ʃnʏfəln] *itr* **1.** *(riechen)* fiutare (*an etw.* qc), annusare (*an etw.* qc);

2. *fam pej (spionieren)* curiosare; *(als Spitzel)* fare la spia.
Schnuller ['ʃnʊlɐ] ‹-s, -› *m* succhiotto *m.*
Schnulze ['ʃnʊltsə] ‹-, -n› *f pej* **1.** *mus* canzonetta *f;* **2.** *theat* commedia *f* sdolcinata.
schnupfen ['ʃnʊpfən] **I.** *itr* fiutare tabacco, tabaccare; **II.** *tr* fiutare.
Schnupfen ‹-s, -› *m* raffreddore *m.*
Schnupftabak *m* tabacco *m* da fiuto.
schnuppe ['ʃnʊpə] *a:* **das ist mir ~** *fam* non m'importa.
schnuppern ['ʃnʊpɐn] *itr* annusare (*an etw.* qc), fiutare (*an etw.* qc).
Schnur [ʃnu:ɐ] ‹-, ¨-e› *f* spago *m; (Kordel)* cordoncino *m; el* cordone *m,* filo *m.*
Schnürchen ['ʃny:ɐçən] ‹-s, -› *n:* **etw. wie am ~ können** *fam* sapere qc a menadito; **das geht** (*o* **klappt) wie am ~** *fam* corre liscio.
schnüren ['ʃny:rən] *tr (Schuhe)* allacciare; *(Paket)* legare; *(ein~)* stringere.
schnurgerade ['ʃnu:ɐgə'ra:də] *a* rettilineo, diritto.
Schnurrbart *m* baffi *m pl.*
schnurren ['ʃnʊrən] *itr* fare le fusa.
Schnürsenkel [-zɛŋkəl] ‹-s, -› *m* laccio *m* da scarpe, stringa *f* per scarpe. **Schnürstiefel** *m* stivale *m* con lacci.
schnurstracks ['ʃnu:ɐ'ʃtraks] *adv fam* difilato.
Schnute ['ʃnu:tə] ‹-, -n› *f fam (Mund)* muso *m fam; (Schmollmund a.)* broncio *m.*
schob [ʃo:p] *imp von* **schieben.**
Schock [ʃɔk] ‹-(e)s, -s *o rar* -e› *m* choc *m.*
schockieren [ʃɔ'ki:rən] ‹*ohne ge-*› *tr* scioccare, scandalizzare.
Schöffe ['ʃœfə] ‹-n, -n› *m,* **Schöffin** ['ʃœfɪn] *f* giurato, -a *m, f.* **Schöffengericht** *n* giuria *f.*
Schokolade [ʃoko'la:də] ‹-, -n› *f* cioccolato *m; (Getränk)* cioccolata *f.*
Scholle[1] ['ʃɔlə] ‹-, -n› *f (Erd~)* zolla *f; (Eis~)* lastra *f* (*o* lastrone *m*) di ghiaccio; *fig poet (Erde)* terra *f.*
Scholle[2] ['ʃɔlə] ‹-, -n› *f (Fisch)* passera *f* di mare, pianuzza *f.*
schon [ʃo:n] *adv* **1.** *(zeitlich, örtlich)* già; **2.** *(mit nachfolgender Zeitbestimmung)* fin da; **3.** *(gewiß, doch, wohl)* certamente, senz'altro; **~ jetzt** fin d'ora; **~ oft** più volte; **~ wieder** di nuovo; **(das) ~, aber ...** certo, ma ...; **ich weiß ~** lo so, lo so; **wenn ich das ~ höre** solo a sentirlo; **(allein) ~ aus Rücksicht auf ...** se non altro per riguardo a ...; **~ gut!** va bene, basta così.
schön [ʃø:n] **I.** *a* bello; **das wäre (ja) noch ~er!** sarebbe il colmo!; **da haben Sie was S~es angerichtet!** l'ha combinata bella! *fam;* **~e Grüße** tanti (*o* cordiali) saluti; **~es Wochenende!** buon fine settimana!; **II.** *adv* bene; *fam (ziemlich)* abbastanza; **das werde ich ~ sein lassen** *fam* me ne guarderò bene; **bitte ~!** prego!; **danke ~!, ~en Dank!** tante (*o* mille) grazie!; **III.** *interj* bene, bravo; *(einverstanden)* d'accordo.
schonen ['ʃo:nən] **I.** *tr (Mensch, Nerven)* risparmiare; *(Gesundheit, Herz)* aver riguardo di, badare a; *(Gegenstand, Kleidung)* avere cura di; *(Gefühle)* aver riguardo di; **II.** *rfl:* **sich ~** risparmiarsi, riguardarsi. **schonend I.** *a* delicato; **II.** *adv* con riguardo.
schöngeistig *a (Mensch)* amante delle belle lettere; **~e Literatur** belle lettere *f pl.*
Schönheit ‹-, -en› *f* bellezza *f.* **Schönheitschirurgie** *f* chirurgia *f* estetica. **Schönheitsfehler** *f* difetto *m* estetico; *(fig a.)* imperfezione *f.* **Schönheitskönigin** *f* reginetta *f.*
Schonkost *f* dieta *f* (leggera).
Schönling ['ʃø:nlɪŋ] ‹-s, -e› *m pej* bellimbusto *m.*
schön·machen *rfl:* **sich ~** farsi bello. **Schönschrift** *f* bella scrittura *f,* calligrafia *f; fam (Reinschrift)* bella copia *f.*
Schonung ‹-, -en› *f* **1.** ‹*sing*› attenzione *f,* riguardo *m; (Nachsicht)* indulgenza *f;* **2.** *(Wald)* bosco *m* di riserva. **schonungslos** *a (Behandlung)* senza riguardo; *(Kritik)* spietato.
Schonzeit *f* periodo *m* di divieto di caccia.
Schopf [ʃɔpf] ‹-(e)s, ¨-e› *m* ciuffo *m;* **die Gelegenheit beim ~ ergreifen** cogliere le palla al balzo.
schöpfen ['ʃœpfən] *tr* **1.** *(Wasser)* attingere; *(Suppe)* versare con un mestolo; **2.** *(Mut)* farsi; *(Hoffnung)* riacquistare; *(Kraft)* riprendere; **3.** *(erschaffen)* creare; **Verdacht ~** insospettirsi.
Schöpfer(in) ‹-s, -› *m(f)* creatore, -trice *m, f.* **schöpferisch** *a* creativo.
Schöpfkelle *f,* **-löffel** *m* ramaiolo *m,* mestolo *m.*
Schöpfung ‹-, -en› *f* creazione *f.* **Schöpfungsgeschichte** *f (in Bibel)* genesi *f.*
Schoppen ['ʃɔpən] ‹-s, -› *m* quartino *m,* mezzetta *f.*
schor [ʃo:ɐ] *imp von* **scheren.**
Schorf [ʃɔrf] ‹-(e)s, -e› *m* crosta *f.*
Schornstein ['ʃɔrn-] *m* comignolo *m; (von Fabrik, Schiff)* fumaiolo *m,* ciminiera *f.* **Schornsteinfeger(in)** ‹-s, -› *m(f),* **-kehrer(in)** ‹-s, -› *m(f)* (donna *f*) spazzacamino *m.*
schoß [ʃɔs] *imp von* **schießen.**
Schoß [ʃo:s] ‹-es, ¨-e› *m* **1.** *anat* grembo *m;* **2.** *fig (von Familie, etc.)* seno *m;* **3.** *(Rock~)* falda *f;* **auf jds ~** sulle ginocchia di qu; **in den ~ fallen** *fig* piovere dal cielo. **Schoßhund** *m* cane *m* da salotto.

Schößling ['ʃœslɪŋ] ‹-s, -e› *m* germoglio *m*, rampollo *m*.
Schote ['ʃo:tə] ‹-, -n› *f* baccello *m*.
Schotte ['ʃɔtə] ‹-n, -n› *m*, **Schottin** ['ʃɔtɪn] *f* scozzese *mf*.
Schotter ['ʃɔtɐ] ‹-s, -› *m* ghiaia *f*, pietrisco *m*.
schottisch *a* scozzese.
Schottland ['ʃɔtlant] *n* Scozia *f*.
schraffieren [ʃra'fi:rən] ‹*ohne ge-*› *tr* tratteggiare.
Schraffierung ‹-, -en› *f*, **Schraffur** [...'fu:ɐ̯] ‹-, -en› *f* tratteggio *m*, tratteggiatura *f*.
schräg [ʃrɛ:k] *a (schief)* obliquo, sbieco; *(geneigt)* inclinato; *(quer laufend)* diagonale; ~ **gegenüber** dall'altra parte in linea diagonale. **Schrägstreifen** *m* striscia *f* trasversale. **Schrägstrich** *m* barra *f*.
Schramme ['ʃramə] ‹-, -n› *f* scalfittura *f*, graffio *m*, graffiatura *f*.
schrammen *tr* scalfire, graffiare.
Schrank [ʃraŋk] ‹-(e)s, ¨-e› *m* armadio *m*; *(Kleider~)* guardaroba *m*; *(Geschirr~)* credenza *f*.
Schranke ['ʃraŋkə] ‹-, -n› *f* barriera *f*; *(Gerichts~)* (s)barra *f*. **Schrankenwärter(in)** *m(f)* guardabarriere *mf*.
Schrankwand *f* parete *f* di armadi a muro.
Schraubdeckel *m* coperchio *m* a vite.
Schraube ['ʃrau̯bə] ‹-, -n› *f* vite *f*; *naut* elica *f*; **bei ihm ist eine ~ locker** *fam* gli manca qualche rotella *fam* (*o* venerdì *fam*).
schrauben *tr* avvitare.
Schraubenschlüssel *m* chiave *f* per dadi. **Schraubenzieher** ‹-s, -› *m* cacciavite *m*.
Schraubstock *m* morsa *f* (da banco).
Schrebergarten ['ʃre:bɐ-] *m orto familiare (fuori dall'agglomerato urbano).*
Schreck [ʃrɛk] ‹-(e)s, -e› *m* spavento *m*, sgomento *m*; **ach du (mein) ~!** *fam* Dio mio!
schrecken I. *tr* ‹*haben*› *(ängstigen)* spaventare; *(aus Schlaf, etc.)* svegliare; **II.** *itr* ‹*sein*›: **aus dem Schlaf ~** svegliarsi di soprassalto.
Schrecken ‹-s, -› *m* **1.** *(Erschrecken)* spavento *m*; **2.** ‹*meist pl*› *(des Krieges, etc.)* orrori *m pl*; **3.** *(Entsetzen)* terrore *m*. **schreckenerregend** *a* spaventoso, terrificante.
Schreckgespenst *n* **1.** *(Person)* spauracchio *m*; **2.** *(Gefahr)* spettro *m*.
schreckhaft *a* pauroso.
schrecklich *a* terribile, spaventoso; *(Anblick)* orribile; *(Verbrechen)* atroce.
Schreckschuß *m* colpo *m* sparato in aria.
Schrei [ʃrai̯] ‹-(e)s, -e› *m* grido *m*, urlo *m*; **der letzte ~** *fig fam* l'ultimo grido.
Schreibblock ‹-(e)s, -s› *m* taccuino *m*, bloc-notes *m*.
schreiben ['ʃrai̯bən] ‹schreibt, schrieb, geschrieben› *tr*, *itr* scrivere. **Schreiben** ‹-s, -› *n (oft adm) (Brief)* lettera *f*; *(Schriftstück)* scritto *m*.
Schreiber(in) ‹-s, -› *m(f) (Verfasser)* scrittore, -trice *m*, *f*, autore, -trice *m*, *f*; *(Brief~)* corrispondente *mf*.
schreibfaul *a* pigro nello scrivere lettere, che scrive poco. **Schreibfehler** *m* errore *m* ortografico (*o* di scrittura). **Schreibkraft** *f* stenodattilografo, -a *m*, *f*. **Schreibmaschine** *f* macchina *f* da scrivere. **Schreibtisch** *m* scrivania *f*.
Schreibung ‹-, -en› *f* grafia *f*.
Schreibwarenhändler(in) *m(f)* cartolaio, -a *m*, *f*. **Schreibwarenhandlung** *f* cartoleria *f*. **Schreibzeug** ‹-(e)s, -e› *n* occorrente *m* per scrivere.
schreien ['ʃrai̯ən] ‹schreit, schrie, geschrie(e)n› *tr*, *itr* gridare; *(brüllen, auf~)* urlare; *(rufen)* chiamare; *(laut reden)* parlare forte, gridare; *(weinen: Kind)* piangere, strillare; *(Hahn)* cantare; **zum S~ (komisch) sein** *fam* essere da sbellicarsi dalle risate. **schreiend** *a* urlante; *fig (Farbe)* stridente; **eine ~e Ungerechtigkeit** un'ingiustizia che grida vendetta.
Schreihals *m fam* sbraitone *m fam*.
Schreiner(in) ['ʃrai̯nɐ (...ərɪn)] ‹-s, -› *m(f)* (donna *f*) falegname *m*.
Schreinerei [ʃrai̯nə'rai̯] ‹-, -en› *f* falegnameria *f*.
schreinern I. *itr* fare lavori di falegnameria; **II.** *tr* fare.
schreiten ['ʃrai̯tən] ‹schreitet, schritt, geschritten› *itr* ‹*sein*› *geh* camminare, marciare; *(würdevoll)* incedere.
schrie [ʃri:] *imp von* **schreien.**
schrieb [ʃri:p] *imp von* **schreiben.**
Schrift [ʃrɪft] ‹-, -en› *f* scrittura *f*; *(Auf~)* scritta *f*; *(Gedrucktes)* scritto *m*; *(Abhandlung)* atto *m*, trattato *m*. **Schriftdeutsch** *n* tedesco *m* letterario (*o* scritto); *(nicht Dialekt)* buon tedesco *m*. **Schriftführer(in)** *m(f)* segretario, -a *m*, *f*, protocollista *mf*. **schriftlich I.** *a* scritto; **II.** *adv* per iscritto. **Schriftsteller(in)** ‹-s, -› *m(f)* scrittore, -trice *m*, *f*. **Schriftstück** *n* scritto *m*; *adm* documento *m*.
schrill [ʃrɪl] *a* stridulo, stridente.
schritt [ʃrɪt] *imp von* **schreiten.**
Schritt ‹-(e)s, -e› *m* **1.** *allg.*, *fig* passo *m*; **2.** *(von Hose)* cavallo *m*; **(im) ~ fahren/reiten** andare al passo; **mit jdm/etw. ~ halten** *fig* andare di pari passo con qu/andare al passo con qc; **auf ~ und Tritt** dappertutto; **~ für ~** passo (per) passo; *fig* gradatamente, gradualmente. **Schrittmacher** ‹-s, -› *m* **1.** *sport*, *fig* battistrada *m*; **2.** *med* pacemaker *m*. **schrittweise** *adv* passo

passo; *fig (allmählich)* gradatamente, gradualmente.
schroff [ʃrɔf] *a* **1.** *(steil)* erto, ripido; *(jäh abfallend)* dirupato, scosceso; **2.** *fig* brusco.
schröpfen ['ʃrœpfən] *tr fig* salassare.
Schrot [ʃro:t] ‹-(e)s, -e› *m o n* **1.** *(Getreide~)* cruschello *m;* **2.** *(Flinten~)* pallini *m pl;* **von altem ~ und Korn** di vecchio stampo.
schroten *tr* tritare, macinare.
Schrott [ʃrɔt] ‹-(e)s, ø› *m* rottami *m pl* metallici (*o* di ferro); **ein Auto zu ~ fahren** guidare una macchina fino alla rottamazione. **Schrotthändler(in)** *m(f)* negoziante *mf* di ferraglia. **Schrottplatz** *m* parco *m* rottami. **schrottreif** *a* pronto per essere demolito.
schrubben ['ʃrʊbən] *tr* strofinare, (s)fregare. **Schrubber** ‹-s, -› *m* spazzolone *m.*
Schrulle ['ʃrʊlə] ‹-, -n› *f (Marotte)* grillo *m fam.* **schrullig** *a* stravagante, bizzarro.
schrumpfen ['ʃrʊmpfən] *itr* ‹*sein*› **1.** *(Gewebe)* (r)aggrinzare, restringersi; **2.** *fig (Vorrat, etc.)* assottigliarsi, ridursi.
Schrumpfung ‹-, -en› *f* **1.** *(von Gewebe, etc.)* restringimento *m,* ritiro *m;* **2.** *fig* riduzione *f,* diminuzione *f.*
Schub [ʃu:p] ‹-(e)s, ¨-e› *m* **1.** *(Stoß, a. phys)* spinta *f;* **2.** *(Gruppe)* gruppo *m; (Anzahl)* quantità *f.* **Schubkarre(n** *m*) *f* carriola *f.* **Schublade** [-la:də] ‹-, -n› *f* cassetto *m.*
Schubs [ʃu:ps] ‹-es, -e› *m fam* spintarella *f fam.*
schüchtern ['ʃʏçtɐn] *a* timido. **Schüchternheit** ‹-, ø› *f* timidezza *f.*
schuf [ʃu:f] *imp von* **schaffen**[1].
Schuft [ʃʊft] ‹-(e)s, -e› *m pej* furfante *m.*
schuften ['ʃʊftən] *itr fam* sfacchinare, sgobbare *fam.*
Schufterei [...ə'rai] ‹-, -en› *f fam* sfacchinata *f,* sgobbata *f fam.*
Schuh [ʃu:] ‹-(e)s, -e› *m* scarpa *f;* **jdm etw. in die ~e schieben** *fig fam* gettare la colpa di qc addosso a qu. **Schuhanzieher** ‹-s, -› *m* calzascarpe *m.* **Schuhband** ‹-(e)s, ¨-er› *n* laccio *m,* stringa *f.* **Schuhcreme** *f* lucido *m* da scarpe. **Schuhgeschäft** *n* negozio *m* di calzature (*o* di scarpe). **Schuhgröße** *f* numero *m* di scarpe; **~ 40 haben** portare il 40 di scarpe; **welche ~ haben Sie?** che numero di scarpe porta? **Schuhlöffel** *m* calzascarpe *m.* **Schuhmacher(in)** *m(f)* calzolaio, -a *m, f.* **Schuhnummer** *s.* **Schuhgröße. Schuhputzer(in)** ‹-s, -› *m(f)* lustrascarpe *mf.* **Schuhsohle** *f* suola *f* (della scarpa). **Schuhspanner** *m* forma *f* per scarpe, tendiscarpe *m.*
Schukostecker® ['ʃu:ko-] *m* spina *f* con messa a terra.
Schulalter *n* età *f* scolastica. **Schularbeiten** *f pl (Hausaufgaben)* compiti *m pl* (a casa). **Schulbank** ‹-, ¨-e› *f* banco *m* di scuola; **die ~ drücken** *fam* andare a scuola. **Schulbeginn** *m (morgens)* inizio *m* delle lezioni; *(Schuljahresbeginn)* inizio *m* dell'anno scolastico; *(nach Ferien)* rientro *m* a scuola. **Schulbesuch** *m* frequenza *f* scolastica. **Schulbildung** *f* istruzione *f* scolastica. **Schulbuch** *n* libro *m* scolastico (*o* di testo).
Schuld [ʃʊlt] ‹-, -en› *f* **1.** ‹*sing*› *(Fehler)* colpa *f;* **2.** *fin* debito *m;* **an etw. s~ sein** avere la colpa di qc; **das ist meine ~, ich bin** (*o* **habe**) **s~** è colpa mia. **schuldbewußt** *a* conscio (*o* consapevole) della propria colpa.
schulden ['ʃʊldən] *tr:* **jdm etw. ~** dovere qc a qu, essere debitore di qc a qu.
schuldhaft *a* colpevole.
schuldig *a* **1.** *(schuldhaft, jur)* colpevole (*an* di); **2.** *(verpflichtet, verschuldet)* debitore; **3.** *(gebührend)* dovuto; **jdm etw. ~ sein** *(a. fig)* dovere qc a qu; **die Antwort ~ bleiben** dovere una risposta; **die Antwort nicht ~ bleiben** aver la risposta pronta. **Schuldige** ‹ein -r, -n, -n› *mf* colpevole *mf.* **Schuldigkeit** ‹-, ø› *f* dovere *m,* obbligo *m.*
schuldlos *a* senza colpa (*an* di, per). **Schuldlosigkeit** ‹-, ø› *f* innocenza *f.*
Schuldner(in) ['ʃʊldnɐ (...ərɪn)] ‹-s, -› *m(f)* debitore, -trice *m, f.*
Schuldschein *m* titolo *m* di credito.
Schule ['ʃu:lə] ‹-, -n› *f* scuola *f;* **~ haben** aver lezione; **~ machen** fare scuola; **zur ~ gehen** andare a scuola.
schulen *tr (ausbilden)* formare; *(Sinne, etc.)* educare.
Schüler(in) ['ʃy:lɐ (...ərɪn)] ‹-s, -› *m(f)* allievo, -a *m, f; (bes. im schulpflichtigen Alter)* scolaro, -a *m, f,* alunno, -a *m, f; (an höheren Schulen)* studente, -essa *m, f; fig (Anhänger)* discepolo, -a *m, f.* **Schüleraustausch** *m* scambio *m* di studenti. **Schülerlotse** *m,* **-lotsin** *f* allievo, -a *m, f* che dirige il traffico davanti alla scuola. **Schülermitverwaltung** *f* (*ab* SMV) partecipazione *f* degli scolari ai consigli scolastici. **Schülerschaft** ‹-, -en› *f* scolaresca *f.* **Schülerzeitung** *f* giornale *m* studentesco.
Schulfach *n* materia *f* scolastica (*o* d'insegnamento). **Schulferien** ‹*pl*› vacanze *f pl* scolastiche. **schulfrei** *a:* **~er Tag** giorno di vacanza; **~ haben** avere vacanza. **Schulfreund(in)** *m(f)* compagno, -a *m, f* di scuola. **Schulfunk** *m* radio *f* scuola. **Schulgeld** *n* tassa *f* scolastica. **Schulheft** *n* quaderno *m* di

scuola. **Schulhof** *m* cortile *m* della scuola.

schulisch *a* scolastico.

Schuljahr *n* anno *m* scolastico. **Schulkamerad(in)** *m(f)* compagno, -a *m, f* di scuola. **Schulklasse** *f* classe *f*; *(Klassenzimmer a.)* aula *f*. **Schulleiter(in)** *m(f)* direttore, -trice *m, f* di scuola; *(an höheren Schulen)* preside *mf*. **Schulmedizin** *f* medicina *f* classica (*o* scolastica). **schulmeisterlich** *a pej* professorale, cattedratico. **Schulpflicht** *f* istruzione *f* obbligatoria, obbligo *m* scolastico. **schulpflichtig** *a*: **im ~en Alter** in età scolare. **Schulrat** *m*, **-rätin** *f* ispettore, -trice *m, f* scolastico, -a. **Schulschiff** *n* nave-scuola *f*. **Schulspeisung** *f* mensa *f* (*o* refezione *f*) scolastica. **Schulstreß** *m* stress *m* da surmenage scolastico. **Schulstunde** *f* (ora *f* di) lezione *f*. **Schultasche** *f* cartella *f*.

Schulter ['ʃʊltɐ] ‹-, -n› *f* spalla *f*; **jdm die kalte ~ zeigen** trattare qu con indifferenza (*o* freddezza); **etw. auf die leichte ~ nehmen** prendere qc alla leggera; **~ an ~** spalla a spalla. **Schulterblatt** *n* scapola *f*.

schultern *tr* mettere in spalla.

Schulung ‹-, -en› *f* **1.** *(Ausbildung)* formazione *f*; *(von Stimme, etc.)* educazione *f*; **2.** *(Lehrgang)* corso *m* d'istruzione (*o* d'addestramento).

Schulunterricht *m* insegnamento *m* scolastico. **Schulzeit** *f* anni *m pl* di scuola. **Schulzeugnis** *n* pagella *f* scolastica.

schummeln ['ʃʊməln] *itr fam (beim Spiel)* barare; *(in Schule)* copiare.

schumm(e)rig ['ʃʊm(ə)rɪç] *a* crepuscolare.

schund [ʃʊnt] *imp von* **schinden.**

Schund [ʃʊnt] ‹-(e)s, ø› *m* robaccia *f*, ciarpame *m*.

schunkeln ['ʃʊŋkəln] *itr* dondolarsi tenendosi sottobraccio.

Schuppe ['ʃʊpə] ‹-, -n› *f* **1.** *zoo* scaglia *f*; *(a. Haut~)* squama *f*; **2.** *(Kopf~)* forfora *f*; **es fiel mir wie ~n von den Augen** mi cadde la benda dagli occhi.

schuppen **I.** *tr* squamare; **II.** *rfl*: **sich ~** squamarsi.

Schuppen ['ʃʊpən] ‹-s, -› *m* capannone *m*, rimessa *f*.

schuppig *a (Haut)* squamoso, scaglioso; *(Haar)* pieno di forfora.

Schur [ʃu:ɐ̯] ‹-, -en› *f* tosatura *f*.

schüren ['ʃy:rən] *tr (a. fig)* attizzare.

schürfen ['ʃʏrfən] **I.** *tr* **1.** *(Haut)* scalfire; **2.** *(Bodenschätze)* scavare (per estrarre); **II.** *rfl*: **sich ~** scalfirsi; **III.** *itr* esplorare il terreno (*nach* alla ricerca di).

Schürfung ‹-, -en› *f* **1.** *(Verletzung)* scalfittura *f*; **2.** *min* ricerca *f* di minerali, prospezione *f*.

Schürhaken *m* attizzatoio *m*.

Schurke ['ʃʊrkə] ‹-n, -n› *m*, **Schurkin** [...kɪn] *f* farabutto, -a *m, f*, scellerato, -a *m, f*.

Schurwolle *f* lana *f* vergine.

Schürze ['ʃʏrt̮sə] ‹-, -n› *f* grembiule *m*. **Schürzenjäger** *m fam* donnaiolo *m*.

Schuß [ʃʊs] ‹Schusses, Schüsse› *m* **1.** *(Gewehr~, etc.)* colpo *m*, tiro *m*; **2.** *sport* tiro *m*; **3.** *(~ Wein, Essig, etc.)* goccio *m*; **4.** *(beim Skilaufen)* schuss *m*; **5.** *(beim Weben)* trama *f*; **6.** *sl (mit Rauschgift)* sballo *m sl*; **gut in ~** *fam* in buono stato; *(Mensch)* in buona salute; **weit vom ~** fuori pericolo (*o* tiro).

Schüssel ['ʃʏsəl] ‹-, -n› *f* scodella *f*, ciotola *f*.

Schußlinie *f* traiettoria *f*. **Schußwaffe** *f* arma *f* da fuoco. **Schußwunde** *f* ferita *f* d'arma da fuoco.

Schuster ['ʃu:stɐ] ‹-s, -› *m* calzolaio *m*; *(Flick~)* ciabattino *m*.

Schutt [ʃʊt] ‹-(e)s, ø› *m* macerie *f pl*; *(Bau~)* calcinacci *m pl*. **Schuttabladeplatz** *m* scarico *m* delle macerie.

Schüttelfrost *m* brividi *m pl* di febbre.

schütteln ['ʃʏtəln] *tr* scuotere, agitare; *(Hand)* stringere; **vor Gebrauch ~** agitare prima dell'uso.

schütten ['ʃʏtən] **I.** *tr* versare; *(aus~ a.)* spargere, spandere; **II.** *itr*: **es schüttet** *fam* piove a dirotto.

schütter ['ʃʏtɐ] *a (Haar)* rado.

Schutz [ʃʊt̮s] ‹-es, ø› *m* protezione *f* (*gegen, vor* contro); *(Zuflucht)* rifugio *m*, riparo *m*, ricovero *m*; **jdn in ~ nehmen** prendere le difese di qu; **im ~(e) der Nacht** (*o* **der Dunkelheit**) col favore delle tenebre. **Schutzanzug** *m* vestito *m* protettivo. **Schutzblech** *n* parafango *m*. **Schutzbrille** *f* occhiali *m pl* protettivi. **Schutzdach** *n* tettoia *f*, pensilina *f*.

Schütze[1] ['ʃʏt̮sə] ‹-n, -n› *m astr* Sagittario *m*; **er/sie ist (ein) ~** è (del *o* un) Sagittario.

Schütze[2] ['ʃʏt̮sə] ‹-n, -n› *m*, **Schützin** ['ʃʏt̮sɪn] *f* tiratore, -trice *m, f*.

schützen ['ʃʏt̮sən] **I.** *tr* proteggere (*vor, gegen* da); *(bewahren)* preservare (*vor* da); **II.** *rfl*: **sich ~** difendersi (*vor* da); *(gegen Schaden, Ansprüche)* salvaguardarsi (*gegen* contro, da).

Schützenfest *n* festa *f* del tiro a segno.

Schutzengel *m* angelo *m* custode.

Schützengraben *m* trincea *f*. **Schützenhilfe** *f fig*: **jdm ~ geben** appoggiare qu. **Schützenkönig** *m* vincitore *m* del (primo premio nel) tiro a segno.

Schutzfrist *f* periodo *m* di proprietà riservata. **Schutzgebiet** *n* **1.** *pol* protettorato *m*; **2.** *(Natur~)* parco *m* nazionale. **Schutzgitter** *n* griglia *f* di prote-

zione (*o* di sicurezza). **Schutzhaft** *f* fermo *m* precauzionale. **Schutzheilige** *mf* patrono, -a *m, f.*
Schützin *f s.* **Schütze²**.
Schützling ['ʃʏtslɪŋ] ‹-s, -e› *m* protetto, -a *m, f.*
schutzlos *a* senza protezione, indifeso. **Schutzmann** ‹-(e)s, -männer *o* -leute› *m fam* vigile *m,* poliziotto *m.* **Schutzpatron(in)** *m(f)* patrono, -a *m, f.* **Schutzpolizei** *f* polizia *f* di pubblica sicurezza. **Schutzumschlag** *m* copertina *f* salvalibri.
Schwabe ['ʃva:bə] ‹-n, -n› *m,* **Schwäbin** ['ʃvɛ:bɪn] *f* svevo, -a *m, f.* **Schwaben** ['ʃva:bən] *n* Svevia *f.* **schwäbisch** *a* svevo.
schwach [ʃvax] ‹¨er, ¨ste› *a* debole; *(Hoffnung)* vago; *(Trost)* magro; *(Geste, Nachfrage)* fiacco; *(Licht)* fioco; *(Gesundheit)* gracile, delicato; *(Getränk)* leggero; *(Kaffee)* lungo; *(dürftig: Leistung, etc.)* scarso; ~ **werden** indebolirsi; *fig (der Versuchung erliegen)* cedere.
Schwäche ['ʃvɛçə] ‹-, -n› *f* debolezza *f; (Gebrechlichkeit)* fragilità *f; (Vorliebe)* debole *m.* **Schwächeanfall** *m* attacco *m* di debolezza.
schwächen *tr* indebolire; *(entkräften)* spossare, fiaccare.
Schwachheit ‹-, -en› *f* debolezza *f.* **Schwachkopf** *m fam* imbecille *m.*
schwächlich *a (schwach)* deboluccio, gracile; *(kränklich)* malaticcio. **Schwächlichkeit** ‹-, ø› *f* debolezza *f,* gracilità *f; (Kränklichkeit)* cagionevolezza *f.*
Schwächling ['ʃvɛçlɪŋ] ‹-s, -e› *m* debole *m.*
Schwachsinn *m* **1.** *med* deficienza *f* mentale, imbecillità *f;* **2.** *fam pej (Blödsinn)* idiozia *f,* scemenza *f.* **schwachsinnig** *a* **1.** *med* debole di mente, deficiente; **2.** *fam pej* imbecille. **Schwachstrom** *m* corrente *f* a bassa tensione.
Schwächung ‹-, -en› *f* indebolimento *m; (Minderung)* diminuzione *f,* attenuazione *f.*
Schwaden ['ʃva:dən] ‹-s, -› *m* ‹*meist pl*› nube *f; (Nebel~)* banco *m.*
schwafeln ['ʃva:fəln] *tr, itr fam* blaterare.
Schwager ['ʃva:gɐ] ‹-s, ¨› *m,* **Schwägerin** ['ʃvɛ:gərɪn] *f* cognato, -a *m, f.*
Schwalbe ['ʃvalbə] ‹-, -n› *f* rondine *f.*
Schwall [ʃval] ‹-(e)s, -e› *m* flusso *m.*
schwamm [ʃvam] *imp von* **schwimmen.**
Schwamm [ʃvam] ‹-(e)s, ¨e› *m* **1.** *(Tier, Wasch~)* spugna *f;* **2.** *(süddeutsch: Pilz)* fungo *m;* ~ **drüber!** *fam* non parliamone più.
schwammig *a* **1.** *(Substanz)* spugnoso; *pej (Leib)* gonfio, tumido, molle; **2.** *(Begriff)* vago.
Schwan [ʃva:n] ‹-(e)s, ¨e› *m* cigno *m.*
schwand [ʃvant] *imp von* **schwinden.**
schwang [ʃvaŋ] *imp von* **schwingen.**
schwanger ['ʃvaŋɐ] *a* incinta. **Schwangere** ‹-n, -n› *f* donna *f* incinta, gestante *f.*
schwängern ['ʃvɛŋɐn] *tr* mettere incinta.
Schwangerschaft ‹-, -en› *f* gravidanza *f.* **Schwangerschaftsabbruch** *m,* **-unterbrechung** *f* interruzione *f* della gravidanza.
Schwank [ʃvaŋk] ‹-(e)s, ¨e› *m lit* farsa *f.*
schwanken ['ʃvaŋkən] *itr* **1.** ‹*haben*› *allg.* muoversi (di qua e di là), agitarsi; *(Boot)* dondolare; **2.** ‹*sein*› *(~d gehen)* barcollare, traballare; **3.** ‹*haben*› *fig (Preise, Temperatur)* oscillare; **4.** ‹*haben*› *fig (unentschlossen sein)* essere indeciso; *(zögern)* esitare.
Schwankung ‹-, -en› *f* oscillazione *f; (von Stimmung)* cambiamento *m.*
Schwanz [ʃvants] ‹-es, ¨e› *m* coda *f.*
schwänzeln ['ʃvɛntsəln] *itr* **1.** ‹*haben*› *(Hund)* scodinzolare; **2.** ‹*haben*› *pej (sich einschmeicheln)* lisciare (*um jdn* qu).
schwänzen ['ʃvɛntsən] *fam* **I.** *tr (Schule)* marinare; **II.** *itr* marinare la scuola.
schwappen ['ʃvapən] *itr* **1.** ‹*haben*› *(hin und her)* sciabordare; **2.** ‹*sein*› *(über~)* traboccare.
Schwarm [ʃvarm] ‹-(e)s, ¨e› *m* **1.** *(Insekten~)* sciame *m; (Vogel~)* stormo *m; (Fisch~)* banco *m; (Menschen~)* schiera *f,* frotta *f,* folla *f;* **2.** *(Mensch)* passione *f.*
schwärmen ['ʃvɛrmən] *itr* **1.** ‹*sein*› *(Insekten)* sciamare; *mil* procedere in ordine sparso; **2.** ‹*haben*› *fig (begeistert sein)* essere entusiasta (*o* appassionato) (*für* di); *(begeistert reden)* parlare con entusiasmo (*von* di).
Schwärmer *m pl zoo* sfingidi *m pl.*
Schwärmer(in) ‹-s, -› *m(f)* entusiasta *mf,* appassionato, -a *m, f; (Phantast)* sognatore, -trice *m, f; (sentimentaler Mensch)* sentimentale *mf.*
Schwärmerei [ʃvɛrmə'rai] ‹-, -en› *f (Begeisterung)* entusiasmo *m,* infatuazione *f; (Träumerei)* fantasticheria *f.*
schwärmerisch *a (begeistert)* entusiasta, entusiastico; *(träumerisch)* sognatore.
Schwarte ['ʃvartə] ‹-, -n› *f* **1.** *(dicke Haut)* cotenna *f; (Speck~)* cotica *f;* **2.** *fam (altes Buch)* libraccio *m.*
schwarz [ʃvarts] ‹¨er, ¨este› *a* **1.** *allg., fig* nero; *(Gedanken)* malvagio; **2.** *(illegal)* clandestino; **S~es Brett** albo *m;* **das S~e Meer** il Mar Nero; **ins S~e treffen** far centro; *fig* cogliere nel segno; **es wurde mir ~ vor (den)**

Augen mi sentii svenire; *s. a. blau.* **Schwarz** ⟨-(es), -⟩ *n* nero *m;* **in** ~ *(Trauer)* di nero; *s. a. Blau.* **Schwarzarbeit** *f* lavoro *m* abusivo (*o* clandestino). **Schwarzbrot** *n* pane *m* nero. **Schwarze** ⟨ein -r, -n, -n⟩ *mf* negro, -a *m, f.*
Schwärze ['ʃvɛrt̮sə] ⟨-, -en⟩ *f* nero *m; (Drucker~)* inchiostro *m* (da stampa).
schwärzen *tr* tingere di nero, annerire; *typ* inchiostrare.
schwarz·fahren ⟨*irr*⟩ *itr* ⟨*sein*⟩ viaggiare clandestinamente. **Schwarzfahrer(in)** *m(f)* viaggiatore, -trice *m, f* clandestino, -a. **Schwarzhandel** *m* commercio *m* clandestino. **Schwarzhändler(in)** *m(f)* borsanerista *mf.* **Schwarzmarkt** *m* mercato *m* nero. **schwarz·sehen** ⟨*irr*⟩ *itr* **1.** *(pessimistisch sein)* essere pessimista, vedere tutto nero; **2.** *TV* vedere la televisione abusivamente. **Schwarzsender** *m* emittente *f* clandestina. **Schwarzwald** *m* Foresta *f* (*o* Selva *f*) Nera. **schwarzweiß** ['ʃvart̮s'vai̯s] *a* (in) bianco e nero. **Schwarzwurzel** *f* scorzonera *f.*
Schwatz [ʃvat̮s] ⟨-es, -e⟩ *m fam* chiacchierata *f.*
schwatzen *fam* **I.** *itr* chiacchierare; **II.** *tr* dire, raccontare.
Schwätzer(in) ['ʃvɛt̮sɐ (...ərɪn)] ⟨-s, -⟩ *m(f) fam (Klatschmaul)* chiacchierone, -a *m, f,* pettegolo, -a *m, f; (Schwafler)* chiacchierone, -a *m, f.*
schwatzhaft *a* chiacchierone, loquace, ciarliero.
Schwebe ['ʃve:bə] ⟨-, ø⟩ *f:* **in der** ~ *fig* in sospeso. **Schwebebahn** *f* ferrovia *f* aerea; *(Drahtseilbahn)* teleferica *f.* **Schwebebalken** *m* asse *f* d'equilibrio.
schweben *itr* **1.** ⟨*sein*⟩ *(fliegen)* librarsi; **2.** ⟨*haben*⟩ *(frei hängen)* essere sospeso; **in Gefahr** ~ essere in pericolo. **schwebend** *a* sospeso; *fig (Frage, Verfahren)* pendente, in sospeso.
Schwede ['ʃve:də] ⟨-n, -n⟩ *m,* **Schwedin** [...dɪn] *f* svedese *mf.*
Schweden ['ʃve:dən] *n* Svezia *f.*
schwedisch *a* svedese.
Schwefel ['ʃve:fəl] ⟨-s, ø⟩ *m* zolfo *m.* **schwefelhaltig** *a* sulfureo.
schwefeln *tr* solforare.
Schwefelsäure *f* acido *m* solforico.
Schweif [ʃvai̯f] ⟨-(e)s, -e⟩ *m geh* coda *f.*
schweifen ['ʃvai̯fən] *itr* ⟨*sein*⟩ vagare.
Schweigegeld *n* prezzo *m* del silenzio.
schweigen ['ʃvai̯gən] ⟨schweigt, schwieg, geschwiegen⟩ *itr* tacere; **ganz zu** ~ **von . . .** per non parlare di . . . **Schweigen** ⟨-s, ø⟩ *n* silenzio *m.* **schweigend I.** *a* silenzioso; **II.** *adv* in silenzio.
Schweigepflicht *f:* **ärztliche** ~ segreto *m* professionale del medico.
schweigsam *a* taciturno. **Schweigsamkeit** ⟨-, ø⟩ *f* taciturnità *f.*
Schwein [ʃvai̯n] ⟨-(e)s, -e⟩ *n* **1.** *zoo* maiale *m,* porco *m; (~efleisch)* maiale *m;* **2.** *fam pej (Mensch)* porco *m;* **kein** ~ *sl (niemand)* non ... anima viva; ~ **haben** *fam* avere un gran sedere *vulg.* **Schweinebraten** *m* arrosto *m* di maiale. **Schweinefleisch** *n* (carne *f* di) maiale *m.* **Schweinehund** *m vulg* porco *m.*
Schweinerei [ʃvai̯nə'rai̯] ⟨-, -en⟩ *f* porcheria *f.*
Schweineschmalz *n* strutto *m.* **Schweinestall** *m (a. fig)* porcile *m;* **das ist (ja) ein** ~! sembra una stalla!
Schweiß [ʃvai̯s] ⟨-es, ø⟩ *m* sudore *m.* **Schweißausbruch** *m* traspirazione *f* cutanea.
Schweißbrenner *m* cannello *m* per saldare.
Schweißdrüse *f* ghiandola *f* sudoripara.
schweißen ['ʃvai̯sən] *tr, itr* saldare.
Schweißfüße *m pl:* ~ **haben** sudare ai piedi.
Schweißstelle *f* saldatura *f.*
schweißtreibend *a* sudorifero.
Schweiz [ʃvai̯t̮s] *f:* **die** ~ la Svizzera; **in der/die** ~ in Svizzera.
Schweizer ⟨*inv*⟩ *a* svizzero, elvetico.
Schweizer(in) ⟨-s, -⟩ *m(f) (Bewohner der Schweiz)* svizzero, -a *m, f.*
schweizerisch *a* svizzero, elvetico.
schwelen ['ʃve:lən] *itr* **1.** *(Feuer, Material)* bruciare senza fiamma (*o* lentamente); **2.** *fig (Haß, etc.)* covare.
schwelgen ['ʃvɛlgən] *itr* straviziare; *(in Speisen, Getränken)* banchettare (*in* a); *(in Gefühl, etc.)* godere, bearsi (*in* di); *(in Farben, etc.)* pascersi (*in* di); **im Überfluß** ~ nuotare nell'abbondanza. **schwelgerisch** *a* voluttuoso.
Schwelle ['ʃvɛlə] ⟨-, -n⟩ *f* soglia *f; (Eisenbahn~)* traversina *f.*
schwellen ['ʃvɛlən] ⟨schwillt, schwoll, geschwollen⟩ *itr* ⟨*sein*⟩ gonfiarsi; *med* tumefarsi.
Schwellenangst *f* fobia *f* delle situazioni nuove.
Schwellkörper *m* corpo *m* cavernoso.
Schwellung ⟨-, -en⟩ *f* gonfiore *m.*
Schwemme ['ʃvɛmə] ⟨-, -n⟩ *f* **1.** *(fürs Vieh)* guazzatoio *m;* **2.** *(Überfluß)* offerta *f* eccessiva, invasione *f;* **3.** *fam (Kneipe)* osteria *f.*
Schwengel ['ʃvɛŋəl] ⟨-s, -⟩ *m (Glocken~)* batacchio *m; (Pumpen~)* leva *f.*
schwenken ['ʃvɛŋkən] **I.** *tr* ⟨*haben*⟩ **1.** *(hin und her)* agitare; *(Fahne, etc.)* sventolare; *(schwingen)* brandire; **2.** *gastr* far saltare; **3.** *tec (drehen)* girare; *(wenden)* orientare; **II.** *itr* ⟨*sein*⟩

girarsi, voltarsi; *mil* fare una conversione.

schwer [ʃveːɐ̯] **I.** *a* **1.** *allg.* pesante; **2.** *(ernst, schlimm)* grave; *(Enttäuschung)* grande; *(Leben, Strafe)* duro; **3.** *(Gewitter)* grosso, grande; **4.** *(Tag, Arbeit)* pesante, faticoso; *(Amt, Aufgabe)* arduo, difficile; *(Geburt, Tod)* doloroso; **5.** *(schwierig)* difficile; **6.** *(Wein, Parfüm, etc.)* forte; *(Fahrzeug)* potente; *(Boden)* forte; **es ~ haben** avere difficoltà; **~en Herzens** col cuore pesante (*o* oppresso); **II.** *adv* **1.** *(allg., gewichtsmäßig, fam: sehr)* molto; **2.** *(stark, ernst)* gravemente, seriamente; *(arbeiten, bestrafen)* duramente; **3.** *(mit Schwierigkeiten)* con difficoltà; **sich ~ täuschen** sbagliarsi di grosso; **sich ~ vor etw. hüten** guardarsi bene da qc.

Schwerarbeit *f* lavoro *m* pesante. **Schwerarbeiter(in)** *m(f)* operaio, -a *m, f* addetto, -a ai lavori pesanti. **Schwerbehinderte, -beschädigte** ‹ein -r, -n, -n› *mf* grande invalido, -a *m, f.*

Schwere ‹-, ø› *f* **1.** *(allg., Gewicht)* peso *m;* **2.** *(phys, Ernsthaftigkeit)* gravità *f;* **3.** *(Stärke: von Gewitter, etc.)* forza *f;* **4.** *(Härte: von Arbeit)* pesantezza *f; (von Amt)* difficoltà *f,* onere *m;* **5.** *(Schwierigkeit)* difficoltà *f.* **schwerelos** *a* privo di gravità. **Schwerelosigkeit** ‹-, ø› *f* **1.** *phys* mancanza *f* (*o* assenza *f*) di gravità, imponderabilità *f;* **2.** *fig (Leichtigkeit)* leggerezza *f.*

Schwerenöter [-nøːtɐ] ‹-s, -› *m fam* donnaiolo *m,* dongiovanni *m.*

schwererziehbar *a* caratteriale.

schwer·fallen ‹*irr*› *itr* ‹*sein*›: **es fällt mir schwer zu ...** mi è (*o* riesce) difficile ... *inf.*

schwerfällig *a* lento; *(Stil)* pesante. **Schwerfälligkeit** ‹-, ø› *f (von Stil)* pesantezza *f.*

Schwergewicht *n* **1.** *sport, fam scherz* peso *m* massimo; **2.** *fig (Nachdruck)* massima importanza *f.* **schwerhörig** *a* duro d'orecchio. **Schwerhörigkeit** ‹-, ø› *f* debolezza *f* d'udito. **Schwerindustrie** *f* industria *f* pesante. **Schwerkraft** *f* forza *f* di gravità.

schwerlich *adv* difficilmente.

schwer·machen *tr:* **jdm etw. ~** rendere difficile (*o* duro) qc a qu.

Schwermut ‹-, ø› *f* malinconia *f.* **schwermütig** [-myːtɪç] *a* malinconico.

schwer·nehmen ‹*irr*› *tr* prendere sul serio.

Schwerpunkt *m* **1.** *phys* centro *m* di gravità, baricentro *m;* **2.** *fig* centro *m; (Hauptgewicht)* massima importanza *f.* **schwerpunktmäßig** *a* per punti chiave.

schwerreich *a fam* ricco sfondato *fam.*

Schwert [ʃveːɐ̯t] ‹-(e)s, -er› *n* spada *f.* **Schwertfisch** *m* pesce *m* spada. **Schwertlilie** *f* iris *f,* iride *f.*

schwer·tun ‹*irr*› *rfl:* **sich ~** avere difficoltà.

Schwerverbrecher(in) *m(f)* grande criminale *mf.* **schwerverdaulich** *a (a. fig)* indigesto. **schwerverletzt** *a attr* gravemente ferito. **schwerwiegend** *a (Gründe)* grave, serio; *(Entschluß)* importante.

Schwester [ˈʃvɛstɐ] ‹-, -n› *f* **1.** *(Verwandte, a. fig, rel)* sorella *f;* **2.** *(Kranken~)* infermiera *f;* **3.** *(Nonne)* suora *f.* **schwesterlich** *a* di (*o* da) sorella, fraterno.

schwieg [ʃviːk] *imp von* **schweigen.**

Schwiegereltern [ˈʃviːgɐ-] ‹*pl*› suoceri *m pl.* **Schwiegermutter** *f* suocera *f.* **Schwiegersohn** *m* genero *m.* **Schwiegertochter** *f* nuora *f.* **Schwiegervater** *m* suocero *m.*

Schwiele [ˈʃviːlə] ‹-, -n› *f* callo *m,* durone *m fam.* **schwielig** *a* calloso.

schwierig [ˈʃviːrɪç] *a* difficile; *(verzwickt)* delicato; *(heikel)* spinoso. **Schwierigkeit** ‹-, -en› *f* difficoltà *f.*

schwillt [ʃvɪlt] *pr von* **schwellen.**

Schwimmbad *n* piscina *f.* **Schwimmbassin** *n,* **-becken** *n* piscina *f.*

schwimmen [ˈʃvɪmən] ‹schwimmt, schwamm, geschwommen› **I.** *itr* ‹*sein*› **1.** *sport* nuotare; **2.** *(Sachen)* galleggiare; **~ gehen** andare a nuotare; **über einen Fluß ~** attraversare un fiume a nuoto; **II.** *tr* ‹*haben o sein*› nuotare. **Schwimmen** ‹-s, ø› *n* nuoto *m.*

Schwimmer ‹-s, -› *m naut, tec* galleggiante *m.*

Schwimmer(in) ‹-s, -› *m(f) sport* nuotatore, -trice *m, f.*

Schwimmflosse *f* pinna *f.* **Schwimmhaut** *f* natatoia *f.* **Schwimmsport** *m* nuoto *m.* **Schwimmweste** *f* giubbetto *m* di salvataggio.

Schwindel [ˈʃvɪndəl] ‹-s, ø› *m* **1.** *med* vertigini *f pl,* capogiro *m;* **2.** *(Betrug)* imbroglio *m,* truffa *f; (Trick)* trucco *m.* **schwindelerregend** *a* vertiginoso. **schwindelfrei** *a:* **~ sein** non soffrire di vertigini. **schwind(e)lig** *a* che ha le vertigini; *med* vertiginoso; **mir ist ~** ho le vertigini.

schwindeln *itr fam (lügen)* mentire; **mir schwindelt** ho le vertigini.

schwinden [ˈʃvɪndən] ‹schwindet, schwand, geschwunden› *itr* ‹*sein*› **1.** *(abnehmen)* diminuire, decrescere; *(schwächer werden)* attenuarsi; **2.** *(vergehen)* passare; *(Hoffnung, etc.)* svanire.

Schwindler(in) ‹-s, -› *m(f) (Lügner)* mentitore, -trice *m, f; (Betrüger)* imbroglione, -a *m, f.*

schwindlig *s.* **schwindelig.**

Schwindsucht *f* tubercolosi *f,* tisi *f.* **schwindsüchtig** *a* tisico.

schwingen ['ʃvɪŋən] ‹schwingt, schwang, geschwungen› **I.** *tr* agitare; *(Fahnen)* sventolare; *(Waffen)* brandire; **II.** *rfl:* **sich auf etw. ~** balzare su qc, lanciarsi su qc; **III.** *itr* **1.** *allg., phys* oscillare; *(vibrieren)* vibrare; **2.** *fig (nachklingen)* risonare.
Schwingung ‹-, -en› *f* **1.** *phys* oscillazione *f;* **2.** ‹*pl*› *fig* vibrazioni *f pl.*
Schwips [ʃvɪps] ‹-es, -e› *m fam* leggera sbornia *f fam;* **einen ~ haben** essere un po' brillo *fam.*
schwirren ['ʃvɪrən] *itr* ‹*sein*› ronzare; *(Vögel, Gedanken)* frullare; *(Kugel, Pfeil)* sibilare.
schwitzen ['ʃvɪtsən] *itr (Menschen)* sudare; *(Wände)* trasudare; *(Fenster)* appannarsi.
Schwitzwasser *n* condensa *f.*
schwoll [ʃvɔl] *imp von* **schwellen.**
schwören ['ʃvø:rən] ‹schwört, schwor, geschworen› *itr, tr* giurare (*bei, auf* su); **auf jdn/etw. ~** *fig* aspettarsi molto da qu/qc.
schwul [ʃvu:l] *a fam* invertito *fam.*
schwül [ʃvy:l] *a* **1.** *meteo* afoso, soffocante; **2.** *fig (Atmosphäre)* opprimente; *(Phantasien)* eccitante; **es ist ~** c'è afa.
Schwule ['ʃvu:lə] ‹ein -r, -n, -n› *m fam* finocchio *m sl,* invertito *m fam.*
Schwüle ['ʃvy:lə] ‹-, ø› *f* **1.** *(Witterung)* afa *f;* **2.** *fig (Stimmung)* pesantezza *f.*
Schwulst [ʃvʊlst] ‹-(e)s, ⸚e› *m* ampollosità *f,* enfasi *f.*
schwülstig ['ʃvʏlstɪç] *a* ampolloso, enfatico.
Schwund [ʃvʊnt] ‹-(e)s, ø› *m (Abnahme)* diminuzione *f; (Verlust)* perdita *f; (Schrumpfung)* ritiro *m; med* atrofia *f.*
Schwung [ʃvʊŋ] ‹-(e)s, ⸚e› *m* **1.** *(Bewegung)* movimento *m* circolare; *(mit Arm)* giro *m;* **2.** *(Linienführung)* linea *f;* **3.** ‹*sing*› *(~kraft, Antrieb)* forza *f,* slancio *m; fig (Elan)* slancio *m,* entusiasmo *m; (von Musik, etc.)* energia *f,* forza *f* travolgente; **4.** ‹*sing*› *fam (Menge)* mucchio *m fam;* **in ~** in forma (*o* vena); **in ~ kommen** prendere l'avvio. **schwunghaft** *a* vivace, attivo. **Schwungrad** *n* volano *m.* **schwungvoll** *a* **1.** *(Bewegung, Unterschrift)* ampio e circolare; **2.** *(Rede)* vivace, animato; *(Musik)* brioso.
Schwur [ʃvu:ɐ̯] ‹-(e)s, ⸚e› *m* giuramento *m.* **Schwurgericht** *n* corte *f* d'assise.
Schwyz [ʃvi:ts] *n (Stadt)* Svitto *f; (Kanton)* Svitto *m.*
Science-fiction ['saɪənsfɪkʃən] ‹-, -s› *f* fantascienza *f.*
Sebastian [ze'bastian] *(männlicher Vorname)* Sebastiano.
sechs [zɛks] *(Zahlwort)* sei; *s. a. vier.*
Sechs ‹-, -en› *f* sei *m; (Schulnote: ungenügend)* ≃ zero *m.*
Sechs-, sechs- *s. a. Vier-, vier-.*
sechshundert ['zɛks'hʊndɐt] *(Zahlwort)* seicento.
sechsjährig *a* **1.** *(sechs Jahre alt)* di sei anni; **2.** *(sechs Jahre lang)* che dura sei anni.
sechsmal *adv* sei volte.
Sechstagerennen [-'ta:gə-] *n* seigiorni *f.*
sechste *s.* **sechste(r, s).**
Sechste ‹ein -r, -n, -n› *mf* sesto, -a *m, f; s. a. Vierte.*
Sechstel ‹-s, -› *n* sesto *m.*
sechstens *adv* (in) sesto (luogo).
sechste(r, s) *a* sesto, -a; *(bei Datumsangaben)* sei; *s. a. vierte(r, s).*
sechzehn ['zɛçtse:n] *(Zahlwort)* sedici.
Sechzehntel *n* sedicesimo *m.*
sechzehnte(r, s) *a* sedicesimo, -a; *(bei Datumsangaben)* sedici; *s. a. vierte(r, s).*
sechzig ['zɛçtsɪç] *(Zahlwort)* sessanta; **etwa ~ (. . .)** una sessantina (di . . .); *s. a. vierzig.* **sechzigjährig** *a* **1.** *(sechzig Jahre alt)* sessantenne; **2.** *(sechzig Jahre lang)* che dura sessant'anni. **Sechzigjährige** ‹ein -r, -n, -n› *mf* uomo *m* (donna *f*) sulla sessantina, sessantenne *mf.*
sechzigste(r, s) *a* sessantesimo, -a; *s. a. vierte(r, s).*
See[1] [ze:] ‹-s, -n› *m (Binnen~)* lago *m.*
See[2] [ze:] ‹-, ø› *f (Meer)* mare *m,* oceano *m;* **an der ~** al mare; **in ~ gehen** (*o* **stechen**) salpare; **auf ~** in mare.
Seeadler *m* aquila *f* marina. **Seebad** *n* stabilimento *m* balneare. **Seebär** *m scherz* lupo *m* di mare. **Seefahrt** *f* **1.** *(Schiffahrt)* navigazione *f* marittima; **2.** *(einzelne)* viaggio *m* per mare. **Seegang** *m* ‹*sing*› moto *m* ondoso; **hoher ~** mare *m* grosso. **Seegras** *n (Tang)* zostera *f; (zum Polstern)* crine *m* vegetale. **Seehafen** *m* porto *m* marittimo. **Seehund** *m* foca *f.* **Seeigel** *m* riccio *m* di mare. **Seeklima** *n* clima *m* marittimo. **seekrank** *a:* **~ sein** aver il mal di mare. **Seekrankheit** *f* mal *m* di mare.
Seele ['ze:lə] ‹-, -n› *f* anima *f;* **er/sie ist eine ~ von einem Menschen** è una pasta d'uomo *fam;* **das ist mir aus der ~ gesprochen** ha detto proprio quello che penso. **seelengut** ['ze:lən'gu:t] *a* di buon cuore. **Seelenleben** *n* vita *f* interiore. **Seelenruhe** *f* tranquillità *f* d'animo; **in aller ~** con tutta calma. **Seelenwanderung** *f* trasmigrazione *f* dell'anima.
Seeleute ‹*pl*› gente *f* di mare.
seelisch *a* psichico.
Seelöwe *m* leone *m* marino.
Seelsorge *f* cura *f* d'anime. **Seelsorger(in)** ‹-s, -› *m(f)* padre *m* spirituale.
Seeluft *f* aria *f* di mare. **Seemacht** *f* potenza *f* marittima (*o* navale). **Seemann** ‹-(e)s, -leute› *m* marinaio *m.* **Seemeile** *f* (*ab* **sm**) miglio *m* marino.

Seenot *f* pericolo *m* di naufragio. **Seepferd(chen)** [-p͜fe:ɐ̯t(çən)] ‹-s, -› *n* ippocampo *m*. **Seeräuber** *m* pirata *m*, corsaro *m*. **Seereise** *f* viaggio *m* per mare. **Seerose** *f* ninfea *f*. **Seeschlacht** *f* battaglia *f* navale. **Seestern** *m* stella *f* di mare, asteria *f*. **seetüchtig** *a* navigabile, atto alla navigazione. **Seeweg** *m* via *f* marittima; **auf dem ~** per mare. **Seezunge** *f* sogliola *f*.

Segel ['ze:gəl] ‹-s, -› *n* vela *f*. **Segelboot** *n* barca *f* a vela. **Segelfliegen** ‹-s, ø› *n* volo *m* a vela. **Segelflieger(in)** *m(f)* veleggiatore, -trice *m, f*, volovelista *mf*. **Segelflug** *m* volo *m* a vela. **Segelflugzeug** *n* aliante *m*. **Segeljacht** *f* yacht *m* a vela. **Segelklub** *m* circolo *m* (*o* club *m*) velico.

segeln *itr* ‹*haben o bei Fortbewegung sein*› veleggiare, navigare a vela; *sport* fare della vela; *(Wolken, Vogel)* veleggiare. **Segeln** ‹-s, ø› *n* (navigazione *f* a) vela *f*, velismo *m*.

Segelschiff *n* veliero *m*, nave *f* a vela. **Segelsport** *m* velismo *m*. **Segeltuch** *n* (tela *f*) olona *f*.

Segen ['ze:gən] ‹-s, -› *m* **1.** *(gesprochener, fam: Einwilligung)* benedizione *f*; **2.** *(~ des Himmels)* grazia *f* (di Dio); **3.** *(Glück)* fortuna *f*; *(Wohltat)* beneficio *m*. **segensreich** *a* che porta fortuna.

Segler(in) ‹-s, -› *m(f)* velista *mf*.

Segment [zɛ'gmɛnt] ‹-s, -e› *n* segmento *m*.

segnen ['ze:gnən] *tr* benedire.

Segnung ‹-, -en› *f* benedizione *f*; *(segensreiche Wirkung)* beneficio *m*.

sehen ['ze:ən] ‹sieht, sah, gesehen› **I.** *tr* vedere; *(an~)* guardare; **gern gesehen sein** essere ben accetto (*bei* a); **sich ~ lassen** farsi vivo; **sich ~ lassen können** presentarsi bene; **ich kann es nicht ~, wenn ...** non mi piace che ... *conj*; **ich kann ihn nicht ~** *fig (ausstehen)* non posso vederlo; **wenn man ihn (so) sieht** a vederlo; **da sieht man es mal wieder!** è tipico!; **sich gezwungen ~** vedersi costretto; **II.** *itr (mit den Augen)* vederci; *(in bestimmte Richtung)* guardare; **jdn vom S~ kennen** conoscere qu di vista; **auf etw. ~** *(achten)* badare a qc; **nach jdm/etw. ~** *(sich kümmern)* occuparsi di qu/qc; **mal ~** vedremo; **wir werden ja ~** staremo a vedere; **sieh mal!** guarda!; **laß mal ~!** fa vedere!

sehenswert *a* degno d'esser visto, notevole. **Sehenswürdigkeit** ‹-, -en› *f* cosa *f* notevole, bellezza *f*.

Seher(in) ‹-s, -› *m(f)* veggente *mf*.

Sehfehler *m* difetto *m* della vista. **Sehkraft** *f* vista *f*, facoltà *f* visiva.

Sehne ['ze:nə] ‹-, -n› *f* **1.** *anat* tendine *m*; **2.** *(Bogen~, mat)* corda *f*.

sehnen ['ze:nən] *rfl*: **sich nach etw. ~** *(Verlangen haben)* desiderare ardentemente qc, bramare qc; **sich nach jdm/etw. ~** *(Heimweh haben)* aver nostalgia di qu/qc; **ich sehne mich danach zu .../, daß ...** ho una gran voglia (*o* mi struggo) di ... *inf*.

sehnig *a* **1.** *(Fleisch)* tiglioso; **2.** *(Körper)* nerboruto.

sehnlich *a* ardente, fervido.

sehnlichst *adv* appassionatamente, ardentemente.

Sehnsucht *f* **1.** *(Verlangen)* desiderio *m* ardente (*nach* di), brama *f* (*nach* di); **2.** *(Heimweh)* nostalgia *f* (*nach* di).

sehnsüchtig *a (Gedanken)* pieno di nostalgia; *(Blick)* nostalgico; *(Wunsch)* ardente, struggente; *(Erwartung)* impaziente.

sehr [ze:ɐ̯] *adv* molto, assai, tanto; **~ lang/schön** lunghissimo/bellissimo; **~ bald** tra poco, presto; **~ viel** moltissimo; *(vor Substantiv)* molto, una gran quantità di; **wie ~** quanto; **wie ~ auch ...** per quanto ...; **zu ~** troppo; **so ~ du auch suchst** per quanto tu cerchi; **bitte ~!** prego.

seicht [za͜içt] *a* **1.** *(Wasser)* poco profondo, basso; **2.** *fig pej* piatto, scialbo.

seid [za͜it] *pr von* **sein¹**.

Seide ['za͜idə] ‹-, -n› *f* seta *f*.

seiden *a* di seta. **Seidenpapier** *n* carta *f* velina. **Seidenraupe** *f* baco *m* da seta. **seidenweich** ['za͜idən'va͜iç], **seidig** *a* morbido come la seta.

Seife ['za͜ifə] ‹-, -n› *f* sapone *m*. **Seifenblase** *f* bolla *f* di sapone. **Seifenlauge** *f* saponata *f*, lisciva *f* di sapone. **Seifenpulver** *n* sapone *m* in polvere. **Seifenschale** *f* portasapone *m*.

seihen ['za͜iən] *tr* filtrare, passare.

Seil [za͜il] ‹-(e)s, -e› *n* corda *f*; *(Tau)* fune *f*; *naut* cavo *m*. **Seilbahn** *f* funivia *f*, teleferica *f*.

Seiler ‹-s, -› *m* cordaio *m*.

Seilschaft ‹-, -en› *f* cordata *f*.

Seiltänzer(in) *m(f)* funambolo, -a *m, f*.

sein¹ [za͜in] ‹ist, war, gewesen› *itr* ‹*sein*› essere; *(existieren)* esistere; *(sich befinden)* trovarsi; *(stattfinden)* aver luogo; **20 Jahre alt ~** avere vent'anni; **hier** (*o* **da) bin ich** eccomi (qua); **mir ist kalt** ho (*o* sento) freddo; **mir ist, als ob ...** ho l'impressione (*o* la sensazione) che ... *conj*; **es ist an dir zu ...** spetta (*o* sta) a te ... *inf*; **es ist schön(es Wetter)** fa bello, fa bel tempo; **es ist kalt** è (*o* fa) freddo; **es waren viele Menschen da** c'erano molte persone; **so ist es** è così; **2 und 2 ist 4** 2 più 2 fa 4; **das ist nichts für Sie** non fa per Lei; **das mag** (*o* **kann) ~** può darsi, sarà; **es sei denn (, daß) ...** a meno che ... *conj*; **wie dem**

auch sei come che sia; **laß es ~!** lascia perdere!; **das ist es ja gerade!** proprio di questo si tratta.
sein[2] [zain] (*adjektivisches Possessivpronomen von* er, es) suo, -a *m. f,* suoi *m pl.* sue *f pl.*
Sein ‹-s, ø› *n* essere *m; (Da~)* esistenza *f.*
seiner *pers pron* (*gen von* er, es) di lui; *s. a. seine(r, s).*
seine(r, s) ['zainə] (*substantivisches Possessivpronomen von* er, es) (il) suo, (la) sua, (i) suoi *m pl,* (le) sue *f pl;* **jedem das S~** a ciascuno il suo.
seinerseits ['zainɐ'zaits] *adv* da parte sua.
seinerzeit *adv* allora.
sein(e)s *s.* **seine(r, s).**
seinesgleichen ['zainəs'glaiçən] ‹*inv*› *pron* suo pari, uno *m* (*o* gente *f, etc.*) come lui; **nicht ~ haben** non avere un par suo; **jdn als** (*o* **wie**) **~ behandeln** trattare qu da pari a pari.
seinetwegen ['zainət've:gən] *adv* per causa sua, per lui; *(negativ)* per colpa sua.
seinetwillen ['zainət'vɪlən] *adv:* **um ~** per lui, per amor suo.
seins *s.* **seine(r, s).**
seit [zait] **I.** *prp* da; **II.** *con* da quando.
seitdem [-'de:m] **I.** *adv* da allora; **II.** *con* da quando.
Seite ['zaitə] ‹-, -n› *f* **1.** *allg.* lato *m,* parte *f; (von Stoff)* verso *m; mat (von Gleichung)* termine *m,* membro *m;* **2.** *(Charakterzug)* lato *m; (Aspekt)* aspetto *m;* **3.** *(von Buch)* pagina *f;* **linke ~** *(von Stoff)* rovescio *m; typ* verso *m;* **rechte ~** *(von Stoff)* diritto *m; typ* retto *m;* **auf die ~ legen** *(a. fig: sparen)* mettere da parte; **auf die** (*o* **zur**) **~ gehen/treten/fahren** farsi da parte; **auf jds ~ stehen** *fig* essere dalla parte di qu; **jdm zur ~ stehen** *fig* assistere qu, aiutare qu; **~ an ~** fianco a fianco; **auf der einen ~ . . ., auf der anderen ~ . . .** da un lato (*o* da una parte) . . ., dall'altro (*o* dall'altra) . . .; **nach allen ~n** in tutte le direzioni; **von der ~** di lato; **von s~n** *gen* da parte di; **von allen ~en** da ogni parte; *fig* sotto tutti gli aspetti; **jedes Ding hat zwei ~n** *prov* ogni medaglia ha il suo rovescio *prov.* **Seitenansicht** *f* vista *f* laterale (*o* di fianco); *(Profil)* profilo *m.* **Seitenblick** *m* occhiata *f* (di lato *o* di traverso). **Seiteneingang** *m* entrata *f* laterale. **Seitenhieb** *m fig* fiancata *f,* stoccata *f.* **seitenlang** *a* di pagine e pagine. **Seitenlinie** *f* **1.** *sport* linea *f* laterale; **2.** *(Genealogie)* linea *f* collaterale.
seitens *prp gen* da parte di.
Seitensprung *m fig* scappatella *f.* **Seitenstechen** ‹-s, ø› *n* fitta *f* al fianco. **Seitenstraße** *f* strada *f* laterale. **Seitenstreifen** *m (von Straße)* banchina *f.* **Seitenwind** *m* vento *m* laterale.
seither [-'he:ɐ] *adv* da allora.
seitlich **I.** *a* laterale; **II.** *adv* lateralmente, di lato; **III.** *prp gen* a lato (*o* fianco) di.
seitwärts [-vɛrts] *adv* lateralmente.
sekkieren [zɛ'ki:rən] ‹*ohne ge-*› *tr A (belästigen, quälen)* maltrattare.
Sekret [ze'kre:t] ‹-(e)s, -e› *n* secreto *m.*
Sekretär [zekre'tɛ:ɐ] ‹-s, -e› *m (Möbelstück)* secrétaire *m.*
Sekretär(in) [...'tɛ:ɐ (...rɪn)] ‹-s, -e› *m(f) (Mensch)* segretario, -a *m, f.*
Sekretariat [zekreta'ria:t] ‹-(e)s, -e› *n* segretariato *m.*
Sekt [zɛkt] ‹-(e)s, -e› *m* (vino *m*) spumante *m.*
Sekte ['zɛktə] ‹-, -n› *f* setta *f.*
Sektfrühstück *n* colazione *f* a base di champagne. **Sektlaune** *f scherz* euforia *f* da champagne.
sekundär [zekʊn'dɛ:ɐ] *a* secondario.
Sekundararzt *m,* **-ärztin** *f* [...'da:ɐ-] *A* assistente *mf* medico, -a. **Sekundarschule** *f CH* scuola *f* secondaria inferiore.
Sekunde [ze'kʊndə] ‹-, -n› *f* secondo *m;* **eine ~, bitte!** un momento, per favore! **Sekundenzeiger** *m* lancetta *f* dei secondi.
selber ['zɛlbɐ] *fam s.* **selbst.**
selbe(r, s) ['zɛlbə] *a* stesso.
selbst [zɛlpst] **I.** *pron* stesso; *(bei Personen a.)* in persona; **die Sache/das Haus ~** la cosa/la casa in (*o* di per) se stessa; **etw. ~ machen** fare qc da solo; **von ~** da sé; **~ ist der Mann** *prov* chi fa da sé fa per tre *prov;* **II.** *adv* persino; **~ wenn** anche se *conj,* quand'anche *conj.*
selbständig ['zɛlp-] *a* **1.** *(unabhängig)* indipendente; **2.** *com* in proprio; **sich ~ machen** *(im Beruf)* rendersi indipendente. **Selbständigkeit** ‹-, ø› *f* indipendenza *f.*
Selbstauslöser *m* autoscatto *m.*
Selbstbedienung *f* self-service *m.* **Selbstbedienungsladen** *m* self-service *m,* supermercato *m.*
Selbstbefriedigung *f* masturbazione *f,* onanismo *m.* **Selbstbeherrschung** *f* dominio *m* (*o* padronanza *f*) di sé. **Selbstbestimmungsrecht** *n* diritto *m* di autodeterminazione.
selbstbewußt *a* sicuro di sé. **Selbstbewußtsein** *n* coscienza *f* di sé.
Selbstbildnis *n* autoritratto *m.* **Selbsterfahrungsgruppe** *f* gruppo *m* di autoanalisi. **Selbsterhaltungstrieb** *m* istinto *m* di autoconservazione. **Selbsterkenntnis** *f* conoscenza *f* di se stesso. **Selbstfindung** ‹-, -en› *f* processo *m* di identificazione. **selbstgefällig** *a* soddisfatto (*o* compiaciuto) di se stesso. **Selbstgefälligkeit** *f* autocompiacimento *m.* **selbstgemacht** *a*

fatto da sé; *gastr* fatto in casa. **Selbstgespräch** *n* monologo *m*, soliloquio *m*; **~e führen** parlare fra sé. **selbstherrlich** *a* dispotico, tirannico. **Selbsthilfe** *f* iniziativa *f* personale. **Selbstjustiz** *f* far *m* giustizia da sé. **selbstklebend** *a* autoadesivo. **Selbstkostenpreis** *m* prezzo *m* di costo. **Selbstkritik** *f* autocritica *f*. **Selbstlaut** *m* vocale *f*.

selbstlos *a (Hilfe, etc.)* disinteressato; *(Mensch)* altruista. **Selbstlosigkeit** ‹-, ø› *f (von Hilfe, etc.)* disinteresse *m*; *(von Mensch)* altruismo *m*.

Selbstmord *m* suicidio *m*; **~ begehen** suicidarsi. **Selbstmörder(in)** *m(f)* suicida *mf*. **selbstmörderisch** *a* suicida. **Selbstmordkandidat(in)** *m(f)* candidato, -a *m*, *f* al suicidio. **Selbstmordversuch** *m* tentativo *m* di (*o* tentato) suicidio *m*; **einen ~ machen** tentare di suicidarsi.

selbstsicher *a* sicuro di sé. **selbstsüchtig** *a* egoista, egoistico. **selbsttätig** *a* automatico. **Selbstüberwindung** *f* dominio *m* di sé. **selbstverschuldet** *a* per colpa propria. **Selbstversorger** ‹-s, -› *m* persona *f* che nutre di alimenti di propria produzione; *(in Urlaub)* chi (in vacanza) si preoccupa del proprio vitto.

selbstverständlich *a* naturale, ovvio. **Selbstverständlichkeit** *f (Fraglosigkeit)* indiscutibilità *f*; *(Tatsache)* cosa *f* ovvia; *(Ungeniertheit)* naturalezza *f*, semplicità *f*.

Selbstvertrauen *n* fiducia *f* in sé. **Selbstverwaltung** *f* amministrazione *f* autonoma. **Selbstverwirklichung** *f* autorealizzazione *f*. **Selbstwertgefühl** *n* stima *f* di sé. **Selbstzweck** *m* fine *m* a se stesso.

Selen [ze'le:n] ‹-s, ø› *n* selenio *m*.

selig ['ze:lɪç] *a* **1.** *rel* beato; **2.** *(verstorben)* defunto, povero; **3.** *(überglücklich)* felice. **Seligkeit** ‹-, ø› *f* **1.** *rel* beatitudine *f*; **2.** *(Glücksgefühl)* felicità *f*. **selig·sprechen** ‹*irr*› *tr* beatificare.

Sellerie ['zɛləri] ‹-s, -(s)› *m o* ‹-, -› *f* sedano *m*.

selten ['zɛltən] *a* **1.** *(nicht häufig)* raro; **2.** *(außergewöhnlich)* straordinario; **3.** *fam (merkwürdig)* strano, singolare. **Seltenheit** ‹-, -en› *f* **1.** ‹*sing*› *(Vorkommen)* rarità *f*; **2.** *(Stück)* pezzo *m* raro. **Seltenheitswert** *m* valore *m* di rarità.

seltsam *a* strano, singolare, curioso. **seltsamerweise** *adv* stranamente. **Seltsamkeit** ‹-, -en› *f* stranezza *f*, singolarità *f*.

Semester [ze'mɛstɐ] ‹-s, -› *n* semestre *m*.

Semikolon [zemi'ko:lɔn, ...lɔns *o* ...la] ‹-s, -s *o* -kola› *n* punto e virgola.

Seminar [zemi'na:ɐ̯] ‹-s, -e› *n* seminario *m*.

Semmel ['zɛməl] ‹-, -n› *f dial* panino *m*, rosetta *f*; **wie warme ~n weggehen** andare a ruba.

sen. *ab von* **senior** sen.

Senat [ze'na:t] ‹-(e)s, -e› *m* senato *m*.

Senator(in) [ze'na:to:ɐ̯ (zena'to:rɪn), zena'to:rən] ‹-s, -en› *m(f)* senatore, -trice *m*, *f*.

Sendebereich *m radio, TV* raggio *m* d'emissione.

senden ['zɛndən] **I.** *tr* ‹sendet, sendete *o* sandte, gesendet *o* gesandt› *(schikken)* mandare, inviare; **II.** *tr, itr* ‹sendet, sendete, gesendet› *radio, TV* trasmettere, mandare in onda.

Sendepause *f* intervallo *m*.

Sender ‹-s, -› *m* stazione *f* trasmittente, emittente *f*.

Senderaum *m* studio *m*. **Sendereihe** *f* serie *f* di trasmissioni. **Sendezeit** *f* tempo *m* di trasmissione.

Sendung ‹-, -en› *f* **1.** *(Beförderung)* invio *m*, spedizione *f*; **2.** *(Gegenstand)* invio *m*; **3.** *geh (Mission)* missione *f*; **4.** *radio, TV* trasmissione *f*.

Senf [zɛnf] ‹-(e)s, -e› *m* senape *f*.

sengend ['zɛŋənt] *a* ardente, cocente, infocato.

senil [ze'ni:l] *a* senile.

senior ['ze:ni̯ɔr] *a* (*ab* **sen.**): **Herr X ~** il signor X padre.

Senior(in) ['ze:ni̯o:ɐ̯ (ze'ni̯o:rɪn), ze'ni̯o:rən] ‹-s, -en› *m(f)* **1.** ‹*pl*› *(alte Menschen)* anziani *m pl*; **2.** *sport* senior *mf*.

Senioren- *(in Zusammensetzungen)* della terza età. **Seniorenkarte** *f*, **Seniorenpaß** *m* carta *f* d'argento.

Senkblei *n* piombino *m*.

Senke ['zɛŋkə] ‹-, -n› *f* depressione *f*.

senken ['zɛŋkən] **I.** *tr* **1.** *(Kopf, Blick, Stimme)* abbassare; **2.** *(Kosten)* ridurre; *(Preise)* calare; **II.** *rfl*: **sich ~** abbassarsi; *(Boden)* avvallarsi; *(Gelände)* scendere.

senkrecht *a* verticale, perpendicolare. **Senkrechte** *f* verticale *f*. **Senkrechtstarter** ‹-s, -› *m* **1.** *aero* aereo *m* a decollo verticale; **2.** *fig (Mensch)* fenomeno *m*.

Senkung ‹-, -en› *f* **1.** *(Ab~)* abbassamento *m*; **2.** *(von Preisen, etc.)* ribasso *m*, riduzione *f*; **3.** *lit* tesi *f*.

Senn [zɛn] ‹-(e)s, -e› *m*, **Sennerin** ['zɛnərɪn] *f* cascinaio, -a *m*, *f* delle alpi.

Sensation [zɛnza'tsi̯o:n] ‹-, -en› *f* sensazione *f*.

sensationell [...tsi̯o'nɛl] *a* sensazionale.

Sensationslust *f* sensazionalismo *m*.

Sense ['zɛnzə] ‹-, -n› *f* falce *f*.

sensibel [zɛn'zi:bəl] *a* sensibile; *(empfindsam)* sensitivo, emotivo.

Sensibilität [zɛnzibili'tɛ:t] ‹-, ø› *f* sensibilità *f*.

sentimental [zɛntimɛn'ta:l] *a* sentimentale.

Sentimentalität [...tali'tɛ:t] ‹-, -en› *f* sentimentalismo *m.*
separat [zepa'ra:t] *a* separato, a parte.
September [zɛp'tɛmbɐ] ‹-(s), -› *m* settembre *m;* **Anfang/Ende/Mitte ~** ai primi di/alla fine di/a metà settembre; **im (Monat) ~** in settembre, nel mese di settembre; **Krefeld, (den) 11. ~ 1956** Krefeld, (il *o adm* li) 11 settembre 1956; **heute ist der erste ~** oggi è il primo di settembre; **am dritten ~** il tre di settembre; **der ~ hat 30 Tage** settembre ha 30 giorni.
Sera *pl von* **Serum.**
serbokroatisch [zɛrbokro'a:tɪʃ] *a* serbocroato.
Seren *pl von* **Serum.**
Serenade [zere'na:də] ‹-, -n› *f* serenata *f.*
Serie ['ze:ri̯ə] ‹-, -n› *f* serie *f; (Bände)* collana *f.*
seriell [ze'ri̯ɛl] *a* seriale.
Serienausstattung *f* equipaggiamento *m* di serie. **serienmäßig I.** *a* di (*o* in) serie; **II.** *adv* in serie. **Serienproduktion** *f* produzione *f* in serie. **Serienschaltung** *f* collegamento *m* in serie. **serienweise** *adv* in serie.
seriös [ze'ri̯ø:s] *a* serio.
Serpentine [zɛrpɛn'ti:nə] ‹-, -n› *f* serpentina *f.*
Serum ['ze:rʊm, ...ra *o* ...rən] ‹-s, Sera *o* Seren› *n* siero *m.*
Service[1] [zɛr'vi:s, ...'vi:s *o* ...'vi:sə] ‹-(s), -› *n (Tafel~)* servizio *m.*
Service[2] ['zø:ɐ̯vɪs *o* 'sə:vɪs] ‹-, ø› *m (Kundendienst)* assistenza *f* tecnica; *(Bedienung)* servizio *m.*
servieren [zɛr'vi:rən] ‹*ohne ge-*› *tr, itr* servire.
Serviererin *f,* **Serviertochter** *f CH* cameriera *f.*
Serviette [zɛr'vi̯ɛtə] ‹-, -n› *f* tovagliolo *m.* **Serviettenring** *m* (anello *m*) portatovagliolo *m.*
Servobremse ['zɛrvo-] *f* servofreno *m.* **Servolenkung** *f* servosterzo *m.*
Sessel ['zɛsəl] ‹-s, -› *m* poltrona *f.* **Sessellift** *m* seggiovia *f.*
seßhaft ['zɛshaft] *a* sedentario; *(wohnhaft)* residente (*in* a).
setzen ['zɛt̮sən] **I.** *tr* **1.** *allg.* mettere; *(Kind)* mettere a sedere; *(Gast)* far sedere; **2.** *(Pflanze)* piantare; **3.** *(Denkmal)* erigere; *(Segel)* issare; **4.** *(Norm)* fissare, stabilire; *(Termin, Ziel, etc.)* fissare, porre; *(Hoffnung, Ehrgeiz, etc.)* riporre; **5.** *typ* comporre; **6.** *(Geld)* puntare (*auf* su); **das Glas an den Mund ~** portare il bicchiere alla bocca; **etw. in die Zeitung ~** mettere (*o* pubblicare) qc sul giornale; **II.** *rfl:* **sich ~ 1.** *(Platz nehmen)* sedersi, mettersi a sedere; *(Vogel)* posarsi; *(Hund, etc.)* accucciarsi; **2.** *(Kaffee, etc.)* depositarsi; **III.** *itr (Geld ~)* puntare (*auf* su); **über etw. ~** *(springen, hüpfen)* saltare sopra qc.
Setzer(in) ‹-s, -› *m(f)* compositore, -trice *m, f.*
Setzerei [zɛt̮sə'ra̯i] ‹-, -en› *f* sala *f* di composizione.
Setzfehler *m* errore *m* di composizione. **Setzkasten** *m* cassetta *f* dei caratteri.
Setzling ['zɛt̮slɪŋ] ‹-s, -e› *m* piantone *m.*
Seuche ['zɔ̯yçə] ‹-, -n› *f* epidemia *f; (Tier~)* epizoozia *f; fig* peste *f.* **Seuchengebiet** *n* zona *f* contaminata.
seufzen ['zɔ̯yft̮sən] *itr, tr* sospirare. **Seufzer** ‹-s, -› *m* sospiro *m.*
Sex [zɛks *o* sɛks] ‹-(es), ø› *m* sesso *m.* **Sexbombe** *f fam* maggiorata *f* fisica.
Sexismus [zɛ'ksɪsmʊs] ‹-, ø› *m* sessismo *m.*
sexistisch [zɛ'ksɪstɪʃ] *a* sessista.
Sexstar *m (im Kino)* star *m* a luce rossa.
Sexta ['zɛksta, ...tən] ‹-, Sexten› *f* prima *f* ginnasio.
Sexualerziehung [zɛ'ksu̯a:l-] *f* educazione *f* sessuale.
Sexualität [zɛksu̯ali'tɛ:t] ‹-, ø› *f* sessualità *f.*
Sexualkunde *f* educazione *f* sessuale. **Sexualverbrechen** *n* delitto *m* sessuale. **Sexualwissenschaft** *f* sessuologia *f.*
sexuell [zɛ'ksu̯ɛl] *a* sessuale.
sexy ['zɛksi] ‹*inv*› *a* sexy.
sezieren [ze't̮si:rən] ‹*ohne ge-*› *tr* sezionare; *(a. fig)* anatomizzare.
sfr., sFr *ab von* **Schweizer Franken** Fr.sv. (*ab von* franco svizzero).
Shampoo [ʃɛm'pu: *o* 'ʃampu] ‹-s, -s› *n* shampoo *m.*
shampoonieren [...pu'ni:rən] ‹*ohne ge-*› *tr (Haare)* fare uno shampoo a; *(Teppich)* trattare con lo shampoo.
Shorts [ʃɔrt̮s *o* ʃɔ:ts] ‹*pl*› pantaloncini *m pl* corti, shorts *m pl.*
siamesisch [zi̯a'me:zɪʃ] *a* siamese; **~e Zwillinge** gemelli siamesi.
Sibirien [zi'bi:ri̯ən] *n* Siberia *f.*
sibirisch *a* siberiano.
sich [zɪç] *rfl pron (betont)* sé; *(unbetont)* si; **an ~** in sé; **an und für ~** in se stesso; **bei ~** *(am Körper)* con sé; **von ~ aus** per conto proprio.
Sichel ['zɪçəl] ‹-, -n› *f* falce *f.* **sichelförmig** [-fœrmɪç] *a* a forma di falce, falciforme.
sicher ['zɪçɐ] **I.** *a* sicuro; *(gewiß a.)* certo; *(selbst~)* sicuro di sé; **vor jdm/etw. ~ sein** essere al sicuro da qu/qc; **~ ist ~** la prudenza non è mai troppa *prov;* **II.** *adv* **1.** *(gefahrlos)* in modo sicuro; **2.** *(~lich)* certamente, sicuramente; **~ auftreten** avere un modo di fare sicuro; **etw. ~ wissen** sapere qc per certo (*o* di sicuro); **weißt du das ~?**

lo sai con sicurezza? **sicher·gehen** ‹*irr*› *itr* ‹*sein*› essere sicuro, assicurarsi; **um ganz sicherzugehen** per maggior sicurezza.

Sicherheit ‹-, -en› *f* **1.** ‹*sing*› sicurezza *f; (Gewißheit a.)* certezza *f; (Selbst~)* sicurezza *f* di sé; **2.** *fin* garanzia *f;* **in ~ bringen** mettere al sicuro. **Sicherheitsabstand** *m* distanza *f* di sicurezza. **Sicherheitsglas** *n* vetro *m* di sicurezza. **Sicherheitsgurt** *m* cintura *f* di sicurezza. **sicherheitshalber** *adv* per (motivi di) sicurezza. **Sicherheitsnadel** *f* spilla *f* di sicurezza (*o* da balia).

sicherlich *adv s.* **sicher.**

sichern I. *tr* **1.** *(schützen)* salvaguardare (*gegen* da); **2.** *(garantieren, ver~)* garantire, assicurare; **3.** *(verschaffen)* procurare; **4.** *(befestigen)* consolidare, fortificare; **5.** *tec (Maschinen)* bloccare; *(Schußwaffe)* mettere la sicura a; **II.** *rfl:* **sich ~** *(sich schützen)* proteggersi (*vor, gegen* da, contro); *(beim Bergsteigen)* assicurarsi.

sicher·stellen *tr* **1.** *(garantieren)* assicurare, garantire; **2.** *(in Sicherheit bringen)* mettere (*o* porre) al sicuro; **3.** *(beschlagnahmen)* sequestrare.

Sicherung ‹-, -en› *f* **1.** ‹*sing*› *(Schutz)* preservazione *f; (Garantie)* assicurazione *f,* garanzia *f; (Festigung)* consolidamento *m;* **2.** *(Vorrichtung)* congegno *m* di sicurezza; *(von Waffe)* sicura *f;* **3.** *el* fusibile *m.*

Sicht [zɪçt] ‹-, ø› *f* vista *f; (~verhältnisse)* visibilità *f;* **auf kurze/lange ~** a breve/lunga scadenza. **sichtbar** *a* visibile; *(wahrnehmbar)* percettibile; *fig (offensichtlich)* manifesto, evidente; **~ werden** apparire, manifestarsi.

sichten *tr* **1.** *(erblicken)* avvistare, scorgere; **2.** *(durchsehen)* ordinare, classificare.

Sichtgerät *n* unità *f* video (terminale), videomonitor *m.*

sichtlich *a* visibile, evidente, manifesto.

Sichtverhältnisse *n pl* (condizioni *f pl* di) visibilità *f.* **Sichtvermerk** *m* visto *m.* **Sichtweite** *f* vista *f;* **in/außer ~** in vista/fuori del campo visivo.

sickern ['zɪkɐn] *itr* ‹*sein*› colare, stillare.

sie [zi:] *pers pron* **1.** *nom 3. pers sing (in bezug auf Menschen) (unbetont) meist nicht übersetzt:* ella; *(betont)* lei; *(in bezug auf Dinge) (unbetont) meist nicht übersetzt:* essa; *(betont)* lei; **2.** *nom 3. pers pl (unbetont) meist nicht übersetzt:* essi *m pl,* esse *f pl; (betont)* loro; **3.** *(acc von* sie *sing) (betont)* lei; *(unbetont)* la, l'; **4.** *(acc von* sie *pl) (betont)* loro; *(unbetont)* li *m pl,* le *f pl.*

Sie *pers pron* **1.** *nom sing (Höflichkeitsform)* Lei; **2.** *nom pl (Höflichkeitsform)* Loro; **3.** *(acc von* Sie *sing)* La; **4.** *(acc von* Sie *pl)* Li *m pl,* Le *f pl;* **jdn mit ~ anreden, ~ zu jdm sagen** dare del Lei a qu.

Sieb [zi:p] ‹-(e)s, -e› *n* setaccio *m; (grobes)* vaglio *m,* crivello *m; (Tee~, Kaffee~)* colino *m.* **Siebdruck** ‹-(e)s, -e› *m* serigrafia *f.*

sieben[1] ['zi:bən] **I.** *tr* setacciare; *(Getreide)* vagliare; **II.** *itr fig fam* selezionare, fare una cernita.

sieben[2] ['zi:bən] *(Zahlwort)* sette; *s. a. vier.*

Sieben ‹-, -› *f* sette *m.*

Sieben-, sieben- *s. a. Vier-, vier-.*

siebenhundert ['zi:bən'hʊndɐt] *(Zahlwort)* settecento.

siebenjährig *a* **1.** *(sieben Jahre alt)* di sette anni; **2.** *(sieben Jahre lang)* settennale.

siebenmal *adv* sette volte.

Siebenmeilenstiefel [-'mailən-] *m pl* stivali *m pl* delle sette leghe.

Siebensachen ['zi:bən'zaxən] *f pl* carabattole *f pl fam,* stracci *f pl fam.*

Siebenschläfer *m* ghiro *m.*

siebentausend ['zi:bən'tauzənt] *(Zahlwort)* settemila.

Siebtel ‹-s, -› *n* settimo *m.*

siebtens *adv* (in) settimo (luogo).

siebte(r, s) *a* settimo, -a; *(bei Datumsangaben)* sette; **im ~n Himmel sein** essere al settimo cielo; *s. a. vierte(r, s).*

siebzehn *(Zahlwort)* diciassette.

Siebzehntel *n* diciassettesimo *m.*

siebzehnte(r, s) *a* diciassettesimo, -a; *s. a. vierte(r, s).*

siebzig ['zi:ptsɪç] *(Zahlwort)* settanta; *s. a. vierzig.* **siebzigjährig** *a* **1.** *(siebzig Jahre alt)* settantenne; **2.** *(siebzig Jahre lang)* di settant'anni. **Siebzigjährige** ‹ein -r, -n, -n› *mf* uomo *m* (donna *f*) sulla settantina, settantenne *mf.*

siebzigste(r, s) *a* settantesimo, -a; *s. a. vierte(r, s).*

sieden ['zi:dən] ‹siedet, sott *o* siedete, gesotten *o* gesiedet› **I.** *tr* (far) bollire; *gastr* lessare; **II.** *itr* sbollire. **Siedepunkt** *m* punto *m* di ebollizione.

Siedler(in) ['zi:dlɐ (...ərɪn)] ‹-s, -› *m(f)* colono, -a *m, f.*

Siedlung ‹-, -en› *f* **1.** *(An~)* insediamento *m;* **2.** *(Wohn~)* centro *m* residenziale.

Sieg [zi:k] ‹-(e)s, -e› *m* vittoria *f.*

Siegel ['zi:gəl] ‹-s, -› *n* sigillo *m;* **unter dem ~ der Verschwiegenheit** in gran segreto. **Siegellack** *m* ceralacca *f.* **Siegelring** *m* anello *m* con sigillo.

siegen ['zi:gən] *itr* vincere (*über jdn/etw.* qu/qc).

Sieger(in) ‹-s, -› *m(f)* vincitore, -trice *m, f.*

siegesgewiß, siegessicher *a* sicuro di vincere. **Siegeszug** *m* corteo *m* trionfale; *(a. fig)* trionfo *m.*

Siegfried ['zi:kfri:t] *(männlicher Vorname)* Sigfrido.
siegreich *a* vittorioso.
sieht [zi:t] *pr von* **sehen.**
siezen ['zi:tsən] *tr* dare del Lei a.
Signal [zɪ'gna:l] ‹-s, -e› *n* segnale *m.*
signalisieren [zɪgnali'zi:rən] ‹*ohne ge-*› *tr* segnalare.
Signatur [zɪgna'tu:ɐ] ‹-, -en› *f* segnatura *f.*
signieren [zɪ'gni:rən] ‹*ohne ge-*› *tr* firmare.
Silbe ['zɪlbə] ‹-, -n› *f* sillaba *f.* **Silbentrennung** *f* divisione *f* in sillabe.
Silber ['zɪlbɐ] ‹-s, ø› *n* argento *m; (Tafel~)* argenteria *f.* **Silberblick** *m fam* strabismo *m* di Venere. **Silberhochzeit** *f* nozze *f pl* d'argento.
silb(e)rig ['zɪlb(ə)rɪç] *a* argenteo.
Silbermedaille *f* medaglia *f* d'argento.
silbern *a* **1.** *(aus Silber)* d'argento; **2.** *(silberig)* argenteo; *(Klang)* argentino.
silbrig *s.* **silberig.**
Silhouette [zi'lu̯ɛtə] ‹-, -n› *f* silhouette *f.*
Silicium, Silizium [zi'li:tsi̯ʊm] ‹-s, ø› *n* silicio *m.*
Silo ['zi:lo] ‹-s, -s› *m o n* silo *m.*
Silvester [zɪl'vɛstɐ] ‹-s, -› *n* san Silvestro. **Silvesterparty** *f* festa *f* di Capodanno.
simpel ['zɪmpəl] *a* **1.** *(schlicht)* semplice; **2.** *pej* sempliciotto, sciocco.
Sims [zɪms] ‹-es, -e› *m o n* cornice *f,* cimasa *f; (Fenster~)* davanzale *m.*
Simulant(in) [zimu'lant(ɪn)] ‹-en, -en› *m(f)* simulatore, -trice *m, f.*
simulieren [...'li:rən] ‹*ohne ge-*› *tr* fingere, simulare.
simultan [zimʊl'ta:n] *a* simultaneo. **Simultandolmetschen** ‹-s, ø› *n* traduzione *f* simultanea. **Simultandolmetscher(in)** *m(f)* interprete *mf* simultaneo, -a.
sind [zɪnt] *pr von* **sein**[1].
Sinfonie [zɪnfo'ni:, ...i:ən] ‹-, -n› *f* sinfonia *f.* **Sinfonieorchester** *n* orchestra *f* sinfonica.
singen ['zɪŋən] ‹singt, sang, gesungen› *tr, itr* cantare. **Singen** ‹-s, ø› *n* canto *m.*
Single[1] [sɪŋgl] ‹-, -(s)› *f (Schallplatte)* 45 giri *m.*
Single[2] [sɪŋgl] ‹-s, -s› *m,* ‹-, -s› *f (Alleinlebende)* persona *f* sola.
Singsang ['zɪŋzaŋ] ‹-(e)s, ø› *m* cantilena *f.*
Singular ['zɪŋgula:ɐ] ‹-s, -e› *m* singolare *m.*
Singvogel *m* uccello *m* canoro.
sinken ['zɪŋkən] ‹sinkt, sank, gesunken› *itr* ‹*sein*› **1.** *(nach unten ~)* calare; *(a. Schiff)* affondare; **2.** *(sich senken)* abbassarsi, calare; **3.** *(Ansehen, Vertrauen)* calare; *(Einfluß)* diminuire; **tief ~** *(moralisch)* cadere in basso; **in einen Stuhl/zu Boden ~** cadere su una sedia/a terra; **die Hoffnung/den Mut ~ lassen** perdere la speranza/perdersi d'animo.
Sinn [zɪn] ‹-(e)s, -e› *m* **1.** *(Wahrnehmungs~)* senso *m; (Bewußtsein)* sensi *m pl,* conoscenza *f;* **2.** *(Verständnis, Empfänglichkeit)* comprensione *f (für* per), sensibilità *f (für* per); **3.** *(Zweck)* scopo *m,* senso *m;* **4.** *(Bedeutung)* significato *m,* senso *m;* **~ haben für ...** avere il senso di ...; **etw. im ~(e) haben** avere in mente qc; **sich** *(dat)* **etw. aus dem ~ schlagen** togliersi qc dalla testa; **jdm in den ~ kommen** venire in mente a qu; **in jds ~e** secondo le intenzioni di qu; **im wahrsten ~e des Wortes** nel vero senso della parola; **von ~en** fuori di sé. **Sinnbild** *n* simbolo *m (für* di). **sinnentstellend** *a* che altera il senso.
Sinnesänderung *f* cambiamento *m* d'idea (*o* d'opinione). **Sinneseindruck** *m* sensazione *f.* **Sinnesorgan** *n* organo *m* sensorio (*o* dei sensi).
sinnfällig *a* evidente. **sinngemäß** *a* conforme al senso (*o* significato); **etw. ~ wiedergeben** riprodurre il senso di qc.
sinnieren [zɪ'ni:rən] ‹*ohne ge-*› *itr* fantasticare, meditare.
sinnig *a (Gedanke)* sensato; *(sinnreich)* ingegnoso.
sinnlich *a* **1.** *(die Sinnesorgane betreffend)* sensoriale; **2.** *(Mensch, Mund, Genuß)* sensuale. **Sinnlichkeit** ‹-, ø› *f* sensualità *f.*
sinnlos *a* **1.** *(ohne Sinn)* senza (*o* privo di) senso; **2.** *(widersinnig)* assurdo, insensato; **3.** *(vergeblich)* vano, inutile; **~ betrunken** ubriaco fradicio *fam.* **Sinnlosigkeit** ‹-, ø› *f* assurdità *f.*
sinnverwandt *a* sinonimico. **sinnvoll** *a (vernünftig)* sensato; *(nützlich)* funzionale, utile. **sinnwidrig** *a* assurdo, insensato.
Sintflut ['zɪnt-] *f* diluvio *m* universale.
Sinus ['zi:nʊs] ‹-, - *o* -se› *m* seno *m.*
Siphon [zi'fõ: *o* 'zi:fõ] ‹-s, -s› *m* sifone *m.*
Sippe ['zɪpə] ‹-, -n› *f* stirpe *f,* clan *m.* **Sippschaft** ‹-, -en› *f (meist pej)* parentado *m.*
Sirene [zi're:nə] ‹-, -n› *f* sirena *f.*
Sirup ['zi:rʊp] ‹-s, -e› *m* sciroppo *m.*
Sitte ['zɪtə] ‹-, -n› *f* **1.** *(Benehmen)* (buon) costume *m;* **2.** *(Brauch)* uso *m,* usanza *f;* **3.** *(Gewohnheit)* abitudine *f;* **gegen die guten ~n verstoßen** offendere la decenza; **das ist bei uns so ~** da noi si usa così. **Sittenlosigkeit** ‹-, ø› *f* dissolutezza *f,* immoralità *f.* **Sittenpolizei** *f* squadra *f* del buon costume. **sittenstreng** *a* austero, puritano.
Sittich ['zɪtɪç] ‹-, -e› *m* pappagallino *m.*
sittlich *a* morale. **Sittlichkeit** ‹-, ø› *f* moralità *f.* **Sittlichkeitsverbrechen** *n* delitto *m* sessuale.

sittsam *a (Benehmen)* pudico; *(Mensch)* virtuoso; *(Kleidung)* decente. **Sittsamkeit** ‹-, ø› *f* pudore *m;* decenza *f.*

Situation [zitu̯aˈts̮i̯o:n] ‹-, -en› *f* situazione *f,* condizioni *f pl.*

Sitz [zɪts̮] ‹-es, -e› *m* **1.** *(~gelegenheit)* posto *m; (Sessel, a. in Fahrzeugen)* sedile *m;* **2.** *parl (von Abgeordneten)* seggio *m;* **3.** *(von Firma, Verein, Regierung)* sede *f;* **4.** *(von Kleidung)* taglio *m.* **Sitzbad** *n* semicupio *m.*

sitzen [ˈzɪts̮ən] ‹sitzt, saß, gesessen› *itr* **1.** *(Mensch)* sedere, essere (*o* stare) seduto; *(Vogel)* stare, essere posato; *(Hund, etc.)* essere accucciato; **2.** *(sich befinden)* trovarsi, essere; *(Firma, Regierung)* risiedere; **3.** *(Deckel, Schraube)* essere fisso; **4.** *(Modell ~)* posare; **5.** *(Kleidung, Frisur)* stare bene; **6.** *fam (im Gefängnis)* essere (*o* stare) al fresco *fam;* **wie angegossen ~** stare a pennello.

sitzen·bleiben ‹*irr*› *itr* ‹*sein*› *fam* **1.** *(in Schule)* essere bocciato *fam;* **2.** *obs (Frau)* rimanere zitella; *(beim Tanz)* fare da tappezzeria *fam.* **sitzen·-lassen** ‹*irr*› *tr fam* piantare *fam; (bei Verabredung)* dare un bidone a *fam;* **etw. auf sich** *(dat)* **~** lasciar correre qc; **das lasse ich nicht auf mir sitzen!** questa non la mando giù.

Sitzgelegenheit *f,* **-platz** *m* posto *m* (a sedere). **Sitzstreik** *m* sciopero *m* passivo.

Sitzung ‹-, -en› *f* seduta *f; jur* udienza *f.* **Sitzungssaal** *m* sala *f* delle sedute; *jur* aula *f* delle udienze.

Sitzverteilung *f parl* assegnazione *f* dei seggi.

Sizilianer(in) [zits̮iˈli̯a:nɐ (...ərɪn)] ‹-s, -› *m(f)* siciliano, -a *m, f.*

sizilianisch *a* siciliano.

Sizilien [ziˈts̮i:li̯ən] *n* Sicilia *f.*

Skala [ˈska:la, ...las *o* ...lən] ‹-, -s *o* Skalen› *f* scala *f.*

Skalp [skalp] ‹-s, -e› *m* scalpo *m.*

Skalpell [skalˈpɛl] ‹-s, -e› *n* scalpello *m.*

Skandal [skanˈda:l] ‹-s, -e› *m* scandalo *m.*

skandalös [...daˈlø:s] *a (anstößig)* scandaloso; *(unerhört)* inaudito.

Skandinavien [skandiˈna:vi̯ən] *n* Scandinavia *f.*

skandinavisch *a* scandinavo.

Skat [ska:t] ‹-(e)s, -e *o* -s› *m* skat *m.*

Skelett [skeˈlɛt] ‹-(e)s, -e› *n* scheletro *m.*

Skepsis [ˈskɛpsɪs] ‹-, ø› *f* scetticismo *m.*

skeptisch [ˈskɛptɪʃ] *a* scettico.

Ski [ʃi:] ‹-s, -er *o rar* -› *m* sci *m;* **~ fahren** (*o* **laufen**) sciare. **Skianzug** *m* tuta *f* da sci. **Skigymnastik** *f* ginnastica *f* presciistica. **Skihose** *f* pantaloni *m pl* da sci. **Skikurs** *m* corso *m* di sci. **Skilanglauf** *m* sci *m* di fondo. **Skilaufen** ‹-s, ø› *n* sci *m.* **Skiläufer(in)** *m(f)* sciatore, -trice *m, f.* **Skilehrer(in)** *m(f)* insegnante *mf* di sci. **Skilift** *m* sciovia *f.* **Skipaß** *m* ski-pass *m.* **Skipiste** *f* pista *f* da sci. **Skischuh** *m* scarpone *m* da sci. **Skispringen** ‹-s, -› *n* salto *m* con gli sci. **Skispringer(in)** *m(f)* saltatore, -trice *m, f* con gli sci. **Skistock** *m* bastone *m* da sci, racchetta *f.* **Skiträger** *m* portasci *m.* **Skiurlaub** *m* vacanze *f pl* sci(istiche). **Skizirkus** *m* circo *m* bianco.

Skizze [ˈskɪts̮ə] ‹-, -n› *f* schizzo *m; (lit a.)* abbozzo *m.* **skizzenhaft** *a* abbozzato, schizzato.

skizzieren [skɪˈts̮i:rən] ‹*ohne ge-*› *tr* schizzare; *(lit a.)* abbozzare.

Sklave [ˈskla:və *o* ...a:fə] ‹-n, -n› *m,* **Sklavin** [...vɪn *o* ...fɪn] *f* schiavo, -a *m, f.*

Sklerose [skleˈro:zə] ‹-, -n› *f* sclerosi *f;* **multiple ~** sclerosi a placche.

Skonto [ˈskɔnto, ...tos *o* ...ti] ‹-s, -s *o rar* Skonti› *m o n* sconto *m.*

Skorpion [skɔrˈpi̯o:n] ‹-s, -e› *m* **1.** *zoo* scorpione *m;* **2.** *astr* Scorpione *m;* **er/sie ist (ein) ~** è (dello *o* uno) Scorpione.

Skrupel [ˈskru:pəl] ‹-s, -› *m* scrupolo *m.* **skrupellos** *a* senza scrupoli. **Skrupellosigkeit** ‹-, ø› *f* mancanza *f* di scrupoli.

Skulptur [skʊlpˈtu:ɐ̯] ‹-, -en› *f* scultura *f.*

Slalom [ˈsla:lɔm] ‹-s, -s› *m* slalom *m.*

Slawe [ˈsla:və] ‹-n, -n› *m,* **Slawin** [...vɪn] *f* slavo, -a *m, f.*

slawisch *a* slavo.

Slip [slɪp] ‹-s, -s› *m* slip *m,* mutandina *f.* **Slipeinlage** *f* proteggi *m* mutandina.

Smaragd [smaˈrakt] ‹-(e)s, -e› *m* smeraldo *m.*

Smog [smɔk] ‹-(s), -s› *m* smog *m.* **Smogalarm** *m* allarme *m* smog.

Smoking [ˈsmo:kɪŋ] ‹-s, -s› *m* smoking *m.*

Snob [snɔp] ‹-s, -s› *m* snob *mf.*

Snobismus [snoˈbɪsmʊs, ...mən] ‹-, -men› *m* snobismo *m.*

snobistisch [...ˈbɪstɪʃ] *a* snob.

so [zo:] **I.** *adv* **1.** *(Art und Weise)* così, in questo modo; **2.** *(bei a, adv)* così, tanto, talmente; **~ etwas** una cosa simile (*o* del genere); **~ etwas wie ...** qualcosa come ...; **~ ... wie** tanto ... quanto; **~ gut wie** praticamente, quasi; **~ ... auch** per quanto ...; **~ viel** tanto; **~ oder ~** in un modo o nell'altro; **bald ~, bald ~** ora in un modo, ora in un altro; **und ~ fort** (*o* **weiter)** e così via, eccetera; **um ~ besser** tanto meglio; **du tust nur ~** fai solo finta; **~ ein Esel!** che imbecille!; **II.** *con (also)* così, dunque; **III.** *interj:* **~!** ecco!, bene!; **~, ~!** ma guarda un po'!; **~?** davvero?, veramente?

s. o. *ab von* **siehe oben** v.s. (*ab von* vedi sopra).

SO *ab von* **Südost(en)** S.E. (*ab von* sudest).
sobald [zo'balt] *con* non appena.
Socke ['zɔkə] ‹-, -n› *f* calzino *m*.
Sockel ['zɔkəl] ‹-s, -› *m* zoccolo *m*, piedistallo *m*; *(Unterbau)* basamento *m*.
Soda ['zo:da] ‹-, ø› *f o* ‹-s, ø› *n* soda *f*. **Sodawasser** *n* (acqua *f* di) soda *f*.
Sodbrennen ['zo:t-] ‹-s, ø› *n* bruciore *m* di stomaco.
soeben [zo'ʔe:bən] *adv (gerade jetzt)* in questo istante; *(vor kurzer Zeit)* appena, or ora, poco fa.
Sofa ['zo:fa] ‹-s, -s› *n* divano *m*, sofà *m*.
sofern [zo'fɛrn] *con* purché *conj*, a condizione che *conj*; ~ **nicht** a meno che *conj*.
soff [zɔf] *imp von* **saufen.**
sofort [zo'fɔrt] *adv* subito, immediatamente. **Sofortbildkamera** *f* camera *f* per fotografie a sviluppo istantaneo. **sofortig** *a* immediato, istantaneo. **Sofortmaßnahme** *f* misura *f* immediata.
Software ['sɔftwɛə] ‹-, -s› *f* software *m*.
sog [zo:k] *imp von* **saugen.**
sog. *ab von* **sogenannte(r, s)** cosiddetto, -a.
Sog [zo:k] ‹-(e)s, -e› *m* risucchio *m*; *(a. fig)* vortice *m*.
sogar [zo'ga:ɐ̯] *adv* perfino, persino.
sogenannt *a* (*ab* **sog.**) cosiddetto; *(angeblich)* sedicente, che si dice.
sogleich [zo'glaiç] *s.* **sofort.**
Sohle ['zo:lə] ‹-, -n› *f* **1.** *(Fuß~)* pianta *f*; **2.** *(Schuh~)* suola *f*; **3.** *(Tal~, geol)* fondo *m*; *min* livello *m*.
sohlen *tr* solare.
Sohn [zo:n] ‹-(e)s, ¨-e› *m* figlio *m*.
Sojabohne ['zo:ja-] *f* soia *f*.
solange [zo'laŋə] *con* finché, fintantoché.
Solar- [zo'la:ɐ̯-] *(in Zusammensetzungen)* solare.
Solarium [zo'la:riʊm, ...i̯ən] ‹-s, -rien› *n* solarium *m*.
Solarzelle *f* pannello *m* solare.
solch [zɔlç] ‹*inv*›, **solche(r, s)** ['zɔlçə] *a* tale; **ein ~er .../eine ~e ...** un tale .../una tale ...; **ein ~er Mensch** un simile individuo; **ein ~ guter Mensch** un uomo così buono.
Sold [zɔlt] ‹-(e)s, -e› *m* soldo *m*.
Soldat [zɔl'da:t] ‹-en, -en› *m* soldato *m*; **der Unbekannte ~** il milite ignoto. **Soldatenfriedhof** *m* cimitero *m* di guerra.
Söldner ['zœldnɐ] ‹-s, -› *m* mercenario *m*.
Sole ['zo:lə] ‹-, -n› *f* acqua *f* salsa (*o* salina).
Soli *pl von* **Solo.**
solidarisch [soli'da:rɪʃ] *a* solidale; **sich ~ erklären** solidarizzare (*mit* con).
Solidarität [...dari'tɛ:t] ‹-, ø› *f* solidarietà *f*.
solid(e) [zo'li:t (...i:də)] *a* solido; *(Arbeit, Arbeiter)* coscienzioso, serio; *(Mensch, Lebensweise)* onesto; *(Preise)* ragionevole.
Solist(in) [zo'lɪst(ɪn)] ‹-en, -en› *m(f)* solista *mf*.
Soll [zɔl] ‹-(s), -(s)› *n* **1.** *fin* dare *m*, debito *m*; **2.** *(Plan~)* norma *f* di produzione.
sollen ['zɔlən] **I.** *itr (modales Hilfsverb)* ‹soll, sollte, sollen› dovere; **du sollst nicht töten** non ammazzare; **du sollst (doch) nicht rauchen!** non devi fumare!; **du solltest lieber gehen** faresti meglio ad andare; **das hättest du nicht tun ~** non avresti dovuto farlo; **er soll reich sein** dicono che sia ricco; **er soll sofort kommen** che venga subito; **er soll gesagt haben/heute kommen** avrebbe detto/dovrebbe venire oggi; **man sollte meinen ...** si direbbe; **man sollte weniger essen** bisognerebbe mangiar meno; **wenn es regnen sollte** se dovesse piovere, se piovesse; **soll ich kommen?** devo venire?; **was soll das heißen?** che cosa vuol dire?; **was soll das kosten?** quanto costa?, quant'è?; **II.** *itr* ‹soll, sollte, gesollt› dovere; **was soll das?** come sarebbe?, che significa?; **was soll ich dort?** cosa ci faccio?; **was soll's** *fam* è uguale; **III.** *tr* ‹soll, sollte, gesollt› dovere.
solo ['zo:lo] ‹*inv*› *a* solo.
Solo ['zo:lo, ...los *o* ...li] ‹-s, -s *o* Soli› *n* assolo *m*.
Solothurn ['zo:loturn] *n* Soletta *f*.
solvent [zɔl'vɛnt] *a* solvente.
somit [zo'mɪt] *adv* quindi, di conseguenza.
Sommer ['zɔmɐ] ‹-s, -› *m* estate *f*. **Sommerferien** ‹*pl*› vacanze *f pl* estive. **Sommerfrische** *f* villeggiatura *f*. **Sommerkleidung** *f* vestiti *m pl* (*o* abiti *m pl*) estivi. **sommerlich** *a* estivo, d'estate. **Sommermantel** *m* soprabito *m*. **Sommerreifen** *m* pneumatico *m* estivo. **Sommerschlußverkauf** *m* liquidazione *f* di fine stagione (estate). **Sommersemester** *n* (*ab* SS) semestre *m* estivo. **Sommerspiele** *n pl*: **Olympische ~** olimpiadi *f pl* estive. **Sommersprossen** *f pl* lentiggini *f pl*. **Sommerzeit** *f* **1.** *(Uhrzeit)* ora *f* estiva; **2.** *(Jahreszeit)* estate *f*.
Sonate [zo'na:tə] ‹-, -n› *f* sonata *f*.
Sonde ['zɔndə] ‹-, -n› *f* sonda *f*.
Sonderanfertigung ['zɔndɐ-] *f* **1.** *(Tätigkeit)* fabbricazione *f* fuori serie; **2.** *(Stück)* esemplare *m* fuori serie. **Sonderangebot** *n* offerta *f* speciale. **Sonderausgabe** *f* **1.** *(Buch, Zeitschrift)* edizione *f* straordinaria; **2.** *fin* spesa *f* straordinaria.
sonderbar *a* strano.
Sonderfall *m* caso *m* particolare. **Son-**

dergenehmigung *f* autorizzazione *f* speciale.
sondergleichen ['zɔndɐ'glaiçən] ‹*inv*› *a* *(nachgestellt)* senza pari.
sonderlich I. *a* eccessivo; **II.** *adv* eccessivamente.
Sonderling ['zɔndɐlɪŋ] ‹-s, -e› *m* persona *f* strana.
Sondermarke *f* francobollo *m* da collezione. **Sondermüll** *m* raccolta *f* dei residui non convenzionali.
sondern[1] ['zɔndɐn] *con* ma, bensì.
sondern[2] ['zɔndɐn] *tr geh* separare.
Sondernummer *f* numero *m* speciale. **Sonderregelung** *f* regolamento *m* (*o* regime *m*) speciale. **Sonderschule** *f* scuola *f* per handicappati. **Sonderstellung** *f* posizione *f* particolare (*o* speciale). **Sonderzug** *m* treno *m* straordinario.
sondieren [zɔn'di:rən] ‹*ohne ge-*› *tr* sondare.
Sonett [zo'nɛt] ‹-(e)s, -e› *n* sonetto *m*.
Sonnabend ['zɔnʔa:bənt] *m* sabato *m*; *s. a. Freitag.*
Sonne ['zɔnə] ‹-, -n› *f* sole *m*; **in der ~** al sole.
sonnen *rfl:* **sich ~** prendere il (*o* stare al) sole; **sich im Erfolg ~** godersi il successo.
Sonnenaufgang *m* sorgere *m* (*o* levata *f*) del sole. **Sonnenbad** *n* bagno *m* di sole. **Sonnenblume** *f* girasole *m*. **Sonnenbrand** *m* scottatura *f* (solare). **Sonnenbrille** *f* occhiali *m pl* da sole. **Sonnencreme** *f* crema *f* solare. **Sonnenenergie** *f* energia *f* solare. **Sonnenfinsternis** *f* eclisse *f* solare. **sonnenhungrig** *a* patito della tintarella *fam*. **Sonnenkollektor** *n* collettore *m* solare. **Sonnenöl** *n* olio *m* solare. **Sonnenschein** *m:* **im ~** al sole. **Sonnenschirm** *m* ombrellino *m*, parasole *m*; *(großer)* ombrellone *m*. **Sonnenschutzmittel** *n* ambra *f* solare. **Sonnenstich** *m* insolazione *f*, colpo *m* di sole; **einen ~ haben** *fam* avere un ramo di pazzia. **Sonnenstrahl** *m* raggio *m* di sole. **Sonnensystem** *n* sistema *m* solare. **Sonnenuhr** *f* orologio *m* solare, meridiana *f*. **Sonnenuntergang** *m* tramonto *m* del sole. **Sonnenwende** *f* solstizio *m*.
sonnig *a* **1.** *meteo* soleggiato, assolato; **2.** *fig (heiter)* gaio.
Sonntag ['zɔnta:k] *m* domenica *f*; **am ~** la domenica; **jeden ~** tutte le domeniche; *s. a. Freitag.* **sonntags** *adv* di (*o* la) domenica; **sonn- und feiertags** la domenica e i giorni festivi. **Sonntagsdienst** *m:* **~ haben** essere di servizio la domenica; **~** *(Hinweis: Arzt)* medico *m* di servizio; *(Apotheke)* farmacia *f* di servizio. **Sonntagsfahrer** *m pej* autista *m* della domenica. **Sonntagsstaat** *m obs* vestiti *m pl* della domenica (*o* festa).
sonst [zɔnst] *adv* **1.** *(andernfalls)* altrimenti; **2.** *(außerdem)* oltre a ciò, inoltre; **3.** *(gewöhnlich)* di solito, normalmente; **4.** *(früher)* un tempo; **~ niemand** nessun altro; **~ nichts** niente altro. **sonstig** *a* ulteriore, altro; **S~es** varie *f pl*.
sooft [zo'ʔɔft] *con* ogniqualvolta.
Sophie [zo'fi:] *(weiblicher Vorname)* Sofia.
Sopran [zo'pra:n] ‹-s, -e› *m (Partie, Stimme)* soprano *m*; *(Sängerin)* soprano *f*; *(Knaben~)* voce *f* bianca.
Sorge ['zɔrgə] ‹-, -n› *f* **1.** *(Angst, Problem)* preoccupazione *f* (*um* per); *(innere Unruhe)* pensiero *m* (*um* per); *(Kummer)* dispiacere *m*; **2.** *(Sorgfalt, Fürsorge)* cure *f pl* (*für* per), sollecitudine *f* (*für* per); **jdm ~n machen** dare dei pensieri a qu; **sich** *(dat)* **~n machen** preoccuparsi, stare in pensiero; **dafür ~ tragen, daß ...** badare che ... *conj.*
sorgen I. *itr:* **für etw. ~** provvedere a qc; *(bewirken)* procurare qc, causare qc; **für jdn ~** *(sich kümmern um)* preoccuparsi di qu; *(betreuen)* aver cura di qu; *(versorgen)* provvedere a qu; **dafür ~, daß ...** fare in modo che ... *conj;* **dafür ist gesorgt** s'è provveduto; **II.** *rfl:* **sich ~** essere in pensiero (*um* per).
sorgenfrei *a* senza pensieri. **Sorgenkind** *n* figlio, -a *m, f* che procura molti pensieri; *fig (a. Sache)* spina *f*. **sorgenvoll** *a* pieno di pensieri (*o* preoccupazioni).
Sorgerecht *n* diritto *m* di sorveglianza; **ihr wurde das ~ für die Kinder zugesprochen** le sono stati affidati i figli.
Sorgfalt ['zɔrkfalt] ‹-, ø› *f* cura *f*, accuratezza *f*. **sorgfältig** [...fɛltɪç] *a* accurato.
sorglos *a* senza preoccupazioni; *(unbekümmert)* spensierato; *(leichtsinnig)* incosciente. **Sorglosigkeit** ‹-, ø› *f* spensieratezza *f*; *(Leichtsinn)* incoscienza *f*, leggerezza *f*.
sorgsam *a (sorgfältig)* accurato; *(umsichtig)* circospetto.
Sorte ['zɔrtə] ‹-, -n› *f* **1.** *(Art)* tipo *m*, sorta *f*, specie *f*; **2.** *(Marke)* marca *f*; **3.** *(Qualität)* qualità *f*; **4.** *bot* varietà *f*; **5.** ‹*pl*› *(Devisen)* valute *f pl*.
sortieren [zɔr'ti:rən] ‹*ohne ge-*› *tr* assortire; *(ordnen)* classificare; *(Briefe)* smistare.
Sortiment [zɔrti'mɛnt] ‹-(e)s, -e› *n* **1.** *com* assortimento *m*; **2.** *(Buchhandel)* commercio *m* librario.
SOS [ɛsʔo:'ʔɛs] ‹-, -› *n* S.O.S. *m*.
sosehr [zo'ze:ɐ] *con* per quanto *conj.*
Soße ['zo:sə] ‹-, -n› *f* salsa *f*; *(a. Braten~)* sugo *m*.
sott [zɔt] *imp von* **sieden.**
Souffleur [zu'flø:ɐ] ‹-s, -e› *m*, **Souf-**

fleuse [...øːzə] ⟨-, -n⟩ *f* suggeritore, -trice *m, f.* **Souffleurkasten** *m* buca *f* del suggeritore.
soufflieren [zuˈfliːrən] ⟨*ohne ge-*⟩ **I.** *itr* fare il suggeritore; **jdm ~** suggerire a qu; **II.** *tr:* **jdm etw. ~** suggerire qc a qu.
Soutane [zuˈtaːnə] ⟨-, -n⟩ *f* sottana *f.*
Souvenir [zuvəˈniːɐ̯] ⟨-s, -s⟩ *n* souvenir *m,* ricordo *m.*
souverän [zuvəˈrɛːn] *a* con superiorità.
soviel [zoˈfiːl] **I.** *adv* tanto; **II.** *con* (per) quanto; **~ ich weiß** per quanto ne sappia io.
soweit [zoˈvai̯t] **I.** *adv* fin qui, fino a questo punto; **~ wie** (*o* **als**) (tanto) quanto; **~ erforderlich** se necessario; **bist du ~?** sei pronto?; **es ist ~** ci siamo; **II.** *con* fin dove; *(in dem Maße, wie)* per quanto *conj.*
sowenig [zoˈveːnɪç] **I.** *adv* (altret)tanto poco; **~ wie möglich** il meno possibile; **II.** *con* per poco che *conj.*
sowie [zoˈviː] *con* **1.** *(sobald)* (non) appena; **2.** *(und auch)* e anche, come anche.
sowieso [zoviˈzoː] *adv* comunque, in ogni caso.
Sowjetbürger(in) [zɔˈvjɛt-] *m(f)* (cittadino, -a *m, f*) sovietico, -a *m, f.* **sowjetisch** *a* sovietico. **Sowjetunion** *f:* **die ~** l'Unione Sovietica.
sowohl [zoˈvoːl] *con:* **~ ... als auch ...** tanto ... quanto ...
sozial [zoˈtsi̯aːl] *a* sociale; **der ~e Wohnungsbau** l'edilizia popolare. **Sozialabgaben** *f pl* contributi *m pl* sociali. **Sozialamt** *n* ufficio *m* d'assistenza sociale. **Sozialarbeiter(in)** *m(f)* assistente *mf* sociale. **Sozialdemokrat(in)** *m(f)* socialdemocratico, -a *m, f.* **sozialdemokratisch** *a* socialdemocratico. **Sozialhilfe** *f* assistenza *f* sociale.
Sozialismus [zotsi̯aˈlɪsmʊs] ⟨-, ø⟩ *m* socialismo *m.*
Sozialist(in) [...ˈlɪst(ɪn)] ⟨-en, -en⟩ *m(f)* socialista *mf.*
sozialistisch *a* socialista.
Sozialleistungen *f pl* prestazioni *f pl* (*o* erogazioni *f pl*) sociali. **Sozialprodukt** *n* prodotto *m* nazionale. **Sozialstaat** *m* stato *m* sociale. **Sozialversicherung** *f* previdenza *f* sociale. **Sozialwohnung** *f* casa *f* popolare.
Soziologe [zotsi̯oˈloːgə] ⟨-, -n⟩ *m,* **Soziologin** [...gɪn] *f* sociologo, -a *m, f.*
Soziologie [...loˈgiː] ⟨-, ø⟩ *f* sociologia *f.*
soziologisch [...ˈloːgɪʃ] *a* sociologico.
Sozius [ˈzoːtsi̯ʊs] ⟨-, -se⟩ *m* **1.** *com* socio *m;* **2.** *(Motorrad~)* persona *f* che viaggia sul sellino posteriore.
sozusagen [zoːtsuˈzaːgən] *adv* per così dire.
Spachtel [ˈʃpaxtəl] ⟨-s, -⟩ *m* spatola *f.*
spachteln **I.** *tr* stuccare; **II.** *itr fam (essen)* pappare *fam.*
Spagat [ʃpaˈgaːt] ⟨-(e)s, -e⟩ *m o n* spaccata *f.*
spähen [ˈʃpɛːən] *itr* spiare; **nach jdm ~** guardare se viene qu.
Spalier [ʃpaˈliːɐ̯] ⟨-s, -e⟩ *n* spalliera *f;* **~ stehen** fare ala.
Spalt [ʃpalt] ⟨-(e)s, -e⟩ *m* fessura *f,* fenditura *f; (Mauer~, Fels~)* crepa *f;* **die Tür einen ~ öffnen** aprire appena la porta.
Spalte [ˈʃpaltə] ⟨-, -n⟩ *f* **1.** *(Fels~, Mauer~)* crepa *f; (Gletscher~)* crepaccio *m;* **2.** *typ* colonna *f.*
spalten ⟨spaltet, spaltete, gespaltet *o bes. fig* gespalten⟩ **I.** *tr* **1.** *allg.* fendere, spaccare; **2.** *fig* scindere, dissociare; **3.** *phys* fissionare; *chem* dissociare; **II.** *rfl:* **sich ~** fendersi, spaccarsi; *fig* dissociarsi.
Spaltung ⟨-, -en⟩ *f* **1.** *(von Material)* fenditura *f,* spaccatura *f;* **2.** *fig* divisione *f,* scissione *f;* **3.** *phys* fissione *f; chem* scissione *f;* **4.** *psych* dissociazione *f.*
Span [ʃpaːn] ⟨-(e)s, ⸚e⟩ *m* truciolo *m.* **Spanferkel** *n* maialino *m* da latte.
Spange [ˈʃpaŋə] ⟨-, -n⟩ *f* fermaglio *m; (Schuh~)* fibbia *f.*
Spanien [ˈʃpaːni̯ən] *n* Spagna *f.*
Spanier(in) ⟨-s, -⟩ *m(f)* spagnolo, -a *m, f.*
spanisch *a* spagnolo; **~e Wand** paravento *m;* **das kommt mir ~ vor** *fam* mi pare strano.
spann [ʃpan] *imp von* **spinnen.**
Spann [ʃpan] ⟨-(e)s, -e⟩ *m* collo *m* (*o* dorso *m*) del piede.
Spannbettuch *n* lenzuolo *m* con angoli elasticizzati.
Spanne [ˈʃpanə] ⟨-, -n⟩ *f (Zeit~)* intervallo *m,* lasso *m* di tempo; *(Handels~, Verdienst~)* margine *m.*
spannen [ˈʃpanən] **I.** *tr* **1.** *(an~)* tendere, tirare; **2.** *(ein~, einklemmen)* stringere; *(in Schreibmaschine)* mettere; **3.** *fot, tec (Waffe)* caricare; **II.** *rfl:* **sich ~** **1.** *(sich an~)* tendersi; **2.** *geh (sich wölben)* inarcarsi; **III.** *itr (Kleidungsstück)* stringere; *(Haut)* tirare.
spannend *a* avvincente; *(Film)* che ha suspense.
Spanner ⟨-s, -⟩ *m* **1.** *(Gerät)* tenditore *m; (Hosen~)* stiracalzoni *m; (Schuh~)* tendiscarpe *m;* **2.** *zoo (Schmetterling)* falena *f;* **3.** *fam (Voyeur)* voyeur *m.*
Spannkraft *f* forza *f* di tensione; *(von Feder)* elasticità *f.*
Spannung ⟨-, -en⟩ *f* tensione *f; (el a.)* voltaggio *m; (von Film, etc.)* suspense *f;* **etw. mit ~ erwarten** attendere qc con impazienza.
Spannweite *f (Flügel~, a. aero)* apertura *f* alare; *(Brücken~)* luce *f* campata.
Spanplatte *f* truciolato *m.*
Sparbuch *n* libretto *m* di risparmio. **Sparbüchse** *f,* **-dose** *f* salvadanaio *m.* **Spareinlage** *f* deposito *m* di risparmio.

sparen ['ʃpa:rən] *tr, itr* fare economia di; *(a. fig)* risparmiare; **sich** *(dat)* **etw.** ~ *(nicht tun)* risparmiarsi qc.
Sparer(in) ‹-s, -› *m(f)* risparmiatore, -trice *m, f.*
Sparflamme *f* fiamma *f* al minimo; **auf** ~ *fig fam* al minimo.
Spargel ['ʃpargəl] ‹-s, -› *m* asparago *m.*
Sparkasse *f* cassa *f* di risparmio. **Sparkonto** *n* conto *m* di risparmio.
spärlich ['ʃpɛ:ɐ̯lɪç] *a* scarso; *(Gewinn)* magro; *(Haar)* rado; ~ **bekleidet** poco vestito.
Sparmaßnahme *f* misura *f* di risparmio.
sparsam *a (Mensch)* economo, parsimonioso; *(Gerät)* economico; **mit etw.** ~ **umgehen** fare economia di qc. **Sparsamkeit** ‹-, ø› *f* parsimonia *f*, economia *f.*
Sparschwein *n* salvadanaio *m* a porcellino.
Sparte ['ʃpartə] ‹-, -n› *f* **1.** *(Gebiet)* campo *m*, settore *m*; *(Wissenszweig)* ramo *m*, branca *f*; *(Geschäftszweig)* branca *f*; **2.** *(Zeitungsspalte)* rubrica *f.*
Spaß [ʃpa:s] ‹-es, ¨-e› *m* **1.** ‹*sing*› *(Vergnügen)* piacere *m*, divertimento *m*; **2.** *(Scherz)* scherzo *m*; ~ **machen** *(scherzen)* scherzare; *(angenehm sein)* essere divertente; ~ **verstehen** (*o* **vertragen**) stare agli scherzi; **an etw.** ~ **haben** divertirsi con qc; **aus** (*o* **zum**) ~ per scherzo; ~ **beiseite!** bando agli scherzi!; **viel** ~! buon divertimento!
spaßen *itr* scherzare; **er läßt nicht mit sich** *(dat)* ~ con lui c'è poco da scherzare; **damit ist nicht zu** ~ con questo non si scherza.
spaßeshalber *adv* per scherzo.
spaßhaft, spaßig *a (Geschichte)* divertente, spassoso; *(Mensch)* arguto, faceto. **Spaßmacher** ‹-s, -› *m*, **Spaßvogel** *m* burlone *m*, mattacchione *m fam.* **Spaßverderber** ‹-s, -› *m* guastafeste *mf.*
spät [ʃpɛ:t] **I.** *a* tardo; *(Entwicklung)* tardivo; **II.** *adv* tardi; **zu** ~ **kommen** arrivare in ritardo; **wie** ~ **ist es?** che ore sono?
Spaten ['ʃpa:tən] ‹-s, -› *m* vanga *f.*
später ['ʃpɛ:tɐ] **I.** *a* **1.** *(nachkommend)* posteriore; **2.** *(zukünftig)* futuro; **II.** *adv (danach)* più tardi; **einige Zeit** ~ qualche tempo dopo.
spätestens *adv* al più tardi.
Spätlese *f (Wein)* vino *m* di prima scelta. **Spätschicht** *f* turno *m* di notte. **Spätsommer** *m* tarda estate *f.*
Spatz [ʃpat͡s] ‹-en *o* -es, -en› *m* passero *m*; **ein** ~ **in der Hand ist besser als eine Taube auf dem Dach** *prov* meglio un uovo oggi che una gallina domani *prov.*
Spätzündung *f* accensione *f* ritardata.
spazieren [ʃpa'tsi:rən] ‹*ohne ge-*› *itr* ‹*sein*› passeggiare. **spazieren·fahren** ‹*irr*› **I.** *itr* ‹*sein*› fare una passeggiata (con un veicolo); **II.** *tr* ‹*haben*› portare a passeggio (con un veicolo). **spazieren·gehen** ‹*irr*› *itr* ‹*sein*› andare a passeggio (*o* a spasso).
Spazierfahrt *f* gita *f.* **Spaziergang** *m* passeggiata *f.* **Spaziergänger(in)** [-gɛŋɐ (...ərɪn)] ‹-s, -› *m(f)* persona *f* che va a passeggio. **Spazierstock** *m* bastone *m* da passeggio.
SPD [ɛspe:'de:] ‹-, ø› *f ab von* **Sozialdemokratische Partei Deutschlands** *partito socialdemocratico nella R.F.T.*
Specht [ʃpɛçt] ‹-(e)s, -e› *m* picchio *m.*
Speck [ʃpɛk] ‹-(e)s, -e› *m* **1.** *gastr* lardo *m*; **2.** *fam (Fettpolster)* grasso *m.* **spekkig** *a* **1.** *(schmutzig)* unto e bisunto; *(Buch)* sciupato e sporco; **2.** *fam (dick)* grasso. **Speckschwarte** *f* cotica *f.*
Spediteur [ʃpedi'tø:ɐ] ‹-s, -e› *m* spedizioniere *m.*
Spedition [...'tsi̯o:n] ‹-, -en› *f* spedizione *f*; *(~sunternehmen)* impresa *f* di spedizioni.
Speer [ʃpe:ɐ̯] ‹-(e)s, -e› *m* lancia *f*; *sport* giavellotto *m.* **Speerwerfen** ‹-s, ø› *n* lancio *m* del giavellotto.
Speiche ['ʃpai̯çə] ‹-, -n› *f* **1.** *(an Rad)* raggio *m*; **2.** *anat* radio *m.*
Speichel ['ʃpai̯çəl] ‹-s, ø› *m* saliva *f.*
Speicher ['ʃpai̯çɐ] ‹-s, -› *m (Getreide~)* granaio *m*; *(Dachboden)* solaio *m*, sottotetto *m*; *(von Computer)* memoria *f.*
speichern *tr* immagazzinare, accumulare; *inform* memorizzare.
speien ['ʃpai̯ən] ‹speit, spie, gespie(e)n› *tr, itr* sputare; *(sich erbrechen)* vomitare.
Speise ['ʃpai̯zə] ‹-, -n› *f* cibo *m*; *(Gericht)* piatto *m*, pietanza *f.* **Speiseeis** *n* gelato *m.* **Speisekammer** *f* dispensa *f.* **Speisekarte** *f* menu *m.*
speisen **I.** *tr* **1.** *geh* dar da mangiare a; *(essen)* mangiare; **2.** *tec* alimentare; **II.** *itr geh* mangiare.
Speisenfolge *f* menu *m.*
Speiseröhre *f* esofago *m.* **Speisewagen** *m* carrozza *f* ristorante.
Speisung ‹-, -en› *f (a. tec)* alimentazione *f.*
Spektakel[1] [ʃpɛk'ta:kəl] ‹-s, -› *m fam (Lärm)* baccano *m*, chiasso *m.*
Spektakel[2] [ʃpɛk'ta:kəl *o* sp...] ‹-s, -› *n (Schauspiel)* spettacolo *m.*
Spektrum ['ʃpɛktrʊm *o* 'sp..., ...rən *o* ...ra] ‹-s, Spektren *o* Spektra› *n* spettro *m.*
Spekulant(in) [ʃpeku'lant(ɪn)] ‹-en, -en› *m(f)* speculatore, -trice *m, f.*
Spekulation [...la'tsi̯o:n] ‹-, -en› *f* speculazione *f.*
spekulieren [...'li:rən] ‹*ohne ge-*› *itr* speculare; **auf etw.** ~ *fam* contare su qc.

Spelunke [ʃpeˈlʊŋkə] ‹-, -n› *f pej* bettola *f.*
spendabel [ʃpɛnˈdaːbəl] *a fam* spendereccio.
Spende [ˈʃpɛndə] ‹-, -n› *f* offerta *f,* dono *m.*
spenden *tr* offrire; *(Blut, Organ)* donare, dare; *(Schatten)* dare; *(Sakrament)* amministrare; *(Lob)* tributare; *(Trost)* dare, recare; **Beifall ~** applaudire.
Spendenkonto *n* conto *m* della solidarietà.
Spender ‹-s, -› *m (Gerät)* distributore *m.*
Spender(in) ‹-s, -› *m(f)* donatore, -trice *m, f.*
spendieren [ʃpɛnˈdiːrən] ‹*ohne ge-*› *tr fam* offrire; *(bezahlen)* pagare.
Spengler [ˈʃpɛŋlɐ] ‹-s, -› *m (süddeutsch, CH)* lattoniere *m.*
Sperling [ˈʃpɛrlɪŋ] ‹-s, -e› *m* passero *m.*
Sperma [ˈʃpɛrma *o* ˈsp..., ...mən *o* ...mata] ‹-s, -men *o* -mata› *n* sperma *m.*
sperrangelweit [ʃpɛrˈʔaŋəlˈvai̯t] *adv fam:* **~ offen** spalancato.
Sperre [ˈʃpɛrə] ‹-, -n› *f* **1.** *(Schranke)* barriera *f; (Straßen~)* blocco *m; mil* sbarramento *m;* **2.** *tec* arresto *m,* bloccaggio *m;* **3.** *(Verbot)* divieto *m,* interdizione *f; (Nachrichten~)* censura *f.*
sperren I. *tr* **1.** *(ver~)* sbarrare; *(a. fin)* bloccare; **2.** *(Handel)* interdire, proibire; **3.** *(Gas, Wasser)* tagliare, chiudere; *(Telefon)* staccare; **4.** *typ* spazi(eggi)are; **5.** *(Scheck)* sbarrare; **6.** *(Spieler)* sospendere; **jdn in etw. ~** (rin)chiudere qu in qc; **II.** *rfl:* **sich ~** opporsi (*gegen* a).
Sperrgebiet *n* zona *f* vietata. **Sperrgut** *n* merce *f* ingombrante. **Sperrholz** *n* (legno *m*) compensato *m.*
sperrig *a* ingombrante, voluminoso.
Sperrkonto *n* conto *m* vincolato. **Sperrmüll** *m* rifiuti *m pl* ingombranti. **Sperrsitz** *m* posto *m* distinto. **Sperrstunde** *f* ora *f* di chiusura.
Sperrung ‹-, -en› *f* **1.** *(Versperren)* sbarramento *m; (a. fin)* blocco *m;* **2.** *(Verbot)* proibizione *f,* interdizione *f;* **3.** *(von Strom, etc.)* blocco *m;* **4.** *typ* spazi(eggi)atura *f;* **5.** *sport* sospensione *f.*
Spesen [ˈʃpeːzən] ‹*pl*› spese *f pl.*
Spezialgebiet [ʃpeˈt͡si̯aːl-] *n* specialità *f.*
spezialisieren [ʃpet͡si̯aliˈziːrən] ‹*ohne ge-*› **I.** *tr* specializzare; **II.** *rfl:* **sich ~** specializzarsi (*auf* in).
Spezialisierung ‹-, -en› *f* specializzazione *f.*
Spezialist(in) [...ˈlɪst(ɪn)] ‹-en, -en› *m(f)* specialista *mf* (*für* in).
Spezialität [...liˈtɛːt] ‹-, -en› *f* specialità *f.*
speziell [ʃpeˈt͡si̯ɛl] *a* speciale, particolare.
spezifisch [ʃpeˈt͡siːfɪʃ] *a* specifico.
Sphäre [ˈsfɛːrə] ‹-, -n› *f* sfera *f.*
Sphinx [sfɪŋks] ‹-, -(e)› *f* sfinge *f.*
spicken [ˈʃpɪkən] *tr* lardellare. **Spickzettel** *m fam* bigino *m fam.*
spie [ʃpiː] *imp von* **speien.**
Spiegel [ˈʃpiːgəl] ‹-s, -› *m* **1.** *allg., fig* specchio *m; (Arzt~)* specolo *m;* **2.** *(Wasser~)* livello *m; (Alkohol~, Zukker~)* tasso *m;* **3.** *mil (Kragen~)* mostrina *f.* **Spiegelbild** *n* immagine *f* riflessa; *fig* specchio *m,* riflesso *m.* **spiegelbildlich** *a* speculare. **spiegelblank** [ˈʃpiːgəlˈblaŋk] *a* lucido come uno specchio. **Spiegelei** *n* uovo *m* al tegamino. **spiegelglatt** [ˈʃpiːgəlˈglat] *a* liscio come uno specchio.
spiegeln I. *tr* riflettere, rispecchiare; **II.** *rfl:* **sich ~ 1.** *(sich betrachten)* specchiarsi; **2.** *(sich wider~)* rispecchiarsi (*in* in); **III.** *itr (glänzen)* splendere, brillare; *(reflektieren)* riflettere.
Spiegelreflexkamera *f* macchina *f* fotografica reflex. **Spiegelschrift** *f* scrittura *f* a specchio.
Spiegelung ‹-, -en› *f* riflesso *m.*
Spiel [ʃpiːl] ‹-(e)s, -e› *n* gioco *m; sport (Wettkampf)* gara *f; (Karten~, Billard~, Tennis~)* partita *f; (~karten)* mazzo *m;* **leichtes ~ haben** avere buon gioco (*mit jdm* su qu); **aufs ~ setzen** *fig* mettere in gioco; *(Ruf, Zukunft)* compromettere; **auf dem ~ stehen** *fig* essere in gioco; **aus dem ~ lassen** lasciare fuori questione; **die Hand im ~ haben** avere le mani in pasta. **Spielart** *f* variante *f; biol, zoo* varietà *f.* **Spielautomat** *m* flipper *m,* slot-machine *f.* **Spielbank** ‹-, -en› *f* casinò *m.*
spielen I. *tr* **1.** *(Spiel)* giocare; **2.** *mus* suonare; **3.** *theat* recitare; *(Rolle)* interpretare; **4.** *(vortäuschen)* atteggiarsi a, fare; **II.** *itr* **1.** *(ein Spiel ~, a. sport)* giocare; **2.** *mus* suonare; **3.** *(sich zutragen)* svolgersi; **um 100 Mark ~** giocare 100 marchi; **~d** *fig* con facilità.
Spieler(in) ‹-s, -› *m(f)* giocatore, -trice *m, f.*
spielerisch I. *a* **1.** *(verspielt)* giocoso, scherzoso; **2.** *sport* di (*o* del) gioco; *theat* recitativo; **mit ~er Leichtigkeit** con la più grande facilità; **II.** *adv* **1.** *(verspielt)* giocosamente, scherzosamente; **2.** *sport* di gioco; *theat* recitativamente; **3.** *(mit Leichtigkeit)* con gran facilità.
Spielfeld *n* campo *m* da gioco, terreno *m.* **Spielfilm** *m* lungometraggio *m.* **Spielkamerad(in)** *m(f)* compagno, -a *m, f* di giochi. **Spielkarte** *f* carta *f* da gioco. **Spielmarke** *f* gettone *m,* fiche *f.* **Spielplan** *m* programma *m.* **Spielplatz** *m* campo *m* di giochi. **Spielraum** *m* spazio *m; tec* gioco *m; (Bewegungsfreiheit)* libertà *f* d'azione, margine *m.* **Spielregel** *f* regola *f* di gioco. **Spiel-**

sachen *f pl* giocattoli *m pl.* **Spieluhr** *f* carillon *m* (a orologeria). **Spielverderber(in)** ‹-s, -› *m(f)* guastafeste *m.* **Spielwaren** *f pl* giocattoli *m pl.* **Spielzeit** *f* **1.** *theat* stagione *f* (teatrale); **2.** *sport (Spieldauer)* durata *f* della partita; *(Saison)* stagione *f* (sportiva). **Spielzeug** ‹-(e)s, -e› *n (einzelnes, a. fig)* giocattolo *m; (Sammelbegriff)* giocattoli *m pl.*

Spieß [ʃpiːs] ‹-es, -e› *m* lancia *f; (Wurf~)* giavellotto *m; (Brat~)* spiedo *m;* **den ~ umdrehen** (*o* **umkehren**) *fig* ritorcere le accuse; **er schreit wie am ~** *fam* grida come un dannato *fam.*

Spießbürger *m* piccolo borghese *m,* borghesuccio *m,* filisteo *m.* **spießbürgerlich** *a* piccolo borghese, filisteo.

spießen *tr:* **etw. auf etw. ~** infilzare qc con qc.

Spießer ‹-s, -› *s.* **Spießbürger.**

spießig *s.* **spießbürgerlich.**

Spikes [ʃpaiks *o* sp...] ‹*pl*› **1.** *(an Schuh, Reifen)* chiodi *m pl;* **2.** *(~reifen)* copertoni *m pl* (*o* pneumatici *m pl*) chiodati.

Spinat [ʃpiˈnaːt] ‹-(e)s, -e› *m bot* spinacio *m; gastr* spinaci *m pl.*

Spind [ʃpɪnt] ‹-(e)s, -e› *m o n* armadietto *m.*

Spindel [ˈʃpɪndəl] ‹-, -n› *f* fuso *m.* **spindeldürr** [ˈʃpɪndəlˈdʏr] *a* magro come un chiodo.

Spinett [ʃpiˈnɛt] ‹-(e)s, -e› *n* spinetta *f.*

Spinne [ˈʃpɪnə] ‹-, -n› *f* ragno *m.*

spinnen [ˈʃpɪnən] ‹spinnt, spann, gesponnen› **I.** *itr* **1.** *(Garn ~)* filare; **2.** *fam (verrückt sein)* essere svitato *fam; (Unsinn reden)* dire stupidaggini; **II.** *tr* filare.

Spinn(en)gewebe *n,* **-netz** *n* ragnatela *f.*

Spinner(in) ‹-s, -› *m(f)* **1.** *(Garn~)* filatore, -trice *m, f;* **2.** *fig fam* mattoide *mf.*

Spinnerei [ʃpɪnəˈrai] ‹-, -en› *f* **1.** *(Betrieb)* filanda *f;* **2.** *fam (Blödsinn)* scemenze *f pl.*

Spinngewebe *s.* **Spinnengewebe.**

Spinnrad *n* ruota *f* dell'arcolaio.

Spinnwebe [-veːbə] ‹-, -n› *f* ragnatela *f.*

Spion [ʃpi̯oːn] ‹-s, -e› *m (Guckloch)* spioncino *m.*

Spion(in) [ˈʃpi̯oːn(ɪn)] ‹-s, -e› *m(f)* spia *f; (Geheimagent)* agente *mf* segreto.

Spionage [ʃpi̯oˈnaːʒə] ‹-, ø› *f* spionaggio *m.*

spionieren [ʃpi̯oˈniːrən] ‹*ohne ge-*› *itr* **1.** *(Spionage treiben)* fare la spia; **2.** *pej (herum~)* curiosare.

Spirale [ʃpiˈraːlə] ‹-, -n› *f* spirale *f.*

Spiritismus [ʃpiriˈtɪsmʊs *o* sp...] ‹-, ø› *m* spiritismo *m.*

spiritistisch [...ˈtɪstɪʃ] *a* spiriti(sti)co.

Spirituosen [ʃpiriˈtu̯oːzən *o* sp...] ‹*pl*› alcolici *m pl.*

Spiritus [ˈʃpiːritʊs] ‹-, -se› *m* spirito *m,* alcool *m.* **Spirituskocher** *m* fornello *m* a spirito.

spitz [ʃpɪts] *a* **1.** *(Gegenstand)* aguzzo, a punta; **2.** *(Winkel)* acuto; **3.** *fig (Worte, Zunge)* tagliente.

Spitz ‹-es, -e› *m* (cane *m*) volpino *m.*

Spitzbart *m* barba *f* a punta, pizzo *m.* **Spitzbogen** *m* arco *m* ogivale. **Spitzbube** [-buːbə] ‹-n, -n› *m* birba *f,* birbante *m.* **spitzbübisch** [-byːbɪʃ] *a* birichino.

Spitze [ˈʃpɪtsə] ‹-, -n› *f* **1.** *(von Gegenständen)* punta *f;* **2.** *(Berg~)* vetta *f,* cima *f;* **3.** *(vordere Stelle, bes. sport)* testa *f;* **4.** *(Anspielung)* frecciata *f;* **5.** *(Textil)* merletto *m,* pizzo *m;* **etw. auf die ~ treiben** spingere qc all'estremo.

Spitzel [ˈʃpɪtsəl] ‹-s, -› *m* spia *f; (Polizei~)* informatore *m.*

spitzen *tr* temperare, fare la punta a; *(Ohren)* drizzare; **die Lippen** (*o* **den Mund**) **~** fare boccuccia.

Spitzenerzeugnis *n* prodotto *m* di gran qualità. **Spitzengeschwindigkeit** *f* velocità *f* massima. **Spitzenkandidat(in)** *m(f)* candidato, -a *m, f* numero uno. **Spitzenreiter** *m sport* campione *m; fig* successo *m;* **~ sein** essere il numero uno.

Spitzer ‹-s, -› *m (Bleistift~)* temperamatite *m,* temperalapis *m.*

spitzfindig *a* sottile; *pej (haarspalterisch)* cavilloso, sofistico. **Spitzfindigkeit** ‹-, -en› *f* sottigliezza *f; (a. Äußerung)* argutezza *f; pej* cavillosità *f.*

spitz·kriegen *tr fam* venire a sapere. **Spitzname** *m* nomignolo *m,* soprannome *m.*

Splitt [ʃplɪt] ‹-(e)s, -e› *m* pietrisco *m.*

Splitter [ˈʃplɪtɐ] ‹-s, -› *m (Holz~, Knochen~)* scheggia *f; (Diamant~)* pagliuzza *f; (Metall~)* scaglia *f; (Glas~)* coccio *m.*

Splittergruppe *f* gruppuscolo *m.*

splittern *itr* ‹*sein*› scheggiarsi.

splitternackt [ˈʃplɪtɐˈnakt] *a* nudo come un verme *fam.*

Sponsor [ˈʃpɔnzɐ *o* ...zoːɐ̯, ...zɐs *o* ...ˈzoːrən] ‹-s, -s *o* -en› *m* sponsor *m.*

spontan [ʃpɔnˈtaːn *o* sp...] *a* spontaneo.

sporadisch [ʃpoˈraːdɪʃ *o* sp...] *a* sporadico.

Spore [ˈʃpoːrə] ‹-, -n› *f bot* spora *f.*

Sporn [ʃpɔrn] ‹-(e)s, Sporen› *m* sperone *m.*

Sport [ʃpɔrt] ‹-(e)s, *rar* -e› *m* sport *m.* **Sportart** *f* (tipo *m* di) sport *m.* **Sportarzt** *m,* **-ärztin** *f* medico *m* sportivo, dottoressa *f* sportiva. **Sportgeschäft** *n* negozio *m* di articoli sportivi. **Sportlehrer(in)** *m(f)* istruttore, -trice *m, f* sportivo, -a; *(an Schule)* insegnante *mf* di ginnastica (*o* di educazione fisica).

Sportler(in) ‹-s, -› *m(f)* sportivo, -a *m, f.*

sportlich *a* sportivo.

Sportmedizin *f* medicina *f* sportiva. **Sportplatz** *m* campo *m* sportivo. **Sportverein** *m* circolo *m* sportivo, società *f* sportiva. **Sportwagen** *m* **1.** *(Auto)* macchina *f* sportiva; **2.** *(Kinderwagen)* passeggino *m.*

Spott [ʃpɔt] ‹-(e)s, ø› *m* scherno *m.*

spottbillig ['ʃpɔt'bɪlɪç] *a* dal prezzo irrisorio.

Spöttelei [ʃpœtə'lai] ‹-, -en› *f* canzonatura *f,* dileggio *m.*

spötteln ['ʃpœtəln] *itr* canzonare (*über jdn* qu).

spotten ['ʃpɔtən] *itr* schernire (*über jdn* qu), beffarsi (*über jdn* di qu).

Spötter(in) ['ʃpœtɐ (...ərɪn)] ‹-s, -› *m(f)* schernitore, -trice *m, f.*

spöttisch *a* canzonatorio; *(a. Mensch)* beffardo.

Spottpreis *m* prezzo *m* irrisorio.

sprach [ʃpra:x] *imp von* **sprechen.**

sprachbegabt *a* portato (*o* che ha disposizione) per le lingue. **Sprachbegabung** *f* talento *m* linguistico (*o* per le lingue).

Sprache ['ʃpra:xə] ‹-, -n› *f* **1.** *(Sprachsystem)* lingua *f; (Sonder~)* idioma *m;* **2.** ‹*sing*› *(Sprechfähigkeit)* parola *f,* favella *f; (Ausdrucksweise)* linguaggio *m; (Sprechweise)* parlata *f;* **mit der ~ herausrücken** *fam* sputar fuori *fam;* **zur ~ bringen** mettere in discussione, trattare; **zur ~ kommen** essere (*o* venire) discusso.

Sprachebene *f* livello *m* linguistico. **Sprachfehler** *m* difetto *m* di pronuncia. **Sprachführer** *m* manuale *m* di conversazione. **Sprachkenntnisse** *f pl* conoscenze *f pl* linguistiche; **mit deutschen ~n** con cognizioni di tedesco. **Sprachkurs** *m* corso *m* linguistico. **Sprachlabor** *n* laboratorio *m* linguistico. **Sprachlehre** *f* grammatica *f.* **Sprachlehrer(in)** *m(f)* insegnante *mf* di lingue.

sprachlich *a* linguistico.

sprachlos *a:* **~ sein** rimanere senza parole.

Sprachreise *f* viaggio *m* studio (a scopo linguistico). **Sprachrohr** *n* megafono *m; fig* portavoce *m.* **Sprachstörung** *f* logopatia *f.* **Sprachwissenschaft** *f* linguistica *f.*

sprang [ʃpraŋ] *imp von* **springen.**

Spray [ʃpre: *o* spreɪ] ‹-s, -s› *m o n* spray *m.* **Spraydose** *s.* **Sprühdose.**

Sprechanlage *f* citofono *m.* **Sprechblase** *f* fumetto *m.*

sprechen ['ʃprɛçən] ‹spricht, sprach, gesprochen› **I.** *itr* parlare; **gut/schlecht auf jdn zu ~ sein** vedere qu di buon/cattivo occhio; **das spricht für sich** il fatto parla da sé; **das spricht für Sie** ciò parla a Suo favore; **alle Anzeichen ~ dafür, daß ...** tutto fa pensare che ... *conj;* **II.** *tr* dire, recitare; *(aus~)* pronunciare; **Deutsch/Italienisch ~** parlare tedesco/italiano.

Sprecher(in) ‹-s, -› *m(f)* parlatore, -trice *m, f; (Redner)* oratore, -trice *m, f; (Wortführer)* portavoce *mf; radio, TV* annunciatore, -trice *m, f; ling* parlante *mf.*

Sprechstunde *f (von Ärzten)* orario *m* di visita; *(von Beamten, etc.)* ore *f pl* di ufficio; *(von Lehrern)* ore *f pl* di ricevimento; **~ täglich von 9 bis 12 Uhr** si riceve tutti i giorni dalle 9 alle 12. **Sprechstundenhilfe** *f* assistente *mf,* infermiere, -a *m, f.* **Sprechzimmer** *n* studio *m; med* ambulatorio *m.*

spreizen ['ʃpraitsən] **I.** *tr (Finger)* allargare; *(Beine)* divaricare; *(Flügel)* spiegare; **II.** *rfl:* **sich ~** *(sich sträuben)* recalcitrare.

sprengen ['ʃprɛŋən] **I.** *tr* **1.** *(mit Sprengstoff)* far saltare; **2.** *(Schloß, etc.)* forzare, scassinare; *(Fesseln, Ketten, a. fig)* spezzare; **3.** *(Versammlung)* disperdere; **4.** *(Straße, Rasen)* annaffiare; **II.** *itr* far saltare.

Sprengkopf *m* testata *f.* **Sprengkörper** *m* ordigno *m* esplosivo. **Sprengladung** *f* carica *f* esplosiva. **Sprengstoff** *m* esplosivo *m.* **Sprengstoffanschlag** *m* attentato *m* dinamitardo.

Sprengung ‹-, -en› *f* **1.** *(mit Sprengstoff)* far *m* saltare in aria con esplosivo (*o* dinamite); **2.** *(Aufbrechen)* scasso *m.*

Spreu [ʃprɔy] ‹-, ø› *f* pula *f.*

spricht [ʃprɪçt] *pr von* **sprechen.**

Sprichwort ['ʃprɪç-] ‹-(e)s, ⸚er› *n* proverbio *m.* **sprichwörtlich** *a* proverbiale.

sprießen ['ʃpri:sən] ‹sprießt, sproß *o* sprießte, gesprossen› *itr* ‹*sein*› spuntare.

Springbrunnen *m* fontana *f* a zampillo.

springen ['ʃprɪŋən] ‹springt, sprang, gesprungen› *itr* ‹*sein*› **1.** *(Mensch, Tier)* saltare (*über etw.* qc); *(Ball)* rimbalzare; *(mit einem Satz)* balzare; **2.** *(Schwimmsport)* tuffarsi; **3.** *(Glas)* incrinarsi; *(Haut)* screpolarsi; **etw. ~ lassen** *fam* offrire qc; **der ~de Punkt** il punto saliente.

Springer ‹-s, -› *m (Schach)* cavaliere *m.*

Springer(in) ‹-s, -› *m(f)* saltatore, -trice *m, f.*

Sprit [ʃprɪt] ‹-(e)s, -e› *m fam (Benzin)* benzina *f.*

Spritze ['ʃprɪtsə] ‹-, -n› *f* **1.** *med* siringa *f; (Injektion)* iniezione *f,* puntura *f;* **2.** *(Feuer~)* pompa *f* antincendio.

spritzen **I.** *tr* ‹*haben*› **1.** *(Flüssigkeit)* spruzzare; **2.** *(Straße, Rasen)* annaffiare; **3.** *(lackieren)* verniciare a spruzzo; **4.** *med (Patienten)* fare un'iniezione a; *(Mittel)* iniettare; **5.** *chem (Obst, etc.)* trattare; **II.** *itr* ‹*sein* *o haben*› *(Flüssigkeit)* schizzare, sprizzare, zampillare.

Spritzer ‹-s, -› *m* spruzzo *m*, schizzo *m*; *(kleine Menge)* goccia *f*.

spritzig *a (Wein)* frizzante; *fig (lebendig)* vivace; *(witzig)* divertente.

Spritzpistole *f* pistola *f* a spruzzo. **Spritztour** *f fam* piccola gita *f*.

spröde ['ʃprø:də] *a* **1.** *(brüchig)* fragile; *(hart)* duro; **2.** *(rissig: Haut)* screpolato; **3.** *fig (Thema, Stoff)* arduo, difficile; **4.** *fig (Mensch)* scostante, scontroso.

sproß [ʃprɔs] *imp von* **sprießen.**

Sproß ‹Sprosses, Sprosse› *m bot* germoglio *m*; *(a. fig geh: Nachkomme)* rampollo *m*.

Sprosse ['ʃprɔsə] ‹-, -n› *f (Leiter~)* piolo *m*. **Sprossenkohl** *m A (Rosenkohl)* cavolino *m* di Bruxelles. **Sprossenwand** *f* spalliera *f*.

Sprößling ['ʃprœslɪŋ] ‹-s, -e› *m* rampollo *m*.

Spruch [ʃprʊx] ‹-(e)s, ¨-e› *m* **1.** *(Aus~)* detto *m*, motto *m*, massima *f*; *(Lehr~)* aforisma *m*; **2.** *jur (Urteil)* sentenza *f*; *(Schieds~)* arbitrato *m*; **Sprüche machen** (*o* **klopfen)** *fam* dire paroloni *fam*. **Spruchband** ‹-(e)s, ¨-er› *n* striscione *m*. **spruchreif** *a* maturo (per una decisione).

Sprudel ['ʃpru:dəl] ‹-s, -› *m (Mineralwasser)* acqua *f* minerale gassata.

sprudeln *itr* **1.** ‹*haben*› *(schäumen)* spumeggiare; *(kochen: Wasser)* bollire; *fig (vor Freude, Ideen)* traboccare (*vor* di); **2.** ‹*sein*› *(hervor~: Wasser, Worte)* sgorgare.

Sprühdose *f* (bombola *f*) spray *m*.

sprühen ['ʃpry:ən] **I.** *tr* ‹*haben*› schizzare; **II.** *itr* **1.** ‹*sein o haben*› *(Wasser)* schizzare; *(Funken)* sprizzare; **2.** ‹*haben*›: **vor Geist ~** essere brillante di spirito; **ihre Augen sprühten vor Zorn/Freude** i suoi occhi sprizzavano rabbia/gioia. **sprühend** *a (Geist)* scintillante, spumeggiante; *(Laune, Temperament)* brioso, brillante. **Sprühregen** *m* pioggerella *f* (minutissima).

Sprung [ʃprʊŋ] ‹-(e)s, ¨-e› *m* **1.** *(Hüpfen)* salto *m*; *(Satz)* balzo *m*; *(Kopf~ beim Schwimmen)* tuffo *m*; **2.** *(in Porzellan)* crepa *f*, incrinatura *f*; *(in Holz)* fessura *f*; **keine großen Sprünge machen können** *fig fam* non poter fare grandi cose; **bei jdm auf einen ~ vorbeikommen** *fam* fare un salto da qu; **auf dem ~ sein, etw. zu tun** *fam* essere sul punto (*o* in procinto) di fare qc. **sprungbereit** *a* pronto per il salto. **Sprungbrett** *n (Turnen)* pedana *f*; *(Schwimmen, a. fig)* trampolino *m*. **Sprungfeder** *f* molla *f*.

sprunghaft *a* **1.** *(unzusammenhängend)* sconnesso, slegato; **2.** *(unbeständig)* volubile; **3.** *(plötzlich)* improvviso; **die Preise sind ~ gestiegen** i prezzi sono saliti di colpo.

Sprungschanze *f* trampolino *m*. **Sprungtuch** *n* telo *m* di salvataggio. **Sprungturm** *m* trampolino *m* per tuffi.

Spucke ['ʃpʊkə] ‹-, ø› *f fam* saliva *f*; **da bleibt mir die ~ weg** rimango di sasso.

spucken *itr, tr* sputare.

Spucknapf *m* sputacchiera *f*.

Spuk [ʃpu:k] ‹-(e)s, *rar* -e› *m* visione *f*, apparizione *f*.

spuken *itr* apparire; **es spukt (hier)** (qui) ci sono i fantasmi.

Spülbecken *n s.* **Spüle.**

Spule ['ʃpu:lə] ‹-, -n› *f el, film* bobina *f*; *(Nähmaschinen~)* rocchetto *m*.

Spüle ['ʃpy:lə] ‹-, -n› *f* lavandino *m*, acquaio *m*.

spulen ['ʃpu:lən] *tr* bobinare.

spülen ['ʃpy:lən] **I.** *tr* **1.** *(Geschirr)* rigovernare, lavare; **2.** *(Wunde)* lavare; *(Mund, Wäsche etc.)* sciacquare; **3.** *(schwemmen)* trasportare; **II.** *itr* **1.** *(angeschwemmt werden)* sciabordare (*an* contro); **2.** *(in Toilette)* tirare l'acqua; **3.** *(Geschirr ~)* lavare i piatti; *(Waschmaschine)* (ri)sciacquare.

Spülmaschine *f* lavastoviglie *f*. **spülmaschinenfest** *a* resistente al lavaggio nella lavastoviglie. **Spülmittel** *n* detersivo *m* per (le) stoviglie.

Spülung ‹-, -en› *f* **1.** *med* irrigazione *f*; **2.** *tec* lavaggio *m*.

Spülwasser *n* risciacquatura *f*.

Spur [ʃpu:ɐ̯] ‹-, -en› *f* **1.** *(Fuß~, a. fig: Fährte, Zeichen)* orma *f*; *(a. Brems~, Öl~, Blut~, etc.)* traccia *f*; *(Abdruck)* impronta *f*; **2.** *(Fahrbahn)* corsia *f*; *(von Tonband)* pista *f*, traccia *f*; **3.** *(kleine Menge)* pizzico *m*; **4.** ‹*pl*› *(Überreste)* vestigia *f pl*; **keine ~!** *fam* neanche per sogno!

spürbar *a* sensibile.

spüren ['ʃpy:rən] **I.** *tr (Hunger, Kälte, Schmerz)* sentire; *(Enttäuschung, Zorn)* provare; *(wahrnehmen)* percepire; **II.** *itr (Hunde)* seguire una traccia (*nach* di).

Spurenelement *n* microelemento *m*.

spurlos *adv* senza lasciar traccia.

Spürsinn *m (a. fig)* fiuto *m*.

Spurt [ʃpʊrt] ‹-s, -s *o* -e› *m* sprint *m*.

Spurweite *f* **1.** *mot* carreggiata *f*; **2.** *Eisenb.* scartamento *m*.

SS 1. *ab von* **Sommersemester** semestre *m* estivo; **2.** *ab von* **Schutzstaffel** SS *f pl*.

St. 1. *ab von* **Stück** pezzo; **2.** *ab von* **Sankt** S. (*ab von* santo).

Staat [ʃta:t] ‹-(e)s, -en› *m* **1.** *(pol, Bienen~)* stato *m*; **2.** ‹*sing*› *(Prunk)* sfoggio *m*, pompa *f*; *(Festgewand)* gran gala *f*; **mit etw. ~ machen** far sfoggio di qc. **staatenlos** *a* apolide. **Staatenlose** ‹ein -r, -n, -n› *mf* apolide *mf*.

staatlich *a* dello stato, statale; *(dem Staat gehörig)* demaniale; *(national)* nazionale; *(öffentlich)* pubblico; ~ **geprüft** diplomato.
Staatsaktion *f (a. fig fam)* affare *m* di stato. **Staatsangehörige** ‹-, -en› *mf* cittadino, -a *m, f;* **(ein) deutscher ~r sein** essere di cittadinanza tedesca. **Staatsangehörigkeit** ‹-, -en› *f* nazionalità *f.* **Staatsanwalt** *m,* **-anwältin** *f* sostituto, -a procuratore, -trice *m, f* della repubblica; *(vor Gericht)* pubblico ministero *m.* **Staatsanwaltschaft** ‹-, -en› *f* procura *f* della repubblica; *(vor Gericht)* pubblico ministero *m.* **Staatsbeamte** *m,* **-beamtin** *f* funzionario, -a *m, f* statale. **Staatsbegräbnis** *n* funerale *m* di stato. **Staatsbesuch** *m* visita *f* ufficiale (*o* di stato). **Staatsbürger(in)** *m(f)* cittadino, -a *m, f.* **Staatschef(in)** *m(f)* capo *m* di (*o* dello) stato. **Staatsexamen** *n* esame *m* di stato. **Staatsfeind** *m* nemico *m* pubblico. **Staatsgebiet** *n* territorio *m* nazionale (*o* dello stato). **Staatsgeheimnis** *n* segreto *m* dello stato. **Staatsmann** *m* statista *m,* (uomo *m*) politico *m.* **staatsmännisch** [-mɛnɪʃ] *a* di (*o* da) statista, di (*o* da) uomo di stato. **Staatsoberhaupt** *n* capo *m* di (*o* dello) stato. **Staatssekretär(in)** *m(f)* sottosegretario, -a *m, f* di stato. **Staatsstreich** *m* colpo *m* di stato.
Stab [ʃta:p] ‹-(e)s, ⸚e› *m* **1.** *(Stock)* bastone *m; (dünner, Dirigenten~)* bacchetta *f; (Eisen~)* sbarra *f;* **2.** *sport (Staffel~)* testimone *m; (Stabhochsprung~)* asta *f;* **3.** *mil* stato *m* maggiore; **4.** *(Mitarbeiter~)* quadri *m pl,* staff *m;* **über jdn den ~ brechen** condannare qu. **Stabhochsprung** *m* salto *m* con l'asta.
stabil [ʃta'bi:l *o* st...] *a* stabile; *(Konstitution)* robusto.
stabilisieren [ʃtabili'zi:rən *o* st...] ‹*ohne ge-*› **I.** *tr* stabilizzare; **II.** *rfl:* **sich ~** stabilizzarsi.
Stabilität [...'tɛ:t] ‹-, ø› *f* stabilità *f.*
Stabreim *m* allitterazione *f.*
Stabsarzt *m* capitano *m* medico. **Stabschef** *m* capo *m* di stato maggiore.
stach [ʃta:x] *imp von* **stechen.**
Stachel ['ʃtaxəl] ‹-s, -n› *m bot* spina *f; zoo* aculeo *m; (von Insekt)* pungiglione *m.* **Stachelbeere** *f* uva *f* spina. **Stacheldraht** *m* filo *m* spinato.
stach(e)lig *a bot* spinoso; *zoo* aculeato; *(Oberfläche, Bart)* pungente.
Stachelschwein *n* porcospino *m.*
Stadion ['ʃta:di̯ɔn, ...i̯ən] ‹-s, -dien› *n* stadio *m.*
Stadium ['ʃta:di̯ʊm, ...i̯ən] ‹-s, -dien› *n* stadio *m.*
Stadt [ʃtat] ‹-, ⸚e› *f* città *f;* **die ~ Zürich** la città di Zurigo. **stadtbekannt** *a:* **das ist ~** è un fatto notorio. **Stadtbezirk** *m* rione *m,* quartiere *m.* **Stadtbibliothek** *f,* **-bücherei** *f* biblioteca *f* civica (*o* comunale).
Städtchen ['ʃtɛtçən] ‹-s, -› *n* cittadina *f.*
Städtebau ['ʃtɛtə-] ‹-(e)s, ø› *m* urbanistica *f.* **Städtepartnerschaft** *f* gemellaggio *m.*
Städter(in) ['ʃtɛtɐ (...ərɪn)] ‹-s, -› *m(f)* cittadino, -a *m, f.*
Stadtgebiet *n* territorio *m* urbano. **Stadtgespräch** *n tel* conversazione *f* urbana; **das ist ~** tutta la città ne parla.
städtisch ['ʃtɛtɪʃ] *a* urbano, cittadino; *(verwaltungsmäßig)* comunale, municipale, civico.
Stadtkern *m* nucleo *m* cittadino. **Stadtmauer** *f* mura *f pl* cittadine. **Stadtmitte** *f* centro *m* (della città). **Stadtplan** *m* pianta *f* della città. **Stadtrand** *m* periferia *f* (cittadina). **Stadtrat** *m (Gremium)* giunta *f.* **Stadtrat** *m,* **-rätin** *f* assessore *m.* **Stadtrundfahrt** *f* giro *m* turistico della città. **Stadtstaat** *m* città-stato *f.* **Stadtstreicher(in)** ‹-s, -› *m(f)* vagabondo, -a *m, f* (di città). **Stadtteil** *m* quartiere *m,* rione *m.* **Stadttor** *n* porta *f* della città. **Stadtväter** *m pl scherz* consiglieri *m pl* comunali. **Stadtverwaltung** *f* amministrazione *f* comunale. **Stadtwerke** *n pl* aziende *f pl* comunali.
Staffel ['ʃtafəl] ‹-, -n› *f* **1.** *sport* staffetta *f;* **2.** *mil (Flug~)* squadriglia *f.*
Staffelei [ʃtafə'la̯i] ‹-, -en› *f* cavalletto *m.*
staffeln *tr* graduare; *(staffelweise aufstellen)* scaglionare.
Staffelung ‹-, -en› *f* graduazione *f; (Aufstellung)* scaglionamento *m.*
Stagnation [ʃtagna'tsi̯o:n *o* st...] ‹-, -en› *f* ristagno *m.*
stagnieren [...'gni:rən] ‹*ohne ge-*› *itr* ristagnare.
stahl [ʃta:l] *imp von* **stehlen.**
Stahl [ʃta:l] ‹-(e)s, ⸚e *o* -e› *m* acciaio *m.* **Stahlblech** *n* lamiera *f* d'acciaio.
stählen ['ʃtɛ:lən] *tr* temprare.
Stahlgerüst *n* ponteggio *m* tubolare. **Stahlhelm** *m* elmetto *m* d'acciaio. **Stahlindustrie** *f* industria *f* dell'acciaio. **Stahlwerk** *n* acciaieria *f.*
Stall [ʃtal] ‹-(e)s, ⸚e› *m* stalla *f; (Hühner~)* pollaio *m; (Pferde~, Renn~)* scuderia *f; (Schweine~)* porcile *m.*
Stallung ‹-, -en› *f* stallaggio *m,* scuderia *f.*
Stamm [ʃtam] ‹-(e)s, ⸚e› *m* **1.** *(Baum~)* tronco *m,* fusto *m;* **2.** *ling* radice *f;* **3.** *(Kunden~)* clientela *f* fissa; **4.** *(Volks~, Eingeborenen~)* tribù *f.* **Stammaktie** *f* azione *f* ordinaria. **Stammbaum** *m* albero *m* genealo-

gico; *(von Tieren)* pedigree *m.* **Stammbuch** *n (Familien~)* libro *m* di famiglia.

stammeln ['ʃtaməln] *itr, tr* balbettare.

stammen ['ʃtamən] *itr* **1.** *(ab~)* discendere, provenire; *(a. ling)* derivare; **2.** *(örtlich)* essere originario (*o* nativo); **3.** *(zeitlich)* essere.

Stammform *f* forma *f* fondamentale (*o* primitiva). **Stammgast** *m* avventore *m* abituale, habitué *mf.* **Stammhalter** *m* erede *m* maschio. **Stammhaus** *n* casa *f* madre.

stämmig ['ʃtɛmɪç] *a (kräftig)* robusto; *(gedrungen)* tarchiato.

Stammkapital *n* capitale *m* sociale. **Stammkneipe** *f* osteria *f.* **Stammkunde** *m,* **-kundin** *f* cliente *mf* abituale. **Stammkundschaft** *f* clientela *f* abituale (*o* fissa). **Stammlokal** *n* locale *m.* **Stammplatz** *m* posto *m* fisso. **Stammtisch** *m* tavolo *m* riservato agli avventori abituali.

stampfen ['ʃtampf̮ən] **I.** *itr* **1.** ⟨*haben*⟩ *(Mensch)* pestare (*o* battere) i piedi; *(Tier)* scalpitare; **2.** ⟨*haben*⟩ *(Maschine)* lavorare; **3.** ⟨*haben o sein*⟩ *(Schiff)* beccheggiare; **4.** ⟨*sein*⟩ *(stapfen)* camminare pesantemente; **II.** *tr* ⟨*haben*⟩ **1.** *(fest~)* (cal)pestare, calcare; **2.** *(Trauben)* pigiare; *(Kartoffeln)* schiacciare; *(im Mörser)* pestare; **aus dem Boden ~** far nascere dal nulla.

stand [ʃtant] *imp von* **stehen.**

Stand ⟨-(e)s, ⸚e⟩ *m* **1.** ⟨*sing*⟩ *(Stehen)* posizione *f* eretta (*o* in piedi); **2.** *(Ort)* posizione *f; (Schieß~, Informations~, Messe~)* stand *m; (Taxi~)* posteggio *m; (Verkaufs~)* banco *m* di vendita; *(Bücher~)* bancherella *f;* **3.** ⟨*sing*⟩ *(Entwicklungs~, Zu~)* stato *m; (Stadium)* stadio *m;* **4.** *sport (Spiel~)* punteggio *m;* **5.** ⟨*sing*⟩ *(Wasser~, Thermometer~)* livello *m; (Kilometer~)* chilometraggio *m; (Kassen~, Konto~, Sonnen~)* posizione *f;* **6.** *(Berufs~)* categoria *f;* **einen schweren ~ haben** avere difficoltà (*mit* con); **auf den neuesten ~ bringen** aggiornare.

Standard ['ʃtandart *o* 'st...] ⟨-s, -s⟩ *m* standard *m; (Norm)* norma *f; (Lebens~)* tenore *m* di vita.

standardisieren [...dardi'zi:rən] ⟨*ohne ge-*⟩ *tr* standardizzare.

Standarte [ʃtan'dartə] ⟨-, -n⟩ *f* stendardo *m.*

Standbild *n* statua *f.*

Ständchen ['ʃtɛntçən] ⟨-s, -⟩ *n* serenata *f.*

Ständer ['ʃtɛndɐ] ⟨-s, -⟩ *m* supporto *m,* sostegno *m; (Kleider~)* attaccapanni *m; (Noten~)* leggio *m.*

Standesamt *n* ufficio *m* di stato civile, anagrafe *f.* **standesamtlich** *a:* **~e Trauung** matrimonio civile. **Standesbeamte** *m,* **-beamtin** *f* ufficiale *m* di stato civile. **standesgemäß** *a* conforme al proprio stato sociale (*o* rango).

standfest *a* stabile. **Standgericht** *n* corte *f* marziale. **standhaft** *a* fermo, perseverante. **Standhaftigkeit** ⟨-, ø⟩ *f* fermezza *f,* perseveranza *f.* **stand·halten** ⟨*irr*⟩ *itr (Mensch)* tener testa (*einer S. (dat)* a qc); *(Gegenstand)* reggere (*einer S. (dat)* qc), resistere (*einer S. (dat)* a qc); **der Versuchung ~** resistere alla tentazione.

ständig ['ʃtɛndɪç] *a* permanente; *(Wohnsitz)* stabile; *(ununterbrochen)* continuo; *(fest: Einkommen)* fisso.

Standlicht *n* luce *f* di posizione. **Standort** *m* posizione *f; bot* habitat *m.* **Standpauke** *f fam* predica *f fam,* paternale *f.* **Standpunkt** *m* punto *m* di vista; *(Meinung)* parere *m,* opinione *f.* **Standuhr** *f* orologio *m* a pendolo.

Stange ['ʃtaŋə] ⟨-, -n⟩ *f* **1.** *allg.* asta *f; (Stab)* bastone *m; (Quer~)* sbarra *f; (Kleider~, Teppich~ a.)* stanga *f; (Geweih~)* fusto *m* (di corna); **2.** *(~ Zigaretten)* stecca *f; (~ Brot)* filone *m,* bastone *m;* **eine ~ Geld kosten** *fam* costare un sacco di soldi *fam;* **einen Anzug von der ~ kaufen** comp(e)rare un abito (da uomo) confezionato. **Stangenbrot** *n* filone *m,* baguette *f.*

stank [ʃtaŋk] *imp von* **stinken.**

Stanniol [ʃta'ni̯o:l *o* st...] ⟨-s, -e⟩ *n* stagnola *f.*

Stanze[1] ['ʃtant͡sə] ⟨-, -n⟩ *f lit* stanza *f.*

Stanze[2] ['ʃtant͡sə] ⟨-, -n⟩ *f (Loch~)* punzonatrice *f; (Prägestempel)* punzone *m.*

stanzen *tr* stampare; *(lochen)* punzonare; *(aus~)* tranciare.

Stapel ['ʃta:pəl] ⟨-s, -⟩ *m* **1.** *(Haufen)* pila *f,* mucchio *m;* **2.** *naut (Dock)* scalo *m;* **vom ~ lassen** *naut* varare; *fig* lanciare. **Stapellauf** *m* varo *m.*

stapeln *tr* impilare, accatastare.

stapfen ['ʃtapf̮ən] *itr* ⟨*sein*⟩ camminare faticosamente.

Star[1] [ʃta:ɐ̯] ⟨-(e)s, -e⟩ *m (Vogel)* storno *m.*

Star[2] [ʃta:ɐ̯] ⟨-(e)s, -e⟩ *m med (grauer ~)* cateratta *f; (grüner ~)* glaucoma *m; (schwarzer ~)* amaurosi *f.*

Star[3] [ʃta:ɐ̯ *o* st...] ⟨-s, -s⟩ *m film* divo, -a *m, f,* star *f,* stella *f.*

starb [ʃtarp] *imp von* **sterben.**

stark [ʃtark] **I.** *a* ⟨⸚er, ⸚ste⟩ **1.** *allg.* forte; *(kräftig)* vigoroso, robusto; **2.** *(heftig)* violento; **3.** *(mächtig, leistungs~)* potente; **4.** *(intensiv: Verkehr, Kälte)* intenso; **5.** *(groß, beträchtlich)* grande, considerevole; **6.** *(umfangreich: Buch, Band)* voluminoso; **~er Esser/Raucher** gran mangiatore/fumatore; **zehn Mann ~** forte di dieci uomini; **500 Seiten ~** di 500 pagine; **zehn Zentimeter ~** di dieci centimetri di spessore; **II.** *adv* ‹¨er, am ¨sten› **1.** *(bei Verben)* fortemente; *(beträchtlich)* abbondantemente; **2.** *(bei Adjektiven)* molto.

Stärke ['ʃtɛrkə] ‹-, -n› *f* **1.** *allg.* forza *f;* **2.** *(Intensität)* intensità *f; (Heftigkeit)* violenza *f;* **3.** *(Tüchtigkeit, starke Seite)* forte *m;* **4.** *(Dicke: von Schicht)* spessore *m;* **5.** *(Festigkeit)* solidità *f; (innere ~)* saldezza *f;* **6.** *(~mehl)* fecola *f; (Wäsche~)* amido *m.*

stärken **I.** *tr* **1.** *(kräftigen)* rinforzare, corroborare; *fig* rafforzare; *(Gesundheit)* rinvigorire, irrobustire; **2.** *(mit Nahrung)* rifocillare, ristorare; **3.** *(Wäsche)* inamidare; **II.** *rfl:* **sich ~** rifocillarsi, ristorarsi.

Starkstrom *m* corrente *f* ad alta tensione.

Stärkung ‹-, -en› *f* **1.** *(Kräftigung)* corroboramento *m,* rinforzo *m; fig* rafforzamento *m; (von Gesundheit)* irrobustimento *m;* **2.** *(Essen)* ristoro *m.*

starr [ʃtar] *a* **1.** *allg., tec, fig* rigido; *(steif)* irrigidito; *(vor Kälte)* intirizzito; **2.** *(Blick)* fisso; *(vor Schreck)* pietrificato; *(vor Staunen)* sbalordito; **3.** *(unbeugsam)* inflessibile; **4.** *(Gesetze)* rigoroso.

starren ['ʃtarən] *itr* **1.** *(starr blicken)* fissare (*auf etw.* qc); **2.** *(strotzen)* essere pieno (*von* di), rigurgitare (*von* di).

Starrheit ‹-, ø› *f* **1.** *(Starre)* rigidezza *f; (a. tec, fig)* rigidità *f;* **2.** *(Unbeugsamkeit)* inflessibilità *f;* **3.** *(Strenge)* rigore *m.*

Starrsinn *m* ostinatezza *f,* testardaggine *f.* **starrsinnig** *a* ostinato, testardo.

Start [ʃtart *o* st...] ‹-(e)s, -s *o rar* -e› *m* **1.** *sport, allg.* partenza *f; (a. ~stelle)* start *m;* **2.** *aero* decollo *m; (von Rakete, Raumschiff)* lancio *m;* **3.** *mot* avviamento *m;* **4.** *fig (Anfangszeit)* inizio *m,* principio *m.* **Startautomatik** *f* starter *m* automatico. **Startbahn** *f* pista *f* di decollo. **startbereit** *a* pronto alla partenza; *aero* pronto al decollo.

starten **I.** *itr* ‹*sein*› **1.** *allg.* partire; *sport* prendere il via; **2.** *mot* avviarsi; **3.** *aero* decollare; **II.** *tr* ‹*haben*› **1.** *(Rakete, Raumschiff)* lanciare; **2.** *mot, fig (in Gang setzen)* avviare.

Starterlaubnis *f* permesso *m* di decollo. **Starthilfe** *f* **1.** *aero* decollo *m* assistito; **2.** *fig* impulso *m* iniziale. **Starthilfekabel** *n* cavi *m pl* d'accensione. **Startkapital** *n* capitale *m* iniziale. **Startschuß** *m* segnale *m* di partenza. **Startsignal** *n,* **-zeichen** *n* segnale *m* di partenza.

Station [ʃta'tsi̯o:n] ‹-, -en› *f* **1.** *(Bahnhof, Radio~, Kreuzweg~)* stazione *f; (Haltestelle)* fermata *f;* **2.** *(im Krankenhaus)* reparto *m;* **3.** *(Rast)* sosta *f;* **~ machen** fare sosta.

stationär [ʃtatsi̯o'nɛ:ɐ̯] *a* stazionario; **~e Behandlung** trattamento clinico.

stationieren [...'ni:rən] ‹*ohne ge-*› *tr* dislocare.

Stationierung ‹-, -en› *f* dislocamento *m.*

Stationsarzt *m,* **-ärztin** *f* dottore, -essa *m, f* di reparto. **Stationsschwester** *f* (infermiera *f*) caporeparto *f.*

statisch ['ʃta:tɪʃ *o* 'st...] *a* statico.

Statist(in) [ʃta'tɪst(ɪn)] ‹-en, -en› *m(f)* comparsa *f.*

Statistik [ʃta'tɪstɪk *o* st...] ‹-, -en› *f* statistica *f.*

statistisch [ʃta'tɪstɪʃ *o* st...] *a* statistico.

Stativ [ʃta'ti:f] ‹-s, -e› *n* stativo *m,* treppiedi *m.*

statt [ʃtat] **I.** *prp gen* invece di, in luogo di; **~ daß** anziché; **II.** *con:* **~ zu ...** invece di ...

Statt ‹-, ø› *f:* **an meiner/seiner,** *etc.* **~** in mia/sua, *etc.* vece.

Stätte ['ʃtɛtə] ‹-, -n› *f geh* luogo *m.*

statt·finden ‹*irr*› *itr* aver luogo; *(Veranstaltung)* tenersi. **statt·geben** ‹*irr*› *itr:* **einem Gesuch ~** dar corso a un'istanza; **einer Bitte ~** accogliere una preghiera. **statthaft** *a geh (erlaubt)* permesso; *(zulässig)* ammissibile; *jur* ricevibile. **Statthalter** *m* governatore *m.*

stattlich ['ʃtatlɪç] *a* imponente; *(Summe, etc.)* considerevole.

Statue ['ʃta:tu̯ə *o* 'st...] ‹-, -n› *f* statua *f.*

Statur [ʃta'tu:ɐ̯] ‹-, -en› *f* statura *f.*

Status ['ʃta:tʊs *o* 'st...] ‹-, -› *m* status *m.* **Statussymbol** *n* status symbol *m.*

Statut [ʃta'tu:t *o* st...] ‹-(e)s, -en› *n* statuto *m,* regolamento *m.*

Stau [ʃtau̯] ‹-(e)s, -s *o* -e› *m (Verkehrs~)* ingorgo *m,* congestione *f; (Wasser~)* ristagno *m.*

Staub [ʃtau̯p] ‹-(e)s, -e *o* ¨-e› *m* polvere *f; (Blüten~)* polline *m;* **~ saugen** passare l'aspirapolvere; **~ wischen** spolverare; **sich aus dem ~ machen** *fam* svignarsela *fam.* **Staubbeutel** *m* antera *f.*

stauben ['ʃtau̯bən] *itr (Staub machen)* far polvere.

Staubfänger [-fɛŋɐ] ‹-s, -› *m* nido *m* di polvere. **Staubgefäß** *n* stame *m.*

staubig *a* polveroso, impolverato.

Staubsauger *m* aspirapolvere *m.* **Staubtuch** *n* cencio *m* della polvere, strofinaccio *m* per spolverare. **Staubwolke** *f* nube *f* di polvere.

Staudamm *m* diga *f* di sbarramento.

Staude ['ʃtau̯də] ‹-, -n› *f* pianta *f; (Busch)* arbusto *m.*

stauen ['ʃtau̯ən] **I.** *tr* **1.** *(Wasser)* arginare; *(Fluß)* sbarrare; *(Blut)* fermare; **2.** *naut* stivare; **II.** *rfl:* **sich ~** *(Wasser, Blut)* ristagnare; *(Verkehr)* ingorgarsi; *(Menschen)* ammassarsi; *fig (sich anhäufen)* ammassarsi, accalcarsi; *(Gefühle)* accumularsi.

staunen ['ʃtaunən] *itr* stupirsi, meravigliarsi; *(überrascht, verblüfft sein)* rimanere sorpreso (*o* sbalordito). **Staunen** ‹-s, ø› *n* stupore *m*, meraviglia *f*.
Staupe ['ʃtaupə] ‹-, -n› *f* cimurro *m*.
Stausee *m* lago *m* artificiale.
Stauung ‹-, -en› *f (von Wasser)* ristagno *m*; *(von Blut)* stasi *f*, congestione *f*; *(Stockung)* arresto *m*, stasi *f*; *(von Menschen)* folla *f*, calca *f*.
Std. *ab von* **Stunde** h (*ab von* ora).
Steak [ste:k] ‹-s, -s› *n* bistecca *f*.
stechen ['ʃtɛçən] ‹sticht, stach, gestochen› **I.** *tr* **1.** *(allg., Insekt)* pungere; *(mit Messer)* piantare; *(mit Finger)* pizzicare; **2.** *(Spargel)* cogliere; *(Torf)* scavare; **3.** *(beim Kartenspiel)* ammazzare; **4.** *typ (in Kupfer, Stahl)* incidere; **II.** *itr* **1.** *(allg., Insekt)* pungere; *(mit Messer)* accoltellare (*nach jdm* qu); **2.** *(Sonne)* picchiare; **3.** *(beim Kartenspiel)* imbrogliare; **III.** *rfl*: **sich ~** pungersi. **stechend** *a* pungente; *(Schmerz)* lancinante; *(Blick, Geruch)* penetrante; *(Sonne)* ardente.
Stechkarte *f* cartellino *m* di presenza. **Stechmücke** *f* zanzara *f*. **Stechuhr** *f* orologio *m* marcatempo.
Steckbrief *m* dati *m pl* segnaletici. **Steckdose** *f* presa *f* (di corrente).
stecken ['ʃtɛkən] **I.** *tr* **1.** *(hinein~, an~)* infilare, introdurre; **2.** *(fest~)* (con)ficcare, piantare; *(mit Nadeln)* appuntare; **3.** *(Geld, Mühe, Zeit)* investire (*in* in); **II.** *itr* **1.** *(festsitzen)* essere conficcato (*o* piantato); **2.** *(sich befinden)* essere, trovarsi; **wo steckst du denn?** *fam* dove ti sei cacciato? *fam*.
Stecken ‹-s, -› *m dial* bastone *m*.
stecken·bleiben ‹*irr*› *itr* ‹*sein*› **1.** *(nicht weitergehen)* rimanere bloccato; *(nicht herauskommen: Messer, etc.)* rimaner conficcato; *mot* rimanere in panna; **2.** *(in Rede)* impappinarsi. **stecken·-lassen** ‹*irr*› *tr* lasciare.
Steckenpferd *n* **1.** *(Spielzeug)* cavalluccio *m* di legno; **2.** *fig (Hobby)* hobby *m*.
Stecker ‹-s, -› *m* spina *f*.
Stecknadel *f* spillo *m*; **etw. wie eine ~ im Heuhaufen suchen** cercare qc per mari e per monti *fam*. **Steckrübe** *f* navone *m*.
Stefan ['ʃtɛfan] *(männlicher Vorname)* Stefano.
Steg [ʃte:k] ‹-(e)s, -e› *m* **1.** *(Weg)* viottolo *m*, sentiero *m*; **2.** *(Fußgängerbrücke)* passerella *f*; *(Boots~)* pontile *m*.
Stegreif ['ʃte:kraif] *m*: **aus dem ~** improvvisando.
Stehaufmännchen *n* misirizzi *m*.
stehen ['ʃte:ən] ‹steht, stand, gestanden› **I.** *itr* **1.** *(aufrecht ~: Mensch)* stare in piedi; *(Gegenstand)* stare ritto; **2.** *(sein)* essere; *(sich befinden)* trovarsi; **3.** *(geschrieben sein)* esser scritto (*in* su, *bei* in); **4.** *(still~)* essere fermo; *(Verkehr)* ristagnare; **5.** *(anzeigen)* segnare (*auf etw.* qc), indicare (*auf etw.* qc); **6.** *ling (mit Kasus, Modus)* reggere (*mit etw.* qc); **jdm ~** stare bene a qu; **auf jdn/etw. ~** *sl* preferire qu/qc; **hinter jdm ~** *fig* appoggiare qu; **über etw. ~** *fig* essere superiore a (*o* sopra) qc; **zu jdm ~** stare dalla parte di qu, sostenere qu; **zu seinem Wort ~** mantenere la parola data; **im S~ essen** mangiare in piedi; **eins zu null ~** stare uno a zero; **Tränen standen ihm in den Augen** aveva le lacrime agli occhi; **darauf steht die Todesstrafe** per questo è prevista la pena di morte; **wie steht's?** *(wie geht's)* come va?; *(was ist)* cosa c'è?; **II.** *rfl*: **sich gut/schlecht ~** stare bene/male; **sich gut mit jdm ~** essere in buoni rapporti con qu.
stehen·bleiben ‹*irr*› *itr* ‹*sein*› fermarsi; *(a. mot)* arrestarsi; **wo sind wir stehengeblieben?** *fig* dove siamo rimasti?
stehend *a* **1.** *(aufrecht)* in piedi, ritto; **2.** *(nicht in Bewegung o Betrieb)* fermo; **3.** *(Gewässer)* stagnante; **~e Redensart** frase fatta.
stehen·lassen ‹*irr*› *tr* lasciare; *(dalassen)* dimenticare; *(Essen)* non toccare; **sich** *(dat)* **einen Bart ~** lasciarsi crescere la barba.
Stehlampe *f* lampada *f* a stelo.
stehlen ['ʃte:lən] ‹stiehlt, stahl, gestohlen› *tr, itr* rubare; **jdm die Zeit ~** far perdere tempo a qu; **sie kann mir gestohlen bleiben!** *fam* vada a farsi friggere! *fam*.
Steiermark ['ʃtaiɐmark] *f* Stiria *f*.
steif [ʃtaif] *a* rigido; *(vor Kälte, Schreck, Staunen)* irrigidito; *(Pudding, etc.)* denso; *(Wäsche)* inamidato; *(Benehmen)* compassato; *(förmlich)* formale; **~er Hals** torcicollo *m*; **~ und fest** *fig fam* con fermezza, fermamente.
Steifheit ‹-, ø› *f* rigidità *f*, rigidezza *f*; *fig (von Benehmen)* formalismo *m*.
Steigbügel *m* staffa *f*. **Steigeisen** *n* rampone *m*.
steigen ['ʃtaigən] ‹steigt, stieg, gestiegen› *itr* ‹*sein*› **1.** *(hinauf~)* salire; *(hinunter~)* scendere; **2.** *fig (zunehmen)* aumentare; *(Spannung, Fieber a.)* crescere; *(Preise)* salire; **3.** *fam (stattfinden)* aver luogo; **aus dem/in den Wagen ~** scendere dall'/salire in automobile; **einen Drachen ~ lassen** far volare un aquilone. **steigend** *a* crescente; *com (Preise)* in aumento; *fin (Tendenz)* al rialzo.
Steiger ‹-s, -› *m min* capo *m* (sciolta).
steigern ['ʃtaigɐn] **I.** *tr* **1.** *(erhöhen, vergrößern)* aumentare; **2.** *gram* formare i gradi di comparazione di; **II.** *rfl*: **sich ~** **1.** *(anwachsen)* crescere; **2.** *(sich ver-*

bessern) migliorare; **sich in etw. ~** *(in Wut, Gefühl)* montarsi la testa con qc; **III.** *itr (bei Auktionen)* fare un'offerta.

Steigerung ⟨-, -en⟩ *f* **1.** *(Erhöhung)* aumento *m,* accrescimento *m;* **2.** *gram* comparazione *f;* **3.** *(Verbesserung)* miglioramento *m.*

Steigung ⟨-, -en⟩ *f* salita *f.*

steil [ʃtai̯l] *a (ansteigend)* ripido, erto; *(abfallend)* scosceso; *fig (Karriere, Aufstieg)* rapido. **Steilhang** *m* pendio *m* ripido. **Steilküste** *f* costa *f* ripida.

Stein [ʃtai̯n] ⟨-(e)s, -e⟩ *m* **1.** *allg.* pietra *f,* sasso *m; (Fels)* roccia *f; (Kiesel)* ciottolo *m;* **2.** *(Edel~)* pietra *f* preziosa; **3.** *bot (Kern)* nocciolo *m;* **4.** *med* calcolo *m;* **5.** *(von Brettspiel)* pedina *f,* pezzo *m;* **den ~ ins Rollen bringen** *fig* dare l'avvio a qc; **keinen ~ auf dem ander(e)n lassen** *fig* distruggere tutto; **jdm ~e in den Weg legen** *fig* mettere a qu i bastoni fra le ruote; **~ und Bein schwören** *fam* giurare e spergiurare *fam;* **da fällt mir ein ~ vom Herzen** mi sento sollevato da un gran peso. **steinalt** ['ʃtai̯n'ʔalt] *a* vecchissimo. **Steinbock** *m* **1.** *zoo* stambecco *m;* **2.** *astr* Capricorno *m;* **er/sie ist (ein) ~** è (del *o* un) Capricorno. **Steinbruch** *m* cava *f* di pietra. **Steinbutt** *m* rombo *m* chiodato.

steinern *a* di pietra; *(fig a.)* di sasso.

Steingut *n* terraglia *f.* **steinhart** ['ʃtai̯n'hart] *a* durissimo.

steinig *a* sassoso, pietroso.

steinigen *tr* lapidare.

Steinkohle *f* carbone *m* fossile. **Steinmarder** *m* faina *f.* **Steinmetz** [-mɛts̯] ⟨-en, -en⟩ *m* scalpellino *m.* **Steinobst** *n* frutta *f* col nocciolo. **Steinpilz** *m* porcino *m.* **steinreich** ['ʃtai̯n'rai̯ç] *a fam* ricco sfondato *fam.* **Steinschlag** *m* caduta *f* di pietre (*o* massi). **Steinzeit** *f* età *f* della pietra.

Steißbein ['ʃtai̯s-] *n* coccige *m.*

Stelldichein ['ʃtɛldɪçʔai̯n] ⟨-(e)s, -(s)⟩ *n* appuntamento *m; (zwischen Verliebten)* convegno *m* amoroso.

Stelle ['ʃtɛlə] ⟨-, -n⟩ *f* **1.** *(Platz, Ort)* posto *m,* luogo *m; (in Buch)* punto *m;* **2.** *(Arbeits~)* impiego *m; (Anstellung)* posto *m;* **3.** *(Behörde)* autorità *f; (Dienst~)* ufficio *m;* **4.** *mat* cifra *f;* **zur ~ sein** essere presente; **an ~ von** in luogo di, in vece di; **an deiner ~** al tuo posto; **auf der ~** *(sofort)* subito.

stellen ['ʃtɛlən] **I.** *tr* **1.** *(hin~, auf~)* mettere, porre, collocare (ritto *o* in piedi); *(Falle)* mettere, collocare; **2.** *tec (ein~)* regolare (*auf* su); **3.** *(bereit~)* fornire, procurare; **4.** *(Verbrecher)* fermare, arrestare; **5.** *(Frage, Bedingung)* porre; *(Aufgabe)* assegnare, dare; *(Diagnose)* fare; **kalt ~** *(Getränk, Speise)* mettere in fresco; **das Radio lauter ~** aumentare il volume della radio; **jdn vor ein Problem/eine Entscheidung ~** confrontare qu con un problema/una decisione; **auf sich (allein** *o* **selbst) gestellt** abbandonato a se stesso; **gut/schlecht gestellt sein** stare bene/male; **II.** *rfl:* **sich ~ 1.** *(sich hin~, auf~)* mettersi, porsi, collocarsi; **2.** *(der Polizei)* costituirsi; **3.** *(Frage, Problem, Aufgabe)* sorgere, nascere; **sich krank/taub ~** fingersi malato/sordo; **sich einer Aufgabe/den Fragen ~** essere disposto ad assumersi un compito/a rispondere alle domande.

Stellenangebot *n* offerta *f* d'impiego. **Stellenausschreibung** *f* bando *m* di concorso. **Stellengesuch** *n* domanda *f* d'impiego. **Stellenvermittlung** *f* collocamento *m; (Büro)* ufficio *m* di collocamento. **stellenweise** *adv* qua e là. **Stellenwert** *m* valore *m.*

Stellung ⟨-, -en⟩ *f* posizione *f; (Stelle, An~)* posto *m,* impiego *m;* **~ nehmen zu** prendere posizione riguardo a; **bei jdm in ~ sein** essere a servizio da qu. **Stellungnahme** [-naːmə] ⟨-, -n⟩ *f* presa *f* di posizione. **Stellung(s)suchende** ⟨ein -r, -n, -n⟩ *mf* persona *f* in cerca di occupazione.

stellvertretend *a* sostituto, vice-. **Stellvertreter(in)** *m(f)* sostituto, -a *m, f,* vice *mf.* **Stellvertretung** *f* rappresentanza *f,* supplenza *f;* **in ~ von** in sostituzione di.

Stellwerk *n* cabina *f* di blocco.

Stelze ['ʃtɛlts̯ə] ⟨-, -n⟩ *f* trampolo *m.*

stelzen *itr* ⟨*sein*⟩ camminare impettito (*o* con sussiego).

Stemmeisen *n* palanchino *m,* piede *m* di porco.

stemmen ['ʃtɛmən] **I.** *tr* **1.** *(stützen)* puntare, appoggiare; **2.** *(Gewicht)* sollevare; **II.** *rfl:* **sich ~ 1.** *(sich stützen)* puntare i piedi/le mani (*gegen* contro); **2.** *fig (sich auflehnen)* opporsi (*gegen* a).

Stempel ['ʃtɛmpəl] ⟨-s, -⟩ *m* **1.** *(Gerät, Abdruck)* timbro *m; (Ergebnis a.)* bollo *m;* **2.** *(Münz~)* conio *m; (Punze)* punzone *m;* **3.** *bot* pistillo *m;* **4.** *fig* marchio *m,* impronta *f.* **Stempelfarbe** *f* inchiostro *m* per timbri. **Stempelkissen** *n* tampone *m* per timbri.

stempeln I. *tr* timbrare, bollare; *(Post)* timbrare; *(entwerten)* obliterare; **jdn zu etw. ~** trattare qu da qc, bollare qu di qc; **II.** *itr (Stempeluhr betätigen)* timbrare il cartellino; **~ (gehen)** *fam (arbeitslos sein)* prendere il sussidio di disoccupazione.

Stempeluhr *f* orologio *m* da controllo.

Stengel ['ʃtɛŋəl] ⟨-s, -⟩ *m* gambo *m,* stelo *m.*

Stenogramm [ʃteno'gram] ⟨-s, -e⟩ *n* stenogramma *m.*

Stenographie [ʃtenogra'fi:, ...i:ən] ‹-, -n› *f* stenografia *f.*
stenographieren [...'fi:rən] ‹*ohne ge-*› *tr, itr* stenografare.
Stenograph(in) [...'gra:f(ɪn)] ‹-en, -en› *m(f)* stenografo, -a *m, f.*
Stenotypist(in) [ʃtenoty'pɪst(ɪn)] ‹-en, -en› *m(f)* stenodattilografo, -a *m, f.*
Stephan *s.* **Stefan.**
Steppdecke *f* trapunta *f.*
Steppe ['ʃtɛpə] ‹-, -n› *f* steppa *f.*
steppen[1] ['ʃtɛpən *o* st...] *itr (Step tanzen)* ballare il tip-tap.
steppen[2] ['ʃtɛpən] *tr (nähen)* trapuntare.
Sterbebett *n* letto *m* di morte. **Sterbefall** *m* caso *m* di morte, decesso *m.* **Sterbegeld** *n* indennità *f* funeraria. **Sterbehilfe** *f* eutanasia *f.*
sterben ['ʃtɛrbən] ‹stirbt, starb, gestorben› *itr* ‹*sein*› morire (*an* di).
Sterberate *f* mortalità *f.* **Sterbeurkunde** *f* certificato *m* di morte.
sterblich *a* mortale. **Sterblichkeit** ‹-, ø› *f* mortalità *f.*
Stereoanlage ['ʃte:reo- *o* 'st...] *f* stereo *m,* impianto *m* stereofonico. **Stereoaufnahme** *f* registrazione *f* stereofonica (*o* stereo).
stereotyp [ʃtereo'ty:p *o* st...] *a* stereotipo, stereotipato.
steril [ʃte'ri:l *o* st...] *a* sterile.
Sterilisation [ʃteriliza'tsi̯o:n *o* st...] ‹-, -en› *f* sterilizzazione *f.*
sterilisieren [...'zi:rən] ‹*ohne ge-*› *tr* sterilizzare.
Sterilität [...'tɛ:t] ‹-, ø› *f (a. fig)* sterilità *f.*
Stern [ʃtɛrn] ‹-(e)s, -e› *m* stella *f; (Gestirn)* astro *m; (Zier~, mil)* stelletta *f; typ* asterisco *m;* **~e sehen** *fam* vedere le stelle *fam.* **Sternbild** *n* costellazione *f.* **sternhagelvoll** ['ʃtɛrn'ha:gəl'fɔl] *a fam* ubriaco fradicio *fam.* **Sternschnuppe** [-ʃnʊpə] ‹-, -n› *f* stella *f* filante. **Sternstunde** *f fig* grande momento *m.* **Sternwarte** [-vartə] ‹-, -n› *f* osservatorio *m.*
stet [ʃte:t], **stetig** *a* costante; *(andauernd, a. mat)* continuo. **Stetigkeit** ‹-, ø› *f (Beständigkeit)* costanza *f; (Kontinuität)* continuità *f.* **stets** [ʃte:ts] *adv (immer)* sempre; *(ständig)* costantemente, continuamente.
Steuer[1] ['ʃtɔyɐ] ‹-s, -› *n mot* volante *m; mar, aero, fig* timone *m.*
Steuer[2] ['ʃtɔyɐ] ‹-, -n› *f fin* imposta *f.*
Steuerausgleich *m* conguaglio *m* fiscale. **steuerbegünstigt** *a* che gode di agevolazioni fiscali. **Steuerberater(in)** *m(f)* consulente *mf* fiscale (*o* tributario). **Steuerbescheid** *m* cartella *f* delle tasse (*o* delle imposte).
Steuerbord *n* tribordo *m.*
Steuererhöhung *f* aumento *m* delle imposte. **Steuererklärung** *f* dichiarazione *f* fiscale (*o* dei redditi). **Steuerflucht** *f* evasione *f* fiscale. **steuerfrei** *a* esente da imposte. **Steuerfreibetrag** *m* importo *m* esente da tasse. **Steuerhinterziehung** *f* evasione *f* fiscale. **Steuerklasse** *f* fascia *f* fiscale.
Steuerknüppel *m* cloche *f.*
Steuerlast *f* onere *m* fiscale.
steuerlich *a* fiscale.
Steuermann ‹-(e)s, -männer *o* -leute› *m* timoniere *m,* pilota *m.*
Steuermarke *f* marca *f* da bollo.
steuern **I.** *tr* **1.** *mot, fig* guidare; *naut* governare; *aero* pilotare; **2.** *tec* regolare; **3.** *fig (lenken)* dirigere; **II.** *itr mot* essere al volante; *naut* essere al timone; *aero* essere ai comandi.
steuerpflichtig *a* soggetto a imposta.
Steuerrad *n mot* volante *m; naut* ruota *f* del timone.
Steuerreform *f* riforma *f* tributaria (*o* fiscale).
Steuersatz *m* aliquota *f* d'imposta. **Steuerschuld** *f* debito *m* tributario. **Steuersenkung** *f* riduzione *f* d'imposte.
Steuerung ‹-, -en› *f* **1.** ‹*sing*› *naut, aero (Tätigkeit)* guida *f,* pilotaggio *m; (Lenkung: von Wirtschaft)* direzione *f,* guida *f;* **2.** *(Steuervorrichtung)* controllo *m,* dispositivo *m;* **3.** ‹*sing*› *fig (Bekämpfung)* lotta *f.*
Steuerwerk *n* unità *f* di controllo.
Steuerzahler(in) *m(f)* contribuente *mf.*
Steward ['stju:ɐt] ‹-s, -s› *m,* **Stewardeß** ['stju:ɐdɛs *o* ...'dɛs] ‹-, -dessen› *f* steward *m,* assistente *mf* di bordo, hostess *f.*
StGB [ɛste:ge:'be:] ‹-(s), -› *n ab von* **Strafgesetzbuch** C.P. (*ab von* Codice Penale).
stibitzen [ʃti'bɪtsən] ‹*ohne ge-*› *tr fam* grattare *fam,* sgraffignare *fam.*
Stich [ʃtɪç] ‹-(e)s, -e› *m* **1.** *(mit Dorn, Stachel, Nadel)* puntura *f; (mit Waffe)* colpo *m;* **2.** *(Näherei, Kartenspiel)* punto *m;* **3.** *(Graphik)* incisione *f;* **4.** *fig (ins Herz)* fitta *f* al cuore; **5.** *fig (Stichelei)* frecciata *f,* stoccata *f;* **6.** *(Schmerz)* dolore *m* lancinante; **einen ~ ins Grüne haben** dare nel verde; **im ~ lassen** piantare in asso.
Stichel ['ʃtɪçəl] ‹-s, -› *m* bulino *m.*
Stichelei [ʃtɪçə'lai̯] ‹-, -en› *f* punzecchiature *f pl; (einzelne Bemerkung)* frecciata *f,* stoccata *f.*
sticheln ['ʃtɪçəln] *itr* **1.** *(gehässig reden)* punzecchiare (*gegen jdn* qu); **2.** *(nähen)* agucchiare; *(sticken)* ricamare.
Stichflamme *f* fiammata *f,* vampata *f.*
stichhaltig *a* plausibile, valido. **Stichhaltigkeit** ‹-, ø› *f* plausibilità *f,* validità *f.*

Stichling ['ʃtıçlıŋ] ‹-s, -e› *m* spinarello *m.*

Stichprobe *f* **1.** *(Handlung)* sondaggio *m;* **2.** *(Sache)* campione *m.*

sticht [ʃtıçt] *pr von* **stechen.**

Stichtag *m* giorno *m* di riferimento. **Stichwahl** *f* ballottaggio *m.*

Stichwort *n* **1.** ‹-(e)s, ⸚er› *(in Wörterbuch)* lemma *m,* voce *f;* **2.** ‹-(e)s, -e› *fig, theat* spunto *m;* **3.** ‹-(e)s, -e› *(Schlagwort)* appunto *m.* **stichwortartig** *a* per appunti sommari.

Stichwunde *f* ferita *f* da punta.

sticken ['ʃtıkən] *tr* ricamare.

Stickerei [...ə'rai] ‹-, -en› *f* ricamo *m.*

stickig ['ʃtıkıç] *a* soffocante.

Stickstoff ['ʃtık-] *m* azoto *m.*

stieben ['ʃti:bən] ‹stiebt, stob *o* stiebte, gestoben *o* gestiebt› **1.** *itr ‹haben o sein› (sprühen)* sprizzare; *(bes. Funken)* schizzare; **2.** *‹sein› (sich bewegen)* disperdersi.

Stiefbruder ['ʃti:f-] *m* fratellastro *m.*

Stiefel ['ʃti:fəl] ‹-s, -› *m* stivale *m.* **Stiefelknecht** *m* cavastivali *m.*

Stiefkind *n* figliastro *m; fig* cenerentola *f.* **Stiefmutter** *f* madre *f* putativa; *pej* matrigna *f.* **Stiefmütterchen** *n bot* viola *f* del pensiero. **stiefmütterlich** *a* da matrigna. **Stiefschwester** *f* sorellastra *f.* **Stiefsohn** *m* figliastro *m.* **Stieftochter** *f* figliastra *f.* **Stiefvater** *m* padre *m* putativo; *pej* patrigno *m.*

stieg [ʃti:k] *imp von* **steigen.**

Stiege ['ʃti:gə] ‹-, -n› *f dial* scala *f.*

Stieglitz ['ʃti:glıts] ‹-es, -e› *m* cardellino *m.*

stiehlt [ʃti:lt] *pr von* **stehlen.**

Stiel [ʃti:l] ‹-(e)s, -e› *m* **1.** *(von Blume, Glas)* gambo *m,* stelo *m; (von Blatt, Frucht)* picciolo *m,* gambo *m;* **2.** *(Griff)* manico *m;* **Eis am ~** gelato sullo stecco (*o* da passeggio). **Stielaugen** *n pl:* **~ machen** *fam* far tanto d'occhi *fam.* **Stieltopf** *m* casseruola *f* a un manico.

stier ['ʃti:ɐ] *a (Blick)* fisso.

Stier [ʃti:ɐ] ‹-(e)s, -e› *m* **1.** *zoo* toro *m;* **2.** *astr* Toro *m;* **er/sie ist (ein) ~** è (del *o* un) Toro.

stieren ['ʃti:rən] *itr* fissare (*auf etw.* qc), guardare fissamente (*auf etw.* qc).

Stierkampf *m* corrida *f.* **Stierkämpfer** *m* torero *m.*

stieß [ʃti:s] *imp von* **stoßen.**

Stift[1] [ʃtıft] ‹-(e)s, -e› *m* **1.** *(Metall~)* perno *m; (Holz~)* caviglia *f; (Nagel)* chiodo *m,* punta *f;* **2.** *(Blei~)* matita *f,* lapis *m; (Bunt~)* matita *f* colorata.

Stift[2] [ʃtıft] ‹-(e)s, -e› *n* **1.** *(Stiftung)* fondazione *f;* **2.** *(Kloster)* convento *m,* monastero *m;* **3.** *(Altersheim)* casa *f* di ricovero.

Stift[3] [ʃtıft] ‹-(e)s, -e› *m fam (Lehrjunge)* apprendista *m.*

stiften ['ʃtıftən] *tr* **1.** *(gründen)* fondare; *(errichten, einsetzen)* istituire; **2.** *(schenken, bezahlen)* offrire; **3.** *(schaffen, bewirken)* creare, provocare, causare.

Stifter(in) ‹-s, -› *m(f)* **1.** *(Gründer)* fondatore, -trice *m, f;* **2.** *(Urheber)* autore, -trice *m, f.*

Stiftung ‹-, -en› *f* fondazione *f; jur (Schenkung)* donazione *f.*

Stiftzahn *m* dente *m* a perno.

Stil [ʃti:l *o* sti:l] ‹-(e)s, -e› *m* stile *m.* **Stilblüte** *f* perla *f* (stilistica).

stilisieren [ʃtili'zirən *o* st...] ‹*ohne ge-*› *tr* stilizzare.

stilistisch [ʃti'lıstıʃ *o* st...] *a* stilistico.

still [ʃtıl] *a* **1.** *(lautlos)* tranquillo, calmo, quieto; **2.** *(schweigend, stumm)* silenzioso, muto; **3.** *(schweigsam)* taciturno; **4.** *(unbewegt)* immobile; **5.** *(heimlich)* segreto, nascosto; **der S~e Ozean** l'Oceano Pacifico; **~er Teilhaber** socio occulto; **den Kopf/ein Glas ~ halten** tener ferma la testa/tenere saldamente un bicchiere; **um sie ist es ~ geworden** non si parla più di lei; **(sei) ~!** (sta) zitto!

Stille ['ʃtılə] ‹-, ø› *f* **1.** *(Unbewegtheit)* tranquillità *f,* calma *f;* **2.** *(Schweigen)* silenzio *m;* **3.** *(Ruhe)* quiete *f;* **in aller ~** in perfetto silenzio; *(Feier)* nell'intimità.

Stilleben *n* natura *f* morta.

stillegen ‹*getrennt:* still·legen› *tr* chiudere. **Stillegung** ‹-, -en› *f* chiusura *f; (von Verkehr)* chiusura *f* al traffico.

stillen **I.** *tr* **1.** *(Kind)* allattare; **2.** *(Blutung)* fermare; **3.** *(Schmerz)* sedare; **4.** *(Durst)* spegnere; *(Hunger)* saziare; **5.** *(Verlangen, etc.)* placare; **II.** *itr* allattare.

still·halten ‹*irr*› **I.** *tr* tener fermo; **II.** *itr* **1.** *(sich nicht bewegen)* stare fermo; **2.** *fig (sich nicht wehren)* non reagire.

stillos *a* senza stile.

Stillschweigen *n* silenzio *m.* **stillschweigend** *a* tacito.

Stillstand *m* arresto *m; (Unterbrechung)* interruzione *f;* **zum ~ kommen** arrestarsi, fermarsi. **still·stehen** ‹*irr*› *itr* **1.** *(stehenbleiben)* fermarsi, arrestarsi; **2.** *(nicht in Betrieb sein)* essere fermo; **stillgestanden!** *mil* attenti!

stillvergnügt *a* intimamente soddisfatto.

Stilmöbel *n pl* mobili *m pl* in stile. **stilvoll** *a* che ha stile; *(geschmackvoll)* di buon gusto.

Stimmabgabe *f* votazione *f.* **Stimmbänder** *n pl* corde *f pl* vocali. **stimmberechtigt** *a* avente diritto di voto. **Stimmbruch** *m* mutazione *f* della voce.

Stimme ['ʃtımə] ‹-, -n› *f* **1.** *(Organ, a. mus, fig)* voce *f;* **2.** *(bei Wahl)* voto *m,* suffragio *m;* **seine ~ abgeben** votare.

stimmen ['ʃtımən] **I.** *itr (richtig sein)* essere giusto (*o* esatto); **für/gegen etw.**

~ *(wählen)* votare per/contro qc; **da stimmt etwas nicht** *(nicht in Ordnung)* non va bene; *(verdächtig)* c'è qc che non va; **es stimmt traurig/ernst, daß ...** è triste/grave che ... *conj;* **stimmt es, daß ...?** è vero che ...?; **(das) stimmt!** giusto!, (va) bene!; **stimmt so!** *(zu Bedienung)* va bene così!; **II.** *tr mus* accordare; **jdn ernst ~** rendere serio qu.

Stimmengewirr ‹-s, ø› *n* brusio *m* di voci. **Stimmengleichheit** *f* parità *f* (di voti). **Stimmenmehrheit** *f* maggioranza *f* (di voti).

Stimmenthaltung *f* astensione *f* (dal voto). **Stimmgabel** *f* diapason *m.* **stimmhaft** *a* sonoro. **stimmlos** *a* **1.** *(tonlos)* afono; **2.** *ling* sordo. **Stimmrecht** *n* diritto *m* di voto. **Stimmritze** *f* glottide *f.*

Stimmung ‹-, -en› *f* **1.** *(Gemütsverfassung)* stato *m* d'animo, disposizione *f* di spirito; **2.** *(Laune)* umore *m;* **3.** *(von Gesellschaft)* atmosfera *f,* clima *m;* **4.** *(Eindruck, Wirkung)* suggestione *f;* **5.** *(öffentliche Meinung)* opinione *f* pubblica; **6.** *(von Musikinstrument)* accordatura *f;* **~ machen** *(gute Laune)* creare l'ambiente; **~ gegen/für etw. machen** far propaganda contro/per qc; **nicht in ~ sein** non essere in vena. **Stimmungsumschwung** *m* cambiamento *m* d'opinione. **stimmungsvoll** *a* suggestivo.

Stimmzettel *m* scheda *f* elettorale.

stimulieren [ʃtimu'li:rən *o* st...] ‹*ohne ge-*› *tr* stimolare.

Stinkbombe *f* bombetta *f* puzzolente.

stinken ['ʃtɪŋkən] ‹stinkt, stank, gestunken› *itr* puzzare (*nach* di); **das stinkt mir** *fam* ne ho le tasche piene *sl.*

stinkfaul ['ʃtɪŋk'faul] *a fam* pigrissimo. **Stinktier** *n* moffetta *f.*

Stipendium [ʃti'pɛndium, ...iən] ‹-s, -dien› *n* borsa *f* di studio.

Stippvisite ['ʃtɪp-] *f fam* visitina *f,* capatina *f.*

stirbt [ʃtɪrpt] *pr von* **sterben.**

Stirn [ʃtɪrn] ‹-, -en› *f* fronte *f;* **jdm die ~ bieten** tener testa a qu; **die ~ haben zu ...** aver la sfacciataggine di ... *inf.* **Stirnband** ‹-(e)s, ⸚er› *n* benda *f,* fascia *f.* **Stirnhöhle** *f* seno *m* frontale.

stob [ʃto:p] *imp von* **stieben.**

stöbern ['ʃtø:bɐn] *itr* frugare (*in* in), rovistare (*in* in).

stochern ['ʃtɔxɐn] *itr* frugare (*in* in); **im Essen ~** mangiucchiare; **in den Zähnen ~** stuzzicare i denti.

Stock[1] [ʃtɔk] ‹-(e)s, ⸚e› *m* **1.** *(Stab)* bastone *m; (kleiner, dünner, Takt~)* bacchetta *f; (Billard~)* stecca *f* (di biliardo); **2.** *bot* ceppo *m; (Blumentopf)* pianta *f.*

Stock[2] [ʃtɔk] ‹-(e)s, - *o* -werke› *m arch* piano *m.*

stockdumm ['ʃtɔk'dʊm] *a fam* stupidissimo. **stockdunkel** ['ʃtɔk'dʊŋkəl] *a fam* buio pesto.

stocken ['ʃtɔkən] *itr* **1.** *(nicht vorangehen)* ristagnare; *(Gespräch)* languire, arenarsi; **2.** *(stillstehen: Puls, Herz)* arrestarsi, fermarsi; **3.** *(im Sprechen)* interrompersi, incespicare. **stockend I.** *a* ristagnante; *(Rede)* esitante; **II.** *adv (reden)* a stento.

stockfinster ['ʃtɔk'fɪnstɐ] *s.* **stockdunkel. Stockfisch** *m (a. fig pej)* stoccafisso *m.*

Stockholm ['ʃtɔkhɔlm *o* ...'hɔlm] *n* Stoccolma *f.*

stocksauer ['ʃtɔk'zauɐ] *a sl* incazzato nero *vulg.* **Stockschirm** *m* ombrello *m* bastone. **stocksteif** ['ʃtɔk'ʃtaif] *a fam* rigido come un bastone, impalato. **stocktaub** ['ʃtɔk'taup] *a fam* sordo come una campana *fam.*

Stockung ‹-, -en› *f* **1.** *(Behinderung)* ristagno *m;* **2.** *(Stillstand)* arresto *m;* **3.** *(Verkehrs~)* ingorgo *m* (di traffico); **4.** *(im Gespräch)* interruzione *f,* stasi *f.*

Stockwerk *n* piano *m.*

Stoff [ʃtɔf] ‹-(e)s, -e› *m* **1.** *(Textil)* stoffa *f; (Gewebe)* tessuto *m;* **2.** *(Materie, Substanz)* sostanza *f; (a. philos)* materia *f;* **3.** *fig (Gegenstand)* argomento *m,* tema *m,* soggetto *m.* **Stofftier** *n* pupazzo *m* di peluche. **Stoffwechsel** *m* metabolismo *m.*

stöhnen ['ʃtø:nən] *itr* gemere (*vor* per); *(sich beklagen)* lamentarsi (*über* per, di). **Stöhnen** ‹-s, ø› *n* gemito *m.*

stoisch ['ʃto:ɪʃ *o* 'st...] *a* stoico.

Stola ['ʃto:la *o* 'st...] ‹-, Stolen› *f* stola *f.*

Stollen ['ʃtɔlən] ‹-s, -› *m* **1.** *gastr s.* **Christstollen; 2.** *min, mil* galleria *f;* **3.** *(an Schuh)* chiodo *m.*

stolpern ['ʃtɔlpɐn] *itr* ‹*sein*› incespicare (*über* in); *(a. fig)* inciampare (*über* in).

stolz [ʃtɔlts] *a* **1.** *(voller Freude)* fiero (*auf* di); **2.** *(hochmütig)* orgoglioso, altero; **3.** *fig (prächtig, imposant)* superbo, magnifico, imponente; **4.** *fam (Summe, etc.)* considerevole.

Stolz ‹-es, ø› *m* orgoglio *m; (Hochmut)* superbia *f,* alterigia *f.*

stolzieren [...'tsi:rən] ‹*ohne ge-*› *itr* ‹*sein*› pavoneggiarsi, camminare impettito (*o* tronfio).

stopfen ['ʃtɔpfən] **I.** *tr* **1.** *(voll~)* riempire; **2.** *(zu~)* turare; *(Loch, a. fig)* tappare; **3.** *(hineinpressen)* calcare (*in* in), ficcare (*in* in); **4.** *(flicken: Kleidung)* rammendare; **5.** *(mästen: Gänse)* ingozzare; **II.** *itr* **1.** *(satt machen)* saziare; **2.** *(den Stuhlgang hindern)* costipare.

Stopfgarn *n* filo *m* da rammendo. **Stopfnadel** *f* ago *m* da rammendo.

stopp [ʃtɔp] *interj* stop.

Stopp ‹-s, -s› *m* **1.** *(Anhalten)* arresto *m;* **2.** *(Einstellung)* sospensione *f.*

Stoppel ['ʃtɔpəl] ‹-, -n› *f* **1.** *(Getreide~)* stoppia *f;* **2.** *(Bart~)* pelo *m* ispido. **Stoppelbart** *m* barba *f* ispida. **Stoppelfeld** *n* campo *m* di stoppie. **stopp(e)lig** *a* irsuto.

stoppen I. *tr* **1.** *(anhalten)* fermare, arrestare; **2.** *(mit Uhr)* cronometrare; **II.** *itr* fermarsi, arrestarsi.

stopplig *s.* **stoppelig.**

Stoppschild *n* stop *m.* **Stoppstraße** *f* strada *f* con obbligo di arresto. **Stoppuhr** *f* cronometro *m.*

Stöpsel ['ʃtœpsəl] ‹-s, -› *m* **1.** *(an Bekken)* tappo *m; (Korken)* turacciolo *m;* **2.** *fig (kleiner Junge)* marmocchio *m;* **3.** *el (Stecker)* spina *f.*

Stör [ʃtø:ɐ̯] ‹-(e)s, -e› *m* storione *m.*

Storch [ʃtɔrç] ‹-(e)s, ¨-e› *m* cicogna *f.*

stören ['ʃtø:rən] **I.** *tr* disturbare; *(Frieden, Ruhe)* turbare; **II.** *itr* disturbare; **III.** *rfl:* **sich an etw. ~** essere disturbato per qc. **störend** *a* fastidioso. **Störenfried** [-fri:t] ‹-(e)s, -e› *m* disturbatore *m,* perturbatore *m.*

stornieren [ʃtɔr'ni:rən *o* st...] ‹*ohne ge-*› *tr* stornare.

störrisch ['ʃtœrɪʃ] *a (Mensch, Haltung)* ostinato; *(Haare)* ribelle, indocile; *(Material)* refrattario; *(Esel)* testardo, cocciuto.

Störung ‹-, -en› *f* disturbo *m,* perturbazione *f; (von Ruhe, Ordnung, a. psych)* turbamento *m; tec* guasto *m; radio* disturbo *m.* **Störungsstelle** *f tel* ufficio *m* guasti.

Stoß [ʃto:s] ‹-es, ¨-e› *m* **1.** *allg.* colpo *m; (Schubs, An~)* spinta *f; (Schlag)* percossa *f,* botta *f; (mit Ellenbogen)* gomitata *f; (mit Kopf)* testata *f; (Anstoßen)* urto *m; (Aufprall)* impatto *m; (Erschütterung)* choc *m; (a. fig)* scossa *f;* **2.** *(Trompeten~)* squillo *m* (di tromba); *(Wind~)* folata *f;* **3.** *(Stapel)* pila *f; (Bündel)* fascio *m; (~ Holz)* catasta *f.* **Stoßdämpfer** *m* ammortizzatore *m.*

Stößel ['ʃtø:səl] ‹-s, -› *m* pestello *m.*

stoßen ['ʃto:sən] ‹stößt, stieß, gestoßen› **I.** *tr* **1.** *(schubsen)* colpire; *(schieben)* spingere; *(an~, ~ gegen)* battere, urtare; *(hinein~)* cacciare (*in* in); *(hinaus~)* espellere (*aus* da); **2.** *(Pfeffer, etc.)* pestare; **II.** *rfl:* **sich ~** *(an~)* urtare; **sich an etw. ~** *(an~)* urtare contro qc; *fig (Anstoß nehmen)* urtarsi per qc, scandalizzarsi per qc; **III.** *itr (schubsen)* spingere; *(mit Hörnern)* cozzare (con le corna); *(mit Messer)* cercare di colpire (*nach jdm* qu); **auf/an etw. ~** toccare qc, urtare contro qc; **auf jdn/etw. ~** *(finden)* trovare qu/qc; *(jdn treffen)* incontrare qu, imbattersi in qu; *(begegnen: Widerstand)* incontrare qc; **an etw. ~** *(angrenzen)* confinare con qc; *(Zimmer, Grundstück)* essere attiguo (*o* contiguo) a qc; **ins Horn ~** suonare il corno.

Stoßgebet *n* giaculatoria *f.* **Stoßseufzer** *m* gran sospiro *m.* **Stoßstange** *f* paraurti *m.*

stößt [ʃtø:st] *pr von* **stoßen.**

Stoßverkehr *m* traffico *m* di punta. **Stoßzahn** *m* zanna *f.* **Stoßzeit** *f* ora *f* di punta.

Stotterer ['ʃtɔtərɐ] ‹-s, -› *m,* **Stottrerin** ['ʃtɔtrərɪn] *f* balbuziente *mf.*

stottern ['ʃtɔtɐn] *tr, itr* balbettare.

Str. *ab von* **Straße** v. (*ab von* via).

Strafanstalt *f* penitenziario *m,* prigione *f.* **Strafantrag** *m* querela *f; (von Staatsanwalt)* requisitoria *f.* **Strafanzeige** *f* denuncia *f.* **Strafarbeit** *f (von Schüler)* castigo *m.* **strafbar** *a* punibile; *jur* passibile di pena; **~e Handlung** reato *m;* **sich ~ machen** essere passibile di pena.

Strafe ['ʃtra:fə] ‹-, -n› *f* punizione *f; (Züchtigung)* castigo *m; (Gefängnis~)* pena *f* detentiva; *(Geldbuße)* multa *f;* **bei ~** sotto pena; **zur ~** per punizione.

strafen *tr* punire; *(züchtigen)* castigare. **strafend** *a (Maßnahmen)* punitivo; *(Worte)* reprensivo; *(Blick)* riprovatore.

Strafentlassene ‹ein -r, -n, -n› *mf* scarcerato, -a *m, f.* **Straferlaß** *m* condono *m* di pena; *(Amnestie)* amnistia *f.*

straff [ʃtraf] *a* **1.** *(Seil)* teso, tirato; *(Haut, Busen)* sodo; **2.** *(Haltung)* diritto; **3.** *(Zucht)* severo; **4.** *(Stil)* conciso; **~ spannen** tendere; **~ sitzen** *(Hose, etc.)* essere stretto.

straffällig *a adm:* **~ werden** incorrere in una pena.

straffen I. *tr* **1.** *(Seil)* tendere; *(Haut)* rassodare; **2.** *fig (Text)* rendere conciso; **II.** *rfl:* **sich ~ 1.** *(sich spannen)* tendersi; **2.** *(sich aufrichten)* rizzarsi.

Straffheit ‹-, ø› *f* **1.** *(Gespanntheit)* tensione *f; (von Haut, Busen)* sodezza *f;* **2.** *(Strenge)* severità *f,* rigidezza *f;* **3.** *fig (von Stil)* concisione *f.*

straffrei *a:* **~ ausgehen** uscirne impunito. **Straffreiheit** *f* esenzione *f* da pena, impunità *f.* **Strafgefangene** *mf* detenuto, -a *m, f.* **Strafgesetzbuch** *n* (*ab* **StGB**) codice *m* penale.

sträflich ['ʃtrɛ:flɪç] *a* imperdonabile.

Sträfling ['ʃtrɛ:flɪŋ] ‹-s, -e› *m* detenuto, -a *m, f,* carcerato, -a *m, f.*

Strafmandat *n* mandato *m* di cattura. **Strafmaß** *n* grado *m* della pena. **strafmildernd** *a* attenuante. **Strafporto** *n* soprattassa *f.* **Strafpredigt** *f:* **jdm eine ~ halten** fare una ramanzina a qu. **Strafprozeß** *m* processo *m* penale. **Strafprozeßordnung** *f* (*ab* **StPO**) codice *m* di procedura penale. **Strafpunkt** *m* penalità *f.* **Strafraum** *m* area *f* di rigore. **Strafrecht** *n* diritto *m* penale. **strafrechtlich** *a* (di diritto) penale. **Strafregister** *n* casellario *m* giudiziale. **Strafstoß** *m* calcio *m* di rigore. **Straftat** *f* reato *m*, delitto *m*. **Strafversetzung** *f* trasferimento *m* per ragioni disciplinari. **Strafverteidiger(in)** *m(f)* avvocato *m* (avvocatessa *f*) difensore (difenditrice) in campo penale. **Strafvollzug** *m* esecuzione *f* della pena; **offener ~** *pena detentiva con possibilità di lavorare al di fuori della prigione e di uscire al fine settimana.* **Strafzettel** *m fam* contravvenzione *f*, multa *f*.

Strahl [ʃtra:l] ‹-(e)s, -en› *m* raggio *m*; *(Wasser~)* getto *m*, zampillo *m*.

strahlen *itr* **1.** *(Licht, Sonne)* (ri)splendere; *(radioaktiv ~)* emanare raggi; *(Wärme)* irradiare; **2.** *fig (Mensch)* essere raggiante; **vor Sauberkeit ~** essere lucido come uno specchio; **übers ganze Gesicht ~** avere il viso raggiante.

Strahlenbelastung *f* esposizione *f* alle radiazioni.

strahlend *a (leuchtend)* splendente; *(a. fig: Schönheit)* splendido; *(Gesicht)* raggiante; *(Tag)* radioso.

Strahlendosis *f* dose *f* di radiazioni. **Strahlenkrankheit** *f* sindrome *f* da raggi. **Strahlenschutz** *m* protezione *f* contro le radiazioni. **Strahlenverseuchung** ‹-, -en› *f* inquinamento *m* da raggi.

Strahler ‹-s, -› *m (Heiz~)* radiatore *m* (di calore); *(Licht~)* riflettore *m*.

Strahlung ‹-, -en› *f* radiazione *f*.

Strähne ['ʃtrɛ:nə] ‹-, -n› *f* **1.** *(Haar~)* ciocca *f*; *(getönt)* meche *f*; **2.** *fig (Reihe)* serie *f*.

strähnig *a* a ciocche.

stramm [ʃtram] *a* **1.** *(straff: Seil)* teso, tirato; **2.** *(gerade aufgerichtet)* eretto; **3.** *fig (kräftig)* forte, robusto; *(Disziplin)* rigido; **~e Haltung** atteggiamento risoluto; **~ sitzen** *(Kleidung)* essere stretto, tirare. **stramm·stehen** ‹*irr*› *itr* essere (*o* mettersi) sull'attenti.

Strampelhose *f*, **-höschen** *n* tutina *f* da neonato.

strampeln ['ʃtrampəln] *itr* **1.** *(mit Beinen)* sgambettare; **2.** *fam (sich abmühen)* stancarsi.

Strand [ʃtrant] ‹-(e)s, ⸚e› *m (Bade~)* spiaggia *f*; *(Ufer)* riva *f*.

stranden ['ʃtrandən] *itr* ‹*sein*› **1.** *(Schiff)* arenarsi, incagliarsi; **2.** *fig geh (scheitern)* naufragare, fallire.

Strandgut *n* relitto *m*. **Strandkorb** *m* poltrona *f* da spiaggia. **Strandpromenade** *f* lungomare *m*.

Strang [ʃtraŋ] ‹-(e)s, ⸚e› *m* **1.** *(Seil)* corda *f*, fune *f*; **2.** *(Nerven~)* funicolo *m* nervoso; **3.** *(Woll~, Garn~)* matassa *f*; **am gleichen ~ ziehen** *fig* mirare al medesimo scopo; **zum Tode durch den ~ verurteilen** condannare all'impiccagione; **über die Stränge schlagen** *fam* passare i limiti.

strangulieren [ʃtraŋgu'li:rən *o* st...] ‹*ohne ge-*› *tr* strangolare, strozzare.

Strapaze [ʃtra'pa:tsə] ‹-, -n› *f* strapazzo *m*, fatica *f*.

strapazieren [...pa'tsi:rən] ‹*ohne ge-*› **I.** *tr (Menschen)* affaticare; *(Nerven)* logorare; *(Gegenstände)* sciupare, strapazzare; *(Geduld)* mettere a dura prova; **II.** *rfl:* **sich ~** strapazzarsi.

strapazierfähig *a* resistente.

strapaziös [...pa'tsiø:s] *a* faticoso, affaticante.

Straße ['ʃtra:sə] ‹-, -n› *f* **1.** (*ab* **Str.**) *(Fahr~, a. fig)* strada *f*; *(bei Namen)* via *f*; **2.** *(Meerenge)* stretto *m*; **auf die ~ setzen** *fig fam (entlassen)* gettare sul lastrico; *(Mieter)* mettere alla porta; **auf die ~ gehen** andare in strada; *fig (demonstrieren)* scendere in piazza; **auf der ~** per (*o* in *o* sulla) strada. **Straßenbahn** *f* tram *m*. **Straßenbahnlinie** *f* linea *f* tranviaria. **Straßenbau** ‹-(e)s, -ten› *m* costruzioni *f pl* stradali. **Straßenbeleuchtung** *f* illuminazione *f* stradale. **Straßendecke** *f* pavimentazione *f* stradale. **Straßenfeger** ‹-s, -› *m* spazzino *m*, netturbino *m*. **Straßenführung** *f* tracciato *m* stradale. **Straßenhändler(in)** *m(f)* venditore, -trice *m*, *f* ambulante. **Straßenjunge** *m pej* ragazzo *m* di strada. **Straßenkampf** *m* combattimento *m* nelle strade. **Straßenkehrer** ‹-s, -› *s.* **Straßenfeger.** **Straßenkreuzer** *m fam* macchinone *m fam*. **Straßenlage** *f mot* tenuta *f* di strada. **Straßenlärm** *m* rumore *m* della strada. **Straßenlaterne** *f* lampione *m*. **Straßenmusikant(in)** *m(f)* musicista *mf* ambulante. **Straßennetz** *n* rete *f* stradale. **Straßenreinigung** *f* pulizia *f* stradale; *(Dienststelle)* nettezza *f* urbana. **Straßenrennen** *n* corsa *f* ciclistica. **Straßensänger(in)** *m(f)* cantante *mf* ambulante. **Straßenschild** *n* targa *f* stradale; *(Wegweiser)* indicatore *m* stradale. **Straßensperre** *f* blocco *m* stradale, barricata *f*. **Straßenstrich** *m fam* prostituzione *f* da strada. **Straßenverkehr** *m* traffico *m* stradale; **im ~** sulla strada. **Straßenverkehrsordnung** *f* (*ab* **StVO**) codice *m* stradale (*o* della strada). **Straßenzustandsbericht** *m* bollettino *m* delle strade.

Stratege [ʃtra'te:gə *o* st...] ‹-n, -n› *m*, **Strategin** [...gɪn] *f* stratega *mf*.

Strategie [...te'gi:, ...i:ən] ‹-, -n› *f* strategia *f*.

strategisch [...'te:gɪʃ] *a* strategico.

sträuben ['ʃtrɔybən] **I.** *tr (Haare)* rizzare; *(Fell)* arruffare; **II.** *rfl:* **sich ~**

1. *(Haare)* rizzarsi; *(Fell)* arruffarsi; 2. *fig (sich wehren)* opporsi (*gegen* a).
Strauch [ʃtrau̯x] ‹-(e)s, ⁻̈er› *m* arbusto *m; (Busch)* cespuglio *m.*
straucheln ['ʃtrau̯xəln] *itr* ‹*sein*› 1. *geh (stolpern)* incespicare, inciampare; 2. *(auf die schiefe Bahn geraten)* traviarsi.
Strauß[1] [ʃtrau̯s] ‹-es, ⁻̈e› *m (Blumen~)* mazzo *m.*
Strauß[2] [ʃtrau̯s] ‹-es, -e› *m (Vogel)* struzzo *m.*
Straußenfeder *f* piuma *f* di struzzo.
streben ['ʃtre:bən] *itr* cercare (di raggiungere) (*nach etw.* qc), aspirare (*nach etw.* a qc). **Streben** ‹-s, ø› *n* aspirazione *f* (*nach* a).
Streber(in) ‹-s, -› *m(f)* arrivista *mf,* carrierista *mf; (in Schule)* secchione, -a *m, f fam.*
strebsam *a* diligente, operoso; *(eifrig)* zelante.
Strecke ['ʃtrɛkə] ‹-, -n› *f* 1. *(Abschnitt)* tronco *m; (a. Eisenb.)* tratto *m;* 2. *(Entfernung)* distanza *f;* 3. *(Weg, Route)* itinerario *m; sport* percorso *m;* 4. *min* galleria *f;* 5. *mat* segmento *m;* **auf der ~ bleiben** *fig (scheitern)* rimanere per strada; **zur ~ bringen** *(Tier)* uccidere; *(Verbrecher)* arrestare.
strecken ['ʃtrɛkən] I. *tr* 1. *(Körperteil)* allungare, stendere; 2. *(Metall)* tirare, laminare; 3. *(Vorräte, Geld)* far durare; *gastr* allungare; *(verdünnen)* diluire; **die Zunge aus dem Munde ~** cacciare fuori la lingua; II. *rfl:* **sich ~** 1. *(sich dehnen)* stendersi; *(sich aus~)* (di)stendersi, allungarsi; 2. *(sich recken)* stirarsi.
Streckenabschnitt *m* tronco *m,* sezione *f.* **streckenweise** *adv* a tratti.
Streckverband *m* fasciatura *f* per estensione.
Streich [ʃtrai̯ç] ‹-(e)s, -e› *m* 1. *obs (Schlag)* colpo *m,* botta *f;* 2. *fig (Schabernack)* tiro *m,* scherzo *m;* **auf einen ~** d'un colpo.
streicheln ['ʃtrai̯çəln] *tr* accarezzare.
streichen ['ʃtrai̯çən] ‹streicht, strich, gestrichen› I. *tr* ‹*haben*› 1. *(mit Hand)* passare la mano su; *(zärtlich)* accarezzare; 2. *(auftragen)* spalmare (*etw. auf etw.* qc di qc); 3. *(an~)* verniciare; 4. *(aus~, durch~)* cancellare, tagliare; 5. *(Zuschuß, Zug)* sopprimere; *(Plan, Auftrag)* annullare; **frisch gestrichen!** pittura fresca!; II. *itr* 1. ‹*haben*› passare la mano (*über* su); *(zärtlich)* accarezzare (*über etw.* qc); 2. ‹*sein*› *(umherstreifen)* girare, vagare, vagabondare; 3. ‹*sein*› *(wehen)* soffiare.
Streicher *m pl mus* archi *m pl.*
Streichholz *n* fiammifero *m.* **Streichinstrument** *n* strumento *m* ad arco.
Streichung ‹-, -en› *f (von Wort, Satz)* cancellatura *f; (Kürzung)* riduzione *f; (von Auftrag)* cancellazione *f; (von Zuschuß, Zug)* soppressione *f.*
Streife ['ʃtrai̯fə] ‹-, -n› *f* 1. *(Personen)* pattuglia *f;* 2. *(Gang)* giro *m* d'ispezione.
streifen ['ʃtrai̯fən] I. *tr* ‹*haben*› 1. *(berühren, a. fig: Thema)* sfiorare; 2. *(Ring über Finger)* infilare (*über* a); *(vom Finger)* sfilare (*von* da), togliere (*von* da); *(Kapuze über Kopf)* calare (*über* su); II. *itr* 1. ‹*sein*› *(umher~)* girare, vagare; 2. ‹*haben*› *fig (angrenzen)* rasentare (*an etw.* qc).
Streifen ‹-s, -› *m* 1. *allg.* striscia *f;* 2. *(Film)* film *m; (Ausschnitt)* pellicola *f.*
Streifendienst *m* pattuglia *f.* **Streifenwagen** *m* automobile *f* della polizia.
Streifschuß *m* colpo *m* di striscio; *(Verletzung)* scalfittura *f.* **Streifzug** *m* esplorazione *f,* ricognizione *f; mil* incursione *f.*
Streik [ʃtrai̯k] ‹-(e)s, -s› *m* sciopero *m.* **Streikbrecher** ‹-s, -› *m* crumiro *m.*
streiken *itr* 1. *(Arbeiter)* scioperare, fare sciopero; 2. *fam (Motor, Fernseher)* non funzionare; *(nicht mitmachen)* rifiutarsi. **Streikende** ‹ein -r, -n, -n› *mf* scioperante *mf.*
Streikgeld *n* indennità *f* di sciopero. **Streikkasse** *f* cassa *f* scioperi. **Streikposten** *m* picchetto *m.*
Streit [ʃtrai̯t] ‹-(e)s, -e› *m (Zank, Zwist)* lite *f,* litigio *m; (mit Tätlichkeiten)* rissa *f; (Rechts~)* controversia *f.* **streitbar** *a (streitlustig)* combattivo; *(a. angriffslustig)* aggressivo; *(kriegerisch)* bellicoso.
streiten ‹streitet, stritt, gestritten› I. *itr* 1. *(zanken)* litigare; *(handgreiflich)* azzuffarsi; 2. *(mit Worten)* discutere (*über* di), disputare (*über* di, su); II. *rfl:* **sich ~** litigare.
Streiterei [...ə'rai̯] ‹-, -en› *f* continui litigi *m pl.*
Streitfrage *f* controversia *f,* vertenza *f.*
streitig *a:* **jdm etw. ~ machen** contestare (*o* disputare) qc a qu.
Streitkräfte *f pl* forze *f pl* armate. **Streitmacht** *f* forza *f* (militare). **streitsüchtig** *a* litigioso.
streng [ʃtrɛŋ] *a* severo; *(Anforderungen)* preciso; *(Stillschweigen, Diskretion)* assoluto; *(schmucklos)* austero; *(Geruch, Geschmack)* aspro, forte; *(Winter)* rigido; **~ befolgen** seguire scrupolosamente; **~ geheim** segretissimo; **~ vertraulich** strettamente confidenziale; **~ verboten!** severamente proibito! **Strenge** ‹-, ø› *f* 1. *(Striktheit)* severità *f;* 2. *(Schmucklosigkeit)* austerità *f;* 3. *(von Geruch, Geschmack)* asprezza *f; (von Winter)* rigore *m,* rigidezza *f.* **strenggenommen** *adv* a rigore (di termine).

Streß [ʃtrɛs *o* st...] ‹Stresses, Stresse› *m* stress *m;* **im ~** sotto stress.
stressen *tr* stressare.
stressig *a fam* stressante.
Streu [ʃtrɔy] ‹-, -en› *f* strame *m,* lettiera *f.*
Streubüchse *f,* **-dose** *f* polverizzatore *m; (für Salz)* spargisale *m; (für Zukker)* spargizucchero *m.*
streuen ['ʃtrɔyən] **I.** *tr* (co)spargere; **II.** *itr* **1.** *(Straße ~)* spargere qc sulla strada; **2.** *(Salzstreuer, etc.)* spargere; **3.** *phys* disperdere.
streunen ['ʃtrɔynən] *itr* ‹*sein o haben*› *fam* vagabondare.
Streuung ‹-, -en› *f* dispersione *f.*
strich [ʃtrɪç] *imp von* **streichen.**
Strich ‹-(e)s, -e› *m* **1.** *(Bleistift~, etc.)* tratto *m; (Pinsel~)* pennellata *f; (Linie, a. mat)* linea *f; (kurzer ~, Gedanken~)* lineetta *f,* trattino *m; (Quer~)* barra *f;* **2.** *(Richtung: von Haar, Fell)* verso *m;* **3.** *sl (Prostitution)* prostituzione *f; (Gegend)* marciapiede *m fam;* **einen ~ unter etw. machen** *fig* farla finita con qc; **jdm einen ~ durch die Rechnung machen** *fig* mandare a monte i piani di qu; **keinen ~ tun** *fig fam* non fare un accidente *fam;* **auf den ~ gehen** *sl* battere il marciapiede; **nach ~ und Faden** *fam* per bene, a modo; **gegen den ~** contropelo; **es geht mir gegen den ~** *fam* non mi va a genio.
stricheln *tr* tratteggiare.
Strichjunge *m sl* ragazzo *m* di vita. **Strichmädchen** *n sl* ragazza *f* di vita (*o* da marciapiede). **Strichmännchen** *n* omino *m.* **Strichpunkt** *m* punto *m* e virgola *f.* **strichweise** *adv* a tratti.
Strick [ʃtrɪk] ‹-(e)s, -e› *m* **1.** *(Seil)* corda *f,* fune *f;* **2.** *fam (Schlingel)* briccone *m;* **wenn alle ~e reißen** *fam* nel peggiore dei casi.
stricken ['ʃtrɪkən] *itr, tr* lavorare a maglia.
Strickgarn *n* filo *m* per maglieria. **Strickjacke** *f* giacca *f* di maglia, cardigan *m.*
Strickleiter *f* scala *f* di corda.
Stricknadel *f* ferro *m* da calza. **Strickwaren** *f pl* maglierie *f pl.* **Strickzeug** ‹-(e)s, -e› *n* lavoro *m* a maglia.
striegeln ['ʃtri:gəln] *tr* strigliare.
Strieme ['ʃtri:mə] ‹-, -n› *f,* **Striemen** ['ʃtri:mən] ‹-s, -› *m* livido *m.*
strikt [ʃtrɪkt *o* st...] *a (genau)* preciso, esatto; *(streng)* stretto, rigoroso; *(Bestimmung)* tassativo.
Strippe ['ʃtrɪpə] ‹-, -n› *f fam* spago *m,* corda *f;* **an der ~ hängen** *fig* stare attaccato al telefono.
strippen ['ʃtrɪpən *o* 'st...] *itr fam* fare lo spogliarello.
Striptease ['ʃtrɪpti:s *o* 'st...] ‹-, ø› *m o n* spogliarello *m.* **Stripteasetänzer(in)** *m(f)* spogliarellista *mf.*
stritt [ʃtrɪt] *imp von* **streiten.**
strittig ['ʃtrɪtɪç] *a* controverso; *(fraglich)* discutibile; **~er Punkt** punto in questione.
Stroh [ʃtro:] ‹-(e)s, ø› *n* paglia *f.* **strohblond** *a* biondo paglierino. **Strohblume** *f* elicriso *m.* **Strohfeuer** *n* fuoco *m* di paglia. **Strohhalm** *m* filo *m* di paglia; *(Trinkhalm)* cannuccia *f.* **Strohmann** *m* uomo *m* di paglia. **Strohwitwe** *f* donna *f* il cui marito è assente. **Strohwitwer** *m* uomo *m* la cui moglie è assente.
Strolch [ʃtrɔlç] ‹-(e)s, -e› *m (übler Kerl)* farabutto *m,* furfante *m; fam (Schlingel)* birbante *m.*
Strom [ʃtro:m] ‹-(e)s, ¨-e› *m* **1.** *(Fluß)* corrente *f,* (grande) fiume *m; fig (von Blut)* fiotto *m; (von Tränen)* fiume *m; (Lava~)* fiume *m,* colata *f;* **2.** *el* corrente *f;* **unter ~ stehen** essere sotto tensione; **gegen den ~/mit dem ~ schwimmen** seguire la/andare contro corrente; **in Strömen fließen** scorrere a fiumi. **stromab(wärts)** [-'ʔap(vɛrts)] *adv (Lage)* a valle; *(Richtung)* con la corrente. **stromauf(wärts)** [-'ʔauf(vɛrts)] *adv (Lage)* a monte; *(Richtung)* contro corrente. **Stromausfall** *m* mancanza *f* di corrente.
strömen ['ʃtrø:mən] *itr* ‹*sein*› **1.** *(fließen)* scorrere, fluire; **2.** *(aus~)* fuoriuscire (*aus* da); **3.** *(Menschen)* affluire (*aus* da), accorrere (*aus* da); **bei** (*o* **in**) **~dem Regen** sotto una pioggia torrenziale.
Stromkreis *m* circuito *m* (elettrico). **stromlinienförmig** [-fœrmɪç] *a* aerodinamico. **Stromnetz** *n* rete *f* elettrica. **Stromrechnung** *f* bolletta *f* dell' elettricità. **Stromschnelle** *f* rapida *f,* cateratta *f.* **Stromstärke** *f* intensità *f* di corrente. **Stromstoß** *m* impulso *m* di corrente.
Strömung ‹-, -en› *f* corrente *f.*
Stromversorgung *f* erogazione *f* di energia elettrica. **Stromzähler** *m* contatore *m* dell'elettricità.
Strophe ['ʃtro:fə] ‹-, -n› *f* strofa *f.*
strotzen ['ʃtrɔtsən] *itr:* **von** (*o* **vor**) **etw. ~** *(voll sein)* essere pieno di qc, rigurgitare di qc; *(wimmeln)* pullulare di qc; **vor Gesundheit ~** sprizzare salute, scoppiare di salute; **von** (*o* **vor**) **Schmutz ~** essere sporco lurido.
Strudel ['ʃtru:dəl] ‹-s, -› *m* **1.** *(Wasser, a. fig)* vortice *m;* **2.** *gastr* strudel *m.*
Struktur [ʃtrʊk'tu:ɐ *o* st...] ‹-, -en› *f* struttura *f.*
strukturell [...tu'rɛl] *a* strutturale.
strukturieren [...tu'ri:rən] ‹*ohne ge-*› *tr* strutturare.
Strumpf [ʃtrʊmpf] ‹-(e)s, ¨-e› *m* calza *f.* **Strumpfband** ‹-(e)s, ¨-er› *n,* **-halter** *m*

giarrettiera *f.* **Strumpfhose** *f* collant *m,* calzamaglia *f.*

struppig ['ʃtrʊpɪç] *a (Haar)* irto; *(Bart)* ispido; *(Tier)* arruffato.

Stube ['ʃtu:bə] ‹-, -n› *f* **1.** *obs, dial (Zimmer)* camera *f,* stanza *f; (Wohnzimmer)* soggiorno *m;* **2.** *(in Kaserne, Internat)* camerata *f;* **die gute ~** il salotto (buono). **Stubenarrest** *m* consegna *f.* **Stubenhocker** *m pej* pantofolaio *m.* **stubenrein** *a (Haustier)* pulito.

Stuck [ʃtʊk] ‹-(e)s, ø› *m* stucco *m.*

Stück [ʃtʏk] ‹-(e)s, -e› *n* (*ab* **St.**) **1.** *(allg., com, a. Musik~)* pezzo *m;* **2.** *(Teil~)* parte *f,* porzione *f;* **3.** *theat* lavoro *m* (teatrale), dramma *m;* **4.** *(Bruch~)* frammento *m;* **5.** *(Vieh)* capo *m;* **auf jdn große ~e halten** avere molta stima di qu, avere un'alta opinione di qu; **Wurst/Käse am ~** salume/formaggio non tagliato (*o* in un solo pezzo); **aus freien ~en** di propria iniziativa, volontariamente; **ich komme ein ~ mit** *(des Weges)* ti accompagno per un tratto di strada; **wir sind ein gutes ~ weitergekommen** *(bei Arbeit)* abbiamo fatto un bel pezzo di lavoro; **das ist ein starkes ~!** *fam* questo è troppo! **Stückgut** *n* collo *m* singolo. **Stücklohn** *m* salario *m* a cottimo. **Stückpreis** *m* prezzo *m* unitario. **Stückwerk** *n* lavoro *m* imperfetto. **Stückzahl** *f* numero *m* dei pezzi.

Student(in) [ʃtu'dɛnt(ɪn)] ‹-en, -en› *m(f)* studente, -essa *m, f.* **Studentenausweis** *m* tessera *f* di studente. **Studentenfutter** *n* frutta *f* secca. **Studenten(wohn)heim** *n* casa *f* dello studente. **studentisch** *a* studentesco.

Studie ['ʃtu:di̯ə] ‹-, -n› *f* studio *m; (literarisch)* saggio *m.*

Studienabbrecher(in) ‹-s, -› *m(f)* persona *f* che interrompe gli studi. **Studienfach** *n* materia *f* di studio. **Studiengang** *m* corso *m* degli studi. **Studiengebühren** *f pl* tassa *f* d'iscrizione. **Studienplatz** *m* posto *m* di studio. **Studienrat** *m,* **-rätin** *f* insegnante *mf* medio superiore (di ruolo). **Studienreise** *f* viaggio *m* di studio. **Studienzeit** *f* studi *m pl.*

studieren [ʃtu'di:rən] ‹*ohne ge-*› *tr, itr* studiare. **studiert** *a fam* che ha studiato.

Studio ['ʃtu:di̯o] ‹-s, -s› *n* **1.** *TV, radio* studio *m;* **2.** *(Einzimmerwohnung)* monolocale *m.*

Studium ['ʃtu:di̯ʊm, ...i̯ən] ‹-s, -dien› *n* studio *m; (an Universität)* studi *m pl.*

Stufe ['ʃtu:fə] ‹-, -n› *f* **1.** *(Treppen~, Entwicklungs~)* gradino *m;* **2.** *fig (Ebene)* livello *m; (Rang)* grado *m;* **3.** *tec (a. von Raketen)* stadio *m.* **Stufenbarren** *m* parallele *f pl* asimmetriche. **stufenförmig** [-fœrmɪç] *a* a gradini (*o* scalini). **stufenweise** *adv* gradualmente, gradatamente.

Stuhl [ʃtu:l] ‹-(e)s, ⸚e› *m* **1.** *(Möbel)* sedia *f;* **2.** *(~gang)* defecazione *f;* **3.** *(Lehr~)* cattedra *f* (*für* di). **Stuhlbein** *n* gamba *f* di sedia. **Stuhlgang** *m* defecazione *f.* **Stuhllehne** *f* schienale *m* della sedia.

Stulpe ['ʃtʊlpə] ‹-, -n› *f* risvolto *m.*

stülpen ['ʃtʏlpən] *tr (drehen)* rovesciare; *(bedecken)* mettere; **den Kragen nach oben ~** tirare su il colletto.

stumm [ʃtʊm] *a* **1.** *med, ling* muto; **2.** *(schweigsam)* silenzioso, taciturno. **Stumme** ‹ein -r, -n, -n› *mf* muto, -a *m, f.*

Stummel ['ʃtʊməl] ‹-s, -› *m (Bleistift~, Zigaretten~, ~schwanz)* mozzicone *m; (Kerzen~)* moccolo *m.*

Stummfilm *m* film *m* muto.

Stümper(in) ['ʃtʏmpɐ (...ərɪn)] ‹-s, -› *m(f)* pasticcione, -a *m, f fam,* schiappa *f fam.*

Stümperei [ʃtʏmpə'ra̯i] ‹-, -en› *f* **1.** *(Arbeiten)* abborracciamento *m;* **2.** *(Leistung)* abborracciatura *f.*

stümperhaft *a* abborracciato.

stumpf [ʃtʊmp̯f] *a* **1.** *(nicht scharf)* smussato, senza filo; *(nicht spitz)* spuntato; **2.** *(Winkel, Mensch)* ottuso; *(Kegel, Reim)* tronco; **3.** *(glanzlos)* opaco; **4.** *(teilnahmslos)* apatico; *(gleichgültig)* indifferente.

Stumpf ‹-(e)s, ⸚e› *m (Baum~)* troncone *m; (von Körperglied)* moncone *m,* moncherino *m; (Kerzen~)* moccolo *m.*

Stumpfheit ‹-, ø› *f* **1.** *(von Schneide)* smussatura *f; (von Spitze)* spuntatura *f;* **2.** *(Glanzlosigkeit)* opacità *f;* **3.** *(Teilnahmslosigkeit)* apatia *f; (Gleichgültigkeit)* indifferenza *f; (Abgestumpftheit)* ottusità *f.*

Stumpfsinn *m* ottusità *f* (di mente), ebetismo *m; (Langweiligkeit)* noiosità *f; (Monotonie)* monotonia *f.* **stumpfsinnig** *a (geistig ~)* ottuso, ebete; *(monoton)* monotono; *(stupide)* stupido.

Stunde ['ʃtʊndə] ‹-, -n› *f* (*ab* **Std.**) ora *f; (Unterrichts~)* lezione *f;* **zur ~** in questo momento.

stunden *tr:* **jdm eine Zahlung ~** concedere a qu una dilazione nel pagamento.

Stundengeschwindigkeit *f* velocità *f* oraria. **Stundenhotel** *n* albergo *m* a ore. **Stundenkilometer** *m* chilometro *m* orario (*o* all'ora). **stundenlang I.** *a* che dura delle ore; **II.** *adv* per ore (e ore). **Stundenlohn** *m* paga *f* all'ora (*o* oraria). **Stundenplan** *m* orario *m.* **stundenweise** *adv* a ore.

stündlich ['ʃtʏntlɪç] *a* **1.** *(jede Stunde)* ogni ora; **2.** *(von Stunde zu Stunde)* da un'ora all'altra.

stupid(e) [ʃtu'pi:t (...i:də)] *a (be-*

schränkt) stupido; *(langweilig, monoton)* noioso, monotono.
Stups [ʃtʊps] ‹-es, -e› *m fam* spinta *f.*
stupsen *tr fam* spingere.
Stupsnase *f* naso *m* all'insù.
stur [ʃtu:ɐ̯] *a* testardo, ostinato. **Sturheit** ‹-, ø› *f* testardaggine *f,* ostinazione *f.*
Sturm [ʃtʊrm] ‹-(e)s, ⸚e› *m* **1.** *meteo, fig* tempesta *f,* burrasca *f;* **2.** *mil, sport (Angriff)* attacco *m;* **3.** *fig (An~)* assalto *m;* ~ **der Entrüstung** uragano *m* di sdegno; ~ **läuten** sonare a stormo; **im** ~ **nehmen** prendere d'assalto; **gegen etw.** ~ **laufen** *fig* attaccare qc.
stürmen ['ʃtʏrmən] **I.** *itr* **1.** ‹*haben*› *meteo (Wind)* infuriare; **2.** ‹*sein*› *(rennen)* scagliarsi, lanciarsi; **es stürmt** infuria la tempesta; **II.** *tr* ‹*haben*› **1.** *mil* attaccare, dare l'assalto a; **2.** *fig* prendere d'assalto.
Stürmer(in) ‹-s, -› *m(f)* attaccante *mf.*
Sturmflut *f* mareggiata *f.*
stürmisch ['ʃtʏrmɪʃ] *a* **1.** *meteo* tempestoso, burrascoso; *(See)* in burrasca; **2.** *fig (ungestüm)* impetuoso, veemente; *(heftig)* violento, tempestoso; *(Beifall)* frenetico; *(Zeit)* turbolento.
Sturmschäden *m pl* danni *m pl* provocati dalla tempesta.
Sturz [ʃtʊrt͜s] ‹-es, ⸚e› *m* **1.** *(Fall, Hinstürzen)* caduta *f;* **2.** *(Zusammenbruch, Preis~)* crollo *m; (von Regierung)* caduta *f,* rovesciamento *m;* **3.** *(Fenster~, Tür~)* architrave *m.*
stürzen ['ʃtʏrt͜sən] **I.** *tr* ‹*haben*› **1.** *(fallen lassen)* far cadere; **2.** *(umstoßen, umkippen, Pudding, a. fig: Regierung)* rovesciare; **3.** *(herab~)* precipitare; **II.** *itr* ‹*sein*› **1.** *(fallen)* cadere, fare una caduta; **2.** *(rennen)* precipitarsi; **3.** *(ein~, a. Preise)* crollare; **III.** *rfl:* **sich** ~ lanciarsi, buttarsi; **sich in Unkosten** ~ darsi a spese pazze *fam;* **sich ins Verderben** ~ rovinarsi.
Sturzflug *m* (volo *m* in) picchiata *f.*
Sturzhelm *m* casco *m* di protezione.
Stute ['ʃtu:tə] ‹-, -n› *f* cavalla *f,* giumenta *f; (Esel~)* asina *f.*
Stuttgart ['ʃtʊtgart] *n* Stoccarda *f.*
Stütze ['ʃtʏt͜sə] ‹-, -n› *f* sostegno *m,* supporto *m; fig (Hilfe)* aiuto *m; (Haushaltshilfe)* domestica *f.*
stutzen[1] ['ʃtʊt͜sən] *tr (beschneiden)* (r)accorciare, tagliare; *(Hecke)* potare; *(Haare, Bart)* spuntare; *(Flügel)* tarpare.
stutzen[2] ['ʃtʊt͜sən] *itr (erstaunt innehalten)* rimanere sorpreso, fermarsi.
Stutzen ['ʃtʊt͜sən] ‹-s, -› *m* **1.** *(Gewehr)* carabina *f,* moschetto *m;* **2.** *(Strumpf)* calzettone *m;* **3.** *tec (Ansatzrohr)* raccordo *m.*
stützen ['ʃtʏt͜sən] **I.** *tr* puntellare; *fig* sostenere; **II.** *rfl:* **sich** ~ appoggiarsi (*auf* a); *fig* basarsi (*auf* su).
stutzig *a:* ~ **machen** sorprendere; ~ **werden** essere (*o* rimanere) sorpreso.
Stützpunkt *m* base *f.*
Styropor® [ʃtyro'po:ɐ̯ *o* st...] ‹-s, ø› *n* polistirolo *m* (espanso).
s. u. *ab von* **siehe unten** v.s. (*ab von* vedi sotto).
Subjekt [zʊp'jɛkt] ‹-(e)s, -e› *n* **1.** *gram, philos* soggetto *m;* **2.** *pej* individuo *m.*
subjektiv [...'ti:f] *a* soggettivo.
Subjektivität [...tivi'tɛ:t] ‹-, ø› *f* soggettività *f.*
Substantiv ['zʊpstanti:f *o* ...'ti:f] ‹-s, -e› *n* sostantivo *m.*
Substanz [zʊp'stant͜s] ‹-, -en› *f* sostanza *f.*
subtil [zʊp'ti:l] *a* **1.** *(zart, fein)* sottile; **2.** *(kompliziert, schwierig)* complesso, complicato.
subtrahieren [zʊptra'hi:rən] ‹*ohne ge-*› *tr* sottrarre.
Subtraktion [...trak't͜si̯o:n] ‹-, -en› *f* sottrazione *f.*
subtropisch ['zʊptro:pɪʃ *o* ...'tro:...] *a* subtropicale.
Subvention [zʊpvɛn't͜si̯o:n] ‹-, -en› *f* sovvenzione *f.*
subventionieren [...t͜si̯o'ni:rən] ‹*ohne ge-*› *tr* sovvenzionare.
subversiv [zʊpvɛr'zi:f] *a* sovversivo.
Suchdienst *m* servizio *m* di ricerche.
Suche ['zu:xə] ‹-, *rar* -n› *f* ricerca *f* (*nach* di).
suchen *tr, itr* cercare; *(forschen nach)* ricercare; **nach jdm/etw.** ~ cercare qu/qc; **bei jdm Rat** ~ chiedere consiglio a qu; **was hast du hier zu** ~**?** che fai qui?, che vuoi?
Sucher ‹-s, -› *m* **1.** *(Mensch)* cercatore *m;* **2.** *fot* mirino *m.*
Suchgerät *n* rivelatore *m.*
Sucht [zʊxt] ‹-, ⸚e› *f* **1.** *med* assuefazione *f* (*nach* a); **2.** *fig* mania *f* (*nach* di); *(nach Vergnügungen, Erfolg)* smania *f* (*nach* di).
süchtig ['zʏçtɪç] *a* **1.** *(rauschgift~)* tossicomane; *(alkohol~, nikotin~)* schiavo (di), dedito (a); **2.** *(versessen, begierig)* avido. **Süchtige** ‹ein -r, -n, -n› *mf (Rauschgift~)* tossicomane *mf; (Alkohol~)* alcolizzato, -a *m, f.*
Süd- ['zy:t-] *(in Zusammensetzungen)* del sud, meridionale. **Südafrika** *n* Sudafrica *m.* **Südamerika** *n* America *f* del Sud (*o* meridionale), Sudamerica *m.* **süddeutsch** *a* della Germania meridionale. **Süddeutsche** *mf* tedesco, -a *m, f* meridionale. **Süddeutschland** *n* Germania *f* del Sud (*o* meridionale).
Süden ['zy:dən] ‹-s, ø› *m* (*ab* **S**) sud *m,* meridione *m; (Gebiet)* sud *m;* **in den** ~ **reisen** andare al sud; **im** ~ **von** a sud di.
Südeuropa *n* Europa *f* del Sud. **Süd-**

früchte *f pl* frutti *m pl* tropicali, agrumi *m pl.* **Süditalien** *n* Italia *f* del Sud (*o* meridionale), Meridione *m.* **Süditaliener(in)** *m(f)* (italiano, -a *m, f*) meridionale *mf.* **süditalienisch** *a* meridionale. **Südländer(in)** [-lɛndɐ (...ərɪn)] ‹-s, -› *m(f)* abitante *mf* dei paesi mediterranei.

südlich I. *a* del sud, meridionale; ~ **von** a sud di; **II.** *prp gen* a sud (*gen* di).

Südost(en) [-ˈʔɔst(ən)] *m* (*ab* **SO**) sud-est *m.* **südöstlich** [-ˈʔœstlɪç] *a* meridionale; ~ **von ...** a sud-est di ...

Südpol *m* polo *m* sud (*o* antartico). **Südsee** *f* Mari *m pl* del Sud. **Südtirol** *n* Sudtirolo *m,* Alto Adige *m.*

Südwest(en) [-ˈvɛst(ən)] *m* (*ab* **SW**) sud-ovest *m.* **südwestlich** [-ˈvɛstlɪç] *a* sudoccidentale; ~ **von ...** a sud-ovest di ...

Südwind *m* vento *m* del sud.

Suff [zʊf] ‹-(e)s, ø› *m fam (Betrunkenheit)* ubriachezza *f; (Trunksucht)* alcolismo *m.*

süffig [ˈzʏfɪç] *a* gradevole, abboccato.

suggerieren [zʊgeˈriːrən] ‹*ohne ge-*› *tr* suggerire.

Suggestion [zʊgɛsˈti̯oːn] ‹-, -en› *f* suggestione *f.*

suggestiv [...ˈtiːf] *a* suggestivo.

suhlen [ˈzuːlən] *rfl:* **sich** ~ voltolarsi *fam.*

Sühne [ˈzyːnə] ‹-, -n› *f geh* punizione *f; rel* espiazione *f.*

sukzessiv [zʊkt͡sɛˈsiːf] *a* graduale.

Sultan [ˈzʊltaːn] ‹-s, -e› *m* sultano *m.*

Sultanine [zʊltaˈniːnə] ‹-, -n› *f* sultanina *f.*

Sülze [ˈzʏlt͡sə] ‹-, -n› *f* aspic *f; (Gericht)* carne, pesce, *ecc.* in gelatina.

summarisch [zʊˈmaːrɪʃ] *a* sommario.

Summe [ˈzʊmə] ‹-, -n› *f* somma *f.*

summen [ˈzʊmən] **I.** *itr (Insekt)* ronzare; *(Mensch)* canticchiare; **II.** *tr (Lied)* canticchiare.

summieren [zʊˈmiːrən] ‹*ohne ge-*› **I.** *tr* sommare; **II.** *rfl:* **sich** ~ sommarsi.

Sumpf [zʊmp͡f] ‹-(e)s, ¨-e› *m* palude *f; (a. fig)* pantano *m.* **sumpfig** *a* paludoso, pantanoso.

Sünde [ˈzʏndə] ‹-, -n› *f* peccato *m;* **sie haßte ihn wie die** ~ lo odiava a morte. **Sündenbock** *m* capro *m* espiatorio. **Sündenfall** *m* peccato *m* originale.

Sünder(in) ‹-s, -› *m(f)* peccatore, -trice *m, f.*

sündig *a* peccaminoso.

sündigen *itr* peccare.

super [ˈzuːpɐ] ‹*inv*› *a sl* fantastico. **Super(benzin)** ‹-(s), ø› *n* (benzina *f*) super *f.*

Superlativ [ˈzuːpɐlatiːf] ‹-s, -e› *m* superlativo *m.*

Supermacht *f* superpotenza *f.* **Supermarkt** *m* supermercato *m.*

Super-8-Film [zuːpɐˈʔaxt-] *m* (film *m*) superotto *m.* **Super-8-Kamera** *f* superotto *f.*

Suppe [ˈzʊpə] ‹-, -n› *f* minestra *f,* zuppa *f;* **die ~ auslöffeln** *fig fam* pagare il fio. **Suppenfleisch** *n* carne *f* da brodo; *(zubereitet)* lesso *m.* **Suppengrün** ‹-s, ø› *n* odori *m pl.* **Suppenhuhn** *n* pollo *m* da lessare. **Suppenkelle** *f* mestolo *m.* **Suppenschüssel** *f* zuppiera *f.* **Suppenteller** *m* piatto *m* fondo. **Suppenterrine** [-tɛriːnə] ‹-, -n› *f* zuppiera *f.* **Suppenwürfel** *m* dado *m* per brodo.

Surfbrett *n* tavola *f* da surfing, surf *m.*

surfen [ˈsəːfən] *itr* praticare il surf. **Surfen** ‹-s, ø› *n* surfing *m.*

Surfer(in) ‹-s, -› *m(f)* surfista *mf.*

Surrealismus [zʊreaˈlɪsmʊs] ‹-, ø› *m* surrealismo *m.*

suspekt [zʊsˈpɛkt] *a* sospetto; **das kommt mir ~ vor** ho i miei dubbi.

suspendieren [zʊspɛnˈdiːrən] ‹*ohne ge-*› *tr* sospendere.

süß [zyːs] *a* **1.** *(Geschmack)* dolce; **2.** *(lieblich, angenehm)* soave; **3.** *fig (niedlich, reizend)* carino, grazioso.

süßen *tr (zuckern)* addolcire, zuccherare; *(Nahrungsmittel)* dolcificare.

Süßigkeiten *f pl* dolciumi *m pl.*

süßlich *a* **1.** *(Geschmack)* dolciastro; **2.** *pej* sdolcinato; *(Film, Roman)* sciropposo.

süß-sauer [ˈzyːsˈzau̯ɐ] *a* agrodolce. **Süßspeise** *f* dolce *m.* **Süßstoff** *m* sostanza *f* dolcificante. **Süßwasser** *n* acqua *f* dolce.

SW *ab von* **Südwest(en)** S.O. (*ab von* sud-ovest).

Sweatshirt [ˈsvɛtʃəːt] ‹-s, -s› *n* felpa *f.*

Symbiose [zʏmˈbi̯oːzə] ‹-, -n› *f* simbiosi *f.*

Symbol [zʏmˈboːl] ‹-s, -e› *n* simbolo *m* (*für* di).

symbolisch *a* simbolico.

symbolisieren [...boliˈziːrən] ‹*ohne ge-*› *tr* simboleggiare.

Symmetrie [zʏmeˈtriː, ...iːən] ‹-, -n› *f* simmetria *f.*

symmetrisch [zʏˈmeːtrɪʃ] *a* simmetrico.

Sympathie [zʏmpaˈtiː, ...iːən] ‹-, -n› *f* simpatia *f.* **Sympathiekundgebung** *f* manifestazione *f* di solidarietà.

Sympathisant(in) [...tiˈzant(ɪn)] ‹-en, -en› *m(f)* simpatizzante *mf.*

sympathisch [...ˈpaːtɪʃ] *a* simpatico.

sympathisieren [...tiˈziːrən] ‹*ohne ge-*› *itr* simpatizzare (*mit* con).

Symphonie [zʏmfoˈniː] *s.* **Sinfonie.**

Symptom [zʏmpˈtoːm] ‹-s, -e› *n* sintomo *m.*

symptomatisch [...toˈmaːtɪʃ] *a* sintomatico (*für* di).

Synagoge [zynaˈgoːgə] ‹-, -n› *f* sinagoga *f.*

synchron [zʏnˈkro:n] *a phys, el, mot* sincrono; *ling* sincronico.
synchronisieren [...oniˈzi:rən] ⟨*ohne ge-*⟩ *tr* sincronizzare.
Synchronisation [...aˈtsi̯o:n] ⟨-, -en⟩ *f,* **Synchronisierung** ⟨-, -en⟩ *f* sincronizzazione *f.*
Syndikat [zʏndiˈka:t] ⟨-(e)s, -e⟩ *n com (Kartell)* cartello *m,* sindacato *m; (Verbrecher~)* racket *m.*
Synode [zyˈno:də] ⟨-, -n⟩ *f* sinodo *m.*
synonym [zynoˈny:m] *a* sinonimo, sinonimico. **Synonym** ⟨-s, -e⟩ *n* sinonimo *m.*
syntaktisch [zʏnˈtaktɪʃ] *a* sintattico.
Syntax [ˈzʏntaks] ⟨-, -en⟩ *f* sintassi *f.*
Synthese [zʏnˈte:zə] *f* sintesi *f.*
synthetisch [...ˈte:tɪʃ] *a* sintetico.
Syphilis [ˈzy:fɪlɪs] ⟨-, ø⟩ *f* sifilide *f.*
System [zʏsˈte:m] ⟨-s, -e⟩ *n* sistema *m.*
systematisch [zʏsteˈma:tɪʃ] *a* sistematico.
systematisieren [...matiˈzi:rən] ⟨*ohne ge-*⟩ *tr* sistematizzare.
Systemkritiker(in) *m(f) pol* critico *m* del sistema.
Szenario [stse̯ˈna:ri̯o] ⟨-s, -s⟩ *n* scenario *m.*
Szene [ˈstse̯:nə] ⟨-, -n⟩ *f* scena *f;* **jdm eine ~ machen** fare una scenata a qu *fam;* **in ~ setzen** *theat, fig* inscenare; *fig* orchestrare. **Szenenwechsel** *m* cambiamento *m* di scena.
Szenerie [stse̯nəˈri:, ...i:ən] ⟨-, -n⟩ *f* scenario *m.*
szenisch *a* scenico.

T

T, t [te:] ‹-, -(s)› *n* T, t *f;* **T wie Theodor** T come Torino.
Tabak ['ta:bak *o* 'tabak] ‹-s, -e› *m* tabacco *m.* **Tabaksdose** *f* tabacchiera *f.* **Tabaksteuer** *f* imposta *f* sul tabacco. **Tabakwaren** *f pl* tabacchi *m pl.*
tabellarisch [tabɛ'la:rɪʃ] *a* in forma di tabella; *(Lebenslauf)* tabellare.
Tabelle [ta'bɛlə] ‹-, -n› *f* tabella *f,* tavola *f.*
Tablett [ta'blɛt] ‹-(e)s, -s *o rar* -e› *n* vassoio *m.*
Tablette [ta'blɛtə] ‹-, -n› *f* compressa *f.*
tabu [ta'bu:] ‹*inv*› *a* tabù. **Tabu** ‹-s, -s› *n* tabù *m.*
Tacho ['taxo] ‹-s, -s› *m fam,* **Tachometer** [-'me:tɐ] ‹-s, - › *m o n* tachimetro *m.*
Tadel ['ta:dəl] ‹-s, -› *m* biasimo *m,* rimprovero *m.* **tadellos** *a* impeccabile; *(vollkommen)* perfetto.
tadeln *tr* biasimare, rimproverare.
Tafel ['ta:fəl] ‹-, -n› *f* **1.** *(Platte)* tavola *f,* lastra *f,* piastra *f; (kleine, a. Schokoladen~)* tavoletta *f; (dünne ~)* lamina *f;* **2.** *geh (Eßtisch)* tavola *f;* **3.** *(Anschlag~)* albo *m;* **4.** *(Schild)* insegna *f;* **5.** *(Tabelle)* tavola *f* (sinottica), prospetto *m.*
täfeln ['tɛ:fəln] *tr* pannellare; *(mit Holz)* rivestire di legno.
Tafelobst *n* frutta *f* da tavola.
Täfelung ‹-, -en› *f* rivestimento *m* di tavole, pannellatura *f.*
Tag [ta:k] ‹-(e)s, -e› *m (Zeiteinheit, ~eslicht)* giorno *m; (im Verlauf)* giornata *f;* **seine ~e haben** *fam* avere i propri giorni *fam,* avere le proprie cose *fam;* **jdm guten ~ sagen** dare il buon giorno a qu; **guten ~!** buon giorno!; **an den ~ kommen** venire alla luce, rivelarsi; **etw. an den ~ legen** mostrare qc, dimostrare qc; **in den ~ hinein leben** vivere alla giornata; **eines ~es** un giorno; **eines schönen ~es** un bel giorno; **jeden ~** ogni giorno, tutti i giorni; **jeden zweiten ~** ogni due giorni; **den ganzen ~ (lang** *o* **über)** tutto il giorno; **~ für ~** giorno per giorno; **bei ~e** di giorno; **über ~e** a giorno, a cielo aperto; **unter ~e** in sotterraneo; **von ~ zu ~** di giorno in giorno; **von einem ~ auf den anderen** da un giorno all'altro; **vom ersten ~ an** fin dal primo giorno; **am folgenden ~** il giorno seguente; **seit dem ~, als ...** dal giorno in cui ...; **dieser ~e** in questi giorni; **vor acht ~en** otto giorni fa; **in acht ~en** fra otto giorni; **in den nächsten ~en** nei prossimi giorni; **auf seine alten ~e** alla sua età; **es wird ~** si fa giorno; **es ist heller ~** è giorno fatto; **das ist ein Unterschied wie ~ und Nacht** c'è una differenza come fra il giorno e la notte; **man soll den ~ nicht vor dem Abend loben** *prov* non lodare il bel giorno innanzi sera *prov;* **es ist noch nicht aller ~e Abend** *prov* chi vivrà, vedrà *prov.*
tagaus [-'ʔa͜us] *adv:* **~, tagein** giorno per giorno, tutti i giorni.
Tagebau ‹-(e)s, -e› *m* scavo *m* a cielo aperto (*o* a giorno). **Tagebuch** *n* diario *m.* **Tagegeld** *n* diaria *f.*
tagein [-'ʔa͜in] *s.* **tagaus.**
tagelang *adv* per giorni interi.
Tagesanbruch *m:* **bei ~** sul far del giorno; **vor ~** prima dell'alba. **Tagesdecke** *f* copriletto *m.* **Tagesgericht** *n* piatto *m* del giorno. **Tageskurs** *m* quotazione *f* (*o* cambio *m*) del giorno. **Tageslicht** *n* luce *f* del giorno; **ans ~ kommen** *fig* venire alla luce. **Tagesmutter** *f* madre *f* che bada ai bambini altrui. **Tagesordnung** *f* ordine *m* del giorno; **an der ~ sein** *fig* essere all'ordine del giorno; **zur ~ übergehen** passare all'ordine del giorno. **Tagesschau** *f* telegiornale *m.* **Tageszeit** *f* ora *f* (della giornata); **zu jeder ~** a tutte le ore; **zu jeder Tages- und Nachtzeit** in qualsiasi momento, sempre. **Tageszeitung** *f* quotidiano *m.*
täglich ['tɛ:klɪç] **I.** *a* giornaliero, quotidiano, di ogni giorno; *(all~)* di tutti i giorni; **das ~e Brot** il pane quotidiano; **II.** *adv* giornalmente, al giorno; *(jeden Tag)* ogni giorno; **einmal ~** una volta al giorno.
tagsüber *adv* durante la giornata.
Tagung ‹-, -en› *f (Kongreß)* congresso *m; (Sitzung)* sessione *f,* seduta *f.*
Taille ['taljə] ‹-, -n› *f* vita *f;* **auf ~ (gearbeitet)** sagomato a vita. **Taillenweite** *f* circonferenza *f* vita, vita *f.*
tailliert [ta'ji:ɐt] *a* sciancrato *dial.*
Takt¹ [takt] ‹-(e)s, -e› *m mus* tempo *m,* ritmo *m,* misura *f; (Rhythmus, Tonfall)* cadenza *f.*
Takt² [takt] ‹-(e)s, ø› *m (Feingefühl)* tatto *m,* discrezione *f.*
Taktik ['taktɪk] ‹-, -en› *f* tattica *f.*
taktisch *a* tattico; *(mil a.)* operativo.
taktlos *a* privo di tatto, indelicato.
Taktstock *m* bacchetta *f* (del direttore

d'orchestra). **Taktstrich** *m* sbarra *f* (di misura).

taktvoll *a* pieno di tatto, delicato.

Tal [ta:l] ‹-(e)s, ¨er› *n* valle *f.*

Talent [ta'lɛnt] ‹-(e)s, -e› *n* talento *m.*

talentiert [...'ti:ɐ̯t] *a* (pieno) di talento, dotato.

Talg [talk] ‹-(e)s, -e› *m* sego *m; (von Haar)* sebo *m.* **Talgdrüse** *f* ghiandola *f* sebacea.

Talk-Show ['tɔ:kʃoʊ] *f* talk-show *m.*

Talstation *f* stazione *f* a valle.

Tamburin [tambu'ri:n *o* 'tam...] ‹-s, -e› *n* tamburello *m.*

Tampon ['tampɔn *o* ...'po:n] ‹-s, -s› *m* tampax® *m,* assorbente *m* interno.

Tang [taŋ] ‹-(e)s, -e› *m* fuco *m.*

Tangente [taŋ'gɛntə] ‹-, -n› *f* tangente *f.*

tangieren [...'gi:rən] ‹*ohne ge-*› *tr* toccare.

Tank [taŋk] ‹-s, -s *o rar* -e› *m* serbatoio *m,* cisterna *f.*

tanken I. *itr* fare benzina, fare rifornimento di benzina; **II.** *tr:* **(20 Liter) Benzin ~** fare rifornimento di (20 litri di) benzina.

Tankstelle *f* stazione *f* di rifornimento (*o* di servizio), distributore *m.* **Tankwagen** *m mot* autocisterna *f; Eisenb.* carro *m* cisterna. **Tankwart** [-vart] ‹-(e)s, -e› *m* benzinaio *m.*

Tanne ['tanə] ‹-, -n› *f* abete *m.* **Tannenbaum** *m* **1.** *fam (Tanne)* abete *m;* **2.** *(Weihnachtsbaum)* albero *m* di Natale. **Tannenzapfen** *m* pigna *f.*

Tante ['tantə] ‹-, -n› *f* zia *f.*

Tanz [tants̮] ‹-es, ¨e› *m* ballo *m,* danza *f.*

tanzen *itr* ballare, danzare; *(Mücken)* volteggiare.

Tänzer(in) ['tɛnts̮ɐ (...ərɪn)] ‹-s, -› *m(f)* ballerino, -a *m, f.*

Tanzfläche *f* pista *f* da ballo. **Tanzlokal** *n* dancing *m.* **Tanzstunde** *f* lezione *f* di ballo.

Tapet [ta'pe:t] *n:* **etw. aufs ~ bringen** *fam* mettere qc sul tappeto.

Tapete [ta'pe:tə] ‹-, -n› *f* tappezzeria *f.* **Tapetenwechsel** *m fam* cambiamento *m* d'aria.

tapezieren [tape'ts̮i:rən] ‹*ohne ge-*› *tr* tappezzare.

tapfer ['tap̮fɐ] *a* bravo, valente, valoroso; *(mutig)* coraggioso; **sich ~ schlagen** battersi con coraggio. **Tapferkeit** ‹-, ø› *f* bravura *f,* valore *m; (Mut)* coraggio *m.*

Tara ['ta:ra, ...rən] ‹-, Taren› *f* tara *f.*

Tarantel [ta'rantəl] ‹-, -n› *f* tarantola *f;* **wie von der ~ gestochen** come morso dalla tarantola.

Taren *pl von* **Tara.**

Tarent [ta'rɛnt] *n* Taranto *f.*

Tarif [ta'ri:f] ‹-s, -e› *m* tariffa *f.* **tariflich** *a* tariffario, tariffale. **Tariflohn** *m* salario *m* contrattuale. **Tarifpartner** *m pl* firmatari *m pl* di un accordo tariffario. **Tarifverhandlungen** *f pl* trattative *f pl* tariffarie. **Tarifvertrag** *m* contratto *m* collettivo di lavoro.

tarnen ['tarnən] *tr* mimetizzare, camuffare. **Tarnfarbe** *f* colore *m* mimetico. **Tarnung** ‹-, -en› *f* mimetizzazione *f,* camuffamento *m.*

Tasche ['taʃə] ‹-, -n› *f* **1.** *(in Kleidungsstück)* tasca *f; (Westen~, Uhren~ a.)* taschino *m;* **2.** *(Hand~)* borsa *f,* borsetta *f; (Akten~, Schul~)* cartella *f; (Umhänge~, Pack~, Werkzeug~, Sattel~)* borsa *f; (Werkzeug~, Etui)* astuccio *m,* custodia *f;* **jdm auf der ~ liegen** vivere alle spalle di qu. **Taschenausgabe** *f* edizione *f* economica. **Taschenbuch** *n* libro *m* tascabile. **Taschendieb(in)** *m(f)* borsaiolo, -a *m, f,* borseggiatore, -trice *m, f.* **Taschengeld** *n* denaro *m* per piccole spese. **Taschenlampe** *f* lampadina *f* tascabile. **Taschenmesser** *n* temperino *m,* coltellino *m.* **Taschenrechner** *m* calcolatrice *f* (tascabile). **Taschentuch** *n* fazzoletto *m* (da naso). **Taschenuhr** *f* orologio *m* da tasca.

Tasse ['tasə] ‹-, -n› *f* tazza *f;* **nicht alle ~n im Schrank haben** *fam* non avere tutti i venerdì *fam.*

Tastatur [tasta'tu:ɐ̯] ‹-, -en› *f* tastiera *f.*

Taste ['tastə] ‹-, -n› *f* tasto *m.*

tasten ['tastən] *itr* cercare a tastoni (*nach etw.* qc).

Tastentelefon *n* telefono *m* a tastiera.

Tastsinn *m* (senso *m* del) tatto *m.*

tat [ta:t] *imp von* **tun.**

Tat ‹-, -en› *f (Handlung)* azione *f,* atto *m; (Helden~)* impresa *f* (eroica); *(gute ~)* opera *f* di bene; *(Un~)* misfatto *m;* **in der ~** infatti. **Tatbestand** *m* stato *m* di fatto, fatti *m pl.* **tatenlos** *a* inattivo, passivo; **~ zusehen** stare a guardare.

Täter(in) ['tɛ:tɐ (...ərɪn)] ‹-s, -› *m(f)* colpevole *mf.*

tätig ['tɛ:tɪç] *a* attivo; **in einer Sache ~ sein** *geh, adm* lavorare in qc; **er ist als Bankkaufmann ~** *geh* fa l'impiegato di banca, è impiegato in banca.

tätigen *tr* effettuare; *(Geschäft)* concludere.

Tätigkeit ‹-, -en› *f* attività *f; (von Maschine)* funzionamento *m.* **Tätigkeitsbereich** *m* sfera *f* d'attività.

Tatkraft *f* energia *f,* dinamismo *m.* **tatkräftig** *a* energico, dinamico; **jdn ~ unterstützen** dar manforte a qu.

tätlich ['tɛ:tlɪç] *a:* **~ werden** passare a vie di fatto. **Tätlichkeit** ‹-, -en› *f jur* vie *f pl* di fatto.

Tatort *m* luogo *m* del reato (*o* del delitto).

tätowieren [tɛto'vi:rən] ‹*ohne ge-*› *tr* tatuare.

Tatsache *f* fatto *m,* realtà *f;* **jdn vor**

vollendete ~n stellen mettere qu di fronte ai fatti compiuti; **auf Grund dieser ~** perciò, per questo; **~ ist, daß** ... sta di fatto che ...

tatsächlich I. *a* effettivo, reale; **II.** *adv* in realtà, in effetti, di fatto.

tätscheln ['tɛtʃəln] *tr* dare colpetti a (*o* su).

Tatze ['tatsə] ‹-, -n› *f* zampa *f.*

Tau¹ [tau] ‹-(e)s, ø› *m meteo* rugiada *f.*

Tau² [tau] ‹-(e)s, -e› *n mar* cavo *m,* gomena *f.*

taub [taup] *a (Mensch)* sordo; *(Blüte, Gestein)* sterile; *(Ähre, Nuß)* vuoto; *(Körperteile)* insensibile, intorpidito; **auf beiden Ohren ~ sein** essere sordo da tutte due le orecchie.

Taube ['taubə] ‹-, -n› *f* piccione *m; poet* colomba *f.* **Taubenhaus** *n,* **-schlag** *m* piccionaia *f.*

Täuberich ['tɔybərɪç] ‹-s, -e› *m* piccione *m* maschio.

Taubheit ‹-, ø› *f* **1.** *(Gehörlosigkeit)* sordità *f;* **2.** *(von Körperteilen)* mancanza *f* di sensibilità, intorpidimento *m.* **Taubnessel** *f* ortica *f* bianca (*o* rossa). **taubstumm** *a* sordomuto.

tauchen ['tauxən] **I.** *tr ‹haben›* tuffare, immergere, intingere; **II.** *itr ‹haben o sein›* tuffarsi, immergersi.

Taucher(in) ‹-s, -› *m(f) sport* sommozzatore, -trice *m, f; (mit Ausrüstung)* palombaro *m,* donna palombaro *f.* **Taucheranzug** *m* muta *f.* **Taucherbrille** *f* maschera *f* subacquea.

Tauchsieder ‹-s, -› *m* bollitore *m* a immersione.

tauen ['tauən] *itr ‹haben o sein›* sgelarsi, sciogliersi; **es taut** disgela.

Taufbecken *n* fonte *m* battesimale.

Taufe ['taufə] ‹-, -n› *f* battesimo *m;* **etw. aus der ~ heben** *fig* fondare qc.

taufen *tr* battezzare.

Taufkapelle *f* battistero *m.* **Taufpate** *m,* **-patin** *f* padrino *m,* madrina *f* di battesimo.

taufrisch *a* fresco come una rosa.

taugen ['taugən] *itr* **1.** *(wert sein)* valere; **2.** *(geeignet sein)* essere buono (*o* utile) (*zu* a), servire (*zu* a); **viel/wenig/etw. ~** valere molto/poco/qc; **nichts ~** non valere nulla. **Taugenichts** ‹- *o* -es, -e› *m* buono *m* a nulla, perdigiorno *m.*

tauglich *a* atto, idoneo, conveniente, buono (*zu* a); *(fähig)* capace (*zu* di); *mil* idoneo (al servizio di leva).

taumeln ['tauməln] *itr ‹sein›* barcollare; *(sich fortbewegen)* andare barcollando.

Tausch [tauʃ] ‹-(e)s, -e› *m* scambio *m;* **im ~ gegen** in cambio di.

tauschen I. *tr* scambiare (*gegen* con); **II.** *itr* fare uno scambio; **ich möchte nicht mit ihm ~** non vorrei essere al suo posto.

täuschen ['tɔyʃən] **I.** *tr* ingannare, imbrogliare; **wenn mich nicht alles täuscht** se non mi sbaglio di grosso *fam;* **II.** *rfl:* **sich ~** *(sich irren)* ingannarsi, sbagliarsi; **wir haben uns alle sehr in ihr getäuscht** sul suo conto ci siamo tutti sbagliati di grosso *fam;* **III.** *itr:* **das täuscht** ciò inganna.

Täuschung ‹-, -en› *f* **1.** *(Betrug)* inganno *m,* imbroglio *m,* frode *f;* **2.** *(Irrtum)* errore *m,* sbaglio *m;* **optische ~** illusione ottica. **Täuschungsmanöver** *n* finta *f* (manovra).

tausend ['tauzənt] *(Zahlwort)* mille; **ungefähr ~** un migliaio; **einige/mehrere ~** alcune/parecchie migliaia; **~ und aber ~** migliaia e migliaia; *s. a. vier, vierzig.*

Tausend¹ ['tauzənt] ‹-s, -e› *n (Maßeinheit)* migliaio *m;* **vom ~** (*ab* **v. T.**) per mille; **zu ~en** a migliaia.

Tausend² ['tauzənt] ‹-, -en› *f* mille *m.*

Tausender ‹-s, -› *m* **1.** *mat* migliaio *m;* **2.** *fam (Geldschein)* biglietto *m* da mille.

Tausendfüßler [-fy:slɐ] ‹-s, -› *m* millepiedi *m.* **Tausendjahrfeier** [-'ja:ɐ-] *f* millenario *m.* **tausendjährig** *a* millenario. **tausendmal** *adv* mille volte.

Tausendstel ‹-s, -› *n* millesimo *m.*

tausendste(r, s) *a* millesimo, -a.

Tauwetter *n* tempo *m* di disgelo; **es ist ~** disgela.

Tauziehen ‹-s, ø› *n sport* tiro *m* della fune; *fig* braccio *m* di ferro.

Taxe ['taksə] ‹-, -n› *f* **1.** *(Gebühr)* tassa *f;* **2.** *(Mietauto) s.* **Taxi.**

Taxi ['taksi] ‹-s, -s› *n* tassì *m,* autopubblica *f.*

taxieren [ta'ksi:rən] ‹*ohne ge-*› *tr* stimare, valutare.

Taxifahrer(in) *m(f)* tassista *mf.* **Taxistand** *m* posteggio *m* di tassì.

Tb(c) [te:'be: (te:be:'tse:)] *ab von* **Tuberkulose** TBC, tbc (*ab von* tubercolosi).

Team [ti:m] ‹-s, -s› *n* team *m.* **Teamwork** [-wə:k] ‹-s, ø› *n* lavoro *m* di équipe; **etw. im ~ machen** fare qc in équipe.

Technik ['tɛçnɪk] ‹-, -en› *f* tecnica *f.*

Techniker(in) ‹-s, -› *m(f)* tecnico, -a *m, f; (Fachmann)* specialista *mf.*

technisch *a* tecnico, meccanico; **T~e Hochschule** (*o* **Universität**) (*ab* **TH, TU**) politecnico *m;* **aus ~en Gründen** per motivi tecnici.

Technologie [tɛçnolo'gi:, ...i:ən] ‹-, -n› *f* tecnologia *f.*

Techtelmechtel [tɛçtəl'mɛçtəl] ‹-s, -› *n fam* flirt *m,* amoretto *m.*

Teddybär ['tɛdi-] *m* orsacchiotto *m.*

Tee [te:] ‹-s, -s› *m* tè *m; (Aufguß von anderen Pflanzen)* infuso *m; (Kranken~)* tisana *f.* **Teebeutel** *m* bustina *f* di (*o* del) tè. **Teekanne** *f* teiera *f.* **Teelöffel** *m* cucchiaino *m* da tè.

Teer [te:ɐ̯] ‹-(e)s, -e› *m* catrame *m*. **teeren** ['te:rən] *tr* (in)catramare.
Teestube *f* tea-room *m*. **Teewagen** *m* carrello *m*.
Teich [taiç] ‹-(e)s, -e› *m* stagno *m*; *(Fisch~)* peschiera *f*.
Teig [taik] ‹-(e)s, -e› *m* pasta *f*; **ausgerollter** ~ sfoglia *f*. **teigig** ['taigiç] *a* pastoso.
Teil [tail] ‹-(e)s, -e› *m o n* parte *f*; **sich** *(dat)* **sein** ~ **denken** avere delle idee ben precise in proposito; **ich für mein(en)** ~ per conto mio; **zum** ~ (*ab* **z. T.**) in parte; **zum größten** ~ per lo più; **zu gleichen ~en** in parti uguali. **Teilansicht** *f* veduta *f* parziale. **teilbar** *a* divisible. **Teilbetrag** *m* importo *m* parziale.
Teilchen ['tailçən] ‹-s, -› *n* **1.** *phys* particella *f*; **2.** *dial (Gebäck)* biscotto *m*.
teilen I. *tr* **1.** *(zer~, auf~, ver~)* dividere; **2.** *(Anteil nehmen an, a. Meinung)* prendere parte a; condividere; **II.** *rfl*: **sich** ~ *(auseinandergehen, -fallen)* separarsi, staccarsi; *(Weg)* biforcarsi; **sich** *(dat)* **etw.** ~ dividersi qc, spartirsi qc.
teil·haben ‹*irr*› *itr* partecipare (*an* a), aver parte (*an* in). **Teilhaber(in)** ‹-s, -› *m(f) com* socio, -a *m, f*. **Teilkaskoversicherung** *f* polizza *f* casco parziale.
Teilnahme [-na:mə] ‹-, ø› *f* **1.** *allg.* partecipazione *f* (*an* a); *(Mitarbeit)* cooperazione *f* (*an* a), collaborazione *f* (*an* a); **2.** *(Mitgefühl)* interesse *m*, interessamento *m*, simpatia *f*; *(Beileid)* condoglianze *f pl*. **teilnahmslos** *a* indifferente, insensibile, apatico. **teil·nehmen** ‹*irr*› *itr* partecipare (*an* a), prendere parte (*an* a); *(an Arbeit)* cooperare (*an* a), collaborare (*an* a); **an einem Lehrgang** ~ frequentare un corso. **Teilnehmer(in)** ‹-s, -› *m(f) allg., sport* partecipante *mf*; *tel* utente *mf*, abbonato, -a *m, f*; *(Verkehrs~)* utente *mf*.
teils *adv* in parte; ~ . . ., ~ . . . parte . . ., parte . . .; ~ **blieben sie,** ~ **gingen sie** gli uni restarono, gli altri se ne andarono.
Teilung ‹-, -en› *f* spartizione *f*, divisione *f*; *(Spaltung, bes. scient)* scissione *f*.
teilweise I. *a* parziale; **II.** *adv* in parte, parzialmente. **Teilzahlung** *f* pagamento *m* parziale (*o* rateale); **auf** ~ **kaufen** comprare a rate. **Teilzeitarbeit** *f* part time *m*. **teilzeitbeschäftigt** *a* che lavora part time (*o* a tempo parziale).
Teint [tɛ̃:] ‹-s, -s› *m* carnagione *f*, colorito *m*.
Telefax ['te:lefaks] ‹-, ø› *n* facsimile *m*, telefax *m*.
Telefon ['te:lefo:n *o* tele'fo:n] ‹-s, -e› *n* telefono *m*; ~ **haben** avere il telefono; **am** ~ al telefono.
Telefonat [telefo'na:t] ‹-(e)s, -e› *n* telefonata *f*.
Telefonbuch *n* elenco *m* telefonico. **Telefongebühren** *f pl* tassa *f* telefonica. **Telefongespräch** *n* telefonata *f*.
telefonieren [telefo'ni:rən] ‹*ohne ge-*› *itr* telefonare (*mit* a).
telefonisch [...'fo:nɪʃ] **I.** *a* telefonico; **II.** *adv* per telefono; **jdn** ~ **erreichen** raggiungere qu per telefono.
Telefonnummer *f* numero *m* telefonico. **Telefonseelsorge** *f* telefono *m* amico. **Telefonverbindung** *f* collegamento *m* telefonico. **Telefonzelle** *f* cabina *f* telefonica.
telegen [tele'ge:n] *a* telegenico.
telegrafieren [telegra'fi:rən] ‹*ohne ge-*› **I.** *tr, itr* telegrafare; **II.** *itr* inviare un telegramma (*o* un dispaccio).
telegrafisch [tele'gra:fɪʃ] **I.** *a* telegrafico; **II.** *adv* telegraficamente, per telegrafo.
Telegramm [tele'gram] ‹-s, -e› *n* telegramma *m*.
Teleobjektiv ['te:le-] *n* teleobiettivo *m*.
Telepathie [telepa'ti:] ‹-, ø› *f* telepatia *f*.
Teleskop [tele'sko:p] ‹-s, -e› *n* telescopio *m*.
Telespiel ['te:le-] *n* gioco *m* televisivo.
Telex ['te:lɛks] ‹-, -e› *n* **1.** *(Fernschreiben)* telex *m*; **2.** *(Fernschreiber)* telescrivente *f*.
Teller ['tɛlɐ] ‹-s, -› *m* piatto *m*. **Tellergericht** *n* piatto *m* con contorno.
Tempel ['tɛmpəl] ‹-s, -› *m* tempio *m*.
Temperafarbe ['tɛmpəra-] *f* colore *m* a tempera.
Temperament [tɛmpəra'mɛnt] ‹-(e)s, -e› *n* **1.** *allg.* temperamento *m*; **2.** *(Lebhaftigkeit)* vivacità *f*; *(Schwung)* brio *m*; *(Feuer)* temperamento *m* focoso; **3.** *(Gemütsart)* carattere *m*. **temperamentvoll** *a* **1.** *(lebhaft)* vivace; **2.** *(schwungvoll)* pieno di brio, esuberante.
Temperatur [tɛmpəra'tuɐ̯] ‹-, -en› *f* temperatura *f*; ~ **haben** avere un po' di febbre.
Tempo ['tɛmpo, ...pos *o* ...pi] ‹-s, -s *o mus* Tempi› *n mus, sport* tempo *m*; *sport* passo *m*, velocità *f*; ~! *fam* forza, sbrigati (*o* sbrigatevi)! *fam*. **Tempolimit** *n* limite *m* di velocità.
Tendenz [tɛn'dɛnts] ‹-, -en› *f* tendenza *f*.
tendenziös [...'tsiø:s] *a* tendenzioso, parziale.
tendieren [tɛn'di:rən] ‹*ohne ge-*› *itr* tendere (*zu* verso).
Tenne ['tɛnə] ‹-, -n› *f* aia *f*.
Tennis ['tɛnɪs] ‹-, ø› *n* tennis *m*.
Tennis- *(in Zusammensetzungen)* da (*o* di) tennis. **Tennisklub** *m* circolo *m* di tennis. **Tennisplatz** *m* campo *m* da tennis. **Tennisschläger** *m* racchetta *f*

da tennis. **Tennisspieler(in)** *m(f)* tennista *mf*, giocatore, -trice *m, f* di tennis.

Tenor[1] ['te:nɔr] ‹-s, ø› *m (Wortlaut, Sinn)* tenore *m*.

Tenor[2] [te'no:ɐ̯] ‹-s, ¨-e› *m mus* tenore *m*.

Teppich ['tɛpɪç] ‹-s, -e› *m* tappeto *m*; **auf dem ~ bleiben** *fam* guardare in faccia la realtà, mantenersi nei limiti. **Teppichboden** *m* moquette *f*. **Teppichklopfer** ‹-s, -› *m* battipanni *m*.

Termin [tɛr'mi:n] ‹-s, -e› *m (festgesetzter Tag)* termine *m*, data *f*; *(Frist)* scadenza *f*; **einen ~ versäumen** lasciar passare una data. **termingemäß, -gerecht** *a* puntuale, tempestivo. **Terminkalender** *m* agenda *f*.

Terpentin [tɛrpɛn'ti:n] ‹-s, -e› *n* trementina *f*.

Terrain [tɛ'rɛ̃:] ‹-s, -s› *n* terreno *m*.

Terrasse [tɛ'rasə] ‹-, -n› *f* **1.** *arch* terrazza *f*; **2.** *geol* terrazzo *m*. **terrassenförmig** [-fœrmɪç] *a, adv* a terrazze, a gradinate.

Territorium [tɛri'to:ri̯ʊm, ...i̯ən] ‹-s, -rien› *n* territorio *m*.

Terror ['tɛrɔr *o* 'tɛro:ɐ̯] ‹-s, ø› *m* terrore *m*. **Terroranschlag** *m* attentato *m* terroristico.

terrorisieren [tɛrori'zi:rən] ‹*ohne ge-*› *tr* terrorizzare.

Terrorismus [...'rɪsmʊs] ‹-, ø› *m* terrorismo *m*.

Terrorist(in) [...'rɪst(ɪn)] ‹-en, -en› *m(f)* terrorista *mf*.

terroristisch *a* terrorista.

Terz [tɛrts̯] ‹-, -en› *f* terza *f*.

Tesafilm® ['te:za-] *m* scotch® *m*.

Tessin [tɛ'si:n] *n* Ticino *m*.

Test [tɛst] ‹-(e)s, -s *o* -e› *m* test *m*; *chem, tec* controllo *m*.

Testament [tɛsta'mɛnt] ‹-(e)s, -e› *n* testamento *m*; **das Alte/Neue ~** il Vecchio/Nuovo Testamento; **sein ~ machen** fare testamento.

testamentarisch [...'ta:rɪʃ] **I.** *a* testamentario; **II.** *adv* per testamento.

Testamentseröffnung *f* apertura *f* del testamento. **Testamentsvollstrekker(in)** ‹-s, -› *m(f)* esecutore, -trice *m, f* testamentario, -a.

Testbild *n TV* monoscopio *m*. **Testperson** *f* soggetto *m*.

teuer ['tɔ̯yɐ] *a* **1.** *(kostspielig)* caro, costoso; **2.** *geh (lieb)* caro; **etw. ~ bezahlen** pagare caro qc; **teurer werden** rincarare; **das wird dich ~ zu stehen kommen** ti costerà caro *fam*; **wie ~ ist das?** quanto costa?

Teufel ['tɔ̯yfəl] ‹-s, -› *m* diavolo *m*; **den ~ an die Wand malen** *fam* fare l'uccello del malaugurio; **jdn zum ~ jagen** (*o* **wünschen**) mandare qu al diavolo (*o* all'inferno); **er ist ein armer ~** è un povero diavolo *fam*; **damit kommt man in ~s Küche** *fam* così ci si mette nei pasticci; **wo/wie/wann zum ~?** *fam* accidenti! dove/come/quando? *fam*; **zum ~!** accidenti! *fam*; **zum ~ mit ...!** che vada al diavolo ...!; **scher dich zum ~!, hol dich der ~** vattene al diavolo! **Teufelskreis** *m* circolo *m* vizioso.

teuflisch ['tɔ̯yflɪʃ] *a* diabolico.

Text [tɛkst] ‹-(e)s, -e› *m allg.* testo *m*; *(Wortlaut)* contenuto *m*; *(von Lied)* parole *f pl*; *(von Oper)* libretto *m*. **Textaufgabe** *f* quesito *m*.

Texter(in) ‹-s, -› *m(f) (von Werbetexten)* pubblicitario, -a *m, f*; *(von Schlagertexten)* paroliere, -a *m, f*.

Textilien [tɛks'ti:li̯ən] ‹*pl*› tessili *m pl*.

Textverarbeitung *f* elaborazione *f* testi, word-processing *m*; **elektronische ~** elaborazione elettronica (dei) testi.

TH [te:'ha:] ‹-, -s› *f ab von* **Technische Hochschule** Università *f* Tecnica, Politecnico *m*.

Theater [te'a:tɐ] ‹-s, -› *n* teatro *m*; **~ machen** *fam* fare (tante) storie *fam*; **~ spielen** *fig* fare la commedia; **ins ~ gehen** andare a teatro; **das ist alles nur ~** *fam* è tutta scena *fam*. **Theateraufführung** *f* rappresentazione *f*. **Theaterbesuch** *m* andare *m* a teatro. **Theaterkarte** *f* biglietto *m* d'ingresso al teatro. **Theaterkasse** *f* cassa *f* del teatro, botteghino *m*. **Theaterstück** *n* lavoro *m* teatrale.

theatralisch [tea'tra:lɪʃ] *a* teatrale.

Theke ['te:kə] ‹-, -n› *f (Schanktisch)* banco *m* (di osteria); *(Ladentisch)* banco *m* (di vendita).

Thema ['te:ma, ...mən *o* ...mata] ‹-s, Themen *o* -ta› *n* tema *m*; *(Gesprächs~)* soggetto *m*, argomento *m*; **das ~ wechseln** cambiare argomento; **vom ~ abkommen** scostarsi dall'argomento.

Themse ['tɛmzə] *f* Tamigi *m*.

Theologe [teo'lo:gə] ‹-n, -n› *m*, **Theologin** [...gɪn] *f* teologo, -a *m, f*.

Theologie [...lo'gi:, ...i:ən] ‹-, -n› *f* teologia *f*.

theologisch [...'lo:gɪʃ] *a* teologico.

theoretisch [teo're:tɪʃ] **I.** *a* teorico; **II.** *adv* in teoria.

Theorie [teo'ri:, ...i:ən] ‹-, -n› *f* teoria *f*.

Therapeut(in) [tera'pɔ̯yt(ɪn)] ‹-en, -en› *m(f)* terapeuta *mf*. **therapeutisch** *a* terapeutico.

Therapie [...'pi:, ...i:ən] ‹-, -n› *f* terapia *f*.

Thermalbad [tɛr'ma:l-] *n* bagno *m* termale. **Thermalquelle** *f* sorgente *f* termale.

Thermometer [tɛrmo'me:tɐ] ‹-s, -› *n* termometro *m*. **Thermometerstand** *m* altezza *f* della colonna termometrica.

Thermosflasche® ['tɛrmɔs-] *f* thermos *m*.

Thermostat [tɛrmo'sta:t] ‹-(e)s, *o* -en, -e(n)› *n* termostato *m.*
These ['te:zə] ‹-, -n› *f* tesi *f.*
Thomas ['to:mas] *(männlicher Vorname)* Tommaso.
Thriller ['θrılə] ‹-s, -› *m* giallo *m.*
Thrombose [trɔm'bo:zə] ‹-, -n› *f* trombosi *f.*
Thron [tro:n] ‹-(e)s, -e› *m* trono *m.*
thronen *itr* troneggiare.
Thunfisch ['tu:n-] *m* tonno *m.*
Thurgau ['tu:ɐ̯gau̯] *m* Turgovia *f.*
Thymian ['ty:mi̯a:n] ‹-s, -e› *m* timo *m.*
Tiber ['ti:bɐ] *m* Tevere *m.*
Tick [tık] ‹-(e)s, -s› *m* ticchio *m,* mania *f.*
ticken ['tıkən] *itr* fare tic tac; **nicht richtig ~** *fam* non avere tutti i venerdì *fam.*
tief [ti:f] **I.** *a* **1.** *(nicht flach, a. fig)* profondo; **2.** *(nicht hoch)* basso; **3.** *mus* grave; **4.** *(Farbe)* carico, profondo, intenso; **im ~sten Australien** nel cuore dell'Australia; **im ~sten Winter** in pieno inverno; **in ~er Trauer** in gran(de) lutto; **eine sehr ~e Stimme** una voce molto profonda; **II.** *adv* **1.** *(~ unten)* in basso; **2.** *(stark)* molto, profondamente; **ein ~ ausgeschnittenes Kleid** un vestito molto scollato; **~ atmen** respirare profondamente; **bis ~ in die Nacht hinein** fino a notte inoltrata.
Tief ‹-s, -s› *n meteo* bassa pressione *f.*
tiefbewegt *a* profondamente commosso.
Tiefdruck ‹-(e)s, ø› *m meteo* bassa pressione *f.*
Tiefe ['ti:fə] ‹-, -n› *f* profondità *f.*
Tiefebene *f* bassopiano *m.*
Tiefenpsychologie *f* psicologia *f* del profondo. **Tiefenschärfe** *f* profondità *f* di campo.
Tiefflug *m* volo *m* radente (*o* a bassa quota); **im ~** a volo radente. **Tiefgang** *m* **1.** *naut* pescaggio *m;* **2.** *fig* profondità *f.* **Tiefgarage** *f* autorimessa *f* sotterranea, garage *m* sotterraneo. **tiefgefroren, -gekühlt** *a* surgelato. **Tiefkühlkost** *f* prodotti *m pl* surgelati. **Tiefkühltruhe** *f* congelatore *m.* **Tiefland** ‹-(e)s, -e *o* ⸚er› *n* bassopiano *m.* **Tiefpunkt** *m* punto *m* più basso, livello *m* minimo. **Tiefschlag** *m* colpo *m* basso. **tiefschürfend** *a* profondo. **Tiefsee** *f* profondità *f pl* marine. **Tiefsinn** *m* **1.** *(Gedankentiefe)* profondità *f* (di pensiero); **2.** *(Schwermut)* malinconia *f.* **tiefsinnig** *a* **1.** *(tiefgründig)* profondo, pensoso; **2.** *(schwermütig)* malinconico.
Tiegel ['ti:gəl] ‹-s, -› *m* padella *f,* tegame *m; (Schmelz~)* crogiolo *m.*
Tier [ti:ɐ̯] ‹-(e)s, -e› *n* animale *m,* bestia *f;* **hohes ~** *fam* pezzo *m* grosso. **Tierart** *f* specie *f* animale. **Tierarzt** *m,* **-ärztin** *f* veterinario, -a *m, f.* **Tierfreund(in)** *m(f)* amante *mf* degli animali, zoofilo *m.* **Tiergarten** *m* zoo *m,* giardino *m* zoologico.
tierisch *a* **1.** *(Tiere betreffend)* animale; **2.** *fig pej* brutale, bestiale; **3.** *sl (sehr)* molto; **~er Ernst** *fam* grande serietà.
Tierkreiszeichen *n* segno *m* zodiacale. **Tierliebe** *f* amore *m* per gli animali. **Tierquälerei** *f* maltrattamento *m* di animali. **Tierreich** *n* regno *m* animale. **Tierschutzverein** *m* associazione *f* per la protezione degli animali. **Tierversuch** *m* esperimento *m* sugli animali.
Tiger(in) ['ti:gɐ (...ərın)] ‹-s, -› *m(f)* tigre *f.*
tilgen ['tılgən] *tr* **1.** *geh (beseitigen)* cancellare (*aus* da); **2.** *fin* ammortizzare.
Tilgung ‹-, -en› *f fin* ammortamento *m.*
Tinktur [tıŋk'tu:ɐ̯] ‹-, -en› *f* tintura *f.*
Tinte ['tıntə] ‹-, -n› *f* inchiostro *m;* **in der ~ sitzen** *fam* trovarsi in un brutto impiccio, essere nei guai. **Tintenfaß** *n* calamaio *m.* **Tintenfisch** *m* seppia *f.*
Tip [tıp] ‹-s, -s› *m fam* consiglio *m.*
tippen ['tıpən] **I.** *tr, itr* **1.** *(klopfen)* dare un colpetto (*an* a, su); **2.** *fam (maschineschreiben)* scrivere a macchina; **II.** *itr fam (wetten)* puntare (*auf* su); **im Lotto ~** giocare al lotto.
Tippfehler *m fam* errore *m* di battuta. **Tippschein** *m,* **-zettel** *m* schedina *f* (del totocalcio).
tipptopp ['tıp'tɔp] *a fam* perfetto, impeccabile.
Tirol [ti'ro:l] *n* Tirolo *m.* **Tiroler(in)** ‹-s, -› *m(f)* tirolese *mf.*
Tisch [tıʃ] ‹-(e)s, -e› *m* tavolo *m; (Eß~)* tavola *f;* **mit etw. reinen ~ machen** *fam* fare piazza pulita di qc *fam;* **etw. unter den ~ fallen lassen** *fig fam* fare passare qc sotto silenzio; **getrennt von ~ und Bett leben** vivere separati di letto e di mensa; **bei ~** a tavola; **am grünen ~** *fig* a tavolino; **so, das wäre vom ~!** *fam* (bene,) questo sarebbe sistemato! **Tischdame** *f* vicina *f* di tavola. **Tischdecke** *f* tovaglia *f.* **Tischfußball** *m* calcetto *m.* **Tischherr** *m* vicino *m* di tavola. **Tischkarte** *f* segnaposto *m* (a tavola).
Tischler(in) ['tıʃlɐ (...ərın)] ‹-s, -› *m(f)* (donna *f*) falegname *m.*
tischlern **I.** *itr* fare il falegname, fare lavori da falegname; **II.** *tr fam* fare.
Tischordnung *f* disposizione *f* dei posti (a tavola). **Tischrede** *f* discorso *m* conviviale, brindisi *m.* **Tischtennis** *n* tennis *m* da tavolo, ping-pong *m.* **Tischtennisplatte** *f* tavolo *m* da ping-pong. **Tischtuch** *n* tovaglia *f.* **Tischwein** *m* vino *m* da pasto.
Titel ['ti:təl] ‹-s, -› *m* titolo *m.* **Titelbild** *n,* **-blatt** *n* frontespizio *m.* **Titelrolle** *f*

parte *f* del(la) protagonista, ruolo *m* principale.
titulieren [titu'li:rən] ‹*ohne ge-*› *tr* chiamare, trattare, dare (*als* di + *Artikel).*
Toast[1] [to:st] ‹-(e)s, -e *o* -s› *m (Brot)* toast *m.*
Toast[2] [to:st] ‹-(e)s, -e *o* -s› *m (Trinkspruch)* brindisi *m.*
Toastbrot *n (getoastetes Brot)* toast *m; (Brot zum Toasten)* pane *m* carré.
toasten *tr (Brot)* tostare.
Toaster ‹-s, -› *m* tostapane *m.*
toben ['to:bən] *itr* **1.** *(wüten)* essere furioso; *(vor Begeisterung)* essere fuori di sé; *(Schlacht)* infuriare, imperversare; *(Gewitter)* brontolare; **2.** *(ausgelassen spielen)* scatenarsi, strepitare.
Tobias [to'bi:as] *(männlicher Vorname)* Tobia.
Tobsucht *f* furore *m,* pazzia *f* furiosa. **tobsüchtig** *a* furibondo, pazzo furioso.
Tochter ['tɔxtɐ] ‹-, ⸚er› *f* figlia *f.* **Tochtergesellschaft** *f* società *f* affiliata, filiale *f.*
Tod [to:t] ‹-(e)s, *rar* -e› *m* morte *f,* decesso *m adm,* trapasso *m lett;* **eines gewaltsamen/natürlichen ~es sterben** morire di morte violenta/naturale; **sich zu ~e schämen** vergognarsi a morte; **zu ~e erschrocken sein** essere spaventato a morte; **jdn zum ~e verurteilen** condannare qu a morte; **bei seinem ~e** alla sua morte. **todernst** ['to:t'ʔɛrnst] *a* molto serio, serissimo.
Todesangst *f* angoscia *f* mortale; **Todesängste ausstehen** essere in preda a un'angoscia mortale. **Todesanzeige** *f (in Zeitung)* annuncio *m* mortuario; *(als Brief)* partecipazione *f* di morte. **Todesfall** *m* decesso *m.* **Todeskampf** *m* agonia *f.* **Todeskandidat(in)** *m(f)* candidato, -a *m, f* alla morte. **todesmutig** *a* intrepido, eroico. **Todesopfer** *n* vittima *f,* morto *m.* **Todesstrafe** *f* pena *f* capitale (*o* di morte). **Todestag** *m* **1.** *(Sterbetag)* giorno *m* della morte; **2.** *(Gedenktag)* anniversario *m* della morte. **Todesursache** *f* causa *f* della morte. **Todesurteil** *n* sentenza *f* capitale, condanna *f* a morte. **Todesverachtung** *f* disprezzo *m* della morte; **mit ~** *fam scherz* con grande eroismo.
Todfeind ['to:tfa̯int] *m* nemico *m* mortale (*o* giurato). **todkrank** ['to:t'kraŋk] *a* mortalmente malato, in fin di vita.
tödlich ['tø:tlɪç] **I.** *a* mortale; **II.** *adv* mortalmente, a morte; **~ verunglücken** morire in un incidente; **~ verletzt** ferito mortalmente.
todmüde ['to:t'my:də] *a* stanco morto. **todschick** ['to:t'ʃɪk] *a fam* molto chic. **todsicher** ['to:t'zɪçɐ] *a fam* sicurissimo. **Todsünde** *f* peccato *m* mortale. **todunglücklich** ['to:t'ʔʊnglʏklɪç] *a fam* terribilmente infelice.
Töff [tœf] ‹-s, -s› *m o n CH* moto *f.*
Tohuwabohu [to:huva'bo:hu] ‹-(s), -s› *n* caos *m,* quarantotto *m.*
Toilette [to̯a'lɛtə] ‹-, -n› *f* toilette *f,* to(e)letta *f; (WC a.)* gabinetto *m;* **in großer ~** *geh* in pompa magna. **Toilettenartikel** *m* articolo *m* da toletta. **Toilettenpapier** *n* carta *f* igienica.
toi, toi, toi ['tɔy̯ 'tɔy̯ 'tɔy̯] *interj* in bocca al lupo.
tolerant [tole'rant] *a* tollerante. **Toleranz** [...'rants̯] ‹-, *rar* -en› *f* tolleranza *f.*
tolerieren [...'ri:rən] ‹*ohne ge-*› *tr* tollerare.
toll [tɔl] *a* **1.** *(irr)* matto, pazzo; **2.** *fam (herrlich)* formidabile, fantastico, sensazionale; **ein ~er Bursche (*o* Kerl)** *fam* un tipo in gamba *fam;* **es zu ~ treiben** farla (troppo) grossa.
Tollkirsche *f* belladonna *f.* **tollkühn** *a* temerario, audace. **Tollwut** *f* rabbia *f.* **tollwütig** [-vy:tɪç] *a* rabbioso.
Tolpatsch ['tɔlpatʃ] ‹-(e)s, -e› *m* rompitutto *m fam,* tanghero *m.* **tolpatschig** *a* goffo, impacciato.
Tölpel ['tœlpəl] ‹-s, -› *m* balordo *m,* tanghero *m,* zoticone *m fam.*
Tomate [to'ma:tə] ‹-, -n› *f* pomodoro *m;* **~n auf den Augen haben** *sl scherz* avere gli occhi bendati. **Tomatenketchup** *m o n* ketchup *m.* **Tomatenmark** *n* concentrato *m* di pomodoro. **Tomatensuppe** *f* minestra *f* di pomodori.
Tomographie [tomogra'fi:, ...i:ən] ‹-, -n› *f med* tomografia *f.*
Ton[1] [to:n] ‹-(e)s, -e› *m geol* argilla *f; (Werkstoff)* creta *f;* **gebrannter ~** terracotta *f.*
Ton[2] [to:n] ‹-(e)s, ⸚e› *m* tono *m; (Klang a.)* suono *m; gram* accento *m;* **der gute ~** le buone maniere; **den ~ angeben** dare il tono; *fig* dominare; **keinen ~ von sich** *(dat)* **geben** non dire una parola, non aprir bocca; **einen anderen ~ anschlagen** *fig* cambiare tono; **jdn/etw. in den höchsten Tönen loben** *fam* lodare qu/qc a tutto spiano *fam;* **~ in ~** tono su tono; **ohne einen ~ zu sagen** senza proferir parola, senza dir verbo; **ich brachte keinen ~ heraus** mi venne meno la parola, non riuscii a proferir parola; **ich verbitte mir diesen ~!** non permetto che si usi questo tono con me!; **hast du Töne!** *fam* è incredibile!; **der ~ macht die Musik** *prov* quello che conta è il modo in cui si dicono le cose. **tonangebend** *a* che dà il tono. **Tonarchiv** *n* nastroteca *f.* **Tonarm** *m* braccio *m* del pick-up. **Tonart** *f* tonalità *f.* **Tonband** ‹-(e)s, ⸚er› *n* **1.** *(Magnetband)* nastro *m* magnetico; **2.** *(~gerät)* registratore *m.* **Tonbandgerät** *n* magnetofono *m* (*o* registratore *m*) a nastro.

tönen[1] ['tø:nən] *itr (klingen)* s(u)onare, ris(u)onare.
tönen[2] ['tø:nən] *tr (färben)* colorare, sfumare.
Tonerde *f* allumina *f;* **essigsaure ~** acetato *m* d'alluminio.
tönern ['tø:nɐn] *a* d'(*o* in) argilla.
Tonfall *m* inflessione *f; (Rhythmus)* cadenza *f.* **Tonfilm** *m* film *m* sonoro.
Tongefäß *n* vaso *m* di terracotta.
Tonhöhe *f* altezza *f* del suono.
Tonic(wasser) ['tɔnɪk] ‹-(s), -s› *n* acqua *f* brillante.
Tonkamera *f* cinepresa *f* sonora. **Tonkopf** *m* testina *f.*
Tonkrug *m* brocca *f* di terracotta.
Tonlage *s.* **Tonhöhe. Tonleiter** *f* scala *f* musicale, gamma *f.* **tonlos** *a* atono; *(Stimme)* afono, spento.
Tonnage [tɔ'na:ʒə] ‹-, -n› *f* tonnellaggio *m.*
Tonne ['tɔnə] ‹-, -n› *f* **1.** *(Faß)* botte *m,* barile *m,* fusto *m;* **2.** (*ab* **t**) *(1000 kg)* tonnellata *f.* **Tonnengewölbe** *n* volta *f* a botte. **tonnenweise** *adv* a tonnellate, a bizzeffe.
Tonregler *m* regolatore *m* di tono. **Tonspur** *f* solco *m.* **Tonstreifen** *m* colonna *f* (*o* banda *f*) sonora.
Tonsur [tɔn'zu:ɐ̯] ‹-, -en› *f* tonsura *f.*
Tontaubenschießen ‹-s, ø› *n* tiro *m* al piattello.
Tontechniker(in) *m(f)* tecnico, -a *m, f* del suono. **Tonträger** *m* portante *m* audio.
Tönung ‹-, -en› *f* **1.** *(Vorgang)* colorazione *f;* **2.** *(Ergebnis)* tonalità *f,* tinta *f.*
Tonwiedergabe *f* riproduzione *f* del suono.
top-, Top- [tɔp-] *(in Zusammensetzungen)* top.
Topas [to'pa:s] ‹-es, -e› *m* topazio *m.*
Topf [tɔp͡f] ‹-(e)s, ¨-e› *m* vaso *m; (Koch~)* pentola *f; (Nacht~)* vaso *m* da notte; **alles in einen ~ werfen** *fam* mettere tutto nello stesso calderone *fam.*
Topfen ['tɔp͡fən] ‹-s, ø› *m A (Quark)* ricotta *f.*
Töpfer(in) ['tœp͡fɐ (...ərɪn)] ‹-s, -› *m(f)* vasaio, -a *m, f,* ceramista *mf.*
Töpferei [tœp͡fə'ra͡i] ‹-, -en› *f* bottega *f* (*o* fabbrica *f*) di ceramiche.
Töpferscheibe *f* tornio *m* del vasaio.
topfit ['tɔp'fɪt] *a fam* in perfetta forma.
Topflappen *m* presina *f,* presa *f.*
Topform *f fam:* **in ~ sein** essere in forma smagliante.
Topfpflanze *f* pianta *f* in vaso.
Topmanagement *n* top-management *m.* **Topmodell** *n* fotomodella *f* top.
Tor [to:ɐ̯] ‹-(e)s, -e› *n* **1.** *(große Tür)* porta *f,* portone *m;* **2.** *sport* rete *f,* gol *m;* **ein ~ schießen** segnare (una rete), fare un gol; **im ~ stehen** stare in porta.
Torf [tɔrf] ‹-(e)s, ø› *m* torba *f.* **Torfmull** *m* terriccio *m* torboso.
Torheit ‹-, -en› *f* stoltezza *f,* follia *f.*
töricht ['tø:rɪçt] *a* insensato, stolto.
torkeln ['tɔrkəln] *itr ‹haben o bei Fortbewegung sein› fam* barcollare; *(sich fortbewegen)* andare barcollando.
Tornister [tɔr'nɪstɐ] ‹-s, -› *m (bes. mil)* zaino *m; (von Schüler)* cartella *f* (a zaino).
torpedieren [tɔrpe'di:rən] ‹*ohne ge-*› *tr* silurare.
Torpedo [...'pe:do] ‹-s, -s› *m* siluro *m.*
Torschlußpanik *f fam* panico *m* dell'ultima ora. **Torschütze** *m* cannoniere *m.*
Torte ['tɔrtə] ‹-, -n› *f* torta *f.* **Tortenboden** *m* fondo *m* di torta. **Tortenheber** ‹-s, -› *m* paletta *f* per dolci.
Tortur [tɔr'tu:ɐ̯] ‹-, -en› *f* tortura *f.*
Torwart [-vart] ‹-(e)s, -e› *m* portiere *m.*
tosen ['to:zən] *itr* mugghiare, rumoreggiare, strepitare. **tosend** *a (Beifall)* fragoroso.
tot [to:t] *a* **1.** *allg.* morto; *(verstorben)* defunto; *adm* deceduto; **2.** *fig (leblos)* inanimato, senza vita; *(regungslos, ausgestorben, öde)* deserto; *(unwirksam)* inerte; **das T~e Meer** il Mare Morto; **~er Punkt** punto morto; **~er Winkel** angolo morto; **~ umfallen** cadere morto; **er war auf der Stelle ~** morì sul colpo.
total [to'ta:l] *a* totale.
totalitär [totali'tɛ:ɐ̯] *a* totalitario.
Totalität [...'tɛ:t] ‹-, ø› *f* totalità *f.*
Totalschaden *m* danno *m* totale.
tot·arbeiten *rfl:* **sich ~** ammazzarsi di lavoro. **tot·ärgern** *rfl:* **sich ~** arrabbiarsi da morire.
Tote ‹ein -r, -n, -n› *mf* morto, -a *m, f;* defunto, -a *m, f; adm* deceduto, -a *m, f; (in Unfallstatistik)* ucciso, -a *m, f.*
töten ['tø:tən] *tr* uccidere, ammazzare.
Totenbett *n* letto *m* di morte. **totenblaß, -bleich** ['to:tən'blas, -'bla͡iç] *a* pallido come un morto, cadaverico. **Totengräber** [-grɛbɐ] ‹-s, -› *m* becchino *m.* **Totenhemd** *n* lenzuolo *m* funebre, sudario *m.* **Totenkopf** *m* **1.** *(Schädel)* teschio *m;* **2.** *zoo* testa *f* di morto. **Totenschein** *m* certificato *m* di morte. **Totensonntag** *m* giorno *m* dei morti. **Totenstarre** *f* rigidità *f* cadaverica. **Totenstille** ['to:tən'ʃtɪlə] *f* silenzio *m* di tomba. **Totentanz** *m* danza *f* macabra.
tot·fahren ‹*irr*› *tr* investire mortalmente, schiacciare. **tot·kriegen** *tr:* **er ist nicht totzukriegen** *fam scherz* non si può sradicarlo. **tot·lachen** *rfl:* **sich ~** morire dalle risate.
Toto ['to:to] ‹-s, -s› *m fam* totocalcio *m.* **Totoschein** *m* schedina *f* del totocalcio.

tot·schießen ‹*irr*› *tr* uccidere (*o* abbattere) con un colpo di arma da fuoco. **Totschlag** *m* omicidio *m* volontario. **tot·schlagen** ‹*irr*› *tr* ammazzare; **die Zeit ~** ammazzare il tempo. **tot·-stellen** *rfl:* **sich ~** fingersi morto, fare il morto.

Tötung ‹-, -en› *f* uccisione *f; (von Menschen)* omicidio *m.*

Tour [tu:ɐ̯] ‹-, -en› *f* giro *m;* **auf ~en kommen** *fam* andare su di giri *fam;* **auf vollen ~en** *fam* a pieno regime; **in einer ~** *fam* senza interruzione, in continuazione. **Tourenzahl** *f* numero *m* di giri.

Tourismus [tu'rɪsmʊs] ‹-, ø› *m* turismo *m.*

Tourist(in) [tu'rɪst(ɪn)] ‹-en, -en› *m(f)* turista *mf,* escursionista *mf.* **Touristenklasse** *f* classe *f* turistica. **Touristik** [tu'rɪstɪk] ‹-, ø› *f* turismo *m.*

Tournee [tʊr'ne:, ...e:s *o* ...e:ən] ‹-, -s *o* -n› *f* tournée *f.*

Trab [tra:p] ‹-(e)s, ø› *m* trotto *m;* **jdn auf ~ bringen** *fam* far trottare qu; **im ~** al trotto.

Tracht [traxt] ‹-, -en› *f (Kleidung)* costume *m,* foggia *f,* moda *f; (Volks~)* costume *m* regionale (*o* del paese *o* folcloristico); *(Schwestern~)* camice *m,* divisa *f;* **jdm eine ~ Prügel geben** dare a qu un fracco di legnate *fam.*

trachten ['traxtən] *itr* tendere (*nach* a), mirare (*nach* a); **jdm nach dem Leben ~** attentare alla vita di qu.

trächtig ['trɛçtɪç] *a* pregna, gravida.

Tradition [tradi'tsi̯o:n] ‹-, -en› *f* tradizione *f.*

traditionell [...tsi̯o'nɛl] *a* tradizionale.

traf [tra:f] *imp von* **treffen.**

Tragbahre *f* barella *f,* lettiga *f.*

tragbar *a* **1.** *(Geräte, etc.)* portatile; **2.** *(Kleider a.)* portabile; **3.** *fig (erträglich)* sopportabile, tollerabile.

träg(e) ['trɛ:k ('trɛ:gə)] *a* **1.** *allg.* pigro, indolente, lento; **2.** *phys* inerte.

tragen ['tra:gən] ‹trägt, trug, getragen› **I.** *tr* **1.** *(weg~, am Körper ~, halten)* portare; **2.** *(Frucht, Erfolg)* dare, (ri)portare; **3.** *(Namen, Aufschrift)* portare, avere; **4.** *(er~)* sopportare, subire; **die Konsequenzen/Verantwortung ~** subire le conseguenze/avere la responsabilità; **sein Haar lang/kurz ~** portare i capelli lunghi/corti; **etw. mit Fassung ~** sopportare qc con calma; **II.** *itr* **1.** *(Eis)* reggere; **2.** *(Baum, etc.)* dare frutti, fruttificare; **an etw. schwer zu ~ haben** *fig* considerare qc un peso, soffrire molto per qc; **zum T~ kommen** trovare impiego (*o* uso); **III.** *rfl:* **sich mit dem Gedanken ~, etw. zu tun** covare l'idea di fare qc; **dieser Pullover trägt sich gut** questo maglione si porta bene.

Träger ['trɛ:gɐ] ‹-s, -› *m* **1.** *(an Kleidung)* spallina *f; (Hosen~)* bretella *f;* **2.** *tec* montante *m,* sostegno *m; (~balken)* trave *f.*

Träger(in) ‹-s, -› *m(f)* **1.** *allg.* portatore, -trice *m, f;* **2.** *(von Namen)* persona *f* che porta ...; **3.** *(von Kultur, Idee, etc.)* rappresentante *mf;* **4.** *(von Krankheit)* portatore *m.*

trägerlos *a* senza spalline. **Trägerrakete** *f* (razzo *m*) vettore *m.*

Tragetasche *f* sporta *f,* borsa *f.*

Tragfläche *f* piano *m* (*o* superficie *f*) portante, superficie *f* alare. **Tragflächenboot** *n,* **-flügelboot** *n* aliscafo *m.*

Trägheit ‹-, ø› *f* **1.** *(von Mensch)* pigrizia *f,* lentezza *f;* **2.** *phys* inerzia *f.*

Tragik ['tra:gɪk] ‹-, ø› *f* tragico *m.*

tragikomisch [tragi'ko:mɪʃ *o* 'tra:gi...] *a* tragicomico.

Tragikomödie [tragiko'mø:di̯ə *o* 'tra:gi...] *f* tragicommedia *f.*

tragisch *a* tragico; **etw. ~ nehmen** *fam* prendere qc sul tragico.

Tragödie [tra'gø:di̯ə] ‹-, -n› *f* tragedia *f.*

trägt [trɛ:kt] *pr von* **tragen.**

Tragweite *f fig* portata *f; (Bedeutung)* significato *m,* importanza *f;* **sich** *(dat)* **der ~ seiner Handlungen nicht bewußt sein** agire senza discernimento.

Trainer(in) ['trɛ:nɐ (...ərɪn) *o* 'tre:n...] ‹-s, -› *m(f)* allenatore, -trice *m, f.*

trainieren [trɛ'ni:rən *o* tre'n...] ‹*ohne ge-*› **I.** *tr* allenare; **II.** *itr* allenarsi (*auf* per).

Training ['trɛ:nɪŋ *o* 'tre:n...] ‹-s, -s› *n* allenamento *m.* **Trainingsanzug** *m* tuta *f* (sportiva).

traktieren [trak'ti:rən] ‹*ohne ge-*› *tr fam* maltrattare.

Traktor ['trakto:ɐ̯, ...'to:rən] ‹-s, -en› *m* trattore *m.*

trällern ['trɛlɐn] *itr, tr* canticchiare.

Tram [tram] ‹-, -s› *f (süddeutsch, A) o CH* ‹-s, -s› *n* tram *m.*

Trampel ['trampəl] ‹-s, -› *m o n o* ‹-, -n› *f fam* persona *f* sgraziata.

trampeln ['trampəln] **I.** *itr (mit den Füßen treten)* battere i piedi; **II.** *tr (Weg, etc.)* battere; **etw. platt ~** schiacchiare qc pestandola coi piedi; **jdn zu Tode ~** calpestare a morte qu.

Trampelpfad *m* pista *f* battuta. **Trampeltier** *n* **1.** *zoo* cammello *m;* **2.** *fig fam* imbranato *m sl.*

trampen ['trɛmpən] *itr* ‹*sein*› fare l'autostop.

Tramper(in) ‹-s, -› *m(f)* autostoppista *mf.*

Trampolin ['trampoli:n *o* ...'li:n] ‹-s, -e› *n* trampolino *m.*

Tran [tra:n] ‹-(e)s, *rar* -e› *m* olio *m* di balena (*o* di pesce); *(Leber~)* olio *m* di fegato (di merluzzo); **das hab' ich im ~ ganz vergessen** *fam* l'ho completamente dimenticato.

tranchieren [trã'ʃi:rən] ⟨*ohne ge-*⟩ *tr* trinciare.
Tranchiermesser *n* trinciante *m.*
Träne ['trɛ:nə] ⟨-, -n⟩ *f* lacrima *f;* **~n lachen** ridere fino alle lacrime; **den ~n nahe sein** stare per piangere; **zu ~n gerührt sein** essere commosso fino alle lacrime; **mir kommen (gleich) die ~n!** *iron fam* mi viene (già) da piangere!
tränen *itr* lacrimare.
Tränendrüse *f* ghiandola *f* lacrimale. **Tränengas** *n* gas *m* lacrimogeno.
tranig *a* **1.** *(nach Tran schmeckend)* che sa di olio di pesce; *(voll Tran)* pieno di olio di pesce; **2.** *fam pej (langsam)* lento.
trank [traŋk] *imp von* **trinken.**
tränken ['trɛŋkən] *tr* **1.** *(Tiere)* abbeverare; **2.** *(durchnässen)* imbevere (*mit* di), impregnare (*mit* di).
Transaktion [trans?ak'tsi̯o:n] *f* transazione *f.*
Transfer [trans'fɛ:ɐ̯] ⟨-s, -s⟩ *m* **1.** *(fin, sport, bei Reise)* trasferimento *m* (di valuta); **2.** *psych* transfer *m.*
Transformator [transfɔr'ma:to:ɐ̯, ...ma'to:rən] ⟨-s, -en⟩ *m* trasformatore *m.*
Transistor [tran'zɪsto:ɐ̯, ...'to:rən] ⟨-s, -en⟩ *m* transistor(e) *m.*
Transit [tran'zi:t *o* ...'zɪt *o* 'tranzɪt] ⟨-s, -e⟩ *m* transito *m.*
transitiv ['tranziti:f *o* ...'ti:f] *a* transitivo.
transparent [transpa'rɛnt] *a* trasparente. **Transparent** ⟨-(e)s, -e⟩ *n* *(Spruchband)* striscione *m.*
Transplantation [transplanta'tsi̯o:n] ⟨-, -en⟩ *f* **1.** *bot* innesto *m;* **2.** *med* trapianto *m.*
transplantieren [...'ti:rən] ⟨*ohne ge-*⟩ *tr* innestare, trapiantare.
Transport [trans'pɔrt] ⟨-(e)s, -e⟩ *m* trasporto *m; mil* convoglio *m.*
transportieren [transpɔr'ti:rən] ⟨*ohne ge-*⟩ *tr* trasportare.
Trapez [tra'pe:ts̲] ⟨-es, -e⟩ *n* trapezio *m.*
trat [tra:t] *imp von* **treten.**
Tratsch [tra:tʃ] ⟨-(e)s, ø⟩ *m fam* chiacchiere *f pl,* pettegolezzi *m pl.*
tratschen *itr fam* chiacchierare, spettegolare.
Traualtar *m* altare *m* delle nozze.
Traube ['trau̯bə] ⟨-, -n⟩ *f* grappolo *m; (Wein~)* grappolo *m* d'uva; ⟨*pl*⟩ uva *f.* **Traubenzucker** *m* glucosio *m.*
trauen[1] ['trau̯ən] **I.** *itr (ver~):* **jdm/einer S.** *(dat)* ~ avere fiducia in qu/qc; **jdm nicht über den Weg ~** *fam* fidarsi poco di qu; **seinen Augen nicht ~** non credere ai propri occhi; **II.** *rfl:* **sich ~, etw. zu tun** osare far qc.
trauen[2] ['trau̯ən] *tr (verheiraten)* sposare, unire in matrimonio; **sich ~ lassen** sposarsi.
Trauer ['trau̯ɐ] ⟨-, ø⟩ *f* **1.** *(Traurigkeit)* afflizione *f,* dolore *m,* tristezza *f;* **2.** *(um einen Toten)* lutto *m;* ~ **tragen** essere in (*o* portare il) lutto. **Trauerfall** *m* lutto *m,* decesso *m.* **Trauergottesdienst** *m* servizio *m* funebre. **Trauerkleidung** *f* vestiti *m pl* da lutto.
trauern *itr* **1.** *(traurig sein)* essere afflitto (*o* triste); **2.** *(um einen Toten)* essere in lutto (*um* per); **um etw. ~** deplorare la perdita di qc.
Traufe ['trau̯fə] ⟨-, -n⟩ *f* scarico *m,* scolo *m; (Dach~)* grondaia *f.*
träufeln ['trɔy̯fəln] *tr* versare a gocce.
Traum [trau̯m] ⟨-(e)s, ¨-e⟩ *m* sogno *m;* **im ~** in sogno; **mein ~ ist in Erfüllung gegangen** il mio sogno si è avverato; **ich denke nicht im ~ daran!, das fällt mir nicht im ~ ein!** *fam* neanche per sogno!; **aus der ~!** *fam* la pacchia è finita! *fam.*
Trauma ['trau̯ma, ...mən *o* ...mata] ⟨-s, Traumen *o* Traumata⟩ *n* trauma *m.*
träumen ['trɔy̯mən] *itr* sognare *(von etw./jdm* qc/qu); **schlecht ~** fare brutti sogni; **das hätte ich mir nicht ~ lassen** non me lo sarei mai sognato; **träume süß!** sogni d'oro!; **du träumst wohl!** *fam* stai sognando.
Träumerei [trɔy̯mə'rai̯] ⟨-, -en⟩ *f* fantasticheria *f,* sogno *m.*
träumerisch *a* sognatore, trasognato.
traumhaft *a fam* da sogno, fantastico.
traurig ['trau̯rɪç] *a* **1.** *(betrübt)* triste, rattristato; **2.** *(schmerzlich)* triste, doloroso; **3.** *(kläglich)* deplorevole, pietoso, misero; **~ machen** (*o* **stimmen**) rattristare, affliggere; **~ werden** rattristarsi, affliggersi. **Traurigkeit** ⟨-, ø⟩ *f* tristezza *f.*
Trauring *m* fede *f,* vera *f.* **Trauschein** *m* certificato *m* di matrimonio.
Trauung ⟨-, -en⟩ *f* matrimonio *m,* sposalizio *m;* **kirchliche/standesamtliche ~** matrimonio religioso/civile.
Trauzeuge *m,* **-zeugin** *f* testimone *mf* di nozze.
treffen ['trɛfən] ⟨trifft, traf, getroffen⟩ **I.** *tr* **1.** *(begegnen)* incontrare; **2.** *(durch Schlag, Schuß)* colpire (*an, in* a); **3.** *fig (kränken)* colpire, offendere; **4.** *(be~)* toccare, concernere; **5.** *(Wahl)* fare; *(Maßnahmen)* adottare; **es gut/schlecht ~** avere fortuna/sfortuna; **mich trifft keine Schuld** a me non si può dare nessuna colpa; **auf dem Foto bist du nicht gut getroffen** sulla foto sei venuto male; **II.** *itr (Schlag, Schuß, etc.)* colpire; **III.** *rfl:* **sich ~** incontrarsi; **es trifft sich gut/schlecht, daß ...** capita bene/male che ...; **es traf sich, daß ...** capitò che ..., avvenne che ... **Treffen** ⟨-s, -⟩ *n (Begegnung)* incontro *m; (Tagung)* congresso *m,* seduta *f; mil* scontro *m.* **treffend I.** *a* giusto, preciso;

II. *adv* con precisione, appropriatamente.

Treffer ‹-s, -› *m* **1.** *(beim Boxen)* colpo *m* andato a segno; *(beim Fechten)* toccata *f; (beim Fußball)* rete *f; (beim Schießen)* centro *m; (in Lotterie)* biglietto (*o* numero) *m* vincente; **2.** *fig* impresa *f* fortunata.

Treffpunkt *m* luogo *m* d'incontro; **einen ~ vereinbaren** stabilire (*o* decidere) un punto d'incontro.

treiben ['traibən] ‹treibt, trieb, getrieben› **I.** *tr* ‹*haben*› **1.** *(jagen)* cacciare, spingere; *(Vieh)* condurre; *(durch Wind)* spazzare; **2.** *(in Bewegung setzen)* muovere; *(Rad)* far girare; **3.** *(an~)* spingere (*zu* a), indurre (*zu* a); **4.** *(hineinschlagen)* conficcare; *(Tunnel, Stollen)* scavare; *(Metall)* sbalzare; **5.** *(betreiben, tun)* fare, esercitare, praticare; **Ackerbau und Viehzucht ~** dedicarsi all'agricoltura ed all'allevamento; **es mit jdm ~** *fam* farsela con qu *fam;* **es zu weit** (*o* **zu bunt** *fam*) **~** esagerare, andare troppo in là *fam;* **jdn zur Verzweiflung ~** spingere qu alla disperazione; **was treibst du da?** *fam* che fai di bello qui?; **was treibst du so?** *fam* come va la vita?, come te la passi?; **II.** *itr* **1.** ‹*sein*› *(fortbewegt werden)* essere spinto; *(auf dem Wasser)* galleggiare, andare alla deriva; **2.** ‹*haben*› *bot (wachsen)* germogliare; *(Teig)* lievitare; *(gären)* fermentare; **sich ~ lassen** *fig* lasciarsi trascinare. **Treiben** ‹-s, ø› *n fig (der Welt)* corso *m,* movimento *m; (auf der Straße)* andirivieni *m.* **treibend** *a:* **die ~e Kraft** la forza motrice.

Treibhaus *n* serra *f* (calda). **Treibstoff** *m* carburante *m; (Benzin)* benzina *f; (von Rakete)* propellente *m.*

Trend [trɛnt] ‹-s, -s› *m* tendenza *f,* fenomeno *m* di costume; *com, scient* trend *m.*

trennbar *a* separabile.

trennen ['trɛnən] **I.** *tr* **1.** *(entfernen)* separare; *(Zusammengehöriges)* scompagnare; **2.** *(ab~)* staccare (*von* da); *(Menschen)* disunire; *tel* interrompere; **II.** *rfl:* **sich ~** separarsi.

Trennung ‹-, -en› *f* separazione *f,* divisione *f; (von Ehe)* scioglimento *m; el, tel* interruzione *f.*

Treppe ['trɛpə] ‹-, -n› *f* scala *f.* **Treppenabsatz** *m* pianerottolo *m.* **Treppenhaus** *n* tromba *f* delle scale.

Tresor [tre'zo:ɐ̯] ‹-s, -e› *m* **1.** *(Panzerschrank)* cassaforte *f;* **2.** *(~raum)* camera *f* blindata.

Tretboot *n* moscone *m,* pedalò *m fam.*

treten ['tre:tən] ‹tritt, trat, getreten› **I.** *itr* **1.** ‹*sein*› *(einen Schritt tun)* andare (*unter/vor/hinter* sotto/davanti a/dietro a), camminare (*auf* su), entrare (con un piede) (*in* in); **2.** ‹*haben*› *(einen Tritt versetzen)* dare (*o* tirare) un calcio (*o* una pedata) (*gegen, nach* a); **in den Hintergrund/Vordergrund ~** *fig* passare in secondo/primo piano; **in eine Pfütze ~** mettere i piedi in una pozzanghera; **~ Sie näher!** si avvicini!; **II.** *tr* ‹*haben*› **1.** *(Mensch, Tier, etc.)* dare una pedata a; **2.** *(Pedal, etc.)* azionare, schiacciare, premere; *(Bremse, Kupplung)* pigiare.

Tretmühle *f fam* lavoro *m* monotono (*o* di routine).

treu [trɔy̯] *a* fedele; *(ergeben)* devoto; **jdm ~ sein** essere fedele a qu.

Treue ‹-, ø› *f* fedeltà *f;* **jdm die ~ halten** restar fedele a qu; **auf Treu und Glauben** in buona fede.

Treuhandgesellschaft *f* società *f* fiduciaria. **treuherzig** *a* ingenuo, candido. **treulos** *a* infedele, sleale; *(verräterisch)* perfido.

Triangel ['tri:aŋəl] ‹-s, -› *m* triangolo *m.*

Tribüne [tri'by:nə] ‹-, -n› *f* tribuna *f,* palco *m.*

Trichine [trɪ'çi:nə] ‹-, -n› *f* trichina *f.*

Trichter ['trɪçtɐ] ‹-s, -› *m* imbuto *m; (Schall~)* tromba *f; (Granat~, Bomben~)* cratere *m.*

Trick [trɪk] ‹-s, -s *o* -e› *m allg., film* trucco *m;* **ein gemeiner/fauler ~** uno scherzo mancino/un tiro poco onesto. **Trickaufnahme** *f* trucchi *m pl* cinematografici. **Trickbetrüger(in)** *m(f)* specialista *mf* dell'imbroglio. **Trickfilm** *m* cartoni *m pl* animati.

trieb [tri:p] *imp von* **treiben.**

Trieb ‹-(e)s, -e› *m* **1.** *biol, psych* istinto *m; (psych a.)* pulsione *f;* **2.** *(An~)* impulso *m; (Neigung)* inclinazione *f,* tendenza *f;* **3.** *bot* germoglio *m,* pollone *m.* **Triebfeder** *f* **1.** *tec* molla *f* motrice; **2.** *fig* molla *f,* movente *m,* impulso *m.* **Triebkraft** *f* **1.** *phys* forza *f* motrice; **2.** *psych* forza *f* impulsiva. **Triebtäter(in)** *m(f)* maniaco, -a *m, f* sessuale. **Triebwagen** *m* (auto)motrice *f.* **Triebwerk** *n mot, aero* motore *m* propulsore.

triefen ['tri:fən] ‹trieft, triefte *o geh* troff, getrieft *o rar* getroffen› *itr* **1.** ‹*sein*› *(Flüssigkeit)* gocciolare; **2.** ‹*haben*› *(nasser Gegenstand)* grondare; **vor Fett/Wasser ~** essere pieno (zeppo) di grasso/di acqua.

Trient [tri'ɛnt] *n* Trento *f.*

Trier [tri:ɐ̯] *n* Treviri *f.*

Triest [tri'ɛst] *n* Trieste *f.*

trifft [trɪft] *pr von* **treffen.**

triftig ['trɪftɪç] *a* valido.

Trikot[1] [tri'ko: *o* 'trɪko] ‹-s, -s› *m (Gewebe)* maglia *f,* tessuto *m* a maglia.

Trikot[2] [tri'ko: *o* 'trɪko] ‹-s, -s› *n (Kleidungsstück)* maglia *f,* maglietta *f.*

Trimm-dich-Pfad ['trɪm-] *m* sentiero *m* del percorso vita.

trinken ['trɪŋkən] ‹trinkt, trank, getrunken› **I.** *tr, itr* bere (*aus* da); **einen ~ gehen** *fam* andare a bere qc di alcolico; **auf jds Wohl ~** bere alla salute di qu; **was möchten Sie ~?** che cosa prende da bere?; **II.** *itr fam* alzare il gomito *fam; (gern u. viel ~)* avere il vizio del bere.
Trinker(in) ‹-s, -› *m(f)* bevitore, -trice *m, f,* ubriacone, -a *m, f.*
Trinkgeld *n* mancia *f.* **Trinkhalm** *m* cannuccia *f* (per bibite). **Trinkwasser** *n* acqua *f* potabile; **kein ~** acqua non potabile!
Trip [trɪp] ‹-s, -s› *m* **1.** *fam (Ausflug)* gita *f;* **2.** *sl (Rauschgift~)* trip *m sl.*
trippeln ['trɪpəln] *itr* ‹*sein*› camminare a passettini.
Tripper ['trɪpɐ] ‹-s, -› *m* blenorragia *f,* gonorrea *f.*
tritt [trɪt] *pr von* **treten.**
Tritt ‹-(e)s, -e› *m* **1.** *(Schritt)* passo *m;* **2.** *(Fuß~)* calcio *m,* pedata *f;* **jdm einen ~ geben** (*o* **versetzen**) dare un calcio a qu. **Trittbrett** *n* predellino *m,* pedana *f.* **Trittbrettfahrer** *m pej* sciacallo *m.*
Triumph [tri'ʊmf] ‹-(e)s, -e› *m* trionfo *m.*
triumphieren [...'fi:rən] ‹*ohne ge-*› *itr* trionfare. **triumphierend** **I.** *a* trionfante; **II.** *adv* trionfalmente.
trivial [tri'vi̯a:l] *a* triviale; *(gewöhnlich)* banale.
Trivialliteratur *f* bellett(e)ristica *f.*
trocken ['trɔkən] *a* **1.** *allg.* secco, asciutto; *(bes. geog, meteo)* arido; **2.** *fig (nüchtern)* prosaico, sobrio; *(langweilig)* noioso; **auf dem ~en sitzen** *fig* essere in bolletta *fam;* **im T~en** *(vor Regen geschützt)* al riparo; **~ aufbewahren!** tenere all'asciutto!, preservare dall'umidità! **Trockenhaube** *f* casco *m.* **Trockenheit** ‹-, -en› *f* asciutezza *f; (a. fig)* aridità *f.* **trocken·legen** *tr* prosciugare. **Trockenmilch** *f* latte *m* in polvere. **Trockenobst** *n* frutta *f* secca.
trocknen ['trɔknən] **I.** *tr* ‹*haben*› asciugare, essiccare; **II.** *itr* ‹*sein*› asciugare, essiccarsi.
Troddel ['trɔdəl] ‹-, -n› *f* ghianda *f; (Quaste)* nappa *f.*
Trödel ['trø:dəl] ‹-s, ø› *m fam* cianfrusaglie *f pl,* roba *f* vecchia.
Trödelei [trø:də'lai̯] ‹-, -en› *f fam* baloccarsi *m.*
trödeln ['trø:dəln] *itr fam* baloccarsi, gingillarsi.
Trödler(in) ‹-s, -› *m(f)* **1.** *(Altwarenhändler)* rigattiere, -a *m, f;* **2.** *fam (Bummler)* gingillone -a *m, f fam.*
troff [trɔf] *imp von* **triefen.**
trog [tro:k] *imp von* **trügen.**
Trog [tro:k] ‹-(e)s, ¨-e› *m* trogolo *m.*
Trommel ['trɔməl] ‹-, -n› *f* tamburo *m;* **die ~ für etw. rühren** *fam* battere la grancassa per qc *fam.* **Trommelfell** *n* timpano *m.*
trommeln *itr (auf Trommel)* sonare il tamburo; *(mit Fingern)* tamburellare (*auf* su).
Trommler(in) ‹-s, -› *m(f)* sonatore, -trice *m, f* di tamburo.
Trompete [trɔm'pe:tə] ‹-, n› *f* tromba *f.*
trompeten ‹*ohne ge-*› *itr* sonare la tromba.
Trompeter(in) ‹-s, -› *m(f)* sonatore, -trice *m, f* di tromba, trombettiere *m.*
Tropen ['tro:pən] ‹*pl*› tropici *m pl,* zona *f* tropicale, paesi *m pl* tropicali. **Tropenhelm** *m* casco *m* coloniale.
Tropf [trɔpf] ‹-(e)s, -e› *m med* fleboclisi *f;* **am ~ hängen** avere la fleboclisi.
tropfen ['trɔpfən] **I.** *itr* **1.** ‹*haben*› *(Wasserhahn, etc.)* gocciolare; **2.** ‹*sein*› *(Schweiß, etc.)* gocciolare; **II.** *tr* ‹*haben*› far gocciolare.
Tropfen ‹-s, -› *m* goccia *f;* **ein guter** (*o* **edler**) **~** un buon vino; **sein Glas bis auf den letzten ~ leeren** bere fino all'ultima goccia; **das ist ein ~ auf den heißen Stein** *fam* è una goccia nel mare; **steter ~ höhlt den Stein** *prov* la goccia scava la pietra *prov.* **tropfenweise** *adv* goccia a goccia.
tropfnaß ['trɔpfnas] *a* grondante d'acqua. **Tropfstein** *m (Ab~)* stalattite *f; (Auf~)* stalagmite *f.* **Tropfsteinhöhle** *f* grotta *f.*
Trophäe [tro'fɛ:ə] ‹-, -n› *f* trofeo *m.*
tropisch *a* tropicale.
Trost [tro:st] ‹-es, ø› *m* consolazione *f,* conforto *m;* **als** (*o* **zum**) **~ bekommst du ...** per consolarti ricevi ...; **du bist wohl nicht ganz** (*o* **recht**) **bei ~?** *fam* sei matto? *fam.*
trösten ['trø:stən] **I.** *tr* consolare, confortare; **II.** *rfl:* **sich ~** consolarsi.
tröstlich *a* consolante; *(beruhigend)* rassicurante.
trostlos *a* **1.** *(Mensch)* desolato; **2.** *(Sache, Zustand)* desolante; *(hoffnungslos)* disperato, sconfortante; **3.** *(öde, langweilig)* desolato, triste. **Trostpreis** *m* premio *m* di consolazione.
Trott [trɔt] ‹-(e)s, -e› *m* **1.** *(von Pferd)* trotto *m;* **2.** *fig fam* tran tran *m fam.*
Trottel ['trɔtəl] ‹-s, -› *m fam* cretino *m.*
trotten *itr* ‹*sein*› trottare.
trotz [trɔts] *prp gen o dat* malgrado, nonostante; **~ all(ed)em** malgrado tutto, ciononostante.
Trotz [trɔts] ‹-es, ø› *m (vorübergehend)* dispetto *m,* resistenza *f,* opposizione *f; (dauernde Eigenschaft)* ostinazione *f;* **aus ~** per dispetto; **jdm/einer S.** *(dat)* **zum ~** a dispetto di qu/qc. **Trotzalter** *m* età *f* dell'opposizione.
trotzdem **I.** *adv* tuttavia, nonostante ciò; **II.** *con fam* benché *conj.*

trotzen *itr* sfidare (*einer S. (dat)* qc), tener testa (*jdm* a qu).

trotzig *a* ostinato, caparbio.

Trotzkopf *m* testa *f* dura *fam.* **Trotzreaktion** *f* reazione *f* cocciuta (*o* testarda).

trüb(e) [try:p ('try:bə)] *a* **1.** *(Flüssigkeit)* torbido; *(Glasscheibe, Spiegel)* opaco; *(beschlagen)* appannato; *(Himmel)* nuvoloso, coperto, grigio; *(Wetter)* cupo, nuvoloso, coperto; *(Augen)* spento; *(Blick)* cupo; **2.** *(~sinnig)* tetro, afflitto; **im ~en fischen** *fam* pescare nel torbido.

Trubel ['tru:bəl] ‹-s, ø› *m* trambusto *m*, confusione *f*.

trüben I. *tr* **1.** *(Flüssigkeit)* intorbidire; *(Himmel)* offuscare; **2.** *fig (Stimmung, Freude, Freundschaft)* guastare; *(Blick, Urteil)* offuscare; **II.** *rfl:* **sich ~** *(Himmel)* rannuvolarsi.

Trübsal ['try:pza:l] ‹-, -e› *f* afflizione *f; (Kummer)* dispiacere *m;* **~ blasen** essere abbattuto (*o* depresso). **trübselig** *a* malinconico. **Trübsinn** *m* malinconia *f.* **trübsinnig** *a* tetro, cupo, malinconico.

Trübung ‹-, -en› *f* intorbidamento *m.*

trudeln ['tru:dəln] *itr* ‹*sein*› *aero* cadere a vite.

Trüffel ['trʏfəl] ‹-, -n› *f* tartufo *m.*

trug [tru:k] *imp von* **tragen.**

Trug [tru:k] ‹-(e)s, ø› *m geh (Täuschung)* inganno *m; (Schein)* illusione *f.*

trügen ['try:gən] ‹trügt, trog, getrogen› **I.** *itr* ingannare; **der Schein trügt** l'apparenza inganna; **II.** *tr* indurre in errore; **wenn mich nicht alles trügt, ...** se non mi sbaglio, ...

trügerisch *a* ingannevole, illusorio.

Trugschluß *m* falsa conclusione *f.*

Truhe ['tru:ə] ‹-, -n› *f* cassone *m*, cofano *m.*

Trümmer ['trʏmɐ] ‹*pl*› *(Bruchstücke)* frammenti *m pl; (Ruinen)* rovine *f pl*, ruderi *m pl; (Schutt)* macerie *f pl;* **in ~ gehen** andare in rovina.

Trumpf [trʊmpf] ‹-(e)s, ⸚e› *m* atout *m;* **~ ausspielen** giocare la carta vincente; **alle Trümpfe in der Hand haben** *fig* avere tutti i vantaggi dalla sua.

Trunk [trʊŋk] ‹-(e)s, *rar* ⸚e› *m geh* **1.** *(Getränk)* bevanda *f;* **2.** *pej (~sucht)* bere *m*, vizio *m* del bere.

Trunkenheit ‹-, ø› *f* ubriachezza *f;* **~ am Steuer** guida in stato di ubriachezza (*o* d'ebbrezza).

Trunksucht *f* alcolismo *m; med* dipsomania *f.*

Truppe ['trʊpə] ‹-, -n› *f mil* truppa *f; (Schauspieler, etc.)* troupe *f.*

Truthahn ['tru:t-] *m* tacchino *m* (maschio). **Truthenne** *f* tacchina *f.*

Tscheche ['tʃɛçə] ‹-n, -n› *m*, **Tschechin** [...çɪn] *f* ceco, -a *m, f.*

tschechisch *a* ceco.

Tschechoslowakei [tʃɛçoslova'kai] *f:* **die ~** la Cecoslovacchia.

tschechoslowakisch [...'va:kɪʃ] *a* cecoslovacco.

tschüs, tschüß [tʃʏs *o* tʃy:s] *interj fam* ciao.

T-Shirt ['ti:ʃə:t] ‹-s, -s› *n* maglietta *f*, T-shirt *f.*

TU [te:'ʔu:] ‹-, -s› *f ab von* **Technische Universität** Università *f* Tecnica, Politecnico *m.*

Tube ['tu:bə] ‹-, -n› *f* tubo *m*, tubetto *m.*

tuberkulös [tubɛrku'lø:s] *a* tubercolotico.

Tuberkulose [...'lo:zə] ‹-, -n› *f* (*ab* **Tb, Tbc**) tubercolosi *f.*

Tübingen ['ty:bɪŋən] *n* Tubinga *f.*

Tuch [tu:x] *n* **1.** ‹-(e)s, -e› *(Stoff)* panno *m;* **2.** ‹-(e)s, ⸚er› *(Stück Stoff)* pezza *f; (Kopf~, Hals~)* fazzoletto *m; (Hals~)* foulard *m.* **Tuchfühlung** *f:* **auf ~ gehen** entrare a contatto; **in ~ bleiben** rimanere in contatto.

tüchtig ['tʏçtɪç] **I.** *a* **1.** *(gut)* buono, bravo; *(fähig)* capace, abile; *(erfahren)* versato, forte; *(fleißig)* diligente; **2.** *fam (groß, stark)* grande, grosso, forte; *(beachtlich)* notevole, considerevole; **II.** *adv fam (sehr)* molto; *(mit Kraft)* forte, fortemente. **Tüchtigkeit** ‹-, ø› *f (Fähigkeit)* capacità *f*, abilità *f; (Tüchtigsein)* bravura *f*, valore *m.*

Tücke ['tʏkə] ‹-, -n› *f* **1.** ‹*sing*› *(Bosheit)* malvagità *f*, perfidia *f;* **2.** *(heimtückische Tat)* insidia *f*, brutto tiro *m;* **3.** *(Gefahr)* pericolo *m;* **die ~ des Objekts** la malignità delle cose. **tückisch** *a* **1.** *(heim~)* insidioso; **2.** *(unberechenbar)* imprevedibile.

tüfteln ['tʏftəln] *itr fam* sottilizzare, pignoleggiare *fam.*

Tugend ['tu:gənt] ‹-, -en› *f* virtù *f.* **tugendhaft** *a* virtuoso.

Tüll [tʏl] ‹-s, -e› *m* tulle *m.*

Tülle ['tʏlə] ‹-, -n› *f (von Kanne)* becco *m; tec* bussola *f*, boccola *f.*

Tulpe ['tʊlpə] ‹-, -n› *f* tulipano *m.*

tummeln ['tʊməln] *rfl:* **sich ~ 1.** *(umhertollen)* scorazzare; **2.** *dial (sich beeilen)* muoversi.

Tumor ['tu:mo:ɐ̯, tu'mo:rə(n)] ‹-s, Tumoren *o fam* Tumore› *m* tumore *m.*

Tümpel ['tʏmpəl] ‹-s, -› *m* pozzanghera *f; (größerer ~)* stagno *m.*

Tumult [tu'mʊlt] ‹-(e)s, -e› *m* tumulto *m.*

tun [tu:n] ‹tut, tat, getan› **I.** *tr* **1.** *allg.* fare; **2.** *(setzen, stellen, legen, etc.)* mettere; **viel/wenig zu ~ haben** avere molto/poco da fare; **mit etw. nichts zu ~ haben** non avere niente a che fare con qc; **es mit jdm zu ~ bekommen** *fam* avere a che fare con qu; **damit ist es nicht getan** non basta, non è finita; **so etwas tut man nicht** questo non si fa; **meine Uhr tut es nicht** *fam* il mio orologio non funziona (*o* va); **du kannst ~ und lassen, was du willst** *fam* sei libero di fare quello che vuoi; **tu, was du nicht lassen kannst!** *fam* fallo se proprio vuoi; **tu mir (bitte) nichts!** non farmi niente, per favore!; **was kann ich für Sie ~?** cosa posso fare per Lei?, in che cosa posso servirLa?; **II.** *itr* fare; **so ~, als ob ...** far finta di ... *inf;* **er tut nur so** fa solo per finta; **tu doch nicht so!** *fam* non fare finta!; **tu doch nicht so dumm!** *fam* non fare lo stupido!; **Sie täten besser daran zu ...** Lei farebbe meglio a ...; **III.** *rfl:* **sich ~** succedere; **hier hat sich inzwischen einiges getan** qui nel frattempo è successo qualcosa.

Tünche ['tʏnçə] ‹-, -n› *f* intonaco *m (o* mano *f)* di calce; *fig* vernice *f,* apparenza *f.*

tünchen *tr* intonacare, imbiancare.

Tunesien [tu'ne:zi̯ən] *n* Tunisia *f.*

Tunke ['tʊŋkə] ‹-, -n› *f dial* salsa *f,* sugo *m.*

tunken *tr* intingere, inzuppare.

tunlichst ['tu:nlɪçst] *adv:* **etw. ~ vermeiden** evitare possibilmente qc.

Tunnel ['tʊnəl] ‹-s, - *o* -s› *m* tunnel *m.*

Tüpfelchen ['tʏpf̮əlçən] ‹-s, -› *n* punto *m,* puntino *m.*

tüpfeln *tr* punteggiare, macchiettare.

tupfen ['tʊpf̮ən] *tr* **1.** *(tippen)* toccare con la punta delle dita; **2.** *(ab~)* detergere; **3.** *(tüpfeln)* picchiettare.

Tupfen ‹-s, -› *m (Fleck)* macchia *f; (Punkt)* punto *m;* **mit weißen ~** a punti bianchi.

Tupfer ‹-s, -› *m* **1.** *(Fleck)* macchiolina *f;* **2.** *med* tampone *m.*

Tür [ty:ɐ̯] ‹-, -en› *f* porta *f; (Wagen~)* portiera *f;* **jdm die ~en einrennen** *fam* continuare a cercare qu per i soliti motivi; **offene ~en einrennen** *fam* sfondare porte aperte; **einer S.** *(dat)* **~ und Tor öffnen** favorire qc; **~ an ~ mit jdm wohnen** abitare porta a porta con qu; **mit der ~ ins Haus fallen** *fam* non fare tanti preamboli; **vor der ~ stehen** *fig* essere imminente; **durch die ~, zur ~ hinaus/herein** attraverso la porta; **zwischen ~ und Angel** *fam* su due piedi; **ihm stehen alle ~en offen** *fig* ha tutte le porte aperte; **du kriegst die ~ nicht zu!** *fam* oh, benedetto il cielo!

Turbine [tʊr'bi:nə] ‹-, -n› *f* turbina *f.*

turbulent [tʊrbu'lɛnt] *a* turbolento.

Turin [tu'ri:n] *n* Torino *f.*

Türke ['tʏrkə] ‹-n, -n› *m,* **Türkin** [...kɪn] *f* turco, -a *m, f.*

Türkei [tʏr'kai̯] *f:* **die ~** la Turchia.

türkis [tʏr'ki:s] ‹*geh: inv*› *a* turchese.

türkisch ['tʏrkɪʃ] *a* turco; **~er Honig** torrone *m.*

Turm [tʊrm] ‹-(e)s, ⸚e› *m* torre *f: (Burg~)* torrione *m; (Kirch~)* campanile *m,* torre *f* campanaria; *(Sprung~)* trampolino *m; mil. mar. aero* torretta *f.*

türmen[1] ['tʏrmən] **I.** *tr* impilare; **II.** *rfl:* **sich ~** ergersi.

türmen[2] ['tʏrmən] *itr* ‹*sein*› *fam (weglaufen)* tagliare la corda *fam.*

turmhoch *a* alto come una torre; *(Überlegenheit)* schiacciante. **Turmspringen** ‹-s, ø› *n* tuffi *m pl.*

Turnanzug *m* tuta *f* da ginnastica.

turnen ['tʊrnən] *itr* far ginnastica. **Turnen** ‹-s, ø› *n* ginnastica *f.*

Turner(in) ‹-s, -› *m(f)* ginnasta *mf.*

Turnhalle *f* palestra *f.*

Turnier [tʊr'ni:ɐ̯] ‹-s, -e› *n* concorso *m,* gara *f; (Ritter~, Tennis~)* torneo *m.*

Turnschuhe *m pl* scarpe *f pl* da ginnastica.

Turnus ['tʊrnʊs] ‹-, -se› *m* turno *m;* **im ~ von ...** a intervalli di ...

Türöffner *m* pulsante *m* apriporta.

Tusch [tʊʃ] ‹-(e)s, -e› *m* fanfara *f.*

Tusche ['tʊʃə] ‹-, -n› *f* inchiostro *m* di china.

tuscheln ['tʊʃəln] *itr* bisbigliare.

Tuschkasten *m* scatola *f* degli inchiostri di china. **Tuschzeichnung** *f* disegno *m* a china.

Tüte ['ty:tə] ‹-, -n› *f (kleine, spitze)* cartoccio *m; (größere)* sacchetto *m,* busta *f.*

TÜV [tʏf] ‹-(s), -s› *m ab von* **Technischer Überwachungs-Verein** *(Prüfstelle, Einrichtung)* ufficio *m* di sorveglianza tecnica; **durch den ~ kommen** passare la revisione; **mein Wagen hat noch ein Jahr ~** devo far revisionare la macchina fra un anno.

Typ [ty:p] ‹-s, -en› *m* tipo *m;* **er ist nicht mein ~** *fam* non è il mio tipo.

Type ['ty:pə] ‹-, -n› *f* **1.** *typ* carattere *m;* **2.** *fam pej* tipo *m,* sagoma *f.* **Typenradschreibmaschine** *f* macchina *f* da scrivere a margherita (*o* con ruota portacaratteri).

Typhus ['ty:fʊs] ‹-, ø› *m* tifo *m.*

typisch ['ty:pɪʃ] *a* tipico, caratteristico.

Typographie [typogra'fi:, ...i:ən] ‹-, -n› *f* tipografia *f.*

typographisch [typo'gra:fɪʃ] *a* tipografico.

Tyrann(in) [ty'ran(ɪn)] ‹-en, -en› *m(f)* tiranno, -a *m, f.*

Tyrannei [tyra'nai̯] ‹-, -en› *f* tirannia *f.*

tyrannisch *a* tirannico.

tyrannisieren [...ni'zi:rən] ‹*ohne ge-*› *tr* tiranneggiare.

U

U, u [u:] ‹-, -(s)› *n* U, u *f*; **U wie Ulrich** U come Udine.
u. A. w. g. *ab von* **um Antwort wird gebeten** RSVP (*ab von* Répondez s'il vous plaît) si prega di rispondere.
UB [u:'be:] ‹-, -s› *f ab von* **Universitätsbibliothek** biblioteca *f* universitaria.
U-Bahn ['u:-] *f* metropolitana *f*, sotterranea *f*.
übel ['y:bəl] **I.** *a* **1.** *(schlecht)* cattivo; **2.** *(schlimm)* brutto; **(das ist gar) nicht (so)** ~ *fam* mica male; **mir ist** (*o* **wird)** ~ mi sento male; **II.** *adv* male; ~ **riechen** avere un cattivo odore, puzzare; ~ **dran sein** essere a mal partito; **ich hätte nicht** ~ **Lust zu ...** non mi dispiacerebbe affatto ... *inf.* **Übel** ‹-s, -› *n* male *m*; **das kleinere** ~ il male minore; **zu allem** ~ per il colmo delle sventure. **übelgelaunt** *a geh* di cattivo umore, di malumore. **Übelkeit** ‹-, ø› *f* nausea *f*. **übel·nehmen** ‹*irr*› *tr* prendersela (*o* aversela) a male (*jdm etw.* con qu per qc); **nehmen Sie es mir (bitte) nicht übel!** non se la prenda con me. **übelriechend** *a* maleodorante, puzzolente; *(Atem)* cattivo. **Übeltäter(in)** *m(f)* malfattore, -trice *m, f*; *(Verbrecher)* delinquente *mf*.
üben ['y:bən] **I.** *tr* **1.** *(trainieren)* fare esercizi di; *(Gedächtnis)* esercitare; **2.** *fig (zeigen, bekunden)* usare, avere; **3.** *(tun)* fare, commettere; **Geduld/Nachsicht** ~ essere paziente/indulgente; **Kritik an etw.** ~ criticare qc; **II.** *itr* esercitarsi, fare esercizio.
über ['y:bɐ] *prp acc/dat* **1.** *(Lage, Richtung)* sopra, su; *(oberhalb)* sopra, al di sopra di; *(auf die andere Seite)* dall'altra parte di; *(jenseits)* oltre; *(a. fig)* al di là di; *(~ hinweg)* su, per; *(quer ~)* attraverso; *(auf dem Weg ~)* (passando) per; **2.** *(während)* durante; *(innerhalb)* tra, fra; *(hindurch)* per; **3.** *(kausal)* di, per; **4.** *(mehr, länger als)* più di; **5.** *(von, betreffend)* di, su, intorno a; **6.** *(vermittels)* per, tramite; **7.** *(bei Zahlenangaben: im Betrag von)* di, da; **Fehler** ~ **Fehler** errori su errori; **ein Film** ~ **Gandhi** un film su Gandhi; **12 Grad** ~ **Null** 12 gradi sopra zero; ~ **etw./jdm stehen** *fig* essere superiore a qc/qu; ~ **jds Kräfte gehen** superare le forze di qu; ~ **fünfzig (Jahre alt) sein** avere più di cinquant'anni; ~ **die Straße gehen** attraversare la strada; ~ **einen Graben springen** saltare un fosso; ~ **und** ~ da capo a piedi, completamente; ~ **Nacht** di (*o* durante la) notte; ~ **Weihnachten fahre ich nach Hause** vado a casa per Natale; ~ **dem Lesen bin ich eingeschlafen** mi sono addormentato leggendo; **ich liebe Erdbeeren** ~ **alles** le fragole mi piacciono più di ogni altra cosa; *s. a. überhaben.*
überall [y:bɐ'ˀal] *adv* **1.** *(örtlich)* dappertutto, ovunque; **2.** *fig (auf allen Gebieten)* in (*o* di) tutto.
Überangebot *n* offerta *f* eccessiva (*an* di).
überanstrengen [y:bɐ'ˀanʃtrɛŋən] ‹*ohne ge-*› **I.** *tr* strapazzare, affaticare troppo; **II.** *rfl:* **sich** ~ strapazzarsi, affaticarsi troppo. **Überanstrengung** *f* fatica *f* eccessiva, strapazzo *m*.
überarbeiten [y:bɐ'ˀarbaitən] ‹*ohne ge-*› **I.** *tr* ritoccare, rivedere; **II.** *rfl:* **sich** ~ lavorare troppo; **er ist total überarbeitet** è completamente sfinito dal troppo lavoro.
überaus ['y:bɐˀaus *o* ...'ˀaus] *adv* estremamente, *oft mit Superlativ übersetzt;* **er ist** ~ **geschickt** è abilissimo.
überbacken [y:bɐ'bakən] ‹*irr, ohne ge-*› **I.** *tr* gratinare; **II.** *a* al gratin.
Überbau ‹-(e)s, -ten› *m* **1.** ‹*sing*› *philos* sovrastruttura *f*; **2.** *arch* aggetto *m*.
überbeanspruchen ‹*ohne ge-*› *tr* strapazzare; *tec* sollecitare eccessivamente.
Überbein *n* esostosi *f*.
überbelegt *a* sovraffollato.
überbelichten ‹*ohne ge-*› *tr* sovraesporre.
überbetonen ‹*ohne ge-*› *tr* accentuare eccessivamente.
überbewerten ‹*ohne ge-*› *tr* sopravvalutare.
überbieten [y:bɐ'bi:tən] ‹*irr, ohne ge-*› **I.** *tr* **1.** *(bei Auktion)* offrire più di; **2.** *(übertreffen)* superare (*an* in); *(Rekord)* battere; **jdn um 1000 Mark** ~ offrire 1000 marchi più di qu; **das ist an Unverschämtheit nicht mehr zu** ~ è il colmo della sfacciataggine; **II.** *rfl:* **sich** ~ superarsi; **sich gegenseitig in etw.** ~ fare a gara in qc.
Überbleibsel ['y:bɐblaipsəl] ‹-s, -› *n* **1.** *(Rest)* avanzo *m*, resto *m*; **2.** *(Relikt)* residuo *m*, relitto *m*.
Überblick *m* **1.** *(Übersicht)* visione *f* generale (*o* d'insieme) (*über* di); **2.** *(Aussicht)* panorama *m* (*über* di), vista *f* (*über* su); **3.** *(Zusammenfassung)* sintesi *f (über* di, su), sommario *m* (*über*

di); 4. *(Orientierung)* orientamento *m;* **den ~ verlieren** perdere la visione d'insieme.

überbringen [y:bɐ'brɪŋən] ‹*irr, ohne ge-*› *tr* portare; *(aushändigen)* consegnare; *(Glückwünsche, etc.)* trasmettere. **Überbringer(in)** ‹-s, -› *m(f)* portatore, -trice *m, f.*

überbrücken [y:bɐ'brʏkən] ‹*ohne ge-*› *tr (Gegensätze)* superare; *(Zeit)* riempire.

überdenken [y:bɐ'dɛŋkən] ‹*irr, ohne ge-*› *tr* riflettere su, esaminare.

überdies [y:bɐ'di:s] *adv* inoltre, oltre a ciò; *(obendrein)* per giunta.

Überdosis *f* dose *f* eccessiva; *(bei Rauschgift)* overdose *f.*

Überdruck ‹-(e)s, ⸚e› *m* sovrappressione *f.*

Überdruß ['y:bɐdrʊs] ‹-drusses, ø› *m* noia *f,* tedio *m;* **bis zum ~** fino alla nausea. **überdrüssig** ['y:bɐdrʏsɪç] *a* stufo, stanco; **einer S.** *(gen)* **~ werden** stancarsi (*o* stufarsi *fam*) di qc.

übereifrig *a* troppo zelante.

übereilen [y:bɐ'ˀa̯ilən] ‹*ohne ge-*› *tr* precipitare, affrettare (troppo). **übereilt** *a* 1. *(überhastet)* precipitato; 2. *(unüberlegt)* avventato.

übereinander [y:bɐˀa̯i'nandɐ] *adv* 1. *(räumlich)* uno sopra l'altro; 2. *(einander betreffend)* l'uno dell'altro.

übereinander·legen *tr* mettere uno sopra l'altro, sovrapporre.

überein·stimmen [y:bɐ'a̯in-] *itr* 1. *(die gleiche Meinung haben)* essere d'accordo (*mit jdm in etw.* con qu su qc); 2. *(gleich sein)* concordare (*mit* con), corrispondere (*mit* a). **übereinstimmend** *a* 1. *(Meinung)* concorde, conforme; 2. *(identisch)* identico; **~ mit** conformemente a. **Übereinstimmung** *f* concordanza *f* (*mit* con), conformità *f* (*mit* a); *(Harmonie)* armonia *f,* accordo *m;* **in ~ bringen** mettere d'accordo, accordare.

überempfindlich *a* ipersensibile.

überfahren [y:bɐ'fa:rən] ‹*irr, ohne ge-*› *tr* 1. *(Mensch, Tier)* investire, prendere sotto *fam;* 2. *(Ampel)* oltrepassare; 3. *fam (überrumpeln)* cogliere di sorpresa.

Überfahrt *f* traversata *f.*

Überfall *m* attacco *m* (di sorpresa) (*auf* a), assalto *m* (*auf* a), aggressione *f* (*auf* a); *(Raub~)* rapina *f.*

überfallen [y:bɐ'falən] ‹*irr, ohne ge-*› *tr* 1. *(angreifen)* attaccare (di sorpresa); *(a. fig)* assalire, aggredire; *(Land)* invadere; *(Bank)* rapinare; 2. *fig (Gedanken, Stimmung, Schlaf)* cogliere; *(Nacht)* cogliere di sorpresa.

überfällig *a* che ritarda oltre il previsto; *(Verkehrsmittel)* in ritardo.

überfliegen [y:bɐ'fli:gən] ‹*irr, ohne ge-*› *tr* 1. *(Ort, etc.)* sorvolare; 2. *fig (Text)* dare una scorsa a.

über·fließen ‹*irr*› *itr* ‹*sein*› 1. *(Flüssigkeit, Gefäß)* traboccare; 2. *fig* profondersi (*vor* in).

überflügeln [y:bɐ'fly:gəln] ‹*ohne ge-*› *tr* superare, sorpassare.

Überfluß *m* (sovr)abbondanza *f* (*an* di); **~ haben an** abbondare di; **im ~ leben** vivere nell'abbondanza; **zu allem ~** per giunta, come se non bastasse. **Überflußgesellschaft** *f* società *f* opulenta. **überflüssig** *a* superfluo; *(unnütz)* inutile.

überfordern [y:bɐ'fɔrdɐn] ‹*ohne ge-*› *tr* chiedere troppo a, esigere troppo da.

überfragen [y:bɐ'fra:gən] ‹*ohne ge-*› *tr* chiedere troppo a; **da bin ich überfragt** mi si chiede troppo.

überführen [y:bɐ'fy:rən] ‹*ohne ge-*› *tr* 1. *(transportieren)* trasportare, portare, trasferire; *(Gefangene)* tradurre; *(Auto)* (tras)portare; *(Leiche)* trasportare; 2. *(Verbrecher)* provare la colpevolezza di.

überfüllt [y:bɐ'fʏlt] *a* sovraffollato.

Übergabe *f* 1. *allg.* consegna *f,* rimessa *f;* 2. *mil* resa *f,* capitolazione *f.*

Übergang *m* 1. *allg.* passaggio *m; (über Gebirge)* valico *m; (über Fluß)* traversata *f;* 2. *fig (Zwischenlösung)* transizione *f;* 3. *(von Farben)* gradazione *f,* sfumatura *f.* **Übergangslösung** *f* soluzione *f* interlocutoria. **Übergangszeit** *f* 1. *allg.* periodo *m* di transizione; 2. *(Jahreszeit)* mezza stagione *f.*

übergeben [y:bɐ'ge:bən] ‹*irr, ohne ge-*› I. *tr* 1. *(geben)* offrire; *(a. mil)* consegnare; *(Amt)* trasmettere; 2. *(übereignen)* cedere; 3. *(anvertrauen)* affidare; II. *rfl:* **sich ~** vomitare.

über·gehen[1] ['y:bɐge:ən] ‹*irr*› *itr* ‹*sein*› 1. *(den Besitzer wechseln)* passare (*auf* a, *in andere Hände* in altre mani); 2. *fig (die Tätigkeit ändern)* passare (*zu* a); 3. *(sich wandeln)* trasformarsi (*in* in), mutarsi (*in* in); **ineinander ~** *(Farben)* confondersi.

übergehen[2] [y:bɐ'ge:ən] ‹*irr, ohne ge-*› *tr* 1. *(auslassen)* tralasciare, omettere; 2. *(nicht berücksichtigen)* dimenticare, ignorare; 3. *(nicht beachten)* non badare a.

Übergewicht *n* 1. *(zuviel Gewicht)* sovrappeso *m,* eccedenza *f* di peso; 2. *fig* preponderanza *f,* predominio *m;* **~ haben** passare il peso; *fig* prevalere, predominare.

überglücklich *a* felicissimo, esultante di gioia.

über·haben ‹*irr*› *tr fam:* **jdn/etw. ~** *(satt haben)* averne abbastanza di qu/qc, essere stufo di qu/qc *fam;* **ich hatte nur zwei Mark über** mi avanzavano solo due marchi.

überhand·nehmen [y:bɐ'hant-] ‹*irr*› *itr* prendere il sopravvento, aumentare.

überhäufen [y:bɐ'hɔyfən] ‹*ohne ge-*› *tr* colmare (*mit* di); *(mit Vorwürfen, etc.)* caricare (*mit* di); *(überlasten)* sovraccaricare (*mit* di); **mit Arbeit überhäuft** sommerso dal lavoro.

überhaupt [y:bɐ'haupt] *adv* **1.** *(im allgemeinen)* in genere; **2.** *(besonders)* soprattutto; **3.** *(bei Verneinungen: ganz und gar)* assolutamente, affatto; **4.** *(in Fragen: eigentlich)* ma, poi; **~ nicht** non ... assolutamente, non ... affatto; **~ nichts** proprio niente; **wenn ~** se mai; **ich denke ~ nicht daran zu ...** non ci penso neppure a ... *inf;* **ich habe ~ keine Ahnung** non (ne) ho la minima idea; **er spielt nicht nur gut Tennis, er ist ~ sehr sportlich** non solo gioca bene a tennis, ma in genere è molto sportivo; **gibt es diesen Ausdruck ~?** ma esiste questa espressione?

überhitzen [y:bɐ'hɪtsən] ‹*ohne ge-*› *tr* surriscaldare.

überheblich [y:bɐ'he:plɪç] *a* presuntuoso, arrogante.

überhöht [y:bɐ'hø:t] *a (Preise, etc.)* eccessivo.

überholen [y:bɐ'ho:lən] ‹*ohne ge-*› *tr* **1.** *(vorbeifahren, -gehen)* sorpassare; *(a. sport, fig)* superare; **2.** *tec (überprüfen)* revisionare, mettere a punto; **etw. gründlich ~** fare la revisione completa di qc; **Ü~ verboten!** divieto di sorpasso! **Überholspur** *f* corsia *f* di sorpasso.

überholt [y:bɐ'ho:lt] *a (veraltet)* antiquato.

überhören [y:bɐ'hø:rən] ‹*ohne ge-*› *tr* non sentire (*o* udire); *(absichtlich)* far finta di non sentire; *(nicht achten auf)* non badare a; **das möchte ich überhört haben!** *fam* preferisco far finta di non aver sentito.

Über-Ich *n* super-io *m.*

überirdisch *a* **1.** *(oberirdisch)* sopra terra; **2.** *(übernatürlich)* soprannaturale; *(geistig)* spirituale.

überkleben [y:bɐ'kle:bən] ‹*ohne ge-*› *tr (Aufschrift, Plakat, etc.)* incollare (sopra); **einen Gegenstand mit etw. ~** incollare qc sopra un oggetto.

über·kochen *itr* ‹*sein*› traboccare (bollendo).

überkommen [y:bɐ'kɔmən] ‹*irr, ohne ge-*› *tr* ‹*sein*›*:* **ihn überkam (die) Furcht** fu colto dalla paura.

überladen [y:bɐ'la:dən] ‹*irr, ohne ge-*› *tr* sovraccaricare (*mit* di), ingombrare (*mit* di).

überlagern [y:bɐ'la:gen] ‹*ohne ge-*› **I.** *tr (über etw. liegen, überlappen)* sovrapporre; *fig (überschneiden)* interferire, sovrapporre; **II.** *rfl:* **sich ~** sovrapporsi.

Überlänge *f* lunghezza *f* eccessiva; **ein Film mit ~** un film di lunghezza eccessiva.

überlappen [y:bɐ'lapən] ‹*ohne ge-*› *rfl:* **sich ~** sovrapporsi.

überlassen[1] [y:bɐ'lasən] ‹*irr, ohne ge-*› *tr* **1.** *allg.* lasciare; **2.** *(anvertrauen)* affidare; **3.** *(abtreten)* cedere; **4.** *(anheimstellen)* lasciare, rimettere; **jdn sich** *(dat)* **selbst ~** abbandonare qu a se stesso; **jdn seinem Schicksal ~** abbandonare qu al suo destino; **das überlasse ich Ihnen** mi rimetto a Lei; **~ Sie das bitte mir!** lasci fare a me.

über·lassen[2] ['y:bɐlasən] ‹*irr*› *fam s.* **übriglassen.**

überlasten [y:bɐ'lastən] ‹*ohne ge-*› *tr* sovraccaricare. **Überlastung** ‹-, -en› *f* sovraccarico *m.*

über·laufen[1] ['y:bɐlaufən] ‹*irr*› *itr* ‹*sein*› **1.** *(Flüssigkeit, Gefäß)* traboccare; **2.** *mil* disertare; **zum Feind ~** passare al nemico.

überlaufen[2] [y:bɐ'laufən] ‹*irr, ohne ge-*› *tr fig:* **es überlief mich kalt (dabei)** fui colto dai brividi.

überlaufen[3] [y:bɐ'laufən] *a* sovraffollato.

Überläufer *m* disertore *m.*

überleben [y:bɐ'le:bən] ‹*ohne ge-*› **I.** *tr* sopravvivere (*etw./jdn* a qc/qu); **II.** *rfl:* **das hat sich längst überlebt** ciò è superato, ha già fatto il suo tempo. **Überlebende** ‹ein -r, -n, -n› *mf* superstite *mf,* sopravvissuto, -a *m, f.* **überlebensgroß** *a* più grande del naturale.

überlegen[1] [y:bɐ'le:gən] ‹*ohne ge-*› **I.** *tr* riflettere su, pensare a, considerare; **sich** *(dat)* **etw. gut** (*o* **reiflich**) **~** riflettere bene su qc; **es sich** *(dat)* **anders ~** cambiare idea; **es wäre zu ~, ob ...** sarebbe da considerare se ...; **ich will es mir ~** ci penserò; **II.** *itr* riflettere, meditare; **hin und her ~** pensarci su; **ohne lange zu ~** senza pensarci tanto.

überlegen[2] [y:bɐ'le:gən] *a* superiore (*jdm an etw.* a qu per qc). **Überlegenheit** ‹-, ø› *f* superiorità *f* (*gegenüber* su).

überlegt [y:bɐ'le:kt] **I.** *a* ponderato, meditato; **II.** *adv* con ponderazione.

Überlegung [y:bɐ'le:gʊŋ] ‹-, -en› *f* **1.** *(Überlegen)* riflessione *f;* **2.** *(Besonnenheit)* ponderatezza *f;* **~en anstellen** fare delle riflessioni; **nach reiflicher ~** dopo matura riflessione; **ohne ~** senza riflettere.

überliefern [y:bɐ'li:fen] ‹*ohne ge-*› *tr* **1.** *(Bräuche, etc.)* tramandare, trasmettere; **2.** *geh (der Justiz)* consegnare alla giustizia. **Überlieferung** *f* tradizione *f.*

überlisten [y:bɐ'lɪstən] ‹*ohne ge-*› *tr* ingannare, sopraffare con astuzia.

Übermacht *f* superiorità *f,* forza *f* superiore; *(Vorherrschaft)* predominio *m;* **in der ~ sein** essere superiore.

Übermaß *n* eccesso *m* (*an, von* di); **etw. im ~ haben** avere qc in grande abbondanza; **im ~** in eccesso, a dismisura. **übermäßig I.** *a* eccessivo; *(maßlos)* smisurato; *(übertrieben)* esagerato; **II.** *adv* oltre misura; *(allzuviel)* troppo.
Übermensch *m* superuomo *m.*
übermitteln [y:bɐ'mɪtəln] ‹*ohne ge-*› *tr* trasmettere; *(Grüße)* portare.
übermorgen *adv* dopodomani, domani l'altro.
übermüdet [y:bɐ'my:dət] *a* spossato, sfinito. **Übermüdung** ‹-, ø› *f* spossatezza *f,* estenuazione *f.*
Übermut *m* sfrenatezza *f.* **übermütig** ['y:bɐmy:tɪç] *a (Mensch)* sfrenato; *(tollkühn)* temerario.
übernächste(r, s) *a* altro, -a, secondo, -a; **die ~ Haltestelle** la seconda fermata; **~n Montag** lunedì l'altro; **~ Woche** fra due settimane.
übernachten [y:bɐ'naxtən] ‹*ohne ge-*› *itr* pernottare, passare la notte. **Übernachtung** ‹-, -en› *f* pernottamento *m;* **~ mit Frühstück** pernottamento e colazione.
Übernahme ['y:bɐna:mə] ‹-, -n› *f* **1.** *(von Schulden, Amt, Methode)* assunzione *f;* **2.** *(Annahme)* accettazione *f,* presa *f* in consegna.
übernatürlich *a* soprannaturale.
übernehmen [y:bɐ'ne:mən] ‹*irr, ohne ge-*› **I.** *tr* **1.** *allg.* assumere; *(Methode)* adottare; *(Kosten, Verantwortung)* assumersi; **2.** *(sich verpflichten)* impegnarsi (*zu* a), incaricarsi (*zu* di); **3.** *(entgegennehmen)* accettare, prendere in consegna; *sport* prendere; **4.** *(Textstelle)* riprendere; **5.** *(stellvertretend)* assumersi; **II.** *rfl:* **sich bei der Arbeit ~** affaticarsi troppo lavorando; **er hat sich (finanziell) übernommen** ha fatto il passo più lungo della gamba *fam.*
überprüfen [y:bɐ'pry:fən] ‹*ohne ge-*› *tr* esaminare, rivedere; *(kontrollieren)* controllare, verificare; *(als Sachverständiger)* ispezionare. **Überprüfung** *f* esame *m,* controllo *m,* verifica *f,* ispezione *f.*
überqueren [y:bɐ'kve:rən] ‹*ohne ge-*› *tr* attraversare.
überragen[1] [y:bɐ'ra:gən] ‹*ohne ge-*› *tr* **1.** *(an Größe)* superare; **2.** *fig (übertreffen)* essere superiore (*jdn an etw.* a qu per qc).
über·ragen[2] ['y:bɐra:gən] *itr (überstehen)* sporgere.
überragend [y:bɐ'ra:gənt] *a fig* eccellente; *(Persönlichkeit)* eminente.
überraschen [y:bɐ'raʃən] ‹*ohne ge-*› *tr* sorprendere; *(freudig ~ a.)* fare una sorpresa a; **lassen wir uns ~** stiamo a vedere; **ich war angenehm überrascht** è stata una piacevole sorpresa per me. **überraschend I.** *a* sorprendente; *(unerwartet)* inaspettato, inatteso; **II.** *adv:* **~ kommen** giungere di sorpresa; **~ schnell** in modo straordinariamente rapido. **überrascht** *a* sorpreso (*über, von* di, da, per), stupito (*über, von* di, per). **Überraschung** ‹-, -en› *f* sorpresa *f.*
überreden [y:bɐ're:dən] ‹*ohne ge-*› *tr* persuadere; **sich ~ lassen** lasciarsi convincere. **Überredungskunst** *f* arte *f* della persuasione; *pl* modi *m pl* persuasivi.
überregional *a* sovraregionale.
überreichen [y:bɐ'raiçən] ‹*ohne ge-*› *tr* consegnare; *(feierlich)* offrire.
überreif *a* troppo maturo.
Überrest *m* resto *m,* avanzo *m.*
überrumpeln [y:bɐ'rʊmpəln] ‹*ohne ge-*› *tr* sorprendere; **jdn mit einer Frage ~** cogliere di sorpresa qu con una domanda.
überrunden [y:bɐ'rʊndən] ‹*ohne ge-*› *tr* superare di un giro, doppiare.
übersät [y:bɐ'zɛ:t] *a* cosparso (*mit, von* di).
übersättigt [y:bɐ'zɛtɪçt] *a* sazio.
Überschallflugzeug *n* aereo *m* supersonico. **Überschallgeschwindigkeit** *f* velocità *f* supersonica.
überschätzen [y:bɐ'ʃɛtsən] ‹*ohne ge-*› *tr* sopravvalutare.
überschaubar [y:bɐ'ʃauba:ɐ] *a* **1.** *(Gelände)* di facile orientamento; **2.** *fig* chiaro; *(beschränkt)* limitato.
über·schäumen *itr* ‹*sein*› traboccare (spumeggiando); *fig* traboccare (*vor* di); **~de Begeisterung/Freude** entusiasmo/gioia traboccante.
überschlafen [y:bɐ'ʃla:fən] ‹*irr, ohne ge-*› *tr:* **etw. ~** dormirci sopra.
Überschlag *m* **1.** *sport* salto *m* mortale; *aero* looping *m;* **2.** *(ungefähre Berechnung)* calcolo *m* approssimativo.
überschlagen[1] [y:bɐ'ʃla:gən] ‹*irr, ohne ge-*› **I.** *tr* **1.** *(auslassen)* saltare, tralasciare; **2.** *(ungefähr berechnen)* fare un calcolo approssimativo di; **II.** *rfl:* **sich ~ 1.** *(Mensch, Fahrzeug)* capovolgersi, ribaltarsi; *mot* cappottare; **2.** *(Stimme)* dare nel falsetto; **3.** *fig (Ereignisse)* susseguirsi con rapidità travolgente; **sich vor Liebenswürdigkeit ~** profondersi in gentilezze.
über·schlagen[2] ['y:bɐʃla:gən] ‹*irr*› *tr (Beine)* accavallare; *(Arme)* incrociare.
über·schnappen *itr* ‹*sein*› *fam* impazzire, dar di volta il cervello *fam.*
überschneiden [y:bɐ'ʃnaidən] ‹*irr, ohne ge-*› *rfl:* **sich ~ 1.** *(räumlich)* incrociarsi; **2.** *(zeitlich)* coincidere, accavallarsi.
überschreiben [y:bɐ'ʃraibən] ‹*irr, ohne ge-*› *tr* **1.** *(mit Überschrift)* intitolare; **2.** *(übertragen)* intestare; **3.** *com* trasmettere, passare.
überschreiten [y:bɐ'ʃraitən] ‹*irr, ohne ge-*› *tr* **1.** *allg.* passare; *(überqueren)*

attraversare; *(Schwelle, a. fig)* varcare; **2.** *fig* oltrepassare, superare; *(übertreten)* trasgredire; *(Geschwindigkeit)* superare; **seine Befugnisse ~** andare al di là delle proprie competenze; **das überschreitet seine Fähigkeiten** ciò va oltre le sue capacità.
Überschrift *f* titolo *m*, intestazione *f*.
Überschuß *m* eccedenza *f* (*an* di).
überschüssig ['y:bɐʃʏsɪç] *a* eccedente, in eccedenza.
überschütten [y:bɐ'ʃʏtən] ‹*ohne ge-*› *tr* **1.** *(bedecken)* ricoprire (*mit* di); **2.** *fig (überhäufen)* colmare (*mit* di); **jdn mit Fragen ~** bombardare qu di domande; **jdn mit Vorwürfen ~** sommergere (*o* ricoprire) qu di rimproveri.
überschwemmen [y:bɐ'ʃvɛmən] ‹*ohne ge-*› *tr (a. fig)* inondare (*mit* di). **Überschwemmung** ‹-, -en› *f* inondazione *f*, alluvione *f*. **Überschwemmungsgebiet** *n* regione *f* alluvionata.
überschwenglich ['y:bɐʃvɛŋlɪç] *a* esuberante; *(Lob)* entusiastico.
Übersee *f*: **in/nach ~** oltremare; **von ~** d'oltremare. **Überseedampfer** *m* transatlantico *m*. **überseeisch** *a* d'oltremare, transoceanico.
übersehbar [y:bɐ'ze:ba:ɐ̯] *a* **1.** *(Gelände)* che si può abbracciare con lo sguardo; **2.** *fig* calcolabile.
übersehen [y:bɐ'ze:ən] ‹*irr, ohne ge-*› *tr* **1.** *(Gelände)* abbracciare con lo sguardo; **2.** *fig* calcolare, valutare; *(Lage)* realizzare; **3.** *(nicht bemerken)* non vedere, lasciarsi scappare; **4.** *(ignorieren)* ignorare.
übersenden [y:bɐ'zɛndən] ‹*irr, ohne ge-*› *tr* spedire, inviare, mandare.
über·setzen[1] ['y:bɐzɛt͡sən] **I.** *tr* ‹*haben*› *(mit Fähre)* traghettare; **II.** *itr* ‹*sein*› passare all'altra sponda.
übersetzen[2] [y:bɐ'zɛt͡sən] ‹*ohne ge-*› *tr* **1.** *ling* tradurre (*aus dem ... ins* dal ... in); **2.** *fig (wiedergeben)* rendere; **3.** *tec* moltiplicare. **Übersetzer(in)** ‹-s, -› *m(f)* traduttore, -trice *m, f*. **Übersetzung** ‹-, -en› *f* **1.** *ling* traduzione *f*; **2.** *tec* trasmissione *f*.
Übersicht ‹-, -en› *f* **1.** ‹*sing*› *(Überblick)* visione *f* d'insieme (*über* di); *(Orientierung)* orientamento *m* (*über* su); **2.** *(Darstellung)* quadro *m*; *(Tabelle)* tavola *f* (sinottica); *(Abriß)* compendio *m*. **übersichtlich** *a* **1.** *(Gelände)* aperto; *(Kreuzung)* ben visibile; **2.** *(erfaßbar)* chiaro; **~ angeordnet** ben disposto.
übersinnlich *a* extrasensoriale, soprannaturale, trascendentale.
überspielen [y:bɐ'ʃpi:lən] ‹*ohne ge-*› *tr* **1.** *radio, TV* registrare; **2.** *fig (verdekken)* passare sopra a.
überspitzt [y:bɐ'ʃpɪt͡st] *a* esagerato.
überstehen[1] [y:bɐ'ʃte:ən] ‹*irr, ohne ge-*› *tr* **1.** *(überwinden)* vincere; *(Krise, Krankheit)* superare; *(ertragen)* sopportare; **2.** *(überleben)* sopravvivere a; **das wäre überstanden!** ce l'abbiamo fatta!; **das Schlimmste ist überstanden** il peggio è passato.
über·stehen[2] ['y:bɐʃte:ən] ‹*irr*› *itr* ‹*haben o sein*› *(hervorragen)* sporgere, aggettare.
übersteigen [y:bɐ'ʃtaɪ̯gən] ‹*irr, ohne ge-*› *tr* **1.** *(Hindernis)* scavalcare; **2.** *fig* superare.
überstimmen [y:bɐ'ʃtɪmən] ‹*ohne ge-*› *tr* battere nella votazione; *(Antrag, etc.)* mettere in minoranza.
überstrapazieren ‹*ohne ge-*› *tr*: **jds Geduld ~** abusare della pazienza di qu.
Überstunde *f* (ora *f* di lavoro) straordinario *m*, plus-orario *m*; **~n machen** fare lo straordinario.
überstürzen [y:bɐ'ʃtʏrt͡sən] ‹*ohne ge-*› *tr* precipitare, affrettare; **nur nichts ~!** non precipitare le cose! **überstürzt I.** *a* precipitato, precipitoso; **II.** *adv* in modo precipitoso.
übertariflich *a* eccedente la tariffa.
übertölpeln [y:bɐ'tœlpəln] ‹*ohne ge-*› *tr* abbindolare, gabbare.
Übertopf *m* portavasi *m*.
Übertrag ['y:bɐtra:k] ‹-(e)s, ⸚e› *m* riporto *m*.
übertragbar [y:bɐ'tra:kba:ɐ̯] *a jur, fin* trasferibile (*auf* a).
übertragen [y:bɐ'tra:gən] ‹*irr, ohne ge-*› **I.** *tr* **1.** *med* trasmettere (*auf* a); *(Blut)* trasfondere; *(Organe)* trapiantare; **2.** *jur (Besitz)* trasferire (*auf* a); **3.** *fin (Wechsel)* girare (*auf* su); **4.** *(Amt, Aufgabe)* affidare (*jdm* a qu); *(Vollmacht)* conferire (*jdm* a qu); **5.** *com* riportare (*auf* su); **6.** *(an anderer Stelle schreiben)* trascrivere (*auf* su); **7.** *(anwenden)* applicare (*auf* a); **8.** *(übersetzen)* tradurre (*ins Italienische* in italiano); **9.** *radio, TV* mandare in onda; *(a. tec)* trasmettere; **direkt ~** trasmettere in diretta; **auf jds Namen ~** registrare sul nome di qu; **in ~er Bedeutung** in senso figurato; **II.** *rfl*: **sich ~** trasmettersi (*auf* a); *(a. fig)* comunicarsi (*auf jdn* a qu).
Übertragung ‹-, -en› *f* **1.** *med* trasmissione *f*; *(Ansteckung)* contagio *m*; *(Blut~)* trasfusione *f* (di sangue); *(Organ~)* trapianto *m*; **2.** *jur (von Besitz)* trasferimento *m*; **3.** *(von Wechsel)* girata *f*; **4.** *(von Amt, Aufgabe)* assegnazione *f*; **5.** *com* riporto *m*; **6.** *(Übersetzung)* traduzione *f*; **7.** *radio, TV, tec* trasmissione *f*.
übertreffen [y:bɐ'trɛfən] ‹*irr, ohne ge-*› *tr* superare (*an* in); *(bes. sport)* battere (*an* in); **sich selbst ~** superarsi.
übertreiben [y:bɐ'traɪ̯bən] ‹*irr, ohne ge-*› *tr* **1.** *(exzessiv betreiben)* esagerare con, eccedere in; **2.** *(aufbauschen, a. itr)*

esagerare. **Übertreibung** ‹-, -en› *f* esagerazione *f.*

über·treten[1] ['y:bɐtre:tən] ‹*irr*› *itr* ‹*sein*› **1.** *sport* oltrepassare (*über etw.* qc); **2.** *fig (zu anderer Partei)* passare (*zu* a); *(zu anderer Konfession)* convertirsi (*zu* a).

übertreten[2] [y:bɐ'tre:tən] ‹*irr, ohne ge-*› *tr* **1.** *(Grenze)* (oltre)passare; **2.** *(Regel, Vorschrift, etc.)* violare, contravvenire a. **Übertretung** ‹-, -en› *f* trasgressione *f,* violazione *f.*

übertrieben [y:bɐ'tri:bən] *a* esagerato; *(übermäßig)* eccessivo; *(Preis)* esorbitante.

übervorteilen [y:bɐ'fɔrtai̯lən] ‹*ohne ge-*› *tr* imbrogliare, truffare.

überwachen [y:bɐ'vaxən] ‹*ohne ge-*› *tr* sorvegliare; *(kontrollieren)* controllare; *(beschatten)* pedinare. **Überwachung** ‹-, -en› *f* sorveglianza *f; (Kontrolle)* controllo *m.*

überwältigen [y:bɐ'vɛltɪgən] ‹*ohne ge-*› *tr (a. fig)* sopraffare; *(erschüttern)* sconvolgere; **~d** travolgente; *(Mehrheit)* schiacciante; **nicht ~d** *iron* niente di speciale; **von Müdigkeit überwältigt werden** essere sopraffatto dalla stanchezza; **ich war von seiner Schönheit überwältigt** ero sconvolto dalla sua bellezza.

überweisen [y:bɐ'vai̯zən] ‹*irr, ohne ge-*› *tr* **1.** *(Geld)* rimettere; **2.** *(Patienten, Kunden)* mandare (*zu* da, *an* a); **auf jds Konto ~** versare sul conto di qu. **Überweisung** *f* **1.** *(Geld~)* trasferimento *m;* **2.** *(~sschein vom Arzt)* certificato *m* di presentazione del medico curante ad uno specialista.

überwiegen [y:bɐ'vi:gən] ‹*irr, ohne ge-*› *itr* prevalere, predominare. **überwiegend** **I.** *a* prevalente, predominante; **die ~e Mehrheit** la stragrande maggioranza; **der ~e Teil** la parte preponderante; **II.** *adv* in prevalenza.

überwinden [y:bɐ'vɪndən] ‹*irr, ohne ge-*› **I.** *tr allg., fig* superare; *(besiegen)* vincere; **II.** *rfl:* **sich ~, etw. zu tun** sforzarsi di fare qc. **Überwindung** *f* **1.** *(von Schwierigkeit, etc.)* superamento *m;* **2.** *(Selbst~)* sforzo *m;* **es hat mich ~ gekostet** ho dovuto superarmi.

überwintern [y:bɐ'vɪntɐn] ‹*ohne ge-*› *itr* svernare, passare l'inverno.

Überzahl *f:* **in der ~ sein** essere in maggioranza. **überzählig** ['y:bɐt͡sɛ:lɪç] *a:* **~ sein** essere in soprannumero.

überzeugen [y:bɐ't͡sɔy̯gən] ‹*ohne ge-*› **I.** *tr (durch Gründe, Beweise)* convincere (*von* di); **überzeugter Marxist/Christ** marxista/cristiano convinto; **ich bin davon überzeugt, daß ...** sono convinto che ...; **sie ist sehr überzeugt von sich** è piena di sé; **II.** *rfl:* **sich ~** convincersi (*von* di); *(sich vergewissern)* sincerarsi (*von* di); **~ Sie sich selbst!** guardi Lei stesso! **überzeugend** *a* convincente, persuasivo; *(Gründe)* plausibile. **Überzeugung** *f* convinzione *f;* **der ~ sein, daß ...** essere convinto che ... *conj;* **im Brustton der ~** con la massima convinzione; **aus ~** per convinzione.

überziehen [y:bɐ't͡si:ən] ‹*irr, ohne ge-*› **I.** *tr* **1.** *(mit Stoff, Leder)* rivestire (*mit* di), ricoprire (*mit* di); **2.** *(Konto)* scoprire (*um* di); **3.** *(bes. radio, TV, a. itr)* protrarre; **ein Bett (frisch) ~** cambiare le lenzuola; **II.** *rfl:* **sich ~** *(Himmel)* coprirsi (*mit* di). **Überziehungskredit** *m* fido *m* bancario.

üblich ['y:plɪç] *a* usuale, consueto, solito; *(geläufig)* corrente; *(normal)* normale; **wie ~** come al solito; **es ist ~ zu ...** si usa ... *inf;* **das ist nicht mehr ~** non si usa più.

U-Boot ['u:-] *n* sommergibile *m,* sottomarino *m.*

übrig ['y:brɪç] *a* rimanente, restante; **der/die/das ~e ...** il resto di ...; **das ~e** il resto; **die ~en** gli altri; **im ~en** del resto; *(außerdem)* inoltre; **~ sein** rimanere, restare; **für jdn nichts ~ haben** avere antipatia per qu; **für Kunst hat er nichts ~** l'arte non gli interessa; **ich habe noch ein Bonbon ~** mi avanza ancora una caramella. **übrig·bleiben** ‹*irr*› *itr* ‹*sein*› avanzare, restare, rimanere; **es bleibt nichts anderes übrig, als ...** non resta altro da fare che ... *inf.*

übrigens ['y:brɪgəns] *adv* del resto, d'altronde; *(nebenbei bemerkt)* a proposito.

übrig·lassen ‹*irr*› *tr* lasciare (d'avanzo); **zu wünschen ~** lasciare a desiderare.

Übung ['y:bʊŋ] ‹-, -en› *f* **1.** *allg., sport, rel, mus, gram* esercizio *m; (mil, Universität)* esercitazione *f;* **2.** ‹*sing*› *(Praxis)* pratica *f,* esercizio *m;* **aus der ~ kommen** perdere l'esercizio; **in ~ bleiben** restare (*o* tenersi) in esercizio; **~ macht den Meister** *prov* l'esercizio è un buon maestro.

UdSSR [u:de:ˀɛsˀɛs'ˀɛr] ‹-, ø› *f ab von* **Union der Sozialistischen Sowjetrepubliken** U.R.S.S. *f* (*ab von* Unione delle Repubbliche Socialiste Sovietiche).

Ufer ['u:fɐ] ‹-s, -› *n* riva *f,* sponda *f;* **am ~** sulla riva; **über die ~ treten** straripare. **uferlos** *a fig* interminabile, senza fine; **ins ~e führen** perdersi nell'infinito.

Ufo, UFO ['u:fo] ‹-(s), -s› *n ab von* **unbekanntes Flugobjekt** U.F.O. *m.*

U-Haft *f fam ab von* **Untersuchungshaft** detenzione *f* preventiva.

Uhr [u:ɐ̯] ‹-, -en› *f* **1.** *allg.* orologio *m;* **2.** *tec (Zähler)* contatore *m;* **3.** *(bei Zeitangaben)* ora *f,* ore *f pl, oft unübersetzt;* **um acht (~)** alle otto; **um 12 ~**

mittags/nachts a mezzogiorno/mezzanotte; **es ist halb drei (~)** sono le due e mezza; **wieviel ~ ist es?** che ore sono?; **um wieviel ~?** a che ora?; **er ist rund um die ~ beschäftigt** è occupato 24 ore su 24. **Uhrmacher(in)** ‹-s, -› *m(f)* orologiaio, -a *m, f.* **Uhrwerk** *n* meccanismo *m* (*o* movimento *m*) dell'orologio, orologeria *f.* **Uhrzeigersinn** *m:* **entgegen dem/im ~** in senso anti-orario/orario. **Uhrzeit** *f* ora *f.*

Uhu ['u:hu] ‹-s, -s› *m* gufo *m.*

UKW [u:ka:'ve:] *ab von* **Ultrakurzwelle** onda *f* ultracorta.

Ulme ['ʊlmə] ‹-, -n› *f* olmo *m.*

Ulrich ['ʊlrɪç] *(männlicher Vorname)* Ulrico.

Ulrike [ʊl'ri:kə] *(weiblicher Vorname)* Ulrica.

Ultimaten *pl von* **Ultimatum.**

ultimativ [ʊltima'ti:f] *a* ultimativo.

Ultimatum [ʊlti'ma:tʊm, ...tən *o* ...tʊms] ‹-s, -ten *o* -s› *n* ultimatum *m;* **jdm ein ~ stellen** porre un ultimatum a qu.

Ultraschall ['ʊltra-] *m* ultrasuono *m.*

ultraviolett *a* (*ab* **UV**) ultravioletto.

um [ʊm] **I.** *prp acc* **1.** *(~ herum)* intorno (*o* attorno) a; **2.** *(neben)* vicino (*o* accanto) a, con; **3.** *(bei Uhrzeiten)* a; *(bei ungefähren Zeitangaben)* verso; **4.** *(Differenz angebend)* di; **5.** *(für)* per, a; **6.** *(wegen)* per; **~ Geld spielen** giocare a soldi; **jdn ~ etw. bringen** far perdere qc a qu; **~ fünf Uhr** alle cinque; **~ Ostern (herum)** verso Pasqua; **~ zwei Mark (herum)** di due marchi circa; **~ zwei cm kleiner** più piccolo di due cm; **es tut mir leid ~ sie** mi dispiace per lei; **Stunde ~ Stunde verging, ohne daß er anrief** passarono ore senza che telefonasse; **wie steht es ~ ihn?** come sta?; **II.** *prp gen:* **~ ... willen** per, per amor di; **~ Gottes willen!** per l'amor del cielo!; **III.** *con:* **~ zu ...** per ... *inf,* allo scopo di ...*inf;* **je ..., ~ so ...** più ..., più ...; **~ so besser/schlimmer/mehr/weniger** tanto meglio/peggio/più/meno; **IV.** *adv fam (vorbei)* finito, passato.

umarmen [ʊm'ʔarmən] ‹*ohne ge-*› *tr* abbracciare; *(heftig)* stringere.

um·bauen *tr* **1.** *arch* ricostruire (*zu* in), trasformare (*zu* in); **2.** *fig adm* riorganizzare.

um·besetzen ‹*ohne ge-*› *tr allg.* cambiare la distribuzione di; *theat* cambiare gli attori di; *pol* rimpastare.

um·bilden *tr* trasformare; *adm* riorganizzare; *(Regierung)* rimpastare.

um·blättern *itr* girare (*o* voltare) pagina.

um·blicken *rfl:* **sich ~ 1.** *(in die Runde, um sich herum)* guardarsi attorno; **2.** *(zurück)* guardarsi indietro.

Umbrien ['ʊmbriən] *n* Umbria *f.*

um·bringen ‹*irr*› **I.** *tr* assassinare, uccidere; *(a. fig)* ammazzare; **diese Schuhe bringen mich fast um** *fam* queste scarpe mi fanno un male da morire; **II.** *rfl:* **sich ~** uccidersi; *(a. fig)* ammazzarsi; **sich für jdn fast ~** *fig* farsi in quattro per qu.

Umbruch *m typ (das Umbrechen)* impaginazione *f; (umbrochener Satz)* impaginato *m.*

um·buchen *tr* **1.** *fin* trasferire (su un altro conto); **2.** *(Reise)* cambiare il biglietto di (*o* per).

um·denken ‹*irr*› *itr* cambiare il proprio modo di pensare.

um·disponieren ‹*ohne ge-*› *itr* ridisporre.

um·drehen I. *tr* ‹*haben*› **1.** *(drehen)* girare; *(Arm, Hals)* torcere; **2.** *(auf die andere Seite)* voltare; **3.** *(auf den Kopf stellen)* rivoltare, capovolgere; **II.** *itr* ‹*haben o sein*› girare; **III.** *rfl:* **sich ~** voltarsi (*nach* verso), girarsi (*nach* verso); **dabei dreht sich mir der Magen um** *fam* (a quella vista) mi si rivolta lo stomaco *fam.*

Umdrehung [ʊm'dre:ʊŋ] *f* giro *m; (um eigene Achse)* rotazione *f; (um anderen Körper)* rivoluzione *f.* **Umdrehungszahl** *f* numero *m* dei giri.

umeinander [ʊmʔaɪ̯'nandɐ] *adv* **1.** *(räumlich)* l'uno intorno all'altro; **2.** *(einander betreffend)* l'uno dell'altro.

um·fahren[1] ['ʊmfa:rən] ‹*irr*› *tr (niederfahren)* rovesciare, travolgere (con un veicolo).

umfahren[2] [ʊm'fa:rən] ‹*irr, ohne ge-*› *tr (herumfahren um)* girare attorno a; *(Kap)* doppiare.

um·fallen ‹*irr*› *itr* ‹*sein*› **1.** *allg.* cadere (a terra); *(umkippen)* rovesciarsi; **2.** *fam (ohnmächtig werden)* svenire; **3.** *fig fam pej (seine Meinung ändern)* fare un voltafaccia; *(nachgeben)* darsi per vinto; **zum U~ müde sein** essere stanco morto.

Umfang *m* **1.** *(Ausdehnung)* estensione *f; (Dicke)* volume *m; (Größe)* grandezza *f,* dimensione *f;* **2.** *fig (Ausmaß)* mole *f,* dimensioni *f pl;* **3.** *mat* circonferenza *f,* perimetro *m;* **in großem ~** su vasta scala. **umfangreich** *a* voluminoso; *(umfassend)* vasto, esteso.

Umfeld *n* milieu *m;* **im ~ von ...** nel contesto di ...

Umfrage *f* inchiesta *f,* sondaggio *m* d'opinioni.

um·füllen *tr* travasare.

um·funktionieren ‹*ohne ge-*› *tr* trasformare.

Umgang *m (Beziehungen)* rapporti *m pl; (Gesellschaft)* compagnia *f;* **schlechten ~ pflegen** frequentare cattive compagnie; **mit jdm ~ haben**

frequentare qu, praticare qu; **im ~ mit ... muß man ...** con ... si deve ...; **das ist kein ~ für dich!** non è gente per te!
umgänglich ['ʊmgɛŋlɪç] *a* **1.** *(gesellig)* socievole; **2.** *(freundlich)* affabile.
Umgangsformen *f pl* modi *m pl*, maniere *f pl;* **gute ~ haben** avere buone maniere. **Umgangssprache** *f* linguaggio *m* corrente, lingua *f* parlata.
umgeben [ʊm'ge:bən] ‹*irr, ohne ge-*› *tr* circondare (*mit* di); *(Stadt, Garten)* cingere (*mit* di).
Umgebung [ʊm'ge:bʊŋ] ‹-, ø› *f* **1.** *geog* dintorni *m pl;* **2.** *soc (Milieu)* ambiente *m; (Gesellschaft)* compagnia *f;* **gibt es hier in der ~ ein Hotel?** c'è un albergo qua vicino?
umgehen[1] [ʊm'ge:ən] ‹*irr, ohne ge-*› *tr* **1.** *(herumgehen um)* girare intorno a; *mil* aggirare; **2.** *fig (Gesetz, etc.)* eludere; *(vermeiden)* evitare, scansare.
um·gehen[2] ['ʊmge:ən] ‹*irr*› *itr* ‹*sein*› *(Gespenst)* aggirarsi; *(Gerücht)* circolare; **mit etw. sparsam ~** usare qc con parsimonia; **mit etw./jdm ~** *(behandeln)* trattare qc/qu.
umgehend ['ʊmge:ənt] **I.** *a* immediato; **II.** *adv* senza indugio.
umgekehrt I. *a* **1.** *(umgedreht)* rovescio; **2.** *fig (entgegengesetzt)* opposto, inverso; **in ~er Reihenfolge** in ordine inverso; **in ~er Richtung** in direzione opposta; **es war genau ~** era esattamente l'opposto (*o* inverso); **II.** *adv* **1.** *(umgedreht)* a rovescio; **2.** *fig (entgegengesetzt)* all'opposto.
um·graben ‹*irr*› *tr* vangare.
um·gruppieren ‹*ohne ge-*› *tr* riordinare; *pol* rimpastare.
Umhang *m* mantellina *f.*
um·hängen *tr* **1.** *(an andere Stelle hängen)* appendere altrove; *(in anderer Weise aufhängen)* appendere diversamente; **2.** *(um die Schulter)* mettere addosso (*o* sulle spalle); *(Gewehr, Rucksack)* mettere in spalla. **Umhängetasche** *f* borsa *f* a tracolla.
um·hauen ‹*irr*› *tr* **1.** *(Baum, etc.)* abbattere; **2.** *fig fam* lasciare senza fiato.
umher [ʊm'he:ɐ̯] *adv* **1.** *(ringsum)* in giro, intorno; **2.** *(verstreut, hier und dort)* qua e là. **umher·blicken** *itr* guardarsi intorno (*o* in giro). **umher·-irren** *itr* ‹*sein*› vagare, errare. **umher·-ziehen** ‹*irr*› *itr* ‹*sein*› girare.
umhin·können [ʊm'hɪn-] ‹*irr*› *itr:* **nicht ~ zu ...** non poter fare a meno di ... *inf.*
Umkehr ['ʊmke:ɐ̯] ‹-, ø› *f* **1.** *(Zurück-, Wiederkehr)* ritorno *m* (*zu* a); **2.** *fig (Änderung)* cambiamento *m.*
um·kehren I. *tr* ‹*haben*› **1.** *(umdrehen)* rovesciare, (ri)voltare; **2.** *(im entgegengesetzten Sinne wenden)* invertire; **II.** *itr* ‹*sein*› tornare indietro, ritornare; **III.** *rfl:* **sich ~ 1.** *(sich umdrehen)* voltarsi, girarsi; **2.** *(ins Gegenteil)* invertirsi.
Umkleideraum *m* spogliatoio *m.*
um·kommen ‹*irr*› *itr* ‹*sein*› *(sterben)* perire; *(a. fig fam)* morire (*vor* da).
Umkreis ‹*sing*› *m (Umgebung)* raggio *m,* giro *m; (von Personen)* cerchia *f; (Nähe)* vicinanze *f pl;* **im ~ von zehn Kilometern** nel giro (*o* raggio) di dieci chilometri.
umkreisen [ʊm'kra̯izən] ‹*ohne ge-*› *tr* girare intorno a; *astr* orbitare intorno a.
um·laden ‹*irr*› *tr* trasbordare, ricaricare.
Umlage *f* quota *f,* contributo *m.*
Umlauf *m* **1.** ‹*sing*› *(von Geld)* circolazione *f;* **2.** *(Rundschreiben)* circolare *f;* **in ~ bringen** *(Geld)* mettere in circolazione; *(Gerücht)* spargere in giro; **im ~ sein** *(Geld)* circolare. **Umlaufbahn** *f* orbita *f.*
Umlaut *m* **1.** *(~ung)* metafonia *f;* **2.** *(umgelauteter Vokal)* vocale *f* raddolcita.
um·legen *tr* **1.** *(Kleidungsstück)* mettere (sopra *o* addosso); *(Verband)* applicare; **2.** *(niederwerfen)* abbattere; **3.** *fam (zu Boden strecken)* stendere a terra; **4.** *sl (töten)* fare fuori *sl;* **5.** *(umklappen)* ribaltare; *(umschlagen)* rovesciare; **6.** *(verlegen)* spostare (*auf* a); **7.** *(Ausgaben)* ripartire (*auf* fra), dividere (*auf* fra).
um·leiten *tr* deviare. **Umleitung** *f* deviazione *f.*
um·melden I. *tr* notificare il cambiamento di nome di; **II.** *rfl:* **sich ~** notificare la propria partenza (*o* il proprio arrivo). **Ummeldung** *f* notifica *f* di cambiamento.
um·quartieren ‹*ohne ge-*› *tr* far cambiare alloggio a.
umranden [ʊm'randən] ‹*ohne ge-*› *tr* orlare (*mit* di), contornare (*mit* di).
um·räumen *tr (Zimmer)* cambiare la disposizione di; *(Bücher)* riordinare.
um·rechnen *tr* convertire. **Umrechnungskurs** *m* tasso *m* di cambio, corso *m* di conversione.
um·reißen[1] ['ʊmra̯isən] ‹*irr*› *tr (niederreißen)* abbattere, gettare a terra.
umreißen[2] [ʊm'ra̯isən] ‹*irr, ohne ge-*› *tr* *fig* abbozzare, schizzare.
umringen [ʊm'rɪŋən] ‹*ohne ge-*› *tr* circondare, attorniare.
Umriß *m* contorno *m (meist pl),* profilo *m;* **in groben Umrissen zeichnen** disegnare a grandi tratti.
um·rühren *tr* rimestare, mescolare.
um·satteln *itr fig fam (den Beruf wechseln)* cambiare mestiere; **von etw. auf etw. ~** cambiare da qc a qc.
Umsatz *m* giro *m* (*o* cifra *f*) d'affari. **Umsatzsteuer** *f* imposta *f* sul giro d'affari.
um·schalten I. *tr* commutare; **II.** *itr* ra-

dio, TV cambiare canale; **ins Stadion ~** collegarsi con lo stadio; **wir schalten um zum Westdeutschen Rundfunk nach Köln** passiamo la linea al Westdeutscher Rundfunk di Colonia.

Umschau *f:* **(nach jdm/etw.) ~ halten** guardarsi intorno (alla ricerca di qu/qc).

um·schauen *s.* **umsehen.**

Umschlag *m* **1.** *(Wechsel)* mutamento *m* (*o* cambiamento *m*) improvviso; **2.** *(an Kleidung)* risvolto *m;* **3.** *(Buch~)* copertina *f;* **4.** *(Brief~)* busta *f;* **5.** *med* impacco *m,* compressa *f;* **6.** *com* movimento *m* d'affari.

um·schlagen ⟨*irr*⟩ **I.** *tr* ⟨*haben*⟩ **1.** *(Kragen)* rovesciare; *(Ärmel)* rimboccare; *(Buchseite)* voltare; **2.** *com (Güter)* trasbordare; **II.** *itr* ⟨*sein*⟩ **1.** *(umkippen)* capovolgersi; **2.** *(Wind)* voltarsi, girare; *(Wetter, Stimme)* cambiare improvvisamente; **ins Gegenteil ~** prendere la piega contraria.

Umschlagplatz *m* posto *m* (*o* piazza *f*) di trasbordo.

um·schnallen *tr* mettere, mettersi.

um·schreiben[1] ['ʊmʃraibən] ⟨*irr*⟩ *tr* **1.** *(übertragen)* trascrivere, ricopiare; **2.** *(neu schreiben)* rifare, rielaborare; *(ändern)* cambiare.

umschreiben[2] [ʊm'ʃraibən] ⟨*irr, ohne ge-*⟩ *tr* **1.** *(mit anderen Worten)* perifrasare; **2.** *(festlegen)* delimitare, definire; **3.** *mat* circoscrivere.

um·schulen I. *tr* **1.** *(auf andere Schule)* far cambiare scuola; **2.** *(beruflich)* riqualificare professionalmente; *pol* rieducare; **sich ~ lassen** *(beruflich)* farsi riqualificare professionalmente; **II.** *itr (beruflich)* riqualificarsi professionalmente; **von etw. auf etw. ~** cambiare professione (*o* lavoro) da qc a qc.

Umschweife ['ʊmʃvaifə] ⟨*pl*⟩ *:* **ohne ~** *(geradeheraus)* senza preamboli; *(ohne zu zögern)* senza indugio.

Umschwung *m* svolta *f,* mutamento *m* (*o* cambiamento *m*) improvviso.

um·sehen ⟨*irr*⟩ *rfl:* **sich ~ 1.** *(zurücksehen)* voltarsi a guardare; **2.** *(um sich herum sehen)* guardarsi intorno (*nach* alla ricerca di); **3.** *(sich informieren)* informarsi (*nach* su); **sich nach etw./jdm ~** cercare qc/qu; **sich in der Stadt ~** visitare la città.

umseitig *a, adv* sul retro.

um·setzen I. *tr* **1.** *(anders setzen)* cambiare posto a, spostare; **2.** *chem* trasformare, convertire; **3.** *com* vendere, smerciare; **etw. in die Tat ~** mettere qc in atto; **etw. in die Praxis ~** mettere in pratica qc; **II.** *rfl:* **sich ~** *(Platz wechseln)* cambiare posto.

umsichtig *a* circospetto, prudente.

umsonst [ʊm'zɔnst] *adv* **1.** *(gratis)* per niente, gratis, gratuitamente; **2.** *(vergeblich)* invano, inutilmente; **nicht ~** *(nicht grundlos)* non per niente, non a caso.

Umspannstation *f,* **-werk** *n* stazione *f* di trasformazione.

um·springen ⟨*irr*⟩ *itr* ⟨*sein*⟩ **1.** *(Wind)* girare (*von ... auf* da ... a); *(Ampel)* scattare (*von ... auf* da ... a); **2.** *(rücksichtslos):* **mit jdm ~** trattare male qu.

Umstand *m* **1.** *allg., jur* circostanza *f;* **2.** *(Tatsache)* fatto *m;* **3.** ⟨*pl*⟩ *(Lage)* stato *m,* situazione *f,* condizioni *f pl;* **4.** *(Einzelheit)* particolare *m,* dettaglio *m;* **5.** ⟨*pl*⟩ *(Aufwand, Mühe)* cerimonie *f pl; (Förmlichkeiten)* complimenti *m pl,* cerimonie *f pl;* **erschwerende/mildernde Umstände** *jur* circostanze aggravanti/attenuanti; **die näheren Umstände** i particolari, i dettagli; **Umstände machen** *(Sachen)* causare difficoltà; *(Personen)* fare cerimonie; **in (anderen) Umständen sein** essere in stato interessante; **unter Umständen** (*ab* **u. U.**) eventualmente, forse; **unter diesen Umständen** date le circostanze; **unter allen/keinen Umständen** in ogni/nessun caso; **es geht ihm den Umständen entsprechend (gut)** sta (bene) come si può stare nella sua situazione; **machen Sie sich** *(dat)* **meinetwegen keine Umstände!** non si disturbi per me.

umständehalber ['ʊmʃtɛndəhalbɐ] *adv* date le circostanze; **~ zu verkaufen** in vendita per questione di circostanze.

umständlich ['ʊmʃtɛndtlɪç] *a* **1.** *(ausführlich)* circostanziato, dettagliato; *(weitschweifig)* prolisso, lungo; **2.** *(verwickelt)* complicato; **3.** *(beschwerlich)* scomodo, faticoso; **4.** *(förmlich)* cerimonioso; **5.** *(übergenau)* pignolo; **etw. ~ machen** complicare qc; **das ist mir viel zu ~** è troppo complicato per me.

Umstandskleid *n* (abito *m*) prémaman *m.*

um·steigen ⟨*irr*⟩ *itr* ⟨*sein*⟩ **1.** *(in Bahn, Bus)* cambiare (*nach* per); **2.** *fig fam* passare (*auf* a).

um·stellen[1] ['ʊmʃtɛlən] **I.** *tr* **1.** *(anders stellen)* collocare diversamente, spostare, cambiare di posto; *gram, typ* trasporre; **2.** *fig (anpassen)* adattare (*auf* a); *(Betrieb)* trasformare (*auf* in); **auf andere Erzeugnisse ~** indirizzarsi verso altri prodotti; **II.** *rfl:* **sich ~** *fig* adattarsi (*auf* a).

umstellen[2] [ʊm'ʃtɛlən] ⟨*ohne ge-*⟩ *tr* circondare, attorniare; *(bes. mil)* accerchiare.

Umstellung *f* **1.** *(Positionsänderung)* disposizione *f* diversa, spostamento *m,* cambiamento *m* di posto; *gram, typ* trasposizione *f;* **2.** *fig (Anpassung)* adattamento *m* (*auf* a); *(von Betrieb)* trasformazione *f* (*auf* in), riorganizzazione *f* (*auf* in); **3.** *(Veränderung)* cam-

biamento *m;* ~ **auf Computer** computerizzazione *f.*
um·stimmen *tr:* **jdn** ~ far cambiare idea a qu.
umstritten [ʊm'ʃtrɪtən] *a* controverso; *(fragwürdig)* discutibile.
Umsturz *m* sovvertimento *m.*
Umtausch *m* **1.** *com* cambio *m;* **2.** *fin* conversione *f.*
um·tauschen *tr* **1.** *allg., com* cambiare (*gegen* con); **2.** *fin* convertire (*in* in).
um·wandeln *tr* cambiare (*in* in); *(a. el)* trasformare (*in* in); *phys, fin* convertire (*in* in); *jur (Strafe)* commutare (*zu* in).
Umweg *m* giro *m,* strada *f* più lunga; **einen ~ machen** prendere la strada più lunga, fare un giro; **das habe ich nur auf ~en** (*o* **über ~e) erfahren** l'ho saputo solo per vie traverse.
Umwelt *f* ambiente *m.* **Umweltbedingungen** *f pl* condizioni *f pl* ambientali. **Umweltbelastung** *f* incidenza *f* inquinante sull'ambiente, fattori *m pl* inquinanti. **Umweltbewußtsein** *n* coscienza *f* ecologica. **Umwelteinflüsse** *m pl* influssi *m pl* ambientali. **Umweltforschung** *f* studi *m pl* sull'ambiente. **umweltfreundlich** *a* non inquinante, rispettoso dell'ambiente; **~e Plastiksäcke** sacchetti di plastica biodegradabili. **umweltgefährdend** *a* nocivo all'ambiente, inquinante. **Umweltgefährdung** *f* pericolo *m* ecologico. **Umweltkatastrophe** *f* disastro *m* ecologico, sciagura *f* ecologica. **Umweltkriminalität** *f* reati *m pl* contro l'ambiente. **Umweltpolitik** *f* politica *f* ecologica (*o* dell'ambiente). **Umweltschutz** *m* protezione *f* dell'ambiente. **Umweltschützer(in)** ‹-s, -› *m(f)* ecologista *mf.* **Umweltschutzpapier** *n* carta *f* rigenerata. **Umweltsünder** *m* trasgressore *m* ecologico. **Umweltverschmutzung** *f* inquinamento *m* ecologico.
umwerben [ʊm'vɛrbən] ‹*irr, ohne ge-*› *tr* corteggiare.
um·werfen ‹*irr*› *tr* **1.** *(Gegenstand, Menschen)* rovesciare, buttare giù, travolgere; **2.** *fig (Plan, etc.)* capovolgere; **3.** *(aus der Fassung bringen)* sconvolgere.
um·ziehen ‹*irr*› **I.** *itr* ‹*sein*› *(in andere Wohnung)* traslocare, cambiare casa; *(in andere Stadt)* trasferirsi (*nach* a); **II.** *rfl:* **sich** ~ cambiarsi (d'abito).
umzingeln [ʊm'tsɪŋəln] ‹*ohne ge-*› *tr* accerchiare, circondare.
Umzug *m* **1.** *(Festzug)* corteo *m; rel* processione *f;* **2.** *(Wohnungswechsel)* trasloco *m.*
unabänderlich [ʊnʔap'ʔɛndəlɪç *o* 'ʊn...] *a* immutabile; *(unwiderruflich)* irrevocabile.
unabhängig *a* indipendente (*von* da); *(Staat)* autonomo; *gram* assoluto; ~ **davon, ob/wann/wie/wo/wer ...** indipendentemente da se/quando/come/dove/chi ... **Unabhängigkeit** *f* indipendenza *f; (staatliche)* autonomia *f; (wirtschaftliche)* autarchia *f.*
unabkömmlich [ʊnʔap'kœmlɪç *o* 'ʊn...] *a* impegnato, occupato.
unachtsam *a* **1.** *(unaufmerksam)* disattento, sbadato; **2.** *(nachlässig)* trascurato.
unanfechtbar [ʊnʔan'fɛçtba:ɐ̯ *o* 'ʊn...] *a* incontestabile, inoppugnabile.
unangebracht *a* inopportuno, fuori luogo.
unangefochten *a* indiscusso; *(bes. Recht)* incontestabile.
unangemeldet **I.** *a* *(unangekündigt)* non annunciato; *(Besucher)* inatteso; **II.** *adv* senza avviso.
unangemessen *a* inadeguato.
unangenehm *a* sgradevole; *(mißlich)* spiacevole; *(a. Überraschung)* brutto, increscioso; *(unsympathisch)* sgarbato; *(ärgerlich)* seccante, fastidioso; ~ **auffallen** colpire in modo spiacevole; ~ **werden** arrabbiarsi; **(von etw.)** ~ **berührt sein** essere dispiaciuto (di qc); **es ist mir sehr** ~ mi dispiace (*o* rincresce) molto.
unannehmbar [ʊnʔan'ne:mba:ɐ̯ *o* 'ʊn...] *a* inaccettabile.
Unannehmlichkeit *f* fastidio *m,* noia *f,* difficoltà *f;* **jdm ~en bereiten** procurare noie a qu.
unansehnlich *a* non bello, non curato; *(Nahrung)* non appetitoso.
unanständig *a* indecente; *(obszön)* osceno; *(anstößig)* volgare.
unappetitlich *a* disgustoso.
Unart *f* **1.** *(schlechte Angewohnheit)* vizio *m;* **2.** *(unartiges Benehmen)* maleducazione *f; (von Kindern)* cattiveria *f.* **unartig** *a* maleducato, cattivo.
unauffällig **I.** *a* non appariscente, che non dà nell'occhio; **II.** *adv* senza farsi notare, con discrezione.
unaufgefordert **I.** *a* non richiesto; **II.** *adv* spontaneamente.
unaufhaltsam [ʊnʔau̯f'haltza:m *o* 'ʊn...] *a* inarrestabile.
unaufhörlich [ʊnʔau̯f'hø:ɐ̯lɪç *o* 'ʊn...] **I.** *a* incessante, continuo; **II.** *adv* in continuazione.
unaufmerksam *a* **1.** *(unkonzentriert)* disattento; *(zerstreut)* distratto; **2.** *(nicht zuvorkommend)* non premuroso. **Unaufmerksamkeit** *f* disattenzione *f; (Zerstreutheit)* distrazione *f.*
unaufrichtig *a* insincero, falso.
unausgeglichen *a* poco equilibrato. **Unausgeglichenheit** *f* mancanza *f* d'equilibrio.
unaussprechlich [ʊnʔau̯s'ʃprɛçlɪç *o*

'ʊn...] *a* ineffabile; *(Elend, Freude, Leid)* indicibile.
unausstehlich [ʊnˀausˈʃteːlɪç *o* 'ʊn...] *a* insopportabile; *(widerlich)* odioso.
unausweichlich [ʊnˀausˈvaiçlɪç *o* 'ʊn...] *a* inevitabile.
unbändig ['ʊnbɛndɪç] *a* indomabile, irrefrenabile; **sich ~ freuen** rallegrarsi enormemente.
unbedeutend *a* **1.** *(unwichtig)* insignificante, irrilevante, poco importante; **2.** *(geringfügig)* futile.
unbedingt I. *a* assoluto; *(bedingungslos)* incondizionato; **II.** *adv* in ogni caso, assolutamente; **das hat nicht ~ etw. mit ... zu tun** (ciò) non ha necessariamente qc a che fare con ...; **du hättest nicht ~ so unverschämt sein müssen** non avresti assolutamente dovuto essere così sfacciato.
unbefangen I. *a* **1.** *(natürlich)* disinvolto, naturale; **2.** *(unvoreingenommen)* spregiudicato; **3.** *(unparteiisch)* imparziale; **II.** *adv* con disinvoltura, spregiudicatamente.
unbefriedigend *a* insoddisfacente. **unbefriedigt** *a* insoddisfatto.
unbefristet *a* illimitato.
unbefugt *a* non autorizzato, abusivo. **Unbefugte** ⟨ein -r, -n, -n⟩ *mf:* **~n ist der Zutritt verboten** vietato l'accesso ai non addetti (*o* agli estranei).
unbegreiflich [ʊnbəˈgraiflɪç *o* 'ʊn...] *a* incomprensibile, inconcepibile.
unbegrenzt *a* illimitato, sconfinato.
Unbehagen *n* malessere *m*, disagio *m*.
unbehaglich *a* **1.** *(ungemütlich)* disagevole; **2.** *(unangenehm)* sgradevole; **sich ~ fühlen** essere (*o* stare) a disagio.
unbekannt *a* sconosciuto; *adm, jur* ignoto; *mat* incognito; **Anzeige gegen U~** denuncia contro ignoti; **~ verzogen** trasferito senza lasciare indirizzo; **das ist mir ~** questo mi giunge nuovo; **es ist Ihnen nicht ~, daß ...** sa bene che ... **Unbekannte** *mf* sconosciuto, -a *m, f; adm, jur* ignoto, -a *m, f.*
unbekümmert [ʊnbəˈkʏmɐt *o* 'ʊn...] **I.** *a* **1.** *(unbesorgt)* incurante; **2.** *(sorglos)* spensierato; **II.** *adv* con noncuranza.
unbelastet *a* **1.** *(frei)* libero (*von* da), esente (*von* da); **2.** *fin* non gravato da ipoteche (*o* debiti).
unbeliebt *a* malvisto (*bei* da); *(unpopulär)* impopolare; **sich ~ bei jdm machen** rendersi antipatico a qu. **Unbeliebtheit** *f* impopolarità *f.*
unbemannt *a* senza uomini a bordo, senza equipaggio.
unbemerkt I. *a* inosservato, inavvertito; **II.** *adv* senza essere visto.
unbequem *a* scomodo; *fig (lästig)* molesto, importuno.
unberechenbar [ʊnbəˈrɛçənbaːɐ̯ *o* 'ʊn...] *a* incalcolabile; *(Mensch a.)* imprevidibile.
unbeschränkt [ʊnbəˈʃrɛŋkt *o* 'ʊn...] *a* illimitato; *(Gewalt)* assoluto; **jdm ~e Vollmacht geben** dare a qu pieni poteri.
unbeschreiblich [ʊnbəˈʃraiplɪç *o* 'ʊn...] *a* indescrivibile.
unbesonnen I. *a* **1.** *(Entschluß)* avventato; **2.** *(Mensch)* sventato; **II.** *adv* alla leggera.
unbesorgt *a* tranquillo; **seien Sie ~!** non si preoccupi!
unbeständig *a* instabile; *(Wetter)* variabile; *(Mensch)* volubile, incostante.
unbestechlich [ʊnbəˈʃtɛçlɪç *o* 'ʊn...] *a* incorruttibile.
Unbestechlichkeit *f* incorruttibilità *f.*
unbestimmt *a* indeterminato; *(a. gram)* indefinito; **auf ~e Zeit** a tempo indeterminato (*o* indefinito).
unbestreitbar [ʊnbəˈʃtraitbaːɐ̯ *o* 'ʊn...] *a* incontestabile, indiscutibile.
unbestritten ['ʊnbəʃtrɪtən *o* ...ˈʃtrɪtən] **I.** *a* **1.** *(nicht bestritten)* indiscusso, incontestato; **2.** *(nicht streitig gemacht)* sicuro, certo; **es ist ~, daß ...** è sicuro (*o* certo) che ...; **II.** *adv* senza dubbio.
unbeteiligt [ʊnbəˈtailɪçt *o* 'ʊn...] *a* disinteressato, non coinvolto.
unbeweglich ['ʊnbəveːklɪç *o* ...ˈveklɪç] *a* immobile; *(fest)* fisso; *(starr)* rigido; *(geistig)* inflessibile; **~es Fest** festa fissa.
unbewußt *a* inconsapevole; *psych* inconscio; *(instinktiv)* istintivo. **Unbewußte** ⟨ein -s, -n, ø⟩ *n* inconscio *m.*
unbezahlbar [ʊnbəˈtsaːlbaːɐ̯ *o* 'ʊn...] *a* impagabile.
unbrauchbar *a* inutilizzabile; *(ungeeignet)* inadatto.
unbürokratisch *a* non burocratico; **jdm schnelle und ~e Hilfe zusichern** assicurare a qu aiuto sollecito e spontaneo.
und [ʊnt] *con* e; *(vor Vokal, bes. e)* ed; *(bei wiederholten Komparativen)* sempre; *mat* più, e; **größer ~ größer** sempre più grande; **~ so weiter** (*o* **fort**) (*ab* **usw., usf.**) eccetera, e così via; **drei ~ zwei ist fünf** tre più due fa cinque; **geh ~ hole mir ...** va a prendermi ...; **sei so gut ~ mach das Fenster zu** fammi il favore di chiudere la finestra; **er ~ Angst haben!** *fam iron* lui e avere paura!; **~?** e allora?; **~ dann?** e poi?; **na ~?** *fam* e con ciò?
Undank *m* ingratitudine *f;* **~ ist der Welt Lohn** *prov* il mondo è ingrato.
undankbar *a* ingrato (*gegen* verso).
undefinierbar [ʊndefiˈniːɐ̯baːɐ̯ *o* 'ʊn...] *a* indefinibile.
undenkbar [ʊnˈdɛŋkbaːɐ̯] *a* impensabile, inconcepibile.
undeutlich *a* indistinto; *(Foto)* offuscato; *(Schrift)* illeggibile; *(Laut)* inarti-

colato; **sich ~ ausdrücken** esprimersi in modo confuso.
undicht *a* non stagno, non ermetico; **der Wasserhahn ist ~** il rubinetto perde.
Unding *n:* **es ist ein ~ zu ...** è assurdo ... *inf.*
undurchlässig *a* impermeabile (*für* a).
undurchsichtig *a* **1.** *(Material)* non trasparente; *(Glas)* opaco; **2.** *fig* impenetrabile, misterioso, oscuro.
uneben *a (Weg)* scosceso, scabro; *(Gelände)* accidentato.
unecht *a* falso; *(nachgemacht)* imitato; *(künstlich)* artificiale.
unehelich *a (Kind)* illegittimo, naturale.
uneigennützig *a* disinteressato, altruista.
uneingeschränkt *a* illimitato; *(Gewalt)* assoluto.
uneinig *a* discorde; *(bes. Partei)* diviso; **in diesem Punkt sind wir uns ~** su questo punto non siamo d'accordo.
unempfindlich *a* **1.** *(unsensibel)* insensibile (*gegen* a); **2.** *(widerstandsfähig)* resistente (*gegen* a); **3.** *(gefühllos)* freddo, impassibile.
unendlich [ʊn'ʔɛntlɪç] **I.** *a* infinito; *(unermeßlich)* immenso; **auf ~ einstellen** *fot* regolare sull'infinito; **II.** *adv* infinitamente; **~ traurig** infinitamente triste; **~ lange diskutieren** discutere molto a lungo. **Unendlichkeit** ‹-, ø› *f* infinità *f; (Unermeßlichkeit)* immensità *f.*
unentgeltlich [ʊnʔɛnt'gɛltlɪç *o* 'ʊn...] **I.** *a* gratuito; **II.** *adv* gratis, per niente.
unentschieden *a* **1.** *(Mensch)* indeciso, incerto; **2.** *(Frage, Angelegenheit)* incerto; **~ enden** finire con un pareggio; **~ stehen** essere in pareggio. **Unentschieden** ‹-, -› *n sport* pareggio *m.*
unentschlossen *a* irresoluto, indeciso; *(zögernd)* titubante; **~ sein** esitare.
unentschuldigt *a* ingiustificato.
unentwegt [ʊnʔɛnt've:kt *o* 'ʊn...] **I.** *a* imperterrito, fermo; **II.** *adv* in continuazione, incessantemente.
unerbittlich [ʊnʔɛɐ̯'bɪtlɪç *o* 'ʊn...] *a* spietato; *(a. Schicksal)* inesorabile.
unerfahren *a* inesperto (*in* in), poco pratico (*in* in).
unerfindlich [ʊnʔɛɐ̯'fɪntlɪç *o* 'ʊn...] *a:* **aus ~en Gründen** per ragioni oscure.
unerfreulich *a* spiacevole.
unerhört [ʊnʔɛɐ̯'hø:ɐ̯t] **I.** *a* **1.** *(unglaublich)* inaudito; *(außerordentlich)* incredibile; **2.** *(empörend)* inaudito; **das ist ja wirklich ~!** è veramente incredibile (*o* inaudito); **II.** *adv (überaus)* incredibilmente.
unerklärlich [ʊnʔɛɐ̯'klɛ:ɐ̯lɪç *o* 'ʊn...] *a* inesplicabile, inspiegabile.
unerläßlich [ʊnʔɛɐ̯'lɛslɪç *o* 'ʊn...] *a* indispensabile, essenziale.
unerlaubt *a* illecito, non autorizzato.
unermeßlich [ʊnʔɛɐ̯'mɛslɪç *o* 'ʊn...] *a* smisurato; *(unendlich)* infinito, immenso; *(riesig)* enorme.
unermüdlich [ʊnʔɛɐ̯'my:tlɪç *o* 'ʊn...] *a* instancabile, indefesso.
unerreichbar [ʊnʔɛɐ̯'raɪ̯çba:ɐ̯ *o* 'ʊn...] *a* **1.** *(Ort, etc.)* irraggiungibile, inaccessibile; **2.** *fig (Leistung, etc.)* ineguagliabile.
unersättlich [ʊnʔɛɐ̯'zɛtlɪç *o* 'ʊn...] *a* insaziabile.
unerschöpflich [ʊnʔɛɐ̯'ʃœpflɪç *o* 'ʊn...] *a* inesauribile.
unerschütterlich [ʊnʔɛɐ̯'ʃʏtɐlɪç *o* 'ʊn...] *a* fermo, saldo, incrollabile; *(Ruhe)* imperturbabile.
unerschwinglich [ʊnʔɛɐ̯'ʃvɪŋlɪç *o* 'ʊn...] *a (Ware)* inaccessibile; *(zu teuer)* troppo caro; *(Preis)* esorbitante.
unersetzlich [ʊnʔɛɐ̯'zɛtslɪç *o* 'ʊn...] *a* **1.** *(unersetzbar)* insostituibile; **2.** *(nicht wiedergutzumachen)* irreparabile, irrimediabile.
unerträglich [ʊnʔɛɐ̯'trɛ:klɪç *o* 'ʊn...] *a* insopportabile.
unerwartet ['ʊnʔɛɐ̯vartət *o* ...'vartət] **I.** *a* inaspettato, inatteso; *(Glück)* insperato; *(plötzlich)* improvviso; **II.** *adv* all'improvviso.
unerwünscht *a* indesiderato; *(ungelegen)* inopportuno.
unfähig *a* **1.** *(generell inkompetent)* incapace (*zu* di); **2.** *vorübergehend außerstande)* non in grado (*zu* di); **3.** *(behindert)* inabile (*zur Arbeit* al lavoro). **Unfähigkeit** *f* incapacità *f;* inabilità *f.*
unfair *a* sleale; *(a. sport)* scorretto.
Unfall *m* incidente *m;* **~ auf dem Wege zur Arbeit** infortunio *m* andando al lavoro; **bei einem ~ ums Leben kommen** morire in un incidente. **Unfallarzt** *m,* **-ärztin** *f* medico *m* di pronto soccorso. **Unfallfahrer(in)** *m(f)* automobilista *mf* che ha provocato un incidente. **Unfallfolgen** *f pl:* **an den ~ sterben** morire per i postumi dell'incidente. **Unfallopfer** *n* vittima *f* dell'incidente. **Unfallquote** *f* numero *m* degli incidenti. **Unfallschaden** *m adm* danno *m* da incidente. **Unfallstation** *f* stazione *f* di pronto soccorso. **Unfallstelle** *f* luogo *m* (*o* teatro *m*) dell'incidente. **Unfallverhütung** *f* prevenzione *f* degli infortuni. **Unfallversicherung** *f* assicurazione *f* contro gli infortuni. **Unfallwagen** *m* **1.** *(Rettungswagen)* autoambulanza *f;* **2.** *(beschädigter Wagen)* automobile *f* che ha avuto un incidente.
unfaßbar, unfaßlich [ʊn'fasba:ɐ̯ *o* 'ʊn..., ...lɪç] *a* inconcepibile.
unfehlbar [ʊn'fe:lba:ɐ̯ *o* 'ʊn...] *a* infallibile; *(sicher)* sicuro. **Unfehlbarkeit** ‹-, ø› *f* infallibilità *f; (Sicherheit)* sicurezza *f.*
unfein *a* poco fine; *(unhöflich)* sgarbato; *(grob)* rozzo.

unflätig ['ʊnflɛ:tɪç] *a* sconcio.
unförmig ['ʊnfœrmɪç] *a* deforme, informe.
unfreiwillig **I.** *a* involontario; **II.** *adv* senza volere.
unfreundlich *a* **1.** *(unliebenswürdig)* scortese, sgarbato; *(barsch)* brusco, aspro; **2.** *(nicht ansprechend)* poco accogliente; *(Wetter)* inclemente.
Unfriede(n) *m* discordia *f.*
unfruchtbar *a* sterile; *(zeugungsunfähig)* infecondo.
Unfruchtbarkeit *f* sterilità *f;* *(fig a.)* infecondità *f.*
Unfug ['ʊnfu:k] ‹-(e)s, ø› *m* **1.** *(Possen)* scemenze *f pl;* **2.** *(Unsinn)* sciocchezze *f pl;* **grober ~** *jur* gravi eccessi *m pl;* **~ treiben** fare scemenze.
Ungar(in) ['ʊŋgar(ɪn)] ‹-n, -n› *m(f)* ungherese *mf.*
ungarisch *a* ungherese.
Ungarn ['ʊŋgarn] *n* Ungheria *f.*
ungastlich *a* inospitale.
ungeachtet ['ʊngəˀaxtət *o* ...'ˀaxtət] *prp gen* nonostante, malgrado; **~ dessen** ciò nonostante.
ungeahnt ['ʊngəˀa:nt *o* ...'ˀa:nt] *a* insospettato, inaspettato.
ungebeten *a:* **~er Gast** intruso, -a *m, f.*
ungebildet *a* incolto.
Ungeborene ‹ein -s, -n, -n› *n* nascituro *m.*
ungebräuchlich *a* inusitato.
ungedeckt *a allg., fin* scoperto.
ungeduldig *a* impaziente.
ungeeignet *a* inadatto (*für, zu* a); *(Moment)* inopportuno.
ungefähr ['ʊngəfɛ:ɐ̯ *o* ...'fɛ:ɐ̯] **I.** *a (annähernd)* approssimativo; *(vage)* vago; **II.** *adv* circa, pressappoco; **~ 100 Mark** un centinaio di marchi; **nicht von ~** non a caso; **wo ~?** dove pressappoco?; **können Sie mir ~ sagen, wie/wo ...?** potrebbe dirmi pressappoco come/dove ...?
ungefährlich *a* non pericoloso; *(harmlos)* innocuo.
ungeheuer ['ʊngəhɔ̯yɐ *o* ...'hɔ̯yɐ] **I.** *a* immenso, enorme; *(riesig)* colossale, gigantesco; **II.** *adv* enormemente, infinitamente.
Ungeheuer ['ʊngəhɔ̯yɐ] ‹-s, -› *n* mostro *m.*
ungehörig *a* sconveniente, disdicevole; *(frech)* insolente.
ungehorsam *a* disubbidiente; *(bes. mil)* insubordinato. **Ungehorsam** *m* disubbidienza *f; (bes. mil)* insubordinazione *f.*
ungeklärt *a (Frage, Ursache)* non chiarito; *(Verbrechen)* oscuro.
ungekündigt *a:* **in ~er Stellung** senza aver subito licenziamento.
ungelegen *a* inopportuno; *(zeitlich a.)* intempestivo; **komme ich ~?** disturbo?
Ungelegenheit *f:* **jdm ~en machen** procurare fastidi a qu.
ungelernt *a* non qualificato.
ungelogen *adv fam* sinceramente.
ungemein ['ʊngəmai̯n *o* ...'mai̯n] *adv* immensamente.
ungemütlich *a* **1.** *(nicht bequem)* non confortevole, poco accogliente; **2.** *fig (Wetter)* brutto, cattivo; *(Person)* poco simpatico; **~ werden** *fam* arrabbiarsi.
ungenau *a* inesatto, impreciso.
ungenießbar ['ʊngəni:sba:ɐ̯ *o* ...'ni:s...] *a* **1.** *(Speise)* immangiabile; *(Getränk)* imbevibile; **2.** *fam scherz (Person)* intrattabile.
ungenügend *a* insufficiente; *(Schulnote)* ≃ zero.
ungenutzt *a* inutilizzato; **die Gelegenheit ~ verstreichen lassen** non cogliere l'occasione.
ungepflegt *a* non curato, trascurato.
ungerade *a (Zahl)* dispari.
ungerecht *a* ingiusto. **Ungerechtigkeit** *f* ingiustizia *f* (*gegenüber* verso).
ungeregelt *a* sregolato, disordinato.
Ungereimtheit ‹-, -en› *f fig* contraddizione *f.*
ungern *adv* mal volentieri, controvoglia.
ungeschehen *a:* **etw. ~ machen** fare come se qc non fosse successo; **das ist nicht mehr ~ zu machen** ormai è cosa fatta.
ungeschickt *a* maldestro, goffo.
ungeschlechtlich *a* asessuale.
ungeschoren *a:* **~ davonkommen** uscirne indenne (*o* illeso).
ungesetzlich *a* illegale.
ungestört **I.** *a* indisturbato, tranquillo; **II.** *adv* in pace.
ungestraft *a* impunito.
ungestüm ['ʊngəʃty:m] **I.** *a* impetuoso; *(heftig)* violento; **II.** *adv* con veemenza. **Ungestüm** ‹-(e)s, ø› *n geh* impetuosità *f;* **mit jugendlichem ~** con impeto giovanile.
ungesund *a* **1.** *(Speise, Klima, etc.)* malsano; *(schädlich)* nocivo (*für* a); **2.** *(kränklich)* malaticcio.
ungetrübt *a fig (Freude, etc.)* non offuscato, sereno.
Ungetüm ['ʊngəty:m] ‹-(e)s, -e› *n* colosso *m; (Monstrum)* mostro *m.*
ungewiß *a* incerto, dubbio; **jdn über etw. im ungewissen lassen** lasciare qu nell'incertezza di qc. **Ungewißheit** *f* incertezza *f,* dubbio *m.*
ungewöhnlich *a* **1.** *(ungewohnt)* insolito, inconsueto; **2.** *(außerordentlich)* eccezionale.
ungewohnt *a* inconsueto, insolito.
ungewollt **I.** *a* involontario, non voluto; **II.** *adv* involontariamente.
Ungeziefer ['ʊngətsi:fɐ] ‹-s, ø› *n* insetti *m pl* nocivi, parassiti *m pl.*

ungezogen *a* maleducato; *(bes. Kinder)* cattivo; *(frech)* sfacciato.
ungezwungen **I.** *a* spontaneo; *(natürlich)* naturale, disinvolto, non affettato; **II.** *adv* con disinvoltura.
unglaubhaft *a* incredibile.
ungläubig *a* incredulo; *(rel a.)* miscredente. **Ungläubige** *mf* incredulo, -a *m, f,* miscredente *mf,* infedele *mf.*
unglaublich [ʊnˈglaupl̩ɪç *o* ˈʊn...] *a* **1.** *(Geschichte, etc.)* incredibile; **2.** *fig (unerhört)* inaudito.
unglaubwürdig *a* **1.** *(Mensch)* non degno di fede; **2.** *(Nachricht)* inattendibile.
ungleich **I.** *a* disuguale; *(verschieden)* differente, diverso; *(unähnlich)* dissimile; *(nicht zusammenpassend)* spaiato; **II.** *adv (vor Komparativen: weitaus)* di gran lunga. **ungleichmäßig** *a* **1.** *(unregelmäßig)* irregolare; **2.** *(nicht zu gleichen Teilen)* sproporzionato.
Unglück ‹-(e)s, -e› *n* **1.** *(Unheil)* disgrazia *f;* **2.** *(Pech, Mißgeschick)* sfortuna *f;* **3.** *(~fall)* disgrazia *f,* sciagura *f;* **4.** *(Katastrophe)* calamità *f;* **5.** *(Not, Elend)* miseria *f;* **6.** *(Schicksalsschlag)* sventura *f;* **7.** *(Unglücklichsein)* infelicità *f;* **jdn ins ~ stürzen** causare la rovina di qu; **zu allem ~ ...** per (il) colmo della (*o* di) sfortuna ...; **das bringt ~** ciò porta sfortuna; **ein ~ kommt selten allein** *prov* le disgrazie non vengono mai sole.
unglücklich *a* infelice; **~ ausgehen** finire male; **~ stürzen** cadere male.
unglücklicherweise *adv* sfortunatamente, per disgrazia.
Ungnade *f* disgrazia *f,* sfavore *m;* **bei jdm in ~ fallen** cadere in disgrazia presso qu.
ungültig *a allg.* non valido; *(bes. jur)* invalido; *(a. Stimmzettel)* nullo; *(verfallen: Paß, etc.)* scaduto; **für ~ erklären** dichiarare nullo; *(bes. jur: Testament, Vertrag)* invalidare; *(Ehe)* annullare; **~ werden** *(nach Ablauf einer Frist)* scadere; *(durch Verjährung)* cadere in prescrizione. **Ungültigkeit** *f* invalidità *f,* nullità *f.*
ungünstig **I.** *a* sfavorevole; *(nachteilig)* svantaggioso; *(Wetter)* inclemente; **~er Augenblick** momento poco propizio; **II.** *adv* male.
ungut *a:* **ein ~es Gefühl haben** avere una sensazione sgradevole; **nichts für ~!** non se la prenda.
unhaltbar [ˈʊnhaltba:ɐ̯ *o* ...ˈhalt...] *a* **1.** *mil, fig* insostenibile; **2.** *sport* imparabile.
unhandlich *a* poco maneggevole.
Unheil *n* malanno *m; (Unglück)* disgrazia *f,* sciagura *f;* **~ anrichten** (*o* **stiften)** recare disgrazie; *(Schaden)* causare danni.
unheilbar [ˈʊnhai̯lba:ɐ̯ *o* ...ˈhai̯l...] *a* incurabile, inguaribile.
unheilvoll *a* funesto, nefasto.
unheimlich **I.** *a* **1.** *(beängstigend)* inquietante; **2.** *(düster)* lugubre, sinistro; **3.** *fam (sehr viel, sehr groß)* tremendo, terribile; **II.** *adv fam (sehr)* molto, paurosamente.
unhöflich *a* scortese, sgarbato.
unhygienisch *a* antigienico.
uni [ˈyni *o* yˈni:] ‹*inv*› *a* (in) tinta unita.
Uni [ˈʊni] ‹-, -s› *f fam ab von* **Universität** università *f.*
Uniform [uniˈfɔrm *o* ˈʊn...] ‹-, -en› *f* divisa *f,* uniforme *f;* **in ~** in divisa.
Universal- [univɛrˈza:l-] *(in Zusammensetzungen)* universale. **Universalgenie** *n* genio *m* universale.
Universität [univɛrziˈtɛ:t] ‹-, -en› *f* università *f;* **die ~ besuchen** andare all'università, fare (*o* frequentare) l'università. **Universitätsstadt** *f* città *f* universitaria.
Universum [uniˈvɛrzʊm] ‹-s, ø› *n* universo *m.*
Unke [ˈʊŋkə] ‹-, -n› *f* ululone *m.*
unkenntlich *a* irriconoscibile. **Unkenntlichkeit** ‹-, ø› *f:* **bis zur ~ entstellen** sfigurare fino a rendere irriconoscibile.
Unkenntnis *f* ignoranza *f;* **in ~ über etw. sein** ignorare qc; **jdn in ~ lassen** lasciare qu all'oscuro; **in ~** *gen* nell'ignoranza di.
unklar *a* **1.** *allg.* poco (*o* non) chiaro; *(trüb)* torbido; *(undeutlich)* indistinto; **2.** *fig* vago, oscuro; *(verworren)* confuso; *(unverständlich)* incomprensibile; **im ~en über etw. sein** essere all'oscuro di qc; **jdn im ~en lassen** lasciare qu all'oscuro. **Unklarheit** *f* **1.** *(Unklarsein)* poca chiarezza *f,* mancanza *f* di chiarezza, oscurità *f,* confusione *f;* **2.** *(unklare Vorstellung)* mancanza *f* di chiarezza.
unklug *a* imprudente, irragionevole.
unkompliziert *a* non complicato.
unkontrollierbar [ˈʊnkɔntrɔli:ɐ̯ba:ɐ̯ *o* ...ˈli:ɐ̯...] *a* incontrollabile.
Unkosten ‹*pl*› spese *f pl;* **sich in ~ stürzen** fare spese pazze *fam.*
Unkraut *n* erbaccia *f;* **~ vergeht nicht** *prov* la malerba non muore mai *prov.*
unkündbar [ˈʊnkʏntba:ɐ̯ *o* ...ˈkʏnt...] *a* irrevocabile; *(Stellung)* permanente.
unlängst *adv* poco fa, recentemente.
unlauter *a:* **~er Wettbewerb** concorrenza sleale.
unleserlich [ˈʊnle:zɐlɪç *o* ...ˈle:z...] *a* illeggibile.
unliebsam *a* spiacevole, increscioso.
unlogisch *a* illogico.

unlösbar [ʊnˈløːsbaːɐ̯ *o* ˈʊn...] *a* insolubile.
unlöslich [ʊnˈløːslɪç *o* ˈʊn...] *a* insolubile.
Unlust *f* svogliatezza *f*, malavoglia *f*; **mit ~** di malavoglia.
unmäßig I. *a* eccessivo, smisurato, smoderato; *(im Genuß)* intemperante; **II.** *adv* oltre misura.
Unmenge *f* (gran) quantità *f* (*an, von* di), massa *f* (*an, von* di).
Unmensch *m* bruto *m*, mostro *m*. **unmenschlich** [ˈʊnmɛnʃlɪç *o* ...ˈmɛnʃ...] *a* inumano; *(grausam)* crudele, brutale; *(menschenunwürdig a.)* indegno d'un uomo; *fig (ungeheuer)* sovrumano. **Unmenschlichkeit** *f* inumanità *f*, crudeltà *f*.
unmerklich [ʊnˈmɛrklɪç *o* ˈʊn...] *a* impercettibile, inavvertibile.
unmißverständlich [ˈʊnmɪsfɛɐ̯ʃtɛntlɪç *o* ...ˈʃtɛnt...] **I.** *a* inequivocabile, chiaro; **II.** *adv* senza equivoci.
unmittelbar *a* immediato, diretto; *(bevorstehend)* imminente; **~ darauf** subito dopo.
unmodern *a* fuori moda; *(Ansichten)* antiquato.
unmöglich [ˈʊnmøːklɪç *o* ...ˈmøːk...] *a* impossibile; **es ist ~ zu ...** è impossibile ... *inf*; **das kann ich ~ schaffen** è impossibile che ci riesca. **Unmöglichkeit** *f* impossibilità *f*; **das ist ein Ding der ~** è assolutamente impossibile.
unmoralisch *a* immorale.
unmotiviert I. *a* ingiustificato, non motivato; **II.** *adv* senza giustificazione.
unmündig *a* minorenne.
unmusikalisch *a* non musicale.
unnachgiebig *a* intransigente.
unnahbar [ʊnˈnaːbaɐ̯ *o* ˈʊn...] *a* inavvicinabile, inaccessibile.
unnatürlich *a* **1.** *(nicht natürlich)* innaturale; *(abnorm)* anormale; **2.** *(geziert)* affettato.
unnötig *a* non necessario, inutile.
unnötigerweise *adv* inutilmente, invano.
unnütz [ˈʊnnʏts] *a* inutile; *(überflüssig)* superfluo.
UNO [ˈuːno] ‹-, ø› *f* *ab von* **United Nations Organization** O.N.U. *f* (*ab von* Organizzazione delle Nazioni Unite).
unordentlich *a* disordinato; *(Zimmer)* in disordine; *(nachlässig)* trascurato; *(a. Kleidung)* sciatto.
Unordnung *f* disordine *m*; *(Durcheinander)* confusione *f*; **in ~** in disordine; **etw. in ~ bringen** mettere qc in disordine.
unparteiisch *a* imparziale, obiettivo.
unpassend *a* *(Bemerkung)* sconveniente; *(Zeitpunkt)* inopportuno.
unpassierbar [ˈʊnpasiːɐ̯baːɐ̯ *o* ...ˈsiːɐ̯...] *a* impraticabile.
unpäßlich [ˈʊnpɛslɪç] *a* *geh* indisposto.
unpersönlich *a* impersonale.
unpolitisch *a* apolitico.
unpraktisch *a* *(Mensch)* non pratico; *(Gerät)* poco pratico.
unproduktiv *a* improduttivo.
unpünktlich *a* non puntuale. **Unpünktlichkeit** *f* mancanza *f* di puntualità.
Unrat [ˈʊnraːt] ‹-(e)s, ø› *m* *geh* immondizie *f pl*, spazzatura *f*.
unrecht *a* non giusto, sbagliato; *(Augenblick)* inopportuno. **Unrecht** *n* torto *m*; *(Ungerechtigkeit)* ingiustizia *f*; **u~ haben** avere torto; **jdm u~ tun** fare torto a qu; **im ~ sein** avere torto; **jdn ins ~ setzen** mettere qu dalla parte del torto; **zu ~** a torto; **nicht zu ~** non a torto. **unrechtmäßig** *a* illegale, indebito.
unregelmäßig *a* irregolare; *(Leben)* sregolato.
unreif *a allg., fig* immaturo; *(Frucht a.)* acerbo; *(fig a.)* prematuro.
unrein *a allg., fig* impuro; *(schmutzig)* non pulito, sporco; **(etw.) ins ~e schreiben** scrivere (qc) in brutta copia.
unrentabel *a* non redditizio.
unrichtig *a* sbagliato; *(bes. jur)* falso; *(ungenau)* inesatto, impreciso.
Unruh [ˈʊnruː] ‹-, -en› *f* *(der Uhr)* bilanciere *m*.
Unruhe *f* **1.** *(mangelnde Ruhe)* inquietudine *f*; *(Aufregung)* agitazione *f*; *(Ruhestörung)* disordine *m*; **2.** *(Besorgnis)* apprensione *f*; *(innere ~)* ansia *f*; *(nervöse Hast)* irrequietezza *f*; **3.** ‹*pl*› *pol* disordini *m pl*, tumulti *m pl*, sommosse *f pl*. **Unruhestifter(in)** *m(f)* sobillatore, -trice *m, f*.
unruhig *a* **1.** *(nicht ruhig)* inquieto; *(aufgeregt)* agitato; *(bes. See)* mosso; **2.** *(Leben, Mensch)* irrequieto; *(Zeiten)* turbolento; **3.** *(besorgt)* preoccupato (*wegen* per, di), inquieto (*wegen* per).
uns [ʊns] **I.** *pers pron* **1.** *(dat von* wir*)* *(betont)* a noi; *(unbetont)* ci; **2.** *(acc von* wir*)* *(betont)* noi; *(unbetont)* ci; **von ~** *(unsererseits)* da parte nostra; **ein Freund von ~** un nostro amico; **unter ~ gesagt ...** detto fra noi ...; **hier sind wir unter ~** qui siamo fra noi; **du gehörst zu ~** sei uno dei nostri; **II.** *rfl pron* ci.
unsanft *a* brusco, poco dolce.
unsauber *a* **1.** *allg., fig* sporco, sudicio; *(Ton a.)* non pulito; **2.** *fig* disonesto, losco.
unschädlich *a* innocuo; **jdn ~ machen** rendere innocuo qu.
unscharf *a (allg., fig, Ton)* indistinto; *(Foto)* sfocato; *(nicht präzise)* impreciso.
unscheinbar *a* poco (*o* non) appariscente.
unschicklich *a* sconveniente, disdicevole; *(unanständig)* indecente.

unschlüssig *a* irresoluto, indeciso; **ich bin mir noch ~ darüber, was ich tun soll** sono ancora indeciso sul da farsi.

unschön *a* **1.** *(häßlich)* brutto; **2.** *(unangenehm)* spiacevole.

Unschuld *f* **1.** *allg., jur* innocenza *f;* **2.** *(Jungfräulichkeit)* verginità *f;* **eine ~ vom Lande** *fam, scherz* una contadinella ingenua; **seine Hände in ~ waschen** lavarsene le mani. **unschuldig** *a allg., jur* innocente (*an* di).

unser ['ʊnzɐ] **I.** *(adjektivisches Possessivpronomen von* wir*)* nostro, -a *m, f,* nostri, -e *m pl, f pl;* **II.** *pers pron (gen von* wir*)* di noi.

unsereiner, unsereins *pron* uno come noi, noialtri.

uns(e)re(r, s) ['ʊnz(ə)rə] *(substantivisches Possessivpronomen von* uns*)* (il) nostro, (la) nostra, (i) nostri *pl,* (le) nostre *pl.*

uns(e)rerseits ['ʊnz(ə)rɐ'zaits] *adv* da parte nostra.

uns(e)resgleichen ['ʊnz(ə)rəs'glaiçən] ‹*inv*› *pron* nostro pari, gente *f, etc.* come noi.

unser(e)twegen ['ʊnzɐt'veːgən (...zərət...)] *adv* per causa nostra, per noi; *(negativ)* per colpa nostra.

unseretwillen ['ʊnzərət'vɪlən] *adv:* **um ~** per noi, per amor nostro.

unsicher *a* **1.** *(nicht gesichert)* poco sicuro, malsicuro, instabile; *(a. psych)* insicuro; **2.** *(ungewiß)* incerto; *(zweifelhaft)* dubbio; *(unzuverlässig)* non attendibile; **3.** *(gefährlich)* pericoloso, poco sicuro; **die Gegend ~ machen** *fam* infestare il luogo. **Unsicherheit** *f* insicurezza *f; (Ungewißheit)* incertezza *f.* **Unsicherheitsfaktor** *m* fattore *m* d'incertezza.

unsichtbar *a* invisibile.

Unsinn *m* **1.** *(Unsinnigkeit)* nonsenso *m,* assurdità *f;* **2.** *(Unfug)* sciocchezze *f pl,* scemenze *f pl;* **~ reden** dire sciocchezze; **das ist (doch) ~** sono tutte scemenze; **ich habe dich doch gestern abend nicht gestört? – ~!** non ti ho disturbato ieri sera? – va! *fam.* **unsinnig** *a* **1.** *(ohne Sinn)* assurdo, insensato; **2.** *(verrückt)* pazzo, folle; **3.** *(dumm)* sciocco, stupido.

Unsitte *f* cattiva abitudine *f.*

unsittlich *a* immorale, scostumato.

unsozial *a* asociale.

unsportlich *a* **1.** *(keinen Sport treibend)* non sportivo; **2.** *(nicht fair)* antisportivo.

unsre(r, s) *etc. s.* **unsere(r, s)** *etc.*

unsterblich [ʊn'ʃtɛrplɪç *o* 'ʊn...] *a* immortale; **sich ~ verlieben** *fam* innamorarsi perdutamente; **sich ~ blamieren** *fam* compromettersi irrimediabilmente. **Unsterblichkeit** *f* immortalità *f.*

Unstimmigkeit ['ʊnʃtɪmɪçkait] ‹-, -en› *f* **1.** *(in Rechnung, etc.)* differenza *f; (Widerspruch)* contrasto *m;* **2.** *(Meinungsverschiedenheit)* divergenze *f pl.*

unsympathisch *a* antipatico; **er ist mir ~** mi è antipatico.

untad(e)lig ['ʊntaːd(ə)lɪç *o* ...'taː...] *a* irreprensibile, ineccepibile.

Untat *f* misfatto *m; (Verbrechen)* delitto *m.*

untätig *a* inattivo, inerte, passivo.

untauglich *a* inadatto (*für* a); *mil* inabile (*für* a); *(nicht verwendungsfähig)* inservibile.

unteilbar [ʊn'tailbaːɐ *o* 'ʊn...] *a* indivisibile.

unten ['ʊntən] *adv* (di) sotto, giù, da basso; *(am unteren Ende)* in fondo (*an, in* a); *(an der Unterseite)* in fondo; **da ~** laggiù; **hier ~** quaggiù; **rechts ~** in fondo a destra; **weiter ~** più giù; *(im Text)* più avanti, sotto; **nach ~** giù; **von ~ (her)** dal basso; **siehe ~!** (*ab* **s. u.**) vedi sotto.

unter ['ʊntɐ] *prp dat/acc* **1.** *(örtlich)* sotto; *(~halb von, weniger als a.)* al di sotto di; **2.** *(zwischen)* fra, tra; *(inmitten)* in mezzo a; **10 Grad ~ Null** dieci gradi sotto zero; **nicht einer ~ hundert** non uno su cento; **nicht ~ 100 Mark** non meno di 100 marchi; **~ der Regierung ...** sotto il governo di ...; **~ Schmerzen** con dolori; **~ anderem** (*ab* **u. a.**) fra le altre cose, tra l'altro; **~ der Bedingung, daß ...** a condizione che ... *conj;* **sie wohnen ~ uns** abitano sotto di noi; **was verstehen Sie ~ ...?** che cosa intende per ...?

unterbelichtet *a (Foto)* sottoesposto.

unterbewußt *a* subconscio; **das U~e** il subconscio. **Unterbewußtsein** *n* subconscio *m,* subcosciente *m;* **in seinem ~** nel suo subcosciente.

unterbieten [ʊntɐ'biːtən] ‹*irr, ohne ge-*› *tr:* **jds Preise ~** battere offrendo a prezzi minori.

unterbinden [ʊntɐ'bɪndən] ‹*irr, ohne ge-*› *tr* impedire, troncare.

unterbleiben [ʊntɐ'blaibən] ‹*irr, ohne ge-*› *itr* ‹*sein*› **1.** *(nicht stattfinden)* non aver luogo, non succedere; **2.** *(nicht wieder vorkommen)* non ripetersi.

Unterbodenschutz *m* trattamento *m* del sottofondo.

unterbrechen [ʊntɐ'brɛçən] ‹*irr, ohne ge-*› *tr* interrompere. **Unterbrechung** ‹-, -en› *f* interruzione *f;* **mit ~en** a intervalli; **ohne ~** senza interruzione.

unterbreiten [ʊntɐ'braitən] ‹*ohne ge-*› *tr* sottoporre (*jdm etw.* qc a qu).

unter·bringen ‹*irr*› *tr* **1.** *(Möbel, Gepäck)* mettere; *(a. fig)* sistemare; **2.** *(beherbergen)* alloggiare, sistemare; *mil* acquartierare; **3.** *(in einer Stellung)* collocare, trovare un impiego a; **ich kann ihn nirgends ~** *fam* non lo conosco.

Unterbruch *m CH* interruzione *f.*
unterderhand [ʊntede:ɐ̯'hant] *adv* sottomano.
unterdes(sen) [ʊnte'dɛs(ən)] *adv* frattanto, nel frattempo.
Unterdruck ‹-(e)s, ⸚e› *m* bassa pressione *f.*
unterdrücken [ʊnte'drʏkən] ‹*ohne ge-*› *tr* **1.** *(Menschen)* opprimere; *(Aufstand)* soffocare, reprimere; **2.** *(Gefühl)* reprimere; *(Seufzer, Tränen)* trattenere. **Unterdrückung** ‹-, -en› *f (von Menschen)* oppressione *f; (von Aufstand, Gefühl)* repressione *f,* soffocare *m.*
untere *s.* **untere(r, s).**
untereinander [ʊnteʔa̯i'nande] *adv* **1.** *(räumlich)* l'uno sotto l'altro; **2.** *(miteinander)* l'uno con l'altro; *(gegenseitig)* l'un l'altro, reciprocamente.
unterentwickelt *a* sottosviluppato; *(Kind)* tardivo.
unterernährt *a* denutrito.
untere(r, s) ['ʊntərə] *a* basso, -a; *(a. untergeordnet)* inferiore; *(unten gelegen)* disotto.
Unterführung [ʊnte'fy:rʊŋ] *f* sottopassaggio *m.*
Untergang *m* **1.** *(von Gestirn)* tramonto *m;* **2.** *naut* naufragio *m;* **3.** *fig (Verfall)* declino *m; (Scheitern, Verderb)* rovina *f; (Welt~)* fine *f;* **dem** (*o* **seinem**) **~ entgegengehen** andare incontro alla (propria) rovina.
Untergebene [ʊnte'ge:bənə] ‹ein -r, -n, -n› *mf* inferiore *mf,* subalterno, -a *m, f.*
unter·gehen ‹*irr*› *itr* ‹*sein*› **1.** *(Gestirn)* tramontare; **2.** *naut* affondare; **3.** *fig (verfallen)* declinare; *(zugrunde gehen)* andare in rovina; *(umkommen)* perire, morire; **4.** *fig (sich verlieren)* perdersi; **die ~de Sonne** il sole che tramonta; **seine Worte gingen im Lärm völlig unter** le sue parole si persero completamente nel chiasso.
Untergeschoß *n* scantinato *m.*
untergraben [ʊnte'gra:bən] ‹*irr , ohne ge-*› *tr* minare, scalzare.
Untergrund *m* **1.** *geol* sottosuolo *m;* **2.** *arch* fondamento *m;* **3.** *(Malerei)* fondo *m;* **4.** *fig, pol* clandestinità *f.* **Untergrundbahn** *f* metropolitana *f.* **Untergrundbewegung** *f* movimento *m* clandestino.
unterhalb *prp gen* al di sotto di, sotto.
Unterhalt *m* **1.** *(Lebens~)* mantenimento *m,* sostentamento *m;* **2.** *jur* alimenti *m pl;* **3.** *(Instandhaltung)* manutenzione *f.*
unterhalten [ʊnte'haltən] ‹*irr, ohne ge-*› **I.** *tr* **1.** *(ernähren)* sostentare; *(a. in Betrieb haben)* mantenere; **2.** *(Konto)* avere, tenere; **3.** *(Bauwerk)* mantenere; **4.** *(Geschäft)* condurre; **5.** *(Beziehungen)* mantenere; **6.** *(vergnügen)* divertire; **II.** *rfl:* **sich ~ 1.** *(miteinander sprechen)* conversare (*über* di), intrattenersi (*über* su); **2.** *(sich vergnügen)* divertirsi.
Unterhalter(in) [ʊnte'halte, ...ərɪn] *m(f)* conversatore, -trice *m, f,* ospite *mf.*
unterhaltsam [ʊnte'haltza:m] *a* divertente, piacevole.
Unterhaltsanspruch *m* diritto *m* agli alimenti. **unterhaltsberechtigt** *a* che ha diritto al mantenimento; *(Ehefrau)* che ha diritto agli alimenti. **Unterhaltskosten** ‹*pl*› spese *f pl* di sostentamento. **Unterhaltspflicht** *f* obbligo *m* di passare gli alimenti.
Unterhaltung [ʊnte'haltʊŋ] *f* **1.** *(Gespräch)* conversazione *f;* **2.** *(Vergnügen)* divertimento *m,* passatempo *m;* **3.** *(Instandhaltung)* manutenzione *f;* **4.** *(Aufrechterhaltung)* mantenimento *m;* **gute ~!** buon divertimento! **Unterhaltungselektronik** *f* elettronica *f* d'intrattenimento. **Unterhaltungsindustrie** *f* industria *f* dello spettacolo. **Unterhaltungsliteratur** *f* letteratura *f* d'evasione.
Unterhändler(in) *m(f)* negoziatore, -trice *m, f,* mediatore, -trice *m, f; mil* parlamentario *m.*
Unterhemd *n* canottiera *f.*
Unterhose *f* mutande *f pl; (kurze)* mutandine *f pl;* **eine ~** un paio di mutande.
unterirdisch *a* sotterraneo.
Unterkiefer *m* mascella *f* inferiore, mandibola *f.*
unter·kommen ‹*irr*› *itr* ‹*sein*› **1.** *(Unterkunft finden)* trovare alloggio; **2.** *(Arbeit finden)* trovare un impiego, venir assunto; **so etwas ist mir noch nie untergekommen!** *fam* una cosa simile non mi è mai capitata.
unter·kriegen *tr fam:* **sich nicht ~ lassen** non lasciarsi sopraffare.
Unterkunft ['ʊntekʊnft] ‹-, ⸚e› *f* alloggio *m;* **~ und Verpflegung** vitto e alloggio; **jdm ~ geben** alloggiare qu.
Unterlage *f* **1.** *allg.* supporto *m,* sostegno *m; (Grundlage)* base *f; (Schreib~)* sottomano *m;* **2.** ‹*pl*› *(Akten)* documenti *m pl,* atti *m pl; (Beleg)* pezza *f* d'appoggio, giustificativo *m.*
unterlassen [ʊnte'lasən] ‹*irr, ohne ge-*› *tr* **1.** *(nicht tun)* tralasciare, omettere; *(bes. schuldhaft)* trascurare; **2.** *(darauf verzichten)* astenersi da; *(damit aufhören)* smettere, finire; **es ~ zu ...** astenersi da ... *inf;* **~ Sie alles, was ...** trascuri tutto ciò che ... **Unterlassung** ‹-, -en› *f* omissione *f.*
unterlegen¹ [ʊnte'le:gən] ‹*ohne ge-*› *tr (mit Stoff)* guarnire; *(mit Text, Musik)* munire (*mit* di).
unterlegen² [ʊnte'le:gən] *a* inferiore, più debole; *(besiegt)* sconfitto.

Unterleib *m* basso ventre *m.*
unterliegen [ʊntɐˈliːgən] ⟨*irr, ohne ge-*⟩ *itr* ⟨*sein*⟩ **1.** *(besiegt werden)* essere vinto (*o* battuto); *(erliegen)* soccombere; **2.** *fig (unterworfen sein)* essere soggetto (*dat* a), sottostare (*dat* a).
Untermiete *f* subaffitto *m,* sublocazione *f;* **in** (*o* **zur**) **~ bei jdm wohnen** stare in subaffitto da qu. **Untermieter(in)** *m(f)* subaffittuario, -a *m, f.*
unternehmen [ʊntɐˈneːmən] ⟨*irr, ohne ge-*⟩ *tr allg.* fare; *(Reise)* intraprendere; *(Versuch)* fare, tentare; **dagegen muß man dringend etwas ~** si deve intervenire al più presto.
Unternehmen ⟨-s, -⟩ *n* **1.** *(Vorhaben)* impresa *f;* **2.** *(Betrieb)* azienda *f.* **Unternehmensberater(in)** *m(f)* consulente *mf* aziendale.
Unternehmer(in) ⟨-s, -⟩ *m(f)* imprenditore, -trice *m, f.*
Unternehmungsgeist *m* spirito *m* d'iniziativa, iniziativa *f.* **unternehmungslustig** *a* intraprendente.
Unteroffizier *m* sottufficiale *m; (Dienstgrad)* sergente *m.*
Unterricht [ˈʊntɐrɪçt] ⟨-(e)s, *rar* -e⟩ *m (das Unterrichten)* insegnamento *m; (~sstunden)* lezioni *f pl.*
unterrichten [ʊntɐˈrɪçtən] ⟨*ohne ge-*⟩ *tr* **1.** *(Unterricht geben)* insegnare (*jdn in etw.* qc a qu), dare lezioni (*jdn in etw.* di qc a qu); **2.** *(informieren)* informare (*jdn von (o über) etw.* qu di qc); **sich über etw. ~** informarsi su (*o* di) qc; **unterrichtet sein** essere al corrente.
Unterrichtsfach *n* materia *f.* **Unterrichtsgegenstand** *m* materia *f* d'insegnamento. **Unterrichtsstunde** *f* lezione *f.*
Unterrock *m* sottoveste *f; (ohne Oberteil)* sottogonna *f.*
Untersatz *m allg.* piattino *m; (für Gläser)* sottobicchiere *m; (für Töpfe)* sottovaso *m;* **ein fahrbarer ~** *fam scherz* una macchina.
unterschätzen [ʊntɐˈʃɛtsən] ⟨*ohne ge-*⟩ *tr* sottovalutare.
unterscheiden [ʊntɐˈʃaidən] ⟨*irr, ohne ge-*⟩ **I.** *tr* **1.** *allg.* distinguere; **2.** *(abgrenzen)* differenziare (*von* da); **II.** *itr (einen Unterschied machen)* fare una distinzione (*zwischen* fra); **III.** *rfl:* **sich ~** distinguersi (*von* da), differire (*von* da); **worin ~ sich Ulla und Veronika?** in che cosa sono diverse Ulla e Veronica? **Unterscheidung** *f* distinzione *f,* differenziazione *f.*
Unterschied [ˈʊntɐʃiːt] ⟨-(e)s, -e⟩ *m* differenza *f* (*in* di); *(Unterscheidung)* distinzione *f* (*zwischen* fra); **einen ~ machen zwischen** fare una distinzione tra; **ohne ~** indifferentemente; **im ~ zu** a differenza di; **das ist ein gewaltiger ~!** questo fa una grande differenza.
unterschiedlich *a* diverso, differente.
unterschlagen [ʊntɐˈʃlaːgən] ⟨*irr, ohne ge-*⟩ *tr* **1.** *(Geld)* sottrarre; *(Briefe)* intercettare; **2.** *(verheimlichen)* nascondere, celare, tacere. **Unterschlagung** ⟨-, -en⟩ *f* appropriazione *f* indebita, sottrazione *f.*
Unterschlupf [ˈʊntɐʃlʊpf] ⟨-(e)s, -e *o* ¨-e⟩ *m* **1.** *(Obdach)* rifugio *m,* riparo *m;* **2.** *(Versteck)* nascondiglio *m.*
unterschreiben [ʊntɐˈʃraibən] ⟨*irr, ohne ge-*⟩ *tr* **1.** *allg.* firmare, sottoscrivere; **2.** *fam (gutheißen)* approvare.
Unterschrift *f* **1.** *(Name)* firma *f;* **2.** *(Bild~)* leggenda *f.*
unterschwellig *a* inconscio.
untersetzt [ʊntɐˈzɛtst] *a* tarchiato.
unterste *s.* **unterste(r, s).**
unterstehen [ʊntɐˈʃteːən] ⟨*irr, ohne ge-*⟩ **I.** *itr:* **jdm ~** dipendere da qu; **II.** *rfl:* **sich ~, etw. zu tun** non osare di fare qc; **untersteh dich, das zu tun!** guai (a te) se lo fai! *fam.*
unter·stellen[1] [ˈʊntɐʃtɛlən] **I.** *tr* **1.** *(zur Aufbewahrung)* depositare, mettere; **2.** *(Auto)* parcheggiare; *(in Garage)* mettere in garage; **II.** *rfl:* **sich ~** mettersi al riparo (*vor* da).
unterstellen[2] [ʊntɐˈʃtɛlən] ⟨*ohne ge-*⟩ *tr* **1.** *(unterordnen)* subordinare; *mil* assegnare al comando (*jdm* di qu); **2.** *(die Leitung übertragen)* assegnare; **3.** *pej (unterschieben)* attribuire; **4.** *(annehmen)* presumere; **wir unterstellen jetzt einmal, daß das wahr ist** ammettiamo adesso che sia vero. **Unterstellung** *f* **1.** *(Unterordnung)* subordinazione *f;* **2.** *(falsche Behauptung)* insinuazione *f.*
unterste(r, s) [ˈʊntɐstə] ⟨*Superlativ von* untere⟩ *a* **1.** *(örtlich)* (il/la) più basso, -a; **2.** *(im Rang)* ultimo, -a; **3.** *(letzte)* ultimo, -a.
unterstreichen [ʊntɐˈʃtraiçən] ⟨*irr, ohne ge-*⟩ *tr (a. fig)* sottolineare.
Unterstufe *f (an Schule)* classi *f pl* inferiori.
unterstützen [ʊntɐˈʃtʏtsən] ⟨*ohne ge-*⟩ *tr* **1.** *allg.* sostenere; *(a. fig)* appoggiare; **2.** *(finanziell)* sussidiare; *(helfen)* aiutare, assistere; **3.** *(moralisch)* sostenere. **Unterstützung** ⟨-, -en⟩ *f* **1.** *allg.* sostegno *m; (a. fig)* appoggio *m;* **2.** *(Beihilfe)* sussidio *m; (Subvention)* sovvenzione *f;* **3.** *(Beistand)* aiuto *m,* assistenza *f.*
untersuchen [ʊntɐˈzuːxən] ⟨*ohne ge-*⟩ *tr* **1.** *(prüfen)* esaminare; *(analysieren, abhandeln)* analizzare (*auf etw.* circa qc); *(erkunden)* esplorare; **2.** *(nachprüfen)* verificare, controllare; *(Maschinen)* ispezionare; *(polizeilich)* indagare, investigare; **3.** *(beim Zoll, Patienten)* visitare; **sich ärztlich ~ lassen** farsi visitare da un medico.

Untersuchung [ʊntɐˈzuːxʊŋ] ‹-, -en› *f* **1.** *(Prüfung)* esame *m; (Analyse)* analisi *f; (Nachforschung, Abhandlung)* studio *m; (Erkundung)* esplorazione *f;* **2.** *(Nachprüfung)* verifica *f,* controllo *m; (beim Zoll, Arzt)* visita *f;* **3.** *(polizeilich)* indagine *f,* inchiesta *f;* **gerichtliche ~** istruttoria *f;* **bei näherer ~** dopo approfondito esame. **Untersuchungsausschuß** *m* commissione *f* d'inchiesta. **Untersuchungshaft** *f* (*ab fam* **U-Haft**) detenzione *f* preventiva. **Untersuchungsrichter(in)** *m(f)* giudice *mf* istruttore.

Untertasse *f* piattino *m;* **fliegende ~** disco *m* volante.

unter·tauchen I. *tr* ‹*haben*› immergere, tuffare; **II.** *itr* ‹*sein*› immergersi, tuffarsi; *fig* scomparire.

Unterteil *n* parte *f* inferiore.

unterteilen [ʊntɐˈtai̯lən] ‹*ohne ge-*› *tr* suddividere.

Untertitel *m* sottotitolo *m.*

untertreiben [ʊntɐˈtrai̯bən] ‹*irr, ohne ge-*› **I.** *tr* sminuire; **II.** *itr* minimizzare.

Unterwäsche *f* biancheria *f* intima.

unterwegs [ʊntɐˈveːks] *adv* strada facendo; *(auf der Reise)* durante il viaggio; **(immer) ~ sein** essere (sempre) in giro; **der Arzt ist schon ~** il medico sta per arrivare; **bei uns ist ein Baby ~** aspettiamo un bambino.

unterwerfen [ʊntɐˈvɛrfən] ‹*irr, ohne ge-*› **I.** *tr (ein Volk)* sottomettere, assoggettare; *(unterjochen)* soggiogare; **einer S.** *(dat)* **unterworfen sein** essere soggetto a qc; **II.** *rfl:* **sich ~** sottomettersi.

unterwürfig [ʊntɐˈvʏrfɪç *o* ˈʊn...] *a* servile, ossequioso.

unterzeichnen [ʊntɐˈtsai̯çnən] ‹*ohne ge-*› *tr adm* firmare, sottoscrivere. **Unterzeichner(in)** *m(f) adm* firmatario, -a *m, f.* **Unterzeichnete** ‹ein -r, -n, -n› *mf adm* sottoscritto, -a *m, f.* **Unterzeichnung** *f adm* firma *f.*

Untiefe *f* bassofondo *m,* secca *f.*

Untier *n* mostro *m; (a. fig)* belva *f.*

untragbar [ʊnˈtraːkbaːɐ̯ *o* ˈʊn...] *a* intollerabile; *(a. finanziell)* insopportabile.

untreu *a* infedele; **jdm ~ werden** diventare infedele a qu, tradire qu; **sich** *(dat)* **selbst ~ werden** rinnegare i propri principi. **Untreue** *f* **1.** *(gegenüber Menschen)* infedeltà *f;* **2.** *jur* frode *f; (im Amt)* prevaricazione *f.*

untröstlich [ʊnˈtrøːstlɪç *o* ˈʊn...] *a (nicht zu trösten)* inconsolabile (*über* per); *(sehr traurig)* desolato (*über* per).

Untugend *f* cattiva abitudine *f.*

unüberlegt *a* sconsiderato, avventato.

unübersehbar [ʊnˀyːbɐˈzeːbaːɐ̯ *o* ˈʊn...] *a* **1.** *(Menge)* immenso; **2.** *fig (Folgen)* incalcolabile.

unübersichtlich *a* poco chiaro, confuso; *(Anordnung)* mal disposto; *(Kurve)* cieco.

unüberwindlich [ʊnˀyːbɐˈvɪntlɪç *o* ˈʊn...] *a (Gegner)* invincibile; *(Schwierigkeiten)* insormontabile.

unüblich *a* inusitato.

unumgänglich [ʊnˀʊmˈgɛŋlɪç] *a* indispensabile.

unumschränkt [ʊnˀʊmˈʃrɛŋkt *o* ˈʊn...] *a* illimitato; *pol* assoluto.

unumstößlich [ʊnˀʊmˈʃtøːslɪç *o* ˈʊn...] *a* irrevocabile.

unumwunden [ˈʊnˀʊmvʊndən *o* ...ˈvʊn...] *adv:* **~ zugeben** riconoscere francamente.

ununterbrochen [ˈʊnˀʊntɐbrɔxən *o* ...ˈbrɔ...] **I.** *a* ininterrotto, incessante; **II.** *adv* senza interruzione.

unveränderlich [ʊnfɛɐ̯ˈˀɛndɐlɪç *o* ˈʊn...] *a* immutabile; *(a. mat)* invariabile.

unverändert [ˈʊnfɛɐ̯ˀɛndɐt *o* ...ˈˀɛn...] *a* immutato, invariato.

unverantwortlich [ʊnfɛɐ̯ˈˀantvɔrtlɪç *o* ˈʊn...] *a* irresponsabile, incosciente.

unverbesserlich [ʊnfɛɐ̯ˈbɛsɐlɪç *o* ˈʊn...] *a* incorreggibile.

unverbindlich [ˈʊnfɛɐ̯bɪntlɪç *o* ...ˈbɪnt...] **I.** *a* **1.** *(nicht bindend)* non impegnativo; **2.** *(nicht entgegenkommend)* asciutto; **II.** *adv* senza impegno.

unverblümt [ʊnfɛɐ̯ˈblyːmt *o* ˈʊn...] *adv* senza mezzi termini.

unverdaulich [ˈʊnfɛɐ̯dau̯lɪç *o* ...ˈdau̯...] *a (a. fig)* indigesto.

unvereinbar [ʊnfɛɐ̯ˈˀai̯nbaːɐ̯ *o* ˈʊn...] *a* incompatibile (*mit* con), inconciliabile (*mit* con).

unverfänglich [ˈʊnfɛɐ̯fɛŋlɪç *o* ...ˈfɛŋ...] *a* innocuo.

unverfroren [ˈʊnfɛɐ̯froːrən *o* ...ˈfroː...] *a* sfacciato, sfrontato.

unvergeßlich [ʊnfɛɐ̯ˈgɛslɪç *o* ˈʊn...] *a* indimenticabile.

unverhältnismäßig [ˈʊnfɛɐ̯hɛltnɪs- *o* ...ˈhɛlt...] **I.** *a* sproporzionato; *(übermäßig)* eccessivo; **II.** *adv* sproporzionatamente; *(übermäßig)* eccessivamente.

unverheiratet *a allg.* non sposato; *(Männer)* celibe; *(Frauen)* nubile.

unverkäuflich [ˈʊnfɛɐ̯kɔy̯flɪç *o* ...ˈkɔy̯f...] *a* **1.** *(nicht zum Verkauf bestimmt)* non in vendita; *(Muster)* non commerciabile; **2.** *(nicht zum Verkauf geeignet)* invendibile.

unvermeidlich [ʊnfɛɐ̯ˈmai̯tlɪç *o* ˈʊn...] *a* inevitabile, ineluttabile.

unvernünftig *a* insensato, irragionevole; *(töricht)* assurdo.

unverschämt *a* sfacciato, insolente.

unversehrt [ˈʊnfɛɐ̯zeːɐ̯t *o* ...ˈzeːɐ̯t] *a (Menschen)* illeso, incolume; *(Dinge)* intatto.

unversöhnlich [ˈʊnfɛɐ̯zøːnlɪç *o* ...ˈzøːn...] *a (Meinungen)* inconciliabile; *(Gegner)* intransigente.

unverständlich *a* incomprensibile.
unverwüstlich [ʊnfɛɐ̯'vy:stlɪç *o* 'ʊn...] *a* indistruttibile, resistente, solido; **~e Gesundheit** salute di ferro.
unverzeihlich [ʊnfɛɐ̯'tsa͜ilɪç *o* 'ʊn...] *a* imperdonabile.
unverzüglich [ʊnfɛɐ̯'tsy:klɪç *o* 'ʊn...] **I.** *a* immediato; *(prompt)* pronto; **II.** *adv* subito, immediatamente.
unvollkommen ['ʊnfɔlkɔmən *o* ...'kɔ...] *a* **1.** *(mangelhaft)* imperfetto; **2.** *(unvollständig)* incompleto.
unvorbereitet I. *a* impreparato; *(Rede)* improvvisato; **II.** *adv* senza essere preparato.
unvoreingenommen *a* non prevenuto, obiettivo.
unvorhergesehen *a* imprevisto.
unvorsichtig *a* imprudente, incauto.
unvorstellbar [ʊnfo:ɐ̯'ʃtɛlba:ɐ̯ *o* 'ʊn...] *a* inimmaginabile.
unvorteilhaft *a* svantaggioso, sfavorevole; **das Kleid ist sehr ~ für dich** il vestito non ti si addice.
unwahr *a* non vero, falso. **Unwahrheit** *f* falsità *f; (Lüge)* menzogna *f*, bugia *f;* **die ~ sagen** mentire.
unwahrscheinlich I. *a* **1.** *(kaum zu erwarten)* improbabile; **2.** *(unglaublich)* inverosimile, incredibile; **3.** *fam (sehr viel, groß)* molto; **II.** *adv fam (sehr)* molto; **sie hat sich ~ angestrengt** si è sforzata moltissimo. **Unwahrscheinlichkeit** *f* improbabilità *f;* inverosimiglianza *f.*
unweigerlich [ʊn'va͜igɐlɪç *o* 'ʊn...] *adv* immancabilmente.
unweit I. *prp gen* poco lontano da; **II.** *adv:* **~ von** poco lontano da.
Unwesen *n:* **sein ~ treiben** infestare (*an einem Ort* un luogo).
unwesentlich *a (irrelevant)* irrilevante; *(unwichtig)* poco importante, di importanza secondaria; *(unbedeutend)* insignificante; **sie ist nur ~ älter als meine Mutter** è solo un po' più vecchia di mia madre.
Unwetter *n* temporale *m.*
unwichtig *a* non (*o* poco) importante.
unwiderruflich [ʊnvi:dɐ'ru:flɪç *o* 'ʊn...] *a* irrevocabile; *(endgültig)* definitivo.
unwiderstehlich [ʊnvi:dɐ'ʃte:lɪç *o* 'ʊn...] *a* irresistibile.
unwillkürlich ['ʊnvɪlky:ɐ̯lɪç *o* ...'ky:ɐ̯...] *a* istintivo, spontaneo; *(automatisch)* automatico; **ich mußte ~ lachen** non potei fare a meno di ridere.
unwirklich *a* irreale.
unwirksam *a* inefficace; *jur* nullo.
unwirsch ['ʊnvɪrʃ] *a* scontroso, brusco.
unwissend *a* ignorante; *(unerfahren)* inesperto. **Unwissenheit** ‹-, ø› *f* ignoranza *f.* **unwissentlich I.** *a* inconsapevole; **II.** *adv* senza saperlo.
unwohl *a (unpäßlich)* indisposto; **sich ~ fühlen** *(unbehaglich)* non sentirsi a proprio agio. **Unwohlsein** *n* indisposizione *f.*
unwürdig *a* indegno.
unzerbrechlich [ʊntsɛɐ̯'brɛçlɪç *o* 'ʊn...] *a* infrangibile.
unzertrennlich [ʊntsɛɐ̯'trɛnlɪç *o* 'ʊn...] *a* inseparabile.
Unzucht *f* atto *m* di libidine. **unzüchtig** ['ʊntsʏçtɪç] *a* lascivo; *(Schriften)* osceno, pornografico.
unzufrieden *a* scontento (*mit* di), insoddisfatto (*mit* di).
unzurechnungsfähig *a* incapace di intendere e di volere; **jdn für ~ erklären lassen** far dichiarare qu incapace di intendere e di volere. **Unzurechnungsfähigkeit** *f* incapacità *f* di intendere e di volere.
unzusammenhängend *a* sconnesso.
unzustellbar *a* che non può essere recapitato; *(als Vermerk)* destinatario sconosciuto; **falls ~, zurück an den Absender** in caso di mancato recapito ritornare al mittente.
unzutreffend *a* inesatto; **U~es bitte streichen** cancellare ciò che non interessa.
unzuverlässig *a* **1.** *(Mensch)* non fidato; *(Freund)* infido; **2.** *(ungenau)* impreciso; **er ist ein ~er Mensch** non ci si può fidare di lui.
unzweideutig *a* inequivocabile.
üppig ['ʏpɪç] *a (Vegetation)* lussureggiante, rigoglioso; *(Mahl)* ricco, abbondante; *(Formen)* formoso, opulento; **~ leben** vivere nel lusso.
up to date ['ʌp tə 'deɪt] *a* up-to-date.
Urabstimmung ['u:ɐ̯-] *f* votazione *f* assembleare.
uralt *a* vecchissimo, antichissimo.
Uran [u'ra:n] ‹-s, ø› *n* uranio *m.*
urauf·führen *tr* rappresentare per la prima volta. **Uraufführung** *f* prima *f.*
Urenkel(in) *m(f)* pronipote *mf.* **Urgeschichte** *f* preistoria *f.* **Urgroßeltern** ‹*pl*› bisnonni *m pl.* **Urgroßmutter** *f* bisnonna *f.* **Urgroßvater** *m* bisnonno *m.*
Urheber(in) ‹-s, -› *m(f) (a. fig)* autore, -trice *m, f.* **Urheberrecht** *n* diritto *m* d'autore. **Urheberschaft** ‹-, ø› *f* paternità *f* (di un'opera).
urig ['u:rɪç] *a fam (Mensch)* originale; *(urwüchsig)* naturale.
Urin [u'ri:n] ‹-s, -e› *m* orina *f.*
urinieren [uri'ni:rən] ‹*ohne ge-*› *itr* orinare.
Urkunde ['u:ɐ̯kʊndə] ‹-, -n› *f* documento *m; (bes. jur)* atto *m;* **amtliche/gerichtliche/notarielle ~** atto ufficiale/giudiziario/notarile; **eine ~ (über etw.) ausstellen** rilasciare un documento (di qc). **Urkundenfälschung** *f* falso *m* in atto pubblico.

Urlaub ['u:ɐ̯laup] ‹-(e)s, -e› *m* vacanza *f*, ferie *f pl; mil* permesso *m*, licenza *f*; ~ **haben** avere vacanza; *mil* avere un permesso; ~ **nehmen** prendersi delle vacanze; *mil* prendersi un permesso; **in** (*o* **im**) ~ in vacanza; *mil* in licenza; **in** ~ **fahren** (*o* **gehen**) andare in vacanza; **im** ~ **sein** essere in vacanza; *mil* essere in licenza; **letztes Jahr haben wir** ~ **in Italien gemacht** (*o* **waren wir in Italien im** ~) l'anno scorso abbiamo trascorso le ferie (*o* vacanze) in Italia.

Urlauber(in) ['u:ɐ̯laubɐ (....ərɪn)] ‹-s, -› *m(f)* villeggiante *mf*.

Urlaubsgeld *n* sussidio *m* per le ferie. **urlaubsreif** *a fam:* ~ **sein** aver assoluto bisogno di vacanza. **Urlaubsstimmung** *f* spirito *m* da vacanze, atmosfera *f* da vacanze.

Urne ['ʊrnə] ‹-, -n› *f* urna *f*.

Ursache *f* causa *f*; *(Grund)* ragione *f*; *(Beweggrund)* motivo *m*; *(Anlaß)* occasione *f*; **keine** ~! non c'è di che, di nulla.

Ursprung *m* origine *f*; *(Anfang)* principio *m*; **seinen** ~ **haben in** prendere origine da, avere origine in.

ursprünglich ['u:ɐ̯ʃprʏŋlɪç *o* ...'ʃprʏŋ...] **I.** *a* **1.** *allg.* originario, primitivo; *(anfänglich)* iniziale; **2.** *(echt)* originale; *(natürlich)* naturale; **II.** *adv* in origine, in principio.

Ursula ['ʊrzula] *(weiblicher Vorname)* Orsola.

Urteil ['ʊrtail] ‹-s, -e› *n* **1.** *jur (richterliches)* sentenza *f*; *(der Geschworenen)* verdetto *m*; *(Entscheid)* decreto *m*; **2.** *(Beurteilung, ~skraft)* giudizio *m*; *(Meinung)* opinione *f*; *(Gutachten a.)* parere *m*; **ein** ~ **abgeben** dare un giudizio; **ein** ~ **fällen** pronunciare una sentenza; **sich** *(dat)* **ein** ~ **über etw. bilden** farsi un giudizio (*o* un'idea) di qc; **über jdn das** ~ **sprechen** giudicare qu; **nach dem** ~ **von** a giudizio di.

urteilen *itr (a. beurteilen)* giudicare (*über jdn/etw.* qu/qc, *nach* secondo); **nach seinem Benehmen zu** ~ a giudicare dal suo comportamento; ~ **Sie selbst!** giudichi Lei (stesso)!

Urteilsbegründung *f jur* motivazione *f* della sentenza. **Urteilskraft** *f* giudizio *m*. **Urteilsverkündung** *f* pubblicazione *f* della sentenza.

Urgroßeltern ['u:ɐ̯ʔu:ɐ̯-] ‹*pl*› trisavoli *m pl*.

Urwald *m* foresta *f* vergine, giungla *f*.

urwüchsig ['u:ɐ̯vy:ksɪç] *a* **1.** *(natürlich)* naturale; *(wild)* selvatico; **2.** *(kraftvoll)* vigoroso.

Urzeit *f*: **in** (*o* **vor** *o* **zu**) ~**en** in tempi remoti; **seit** ~**en** da millenni.

US(A) [u:'ʔɛs (u:ʔɛs'ʔa:)] ‹*pl*› U.S.A. *m pl*.

usurpieren [uzʊr'pi:rən] ‹*ohne ge-*› *tr* usurpare.

Usus ['u:zʊs] ‹-, ø› *m fam* usanza *f*; **das ist hier so** ~ qui si usa così.

usw. *ab von* **und so weiter** ecc. (*ab von* eccetera).

Utensilien [utɛn'zi:li̯ən] *n pl* arnesi *m pl*, utensili *m pl*.

Uterus ['u:terʊs, ...ri] ‹-, Uteri› *m* utero *m*.

Utopie [uto'pi:, ...i:ən] ‹-, -n› *f* utopia *f*.

utopisch [u'to:pɪʃ] *a* utopistico.

u. U. *ab von* **unter Umständen** eventualmente.

UV [u:'fau̯] *ab von* **ultraviolett** UV, Uv (*ab von* ultravioletto); ~**-Strahlen** raggi *m pl* ultravioletti.

V

V, v [fau̯] ‹-, -(s)› *n* V, v *f;* **V wie Viktor** V come Venezia.
Vagabund(in) [vaga'bʊnt (...dɪn)] ‹-en, -en› *m(f)* vagabondo, -a *m, f.*
vag(e) [va:k ('va:gə)] *a* vago.
Vakuum ['va:kuʊm, ...ku̯a *o* ...ku̯ən] ‹-s, -kua *o* -kuen› *n* vacuo *m.* **vakuumverpackt** *a* conservato sotto vuoto.
Valuta [va'lu:ta, ...tən] ‹-, -luten› *f* valuta *f* (estera).
Vampir ['vampi:ɐ̯ *o* ...'pi:ɐ̯] ‹-s, -e› *m* vampiro *m.*
Vanille [va'nɪljə *o* va'nɪlə] ‹-, ø› *f* vaniglia *f.* **Vanilleeis** *n* gelato *m* di (*o* alla) vaniglia. **Vanillepudding** *m* budino *m* di (*o* alla) vaniglia.
Variante [va'ri̯antə] ‹-, -n› *f* variante *f.*
Variation [varia'tsi̯o:n] ‹-, -en› *f* variazione *f.*
variieren [vari'i:rən] ‹*ohne ge-*› *tr, itr* variare.
Vase ['va:zə] ‹-, -n› *f* vaso *m.*
Vater ['fa:tɐ] ‹-s, ¨-› *m* padre *m;* ~ **Staat** *scherz* lo stato. **Vaterland** *n* patria *f.*
väterlich ['fɛ:tɐlɪç] *a* paterno. **väterlicherseits** ['fɛ:tɐlɪçɐ'zai̯ts] *adv* paterno, da parte di padre.
Vaterschaft ‹-, ø› *f* paternità *f.* **Vaterstelle** *f:* **bei jdm ~ vertreten** fare da padre a qu. **Vatertag** *m* festa *f* del papà.
Vaterunser ['fa:tɐ'ʔʊnzɐ] ‹-s, -› *n* padrenostro *m.*
Vati ['fa:ti] ‹-s, -s› *m* babbo *m fam.*
Vatikan [vati'ka:n] *m:* **der ~** il Vaticano. **Vatikanstadt** *f:* **die ~** la Città del Vaticano.
V-Ausschnitt ['fau̯-] *m* scollatura *f* a V.
v. Chr. *ab von* **vor Christus** a.C. (*ab von* avanti Cristo).
VEB [fau̯ʔe:'be:] ‹-(s), -s› *m ab von* **Volkseigener Betrieb** *(DDR) impresa di proprietà popolare collettiva nella R.D.T.*
Vegetarier(in) [vege'ta:ri̯ɐ (...ərɪn)] ‹-s, -› *m(f)* vegetariano, -a *m, f.*
vegetarisch *a* vegetariano.
Vegetation [vegeta'tsi̯o:n] ‹-, -en› *f* vegetazione *f.*
vegetativ [...'ti:f] *a* vegetativo; **~es Nervensystem** sistema *m* neurovegetativo.
vegetieren [...'ti:rən] ‹*ohne ge-*› *itr* vegetare.
Veilchen ['fai̯lçən] ‹-s, -› *n* **1.** *bot* violetta *f;* **2.** *fam (blaues Auge)* occhio *m* blu.
Velo ['ve:lo] ‹-s, -s› *n CH* bicicletta *f.*
Vene ['ve:nə] ‹-, -n› *f* vena *f.*
Venedig [ve'ne:dɪç] *n* Venezia *f.*
Venenentzündung *f* flebite *f.*
Venetien [ve'ne:tsi̯ən] *n* Veneto *m.*
Ventil [vɛn'ti:l] ‹-s, -e› *n tec* valvola *f; mus* pistone *m; fig* valvola *f* di sicurezza.
Ventilator [...'la:to:ɐ̯, ...la'to:rən] ‹-s, -en› *m* ventilatore *m.*
verabreden [fɛɐ̯'ʔapre:dən] ‹*ohne ge-*› **I.** *tr* concordare; *(Zeit, Ort)* fissare, stabilire; **wir hatten doch verabredet, daß** ... avevamo stabilito che ...; **II.** *rfl:* **sich ~** darsi appuntamento (*mit* con); **(mit jdm) verabredet sein** avere un appuntamento (con qu).
Verabredung ‹-, -en› *f* **1.** *(Vereinbarung)* accordo *m;* **2.** *(Treffen)* appuntamento *m.*
verabscheuen ‹*ohne ge-*› *tr* detestare, aborrire.
verabschieden ‹*ohne ge-*› **I.** *tr* **1.** *(Person)* congedare; **2.** *parl (Gesetz)* varare; *(Haushalt)* approvare; **II.** *rfl:* **sich ~** congedarsi (*von* da).
verachten ‹*ohne ge-*› *tr* disprezzare; **das ist nicht zu ~** *fam* non è da disprezzare.
verächtlich [fɛɐ̯'ʔɛçtlɪç] **I.** *a* **1.** *(voller Verachtung)* sprezzante, sdegnoso; **2.** *(verachtenswert)* spregevole; **II.** *adv* con disprezzo.
Verachtung *f* disprezzo *m,* spregio *m.*
verallgemeinern ‹*ohne ge-*› *tr* generalizzare. **Verallgemeinerung** ‹-, -en› *f* generalizzazione *f.*
veralten ‹*ohne ge-*› *itr* ‹*sein*› divenire antiquato; *(ungebräuchlich werden)* cadere in disuso; *(Mode)* passare di moda. **veraltet** *a (Ansichten, Ausdruck)* antiquato; *(ungebräuchlich)* inusitato; *(Mode)* fuori moda.
veränderlich *a mat, gram, meteo* variabile; *(Wesen)* volubile.
verändern ‹*ohne ge-*› **I.** *tr* cambiare, mutare; *(verwandeln)* trasformare; **II.** *rfl:* **sich ~** cambiare; *(beruflich)* cambiare posto.
Veränderung *f* cambiamento *m,* mutamento *m; (Verwandlung)* trasformazione *f; (Abänderungen)* modificazione *f,* modifica *f.*
verängstigen ‹*ohne ge-*› *tr* impaurire.
veranlagt *a:* **~ sein** avere predisposizione (*zu* a); *med* essere predisposto (*zu* a); **homosexuell ~ sein** avere tendenze omosessuali; **praktisch ~ sein** avere senso pratico.

Veranlagung ⟨-, -en⟩ *f* **1.** *allg., med* (pre)disposizione *f* (*zu* a); **2.** *fin* tassazione *f.*
veranlassen ⟨*ohne ge-*⟩ *tr* **1.** *(bewegen)* spingere, indurre; **2.** *(anordnen)* predisporre, ordinare; **sich veranlaßt sehen zu ...** vedersi obbligato a ... *inf;* **ich werde ~, daß ...** faccio in modo che ...
Veranlassung ⟨-, ø⟩ *f* **1.** *(Veranlassen)* disposizione *f,* ordine *m;* **2.** *(Grund)* motivo *m,* ragione *f;* **keinerlei ~ haben zu ...** non avere alcun motivo per ... *inf;* **zu etw. ~ geben** dare adito a qc; **auf ~ von** su iniziativa di.
veranschaulichen ⟨*ohne ge-*⟩ *tr* illustrare.
veranschlagen ⟨*ohne ge-*⟩ *tr* valutare (*mit* a); *(Kosten)* preventivare (*mit* a); **zu hoch/niedrig ~** sopravvalutare/sottovalutare.
veranstalten ⟨*ohne ge-*⟩ *tr* **1.** *(organisieren)* allestire, organizzare; **2.** *(abhalten, geben)* dare.
Veranstalter(in) ⟨-s, -⟩ *m(f)* organizzatore, -trice *m, f.*
Veranstaltung ⟨-, -en⟩ *f* **1.** ⟨*sing*⟩ *(Tätigkeit)* allestimento *m,* organizzazione *f,* preparazione *f;* **2.** *(Fest, etc.)* manifestazione *f.* **Veranstaltungskalender** *m* calendario *m* delle manifestazioni.
verantworten ⟨*ohne ge-*⟩ **I.** *tr* rispondere di, assumere la responsabilità di; **das kann ich nicht ~** non me ne assumo la responsabilità; **II.** *rfl:* **sich ~** giustificarsi (*vor* davanti a).
verantwortlich *a* **1.** *(Mensch)* responsabile (*für* di); **2.** *(Stellung)* di responsabilità; **für etw. ~ zeichnen** assumersi la responsabilità di qc; **jdn für etw. ~ machen** rendere qu responsabile di qc; **jdm gegenüber ~ sein** rispondere a qu (*für etw.* di qc).
Verantwortung ⟨-, -en⟩ *f* responsabilità *f* (*für* di); **die ~ für etw. tragen** (*o* **übernehmen**) assumersi la responsabilità di qc; **jdn zur ~ ziehen** chiedere conto a qu; **auf jds ~** sotto la responsabilità (*o* a rischio) di qu. **verantwortungsbewußt** *a* responsabile. **verantwortungslos** *a* irresponsabile, incosciente.
verarbeiten ⟨*ohne ge-*⟩ *tr* **1.** *(verwenden)* adoperare; *(a. bearbeiten)* lavorare; *(umwandeln)* trasformare (*zu* in); **2.** *(verbrauchen)* consumare; **3.** *fig (verdauen)* digerire; *(geistig, psychisch)* assimilare.
verarschen ⟨*ohne ge-*⟩ *tr sl* prendere per il culo *vulg.*
verausgaben ⟨*ohne ge-*⟩ *rfl:* **sich ~** *(finanziell)* spendere tutto; *(kräftemäßig)* esaurirsi.
Verb [vɛrp] ⟨-s, -en⟩ *n* verbo *m.*
Verband ⟨-(e)s, ¨-e⟩ *m* **1.** *med* fasciatura *f,* bendaggio *m;* **2.** *(Vereinigung)* associazione *f,* unione *f.* **Verband(s)kasten** *m* (cassetta *f* di) pronto soccorso *m.* **Verband(s)watte** *f* cotone *m* idrofilo. **Verband(s)zeug** ⟨-(e)s, -e⟩ *n* materiale *m* di pronto soccorso.
verbannen ⟨*ohne ge-*⟩ *tr* esiliare (*aus* da); *(a. fig)* bandire (*aus* da).
verbarrikadieren [fɛɐ̯barika'di:rən] ⟨*ohne ge-*⟩ **I.** *tr* barricare; **II.** *rfl:* **sich ~** barricarsi.
verbauen ⟨*ohne ge-*⟩ *tr* **1.** *(versperren)* chiudere (con una costruzione); *fig (Zukunft, etc.)* precludere; **2.** *pej (schlecht bauen)* costruire male; **die Aussicht ~** togliere la vista con una costruzione.
verbergen ⟨*irr, ohne ge-*⟩ **I.** *tr* nascondere (*vor* a); *(verheimlichen)* celare (*vor* a); **II.** *rfl:* **sich ~** nascondersi.
verbessern ⟨*ohne ge-*⟩ **I.** *tr* **1.** *(besser machen)* migliorare; **2.** *(berichtigen)* correggere; **II.** *rfl:* **sich ~ 1.** *(beim Sprechen)* correggersi; **2.** *(finanziell)* migliorare la propria situazione finanziaria; **3.** *(beruflich)* migliorare la propria posizione.
Verbesserung *f* **1.** *(Änderung zum Besseren)* miglioramento *m;* **2.** *(Korrektur)* correzione *f.* **Verbesserungsvorschlag** *m* proposta *f* di miglioramento.
Verbeugung *f* inchino *m.*
verbiegen ⟨*irr, ohne ge-*⟩ **I.** *tr* piegare, storcere; **II.** *rfl:* **sich ~** storcersi.
verbieten ⟨*irr, ohne ge-*⟩ *tr* proibire, vietare; *(amtlich)* interdire; *(Buch)* mettere all'indice; **jdm das Rauchen ~** proibire a qu di fumare.
verbilligt *a* a prezzo ribassato (*o* ridotto).
verbinden ⟨*irr, ohne ge-*⟩ **I.** *tr* **1.** *(vereinigen)* unire (*mit* con); *(in Verbindung setzen)* congiungere (*mit* con); **2.** *(zusammenbinden)* legare; *(bes. tec)* collegare; **3.** *med* fasciare, bendare; **4.** *tec* allacciare; *(koppeln)* attaccare, agganciare; **5.** *tel* mettere in comunicazione; **6.** *fig* legare (*mit* a); *(Gedanken)* collegare (*mit* con); **die damit verbundenen Kosten** le spese che ne derivano; **(Sie sind) falsch verbunden!** ha sbagliato numero; **ich wäre Ihnen sehr verbunden, wenn ...** Le sarei molto grato se ...; **was verbindest du mit dem Begriff „Freiheit"?** cosa associ al concetto di libertà?; **II.** *rfl:* **sich ~** unirsi, congiungersi; *chem* combinarsi.
verbindlich *a* **1.** *(freundlich)* gentile, compiacente; **2.** *(verpflichtend)* vincolante, obbligatorio.
Verbindung *f* **1.** *(allg., el, Verkehrs~)* collegamento *m* (*mit* con); **2.** *tec* allacciamento *m;* *(Kopplung)* aggancio *m;* *(Metall~)* lega *f;* **3.** *tel* comunicazione *f;* **4.** *(Vereinigung)* associazione *f;* **5.** *(Zusammenhang)* nesso *m* (*mit* con), rela-

zione *f* (*mit* con); **6.** *(Beziehung)* rapporti *m pl* (*mit, zu* con); *(Kontakt)* contatto *m* (*mit, zu* con); **7.** *chem* combinazione *f;* **eine ~ mit etw. eingehen** *chem* combinarsi con qc; **in ~ mit** *(im Zusammenhang mit)* in relazione con; *(zusammen mit)* insieme a; **sich in ~ setzen mit** mettersi in contatto con; **mit jdm in ~ stehen** essere in relazione con qu; **etw./jdn mit etw./jdm in ~ bringen** mettere qc/qu in relazione con qc/qu. **Verbindungsstück** *n* (pezzo *m* di) raccordo *m.*

verbittern ‹*ohne ge-*› *tr* amareggiare; **verbittert sein** essere amareggiato.

verblassen ‹*ohne ge-*› *itr* ‹*sein*› **1.** *(Farbe, Stoff)* sbiadire; **2.** *fig* svanire.

verbleiben ‹*irr, ohne ge-*› *itr* ‹*sein*› **1.** *(übrigbleiben)* avanzare; **2.** *(bleiben, sich einigen)* rimanere; **wir sind so verblieben, daß ...** siamo rimasti d'accordo che ... *conj.*

verblöden ‹*ohne ge-*› *itr* ‹*sein*› *fam* rincretinire, istupidirsi.

verblüffen [fɛɐ̯'blʏfən] ‹*ohne ge-*› *tr* stupire, sbalordire.

verblühen ‹*ohne ge-*› *itr* ‹*sein*› sfiorire, appassire.

verbluten ‹*ohne ge-*› *itr* ‹*sein*› dissanguarsi, morire dissanguato.

verborgen [fɛɐ̯'bɔrgən] *a* *(versteckt)* nascosto; **~ halten** tenere nascosto; **im ~en bleiben** rimanere nascosto. **Verborgenheit** ‹-, ø› *f* segretezza *f.*

Verbot [fɛɐ̯'bo:t] ‹-(e)s, -e› *n* divieto *m,* proibizione *f.* **Verbotsschild** *n* segnale *m* di divieto.

Verbrauch *m* consumo *m* (*an* di).

verbrauchen ‹*ohne ge-*› *tr* **1.** *allg.* consumare; *(abnutzen, a. fig: Menschen)* logorare; *(Luft)* viziare; **2.** *(ausgeben)* spendere; **3.** *(aufbrauchen)* consumare, dissipare.

Verbraucher(in) ‹-s, -› *m(f)* consumatore, -trice *m, f.* **Verbraucherschutz** *m* protezione *f* del consumatore. **Verbraucherverband** *m* associazione *f* di consumatori.

verbrechen ‹*irr, ohne ge-*› *tr:* **was habe ich (denn) verbrochen?** che male ho fatto?; **was hat er (denn) schon wieder verbrochen?** che altro ha combinato?; **hast du diesen Brief verbrochen?** *fam* sei stato tu a scrivere questa lettera? **Verbrechen** ‹-s, -› *n* delitto *m,* crimine *m.* **Verbrecher(in)** ‹-s, -› *m(f)* delinquente *mf.* **verbrecherisch** *a* delittuoso, criminoso; *(Regime)* criminale.

verbreiten ‹*ohne ge-*› **I.** *tr* **1.** *allg.* estendere, propagare; **2.** *(Wärme, Licht, Gerücht)* diffondere; *(Nachricht)* divulgare; *(Schrecken)* disseminare; **II.** *rfl:* **sich ~ 1.** *allg.* estendersi, propagarsi; *(Wärme, Licht, Gerücht)* diffondersi; *(Nachricht)* divulgarsi; **2.** *pej* *(über Thema)* dilungarsi (*über* su).

verbreitern ‹*ohne ge-*› **I.** *tr* allargare; **II.** *rfl:* **sich ~** allargarsi.

Verbreitung ‹-, ø› *f* diffusione *f.*

verbrennen ‹*irr, ohne ge-*› **I.** *tr* ‹*haben*› bruciare; **II.** *itr* ‹*sein*› bruciare, ardere; *(bei Unfall, etc.)* morire carbonizzato; **III.** *rfl:* **sich ~** bruciarsi, scottarsi.

Verbrennung ‹-, -en› *f* **1.** ‹*sing*› *(das Verbrennen)* bruciatura *f;* *(von Müll)* incenerimento *m;* *chem* combustione *f;* *(Leichen~)* cremazione *f;* **2.** *med* *(Wunde)* ustione *f,* scottatura *f.* **Verbrennungsmotor** *m* motore *m* a combustione interna.

verbringen ‹*irr, ohne ge-*› *tr* passare, trascorrere.

verbuchen ‹*ohne ge-*› *tr* *fin* contabilizzare; *(fig a.)* registrare.

Verbund ‹-(e)s, -e› *m* **1.** *com* unione *f;* **2.** *tec* aderenza *f.*

verbünden [fɛɐ̯'bʏndən] ‹*ohne ge-*› *rfl:* **sich ~** allearsi (*mit* con).

Verbundenheit ‹-, ø› *f* **1.** *(mit Personen)* legame *m* (*mit* con); **2.** *(mit Brauch)* attaccamento *m* (*mit* a).

Verbündete ‹ein -r, -n, -n› *mf* alleato, -a *m, f.*

Verbundglas *n* vetro *m* laminato.

verbürgen ‹*ohne ge-*› *rfl:* **sich für etw./jdn ~** garantire per qc/qu.

Verdacht [fɛɐ̯'daxt] ‹-(e)s, ø› *m* sospetto *m;* **~ erregen** destare sospetto; **etw. auf ~ tun** *fam* fare qc a casaccio *fam;* **in ~ geraten** cadere in sospetto, essere sospettato; **jdn in ~ haben** sospettare di qu.

verdächtig [fɛɐ̯'dɛçtɪç] *a* sospettoso.

verdächtigen ‹*ohne ge-*› *tr* sospettare.

Verdachtsmoment *n* indizio *m.*

verdammen [fɛɐ̯'damən] ‹*ohne ge-*› *tr* condannare; *rel* anatemizzare.

verdammt **I.** *a* *(a. fam)* maledetto; **~er Mist!** *fam* porca miseria! *vulg;* **II.** *adv* *fam* terribilmente; **III.** *interj* *fam:* **~ (noch mal)!** maledizione! accidenti! *fam.*

verdampfen ‹*ohne ge-*› **I.** *tr* ‹*haben*› vaporizzare, far evaporare; **II.** *itr* ‹*sein*› evaporare.

verdanken ‹*ohne ge-*› *tr:* **jdm etw. ~** dovere qc a qu.

verdarb [fɛɐ̯'darp] *imp von* **verderben.**

verdauen [fɛɐ̯'dauən] ‹*ohne ge-*› *tr, itr* digerire.

verdaulich *a:* **leicht ~** di facile digestione; **schwer ~** indigesto.

Verdauung ‹-, ø› *f* digestione *f.* **Verdauungsbeschwerden** *f pl,* **-störung** *f* disturbi *m pl* di digestione.

Verdeck *n* **1.** *naut* coperta *f,* ponte *m* superiore; **2.** *mot* capote *f;* **mit aufklappbarem ~** decappottabile.

verdecken ‹*ohne ge-*› *tr* **1.** *(bedecken)* coprire; **2.** *(verbergen)* nascondere.
verdenken ‹*irr, ohne ge-*› *tr:* **das kann ihm niemand ~** non gli si può dare torto, lo si può comprendere.
verderben [fɛɐ̯'dɛrbən] ‹**verdirbt, verdarb, verdorben**› **I.** *tr* ‹*haben*› rovinare; *(a. fig)* guastare; *(sittlich)* corrompere, depravare; **sich** *(dat)* **die Augen ~** rovinarsi la vista; **sich** *(dat)* **den Magen ~** rovinarsi lo stomaco; **es mit jdm ~** perdere il favore di qu; **es mit niemandem ~ wollen** non voler guastarsi con nessuno; **II.** *itr* ‹*sein*› guastarsi; *(schlecht werden)* andare a male. **Verderben** ‹**-s, ø**› *n* **1.** *(von Lebensmitteln, Material)* deterioramento *m;* **2.** *(Unglück)* rovina *f;* **jdn ins ~ stürzen** mandare qu in rovina. **verderblich** *a* **1.** *(Lebensmittel)* deperibile; **2.** *(schädlich)* dannoso, nocivo.
verdienen ‹*ohne ge-*› *tr* **1.** *(Lohn)* guadagnare; **2.** *fig* meritare; **sich** *(dat)* **sein Studium selbst ~** mantenersi da solo agli studi; **womit habe ich das verdient?** *iron* perché capitano tutte a me?
Verdienst[1] ‹**-(e)s, -e**› *m (Einkommen)* guadagno *m; (Gewinn)* profitto *m.*
Verdienst[2] ‹**-(e)s, -e**› *n* **1.** *(Anspruch auf Anerkennung)* merito *m;* **2.** ‹*pl*› *(Leistungen)* meriti *m pl* (*um* per).
verdient *a* **1.** *(Sache)* meritato; **2.** *(Person)* benemerito; **sich um etw. ~ machen** rendersi benemerito di qc.
verdirbt [fɛɐ̯'dɪrpt] *pr von* **verderben.**
verdoppeln ‹*ohne ge-*› *tr* raddoppiare, duplicare.
verdorben [fɛɐ̯'dɔrbən] **I.** *pp von* **verderben; II.** *a* **1.** *(Lebensmittel)* guasto, andato a male; *(Magen)* in disordine; **2.** *fig (Freude, Fest, etc.)* guastato; **3.** *fig (verderbt)* depravato.
verdorren [fɛɐ̯'dɔrən] ‹*ohne ge-*› *itr* ‹*sein*› disseccarsi.
verdrängen ‹*ohne ge-*› *tr* **1.** *allg.* spostare (*aus* da); *(a. aus Amt)* allontanare (*aus* da); **2.** *psych* rimuovere; *fig (Sorgen)* scacciare; **3.** *phys (Wasser, etc.)* spostare, rimuovere; **4.** *(ersetzen)* soppiantare, sostituire.
verdrehen ‹*ohne ge-*› *tr* (s)torcere, (di)storcere; *(Glieder a.)* slogare; *(Augen a.)* stravolgere, storcere.
verdreifachen ‹*ohne ge-*› *tr* triplicare.
verdrießen [fɛɐ̯'dri:sən] ‹**verdrießt, verdroß, verdrossen**› *tr* seccare, infastidire; **sich** *(dat)* **etw. nicht ~ lassen** non scoraggiarsi per qc.
verdrießlich *a (Mensch, Gesicht)* seccato, infastidito.
verdroß [fɛɐ̯'drɔs] *imp von* **verdrießen.**
verdrossen [fɛɐ̯'drɔsən] **I.** *pp von* **verdrießen; II.** *a* seccato; *(unzufrieden)* scontento; *(unlustig)* svogliato. **Verdrossenheit** ‹**-, ø**› *f* malumore *m; (Unzufriedenheit)* scontentezza *f; (Unlust)* svogliatezza *f.*
verdrücken ‹*ohne ge-*› **I.** *tr* **1.** *(zerdrükken)* schiacciare; **2.** *fam (essen)* trangugiare; **II.** *rfl fam:* **sich ~** svignarsela *fam,* squagliarsela *fam.*
Verdruß [fɛɐ̯'drʊs] ‹**-drusses, ø**› *m (Unzufriedenheit)* scontentezza *f; (Ärger)* fastidio *m,* noia *f;* **jdm ~ bereiten** dare noie a qu.
verduften ‹*ohne ge-*› *itr* ‹*sein*› **1.** *(Parfüm, etc.)* svaporare; **2.** *fig fam (verschwinden)* squagliarsela *fam.*
Verdunk(e)lung ‹**-, ø**› *f* oscuramento *m; fig* mascheramento *m; jur* occultamento *m.*
verdünnen ‹*ohne ge-*› *tr (dünner machen)* assottigliare; *(Flüssigkeiten)* diluire; *(Wein)* annacquare; *(Gas)* rarefare.
verdunsten ‹*ohne ge-*› *itr* ‹*sein*› evaporare.
verdursten ‹*ohne ge-*› *itr* ‹*sein*› morire di sete.
verdutzt [fɛɐ̯'dʊtst] *a* stupefatto.
verehren ‹*ohne ge-*› *tr* **1.** *rel* venerare, adorare; **2.** *geh (achten)* onorare; **3.** *(anbeten)* adorare, ammirare; **4.** *scherz (schenken)* fare dono (*jdm etw.* a qu di qc); **sehr verehrter Herr/ sehr verehrte Frau Müller** egregio signor/gentile signora Müller; **verehrtes Publikum** gentile pubblico.
Verehrer(in) ‹**-s, -**› *m(f)* **1.** *(von Frau, Mann)* ammiratore, -trice *m, f,* corteggiatore, -trice *m, f;* **2.** *(Bewunderer)* appassionato, -a *m, f.*
Verehrung *f* venerazione *f,* adorazione *f.*
vereidigen ‹*ohne ge-*› *tr* far prestare giuramento a (*auf* su). **Vereidigung** ‹**-, -en**› *f* giuramento *m.*
Verein [fɛɐ̯'ʔai̯n] ‹**-(e)s, -e**› *m* associazione *f,* società *f; (Klub)* circolo *m,* club *m; sport* società *f* sportiva; *fam iron* combriccola *f;* **im ~ mit** insieme a.
vereinbar [fɛɐ̯'ʔai̯nba:ɐ̯] *a* compatibile (*mit* con), conciliabile (*mit* con).
vereinbaren ‹*ohne ge-*› *tr* **1.** *(verabreden)* pattuire, concordare; *(Tag)* fissare, stabilire; **2.** *(in Einklang bringen)* conciliare (*mit* con).
Vereinbarung ‹**-, -en**› *f (Abmachung)* accordo *m; pol* convenzione *f; (durch Anmeldung)* appuntamento *m;* **eine ~ treffen** concludere (*o* stipulare) un accordo; **nach vorheriger ~** previo appuntamento.
vereinen ‹*ohne ge-*› **I.** *tr* (ri)unire; *(Gegensätze)* conciliare; **die Vereinten Nationen** le Nazioni Unite; **mit vereinten Kräften** a forze congiunte; **II.** *rfl:* **sich ~** (ri)unirsi.
vereinfachen ‹*ohne ge-*› *tr* semplificare.

vereinheitlichen ⟨*ohne ge-*⟩ *tr* standardizzare.

vereinigen ⟨*ohne ge-*⟩ **I.** *tr* **1.** *(a. fig)* unire, congiungere; *(zusammenführen)* riunire; **2.** *com, fig* fondere (*mit* a); **die Vereinigten Staaten** gli Stati Uniti; **alle Stimmen auf sich ~** ottenere tutti i voti; **II.** *rfl:* **sich ~** unirsi; *com* fondersi; *(in Klub)* associarsi.

Vereinigung *f* **1.** *allg.* unione *f; (Verbindung)* congiunzione *f,* collegamento *m; com, fig, pol* fusione *f;* **2.** *(Verein)* associazione *f; (Bündnis)* lega *f,* alleanza *f.*

vereinzelt *a* **1.** *(einsam)* isolato; **2.** *(sporadisch)* sporadico.

vereisen ⟨*ohne ge-*⟩ **I.** *tr* ⟨*haben*⟩ *med* anestetizzare mediante congelamento; **II.** *itr* ⟨*sein*⟩ gelare, gelarsi, ghiacciare; *(Straße)* coprirsi di ghiaccio.

vereiteln ⟨*ohne ge-*⟩ *tr* frustrare.

vereitern ⟨*ohne ge-*⟩ *itr* ⟨*sein*⟩ suppurare.

verenden ⟨*ohne ge-*⟩ *itr* ⟨*sein*⟩ morire.

verenge(r)n ⟨*ohne ge-*⟩ **I.** *tr* restringere; **II.** *rfl:* **sich ~** restringersi.

vererben ⟨*ohne ge-*⟩ **I.** *tr* **1.** *(Besitz)* trasmettere (*o* lasciare) in eredità; **2.** *biol* trasmettere (per eredità) (*auf* a); **3.** *fam scherz (schenken)* regalare; *(überlassen)* lasciare; **II.** *rfl:* **sich ~ 1.** *(Besitz)* passare (in eredità); **2.** *biol* trasmettersi (*auf* a).

Vererbung ⟨-, ø⟩ *f* **1.** *(das Vererben)* trasmissione *f* (ereditaria); **2.** *med (Vererbbarkeit)* ereditarietà *f.*

verewigen ⟨*ohne ge-*⟩ **I.** *tr* immortalare, eternare; **II.** *rfl fam:* **sich in einem Buch ~** immortalarsi in un libro.

verfahren[1] ⟨*irr, ohne ge-*⟩ *itr* ⟨*sein*⟩ *(vorgehen)* procedere (*nach* secondo); **gut/schlecht mit jdm ~** trattare qu bene/male.

verfahren[2] ⟨*irr, ohne ge-*⟩ **I.** *rfl:* **sich ~** *(falsch fahren)* perdersi, sbagliare strada; **II.** *tr (Geld)* spendere in (*o* per) viaggi; *(Benzin)* consumare.

verfahren[3] *a (ausweglos)* senza via d'uscita.

Verfahren ⟨-s, -⟩ *n* **1.** *(Vorgehen, a. jur)* procedimento *m;* **2.** *(Methode)* metodo *m,* tecnica *f;* **3.** *tec* processo *m.*

Verfall *m* **1.** *(von Bauwerk)* rovina *f; (vollständig)* crollo *m;* **2.** *(von Kultur, Familie, Sitten)* decadenza *f;* **3.** *com, fin* scadenza *f.*

verfallen ⟨*irr, ohne ge-*⟩ *itr* ⟨*sein*⟩ **1.** *(Gebäude, etc.)* andare in rovina; **2.** *(körperlich, geistig, sittlich, kulturell)* decadere; **3.** *(ungültig werden, ablaufen)* scadere; **4.** *(abhängig werden)* diventare schiavo (*jdm/einer S. (dat)* di qu/qc); **dem Alkohol ~ sein** essere schiavo dell'alcool; **sie ist diesem Mann völlig ~** è completamente succuba di quest'uomo; **wie bist du darauf ~?** come mai ti è venuta quest'idea?

Verfall(s)datum *n* data *f* di scadenza. **Verfall(s)tag** *m* giorno *m* della scadenza.

verfälschen ⟨*ohne ge-*⟩ *tr* falsificare; *(Lebensmittel)* sofisticare.

verfänglich [fɛɐ̯ˈfɛŋlɪç] *a* imbarazzante.

verfärben ⟨*ohne ge-*⟩ *rfl:* **sich ~** cambiare colore.

verfassen ⟨*ohne ge-*⟩ *tr* redigere, stendere.

Verfasser(in) ⟨-s, -⟩ *m(f)* autore, -trice *m, f.*

Verfassung *f* **1.** ⟨*sing*⟩ *(Zustand)* stato *m,* condizioni *f pl; (Stimmung)* stato *m* d'animo; **2.** *pol* costituzione *f;* **körperliche ~** condizioni fisiche; **ich bin nicht in der ~ zu ...** non sono in condizione di ... *inf.* **Verfassungsbeschwerde** *f* ricorso *m* costituzionale. **Verfassungsklage** *f* petizione *f* costituzionale. **verfassungsmäßig** *a* costituzionale. **Verfassungsschutz** *m* **1.** *(Vorgang)* tutela *f* costituzionale; **2.** *(Amt)* ufficio *m* federale per la salvaguardia della costituzione.

verfaulen ⟨*ohne ge-*⟩ *itr* ⟨*sein*⟩ marcire, imputridire.

verfehlen ⟨*ohne ge-*⟩ *tr* sbagliare; *(Person)* non incontrare, non trovare; *fig* mancare, fallire; *(Zweck)* fallire; *(Beruf)* sbagliare; **das Thema ~** andare fuori tema; **(es) nicht ~ zu ...** *geh* non mancare di ... *inf;* **diese Rede hat ihre Wirkung verfehlt** il discorso non ha ottenuto l'effetto desiderato; **das halte ich für völlig verfehlt** lo ritengo completamente sbagliato.

verfeinern ⟨*ohne ge-*⟩ *tr* raffinare; *(verbessern)* migliorare.

verfilmen ⟨*ohne ge-*⟩ *tr* ridurre a film. **Verfilmung** ⟨-, -en⟩ *f* riduzione *f* cinematografica.

verfilzt *a* **1.** *(Wolle)* infeltrito; *(Haar)* arruffato; **2.** *fig, pol, com, etc.* corrotto dal nepotismo.

Verflechtung ⟨-, -en⟩ *f* intreccio *m; fig* implicazione *f.*

verfliegen ⟨*irr, ohne ge-*⟩ *itr* ⟨*sein*⟩ **1.** *(Zorn, Duft)* svanire; **2.** *(Zeit)* volare (via), passare rapidamente.

verflixt [fɛɐ̯ˈflɪkst] *fam* **I.** *a* maledetto *fam;* **das ~e siebte Jahr** *scherz* il famoso settimo anno (di matrimonio); **~er Kerl** maledetto *m fam;* **II.** *interj:* **~ noch einmal!, ~ und zugenäht!** maledizione! *fam.*

verfluchen ⟨*ohne ge-*⟩ *tr* maledire; **diese verfluchten Mücken!** *fam* queste maledette zanzare! *fam.*

verflüchtigen ⟨*ohne ge-*⟩ *rfl:* **sich ~** *chem, fam scherz* volatizzarsi; *(Geruch)* svaporare; *fig* svanire.

verflüssigen ⟨*ohne ge-*⟩ *tr* liquefare.

verfolgen ‹*ohne ge-*› *tr* **1.** *allg.* inseguire; *(Verbrecher)* dare la caccia a; **2.** *fig (Ziel)* perseguire; *(Gedanke, rel, pol)* perseguitare; **3.** *(Entwicklung, etc.)* seguire; *(beobachten)* osservare; **jdn gerichtlich ~** procedere per via guidiziaria contro qu; **vom Pech verfolgt sein** essere perseguitato dalla sfortuna.

Verfolgung ‹-, -en› *f* inseguimento *m* (*von* di); *rel, pol* persecuzione *f* (*von* di); *(Jagd)* caccia *f* (*von* a). **Verfolgungswahn** *m* mania *f* di persecuzione.

verformen ‹*ohne ge-*› *tr* deformare.

verfrachten ‹*ohne ge-*› *tr* **1.** *(versenden)* spedire; *(verladen)* caricare; **2.** *fam scherz (Person)* mettere.

verfrüht *a* prematuro.

verfügbar *a* disponibile.

verfügen ‹*ohne ge-*› **I.** *tr* disporre di, ordinare; *(gesetzlich)* decretare; **II.** *itr* **1.** *(bestimmen)* disporre (*über* di), avere a disposizione (*über etw.* qc); **2.** *(besitzen)* possedere (*über etw.* qc); **3.** *(ausgestattet sein)* essere provvisto (*über* di); **~ Sie über mich!** *geh* disponga di me!

Verfügung ‹-, -en› *f* **1.** *(Disposition)* disposizione *f;* **2.** *(Verordnung)* ordinanza *f; (Dekret)* decreto *m; (Maßnahme)* provvedimento *m;* **einstweilige ~** provvedimento interinale; **sich zur ~ halten** tenersi a disposizione; **jdm zur ~ stehen** essere a disposizione di qu; **jdm etw. zur ~ stellen** mettere qc a disposizione di qu.

verführen ‹*ohne ge-*› *tr* indurre (*zu* a), istigare (*zu* a); *(bes. sexuell)* sedurre. **Verführer(in)** *m(f)* seduttore, -trice *m, f.* **verführerisch** *a* seducente, allettante. **Verführung** *f* seduzione *f;* **~ Minderjähriger** corruzione *f* di minorenni.

vergammeln ‹*ohne ge-*› *fam* **I.** *itr* ‹*sein*› *(Brot)* ammuffire; *(Obst)* guastarsi; **II.** *tr* ‹*haben*› *(Zeit)* sprecare.

vergangen [fɛɐ̯'gaŋən] *a* passato; **im ~en Jahr** l'anno scorso. **Vergangenheit** ‹-, ø› *f* passato *m; (Geschichte)* storia *f;* **die Vorgänge der jüngsten ~ lehren uns, daß ...** i recenti avvenimenti ci insegnano che ...

vergänglich [fɛɐ̯'gɛŋlɪç] *a* fugace, effimero.

vergasen ‹*ohne ge-*› *tr* **1.** *tec* gassificare; **2.** *(durch Giftgase)* gassare.

Vergaser ‹-s, -› *m* carburatore *m.*

vergaß [fɛɐ̯'ga:s] *imp von* **vergessen.**

vergeben ‹*irr, ohne ge-*› *tr* **1.** *(weggeben)* dare via; **2.** *(zuweisen)* assegnare (*an* a), conferire (*an* a); *(Auftrag)* dare (*an* a); **3.** *(verzeihen)* perdonare; *(Sünden)* rimettere; **du vergibst dir nichts, wenn ...** non ti comprometti se ..., non ci rimetti nulla se ...; **die Stelle ist noch zu ~** il posto è ancora vacante; **es tut mir leid, ich bin schon ~** *(verlobt, verheiratet)* mi dispiace, sono già impegnato.

vergebens *adv* invano, inutilmente.

vergeblich **I.** *a* vano, inutile; **II.** *adv s.* **vergebens.**

Vergebung ‹-, ø› *f* remissione *f.*

vergehen ‹*irr, ohne ge-*› **I.** *itr* ‹*sein*› **1.** *(Zeit)* passare, trascorrere; **2.** *(aufhören)* passare; *(sich verflüchtigen)* svanire; **3.** *(schmachten)* struggersi (*vor* per, di), consumarsi (*vor* di); **ich vergehe vor Hunger/Angst** muoio di fame/paura *fam;* **mir ist der Appetit vergangen** mi è passato l'appetito; **II.** *rfl:* **sich ~ 1.** *(verstoßen)* trasgredire (*gegen, an etw.* qc), violare (*gegen, an etw.* qc); **2.** *(sexuell)* violentare (*an jdm* qu). **Vergehen** ‹-s, -› *n jur* infrazione *f,* trasgressione *f.*

vergelten ‹*irr, ohne ge-*› *tr* ripagare, contraccambiare, rendere.

Vergeltung *f* rappresaglia *f;* **~ für etw. üben** vendicarsi di qc. **Vergeltungsmaßnahme** *f* rappresaglia *f.*

vergessen [fɛɐ̯'gɛsən] ‹vergißt, vergaß, vergessen› **I.** *tr* dimenticare, dimenticarsi di; *(auslassen)* tralasciare; **das kannst du ~!** *fam* puoi dimenticartelo! *fam;* **das werde ich dir nie ~** *(dankbar)* non dimenticherò mai quello che hai fatto; *(rachsüchtig)* non lo dimenticherò; **II.** *rfl:* **sich ~** lasciarsi andare. **Vergessenheit** ‹-, ø› *f* dimenticanza *f,* oblio *m;* **in ~ geraten** cadere in oblio.

vergeßlich *a* smemorato. **Vergeßlichkeit** ‹-, ø› *f* smemoratezza *f;* **aus ~** per smemoratezza.

vergeuden [fɛɐ̯'gɔydən] ‹*ohne ge-*› *tr* sprecare; *(bes. Geld)* scialacquare, sperperare. **Vergeudung** ‹-, ø› *f* sperpero *m,* spreco *m.*

vergewaltigen ‹*ohne ge-*› *tr* **1.** *(sexuell)* violentare; **2.** *fig* adulterare. **Vergewaltigung** ‹-, -en› *f* **1.** *(sexuell)* violenza *f* carnale, stupro *m;* **2.** *fig* violenza *f* (*gen* di), adulterazione *f.*

vergewissern ‹*ohne ge-*› *rfl:* **sich ~** accertarsi, sincerarsi.

vergießen ‹*irr, ohne ge-*› *tr* rovesciare; *(Tränen)* versare; *(Blut)* spargere.

vergiften ‹*ohne ge-*› *tr* avvelenare. **Vergiftung** ‹-, -en› *f* **1.** ‹*sing*› *(das Vergiften)* avvelenamento *m;* **2.** *med* intossicazione *f.*

Vergißmeinnicht [fɛɐ̯'gɪsmai̯nnɪçt] ‹-(e)s, -(e)› *n* miosotide *f,* non-ti-scordar-di-me *m.*

vergißt [fɛɐ̯'gɪst] *pr von* **vergessen.**

Vergleich [fɛɐ̯'glai̯ç] ‹-(e)s, -e› *m* **1.** *allg.* paragone *m* (*zwischen, mit* tra, con), confronto *m* (*zwischen, mit* tra, con); **2.** *jur* transazione *f,* accomodamento *m;* **im ~ zu** in confronto a, rispetto a. **vergleichbar** *a* paragonabile (*mit* a).

vergleichen ‹*irr, ohne ge-*› **I.** *tr* confrontare (*mit* con), paragonare (*mit* a); **es ist nicht zu ~ mit** non c'è paragone con; **vergleiche Seite 21** confronta pagina 21; **II.** *rfl:* **sich ~ 1.** *(Fähigkeiten, etc.)* paragonarsi (*mit* con); **2.** *jur* venire ad un accomodamento.

vergnügen [fɛɐ̯'gny:gən] ‹*ohne ge-*› *rfl:* **sich ~** divertirsi. **Vergnügen** ‹-s, -› *n* divertimento *m; (Genuß)* diletto *m; (Freude, Spaß)* piacere *m;* **ein teures ~** *iron* uno scherzo che costa caro; **~ bereiten** fare piacere; **zum ~** per divertimento; **mit ihm zu arbeiten, ist kein ~** non è piacevole lavorare con lui; **mit ~!** con piacere!, volentieri!; **viel ~!** buon divertimento! **vergnügt** *a* allegro.

Vergnügung ‹-, -en› *f* **1.** ‹*sing*› divertimento *m,* svago *m,* passatempo *m;* **2.** *(Veranstaltung)* festa *f,* trattenimento *m.* **Vergnügungsindustrie** *f* industria *f* dei divertimenti. **Vergnügungspark** *m* parco *m* dei divertimenti.

vergolden ‹*ohne ge-*› *tr* dorare; *fig* indorare.

vergraben ‹*irr, ohne ge-*› **I.** *tr* sotterrare, seppellire; **II.** *rfl:* **sich ~** seppellirsi; *fig* immergersi.

vergreifen ‹*irr, ohne ge-*› *rfl:* **sich ~ 1.** *(danebengreifen)* sbagliarsi; *mus* sbagliare nota (*o* tasto); *(an Schreibmaschine)* sbagliare tasto; **2.** *fig (sich aneignen)* mettere le mani (*an* su); *(an Geld)* rubare (*an etw.* qc); **3.** *(an Personen)* mettere le mani (*an* addosso a); *(geschlechtlich)* usare violenza (*an* a); **sich im Ausdruck ~** confondere i termini; **sich im Ton ~** *fig* sbagliare tono.

vergriffen [fɛɐ̯'grɪfən] *a com* esaurito.

vergrößern [fɛɐ̯'grø:sen] ‹*ohne ge-*› **I.** *tr* **1.** *allg., opt, fot* ingrandire; **2.** *(verbreitern)* allargare; **3.** *(erweitern)* ampliare; **4.** *(vermehren)* incrementare, aumentare; **5.** *fig (verschlimmern)* aggravare; **II.** *rfl:* **sich ~ 1.** *allg., opt, fot* ingrandirsi; *(Organe)* ingrossarsi; **2.** *(sich verbreitern)* allargarsi; **3.** *(sich erweitern)* ampliarsi; **4.** *(sich vermehren)* aumentare.

Vergrößerung ‹-, -en› *f* **1.** *allg., fot, opt* ingrandimento *m;* **2.** *(Verbreiterung)* allargamento *m;* **3.** *(Erweiterung)* ampliamento *m;* **4.** *(Vermehrung)* incremento *m;* **5.** *fig (Verschlimmerung)* aggravamento *m.* **Vergrößerungsglas** *n* lente *f* d'ingrandimento.

Vergünstigung ‹-, -en› *f* agevolazione *f,* facilitazione *f.*

vergüten [fɛɐ̯'gy:tən] ‹*ohne ge-*› *tr* **1.** *(bes. adm) (bezahlen)* pagare, retribuire; **2.** *(zurückerstatten)* rimborsare; *(Schaden)* risarcire; *(gutschreiben)* bonificare.

Vergütung ‹-, -en› *f* **1.** *(Arbeits~)* compenso *m,* retribuzione *f;* **2.** *(Zurückerstattung)* rimborso *m; (für Schaden)* risarcimento *m;* **3.** *(Gutschrift)* accredito *m.*

verh. *ab von* **verheiratet** sposato, -a.

verhaften ‹*ohne ge-*› *tr* arrestare. **Verhaftung** *f* arresto *m.*

verhalten[1] ‹*irr, ohne ge-*› *rfl:* **sich ~ 1.** *(Person)* comportarsi; **2.** *(Sache, mat)* stare (*zu* a); **sich ruhig ~** rimanere tranquillo; **die Sache verhält sich so** le cose stanno così.

verhalten[2] *a (unterdrückt)* represso; *(Töne, Farben)* smorzato; **mit ~er Stimme** sottovoce.

Verhalten ‹-s, ø› *n* comportamento *m,* condotta *f,* contegno *m; (Haltung)* atteggiamento *m; (~sweise)* modo *m* d'agire. **Verhaltensforschung** *f* etologia *f.* **verhaltensgestört** *a* caratteriale.

Verhältnis [fɛɐ̯'hɛltnɪs] ‹-ses, -se› *n* **1.** *(Beziehung)* relazione *f,* rapporto *m; (zwischen Menschen)* rapporti *f pl,* relazioni *f pl;* **2.** *(Liebes~)* relazione *f;* **3.** *mat* proporzione *f;* **4.** ‹*pl*› *(Bedingungen)* condizioni *f pl,* situazione *f,* stato *m;* **in guten** (*o* **gesicherten) ~sen leben** vivere nell'agiatezza; **über seine ~se leben** vivere al di sopra dei propri mezzi; **im ~ zu** *(verglichen mit)* in confronto a; **im ~ von 1 zu 2** in rapporto di 1 a 2; **das steht in keinem ~ zu ...** è sproporzionato rispetto a ... **verhältnismäßig** *adv* **1.** *(relativ)* relativamente; **2.** *(angemessen, entsprechend)* proporzionatamente.

verhandeln ‹*ohne ge-*› **I.** *tr* **1.** *allg.* trattare; **2.** *jur* dibattere; **II.** *itr* **1.** *allg.* trattare (*über etw.* qc), negoziare (*über etw.* qc); **2.** *jur* deliberare.

Verhandlung *f* **1.** *allg.* trattative *f pl; (bes. diplomatisch)* negoziazioni *f pl,* negoziati *m pl;* **2.** *jur* dibattimento *m,* udienza *f;* **~en aufnehmen, in ~en eintreten** entrare in trattative. **Verhandlungsbasis** *f* base *f* di trattativa.

verhängen ‹*ohne ge-*› *tr* **1.** *(be~, zu~)* coprire (*mit* con); **2.** *(Strafe)* infliggere (*über* a); *(Notstand)* dichiarare (*über* in).

Verhängnis ‹-ses, -se› *n* destino *m,* fatalità *f;* **jdm zum ~ werden** riuscire fatale a qu. **verhängnisvoll** *a* fatale, funesto.

verharmlosen ‹*ohne ge-*› *tr* minimizzare.

verhaßt *a* **1.** *(gehaßt)* odiato (*bei* da), detestato (*bei* da); **2.** *(haßerregend)* odioso; **sich ~ machen** farsi odiare (*bei* da).

verhätscheln [fɛɐ̯'hɛ:tʃəln] ‹*ohne ge-*› *tr* viziare.

Verhau [fɛɐ̯'hau̯] ‹-(e)s, -e› *m o n* *(Draht~)* reticolato *m.*

verhauen ‹*irr, ohne ge-*› *fam tr* **1.** *(ver-*

prügeln) bastonare, picchiare; **2.** *(Prüfung, etc.)* fare male.
verheerend *a* **1.** *(katastrophal)* disastroso, catastrofico; **2.** *fam (furchtbar)* orribile.
verhehlen ‹*ohne ge-*› *tr* nascondere, celare, dissimulare.
verheilen ‹*ohne ge-*› *itr* ‹*sein*› guarire; *(vernarben)* cicatrizzarsi.
verheimlichen ‹*ohne ge-*› *tr* tenere segreto (*o* nascosto) (*jdm etw.* qc a qu), nascondere (*jdm etw.* qc a qu).
verheiraten ‹*ohne ge-*› **I.** *rfl:* **sich ~** sposarsi (*mit* con); **sich wieder ~** risposarsi; **II.** *tr* sposare (*mit* a).
verhelfen ‹*irr, ohne ge-*› *itr:* **jdm zu etw. ~** procurare qc a qu; **jdm zum Sieg/Erfolg ~** aiutare qu a vincere/ad avere successo.
verherrlichen ‹*ohne ge-*› *tr* esaltare, glorificare.
verhexen ‹*ohne ge-*› *tr* stregare; **das ist doch wie verhext!** *fam* sembra che il diavolo ci abbia messo la coda.
verhindern ‹*ohne ge-*› *tr* impedire; *(vermeiden)* evitare; **ein verhinderter Schauspieler** *fam* un attore mancato; **verhindert sein** essere impedito; *(nicht kommen können)* non poter venire; **das läßt sich nicht ~** è inevitabile.
Verhör [fɛɐ̯'hø:ɐ̯] ‹-(e)s, -e› *n* interrogatorio *m; (von Zeugen)* escussione *f;* **jdn ins ~ nehmen** sottoporre qu a (*o* ad un) interrogatorio.
verhören ‹*ohne ge-*› **I.** *tr* interrogare; *(Zeugen)* escutere; **II.** *rfl:* **sich ~** capire male.
verhungern ‹*ohne ge-*› *itr* ‹*sein*› morire di fame.
verhunzen [fɛɐ̯'hʊntsən] ‹*ohne ge-*› *tr fam* rovinare, guastare.
verhüten ‹*ohne ge-*› *tr (Schaden, Schwangerschaft)* prevenire; *(verhindern)* impedire. **Verhütung** ‹-, ø› *f* prevenzione *f; (Empfängnis~)* contraccezione *f.* **Verhütungsmittel** *n* anticoncezionale *m,* contraccettivo *m.*
verirren ‹*ohne ge-*› *rfl:* **sich ~** smarrirsi, perdersi.
verjähren [fɛɐ̯'jɛ:rən] ‹*ohne ge-*› *itr* ‹*sein*› cadere in prescrizione. **verjährt** *a* prescritto.
verjüngen [fɛɐ̯'jʏŋən] ‹*ohne ge-*› **I.** *tr* ringiovanire, far tornare giovane; **II.** *rfl:* **sich ~ 1.** *(jünger werden)* ringiovanire, tornare giovane; **2.** *(dünner werden)* rastremarsi.
verkabeln ‹*ohne ge-*› *tr* cablare.
verkalken ‹*ohne ge-*› *itr* ‹*sein*› **1.** *allg. (Kessel, Maschine)* calcificarsi; **2.** *med (Arterien)* calcificarsi; **3.** *fam (Mensch)* rimbambirsi *fam.*
verkalkulieren ‹*ohne ge-*› *rfl:* **sich ~** sbagliarsi (nei calcoli).
Verkalkung ‹-, -en› *f* **1.** *tec, med* calcificazione *f;* **2.** *fam (von Mensch)* arteriosclerosi *f.*
verkannt [fɛɐ̯'kant] *a* incompreso.
Verkauf *m* **1.** *allg.* vendita *f; (Absatz a.)* smercio *m;* **2.** *(~sabteilung)* reparto *m* vendite; **etw. zum ~ anbieten** mettere qc in vendita.
verkaufen ‹*ohne ge-*› **I.** *tr* vendere (*für* per, *an* a); *(absetzen a.)* smerciare (*für* per, *an* a); **jdn für dumm ~** *fam* prendere qu per scemo *fam;* **zu ~** in vendita; **II.** *rfl:* **sich ~** vendersi.
Verkäufer(in) *mf* venditore, -trice *m, f.*
verkäuflich *a* **1.** *(angeboten)* da vendere, in vendita; **2.** *(geeignet)* vendibile; **schwer ~** difficile da vendere; **leicht ~** di facile smercio.
verkaufsoffen *a:* **~er Samstag** *sabato con apertura straordinaria dei negozi.* **Verkaufspreis** *m* prezzo *m* di vendita.
Verkehr [fɛɐ̯'ke:ɐ̯] ‹-s, ø› *m* **1.** *(Land~, Luft~, Wasser~)* traffico *m;* **2.** *(fin, Straßen~)* circolazione *f;* **3.** *(Umgang)* rapporto *m,* relazione *f; (Geschlechts~)* rapporti *m pl* intimi (*o* sessuali); **etw. dem ~ übergeben, etw. für den ~ freigeben** aprire qc al traffico; **etw. aus dem ~ ziehen** togliere qc dalla circolazione; **außer ~** fuori commercio; **das ist kein ~ für dich** non è una persona da frequentare.
verkehren ‹*ohne ge-*› *itr* **1.** ‹*haben o sein*› *(Verkehrsmittel)* circolare, fare servizio; **2.** ‹*haben*› *(Mensch)* frequentare (*in einem Café* un bar); **bei jdm ~** frequentare (*o* praticare) la casa di qu; **mit jdm ~** essere in rapporti con qu; *(geschlechtlich)* avere rapporti intimi (*o* sessuali) con qu; **mit jdm brieflich ~** essere in corrispondenza con qu.
Verkehrsampel *f* semaforo *m.* **Verkehrsaufkommen** ‹-s, -› *n:* **hohes ~** densità *f* del traffico. **Verkehrsbehinderung** *f* intralcio *m* del traffico. **Verkehrschaos** *n* paralisi *f* del traffico. **Verkehrsdichte** *f* densità *f* del traffico. **Verkehrserziehung** *f* educazione *f* stradale. **Verkehrshinweis** *m* informazioni *f pl* sul traffico. **Verkehrsinsel** *f* salvagente *m.* **Verkehrsknotenpunkt** *m* nodo *m* stradale. **Verkehrsmittel** *n* mezzo *m* di trasporto. **Verkehrsnetz** *n* rete *f* viaria. **Verkehrsopfer** *n* vittima *f* della strada. **Verkehrspolizei** *f* (polizia *f*) stradale *f.* **Verkehrspolizist** *m* vigile *m* urbano; *(motorisiert)* agente *m* della polizia stradale. **Verkehrsregeln** *f pl* norme *f pl* di circolazione. **Verkehrsregelung** *f* regolazione *f* del traffico. **verkehrsreich** *a* molto frequentato. **Verkehrssicherheit** *f* sicurezza *f* stradale. **Verkehrsteilnehmer(in)** *m(f)* utente *mf* della strada. **Verkehrstote** *mf* vittima *f* della strada. **Verkehrsunfall** *m* inci-

dente *m* stradale. **Verkehrsverein** *m* ente *m* per il turismo, ufficio *m* turistico. **Verkehrswesen** *n* trasporti *m pl.* **verkehrswidrig** **I.** *a* contro le norme della circolazione; **II.** *adv* in violazione delle norme della circolazione. **Verkehrszeichen** *n* segnale *m* stradale.

verkehrt **I.** *a (falsch)* sbagliato; **das ist gar nicht so ~!** *fam* non è poi tanto assurdo; **II.** *adv* male; **~ gehen** (*o* **fahren**) sbagliare strada; **etw. ~ anfangen** partire con il piede sbagliato in qc *fam;* **etw. ~ machen** sbagliare qc.

verkennen ‹*irr, ohne ge-*› *tr (falsch beurteilen)* giudicare male; *(Genie)* non comprendere; *(unterschätzen)* sottovalutare; **das ist nicht zu ~** è inconfondibile; **es läßt sich nicht ~, daß ...** non si può negare che ... *conj.*

verklagen ‹*ohne ge-*› *tr* citare in giudizio (*auf, wegen* per), querelare (*auf, wegen* per).

verkleiden ‹*ohne ge-*› **I.** *tr* **1.** *(Menschen)* travestire; *(kostümieren)* mascherare; **2.** *(Wand)* rivestire (*mit* di), coprire (*mit* di); **II.** *rfl:* **sich ~** travestirsi; *(sich kostümieren)* mascherarsi (*als* da). **Verkleidung** *f* **1.** *(von Menschen)* travestimento *m; (Kostümierung)* mascheramento *m;* **2.** *(Bedeckung)* rivestimento *m,* guarnizione *f.*

verkleinern ‹*ohne ge-*› **I.** *tr* **1.** *allg.* rimpicciolire; *(Maßstab, Foto, Abstand, Wort)* ridurre; *(vermindern)* diminuire (*um* di); **2.** *fig (schmälern)* sminuire; **II.** *rfl:* **sich ~** *(Betrieb)* rimpicciolirsi; *(Abstand)* ridursi. **Verkleinerung** ‹-, -en› *f* **1.** *allg.* rimpiccolimento *m;* **2.** *tec, fot* riduzione *f;* **3.** *ling (~sform)* diminutivo *m.*

verklemmt *a fig (Person)* inibito.

verklingen ‹*irr, ohne ge-*› *itr* ‹*sein*› smorzarsi, perdersi, svanire.

Verknappung ‹-, -en› *f* penuria *f,* scarsità *f.*

verkneifen ‹*irr, ohne ge-*› *rfl fam:* **sich** *(dat)* **etw. ~** *(verzichten)* rinunciare a qc; *(unterdrücken)* soffocare qc; **er konnte sich** *(dat)* **nicht ~ zu ...** non potè fare a meno di ... *inf.*

verkommen[1] ‹*irr, ohne ge-*› *itr* ‹*sein*› **1.** *(verwahrlosen)* rovinarsi; **2.** *(Person: im Aussehen)* essere trascurato; *(sittlich)* cadere in basso; **3.** *(Haus, etc.)* andare in rovina; **4.** *(Lebensmittel)* guastarsi, deteriorarsi.

verkommen[2] *a* **1.** *(verwahrlost)* in rovina; **2.** *(Person: ungepflegt)* malandato; *(verderbt)* corrotto, depravato.

verkorksen [fɛɐ̯'kɔrksən] ‹*ohne ge-*› *tr fam* sciupare, rovinare; **eine völlig verkorkste Ehe/Sache** un matrimonio disastroso/una cosa completamente rovinata; **sich** *(dat)* **den Magen ~** rovinarsi lo stomaco.

verkörpern ‹*ohne ge-*› *tr allg.* incarnare, personificare; *film, theat* impersonare.

verkrachen ‹*ohne ge-*› *rfl:* **sich ~** *fam* rompere (*mit* con). **verkracht** *a fam (gescheitert)* fallito; **er ist eine ~e Existenz** è un fallito.

verkriechen ‹*irr, ohne ge-*› *rfl:* **sich ~** nascondersi; *(bes. Tiere)* rintanarsi.

verkrüppelt *a (Mensch)* storpio; *(Baum)* storto.

verkrusten ‹*ohne ge-*› *itr* ‹*sein*› incrostarsi.

verkümmern ‹*ohne ge-*› *itr* ‹*sein*› **1.** *(Pflanzen)* intristire; *(a. Mensch)* deperire; *(Fähigkeiten)* venir meno; **2.** *med* atrofizzarsi.

verkünden [fɛɐ̯'kʏndən] ‹*ohne ge-*› *tr* **1.** *geh (ankündigen)* annunciare, rendere noto; *(prophezeien)* preannunziare; **2.** *(bekanntmachen)* proclamare; *(Gesetz)* promulgare; *(Urteil)* pronunciare; **3.** *(erklären)* dichiarare.

verkuppeln ‹*ohne ge-*› *tr* combinare il matrimonio fra; *(Zuhälter)* arruffianare.

verkürzen ‹*ohne ge-*› **I.** *tr* **1.** (r)accorciare; **2.** *(Weg, Wartezeit)* abbreviare; **3.** *(verringern)* ridurre (*um* di), diminuire (*um* di); **verkürzte Arbeitszeit** orario di lavoro ridotto; **II.** *rfl:* **sich ~** accorciarsi.

verladen ‹*irr, ohne ge-*› *tr* caricare; *naut* imbarcare.

Verlag [fɛɐ̯'la:k] ‹-(e)s, -e› *m* casa *f* editrice, editore *m;* **in einem ~ erscheinen** essere pubblicato da un editore.

verlangen ‹*ohne ge-*› **I.** *tr* **1.** *(fragen nach)* chiedere, richiedere; **2.** *(wünschen)* desiderare; **3.** *(fordern)* esigere, pretendere; **4.** *(beanspruchen)* rivendicare; **5.** *(erfordern)* richiedere, esigere; **6.** *(berechnen)* volere; **mehr kann man nicht ~** di più non si può pretendere; **das ist zuviel verlangt** questo è (chiedere) troppo; **Sie werden am Telefon verlangt** La desiderano al telefono. **Verlangen** ‹-s, ø› *n* **1.** *(Forderung)* richiesta *f,* domanda *f;* **2.** *(Wunsch, Sehnsucht)* desiderio *m* (*nach* di); *(Lust)* voglia *f* (*nach* di); *(Begierde)* brama *f* (*nach* di); **auf ~ von** a richiesta di.

verlängern [fɛɐ̯'lɛŋɐn] ‹*ohne ge-*› *tr* **1.** *(räumlich, zeitlich)* allungare, prolungare; **2.** *(Gültigkeit, etc.)* prorogare; *(Vertrag, Wechsel)* rinnovare; **3.** *(Soße)* diluire; **ein verlängertes Wochenende** un ponte.

Verlängerung ‹-, -en› *f* **1.** *(räumlich, zeitlich)* allungamento *m,* prolungamento *m;* **2.** *(Frist)* proroga *f,* dilazione *f;* **3.** *(Erneuerung)* rinnovo *m;* **4.** *sport (von Spielzeit)* tempo *m* supplementare. **Verlängerungsschnur** *f* prolunga *f.*

verlangsamen ‹*ohne ge-*› **I.** *tr* rallentare; **II.** *rfl:* **sich ~** rallentarsi.

Verlaß [fɛɐ̯ˈlas] ‹-lasses, ø› *m:* **auf ihn ist kein ~** non si può fare affidamento su di lui; **darauf ist kein ~** non vi si può fare affidamento.

verlassen[1] ‹*irr, ohne ge-*› **I.** *tr* **1.** *(Ort, Thema)* abbandonare; **2.** *(Familie, Menschen)* abbandonare, lasciare; **beim V~ des Hauses** uscendo dalla casa; **seine Kräfte verließen ihn** gli vennero a mancare le forze; **II.** *rfl:* **sich ~** fare affidamento (*auf* su), contare (*auf* su); **~ Sie sich darauf!** (ne) stia sicuro!

verlassen[2] *a* **1.** *(alleingelassen)* abbandonato; **2.** *(einsam)* solo, abbandonato; **3.** *(öde)* deserto.

Verlauf *m* **1.** *(von Zeit, Fluß)* corso *m;* **2.** *(von Straße)* tracciato *m;* **3.** *(von Krankheit)* decorso *m;* **4.** *(Hergang)* svolgimento *m,* andamento *m; (Entwicklung)* sviluppo *m;* **im weiteren ~** nel seguito.

verlaufen ‹*irr, ohne ge-*› **I.** *itr* ‹*sein*› **1.** *(vonstatten gehen, ablaufen)* svolgersi, procedere; *(sich entwickeln)* svilupparsi, procedere; *(Krankheit)* avere decorso; **2.** *(ausgehen)* finire; **3.** *(Grenze, Weg)* correre; *(Fluß)* scorrere; **4.** *(Farbe)* spandersi; *(Butter)* squagliarsi; **II.** *rfl:* **sich ~ 1.** *(sich verirren)* smarrirsi, perdersi; **2.** *(sich verlieren: Menschenmenge)* disperdersi; *(Wasser)* defluire, ritirarsi.

Verlautbarung [fɛɐ̯ˈlaʊ̯tbaːrʊŋ] ‹-, -en› *f adm, geh* annuncio *m; (Mitteilung)* comunicazione *f;* **amtliche ~** comunicazione ufficiale.

verlauten ‹*ohne ge-*› *itr* ‹*sein*› *adm, geh (bekanntwerden):* **es verlautet, daß ...** corre voce che ...

verleben ‹*ohne ge-*› *tr (Zeit)* trascorrere, passare. **verlebt** *a (Person)* sciupato.

verlegen[1] ‹*ohne ge-*› **I.** *tr* **1.** *(an andere Stelle)* spostare; *(Wohnung, Betrieb, Behörde)* trasferire; **2.** *(Veranstaltung, Termin)* rinviare (*von ... auf* da ... a), rimandare (*von ... auf* da ... a); **3.** *(an die falsche Stelle)* mettere al posto sbagliato, smarrire; **4.** *(sich abspielen lassen)* ambientare, collocare; **5.** *(Buch)* pubblicare; **6.** *(Kabel)* posare; *(Fliesen)* mettere; **II.** *rfl:* **sich auf etw. ~** passare a qc.

verlegen[2] *a (unsicher, schüchtern)* imbarazzato, impacciato; **nie um eine Antwort ~ sein** avere sempre una risposta pronta; **er ist nicht um Geld ~** il denaro non gli manca. **Verlegenheit** ‹-, ø› *f* **1.** *(Befangenheit)* imbarazzo *m;* **2.** *(unangenehme Lage)* impiccio *m; (finanziell a.)* difficoltà *f* economica; **jdm aus der ~ helfen** aiutare qu ad uscire da una situazione (economica) difficile; **jdn in ~ bringen** mettere qu in imbarazzo.

Verleger(in) ‹-s, -› *m(f)* editore, -trice *m, f.*

Verleih [fɛɐ̯ˈlaɪ̯] ‹-(e)s, -e› *m allg.* noleggio *m; film (das Verleihen)* distribuzione *f; (~stelle)* casa *f* di distribuzione.

verleihen ‹*irr, ohne ge-*› *tr* **1.** *(ausleihen)* prestare, dare in prestito; *(gegen Gebühr)* noleggiare, dare a nolo; **2.** *fig (Orden, Schönheit, etc.)* conferire.

Verleihung ‹-, ø› *f* **1.** *(Leihen)* prestito *m; (gegen Gebühr)* noleggio *m;* **2.** *(von Titel, Orden)* conferimento *m.*

verleiten ‹*ohne ge-*› *tr* **1.** *(veranlassen)* indurre (*jdn zu etw.* qu a fare qc); **2.** *(verlocken)* invitare (*jdn zu etw.* qu a far qc).

verlernen ‹*ohne ge-*› *tr* disimparare, dimenticare.

verlesen[1] ‹*irr, ohne ge-*› **I.** *tr (Text)* dare lettura di; *(Namen)* fare l'appello di; **II.** *rfl:* **sich ~** leggere male.

verlesen[2] ‹*irr, ohne ge-*› *tr (Obst, Gemüse, Salat)* scegliere, selezionare.

verletzen [fɛɐ̯ˈlɛt͡sən] ‹*ohne ge-*› **I.** *tr* **1.** *(verwunden)* ferire; **2.** *fig (kränken)* offendere; **3.** *fig (Interessen)* ledere; *(Abkommen, Gesetz, Frieden)* violare; *(Sitte)* offendere; **seine Pflicht ~** venir meno al proprio dovere; **II.** *rfl:* **sich ~** farsi male, ferirsi. **verletzend** *a (Bemerkung, etc.)* graffiante.

Verletzte ‹ein -r, -n, -n› *mf* ferito, -a *m, f.*

Verletzung ‹-, -en› *f* **1.** ‹*sing*› *(das Verletzen)* ferimento *m;* **2.** *jur, med* lesione *f;* **3.** *(Wunde)* ferita *f;* **4.** *fig (Kränkung)* offesa *f* (*gen* a); **5.** *fig (Übertretung)* violazione *f* (*gen* di).

verleugnen ‹*ohne ge-*› *tr* rinnegare, ripudiare; **sich ~ lassen** far dire che non si è in casa; **es läßt sich nicht ~, daß ...** non si può negare che ...

verleumden [fɛɐ̯ˈlɔʏ̯mdən] ‹*ohne ge-*› *tr* diffamare, denigrare, calunniare. **Verleumdung** ‹-, -en› *f* diffamazione *f,* calunnia *f,* denigrazione *f.*

verlieben ‹*ohne ge-*› *rfl:* **sich ~** innamorarsi (*in* di). **verliebt** *a* innamorato (*in* di); **jdm ~e Blicke zuwerfen** lanciare a qu sguardi pieni d'amore.

verlieren [fɛɐ̯ˈliːrən] ‹verliert, verlor, verloren› **I.** *tr* **1.** *allg.* perdere; **2.** *(einbüßen)* rimetterci; **3.** *(verlegen)* smarrire; **hier hast du nichts verloren** *fam* qui non hai niente da cercare; **II.** *rfl:* **sich ~** *allg.* perdersi; *(Menschenmenge)* disperdersi; **III.** *itr* perdere (*an etw.* qc, in qc).

Verlierer(in) ‹-s, -› *m(f)* **1.** *(von Dingen)* perdente *mf;* **2.** *(von Spiel, etc.)* vinto, -a *m, f,* sconfitto, -a *m, f;* **er ist ein/kein guter ~** sa/non sa perdere.

Verlies [fɛɐ̯'li:s] ⟨-es, -e⟩ *n* carcere *m* sotterraneo.

verloben ⟨*ohne ge-*⟩ *rfl:* **sich ~** fidanzarsi (*mit* con). **Verlobte** ⟨ein -r, -n, -n⟩ *mf* fidanzato, -a *m, f.* **Verlobung** ⟨-, -en⟩ *f* fidanzamento *m.*

verlogen [fɛɐ̯'lo:gən] *a* **1.** *(Mensch)* bugiardo; **2.** *(Moral, etc.)* falso.

verlor [fɛɐ̯'lo:ɐ̯] *imp von* **verlieren.**

verloren [fɛɐ̯'lo:rən] **I.** *pp von* **verlieren; II.** *a* **1.** *allg.* perduto, perso; **2.** *(vergeblich)* inutile, vano; **3.** *(einsam)* sperduto; **4.** *(ratlos)* disorientato.

verlosen ⟨*ohne ge-*⟩ *tr* sorteggiare, estrarre a sorte. **Verlosung** ⟨-, -en⟩ *f* sorteggio *m,* estrazione *f* a sorte.

Verlust [fɛɐ̯'lʊst] ⟨-(e)s, -e⟩ *m* **1.** *allg.* perdita (*an* di); **2.** *(Schaden)* danno *m;* **3.** *fin (Fehlbetrag)* deficit *m.* **Verlustgeschäft** *n* affare *m* di perdita.

vermachen ⟨*ohne ge-*⟩ *tr:* **jdm etw. ~ 1.** *(vererben)* lasciare in eredità qc a qu; **2.** *fam (schenken)* regalare qc a qu.

vermählen [fɛɐ̯'mɛ:lən] ⟨*ohne ge-*⟩ *geh rfl:* **sich ~** sposarsi (*mit* con). **Vermählung** ⟨-, -en⟩ *f geh* matrimonio *m.*

vermehren ⟨*ohne ge-*⟩ **I.** *tr* aumentare, accrescere; *(erweitern)* ampliare; *(zahlenmäßig)* moltiplicare; **II.** *rfl:* **sich ~** aumentare, accrescere; *biol* riprodursi; *(Zellen)* proliferare.

vermeiden ⟨*irr, ohne ge-*⟩ *tr* evitare, scansare; **es läßt sich nicht ~, daß ...** non si può evitare di ... *inf,* è inevitabile che ... *conj;* **um Mißverständnisse zu ~** a scanso d'equivoci.

vermeintlich [fɛɐ̯'maintlɪç] *a* presunto; *(Vater)* putativo.

Vermerk [fɛɐ̯'mɛrk] ⟨-(e)s, -e⟩ *m* **1.** *(Notiz)* annotazione *f,* nota *f;* **2.** *(Eintragung)* registrazione *f.*

vermessen[1] ⟨*irr, ohne ge-*⟩ **I.** *tr* misurare, prendere le misure di; *(topographisch)* rilevare; **II.** *rfl:* **sich ~** *(falsch messen)* sbagliarsi nel prendere le misure.

vermessen[2] *a geh* **1.** *(tollkühn)* audace; **2.** *(überheblich)* presuntuoso.

Vermessung *f* misurazione *f; (topographisch)* rilevamento *m.* **Vermessungsingenieur(in)** *m(f)* geometra *mf.*

vermieten ⟨*ohne ge-*⟩ *tr* affittare, dare in affitto; *(bes. jur)* locare; *(Auto)* noleggiare, dare a nolo; **„Zimmer zu ~"** "affittasi camere". **Vermieter(in)** *m(f)* **1.** *(von Wohnung)* locatore, -trice *m, f;* **2.** *(von anderen Dingen)* noleggiatore, -trice *m, f.*

vermindern ⟨*ohne ge-*⟩ **I.** *tr* **1.** *(geringer machen)* diminuire, ridurre; **2.** *(abschwächen)* attenuare; **II.** *rfl:* **sich ~ 1.** *(geringer werden)* diminuire; **2.** *(sich abschwächen)* diminuire, scemare; *(Schmerzen)* attutirsi.

vermischen ⟨*ohne ge-*⟩ **I.** *tr* mischiare; *(fig a.)* mescolare; **Vermischtes** miscellanea *f; (in Zeitungen)* varie *f pl;* **II.** *rfl:* **sich ~ 1.** *allg.* fondersi; **2.** *fig* confondersi, mescolarsi.

vermissen ⟨*ohne ge-*⟩ *tr:* **ich vermisse jdn/etw.** mi manca qu/qc; **vermißt werden** risultare disperso; **als vermißt gemeldet sein** essere dato per disperso; **ich vermisse meine Brille** non trovo gli occhiali; **was ich an dieser Beschreibung vermisse, ist ...** quello che non trovo in questa descrizione è ... **Vermißte** ⟨ein -r, -n, -n⟩ *mf* disperso, -a *m, f.*

vermitteln ⟨*ohne ge-*⟩ **I.** *tr* **1.** *(beschaffen)* procurare; **2.** *(Treffen, etc.)* combinare; *(Geschäft)* fare da mediatore in; *(in Diplomatie)* negoziare; **3.** *fig (Eindruck, etc.)* offrire, dare; **4.** *fig (Wissen)* trasmettere; **ein Gespräch ~** *tel* passare una comunicazione telefonica; **II.** *itr* fare da mediatore; *(im Streitfall)* conciliare (*zwischen den Parteien* le parti).

Vermittler(in) ⟨-s, -⟩ *m(f)* **1.** *allg.* mediatore, -trice *m, f; (a. com)* intermediario, -a *m, f; (Makler)* sensale *mf;* **2.** *(bei Streitfällen)* conciliatore, -trice *m, f.*

Vermittlung ⟨-, -en⟩ *f* **1.** *allg.* mediazione *f; (Einschaltung)* intervento *m;* **2.** *(Schlichtung)* accomodamento *m;* **3.** *tel (Telefonzentrale)* centralino *m; (Mensch)* centralinista *mf;* **4.** *(Stellen~)* ufficio *m* di collocamento; **durch jds ~** per la mediazione di qu. **Vermittlungsgebühr** *f* mediazione *f.*

Vermögen ⟨-s, -⟩ *n* patrimonio *m* fortuna *f,* sostanze *f pl;* **das kostet ein ~** costa un patrimonio. **vermögend** *a* benestante, ricco. **Vermögenssteuer** *f* imposta *f* patrimoniale (*o* sulla sostanza). **Vermögensverhältnisse** *n pl* situazione *f* finanziaria (*o* patrimoniale). **vermögenswirksam** *a* fruttifero; **~e Leistungen** contributi sociali che fanno maturare interessi.

Vermummungsverbot [fɛɐ̯'mʊmʊŋs-] *n divieto di intervenire mascherati ad una dimostrazione.*

vermuten [fɛɐ̯'mu:tən] ⟨*ohne ge-*⟩ *tr* **1.** *(annehmen)* supporre, presumere; *(glauben)* credere, pensare; **2.** *(erwarten)* aspettare; **nichts Arges ~** non sospettare nulla di male; **~ lassen** lasciare supporre; **es ist zu ~, daß ...** è probabile che ... *conj;* **das hätte ich nicht vermutet** non me lo sarei aspettato.

vermutlich I. *a* presunto; *(wahrscheinlich)* probabile; **II.** *adv* presumibilmente, probabilmente.

Vermutung ⟨-, -en⟩ *f* (pre)supposizione *f;* **~en über etw. anstellen** fare delle congetture su qc.

vernachlässigen ⟨*ohne ge-*⟩ *tr* trascurare.

vernarben ⟨*ohne ge-*⟩ *itr* ⟨*sein*⟩ cicatrizzarsi, rimarginarsi.

vernehmen ⟨*irr, ohne ge-*⟩ *tr* **1.** *(hören, wahrnehmen)* percepire; **2.** *(erfahren)* apprendere, venir a sapere; **3.** *jur (Angeklagte)* interrogare; *(Zeugen)* escutere. **Vernehmen** ⟨-s, ø⟩ *n:* **dem ~ nach** a quanto si dice.

Vernehmlassung ⟨-, -en⟩ *f CH* consultazione *f.*

vernehmlich *a* intelligibile, chiaro; *(hörbar)* percettibile.

Vernehmung ⟨-, -en⟩ *f jur (von Angeklagten)* interrogatorio *m; (von Zeugen)* audizione *f,* escussione *f.*

verneigen ⟨*ohne ge-*⟩ *rfl:* **sich ~** inchinarsi.

verneinen ⟨*ohne ge-*⟩ *tr* negare. **verneinend** *a* negativo. **Verneinung** ⟨-, -en⟩ *f* **1.** *(Antwort)* risposta *f* negativa; **2.** *gram* negazione *f;* **3.** *(Leugnung, Ablehnung)* rifiuto *m.*

vernichten [fɛɐ̯ˈnɪçtən] ⟨*ohne ge-*⟩ *tr* annientare; *(zerstören)* distruggere; *(ausrotten)* sterminare; *(Unkraut)* estirpare. **vernichtend** *a* **1.** *(Kritik)* distruttivo; **2.** *(Blick)* fulminante; **3.** *(Niederlage)* schiacciante; **jdn ~ schlagen** *sport* battere qu in modo schiacciante. **Vernichtung** ⟨-, ø⟩ *f* annientamento *m; (Zerstörung)* distruzione *f; (Ausrottung)* sterminio *m; (Unkraut~)* estirpazione *f.*

Vernunft [fɛɐ̯ˈnʊnft] ⟨-, ø⟩ *f* ragione *f; (gesunder Menschenverstand)* buon senso *m;* **~ annehmen** mettere giudizio; **jdn zur ~ bringen** ricondurre qu alla ragione.

vernünftig [fɛɐ̯ˈnʏnftɪç] *a* **1.** *(besonnen)* ragionevole, giudizioso, razionale; **2.** *(sinnvoll)* sensato; **3.** *fam (ordentlich)* decente.

veröffentlichen ⟨*ohne ge-*⟩ *tr* pubblicare. **Veröffentlichung** ⟨-, -en⟩ *f* pubblicazione *f.*

verordnen ⟨*ohne ge-*⟩ *tr* **1.** *med* prescrivere; **2.** *(anordnen, verfügen)* ordinare, decretare; *(festsetzen)* stabilire. **Verordnung** *f* **1.** *med* prescrizione *f;* **2.** *(gesetzlich)* decreto *m;* **nach ärztlicher ~** dietro prescrizione medica.

verpacken ⟨*ohne ge-*⟩ *tr* imballare, impacchettare. **Verpackung** *f* imballaggio *m.*

verpassen ⟨*ohne ge-*⟩ *tr* **1.** *(Zug)* perdere; *(Gelegenheit)* lasciarsi sfuggire; **2.** *fam (zuteilen)* dare; **jdm eine ~** *fam* dare una sberla a qu *fam.*

verpesten ⟨*ohne ge-*⟩ *tr* appestare.

verpfeifen ⟨*irr, ohne ge-*⟩ *tr fam (verraten)* tradire; *(anzeigen)* denunciare.

verpflegen ⟨*ohne ge-*⟩ *tr* nutrire. **Verpflegung** ⟨-, ø⟩ *f (Beköstigung)* vitto *m.*

verpflichten ⟨*ohne ge-*⟩ **I.** *tr* obbligare *(jdn zu etw.* qu a fare qc); *(a. moralisch)* impegnare *(jdn zu etw.* qu a fare qc); *(Künstler)* ingaggiare; **ich fühle mich verpflichtet, etw. zu tun** mi sento obbligato a fare qc; **ich bin Ihnen zu tiefem Dank verpflichtet** Le sono obbligatissimo; **II.** *rfl:* **sich ~** *(zusagen)* impegnarsi.

Verpflichtung ⟨-, -en⟩ *f* obbligo *m; (a. moralisch)* impegno *m; (Pflicht)* dovere *m;* **berufliche/finanzielle ~en** impegni professionali/finanziari; **seinen ~en nachkommen** adempire ai propri impegni.

verpfuschen ⟨*ohne ge-*⟩ *tr fam* **1.** *(Arbeit, etc.)* abborracciare; **2.** *fig (Leben)* rovinare.

verpissen ⟨*ohne ge-*⟩ *rfl:* **sich ~** *vulg* squagliarsela *fam.*

verpönt [fɛɐ̯ˈpøːnt] *a:* **~ sein** essere malvisto.

verprassen ⟨*ohne ge-*⟩ *tr* dissipare.

verprügeln ⟨*ohne ge-*⟩ *tr* bastonare, picchiare.

Verputz *m* intonaco *m.*

verputzen ⟨*ohne ge-*⟩ *tr* **1.** *(Gebäude, etc.)* intonacare; **2.** *fig fam (aufessen)* spolverare.

verramschen ⟨*ohne ge-*⟩ *tr* svendere.

Verrat [fɛɐ̯ˈraːt] ⟨-(e)s, ø⟩ *m* tradimento *m;* **~ begehen** (*o* **üben**) commettere un tradimento; **~ an jdm begehen** tradire qu.

verraten ⟨*irr, ohne ge-*⟩ **I.** *tr* **1.** *(Geheimnis, Freunde, etc.)* tradire; **2.** *fig (deutlich werden lassen)* rivelare; **~ und verkauft sein** *fam* essere abbandonato a se stesso; **II.** *rfl:* **sich ~** tradirsi.

Verräter(in) [fɛɐ̯ˈrɛːtɐ (...ərɪn)] ⟨-s, -⟩ *m(f)* traditore, -trice *m, f.* **verräterisch** *a* **1.** *(Mensch)* traditore; *(heimtückisch)* perfido; **2.** *fig* rivelatore.

verrechnen ⟨*ohne ge-*⟩ **I.** *tr* **1.** *com* mettere in conto; *(gegeneinander aufrechnen)* compensare; **2.** *(gutschreiben)* accreditare; **II.** *rfl:* **sich ~ 1.** *(falsch rechnen)* sbagliare i calcoli; **2.** *fig fam (sich täuschen)* ingannarsi; **sich um 50 Pfennig ~** sbagliare di 50 pfennig; **da hast du dich aber schwer verrechnet!** *fig fam* (qui) ti sei sbagliato di grosso! *fam.* **Verrechnung** *f com* (messa *f* in) conto *m; (Ausgleich)* compensazione *f;* **nur zur ~** da accreditare. **Verrechnungsscheck** *m* assegno *m* da accreditare.

verrecken [fɛɐ̯ˈrɛkən] ⟨*ohne ge-*⟩ *itr* ⟨*sein*⟩ *vulg* crepare *vulg.*

verregnet *a (regnerisch)* piovoso; *(Urlaub)* rovinato dalla pioggia.

verreisen ⟨*ohne ge-*⟩ *itr* ⟨*sein*⟩ partire in viaggio; **geschäftlich** (*o* **dienstlich**) **~** partire per un viaggio d'affari (*o* di lavoro); **verreist (sein)** (essere) in viaggio.

verreißen ⟨*irr, ohne ge-*⟩ *tr fig fam (kritisieren)* stroncare.

verrenken [fɛɐ̯ˈrɛŋkən] ‹*ohne ge-*› *tr* (di)storcere; *(Arm, Fuß)* slogare, lussare. **Verrenkung** ‹-, -en› *f* **1.** *(von Körper)* contorsione *f;* **2.** *med (von Gelenken)* slogatura *f,* lussazione *f.*

verrichten ‹*ohne ge-*› *tr tr* fare, eseguire, compiere; **seinen Dienst ~** adempiere alle proprie funzioni. **Verrichtung** *f* faccenda *f.*

verriegeln ‹*ohne ge-*› *tr* chiudere col catenaccio, sprangare.

verringern [fɛɐ̯ˈrɪŋɐn] ‹*ohne ge-*› *tr* ridurre, diminuire.

verrosten ‹*ohne ge-*› *itr* ‹*sein*› arrugginire, arrugginirsi.

verrotten [fɛɐ̯ˈrɔtən] ‹*ohne ge-*› *itr* ‹*sein*› **1.** *(Laub, Holz)* imputridire; **2.** *(Gebäude)* sgretolarsi.

verrückt [fɛɐ̯ˈrʏkt] *a* pazzo, matto, folle; **~ spielen** *fam* fare il pazzo; **jdn ~ machen** *fam* far impazzire qu; **auf etw. ~ sein** *fam* andare matto per qc *fam;* **auf jdn (***o* **nach jdm) ~ sein** *fam* essere pazzo di qu; **wie ~** *fam (Mensch)* come un matto (*o* una matta) *fam;* **es hat geregnet wie ~** *fam* ha piovuto a catinelle; **ich werd' ~!** *fam* non posso crederci! **Verrückte** ‹ein -r, -n, -n› *mf* pazzo, -a *m, f,* matto, -a *m, f;* **er ist gefahren wie ein ~r** *fam* è andato come un forsennato.

verrufen *a (berüchtigt)* famigerato; *(Viertel, Lokal)* malfamato.

Vers [fɛrs] ‹-es, -e› *m* verso *m; (Bibel~)* versetto *m.*

versagen ‹*ohne ge-*› *itr* **1.** *(Maschinen, Bremsen)* non funzionare; *(Waffen)* incepparsi; **2.** *(Person)* fallire; **die Stimme versagte mir** mi mancò la voce. **Versagen** ‹-s, ø› *n* **1.** *tec* mancato funzionamento *m,* guasto *m; (bes. mot)* panna *f;* **2.** *fig (von Mensch)* fallimento *m;* **menschliches ~** errore *m* umano. **Versager(in)** ‹-s, -› *m(f) (Mensch)* fallito, -a *m, f.*

versalzen ‹*irr, ohne ge-*› *tr* **1.** *(Speisen)* salare troppo; **2.** *fig fam (verderben)* guastare.

versammeln ‹*ohne ge-*› **I.** *tr* radunare, riunire; *(zusammenrufen)* convocare; **II.** *rfl:* **sich ~** radunarsi; *(a. pol)* riunirsi.

Versammlung *f* **1.** *(Vorgang)* riunione *f,* raduno *m;* **2.** *(versammelte Menschen)* assemblea *f.* **Versammlungsfreiheit** *f* libertà *f* di riunione.

Versand [fɛɐ̯ˈzant] ‹-(e)s, ø› *m* **1.** *(das Versenden)* spedizione *f,* invio *m;* **2.** *(~abteilung)* reparto *m* spedizioni. **Versandhandel** *m* vendita *f* per corrispondenza. **Versandhaus** *n* ditta *f* di vendita per corrispondenza. **Versandkosten** ‹*pl*› spese *f pl* di spedizione.

versauen ‹*ohne ge-*› *tr sl* **1.** *(schmutzig machen)* sporcare, insudiciare; **2.** *(verderben)* rovinare.

versäumen ‹*ohne ge-*› *tr* **1.** *(Zug, Gelegenheit)* perdere; **2.** *(Unterricht)* mancare a; **3.** *(Pflicht)* trascurare; **nicht ~, etw. zu tun** non mancare di fare qc. **Versäumnis** ‹-ses, -se› *n* omissione *f,* dimenticanza *f.*

verschaffen ‹*ohne ge-*› **I.** *tr* procurare; **was verschafft mir die Ehre?** a cosa devo l'onore?; **II.** *rfl:* **sich** *(dat)* **etw. ~** procurarsi qc; **sich** *(dat)* **Respekt ~** farsi rispettare.

verschärfen ‹*ohne ge-*› **I.** *tr* **1.** *(intensivieren)* intensificare; **2.** *(Bestimmung, Lage)* inasprire; *(Spannungen)* aumentare, acuire; **3.** *(Prüfungen, Kontrollen)* intensificare; **4.** *(Tempo)* accelerare; **5.** *(verschlimmern)* aggravare; **II.** *rfl:* **sich ~ 1.** *(Lage)* inasprirsi; *(Spannungen)* aumentare, acuirsi; **2.** *(Prüfungen, Kontrollen)* intensificarsi; **3.** *(Krise)* acutizzarsi; **4.** *(sich verschlimmern)* aggravarsi, inasprirsi.

verschenken ‹*ohne ge-*› *tr* regalare.

verscherzen ‹*ohne ge-*› *rfl:* **sich** *(dat)* **etw. ~** giocarsi qc.

verscheuchen ‹*ohne ge-*› *tr* scacciare.

verschicken ‹*ohne ge-*› *tr* **1.** *(Post)* spedire; **2.** *(zur Erholung, etc.)* mandare.

verschieben ‹*irr, ohne ge-*› *tr* **1.** *(verrükken)* spostare; **2.** *(Termine, etc.)* rinviare (*auf* a, *um* di), differire (*auf* a, *um* di); **3.** *fam (Devisen, Waren, etc.)* vendere di contrabbando.

verschieden [fɛɐ̯ˈʃiːdən] *a* **1.** *allg.* diverso; *(unterschiedlich)* differente; *(~artig)* svariato; **2.** *(mehrere, einige, mannigfach)* vario; **V~es** diverse (*o* varie) cose; *(Tagesordnungspunkt)* varie ed eventuali; *(in Zeitungen)* varie *f pl;* **das ist ~** dipende dai casi. **verschiedenartig** *a* **1.** *(unterschiedlich)* disparato, eterogeneo; **2.** *(mannigfaltig)* vario, svariato, diverso. **Verschiedenheit** ‹-, -en› *f* **1.** *allg.* diversità *f;* **2.** *(Unterschiedlichkeit)* differenza *f* (*in* di); *(Unähnlichkeit)* disuguaglianza *f;* **3.** *(Mannigfaltigkeit)* varietà *f,* molteplicità *f.* **verschiedentlich** [fɛɐ̯ˈʃiːdɛntlɪç] *adv* diverse (*o* più) volte.

verschimmeln ‹*ohne ge-*› *itr* ‹*sein*› ammuffire.

verschlafen[1] ‹*irr, ohne ge-*› **I.** *tr* **1.** *(schlafend verbringen)* passare dormendo; **2.** *(versäumen)* perdere (per non essersi svegliato in tempo); **3.** *fam (vergessen)* dimenticare; **II.** *itr, rfl:* **sich ~** non svegliarsi in tempo.

verschlafen[2] *a* assonnato; *(a. fig)* sonnolento.

Verschlag *m* capanna *f,* rimessa *f.*

verschlagen ‹*irr, ohne ge-*› *tr* **1.** *(Atem)* mozzare; **2.** *(an einen Ort)* gettare, sbattere; **das verschlug mir die Sprache/den Appetit** mi mancò la parola/l'appetito.

verschlechtern ⟨*ohne ge-*⟩ **I.** *tr* **1.** *allg.* peggiorare, deteriorare; **2.** *(verschlimmern)* aggravare; **II.** *rfl:* **sich ~** peggiorare; *(Lage a.)* aggravarsi. **Verschlechterung** ⟨-, -en⟩ *f* peggioramento *m,* deterioramento *m.*

Verschleiß [fɛɐ̯ˈʃlai̯s] ⟨-es, -e⟩ *m* usura *f.*

verschleißen ⟨verschleißt, verschliß, verschlissen⟩ **I.** *tr* ⟨*haben*⟩ logorare; **II.** *itr* ⟨*sein*⟩ logorarsi.

Verschleißerscheinung *f* traccia *f* di usura (*o* logoramento).

verschleppen ⟨*ohne ge-*⟩ *tr* **1.** *(deportieren)* deportare; *(entführen)* rapire; **2.** *(Krankheit)* trascinarsi; **3.** *(in die Länge ziehen)* tirare per le lunghe. **Verschleppungstaktik** *f* ostruzionismo *m.*

verschließen ⟨*irr, ohne ge-*⟩ **I.** *tr* **1.** *(abschließen)* chiudere; **2.** *(wegschließen)* mettere sotto chiave; **3.** *med* occludere; **II.** *rfl:* **sich jdm ~** non aprirsi a qu; **sich einer S.** *(dat)* (*o* **gegen etw.**) **~** rifiutarsi di riconoscere qc.

verschlimmern ⟨*ohne ge-*⟩ **I.** *tr* aggravare, peggiorare; **II.** *rfl:* **sich ~** aggravarsi, peggiorare. **Verschlimmerung** ⟨-, -en⟩ *f* aggravamento *m,* peggioramento *m.*

verschliß [fɛɐ̯ˈʃlɪs] *imp von* **verschleißen.**

verschlissen [fɛɐ̯ˈʃlɪsən] **I.** *pp von* **verschleißen; II.** *a* logoro, consunto, liso.

verschlucken ⟨*ohne ge-*⟩ **I.** *tr* **1.** *(a. fig: unterdrücken)* inghiottire; **2.** *fig (Wörter, Sätze)* mangiare; **II.** *rfl:* **ich habe mich verschluckt** mi è andato di traverso.

Verschluß *m* **1.** *allg.* chiusura *f;* **2.** *(Schloß)* serratura *f;* **3.** *(Deckel)* coperchio *m;* **4.** *(Stöpsel)* tappo *m;* **5.** *(fot, an Waffe)* otturatore *m;* **etw. unter ~ halten** tenere qc sotto chiave.

verschlüsseln [fɛɐ̯ˈʃlʏsəln] ⟨*ohne ge-*⟩ *tr* cifrare.

verschmachten ⟨*ohne ge-*⟩ *itr* ⟨*sein*⟩ *fig* languire; **vor Durst/Hunger ~** morire di sete/fame.

verschmähen [fɛɐ̯ˈʃmɛːən] ⟨*ohne ge-*⟩ *tr* (di)sdegnare; *(ablehnen)* rifiutare.

verschmieren ⟨*ohne ge-*⟩ *tr* **1.** *(zuschmieren)* colmare spalmando; **2.** *(verstreichen)* spalmare; **3.** *(schmierig machen)* imbrattare.

verschmutzen ⟨*ohne ge-*⟩ **I.** *tr* ⟨*haben*⟩ sporcare, insudiciare; *(Umwelt)* inquinare; **II.** *itr* ⟨*sein*⟩ sporcarsi. **Verschmutzung** ⟨-, -en⟩ *f* imbrattamento *m; (Umwelt~)* inquinamento *m.*

verschneit *a* innevato.

verschnörkelt *a* pieno di arabeschi.

verschnupft *a* **1.** *(erkältet)* raffreddato; **2.** *fig fam (verärgert)* seccato.

verschollen [fɛɐ̯ˈʃɔlən] *a* disperso, scomparso, perso di vista.

verschonen ⟨*ohne ge-*⟩ *tr* risparmiare (*mit* da); **(von etw.) verschont bleiben** venire (*o* rimanere) risparmiato (da qc).

verschönern [fɛɐ̯ˈʃøːnɐn] ⟨*ohne ge-*⟩ *tr* abbellire, (ad)ornare.

verschränken [fɛɐ̯ˈʃrɛŋkən] ⟨*ohne ge-*⟩ *tr* *(Arme)* incrociare; *(Beine)* accavallare.

verschreiben ⟨*irr, ohne ge-*⟩ **I.** *tr* **1.** *med* prescrivere; **2.** *(Papier)* consumare; **II.** *rfl:* **sich ~ 1.** *(falsch schreiben)* sbagliare scrivendo; **2.** *(sich widmen)* dedicarsi; **sich dem Teufel ~** vendere l'anima al diavolo. **verschreibungspflichtig** *a* soggetto a prescrizione medica.

verschrie(e)n [fɛɐ̯ˈʃriː(ə)n] *a* malfamato.

verschroben [fɛɐ̯ˈʃroːbən] *a* stravagante, eccentrico.

verschrotten ⟨*ohne ge-*⟩ *tr* demolire, ridurre in rottami; *mot* rottamare.

verschulden ⟨*ohne ge-*⟩ **I.** *tr* ⟨*haben*⟩ causare, provocare; **II.** *itr* ⟨*sein*⟩, *rfl:* **sich ~** indebitarsi. **Verschulden** ⟨-s, ø⟩ *n* colpa *f;* **ohne mein ~** senza colpa da parte mia. **Verschuldung** ⟨-, ø⟩ *f* indebitamento *m.*

verschütten ⟨*ohne ge-*⟩ *tr* **1.** *(Flüssigkeit)* versare; *(Zucker, etc.)* spargere; **2.** *(unter sich begraben)* seppellire.

verschwägert [fɛɐ̯ˈʃvɛːgɐt] *a* imparentato.

verschweigen ⟨*irr, ohne ge-*⟩ *tr* tacere, passare sotto silenzio.

verschwenden [fɛɐ̯ˈʃvɛndən] ⟨*ohne ge-*⟩ *tr* prodigare, sperperare, dilapidare. **Verschwender(in)** ⟨-s, -⟩ *m(f)* scialacquatore, -trice *m, f fam,* dissipatore, -trice *m, f.* **Verschwendung** ⟨-, ø⟩ *f* sperpero *m,* dissipazione *f.*

verschwiegen [fɛɐ̯ˈʃviːgən] *a* **1.** *(Person)* discreto; *(zurückhaltend)* riservato; **2.** *(Ort)* silenzioso, tranquillo.

verschwimmen ⟨*irr, ohne ge-*⟩ *itr* ⟨*sein*⟩ sfumare, confondersi.

verschwinden ⟨*irr, ohne ge-*⟩ *itr* ⟨*sein*⟩ scomparire; *(gestohlen werden a.)* sparire; **~d klein** infinitamente piccolo; **ich muß mal ~** *fam* devo andare in quel posto *fam;* **verschwinde!** *fam* sparisci! **Verschwinden** ⟨-s, ø⟩ *n* scomparsa *f,* sparizione *f;* **im ~ (begriffen)** in via d'estinzione.

verschwommen [fɛɐ̯ˈʃvɔmən] *a* sfumato; *fot* sfocato; *(vage)* vago.

Verschwörung ⟨-, -en⟩ *f* congiura *f,* cospirazione *f,* complotto *m.*

versehen ⟨*irr, ohne ge-*⟩ **I.** *tr* **1.** *(ausrüsten, ausstatten)* provvedere (*mit* di), munire (*mit* di), (ri)fornire (*mit* di); **2.** *(ausüben)* esercitare; **etw. mit seiner Unterschrift ~** apporre la propria firma a qc; **II.** *rfl:* **sich ~** *(sich irren)* sbagliarsi, fare una svista; **sich mit etw. ~** rifornirsi di qc; **ehe man sich's versieht** quando meno lo si aspetta. **Versehen**

‹-s, -› *n* **1.** *(Irrtum)* errore *m;* **2.** *(kleiner Fehler)* svista *f,* inavvertenza *f;* **aus ~** inavvertitamente.
Versehrte [fɛɐ̯ˈzeːɐ̯tə] ‹ein -r, -n, -n› *mf* invalido, -a *m, f,* mutilato, -a *m, f; (Kriegs~)* invalido *m* di guerra.
versenden ‹*irr o reg, ohne ge-*› *tr* spedire, inviare.
versenken ‹*ohne ge-*› **I.** *tr* **1.** *(Schiffe, etc.)* affondare; **2.** *tec (Schraube)* accecare; **II.** *rfl:* **sich ~** *fig (sich vertiefen)* immergersi (*in* in).
Versenkung *f* **1.** *(von Schiffen)* affondamento *m;* **2.** *fig (Meditation)* immergersi *m,* sprofondarsi *m;* **in der ~ verschwinden** *fig fam* scomparire dalla scena.
versessen [fɛɐ̯ˈzɛsən] *a:* **auf etw. ~ sein** essere fanatico di qc; *(auf Süßigkeiten)* essere avido di qc.
versetzen ‹*ohne ge-*› **I.** *tr* **1.** *(an andere Stelle)* spostare; *(Pflanze)* trapiantare; **2.** *(Beamten)* trasferire; **3.** *(Schüler: in höhere Schulklasse)* promuovere; *(an anderen Platz)* trasferire; **4.** *(Menschen in Lage)* mettere; **5.** *(mischen)* mischiare (*mit* con); *(alkoholisches Getränk)* tagliare (*mit* con); **6.** *(Schlag, etc.)* assestare; **7.** *(verpfänden)* impegnare; **8.** *fam (vergeblich warten lassen)* mancare a un appuntamento con; **9.** *(antworten)* rispondere; **jdm eins ~** *fam* mollare un ceffone a qu *fam;* **jdn in Angst ~** impaurire qu; **jdn in Wut ~** far arrabbiare qu; **nicht versetzt werden** *(Schule)* essere bocciato; **II.** *rfl:* **sich in jds Lage ~** mettersi nei panni di qu.
Versetzung ‹-, -en› *f* **1.** *allg.* spostamento *m;* **2.** *(von Beamten)* trasferimento *m;* **3.** *(von Schüler)* promozione *f.*
verseuchen ‹*ohne ge-*› *tr (mit Bakterien)* infettare; *(mit Gift)* contaminare; *(a. fig)* inquinare.
Versfuß *m* piede *m.*
versichern ‹*ohne ge-*› **I.** *tr* assicurare; **II.** *rfl:* **sich ~** assicurarsi.
Versicherung *f* assicurazione *f* (*gegen* contro); **eine ~ abschließen** stipulare un'assicurazione. **Versicherungsbetrug** *m* frode *f* a danno di una società di assicurazioni. **Versicherungsfall** *m* sinistro *m.* **Versicherungsgesellschaft** *f* società *f* (*o* compagnia *f*) di assicurazioni. **Versicherungsprämie** *f* premio *m* d'assicurazione. **Versicherungssumme** *f* somma *f* assicurata, importo *m* dell' assicurazione.
versickern ‹*ohne ge-*› *itr* ‹*sein*› disperdersi.
versiert [vɛrˈziːɐ̯t] *a:* **er ist sehr ~ in diesen Dingen** è molto esperto di queste cose.
versilbern ‹*ohne ge-*› *tr* **1.** *tec* argentare; **2.** *fam (zu Geld machen)* realizzare.
versinken ‹*irr, ohne ge-*› *itr* ‹*sein*› **1.** *(im Wasser)* affondare; **2.** *(im Schlamm, etc.)* sprofondare; **in Gedanken versunken sein** essere assorto in pensieri.
Version [vɛrˈzi̯oːn] ‹-, -en› *f* versione *f.*
Versmaß *n* metro *m.*
versnobt *a* snob.
versöhnen [fɛɐ̯ˈzøːnən] ‹*ohne ge-*› **I.** *tr* (ri)conciliare, rappacificare; **II.** *rfl:* **sich ~** riconciliarsi, rappacificarsi. **versöhnlich** *a* conciliante; *(Worte)* conciliativo. **Versöhnung** ‹-, -en› *f* (ri)conciliazione *f.*
versorgen ‹*ohne ge-*› *tr* **1.** *(sich kümmern um)* provvedere a; *(Kranke)* accudire, assistere; **2.** *(unterhalten)* mantenere; **3.** *(beliefern)* (ri)fornire (*mit* di), approvvigionare (*mit* di); **4.** *(unterbringen)* sistemare. **Versorgung** ‹-, -en› *f* **1.** ‹*sing*› *(Sichkümmern)* cura *f;* **2.** ‹*sing*› *(Unterhalt)* mantenimento *m;* **3.** *com (Belieferung)* rifornimento *m.*
verspäten ‹*ohne ge-*› *rfl:* **sich ~** arrivare in ritardo (*um* di). **verspätet I.** *a* tardivo; **II.** *adv* in ritardo. **Verspätung** ‹-, -en› *f* ritardo *m;* **(drei Minuten) ~ haben** avere (tre minuti di) ritardo.
versperren ‹*ohne ge-*› *tr* **1.** *(blockieren)* sbarrare, bloccare; **2.** *(verschließen)* chiudere; **jdm die Aussicht ~** togliere la visuale a qu; **jdm den Weg ~** sbarrare la strada a qu.
verspielen ‹*ohne ge-*› **I.** *tr* **1.** *(Geld)* perdere (al gioco); **II.** *itr:* **(bei jdm) verspielt haben** *fam* essere caduto in disgrazia (presso qu). **verspielt** *a* **1.** *(Kind, Katze, etc.)* giocherellone; **2.** *(Frisur, Kleid, etc.)* carino, piacevole, simpatico; **3.** *(Muster)* grazioso, carino.
verspotten ‹*ohne ge-*› *tr* deridere, schernire.
versprechen ‹*irr, ohne ge-*› **I.** *tr* promettere; **II.** *rfl:* **sich ~ 1.** *(beim Sprechen)* impaperarsi; **2.** *(erwarten)* aspettarsi; **ich habe mich versprochen** è stato un lapsus; **sich** *(dat)* **etw. ~** *(erwarten)* aspettarsi qc. **Versprechen** ‹-s, -› *n* promessa *f.* **Versprecher** ‹-s, -› *m* lapsus (linguae) *m,* papera *f.* **Versprechung** ‹-, -en› *f* promessa *f.*
verstaatlichen ‹*ohne ge-*› *tr* nazionalizzare, statalizzare; *(kirchliche Einrichtung)* laicizzare.
Verstand [fɛɐ̯ˈʃtant] ‹-(e)s, ø› *m* **1.** *(Denkfähigkeit)* intelletto *m,* intelligenza *f;* **2.** *(Urteilskraft)* giudizio *m,* discernimento *m;* **3.** *(Vernunft)* ragione *f;* **4.** *(gesunder Menschenverstand)* buon senso *m;* **ein scharfer ~** una mente acuta; **den ~ verlieren** diventare pazzo, essere impazzito; **mit ~ essen** mangiare moderatamente; **bei vollem ~ sein** essere completamente lucido.

verständig [fɛɐ̯'ʃtɛndɪç] *a* **1.** *(einsichtig)* giudizioso; **2.** *(vernünftig)* ragionevole; **3.** *(klug)* intelligente.

verständigen ‹*ohne ge-*› **I.** *tr* informare (*jdn von, über etw.* qu di qc), avvertire (*jdn von, über etw.* qu di qc); **II.** *rfl:* **sich ~ 1.** *(sich verständlich machen)* farsi capire, comunicare; **2.** *(sich einigen)* mettersi d'accordo. **Verständigung** ‹-, ø› *f* **1.** *(Benachrichtigung)* informazione *f*, avviso *m;* **2.** *(Einigung)* intesa *f*, accordo *m;* **3.** *(Kommunikation)* comunicazione *f;* **4.** *tel* ricezione *f.*

verständlich [fɛɐ̯'ʃtɛntlɪç] *a* **1.** *(begreiflich, hörbar)* comprensibile; **2.** *(einsehbar, faßbar)* intelligibile; **jdm etw. ~ machen** far capire qc a qu; **sich ~ machen** farsi capire; **leicht/schwer ~ sein** essere facilmente/difficilmente comprensibile. **Verständlichkeit** ‹-, ø› *f* comprensibilità *f*, intelligibilità *f; (Hörbarkeit)* udibilità *f.*

Verständnis [fɛɐ̯'ʃtɛntnɪs] ‹-ses, ø› *n* **1.** *(Begreifen, Mitgefühl)* comprensione *f* (*für* per); **2.** *(Sinn für etw.)* sensibilità *f* (*für* per); **dafür habe ich kein ~** questo non lo ammetto. **verständnislos** *a* **1.** *(ohne Verständnis)* incapace di comprendere; **2.** *(ungläubig)* incredulo. **verständnisvoll** *a* comprensivo.

verstärken ‹*ohne ge-*› **I.** *tr* **1.** *(stärker machen)* rinforzare, rafforzare; **2.** *(vermehren, vergrößern)* aumentare; **3.** *radio* amplificare; **II.** *rfl:* **sich ~** *(sich vermehren)* aumentare, crescere. **Verstärker** ‹-s, -› *m tec, el radio* amplificatore *m.* **Verstärkung** *f* **1.** *allg.* rafforzamento *m; (a. mil)* rinforzo *m;* **2.** *(Vermehrung)* aumento *m;* **3.** *radio* amplificazione *f.*

verstauben ‹*ohne ge-*› *itr* ‹*sein*› impolverarsi.

verstauchen [fɛɐ̯'ʃtauxən] ‹*ohne ge-*› *tr* slogare; **sich** *(dat)* **die Hand ~** slogarsi la mano.

verstauen ‹*ohne ge-*› *tr* **1.** *(unterbringen)* stipare, sistemare; **2.** *naut* stivare.

Versteck [fɛɐ̯'ʃtɛk] ‹-(e)s, -e› *n* nascondiglio *m;* **~ spielen** giocare a nascondino.

verstecken ‹*ohne ge-*› **I.** *tr* nascondere; *(a. fig)* dissimulare; **II.** *rfl:* **sich ~** nascondersi. **Versteckspiel** *n* nascondino *m.* **versteckt** *a* **1.** *(verborgen)* nascosto; **2.** *fig (Andeutung, Bemerkung)* velato; *(heimlich)* segreto.

verstehen ‹*irr, ohne ge-*› **I.** *tr* **1.** *(begreifen, hören)* comprendere, capire; **2.** *(gut können, beherrschen)* sapere, conoscere; **zu ~ geben** far capire, dare a intendere; **davon verstehst du nichts** non ne capisci niente; **ich verstehe!** capisco!; **~ Sie mich recht!** non mi fraintenda!; **verstanden?** *fam* capito? *fam;* **was versteht man unter Gehirnwäsche?** che cosa si intende per "lavaggio del cervello"?; **II.** *rfl:* **sich ~** *(sich vertragen)* andare d'accordo (*mit* con); **sich auf etw. ~** intendersi di qc; **sich mit jdm ~** andare d'accordo con qu; **das versteht sich (von selbst)** si capisce, è ovvio.

versteigern ‹*ohne ge-*› *tr* vendere all'asta (*o* all'incanto).

Versteigerung *f* (vendita *f* all')asta *f*, incanto *m.*

verstellbar *a* regolabile.

verstellen ‹*ohne ge-*› **I.** *tr* **1.** *(an anderen Ort)* spostare, cambiare di posto; **2.** *(versperren)* sbarrare; **3.** *(Stimme, Handschrift)* contraffare; **4.** *tec* regolare; **II.** *rfl:* **sich ~ 1.** *tec* sregolarsi, spostarsi; **2.** *fig* fingere, simulare.

Verstellung *f* **1.** *tec* regolazione *f;* **2.** *fig* simulazione *f*, finzione *f.*

versteuern ‹*ohne ge-*› *tr* pagare le imposte su (*o* per).

verstimmt *a* **1.** *mus* scordato; **2.** *(Mensch)* di malumore; *(verärgert)* stizzito; **3.** *(Magen)* imbarazzato.

verstohlen [fɛɐ̯'ʃto:lən] *a (Blick, Lächeln)* furtivo; *(heimlich)* segreto.

verstopfen ‹*ohne ge-*› **I.** *tr* ‹*haben*› **1.** *(Loch, Ritzen)* (ot)turare; *(Ausguß, Straße)* intasare; **2.** *med* costipare; **II.** *itr* ‹*sein*› intasarsi. **verstopft** *a* **1.** *(Nase, Straße, Ausguß, etc.)* intasato; **2.** *(verschlossen)* turato; **3.** *med* stitico, costipato. **Verstopfung** ‹-, ø› *f* **1.** *(Verschließung)* otturazione *f;* **2.** *(von Straße, Ausguß, etc.)* intasamento *m;* **3.** *med* stitichezza *f*, costipazione *f.*

verstorben [fɛɐ̯'ʃtɔrbən] *a* deceduto, defunto; **der V~e** il defunto.

verstört *a* sconvolto, stravolto; *(verwirrt)* turbato.

Verstoß *m* offesa *f* (*gegen* a), trasgressione *f* (*gegen* di).

verstoßen ‹*irr, ohne ge-*› **I.** *tr (vertreiben)* scacciare (*aus* da); *(Familienangehörigen)* ripudiare; **II.** *itr* contravvenire (*gegen* a), infrangere (*gegen etw.* qc), violare (*gegen etw.* qc).

verstreichen ‹*irr, ohne ge-*› **I.** *itr* ‹*sein*› *geh (Zeit)* passare; *(Frist)* scadere; **II.** *tr* ‹*haben*› **1.** *(Farbe, Salbe)* spalmare (*auf* su); **2.** *(Fugen, Ritzen)* otturare; *(verspachteln)* stuccare; **3.** *(beim Streichen verbrauchen)* consumare (spalmando).

verstreuen ‹*ohne ge-*› *tr* **1.** *(ausstreuen)* spargere; *(unsystematisch)* sparpagliare; **2.** *(versehentlich)* versare, rovesciare.

verstümmeln [fɛɐ̯'ʃtʏməln] ‹*ohne ge-*› *tr* mutilare. **Verstümmelung** ‹-, -en› *f* mutilazione *f.*

Versuch [fɛɐ̯'zu:x] ‹-(e)s, -e› *m* tentativo *m; (Experiment a.)* esperimento *m*, prova *f;* **beim ersten ~** al primo tentativo; **das kommt auf einen ~ an** si tratta di provare.

versuchen ‹*ohne ge-*› **I.** *tr* **1.** *(probieren)* tentare (*etw. zu tun* di fare qc), provare (*etw. zu tun* a fare qc); *(Speise, Getränke)* assaggiare; **2.** *geh (in Versuchung führen)* tentare; **es mit etw./jdm ~** fare la prova con qc/qu; **versucht sein, etw. zu tun** essere tentato di fare qc; **II.** *rfl:* **sich ~** cimentarsi (*an* con).

Versuchskaninchen *n fig* cavia *f.* **Versuchsperson** *f* soggetto *m* (dell'esperimento). **Versuchstier** *n* cavia *f.* **versuchsweise** *adv* in via sperimentale.

Versuchung ‹-, -en› *f* tentazione *f;* **in ~ kommen** (*o* **geraten**) essere tentato; **jdn in ~ führen** indurre qu in tentazione.

versüßen ‹*ohne ge-*› *tr fig* addolcire.

vertagen ‹*ohne ge-*› *tr* aggiornare, rinviare, rimandare.

vertauschen ‹*ohne ge-*› *tr* scambiare.

verteidigen [fɛɐ̯'tai̯dɪɡən] ‹*ohne ge-*› **I.** *tr* difendere; **II.** *rfl:* **sich ~** difendersi (*gegen* da, contro).

Verteidiger(in) ‹-s, -› *m(f)* difensore, -a *m, f.*

Verteidigung ‹-, ø› *f* difesa *f;* **in der ~** sulla difensiva. **Verteidigungsministerium** *n* ministero *m* della difesa.

verteilen ‹*ohne ge-*› **I.** *tr* **1.** *(vergeben)* distribuire; *(zuteilen)* assegnare; **2.** *(aufteilen)* ripartire, dividere; **II.** *rfl:* **sich ~ 1.** *(zeitlich)* dividersi; **2.** *(örtlich)* distribuirsi (*auf, über* su).

Verteiler ‹-s, -› *m* **1.** *(Person)* distributore *m;* **2.** *mot* spinterogeno *m;* **3.** *(Betrieb)* azienda *f* erogatrice; **4.** *(auf Schriftstück)* chiave *f* di distribuzione.

Verteilung *f* distribuzione *f; (Aufteilung)* ripartizione *f,* divisione *f.*

verteuern ‹*ohne ge-*› *tr, rfl:* **sich ~** rincarare.

vertiefen ‹*ohne ge-*› **I.** *tr* rendere più profondo; *(a. fig)* approfondire; **II.** *rfl:* **sich ~ 1.** *(tiefer werden)* diventare più profondo; **2.** *(intensiver werden)* rafforzarsi, aumentare; **3.** *fig (sich versenken)* immergersi (*in* in), concentrarsi (*in* in). **Vertiefung** ‹-, -en› *f* **1.** *allg., fig* approfondimento *m; (Senke, Mulde)* avvallamento *m;* **2.** ‹*sing*› *fig (Sichvertiefen)* approfondimento *m.*

vertikal [vɛrti'ka:l] *a* verticale.

vertilgen ‹*ohne ge-*› *tr* **1.** *(Unkraut)* estirpare; *(Ungeziefer)* sterminare; **2.** *fam (verzehren)* divorare.

vertonen ‹*ohne ge-*› *tr* musicare, mettere in musica.

Vertrag [fɛɐ̯'tra:k] ‹-(e)s, ⸚e› *m* contratto *m; pol* trattato *m; (Abkommen)* accordo *m,* convenzione *f;* **jdn unter ~ nehmen** assumere qu con contratto; **unter ~ stehen** essere soggetto a contratto.

vertragen ‹*irr, ohne ge-*› **I.** *tr (ertragen, aushalten)* sopportare; *(dulden)* tollerare; **er kann viel ~** *fam (beim Trinken)* regge bene l'alcool; **II.** *rfl:* **sich ~ 1.** *(sich verstehen)* andare d'accordo (*mit* con); **2.** *(vereinbar sein)* essere compatibile (*mit* con).

vertraglich **I.** *a* contrattuale; **II.** *adv* per contratto.

verträglich [fɛɐ̯'trɛ:klɪç] *a* **1.** *(Mensch)* conciliante, accomodante; **2.** *(Speisen)* digeribile.

Vertragsabschluß *m* stipulazione *f* di contratto. **vertragsbrüchig** *a:* **~ werden** violare un contratto. **vertragschließend** *a:* **~e Partei** parte contraente. **Vertragspartner** *m* parte *f* contraente. **Vertragswerkstatt** *f* officina *f* convenzionata.

vertrauen ‹*ohne ge-*› *itr* fidarsi (*dat* di), avere fiducia (*dat* in); **auf jdn/etw. ~** confidare in qu/qc.

Vertrauen ‹-s, ø› *n* fiducia *f* (*auf, in, zu* in); **~ erwecken** ispirare fiducia; **jds ~ genießen** godere della fiducia di qu; **jdm das ~ aussprechen** *parl* votare la fiducia a qu; **jdn ins ~ ziehen** confidarsi con qu; **im ~** in confidenza; **im ~ darauf, daß ...** confidando che ... *conj.* **vertrauenerweckend** *a* che ispira fiducia. **Vertrauensarzt** *m,* **-ärztin** *f* medico *m* fiscale, dottoressa *f* fiscale. **Vertrauensbruch** *m* trasgressione *f* del rapporto di fiducia. **Vertrauensfrage** *f parl* questione *f* di fiducia. **Vertrauensmann** ‹-(e)s, -männer *o* -leute› *m* uomo *m* di fiducia. **Vertrauenssache** *f:* **das ist ~** è questione di fiducia. **vertrauensselig** *a* troppo fiducioso; *(leichtgläubig)* credulone. **vertrauensvoll** *a* fiducioso; **sich ~ an jdn wenden** rivolgersi con fiducia a qu. **vertrauenswürdig** *a* degno di fiducia, fidato.

vertraulich *a* **1.** *(geheim)* confidenziale; **2.** *(vertraut)* familiare, intimo; **~e Mitteilung** confidenza *f.* **Vertraulichkeit** ‹-, -en› *f* **1.** ‹*sing*› *(Eigenschaft, Haltung)* riservatezza *f;* **2.** *(Aufdringlichkeit)* invadenza *f;* **plumpe ~en** familiarità *f.*

verträumt *a* trasognato.

vertraut [fɛɐ̯'trau̯t] *a* familiare; *(Freund)* intimo; **sich mit dem Gedanken ~ machen, daß ...** abituarsi all'idea che ... *conj;* **sich mit etw. ~ machen** familiarizzarsi con qc, impratichirsi in qc. **Vertraute** ‹ein -r, -n, -n› *mf* confidente *mf.*

vertreiben ‹*irr, ohne ge-*› *tr* **1.** *(verjagen)* scacciare; *(Schnupfen, Schlaf)* far passare; **2.** *(aus Land)* cacciare, espellere; *(von Besitz)* spossessare; **3.** *com* *(verkaufen)* vendere, smerciare; **sich** *(dat)* **die Zeit** ~ far passare il tempo.

vertretbar *a* **1.** *(Maßnahme, Standpunkt)* giustificabile, sostenibile; **2.** *jur* fungibile.

vertreten ‹*irr, ohne ge-*› *tr* **1.** *(an die Stelle treten von, ersetzen)* sostituire, rimpiazzare; **2.** *(als Repräsentant)* rappresentare; *(als Bevollmächtigter)* essere il rappresentante di; **3.** *(Interessen, etc.)* difendere, curare; *jur (Klienten als Anwalt)* patrocinare; **4.** *(sich einsetzen für)* difendere; *(Meinung, These)* sostenere; ~ **sein** essere rappresentato, essere presente; **sich** *(dat)* **die Füße** (*o* **Beine**) ~ sgranchirsi le gambe.

Vertreter(in) ‹-s, -› *m(f)* **1.** *(Stell~)* sostituto, -a *m, f,* supplente *mf;* **2.** *(Repräsentant, Handels~)* rappresentante *mf;* **3.** *(Anhänger, Verfechter)* sostenitore, -trice *m, f.*

Vertretung ‹-, -en› *f* **1.** *(Stell~)* sostituzione *f,* supplenza *f;* **2.** *(Repräsentanz, diplomatisch, a. com)* rappresentanza *f;* **3.** *com (Niederlassung)* agenzia *f;* **in ~ (von)** (*ab* **i. V.**) *(in Briefen)* per.

Vertrieb *m* **1.** ‹*sing*› *(Verteilung)* distribuzione *f;* **2.** *(~sabteilung)* ufficio *m* vendite. **Vertriebsleiter(in)** *m(f)* direttore, -trice *m, f* delle vendite.

vertrödeln ‹*ohne ge-*› *tr fam pej (Zeit)* sprecare, sciupare, buttar via *fam.*

vertrösten ‹*ohne ge-*› *tr:* **jdn auf später** ~ far sperare qu nel dopo.

vertun ‹*irr, ohne ge-*› **I.** *tr (vergeuden)* sciupare; **II.** *rfl:* **sich** ~ *fam* sbagliarsi.

vertuschen ‹*ohne ge-*› *tr* nascondere, occultare; *(Skandal)* soffocare.

verübeln ‹*ohne ge-*› *tr:* **jdm etw.** ~ volerne a qu per qc.

verüben ‹*ohne ge-*› *tr* commettere, perpetrare.

verunfallen ‹*ohne ge-*› *itr* ‹*sein*› *CH* avere un incidente.

verunglücken ‹*ohne ge-*› *itr* ‹*sein*› **1.** *(Person)* infortunarsi; *(a. Fahrzeuge)* avere un incidente; **2.** *scherz fam (mißraten)* non riuscire; **tödlich** ~ morire in un incidente.

verunsichern ‹*ohne ge-*› *tr* rendere insicuro.

verunstalten [fɛɐ̯ˈʔʊnʃtaltən] ‹*ohne ge-*› *tr* sfigurare, deturpare.

veruntreuen ‹*ohne ge-*› *tr* appropriarsi indebitamente, sottrarre.

verursachen ‹*ohne ge-*› *tr* causare, provocare; *(Skandal, etc.)* suscitare.

Verursacherprinzip *n principio secondo cui colui che causa il danno è chiamato a risarcirlo.*

verurteilen ‹*ohne ge-*› *tr* condannare; **jdn zum Tode** ~ condannare qu a morte. **Verurteilung** ‹-, -en› *f* condanna *f.*

vervielfachen ‹*ohne ge-*› *tr* moltiplicare.

vervielfältigen [fɛɐ̯ˈfiːlfɛltɪgən] ‹*ohne ge-*› *tr* riprodurre; *(hektographieren)* poligrafare, ciclostilare; *(fotokopieren)* fotocopiare. **Vervielfältigung** ‹-, -en› *f* **1.** ‹*sing*› *(Kopieren)* riproduzione *f; (Hektographieren)* poligrafia *f; (Fotokopieren)* fotocopiare *m;* **2.** *(Kopie)* copia *f; (Hektographie)* poligrafia *f; (Fotokopie)* fotocopia *f.*

vervierfachen ‹*ohne ge-*› *tr* quadruplicare.

vervollkommnen [fɛɐ̯ˈfɔlkɔmnən] ‹*ohne ge-*› *tr* perfezionare.

vervollständigen ‹*ohne ge-*› *tr* completare.

verw. *ab von* **verwitwet** vedovo, -a.

verwählen ‹*ohne ge-*› *rfl:* **sich** ~ sbagliare numero.

verwahren ‹*ohne ge-*› **I.** *tr* custodire, conservare; **II.** *rfl:* **sich gegen etw.** ~ protestare contro qc.

verwahrlost [fɛɐ̯ˈvaːɐ̯loːst] *a* **1.** *(vernachlässigt)* abbandonato; *(Mensch, Äußeres)* trascurato; **2.** *(moralisch)* depravato. **Verwahrlosung** [...oːzʊŋ] ‹-, ø› *f* trascuratezza *f,* abbandono *m; (moralisch)* depravazione *f.*

verwaist *a* **1.** *(elternlos)* orfano; **2.** *fig (verlassen)* abbandonato.

verwalten [fɛɐ̯ˈvaltən] ‹*ohne ge-*› *tr* **1.** *(Besitz, Erbe)* amministrare; **2.** *(Amt)* ricoprire, esercitare; **3.** *pol (Gemeinde, etc.)* governare; **4.** *(Betrieb, Firma)* gestire.

Verwalter(in) ‹-s, -› *m(f)* amministratore, -trice *m, f; (Treuhänder)* fiduciario, -a *m, f.*

Verwaltung ‹-, -en› *f* amministrazione *f.* **Verwaltungsapparat** *m* apparato *m* amministrativo. **Verwaltungsbeamte** *m,* **-beamtin** *f* funzionario, -a *m, f* amministrativo, -a. **Verwaltungsbezirk** *m* circoscrizione *f* amministrativa. **Verwaltungsgericht** *n* tribunale *m* amministrativo.

verwandeln ‹*ohne ge-*› **I.** *tr* **1.** *allg.* trasformare; **2.** *tec, chem, phys* convertire; **3.** *jur (Strafe)* commutare; **sie ist wie verwandelt** è come trasformata; **II.** *rfl:* **sich** ~ trasformarsi (*in* in). **Verwandlung** *f* **1.** *allg.* trasformazione *f;* **2.** *tec, chem, phys* conversione *f.*

verwandt [fɛɐ̯ˈvant] *a* imparentato (*mit* con); *fig* affine (*mit* a). **Verwandte** ‹ein -r, -n, -n› *mf* parente *mf;* **die ~n** la parentela, i congiunti. **Verwandtschaft** ‹-, -en› *f* **1.** *(Familie, Beziehung)* parentela *f;* **2.** *fig* affinità *f* (*mit, zu* con). **verwandtschaftlich** *a* di parentela.

verwarnen ‹*ohne ge-*› *tr* avvertire; *(a. sport)* ammonire; **jdn gebührenpflichtig** ~ fare una multa (*o* contravvenzione) a qu. **Verwarnung** *f* avvertimento *m; (a. sport)* ammonizione *f;*

gebührenpflichtige ~ contravvenzione *f*, multa *f*.
verwechseln ⟨*ohne ge-*⟩ *tr* confondere; *(a. vertauschen)* scambiare; **jdn (mit jdm) ~** prendere qu per qu (altro); **die beiden sind sich zum V~ ähnlich** i due si assomigliano come due gocce d'acqua. **Verwechs(e)lung** ⟨-, -en⟩ *f* confusione *f*; *(a. Vertauschung)* scambio *m*; *(Irrtum)* errore *m*.
verwegen [fɛɐ̯'ve:gən] *a* temerario; *(a. Kleidung)* audace, ardito.
Verwehung ⟨-, -en⟩ *f (Schnee~)* cumulo *m* di neve.
verweigern ⟨*ohne ge-*⟩ *tr* rifiutare; *(a. Gesuch)* respingere, negare. **Verweigerung** *f* rifiuto *m*.
verweint *a (Augen)* lacrimoso; *(Gesicht)* gonfio di pianto.
Verweis [fɛɐ̯'vais] ⟨-es, -e⟩ *m* **1.** *(Tadel)* biasimo *m*; *(Rüge)* rimprovero *m*; **2.** *(in Buch)* rimando *m* (*auf* a), rinvio *m* (*auf* a); **jdm einen ~ erteilen** biasimare qu.
verweisen ⟨*irr, ohne ge-*⟩ *tr* **1.** *(hinweisen)* rimandare (*auf* a); **2.** *(Auskunftsuchende)* indirizzare (*an* a); *jur* rinviare (*an* a); **3.** *(des Landes, vom Platz)* espellere (*von* da).
verwelken ⟨*ohne ge-*⟩ *itr* ⟨*sein*⟩ appassire; *(a. fig)* avvizzire.
verwendbar *a* utilizzabile (*zu* per); **vielseitig ~** pluriuso.
verwenden ⟨*irr o reg, ohne ge-*⟩ **I.** *tr* usare; *(a. Zeit, Geld)* impiegare, adoperare; **II.** *rfl:* **sich ~** adoperarsi (*für jdn* in favore di qu).
Verwendung *f (Gebrauch)* uso *m*, impiego *m*, utilizzazione *f*; **~ finden** trovare utilizzazione; **für etw. keine ~ haben** non avere utilizzazione per qc. **Verwendungszweck** *m* scopo *m*, uso *m*.
verwerfen ⟨*irr, ohne ge-*⟩ **I.** *tr* **1.** *(ablehnen)* respingere; *(Idee, Plan)* rigettare; **2.** *(tadeln)* riprovare; **II.** *rfl:* **sich ~ 1.** *(Holz)* incurvarsi; **2.** *geol* fagliare. **verwerflich** *a* riprovevole, biasimevole.
verwerten ⟨*ohne ge-*⟩ *tr* (ri)utilizzare; *(ausnutzen)* sfruttare. **Verwertung** *f* (ri)utilizzazione *f*; *(Ausnutzung)* sfruttamento *m*.
verwesen [fɛɐ̯'ve:zən] ⟨*ohne ge-*⟩ *itr* ⟨*sein*⟩ putrefarsi, imputridire, decomporsi. **Verwesung** ⟨-, ø⟩ *f* putrefazione *f*, decomposizione *f*.
verwickeln ⟨*ohne ge-*⟩ **I.** *tr* **1.** *(Wolle, etc.)* aggrovigliare; *(a. fig)* ingarbugliare; **2.** *fig (hineinziehen)* coinvolgere (*jdn in etw.* qu in qc); **II.** *rfl:* **sich ~ 1.** *(Wolle, etc.)* ingarbugliarsi; **2.** *fig (in Widersprüche)* impigliarsi (*in* in). **verwickelt** *a fig (kompliziert, schwierig)* intricato, complicato. **Verwick(e)lung** ⟨-, -en⟩ *f* **1.** *(Verwickeltwerden, -sein)* intrico *m*, groviglio *m*; **2.** *(Schwierigkeit, Komplikation)* intrico *m*, complicazione *f*.
verwildern ⟨*ohne ge-*⟩ *itr* ⟨*sein*⟩ **1.** *(Garten)* inselvatichire; *(Tier)* inselvatichirsi; **2.** *fig (verrohren)* imbarbarirsi.
verwirklichen ⟨*ohne ge-*⟩ **I.** *tr* realizzare; *(Plan)* attuare; **II.** *rfl:* **sich ~ 1.** *(Wirklichkeit werden)* realizzarsi, attuarsi; **2.** *(Mensch)* realizzarsi. **Verwirklichung** ⟨-, ø⟩ *f* realizzazione *f*, attuazione *f*.
verwirren ⟨*ohne ge-*⟩ **I.** *tr* **1.** *(Fäden)* ingarbugliare; *(Haar)* scompigliare; **2.** *(durcheinanderbringen)* confondere; *(verstören)* turbare; **II.** *rfl:* **sich ~** ingarbugliarsi; *fig* confondersi, turbarsi. **Verwirrung** ⟨-, -en⟩ *f* **1.** *(Durcheinander)* confusione *f*; **2.** *(Verstörtheit)* turbamento *m*; **~ stiften** creare scompiglio.
verwittern ⟨*ohne ge-*⟩ *itr* ⟨*sein*⟩ disgregarsi.
verwitwet *a* (*ab* **verw.**) vedovo; **Frau X, ~e Y** la signora X, vedova Y.
verwöhnen [fɛɐ̯'vø:nən] ⟨*ohne ge-*⟩ *tr* viziare.
verworfen [fɛɐ̯'vɔrfən] *a* abietto.
verworren [fɛɐ̯'vɔrən] *a* confuso.
verwundbar *a* vulnerabile.
verwunden ⟨*ohne ge-*⟩ *tr* ferire.
verwunderlich *a* **1.** *(erstaunlich)* sorprendente; **2.** *(sonderbar)* strano.
verwundern ⟨*ohne ge-*⟩ **I.** *tr* meravigliare, stupire; **II.** *rfl:* **sich ~** meravigliarsi (*über* di), stupirsi (*über* di).
Verwunderung ⟨-, ø⟩ *f* meraviglia *f*, stupore *m*; **zu meiner ~** con mia meraviglia.
verwundet *a* ferito; **leicht/schwer ~ sein** essere leggermente/gravemente ferito. **Verwundete** ⟨ein -r, -n, -n⟩ *mf* ferito, -a *m, f*. **Verwundung** ⟨-, -en⟩ *f* ferita *f*.
verwünschen ⟨*ohne ge-*⟩ *tr (verfluchen)* maledire.
verwüsten ⟨*ohne ge-*⟩ *tr* devastare. **Verwüstung** ⟨-, -en⟩ *f* devastazione *f*.
verzählen ⟨*ohne ge-*⟩ *rfl:* **sich ~** sbagliarsi contando (*o* nel contare).
Verzahnung ⟨-, -en⟩ *f* **1.** *tec* dentatura *f*; **2.** *fig* concatenazione *f*.
verzaubern ⟨*ohne ge-*⟩ *tr* incantare; *(fig a.)* ammaliare; **jdn in etw. ~** trasformare qu in qc. **Verzauberung** ⟨-, -en⟩ *f* incantesimo *m*, malia *f*.
verzehnfachen ⟨*ohne ge-*⟩ *tr* decuplicare.
Verzehr [fɛɐ̯'tse:ɐ̯] ⟨-(e)s, ø⟩ *m* consumazione *f*.
verzehren ⟨*ohne ge-*⟩ **I.** *tr* consumare; **II.** *rfl:* **sich ~** *geh* struggersi (*vor Liebe* d'amore, *vor Kummer* dal dispiacere).
verzeichnen ⟨*ohne ge-*⟩ **I.** *tr* **1.** *(aufzeichnen)* registrare; **2.** *fig (verzerren)* deformare; **3.** *(falsch zeichnen)* dise-

gnare male; **II.** *rfl:* **sich ~** disegnare male.

Verzeichnis ⟨-ses, -se⟩ *n* **1.** *(Liste)* lista *f,* elenco *m;* **2.** *(in Buch)* indice *m;* **3.** *(Register)* registro *m.*

verzeigen ⟨*ohne ge-*⟩ *tr CH* denunciare.

verzeihen [fɛɐ̯'tsaiən] ⟨verzeiht, verzieh, verziehen⟩ *tr* **1.** *(vergeben)* perdonare (*jdm etw.* qc a qu); **2.** *(entschuldigen)* scusare; **~ Sie!** scusi!

verzeihlich *a* perdonabile, scusabile.

Verzeihung ⟨-, ø⟩ *f* **1.** *(Vergebung)* perdono *m;* **2.** *(Entschuldigung)* scusa *f;* **jdn um ~ bitten** chiedere perdono a qu; **(ich bitte um) ~!** (mi) scusi!

Verzicht [fɛɐ̯'tsɪçt] ⟨-(e)s, -e⟩ *m* rinuncia *f* (*auf* a).

verzichten ⟨*ohne ge-*⟩ *itr* rinunciare (*auf* a), desistere (*auf* da).

verzieh [fɛɐ̯'tsi:] *imp von* **verzeihen.**

verziehen[1] ⟨*irr, ohne ge-*⟩ **I.** *tr* ⟨*haben*⟩ **1.** *(Kind)* viziare, educare male; **2.** *(Mund, etc.)* storcere; **II.** *rfl:* **sich ~ 1.** *(in der Form)* storcersi; *(Holz)* imbarcarsi, incurvarsi; **2.** *(Gewitter, Wolken)* disperdersi; *(Nebel)* dissiparsi; **3.** *fam* ritirarsi, dileguarsi; **verzieh dich!** *sl* sparisci! *fam;* **III.** *itr* ⟨*sein*⟩ *(umziehen)* trasferirsi, traslocare.

verziehen[2] *pp von* **verzeihen.**

verzieren ⟨*ohne ge-*⟩ *tr* decorare, ornare. **Verzierung** ⟨-, -en⟩ *f* decorazione *f,* ornamento *m.*

verzinsen ⟨*ohne ge-*⟩ *tr* pagare l'interesse (*etw.* su qc, *mit* del).

verzögern ⟨*ohne ge-*⟩ **I.** *tr* **1.** *(verspäten)* ritardare; *(hinausschieben)* differire; **2.** *(verlangsamen)* rallentare; **II.** *rfl:* **sich ~ 1.** *(später eintreten)* essere ritardato; **2.** *(sich hinausziehen)* protrarsi. **Verzögerung** ⟨-, -en⟩ *f* **1.** *(Verspätung)* ritardo *m;* **2.** *(Verlangsamung)* rallentamento *m;* **3.** ⟨*sing*⟩ *(das Verzögern)* protrazione *f.*

verzollen ⟨*ohne ge-*⟩ *tr* sdoganare; **haben Sie etw. zu ~?** ha qc da dichiarare?

Verzug *m* ritardo *m;* **in ~ geraten/sein** *allg.* ritardare, essere in ritardo; *(mit Zahlung)* cadere/essere in mora; **Gefahr ist im ~** c'è un pericolo imminente.

verzweifeln ⟨*ohne ge-*⟩ *itr* ⟨*sein*⟩ disperare (*an* di, in); **es ist zum V~!** c'è da disperarsi!

Verzweiflung ⟨-, ø⟩ *f* disperazione *f;* **jdn zur ~ bringen** portare qu alla disperazione; **aus ~** per disperazione.

Verzweigung ⟨-, -en⟩ *f* ramificazione *f,* diramazione *f.*

Vesuv [ve'zu:f] *m* (Monte *m*) Vesuvio *m.*

Veto ['ve:to] ⟨-s, -s⟩ *n* veto *m;* **sein ~ gegen etw. einlegen** opporre il proprio veto a qc. **Vetorecht** *n* diritto *m* di veto.

Vetter ['fɛtɐ] ⟨-s, -n⟩ *m* cugino *m.* **Vetternwirtschaft** *f* nepotismo *m.*

vgl. *ab von* **vergleiche** cf., cfr. (*ab von* confronta).

VHS [fa͜uha:'ʔɛs] ⟨-, -⟩ *f ab von* **Volkshochschule** università *f* popolare.

vibrieren [vi'bri:rən] ⟨*ohne ge-*⟩ *itr* vibrare.

Video- ['vi:deo-] *(in Zusammensetzungen)* video-. **Videoaufzeichnung** *f* videoregistrazione *f.* **Videoband** ⟨-(e)s, ¨-er⟩ *n* nastro *m* videomagnetico. **Videoclip** [-klɪp] ⟨-(s), -s⟩ *m* videoclip *m.* **Videokamera** *f* videocamera *f.* **Videorecorder** [-rekɔrdɐ] ⟨-s, -⟩ *m* videoregistratore *m.* **Videotext** *m* Videotex® *m.* **Videothek** [-'te:k] ⟨-, -en⟩ *f* videoteca *f.*

Vieh [fi:] ⟨-(e)s, ø⟩ *n* **1.** *agr* bestiame *m;* **2.** *fam (Tier)* bestia *f,* animale *m;* **3.** *fam pej (Mensch)* bestia *f fam.*

viel [fi:l] **I.** ⟨mehr, meiste⟩ *a* molto; **~e hundert Bücher** centinaia e centinaia di libri; **durch ~es Lesen** a forza di leggere; **~en Dank!** tante grazie!; **~ Glück!** buona fortuna!; **~ Vergnügen!** buon divertimento!; **II.** ⟨mehr, am meisten⟩ *adv* molto; **~ besser/schneller/weiter** molto meglio/più veloce/più lontano; **sehr ~** moltissimo; **so ~ wie** tanto quanto; **ziemlich ~** parecchio, abbastanza; **zu ~** troppo; **~ zuviel** troppo; **III.** *pron* molto; **~e** molti; **~es** molto, molte cose; **das ist ein bißchen ~ auf einmal** *fam* è un po' troppo tutto in una volta; **es fehlte nicht ~ (daran), und ...** poco ci mancava che ...; **wie ~e?** quanti? **vielbeschäftigt** *a* molto occupato.

Vielfalt ['fi:lfalt] ⟨-, ø⟩ *f* molteplicità *f* (*an* di), varietà *f* (*an* di).

Vielfraß ⟨-es, -e⟩ *m* ghiottone *m.*

vielleicht [fi'la͜içt] *adv* **1.** *(eventuell)* forse; **2.** *(etwa, ungefähr)* circa; **3.** *fam (wirklich)* veramente; **könnten Sie mir ~ helfen?** mi potrebbe aiutare?; **du bist ~ gemein!** *fam* sei proprio cattivo.

vielmals *adv:* **ich bitte ~ um Entschuldigung** chiedo mille volte scusa; **ich danke Ihnen ~** La ringrazio molto.

vielmehr [fi:l'me:ɐ̯ *o* 'fi:l...] *adv* **1.** *(richtiger, besser)* meglio; **2.** *(eher)* piuttosto; **3.** *(im Gegenteil)* anzi.

vielsagend *a* significativo, espressivo; *(Blick)* eloquente. **vielseitig** *a* **1.** *(mit vielen Seiten)* multilaterale; **2.** *fig (Mensch)* versatile; *(Interessen)* molteplice; *(Bildung)* vasto; **~ anwendbar** pluriuso; **auf ~en Wunsch** a richiesta generale. **vielversprechend** *a* promettente. **Vielzahl** *f* moltitudine *f* (*an, von* di).

vier [fi:ɐ̯] *(Zahlwort)* quattro; **die ersten/letzten/nächsten ~** i primi/gli ultimi/i prossimi quattro; **alle ~e von sich** *(dat)* **strecken** *fam* rimanere stecchito *fam;* **~ Uhr ~** le quattro e quattro; **es**

ist ~ **(Uhr)** sono le quattro; **um/gegen ~** alle/verso le quattro; **fünf (Minuten) vor/nach ~ (Uhr)** cinque (minuti) alle/dopo le quattro, le quattro meno cinque/e cinque; **halb ~** le tre e mezza; **heute/Montag in ~ Tagen** oggi/lunedì a quattro; **vor/nach/in ~ Tagen** quattro giorni fa/dopo quattro giorni/fra quattro giorni; **auf allen ~en** *fam* carponi, a quattro zampe *fam;* **zu ~en** (*o* **~t**) in quattro; **mit ~ (Jahren)** a quattro anni; **sie ist ~ (Jahre)** ha quattro anni; **(es steht) ~ zu fünf** (la partita *o* il gioco sta) quattro a cinque.

Vier ‹-, -en› *f* quattro *m; (Schulnote: ausreichend)* ≃ sei *m; (Buslinie)* quattro *m.*

vierbändig [-bɛndɪç] *a* di (*o* a) quattro volumi. **Vierbeiner** ‹-s, -› *m fam* quadrupede *m.* **vierblätt(e)rig** [-blɛt(ə)rɪç] *a* a (*o* di) quattro fogli. **Viereck** *n* quadrilatero *m,* quadrangolo *m.* **viereckig** *a* quadrangolare.

viereinhalb [ˈfiːɐ̯ʔa̲inˈhalp] *(Zahlwort)* quattro e mezzo.

Vierer ‹-s, -› *m* **1.** *sport* (imbarcazione *f* a) quattro *m;* **2.** *fam (Ziffer)* quattro *m; (Schulnote)* ≃ sei *m; (Buslinie, etc.)* quattro *m.* **Vierebob** *m* bob *m* a quattro.

viererlei [ˈfiːrɐˈla̲i] ‹*inv*› *a* **1.** *(attributiv)* di quattro specie (*o* tipi); **2.** *(substantivisch)* quattro cose *f pl.*

vierfach I. *a.* quadruplo; **in ~er Ausfertigung** in quadruplice copia; **II.** *adv* quattro volte (tanto). **Vierfache** ‹ein -s, -n, ø› *n* quadruplo *m;* **das ~** quattro volte tanto; **um das ~ steigern** quadruplicare.

Vierfarbendruck [-ˈfarbən-] ‹-(e)s, -e› *m* **1.** *(Verfahren)* quadricromia *f;* **2.** *(Ergebnis)* stampa *f* in quadricromia. **vierhändig** [-hɛndɪç] *a, adv mus* a quattro mani.

vierhundert [ˈfiːɐ̯ˈhʊndɐt] *(Zahlwort)* quattrocento. **vierhundertste(r, s)** *a* quattrocentesimo, -a.

vierjährig *a* **1.** *(vier Jahre alt)* di quattro anni; **2.** *(vier Jahre lang)* quadriennale. **Vierjährige** ‹ein -r, -n, -n› *mf* bambino, -a *m, f* di quattro anni. **Vierkampf** *m* lotta *f* a quattro. **Vierkantschlüssel** *m* chiave *f* a maschio quadro. **vierköpfig** [-kœp͡fɪç] *a (Ungeheuer)* a quattro teste; *(Familie)* di (*o* a) quattro persone.

Vierling [ˈfiːɐ̯lɪŋ] ‹-s, -e› *m* figlio, -a *m, f* da parto di quattro gemelli; **~e** quattro gemelli *m pl.*

Viermächteabkommen [-ˈmɛçtə-] *n* convenzione *f* quadripartita.

viermal *adv* quattro volte. **viermalig** *a* ripetuto (*o* che avviene) quattro volte; **nach ~er Wiederholung konnte er ...** alla quarta volta potè ... **viermonatig** *a* di quattro mesi. **viermotorig** *a* quadrimotore; **~es Flugzeug** quadrimotore *m.* **Vierpfünder** [-p͡fʏndɐ] ‹-s, -› *m (Brot)* pane *m* da due chili; *(Fisch, etc.)* pesce *m, etc.* da due chili. **vierphasig** *a (Kabel)* a quattro fasi, tetrapolare. **Vierradantrieb** *m* trazione *f* a quattro ruote. **vierräd(e)rig** [-rɛːd(ə)rɪç] *a* a quattro ruote. **Viersilb(l)er** ‹-s, -› *m* quadrisillabo *m.* **Viersitzer** ‹-s, -› *m mot* (vettura *f* a) quattro posti *f.* **vierspaltig I.** *a* di (*o* a) quattro colonne; **II.** *adv* su (*o* a) quattro colonne. **viersprachig** *a (Mensch)* quadrilingue; *(Unterhaltung)* in quattro lingue. **vierspurig** *a* **1.** *(Straße)* a quattro corsie; **2.** *(Tonband)* a quattro piste. **vierstellig** *a* di quattro cifre. **vierstimmig** *a, adv (Gesang)* a quattro voci; *(Stück)* per quattro voci. **vierstöckig** [-ʃtœkɪç] *a* di (*o* a) quattro piani. **Vierstufenrakete** [-ˈʃtuːfən-] *f* missile *m* a quattro stadi. **vierstufig** *a* di quattro gradini; *fig* di quattro gradi. **vierstündig** [-ʃtʏndɪç] *a* di quattro ore. **viertägig** [-tɛːgɪç] *a* di quattro giorni. **Viertaktmotor** *m* motore *m* a quattro tempi.

viertausend [ˈfiːɐ̯ˈta̲uzənt] *(Zahlwort)* quattromila.

Viertausender ‹-s, -› *m* quattromila *m.*

vierte *s.* **vierte(r, s).**

Vierte ‹ein -r, -n, -n› *mf* quarto, -a *m, f;* **Karl der ~** (*geschrieben* **Karl IV.**) Carlo quarto; **~r werden** diventare quarto; **am ~n (des Monats)** il quattro del mese; **heute ist der ~** oggi è il quattro.

vierteilig *a (Ausgabe, Serie, Sendung)* in quattro parti; *(Kostüm)* in quattro pezzi; *(Service)* di quattro pezzi.

viertel [ˈfɪrtəl] ‹*inv*› *a* quarto *m* di; **ein ~ Pfund** un quarto (di libbra), 125 grammi.

Viertel ‹-s, -› *n* **1.** *mat, astr* quarto *m;* **2.** *(Stadt~)* quartiere *m;* **(ein) ~ vor/nach zwei** le due meno/e un quarto. **Vierteldrehung** *f* quarto *m* di giro. **Viertelfinale** *n* quarti *m pl* di finale. **Vierteljahr** [-ˈjaːɐ̯] *n* trimestre *m.* **Vierteljahresschrift** [-ˈjaːrəs-] *f* rivista *f* trimestrale. **vierteljährlich** *a* trimestrale. **Viertelliter** [-ˈliːtɐ *o* ˈfɪrtəl-] *m o n* quarto *m* di litro, quartino *m fam.*

vierteln *tr* **1.** *(in vier Teile teilen)* dividere in quattro; **2.** *(durch vier teilen)* dividere per quattro.

Viertelpfund [-ˈp͡fʊnt *o* ˈfɪrtəl-] *n* quarto *m* di libbra. **Viertelstunde** [-ˈʃtʊndə] *f* quarto *m* d'ora.

viertens *adv* (in) quarto (luogo).

vierte(r, s) *a* quarto, -a; *(bei Datumsangaben)* quattro; **jeder ~** ogni quarto; **jeden ~n Tag** ogni quattro giorni; **am ~n Januar** il quattro gennaio; **im ~n Stock** al quarto piano.

viertürig *a (Haus, Auto, etc.)* a quattro

porte. **Vieruhrzug** [-ˈʔuːɐ̯-] *m* treno *m* delle quattro.

Vierwaldstätter See [fiːɐ̯ˈvaltʃtɛtɐ ˈzeː] *m* lago *m* dei Quattro Cantoni.

vierzehn *(Zahlwort)* quattordici; ~ **Tage** quindici giorni; **heute/morgen/Montag in ~ Tagen** oggi/domani/lunedì a quindici; ~ **Uhr** le quattordici *f pl.* **vierzehntägig** [-tɛːgɪç] *a (vierzehn Tage dauernd)* di quindici giorni, di due settimane. **vierzehnte(r, s)** *a* quattordicesimo, -a; *(bei Datumsangaben)* quattordici; *s. a. vierte(r, s).*

vierzig [ˈfɪrtsɪç] *(Zahlwort)* quaranta; **etwa** ~ una quarantina (di); **mit ~ (Jahren)** a quarant' anni; **mit ~ (km/h) fahren** andare ai quaranta (all'ora); **er ist über** ~ ha più di quarant'anni; **im Jahre ~ (vor/nach Christi Geburt)** nel quaranta (prima di/dopo Cristo); **in den ~er Jahren** negli anni quaranta. **Vierziger(in)** ‹-s, -› *m(f)* quarantenne *mf.* **vierzigjährig** *a* **1.** *(vierzig Jahre alt)* di quarant'anni, quarantenne; **2.** *(vierzig Jahre lang)* quarantennale. **Vierzigjährige** ‹ein -r, -n, -n› *mf* uomo *m* (donna *f)* sulla quarantina, quarantenne *mf.*

Vierzigstel ‹-s, -› *n* quarantesimo *m.*

vierzigste(r, s) *a* quarantesimo, -a.

Vierzigstundenwoche [-ˈʃtʊndən-] *f* settimana *f* di quaranta ore.

Vierzimmerwohnung [-ˈtsɪmɐ-] *f* appartamento *m* di quattro stanze.

Vietnam [vi̯ɛtˈnam] *n* Vietnam *m;* **in** ~ nel Vietnam.

Vietnamese [vi̯ɛtnaˈmeːzə] ‹-n, -n› *m,* **Vietnamesin** [...zɪn] *f* vietnamita *mf.*

vietnamesisch *a* vietnamita.

Vikar [viˈkaːɐ̯] ‹-s, -e› *m* vicario *m.*

Viktor [ˈvɪktɔr] *(männlicher Vorname)* Vittorio.

Villa [ˈvɪla, ...lən] ‹-, Villen› *f* villa *f.*

Villach [ˈfɪlax] *n* Villaco *f.*

Villenviertel *n* quartiere *f* residenziale.

violett [vi̯oˈlɛt] *a* viola, violetto; *s. a. blau.*

Violine [vi̯oˈliːnə] ‹-, -n› *f* violino *m.*

VIP, V. I. P. [ˈviːaɪˈpiː] ‹-(s), -s› *f o m* V.I.P. *m.*

Viren *pl von* **Virus.**

Virus [ˈviːrʊs, ...rən] ‹-, Viren› *n o m* virus *m.* **Viruskrankheit** *f* malattia *f* da virus.

Visa, Visen *pl von* **Visum.**

Visite [viˈziːtə] ‹-, -n› *f* visita *f.* **Visitenkarte** *f (a. fig)* biglietto *m* da visita.

visuell [viˈzu̯ɛl] *a* visivo.

Visum [ˈviːzʊm, ...za *o* ...zən] ‹-s, Visa *o* Visen› *n* visto *m.*

vital [viˈtaːl] *a* vitale.

Vitalität [vitaliˈtɛːt] ‹-, ø› *f* vitalità *f.*

Vitamin [vitaˈmiːn] ‹-s, -e› *n* vitamina *f.* **Vitaminmangel** *m* avitaminosi *f,* carenza *f* vitaminica. **vitaminreich** *a* vitaminico. **Vitamintablette** *f* compressa *f* vitaminica.

Vitrine [viˈtriːnə] ‹-, -n› *f* vetrina *f.*

Vize- [ˈfiːtsə- *o* ˈviːtsə] *(in Zusammensetzungen)* vice-. **Vizepräsident(in)** *m(f)* vicepresidente, -essa *m, f.*

Vogel [ˈfoːgəl] ‹-s, ⸚› *m* **1.** *zoo* uccello *m;* **2.** *fig fam (Kerl)* tipo *m;* **einen ~ haben** *fam* non avere tutte le rotelle *fam;* **den ~ abschießen** *fig fam* passare il limite; **jdm den ~ zeigen** dare del matto a qu. **Vogelbeerbaum** *m* sorbo *m.* **Vogelbeere** *f* sorba *f.*

vögeln [ˈføːgəln] *itr, tr vulg* chiavare *vulg.*

Vogelnest *n* nido *m* d'uccello. **Vogelperspektive** *f* prospettiva *f* a volo d'uccello; **etw. aus der ~ betrachten** considerare qc a volo d'uccello. **Vogelscheuche** [-ʃɔʏçə] ‹-, -n› *f (a. fig)* spaventapasseri *m.* **Vogel-Strauß-Politik** [-ˈʃtraus-] *f* politica *f* dello struzzo.

Vokabel [voˈkaːbəl] ‹-, -n› *f* vocabolo *m.*

Vokabular [vokabuˈlaːɐ̯] ‹-s, -e› *n* vocabolario *m.*

Vokal [voˈkaːl] ‹-s, -e› *m* vocale *f.*

Volk [fɔlk] ‹-(e)s, ⸚er› *n* **1.** *allg.* popolo *m;* **2.** ‹*sing*› *(Einwohner)* popolazione *f;* *(Nation)* nazione *f;* **3.** ‹*sing*› *fam (~smenge)* folla *f,* massa *f;* **4.** *zoo* branco *m,* colonia *f;* **das einfache ~** il popolino; **das gemeine ~** la gente comune; **die Stimme des ~es** la voce del popolo; **der Mann aus dem ~e** l'uomo della strada; **etw. unters ~ bringen** divulgare qc.

Völkerbund [ˈfœlkɐ-] ‹-(e)s, ø› *m* Società *f* della Nazioni. **Völkerkunde** *f* etnologia *f.* **Völkermord** *m* genocidio *m.* **Völkerrecht** *n* diritto *m* internazionale (*o* delle genti). **Völkerwanderung** *f* **1.** *hist* migrazione *f* dei popoli; **2.** *fam scherz (Menschenstrom)* gran movimento *m* di persone.

Volksabstimmung *f* plebiscito *m,* referendum *m.* **Volksbefragung** *f* consultazione *f* popolare. **Volksbegehren** *n* proposta *f* di legge d'iniziativa popolare. **Volksbelustigung** *f* divertimento *m* popolare. **Volksentscheid** *m* referendum *m.* **Volksfest** *n* festa *f* popolare. **Volksgesundheit** *f* salute *f* pubblica. **Volkshochschule** *f* (*ab* **VHS**) **1.** *(Einrichtung)* università *f* popolare; **2.** *(Kurse)* corsi *m pl* per adulti. **Volkslied** *n* canto *m* (*o* canzone *f*) popolare. **Volkspolizei** *f (DDR)* polizia *f* popolare. **Volksrepublik** *f* repubblica *f* popolare. **Volksschule** *f* scuola *f* elementare. **Volkstanz** *m* danza *f* popolare (*o* folcloristica). **volkstümlich** [ˈfɔlkstyːmlɪç] *a* popolare. **Volksversammlung** *f* **1.** *pol* assemblea *f* popolare; **2.** *(Massenversammlung)* riunione *f* di massa. **Volksvertreter** *m* rappresentante *m* del popolo; *(Abgeordneter)* deputato *m.* **Volkswirt(in)** *m(f)* economista *mf.* **Volkswirtschaft** *f* economia *f* nazionale. **volkswirtschaftlich** *a* di economia nazionale. **Volkszählung** *f* censimento *m* della popolazione.

voll [fɔl] **I.** *a* **1.** *(gefüllt)* pieno *(a. fig)* (*von* di), colmo (*von* di); **2.** *(üppig)* tondo; *(Haar)* folto; **3.** *(Geschmack)* pieno; *(Ton)* pieno, carico; **4.** *(~ständig, ganz)* intero, tutto; **5.** *fig fam (betrunken)* ubriaco, sbronzo *fam;* **die ~e Wahrheit** tutta la verità; **~e zwei Jahre** due anni interi; **~e drei Stunden** tre ore di orologio; **~ von etw. sein** essere pieno di qc; **den Mund (zu) ~ nehmen** *fam* sballarle grosse *fam;* **den ~en Preis bezahlen** pagare la tariffa intera; **aus dem ~en schöpfen** *fig* attingere a piene mani; **jdn nicht für ~ nehmen** *fam* non prendere qu sul serio; **gerammelt ~** *fam* pieno zeppo; **II.** *adv* pienamente, interamente; **etw. ~ ausnützen** utilizzare qc del tutto; **~ hinter etw. stehen** *fig* sostenere pienamente qc; **~ und ganz** completamente.

vollautomatisch *a* completamente automatico. **Vollbad** *n* bagno *m* completo. **Vollbart** *m* barba *f* piena. **Vollbeschäftigung** *f* piena occupazione *f.* **Vollbesitz** *m:* **im ~ seiner Kräfte** nel pieno possesso delle proprie forze.

Vollblut- *(in Zusammensetzungen)* purosangue; *fig* vero e proprio. **Vollblut(pferd)** ‹-(e)s, ø› *n* (cavallo *m*) purosangue *m.*

Vollbremsung ‹-, -en› *f* frenata *f* a fondo.

vollbringen [-ˈbrɪŋən] ‹*irr, ohne ge-*› *tr* compiere.

vollenden [fɔlˈʔɛndən *o* fɔˈlɛ...] ‹*ohne ge-*› *tr* **1.** *(abschließen)* terminare, compiere; **2.** *(vervollkommnen)* perfezionare.

vollends [ˈfɔlɛnts] *adv* interamente, completamente.

Vollendung *f* **1.** *(Beendung)* compimento *m;* **2.** *(Vervollkommnung)* perfezionamento *m; (Zustand)* perfezione *f;* **mit (*o* nach) ~ des 17. Lebensjahres** a diciassette anni compiuti.

voller = **voll von; ~ Fehler sein** essere pieno di errori.

Völlerei [fœləˈrai] ‹-, -en› *f* crapula *f.*

Volleyball [ˈvɔli-] *m* **1.** *(Ball)* pallone *m* da pallavolo; **2.** *(Spiel)* pallavolo *f.*

Vollgas *n:* **mit ~** a tutto gas, a tutta birra *fam;* **~ geben** dare tutto gas. **vollgepfropft, vollgestopft** *a* stipato, pieno zeppo.

völlig [ˈfœlɪç] *a* **I.** pieno, intero, completo; **II.** *adv* completamente, del tutto.

volljährig *a* maggiorenne. **Volljährigkeit** ‹-, ø› *f* maggiorità *f.*

Vollkaskoversicherung *f* assicurazione *f* contro tutti i rischi, polizza *f* casco.

vollkommen [ˈfɔlkɔmən] **I.** *a* **1.** *(perfekt)* perfetto; **2.** *(vollständig)* completo; **3.** *(völlig)* assoluto; **II.** *adv* perfettamente, del tutto.

Vollkornbrot *n* pane *m* integrale.

voll·machen *tr* **1.** *(Gefäß)* riempire; *(Maß)* colmare; **2.** *(vervollständigen, ergänzen)* completare.

Vollmacht ‹-, -en› *f* procura *f;* **~ haben** essere autorizzato.

Vollmilch *f* latte *m* intero. **Vollmond** *m* luna *f* piena. **Vollnarkose** *f* narcosi *f* totale. **Vollpension** *f* pensione *f* completa.

vollständig *a* **1.** *(komplett)* completo; *(Ausgabe)* integrale; **2.** *(völlig)* intero, totale. **Vollständigkeit** ‹-, ø› *f* completezza *f;* **der ~ halber** per ragioni di completezza.

vollstrecken [-ˈʃtrɛkən] ‹*ohne ge-*› *tr* eseguire; **das Todesurteil an jdm ~** giustiziare qu. **Vollstreckungsbefehl** *m* decreto *m* esecutivo.

voll·tanken *itr* fare il pieno (di benzina); **bitte ~!** il pieno, per favore! **Volltreffer** *m* (colpo *m* in pieno) centro *m.* **vollumfänglich** [-ˀʊmfɛŋlɪç] *adv CH* completamente. **Vollversammlung** *f* assemblea *f* plenaria. **Vollwaschmittel** *n* detersivo *m* per tutti i tipi di bucato. **vollwertig** *a:* **~er Ersatz** risarcimento completo. **vollzählig** *a* (al) completo.

Vollzug [-ˈtsuːk] ‹-(e)s, ø› *m* compimento *m; (a. jur)* esecuzione *f.* **Vollzugsanstalt** *f adm* istituto *m* di pena.

Volt [vɔlt] ‹- *o* -(e)s, -› *n* (*ab* V) volt *m.*

Volumen [voˈluːmən, ...mən *o* ...mina] ‹-s, - *o* -mina› *n* volume *m.*

vom [fɔm] = **von dem; jdn ~ Sehen kennen** conoscere qu di vista; **~ Morgen bis zum Abend** dalla mattina alla sera; **heiser ~ Schreien** rauco a furia di gridare.

von [fɔn] *prp dat allg.* di, da; *(~ weg)* da; **der Bahnhof ~ Köln** la stazione di Colonia; **eine Komödie ~ Goldoni** una commedia di Goldoni; **ein Mann ~ 50 Jahren** un uomo di 50 anni; **der Tod ~ 20 Menschen** la morte di 20 persone; **eine Zeitung ~ gestern** un giornale di ieri; **einer ~ meinen Freunden** un mio amico; **neun ~ zehn Lesern** nove lettori su dieci; **vom Bahnhof (her)** dalla stazione; **vom Fenster aus** dalla finestra; **~ Berlin** da Berlino; **~ seiten** *gen* da parte di; **~ Land zu Land** di paese in paese; **~ weitem** da lontano; **~ nahem** da vicino; **~ vorn/unten/hier/links** da davanti/dal basso/da (*o* di) qui/da sinistra; **~ heute ab (*o* an)** da oggi in poi; **~ mir aus** per me; **~ ihm** da lui; **~**

selbst da solo; **was sind Sie ~ Beruf?** che lavoro fa?, che professione esercita?; **grüßen Sie ihn ~ mir** lo saluti da parte mia.

voneinander [fɔn?a̯i'nandɐ] *adv* l'uno dall'(*o* dell')altro.

vor [fo:ɐ̯] **I.** *prp* **1.** *dat/acc (räumlich)* davanti a; **2.** *dat (zeitlich)* prima; *(bei Uhrzeit)* meno; *(vom Zeitpunkt des Sprechens zurückgerechnet)* fa, or sono; **3.** *dat (Ursache)* per, di; **~ sich hin reden** parlare fra sé e sé; **~ allem** soprattutto; **~ dem Haus** davanti alla casa; **~ Zeugen** in presenza di testimoni; **~ dem Winter/der Sitzung/1981** prima dell'inverno/della seduta/del 1981; **~ zwei Stunden/zehn Jahren** due ore/dieci anni fa; **heute ~ zwei Wochen** come oggi due settimane fa; **Schutz ~ dem Regen suchen** cercare riparo dalla pioggia; **~ Aufregung** per l'agitazione; **~ Kälte/Hunger/Angst** di freddo/fame/paura; **II.** *adv:* **~ und zurück** avanti e indietro; **Freiwillige ~!** avanti i volontari!

voran [fo'ran] *adv* **1.** *(vorn)* davanti, in testa; **2.** *(weiter, vorwärts)* avanti. **voran·kommen** ‹*irr*› *itr* ‹*sein*› procedere, avanzare; *fig (Fortschritte erzielen)* progredire.

Voranmeldung *f* prenotazione *f.* **Voranschlag** *m* preventivo *m.*

voraus [fo'ra̯us, *aber:* ɪm 'fo:ra̯us] *adv (vor anderen)* davanti; *(an der Spitze)* in testa; **im ~** in anticipo, anticipatamente; **er war seiner Zeit weit ~** ha precorso i tempi. **voraus·gehen** ‹*irr*› *itr* ‹*sein*› **1.** *(vorn gehen)* andare avanti; *(a. fig)* precedere; **2.** *(früher gehen)* andare via prima. **vorausgesetzt** *a:* **~, daß ...** (sup)posto (*o* a condizione) che ... *conj.* **voraus·sagen** *tr* predire, pronosticare. **vorausschauend** *a* previdente. **voraus·schicken** *tr* **1.** *(mit der Post)* mandare avanti; **2.** *fig (einleitend sagen)* premettere. **voraus·sehen** ‹*irr*› *tr* prevedere. **voraus·setzen** *tr* presupporre. **Voraussetzung** ‹-, -en› *f* **1.** *(Annahme)* supposizione *f,* ipotesi *f;* **2.** *(Vorbedingung)* condizione *f;* **unter der ~, daß ...** a condizione che ... *conj.* **Voraussicht** *f* previsione *f;* **aller ~ nach** secondo ogni probabilità. **voraussichtlich** **I.** *a* prevedibile, probabile; **II.** *adv* probabilmente. **Vorauszahlung** *f* pagamento *m* anticipato.

Vorbehalt ['fo:ɐ̯bəhalt] ‹-(e)s, -e› *m* riserva *f;* **unter dem ~, daß ...** con la riserva che ... *conj.* **vor·behalten** ‹*irr, ohne ge-*› *tr:* **sich** *(dat)* **etw. ~** riservarsi qc; **sich** *(dat)* **~, etw. zu tun** riservarsi di fare qc. **vorbehaltlich** *prp gen adm* con riserva di, salvo.

vorbei [fo:ɐ̯'ba̯i *o* fɔr'ba̯i] *adv* **1.** *(räumlich):* **an ... ~** davanti a ...; **2.** *(zeitlich: vergangen, vorüber)* passato; **~ ist ~** quel che è stato è stato. **vorbei·gehen** ‹*irr*› *itr* ‹*sein*› **1.** *(entlang-, vorübergehen)* passare (*an* davanti a); **2.** *(Wurf, Schuß)* mancare (il bersaglio); **3.** *(zu Ende gehen)* finire; **eine Gelegenheit ~ lassen** lasciarsi sfuggire un'occasione. **vorbei·kommen** ‹*irr*› *itr* ‹*sein*› **1.** *allg.* passare (*an* davanti a); **2.** *(an Hindernis)* poter passare (*an etw.* qc); **3.** *fam (besuchen)* passare (*bei jdm* da qu). **vorbei·lassen** ‹*irr*› *tr* lasciar passare.

vorbelastet *a:* **erblich ~ sein** avere una tara ereditaria.

Vorbemerkung *f* avvertenza *f* (preliminare), premessa *f.*

vor·bereiten ‹*ohne ge-*› **I.** *tr* preparare; **II.** *rfl:* **sich ~** prepararsi (*auf* a, per). **Vorbereitung** ‹-, -en› *f* preparazione *f,* preparativo *m;* **~en treffen** fare preparativi; **in ~** in preparazione.

vor·bestellen ‹*ohne ge-*› *tr (Kinokarten, Buch, Hotelzimmer)* prenotare; *(Tisch)* (far) riservare. **Vorbestellung** *f* prenotazione *f.*

vorbestraft *a* pregiudicato; **nicht ~** senza precedenti penali, incensurato.

vor·beugen **I.** *itr (einer Krankheit)* prevenire (*einer S. (dat)* qc); **II.** *rfl:* **sich ~** *(nach vorn beugen)* sporgersi in avanti; **III.** *tr (Kopf, etc.)* sporgere. **vorbeugend** *a* preventivo; *med* profilattico. **Vorbeugung** *f* **1.** *(Schutzmaßnahme)* prevenzione *f* (*gegen* contro); **2.** *med* profilassi *f* (*gegen* contro).

Vorbild *n* **1.** *(Muster)* modello *m;* **2.** *(Beispiel)* esempio *m;* **sich** *(dat)* **jdn zum ~ nehmen** prendere esempio da qu. **vorbildlich** *a* esemplare.

vor·bringen ‹*irr*› *tr* **1.** *(Wunsch, Meinung)* esprimere, manifestare; *(Gründe)* addurre; *(Beweise)* produrre; **2.** *fam (nach vorn bringen)* portare avanti.

Vorderachse ['fɔrdɐ-] *f* asse *m* anteriore. **Vorderbein** *n* zampa *f* anteriore.

vordere(r, s) ['fɔrdərə] *a* anteriore, davanti.

Vordergrund *m* primo piano *m;* **in den ~ rücken** (*o* **stellen**) *fig* mettere in risalto; **im ~ stehen** *fig* essere in primo piano. **vordergründig** [-grʏndɪç] *a* superficiale. **Vorderrad** *n* ruota *f* anteriore; *(von Fahrrad)* ruota *f* direttrice. **Vorderradantrieb** *m* trazione *f* anteriore. **Vorderseite** *f* **1.** *allg.* parte *f* anteriore; **2.** *arch* facciata *f;* **3.** *(von Münze)* faccia *f;* **4.** *typ* recto *m.*

vorderste(r, s) ‹*Superlativ von vordere*› *a* primo, -a.

Vorderteil *n o m* parte *f* anteriore, davanti *m.*

vor·drängen *rfl:* **sich ~** farsi avanti (*o* largo). **voreilig** *a* precipitoso, affrettato; *(unüberlegt)* sconsiderato.

voreinander [fo:ɐ̯ʔaiˈnandɐ] *adv* l'uno davanti all'altro.
voreingenommen *a* prevenuto.
vor·enthalten ⟨*irr, ohne ge-*⟩ *tr* **1.** *(nicht geben)* rifiutare (*jdm etw.* qc a qu); **2.** *(nicht sagen)* nascondere (*jdm etw.* qc a qu).
vorerst [ˈfo:ɐ̯ʔe:ɐ̯st *o* ...ˈʔe:ɐ̯st] *adv* per il momento, per ora.
vor·fahren ⟨*irr*⟩ **I.** *itr* ⟨*sein*⟩ **1.** *(vorn fahren, vorausfahren)* andare avanti (con un veicolo); **2.** *(vor Haus, etc.)* fermarsi davanti (a una casa, *etc.*); **3.** *(vorrücken, nach vorn fahren)* avanzare; **II.** *tr* ⟨*haben*⟩ *(weiter nach vorn fahren)* avanzare.
Vorfahrt *f* precedenza *f;* ~ **haben** avere la precedenza; **die ~ nicht beachten** non rispettare la precedenza; **rechts hat** ~ precedenza a destra. **Vorfahrt(s)regel** *f* norma *f* di precedenza. **Vorfahrt(s)straße** *f* strada *f* con (diritto di) precedenza.
Vorfall *m* **1.** *(Ereignis)* avvenimento *m; (Zwischenfall)* incidente *m;* **2.** *med* prolasso *m.*
vor·fallen ⟨*irr*⟩ *itr* ⟨*sein*⟩ **1.** *(geschehen)* accadere, succedere; **2.** *(nach vorn fallen)* cadere in avanti.
vor·fühlen *itr* sondare il terreno (*bei jdm* presso qu).
vor·führen *tr* **1.** *jur* condurre avanti, accompagnare; **2.** *(Mode, etc.)* presentare; *(Kunststücke)* mostrare, presentare; *(Versuch, Gerät)* dimostrare; **3.** *film* proiettare.
Vorführung *f* **1.** *jur* accompagnamento *m;* **2.** *(von Mode, Kunststück, etc.)* presentazione *f; (von Versuch, Gerät)* dimostrazione *f;* **3.** *film* proiezione *f.*
Vorgang *m* **1.** *(Ereignis)* avvenimento *m;* **2.** *(Hergang)* svolgimento *m;* **3.** *biol, chem, tec* processo *m;* **4.** *jur, adm (Akten)* pratica *f.*
Vorgänger(in) [ˈfo:ɐ̯gɛŋɐ (...ərın)] ⟨-s, -⟩ *m(f)* predecessore, -a *m, f.*
vor·geben ⟨*irr*⟩ *tr* **1.** *(behaupten)* asserire, pretendere; *(vortäuschen)* fingere; **2.** *(nach vorn geben)* dare (*o* passare) in avanti.
vor·gehen ⟨*irr*⟩ *itr* ⟨*sein*⟩ **1.** *(vorrücken, a. mil)* avanzare; **2.** *(handeln)* procedere, agire; **3.** *fam s.* **vorausgehen; 4.** *fig (den Vortritt haben)* avere la precedenza; **5.** *(Uhr)* andare avanti; **6.** *(wichtiger sein)* essere più importante; **7.** *(geschehen)* accadere, succedere; **gerichtlich gegen jdn ~** procedere per (*o* adire le) vie legali contro qu; **meine Uhr geht (eine halbe Stunde) vor** il mio orologio va avanti (di mezz'ora); **was geht wohl jetzt in ihm vor?** che gli succede? **Vorgehensweise** *f* modo *m* di procedere.
Vorgesetzte ⟨ein -r, -n, -n⟩ *mf* superiore *m.*
vorgestern *adv* ieri l'altro, l'altrieri; ~ **abend** ieri l'altro sera.
vor·haben ⟨*irr*⟩ *tr* **1.** *(beabsichtigen)* avere in mente (*o* l'intenzione) (*etw. zu tun* di fare qc); **2.** *(geplant haben)* avere in programma; **was haben Sie heute abend vor?** che programma ha per questa sera?; **sie hatten viel mit ihr vor** avevano intenzione di fare molte cose con lei. **Vorhaben** ⟨-s, -⟩ *n* **1.** *(Absicht)* intenzione *f,* proposito *m;* **2.** *(Plan)* progetto *m,* piano *m.*
vor·halten ⟨*irr*⟩ **I.** *tr* **1.** *(vor etw. halten)* tenere davanti; **2.** *fig (vorwerfen)* rinfacciare, rimproverare; **II.** *itr fam (ausreichen)* durare. **Vorhaltungen** *f pl* rimostranze *f pl,* rimproveri *m pl.*
vorhanden [fo:ɐ̯ˈhandən] *a (existent)* esistente; *(verfügbar)* disponibile; ~ **sein** esserci, esistere. **Vorhandensein** *n* esistenza *f; (Verfügbarkeit)* disponibilità *f.*
Vorhang *m* tenda *f; theat* sipario *m.*
Vorhängeschloß *n* lucchetto *m.*
Vorhaut *f* prepuzio *m.*
vorher [ˈfo:ɐ̯he:ɐ̯] *adv* prima, precedentemente; **am Abend ~** alla vigilia; **am Tage ~** il giorno prima; **kurz/unmittelbar ~** poco/immediatamente prima; **wie ~** come prima.
vorherig [fo:ɐ̯ˈhe:rıç *o* ˈfo:ɐ̯...] *a:* **nach ~er Vereinbarung** previo accordo.
Vorherrschaft *f* predominio *m,* preponderanza *f; (Vorrangstellung)* supremazia *f; (Hegemonie)* egemonia *f.*
vor·herrschen *itr* predominare (*über* su), prevalere (*über* su). **vorherrschend** *a* predominante, prevalente.
Vorhersage [fo:ɐ̯ˈhe:ɐ̯-] *f* predizione *f,* pronostico *m; (Wetter~)* previsioni *f pl.*
vorher·sagen *tr* pronosticare; *(Wetter, Folgen, etc.)* predire.
vorhin [fo:ɐ̯ˈhın *o* ˈfo:ɐ̯...] *adv* poco fa, poc'anzi.
vorige(r, s) [ˈfo:rıgə] *a* anteriore, precedente; **~s Jahr** l'anno scorso; **das ~ Mal** l'ultima volta.
Vorjahr *n* anno *m* precedente (*o* scorso).
Vorkämpfer(in) *m(f)* antesignano *m,* pioniere, -a *m, f.* **Vorkaufsrecht** *n* diritto *m* di prelazione.
Vorkehrung ⟨-, -en⟩ *f* misura *f* preventiva, disposizione *f* precauzionale; **die nötigen ~en treffen** prendere le dovute precauzioni.
Vorkenntnisse *f pl* cognizioni *f pl* (*o* nozioni *f pl*) preliminari.
vor·kommen ⟨*irr*⟩ *itr* ⟨*sein*⟩ **1.** *(nach vorn kommen)* venire avanti; **2.** *(geschehen)* succedere, capitare; **3.** *(vorhanden sein, sich finden)* trovarsi; **4.** *(erscheinen)* ricorrere; **5.** *(scheinen)* sembrare, parere; **ich komme mir**

überflüssig vor mi sento inutile; **Sie kommen mir bekannt vor** mi sembra di conoscerLa; **das kommt dir nur so vor** ti sembra solo; **das soll ~!** è la vita!; **das soll nicht wieder ~** non si ripeterà più. **Vorkommen** *n* 1. *allg.* presenza *f*, esistenza *f*; 2. *min* giacimento *m*. **Vorkommnis** ⟨-ses, -se⟩ *n* avvenimento *m*, evento *m*.

Vorkriegs- *(in Zusammensetzungen)* prebellico, antebellico, d'anteguerra. **Vorkriegszeit** *f* anteguerra *m*.

Vorlage *f* 1. ⟨*sing*⟩ *(das Vorlegen)* presentazione *f*; 2. *(Gesetzes~)* progetto *m* di legge; 3. *(Muster)* modello *m*.

vor·lassen ⟨*irr*⟩ *tr* 1. *fam (vorgehen lassen)* lasciar passare; 2. *(zulassen, empfangen)* ammettere.

Vorläufer(in) *m(f)* precursore, precorritrice *m, f*.

vorläufig I. *a* temporaneo; *(provisorisch)* provvisorio; II. *adv (einstweilig)* temporaneamente; *(fürs erste)* per il momento.

vorlaut *a* impertinente, saccente.

vor·legen I. *tr* 1. *(da~, anbringen)* mettere (davanti); 2. *(Paß, Ausweis, Gesetzentwurf, etc.)* presentare; *(Frage, Plan)* (sotto)porre; II. *rfl*: **sich ~** sporgersi; III. *itr* servire.

vor·lesen ⟨*irr*⟩ *tr* leggere (ad alta voce).

Vorlesung *f (einzelne)* lezione *f* (universitaria); *(~sreihe)* corso *m*; **in die ~ gehen** andare a lezione. **Vorlesungsverzeichnis** *n* programma *f* dei corsi.

vorletzte(r, s) *a* penultimo, -a.

Vorliebe *f* predilezione *f*; **etw. mit ~ tun** prediligere qc.

vorlieb·nehmen [fo:ɐ̯'li:p-] ⟨*irr*⟩ *itr* accontentarsi (*mit* di).

vor·liegen ⟨*irr*⟩ *itr* 1. *(vorhanden sein)* esserci, esistere; 2. *(eingereicht sein)* essere presentato; **im ~den Fall** nel caso presente; **da muß ein Irrtum ~** ci deve essere un equivoco; **es liegt nichts gegen ihn vor** non c'è nulla contro di lui.

vor·machen *tr*: **jdm etw. ~** 1. *(zeigen)* mostrare qc a qu, far vedere qc a qu; 2. *fig (jdn täuschen)* dare ad intendere qc a qu; **sich** *(dat)* **(selbst) etw. ~** illudersi.

vor·merken *tr* 1. *(eintragen, notieren)* annotare, prendere nota di; 2. *(reservieren)* prenotare; **sich für etw. ~ lassen** prenotarsi per qc.

Vormittag *m* mattina *f*; **im Laufe des ~s** nel corso della mattinata, in mattinata. **vormittags** *adv* di mattina, in mattinata; **Montag ~ keine Sprechstunde** lunedì mattina non si riceve.

Vormund ⟨-(e)s, -e *o* ¨-er⟩ *m* 1. *(von Minderjährigen)* tutore *m*; 2. *(von Entmündigten)* curatore *m*. **Vormundschaft** ⟨-, -en⟩ *f* 1. *(von Minderjährigen)* tutela *f*; 2. *(von Entmündigten)* curatela *f*. **Vormundschaftsgericht** *n* tribunale *m* dei minorenni.

vorn [fɔrn] *adv* 1. *(im vorderen Teil)* davanti, anteriormente; *(am vorderen Ende)* all'estremità anteriore; *(auf der Vorderseite)* anteriormente, dalla parte anteriore; *(im Vordergrund)* davanti; 2. *(an der Spitze)* in testa (*an, in* a); 3. *(am Anfang)* all'inizio; **nach ~** (in) avanti; **von ~** *(räumlich)* da davanti; *(zeitlich)* dall'inizio; **(wieder) von ~ anfangen** (ri)cominciare da capo; **von ~ bis hinten** *fam* da cima a fondo; **~ im Bild** nella parte anteriore del quadro/della foto.

Vorname *m* nome *m* (di battesimo).

vorne *s.* **vorn.**

vornehm ['fo:ɐ̯ne:m] *a* 1. *(kultiviert)* distinto; 2. *(edel)* nobile; 3. *(elegant)* elegante; **~e Gesellschaft** gran mondo; **~ tun** *fam* darsi arie da gran signore.

vor·nehmen ⟨*irr*⟩ I. *tr* 1. *(durchführen)* fare; 2. *(in Angriff nehmen)* intraprendere, dare mano a; II. *rfl*: **sich** *(dat)* **~** *(beschließen)* prefiggersi (*etw. zu tun* di fare qc), proporsi (*etw. zu tun* di fare qc).

vornherein ['fɔrnhɛrai̯n *o* ...'rai̯n] *adv*: **von ~** fin da principio, a priori.

Vorort *m* sobborgo *m*; **die ~e** la periferia. **vorprogrammiert** *a* 1. *(automatisch)* automatico; 2. *fig (vorbestimmt)* programmato.

Vorrang *m* 1. *(Bedeutung, Stellenwert)* priorità *f*; 2. *(Reihenfolge)* precedenza *f*. **vorrangig** *a* prioritario. **Vorrangstellung** *f*: **eine ~ einnehmen** (*o* **haben**) occupare una posizione di preminenza.

Vorrat *m* scorta *f* (*an* di), provviste *f pl* (*an* di); **etw. auf ~ haben** avere qc in stock; **solange der ~ reicht** fino ad esaurimento delle scorte.

vorrätig ['fo:ɐ̯rɛ:tɪç] *a (verfügbar)* disponibile; *(auf Lager)* in magazzino.

Vorratsraum *m* magazzino *m*.

Vorrecht *n* 1. *(Sonderrecht)* prerogativa *f*; 2. *(Privileg)* privilegio *m*.

Vorrichtung *f* dispositivo *m*, congegno *m*, meccanismo *m*.

Vorsaison *f* bassa stagione *f*.

Vorsatz *m (Absicht)* proposito *m*, intenzione *f*; *(Entschluß)* risoluzione *f*; **einen ~ fassen** prendere una risoluzione; **mit ~** *jur* deliberatamente; **mit guten Vorsätzen** con buone intenzioni.

vorsätzlich ['fo:ɐ̯zɛt͜slɪç] I. *a* intenzionale; *(bes. jur)* premeditato; II. *adv* intenzionalmente; *jur* con premeditazione.

Vorschein *m*: **zum ~ kommen** comparire, apparire; *fig (ans Licht kommen)* venire alla luce.

Vorschlag *m* proposta *f;* **auf meinen ~ (hin)** su mia proposta.

vor·schlagen ⟨*irr*⟩ *tr* proporre.

vor·schreiben ⟨*irr*⟩ *tr (befehlen)* prescrivere.

Vorschrift *f* prescrizione *f; (Anweisung)* istruzione *f; adm, mil* regolamento *m;* **gegen die ~en verstoßen** andare contro il regolamento. **vorschriftsmäßig** **I.** *a* regolamentare; **II.** *adv* conforme alle prescrizioni (*o* al regolamento).

Vorschuß *m* anticipo *m.*

vor·schützen *tr* prendere a pretesto.

vor·sehen ⟨*irr*⟩ **I.** *tr* **1.** *(planen)* prevedere; **2.** *(bestimmen)* designare; **jdn für etw. ~** avere in mente qu per qc, designare qu per qc; **wie vorgesehen** come previsto; **II.** *rfl:* **sich ~ 1.** *(sich hüten)* guardarsi (*vor* da); **2.** *(aufpassen)* stare attento (*daß (o damit) nicht* che non *conj,* di non *inf*); **sieh dich vor ihm vor** stai attento a lui.

Vorsehung ⟨-, ø⟩ *f* Provvidenza *f.*

Vorsicht *f* precauzione *f,* prudenza *f;* **zur ~ habe ich ...** per precauzione ho ...; **~!** attenzione!; **~, Stufe!** attenzione gradino!; **~ ist besser als Nachsicht!** *prov* meglio prevenire che curare! **vorsichtig** *a* prudente, cauto. **vorsichtshalber** *adv* per precauzione (*o* prudenza). **Vorsichtsmaßnahme** *f* misura *f* precauzionale; **~n treffen** prendere delle precauzioni.

Vorsilbe *f* prefisso *m.*

vorsintflutlich *a (a. fig fam scherz)* antidiluviano.

Vorsitz *m* presidenza *f;* **den ~ bei etw. führen** (*o* **haben**) detenere (*o* avere) la presidenza di qc; **unter dem ~ von** sotto la presidenza di. **Vorsitzende** ⟨ein -r, -n, -n⟩ *mf* presidente, -essa *m, f.*

Vorsorge *f* **1.** *(Fürsorge)* previdenza *f;* **2.** *(Vorsichtsmaßnahme)* precauzione *f.* **vor·sorgen** *itr* provvedere (*für* a). **Vorsorgeuntersuchung** *f* check-up *m.* **vorsorglich** **I.** *a* **1.** *(Maßnahme)* previdente, precauzionale; **2.** *(Person)* accorto; **II.** *adv* per precauzione.

Vorspann [ˈfo:ɐ̯ʃpan] ⟨-(e)s, -e⟩ *m* **1.** *(von Artikel)* cappello *m;* **2.** *film, TV* titoli *m pl* di testa.

Vorspeise *f* antipasto *m.*

Vorspieg(e)lung *f:* **unter ~ falscher Tatsachen** per simulazione di fatti.

Vorspiel *n* **1.** *mus* preludio *m;* **2.** *theat* prologo *m;* **3.** *(bei Geschlechtsverkehr)* tenerezze *f pl* preparatorie.

vor·spielen *tr* **1.** *mus* sonare (*jdm* davanti a qu); **2.** *theat* recitare (*jdm* davanti a qu); *(zum Nachspielen)* dare un esempio di recitazione; **3.** *fig (vortäuschen)* simulare.

vor·sprechen ⟨*irr*⟩ **I.** *tr* **1.** *(zum Nachsprechen)* pronunciare (per far ripetere) (*jdm etw.* qc davanti a qu); **2.** *theat (zur Probe)* recitare; **II.** *itr (wegen Anliegen aufsuchen)* fare visita (*bei* a).

Vorsprung *m* **1.** *arch* aggetto *m;* **2.** *(Abstand)* vantaggio *m* (*vor* di).

Vorstand *m* **1.** *(Gremium)* consiglio *m* direttivo; *(Vereins~)* presidenza *f; (Firmen~)* consiglio *m* direttivo (*o* d'amministrazione); **2.** *(~smitglied)* membro *m.*

vor·stehen ⟨*irr*⟩ *itr* **1.** *(her~)* sporgere; *arch* aggettare; **2.** *(leiten)* dirigere (*einer S. (dat)* qc), presiedere (*einer S. (dat)* a qc). **vorstehend** *a* **1.** *(vorspringend)* sporgente; **2.** *(vorausgehend)* precedente; **wie ~ bereits gesagt** come già detto in precedenza. **Vorsteher(in)** ⟨-s, -⟩ *m(f) (Leiter, Direktor, Büro~)* capo *m; (Schul~)* direttore, -trice *m, f; (Bahnhofs~)* capostazione *m.* **Vorsteherdrüse** *f* prostata *f.*

vor·stellen **I.** *tr* **1.** *(davorstellen)* mettere davanti; **2.** *(nach vorn stellen)* spostare in avanti; **3.** *(Uhr)* mettere avanti (*um* di); **4.** *(bekannt machen, vorführen)* presentare; **5.** *(darstellen, bedeuten)* rappresentare, significare; **darf ich Ihnen Frau K. ~?** posso presentarLe la signora K.?; **II.** *rfl:* **sich ~** *(sich bekannt machen)* presentarsi; **sich** *(dat)* **~** *(sich ausmalen)* immaginare, immaginarsi, figurarsi; **sich in einer Firma ~** presentarsi in una ditta; **das kann ich mir nicht ~** non riesco ad immaginarmelo; **stell dir vor!** pensa un po'! *fam,* figurati un po'! *fam.*

Vorstellung *f* **1.** *(Einführung)* presentazione *f;* **2.** *theat* rappresentazione *f;* **3.** *(Einbildung, ~skraft)* immaginazione *f; (Bild, Begriff)* idea *f,* concetto *m;* **eine ~ von etw. haben** avere un'idea di qc; **sich** *(dat)* **von etw. eine ~ machen** farsi un'idea di qc; **du machst dir (ja) keine ~, wie interessant das ist** non hai idea di quanto sia interessante; **heute keine ~!** oggi (giorno *m* di) riposo! **Vorstellungsgespräch** *n* colloquio *m* di presentazione. **Vorstellungskraft** *f,* **-vermögen** *n* immaginazione *f.*

Vorstrafe *f* condanna *f* precedente, precedenti *m pl* penali. **Vorstrafenregister** *n* casellario *m* giudiziario.

vor·strecken *tr* **1.** *(Arme, Hände)* tendere in avanti, allungare; **2.** *fig (Geld)* anticipare.

Vorstufe *f* primo stadio *m.*

Vortag *m (der Tag vorher)* giorno *m* precedente; *(von Ereignis)* vigilia *f.*

vor·täuschen *tr* fingere, simulare.

Vorteil *m* vantaggio *m;* **die Vor- und Nachteile** il pro e il contro; **~e bringen** essere vantaggioso; **jdm gegenüber im ~ sein** essere in vantaggio su qu; **für jdn von ~ sein** essere vantaggioso per qu; **sich zu seinem ~ ändern** cambiare in meglio. **vorteilhaft** *a* vantaggioso; **das Kleid ist ~ für Sie** il vestito Le dona.

Vortrag ['fo:ɐ̯tra:k] ‹-(e)s, ¨-e› *m* **1.** *(Rede, Vorlesung)* conferenza *f; (Bericht)* rapporto *m;* **2.** *(von Gedicht)* recitazione *f; (von Lied)* esecuzione *f;* **3.** *com* riporto *m;* **einen ~ halten** tenere una conferenza.

vor·tragen ‹*irr*› *tr* **1.** *(Gedicht)* recitare, declamare; *(Lied)* eseguire; **2.** *(darlegen)* esporre; **3.** *com (übertragen)* riportare.

Vortritt *m* precedenza *f;* **jdm den ~ lassen** cedere il passo (*o* dare la precedenza) a qu.

vorüber [fo'ry:bɐ] *adv* **1.** *(örtlich)* davanti (*an* a); **2.** *(zeitlich)* passato. **vorüber·gehen** ‹*irr*› *itr* ‹*sein*› **1.** *(örtlich)* passare (*an* davanti a); **2.** *(zeitlich)* passare; *(zu Ende gehen)* cessare, finire. **vorübergehend** *a* passeggero, transitorio, temporaneo.

Vorurteil *n* pregiudizio *m (gegen, gegenüber* contro, verso).

Vorverkauf *m* prevendita *f.* **Vorverkaufsstelle** *f* botteghino *m.*

Vorwahl *f* **1.** *pol* elezione *f* preliminare; **2.** *tel* preselezione *f; (Nummer)* prefisso *m* (teleselettivo).

Vorwand ['fo:ɐ̯vant] ‹-(e)s, ¨-e› *m* pretesto *m,* scusa *f;* **etw. zum ~ nehmen** prendere qc a pretesto; **unter dem ~, etw. zu tun** col pretesto di fare qc.

Vorwarnung *f* preallarme *m.*

vorwärts ['fo:ɐ̯vɛrts *o* 'fɔr...] *adv* avanti. **Vorwärtsgang** *m* marcia *f* avanti. **vorwärts·kommen** ‹*irr*› *itr* ‹*sein*› avanzare, progredire.

vorweg [fo:ɐ̯'vɛk] *adv* **1.** *(vorher)* prima; **2.** *(im voraus)* in anticipo; **3.** *(an der Spitze)* in testa; **4.** *(von vornherein)* a priori; **5.** *(vor allem)* prima di tutto. **vorweg·nehmen** ‹*irr*› *tr* anticipare.

Vorweis ['fo:ɐ̯vais] ‹-es, -e› *m CH* esibizione *f.* **vor·weisen** ‹*irr*› *tr* presentare.

vor·werfen ‹*irr*› *tr* **1.** *(hinwerfen)* gettare (*zum Fressen* da mangiare); **2.** *fig (tadeln)* rimproverare (*jdm etw.* qc a qu).

vorwiegend **I.** *a* prevalente; **II.** *adv* in prevalenza.

Vorwort ‹-(e)s, -e› *n* prefazione *f.*

Vorwurf *m* rimprovero *m; (Tadel)* biasimo *m;* **jdm etw. zum ~ machen** rimproverare qu per qc; **sich** *(dat)* **wegen etw. Vorwürfe machen** rimproverarsi di (*o* per) qc. **vorwurfsvoll** *a* (pieno) di rimprovero.

Vorzeichen *n* **1.** *allg., mat* segno *m;* indizio *m;* **2.** *(Omen)* auspicio *m;* **3.** *mus* accidente *m;* **mit umgekehrtem ~** all'inverso.

Vorzeit *f:* **in grauer ~** nella notte dei tempi. **vorzeitig** *a* anticipato; *(zu früh)* prematuro, precoce.

vor·ziehen ‹*irr*› *tr* **1.** *(nach vorn ziehen, vor etw. ziehen)* tirare avanti; *(Vorhänge)* chiudere (tirando); **2.** *(her~)* tirare fuori; **3.** *(lieber mögen)* preferire; *(bevorzugen)* favorire; **4.** *(früher als geplant erledigen)* anticipare.

Vorzimmer *n* anticamera *f.*

Vorzug[1] *m* **1.** *(Vorliebe)* preferenza *f;* **2.** *(Vorrang)* precedenza *f;* **3.** *(gute Eigenschaft)* pregio *m,* merito *m; (Vorteil)* vantaggio *m;* **einer S.** *(dat)* **den ~ geben** dare la preferenza a qc; **den ~ haben, daß ...** avere il pregio di ... *inf.*

Vorzug[2] *m Eisenb.* treno *m* straordinario.

vorzüglich [fo:ɐ̯'tsy:klɪç *o* 'fo:ɐ̯...] *a* eccellente; *(Wein, etc.)* squisito.

vulgär [vʊl'gɛ:ɐ̯] *a* volgare.

Vulkan [vʊl'ka:n] ‹-s, -e› *m* vulcano *m.* **vulkanisch** *a* vulcanico.

vulkanisieren [vʊlkani'zi:rən] ‹*ohne ge-*› *tr* vulcanizzare.

W

W, w [ve:] ‹-, -(s)› *n* W, w *f;* **W wie Wilhelm** vu doppia.
W *ab von* **West(en)** O. (*ab von* ovest).
Waadt [va:t] *n* Vaud *m.*
Waage ['va:gə] ‹-, -n› *f* **1.** *tec* bilancia *f;* **2.** *astr* Bilancia *f;* **sich** *(dat)* **die ~ halten** (contro)bilanciarsi; **er/sie ist (eine) ~** è (della *o* una) Bilancia. **waag(e)recht** *a* orizzontale. **Waagschale** *f* piatto *m* della bilancia; **etw. in die ~ werfen** *fig* gettare qc sul piatto della bilancia; **er legt jedes Wort auf die ~** (sop)pesa ogni parola.
wabb(e)lig ['vab(ə)lɪç] *a* molle, flaccido.
Wabe ['va:bə] ‹-, -n› *f* favo *m.*
wach [vax] *a* **1.** *(a. fig)* sveglio, desto; **2.** *fig (lebhaft)* vivo; *(Sinn, Verstand)* acuto.
Wache ['vaxə] ‹-, -n› *f* **1.** *(Wachdienst, -mannschaft, -posten)* guardia *f;* **2.** *(Wachlokal)* corpo *m* di guardia; **3.** *(Polizei~)* posto *m* di polizia; **4.** *(Kranken~)* veglia *f;* **~ haben** essere di guardia; **bei jdm ~ halten** vegliare qu.
wachen *itr* **1.** *geh (wach sein)* essere sveglio; *(wach bleiben)* rimanere sveglio; **2.** *(Wache halten)* vegliare (*bei jdm* qu); **3.** *(aufpassen)* sorvegliare (*über jdn/etw.* qu/qc), vigilare (*über jdn/etw.* su qu/qc).
Wachhund *m* cane *m* da guardia.
Wacholder [va'xɔldɐ] ‹-s, -› *m* **1.** *bot* ginepro *m;* **2.** *(~schnaps)* gin *m.*
wach·rufen ‹*irr*› *tr (Erinnerungen)* risvegliare; *(Vergangenheit)* evocare.
Wachs [vaks] ‹-es, -e› *n* cera *f;* **er ist ~ in ihren Händen** lo ha (*o* tiene) in pugno.
wachsam *a* **1.** *(Mensch)* vigilante; *(Blick, Auge)* vigile; **2.** *(vorsichtig)* circospetto.
wachsen[1] ['vaksən] ‹wächst, wuchs, gewachsen› *itr* ‹*sein*› **1.** *allg.* crescere; **2.** *fig (zunehmen)* aumentare, accrescersi; *(sich ausdehnen)* estendersi; **3.** *(sich entwickeln)* svilupparsi; *(gedeihen)* prosperare; **sich** *(dat)* **einen Bart/die Haare ~ lassen** lasciarsi crescere la barba/i capelli; **gut gewachsen** ben fatto; **mit ~der Sorge** con crescente preoccupazione.
wachsen[2] ['vaksən] *tr* ‹*haben*› *(mit Wachs versehen)* dare la cera a.
wächsern ['vɛksɐn] *a (a. fig)* cereo.
Wachsfigur *f* figura *f* (*o* statua *f*) di cera. **Wachsfigurenkabinett** *n* museo *m* delle cere. **Wachsmalstift** *m* matita *f* cerata.
wächst [vɛkst] *pr von* **wachsen**[1].
Wachstuch *n* tela *f* cerata.
Wachstum ‹-s, ø› *n* crescita *f.* **Wachstumsrate** *f* tasso *m* di crescita.
Wachtel ['vaxtəl] ‹-, -n› *f* quaglia *f.*
Wächter(in) ['vɛçtɐ (...ərɪn)] ‹-s, -› *m(f)* *(Museums~, Park~)* guardiano, -a *m, f;* *(Nacht~)* guardia *f.*
Wachtmeister ['vaxt-] *m* brigadiere *m* di polizia. **Wach(t)posten** *m* **1.** *mil* guardia *f,* sentinella *f;* **2.** *(bei Diebstahl, etc.)* palo *m.* **Wacht(t)urm** *m* torre *f* di osservazione *f.* **Wach- und Schließgesellschaft** *f* società *f* di vigilanza notturna.
wack(e)lig *a* **1.** *(Stuhl, Tisch)* traballante; *(Zahn a.)* tentennante; **2.** *fig fam (Unternehmen, etc.)* vacillante; **~ auf den Beinen sein** *fam* reggersi male sulle gambe.
Wackelkontakt *m* contatto *m* difettoso.
wackeln ['vakəln] *itr* **1.** ‹*haben*› traballare; *(Zahn a.)* tentennare; *(zittern)* tremare; **2.** ‹*haben*› *fig fam (Herrschaft, etc.)* vacillare, essere traballante; **3.** ‹*sein*› *(unsicher gehen)* barcollare; **mit dem Kopf ~** tentennare il capo, dondolare la testa; **mit den Ohren ~** muovere le orecchie.
wacker ['vakɐ] *a* **1.** *(rechtschaffen, brav)* onesto, probo; **2.** *(tapfer)* valoroso; **3.** *(tüchtig)* valente.
wacklig *s.* **wackelig.**
Wade ['va:də] ‹-, -n› *f* polpaccio *m.*
Waffe ['vafə] ‹-, -n› *f* arma *f;* **die ~n strecken** *fig* darsi per vinto; **jdn mit seinen eigenen ~n schlagen** *fig* battere qu con i suoi stessi argomenti.
Waffel ['vafəl] ‹-, -n› *f* wafer *m,* cialda *f.* **Waffeleisen** *n* stampo *m* per cialde.
Waffenruhe *f* tregua *f.* **Waffenschein** *m* porto *m* d'armi. **Waffenstillstand** *m* armistizio *m.*
wagen ['va:gən] *tr* **1.** *(a. rfl:* **sich ~)** osare (*etw. zu tun* fare qc); **2.** *(riskieren)* rischiare; **sich nicht aus dem Haus ~** non osare uscire di casa; **wer wagt, gewinnt** *prov* la fortuna aiuta gli audaci *prov.*
Wagen ['va:gən] ‹-s, -› *m* **1.** *(Personen~)* macchina *f,* automobile *f;* *(Liefer~)* furgone *m;* **2.** *(Zirkus~, Zigeuner~, Plan~)* carro *m;* *(Pferde~, Straßenbahn~)* vettura *f;* *(Eisenbahn~)* va-

gone *m; (Kutsche)* carrozza *f;* **3.** *(Hand~)* carretto *m; (Karren)* carro *m; (Einkaufs~)* carrello *m; (Puppen~, Kinder~)* carrozzina *f;* **4.** *(Schreibmaschinen~)* carrello *m;* **der Große/Kleine ~** l'Orsa maggiore/minore; **mit dem ~ fahren** andare in automobile. **Wagenführer** *m* conducente *m.* **Wagenheber** ‹-s, -› *m* cricco *m,* martinetto *m.* **Wagenpark** *m* parco *m* di veicoli (*o* di automobili *o Eisenb.* di vagoni).

Waggon [va'gõ: *o* va'gɔŋ] ‹-s, -s› *m* vagone *m.*

waghalsig ['va:khalzɪç] *a* **1.** *(Mensch)* spericolato, temerario; **2.** *(Unternehmen)* rischioso.

Wagnis ['va:knɪs] ‹-ses, -se› *n* **1.** *(Risiko)* rischio *m;* **2.** *(Unternehmen)* impresa *f* rischiosa (*o* arrischiata).

Wahl [va:l] ‹-, -en› *f* **1.** *(allg., a. Aus~, Qualität)* scelta *f;* **2.** *(zwischen zwei Möglichkeiten)* alternativa *f;* **3.** *pol* elezione *f;* **erste ~** *com* prima scelta; **~ durch Handaufheben/Zuruf** votazione *f* per alzata di mano/per acclamazione; **keine (andere) ~ haben (, als ...)** non avere (altra) possibilità di scelta (che ...); **seine ~ treffen** fare una scelta; **jdn vor die ~ stellen** obbligare qu a scegliere; **sich zur ~ aufstellen lassen** farsi presentare (come candidato) alle elezioni; **zur ~ gehen** andare alle urne; **nach ~** a scelta; **wer die ~ hat, hat die Qual** *prov* non avere che l'imbarazzo della scelta. **Wahlalter** *n* età *f* elettorale.

wählbar *a* eleggibile; **nicht ~** ineleggibile.

Wahlbenachrichtigung *f* certificato *m* elettorale. **wahlberechtigt** *a* avente diritto di voto. **Wahlberechtigte** ‹ein -r, -n, -n› *mf* elettore, -trice *m, f.* **Wahlbeteiligung** *f* partecipazione *f* alla votazione; **eine hohe ~** un'elevata percentuale di votanti. **Wahlbezirk** *m* circoscrizione *f* elettorale.

wählen ['vɛ:lən] **I.** *tr* **1.** *(aus~)* scegliere; **2.** *parl* eleggere; **3.** *tel (Nummer)* comporre; **jdn zum Abgeordneten ~** eleggere qu deputato; **II.** *itr* **1.** *(aus~)* scegliere; **2.** *parl (abstimmen)* votare; **3.** *tel* comporre il (*o* un) numero.

Wähler(in) ‹-s, -› *m(f)* elettore, -trice *m, f,* votante *mf.*

Wahlergebnis *n* risultato *m* elettorale.

wählerisch *a (Käufer, Kunden)* difficile; *(im Essen)* schizzinoso.

Wählerschaft ‹-, ø› *f* elettorato *m.* **Wählerschicht** *f* fascia *f* dell'elettorato.

Wahlfach *n (Schule)* materia *f* facoltativa. **Wahlgang** *m* votazione *f;* **im ersten ~** al primo scrutinio. **Wahlkampf** *m* lotta *f* elettorale. **Wahlkreis** *m* circoscrizione *f* elettorale. **Wahllokal** *n* seggio *m* elettorale. **wahllos** *adv* a caso. **Wahlplakat** *n* manifesto *m* elettorale. **Wahlrecht** *n* **1.** *(Recht)* diritto *m* di voto; **2.** *(Gesetz)* diritto *m* elettorale; **aktives/passives ~** elettorato *m* attivo/passivo; **allgemeines ~** suffragio *m* universale.

Wählscheibe *f* disco *m* combinatore.

Wahlschein *m* certificato *m* elettorale. **Wahlspruch** *m* motto *m,* divisa *f.* **Wahlsystem** *n* sistema *m* elettorale. **Wahltag** *m* giorno *m* delle elezioni. **wahlweise** *adv* a scelta.

Wahn [va:n] ‹-(e)s, ø› *m* **1.** *(~vorstellung)* illusione *f;* **2.** *(~sinn)* follia *f; (bes. med)* mania *f.*

Wahnsinn *m* follia *f,* pazzia *f; med* demenza *f,* alienazione *f* mentale; **das ist doch (heller) ~!** *fam* è pura follia! **wahnsinnig I.** *a* **1.** *(verrückt)* pazzo, folle; *med* demente, alienato; **2.** *fam (außerordentlich)* straordinario, enorme; *(Hunger)* tremendo; *(Schmerzen)* atroce; **~ werden** impazzire; **jdn ~ machen** *fam* far impazzire qu; **II.** *adv fig fam (sehr)* enormemente, moltissimo; **ich habe mich ~ darüber gefreut** *fam* mi ha fatto un gran piacere. **Wahnsinnige** ‹ein -r, -n, -n› *mf* pazzo, -a *m, f.* **Wahnvorstellung** *f* fissazione *f; (Wahnsinnsidee)* follia *f.*

wahr [va:ɐ̯] *a* **1.** *(der Wahrheit entsprechend)* vero; *(~heitsgetreu)* veridico, veritiero; **2.** *(wirklich)* reale; *(echt)* autentico; **3.** *(eigentlich)* vero e proprio; **eine ~e Pracht** una vera meraviglia; **~ werden** realizzarsi; **etw. ~ machen** realizzare qc; **daran ist kein ~es Wort** non c'è nulla di vero in questo; **so ~ ich hier stehe** com'è vero che sto qui; **nicht ~?** (nev)vero?; **das ist nicht das W~e!** *fam* non ci siamo! *fam;* **das darf doch nicht ~ sein!** *fam* non è possibile.

wahren ['va:rən] *tr (Interessen, Rechte, etc.)* tutelare, salvaguardare; **den Schein ~** salvare le apparenze.

während ['vɛ:rənt] **I.** *prp gen o dat* durante; **II.** *con* mentre.

währenddessen [-'dɛsən] *adv* intanto, frattanto.

wahr·haben ‹*irr*› *tr:* **nicht ~ wollen, daß ...** non voler ammettere che ... *conj.*

wahrhaft *a* **I.** *a (echt, ehrlich)* vero; *(wirklich)* reale; **II.** *adv* veramente.

Wahrheit ‹-, -en› *f* verità *f;* **in ~** in verità; **um die ~ zu sagen** a dire il vero; **das ist die reine ~** è la pura verità. **wahrheitsgemäß** *adv* conformemente alla verità.

wahrnehmbar *a* percettibile; **nicht ~** impercettibile.

wahr·nehmen ‹*irr*› *tr* **1.** *(Geräusch, Geruch)* percepire; **2.** *allg. (bemerken)* accorgersi di; **3.** *(Chance, Gelegenheit)* approfittare di; *(Termin, etc.)* rispet-

tare; *(Interessen)* tutelare, salvaguardare.
Wahrnehmung ‹-, -en› *f* **1.** *(sinnlich)* percezione *f;* **2.** *(von Termin)* osservanza *f; (von Interessen)* tutela *f,* salvaguardia *f;* **außersinnliche ~** percezione extrasensoriale.
wahrsagen, wahr·sagen I. *itr* predire il futuro, profetizzare, vaticinare; **sich** *(dat)* **~ lassen** farsi predire il futuro; **II.** *tr* predire. **Wahrsager(in)** ‹-s, -› *m(f)* indovino, -a *m, f,* vaticinatore, -trice *m, f.* **Wahrsagung** ‹-, -en› *f* **1.** ‹*sing*› *(das Wahrsagen)* predizione *f,* divinazione *f;* **2.** *(Prophezeiung)* profezia *f,* vaticinio *m.*
währschaft ['vɛːɐ̯ʃaft] *a CH* solido.
wahrscheinlich [vaːɐ̯'ʃa͜inlɪç *o* 'vaːɐ̯...] *a* probabile; **es ist nicht ~, daß ...** non è probabile che ... *conj.* **Wahrscheinlichkeit** ‹-, -en› *f* probabilità *f;* **aller ~ nach** con ogni probabilità; **wie groß ist die ~, daß ...?** quali probabilità ci sono che ... *conj?* **Wahrscheinlichkeitsrechnung** *f* calcolo *m* delle probabilità.
Währung ['vɛːrʊŋ] ‹-, -en› *f* valuta *f,* moneta *f.* **Währungsausgleich** *m* conguaglio *m* monetario. **Währungseinheit** *f* unità *f* monetaria. **Währungsreform** *f* riforma *f* monetaria.
Wahrzeichen *n* simbolo *m.*
Waise ['va͜izə] ‹-, -n› *f* orfano, -a *m, f.* **Waisenhaus** *n* orfanotrofio *m.* **Waisenkind** *n* orfano, -a *m, f;* **gegen ihn bin ich ein** (*o* **das reinste**) **~** *fam* in confronto a lui sono proprio un pivellino *fam.* **Waisenrente** *f* prestazione *f* agli orfani.
Wal [vaːl] ‹-(e)s, -e› *m* balena *f.*
Wald [valt] ‹-(e)s, ¨-er› *m* bosco *m,* selva *f; (fig a.)* foresta *f;* **den ~ vor Bäumen nicht sehen** *fig fam* vedere gli alberi e non vedere la foresta; **ich glaub', ich steh' im ~!** *fam* non credo ai miei occhi! **Waldarbeiter** *m* boscaiolo *m.* **Waldbrand** *m* incendio *m* di bosco.
Waldemar ['valdəmar] *(männlicher Vorname)* Valdemaro.
waldig *a* boscoso, boschivo.
Waldlauf *m* corsa *f* nel bosco. **Waldlehrpfad** *m* sentiero *m* per l'educazione botanica. **Waldmeister** *m* asperula *f* (odorosa), mughetto *m* dei boschi *fam.* **Waldsterben** *n* moria *f* dei boschi.
Walfang *m* caccia *f* alla balena. **Walfänger** [-fɛŋɐ] ‹-s, -› *m* **1.** *(Mensch)* baleniere *m;* **2.** *(Boot)* baleniera *f.* **Walfisch** *s.* **Wal.**
Wall [val] ‹-(e)s, ¨-e› *m (Erd~)* vallo *m,* terrapieno *m; (Schutz~)* bastione *m.*
wallen ['valən] *itr (sprudeln)* (ri)bollire; *(wogen)* ondeggiare; **~des Haar** capelli fluenti; **~des Gewand** veste fluttuante.
Wallfahrt ['val-] *f* pellegrinaggio *m.* **Wallfahrtskirche** *f* santuario *m.* **Wallfahrtsort** *m* luogo *m* di pellegrinaggio.
Wallis ['valɪs] *n* Vallese *m.*
Wallung ‹-, -en› *f* ebollizione *f; fig* bollore *m,* agitazone *f;* **in ~ bringen** mettere in agitazione.
Walnuß ['val-] *f* noce *f.* **Walnußbaum** *m* noce *m.*
Walroß ['val-] *n* tricheco *m.*
Walt(h)er ['valtɐ] *(männlicher Vorname)* Gualtiero, Walter.
Walze ['valt͜sə] ‹-, -n› *f* rullo *m; (typ a.)* cilindro *m.*
walzen *tr* ‹*haben*› *(glätten)* cilindrare, spianare col rullo; *(Metall, Stahl)* laminare.
wälzen ['vɛlt͜sən] **I.** *tr* **1.** *(rollen)* rotolare; **2.** *fam (Akten, Bücher, etc.)* scartabellare; *(Probleme)* rimuginare; **II.** *rfl:* **sich ~** rotolarsi; **sich schlaflos im Bett ~** rigirarsi nel letto senza riuscire a dormire.
walzenförmig [-fœrmɪç] *a* cilindrico.
Walzer ['valt͜sɐ] ‹-s, -› *m* valzer *m.*
wand [vant] *imp von* **winden[1].**
Wand [vant] ‹-, ¨-e› *f* parete *f;* **mit dem Kopf gegen die ~ rennen** *fig* sbattere la testa contro il muro; **in meinen vier Wänden** a casa mia; **da kann man ja die Wände hochgehen!** *fam* c'è da impazzire. **Wandbehang** *m* arazzo *m.*
Wandel ['vandəl] ‹-s, ø› *m* mutamento *m,* cambiamento *m,* trasformazione *f.*
wandeln[1] ['vandəln] *tr, rfl:* **sich ~** cambiare, mutare.
wandeln[2] ['vandəln] *itr* ‹*sein*› *geh (gehen)* camminare, passeggiare; **sie ist ein ~des Wörterbuch** *fam scherz* è un dizionario ambulante.
Wand(e)rer ['vand(ə)rɐ] ‹-s, -› *m,* **Wand(r)erin** [...d(r)ərɪn] *f* viandante *mf,* escursionista *mf.*
wandern ['vandɐn] *itr* ‹*sein*› **1.** *(gehen)* camminare; **2.** *(einen Ausflug machen)* fare un'escursione; **3.** *(umherschweifen)* vagabondare; *(Blicke a.)* errare; *(Gedanken)* correre.
Wanderung ‹-, -en› *f* **1.** *(Ausflug)* gita *f,* escursione *f;* **2.** *(von Vögeln, Völkern, etc.)* migrazione *f.*
Wandlung ['vandlʊŋ] ‹-, -en› *f* **1.** *allg.* cambiamento *m,* trasformazione *f;* **2.** *rel* transustanziazione *f.*
Wandrer(in) *m(f) s.* **Wanderer.**
wandte ['vantə] *imp von* **wenden.**
Wange ['vaŋə] ‹-, -n› *f* **1.** *anat* guancia *f,* gota *f;* **2.** *tec (Seitenwand)* ganascia *f;* **~ an ~** guancia a guancia.
wanken ['vaŋkən] *itr* **1.** ‹*haben*› *(schwanken)* vacillare; **2.** ‹*sein*› *(schwankend gehen)* camminare (*o* avanzare) barcollando; **ins W~ geraten** cominciare a vacillare.
wann [van] *adv* quando; **~ auch immer**

in qualsiasi momento; **bis ~?** fino a quando?; **von ~ bis ~?** da quando a quando?; **seit ~?** da quando?
Wanne ['vanə] ‹-, -n› *f (allg., Bade~)* vasca *f; (Wasch~)* bacinella *f; mot (Öl~)* coppa *f* (dell'olio).
Wanst [vanst] ‹-es, ¨-e› *m fam* pancione *m fam;* **sich** *(dat)* **den ~ vollschlagen** rimpinzarsi.
Wanze ['vantsə] ‹-, -n› *f* **1.** *zoo* cimice *f;* **2.** *tec (Abhör~)* spia *f* d'ascolto.
Wappen ['vapən] ‹-s, -› *n* stemma *m,* blasone *m.* **Wappentier** *n* animale *m* araldico.
wappnen ['vapnən] *rfl:* **sich gegen etw. ~** *geh* armarsi contro qc.
war [va:ɐ̯] *imp von* **sein**[1].
warb [varp] *imp von* **werben.**
Ware ['va:rə] ‹-, -n› *f* merce *f; (Artikel)* articolo *m.* **Warenbegleitschein** *m adm* documento *m* d'accompagnamento merci. **Warenbestand** *m* stock *m.* **Warenhaus** *n* grande magazzino *m.* **Warenlager** *n* **1.** *(Vorrat)* stock *m;* **2.** *(Raum)* magazzino *m* (*o* deposito *m*) (di) merci. **Warensendung** *f* spedizione *f* di merci. **Warenzeichen** *n* marchio *m* di fabbrica; **eingetragenes ~** marchio registrato (*o* depositato).
warf [varf] *imp von* **werfen.**
warm [varm] ‹¨-er, ¨-ste› *a* **1.** *(allg., a. Farben, Töne)* caldo; **2.** *fig (~herzig)* caloroso, cordiale; **3.** *sl (schwul)* omosessuale; **~ machen** (ri)scaldare; **~ stellen** mettere in caldo; **sich ~ laufen** riscaldarsi correndo; **mit jdm nicht ~ werden** *fam* non entrare in confidenza con qu; **es ist ~** fa caldo; **mir ist ~** ho caldo; **dieses Restaurant kann ich wärmstens empfehlen** posso raccomandare vivamente questo ristorante; **zieh dich ~ an!** copriti bene!
Wärme ['vɛrmə] ‹-, *rar* -n› *f* caldo *m; (a. fig, phys)* calore *m;* **ist das eine ~ (hier)!** che caldo fa (qui)! **Wärmeaustausch** *m* scambio *m* termico. **Wärmeenergie** *f* energia *f* termica. **Wärmekraftwerk** *n* centrale *f* termica. **Wärmelehre** *f* termologia *f.*
wärmen I. *tr, itr* (ri)scaldare; **II.** *rfl:* **sich ~** (ri)scaldarsi.
Wärmepumpe *f* pompa *f* di calore. **Wärmequelle** *f* sorgente *f* termica. **Wärmerückgewinnung** *f* ricupero *m* termico.
Wärmflasche *f* borsa *f* dell'acqua calda.
warm·halten ‹*irr*› *tr:* **sich** *(dat)* **jdn ~** *fam* tenersi buono qu *fam.*
Warmhalteplatte *f* scaldavivande *m.*
warmherzig *a* caloroso, cordiale.
Warmwasserbereiter [-'vasɐ-] ‹-s, -› *m* boiler *m,* scalda(a)cqua *m.* **Warmwasserspeicher** *m* boiler *m.* **Warmwasserversorgung** *f* approvvigionamento *m* di acqua calda.
Warnanlage *f* dispositivo *m* d'allarme. **Warnblinkanlage** *f* lampeggiatori *m pl.* **Warndreieck** *n* triangolo *m.*
warnen ['varnən] *tr* **1.** *(vor Gefahr)* mettere in guardia (*vor* contro, da), avvertire (*vor* di); **2.** *(abraten)* diffidare (*etw. zu tun* dal fare qc); **ich habe dich oft genug vor ihm gewarnt** ti ho messo spesso in guardia da lui.
Warnschild *n* segnale *m* di pericolo. **Warnschuß** *m* colpo *m* in aria. **Warnsignal** *n* segnale *m* d'allarme. **Warnstreik** *m* sciopero *m* d'avvertimento.
Warnung ‹-, -en› *f* avviso *m* (*vor* di), avvertimento *m* (*vor* di); **jdm eine ~ erteilen** avvertire qu; **ohne vorherige ~** senza preavviso; **das soll mir eine ~ sein** mi servirà di lezione; **das ist meine letzte ~** è il mio ultimo monito.
Warnzeichen *n* **1.** *(Warnschild)* segnale *m* di pericolo; **2.** *fig* segnale *m* premonitore.
Warschau ['varʃau̯] *n* Varsavia *f.*
Wartefrist *f* periodo *m* di attesa. **Warteliste** *f* lista *f* d'attesa.
warten[1] ['vartən] *itr* aspettare (*auf etw./jdn* qc/qu), attendere (*auf etw./jdn* qc/qu); **mit etw. ~** differire qc, ritardare qc; **nicht auf sich ~ lassen** non farsi attendere; **darauf ~, daß ...** attendere che ... *conj;* **worauf wartest du (denn) noch?** cosa aspetti ancora?; **na warte!** *fam* aspetta! *fam;* **warte mal!** aspetta un attimo!; **da kannst du lange ~!** *fam,* **da kannst du ~, bis du schwarz wirst!** *fam* campa cavallo che l'erba cresce! *prov fam.*
warten[2] ['vartən] *tr (Maschine)* revisionare; *(Auto)* controllare, revisionare.
Warten ‹-s, ø› *n* attesa *f;* **nach langem ~** dopo aver atteso a lungo. **Warteraum** *m* sala *f* d'aspetto.
Wärter(in) ['vɛrtɐ (...ərın)] ‹-s, -› *m(f) allg.* guardiano, -a *m, f,* custode *mf,* sorvegliante *mf; (Kranken~)* infermiere, -a *m, f; (Gefängnis~)* secondino, -a *m, f; (Schranken~)* casellante *mf; (Tier~, Zoo~)* guardiano, -a *m, f.*
Wartesaal *s.* **Warteraum. Wartezeit** *f* tempo *m* d'attesa. **Wartezimmer** *n* sala *f* d'aspetto.
Wartung ‹-, -en› *f* **1.** *tec* manutenzione *f;* **2.** *mot* (servizio *m* di) assistenza *f* (e manutenzione).
warum [va'rum] *adv* perché, per quale ragione (*o* motivo); **~ nicht?** perché no?; **~ nicht gleich so?** *fam* perché non subito così?
Warze ['vartsə] ‹-, -n› *f (Haut~)* verruca *f; (Brust~)* capezzolo *m.*
was [vas] **I.** *(Interrogativpronomen)* che (cosa)?; **~?** *fam (wie bitte?)* come?

fam, cosa? *fam;* ~ **denn?** *fam (was ist denn?)* cosa? *fam; (was denn sonst?)* che altro?; ~ **für ein(e)?** quale ...?, che ...?; ~ **für ein Unsinn!** che assurdità!; ~ **kostet das?** quanto costa?; ~ **ist geschehen?** che cosa è successo?; ~ **willst du?** che vuoi?; ~ **habe ich gelacht!** quanto ho riso!; ~ **Sie nicht sagen!** che dice mai!, possibile!; ~ **ist Ihr** (*o* **sind Sie von) Beruf?** qual'è la Sua professione?; **das hättest du nicht gedacht, ~?** *fam* non l'avresti pensato, vero?; **II.** *(Relativpronomen)* ciò che; **nicht wissen, ~ man tun soll** non sapere cosa fare; **alles, ~ ...** tutto ciò che ...; **das einzige/Dümmste/Beste, ~ ...** la sola cosa/la cosa più stupida/il meglio che ...; **(das,) ~ er sagt** ciò che dice; ~ **du auch (immer) sagen magst** qualunque cosa (*o* checché) tu dica; **nichts, ~ du sagst, stimmt** nulla di quanto dici è vero; **III.** *(Indefinitpronomen fam: etwas)* qualche cosa, qualcosa; **das ist ~ anderes** è un'altra cosa; **das ist immerhin ~** è già qualcosa; **ist ~?** c'è qualcosa (che non va)?; **hat man so ~ schon gesehen?** s'è mai vista una cosa simile?; **nein, so ~!** che roba! *fam; (erstaunt)* una cosa simile!; **so ~ von Glück/Unverschämtheit!** una tale fortuna/impertinenza!

Waschanlage *f* **1.** *(Auto~)* stazione *f* di lavaggio; **2.** *(Scheiben~)* impianto *m* di lavaggio. **waschbar** *a* lavabile. **Waschbär** *m* procione *m.* **Waschbecken** *n* lavandino *m,* lavabo *m.*

Wäsche ['vɛʃə] ‹-, -n› *f* **1.** ‹*sing*› *(Bett~, Tisch~, Unter~)* biancheria *f;* **2.** *(das Waschen)* lavaggio *m;* **3.** *(~ zum Waschen)* bucato *m;* ~ **waschen** fare il bucato; **saubere** (*o* **frische**) ~ **anziehen** indossare biancheria pulita; **seine schmutzige ~ (vor anderen Leuten) waschen** *fig* sciorinare i propri panni sporchi (davanti a tutti); **dumm aus der ~ gucken** *fam* fare una faccia da stupido; **bei** (*o* **in**) **der ~** in bucato.

waschecht *a* **1.** *(Farbe)* solido; *(Kleidungsstück)* lavabile; **2.** *fig (Mensch)* purosangue; **ein ~er Schwabe** uno svevo purosangue.

Wäscheklammer *f* molletta *f* da bucato. **Wäscheleine** *f* corda *f* per il bucato.

waschen ['vaʃən] ‹wäscht, wusch, gewaschen› **I.** *tr* lavare; **(seine Wäsche) ~ lassen** dar da lavare il bucato; **II.** *itr* fare il bucato; **W~ und Legen** lavaggio e messa in piega; **III.** *rfl:* **sich ~** lavarsi; **eine Ohrfeige, die sich gewaschen hat** *fam* un sonoro ceffone.

Wäscherei [vɛʃə'rai̯] ‹-, -en› *f* lavaggio *m; (Anstalt)* lavanderia *f.*

Wäscheschleuder *f* centrifuga *f* (della lavatrice). **Wäscheständer** *m* stenditoio *m.* **Wäschetrockner** ‹-s, -› *m* **1.** *el* asciugatrice *f;* **2.** *(~gestell)* stendibiancheria *m.*

Waschküche *f* **1.** *(Raum)* lavanderia *f;* **2.** *sl (dichter Nebel)* nebbia *f* fitta (*o* da tagliare col coltello *fam*).

Waschlappen *m* **1.** *(zum Waschen)* strofinaccio *m;* **2.** *fam pej (Feigling)* uomo *m* di pasta frolla, pappa *f* molle *fam.* **Waschmaschine** *f* lavatrice *f.* **Waschmittel** *n* detersivo *m.* **Waschpulver** *n* detersivo *m* (in polvere). **Waschraum** *m* lavatoio *m,* lavanderia *f.* **Waschsalon** *m* lavanderia *f* a gettoni. **Waschschüssel** *f* catino *m,* bacinella *f.* **Waschstraße** *f* impianto *m* (*o* tunnel *m*) di lavaggio (per autoveicoli).

wäscht [vɛʃt] *pr von* **waschen.**

Waschtisch *m* lavabo *m.*

Waschung ‹-, -en› *f* abluzione *f.*

Waschweib *n fig* chiacchierone, -a *m, f,* pettegolo, -a *m, f.* **Waschzettel** *m typ* scheda *f* bibliografica. **Waschzeug** ‹-(e)s, -e› *n* occorrente *m* per lavarsi.

Wasser ['vasɐ] ‹-s, -› *n* acqua *f;* **Kölnisch ~** acqua di Colonia; ~ **lassen** *(urinieren)* orinare; **jdm nicht das ~ reichen können** *fig* non essere all'altezza di qu; **mit allen ~n gewaschen sein** *fam* essere furbo di tre cotte *fam;* **sich über ~ halten** galleggiare; *fig* tenersi a galla; **auf dem ~** sull'acqua; **bei ~ und Brot** a pane e acqua; **unter ~** sott'acqua; *(überflutet)* allagato, inondato, sommerso; **das ~ läuft mir im Munde zusammen** mi viene l'acquolina in bocca; **das ~ steht ihm bis zum Hals** *fig* ha l'acqua alla gola; **das ist ~ auf seine Mühle** *fig* questo porta acqua al suo mulino; **bis dahin fließt noch viel ~ den Bach** (*o* **den Rhein,** *etc.*) **hinunter** ha da passare molta acqua sotto i ponti; **unser Urlaub ist dieses Jahr ins ~ gefallen** le nostre vacanze quest'anno sono andate in fumo; **stille ~ sind tief** *prov* l'acqua cheta rovina i ponti *prov.* **wasserabstoßend, -abweisend** *a* idrorepellente. **Wasseranschluß** *m* allacciamento *m* dell'acqua. **wasserarm** *a* povero d'acqua. **Wasserbad** *n:* **im ~ kochen** cuocere a bagnomaria. **Wasserbett** *n* letto *m* idrostatico. **wasserdicht** *a naut* stagno; *(Regenmantel, Uhr)* impermeabile. **Wasserfall** *m* cascata *f;* **wie ein ~ reden** *fam* parlare come un mulino (a vento). **Wasserfarbe** *f* acquerello *m.* **Wasserfloh** *m* pulce *f* d'acqua. **Wasserflugzeug** *n* idrovolante *m.* **Wasserglas** *n* **1.** *(Trinkglas)* bicchiere *m* da acqua; **2.** ‹*sing*› *chem* silicato *m* di potassio. **Wasserhahn** *m* rubinetto *m* dell'acqua.

wässerig ['vɛsərɪç] *a (mit Wasser*

verdünnt) annacquato; *(Suppe)* insipido, scipito; *(Obst)* acquoso.

Wasserkessel *m* **1.** *(in Küche)* bollitore *m;* **2.** *tec* caldaia *f.* **Wasserkopf** *m* idrocefalo *m.* **Wasserkraft** *f* energia *f* idraulica. **Wasserkraftwerk** *n* centrale *f* idroelettrica. **Wasserkühlung** *f* raffreddamento *m* ad acqua. **Wasserlauf** *m* corso *m* d'acqua. **Wasserleitung** *f* conduttura *f* dell'acqua. **Wasserlilie** *f* ninfea *f.* **wasserlöslich** *a* idrosolubile. **Wassermann** *m astr* Acquario *m;* **er/sie ist (ein) ~** è (dell' *o* un) Acquario. **Wassermelone** *f* cocomero *m,* anguria *f sett.*

wassern *itr* ⟨*haben o sein*⟩ ammarare.

wässern ['vɛsɐn] *tr* **1.** *(stark begießen)* annaffiare; **2.** *fot* lavare; **3.** *(Heringe)* dissalare.

Wasserpfeife *f* narghilè *m.* **Wasserpflanze** *f* pianta *f* acquatica. **Wasserpistole** *f* pistola *f* ad acqua. **Wasserpocken** ⟨*pl*⟩ varicella *f.* **Wasserrad** *n* ruota *f* idraulica. **Wasserratte** *f* **1.** *zoo* arvicola *f;* **2.** *fam scherz (eifriger Schwimmer)* pesce *m.* **Wasserreservoir** *n* serbatoio *m* dell'acqua. **Wasserschaden** *m* danno *m* causato dall'acqua. **Wasserscheide** *f* spartiacque *m.* **wasserscheu** *a* idrofobo. **Wasserschutzgebiet** *n* zona *f* di rispetto delle acque. **Wasserschutzpolizei** *f (im Binnenland)* polizia *f* fluviale; *(an der Küste)* polizia *f* marittima. **Wasserski** *m* sci *m* nautico. **Wasserspeicher** *m* serbatoio *m* dell'acqua. **Wasserspeier** ⟨-s, -⟩ *m* doccione *m.* **Wasserspiegel** *m (Wasserstand)* livello *m* dell'acqua. **Wasserspiele** *n pl (bei Brunnen, etc.)* giochi *m pl* d'acqua. **Wassersport** *m* sport *m* acquatico. **Wasserspülung** *f* sciacquone *m.* **Wasserstand** *m* livello *m* dell'acqua. **Wasserstoff** *m* idrogeno *m.* **Wasserstoffbombe** *f* bomba *f* all'idrogeno, bomba *f* H. **Wasserstoffperoxid** [-'pɛr-] *n* acqua *f* ossigenata. **Wasserstraße** *f* via *f* d'acqua, idrovia *f.* **Wassersucht** *f* idropisia *f.* **Wasserturm** *m* castello *m* d'acqua. **Wasseruhr** *f* **1.** *hist* clessidra *f;* **2.** *(Wasserzähler)* contatore *m* dell'acqua.

Wasserung ⟨-, -en⟩ *f* ammaraggio *m.*

Wasserversorgung *f* approvvigionamento *m* idrico. **Wasservogel** *m* uccello *m* acquatico. **Wasserwaage** *f* livella *f* a bolla d'aria, bilancia *f* idrostatica *scient.* **Wasserweg** *m* idrovia *f;* **auf dem ~(e)** per via d'acqua. **Wasserwelle** *f* messa *f* in piega. **Wasserwerfer** ⟨-s, -⟩ *m* veicolo *m* con idranti. **Wasserwerk** *n* centrale *f* idrica. **Wasserzeichen** *n* filigrana *f.*

wäßrig *s.* **wässerig.**

waten ['va:tən] *itr* ⟨*sein*⟩ guadare (*durch etw.* qc).

watscheln ['vatʃəln] *itr* ⟨*sein*⟩ camminare dondoloni come un'anatra.

Watt[1] [vat] ⟨-(e)s, -en⟩ *n geog* bassofondo *m.*

Watt[2] [vat] ⟨-s, -⟩ *n* (*ab* **W**) *el* watt *m.*

Watte ['vatə] ⟨-, -n⟩ *f* ovatta *f,* cotone *m.* **Wattebausch** *m* batuffolo *m* di ovatta.

Wattenmeer *n* bassi fondali *m pl.*

Wattestäbchen [-ʃtɛ:pçən] ⟨-s, -⟩ *n* bastoncino *m* d'ovatta.

wattieren [va'ti:rən] ⟨*ohne ge-*⟩ *tr* ovattare.

Wattierung ⟨-, -en⟩ *f* imbottitura *f* d'ovatta.

wau, wau [vau̯'vau̯] *interj* bau, bau.

WC [ve:'tse:] ⟨-(s), -(s)⟩ *n* wc *m.*

weben ['ve:bən] ⟨**webt, webte** *o obs, fig* **wob, gewebt** *o obs, fig* **gewoben**⟩ *tr, itr* tessere.

Weberei [ve:bə'rai̯] ⟨-, -en⟩ *f* **1.** ⟨*sing*⟩ *(das Weben)* tessitura *f;* **2.** *(Betrieb)* stabilimento *m* tessile.

Webfehler *m* difetto *m* di tessitura. **Webstuhl** *m* telaio *m.*

Wechsel ['vɛksəl] ⟨-s, -⟩ *m* **1.** *(Änderung)* cambiamento *m;* **2.** *(abwechselnd)* alternanza *f;* **3.** *(Aus~, Geld~)* cambio *m;* **4.** *fin (~schein)* cambiale *f;* **ein ~ der Regierung** un cambio di governo; **im ~** alternandosi. **Wechselbad** *n (a. fig)* doccia *f* scozzese. **Wechselbeziehung** *f* correlazione *f;* **in ~ zueinander stehen** essere in correlazione. **Wechselgeld** *n* **1.** *(Kleingeld)* spiccioli *m pl,* moneta *f;* **2.** *(zurückbekommenes Geld)* resto *m.* **wechselhaft** *a (Wetter)* variabile; *(Mensch)* mutevole; *(in Leistungen)* incostante. **Wechseljahre** *n pl allg.* climaterio *m scient; (bei Frauen)* menopausa *f scient,* età *f* critica *fam; (bei Männern)* andropausa *f scient.* **Wechselkurs** *m* corso *m* dei cambi, cambio *m.*

wechseln I. *tr* **1.** *(ab~, aus~, um~)* cambiare, mutare; **2.** *(Worte)* scambiare; *(Blicke)* scambiarsi; **kannst du mir 50 Mark ~?** puoi cambiarmi 50 marchi?; **II.** *itr* mutare, cambiare; *(sich ab~ a.)* darsi il cambio; **Wäsche zum W~** biancheria di ricambio; **ich kann nicht ~** non ho moneta. **wechselnd** *a* mutevole; *(Wetter)* variabile; *(Glück)* alterno.

Wechselrahmen *m* cornice *f* intercambiabile. **Wechselstrom** *m* corrente *f* alternata. **Wechselstube** *f* agenzia *f* di cambio. **Wechselwirkung** *f* interazione *f;* **in ~ stehen** interagire.

wecken ['vɛkən] *tr (Schlafende, Appetit, Wunsch)* svegliare; *(Erinnerungen)* destare; *(Bedarf, Neid, Neugier)* suscitare; **bis zum W~** *mil* fino alla diana (*o* sveglia). **Wecker** ⟨-s, -⟩ *m* sveglia *f;* **jdm auf den ~ gehen** (*o* **fallen**) *fam* dare sui nervi a qu *fam.*

wedeln ['ve:dəln] *itr* **1.** *allg.* sventolare (*mit etw.* qc); **2.** *(beim Skifahren)* fare lo scodinzolo; **mit dem Schwanz ~** scodinzolare.

weder ['ve:dɐ] *con:* **~ ... noch ...** né ... né ...; **~ mein Bruder noch ich haben es gesagt** non l'abbiamo detto né io né mio fratello.

weg [vɛk] *adv (nicht da)* via; *(~gegangen)* andato (via), uscito; *(~gefahren)* partito; *(verschwunden)* scomparso, sparito; *(verloren)* smarrito; **ganz ~ sein** *fig fam (hingerissen)* essere partito *fam;* **weit ~** lontano (*von* da); **~ da!** via di qui!; **~ mit euch!** andate via!; **Hände ~!** via (*o* giù) le mani!

Weg [ve:k] ⟨-(e)s, -e⟩ *m* **1.** *allg.* strada *f,* via *f,* cammino *m; (Pfad)* sentiero *m; (Durchgang)* passaggio *m; (zwischen Bäumen)* viale *m;* **2.** *(Strecke)* percorso *m,* tragitto *m; (Reise~)* itinerario *m;* **3.** *(Mittel)* mezzo *m,* modo *m;* **4.** *(Methode)* metodo *m; (Art und Weise)* maniera *f;* **5.** *fam (Besorgung)* commissione *f;* **der ~ zum Erfolg/Ruhm** la via del successo/della gloria; **sich auf den ~ machen** mettersi in cammino, incamminarsi; **jdm auf halbem ~(e) entgegenkommen** *fig* venire incontro a qu; **auf dem richtigen ~ sein** *fig* essere sulla strada giusta; **einer S.** *(dat)* **aus dem ~ gehen** eludere qc; **jdm aus dem ~ gehen** scansare qu, evitare qu; **etw./jdn aus dem ~ räumen** eliminare qc/qu, sbarazzarsi di qc/qu; **jdm im ~ stehen** *fig* essere d'ostacolo a qu; **etw. in die ~e leiten** avviare qc; **jdm über den ~ laufen** incontrare qu per caso; **auf dem ~ nach Rom** in viaggio per Roma, andando a Roma; **auf diesem ~** *fig* in questo modo; **auf halbem ~(e)** a metà strada; **auf schriftlichem ~e** per (i)scritto; **auf dem kürzesten** (*o* **schnellsten**) **~(e)** nel modo più rapido; **auf dem rechten ~** sulla retta via; **jetzt steht ihrer Liebe nichts mehr im ~(e)** adesso non ci sono più ostacoli al loro amore; **sie war auf dem besten ~e, Karriere zu machen** era sulla buona strada per far carriera; **gehen Sie mir aus dem ~!** si scansi!; **alle ~e führen nach Rom** *prov* tutte le strade portano a Roma *prov.*

weg·bekommen ⟨*irr, ohne ge-*⟩ *itr fam* **1.** *(entfernen können)* riuscire a togliere (*o* levare); **2.** *(kriegen)* buscarsi *fam.*

weg·bleiben ⟨*irr*⟩ *itr* ⟨*sein*⟩ **1.** *(nicht kommen)* non venire (più); **2.** *(ausgelassen werden)* essere tralasciato; **mir blieb die Spucke** (*o* **Luft**) **weg** *fam* rimasi senza fiato.

weg·bringen ⟨*irr*⟩ *tr* portare via; *(zur Reparatur)* portare a riparare.

wegen ['ve:gən] *prp gen o dat* **1.** *(aufgrund von, infolge)* per, a causa di; **2.** *(bezüglich)* riguardo a; **~ Umbaus geschlossen** chiuso per restauro; **von ~!** *fam* neanche per idea (*o* sogno).

weg·fahren ⟨*irr*⟩ **I.** *itr* ⟨*sein*⟩ partire; **II.** *tr* ⟨*haben*⟩ portare via.

weg·fallen ⟨*irr*⟩ *itr* ⟨*sein*⟩ **1.** *(aufgehoben werden)* essere soppresso (*o* abolito); **2.** *(unterbleiben)* cadere; **etw. ~ lassen** sopprimere qc.

weg·fliegen ⟨*irr*⟩ *itr* ⟨*sein*⟩ *(Blatt, Vogel)* volare via; *(Flugzeug)* partire (in volo).

weg·geben ⟨*irr*⟩ *tr* dare via.

weg·gehen ⟨*irr*⟩ *itr* ⟨*sein*⟩ **1.** *allg.* andarsene; *(a. fam: Ware)* andare via; **2.** *fam (entfernt werden können)* (poter) andar via; **dieser Obstfleck geht einfach nicht weg** questa macchia di frutta non va via.

weg·jagen *tr* scacciare.

weg·kommen ⟨*irr*⟩ *itr* ⟨*sein*⟩ *fam* **1.** *(weggehen)* andarsene *fam;* **2.** *(abhanden kommen)* andare perduto; **gut/schlecht bei etw. ~** cavarsela bene/male in qc *fam;* **über etw. ~** passare sopra qc; **mach, daß du wegkommst!** togliti dai piedi! *fam.*

weg·lassen ⟨*irr*⟩ *tr* **1.** *fam (gehen lassen)* lasciare andare; **2.** *(auslassen)* tralasciare, omettere.

weg·laufen ⟨*irr*⟩ *itr* ⟨*sein*⟩ correre (*o* scappare) via; **von zu Hause ~** scappare di casa.

weg·legen *tr* **1.** *(zur Seite legen)* mettere via; **2.** *(wegräumen)* riporre.

weg·müssen ⟨*irr*⟩ *itr fam* **1.** *(fortgehen müssen)* dover andare via; **2.** *(fortgebracht werden müssen)* dover essere portato via; **das muß weg** questo deve essere tolto.

weg·nehmen ⟨*irr*⟩ *tr* **1.** *(fortnehmen)* togliere; **2.** *(entwenden)* sottrarre; **3.** *(Platz, Zeit)* prendere.

weg·rationalisieren ⟨*ohne ge-*⟩ *tr:* **Personal ~** ridurre il numero del personale mediante razionalizzazione.

weg·räumen *tr* **1.** *(forträumen)* rimuovere; **2.** *(einräumen)* riporre; *(Geschirr)* sparecchiare.

weg·schaffen *tr* **1.** *(fortschaffen)* portare via; **2.** *(wegräumen)* rimuovere, sgomberare.

weg·schicken *tr* **1.** *(Menschen)* mandare via; **2.** *(Brief, Paket, Waren)* spedire.

weg·schmeißen ⟨*irr*⟩ *tr fam* buttare (*o* gettare) via.

weg·sehen ⟨*irr*⟩ *itr* **1.** *(wegblicken)* guardare via; **2.** *fam (hinwegsehen)* ignorare (*über etw.* qc).

weg·tun ⟨*irr*⟩ *tr* mettere via.

Wegweiser ‹-s, -› *m* indicatore *m* stradale.

weg·werfen ‹*irr*› **I.** *tr* buttare (*o* gettare) via; **das ist weggeworfenes Geld** *fam* è denaro buttato dalla finestra *fam;* **II.** *rfl:* **sich (an jdn) ~** *pej* prostituirsi (a qu). **wegwerfend** *a* sdegnoso, sprezzante. **Wegwerfflasche** *f* vuoto *m* a perdere. **Wegwerfgesellschaft** *f* società *f* degli sprechi. **Wegwerfwindel** *f* pannolino *m* da buttare.

weg·wischen *tr* togliere.

weg·ziehen ‹*irr*› **I.** *tr* ‹*haben*› tirare (via); **II.** *itr* ‹*sein*› **1.** *(aus Wohnung)* trasferirsi; **2.** *(Zugvögel)* migrare.

weh [ve:] **I.** *interj:* **o ~!** ahimè!; **II.** *a* doloroso, che duole (*o* fa male); **jdm ~ tun** far male a qu; **sich** *(dat)* **~ tun** farsi male; **es tut mir ~ zu ...** mi duole ... *inf;* **mir tut der Kopf ~** ho mal di testa; **wo tut es dir ~?** dove ti fa (*o* dove hai) male?

wehe ['ve:ə] *interj:* **~ (dir), wenn ...!** guai a te, se ...!; **~ dem, der ...!** guai a colui che ...!

Wehe[1] ['ve:ə] ‹-, -n› *f* ‹*meist pl*› *(Geburts~)* doglie *f pl.*

Wehe[2] ['ve:ə] ‹-, -n› *f (Schnee~)* cumulo *m* di neve; *(Sand~)* cumulo *m* di sabbia.

wehen ['ve:ən] **I.** *itr (Wind)* soffiare; *(Geruch)* spirare; *(Fahne)* sventolare; *(Haar)* svolazzare; **II.** *tr (fort~)* spazzare via.

wehleidig *a* piagnucoloso. **wehmütig** [-my:tɪç] *a* malinconico.

Wehr[1] [ve:ɐ̯] ‹-, *rar* -en› *f:* **sich zur ~ setzen** opporre resistenza.

Wehr[2] [ve:ɐ̯] ‹-(e)s, -e› *n (Stauwerk)* sbarramento *m.*

Wehrdienst *m* servizio *m* militare. **Wehrdienstverweigerer** ‹-s, -› *m* obiettore *m* di coscienza. **Wehrdienstverweigerung** *f* obiezione *f* di coscienza.

wehren ['ve:rən] **I.** *rfl:* **sich ~ 1.** *(sich verteidigen)* difendersi (*gegen* contro); **2.** *(sich widersetzen)* resistere (*gegen* a); **II.** *itr geh:* **einer S.** *(dat)* **~** opporsi a qc.

wehrlos *a* inerme. **Wehrmacht** *f hist* forze *f pl* armate. **Wehrpflicht** *f* servizio *m* militare obbligatorio. **wehrpflichtig** *a* soggetto agli obblighi militari; **im ~en Alter** in età militare.

Weib [vaɪ̯p] ‹-(e)s, -er› *n* **1.** *obs (Frau)* donna *f;* *(Ehe~)* moglie *f;* **2.** *pej* femmina *f;* **ein tolles ~** *fam* una donna straordinaria.

Weibchen ['vaɪ̯pçən] ‹-s, -› *n* **1.** *(weibliches Tier)* femmina *f;* **2.** *scherz (Ehefrau)* mogliettina *f;* *pej* donnetta *f.*

Weiberfeind *m* misogino *m.* **Weiberheld** *m* donnaiolo *m.*

weibisch *a* effeminato.

weiblich *a* femminile; *(feminin, fraulich a.)* femmineo.

weich [vaɪ̯ç] *a* **1.** *(nicht hart)* molle; *(Bleistift)* morbido; *(Ei)* à la coque; *(Landung)* dolce; *(Droge)* leggero; **2.** *(nicht zäh)* tenero; **3.** *(bieg-, schmiegsam)* flessibile; *(Haar)* soffice; *(Bett, Kissen)* morbido; **4.** *(sanft, milde)* dolce; *(Licht)* tenue; *(Farbton)* tenero; **5.** *(empfindsam)* sensibile; **~ werden** rammollire; *fam (Mensch)* intenerirsi; *(nachgeben)* cedere.

Weiche ['vaɪ̯çə] ‹-, -n› *f* scambio *m;* **die ~n für etw. stellen** *fig* stabilire il corso di qc.

weichen[1] ['vaɪ̯çən] ‹**weicht, wich, gewichen**› *itr* ‹*sein*› **1.** *(zurück~)* indietreggiare, retrocedere (*vor* di fronte a); **2.** *(sich entfernen)* allontanarsi; *(sich zurückziehen)* ritirarsi; **3.** *(Platz machen)* far posto; **4.** *fig (nachgeben)* cedere; **5.** *fig (nachlassen)* diminuire; **nicht von jds Seite ~** stare sempre alle calcagna di qu *fam.*

weichen[2] ['vaɪ̯çən] *tr (ein~)* ammollare.

Weichensteller ‹-s, -› *m* scambista *m.*

Weichheit ‹-, ø› *f* mollezza *f;* *(fig a.)* tenerezza *f,* dolcezza *f.*

weichherzig *a* dal cuore tenero; *(mitfühlend)* compassionevole.

weichlich *a (schwächlich)* rammollito; *(verweichlicht)* effeminato.

Weichspüler ‹-s, -› *m* ammorbidente *m.* **Weichteile** *n pl* parti *f pl* molli. **Weichtiere** *n pl* molluschi *m pl.*

Weide[1] ['vaɪ̯də] ‹-, -n› *f bot* salice *m.*

Weide[2] ['vaɪ̯də] ‹-, -n› *f agr* pascolo *m.* **Weideland** *n* terreno *m* da pascolo.

weiden **I.** *tr, itr* pascere; **II.** *rfl:* **sich an etw. ~** pascersi di qc.

Weidenkätzchen [-kɛtsçən] ‹-s, -› *n* gattino *m* del salice.

weidlich ['vaɪ̯tlɪç] *adv* molto, proprio.

weigern ['vaɪ̯gɐn] *rfl:* **sich ~** rifiutarsi (*etw. zu tun* di fare qc).

Weigerung ‹-, -en› *f* rifiuto *m* (*etw. zu tun* di fare qc).

Weihbischof *m* vescovo *m* ausiliario.

Weihe ['vaɪ̯ə] ‹-, -n› *f rel* consacrazione *f;* *(Priester~)* ordinazione *f;* **die niederen/höheren ~n** gli ordini minori/maggiori; **die ~n empfangen** essere ordinato sacerdote.

weihen *tr* consacrare; **jdn zum Bischof ~** consacrare qu vescovo; **dem Untergang geweiht sein** essere votato alla morte.

Weiher ['vaɪ̯ɐ] ‹-s, -› *m* stagno *m.*

Weihnacht ‹-, ø› *f,* **Weihnachten** ‹-, -› *n* (festa *f* di) Natale *m;* **(zu) ~** a Natale; **fröhliche ~!** buon Natale! **weihnachtlich** *a* natalizio. **Weihnachtsabend** *m* vigilia *f* di Natale. **Weihnachtsbaum** *m* albero *m* di Natale. **Weihnachtsfeier** *f* festa *f* di Natale, celebrazione *f* del Natale. **Weihnachtsfest** *n* (festa *f* di) Natale *m.* **Weihnachtsgeld** *n* gra-

tifica *f* natalizia. **Weihnachtslied** *n* canto *m* natalizio. **Weihnachtsmann** *m* babbo *m* Natale.
Weihrauch *m* incenso *m*. **Weihwasser** *n* acquasanta *f*.
weil [vail] *con* perché, poiché.
Weilchen ['vailçən] ‹-s, -› *n* momentino *m*, attimo *m*.
Weile ['vailə] ‹-, ø› *f* (lasso *m* di) tempo *m*; *(Augenblick)* momento *m*; **eine ganze ~** un bel po' (di tempo); **nach einer ~** dopo un po' (*o* qualche tempo); **vor einer ~** poco (*o* un momento) fa; **vor einer ganzen ~** molto tempo fa; **du kannst eine ~ hierbleiben** puoi restare qui un po'.
Wein [vain] ‹-(e)s, -e› *m* **1.** *(Getränk)* vino *m*; **2.** ‹*sing*› *(Pflanze)* vite *f*; **wilder ~** vite americana; **jdm reinen ~ einschenken** parlare chiaro a qu, dire a qu la verità. **Weinbau** ‹-(e)s, ø› *m* viticoltura *f*. **Weinbaugebiet** *n* regione *f* vinicola. **Weinbeere** *f* acino *m* d'uva. **Weinberg** *m* vigneto *m*, vigna *f*. **Weinbergschnecke** *f* **1.** *zoo* chiocciola *f*; **2.** *gastr* lumaca *f*. **Weinbrand** *m* brandy *m*.
weinen ['vainən] *itr* piangere (*um jdn* qu); **dem W~ nahe sein** stare per piangere; **es ist zum W~ mit diesem Kind!** c'è da piangere con questo bambino!
weinerlich ['vainəlıç] *a* piagnucoloso.
Weinessig *m* aceto *m* di vino. **Weinfaß** *n* botte *f* da vino. **Weinflasche** *f* bottiglia *f* da (*o* di) vino. **Weingärtner(in)** *m(f)* vignaiolo, -a *m, f*. **Weinglas** *n* bicchiere *m* da vino. **Weingut** *n* vigneto *m*. **Weinjahr** *n*: **ein gutes/schlechtes ~** una buona/cattiva annata per il vino. **Weinkeller** *m* cantina *f*.
Weinkrampf *m* pianto *m* convulso.
Weinlese *f* vendemmia *f*. **Weinprobe** *f* degustazione *f* (*o* assaggio *m*) del vino. **Weinranke** *f* viticcio *m*. **weinrot** *a* rosso vinaccia. **Weinstein** *m* tartaro *m*. **Weinstock** *m* vitigno *m*, vite *f*. **Weinstube** *f* osteria *f*, taverna *f*. **Weintraube** *f* **1.** *(einzelne, Form)* grappolo *m* d'uva; **2.** ‹*meist pl*› *(Obst)* uva *f*.
weise ['vaizə] *a* saggio.
Weise[1] ['vaizə] ‹-, -n› *f* *(Art)* modo *m*, maniera *f*; **auf diese ~** in questo modo; **in der ~, daß ...** in modo che ... *conj*; **in gewisser ~ hat sie recht** in un certo qual modo ha ragione.
Weise[2] ['vaizə] ‹ein -r, -n, -n› *mf* saggio, -a *m, f*; **die (drei) ~n aus dem Morgenland** i re magi.
weisen ['vaizən] ‹weist, wies, gewiesen› **I.** *tr* **1.** *geh (zeigen)* mostrare (*jdm etw.* qc a qu), indicare (*jdm etw.* qc a qu); **2.** *(ver~)* mandare (*von, aus* da); **jdn vom Platz ~** *sport* espellere qu dal campo; **etw. von der Hand ~** respingere qc; **II.** *itr:* **auf etw. ~** indicare qc.
Weisheit ‹-, -en› *f* **1.** ‹*sing*› *(Klugheit)* saggezza *f*; **2.** ‹*sing*› *(Wissen, Kenntnisse)* sapere *m*, conoscenze *f pl*; **3.** *(weiser Spruch)* massima *f*, sentenza *f*; **die ~ (auch) nicht mit Löffeln gegessen** (*o* **gefressen) haben** *fam* non essere una cima (*o* un'aquila) *fam*; **mit seiner ~ am Ende sein** *fam* non sapere più che pesci pigliare *fam*; **das ist nicht der ~ letzter Schluß** non è l'ultima risorsa (*o* possibilità); **behalte deine ~ für dich!** *fam* dei tuoi consigli non so che farmene. **Weisheitszahn** *m* dente *m* del giudizio.
weis·machen *tr fam:* **jdm etw. ~** far credere qc a qu; **machen Sie das anderen weis!** lo vada a raccontare a qualcun altro!
weiß[1] [vais] *a* bianco; **das W~e Haus** la Casa Bianca; **W~er Sonntag** domenica dopo Pasqua; *s. a. blau.*
weiß[2] [vais] *pr von* **wissen.**
Weiß ‹-(es), -› *n* (color *m*) bianco *m*; *s. a. Blau.*
weissagen *tr (voraussagen)* predire; *(prophezeien)* profet(izz)are. **Weissagung** ‹-, -en› *f* profezia *f*.
Weißbier *n* birra *f* bianca (*o* di frumento). **Weißblech** *n* lamiera *f* stagnata. **Weißbrot** *n* pane *m* bianco.
Weiße ‹ein -r, -n, -n› *mf* bianco, -a *m, f*.
weißen *tr* imbiancare.
Weißglut *f* calore *m* bianco, incandescenza *f*; **jdn (bis) zur ~ reizen** (*o* **bringen)** *fam* fare imbestialire qu *fam*. **weißhaarig** *a* dai capelli bianchi. **Weißkohl** *m*, **Weißkraut** *n (süddeutsch, A)* cavolo *m* bianco (*o* cappuccio). **Weißwein** *m* vino *m* bianco. **Weißwurst** *f* salsiccia *f* bianca.
Weisung ‹-, -en› *f* **1.** *(Befehl)* ordine *m*; **2.** *geh (An~)* direttiva *f*, istruzione *f*. **weisungsgemäß** *adv* in conformità alle istruzioni.
weit [vait] **I.** *a* **1.** *(räumlich ausgedehnt, breit)* esteso, vasto; *(lang)* lungo; *(groß)* grande; **2.** *(geräumig)* spazioso; *(Kleidungsstück)* ampio; *(Öffnung)* largo; **3.** *(entfernt)* distante, lontano; **die ~e Welt** il mondo; **~e Kreise der Bevölkerung** ampi strati della popolazione; **das W~e suchen** prendere il largo; **II.** *adv* **1.** *(räumlich entfernt)* lontano, distante; **2.** *(zeitlich entfernt)* lontano; **3.** *(ausgedehnt)* ampiamente, per esteso; **4.** *(sehr, erheblich)* molto, di gran lunga; **~ (in der Welt) herumkommen** girare il mondo; **~ über die 50 sein** aver passato di gran lunga la cinquantina; **~ davon entfernt sein zu ...** essere lungi da ... *inf*; **es ~ bringen** andare lontano, fare molta strada; **etw. zu ~ treiben** esagerare in qc; **so ~ gehen zu ...** arrivare al

punto di ... *inf;* ~ **gefehlt!** sbagliato di molto!; ~ **offen** (*o* **geöffnet**) spalancato; ~ **verbreitet** molto diffuso; ~ **weg** molto lontano; ~ **und breit** a perdita d'occhio, da ogni parte; **bei ~em** di gran lunga, molto, assai; **bei ~em nicht so gut wie ...** molto meno buono di ...; **bei ~em nicht vollständig** tutt'altro che completo; **von ~em** da lontano; **so ~, so gut** finora tutto okay *fam* (*o* a posto); **das ist (aber) ~ hergeholt** è tirato per i capelli *fam;* **das würde (jetzt) zu ~ führen** porterebbe troppo lontano; **das geht zu ~!** questo è troppo!; **ist es ~ von hier?** è lontano da qui?; **wie ~ bist du?** a che punto sei?; **wie ~ ist es bis Neapel?** quanto c'è da qui a Napoli?

weitaus ['vai̯t'ʔau̯s] *adv* di gran lunga.

Weitblick *m* lungimiranza *f.*

Weite ‹-, -n› *f* **1.** *(Ausdehnung)* estensione *f;* **2.** *(Geräumigkeit, a. von Kleidung)* ampiezza *f;* **3.** *(innerer Durchmesser)* calibro *m; (eines Rohres)* diametro *m* interno; **4.** ‹*sing*› *(Ferne)* lontananza *f; (Entfernung)* distanza *f.*

weiter ['vai̯tɐ] ‹*Komparativ von* **weit**› **I.** *a fig* ulteriore, altro; **das** (*o* **alles**) **W~e** il resto; **bis auf ~es** fino a nuovo ordine; *(inzwischen)* (per) intanto; **ohne ~es** senz'altro; **II.** *adv fig (außerdem)* inoltre; *(sonst)* altro; ~ **oben** più su; *(in Text)* sopra; ~ **unten** più sotto; *(in Text)* sotto; ~ **weg** più avanti; **und so ~** (*ab* **usw.**) eccetera; **ich kann nicht mehr ~** non ne posso più; **ich habe ~ nichts zu sagen** non ho nulla da aggiungere; **nichts ~, ~ nichts** null'altro; ~ **nichts?** niente più?; **nur ~!** avanti!

weiter·arbeiten *itr* continuare a lavorare.

Weiterbehandlung *f med* continuazione *f* della terapia.

weiter·bilden **I.** *tr* tenere corsi di aggiornamento a, aggiornare; **II.** *rfl:* **sich ~** aggiornarsi. **Weiterbildung** *f (in einem spezifischen Fach)* aggiornamento *m;* **zu meiner ~ lese ich ...** per essere aggiornato mi dedico alla lettura di ...

weiter·empfehlen ‹*irr, ohne ge-*› *tr* raccomandare ad altri.

weiter·entwickeln ‹*irr, ohne ge-*› **I.** *tr* sviluppare (ulteriormente); **II.** *rfl:* **sich ~** svilupparsi, evolversi.

weiter·fahren ‹*irr*› *itr* ‹*sein*› proseguire (il viaggio). **Weiterfahrt** *f* proseguimento *m* del viaggio.

Weitergabe *f* trasmissione *f.*

weiter·geben ‹*irr*› *tr* far passare; *(Nachricht, Befehl)* trasmettere; *(Gesuch)* inoltrare.

weiter·gehen ‹*irr*› *itr* ‹*sein*› continuare, proseguire; *(im Verkehr a.)* circolare; **so kann es nicht ~** così non (si) può continuare; **wie soll es jetzt ~?** e come va avanti adesso?

weiterhin *adv* **1.** *(immer noch)* ancora; **2.** *(künftig)* in futuro; **3.** *(außerdem)* inoltre.

weiter·kommen ‹*irr*› *itr* ‹*sein*› andare avanti; *(fig a.)* avanzare, progredire; **so kommen wir nicht weiter** *fig* così non facciamo progressi.

weiter·leiten *tr* inoltrare (*an* a); *(Nachricht)* trasmettere (*an* a).

weiter·machen *tr, itr* continuare.

weiter·sagen *tr* dire (*o* raccontare) ad altri.

weitgehend **I.** *a* ampio, vasto, esteso; **~e Übereinstimmung erzielen** raggiungere una larga intesa; **II.** *adv* ampiamente. **weitgereist** *a attr* che ha viaggiato molto. **weitherzig** *a* generoso, liberale. **weitläufig** *a* **1.** *(Gebäude, etc.)* spazioso; *(ausgedehnt)* esteso, vasto; **2.** *(Verwandte)* lontano; ~ **verwandt sein** essere lontani parenti. **weitreichend** *a* ampio, esteso. **weitschweifig** *a* prolisso, verboso. **weitsichtig** *a* **1.** *med* presbite; **2.** *fig (vorausschauend)* lungimirante. **Weitsichtigkeit** ‹-, ø› *f* **1.** *med* presbitismo *m;* **2.** *fig* lungimiranza *f.* **Weitsprung** *m* salto *m* in lungo. **weitverbreitet** *a attr* molto diffuso. **Weitwinkelobjektiv** *n* (obiettivo *m*) grandangolare *m.*

Weizen ['vai̯tsən] ‹-s, -› *m* frumento *m.* **Weizenkeimöl** *n* olio *m* di germi di frumento.

welche(r, s) ['vɛlçɐ] **I.** *(Interrogativpronomen)* quale; *(in Ausrufen)* che; **~s Haus?** quale casa?; **~r von den beiden?** quale dei due?; ~ **Freude!** che piacere!; **II.** *(Relativpronomen) rar* che, il quale; **III.** *(Indefinitpronomen)* **ich habe noch ~s** ne ho ancora; **es gibt ~, die ...** c'è qualcuno che ...; **ich brauche Streichhölzer, haben Sie ~?** ho bisogno di fiammiferi, ne ha qualcuno?

welk [vɛlk] *a* appassito; *(a. Haut)* vizzo; *(a. fig)* avvizzito.

welken *itr* ‹*sein*› appassire; *(a. fig)* avvizzire.

Wellblech *n* lamiera *f* ondulata.

Welle ['vɛlə] ‹-, -n› *f* **1.** *allg., phys, radio, fig* onda *f;* **2.** *tec* albero *m;* **eine ~ der Begeisterung** un'onda(ta) di entusiasmo; **die (neue) deutsche ~** *mus* le ultime novità musicali con testo tedesco; **(hohe) ~n schlagen** *fig* destare scalpore.

wellen **I.** *tr* ondulare; **II.** *rfl:* **sich ~** ondularsi.

Wellenbad *n* piscina *f* con onde artificiali. **Wellenbrecher** ‹-s, -› *m* frangionde *m.* **Wellenlänge** *f* lunghezza *f* d'onda; **auf einer ~ liegen, die gleiche ~ haben** *fig fam* essere in sintonia con qu. **Wellenlinie** *f* linea *f* ondulata.

Wellenreiten ‹-s, ø› *n* surfing *m*. **Wellensittich** *m* pappagallino *m*.
wellig *a* ondulato.
Wellpappe *f* cartone *m* ondulato.
Wels [vɛls] ‹-es, -e› *m* siluro *m* d'Europa.
Welt [vɛlt] ‹-, -en› *f allg., fig* mondo *m; (Erde)* terra *f; (~kugel)* globo *m* (terrestre); *(~all)* universo *m,* cosmo *m;* **alle ~** *fam* tutti; **die Alte ~** il mondo antico; **die Neue/dritte ~** il nuovo/terzo mondo; **auf die ~** (*o* **zur ~**) **kommen** venire al mondo; **etw. aus der ~ schaffen** eliminare qc; **ein Gerücht in die ~ setzen** mettere in giro una voce; **Kinder in die ~ setzen** *fam* mettere al mondo (i) figli; **auf der ~** al mondo; **nicht um alles in der ~** per nulla al mondo; **Mann/Frau von ~** uomo *m*/donna *f* di mondo; **vor aller ~** davanti a tutti; **für seine Frau brach eine ~ zusammen** per sua moglie crollò (*o* cadde) il mondo; **uns trennen ~en** apparteniamo a due mondi diversi; **wo/wer in aller** (*o* **um alles in der**) **~?** *fam* dove/chi mai (*o* per l'amor del cielo)?; **ich versteh' die ~ nicht mehr!** non capisco come possano succedere certe cose; **das kostet doch nicht die ~!** *fam* non costa mica un patrimonio!; **das hat die ~ noch nicht erlebt!** *fam* è inaudito!; **Flensburg ist doch nicht aus der ~!** *fam* Flensburg non è mica in capo al mondo. **Weltall** *n* universo *m,* cosmo *m*. **Weltanschauung** *f* concezione *f* del mondo e della vita, weltanschauung *f*. **Weltbild** *n* concezione *f* del mondo. **Weltenbummler(in)** ‹-s, -› *m(f)* globe-trotter *mf*. **weltfremd** *a (wirklichtsfremd)* lontano dalla realtà; *(unerfahren)* inesperto (delle cose del mondo); *(naiv)* ingenuo. **Weltgeschichte** *f* storia *f* universale; **in der ~ herumfahren** *fam scherz* girare (in) tutto il mondo. **Weltkrieg** *m* guerra *f* mondiale; **der Erste/Zweite ~** la prima/seconda guerra mondiale.
weltlich *a* laico, mondano, secolare; *(Bauwerk, Kunst)* profano.
Weltmacht *f* potenza *f* mondiale. **weltmännisch** [-mɛnɪʃ] *a* da uomo di mondo, mondano. **Weltmeer** *n* oceano *m*. **Weltmeister(in)** *m(f)* campione, -essa *m, f* mondiale. **Weltmeisterschaft** *f* campionato *m* mondiale.
Weltraum *m* spazio *m* interplanetario, cosmo *m*. **Weltraumforschung** *f* ricerche *f pl* spaziali. **Weltraumrakete** *f* missile *m* spaziale. **Weltraumstation** *f* stazione *f* spaziale; *s. a. Raum-.*
Weltreise *f:* **eine ~ machen** fare il giro del mondo. **Weltrekord** *m* primato *m* (*o* record *m*) mondiale. **Weltschmerz** *m* senso *m* malinconico del mondo. **Weltsicherheitsrat** *m* Consiglio *m* di sicurezza delle Nazioni Unite. **Weltstadt** *f* metropoli *f*. **Weltuntergang** *m* fine *f* del mondo. **Weltuntergangsstimmung** *f* atmosfera *f* apocalittica. **weltweit** *a* mondiale, universale. **Weltwirtschaft** *f* economia *f* mondiale. **Weltwirtschaftskrise** *f* crisi *f* economica mondiale. **Weltwunder** *n:* **die Sieben ~** le sette meraviglie del mondo.
wem [ve:m] *pron* (*dat von* wer) a chi; **mit ~?** con chi?; **von ~?** di (*o* da) chi?
wen [ve:n] *pron* (*acc von* wer) chi; **an ~?** a chi?; **für ~?** per chi?
Wende ['vɛndə] ‹-, -n› *f* voltata *f; (fig a.)* svolta *f; sport (Schwimmen)* virata *f; (Turnen)* volteggio *m* frontale. **Wendekreis** *m* **1.** *geog* tropico *m;* **2.** *mot* diametro *m* di sterzata (*o* volta); **der ~ des Krebses/Steinbocks** il tropico del Cancro/Capricorno.
Wendeltreppe ['vɛndəl-] *f* scala *f* a chiocciola.
wenden ['vɛndən] **I.** *tr* **1.** ‹wendet, wendete, gewendet› *(auf andere Seite)* (ri)voltare; *(in andere Richtung: Auto)* girare; *naut* virare; **2.** ‹wendet, wandte *o* wendete, gewandt *o* gewendet› *(Schritte, Blicke, etc.)* rivolgere; **bitte ~!** (*ab* **b. w.**) vedi retro; **II.** *rfl:* **sich ~** ‹wendet, wandte *o* wendete, gewandt *o* gewendet› **1.** *(auf andere Seite)* voltarsi; **2.** *(in andere Richtung: zu jdm/etw. hin)* dirigersi (*nach* verso), (ri)volgersi (*zu* a); *(von jdm/etw. weg)* allontanarsi (*von* da), distogliersi (*von* da); **sich (mit etw.) an jdn ~** rivolgersi a qu (con qc); **sich gegen etw./jdn ~** (ri)volgersi contro qc/qu; **sich zum Guten ~** volgersi al meglio; **III.** *itr* ‹wendet, wendete, gewendet› girare.
Wendeplatz *m* piazzale *m* di manovra. **Wendepunkt** *m* **1.** *mat* punto *m* d'inflessione; **2.** *fig* svolta *f;* **3.** *astr* punto *m* solstiziale.
wendig *a* **1.** *(Fahrzeug)* maneggevole; **2.** *(Person)* sveglio; *(geistig)* sveglio, vivace.
Wendung ‹-, -en› *f* **1.** *(Umkehr)* voltata *f; fig (Umschwung)* svolta *f; mil* conversione *f; naut* virata *f;* **2.** *(Rede~)* locuzione *f;* **eine schlimme ~ nehmen** prendere una brutta piega.
wenig ['ve:nɪç] *a, adv* poco; **ein ~** un poco, un po'; **ein (ganz) klein ~** un pochino; **zu ~** troppo poco; **so ~ ... auch ...** *conj* per quanto poco ... *conj;* **~e** pochi; **nur ~e Schritte von hier** a due (*o* pochi) passi da qui; **es fehlte ~, und er hätte geschossen** ci mancò poco che non sparasse.
weniger ['ve:nɪgɐ] ‹*Komparativ von* wenig› *adv* meno (*als* di); **~ werden** diminuire; **~ denn je** meno che mai; **immer ~** sempre meno; **je ~ ..., desto**

~ ... quanto meno ..., tanto meno ...; **mehr oder ~** più o meno; **nicht ~ als** non meno di; **nichts ~ als** tutt'altro che; **um so ~** tanto meno; **viel ~** molto meno; **10 ~ 3 ist 7** dieci meno tre fa sette.

wenigstens *adv* almeno, per lo meno; *(mindestens)* come minimo.

wenigste(r, s) ‹*Superlativ von* wenig› *a:* **das ~** il meno; **die ~n** pochissimi; **sie hat die ~n Fehler** ha il numero minore di errori; **am ~n** meno di tutti; **er hat am ~n Geld** ha meno soldi di tutti.

wenn [vɛn] *con* **1.** *(konditional)* se; **2.** *(zeitlich)* quando; **~ ... einmal** una volta che ...; **~ ... je(mals)/überhaupt/wenigstens** se mai/mai/almeno ... *conj;* **~ ... nicht** a meno di ... *inf* (*o* che ... *conj*); **~ ... nur** purché ... *conj;* **auch** (*o* **selbst**) **~** anche se, quand'anche *conj;* **außer ~** tranne (*o* eccetto) quando *conj,* a meno che *conj;* **jedesmal ~** ogni (qual) volta; **wie ~** come se *conj;* **da gibt es kein W~ und (kein) Aber** non ci sono né se né ma; **es ist nicht gut, ~ ...** non fa bene ... *inf;* **~ man ihn sieht, könnte man glauben ...** a vederlo, si crederebbe ...; **~ er auch noch so arm ist** per quanto povero sia; **~ er doch käme!** se solo venisse!; **~ er nur nicht zu spät kommt!** purché non arrivi troppo tardi!

wennschon *adv:* **(na) ~!** *fam* che fa! *fam,* che importa! *fam;* **~, dennschon** giacché si fa, che si faccia almeno bene.

wer [ve:ɐ̯] **I.** *(Interrogativpronomen)* chi; **~ ist da?** chi è?; **~ sonst?** chi altri?; **II.** *(Relativpronomen)* chi(unque); **~ auch immer** chiunque; **mag kommen, ~ will** venga chi vuole; **III.** *(Indefinitpronomen) fam* qualcuno; **~ sein** essere qualcuno.

Werbeabteilung *f* reparto *m* (*o* servizio *m*) pubblicità. **Werbeagentur** *f* agenzia *f* di pubblicità. **Werbefachmann** *m* pubblicitario *m,* reclamista *m.* **Werbefernsehen** *n* pubblicità *f* televisiva. **Werbefunk** *m* pubblicità *f* radiofonica. **Werbegeschenk** *n* omaggio *m* pubblicitario. **Werbekampagne** *f* campagna *f* pubblicitaria.

werben ['vɛrbən] ‹wirbt, warb, geworben› **I.** *tr* **1.** *(Kunden)* attirare; **2.** *(Arbeitskräfte)* ingaggiare, assumere; **II.** *itr* fare pubblicità (*für* per); *pol* fare propaganda (*für* per); **um jds Gunst ~** cercare di ottenere il favore di qu; **um ein Mädchen ~** fare la corte a una ragazza.

Werbesendung *f* spot *m* pubblicitario. **Werbeslogan** [-slo:gən] ‹-s, -s› *m* slogan *m* pubblicitario. **Werbespot** [-spɔt] ‹-s, -s› *m* spot *m* pubblicitario. **Werbetext** *m* testo *m* pubblicitario. **Werbetexter(in)** *m(f)* redattore, -trice *m, f* pubblicitario, -a. **Werbeträger** *m* veicolo *m* pubblicitario. **Werbetrommel** *f:* **die ~ (für etw.) rühren** fare grande pubblicità (di qc). **werbewirksam** *a* di grande effetto pubblicitario.

Werbung ‹-, *rar* -en› *f* **1.** *com* pubblicità *f;* *(bes. pol)* propaganda *f;* **2.** *(An~)* reclutamento *m,* assunzione *f;* **für etw. ~ machen** fare propaganda di qc. **Werbungskosten** ‹*pl*› spese *f pl* professionali.

Werdegang *m* sviluppo *m,* evoluzione *f;* *(beruflich)* carriera *f.*

werden ['ve:ɐ̯dən] ‹wird, wurde, geworden› ‹*sein*› **I.** *itr* **1.** *allg.* diventare (*zu etw.* qc), divenire (*zu etw.* qc); *(entstehen)* nascere; **2.** *(sich verwandeln)* trasformarsi (*zu* in); **3.** *(sich entwickeln)* trasformarsi (*zu* in), diventare (*zu etw.* qc); **~de Mutter** futura madre; **Arzt ~** diventare medico; **alt ~** invecchiare; **anders ~** cambiare; **verrückt ~** diventare matto; **es wird Frühling/Winter** viene la primavera/l'inverno; **es wird morgen ein Jahr, daß ...** domani è un anno che ...; **es ist nichts daraus geworden** non se n'è fatto nulla; **was soll (nur) daraus ~?** che ne sarà?; **wird's bald?** *fam* spicciati!; **was nicht ist, kann noch ~** *fam* chi vivrà, vedrà *prov;* **II.** *(Hilfsverb) (beim Passiv)* essere, venire; **sie wird wohl schon unterwegs sein** sarà già per strada; **er wird morgen um 9 Uhr kommen** arriverà domani alle nove; **aus dir wird nie etwas (~)** non sarai mai nulla di buono *fam;* **es wird schon wieder (~)** *fam* tornerà a posto; **es wird gesagt, daß ...** si dice che ...; **jetzt wird (aber) gegessen!** *fam* adesso (però) si mangia!

werfen ['vɛrfən] ‹wirft, warf, geworfen› **I.** *tr* **1.** *(Ball, etc.)* lanciare; *(a. fig: Blikke)* gettare; **2.** *(Falten, Schatten)* fare; *(Wellen)* sollevare; **3.** *(Tierjunge)* partorire; **jdn ins Gefängnis ~** gettare qu in prigione; **jdn aus dem Haus ~** buttare qu fuori di casa; **II.** *rfl:* **sich ~** **1.** *(sich stürzen)* gettarsi (*auf* su), buttarsi (*auf* su); *(fig a.)* lanciarsi (*auf* in); **2.** *(sich verziehen)* imbarcarsi; **III.** *itr* **1.** *(in Luft, etc.)* tirare, gettare, lanciare; **2.** *(Junge bekommen)* partorire; **mit etw. (auf jdn) ~** tirare qc (a qu); **mit Geld um sich ~** spendere molti (*o* un sacco di *fam*) soldi.

Werft [vɛrft] ‹-, -en› *f naut* cantiere *m* (navale). **Werftarbeiter** *m* operaio *m* di un cantiere navale.

Werk [vɛrk] ‹-(e)s, -e› *n* **1.** *(Arbeit, Schaffen, Geschaffenes, Kunst~)* opera *f;* **2.** *(Betrieb)* impianto *m;* *(Fabrik)* fabbrica *f;* *(Unternehmen)* stabilimento *m;* **3.** *tec (Mechanismus)* meccanismo *m;* **ausgewählte ~e** opere scelte; **sämtliche ~e** opere complete; **gute ~e tun**

fare opere buone; **ein gutes ~ tun** compiere una buona azione; **am ~ sein** essere all'opera (*o* al lavoro); **ans ~ gehen, sich ans ~ machen** mettersi all'opera; **ab ~** franco stabilimento.

Werk- *(in Zusammensetzungen) s. a.* **Werks-. Werkbank** ‹-, ¨-e› *f* banco *m* da lavoro. **Werk(s)angehörige** *mf* dipendente *mf* di uno stabilimento. **Werk(s)arzt** *m*, **-ärztin** *f* medico *m* di fabbrica. **Werkschutz** *m* servizio *m* di sicurezza aziendale. **werk(s)eigen** *a* aziendale. **Werk(s)halle** *f* capannone *m*.

Werkstatt ‹-, ¨-en› *f* **1.** *(Handwerker~)* officina *f*, bottega *f*, atelier *m;* **2.** *(Auto~)* officina *f;* **3.** *(Künstler~)* studio *m*.

Werkstoff *m* materiale *m*. **Werkstück** *n (vor der Bearbeitung)* pezzo *m* da lavorare; *(während der Bearbeitung)* pezzo *m* in lavorazione; *(nach der Bearbeitung)* pezzo *m* lavorato. **Werkstudent(in)** *m(f)* studente, -essa *m, f* lavoratore, -trice. **Werk(s)wohnung** *f* alloggio *m* aziendale. **Werktag** *m* giorno *m* feriale (*o* lavorativo). **werktags** *adv* nei giorni feriali. **werktätig** *a:* **~e Bevölkerung** popolazione attiva. **Werktätige** ‹ein -r, -n, -n› *mf* lavoratore, -trice *m, f*.

Werkzeug ‹-(e)s, -e› *n* attrezzo *m; (Instrument, a. fig)* strumento *m; (Kollektivbezeichnung a.)* arnesi *m pl*. **Werkzeugkasten** *m* cassetta *f* degli arnesi. **Werkzeugmaschine** *f* macchina *f* utensile.

Wermut ['ve:ɐ̯mu:t] ‹-(e)s, ø› *m* **1.** *bot* assenzio *m;* **2.** *(Wein)* vermut *m*. **Wermutstropfen** *m geh* ombra *f*.

Werner ['vɛrnɐ] *(männlicher Vorname)* Guarniero.

wert [ve:ɐ̯t] *a* **1.** *obs, geh (in Anrede)* caro; *(verehrt)* egregio; *(an Frau)* gentile; *(Schreiben)* pregiato; **2.** *(würdig)* degno; **3.** *(nützlich)* utile; **der Mühe ~ sein** valere la pena; **zehn Mark ~ sein** valere dieci marchi; **nicht viel ~ sein** non valere gran che; **Lübeck ist eine Reise ~** vale la pena fare un viaggio a Lubecca; **das ist schon viel ~** è già molto; **sie ist es nicht ~, daß man sich solche Sorgen um sie macht** non merita che ci si preoccupi tanto per lei; **was ist dieser Ring ~?** quanto vale quest'anello?

Wert ‹-(e)s, -e› *m* **1.** *allg., fig* valore *m;* **2.** *(Preis)* prezzo *m;* **3.** ‹*pl*› *(Test~, etc.)* risultati *m pl; tec* dati *m pl;* **~/keinen ~ auf etw. legen** attribuire/non attribuire valore a qc, tenere/non tenere a qc; **im ~ von** del (*o* per il) valore di; **das hat doch keinen ~** *fam* non ha senso. **Wertangabe** *f* dichiarazione *f* di valore. **Wertarbeit** *f* lavoro *m* qualificato. **wertbeständig** *a* di valore stabile.

werten *tr (be~)* valutare; *(beurteilen)* giudicare; *sport (zählen)* contare; *(benoten)* valutare, dare punti a.

Wertgegenstand *m* oggetto *m* di valore, prezioso *m*.

Wertigkeit ‹-, ø› *f* valenza *f*.

wertlos *a* senza valore; *(fig a.)* che non vale nulla.

Wertpapier *n* valore *m*, titolo *m*, effetto *m;* **festverzinsliche ~e** titoli a tasso fisso.

Wertung ‹-, -en› *f* valutazione *f; sport* punteggio *m*.

wertvoll *a* di valore, prezioso; *(Mensch a.)* pregevole.

Werwolf ['ve:ɐ̯-] *m* lupo *m* mannaro.

Wesen ['ve:zən] ‹-s, -› *n* **1.** ‹*sing*› *(Grundeigenschaft)* essenza *f*, sostanza *f; philos* entità *f; (Art, Charakter)* natura *f*, carattere *m*, indole *f;* **2.** *(Lebe~)* essere *m*, creatura *f; (Mensch)* persona *f;* **sein wahres ~ zeigen** mostrarsi come si è; **seinem ~ nach** di (*o* per) natura. **Wesensart** *f* modo *m* di essere, natura *f*, carattere *m*. **Wesenszug** *m* tratto *m* caratteristico.

wesentlich ['ve:zəntlɪç] **I.** *a* essenziale; *(grundlegend)* fondamentale; *(bedeutend)* considerevole, importante; **das W~e** l'essenziale *m;* **im ~en** in sostanza; **II.** *adv* essenzialmente, fondamentalmente; *(beim Komparativ)* molto; **es wäre mir ~ lieber, wenn ...** preferirei molto che ... *conj*.

weshalb [vɛs'halp *o* 'vɛs...] *adv* **1.** *(fragend)* perché, per quale ragione (*o* motivo); **2.** *(relativisch)* per cui, per il qual motivo; **der Grund, ~ ...** la ragione per cui ...

Wespe ['vɛspə] ‹-, -n› *f* vespa *f*. **Wespennest** *n* nido *m* di vespe, vespaio *m;* **in ein ~ stechen** *fig fam* suscitare un vespaio.

wessen ['vɛsən] **I.** *(Interrogativpronomen)* **1.** (*gen von* wer) di chi; **2.** (*gen von* was) di che; **~ Schuld ist es?** di chi è la colpa?; **II.** *(Relativpronomen)* **1.** (*gen von* wer) di (*o* da) chi; **2.** (*gen von* was) di (*o* da) che cosa; **~ Schuld es auch sein mag** di chiunque sia la colpa.

West-Berlin *n* Berlino *f* Ovest. **westdeutsch** *a* tedesco occidentale. **Westdeutschland** *n* Germania *f* occidentale.

Weste ['vɛstə] ‹-, -n› *f* gilè *m*, panciotto *m;* **eine weiße (***o* **reine) ~ haben** *fig* avere la coscienza pulita.

Westen ['vɛstən] ‹-s, ø› *m* (*ab* **W**) *(Himmelsrichtung)* ovest *m*, occidente *m;* **der ~** *(bes. pol)* l'Occidente; **der wilde ~** il Far West.

Westentasche *f* taschino *m* del gilè;

etw. wie seine ~ kennen *fam* conoscere qc come le proprie tasche *fam.*
Westeuropa *n* Europa *f* occidentale.
Westfale [vɛst'fa:lə] ‹-n, -n› *m,* **Westfälin** [...'fɛ:lɪn] *f* abitante *mf* della Vestfalia.
Westfalen [...'fa:lən] *n* Vestfalia *f.*
westfälisch [...'fɛ:lɪʃ] *a* vestfalico.
westlich **I.** *a* dell'ovest, occidentale; **~ von** a ovest di; **II.** *prp gen* a ovest (*gen* di). **Westmächte** *f pl* potenze *f pl* occidentali. **Westwind** *m* vento *m* dell'ovest.
weswegen [vɛs've:gən] *s.* **weshalb.**
wett [vɛt] *a:* **~ sein** essere pari.
Wettbewerb [-bəvɛrp] ‹-(e)s, -e› *m* **1.** *(Veranstaltung)* concorso *m;* **2.** *sport* gara *f,* competizione *f;* **3.** *com* concorrenza *f.* **wettbewerbsfähig** *a* competitivo, concorrenziale.
Wettbüro *n* ricevitoria *f.*
Wette ['vɛtə] ‹-, -n› *f* scommessa *f;* **ich gehe jede ~ ein, daß ...** scommetto qualsiasi cosa che ...; **um die ~ laufen** fare a chi corre di più; **was gilt die ~?** quanto scommettiamo?
Wetteifer *m* competizione *f.*
wetteifern *itr:* **mit jdm um etw. ~** gareggiare con qu per qc.
wetten *tr, itr* scommettere (*mit jdm um etw.* qc con qu); *(bei Wettspielen)* puntare (*auf* su); **zehn gegen eins ~** scommettere dieci contro uno; **ich möchte ~, daß ...** scommetto che ...; **(wollen wir) ~?** scommettiamo?
Wetter ['vɛtɐ] ‹-s, -› *n* **1.** *meteo* tempo *m;* **2.** *(Un~)* maltempo *m; (Gewitter)* temporale *m;* **3.** *min* grisou *m;* **schlagende ~** grisou *m;* **bei diesem ~** con questo tempo; **bei schönem/schlechtem ~** col bel/brutto tempo; **was für ein ~!** che tempo!; **wie ist das ~?** che tempo fa? **Wetteramt** *n* ufficio *m* meteorologico. **Wetteraussichten** *f pl* previsioni *f pl* del tempo. **Wetterbericht** *m* bollettino *m* meteorologico. **Wetterfrosch** *m* **1.** *fam* raganella *f;* **2.** *scherz (Meteorologe)* meteorologo *m.* **wetterfühlig** *a* sensibile ai cambiamenti del tempo, metereopatico. **Wetterhahn** *m* galletto *m.* **Wetterkarte** *f* carta *f* meteorologica. **Wetterkunde** *f* meteorologia *f.* **Wetterlage** *f* condizioni *f pl* meteorologiche (*o* del tempo). **Wetterleuchten** ‹-s, ø› *n* lampi *m pl* di calore. **Wettersatellit** *m* satellite *m* meteorologico. **Wetterstation** *f* stazione *f* meteorologica. **Wetterumschlag** *m,* **-umschwung** *m* improvviso cambiamento *m* di tempo. **Wettervorhersage** *f* previsioni *f pl* del tempo. **Wetterwarte** [-vartə] ‹-, -n› *f* stazione *f* meteorologica.
Wettkampf *m* competizione *f,* gara *f.* **Wettkämpfer(in)** *m(f)* partecipante *mf* a una gara sportiva, concorrente *mf.* **Wettlauf** *m* gara *f,* corsa *f;* **ein ~ mit der Zeit** una gara col tempo. **Wettläufer(in)** *m(f)* corridore, -trice *m, f* concorrente *mf* (di una gara di corsa).
wett·machen *tr fam* **1.** *(ausgleichen)* compensare; *(Rückstand)* recuperare; **2.** *(wiedergutmachen)* riparare. **Wettrennen** *n s.* **Wettlauf. Wettrüsten** ‹-s, ø› *n* corsa *f* agli armamenti.
wetzen ['vɛtsən] *tr* affilare. **Wetzstein** *m* pietra *f* per affilare, cote *f.*
WG [ve:'ge:] ‹-, -s› *f fam ab von* **Wohngemeinschaft** comune *f.*
Whg. *ab von* **Wohnung** app. (*ab von* appartamento).
wich [vɪç] *imp von* **weichen**[1].
Wichse ['vɪksə] ‹-, -n› *f (Schuh~)* crema *f* per lucidare, lucido *m.*
wichsen **I.** *tr (Schuhe, etc.)* lucidare; **II.** *itr sl, vulg (onanieren)* farsi una sega *sl, vulg.*
Wicht [vɪçt] ‹-(e)s, -e› *m* nano *m;* **armer ~** povero diavolo *m,* poveraccio *m;* **elender ~** miserabile *m.*
Wichtel(männchen *n*) ['vɪçtəl] ‹-s, -› *m* folletto *m.*
wichtig ['vɪçtɪç] *a* importante; *(wesentlich)* essenziale; **sich ~ machen** (*o* **tun**) darsi delle arie; **sich** *(dat)* **~ vorkommen** credersi importante; **hast du nichts W~eres zu tun, als ...?** non hai niente di meglio da fare che ...? **Wichtigkeit** ‹-, ø› *f* importanza *f;* **von größter** (*o* **höchster**) **~** della massima importanza. **Wichtigtuer(in)** [-tu:ɐ (...ərɪn)] ‹-s, -› *m(f)* chi si dà delle arie *m, f* spaccone, -a *m, f.* **wichtigtuerisch** *a* borioso.
Wickel ['vɪkəl] ‹-s, -› *m* **1.** *med (Umschlag)* impacco *m;* **2.** *(Locken~)* bigodino *m.*
wickeln *tr* **1.** *(ein~, auf~)* avvolgere; *(zu einem Knäuel)* aggomitolare; *(Draht)* bobinare; **2.** *(Säugling)* fasciare.
Widder ['vɪdɐ] ‹-s, -› *m* **1.** *zoo* montone *m;* **2.** *astr* Ariete *m;* **er/sie ist (ein) ~** è dell' (*o* un) Ariete.
wider ['vi:dɐ] *prp acc geh* contro; **~ Erwarten** contro ogni aspettativa.
Widerhaken *m* uncino *m.*
widerlegen [vi:dɐ'le:gən] ‹*ohne ge-*› *tr* confutare.
widerlich *a* ripugnante, disgustoso.
widernatürlich *a* contro natura; *(unnatürlich)* innaturale.
widerrechtlich *a* illegale, illecito; **sich** *(dat)* **etw. ~ aneignen** appropriarsi indebitamente di qc.
Widerrede *f:* **ohne ~** senza obiezioni; **keine ~ dulden** non tollerare obiezioni.
Widerruf *m* **1.** *(von Anordnung)* revoca *f;* **2.** *(von Aussage, Behauptung)* ritrattazione *f;* **3.** *com (von Bestellung)* can-

cellazione *f;* **bis auf ~** fino a nuovo ordine.

widerrufen [vi:dɐˈru:fən] ‹*irr, ohne ge-*› **1.** *(Befehl, Erlaubnis)* revocare; **2.** *(Behauptung, Geständnis)* ritrattare; **3.** *(Nachricht)* smentire.

Widersacher(in) [ˈvi:dɐzaxɐ (...ərın)] ‹-s, -› *m(f)* avversario, -a *m, f,* antagonista *mf,* oppositore, -trice *m, f.*

widersetzen [vi:dɐˈzɛtsən] ‹*ohne ge-*› *rfl:* **sich einer S.** *(dat)* **/jdm ~** opporsi a qc/qu, resistere a qc/qu.

widerspenstig [ˈvi:dɐʃpɛnstıç] *a* ricalcitrante, riluttante; *(eigensinnig)* ostinato, testardo; **~e Haare** capelli ribelli.

wider·spiegeln *tr* riflettere, rispecchiare.

widersprechen [vi:dɐˈʃprɛçən] ‹*irr, ohne ge-*› **I.** *itr* contraddire *(jdm/einer S. (dat)* qu/qc); **II.** *rfl:* **sich** *(dat)* **~ 1.** *(Personen)* contraddirsi (*in* in); **2.** *(Dinge, Aussagen)* essere contradditorio (*in* in).

Widerspruch *m* **1.** *(Gegensätzlichkeit)* contraddizione *f* (*zu* con), contrasto *m* (*zu* con); **2.** *(Einwand)* obiezione *f; (Protest)* protesta *f;* **~ einlegen** fare opposizione (*gegen* a); **im ~ zu etw. stehen** essere in contraddizione con (*o* in opposizione a) qc, essere in contrasto con qc; **in krassem ~ zu** in stridente contrasto con. **widersprüchlich** [ˈvi:dɐʃprʏçlıç] *a* contraddittorio; *(inkonsequent)* incongruente, incoerente. **Widerspruchsgeist** *m* spirito *m* di contraddizione.

Widerstand *m* resistenza *f* (*gegen* a); **~ leisten** opporre resistenza; **ohne ~ (zu leisten)** senza opporre resistenza; **den Weg des geringsten ~(e)s gehen** scegliere la via più facile. **Widerstandsbewegung** *f* (movimento *m* di) resistenza *f.* **widerstandsfähig** *a* resistente (*gegen* a); *(Material a.)* robusto. **Widerstandskämpfer(in)** *m(f)* combattente *mf* nella resistenza; *(Partisan)* partigiano, -a *m, f.* **Widerstandskraft** *f* resistenza *f.* **widerstandslos** *adv* **1.** *(ohne Widerstand zu leisten)* senza opporre resistenza; **2.** *(ohne auf Widerstand zu stoßen)* senza incontrare resistenza.

widerstehen [vi:dɐˈʃte:ən] ‹*irr, ohne ge-*› *itr* resistere.

widerstreben [vi:dɐˈʃtre:bən] ‹*ohne ge-*› *itr* **1.** *(zuwider sein)* ripugnare *(jdm* a qu); **2.** *geh (sich widersetzen)* opporsi *(jdm* a qu). **Widerstreben** *n* **1.** *(Widerstand)* resistenza *f,* opposizione *f;* **2.** *(Unwilligkeit)* riluttanza *f;* **3.** *(Widerwillen)* ripugnanza *f.* **widerstrebend** *adv* **1.** *(ungern)* controvoglia, di malavoglia; **2.** *(unwillig)* con riluttanza.

widerwärtig [ˈvi:dɐvɛrtıç] *a* **1.** *(abstoßend)* ripugnante; *(ekelhaft)* disgustoso; **2.** *(Umstände, ungünstig)* avverso.

Widerwille *m* **1.** *(Ekel)* ripugnanza *f* (*gegen* per); **2.** *(Antipathie)* avversione *f* (*gegen* verso), antipatia *f* (*gegen* per); **~n gegen etw. empfinden** provare ripulsione per qc. **widerwillig I.** *a* seccato, infastidito; **II.** *adv (ungern)* di malavoglia, controvoglia; *(widerstrebend)* con riluttanza.

widmen [ˈvıtmən] **I.** *tr* dedicare *(jdm etw.* qc a qu); *(weihen)* consacrare *(jdm etw.* qc a qu); **II.** *rfl:* **sich jdm/einer S.** *(dat)* **~** dedicarsi a qu/qc.

Widmung ‹-, -en› *f* dedica *f* (*an* a).

widrig [ˈvi:drıç] *a (Umstände)* avverso, sfavorevole; *(Geschick)* contrario.

wie [vi:] **I.** *adv* **1.** *(interrogativ)* come; *(auf welche Weise)* in quale maniera; **2.** *(relativisch)* (il modo) in cui; **3.** *(in welchem Maße)* quanto; **4.** *fam (nicht wahr)* nevvero; **5.** *(ausrufend)* come, quanto, che; **~ bitte?** come (ha detto)?; **~ das?** *fam* come si spiega questo?; **~ groß?** di che grandezza?; **~ lang/hoch/breit ist es?** quant'è lungo/alto/largo?; **~ lange?** (per) quanto tempo?; **~ oft?** quante volte?; **~ teuer ist es?** quanto costa?; **~ viele?** quanti?; **~ weit ist es bis ...?** quanto c'è fino a ...?; **~ alt sind Sie?** quanti anni ha?; **~ gefällt es dir?** ti piace?; **~ kommt es, daß ...?** com'è che ...?, come mai ...?; **~ wär's mit einem Sherry?** *fam* gradirebbe uno sherry?; **~ wäre es, wenn wir nach Hause gingen?** e se andassimo a casa?; **in dem Maße, ~ ...** nella misura in cui ...; **~ gut, daß ...** meno male che ... *conj;* **das gefällt dir, ~?** ti piace, non è vero?; **~ glücklich ich bin!** quanto sono felice!; **~ schön!** che bello!; **und ~!** *fam* eccome!; **hast du Hunger? – Und ~!** *fam* hai fame? – Eccome!; **II.** *con* **1.** *allg.* come; **2.** *(vergleichend)* come, quanto; **3.** *(einen Nebensatz der Art und Weise einleitend)* come; **große ~ kleine** grandi e piccoli; **A ~ Anton** A come Ancona; **ein Mann ~ er** un uomo come lui; **so groß ~ ich** alto quanto me; **das Auto ist ~ neu** la macchina è come nuova; **er sieht aus ~ ein Künstler** ha l'aria dell'artista; **er hat gearbeitet ~ verrückt** *fam* ha lavorato come un pazzo; **~ dem auch sei** comunque sia; **~ ich eintrete** come entro; *(bei gleichem Subjekt)* entrando; **~ du mir, so ich dir** *prov* chi la fa, l'aspetti *prov.* **Wie** ‹-, -› *n:* **das ~** il come; **auf das ~ kommt es an** dipende dal modo.

wieder [ˈvi:dɐ] *adv* di nuovo, nuovamente, ancora (una volta); **~ anfangen** ricominciare; **~ gesund werden** ristabilirsi; **sich ~ anziehen** rivestirsi; **~ einmal** ancora una volta; **immer ~** continuamente, di nuovo; **nie ~** mai più;

schon ~ di nuovo, ancora; **ich bin gleich** ~ **da** torno subito; **da bin ich** ~! eccomi qua!; **da ist er** ~! rieccolo!; **wann kommt er** ~? *(zurück)* quando tornera?; *(wieder einmal)* quando viene la prossima volta?

wieder- *(bei zusammengesetzten Verben)* ri-.

Wiederaufbau [-'ʔaufbau] *m* ricostruzione *f.*

Wiederaufbereitung [-'ʔaufbəraitʊŋ] *f* riciclaggio *m.* **Wiederaufbereitungsanlage** *f* impianto *m* di rigenerazione (*o* di riciclo).

Wiederaufnahme [-'ʔaufna:mə] *f* **1.** *allg.* ripresa *f; jur* riapertura *f;* **2.** *(in Gruppe, etc.)* riammissione *f.*

Wiederaufrüstung [-'ʔaufrʏstʊŋ] *f* riarmo *m.*

wieder·bekommen ‹*irr, ohne ge-*› *tr* riavere, riottenere; **ich bekomme noch zwei Mark Wechselgeld wieder** ricevo ancora due marchi di resto.

Wiederbelebung *f* **1.** *med, fig* rianimazione *f;* **2.** *(von Kunst, Sitten)* rinascita *f;* **3.** *com* ripresa *f;* ~ **der Wirtschaft** rilancio *m* economico. **Wiederbelebungsversuch** *m* tentativo *m* di rianimazione.

Wiederbeschaffung *f* recupero *m.*

wieder·erkennen ‹*irr, ohne ge-*› *tr* riconoscere (*an* da); **nicht wiederzuerkennen sein** essere irriconoscibile.

wieder·eröffnen ‹*ohne ge-*› *tr* riaprire; *(wiederaufnehmen)* riprendere.

wieder·finden ‹*irr*› *tr* ritrovare.

Wiedergabe *f* **1.** *(Rückgabe)* restituzione *f;* **2.** *(Schilderung)* descrizione *f;* **3.** *mus, typ, etc. (Reproduktion)* riproduzione *f.*

wieder·geben ‹*irr*› *tr* **1.** *(zurückgeben)* restituire, rendere; *(Wechselgeld)* dare di resto; **2.** *(schildern)* descrivere; *(ausdrücken)* rendere; **3.** *(reproduzieren)* riprodurre; **4.** *(übersetzen)* tradurre.

wieder·gewinnen ‹*irr, ohne ge-*› *tr (Geld)* riguadagnare; *(Gleichgewicht, etc.)* riacquistare, ricuperare.

wieder·gut·machen [-'ʔgu:tmaxən] *tr (Verlust)* risarcire; *(Unrecht)* riparare, compensare; **den Schaden** ~ rimediare al danno; **nicht wiedergutzumachen(d)** irreparabile, irrimediabile. **Wiedergutmachung** ‹-, -en› *f* **1.** *(Handlung)* riparazione *f; (Kriegsentschädigung)* riparazione *f* di guerra; **2.** *(Entschädigung)* risarcimento *m.*

wieder·her·stellen [-'ʔhe:ɐʃtɛlən] *tr (Ordnung, Beziehungen, Gesundheit)* ristabilire; *(Gebäude)* restaurare.

wieder·holen[1] ['vi:dɐho:lən] *tr (zurückholen)* riprendere.

wiederholen[2] [vi:dɐ'ho:lən] ‹*ohne ge-*› **I.** *tr* **1.** *allg. (noch einmal machen)* ripetere; **2.** *(Aufgabe, Gelerntes)* ripassare; *(zusammenfassend)* riassumere, ricapitolare; **II.** *rfl:* **sich** ~ ripetersi.

Wiederholung [-'ho:lʊŋ] ‹-, -en› *f* ripetizione *f.* **Wiederholungsfall** *m adm:* **im** ~ in caso di recidiva. **Wiederholungstäter(in)** *m(f) jur* recidivo, -a *m, f.*

Wiederhören *n:* **auf** ~! a risentirci!

wieder·käuen ['vi:dɐkɔyən] *tr* **1.** *(a. itr)* ruminare; **2.** *fig* rimasticare. **Wiederkäuer** ‹-s, -› *m* ruminante *m.*

wieder·kommen ‹*irr*› *itr* ‹*sein*› (ri)tornare; **ich komme gleich wieder** torno subito.

wieder·sehen ‹*irr*› *tr* rivedere. **Wiedersehen** ‹-s, -› *n* rivedersi *m;* **auf** ~! arrivederci!; *(Höflichkeitsform a.)* arrivederLa! **Wiedersehensfreude** *f* gioia *f* di rivedersi.

Wiedervereinigung *f* ricongiungimento *m; (bes. pol)* riunificazione *f; (Versöhnung)* riconciliazione *f.*

Wiederverwertung *f* riutilizzazione *f.*

Wiederwahl *f* rielezione *f.*

Wiege ['vi:gə] ‹-, -n› *f* culla *f.*

Wiegemesser *n* mezzaluna *f.*

wiegen[1] ['vi:gən] ‹wiegt, wog, gewogen› *tr, itr (Gewicht feststellen)* pesare; **schwer** ~ *fig* aver gran peso.

wiegen[2] ['vi:gən] **I.** *tr* **1.** *(Kind)* cullare; *(a. Kopf)* dondolare; **2.** *(Kräuter, etc.)* tritare; **II.** *rfl:* **sich** ~ cullarsi; **sich in Hoffnungen** ~ cullarsi in speranze; **sich in Sicherheit** ~ illudersi di essere al sicuro.

Wiegenlied *n* ninnananna *f.*

wiehern ['vi:ɐn] *itr* **1.** *(Pferd)* nitrire; **2.** *fig fam* fare una risata stridula.

Wien [vi:n] *n* Vienna *f.*

Wiener ‹*inv*› *a* viennese; ~ **Schnitzel** cotoletta alla milanese; ~ **Würstchen** würstel *m.*

wies [vi:s] *imp von* **weisen.**

Wiese ['vi:zə] ‹-, -n› *f* prato *m.*

Wiesel ['vi:zəl] ‹-s, -› *n* donnola *f;* **flink wie ein** ~ svelto come uno scoiattolo.

wieso [vi'zo:] *adv* perché.

wieviel [vi'fi:l *o* 'vi:fi:l] *adv* quanto; *pl* quanti; ~ **schöner wäre die Welt, wenn ...** come sarebbe più bello il mondo se ... *conj;* ~ **Uhr ist es?** che ore sono?

wievielmal *adv* quante volte.

wievielte(r, s) *a:* **der/die** ~ **bin ich?** a che posto sono?; **den W~n haben wir heute?** quanti ne abbiamo oggi?; **das** ~ **Mal war das?** che volta era?

wild [vɪlt] *a* **1.** *(Tier, Pflanze, Mensch)* selvatico; **2.** *(Landschaft, Volksstämme)* selvaggio; **3.** *(Kind: lebhaft)* vivace; *(lärmend)* turbolento; **4.** *(heftig, stürmisch)* impetuoso, violento; *(wütend)* furioso; **5.** *(nicht genehmigt)* abusivo, illegale; **6.** *(unkontrolliert)* incontrollabile; ~**er Streik** sciopero selvaggio; ~ **drauflosschießen** sparare furiosamente a casaccio; ~ **wachsen** crescere spontaneo; ~ **werden** infuriarsi, andare in collera; ~ **zelten** campeggiare abusivamente; **auf etw./jdn** ~ **sein** *fam* andare matto per qc/qu *fam;* ~ **entschlossen sein** *fam* essere decisissimo; **das ist halb so** ~ *fam* non è mica la fine del mondo; **seid nicht so** ~! non fate tanto chiasso!

Wild ‹-(e)s, ø› *n* selvaggina *f,* ᵛcacciagione *f.*

wildern ['vɪldɐn] *itr* cacciare di frodo.

wildfremd ['vɪlt'frɛmt] *a* del tutto sconosciuto.

Wildheit ‹-, ø› *f* natura *f* selvaggia; *(Ungezügeltheit)* sfrenatezza *f.*

Wildleder *n* (pelle *f* di) camoscio *m.*

Wildnis ‹-, -se› *f* luogo *m* selvaggio.

Wildschwein *n* cinghiale *m.*

Wildwestfilm [-'vɛst-] *m* western *m.*

Wilhelm ['vɪlhɛlm] *(männlicher Vorname)* Guglielmo.

will [vɪl] *pr von* **wollen**[1].

Wille ['vɪlə] ‹-ns, *rar* -n› *m* volontà *f; (Wollen)* volere *m; (Absicht)* intenzione *f; (Entschlossenheit)* decisione *f;* **jdm seinen** ~**n lassen** lasciar fare qu (a modo suo); **aus freiem** ~**n** di spontanea volontà; **beim besten** ~**n** con tutta la buona volontà; **gegen** (*o* **wider**) **meinen** ~**n** *(ohne Erlaubnis)* contro la mia volontà; *(ungewollt)* involontariamente; **wider** ~**n** malvolentieri, controvoglia; **wo ein** ~ **ist, ist auch ein Weg** *prov* volere è potere *prov.*

willen: um ~ *prp gen* per (amor di); **um deinet~/seinet~/ihret~,** *etc.* per amor tuo/suo, *etc.*

willig I. *a (Helfer, Arbeiter)* volonteroso; *(Kind)* docile; *(bereit)* pronto (*etw. zu tun* a fare qc), disposto (*etw. zu tun* a fare qc); **zahlungs~** disposto a pagare; **II.** *adv* volentieri.

willkommen [vɪl'kɔmən] *a (Person)* benvenuto; *(Sache)* gradito, opportuno; **jdn** ~ **heißen** dare il benvenuto a qu; **das ist mir sehr** ~ mi è proprio gradito; **(herzlich)** ~! benvenuto!

Willkür ['vɪlky:ɐ̯] ‹-, ø› *f* arbitrio *m;* **jds** ~ **ausgeliefert sein** essere alla mercé di qu. **willkürlich I.** *a* **1.** *(Maßnahme)* arbitrario; **2.** *(Auswahl)* casuale; **3.** *(Bewegung)* volontario; **II.** *adv* ad arbitrio.

wimmeln ['vɪməln] *itr* brulicare (*von* di), formicolare (*von* di); **der Text wimmelt von Fehlern** il testo è pieno di errori.

wimmern ['vɪmɐn] *itr* piagnucolare.

Wimpel ['vɪmpəl] ‹-s, -› *m* gagliardetto *m; (bes. sport)* guidone *m; mar* pennello *m.*

Wimper ['vɪmpɐ] ‹-, -n› *f* ciglio *m;* **ohne mit der** ~ **zu zucken** senza batter ciglio. **Wimperntusche** *f* mascara *m.*

Wind [vɪnt] ‹-(e)s, -e› *m* vento *m;* **viel** ~ **um etw. machen** *fam* esagerare molto qc, pompare qc *fam;* **jdm den** ~ **aus den Segeln nehmen** *fam* sventare (*o* mandare all'aria *fam*) i piani di qu; **in den** ~ **reden** *fig* parlare al vento; **in alle** ~**e zerstreuen** spargere ai quattro venti; **von etw.** ~ **bekommen** *fam* avere sentore di qc; **bei** ~ **und Wetter** con ogni tempo; **jetzt weht hier ein anderer** ~ *fig* ora spira un'altra aria; **jetzt merke ich, woher der** ~ **weht** *fig fam* adesso sento che vento tira *fam;* **daher weht der** ~! *fig fam* ecco perché! *fam;* **wer** ~ **sät, wird Sturm ernten** *prov* chi semina vento, raccoglie tempesta *prov.* **Windbeutel** *m gastr* bignè *m.* **Windbö(e)** *f* raffica *f* di vento.

Winde ['vɪndə] ‹-, -n› *f* **1.** *tec* argano *m; (kleinere)* verricello *m;* **2.** *bot* convolvolo *m.*

Windel ['vɪndəl] ‹-, -n› *f* pannolino *m;* **noch in den** ~**n liegen** *fig* essere ancora in fasce.

windelweich ['vɪndəl'vaɪ̯ç] *a fam:* **jdn** ~ **prügeln** picchiare qu di santa ragione *fam.*

winden[1] ['vɪndən] ‹windet, wand, gewunden› **I.** *tr* **1.** *(drehen)* torcere; *(schlingen)* attorcigliare; *(wickeln)* cingere; **2.** *(umhüllen)* avvolgere (*um* attorno a); **3.** *geh (flechten)* intrecciare; **jdm etw. aus der Hand** ~ strappare qc dalle mani di qu; **II.** *rfl:* **sich** ~ **1.** *(Pflanze)* avviticchiarsi (*um* a); **2.** *(Schlange)* attorcigliarsi (*um* a); **3.** *(Fluß, Weg)* serpeggiare (*durch das Tal* nella valle); **4.** *(Mensch)* contorcersi (*vor Schmerz* dal dolore); **5.** *fig fam (Ausflüchte machen)* tergiversare.

winden[2] ['vɪndən] *itr:* **es windet** tira vento.

Windeseile ['vɪndəs'ʔaɪ̯lə] *f:* **in** (*o* **mit**) ~ come un fulmine.

windgeschützt *a* riparato dal vento. **Windhose** *f* tromba *f* d'aria. **Windhund** *m* **1.** *zoo* levriere *m;* **2.** *fig fam* scervellato *m.*

windig *a* **1.** *(Tag, etc.)* ventoso; *(Ort)* battuto dai venti; **2.** *fig fam (Mensch)* sventato *fam; (Ausrede)* futile; *(Sache)* dubbio, incerto; **bei** ~**em Wetter** col vento; **es ist** ~ tira vento.

Windjacke *f* giacca *f* a vento. **Windkanal** *m* galleria *f* aerodinamica (*o* del vento). **Windlicht** *n* candela *f* schermata. **Windmühle** *f* mulino *m* a vento. **Windpocken** ‹*pl*› varicella *f.* **Windrad** *n* ruota *f* a vento. **Windrose** *f* rosa *f* dei venti. **Windschatten** *m (von Berg)* versante *m* sottovento; *(von Fahrzeug)* scia *f;* **im** ~ **sein** stare sottovento. **windschief** *a (oft pej)* storto. **Windschutzscheibe** *f* parabrezza *m.* **Windstärke** *f* forza *f* del vento. **windstill** *a* calmo, senza vento. **Windstille** *f* calma *f,* bonaccia *f;* **bei** ~ in tempo di bonaccia. **Windstoß** *m* colpo *m* (*o* folata *f*) di vento, ventata *f.* **Windsurfen, -surfing** *n* windsurf *m.* **Windsurfer(in)** *m(f)* surfista *mf.*

Windung ‹-, -en› *f allg.* tortuosità *f,* sinuosità *f; (Kurve)* curva *f; (Fluß~)* ansa *f,* meandro *m; (von Weg)* serpentina *f,* tornante *m; (von Schraube)* giro *m,* passo *m.*

Wink [vɪŋk] ‹-(e)s, -e› *m* **1.** *(Zeichen)* cenno *m,* segno *m;* **2.** *fig (Ratschlag)* consiglio *m; (Tip)* suggerimento *m; (Warnung)* avvertimento *m;* **ein ~ des Schicksals** un segno del destino; **jdm einen ~ geben** fare cenno a qu.

Winkel ['vɪŋkəl] ‹-s, -› *m* **1.** *mat, fig* angolo *m;* **2.** *(Ecke, abgelegenes Plätzchen)* cantuccio *m;* **3.** *tec (~maß)* squadra *f.* **Winkeladvokat** *m* azzeccagarbugli *m,* avvocato *m* da strapazzo. **Winkeleisen** *n* angolare *m,* cantonale *m.* **Winkelfunktion** *f* funzione *f* goniometrica.

wink(e)lig *a* angolare; *(voller Winkel)* angoloso.

Winkelmaß *n* squadra *f.* **Winkelmesser** ‹-s, -› *m* goniometro *m.* **Winkelzug** *m* stratagemma *m,* sotterfugio *m;* **Winkelzüge machen** usare stratagemmi.

winken ['vɪŋkən] ‹winkt, winkte, gewinkt *o dial* gewunken› **I.** *itr* **1.** *(ein Zeichen geben)* fare un cenno; **2.** *(grüßen)* salutare (*mit der Hand* con un cenno della mano); **3.** *fig (in Aussicht stehen)* prospettarsi (*jdm* a qu), attendere (*jdm* qu); **ihm winkt eine hohe Belohnung** lo attende una lauta ricompensa; **dem Kellner ~** chiamare il cameriere; **II.** *tr:* **jdn zu sich ~** far cenno a qu di venire.

winklig *s.* **winkelig.**

winseln ['vɪnzəln] *itr* guaire, uggiolare; **um Gnade ~** implorare lamentosamente pietà.

Winter ['vɪntɐ] ‹-s, -› *m* inverno *m.* **Winterferien** ‹*pl*› vacanze *f pl* invernali. **Wintergarten** *m* giardino *m* d'inverno. **winterhart** *a bot* resistente al freddo. **Winterkleidung** *f* vestiti *m pl* (*o* abiti *m pl*) invernali. **Winterlandschaft** *f* paesaggio *m* invernale. **winterlich** *a* invernale, d'inverno. **Wintermantel** *m* cappotto *m* (invernale). **Winterreifen** *m* pneumatico *m* invernale. **Winterschlaf** *m* letargo *m;* **~ halten** essere in letargo, ibernare. **Winterschlußverkauf** *m* liquidazione *f* di fine stagione (inverno). **Wintersemester** *n* (*ab* **WS**) semestre *m* invernale. **Winterspeck** *m fam scherz* cuscinetti *m pl* di grasso. **Winterspiele** *n pl:* **Olympische ~** olimpiadi *f pl* invernali. **Wintersport** *m* sport *m* invernale. **Winterzeit** *f* **1.** *(Uhrzeit)* ora *f* solare; **2.** *(Jahreszeit)* inverno *m.*

Winzer(in) ['vɪntsɐ (...ərɪn)] ‹-s, -› *m(f)* viticoltore, -trice *m, f,* vendemmiatore, -trice *m, f.*

winzig ['vɪntsɪç] *a* piccolissimo, microscopico; *(bes. Haus, Zimmer)* minuscolo.

Wipfel ['vɪpfəl] ‹-s, -› *m* vetta *f,* cima *f.*

Wippe ['vɪpə] ‹-, -n› *f* altalena *f.*

wippen *itr* **1.** *(auf Wippe)* fare l'altalena; **2.** *(auf und ab)* andare su e giù; **mit dem Fuß ~** dondolare il piede.

wir [vi:ɐ] *pers pron 1. pers pl* noi; **~ Deutschen** noi (*o* noi altri) tedeschi; **~ beide** noi due; **~ selbst** noi stessi.

Wirbel ['vɪrbəl] ‹-s, -› *m* **1.** *(Wasser~, Staub~, Luft~, fig)* vortice *m; (Luft~, fig a.)* turbine *m;* **2.** *fig (Trubel)* confusione *f; (Aufsehen)* scalpore *m;* **3.** *anat (~knochen)* vertebra *f;* **4.** *(Haar~)* cocuzzolo *m;* **5.** *(an Saiteninstrument)* bischero *m;* **6.** *(Trommel~)* rullo *m.* **wirbellos** *a* invertebrato; **~es Tier** invertebrato *m.* **Wirbelsäule** *f* colonna *f* vertebrale, spina *f* dorsale. **Wirbelsturm** *m* ciclone *m,* uragano *m.* **Wirbeltiere** *n pl* vertebrati *m pl.*

wirbt [vɪrpt] *pr von* **werben.**

wird [vɪrt] *pr von* **werden.**

wirft [vɪrft] *pr von* **werfen.**

wirken ['vɪrkən] *itr* **1.** *(Wirkung haben)* fare (*o* avere) effetto, agire (*als, wie* come), operare (*als, wie* come); **2.** *(ein~)* agire (*auf* su), operare (*auf* su), influire (*auf etw./jdn* (su) qc/qu); **3.** *(einen Eindruck machen)* dare l'impressione di, sembrare; **4.** *(zur Geltung kommen)* valorizzare, avere effetto; **beruhigend ~** avere un effetto calmante; **jugendlich ~** avere un aspetto giovanile; **wie etw. ~** fare l'effetto di qc; **die Arznei beginnt zu ~** la medicina comincia a far effetto; **das Bild wirkt auf der bunten Tapete nicht** il quadro non è valorizzato sulla tappezzeria colorata.

wirklich ['vɪrklɪç] **I.** *a* reale; *(tatsächlich)* effettivo; *(echt)* vero; **II.** *adv* **1.** *(wahrhaft)* veramente, davvero; **2.** *(in Wirklichkeit)* realmente, in realtà; **3.** *(tatsächlich)* effettivamente, in effetti; **das ist ~ nett von Ihnen** è veramente gentile da parte Sua; **das habe ich ~ nicht gewußt** non lo sapevo proprio; **~?** davvero? **Wirklichkeit** ‹-, ø› *f* realtà *f;* **~ werden** diventare realtà, realizzarsi; **in ~** in realtà.

wirksam *a (Mittel)* efficace (*gegen* contro); *(Maßnahme)* energico; **~ werden** *jur* entrare in vigore.

Wirkung ‹-, -en› *f* effetto *m* (*auf* su); *(Ein~)* azione *f; (Wirksamkeit)* efficacia *f;* **auf etw. eine ~ haben** influire su qc; **keine ~ haben, ohne ~ bleiben** non fare (*o* avere) effetto, restare senza effetto; **mit ~ vom 21. April** *adm* con effetto dal 21 aprile. **wirkungslos** *a* inefficace, senza effetto; **bei jdm ~ bleiben** non fare effetto su qu. **wirkungsvoll** *a* **1.** *(wirksam)* efficace; **2.** *(effektvoll)* di (grande) effetto; **~ sein** fare effetto.

wirr [vɪr] *a* **1.** *(ungeordnet)* disordinato; *(Haar)* arruffato; **2.** *fig (verworren: Verhältnisse, Gedanken)* confuso; *(Rede)* sconclusionato; **~es Zeug reden** sragionare; **er ist ein ~er Kopf** ha le idee confuse. **Wirren** ['vɪrən] ‹*pl*› disordini *m pl*, tumulti *m pl*. **Wirrwarr** ['vɪrvar] ‹-s, ø› *m* confusione *f*, disordine *m*; *(Chaos)* pandemonio *m*.

Wirsing(kohl) ['vɪrzɪŋ] ‹-s, ø› *m* verza *f*.

Wirt(in) ['vɪrt(ɪn)] ‹-(e)s, -e› *m(f)* **1.** *(Gast~, Schank~)* oste *m*, ostessa *f*; **2.** *(Gastgeber, Haus~)* padrone, -a *m, f* di casa; **3.** *(Zimmer~)* affittacamere *mf*; **4.** *(Hotelbesitzer)* albergatore, -trice *m, f*; **5.** *biol* ospite *m*.

Wirtschaft ['vɪrtʃaft] ‹-, -en› *f* **1.** *(Volks~)* economia *f*; *(~ssystem)* sistema *m* economico; **2.** *(Gast~)* osteria *f*, trattoria *f*; **3.** *fam (Zustände)* confusione *f*, baraonda *f*.

wirtschaften *itr* **1.** *(haushalten)* fare economia, economizzare; **2.** *(geschäftig arbeiten)* trafficare.

Wirtschafterin *f* governante *f*.

wirtschaftlich *a* **1.** *(die Wirtschaft betreffend)* economico; **2.** *(finanziell)* finanziario; **3.** *(rationell)* razionale; *(lohnend)* conveniente; **4.** *(sparsam)* economo, parsimonioso. **Wirtschaftlichkeit** ‹-, ø› *f* **1.** *(Rentabilität)* redditività *f*; **2.** *(Sparsamkeit)* economia *f*, parsimonia *f*.

Wirtschaftsgemeinschaft *f* comunità *f* economica; **Europäische ~** (*ab* **EWG**) Comunità economica europea. **Wirtschaftsjahr** *n* anno *m* finanziario. **Wirtschaftskriminalität** *f* criminalità *f* dei colletti bianchi. **Wirtschaftsministerium** *n* ministero *m* dell'economia. **Wirtschaftspolitik** *f* politica *f* economica. **Wirtschaftsprüfer(in)** *m(f)* revisore *m* dei conti, perito, -a *m, f* contabile. **Wirtschaftswunder** *n* boom *m* (*o* miracolo *m*) economico.

Wirtshaus *n* osteria *f*, taverna *f*; *(Gaststätte)* trattoria *f*. **Wirtsleute** ‹*pl*› **1.** *(von Wirtshaus)* padroni *m pl* dell'osteria; **2.** *(als Zimmervermieter)* padroni *m pl* di casa.

Wisch [vɪʃ] ‹-(e)s, -e› *m fam* pezzo *m* di carta *fam*, fogliaccio *m*.

wischen ['vɪʃən] *tr* **1.** *(mit der Hand)* passare con la mano (*über etw.* sopra qc); **2.** *(entfernen)* togliere (*von* da); **3.** *(reinigen)* pulire, strofinare; **Staub ~** spolverare (i mobili); **sich** *(dat)* **den Schweiß von der Stirn ~** asciugarsi il sudore dalla fronte.

Wischiwaschi [vɪʃi'vaʃi] ‹-s, ø› *n fam* blablà *m fam*.

wispern ['vɪspɐn] *tr, itr* sussurrare, bisbigliare.

Wißbegier(de) *f* brama *f* di apprendere (*o* di sapere). **wißbegierig** *a* desideroso di apprendere (*o* di sapere).

wissen ['vɪsən] ‹weiß, wußte, gewußt› *tr, itr* **1.** *allg.* sapere (*um etw.* qc); *(Kenntnis haben a.)* essere a conoscenza (*o* informato) (*von, um etw.* di qc); **2.** *(kennen a.)* conoscere; **3.** *(erfahren a.)* venire a sapere (*durch* da); **4.** *(sich erinnern)* ricordarsi; **~ zu ...** *inf* sapere ... *inf*; **nicht ~** ignorare; **nicht aus noch ein ~** non sapere che pesci pigliare *fam*; **alles besser ~ wollen** saperla sempre più lunga; **etw. genau ~** essere certo (*o* sicuro) di qc, sapere qc con sicurezza; **jdn etw. ~ lassen** far sapere qc a qu, informare qu di qc; **sich zu benehmen ~** sapere come comportarsi; **soviel ich weiß** per quanto ne sappia; **ich will von ihm/davon nichts ~** non voglio saperne di lui/di ciò; **nicht, daß ich wüßte** non che io sappia; **als ob ich das wüßte!** *fam* come se lo sapessi!; **was weiß ich!** che ne so io!; **woher soll ich das ~?** come faccio a saperlo?; **das mußt du (selber) ~** *fam* questo devi saperlo tu; **weißt du noch?** ti ricordi?; **weißt du seine Adresse noch?** ti ricordi il suo indirizzo?; **weißt du was? wir gehen mit** sai cosa facciamo? ci andiamo anche noi; **man kann nie ~** non si sa mai; **das hätte man ~ sollen!** a saperlo!, ad averlo saputo!; **wer weiß** chissà; **ich habe ihn wer weiß wie oft gesehen** l'ho visto Dio sa quante volte; **gewußt wie/wo!** *fam* a sapere come/dove!; **was ich nicht weiß, macht mich nicht heiß** *prov* occhio non vede, cuore non duole *prov*.

Wissen ‹-s, ø› *n* **1.** *allg.* sapere *m*; **2.** *(Kenntnisse)* cognizioni *f pl*; **3.** *(Kenntnis)* conoscenza *f* (*von* di); **meines ~s** per quanto ne so; **nach bestem ~ und Gewissen** con scienza e coscienza; **ohne mein ~** a mia insaputa, senza che lo sapessi; **wider besseres ~** in malafede; **~ ist Macht** *prov* sapere è potere *prov*.

Wissenschaft ‹-, -en› *f* scienza *f*. **Wissenschaftler(in)** ‹-s, -› *m(f)* scienziato, -a *m, f*; *(bes. Forscher, Gelehrter)* studioso, -a *m, f*. **wissenschaftlich** *a* scientifico; **~ geschult** con formazione scientifica.

Wissensdrang *m*, **-durst** *m* desiderio *m* (*o* sete *f*) di sapere. **Wissensgebiet** *n* campo *m* dello scibile. **Wissenslükke** *f* lacuna *f*. **wissenswert** *a* merite-

vole di essere saputo (*o* conosciuto), interessante.
wissentlich ['vɪsəntlɪç] **I.** *a* intenzionale; **II.** *adv (bewußt)* consapevolmente; *(vorsätzlich)* deliberatamente.
wittern ['vɪtɐn] **I.** *tr* fiutare; **Gefahr ~** fiutare il pericolo; **II.** *itr* annusare.
Witterung ‹-, ø› *f* **1.** *(Wetter)* tempo *m;* **2.** *(Geruchssinn)* fiuto *m; (Geruch)* odore *m;* **bei jeder ~** con ogni tempo; **bei günstiger ~** tempo permettendo. **Witterungsverhältnisse** *n pl* condizioni *f pl* atmosferiche.
Witwe ['vɪtvə] ‹-, -n› *f* vedova *f.* **Witwenrente** *f* pensione *f* vedovile. **Witwer** ['vɪtvɐ] ‹-s, -› *m* vedovo *m.*
Witz [vɪts] ‹-es, -e› *m* **1.** *(Esprit)* spirito *m; (Geist, geistreiche Bemerkung)* arguzia *f;* **2.** *(witzige Geschichte)* barzelletta *f; (Scherz)* scherzo *m; (Wortspiel)* gioco *m* di parole; **~e erzählen** (*o* **reißen** *fam*) raccontare barzellette; **~e machen** fare dello spirito; **mach keine ~e!** *fig fam* scherzi?, stai scherzando?; **der ~ an der ganzen Sache ist, daß ...** il bello è che ...; **das ist der ganze ~** *(fam: darauf kommt es an)* questo è il punto; **das soll doch wohl ein ~ sein** è una barzelletta?, bisogna ridere? **Witzblatt** *n* giornale *m* umoristico. **Witzbold** [-bɔlt] ‹-(e)s, -e› *m* burlone *m,* buffone *m.*
witzeln *itr* fare dello spirito (*über jdn* su qu); **über etw. ~** burlarsi di qc.
witzig *a* spiritoso; *(geistreich a.)* arguto; *(lustig)* buffo; *(komisch)* comico.
witzlos *a* **1.** *(ohne Witz)* senza spirito; **2.** *fam (zwecklos)* inutile.
wo [vo:] **I.** *adv* **1.** *(interrogativ)* dove; **2.** *(unbestimmt, fam: irgend~)* da qualche parte; **3.** *(relativisch)* dove; *(zeitlich)* quando; **~ denn?** ma dove?; **~ auch immer** dovunque *conj;* **dort, ~** là dove; **überall, ~** ovunque *conj;* **an dem Ort, ~** nel luogo in cui (*o* nel quale); **am Tage/im Augenblick, ~** il giorno/nel momento in cui; **ich weiß nicht, ~ er ist** non so dov'è; **ach** (*o* **i**) **~!** *fam* ma no!, macché!; **II.** *con* **1.** *(kausal)* dal momento che; **2.** *(adversativ)* mentre; **3.** *(konditional)* se, nel caso che *conj;* **ausgerechnet heute, ~ ich keine Zeit habe!** *fam* proprio oggi che non ho tempo!
woanders [vo'ʔandɐs] *adv* altrove, in un altro luogo; **mit den Gedanken ~ sein** avere la testa altrove.
wob [vo:p] *obs, fig imp von* **weben.**
wobei [vo'bai] *adv* **1.** *(interrogativ)* con che cosa?; **2.** *(relativisch)* in cui, nella qual cosa; *(bei welcher Gelegenheit)* nella qual occasione, *meist Gerundium;* **~ bist du gerade?** cosa stai facendo?; **~ ist das passiert?** com'è successo?
Woche ['vɔxə] ‹-, -n› *f* settimana *f;* **letzte** (*o* **vergangene**)**/nächste ~** la settimana scorsa/prossima (*o* ventura); **heute in einer ~** oggi a otto; **heute in drei ~n** (come oggi) fra tre settimane; **die ~ über** in settimana. **Wochenblatt** *n* settimanale *m.* **Wochenende** *n* fine *m* settimana, week-end *m;* **langes** (*o* **verlängertes**) **~** ponte *m;* **am/übers ~** il fine settimana; **schönes ~!** buon fine settimana! **Wochenendhaus** *n* casetta *f* per il fine settimana. **Wochenkarte** *f* abbonamento *m* settimanale. **wochenlang I.** *a* di (più *o* parecchie) settimane; **II.** *adv* per intere settimane; **~ brauchen** impiegare delle settimane. **Wochenlohn** *m* paga *f* settimanale. **Wochentag** *m* giorno *m* della settimana; *(Werktag)* giorno *m* feriale (*o* lavorativo). **wochentags** *adv* durante la settimana; *(werktags)* nei giorni feriali (*o* lavorativi).
wöchentlich ['vœçəntlɪç] **I.** *a* settimanale; **II.** *adv* ogni settimana; **dreimal ~** tre volte (al)la settimana.
Wöchnerin ['vœçnərɪn] *f* puerpera *f,* partoriente *f.*
wodurch [vo'dʊrç] *adv* **1.** *(interrogativ)* come, in che modo, attraverso che cosa; **2.** *(relativisch)* per cui, attraverso la qual cosa; **~ ist er so scheu geworden?** che cosa l'ha portato a diventare così timido?; **das Mittel, ~** il mezzo con cui.
wofür [vo'fy:ɐ] *adv* **1.** *(interrogativ)* per che cosa; **2.** *(relativisch)* per cui, per la qual cosa; **~ halten Sie mich?** per chi mi prende?; **er ist nicht das, ~ er sich ausgibt** non è quello per cui si spaccia.
wog [vo:k] *imp von* **wiegen**[1].
Woge ['vo:gə] ‹-, -n› *f* **1.** *geh* onda *f;* **2.** *fig* ondata *f;* **wenn sich die ~n geglättet haben** *fig* quando si saranno calmate le acque.
wogegen [vo'ge:gən] **I.** *adv* **1.** *(interrogativ)* contro che cosa; **2.** *(relativisch)* contro cui, contro la qual cosa; *(durch Tausch)* in cambio di ciò; **II.** *con* mentre.
wogen ['vo:gən] *itr* ondeggiare.
woher [vo'he:ɐ] *adv* **1.** *(interrogativ)* di (*o* da) dove; *(auf welche Weise)* come; **2.** *(relativisch)* da cui, dal quale; **~ kommt der Brief?** da dove viene la lettera?; **~ sind Sie?** di dov'è?; **~ weißt du das?** come fai a saperlo?; **~ kommt es, daß ...?** com'è che ...?, come accade che ...?; **aber ~ denn!** *fam* macché!, neanche per idea!
wohin [vo'hɪn] *adv* **1.** *(interrogativ)* dove; **2.** *(relativisch)* in cui, nel quale.
wohl [vo:l] **I.** *adv* **1.** *(gut, gesund, angenehm)* bene; **2.** *(durchaus)* perfettamente; **3.** *(vielleicht)* forse; **4.** *(wahrscheinlich)* probabilmente; **5.** *(etwa, ungefähr)* (all'in)circa; **sich ~ fühlen** sentirsi bene; **~ kaum** sarà difficile, non

credo; ~ **oder übel** volente o nolente; ~ **dem, der ...** beato colui che ...; **ich habe ~ bemerkt, daß ...** ho ben notato che ...; **ich muß mich ~ erkältet haben** si vede che ho preso freddo; **mir ist nicht ~ bei der Sache** non mi sento tranquillo in questa faccenda; **mir ist jetzt ~er** sto meglio ora; **er könnte ~ noch kommen** potrebbe ancora venire; **er wird ~ krank sein** sarà ammalato; **das mag ~ sein** può darsi benissimo; **~ bekomm's!** salute!, evviva!; **leben Sie ~!** addio!; **du bist ~ nicht gescheit!** ma sei matto!; **II.** *con (zwar)* è vero che; **er wußte ~, daß es gefährlich ist, aber ...** lo sapeva pure che è pericoloso, ma ...

Wohl ‹-(e)s, ø› *n* bene *m; (~befinden)* benessere *m; (Gesundheit)* salute *f;* **auf jds ~ trinken** bere alla salute di qu; **auf Ihr/euer ~!, zum ~!** (alla Sua/vostra) salute!; **zum ~ des Landes** nell'interesse del paese.

Wohlbefinden *n* salute *f,* benessere *m;* **sich nach jds ~ erkundigen** informarsi della salute di qu. **wohlbehalten** *a (Person)* sano e salvo; *(Sache)* in buono stato. **wohldurchdacht** [-durçdaxt] *a* ben meditato. **Wohlergehen** ‹-s, ø› *n* benessere *m,* salute *f.*

Wohlfahrt *f* assistenza *f* pubblica (*o* sociale). **Wohlfahrtsmarke** *f* francobollo *m* emesso a scopo di beneficenza. **Wohlfahrtsstaat** *m* stato *m* assistenziale.

wohlgemerkt *a, adv* nota bene, beninteso. **wohlgenährt** *a* ben nutrito. **wohlhabend** *a* agiato, benestante.

wohlig *a* piacevole, gradevole.

Wohlstand *m* benessere *m,* agiatezza *f;* **im ~ leben** vivere nel benessere. **Wohlstandsgesellschaft** *f* società *f* opulenta (*o* del benessere).

Wohltat *f* **1.** *(Wohltätigkeit)* bene *m,* opera *f* buona; **2.** *(Linderung)* benedizione *f;* **das ist eine ~** è una vera benedizione. **Wohltäter(in)** *m(f)* benefattore, -trice *m, f.* **wohltätig** *a (Handlung)* caritatevole; *(Person, Werk)* benefico (*gegen* verso). **Wohltätigkeit** *f* beneficenza *f,* carità *f.* **Wohltätigkeitsveranstaltung** *f* manifestazione *f* di beneficenza. **wohltuend** *a* piacevole, gradevole. **wohl·tun** ‹*irr*› *itr (angenehm sein)* fare bene; *(lindernd sein)* dare sollievo. **wohlüberlegt** *a* ben ponderato; **~ vorgehen** agire con ponderatezza. **wohlweislich** [-vaislıç] *adv* saggiamente. **Wohlwollen** ‹-, ø› *n* benevolenza *f; (Gunst)* favore *m; (Geneigtheit)* simpatia *f.* **wohlwollend I.** *a* benevolo; **II.** *adv* con benevolenza.

Wohnblock ‹-(e)s, -s *o CH* ¨-e› *m* caseggiato *m.*

wohnen ['vo:nən] *itr (fest)* abitare (*bei* da); *(Unterkunft haben)* alloggiare; *(vorübergehend ~)* stare; *(a. fig)* vivere.

Wohnfläche *f* superficie *f* abitabile. **Wohngebiet** *n* zona *f* residenziale. **Wohngemeinschaft** *f* (*ab* **WG**) comune *f, persone che dividono un appartamento o una casa.* **Wohnhaus** *n* casa *f* d'abitazione. **Wohnheim** *n* pensionato *m.* **Wohnlage** *f* posizione *f;* **in günstiger ~** in buona posizione. **wohnlich** *a* accogliente, confortevole. **Wohnmobil** [-mobi:l] ‹-s, -e› *n* camper *m.* **Wohnort** *m* domicilio *m,* residenza *f.* **Wohnsilo** *m o n pej* casermone *m.* **Wohnsitz** *m* domicilio *m,* dimora *f,* residenza *f;* **ständiger ~** domicilio permanente, residenza (*o* dimora) stabile; **der zweite ~** il secondo domicilio, la seconda casa; **ohne festen ~** senza fissa dimora.

Wohnung ‹-, -en› *f* (*ab* **Whg.**) casa *f; (a. Unterkunft)* alloggio *m; (Etagen~)* appartamento *m.* **Wohnungsbau** ‹-(e)s, ø› *m* edilizia *f* residenziale. **Wohnungsmarkt** *m* mercato *m* degli alloggi. **Wohnungsnot** *f* crisi *f* degli alloggi. **Wohnungssuche** *f:* **auf ~ sein** cercare casa.

Wohnviertel *n* quartiere *m* (*o* zona *f*) residenziale. **Wohnwagen** *m* roulotte *f.* **Wohnzimmer** *n* soggiorno *m.*

wölben ['vœlbən] *rfl:* **sich ~** inarcarsi (*über* sopra).

Wölbung ‹-, -en› *f allg.* convessità *f; arch* volta *f; (Bogen)* arcata *f.*

Wolf [vɔlf] ‹-(e)s, ¨-e› *m* **1.** *zoo* lupo *m;* **2.** *med* intertrigine *f;* **3.** *tec (Fleisch~)* tritacarne *m;* **ein ~ im Schafspelz sein** essere un lupo vestito da agnello; **mit den Wölfen heulen** *fig* adeguarsi agli altri, seguire il branco.

Wolfgang ['vɔlfgaŋ] *(männlicher Vorname)* Volfgango.

Wölfin ['vœlfın] *f* lupa *f.*

Wolfram ['vɔlfram] ‹-s, ø› *n chem* wolframio *m,* tungsteno *m.*

Wolke ['vɔlkə] ‹-, -n› *f* nube *f,* nuvola *f;* **aus allen ~n fallen** cascare dalle nuvole; **in den ~n schweben** *fig* vivere nelle nuvole. **Wolkenbruch** *m* nubifragio *m.* **Wolkendecke** *f* cappa *f* di nubi. **Wolkenkratzer** *m* grattacielo *m.* **wolkenlos** *a* senza nubi, sereno.

wolkig *a* nuvoloso, annuvolato.

Wolldecke *f* coperta *f* di lana, plaid *m.*

Wolle ['vɔlə] ‹-, -n› *f* lana *f;* **reine ~** pura lana; **sich in die ~ geraten** *fam* litigare.

wollen[1] ['vɔlən] ‹will, wollte, gewollt *o modales Hilfsverb* wollen› *tr, itr* **1.** *allg.* volere; *(wünschen a.)* desiderare; **2.** *(beabsichtigen)* aver l'intenzione (*etw. tun* di fare qc), pensare (*etw. tun* di fare qc), avere in mente (*etw. tun* di fare qc); **3.** *(verlangen)* pretendere; *(fordern)* esigere; **4.** *(behaupten)* pretendere (*etw. getan haben* di aver fatto qc), affermare (*etw. getan haben* di aver fatto qc); **5.** *(an einen Ort gehen)* volere andare; **ich will nichts davon hören** non ne voglio sapere nulla; **das will ich nicht gehört haben!** come se non l'avessi sentito!; **das will ich hoffen/meinen!** lo spero/credo bene!; **Verzeihung, das habe ich nicht gewollt!** mi scusi, non l'ho fatto apposta; **ich wollte, es wäre Sonntag** vorrei che fosse domenica; **willst du (jetzt) wohl aufstehen!** *fam* ti decidi ad alzarti?; **wir ~ gehen** andiamo; **das ~ wir mal sehen!** staremo a vedere!; **(machen Sie es,) wie Sie ~** (faccia) come vuole; **was ~ Sie damit sagen?** cosa intende dire con ciò?; **wo ~ Sie hin?** dove vuole andare?; **er will dich gestern gesehen haben** dice di averti visto ieri; **sei ihm, wie ihm wolle** *geh* sia come sia; **und so jemand will Arzt sein!** *fam* e quello sarebbe un dottore?; **da ist nichts zu ~** *fam* non c'è niente da fare; **das will überlegt sein** occorre rifletterci su; **man muß daran teilnehmen, ob man will oder nicht** bisogna prendervi parte, volenti o nolenti (*o* che si voglia o no); **das Wetter will (und will) nicht besser werden** il tempo non accenna a migliorare.

wollen² ['vɔlən] *a* di lana.

Wolljacke *f* giacca *f* di lana (*o* maglia), cardigan *m*. **Wollsiegel** *n* marchio *m* della lana. **Wollstoff** *m* tessuto *m* (*o* stoffa *f*) di lana.

wollte ['vɔltə] *imp von* **wollen¹**.

Wollust ['vɔlʊst] *f* voluttà *f; fig* sommo piacere *m* (*o* diletto *m*). **wollüstig** ['vɔlʏstɪç] *a* voluttuoso.

womit [vo'mɪt] *adv* **1.** *(interrogativ)* con che cosa; **2.** *(relativisch)* con cui, con la qual cosa; **~ soll ich anfangen?** da dove devo cominciare?; **~ ich nicht sagen will, daß ...** con questo non voglio dire che ...

womöglich [vo'mœ:klɪç] *adv* magari, forse; **~ kommt er schon heute** può darsi che arrivi già oggi.

wonach [vo'na:x] *adv* **1.** *(interrogativ)* che cosa, a che cosa, di che cosa; **2.** *(relativisch)* dopo di che; *(gemäß)* secondo cui; **~ hast du ihn gefragt?** che cosa gli hai chiesto?; **~ schmeckt das?** che sapore ha?

Wonne ['vɔnə] ‹-, -n› *f geh* somma gioia *f*, delizia *f*, vero piacere *m;* **es ist eine (wahre) ~, ihm zuzuschauen** è un vero piacere guardarlo.

woran [vo'ran] *adv* **1.** *(interrogativ)* a (*o* di *o* in *o* su) che cosa; cosa; **2.** *(relativisch)* a (*o* di *o* in *o* su) cui; **~ liegt es, daß ...?** qual'è la ragione per cui ...?; **~ denkst du?** a che cosa pensi?; **nun weiß ich (wenigstens), ~ ich bin** ora (almeno) so come regolarmi; **ich weiß nicht, ~ ich bei ihm bin** non so cosa pensare di lui.

worauf [vo'rau̯f] *adv* **1.** *(interrogativ)* a (*o* di *o* su *o* sopra a) che cosa, dove; **2.** *(relativisch)* di (*o* su *o* sopra) cui, dove; *(zeitlich)* dopo di che; **~ warten Sie?** cosa sta aspettando?

woraus [vo'rau̯s] *adv* **1.** *(interrogativ)* da (*o* di) che cosa; **2.** *(relativisch)* da (*o* di) cui.

worin [vo'rɪn] *adv* **1.** *(interrogativ)* in che cosa; **2.** *(relativisch)* in cui.

Wort [vɔrt] *n* **1.** ‹-(e)s, ¨-er *o rar* -e› *allg.* parola *f; (Vokabel)* vocabolo *m; (Ausdruck)* espressione *f; (Begriff)* termine *m;* **2.** ‹-(e)s, -e› *(Ausspruch)* detto *m*, motto *m; (Ehren~)* parola *f* (d'onore); **3.** ‹-(e)s, -e› *(Text)* parole *f pl*, testo *m;* **das ~ Gottes** il verbo (*o* la parola) di Dio; **das ~ ergreifen** prendere la parola; **jdm das ~ erteilen** dare la parola a qu; **einer S.** *(dat)* **das ~ reden** sostenere qc, adoperarsi per qc; **sein ~ brechen** venire meno alla parola data; **jdm sein ~ geben** dare la propria parola a qu; **sein ~ halten** mantenere la propria parola; **sein eigenes ~ nicht verstehen** non poter udire la propria voce; **kein ~ verstehen** non capire una parola; **ein gutes ~ für jdn einlegen** mettere (*o* spendere) una buona parola per qu; **mit jdm ein ernstes ~ reden** parlare seriamente a qu, fare un discorso serio a qu; **große ~e machen** dire paroloni *fam;* **aufs ~ gehorchen** (*o* **hören**) ubbidire alla parola; **jdm aufs ~ glauben** credere a qu sulla parola; **jdn beim ~ nehmen** prendere qu in parola; **in ~e fassen** esprimere a parole, formulare; **eine Sprache in ~ und Schrift beherrschen** conoscere una lingua parlata e scritta; **sich zu ~ melden** chiedere (*o* domandare) la parola; **nicht zu ~ kommen** non poter dire una parola; **jdn nicht zu ~ kommen lassen** non lasciar parlare qu; **auf mein ~** parola (d'onore); **bei diesen ~en** *(bei gleichem Subjekt)* ciò dicendo; *(bei unterschiedlichem Subjekt)* mentre dice(va) questo ...; **~ für ~** parola per parola, letteralmente; **in einem ~** con una parola; **in ~en** *(ausgeschrieben)* in lettere; **mit anderen ~en** con altre parole; **ein ~ gab das andere** una parola ha tirato l'altra; **es ist kein wahres ~ daran** non c'è una parola di vero in (tutto) ciò; **darüber brauchen wir kein ~ mehr zu verlieren** non dobbiamo più sprecare fiato per questo; **das letzte ~ in dieser Angelegenheit ist noch nicht gesprochen** non è detta l'ultima parola (in questa faccenda); **hat man da ~e?** *fam* è mai possibile?; **kein ~ mehr!** basta!, non una parola di più!

Wortart *f* parte *f* del discorso. **wortbrüchig** *a:* ~ **werden** mancare alla parola data.

Wörtchen ['vœrtçən] ‹-s, -› *n:* **ein** ~ **mitzureden haben** *fam* avere voce in capitolo.

Wörterbuch ['vœrtɐ-] *n* dizionario *m*, vocabolario *m*. **Wörterverzeichnis** *n* glossario *m*.

Wortführer(in) *m(f)* portavoce *mf; (Vertreter)* esponente *mf*. **Wortgefecht** *n* schermaglia *f*, scaramuccia *f*. **wortkarg** *a* **1.** *(Mensch)* di poche parole, taciturno; **2.** *(Äußerung)* laconico. **Wortklauberei** [-klaubə'rai] ‹-, -en› *f* pignoleria *f*, pedanteria *f*. **Wortlaut** *m* testo *m; (a. jur)* tenore *m;* **im** ~ integralmente, testualmente; **... hat folgenden** ~ ... è così redatto.

wörtlich ['vœrtlıç] **I.** *a* letterale, testuale; ~**e Rede** discorso testuale; **II.** *adv* alla lettera; ~ **zitieren** citare testualmente; **etw.** ~ **nehmen** prendere qc alla lettera; **etw.** ~ **übersetzen** tradurre qc letteralmente.

wortlos I. *a* muto; **II.** *adv* in silenzio, senza parlare. **Wortmeldung** *f* richiesta *f* di parola; ~**en liegen nicht vor** nessuno ha chiesto la parola. **Wortschatz** *m* vocabolario *m*, lessico *m*. **Wortspiel** *n* gioco *m* di parole. **Wortstellung** *f* ordine *m* delle parole. **Wortwechsel** *m* alterco *m*, diverbio *m*. **wortwörtlich** ['vɔrt'vœrtlıç] **I.** *a* letterale, testuale; **II.** *adv* parola per parola.

worüber [vo'ry:bɐ] *adv* **1.** *(interrogativ)* su (*o* sopra) che cosa; **2.** *(relativisch)* su (*o* di) cui.

worum [vo'rʊm] *adv* **1.** *(interrogativ)* intorno a che cosa; **2.** *(relativisch)* intorno a cui; ~ **handelt es sich?** di che cosa si tratta?

worunter [vo'rʊntɐ] *adv* **1.** *(interrogativ)* sotto che cosa; *(zwischen welchen Dingen)* fra che cosa; **2.** *(relativisch)* sotto cui; *(zwischen denen)* fra cui.

wovon [vo'fɔn] *adv* **1.** *(interrogativ)* da (*o* di) che cosa; **2.** *(relativisch)* da (*o* di) cui; ~ **sprechen Sie?** di che cosa sta parlando?

wozu [vo'tsu:] *adv* **1.** *(interrogativ)* a (*o* per) che cosa; *(indirekt a.)* perché, a che scopo; **2.** *(relativisch)* a (*o* di *o* per) cui, che; ~ **ist das gut?** a che cosa serve?

Wrack [vrak] ‹-(e)s, -s *o rar* -e› *n* relitto *m*.

WS *ab von* **Wintersemester** semestre *m* invernale.

Wucher ['vu:xɐ] ‹-s, ø› *m* usura *f*, strozzinaggio *m;* ~ **(mit etw.) treiben** praticare lo strozzinaggio (con qc).

Wucherer ‹-s, -› *m* usuraio *m*, strozzino *m*.

wucherisch *a* usurario.

wuchern ['vu:xɐn] *itr* **1.** ‹*haben o sein*› *bot* lussureggiare, crescere rigogliosamente; *biol, fig* proliferare; **2.** ‹*haben*› *com (Wucher treiben)* esercitare l'usura, fare l'usuraio.

Wucherpreis *m* prezzo *m* esorbitante (*o* da usuraio).

Wucherung ‹-, -en› *f (Gebilde)* escrescenza *f*.

Wucherzins *m* interessi *m pl* da usuraio.

wuchs [vu:ks] *imp von* **wachsen**[1].

Wuchs ‹-es, ø› *m* **1.** *(Wachstum)* crescita *f;* **2.** *(Körper~, Gestalt)* corporatura *f*, statura *f*.

Wucht [vʊxt] ‹-, ø› *f* violenza *f*, forza *f; (a. fig)* impeto *m;* **mit voller** ~ con tutta la forza; **das ist eine** ~**!** *fam* è una cannonata! *fam*.

wühlen ['vy:lən] **I.** *itr* **1.** *allg.* scavare; *(mit Schnauze)* grufolare; **2.** *fam (suchen)* frugare; **II.** *rfl:* **sich durch etw.** ~ farsi strada attraverso qc.

Wühlmaus *f* arvicola *f*. **Wühltisch** *m fam* banco *m* della merce in svendita.

Wulst [vʊlst] ‹-es, ⁻e› *m o* ‹-, ⁻e› *f* cuscinetto *m; med* protuberanza *f; (Verdickung)* rigonfiamento *m; arch* toro *m; mot* bordo *m*. **wulstig** *a* tumido.

wund [vʊnt] *a* escoriato; ~**er Punkt** punto debole (*o* doloroso), piaga *f;* **den** ~**en Punkt berühren** mettere il dito sulla piaga.

Wunde ['vʊndə] ‹-, -n› *f allg., fig* piaga *f; (Verletzung)* ferita *f;* **alte** ~**n (wieder) aufreißen** *fig* riaprire una vecchia ferita.

Wunder ['vʊndɐ] ‹-s, -› *n rel* miracolo *m*, prodigio *m; (bewundernswerte Sache a.)* meraviglia *f;* ~ **wirken** *(a. fig)* fare miracoli; **an ein** ~ **grenzen** essere quasi un miracolo; **wie durch ein** ~ come per miracolo; **er glaubt, w**~ **was getan zu haben** *fam* crede di aver fatto chissà che (cosa); **kein** ~**, daß er krank ist** non c'è da meravigliarsi se è ammalato; **(das ist doch) kein** ~**!** non c'è da stupirsi!

wunderbar *a* **1.** *(schön)* meraviglioso, magnifico, stupendo; **2.** *(wie ein Wunder)* miracoloso, portentoso, prodigioso; **sie singt** ~ canta che è una meraviglia.

Wunderheiler(in) ‹-s, -› *m(f)* guaritore, -trice *m, f*. **Wunderkind** *n* bambino *m* prodigio.

wunderlich *a* strano, bizzarro.

wundern I. *rfl:* **sich** ~ stupirsi (*über* di), meravigliarsi (*über* di); **ich muß mich doch sehr** ~ *fam* non me lo sarei mai aspettato; **du wirst dich noch** ~**!** *fam* vedrai!; **II.** *tr* sorprendere, stupire, me-

ravigliare; **das wundert mich** questo mi sorprende.
wunderschön ['vʊndɐ'ʃø:n] *a* meraviglioso, bellissimo, stupendo.
wundervoll *a* meraviglioso, stupendo.
Wundstarrkrampf *m* tetano *m.*
Wunsch [vʊnʃ] ‹-(e)s, ⸚e› *m* **1.** *allg.* desiderio *m* (*nach* di); **2.** *(Verlangen)* richiesta *f; (Bitte)* preghiera *f;* **3.** *(Glück~)* augurio *m;* **den ~ haben, etw. zu tun** avere il desiderio di fare qc; **jdm einen ~ erfüllen** esaudire un desiderio di qu; **jdm jeden ~ von den Augen ablesen** leggere a qu i desideri negli occhi; **auf (jds) ~** a richiesta (di qu); **mit den besten Wünschen** con i migliori auguri; **nach ~** a piacimento; **es geht alles nach ~** tutto procede nel migliore dei modi; **dein ~ sei (*o* ist) mir Befehl** *scherz* un tuo desiderio è un ordine per me; **haben Sie (sonst) noch einen ~?** desidera altro?, ha bisogno di altro?
Wünschelrute ['vʏnʃəl-] *f* bacchetta *f* da rabdomante.
wünschen ['vʏnʃən] *tr* desiderare (*etw. zu tun* fare qc); *(wollen)* volere; *(bitten)* chiedere; **sich** *(dat)* **etw. ~** desiderare qc; **jdm etw. ~** *allg.* auspicare qc a qu; *(wohlmeinend)* augurare qc a qu; **jdm guten Morgen ~** augurare il buon giorno a qu; **zu ~ übriglassen** lasciare a desiderare; **es wäre zu ~, daß ...** sarebbe auspicabile che ... *conj;* **ich wünsche Ihnen alles Gute** Le faccio i miei auguri; **Sie ~?, was ~ Sie?** desidera?, cosa desidera? **wünschenswert** *a* desiderabile, auspicabile.
Wunschkind *n* bambino *m* desiderato. **Wunschkonzert** *n* musica *f* a richiesta. **wunschlos** *a:* **~ glücklich sein** essere perfettamente felice. **Wunschtraum** *m* sogno *m,* desiderio *m.* **Wunschvorstellung** *f* illusione *f.*
wurde ['vʊrdə] *imp von* **werden.**
Würde ['vʏrdə] ‹-, -n› *f* **1.** ‹*sing*› *(Wert, Haltung)* dignità *f;* **2.** *(Rang)* grado *m; (Titel)* titolo *m;* **ich halte es für unter meiner ~, so etw. zu tun** ritengo indegno di me fare qc del genere; **das ist unter aller ~** è al di sotto di ogni dignità. **Würdenträger(in)** *m(f)* dignitario, -a *m, f.* **würdevoll** *a* dignitoso.
würdig *a* **1.** *(wert)* degno (*gen* di); **2.** *(würdevoll)* dignitoso; **du bist ihrer nicht ~** non sei degno di lei.
würdigen *tr* **1.** *(anerkennen)* apprezzare; *(Verdienste)* riconoscere; **2.** *(für würdig befinden)* stimare degno (*jdn einer S. (gen)* qu di qc); **jdn keines Blickes ~** non degnare qu di uno sguardo.
Würdigung ‹-, -en› *f* **1.** ‹*sing*› *(Anerkennung)* riconoscimento *m;* **2.** *(Ehrung)* omaggio *m.*
Wurf [vʊrf] ‹-(e)s, ⸚e› *m* **1.** *allg.* getto *m; (a. sport)* lancio *m;* **2.** *zoo* figliata *f;* **einen guten ~ tun** *fig* fare un bel colpo.
Würfel ['vʏrfəl] ‹-s, -› *m* **1.** *(Spiel~, Brüh~)* dado *m; (Speck~, Zwiebel~, etc.)* dado *m,* cubetto *m; (Zucker~)* zolletta *f;* **2.** *mat* cubo *m;* **~ spielen** giocare a dadi; **die ~ sind gefallen** *fig* il dado è tratto. **Würfelbecher** *m* bussolotto *m.*
würfeln I. *itr (Würfel spielen)* giocare a dadi; *(zur Entscheidung)* giocare ai dadi (*um etw.* qc); *(Würfel werfen)* tirare i dadi; **II.** *tr* **1.** *(in Würfel schneiden)* tagliare a dadi; **2.** *(eine Zahl)* giocare.
Würfelspiel *n* gioco *m* dei dadi.
Würfelzucker *m* zucchero *m* in zollette.
würgen ['vʏrgən] **I.** *tr* strozzare, strangolare; **II.** *itr (nicht schlucken können)* strozzarsi (*an etw.* con qc).
Wurm [vʊrm] ‹-(e)s, ⸚er› *m* **1.** *zoo* verme *m;* **2.** *fam (kleines o armes Kind)* creaturina *f;* **jdm die Würmer aus der Nase ziehen** *fam* cavare le parole di bocca a qu *fam;* **da ist der ~ drin** *fig fam* qui c'è qualcosa che non va.
wurmen *tr fam:* **es wurmt mich** mi rode.
Wurmfortsatz *m* appendice *f* vermiforme. **wurmstichig** *a (Holz)* tarlato.
Wurst [vʊrst] ‹-, ⸚e› *f (Brat~, Brüh~, etc.)* salsiccia *f; (~aufschnitt)* salume *m;* **das ist mir ~ (*o* Wurscht)** *fam* non me ne importa, me ne frego (*o* infischio *fam*).
Würstchen ['vʏrstçən] ‹-s, -› *n* **1.** *gastr* würstel *m;* **2.** *fig fam (armes ~)* poveraccio *m fam.* **Würstchenbude** *f,* **-stand** *m* banco *m* dove si vendono würstel.
wursteln *itr fam* lavoricchiare *fam.*
Würze ['vʏrtsə] ‹-, -n› *f* condimento *m.*
Wurzel ['vʊrtsəl] ‹-, -n› *f* radice *f;* **~n schlagen** *(Pflanzen)* mettere radici, attecchire; *(Menschen)* mettere radici. **Wurzelzeichen** *n* segno *m* di radice.
würzen *tr* aromatizzare; *(a. fig)* condire; **stark gewürzt** piccante.
würzig *a* saporito, aromatico; *(a. fig)* piccante.
wusch [vu:ʃ] *imp von* **waschen.**
wußte ['vʊstə] *imp von* **wissen.**
Wust [vu:st] ‹-(e)s, ø› *m* guazzabuglio *m,* farragine *f.*
wüst [vy:st] *a* **1.** *(öde)* deserto, desolato; *(unbebaut)* incolto; **2.** *(unordentlich)* disordinato; *(wirr)* confuso; **3.** *(ungezügelt, ausschweifend)* dissoluto, dissipato; **4.** *(gemein)* vile; *(rüde)* volgare; **5.** *(schlimm, furchtbar)* terribile; **6.** *(abstoßend, häßlich)* ripugnante, brutto; **hier sieht es ja ~ aus!** qui c'è un gran disordine.
Wüste ['vy:stə] ‹-, -n› *f* deserto *m.*

Wüstling ['vy:stlıŋ] ‹-s, -e› *m* libertino *m*, dissoluto *m*.

Wut [vu:t] ‹-, ø› *f* furia *f; (fig a.)* furore *m; (Zorn)* ira *f*, rabbia *f;* **eine ~ auf jdn haben** essere arrabbiato con qu; **jdn in ~ bringen** fare arrabbiare qu; **in ~ geraten** andare sulle furie. **Wutanfall** *m* accesso *m* d'ira.

wüten ['vy:tən] *itr* **1.** *(Mensch)* essere furente (*o* furibondo); *fig* scatenarsi; **2.** *(Elemente)* infuriare; *(a. Epidemie)* imperversare.

wütend *a* furente (*auf* con), infuriato (*auf* con); **~ werden** infuriarsi, andare in collera.

wutentbrannt [-ˀɛntbrant] *a* furioso. **wutschnaubend** *a* schiumante di rabbia.

X

X, x [ɪks] ‹-, -(s)› *n* X, x *f;* **X wie Xanthippe** x come xilofono; **jdm ein X für ein U vormachen** mostrare a qu lucciole per lanterne.
x-Achse ['ɪks-] *f* asse *m* x.
Xanthippe [ksan'tɪpə] ‹-, -n› *f fam* bisbetica *f fam,* brontolona *f fam.*
Xaver ['ksa:vɐ] *(männlicher Vorname)* Saverio.
X-Beine *n pl* gambe *f pl* a x. **X-beinig** *a* con le gambe a x.
x-beliebig ['ɪksbə'li:bɪç] *a fam* qualsiasi, qualunque; **jeder ~e** uno qualsiasi.
X-Chromosom *n* cromosoma *m* x.
x-mal *adv fam* cento volte; **zum x-tenmal** per l'ennesima volta.
Xylophon [ksylo'fo:n] ‹-s, -e› *n* xilofono *m,* silofono *m.*

Y

Y, y ['ʏpsilɔn] ‹-, -(s)› *n* Y, y *f;* **Y wie Ypsilon** Y come yacht.
y-Achse ['ʏpsilɔn-] *f* asse *m* y.
Yacht [jaxt] *s.* **Jacht.**
y-Chromosom *n* cromosoma *m* y.
Yen [jɛn] ‹-(s), -(s)› *m* yen *m.*
Yeti ['je:ti] ‹-s, -s› *m* yeti *m.*
Yoga ['jo:ga] *s.* **Joga.**
Yoghurt ['jo:gʊrt] *s.* **Joghurt.**
Yucca ['jʊka] ‹-, -s› *f* yucca *f.*

Z

Z, z [t̮sɛt] ‹-, -(s)› *n* Z, z *f;* **Z wie Zacharias** Z come Zara.
zack [t̮sak] *interj:* ~ **~!** presto!
Zack *m fam:* **auf ~ sein** *(Person)* essere in gamba; *(Sache)* funzionare.
Zacke ['t̮sakə] ‹-, -n› *f,* **Zacken** ['t̮sakən] ‹-s, -› *m* **1.** *(Gabel~, Kamm~, Fels~)* dente *m;* **2.** *(Spitze)* punta *f;* **3.** *(Zinke)* rebbio *m.* **zackig** *a* **1.** *(gezackt)* dentato, dentellato; *(Felsen)* frastagliato; **2.** *fam (Mensch)* dinamico; *(Rhythmus)* brioso.
zaghaft ['t̮sa:khaft] *a* timido; *(ängstlich)* pauroso, pavido; *(zögernd)* esitante, titubante.
zäh [t̮sɛ:] *a* **1.** *(fest, hart)* tenace, duro; *(Fleisch)* tiglioso; **2.** *(~flüssig)* viscoso, denso; **3.** *fig (beharrlich)* perseverante; **4.** *fig (schleppend)* stentato; **~ wie Leder** duro come il cuoio. **zähflüssig** *a* viscoso, denso; *(Verkehr)* non scorrevole, lento.
Zahl [t̮sa:l] ‹-, -en› *f* **1.** *allg., mat* numero *m;* *(Ziffer)* cifra *f;* **2.** *(An~, Menge)* quantità *f* (*von* di); **in den roten ~en sein** essere in deficit; **zehn an der ~** in numero di dieci; **in großer ~** in gran numero.
zahlbar *a* pagabile (*an* a, *bei* da); **~ bei Lieferung/in drei Monaten** pagabile alla consegna/a tre mesi.
zahlen ['t̮sa:lən] **I.** *tr* pagare; *(ein~)* versare; *(begleichen)* saldare; **II.** *itr* pagare; **Herr Ober, bitte ~!** cameriere, il conto per favore!
zählen ['t̮sɛ:lən] **I.** *tr* **1.** *(ab~)* contare; **2.** *(einrechnen)* includere (*o* mettere) in conto; **3.** *(sich belaufen auf)* ammontare a; **jdn zu seinen Kunden ~** annoverare qu fra i propri clienti; **seine Tage sind gezählt** ha i giorni contati; **II.** *itr* **1.** *(Anzahl)* contare; **2.** *fig (gelten)* valere, avere importanza; **3.** *(gehören zu)* appartenere (*zu* a); **auf jdn ~** contare (*o* fare affidamento) su qu.
zahlenmäßig I. *a* numerico; **II.** *adv* di (*o* per) numero; **~ überlegen sein** superare di numero. **Zahlenschloß** *n* serratura *f* a combinazione (di numeri).
Zahler(in) ‹-s, -› *m(f)* pagatore, -trice *m, f.*
Zähler ‹-s, -› *m* **1.** *tec* contatore *m;* **2.** *mat* numeratore *m.* **Zählerstand** *m* livello *m* del contatore.
Zahlkarte *f* modulo *m* di versamento. **zahllos** *a* innumerevole. **zahlreich I.** *a* numeroso; **II.** *adv* in gran numero. **Zahltag** *m* giorno *m* di paga.
Zahlung ‹-, -en› *f* pagamento *m;* *(Ein~)* versamento *m;* **etw. in ~ geben/nehmen** dare/accettare qc in pagamento.
Zählung ‹-, -en› *f* **1.** *mat* numerazione *f,* computo *m;* *tec* conteggio *m,* registrazione *f;* **2.** *(Volks~, Verkehrs~)* censimento *m;* *(Stimmen~)* spoglio *m* delle schede.
Zahlungsanweisung *f* ordine *m* di pagamento. **Zahlungsbedingungen** *f pl* condizioni *f pl* di pagamento. **Zahlungsschwierigkeit** *f:* **in ~en geraten** incontrare difficoltà finanziarie. **zahlungsunfähig** *a* insolvente, insolvibile. **Zahlungsverkehr** *m* (operazioni *f pl* di) pagamento *m,* pagamenti *m pl.*
Zählwerk *n* contatore *m.*
Zahlwort ‹-(e)s, ¨-er› *n* numerale *m.*
zahm [t̮sa:m] *a (Tier, Mensch)* docile, mansueto; *(gezähmt)* addomesticato; *fig (Kritik, etc.)* mite.
zähmen ['t̮sɛ:mən] *tr* **1.** *(zahm machen)* ammansire; *(a. fig)* domare; *(zum Haustier machen)* addomesticare; **2.** *fig (zügeln)* frenare, dominare.
Zahn [t̮sa:n] ‹-(e)s, ¨-e› *m anat, tec* dente *m;* *zoo (Hauer, Stoß~)* zanna *f;* **der ~ der Zeit** *fam* le ingiurie del tempo; **die dritten Zähne** *scherz* la dentiera; **einen ~ draufhaben** *sl* andare a grande velocità; **jdm auf den ~ fühlen** *fig* tastare il polso a qu; **Zähne bekommen** mettere i denti; **sich** *(dat)* **an etw. die Zähne ausbeißen** *fig* dannarsi l'anima per qc; **Haare auf den Zähnen haben** *fam* sapersi difendere; **bis an die Zähne bewaffnet sein** essere armato fino ai denti. **Zahnarzt** *m,* **-ärztin** *f* dentista *mf.* **Zahnbelag** *m* patina *f* dentaria. **Zahnbürste** *f* spazzolino *m* da denti. **Zahncreme** *s.* **Zahnpasta.**
zahnen *itr* mettere i denti. **Zahnen** ‹-s, ø› *n* dentizione *f.*
Zahnersatz *m* protesi *f* dentaria. **Zahnfäule** [-fɔ̮ylə] ‹-, ø› *f* carie *f* dentaria. **Zahnfleisch** *n* gengiva *f;* **auf dem ~ gehen** *fam scherz* essere allo stremo delle proprie forze, non farcela più *fam.* **Zahnfleischbluten** ‹-s, ø› *n* sanguinazione *f* delle gengive; **~ haben** avere le gengive sanguinanti. **zahnlos** *a* sdentato, senza denti. **Zahnlücke** *f* spazio *m* interdentale, buco *m fam.* **Zahnpasta** *f* dentifricio *m.* **Zahnpflege** *f* cura *f* (*o* igiene *f*) dei denti. **Zahnrad** *n* ruota

f dentata. **Zahnradbahn** *f* ferrovia *f* a cremagliera. **Zahnschmelz** *m* smalto *m* (dentario). **Zahnschmerzen** *m pl* mal *m* di denti. **Zahnspange** *f* apparecchio *m* ortodontico. **Zahnstein** *m* tartaro *m* (dentario). **Zahnstocher** [-ʃtɔxɐ] ‹-s, -› *m* stuzzicadenti *m.*

Zander ['tsandɐ] ‹-s, -› *m* lucioperca *f o m.*

Zange ['tsaŋə] ‹-, -n› *f* tenaglie *f pl; (Kneif~)* pinza *f; (kleinere ~)* pinzetta *f; med* forcipe *m;* **jdn in die ~ nehmen** mettere qu alle strette.

Zank [tsaŋk] ‹-(e)s, ø› *m* litigio *m,* alterco *m,* bisticcio *m.* **Zankapfel** *m* pomo *m* della discordia.

zanken *rfl:* **sich ~** litigare, bisticciare; **sich um etw. ~** contendersi qc, litigare per qc.

zänkisch ['tsɛŋkɪʃ] *a* litigioso, attaccabrighe *fam.*

Zäpfchen ['tsɛpfçən] ‹-s, -› *n* **1.** *anat* ugola *f;* **2.** *med* supposta *f.*

zapfen ['tsapfən] *tr* spillare.

Zapfen ‹-s, -› *m* **1.** *bot* pigna *f;* **2.** *tec* perno *m,* maschio *m; (Dübel)* tassello *m; (Spund)* zaffo *m; (Holz~)* tenone *m; (Faß~)* tappo *m,* turacciolo *m;* **3.** *(Eis~)* ghiacciolo *m.*

Zapfenstreich *m* **1.** *mil* ritirata *f;* **2.** *fam* silenzio *m.*

Zapfhahn *m* spina *f.* **Zapfsäule** *f* distributore *m* di benzina.

zapp(e)lig *a fam* irrequieto; *(innerlich unruhig)* inquieto; **jdn ~ machen** innervosire qu.

zappeln ['tsapəln] *itr* dimenarsi, dibattersi; *(strampeln)* sgambettare; *(Tier)* zampettare; **jdn ~ lassen** *fig fam* tenere qu sulla corda *fam.*

zapplig *s.* **zappelig.**

Zar(in) [tsa:ɐ ('tsa:rɪn)] ‹-en, -en› *m(f)* zar *m,* zarina *f.*

zart [tsa:ɐt] *a* **1.** *(Fleisch, Gemüse, Alter)* tenero; **2.** *(fein)* fine; *(Haut, Farbe, Duft)* delicato; *(Gestalt)* gracile; *(zerbrechlich)* fragile, delicato; *(leicht)* leggero; *(sanft)* dolce; **3.** *(feinfühlig)* sensibile, delicato. **zartbesaitet** [-bəzaitət] *a* sensibile, dai sentimenti delicati. **zartbitter** *a* semiamaro. **Zartgefühl** *n* delicatezza *f; (Taktgefühl)* tatto *m.* **Zartheit** ‹-, ø› *f* **1.** *(von Obst, Fleisch, Gemüse)* tenerezza *f;* **2.** *(Feinheit)* finezza *f; (Sanftheit, Zerbrechlichkeit, Schwächlichkeit)* delicatezza *f.*

zärtlich ['tsɛ:ɐtlɪç] **I.** *a* tenero; *(liebevoll a.)* affettuoso; **II.** *adv* con tenerezza. **Zärtlichkeit** ‹-, -en› *f* **1.** ‹*sing*› *(Eigenschaft)* tenerezza *f;* **2.** *(Liebkosung)* carezza *f,* affettuosità *f.*

Zauber ['tsaubɐ] ‹-s, -› *m* **1.** *(Magie)* incantesimo *m,* incanto *m;* **2.** *fig (Reiz)* fascino *m;* **3.** *fam pej (Zeug)* roba *f fam;* **der ~ der Musik** l'incanto della musica; **das ist alles fauler ~** *fam* è tutto un imbroglio.

Zauberei [tsaubə'rai] ‹-, -en› *f* **1.** ‹*sing*› *(Magie)* magia *f,* incantesimo *m;* **2.** *(Zauberkunststück)* gioco *m* di prestigio, trucco *m.*

Zaub(e)rer ‹-s, -› *m,* **Zaub(r)erin** *f* mago, -a *m, f; (Zauberkünstler a.)* prestigiatore, -trice *m, f,* illusionista *mf.*

zauberhaft *a* incantevole, affascinante. **Zauberkünstler(in)** *m(f)* mago, -a *m, f,* illusionista *mf; (Taschenspieler)* presti(di)gi(t)atore, -trice *m, f.*

zaubern I. *itr* esercitare la magia; *(Zaubertricks vorführen)* fare giochi di prestigio; **ich kann doch nicht ~** *fam* non posso fare miracoli; **II.** *tr* far accadere per magia; *(herbei~)* produrre per incantesimo.

Zauberspruch *m* formula *f* magica. **Zauberstab** *m* bacchetta *f* magica. **Zauberwort** ‹-(e)s, -e› *n* formula *f* magica.

Zaubrer(in) *m(f) s.* **Zauberer.**

zaudern ['tsaudɐn] *itr* esitare, indugiare, tentennare.

Zaum [tsaum] ‹-(e)s, ¨-e› *m* briglie *f pl;* **im ~ halten** frenare, tenere a freno. **Zaumzeug** ‹-(e)s, -e› *n* briglie *f pl.*

Zaun [tsaun] ‹-(e)s, ¨-e› *m* recinto *m; (Latten~)* steccato *m; (Draht~)* rete *f* (di recinzione); **einen Streit vom ~ brechen** provocare una lite. **Zaunkönig** *m* scricciolo *m.* **Zaunpfahl** *m* palo *m* di uno steccato; **ein Wink mit dem ~** un avvertimento indiretto, ma esplicito.

z. B. *ab von* **zum Beispiel** p.es. (*ab von* per esempio).

Zebra ['tse:bra] ‹-s, -s› *n* zebra *f.* **Zebrastreifen** *m* strisce *f pl* pedonali.

Zeche ['tsɛçə] ‹-, -n› *f* **1.** *(Rechnung)* conto *m,* scotto *m; (Verzehr)* consumazione *f;* **2.** *(Bergwerk)* miniera *f* di carbone; **die ~ bezahlen** *(a. fig)* pagare lo scotto.

zechen *itr* sbevazzare *fam.*

Zecke ['tsɛkə] ‹-, -n› *f* zecca *f.*

Zeder ['tse:dɐ] ‹-, -n› *f* cedro *m.*

Zeh [tse:] ‹-s, -en› *m s.* **Zehe 1.**

Zehe ['tse:ə] ‹-, -n› *f* **1.** *anat* dito *m* del piede; **2.** *bot (Knoblauch~)* spicchio *m* (d'aglio); **große/kleine ~** pollice *m*/mignolo *m* del piede. **Zehenspitze** *f* punta *f* dei piedi; **auf (den) ~n** in punta di piedi.

zehn [tse:n] *(Zahlwort)* dieci; **etwa ~** una decina; *s. a. vier.*

Zehn ‹-, -en› *f* dieci *m.*

Zehn-, zehn- *s. a. Vier-, vier-.*

Zehner ‹-s, -› *m* **1.** *mat* decina *f;* **2.** *fam s.* **Zehnpfennigstück. Zehnerstelle** *f* decina *f;* **eine ~ hinter dem Komma** una decade dopo la virgola.

Zehnkampf *m* decat(h)lon *m.* **zehnmal** *adv* dieci volte.

Zehnmarkschein [-'mark-] *m* biglietto *m* da dieci marchi.
Zehnpfennigstück [-'pfɛnɪç-] *n* moneta *f* da dieci pfennig.
zehntausend ['tse:n'tauzənt] *(Zahlwort)* diecimila; **die oberen Z~** *fam* l'alta società, i ceti privilegiati.
zehnte *s.* **zehnte(r, s).**
Zehnte ‹ein -r, -n, -n› *mf* decimo, -a *m, f; s. a. Vierte.*
Zehntel ‹-s, -› *n* decimo *m,* decima parte *f.*
zehntens *adv* (in) decimo (luogo).
zehnte(r, s) *a* decimo, -a; *(bei Datumsangaben)* dieci; *s. a. vierte(r, s).*
zehren ['tse:rən] *itr* **1.** *(leben, sich ernähren)* vivere (*von* di), nutrirsi (*von* di); *fig* pascersi (*von* di); **2.** *(mager machen)* far dimagrire (*an jdm* qu); *(nagen)* consumare (*an jdm* qu).
Zeichen ['tsaiçən] ‹-s, -› *n* **1.** *(allg., Tierkreis~, Mal, mus)* segno *m; (Symbol)* simbolo *m; (Merk~)* contrassegno *m; (Ab~)* distintivo *m; (Akten~)* numero *m* di protocollo; *(Namens~)* sigla *f; (Waren~)* marchio *m;* **2.** *(Signal)* segnale *m;* **3.** *(Vor~)* avvertimento *m; (An~)* indizio *m; med* sintomo *m;* **4.** *(Beweis)* prova *f;* **ein ~ geben** dare un segno; *(Wink)* fare un cenno; **im ~ des Stiers geboren sein** essere nato sotto il segno del toro; **seines ~s Lehrer** di professione insegnante; **als** (*o* **zum) ~ von** in segno di; **das ist ein gutes ~** è buon segno; **es geschehen noch ~ und Wunder!** *scherz* meraviglia!, miracolo!
Zeichenblock ‹-(e)s, -s› *m* blocco *m* da disegno. **Zeichenbrett** *n* tavola *f* da disegno.
Zeichenerklärung *f* leggenda *f.* **Zeichensprache** *f* linguaggio *m* mimico (*o* a segni).
Zeichentrickfilm *m* cartoni *m pl* animati.
zeichnen ['tsaiçnən] **I.** *tr* **1.** *(malen)* disegnare; *(skizzieren)* schizzare, abbozzare; *(vor~, mat)* tracciare; *(Umrisse)* delineare; **2.** *(kenn~)* contrassegnare, marcare; **3.** *(unter~, fin)* firmare, sottoscrivere; *adm (verantwortlich sein)* assumersi la responsabilità (*für* di); **II.** *itr* disegnare. **Zeichnen** ‹-s, ø› *n* disegno *m;* **technisches ~** disegno industriale. **Zeichner(in)** ‹-s, -› *m(f)* **1.** *(Maler)* disegnatore, -trice *m, f;* **2.** *fin* sottoscrittore, -trice *m f;* **technischer ~** disegnatore tecnico.
Zeichnung ‹-, -en› *f* **1.** *(Darstellung, Entwurf, Muster)* disegno *m;* **2.** *fin* sottoscrizione *f.* **zeichnungsberechtigt** *a* autorizzato a firmare.
Zeigefinger *m* (dito *m*) indice *m.*
zeigen ['tsaigən] **I.** *tr* **1.** *allg.* mostrare, far vedere; *(vor~ a.)* esibire; *film, theat* presentare; *(Weg)* indicare, mostrare; *(Wirkung)* far registrare; **2.** *tec (an~)* segnare; **3.** *(an den Tag legen)* mostrare, manifestare; *(aufweisen)* mostrare, rivelare; **dir werd' ich's ~!** *fam* ti farò vedere io!; **II.** *itr* indicare (*auf etw.* qc), mostrare (*auf etw.* qc); *(mit dem Finger)* additare (*auf etw.* qc); **nach Süden ~** indicare il sud; **zeig (doch) mal!** fammi vedere!; **III.** *rfl:* **sich ~** mostrarsi; *(sich sehen lassen)* farsi vedere; **es zeigt sich, daß ...** risulta che ...; **das wird sich ~** si vedrà.
Zeiger ‹-s, -› *m* indice *m,* indicatore *m; (Nadel)* ago *m; (Uhr~)* lancetta *f; (auf Meßgeräten)* indice *m.*
Zeile ['tsailə] ‹-, -n› *f* **1.** *typ, fig* riga *f;* **2.** *TV* linea *f;* **3.** *(Häuser~, etc.)* fila *f;* **eine neue ~ anfangen** andare a capo; **jdm ein paar ~n schreiben** scrivere due righe a qu; **zwischen den ~n lesen** leggere tra le righe; **neue ~!** *(beim Diktat)* a capo! **Zeilenabstand** *m* spazio *m* interlineare (*o* fra le righe).
Zeisig ['tsaizɪç] ‹-s, -e› *m* lucherino *m.*
zeit [tsait] *prp gen:* **~ meines Lebens** per tutta la mia vita.
Zeit ‹-, -en› *f* **1.** *allg., gram, sport, phys, philos* tempo *m;* **2.** *(~raum, ~spanne)* periodo *m; (~alter)* epoca *f,* era *f;* **3.** *(~punkt)* momento *m;* **4.** *(Jahres~)* stagione *f;* **5.** *(Uhr~)* ora *f;* **schlechte ~en** tempi duri; **~ brauchen** metterci tempo; **~/keine ~ haben (, etw. zu tun)** avere/non avere tempo (per fare qc); **sechs Stunden ~ haben** avere sei ore di tempo; **jdm ~ lassen** dar tempo a qu; **sich** *(dat)* **~ lassen** fare con comodo, prendersela comoda *fam;* **sich** *(dat)* **~ nehmen** prendere tempo; **auf ~ spielen** *sport* guadagnare tempo, tirare le cose in lungo; **mit der ~ gehen** andare coi tempi, tenere il passo con i tempi; **auf ~** a termine; **für alle ~en** per sempre; **in der ~ vom ... bis zum ...** nel periodo dal ... al ...; **in letzter ~** negli ultimi tempi, ultimamente; **in nächster ~** prossimamente, in un prossimo futuro; **mit der ~** col passare (*o* coll'andare) del tempo; **seit der** (*o* **dieser) ~** da quel momento; **die ganze ~ (über)** (per) tutto il tempo; **um diese ~** a quest'ora; **um dieselbe** (*o* **die gleiche) ~** alla stessa ora; **um welche ~?** a che ora?; **von ~ zu ~** di tanto in tanto, ogni tanto; **vor langer ~** molto tempo fa; **zur ~** (*ab* **z. Z., z. Zt.**) attualmente; **zur ~ von** ai tempi di; **zur rechten ~** al tempo (*o* al momento) giusto; *(rechtzeitig)* tempestivamente; **zu meiner ~** ai miei tempi; **das hat ~** non c'è fretta, c'è tempo; **es wird (allmählich) ~, daß ...** è ora che ... *conj;* **es ist an der ~ zu** è tempo (*o* ora) di; **ach, du liebe ~!** Dio mio!, santo

cielo!; **alles zu seiner ~!** ogni cosa a suo tempo!; **wie die ~ vergeht!** come passa il tempo!; **~ ist Geld** *prov* il tempo è denaro *prov;* **kommt ~, kommt Rat** *prov* la notte porta consiglio *prov.*

Zeitabschnitt *m* periodo *m* (di tempo), epoca *f.* **Zeitabstand** *m* intervallo *m.* **Zeitalter** *n* era *f,* età *f,* tempo *m.* **Zeitangabe** *f* **1.** *(Uhrzeit)* ora *f; (Datum)* data *f;* **2.** *gram* complemento *m* di tempo. **Zeitansage** *f* segnale *m* orario. **Zeitaufwand** *m* dispendio *m* di tempo. **Zeitbombe** *f* bomba *f* a orologeria. **Zeitdruck** ‹-(e)s, ø› *m* fretta *f,* premura *f;* **unter ~ stehen** avere fretta. **Zeitenfolge** *f gram* consecutio *m* temporum. **Zeitgeist** *m* spirito *m* del tempo. **zeitgemäß** *a* conforme allo spirito (*o* ai gusti) del tempo, moderno; *(aktuell)* attuale. **Zeitgenosse** *m,* **-genossin** *f* contemporaneo, -a *m, f.* **zeitgenössisch** [-gənœsɪʃ] *a* contemporaneo. **Zeitgeschehen** ‹-s, ø› *n* attualità *f.*

zeitig I. *a* primo; **II.** *adv* presto; **~ aufstehen** alzarsi di buon'ora.

Zeitkarte *f* abbonamento *m.* **Zeitlang** *f:* **eine ~** per qualche tempo.

zeitlebens [-'le:bəns] *adv* per tutta la vita, vita natural durante.

zeitlich *a* cronologico; *(a. gram)* temporale; **~ zusammenfallen** coincidere; **das Z~e segnen** *geh* passare a miglior vita *lett;* **~ begrenzt** limitato nel tempo; **~ paßt es mir gut** l'orario mi va bene.

Zeitlimit *n* tempo *m* massimo. **zeitlos** *a* non soggetto al tempo; *(Kleidung)* non soggetto alla moda. **Zeitlupe** *f* rallentatore *m;* **eine Wiederholung in ~** una ripresa al rallentatore; **mit der ~** al rallentatore. **Zeitlupentempo** *n:* **im ~** a passo di lumaca. **Zeitmangel** *m* mancanza *f* di tempo. **Zeitpunkt** *m* **1.** *(Augenblick)* momento *m,* istante *m,* punto *m;* **2.** *(Datum)* data *f;* **3.** *(Frist)* termine *m;* **der ~, wo ...** il momento in cui ...; **zu diesem ~** in quel momento, a questo punto. **Zeitraffer** ‹-s, ø› *m* acceleratore *m.* **Zeitrafferaufnahme** *f* ripresa *f* all'acceleratore. **zeitraubend** *a* che richiede molto tempo, lungo. **Zeitraum** *m* spazio *m* di tempo, periodo *m.* **Zeitrechnung** *f* cronologia *f;* **christliche ~** era *f* cristiana; **nach/vor unserer ~** dopo/avanti Cristo. **Zeitschrift** *f* periodico *m; (bes. Illustrierte)* rivista *f.* **zeitsparend** *a* che fa risparmiare tempo. **Zeittakt** *m tel* scatto *m.*

Zeitung ['tsaitʊŋ] ‹-, -en› *f* giornale *m,* quotidiano *m; (Zeitschrift)* rivista *f.* **Zeitungsausschnitt** *m* ritaglio *m* di giornale. **Zeitungsnotiz** *f* trafiletto *m,* stelloncino *m.* **Zeitungspapier** *n* carta *f* da giornale.

Zeitunterschied *m* differenza *f* di orario. **Zeitverlust** *m* perdita *f* di tempo; *(verlorene Zeit)* tempo *m* perso. **Zeitverschwendung** *f* spreco *m* di tempo. **Zeitvertreib** [-fɛɐtraip] ‹-(e)s, -e› *m* passatempo *m;* **zum ~** per passatempo. **zeitweilig** [-vailɪç] *a* temporaneo, momentaneo; *(vorläufig)* provvisorio. **zeitweise** *adv* temporaneamente; *(von Zeit zu Zeit)* di tanto in tanto, a periodi; *(eine Zeitlang)* per un certo tempo. **Zeitwort** ‹-(e)s, ¨er› *n* verbo *m.* **Zeitzeichen** *n* segnale *m* orario. **Zeitzünder** *m* spoletta *f* ad accensione ritardata. **Zeitzündung** *f* accensione *f* a tempo.

zelebrieren [tsele'bri:rən] ‹*ohne ge-*› *tr* celebrare, officiare.

Zelle ['tsɛlə] ‹-, -n› *f* **1.** *biol, pol, fig* cellula *f;* **2.** *(kleiner Raum)* cella *f; (Telefon~, Wahl~)* cabina *f;* **die (kleinen) grauen ~n** *fam scherz* la materia grigia. **Zellgewebe** *n* tessuto *m* cellulare. **Zellstoff** *m* cellulosa *f.* **Zellteilung** *f* divisione *f* (*o* scissione *f*) della cellula.

Zellulose [tsɛlu'lo:zə] ‹-, -n› *f* cellulosa *f.*

Zelt [tsɛlt] ‹-(e)s, -e› *n* tenda *f;* **seine ~e abbrechen** *fig scherz* levare le tende. **Zeltbahn** *f* telo *m* da tenda.

zelten *itr* campeggiare; *(bes. mil)* accamparsi; **~ gehen** andare in campeggio. **Zelten** ‹-s, ø› *n* campeggio *m,* camping *m.*

Zeltlager *n* accampamento *m,* attendamento *m; (Ferienlager)* campeggio *m,* camping *m.* **Zeltpflock** *m* picchetto *m* da tenda. **Zeltplatz** *m* campeggio *m,* camping *m.* **Zeltstange** *f* paletto *m* da tenda.

Zement [tse'mɛnt] ‹-(e)s, -e› *m* cemento *m.*

zementieren [...'ti:rən] ‹*ohne ge-*› *tr* cementare; *fig* sancire.

Zenit [tse'ni:t] ‹-(e)s, ø› *m* **1.** *astr* zenit *m;* **2.** *fig* apice *m,* culmine *m.*

zensieren [tsɛn'zi:rən] ‹*ohne ge-*› *tr* **1.** *(Bücher, Filme, etc.)* censurare; **2.** *(Klassenarbeiten, etc.)* classificare, dare voti a.

Zensur [...'zu:ɐ] ‹-, -en› *f* **1.** *(staatliche Kontrolle)* censura *f;* **2.** *(Note)* voto *m;* **~en** *(Zeugnis)* pagella *f.*

Zentiliter [tsɛnti'li:tɐ] *m o n* (*ab* **cl**) centilitro *m.*

Zentimeter [tsɛnti'me:tɐ] *m o n* (*ab* **cm**) centimetro *m.* **Zentimetermaß** *n* centimetro *m.*

Zentner ['tsɛntnɐ] ‹-s, -› *m* (*ab* **Ztr.**) mezzo quintale *m; CH, A* (*ab* **q**) quintale *m.*

zentral [tsɛn'tra:l] *a* centrale.

Zentral- *(in Zusammensetzungen)* centrale.

Zentrale ‹-, -n› *f allg., el* centrale *f; tel*

centralino *m; (Hauptgeschäftsstelle)* sede *f* centrale; *(Taxi~)* centrale *f.*

Zentralheizung *f* riscaldamento *m* centrale.

zentralisieren [tsɛntraliˈziːrən] ⟨*ohne ge-*⟩ *tr* centralizzare.

Zentralkomitee *n* comitato *m* centrale.

Zentren *pl von* **Zentrum.**

Zentrifugalkraft [tsɛntrifuˈgaːl-] *f* forza *f* centrifuga.

Zentrifuge [tsɛntriˈfuːgə] ⟨-, -n⟩ *f* centrifuga *f.*

Zentripetalkraft [tsɛntripeˈtaːl-] *f* forza *f* centripeta.

Zentrum [ˈtsɛntrʊm, ...rən] ⟨-s, Zentren⟩ *n* centro *m;* **im ~ des Interesses** al centro dell'attenzione.

Zeppelin [ˈtsɛpəliːn] ⟨-s, -e⟩ *m* dirigibile *m,* zeppelin *m.*

Zepter [ˈtsɛptɐ] ⟨-s, -⟩ *n o rar m* scettro *m.*

zerbomben ⟨*ohne ge-*⟩ *tr* distruggere con bombardamenti.

zerbrechen ⟨*irr, ohne ge-*⟩ **I.** *tr* ⟨*haben*⟩ rompere, spezzare; **sich** *(dat)* **den Kopf ~** rompersi la testa (*über* per); **II.** *itr* ⟨*sein*⟩ rompersi; *(a. fig)* spezzarsi (*an* da). **zerbrechlich** *a* fragile.

zerdrücken ⟨*ohne ge-*⟩ *tr* schiacciare; *(Kleidung)* sgualcire.

Zeremonie [tseremoˈniː, ...iːən] ⟨-, -n⟩ *f* cerimonia *f.*

Zerfall *m* **1.** *allg., fig* crollo *m,* rovina *f; geol* disfacimento *m; chem* decomposizione *f; phys* disintegrazione *f;* **2.** *fig (Verfall)* decadimento *m.*

zerfallen ⟨*irr, ohne ge-*⟩ *itr* ⟨*sein*⟩ **1.** *(auseinanderfallen)* cadere in (*o* a) pezzi; *(bes. Bauwerk)* crollare, andare in rovina; **2.** *(sich auflösen)* disfarsi, dissolversi; *phys* disintegrarsi; **3.** *(geol, Werte, Familie, etc.)* disgregarsi; **4.** *fig (sich gliedern)* dividersi (*in* in); **zu Staub ~** ridursi in polvere.

zerfetzen ⟨*ohne ge-*⟩ *tr* stracciare, fare a pezzi, lacerare; *(verwunden)* dilaniare.

zerfleischen ⟨*ohne ge-*⟩ *tr* sbranare.

zerfressen ⟨*irr, ohne ge-*⟩ *tr (Motten, Neid)* rodere; *(Säure, Rost)* corrodere.

zergehen ⟨*irr, ohne ge-*⟩ *itr* ⟨*sein*⟩ sciogliersi; **auf der Zunge ~** sciogliersi in bocca.

zerhacken ⟨*ohne ge-*⟩ *tr (Holz)* spaccare, tagliare; *(Fleisch)* tagliare a pezzetti.

zerhauen ⟨*irr, ohne ge-*⟩ *tr* tagliare a pezzi, spaccare.

zerkleinern ⟨*ohne ge-*⟩ *tr (Fleisch, Gemüse)* tritare; *(Brot, Holz)* spezzettare.

zerklüftet [tsɛɐ̯ˈklʏftət] *a* frastagliato.

zerknirscht *a* contrito, compunto.

zerknittern ⟨*ohne ge-*⟩ *tr* sgualcire, spiegazzare.

zerknüllen [tsɛɐ̯ˈknʏlən] ⟨*ohne ge-*⟩ *tr* appallottolare.

zerkratzen ⟨*ohne ge-*⟩ *tr* graffiare.

zerlassen ⟨*irr, ohne ge-*⟩ *tr* fare sciogliere; **~e Butter** burro fuso.

zerlegen ⟨*ohne ge-*⟩ *tr* **1.** *(Möbel, etc.)* scomporre; *tec (abmontieren)* smontare; **2.** *(Fleisch)* trinciare; **3.** *chem* decomporre; **4.** *mat* dividere, ridurre; **5.** *gram* analizzare, fare l'analisi di; **etw. in seine Einzelteile ~** smontare qc nelle sue parti componenti.

zerlumpt [tsɛɐ̯ˈlʊmpt] *a* cencioso.

zermürben ⟨*ohne ge-*⟩ *tr* snervare, fiaccare; **das ~de Warten** il logoramento dell'attesa.

zerquetschen ⟨*ohne ge-*⟩ *tr* schiacciare.

zerreiben ⟨*irr, ohne ge-*⟩ *tr* triturare; *(a. Farben)* macinare; *(reiben)* grattugiare; *(zu Pulver)* polverizzare; *fig* schiacciare, annientare.

zerreißen ⟨*irr, ohne ge-*⟩ **I.** *tr* ⟨*haben*⟩ **1.** *(Stoff, Papier)* stracciare; *(bes. durchreißen)* strappare; *(in Stücke)* fare a pezzi; **2.** *(zerfleischen)* sbranare, dilaniare; **3.** *fig (Ketten, etc.)* spezzare; **II.** *itr* ⟨*sein*⟩ strapparsi. **Zerreißprobe** *f* **1.** *tec* prova *f* di trazione (*o* di strappamento); **2.** *fig* dura prova *f.*

zerren [ˈtsɛrən] **I.** *tr* **1.** *(ziehen)* tirare con forza; *(schleppen)* trascinare; **2.** *(dehnen)* stirare, strappare; **II.** *itr* **1.** *(reißen)* dare degli strappi (*an* a); **2.** *fig* logorare (*an etw.* qc).

zerrinnen ⟨*irr, ohne ge-*⟩ *itr* ⟨*sein*⟩ **1.** *(Flüssigkeit)* sciogliersi; **2.** *fig (Jahre, Zeit)* scorrere; *(Hoffnungen)* svanire; **das Geld zerrinnt ihm unter den Fingern** ha le mani bucate *fam.*

Zerrung ⟨-, -en⟩ *f* stiramento *m,* strappo *m.*

zerrütten [tsɛɐ̯ˈrʏtən] ⟨*ohne ge-*⟩ *tr* scuotere; *(schädigen)* rovinare; *(Gesundheit)* logorare; *(Geist)* turbare; *(Ehe)* guastare; *(Finanzen, Ordnung)* dissestare. **Zerrüttungsprinzip** *n* principio *m* del disfacimento.

zersägen ⟨*ohne ge-*⟩ *tr* segare a (*o* in) pezzi.

zerschellen ⟨*ohne ge-*⟩ *itr* ⟨*sein*⟩ sfracellarsi (*an* contro); *(bes. Flugzeug)* schiantarsi (*an* contro).

zerschlagen[1] ⟨*irr, ohne ge-*⟩ **I.** *tr* **1.** *(entzweischlagen)* fare a pezzi; **2.** *(durch Fallenlassen)* rompere, spaccare; **3.** *(durch Darauffallen)* fracassare, frantumare; **4.** *fig (Widerstand)* vincere; *(Pläne)* mandare a monte; **II.** *rfl:* **sich ~** *fig* andare a monte (*o* in fumo).

zerschlagen[2] *a* sfinito, spossato.

zerschneiden ⟨*irr, ohne ge-*⟩ *tr* **1.** *(in Stücke)* tagliare a (*o* in) pezzi, tagliuzzare; *(in Scheiben)* affettare; *(Braten)* trinciare; **2.** *(durch Schnitte verletzen)* tagliare.

zersetzen ⟨*ohne ge-*⟩ **I.** *tr* **1.** *chem* decomporre; **2.** *fig* disgregare; *(untergraben)* minare; **II.** *rfl:* **sich ~ 1.** *chem* decomporsi; **2.** *fig* disgregarsi, disfarsi. **zersetzend** *a fig* sovversivo.

zersplittern ⟨*ohne ge-*⟩ **I.** *tr* ⟨*haben*⟩ **1.** *(Gegenstand)* mandare in frantumi, scheggiare; **2.** *fig, pol* smembrare; **II.** *itr* ⟨*sein*⟩ **1.** *(Material)* andare in frantumi, scheggiarsi; **2.** *fig, pol* essere frantumato.

zerspringen ⟨*irr, ohne ge-*⟩ *itr* ⟨*sein*⟩ **1.** *(Material)* spaccarsi, fendersi, rompersi; *(explodieren)* scoppiare; **2.** *fig (Herz, etc.)* spezzarsi (*vor* da).

zerstampfen ⟨*ohne ge-*⟩ *tr (zertreten)* calpestare; *(im Mörser)* pestare; *(zerquetschen)* schiacciare.

zerstäuben [tsɛɐ̯'ʃtɔybən] ⟨*ohne ge-*⟩ *tr (Flüssigkeit)* spruzzare; *(Pulver)* polverizzare. **Zerstäuber** ⟨-s, -⟩ *m* atomizzatore *m; (a. tec)* spruzzatore *m,* polverizzatore *m.*

zerstechen ⟨*irr, ohne ge-*⟩ *tr* foracchiare, bucare; *(Insekten)* pungere.

zerstören ⟨*ohne ge-*⟩ *tr* **1.** *allg.* distruggere; *(Gebäude)* demolire; *(verwüsten)* devastare; **2.** *fig (Gesundheit, Ehe)* rovinare; *(Hoffnung)* distruggere. **Zerstörer** ⟨-s, -⟩ *m (Schiff)* cacciatorpediniere *m.* **zerstörerisch** *a* distruttivo.

Zerstörung *f* **1.** *allg.* distruzione *f; (von Gebäude)* demolizione *f;* **2.** *fig* rovina *f.* **Zerstörungswut** *f* vandalismo *m,* mania *f* di distruzione.

zerstoßen ⟨*irr, ohne ge-*⟩ *tr* pestare.

zerstreuen ⟨*ohne ge-*⟩ **I.** *tr* **1.** *(verstreuen)* disperdere, sparpagliare; **2.** *phys* diffondere; **3.** *fig (Zweifel, Verdacht)* dissipare; **4.** *(ablenken)* distrarre; *(unterhalten)* svagare, divertire; **II.** *rfl:* **sich ~ 1.** *(sich verteilen)* disperdersi; **2.** *(sich ablenken)* distrarsi; *(sich unterhalten)* svagarsi, divertirsi. **zerstreut** *a fig* distratto, sbadato. **Zerstreutheit** ⟨-, ø⟩ *f* distrazione *f,* sbadataggine *f fam.*

Zerstreuung *f* **1.** *(das Zerstreuen)* dispersione *f; phys* diffusione *f;* **2.** *(Unterhaltung)* distrazione *f,* svago *m.*

zerteilen ⟨*ohne ge-*⟩ *tr* dividere; *(trennen)* separare (*in* in); *(zerschneiden)* tagliuzzare; *(Braten)* trinciare.

Zertifikat [tsɛrtifi'ka:t] ⟨-(e)s, -e⟩ *n* **1.** *(Bescheinigung)* certificato *m;* **2.** *(Diplom)* diploma *m.*

zertreten ⟨*irr, ohne ge-*⟩ *tr (zertrampeln)* calpestare; *(Käfer, etc.)* schiacciare coi piedi.

zertrümmern ⟨*ohne ge-*⟩ *tr* fracassare, frantumare; *(a. fig)* distruggere.

zerzausen [tsɛɐ̯'tsauzən] ⟨*ohne ge-*⟩ *tr:* **jdm das Haar ~** arruffare i capelli a qu, spettinare qu. **zerzaust** *a* arruffato, scompigliato.

Zettel ['tsɛtəl] ⟨-s, -⟩ *m* foglietto *m,* pezzo *m* di carta; *(beschriebener ~)* biglietto *m,* nota *f; (Kassen~)* scontrino *m; (Kartei~)* scheda *f; (Preis~)* cartellino *m; (Formular)* modulo *m; (Anschlag~)* cartellone *m; (Flugblatt)* volantino *m;* **~ ankleben verboten!** vietata l'affissione. **Zettelkasten** *m* schedario *m.*

Zeug [tsɔyk] ⟨-(e)s, ø⟩ *n* **1.** *fam (Sachen)* roba *f,* cose *f pl; pej* robaccia *f fam;* **2.** *fam pej (Unsinn)* stupidaggini *f pl,* sciocchezze *f pl;* **das ~ zu etw. haben** avere la stoffa di qc, essere tagliato per qc; **jdm etw. am ~ flicken** *fam* trovare da ridire qc su qu; **sich ins ~ legen** *fam* mettersi con impegno; **was das ~ hält** *fam* a più non posso; **dummes ~!** ma che sciocchezze!

Zeuge ['tsɔygə] ⟨-n, -n⟩ *m,* **Zeugin** [...gɪn] *f* testimone *mf; jur* teste *mf;* **als ~ aussagen** testimoniare, deporre; **vor ~n** in presenza di testimoni.

zeugen[1] ['tsɔygən] *itr (als Zeuge aussagen)* testimoniare; **von etw. ~** *fig* dimostrare qc, testimoniare qc.

zeugen[2] ['tsɔygən] *tr* **1.** *(Kinder)* procreare, generare; **2.** *fig geh* produrre.

Zeugenaussage *f* deposizione *f,* testimonianza *f.* **Zeugenstand** *m* banco *m* dei testimoni; **in den ~ treten** andare al banco dei testimoni. **Zeugenverhör** *n,* **-vernehmung** *f* escussione *f* (*o* interrogatorio *m*) dei testi.

Zeugin *f s.* **Zeuge.**

Zeugnis ['tsɔyknɪs] ⟨-ses, -se⟩ *n* **1.** *(allg., med, Arbeits~)* certificato *m; (Schul~)* pagella *f;* **2.** *(Beweis)* testimonianza *f,* deposizione *f;* **für/gegen jdn ~ ablegen** testimoniare per/contro qu.

Zeugung ⟨-, -en⟩ *f* procreazione *f,* generazione *f.* **zeugungsfähig** *a* atto a procreare. **zeugungsunfähig** *a* sterile, impotente.

z. H., z. Hd. *ab von* **zu Händen** S.P.M. (*ab von* sue proprie mani).

Zickzack ['tsɪktsak] ⟨-(e)s, -e⟩ *m* zigzag *m;* **im ~** a zigzag.

Ziege ['tsi:gə] ⟨-, -n⟩ *f* capra *f;* **blöde ~** *fam* oca *f fam.*

Ziegel ['tsi:gəl] ⟨-s, -⟩ *m* **1.** *(Baustein)* laterizio *m; (quaderförmig)* mattone *m;* **2.** *(Dach~)* tegola *f.* **Ziegeldach** *n* tetto *m* di tegole.

Ziegelei [tsi:gə'lai] ⟨-, -en⟩ *f* fornace *f,* fabbrica *f* di laterizi.

Ziegelstein *m* laterizio *m; (quaderförmig)* mattone *m.*

Ziegenbock *m* caprone *m,* becco *m.* **Ziegenfell** *n* pelle *f* di capra. **Ziegenkäse** *m* formaggio *m* di capra. **Ziegenleder** *n* capretto *m.*

ziehen ['tsi:ən] ⟨zieht, zog, gezogen⟩ **I.** *tr* ⟨*haben*⟩ **1.** *allg.* tirare (*jdn an etw.* qu per qc); *(zerren)* trascinare; *(schleppen)* trainare, rimorchiare; *(dehnen)* tendere; **2.** *(heraus~)* cavare, togliere; *(Zahn, Los, Wurzel)* estrarre; *(Wechsel, Schlußfolgerungen)* trarre; *(hervorho-*

len) tirare fuori; *(Schwert)* sguainare; *(Pistole)* estrarre; **3.** *(in etw. hinein~)* infilare (*in* in); **4.** *(Mauer)* costruire, erigere; *(Graben)* scavare; **5.** *(Linie)* tracciare; **6.** *(Pflanze)* coltivare; *(Tiere)* allevare; **jdn an sich ~** stringere qu a sé; **alle Blicke auf sich ~** attirare tutti gli sguardi su di sé; **Nutzen aus etw. ~** trarre profitto da qc; **aus dem Verkehr ~** togliere dalla circolazione; **Zigaretten (aus dem Automaten) ~** estrarre le sigarette dal distributore; **jdn in etw. ~** coinvolgere qu in qc; **jdn ins Vertrauen ~** confidarsi con qu; **etw. nach sich** *(dat)* **~** *fig* comportare, avere come conseguenza; **eine Jacke über das Kleid ~** mettersi una giacca sopra il vestito; **den Ring vom Finger ~** sfilarsi l'anello dal dito; **es zieht mich in/nach ...** mi sento attratto verso ...; **II.** *itr* **1.** ‹*haben*› tirare (*an etw.* qc); **2.** ‹*haben*› *(weh tun)* fare male; **3.** ‹*sein*› *(wandern)* camminare (*durch* in, per), girare (*durch* per); *(Zugvögel)* migrare; *(Wolken)* muoversi, passare; **4.** ‹*sein*› *(weg~)* andarsene, partire; **5.** ‹*sein*› *(umziehen)* cambiare casa, trasferirsi; **6.** ‹*haben*› *(Kaffee)* filtrare; *(Tee)* stare in infusione; **7.** ‹*haben*› *(Auto)* tirare, trainare; **8.** ‹*haben*› *fig fam (zugkräftig sein)* avere successo (*bei* con), fare presa (*bei* su); **an einer Zigarette ~** dare una tirata a una sigaretta; **zu jdm ~** andare ad abitare da qu; **es zieht** c'è corrente; **das zieht bei mir nicht** *fam* con me non attacca *fam;* **III.** *rfl:* **sich ~ 1.** *(sich dehnen)* allungarsi; *(Holz)* (in)curvarsi; *(Gummi)* tendersi; *(Käse)* filare; **2.** *(sich erstrecken)* estendersi (*über* su).

Ziehharmonika [-harmo:nika, ...ikas *o* ...ikən] ‹-, -s *o* -niken› *f* fisarmonica *f.*

Ziehung ‹-, -en› *f* estrazione *f.*

Ziel [tsi:l] ‹-(e)s, -e› *n* **1.** *(von Reise)* destinazione *f; (von Wunsch a.)* meta *f;* **2.** *(~scheibe)* bersaglio *m;* **3.** *fig (Zweck)* obiettivo *m; (Absicht)* scopo *m;* **4.** *sport* traguardo *m,* arrivo *m;* **sein ~ erreichen** raggiungere il proprio traguardo (*o* la propria meta), ottenere il proprio scopo; **sich** *(dat)* **ein ~ setzen (*o* stecken)** prefiggersi uno scopo, proporsi una meta; **das ~ verfehlen** *(a. fig)* mancare il bersaglio; **über das ~ hinausschießen** *fam* passare il segno (*o* i limiti); **zum ~ führen** portare alla meta.

zielen *itr* **1.** *(mit Waffe)* mirare (*auf* a), prendere di mira (*auf etw.* qc), puntare (*auf* su); **2.** *fig (anspielen)* alludere (*auf* a); *s. a. gezielt.*

Zielfoto *n* fotofinish *m.* **Zielgruppe** *f* utenza *f,* destinatari *m pl.* **ziellos** *a, adv* senza meta. **Zielscheibe** *f* bersaglio *m,* mira *f.* **Zielsetzung** ‹-, -en› *f* obiettivo *m,* finalità *f.* **zielsicher I.** *a* dalla mira sicura; **II.** *adv* con determinazione. **Zielsprache** *f* lingua *f* d'arrivo. **zielstrebig I.** *a* determinato; **II.** *adv* con determinazione.

ziemlich ['tsi:mlıç] **I.** *a (beträchtlich)* notevole, considerevole; **eine ~e Menge** un buon numero; **das ist eine ~e Frechheit** è una bella sfacciataggine *fam;* **II.** *adv* abbastanza, piuttosto, alquanto; **~ sicher** quasi certo; **~ viel** parecchio, abbastanza; **so ~** *fam* pressappoco, suppergiù *fam;* **das ist so ~ dasselbe** *fam* è quasi lo stesso.

Zierde ['tsi:ɐdə] ‹-, -n› *f* **1.** *(Verzierung)* ornamento *m,* decorazione *f;* **2.** *fig* vanto *m,* onore *m;* **zur ~** per ornamento (*o* decorazione).

zieren ['tsi:rən] **I.** *tr geh* (ad)ornare, decorare, abbellire; **II.** *rfl:* **sich ~** *pej* fare il prezioso (*o* la preziosa); *(beim Essen)* fare complimenti (a tavola).

zierlich *a (klein, fein)* fine, delicato; *(grazil)* gracile. **Zierlichkeit** ‹-, ø› *f (Feinheit, Zartheit)* delicatezza *f; (Grazilität)* gracilità *f.*

Zierpflanze *f* pianta *f* ornamentale.

Ziffer ['tsıfɐ] ‹-, -n› *f* **1.** *mat* cifra *f,* numero *m;* **2.** *jur* capoverso *m,* comma *m;* **arabische/römische ~n** numeri arabi/romani; **in ~n** in cifre. **Zifferblatt** *n* quadrante *m.*

Zigarette [tsiga'rɛtə] ‹-, -n› *f* sigaretta *f.* **Zigarettenautomat** *m* distributore *m* di sigarette. **Zigarettenetui** *n* portasigarette *m.* **Zigarettenlänge** *f:* **auf eine ~** per un attimo. **Zigarettenpapier** *n* carta *f* (*o* cartina *f*) da sigarette. **Zigarettenspitze** *f* bocchino *m* (per sigarette). **Zigarettenstummel** *m* mozzicone *m.*

Zigarillo [tsiga'rılo] ‹-s, -s› *m o n* sigarillo *m.*

Zigarre [tsi'garə] ‹-, -n› *f* sigaro *m.*

Zigeuner(in) [tsi'gɔynɐ (...ərın)] ‹-s, -› *m(f)* zingaro, -a *m, f.* **Zigeunerleben** *n* vita *f* da zingaro. **Zigeunerwagen** *m* carro *m* di zingari.

Zikade [tsi'ka:də] ‹-, -n› *f* cicala *f.*

Zimmer ['tsımɐ] ‹-s, -› *n* stanza *f; (a. Hotel~)* camera *f;* **eine Wohnung mit drei ~n** un appartamento di tre vani; **auf (*o* in) seinem ~ sein** essere in camera; **„~ frei"** "camere libere". **Zimmerantenne** *f* antenna *f* interna (*o* da camera). **Zimmerdecke** *f* soffitto *m.* **Zimmerlautstärke** *f:* **das Radio/Fernsehen auf ~ stellen** mettere la radio/televisione a basso volume. **Zimmermädchen** *n* cameriera *f.* **Zimmermann** ‹-(e)s, -leute› *m* carpentiere *m.*

zimmern ['tsımɐn] **I.** *tr* fare, costruire (in legno); **II.** *itr* lavorare il legno; **an etw. ~** *(a. fig)* lavorare a qc.

Zimmernachweis *m* (ufficio *m*) informazioni *f pl* posti letto, agenzia *f* di soggiorno. **Zimmertheater** *n* teatro *m* da camera. **Zimmervermittlung** *f* pro loco *f.*

zimperlich ['tsɪmpelɪç] *a* **1.** *(überempfindlich)* ipersensibile, delicato; *(verzärtelt)* viziato; *(wehleidig)* insofferente; **2.** *(übertrieben schamhaft)* prude, castigato, ritroso.

Zimt [tsɪmt] ‹-(e)s, -e› *m* cannella *f.*

Zink [tsɪŋk] ‹-(e)s, ø› *n* zinco *m.*

Zinke ['tsɪŋkə] ‹-, -n› *f* **1.** *(Kamm~, Gabel~)* dente *m;* **2.** *(Holzzapfen)* incastro *m* a coda di rondine.

zinken *tr (Spielkarte)* truccare.

Zinn [tsɪn] ‹-(e)s, ø› *n* **1.** *(Metall)* stagno *m;* **2.** *(~geschirr)* vasellame *m* di stagno. **Zinnerz** *n* minerale *m* di stagno. **Zinngeschirr** *n* vasellame *m* di stagno.

Zinnober [tsɪ'no:be] ‹-s, -› *m* **1.** *(Mineral, Farbe)* cinabro *m;* **2.** *fam pej (wertloses Zeug)* roba *f fam; (dummes Zeug)* chiacchiere *f pl.* **zinnoberrot** *a* rosso cinabro.

Zinnsoldat *m* soldatino *m* di piombo.

Zins[1] [tsɪns] ‹-es, -en› *m* interessi *m pl,* interesse *m;* **~en bringen** fruttare (*o* dare) interessi.

Zins[2] [tsɪns] ‹-es, -e› *m dial, CH (Miete)* pigione *f,* affitto *m.*

Zinseszins *m* interesse *m* composto. **zinslos** *a* infruttifero, senza interessi. **Zinsrechnung** *f* calcolo *m* degli interessi. **Zinssatz** *m* tasso *m* (*o* saggio *m*) d'interesse.

Zipfel ['tsɪpfəl] ‹-s, -› *m* punta *f; (Tuch~)* lembo *m; (Taschentuch~, Schürzen~)* cocca *f; (Mützen~)* punta *f; (Wurst~)* pezzettino *m; (Land~, See~, etc.)* capo *m.* **Zipfelmütze** *f* berretta *f* a punta.

Zipperlein ['tsɪpelain] ‹-s, ø› *n fam scherz* gotta *f,* podagra *f.*

Zirbeldrüse ['tsɪrbəl-] *f* ghiandola *f* pineale.

zirka ['tsɪrka] *adv* (*ab* **ca.**) circa, all'incirca, approssimativamente.

Zirkel ['tsɪrkəl] ‹-s, -› *m* **1.** *tec* compasso *m;* **2.** *(Kreis, Klub)* circolo *m.*

Zirkus ['tsɪrkus] ‹-, -se› *m* **1.** *allg.* circo *m;* **2.** *fam pej (Getue, Theater)* storie *f pl fam; (Durcheinander)* baraonda *f,* confusione *f;* **in den ~ gehen** andare al circo. **Zirkuszelt** *n* tendone *m* da circo.

zirpen ['tsɪrpən] *itr (Grillen)* cantare, frinire, stridere; *(Vogel)* pigolare.

zischeln ['tsɪʃəln] *tr, itr* bisbigliare.

zischen ['tsɪʃən] **I.** *itr* sibilare; *(heißes Fett)* sfrigolare; *(Limonade)* essere effervescente; **II.** *tr* fischiare; **einen ~** *fam* bersi un bicchierino *fam;* **du kriegst gleich eine gezischt!** *fam* ti prendi subito una sberla *fam.*

ziselieren [tsize'li:rən] ‹*ohne ge-*› *tr* cesellare.

Zitat [tsi'ta:t] ‹-(e)s, -e› *n* **1.** *(Textstelle)* citazione *f;* **2.** *(geflügeltes Wort)* detto *m,* sentenza *f.*

Zither ['tsɪte] ‹-, -n› *f* cetra *f.*

zitieren [tsi'ti:rən] ‹*ohne ge-*› *tr* citare; **jdn vor Gericht/zu sich** *(dat)* **~** citare qu in giudizio/chiamare qu.

Zitronat [tsitro'na:t] ‹-(e)s, -e› *n* cedro *m* candito.

Zitrone [tsi'tro:nə] ‹-, -n› *f* limone *m;* **jdn ausquetschen** (*o* **auspressen) wie eine ~** *fam* spremere qu come un limone; **mit ~** *(Getränk)* al limone. **Zitroneneis** *n* gelato *m* di limone. **zitronengelb** *a* giallo limone. **Zitronenlimonade** *f* limonata *f.* **Zitronenpresse** *f* spremilimoni *m.* **Zitronensaft** *m* succo *m* di limone; *(Getränk)* spremuta *f* di limone. **Zitronensäure** *f* acido *m* citrico. **Zitronenschale** *f* scorza *f* di limone.

Zitrusfrüchte ['tsi:trusfrʏçtə] *f pl* agrumi *m pl.*

zitt(e)rig ['tsɪt(ə)rɪç] *a* tremante, tremolante.

zittern ['tsɪten] *itr* **1.** *allg.* tremare (*vor Kälte* di freddo, *vor Wut* dalla rabbia, *vor jdm* davanti a qu); **2.** *(vibrieren)* vibrare, tremolare; **3.** *fig (Angst haben)* essere in ansia (*um* per), trepidare (*um* per).

Zitterpappel *f* pioppo *m* tremolo. **Zitterrochen** [-roxən] ‹-s, -› *m* torpedine *m.*

zittrig *s.* **zitterig.**

Zitze ['tsɪtsə] ‹-, -n› *f* capezzolo *m.*

zivil [tsi'vi:l] *a* **1.** *(bürgerlich, nichtmilitärisch)* civile, borghese; **2.** *fig fam (Preise)* moderato, ragionevole; *(Chef)* educato. **Zivil** ‹-s, ø› *n* abiti *m pl* borghesi; **in ~** in borghese. **Zivilbevölkerung** *f* popolazione *f* civile. **Zivilcourage** [-ku'ra:ʒə] ‹-, ø› *f* coraggio *m* civile. **Zivildienst** *m* servizio *m* civile; **~ leisten** prestare servizio civile. **Zivilgericht** *n* tribunale *m* civile.

Zivilisation [tsiviliza'tsio:n] ‹-, -en› *f* civiltà *f.* **Zivilisationskrankheit** *f* malattia *f* del progresso.

zivilisieren [...'zi:rən] ‹*ohne ge-*› *tr* civilizzare.

Zivilist [tsivi'lɪst(ɪn)] ‹-en, -en› *m* civile *m,* borghese *m.*

Zivilkammer *f* sezione *f* civile. **Zivilkleidung** *f* abiti *m pl* borghesi. **Zivilleben** *n:* **im ~** nella vita civile. **Zivilperson** *f* borghese *m.* **Zivilprozeß** *m* processo *m* civile. **Zivilrecht** *n* diritto *m* civile.

Znüni ['tsny:ni] ‹-s, -s› *m o n CH* spuntino *m* mattutino.

Zobel ['tso:bəl] ‹-s, -› *m* zibellino *m.*

Zofe ['tso:fə] ‹-, -n› *f* cameriera *f.*

zog [tso:k] *imp von* **ziehen.**

zögern ['tsø:gen] *itr* esitare (*etw. zu tun* a fare qc), indugiare (*etw. zu tun* a fare qc); *(hinaus~)* ritardare (*mit etw.* qc), rimandare (*mit etw.* qc); *(schwanken)* titubare, tentennare; **ohne zu ~** senza indugio (*o* esitazione). **Zögern** ‹-s, ø› *n* esitazione *f,* indugio *m; (Schwanken)* titubanza *f; (Unentschlossenheit)* indecisione *f;* **ohne ~** senza esitazione; **nach langem ~** dopo lunga esitazione.

Zögling ['tsø:klɪŋ] ‹-s, -e› *m* allievo, -a *m, f* (interno, -a); *(Internats~)* convittore, -trice *m, f.*

Zölibat [tsøli'ba:t] ‹-(e)s, ø› *n o m* celibato *m;* **im ~ leben** vivere in celibato.

Zoll [tsɔl] ‹-(e)s, ¨-e› *m* **1.** *(Abgabe)* tassa *f* (*o* dazio *m)* doganale; *(Straßen~, Brücken~)* pedaggio *m;* **2.** *(Dienststelle)* dogana *f;* **3.** *fig (Tribut)* tributo *m;* **~ zahlen** pagare il dazio; **für** (*o* **auf**) **etw. ~ bezahlen** pagare la dogana per qc. **Zollabfertigung** *f* operazioni *f pl* doganali. **Zollamt** *n* ufficio *m* doganale, dogana *f.* **Zollbeamte** *m,* **-beamtin** *f* funzionario, -a *m, f* doganale, doganiere *m.* **Zollbestimmungen** *f pl* disposizioni *f pl* doganali.

zollen *tr geh* tributare; **jdm Beifall/Achtung ~** applaudire/rispettare qu.

Zollerklärung *f* dichiarazione *f* doganale. **Zollfahndung** *f* repressione *f* delle frodi doganali. **zollfrei** *a* esente da dazio. **Zollkontrolle** *f* controllo *m* doganale.

Zöllner(in) ['tsœlnɐ (...ərɪn)] ‹-s, -› *m(f)* **1.** *fam (Zollbeamter)* funzionario, -a *m, f* doganale; **2.** *obs (bes. in Bibel)* pubblicano *m.*

zollpflichtig *a* soggeto a dazio.

Zollstock *m* metro *m* pieghevole.

Zone ['tso:nə] ‹-, -n› *f* zona *f;* **die ~** *fam obs* la Germania orientale; **blaue ~** zona disco. **Zonengrenze** *f fam obs* confine *m* tra le due Germanie.

Zoo [tso:] ‹-s, -s› *m* zoo *m.*

Zoologie [tsoolo'gi:] ‹-, ø› *f* zoologia *f.*

zoologisch [...'lo:gɪʃ] *a* zoologico.

Zopf [tsɔpf] ‹-(e)s, ¨-e› *m (Haar~, Gebäck~)* treccia *f; (Männer~)* codino *m;* **das ist ein alter ~** è antiquato (*o* sorpassato).

Zorn [tsɔrn] ‹-(e)s, ø› *m* ira *f,* collera *f; (Wut)* rabbia *f;* **in ~ geraten** andare in collera; **im ~ sagt sie oft Dinge, die sie später bereut** nella rabbia dice spesso cose di cui poi si pente. **zornig I.** *a* adirato, irato, incollerito; **auf jdn ~ sein** essere in collera con qu; **~ werden** adirarsi, arrabbiarsi; **II.** *adv* con rabbia (*o* ira).

Zote ['tso:tə] ‹-, -n› *f* oscenità *f,* sconcezza *f.*

Zottel ['tsɔtəl] ‹-, -n› *f* ‹*meist pl*› *fam* **1.** *(Haarbüschel)* ciuffo *m* (di capelli); **2.** *(Troddel)* nappa *f.* **zott(e)lig** *a* a ciuffi.

zottig ['tsɔtɪç] *a* **1.** *(Fell)* irsuto; **2.** *pej (Haar, Frisur)* spiovente a ciocche.

zu [tsu:] **I.** *prp dat* a; **ein Eis ~ zwei Mark** un gelato da due marchi; **der Weg ~m Erfolg/~r Freiheit** la via del successo/della libertà; **der Weg ~m Hotel** la strada per l'albergo; **etw. ~ etw. essen/trinken** mangiare/bere qc con qc; **sich ~ jdm setzen** sedersi vicino a qu; **sich** *(dat)* **jdn ~m Freund/Feind machen** farsi amico/inimicarsi qu; **~m Bahnhof/~m Markt/~r Schule** alla stazione/al mercato/a scuola; **~r Belohnung** per ricompensa; **~ dreien** (*o* **dritt**) a (*o* in) tre; **~ einem Drittel** per un terzo; **~ Dutzenden/Hunderten** a dozzine/centinaia; **~ ebener Erde** al pianterreno; **~r Hälfte** a metà; **~ Hause** a casa; **~ Lande/Wasser** per via di terra/d'acqua; **~r Linken/Rechten** sulla sinistra/destra; **~ Paul/~ Schmidts/~m Bäcker** da Paolo/dagli Schmidt/dal panettiere; **~r Probe** in prova; **~r Tür hinein** dentro per la porta; **~m Fenster hinaus** fuori dalla finestra; **~ Weihnachten/Ostern/Pfingsten** a Natale/Pasqua/Pentecoste; **2 ~ 1** *sport* 2 a 1; **„Zum Goldenen Löwen"** "Al Leone d'Oro"; **II.** *adv* **1.** *(örtlich)* verso; **2.** *(all~)* troppo; **3.** *(geschlossen)* chiuso; **~ groß/wenig** troppo grande/poco; **~ viel/sehr** troppo; **~ bescheiden, als daß ...** troppo modesto per ... *inf;* **~ dumm, daß ich daran nicht gedacht habe!** che stupido che non ci abbia pensato!; **auf/~** *(auf Wasserhähnen, etc.)* aperto/chiuso; **III.** *con* **1.** *(mit Infinitiv)* da, a, di; **2.** *(mit Partizip)* da; **ohne ~ ...** senza ... *inf;* **um ~ ...** per ... *inf;* **ich habe ~ tun** ho da fare; **sie ist heute nicht ~ sprechen** oggi non si può parlarle; **er befahl ihm, aufzuhören** gli ordinò di smetterla; **es ist ~m Wahnsinnigwerden!** *fam* c'è da impazzire!

zuallererst [tsu'ʔalɐ'ʔe:ɐst] *adv* innanzi (*o* prima di) tutto.

zuallerletzt [tsu'ʔalɐ'lɛtst] *adv* alla fine, infine.

Zubehör ['tsu:bəhø:ɐ] ‹-(e)s, -e› *n* accessori *m pl.* **Zubehörteil** *n* accessorio *m.*

Zuber ['tsu:bɐ] ‹-s, -› *m* mastello *m.*

zu·bereiten ‹*ohne ge-*› *tr* preparare, fare. **Zubereitung** ‹-, -en› *f* preparazione *f.*

zu·binden ‹*irr*› *tr* legare; *(Schuhe)* allacciare.

Zubringer ‹-s, -› *m (Straße)* svincolo *m,* raccordo *m; (Bus)* autobus *m* che collega la città e l'aeroporto. **Zubringerdienst** *m* servizio *m* di collegamento aeroporto-città.

Zucht [tsʊxt] ‹-, -en› *f* **1.** *(Pflanzen~, Perlen~)* coltivazione *f; (a. Bakterien~)* coltura *f; (Tier~)* allevamento *m;* **2.** ‹*sing*› *obs (Disziplin)* disciplina *f;* ~

und Ordnung disciplina *f.* **Zuchtbulle** *m* toro *m* d'allevamento.
züchten ['tsʏçtən] *tr* **1.** *(Pflanzen, Perlen, a. fig)* coltivare; *(Tiere)* allevare; **2.** *fig (Haß, etc.)* alimentare.
Züchter(in) ⟨-s, -⟩ *m(f) (Pflanzen~, Perlen~)* coltivatore, -trice *m, f; (Vieh~)* allevatore, -trice *m, f.*
Zuchthaus *n* **1.** *(Gebäude)* penitenziario *m;* **2.** ⟨*sing*⟩ *(~strafe)* reclusione *f;* **zu 20 Jahren ~ verurteilt werden** essere condannato a 20 anni di reclusione.
Zuchthengst *m* stallone *m* da monta. **Zuchtperle** *f* perla *f* coltivata. **Zuchttier** *n* riproduttore *m.*
Züchtung ⟨-, -en⟩ *f* coltivazione *f.*
zucken ['tsʊkən] **I.** *itr* **1.** *(zusammenfahren)* trasalire, sobbalzare; **2.** *(geschlachtetes Tier)* palpitare; **3.** *(Blitze, Flammen)* guizzare; **II.** *tr:* **die Achseln ~** alzare (*o* scrollare) le spalle.
zücken ['tsʏkən] *tr* **1.** *geh (Degen)* estrarre; **2.** *fam (Brieftasche, etc.)* tirare fuori.
Zucker ['tsʊkɐ] ⟨-s, *rar* -⟩ *m* zucchero *m;* **~ haben** *med fam* essere diabetico. **Zuckerbäcker** *m A (Konditor)* pasticciere *m.* **Zuckerbrot** *n:* **mit ~ und Peitsche** col metodo del bastone e della carota. **Zuckerdose** *f* zuccheriera *f.* **Zuckererbse** *f* pisello *m* dolce. **Zukkerguß** *m* glassa *f;* **mit ~** glassato. **zuckerhaltig** *a* saccarifero. **Zuckerhut** *m* pan *m* di zucchero.
zuck(e)rig ['tsʊk(ə)rɪç] *a* zuccheroso, zuccherino.
zuckerkrank *a* diabetico. **Zuckerkranke** *mf* diabetico, -a *m, f.* **Zuckerkrankheit** *f* diabete *m.* **Zuckerrohr** *n* canna *f* da zucchero. **Zuckerrübe** *f* barbabietola *f* da zucchero. **zuckersüß** ['tsʊkɐ'zy:s] *a* zuccheroso. **Zuckerwatte** *f* zucchero *m* filato. **Zuckerzange** *f* mollette *f pl* da zucchero.
zuckrig *s.* **zuckerig.**
Zuckung ⟨-, -en⟩ *f* convulsione *f,* spasmo *m;* **nervöse ~en** tic *m* nervoso.
zu·decken I. *tr* (ri)coprire (*mit* di); **II.** *rfl:* **sich ~** coprirsi.
zu·drehen *tr* **1.** *(Wasserhahn, etc.)* chiudere; **2.** *(Gesicht, etc.)* voltare.
zudringlich *a* invadente, importuno; **jdm gegenüber ~ werden** molestare qu.
zu·drücken *tr* chiudere; **ein Auge ~** *fig* chiudere un occhio.
zueinander [tsuʔaɪ'nandɐ] *adv* uno verso l'altro; **~ passen** armonizzare.
zu·erkennen ⟨*irr, ohne ge-*⟩ *tr (Preis, Auszeichnung)* conferire; *(Recht)* concedere; *(bei Versteigerung)* aggiudicare.
zuerst [tsu'ʔe:ɐst] *adv* **1.** *(als erster)* per primo, -a; **2.** *(zunächst)* dapprima, in primo luogo; **3.** *(anfangs)* in principio; **4.** *(zum ersten Mal)* per la prima volta; **wer ~ kommt, mahlt ~** *prov* chi primo arriva, primo (*o* bene) alloggia *prov.*
zu·fahren ⟨*irr*⟩ *itr* ⟨*sein*⟩ dirigersi (*auf* verso); **fahr zu!** vai!
Zufahrt *f* accesso *m* (*zu* a). **Zufahrtsstraße** *f* strada *f* d'accesso; *(zur Autobahn)* raccordo *m* (autostradale).
Zufall *m* caso *m;* **etw. dem ~ überlassen** affidare qc al caso; **durch ~** per caso; **es war reiner ~, daß ...** è stato un puro caso che ...; **welch ein ~!** che coincidenza!
zu·fallen ⟨*irr*⟩ *itr* ⟨*sein*⟩ **1.** *(Tür)* chiudersi; **2.** *(Aufgabe, Erbe, etc.)* toccare (*jdm* a qu); **mir fielen vor Müdigkeit die Augen zu** cascavo dal sonno.
zufällig I. *a* casuale, accidentale; *(Begegnung a.)* fortuito; **II.** *adv* per caso; **rein ~** per puro caso; **ich war ~ da** ero lì per combinazione.
Zuflucht *f* rifugio *m* (*vor* da); **zu etw. ~ nehmen** ricorrere a qc.
zu·flüstern *tr:* **jdm etw. ~** sussurrare qc a qu.
zufolge [tsu'fɔlgə] *prp dat o rar gen* secondo, conformemente a.
zufrieden [tsu'fri:dən] *a* contento (*mit* di), soddisfatto (*mit* di). **zufrieden·geben** ⟨*irr*⟩ *rfl:* **sich mit etw. ~** accontentarsi di qc. **Zufriedenheit** ⟨-, ø⟩ *f* contentezza *f* (*mit* di); *(Befriedigtsein)* soddisfazione *f;* **zur allgemeinen ~** con soddisfazione di tutti. **zufrieden·lassen** ⟨*irr*⟩ *tr* lasciare in pace. **zufrieden·stellen** *tr* accontentare. **zufriedenstellend** *a* soddisfacente.
zu·frieren ⟨*irr*⟩ *itr* ⟨*sein*⟩ gelare, ghiacciare.
zu·fügen *tr* **1.** *(Böses, Leid)* fare; *(Schaden)* recare; *(Verlust, Niederlage)* infliggere; **2.** *(hin~)* aggiungere.
Zufuhr ['tsu:fu:ɐ] ⟨-, -en⟩ *f* **1.** *(Versorgung)* rifornimento *m,* approvvigionamento *m;* **2.** *tec, meteo* afflusso *m.*
Zug [tsu:k] ⟨-(e)s, ¨-e⟩ *m* **1.** *Eisenb.* treno *m;* **2.** ⟨*sing*⟩ *(Ziehen)* trazione *f;* **3.** *(bei Brettspiel)* tiro *m;* **4.** ⟨*sing*⟩ *fig (Tendenz)* tendenza *f; (Neigung)* inclinazione *f;* **5.** *(Atem~)* respiro *m; (beim Rauchen)* tirata *f,* boccata *f; (beim Trinken)* sorso *m,* sorsata *f; (beim Schwimmen)* bracciata *f;* **6.** ⟨*sing*⟩ *(Luft~)* corrente *f* (d'aria); **7.** ⟨*sing*⟩ *(von Kamin, Ofen)* tiraggio *m;* **8.** *(Schrift~, Gesichts~, Wesens~)* tratto *m;* **9.** *(Menschen)* fila *f,* colonna *f; (Fest~)* corteo *m; rel* processione *f;* **10.** *(Gewehr~)* rigatura *f;* **sein Glas in einem ~ leeren** vuotare il bicchiere d'un fiato; **zum ~(e) kommen** entrare in azione; **etw. in vollen Zügen genießen** godere pienamente qc; **in den letzten Zügen liegen** *fam* essere in agonia; **in großen** (*o* **groben) Zügen** a larghi tratti; **mit dem ~** col treno, in treno; **der ~ ist (für ihn)**

abgefahren *fig fam* ha perduto il treno *fam;* **sie hat einen guten ~ (am Leib)** *sl* è un buon bevitore; **Sie sind am ~** tocca a Lei.

Zugabe *f* **1.** *(Zusätzliches)* aggiunta *f,* supplemento *m;* **2.** *mus, theat* bis *m;* **„~!"** "bis!"; **eine ~ geben** fare il bis, concedere un bis.

Zugang *m* **1.** *(Zutritt)* accesso *m* (*zu* a); **2.** *(Eingang, Einfahrt)* entrata *f,* ingresso *m;* **3.** *(Zuwachs)* aumento *m,* incremento *m;* **4.** *(Hinzugekommener im Krankenhaus, Gefängnis, etc.)* nuovo arrivato *m;* **5.** *com* arrivo *m* (di merci); *(Neuerwerbung)* nuovo arrivo *m;* **~ zu etw. haben** avere accesso a qc.

zugange [tsu'gaŋə] *a fam:* **(mit etw./jdm) ~ sein** essere occupato con qc/qu.

zugänglich ['tsu:gɛŋlɪç] *a* **1.** *(erreichbar, aufgeschlossen)* accessibile; **2.** *(benutzbar)* disponibile.

Zugbrücke *f* ponte *m* levatoio.

zu·geben ‹*irr*› *tr* **1.** *(einräumen, gestehen)* ammettere; **2.** *(hinzufügen)* aggiungere; *(zusätzlich geben)* dare in aggiunta; **jdm gegenüber etw. ~** confessare qc a qu; **zugegeben, das war nicht leicht, aber ...** d'accordo, non era facile, ma ...; **gib's zu!** ammettilo!, confessalo!

zu·gehen ‹*irr*› *itr* ‹*sein*› **1.** *adm (Nachricht, etc.)* giungere (*jdm* a qu), essere recapitato (*jdm* a qu); **2.** *fam (sich schließen lassen)* chiudersi; **dem Ende ~** volgere alla fine; **auf jdn/etw. ~** avvicinarsi a qu/qc; **auf die Fünfzig ~** avvicinarsi alla cinquantina; **es ging bei ihnen zu wie im Irrenhaus** a casa loro era come al manicomio.

Zugehörigkeit ‹-, ø› *f* appartenenza *f.*

zugeknöpft *a fig fam* abbottonato.

Zügel ['tsy:gəl] ‹-s, -› *m* briglia *f,* redine *f;* **die ~ locker lassen** (*o* **lockern**) *(a. fig)* allentare le redini. **zügellos** *a* sbrigliato; *(bes. Lebenswandel)* dissoluto.

zügeln[1] ['tsy:gəln] *tr* **1.** *(Pferd, etc.)* tenere le briglie di; **2.** *fig (Gefühle)* frenare.

zügeln[2] ['tsy:gəln] *CH* **I.** *itr* ‹*sein*› traslocare; **II.** ‹*haben*› *tr* trasportare.

Zugeständnis *n* concessione *f* (*an* a).

zu·gestehen ‹*irr, ohne ge-*› *tr* **1.** *(zubilligen)* accordare (*jdm etw.* qc a qu); **2.** *(zugeben)* ammettere.

zugetan *a* affezionato, attaccato; **dem Alkohol ~ sein** essere dedito al bere.

Zugewinngemeinschaft *f jur* comunione *f* degli utili e acquisti.

Zugfahrt *f* viaggio *m* in treno; **auf der ~ von ... nach ...** in treno da ... a ... **Zugfeder** *f* molla *f* di trazione. **Zugfolge** *f Eisenb.* successione *f* dei vagoni. **Zugführer** *m* **1.** *Eisenb.* capotreno *m;* **2.** *mil* caposezione *m.*

zugig ['tsu:gɪç] *a* esposto alla corrente d'aria; **hier ist es ~** qui c'è corrente.

zügig ['tsy:gɪç] *a* rapido, scorrevole.

Zugkraft *f* **1.** *tec* forza *f* di trazione; **2.** *fig* forza *f* d'attrazione. **zugkräftig** *a* che attrae (*o* attira) il pubblico; *(Titel)* di effetto.

zugleich [tsu'glaiç] *adv (gleichzeitig)* nello stesso tempo; *(a. ebenso)* nel contempo.

Zugmaschine *f* trattore *m,* trattrice *f.* **Zugpferd** *n* cavallo *m* da tiro; *fig* trascinatore *m.* **Zugpflaster** *n* vescicante *m.*

zu·greifen ‹*irr*› *itr* afferrare; *(bei Tisch)* servirsi.

Zugriff *m* **1.** *(Zugreifen)* presa *f;* **2.** *inform* accesso *m;* **3.** *(Einschreiten)* intervento *m.* **Zugriffsgeschwindigkeit** *f* velocità *f* d'accesso. **Zugriffszeit** *f* tempo *m* d'accesso.

zugrunde [tsu'grʊndə] *adv:* **~ gehen** *(untergehen)* andare in rovina; *(sterben, umkommen)* perire; **~ legen** porre a base; **einer S.** *(dat)* **~ liegen** essere alla base di qc; **~ richten** rovinare.

zugunsten [tsu'gʊnstən] *prp gen* (*o* **~ von** *dat*) a favore di.

zugute [tsu'gu:tə] *adv:* **jdm etw. ~ halten** considerare qc a giustificazione di qu; **jdm ~ kommen** tornare a profitto di qu; **sich** *(dat)* **etw. ~ tun** godersi qc.

Zugverbindung *f* **1.** *(zwischen zwei Orten)* collegamento *m* ferroviario; **2.** *(zwischen zwei Zügen)* coincidenza *f.* **Zugverkehr** *m* traffico *m* ferroviario. **Zugvogel** *m* uccello *m* migratore. **Zugzwang** *m:* **in ~ sein/geraten** trovarsi nella necessità di scegliere (*o* di decidere).

zu·haben ‹*irr*› *fam* **I.** *itr (Laden, etc.)* essere chiuso; **II.** *tr (Augen, etc.)* avere chiuso.

zu·halten ‹*irr*› *tr* tenere chiuso; *(Augen, Mund)* tappare.

Zuhälter ['tsu:hɛltɐ] ‹-s, -› *m* ruffiano *m.*

Zuhause [tsu'hauzə] ‹-, ø› *n* casa *f.*

zu·heilen *itr* ‹*sein*› cicatrizzarsi.

Zuhilfenahme [tsu'hɪlfəna:mə] ‹-, ø› *f:* **unter/ohne ~ von ...** con/senza l'aiuto di ...

zu·hören *itr* ascoltare (*jdm/einer S. (dat)* qu/qc). **Zuhörer(in)** *m(f)* ascoltatore, -trice *m, f.* **Zuhörerschaft** *f* ascoltatori *m pl,* uditorio *m.*

zu·jubeln *itr* acclamare (*jdm* qu).

zu·klappen **I.** *tr* ‹*haben*› chiudere; **II.** *itr* ‹*sein*› chiudersi.

zu·kleben *tr* chiudere (con la colla).

zu·kneifen ‹*irr*› *tr* stringere; *(Auge)* strizzare.

zu·kommen ‹*irr*› *itr* ‹*sein*› **1.** *(sich nähern)* dirigersi (*auf jdn/etw.* verso qu/qc), avvicinarsi (*auf jdn/etw.* a qu/qc);

2. *(zustehen)* spettare (*jdm* a qu); *(geziemen)* addirsi (*jdm* a qu); **jdm etw. ~ lassen** *(Nachricht)* far pervenire qc a qu; *(Geld, etc.)* concedere qc a qu; **du mußt das alles in Ruhe auf dich ~ lassen** in tutta calma devi lasciare che le cose maturino.

Zukunft ['tsu:kʊnft] ‹-, ø› *f* avvenire *m; (a. gram)* futuro *m;* **(eine große) ~ haben** avere un grande avvenire; **in ~** in futuro; *(von jetzt an)* d'ora in poi; **in naher/ferner ~** in un prossimo/lontano futuro.

zukünftig **I.** *a* futuro, venturo; **mein Z~er** *fam* il mio futuro marito; **II.** *adv* in futuro; *(von jetzt an)* d'ora in poi.

Zukunftsaussichten *f pl* prospettive *f pl* per l'avvenire. **Zukunftsforschung** *f* futurologia *f.* **Zukunftsmusik** *f fam* utopia *f;* **das ist (noch) ~** sono castelli in aria *fam.*

zu·lächeln *itr* sorridere (*jdm* a qu).

Zulage *f (Geld~)* supplemento *m; (Gehalts~, Lohn~)* aumento *m; (Gefahren~)* indennità *f* di lavorazione pericolosa, soprapremio *m* di rischio; *(Leistungs~)* premio *m* di rendimento.

zu·langen *itr* **1.** *(bei Arbeit)* lavorare sodo *fam;* **2.** *(bei Tisch)* servirsi.

zu·lassen ‹*irr*› *tr* **1.** *fam (geschlossen lassen)* lasciare chiuso; **2.** *(Zugang gewähren)* ammettere; **3.** *(dulden)* tollerare; *(gestatten)* permettere; **4.** *(amtlich)* autorizzare; *(Arzt)* abilitare; *(Auto)* immatricolare.

zulässig *a* ammesso, permesso; *(Höchstgeschwindigkeit)* ammissibile.

Zulassung ‹-, -en› *f* **1.** *(Gewährung von Zugang)* ammissione *f;* **2.** *(Erlaubnis)* permesso *m;* **3.** *(amtlich)* autorizzazione *f; (als Arzt, Anwalt)* abilitazione *f; (von Auto)* immatricolazione *f.* **Zulassungsnummer** *f* numero *m* d'immatricolazione. **Zulassungspapiere** *n pl* carta *f* (*o* libretto *m*) di circolazione.

zu·laufen ‹*irr*› *itr* ‹*sein*› **1.** *(rennen)* correre (*auf jdn/etw.* verso qu/qc); **2.** *(Katzen, Hunde)* venire dietro (*jdm* a qu); **3.** *(Wasser, etc.)* aggiungere; **spitz ~** terminare a punta.

zu·legen **I.** *tr (hinzufügen)* aggiungere; **II.** *itr* **1.** *(an Tempo, Gewicht)* aumentare (*an etw.* qc); **III.** *rfl:* **sich** *(dat)* **etw. ~** comprarsi qc.

zuleide [tsu'laidə] *adv obs:* **jdm etw. ~ tun** fare del male a qu.

zuletzt [tsu'lɛtst] *adv* **1.** *(als letzter)* per ultimo; **2.** *fam (zum letzten Mal)* l'ultima volta; **3.** *(am Ende, schließlich)* alla fine, infine; **der ~ Gekommene** l'ultimo arrivato (*o* venuto); **(und) nicht ~ wegen ihrer Beziehungen bekam sie die Stelle** e soprattutto grazie alle sue relazioni ottenne il posto.

zuliebe [tsu'li:bə] *adv:* **jdm ~** per amore di qu.

zum [tsʊm] = **zu dem; ~ Spaß** per scherzo; **es ist ~ Heulen** *fam* c'è da piangere.

zu·machen *fam* **I.** *tr (allg., Geschäft)* chiudere; *(Loch)* turare; *(mit Knöpfen)* abbottonare; *(Gürtel, Schuhe)* affibbiare; **II.** *itr* **1.** *(schließen)* chiudere; **2.** *fam (sich beeilen)* sbrigarsi.

zu·mauern *tr* murare.

zumindest [tsu'mɪndəst] *adv* per lo meno, almeno.

zumutbar *a* ragionevole, accettabile.

zumute [tsu'mu:tə] *adv:* **mir war dabei nicht ganz wohl ~** mi sentivo a disagio; **mir ist nicht zum Lachen ~** non ho voglia di ridere; **wie ist Ihnen ~?** come si sente?

zu·muten ['tsu:mu:tən] *tr:* **jdm etw. ~** aspettarsi qc da qu; **jdm zuviel ~** pretendere troppo da qu.

Zumutung ‹-, -en› *f* pretesa *f; (Unverschämtheit)* sfacciataggine *f.*

zunächst [tsu'nɛ:çst] *adv* **1.** *(anfangs)* all'inizio; **2.** *(vorläufig)* per il momento; **~ einmal** innanzitutto.

Zunahme ['tsu:na:mə] ‹-, -n› *f* aumento *m* (*an* di), incremento *m* (*an* di), accrescimento *m* (*an* di); *(von Kriminalität)* recrudescenza *f* (*an* di).

Zuname *m* cognome *m.*

zünden ['tsʏndən] **I.** *itr* **1.** *(Feuer fangen)* accendersi; **2.** *fig* entusiasmare, infiammare; **II.** *tr* accendere. **zündend** *a* entusiasmante.

Zunder ['tsʊndɐ] ‹-s, -› *m* esca *f;* **brennen wie ~** bruciare facilmente.

Zünder ‹-s, -› *m* detonatore *m.*

Zündflamme *f* fiamma *f* pilota. **Zündholz** *n*, **-hölzchen** [-hœltsçən] ‹-s, -› *n* fiammifero *m.* **Zündkerze** *f* candela *f* d'accensione. **Zündschloß** *n* interruttore *m* dell'accensione. **Zündschlüssel** *m* chiavetta *f* d'accensione. **Zündschnur** *f* miccia *f.* **Zündstoff** *m* materiale *m* infiammabile; *(Explosivstoff)* innescante *m; fig* materia *f* esplosiva.

Zündung ‹-, -en› *f* accensione *f.*

zu·nehmen ‹*irr*› **I.** *itr* **1.** *(größer werden, wachsen)* aumentare (*an* di); *(Mond)* crescere; *(gewinnen)* acquistare (*an* in); *(Tage, Nächte)* allungarsi; **2.** *(schwerer, dicker werden)* ingrassare; **3.** *fig (sich verstärken)* intensificarsi; **4.** *(bei Handarbeiten)* aumentare; **II.** *tr:* **elf Kilo ~** ingrassare (di) undici chili. **zunehmend** **I.** *a* in aumento; *(Mond)* crescente; **~e Geschwindigkeit** velocità accelerata; **mit ~em Alter** invecchiando; **II.** *adv* sempre più.

Zuneigung *f* affetto *m* (*für* per), simpatia *f* (*für* per); **~ zu jdm empfinden** provare affetto per qu.

Zunft [tsʊnft] ‹-, ¨-e› *f* corporazione *f.*

zünftig [ˈtsʏnftɪç] *a (gehörig)* come si deve, a regola d'arte.

Zunge [ˈtsʊŋə] ‹-, -n› *f* **1.** *anat, fig* lingua *f;* **2.** *tec (Riegel, Schuh~)* linguetta *f; (an Waage)* lancetta *f; (an Blasinstrumenten)* ancia *f;* **3.** *zoo (See~)* sogliola *f;* **jdm die ~ herausstrecken** mostrare la lingua a qu; **sich** *(dat)* **eher die ~ abbeißen, als etw. zu sagen** mordersi la lingua prima di dire qc; **eine scharfe** (*o* **spitze**) **~ haben** avere una lingua tagliente; **sein Name liegt mir auf der ~** ho il suo nome sulla punta della lingua; **böse ~n behaupten, daß ...** le male lingue sostengono che ...

züngeln [ˈtsʏŋəln] *itr (Schlangen)* far guizzare la lingua; *(Flammen)* guizzare.

Zungenbrecher ‹-s, -› *m* scioglilingua *m.* **Zungenkuß** *m* bacio *m* alla francese.

Zünglein [ˈtsʏŋlain] ‹-s, -› *n:* **das ~ an der Waage sein** essere determinante.

zunichte [tsuˈnɪçtə] *adv:* **~ machen** *(vernichten)* annientare, distruggere; *(Hoffnungen)* frustrare, deludere.

zunutze [tsuˈnʊtsə] *adv:* **sich** *(dat)* **etw. ~ machen** *(verwenden)* utilizzare qc; *(ausnutzen)* trarre vantaggio da qc.

zu·ordnen *tr* assegnare; *(a. gram)* coordinare.

zu·packen *itr* **1.** *(zugreifen)* afferrare; **2.** *(Hand anlegen)* dare una mano (*bei* a).

zupfen [ˈtsʊpfən] *tr* tirare (*jdn an etw.* qu per qc); *(Saiten)* pizzicare.

zur [tsuːɐ̯ *o* tsʊr] = **zu der.**

zurechnungsfähig *a* capace d'intendere e di volere, imputabile. **Zurechnungsfähigkeit** *f* capacità *f* d'intendere e di volere, imputabilità *f;* **verminderte ~** parziale incapacità *f* di intendere e di volere.

zurecht·finden [tsuˈrɛçt-] ‹*irr*› *rfl:* **sich ~ 1.** *(in Stadt, etc.)* trovare la strada, orientarsi; **2.** *fig (vertraut werden)* familiarizzarsi (*in, mit* in, con). **zurecht·kommen** ‹*irr*› *itr* ‹*sein*› **1.** *(rechtzeitig kommen)* arrivare in tempo; **2.** *(bewältigen)* venire a capo (*mit* di), risolvere (*mit etw.* qc); *fin (auskommen)* farcela (*mit* con); **mit jdm ~** intendersi (*o* andare d'accordo) con qu. **zurecht·legen** *tr* preparare. **zurecht·machen** *fam* **I.** *tr* preparare; **II.** *rfl:* **sich ~** prepararsi. **zurecht·weisen** ‹*irr*› *tr* redarguire, riprendere, rimproverare.

zu·reden *itr* **1.** *(überreden)* cercare di persuadere (*jdm* qu); **2.** *(zuraten)* consigliare (*jdm* qu); **3.** *(ermutigen)* incoraggiare (*jdm* qu).

Zürich [ˈtsyːrɪç] *n* Zurigo *f.*

Zurschaustellung [-ˈʃau-] *f* esibizione *f,* mostra *f.*

zurück [tsuˈrʏk] *adv* **1.** *(weiter hinten, rückwärts, ~geblieben, a. fig)* indietro; **2.** *(~gekehrt)* di ritorno; **hinter seiner Zeit ~ sein** non andare coi tempi; **~ an Absender!** al mittente!; **~ zur Natur** ritorniamo alla natura; **hin und ~** andata e ritorno; **mit vielem Dank ~** restituito con molti ringraziamenti; **es gibt kein Z~ mehr** non c'è più ritorno; **seit wann ist Heinz ~?** da quando è tornato Heinz?

zurück·bekommen ‹*irr, ohne ge-*› *tr* riottenere; **ich bekomme noch zwei Mark zurück** ricevo ancora due marchi di resto.

zurück·bilden *rfl:* **sich ~** *(Geschwulst, etc.)* sgonfiarsi; *(schrumpfen)* ritirarsi.

zurück·bleiben ‹*irr*› *itr* ‹*sein*› **1.** *(hinten bleiben, a. fig)* rimanere (*o* restare) indietro (*hinter* rispetto a); **2.** *(nicht mitkommen)* essere in ritardo (*hinter* su); **3.** *(übrigbleiben)* rimanere, restare; **hinter den Erwartungen ~** essere inferiore alle aspettative.

zurück·blenden *itr* inserire un flashback.

zurück·blicken *itr* guardare indietro (*auf, nach* a); **auf seine Vergangenheit ~** richiamare alla mente il proprio passato.

zurück·bringen ‹*irr*› *tr* **1.** *(wieder herbringen)* portare indietro; **2.** *(wieder wegbringen)* riportare via; **jdn ins Leben ~** riportare qu in vita.

zurück·datieren ‹*ohne ge-*› **I.** *tr (Brief)* retrodatare (*auf* a); **II.** *itr (Ereignis)* risalire (*auf, um* a).

zurück·denken ‹*irr*› *itr* ripensare (*an* a), ricordare (*an etw.* qc); **soweit ich ~ kann** per quanto posso ricordare.

zurück·drehen *tr* **1.** *(Knopf, Zeiger)* girare in senso antiorario; **2.** *(Heizung, Lautstärke)* abbassare.

zurück·erobern ‹*ohne ge-*› *tr* riconquistare.

zurück·erstatten ‹*ohne ge-*› *tr* rimborsare.

zurück·fahren ‹*irr*› **I.** *tr* ‹*haben*› ricondurre; **II.** *itr* ‹*sein*› ritornare; *fig (zurückweichen)* ritrarsi.

zurück·finden ‹*irr*› *itr* (ri)tornare (*zu* a, da); **wieder zu sich** *(dat)* **selbst ~** ritrovare se stesso; **findest du allein zurück?** ritrovi la strada da solo?

zurück·fordern *tr* richiedere.

zurück·führen *tr* **1.** *allg.* ricondurre (*auf, zu* a); **2.** *(ableiten, erklären)* attribuire (*auf* a); **3.** *mat* ridurre.

zurück·geben ‹*irr*› *tr* restituire, rendere, ridare; *(Wechselgeld)* restituire, dare di resto; *(Ball)* rimandare; *(Kompliment)* ricambiare.

zurückgeblieben *a* rimasto indietro; **geistig ~** ritardato.

zurück·gehen ‹*irr*› *itr* ‹*sein*› **1.** *(zum Ausgangsort)* ritornare; **2.** *(nach hinten, rückwärts)* indietreggiare; *(zurück-*

weichen) retrocedere; **3.** *fig (abnehmen)* diminuire; *(Hochwasser, Fieber, Preise)* calare; *(Schmerz, Sturm)* placarsi; **4.** *fig (herstammen)* risalire (*auf* a); **drei Meter ~** andare indietro di tre metri; **~ lassen** *(Warensendung)* rispedire; *(Essen)* mandare indietro.

zurückgezogen *a* ritirato. **Zurückgezogenheit** ‹-, ø› *f* vita *f* ritirata.

zurück·halten ‹*irr*› **I.** *tr* **1.** *(nicht fortlassen)* trattenere; **2.** *(abhalten)* distogliere (*von* da); **3.** *(unterdrücken)* reprimere; *(Tränen)* trattenere; **4.** *(Informationen)* rifiutare di dare; **II.** *itr:* **mit etw. ~** nascondere qc, dissimulare qc; **mit seiner Meinung/seinem Urteil ~** astenersi dall'esprimere la propria opinione/il proprio giudizio; **III.** *rfl:* **sich ~** **1.** *(sich beherrschen)* trattenersi, contenersi; *(beim Essen)* moderarsi; **2.** *(sich im Hintergrund halten)* tenersi nell'ombra.

zurückhaltend *a (reserviert)* riservato; *(unaufdringlich)* discreto.

Zurückhaltung *f* riservatezza *f.*

zurück·kommen ‹*irr*› *itr* ‹*sein*› **1.** *allg.* ritornare (*aus, von* da, *nach, zu* a); **2.** *fig (wieder aufgreifen)* tornare (*auf* su).

zurück·legen **I.** *tr* **1.** *(an seinen Platz)* riporre; **2.** *(Geld, Waren)* mettere da parte; **3.** *(Strecke)* percorrere; **II.** *rfl:* **sich ~** appoggiarsi (all')indietro.

zurück·lehnen *rfl:* **sich ~** appoggiarsi indietro.

zurück·liegen ‹*irr*› *itr* **1.** *(örtlich)* trovarsi dietro; **2.** *(zeitlich)* essere passato, essere successo; **das liegt fünf Jahre zurück** sono passati cinque anni.

zurück·melden *rfl:* **sich ~** annunciare il proprio ritorno.

Zurücknahme [-na:mə] ‹-, -n› *f* **1.** *(von Ware, Geschenk)* riprendere *m;* **2.** *(von Bestellung)* annullamento *m; (von Behauptung, Beschuldigung, Versprechen)* ritrattazione *f; jur (von Klage)* remissione *f; (von Anordnung, Zustimmung)* revoca *f.*

zurück·nehmen ‹*irr*› *tr* **1.** *(Ware, Geschenk)* riprendere; **2.** *fig (Bestellung)* annullare; *(Behauptung, Beleidigung)* ritrattare; *(Versprechen, Antrag, Klage, Gesetzentwurf)* ritirare; *(Gesetz, Anordnung)* revocare; **das Gas ~** abbassare il gas; **nimm das sofort zurück!** ritira subito quello che hai detto!

zurück·prallen *itr* ‹*sein*› **1.** *(Ball, etc.)* rimbalzare; **2.** *fig (Mensch)* indietreggiare di scatto.

zurück·reisen *itr* ‹*sein*› ritornare.

zurück·rufen ‹*irr*› *tr* richiamare; **sich** *(dat)* **etw. ins Gedächtnis ~** rammentarsi di qu.

zurück·schauen *itr* guardare indietro (*auf* a).

zurück·schicken *tr* **1.** *(Post)* rispedire (*an* a); **2.** *(Personen)* (ri)mandare indietro.

zurück·schlagen ‹*irr*› **I.** *tr* **1.** *(Angriff, Feind)* respingere; **2.** *(Ball)* ribattere; **3.** *(Decke, Schleier)* sollevare; **II.** *itr* **1.** *(den Schlag erwidern)* restituire il colpo; **2.** *(sich nachteilig auswirken)* ripercuotersi (*auf* su).

zurück·schnellen *itr* ‹*sein*› scattare indietro.

zurück·schrecken *itr* ‹*haben o sein*› **1.** *(vor Schreck zurückfahren)* indietreggiare spaventato (*vor* davanti a); **2.** *fig* aver paura (*vor* di); **vor nichts ~** non avere paura di niente.

zurück·sehnen *rfl:* **sich nach etw. ~** avere nostalgia di qc.

zurück·setzen **I.** *tr* **1.** *(an frühere Stelle)* rimettere (al proprio posto); **2.** *(nach hinten)* mettere indietro, arretrare; **3.** *(benachteiligen)* trascurare; **4.** *(Auto)* indietreggiare, rinculare; **5.** *dial (Waren)* ribassare; **sich zurückgesetzt fühlen** sentirsi trascurato; **II.** *rfl:* **sich ~** sedersi indietro; **III.** *itr (mit Fahrzeug)* indietreggiare, andare indietro.

zurück·springen ‹*irr*› *itr* ‹*sein*› saltare indietro.

zurück·stecken *itr* **1.** *(anspruchsmäßig)* moderare le pretese; **2.** *(in Diskussionen, etc.)* rinunciare.

zurück·stehen ‹*irr*› *itr* **1.** *(weiter hinten stehen)* stare indietro; **2.** *(nicht gleichwertig sein)* essere inferiore (*hinter* a); **3.** *(verzichten)* rinunciare (*hinter* a).

zurück·stellen *tr* **1.** *(an seinen Platz)* rimettere (a posto); **2.** *(nach hinten, a. Uhr)* mettere (*o* spostare) indietro; **3.** *(Waren)* mettere da parte; **4.** *(aufschieben)* rinviare; **5.** *(Wünsche, etc.)* far passare in second'ordine.

zurück·stufen *tr* trasferire in una categoria inferiore.

zurück·treten ‹*irr*› *itr* ‹*sein*› **1.** *(nach hinten gehen)* indietreggiare, retrocedere; **2.** *(weniger wichtig werden)* diminuire; *(in den Hintergrund treten)* passare in seconda linea (*hinter* dietro a); **3.** *(vom Amt)* dare le dimissioni, dimettersi (*von* da); **4.** *(von Vertrag)* rescindere (*von etw.* qc); *(von Kauf)* annullare (*von etw.* qc); *(von Recht)* rinunciare (*von* a); **einen Schritt ~** fare un passo indietro; **die Regierung ist zurückgetreten** il governo si è dimesso; **bitte ~!** indietro!, fate largo!

zurück·verfolgen ‹*ohne ge-*› *tr* ripercorrere.

zurück·verlangen ‹*ohne ge-*› *tr* ridomandare.

zurück·weisen ‹*irr*› *tr* **1.** *(zurückschikken)* rimandare, rinviare; **2.** *(Angebot, Vorschlag)* rifiutare; **3.** *(Behauptung, Vorwurf)* respingere.

zurück·werfen ‹*irr*› *tr* **1.** *(in Ausgangsrichtung)* rigettare; *(Ball a.)* rimandare; **2.** *(nach hinten)* gettare indietro; **3.** *phys (Strahlen)* riflettere; *(Schall)* ripercuotere; **4.** *(wirtschaftlich)* rimandare indietro (*um* di); *(gesundheitlich)* far ricadere (*um* di); **das hat uns um Jahre zurückgeworfen** ci ha rimandato indietro di anni.

zurück·zahlen *tr* restituire, rimborsare; **das werde ich ihm ~!** *fig fam* gliela farò pagare!

zurück·ziehen ‹*irr*› **I.** *tr* ritirare; *jur (Forderung)* rinunciare a; *(Auftrag)* revocare; **II.** *rfl:* **sich ~** ritirarsi (*aus, von* da); **sich von seinen Freunden ~** isolarsi dai propri amici.

Zuruf *m* chiamata *f,* grido *m; (Akklamation)* acclamazione *f.*

zu·rufen ‹*irr*› *tr* gridare.

Zusage *f* **1.** *(Versprechen)* promessa *f;* **2.** *(Zustimmung)* adesione *f.*

zu·sagen I. *tr* promettere; **II.** *itr* **1.** *(sein Einverständnis erklären)* acconsentire; *(Einladung annehmen)* accettare l'invito; *(sich verpflichten)* impegnarsi (*etw. zu tun* a fare qc); **2.** *(gefallen)* piacere (*jdm* a qu); *(passen, recht sein)* convenire (*jdm* a qu); **diese Wohnung sagt mir nicht zu** questo appartamento non mi piace.

zusammen [tsu'zamən] *adv* **1.** *(gemeinsam)* insieme (*mit* a, con), assieme (*mit* a); **2.** *(insgesamt)* complessivamente; *(im ganzen)* in tutto (*o* totale); **alle ~** tutti insieme; **das macht ~ vier Mark** in totale fanno quattro marchi.

Zusammenarbeit *f* collaborazione *f,* cooperazione *f;* **in ~ mit ...** in collaborazione con ...

zusammen·arbeiten *itr* collaborare, cooperare.

zusammen·ballen I. *tr* appallottolare; **II.** *rfl:* **sich ~** *(Wolken)* ammassarsi.

zusammen·bauen *tr* montare.

zusammen·beißen ‹*irr*› *tr:* **die Zähne ~** stringere i denti.

zusammen·binden ‹*irr*› *tr* legare.

zusammen·brechen ‹*irr*› *itr* ‹*sein*› crollare; **der Verkehr ist völlig zusammengebrochen** il traffico si è arrestato.

zusammen·bringen ‹*irr*› *tr* **1.** *(Vermögen)* accumulare; *(Geld)* racimolare; **2.** *(Menschen)* far incontrare; *(versöhnen)* riconciliare; **3.** *(Gedanken, Worte, etc.)* mettere insieme.

Zusammenbruch *m* **1.** *allg., fig* crollo *m;* **2.** *com* fallimento *m,* bancarotta *f;* **3.** *(Nerven~)* collasso *m* (*o* esaurimento *m*) nervoso.

zusammen·fahren ‹*irr*› **I.** *itr* ‹*sein*› **1.** *(zusammenstoßen)* scontrarsi (*mit* con); **2.** *fig (erschrecken)* trasalire (*vor* per); **II.** *tr* ‹*haben*› *fam* **1.** *(Fahrzeug)* ridurre a un rottame; **2.** *(Menschen)* ferire in un incidente; *(töten)* ammazzare in un incidente.

zusammen·fallen ‹*irr*› *itr* ‹*sein*› **1.** *(Gebäude, etc.)* crollare; **2.** *fig (Mensch)* dimagrire; **3.** *(zeitlich)* coincidere.

zusammen·falten *tr* ripiegare.

zusammen·fassen *tr* **1.** *(vereinigen)* riunire (*zu* in); **2.** *(in Bericht)* riassumere; **~d läßt sich sagen, daß ...** concludendo si può dire che ... **Zusammenfassung** *f* **1.** *(Vereinigung)* riunione *f;* **2.** *(Überblick)* riassunto *m.*

zusammen·fügen *geh* **I.** *tr* congiungere; **II.** *rfl:* **sich ~** combinarsi.

zusammen·gehören ‹*ohne ge-*› *itr (Dinge)* andare insieme; *(als Paar)* appaiarsi, fare un paio; *(Kunstgegenstände)* fare da pendant; *(Menschen)* essere fatti l'uno per l'altro.

zusammengehörig *a* che va insieme; **sich ~ fühlen** sentirsi uniti. **Zusammengehörigkeit** ‹-, ø› *f* affinità *f,* unione *f.* **Zusammengehörigkeitsgefühl** *n* solidarietà *f; (einer Gruppe)* spirito *m* di corpo.

zusammengesetzt *a* composto.

zusammengewürfelt *a* eterogeneo, vario.

Zusammenhalt *m* **1.** *tec* consistenza *f;* **2.** *fig (innere Bindung)* coesione *f.*

zusammen·halten ‹*irr*› **I.** *tr* **1.** *(verbinden)* tenere unito (*o* insieme); **2.** *fam (Geld)* risparmiare; **II.** *itr* essere (*o* restare) unito.

Zusammenhang *m* **1.** *(Beziehung)* rapporto *m* (*von, zwischen* fra), relazione *f* (*von, zwischen* fra); **2.** *(innerer ~)* connessione *f* (*von, zwischen* fra), legame *m* (*von, zwischen* fra); *(von Äußerung)* nesso *m;* **3.** *(Wechselbeziehung)* correlazione *f* (*von, zwischen* con, fra); **4.** *(im Text)* contesto *m;* **etw. mit etw. in ~ bringen** mettere qc in relazione con qc; **im ~ mit etw. stehen** essere in rapporto con qc; **im ~ mit dieser Angelegenheit** in relazione a questa faccenda; **in diesem ~** in questo contesto.

zusammen·hängen ‹*irr*› *itr* **1.** *allg.* essere unito (*mit* a); **2.** *fig (in Beziehung stehen)* essere in relazione (*mit* con); **das hängt damit zusammen, daß ...** ciò dipende dal fatto che ... **zusammenhängend** *a (innerlich)* coerente; *(ununterbrochen)* continuo; *(verbunden, verknüpft)* connesso.

zusammenhang(s)los *a* sconnesso, incoerente.

zusammen·hauen ‹*irr*› *tr fam* **1.** *(zertrümmern)* fare a pezzi; **2.** *(verprügeln)* picchiare; **3.** *(zusammenpfuschen)* abborracciare.

zusammen·klappen I. *tr* ‹*haben*› (ri)piegare; *(Buch, Messer)* chiudere; **II.** *itr* ‹*sein*› *fam* crollare.

zusammen·kommen ‹*irr*› *itr* ‹*sein*›

1. *(sich treffen)* incontrarsi; *(sich versammeln)* riunirsi, radunarsi; 2. *(Umstände)* coincidere; 3. *(sich ansammeln)* raccogliersi; **heute kommt wieder alles zusammen!** *fam* oggi capita (di nuovo) tutto insieme! *fam.*

zusammen·krachen *itr* ‹*sein*› *fam* crollare.

Zusammenkunft [-kʊnft] ‹-, ¨-e› *f* incontro *m; (Versammlung)* riunione *f; (Sitzung)* seduta *f.*

zusammen·läppern [-lɛpɐn] *rfl:* **sich** ~ *fam* (as)sommarsi.

zusammen·leben *itr* convivere. **Zusammenleben** *n* convivenza *f.*

zusammen·legen I. *tr* 1. *(zueinander legen)* mettere insieme; 2. *(zusammenfalten)* ripiegare; 3. *(vereinigen, gleichzeitig stattfinden lassen)* riunire; *com* fondere; II. *itr* fare una raccolta di denaro.

zusammen·nehmen ‹*irr*› I. *tr* raccogliere; **alles zusammengenommen** in tutto, tutto sommato; II. *rfl:* **sich** ~ 1. *(sich anstrengen)* concentrarsi; 2. *(sich beherrschen)* dominarsi.

zusammen·passen *itr (Dinge)* intonarsi, armonizzare; *(Personen)* andare bene insieme.

zusammen·prallen *itr* ‹*sein*› cozzare (*mit* contro); *(a. fig)* scontrarsi (*mit* con), urtarsi (*mit* con).

zusammen·pressen *tr* stringere.

zusammen·raufen *rfl:* **sich** ~ *fam* trovare un modus vivendi.

zusammen·rechnen *tr* addizionare, sommare; **alles zusammengerechnet** in tutto, tutto sommato.

zusammen·reißen ‹*irr*› *rfl:* **sich** ~ *fam* contenersi, dominarsi.

zusammen·scheißen ‹*irr*› *tr vulg* smerdare *vulg.*

zusammen·schlagen ‹*irr*› *tr* 1. *(zerschlagen)* fracassare; 2. *(Hacken, Hände)* battere (l'uno contro l'altro); 3. *fam (verprügeln)* picchiare (a sangue).

zusammen·schließen ‹*irr*› I. *tr* serrare; II. *rfl:* **sich** ~ unirsi, associarsi; *com* fondersi. **Zusammenschluß** *m* unione *f,* associazione *f; com* fusione *f.*

zusammen·schreiben ‹*irr*› *tr* 1. *(Wörter)* scrivere in una sola parola; 2. *fam pej (Manuskript, etc.)* scribacchiare.

zusammen·schrumpfen *itr* ‹*sein*› 1. *allg.* restringersi, contrarsi; *(runzlig werden)* raggrinzarsi; 2. *fig (abnehmen)* ridursi (*auf* a).

zusammen·sein ‹*irr*› *itr* ‹*sein*› essere insieme (*mit* con). **Zusammensein** *n* 1. *(Beisammensein)* stare *m* insieme; 2. *(Zusammenkunft)* riunione *f.*

zusammen·setzen I. *tr* 1. *(nebeneinandersetzen)* mettere insieme; 2. *(zu einem Ganzen)* comporre (*zu* per); 3. *(montieren)* montare; II. *rfl:* **sich** ~ 1. *(sich nebeneinandersetzen)* sedersi insieme; *(sich treffen)* riunirsi (*zu* per); 2. *(bestehen)* comporsi (*aus* di), essere composto (*aus* di). **Zusammensetzung** ‹-, -en› *f* composizione *f.*

zusammen·stellen *tr* 1. *(nebeneinanderstellen)* mettere insieme, disporre; 2. *(anordnen)* comporre; *(a. Menü, etc.)* combinare; *(gruppieren)* raggruppare; *(sortieren)* assortire; *(klassifizieren)* classificare; *(kompilieren)* compilare. **Zusammenstellung** *f* 1. *(Anordnung)* disposizione *f;* 2. *(Zusammensetzung)* composizione *f,* combinazione *f; (Gruppierung)* raggruppamento *m; (Klassifizierung)* classificazione *f;* 3. *(Übersicht)* tavola *f,* prospetto *m.*

Zusammenstoß *m* cozzo *m,* collisione *f; (a. fig)* scontrarsi *m.*

zusammen·stoßen ‹*irr*› *itr* ‹*sein*› 1. *(Verkehrsmittel, Meinungen)* scontrarsi; 2. *(Grundstück, etc.)* confinare.

zusammen·streichen ‹*irr*› *tr fam* tagliare.

zusammen·stürzen *itr* ‹*sein*› crollare.

zusammen·tragen ‹*irr*› *tr* raccogliere.

zusammen·treffen ‹*irr*› *itr* ‹*sein*› 1. *(Personen)* incontrarsi (*mit* con); 2. *(Ereignisse)* coincidere.

zusammen·trommeln *tr fam* radunare.

zusammen·tun ‹*irr*› I. *tr fam* mettere insieme; II. *rfl:* **sich** ~ riunirsi.

zusammen·wachsen ‹*irr*› *itr* ‹*sein*› concrescere, crescere assieme; unirsi crescendo; *fig* affiatarsi.

zusammen·zählen *tr* sommare, addizionare.

zusammen·zucken *itr* ‹*sein*› trasalire.

Zusatz *m* 1. *allg.* aggiunta *f; (Nachtrag)* appendice *f;* 2. *chem (~mittel)* additivo *m;* **unter ~ von ...** con l'aggiunta di ... **Zusatzbestimmung** *f* disposizione *f* supplementare. **Zusatzgerät** *n* adattatore *m.*

zusätzlich [ˈt͡suːzɛt͡slɪç] I. *a* addizionale; *(ergänzend)* supplementare; II. *adv* inoltre, in più.

Zusatzversicherung *f* assicurazione *f* complementare.

zu·schauen *s.* **zusehen.**

Zuschauer(in) ‹-s, -› *m(f)* spettatore, -trice *m, f; (Fernseh~)* telespettatore, -trice *m, f.* **Zuschauerraum** *m* auditorio *m.*

zu·schicken *tr* spedire, inviare.

zu·schießen ‹*irr*› I. *tr* ‹*haben*› 1. *(Ball, etc.)* lanciare; 2. *fam (Geld)* contribuire (*etw.* con qc); II. *itr* ‹*sein*› lanciarsi (*auf jdn* contro qu, *auf etw.* su qc).

Zuschlag *m* 1. *(bei Ausschreibung, Auktion)* aggiudicazione *f; (von Aufträgen)* appalto *m;* 2. *(Preis~)* maggiorazione *f* (di prezzo); *(zu Gebühr)* soprattassa *f; Eisenb.* supplemento *m.*

zu·schlagen ⟨*irr*⟩ **I.** *tr* ⟨*haben*⟩ **1.** *(Buch)* chiudere; *(Fenster, Tür)* sbattere; **2.** *(bei Ausschreibung, Auktion)* aggiudicare; *(Auftrag)* appaltare; **3.** *(zuspielen)* lanciare; **II.** *itr* **1.** ⟨*sein*⟩ *(Fenster, Tür)* sbattere; **2.** ⟨*haben*⟩ *(einen Schlag tun)* sbattere; *fig* colpire; **bei diesen Preisen muß man gleich ~** *fam* con questi prezzi bisogna approfittarne subito.
zuschlagpflichtig *a Eisenb.* con supplemento obbligatorio.
zu·schließen ⟨*irr*⟩ *tr* chiudere a chiave.
zu·schnappen *itr* **1.** ⟨*sein*⟩ *(Schloß)* scattare; **2.** ⟨*haben*⟩ *(mit Händen)* afferrare; *(zubeißen)* azzannare.
zu·schneiden ⟨*irr*⟩ *tr* tagliare; **das ist auf ihn zugeschnitten** è fatto per lui.
zu·schnüren *tr (Paket)* legare; *(Schuhe)* allacciare; **die Angst schnürte ihr die Kehle zu** la paura le strinse la gola.
zu·schrauben *tr* **1.** *(Schraubverschluß, Deckel)* avvitare; **2.** *(Glas, etc.)* chiudere.
Zuschrift *f* comunicazione *f,* lettera *f.*
zuschulden [tsu'ʃʊldən] *adv:* **sich** *(dat)* **etw. ~ kommen lassen** rendersi colpevole di qc.
Zuschuß *m* contributo *m; (Unterstützungszahlung)* sussidio *m; (staatlich)* sovvenzione *f.* **Zuschußbetrieb** *m,* **-unternehmen** *n* impresa *f* sovvenzionata.
zu·schütten *tr* **1.** *(auffüllen)* riempire, colmare; **2.** *fam (hin~)* aggiungere (versando).
zu·sehen ⟨*irr*⟩ *itr* **1.** *(als Zuschauer)* stare a guardare (*jdm bei etw.* mentre qu sta facendo qc); **2.** *(Sorge tragen)* fare in modo (*daß* ... che ... *conj*); **bei genauerem Z~** a un esame più attento. **zusehends** ['tsu:ze:ənts] *adv (merklich)* sensibilmente; *(rasch)* rapidamente.
zu·sein ⟨*irr*⟩ *itr* ⟨*sein*⟩ essere chiuso.
zu·senden ⟨*irr o rar reg*⟩ *s.* **zuschikken. Zusendung** *f* spedizione *f,* invio *m.*
zu·setzen I. *tr (hinzufügen)* aggiungere; *(Geld)* perdere, rimettere; **II.** *itr fam* **1.** *(bedrängen)* importunare (*jdm mit etw.* qu con qc); **2.** *(mitnehmen)* esaurire; *(treffen)* colpire.

zu·sichern *tr* assicurare, garantire.
zu·spielen *tr* passare.
zu·spitzen *rfl:* **sich ~ 1.** *(sich verjüngen)* terminare a punta; **2.** *fig (Lage, Konflikt)* inasprirsi.
zu·sprechen ⟨*irr*⟩ **I.** *tr* **1.** *(Mut, Trost)* dare; **2.** *(Preis)* conferire; **3.** *jur (Kind)* assegnare; **II.** *itr* **1.** *(gut zureden)* esortare (*jdm* qu), incoraggiare (*jdm* qu); **2.** *fig geh (einer Speise, einem Getränk)* far onore (*dat* a).
Zuspruch *m* **1.** *(Aufmunterung)* esortazione *f; (Trost)* consolazione *f; (geistlicher)* conforto *m;* **2.** *(Anklang)* favore *m; (Zulauf, Andrang)* affluenza *f;* **sich großen ~s erfreuen** *geh,* **großen** (*o* **regen**) **~ finden** avere un gran successo.
Zustand *m* stato *m; (Beschaffenheit)* condizione *f; (Lage)* situazione *f; (rechtliche, politische Lage, Stand)* status *m;* **Zustände kriegen** *fam* avere un attacco; **das sind ja schöne Zustände!** *fam* belle circostanze!
zustande [tsu'ʃtandə] *adv:* **etw. ~ bringen** riuscire a fare qc; **~ kommen** farsi, realizzarsi, attuarsi; *(gelingen)* riuscire.
zuständig *a (Gericht, Behörde, Stelle)* competente; *(befugt)* autorizzato; *(verantwortlich)* responsabile; **nicht ~** incompetente; **dafür bin ich nicht ~** questo esula dalle mie competenze. **Zuständigkeit** ⟨-, -en⟩ *f* **1.** *(Kompetenz)* competenza *f;* **2.** *(~sbereich)* sfera *f* di competenza.
zu·stehen ⟨*irr*⟩ *itr* spettare (*jdm* a qu), competere (*jdm* a qu).
zu·steigen ⟨*irr*⟩ *itr* ⟨*sein*⟩ salire durante il viaggio; **noch jemand zugestiegen?** c'è qualcun altro che è salito?
Zustellbezirk *m* distretto *m* postale.
zu·stellen *tr* **1.** *(versperren)* ostruire; **2.** *(übermitteln)* consegnare; *(Brief, Paket)* recapitare; *(Post)* distribuire; *adm* notificare.
Zustellgebühr *f* tassa *f* di recapito.
Zustellung *f* consegna *f; (von Post)* recapito *m,* distribuzione *f; adm* notificazione *f.*
zu·stimmen *itr* essere d'accordo (*jdm* con qu); *(einer Sache)* acconsentire (*einer S. (dat)* a qc); *(einem Plan, Programm)* approvare (*einer S. (dat)* qc). **zustimmend** *adv* in segno di approvazione. **Zustimmung** *f* **1.** *(Einverständnis)* assenso *m* (*zu* a), consenso *m* (*zu* a); **2.** *(Billigung)* approvazione *f;* **allgemeine ~ finden** incontrare l'approvazione generale; **seine ~ geben** dare il proprio consenso.
zu·stoßen ⟨*irr*⟩ *itr* **1.** ⟨*haben*⟩ *(mit Messer, etc.)* colpire; **2.** ⟨*sein*⟩ *(Unglück, etc.)* accadere; **hoffentlich ist ihm nichts zugestoßen** speriamo che non gli sia successo niente.
zu·stürzen *itr* ⟨*sein*⟩ precipitarsi (*auf* verso).
Zutat *f* ⟨*meist pl*⟩ **1.** *gastr* ingredienti *m pl;* **2.** *fig (Beiwerk)* accessori *m pl.*
zu·teilen *tr* **1.** *(Aufgabe, etc.)* assegnare; **2.** *(Dinge, Lebensmittel, etc.)* distribuire, ripartire.
zutiefst [tsu'ti:fst] *adv (sehr)* profondamente; *(im Innersten)* nell'intimo; *(bereuen)* con tutto il cuore.
zu·trauen *tr:* **jdm etw. ~** credere qu capace di qc; **jdm nicht viel ~** non

avere una grande opinione di qu; **sich** *(dat)* **zuviel** ~ presumere troppo di sé; **das traue ich mir nicht zu** non mi sento di farlo; **ihr ist alles zuzutrauen** è capace di tutto. **Zutrauen** ⟨-s, ø⟩ *n* fiducia *f* (*zu* in).

zutraulich *a (Kind)* fiducioso; *(Tier)* mansueto.

zu·treffen ⟨*irr*⟩ *itr* **1.** *(richtig sein)* essere giusto; *(wahr sein)* essere vero; **2.** *(gelten)* valere (*auf, für* per). **zutreffend** *a* giusto; *(Bemerkung)* pertinente; **Z~es bitte unterstreichen** sottolineare ciò che interessa.

zu·treten ⟨*irr*⟩ *itr* **1.** ⟨*sein*⟩: **auf jdn/etw.** ~ avvicinarsi a qu/qc; **2.** ⟨*haben*⟩ *(einen Tritt geben)* dare un calcio (a qu).

zu·trinken ⟨*irr*⟩ *itr* brindare (*jdm* a qu), bere alla salute (*jdm* di qu).

Zutritt *m* **1.** *(Zugang)* accesso *m* (*zu etw.* a qc, *zu jdm* presso qu); **2.** *(Eintritt)* ingresso *m; sich (dat)* **zu etw. ~ verschaffen** riuscire a introdursi in; **kein ~!, ~ verboten!** ingresso vietato!

zu·tun ⟨*irr*⟩ *tr fam* **1.** *(hin~)* aggiungere; **2.** *(schließen)* chiudere; **ich konnte die ganze Nacht kein Auge ~** non potei chiudere occhio tutta la notte. **Zutun** ⟨-s, ø⟩ *n:* **ohne mein ~** senza il mio intervento.

zuverlässig ['tsu:fɛɐ̯lɛsɪç] *a* fidato; *(gewissenhaft)* coscienzioso; *(glaubwürdig)* attendibile; **aus ~er Quelle** da fonte sicura.

Zuversicht ['tsu:fɛɐ̯zɪçt] *f* fiducia *f,* confidenza *f;* **in der festen ~, daß ...** nella ferma speranza che ... *conj.* **zuversichtlich** *a* fiducioso.

zuviel [tsu'fi:l] *adv* troppo; **einer ~** uno di troppo; **viel ~** veramente troppo; **da kriege ich ~** *fam* mi sale il sangue alla testa, mi infurio; **mir ist heute alles ~** *fam* oggi mi secca tutto.

zuvor [tsu'fo:ɐ̯] *adv* **1.** *(vorher)* prima; **2.** *geh (zuerst)* innanzitutto.

zuvor·kommen ⟨*irr*⟩ *itr* ⟨*sein*⟩ prevenire (*einer S. (dat)* qc), anticipare (*jdm* qu); **jemand ist uns zuvorgekommen** qualcuno ci ha preceduto. **zuvorkommend** *a* premuroso. **Zuvorkommenheit** ⟨-, ø⟩ *f* premura *f.*

Zuwachs ['tsu:vaks] ⟨-es, ø⟩ *m* **1.** *(Anwachsen)* accrescimento *m* (*an* di), crescita *f* (*an* di); **2.** *(Mehrwert)* incremento *m* (*um* di); **auf ~** *fam* a crescenza.

zu·wachsen ⟨*irr*⟩ *itr* ⟨*sein*⟩ **1.** *(Wunde)* rimarginarsi; **2.** *(mit Pflanzen)* coprirsi di vegetazione.

Zuwachsrate *f* tasso *m* di incremento.

zuweilen [tsu'vailən] *adv geh* qualche volta, talvolta, di tanto in tanto.

zu·weisen ⟨*irr*⟩ *tr* assegnare.

zu·wenden ⟨*irr o reg*⟩ **I.** *tr* **1.** *(Gesicht, Rücken)* volgere; **2.** *fig (Aufmerksamkeit)* rivolgere; **II.** *rfl:* **sich ~ 1.** *(zudrehen)* rivolgersi; **2.** *fig (sich widmen)* dedicarsi.

Zuwendung *f* **1.** *(Geldbetrag)* sussidio *m; (Schenkung)* donazione *f;* **2.** ⟨*sing*⟩ *(Liebe, Beachtung)* attenzione *f.*

zuwenig [tsu've:nɪç] *adv* troppo poco.

zuwider [tsu'vi:dɐ] **I.** *prp dat obs* contro, contrario a, in contraddizione con; **II.** *adv geh (unangenehm)* sgradevole; *(widerwärtig)* ripugnante; **er ist mir ~** mi ripugna. **zuwider·handeln** *itr geh:* **einem Gesetz/Befehl ~** contravvenire a una legge/trasgredire un ordine.

zu·winken *itr* fare un cenno a qu.

zu·ziehen ⟨*irr*⟩ **I.** *tr* ⟨*haben*⟩ **1.** *(Vorhang, etc.)* chiudere; *(Schlinge, Knoten)* stringere; **2.** *fig (konsultieren)* consultare; **sich** *(dat)* **jds Zorn ~** tirarsi addosso l'ira di qu; **sich** *(dat)* **eine Krankheit/ Verletzung ~** prendersi una malattia/ farsi una ferita; **II.** *itr* ⟨*sein*⟩ *(in Ortschaft)* immigrare; **III.** *rfl:* **sich ~ 1.** *(Schlinge, etc.)* stringere; **2.** *(Himmel)* rannuvolarsi.

zuzüglich ['tsu:tsy:klɪç] *prp gen* più.

zu·zwinkern *itr* ammiccare a qu.

zwang [tsvaŋ] *imp von* **zwingen.**

Zwang ⟨-(e)s, ¨e⟩ *m* **1.** *(Nötigung)* costrizione *f; (a. jur)* coercizione *f;* **2.** *(Notwendigkeit)* necessità *f;* **3.** *(Druck)* pressione *f;* **4.** *psych* coazione *f;* **5.** *(Verpflichtung)* obbligo *m;* **sich** *(dat)* **~ antun** dominarsi, frenarsi; **sich** *(dat)* **keinen ~ antun** non avere soggezione; **einem inneren ~ folgen** seguire un impulso interiore; **auf jdn ~ ausüben** fare (*o* esercitare una) pressione su qu; **etw. unter ~ tun** fare qc per costrizione.

zwängen ['tsvɛŋən] **I.** *tr* **1.** *(hindurch~)* far passare per forza; **2.** *(hinein~)* far entrare per forza; **3.** *(hinaus~)* far uscire per forza; **II.** *rfl:* **sich ~ 1.** *(sich hindurch~)* passare per forza; **2.** *(sich hinein~)* entrare per forza; **3.** *(sich hinaus~)* uscire per forza.

zwanghaft *a* forzato. **zwanglos I.** *a (natürlich, frei)* naturale, spontaneo; *(Benehmen)* disinvolto; **II.** *adv (ohne Umstände)* alla buona. **Zwanglosigkeit** ⟨-, ø⟩ *f* disinvoltura *f.*

Zwangsarbeit *f* lavori *m pl* forzati. **Zwangsernährung** *f* nutrizione *f* forzata. **Zwangsjacke** *f* camicia *f* di forza. **Zwangslage** *f* situazione *f* difficile; **sich in einer ~ befinden** essere alle strette. **zwangsläufig** [-lɔyfɪç] *a* necessario; *(unvermeidbar)* inevitabile; *(Entwicklung)* irreversibile. **Zwangsmaßnahme** *f* misura *f* coercitiva; *pol (Sanktion)* sanzione *f.* **Zwangsvorstellung** *f* ossessione *f; (fixe Idee)* idea *f* fissa. **zwangsweise** *adv* **1.** *(erzwun-*

gen) per forza; *jur* coercitivamente; **2.** *(zwangsläufig)* inevitabilmente.
zwanzig ['tsvantsıç] *(Zahlwort)* venti; *s. a. vierzig.*
Zwanzigmarkschein [-'mark-] *m* biglietto *m* da venti marchi.
Zwanzigstel ‹-s, -› *n* ventesimo *m*, ventesima parte *f.*
zwanzigste(r, s) *a* ventesimo, -a; *(bei Datumsangaben)* venti.
zwar [tsva:ɐ] *adv* **1.** *(erklärend):* **und ~** e precisamente; **2.** *(einräumend)* certamente, certo; **es ist ~ anstrengend, aber es lohnt sich** è vero che è faticoso, ma ne vale la pena; **bleib stehen, und ~ sofort!** fermati ed anche subito!
Zweck [tsvɛk] ‹-(e)s, -e› *m (Ziel)* scopo *m; (End~)* fine *m;* **Mittel zum ~** mezzo per raggiungere uno scopo; **einem guten ~ dienen** servire una giusta causa; **zu diesem ~** a questo (*o* tale) scopo; **das hat keinen ~** questo non serve a nulla (*o* non ha senso); **es hat keinen ~, davon zu reden** non ha senso parlarne; **der ~ heiligt die Mittel** *prov* il fine giustifica i mezzi *prov.* **zweckdienlich** *a adm* **1.** *(nützlich)* utile; **2.** *(angebracht, passend)* opportuno, adeguato, conveniente; **~e Hinweise bitte an das nächste Polizeirevier** si prega di inoltrare le informazioni utili al più vicino commissariato di pubblica sicurezza.
Zwecke ['tsvɛkə] ‹-, -n› *f* **1.** *(Heft~)* puntina *f* da disegno; **2.** *(Schuh~)* chiodino *m.*
zweckentfremden ‹*ohne ge-*› *tr* usare per uno scopo diverso da quello previsto.
zwecklos *a* inutile, vano.
zweckmäßig *a* adeguato, appropriato; *(sinnvoll)* opportuno; *(nützlich)* utile.
zwecks *prp gen* allo scopo di, per.
zwei [tsvai] *(Zahlwort)* due; **(nur) wir ~** (solo) noi due; *s. a. vier.*
Zwei ‹-, -en› *f* due *m; (Schulnote: gut)* ≃ otto *m; (Buslinie, etc.)* due *m.*
Zwei-, zwei- *s. a. Vier-, vier-.* **zweiarmig** *a* a due bracci. **Zweibeiner** ‹-s, -› *m* bipede *m.* **Zweibettzimmer** *n* camera *f* doppia (*o* a due letti).
zweideutig *a* **1.** *(doppeldeutig)* ambiguo, equivoco; **2.** *(schlüpfrig)* licenzioso. **Zweideutigkeit** ‹-, -en› *f* **1.** ‹*sing*› *(Doppeldeutigkeit)* ambiguità *f,* doppio senso *m;* **2.** *(schlüpfrige Bemerkung)* (osservazione *f* a) doppio senso *m.*
zweidimensional [-dimɛnzi̯ona:l] *a* bidimensionale.
Zweidrittelmehrheit [-'drıtəl-] *f:* **mit ~** con la maggioranza dei due terzi.
zweieiig *a* biovulare.
Zweierbeziehung *f* rapporto *m* a due. **Zweierbob** *m* bob *m* a due.
Zweifel ['tsvaifəl] ‹-s, -› *m* dubbio *m; (Ungewißheit)* incertezza *f;* **~ haben** (*o* **hegen)** nutrire dubbi (*wegen* su); **es steht außer ~, daß ...** è fuori dubbio che ...; **ohne (jeden) ~** senza (alcun) dubbio, indubbiamente; **es besteht nicht der mindeste** (*o* **leiseste) ~ (, daß ...)** non c'è ombra di dubbio (che ...). **zweifelhaft** *a* **1.** *(fraglich)* dubbio, dubbioso; **2.** *(verdächtig)* sospetto; **es ist ~, ob ...** è incerto se ... **zweifellos** *adv* senza dubbio, indubbiamente.
zweifeln *itr* dubitare (*an* di); **(daran) ~, daß ...** dubitare che ... *conj;* **daran ist nicht zu ~** è fuor di dubbio.
Zweifelsfall *m* caso *m* di dubbio; **im ~** in caso di dubbio. **zweifelsfrei I.** *a* inequivocabile; **II.** *adv* fuor di dubbio. **zweifelsohne** [-'ʔo:nə] *adv* senza dubbio.
Zweig [tsvaik] ‹-(e)s, -e› *m* ramo *m.*
zweigeteilt *a* bipartito. **zweigleisig** *a* a doppio binario.
Zweigstelle *f* filiale *f,* succursale *f.*
zweihändig [-hɛndıç] *a anat, mus* a due mani; *scient* bimano.
zweihundert ['tsvai'hundɐt] *(Zahlwort)* duecento.
zweijährig *a* **1.** *(zwei Jahre alt)* di due anni; **2.** *(bot, zwei Jahre lang)* biennale.
Zweikammersystem [-'kamɐ-] *n* bicameralismo *m.*
Zweikampf *m* **1.** *(Duell)* duello *m;* **2.** *sport* lotta *f* singola.
zweimal *adv* due volte; **den Schlüssel ~ herumdrehen** dare due giri di chiave; **sich** *(dat)* **etw. nicht ~ sagen lassen** non farsi dire qc due volte; **~ täglich** (*o* **am Tag)** due volte al giorno.
Zweimarkstück [-'mark-] *n* moneta *f* da due marchi.
zweimotorig *a* bimotore; **~es Düsenflugzeug** bireattore *m.* **Zweiparteiensystem** [-par'tai̯ən-] *n* bipartitismo *m.* **Zweipfennigstück** [-'pfɛnıç-] *n* moneta *f* da due pfennig.
Zweisamkeit ‹-, ø› *f* essere *m* in due; **in trauter ~** (solo) in due.
zweischneidig *a* a doppio taglio; **das ist ein ~es Schwert** *fig* è un'arma a doppio taglio. **zweisprachig** *a* *(Mensch)* bilingue; *(Wörterbuch a., Unterhaltung, etc.)* in due lingue; **~ aufwachsen** crescere bilingue. **Zweisprachigkeit** ‹-, ø› *f* bilinguismo *m.* **zweistellig** *a* di due cifre. **Zweitakter** ‹-s, -› *m,* **Zweitaktmotor** *m* motore *m* a due tempi.
zweitälteste(r, s) ['tsvait'ʔɛltəstə] *a* secondo, -a (per età).
zweitausend ['tsvai'tauzənt] *(Zahlwort)* duemila.
Zweitausfertigung *f* duplicato *m.* **zweitbeste(r, s)** ['tsvait'bɛstə] *a* secondo, -a (per qualità).

zweiteilig *a* di (*o* in) due parti; *(Kleidungsstück)* a due pezzi.
zweitens *adv* (in) secondo (luogo).
zweite(r, s) *a* secondo, -a; *(bei Datumsangaben)* due; *(anderer, weiterer)* altro, -a; **eine ~ Jeanne d'Arc** una seconda Giovanna d'Arco; *s. a. vierte(r, s).*
zweitjüngste(r, s) ['tsvait'jʏŋstə] *a* penultimo, -a (per età). **zweitklassig** *a* di second'ordine. **zweitletzte(r, s)** ['tsvait'lɛtstə] *a* penultimo, -a. **zweitrangig** *a* secondario. **Zweitschrift** *f* duplicato *m.* **Zweitstimme** *f* secondo voto *m.*
zweitürig *a* a due porte.
Zweitwagen *m* seconda macchina *f.* **Zweitwohnung** *f* seconda casa *f.*
zweizeilig *a* di due righe.
Zwerchfell ['tsvɛrç-] *n* diaframma *m.*
Zwerg(in) [tsvɛrk ('tsvɛrgɪn)] ‹-(e)s, -e› *m(f)* nano, -a *m, f.* **zwergenhaft** *a* nano. **Zwerghuhn** *n* pollo *m* nano. **Zwergpudel** *m* barboncino *m.* **Zwergstaat** *m* stato *m* minuscolo. **Zwergvolk** *n* pigmei *m pl.* **Zwergwuchs** *m* nanismo *m.*
Zwetsch(g)e ['tsvɛtʃ(g)ə] ‹-, -n› *f* prugna *f,* susina *f.* **Zwetsch(g)enbaum** *m* prugno *m,* susino *m.* **Zwetsch(g)enmus** *n* marmellata *f* di prugne. **Zwetsch(g)enwasser** *n* prunella *f.*
zwicken ['tsvɪkən] **I.** *tr* pizzicare; **II.** *itr* dare un pizzico.
Zwicker ‹-s, -› *m* pincenez *m.*
Zwickmühle *f* **1.** *(beim Mühlespiel)* mulino *m* doppio; **2.** *fig fam (schwierige Lage)* impiccio *m,* dilemma *m.*
Zwieback ['tsvi:bak] ‹-(e)s, ¨e *o* -e› *m* fetta *f* biscottata.
Zwiebel ['tsvi:bəl] ‹-, -n› *f* **1.** *(Gemüse~)* cipolla *f;* **2.** *(Blumen~)* bulbo *m.* **zwiebelförmig** [-fœrmɪç] *a* bulbiforme. **Zwiebelkuchen** *m* sformato *m* di cipolle. **Zwiebelturm** *m* campanile *m* a bulbo.
Zwiegespräch ['tsvi:-] *n geh* dialogo *m,* colloquio *m* (a quattr'occhi).
Zwielicht *n (Dämmerlicht)* crepuscolo *m; (morgens)* alba *f;* **ins ~ geraten** trovarsi in una situazione poco chiara. **zwielichtig** *a* ambiguo.
Zwiespalt ‹-(e)s, *rar* -e *o* ¨e› *m* conflitto *m* interiore, dissidio *m;* **in einen ~ geraten** trovarsi in conflitto. **zwiespältig** [-ʃpɛltɪç] *a* **1.** *(Mensch)* lacerato; **2.** *(Gefühle)* contradditorio, contrastante.
Zwietracht [-traxt] ‹-, ø› *f geh* discordia *f;* **~ säen** fomentare la discordia.
Zwilling ['tsvɪlɪŋ] ‹-s, -e› *m* **1.** *(Geschwister)* gemello, -a *m, f;* **2.** *astr* Gemelli *m pl;* **eineiige/zweieiige ~e** gemelli monovulari/biovulari; **siamesische ~e** gemelli siamesi; **er (*o* sie) ist (ein) ~** è un gemello (*o* una gemella); *astr* è dei Gemelli. **Zwillingsbruder** *m* (fratello *m*) gemello *m.* **Zwillingspaar** *n* gemelli *m pl.* **Zwillingsschwester** *f* (sorella *f*) gemella *f.*
Zwinge ['tsvɪŋə] ‹-, -n› *f* **1.** *(Metallring)* ghiera *f;* **2.** *(Schraub~)* sergente *m; (Schraubstock)* morsa *f.*
zwingen ['tsvɪŋən] ‹zwingt, zwang, gezwungen› **I.** *tr* costringere (*zu* a), forzare (*zu* a), obbligare (*zu* a); **ich sehe mich gezwungen abzureisen** mi vedo costretto a partire; **II.** *rfl:* **sich ~** costringersi (*zu* a), sforzarsi (*zu* di). **zwingend** *a (Norm)* cogente, imperativo; *(überzeugend)* convincente; *(schlüssig)* conclusivo; *(Notwendigkeit, Gründe)* impellente.
Zwinger ‹-s, -› *m* canile *m.*
zwinkern ['tsvɪŋkern] *itr:* **(mit den Augen) ~** strizzare gli occhi.
Zwirn [tsvɪrn] ‹-(e)s, -e› *m* refe *m.*
zwischen ['tsvɪʃən] *prp dat/acc* **1.** *(unter zweien, mehreren)* fra, tra; **2.** *(in der Mitte)* in mezzo a; **~ fünf und sechs Uhr** fra le cinque e le sei; **es ist aus ~ uns** è finita fra noi. **Zwischenbemerkung** *f* osservazione *f,* obiezione *f.* **Zwischenbericht** *m* rapporto *m* intermedio. **Zwischenbescheid** *m* risposta *f* interlocutoria. **Zwischendeck** *n* interponte *m.* **Zwischending** *n fam* compromesso *m;* **ein ~ zwischen ... und ... sein** essere una via di mezzo tra ... e ...
zwischendurch [-'dʊrç] *adv* **1.** *(in der Zwischenzeit)* frattanto, nel frattempo; **2.** *(ab und zu)* di tanto in tanto; *(nebenbei)* inoltre, tra l'altro.
Zwischenfall *m* **1.** *(Ereignis)* incidente *m;* **2.** ‹*pl*› *(Unruhen)* incidenti *m pl.* **Zwischenfrage** *f:* **jdm eine ~ stellen** interrompere qu con una domanda; **erlauben Sie mir eine ~** mi permetta una domanda. **Zwischenhandel** *m* commercio *m* di commissione (*o* transito). **Zwischenhändler** *m* intermediario *m.* **zwischen·lagern** *tr* depositare temporaneamente. **zwischen·landen** *itr* ‹*sein*› fare scalo. **zwischenmenschlich** *a:* **~e Beziehungen** rapporti umani. **Zwischenprüfung** *f* esame *m* preliminare. **Zwischenraum** *m (räumlich, zeitlich)* intervallo *m; (a. typ)* spazio *m; (zwischen Zeilen)* interlinea *f; (Abstand)* distanza *f.* **Zwischenruf** *m* interruzione *f.* **Zwischensaison** *f* media stagione *f.* **Zwischenstation** *f* stazione *f* intermedia; **~ machen** fermarsi ad una stazione intermedia. **Zwischenstecker** *m* spina *f* di adattamento. **Zwischenstück** *n* pezzo *m* intermedio, parte *f* intermedia. **Zwischensumme** *f* somma *f* parziale. **Zwischenwand** *f* parete *f* divisoria.

Zwischenzeit *f* intervallo *m;* **in der ~** nel frattempo, frattanto.
zwitschern ['tsvɪtʃɐn] **I.** *itr* cinguettare; *(Schwalbe)* garrire; **II.** *tr:* **einen ~** *fam* bersi un bicchierino *fam.*
Zwitter ['tsvɪtɐ] ‹-s, -› *m* ermafrodito *m,* androgino *m.*
zwölf [tsvœlf] *(Zahlwort)* dodici; *(ein Dutzend)* una dozzina (di); **(um) ~ Uhr mittags/nachts** a mezzogiorno/mezzanotte; **fünf Minuten vor ~** *fig fam* all'ultimo minuto; *s. a. vier.*
Zwölf-, zwölf- *s. a. Vier-, vier-.* **Zwölffingerdarm** [-'fɪŋɐ-] *m* duodeno *m.* **Zwölfkampf** *m* gara *f* di dodici prove.
Zwölftel ‹-s, -› *n* dodicesimo *m.*
zwölftens *adv* (in) dodicesimo (luogo).
zwölfte(r, s) *a* dodicesimo, -a; *(bei Datumsangaben)* dodici; *s. a. vierte(r, s).*
Zwölftonmusik *f* musica *f* dodecafonica.
Zyanid [tsy̆a'ni:t] ‹-s, -e› *n* cianuro *m.*
Zyankali [tsy̆a:n'ka:li] ‹-s, ø› *n* cianuro *m* di potassio.
Zyklen *pl von* **Zyklus.**
zyklisch ['tsy:klɪʃ] *a* ciclico.
Zyklus ['tsy:klʊs *o* 'tsʏklʊs, ...lən] ‹-, Zyklen› *m* ciclo *m.*
Zylinder [tsi'lɪndɐ *o* tsʏ'l...] ‹-s, -› *m* cilindro *m.* **Zylinderblock** ‹-(e)s, ¨-e› *m* blocco *m* cilindri. **zylinderförmig** [-fœrmɪç] *a* cilindrico, a forma di cilindro. **Zylinderkopf** *m* testata *f,* testa *f* dei cilindri. **Zylinderkopfdichtung** *f* guarnizione *f* della testata (*o* della testa dei cilindri).
Zyniker(in) ['tsy:nɪkɐ (...ərɪn)] ‹-s, -› *m(f)* cinico, -a *m, f.*
zynisch *a* cinico.
Zynismus [tsy'nɪsmʊs, ...mən] ‹-, *rar* -men› *m* cinismo *m.*
Zypern ['tsy:pɐn] *n* Cipro *f.*
Zyprer(in) *m(f) s.* **Zyprier.**
Zypresse [tsy'prɛsə] ‹-, -n› *f* cipresso *m.*
Zypr(i)er(in) ['tsy:pr(i)ɐ (...ərɪn)] ‹-s, -› *m(f),* **Zypriot(in)** [tsypri'o:t(ɪn)] ‹-en, -en› *m(f)* cipriota *mf.*
zypriotisch, zyprisch *a* cipriota.
Zyste ['tsʏstə] ‹-, -n› *f* cisti *f.*
Zytoplasma [tsyto'plasma] *n* citoplasma *m.*
z. Z., z. Zt. *ab von* **zur Zeit** attualmente.

Appendice

Anhang

Verbi irregolari tedeschi (verbi con alternanza vocalica, verbi «forti»)

Unregelmäßige deutsche Verben (Verben mit Vokalalternanz, «starke» Verben)

infinito	forme irregolari della 2ª e 3ª persona singolare del presente	1ª o 3ª persona singolare dell'imperfetto	participio passato e passivo
backen	bäckst *o* backst, bäckt *o* backt	backte *o obs* buk	gebacken
befehlen	befiehlst, befiehlt	befahl	befohlen
beginnen		begann	begonnen
beißen		biß	gebissen
bergen	birgst, birgt	barg	geborgen
bersten	birst, birst	barst	geborsten
bewegen *(veranlassen)*		bewog	bewogen
biegen		bog	gebogen
bieten		bot	geboten
binden		band	gebunden
bitten		bat	gebeten
blasen	bläst, bläst	blies	geblasen
bleiben		blieb	geblieben
braten	brätst, brät	briet	gebraten
brechen	brichst, bricht	brach	gebrochen
brennen		brannte	gebrannt
bringen		brachte	gebracht
denken		dachte	gedacht
dreschen	drischst, drischt	drosch	gedroschen
dringen		drang	gedrungen
empfangen	empfängst, empfängt	empfing	empfangen
empfehlen	empfiehlst, empfiehlt	empfahl	empfohlen
empfinden		empfand	empfunden
erschrecken *(itr)*	erschrickst, erschrickt	erschrak	erschrocken
essen	ißt, ißt	aß	gegessen
fahren	fährst, fährt	fuhr	gefahren
fallen	fällst, fällt	fiel	gefallen
fangen	fängst, fängt	fing	gefangen
fechten	fichtst *o* fichst, ficht	focht	gefochten
finden		fand	gefunden
flechten	flichtst *o* flichst, flicht	flocht	geflochten
fliegen		flog	geflogen
fliehen		floh	geflohen
fließen		floß	geflossen
fressen	frißt, frißt	fraß	gefressen
frieren		fror	gefroren
gären		gor *o* gärte	gegoren *o* gegärt
gebären	gebierst, gebiert	gebar	geboren
geben	gibst, gibt	gab	gegeben
gedeihen		gedieh	gediehen
gehen		ging	gegangen

infinito	forme irregolari della 2ª e 3ª persona singolare del presente	1ª o 3ª persona singolare dell'imperfetto	participio passato e passivo
gelingen		gelang	gelungen
gelten	giltst, gilt	galt	gegolten
genesen		genas	genesen
genießen		genoß	genossen
geschehen	geschieht (*3ª persona*)	geschah	geschehen
gewinnen		gewann	gewonnen
gießen		goß	gegossen
gleichen		glich	geglichen
gleiten		glitt	geglitten
glimmen		glomm *o* glimmte	geglommen *o* geglimmt
graben	gräbst, gräbt	grub	gegraben
greifen		griff	gegriffen
halten	hältst, hält	hielt	gehalten
hängen *(itr)*		hing	gehangen
hauen		haute *o* hieb	gehauen *o dial* gehaut
heben		hob	gehoben
heißen		hieß	geheißen
helfen	hilfst, hilft	half	geholfen
kennen		kannte	gekannt
klimmen		klomm	geklommen
klingen		klang	geklungen
kneifen		kniff	gekniffen
kommen		kam	gekommen
kriechen		kroch	gekrochen
laden	lädst, lädt	lud	geladen
lassen	läßt, läßt	ließ	gelassen
laufen	läufst, läuft	lief	gelaufen
leiden		litt	gelitten
leihen		lieh	geliehen
lesen	liest, liest	las	gelesen
liegen		lag	gelegen
lügen		log	gelogen
mahlen		mahlte	gemahlen
meiden		mied	gemieden
melken		melkte *o rar* molk	gemolken *o rar* gemelkt
messen	mißt, mißt	maß	gemessen
mißlingen		mißlang	mißlungen
nehmen	nimmst, nimmt	nahm	genommen
nennen		nannte	genannt
pfeifen		pfiff	gepfiffen
preisen		pries	gepriesen
quellen *(itr)*	quillst, quillt	quoll	gequollen
raten	rätst, rät	riet	geraten
reiben		rieb	gerieben
reißen		riß	gerissen
reiten		ritt	geritten
rennen		rannte	gerannt
riechen		roch	gerochen
ringen		rang	gerungen

infinito	forme irregolari della 2ª e 3ª persona singolare del presente	1ª o 3ª persona singolare dell'imperfetto	participio passato e passivo
rinnen		rann	geronnen
rufen		rief	gerufen
saufen	säufst, säuft	soff	gesoffen
saugen		sog *o* saugte	gesogen *o* gesaugt
schaffen		schuf	geschaffen
scheiden		schied	geschieden
scheinen		schien	geschienen
scheißen		schiß	geschissen
schelten	schiltst, schilt	schalt	gescholten
scheren		schor	geschoren
schieben		schob	geschoben
schießen		schoß	geschossen
schinden		schindete	geschunden
schlafen	schläfst, schläft	schlief	geschlafen
schlagen	schlägst, schlägt	schlug	geschlagen
schleichen		schlich	geschlichen
schleifen		schliff	geschliffen
schließen		schloß	geschlossen
schlingen		schlang	geschlungen
schmeißen		schmiß	geschmissen
schmelzen	schmilzt, schmilzt	schmolz	geschmolzen
schneiden		schnitt	geschnitten
schreiben		schrieb	geschrieben
schreien		schrie	geschrien *o* geschrieen
schreiten		schritt	geschritten
schweigen		schwieg	geschwiegen
schwellen	schwillst, schwillt	schwoll	geschwollen
schwimmen		schwamm	geschwommen
schwinden		schwand	geschwunden
schwingen		schwang	geschwungen
schwören		schwor	geschworen
sehen	siehst, sieht	sah	gesehen
senden		sandte *o* sendete	gesandt *o* gesendet
sieden		siedete *o* sott	gesiedet *o* gesotten
singen		sang	gesungen
sinken		sank	gesunken
sinnen		sann	gesonnen
sitzen		saß	gesessen
speien		spie	gespien *o* gespieen
spinnen		spann	gesponnen
sprechen	sprichst, spricht	sprach	gesprochen
sprießen		sproß *o* sprießte	gesprossen *o* gesprießt
springen		sprang	gesprungen
stechen	stichst, sticht	stach	gestochen
stehen		stand	gestanden
stehlen	stiehlst, stiehlt	stahl	gestohlen

infinito	forme irregolari della 2ª e 3ª persona singolare del presente	1ª o 3ª persona singolare dell'imperfetto	participio passato e passivo
steigen		stieg	gestiegen
sterben	stirbst, stirbt	starb	gestorben
stieben		stob *o* stiebte	gestoben *o* gestiebt
stinken		stank	gestunken
stoßen	stößt, stößt	stieß	gestoßen
streichen		strich	gestrichen
streiten		stritt	gestritten
tragen	trägst, trägt	trug	getragen
treffen	triffst, trifft	traf	getroffen
treiben		trieb	getrieben
treten	trittst, tritt	trat	getreten
triefen		triefte *o geh* troff	getrieft *o rar* getroffen
trinken		trank	getrunken
trügen		trog	getrogen
tun	ich tue; tust, tut; wir, ihr, sie tun	tat	getan
verderben	verdirbst, verdirbt	verdarb	verdorben
verdrießen		verdroß	verdrossen
vergessen	vergißt, vergißt	vergaß	vergessen
verlieren		verlor	verloren
verzeihen		verzieh	verziehen
wachsen	wächst, wächst	wuchs	gewachsen
waschen	wäschst, wäscht	wusch	gewaschen
weichen		wich	gewichen
weisen		wies	gewiesen
wenden		wendete *o* wandte	gewendet *o* gewandt
werben	wirbst, wirbt	warb	geworben
werfen	wirfst, wirft	warf	geworfen
wiegen		wog	gewogen
winden		wand	gewunden
winken		winkte	gewinkt *o* gewunken
wissen	ich weiß; weißt, weiß	wußte	gewußt
wringen		wrang	gewrungen
zeihen		zieh	geziehen
ziehen		zog	gezogen
zwingen		zwang	gezwungen

Morfologia della lingua tedesca
Formenlehre der deutschen Sprache

Il gruppo nominale

Il genere, il numero ed il caso

I **generi** del gruppo nominale sono tre:

il maschile *m*	der Tag	il giorno
il femminile *f*	die Frage	la domanda
il neutro *n*	das Meer	il mare

Il genere è una proprietà del sostantivo. L'articolo e l'aggettivo attributivo si accordano per genere con il sostantivo.

I **numeri** del gruppo nominale sono due:

il singolare *sing*	der Tag	il giorno
il plurale *pl*	die Tage	i giorni

I **casi** del gruppo nominale sono quattro:

il nominativo *nom*	*sing*	der Tag	*pl*	die Tage
l'accusativo *acc*		den Tag		die Tage
il dativo *dat*		dem Tag(e)		den Tagen
il genitivo *gen*		des Tag(e)s		der Tage

Il sostantivo

La **declinazione** del sostantivo comprende:

1) la formazione del singolare, che può essere caratterizzata mediante la forma del genitivo,
2) la formazione del plurale, uguale per tutti i casi ad eccezione del dativo di alcuni tipi di sostantivi.

La notazione ⟨-(e)s, -e⟩ per un sostantivo come *Tag* indica:
le forme *Tages* o *Tags* nel genitivo singolare,
la forma *Tage* per tutti i casi nel plurale (ad eccezione del dativo).

1. I sostantivi con plurale in *-en* e *-n*

f	⟨-, -en⟩		⟨-, -n⟩	
	sing	*pl*	*sing*	*pl*
nom	die Tat	die Taten	die Frage	die Fragen
acc	die Tat	die Taten	die Frage	die Fragen
dat	der Tat	den Taten	der Frage	den Fragen
gen	der Tat	der Taten	der Frage	der Fragen
m	⟨-en, -en⟩		⟨-n, -n⟩	
	sing	*pl*	*sing*	*pl*
nom	der Bär	die Bären	der Affe	die Affen
acc	den Bär(en)	die Bären	den Affen	die Affen
dat	dem Bär(en)	den Bären	dem Affen	den Affen
gen	des Bären	der Bären	des Affen	der Affen
m, n	⟨-(e)s, -en⟩		⟨-s, -n⟩	
	sing	*pl*	*sing*	*pl*
nom	das Bett	die Betten	der Stachel	die Stacheln
acc	das Bett	die Betten	den Stachel	die Stacheln
dat	dem Bett(e)	den Betten	dem Stachel	den Stacheln
gen	des Bett(e)s	der Betten	des Stachels	der Stacheln

- Il plurale in *-en* e *-n* è il più comune per i sostantivi femminili.
- Le varianti ⟨-, -n⟩, ⟨-n, -n⟩, ⟨-s, -n⟩ si usano con le basi terminanti in *-e, -el, -en, -er*.
- Declinazione di **Herz:** *nom* e *acc sing* **das Herz,** *gen sing* **des Herzens,** le altre forme come *Bär*.

2. I sostantivi con plurale in *-e, ¨-e, -* e *¨*

f	⟨-, ¨e⟩		⟨-, ¨⟩	
	sing	*pl*	*sing*	*pl*
nom	die Nacht	die Nächte	die Mutter	die Mütter
acc	die Nacht	die Nächte	die Mutter	die Mütter
dat	der Nacht	den Nächten	der Mutter	den Müttern
gen	der Nacht	der Nächte	der Mutter	der Mütter
m, n	⟨-(e)s, -e⟩		⟨-s, -⟩	
	sing	*pl*	*sing*	*pl*
nom	der Tag	die Tage	das Segel	die Segel
acc	den Tag	die Tage	das Segel	die Segel
dat	dem Tag(e)	den Tagen	dem Segel	den Segeln
gen	des Tag(e)s	der Tage	des Segels	der Segel
m, n	⟨-(e)s, ¨e⟩		⟨-s, ¨⟩	
	sing	*pl*	*sing*	*pl*
nom	der Baum	die Bäume	der Vogel	die Vögel
acc	den Baum	die Bäume	den Vogel	die Vögel
dat	dem Baum(e)	den Bäumen	dem Vogel	den Vögeln
gen	des Baum(e)s	der Bäume	des Vogels	der Vögel

- Il plurale in *-e, ¨e, -* e *¨* è il più comune per i sostantivi maschili e neutri.
- Le varianti ⟨-, ¨⟩, ⟨-s, -⟩, ⟨-s, ¨⟩ si usano con le basi terminanti in *-e, -el, -en, -er*.

3. I sostantivi con plurale in *-er, ¨er*

m, n	⟨-(e)s, -er⟩		⟨-(e)s, ¨er⟩	
	sing	*pl*	*sing*	*pl*
nom	das Bild	die Bilder	der Mann	die Männer
acc	das Bild	die Bilder	den Mann	die Männer
dat	dem Bild(e)	den Bildern	dem Mann(e)	den Männern
gen	des Bild(e)s	der Bilder	des Mann(e)s	der Männer

4. I sostantivi con plurale in *-s*

f	⟨-, -s⟩		*m, n*	⟨-s, -s⟩	
	sing	*pl*		*sing*	*pl*
nom	die Bar	die Bars	*nom*	das Auto	die Autos
acc	die Bar	die Bars	*acc*	das Auto	die Autos
dat	der Bar	den Bars	*dat*	dem Auto	den Autos
gen	der Bar	der Bars	*gen*	des Autos	der Autos

- Il plurale in *-s* è il più comune per i sostantivi terminanti in una vocale diversa da *-e* non accentata; è inoltre usato per un certo numero di altri sostantivi, di origine straniera o regionale.

5. I sostantivi con declinazione aggettivale

Forme senza articolo

sing	*m*	*f*	*n*
nom	Angestellter	Angestellte	Neugeborenes
acc	Angestellten	Angestellte	Neugeborenes
dat	Angestelltem	Angestellter	Neugeborenem
gen	Angestellten	Angestellter	Neugeborenen
pl			
nom	Angestellte		Neugeborene
acc	Angestellte		Neugeborene
dat	Angestellten		Neugeborenen
gen	Angestellter		Neugeborener

- Alcune di queste forme sono poco usate.

Forme dopo l'articolo determinativo

sing	*m*	*f*	*n*
nom	der Angestellte	die Angestellte	das Neugeborene
acc	den Angestellten	die Angestellte	das Neugeborene
dat	dem Angestellten	der Angestellten	dem Neugeborenen
gen	des Angestellten	der Angestellten	des Neugeborenen
pl			
nom	die Angestellten		die Neugeborenen
acc	die Angestellten		die Neugeborenen
dat	den Angestellten		den Neugeborenen
gen	der Angestellten		der Neugeborenen

Forme dopo gli articoli indeterminativo e possessivo

sing	*m*	*f*	*n*
nom	ihr Angestellter	ihre Angestellte	ihr Neugeborenes
acc	ihren Angestellten	ihre Angestellte	ihr Neugeborenes
dat	ihrem Angestellten	ihrer Angestellten	ihrem Neugeborenen
gen	ihres Angestellten	ihrer Angestellten	ihres Neugeborenen
pl			
nom	ihre Angestellten		ihre Neugeborenen
acc	ihre Angestellten		ihre Neugeborenen
dat	ihren Angestellten		ihren Neugeborenen
gen	ihrer Angestellten		ihrer Neugeborenen

- La distribuzione delle forme dei sostantivi con declinazione aggettivale dopo gli altri articoli è la stessa dell'aggettivo. Si veda il capitolo «L'aggettivo».

6. I sostantivi con plurale di origine straniera

Per alcuni sostantivi di origine straniera è stato conservato anche il plurale della lingua di origine:

nom sing	**das Thema**
nom pl	**die Themata**

Questa forma è considerata come scientifica o ricercata.

La forma più comune per questo esempio è quella ottenuta mediante l'addizione di *-en* a una base ridotta:

nom sing	**das Thema**
nom pl	**die Themen**

La sola addizione di *-s*, sempre per questo esempio, è spesso considerata come popolare:

nom sing	**das Thema**
nom pl	**die Themas**

7. I nomi propri

I **nomi di persona** sono declinati in *-s* nel genitivo:

Michaels Frau	la moglie di Michael
Marias Haus	la casa di Maria

Per i nomi terminanti in *-s, -ß, -x, -z* si usa l'apostrofo, la costruzione con *von* o la desinenza *-ens:*

Heinz' Tochter, die Tochter von Heinz, Heinzens Tochter	la figlia di Heinz
Lukas' Mutter, die Mutter von Lukas	la madre di Lukas

I **cognomi** sono declinati in *-s* nel genitivo singolare e nel plurale:

Meiers neues Auto	la nuova macchina di Meier
Frau Hirschs Eltern	i genitori della signora Hirsch
Meiers kommen auch.	Vengono anche i Meier.

Per i cognomi terminanti in *-s, -ß,-x, -z* si usa la desinenza *-ens* o la costruzione con *von* per il genitivo singolare; il plurale si forma in *-ens:*

das neue Auto von Schmitz, Schmitzens neues Auto	la nuova macchina di Schmitz
Schmitzens kommen auch.	Vengono anche i Schmitz.

Osservazioni generali

- I sostantivi in *-ß* dopo una vocale breve si scrivono con *-ss-* nelle forme a desinenza: *der Kuß, des Kusses, die Küsse, ...*
- I sostantivi a base terminante in *-en* come *Wagen* ⟨-s, -⟩ non aggiungono *-n* nel dativo plurale: *nom sing* **Wagen,** *dat pl* **Wagen.**
- È obbligatorio l'uso della vocale *-e-* nel genitivo singolare delle basi terminanti in **-s** *(das Haus, des Hauses),* **-ß** *(der Fuß, des Fußes; der Kuß, des Kusses),* **-z** *(der Satz, des Satzes).* È facoltativo l'uso di *-(e)-* per le altre basi *(der Baum, des Baumes* o *des Baums).*
- L'uso di *-(e)* nel dativo singolare è facoltativo per tutte le basi e diventa raro *(das Haus, dem Haus,* raro *dem Hause).*

L'aggettivo

L'aggettivo si declina in posizione attributiva *(ein guter Wein)*, mentre in posizione predicativa è invariabile *(Der Wein ist gut).* Esistono **tre declinazioni** dell'aggettivo attributivo condizionate dalla scelta dell'articolo.

1. L'aggettivo senza articolo

sing	*m*	*f*	*n*
nom	guter Wein	gute Lösung	gutes Brot
acc	guten Wein	gute Lösung	gutes Brot
dat	gutem Wein(e)	guter Lösung	gutem Brot(e)
gen	guten Wein(e)s	guter Lösung	guten Brot(e)s
pl	*m / f / n*		
nom	gute Weine / Lösungen / Brote		
acc	gute Weine / Lösungen / Brote		
dat	guten Weinen / Lösungen / Broten		
gen	guter Weine / Lösungen / Brote		

- Queste forme si usano anche con i **numeri cardinali,** con **manch, solch, viel, welch, wenig** non declinati e con **ein bißchen, etwas, mehr, ein paar** *(pl).*

2. L'aggettivo dopo l'articolo determinativo

sing	*m*	*f*	*n*
nom	der gute Wein	die gute Lösung	das gute Brot
acc	den guten Wein	die gute Lösung	das gute Brot
dat	dem guten Wein(e)	der guten Lösung	dem guten Brot(e)
gen	des guten Wein(e)s	der guten Lösung	des guten Brot(e)s
pl	*m / f / n*		
nom	die guten Weine / Lösungen / Brote		
acc	die guten Weine / Lösungen / Brote		
dat	den guten Weinen / Lösungen / Broten		
gen	der guten Weine / Lösungen / Brote		

- Queste forme dell'aggettivo si usano dopo **der** e anche dopo **derselbe, dieser, jener, folgender, jeder, jeglicher, mancher, solcher, welcher, viele.**

3. L'aggettivo dopo gli articoli indeterminativo e possessivo

sing	*m*	*f*	*n*
nom	ihr guter Wein	ihre gute Lösung	ihr gutes Brot
acc	ihren guten Wein	ihre gute Lösung	ihr gutes Brot
dat	ihrem guten Wein(e)	ihrer guten Lösung	ihrem guten Brot(e)
gen	ihres guten Wein(e)s	ihrer guten Lösung	ihres guten Brot(e)s
pl	*m / f / n*		
nom	ihre guten Weine / Lösungen / Brote		
acc	ihre guten Weine / Lösungen / Brote		
dat	ihren guten Weinen / Lösungen / Broten		
gen	ihrer guten Weine / Lösungen / Brote		

- Queste forme dell'aggettivo si usano dopo **ein, kein, mein, dein, sein, ihr** *(f sing)*, **unser, euer, ihr** *(pl)*, **Ihr.**

Osservazioni generali:

- Per gli aggettivi in *-el* si omette *-e-* della base nelle forme declinate:

  dunkel eine **dunkle** Farbe

- Per gli aggettivi in *-er* si omette *-e-* della base nelle parole dotte ed anche in altre parole, specialmente dopo dittongo:

  integer ein **integrer** Mann
  sauer ein **saurer** Wein

- Gli aggettivi in *-ß* dopo una vocale breve si scrivono con *-ss-* nelle forme a desinenza:

  naß ein **nasses** Tuch

- Per l'aggettivo *hoch* la base declinata è *hoh-*:

  hoch ein **hohes** Gebirge

I gradi dell'aggettivo

L'aggettivo oltre alla forma del «positivo» presenta due altri gradi, il comparativo ed il superlativo:

uso predicativo	*positivo* *comparativo* *superlativo*	schnell schneller am schnellsten der schnellste	klug klüger am klügsten der klügste	naß nasser am nassesten der nasseste
uso attributivo	*positivo* *comparativo* *superlativo*	ein schnelles Auto una macchina veloce ein schnelleres Auto una macchina più veloce das schnellste Auto der Welt la macchina più veloce del mondo		

- Il comparativo si forma con *-er* ed il superlativo con *-(e)ste . . .*, il superlativo dell'uso predicativo anche con *am . . . -(e)sten*.

- Le varianti del superlativo con *-e-* si usano per le basi terminanti in **-s** *(mies, mieseste)*, **-ß** *(heiß, heißeste;* dopo vocale breve si scrive **-ss-:** *naß, nasseste)*, **-st** *(fest, festeste)*, **-x** *(fix, fixeste)*, **-z** *(kurz, kürzeste)* ed è la più frequente per le basi in **-d** *(blind, blindeste)*, **-t** *(weit, weiteste)*, **-sch** *(rasch, rascheste)*.

- Alcuni aggettivi hanno un'alternanza della vocale tonica:

  klug klüger der klügste ...
  schwach [-ax] **schwächer** [-ɛç] **der schwächste ...**
- Vengono declinate nel comparativo e nel superlativo, secondo la flessione del positivo, le forme dell'uso attributivo e le forme come *der schnellste, der klügste* ... dell'uso predicativo.
- Forme irregolari:

hoch	**höher**	**am höchsten,**	**der höchste**
groß	**größer**	**am größten,**	**der größte**
gut	**besser**	**am besten,**	**der beste**
viel	**mehr** *(invariabile)*	**am meisten,**	**der meiste**

- Il tedesco non presenta nessuna forma flessiva corrispondente al superlativo assoluto dell'italiano. In questa funzione si usa il positivo con un avverbio:

  ein sehr schnelles Auto una macchina velocissima

L'articolo

L'articolo, le cui forme sono in parte simili a quelle del pronome, accompagna il sostantivo e l'aggettivo nel gruppo nominale.
In altre terminologie alcuni tipi di articolo sono classificati come «pronomi» o «aggettivi», p.es. l'articolo possessivo come «pronome possessivo» o «aggettivo possessivo».

1. L'articolo determinativo e l'articolo indeterminativo

	articolo determinativo				**articolo indeterminativo**		
	sing			*pl*	*sing*		
	m	*f*	*n*	*m f n*	*m*	*f*	*n*
nom	der	die	das	die	ein	eine	ein
acc	den	die	das	die	einen	eine	ein
dat	dem	der	dem	den	einem	einer	einem
gen	des	der	des	der	eines	einer	eines

- L'articolo **ein** si usa solo al singolare; al plurale di senso indeterminato il gruppo nominale rimane senza articolo.
- L'articolo **kein** forma il singolare come **ein** ed il plurale dei tre generi *nom, acc* **keine,** *dat* **keinen,** *gen* **keiner.**
- L'articolo **der** accentato ha funzione dimostrativa.

2. L'articolo dimostrativo

	sing			*pl*
	m	*f*	*n*	*m f n*
nom	dieser	diese	dieses	diese
acc	diesen	diese	dieses	diese
dat	diesem	dieser	diesem	diesen
gen	dieses	dieser	dieses	dieser

- Si declinano nello stesso modo **aller, jeder** *(solo sing)*, **jener, mancher, solcher.**

	sing			*pl*
	m	*f*	*n*	*m f n*
nom	derselbe	dieselbe	dasselbe	dieselben
acc	denselben	dieselbe	dasselbe	dieselben
dat	demselben	derselben	demselben	denselben
gen	desselben	derselben	desselben	derselben

- Si declina nello stesso modo **derjenige.**

3. L'articolo interrogativo

	sing			*pl*
	m	*f*	*n*	*m f n*
nom	welcher …?	welche …?	welches …?	welche …?
acc	welchen …?	welche …?	welches …?	welche …?
dat	welchem …?	welcher …?	welchem …?	welchen …?
gen	welches …?	welcher …?	welches …?	welcher …?

4. L'articolo relativo

	sing			*pl*
	m	*f*	*n*	*m f n*
gen	dessen	deren	dessen	deren

- Ha funzione di articolo il genitivo del pronome relativo **der.**

Esempio: … ein Mann, dessen Stimme ich wiedererkenne, …
… un uomo di cui riconosco la voce (*o* la cui voce riconosco) …

5. L'articolo possessivo

persona del possessore			**numero e genere del sostantivo che esprime il possesso**			
			sing			*pl*
			m	*f*	*n*	*m f n*
sing	**1ª pers**	*nom*	mein	meine	mein	meine
		acc	meinen	meine	mein	meine
		dat	meinem	meiner	meinem	meinen
		gen	meines	meiner	meines	meiner
	2ª pers		dein		*come*	mein
	3ª pers	*m*	sein			
		f	ihr		*come*	mein
		n	sein			
pl	**1ª pers**	*nom*	unser	unsere	unser	unsere
		acc	unseren	unsere	unser	unsere
		dat	unserem	unserer	unserem	unseren
		gen	unseres	unserer	unseres	unserer
	2ª pers	*nom*	euer	eure	euer	eure
		acc	euren	eure	euer	eure
		dat	eurem	eurer	eurem	euren
		gen	eures	eurer	eures	eurer
	3ª pers		ihr		*come*	mein
forma di cortesia			Ihr		*come*	mein

Le forme della 1ª persona plurale presentano delle varianti:

al posto di	*si usa anche*		
unsere	unsre		
unserer	unsrer		
unserem	unsrem	*o*	unserm
unseren	unsren	*o*	unsern

Il pronome

Il pronome, le cui forme sono in parte simili a quelle dell'articolo, può essere l'unica costituente del gruppo nominale.

1. Il pronome personale

	sing				
	1ª pers	**2ª pers**	**3ª pers**		
			m	*f*	*n*
nom	ich	du	er	sie	es
acc	mich	dich	ihn	sie	es
dat	mir	dir	ihm	ihr	ihm
gen	meiner	deiner	seiner	ihrer	seiner

	pl			**forma di cortesia**
	1ª pers	**2ª pers**	**3ª pers**	
nom	wir	ihr	sie	Sie
acc	uns	euch	sie	Sie
dat	uns	euch	ihnen	Ihnen
gen	unser	euer	ihrer	Ihrer

2. Il pronome riflessivo

	sing				
	1ª pers	**2ª pers**	**3ª pers**		
			m	*f*	*n*
acc	mich	dich	sich	sich	sich
dat	mir	dir	sich	sich	sich
gen	meiner	deiner	seiner	ihrer	seiner

	pl			**forma di cortesia**
	1ª pers	**2ª pers**	**3ª pers**	
acc	uns	euch	sich	sich
dat	uns	euch	sich	sich
gen	unser	euer	ihrer	Ihrer

3. Il pronome indeterminativo

sing	*m*	*f*	*n*
nom	einer	eine	ein(e)s
acc	einen	eine	ein(e)s
dat	einem	einer	einem
gen	eines	einer	eines

- Il pronome **kein** forma il singolare come **ein** ed il plurale dei tre generi *nom, acc* **keine,** *dat* **keinen,** *gen* **keiner.**

4. Il pronome dimostrativo

Il pronome *der*

	sing			*pl*
	m	*f*	*n*	*m f n*
nom	der	die	das	die
acc	den	die	das	die
dat	dem	der	dem	denen
gen	dessen	deren	dessen	deren

Gli altri pronomi dimostrativi

Sono altri pronomi dimostrativi **dieser** e **derselbe.**

- I pronomi *dieser* e *derselbe* seguono la declinazione degli articoli *dieser* e *derselbe.*
- Seguono il modello di *dieser* anche **alles** *(n sing)*, **alle** *(m f n pl)*, **derjenige, jeder, jener, mancher, solcher.**

5. Il pronome relativo

Sono pronomi relativi **der** e **welcher.**

- Il pronome *der* segue la declinazione del pronome dimostrativo *der.*
- Il pronome *welcher* segue la declinazione dell'articolo interrogativo *welcher ...?*
- Il pronome *welcher* è meno comune. Si usa per esempio per evitare la collisione con le forme dell'articolo:
  ein Kind, welches das Geld bekommt un bambino che riceve il denaro
  per evitare: ein Kind, das das Geld bekommt

6. Il pronome interrogativo

	relativo a persone	relativo a oggetti, circostanze ecc.
nom	wer? chi?	was? che cosa?
acc	wen?	was?
dat	wem?	wem?
gen	wessen?	wessen?

- Il pronome interrogativo **welcher?** il quale? si usa per le persone e per gli oggetti, le circostanze ecc. Segue la declinazione dell'articolo interrogativo *welcher ...?*

7. Il pronome possessivo

persona del possessore			**numero e genere del sostantivo che esprime il possesso**			
			sing			*pl*
			m	*f*	*n*	*m f n*
sing	**1ª pers**	*nom*	meiner	meine	mein(e)s	meine
		acc	meinen	meine	mein(e)s	meine
		dat	meinem	meiner	meinem	meinen
		gen	meines	meiner	meines	meiner
	2ª pers		deiner		*come*	meiner
	3ª pers	*m*	seiner			
		f	ihrer		*come*	meiner
		n	seiner			
pl	**1ª pers**	*nom*	unserer	unsere	unseres	unsere
		acc	unseren	unsere	unseres	unsere
		dat	unserem	unserer	unserem	unseren
		gen	unseres	unserer	unseres	unserer
	2ª pers	*nom*	eurer	eure	eures	eure
		acc	euren	eure	eures	eure
		dat	eurem	eurer	eurem	euren
		gen	eures	eurer	eures	eurer
	3ª pers		ihrer		*come*	meiner
forma di cortesia			Ihrer		*come*	meiner

Le forme della 1ª persona plurale presentano delle varianti:

al posto di	*si usa anche*		
unsere	unsre		
unserer	unsrer		
unserem	unsrem	*o*	unserm
unseren	unsren	*o*	unsern
unseres *(nom o acc)*	unsres	*o*	unsers

- Un'altra forma del pronome possessivo è **der meine, die meine, das meine, der deine, ... der seine, ... der ihre, ... der seine, ... der unsere, ... der eure, ... der ihre, ... der Ihre, ...**
  La declinazione è quella dell'aggettivo dopo l'articolo determinativo.

Il gruppo verbale

La diatesi, il modo ed il tempo

Le **diatesi** del gruppo verbale sono due:

l'attivo	er lobt	(egli) loda
il passivo	er wird gelobt	è lodato

I **modi** del gruppo verbale sono cinque – tre modi finiti, che presentano desinenze distinte per le diverse persone, e due mode infiniti:

i modi finiti	l'indicativo	er lobt	(egli) loda
	il congiuntivo	er lobe	(egli) lodi
	l'imperativo	lobe!	loda!
i modi infiniti	l'infinito	loben	lodare
	il participio	lobend	lodante

I **tempi** del gruppo verbale sono sei:

il presente	er lobt	(egli) loda
l'imperfetto	er lobte	lodava, lodò, ha lodato
il futuro	er wird loben	loderà
il passato prossimo	er hat gelobt	ha lodato, lodava, lodò
il trapassato	er hatte gelobt	aveva lodato
il futuro anteriore	er wird gelobt haben	avrà lodato

Il verbo

1. Il verbo senza alternanza vocalica (il verbo «regolare» o «debole»)

Le forme finite

La forma attiva

Il presente e l'imperfetto

	indicativo		**congiuntivo**		
	presente	**imperfetto**	**presente**	**imperfetto**	
ich	lobe	lobte	lobe	lobte	würde loben
du	lobst	lobtest	lobest	lobtest	würdest loben
er / sie / es	lobt	lobte	lobe	lobte	würde loben
wir	loben	lobten	loben	lobten	würden loben
ihr	lobt	lobtet	lobet	lobtet	würdet loben
sie / Sie	loben	lobten	loben	lobten	würden loben

- Le forme semplici del congiuntivo dell'imperfetto *(ich lobte, ...)* sono tutte identiche a quelle dell'indicativo; per questo motivo si usano spesso le forme composte *(ich würde loben, ...)*.

- I verbi con una base in *-d, -t* ed i verbi con una base in *-m, -n* preceduti da consonante (con eccezione di *-lm, -rm, -hm, -mm, -ln, -rn, -hn, -nn*) hanno *-e-* in tutte le forme del presente e dell'imperfetto così come nella forma del participio passato e passivo:

ich	rede	löte	atme	trockne	*ma:*	filme	warne
du	redest	lötest	atmest	trocknest		filmst	warnst
...	...	...	...	...		...	...
	geredet	gelötet	geatmet	getrocknet		gefilmt	gewarnt

- I verbi con una base in *-el* e *-er* non accentati omettono *-e-* della desinenza nell'infinito, nella 1ª e nella 3ª persona plurale e nella forma di cortesia dell'indicativo presente:
  zittern – wir zittern, sie / Sie zittern

  Omettono facoltativamente *-e-* della base nella 1ª persona singolare:
  ich zittere o **ich zittre**

- Per i verbi in *-s, -ß, -x, -z* si omette *-s-* nella 2ª persona singolare del presente indicativo:
  reisen – du reist beißen – du beißt feixen – du feixt ächzen – du ächzt

Il futuro, il passato prossimo, il trapassato ed il futuro anteriore

Ausiliari **werden** e **haben**

	indicativo			
	futuro	**passato prossimo**	**trapassato**	**futuro anteriore**
ich	werde loben	habe gelobt	hatte gelobt	werde gelobt haben
du	wirst loben	hast gelobt	hattest gelobt	wirst gelobt haben
er / sie / es	wird loben	hat gelobt	hatte gelobt	wird gelobt haben
wir	werden loben	haben gelobt	hatten gelobt	werden gelobt haben
ihr	werdet loben	habt gelobt	hattet gelobt	werdet gelobt haben
sie / Sie	werden loben	haben gelobt	hatten gelobt	werden gelobt haben

Ausiliari **werden** e **sein**

	indicativo			
	futuro	**passato prossimo**	**trapassato**	**futuro anteriore**
ich	werde reisen	bin gereist	war gereist	werde gereist sein
du	wirst reisen	bist gereist	warst gereist	wirst gereist sein
er / sie / es	wird reisen	ist gereist	war gereist	wird gereist sein
wir	werden reisen	sind gereist	waren gereist	werden gereist sein
ihr	werdet reisen	seid gereist	wart gereist	werdet gereist sein
sie / Sie	werden reisen	sind gereist	waren gereist	werden gereist sein

	congiuntivo			
	futuro	**passato prossimo**	**trapassato**	**futuro anteriore**
… er / sie / es …	werde loben	habe gelobt	hätte gelobt *o* würde gelobt haben	werde gelobt haben
… er / sie / es …	werde reisen	sei gereist	wäre gereist *o* würde gereist sein	werde gereist sein

- Il futuro si forma con l'ausiliare *werden* e l'infinito.
- Il passato prossimo, il trapassato ed il futuro anteriore si formano con l'ausiliare *haben* ed il participio passato. Per i verbi che esprimono un movimento o un cambiamento di stato e per il verbo *sein,* questi tempi si formano con l'ausiliare *sein*.
- Il congiuntivo dei tempi composti si forma con il congiuntivo degli ausiliari. L'esempio dà la 3ª persona maschile singolare. Per le altre forme si veda il capitolo «I verbi ausiliari».
- Per i verbi riflessivi si usa l'ausiliare *haben*.

L'imperativo

infinito	**imperativo**		
	singolare	*plurale*	*forma di cortesia*
loben reden	lobe rede	lobt redet	loben Sie reden Sie

La forma passiva

	indicativo	**congiuntivo**
presente	er wird gelobt	er werde gelobt
imperfetto	er wurde gelobt	er würde gelobt
futuro	er wird gelobt werden	er werde gelobt werden
passato prossimo	er ist gelobt worden	er sei gelobt worden
trapassato	er war gelobt worden	er wäre gelobt worden
futuro anteriore	er wird gelobt worden sein	er werde gelobt worden sein

- Il passivo si forma con l'ausiliare *werden* ed il participio passivo. L'esempio dà la 3ª persona maschile singolare. Per le altre forme si veda il capitolo «I verbi ausiliari».

Le forme infinite

infinito	**participio presente**	**participio passato e passivo**
loben reden	lobend redend	gelobt geredet

- I participi si declinano come l'aggettivo.

2. Il verbo con alternanza vocalica (il verbo «irregolare» o «forte»)

Le forme finite

La forma attiva

Il presente e l'imperfetto

	indicativo		**congiuntivo**		
	presente	**imperfetto**	**presente**	**imperfetto**	
ich	trage	trug	trage	trüge	würde tragen
du	trägst	trugst	tragest	trüg(e)st	würdest tragen
er / sie / es	trägt	trug	trage	trüge	würde tragen
wir	tragen	trugen	tragen	trügen	würden tragen
ihr	tragt	trugt	traget	trüg(e)t	würdet tragen
sie / Sie	tragen	trugen	tragen	trügen	würden tragen

Gli altri tempi

Gli altri tempi si formano come per i verbi senza alternanza vocalica.

L'imperativo

infinito	**imperativo**		
	singolare	*plurale*	*forma di cortesia*
tragen	trage	tragt	tragen Sie
lesen	lies	lest	lesen Sie

- L'imperativo si forma come per i verbi senza alternanza vocalica. Solo i verbi con alternanza in *-i-* o *-ie-* (come *lesen*) formano il singolare senza *-e*.

La forma passiva

Il passivo si forma come per i verbi senza alternanza vocalica.

Le forme infinite

infinito	**participio presente**	**participio passato e passivo**
tragen	tragend	getragen

3. I verbi ausiliari

Le forme finite

Il presente e l'imperfetto

	haben	sein	werden	haben	sein	werden
presente	**indicativo**			**congiuntivo**		
ich	habe	bin	werde	habe	sei	werde
du	hast	bist	wirst	habest	sei(e)st	werdest
er / sie / es	hat	ist	wird	habe	sei	werde
wir	haben	sind	werden	haben	seien	werden
ihr	habt	seid	werdet	habet	sei(e)t	werdet
sie / Sie	haben	sind	werden	haben	seien	werden
imperfetto						
ich	hatte	war	wurde	hätte	wäre	würde
du	hattest	warst	wurdest	hättest	wär(e)st	würdest
er / sie / es	hatte	war	wurde	hätte	wäre	würde
wir	hatten	waren	wurden	hätten	wären	würden
ihr	hattet	wart	wurdet	hättet	wär(e)t	würdet
sie / Sie	hatten	waren	wurden	hätten	wären	würden

Il futuro

	indicativo	**congiuntivo**
... er / sie / es ...	wird haben / sein / werden	werde haben / sein / werden

- L'esempio dà la 3ª persona singolare.

L'imperativo

infinito	**imperativo**		
	singolare	*plurale*	*forma di cortesia*
haben sein werden	habe sei werde	habt seid werdet	haben Sie seien Sie werden Sie

Le forme infinite

infinito	**participio presente**	**participio passato**
haben sein werden	habend seiend werdend	gehabt gewesen worden, geworden

- La forma *gehabt* si usa con l'ausiliare *haben;* la forma *gewesen* si usa con l'ausiliare *sein:*
  ich habe gehabt ho avuto
  ich bin gewesen sono stato
- Le forme *worden, geworden* si usano con l'ausiliare *sein.* La forma *worden* si usa per i tempi composti del passivo; la forma *geworden* è il participio di *werden* nel senso di «diventare»:
  ich bin gegrüßt worden sono stato salutato
  ich bin rot geworden sono diventato rosso, sono arrossito

4. I verbi modali

Il presente e l'imperfetto

	dürfen	können	mögen	müssen	sollen	wollen
presente	**indicativo**					
ich	darf	kann	mag	muß	soll	will
du	darfst	kannst	magst	mußt	sollst	willst
er / sie / es	darf	kann	mag	muß	soll	will
wir	dürfen	können	mögen	müssen	sollen	wollen
ihr	dürft	könnt	mögt	müßt	sollt	wollt
sie / Sie	dürfen	können	mögen	müssen	sollen	wollen
	congiuntivo					
ich	dürfe	könne	möge	müsse	solle	wolle
du	dürfest	könnest	mögest	müssest	sollest	wollest
er / sie / es	dürfe	könne	möge	müsse	solle	wolle
wir	dürfen	können	mögen	müssen	sollen	wollen
ihr	dürfet	könnet	möget	müsset	sollet	wollet
sie / Sie	dürfen	können	mögen	müssen	sollen	wollen
imperfetto	**indicativo**					
ich	durfte	konnte	mochte	mußte	sollte	wollte
du	durftest	konntest	mochtest	mußtest	solltest	wolltest
er / sie / es	durfte	konnte	mochte	mußte	sollte	wollte
wir	durften	konnten	mochten	mußten	sollten	wollten
ihr	durftet	konntet	mochtet	mußtet	solltet	wolltet
sie / Sie	durften	konnten	mochten	mußten	sollten	wollten
	congiuntivo					
ich	dürfte	könnte	möchte	müßte	sollte	wollte
du	dürftest	könntest	möchtest	müßtest	solltest	wolltest
er / sie / es	dürfte	könnte	möchte	müßte	sollte	wollte
wir	dürften	könnten	möchten	müßten	sollten	wollten
ihr	dürftet	könntet	möchtet	müßtet	solltet	wolltet
sie / Sie	dürften	könnten	möchten	müßten	sollten	wollten

Il participio passato

ich habe du hast ...	gedurft	gekonnt	gemocht	gemußt	gesollt	gewollt

L'avverbio

1. L'avverbio di forma autonoma

oft spesso	überall dappertutto	gern volentieri	...

2. L'avverbio di forma aggettivale

gut bene	schnell velocemente	frei liberamente	...

- Si usa come avverbio la base non declinata dell'aggettivo.

Soprattutto gli avverbi di forma aggettivale assumono dei **gradi:**

positivo	schnell	klug	naß
comparativo	schneller	klüger	nasser
superlativo	am schnellsten	am klügsten	am nassesten

- Il comparativo si forma con *-er* ed il superlativo con *am . . . (e)sten*. Per la distribuzione delle varianti si veda il capitolo «I gradi dell'aggettivo».
- Forme irregolari:

hoch	**höher**	**am höchsten**
groß	**größer**	**am größten**
gut	**besser**	**am besten**
viel	**mehr**	**am meisten**
gern	**lieber**	**am liebsten**

Numerali / Zahlwörter

Numeri cardinali / Grundzahlen

0 null *zero*
1 eins *uno*
2 zwei *due*
3 drei *tre*
4 vier *quattro*
5 fünf *cinque*
6 sechs *sei*
7 sieben *sette*
8 acht *otto*
9 neun *nove*
10 zehn *dieci*
11 elf *undici*
12 zwölf *dodici*
13 dreizehn *tredici*
14 vierzehn *quattordici*
15 fünfzehn *quindici*
16 sechzehn *sedici*
17 siebzehn *diciassette*
18 achtzehn *diciotto*
19 neunzehn *diciannove*
20 zwanzig *venti*
21 einundzwanzig *ventuno*
22 zweiundzwanzig *ventidue*
26 sechsundzwanzig *ventisei*
30 dreißig *trenta*
31 einunddreißig *trentuno*
32 zweiunddreißig *trentadue*
40 vierzig *quaranta*
50 fünfzig *cinquanta*
60 sechzig *sessanta*
70 siebzig *settanta*
80 achtzig *ottanta*
90 neunzig *novanta*
100 (ein)hundert *cento*
101 (ein)hunderteins, hundert(und)eins *cent(o)uno*
102 (ein)hundertzwei, hundert(und)zwei *centodue*
200 zweihundert *duecento*
201 zweihundert(und)eins *duecent(o)uno*
543 fünfhundertdreiundvierzig *cinquecentoquarantatré*
600 sechshundert *seicento*
1000 (ein)tausend *mille*
1100 (ein)tausendeinhundert, elfhundert *mille cento*
1300 (ein)tausenddreihundert, dreizehnhundert *mille trecento*
2001 zweitausend(und)eins *duemila(e)uno*
31 616 einunddreißigtausendsechshundertsechzehn *trentunmila seicentosedici*
100 000 (ein)hunderttausend *centomila*
1 000 000 eine Million *un milione*
2 000 000 zwei Millionen *due milioni*
1 000 000 000 eine Milliarde *un miliardo*

Numeri ordinali / Ordnungszahlen

1. erste *primo*
2. zweite *secondo*
3. dritte *terzo*
4. vierte *quarto*
5. fünfte *quinto*
6. sechste *sesto*
7. siebte, siebente *settimo*
8. achte *ottavo*
9. neunte *nono*
10. zehnte *decimo*
11. elfte *undicesimo*
12. zwölfte *dodicesimo*
13. dreizehnte *tredicesimo*
20. zwanzigste *ventesimo*
21. einundzwanzigste *ventunesimo*
30. dreißigste *trentesimo*
40. vierzigste *quarantesimo*
100. (ein)hundertste *centesimo*
101. (ein)hunderterste *centunesimo*
102. (ein)hundertzweite *centoduesimo*
200. zweihundertste *duecentesimo*
1000. (ein)tausendste *millesimo*
1001. (ein)tausenderste *millesimo primo*
2000. zweitausendste *duemillesimo*
100 000. (ein)hunderttausendste *centomillesimo*
1 000 000. millionste *milionesimo*

Secoli / Jahrhunderte

das 20. Jahrhundert
das zwanzigste Jahrhundert

il Novecento, il ventesimo secolo, il secolo XX, il '900

Numeri frazionari / Bruchzahlen

½ ein halb *mezzo*
⅓ ein Drittel *un terzo*
¼ ein Viertel *un quarto*
1/20 ein Zwanzigstel *un ventesimo*
1/100 ein Hundertstel *un centesimo*
1/1000 ein Tausendstel *un millesimo*
⅖ zwei Fünftel *due quinti*
4/7 vier Sieb(en)tel *quattro settimi*
1½ eineinhalb, anderthalb *uno e mezzo*
2⅜ zweidreiachtel *due e tre ottavi*

Misure e pesi — Maße und Gewichte

Misure di lunghezza / Längenmaße

mm	Millimeter *millimetro*
cm	Zentimeter *centimetro*
dm	Dezimeter *decimetro*
m	Meter *metro*
km	Kilometer *chilometro*

Misure di superficie / Flächenmaße

mm^2, qmm	Quadratmillimeter *millimetro quadrato*
cm^2, qcm	Quadratzentimeter *centimetro quadrato*
dm^2, qdm	Quadratdezimeter *decimetro quadrato*
m^2, qm	Quadratmeter *metro quadrato*
km^2, qkm	Quadratkilometer *chilometro quadrato*
a	Ar *ara*
ha	Hektar *ettaro*

Misure di volume / Raummaße

mm^3, cmm	Kubikmillimeter *millimetro cubo*
cm^3, ccm	Kubikzentimeter *centimetro cubo*
dm^3, cdm	Kubikdezimeter *decimetro cubo*
m^3, cbm	Kubikmeter *metro cubo*
rm	Raummeter } *metro cubo*
fm	Festmeter } *metro cubo*
BRT	Bruttoregistertonne *tonnellata di stazza lorda*

Misure di capacità / Hohlmaße

cl	Zentiliter *centilitro*
dl	Deziliter *decilitro*
l	Liter *litro*
hl	Hektoliter *ettolitro*

Pesi / Gewichte

mg	Milligramm *milligrammo*
cg	Zentigramm *centogrammo*
dg	Dezigramm *decigrammo*
g	Gramm *grammo*
Pfd.	Pfund *mezzo chilo*
kg	Kilogramm *chilogrammo*
Ztr.	Zentner *mezzo quintale, CH, A quintale*
dz	Doppelzentner *quintale*
t	Tonne *tonnellata*

Nomi propri tedeschi più frequenti
Geläufige deutsche Vornamen

Nomi propri femminili / Frauen- und Mädchennamen

Adele [a'de:lə]	Adele
Adelheid ['a:dəlhai̯t]	Adelaide
Agathe [a'ga:tə]	Agata
Agnes ['agnɛs]	Agnese
Alice [a'li:sə]	Alice
Andrea [an'dre:a]	Andreina
Angela ['aŋgela *o* aŋ'ge:la]	Angela
Angelika [aŋ'ge:lika]	Angelica
Anita [a'ni:ta]	Anita
Anna ['ana], Anne ['anə]	Anna
Annette [a'nɛtə]	Annetta
Astrid ['astri:t]	
Barbara ['barbara]	Barbara
Beate [be'a:tə]	Beata
Bert(h)a ['bɛrta]	Berta
Bettina [bɛ'ti:na]	Bettina
Birgit ['bɪrgɪt], Birgitta [bɪr'gɪta]	
Brigitte [bri'gɪtə]	Brigida, Brigitta
Carola [ka'ro:la]	Carola
Caroline [karo'li:nə]	Carolina
Charlotte [ʃar'lɔtə]	Carlotta
Christa ['krɪsta]	
Christiane [krɪs'ti̯a:nə]	Cristiana
Christine [krɪs'ti:nə]	Cristina
Claudia ['klau̯di̯a]	Claudia
Dagmar ['dagmar]	
Daniela [da'ni̯e:la], Daniele [...lə]	Daniela
Doris ['do:rɪs]	
Dorothea [doro'te:a],	Dorotea
Dorothee ['do:rote *o* doro'te:]	
Edith ['e:dɪt]	
Elisabeth [e'li:zabɛt]	Elisabetta
Elke ['ɛlkə]	
Ellen ['ɛlən]	
Elsa ['ɛlza], Else ['ɛlzə]	Elsa
Emma ['ɛma]	Emma
Erika ['e:rika]	Erica
Erna ['ɛrna]	
Eva ['e:fa *o* 'e:va]	Eva
Franziska [fran't͜sɪska]	Francesca
Frieda ['fri:da]	Frida
Friederike [fri:də'ri:kə]	Federica
Gabi ['ga:bi], Gabriela [gabri'e:la],	Gabriella
Gabriele [...lə]	
Gerda ['gɛrda]	
Gertrud ['gɛrtru:t]	Geltrude, Gertrude
Gisela ['gi:zəla]	Gisella
Grete(l) ['gre:tə(l)]	Gianna
Gudrun ['gu:dru:n]	
Hanna(h) ['hana], Hanne ['hanə]	

Hedwig ['he:tvɪç]	Edvige
Heidi ['ha͜idi] → Adelheid	
Heike ['ha͜ikə]	
Helene [he'le:nə]	Elena
Helga ['hɛlga]	Elga
Henriette [hɛnri'ɛtə]	Enrichetta
Hilde ['hɪldə], Hildegard ['hɪldəgart]	Ildegarda
Ilse ['ɪlzə]	
Inge ['ɪŋə], Ingeborg ['ɪŋəbɔrk]	
Ingrid ['ɪŋgrɪt]	
Irene [i're:nə]	Irene
Isolde [i'zɔldə]	Isotta
Johanna [jo'hana]	Giovanna
Judith ['ju:dɪt]	Giuditta
Jutta ['jʊta]	
Karin ['ka:ri:n]	
Katharina [kata'ri:na], Käthe ['kɛ:tə]	Caterina
Klara ['kla:ra]	Chiara, Clara
Klothilde [klo'tɪldə]	Clotilde
Luise ['lu̯i:zə]	Luisa
Manuela [ma'nu̯e:la]	Manuela
Margarete [marga're:tə]	Margherita
Margot ['margɔt]	
Margret ['margre:t] → Margarete	
Maria [ma'ri:a], Marie [ma'ri:]	Maria
Marianne [ma'ri̯anə]	Marianna
Marion ['ma:ri̯ɔn]	Marietta
Marlene [mar'le:nə]	Marilena
Martha ['marta]	Marta
Martina [mar'ti:na]	Martina
Mathilde [ma'tɪldə]	Matilde
Monika ['mo:nika]	Monica
Olga ['ɔlga]	Olga
Paula ['pa͜ula]	Paola
Petra ['pe:tra]	Piera
Regina [regi:na], Regine [...nə]	Regina
Renate [re'na:tə]	Renata
Roswitha [rɔs'vi:ta]	Rosvita
Ruth [ru:t]	Rut
Sabine [za'bi:nə]	Sabina
Sibylle [zi'bɪlə]	Sibilla
Sigrid ['zi:grɪt *o* ...ri:t]	
Silvia ['zɪlvi̯a]	Silvia
Sophie [zo'fi:]	Sofia
Stefanie, Stephanie ['ʃtɛfani *o* ʃte'fa:ni̯ə]	Stefania
Susanne [zu'zanə]	Susanne
Sylvia ['zɪlvi̯a] → Silvia	
Thea ['te:a]	Tea
Therese [te're:zə]	Teresa
Ulrike [ʊl'ri:kə]	Ulrica
Ursula ['ʊrzula]	Orsola
Uta ['u:ta], Ute ['u:tə]	Uta
Vera ['ve:ra]	Vera
Veronika [ve'ro:nika]	Veronica
Waltraud ['valtra͜ut]	

Nomi propri maschili / Männer- und Jungennamen

Abraham ['a:braham]	Abramo
Achim ['axɪm] → Joachim	
Adam ['a:dam]	Adamo
Adolf, Adolph ['a:dɔlf]	Adolfo
Albert ['albɛrt]	Alberto
Alexander [alɛ'ksandɐ]	Alessandro
Alfons ['alfɔns]	Alfonso
Alfred ['alfre:t]	Alfredo
Alois, Aloys ['a:loɪs *o* ...oi:s]	Aloisio
Alphons ['alfɔns] → Alfons	
Andreas [an'dre:as]	Andrea
Anselm ['anzɛlm]	Anselmo
Anton ['anto:n]	Antonio
Art(h)ur ['artʊr]	Arturo
August ['a̯ugʊst]	Augusto
Axel ['aksəl]	
Benedikt ['be:nedɪkt]	Benedetto
Benjamin ['bɛnjami:n]	Beniamino
Benno ['bɛno]	
Bernd [bɛrnt], Bernhard ['bɛrnhart]	Bernardo
Bodo ['bo:do]	
Bruno ['bru:no]	Bruno
Christian ['krɪsti̯a:n]	Cristiano
Christoph ['krɪstɔf]	Cristoforo
Clemens ['kle:məns]	Clemente
Daniel ['da:ni̯e:l *o* ...i̯ɛl]	Daniele
Dieter ['di:tɐ], Dietrich ['di:trɪç]	Teodorico
Eberhard ['e:bɐhart]	Everardo
Edgar ['ɛtgar]	Edgardo
Eduard ['e:du̯art]	Edoardo
Egon ['e:gɔn]	
Emil ['e:mi:l]	Emilio
Erich ['e:rɪç]	Erico
Ernst [ɛrnst]	Ernesto
Erwin ['ɛrvi:n]	Ervino
Eugen ['ɔyge:n *o* ɔy'ge:n]	Eugenio
Fabian ['fa:bi̯a:n]	Fabiano
Felix ['fe:lɪks]	Felice
Ferdinand ['fɛrdinant]	Fernando, Ferdinando
Florian ['flo:ri̯a:n]	Floriano
Frank [fraŋk]	Franco
Friedrich ['fri:drɪç], Fritz [frɪts]	Federico
Georg ['ge:ɔrk *o* ge'ɔrk]	Giorgio
Gerd [gɛrt], Gerhard ['ge:ɐ̯hart]	Gerardo
Gottfried ['gɔtfri:t]	Goffredo
Gregor ['gre:gɔr]	Gregorio
Günt(h)er ['gʏntɐ]	
Gustav ['gʊstaf]	Gustavo
Hans [hans]	Gianni
Harald ['ha:ralt]	
Heinrich ['ha̯inrɪç], Heinz [ha̯ints]	Enrico
Hel(l)mut(h) ['hɛlmu:t]	
Herbert ['hɛrbɛrt]	Erberto
Hermann ['hɛrman]	Ermanno
Horst [hɔrst]	

Hubert ['hu:bɛrt]	Uberto
Hugo ['hu:go]	Ugo
Jakob ['ja:kɔp]	Giacomo
Jan [jan]	
Joachim ['jo:axɪm *o* jo'axɪm]	Gioacchino
Johann(es) [jo'han(əs) *o* 'jo:han]	Giovanni
Josef, Joseph ['jo:zɛf]	Giuseppe
Jürgen ['jʏrgən]	
Karl [karl]	Carlo
Kaspar ['kaspar]	Gaspare
Klaus [kla͜us]	Nicola, Nicolo
Konrad ['kɔnra:t]	Corrado
Konstantin ['kɔnstanti:n]	Costantino
Kurt [kʊrt]	
Leo ['le:o]	Leo
Leon(h)ard ['le:ɔn(h)art]	Leonardo
Lothar ['lo:tar]	Lotario
Ludwig ['lu:tvɪç]	Lodovico, Luigi
Lukas ['lu:kas]	Luca
Manfred ['manfre:t]	Manfredo
Markus ['markʊs]	Marco
Martin ['marti:n]	Martino
Matthäus [ma'tɛ:ʊs]	Matteo
Matthias [ma'ti:as]	Mattia
Max [maks]	Massimo
Maximilian [maksi'mi:li̯a:n]	Massimiliano
Michael ['mɪçae̯:l *o* ...aɛl]	Michele
Moritz ['mo:rɪt͜s]	Maurizio
Norbert ['nɔrbɛrt]	Norberto
Olaf ['o:laf]	
Oskar ['ɔskar]	Oscar
Otto ['ɔto]	Ottone
Paul [pa͜ul]	Paolo
Peter ['pe:tɐ]	Pietro, Piero
Philipp ['fi:lɪp]	Filippo
Raimund, Reimund ['ra͜imʊnt]	Raimondo
Rainer, Reiner ['ra͜inɐ]	Ranieri
Ralf [ralf]	
Richard ['rɪçart]	Riccardo
Robert ['ro:bɛrt]	Roberto
Roland ['ro:lant]	Orlando, Rolando
Rolf [rɔlf], Rudi ['ru:di], Rudolf ['ru:dɔlf]	Rodolfo
Sebastian [ze'basti̯an]	Sebastiano
Siegfried ['zi:kfri:t]	Sigfrido
Stefan, Stephan ['ʃtɛfan]	Stefano
Theo(dor) ['te:o(do:ɐ̯)]	Teo(doro)
Thomas ['to:mas]	Tommaso
Tobias [to'bi:as]	Tobia
Udo ['u:do]	
Ulrich ['ʊlrɪç]	Ulrico
Uwe ['u:və]	
Viktor ['vɪktɔr]	Vittorio
Volker ['fɔlkɐ]	
Walt(h)er ['valtɐ]	Gualtiero
Werner ['vɛrnɐ]	Guarniero
Wilhelm ['vɪlhɛlm], Willi ['vɪli]	Guglielmo
Wolfgang ['vɔlfgaŋ]	
Xaver ['ksa:vɐ]	Saverio

Repubblica Federale Tedesca
Bundesrepublik Deutschland

Stati Federali e loro capitali / Länder und Hauptstädte

Baden-Württemberg	Stuttgart
Bayern	München
Bremen	Bremen
Hamburg	Hamburg
Hessen	Wiesbaden
Niedersachsen	Hannover
Nordrhein-Westfalen	Düsseldorf
Rheinland-Pfalz	Mainz
Saarland	Saarbrücken
Schleswig-Holstein	Kiel
Berlin (West)	Berlin (West)

Austria Österreich

Stati Federali e loro capitali / Bundesländer und Hauptstädte

Burgenland	Eisenstadt
Kärnten	Klagenfurt
Niederösterreich	Wien
Oberösterreich	Linz
Salzburg	Salzburg
Steiermark	Graz
Tirol	Innsbruck
Vorarlberg	Bregenz
Wien	Wien

Svizzera / Schweiz

Cantoni e città principali / Kantone und Hauptorte

Aargau	Aarau
Appenzell Außerrhoden	Herisau
Appenzell Innerrhoden	Appenzell
Basel-Land	Liestal
Basel-Stadt	Basel
Bern	Bern
Fribourg (Freiburg)	Fribourg
Genève (Genf)	Genève
Glarus	Glarus
Graubünden	Chur
Jura	Delémont
Luzern	Luzern
Neuchâtel (Neuenburg)	Neuchâtel
Sankt Gallen	Sankt Gallen
Schaffhausen	Schaffhausen
Schwyz	Schwyz
Solothurn	Solothurn
Ticino (Tessin)	Bellinzona
Thurgau	Frauenfeld
Nidwalden } Unterwalden	Stans
Obwalden } Unterwalden	Sarnen
Uri	Altdorf
Vaud (Waadt)	Lausanne
Valais (Wallis)	Sion
Zug	Zug
Zürich	Zürich

Alfabeto tedesco Deutsches Alphabet

	denominazione Benennung	tedesco deutsch	internazionale international	aviazione Luftfahrt	NATO NATO
A, a	[a:]	Anton	Amsterdam	Alfa	Alfa
B, b	[be:]	Berta	Baltimore	Bravo	Bravo
C, c	[t͜se:]	Cäsar	Casablanca	Coca	Charlie
D, d	[de:]	Dora	Danemark	Delta	Delta
E, e	[e:]	Emil	Edison	Echo	Echo
F, f	[ɛf]	Friedrich	Florida	Foxtrot	Foxtrot
G, g	[ge:]	Gustav	Gallipoli	Golf	Golf
H, h	[ha:]	Heinrich	Havana	Hotel	Hotel
I, i	[i:]	Ida	Italia	India	India
J, j	[jɔt]	Julius	Jerusalem	Juliet	Juliet
K, k	[ka:]	Kaufmann	Kilogramme	Kilo	Kilo
L, l	[ɛl]	Ludwig	Liverpool	Lima	Lima
M, m	[ɛm]	Martha	Madagaskar	Metro	Mike
N, n	[ɛn]	Nordpol	New York	Nectar	November
O, o	[o:]	Otto	Oslo	Oscar	Oscar
P, p	[pe:]	Paula	Paris	Papa	Papa
Q, q	[ku:]	Quelle	Quebec	Quebec	Quebec
R, r	[ɛr]	Richard	Roma	Romeo	Romeo
S, s	[ɛs]	Samuel	Santiago	Sierra	Sierra
T, t	[te:]	Theodor	Tripoli	Tango	Tango
U, u	[u:]	Ulrich	Upsala	Union	Uniform
V, v	[fa͜u]	Viktor	Valencia	Victor	Victor
W, w	[ve:]	Wilhelm	Washington	Whisky	Whisky
X, x	[ɪks]	Xanthippe	Xanthippe	Extra	X-ray
Y, y	['ʏpsilɔn]	Ypsilon	Yokohama	Yankee	Yankee
Z, z	[t͜sɛt]	Zacharias	Zürich	Zulu	Zulu
Ä, ä	[ɛ:]	Ärger	–	–	–
Ö, ö	[ø:]	Ökonom	–	–	–
Ü, ü	[y:]	Übermut	–	–	–
ß	[ɛs't͜sɛt]	–	–	–	–

Appunti Notizen

Appunti Notizen

Inhalt und Aufbau

(ausführliche Darstellung Seite IV)

Italienisch – Deutsch

N, n ['ɛnne] 〈-〉 *f* N, n *n;* **n come Napoli** N wie Nordpol.
n *ab di* **numero** Nr. (*ab di* Nummer).
N. *ab di* **nord** N (*ab di* Nord).
nacchere ['nakkere] *f pl* Kastagnetten *f pl.*

Alle **Stichwörter** sind alphabetisch geordnet und durch Fettdruck hervorgehoben.

danaro [da'na:ro] *v.* **denaro**.

Unterschiedliche Schreibweisen sind angegeben.

bottone [bot'to:ne] *m* **1.** *gener.* Knopf *m;* **2.** *tec* (Druck)knopf *m,* Taste *f;* **~ automatico** Druckknopf *m;* **stanza dei -i** *fig* Schalt-, Kommandostelle *f;* ...

Die **Tilde** ~ ersetzt in Anwendungsbeispielen und Redewendungen das vorhergehende Stichwort, das **Divis** - einen Teil des Stichworts.

tutelare [tute'la:re] **I.** *a* **1.** *gener.* schützend, Schutz-; **2.** *jur* vormundschaftlich, Vormundschafts-; **II.** *tr* schützen; *(a. fig)* wahren; **III.** *rfl:* **-arsi** sich schützen.

Römische Ziffern kennzeichnen verschiedene Wortarten.

creazione [...t'tsi̯o:ne] *f* **1.** *gener.* (Er)schaffung *f;* *rel* Schöpfung *f;* **2.** *(fondazione)* Gründung *f;* **3.** *(nella moda)* Kreation *f;* **4.** *tec* Konstruktion *f;* **5.** *(invenzione)* Erfindung *f.*

Arabische Ziffern kennzeichnen verschiedene Bedeutungen.

gelosia[1] ... *f* **1.** *(stato d'animo)* Eifersucht *f;* ...
gelosia[2] ... *f (di finestra)* Jalousie *f,* Rollladen *m.*

Hochgestellte arabische Ziffern unterscheiden Homographen (verschiedene Wörter gleicher Schreibung).

ananas ['a:nanas *o* ana'nas] 〈-〉 *m* Ananas *f.*

Aussprache und Betonung sind in **internationaler Lautschrift** in eckigen Klammern nach dem Stichwort angegeben.

biologico, -a [-'lɔ:dʒiko] *a* biologisch.
biologo, -a [bi'ɔ:logo] 〈-gi, -ghe〉 *m, f* Biologe *m,* Biologin *f.*

Femininformen der Substantive und Adjektive sind angegeben.

ruga ['ru:ga] 〈-ghe〉 *f* Falte *f,* Runzel *f.*
rossiccio, -a [ros'sittʃo] 〈-cci, -cce〉 *a* rötlich.

Bei italienischen Substantiven und Adjektiven werden die **Pluralendungen** in spitzen Klammern nach dem Stichwort bzw. der phonetischen Angabe angegeben.

bue ['bu:e] 〈buoi〉 *m* Ochse *m;* ~ **muschiato** Moschusochse *m.*
buoi ['bu̯ɔ:i] *pl di* **bue**.
avere [a've:re] 〈ho, ebbi, avuto〉 **I.** *tr* haben; ...
ho [ɔ] *pr di* **avere.**

Unregelmäßige Formen sind beim Grundwort angegeben und in der Regel an entsprechender Stelle in der alphabetischen Reihenfolge als Stichwort aufgenommen und zur Grundform zurückverwiesen.

Es werden zahlreiche Hinweise zur Verwendung gegeben, z. B.

agganciare [aggan'tʃa:re] 〈aggancio, agganci〉 *tr* **1.** *(vagoni)* anhängen, ankuppeln; **2.** *(vestiti)* zuhaken; *(cintura)* zuschnallen; *(appendere)* aufhängen; **3.** *fig (per parlare)* abfangen.

Zusätze für Definitionen und Synonyme, typische Subjekte und Objekte und andere Erklärungen,

cannello [kan'nɛllo] *m* **1.** *bot, tec* Röhrchen *n;* **2.** *chem, med* Kanüle *f.*

Fachgebietsangaben,

ca' [ka] 〈-〉 *f venez (casa)* Haus *n.*

Angaben zur **regionalen Verbreitung**,

sgraffignare [zgraffiɲ'ɲa:re] *tr fam* klauen *fam.*

Stilangaben überall, wo es sich nicht um eine neutrale Stilebene handelt.